Österreichisches Wörterbuch

Österreichisches Wörterbuch

42., neu bearbeitete Auflage

Herausgegeben
im Auftrag des
Bundesministeriums für
Unterricht, Kunst und Kultur

Auf der Grundlage
des amtlichen Regelwerks

öbv

www.oebv.at

Mit Bescheid des Bundesministeriums für Unterricht, Kunst und Kultur vom 29. März 2010, GZ 5.018/0133-Präs.8/2009, gemäß § 14 Abs. 2 und 5 des Schulunterrichtsgesetzes, BGBl. Nr. 472/86, und gemäß den derzeit geltenden Lehrplänen als für den Unterrichtsgebrauch an Hauptschulen für die 1. bis 4. Klasse und an allgemein bildenden höheren Schulen für die 1. bis 8. Klasse und an Polytechnischen Schulen im Unterrichtsgegenstand Deutsch geeignet erklärt.

Schulbuchnummer: 155469

Österreichisches Wörterbuch

42. Auflage

Bearbeiter und Konsulenten:
Otto Back
Erich Benedikt
Karl Blüml
Gerhard Budin
Jakob Ebner
Manfred A. Fischer
Christian Fridrich
Siegfried Fussy
Isolde Hausner
Franz Lanthaler
Peter Lessky
Johannes Lindner
Hans Christian Luschützky
Hermann Möcker
Herbert Moschitz
Christiane M. Pabst
Franz Patocka
Heinz-Dieter Pohl
Georg Rappold
Walter Rauter
Stefan Schäfer
Richard Schrodt
Christa Staudinger
Herbert Tatzreiter
Ulrike Thumberger

Unter Mitwirkung von weiteren Fachkonsulenten

Redaktion:
Herbert Fussy, Ulrike Steiner

www.oebv.at
www.oewb.at

Umschlaggestaltung und Layout: Alois Kiendlhofer, Wien
Herstellung: Martin Stumpauer, Wien

42. Auflage

Papier: Amber Graphic
Satz: Ferdinand Berger & Söhne GmbH, 3580 Horn
Druck und Bindung: Brüder Glöckler GmbH, Wöllersdorf
ISBN 978-3-209-06884-2

INHALTSVERZEICHNIS

Vorwort

Das Österreichische Wörterbuch (kurz ÖWB) kann stolz auf eine bereits sechs Jahrzehnte lange Tradition zurückblicken. An ein Buch, das Generationen von Nachschlagenden immer wieder, das aber vor allem Generationen junger Menschen viele Schuljahre hindurch vielleicht das erste Mal so richtig und vielleicht noch viele Jahre darüber hinaus mit der Welt der Sprache in Berührung gebracht hat, an ein solches Buch erinnert man sich lange. Und an ihr erstes Österreichisches Wörterbuch erinnern sich viele von uns noch viele Jahre später zurück – erfreulicherweise meistens gerne und manchmal sogar ein bisschen nostalgisch. Oft nur mehr an die jeweilige Farbe des Covers: Ja, das kleine grüne Wörterbuch, das rote, ja das graue, aber das war ziemlich dünn ...

Das allererste Österreichische Wörterbuch wurde im Verordnungsblatt des Bundesministeriums für Unterricht vom 1. Jänner 1950 als ein Nachschlagwerk angekündigt, das „den in Österreich gebräuchlichen Wortschatz enthält und für alle Fragen der Rechtschreibung, die erfahrungsgemäß in Schule, Amt oder Büro auftauchen, die passende Lösung findet". Erstmals erschienen ist es Ende 1951. Sein unmittelbarer Vorläufer, die „Regeln für die deutsche Rechtschreibung nebst Wörterverzeichnis", in der ältesten Form auf 1879 zurückgehend, hatte sich auf einfache Wortlisten ohne Erklärungen beschränkt. Damals entstanden in verschiedenen Teilen des deutschen Sprachraums ähnliche Rechtschreibwörterbücher, aber jeweils nur mit regionaler (einzelstaatlicher) Geltung. Letztlich geht die Tradition in Österreich aber bis ins Jahr 1774 zurück, als mit der maria-theresianischen „Allgemeinen Schulordnung" auch die „Anleitung zur deutschen Rechtschreibung. Zum Gebrauche der deutschen Schulen in den kaiserlich-königlichen Staaten" erschien.

Die „österreichischen" Wörterbücher von damals sind natürlich überhaupt nicht vergleichbar mit dem heutigen ÖWB. Aber seine Aufgabe, Grundlage der Rechtschreibung in den Schulen und Ämtern Österreichs zu sein, ist bis heute bestehen geblieben. Es wurde nach pädagogischen Grundsätzen gestaltet und ist als Behelf zu selbständiger Arbeit für Schülerinnen und Schüler etwa ab der fünften Schulstufe geeignet. Neben der Verwendung in der Schule hatte das ÖWB aber auch immer das angestrebte Ziel vor Augen, ein Buch fürs Leben zu sein, für eine breite Öffentlichkeit und speziell für den Gebrauch im Verwaltungsbereich. Diesen Spagat zwischen Einsteigern und Erfahrenen, zwischen Erstinformation und vertiefendem lexikalischem Wissen gilt es zu halten, das ÖWB will in Alltag, Beruf und schulischer Praxis als verlässlicher Ratgeber in sprachlichen und rechtschreiblichen Fragen dienen.

Die tiefgreifenden Umarbeitungen des Österreichischen Wörterbuchs und die Umstellung auf die neue Rechtschreibung haben dieses Standardwerk zum österreichischen Deutsch in den letzten Jahren stark verändert. Auch mit dieser 42. Auflage ist ein deutlicher Schritt vorwärts gemacht worden. Wieder ist die Wortschatzerweiterung die wichtigste Neuerung. Und weil die Rechtschreibung nicht wirklich einfacher geworden ist, gibt es nun bei kniffligen Schreibungen Verweise in den Rechtschreibkästen auf die entsprechende Stelle im Regelteil.

Das ÖWB ist ein Gemeinschaftswerk, das ständig weiterentwickelt werden muss. Danke allen Beiträgerinnen und Beiträgern, den bewährten und den neu hinzugekommenen aus EDV, Medizin, Wirtschaft, Verkehrs- und Eisenbahnwesen, aus Verwaltung, Heereswesen usw. Danke aber auch für zahlreiche Hinweise und Anregungen aus Öffentlichkeit und Schule, die immer wieder unseren Blick für die Bedürfnisse und Anforderungen an ein Wörterbuch schärfen. Vieles Bewährte der letzten Jahre ist geblieben. Die Wahrung der Kontinuität ist wichtig für die Arbeit in der Schule. Und der Zuwachs am Wortschatz gibt ein Abbild der gegenwärtigen Sprache, denn die vielen nationalen und regionalen Besonderheiten bieten auch – manchmal deutlich, manchmal versteckt – ein Abbild der gegenwärtigen Sprache in Österreich. Die Redaktion sowie die Bearbeiterinnen und Bearbeiter hoffen, dass dieses Werk gern und mit Erfolg verwendet wird. Es soll dem traditionsreichen österreichischen Deutsch weiterhin jenen Platz sichern helfen, der ihm innerhalb des gesamten deutschsprachigen Raums zukommt.

Zum Gebrauch des Wörterbuchs

1 Auswahl und Aufbau der Artikel

1.1 Zur Auswahl der Stichwörter

Bei der Stichwortauswahl im Österreichischen Wörterbuch (ÖWB) wurden folgende Kategorien von Wörtern berücksichtigt:

- der Grundwortschatz der deutschen Sprache einschließlich der dazu zählenden gebräuchlichen Fremdwörter;
- der darauf aufbauende Wortschatz, vor allem im Hinblick auf seine Bedeutung für die Schule bis hin zur Reifeprüfung;
- der administrativ-rechtliche Wortschatz des Schulwesens und des öffentlichen Dienstes, weil dem ÖWB auch die Aufgabe zufällt, diesen Arbeitsgebieten in gewissem Ausmaß als normatives Nachschlagewerk zu dienen;
- der spezifische Wortschatz der österreichischen Varietät der deutschen Standardsprache und in Auswahl auch (überregionale) mundartliche Wörter;
- Benennungen aus österreichischer Geschichte, Kultur und Politik;
- Fachwortschatz aus einigen ausgewählten Gebieten wie zB Wirtschaft, Rechtswesen, Medizin, Technik, Physik, Medien, Sport sowie in verstärktem Ausmaß auch aus EDV und neuen Medien;
- gebräuchliche Vornamen und wichtige geografische Namen;
- häufig vorkommende Abkürzungen.

1.2 Die Anordnung der Stichwörter

1.2.1 Alphabet

Die Stichwörter sind alphabetisch angeordnet.

Die Buchstaben *ä, ö, ü* und *ß* stehen an derselben Stelle wie *a, o, u* bzw. *ss.*

Unterscheiden sich zwei Stichwörter nur durch den Umlaut (*ä* und *a* usw.), so steht *a* vor *ä*, *o* vor *ö*, *u* vor *ü*, *ss* vor *ß*, zB **sagen** vor **sägen.**

Unterscheiden sich Wörter nur durch Groß- und Kleinschreibung oder Getrennt- und Zusammenschreibung, so stehen klein- vor großgeschriebenen und getrennt vor zusammengeschriebenen Wörtern, zB **wagen** vor **Wagen, auf Grund** vor **aufgrund.**

Stichwörter mit mehr als drei Buchstaben werden im Text abgekürzt, wenn kein Missverständnis möglich ist.

1.2.2 Wortfamilien („Nester", „Blöcke", „Nischen")

Verwandte Wörter, die zu demselben Wortstamm gehören (Wortfamilie), werden zu einem Absatz („Nest", „Block", „Nische") zusammengefasst, d. h., nur das erste Wort steht ausgerückt am Beginn des Absatzes, die weiteren innerhalb des Absatzes, aber im Druck als Stichwort gekennzeichnet, zB **gelten, geltend, Geltung, Geltungstrieb** usw.

Kommt innerhalb eines Nestes in der alphabetischen Reihenfolge ein Wort, das nicht zu diesem Nest gehört, wird der Block unterbrochen.

Gleichgeschriebene, aber nicht verwandte Wörter (Homonyme, Homografe) und Wörter mit Unterschieden in Genus und Flexion werden eigens angesetzt und durch hochgestellte Ziffern getrennt, zB:

Star¹ [ʃt-] der, -[e]s/-e: *ein Singvogel*

Star² [ʃt-] der, -[e]s/-e: *eine Augenkrankheit* [...]

Star³ [st-] der, -s/-s ⟨engl.⟩: *berühmte/r Künstler/in*; Filmstar; → Starlet

1.2.3 Suchhilfen

- **Leitwörter:** Als Suchhilfe stehen auf jeder Seite des Wörterverzeichnisses ganz oben, über der waagrechten Linie, die Leitwörter, nämlich links das erste und rechts das letzte neu begonnene Stichwort der betreffenden Seite. Wer zB das Wort **CD-ROM** sucht, findet auf Seite 145 oben die beiden Leitwörter **Cd** und **Champions League**. Das Wort **CD-ROM,** das seinen alphabetischen Platz zwischen diesen Wörtern hat, ist somit auf Seite 145 zu finden.
- **Alphabetleiste:** Auf der rechten bzw. linken Seite des Wörterbuchteils befindet sich eine Alphabetleiste zum leichteren Auffinden des gesuchten Anfangsbuchstaben.
- **Fremdwörter** und andere Wörter, die man nicht unter k findet, suche man auch unter c (und umgekehrt). Gleiches gilt für: b/p, d/t, e/ä, f/ph/v, g/k, i/y, k/c/qu, o/au/eau, r/rh, sch/ch/sh, t/th, u/ou, w/v usw.

1.3 Aufbau und Darstellung der Artikel

Innerhalb der Wörterbuchartikel sind die einzelnen Angaben (soweit sie für das betreffende Stichwort in Frage kommen) meist wie folgt gereiht:

- Stichwort (fett; mit integrierter Angabe der Worttrennung und der Betonung, wenn Schreibung und Aussprache übereinstimmen; vgl. S. 12, 2.5.1);
- Lautschrift (in eckigen Klammern);
- Varianten der Schreibung;
- grammatische Angaben wie Genus, Flexion, Verbformen;
- Herkunftsangaben bei Fremdwörtern (in spitzen Klammern);
- Angaben zu Sprach-, Alters- und Stilschichten, Fachbereichen usw. (in runden Klammern);
- Bedeutungsangaben (nach Doppelpunkt oder in runden Klammern) und Beispiele.

Erklärungen zu Beispielen stehen in runden Klammern. Unterschiedliche Bedeutungen eines Wortes sind voneinander durch einfachen senkrechten Strich getrennt, die Stichwörter eines Absatzes durch doppelten senkrechten Strich. Hinweisende Wörter wie *auch, aber* usw. sind meist kursiv gesetzt. Auf besondere Schwierigkeiten wird zusätzlich durch Fettdruck hingewiesen, zB beim Plural von **Kürbis:** Kürbi**ss**e.

Eine Darstellung des Stichwortaufbaus und der verwendeten Zeichen findet man auch auf den vorderen Innenseiten des Einbandes.

1.4 Verweise in den Artikeln

Mit dem Pfeil → wird auf ein Stichwort mit mehr Informationen verwiesen oder auf verwandte Stichwörter (**dito → detto**), auf Gegenwörter (**deskriptiv → präskriptiv**), Schreibungsvarianten (**Dätschen → Tätschen**) und ähnliche Fälle.

Bei der Angabe von Varianten werden gleichwertige Formen mit = gekennzeichnet (**Schänke = Schenke**), Nebenformen durch *auch* (**adverbial,** *auch:* adverbiell). Dies gilt auch für grammatische Angaben, zB „der = das“ bzw. „der (*auch:* das)“ bzw. „der, *fachspr(achlich) auch:* das“, sowie für Aussprache- und Betonungsangaben.

Wortbestandteile, die nur in Zusammensetzungen auftreten (Komposita), zB **-wöchig** und **-spurig** (etwa in *achtwöchig, breitspurig*), werden im Wörterverzeichnis auch eigens angeführt (mit Ergänzungsstrich).

Sprachbezeichnungen, Farbwörter, Grundzahlwörter und Wochentagsnamen werden meist bei dem alphabetisch zuerst kommenden Wort ausführlicher dargestellt, von den folgenden Wörtern wird darauf verwiesen, zB Englisch → Deutsch, fünf → acht, Samstag → Dienstag, rot → blau.

2 Angaben in den Wörterbuchartikeln im Einzelnen

2.1 Worttrennung

In den Stichwörtern bezeichnen kleine senkrechte Striche alle Stellen zwischen zwei Buchstaben, wo am Zeilenende getrennt werden darf, zB **Che|mi|ke|rin, In|s|t|ru|ment, The|o|rie**. Man bedenke aber, dass nicht alle Trennungen gleich empfehlenswert sind (vgl. S. 927 f.). Ein Stichwort, das zufällig am Zeilenende (am Ende der Spalte) abgeteilt wird, hat dort den normalen (also nicht den kleinen senkrechten) Trennstrich.

2.2 Etymologische Herkunftsangaben

Bei den meisten Fremdwörtern ist in spitzer Klammer die Herkunftssprache angegeben: **fabulieren** ⟨lat.⟩; **Novelle** ⟨lat.-it.⟩. Ausnahmen: Abkürzungen und Abkürzungswörter sowie Kunstwörter und Eigennamen. Das heißt, dass meist keine Angabe bei Wörtern deutscher Herkunft steht sowie bei den meisten Lehnwörtern, wo der Fremdwortcharakter nicht mehr erkennbar ist (zB *Fenster, Mauer*).

Oft hat ein Wort den Weg über mehrere Sprachen genommen; dies wird durch einen Bindestrich angezeigt: **Talent** ⟨gr.-lat.⟩. Manchmal werden nur die wichtigsten Stationen der Wanderung eines Wortes angegeben werden, weil die Darstellung sonst zu kompliziert wäre.

Gelegentlich ist nicht sicher, aus welcher Sprache ein Wort direkt übernommen wurde; in solchen Fällen steht ein Schrägstrich: **Damast** ⟨it./fr.⟩.

Manche Wörter sind aus Bestandteilen verschiedener Sprachen zusammengesetzt; dies wird durch ein Pluszeichen gekennzeichnet: **Petroleum** ⟨gr.+lat.⟩; **Egotrip** ⟨lat.+engl.⟩.

Bei Zusammensetzungen (Komposita), in denen erster Bestandteil (Bestimmungswort) und zweiter Bestandteil (Grundwort) aus der gleichen Sprache stammen, steht nur eine Angabe: **Backgammon** ⟨engl.⟩ (also nicht ⟨engl.+ engl.⟩).

Wichtige fremdsprachliche Vorsilben (zB *hyper-, de-*) werden als eigenständige Stichwörter behandelt: **hy|per-** [hy-] ⟨gr.⟩ (nur in Zusammensetzungen wie hypergenau, Hyperthermie).

Lässt sich die Herkunft eines offensichtlichen Fremdwortes nicht ermitteln, steht für die unbekannte Herkunft ein Fragezeichen: ⟨?⟩.

In einem Block steht die Angabe im Allgemeinen beim ersten (Fremd)wort.

2.3 Soziolinguistische Angaben

2.3.1 Sprachschichten

Die Standardsprache ist nicht gekennzeichnet. Auf wichtige andere Sprachschichten beziehen sich folgende Angaben:

- umgangssprachlich (ugs.);
- mundartlich (mda.).

2.3.2 Stilschichten

Nicht besonders gekennzeichnete Wörter sind als stilistisch neutral anzusehen. Manche Wörter können je nach Zusammenhang ihre stilistische Funktion verändern. Deshalb ist der Übergang zwischen den Stilschichten fließend, zB wenn „normale" Wörter auch als Warenzeichen (Wz.) verwendet werden oder besonders im Bereich Schülerjargon und Jugendsprache (Jug.). Gelegentlich wird außer den im Folgenden aufgezählten Angaben auch eine Umschreibung gewählt, die darauf hinweist, dass ein Wort oder eine Wendung im Sinne der Political Correctness bedenklich ist.

Die im Wörterbuch bezeichneten Stilschichten sind:

- abwertend (abw.);
- beschönigend (beschön.);
- derb;
- gehoben (geh.);
- ironisch (iron.);
- salopp (sal.);
- scherzhaft (scherzh.).

2.3.3 Altersschichten

Altersspezifische Angaben sind:

- veraltend;
- veraltet;
- früher.

2.3.4 Sprachgeografische Zuordnung

Die sprachgeografische Zuordnung innerhalb Österreichs wird meist auf folgende Weise gekennzeichnet:

- regional (reg.): das Wort ist nicht in ganz Österreich üblich, aber keiner größeren Sprachlandschaft eindeutig zuzuordnen;
- ostösterreichisch (ostöst.): besonders Wien, Niederösterreich, Burgenland;
- westösterreichisch (westöst.): besonders Tirol und Vorarlberg.

Diese Angaben können auch mit Bundesländerangaben kombiniert werden, zB „ostöst., bes. W". Daneben werden aber auch Bundesländer angegeben: Oberösterreich (O), Kärnten (K), Salzburg (S) usw.

Die benachbarten deutschsprachigen Gebiete werden mit Ländernamen und Zusätzen gekennzeichnet:

- D (Deutschland);
- CH (Schweiz);
- SüdT (Südtirol).

2.3.5 Fachsprachen und Wortschatzbereiche

Für die einzelnen Fachbereiche wird eine große Zahl von Angaben verwendet, zB Administration (Admin.), Amtssprache (Amtsspr.), Astronomie (Astron.), Gastronomie und Gastgewerbe (Gast.), Psychologie (Psych.), Kraftfahrzeugwesen (Kfz), Medizin (Med.). Eine Zusammenstellung der abgekürzten Fachsprachenbezeichnungen findet sich im Abkürzungsverzeichnis auf den hinteren Innenseiten des Einbandes.

2.4 Grammatische Angaben

2.4.1 Nomen (Substantiv, Hauptwort)

Bei Nomen sind angegeben:

- der bestimmte Artikel;
- die Endungen des Genitivs Singular;
- die Endungen des Nominativs Plural (nach einem Schrägstrich).

Gehört ein Nomen zwei sprachlichen Geschlechtern an, so sind gleichwertige Artikel durch = gekennzeichnet, ein seltenerer durch ein vorgesetztes „auch".

Ausgelassene, nicht wiederholte Wortteile werden durch einen Ergänzungsstrich ersetzt, zB: „**Ärmel** der, -s" (der Genitiv Singular lautet *des Ärmels*). Ein allein stehender Bindestrich zeigt an, dass das Wort im Genitiv Singular unverändert bleibt, zB: „**Frau** die, -" (der Genitiv Singular lautet *der Frau*). Das Gleiche gilt für den Nominativ Plural (nach dem Schrägstrich), zB: „**Ärmel** der, -s/-" (der Nominativ Plural lautet *die Ärmel*).

Eingeklammerte Buchstaben bei der Fallangabe besagen, dass man die Form *mit* diesem Buchstaben und *ohne* ihn gebrauchen kann: „**Arm** der, -[e]s/-e" (der Genitiv kann also lauten *des Arms* oder *des Armes*). Also bedeutet bei **Stockerl** die Angabe -[n], dass der Plural mit oder ohne -n gebildet werden kann (*die Stockerln* oder *die Stockerl*).

Bei Umlaut im Plural wird die umgelautete Form meist ganz angegeben. Ebenso werden auftretende Rechtschreibschwierigkeiten sowie der seltenere Gebrauch mancher Formen von Fremdwörtern angeführt: „**Satz** der, -es/Sätze"; „**Album** das, -s/Alben"; „**Aula** die, -/Aulen [Aulas]"; „**Globus** der, - [-busses]/Globen [-busse]".

Ist bei einem Nomen keine Pluralform angegeben, so gibt es keine, oder es ist keine üblich: „**Mark** das, -[e]s". Gibt es dagegen nur die Pluralform, also keinen Singular, so steht in Klammern „Pl." (Plural): „**Eltern** die (Pl.)".

Bei einem umgangssprachlichen oder mundartlichen Nomen kann aus den Angaben zum Genitiv nicht auf die (meist geringe) Gebräuchlichkeit geschlossen werden.

Bei Wortzusammensetzungen sind im Allgemeinen für das Grundwort außer Lautschrift und Worttrennung keine grammatikalischen Angaben angeführt; man schlage also bei diesem Wort selbst nach, also zB zu **Bahnhofsbuffet** bei **Buffet**.

2.4.2 Verb (Zeitwort)

Das Verb wird als Stichwort im Infinitiv angegeben. Endet die Stammsilbe auf *s, ss, ß, x, tz, z, sch, tsch* wie zB in *reisen*, wird die 2. Person Singular Präsens angeführt: „du reist", „du lässt", „du reißt", „du hext", „du sitzt", „du heizt". Bei Verben mit der Stammsilbe auf *(t)sch* ist in Österreich auch die Endung *-t* (ohne vorangehendes *s*) korrekt: *du wäsch(s)t, du tratsch(s)t.*

Bei Verben auf *-eln*, zB *wechseln*, wird in der 1. Person Singular nur „ich wechsle" angegeben, nicht aber das umgangssprachliche *ich wechsel* und das in Österreich ungebräuchliche *ich wechsele.*

Bei den starken Verben stehen nach dem Stichwort bzw. nach der Erklärung die Stammformen („**bieten,** bot/geboten") und fallweise noch weitere Angaben, wenn die einzelnen Formen der Konjugation eine auffallende Bildungsweise haben oder schwierig zu schreiben sind: „**essen,** ich esse, du isst/aß/gegessen/iss!, esst!"; „**gießen,** du gießt/goss/gegossen".

Konjugierte Formen schlage man immer bei der Grundform nach, also beim Infinitiv des Verbs, zB *(du) läufst, (er) läuft, (er) lief, gelaufen* bei **laufen,** *(sie) stand, gestanden* bei **stehen.**

Nähere Angaben bei zusammengesetzten (starken) Verben schlage man beim jeweiligen Grundwort nach: Die Formen von **vergeben** findet man also bei **geben.** (Vgl. dazu auch die Tabelle mit den Stammformen, S. 882 ff.)

2.4.3 Adjektiv (Eigenschaftswort)

Bei Adjektiven sind fallweise die Vergleichsformen angegeben, wenn sie irgendeine Schwierigkeit aufweisen: „**arm,** ärmer, am ärmsten". Sind zwei Vergleichsformen gebräuchlich, so ist die seltener verwendete in Klammern beigefügt: „**dunkel,** dunkler [dünkler], am dunkelsten".

Adjektive (sowie Pronomen und Numeralien), die nur attributiv (und nicht prädikativ) vorkommen, sind als Stichwörter mit der Endung -e angegeben, zB **linke, andere.**

2.5 Aussprache und Betonung

2.5.1 Die Angaben im und neben dem Stichwort

Soweit in einem Stichwort Schreibung und Aussprache übereinstimmen, steht unterhalb der Vokal- bzw. der Diphthongschreibung der betonten (bzw. der einzigen) Silbe eines der drei folgenden Zeichen:

- Punkt für kurzen Vokal, zB **Wald, mit, Fens|ter;**
- waagrechter Strich für langen Vokal oder Diphthong, zB **Stahl, wo, Feu|er;**
- zwei nebeneinander stehende Punkte für einen Vokal, der kurz oder lang gesprochen werden kann, zB **Ma|the|ma|tik.**

Ist in einem Wort eine von zwei Betonungen seltener, steht sie in Klammern danach: **da|für** [auch: 'daː-].

Gibt es nebeneinander zwei gleichwertige Betonungen, so sind nach dem Stichwort beide in der Lautschrift angegeben, zB **Ara|ber** ['ara-, a'raː-].

Bei manchen (besonders bei langen) Wörtern kann es vorkommen, dass zwei Silben betont sind: **Elektroenzephalogramm, Bundesschulsprecherin.** In solchen Fällen ist es aber auch möglich, nur jeweils eine der zwei in Frage kommenden Silben zu betonen, besonders dann, wenn es darum geht, einen Gegensatz auszudrücken, zB **antikolonialistisch – antikolonialistisch.** Daneben gibt es Wörter mit richtiggehend „schwebender" Betonung – diese ist gleichermaßen auf zwei Silben verteilt –, wie **steinreich** 'sehr reich', **blitzgescheit.**

Stimmen Aussprache und Schreibung nicht überein, so finden sich bei diesen Stichwörtern – auch bei Komposita! – Lautschriftangaben in eckigen Klammern, zB **Claque** [klak]. Bindestriche beziehen sich auf Wortteile, deren Aussprache sich von selbst versteht und keiner Bezeichnung bedarf, zB **Chrom** [k-], **Porphyr** [-'fyːə]. In der Lautschrift werden tunlichst nur die problematischen Teile der Wörter wiedergegeben, unter anderem regelmäßig die Schreibungen *c, ph, y,* ebenso in Zweifelsfällen *chs* und *v*.

Innerhalb eines Blocks gilt die Lautschriftangabe eines Stichwortes auch für nachfolgende Stichwörter, sofern dort keine neue Lautschriftangabe steht.

In der Lautschrift des ÖWBs, dem Internationalen Phonetischen Alphabet „IPA", werden die im Folgenden aufgelisteten Zeichen und Buchstaben verwendet.

2.5.2 Betonung und Länge in der Lautschrift

Das Zeichen ' (hochgestelltes senkrechtes Strichlein) steht *vor* der betonten Silbe, zB **Chassis** [ʃa'siː], das tiefgestellte ˌ vor einer nebenbetonten Silbe. Bisweilen beschränkt sich die Betonungsangabe auf einen Vokal, zB **Bussard** [auch: -'a-].

Das Zeichen ː (Doppelpunkt) nach einem IPA-Vokalbuchstaben gibt an, dass der Vokal lang ist, zB **Computer** [k-'pjuː-].

2.5.3 IPA-Buchstaben

Die folgenden IPA-Buchstaben sind nach der Alphabetfolge der zu Grunde liegenden Buchstaben gereiht (in Klammern Beispiele).

Die IPA-Buchstaben b, d, f, g, h, j, k, l, m, n, p, t bedürfen keiner Erklärung.

a	helles a *(Masse)*
ɑː	langes dunkles a (engl. *car, father*)
ɑ̃	nasaliertes a *(Chance)*
ɒ	a-ähnliches, sehr offenes o (mda. *Patschen*, engl. *boss, God*)[1]
ʌ	ohne Lippenrundung gesprochenes offenes o *(Clubbing)*[1]
æ	a-ähnliches, sehr offenes e (engl. *jazz, chat*)[1]
ç	Ichlaut *(ich, echt)*
dʒ	d + stimmhaftes sch *(Dschungel, Jeans)*
ð	lispelnd hervorgebrachtes stimmhaftes s (engl. *father*)
e	geschlossenes e *(Tee, Mehl)*
eɪ	e, das in i übergeht (engl. *play, mail*)[1]
ɛ	offenes e (ä) *(Berg, Ähre, Statue, Mädchen)*[2]
ɛ̃	nasaliertes offenes e *(Bassin, Teint)*
ɜː	ohne Lippenrundung gesprochenes langes offenes ö (engl. *cursor, girl*)[1]

ə	abgeschwächter a-Laut, geschrieben *er (Oper, Computer, Joker);* auch zweiter Bestandteil von Diphthongen, geschrieben *r (Monteur, Airbag,* engl. *cheers)* bzw. *a* (mda. *Hias, schiach*)[3]
əʊ	ə + u (engl. *Joe, show, window*)[1]
i	geschlossenes i *(sieben, Zitrone)*
i̯	unsilbisches i *(Aktion, genial)*
ɨ	mit gesenktem Zungenrücken gesprochenes i (russ. ы, türk. ı)
ɪ	offenes i *(Irrtum,* engl. *kid);* auch zweiter Bestandteil von Diphthongen *(bei,* engl. *by, okay, boy)*
ʲ (hochgestelltes j)	zeigt nach einem IPA-Konsonantenbuchstaben an, dass der Konsonant palatalisiert, d. h. in Richtung auf j gesprochen wird; besonders dʲ, lʲ, nʲ, tʲ (it. *figlio,* fr. *compagnon*)
ɫ	u-ähnliches l (mit gesenkter Zungenwurzel) *(Zuckerl, Kerl,* engl. *girl, well)*
ʎ	= lʲ
ŋ	ng-Laut *(Lunge, singen)*
ɲ	= nʲ
o	geschlossenes o *(hoch)*
o̯	unsilbisches o *(Reservoir)*
õ	nasaliertes geschlossenes o *(Bronze)*
ɔ	offenes o *(Ort, Wolle)*
ɔː	langes offenes o (engl. *awful, call, score,* fr. *or*)[1]
ɔ̃	nasaliertes offenes o (fr. *leçon*)
ø	geschlossenes ö *(Löwe)*
œ	offenes ö *(Körper)*
œ̃	nasaliertes offenes ö *(Parfum)*
r	„vorderes" r; der IPA-Buchstabe r wird auch vereinfachend zur Bezeichnung verschiedener anderer r-Laute verwendet
ʀ	„hinteres" r (Zäpfchen-r, Gaumen-r) (fr. *grand, crayon*)
s	stimmloser, „scharfer" s-Laut, wie ß *(Wasser, groß)*
ʃ	sch *(schön)*
ts	t + s *(zehn, Witz, stets)*
tʃ	t + sch *(rutschen, deutsch, checken)*
θ	lispelnd hervorgebrachtes stimmloses s (engl. *thanks, three*)
u	geschlossenes u *(Mut, Musik)*
u̯	unsilbisches u *(Sanguiniker, Statue)*
ʊ	offenes u *(schnurren);* auch als zweiter Bestandteil von Diphthongen *(Auge,* engl. *window, show)*
v	w *(warten, vis-à-vis)*
w	unsilbisches u im Englischen *(World Wide Web)*
x	Achlaut *(Sache, hoch)*
y	geschlossenes ü *(kühl, Physik)*
y̆	unsilbisches ü *(Etui, Suite)*
ɥ	= y̆
ʏ	offenes ü *(mürrisch);* zweiter Bestandteil des Diphthongs [ɔʏ] *(Leute, Säule)*
z	stimmhafter, „summender" s-Laut *(Rose,* engl. *zero)*
ʒ	stimmhafter sch-Laut *(Genie, Journal, engagiert)*

2.5.4 Anmerkungen zu den IPA-Buchstaben

[1]) Fremdsprachliche Wörter in gesprochenen deutschen Sätzen werden normalerweise an die Lautgewohnheiten des Deutschen angepasst. Wie sich dabei englische Laute verändern, wird im Folgenden angegeben.

Links vom Pfeil (→): englischer Originallaut; rechts vom Pfeil: angepasster Laut.

ɒ → ɔ (*boss* [bɒs] → [bɔs])

ʌ → a (*cup* [kʌp] → [kap])

æ → ɛ (*chat* [tʃæt] → [tʃɛt])

eɪ → eː (*mail* [meɪl] → [meːl])

ɜː → œə (*cursor* ['kɜːsə] → ['kœəsə])

əʊ → oː oder oʊ (*Joe* [dʒəʊ] → [dʒoː, dʒoʊ])

ɔː vor r → ɔə (*score* [skɔː] → [skɔə])

Einige stimmhafte Konsonanten am Wortende werden durch entsprechende stimmlose Konsonanten ersetzt: [b] → [p], [d] → [t], [dʒ] → [tʃ], [g] → [k], [v] → [f], [z] → [s], zB *Gag* [gæg] → [gɛk], *live* [laɪv] → [laɪf].

[2]) Das e in unbetonten Nachsilben (soweit es nicht überhaupt stumm ist) klingt in Österreich normalerweise wie [ɛ]. Deshalb verwendet das ÖWB dafür den IPA-Buchstaben [ɛ] und nicht [ə].

[3]) Das ÖWB verwendet für abgeschwächtes a den IPA-Buchstaben [ə] sowohl in englischen als auch in deutschen Wörtern. Der in anderen Werken verwendete IPA-Buchstabe [ɐ] wird daher im ÖWB nicht benötigt.

2.6 Bedeutung und Beispiele

Die Wortbedeutung kann je nach Stichwort in verschiedenen Arten angegeben werden:

- als (Kurz)definition;
- als Synonym;
- durch Erklärung des Wortes in einem Beispielsatz;
- durch Anführung von treffenden Beispielen oder Zusammensetzungen.

Wenn für eine männliche bzw. eine weibliche Personenbenennung innerhalb eines Blocks eine Erklärung notwendig ist, steht sie meist nur bei der alphabetisch erstgereihten der beiden.

Wörterverzeichnis

Alle Anregungen und Vorschläge zum Österreichischen Wörterbuch bitte an eine der folgenden Adressen senden:

Österreichischer Bundesverlag Schulbuch GmbH & Co. KG
Redaktion Österreichisches Wörterbuch
Frankgasse 4
1090 Wien

E-Mail: oewb@oebv.at

a A

a [a:] das, -/- (Kleinbuchstabe): das a im Wort *arm;* das Doppel-a; das Umlaut-a *(ä)* | (Laut) der a-Laut | die a-Klasse | (Mus.) der Ton a (A) | (Mus.) a-Moll | (Math.) **Ar**

A [a:] das, -/- (Großbuchstabe): das A im Wort *Alm;* das Vitamin A; von A bis Z *(alles, vom Anfang bis zum Ende);* das A und O *(das Wesentliche, das Um und Auf);* wer A sagt, muss auch B sagen *(das Begonnene auch mit unangenehmen Konsequenzen fortsetzen)* | (auch Kfz) **A**ustria | (Phys.) **A**mpere | (Mus.) der Ton A (a) | (Mus.) A-Dur | (Mus.) **A**lt | (Verk.) **A**utobahn; die A 2 *(Südautobahn)*

ä das, -/- (Kleinbuchstabe): *Umlaut-a;* das ä im Wort *ähnlich*

Ä das, -/- (Großbuchstabe): das Ä im Wort *Ähre*

à ⟨fr.⟩: *zu, zu je;* 10 kg à 9 €; → à la

@ → At-Zeichen

Å: Ångström

a- ⟨gr.⟩ (nur in Zusammensetzungen wie apolitisch, Amoral)

a.: am; Neustift a. Walde | **a**nno

A.: Anno

Aa [ʼaʼa:] das, -s (Kinderspr.): *Kot, Exkremente;* Aa machen

AAA → Triple-A

Aa|chen: *Stadt in Deutschland*

Aal der, -[e]s/-e: *ein schlangenförmiger Fisch;* glatt wie ein Aal sein *(sich so verhalten, dass einem niemand etwas anhaben kann)* ‖ **aa|len** sich: sich in der Sonne a. *(räkeln)* ‖ **Aal|fang** ‖ **aal|glatt:** *gewandt; durchtrieben*

a. a. O.: am **a**ngegebenen **O**rt *(Hinweis auf eine bereits genannte Quelle)*

Aar der, -[e]s/-e (geh., veraltet): *Adler*

Aar|gau der, -s: *Schweizer Kanton*

Aas das, -es/Äser [Aase]: *[verwesende] Tierleiche* | (ugs.) faules Aas *(ein Schimpfwort)* ‖ **Aas|fresser** der, -s/-: *Tier, das Tierleichen frisst, zB Hyäne* ‖ **Aas|gei|er:** → *Schmutzgeier | ein Schimpfwort* ‖ **Aas|krä|he:** *Oberbegriff für Nebelkrähe und Rabenkrähe*

ab:

Präposition mit Dativ:
– ab der Grenze
– ab dem ersten Mai

Bei Zeitangaben oÄ mit Dativ oder Akkusativ, wenn kein Artikel steht:
– ab erstem/ersten Mai
– ab 14 Jahre[n]

Adverb:
ab und zu ([bes. D: ab und an] *manchmal*); Hut ab! *(alle Anerkennung!)* | (ugs.) der Finger ist ab *(abgetrennt)*

A. B. [a ʼbe:]: **A**ugsburger **B**ekenntnis; die Evangelische Kirche A. B.; → H. B.

Aba|kus der, -/- [Abaki] ⟨phönizisch/hebr.-gr.⟩: *eine Rechenmaschine mit Knöpfen oÄ*

ab|än|der|bar ‖ **ab|än|dern:** ein abgeändertes Programm ‖ **Ab|än|de|rung** ‖ **Ab|än|de|rungs|an|trag:** ein A. zu einem Gesetzentwurf

ab|ängs|ti|gen sich: sich um den Verschwundenen tagelang a.

ab|ar|bei|ten: *eine Schuld durch Arbeit begleichen* | abgearbeitete *(durch manuelle Tätigkeit abgenützte)* Hände

ab|är|gern sich: *sich ständig ärgern*

Ab|art: die A. einer Hunderasse ‖ **ab|ar|tig:** ein abartiges *(aus der Art geschlagenes)* Verhalten ‖ **Ab|ar|tig|keit** die, -/-en

ab|äsen (Jägerspr.): *abfressen*

ab|äs|ten: *einen Baum von Ästen befreien*

Abb.: Abbildung

ab|bal|gen (Jägerspr.): *enthäuten;* einen Hasen a. *(sein Fell abziehen)*

Ab|bau der, -[e]s: der A. von Gerüsten | der A. *(die Kündigung)* von Arbeitskräften | der A. *(die Reduzierung)* von Privilegien | der A. *(die Gewinnung)* von Erzen | (Chem.) der A. *(die Zerlegung)* von Alkohol ‖ **ab|bau|en:** Vorurteile a.; geistig a. *(nachlassen)* | Arbeitskräfte a. *(kündigen)* | Kohle a. ‖ **Ab|bau|pro|dukt:** *durch den Abbauprozess entstandenes Produkt, zB Zucker* ‖ **Ab|bau|pro|zess:** Fäulnis ist ein natürlicher A. ‖ **ab|bau|wür|dig:** ein abbauwürdiges *(für den Abbau rentables)* Kohlebergwerk

Ab|bé der, -s/-s: *niederer Weltgeistlicher [in Frankreich]*

ab|bee|ren (bes. D): *abrebeln*

ab|bei|ßen: von der Semmel a.

ab|bei|zen: *mit einem Lösungsmittel zB Lack entfernen* ‖ **Ab|beiz|mit|tel**

ab|be|kom|men: sie hat viel davon a. *(vom Ganzen bekommen)*

ab|be|ru|fen: *aus dem Amt entlassen;* der Botschafter wurde a. *(zurückberufen)* | (geh.) [aus dem Leben] a. werden *(sterben)* ‖ **Ab|be|ru|fung:** die A. des Vorstands/einer Ministerin

ab|be|stel|len: *eine Bestellung rückgängig machen* ‖ **Ab|be|stel|lung**

ab|bet|teln: jemandem Geld a. | (ugs.) jemandem eine Ohrfeige a. *(jemanden so lange provozieren, bis er zuschlägt)*

ab|beu|teln: *abschütteln*

ab|be|zah|len: *abzahlen*

ab|bie|gen: nach links a.; den Ellbogen a. *(beugen)* | (ugs.) etwas a. *(verhindern)* ‖ **Ab|bie|ge|spur** ‖ **Ab|bie|gung**

Ab|bild: Anna ist das A. ihrer Mutter *(sie sieht ihr sehr ähnlich)* ‖ **ab|bil|den:** *bildlich darstellen;* naturgetreu a. ‖ **Ab|bil|dung** (Abb.) ‖ **Ab|bil|dungs|feh|ler** (Phys.): A. einer optischen Linse ‖ **Ab|bil|dungs|maß|stab** (bes. Phys.): *Verhältnis von Bildgröße zu Gegenstandsgröße*

ab|bin|den: die Schürze a. *(abnehmen)* | den verletzten Arm a. *(abschnüren, um die Blutung zu stillen)* | Gips bindet ab *(wird fest)*

Ab|bit|te (geh.): einem Freund A. leisten *(ihn um Verzeihung bitten);* A. tun ‖ **ab|bit|ten** (geh.): seine Missetaten a.

ab|bla|sen: den Staub a. | (sal.) ein Vorhaben a. *(aufgeben, absagen)*

ab|blät|tern: die Farbe blättert ab

ab|blen|den: *abdunkeln* | (Kfz) das Licht a. *(mit Abblendlicht fahren)* ‖ **Ab|blend|licht:** *ein Scheinwerfer am Kfz;* → Fernlicht

ab|blit|zen (ugs.): *abgewiesen werden;* jemanden a. *(sich vergeblich bemühen)* lassen

ab|blo|cken: einen Angriff a. *(verhindern, abwehren)*

Ab|brand|ler der, -s/- = **Ab|bränd|ler** (veraltend): *durch den Brand seines Hauses schwer Geschädigter*

ab|bra|ten: Fleisch schnell a. *(anbraten)*

ab|brau|sen: *duschen;* sie braust sich nach der Gartenarbeit ab | (ugs.) *rasch davonfahren* | (ugs., derb) damit kannst du dich a. *(davon will ich nichts hören)*

ab|bre|chen: einen Zweig a. | ein

A

Gespräch a. | die Zelte a. *(abbauen; den Ort verlassen)* | die Küste bricht *(fällt)* steil ab || **Ab|bre|cher** der, -s/-: *Schüler oder Student, der seine Schullaufbahn bzw. sein Studium vorzeitig (ohne Abschluss) beendet* || **Ab|bre|che|rin** die, -/-innen

ab|brem|sen: die Fahrerin musste scharf a.

ab|bren|nen: das Haus brennt ab; Benzinreste a. | (veraltend) *von der Sonne gebräunt werden;* er lässt sich a.; → abgebrannt

Ab|bre|vi|a|tur [-v-] die, -/-en ⟨lat.⟩: *Abkürzung in der Schrift*

ab|brin|gen: jemanden von seiner Meinung a.

ab|brö|ckeln: der Mauerverputz bröckelt ab

ab|bro|cken (bes. ostöst.): *abpflücken*

Ab|bruch: der A. eines Hauses | der A. der Verhandlungen/des Studiums || **Ab|bruch|ar|beit,** *auch:* Abbruchsarbeit (meist Pl.) || **Ab|bruch|be|scheid,** *auch:* Abbruchsbescheid || **Ab|bruch|haus,** *auch:* Abbruchshaus || **ab|bruch|reif,** *auch:* abbruchsreif || **Ab|bruchs|ar|beit** → Abbrucharbeit

ab|brü|hen (bes. D) (Küchenspr.): Gemüse a. *(mit kochendem Wasser übergießen; blanchieren);* → abgebrüht

ab|bu|chen: den Betrag vom Konto a. || **Ab|bu|chung** || **Ab|bu|chungs|auf|trag** (Bankw.): *Auftrag des Kontoinhabers an seine Bank, einen bestimmten Geldbetrag vom Konto abzubuchen;* einen A. erteilen

ab|bürs|ten: den Mantel a.

ab|bus|seln (ugs.): *abküssen*

ab|bü|ßen: eine Schuld a.

Abc [a be ˈtseː] = **ABC** das, -[s]/-s: *das Alphabet*

ab|ca|shen [-kɛʃ-] (ugs.): *abkassieren;* → Cash

Ab|cha|si|en: *ein autonomer Teil Georgiens*

ab|che|cken [-tʃ-] (sal.): *[Punkt für Punkt] kontrollieren* | (Jug.) die Homepage musst du unbedingt a. *(unbedingt anschauen)*

Abc-Schüt|ze [a be ˈtseː-] (veraltet bzw. scherzh.): *Schulanfänger* || **Abc-Schüt|zin** (veraltet bzw. scherzh.)

ABC-Waf|fen [a be ˈtseː-] die (Pl.): **a**tomare, **b**iologische und **c**hemische Waffen (im Gegensatz zu den konventionellen Waffen)

ab|damp|fen: *Dampf ablassen* | (ugs.) *abfahren, sich rasch entfernen*

ab|dämp|fen: *die Wirkung abschwächen;* einen Klang a.; einen Sprung a.

ab|dan|ken: der Monarch dankte ab *(legte sein Amt nieder)* || **Ab|dan|kung** die, -/-en

ab|de|cken: den Tisch a. *(abräumen);* der Sturm deckte Häuser ab | die Beete mit Zweigen a. *(bedecken)* | Verpflichtungen a. *(begleichen);* Anforderungen a. *(erfüllen)* | alle Bereiche a. *(umfassen)* || **Ab|de|cker** der, -s/- (veraltet): *Tierkadaververwerter* || **Ab|deck|pla|ne** || **Ab|de|ckung**

ab|dich|ten: ein Rohr a. *(dicht machen)*

ab|die|nen: *(eine verpflichtende Dienstzeit) zur Gänze ableisten;* den Militärdienst a.

ab|ding|bar (Jus): *durch freie Vereinbarung ersetzbar;* → G.: unabdingbar

ab|do|cken: ein Flugzeug vom Gate a. | (EDV) ein Gerät von der Dockingstation a.

Ab|do|men das, -s/Abdomina ⟨lat.⟩ (Med.): *Bauch*

ab|drän|gen: jemanden von der Straße a.

ab|dre|hen: das Licht a. *(ausschalten)* | das Flugzeug/Schiff dreht ab *(ändert seine Richtung)* | einen Film a. *(fertig drehen)* | (sal.) eine Aktion a. *(abwürgen, stilllegen);* → abgedreht

ab|drif|ten: *vom Kurs abweichen*

Ab|druck[1] der, -[e]s/-drucke: der A. des Stempels | der A. eines Manuskripts || **Ab|druck**[2] der, -[e]s/-drücke: Abdrücke ihrer Finger | im letzten A. *(Augenblick)* || **ab|dru|cken:** ein Gedicht a. *(veröffentlichen)* || **ab|drü|cken:** er drückte [die Pistole] ab | die Hand in Gips a.

ab|dun|keln: einen Raum a.

ab|du|schen: sich vor der Sauna kurz a.

ab|eb|ben: die Flut ebbte ab | die Erregung ist abgeebbt *(schwächer geworden)*

ab|ei|sen: das Auto a. *(von Eis befreien)* | (veraltend) *abtauen;* den Kühlschrank a.

Abend

der, -s/-e: am Abend; diesen Abend; bunter Abend *(Abendveranstaltung mit verschiedenen Darbietungen)* | (geh.) *der Westen;* von Abend her | der Heilige Abend *(24. Dezember)*

Großschreibung:
- des/eines Abends
- [um] acht Uhr Abend *(abends)*
- zu Abend essen; *aber zusammen:* → abendessen
- guten (= Guten) Abend sagen
- heute Abend; morgen Abend; gestern Abend; *aber zusammen:* → Dienstagabend

Kleinschreibung von „abends“:
- abends lesen *(jeden Abend, auch: am Abend)*
- [um] acht Uhr abends
- sie kommen [am] Mittwoch abends

R→ S. 891, 1.3.1

Abend|an|zug: *[dunkler] Anzug für einen festlichen Anlass* || **Abend|aus|ga|be:** die A. einer Zeitung || **Abend|brot** (nördl. D): *Abendessen* || **Abend|däm|me|rung** || **abend|es|sen** (nur Inf. und Part.): früh a. gehen; *aber:* zu Abend essen; → mittagessen || **Abend|es|sen** || **abend|fül|lend:** ein abendfüllendes *(den ganzen Abend dauerndes)* Programm || **Abend|gar|de|ro|be** || **Abend|gym|na|si|um** [-gy-]: *Gymnasium oder Realgymnasium für Berufstätige* || **Abend|him|mel** || **Abend|kar|te:** *Speisekarte für den Abend* || **Abend|kas|sa** = **Abend|kas|se:** Theaterkarten an der A. *(unmittelbar vor der Vorstellung)* kaufen || **Abend|kleid:** *ein festliches Kleid* || **Abend|klei|dung** || **Abend|kurs** || **Abend|land** das, -[e]s: *der Bereich der europäischen Kultur* || **abend|län|disch** || **Abend|läu|ten** das, -s || **abend|lich:** *abendliche Stille* || **Abend|luft** die, - || **Abend|mahl** (geh.): *Abendessen* | (Rel.) das Letzte A. *(das Mahl Jesu mit den Jüngern vor seinem Tod)* | (evangelische Kirche) *ein Sakrament;* → Eucharistie | (evangelische Kirche) → *Abendmahlsfeier* || **Abend|mahls|brot** (evangelische Kirche): *Brot, das beim Abendmahl verteilt wird* || **Abend|mahls|fei|er:** *Gottesdienst in der evangelischen Kirche* || **Abend|mes|se** || **Abend|nach|rich|ten** die (Pl.) || **Abend|pro|gramm** || **Abend|rot:** *rote Färbung des Himmels im Westen* || **abends:** a. *(am Abend; jeden Abend)* zu Hause sein; [um] acht Uhr a.; sie kommen [am] Mittwoch a. (auch: mittwochabends, mittwochs abends,

A

Mittwochabend) ‖ **Abend|schu|le** ‖ **Abend|son|ne** ‖ **Abend|spit|ze:** *die Verkehrsspitze am Abend;* → G.: Frühspitze ‖ **Abend|stern** der, -[e]s: *die Venus, Morgenstern* ‖ **Abend|stun|de** ‖ **Abend|toi|let|te** [-toa,lɛt(ɛ)]: Damen in A. *(festlicher Abendkleidung)* ‖ **Abend|ver|an|stal|tung** ‖ **Abend|zei|tung**

Aben|teu|er das, -s/-: *aufregendes, gefahrvolles Erlebnis* | (auch abw.) *risikoreiche, waghalsige Aktion* | ein A. *(eine kurzzeitige Liebesbeziehung)* mit jemandem haben ‖ **Aben|teu|er|film** ‖ **Aben|teu|e|rin** → Abenteurerin ‖ **aben|teu|er|lich:** *riskant* | *ungewöhnlich* ‖ **Aben|teu|er|lust:** *Lust am Abenteuer* ‖ **aben|teu|er|lus|tig** ‖ **Aben|teu|er|ro|man** ‖ **Aben|teu|er|spiel|platz** ‖ **Aben|teu|er|ur|laub** ‖ **Aben|teu|rer** der, -s/-: *Mann, der Abenteuer liebt und sucht* ‖ **Aben|teu|re|rin** die, -/-in|nen, *auch:* Abenteuerin ‖ **Aben|teu|rer|na|tur:** sie war eine A.

aber:

das glaube ich aber nicht; aber, aber! *(nicht doch!)*
Konjunktion mit Beistrich:
- reich, aber unglücklich
- die Torte ist schön, schmeckt aber nicht gut

Großschreibung bei Nominalisierung:
- viele Wenn und **A**ber; kein **A**ber! R→ S. 895, 2.5

Aber|glau|be = **Aber|glau|ben:** *als irrig angesehener Glaube an übernatürliche Kräfte* ‖ **aber|gläu|bisch** ‖ **aber|hun|dert** = **Aber|hun|dert:** *viele hundert;* aberhundert[e] = Aberhundert[e] von Zuhörern; hundert[e] und aberhundert[e] = Hundert[e] und Aberhundert[e] Vögel

ab|er|ken|nen, ich erkenne ab/ich aberkenne: ihm wurde ein Recht aberkannt ‖ **Ab|er|ken|nung**

aber|ma|lig: bei abermaligem *(neuerlichem)* Regelverstoß ‖ **aber|mals:** *nochmals*

ab|ern|ten: das Getreide a.; das Feld a.

Ab|er|ra|ti|on [-tsi̯-] die, -/-en ⟨lat.⟩ (Phys.): *ein Abbildungsfehler* | (Astron.) *scheinbare Veränderung eines Gestirns am Himmel*

Aber|see: → *Wolfgangsee*

aber|tau|send = **Aber|tau|send:** *viele tausend;* abertausend[e] = Abertausend[e] von Zuhörern; tausend[e] und abertausend[e] = Tausend[e] und Abertausend[e] Vögel ‖ **Aber|witz** der, -es (geh.): *Unsinnigkeit* ‖ **aber|wit|zig** (geh.)

ab|fa|ckeln: *durch Verbrennen vernichten* | (abw.) *durch Brandlegung vernichten*

ab|fahr|be|reit, *auch:* abfahrtsbereit, abfahrtbereit ‖ **ab|fah|ren:** übermorgen fahre *(reise)* ich ab; der Bus fährt ab; auf der Rodel ins Tal a.; der Zug ist abgefahren *(die Gelegenheit ist vorbei; die Sache ist entschieden)* | (ugs.) fahr ab! *(verschwinde!)* | abgefahrene *(abgenutzte)* Winterreifen | den Film a. *(starten)* | (sal.) er fährt auf Kekse ab *(mag sie)* ‖ **Ab|fahrt** ‖ **ab|fahrt|be|reit** = **ab|fahrts|be|reit** → abfahrbereit ‖ **Ab|fahrts|lauf** (Sport) ‖ **Ab|fahrts|pis|te** ‖ **Ab|fahrts|ren|nen** (Sport) ‖ **Ab|fahrts|stel|le** ‖ **Ab|fahrts|stre|cke** ‖ **Ab|fahrts|zeit**

Ab|fall der, -[e]s/-fälle: *Überrest;* radioaktive Abfälle | (ohne Pl.) *das Abtrünnigwerden* | (ohne Pl.) der A. *(Rückgang)* der Leistungen ‖ **Ab|fall|be|auf|trag|te** ‖ **Ab|fall|be|sei|ti|gung** ‖ **Ab|fall|be|wirt|schaf|ter:** *ein Beruf* ‖ **Ab|fall|be|wirt|schaf|te|rin** ‖ **Ab|fall|ei|mer:** *Mistkübel* ‖ **ab|fal|len:** in der Leistung a. *(nachlassen)* ‖ **ab|fäl|lig:** sich über jemanden a. *(geringschätzig)* äußern ‖ **Ab|fall|pro|dukt** ‖ **Ab|fall|recht** (Jus) ‖ **Ab|fall|ver|mei|dung** ‖ **Ab|fall|ver|wer|tung** ‖ **Ab|fall|wirt|schaft** ‖ **Ab|fall|wirt|schaf|ter:** *ein Beruf* ‖ **Ab|fall|wirt|schaf|te|rin**

ab|fäl|schen (Sport): den Ball a. *([unbeabsichtigt] in eine andere Richtung lenken)*

ab|fan|gen: eine geheime Botschaft a. ‖ **Ab|fan|gen** das, -s (reg.): *Fangen, Fangerlspiel;* A. spielen ‖ **Ab|fang|jä|ger** (Mil.): *ein Jagdflugzeug*

ab|fär|ben: der Stoff färbt ab

ab|fas|sen: *verfassen, formulieren* ‖ **Ab|fas|sung**

ab|fe|dern: *mittels Federung abfangen* | die Maßnahmen werden sozial abgefedert *(abgemildert)* ‖ **Ab|fe|de|rung**

ab|fei|len: den Nagel a.

ab|fer|ti|gen: einen Zug a. | einen Angestellten a. *(abfinden)* ‖ **Ab|fer|ti|gung** die, -/-en: *Abfindung eines Arbeitnehmers bei Beendigung des Dienstverhältnisses* | *Verladen von Gütern oder Personen* | *Freigabe eines abfahrbereiten Zuges* | (Amtsspr.) zur Einsicht vor A. *(nach Genehmigung)* ‖ **Ab|fer|ti|gungs|an|spruch** ‖ **Ab|fer|ti|gungs|rück|la|ge** ‖ **Ab|fer|ti|gungs|schal|ter** ‖ **Ab|fer|ti|gungs|sum|me**

ab|feu|ern: einen Schuss a.

ab|fie|seln (mda.): *abnagen*

ab|fin|den[1]: die Angestellte mit einer Geldsumme a. *(ihre Forderungen damit abgelten)* ‖ **ab|fin|den**[2] sich: sich mit dem Schicksal a. *(sich mit ihm zufriedengeben)* ‖ **Ab|fin|dung** die, -/-en: *Zahlung zur Abgeltung von Ansprüchen* ‖ **Ab|fin|dungs|sum|me**

ab|fi|schen: *leer fischen*

ab|fla|chen: die Ecken a. *(flach machen)* | die Schwellung flacht ab *(wird flacher)* | die Diskussion flachte ab *(wurde stetig uninteressanter, niveauloser)* ‖ **Ab|fla|chung** die, -/-en

ab|flau|en: der Wind flaute ab *(wurde schwächer)* | die Begeisterung flaute ab

ab|flie|gen: die Maschine flog um 8 Uhr ab

ab|flie|ßen: das Wasser a. lassen

Ab|flug ‖ **ab|flug|be|reit** ‖ **Ab|flug|zeit**

Ab|fluss: der A. des Waschbeckens ‖ **Ab|fluss|rei|ni|ger** ‖ **Ab|fluss|rohr**

Ab|fol|ge: *Reihenfolge*

ab|for|dern: den Sportlerinnen alles a.

ab|fot|zen (ugs., derb): *ohrfeigen*

ab|fra|gen: die Vokabel a.

ab|fres|sen: die Schnecken fressen den Salat ab

ab|fret|ten sich (ugs.): *sich abmühen*

ab|frie|ren: sich die Ohren a.

ab|frot|tie|ren: *mit einem Tuch abreiben*

Ab|fuhr: jemandem eine A. *(Zurückweisung)* erteilen | *Abtransport [von Müll]* ‖ **ab|füh|ren:** den Angeklagten a. | (Amtsspr.) Steuern a. *(zahlen)* ‖ **Ab|füh|ren** das, -s (geh.): *Durchfall;* A. haben ‖ **Ab|führ|mit|tel**

Ab|füll|da|tum ‖ **ab|fül|len:** Wein in Flaschen a. ‖ **Ab|fül|lung**

Abg.: Abgeordnete/r

Ab|ga|be die, -/-en: öffentliche Abgaben *(vom Staat eingehobene Geldleistungen)* | (ohne Pl.) die A. des Stimmzettels ‖ **Ab|ga|ben|ein|he|bung** (Amtsspr.): *Eintreibung von Steuern durch die Ab-*

gabenbehörde ‖ **Ab|ga|ben|exe|ku|ti|ons|ord|nung** [-tsi̯-] (Amtsspr.) ‖ **ạb|ga|ben|frei,** *auch:* abgabefrei ‖ **Ab|ga|ben|ge|setz** ‖ **Ạb|ga|ben|ord|nung** (Admin.): *ein Gesetzeswerk* ‖ **Ạb|ga|ben|quo|te** ‖ **ạb|ga|ben|pflich|tig,** *auch:* abgabepflichtig: abgabenpflichtige Organisationen ‖ **Ạb|ga|be|post|amt** ‖ **Ạb|ga|be|ter|min**

Ạb|gang: der A. zur U-Bahn | sein A. *(Austritt)* von der Schule | (sal.) das war ein starker A. *(ein spektakuläres Weggehen, Abtreten)* | (veraltet) *Absatz (einer Ware);* A. finden | (Amtsspr.) *Fehlbetrag* | der A. *(der Nachgeschmack)* eines Weines ‖ **Ạb|gän|ger** der, -s/-: ein A. *(Absolvent)* des Akademischen Gymnasiums ‖ **Ạb|gän|ge|rin** die, -/-innen ‖ **ạb|gän|gig:** *nicht zurückgekehrt, verschwunden* ‖ **Ạb|gän|gig|keits|an|zei|ge:** die A. *(Vermisstenanzeige)* erstatten ‖ **Ạb|gangs|zeug|nis**

Ạb|gas (meist Pl.): die Abgase der Autos ‖ **ạb|gas|arm** ‖ **ạb|gas|frei**

ABGB [a be ge ˈbeː] das, -[s]: das **A**llgemeine **B**ürgerliche **G**esetz**b**uch

ạb|ge|ben: ein Paket a. | eine Erklärung a. *(Stellung nehmen)* | den Vorsitz a. *(zurücklegen)* | mehrere Schüsse a. *(mehrmals schießen)* | (oft abw.) sich mit den Nachbarskindern a. *(beschäftigen, mit ihnen Kontakt haben)* | (derb) den Löffel a. *(sterben)*

ạb|ge|brannt (ugs.): ich bin a. *(ohne Geld);* → abbrennen

ạb|ge|brüht: *unempfindlich [gegen Vorhaltungen, starke Gefühle, Schmerzen];* → abbrühen

ạb|ge|dreht (ugs.): *durchtrieben, gemein;* → abdrehen

ạb|ge|dro|schen (ugs.): eine abgedroschene *(bis zum Überdruss gehörte)* Melodie

ạb|ge|feimt (veraltend): ein ganz abgefeimter *(durchtriebener)* Schurke; → Feim ‖ **Ạb|ge|feimt|heit** die, -/-en (veraltend)

ạb|ge|fuckt [-fakt] ⟨engl.⟩ (ugs., derb): abgefuckte *(abgetragene, schmutzige)* Kleidung

ạb|ge|grif|fen: ein abgegriffenes *(abgenütztes)* Buch; → abgreifen

ạb|ge|hackt: a. *(stoßweise)* sprechen; → abhacken

ạb|ge|han|gen: ein [gut] abgehangenes *(mürbes)* Fleisch; → abhängen[1]; → abliegen

ạb|ge|härmt (veraltet, geh.): *verhärmt*

ạb|ge|hen: (von der Bühne) nach links a. | der Zug geht *(fährt)* um 10 Uhr ab | der Nierenstein ging ab *(wurde ausgeschieden)* | von einer Forderung a. *(auf sie verzichten)* | es ging nicht ohne Schwierigkeiten ab *(verlief nicht glatt)* | mir geht etwas ab *(ich vermisse es)* | (ugs.) hier geht die Post ab! *(hier ist etwas los!)*

ạb|ge|ho|ben: er wirkt a. *(realitätsfern);* → abheben

ạb|ge|kämpft: der Sieger sah a. *(erschöpft)* aus

ạb|ge|kar|tet (abw.): eine abgekartete *(heimlich ausgemachte)* Sache; ein abgekartetes Spiel

ạb|ge|klärt: *leidenschaftslos, ruhig; reifer geworden;* → abklären ‖ **Ạb|ge|klärt|heit** die, -

ạb|ge|lebt: ein abgelebtes *(durch das Leben gezeichnetes)* Aussehen

ạb|ge|le|gen: ein abgelegenes *(abseitsliegendes)* Haus; → abliegen ‖ **Ạb|ge|le|gen|heit** die, -

ạb|gel|ten ‖ **Ạb|gel|tung** die, -/-en: *Vergütung*

ạb|ge|neigt: einer Sache nicht a. sein *(ihr wohlwollend gegenüberstehen)* ‖ **Ạb|ge|neigt|heit** die, -

ạb|ge|ord|net: *entsandt*

Ạb|ge|ord|ne|te[1]

der, -n/-n, ein Abgeordneter (Abg.): *Mandatar;* Oskar Meier, Abgeordneter zum Nationalrat; Abgeordneter zum Landtag ‖ **Ạb|ge|ord|ne|te[2]** die, -n/-n (Abg.)

Deklination:
- eine Gruppe österreichischer Abgeordneter
- wir Abgeordnete[n]; unsere Abgeordnete[n]
- eine Anfrage von Frau Abgeordneter/Abgeordneten Schmidt; eine Anfrage von Herrn Abgeordneten Rieder
- mit Abgeordnetem Rieder; mit Abgeordneter Schmidt

Ạb|ge|ord|ne|ten|haus (Gesch.): *Parlament in Österreich 1867–1918 (neben dem Herrenhaus eine der beiden Kammern des Reichsrats)* ‖ **Ạb|ge|ord|ne|ten|kam|mer** (SüdT) (Admin.): *die erste Kammer des italienischen Parlaments*

ạb|ge|passt → abpassen

ạb|ge|plat|tet: die Erde ist an den Polen a. *(abgeflacht)*

ạb|ge|putzt (V): *durchtrieben;* → abputzen

ạb|ge|ris|sen: abgerissene *(alte, zerfetzte)* Jeans | abgerissene *(wirre)* Gedanken; → abreißen

ạb|ge|sandt ‖ **Ạb|ge|sand|te[1]** der, -n/-n, ein Abgesandter (geh.): *ein Beauftragter* ‖ **Ạb|ge|sand|te[2]** die, -n/-n (geh.)

Ạb|ge|sang (geh.): *das nahe Ende, langsamer Abschluss*

ạb|ge|schie|den: ein abgeschiedener *(einsam gelegener)* Bauernhof ‖ **Ạb|ge|schie|de|ne[1]** der, -n/-n, ein Abgeschiedener (geh.): *ein Verstorbener* ‖ **Ạb|ge|schie|de|ne[2]** die, -n/-n (geh.) ‖ **Ạb|ge|schie|den|heit** die, -: in völliger A. wohnen

ạb|ge|schlafft: *müde, erschöpft*

ạb|ge|schla|gen: der abgeschlagene *(zurückliegende)* Zweite | er schaut a. *(erschöpft)* aus | abgeschlagenes Geschirr; → abschlagen

ạb|ge|schmackt (geh.): eine abgeschmackte *(geschmacklose, dumme)* Bemerkung ‖ **Ạb|ge|schmackt|heit** die, -/-en

ạb|ge|se|hen → absehen

ạb|ge|spannt: *erschöpft, müde* ‖ **Ạb|ge|spannt|heit** die, -

ạb|ge|stan|den: ein abgestandenes *(durch zu langes Stehen geschmacklos gewordenes)* Getränk; → abstehen

ạb|ge|straft (Amtsspr., veraltend): *vorbestraft;* → abstrafen

ạb|ge|ta|kelt (ugs., abw.): ein abgetakelter *(heruntergekommener)* Filmstar; → abtakeln

ạb|ge|tan → abtun

ạb|ge|tra|gen: ein abgetragener *(verschlissener)* Anzug; → abtragen

ạb|ge|win|nen: einer Sache nichts a. können *(nichts Gutes daran finden)*

ạb|ge|wirt|schaf|tet: *[durch eigene Schuld] heruntergekommen*

ạb|ge|wöh|nen: jemandem eine Unart a.; ich habe mir das Rauchen abgewöhnt

ạb|ge|wohnt: ein abgewohntes *(abgenütztes)* Zimmer

ạb|ge|zehrt (geh.): *abgemagert, entkräftet*

ạb|gie|ßen: das Nudelwasser a.

Ạb|glanz: der A. *(noch spürbare Glanz)* vergangener Tage

ạb|glei|chen: *etwas in Übereinstimmung, auf den gleichen Stand bringen;* Testergebnisse a.

ạb|glei|ten (geh.): *abrutschen*

Ạb|gott: *Götze* | *Idol* ‖ **Ạb|göt|tin** ‖

ạb|göt|tisch: jemanden a. lieben
ạb|gra|ben: den Boden a. | jemandem das Wasser a. *(jemandes Existenzgrundlage bedrohen, zunichtemachen)*
ạb|gra|sen: *das Gras auf der Weide fressen* | (ugs.) *absuchen;* alle Geschäfte nach etwas a.
ạb|grei|fen: *abtasten;* den gebrochenen Arm a. | der Umschlag greift sich rasch ab *(nützt sich durch Handhabung ab);* → abgegriffen
ạb|gren|zen: *abtrennen;* die Arbeitsbereiche voneinander a.; sich von jemandem/etwas a. || **Ạb|gren|zung** die, -/-en
Ạb|grund: *Tiefe* | am Rande des finanziellen Abgrunds *(Ruins, Untergangs)* || **ạb|grün|dig:** ein abgründiges *(unergründliches, rätselhaftes)* Lächeln || **ạb|grund|tief:** *sehr tief*
Ạb|guss: ein A. *(eine Nachbildung, Kopie)* in Gips
ạb|ha|cken: einen Ast a.; → abgehackt
ạb|ha|keln (ugs.): *abhaken* || **ạb|ha|ken:** Namen in einer Liste a. | eine Sache a. *(als erledigt betrachten)*
ạb|half|tern: das Pferd a.; → Halfter
ạb|hal|ten: jemanden von etwas a. | eine Versammlung a. || **Ạb|hal|tung**
ạb|han|deln: ein Thema a. *(sich damit schriftlich/mündlich auseinandersetzen)*
ab|hạn|den|kom|men: *verloren gehen*
Ạb|hand|lung: eine umfangreiche A. *(Untersuchung, Studie)* schreiben | die A. einer Verlassenschaft
Ạb|hang: ein steiler A. || **ạb|hän|gen**[1]: es *ist* von ihr abgehangen; → abgehangen; → hängen[1] || **ạb|hän|gen**[2]: er *hat* den Wagon abgehängt | eine Zimmerdecke a. *(einen niedrigeren Plafond einziehen);* → hängen[2] || **ạb|hän|gig:** von jemandem finanziell a. sein || **Ạb|hän|gig|keit** die, -/-en || **Ạb|hän|gig|keits|ver|hält|nis**
ạb|här|men sich: *sich [längere Zeit] kränken*
ạb|här|ten: sich gegen Verkühlung a. || **Ạb|här|tung** die, -/-en
ạb|hau|en[1]: *abschlagen* | (ugs.) *sich aus dem Staub machen;* sie ist abgehaut/abgehauen || **ạb|hau|en**[2] sich (ugs., sal., derb): *laut über etwas lachen;* er hat sich darüber abgehaut
ạb|hau|sen (mda.): ein abgehauster *(pleitegegangener)* Bauer
ạb|häu|teln (ugs.): *abhäuten* || **ạb|häu|ten:** *die Haut abziehen*
ạb|heb|bar: eine täglich abhebbare *(nicht gebundene)* Spareinlage || **ạb|he|ben:** den Telefonhörer a. | Geld vom Konto a. *(beheben)* | das Flugzeug hebt vom Boden ab | sich von den anderen a. *(deutlich unterscheiden);* → abgehoben
ạb|hef|ten: die Kopien a. *(zB in einem Ordner ablegen)*
ạb|hei|len: die Wunde heilt nicht ab
ạb|hel|fen: dem Mangel a.
ạb|het|zen: „Hetz dich nicht so ab!" *(Beeil dich nicht so!)*
Ạb|hil|fe die, -: A. schaffen
Ab-Hof-Ver|kauf: *Vertrieb landwirtschaftlicher Produkte direkt vom Bauernhof*
ạb|ho|beln: *mit dem Hobel bearbeiten*
ạb|hold [auch: -'ɔ-] (veraltet): dem Trinken a. *(abgeneigt)* sein
Ạb|hol|dienst || **ạb|ho|len:** jemanden vom Flughafen a. || **Ạb|hol|schein** || **Ạb|ho|lung** die, -/-en
ạb|hol|zen: den Wald a. *(schlägern)* || **Ạb|hol|zung** die, -/-en
ạb|hor|chen: Telefonate a. | die Lunge a.
ạb|hö|ren: Telefongespräche a. | die Lunge a. | *Lernfortschritte kontrollieren;* Vokabel a. || **Ạb|hör|ge|rät** || **ạb|hör|si|cher:** eine abhörsichere Telefonanlage
ạb|hü|ten (scherzh., bes. W): Gott soll a.! *(Gott möge es verhindern)*
ạb|ir|ren (geh.): meine Gedanken irrten ab *(schweiften ab)*
Ab|i|tur das, -s/-e ⟨lat.⟩ (D): *Reifeprüfung, Matura* || **Ab|i|tu|ri|ẹnt** der, -en/-en (D): *jemand, der eine höhere Schule absolviert hat* || **Ab|i|tu|ri|ẹn|tin** die, -/-innen (D)
ạb|ja|gen: dem Dieb die Beute a. *(entreißen)*
Abk.: Abkürzung
ạb|käm|men: einen Wald a. *(absuchen)*
ạb|kan|zeln, ich kanzle ab: sie hat den Mitarbeiter öffentlich abgekanzelt *(heftig zurechtgewiesen)*
ạb|kap|seln: *isolieren;* ich kapsle *(schließe)* mich von meinem Umfeld ab || **Ạb|kap|se|lung = Ạb|kaps|lung** die, -/-en
ạb|kas|sie|ren: *Zahlungen eintreiben* | (ugs., abw.) *viel Geld einnehmen*
ạb|kau|fen: dem Kolporteur eine Zeitung a. | (sal.) jemandem etwas nicht a. *(glauben)*
Ạb|kehr die, -: die A. vom Gewohnten || **ạb|keh|ren**[1]: die Stufen a.
ạb|keh|ren[2] (geh.): sich vom Bösen a. *(abwenden)* | (reg., bes. S) *Vieh von der Alm abtreiben*
ạb|ket|teln: *beim Stricken die Maschen abschließend verschlingen;* → ketteln
ạb|kie|feln (ugs.): *abnagen;* Knochen a.
ạb|klap|pern (ugs.): Ämter a. *(von Amt zu Amt gehen)*
ạb|klä|ren: strittige Probleme durch Diskussion a.; → abgeklärt || **Ạb|klä|rung**
Ạb|klatsch der, -[e]s/-e (Kunstg.): einen A. *(Abdruck)* eines Reliefs herstellen | (abw.) *Nachahmung* || **ạb|klat|schen:** nach dem Match mit den Spielern a. *(als Zeichen der Zusammengehörigkeit)*
ạb|klau|ben: *abpflücken, abnehmen*
ạb|klem|men: ein Kabel a.
Ạb|kling|be|cken: *mit Wasser gefüllter Behälter in Kernkraftwerken zur Lagerung und Kühlung verbrauchter Brennstäbe* || **ạb|klin|gen:** *leiser werden* | die Krankheit klingt ab *(heilt); aber:* das **A**bklingen von Krankheitssymptomen
ạb|klop|fen: den Staub a. | den Brustkorb a. *(mittels Klopfen untersuchen)* | (Sport) *beim Fußball oÄ sehr hart an den Gegner gehen* | der Dirigent klopfte ab *(unterbrach)*
ạb|knal|len (abw.): *ohne Gefühlsregung erschießen*
ạb|kni|cken: eine Blume a.
ạb|knöp|feln: *abknöpfen* || **ạb|knöp|fen:** die Kapuze a. *(durch Öffnen der Knöpfe abnehmen)* | (ugs.) jemandem Geld a. *(abnehmen)*
ạb|ko|chen: Wasser a.
ạb|kom|man|die|ren: *zu einer anderen Tätigkeit, an einen anderen Ort entsenden* || **Ạb|kom|man|die|rung** die, -/-en
Ạb|kom|me der, -n/-n (veraltet): *Nachkomme;* → Abkunft || **ạb|kom|men:** vom Weg a. *(sich davon entfernen)* || **Ạb|kom|men** das, -s/-: *Vertrag;* ein A. *(eine Vereinbarung)* treffen || **ạb|kömm|lich:** sie ist momentan nicht a.; → G.: unabkömmlich || **Ạb|kömm|ling** der, -s/-e (veraltet): *Nachkomme*
ạb|kop|peln: die Landekapsel vom

A

Raumschiff abkoppeln
ạb|kör|nen: *die Körner entfernen, abrebeln;* den Kukuruz a.
ạb|kra|geln, ich kragle ab (ugs., sal.): *den Hals abschneiden; erwürgen*
ạb|krat|zen: Farbe a. | (ugs., derb) *sterben*
ạb|küh|len: am Abend kühlt es stark ab || **Ạb|küh|lung:** sich A. verschaffen
Ạb|kunft die, - (veraltend): *Herkunft;* bäuerlicher A. sein *(von Bauern abstammen);* → Abkomme
ạb|kup|fern (ugs.): *abschreiben, abschauen, kopieren*
ạb|kup|peln: einen Wagon a. *(von der Lokomotive abhängen)*
ạb|kür|zen || **Ạb|kür|zung** die, -/-en (Abk.) || **Ạb|kür|zungs|ver|zeich|nis**
ạb|la|den: Heu a.; einen Lkw a. | die Sorgen bei jemandem a. *(sich bei jemandem aussprechen)* || **Ạb|la|de|platz**
Ạb|la|ge: die A. *(das Ablegen)* von Dokumenten | *Platz, wo etwas abgelegt wird;* Kleiderablage
ạb|la|gern: Kalk lagert sich ab; abgelagertes Geröll im Fluss || **Ạb|la|ge|rung**
ạb|län|gen: *die Länge [von Werkstücken] zuschneiden*
Ạb|lass der, -es/-lässe (kath.): *Nachlass von Sündenstrafen* || **Ạb|lass|brief** (früher) (kath.) || **ạb|las|sen:** Wasser a. | von der Verfolgung a. *(nicht mehr verfolgen)*
Ạb|la|tiv der, -s/-e [-fɛ, -vɛ] ⟨lat.⟩ (Gramm.): *ein Kasus, zB im Lateinischen*
Ạb|lauf: der A. der Ereignisse | (ohne Pl.) vor A. einer Frist || **ạb|lau|fen:** die Gültigkeit eines Ausweises läuft ab; eine abgelaufene Frist | sich die Füße a. *(weit gehen,* auch: *keine Mühe scheuen),* um etwas zu erreichen | Wasser a. lassen | einen Film a. lassen | jemandem den Rang a. *(jemanden übertreffen)* | deine Uhr ist abgelaufen (auch: *du musst gehen/sterben)* || **Ạb|lauf|da|tum**
ạb|lau|gen: Lack von Möbeln a.
Ạb|laut (Gramm.): *Wechsel des Stammvokals in verwandten Wörtern, zB* g**e**ben – die G**a**be
Ạb|le|ben das, -s (geh.): *der Tod*
ạb|le|cken: *abschlecken*
ạb|le|gen: den Mantel a. *(ausziehen)* | Akten a. *(einordnen)* | eine Gewohnheit a. *(sich abgewöhnen)* | ein Geständnis a.; Rechenschaft über sein Tun a. | (Seemannsspr.) *vom Land abfahren* || **Ạb|le|ger** der, -s/-: *Steckling (bestimmter Pflanzen)*
ạb|leh|nen: einen Vorschlag a. *(zurückweisen)* || **Ạb|leh|nung** die, -/-en
ạb|leis|ten: den Präsenzdienst a.
ạb|lei|ten: Wasser a. *(woanders hinleiten)* | (Math.) eine Formel a. *(die Entstehung nachvollziehen)* || **Ạb|lei|tung:** die A. des Baches | die A. eines mathematischen Beweises | (Gramm.) *eine Art der Wortbildung, zB* Ablenkung *zu* ablenken
ạb|len|ken: der Schuss wurde abgelenkt *(in eine andere Richtung gelenkt)* | er lenkt seine Sitznachbarin ab; ich lenke mich mit Musik ab *(bringe mich damit auf andere Gedanken)* || **Ạb|len|kung** || **Ạb|len|kungs|ma|nö|ver** [-f-, -v-]
ạb|le|sen: den Zählerstand a. | der Freundin jeden Wunsch von den Augen a.
ạb|lich|ten: *fotokopieren* | sich für ein Magazin a. *(fotografieren)* lassen || **Ạb|lich|tung**
ạb|lie|fern: *abgeben, übermitteln* || **Ạb|lie|fe|rung** || **Ạb|lie|fe|rungs|ter|min**
ạb|lie|gen: das Fleisch muss länger a. *(vor dem Verbrauch einige Zeit liegen);* → abgelegen; → abgehangen
ạb|lis|ten: jemandem Geld a. *(abluchsen, durch List entlocken)*
ạb|lö|schen: ein Wort von der Tafel a. | (Küchenspr.) den Braten a. *(aufgießen)*
Ạb|lö|se die, -/-n: *Abschlagszahlung zB für Wohnungseinrichtung oder für einen Sportler bei Vereinswechsel;* A. zahlen || **ạb|lö|se|frei:** eine ablösefreie Wohnung mieten || **ạb|lö|sen:** das Etikett a. *(entfernen)* | jemanden bei der Arbeit a. *(jemandes Arbeit übernehmen)* | Investitionen a. *(zB bei Übernahme einer Mietwohnung bezahlen)* || **Ạb|lö|se|sum|me** (Sport): *Geldbetrag, den ein Verein für den Übertritt eines Spielers verlangt* || **Ạb|lö|sung:** die A. der Ministerin fordern; auf A. warten
ạb|luch|sen [-ks-] (ugs.): jemandem Geld a. *(es von jemandem durch List bekommen)*
ạb|lut|schen: die Finger a.
ạb|ma|chen: ein Treffen a. *(vereinbaren)* | (westöst.) Salat a.; → anmachen || **Ạb|ma|chung** die, -/-en: eine A. *(Vereinbarung)* treffen
ạb|ma|gern: sie ist von 70 auf 55 Kilo abgemagert || **Ạb|ma|ge|rungs|kur**
ạb|mä|hen: das Gras a.
ạb|mah|nen (Amtsspr.): *[er]mahnen, zurechtweisen* || **Ạb|mah|nung** (Amtsspr.)
ạb|ma|len: eine Landschaft a.
Ạb|marsch || **ạb|mar|schie|ren:** die Truppe ist abmarschiert
ạb|mar|tern: sich mit bösen Gedanken a. *(quälen)*
ạb|mel|den: sich polizeilich a. *(einen Wohnsitz offiziell aufgeben);* sich auf einem Computer a. *(ausloggen);* → anmelden
ạb|mes|sen: den Tisch a.
ạb|mil|dern: eine Strafe a. *(herabsetzen)*
ạb|mi|schen: alle Zutaten gut a. | (Mus.) einen Song neu a. *(auf dem Mischpult neu gestalten)*
ạb|mon|tie|ren: einen Luster a. *(abnehmen)*
ạb|mü|hen sich: *sich abplagen*
ạb|murk|sen (ugs., auch scherzh.): *umbringen*
ạb|na|beln[1], ich nable ab: ein Neugeborenes a. *(seine Nabelschnur durchschneiden)* || **ạb|na|beln**[2] sich: *sich von einer Abhängigkeit freimachen* || **Ạb|na|be|lung** die, -/-en
ạb|na|gen: einen Knochen a.
Ạb|nä|her der, -s/-: einen A. am Kleid machen
Ạb|nah|me die, -/-n: *Verminderung* | die A. *(Amputation)* des linken Beines | die A. *(der Kauf)* mehrerer Kartons || **ạb|neh|men:** die Vorhänge a. *(herunternehmen)* | 5 Kilo a. | jemandem Arbeit a. | Blut a. | jemandem ein Versprechen a. *(sich etwas von jemandem versprechen lassen)* | die Beichte a. | den Führerschein a. *(beschlagnahmen)* | den fertig gestellten Bau a. *(prüfend begutachten)* | das nehme ich ihm nicht ab *(glaube ich ihm nicht)* || **Ạb|neh|mer** der, -s/-: *Käufer* || **Ạb|neh|me|rin** die, -/-innen
Ạb|nei|gung: gegen jemanden eine A. *(einen Widerwillen)* hegen
ab|nọrm: *regelwidrig; ungewöhnlich;* ein a. kalter Winter || **ạb|nor|mal:** *nicht normal, ungewöhnlich;* → anomal || **Ab|nor|mi|tät** die, -/-en: *Abweichung* |

Missbildung
ạb|nö|ti|gen: *abringen, von jemandem erzwingen;* den Kritikern Bewunderung a.
ạb|nut|zen = ạb|nüt|zen: ein abgenützter Mantel ‖ **Ạb|nut|zung = Ạb|nüt|zung** die, -/-en ‖ **Ạb|nut|zungs|er|schei|nung = Ạb|nüt|zungs|er|schei|nung**
Ạbo das, -s/-s ⟨fr.⟩: *Kurzwort für Abonnement*
Abo|li|ti|on [-tsi̯-] die, -/-en ⟨lat.⟩ (Jus): die A. *(Niederschlagung)* des Gerichtsverfahrens
A-Bom|be: Atombombe
Abon|ne|ment [abɔnˈmɑ̃ː] das, -s/-s ⟨fr.⟩: *Dauerbezug [einer Zeitung, eines Theater-, Konzertplatzes];* → Abo | (SüdT) *Jahreskarte für Bus und Bahn* ‖ **Abon|ne|ment|kon|zert** ‖ **Abon|ne|ment|vor|stel|lung** ‖ **Abon|nẹnt** der, -en/-en: *regelmäßiger Bezieher [einer Zeitung]* ‖ **Abon|nẹn|tin** die, -/-innen ‖ **abon|nie|ren:** eine Zeitung a.
ạb|ord|nen: jemanden zu einem Kongress a. *(entsenden)* ‖ **Ạb|ord|nung** die, -/-en: *Delegation*
Ab|o|ri|gi|nal[1] [æbəˈrɪdʒɪnəl] der, -[s]/Aborigines [-niːz; auch: aboˈriːginɛs] ⟨lat.-engl.⟩: *Ureinwohner Australiens* ‖ **Ab|o|ri|gi|nal**[2] die, -/Aborigines: *Ureinwohnerin Australiens*
Ab|ọrt der, -[e]s/-e (veraltet): *Klosett*
Ab|ọr|tus der, -/- [Aborte] ⟨lat.⟩ (Med.): *vorzeitiger Verlust der Leibesfrucht; Fehlgeburt*
ab ọvo [- ˈoːvo] ⟨lat.⟩: *von Anfang an*
ạb|pa|cken: Zucker a. *(paketieren)*
ạb|pa|schen (ostöst., ugs.): *heimlich, plötzlich verschwinden, davonlaufen*
ạb|pas|sen: den Bruder an der Hausecke a. *(ihn erwarten, ihm auflauern);* einen günstigen Moment a. *(abwarten)* | abgepasste *(durch Abbinden in bestimmte Form gebrachte)* Wurst
ạb|pau|sen: eine Zeichnung a.
ạb|per|len: das Regenwasser perlt *(rinnt)* ab
ạb|pfei|fen: das Fußballspiel a. ‖ **Ạb|pfiff**
ạb|pflü|cken: Beeren a.
ạb|pla|gen sich: *sich sehr anstrengen*
Ạb|plat|tung die, -/-en (Astron.): *Verformung eines Himmelskörpers durch Rotationskräfte*
Ạb|prall der, -(e)s ‖ **ạb|pral|len:** der Ball prallte von der Wand ab ‖ **Ạb|pral|ler** der, -s/- (Sport)
ạb|pum|pen: Wasser a.
ạb|put|zen[1]: *reinigen;* du musst dir die Schuhe a. ‖ **ạb|put|zen**[2] sich (ugs., sal.): *die Schuld auf andere schieben;* mein Chef putzt sich immer ab
ạb|quä|len: er quält sich mit der Hausübung ab *(plagt sich dabei)*
ạb|qua|li|fi|zie|ren: *schlecht beurteilen, herabwürdigen*
ạb|ra|ckern sich: *sich plagen*
Abra|ham: *männl. Vorname*
ạb|ra|h|men: Milch a.
Abra|ka|da|bra das, -s ⟨?⟩ (auch scherzh.): *ein Zauberspruch* | (abw.) *sinnloses Gerede*
ạb|ra|sie|ren: den Bart a.
ạb|ras|peln: Holz a.
ạb|ra|ten: ich rate dir [davon] ab
Ạb|raum (Bergmannsspr.): *nutzlose Gesteinsschicht* ‖ **ạb|räu|men:** den Tisch a. *(abservieren)* | (sal.) sie hat ganz schön abgeräumt *(hat viele Preise gewonnen)* ‖ **Ạb|raum|hal|de** (Bergmannsspr.) ‖ **Ạb|raum|salz** (Bergmannsspr.): *Nebenprodukt eines Salzbergwerks*
ạb|rau|schen (ugs.): *sich rasch entfernen*
ạb|re|a|gie|ren: sich beim Rasenmähen a. *(seine Aufregung dabei loswerden)* ‖ **Ạb|re|ak|ti|on** [-tsi̯-]
ạb|re|beln: Weintrauben a. *(die Beeren von der Traube pflücken)*
ạb|rech|nen: *wegrechnen* | *Kassa machen;* mit einem Kunden a. *(das Finanzielle regeln)* | mit seinem Vorgesetzten a. *(ihn zur Rechenschaft ziehen; sich an ihm rächen)* ‖ **Ạb|rech|nung:** die A. des vergangenen Monats fertig stellen | *Vergeltung*
Ạb|re|de die, -: etwas in A. stellen *(bestreiten)* ‖ **ạb|re|den:** der Freundin a. *(sie davon abhalten)*
ạb|re|gen sich (sal.): *sich wieder beruhigen;* → G.: aufregen
ạb|rei|ben: den nassen Hund a. *(abfrottieren);* den unterkühlten Körper mit Wasser a. ‖ **Ạb|rei|bung:** *das Abreiben* | (ugs.) *heftige Rüge*
Ạb|rei|se ‖ **ạb|rei|sen:** *eine Reise antreten, wegfahren*
ạb|rei|ßen: die Telefonverbindung riss ab | ein Haus a.; → abgerissen ‖ **Ạb|reiß|ka|len|der**
ạb|rib|beln (ugs.): *fest abreiben*
ạb|rich|ten: Hunde a. *(dressieren)*
Ạb|rieb der, -[e]s: *Abnutzung durch Reibung* ‖ **ạb|rieb|fest:** abriebfestes Material
ạb|rie|geln, ich riegle ab: die Polizei musste das Gebiet a.
ạb|rin|gen: jemandem ein Zugeständnis a. *(es von jemandem mit großer Mühe erhalten)*
Ạb|riss: der A. des Hauses | der A. *(Kontrollstreifen)* von Kinokarten | einen A. *(eine kurze Übersicht)* geben; → Aufriss ‖ **Ạb|riss|bir|ne:** *ein Gerät zum Abbrechen von Gebäuden und Mauern*
ạb|rol|len: ein Kabel a.
ạb|rü|cken: vom Sitznachbarn a. *(wegrücken)* | von einer Sache wieder a. *(Abstand nehmen, sich distanzieren)*
Ạb|ruf der, -[e]s: Möbel auf A. bestellen; auf A. für etwas bereitstehen; auf A. bereit sein ‖ **ạb|ruf|bar:** die Daten sind jederzeit a. ‖ **ạb|ruf|be|reit** ‖ **ạb|ru|fen:** gespeicherte Daten a.
ạb|run|den: scharfe Kanten a. | einen Betrag a.; → G.: aufrunden
ạb|rup|fen: Gras a. *(abreißen)*
ab|rụpt ⟨lat.⟩: *jäh, plötzlich;* ein abruptes Ende
ạb|rüs|ten: *die Kriegsrüstung vermindern* | *aus dem Militärdienst ausscheiden* ‖ **Ạb|rüs|tung** ‖ **Ạb|rüs|tungs|kon|fe|renz**
ạb|rut|schen: am Hang a.; Geröll ist abgerutscht
ABS [a be ˈɛs] das, - (Kfz): **Anti**blockier[ungs]**s**ystem (der Räder)
Abs.: Absatz (in Gesetzeszitaten) | **Abs**ender
ạb|sa|cken: *jäh [ver]sinken;* das Schiff/Flugzeug sackte ab
Ạb|sa|ge: jemandem eine A. erteilen; → G.: Zusage | *Ansage am Schluss einer Radiosendung;* → G.: Ansage ‖ **ạb|sa|gen:** einen Besuch/eine Veranstaltung a.; einer Freundin a. müssen
ạb|sä|gen: einen Ast a. | (ugs., sal.) einen Mitarbeiter a. *(um die Stellung bringen)*
ạb|sah|nen (bes. D): *den Rahm abschöpfen* | (sal.) *den Vorteil einheimsen;* die Konzerne werden wieder a. *(großen Profit machen, abkassieren)*
ạb|sa|lu|tie|ren (Mil.): *salutieren* | (sal.) *sich entfernen, abtreten, [aus einem Amt, einer Funktion] ausscheiden*
Ạb|sam: *Ort in Tirol*
ạb|sam|meln: die Hefte a. *(einsammeln)*
ạb|sat|teln: das Pferd a.
Ạb|satz: diese Ware findet reißen-

A

den A. *(wird von vielen gekauft)* | *erhöhter Teil der Schuhsohle* | (mit Abkürzung: Abs.) *Abschnitt eines Textes* || **Absatzflaute** || **Absatzgebiet** || **Absatzmarkt** || **Absatzrekord** || **Absatzsteigerung** || **absatzweise:** den Text a. lesen

absaufen (ugs., sal.): *untergehen;* das Boot säuft ab | *ertrinken* | der Motor säuft ab

absaugen: das Sofa a. | (Med.) Fett a.

abschaben: *mit einem Schaber abkratzen*

abschaffen: ein Unrecht a. *(beseitigen)* || **Abschaffung**

abschälen: Baumrinde a.

abschalten: das Licht, das Radio a. | völlig a. *(nicht mehr aufpassen, sich entspannen)*

abschasseln (ostöst., ugs., sal.): ich schassle den Kollegen ab *(fertige ihn kurz ab)*

abschätzen: *ungefähr beurteilen* || **abschätzig:** *geringschätzig*

abschauen: das hat er von ihr abgeschaut *(abgeschrieben; bei ihr beobachtet und dann nachgemacht)*

Abschaum der, -[e]s (geh., abw.): der A. *(die moralisch minderwertigsten Menschen)* der Gesellschaft

abscheiden: *absondern;* giftige Substanzen a.

abscheren[1]: er schor das Fell ab || **abscheren**[2] = **abscherren** (ugs.): *abschaben;* sie scher[r]te die Tapete ab

Abscheu der, -[e]s = die, -: *Widerwillen, Ekel;* A. vor etwas haben; A. erregen || **Abscheu erregend** = **abscheuerregend:** Abscheu erregende (= abscheuerregende) Bilder; *aber nur:* abscheuerregendere Bilder, äußerst abscheuerregend, große[n] Abscheu erregend

abscheuern: *abwetzen, abschürfen*

abscheulich: *widerwärtig; niederträchtig* || **Abscheulichkeit** die, -/-en

Abschichtung (Amtsspr.): *Ausgliederung; Aufteilung; Kürzung*

abschicken: einen Brief a.

abschieben: die Schuld auf andere a. | (abw.) einen alten Menschen [ins Altersheim] a. *(zur Betreuung anderswo unterbringen)* | (Jus) illegal Eingereiste ins Ausland a. || **Abschiebehaft** = Abschiebungshaft (D) (Jus): *Schubhaft* || **Abschiebung** (Jus) || **Abschiebungshaft** = → Abschiebehaft

Abschied der, -[e]s/-e: von den Eltern A. nehmen || **Abschiedsbrief** || **Abschiedsfeier** || **Abschiedsfest** || **Abschiedsgruß** || **Abschiedsrede** || **Abschiedsszene** || **Abschiedswort** das, -[e]s/-e

abschießen: er schoss das Flugzeug ab | (ugs.) den Vogel a. *(unerwartetes Glück haben)*

abschirmen: die Augen gegen die Sonne a. | durch den Leibwächter abgeschirmt werden

abschlachten: Vieh a. | (abw.) *grausam ermorden* || **Abschlachtung**

Abschlag (Kaufmannsspr.): *Preisnachlass* | (Bankw.) *Teilzahlung* | (Sport) *Abstoß* || **abschlagen:** den Verputz a. | jemandem eine Bitte a. *(nicht gewähren)* | (geh.) Wasser a. *(urinieren);* → abgeschlagen || **abschlägig** (Amtsspr.): *ablehnend;* jemanden/etwas a. bescheiden || **Abschlagszahlung:** *Teilzahlung*

abschlecken: *ablecken;* sich alle zehn Finger a. können *(froh sein, dass nicht mehr passiert ist)*

abschleifen: den Lack a.

Abschleppdienst: *Pannenhilfe* || **abschleppen:** ein Auto a. *(ein nicht fahrtaugliches oder falsch geparktes Auto abtransportieren)* | (ugs.) sich mit etwas a. *(schwer daran tragen)* || **Abschleppfirma** || **Abschleppseil** || **Abschleppwagen**

abschließen: die Wohnung a. *(versperren);* sich von seiner Umgebung a. *(zurückziehen)* | die Arbeit a. *(beenden);* eine abschließende *(letzte)* Frage | ich habe mit ihm abgeschlossen *(habe unseren Kontakt/unsere Beziehung beendet)* | eine Wette a. *(vereinbaren)* || **Abschluss:** etwas zum A. bringen *(fertig stellen)* || **Abschlussdiplom** || **Abschlussexamen:** *Abschlussprüfung* || **Abschlussfeier** || **Abschlussprüfung** || **Abschlusstraining** [-'eː-, engl.: -'eɪ-] (Sport) || **Abschlusszeugnis**

abschmalzen: *in heißem Fett schwenken;* du schmalzt Nudeln ab

abschmecken: eine Speise a. *(probieren und richtig würzen)*

abschmelzen: die Schneedecke schmilzt ab; abgeschmolzene Gletscher

abschmettern (ugs.): Forderungen a. *(brüsk zurückweisen)*

abschmieren: den Traktor a. *(die Schmierstellen mit Fett versehen)*

abschminken: *die Schminke entfernen* | (sal.) das kannst du dir a. *(das kannst du vergessen)*

abschnallen: die Skier a. *(abnehmen)* | sich nach der Landung a. *(den Gurt lösen)* | (bes. D, Jug.) da schnallst du ab *(da staunst du nur)*

abschneiden: einen Ast a. | bei einer Prüfung gut a. *(erfolgreich abschließen)* | jemandem das Wort a. *(jemanden nicht zu Ende reden lassen)* | den Weg a. *(einen kürzeren Weg nehmen und daher schneller sein)* | du kannst dir eine Scheibe von ihr a. *(an ihr ein Beispiel nehmen)* || **Abschneider:** *Wegabkürzung*

Abschnitt: *Teilstück; Passage;* einen A. des Buches allen vorlesen | *Zeitspanne* || **abschnittsweise,** *auch:* **abschnittweise**

Abschnitzel die (Pl.) (veraltet): *Abfall von Papier, Stoff ua.*

abschnüren: mit einem Band den blutenden Arm a.

abschöpfen: den Rahm a. (auch: *sich das Beste nehmen)* | den Gewinn a. *(sich aneignen)* || **Abschöpfer** (ugs.): *Abschöpfungsauftrag* || **Abschöpfungsauftrag** (Bankw.): *automatische Überweisung eines Kontoguthabens auf ein Sparbuch*

abschotten (Seemannsspr.); → Schott | sich gegen die Außenwelt a. *(abschließen)* || **Abschottung** die, -/-en

abschrägen: die Kanten a.

abschrecken: die Angreifer mit/durch Waffen a.; ein abschreckendes Beispiel | (Küchenspr.) Erhitztes a. *(schnell abkühlen);* → schrecken[2] || **Abschreckung** die, -/-en || **Abschreckungsstrategie** [-ʃt-, -st-]

abschreiben: einen Text a.; bei der Schularbeit [von der Nachbarin] a. | einer Firma a. *(schriftlich absagen)* | einen eingenommenen Betrag von der Steuer a. *(→ absetzen)* || **abschreibfähig** || **Abschreibmöglichkeit:** die [steuerliche] A. von Investitionen nutzen || **Abschreibposten** || **Abschreibung:** → *Absetzung* || **abschreibungsfähig**

abschreiten: der Präsident schritt die Front der Ehrenkom-

panie ab
Ab|schrift: eine A. amtlich beglaubigen lassen ‖ **ab|schrift|lich:** *in Abschrift*
ab|schuf|ten sich (ugs.): *schwer arbeiten*
ab|schup|pen: einen Fisch a.
ab|schür|fen: [sich] die Haut a. ‖ **Ab|schür|fung** die, -/-en
Ab|schuss: *das Abschießen;* zum A. freigeben ‖ **Ab|schuss|ba|sis:** *Stützpunkt, von dem Raketen abgeschossen werden* ‖ **ab|schüs|sig:** eine abschüssige *(steil abfallende)* Wiese ‖ **Ab|schuss|lis|te:** *Anzahl des Wildes, das abgeschossen werden darf* | (sal.) auf der A. stehen *(zur Absetzung, Entlassung vorgesehen sein)* ‖ **Ab|schuss|ram|pe:** *Vorrichtung, von der Raketen abgeschossen werden*
ab|schüt|teln: [sich] den Schnee a. | einen Verfolger a. *(loswerden)*
ab|schwä|chen: *mildern* ‖ **Ab|schwä|chung**
ab|schwei|fen: vom Weg a. | er ist vom Thema abgeschweift *(abgekommen)* ‖ **Ab|schwei|fung** die, -/-en
ab|schwel|len: der Lärm schwillt ab *(wird leiser)*
ab|schwen|ken: *die Richtung ändern*
ab|schwö|ren: dem Alkohol a. *(sich davon lossagen)*
Ab|schwung (Wirt.): *wirtschaftlicher, konjunktureller Rückgang;* → G.: Aufschwung | *Skischwung zum Stoppen*
ab|seg|nen: den Entwurf a. *(genehmigen)*
ab|seh|bar: in absehbarer Zeit *(bald)* ‖ **ab|se|hen:** ein Ende a. *(erkennen)* | von der Bestrafung a. *(keine Strafe verhängen)* | er hat es auf dich abgesehen *(trachtet nach dir, macht dir Schwierigkeiten);* → abgesehen
ab|sei|hen: Milch durch ein Sieb a.
ab|sei|len: *an einem Seil hinunterlassen* | (sal.) sich gleich nach der Festrede a. *(sich entfernen);* du seilst dich nicht ab! *(drückst dich nicht [vor der Arbeit]!)*
Ab|seit [westöst.: 'a-] das, -s/-s (veraltend): *Abseits* ‖ **ab|sei|tig** (geh.): *vom Normalen abweichend*

ab|seits:

Präposition mit Genitiv:
– abseits des Weges

Adverb mit der Präposition „von“:
– abseits vom Wege
Zusammenschreibung, wenn die Betonung auf „abseits“ liegt:
– abseitsliegen
– abseitsstehen R→ S. 899, 1.3

Ab|seits [westöst.: 'a-] das, -/- (Sport): *ein Regelverstoß [im Fußballspiel];* auf A. entscheiden ‖ **Ab|seits|fal|le** (Sport) ‖ **ab|seits|lie|gen** ‖ **ab|seits|ste|hen** ‖ **Ab|seits|stel|lung** (Sport) ‖ **Ab|seits|tor** (Sport) ‖ **ab|seits|ver|däch|tig** (Sport)
ab|sen|den: *abschicken* ‖ **Ab|sen|der** der, -/- (Abs.): ein Brief ohne A. ‖ **Ab|sen|de|rin** die, -/-innen
ab|sen|ken: die Zimmertemperatur a. ‖ **Ab|sen|kung**
ab|sen|tie|ren sich ⟨lat.⟩: *sich entfernen, abwesend sein* ‖ **Ab|senz** die, -/-en: *Abwesenheit [von der Schule];* → G.: Präsenz
ab|ser|vie|ren [-v-]: das Geschirr a. | (sal.) die Ministerin eiskalt a. *(rücksichtslos entlassen, entmachten);* den Verlobten a. *(verlassen)*
ab|setz|bar: von der Steuer als Abzugsposten a. ‖ **Ab|setz|bar|keit** die, - ‖ **Ab|setz|be|trag:** *Reduktion der steuerlichen Bemessungsgrundlage, zB Abschreibung, Freibetrag* ‖ **ab|set|zen**[1]: den König a. | jemanden vor dem Kino a. *(aussteigen lassen)* | Waren a. *(verkaufen)* | Medikamente a. *(nicht mehr einnehmen);* eine Veranstaltung a. *(entfallen lassen)* | trinken ohne abzusetzen | von der Steuer a. *(von der zu versteuernden Summe abziehen)* ‖ **ab|set|zen**[2] sich: er hat sich ins Ausland abgesetzt *(hat seinen Aufenthaltsort [heimlich] dorthin verlegt)* | sich vom Feind a. *(zurückziehen)* ‖ **Ab|setz|pos|ten** (Amtsspr.): *vom steuerpflichtigen Einkommen absetzbarer (nicht zu versteuernder) Betrag* ‖ **Ab|set|zung** die, -/-en (Wirt.): *Abschreibung;* A. für Abnutzung *(Verminderung des steuerlichen Gewinnes [für abnutzbare Wirtschaftsgüter])*
ab|si|chern: eine Rennstrecke a. | eine Theorie a. *(untermauern)* ‖ **Ab|si|che|rung**
Ab|sicht die, -/-en: etwas mit A. *(absichtlich)* machen | (nur Pl.) ernste Absichten haben *(jemanden heiraten wollen)* ‖ **ab|sicht|lich:** er hat mich a. in die Irre geführt *(mit Vorsatz)* ‖ **Ab|sichts|er|klä|rung** (Jus): *unverbindliche Mitteilung, meist zur Geschäftsanbahnung* ‖ **ab|sichts|los** ‖ **ab|sichts|voll:** jemanden a. täuschen
ab|sie|deln: die Firma wird nach Ungarn abgesiedelt
ab|sie|den: *abkochen*
ab|sin|ken: die Zimmertemperatur sinkt ab
Ab|sinth der, -[e]s/-e ⟨gr.⟩: *Branntwein aus Wermut*
ab|sit|zen: *vom Pferd steigen* | eine Gefängnisstrafe a. *(verbüßen)*
ab|so|lut ⟨lat.⟩: die absolute Mehrheit *(mehr als 50 %)* der Stimmen; → G.: relativ | a. *(durchaus)* nicht | er genießt absolute *(uneingeschränkte)* Freiheit | (Mus.) ein absolutes Gehör haben *(einen angegebenen Ton richtig bestimmen bzw. singen können)* | (Phys.) der absolute Nullpunkt *(-273,15° C)* ‖ **Ab|so|lut|heit** die, - ‖ **Ab|so|lu|ti|on** [-tsi̯-] die, -/-en (kath.): *Lossprechung, Vergebung* ‖ **Ab|so|lu|tis|mus** der, -: *unumschränkte Herrschaft; Alleinherrschaft* ‖ **ab|so|lu|tis|tisch** ‖ **Ab|sol|vent** [-v-] der, -en/-en: *jemand, der einen bestimmten Bildungsgang abgeleistet hat;* ein A. der Fachhochschule ‖ **Ab|sol|ven|tin** die, -/-innen ‖ **ab|sol|vie|ren:** eine Schule a. *(sie bis zum Abschluss besuchen)* ‖ **Ab|sol|vie|rung** die, -
ab|son|der|lich: *ungewöhnlich; eigenartig;* sein Verhalten ist a. ‖ **Ab|son|der|lich|keit** die, -/-en ‖ **ab|son|dern:** sich von einer Gruppe a. *(entfernen)* | die kranken Tiere a. *(isolieren)* | Flüssigkeit a. *(ausscheiden)* ‖ **Ab|son|de|rung** die, -/-en
ab|sor|bie|ren ⟨lat.⟩: *aufsaugen* | (Phys.) gefärbtes Glas absorbiert Licht ‖ **Ab|sorp|ti|on** [-tsi̯-] die, -/-en
ab|spal|ten: sie haben sich von der Partei abgespalten/abgespaltet *(getrennt)* | (Chem.) Ionen von Molekülen a. *(abtrennen)* ‖ **Ab|spal|tung**
ab|spä|nen (Landw.): *[ein Kalb von der Kuh] entwöhnen;* → Spanferkel
Ab|spann der, -[e]s/-e: → *Nachspann* ‖ **ab|span|nen:** die Schlittenhunde a.
ab|spa|ren: sie hat sich etwas vom Mund abgespart

A

ạb|spe|cken (ugs.): *[Gewicht] abnehmen*

ạb|spei|chern: elektronische Daten a.

ạb|spei|sen: jemanden mit leeren Worten a. *(abfertigen)*

ạb|spens|tig: dem Konkurrenzunternehmen die Kunden a. machen *(weglocken)*

ạb|sper|ren: die Haustür a. *(zusperren, verschließen)* | ein verseuchtes Gebiet a. *(abriegeln)* | die Gasleitung a. *(den Zustrom von Gas unterbinden)* || **Ạb|sperr|ket|te** || **Ạb|sper|rung:** die Demonstranten haben die Absperrungen durchbrochen

ạb|spie|len[1]: den Ball a. *(zuspielen)* | eine Schallplatte a. || **ạb|spie|len**[2] sich: *ereignen;* der Vorgang spielte sich rasch ab

ạb|split|tern: der Lack splittert ab || **Ạb|split|te|rung** die, -/-en

Ạb|spra|che: eine A. *(Vereinbarung)* treffen || **ạb|spre|chen:** sich mit jemandem a. *(mit jemandem etwas vereinbaren; sich mit jemandem abstimmen)* | jemandem alles Talent a. *(bestreiten, dass jemand überhaupt Talent hat)*

ạb|sprei|zen: die Äste eines Baumes a. *(stützen)*

ạb|sprin|gen: mit dem Fallschirm a.; der Ball springt von der Torstange ab; die Beschichtung springt ab | sie ist abgesprungen *(macht bei einem Projekt nicht mehr mit)*

ạb|sprit|zen: den Hund mit dem Schlauch a.

ạb|spru|deln (Küchenspr.): *versprudeln, verquirlen*

Ạb|sprung: zum A. bereit; → abspringen

ạb|spu|len: *abwickeln* | *in gleichförmiger Weise ablaufen lassen;* ein Programm a.

ạb|spü|len: Geschirr mit Wasser a.; heute spülst du ab *(wäschst du ab)* || **Ạb|spü|ler** der, -s/-: *Abwäscher* || **Ạb|spü|le|rin** die, -/-innen

ạb|stam|men: alle Hunde stammen vom Wolf ab || **Ạb|stam|mung** die, -

Ạb|stand: es donnerte in kurzen Abständen; auf der Autobahn A. halten | den gebührenden A. halten *(angemessene Zurückhaltung zeigen)* | (Amtsspr.) von einer Bestrafung A. nehmen *(auf sie verzichten)* || **Ạb|stands|sum|me:** *eine Entschädigung für einen Verzicht*

ạb|stat|ten: einen Besuch a.; den Dank a. || **Ạb|stat|tungs|kre|dit** (Bankw.): *einmaliger Kredit, der in gleichen Raten, aber mit unterschiedlichem Zins zurückgezahlt wird*

ạb|stau|ben: *den Staub entfernen* | (ugs., sal.) *etwas mitgehen lassen, stehlen* | (Sport) er brauchte nur mehr abzustauben *(den abprallenden Ball nur noch über die Torlinie zu schieben)* || **Ạb|stau|ber** der, -s/- (Sport) || **Ạb|stau|ber|tor** (Sport)

ạb|ste|chen: ein Schwein a. | diese Farbe sticht stark von der anderen ab || **Ạb|ste|cher** der, -s/-: einen A. machen *(von einer Reiseroute kurz zu einem Nebenziel abweichen)*

ạb|ste|cken: eine Skipiste, einen Baugrund a. *(markieren)*

ạb|ste|hen: seine Ohren stehen weit ab | (Jus) vom Vertrag a. *(ihn vorzeitig auflösen);* → abgestanden

Ạb|stei|ge die, -/-n (oft abw.): *billiges Hotel* || **ạb|stei|gen:** vom Fahrrad a. | ins Tal a. | in einem Hotel a. *(nächtigen)* | absteigende Linie *(Nachkommen einer Person);* → G.: aufsteigend || **Ạb|stei|ger** der, -s/-: *jemand, mit dem es bergab geht;* → G.: Aufsteiger | (Sport) *Mannschaft, die in eine niedrigere Klasse absteigen muss* || **Ạb|stei|ge|rin** die, -/-innen || **Ạb|steig|quar|tier:** *[vorübergehende] Unterkunft*

Ạb|stell|bahn|hof || **ạb|stel|len:** den Motor a. | Möbel auf dem Dachboden a. | schlechte Gewohnheiten a. *(beseitigen)* | einen Häftling zu Arbeiten a. *(abkommandieren)* || **Ạb|stell|gleis:** der Zug steht auf dem A. | (ugs.) jemanden aufs A. schieben *(jemandem keinerlei Beachtung mehr schenken)* || **Ạb|stell|kam|mer** || **Ạb|stell|platz:** *Platz zum Abstellen [eines Fahrzeugs]* || **Ạb|stell|raum**

ạb|stem|peln: einen Brief a. | jemanden als Verbrecher a. *(einstufen, hinstellen)*

ạb|step|pen: eine abgesteppte Jacke *(eine Jacke mit Steppnähten)*

ạb|ster|ben: der Baum stirbt ab | der Motor ist abgestorben

Ạb|stich: der A. eines Hochofens *(das Öffnen des Abflussloches)* | *Verfahren zum Abziehen des geklärten Weins vom Bodensatz bzw. des Gelägers vom Fass*

Ạb|stieg der, -[e]s/-e: der A. ins Tal || **ạb|stiegs|ge|fähr|det:** *vom [wirtschaftlichen] Niedergang bedroht* | (Sport) ein abstiegsgefährdeter Verein

ạb|stil|len: den Säugling a. *(ihn der Muttermilch entwöhnen)*

ạb|stim|men: im Parlament a. | Maßnahmen auf die Lage a.; ich stimme *(spreche)* mich mit jemandem ab || **Ạb|stim|mung** || **Ạb|stim|mungs|er|geb|nis**

ab|s|ti|nẹnt [-st-] ⟨lat.⟩: *enthaltsam (bes. von Alkohol)* || **Ab|s|ti|nẹnz** die, - || **Ab|s|ti|nẹnz|ler** der, -s/- (ugs.) || **Ab|s|ti|nẹnz|le|rin** die, -/-innen (ugs.)

ạb|stop|pen: einen Ball a. *(mit dem Fuß aufhalten)* | die Skiläuferin a. *(mit der Stoppuhr die Zeit messen)*

Ạb|stoß (Sport): *Schuss, mit dem der [Fuß]ball ins Spiel gebracht wird* || **ạb|sto|ßen:** sich von der Wand a. | abgestoßene Ecken | alte Ware a. *(weggeben)* | sein Äußeres stößt mich ab *(löst Missfallen, Ekel in mir aus);* abstoßend *(besonders)* hässlich | (Med.) ein Transplantat a. || **Ạb|sto|ßung** die, -/-en

ạb|stot|tern (ugs.): die Schulden a. *(auf Raten abzahlen)*

Ab|stract ['æbstrækt] das, -s/-s ⟨lat.-engl.⟩: *Zusammenfassung [eines Aufsatzes]*

ạb|stra|fen (Amtsspr., veraltend): *eine [verwaltungsbehördliche] Strafe verhängen;* den Raser a.; → abgestraft

ab|s|tra|hie|ren [-st-] ⟨lat.⟩: *einen Begriff bilden* | *vom Unwesentlichen absehen;* → G.: konkretisieren

ạb|strah|len: Wärme a.

ab|s|trạkt [-st-] ⟨lat.⟩: *unanschaulich; nur gedacht;* abstrakte Kunst *(Kunstrichtung, die Gegenständliches vermeidet);* → G.: konkret || **Ab|s|trạkt|heit** die, - || **Ab|s|trak|ti|on** [-tsi̯-] die, -/-en: *Begriffsbildung, Vereinfachung, Verallgemeinerung* || **Ab|s|trak|ti|ons|ver|mö|gen:** *Fähigkeit zur Begriffsbildung* || **Ab|s|trạk|tum** das, -s/Abstrakta (Gramm.): *ein Nomen, das etwas Nichtgegenständliches bezeichnet, zB* Angst, Freude, Friede, Schönheit, Zorn; → Konkretum

ạb|stram|peln[1]: das Baby strampelt die Decke ab || **ạb|stram|peln**[2] sich (ugs.): *sich abmühen*

ab|strei|chen: überschüssiges Mehl a. | (Med.) mit einem Wattetupfer den entzündeten Bereich a. *(einen Abstrich machen)*
ab|strei|fen: den Schmutz a. *(wegwischen)* || **Ab|strei|fer:** *Fußabstreifer*
ab|strei|ten: die Schuld a. *(leugnen)*
Ab|strich: einen A. von seinen Forderungen machen *(seine Forderungen zurückstecken)* | (Med.) einen A. machen *(eine Probe zB aus einer Geschwulst zur Untersuchung entnehmen)* | (Druckw.) *Strich nach unten* | (Mus.) *Bogenstrich nach unten*
ab|stru|deln sich (ugs.): *sich abmühen;* ich strudle mich ständig für dich ab
ab|s|t|rus [-st-] ⟨lat.⟩: *verworren, schwer verständlich*
ab|stu|fen: die Gehälter a. *(der Höhe nach einteilen)* || **Ab|stu|fung** die, -/-en
ab|stump|fen: *teilnahmslos werden; jemanden teilnahmslos machen;* das große Leid hat ihn abgestumpft
Ab|sturz: der A. des Flugzeuges | der Absturz des Computers | ein senkrechter A. *(Abhang) zur Küste* || **ab|stür|zen:** das Flugzeug stürzt ab | der Computer stürzt ab *(reagiert nicht mehr)*
ab|stüt|zen: den Kopf mit der Hand a.
ab|su|chen: den Wald nach dem abgängigen Kind a.
Ab|sud: *durch Absieden gewonnene Flüssigkeit;* ein A. von Kamille
ab|surd ⟨lat.⟩: *vernunftwidrig, widersinnig;* ein absurder Gedanke; → ad absurdum führen || **Ab|sur|di|tät** die, -/-en
Ab|s|zess der = das, -es/-e ⟨lat.⟩ (Med.): *Eitergeschwulst*
Ab|s|zis|se die, -/-n ⟨lat.⟩ (Math.): *die parallel zur Abszissenachse gemessene Koordinate* || **Ab|s|zis|sen|ach|se** [-ks-] (Math.): *die waagrechte Achse, x-Achse;* → Ordinatenachse
Abt der, -[e]s/Äbte: *Vorsteher eines Mönchsklosters;* → Äbtissin
Abt.: Abteilung
ab|ta|keln, ich takle ab: *das Takelwerk eines Schiffes abnehmen;* → abgetakelt
ab|tan|zen (Jug.): *ausgelassen tanzen*
ab|tas|ten: *vorsichtig abgreifen*
ab|tau|en: den Kühlschrank a. *(das entstandene Eis entfernen)*
Ab|tausch || **ab|tau|schen:** die Figuren [im Schach] a.
Ab|tei die, -/-en: *ein Kloster*
Ab|teil ['a-, -'taıl] das, -[e]s/-e: ein A. zweiter Klasse || **ab|tei|len:** *ein Wort am Zeilenende trennen* || **Ab|tei|lung** die, -/-en: die A. *(das Abteilen)* eines Wortes | [auch: -'taıl-] (Abt.): eine A. *(größere organisatorische Einheit)* eines Ministeriums || **Ab|tei|lungs|lei|ter** ['a-, -'taıl-] || **Ab|tei|lungs|lei|te|rin** || **Ab|tei|lungs|zei|chen:** *Worttrennungszeichen*
ab|te|le|fo|nie|ren: *telefonisch absagen*
Ab|te|nau [auch: 'a-]: *Marktgemeinde in Salzburg*
ab|tip|pen: *mit Maschine/Computer abschreiben*
Äb|tis|sin die, -/-innen: *Vorsteherin eines Nonnenklosters;* → Abt
ab|tö|nen: ein Pullover in abgetönten Farben *(Farbschattierungen, Farbabstufungen)* || **Ab|tö|nung**
ab|tö|ten: alle Bakterien a. *(töten)*
Ab|trag (geh.): das tut der Angelegenheit A. *(das schadet ihr)* || **ab|tra|gen:** ein Gebäude a. *(abreißen)* | eine Schuld a. *(zurückzahlen)* | abgetragene *(abgenützte)* Kleider || **ab|träg|lich:** der Gesundheit a. *(schädlich)* sein || **Ab|träg|lich|keit** die, - || **Ab|tra|gung** die, -/-en: *das Abtragen*
Ab|trans|port: der A. der Rinder || **ab|trans|por|tie|ren**
ab|trei|ben: von der Strömung abgetrieben *(mitgerissen)* werden | *die Schwangerschaft abbrechen;* ein Kind a. *(den Embryo aus dem Mutterleib entfernen)* | (Küchenspr.) den Teig a. *(ihn [schaumig] rühren)* | die Herde von der Alm a. || **Ab|trei|bung** die, -/-en: eine A. vornehmen *(den Embryo entfernen)* || **Ab|trei|bungs|kli|nik** || **Ab|trei|bungs|pil|le:** *Medikament zur Abtreibung*
ab|trenn|bar || **ab|tren|nen:** die Knöpfe a. | den Wohn- vom Essbereich durch einen Vorhang a. || **Ab|tren|nung**
ab|tre|ten: den Teppich a. | von der Bühne a. *(sie verlassen)* | jemandem seinen Besitz a. *(überlassen)* | (Jus) seine Forderung a. *(zedieren)* || **Ab|tre|tung** die, -/-en (Jus): *Zession*
Ab|trieb: der A. des Viehs von der Alm | (Küchenspr.) einen A. machen; → abtreiben
Ab|tritt (veraltet): *Klosett*
ab|trock|nen: das Geschirr a.
ab|trop|fen: den gewaschenen Salat a. lassen
ab|trot|zen: jemandem ein Versprechen a. *(es durch Trotz erzwingen)*
ab|tru|deln: das Flugzeug trudelt ab *(stürzt sich drehend ab)*
ab|trün|nig (geh.): a. werden *(sich [von einer Partei/Idee] abwenden, lossagen)* || **Ab|trün|ni|ge**[1] der, -n/-n, ein Abtrünniger || **Ab|trün|ni|ge**[2] die, -n/-n || **Ab|trün|nig|keit** die, -
ab|tun: *für unwichtig erklären;* etwas mit Beschwichtigungen a. | die Sache ist abgetan *(erledigt)*
ab|tup|fen: eine Wunde a.
ab|ur|tei|len: *verurteilen*
Ab|ver|kauf: *Ausverkauf* || **ab|ver|kau|fen**
ab|ver|lan|gen: *als Gegenleistung fordern;* jemandem alles a. *(jemanden bis aufs Äußerste fordern)*
ab|wä|gen: das Für und Wider gut a. *(überlegen);* → wägen | die Ware a. *(ihr Gewicht ermitteln);* → abwiegen || **Ab|wä|gung** die, -/-en
Ab|wahl || **ab|wäh|len:** *durch Wahl absetzen*
ab|wäl|zen: auf jemanden die Schuld a. *(sie jemandem zuschieben)*
ab|wan|deln: ein Thema a. *(leicht verändern)* | (Gramm.) *konjugieren*
ab|wan|dern: vom Dorf in die Stadt a.; die Firma wandert ab *(verlegt ihren Sitz woanders hin)* || **Ab|wan|de|rung**
Ab|wand|lung die, -/-en: *Variation* | (Gramm.) *Konjugation*
Ab|wär|me: *als Nebenprodukt [bei chemischen Reaktionen] entstehende Wärme*
ab|war|ten: einen günstigen Augenblick a.
ab|wärts: vom 10. Rang a. || **ab|wärts|fah|ren** || **ab|wärts|ge|hen:** die Treppe a. | es wird mit ihm a. *(schlechter werden)* || **Ab|wärts|be|we|gung** || **Ab|wärts|trend**
Ab|wasch[1] die, -/-en: *Becken zum Geschirrabwaschen, Spülbecken* || **Ab|wasch**[2] der, -[e]s (D): *das Abwaschen des Geschirrs* || **ab|wasch|bar** || **Ab|wasch|be|cken** || **Ab|wä|sche:** *das Abwaschen* | (fachspr.) *Spülbecken* || **ab|wa|schen:** das Geschirr a. || **Ab|wä|scher:** *ein Beruf* || **Ab|wä|sche|rin**

A

‖ **Ab|wasch|fet|zen** (ugs.) ‖ **Ab|wasch|was|ser** das, -s/-wässer

Ab|was|ser das, -s/-wässer: die Abwässer einer Fabrik ‖ **Ab|was|ser|ent|sor|gung** ‖ **Ab|was|ser|rei|ni|gung**

ab|wat|schen (ugs.): *ohrfeigen*

ab|wech|seln [-ks-]: wir wechseln uns beim Autofahren ab ‖ **Ab|wechs|lung** die, -/-en ‖ **ab|wechs|lungs|los** ‖ **ab|wechs|lungs|reich**

Ab|weg (meist Pl.): *Irrweg;* auf Abwege geraten ‖ **ab|we|gig:** dieser Gedanke ist a. *(irrig; sonderbar; abseitig)* ‖ **Ab|we|gig|keit** die, -/-en

Ab|wehr die, -: *Widerstand;* innere A. | (Sport) *Verteidigung* ‖ **Ab|wehr|be|we|gung** ‖ **Ab|wehr|dienst** (Mil.): *Geheimdienst* ‖ **ab|weh|ren:** eine Gefahr, einen Angriff a. ‖ **Ab|wehr|fä|hig|keit** ‖ **Ab|wehr|kampf** ‖ **Ab|wehr|ket|te** (Sport) ‖ **Ab|wehr|kraft** (meist Pl.) (Med.): Abwehrkräfte gegen Krankheitserreger ‖ **Ab|wehr|re|ak|ti|on** [-tsi̯-] ‖ **Ab|wehr|spie|ler** (Sport): *Verteidiger;* → Stopper ‖ **Ab|wehr|spie|le|rin** (Sport) ‖ **Ab|wehr|stoff** (meist Pl.) (Med.): *Antikörper*

ab|wei|chen: von einer Norm a. ‖ **Ab|weich|ler** der, -s/- (abw.): *jemand, der sich von der Parteilinie entfernt* ‖ **Ab|weich|le|rin** die, -/-innen (abw.) ‖ **Ab|wei|chung** die, -/-en

ab|wei|den: *abgrasen*

ab|wei|sen: *zurückweisen*

ab|wend|bar → G.: unabwendbar ‖ **ab|wen|den:** ein Unheil a. *(verhindern)* | sich von jemandem a. *(wegwenden);* den Blick a. ‖ **Ab|wen|dung** die, -

ab|wer|ben: eine gute Verkäuferin a. *(zum Übertritt in die eigene Firma bewegen)*

ab|wer|fen: das Pferd wirft den Reiter ab | hohen Gewinn a. *(bringen)*

ab|wer|ten: *den Wert [des Geldes, einer Währung] herabsetzen* ‖ **Ab|wer|tung**

ab|we|send: *nicht anwesend* ‖ **Ab|we|sen|de**[1] der, -n/-n, ein Abwesender ‖ **Ab|we|sen|de**[2] die, -n/-n ‖ **Ab|we|sen|heit** die, - ‖ **Ab|we|sen|heits|ku|ra|tor** (Jus): *behördlich bestellter Vertreter für eine Person unbekannten Aufenthalts* ‖ **Ab|we|sen|heits|ku|ra|to|rin** (Jus)

ab|wet|zen: abgewetzte Jeans

ab|wi|ckeln: Wolle a. | ein Geschäft a. *(durchführen)* ‖ **Ab|wick|lung** die, -/-en

ab|wie|geln (ugs.): *beruhigen, beschwichtigen;* ich wiegle eine Krise ab; → G.: aufwiegeln

ab|wie|gen: einen Sack Erdäpfel a. *(abwägen)*

ab|wim|meln (ugs.): *mit Ausflüchten abweisen;* ich wimmle den Kollegen/eine Arbeit ab

Ab|wind: *absteigender Luftstrom;* → G.: Aufwind

ab|win|keln: den Arm a.

ab|win|ken: *ein Zeichen der Ablehnung geben* | (Mus.) der Dirigent winkt ab *(unterbricht)*

ab|wirt|schaf|ten

ab|wi|schen: den Tisch a.

ab|wra|cken: *verschrotten;* ein Schiff a.

Ab|wurf: der A. einer Bombe

ab|wür|gen (abw.): *unterbinden;* eine Diskussion a. *(nicht zulassen, abbrechen)* | (ugs.) den Motor a. *(unsachgemäß zum Stillstand bringen)*

ab|zah|len: in Raten a. ‖ **Ab|zah|lung**

ab|zäh|len: die Anwesenden a. | (ugs.) das kannst du dir an den Fingern a. *(leicht ausrechnen)*

ab|zap|fen: Bier a.

ab|zäu|nen: ein Grundstück a. ‖ **Ab|zäu|nung** die, -/-en: *Zaun*

Ab|zei|chen: *Aufnäher, Plakette oÄ zur Kennzeichnung;* Schwimmabzeichen

ab|zeich|nen: ein Muster a. *(kopieren)* | einen Vorvertrag a. *(als gelesen und akzeptiert markieren)* | schwierige Zeiten zeichnen sich ab *(sind absehbar)*

ab|zieh|bar (Kaufmannsspr.): eine Ausgabe ist a. ‖ **Ab|zieh|bild:** *Bild, das durch Abziehen einer Folie sichtbar wird* ‖ **ab|zie|hen:** eine Folie a.; die Bettwäsche a.; toten Tieren die Haut a. | die Wolken ziehen ab; die Belagerer zogen ab | einen Betrag a. *(subtrahieren)* | die Klinge a. *(schärfen)* | (sal.) eine Show a. *(etwas vorspielen, inszenieren, vortäuschen)*

ab|zie|len: auf höhere Löhne a. *(darauf aus sein)*

ab|zi|schen (ugs.): *schnell davongehen; sich verdrücken*

Ab|zo|cke die, - (D, ugs.): *[betrügerische] Übervorteilung* ‖ **ab|zo|cken** (D, sal.): *unverschämt viel Geld verlangen; auf leichte bzw. nicht ganz korrekte Weise Gewinne machen*

Ab|zug: *Vorrichtung an Schusswaffen zum Auslösen eines Schusses* | der A. der Truppen | ohne A. von Steuern; etwas in A. bringen *(abziehen)*

ab|züg|lich:

Präposition mit Genitiv:
– abzüglich des vereinbarten Rabatts
Allein stehendes starkes Nomen im Singular bleibt undekliniert:
– abzüglich Rabatt
Im Plural mit Dativ, wenn Genitiv nicht erkennbar:
– abzüglich Rabatten (statt: Rabatte)

Ab|zugs|pos|ten: Spenden sind steuerliche A. ‖ **Ab|zugs|schacht:** *Lüftungsschacht*

ab|zup|fen: Blätter a.

ab|zut|zeln, *auch:* **ab|zu|zeln** (ugs.): *ablutschen*

ab|zwa|cken (ugs.): etwas vom Taschengeld a. *(wegnehmen)*

ab|zwei|gen: diese Bahnlinie zweigt von der Hauptstrecke ab | (ugs.) Geld a. *(in die eigene Tasche fließen lassen)* ‖ **Ab|zwei|gung**

ab|zwi|cken: ein Kabel a.

ab|zwin|gen: jemandem eine Unterschrift a. *(sie von jemandem durch Zwang erreichen)*

Ac: Actinium

a cap|pel|la [- k-] ⟨it.⟩ (Mus.): *[Gesang] ohne Instrumentalbegleitung* ‖ **A-cap|pel|la-Chor** [-k-] (Mus.)

ac|ce|le|ran|do [atʃe-] ⟨it.⟩ (Mus.): *schneller werdend*

Ac|ces|soire [aksɛˈso̯aːr] das, -s/-s (meist Pl.) ⟨fr.⟩: *modisches Zubehör, zB Gürtel und Tasche zum Kleid*

Ac|cess|point [ˈæks-] der, -s/-s ⟨engl.⟩ (Elektrot.): *Internetzugang über Funk;* → WAP²

Ac|com|pa|gna|to [akompaˈn̯aːto] das, -s/-s [Accompagnati] ⟨it.⟩: *vom Orchester begleitetes Rezitativ*

Ac|count [əˈkaʊnt] der, -s/-s ⟨engl.⟩: *Zugangsberechtigung (Konto) zum Internet oder zu einem Netzwerk*

Ace|tat [ats-] (fachspr.) → Azetat ‖ **Ace|tat|sei|de** (fachspr.) → Azetatseide ‖ **Ace|ton** (fachspr.) → Azeton ‖ **Ace|ty|len** [-ty-] (fachspr.) → Azetylen ‖ **Ace|tyl|sa|li-**

cyl|säu|re [-tsy:l-] (fachspr.) → Azetylsalicylsäure
ach: ach so! | (geh.) ach und weh (= **A**ch und Weh) schreien; *aber:* mit **A**ch und Weh | (ugs.) mit **A**ch und Krach *(mit knapper Not)*
Achat der, -[e]s/-e: *ein Schmuckstein*
Ache die, -/-n: *Bezeichnung verschiedener [Gebirgs]flüsse, zB Gasteiner A.*
Achen|see der, -s: *ein See in Tirol*
Achil|les|fer|se: *die einzig verwundbare Stelle, schwache Seite (nach der griechischen Sagenfigur Achilles)* ‖ **Achil|les|seh|ne:** *Sehne in der Ferse*
Achim: *männl. Vorname*
Ach|laut (Lautschrift: [x]) (Sprachwiss.): *Aussprache des ch nach a, o, u;* → Ichlaut
Achs|bruch [-ks-] = Achsenbruch ‖ **Achs|druck** = Achsendruck der, -[e]s/-drücke ‖ **Ach|se** die, -/-n: *stabiler Drehpunkt, um den sich ein Rad dreht;* die A. eines Rades | *Mittellinie, um die sich ein Körper dreht;* Erdachse | (ugs.) auf [der] A. sein *(unterwegs sein)* | (Math.) x-Achse *(Koordinatenachse)*
Ach|sel [-ks-] die, -/-n: *Achselhöhle; Schulter;* verlegen die Achseln zucken; einen über die A. *(verächtlich)* anschauen ‖ **Ach|sel|haar** (meist Pl.) ‖ **Ach|sel|höh|le** ‖ **Ach|sel|klap|pe:** *Schulterklappe [an Uniformjacken]* ‖ **Ach|sel|zu|cken:** mit einem A. *(gleichgültig, ratlos, ohne Entscheidung)* antworten ‖ **ach|sel|zu|ckend:** eine achselzuckende Gebärde; *aber:* mit den Achseln zuckend
Ach|sen|bruch [-ks-] = → Achsbruch ‖ **Ach|sen|druck** = → Achsdruck ‖ **Ach|sen|kreuz** (Math.): *Koordinatenkreuz* ‖ **Ach|sen|mäch|te** die (Pl.) (Pol., Gesch.): *Deutschland und Italien als Verbündete im Zweiten Weltkrieg* ‖ **-ach|sig** (nur in Zusammensetzungen wie zweiachsig) ‖ **Achs|last** ‖ **Achs|sturz** (Technik): *von der Senkrechten abweichende Schrägstellung der Räder bei Automobilen*

acht (8):

Kleinschreibung als Grundzahl:
- es ist/schlägt acht
- gegen acht
- viertel/halb acht
- drei viertel acht
- Punkt acht
- in acht Tagen *(in einer Woche)*
- die ersten acht
- wir waren unser acht
- in Reihen zu acht
- Platz acht belegen
- die Nummer acht ziehen
- die Zahlen von acht bis fünfzehn
- drei und acht ist elf
- acht Millionen Mal[e]

R→ S. 894, 2.3.2

Das Ordnungszahlwort „achte“:
- die achte Zeile; *aber groß:* der **A**chte des Monats; jeder **A**chte

Großschreibung bei Nominalisierung der Grundzahl zur Bezeichnung einer Ziffer:
- die Ziffer **A**cht (8, → Achter)
- die Ziffern **A**cht und Neun
- sie setzt alles auf die **A**cht; → Achter

R→ S. 894, 2.3.3

Weiters:
- achtfach (8fach = 8-fach); *aber groß:* das Achtfache (8fache = 8-Fache)
- achtmal (8-mal; *bei bes. Betonung auch:* acht Mal)
- achtjährige (8-jährige) Schülerinnen; *aber groß:* die **A**chtjährige (die 8-Jährige)

R→ S. 923, 10.1

Acht[1] die, -/-en (bes. D): → *Achter;* → acht
Acht[2] die, - (früher): *Ächtung;* jemanden in A. und Bann tun *(aus einer Gemeinschaft ausstoßen);* → Gächtete

Acht[3]

die, -: *Beachtung;* sich in Acht nehmen; außer [aller] Acht lassen

Getrennt- und Zusammenschreibung:
- Acht geben = achtgeben; gib Acht (= gib acht)!; *aber nur zusammen bzw. getrennt:* sehr achtgeben; allergrößte Acht geben
- Acht haben = achthaben; habt Acht (= habt acht!) *(ein militärisches Kommando)*

R→ S. 901, 1.6.2

acht|ar|mig (8-armig): ein achtarmiger Kristallluster ‖ **acht|bän|dig** (8-bändig): ein achtbändiges Lexikon
acht|bar: ein achtbarer Mensch *(jemand, der Achtung verdient)* ‖ **Acht|bar|keit** die, - (geh.)
acht|blätt|rig (8-blättrig) ‖ **ach|te** (8.): die a. Zeile; *aber:* der **A**chte (8.) des Monats; → acht; → Achte ‖ **Ach|te**[1] der, -n/-n, ein Achter: jeder A.; der A. von rechts; Heinrich der A. (Heinrich VIII.); → achte ‖ **Ach|te**[2] die, -n/-n ‖ **Acht|eck** ‖ **acht|eckig** (8-eckig) ‖ **acht|ein|halb** ‖ **acht|ein|vier|tel** ‖ **ach|tel** (8el, ⅛) (vor Maßangaben); → achtel Kilogramm; → achtel Liter; → achtel Meter; → Achtel; → viertel ‖ **Ach|tel** (8el, ⅛) das, -s/-: ein A. der Strecke; ein A. Butter; ein A. Wein; drei A. bezahlen; → achtel; → Viertel; → Achterl ‖ **Ach|tel|le** das, -s/- (V, T, K): *Achterl* ‖ **Ach|tel|fi|na|le** (Sport) ‖ **ach|tel Ki|lo|gramm** = **Ach|tel|ki|lo|gramm** (⅛ Kilogramm, ⅛-Kilogramm) das, -s/- ‖ **ach|tel Li|ter** = **Ach|tel|li|ter** (⅛ Liter, ⅛-Liter) ‖ **ach|tel Me|ter** = **Ach|tel|me|ter** (⅛ Meter, ⅛-Meter) ‖ **Ach|tel|no|te** (Mus.) ‖ **Ach|tel|pau|se** (Mus.)
ach|ten: fremde Meinungen a. *(respektieren);* geachtet sein *(angesehen, geschätzt sein)* | auf jemanden a. *(aufpassen, Acht geben)*
äch|ten (geh.): *in Acht und Bann tun; aus einer Gemeinschaft ausstoßen;* → Geächtete
Ach|ten|der der, -s/-: *Hirsch mit acht Geweihenden* ‖ **ach|tens** (8.)
ach|tens|wert: *Achtung verdienend*

Ach|ter

(8er) der, -s/-: die Ziffer Acht (8); → Acht[1] | → *Achterwagen* | (Sport) *Boot für acht Ruderer* | *achterförmige Verbiegung des Rades*

Die österreichischen Formen der nominalisierten Zahlwörter werden auf -er gebildet:
- einen Achter hinschreiben (bes. in Deutschland: eine Acht)
- mit dem Rad einen Achter fahren (bes. in Deutschland: eine Acht)

ach|ter|aus (Seemannsspr.): *nach hinten*
Ach|ter|bahn: *Berg-und-Tal-Bahn, Hochschaubahn*
Ach|ter|deck (Seemannsspr.): → *Hinterdeck;* → G.: Vorderdeck
Ach|terl das, -s/-[n]: *ein Achtel[liter] Wein;* noch ein A. *(ein weite-*

A

res Glas Wein) trinken; → Achtel; → Achtele ‖ **ach|ter|lei**
ach|tern (Seemannsspr.): *hinten*
Ach|ter|wa|gen (8er-Wagen): *Zug der Straßenbahnlinie/U-Bahn-Linie 8; Achter*
acht|fach (8fach = 8-fach) ‖ **Acht-fa|che** (8fache = 8-Fache) das, -n
Acht ge|ben = acht|ge|ben → Acht[3] ‖ **Acht ha|ben = acht|ha-ben** → Acht[3]
acht|hun|dert (800) ‖ **acht|jäh|rig** (8-jährig): ein achtjähriger Bub; *aber:* ein **A**chtjähriger ‖ **Acht-jäh|rige**[1] (8-Jährige) der, -n/-n, ein Achtjähriger: der A. spielt Fußball; *aber:* ein achtjähriger Bub ‖ **Acht|jäh|ri|ge**[2] (8-Jährige) die, -n/-n ‖ **Acht|kampf:** *ein Sportbewerb in acht Einzeldisziplinen* ‖ **acht|klas|sig** (8-klassig): eine achtklassige Schule ‖ **Acht-klass|ler** der, -s/-: *Schüler der achten Klasse* ‖ **Acht|kläss|ler** der, -s/- (V, südl. D): *Achtklassler* ‖ **Acht|klass|le|rin** die, -/-innen ‖ **Acht|kläss|le|rin** die, -/-innen (V, südl. D)
acht|los: *ohne nachzudenken;* a. etwas wegwerfen ‖ **Acht|lo|sig-keit** die, -
acht|mal (8-mal), *bei besonderer Betonung auch:* acht Mal: a. so groß/viel ‖ **acht|ma|lig** (8-malig): die achtmalige Weltmeisterin ‖ **acht|mi|nü|tig** (8-minütig), *auch:* achtminutig: eine achtminütige Wartezeit ‖ **acht|mi|nüt|lich** (8-minütlich), *auch:* achtminutlich: achtminütliche U-Bahn-Intervalle ‖ **acht|mo|na|tig** (8-monatig): ein achtmonatiger (*nicht:* achtmonatlicher) Kurs *(ein Kurs, der acht Monate dauert)* ‖ **acht|pro|zen|tig** (8-prozentig, 8%ig)
acht|sam (geh.): *vorsichtig; wachsam* ‖ **Acht|sam|keit** die, - (geh.)
acht|sei|tig (8-seitig) ‖ **acht|stel-lig** (8-stellig) ‖ **acht|stö|ckig** (8-stöckig): ein achtstöckiges Gebäude ‖ **Acht|stun|den|tag** (8-Stunden-Tag) ‖ **acht|stün|dig** (8-stündig): eine achtstündige Arbeitszeit ‖ **acht|stünd|lich** (8-stündlich): ein achtstündlicher *(alle acht Stunden stattfindender)* Schichtwechsel ‖ **acht-tä|gig** (8-tägig): ein achttägiger Urlaub ‖ **acht|tau|send** (8 000) ‖ **Acht|tau|sen|der** (8 000er): *Berg, der zwischen 8 000 und 8 999 m hoch ist* ‖ **acht|tei|lig** (8-teilig) ‖ **Acht|uhr|zug** ‖ **Acht|und|sech|zi-ger** der, -s/- (68er): *Angehöriger der 1968 revoltierenden jungen Generation* ‖ **Acht|und|sech|zi-ger|ge|ne|ra|ti|on** [-tsi̯-] ‖ **Acht-und|sech|zi|ge|rin** die, -/-innen ‖ **acht|und|zwan|zig** (28)
Ach|tung die, -: *Wertschätzung;* alle A.!
Äch|tung die, -/-en (geh.): → *Acht*[2]; → ächten
Ach|tungs|er|folg: die Aufführung brachte nur einen A. *(Anerkennung)* ‖ **ach|tungs|voll:** *Achtung zeigend*
acht|wö|chig (8-wöchig): ein achtwöchiger *(acht Wochen dauernder)* Kurs; → wöchentlich ‖ **acht|zehn** (18) ‖ **acht|zehn|hun-dert** (1 800) ‖ **acht|zehn|jäh|rig** (18-jährig): eine achtzehnjährige Maturantin; *aber:* eine **A**chtzehnjährige (18-Jährige) ‖ **acht-zei|lig** (8-zeilig)

ach|zig (80):

Kleinschreibung des Zahlworts:
- er ist achtzig [Jahre]
- Mitte [der] achtzig
- im Jahr[e] achtzig *(im achtziger Jahr)*

Großschreibung bei Nominalisierung der Grundzahl zur Bezeichnung einer Ziffer:
- die Zahl **A**chtzig (80, → *Achtziger*)

R→ S. 894, 2.3.3

acht|zi|ger (80er): → achtziger Jahr = Achtziger Jahr; → achtziger Jahrgang = Achtziger Jahrgang ‖ **Acht|zi|ger** (80er) der, -s/-, ein A.: Mitte der A.; den A. *(den 80. Geburtstag)* feiern; einen A. *(Wein aus dem Jahre achtzig)* trinken; → Achtzig ‖ **Acht|zi|ge-rin** die, -/-innen ‖ **acht|zi|ger Jahr** = **Acht|zi|ger|jahr** (= 80er Jahr, 80er-Jahr): in den achtziger Jahren (= Achtzigerjahren) des 20. Jh. ‖ **acht|zi|ger Jahr|gang** = **Acht|zi|ger|jahr|gang** (= 80er Jahrgang, 80er-Jahrgang) ‖ **acht-zig|jäh|rig** (80-jährig): eine achtzigjährige Pensionistin; *aber:* eine **A**chtzigjährige (80-Jährige) ‖ **Acht|zig|jäh|ri|ge**[1] (80-Jährige) der, -n/-n, ein Achtzigjähriger ‖ **Acht|zig|jäh|ri|ge**[2] (80-Jährige) die, -n/-n ‖ **acht|zigs|te** (80.): der a. Geburtstag ‖ **acht|zigs|tel** (80stel); → achtzigstel Sekunde = Achtzigstelsekunde ‖ **Acht-zigs|tel** (80stel) das, -s/- ‖ **acht-zigs|tel Se|kun|de** = **Acht|zigs-tel|se|kun|de** (= 80stel Sekunde, 80stel-Sekunde) ‖ **Acht|zy|lin|der** [-tsy-, -tsi-] (8-Zylinder): *ein Auto mit einem Achtzylindermotor*
äch|zen: du ächzt *(stöhnst)* im Schlaf; → Geächze
Acker der, -s/Äcker: *landwirtschaftlich genutzte Bodenfläche* ‖ **Acker|bau** der, -[e]s: A. treiben ‖ **Acker|bo|den** ‖ **Acker|flä|che** ‖ **Acker|kru|me:** *frisch aufgepflügte Erde* ‖ **Acker|land** ‖ **ackern:** *pflügen* | (ugs.) *arbeiten, durchackern* ‖ **Ackern** das, -s (reg., zB St) (Wz.): *Fest auf dem freien Feld* ‖ **Ackers|mann** (veraltet): *pflügender Bauer*
Ack|ja der, -[s]/-s, *auch:* Akja ⟨schwedisch⟩: *Rettungsschlitten für Berg- und Skiunfälle*
a con|to [- k-] ⟨it.⟩: 100 € a c. zahlen *(anzahlen);* → Akonto
Ac|ryl [-'kryːl] = → Akryl ‖ **Ac|ryl-far|be** = → Akrylfarbe
Act [ækt] der, -s/-s ⟨engl.⟩ (Mus.): *[künstlerische] Darstellung, Auftritt, Shownummer;* Live-Act | *Produktion; aber:* → Akt
Ac|ti|ni|um [ak-] das, -s ⟨gr.⟩ (Zeichen: Ac): *ein chemisches Element*
Ac|tion [ækʃn] die, - ⟨engl.⟩: *spannendes Geschehen, Handlungsreichtum* | (sal.) da war mir zu wenig A. *(zu wenig los);* → Aktion ‖ **Ac|tion|film** ‖ **Ac|tion|re-search** [-rɪ'sɜːtʃ] das, - (Päd.): *Handlungsforschung*
a. d.: **an d**er; Linz a. d. Donau
a. D.: außer **D**ienst; Oberst a. D.
A. D.: Anno Domini, A. D. 996
Ada|bei der, -[s]/-s (scherzh.): der Herr A. *(jemand, der überall [auch] dabei sein will; Neugieriger; Wichtigmacher)*
ad ab|sur|dum ⟨lat.⟩: etwas ad a. führen *(ins Unsinnige übertreiben; als widersinnig nachweisen)*
ad ac|ta [- -k-] ⟨lat.⟩: etwas ad a. legen *(zu den Akten legen; als erledigt betrachten)*
ada|gio [a'daːdʒo] ⟨it.⟩ (Mus.): *langsam, sanft* ‖ **Ada|gio** das, -[s]/-s (Mus.): *ein langsames Musikstück*
Adal|bert: *männl. Vorname;* → Bertl
Adam: *männl. Vorname* | A. und Eva *(in der Bibel das erste Menschenpaar);* bei A. und Eva *(ganz am Beginn)* anfangen ‖ **Adam Rie|se** (scherzh.) (nur in der

Wendung): das macht nach A. R. *(korrekt gerechnet)* 14 Euro *(nach einem deutschen Rechenmeister im 16. Jh.)* ‖ **Adamsapfel:** *ein Knorpel am Kehlkopf des Mannes* ‖ **Adamskostüm** (scherzh.): im A. *(nackt; von Männern)* herumlaufen; → Evaskostüm

Adaptation [-tsi̯-] = Adaption die, -/-en ⟨lat.⟩: *Anpassung* ‖ **Adapter** der, -s/-: *ein Zusatzgerät für [Stromnetz]anschlüsse* ‖ **adaptieren:** ein Gebäude a. *(renovieren, einem neuen Zweck anpassen)* ‖ **Adaptierung** die, -/-en: *Neugestaltung [einer Wohnung]* ‖ **adaptierungsbedürftig:** eine adaptierungsbedürftige *(renovierungsbedürftige)* Wohnung ‖ **Adaptierungskosten** die (Pl.) ‖ **Adaption** = → Adaptation

Adäquanz die, -/- ⟨lat.⟩ (Jus): *Angemessenheit* ‖ **adäquat:** *angemessen, entsprechend;* → G.: inadäquat ‖ **Adäquatheit** die, -

addieren ⟨lat.⟩: *zusammenzählen*

Addis Abeba: *Hauptstadt Äthiopiens*

Addition [-tsi̯-] die, -/-en ⟨lat.⟩ ‖ **Additionszeichen:** *Pluszeichen* ‖ **additiv:** *aneinanderreihend, nummerierend* ‖ **Additiv** das, -s/-e (Chem.): *Zusatzmittel, das die Eigenschaft eines anderen Stoffes verändert* ‖ **Additum** das, -s/Addita (Päd.): → *Erweiterungsbereich;* → Fundamentum

ade (veraltet): ade (= Ade) sagen; → adieu ‖ **Ade** das, -s/-s (veraltet): ohne Ade fortgehen; Ade (= ade) sagen

Adel der, -s: *adelige Familien* ‖ **Adele:** *weibl. Vorname* ‖ **Adelheid:** *weibl. Vorname* ‖ **adelig** = adlig ‖ **Adelige**[1] = Adlige der, -n/-n, ein Ad[e]liger ‖ **Adelige**[2] = Adlige die, -n/-n ‖ **adeln,** ich adle: auf Grund seiner Verdienste von der englischen Königin geadelt werden ‖ **Adelsprädikat:** *Benennung, die die Zugehörigkeit zum Adel ausdrückt, zB Gräfin* ‖ **Adelsstand** ‖ **Adelstitel**

Adept der, -en/-en ⟨lat.⟩ (geh.): *Person, die in eine Wissenschaft eingeweiht ist; jemand, der ein Fachgebiet, eine Wissenschaft studiert* ‖ **Adeptin** die, -/-innen (geh.)

Ader die, -/-n: *Blutgefäß* ǀ eine künstlerische A. *(Begabung)* haben ǀ (Bot.) *Gefäß im Blatt* ǀ (Geol.) *Lagerstätte von Mineralien oÄ* ‖ **Äderchen** ‖ **aderig** = **äderig,** *auch:* adrig, ädrig ‖ **Aderlass** der, -es/-lässe: *Blutabnahme zu Heilzwecken* ǀ *großer Verlust*

Adhäsion die, - ⟨lat.⟩ (Phys.): *das Aneinanderhaften verschiedener Stoffe*

ad hoc [- -k] ⟨lat.⟩: *eigens zu diesem Zweck* ǀ *augenblicklich* ‖ **Ad-hoc-Bildung** (Sprachwiss.): *Wort, das aus dem Stegreif gebildet wird* ‖ **Ad-hoc-Gesetzgebung:** → *Anlassgesetzgebung*

Adiabate die, -/-n ⟨gr.⟩ (Phys.): *Kurve der Zustandsänderung eines Gases ohne Wärmeaustausch mit der Umgebung* ‖ **adiabatisch** (Phys.): *ohne Änderung der Entropie ablaufend*

adieu [aˈdi̯øː] ⟨fr.⟩: *leb wohl, leben Sie wohl;* a. (= Adieu) sagen; → ade ‖ **Adieu** das, -s/-s: *Lebewohl;* ohne A. fortgehen; A. (= adieu) sagen

ad infinitum ⟨lat.⟩: *endlos weiter*

adipös ⟨lat.⟩ (Med.): *stark übergewichtig, fettleibig* ‖ **Adipositas** die, - (Med.): *Fettleibigkeit, Fettsucht*

Adj.: Adjektiv ‖ **Adjektiv** das, -[e]s/-e [-fε, -vε] (Adj.) ⟨lat.⟩ (Gramm.): *Eigenschaftswort;* → Zahladjektiv ‖ **adjektivisch** (Gramm.): *als Adjektiv verwendet;* adjektivisches Attribut

Adjunkt der, -en/-en ⟨lat.⟩: *ein Beamtentitel* ‖ **Adjunktin** die, -/-innen

adjustieren ⟨lat.⟩: *ausrüsten, zurichten* ǀ *dienstmäßig kleiden* ‖ **Adjustierung** die, -/-en: *Uniform, Aufmachung*

Adjutant der, -en/-en ⟨lat.⟩: *einem Kommandanten zugeteilter Offizier* ‖ **Adjutum** das, -s/Adjuten: *Ausbildungsbeitrag*

Adlatus der, -/Adlaten [Adlati] ⟨lat.⟩ (veraltet bzw. iron.): *Helfer, persönlicher Mitarbeiter*

Adler der, -s/-: *ein Greifvogel;* Kaiseradler ǀ *ein Wappentier* ‖ **Adlerauge:** etwas mit Adleraugen *(sehr genau; argwöhnisch)* beobachten ‖ **Adlerblick:** *scharfer Blick* ‖ **Adlerfarn** (Bot.) ‖ **Adlernase:** *große, gebogene Nase*

ad lib.: ad libitum ‖ **ad libitum** (ad lib.) ⟨lat.⟩: *nach Belieben*

adlig = → adelig ‖ **Adlige** = → Adelige

Administration [-tsi̯-] die, -/-en ⟨lat.⟩: *Verwaltung* ‖ **administrativ** ‖ **Administrator** der, -s/-en [-ˈoː-]: *Verwalter, Verweser;* A. *(organisatorischer Leiter)* einer Schule ǀ (EDV) *jemand, der in einer Firma für Sicherheit und Stabilität des Netzwerks zuständig ist* ‖ **Administratorin** die, -/-innen ‖ **administrieren**

Admiral der, -s/Admiräle [-e] ⟨arab.⟩: *höchster Marineoffizier* ǀ *ein Schmetterling* ‖ **Admiralität** die, - ‖ **Admiralsrang** ‖ **Admiralsstab:** *oberste Leitung einer Kriegsmarine*

Admont: *Marktgemeinde und Stift in der Steiermark*

ad notam ⟨lat.⟩: etwas ad n. *(zur Kenntnis)* nehmen

ad oculos [-k-] ⟨lat.⟩: etwas ad o. *(vor aller Augen)* demonstrieren

Adoleszenz die, - ⟨lat.⟩: *Übergangszeit von der Jugend zum Erwachsenenalter;* → adult

Adolf: *männl. Vorname*

Adonis[1]: *griechische Sagengestalt* ‖ **Adonis**[2] der, -/-nisse: *schöner Jüngling* ǀ *Adonisröschen* ‖ **Adonisröschen:** *eine Pflanzengattung*

adoptieren ⟨lat.⟩: *als eigenes Kind annehmen* ‖ **Adoption** [-tsi̯-] die, -/-en ‖ **Adoptiveltern** ‖ **Adoptivkind** ‖ **Adoptivmutter** ‖ **Adoptivsohn** ‖ **Adoptivtochter** ‖ **Adoptivvater**

ad personam ⟨lat.⟩: die Mitarbeiterinnen ad p. *(persönlich)* einladen

Adr.: Adresse

ad rem ⟨lat.⟩: *zur Sache*

Adrenalin das, -s ⟨lat.⟩ (Med.): *ein Hormon* ‖ **Adrenalinstoß:** *erhöhte Ausschüttung von Adrenalin [bei Höchstleistungen]*

Adressänderung ⟨fr.+dt.⟩ ‖ **Adressangabe** ‖ **Adressant** der, -en/-en: *Absender [einer Sendung]* ‖ **Adressantin** die, -/-innen ‖ **Adressat** der, -en/-en: *Empfänger [einer Sendung]* ‖ **Adressatin** die, -/-innen ‖ **Adressbuch** ‖ **Adresse** die, -/-n (Adr.): *Anschrift;* sich an die richtige A. *(Stelle)* wenden; an die falsche A. kommen *(zurückgewiesen werden)* ǀ (EDV) *Speicherstelle in einem Computer* ǀ (veraltet) *Bittschrift, Denkschrift;* → Grußadresse ‖ **Adressenänderung** ‖ **Adressenverwaltung** ‖ **Adressenverzeichnis** ‖ **adressieren:** *mit einer Adresse versehen* ‖ **Adresspickerl** ‖ **Adressverzeichnis**

A

ad|rett ⟨fr.⟩: *nett, ordentlich in der äußeren Erscheinung;* sich a. kleiden
Adria die, -: an der oberen A. Urlaub machen ‖ **Ad|rian:** *männl. Vorname* ‖ **Ad|ri|a|ti|sche Meer** das, -n -[e]s: *Adria*
ad|rig → aderig ‖ **äd|rig** → äderig
ADSL [a de ɛs 'ɛl] (EDV): **A**symmetric **D**igital **S**ubscriber **L**ine *(bes. leistungsfähige digitale Datenübertragung);* → ISDN
Ad|sorp|ti|on [-tsi̯-] die, -/-en ⟨lat.⟩ (Phys.): *Aufnahme von Stoffen an der Oberfläche von festen [porösen] Stoffen*
adult ⟨lat.⟩ (fachspr., bes. Med., Biol., Psych.): *erwachsen;* adulte Stammzellen; → Adoleszenz
A-Dur (A) (Mus.): *eine Tonart* ‖ **A-Dur-Ton|lei|ter** (Mus.)
ADV [a de 'fau] die, -: **a**utomatische **D**aten**v**erarbeitung; **a**utomationsgestützter **D**aten**v**erkehr
Adv.: **Adv**erb
Ad|van|tage [əd'vaːntɪdʒ] der, -s/-s ⟨engl.⟩ (Sport): *Vorteil, ein Spielstand im Tennis*

Ad|vent [-v-]

der, -s/-e ⟨lat.⟩ (Rel.): *die vier Wochen vor Weihnachten*
Zusammensetzungen mit „Advent-" werden in Österreich häufiger ohne → Fugen-s, in Deutschland mit Fugen-s gebildet:
- Adventkalender (in Deutschland im Allgemeinen: Adventskalender)
- Adventzeit (in Deutschland im Allgemeinen: Adventszeit)

Ad|ven|tist der, -en/-en: *Angehöriger einer bestimmten christlichen Glaubensgemeinschaft* ‖ **Ad|ven|tis|tin** die, -/-innen ‖ **Ad|vent|be|leuch|tung** ‖ **Ad|vent|fei|er** ‖ **Ad|vent|got|tes|dienst** ‖ **Ad|vent|ker|ze** ‖ **Ad|vent|ka|len|der** ‖ **Ad|vent|kranz** ‖ **ad|vent|lich** ‖ **Ad|vent|markt** ‖ **Ad|vent|sin|gen** das, -s/- ‖ **Ad|vent|sonn|tag:** erster, zweiter, dritter, vierter A. ‖ **Ad|vent|zeit:** *die Zeit vor Weihnachten*
Ad|verb [-v-] das, -s/-ien [-i̯ən] (Adv.) ⟨lat.⟩ (Gramm.): *Umstandswort;* → Verb ‖ **ad|ver|bi|al,** *auch:* adverbiell [-i̯ɛl] (Gramm.): *als oder auch wie ein Adverb verwendet;* adverbiale Bestimmung ‖ **Ad|ver|bi|al|be|stim|mung** (Gramm.): *Umstandsergänzung* ‖ **Ad|ver|bi|a|le** das, -s/-n (Gramm.): *adverbiale Bestimmung* ‖ **Ad|ver|bi|al|satz** (Gramm.): *Umstandssatz* ‖ **ad|ver|bi|ell** → adverbial
ad|ver|sa|tiv ⟨lat.⟩ (Gramm.): *entgegensetzend, zB die Konjunktion* aber
Ad|vo|ca|tus Di|a|bo|li [-vok- -] der, - - /Advocati - ⟨lat.⟩ (wörtl.: Anwalt des Teufels): *jemand, der es übernimmt, die Argumente der Gegenseite zu vertreten* ‖ **Ad|vo|kat** der, -en/-en (veraltend): *Rechtsanwalt, Anwalt* ‖ **Ad|vo|ka|tin** die, -/-innen (veraltend)
Ae|ols|har|fe ['ɛːo-] → Äolsharfe
ae|rob ⟨gr.⟩ (Biol.): aerobe *(Sauerstoff benötigende)* Prozesse; → G.: anaerob
Ae|ro|bic [ɛ-k] das, -s ⟨engl.⟩: *ein Gymnastiksport*
Ae|ro|dy|na|mik [ɛrody-, auch: ae-] ⟨gr.⟩ (Phys.): *Lehre von der Bewegung gasförmiger Körper* ‖ **ae|ro|dy|na|misch** ‖ **Ae|ro|plan** der, -[e]s/-e ⟨gr.+lat.⟩ (veraltet): *Flugzeug* ‖ **Ae|ro|fon = Ae|ro|phon** [-f-] das, -s/-e (Mus.): *Instrument, das mit Luft zum Klingen gebracht wird, zB Flöte, Orgel* ‖ **Ae|ro|sol** das, -s/-e (Phys.): *feinstverteilte Materie, zB Staub, Rauch, in Gasen* | (Med.) *zu Nebel zerstäubtes Medikament*
Af|fä|re [a'fɛːrə, -'ɛːrɛ] die, -/-n ⟨fr.⟩ (frühere Schreibung: Affaire): *unangenehme Angelegenheit;* sich geschickt aus der A. ziehen *(aus einer unangenehmen Situation befreien)* | *[kurzzeitige] Liebesbeziehung*
Äf|fchen das, -s/- ‖ **Af|fe** der, -n/-n: *ein Säugetier* | (derb) *eitler, affektierter Mensch* | (ugs., sal.) *Rausch*
Af|fekt der, -[e]s/-e ⟨lat.⟩: *Gemütserregung;* im A. *(Zorn)* handeln ‖ **Af|fekt|hand|lung** ‖ **af|fek|tiert:** *geziert, gespreizt, unnatürlich* ‖ **Af|fek|tiert|heit** die, -/-en ‖ **af|fek|tiv:** *gefühlsbetont*
äf|fen (geh.): *in die Irre führen, foppen, betrügen* ‖ **af|fen|ar|tig** ‖ **Af|fen|brot|baum:** *ein afrikanischer Laubbaum* ‖ **Af|fen|hit|ze** (ugs.): *große Hitze* ‖ **Af|fen|klam|mer:** → *Klammeraffe* ‖ **Af|fen|lie|be:** *übertriebene Liebe zu einem Kind* ‖ **Af|fen|schan|de** (ugs., sal.): *große Schande* ‖ **Af|fen|tem|po** (ugs., sal.): *rasantes Tempo* ‖ **Af|fen|the|a|ter** (ugs.): *übertriebenes Getue* ‖ **Af|fen|zahn** (ugs., sal.): mit einem A. *(rasant)* daherkommen
af|fet|tu|o|so ⟨it.⟩ (Mus.): *ausdrucksvoll, leidenschaftlich*
af|fi|chie|ren [-'ʃiː-] ⟨fr.⟩: *plakatieren, anschlagen*
af|fig (ugs.): *eitel, unnatürlich wirkend* ‖ **Äf|fin** die, -/-innen: *weibliche Affe*
af|fin ⟨lat.⟩ (meist in Zusammensetzungen): *verwandt, zugehörig;* internetaffin ‖ **Af|fi|ni|tät** die, -/-en: *[chemische] Verwandtschaft, gegenseitige Anziehung*
af|fir|ma|tiv ⟨lat.⟩: *bestätigend, bekräftigend* ‖ **Af|fir|ma|ti|on** [-tsi̯-] die, -/-en
Af|fix das, -[es]/-e ⟨lat.⟩ (Sprachwiss.): *nicht selbstständiger Wortteil;* → Vorsilbe; → Nachsilbe
Af|fri|ka|ta die, -/Affrikaten ⟨lat.⟩ (Sprachwiss.): *Verschlusslaut mit nachfolgendem Reibelaut, zB* pf
Af|front [-'rõː] der, -s/-s ⟨fr.⟩: *Beleidigung*
Af|gha|ne [-'gaː-] der, -n/-n: *Bewohner Afghanistans* | *eine Hunderasse* ‖ **Af|gha|nin** die, -/-innen ‖ **af|gha|nisch** ‖ **Af|gha|nis|tan:** *ein Staat in Asien*
à fonds per|du [- fõ -'dy] ⟨fr.⟩: *trotz zu erwartenden Verlustes*
Af|ri|ka: *ein Erdteil* ‖ **Af|ri|kaans** das, -: *eine aus dem Niederländischen entstandene Sprache in Südafrika* ‖ **Af|ri|ka|ner** der, -s/- ‖ **Af|ri|ka|ne|rin** die, -/-innen ‖ **af|ri|ka|nisch** ‖ **Af|ri|ka|nis|tik** die, -: *eine Wissenschaft* ‖ **Af|ro|ame|ri|ka|ner:** *Amerikaner schwarzafrikanischer Abstammung* ‖ **Af|ro|ame|ri|ka|ne|rin** ‖ **af|ro|ame|ri|ka|nisch** ‖ **af|ro|asi|a|tisch:** *die Länder Afrikas und Asiens betreffend* ‖ **Af|ro|look** [-lʊk]: *Frisur aus vielen dichten Locken*
Af|ter der, -s/-: *Darmausgang* ‖ **af|ter|le|sen** (fachspr.): *nach der Weinlese nachlesen* ‖ **Af|ter|mie|ter** (veraltet): *Untermieter* ‖ **Af|ter|mie|te|rin** (veraltet)
Af|ter|shave [-ʃeɪv] das, -[s]/-s ⟨engl.⟩: *Rasierwasser* ‖ **Af|ter|shave|lo|tion** [-loːʃn, engl.: -ləʊʃn] = **Af|ter|shave-Lo|tion** ‖ **Af|ter|show|par|ty** [-ʃəʊ-i] = **Af|ter-Show-Par|ty:** *Party im Anschluss an eine Veranstaltung*
A-Füh|rer|schein: *Berechtigung für das Lenken von Motorrädern*
Ag: **A**r**g**entum
AG [a 'geː] die, -/-s: **A**ktien**g**esell-

schaft | **A**rbeits**g**emeinschaft; → ARGE | **A**ktions**g**emeinschaft
a. G.: als **G**ast (nach Künstlernamen auf Theaterprogrammen)
Ägäis die, - = **Ägäische Meer** das, -n -[e]s: *Teil des Mittelmeeres*
Agape die, -/-n ⟨gr.⟩ (Rel.): *selbstlose Liebe | kleine Bewirtung nach dem Gottesdienst*
Agar-Agar der = das, -s ⟨mal.⟩: *Verdickungsmittel aus Algenarten*
Agatha [auch: -'ga:-] = **Agathe:** *weibl. Vorname*
Agave [-v-] die, -/-n ⟨gr.⟩: *eine aus Amerika stammende Pflanze*
AGB [a ge 'be:] die (Pl.) (Jus): **a**llgemeine **G**eschäfts**b**edingungen
Agenda die, -/Agenden ⟨lat.⟩: *Verhandlungsplan, Tagesordnung;* etwas auf die A. setzen | (Pl.) (Amtsspr.) *der Aufgabenbereich; zu erledigende Angelegenheiten;* Zollagenden | *Notizbuch, Terminkalender* ‖ **Agens** der = das, -/Agenzien [-iεn]: *wichtige Triebkraft* | (Med.) *wirksamer Stoff* ‖ **Agent** der, -en/-en: *Spion | Geschäftsvermittler; Vertreter* ‖ **Agentie** [-'t(s)i:] die, -/-n (veraltet): *eine Geschäftsstelle* ‖ **Agentin** die, -/-innen
Agent Provocateur [a'ʒɑ̃ prɔvɔka'tœ:r] = **Agent provocateur** der, - -/-s - ⟨fr.⟩: *jemand, der zur Entlarvung eines Täters eine andere Person zu einer Straftat veranlasst*
Agentur [ag-] die, -/-en ⟨lat.⟩: *Vertretung, Geschäftsstelle | Nachrichtenagentur* | (SüdT) *für einen bestimmten Bereich eingerichtete Dienststelle;* A. für Liegenschaften ‖ **Agenturmeldung:** *Meldung einer Nachrichtenagentur*
Agglomerat das, -[e]s/-e ⟨lat.⟩: *Anhäufung* ‖ **Agglomeration** [-tsi-] die, -/-en (Geogr.): *großer städtischer Siedlungsraum*
Agglutination [-tsi-] die, -/-en ⟨lat.⟩ (Med.): *Verklumpung von Blutzellen* | (Sprachwiss.) *Wort- und Formenbildung, bei der die Bestandteile (fast) unverändert bleiben, zB* Wien, Wien+er, Wiener+in ‖ **agglutinieren**
Aggregat das, -[e]s/-e ⟨lat.⟩ (Technik): *eine Koppelung von Maschinen oder Maschinenteilen* ‖ **Aggregation** [-tsi-] die, -/-en (Phys.): *Vereinigung von Molekülen zu Verbindungen* ‖ **Aggregatzustand,** *auch:* **Aggregatszustand** (Phys.): *Form eines Stoffes;* fester, flüssiger, gasförmiger A.
Aggression die, -/-en ⟨lat.⟩: *militärischer Überfall, Angriff | feindseliges Verhalten* ‖ **Aggressionshandlung:** sich im Affekt zu einer A. hinreißen lassen ‖ **aggressiv:** *angreifend, angriffslustig* ‖ **Aggressivität** [-v-] die, -/-en ‖ **Aggressor** der, -s/-en [-'o:-]: *Angreifer* ‖ **Aggressorin** die, -/-innen
Ägide die, - ⟨gr.-lat.⟩: unter der Ä. *(unter dem Schutz)* der Vereinten Nationen
agieren ⟨lat.⟩: *handeln, sich verhalten* ‖ **agil:** *beweglich, rege* ‖ **Agilität** die, -: *Beweglichkeit*
Agio ['a:dʒo, auch: 'a:ʒi̯o] der = das, -s/-s ⟨it.⟩ (Kaufmannsspr.): *Aufgeld, Preisaufschlag;* → Disagio ‖ **Agiotage** [aʒi̯o'ta:ʃ] die, -/-n ⟨fr.⟩: *unerlaubter Handel [mit Eintrittskarten] zu überhöhten Preisen* ‖ **Agioteur** [-'tø:ə] der, -s/-e: *Spekulant [mit Eintrittskarten]* ‖ **Agioteurin** die, -/-innen
Agitation [-tsi-] die, -/-en ⟨lat.⟩: *eifrige Werbung* | (abw.) *Hetze* ‖ **agitato** [adʒi-] ⟨it.⟩ (Mus.): *aufgeregt* ‖ **Agitator** [ag-] der, -s/-en [-'o:-] ⟨lat.⟩ (abw.): *jemand, der andere aufhetzt* ‖ **Agitatorin** die, -/-innen (abw.) ‖ **agitatorisch** (abw.) ‖ **agitieren** (abw.): gegen Mitbewerber a. *(gegen sie Stimmung machen)* ‖ **Agitprop** die, -: **Agit**ation und **Prop**aganda (oft im Marxismus: *ideologische Arbeit zur Massenbeeinflussung)*
Agnes: *weibl. Vorname*
Agnostiker der, -s/- ⟨gr.⟩: *jemand, der alles Übernatürliche, zB Gott, für unerkennbar hält* ‖ **Agnostikerin** die, -/-innen
agnoszieren ⟨lat.⟩ (Amtsspr.): einen Toten a. *(identifizieren, feststellen, wer er ist)* ‖ **Agnoszierung** die, -/-en (Amtsspr.)
Agnus Dei [- 'de(:)i] das, - - ⟨lat.⟩ (wörtl.: Lamm Gottes) (Rel.): *ein Teil der heiligen Messe*
Agogik die, - ⟨gr.⟩ (Mus.): *feine Differenzierung des Tempos*
Agonie die, -/-n ⟨gr.⟩: *Todeskampf;* in A. *(in den letzten Zügen)* liegen
Agora die, -/Agoren ⟨gr.⟩: *Marktplatz im alten Griechenland* ‖ **Agoraphobie** [-f-] die, -/-n (Psych.): *Angst auf freien Plätzen | Platzangst*
Agraffe die, -/-n ⟨fr.⟩: *Schmuckspange*
Agram: *deutscher Name von Zagreb*
Agrarbevölkerung ⟨lat.+dt.⟩ ‖ **Agrarbezirksbehörde** (Admin.) ‖ **Agrargemeinschaft:** *Vereinigung mehrerer Eigentümer von gemeinschaftlich genutzten Grundstücken* ‖ **Agrarier** der, -s/-: *Landwirt, Agronom | Interessenvertreter der Landwirtschaft* ‖ **Agrarierin** die, -/-innen ‖ **agrarisch:** *landwirtschaftlich* ‖ **Agrarland** ‖ **Agrarmarkt:** A. Austria (AMA) ‖ **Agrarpolitik** ‖ **Agrarprodukt** ‖ **Agrarreform** ‖ **Agrarsenat** (Admin.): der Oberste A. *(beim BMLFUW)* ‖ **Agrarstaat** ‖ **Agrartechnik** ‖ **Agrarwirtschaft**
Agrasel ['ɒ:grɒzl] die, -/-n (ostöst., mda.): *Stachelbeere*
Agreement [ə'gri:m-] das, -s/-s ⟨engl.⟩: *Übereinkommen*
Agrikultur die, -/-en ⟨lat.⟩: *Landwirtschaft; Ackerbau*
Agronom der, -en/-en ⟨gr.⟩: → *Agrarier* ‖ **Agronomie** die, -: *Lehre von der Landwirtschaft* ‖ **Agronomin** die, -/-innen
Agrumen die ⟨lat.-rom.⟩ (Pl.): *Zitrusfrüchte*
Aguntum: *römische Stadt, Ruinenstätte bei Lienz (Osttirol)*
Ägypten [-'gy-, -'gi-]: *ein Staat in Nordafrika;* in Ä. leben ‖ **Ägypter** der, -s/- ‖ **Ägypterin** die, -/-innen ‖ **ägyptisch** ‖ **Ägyptologe** der, -n/-n ‖ **Ägyptologie** die, -/-n: *Wissenschaft von der altägyptischen Sprache, Schrift und Kultur* ‖ **Ägyptologin** die, -/-innen
ah: ah (= Ah) rufen ‖ **Ah** das, -s/-s: ein lautes Ah rufen
Ah: *Abkürzung für Amperestunde*
aha ‖ **Aha-Erlebnis,** *auch:* Ahaerlebnis (Psych.): *das plötzliche Einleuchten eines Zusammenhanges*
ahd.: **a**lt**h**och**d**eutsch
ahistorisch: *nicht historisch;* in diesem Film ist vieles a.
Ahle die, -/-n: *ein Werkzeug [für Schuster] zum Stechen von Löchern*
Ahn → Ahne[1]
ahnden (geh.): ein Verbrechen a. *(bestrafen)*
Ahndl, Ähndl → Ahnl
Ahndung die, -/-en (geh.): *Bestrafung;* → ahnden
Ahn der, -[e]s [-en]/-en (geh.): *Ahne*[1] ‖ **Ahne**[1] der, -n/-n: *männ-*

A

licher Vorfahre, Ahnherr || **Ah|ne²** die, -/-n: *weiblicher Vorfahre, Ahnin;* → Ahnin || **Äh|ne¹** der, -n/-n (V): *Ahne¹* || **Äh|ne¹** die, -/-n (V): *Ahne²*

äh|neln: *ähnlich sein;* ich ähnle meinem Vater

ah|nen: *vorausfühlen;* ich habe etwas geahnt; nichts [Böses] ahnend; wer konnte das a.!

Ah|nen|bild || **Ah|nen|for|schung** die, -: *Genealogie* || **Ah|nen|ga|le|rie:** *repräsentativer Raum mit Ahnenbildern* || **Ah|nen|kult** || **Ah|nen|rei|he** || **Ah|nen|ta|fel:** *Stammbaum* || **Ahn|frau** (geh.): *Ahne²* || **Ahn|herr** (geh.): *Ahne¹* || **Ah|nin** die, -/-innen: → *Ahne²* || **Ahnl¹** der, -s/-n, *auch:* Ähnl, Ahndl, Ähndl (mda., veraltet): *Großvater, Ahne¹* || **Ahnl²** die, -/-n, *auch:* Ähnl, Ahndl, Ähndl (mda., veraltet): *Großmutter, Ahne²*; → Ehnl

äh|nlich:

ein ähnlicher *(in Teilen übereinstimmender)* Vorschlag

Großschreibung bei Nominalisierung:

- etwas/nichts **Ä**hnliches
- ich habe **Ä**hnliches zu berichten
- und **Ä**hnliches (u. Ä., uÄ)
- oder **Ä**hnliches (o. Ä., oÄ)

R→ **S. 892, 2.2**

Getrenntschreibung:

- sich zum Verwechseln ähnlich sehen

Zusammenschreibung bei übertragener Bedeutung:

- das hat ihm ähnlichgesehen/ähnlichgeschaut (ugs.: *ist für ihn typisch gewesen*)

R→ **S. 900, 1.5.1**

Ähn|lich|keit die, -/-en || **ähn|lich|schau|en:** → *ähnlichsehen* | (ugs.) das schaut ihm ähnlich *(ist typisch für ihn)* || **ähn|lich|se|hen** (ugs.): das sieht ihm ähnlich *(ist für ihn typisch); aber:* die beiden haben sich ähnlich gesehen; → ähnlichschauen

Ah|nung die, -/-en: *Vorgefühl, Vermutung;* böse Ahnungen | (ugs.) keine A. *(ich weiß es nicht);* hast du eine A.! *(da liegst du völlig falsch!)* || **ah|nungs|los:** völlig a. sein || **Ah|nungs|lo|sig|keit** die, - || **ah|nungs|voll** (geh.)

ahoi (Seemannsspr.): *Anruf eines Schiffes;* a. (= Ahoi) rufen; Boot a.!

Ahoi das, -s/-s: A. (= ahoi) rufen

Ahorn der, -s/-e: *ein Laubbaum* | (ohne Art., ohne Pl.) *Holz des Ahorns* || **Ahorn|si|rup:** *Süßmittel aus dem Saft von Zuckerahorn*

Äh|re die, -/-n: *oberster Teil bei Getreide und Gräsern (ein Blütenstandstyp)* || **Äh|ren|feld** (geh.) || **Äh|ren|kranz**

AHS [a ha 'ɛs] die, -/-: **a**llgemein bildende (= allgemeinbildende) **h**öhere **S**chule; → allgemein; → APS || **AHS-Leh|rer** || **AHS-Leh|re|rin** || **AHS|ler** der, -s/- (sal.): *AHS-Schüler* || **AHS|le|rin** die, -/-innen (sal.)

AI [a 'iː]: **A**mnesty **I**nternational | **A**rtificial **I**ntelligence | **A**ustrian **I**ndustries | **a**ll-**i**nclusive

Aids [eɪdz] = **AIDS** das, - (meist ohne Art.) (aus engl.: **a**cquired **i**mmune **d**eficiency **s**yndrome): *eine Infektionskrankheit, die eine Immunschwäche hervorruft* || **aids|krank** || **Aids|kran|ke** || **Aids|test**

Ai|ki|do das, -[s] ⟨jap.⟩: *eine japanische Form der Selbstverteidigung*

Air [ɛːə] die, -/-s = das, -s/-s ⟨fr.⟩ (Mus.): *Melodie; ein Satz in barocken Suiten*

Air|bag ['eəbæg] der, -s/-s ⟨engl.⟩ (Kfz): *sich automatisch aufblasendes Luftkissen als Aufprallschutz* || **Air|brush** [-brʌʃ] der, -[s]/-[s]: *Luftpinsel für eine grafische Technik* || **Air|con|di|tion** [-k-dɪʃən] die, - = **Air|con|di|tio|ning** das, -s: *Klimaanlage* || **Air Ho|ckey** [-ki, -kɛ] = **Air|ho|ckey:** *ein Geschicklichkeitsspiel* || **Air|port** der, -s/-s: *Flughafen*

ais das, -/- (Mus.): *das um einen Halbton erhöhte A (a);* → Ais | ais-Moll || **Ais** das, -/- (Mus.): *das um einen Halbton erhöhte A (a);* → ais | Ais-Dur || **Ais-Dur** (Ais) (Mus.) || **Ais-Dur-Ton|lei|ter** (Mus.) || **ais-Moll** (ais) (Mus.) || **ais-Moll-Ton|lei|ter** (Mus.)

Aist die, -: *ein Nebenfluss der Donau in Oberösterreich*

Aja|tol|lah [-la] der, -[s]/-s ⟨pers.⟩: *ein iranischer Ehrentitel für islamische Geistliche*

à jour [a 'ʒuːə, fr.: -'ʒuːr] ⟨fr.⟩: mit der Arbeit à jour *(auf dem Laufenden)* sein || **ajour** [a'ʒuːə]: *durchbrochen [in einem Saum]* || **Ajour|ar|beit:** *eine Ausnähtechnik; durchbrochene Handarbeit* || **ajou|rie|ren:** *aktualisieren*

Aj|var ['aɪv-] der, -s ⟨serb.⟩: *eine pikante Sauce*

AK¹ [a 'kaː] die, -: **A**rbeiter**k**ammer

AK² [a 'kaː] der, -: **A**rbeits**k**reis

Aka|de|mie die, -/-n ⟨gr.⟩: *eine Ausbildungsstätte;* pädagogische A.; A. für Sozialarbeit | *eine Vereinigung von Gelehrten oder Künstlern;* Österreichische A. der Wissenschaften | *eine Hochschule, Ausbildungsstätte;* A. für angewandte Kunst (früher für: Universität für angewandte Kunst) | *eine literarische oder musikalische Veranstaltung* || **Aka|de|mi|ker** der, -s/-: *Inhaber eines an einer Universität bzw. Hochschule erworbenen Grades, zB Doktor* || **Aka|de|mi|ke|rin** die, -/-innen || **Aka|de|mi|ker|schwem|me:** *Überangebot an Akademikern auf dem Arbeitsmarkt* || **aka|de|misch:** *hochschulmäßig; theoretisch;* das akademische Viertel *(Beginn nach einer Viertelstunde);* eine akademische *(nur theoretische, überflüssige)* Frage; *aber:* das **A**kademische Gymnasium *(Name einiger österreichischer Gymnasien)*

Aka|zie [-iɛ] die, -/-n ⟨gr.-lat.⟩: *ein Laubbaum* || **Aka|zi|en|ho|nig:** *Honig aus Akazienblüten*

Ake|lei die, -/-en ⟨lat.⟩: *eine Blume*

AKH [a ka 'haː] das, -[s]: **A**llgemeines **K**ranken**h**aus; das Wiener AKH

Ak|ja → Ackja

Akk.: Akkusativ

Ak|kla|ma|ti|on [-tsi̯-] die, -/-en ⟨lat.⟩: *Beifall;* jemanden durch A. *(durch zustimmenden Applaus, ohne Stimmzettel)* wählen || **ak|kla|mie|ren:** den Redner lebhaft a. *(ihm durch Zuruf, Händeklatschen uÄ beistimmen)*

Ak|kli|ma|ti|sa|ti|on [-tsi̯-] die, -/-en ⟨lat.⟩ || **ak|kli|ma|ti|sie|ren** sich: *sich anpassen; sich eingewöhnen* || **Ak|kli|ma|ti|sie|rung** die, -

Ak|ko|la|de die, -/-n ⟨fr.⟩ (Druckw.): *geschwungene Klammer* | (Mus.) *in der Notenschrift durch Klammer verbundene Liniensysteme, deren Noten gleichzeitig erklingen*

Ak|kom|mo|da|ti|on [-tsi̯-] die, -/-en ⟨lat.⟩: *Anpassung [des Auges an verschiedene Entfernungen]* || **ak|kom|mo|die|ren** sich

Ak|kom|pa|gne|ment [akɔmpanjɛ'mɑ̃ː, fr.: akɔ̃panʲ'mɑ̃] das, -s/-s ⟨fr.⟩ (veraltet) (Mus.): *Begleitung* || **ak|kom|pa|gnie|ren** (veraltet) (Mus.): am Klavier a.

Akkord der, -[e]s/-e ⟨lat.⟩ (Mus.): *Zusammenklang, zB der C-Dur-Dreiklang* | (Wirt.) im A. arbeiten || **Akkordarbeit:** *Arbeit, die nach der Menge des Geleisteten entlohnt wird (nicht nach Zeit)* || **Akkordarbeiter** || **Akkordarbeiterin** || **Akkordeon** das, -s/-s: *Ziehharmonika mit Klaviertasten* || **Akkordeonspieler** || **Akkordeonspielerin** || **akkordieren:** *einigen, abstimmen, vereinbaren;* → d'accord || **Akkordierung** die, -/-en || **Akkordlohn:** *Stücklohn;* → G.: Zeitlohn

akkreditieren ⟨lat.⟩: die Botschafterin a. *(im Gastland bevollmächtigen)* || **Akkreditierung** die, -/-en || **Akkreditiv** das, -s/-e (Kaufmannsspr.): *Kreditbrief*

Akku der, -[s]/-s = Akkumulator der, -s/-en [-'oː-] ⟨lat.⟩: *Stromspeicher*

Akkulturation [-tsi̯-] die, -/-en ⟨lat.⟩ (Soz.): *kulturelle Anpassung*

Akkukapazität || **Akkumulation** [-tsi̯-] die, -/-en: *Anhäufung* || **Akkumulator** = → Akku || **akkumulieren:** *sammeln, anhäufen*

akkurat ⟨lat.⟩: *sorgfältig, genau;* → G.: inakkurat || **Akkuratesse** [-'tɛs] die, - (veraltet): *Genauigkeit*

Akkusativ der, -s/-e [-fɛ, -vɛ] (Akk.) ⟨lat.⟩ (Gramm.): *4. Fall, Wenfall*

a-Klasse = A-Klasse: *in Schulen eine von mehreren Parallelklassen;* 1a-Klasse/1A-Klasse

AKM [a ka 'ɛm] die, -: (Staatlich genehmigte Gesellschaft der) Autoren, Komponisten und Musikverleger *(eine Urheberrechtsgesellschaft)*

Akne die, -/-n ⟨gr.⟩ (Med.): *eine Hautkrankheit*

akontieren ⟨it.⟩ (Kaufmannsspr.): *anzahlen* || **Akonto** das, -s/Akonten [-s]: *Anzahlung;* → a conto || **Akontozahlung:** *Anzahlung, Abschlagszahlung*

akquirieren [akvi-] ⟨lat.⟩: *Kunden werben* || **Akquisiteur** [-'tøːɐ] der, -s/-e (bes. D): → *Akquisitor* || **Akquisiteurin** die, -/-innen (bes. D): → *Akquisitorin* || **Akquisition** [-tsi̯-] die, -/-en: *Teilerwerb eines Unternehmens* | *Gewinnung von Kunden* || **Akquisitor** der, -s/-en [-'oː-]: *Kundenwerber* || **Akquisitorin** die, -/-innen

Akribie die, - ⟨gr.⟩: *besondere Genauigkeit, große Sorgfalt* || **akribisch**

akritisch: *unkritisch;* → G.: kritisch

Akrobat der, -en/-en ⟨gr.⟩: *Zirkuskünstler, zB Seiltänzer, Trapezkünstler* || **Akrobatik** die, - || **Akrobatin** die, -/-innen || **akrobatisch**

Akronym [-'yːm] das, -s/-e ⟨gr.⟩ (Sprachwiss.): → *Initialwort*

Akropolis die, -/Akropolen ⟨gr.⟩: *auf einem Hügel liegende Stadtburg in der Antike, bes. in Athen*

Akrostichon das, -s/Akrostichen ⟨gr.⟩: *Gedicht, dessen Zeilen- oder Strophenanfänge einen Sinn ergeben*

Akryl [-'yːl] = Acryl [-k-] das, -s ⟨lat.⟩: *eine Synthetikfaser* || **Akrylfarbe** = Acrylfarbe

Akt[1] der, -[e]s/-e ⟨lat.⟩: *[feierliche] Handlung* | *Teil eines Theaterstückes;* im zweiten A. | *künstlerische Darstellung des nackten menschlichen Körpers* | *Geschlechtsakt; aber:* → Act

Akt[2]

der, -[e]s/-en: *[amtliches] Schriftstück, Sammlung von Unterlagen;* Personalakt

Die österreichische Form lautet „der Akt" (in Deutschland heißt es hingegen dafür „die Akte").

Aktbild || **Akte** die, -/-n (bes. D): *Akt*[2] || **Akteneinsicht:** das Recht auf A. *(Einsichtnahme in die Akten)* || **Aktenkoffer** || **aktenkundig:** *in den amtlichen Akten enthalten; bekannt* || **Aktenlage:** *Situation auf Grund der vorhandenen Akten* || **Aktenlauf:** der A. innerhalb eines Amtes || **Aktenmappe** || **Aktennotiz** || **Aktenordner** || **Aktenstück** (Amtsspr.): *Geschäftsstück* || **Aktentasche** || **Aktenvermerk:** einen A. anlegen/machen || **aktenwidrig:** *mit dem Akteninhalt nicht in Einklang* || **Aktenzahl:** *Aktenzeichen* || **Aktenzeichen:** *Signatur eines Akts*[2] || **Akteur** [-'tøːɐ] der, -s/-e: *Darsteller, handelnde Person* || **Akteurin** die, -/-innen || **Aktfoto** || **Aktie** [-tsi̯ɛ] die, -/-n: *Anteilschein, ein Wertpapier;* die Aktien steigen || **Aktienfonds** [-fõː] (Wirt.): *Investmentfonds, der überwiegend in Aktien investiert* || **Aktiengesellschaft** (AG): *Kapitalgesellschaft, deren Gesellschafter mit Einlagen am Grundkapital beteiligt sind* || **Aktiengesetz** || **Aktienindex** (Bankw.): *Kennzahl, die die Entwicklung von Aktienkursen ausdrückt (in Ö: ATX)* || **Aktienkapital** (Bankw.) || **Aktienkurs** (Bankw.) || **Aktiensplit** [-sp-] der, -s/-s (Bankw.): *Teilung des Nennwertes in kleinere Einheiten* || **Aktion** die, -/-en: *Handlung, Unternehmung;* eine konzertierte A. *(mit allen Beteiligten abgestimmte Vorgehensweise);* A. scharf *(gezielte, schwerpunktmäßige Kontrollen [der Polizei])* | in A. treten/sein *(handeln);* → Action | *Sonderangebot* || **Aktionär** der, -s/-e: *Besitzer von Aktien* || **Aktionärin** die, -/-innen || **Aktionärsversammlung** || **Aktionismus** der, -: *Absicht, durch provozierende [künstlerische] Aktionen zu schockieren* || **Aktionist** der, -en/-en || **Aktionistin** die, -/-innen || **aktionistisch** || **aktionsfähig:** *im Stande, Handlungen zu setzen* || **Aktionsgemeinschaft** (AG): *Zusammenschluss von Personen/Firmen zur Verfolgung eines gemeinsamen Zieles* || **Aktionsplan:** die Regierung beschließt einen A. gegen die Arbeitslosigkeit || **Aktionspreis:** *reduzierter Preis* || **Aktionsradius:** *Wirkungsbereich, Reichweite* || **Aktionstag:** ein EU-weiter A. für den Tierschutz || **aktionsunfähig** || **aktiv** ['a-,-'iː-]: *tätig; rührig;* → G.: inaktiv | das aktive Wahlrecht *(das Recht zu wählen);* → G.: passiv | *[noch] im Berufsleben stehend* | (Gramm.) → Aktiv || **Aktiv** das, -s (Gramm.): *Form des Verbs, bei der die handelnde Person oder Kraft betont wird, zB* die Firma baut die Straße; → G.: Passiv || **Aktiva** [-v-] = Aktiven [-f-, -v-] die (Pl.): *Summe der Vermögenswerte eines Unternehmens;* → G.: Passiva || **Aktivbezug** (Amtsspr.): *Gehalt eines aktiven Beamten* || **Aktive**[1] der, -n/-n, ein Aktiver: A. und Pensionisten | (Sport) A. und Betreuer || **Aktive**[2] die, -n/-n || **Aktiven** = → Aktiva || **aktivieren** [-v-]: *in Tätigkeit setzen* || **Aktivierung** die, -/-en || **Aktivierungsentgelt:** *Kosten für eine Handyfreischaltung* || **Aktivist** der, -en/-en: *jemand, der für eine Sache* *bes. tätig ist* ‖ **Aktivistin** die, -/-innen ‖ **Aktivität** die, -/-en: *Tätigkeit; Unternehmungsgeist, Betriebsamkeit;* Aktivitäten setzen *(Maßnahmen ergreifen)* | (Phys.) *Anzahl der zerfallenden Atomkerne eines radioaktiven Stoffes pro Zeiteinheit* ‖ **Aktivposten** ‖ **Aktivurlaub:** *Urlaub mit sportlichen Aktivitäten* ‖ **Aktivzulage** (Amtsspr.): *eine Gehaltszulage, die sich auf die Beamtenpension auswirkt* ‖ **aktualisieren:** ein Thema a. *(ihm zeitgemäße Bedeutsamkeit verleihen);* Zahlen a. *(auf den letzten Stand bringen)* ‖ **Aktualisierung** die, -/-en ‖ **Aktualität** die, -/-en: *Bezug zur Gegenwart* ‖ **aktuell:** *zeitgemäß, für die unmittelbare Gegenwart bedeutsam*

Akupressur die, -/-en ⟨lat.⟩: *auf Druck an bestimmten Körperstellen beruhendes Heilverfahren* ‖ **Akupunkteur** [-'tøːə] der, -s/-e ‖ **Akupunkteurin** die, -/-innen ‖ **akupunktieren** ‖ **Akupunktur** die, -/-en: *auf Nadelstichen beruhendes Heilverfahren*

Akustik die, - ⟨gr.⟩: ein Saal mit guter A. *(ein Saal, in dem man gut hört)* | (Phys.) *Lehre vom Schall; Schallwirkung* ‖ **akustisch:** akustische *(klassische)* Gitarre; → G.: Elektrogitarre

akut ⟨lat.⟩: *plötzlich auftretend, heftig verlaufend [bei Krankheiten];* → G.: chronisch ‖ **Akut** der, -[e]s/-e (´): *ein Betonungszeichen, Aussprachezeichen, Akzent, zB im Wort* Café

AKW [a ka 'veː] das, -[s]/-[s]: Atomkraftwerk ‖ **AKW-Befürworter** ‖ **AKW-Befürworterin** ‖ **AKW-Gegner** ‖ **AKW-Gegnerin** ‖ **AKW-Katastrophe** [-f-]

Akzeleration [-tsi̯-] die, -/-en ⟨lat.⟩: *Beschleunigung*

Akzent der, -[e]s/-e ⟨lat.⟩: *ein Zusatzzeichen, bes. Betonungszeichen, zu einem Buchstaben* | *Tonfall;* sie spricht Deutsch mit ungarischem A. | *Betonung, Schwerpunkt;* neue Akzente *(richtungsweisende Handlungen)* setzen ‖ **akzentfrei:** a. Ungarisch sprechen ‖ **akzentlos:** → *akzentfrei* ‖ **akzentuieren:** *betonen, hervorheben* ‖ **Akzentuierung** die, -/-en

Akzept das, -[e]s/-e ⟨lat.⟩ (Kaufmannsspr.): *angenommener Wechsel; Annahmeerklärung* ‖ **akzeptabel:** *annehmbar;* → G.: inakzeptabel ‖ **Akzeptabilität** die, -: → *Akzeptanz* ‖ **Akzeptanz** die, -/-en: *Annahme, Annahmebereitschaft* ‖ **akzeptierbar** ‖ **akzeptieren:** *annehmen, billigen;* ein Angebot a.

akzessorisch ⟨lat.⟩: *zusätzlich, nebensächlich*

Al: Aluminium

à la ⟨fr.⟩: *in der Art von*

Alabaster der, -s ⟨gr.⟩: *eine durchscheinende Gipsart* ‖ **alabastern:** eine alabasterne Schale

à la carte [- - 'kart] ⟨fr.⟩ (wörtl.: nach der Speisekarte); → G.: Menü

à la longue [- - lɔ̃ːg] ⟨fr.⟩: *auf die Dauer*

à la mode [- - mɔd] ⟨fr.⟩: *modisch*

Alant der, -[e]s/-e ⟨gr.-lat.⟩: *eine Arzneipflanze*

Alarm der, -s/-e ⟨fr.⟩: *Warnruf; aufrüttelndes Zeichen; Gefahrenzustand;* A. schlagen; falscher A. ‖ **Alarmanlage** ‖ **alarmbereit** ‖ **Alarmbereitschaft:** die Sicherheitskräfte sind in höchster A. ‖ **Alarmglocke** ‖ **alarmieren:** die Polizei a. *(zu Hilfe rufen)* | eine alarmierende *(beunruhigende, erschreckende)* Nachricht erhalten ‖ **Alarmkamera** ‖ **Alarmpaket** ‖ **Alarmsignal** ‖ **Alarmsirene** ‖ **Alarmstufe:** A. Rot *(höchster Alarm)* ‖ **Alarmzeichen** ‖ **Alarmzustand** der, -[e]s

Alaska: *Bundesstaat der USA*

A-Laufbahn: *berufliche Tätigkeiten im Staatsdienst für [beamtete] Akademiker/innen*

Alaun der = das, -s/-e ⟨lat.⟩: *ein Mineral*

a-Laut

Alb der, -[e]s/-e: *ein gespenstisches Wesen, Elf, Elfe; aber:* → Alp[2]; → Albdruck = Alpdruck; → Albtraum = Alptraum

Alba die, -/Alben = Albe die, -/-n ⟨lat.⟩: *langes, weißes Gewand der katholischen liturgischen Kleidung*

Alban: *männl. Vorname*

Albaner der, -s/- ‖ **Albanerin** die, -/-innen ‖ **Albanien** (Kfz: AL): *ein Staat in Südosteuropa* ‖ **albanisch** ‖ **Albanisch** das, -[s] = **Albanische,** -n: *die albanische Sprache*

Albatros der, -/Albatrosse ⟨arab.-span.-port.-engl./niederl.⟩: *ein Meeresvogel*

Albdruck = Alpdruck der, -[e]s/-drücke: *beklemmendes Gefühl im Schlaf;* → Alb ‖ **Albdrücken** = Alpdrücken das, -s: A. *(einen Albtraum)* haben; → Alb

Albe = → Alba

Alben die (Pl. von → Alba, → Albe und → Album)

albern[1] (Adj.): *dumm, einfältig* ‖ **albern**[2] (Verb) (nördl. D): *blödeln;* → herumalbern ‖ **Albernheit** die, -/-en

Albert: *männl. Vorname;* → Bertl ‖ **Albertina** die, -: *bedeutende Grafiksammlung in Wien*

Albinismus der, - ⟨lat.⟩ (Med., Biol.) ‖ **Albino** der, -s/-s ⟨lat.-rom.⟩: *Mensch, Tier oder Pflanze mit Farbstoffmangel, zB mit weißen Haaren, roten Augen*

Albion: *alter (dichterischer) Name für England*

Albrecht: *männl. Vorname*

Albtraum = Alptraum: *Angsttraum;* → Alb

Album das, -s/Alben ⟨lat.⟩: *Sammelbuch [für Briefmarken oder Fotos]* | *Stammbuch;* Poesiealbum | *CD mit Musikstücken eines bestimmten Künstlers* | → Berufsalbum

Alcantara [-k-] das, -[s] (Wz.): *ein Lederimitat*

Alchemie [-ç-, -k-] = Alchimie die, - ⟨arab.-lat.⟩: *Goldmacherkunst* ‖ **Alchemist** = Alchimist der, -en/-en ‖ **Alchemistin** = Alchimistin die, -/-innen ‖ **alchemistisch** = **alchimistisch**

Aldehyd [-yː-] das, -s/-e ⟨arab.-gr.-lat.⟩: *eine chemische Verbindung*

al dente ⟨it.⟩ (Küchenspr.): die Nudeln al d. *(bissfest)* kochen

ALDIS das, - (Wz.): *ein Blitzortungssystem*

Aleatorik die, - ⟨lat.⟩ (Mus.): *eine Kompositionsweise des 20. Jh. mit Zufallskomponenten* ‖ **aleatorisch** (Jus): der Vertrag ist a. *(seine Erfüllung hängt vom Zufall ab, zB Wette, Spiel)*

Alemanne der, -n/-n ‖ **Alemannin** die, -/-innen ‖ **alemannisch:** alemannische Mundarten *(deutsche Dialekte in Vorarlberg, in der Schweiz und in Südwestdeutschland)* ‖ **Alemannisch** das, -[s] = **Alemannische** das, -n: *alemannische Mundart*

alert ⟨fr.⟩: *lebhaft, dynamisch*

Aleviten [-v-] die (Pl.): *eine islamische (dem schiitischen Islam nahestehende) Glaubensrichtung*

Alex: *männl. Vorname (Alexander)* ‖ **Alexander:** *männl. Vorname;*

→ Alex; → Xandl ‖ **Ale|xan|d|ra:** *weibl. Vorname* ‖ **Ale|xan|d|ria** [auch: -'dri:-] = **Ale|xan|d|ri|en** [-iɛn]: *Stadt in Ägypten* ‖ **Ale|xan|d|ri|ner** der, -s/-: *eine Versform*

Ale|xie die, - ⟨gr.⟩ (Med.): *Leseunfähigkeit trotz Sehvermögens*

Alf: *männl. Vorname (Alfred, Alfons, Adolf)* ‖ **Al|fons:** *männl. Vorname* ‖ **Al|fred:** *männl. Vorname;* → Fred

al fres|co [- -k-] ⟨it.⟩: al f. malen; → Fresko

Al|ge die, -/-n ⟨lat.⟩: *eine Wasserpflanze*

Al|ge|bra [auch: -'ge:-] die, -/Algebren ⟨arab.⟩ (Math.): *Lehre von den Gleichungen bzw. von den mathematischen Strukturen* ‖ **al|ge|b|ra|isch**

Al|gen|pest (Ökol.): *Überhandnehmen von Algen*

Al|ge|ri|en: *ein Staat* ‖ **Al|ge|ri|er** der, -s/- ‖ **Al|ge|ri|e|rin** die, -/-innen ‖ **Al|gier** [-ʒi:ə]: *Hauptstadt von Algerien*

al|go|rith|misch ⟨gr.⟩ ‖ **Al|go|rith|mus** der, -/Algorithmen: *Rechenvorschrift*

a|li|as ⟨lat.⟩: *anders; eigentlich (bei Personennamen);* Henri du Marais a. Hugo Müller ‖ **Ali|as|na|me,** *auch:* **Ali|as|na|men**

Ali|bi das, -s/-s ⟨lat.⟩: ein A. erbringen *(seine Abwesenheit [vom Tatort] nachweisen)* | (ugs.) sie hat ein wasserdichtes A. ‖ **Ali|bi|ak|ti|on** [-tsi̯-] (abw.): *Unternehmung, die nur etwas vortäuscht, aber den eigentlichen Zweck nicht erfüllt* ‖ **Ali|bi|frau** (sal., abw.): *Frau, die nur in den Vordergrund treten soll, um frauenfreundliche Einstellung zu demonstrieren;* → Quotenfrau

Ali|ce [-'i:s]: *weibl. Vorname*

Ali|en ['eɪlɪən] das = der, -s/- ⟨lat.-engl.⟩: *ein außerirdisches Wesen* | (Pl.) (Biol.) *gebietsfremde Pflanzen oder Tiere*

Ali|men|ta|ti|on [-tsi̯-] die, -/-en ⟨lat.⟩: für die A. *(den Lebensunterhalt)* sorgen ‖ **Ali|men|te** die (Pl.): *Unterhaltsbeiträge;* A. zahlen ‖ **ali|men|tie|ren:** *finanziell unterstützen*

Ali|na: *weibl. Vorname*

ali|quot ⟨lat.⟩: *anteilsmäßig, entsprechend;* der aliquote Teil ‖ **ali|quo|tie|ren:** *aliquot aufteilen* ‖ **Ali|quot|sai|te** (Mus.): *mitklingende Saite bei manchen Streichinstrumenten* ‖ **Ali|quot|ton** (meist Pl.) (Mus.): → *Oberton*

Alk = Alko der, -s/-s ⟨arab.⟩ (ugs.): *Kurzwort für Alkohol*

Al|ka|li das, -[s]/-en [-i̯ɛn] ⟨arab.⟩: *laugenartige chemische Verbindung* ‖ **al|ka|lisch** ‖ **Al|ka|lo|id** das, -[e]s/-e (Chem.): *basische Stickstoffverbindung*

Al|ko = → Alk ‖ **Al|ko|hol** [auch: -'o:l] der, -s/-e ⟨arab.⟩: *eine Gruppe chemischer Verbindungen* | *Weingeist* | *alkoholisches Getränk;* keinen A. trinken ‖ **Al|ko|hol|ab|ga|be:** *eine Steuer* ‖ **al|ko|hol|ab|hän|gig:** *trunksüchtig sein* ‖ **al|ko|hol|arm** ‖ **Al|ko|hol|ein|fluss:** unter A. stehen ‖ **al|ko|hol|frei** ‖ **al|ko|hol|ge|fähr|det:** *gefährdet, Alkoholiker/in zu werden* ‖ **Al|ko|hol|ge|halt:** der A. eines Weines ‖ **Al|ko|hol|gren|ze:** *höchster zulässiger Alkoholgehalt im Blut bei Kfz-Lenkern* ‖ **al|ko|hol|häl|tig,** *auch:* alkoholhaltig ‖ **Al|ko|ho|li|ka** die (Pl.): *alkoholische Getränke* ‖ **Al|ko|ho|li|ker** der, -s/-: *Trinker, Alkoholkranker* ‖ **Al|ko|ho|li|ke|rin** die, -/-innen ‖ **al|ko|ho|lisch** ‖ **al|ko|ho|li|siert:** *betrunken* ‖ **Al|ko|ho|lis|mus** der, -: *die krankhafte Sucht nach Alkohol, Trunksucht* ‖ **Al|ko|hol|kon|sum** ‖ **al|ko|hol|krank** ‖ **Al|ko|hol|li|mit:** *Alkoholgrenze* ‖ **Al|ko|hol|miss|brauch** der, -[e]s ‖ **Al|ko|hol|pro|b|lem:** er hat ein A. *(ist alkoholgefährdet)* ‖ **Al|ko|hol|spie|gel:** *Alkoholgehalt im Blut* ‖ **al|ko|hol|süch|tig** ‖ **Al|ko|hol|sün|der** ‖ **Al|ko|hol|sün|de|rin** ‖ **Al|ko|hol|test** → Alkotest ‖ **Al|ko|hol|ver|bot** ‖ **Al|ko|hol|ver|gif|tung** ‖ **Al|ko|hol|vor|test** ‖ **Al|ko|len|ker:** *alkoholisierter Kraftfahrzeuglenker* ‖ **Al|ko|len|ke|rin** ‖ **Al|ko|li|mit** ‖ **Al|ko|mat** der, -[e]s/-e: *Gerät zur Überprüfung des Alkoholgehalts im Blut* ‖ **Al|ko|pops** die (Pl.): *Mischgetränke aus Spirituosen und Limonade* ‖ **Al|ko|sün|der** ‖ **Al|ko|sün|de|rin** ‖ **Al|ko|test,** *auch:* Alkoholtest: *Verfahren zur Feststellung der Alkoholisierung [eines Autolenkers]* ‖ **Al|ko|vor|test**

Al|ko|ven[1] [-f-]: *Ort in Oberösterreich*

Al|ko|ven[2] [-v-, *auch:* 'al-] der, -s/- ⟨arab.-fr.-span.⟩: *Bettnische*

al|le, alles:

all das Schöne; wir alle; ich grüße euch alle; alles in allem; alles und jedes; von allem etwas; vor allem *(besonders)* das Notwendige tun; alles *(alle)* aussteigen!; alles and[e]re

Großschreibung bei Nominalisierung:
- du bist mein Ein und **A**lles

R→ S. 894, 2.4

Großschreibung des folgenden Adjektivs:
- alles **Ü**brige; alles **G**ute; alles **S**chöne
- alles **M**ögliche *(allerlei; alle Möglichkeiten)*

R→ S. 892, 2.2

All das, -s: *Weltraum, Kosmos* ‖ **all|abend|lich:** *jeden Abend*

al|la bre|ve [-v-] ⟨it.⟩ (Mus.): *im $^2/_2$- (oder $^4/_2$-)-Takt*

Al|lah ['ala, al'la:h] ⟨arab.⟩: *Name Gottes im Islam*

al|la tur|ca [- -k-] ⟨it.⟩ (Mus.): *nach türkischer Art, nach Art der Janitscharenmusik* ‖ **al|la zin|ga|re|se** (Mus.): *in der Art von Zigeunermusik [zu spielen]*

all|be|kannt: *überall bekannt*

all|dem [auch: 'a-], *auch:* alledem: bei a., trotz a., zu a. ‖ **al|le** → all

Al|lee die, -/-n ⟨fr.⟩: *Straße, die von Bäumen begrenzt wird* ‖ **Al|lee|baum**

Al|le|go|rie die, -/-n ⟨gr.⟩: *sinnbildliche Darstellung eines abstrakten Begriffes in Dichtung oder bildender Kunst;* die A. des Alters ‖ **al|le|go|risch**

al|le|g|ret|to ⟨it.⟩ (Mus.): *mäßig lebhaft* ‖ **Al|le|g|ret|to** das, -[s]/-s [Allegretti] (Mus.): *ein mäßig lebhaftes Musikstück* ‖ **al|le|g|ro** (Mus.): *lebhaft* ‖ **Al|le|g|ro** das, -[s]/-s [Allegri] (Mus.): *ein lebhaftes Musikstück*

al|lein, *auch:* alleine:

von ganz allein *(aus eigenem Antrieb);* sie allein *(nur sie)* war pünktlich | (geh.) *aber:* ich wartete Stunden, allein sie kam nicht

Getrenntschreibung bei wörtlicher Bedeutung:
- ein Hauptsatz kann allein stehen
- allein sitzen; allein erziehen
- allein sein R→ S. 901, 1.5.3

Zusammenschreibung bei übertragener Bedeutung:
- jenen helfen, die alleinstehen *(ohne Familie sind)*

A

– die alleinstehende Frau
– der/die Alleinstehende *(Single)*
R→ S. 900, 1.5.1

Getrennt- und Zusammenschreibung:
– allein erziehende (= alleinerziehende) Mütter
– der allein gültige (= alleingültige) Maßstab
R→ S. 903, 2.2

Al|lein|be|rech|ti|gung ‖ **Al|lein|be|sit|zer** ‖ **Al|lein|be|sit|ze|rin** ‖ **al|lei|ne** → allein ‖ **Al|lein|ei|gen|tü|mer** ‖ **Al|lein|ei|gen|tü|me|rin** ‖ **Al|lein|er|be** ‖ **Al|lein|er|bin** ‖ **Al|lein|er|hal|ter** (Jus): *unverheirateter Sorgepflichtiger* ‖ **Al|lein|er|hal|te|rin** (Jus) ‖ **al|lein er|zie|hend** = **al|lein|er|zie|hend** ‖ **Al|lein|er|zie|her:** *Elternteil, der sein Kind allein erzieht* ‖ **Al|lein|er|zie|her|ab|setz|be|trag** ‖ **Al|lein|er|zie|he|rin** ‖ **Al|lein|gang:** *Handeln auf eigene Faust, ohne Unterstützung; etwas im A. erledigen* ‖ **al|lein gül|tig** = **al|lein|gül|tig** ‖ **Al|lein|herr|schaft:** *unumschränkte Herrschaft* ‖ **Al|lein|herr|scher** ‖ **Al|lein|herr|sche|rin** ‖ **al|lei|nig:** die alleinige *(ausschließliche)* Berechtigung ‖ **Al|lein|re|gie|rung:** *Regierung, die nur von einer Partei gebildet wird* ‖ **Al|lein|schuld** ‖ **Al|lein|sein** das, -s ‖ **al|lein|ste|hen:** *ohne Partner/in, Familie sein;* eine alleinstehende *(nicht verheiratete)* Frau ‖ **Al|lein|ste|hen|de**[1] der, -n/-n, ein Alleinstehender ‖ **Al|lein|ste|hen|de**[2] die, -n/-n ‖ **Al|lein|un|ter|hal|ter** der, -s/-: *jemand, der eine Gesellschaft ohne weitere Mitwirkende unterhält* ‖ **Al|lein|un|ter|hal|te|rin** ‖ **Al|lein|un|ter|mie|te:** *Vermietung einer ganzen Wohnung an einen Untermieter* ‖ **Al|lein|ver|die|ner:** *jemand, der allein die Familie erhält* ‖ **Al|lein|ver|die|ner|ab|setz|be|trag:** *Absetzbetrag für einen Alleinverdiener mit mindestens einem Kind* ‖ **Al|lein|ver|die|ne|rin** ‖ **Al|lein|ver|schul|den** (Jus): das A. an einem Unfall, einer Scheidung

Al|lel das, -s/-e ⟨gr.⟩ (Biol.): *alternative Form eines Gens*

al|le|lu|ja → halleluja ‖ **Al|le|lu|ja** → Halleluja

al|le|mal: das kannst du a. *(auf jeden Fall, selbstverständlich)* annehmen; *aber:* ein und alle Mal[e]; → mal

Al|le|man|de [al'mɑ̃:d] die, -/-n ⟨fr.⟩ (Mus.): *deutscher Tanz in der Barockmusik*

al|len|falls: *im besten Falle; vielleicht* ‖ **al|lent|hal|ben** (geh.): *überall*

Al|lent|steig: *Stadt in Niederösterreich*

al|ler|al|ler|letz|te ‖ **al|ler|art:** a. Tiere; *aber:* Antiquitäten aller Art ‖ **al|ler|äu|ßers|te:** in alleräußerster Not; *aber:* aufs **A**lleräußerste (= alleräußerste) reizen

al|ler|bes|te:

Kleinschreibung:
– die allerbeste Arbeit
– etwas am allerbesten können (= Superlativ, Frage *Wie?*)
R→ S. 893, 2.2.1

Großschreibung bei Nominalisierung:
– ich wünsche dir das **A**llerbeste
– es ist das **A**llerbeste, dass ...
– aufs (= auf das) **A**llerbeste großen Wert legen (Frage *Worauf?*)
– sich aufs (= auf das) **A**llerbeste (= allerbeste; mit Frage *Wie?*) bemühen
R→ S. 892, 2.2

al|ler|dings: ich möchte a. *(jedoch)* einwenden, dass ... | „Hat er angerufen?" – „Allerdings!" *(doch, sicherlich)* | „Das ist a. *(zugegebenermaßen)* wahr!" ‖ **al|ler|ers|te:** von allererster Güte; *aber:* der/die/das **A**llererste

Al|ler|gen das, -s/-e ⟨gr.⟩ (Med.): *eine Allergie bewirkender Stoff* ‖ **Al|ler|gie** die, -/-n (Med.): *Überempfindlichkeit gegen bestimmte Stoffe;* → Idiosynkrasie ‖ **al|ler|gie|ge|tes|tet** (Med.) ‖ **Al|ler|gi|ker** der, -s/- (Med.) ‖ **Al|ler|gi|ke|rin** die, -/-innen (Med.) ‖ **al|ler|gisch** (Med.)

al|ler|größ|te: die allergrößte Portion; sie ist am allergrößten (Frage *Wie?*); *aber:* der/die/das **A**llergrößte ‖ **al|ler|hand:** a. *(Verschiedenes)* sehen; a. Schönes | (ugs.) das ist a.! *(Ausruf des Erstaunens)* ‖ **Al|ler|hei|li|gen** die (Pl.), *bes. D auch:* das, -/- (Art. selten): *Fest aller Heiligen;* zu A.; A. ist am 1. November ‖ **Al|ler|hei|li|gen|strie|zel,** *auch:* **Al|ler|hei|li|gen|strit|zel:** *ein Hefezopf* ‖ **Al|ler|hei|ligs|te** das, -n (Rel.): *geweihte Hostie* ‖ **al|ler|höchs|tens:** a. *(bestenfalls)* 10 Euro ‖ **al|ler|lei:** sie hat a. *(Verschiedenstes)* erzählt ‖ **Al|ler|lei** das, -s/-s: ein buntes A. ‖ **al|ler|letz|te:** eine allerletzte Chance; *aber:* der/die/das **A**llerletzte ‖ **al|ler|liebst** ‖ **al|ler|meis|ten:** am a. essen; die a. (auch: Allermeisten) haben keine Zeit ‖ **al|ler|min|des|te:** der allermindeste Betrag; *aber:* das allermindeste (= **A**llermindeste) ist, dass ... ‖ **al|ler|min|des|tens** ‖ **al|ler|neu|es|te:** die allerneuesten Nachrichten; *aber:* das **A**llerneueste ‖ **al|ler|nö|tigs|te:** die allernötigsten Sachen; *aber:* das **A**llernötigste ‖ **al|ler|or|ten** (geh.): *überall* ‖ **al|ler|orts** ‖ **al|ler|schlimms|ten|falls** ‖ **al|ler|schöns|te:** das allerschönste Erlebnis; *aber:* der/die/das **A**llerschönste ‖ **Al|ler|see|len** die (Pl.), *bes. D auch:* das, -/- (Art. selten): *Totengedenktag;* zu A.; A. ist am 2. November ‖ **Al|ler|see|len|tag** ‖ **al|ler|seits:** guten Morgen a. *(alle zusammen)* ‖ **al|ler|spä|tes|tens** ‖ **al|ler|weil** → allweil ‖ **Al|ler|welts|na|me,** *auch:* **Al|ler|welts|na|men** (ugs.): *häufig vorkommender, gewöhnlicher Name* ‖ **al|ler|we|nigs|ten:** am a., die a. (auch: Allerwenigsten) haben Zeit ‖ **Al|ler|wer|tes|te** der, -n/-n (scherzh.): *Gesäß*

al|les → all

al|le|samt: *alle zusammen* ‖ **Al|les|fres|ser** der, -s/- (Biol.): *Tier, das von tierischer und pflanzlicher Nahrung lebt* ‖ **Al|les|kle|ber:** *ein Klebstoff* ‖ **Al|les|kön|ner** ‖ **Al|les|kön|ne|rin** ‖ **Al|les|wis|ser** der, -s/- (abw.) ‖ **Al|les|wis|se|rin** die, -/-innen (abw.) ‖ **al|le|weil** → allweil ‖ **al|le|zeit** (veraltend): *jederzeit;* → allzeit ‖ **all|fäl|lig** [auch: -'fɛ-]: a. *(gegebenenfalls)* auftretende Störungen ‖ **All|fäl|li|ge** das, -n, Allfälliges: *letzter Punkt einer Tagesordnung*

All|gäu|er Al|pen die (Pl.): *eine Gebirgsgruppe in Vorarlberg, Tirol, Deutschland*

All|ge|gen|wart die, - ‖ **all|ge|gen|wär|tig:** *immer, an jedem Ort zugegen*

all|ge|mein:

Kleinschreibung:
– eine allgemeine Antwort geben

Großschreibung bei Nominalisierung:
– das **A**llgemeine hervorheben
– im **A**llgemeinen
R→ S. 892, 2.2

A

Großschreibung in Eigennamen:
– **A**llgemeine Unfallversicherungsanstalt (AUVA)
– **A**llgemeines Sozialversicherungsgesetz (ASVG)
– **A**llgemeines Verwaltungsverfahrensgesetz (AVG)
R→ S. 895, 4.1

Getrennt- und Zusammenschreibung mit Adjektiven und adjektivisch gebrauchten Partizipien:
– allgemein bildende (= allgemeinbildende) höhere Schule (AHS) *(Gymnasium, Realgymnasium uÄ)*
– allgemein bildende (= allgemeinbildende) Pflichtschule (APS)
– allgemein gültig = allgemeingültig
– allgemein verbindlich = allgemeinverbindlich *(für alle verbindlich)*
R→ S. 903, 2.2.1

All|ge|mein|be|fin|den ǁ **All|ge|mein|be|sitz** der, -[e]s ǁ **All|ge|mein|bil|dung** ǁ **all|ge|mein bil|dend** = **all|ge|mein|bil|dend** ǁ **All|ge|mein|chi|rur|gie** [-ki-]: *die gesamte Chirurgie* ǁ **all|ge|mein gül|tig** = **all|ge|mein|gül|tig** ǁ **All|ge|mein|gut:** *etwas, woran alle teilhaben* ǁ **All|ge|mein|heit** die, -: *die Öffentlichkeit; alle* ǁ **All|ge|mein|me|di|zin:** *Richtung in der Medizin ohne Spezialisierung* ǁ **All|ge|mein|me|di|zi|ner:** *praktischer Arzt* ǁ **All|ge|mein|me|di|zi|ne|rin** ǁ **All|ge|mein|platz** (abw.): *abgedroschene Phrase, Plattitüde, Gemeinplatz* ǁ **all|ge|mein ver|bind|lich** = **all|ge|mein|ver|bind|lich** ǁ **All|ge|mein|wis|sen** ǁ **All|ge|mein|wohl** ǁ **All|ge|mein|zu|stand:** der A. der Patientin ist befriedigend ǁ **All|ge|walt** (geh.): *höchste Gewalt* ǁ **all|ge|wal|tig** (geh.) ǁ **All|heil|mit|tel:** gegen Krankheit gibt es kein A.

Al|li|anz die, -/-en ⟨fr.⟩: *Bündnis;* die Heilige A. (1815) | (Wirt.) *Kooperation*

Al|li|ga|tor der, -s/-en [-'o:-] (Zool.) ⟨span.⟩: *ein Krokodil*

al|li|ie|ren sich [-i'i:-] ⟨fr.⟩: *sich verbünden* ǁ **Al|li|ier|te**[1] der, -n/-n, ein Alliierter: *ein Verbündeter* | (Gesch., Pol.) die Alliierten *(bes. Großbritannien, Frankreich, die UdSSR und die USA im Zweiten Weltkrieg; die Verbündeten 1813 bis 1815 gegen Napoleon)* ǁ **Al|li|ier|te**[2] die, -n/-n

all-in|clu|sive [ˌɔ:liŋ'klu:sɪv] (AI) ⟨engl.⟩: *alles inklusive [bei einer Urlaubsbuchung]* ǁ **All-in|clu|sive-Gehalt** der = das, -[e]s/-hälter ǁ **All-in|clu|sive-Reise**

Al|li|te|ra|ti|on [-tsi̯-] die, -/-en ⟨lat.⟩: *Anlautreim, Stabreim, zB* **H**aus und **H**of

all|jähr|lich [auch: 'al-]: *jedes Jahr* ǁ **All|macht** die, - (geh.): *unbeschränkte Macht* ǁ **all|mäch|tig** (geh.) ǁ **All|mäch|ti|ge** der, -n (geh.): *Gott* ǁ **all|mäh|lich:** *nach und nach* ǁ **all|mo|nat|lich** ǁ **all|mor|gend|lich**

Al|lon|ge [a'lõ:ʃ, -ʒɛ] die, -/-n ⟨fr.⟩: *ein Verlängerungsstück zum Abtrennen [als Antwortschein, Empfangsbestätigung]* ǁ **Al|lon|ge|pe|rü|cke:** *barocke, langlockige Herrenperücke*

Al|lo|tria das, -s/- ⟨gr.⟩ (veraltet): A. *(Unfug)* treiben

All|par|tei|en|re|gie|rung: *Konzentrationsregierung* ǁ **All|rad|an|trieb:** *Kraftübertragung auf jedes Rad [eines Autos], Vierradantrieb* ǁ **all|rad|be|trie|ben** ǁ **All|rad|fahr|zeug** ǁ **All|rad|ler** (ugs.): *Allradfahrzeug*

All|roun|der [ɔ:l'raʊnd-] der, -s/- ⟨engl.⟩: *ein vielseitiger Mann* ǁ **All|roun|de|rin** die, -/-innen ǁ **All|round|kraft:** *Arbeitskraft für verschiedene Tätigkeitsbereiche* ǁ **All|round|sport|ler** ǁ **All|round|sport|le|rin**

all|sei|tig: *auf allen Seiten, nach allen Seiten hin, überall* ǁ **all|seits** ǁ **All|spar|ten|ser|vice** [-ʃp-sɜ:vɪs, -sp-] (Amtsspr.): *interne Weiterleitung von Schriftstücken usw. zwischen allen ASVG-Versicherungsträgern* ǁ **All|strom|ge|rät:** *ein Gerät für Gleich- und Wechselstrom* ǁ **All|tag** der, -[e]s: *Werktag* | *tagtägliche Eintönigkeit* ǁ **all|täg|lich:** *nicht außergewöhnlich* ǁ **All|täg|lich|keit** ǁ **all|tags:** *an Wochentagen* ǁ **All|tags|be|schäf|ti|gung** ǁ **All|tags|ge|wand** ǁ **All|tags|kul|tur** ǁ **All|tags|sor|gen** ǁ **All|tags|spra|che** ǁ **All|tags|stress** [-ʃt-, st-] ǁ **All|tags|trott** ǁ **all|um|fas|send** (geh.): *alles umfassend*

Al|lü|ren die (Pl.) ⟨fr.⟩ (abw.): *eigenwilliges, auffälliges Benehmen*

al|lu|vi|al [-v-] ⟨lat.⟩ (Geol.): *angeschwemmt; seit der letzten Eiszeit abgelagert* ǁ **Al|lu|vi|um** das, -s (Geol.): *der jüngste erdgeschichtliche Zeitraum (seit der letzten Eiszeit)*

All|va|ter (Rel., Mythologie): *Gott als Schöpfer, als Vater aller Götter*

all|weil, *auch:* allerweil, alleweil (ugs.): *immer* ǁ **all|wis|send:** *alles wissend* ǁ **All|wis|sen|de** der, -n: *Gott;* Gott der A. ǁ **all|wö|chent|lich:** *jede Woche* ǁ **all|zeit:** *immer* ǁ **All|zeit|hoch** (Börse): *bisher erreichter Höchstkurs zB eines Wertpapiers* ǁ **all|zu:** a. bald; a. früh; a. oft; a. sehr; a. viel Arbeit; a. viele Menschen; a. weit; das allzu Menschliche ǁ **All|zweck|band** ǁ **All|zweck|rei|ni|ger**

Alm die, -/-en: *Viehweide im Gebirge mit Behausung;* → almen

Al|ma: *weibl. Vorname*

Alm|ab|trieb

Al|ma Ma|ter die, - - ⟨lat.⟩: *Beiname einer Hochschule;* A. M. Rudolphina *(die Universität Wien, nach Herzog Rudolf IV., dem Stifter, gegründet 1365)*

Al|ma|nach der, -s/-e ⟨arab.-span.-niederl.⟩: *Jahrbuch; Kalender mit literarischen Beiträgen*

Alm|auf|trieb ǁ **Alm|dud|ler** der, -s/- (Wz.): *ein Getränk* ǁ **al|men:** *Vieh auf der Alm halten;* → alpen ǁ **Al|men|land:** Steirisches A. *(eine Region)* ǁ **Al|men|rausch** → *Almrausch* ǁ **Al|mer** der, -s/- (westöst., SüdT, veraltet): *Vorratskasten* | *Senner* | (Mus.) *alpines Schnaderhüpfel* ǁ **Al|me|rin** die, -/-innen (westöst., SüdT, veraltet): *Sennerin* ǁ **Alm|hüt|te** ǁ **Alm|kä|se** ǁ **Alm|kirch|tag** = **Alm|kir|tag:** *Brauch zu Beginn der Herbstzeit* ǁ **Alm|ochs** [-ks] = **Alm|och|se:** *auf der Alm aufgezogener Ochs mit hochwertigem Rindfleisch*

Al|mo|sen [auch: 'a-] das, -s/- ⟨gr.⟩: *barmherzige* (oft auch: *beschämende*) *Gabe;* für ein A. arbeiten ǁ **Al|mo|sen|emp|fän|ger** ǁ **Al|mo|sen|emp|fän|ge|rin**

Alm|rausch der, -[e]s, *auch:* Almenrausch: *Alpenrose* ǁ **Alm|rind:** *eine regionale Produktbezeichnung* ǁ **Alm|ro|se:** *Alpenrose* ǁ **Alm|wei|de** ǁ **Alm|wirt|schaft**

Al|oe [auch: 'a:-] die, -/-n ⟨hebr.-gr.-lat.⟩: *eine südländische Pflanze*

alo|gisch: *unlogisch;* → G.: logisch

Alois: *männl. Vorname;* → Lois; → Luis ǁ **Aloi|sia:** *weibl. Vorname*

Alp[1] der → *(neu:)* Alb

Alp[2] die (V, T) → Alpe; *aber:* → Alb ǁ **Alp|ab|fahrt** (V, CH): *Almabtrieb*

A

Alpaka[1] das, -s/-s ‹indian.-span.›: *ein südamerikanisches Säugetier, Lama* | (ohne Pl.) *Alpakawolle*
Alpaka[2] das, -s ‹?›: *eine silberähnliche Legierung*
Alpauffahrt (V, CH): *Almauftrieb*
Alpdruck = → Albdruck || **Alpdrücken** = → Albdrücken
Alpe die, -/-n, *auch:* Alp die, -/-en (V, T): *Alm;* → Alpen || **alpen** (westöst.): *almen* || **Alpen** die (Pl.): *ein europäischer Gebirgszug* | *Name verschiedener Gebirge;* Seetaler A., Ostalpen; → Alpe || **Alpen-Adria** die, -: *eine Region in Mittel- und Südeuropa* || **Alpen-Adria-Region** die, - || **Alpenbitter** (bes. CH): *Bitterlikör mit Kräutern* || **Alpendohle:** *ein Rabenvogel* || **Alpendollar** (früher, scherzh.): *der österreichische Schilling* || **Alpenglöckchen:** *Soldanelle* || **Alpenglühen** das, -s: *Abendröte auf Berggipfeln* || **Alpenhauptkamm** || **Alpenjäger:** *Soldat einer Gebirgstruppe* || **Alpenjägerin** || **Alpenland** das, -[e]s || **alpenländisch** || **Alpenliga:** *ein internationaler Sportbewerb im Eishockey* || **Alpenmilch** || **Alpenostrand:** *östliche Grenze der Alpen* || **Alpenpass** || **Alpenraum** || **Alpenrepublik:** *Österreich* || **Alpenrose:** *eine Bergpflanze;* → Almrausch || **Alpensalamander** || **Alpen- und Donaugaue** die (Pl.), *auch:* Alpen- und Donau-Reichsgaue: *NS-Bezeichnung Österreichs von 1942 bis 1945;* → Ostmark || **Alpenveilchen** (bes.D): *Zyklame* || **Alpenverein:** *eine Bergsteigervereinigung* || **Alpenvorland** das, -[e]s: *Gebiet zwischen Alpen und Böhmischem Massiv;* → Voralpenland
Alpha [-f-] das, -[s]/-[s] (α, A) ‹gr.›: *erster Buchstabe des griechischen Alphabets, entspricht* a/A*;* das A. und das Omega *(der Anfang und das Ende)* || **Alphabet** das, -[e]s/-e: *Abc* || **alphabetisch** || **alphabetisieren:** *alphabetisch ordnen* | *das Lesen und Schreiben lehren* || **Alphabetisierung** die, -/-en || **alphanumerisch:** *gleichzeitig Buchstaben und Ziffern verwendend, zB 11. Juni 2009 (gegenüber: 11. 6. 2009)* || **Alphastrahlen** die (Pl.) (α-Strahlen) (Phys.): *positiv geladene Teilchenstrahlen aus radioaktivem Zerfall* || **Alphateilchen** das, -s/- (Phys.)
Alphorn: *ein hölzernes Blasinstrument* || **Alphornbläser** || **Alphornbläserin** || **Alphütte** (westöst.): *Almhütte* || **alpin** ‹lat.›: alpine Pflanzen *(Hochgebirgspflanzen);* der alpine Skilauf; alpine Kombination; → nordisch || **Alpinchef** [-ʃ-]: *Leiter des alpinen Skilaufs im ÖSV* || **Alpindienst:** *Alpinpolizei* || **Alpingendarmerie** [-ʒɑ̃d-, -ʒand-] (früher): → *Alpinpolizei* || **Alpinismus** der, - = **Alpinistik** die, -: *das Bergsteigen* || **Alpinist** der, -en/-en: *Bergsteiger* || **Alpinistin** die, -/-innen || **Alpinpolizei:** *Spezialeinheit der Polizei für den Einsatz in [hoch]alpinen Regionen* || **Alpinski** [-ʃiː] = Alpinschi || **Alpinsportart** || **Alpinum** das, -s/Alpina: *Steingarten mit Alpenpflanzen* || **Alpinwetter** || **Älpler** der, -s/-: *Alpenbewohner* | (V) *jemand, der berufsmäßig auf die Alm geht* || **Älplerin** die, -/-innen || **älplerisch** || **Alpsenn** (V): *Senn* || **Alpsennerin** (V): *Sennerin*
Alptraum = → Albtraum || **Alpweide** (V): *Almweide*
Alraune die, -/-n (Bot.): *eine giftige Pflanze mit einer menschenähnlich geformten Wurzel, der Zauberkraft zugeschrieben wird*

als:

als Fee verkleidet
Deklination:
- wir schätzen ihn als großen Künstler
- mit ihrer Stellung als Angestellte kam sie nicht zurecht

„als" steht nach dem Komparativ:
- sie ist größer als ich
- lieber heute als morgen

„wie" gilt als umgangssprachlich: größer wie ich
Nach dem Positiv steht „wie":
- [nicht] so groß wie ich; → wie

„als" oder „wie":
- so bald als/wie möglich

Beistrichsetzung:
- er ging, als ich kam
- mir scheint, als ob (als wenn, wie wenn) du recht hättest
- du wirst höher springen, als dein Bruder gesprungen ist; *aber ohne Beistrich:* sie kann alles besser als ihre Freundin

R→ S. 912, 4.2.1

alsbald (geh.): *bald* || **alsbaldig:** *ehestens* || **alsdann** (geh.): *dann* | (ugs.) *also [dann]; na also!*
Alsergrund der, -[e]s: *9. Bezirk Wiens;* am A. wohnen
also: *aus diesem Grund, folglich;* du kommst a. nicht || **alsobald** (veraltend): *sogleich* || **alsogleich** (veraltet): *sofort*

alt,

älter/am ältesten: alt aussehen; alt sein/werden
Kleinschreibung:
- eine alte Geschichte *(nichts Neues)*
- zwei Tage alt
- auf alt herrichten
- das alte Jahr
- die alten Römer *(die Römer im Altertum)*
- alte Meister *(bildende Künstler vergangener Jahrhunderte)*

Großschreibung bei Nominalisierung:
- es bleibt beim **Alten** *(Zustand)*
- er ist wieder der **Alte** *(wie früher)*
- wir bleiben die **Alten** *(Freunde)*
- **Alt** und Jung *(alle)*
- **Altes** und Neues
- aus **Alt** Neu machen
- etwas/nichts **Altes**

R→ S. 892, 2.2

Großschreibung in Eigennamen:
- das **Alte** Testament *(älterer Teil der Bibel)*
- die **Alte** Welt *(Europa, Asien, Afrika)*
- die **Alte** Donau *(Donauarm in Wien)*
- die **Alte** Geschichte *(Geschichte des Altertums)*

→ Alte; → älter; → älteste

R→ S. 895, 4.1

Alt der, -[e]s/-e ‹lat.› (Mus.): *tiefe Frauen- oder Kindersingstimme;* → Altist
altangesehen: eine altangesehene *(seit langer Zeit geachtete)* Familie
Altar der, -[e]s/Altäre ‹lat.›: *Bet-, Opferstelle;* jemanden zum A. führen *(heiraten)* || **Altarbild** || **Altarraum** || **Altarsakrament,** *auch:* **Altarssakrament** (ohne Pl.): *Eucharistie*
Altaussee: *Kurort in der Steiermark* || **altbacken:** eine altbackene *(nicht frische)* Semmel || **Altbau** der, -[e]s/-ten: *älteres Gebäude, Althaus* || **Altbauer:**

Bauer, der den Hof zB an seinen Sohn übergeben hat ‖ **Altbäuerin,** *auch:* **Altbäurin** ‖ **Altbauwohnung,** *auch:* Altwohnung: *Wohnung in einem Altbau* ‖ **altbekannt** ‖ **altbewährt** ‖ **Altbischof:** *ehemaliger Bischof* ‖ **Altbundeskanzler:** *ehemaliger Bundeskanzler* ‖ **Altbundeskanzlerin** ‖ **Altbundespräsident** ‖ **Altbundespräsidentin** ‖ **Altbürgermeister:** *ehemaliger Bürgermeister* ‖ **Altbürgermeisterin** ‖ **altdeutsch:** *in altdeutschem Stil, bes. in der Art der Renaissance;* eine altdeutsche Anrichte ‖ **Alte**[1] der, -n/-n, ein Alter: die **Alten** und die Jungen | (ugs., sal.) *Vater* | (ugs., sal.) *Ehemann;* mein Alter | (ugs., sal.) *Chef* | (ostöst.) *Wein aus einem vergangenen Jahr;* → G.: Heurige; → alt ‖ **Alte**[2] die, -n/-n: *alte Frau* | (ugs., sal.) *Ehefrau* | (ugs., sal.) *Chefin* ‖ **Alte**[3] das, -n: *das Vergangene;* an Altem hängen ‖ **altehrwürdig** ‖ **Alteigentum:** *Altbauwohnung im Eigentum* ‖ **alteingesessen:** eine alteingesessene *(seit Generationen an diesem Ort lebende)* Familie ‖ **Alteisen:** *gebrauchtes Eisen, das wiederverwertet wird* ‖ **Altenbetreuer** ‖ **Altenbetreuerin** ‖ **Altenbetreuung** ‖ **Altenheim:** *Altersheim*

Altenmarkt: *ein Siedlungsname, zB A. im Pongau (S)*

Altenpflege ‖ **Altenteil** der = das, -[e]s/-e: *Versorgung des Bauern nach der Übergabe des Hofes* ‖ **Altenwohnheim** ‖ **Alter** das, -s/-: im hohen A.; das A. des Hauses ‖ **älter:** der ältere Bruder; ein älterer *(noch nicht alter)* Herr; *aber:* der **Ältere** (d. Ä.) *(zB der Vater);* Hans Holbein d. Ä.; → alt; → älteste; → jünger

Alter Ego das, - - ⟨lat.⟩ (wörtl.: das andere Ich): *sehr guter Freund*

alterieren sich ⟨lat.⟩: *sich aufregen, sich ärgern*

altern: *alt werden*

alternativ ⟨lat.⟩: *zwei oder mehr Wahlmöglichkeiten betreffend* | *unkonventionell* ‖ **Alternative**[1] [-f-, -v-] der, -n/-n, ein Alternativer: *jemand, der herkömmliche Werthaltungen und Problemlösungen durch neuartige ersetzen will* ‖ **Alternative**[2] die, -n/-n ‖ **Alternative**[3] die, -/-n: *Wahl zwischen zwei Möglichkeiten* ‖ **Alternativenergie** ‖ **Alternativmedizin** ‖ **Alternativprogramm** ‖ **alternieren:** *abwechseln;* sich alternierend in Wien und Bregenz treffen

Alternsforschung: → *Gerontologie* ‖ **altersprobt:** *seit langer Zeit bewährt* ‖ **alters** (geh.): seit a. *(seit jeher);* von a. her ‖ **altersbedingt:** altersbedingte Schäden ‖ **Altersdiabetes** (Med.): *typische Form einer Zuckerstoffwechselstörung im Alter* ‖ **Altersdispens:** *Nachsicht einer Bedingung bei zu geringem oder zu hohem Alter* ‖ **Alterserscheinung** ‖ **Altersfleck** -[e]s/-e[n]: *altersbedingte Hautverfärbung* ‖ **Altersforschung:** → *Gerontologie* ‖ **Altersgrenze** ‖ **Altersgründe** die (Pl.): aus Altersgründen zurücktreten ‖ **Altersgenosse:** *Gleichaltriger* ‖ **Altersgenossin** ‖ **altersgerecht** ‖ **Altersgruppe:** *Personenkreis im gleichen Alter* ‖ **Altersheim:** *Seniorenheim, Altenheim, Pensionistenheim* ‖ **Altersklausel:** *Altersgrenze [für politische Funktionäre]* ‖ **alterslos:** *ohne Zeichen des Alters* ‖ **altersmäßig** ‖ **Alterspension:** *Pension bei Erreichen des gesetzlichen Pensionsalters; vorzeitige A.;* → Frühpension ‖ **Alterspyramide** [-py-, auch: -pi-]: *eine Darstellungsform für die Bevölkerungsstruktur* ‖ **Altersrente** ‖ **altersschwach** ‖ **Altersschwäche** ‖ **Alterssichtigkeit** die, - (Med.): *Weitsichtigkeit im Alter* ‖ **Alterssitz:** *Wohnsitz im Alter* ‖ **Altersstarrsinn** ‖ **Altersstufe** ‖ **Altersteilzeit:** *eine Art Frühpension [für ASVG-Angestellte] mit Gehaltsabzügen* ‖ **Altersversorgung** ‖ **Altersvorsorge** ‖ **Alterswerk:** *Spätwerk eines Künstlers/einer Künstlerin* ‖ **Altertum** das, -s: das klassische A. *(die Antike)* ‖ **Altertümer** die (Pl.): *Antiquitäten* ‖ **altertümlich** ‖ **Altertumsforschung** die, -: *Archäologie* ‖ **Alterung** die, -/-en: die A. der Haut ‖ **Alterzbischof:** *ehemaliger Erzbischof* ‖ **älteste:** von allen Schülern bin ich der älteste | (Großschreibung) ich bin der **Älteste** der Klasse; die **Ältesten** des Stammes; → alt; → älter ‖ **Ältestenrat** ‖ **altgedient:** *mit langer Dienstzeit* ‖ **altgewohnt:** es herrschte das altgewohnte Treiben ‖ **Altglas** das, -es: *gebrauchtes Glas, das wiederverwertet wird* ‖ **Altglascontainer** [-k- -te:n-, engl.: -eɪ-] ‖ **altgolden:** a. *(dunkelgolden)* wirken ‖ **altgriechisch:** die altgriechische Kunst; → neugriechisch ‖ **Altgriechisch** das, -[s] = **Altgriechische,** -n: *das Griechisch der Antike* ‖ **Althaus:** *Altbau* ‖ **althergebracht:** eine althergebrachte *(alte)* Sitte ‖ **althochdeutsch** (ahd.) ‖ **Althochdeutsch** das, -[s] = **Althochdeutsche,** -n: *Sprachform des Deutschen (8. bis 11. Jh.)*

Altist der, -en/-en (Mus.): *Sänger[knabe] mit Altstimme* ‖ **Altistin** die, -/-innen (Mus.)

Altjahrstag: *Silvester, 31. Dezember;* am A. *(zu Silvester)* ‖ **altjüngferlich** [auch: 'a-]: *zimperlich, überempfindlich* ‖ **Altkanzler** → Altbundeskanzler ‖ **Altkanzlerin** ‖ **Altkatholik:** *Angehöriger einer bestimmten christlichen Glaubensgemeinschaft* ‖ **Altkatholikin** ‖ **altkatholisch** ‖ **Altkleidersammlung** ‖ **altklug:** *neunmalklug, besserwisserisch (bei Kindern)* ‖ **Altl** der = das, -s (reg., bes. ostöst.): *Altersgeschmack im Wein*

Altlage (Mus.): ein Instrument in A.; → Alt

Altlast (meist Pl.): *von Vorgängern oder Vorfahren stammende Probleme, zB Sondermülldeponie; zu bereinigende Sache* ‖ **ältlich:** ein ältlicher *(alt wirkender) Mann* ‖ **Altmaterial:** *gebrauchtes Material, das wiederverwertet oder entsorgt wird* ‖ **Altmetall** ‖ **altmodisch** ‖ **Altmünster:** *Marktgemeinde in Oberösterreich*

Alto Adige [- -dʒe] das, - - ⟨it.⟩ (wörtl.: Ober-Etsch): *italienischer Name von Südtirol*

Altöl das, -[e]s: *altes Öl, das wiederverwertet oder entsorgt wird* ‖ **Altösterreicher:** *Bezeichnung für einen Einwohner der Gebiete der ehemaligen Monarchie bzw. einen von ihr geprägten Menschen* ‖ **Altösterreicherin** ‖ **Altpapier** das, -s: *altes Papier, das wiederverwertet wird* ‖ **Altpapiercontainer** [-k-te:n-, engl.: -eɪ-] ‖ **Altpapiersammlung** ‖ **Altpartei** (meist Pl.): *etablierte politische Partei* ‖ **Altphilologe** [-f-] ‖ **Altphilologie:** *Wissenschaft von der altgriechischen und der lateinischen Sprache sowie von der Kultur der An-*

A

tike, klassische Philologie ‖ **Altphilologin** ‖ **altrömisch** ‖ **altrosa:** *dunkelrosa*

Altruismus der, - ⟨fr.⟩: *Selbstlosigkeit, Menschenliebe;* → G.: Egoismus ‖ **Altruist** der, -en/-en ‖ **Altruistin** die, -/-innen ‖ **altruistisch**

Altschlüssel (Mus.): *C-Schlüssel auf der mittleren Linie (= c1), zB für Bratsche*

Altschnee ‖ **altsilbern:** *dunkelsilbern* ‖ **Altstadt:** *ältester Stadtteil* ‖ **Altstadtsanierung:** *Erneuerung alter Stadtteile* ‖ **Altsteinzeit** die, -: *Paläolithikum;* → Jungsteinzeit

Altstimme (Mus.): *Alt*

Altstoff (meist Pl.) ‖ **Altstoffsammelzentrum** (ASZ) ‖ **Altstoffsammlung** ‖ **alttestamentarisch:** *zum Alten Testament (der Bibel) gehörig* ‖ **Alttestamentler** der, -s/-: *Fachmann für alttestamentliche Theologie* ‖ **Alttestamentlerin** die, -/-innen ‖ **alttestamentlich** ‖ **Alttirol:** *Tirol vor der Trennung in Nordtirol (samt Osttirol) und Südtirol* ‖ **altväterisch,** *auch:* altvaterisch (geh.): *altmodisch* ‖ **altvertraut** ‖ **Altvordern** die (Pl.) (geh., veraltet): *Vorfahren;* → Vorvordern ‖ **Altwaren** die (Pl.): *gebrauchte Waren, die wiederverwendet werden* ‖ **Altwarenhändler** ‖ **Altwarenhändlerin** ‖ **Altwasser** das, -s/-: *abgetrennter, stehender Flussarm* ‖ **Altweibersommer:** *schöne Herbsttage* | *vom Wind getragene Spinnweben im Frühherbst* ‖ **Altwein:** *jeder Wein, sobald der nächste Heurige fertig ist* ‖ **Alt-Wien** ‖ **Alt-Wiener:** A. Porzellan ‖ **alt-wienerisch** ‖ **Altwohnung** → Altbauwohnung

Alu das, -[s] ⟨lat.⟩: *Kurzwort für Aluminium* ‖ **Aludose** ‖ **Alufelge** ‖ **Alufolie** [-iɛ] ‖ **Aluminium** das, -s (Zeichen: Al): *ein chemisches Element;* → Alu

Alumnat das, -[e]s/-e ⟨lat.⟩ (kath.): *Ausbildungsstätte für Priester* ‖ **Alumne** der, -n/-n (kath.): *Zögling eines Alumnats*

alveolar [-v-] ⟨lat.⟩ (Sprachwiss.) ein alveolarer Laut ‖ **Alveolar** der, -s/-e (Sprachwiss.): *Laut, der direkt hinter den Zähnen gebildet wird, zB t, l*

Alzerl [auch: ˈaɪtsəl] das, -s/-[n] (ostöst., ugs.): es fehlt nur noch ein A. *(ein bisschen, ein ganz kleines Stück)*

Alzheimer (ohne Art.) = **Alzheimerkrankheit** die, - = **alzheimersche Krankheit** = **Alzheimer'sche Krankheit** (Med.): *eine Alterskrankheit*

am:

an dem; (örtlich) am Abhang; (zeitlich) am Montag, dem/den 10. Mai | *auf dem;* am Programm; [sich] am Laufenden halten | am wichtigsten, am schnellsten | (mit Abkürzung a.) Neustift am Walde

am – auf

„am" bedeutet **„an dem"**

– das Fahrrad lehnt am *(an dem)* Haus

Früher hat „am" allgemein auch „auf dem" bedeutet. In Österreich ist dieser Gebrauch bis heute erhalten geblieben:

– Urlaub am Bauernhof (statt: *auf dem*)
– am Kopf; am Dach; am Rücken
– am Boden
– am Land leben

Richtig ist dieser Gebrauch aber immer nur zur Angabe einer Lage (im Dativ), nicht zur Angabe einer Richtung (im Akkusativ).

Am: Americium

AM: Amplituden**m**odulation

AMA die, -: **A**grar**m**arkt **A**ustria ‖ **AMA-Gütesiegel:** *Qualitätszertifikat der AMA*

Amadeus: *männl. Vorname*

Amalgam das, -s/-e ⟨arab.⟩: *eine Quecksilberlegierung* ‖ **Amalgamplombe:** *eine Zahnfüllung*

Amalia = **Amalie** [-iɛ]: *weibl. Vorname;* → Mali

Amanda: *weibl. Vorname*

Amarant = **Amaranth** der, -s ⟨gr.-lat.⟩: *eine Pflanzengattung*

Amaretto der, -s/-s [Amaretti] ⟨it.⟩: *Bittermandellikör* ‖ **Amaro** der, -s/-s [Amari]: *ein bitterer Kräuterlikör (als Digestif)*

Amaryllis [-y-] die, -/Amaryllen ⟨gr.⟩: *eine Zierpflanze*

Amateur [-ˈtøːə] der, -s/-e ⟨fr.⟩: *Nichtfachmann; die Sache nicht berufsmäßig, sondern aus Liebhaberei, als Hobby Ausübender;* → Dilettant; → Profi; → Professional ‖ **Amateurbestimmung** (Sport) ‖ **Amateurfilm** ‖ **amateurhaft** ‖ **Amateurin** die, -/-innen ‖ **Amateursportler** → G.: Professional ‖ **Amateursportlerin**

Amazonas der, -: *ein Strom in Brasilien* ‖ **Amazone** die, -/-n ⟨gr.⟩: *Kriegerin in der griechischen Sage* | *streitbare Frau* ‖ **Amazonien:** *Großlandschaft im Einzugsgebiet des Amazonas*

Ambiente das, -s ⟨it.⟩: *Umgebung, das Drumherum;* das A. *(die Atmosphäre)* einer Wohnung

ambig ⟨lat.-fr.⟩ (fachspr.): *mehr-, doppeldeutig* ‖ **Ambiguität** die, -/-en: *Mehrdeutigkeit, Doppeldeutigkeit* | (Sprachwiss.) *Doppeldeutigkeit eines Wortes oder eines Satzes*

Ambition [-tsi̯-] die, -/-en ⟨lat.⟩: *Ehrgeiz, Strebsamkeit* ‖ **ambitioniert**

ambivalent [-v-] ⟨lat.⟩: *doppelwertig;* ambivalentes Verhalten *(zB Hassliebe)* ‖ **Ambivalenz** die, -/-en

Ambo[1] der, -[s]/-s [Amben] ⟨lat.-it.⟩: *Lottotreffer (mit zwei gezogenen Nummern);* → Terno

Ambo[2] der, -[s]/-nen [-ˈoː-] ⟨gr.⟩: *Vortragspult in der Kirche*

Amboss der, -es/-e: *Vorrichtung aus Eisen, auf der Metall geschmiedet wird;* Eisen auf dem A. schmieden | *ein Gehörknochen*

Ambras: *Schloss im Dorf Amras (bei Innsbruck)*

Ambrosia die, - ⟨gr.⟩: *eine Speise der Götter;* → ambrosisch ‖ **ambrosianisch:** der ambrosianische Lobgesang *(das Tedeum, nach dem hl. Ambrosius benannt)* ‖ **ambrosisch** (geh.): *herrlich, himmlisch;* → Ambrosia

Ambulance [-nts] die, -/-n ⟨fr.⟩: *Rettungswagen;* → Ambulanz ‖ **ambulant** ⟨lat.-fr.⟩: jemanden a. *(ohne Aufnahme in ein Spital)* behandeln; → G.: stationär | ein ambulantes Gewerbe *(Wandergewerbe)* ‖ **Ambulanz** die, -/-en: *Spitalsabteilung für ambulante Behandlung* | *Rettungswagen;* → Ambulance ‖ **Ambulanzjet** [-dʒ-]: *ein Rettungsflugzeug;* → Ärzteflugambulanz ‖ **Ambulanzkarte** ‖ **ambulatorisch:** *ambulant* ‖ **Ambulatorium** das, -s/Ambulatorien [-i̯ɛn]: eine *Behandlungsstätte für ambulante Kranke*

Ameise die, -/-n: *ein Insekt* ‖ **Ameisenbär:** *ein Säugetier mit langer Schnauze, das Ameisen frisst* ‖ **Ameisenhaufen:** *Erdbau der Ameisen* ‖ **Ameisenjungfer** (Zool.): *ein Netzflügler* ‖

Ameisenlöwe (Zool.): *Larve der Ameisenjungfer* || **Ameisensäure** (Chem.) || **Ameisenvolk**
Amelia = Amelie [-i̯ɛ, auch: ˌa-ˈliː]: *weibl. Vorname*
amen: *Gebetsschluss; wahrlich;* ja und a. (= Ja und Amen) sagen || **Amen** das, -s/-: so sicher wie das A. im Gebet *(ganz sicher);* Ja und A. (= ja und amen) sagen
American Football [əˈmerɪkən ˈfʊtbɔːl] das, - - ⟨engl.⟩: → Football || **American way of life** [- weɪ əv ˈlaɪf] der, - - - -: *US-amerikanische Lebensart* || **Americium** [-ts-] das, -s (Zeichen: Am): *ein chemisches Element* || **Amerika:** *Nord- und Südamerika* | *die USA* || **Amerikaner** der, -s/- || **Amerikanerin** die, -/-innen || **amerikanisch** || **Amerikanisch** das, -[s] = **Amerikanische,** -n: *die US-amerikanische Sprache* || **amerikanisieren** || **Amerikanismus** der, -/Amerikanismen: *charakteristische Eigenart des Amerikanischen [in einer anderen Sprache];* → Anglizismus || **Amerikanistik** die, -: *Wissenschaft von der Geschichte, Sprache und Kultur der USA*
Amethyst [-ˈti-, -ˈty-] der, -[e]s/-e ⟨gr.⟩: *ein Schmuckstein*
Ami der, -s/-s (sal., veraltend): *US-Amerikaner*
amikal: *freundschaftlich;* amikale Beziehungen
Amin das, -s/-e (meist Pl.) (Chem.): *eine organische Stickstoffverbindung* || **Aminosäure** (Chem.): *eine organische Säure*
Ammann der, -s/Ammänner (CH): *gewählter Leiter der Verwaltung einer [Stadt]gemeinde;* → Amtmann
Amme die, -/-n: *Frau, die ein fremdes Kind stillt und betreut* || **Ammenmärchen:** *erfundene Geschichte für Leichtgläubige*
Ammer die, -/-n: *ein Singvogel*
Ammoniak das, -s ⟨gr.⟩ (Chem.): *ein stechend riechendes Gas*
Amnesie die, -/-n ⟨gr.⟩ (Med.): *Gedächtnisschwund*
Amnestie die, -/-n ⟨gr.⟩: *[allgemeiner] Strafnachlass; Begnadigung* || **Amnestiegesetz** || **amnestieren:** den Verbrecher a. || **Amnesty International** [ˈæmnəsti -ˈnæʃənəl] die, - -(meist ohne Art.) (AI) ⟨engl.⟩: *eine Vereinigung zum Schutz der Menschenrechte*
Amöbe die, -/-n ⟨gr.⟩: *ein einzelliges Lebewesen*
Amok ⟨mal.⟩: A. laufen *(rasend und mordend durch die Straßen laufen)* || **Amokfahrer** || **Amokfahrerin** || **Amokfahrt** || **Amoklauf** || **Amokläufer** || **Amokläuferin** || **Amokschütze** || **Amokschützin**
a-Moll (a) (Mus.): *eine Tonart* || **a-Moll-Tonleiter** (Mus.)
Amor: *römischer Liebesgott*
Amoral → Amoralität || **amoralisch:** *unmoralisch* || **Amoralität:** *fehlende Moral; Amoral*
amorph [-f] ⟨gr.⟩: *formlos* | *ohne Kristallform, Kristallstruktur*
Amortisation [-tsi̯-] die, -/-en ⟨lat.⟩: *Wertausgleich* || **amortisieren:** diese Anschaffung hat sich amortisiert *(bezahlt gemacht)* || **Amortisierung** die, -/-en
Amouren [-ˈmuː-] die (Pl.) ⟨fr.⟩ (veraltet): *Liebschaften* || **amourös:** ein amouröses Abenteuer
Ampel die, -/-n: *Lichtanlage zur Verkehrsregelung* | *Lampe, die von der Decke hängt* | *hängender Blumen[über]topf* || **Ampelkoalition** [-tsi̯-] (Pol.): *Koalition, in der Sozialdemokraten, Grüne und Liberale vertreten wären* || **Ampelkreuzung** || **Ampelmännchen** (bes. D): *Fußgängersymbol in Verkehrsampeln*
Ampelografie = Ampelographie [-f-] die, - ⟨gr.⟩: *Rebsortenkunde*
Ampere [-ˈeːə] das, -[s]/- (Phys.) (A): *Maßeinheit für die elektrische Stromstärke (nach einem französischen Physiker);* zehn Ampere (10 A) || **Amperemeter:** *Strommessgerät* || **Amperestunde** (Ah)
Ampfer der, -s/-: *eine Pflanzengattung;* Sauerampfer
Amphibie [-f-i̯ɛ] ⟨gr.⟩ → Amphibium || **Amphibienfahrzeug:** *Land-Wasser-Fahrzeug, Kombination von Auto und Motorboot* || **amphibisch:** *sowohl im Wasser als auf dem Land stattfindend* || **Amphibium** das, -s/Amphibien [-i̯ən], *auch:* Amphibie [-i̯ɛ] die, -/-n (Zool.): *Lurch, Tier aus der Wirbeltierklasse, zB Frosch, Molch*
Amphitheater [-f-] ⟨gr.⟩: *stufenförmig ansteigendes Freilicht-Rundtheater* || **amphitheatralisch**
Amphore [-f-] die, -/-n ⟨gr.⟩: *ein zweihenkeliger Tonkrug*
Amplitude die, -/-n ⟨lat.⟩ (Phys., Math.): *größter Ausschlag [eines Pendels]* || **Amplitudenmodulation** [-tsi̯-] (AM) (Phys.): *ein bestimmtes Verfahren in der Hochfrequenztechnik*
Ampulle die, -/-n ⟨lat.⟩: *zugeschmolzenes [mit Impfstoff gefülltes] kleines Glasgefäß*
Amputation [-tsi̯-] die, -/-en ⟨lat.⟩ (Med.) || **amputieren** (Med.): jemandem ein Bein a. *(abnehmen)*
Amras → Ambras
AMS[1] [a ɛm ˈɛs] das, -: **Arbeitsmarktservice**
Amsel die, -/-n: *ein Singvogel* || **Amselschlag:** *Gesang der Amsel*
Amsterdam [-st-]: *Hauptstadt der Niederlande;* → Haag
Amstetten [-ʃt-]: *Stadt in Niederösterreich*
Amt das, -[e]s/Ämter: *offizielle [staatliche] Stellung;* ein A. innehaben; im Amt sein; in Amt und Würden | *Pflicht, Aufgabe;* seines Amtes walten | *Behörde;* von Amts wegen; → amtswegig | *Gebäude eines Amtes* | (kath.) *Messe mit Gesang;* Hochamt || **Ämterhäufung:** *Ausübung mehrerer Ämter durch eine Person* || **Amtfrau** (D): *ein Beamtentitel* || **amtieren:** der amtierende *(derzeitige)* Bundespräsident || **amtlich:** eine amtliche Mitteilung; a. beglaubigt; → nicht amtlich = nichtamtlich || **amtlicherseits** || **Amtmann** (D): *ein Beamtentitel;* → Ammann | (B) *Gemeindeamtsleiter/in, Gemeindesekretär/in* || **Amtmännin** die, -/-innen (D) || **Amtsanmaßung:** *unerlaubte Ausübung eines öffentlichen Amts* || **Amtsantritt** || **Amtsarzt** || **Amtsärztin** || **amtsärztlich:** eine amtsärztliche Untersuchung || **amtsbekannt:** *aktenkundig* || **Amtsbeleidigung** (Jus): *Ehrenbeleidigung einer Amtsperson* || **Amtsblatt:** *Zeitung für amtliche Verlautbarungen* || **Amtsbote** || **Amtsbotin** || **Amtsdeutsch:** *Stil der Behördensprache* || **Amtsdiener:** *Angestellter für Hilfsdienste in einer Behörde* || **Amtsdienerin** || **Amtsdirektor:** *ein Amtstitel* || **Amtsdirektorin** || **Amtsehrenbeleidigung** (Jus) || **Amtseid:** *ein Treueeid* || **Amtsenthebung** || **Amtsenthebungsverfahren** || **Amtsentschädigung** (SüdT) (Amtsspr.): *Gehalt für die Aus-*

A

übung einer politischen Funktion, Politikergehalt ‖ **Amts|ent|set|zung** die, -/-en: *Entlassung aus einem Amt* ‖ **amts|füh|rend** (Amtsspr.): die amtsführenden Stadträte (in Wien); *aber:* der Amtsführende Präsident ‖ **Amts|ge|bäu|de** ‖ **Amts|ge|heim|nis:** *behördliche Verschwiegenheitspflicht* ‖ **Amts|ge|hil|fe:** *Bediensteter in einem Amt oÄ* ‖ **Amts|ge|hil|fin** ‖ **Amts|ge|richt** (D): *Bezirksgericht* ‖ **Amts|ge|schäft** (meist Pl.): *die Obliegenheit eines Amtes bzw. Beamten* ‖ **Amts|haf|tung:** *Haftung des Staates für Fehlverhalten seiner Organe* ‖ **Amts|haf|tungs|ge|setz** ‖ **amts|han|deln** (nur Inf. und Part.) (Amtsspr.): *behördlich einschreiten* ‖ **Amts|hand|lung** (Amtsspr.): *behördliches Einschreiten* ‖ **Amts|haus:** *Sitz verschiedener Ämter* ‖ **Amts|hel|fer** der, -s (Admin.): *Internetdienst zur Einsparung von Behörden- bzw. Amtswegen* ‖ **Amts|hil|fe:** *Beistand der Behörden untereinander* ‖ **Amts|ka|len|der:** Österreichischer A. *(jährliches Verzeichnis aller Ämter, Behörden, Schulen uÄ)* ‖ **Amts|kanz|lei:** *Büro eines Amtes* ‖ **Amts|kappl** (ugs., veraltend, abw.): das A. aufhaben *(sich als Beamter engstirnig verhalten)* ‖ **Amts|kappl|men|ta|li|tät:** *bürokratische Haltung von Beamten* ‖ **Amts|kir|che:** *die Amtsträger der [katholischen] Kirche, vor allem die Bischöfe* ‖ **Amts|kol|le|ge** ‖ **Amts|kol|le|gin** ‖ **Amts|lei|ter** ‖ **Amts|lei|te|rin** ‖ **Amts|miss|brauch** ‖ **amts|mü|de:** a. sein ‖ **Amts|pe|ri|o|de** ‖ **Amts|per|son:** → *Amtsträger/in* ‖ **Amts|rat:** *ein Beamtentitel* ‖ **Amts|rä|tin** ‖ **Amts|raum** ‖ **Amts|sach|ver|stän|di|ge** ‖ **Amts|schim|mel** (meist scherzh.): *eine umständliche, schleppende Erledigung durch ein Amt* ‖ **Amts|sitz:** der A. des Bundespräsidenten ‖ **Amts|spra|che:** *im Umgang mit Behörden und Ämtern gesetzlich zugelassene Sprache;* in Österreich sind Deutsch sowie (in bestimmten Gebieten) Slowenisch und Kroatisch Amtssprachen; → Staatssprache; → Unterrichtssprache | *in der Verwaltung gebräuchliche Ausdrucksweise, Amtsdeutsch* ‖ **Amts|stam|pig|lie** [-ʃt-ˌiːli̯e] (veraltet): *Amtsstempel* ‖ **Amts|stem|pel** ‖ **Amts|stun|de:** *öffentlicher Parteienverkehr* ‖ **Amts|ta|fel:** *amtliches Anschlagbrett* ‖ **Amts|tag:** *in bestimmten Abständen regelmäßig stattfindende Sprechstunden einer Behörde* ‖ **Amts|tä|tig|keit** (Amtsspr.): seit Beginn ihrer A. ‖ **Amts|ti|tel:** *Titel der Beamten, zB Amtsrat* ‖ **Amts|tracht:** *Kleidung von Beamten bei feierlichen Amtshandlungen oÄ* ‖ **Amts|trä|ger:** *Beamter, Angestellter einer offiziellen Behörde, Amtsperson* ‖ **Amts|trä|ge|rin** ‖ **Amts|tras|se** (Verk.): *amtlich vorgegebene Trassenvariante im Straßenbau* ‖ **Amts|ver|schwie|gen|heit:** *Verpflichtung, das Amtsgeheimnis zu wahren* ‖ **Amts|ver|ständ|nis** ‖ **Amts|ver|tei|di|ger:** → *Pflichtverteidiger* ‖ **Amts|ver|tei|di|ge|rin** ‖ **Amts|vor|mund** (Jus): *Jugendamt* ‖ **Amts|vor|stand** ‖ **Amts|vor|stän|din** ‖ **Amts|weg:** *Dienstweg* ‖ **amts|we|gig** (Jus): *von Amts wegen;* ein Gesuch a. ablehnen ‖ **Amts|we|gig|keit** die, - (Jus): *Grundsatz, dass ein Verfahren auch ohne Antrag geführt werden kann* ‖ **Amts|zeit:** eine 3-jährige A.

Amu|lett das, -[e]s/-e ⟨lat.⟩: *kleiner Gegenstand, der vor Unheil schützen soll*

Amur der, -[s]: *Strom in Ostasien* ‖ **Amur|karp|fen**

amü|sant ⟨fr.⟩: *unterhaltend, erheiternd;* ein amüsanter Film ‖ **Amuse Gueule** [amyzˈgœl] das, -/-s [-ˈgœl]: *Appetithäppchen, kleine Vorspeise als „Gruß aus der Küche" (auf Einladung des Restaurants)* ‖ **Amü|se|ment** [-ˈmɑ̃ː] das, -s/-s ‖ **amü|sie|ren:** ich amüsiere mich köstlich

amu|sisch: *ohne Sinn für Kunst*

AMV [a ɛm ˈfaʊ̯] die, -: **A**rbeits**m**arkt**v**erwaltung

an:

Präposition mit Dativ oder Akkusativ:
- an diesem Tag
- jung an Jahren
- es ist an dir, ihm zu helfen
- an jemanden glauben
- an [und für] sich; → am; → ans

Mit Akkusativ zur Angabe einer Richtung:
- ein Bild an die Wand hängen *(wohin?)*

Mit Dativ zur Angabe einer Position:
- das Bild hängt an der Wand *(wo?)*
- Linz an der Donau
- Tür an Tür wohnen

Zum Gebrauch „am/auf" → am

Adverb:
- von nun/heute an
- es waren an die 100 Kilometer

Ana|bo|li|kum das, -s/Anabolika ⟨gr.⟩ (Med.): *Hormon, das den Muskelaufbau fördert*

Ana|chro|nis|mus [-kr-] der, -/Anachronismen ⟨gr.⟩ ‖ **ana|chro|nis|tisch:** *nicht in eine bestimmte Zeit passend, zB ein Flugzeug im Mittelalter*

an|ae|rob ⟨gr.⟩ (Biol.): anaerobe *(keinen Sauerstoff benötigende)* Prozesse; → G.: aerob

Ana|gramm das, -s/-e ⟨gr.⟩: *ein Rätsel mit Buchstabenumstellung*

Ana|ko|luth das = der, -s/-e ⟨gr.⟩ (Sprachwiss.): *Bruch im Satz*

Ana|kon|da die, -/-s [singhalesisch-engl.]: *südamerikanische Riesenschlange*

anal ⟨lat.⟩ (Med.): *den After betreffend;* ein Medikament a. anwenden; → Anus

An|al|ge|ti|kum das, -s/Analgetika ⟨lat.⟩ (Med.): *schmerzstillendes Arzneimittel* ‖ **an|al|ge|tisch** (Med.): *schmerzstillend*

ana|log ⟨gr.⟩: *gleichartig, entsprechend;* analoge Methoden; analog diesem Modell | ein Signal a. umwandeln; → G.: digital ‖ **Ana|log|an|zei|ge:** *Anzeige mit Zifferblatt;* → G.: Digitalanzeige ‖ **Ana|lo|gie** die, -/-n: *vergleichbare Ähnlichkeit* ‖ **Ana|lo|gie|schluss:** *Schlussfolgerung auf Grund analoger Fälle* ‖ **Ana|log|kä|se:** *aus Pflanzenfett hergestelltes Käseimitat*

An|al|pha|bet [-f-] der, -en/-en ⟨gr.⟩: *jemand, der nicht lesen und nicht schreiben kann* ‖ **An|al|pha|be|tin** die, -/-innen ‖ **an|al|pha|be|tisch** ‖ **An|al|pha|be|tis|mus** der, -

Ana|ly|se [-ˈlyː-] die, -/-n ⟨gr.⟩: *Zerlegung, Auflösung; genaue Untersuchung der Einzelheiten* | *Psychoanalyse* ‖ **ana|ly|sie|ren** ‖ **Ana|lyst** der, -en/-en (Wirt., Börse): *eine Berufsbezeichnung, jemand, der Aktienanalysen vornimmt* ‖ **Ana|lys|tin** die, -/-innen (Wirt., Börse) ‖ **Ana|ly|ti|ker** der, -s/-: *jemand, der analytisch denkt und arbeitet* | *Psychoana-*

lytiker ‖ **Ana|ly|ti|ke|rin** die, -/-innen ‖ **ana|ly|tisch:** analytische Chemie; analytische Geometrie
An|ä|mie die, -/-n ⟨gr.⟩ (Med.): *Mangel an roten Blutkörperchen, Blutarmut* ‖ **an|ä|misch** (Med.)
Ana|mne|se die, -/-n ⟨gr.⟩ (Med.): *Krankengeschichte*
Ana|nas die, -/- ⟨indian.-port.-niederl.⟩: *eine tropische Obstart* | (reg., veraltend) *Ananaserdbeere* ‖ **Ana|nas|erd|bee|re** (reg., veraltend): *Gartenerdbeere*
Ana|päst der, -[e]s/-e ⟨gr.⟩: *ein dreisilbiger Versfuß, zB* Telefón
Ana|pher [-f-] die, -/-n ⟨gr.⟩ (Sprachwiss.): *absichtliche Wiederholung eines Wortes oder einer Wortgruppe am Beginn aufeinanderfolgender Sätze* | (in der Textgrammatik) *Rückverweis;* → Katapher ‖ **ana|pho|risch:** anaphorischer Verweis *(Verweis auf bereits genannte Textteile)*
An|ar|chie die, -/-n ⟨gr.⟩: *Herrschaftslosigkeit, Zusammenleben ohne staatliche Zwangsordnung* | *Gesetzlosigkeit* | *Chaos* ‖ **an|archisch** ‖ **An|ar|chis|mus** der, - ‖ **An|ar|chist** der, -en/-en: *jemand, der die Prinzipien der Anarchie vertritt* ‖ **An|ar|chis|tin** die, -/-innen ‖ **an|ar|chis|tisch** ‖ **An|ar|cho** der, -[s]/-s (sal.): *Anarchist, Außenseiter*
Anas|ta|sia: *weibl. Vorname* ‖ **Anas|ta|si|us:** *männl. Vorname*
An|äs|the|sie die, -/-n ⟨gr.⟩ (Med.): *Schmerzbetäubung* ‖ **An|äs|thesi|o|lo|gie** die, - (Med.): *Lehre von der gesamten Schmerzbehandlung (außer Intensiv- und Notfallmedizin)* ‖ **An|äs|the|sist** der, -en/-en: *Facharzt für Narkose;* → Narkotiseur ‖ **An|äs|the|sis|tin** die, -/-innen
Ana|tol: *männl. Vorname* ‖ **Ana|toli|en:** *in Asien liegender Teil der Türkei* ‖ **ana|to|lisch**
Ana|tom der, -en/-en ⟨gr.⟩: *Forscher und Lehrer der Anatomie* ‖ **Ana|to|mie** die, -/-n: *Lehre vom Körperbau der Lebewesen* | *Anstalt, in der A. gelehrt wird* ‖ **Anato|min** die, -/-innen ‖ **ana|tomisch:** ein anatomischer Befund
an|bag|gern (bes. D, Jug.): *flirten;* dein Bruder hat mich angebaggert
an|bah|nen: Geschäftsverbindungen a. *(in die Wege leiten);* es bahnt sich eine neue Regierungskrise an *(sie zeichnet sich ab)* ‖ **An|bah|nung** die, -/-en
an|bamp|fen → anpampfen
an|ban|deln, ich bandle an (ugs.): mit der Nachbarin a. *(einen Flirt oder eine Auseinandersetzung beginnen)*
An|bau der, -[e]s: *Aussaat;* der A. von Getreide | (mit Pl. -ten) *dazugebauter Gebäudeteil* ‖ **anbau|en:** Weizen a. | (reg., sal.) sein Geldbörsel a. *(verlieren)* ‖ **An|bau|flä|che** ‖ **An|bau|ge|biet:** das A. einer Rebsorte
an|be|feh|len (geh.): *befehlen* | sich dem Schutz Gottes a. *(anvertrauen)*
An|be|ginn (geh.): *Beginn*
an|be|hal|ten: den Mantel a. *(nicht ablegen)*
an|bei: *als Beilage*
an|bei|ßen: die Birne a.; die Fische beißen nicht an | (ugs.) sie biss sofort an *(ist auf das Angebot eingegangen); aber:* etwas/jemand ist zum **Anbeißen** *(sieht schön aus)*
an|be|lan|gen: was die Schule an[be]langt *(betrifft)* ...; → anlangen
an|bel|len: der Hund bellt den Briefträger an
an|be|rau|men: eine Sitzung a. *(festsetzen)*
an|be|ten: Götzen, Götter a. ‖ **Anbe|ter:** *Verehrer* ‖ **An|be|te|rin**
An|be|tracht: in A. *(angesichts)* des Umstandes, dass ...
an|be|tref|fen: *betreffen;* was das anbetrifft ...
an|bet|teln: jemanden um Taschentücher a.
An|be|tung die, -/-en: die A. des Allerheiligsten ‖ **An|be|tungstag** (kath.) ‖ **an|be|tungs|würdig**
an|bie|dern sich (abw.): sich jemandem/sich an jemanden a. *(sich plump-vertraulich an jemanden heranmachen)* ‖ **An|biede|rung** die, -/-en (abw.) ‖ **An|biede|rungs|ver|such** (abw.)
an|bie|ten[1]: Hilfe a. | den Rücktritt a. *(das Amt zur Verfügung stellen)* ‖ **an|bie|ten**[2] sich: folgende Erklärung bietet sich an *(kommt in Frage)* ‖ **An|bie|ter** ‖ **An|bie|terin**
an|bin|den: die Weinreben a.; → angebunden
an|bla|sen: die Glut a. | die Jagd a. *(eröffnen)*
An|blick: ein erfreulicher A. ‖ **anbli|cken:** jemanden spöttisch a.
an|blin|ken: *ein Zeichen mit dem Blinker/der Lichthupe geben*
an|blin|zeln: jemanden verständnisvoll a.
an|boh|ren: ein Rohr a.
An|bot das, -[e]s/-e (Kaufmannsspr., Amtsspr.): *Angebot;* ein gutes A. legen *(einreichen, vorlegen)* ‖ **An|bots|le|gung,** *auch:* Anbotlegung (Kaufmannsspr., Amtsspr.) ‖ **An|bots|stel|lung,** *auch:* Anbotstellung (Kaufmannsspr., Amtsspr.) ‖ **An|bots|sum|me,** *auch:* **An|bot|sum|me** (Kaufmannsspr., Amtsspr.)
an|bra|ten: Fleisch kurz a. [lassen] | (ugs.) ein Mädchen a. *(mit ihm flirten)*
an|brau|sen: der Wagen kommt angebraust *(kommt in einem hohen Tempo heran)*
an|bre|chen: eine Packung Schnitten a. *(öffnen)* | der Tag bricht an
an|bren|nen: die Milch ist angebrannt | (reg., ugs.) sie lässt nichts a. *(lässt sich nichts entgehen)*
an|brin|gen: eine Gedenktafel a. *(montieren)* | eine Bitte a. *(äußern)* | (ugs.) einen Ladenhüter a. *(verkaufen);* → angebracht ‖ **An|brin|gen** das, -s/- (Amtsspr.): *Kontaktaufnahme mit einer Behörde, zB Ansuchen, Eingabe, Gesuch*
An|bruch der, -[e]s/-brüche: bei A. des Tages
an|brül|len: *anschreien*
An|chor|man ['æŋkəmæn] der, -s/ Anchormen [-mən] ⟨engl.⟩: *maßgeblicher Nachrichtenmoderator [im Fernsehen]* ‖ **An|chor|wo|man** [-wʊmən] die, -/-women [-wɪmɪn]
An|cho|vis [-'ʃoːv-] = → Anschovis
An|dacht die, -/-en: *kurzer Gottesdienst* | (ohne Pl.) *geistige Sammlung, Gebet* ‖ **an|däch|tig** ‖ **Andachts|bild** (kath.): *der Andacht oder Erinnerung dienende Christus- oder Heiligendarstellung* ‖ **An|dachts|stun|de** ‖ **an|dachtsvoll**
An|da|lu|si|en: *Landschaft in Südspanien*
an|dan|te ⟨it.⟩ (Mus.): *mäßig langsam, ruhig* ‖ **An|dan|te** das, -[s]/ -s [Andanti] (Mus.): *ein mäßig langsames Musikstück* ‖ **An|danti|no** das, -[s]/-s [Andantini] (Mus.): *ein bewegteres bzw. kurzes Andante*
an|dau|ern: das Schönwetter dauert an *(besteht weiter)* ‖ **an|dauernd:** *ständig*
An|den die (Pl.): *Gebirgsketten in Südamerika*

A

an|den|ken: eine neue Vorgehensweise a. *(überlegen, durchzudenken beginnen);* → angedacht ‖ **An|den|ken** das, -s/-: jemandem etwas als/zum A. schenken

an|de|re:

andere *(verschiedene)* Meinungen; ein and[e]res Mal; *aber zusammen:* ein andermal; → anders

Im Normalfall gilt Kleinschreibung:
- der/die/das andere
- ein/kein and[e]rer
- die/alle ander[e]n (= andren)
- der eine, der and[e]re
- einer nach dem ander[e]n (= andren)
- jemand/niemand/wer and[e]rer
- etwas/nichts and[e]res
- von etwas ander[e]m (= andrem) sprechen
- viel and[e]res; vieles and[e]re
- unter ander[e]m (= andrem); unter ander[e]n (= andren) (u. a., ua.)
- und and[e]re[s] (u. a., ua.)
- zum einen ..., zum ander[e]n (= andren)

Wenn der nominale Gebrauch betont werden soll, ist auch Großschreibung möglich:
- die einen (*auch:* Einen) sagen das, die anderen (*auch:* Anderen) das
- die Konstrukteurin erfand etwas völlig anderes (*auch:* Anderes)
- die Stellung des einen (*auch:* Einen) zum anderen (*auch:* Anderen)

R→ S. 894, 2.3.1

an|de|rer|seits = anderseits = andrerseits; → einerseits
An|derl: *männl. Vorname (Andreas)*
an|der|mal: ein a.; *aber:* ein anderes Mal ‖ **än|dern:** *anders machen;* die Meinung ä. *(wechseln);* sie hat sich nicht geändert *(verändert)* ‖ **an|dern|falls:** *sonst* ‖ **an|dern|orts:** *woanders* ‖ **an|dern|tags:** *am Tag darauf* ‖ **an|dern|teils**

an|ders:

anders als; anders geht es nicht

Getrenntschreibung:
- die Frage muss anders lauten
- anders sein
- anders denken
- anders gesinnt

Getrennt- und Zusammenschreibung mit adjektivisch gebrauchten Partizipien:
- anders denkend = andersdenkend
- anders geartete (= andersgeartete) Verhältnisse
- anders lautend = anderslautend
- die anders Denkende = die Andersdenkende
- der anders Gläubige = der Andersgläubige

R→ S. 903, 2.2.1

Zusammenschreibung, zB:
- andersherum
- anderssprachig
- andersfärbig

an|ders|ar|tig ‖ **an|ders den|kend** = **an|ders|den|kend** ‖ **an|ders Den|ken|de**[1] der, - -n/- -n = **An|ders|den|ken|de**[1] der, -n/-n, ein anders Denkender (= Andersdenkender) ‖ **an|ders Den|ken|de**[2] die, - -n/- -n = **An|ders|den|ken|de**[2] die, -n/-n ‖ **an|der|seits** = → and[e]rerseits ‖ **an|ders|fär|big,** *auch:* andersfarbig ‖ **an|ders ge|ar|tet** = **an|ders|ge|ar|tet** ‖ **An|ders|gläu|bi|ge** ‖ **an|ders|he|rum** ‖ **an|ders lau|tend** = **an|ders|lau|tend** ‖ **an|ders|rum:** *andersherum* | (sal.) *homosexuell* ‖ **An|ders|sein** ‖ **an|ders|spra|chig** ‖ **an|ders|wie** ‖ **an|ders|wo** ‖ **an|ders|wo|her** ‖ **an|ders|wo|hin** ‖ **an|dert|halb:** *eineinhalb* ‖ **an|dert|halb|fach** ‖ **An|dert|halb|fa|che** das, -n ‖ **an|dert|halb|mal** ‖ **Än|de|rung** die, -/-en: *Umgestaltung* ‖ **Än|de|rungs|schnei|de|rei** ‖ **Än|de|rungs|vor|schlag** ‖ **Än|de|rungs|wunsch** ‖ **an|der|wär|tig:** *anderswo* ‖ **an|der|wärts:** *anderswo* ‖ **an|der|wei|tig:** *anderswo*
an|deu|ten: eine Absicht a. *(durchblicken lassen)* ‖ **An|deu|tung** ‖ **an|deu|tungs|wei|se**
An|di: *männl. Vorname (Andreas)*
an|dich|ten: jemandem etwas a. *(fälschlicherweise zuschreiben)*
an|dis|ku|tie|ren: *mit der Diskussion beginnen;* ein Thema a.
an|do|cken: *Raumschiff[teil]e im Weltraum aneinanderkoppeln* | ein Flugzeug ans Gate a. | (EDV) das Handy an einen PC a.; den iPod an die Musikanlage a. ‖ **An|dock|ma|nö|ver** [-v-]
An|dor|ra (Kfz: AND): *ein Staat* ‖ **An|dor|ra|ner** der, -s/- ‖ **An|dor|ra|ne|rin** die, -/-innen
An|drang: *Zustrom;* bei der Kinoeröffnung herrschte großer A. ‖ **an|drän|gen**
and|re = → andere
An|dré [auch: ã-]: *männl. Vorname (Andreas)* ‖ **An|d|rea** [an-]: *weibl. Vorname* ‖ **An|d|re|as:** *männl. Vorname* ‖ **An|d|re|as|kreuz** das, -[e]s/-e: *ein Kreuz mit diagonal gekreuzten Balken [vor Bahnübergängen]*
an|dre|hen: das Licht a. | (ugs.) jemandem schlechte Ware a. *(aufschwatzen)*
and|rer|seits = → andererseits
An|d|ritz: *12. Bezirk von Graz*
an|d|ro|gyn [-'y:-] ⟨gr.⟩: *mit männlichen und auch weiblichen Geschlechtsmerkmalen* ‖ **An|d|ro|gy|nie** die, -
an|dro|hen: jemandem eine Strafe a. ‖ **An|dro|hung**
An|d|ro|id [engl.: 'ændrɔɪd] das, -s ⟨gr.⟩ (Wz.): *ein Betriebssystem für Mobiltelefone und kleine tragbare Computer* ‖ **An|d|ro|i|de** der, -n/-n: *künstlicher Mensch*
An|druck der, -[e]s/-e (Druckw.): *Probedruck;* einen A. machen ‖ **an|dru|cken** (Druckw.) ‖ **an|drü|cken**
an|du|deln sich (ugs.): *sich betrinken*
an|düns|ten (Küchenspr.): das Fleisch kurz a.
an|ecken (sal.): *Anstoß erregen*
an|ei|fern: *anspornen* ‖ **An|ei|fe|rung** die, -/-en
an|eig|nen sich: sich vielerlei Kenntnisse a.; sich fremdes Gut a. *(es unrechtmäßig in Besitz nehmen)* ‖ **An|eig|nung** die, -/-en

an|ei|n|an|der:

Getrenntschreibung, wenn die Hauptbetonung auf dem Verb liegt:
- aneinander denken
- zwei Freunde, die aneinander hängen
- aneinander vorbeigehen

Zusammenschreibung, wenn die Betonung auf „aneinander" liegt:
- aneinandergeraten *(streiten)*
- zwei Wagons aneinanderhängen
- aneinanderreihen

R→ S. 899, 1.3

an|ei|n|an|der|ge|ra|ten: *streiten* ‖ **an|ei|n|an|der|hän|gen:** zwei Wagons a.; *aber:* aneinander hängen; → aneinander ‖ **an|ei|n|an-**

derreihen
Anekdote die, -/-n ⟨gr.⟩: *kurze, kennzeichnende, pointierte [erfundene] Geschichte* ‖ **anekdotenhaft** ‖ **anekdotisch**
ạnekeln: es ekelt mich an *(widert mich an)*
Anemone die, -/-n ⟨gr.⟩: *eine Pflanzengattung, Windröschen, Kuhschelle*
ạnempfehlen, anempfiehlt/empfiehlt an (geh.): es wurde uns sehr dringend anempfohlen *(geraten)* ...
Ạnerbe (Jus): *Erbe des ungeteilten Hofes*
Ạnerbieten das, -s/- (geh.): *Angebot*
Ạnerbin (Jus): *Erbin des ungeteilten Hofes*
ạnerkannt: *angesehen, renommiert* ‖ **ạnerkanntermaßen** ‖ **ạnerkennen,** ich erkenne an/ ich anerkenne: *würdigen, gutheißen* ‖ **ạnerkennenswert** ‖ **Ạnerkenntnis** das, -nisses/-nisse (Jus): *Anerkennen des Anspruchs* ‖ **Ạnerkennung** die, -/-en: *Lob* ‖ **Ạnerkennungsschreiben**
Aneroid das, -[e]s/-e = **Aneroidbarometer** ⟨gr.⟩: *Dosenbarometer, Barometer ohne Flüssigkeit*
ạnessen sich (ugs.): *sich satt essen*
ạnfachen: das Feuer a. *(zum Lodern bringen)*
ạnfahren: langsam a. | eine Passantin a. *(beim Fahren verletzen)* | *heftig, energisch anreden;* fahr mich nicht so an! | eine Produktion a. *(beginnen)* ‖ **Ạnfahrt:** *Weg bzw. Zeit bis zum Ziel der Fahrt* ‖ **Ạnfahrtsweg** ‖ **Ạnfahrtszeit**
Ạnfall: einen A. bekommen *(ausrasten, heftige Gefühlsregungen zeigen)* | (Med.) *Attacke;* ein epileptischer A. | (ohne Pl.) der A. *(das Vorkommen)* von Reparaturen ‖ **ạnfallartig** = anfallsartig ‖ **ạnfallen:** täglich anfallende Probleme | der Tiger fiel *(griff)* den Wärter an ‖ **ạnfällig:** für eine Krankheit a. *(empfänglich)* sein ‖ **Ạnfälligkeit** ‖ **Ạnfallsalter** (Amtsspr.): *Antrittsalter für die Pensionierung* ‖ **ạnfallsartig** = anfallartig
Ạnfang der, -[e]s/-fänge: im/am A.; von A. an; A. Mai; von A. bis Ende; das ist der A. vom Ende; zu A.; den A. machen ‖ **ạnfangen:** eine Arbeit a.; mit dem Essen a.; klein a. *(bescheiden beginnen);* das fängt ja gut an! | (ugs.) sich mit jemandem etwas a. *(sich auf jemanden einlassen; ein Verhältnis beginnen)* ‖ **Ạnfänger** der, -s/- ‖ **Ạnfängerin** die, -/-innen ‖ **Ạnfängerkurs** ‖ **ạnfänglich:** *am Anfang* ‖ **ạnfangs** (Adv.): a. *(zuerst)* ging alles gut | (Präp. mit Gen.) (ugs.) a. des 19. Jahrhunderts ‖ **Ạnfangsbuchstabe** ‖ **Ạnfangserfolg** ‖ **Ạnfangsgehalt** der = das, -[e]s/-hälter ‖ **Ạnfangsstadium** [-ʃt-]
ạnfassen: *angreifen, zupacken*
ạnfauchen = anpfauchen: die Katze faucht *(pfaucht)* den Hund an | den Verkäufer a. *(heftig zurechtweisen)*
ạnfaulen: angefaulte Birnen
ạnfaxen (ugs.): den Kunden a. *(ihm ein Fax senden);* → faxen
ạnfechtbar: *angreifbar* ‖ **Ạnfechtbarkeit** die, - ‖ **ạnfechten:** ein Urteil a. *(dagegen Einspruch erheben)* | (geh.) jemanden ficht nichts an *(jemanden bringt nichts in Versuchung, bekümmert nichts)* ‖ **Ạnfechtung** die, -/-en: die A. einer Entscheidung | (geh.) *Versuchung*
ạnfeinden: seine Kollegen feinden ihn an *(begegnen ihm feindselig)* ‖ **Ạnfeindung** die, -/-en
ạnfertigen: *herstellen* ‖ **Ạnfertigung**
ạnfeuchten: Briefmarken a.
ạnfeuern: *[heftig] anspornen* | den Ofen a. *(anheizen)* ‖ **Ạnfeuerung** die, -/-en
ạnflehen: *inständig bitten*
ạnfliegen: die Fluglinie fliegt Graz täglich an ‖ **Ạnflug:** im A. auf Paris | ein A. *(eine Spur)* von Schnupfen
ạnfordern: *bestellen, verlangen* ‖ **Ạnforderung:** *Erfordernis;* die Anforderungen, die an eine Person gestellt werden | eine A. *(Bestellung)* von Baumaterialien ‖ **Ạnforderungsprofil:** *Summe aller Anforderungen [für eine ausgeschriebene Stelle]*
Ạnfrage: *Frage, Ersuchen um Auskunft;* eine parlamentarische A.; eine Dringliche (auch: dringliche) A. im Parlament ‖ **ạnfragen:** *sich erkundigen*
ạnfressen[1]: Mäuse fressen den Speck an; → angefressen ‖ **ạnfressen**[2] sich (derb): *anessen*
ạnfreunden sich: *Freundschaft schließen;* sich mit der Nachbarin a.
ạnfrieren: die Scheibenwischer sind angefroren
ạnfügen: *hinzugeben, anhängen* ‖ **Ạnfügung**
ạnfühlen: sich weich a.
ạnführen: eine Kompanie a. *(befehligen)* | eine Textstelle a. *(zitieren)* ‖ **Ạnführer:** *Befehlshaber* ‖ **Ạnführerin** ‖ **Ạnführung** ‖ **Ạnführungszeichen:** *ein Satzzeichen,* zB „Sehr gut", "Sehr gut", »Sehr gut«; halbe A. (‚...')
ạnfüllen: die Gießkanne mit Wasser a.
ạnfüttern: *füttern* | (sal.) *mit kleinen Zuwendungen [Beamte] im Voraus gewogen zu machen versuchen*
Ạngabe: *Aussage, Mitteilung* | *Anzahlung;* eine A. leisten | (Sport) *Aufschlag, Service*
ạngaffen (abw.): *anstarren*
ạngaloppieren: *galoppierend kommen*
ạngängig (veraltend): etwas ist nicht a. *(nicht erlaubt, nicht statthaft)*
ạngasen (ugs., sal.): gas an *(beeil dich, gib Gas),* sonst kommst du zu spät!
ạngeben: persönliche Daten a. | *prahlen, sich wichtigmachen* | (Sport) wer gibt an? *(wer hat den Aufschlag?)* ‖ **Ạngeber** der, -s/- ‖ **Angeberei** ‖ **Ạngeberin** die, -/-innen ‖ **ạngeberisch**
Ạngebetete[1] der, -n/-n, ein Angebeteter: *verehrter, geliebter Mann* ‖ **Ạngebetete**[2] die, -n/-n
ạngeblich: das Buch hat a. *(wie gesagt wird)* über 1 000 Seiten | ein angeblicher Doktor *(Mann, dessen Doktortitel angezweifelt wird)*
ạngeboren: diese Eigenschaft ist ihr a.
Ạngebot: A. und Nachfrage; ein schriftliches A. *(Anbot)* einholen ‖ **Ạngebotspalette**
ạngebracht: so ein Verhalten ist nicht a. *(zulässig)*
ạngebunden: kurz a. sein *(wortkarg, zurückweisend)* sein; → anbinden
ạngedacht: eine Lösung ist a. *(geplant, vorgesehen);* → andenken
ạngedeihen (geh.): jemandem eine gute Erziehung a. *(zuteilwerden)* lassen
Ạngedenken (geh.): zum A. *(zur Erinnerung)* | (veraltet) seligen Angedenkens *(verstorben)*
ạngefressen (ugs.): er ist deswegen a. *(wütend, beleidigt);* → anfressen

A

ạn|ge|gos|sen: die Hose sitzt wie a. *(passt genau);* → angießen
ạn|ge|grif|fen: eine angegriffene Gesundheit; → angreifen ‖ **Ạn|ge|grif|fen|heit** die, -: *Schwäche [durch Krankheit]*
ạn|ge|hei|ra|tet: ein angeheirateter *(durch Heirat in die Verwandtschaft gekommener)* Onkel; → G.: leiblich
ạn|ge|hei|tert: *leicht betrunken*
ạn|ge|hen: ein Problem a. *(in Angriff nehmen)* | das geht dich an *(es betrifft dich);* das geht dich nichts an! | es geht nicht an *(ist unmöglich)* | das Licht geht an | der Hund ging die Briefträgerin an *(griff sie an)* | eine angehende *(noch in Ausbildung stehende)* Ärztin | jemanden um Geld a. *(bitten)*
ạn|ge|hö|ren: *dazugehören;* einer Partei a. *(Parteimitglied sein)* ‖ **ạn|ge|hö|rig** ‖ **Ạn|ge|hö|ri|ge**[1] der, -n/-n, ein Angehöriger: *Familienmitglied;* ein Angehöriger *(Mitarbeiter)* unseres Verlages ‖ **Ạn|ge|hö|ri|ge**[2] die, -n/-n
Ạn|ge|klag|te[1] der, -n/-n, ein Angeklagter: *jemand, der vor Gericht angeklagt wird* ‖ **Ạn|ge|klag|te**[2] die, -n/-n
ạn|ge|knackst (ugs.): seine Gesundheit ist a. *(er ist nicht ganz gesund)*
ạn|ge|kohlt: die Holzscheiter sind angekohlt *(teilweise verbrannt)*
ạn|ge|krän|kelt: *kränklich* | sie ist von Selbstzweifel a. *(zweifelt an sich selbst)*
Ạn|gel die, -/-n: → *Scharnier;* Türangel; die Welt aus den Angeln heben | *Gerät zum Fischen* | *Angelhaken*
Ạn|ge|la [auch: aŋ'e:-, 'andʒ-]: *weibl. Vorname*
Ạn|geld (Jus): *Anzahlung, Akonto*
Ạn|ge|le|gen|heit ‖ **ạn|ge|le|gent|lich** (geh.): sich aufs (auf das) angelegentlichste (= **A**ngelegentlichste) *(sehr genau)* erkundigen
Ạn|gel|ha|ken
An|ge̲|li|ka[1] [-ŋg-]: *weibl. Vorname* ‖ **An|ge̲|li|ka**[2] die, -/Angeliken [-s]: *eine Gewürzpflanze, Engelwurz* ‖ **An|ge|li̲|na** [-dʒe-]: *weibl. Vorname (Angela)*
ạn|geln, ich angle: [nach] Forellen a. | (sal.) sich einen Millionär a. *(ihn erobern)*
ạn|ge|lo|ben: *zum Dienstantritt vereidigen* ‖ **Ạn|ge|lo|bung** die, -/-en: die A. *(Vereidigung)* der Bundesregierung; → Gelöbnis
Ạn|gel|punkt: *entscheidender Punkt [einer Frage]* ‖ **Ạn|gel|ru|te**
Ạn|gel|sach|se [-ks-] ‖ **Ạn|gel|säch|sin** ‖ **ạn|gel|säch|sisch:** die angelsächsischen Völker *(zB Engländer, Nordamerikaner)*
Ạn|gel|schein: *Berechtigung zum Angeln, Fischerkarte*
An|ge|lus|läu|ten [-ŋg-] das, -s ⟨gr.-lat.⟩ (veraltet) (kath.): *das Glockengeläut zum Gebet „Der Engel des Herrn";* → Englische Gruß
ạn|ge|mes|sen: a. *(der Lage entsprechend)* handeln; → anmessen ‖ **Ạn|ge|mes|sen|heit** die, -
ạn|ge|nehm: *willkommen, erfreulich, wohltuend*
ạn|ge|nom|men: a. *(vorausgesetzt),* dass ...; → annehmen
Ạn|ger der, -s/-: *Grasplatz im Dorf* | (geh.) *Wiese* | (reg.) *kleine Wiese um das Haus, wo man Obst und Gemüse anpflanzt* ‖ **Ạn|ger|dorf**
ạn|ge|regt → anregen
ạn|ge|rührt (ugs.): sie ist deswegen a. *(leicht beleidigt);* → anrühren
ạn|ge|sagt: heuer ist die Farbe Rot a. *(im Trend, gefragt);* da ist Sparen a. *(geboten);* → ansagen
ạn|ge|säu|selt (ugs.): *beschwipst*
ạn|ge|schla|gen: er schaut a. *(angegriffen, erschöpft)* aus; → anschlagen
ạn|ge|se|hen: angesehene *(allseits geachtete)* Frauen; → ansehen
Ạn|ge|sicht das, -[e]s/-e[r] (geh.): *Gesicht;* jemanden von A. *(persönlich)* kennen; im A. der Öffentlichkeit ‖ **ạn|ge|sichts** (Präp. mit Gen.): a. *(im Angesicht)* des Todes
ạn|ge|spannt: a. *(mit höchster Konzentration)* nachdenken | eine angespannte *(kritische, beunruhigende)* Lage; → anspannen
ạn|ge|stammt: *ererbt, überliefert;* angestammte Rechte
Ạn|ge|stell|te[1] der, -n/-n, ein Angestellter: der kaufmännische A. ‖ **Ạn|ge|stell|te**[2] die, -n/-n ‖ **Ạn|ge|stell|ten|ver|hält|nis**
ạn|ge|tan: es jemandem a. haben *(jemanden für sich einnehmen);* von jemandem a. *(begeistert)* sein; sie ist dazu a. *(geeignet);* → antun
Ạn|ge|trau|te[1] der, -n/-n, ein Angetrauter (geh.): *Ehemann* ‖ **Ạn|ge|trau|te**[2] die, -n/-n (geh.)
ạn|ge|wandt: angewandte Sprachwissenschaft; Museum/Universität für angewandte Kunst; → anwenden ‖ **Ạn|ge|wand|te** die, -n (sal.): *Universität für angewandte Kunst (in Wien)*
ạn|ge|wie|sen: auf jemanden a. sein *(von jemandem abhängig sein);* → anweisen
ạn|ge|wöh|nen: sich keine Unart a. ‖ **Ạn|ge|wohn|heit** ‖ **Ạn|ge|wöh|nung**
ạn|ge|zeigt (geh.): es wäre a. *(angebracht),* sich zu bedanken; → anzeigen
An|gi̲|na [-ŋg-] die, -/Anginen ⟨lat.⟩: *Mandelentzündung* ‖ **An|gi̲|na Pẹc|to|ris** [- -k-] die, - - (Med.): *eine Erkrankung der Herzkranzgefäße*
ạn|gie|ßen: etwas a.; → angegossen
An|gio|gra|fi̲e = **An|gio|gra|phi̲e** [-f-] die, - (Med.): *optische Wiedergabe von Blutgefäßen mittels Kontrastmitteldarstellung in bildgebenden Verfahren (Röntgen, CT, MRT)*
ạn|glei|chen: *anpassen;* etwas einer Vorlage a.
Ạng|ler der, -s/-: *jemand, der Fische angelt* ‖ **Ạng|le|rin** die, -/-innen
ạn|glie|dern: *hinzufügen;* eine Abteilung a.
An|gli|ka̲|ner [-ŋg-] der, -s/- ⟨lat.⟩ ‖ **An|gli|ka̲|ne|rin** die, -/-innen ‖ **an|gli|ka̲|nisch:** die anglikanische Kirche *(die englische Staatskirche, Hochkirche)* ‖ **An|gli̲st** der, -en/-en: *Kenner bzw. Lehrer der englischen Sprache und Literatur* ‖ **An|gli̲s|tik** die, - ‖ **An|gli̲s|tin** die, -/-innen ‖ **An|gli|zi̲s|mus** der, -/Anglizismen: *charakteristische Eigenart des Englischen [in einer anderen Sprache];* → Germanismus ‖ **Ạn|glo|ame|ri|ka̲|ner:** *ein Amerikaner britischer Abstammung* | (nur Pl.) *Sammelname für Briten und Amerikaner* ‖ **Ạn|glo|ame|ri|ka̲|ne|rin** ‖ **ạn|glo|ame|ri|ka̲|nisch** ‖ **an|glo|fo̲n** = **an|glo|pho̲n** [-f-]: *englischsprachig*
ạn|glot|zen (abw.): *anstarren*
ạn|glu|ren (ostöst., ugs., meist abw.): *anstarren*
An|go̲|la: *afrikanischer Staat*
An|go̲|ra|kat|ze [-ŋg-] ‖ **An|go̲|ra|wol|le:** *Wolle von Angoraziegen oder Angorakaninchen, Mohair*
ạn|greif|bar: *kritisierbar* ‖ **ạn|grei|fen:** *mit der Hand berühren* | *einen Kampf beginnen; attackieren;* → angegriffen ‖ **Ạn|grei|fer** der, -s/- ‖ **Ạn|grei|fe|rin** die, -/-innen

ạn|gren|zen: *nebeneinanderliegen, aneinanderstoßen;* sein Haus grenzt an meine Garage an
Ạn|griff: *Beginn eines Kampfes* | etwas in A. nehmen *(mit etwas anfangen)* | *Anfeindung* | (Jus) *Straftat* | ‖ **ạn|grif|fig** (sal.): *angriffslustig* ‖ **Ạn|griffs|flä|che:** *Stelle, wo ein Angriff einwirken kann* | Gegnern eine A. bieten ‖ **Ạn|griffs|krieg** ‖ **ạn|griffs|lus|tig** ‖ **Ạn|griffs|punkt** ‖ **Ạn|griffs|spie|ler** (Sport) ‖ **Ạn|griffs|spie|le|rin** (Sport)
ạn|grin|sen (abw.): *[höhnisch] lächelnd anschauen*

ạngst:

Kleinschreibung des Adjektivs:
- ihm ist/wird angst und bang *(wie?)*

Ạngst

die, -/Ängste
Großschreibung des Nomens:
- Angst vor jemandem haben *(sich vor jemandem fürchten)*
- Angst um jemanden haben
- jemandem Angst machen
- es mit der Angst zu tun bekommen
- in tausend Ängsten sein *(sich große Sorgen machen)*

ạngst|er|füllt ‖ **Ạngst|ge|fühl** ‖ **Ạngst|geg|ner** (Sport): *Spieler oder Mannschaft, gegen die man meistens verliert* ‖ **Ạngst|geg|ne|rin** (Sport) ‖ **Ạngst|ha|se:** *Feigling* ‖ **Ạngst|hä|sin** ‖ **ặngs|ti|gen:** sie ängstigt sich *(fürchtet sich)* im Dunkeln; jemanden mit Drohungen ä. *(jemandem Angst einjagen)* ‖ **Ặngs|ti|gung** die, -/-en ‖ **ặngst|lich:** *furchtsam, schreckhaft* ‖ **Ặngst|lich|keit** die, - ‖ **Ạngst|ma|che** die, - (sal.): die Parteien gehen mit A. auf Stimmenfang ‖ **Ạngst|par|tie:** *Vorhaben, das einem Angst macht*
Ång|ström [ˈɔŋs-, auch: ˈaŋs-] das, -[s]/- (Å) (früher): *Messeinheit für Röntgenwellenlänge*
Ạngst|schweiß ‖ **ạngst|spa|ren** (nur Inf. und Part.): *übertrieben [aus Vorsicht] sparen* ‖ **Ạngst|zu|stand** (meist Pl.)
ạn|gur|ten: sich im Auto a. *(anschnallen)*
ạn|ha|ben: jemandem nichts a. können *(nichts gegen jemanden ausrichten können)* | eine neue Hose a. *(tragen)*
ạn|haf|ten: *an etwas kleben* | *einer Sache zugehörend sein;* den Gedichten haftet etwas Unheimliches an
ạn|ha|keln (ugs.): *anhaken* ‖ **ạn|ha|ken:** *mittels Haken befestigen* | in einer Liste Namen a.
Ạn|halt[1] → Sachsen-Anhalt
Ạn|halt[2]: keinen A. *(Beweis, Anhaltspunkt)* für etwas finden ‖ **Ạn|hal|te|la|ger:** *Internierungslager* ‖ **ạn|hal|ten:** *stehen bleiben* | die Luft a. *(nicht atmen)* | zum Lernen a. *(anleiten, auffordern)* | das Schlechtwetter hält *(dauert)* an; anhaltend starkes Wachstum | sich a. *(sich festhalten)* | (veraltend) um die Hand der Tochter a. *(Erlaubnis zur Heirat einholen)* ‖ **Ạn|hal|te|ord|nung** (Jus): *Regelung einer Anhaltung durch eine Sicherheitsbehörde* ‖ **Ạn|hal|ter** der, -s/-: per A. *(als Autostopper)* fahren ‖ **Ạn|hal|te|rin** die, -/-innen ‖ **Ạn|hal|te|zen|trum** (Amtsspr.): *Anstalt, in der sich Asylwerber bis zur Erledigung ihres Falles aufhalten müssen* ‖ **Ạn|halts|punkt:** → *Anhalt*[2] ‖ **Ạn|hal|tung** (Jus): die A. *(das Festhalten, Einsperren)* einer Person in einer Anstalt
an|hạnd: a. des Planes; a. von Unterlagen
Ạn|hang: im A. *(Nachtrag)* | (ohne Pl.) sie kommt mit A. *(mit Verwandtschaft)* ‖ **ạn|hän|gen**[1]: sie hing einer anderen Meinung an; → hängen[1] ‖ **ạn|hän|gen**[2]: er hängte das Fahrrad am Zaun an | (ugs.) jemandem eine unangenehme Arbeit a. *(aufbürden);* jemandem minderwertiges Obst a. *(verkaufen);* → hängen[2] ‖ **Ạn|hän|ger** der, -s/-: *ein angehängtes Fahrzeug* | *Schmuckstück, das [an einer Kette] befestigt wird* | *[Namens]schildchen [auf Gepäckstücken]* | *Parteigänger* ‖ **Ạn|hän|ge|rin** die, -/-innen ‖ **Ạn|hän|ger|schaft** die, - ‖ **ạn|hän|gig** (Amtsspr.): ein Gerichtsverfahren ist gegen ihn a. *(in Gang)* ‖ **ạn|häng|lich:** ein anhängliches Kind ‖ **Ạn|häng|lich|keit** die, - ‖ **ạn|hang|los** ‖ **Ạn|häng|sel** das, -s/-: *kleines Schmuckstück*
ạn|hau|chen: einen Polizisten *(zur Alkoholprobe)* a. | (ugs.) sie ist philosophisch angehaucht *(interessiert)*
ạn|hau|en[1] sich: sich an der Kante a. *(anstoßen)* ‖ **ạn|hau|en**[2] (ugs.): jemanden um Geld a. *(bedrängen)* | (fachspr.) einen Baumstamm a. *(zum Fällen vorsehen; eine Kerbe schlagen)*
ạn|häu|feln: *Pflanzen mit Erde bedecken* ‖ **ạn|häu|fen:** Vorräte a. ‖ **Ạn|häu|fung**
ạn|he|ben: die Preise a. *(erhöhen)* | (geh.) sie hob an *(begann)* zu sprechen ‖ **Ạn|he|bung**
ạn|hef|ten: *beiheften;* eine Rechnung an ein Schriftstück a. *(dort befestigen)*
an|heim|fal|len (geh.): *zufallen;* das Erbe fiel dem Staat anheim ‖ **an|heim|stel|len** (geh.): ich stelle [es] ihm anheim *(frei),* zu gehen oder zu bleiben
ạn|hei|melnd: der Ofen verbreitet anheimelnde *(gemütliche, behagliche)* Wärme
an|hei|schig (geh.) (nur in der Wendung: sich a. machen): er machte sich a. *(er bot sich an),* etwas zu tun
ạn|hei|zen: den Ofen a. | (sal.) die Situation a. *(die vorhandene Spannung verstärken)*
ạn|herr|schen: *herrisch anfahren*
ạn|heu|ern (Seemannsspr.): auf einem Schiff a. *(eine Arbeit annehmen);* → Heuer | Arbeitskräfte a. *(anwerben)*
Ạn|hieb: auf A. *(sofort, beim ersten Mal, ohne Vorbereitung)*
ạn|him|meln (ugs.): *schwärmerisch verehren;* ich himmle die Sängerin an
Ạn|hö|he: *[kleiner] Hügel*
ạn|hö|ren: verschiedene Meinungen a. | das hört sich gut an | ich kann sein Jammern nicht mehr mit a. | jemandem die Angst a. ‖ **Ạn|hö|rung** die, -/-en: *Befragung;* → Hearing ‖ **Ạn|hör|ver|fah|ren** (Jus)
ạn|hus|ten: *ins Gesicht husten*
Ani|lin das, -[s] ⟨Sanskrit-arab.⟩: *Ausgangsstoff für die Herstellung von Farben und Heilmitteln*
Ani|ma die, - ⟨lat.⟩ (Psych.): *Seele* ‖ **ani|ma|lisch:** *tierisch*
Ani|ma|teur [-ˈtøːɐ] der, -s/-e ⟨fr.⟩: *jemand, der beruflich Spiel- und Sportaktivitäten für Urlauber organisiert* ‖ **Ani|ma|teu|rin** die, -/-innen ‖ **Ani|ma|ti|on** [-tsi̯-] die, -/-en ⟨lat.⟩: *das Angebot an Freizeitaktivitäten in Klubhotels u. dgl.* | *Computeranimation* ‖ **Ani|ma|ti|ons|film:** *Zeichentrickfilm, Puppentrickfilm oÄ* ‖ **ani|ma|to** ⟨it.⟩ (Mus.): *lebhaft* ‖ **Ani|mẹ** der,

-[s]/-[s] ⟨engl.-jap.⟩: *japanischer Animations- bzw. Zeichentrickfilm* ‖ **Ani|mier|da|me** ⟨lat.⟩: *Frau, die [in Nachtklubs] die Gäste zum Alkoholkonsum animiert* ‖ **ani|mie|ren:** *anregen, verlocken, ermuntern* ‖ **Ani|mier|lo|kal:** *Lokal, in dem Animierdamen arbeiten* ‖ **Ani|mier|mäd|chen** ‖ **Ani|mịs|mus** der, -: *Vorstellung von der Beseeltheit aller Dinge* ‖ **Ạni|mo** das (*auch:* der), -s ⟨it.⟩ (veraltend): *Lust, Schwung;* kein A. haben ‖ **Ani|mo|si|tät** die, -/-en ⟨lat.⟩: *Abneigung, Feindseligkeit* ‖ **Ạni|mus** der, - (Psych.): *Seele*

Ạn|ion das, -s/-en ⟨gr.⟩ (Phys.): *negativ geladenes Ion;* → G.: Kation

Ạnis der, -es/-e: *eine Gewürzpflanze* ‖ **Ạnis|bo|gen:** *eine Bäckerei* ‖ **Ạnis|brot**

An|iso|tro|pie die, -/-n ⟨gr.⟩ (Phys.): *Richtungsabhängigkeit verschiedener Eigenschaften eines Stoffes (vor allem von Kristallen)*

Ạnis|schar|te (bes. ostöst.): *Anisbogen* ‖ **Ạnis|schnaps**

Anị|ta: *weibl. Vorname* ‖ **Ạn|ja:** *weibl. Vorname*

ạn|kämp|fen: *etwas abwehren;* gegen die Korruption a.

Ạn|ka|ra [-ŋk-]: *Hauptstadt der Türkei*

Ạn|kauf: *Kauf* ‖ **ạn|kau|fen**

ạn|ken|nen (ugs.): jemandem sein schlechtes Gewissen a. *(anmerken)*

Ạn|ker der, -s/-: *an einem Tau/einer Kette hängender [Doppel-]haken, der Schiffe am [Meeres-]grund festhält* | (Seemannsspr.) A. werfen; A. lichten *(einziehen);* vor A. liegen *(verankert sein);* vor A. gehen *(ankern)* ‖ **ạn|ker|för|mig** ‖ **Ạn|ker|ket|te** ‖ **ạn|kern:** *vor Anker gehen, liegen* ‖ **Ạn|ker|platz**

ạn|ket|ten: *an die Kette legen*

Ạn|kick der, -[e]s/-e: der A. *(Anstoß)* im Fußballspiel ‖ **ạn|ki|cken**

ạn|kläf|fen: *anbellen*

Ạn|kla|ge: *Strafantrag im Rechtsverfahren vor Gericht;* A. erheben | *Anklagevertretung, zB Staatsanwalt im Strafverfahren* ‖ **Ạn|kla|ge|bank** die, -/-bänke: *Platz des Angeklagten im Gerichtssaal* ‖ **ạn|kla|gen:** jemanden [wegen] eines Verbrechens a. *(beschuldigen)* ‖ **Ạn|klä|ger:** *Vertreter der Anklage beim Gericht;* der öffentliche A. *(Staatsanwalt)* ‖ **Ạn|klä|ge|rin** ‖ **Ạn|kla|ge|schrift**

ạn|klam|mern[1]: *mit einer Klammer befestigen* ‖ **ạn|klam|mern**[2] sich: sich an ein Versprechen a. *(verbissen, verzweifelt daran festhalten)*

Ạn|klang: A. *(freundliche Zustimmung)* finden | das Musikstück hat Anklänge an Franz Schubert *(an ihn erinnernde Züge)*

ạn|kle|ben: einen Papierstreifen a.

Ạn|klei|de|ka|bi|ne ‖ **ạn|klei|den:** *anziehen*

ạn|kli|cken (EDV): *mit der Maustaste einen Befehl anwählen;* einen Menüpunkt a.

ạn|klin|gen: *andeutungsweise erkennbar werden*

ạn|klop|fen: vor dem Öffnen a.

ạn|knab|bern: das Keks a.

ạn|knip|sen: die Schreibtischlampe a.

ạn|knöp|feln = **ạn|knöp|fen:** die Kapuze a.

ạn|knüp|fen: an ein Gespräch a. *(davon ausgehen, daran anschließen)* ‖ **Ạn|knüp|fung** die, -/-en ‖ **Ạn|knüp|fungs|punkt:** *gemeinsamer Ausgangspunkt für ein Gespräch*

ạn|knur|ren: der Hund knurrt die Polizistin an

ạn|kom|men: um 17:30 Uhr in Wien a. *(eintreffen)* | der Roman ist gut angekommen *(hat beim Publikum Zustimmung gefunden)* | es kommt mich hart an *(fällt mir schwer)* | es kommt auf dich an *(hängt von dir ab)* | wir lassen es auf eine Konfrontation a. *(schrecken nicht davor zurück);* → Ankunft ‖ **Ạn|kömm|ling** der, -s/-e: *jemand, der eben angekommen ist*

ạn|kön|nen: jemandem/gegen jemanden nicht a. *(nichts gegen jemanden ausrichten können)*

ạn|kop|peln: an das Raumschiff a. *(anhängen)*

ạn|kot|zen (derb): etwas kotzt mich an *(widert mich an)*

ạn|krei|den: jemandem eine Nachlässigkeit a. *(übelnehmen)*

ạn|kreu|zeln = **ạn|kreu|zen:** Namen auf einer Liste a.

ạn|kün|den = **ạn|kün|di|gen:** *bekannt machen, anmelden* ‖ **Ạn|kün|di|gung**

Ạn|kunft die, -: die A. *(das Ankommen)* des Zuges ‖ **Ạn|kunfts|hal|le:** *Wartehalle auf Bahnhöfen oÄ* ‖ **Ạn|kunfts|zeit**

ạn|kup|peln: Wagons a. *(anhängen)*

ạn|kur|beln: *mit der Kurbel in Schwung versetzen* | die Wirtschaft a. *(fördern, beleben)*

ạn|lä|cheln ‖ **ạn|la|chen**[1]: die Sonne lacht mich an ‖ **ạn|la|chen**[2] sich (ugs.): sich jemanden a. *(eine Bekanntschaft anknüpfen)*

Ạn|la|ge: *Veranlagung* | *Park; Fabriksbau* | *Geldanlage* | (Amtsspr.) *Beilage [zu einem Brief]* | *Hi-Fi-Gerät* ‖ **Ạn|la|ge|be|ra|ter:** *Berater für Geldanlagen* ‖ **Ạn|la|ge|be|ra|te|rin** ‖ **Ạn|la|gen|bau** der, -[e]s: *Planung und Errichtung von [Industrie]anlagen* ‖ **Ạn|la|ge|ob|jekt:** *als Geldanlage erworbenes Objekt*

ạn|lan|gen: am Ende des Weges a. *(ankommen)* | (bes. D) du sollst das Bild nicht a. *(angreifen)* | was den Preis anlangt *(betrifft);* → anbelangt

Ạn|la|ge|ver|mö|gen (Wirt.): *Vermögensteil eines Unternehmens, der zum dauernden Gebrauch dient*

Ạn|lass der, -es/-lässe: *Veranlassung;* kein A. zur Freude; ein besonderer A. ‖ **ạn|las|sen:** den Motor a. *(in Gang setzen)* | die Schuhe a. *(anbehalten)* | (ugs.) etwas lässt sich gut an *(beginnt zufrieden stellend)* ‖ **Ạn|las|ser** der, -s/- (Kfz): der A. des Motors ‖ **Ạn|lass|fall** (Amtsspr.): *auslösendes Ereignis [für ein behördliches Einschreiten]* ‖ **Ạn|lass|ge|setz|ge|bung:** *wegen eines bestimmten Anlasses (oft problematische) Gesetzgebung*

ạn|las|sig (reg., ugs.): *[sexuell] aufdringlich, provozierend*

ạn|läss|lich (Präp. mit Gen.): a. *(aus Anlass)* des Geburtstages

ạn|las|ten: jemandem ein Verbrechen a. *(zur Last legen)*

Ạn|lauf: einen A. nehmen; es gelang schon beim ersten A. *(auf Anhieb)* ‖ **ạn|lau|fen:** einen Hafen a. *(dort anlegen)* | den Motor a. lassen *(in Gang setzen)* | vor Wut rot a. | die Gläser sind angelaufen *(mit einer Dunstschicht bedeckt);* die Marmelade ist angelaufen *(mit Schimmel bedeckt)* | (Küchenspr.) Zwiebel a. lassen *(andünsten)* ‖ **Ạn|lauf|stel|le:** → *Anlegestelle* | (Amtsspr.) *Adresse für bestimmte Anliegen* ‖ **Ạn|lauf|zeit:** *Vorbereitungszeit*

Ạn|laut (Sprachwiss.): *erster Laut einer Silbe oder eines Wortes* ‖ **ạn|läu|ten:** *an der Tür klingeln* | (westöst., SüdT) *anrufen*

ạn|le|gen[1]: einen Maßstab a. | die

Perlenkette a. | das Boot legt am Ufer an | Geld in Aktien a. | mit dem Gewehr auf das Ziel a. | eine Adresskartei a. | (sal.) er hat angelegt *(zugenommen)* ‖ **ạn|le|gen**[2] sich: leg dich nicht mit ihm an! *(streite nicht mit ihm!)* ‖ **Ạn|le|ge|platz** ‖ **Ạn|le|ger** der, -s/-: *Investor* ‖ **Ạn|le|ge|rin** die, -/-innen ‖ **Ạn|le|ge|stel|le:** *Landestelle eines Schiffes*

ạn|leh|nen: sich an die Tür a.; die Haustür bloß a. | sich eng an eine Vorlage a. *(halten)* ‖ **Ạn|leh|nung** die, - ‖ **ạn|leh|nungs|be|dürf|tig:** *Rückhalt, Zärtlichkeit suchend*

Ạn|lei|he die, -/-n: *ein Wertpapier;* eine A. auflegen; eine A. zeichnen *(erwerben)* | eine A. bei Grillparzer machen *(von ihm etwas übernehmen)*

ạn|lei|nen: *an die Leine nehmen*

ạn|lei|ten ‖ **Ạn|lei|tung:** *Anweisung, Unterweisung;* die A. zu einem Spiel ‖ **Ạn|lei|tungs|pflicht** (Jus): die A. zB des Richters im Verfahren

ạn|ler|nen: jemanden für eine bestimmte Tätigkeit a.; ein angelernter *(nicht ausgebildeter)* Arbeiter ‖ **Ạn|lern|ling** der, -s/-e: *jemand, der für eine Arbeit angelernt wird, keine Fachausbildung hat*

ạn|le|sen: den Brief nur a. *(zu lesen beginnen)* | sich Wissen a. *(durch Lesen aneignen)*

ạn|lie|fern: *liefern* ‖ **Ạn|lie|fe|rung**

ạn|lie|gen: das Top liegt eng am Körper an; anliegende Ohren | (ugs.) was liegt an? *(was gibt es?)* ‖ **Ạn|lie|gen** das, -s/-: *Wunsch, Bitte* ‖ **Ạn|lie|ger** der, -s/- (bes. D): *Anrainer* ‖ **Ạn|lie|ge|rin** die, -/-innen (bes. D)

ạn|lo|cken: *zum Näherkommen bewegen*

ạn|lü|gen: *belügen*

Anm.: Anmerkung

Ạn|ma|che die, -/-n (bes. D, sal.): *Annäherungsversuch [mit sexuellen Absichten]* ‖ **ạn|ma|chen**[1]: Farbe a. *(ansetzen)* | das Licht a. *(aufdrehen)* | (bes. D, sal.) → *anbraten;* in der Disco wird man ständig angemacht | (Küchenspr.) Salat a.; → abmachen ‖ **ạn|ma|chen**[2] sich (ugs.): *in die Hose machen | Angst haben* | (ugs., sal.) ich mach mich an! *(das gibt's doch nicht!)*

ạn|ma|len: ein Tuch a. *(bemalen)* | *anstreichen* | (sal.) sie malt sich an *(sie schminkt sich)*

Ạn|marsch: ein langer A. ‖ **ạn|mar|schie|ren**

ạn|ma|ßen sich: du maßt dir viel an *(du erlaubst dir viel)* ‖ **ạn|ma|ßend:** ein anmaßendes *(hochmütiges)* Benehmen ‖ **Ạn|ma|ßung** die, -/-en: *unberechtigter Anspruch, Hochmut*

Ạn|mel|de|for|mu|lar ‖ **Ạn|mel|de|frist** ‖ **ạn|mel|den:** ein Kind in/an einer Schule a.; sich polizeilich a.; → abmelden | den Fernseher a. *(registrieren lassen)* | sich auf einem Computer a. *(einloggen)* | seinen Besuch a. *(ankündigen)* | Bedenken a. *(als Einwand vorbringen)* ‖ **ạn|mel|de|pflich|tig** ‖ **Ạn|mel|de|zahl** ‖ **Ạn|mel|dung**

ạn|mer|ken: Textstellen a. *(optisch hervorheben)* | sich seinen Ärger nicht a. lassen *(ihn nicht offen zeigen)* | zu einem Thema etwas a. *(dazu etwas sagen)* ‖ **Ạn|mer|kung** die, -/-en (Anm.): *ein ergänzender Hinweis | Fußnote*

ạn|mes|sen: sich einen Anzug a. lassen; → angemessen

Ạn|mo|de|ra|ti|on: *einleitende Worte eines [Fernseh]moderators zum folgenden Thema* ‖ **ạn|mo|de|rie|ren:** eine Fernsehzuspielung a.

Ạn|mut die, -: *Liebreiz* ‖ **ạn|mu|ten** (geh.): das mutet mich sonderbar an *(es kommt mir sonderbar vor)* ‖ **ạn|mu|tig** ‖ **ạn|muts|voll** ‖ **Ạn|mu|tung** (geh.): *Eindruck*

Ạn|na: *weibl. Vorname* ‖ **An|na|bẹl|la:** *weibl. Vorname*

ạn|na|geln: *festnageln*

ạn|nä|hen: einen Saum a.

ạn|nä|hern: sich dem Ziel a. *(ihm näher kommen)* ‖ **ạn|nä|hernd:** *ungefähr;* nicht a. *(bei Weitem nicht)* ‖ **Ạn|nä|he|rung** die, -/-en: *das Näherkommen; Entgegenkommen* ‖ **Ạn|nä|he|rungs|ver|such:** einen A. machen

Ạn|nah|me die, -/-n: die A. *(das Annehmen)* eines Geschenks; Warenannahme | die A. *(Genehmigung, Einwilligung)* eines Antrages | die A. *(Vermutung, theoretische Möglichkeit)* einer Katastrophe ‖ **Ạn|nah|me|stel|le:** eine A. für Wettscheine

An|nạ|len die (Pl.) ⟨lat.⟩: *nach Jahren geordnete geschichtliche Aufzeichnungen*

ạn|nehm|bar: *akzeptabel, vertretbar* ‖ **ạn|neh|men**[1]: Geschenke a.; eine Entschuldigung a. | ihre Forderungen a. *(sich damit einverstanden erklären)* | schlechte Manieren a. *(sich aneignen)* | ich nehme an *(glaube, meine),* dass ... | unerwartete Ausmaße a. *(erreichen)* | sich jemandes/um jemanden a. *(sich um jemanden kümmern)* | ein Kind a. *(adoptieren);* → angenommen ‖ **ạn|neh|men**[2] sich: ich nehme mich der Kinder an *(kümmere mich um sie)* ‖ **ạn|nehm|lich** ‖ **Ạn|nehm|lich|keit** die, -/-en (meist Pl.): *etwas Angenehmes*

an|nek|tie|ren ⟨lat.⟩: ein Land a. *(sich gewaltsam aneignen);* → Annexion ‖ **An|nek|tie|rung** die, -/-en

Ạn|ne|le (reg.): *weibl. Vorname (Anna)* ‖ **Ạn|ne|lies = Ạn|ne|lie|se** [auch: -'li:-]: *weibl. Vorname* ‖ **Ạn|ne|ma|rie** [auch: -'ri:]: *weibl. Vorname* ‖ **Ạn|nerl:** *weibl. Vorname (Anna)* ‖ **An|nẹt|te** [auch: -'nɛt]: *weibl. Vorname*

An|nẹx der, -es/-e ⟨lat.⟩: *Anhängsel; Anhang* ‖ **An|ne|xi|on** die, -/-en: *politische Aneignung eines Gebietes;* → annektieren; → Okkupation

An|ni|hi|la|ti|on [-tsi̯-] die, -/-en ⟨lat.⟩ (Phys.): *Vernichtung von Teilchen*

Ạn|ni|ka: *weibl. Vorname (Anna)*

ạn|no, *auch:* **Ạn|no** (a., A.) ⟨lat.⟩: *im Jahr[e];* a. neun *(im Jahr neun, zB 1809, 1909)* | (scherzh.) a. Schnee *(vor langer Zeit)* | a. dazumal *(früher einmal)* ‖ **Ạn|no Do|mi|ni** (A. D.) (wörtl.: im Jahr des Herrn): *nach Christus* (= n. Chr.)

An|non|ce [a'nõ:s(ɛ)] die, -/-n ⟨fr.⟩: *Zeitungs-, Zeitschriftenanzeige* ‖ **An|non|cen|teil:** *Anzeigenteil [einer Zeitung]* ‖ **an|non|cie|ren** [-õs-, -ɔns-]: *eine Anzeige [in einer Zeitung] publizieren*

An|nu|i|tät die, -/-en ⟨lat.-fr.⟩: *jährliche Zahlung zur Begleichung einer Schuld* ‖ **An|nu|i|tä|ten|zu|schuss** (Wirt.): *[staatliche] Förderung, die den Rückzahlungsbetrag für Darlehen reduziert*

an|nul|lie|ren ⟨lat.⟩: *für ungültig erklären, außer Kraft setzen | stornieren, tilgen, löschen* ‖ **An|nul|lie|rung** die, -/-en

An|o|de die, -/-n ⟨gr.⟩ (Phys.): *positive Elektrode, die in Gasen oder Flüssigkeiten von den negativen Ionen die überschüssigen Elektronen aufnimmt;* → G.: Kathode

ạn|ö|den: etwas/jemand ödet mich an *(langweilt mich)*

anomal [auch: -'a:l] ⟨gr.-lat.⟩: *regelwidrig, von der Norm abweichend; aber:* → abnormal ‖ **Anomalie** die, -/-n: *[krankhafte] Abweichung, Missbildung*
anonym [-'y:m] ⟨gr.⟩: *ohne Namensnennung;* ein anonymer Brief; → ungenannt ‖ **anonymisieren:** *die persönlichen Daten [auf Fragebögen] löschen* ‖ **Anonymität** die, - ‖ **Anonymstrafverfügung** (Jus): *an einen Kfz-Halter gerichtete Strafverfügung ohne persönliche Anzeige* ‖ **Anonymus** der, -/Anonymi: *unbekannter, nicht genannter Verfasser* ‖ **Anonymverfügung** (Jus): *Strafverfügung gegen anonym bleibende Täter;* → Organstrafmandat; → Strafzettel
Anophelesmücke [-f-] ⟨gr.⟩: *eine Stechmücke (kann Malaria übertragen)*
Anorak der, -s/-s ⟨Eskimospr.⟩: *eine wetterfeste Sportjacke [mit Kapuze]*
anordnen: die Sessel anders a. *(reihen)* | *einen Befehl, eine Anweisung geben;* Einsparungen a. ‖ **Anordnung**
Anorexie die, - ⟨gr.⟩ (Med.): *Untergewicht; Appetitlosigkeit; Magersucht*
anorganisch ⟨gr.⟩: *unbelebt;* anorganische Chemie; → G.: organisch
anormal: *nicht normal, abnormal*
anpachten
anpacken: *fest zugreifen;* eine schwierige Aufgabe a. *(beginnen)*
anpassen: sich den Verhältnissen a. *(angleichen; sich einfügen)* ‖ **Anpassung** die, -/-en ‖ **anpassungsfähig** ‖ **Anpassungsfähigkeit** ‖ **Anpassungsschwierigkeiten** die (Pl.)
anpampfen, *auch:* anbampfen sich (ugs.): *sich mit Essen vollstopfen*
anpatzen (ugs.): sich/etwas beim Essen a. *(beschmutzen)* | die Konkurrentin a. *(verleumden)*
anpeilen: ein Ziel a. *(ansteuern)*
anpfauchen = → anfauchen
anpfeifen: der Schiedsrichter pfeift das Spiel an ‖ **Anpfiff:** der A. zum Spielbeginn | (sal.) *Tadel durch den Vorgesetzten*
anpflanzen: *einsetzen;* Tulpen, Reis a. ‖ **Anpflanzung**
anpicken[1]: die Amsel pickt die Kirschen an
anpicken[2]: sie hat den Zettel angepickt *(angeklebt)*
anpinseln: *mit einem Pinsel anstreichen*
anpirschen sich: der Jäger pirschte sich (an das Wild) an
anpöbeln: *beschimpfen, grob belästigen* ‖ **Anpöbelung** die, -/-en
anpochen (geh.): *anklopfen*
Anprall ‖ **anprallen:** *heftig anstoßen*
anprangern: *öffentlich bloßstellen, verurteilen* ‖ **Anprangerung** die, -/-en
anpreisen: die Ware a. *(loben)*
anpressen: das Brett nach dem Kleben fest a.
Anprobe: eine A. bei der Schneiderin ‖ **anprobieren**
anpumpen (ugs.): jemanden a. *(um Geld bitten)*
anquatschen (ugs.): *bedenkenlos anreden*
Anrainer der, -s/-: *Grundnachbar, Anlieger;* „Zufahrt nur für Anrainer!"; → Rain ‖ **Anrainerbeschwerde** ‖ **Anrainerfest** ‖ **Anrainerin** die, -/-innen ‖ **Anrainermaut** ‖ **Anrainerpickerl** ‖ **Anrainerstaat:** *Nachbarstaat* ‖ **Anrainerstraße** ‖ **Anrainerverkehr**
Anrand der, -s (reg., mda., veraltet): *Anlauf;* sich einen A. nehmen
anraten: *empfehlen, nahelegen;* ich rate Ihnen an, pünktlich zu sein ‖ **Anraten** das, -s: auf/ über A. der Ärztin
anrauchen: *jemanden mit Rauch anblasen* | (ugs.) sich eine [Zigarette] a. *(anzünden)* | (reg., derb) jemandem eine a. *(eine Ohrfeige androhen, geben)*
anrauen: *rau machen;* angerauter Stoff
anräumen: *anhäufen, vollräumen, stapeln;* ein angeräumtes Zimmer
anraunzen (ugs.): *eindringlich und klagend Bitten vorbringen, anjammern;* raunz mich nicht an!
anrechnen: zusätzliche Ausgaben a. *(berechnen)* | jemandem sein Verhalten hoch a. *(es bes. anerkennen)* ‖ **Anrechnung**
Anrecht: ein A. haben *(einen [gesetzlichen] Anspruch haben)*
Anrede: *Art, wie man jemanden anspricht;* die höfliche/distanzierte A. (mit „Sie"); die vertrauliche A. (mit „du") ‖ **Anredepronomen** (Gramm.): *du, ihr, Sie* ‖ **anreden:** jemanden auf eine Sache a. *(ansprechen);* jemanden mit Du a.
anregen: *etwas vorschlagen, veranlassen;* ihn zu mehr Sport a. *(ermuntern)* | ein anregendes/angeregtes *(unterhaltsames, interessantes)* Gespräch; sich anregend/angeregt *(lebhaft)* unterhalten ‖ **Anregung:** jemandem eine wertvolle A. *(einen Tipp, Hinweis)* geben | zur A. *(Belebung)* der Verdauung einen Schnaps trinken ‖ **Anregungsmittel**
anreichern: Fruchtsaft mit Vitaminen a. *(Vitamine hinzufügen, um ihn zu verbessern)* | *dem Most Zucker beigeben zur Anreicherung des Alkoholgehalts* | Uran a. *(zur Gewinnung von Atomenergie aufbereiten)* ‖ **Anreicherung** die, -/-en
Anreise: *Anfahrt* ‖ **anreisen:** mit dem Zug a. ‖ **Anreisetag** ‖ **Anreisetermin**
anreißen: in der Diskussion das Problem nur a. *(nur kurz behandeln)*
Anreiz: der A. *(Beweggrund)* zum Kauf
anrempeln: den Fahrgast a. *(ihm [absichtlich] einen Stoß versetzen)*
anrennen: sie kommt angerannt | *anstoßen;* sich den Ellbogen a. | gegen etwas a. *(Widerstand leisten)* | (ugs.) jemanden a. lassen *(ins Verderben laufen lassen)*
Anrichte die, -/-n: *ein Möbelstück zum Bereitstellen von Speisen* ‖ **anrichten:** es ist angerichtet *(serviert)* | das Unwetter richtete schweren Schaden an
anrollen: die Bagger können a.; *aber:* etwas ist im **Anrollen**
anrösten: *kurz in Fett anbraten;* Zwiebel a.
anrüchig: *von zweifelhaftem Ruf* ‖ **Anrüchigkeit** die, -/-en
anrücken: die feindlichen Truppen rücken an *(kommen heran)*
Anruf: *Zuruf* | *Telefongespräch* ‖ **Anrufbeantworter** der, -s/-: *Gerät zur Aufzeichnung ankommender Anrufe* ‖ **anrufen:** eine Ärztin a. *(telefonisch kontaktieren)* | jemanden als Zeugen a. *(um eine Aussage als Zeuge bitten)* | (geh.) Gottes Hilfe a. *(erbitten)* ‖ **Anrufer** der, -s/- ‖ **Anruferin** die, -/-innen ‖ **Anrufung** die, -/-en: die A. Gottes; eine A. eines Gerichtes
anrühren: jemanden/etwas a.

(berühren); „Rühr mich nicht an!" | Farben a. *(sie mit Flüssigkeit vermengen);* Teig a. | (geh.) euer Leid rührt mich an *(erregt mein Mitleid);* → angerührt

ans: *an das;* ans Fenster treten

An|sa|ge die, -/-n: *Ankündigung [am Beginn einer Radiosendung];* → G.: Absage | (veraltet) *Übungsdiktat in der Schule* ‖ **an|sa|gen:** eine Radiosendung a. *(ankündigen)* | *[eine Übung] diktieren* | sich zum Besuch a. *(ankündigen)* | (reg.) a. gehen *(ankündigen);* → einsagen; → angesagt

an|sä|gen: den Baumstamm a.

An|sa|ger der, -s/-: *Sprecher, Conférencier* ‖ **An|sa|ge|rin** die, -/-innen

an|sal|ben (Bot.): *fremde Pflanzen in die Natur ausbringen*

an|sam|meln: in zehn Jahren sammelt sich viel an *(häuft sich viel an)* ‖ **An|samm|lung**

an|säs|sig: *wohnhaft* | (SüdT) *amtlich gemeldet* ‖ **An|säs|sig|keit** die, - ‖ **An|säs|sig|keits|ge|mein|de** (SüdT) (Admin.): *ordentlicher Wohnsitz*

An|satz: *Beginn;* der A. der Haare | ein A. *(Anzeichen)* zur Besserung | (Mus.) beim Trompeteblasen einen guten A. *(eine gute Lippenstellung)* haben | (Wirt.) ein bestimmter A. *(Einzelposten)* des Budgets | (Math.) *erste Umsetzung einer Aufgabenstellung in mathematische Form* ‖ **An|satz|punkt:** einen neuen A. suchen ‖ **an|satz|wei|se:** etwas funktioniert nur a. *(nur in Grundzügen, nicht vollständig)*

an|sau|fen sich (derb): *sich betrinken*

an|schaf|fen: sich ein Auto a. *(kaufen)* | jemandem eine Arbeit a. *(befehlen, anordnen)* | (sal.) a. gehen *(als Prostituierte/r arbeiten)* ‖ **An|schaf|fer** der, -s/- (veraltend): *Vorarbeiter; jemand, der Arbeiten befiehlt, beaufsichtigt* ‖ **An|schaf|fe|rin** die, -/-innen (veraltend) ‖ **An|schaf|fung** die, -/-en ‖ **An|schaf|fungs|kos|ten** die (Pl.) ‖ **An|schaf|fungs|wert**

an|schau|en[1]: *ansehen;* den verletzten Finger genau a.; sich im Spiegel a. ‖ **an|schau|en**[2] sich (ugs.): du wirst dich noch anschauen *(wundern)* ‖ **an|schau|lich:** *deutlich, lebendig* ‖ **An|schau|lich|keit** die, - ‖ **An|schau|ung** die, -/-en: *Sichtweise, Meinung;* aus eigener A. ein Urteil fällen ‖ **An|schau|ungs|ma|te|ri|al** ‖ **An|schau|ungs|un|ter|richt**

An|schein der, -[e]s: *Eindruck;* der erste A.; ein falscher A.; allem A. nach *(anscheinend)* ‖ **an|schei|nen:** *anstrahlen* ‖ **an|schei|nend:** *wie es scheint;* a. hat sie Recht *(alle Anzeichen sprechen für sie); aber:* → scheinbar

an|schei|ßen sich (derb): *sich ängstigen, sich anmachen*[2]

an|schi|cken sich (geh.): sie schickten sich an *(machten sich bereit),* eine Weltreise anzutreten

an|schie|ben: das Moped a. | (ugs.) *protegieren, zur [schnelleren] Erledigung verhelfen* ‖ **An|schie|ber** (ugs.): *Protektor [mit guten Beziehungen]* ‖ **An|schie|be|rin** (ugs.)

an|schie|ßen: angeschossenes Wild

an|schim|meln: angeschimmelter Käse

an|schir|ren: *(einem Pferd) das Geschirr anlegen*

An|schiss der, -es/-e (ugs., sal.): einen A. *(eine Rüge)* bekommen

An|schlag: ein A. *(eine Bekanntmachung)* am schwarzen Brett | das Gewehr in A. *(in eine schussbereite Haltung)* bringen | einen A. *(ein Attentat)* verüben | das Ventil bis zum A. aufdrehen | (Mus.) beim Klavierspielen einen guten A. *(Druck auf die Tasten)* haben | *die erste Maschenreihe beim Stricken* ‖ **An|schlag|brett** ‖ **an|schla|gen:** ein Plakat a. | sich den Kopf a. | angeschlagene *(leicht beschädigte)* Teller | die Klaviertasten a. | Maschen (beim Stricken) a. | Bier frisch a. *(ein volles Fass anzapfen)* | (ugs.) das gute Essen schlägt ihr an *(macht sie dick)* | der Hund schlägt an *(bellt);* → angeschlagen ‖ **An|schlag|se|rie** [-iɛ] ‖ **An|schlag|ta|fel**

an|schle|dern sich (reg., mda.): *sich mit Wasser anschütten* | *unmäßig viel [Wasser] trinken*

an|schlei|chen: *geräuschlos herankommen;* sich an den Rehbock a.

an|schlep|pen: Sessel a. *(heranschleppen)* | (sal.) die ganze Familie a. *(mitbringen)*

an|schlie|ßen: eine Waschmaschine a. | sich einer Meinung a. *(ihr beipflichten)* | sich einer Sekte a. *(ihr beitreten)* | die anschließende *(gleich darauffolgende)* Feier | (Amtsspr.) die Unterlagen a. *(beilegen, anfügen, beischließen)* ‖ **An|schluss:** kein A. *(Telefonanschluss)* unter dieser Nummer | beim Umsteigen den A. *(Anschlusszug)* versäumen | den A. *(die Entwicklung)* verpassen | im A. an *(gleich danach)* | leicht A. finden *(Bekanntschaften machen)* | (Gesch., Pol.) *die Einverleibung Österreichs durch NS-Deutschland 1938* ‖ **An|schluss|bahn** (Verk.): *nicht für den öffentlichen Verkehr bestimmte Bahn* ‖ **An|schluss|tref|fer** (Sport): *Tor, durch das die Toranzahl bis auf einen Treffer Differenz an den Gegner herankommt* ‖ **An|schluss|zug**

an|schmä|hen (ugs.): *anschwindeln, anschmettern*

an|schmet|tern (ugs.): *anschwindeln, anlügen*

an|schmie|gen sich: sich an jemanden a. ‖ **an|schmieg|sam** ‖ **An|schmieg|sam|keit** die, -

an|schmie|ren: die Wände nicht a. | (ugs.) einen Kunden a. *(betrügen)*

an|schnal|len: sich im Auto a. ‖ **An|schnall|pflicht** die, -

an|schnau|zen (ugs.): du schnauzt sie an *(fährst sie grob an)*

an|schnei|den: Brot a. | ein Thema a. *(zur Sprache bringen)* ‖ **An|schnitt:** *Schnittfläche (von Brot, Wurst)* | *das erste heruntergeschnittene Stück*

an|schnor|ren (ugs.): *anbetteln*

An|scho|vis [-v-] = Anchovis [-ʃ-] die, -/- (span.-port.): *stark gesalzene Sardelle*

an|schrau|ben: *mit einer Schraube befestigen*

an|schrei|ben: Preise bei/an den Waren a. | eine Firma a. *(an sie schreiben)* | beim Kaufmann a. lassen *(auf Kredit kaufen)* | sie ist gut angeschrieben *(angesehen, geschätzt)*

an|schrei|en: schrei mich nicht so an!

An|schrift: *Adresse*

an|schul|di|gen: *anklagen* ‖ **An|schul|di|gung** die, -/-en

an|schup|fen: *einen leichten Schupfer geben, anstoßen* | *eine festgefahrene Sache weiterbringen*

an|schüt|ten: das Tischtuch a.; sich mit Wasser a. | (ugs., sal.) ich lasse mich nicht a. *(verleumden)*

an|schwän|zeln: der Hund schwänzelt sein Frauerl an

an|schwär|men: *schwärmerisch*

verehren
ạn|schwär|zen: *verleumden*
ạn|schwel|len: *an Größe, Umfang zunehmen;* die Donau schwillt an; → schwellen[1] ‖ **Ạn|schwel|lung**
ạn|schwem|men: angeschwemmtes Holz
ạn|schwim|men: ein Biber kam angeschwommen | gegen die Strömung a.
ạn|schwin|deln: *in harmloser Weise anlügen*
ạn|schwit|zen (Küchenspr.): Zwiebel a. *(goldgelb anlaufen lassen)*
ạn|se|hen: jemanden groß/verwundert a.; jemanden schief a. *(jemandem Missbilligung zeigen)* | sich einen Film a.; die Angebote a. *(prüfen)* | jemandem seine Verzweiflung a.; man sieht ihm sein Alter nicht an *(er sieht jünger aus)* | nicht für voll a. *(nicht ernst nehmen);* jemanden als seinen Freund a. *(für seinen Freund halten);* → angesehen ‖ **Ạn|se|hen** das, -s: *Wertschätzung;* hohes A. genießen; in hohem A. stehen; ohne A. der Person *(ohne Berücksichtigung von Rang, Beziehungen usw.)* ‖ **ạn|sehn|lich** (geh.): *bedeutend*
ạn|sei|len: sie seilte sich bei der Bergtour an
Ạn|selm: *männl. Vorname*
ạn|sem|pern (ugs.): *anjammern*
ạn|sen|gen: die Zeitung mit dem Feuerzeug a.
ạn|set|zen: eine Prüfung a. *(ihren Zeitpunkt festlegen);* die Herstellungskosten zu hoch a. | die Motorsäge a. *(in die gewünschte Stellung bringen)* | zum Sprung a. *(anheben, ihn beginnen)* | den Ausschnitt am Kleid tief a. | eine Spezialistin auf das Problem a. | Kräuter a. *(anpflanzen)* | eine Farbe a. *(für den Gebrauch fertig stellen, anrühren)*
Ans|fẹl|den: *Stadt in Oberösterreich*
Ạn|sicht die, -/-en: *Meinung, Anschauung;* nach meiner A. | *Darstellung, Abbildung* | ein Buch zur A. *(nur zum Anschauen, nicht fix zum Kauf)* bestellen ‖ **ạn|sich|tig** (geh.): jemandes a. werden *(jemanden erblicken);* des Ziels a. werden ‖ **Ạn|sichts|ex|em|plar:** *ein zur Ansicht bestelltes oder aufgelegtes Buch* ‖ **Ạn|sichts|kar|te** ‖ **Ạn|sichts|sa|che:** das ist A.
ạn|sie|deln: sich in Südamerika a. *(dort sesshaft werden)* ‖ **Ạn|sied|ler** ‖ **Ạn|sied|le|rin** ‖ **Ạn|sied|lung**
Ạn|sin|nen das, -s/-: an jemanden ein A. stellen *(etwas von jemandem verlangen, jemandem etwas zumuten)*
Ạn|sitz (westöst.): *schlossartiger Wohnsitz* | (Jägerspr.) vom A. *(Hochstand)* das Wild beobachten ‖ **ạn|sit|zen** (Jägerspr.): *auf dem Hochstand auf das Wild warten*
an|sọnst = **an|sọns|ten:** *sonst, andernfalls*
ạn|span|nen: die Pferde a. | alle Kräfte a. | ein Seil a.; → angespannt ‖ **Ạn|span|nung**
ạn|spa|ren: den Kaufpreis a.
ạn|spei|ben (mda.): *[beim Erbrechen] anspeien* ‖ **ạn|spei|en** (geh.): *anspucken*
ạn|spie|len: ein Musikstück a. *(nur die ersten Takte spielen)* | auf ein Ereignis a. *(eine Bemerkung darüber machen)* | (Sport) den Stürmer a. ‖ **Ạn|spie|lung** die, -/-en: *Andeutung*
ạn|spit|zen: *zuspitzen* | (ugs.) *jemanden motivieren; aufstacheln*
Ạn|sporn der, -[e]s ‖ **ạn|spor|nen:** *aneifern, motivieren*
Ạn|spra|che: *Rede* | (ohne Pl.) keine A. *(Gelegenheit, mit jemandem zu sprechen; Kontakt)* haben ‖ **ạn|sprech|bar:** die Verletzte ist wieder a. ‖ **ạn|spre|chen:** jemanden auf der Straße a. *(anreden)* | auf ein Medikament a. *(reagieren)* | als Autor ein bestimmtes Publikum a. | die Theatervorstellung hat mich angesprochen *(hat mir gefallen)* | ein Problem a. *(zur Sprache bringen)* ‖ **ạn|spre|chend:** ein ansprechendes *(gefälliges)* Äußeres ‖ **Ạn|sprech|part|ner** ‖ **Ạn|sprech|part|ne|rin**
ạn|sprin|gen: der Hund springt die Gäste freudig an | sie kommt schon angesprungen | der Motor springt nicht an
ạn|sprit|zen: mit Wasser a.
Ạn|spruch: *Forderung;* A. auf etwas erheben; Ansprüche stellen; jemanden in A. nehmen *(bemühen)* | Ansprüche *(Rechte)* geltend machen ‖ **ạn|spruchs|be|rech|tigt** ‖ **ạn|spruchs|los:** *bescheiden, nicht verwöhnt* ‖ **Ạn|spruchs|lo|sig|keit** die, - ‖ **ạn|spruchs|voll:** ein anspruchsvolles *(kritisches)* Publikum; ihr letzter Roman ist a. *(hat ein bemerkenswertes, hohes Niveau)* ‖ **Ạn|spruchs|vor|aus|set|zung** (meist Pl.) (Amtsspr.)
ạn|spu|cken: er ist angespuckt worden
ạn|spü|len: am Ufer wurden tote Fische angespült
ạn|sta|cheln: *anspornen, schüren;* jemandes Wut a. ‖ **Ạn|stalt** die, -/-en: *Einrichtung, zB Schule, Krankenhaus;* geschlossene A. *(Psychiatrie)* | (nur Pl.) Anstalten machen *(Vorbereitungen treffen)* | mach jetzt keine Anstalten *(Schwierigkeiten)!* ‖ **Ạn|stalts|er|zie|hung** ‖ **Ạn|stalts|lei|ter** ‖ **Ạn|stalts|lei|te|rin**
Ạn|stand der, -[e]s: *gutes Benehmen* | (mit Pl. Anstände) (ugs., veraltend) einen A. haben *(gerügt werden);* A. *(Anstoß)* an etwas nehmen | (mit Pl. Anstände) (Jägerspr.) der Jäger war auf dem A. *(an dem Ort, wo er das Wild erwartet);* → Hochstand ‖ **ạn|stän|dig:** *gesittet, ordentlich, ehrenhaft* | (ugs.) ein anständiger *(angemessener)* Preis | (ugs.) *ziemlich;* ein paar anständige Ohrfeigen; a. draufzahlen ‖ **Ạn|stän|dig|keit** die, - ‖ **Ạn|stands|da|me** (früher): *weibl. Person, die ein junges Mädchen überwacht/betreut;* → Anstandsperson ‖ **ạn|stands|hal|ber** ‖ **ạn|stands|los:** *ohne Schwierigkeit* ‖ **Ạn|stands|per|son:** *Person, die durch ihre Anwesenheit für korrektes Verhalten sorgt* ‖ **Ạn|stands|re|gel** ‖ **Ạn|stands|wau|wau** (scherzh.): *Anstandsperson*
ạn|stän|kern (ugs., abw.): *anpöbeln*
ạn|star|ren: *starr anschauen*

an|stạtt:

Präposition mit Genitiv:
- anstatt dessen
- anstatt des Autos

Der Dativ gilt als umgangssprachlich: anstatt dem Auto
Im Plural mit Dativ, wenn Genitiv nicht erkennbar:
- anstatt Büchern *(statt:* Bücher)

Konjunktion:
- er spielt, anstatt *(statt)* zu arbeiten
- sie liest, anstatt dass sie arbeitet

ạn|stau|nen: *voll Bewunderung ansehen*
ạn|ste|chen: die Wespe hat den Apfel angestochen | ein Bierfass

a. *(anzapfen);* → Anstich

anstecken: ein Abzeichen a. | eine ansteckende *(durch Kontakt übertragbare)* Krankheit || **Anstecknadel** || **Ansteckung** die, -/-en || **Ansteckungsgefahr**

anstehen: etwas a. *(unerledigt)* lassen | ich stehe an *(komme nicht mehr weiter)* | (bes. D) für ein Autogramm ist sie zwei Stunden angestanden *(hat sich dafür zwei Stunden angestellt)* | (geh.) ich stehe nicht an *(zögere nicht),* den Fehler zuzugeben | (ugs.) *angewiesen sein;* sie steht nicht auf seine Hilfe an *(braucht sie nicht)*

ansteigen: ansteigende Preise

an Stelle = anstelle: an Stelle der Lehrerin; an ihrer Stelle; an Stelle von Worten || **anstellen:** sich an der Kassa a. | eine neue Mitarbeiterin a. *(ihr eine Anstellung geben);* jemanden fix a. | Überlegungen a. *(überlegen)* | Hast du etwas angestellt? *(Hast du eine Dummheit begangen?)* | sich ungeschickt a. *(benehmen)* || **anstellig:** *geschickt* || **Anstelligkeit** die, - || **Anstellung:** *Arbeitsverhältnis, Posten* || **Anstellungsvertrag**

ansteuern: einen Hafen a. *(auf ihn zusteuern)*

Anstich: *Anzapfen eines Fasses;* → anstechen

Anstieg der, -[e]s: *Steigung* | der A. *(das Ansteigen)* der Zinsen | (mit Pl. -e) der A. zum Gipfelkreuz

anstieren (oft abw.): *starr anschauen*

anstiften: jemanden zu einer Dummheit a. *(dazu überreden, veranlassen)* || **Anstifter** || **Anstifterin** || **Anstiftung**

anstimmen: ein Lied a. *(zu singen beginnen)*

Anstoß der, -es/-stöße: *das Anstoßen* | *Anlass;* den A. geben | (ohne Pl.) an etwas A. nehmen *(es missbilligen);* A. erregen | (Sport) *erstes Berühren des Fußballs [bei Spielbeginn]* || **anstoßen:** mit dem Kopf a. | mit den Gläsern a.; auf ihr Wohl a. || **anstößig:** *unanständig; Ärgernis erregend* || **Anstößigkeit** die, -/-en

anstreben: ein bestimmtes Ziel a. || **anstrebenswert**

anstreichen: ein Haus a. | einen Rechtschreibfehler a. *(kenntlich machen)* || **Anstreicher** der, -s/-: *eine Berufsbezeichnung;* Maler und A. || **Anstreicherin** die, -/-innen

anstreifen: an der frischen Farbe a. *(sie berühren)* | (ugs.) das Thema will ich nicht einmal a. *(gar nicht erwähnen)*

anstrengen: die Augen a.; sie strengt sich wirklich an *(bemüht sich);* angestrengt *(konzentriert)* nachdenken | (Jus) *einleiten;* ein Verfahren a. || **anstrengend** || **Anstrengung** die, -/-en

Anstrich: ein frischer A.; → anstreichen | der Vortrag hatte einen humoristischen A.

anstückeln: einen Ärmel a. *(verlängern)*

Ansturm: der A. der Soldaten | ein A. auf die letzten Karten || **anstürmen**

ansuchen: um eine Bewilligung a. || **Ansuchen** das, -s/-: *Gesuch* || **Ansucher** der, -s/- || **Ansucherin** die, -/-innen

Antagonismus der, -/Antagonismen ⟨gr.⟩: *Gegensatz* || **Antagonist** der, -en/-en: *Gegenspieler* || **Antagonistin** die, -/-innen || **Antagonym** [-'y:-] das, -s/-e: *Wort mit zwei gegenteiligen Bedeutungen, zB* Untiefe, sanktionieren

antanzen (sal.): er ist erst um 9.00 Uhr angetanzt *(gekommen)*

Antarktika [die], - ⟨gr.⟩: *der Südpolarkontinent* || **Antarktis** die, -: *die Südpolarregion* | *Südpolarkontinent* || **antarktisch**

antasten: die Ehre a. *(verletzen)*

antauchen (ugs.): *anschieben* | du musst a. *(dich mehr anstrengen)*

Anteil der, -[e]s/-e: an etwas A. haben *(zB an einer Firma beteiligt sein)* | A. nehmen *(Mitgefühl/Interesse haben)* || **anteilig:** *zu bestimmten Teilen* || **anteilmäßig** = anteilsmäßig || **Anteilnahme:** *Mitgefühl;* unter großer A. der Bevölkerung || **Anteilschein** (Bankw.): *Aktie* || **anteilsmäßig** = anteilmäßig

Antenne die, -/-n ⟨lat.⟩: *ein Teil der Empfangs- und der Sendevorrichtung* | (Zool.) *Fühler [bei Insekten]* || **Antennenmast**

ante portas ⟨lat.⟩ (wörtl.: vor den Toren): *im Kommen*

Anthologie die, -/-n ⟨gr.⟩: *Auswahl von [literarischen] Texten bzw. Musikstücken*

Anthrax der = das, - ⟨gr.⟩ (Med.): *eine bakterielle Infektionskrankheit, Milzbrand*

anthrazit ⟨gr.⟩ || **Anthrazit** der, -s/-e: *eine hochwertige Steinkohle* || **anthrazitfarben** || **anthrazitgrau:** *tief dunkelgrau*

anthropogen ⟨gr.⟩: *vom Menschen herbeigeführt* || **Anthropoid** der, -en/-en: *Menschenaffe* || **Anthropologie** die, -: *die Lehre vom Menschen;* → Humanbiologie || **anthropomorph** [-f]: *menschenähnlich, vermenschlicht* || **Anthroposophie** [-f-] die, -: *eine philosophische Lehre* || **anthropozentrisch:** *den Menschen in den Mittelpunkt stellend*

anti- ⟨gr.⟩ (nur in Zusammensetzungen wie antiautoritär)

Antiaging [-'eɪdʒ-] = **Anti-Aging** das, -s ⟨gr.+engl.⟩ (Med.): *Maßnahmen zur Verlangsamung des Alterungsprozesses*

Antialkoholiker: *jemand, der aus Prinzip keinen Alkohol trinkt* || **Antialkoholikerin**

antiamerikanisch: *USA-feindlich*

antiautoritär: *gegen Autorität gerichtet*

Antibabypille [-'be:bi-]: *ein Empfängnisverhütungsmittel*

antibakteriell: *Bakterien abtötend*

Antibiotikum das, -s/Antibiotika (Med.): *biologischer Wirkstoff gegen Krankheitserreger, zB Penicillin*

Antiblockiersystem [-zy-] → ABS

antichambrieren [ɑ̃tiʃɑ̃b-, antiʃam-] ⟨fr.⟩ (abw.): bei der Ministerin a. *([vor ihrem Zimmer] unterwürfig auf eine Gelegenheit warten, um Gehör zu finden)*

Antichrist [-kr-] der, -s: *Gegner Christi, des Christentums* | *der Teufel* || **antichristlich**

antidemokratisch: *die Demokratie ablehnend*

Antidepressivum das, -s/Antidepressiva (Med.): *Medikament gegen Depressionen*

Antifaschismus || **Antifaschist:** *Gegner des Faschismus* || **Antifaschistin** || **antifaschistisch**

Antifon → Antiphon

Antigen (Biol., Med.): *artfremder Eiweißstoff, der die Bildung von Antikörpern hervorruft*

Antiheld: *negative Hauptfigur* || **Antiheldin**

antik ⟨lat.-fr.⟩: *dem [klassischen] Altertum angehörig* | *altertümlich* || **Antike** die, -: *das Altertum, die griechisch-römische*

Welt ‖ **Antiken** die (Pl.): *antike, alte Kunstwerke;* → Antiquität ‖ **Antikensammlung** ‖ **antikisieren:** *die Antike nachahmen*
antiklerikal: *kirchenfeindlich* ‖ **Antiklerikalismus**
Antiklopfmittel (Kfz): *ein Kraftstoffzusatz*
Antikoinzidenz (Phys.): *das Nichtzusammenfallen von Ereignissen*
antikolonialistisch → Kolonialismus
Antikommunismus ‖ **antikommunistisch**
Antikörper die (Pl.) (Med.): *Schutz- und Abwehrstoffe im Blut*
Antilope die, -/-n ⟨fr.⟩: *ein Paarhufer*
Antimaterie [-iɛ] die, - (Phys.): *aus Antiteilchen bestehende Materie*
Antimilitarismus: *strikte Ablehnung von Militär und Rüstung* ‖ **Antimilitarist** ‖ **Antimilitaristin**
Antimon das, -s ⟨arab.-lat.⟩ (Zeichen: Sb): *ein chemisches Element, Stibium*
antimonarchistisch: *gegen die Monarchie eingestellt*
Antinomie die, -/-n ⟨gr.⟩ (Phil.): *Widerspruch*
Antioxidans = **Antioxydans** [-y-] das, -/Antioxidantien [-tsiɛn] (Chem.): *Stoff, der bestimmte chemische Reaktionen mit Sauerstoff verhindert*
Antipasto der = das, -s/Antipasti ⟨it.⟩: *italienische Vorspeise*
Antipathie die, -/-n ⟨gr.⟩: *Abneigung;* → G.: Sympathie
Antipersonenmine (Mil.): *gegen Personen gerichtete Mine*
Antifon [-f-] = **Antiphon** [-f-] die, -/-en: *liturgischer Wechselgesang*
Antipode der, -n/-n ⟨gr.⟩: *Bewohner der entgegengesetzten Stelle der Erdkugel* | *jemand, der die entgegengesetzte Meinung vertritt* ‖ **Antipodin** die, -/-innen
Antiqua die, - ⟨lat.⟩: *eine Schriftart, lateinische Druckschrift;* ein in A. gedrucktes Buch ‖ **Antiquar** der, -s/-e: *Buchhändler, der gebrauchte Bücher verkauft* ‖ **Antiquariat** das, -[e]s/-e ‖ **Antiquarin** die, -/-innen ‖ **antiquarisch:** ein Buch nur mehr a. bekommen ‖ **Antiquaschrift** ‖ **antiquiert** (abw.): *veraltet* ‖ **Antiquiertheit** die, - (abw.) ‖ **Antiquität** die, -/-en: *Altertümliches, zB alte Möbel, Kunstwerke;* → Antiken ‖ **Antiquitätenhändler** ‖ **Antiquitätenhändlerin**
Antiraucherkampagne [-anjɛ, fr.: -kɑ̃panʲ] = Antiraucherkampagne [-k-]
Antisemit: *Judenfeind* ‖ **Antisemitin** ‖ **antisemitisch** ‖ **Antisemitismus** der, -: *Feindschaft gegenüber Juden; politische Bestrebungen mit judenfeindlichen Inhalten*
Antiseptikum das, -s/Antiseptika (Med.): *antiseptisches Mittel* ‖ **antiseptisch** (Med.): antiseptische *(keimtötende, Bakterien tötende)* Wundbehandlung
Antiserum (Med.): *Serum, das Antikörper enthält*
antistatisch [-st-, auch: -ʃt-] (Phys.): *nicht elektrisch aufladend*
Antiteilchen das, -s/- (Phys.): *Elementarteilchen mit Eigenschaften (zB elektrischer Ladung), die denen eines zugehörigen Teilchens entgegengesetzt sind*
Antiterroreinheit (Mil.): *den Terror bekämpfende militärische Einheit*
Antithese [auch: 'a-]: *Gegenbehauptung, Gegensatz* ‖ **antithetisch**
Antitoxin das, -s/-e (Med.): *Gegengift* ‖ **antitoxisch** (Med.)
antitischen (mda., reg., bes. K, St): *anstoßen, antutschen*
Antivirenprogramm [-v-], *auch:* **Antivirusprogramm:** *EDV-Programm gegen Computerviren*
antizipieren ⟨gr.⟩: *[in Gedanken] vorwegnehmen; vorausschauend handeln*
antizyklisch [-tsy(ː)-]: *sich in unregelmäßigen Abständen wiederholend* | (Wirt.) *dem aktuellen Markttrend entgegengesetzt*
Antlass der, -es/-lässe (veraltet): *Ablass* ‖ **Antlassritt** (Volksk.): *ein Volksbrauch* ‖ **Antlasstag** (reg.) (Volksk.): *Gründonnerstag* | (bes. T) *Fronleichnamstag*
Antlitz das, -es/-e (geh.): *Gesicht*
Anton: *männl. Vorname;* → Toni
antönen: *anklingen* | (CH) *andeuten*
Antonia = **Antonie** [-iɛ]: *weibl. Vorname;* → Toni
Antonym [-'yːm] das, -s/-e ⟨gr.⟩ (Sprachwiss.): *Wort mit gegensätzlicher Bedeutung, zB* kurz – lang; → G.: Synonym
antörnen = anturnen [-tœ-] ⟨engl.⟩ (Jug.): der Song turnt mich an *(begeistert mich, bringt mich in Schwung)*
Antrag der, -[e]s/-träge: *Ansuchen, Vorschlag;* über/auf A.; einem A. stattgeben; einen A. bewilligen | einer Frau einen A. *(Heiratsantrag)* machen ‖ **antragen:** *anbieten* | (ugs.) jemandem eine Ohrfeige a. *(androhen)* ‖ **Antragsformular** ‖ **antragsgemäß:** a. *(so wie beantragt)* entscheiden ‖ **Antragsteller** der, -s/- ‖ **Antragstellerin** die, -/-innen
antrainieren [-trɛn-]: einem Hund hohe Sprünge a.
antreffen: die Ärztin in der Ordination a. *(vorfinden)*
antreiben: *drängen, schneller zu sein* | der Motor treibt die Räder an *(setzt sie in Bewegung)*
antrenzen (ugs.): sich beim Essen a. *(anpatzen)*
antreten: zum Appell a. | (Sport) gegen die siegreiche Mannschaft a. | eine Reise a. *(beginnen)* | den Beweis a. *(die Richtigkeit beweisen)* | eine Erbschaft a. *(übernehmen)* | die Pension a.
Antrieb: *bewegende Kraft* | *Anreiz;* aus eigenem A. *(von sich aus, von selbst)* ‖ **Antriebsaggregat** ‖ **Antriebskraft** ‖ **Antriebsrad**
antrinken: eine Weinflasche nur a.; eine angetrunkene Bierflasche | sich Mut a.; angetrunken *(betrunken)* mit dem Auto fahren | (ugs.) sich einen Rausch a.
Antritt: der A. *(Beginn)* der Reise, eines Amtes | (Sport) ein starker A. *(Sprint, bes. im Radsport)* ‖ **Antrittsbesuch:** *erstmaliger Besuch* ‖ **Antrittsrede**
antrocknen: die Speisereste sind angetrocknet
Antschi (bes. W): *weibl. Vorname (Anna, Angelika)*
antun: sich etwas a. *(sich ein Leid zufügen; Selbstmord begehen)* | (ugs.) tu dir nichts an *(reg dich darüber nicht übermäßig auf)* | (ugs.) tu mir das nicht an! *(verschone mich damit!);* → angetan
anturnen [-tœ-] = → antörnen
antuschen: *mit Tusche anstreichen* | (ugs.) *prahlen, angeben* | *anstoßen*
antutschen (mda., reg., bes. K, St): *anstoßen*
Antwort die, -/-en: eine abschlägige A.; eine A. schuldig bleiben ‖ **antworten:** *erwidern, eine Antwort geben* ‖ **Antwortkarte** ‖ **Antwortschreiben**

A̲nus der, -/Ani ⟨lat.⟩ (Med.): *After;* → anal

ạn|ver|trau|en: jemandem ein Geheimnis a. *(vertrauensvoll mitteilen)*

ạn|ver|wahrt (Amtsspr., veraltend): *beiliegend*

ạn|ver|wandt (geh.): *verwandt* ‖ **Ạn|ver|wand|te**[1] der, -n/-n, ein Anverwandter (geh.): *ein Verwandter* ‖ **Ạn|ver|wand|te**[2] die, -n/-n (geh.)

ạn|vi|sie|ren [-v-]: ein Ziel a. *(anpeilen)*

ạn|wach|sen [-ks-]: *festwachsen; wurzeln* | die Ersparnisse wachsen an *(werden mehr)*

Ạn|walt der, -[e]s/-wälte: *Rechtsanwalt* | *Fürsprecher* ‖ **Ạn|wäl|tin** die, -/-innen ‖ **Ạn|walts|bü|ro** ‖ **Ạn|walt|schaft** die, -/-en ‖ **Ạn|walts|kanz|lei** ‖ **Ạn|walts|pflicht** (Jus): → *Anwaltszwang* ‖ **Ạn|walts|zwang** (Jus): *Pflicht, sich bei Gericht durch einen Rechtsanwalt vertreten zu lassen*

ạn|wan|deln (geh.): *überkommen, befallen;* ein Gefühl von Hilflosigkeit wandelte ihn an ‖ **Ạn|wand|lung** (geh.): eine leichte A. von Schwäche spüren

Ạn|wär|ter: A. auf einen Posten sein ‖ **Ạn|wär|te|rin** ‖ **Ạn|wart|schaft** die, -/-en (Amtsspr.): *Aussicht auf einen zukünftigen Erwerb;* die A. auf einen Posten

ạn|we|hen: angewehter Schnee

ạn|wei|nen (ugs.): *anjammern*

ạn|wei|sen: jemandem einen Platz a. *(zuweisen)* | jemanden a. *(beauftragen),* etwas zu tun | jemandem Geld a. *(per Post oÄ überweisen);* → angewiesen ‖ **Ạn|wei|sung:** *Anordnung, Befehl* | (Bankw.) *Überweisung;* die A. durch Unterschrift bestätigen

ạn|wend|bar ‖ **Ạn|wend|bar|keit** die, -/-en ‖ **ạn|wen|den:** ein Waschmittel a.; Gewalt a. | eine bestimmte Formel zur Lösung a.; → angewandt ‖ **Ạn|wen|der** der, -s/-: der A. *(Benützer, User)* eines Computerprogramms; der A. einer Kur ‖ **Ạn|wen|de|rin** die, -/-innen ‖ **Ạn|wen|der|pro|gramm** (EDV): *Anwendungsprogramm* ‖ **Ạn|wen|dung:** die A. eines Medikaments; die A. einer gesetzlichen Bestimmung | (Med.) (bei einer Kur) Anwendungen bekommen | (EDV) → *Programm* ‖ **Ạn|wen|dungs|feh|ler** ‖ **Ạn|wen|dungs|ge|biet** ‖ **Ạn|wen|dungs|mög|lich|keit** ‖ **Ạn|wen|dungs|pro|gramm** (EDV): *zusätzliche Software für bestimmte Funktionen;* → App

ạn|wer|ben: Kunden a. *(durch Werbung gewinnen [wollen])*

ạn|wer|fen: die Mauer a. *(verputzen)* | den Motor a. *(in Gang setzen)*

Ạn|wert der, -[e]s: *Wertschätzung;* A. haben/genießen

Ạn|we|sen: *[bäuerlicher] Besitz* ‖ **ạn|we|send:** *zugegen, am Platz* ‖ **Ạn|we|sen|de**[1] der, -n/-n, ein Anwesender ‖ **Ạn|we|sen|de**[2] die, -n/-n ‖ **Ạn|we|sen|heit** die, - ‖ **Ạn|we|sen|heits|lis|te**

ạn|wi|dern: etwas widert *(ekelt)* mich an

ạn|win|seln: der Hund winselt mich an

Ạn|woh|ner der, -s/-: *Anrainer* ‖ **Ạn|woh|ne|rin** die, -/-innen

Ạn|wurf (meist Pl.): *Anschuldigung, Verdächtigung*

ạn|wur|zeln: rasch anwurzelnde Pflanzen; wie angewurzelt *(starr)* dastehen

Ạn|zahl die, -: *Menge, Zahl* ‖ **ạn|zah|len:** ein Auto a. *(nur einen Teil bezahlen)* ‖ **Ạn|zah|lung**

ạn|zap|fen: ein Bierfass a. *(durch Einschlagen eines Zapfhahns öffnen);* einen Baumstamm zur Harzgewinnung a. | eine Telefonleitung a. *(abhören)*

Ạn|zei|chen: *Vorzeichen; Kennzeichen;* A. *(Symptome)* einer Krankheit

ạn|zeich|nen: *anstreichen, markieren*

Ạn|zei|ge die, -/-n: *Meldung bei der Polizei, bei einer Behörde;* A. erstatten; etwas zur A. bringen | *Annonce;* eine A. schalten/aufgeben ‖ **ạn|zei|gen:** jemanden bei der Polizei a. | die Vermählung a. *(bekannt machen)* | die Temperatur a.; → angezeigt ‖ **Ạn|zei|gen|an|nah|me:** *Stelle, Abteilung [bei Zeitungen], die Anzeigen entgegennimmt* ‖ **Ạn|zei|gen|teil:** *[Zeitungs]teil, der die Anzeigen enthält* ‖ **Ạn|zei|gen|schluss:** *letzter Termin der Entgegennahme von Anzeigen* ‖ **ạn|zei|ge|pflich|tig:** eine anzeigepflichtige Krankheit ‖ **Ạn|zei|ger** der, -s/-: *einer, der jemanden anzeigt* | *Zeitungstitel [von Annoncenzeitungen]* ‖ **Ạn|zei|ge|rin** die, -/-innen ‖ **Ạn|zei|ge|ta|fel**

ạn|zet|teln, ich zettle an: eine Verschwörung a. *(anstiften)*

ạn|zie|hen: sich warm a. | die Schraube a. *(festdrehen);* die Handbremse a. | er fühlt sich von ihr angezogen *(sie gefällt ihm);* viele Besucher a. *(anlocken)* | die Preise ziehen an *(steigen)* | es zieht an *(wird kälter, unter 0°)* | (ugs.) zieh endlich an! *(bemüh dich, tu was!)* ‖ **ạn|zie|hend:** er hat ein anziehendes *(gewinnendes, reizvolles)* Wesen ‖ **Ạn|zie|hung** die, - ‖ **Ạn|zie|hungs|kraft** ‖ **Ạn|zie|hungs|punkt:** Schönbrunn ist ein A. für Touristen

ạn|zip|fen (ugs.): *[ver]ärgern, stören;* das zipft mich an

ạn|zu|ckern: den Gugelhupf a. | die Berge sind nur leicht angezuckert *(angeschneit)*

Ạn|zug: ein dunkler A. | schwarze Wolken sind im A. *(nähern sich)* ‖ **ạn|züg|lich:** eine anzügliche *(boshaft anspielende)* Bemerkung ‖ **Ạn|züg|lich|keit** die, -/-en

ạn|zün|den: eine Kerze a. ‖ **Ạn|zün|der:** *Gerät, mit dem zB Heizgas angezündet wird*

ạn|zwei|feln: *bezweifeln, in Frage stellen*

ạn|zwi|dern (reg., ugs.): *zuwider sein, lästig werden;* etwas/jemand zwidert mich an!

ạn|zwin|kern: jemanden verschmitzt a. *(zwinkernd anschauen)*

ạn|zwit|schern (ugs.): er hat sich am Nachmittag [einen] angezwitschert *(angetrunken)*

Ä̲ols|har|fe, *auch:* Aeolsharfe [ˈɛːo-] : *ein Musikinstrument, dessen Saiten im Wind klingen (nach dem griech. Gott der Winde)*

Ä̲on der = das, -s/-en (meist Pl.) ⟨gr.⟩ (geh.): *sehr lange Zeit, Weltperiode; Ewigkeit* | (Geol., Kosmologie) *eine Milliarde Jahre* ‖ **ä̲o̲|nen|lang**

Aọr|ta die, -/Aorten ⟨gr.⟩: *größte Arterie; Hauptschlagader*

Ao. Univ.-Prof.: **A**ußer**o**rdentliche/r **Univ**ersitäts**prof**essor/in

APA die, -: **A**ustria **P**resse **A**gentur *(eine österreichische Nachrichtenagentur)*

Apạ|che [-tʃɛ] der, -n/-n: *Angehöriger eines nordamerikanischen Indianerstamms* ‖ **Apạ|chin** die, -/-innen

Apa|na̲|ge [-ˈaːʃ, -ʒɛ] die, -/-n ⟨fr.⟩: *regelmäßige höhere finanzielle Unterstützung [für Mitglieder der Königsfamilie]*

apạrt ⟨gr.⟩: ein apartes *(originelles, reizvolles)* Kleid

Apạrt|heid die, - ⟨Afrikaans⟩ (früher): *Rassentrennung in Südafrika*

Apart|ho|tel [ə'pɑːt-] ⟨engl.⟩: *Apartmenthotel* ‖ **Apart|ment** das, -s/-s: *luxuriöse Kleinwohnung; aber:* → Appartement ‖ **Apart|ment|haus** ‖ **Apart|ment|ho|tel** → Appartementhotel

Apa|thie die, - ⟨gr.⟩: *Teilnahmslosigkeit; Stumpfheit* ‖ **apa|thisch**

Apen|nin der, -s = **Apen|ni|nen** die (Pl.): *ein Gebirgszug in Italien* ‖ **Apen|ni|nen|halb|in|sel:** *Mittel- und Süditalien*

aper: *schneefrei;* → apern

Aper|çu [-'syː] das, -s/-s ⟨fr.⟩: *geistreiche Bemerkung*

Ape|ri|tif der, -s/-s ⟨fr.⟩: *anregendes Getränk vor dem Essen*

apern: es apert *(der Schnee schmilzt weg);* → ausapern; → aper

Ape|rol [auch: -'oːl] der, -s/-[s] ⟨it.⟩ (Wz.): *ein italienischer Aperitiv* | (Wz.) A. Spritz/Sprizz *(Aperolspritzer mit Prosecco oÄ)*

Aper|schnal|zen das, -s: *ein Volksbrauch, Winteraustreiben;* → apern

Ap|fel der, -s/Äpfel: *ein Obst;* in den sauren A. beißen *(Unangenehmes tun)* müssen ‖ **Ap|fel|baum** ‖ **Ap|fel|brand** ‖ **Ap|fel|butz** (reg.): *Apfelbutzen* ‖ **Ap|fel|but|zen:** *Kerngehäuse des Apfels* ‖ **Ap|fel|es|sig** ‖ **Ap|fel|fle|ckerl** = **Ap|fel|fle|ckerln** die (Pl.) ‖ **Ap|fel|fül|le** ‖ **Ap|fel|kiachl** (T): *Apfelkücherl* ‖ **Ap|fel|koch** das, -[e]s: *Apfelmus* ‖ **Ap|fel|kom|pott** ‖ **Ap|fel|kren:** *eine Beilage* ‖ **Ap|fel|küachle,** auch: **Ap|fel|küach|li** (V): *Apfelkücherl* ‖ **Ap|fel|ku|chen** ‖ **Ap|fel|kü|cherl** = **Ap|fel|küchl:** *eine Mehlspeise* ‖ **Ap|fel|männ|chen** (EDV, Math., Phys.): *grafische Darstellung eines Fraktals* ‖ **Ap|fel|most** ‖ **Ap|fel|mus** ‖ **Ap|fel|radl:** *eine Mehlspeise* ‖ **Ap|fel|saft:** A. gespritzt; naturtrüber A. ‖ **Ap|fel|scha|le** ‖ **Ap|fel|schlan|gel** = **Ap|fel|schlan|kel** (reg., bes. St, K, O): *eine Mehlspeise* ‖ **Ap|fel|schnit|te:** *Apfelkuchen* ‖ **Ap|fel|si|ne** die, -/-n ⟨niederl.⟩ (nördl. D): *Orange* ‖ **Ap|fel|sor|te** ‖ **Ap|fel|spal|te** ‖ **Ap|fel|spat|zen** die (Pl.): *eine Mehlspeise* ‖ **Ap|fel|stru|del:** *eine Mehlspeise* ‖ **Ap|fel|tor|te** ‖ **Ap|fel|wein:** → *Zider* | (D) *Apfelmost*

Apha|sie [-f-] die, -/-n ⟨gr.⟩ (Med.): *Sprachstörung; Störung, Verlust des Sprachverständnisses*

Ap|hel das, -s/-ien [-i̯ən] ⟨gr.⟩ (Astron.): *der von der Sonne am weitesten entfernte Punkt auf der Bahn eines Himmelskörpers;* → G.: Perihel

Apho|ris|mus [-f-] der, -/Aphorismen ⟨gr.⟩: *Sinnspruch, Gedankensplitter* ‖ **Apho|ris|ti|ker** der, -s/- ‖ **Apho|ris|ti|ke|rin** die, -/-innen ‖ **apho|ris|tisch**

Aph|ra|sie [-f-] die, -/-n ⟨gr.⟩ (Med.): *Unvermögen, richtige Sätze zu bilden*

Aph|ro|di|si|a|kum [-f-] das, -s/Aphrodisiaka ⟨gr.⟩: *sexuell erregendes Mittel* ‖ **aph|ro|di|sisch:** *zu Aphrodite gehörig* | *himmlisch, herrlich* ‖ **Aph|ro|di|te:** *griechische Göttin der Liebe und der Schönheit;* → Venus

Aph|the [-f-] die, -/-n ⟨gr.⟩ (Med.): *offene Stelle, kleines Geschwür im Mund*

Ap|noe die, -/-n ⟨gr.⟩ (Med.): *willentliches Anhalten oder unwillentliches Aussetzen der Atmung, Atemstillstand;* Schlafapnoe

apo|dik|tisch ⟨gr.⟩: *unumstößlich, keinen Widerspruch duldend*

Apo|ka|lyp|se [-'ly-] die, -/-n ⟨gr.⟩: *Vision vom Weltuntergang; die Offenbarung des Johannes in der Bibel* | *Weltuntergang* ‖ **apo|ka|lyp|tisch:** die apokalyptischen Reiter *(Sinnbilder für Pest, Krieg, Hunger, Tod)*

apo|kryph [-'yːf] ⟨gr.⟩ (geh.): *abweichend von der traditionellen Überlieferung;* die apokryphen Bücher der Bibel

apo|li|tisch: *unpolitisch*

Apoll, *auch:* Apollo, Apollon: *griechisch-römischer Gott der Dichtkunst und der Musik;* schön wie A. ‖ **apol|li|nisch** (geh.): *zu Apoll gehörig; erhaben, klar;* → G.: dionysisch ‖ **Apol|lo** → Apoll ‖ **Apol|lo|fal|ter:** *ein Schmetterling* ‖ **Apol|lon** → Apoll

Apo|lo|get der, -en/-en ⟨gr.⟩ (geh.) ‖ **Apo|lo|ge|tin** die, -/-innen (geh.) ‖ **apo|lo|ge|tisch** (geh.): *vehement eine Anschauung, Lehre rechtfertigend* ‖ **Apo|lo|gie** die, -/-n (geh.): *Rechtfertigungsrede*

Apo|ple|xie die, -/-n ⟨gr.⟩ (Med.): *Schlaganfall*

Apo|rie die, -/-n ⟨gr.⟩ (geh.): *Ausweglosigkeit*

Apo|s|tat der, -en/-en ⟨gr.⟩ (geh.): *vom Glauben Abtrünniger*

Apos|tel der, -s/- ⟨gr.⟩: die zwölf Apostel (Christi) | *Glaubensbote* | *eifriger Befürworter* ‖ **Apo|s|tel|brief** (meist Pl.): *ein Teil der Schriften des Neuen Testaments* ‖ **Apo|s|tel|ge|schich|te** die, -: *ein Buch des Neuen Testaments*

A-Posten

a pos|te|ri|o|ri ⟨lat.⟩: *nachträglich, aus Erfahrung;* → G.: a priori

Apos|til|le die, -/-n ⟨gr.-lat.-fr.⟩ (Jus): *Legalisierung (Beglaubigung) öffentlicher Urkunden für den Gebrauch im Ausland*

Apo|s|to|lat das, -[e]s/-e ⟨gr.-lat.⟩: *Apostelamt* ‖ **apo|s|to|lisch:** *von den Aposteln Christi ausgehend;* apostolischer Segen | (Großschreibung) ein Apostolischer *(päpstlicher)* Nuntius; Apostolisches Glaubensbekenntnis

Apo|s|troph [-f] der, -s/-e (') ⟨gr.⟩: *Auslassungszeichen* ‖ **apo|s|tro|phie|ren:** die Künstlerin in der Festrede a. *(auf sie hinweisen)*

Apo|the|ke die, -/-n ⟨gr.⟩ ‖ **Apo|the|ken|be|reit|schafts|dienst** ‖ **Apo|the|ken|not|dienst** ‖ **Apo|the|ken|not|ruf** ‖ **apo|the|ken|pflich|tig:** ein Medikament ist a. *(darf nur in Apotheken verkauft werden)* ‖ **Apo|the|ker** der, -s/- ‖ **Apo|the|ke|rin** die, -/-innen ‖ **Apo|the|ker|kam|mer:** *gesetzliche Interessenvertretung der Apotheker*

Apo|the|o|se die, -/-n ⟨gr.⟩: *Verherrlichung*

App [æp] das, -s/-s = die, -/-s ⟨engl.⟩ (Elektrot.): *Anwendungsprogramm („Applikation") für Handys und PDAs*

Ap|pa|rat der, -[e]s/-e ⟨lat.⟩: *Vorrichtung, Gerät;* den A. einschalten | *Organisation, System* ‖ **Ap|pa|rat|schik** der, -s/-s ⟨lat.+russ.⟩ (abw.) (Pol.): *Repräsentant eines verknöcherten Machtapparates* ‖ **Ap|pa|ra|tur** die, -/-en ⟨lat.⟩

Ap|par|te|ment [apart'mɑ̃ː] das, -s/-s ⟨fr.⟩: *komfortable Wohnung; Zimmerflucht in einem Hotel; aber:* → Apartment ‖ **Ap|par|te|ment|haus** ‖ **Ap|par|te|ment|ho|tel,** *auch:* Apartmenthotel [ə'pɑːt-]: *Hotel mit Studios und Apartments*

ap|pas|si|o|na|to ⟨it.⟩ (Mus.): *leidenschaftlich*

Ap|peal [ə'piːl] der, -s ⟨engl.⟩: *Ausstrahlung, Anziehungskraft;* Sexappeal

Ap|pell der, -s/-e ⟨lat.⟩: *Aufforderung, Ermahnung;* „Antreten zum Appell!" ‖ **Ap|pel|la|ti|on** [-tsi̯-] die, -/-en (Jus): *Anrufung*

eines höheren Gerichts ‖ **Ap|pel|la|tiv** das, -s/-e [-fɛ, -vɛ] (Sprachwiss.): *Gattungsname;* → G.: Eigenname ‖ **ap|pel|lie|ren:** an jemandes Güte a. *(sie wachrütteln, sie ansprechen);* die Rednerin appellierte *(wendet sich eindringlich mit einem Anliegen)* an die Verantwortlichen | (Jus) *in die nächste Instanz gehen*
Ap|pen|dix der, -/Appendizes (Appendices [-ts-]) ⟨lat.⟩: *Anhang, Zusatz* | (auch mit Art. die) (Med.) *Wurmfortsatz des Blinddarms*
Ap|pen|zell: *Schweizer Stadt und Kanton* ‖ **Ap|pen|zel|ler** der, -s/-: *ein Schweizer Käse*
Ap|per|zep|ti|on [-tsi̯-] die, -/-en ⟨lat.⟩ (Psych.) *die bewusste Auffassung von Wahrnehmungen* ‖ **ap|per|zi|pie|ren** (Psych.)
Ap|pe|tit der, -[e]s/-e ⟨lat.⟩: *Esslust; Verlangen;* A. auf etwas haben; guten A.!; mit A. essen ‖ **ap|pe|tit|an|re|gend** ‖ **Ap|pe|tit|an|re|ger** der, -s/- ‖ **ap|pe|tit|lich:** *appetitanregend; geschmackvoll, ansprechend* ‖ **Ap|pe|tit|lo|sig|keit** die, - ‖ **Ap|pe|tit|züg|ler** der, -s/- (Med.) ‖ **Ap|pe|ti|zer** ['æpətaɪzə] der, -s/- ⟨lat.-engl.⟩: *Appetitanreger, zB ein Aperitif*
ap|pla|nie|ren ⟨lat.⟩: *einebnen* | Konflikte a. *(beilegen)*
ap|plau|die|ren ⟨lat.⟩: *Beifall klatschen;* stehend a. ‖ **Ap|plaus** der, -es/-e
Apple [æpl] (Wz.): *ein Computer- und Softwarehersteller*
App|let ['æplɛt] das, -s/-s ⟨engl.⟩ (EDV): *ein Programm in der Programmiersprache Java*
Ap|pli|ka|ti|on [-tsi̯-] die, -/-en ⟨lat.⟩: *Anwendung, Anbringung* | (EDV) *Anwendung; ein Programm* | (Med.) *Verabreichung von Medikamenten* ‖ **ap|pli|zie|ren:** *anwenden, anbringen*
Ap|port der, -s/-e ⟨lat.-fr.⟩ (Jägerspr.): *das Apportieren* ‖ **ap|por|tie|ren:** *herbeibringen* ‖ **Ap|portl** das, -s/-n (reg., ugs.): der Hund holt das A. *(ein Stück Holz oÄ)*
Ap|po|si|ti|on [-tsi̯-] die, -/-en ⟨lat.⟩ (Gramm.): *nominales Attribut, zB Johann Nestroy,* der sozialkritische Dichter, *wurde ...;* → Attribut
ap|pre|tie|ren ⟨fr.⟩: *[Textil]gewebe stärken, glänzend machen, glätten* ‖ **Ap|pre|tur** die, -/-en
Ap|proach [ə'prəʊtʃ] der, -[e]s/-s ⟨engl.⟩: *Vorgehensweise, Annäherung*
Ap|pro|ba|ti|on [-tsi̯-] die, -/-en ⟨lat.⟩: *behördliche Genehmigung, Zulassung; Druckerlaubnis* ‖ **Ap|pro|ba|ti|ons|be|fug|nis** (Amtsspr.): *interne Ermächtigung einer Behörde, in ihrem Namen zu entscheiden* ‖ **Ap|pro|ba|ti|ons|kom|mis|si|on** ‖ **ap|pro|bie|ren:** ein Buch für den Unterrichtsgebrauch a.
ap|pro|xi|ma|tiv ⟨lat.⟩ (geh.): *annähernd, schätzungsweise*
Ap|rès-Ski [aprɛ'ʃi(ː)] das, - ⟨fr.⟩: *bequeme Kleidung bzw. geselliges Beisammensein nach dem Skifahren*
Ap|ri|ko|se die, -/-n ⟨arab.-niederl.⟩ (D, CH): *Marille*
Ap|ril der, -[s]/-e ⟨lat.⟩: *der vierte Monat* ‖ **Ap|ril|scherz:** *Brauch am 1. April (jemanden in den April schicken)* ‖ **Ap|ril|wet|ter** (ohne Pl.): *wechselhaftes Wetter*
a pri|o|ri ⟨lat.⟩: das steht a priori *(von vornherein)* fest; *durch Vernunft begründet;* → G.: a posteriori ‖ **apri|o|risch**
ap|ro|pos [-'poː] ⟨fr.⟩: *in diesem Zusammenhang, übrigens*
APS [a pe 'ɛs] die, -: **a**llgemein bildende (= allgemeinbildende) **P**flicht**s**chule; → BPS; → AHS
Ap|si|de die, -/-n ⟨gr.⟩ (Astron.): *Punkt einer Planetenbahn mit der kleinsten oder größten Entfernung zum umkreisten Gestirn* | (Arch.) → Apsis ‖ **Ap|si|den** die (Pl. von → Apsis und → Apside) ‖ **Ap|sis** die, -/Apsiden, *auch:* Apside, -/-n: *Altarnische als Abschluss eines Kirchenraumes, Chor[raum]*
Aquä|dukt der = das, -[e]s/-e ⟨lat.⟩: *Wasserleitungsbrücke* ‖ **Aqua|fit|ness:** *Ganzkörpertraining im Wasser* ‖ **Aqua|gym|nas|tik** [-y-]: *Wassergymnastik* ‖ **Aqua|jog|ging** [-dʒ-]: *eine Wassergymnastik* ‖ **Aqua|ma|rin** der, -s/-e: *ein Schmuckstein* ‖ **Aqua|pla|ning** das, -[s] ⟨lat.+engl.⟩: *Verlust der Bodenhaftung der Reifen durch Wasser auf der Fahrbahn* ‖ **Aqua|rell** das, -s/-e ⟨it.⟩: *mit Wasserfarben auf Papier gemaltes Bild* ‖ **Aqua|rell|far|be** ‖ **aqua|rel|lie|ren** ‖ **Aqua|rell|ma|le|rei** ‖ **Aqua|rell|tech|nik** ‖ **Aqua|ri|a|ner** der, -s/- ⟨lat.⟩: *Aquarienliebhaber* ‖ **Aqua|ri|a|ne|rin** die, -/-innen ‖ **Aqua|ris|tik** die, -: *artgerechte Haltung und Züchtung von Unterwassertieren und -pflanzen* ‖ **Aqua|ri|um** das, -s/Aquarien [-i̯ɛn]: *Behälter für Wassertiere und -pflanzen;* → Terrarium
Äqua|tor der, -s ⟨lat.⟩: *größter Breitenkreis* ‖ **äqua|to|ri|al:** äquatoriales *(tropisches)* Klima
Aqua|vit [-v-] der, -s/-e ⟨lat.⟩: *ein Korn- oder Kartoffelschnaps*
äqui|di|s|tant ⟨lat.⟩: *den gleichen Abstand habend* ‖ **Äqui|di|s|tanz:** in Ä. zu allen Parteien
Äqui|nok|ti|um [-tsi̯-] das, -s/Äquinoktien [-i̯ɛn] ⟨lat.⟩ (Astron.): *Tagundnachtgleiche* ‖ **äqui|va|lent** [-v-]: *von entsprechendem Gegenwert* ‖ **Äqui|va|lent** das, -s/-e: *gleichwertiger Ersatz* ‖ **Äqui|va|lenz** die, -/-en ‖ **Äqui|va|lenz|prin|zip** das, -s (Phys.): *Satz von der Gleichwertigkeit von Masse und Energie*
Ar[1] das, -s/-e (a) ⟨lat.-fr.⟩: *ein Flächenmaß für Grund und Boden, 100 m^2* | (in Mengenangaben mit Pl. Ar) drei Ar (3 a)
Ar[2]: **Ar**gon
Ara der, -s/-s ⟨indian.-fr.⟩: *ein Papagei*
Ära die, -/Ären ⟨lat.⟩: *Zeitalter; Zeitrechnung*
Ara|bel|la: *weibl. Vorname*
Ara|ber ['ara-, a'raː-] der, -s/-: *Person arabischer Sprache und Kultur* | *Bewohner Arabiens* | *eine Vollblut-Pferderasse* ‖ **Ara|be|rin** die, -/-innen: *Bewohnerin Arabiens*
Ara|bes|ke die, -/-n ⟨it.-fr.⟩: *fantasievolles Ornament*
Ara|bi|en: *die arabische Halbinsel* ‖ **ara|bisch:** arabische Ziffern; *aber:* die Arabische Liga *(eine Vereinigung arabischer Staaten)* ‖ **Ara|bisch** das, -[s] = **Ara|bi|sche,** -n: *die arabische Sprache* ‖ **Ara|bis|tik** die, -: *Wissenschaft von der arabischen Sprache und Literatur*
Arach|ni|den = **Arach|no|i|den** die (Pl.) ⟨gr.⟩ (Zool.): *Spinnentiere*
Ara|mä|isch das, -[s] = **Ara|mä|i|sche,** -n: *die aramäische Sprache, eine semitische Sprache*
Aran|zi|ni die (Pl.) ⟨it.⟩: *überzuckerte konservierte Orangenschalen*
Aral|see: *See im westlichen Innerasien*
Aräo|me|ter das, -s/-, *auch:* der ⟨gr.⟩: *Gerät zur Dichtebestimmung von Flüssigkeiten, Senkwaage*
Ärar der = das, -s/-e ⟨lat.⟩ (veraltet): *Staatseigentum; Fiskus* ‖

A

ärarisch (veraltet): *staatlich; fiskalisch*

Arbeit die, -/-en: eine harte A.; ganze A. leisten; viel A. haben; sich an die A. machen; A. suchen; → Arbeit suchend = arbeitsuchend; etwas ist in A. *(wird gerade hergestellt);* etwas in A. geben *(anfertigen lassen)* | eine wissenschaftliche/kunstvolle A. | (Physik) *Produkt aus Kraft und Weg* || **arbeiten:** als Fremdenführer a.; körperlich, geistig a.; wir a. Hand in Hand *(gemeinsam)* | sie arbeitet an ihrem Image *(versucht es zu verbessern)* | das Holz arbeitet *(verändert, verzieht sich)* || **Arbeiter** der, -s/- || **Arbeiterabfertigung** || **Arbeiterbewegung** || **Arbeiterheim** || **Arbeiterin** die, -/-innen: *weibl. Form von Arbeiter* | (Zool.) *unfruchtbare Ameise, Termite, Biene* || **Arbeiterkammer** (AK): *Kammer für Arbeiter und Angestellte;* → Kammer || **Arbeiterkämmerer** der, -s/- (sal., veraltend): *Funktionär der Arbeiterkammer;* → Kämmerer || **Arbeiterkammertag:** Österreichischer A. *(Zusammenschluss der Arbeiterkammern)* || **Arbeiterkammerwahl** || **Arbeiterpartei** || **Arbeiter-Samariter-Bund** (ASBÖ): *eine Hilfs-, Rettungsorganisation* || **Arbeiterschaft** die, - || **Arbeiterschutz** || **Arbeiter- und Angestelltenbund** der, -[e]s (ÖAAB): *eine Teilorganisation der ÖVP* || **Arbeiterviertel:** *Wohngegend von Arbeiterfamilien* || **Arbeitgeber** der, -s/-: *Person, Firma, Körperschaft, die Arbeitskräfte beschäftigt* || **Arbeitgeberin** die, -/-innen || **Arbeitgebervertretung:** *ein Gremium in der Sozialpartnerschaft* || **Arbeitnehmer** der, -s/-: *unselbständig Erwerbstätiger;* A. *(G.: selbständig)* sein || **Arbeitnehmerabsetzbetrag** (Wirt.): *Absetzbetrag, der allen Arbeitnehmer/innen zusteht* || **Arbeitnehmerin** die, -/-innen || **ArbeitnehmerInnenschutzgesetz** (Amtsspr.) || **Arbeitnehmerschutz** || **Arbeitnehmerveranlagung** (Wirt.): *Lohnsteuerausgleich bei unselbständig Erwerbstätigen* (früher: *Jahresausgleich*) || **Arbeitnehmervertretung** || **arbeitsam** || **Arbeitsamt:** → *Arbeitsmarktverwaltung* || **Arbeitsaufwand** || **Arbeitsbedingungen** die (Pl.) || **Arbeitsbehelf** || **Arbeitsbereich** || **Arbeitsbeschaffungsmaßnahme** || **Arbeitsbewilligung** || **Arbeitsbuch:** *ein Übungsbuch;* Lehr- und Arbeitsbuch || **Arbeitsbühne:** *bewegliche Plattform, Hebebühne* || **Arbeitseifer** || **Arbeitseinkommen:** *Lohn, Gehalt* || **Arbeitseinteilung** || **Arbeitserlaubnis:** *Berechtigung für Ausländer/innen zur Arbeitsaufnahme* || **Arbeitsessen:** *Essen mit Verhandlungs- bzw. Geschäftspartnern* || **arbeitsfähig** || **Arbeitsfähigkeit:** geminderte A. || **Arbeitsfassung:** *vorläufige Fassung* || **arbeitsfrei** || **Arbeitsgang** || **Arbeitsgemeinschaft** (ARGE, Arge, AG) || **Arbeitsgenehmigung** || **Arbeitsgericht** || **Arbeitsgrube:** *ein Arbeitsraum;* das Auto aus der A. *(von unten)* inspizieren || **Arbeitsinspektion** [-sp-tsi̯-, auch: -ʃp-] || **Arbeitsinspektorat:** *Einrichtung, die die Einhaltung des Arbeitnehmerschutzes überprüft* || **arbeitsintensiv** || **Arbeitsjahr** || **Arbeitskampf** || **Arbeitskleidung** || **Arbeitsklima:** *Betriebsklima* || **Arbeitskollege** || **Arbeitskollegin** || **Arbeitskraft:** *Leistungskraft* | *arbeitende Person* || **Arbeitskräfteüberlassung** (Amtsspr.): *Überlassung von Leiharbeitern, Personalleasing* || **Arbeitskreis** (AK) || **Arbeitsleistung** || **Arbeitslohn** || **arbeitslos** || **Arbeitslose**[1] der, -n/-n, ein Arbeitsloser || **Arbeitslose**[2] die, -n/-n: *arbeitslose Frau* | (ugs.) *Arbeitslosengeld* || **Arbeitslosenfürsorge** || **Arbeitslosengeld** || **Arbeitslosenrate** || **Arbeitslosenversicherung** || **Arbeitslosigkeit** die, - || **Arbeitsmantel** || **Arbeitsmarkt** || **Arbeitsmarktabgabe** (Wirt.) || **Arbeitsmarktlage** || **Arbeitsmarktpolitik** || **Arbeitsmarktservice** [-sɜːvɪs] das = der, - (AMS): *eine Betreuungsstelle für Arbeitsplatzsuchende* (früher: *Arbeitsamt*) || **Arbeitsmarktverwaltung** die, - (AMV): *eine berufsberatende und arbeitsvermittelnde Institution, Arbeitsmarktservice* || **Arbeitsmedizin:** *Fachgebiet der Medizin für arbeitsbedingte Erkrankungen* || **Arbeitsmethode** || **Arbeitsmigrant:** *jemand, der in ein fremdes Land zieht, um dort zu arbeiten* || **Arbeitsmigrantin** || **Arbeitsmigration** [-tsi̯-] || **Arbeitsminister** || **Arbeitsministerin** || **Arbeitsministerium:** *Bundesministerium für Arbeit, Soziales und Konsumentenschutz* || **Arbeitsmoral** || **Arbeitsniederlegung** die, -/-en: *Streik* || **Arbeitspapier:** *Entwurf für das weitere Vorgehen* || **Arbeitspensum** || **Arbeitsplatz:** am A. nicht rauchen | einen guten A. *(Posten)* finden || **Arbeitsprogramm** || **Arbeitsprozess** || **Arbeitspsychologie** [-psy-] || **Arbeitsrecht** || **Arbeitsschutz** || **Arbeitssitzung** || **Arbeitsspeicher** (EDV); → RAM; → Hauptspeicher || **Arbeitssprache:** *Sprache, die in einem Betrieb, bei Tagungen, Verhandlungen, in internationalen Organisationen uÄ gebraucht wird* || **Arbeitsstätte** || **Arbeitsstelle:** *Arbeitsplatz* | *Forschungseinrichtung* || **Arbeitsstrich:** *Straße oder Platz, wo sich Personen ohne Arbeitsbewilligung für eine Arbeit anbieten* || **Arbeitsstunde** || **Arbeitssuche** || **arbeitssuchend:** arbeitssuchende (= Arbeit suchende, arbeitsuchende) Jugendliche || **Arbeitssuchende**[1] der, -n/-n, ein Arbeitssuchender || **Arbeitssuchende**[2] die, -n/-n || **Arbeitstag:** *Tag, an dem ein Arbeitnehmer arbeitet;* → Werktag || **Arbeitstagung** || **Arbeitstechnik:** *Methode des Arbeitens* || **arbeitsteilig** || **Arbeitsteilung** || **Arbeitsteilzeit** || **Arbeitstisch** || **Arbeitstitel:** *während des Arbeitsprozesses verwendeter, vorläufiger Titel* || **Arbeit suchend** = **arbeitsuchend** → arbeitssuchend || **Arbeits- und Sozialgericht** || **arbeitsunfähig** || **Arbeitsunfall** || **Arbeitsunterlage** (meist Pl.): *einschlägige Papiere, Dokumente oÄ* || **Arbeitsverhältnis:** *bes. das Verhältnis zwischen Arbeitnehmer und Arbeitgeber* || **Arbeitsvertrag:** *Dienstvertrag* || **Arbeitsweg** || **Arbeitswegunfall** (Amtsspr.) || **Arbeitsweise:** *Methode des Arbeitens* | *Funktionsweise* || **Arbeitswelt:** *Lebensbereich, der durch Arbeit bestimmt ist* || **arbeitswillig** || **Arbeitswoche:** eine kurze A. || **Arbeitswut** (scherzh.): *übergroßer Arbeitseifer* || **Arbeitszeit:**

geregelte A. ‖ **Arbeitszeitgesetz** ‖ **Arbeitszeitkonto:** *Erfassung der tatsächlich geleisteten Arbeitszeit [bei Gleitzeit uÄ]* ‖ **Arbeitszeitverkürzung** ‖ **Arbeitszerlegung:** *Aufgliederung in Teilaufgaben* ‖ **Arbeitszimmer**

Arbitrage [-'aːʃ, -ʒɛ] die, -/-n ⟨fr.⟩ (Bankw.): *Ausnützen von Kursunterschieden an der Börse* ‖ **arbiträr** ⟨lat.-fr.⟩: *beliebig, willkürlich*

ARBÖ der, -: **A**uto-, Motor- und **R**adfahrer**b**und **Ö**sterreichs

Arboretum das, -s/Arboreten ⟨lat.⟩ (Bot.): *Sammlung lebender Gehölzarten*

archaisch ⟨gr.⟩: *altertümlich, urtümlich* ‖ **archaisieren**

Archäologe der, -n/-n ⟨gr.⟩ ‖ **Archäologie** die, -: *Altertumskunde (bes. im Zusammenhang mit Ausgrabungen)* ‖ **Archäologin** die, -/-innen ‖ **archäologisch**

Arche die, -/-n ⟨lat.⟩: ein Fahrzeug | die A. Noah[s] *(schiffähnliches Wasserfahrzeug in der biblischen Erzählung von der Sintflut)*

Archetyp [-yːp, auch: 'aː-] ⟨gr.⟩: *Urform, Urbild* ‖ **archetypisch**

archimedisch: *nach dem griechischen Gelehrten Archimedes benannt;* archimedischer Punkt *(Angelpunkt, entscheidender Punkt)* | (Phys.) archimedisches Prinzip

Archipel der, -s/-e ⟨gr.⟩: *Inselgruppe*

Architekt der, -en/-en ⟨gr.⟩: *Konstrukteur von Bauwerken* ‖ **Architektenwettbewerb** ‖ **Architektin** die, -/-innen ‖ **architektonisch** ‖ **Architektur** die, -/-en: *Baukunst, Bauart*

Archiv das, -s/-e [-f-, -v-] ⟨lat.⟩: *Sammlung von Dokumenten, Akten u. dgl.* ‖ **Archivalien** die (Pl.): *Urkunden, Schriftstücke* ‖ **Archivar** [-v-] der, -s/-e: *wissenschaftlicher Archivbeamter* ‖ **Archivarin** die, -/-innen ‖ **Archivbild** [-f-] ‖ **archivieren** [-v-]: *in einem Archiv ablegen* ‖ **Archivierung** die, -

Areal das, -s/-e ⟨lat.⟩: *Fläche [eines Grundstücks]*

areligiös: *nicht religiös*

Arena die, -/Arenen ⟨lat.⟩: *Kampfplatz | Sportplatz | Freilichttheater*

arg, ärger/am ärgsten: ein arger *(schlimmer)* Fehler; arge Schmerzen | (Großschreibung) nichts **A**rges denken; im **A**rgen liegen; **Ä**rgstes befürchten

ARGE = **Arge** die, -/-s, *auch:* AG: **Ar**beits**ge**meinschaft; die A. Alpen-Adria

Argentinien: *ein südamerikanischer Staat* ‖ **Argentinier** der, -s/- ‖ **Argentinierin** die, -/-innen ‖ **argentinisch**

Argentum das, -s ⟨gr.⟩ (Zeichen: Ag): *ein chemisches Element;* → Silber

Ärger der, -s: *Erregung, Missfallen, Verstimmung;* seinen Ä. an jemandem auslassen; nichts als Ä. haben ‖ **ärgerlich:** *verärgert | Ärgernis erregend;* ein ärgerlicher Vorfall ‖ **ärgern:** sich über einen Fehler ä. ‖ **Ärgernis** das, -nisses/-nisse (geh.): Ä. erregen *([berechtigte] Empörung hervorrufen)* | (Jus) ein öffentliches *(für die Öffentlichkeit wahrnehmbares)* Ä. *(ein Verwaltungsdelikt)*

Arglist die, - (geh.): *Hinterlistigkeit, Böswilligkeit* ‖ **arglistig** ‖ **arglos:** *vertrauensselig, harmlos* ‖ **Arglosigkeit** die, -

Argon [auch: -'oːn] das, -s ⟨gr.⟩ (Zeichen: Ar): *ein chemisches Element*

Argument das, -[e]s/-e ⟨lat.⟩: *Beweisgrund* ‖ **Argumentation** [-tsi̯-] die, -/-en ‖ **argumentieren:** *einen Beweis führen; eine Ansicht, eine Meinung begründen*

Argusaugen die (Pl.): mit A. *(scharf, misstrauisch)* beobachten

Argwohn der, -[e]s (geh.): A. *(Zweifel, Verdacht)* hegen ‖ **argwöhnen** (geh.): er argwöhnte *(vermutete)* dahinter einen Betrug ‖ **argwöhnisch** (geh.)

arid ⟨lat.⟩ (Geogr.): *trocken;* arides Klima

Arie [-i̯e] die, -/-n ⟨it.⟩ (Mus.): *kunstvolles Gesangsstück für eine Singstimme mit Instrumentalbegleitung;* Opernarie

Arier der, -s/- ⟨Sanskrit⟩: *Angehöriger einer indogermanischen Sprachengruppe in Asien* | (im Nationalsozialismus) *Nichtjude;* → arisch ‖ **Arierin** die, -/-innen

arioso ⟨it.⟩ (Mus.): *in der Art einer Arie*

arisch → Arier ‖ **arisieren** (im Nationalsozialismus): *jüdisches Vermögen durch Beschlagnahme oder Enteignung in nichtjüdischen Besitz übertragen* ‖ **Arisierung** die, -/-en (im Nationalsozialismus) ‖ **Ariernachweis** (im Nationalsozialismus): *der Beleg für nichtjüdische Abstammung auf Grund der Vorfahren*

Aristokrat der, -en/-en ⟨gr.⟩: *Adeliger* ‖ **Aristokratie** die, -/-n: *Herrschaft des Adels | der Adel* ‖ **Aristokratin** die, -/-innen ‖ **aristokratisch**

aristotelisch: *nach dem griechischen Philosophen Aristoteles*

Arithmetik die, - ⟨gr.⟩: *Zahlenlehre; Rechnen mit Zahlen* ‖ **arithmetisch**

Arkade die, -/-n ⟨fr.⟩ (Arch.): *Bogengang, Laubengang*

Arkadien: *eine altgriechische Landschaft* ‖ **arkadisch:** arkadische *(idyllische)* Landschaften

Arktis die, - ⟨gr.⟩: *Nordpolargebiet* ‖ **arktisch:** arktische Temperaturen

Arlberg: *Gebiet um den Arlbergpass* ‖ **Arlbergbahn** ‖ **Arlbergpass** (T, V) ‖ **Arlbergstraße** ‖ **Arlbergtunnel**

arm,

ärmer/am ärmsten: ein armes Kind; arm an Zuwendung | (ugs.) arm dran sein *(in einer schlechten Situation sein)*

Großschreibung bei Nominalisierung:

- der/die **A**rme hat sich verletzt
- [für] **A**rm und Reich *(alle)*
- **A**rme und Reiche

R→ S. 892, 2.2

Getrennt- und Zusammenschreibung:

- seine Ansprüche werden uns arm machen (= armmachen)

R→ S. 900, 1.5.2

Arm der, -[e]s/-e: das Baby im A. halten; → Armvoll = Arm voll; der A. des Gesetzes *(Gericht, Polizei);* jemandes verlängerter A. *(an jemandes Stelle)* sein; jemanden mit offenen Armen *(freundlich)* aufnehmen; jemandem unter die Arme greifen *(behilflich sein);* jemandem in den Arm fallen *(ihn von etwas abhalten);* jemanden auf den A. nehmen *(zum Narren halten)* | (ugs.) jemandem in die Arme laufen *(zufällig begegnen)* | ein Arm der Alten Donau

Armada die, -/Armaden [-s] ⟨span.⟩: *große Kriegsflotte | große Heerschar*

Armatur die, -/-en ⟨lat.⟩: *Absperrvorrichtung [für Wasser, Gas];*

A

Vorrichtung an Maschinen oder Apparaten zur Bedienung oder Kontrolle ‖ **Armaturenbrett**

Armband ‖ **Armbanduhr** ‖ **Armbeuge:** *Innenseite des Ellbogens* ‖ **Armbewegung** ‖ **Armbinde:** Blinde tragen eine A. *(Schleife um den Arm als Kennzeichen)* ‖ **Armbruch** ‖ **Armbrust** die, -/-e [-brüste]: *eine alte Schusswaffe mit Bolzen (Pfeilen); ein Sportgerät* ‖ **armdick**

Arme[1] der, -n/-n, ein Armer: wir Armen; A. und Reiche; → arm ‖ **Arme**[2] die, -n/-n

Armee die, -/-n ⟨fr.⟩: *Heer; Heeresteil* | eine A. von *(sehr viele)* Ameisen ‖ **Armeecorps** [-ko:ə] = → Armeekorps ‖ **Armeeeinheit** ‖ **Armeefahrzeug** ‖ **Armeekommandant** ‖ **Armeekorps** [-ko:ə] = Armeecorps [-ko:ə]: *ein Heeresverband*

Ärmel der, -s/-: ein zu langer Ä.; etwas aus dem Ä. schütteln *(ohne Probleme, mit Leichtigkeit schaffen)* | (ugs.) die Ä. aufkrempeln *(energisch ans Werk gehen)*

Armeleuteessen: *billige Speise*

-ärmelig = -ärmlig (nur in Zusammensetzungen wie kurzärmelig, hemdärmelig) ‖ **Ärmelkanal** der, -[e]s: *Meeresenge zwischen Frankreich und England* ‖ **ärmellos** ‖ **Ärmelschoner:** *ein Kleidungsstück zum Schutz der Ärmel*

Armenanwalt (veraltet): *vom Staat kostenlos beigestellter Rechtsanwalt;* → *Verfahrenshilfe* ‖ **Armenanwältin** (veraltet) ‖ **Armenhaus** (früher): *Unterkunft für Arme*

Armenien: *ein Staat der GUS in Vorderasien* ‖ **Armenier** der, -s/-: *Bewohner Armeniens* ‖ **Armenierin** die, -/-innen ‖ **armenisch**

Armenrecht (Jus): *Bestimmungen über die einstweilige Befreiung bedürftiger Personen von der Bezahlung von Gerichtskosten;* → Verfahrenshilfe ‖ **Armen-Sünder-Glocke,** *auch:* Armesünderglocke (früher): *Glocke, die zur Hinrichtung geläutet wurde* ‖ **Armen-Sünder-Miene,** *auch:* Armesündermiene (veraltet): *reuiger Gesichtsausdruck* ‖ **Armenviertel:** *Stadtteil der Armen, Slum*

Armeslänge: um A. zu kurz

Armesünder der, -s/- (früher): *zum Tod Verurteilter; aber:* des armen Sünders ‖ **Armesünderglocke** → Armen-Sünder-Glocke ‖ **Armesündermiene** → Armen-Sünder-Miene

armieren ⟨lat.-fr.⟩ (veraltet) (Mil.): *mit Waffen ausstatten* ‖ **Armierung** die, -/-en: → *Bewehrung*

-armig (nur in Zusammensetzungen wie zweiarmig)

Armin: *männl. Vorname*

armlang: eine armlange Wunde ‖ **Armlehne:** ein Sessel mit Armlehnen ‖ **Armleuchter:** *mehrarmiger Leuchter* | *Schimpfwort für einen dummen Menschen*

ärmlich: *armselig, dürftig, jämmerlich* ‖ **Ärmlichkeit** die, -

-ärmlig = → -ärmelig

arm machen = **armmachen** → arm

Armprothese ‖ **Armreif** (geh.): *Armreifen* ‖ **Armreifen:** *ein Schmuckstück*

armselig: *kümmerlich, jämmerlich* ‖ **Armseligkeit** die, -

armstark: ein armstarker Ast ‖ **Armstumpf**

Armut die, - ‖ **armutgefährdet** → armutsgefährdet ‖ **Armutschkerl** das, -s/-[n] (ostöst., ugs.): *bedauernswerte Person* ‖ **armutsgefährdet,** *auch:* armutgefährdet ‖ **Armutsgrenze:** unterhalb der A. *(in Armut)* leben ‖ **Armutszeugnis:** sich ein A. ausstellen *(seine Unfähigkeit zeigen)*

Armvoll der, -/- = **Arm voll:** einen/mehrere A. Holz sammeln

Arnika die, -/Arniken ⟨lat.⟩: *eine Arzneipflanze*

Arno: *männl. Vorname* ‖ **Arnold:** *männl. Vorname* ‖ **Arnoldstein:** *Marktgemeinde in Kärnten* ‖ **Arnulf:** *männl. Vorname*

Aroma das, -s/Aromen [-s, -ta] ⟨gr.⟩: *Wohlgeruch, würziger Geschmack* ‖ **Aromatherapie:** *Anwendung von Duftstoffen zu Heilzwecken* ‖ **aromatisch** ‖ **Aromastoff:** natürliche, künstliche Aromastoffe ‖ **aromatisieren**

Aronstab: *eine giftige Knollenpflanze (nach einer biblischen Gestalt)*

arpeggio [-'ɛdʒo] ⟨it.⟩ (Mus.): *nach Harfenart gespielt*

Arrangement [arɑ̃ʒ'mɑ̃:] das, -s/-s ⟨fr.⟩: *Anordnung, Zusammenstellung* | (Mus.) *Bearbeitung eines Musikstückes* | ein A. *(Übereinkommen)* treffen ‖ **Arrangeur** [-'ʒø:ə] der, -s/-e ‖ **Arrangeurin** die, -/-innen ‖ **arrangieren**[1]: die Tischdekoration a. *(zusammenstellen);* einen Ball a. *(veranstalten)* ‖ **arrangieren**[2] sich: sie hat sich mit ihm/damit a. *(einen Kompromiss gefunden)*

Arrest der, -[e]s/-e ⟨lat.-fr.⟩: *Gefängnis; Haft* ‖ **Arrestant** der, -en/-en (veraltet): *Häftling* ‖ **Arrestantenwagen** (veraltet): *Auto für den Transport von Häftlingen* ‖ **Arrestantin** die, -/-innen (veraltet) ‖ **Arrestzelle** (veraltet) ‖ **arretieren** ⟨fr.⟩: *bewegliche Teile sperren* | (veraltend): *festnehmen, verhaften* ‖ **Arretierung** die, -/-en (veraltet)

Arrhythmie [-ryt-] die, -/-n ⟨gr.⟩ (Med.): *unregelmäßige Herztätigkeit;* → Rhythmus ‖ **arrhythmisch** [auch: -'ry-]: *nicht rhythmisch*

arriviert [-v-] ⟨fr.⟩: eine arrivierte *(erfolgreiche)* Künstlerin

arrogant ⟨lat.-fr.⟩: *anmaßend, hochmütig* ‖ **Arroganz** die, -

arrondieren [auch: -rõ-] ⟨fr.⟩: *einen Grundbesitz (durch Zukauf oder Zusammenlegung) abrunden* ‖ **Arrondissement** [arõdis'mɑ̃:] das, -s/-s: *Verwaltungsbezirk in Frankreich*

arsch (ugs., derb): *scheiße, mies, scheußlich;* das ist a. ‖ **Arsch** der, -[e]s/Ärsche (derb): *Gesäß, Hintern* ‖ **Arschgeweih** (ugs., derb): *Tätowierung in der Kreuzgegend* ‖ **Arschkriecherei** die, -/-en (derb, abw.): *Schmeichlerei, Unterwürfigkeit* ‖ **Arschleder** (fachspr.): *ein Kleidungsstück der Bergleute;* übers A. springen *(Brauch bei der Aufnahme in den Bergmannsstand oder an die Montanuniversität);* → Ledersprung ‖ **Arschloch** (derb): *After* | *ein derbes Schimpfwort*

Ars Electronica [- -kt-ka] die, - - ⟨lat.⟩: *ein multimediales Festival der elektronischen Kunst in Linz*

Arsen das, -s ⟨gr.⟩ (Zeichen: As): *ein (giftiges) chemisches Element*

Arsenal das, -s/-e ⟨arab.-it.⟩: *Waffenlager; Zeughaus*

Arsenik das, -[s] ⟨gr.⟩: *eine giftige Arsenverbindung*

Art [geh. auch: a:-] die, -/-en: von der Art; in der Art von *(in der Gestaltungsweise);* nach Art des Hauses | *Wesenszug;* ihre unkomplizierte Art schätzen | (ohne Pl.) *Verhalten;* das ist doch

keine Art! *(so nicht!)* | (Biol.) *Rangstufe im System der Organismen, Spezies;* → derart; → derartig
Art.: Artikel
Art déco [aːr de'ko] der = das, --[s] ⟨fr.⟩ (Kunstg.): *eine Kunstrichtung von 1920 bis 1940* || **Artdirektor** ['ɑːt-] ⟨engl.⟩: *künstlerischer Leiter [einer Werbeagentur], Kreativdirektor* || **Artdirektorin**
Artefakt das, -[e]s/-e ⟨lat.⟩: *von Menschen Hergestelltes; Kunstgegenstand | frühgeschichtliches Werkzeug*
artenreich || **Artenreichtum** der, -s || **Artenschutz:** *Schutz in ihrem Bestand bedrohter Tier- und Pflanzenarten* || **Artenschwund** (Biol.): *Aussterben von Tier- und Pflanzenarten* || **Artensterben** (Biol.) || **Artenvielfalt**
Arterie [-iɛ] die, -/-n ⟨gr.⟩: *Schlagader* || **arteriell** || **Arterienverkalkung** || **Arteriosklerose** die, -/-n (Med.): *Arterienverkalkung*
artesisch: artesischer Brunnen *(Bohrbrunnen, aus dem das Wasser selbsttätig emporsteigt)*
artfremd: *von anderer Art* || **Artgenosse:** *Lebewesen derselben Art* || **Artgenossin** || **artgerecht:** artgerechte Tierhaltung || **artgleich**
Arthritis die, -/Arthritiden ⟨gr.⟩ (Med.): *Gelenksentzündung* || **Arthropoden** die (Pl.) (Zool.): *Gliederfüßer* || **Arthrose** die, -/-n (Med.): *chronische Abnützungserkrankung [an der Wirbelsäule]* || **Arthroskopie** die, -/-n (Med.): *Gelenksuntersuchung*
Arthur, *auch:* Artur: *männl. Vorname;* → Turl
Artificial Intelligence [-ɪʃəl -dʒəns] die, - - (AI) ⟨engl.⟩: *künstliche Intelligenz [bei Computern]* || **artifiziell** ⟨lat.-fr.⟩: *künstlich | gekünstelt*
artig: *brav, gehorsam* || **-artig** (nur in Zusammensetzungen wie andersartig, gutartig) || **Artigkeit** die, -/-en
Artikel der, -s/- ⟨lat.⟩: *Beitrag in Zeitung, Zeitschrift, Lexikon u. dgl. | Warengattung | Abschnitt eines Vertrages oder eines Gesetzes* | (Gramm.) *Begleiter des Nomens;* bestimmter A. *(der, die, das);* unbestimmter A. *(ein, eine)* || **Artikelserie** [-iɛ] || **Artikulation** [-tsi-] die, -/-en: *Lautbildung; [deutliche] Aussprache* | (Mus.) *Bindung, Trennung, Betonung von Tönen* || **artikulieren:** einen Laut nicht richtig a. *(aussprechen, bilden)* können | er kann sich nicht a. *(kann seine Meinung nicht formulieren, in Worte fassen)*
Artillerie die, -/-n ⟨fr.⟩ (Mil.): *eine Truppengattung | die Geschütze* || **Artillerist** der, -en/-en
Artischocke die, -/-n ⟨it.⟩: *ein mediterranes Gemüse*
Artist der, -en/-en ⟨lat.-fr.⟩: *Varietee- oder Zirkuskünstler* || **Artistik** die, - || **Artistin** die, -/-innen || **artistisch**
Artur → Arthur
artverwandt: artverwandte Berufe
Arve [-v-, -f-] die, -/-n (reg., bes. V, CH): *Zirbelkiefer*
Arznei die, -/-en (veraltend): *Medikament, Medizin* || **Arzneimittel** || **Arzneipflanze** || **Arzt** der, -es/Ärzte: praktischer A. *(Arzt für Allgemeinmedizin);* der behandelnde A. || **Ärzteflugambulanz** die, -: *ein ärztlicher Rückholdienst per Ambulanzjet* || **Ärztekammer** → Kammer || **Ärztemantel** → Arztmantel || **Ärztenotdienst** || **Arztenswitwe** (veraltet): *Arztwitwe* || **Ärzteschaft** die, - || **Ärzteteam** [-tiːm] || **Ärztezentrum:** *Einrichtung mit Ärzten verschiedener Fachrichtungen* || **Ärztin** die, -/-innen || **ärztlich** || **Arztmantel,** *auch:* Ärztemantel || **Arztpraxis** || **Arztrechnung** || **Arztwahl:** freie A.; → Wahlarzt || **Arztwitwe**
as das, -/- (Mus.): *das um einen Halbton erniedrigte A (a);* → As[1] | as-Moll || **As**[1] das, -/- (Mus.): *das um einen Halbton erniedrigte A (a);* → as | As-Dur; *aber:* → Ass
As[2]**: Ars**en
As[3] → Ass[1]
ASA[1]**: A**merican **S**tandard **A**ssociation *(Normungsinstitution für die Lichtempfindlichkeit von Filmen);* → ISO
ASA[2] die, -: **A**ustrian **S**pace **A**gency *(Österreichische Gesellschaft für Weltraumfragen);* → ESA
A-Saite: die A. der Geige
Asbest der = das, -[e]s/-e ⟨gr.⟩: *ein feuerfester mineralischer Faserstoff* || **Asbestanzug** || **Asbeststaub**
ASBÖ der, -: **A**rbeiter-**S**amariter-**B**und **Ö**sterreich[s]
Aschanti die, -/-[s] = **Aschantinuss** (ostöst., veraltet): *Erdnuss (benannt nach einem afrikanischen Volk)*
aschblond: *fahlblond* || **Asche** die, -/-n: *Rückstand bei Verbrennungen;* glühende A.
Äsche die, -/-n: *ein Fisch*
Aschenbahn: *eine mit gemahlener Schlacke bedeckte Rennbahn* || **Aschenbecher** || **Aschenbrödel** = **Aschenputtel** das, -s/-: *eine Märchengestalt | eine benachteiligte Person* || **Aschenkreuz** (Rel.): *katholische Segnung am Aschermittwoch* || **Aschenputtel** = → Aschenbrödel || **Aschenwolke** → Aschewolke || **Ascher** der, -s/-: *Aschenbecher* || **Aschermittwoch:** *Beginn der Fastenzeit vor Ostern* || **Aschewolke,** *auch:* Aschenwolke || **aschfahl:** *totenblass* || **aschgrau:** eine aschgraue Färbung | (Großschreibung) (veraltend) das geht schon ins **Asch**graue *(weit über das Überschaubare hinaus)*
ASCII ['astsi, auch: 'aski] der, -[s] = ASCII-Kode [-koːt] = ASCII-Code [engl.: -kəʊd]: *älterer internationaler Zeichenkode für Computer*
Ascorbinsäure [-k-] = → Askorbinsäure
As-Dur (As) (Mus.) || **As-Dur-Tonleiter** (Mus.)
ASEAN ['æsɪæn] die, -: **A**ssociation of **S**outh **E**ast **A**sian **N**ations *(Bündnis südostasiatischer Staaten)*
äsen (Jägerspr.): der äsende *(grasende)* Hirsch; → Äsung
aseptisch (Med.): *keimfrei*
Aserbaidschan: *Staat am Kaspischen Meer | iranische Provinz* || **Aserbaidschaner** der, -s/-: *Bewohner Aserbaidschans* || **Aserbaidschanerin** die, -/-innen
ASFINAG die, - (Wirt., Verk.): *Bundesgesellschaft, die ua. für das Autobahn- und Schnellstraßennetz zuständig ist*
Asiate der, -n/-n || **Asiatika** die (Pl.): *Bücher, Kunstgegenstände aus Asien* || **Asiatin** die, -/-innen || **asiatisch** || **Asien**
Askese die, - ⟨gr.⟩: *streng enthaltsame Lebensweise* || **Asket** der, -en/-en: *Entsagender, Büßer* || **Asketin** die, -/-innen || **asketisch**
Askorbinsäure = Ascorbinsäure [-k-] ⟨gr.+lat.⟩ (Chem.): *Vitamin C*
Äskulap: *griechisch-römischer*

A

Gott der Heilkunde ‖ **Äskulapnatter:** *größte heimische Schlange* ‖ **Äskulapstab:** *Sinnbild der Medizin*

as-Moll (as) (Mus.) ‖ **as-Moll-Tonleiter** (Mus.)

ASO die, -/-[s]: **a**llgemeine **So**nderschule

asozial: *gesellschaftsschädigend;* a. veranlagt | *gesellschaftsfremd;* → unsozial; → G.: sozial

Asparagus [auch: -'pa(ː)-] der, - ⟨gr.⟩: *eine Pflanzengattung, [Zier]spargel*

Aspe die, -/-n (mda. bzw. fachspr.): *Espe*

Aspekt [-sp-] der, -[e]s/-e ⟨lat.⟩: *Gesichtspunkt*

Asperl [-sp-, -ʃp-] das, -s/-[n] (ostöst., mda.): *Frucht des Mispelbaums, Mispel*

Asphalt [-f-] der, -s ⟨gr.⟩: *ein Teerprodukt, Erdpech* ‖ **asphaltieren:** eine Straße a.

Aspik der = das, -s/-e ⟨fr.⟩: *Fleisch- oder Fischsulz*

Aspirant [-sp-] der, -en/-en ⟨lat.⟩: ein A. *(Anwärter)* auf eine Stelle | *ein Beamtentitel* ‖ **Aspiration** [-tsi̯-] die, -/-en (Sprachwiss.): *Behauchung* | (geh.) *Vorhaben, Bestrebung* | (Med.) *Einatmen von körpereigenen oder -fremden Substanzen; Ansaugen von Flüssigkeiten in eine Spritze* ‖ **Aspirantin** die, -/-innen ‖ **aspirieren** (geh., veraltend): *sich um eine Stelle bewerben* | (Sprachwiss.) *behaucht aussprechen*

Aspirin [-sp-] das, -s (Wz.): *ein Medikament*

aß → essen

Ass[1] das, -es/-e: *eine Spielkarte;* Pikass | *hervorragender Sportler* | (Sport) *unannehmbares Service im Tennis*

Ass[2] das, -es/-e (bes. W, K, mda.): *Abszess*

Ass.: **Ass**istent/in | (SüdT) **Ass**essor/in

assai ⟨it.⟩ (Mus.): *ziemlich, sehr;* allegro a. *(sehr lebhaft)*

assanieren ⟨lat.⟩: *gesunde Wohn-, Bodenverhältnisse herstellen* ‖ **Assanierung** die, -/-en

Assekuranz die, -/-en ⟨it.⟩ (veraltet): *Versicherung, Versicherungsanstalt*

Assel die, -/-n: *ein Krebstier;* Kellerassel | *ein derbes Schimpfwort für eine unangenehme Person*

assentieren ⟨lat.⟩ (veraltet) (Mil.): → *mustern* ‖ **Assentierung** die, -/-en (veraltet) (Mil.): → *Musterung*

asservieren [-v-] ⟨lat.⟩ (Amtsspr.): *in Verwahrung nehmen*

Assessment [ə-] das, -s/-s ⟨lat.-engl.⟩: *Einschätzung, Einstufung, Beurteilung* ‖ **Assessmentcenter** [-s-]: *ein Personalauswahlverfahren*

Assessor der, -s/-en [-'oː-] ⟨lat.⟩ (Ass.) (D bzw. früher): *ein Beamtentitel;* → Gerichtsassessor | (SüdT) *Ressortleiter in der [Gemeinde]verwaltung bzw. Mitglied der Regionalregierung oder der Südtiroler Landesregierung* ‖ **Assessorat** das, -[e]s/-e (SüdT) (Admin.) ‖ **Assessorin** die, -/-innen (Ass.)

Assimilation [-tsi̯-] die, -/-en ⟨lat.⟩: *Angleichung; das Ähnlichwerden* ‖ **assimilieren:** *anpassen, angleichen* ‖ **Assimilierung** die, -/-en: *Assimilation*

Assisi: *Stadt in Italien;* Franz[iskus] von A.

Assistent der, -en/-en (Ass.) ⟨lat.⟩: *Helfer* | *Mitarbeiter; eine Berufsbezeichnung* | (SüdT) technischer A. *(Person, die an Schulen für die Wartung von Spezialräumen ua. zuständig ist)* ‖ **Assistentin** die, -/-innen (Ass.) ‖ **Assistenz** die, -/-en: *Hilfe, Beistand* ‖ **Assistenzarzt** (reg. bzw. D): *Sekundararzt* ‖ **Assistenzärztin** (reg. bzw. D) ‖ **Assistenzeinsatz** (Mil.): *[Grenz]überwachung durch das Bundesheer zur Unterstützung der Polizei* ‖ **Assistenzprofessor:** *wissenschaftlicher Mitarbeiter [an Universitäten]* ‖ **Assistenzprofessorin** ‖ **assistieren:** *jemandem bei etwas behilflich sein*

assortiert ⟨fr.⟩ (veraltet): ein assortiertes *(reichhaltiges, gut sortiertes)* Warenlager

Assoziation [-tsi̯-] die, -/-en ⟨lat.⟩: *Verknüpfung von Vorstellungen;* etwas weckt bestimmte Assoziationen | *Bündnis, Zusammenschluss* ‖ **assoziativ** ‖ **assoziieren:** mit Geburtstag assoziiert *(verbindet)* man Geschenke | assoziierte *(verbündete)* Staaten ‖ **Assoziierung** die, -/-en

Ast der, -[e]s/Äste: *dicker Zweig eines Baumes;* sich selbst den Ast absägen [auf dem man sitzt] *(sich selbst die Existenzgrundlage nehmen)* | auf dem/am längeren Ast sitzen *(in der besseren Position sein; letztendlich die Oberhand behalten)*

Astat das, -s ⟨gr.⟩ (Zeichen: At): *ein chemisches Element*

Ästchen das, -s/-: *kleiner Ast*

Aste die, -/-n (reg.): *Voralm, Bergweide mit Stall*

Aster die, -/-n: *eine Blume*

Asterix: *eine Figur aus Comics und Zeichentrickfilmen;* → Obelix

Asteroid der, -en/-en ⟨gr.⟩ (Astron.): *kleiner Planet, Planetoid*

Ästhet der, -en/-en ⟨gr.⟩: *Mensch mit ausgeprägtem Hang zum Schönen* ‖ **Ästhetik** die, -: *Lehre vom Schönen* ‖ **Ästhetiker** der, -s/-: *Wissenschaftler bzw. Vertreter der Ästhetik* ‖ **Ästhetikerin** die, -/-innen ‖ **Ästhetin** die, -/-innen ‖ **ästhetisch:** *schön, geschmackvoll*

Asthma das, -s ⟨gr.⟩: *eine Krankheit (verbunden mit Atemnot)* ‖ **Asthmatiker** der, -s/- ‖ **Asthmatikerin** die, -/-innen ‖ **asthmatisch**

astigmatisch ⟨gr.⟩ ‖ **Astigmatismus** der, -: *ein Sehfehler, Zerrsichtigkeit*

ästimieren ⟨lat.⟩ (veraltet): *hoch schätzen, achten*

astral ⟨gr.-lat.⟩: *auf die Himmelskörper bezogen* ‖ **Astralreligion**

astrein: *von Ästen freies Holz* | *tadellos*

Astrid: *weibl. Vorname*

Astrologe der, -n/-n ⟨gr.⟩ ‖ **Astrologie** die, -: *Sterndeuterei;* → Horoskop ‖ **Astrologin** die, -/-innen ‖ **astrologisch** ‖ **Astrometrie** die, -: *Ortsbestimmung der Gestirne, ein Teilgebiet der Astronomie* ‖ **Astronaut** der, -en/-en: *[amerikanischer] Weltraumfahrer;* → Kosmonaut ‖ **Astronautin** die, -/-innen ‖ **Astronom** der, -en/-en: *Sternkundiger* ‖ **Astronomie** die, -: *Sternkunde, Himmelskunde* ‖ **Astronomin** die, -/-innen ‖ **astronomisch:** astronomische *(unvorstellbar große)* Zahlen ‖ **Astrophysik** [-fy-]

Äsung die, -/-en; → äsen

ASVG [a ɛs fau 'geː] das, -: das **A**llgemeine **S**ozial**v**ersicherungs**g**esetz ‖ **ASVG-Pension:** *Pension der Arbeiter und Angestellten* ‖ **ASVG-Versicherung**

Asyl [-'yːl] das, -s/-e ⟨gr.⟩: *Zufluchtsstätte; ein Heim [für Obdachlose];* A. gewähren; A. geben ‖ **Asylant** der, -en/-en: *jemand,* *der [politisches] Asyl sucht, Asylbewerber* ‖ **Asyl|an|ten|heim** ‖ **Asyl|an|tin** die, -/-innen ‖ **Asyl|an|trag** ‖ **Asyl|be|hör|de** ‖ **Asyl|be|wer|ber** = Asylwerber: *Antragsteller im Asylverfahren* ‖ **Asyl|be|wer|be|rin** = Asylwerberin ‖ **Asyl|erst|auf|nah|me|zen|trum** (Amtsspr.) ‖ **Asylgericht** ‖ **Asyl|ge|richts|hof:** *Rechtsmittelinstanz im Asylverfahren* ‖ **Asyl|ge|setz** ‖ **Asyl|miss|brauch** ‖ **Asyl|recht** ‖ **Asyl|ver|fah|ren** ‖ **Asyl|wer|ber** = → Asylbewerber ‖ **Asyl|wer|be|rin** = → Asylbewerberin

Asym|me|tr|ie [-zy-] ‖ **asym|me|t|risch** → G.: symmetrisch

Asym|p|to|te [-zy-] die, -/-n ⟨gr.⟩ (Math.): *Näherungsgerade*

asyn|chron [-ynk-] (Phys.): *mit ungleicher Geschwindigkeit laufend, nicht gleichzeitig*

ASZ [a ɛs 'tsɛt] das, -/-: *Altstoffsammelzentrum*

As|zen|dent der, -en/-en ⟨lat.⟩: *der Vorfahre (Eltern, Großeltern);* → G.: Deszendent | (Astron.) *Gestirn im Aufstieg*

at[1]: **At**mosphäre *(ein Druckmaß)*

at[2] [æt] (Zeichen: @); → At-Zeichen ‖ **At**[1] das, -[s]/-[s]: *Kurzwort für → At-Zeichen*

At[2]: **A**sta**t**

AT: Autriche, Aus**t**ria *(zweistelliger Buchstabencode für Österreich);* → AUT

A. T.: Altes **T**estament (in der Bibel)

Ata|vis|mus [-v-] der, -/Atavismen ⟨lat.⟩ (Biol.): *individuelle Rückschläge auf entwicklungsgeschichtliche Ahnenzustände* ‖ **ata|vis|tisch** (Biol.)

Ate|li|er [-'lie:] das, -s/-s ⟨fr.⟩: *Werkstatt [einer Künstlerin, eines Fotografen]* ‖ **Ate|li|er|woh|nung:** *[großräumige] Wohnung unter dem Dach*

Atem der, -s: tief A. holen; jemanden in A. halten *(ohne Pause beschäftigen);* jemandem den A. verschlagen *(bei jemandem Sprachlosigkeit hervorrufen)* | in einem A. *(ohne Unterbrechung)* ‖ **atem|be|rau|bend:** *überwältigend* ‖ **Atem|be|schwer|den** die (Pl.) ‖ **Atem|ho|len** das, -s ‖ **atem|los** ‖ **Atem|lo|sig|keit** die, - ‖ **Atem|not** ‖ **Atem|pau|se**

a tem|po ⟨it.⟩ (Mus.): *wieder im ursprünglichen Tempo* | (veraltet) *zur rechten Zeit; sofort*

Atem|schutz ‖ **Atem|schutz|ge|rät:** *Gasmaske oÄ* ‖ **Atem|still|stand** (Med.): → *Apnoe* ‖ **Atem|tech|nik:** *Technik des richtigen Atmens [beim Singen, Sprechen]* ‖ **Atem|übung** ‖ **Atem|we|ge** die (Pl.) ‖ **Atem|wegs|er|kran|kung** ‖ **Atem|zug:** hastige Atemzüge | (geh.) bis zum letzten A. *(bis zum Tod)* | in einem A. *(ohne Unterbrechung);* im selben A. *(gleichzeitig)*

Ätha|nol das, -s ⟨gr.⟩ (Chem.): *ein Alkohol, Weingeist, Äthylalkohol*

Athe|is|mus [-e'i-] der, - ⟨gr.⟩ ‖ **Athe|ist** der, -en/-en: *jemand, der nicht an Gott glaubt* ‖ **Athe|is|tin** die, -/-innen ‖ **athe|is|tisch**

Athen (gr.: Athínai [a'θinɛ]): *Hauptstadt Griechenlands* ‖ **Athe|ne:** *griechische Göttin des Handwerks, der Künste und der Weisheit*

Äther[1] der, -s ⟨gr.⟩ (geh.): *Himmelsraum* ‖ **Äther**[2] der, -s/- (Chem.): *ein flüssiges Lösungs- und Betäubungsmittel* ‖ **äthe|risch:** *[wohl] riechend;* ätherische Öle | *himmlisch; hauchzart*

Äthi|o|pi|en: *afrikanischer Staat*

Ath|let der, -en/-en ⟨gr.⟩: *Wettkämpfer | Kraftmensch* ‖ **Ath|le|tin** die, -/-innen ‖ **ath|le|tisch:** *kräftig, muskulös*

Äthyl|al|ko|hol [-'y:l-] ⟨gr.+arab.⟩ (Chem.): → *Äthanol*

At|lant der, -en/-en: *tragende männliche Figur an einem Bauwerk (nach dem griechischen Gott Atlas);* → Karyatide ‖ **At|lan|ten** die (Pl. von → Atlant und → Atlas) ‖ **At|lan|tik** der, -[s]: *der Atlantische Ozean* ‖ **At|lan|tis:** *sagenhaftes (im Atlantik) versunkenes Land* ‖ **at|lan|tisch:** das atlantische Klima; *aber:* der **A**tlantische Ozean ‖ **At|las**[1]: *ein Titan in der griechischen Mythologie, der auf seinen Schultern das Himmelsgewölbe trägt* ‖ **At|las**[2] der, -/Atlanten: *Landkartenwerk | Bildtafelwerk*

At|las[3] der, -: *Gebirgszug in Nordafrika (nach Atlas*[1]*)*

At|las[4] der, Atlasses/Atlasse ⟨arab.⟩: *ein stark glänzender Seidenstoff*

at|men: durch die Nase a. | frei a. können *(ohne Unterdrückung leben)*

At|mo|sphä|re [-f-] die, -/-n ⟨gr.⟩: die A. *(Lufthülle)* der Erde; → Sphäre | es herrschte eine angenehme A. *(Stimmung)* | (at) (Phys.) *ein Druckmaß, in Österreich keine gesetzliche Maßeinheit mehr (= 0,98 Pa)* ‖ **At|mo|sphä|ren|über|druck** der, -[e]s/-drücke ‖ **at|mo|sphä|risch**

At|mung die, -/-en: künstliche A. ‖ **at|mungs|ak|tiv:** *luftdurchlässig* ‖ **At|mungs|or|gan**

Atoll das, -s/-e ⟨engl.-fr.⟩: *ringförmige Koralleninsel in der Südsee*

Atom das, -s/-e ⟨gr.⟩: *kleinstes Teilchen eines chemischen Elements* ‖ **ato|mar:** atomare Bedrohungen ‖ **Atom|aus|stieg** ‖ **Atom|bom|be** (A-Bombe) ‖ **Atom|ener|gie** ‖ **Atom|ex|plo|si|on** ‖ **atom|frei** (ugs.): *atomstromfrei* ‖ **ato|mi|sie|ren:** *völlig zerstören* ‖ **Ato|mi|sie|rung** die, -/-en ‖ **Atom|ka|ta|s|t|ro|phe** [-f-] ‖ **Atom|kern** ‖ **Atom|kraft:** *Kernkraft* ‖ **Atom|kraft|werk** (AKW) ‖ **Atom|krieg** ‖ **Atom|macht:** *Staat, der im Besitz von Atomwaffen ist* ‖ **Atom|mei|ler:** → *Atomreaktor* ‖ **Atom|müll:** *radioaktiver Abfall [von Atomkraftwerken]* ‖ **Atom|phy|sik** [-fy-] ‖ **Atom|re|ak|tor:** *Anlage zur Gewinnung von Atomenergie* ‖ **Atom|spreng|kopf:** Raketen mit Atomsprengköpfen ‖ **Atom|strom** ‖ **atom|strom|frei** ‖ **Atom|test** ‖ **Atom-U-Boot** ‖ **Atom|waf|fe** ‖ **atom|waf|fen|frei** ‖ **Atom|waf|fen|sperr|ver|trag**

ato|nal (Mus.): *an keine Tonart gebunden;* → G.: tonal ‖ **Ato|na|li|tät** (Mus.) ‖ **Ato|nie** die, -/-n (Med.): *Erschlaffung der Muskeln*

Atout [a'tu:] das, -[s]/-s ⟨fr.⟩: *der Trumpf im Kartenspiel*

à tout prix [a tu 'pri] ⟨fr.⟩: *um jeden Preis*

At|ri|um das, -s/Atrien [-iən] ⟨lat.⟩: *offener Innenhof* ‖ **At|ri|um|haus**

ATS [a te 'ɛs] (früher): **A**utriche/Austria + **S**chilling; → öS

ätsch: *Ausruf der Schadenfreude*

At|ta|ché [-'ʃe:] der, -s/-s ⟨fr.⟩: *Sonderbeauftragter für einen bestimmten Sachbereich bei einer diplomatischen Vertretung;* Kulturattaché

at|ta|chen [ə'tætʃn] ⟨engl.⟩ (sal.): sie hat dem E-Mail eine Datei attacht *(beigefügt, angehängt);* → Attachment

at|ta|chie|ren [-ʃ-] ⟨fr.⟩ (geh.): der Delegation einen Dolmetsch a. *(beigeben)*

At|tach|ment [ə'tætʃ-] das, -s/-s ⟨engl.⟩: *Beilage zu einem E-Mail;* → attachen

At|ta|cke die, -/-n ⟨fr.⟩: *Angriff;* eine A. reiten | (Med.) *Krankheitsan-*

A

fall; Herzattacke ‖ **at|ta|ckie|ren:** *körperlich angreifen; heftig kritisieren*

At|ten|tat [auch: -'taːt] das, -[e]s/-e ⟨lat.-fr.⟩: *[politische] Gewalttat; Mordanschlag* ‖ **At|ten|tä|ter** [auch: -'tɛː-] ‖ **At|ten|tä|te|rin**

At|ter|see der, -s: *See in Oberösterreich* (selten auch: *Kammersee*)

At|test das, -[e]s/-e ⟨lat.⟩: *Bescheinigung, [medizinisches] Gutachten, Zeugnis* ‖ **at|tes|tie|ren:** die Ärztin attestierte ihm Reisefähigkeit

At|ti|la: *männl. Vorname*

At|ti|tü|de die, -/-n ⟨fr.⟩: *Haltung, Gehaben*

Att|nang-Puch|heim: *Stadt in Oberösterreich*

At|trak|ti|on [-tsi̯-] die, -/-en ⟨lat.⟩: etwas/jemand übt eine besondere A. *(Anziehungskraft)* auf jemanden aus | unsere Stadt ist um eine A. *(ein Glanzstück; einen Publikumsmagnet)* reicher ‖ **at|trak|tiv:** eine attraktive *(anziehende, gut aussehende)* Frau ‖ **At|trak|ti|vi|tät** [-v-] die, -

At|trap|pe die, -/-n ⟨fr.⟩: *Nachbildung eines Gegenstands [für eine Auslage]*

At|tri|but das, -[e]s/-e ⟨lat.⟩: *charakteristisches Merkmal | beigegebenes Sinnbild, zB die Waage als Sinnbild der Gerechtigkeit* | (Gramm.) → *Beifügung;* → Apposition ‖ **at|tri|bu|tiv** ‖ **At|tri|but|satz** (Gramm.)

atü: **A**tmosphären**ü**berdruck [in einem Autoreifen]; 10 atü *(10 Atmosphären Überdruck);* → Atmosphäre

ATX [a te 'iks] der, - (Bankw.): **A**ustrian **T**raded Inde**x** *(wichtigster Aktienindex der Wiener Börse)*

aty|pisch [-yp-]: *nicht der Regel bzw. einem bestimmten Typus entsprechend;* a. Beschäftigte *(Beschäftigte, die in keinem Normalarbeitsverhältnis stehen);* → G.: typisch

At-Zei|chen ['æt-] (Zeichen: @): *Sonderzeichen in E-Mail-Adressen, Klammeraffe;* → at[2]; *aber:* → Et-Zeichen

at|zen (Jägerspr., sonst veraltet): du atzt *(fütterst)* junge Vögel; → Atzung

ät|zen: du ätzt mit Säure; → Ätzung | ätzende *(ablehnende, beleidigende)* Bemerkungen | (bes. D) (Jug.) ätzende *(scheußliche)* Musik

At|zung die, -/-en (Jägerspr., sonst veraltet): *Fütterung;* → atzen

Ät|zung die, -/-en; die Ä. einer Kupferplatte; → ätzen

au: au (= **Au**) schreien; → au weh (= auweh)

Au[1] die, -/-en: *Wald- und Wiesengebiet an einem Fluss;* Donauauen; → Aue

Au[2]: **Au**rum; → Gold

AUA die, -: → **Au**strian

Au|ber|gi|ne [obɛr'ʒiː-] die, -/-n ⟨fr.⟩ (D): *Melanzani*

auch: a. gut *(in Ordnung);* a. das noch; wer a. immer *(jede/r);* wie dem a. sei

au con|trai|re [o kɔ̃'trɛːr] ⟨fr.⟩: *im Gegenteil*

au|di|a|tur et al|te|ra pars ⟨lat.⟩ (Jus): *es muss auch die andere Streitpartei angehört werden* ‖ **Au|di|enz** die, -/-en: *Empfang bei einer hochgestellten Person* ‖ **Au|di|enz|saal** ‖ **Au|di|max** das, - (Studentenspr.): *Kurzwort für Auditorium maximum* ‖ **Au|di|ma|xis|mus** der, - ⟨lat.⟩: *eine studentische Protestbewegung (nach Audimax)* ‖ **Au|dio|book** [-bʊk] das, -s/-s ⟨lat.+engl.⟩: → *Hörbuch* ‖ **Au|dio|bot|schaft** ‖ **Au|dio-CD** [-tse deː] ‖ **au|dio|vi|su|ell** [-v-], *auch:* **au|dio-vi|su|ell** (AV): *akustisch und optisch;* audiovisuelle Unterrichtsmittel

Au|dit [engl.: 'ɔː-, auch: 'aʊ-] das, -[s]/-s ⟨lat.-engl.⟩: *Anhörung, Prüfverfahren*

au|di|tiv ⟨lat.⟩: *das Gehör betreffend;* ein auditiver Typ *(jemand, der Gehörtes besonders gut im Gedächtnis behält)* ‖ **Au|di|tor** der, -s/-en [-'oː-] (früher) (Mil.): *Ankläger* ‖ **Au|di|to|ri|um** das, -s/ Auditorien [-i̯ɛn]: *Hörsaal | Zuhörerschaft* ‖ **Au|di|to|ri|um ma|xi|mum** das - -/Auditoria maxima ⟨lat.⟩: *größter Hörsaal einer Universität/Hochschule;* → Audimax

Au|e die, -/-n (D): *Au*

Au|er|hahn ‖ **Au|er|hen|ne** ‖ **Au|er|huhn:** *ein Hühnervogel* ‖ **Au|er|ochs** [-ks]: *ein Wildrind, Ur*

auf:

Präposition mit Dativ oder Akkusativ:
- auf Urlaub sein
- auf einmal
- in der Nacht auf Montag
- auf etwas vergessen

Mit Akkusativ zur Angabe einer Richtung:
- auf den Tisch legen *(wohin?)*
- etwas auf ein Plakat malen
- auf den Zug müssen (in Vorarlberg für: *zum Zug müssen*)

Mit Dativ zur Angabe einer Position:
- auf dem Tisch liegen *(wo?)*
- ein Fachmann auf dem Sektor
- auf der Post; auf der Universität; auf See

Zum Gebrauch „am/auf“ → am

Groß- und Kleinschreibung:
- auf (= Auf) Wiedersehen sagen; *aber nur groß:* das **Auf** und Ab

Groß- und Kleinschreibung nach „auf das/aufs“ auf die Frage *Wie?*:
- auf das Äußerste (= äußerste) erstaunt sein
- sie wurde auf das Beste (= beste) bewirtet
- sie wurde auf das Freundlichste (= freundlichste) empfangen

Großschreibung nach „auf das/ aufs“ auf die Frage *Worauf?*:
- auf das Beste hoffen
- aufs Äußerste *(auf den Tod)* gefasst sein R→ S. 893, 2.2.1

Adverb:
- auf und davon
- Fenster auf!
- von klein auf
- früh auf sein *(wach sein, aufstehen)*

→ auf Seiten (= aufseiten); → auf und ab; → auf und zu

auf|ar|bei|ten: einen Rückstand a. | (Psych.) ein vergangenes Geschehen a. *(bewältigen)* ‖ **Auf|ar|bei|tung** die, -

auf|at|men: erleichtert a.

auf|bä|hen: die Semmeln a. *(aufbacken)*

auf|bah|ren: den Verstorbenen a. *(in einer Bahre oder in einem Sarg aufstellen)* ‖ **Auf|bah|rung** die, -/-en ‖ **Auf|bah|rungs|hal|le**

Auf|bau der, -[e]s: *Errichtung, Wiedererrichtung | Gliederung |* (mit Pl. -ten) *aufgesetztes Stockwerk;* die Aufbauten auf dem Deck eines Schiffes ‖ **Auf|bau|ar|beit:** große A. leisten ‖ **auf|bau|en**[1]: das Haus wieder a. | auf neuen Erkenntnissen a. *(sie als Grundlage heranziehen, daran anknüpfen)* ‖ **auf|bau|en**[2] sich: der Türsteher baute sich vor mir auf *(stellte sich mir wuchtig in den Weg)* ‖ **Auf|bau|gym|na|si|um** [-gy-]: *eine Sonderform der allgemein bildenden höheren Schule* ‖ **Auf|bau|hil|fe** ‖ **Auf|bau|kost** ‖ **Auf|bau|lehr|gang**

auf|bäu|men sich: *sich plötzlich aufrichten* | *sich widersetzen*
auf|bau|schen: *übertreiben;* eine Bagatelle a.
auf|be|geh|ren: *sich auflehnen, protestieren*
auf|be|hal|ten: den Hut a. *(nicht ablegen)*
auf|be|kom|men: das Kompottglas nicht a. *(nicht öffnen können)* | eine Hausübung a.
auf|be|rei|ten: Trinkwasser a. *(reinigen)* | ein Thema für ein Seminar a. *(bearbeiten, vorbereiten)* || **Auf|be|rei|tung**
auf|bes|sern: das/den Gehalt a. *(etwas dazuverdienen)* || **Auf|bes|se|rung**
auf|bet|ten: *das Bett [zum/nach dem Schlafen] herrichten*
auf|be|wah|ren || **Auf|be|wah|rung:** die A. *(Verwahrung, Lagerung)* von Lebensmitteln || **Auf|be|wah|rungs|ort**
auf|bie|ten: alle seine Kräfte a. *(einsetzen)* || **Auf|bie|tung** die, -: unter A. aller Kräfte; → Aufgebot
auf|bin|den: *Verschnürtes öffnen* | Weinreben a. *(anbinden)* | jemandem einen Bären a. *(jemanden belügen, anschwindeln)*
auf|bir|nen (nur Inf. und Part.) (ugs.): *stürzen, hinfallen;* es hat mich mit dem Radl aufgebirnt; → birnen
auf|blä|hen[1]: *aufblasen* | ein aufgeblähter *(zu großer, ineffizienter)* Verwaltungsapparat || **auf|blä|hen**[2] sich (abw.): *sich wichtigmachen*
auf|blas|bar || **auf|bla|sen**[1]: den Luftballon a. || **auf|bla|sen**[2] sich (abw.): *sich wichtigmachen;* ein aufgeblasener *(überheblicher)* Kerl
auf|blat|teln (ugs.): eine Zeitung a. *(aufblättern)* | den Professor a. *(seine Schwächen aufdecken, blamieren)* | es hat ihn aufgeblattelt *(er ist ausgerutscht, gefallen)* || **auf|blät|tern:** eine Zeitschrift a.
auf|blei|ben: lange a. *(spät zu Bett gehen)*
auf|blen|den: *das Fernlicht einschalten;* die Scheinwerfer a.
auf|bli|cken: von der Arbeit kurz a. *(aufschauen)*
auf|blü|hen: die Tulpe blüht auf | im neuen Beruf a. *(sich positiv entwickeln)*
auf|boh|ren: ein Türschloss a.
auf|brau|chen: *völlig verbrauchen* || **Auf|brauchs|frist:** die A. für Nahrungsmittel
auf|brau|sen: ein aufbrausender *(leicht erregbarer, zorniger)* Mensch
auf|bre|chen: die Tür a. | wir brechen jetzt auf *(machen uns auf den Heimweg, reisen ab)*
auf|bre|zeln sich (ugs.): *sich schön anziehen;* ich brezle mich auf
auf|brin|gen: *beschaffen, besorgen* | *auftragen;* den Klebstoff dick a. | die Türe nicht a. *(nicht öffnen können)* | das bringt *(regt)* ihn sicher auf; sie ist deswegen aufgebracht *(erzürnt, verärgert)*
Auf|bruch: *Abreise, das Fortgehen* | (geh.) *Neubeginn* || **Auf|bruchs|stim|mung,** *auch:* **Auf|bruch|stim|mung**
auf|brü|hen (Küchenspr.): *ein Getränk (zB Tee, Kaffee) mit kochendem Wasser zubereiten*
auf|brül|len: plötzlich a.
auf|brum|men (ugs.): jemandem eine Strafe a. *(auferlegen)*
auf|bü|geln: den Anzug a. *(bügeln)* | ein Abzeichen auf die Jacke a.
auf|bür|den (geh.): *aufladen, auferlegen*
auf|de|cken: zum Essen a. *(den Tisch decken)* | Missstände a. | *die Bettdecke entfernen* || **Auf|de|cker** der, -s/- || **Auf|de|cke|rin** die, -/-innen || **Auf|de|ckung**
auf|dop|peln: *verdoppeln* | (fachspr.): *verstärken, befestigen, verbessern* | (ugs.) *aufbessern;* das Gehalt a.
auf|drän|gen: dem Kind etwas a. wollen *(ihm gegen seinen Willen etwas zuschieben wollen);* du drängst dich jedem auf *(bietest auch unerwünscht deine Hilfe an);* eine Frage drängt sich auf *(stellt sich)*
auf|dre|hen: das Licht a. *(einschalten)* | (ugs.) *aufbegehren, schimpfen*
auf|dring|lich: *zudringlich, lästig* || **Auf|dring|lich|keit**
auf|drö|seln (bes. D, ugs.): einen Wollknäuel a. *(entwirren)*
Auf|druck der, -[e]s/-e: *(auf ein Schild, auf Textilien) gedruckte Schrift oder Abbildung*
auf|drü|cken: die Haustür a. | *aufprägen;* sein Siegel a.

auf|ei|n|an|der:

Getrenntschreibung, wenn die Hauptbetonung auf dem Verb liegt:
– aufeinander achten
– aufeinander warten

Zusammenschreibung, wenn die Hauptbetonung auf „aufeinander" liegt:
– Bücher aufeinanderlegen
– aufeinandertreffen

R→ S. 899, 1.3

Getrennt- und Zusammenschreibung:
– aufeinander folgen = aufeinanderfolgen (die Betonung kann auf „folgen" oder auf „aufeinander" liegen)
– zwei aufeinander folgende (= aufeinanderfolgende) Tage

Auf|ei|n|an|der|fol|ge: *Reihenfolge* || **auf|ei|n|an|der fol|gen** = **auf|ei|n|an|der|fol|gen** || **auf|ei|n|an|der|le|gen** || **auf|ei|n|an|der|tref|fen**
Auf|ent|halt der, -[e]s/-e: *Verbleib;* der gewöhnliche A. *(zB Wohnsitz)* einer Person | *Halt, Pause;* in Mailand hatten wir 10 Minuten A. || **Auf|ent|halts|be|wil|li|gung:** *behördliche Aufenthaltserlaubnis [für Ausländer]* || **Auf|ent|halts|dau|er** || **Auf|ent|halts|er|laub|nis** || **Auf|ent|halts|ge|neh|mi|gung** || **Auf|ent|halts|ge|setz** || **Auf|ent|halts|ort** || **Auf|ent|halts|raum** || **Auf|ent|halts|recht** (Jus): *Recht ausländischer Personen, im Einwanderungsland bleiben zu dürfen* || **Auf|ent|halts|ti|tel** (Amtsspr.): *gesetzliche Begründung für die Aufenthaltsberechtigung für Ausländer/innen* || **Auf|ent|halts|ver|bot**
auf|er|le|gen: jemandem eine Buße a. *(vorschreiben)*
auf|er|ste|hen (Rel.): *nach dem Tod zum Leben erweckt werden* || **Auf|er|ste|hung** die, - (Rel.) || **Auf|er|ste|hungs|fei|er** (Rel.): *Osterfeier* || **Auf|er|ste|hungs|got|tes|dienst** (Rel.): *Totenmesse*
auf|er|we|cken: *wieder zum Leben erwecken*
auf|es|sen, aufgegessen: „Iss alles auf!"
auf|fä|chern: sich in fünf Bereiche a. *(teilen)*
auf|fä|deln: ich fädle Perlen auf
auf|fah|ren: auf ein Riff a. | knapp a. *(an das davorfahrende Auto heranfahren)* | aus dem Schlaf a. *(aufschrecken, hochfahren)* | (Mil.) *in Stellung bringen* | (sal.) *servieren;* alle Köstlichkeiten wurden aufgefahren | (Rel.) aufgefahren *(aufgestiegen)* in den Himmel || **Auf|fahrt:** *das Hinauf-*

fahren | *Zufahrt;* Autobahnauffahrt | die A. *(das Vorfahren)* der Politiker vor dem Parlament || **Auf|fahr|un|fall**

auf|fal|len: eine auffallende Ähnlichkeit; negativ a. | auffallendes Licht || **auf|fäl|lig** || **Auf|fäl|lig|keit**

auf|fan|gen: den Abstürzenden a. | Regenwasser a. *(in einem Kübel oÄ sammeln)* | eine heruntergefallene Masche a. (beim Stricken) | die Inflation a. *(in den Griff bekommen)* | Gesprächsteile a. *(zufällig mithören)* || **Auf|fang|ge|sell|schaft** (Wirt.): *Gesellschaft, die ein in Konkurs befindliches Unternehmen zur Sanierung übernimmt* || **Auf|fang|la|ger:** *vorübergehende Unterbringungsstätte [für Flüchtlinge]* || **Auf|fang|netz**

auf|fas|sen: *verstehen, deuten;* etwas falsch a. || **Auf|fas|sung:** *Meinung* || **Auf|fas|sungs|ga|be** die, -: *das Verstehen* || **Auf|fas|sungs|sa|che** die, -: das ist reine A. *(Ansichtssache)* || **Auf|fas|sungs|un|ter|schied** (meist Pl.)

auf|fet|ten: *aufbessern*

auf|fin|den: *finden;* sie wurde tot aufgefunden

auf|fir|nen (reg.): der Schnee firnt auf *(wird weich)*

auf|fi|schen: *aus dem Wasser holen* | (ugs.) jemanden in einer Bar a. *(zufällig treffen; kennen lernen)*

auf|fla|ckern: alte Konflikte könnten wieder a. *(wieder hervortreten, aufbrechen)*

auf|flam|men: die Lichter flammten auf

auf|flie|gen: der Fasan fliegt auf | die Tür flog auf | (ugs.) der Skandal ist aufgeflogen *(bekannt geworden)*

auf|for|dern: *[nachdrücklich] ersuchen; bitten;* jemanden zum Tanz a. || **Auf|for|de|rung:** *nachdrückliche Bitte* || **Auf|for|de|rungs|satz** (Gramm.): *Satz, der eine Aufforderung oder einen Befehl zum Ausdruck bringt; Befehlssatz*

auf|fors|ten: *einen Wald (Forst) anpflanzen* || **Auf|fors|tung** die, -/-en

auf|fres|sen: *zur Gänze fressen*

auf|fri|schen: du frisch[s]t alte Kenntnisse auf || **Auf|fri|schung** die, -

auf|fri|sie|ren (ugs.): ein Motorrad a. *(tunen)*

auf|führ|bar || **auf|füh|ren:** ein Theaterstück a. *(spielen)* | sich anständig a. *(benehmen)* || **Auf|füh|rung** || **Auf|füh|rungs|pra|xis** (Mus.): *Realisierung eines Notentextes*

auf|fül|len: *[wieder] füllen, anfüllen*

Auf|ga|be: Aufgaben machen; eine schwierige A. | dieser Teil hat die A. *(Funktion)* zu stützen | die A. *(Absendung)* eines Briefes | die A. *(das Aufgeben)* des Wettkampfes || **Auf|ga|ben|heft**

auf|ga|beln: ich gable Heu auf | (ugs.) jemanden im Urlaub a. *(zufällig kennen lernen, aufreißen)*

Auf|ga|ben|be|reich || **Auf|ga|ben|ge|biet** || **Auf|ga|ben|stel|lung** || **Auf|ga|be|ort** || **Auf|ga|be|stem|pel:** *Poststempel*

auf|ga|berln: den Ball a. *(vom Boden mit der Fußspitze aufnehmen)*

Auf|ga|be|schein: *Bestätigung für eine aufgegebene Postsendung*

Auf|gang: der A. zum Turm | der A. der Sonne

auf|gan|seln (ugs. bzw. Jug.): *aufganserln* || **auf|gan|serln** (ugs. bzw. Jug.): *aufreizen, ärgern*

auf|ge|ben: den [Wett]kampf a.; seinen Beruf a.; das Rauchen a.; alle Hoffnungen a. | einen Brief a. | Gepäck a. *(es einchecken)* | jemandem eine Übung a. | (ugs.) die Uhr hat plötzlich den Geist aufgegeben *(funktioniert nicht mehr)*

auf|ge|bla|sen → aufblasen[2]

Auf|ge|bot: ein großes A. an Sicherheitskräften | mit dem A. aller Kräfte *(mit allen Kräften)* | das A. (der Brautleute) *(die öffentliche Bekanntmachung der beabsichtigten Eheschließung);* → aufbieten

auf|ge|bracht → aufbringen

auf|ge|don|nert (abw.): sie war a. *(auffällig hergerichtet)* wie eine Filmdiva

auf|ge|dun|sen: ein aufgedunsenes *(aufgequollenes)* Gesicht

auf|ge|hen: die Sonne geht auf | die Tür geht auf | die Rose geht *(blüht)* auf | eine Rechnung geht auf *(erweist sich als richtig)* | ganz im Beruf a. *(darin seine Erfüllung finden)*

auf|gei|gen: bei einem Fest a. *(mit der Geige aufspielen)* | (ugs.) euch werde ich a.! *(werde ich es zeigen!)*

auf|gei|len (derb): *sexuell erregen;* das geilt mich auf

auf|ge|kratzt (ugs.): *gut aufgelegt;* → aufkratzen

auf|ge|legt: gut a. *(gut gelaunt)* sein; nicht dazu a. *(nicht in der richtigen Stimmung)* sein | (ugs.) ein aufgelegter *(offenkundiger)* Unsinn | (Sport) ein aufgelegter Elfmeter *(eine große Chance, ein Sitzer);* → auflegen

auf|ge|räumt: a. *(gut gelaunt)* sein; → aufräumen

Auf|ge|regt|heit die, -/-en

auf|ge|schlos|sen: *empfänglich, interessiert;* → aufschließen || **Auf|ge|schlos|sen|heit**

auf|ge|schmis|sen (ugs.): ohne dich bin ich a. *(ratlos, hilflos)*

auf|ge|ta|kelt → auftakeln[2]

auf|ge|weckt: ein aufgewecktes *(lebhaftes, begabtes)* Kind; → aufwecken

auf|gie|ßen: Gemüse mit Suppe a.

auf|glei|ten (Met.): warme Luftschichten gleiten auf kalten Schichten auf

auf|glie|dern: *einteilen, ordnen* || **Auf|glie|de|rung**

auf|gra|ben: die Straße a. *(durch Grabung öffnen)*

auf|grei|fen: *verhaften* | einen Gedanken a. *(daran anknüpfen)* || **Auf|griff** (Amtsspr.): *das Beschlagnahmte, Verhaftete*

auf Grund = **auf|grund:** auf G. (= aufgrund) eines Bescheides; auf G. von Untersuchungen

Auf|guss: ein A. von Heilkräutern; in der Sauna einen A. machen || **Auf|guss|beu|tel:** *Teebeutel*

auf|ha|ben: einen Hut a. | Aufgaben a. | (ugs., abw., veraltet) den Scherben/Scherm a. *(die Bescherung haben)*

auf|ha|cken: den gefrorenen Boden a.

auf|hal|sen: jemandem eine Arbeit a. *(aufbürden)*

auf|hal|ten[1]: ein Auto a. || **auf|hal|ten**[2] sich: sich in Bregenz a. | sich über etwas a. *(sich darüber beschweren)* || **auf|häl|tig** (Amtsspr.): er ist seit drei Jahren hier a. *(wohnhaft)*

auf|hän|gen: sie hat ein Bild aufgehängt | *erhängen* | einen Vortrag an statistischem Material a. *(damit stützen)* || **Auf|hän|ger** der, -s/-: *Kleiderhaken, -bügel* | *aktuelles Thema, interessanter Einleitungsteil [für einen Zeitungsartikel];* → Aufmacher || **Auf|hän|gung** die, -/-en (Technik): die A. *(Art der Anbringung)*

der Vorderräder
aufhauen: *aufschlagen* | (ugs.) es hat ihn aufgehaut *(er ist hingefallen)* | (ostöst., ugs., sal.) *prahlen, demonstrativ prassen;* er hat heute im Wirtshaus wieder aufgehaut
aufhäufen: *zu einem Haufen schichten;* Schneemassen häufen *(türmen)* sich auf
aufhausen (westöst., mda.): *pleitegehen/Pleite machen;* → abhausen
aufheben: einen Knopf vom Boden a. | ein Andenken a. *(aufbewahren);* der Sohn ist bei den Großeltern gut aufgehoben | ein Urteil a. *(für ungültig erklären);* die Sitzung a. *(beenden, schließen)* || **Aufheben** das, -s: von etwas nicht viel Aufheben[s] machen *(nicht viel darüber reden)* | (geh.) ohne A. *(Aufsehen zu erregen)* || **Aufhebung:** *Abschaffung*
aufheitern: die Gäste a. *(froh stimmen)* | es heitert sich auf *(wird schön)* || **Aufheiterung** die, -/-en
aufhelfen: *beim Aufstehen helfen*
aufhellen: es hellt *(heitert)* sich auf | eine Fotografie a. || **Aufheller** der, -s/-: *Substanz mit aufhellender Wirkung [im Waschmittel];* optische A. || **Aufhellung** die, -/-en
aufhetzen: *Hass schüren, aufwiegeln* || **Aufhetzer** || **Aufhetzerin** || **Aufhetzung** die, -/-en
aufheulen: den Motor a. lassen
aufholen: das Fahrzeug hinter dir holt auf; Versäumtes a. || **Aufholjagd** (Sport): eine A. starten
aufhorchen: *gespannt zu horchen beginnen* | das lässt a. *(weckt die Aufmerksamkeit)*
aufhören: *beenden;* da hört sich aber alles auf! *(Ausruf der Entrüstung)*
aufhussen (ugs.): *aufhetzen* || **Aufhusser** (ugs.) || **Aufhusserin** (ugs.)
aufjaulen: der Hund jaulte laut auf
aufkaschieren: ein Bild a. *(auf eine feste Unterlage kleben)*
aufkaufen: *alles kaufen, zusammenkaufen*
aufkehren: *zusammenkehren;* den Boden, die Brösel a.
aufkeimen: langsam aufkeimender *(aufkommender)* Zorn
aufklaffen: im Boden klafften Risse auf
aufklappbar || **aufklappen:** das Taschenmesser a.
aufklaren: es klart auf *(der Himmel wird klar)*
aufklären: einen Irrtum a. *(klarstellen);* etwas hat sich aufgeklärt | *informieren;* die Schüler/innen über Drogen a. | die Tochter a. *(über Sexualität informieren)* | (Mil.) das feindliche Gebiet a. *(erforschen)* || **Aufklärer** der, -s/-: *ein Militärflugzeug* | *Vertreter der Aufklärung* || **Aufklärerin** die, -/-innen: *Vertreterin der Aufklärung* || **aufklärerisch** || **Aufklärung** die, -/-en: die A. des Verbrechens | sexuelle A. | (ohne Pl.) *eine europäische geistesgeschichtliche Strömung im 18. Jh.* || **Aufklärungsarbeit** || **Aufklärungsfilm:** *Informationsfilm [über Sexualität]* || **Aufklärungsflugzeug** (Mil.) || **Aufklärungskampagne** [-kampanjə, fr.: -kɑ̃ˌpanʲ]: *Informationsaktion* || **Aufklärungspflicht**
aufklauben: etwas vom Boden a. *(aufheben)*
aufkleben || **Aufkleber**
aufknöpfeln = **aufknöpfen:** den Mantel a.
aufknoten: *den Knoten lösen*
aufkochen: eine Suppe a. lassen | für ein Fest groß a. *(aufwändig kochen)*
aufkommen: Sturm kommt auf *(entsteht);* eine neue Mode ist aufgekommen | es kommt alles auf *(wird bekannt)* | jemanden nicht a. lassen *(jemandes Erfolg verhindern)* | für etwas a. *(die Kosten übernehmen)* || **Aufkommen** das, -s/-: *Ertrag* | (ohne Pl.) (geh.) *Genesung*
aufkränzen (reg.): das Vieh zum Almabtrieb a. *(schmücken)*
aufkratzen: sich eine Wunde a.; → aufgekratzt
aufkrempeln: die Ärmel a. (auch: *eine Arbeit mit Eifer beginnen)*
aufkreuzen (sal.): *überraschend auftauchen*
aufkriegen: eine Dose a. *(aufbekommen)* | eine Hausübung a. *(aufbekommen)*
aufkündigen: eine Wohnung a.; ein Dienstverhältnis a.; eine Freundschaft a. *(beenden)* || **Aufkündigung:** *Kündigung eines Vertrages*
aufkurbeln: das Autofenster a.
Aufl.: Auflage
aufladen: das Gepäck a. | sich Verantwortung a. | die leere Batterie a.
Auflage (Aufl.): ein Buch in hoher A. *(Stückanzahl)* drucken | eine A. *(Bedingung)* vorschreiben; unter folgender A. | *aufgelegte Schicht* || **Auflagenhöhe** || **auflagenstark**
auflassen: eine Haltestelle a. *(abschaffen)* | den Hut a. *(aufbehalten)* | die Kinder lange a. *(nicht schlafen schicken)* || **Auflassung** die, -/-en: *Schließung, Stilllegung*
auflauern: *mit schlechten Absichten auf jemanden warten;* sie lauerte ihm auf
Auflauf: *Menschenansammlung* | *eine Speise;* Reisauflauf || **auflaufen:** aufgelaufene *(bisher entstandene)* Kosten | das Schiff ist aufgelaufen *(auf Grund gelaufen)* || **Auflaufform:** *ein Kochgeschirr für Aufläufe*
aufläuten (reg.): *durch Läuten aufwecken; anrufen*
aufleben: nach längerem Leiden wieder a.
auflecken: die Milch a. *(aufschlecken)*
auflegen: eine Platte a.; ein weiteres Gedeck a.; den Hörer a. | Baupläne zur Einsichtnahme a. *(für alle zugänglich machen)* | sich den Ball zum Elfer a. | (ugs.) jemandem eine a. *(eine Ohrfeige geben);* → aufgelegt
auflehnen sich: sich gegen die Eltern a. *(sich empören, Widerstand leisten)* || **Auflehnung** die, -/-en
auflesen: *aufklauben, aufheben*
aufliegen[1]: Zeitungen liegen im Lesesaal auf || **aufliegen**[2] sich (ugs.): die Kranke hat sich aufgelegen *(wund gelegen)*
auflisten: Waren a. *(in einer Liste erfassen)* || **Auflistung** die, -/-en
auflockern: es lockert auf *(die Wolken werden weniger)* | den Vortrag durch Dias a. *(abwechslungsreicher gestalten)* || **Auflockerung** die, -/-en
auflodern: die Flamme lodert auf *(brennt empor)* | der alte Hass lodert wieder auf *(entsteht wieder)*
auflösbar || **auflösen:** eine Versammlung/einen Vertrag a. *(beenden)* | ein Rätsel a. | Zucker in Wasser a. || **Auflösung:** die A. des Rätsels | (Jus) vorzeitige A. *(nicht an Fristen gebundene Entlassung, zB einer Regierung);* A. eines Vertrages | die A. *(Schärfe, Klarheit)* eines Fotos/eines Monitorbildes || **Auflösungspro-**

A

zess ‖ **Auflösungstendenz** ‖ **Auflösungsvermögen** (Phys.): *Fähigkeit eines optischen Geräts zur Trennung eng beieinanderliegender Details* ‖ **Auflösungszeichen** (♮) (Mus.): *Aufhebung eines Vorzeichens*

aufmachen[1]: die Tür a. *(öffnen)* | ein Geschäft a. *(eröffnen)* ‖ **aufmachen**[2] sich: *sich auf den Weg machen, aufbrechen* ‖ **Aufmacher** der, -s/-: *journalistischer Blickfang; besondere [Zeitungs-]schlagzeile;* → Aufhänger ‖ **Aufmachung** die, -/-en: in großer A. *(auffällig, prunkvoll)*

Aufmarsch: der A. der Sportlerinnen ‖ **aufmarschieren:** die Truppen marschieren auf | (sal.) er marschierte mit der ganzen Verwandtschaft auf

aufmascherln (ostöst., ugs.): *[aus]schmücken, um Eindruck zu machen;* ich mascherl mich für den Ball auf *(putze mich dafür heraus)*

aufmerken (geh.): *aufpassen; aufhorchen* ‖ **aufmerksam:** a. zuhören; jemanden auf etwas a. machen *(hinweisen)* | das ist sehr a. *(freundlich, liebenswürdig)* von Ihnen ‖ **Aufmerksamkeit** die, -: die A. wecken | (mit Pl. -en) kleine Aufmerksamkeiten *(Geschenke)*

aufmischen (ugs.): *in Schwung bringen, anregen*

aufmöbeln (ugs.): *erneuern, modernisieren* | *aufmuntern*

aufmotzen (ugs.): *aufputzen*

aufmucken = **aufmucksen** (ugs.): gegen ein Verbot a. *(sich dagegen auflehnen)*

aufmuntern: das Publikum a. *(aufheitern)* | jemanden zum Weitermachen a. *(anspornen)* ‖ **Aufmunterung** die, -/-en

aufmüpfig: *aufsässig, eigensinnig* ‖ **Aufmüpfigkeit** die, -/-en

aufnähen ‖ **Aufnäher** der, -s/-: *Plakette aus Stoff zum Aufnähen*

Aufnahme die, -/-n: die A. ins Krankenhaus; eine herzliche A. | die A. ins Wörterbuch | die A. einer Anzeige | die A. *(Einstellung)* von Arbeitskräften | eine schöne A. *(Fotografie)* | die A. *(Aufzeichnung)* eines Films ‖ **Aufnahmebedingung** ‖ **aufnahmebereit** ‖ **aufnahmefähig** → aufnahmsfähig ‖ **Aufnahmefähigkeit** ‖ **Aufnahmeprüfung** → Aufnahmsprüfung ‖ **Aufnahmesperre:** *Einstellungsstopp* ‖ **Aufnahmestopp** [-ʃt-]: A. im öffentlichen Dienst ‖ **Aufnahmevoraussetzung,** *auch:* Aufnahmsvoraussetzung ‖ **aufnahmsfähig,** *auch:* aufnahmefähig ‖ **Aufnahmsgebäude:** das A. *(Hauptgebäude mit Schalter usw.)* des Grazer Ostbahnhofs ‖ **Aufnahmskanzlei** ‖ **Aufnahmsprüfung,** *auch:* Aufnahmeprüfung ‖ **Aufnahmsvoraussetzung** → Aufnahmevoraussetzung ‖ **Aufnahmswerber:** *jemand, der sich um Aufnahme bewirbt* ‖ **Aufnahmswerberin** ‖ **aufnehmen:** eine neue Mitarbeiterin a. *(anstellen)* | das muss ich a. *(fotografieren; filmen; auf Kassette aufzeichnen);* ein Protokoll a. | etwas ins Programm a. | es mit jemandem a. können *(sich mit jemandem messen können)* | jemanden gastlich a. *(beherbergen)* | Verhandlungen a. *(beginnen)* | einen Kredit a. *(Geld [von einer Bank] leihen)*

aufnötigen: *aufoktroyieren*

aufoktroyieren [-oi:-, -o̜aji:-]: jemandem etwas a. *(aufzwingen);* → oktroyieren

aufopfern: sich für jemanden a. *(ihn zB selbstlos pflegen)* ‖ **Aufopferung:** die A. *(Preisgabe)* einer Sache ‖ **aufopferungsvoll**

aufpäppeln: jemanden nach einer Krankheit a. *(mit entsprechender Nahrung stärken)* ‖ **aufpappen** (ugs.): *aufkleben*

aufpassen, du passt auf: *Acht geben;* auf den Hund a. ‖ **Aufpasser** der, -s/- ‖ **Aufpasserin** die, -/-innen

aufpecken: das Kücken hat das Ei aufgepeckt *(mit dem Schnabel geöffnet);* → aufpicken

aufpelzen: *aufbürden;* jemandem eine hohe Strafe a.; der Mannschaft viele Tore a.

aufpeppen (ugs.): *attraktiv machen, aufputzen;* → Pep

aufpeppeln (Sport): einen Ball einmal a. *(aufspringen lassen);* → peppeln

aufpflanzen sich: *sich herausfordernd aufstellen*

aufpfropfen: eine neue Rebsorte a. | ein aufgepfropftes *(unechtes, nur angelerntes)* Wissen

aufpicken[1]: Körner a. *(mit dem Schnabel aufsammeln)* | *mit dem Schnabel öffnen;* → aufpecken

aufpicken[2]: *aufkleben*

aufpimpen (sal.): *aufpeppen, aufmotzen*

aufplatzen: die Wunde ist aufgeplatzt

aufplustern sich: der Vogel plustert sich auf

aufpolieren: die Tischplatte a.

Aufprall der, -[e]s ‖ **aufprallen:** der Pkw prallte auf die Leitschiene auf

Aufpreis: *Aufzahlung*

aufpudeln sich (ugs.): *sich aufregen; sich aufspielen*

aufpulvern [-f-]: man muss ihn von Zeit zu Zeit a. *(aufrütteln);* sich mit Kaffee a.

aufpumpen: die Reifen a.

aufputschen: die Belegschaft a. *(aufstacheln, aufhetzen)* | sie putscht sich/ihren Körper mit Kaffee auf ‖ **Aufputschmittel:** *anregende Substanz, die eingenommen wird, zB Kaffee, Dopingmittel, Rauschgift*

Aufputz der, -es: *Schmuck; Aufmachung* ‖ **aufputzen:** *schmücken;* den Christbaum a.

aufraffen sich: *alle Kraft zusammennehmen, endlich etwas tun*

aufragen: *in die Höhe ragen*

aufrappeln sich: *sich [mühsam] erheben*

aufrauen: *rau machen*

aufräumen: das Zimmer, die Spielsachen a. *(zusammenräumen)* | mit Missbräuchen a. *(sie beseitigen);* → aufgeräumt ‖ **Aufräumer** der, -s/-: *männl. Form von Aufräumerin* ‖ **Aufräumerin** die, -/-innen: *Bedienerin, Putzfrau* ‖ **Aufräumung** ‖ **Aufräumungsarbeiten** die (Pl.)

aufrechnen: *verrechnen* | eine Leistung mit Gegenforderungen a. *(kompensieren)* ‖ **Aufrechnung**

aufrecht:

ein aufrechter *(ehrlicher)* Charakter | (Jus) aufrechte Erledigung *(günstige Bewilligung)*

Getrenntschreibung:
- sich aufrecht halten
- aufrecht sitzen

Zusammenschreibung bei übertragener Bedeutung:
- der Beschluss muss aufrechtbleiben *(bestehen, gültig bleiben)*
- eine Behauptung aufrechterhalten R→ S. 900, 1.5.1

aufrechtbleiben: der Beschluss muss a. *(bestehen bleiben)* ‖ **aufrechterhalten:** eine Behauptung a. ‖ **Auf|recht|er|hal|tung**

auf|re|gen: sie ist vor der Prüfung aufgeregt; sich über jemanden/etwas a.; das war ein aufregender Tag ‖ **Auf|re|ger** der, -s/- (ugs.): *empörender Vorfall, Skandal, öffentliches Ärgernis* ‖ **Auf|re|gung**

auf|rei|ben[1]: den Fußboden a. *(mit einem Aufreibfetzen aufwischen)* | (ugs.) mit der Hand a. *(einen Schlag androhen)* ‖ **auf|rei|ben**[2] sich: sie reibt sich dabei auf *(überanstrengt sich körperlich und psychisch)* ‖ **Auf|reib|fet|zen** ‖ **Auf|reib|tuch**

auf|rei|hen: die Ergebnisse untereinander a.

auf|rei|ßen: ein Brieflos a. | *aufbrechen;* die Straße a. | (ugs., sal.) einen Job a. *(finden)* | (ugs., sal.) ein Mädchen a. *(sich anlachen, für sich gewinnen);* → anmachen ‖ **Auf|rei|ßer|lo|kal** (sal.): *Lokal, in dem man schnell einen Aufriss macht* ‖ **Auf|rei|ßer|typ** [-yp] (sal.)

auf|rei|zen: *aufhetzen;* jemanden zu Gewalttaten a. | aufreizend *(erregend, erotisch)* gekleidet

auf|rich|ten: *in die Höhe richten* | *trösten, aufmuntern* ‖ **auf|rich|tig:** *ehrlich, offen;* a. bedauern ‖ **Auf|rich|tig|keit** ‖ **Auf|rich|tung**

Auf|riss: *Bauzeichnung mit frontaler Darstellung;* → Grundriss | *Übersicht* | (ugs., sal.) einen A. *(eine Eroberung)* machen ‖ **Auf|riss|zeich|nung** ‖ **Auf|riss|zo|ne** (sal. bzw. Jug.)

auf|rol|len: ein Kabel a. | ein Problem a. *(darlegen, angehen)*

auf|rü|cken: *anschließen*

Auf|ruf: *Appell, Aufforderung* ‖ **auf|ru|fen:** den nächsten Patienten a. | alle zum Spenden a. *(auffordern)*

Auf|ruhr der, -[e]s/-e: *Aufstand, Erhebung;* das ganze Land ist in A. ‖ **auf|rüh|ren:** *umrühren, um etwas an die Oberfläche zu bringen* | (geh.) Gefühle a. *(hervorrufen)* | (geh.) das Volk a. *(politisch verhetzen)* ‖ **Auf|rüh|rer** der, -s/- ‖ **Auf|rüh|re|rin** die, -/-innen ‖ **auf|rüh|re|risch**

auf|run|den: einen Betrag a.; → G.: abrunden ‖ **Auf|run|dung**

auf|rüs|ten: *die Bewaffnung verstärken* | den Computer a. *(nachrüsten)* ‖ **Auf|rüs|tung**

auf|rüt|teln: sein Gewissen a. *(wachrütteln)*

aufs: auf das; a. Land fahren; → auf

auf|sa|gen: ein Gedicht a. *(auswendig vortragen)* | (geh.) jemandem die Freundschaft a. *(kündigen)*

auf|sam|meln: Abfälle a.

Auf|san|dung die, -/-en (Jus): *Verzicht auf ein im Grundbuch eingetragenes Recht* ‖ **Auf|san|dungs|er|klä|rung** (Jus) ‖ **Auf|san|dungs|ur|kun|de** (Jus): *öffentlich beglaubigte Aufsandungserklärung*

auf|säs|sig: *rebellisch* | (veraltet) jemandem a. sein *(ihn dauernd benachteiligen)* ‖ **Auf|säs|sig|keit** die, -/-en

Auf|satz: *eine schriftliche Arbeit* | ein A. *(Aufbau)* für einen Kasten ‖ **Auf|satz|the|ma**

auf|sau|gen: Wasser mit dem Schwamm a.

auf|schau|en: von einem Buch a. *(aufblicken)* | zu jemandem a. *(jemanden verehren)*

auf|schau|keln: *intensivieren, sich vergrößern;* Gefühle a.

auf|schäu|men: Milch für den Cappuccino a. ‖ **Auf|schäu|mer** der, -s/-: *ein Küchengerät;* Milchaufschäumer

auf|schei|nen: in einer Liste a. *(vorkommen)*

auf|scheu|chen: Wild a.

auf|schich|ten: Ziegel a.

auf|schie|ben: einen Termin a. *(auf später verschieben)* | (Jus) aufschiebende Bedingung *(Bedingung, die einen Vertrag wirksam werden lässt)* ‖ **Auf|schie|bung** die, -/-en

Auf|schlag: 10 % A. *(Aufpreis)* | *nach außen gestülpter Ärmel-, Hosenabschluss* | *Aufprall* | (Sport) *der erste Schlag bei Spiel- oder Satzbeginn; Service* ‖ **auf|schla|gen:** er schlug mit dem Kopf auf | ein Ei a. | das Heft a. *(aufklappen);* die Augen a. *(öffnen)* | ein Hosenbein a. *(umstülpen)* | (Sport) *den ersten Ball schlagen; servieren* | die Umsatzsteuer wird auf den Preis aufgeschlagen *(dazugerechnet)* | seine Zelte an einem Ort a. *(sich da niederlassen)* ‖ **Auf|schlä|ger** (Sport): *Spieler, der den Ball serviert* ‖ **Auf|schlä|ge|rin** (Sport) ‖ **Auf|schlag|zün|der:** eine Bombe mit A.; → Zeitzünder

auf|schle|cken: *auflecken*

auf|schlich|ten: *aufstapeln;* Holzscheiter a.

auf|schlie|ßen: *aufsperren; zugänglich machen;* ein Geschäft a. *(eröffnen)* | (bes. Sport) zu den Führenden a. *(den Rückstand vermindern)* | ein voll aufgeschlossenes (= vollaufgeschlossenes) Grundstück; → aufgeschlossen ‖ **Auf|schluss:** A. *(Auskunft, Einsicht)* geben | (Geol.) *Stelle im Gelände, an der das anstehende Gestein zugänglich ist, zB Felswände, Steilufer* ‖ **auf|schlüs|seln,** ich schlüssle auf: statistisch a. *(gliedern, analysieren)* ‖ **Auf|schlüs|se|lung** = **Auf|schlüss|lung** die, -/-en ‖ **auf|schluss|reich:** *viele Kenntnisse und Einsichten vermittelnd*

auf|schmei|ßen (ugs.): *bloßstellen*

auf|schnap|pen: *durch Zufall erfahren* | das Türschloss ist aufgeschnappt | *mit dem Mund/Maul fangen*

auf|schnau|fen (ugs.): *aufatmen*

auf|schnei|den: Brot a. | (abw.) *großsprecherisch übertreiben, fantasievoll aufbauschen, angeben* ‖ **Auf|schnei|der** (abw.): *Angeber, Wichtigtuer* ‖ **Auf|schnei|de|rei** (abw.) ‖ **Auf|schnei|de|rin** (abw.) ‖ **Auf|schnitt:** *Scheiben von verschiedenen Würsten und Fleischsorten*

auf|schnü|ren: *eine Verschnürung/einen Knoten lösen;* die Schuhe a.

auf|scho|bern = **auf|schö|bern:** *anhäufen, kleine [Stroh]haufen machen*

auf|schre|cken[1]: sie schreckte (schrak) aus dem bösen Traum auf; → schrecken[1] ‖ **auf|schre|cken**[2]: der Hund schreckte das Rebhuhn auf *(scheuchte es auf);* → schrecken[2]

Auf|schrei: *plötzlicher Schrei*

auf|schrei|ben: *notieren* | a. *(anschreiben)* lassen *(auf Kredit kaufen)*

auf|schrei|en: sie schrien empört auf

Auf|schrift: eine A. in Großbuchstaben

Auf|schub: *Verzögerung; gewährte Frist*

auf|schür|fen: sich beim Sturz das Knie a.

auf|schüt|teln: *auflockern* ‖ **auf|schüt|ten:** Kies a. | einen Damm a. *(errichten)* ‖ **Auf|schüt|tung** die, -/-en

auf|schwat|zen: *überreden, aufdrängen*

auf|schwem|men: das Gesicht war aufgeschwemmt *(aufgedunsen)*

auf|schwin|gen[1]: die Flügeltüren

A

schwingen auf ‖ **auf|schwin|gen**[2] sich: der Adler schwingt sich auf *(fliegt in die Höhe)* | endlich schwingt *(rafft)* er sich zum Wohnungsputz auf | sich zum Geschäftsführer a. *(hinaufarbeiten)* ‖ **Auf|schwung:** *eine Turnübung* | *Aufstieg, positive Entwicklung;* wirtschaftlicher A.; → G.: Abschwung

auf|se|hen: vom Lesen a.

Auf|se|hen

das, -s: *Beachtung, Aufregung*
Getrenntschreibung:
– Aufsehen erregen
– großes Aufsehen erregen[d]
Getrennt- und Zusammenschreibung:
– Aufsehen erregende (= aufsehenerregende) Bilder
R→ S. 899, 1.1
Zusammenschreibung bei Steigerung oder näherer Bestimmung der ganzen Fügung:
– aufsehenerregendere Bilder
– am aufsehenerregendsten
– äußerst aufsehenerregend
R→ S. 903, 2.2

Auf|se|hen er|re|gend = **auf|se|hen|er|re|gend** → Aufsehen ‖ **Auf|se|her** ‖ **Auf|se|he|rin**

auf Sei|ten = **auf|sei|ten** (Präp. mit Gen.): auf Seiten des Freundes; → Seite

auf|set|zen: sich im Bett a. | den Hut a. | einen Brief a. *(entwerfen)* | das Flugzeug setzt auf *(landet)*

Auf|sicht die, -/-en: unter ärztlicher A.; Kinder dürfen nicht ohne A. sein | *Person, die Aufsicht hat;* die A. um Erlaubnis fragen | *kontrollierende Stelle, Behörde;* Finanzmarktaufsicht ‖ **Auf|sichts|be|schwer|de** (Jus): *Beschwerde gegen die Amtstätigkeit eines öffentlichen Organs im Amtsweg (an die vorgesetzte Behörde);* → Dienstaufsichtsbeschwerde‖ **Auf|sichts|füh|ren|de**[1] der, -n/-n, ein Aufsichtsführender ‖ **Auf|sichts|füh|ren|de**[2] die, -n/-n ‖ **Auf|sichts|per|so|nal** ‖ **Auf|sichts|pflicht:** die A. verletzen ‖ **Auf|sichts|rat:** *Kontrollorgan einer AG oder GmbH* | *Mitglied dieses Organs* ‖ **Auf|sichts|rä|tin** ‖ **Auf|sichts|rats|sit|zung** ‖ **Auf|sichts|rats|vor|sit|zen|de**[1] der, -n/-n, ein Aufsichtsratsvorsitzender ‖ **Auf|sichts|rats|vor|sit|zen|de**[2] die, -n/-n

auf|sie|den (veraltend): *aufkochen lassen;* die Milch a.

auf|sit|zen: *aufs Pferd, [Motor]rad steigen* | (ugs.) dem Betrüger a. *(von ihm hineingelegt werden)* ‖ **Auf|sit|zer** der, -s/- (ugs.): *Übertölpelung, Reinfall* | (Sport) *dummer Fehler, leicht vergebene Chance*

auf|spal|ten: etwas in kleinere Einheiten a. *(teilen)* ‖ **Auf|spal|tung**

auf|span|nen: den Regenschirm a.; ein Netz a.

auf|spa|ren: sich das Beste immer für den Schluss a. *(aufheben)*

auf|sper|ren: *aufschließen* ‖ **Auf|sperr|dienst:** *Firma, die [in Notfällen] Türschlösser öffnet*

auf|spie|len[1]: zum Tanz a. ‖ **auf|spie|len**[2] sich (abw.): *wichtigtun;* sich als Richter a. *(sich zum Richter machen [wollen])*

auf|spie|ßen: eine Erbse mit der Gabel a.

auf|sprin|gen: *in die Höhe springen;* vor Wut a. | aufgesprungene Hände

auf|sprit|zen: den Apfelsaft a. *(mit Sodawasser, Mineralwasser verdünnen)*

auf|spu|len: das Kabel a.

Auf|sprung: beim A. das Gleichgewicht verlieren

auf|spü|ren: *ausfindig machen, auskundschaften*

auf|sta|cheln, ich stachle auf: jemanden zum Widerstand a. *(aufreizen)*

auf|stamp|fen: mit dem Fuß a.

Auf|stand: *Auflehnung, Revolte* ‖ **auf|stän|disch** ‖ **Auf|stän|di|sche**[1] der, -n/-n, ein Aufständischer ‖ **Auf|stän|di|sche**[2] die, -n/-n

auf|sta|peln: Kisten a. *(sie aufeinanderstellen)*

auf|stau|en: einen Fluss a.

auf|ste|chen: ein Blase a.

auf|ste|cken: einen Ring a. | (ugs.) nichts a. *(erreichen)* | (ugs.) bei einem Wettkampf a. *(sich nicht mehr einsetzen, aufgeben)*

auf|ste|hen: früh a. | nicht mehr a. *(nicht mehr gesund werden und sterben)*

auf|stei|gen: auf das Fahrrad a. | zur Berghütte a. | das Flugzeug steigt auf; Luftblasen steigen auf | Tränen stiegen in ihm auf *(er begann zu weinen)* | beruflich a.; in die höhere [Schul]klasse a. | aufsteigende Linie *(die Vorfahren einer Person);* → G.: absteigend ‖ **Auf|stei|ger** der, -s/-: *jemand, der rasch [gesellschaftlich] in eine höhere Position gekommen ist* | (Sport) *Mannschaft, die in die höhere Spielklasse kommt;* → G.: Absteiger ‖ **Auf|stei|ge|rin** die, -/-innen

auf|stel|len: den Sonnenschirm a.; den Kragen a. | eine Kandidatin für die Wahl a. *(nennen);* eine Fußballmannschaft a. | eine Behauptung a. | einen Weltrekord a. | (ugs.) die Haare a. *(Widerstand zeigen)* | (ugs.) einen Baum a. *(Widerstand leisten)* | gut aufgestellt *(formiert, organisiert)* sein | (ugs.) es hat ihn mit dem Rad aufgestellt *(er ist gestürzt)* | (reg.) die Suppe a. *(auf den Herd stellen)* ‖ **Auf|stel|lung:** die A. einer Fußballmannschaft bekannt geben

auf|stem|men: eine Wand a.

Auf|stieg der, -[e]s/-e: der A. zur Berghütte; der A. des Heißluftballons | der berufliche A. ‖ **Auf|stiegs|an|la|ge:** *Skilift, Gondel oÄ* ‖ **Auf|stiegs|chan|ce** [-ʃɑ̃:s] ‖ **Auf|stiegs|hil|fe:** *Schlepplift oÄ* ‖ **Auf|stiegs|mög|lich|keit:** *Möglichkeit beruflich weiterzukommen* ‖ **Auf|stiegs|run|de** ‖ **Auf|stiegs|spiel** (Sport)

auf|stö|bern: das gesuchte Buch in der Bibliothek a. *(finden)* | das Wild a. *(aufscheuchen)*

auf|sto|cken: das Haus a. | das Darlehen a. *(erhöhen)* ‖ **Auf|sto|ckung** die, -/-en

auf|stol|len: *anhaften (von Pressschnee unter den Schuhen oder Tourenskifellen)*

auf|sto|ßen: die Tür a. | das Baby hat aufgestoßen *(gerülpst)*

auf|stre|ben: ein aufstrebendes *(wachsendes)* Unternehmen

auf|strei|chen: Marmelade a.

auf|streu|en: Sand a.

Auf|strich: *Nahrungsmittel, das man aufs Brot streicht*

auf|stüt|zen: den Kopf auf den Ellbogen a.

auf|su|chen: die Ärztin a.

auf|ta|keln[1]: ein Schiff a. *(mit Segeln versehen);* → takeln ‖ **auf|ta|keln**[2] sich (ugs., abw.): *sich übermäßig, geschmacklos herausputzen, kleiden* ‖ **Auf|ta|ke|lung**

Auf|takt: zum A. *(Beginn)* des heutigen Festes | (Mus.) *Beginn mit einem unvollständigen Takt*

auf|tan|ken: das Flugzeug bei einem Zwischenstopp a.

auf|tau|chen: *(aus Wasser, einer Menge) emporkommen; sichtbar werden*
auf|tau|en: Tiefgekühltes a.
auf|tei|len: *verteilen;* die Süßigkeiten untereinander a. ‖ **Auf|tei|lung:** die A. eines Vermögens ‖ **Auf|tei|lungs|schlüs|sel**
auf|tip|pen (bes. D) (Sport): *aufpeppeln*
auf|ti|schen, du tisch[s]t auf: *reichlich Speisen und Getränke auftragen* | (abw.) Märchen a. *(Unwahrscheinliches erzählen)*
Auf|trag der, -[e]s/-träge: einen A. erteilen, ausführen; im Auftrag (→ i. A.) der Direktorin; etwas in A. geben *(anordnen)* ‖ **auf|tra|gen:** Make-up a. | jemandem etwas a. *(Anweisungen erteilen)* | (abw.) dick a. *(übertreiben)* ‖ **Auf|trag|ge|ber** der, -s/- ‖ **Auf|trag|ge|be|rin** die, -/-innen ‖ **Auf|trags|ab|wick|lung** ‖ **Auf|trags|be|stä|ti|gung:** *Bestätigung der Übernahme eines Auftrags, einer Arbeit* ‖ **auf|trags|ge|mäß** ‖ **Auf|trags|werk:** *in Auftrag gegebenes [Kunst]werk*
auf|tref|fen: mit der Vorderseite a. *(aufprallen)*
auf|trei|ben: das Vieh auf die Alm a. | ein seltenes Buch a. *(es zu beschaffen wissen)*
auf|tren|nen: eine Naht a.
auf|tre|ten: bestimmt a. *([in der Öffentlichkeit] selbstbewusst in Erscheinung treten)* | im Theater a.; → Auftritt | Unstimmigkeiten traten *(tauchten)* auf ‖ **Auf|tre|ten** das, -s: ein gutes A. *(Benehmen)* haben
Auf|trieb: der A. der Viehherden (auf die Alm) | (ohne Pl.) (Phys.) *gewichtsvermindernde Kraft, die auf einen in eine Flüssigkeit getauchten Körper wirkt* | (ohne Pl.) neuen A. *(Schwung, Motivation)* bekommen
Auf|tritt: der A. einer Schauspielerin | (Theater) *Szene* | ein heftiger A. *(Streit)* ‖ **Auf|tritts|ver|bot**
auf|trock|nen: die Flüssigkeit rasch a. *(wegwischen)*
auf|trump|fen: *die eigene Überlegenheit betonen*
auf|tun (geh., veraltend): das Tor tut sich auf *(öffnet sich);* eine neue Perspektive tut sich auf
auf|tür|men: *stapeln;* sie türmte alle Gutachten vor mir auf | er türmte *(baute)* sich vor mir auf
auf und ạb: auf und ab *(hin und her)* gehen; *aber:* das ewige **A**uf und **A**b ‖ **Auf-und-ạb-Ge|hen** das, -s: *Herumgehen* ‖ **auf und da|vọn:** a. u. d. gehen
auf und zu ‖ **auf- und zu|ma|chen:** *aufmachen und wieder zumachen*
auf|wa|chen: *erwachen*
auf|wach|sen [-ks-]: in der Stadt a.
auf|wal|len (Küchenspr.): die Suppe a. *(aufkochen)* lassen
Auf|wand der, -[e]s: großen A. treiben *(viel Geld für Essen, Kleidung usw. ausgeben)* ‖ **auf|wän|dig** = aufwendig ‖ **Auf|wands|ent|schä|di|gung:** *Ersatz des mit der Berufsausübung verbundenen Aufwands, Abgeltung besonderer Kosten*
auf|wär|men: das Essen a. | alte Geschichten a. *(wieder in Erinnerung rufen)* | (Sport) sich vor dem Wettkampf a. *(die Muskeln lockern)*
auf|war|ten: einem Gast etwas a. *(anbieten)* | mit Neuigkeiten a. | damit kann ich nicht a. *(dienen)*
auf|wärts: vom 7. Rang a. ‖ **Auf|wärts|ent|wick|lung** ‖ **auf|wärts|ge|hen:** die Treppe a. | es wird mit ihr bald a. *(besser werden)* ‖ **auf|wärts|stre|ben** ‖ **Auf|wärts|trend**
Auf|war|tung: jemandem seine A. machen *(jemanden aufsuchen; sich jemandem vorstellen)*
Auf|wasch der, -[e]s (D): *das Aufwaschen* ‖ **auf|wa|schen:** den Gang a. | (ugs.) etwas in einem Aufwaschen *(in einem Arbeitsgang)* erledigen
auf|we|cken: *wach machen, wecken;* → aufgeweckt
auf|wei|chen: der Boden war durch den Regen aufgeweicht
auf|wei|sen: *etwas zeigen; über etwas verfügen;* sie hat große Erfolge aufzuweisen
auf|wen|den: für etwas viel Geld a. *(ausgeben);* viel Zeit a. *(einsetzen)* ‖ **auf|wen|dig** = → aufwändig ‖ **Auf|wen|dung:** hohe Aufwendungen *(Kosten)*
auf|wer|fen: ein Thema a. *(vorbringen, erwähnen)*
auf|wer|ten: *den Wert [des Geldes, einer Sache] hinaufsetzen* ‖ **Auf|wer|tung** ‖ **Auf|wer|tungs|fak|tor** (Wirt.): *Faktor für die Berechnung der Bemessungsgrundlage*
auf|wi|ckeln: *zusammenwickeln* | *auseinanderwickeln*
auf|wie|geln: *anstacheln, aufhetzen;* ich wiegle die Unzufriedenen auf; → G.: abwiegeln ‖ **Auf|wie|ge|lung** die, -/-en, *auch:* Aufwieglung ‖ **Auf|wieg|ler** der, -s/- ‖ **Auf|wieg|le|rin** die, -/-innen ‖ **auf|wieg|le|risch** ‖ **Auf|wieg|lung** → Aufwiegelung
Auf|wind: *aufsteigender Luftstrom* | im A. *(in günstiger Entwicklung)* sein
auf|wir|beln: beim Kehren Staub a. | das hat viel Staub aufgewirbelt *(es hat großes Aufsehen erregt)*
auf|wi|schen: den Boden a.
auf|wüh|len: Schlamm a. *(auflockern)* | die Nachricht hat ihn aufgewühlt *(sehr erregt)*
auf|zah|len: für ein Einzelzimmer a. *(etwas dazuzahlen)* müssen ‖ **auf|zäh|len:** er zählt die sportlichen Erfolge auf ‖ **Auf|zah|lung:** *Zusatzzahlung;* A. auf die 1. Klasse ‖ **Auf|zäh|lung**
auf|zäu|men: ein Pferd a. | eine Sache verkehrt a. *(angehen);* das Pferd beim Schwanz a. *(eine Sache unrichtig anpacken)*
auf|zeh|ren (geh.): *aufbrauchen;* die Reserven a.
auf|zeich|nen: jemandem den Weg a. | alle Ergebnisse a. *(vermerken, dokumentieren);* eine Sendung a. *(auf Band aufnehmen)* ‖ **Auf|zeich|nung:** *schriftliches oder anderes mediales Festhalten* | (meist Pl.) *Notizen* | (Medienw.) *vor der Aussendung aufgenommene Darbietung;* → G.: Livesendung
auf|zei|gen: der Schüler zeigt auf *(meldet sich durch Handheben)* | Missstände a. *(darauf hinweisen)* | (ugs.) der Nachwuchs hat aufgezeigt *(eine gute Leistung erbracht)*
auf|zie|hen: Vorhänge a. | eine Uhr a. | das Kind allein a. | ein Gewitter zieht auf | eine neue Saite auf der Gitarre a. | (ugs.) *hänseln* ‖ **Auf|zucht:** die A. von Kälbern
Auf|zug: *Lift* | ein Theaterstück in fünf Aufzügen *(Akten)* | (abw.) *äußere Aufmachung einer Person;* sein A. war unmöglich ‖ **Auf|zugs|schacht**
auf|zwi|cken: eine Kette a. | (reg., ugs.): sich ein Mädchen a. *(es für sich gewinnen, aufreißen)*
auf|zwin|gen: *aufnötigen*
Aug|ap|fel (geh.): etwas wie seinen A. hüten *(bes. genau darauf aufpassen)*
Au|gar|ten: *ein Park in Wien mit Schloss und Porzellanmanufaktur* ‖ **Au|gar|ten|por|zel|lan** (Wz.)

Au|ge das, -s/-n: jemandem nicht in die Augen schauen können *(aus schlechtem Gewissen);* etwas mit bloßem A. gesehen haben; ein Ziel vor Augen haben; mir gehen die Augen auf *(jetzt verstehe ich);* jemandem die Augen öffnen *(jemanden aufklären);* ein Gespräch unter vier Augen *(ohne eine dritte Person);* vor aller Augen *(vor allen Anwesenden);* jemandem schöne Augen machen *(flirten);* beide Augen zudrücken *(nachsichtig sein);* mit einem blauen A. *(ohne großen Schaden)* davonkommen; etwas mit freiem A. sehen können | (geh.) sehenden Auges *(in vollem Bewusstsein auch der negativen Folgen)* | *Punkt auf einem Spielwürfel* | (Bot.) *Knospe [bei Weinreben, Erdäpfeln]*

Au|ge|biet: das A. an der Donau

äu|gen: das Reh äugte *(blickte vorsichtig umher)* || **Au|gen|arzt** || **Au|gen|ärz|tin** || **Au|gen|auf|schlag** || **Au|gen|aus|wi|sche|rei** die, - (abw.): *Vortäuschung, Schönfärberei* || **Au|gen|blick:** *Moment, eine sehr kurze Zeit;* im letzten A.; alle Augenblicke *(ständig, immer wieder)* || **au|gen|blick|lich:** *unmittelbar, sofort* | ich habe a. *(jetzt)* viel zu tun || **Au|gen|blicks|kom|po|si|tum** (Gramm.): *Wortzusammensetzung, die nach Bedarf (auch aus dem Stegreif) gebildet wird* || **Au|gen|braue:** dichte Augenbrauen || **Au|gen|brau|en|stift:** *ein Kosmetikartikel* || **au|gen|fäl|lig:** *offenkundig* || **Au|gen|far|be** || **Au|gen|glä|ser** die (Pl.): *Brille* || **Au|gen|heil|kun|de:** *Ophthalmologie* || **Au|gen|hö|he:** das Bild in A. aufhängen || **Au|gen|höh|le** (Med.): *Hohlraum des Gesichtsschädels, der das Auge enthält* || **Au|gen|licht:** *Sehkraft* || **Au|gen|lid** || **Au|gen|maß:** nach A. *(ohne nachzumessen);* A. bewahren *(den Sinn für das Durchführbare, Zumutbare bewahren)* || **Au|gen|merk** das, -[e]s: *Aufmerksamkeit;* sein A. auf etwas richten || **Au|gen|paar** (geh.): von einem stechenden A. fixiert werden || **Au|gen|rin|ge** die (Pl.): *dunkle Ränder unter den Augen* || **Augen|schein** der, -[e]s (geh.): etwas in A. nehmen *(besichtigen, genau betrachten)* || **au|gen|schein|lich:** *so viel man sieht, offensichtlich* || **Au|gen|schmaus** (scherzh.): *bes. schöner Anblick* || **Au|gen|trost:** *eine Heilpflanze* || **Au|gen|wei|de:** *schöner Anblick* || **Au|gen|zahn:** *oberer Eckzahn* || **Au|gen|zeu|ge:** A. eines Unfalls sein || **Au|gen|zeu|gin** || **Au|gen|zwin|kern** das, -s || **au|gen|zwin|kernd**

Au|gi|as|stall [auch: 'au-]: *Ort größter Unsauberkeit (nach dem griechischen König Augias)*

-äu|gig (nur in Zusammensetzungen wie blauäugig, braunäugig) || **Äug|lein** das, -s/-: *kleines Auge*

Augs|burg: *Stadt in Deutschland* || **Augs|bur|ger** die, -/-: *eine Wurstsorte* || **Augs|bur|gi|sche Be|kennt|nis** das, -n -nisses (Rel.): *das Glaubensbekenntnis der evangelisch-lutherischen Kirche;* → A. B.

Au|gur der, -s [-en] [-'u:-]/-en [-'u:-] ⟨lat.⟩: *Wahrsager* || **Au|gu|ren|lä|cheln** das, -s (geh.): *Lächeln unter Eingeweihten*

Au|gust[1] der, -[s] [-es]/-e ⟨lat.⟩: *der achte Monat* || **Au|gust**[2]: *männl. Vorname;* → Gustl | der dumme A. *(Zirkusclown)* || **Au|gus|ta** → Auguste || **Au|gus|te,** *auch:* Augusta: *weibl. Vorname;* → Gusti; → Gustl || **au|gus|te|isch:** *nach dem römischen Kaiser Augustus benannt; aber:* das **A**ugusteische Zeitalter || **Au|gus|tin:** *männl. Vorname;* der Liebe A. *(Wiener Volkstype der Barockzeit);* → Gustl || **Au|gus|ti|ne:** *weibl. Vorname;* → Gusti; → Gustl || **Au|gus|ti|ner-Chor|herr** [-k-]: *Angehöriger eines bestimmten geistlichen Ordens*

Auk|ti|on [-tsi̯-] die, -/-en ⟨lat.⟩: *Versteigerung, Lizitation;* Kunstauktion || **Auk|ti|o|na|tor** der, -s/-en [-'o:-]: *Versteigerer* || **Auk|ti|o|na|to|rin** die, -/-innen || **Auk|tions|hal|le** (Amtsspr.): *gerichtlicher Versteigerungsort*

Au|la die, -/Aulen [Aulas] ⟨gr.-lat.⟩: *Halle, Festsaal [in Schulen, Universitäten]*

Au|land|schaft

au pair [o 'pɛ:r] ⟨fr.⟩: sie geht au p. nach Frankreich *(sie arbeitet dort gegen Kost, Quartier und Taschengeld in einem Haushalt, um die Sprache zu lernen)* || **Au-pair-Mädchen**

Au|ra die, -/Auren ⟨lat.⟩ (geh.): *Ausstrahlung eines Menschen;* → Charisma

Au|re|lia = **Au|re|lie** [-i̯ɐ]: *weibl. Vorname*

Au|ri|kel die, -/-n ⟨lat.⟩: *eine Schlüsselblume, Petergstamm*

Au|rum das, -s ⟨lat.⟩ (Zeichen: Au): *ein chemisches Element;* → Gold

aus (Präp. mit Dat.): aus dem Haus gehen; aus diesem Grund; aus Metall; eine Prüfung aus Biologie | (Adv.) weder aus noch ein wissen; die Vorstellung ist aus; auf etwas aus sein *(etwas verfolgen);* von mir aus *(meinetwegen);* → aus und ein

aus|apern: *durch Apern zum Vorschein kommen, schneefrei werden;* die Bergweiden apern im Frühjahr aus || **Aus|ape|rung** die, -/-en: *aper gewordene Stelle*

aus|ar|bei|ten: *[genau] ausführen* || **Aus|ar|bei|tung** die, -/-en

aus|ar|ten: *über das Normale, über das Erlaubte hinausgehen*

aus|at|men: tief ein- und a.

aus|ba|den (ugs.): etwas a. *(dafür die Folgen tragen)* müssen

aus|bag|gern: ein Flussbett a. *(mit einem Bagger ausräumen)*

aus|ba|lan|cie|ren [-lɑ̃s-]: *das Gleichgewicht herstellen*

Aus|bau der, -[e]s/-ten: A. *(Vergrößerung)* des Eisenbahnnetzes | der A. *(Umbau)* des Dachbodens (zu Wohnraum) | (fachspr.) *alle Winzerarbeiten von der Gärung bis zur Abfüllung* || **aus|bau|en:** den Motor a. | das Warenangebot a. *(erweitern)* || **aus|bau|fä|hig:** *erweiterbar*

aus|be|din|gen: sie hat sich etwas ausbedungen *(sie hat es zur Bedingung gemacht)*

aus|bei|neln (ugs.): *ausbeinen* || **aus|bei|nen:** *(beim Schlachtvieh) die Knochen aus dem Fleisch lösen*

aus|bei|ßen: sich einen Zahn a. | sich die Zähne an etwas a. *(es nicht bewältigen)*

aus|bes|sern: einen Fehler a. *(in Ordnung bringen, den Schaden beheben)* || **Aus|bes|se|rung** || **Aus|bes|se|rungs|ar|beit** || **aus|bes|se|rungs|be|dürf|tig**

aus|beu|len: eine ausgebeulte Hose

Aus|beu|te: *Ertrag;* eine magere A.

aus|beu|teln: ich beutle das Staubtuch aus *(schüttle es aus)*

aus|beu|ten: eine Goldmine a. | (abw.) seine Angestellten in der Firma a. *(rücksichtslos ausnutzen)* || **Aus|beu|ter** der, -s/- (abw.) || **Aus|beu|te|rin** die, -/-innen (abw.) || **aus|beu|te|risch** (abw.) || **Aus|beu|tung** die, -/-en

aus|be|zah|len: den Lohn a.; die

Arbeiterinnen a. *(entlohnen);* eine Wohnung a. *(alle Schulden bezahlen)*

aus|bil|den: Fachkräfte a. | Farne bilden Sporen aus *(entwickeln sie)* ‖ **Aus|bil|der** der, -s/- (urspr. D): *Person, die für die Ausbildung von Lehrlingen verantwortlich ist;* → Ausbildner ‖ **Aus|bil|de|rin** die, -/-innen (urspr. D) ‖ **Aus|bild|ner** der, -s/-: *Lehrer, Trainer;* ein A. beim Militär; → Ausbilder ‖ **Aus|bild|ne|rin** die, -/-innen ‖ **Aus|bil|dung** ‖ **Aus|bil|dungs|dau|er** ‖ **Aus|bil|dungs|fahrt:** *Übungsfahrt im Rahmen der Führerscheinausbildung;* → L17 ‖ **Aus|bil|dungs|lehr|gang** ‖ **Aus|bil|dungs|platz** ‖ **Aus|bil|dungs|stät|te** ‖ **Aus|bil|dungs|ver|trag**

aus|bit|ten: sich Bedenkzeit a. *(erbitten)*

aus|bla|sen: die Kerze a.

aus|blei|ben: *wegbleiben;* stundenlang a.; der befürchtete Stau blieb aus *(trat nicht ein)*

aus|blei|chen[1]: *blass werden;* → bleichen[1] ‖ **aus|blei|chen**[2]: *blass machen;* → bleichen[2]

aus|blen|den: den Sender im Fernsehbild a. *(wegschalten)*

Aus|blick: *Fernsicht* | ein kurzer A. *(Vorgriff)* ins kommende Jahr

aus|blu|ten: das Tier nach dem Schlachten a. lassen | eine Organisation a. lassen *(ihr Ende langsam herbeiführen)*

aus|bom|ben: ausgebombte Stadtviertel

aus|boo|ten [-bo:-]: den Konkurrenten a. *(ihn aus seiner Stellung verdrängen)*

aus|bor|gen: sich ein Buch a. *(entlehnen)*

aus|bre|chen: sich einen Zahn a.; eine Tür a. *(die Mauer durchbrechen und eine Tür einsetzen)* | aus der Haft a. *(fliehen)* | Feuer ist ausgebrochen | der Vulkan ist wieder ausgebrochen | in Tränen a. ‖ **Aus|bre|cher** der, -s/- ‖ **Aus|bre|che|rin** die, -/-innen

aus|brei|ten[1]: das Tischtuch a. *(auseinanderbreiten)* ‖ **aus|brei|ten**[2] sich: das Feuer breitet sich aus; das Marchfeld breitet sich vor dir aus | er breitet sich zu sehr aus *(nimmt seinem Nachbarn Platz weg)* ‖ **Aus|brei|tung** die, -

aus|bren|nen: die Fackel brennt aus | das Zimmer ist ausgebrannt | er ist völlig ausgebrannt *(ohne Energien; ohne Geld)*

aus|brin|gen: Holz a. *(aus unwegsamem Gelände wegtransportieren)* | (Landw.) Jauche aufs Feld a.

aus|brö|ckeln: die Mauer bröckelt aus *(bricht aus)*

Aus|bruch: der A. dreier Häftlinge | der A. einer Seuche; der A. des Krieges | der A. des Vulkans | *ein Prädikatswein* ‖ **Aus|bruchs|ver|such**

aus|brü|ten: Eier a. | eine Idee a.; eine Krankheit a.

aus|buch|en: der Flug, das Hotel war ausgebucht *(es war kein Platz, Zimmer mehr frei)*

aus|büch|sen [-ks-], *auch:* ausbüxen (ugs., bes. D): *davonlaufen, sich davonmachen, entfliehen;* du büchst aus

Aus|buch|tung: *Wölbung nach außen;* eine trichterförmige A.

aus|bü|geln: Falten a. | einen Fehler a. *(wiedergutmachen)*

aus|bu|hen: *Missfallen kundtun;* der Schauspieler wurde ausgebuht; → buh

Aus|bund der, -[e]s (geh., abw.): *Inbegriff;* er ist ein A. an Faulheit

aus|bür|gern: *jemandem die Staatsbürgerschaft entziehen* ‖ **Aus|bür|ge|rung** die, -/-en

aus|bü|xen → ausbüchsen

aus|che|cken [-tʃɛ-]: *am Flughafen oÄ nach der Ankunft Passagiere und Gepäck abfertigen;* ich checke nach dem Frühstück im Hotel aus *(bezahle an der Rezeption);* → G.: einchecken

Ausch|witz|lü|ge die, -: *strafbare Behauptung, die Massenermordungen von Juden, zB im polnischen KZ Auschwitz, seien nur erfunden*

aus|dämp|fen: eine Zigarette a.

Aus|dau|er: *Beharrlichkeit, Zähigkeit* ‖ **aus|dau|ernd** ‖ **Aus|dau|er|sport** ‖ **Aus|dau|er|trai|ning** [-tre:n-, engl.: -treın-]

aus|dehn|bar ‖ **aus|deh|nen:** die Jeans dehnen sich beim Tragen aus *(werden weiter);* die Ermittlungen auf alle Bundesländer a. | ausgedehnte *(weite)* Wanderungen ‖ **Aus|deh|nung**

aus|den|ken: sich einen Plan a. | nicht auszudenken! *(nicht vorstellbar)*

aus|deut|schen (ugs.): *erklären;* du deutsch[s]t es ihm aus

aus|die|nen: *seine Dienstzeit zu Ende bringen* | die Hose hat ausgedient *(ist nicht mehr verwendbar, ist alt geworden)*

aus|dis|ku|tie|ren: eine Sache a. *(zu Ende diskutieren, klären)*

aus|dör|ren: *austrocknen*

aus|dre|hen: *ausschalten;* das Licht a. | die Schulter a. *(auskegeln)*

Aus|druck[1] der, -[e]s/-drücke: treffende Ausdrücke *(Formulierungen)* | *Miene;* Gesichtsausdruck | (ohne Pl.) *Aussagekraft* ‖ **Aus|druck**[2] der, -[e]s/-drucke: *auf Papier gedruckte Texte (Daten);* von einer Datei einen A. machen ‖ **aus|dru|cken:** mehrere Seiten a.; → Ausdruck[2] ‖ **aus|drü|cken:** einen Schwamm a. | sich verständlich a.; sein Beileid a. ‖ **aus|drück|lich:** *deutlich, klar* ‖ **Aus|drucks|art:** *Ausdrucksweise* ‖ **Aus|drucks|fä|hig|keit** ‖ **Aus|drucks|form:** Tanz ist eine künstlerische A. ‖ **Aus|drucks|kraft** ‖ **aus|drucks|los** ‖ **Aus|drucks|mit|tel:** sprachliche A. ‖ **aus|drucks|stark** ‖ **Aus|drucks|ver|mö|gen** ‖ **aus|drucks|voll** ‖ **Aus|drucks|wei|se:** *Art und Weise sich sprachlich auszudrücken;* eine gehobene A.

aus|dün|nen: *reduzieren;* die Haare am Hinterkopf a.

aus|duns|ten = **aus|düns|ten:** die neuen Möbel dünsten giftige Substanzen aus *(geben giftige Substanzen ab)* | (Küchenspr.) den Reis a. lassen *(Dampf entweichen lassen)* ‖ **Aus|düns|tung** die, -/-en: die A. *(der Körpergeruch, Schweiß)* des Sitznachbarn

aus|ei|n|an|der:

Getrenntschreibung, wenn die Hauptbetonung auf dem Verb liegt:

- Regeln auseinander entwickeln (voneinander ableiten); *aber zusammen:* Interessen, die sich auseinanderentwickeln *(in andere Richtungen)*

Zusammenschreibung, wenn die Hauptbetonung auf „auseinander" liegt:

- die Freundschaft ist auseinandergegangen *(zerbrochen)*
- auseinanderplatzen
- jemandem etwas auseinandersetzen *(erklären)*
- sich mit etwas auseinandersetzen *(befassen)*
- zwei Schüler auseinandersetzen *(trennen)*

R→ S. 899, 1.3

A

auseinandergehen || **auseinanderplatzen** || **auseinandersetzen:** zwei Schülerinnen a. *(trennen)* | jemandem etwas a. *(erklären);* sich mit etwas a. *(befassen)* || **Auseinandersetzung** die, -/-en: *intensive Beschäftigung* | *Streit*
auserkoren (geh.): *auserwählt*
auserlesen (geh.): *ausgesucht schön; bes. gut*
ausersehen (geh.): sie ist zur Nachfolgerin ausersehen *(bestimmt)*
auserwählen (geh.): jemanden für eine Aufgabe a. *(aussuchen);* wenige sind a. *(ausgewählt; zu Höherem bestimmt)*
ausfädeln: das Schuhband a.
ausfahrbar || **ausfahren:** der Frachter fährt aus *(verlässt den Hafen)* | sie fährt mit dem Kabrio aus | das Fahrgestell a. *(vor der Landung in fahrbereite Stellung bringen)* | die Kurven a. *(nicht schneiden)* | den Tank a. *(leerfahren)* || **Ausfahrer** (veraltet): *jemand, der Waren zustellt* || **Ausfahrerin** (veraltet) || **Ausfahrgleis,** *auch:* Ausfahrtsgleis: *aus einem Bahnhof hinausführendes Gleis* || **Ausfahrsignal,** *auch:* Ausfahrtssignal || **Ausfahrt:** A. frei halten | eine A. *(Spazierfahrt)* machen || **Ausfahrtsgleis** → Ausfahrgleis || **Ausfahrtssignal** → Ausfahrsignal || **Ausfahrtsstraße,** *auch:* Ausfahrtstraße
Ausfall: *Verlust, Einbuße* | (ohne Pl.) der A. der Haare | *Beleidigung, Affront* | (Mil.) *Angriff, Attacke* || **ausfallen:** ein Zahn fällt ihm aus | die Stunde ist ausgefallen *(entfallen);* die Spielerin fällt wegen Verletzung aus; der Strom fällt aus | der Test ist schlecht ausgefallen; → ausgefallen || **Ausfallerscheinung** → Ausfallserscheinung || **Ausfallhaftung** → Ausfallshaftung || **ausfällig:** a. *(grob, beleidigend)* werden || **Ausfallsbürge** (Jus): *Bürge für den Forderungsausfall* || **Ausfallserscheinung,** *auch:* Ausfallerscheinung: sein Gedächtnis zeigt Ausfallserscheinungen *(Erinnerungslücken)* || **Ausfallshaftung,** *auch:* Ausfallhaftung (Versich.): *Haftung für den Rest der Schuld, der nicht bezahlt werden kann* || **Ausfallstraße** (Verk.): *wichtige Verkehrsstraße, die vom Ortskern hinausführt;* → G.: Einfallstraße
ausfaltbar: ausfaltbare Karten in einem Buch
ausfassen: *in Empfang nehmen, erhalten;* eine saftige Strafe a.
ausfechten: einen Streit a. *(auskämpfen; ausmachen)*
ausfertigen (Amtsspr.): ein Dokument a. *(ausstellen)* || **Ausfertigung** (Amtsspr.): ein Dokument in doppelter A. *(in zwei Exemplaren)*
ausfetten: die Gugelhupfform a. *(innen mit Fett bestreichen)*
ausfinanzieren: *die Finanzierung zur Gänze bewerkstelligen* || **Ausfinanzierung**
ausfindig: etwas/jemanden a. machen *(suchen und finden)*
ausflaggen: einen Riesentorlauf a. *(mit Fahnen abstecken)*
ausfliegen: *mit dem Flugzeug wegbringen;* Touristen aus dem Krisengebiet a. | (sal.) alle waren ausgeflogen *(nicht daheim, fort)*
ausfließen: Diesel ist ausgeflossen
ausflippen (sal.): *die Selbstkontrolle verlieren* | *sich außerhalb der Gesellschaft stellen;* ausgeflippte *(auffällige, extravagante)* Kleider
ausflocken: *gerinnen*
Ausflucht die, -/-flüchte (meist Pl.): *Ausrede*
Ausflug: einen A. machen || **Ausflügler** der, -s/- || **Ausflüglerin** die, -/-innen || **Ausflugsort** || **Ausflugsverkehr** || **Ausflugsziel**
Ausfluss: der A. der Badewanne ist verstopft | (Med.) *Absonderung*
ausfolgen (Amtsspr.): *übergeben, aushändigen* || **Ausfolgeschein:** *Abholschein* || **Ausfolgung** die, -/-en (Amtsspr.)
ausformen || **Ausformung** die, -/-en: verschiedene Ausformungen *(Formen, Ausprägungen)* von Tanz
ausformulieren: *Gedanken, Entwürfe oÄ zu einem endgültigen Text formulieren*
ausforschen: *ausfindig machen* || **Ausforschung**
ausfragen: *aushorchen* || **Ausfragerei**
ausfransen: ausgefranste Ärmel
ausfratscheln (ugs.): *zudringlich ausfragen*
ausfressen: *leer fressen* | (ugs.) etwas a. *(anstellen);* → ausgefressen
ausfrisieren: die Haare a. *(entwirren; glatt frisieren)*
Ausfuhr die, -: *Export;* die A. von Lebensmitteln || **ausführbar:** *machbar, möglich* || **Ausführbarkeit** die, - || **Ausfuhrbestimmung** (meist Pl.) (Wirt.): *[gesetzliche] Richtlinie für den Export* || **ausführen:** die Freundin a. *(zB in ein Lokal einladen)* | Getreide a. *(exportieren)* | einen Plan a. *(in die Tat umsetzen, durchführen)* | etwas genau a. *(erklären, darlegen)* || **Ausfuhrland** (Wirt.) || **ausführlich:** *detailliert, genau, umfassend* || **Ausführlichkeit** die, -: in aller A. || **Ausführung:** die Ausführungen *(Darlegungen)* der Vortragenden | eine Tasche in sehr guter A. *(Qualität, Verarbeitung)* || **Ausführungsbestimmung** (bes. Jus): *Durchführungsbestimmung* || **Ausfuhrverbot** (Wirt.)
ausfüllen: ein Formular a. | der Beruf füllte sie nicht aus *(stellte sie nicht zufrieden, forderte sie nicht)*
Ausgabe: die A. von Essen | die A. einer Tageszeitung | (meist Pl.) sie hat Ausgaben *(Kosten)* gehabt || **Ausgabenpolitik** || **ausgabenseitig:** a. stärker sparen
Ausgang: jemanden am A. abholen | A. haben | der A. *(das Ergebnis)* der Verhandlungen || **ausgangs:** a. der Zwanziger || **Ausgangsbasis:** *Grundlage* || **Ausgangsleistung** (Elektrot.): *die höchstmögliche Verstärkerleistung in Watt* || **Ausgangsort:** *ursprünglicher Ort* || **Ausgangsposition** [-tsi̯-] || **Ausgangspunkt:** A. *(Anfang, Ursprung)* der Diskussion war ... || **Ausgangssituation** [-tsi̯-] || **Ausgangssperre** || **Ausgangssprache:** *Sprache, aus der übersetzt wird;* → Zielsprache || **Ausgangsstellung:** *ursprüngliche Stellung* || **Ausgangsverbot:** *Ausgehverbot*
ausgeben: Platzkarten a. *(austeilen)* | einen Befehl a. *(kundtun)* | Geld a. *(verbrauchen)* | sich als Arzt a. *(fälschlich behaupten, einer zu sein)*
ausgebucht → ausbuchen
ausgebufft (bes. D, ugs.): *abgebrüht, raffiniert*
Ausgeburt (abw., veraltet): *Werk, Schöpfung;* eine A. der Hölle *(ein Schimpfwort)*

aus|ge|dient → ausdienen
Aus|ge|din|ge das, -s/-: *Altenteil, Ausnahme, Auszug;* sich ins A. zurückziehen
aus|ge|fal|len: eine ausgefallene *(ungewöhnliche)* Idee; → ausfallen
aus|ge|fres|sen (ugs., derb): *dick;* → ausfressen
aus|ge|fuchst [-kst] (ugs.): ein ausgefuchster *(raffinierter, listiger)* Kerl
aus|ge|gli|chen: ein ausgeglichener *(ruhiger, besonnener)* Charakter; → ausgleichen ‖ **Aus|ge|gli|chen|heit** die, -
aus|ge|go|ren: ausgegorener *(völlig vergorener)* Wein | seine Vorschläge sind nicht ausgegoren *(nicht zu Ende gedacht)*
aus|ge|hen: am Abend a. | dieses Feuer geht aus *(erlischt)* | das geht nicht gut aus | das Geld geht aus *(geht zur Neige);* seine Haare gehen aus *(werden immer weniger)* | (ugs.) dieser Stoff geht aus *(färbt ab)* | die Intrigen gehen von ihm aus *(kommen, stammen von ihm)* | ich gehe davon aus *(setze als gegeben voraus, vermute),* dass ... | (ugs.) es geht sich mit dem Geld nicht aus *(es reicht nicht aus)* ‖ **aus|ge|hend:** im ausgehenden *(zu Ende gehenden)* 20. Jh. ‖ **Aus|geh|ver|bot:** die Militärregierung verhängte ein A.
aus|gei|zen: *Seitentriebe [bei Weinreben] entfernen*
aus|ge|kocht: *durchtrieben, verschlagen;* → auskochen
aus|ge|las|sen: *übermütig;* → auslassen ‖ **Aus|ge|las|sen|heit**
Aus|ge|lie|fert|sein das, -s
Aus|ge|lös|te das, -n: das hintere, vordere A. *(ausgebeinte Fleisch)*
aus|ge|macht: ein ausgemachter *(offensichtlicher)* Unsinn; → ausmachen
aus|ge|mer|gelt: *abgezehrt*
aus|ge|nom|men → ausnehmen
aus|ge|po|wert [-pauət] (Sport): *erschöpft, ausgepumpt;* → Power; → auspowern
aus|ge|prägt → ausprägen
aus|ge|pumpt: *erschöpft, ausgepowert;* → auspumpen
aus|ge|rech|net: *grad, just;* a. heute kommt sie!; → ausrechnen
aus|ge|reift → ausreifen
aus|ge|schlos|sen → ausschließen
aus|ge|schnit|ten → ausschneiden
aus|ge|sorgt: er hat a. *(ist gut versorgt)*
aus|ge|spielt: ihr habt a. *(nichts mehr zu sagen);* → ausspielen
aus|ge|spro|chen: ein ausgesprochener *(offensichtlicher)* Unsinn; → aussprechen
aus|ge|stal|ten: den Warteraum funktionell a. *(einrichten)* ‖ **Aus|ge|stal|tung**
aus|ge|steckt → ausgsteckt
Aus|ge|steu|er|te[1] der, -n/-n, ein Ausgesteuerter (früher): *jemand, der eine Aussteuer erhält* ‖ **Aus|ge|steu|er|te**[2] die, -n/-n (früher)
aus|ge|sucht: ausgesuchte *(bes. gute)* Spezialitäten | das Angebot ist schon sehr a. *(nur mehr ein geringer Teil ist übrig geblieben);* → aussuchen
aus|ge|wo|gen: ein ausgewogenes *(gerechtes)* Urteil ‖ **Aus|ge|wo|gen|heit** die, -
aus|ge|zeich|net: *vortrefflich, hervorragend;* → auszeichnen
aus|gie|big: *reichlich; ergiebig* ‖ **Aus|gie|big|keit** die, -
aus|gie|ßen: die Flüssigkeit a. *(ausleeren)*
Aus|gleich der, -[e]s/-e: eine Firma geht in A. *(schließt mit ihren Gläubigern einen Vergleich);* einen A. anmelden; → sich vergleichen | (Sport) *Treffer zum Torgleichstand* ‖ **aus|gleich|bar** ‖ **aus|glei|chen:** Unebenheiten a. *(beseitigen)* | Verluste wieder a. *(wettmachen);* Angebot und Nachfrage gleichen sich aus *(halten sich die Waage);* ausgeglichene Bilanzen; → ausgeglichen ‖ **Aus|gleichs|ge|richt** ‖ **Aus|gleichs|sport:** *Sport zum Ausgleich einseitiger [körperlicher] Belastung* ‖ **Aus|gleichs|ta|xe** (Admin.): *Betrag, den Firmen zahlen müssen, wenn sie nicht so viel Behinderte einstellen wie vorgeschrieben* ‖ **Aus|gleichs|tref|fer** (Sport): *Ausgleich* ‖ **Aus|gleichs|ver|fah|ren** (Jus) ‖ **Aus|gleichs|ver|wal|ter** (Jus): *vom Gericht eingesetzter Vermögensverwalter* ‖ **Aus|gleichs|zu|la|ge:** *Unterstützung für Pensionsbezieher zum Erreichen des gesetzlichen Mindesteinkommens*
aus|glie|dern: *ausschließen, herauslösen* | (Wirt.) *einen Unternehmensbereich aussondern* ‖ **Aus|glie|de|rung**
aus|gra|ben: Erdäpfel a. *(ernten)* | alte Geschichten a. *(an sie erinnern)* ‖ **Aus|grä|ber** der, -s/-: wissenschaftlicher A. *(Archäologe)* ‖ **Aus|grä|be|rin** die, -/-innen ‖ **Aus|gra|bung**
aus|gren|zen: *außerhalb der Zusammengehörigen stellen* | (Pol.) *einen Einzelnen oder eine Gruppe aus dem demokratischen Wettbewerb fernhalten* ‖ **Aus|gren|zung** die, -/-en
aus|gschamt (ostöst., ugs.): *schamlos*
aus|gsteckt, *auch:* ausgesteckt (reg.): „Es ist ausgsteckt" *(zum Zeichen des Ausschanks von Eigenbauwein hängt über dem Tor ein Buschen/Zweig);* → ausstecken
Aus|guck der, -[e]s/-e: *Beobachtungsstelle, -ort; Wachtturm*
Aus|guss: *Abfluss [der Wasserleitung]* | der A. *(Schnabel)* der Teekanne
aus|ha|ben: wir haben um 13:00 Uhr aus *(der Unterricht endet um 13:00 Uhr)*
aus|ha|cken: Bäume a. | Fleisch a. *(zum Verkauf fachgemäß zerlegen)*
aus|haf|tend (Bankw.): ein aushaftender *(noch nicht zurückbezahlter)* Kredit
aus|ha|keln (ugs.): *aushaken, aushängen* ‖ **aus|ha|ken:** die Sperrkette a. *(aushängen)*
aus|hal|ten: einen Ton a. | die Schmerzen a.; es ist mit ihm nicht mehr auszuhalten | den Bruder a. *(für ihn finanziell aufkommen)*
aus|han|deln: höhere Löhne a. *(durch Verhandeln vereinbaren)*
aus|hän|di|gen: *übergeben, ausfolgen* ‖ **Aus|hän|di|gung** die, -
Aus|hang der, -[e]s/-hänge: *öffentlicher Anschlag* ‖ **aus|hän|gen**[1]: die Verordnung ist drei Wochen ausgehangen *(durch einen Aushang öffentlich bekannt gemacht worden);* → hängen[1] ‖ **aus|hän|gen**[2]: sie hat das Fenster ausgehängt | die Falten in der Hose hängen sich wieder aus; → hängen[2] ‖ **Aus|hän|ge|schild** das, -[e]s/-er: sein Name war nur ein A. für die Partei *(sollte ihr Ansehen fördern)* ‖ **aus|hang|pflich|tig** (Amtsspr.): aushangpflichtige Gesetze
aus|har|ren (geh.): *durchhalten, aushalten*
aus|här|ten: der flüssige Kunststoff muss anschließend a. *(hart werden)*
aus|hau|chen (geh.): sein Leben/ seine Seele a. *(sterben)*

A

aus|hau|en: sich einen Zahn a. *(ausschlagen)*

aus|he|ben: der Briefkasten/die Post wird ausgehoben *(geleert)* | eine Grube a. *(ausschaufeln)* | eine Verbrecherbande a. *(festnehmen)* ‖ **Aus|he|bung** die, -/-en

aus|he|cken: eine Bosheit a. *(listig ersinnen)*

aus|hei|len: eine Krankheit a. *(völlig heilen)*

aus|hel|fen ‖ **Aus|hil|fe:** *außertourliche Hilfeleistung* | *Aushilfskraft* ‖ **Aus|hilfs|kraft** ‖ **aus|hilfs|wei|se**

aus|höh|len: ein ausgehöhlter Baum ‖ **Aus|höh|lung**

aus|ho|len: zum Schlag weit a.; mit ausholenden Schritten | sie holt beim Erzählen oft weit aus *(erzählt weitschweifig)*

aus|hol|zen: ein Waldstück völlig a. *(abholzen)*

aus|hor|chen: *ausfragen, jemandem ein Geheimnis entlocken*

Aus|hub der, -[e]s: *die ausgehobene Erdmasse beim Hausbau*

aus|hun|gern: die belagerte Stadt a.; ich bin völlig ausgehungert

aus|ixen, du ixt aus (veraltend): *auf der Schreibmaschine mit x übertippen und damit ungültig machen*

aus|jä|ten: Unkraut a.

aus|jas|sen (V): *ausschnapsen;* → jassen

aus|ju|di|zie|ren (Jus): *endgültig, in letzter Instanz entscheiden;* → judizieren ‖ **Aus|ju|di|zie|rung** (Jus)

aus|käm|men: die Haare a. *(ausfrisieren)*

aus|ke|geln: ich kegle mir den Arm a. *(renke ihn mir aus)*

aus|keh|ren: die Küche a. *(mit dem Besen reinigen)*

aus|kei|men: die Zwiebeln keimen *(treiben)* aus

aus|ken|nen sich: *gut Bescheid wissen*

aus|kit|ten: *mit Kitt ausfüllen*

aus|klam|mern: einen Tagesordnungspunkt a. *(davon absehen);* → klammern ‖ **Aus|klam|me|rung** die, -/-en: *das Ausklammern* | (Gramm.) *Satzglied oder Teil eines Satzgliedes, das außerhalb der verbalen Klammer steht*

Aus|klang: *Ende, Abschluss;* der A. des Faschings

aus|klapp|bar ‖ **aus|klap|pen:** eine Armlehne a.

aus|klau|ben: Linsen a. *(aussortieren, die schlechten heraussuchen)*

aus|klei|den (geh.): sich im Badezimmer a. *(ausziehen)* | einen Raum mit Isoliermaterial a. *(verkleiden)*

aus|klin|gen: der Fasching klingt aus *(geht zu Ende)* | das Lied klingt aus *(verklingt)*

aus|klin|ken[1]: *[sich] aus einer Halterung lösen;* eine Sperrvorrichtung a. ‖ **aus|klin|ken**[2] sich (sal.): aus der Diskussion werde ich mich jetzt a. *(daran werde ich ab jetzt nicht weiter teilnehmen)*

aus|klop|fen: den Polster a.

aus|klü|geln, ich klügle aus: *raffiniert ausdenken*

aus|knip|sen: das Licht a. *(abschalten)*

aus|kno|beln, ich knoble aus: *mittels Los oder Würfel entscheiden* | *austüfteln, aushecken;* eine ausgeknobelte Menüfolge

aus|ko|chen: Wäsche a.; → ausgekocht

aus|kom|men: mit jemandem gut a. | (sal.) der Papagei ist ausgekommen *(entwischt)* ‖ **Aus|kom|men** das, -s: sein A. *(Auslangen)* finden

aus|kön|nen (ugs.): nicht mehr a. *(keinen Ausweg finden)*

aus|kop|peln: eine Single a. *(einen Song aus einem Album veröffentlichen)*

aus|kos|ten: den Urlaub a. *(genießen)*

aus|kra|men (ugs.): alte Fotos a. *(hervorholen)*

aus|krat|zen: jemandem die Augen a. wollen *(sehr böse auf jemanden sein)* | (Med.) *ausschaben*

aus|ku|geln: → *auskegeln*

aus|küh|len: heiße Milch a. lassen

Aus|kul|ta|ti|on [-tsi̯-] die, -/-en ⟨lat.⟩ (Med.) ‖ **aus|kul|tie|ren** (Med.): *abhorchen*

aus|kund|schaf|ten: *in Erfahrung bringen*

Aus|kunft die, -/-künfte: *Information;* eine A. erteilen, einholen | *Informationsstelle* ‖ **Aus|kunf|tei** die, -/-en: *Unternehmen für [Geschäfts]auskünfte* ‖ **Aus|kunfts|per|son** (Amtsspr.) ‖ **Aus|kunfts|pflicht,** *auch:* Auskunftpflicht ‖ **Aus|kunfts|pflicht|ge|setz** ‖ **Aus|kunfts|stel|le**

aus|kup|peln: *den Gang herausnehmen*

aus|ku|rie|ren: eine Krankheit a. *(völlig heilen)*

aus|la|chen: *sich über jemanden lustig machen*

aus|la|den[1]: *entladen, abladen* | ausladende *(bes. breite)* Formen

aus|la|den[2]: einen eingeladenen Gast wieder a. *(ihm absagen)*

Aus|la|ge die, -/-n: Waren in die A. *(ins Schaufenster)* stellen | viele Auslagen *(Geldausgaben)* haben ‖ **Aus|la|gen|fens|ter** ‖ **Aus|la|gen|schei|be** ‖ **aus|la|gern:** *verlagern; aus dem System nehmen; ausgliedern* ‖ **Aus|la|ge|rung**

Aus|land: im A. Urlaub machen; das benachbarte A. ‖ **Aus|län|der** der, -s/-: *Staatsbürger eines fremden Landes; Staatenloser* ‖ **Aus|län|der|be|stim|mung** (meist Pl.) ‖ **aus|län|der|feind|lich** ‖ **aus|län|der|freund|lich** ‖ **Aus|län|der|freund|lich|keit** ‖ **Aus|län|der|hass** ‖ **Aus|län|de|rin** die, -/-innen ‖ **Aus|län|der|pa|ra|graf** = **Aus|län|der|pa|ra|graph** [-f] (meist Pl.): *Passage in einem Gesetz, die Ausländer betrifft* ‖ **Aus|län|der|po|li|tik** ‖ **Aus|län|der|pro|b|le|ma|tik** ‖ **Aus|län|der|quo|te:** *Gesamtzahl von Flüchtlingen und Einwanderern* ‖ **Aus|län|der|recht:** *Fremdenrecht* ‖ **aus|län|disch** ‖ **Aus|lands|auf|ent|halt** ‖ **Aus|lands|be|zie|hung** (meist Pl.) ‖ **Aus|lands|di|rekt|in|ves|ti|ti|on** [-v-tsi̯-] ‖ **Aus|lands|ein|satz:** Soldaten im A. ‖ **Aus|lands|er|fah|rung** ‖ **Aus|lands|ge|schäft** ‖ **Aus|lands|ge|spräch:** *Telefongespräch mit jemandem im Ausland* ‖ **Aus|lands|kor|re|s|pon|dent:** das Netz der Auslandskorrespondenten des ORF ‖ **Aus|lands|kor|re|s|pon|den|tin** ‖ **Aus|lands|ös|ter|rei|cher:** *im Ausland lebender Österreicher* ‖ **Aus|lands|ös|ter|rei|che|rin** ‖ **Aus|lands|pres|se** ‖ **Aus|lands|rei|se** ‖ **Aus|lands|zah|lungs|ver|kehr** (Bankw.) ‖ **Aus|lands|zi|vil|dienst:** *eine Form des Zivildienstes, zB Gedenkdienst, Friedensdienst im Ausland* ‖ **Aus|lands|zo|ne:** *eine Tarifzone für Fernmeldegebühren*

aus|lan|gen: *[aus]reichen* ‖ **Aus|lan|gen** das, -s: das A. *(Auskommen)* finden

Aus|lass der, -es/-lässe: *Öffnung zum Abfließen* ‖ **aus|las|sen:** ein Tier a. *(freilassen)* | ein Kapitel a. *(weglassen)* | kein Konzert a. *(sich entgehen lassen)* | sich an jemandem a. *(entladen, abreagieren);* sich über jemanden a. *(schlecht über ihn reden)* | Speck

a. *(zerlassen)* | Kleider a. *(länger oder weiter machen);* → ausgelassen ‖ **Aus|las|sung** die, -/-en: *Weglassung* | (meist Pl.) *[kritische] Anmerkung, Aussage* ‖ **Aus|las|sungs|punk|te** die (Pl.) (...) ‖ **Aus|las|sungs|zei|chen** ('): *Apostroph*

aus|las|ten: ich bin mit meiner Arbeit voll ausgelastet ‖ **Aus|lastung** die, -

aus|lat|schen (ugs.): ausgelatschte *(durch häufiges Tragen ausgeweitete)* Schuhe

Aus|lauf: der A. des Brunnens | das Pferd braucht einen A. *(einen Platz zum Herumlaufen)* ‖ **aus|lau|fen:** das Badewasser läuft aus | der Vertrag läuft aus *(wird nicht verlängert);* ein auslaufendes Automodell | das Schiff läuft aus *(verlässt den Hafen)* ‖ **Aus|läu|fer:** die A. der Alpen ‖ **Aus|lauf|mo|dell:** *Modell, das nicht mehr produziert wird* ‖ **Aus|lauf|schutz:** *Schutzvorkehrung bei Geschirrspülern oÄ*

aus|lau|gen: *herauswaschen* | er war vollkommen ausgelaugt *(entkräftet)*

Aus|laut (Sprachwiss.): *letzter Laut eines Wortes oder einer Silbe* ‖ **aus|lau|ten** ‖ **aus|läu|ten:** das alte Jahr a. ‖ **Aus|laut|ver|här|tung** (Sprachwiss.): *stimmlose Aussprache eines ursprünglich stimmhaften Konsonanten am Wortende, zB* Hand [hant]

aus|le|ben: seine Launen a.

aus|lee|ren: den Mistkübel a.

aus|le|gen: für jemanden Geld a. *(vorstrecken)* | einen Text a. *(deuten)* | Rattengift a. | die Kästen mit Samt a. *(auskleiden)* | das Funkgerät ist auf eine Reichweite von 10 km ausgelegt *(konstruiert)* ‖ **Aus|le|ger** der, -s/-: *Ruderstütze, die seitlich über das Boot hinausragt; seitlich angebrachter, zusätzlicher Kiel* ‖ **Aus|le|ger|boot** ‖ **Aus|le|gung** die, -/-en: die A. *(Deutung)* einer Regel

aus|lei|ern: *[durch oftmaliges Drehen] ausdehnen, abnützen;* eine ausgeleierte Schraube

aus|lei|hen: ich leihe *(borge)* mir ein Buch aus

aus|len|ken: *nach außen lenken* | (Phys.) *von der Ruhelage abweichen, ausschwingen* ‖ **Aus|len|kung**

aus|ler|nen: nie a. *(zu Ende lernen)* | *eine Lehre abschließen;* er ist (bes. D auch: hat) ausgelernt *(er hat seine Lehrzeit beendet)*

Aus|le|se die, -: *Auswahl* | *ein Prädikatswein* ‖ **aus|le|sen:** ein Buch a. *(zu Ende lesen)* | Obst a. *(aussortieren)*

aus|leuch|ten: die Bühne a. *(alle Teile gut beleuchten)*

aus|lie|fern: die Waren a. | jemanden dem Feind a. *(übergeben)* ‖ **Aus|lie|fe|rung** ‖ **Aus|lie|fe|rungs|an|trag** (Jus): *Antrag an ein anderes Land, eine Person wegen einer gerichtlichen Untersuchung auszuliefern* ‖ **Aus|lie|fe|rungs|ver|trag**

aus|lie|gen (bes. D): zur Ansicht a. *(aufliegen)*

aus|lo|ben (Jus) ‖ **Aus|lo|bung** die, -/-en: *Ausschreibung eines Wettbewerbs, bes. bei Architekten* | (Jus) *verbindliche Zusage einer Belohnung für eine zukünftig zu erbringende Leistung*

aus|löf|feln: den Teller a. *(mit einem Löffel leer essen);* die Suppe selber a. *(selbst Verschuldetes wieder in Ordnung bringen)*

aus|lo|gen: *die Verbindung zu einem anderen Computer oder zu einem Netzwerk beenden;* sie hat sich bereits ausgeloggt *(abgemeldet);* → Log-off; → einloggen

aus|lö|schen: die Kerze a. *(löschen)*

aus|lo|sen: *durch das Los auswählen*

aus|lö|sen: *(einen Mechanismus) in Gang setzen, einschalten;* eine Kamera a., eine Alarmanlage a. | eine Störung a. *(herbeiführen, bewirken)* | Erbsen a. *(aus der Schote herauslösen);* Knochen a.; → Ausgelöste | ein Pfand a. ‖ **Aus|lö|ser** der, -s/-: *Ursache, Beweggrund* | der A. des Fotoapparats

Aus|lo|sung → auslosen

aus|lo|ten: ein Problem a. *(bis auf den Grund prüfen);* → Lot

aus|lüf|ten: die Betten a. *(lüften)*

Aus|lug der, -[e]s/-e (veraltet): *Ausguck;* → lugen

aus|ma|chen: sich mit jemandem ein Rendezvous a. *(es vereinbaren)* | es macht mir nichts aus *(es stört mich nicht, berührt mich nicht)* | in der Ferne eine Gestalt a. *(erkennen)* | das macht insgesamt 650 Euro aus | ihm fehlt alles, was einen echten Politiker ausmacht *(charakterisiert, kennzeichnet);* → ausgemacht

aus|ma|len: ein schön ausgemaltes Zimmer

aus|ma|nö|vri|e|ren [-v-, -f-]: jemanden geschickt a. *(ausschalten)*

Aus|marsch ‖ **aus|mar|schie|ren**

Aus|maß: *Größe, Intensität, Dimension*

aus|mer|zen, du merzt aus: *beseitigen* ‖ **Aus|mer|zung** die, -/-en

aus|mes|sen: ein Zimmer a. *(vermessen)*

aus|mis|ten: den Kuhstall a. | (ugs.) den Kleiderkasten a. *(Unnötiges aussondern)*

aus|mit|teln: *ermitteln;* einen Täter a.; die beste Trasse a. | unterschiedliche oder ähnliche Erkenntnisse durch eine wissenschaftliche Studie a. | *die Mitte, den Mittelpunkt, das Gleichgewicht feststellen;* die Felgen des Rades a.

aus|mus|tern: *Schlechtes von Gutem trennen;* den Kleiderkasten a. | (Mil.) ausgemustert werden *(vom Fähnrich zum Leutnant befördert werden)* ‖ **Aus|mus|te|rung** (Mil.): *feierliche Beförderung der Fähnriche zu Leutnants*

Aus|nah|me die, -/-n: die A. von einer Regel | (ohne Pl.) (veraltend) *bäuerliche Altersversorgung nach der Übergabe des Besitzes;* in die A. gehen; → Ausnehmer ‖ **Aus|nah|me|be|stim|mung,** *auch:* Ausnahmsbestimmung ‖ **Aus|nah|me|be|wil|li|gung,** *auch:* Ausnahmsbewilligung ‖ **Aus|nah|me|er|schei|nung,** *auch:* Ausnahmserscheinung ‖ **Aus|nah|me|fall,** *auch:* Ausnahmsfall ‖ **Aus|nah|me|ge|neh|mi|gung,** *auch:* Ausnahmsgenehmigung ‖ **Aus|nah|me|künst|ler,** *auch:* Ausnahmskünstler: *ein ganz besonderer Künstler* ‖ **Aus|nah|me|künst|le|rin,** *auch:* Ausnahmskünstlerin ‖ **Aus|nah|me|si|tu|a|ti|on** [-tsi̯-] *auch:* Ausnahmssituation: sich in einer A. befinden ‖ **Aus|nah|me|zu|stand,** *auch:* Ausnahmszustand: *verschärfte Rechtsordnung [in Katastrophenzeiten];* den A. verhängen ‖ **Aus|nahms|be|stim|mung** → Ausnahmebestimmung ‖ **Aus|nahms|be|wil|li|gung** → Ausnahmebewilligung ‖ **Aus|nahms|er|schei|nung** → Ausnahmeerscheinung ‖ **Aus|nahms|fall** → Ausnahmefall ‖ **Aus|nahms|ge|neh|mi|gung** → Ausnahmegenehmigung ‖ **Aus|nahms|künst|ler** → Ausnahmekünstler ‖ **Aus|nahms|künst|le-**

A

rin → Ausnahmekünstlerin ‖ **aus|nahms|los** ‖ **Aus|nahms|si|tu|a|ti|on** [-tsi̯-] → Ausnahmesituation ‖ **aus|nahms|wei|se** ‖ **Aus|nahms|zu|stand** → Ausnahmezustand ‖ **aus|neh|men:** etwas nicht a. *(sehen, erkennen)* können | ein Tier a. *(die Eingeweide entfernen)* | sie wurde als Einzige von den Anschuldigungen ausgenommen; alle, ausgenommen die Eltern | (ugs.) er nimmt dich aus [wie eine Weihnachtsgans] *(er nützt dich finanziell stark aus)* ‖ **aus|neh|mend:** a. *(besonders)* schön ‖ **Aus|neh|mer** der, -s/-: *Auszugsbauer, Bauer auf dem Altenteil;* → Ausnahme ‖ **Aus|neh|me|rin** die, -/-innen

aus|nüch|tern: den Alkolenker a. *(nüchtern werden lassen)* ‖ **Aus|nüch|te|rungs|zel|le**

aus|nut|zen = **aus|nüt|zen:** eine Gelegenheit a. | die Eltern a. *(rücksichtslos für seine Zwecke missbrauchen)* ‖ **Aus|nut|zung** = **Aus|nüt|zung**

aus|pa|ckeln (ugs., abw.): etwas untereinander a. *(ausmachen, aushandeln)*

aus|pa|cken: Geschenke a. | (sal.) *ein Geständnis ablegen*

aus|pa|pierln (ugs.): *auswickeln, auspacken*

aus|par|ken: *mit dem Auto eine Parklücke verlassen;* → G.: einparken

aus|peit|schen: *mit der Peitsche wiederholt schlagen*

aus|pen|deln

aus|pfei|fen: einen Sänger a. *(ihm durch Pfiffe das Missfallen ausdrücken)*

aus|pflan|zen: *junge Pfanzen setzen*

Au|s|pi|zi|en [-sp-i̯ɛn] die (Pl.) ⟨lat.⟩: *Vorbedeutung, Vorzeichen* | *Ehrenschutz;* unter den A. des Bundespräsidenten; → Promotion

aus|plau|dern = **aus|plau|schen:** ein Geheimnis a. *(verraten)*

aus|plün|dern: *ausrauben*

aus|pols|tern: ein Kästchen a. *(innen mit weichem Material ausstatten)*

aus|po|sau|nen: eine Neuigkeit laut a. *(überall nachdrücklich verkünden)*

aus|po|wern[1] [-paʊ-] ⟨engl.⟩ → ausgepowert

aus|po|wern[2] [-po:v-] ⟨fr.⟩ (ugs., abw., veraltet): *ausbeuten*

aus|prä|gen: *prägen;* Münzen a. | ein ausgeprägter *(stark geformter)* Geschäftssinn; *deutlich werden;* ihre Kreativität prägt sich in ihren Arbeiten aus

aus|prei|sen: Waren a. *(mit Preisschildern versehen)*

aus|pres|sen: Zitronen a.

aus|pro|bie|ren: ein neues Gerät a. *(testen)*

Aus|puff der, -[e]s/-e: *Bauteil, das bei Verbrennungsmotoren die Abgase wegleitet* ‖ **Aus|puff|gas** ‖ **Aus|puff|rohr** ‖ **Aus|puff|topf**

aus|pum|pen: überflutete Keller a.; → ausgepumpt

aus|punk|ten (Sport): *[im Boxen] den Gegner nach Punkten besiegen*

aus|put|zen: die Ohren a. | (ugs.) die Schüssel a. *(leer essen)* | (sal.) (Sport) der Libero konnte noch a. *(den Ball wegschießen)*

aus|quar|tie|ren: *aus der Wohnung weisen*

aus|quet|schen: eine Zitrone a. | (ugs.) einen Freund a. *(ausfragen)*

aus|ra|die|ren: *mittels Radiergummi entfernen* | (abw.) *dem Erdboden gleichmachen, zur Gänze zerstören;* ein Dorf a.

aus|ran|gie|ren [-nʒ-]: alte Wagons a. *(ausscheiden, weggeben)*

aus|ras|ten[1]: [sich] nach der Reise a. *(sich ausruhen)*

aus|ras|ten[2]: *aus einer Halterung springen* | (ugs.) da ist sie ausgerastet *(ist vor Freude oder Zorn außer sich geraten)*

aus|rau|ben: eine Bank a.

aus|rau|chen: *zu Ende rauchen* | der Kaffee raucht aus *(verliert sein Aroma)* ‖ **aus|räu|chern:** Wespennester a.

aus|räu|men: *leeren; den Inhalt herausschaffen* | alle Missverständisse a. *(beseitigen, klären)*

aus|rech|nen: sich die Kosten a.; → ausgerechnet

Aus|re|de: *Vorwand, unzureichende Entschuldigung* ‖ **aus|re|den**[1]: *zu Ende reden* | jemandem ein Vorhaben a. *(jemanden davon abbringen)* ‖ **aus|re|den**[2] sich: *Ausreden gebrauchen* | *sich aussprechen*

aus|rei|ben: die Küche a. *(aufwischen)* ‖ **Aus|reib|fet|zen** ‖ **Aus|reib|tuch**

aus|rei|chen: ausreichende *(genügende)* Kenntnisse

aus|rei|fen: die Früchte müssen noch a. *(reif werden)* | eine ausgereifte Idee, Erfindung

Aus|rei|se: sie wurde bei der A. verhaftet ‖ **Aus|rei|se|ge|neh|mi|gung** ‖ **aus|rei|sen:** *ein Land verlassen*

aus|rei|ßen: Unkraut a. | das Kind ist ausgerissen *(von zu Hause weggelaufen)* ‖ **Aus|rei|ßer** der, -s/-: *jemand, der von daheim/vom Internat weggelaufen ist* | *Ausnahme* | *Abweichler* ‖ **Aus|rei|ße|rin** die, -/-innen ‖ **Aus|reiß|ver|such**

aus|rei|ten: mit dem Pony a.

aus|rei|zen: jemandes Geduld bis zum Äußersten a. *(bis an die Grenzen beanspruchen)*

aus|ren|ken: sich einen Arm a. *(auskegeln)*

aus|rich|ten: jemandem einen Gruß a. | eine Feier a. *(organisieren, bezahlen)* | wenig a. *(erreichen)* können | die Produktion auf Export a. | (ugs.) sie richtet ihre Chefin aus *(redet abfällig über sie)* | die Antenne a. ‖ **Aus|rich|tung**

aus|rin|nen: *ausfließen;* Wasser rinnt aus; ein Fass rinnt aus *(es ist leck)*

Aus|ritt: ein morgendlicher A. mit dem Pony | (sal.) *aggressive Äußerung [eines Politikers], Ausfall*

aus|ro|den: *Wurzelstöcke ausgraben;* ein ausgerodeter Wald

aus|rot|ten: Ungeziefer a. *(vollständig vernichten)* ‖ **Aus|rot|tung** die, -/-en

aus|rü|cken: ausrückende Soldaten | (veraltend) *fliehen, ausreißen* ‖ **Aus|rü|ckung** die, -/-en: *Einsatz [der Feuerwehr]*

Aus|ruf: ein A. des Erstaunens ‖ **aus|ru|fen:** *laut äußern* | *verlautbaren;* die Republik a. | jemanden a. lassen *(zB mittels Lautsprecherdurchsage suchen)* ‖ **Aus|ruf|preis,** *auch:* Ausrufungspreis: *festgesetzter, nicht unterbietbarer Betrag bei Versteigerungen;* den A. überbieten; → Mindestgebot ‖ **Aus|ru|fung** ‖ **Aus|ru|fungs|preis** → Ausrufpreis ‖ **Aus|ru|fungs|zei|chen** → Ausrufzeichen ‖ **Aus|ruf|wort** (Gramm.): → *Interjektion* ‖ **Aus|ruf|zei|chen,** *auch:* Ausrufungszeichen (!): *Rufzeichen*

aus|ru|hen: sich nach der Reise a. *(ausrasten)*

aus|rup|fen: Federn a.

aus|rüs|ten: die Feuerwehr modern a. ‖ **Aus|rüs|tung:** eine neue A. *(Ausstattung)* zum Tauchen ‖ **Aus|rüs|tungs|ge|gen|stand**

aus|rut|schen ‖ **Aus|rut|scher** der,

-s/- (ugs.): *Fehler, Versehen, verbale Entgleisung*

Aus|saat: *Pflanzensamen, Saat* ‖ **aus|sä|en**

aus|sa|ckeln (ugs.): *finanziell ausnützen, schröpfen*

Aus|sa|ge die, -/-n: die A. der Zeugin | die A. *(Botschaft)* dieses Films ‖ **Aus|sa|ge|kraft** ‖ **aus|sa|ge|kräf|tig** ‖ **aus|sa|gen:** seine Frisur sagt viel über ihn aus | sie sagt als Zeugin vor Gericht aus ‖ **Aus|sa|ge|satz** (Gramm.) ‖ **Aus|sa|ge|wei|se** (Gramm.): → *Modus* ‖ **Aus|sa|ge|wert:** *Informationswert*

Aus|satz der, -es (Med.): → *Lepra* ‖ **aus|sät|zig** ‖ **Aus|sät|zi|ge**[1] der, -n/-n, ein Aussätziger ‖ **Aus|sät|zi|ge**[2] die, -n/-n

aus|sau|fen (beim Menschen derb): *leer saufen*

aus|sau|gen: den Kofferraum a. | die Bisswunde a.

aus|schach|ten: *einen Schacht ausheben*

aus|schal|ten: den Mixer a. *(abdrehen)* | den Widersacher a. *(besiegen)*

Aus|schank[1] der, -[e]s: *das Servieren, Verkaufen (von Getränken) im Lokal* ‖ **Aus|schank**[2] die, -/-en = der, -s/-en: *Schank; Schanktisch; Schankraum;* → ausschenken

Aus|schau (nur in der Wendung): A. halten ‖ **aus|schau|en:** *aussehen;* gut a. | (ugs.) wie schaut's aus? *(wie steht es?)*

aus|schau|feln: eine Grube a.; das Auto a. *(mit einer Schaufel zB von Schnee befreien)*

aus|schei|den: *abscheiden, aussondern;* Flüssigkeit a. | aus dem Unternehmen a. *(gekündigt haben/werden)* | sein Vorschlag scheidet aus *(kommt nicht in Betracht)* ‖ **Aus|schei|dung** die, -/-en: in die nähere A. *(Auswahl)* kommen | *eine Körperfunktion, Teil des Stoffwechsels;* die A. von Harnstoff ‖ **Aus|schei|dungs|spiel** (Sport)

aus|schen|ken: Wein a.; → Ausschank

aus|sche|ren: ein Auto scherte aus der Kolonne aus

aus|schi|cken: Einladungen a. | Kundschafter a.

aus|schie|ßen: *ausbleichen;* ausgeschossene Vorhänge | (Sport) *(den Ball) vom Tor ins Spielfeld schießen*

aus|schif|fen: *an Land bringen*

aus|schil|dern: eine Route a. *(mit Hinweistafeln kennzeichnen)*

aus|schimp|fen: *tadeln*

aus|schlach|ten: *aushacken, ausschroten* | eine Nachricht propagandistisch a. *(ausnützen)*

aus|schla|fen: sich am Wochenende a.; heute bin ich ausgeschlafen

Aus|schlag: vom Sonnenöl einen A. bekommen | den A. geben *(entscheidend sein)* ‖ **aus|schla|gen:** sich einen Zahn a. | das Pferd schlägt aus | die Bäume schlagen aus *(die Knospen sprießen)* | eine Erbschaft, einen Wunsch a. *(ablehnen, darauf verzichten)* | ein Kästchen mit Samt a. *(auskleiden)* ‖ **aus|schlag|ge|bend:** ihre Stimme war a. *(entscheidend); aber:* das **A**usschlaggebende war …

aus|schle|cken: den Eisbecher a.

aus|schlei|chen (Med.): die Dosis ausschleichend beenden *(die Einnahmemenge des Medikaments langsam verringern)*

aus|schlie|ßen: jemanden aus einer Partei a. | das eine schließt das andere nicht aus; jeden Irrtum a. | ausgeschlossen! *(nein!; unmöglich!; auf keinen Fall!)* ‖ **aus|schließ|lich** (Adv.): *nur, allein* | (Adj.) zum ausschließlichen *(alleinigen)* Gebrauch im Notfall | (Präp. mit Gen.) a. des Portos | (auch mit unflektiertem Nomen) a. Porto | (im Pl. mit Dat., wenn Gen. nicht erkennbar) a. Getränken ‖ **Aus|schließ|lich|keit** die, - ‖ **Aus|schlie|ßung** ‖ **Aus|schlie|ßungs|grund**

aus|schlüp|fen: aus dem Ei a.

aus|schlür|fen: die Auster a.

Aus|schluss: unter A. der Öffentlichkeit verhandeln

aus|schmie|ren: die Gugelhupfform a. *(mit Fett bestreichen)*

aus|schmü|cken: einen Raum a. *(dekorieren, verschönern)* | eine Rede a. *(ausbauen, Details ergänzen)* ‖ **Aus|schmü|ckung** die, -/-en

aus|schnap|sen (ugs.): sich etwas mit dem Partner a. *(unter sich ausmachen)*

aus|schnau|fen (ugs.): *rasten, zu Atem kommen*

aus|schnei|den: etwas aus der Zeitung a. | das Kleid ist sehr tief ausgeschnitten *(hat ein tiefes Dekolletee)* ‖ **Aus|schnitt:** *Teil* | *Dekolletee;* ein tiefer A. ‖ **aus|schnitt|wei|se**

aus|schöp|fen: alle Möglichkeiten a. *(nutzen)*

aus|schop|pen (veraltend): *ausstopfen*

aus|schrei|ben: den Namen a. *(nicht abkürzen)* | eine Stelle a. *(für Bewerbungen bekannt machen)* ‖ **Aus|schrei|bung** die, -/-en: die öffentliche A. eines Postens

Aus|schrei|tung die, -/-en (meist Pl.): *Gewalttätigkeit;* bei der Demonstration kam es zu Ausschreitungen

aus|schro|ten (veraltend): Fleisch a. *(aushacken);* ein Ereignis a. *(ausschlachten)*

aus|schu|len (veraltend): *aus der Schulpflicht entlassen*

Aus|schuss: *mit besonderen Aufgaben betrauter Teil einer Körperschaft* | (ohne Pl.) *fehlerhafte, minderwertige Ware; Ausschussware* | (Sport) *Abschlag vom [Fußball]tormann* ‖ **Aus|schuss|sit|zung** ‖ **Aus|schuss|wa|re**

aus|schüt|teln: das Staubtuch a.

aus|schüt|ten: die Milch a. *(verschütten)* | (Bankw., Börse) einen Gewinn a. *(verteilen);* eine Dividende a. *(auszahlen)* | (reg.) *gebären (bei Tieren), werfen* ‖ **Aus|schüt|tung** die, -/-en (Bankw., Börse): *Auszahlung der Dividende auf Aktien*

aus|schwär|men: *in Schwärmen wegfliegen, wegziehen;* die Bienen schwärmen aus | (Mil.) die Soldaten sind ausgeschwärmt

aus|schwe|feln: ein Fass a. *(keimfrei machen)*

aus|schwei|fen: ich will nicht weiter a. *(vom Thema abkommen);* die Phantasie a. lassen *(über die Grenzen hinausgehen lassen)* | ein ausschweifendes *(ungezügeltes, wildes)* Leben ‖ **Aus|schwei|fung** die, -/-en: *Exzess*

aus|schwei|gen sich: *sich nicht äußern*

Aus|see → Bad Aussee ‖ **Aus|se|er Land** = **Aus|se|er|land:** *das steirische Salzkammergut*

aus|se|hen: nicht gut a.; sehe ich danach aus? *(wäre mir das zuzutrauen?)* ‖ **Aus|se|hen** das, -s: ein gesundes A. haben

au|ßen: von a. und innen begutachten; der → außen Stehende = Außenstehende | (D, sal.) a. vor *(draußen, außerhalb);* a. vor lassen *(weglassen, nicht berücksichtigen, ignorieren)* ‖ **Au|ßen|auf|nah|me:** *im Freien (nicht im Stu-*

dio) gedrehte Filmaufnahme || **Au|ßen|be|zie|hung** (meist Pl.) (Pol.) || **Au|ßen|be|zirk:** *Randbezirk*

aus|sen|den: Werbeprospekte a. *(ausschicken)* | Signale a. *(ausstrahlen)* | einen Gesetzesentwurf zur Begutachtung a.

Au|ßen|dienst: im A. *(außerhalb der Dienststelle)* arbeiten || **Au|ßen|dienst|mit|ar|bei|ter** || **Au|ßen|dienst|mit|ar|bei|te|rin**

Aus|sen|dung: *Verlautbarung [einer Presseagentur];* eine A. an alle Studierenden

Au|ßen|gren|ze || **Au|ßen|han|del:** *Handel mit dem Ausland* || **Au|ßen|han|dels|bi|lanz** || **Au|ßen|mi|nis|ter** || **Au|ßen|mi|nis|te|rin** || **Au|ßen|mi|nis|te|ri|um:** *Bundesministerium für europäische und internationale Angelegenheiten* || **Au|ßen|naht** || **Au|ßen|po|li|tik** || **au|ßen|po|li|tisch:** außenpolitische Themen; *aber:* Außenpolitischer Rat || **Au|ßen|ring|au|to|bahn:** *eine Autobahn mit einer Teilumfahrung von Wien;* Wiener A. || **Au|ßen|rist:** *Außenseite des Fußrückens* || **Au|ßen|sei|te** || **Au|ßen|sei|ter** der, -s/-: *jemand, der sich von den anderen absondert* | (Sport) *jemand, der wenig Aussicht auf den Sieg hat* || **Au|ßen|sei|te|rin** die, -/-innen || **Au|ßen|sei|ter|rol|le:** eine A. einnehmen || **Au|ßen|sen|sor** || **Au|ßen|spie|gel** || **Au|ßen|stand** (meist Pl.): *bestehende Geldforderung[en]* || **au|ßen Ste|hen|de**[1] der, - -n/- -n = **Au|ßen|ste|hen|de**[1] der, -n/-n, ein außen Stehender (= Außenstehender) || **au|ßen Ste|hen|de**[2] die, - -n/- -n = **Au|ßen|ste|hen|de**[2] die, -n/-n || **Au|ßen|stel|le:** *Zweigstelle* || **Au|ßen|stie|ge** || **Au|ßen|stür|mer** (Sport) || **Au|ßen|stür|me|rin** (Sport) || **Au|ßen|tem|pe|ra|tur** || **Au|ßen|ver|tei|di|ger** (Sport) || **Au|ßen|ver|tei|di|ge|rin** (Sport) || **Au|ßen|welt** || **Au|ßen|wirt|schaft**

au|ßer (Präp. mit Dat.): a. mir; a. ihm; a. [allem] Zweifel; a. [aller] Gefahr; a. Acht lassen; a. Dienst (a. D.) sein; sie ist a. Haus; a. sich *(fassungslos)* sein | (Präp. mit Akk.) a. Kraft setzen; → außer Stand | (Präp. mit Gen.) a. Landes gehen | (Konj.) ich gehe weg, a. *(es sei denn)* es regnet || **au|ßer|börs|lich:** außerbörslicher Handel mit Wertpapieren uÄ || **au|ßer|dem:** *überdies* || **äu|ße|re:** die äußeren Blumenblätter || **Äu|ße|re** das, -n [Äußern]: *die äußere Erscheinung* || **au|ßer|ehe|lich:** ein außereheliches Kind; → ehelich; → unehelich || **au|ßer|eu|ro|pä|isch** || **Au|ßer|fern** das, -[s]: *eine Landschaft in Tirol* || **au|ßer|ga|lak|tisch:** *außerhalb der Milchstraße* || **au|ßer|ge|richt|lich:** sich a. einigen; → Diversion || **au|ßer|ge|wöhn|lich** || **au|ßer|halb** (Präp. mit Gen.): a. des Gartens | (Adv.) a. wohnen || **au|ßer|ir|disch:** *nicht von der Erde stammend, extraterrestrisch* || **Au|ßer|ir|di|sche**[1] der, -n/-n, ein Außerirdischer || **Au|ßer|ir|di|sche**[2] die, -n/-n || **Au|ßer|kraft|set|zung** die, -/-en || **äu|ßer|lich:** rein ä. *(vom Äußeren her)* ist mir nichts aufgefallen || **Äu|ßer|lich|keit** die, -/-en || **äu|ßerln** (reg., ugs.): einen Hund ä. *(auf die Gasse)* führen || **äu|ßern:** einen Wunsch ä. *(aussprechen);* sich dazu ä. *(Stellung nehmen)* || **au|ßer|or|dent|lich:** a. fleißig; *aber:* Außerordentlicher Universitätsprofessor; → G.: ordentlich | (Jus) außerordentliche Gerichtsbarkeit *(Rechtsprechung vor Sondergerichten, zB Arbeitsgericht, Schiedsgericht);* → G.: ordentliche Gerichtsbarkeit || **au|ßer|orts** (bes. V, CH): *auswärts* || **au|ßer|plan|mä|ßig:** der Zug hielt a. am Semmering || **au|ßer|schu|lisch:** außerschulische Einrichtungen

äu|ßerst:

äußerst genau arbeiten

Großschreibung bei Nominalisierung:
- jemanden bis zum Äußersten reizen
- bis zum Äußersten gehen *(entschlossen sein)*
- das Äußerste befürchten

R→ S. 892, 2.2

Großschreibung nach „auf das/aufs" auf die Frage *Worauf?:*
- auf das Äußerste *(auf alles)* gefasst sein
- es aufs Äußerste ankommen lassen

Groß- und Kleinschreibung nach „auf das/aufs" auf die Frage *Wie?:*
- auf das Äußerste (= äußerste) erschrecken

R→ S. 893, 2.2.1

au|ßer Stand = **au|ßer|stand** = **au|ßer Stan|de** = **au|ßer|stan|de:** a. S. sein, etwas zu tun || **äu|ßers|ten|falls** || **Au|ßer|streit|ge|richt** || **au|ßer|strei|tig** (Jus): außerstreitiges Verfahren *(Außerstreitverfahren)* || **Au|ßer|streit|rich|ter** (Jus) || **Au|ßer|streit|rich|te|rin** (Jus) || **Au|ßer|streit|ver|fah|ren** (Jus): *auf Parteienübereinkunft ausgerichtetes Verfahren der Gerichtsbarkeit* || **au|ßer|tour|lich** [-tu:ə-]: *außer der Reihe* || **Äu|ße|rung** die, -/-en: *Bemerkung*

aus|set|zen: mit der Arbeit a. *(aufhören);* der Kreislauf setzt aus; bei einem Spiel (eine Runde) a. | sich einer Gefahr a. *(sich in Gefahr begeben)* | eine Belohnung a. *(in Aussicht stellen)* | an jemandem, an einer Sache etwas a. *(kritisieren)* | ein Kind, ein Tier a. *(sich selbst überlassen);* → Aussetzung | ein Abkommen a. *(außer Kraft setzen)* | (Jus) ein Urteil (wegen Überprüfung) a. *(aufschieben)* || **Aus|set|zer:** *Ausfall [bei technischen Geräten]* | (sal.) *Geistesabwesenheit, Erinnerungslücke* || **Aus|set|zung** die, -/-en (Jus): *das Im-Stich-Lassen einer Person, nachdem man sie in eine hilflose Lage gebracht hat*

Aus|sicht die, -/-en: *Fernblick* | etwas in A. haben *(Hoffnung haben, es zu erhalten);* in A. *(in Frage)* kommen; in A. stellen *(als möglich ankündigen)* || **aus|sichts|los** || **Aus|sichts|lo|sig|keit** die, - || **Aus|sichts|punkt** || **aus|sichts|reich** || **Aus|sichts|turm** || **Aus|sichts|war|te**

aus|sie|ben: Erde a. | die geeignetsten Kandidatinnen a. *(durch ein Auswahlverfahren herausfinden)*

aus|sie|deln: diese Menschen wurden ausgesiedelt *(vom Staat gezwungen wegzuziehen)* || **Aus|sied|ler** || **Aus|sied|le|rin** || **Aus|sied|lung**

aus|sit|zen: ein Problem, einen Streit a. *(durch Abwarten, Untätigkeit lösen [wollen])*

aus|söh|nen: sich mit jemandem a. *(versöhnen)* || **Aus|söh|nung** die, -/-en

aus|son|dern: ältere Bestände a. *(aussortieren)* || **Aus|son|de|rung** die, -/-en

aus|sor|tie|ren: abgetragene Kleidung a. *(ausrangieren)*

aus|span|nen: die Pferde a. | einmal a. *(sich erholen)* | (sal.) je-

mandem seine Freundin a. *(abwerben)*
aus|spa|ren: dieses Rasenstück (beim Mähen) a. *(auslassen)* | das heikle Thema a.
aus|spech|teln (ugs.): *ausspionieren*
aus|spei|en (geh.): *erbrechen; ausspucken*
aus|spei|sen (geh.): Bedürftige a. *(ihnen zu essen geben)* || **Aus|spei|sung** (veraltend): *Ausgabe von Essen; Speisung*
aus|sper|ren: den Hund a. *(nicht ins Haus lassen);* sie hat mich ausgesperrt *(ausgeschlossen)* | die Arbeitnehmer a. *(als Gegenmaßnahme zu einem Streik von der Arbeit ausschließen)* || **Aus|sper|rung** die, -/-en
aus|spie|len: das Pikass a. | Kinder gegeneinander a. *(zum eigenen Vorteil benützen);* → ausgespielt
aus|spin|nen: *sich ausdenken*
aus|spi|o|nie|ren: Geheimnisse a.
aus|spot|ten: *verspotten*
Aus|spra|che: die A. eines Wortes | *Unterredung* || **Aus|spra|che|wör|ter|buch** || **aus|spre|chen:** einen Namen falsch a. | lass mich a. *(zu Ende sprechen)* | sich für höhere Löhne a. *(dafür eintreten)* | sein Beileid a. *(bekunden)* | sich mit dem Partner a.; → ausgesprochen
aus|spren|gen (geh.): ein Gerücht a. *(absichtlich verbreiten)*
Aus|spruch: *Zitat;* ein sehr bekannter A.
aus|spu|cken: den Bissen wieder a. müssen
aus|spü|len: das Shampoo gründlich aus dem Haar a.
aus|staf|fie|ren [-ʃt-] (ugs.): *ausstatten; aufputzen* || **Aus|staf|fie|rung** (ugs.)
aus|stal|lie|ren [-ʃt-] (mda., ostöst.): *kritisieren, bekritteln*
Aus|stand: *Streik* || **aus|stän|dig:** die Antwort ist noch a. *(fehlt)*
aus|stat|ten: *ausrüsten, einrichten* || **Aus|stat|ter** der, -s/-: der A. eines Hotels, eines Films, einer Theateraufführung; Herrenausstatter || **Aus|stat|tung** die, -/-en || **Aus|stat|tungs|film:** *Spielfilm mit aufwändigen Kostümen* || **Aus|stat|tungs|lis|te**
aus|ste|chen: Keks a. | die anderen Kandidaten a. *(übertrumpfen)*
aus|ste|cken: einen Slalom a. *(die Torstangen positionieren)* | → ausgsteckt
aus|ste|hen: eine Antwort steht noch aus *(fehlt)* | jemanden nicht a. *(leiden)* können | die kalten Wintermonate sind nun ausgestanden *(vorbei)*
aus|stei|gen: wir müssen [an der nächsten Station] a.; aus dem Auto a. | aus einem Projekt a. *(nicht mehr mitmachen)* | sie ist ausgestiegen *(hat ein neues, unkonventionelles Leben begonnen);* → Aussteiger || **Aus|stei|ger** der, -s/-: *jemand, der außerhalb der konventionellen Gesellschaftsordnung ein neues Leben beginnt* || **Aus|stei|ge|rin** die, -/-innen
aus|stel|len: Bilder a. *(zur Besichtigung, zum Verkauf in einer Galerie oÄ aufhängen)* | eine Bestätigung a. *(ausfertigen)* | ein ausgestellter *(unten weiter werdender)* Rock || **Aus|stel|ler** der, -s/- || **Aus|stel|le|rin** die, -/-innen || **aus|stel|lig** (Amtsspr., veraltet): a. bemerken *(tadeln)* || **Aus|stel|lung:** eine A. besuchen || **Aus|stel|lungs|ge|län|de** || **Aus|stel|lungs|hal|le** || **Aus|stel|lungs|ka|ta|log** || **Aus|stel|lungs|stück**
aus|ster|ben: ausgestorbene Tierarten
Aus|steu|er: *Heiratsgut* || **aus|steu|ern:** das Aufnahmegerät a. *(richtig einstellen)* | *eine Aussteuer mitgeben* | (früher) *eine Leistung, zB Arbeitslosenunterstützung, nicht mehr auszahlen*
Aus|stich der, -s: *eine Bezeichnung für einen Qualitätswein;* St. Laurenz A.
Aus|stieg der, -[e]s/-e: *das Aussteigen;* der A. aus der Atomenergie | *die Stelle zum Aussteigen;* → G.: Einstieg
aus|stop|fen: ein ausgestopfter *(präparierter)* Marder
Aus|stoß: *Produktionsmenge* || **aus|sto|ßen:** einen Freudenschrei a. | jemanden aus der Gemeinschaft a. || **Aus|sto|ßung** die, -/-en
aus|strah|len: Zuversicht a. | ein Fernsehprogramm a. || **Aus|strah|lung**
aus|stre|cken: die Beine a.
aus|strei|chen: *innen bestreichen* | ein Wort a. *(wegstreichen)*
aus|streu|en: Gerüchte a. *(verbreiten)*
aus|strö|men: giftige Gase strömten aus
aus|su|chen: *auswählen;* → ausgesucht
aus|ta|pe|zie|ren: ein Zimmer a.
aus|ta|rie|ren: eine Flasche a. *(auf der Waage das Leergewicht feststellen);* die Waage a. *(ins Gleichgewicht bringen);* das politische Kräfteverhältnis a. *(ausgleichen);* → tarieren
Aus|tausch der, -[e]s: der A. von Meinungen || **aus|tausch|bar** || **Aus|tausch|bar|keit** die, - || **aus|tau|schen:** *etwas gegen anderes auswechseln* || **Aus|tausch|pro|gramm:** ein A. zB zwischen Universitäten || **Aus|tausch|schü|ler** || **Aus|tausch|schü|le|rin** || **Aus|tausch|stu|dent** || **Aus|tausch|stu|den|tin** || **aus|tausch|wei|se**
aus|tei|len: Geschenke a.
Aus|ter die, -/-n: *eine Muschel* || **Aus|tern|pilz:** *ein Speisepilz*
aus|tes|ten: *durch Ausprobieren prüfen*
aus|to|ben: die Kinder toben sich im Garten aus; seine Wut a. *(seine starken Gefühle nicht bremsen, abreagieren)*
Aus|trag der, -[e]s (reg.): *Altenteil, Ausnahme* || **aus|tra|gen:** Zeitungen a. *(verteilen)* | ein Kind a. *(bis zur Geburt im Mutterleib tragen)* | einen Streit a. || **Aus|trä|ger:** *jemand, der Zeitungen oÄ austrägt* || **Aus|trä|ge|rin** || **Aus|träg|ler** der, -s/- (reg.): *Mann, der nach der Hofübergabe im Austrag lebt* || **Aus|träg|le|rin** die, -/-innen (reg.) || **Aus|trags|stü|berl** (reg., veraltend): *Wohnung für Austrägler* || **Aus|tra|gung** die, -/-en: *Veranstaltung [eines Wettbewerbs]* || **Aus|tra|gungs|ort**
Aus|t|ra|li|en [-i̯ən]: *ein Erdteil und Staat* || **Aus|t|ra|li|er** der, -s/-: *Bewohner Australiens;* → Aboriginal || **Aus|t|ra|li|e|rin** die, -/-innen || **aus|t|ra|lisch**
aus|träu|men: der Traum vom Erfolg ist ausgeträumt *(war vergeblich)*
aus|trei|ben: das Vieh a. | (geh.) *vertreiben* | dieser Strauch treibt im März aus | jemandem seine Launen a. *(abgewöhnen)* | (Küchenspr.) den Teig a. *(ausrollen);* Blech austreiben *(auswalzen)* || **Aus|trei|bung** die, -/-en
aus|tre|ten: aus einem Verein a. | Erdöl war ausgetreten | (geh.) *die Notdurft verrichten*
Aus|t|ria (A; → AT; → AUT) ⟨lat.⟩: *Bezeichnung für Österreich;* → made in A.; → Autriche; Statistik Austria (früher: Österreichisches Statistisches Zentralamt);

A

Miss A. | (Sport) *Bezeichnung verschiedener [Fußball]vereine;* A. Wien || **Austriacum** [-k-] = → Austriakum || **Austriake** der, -n/-n (scherzh., auch abw.): *Österreicher* || **Austriakin** die, -/-innen (scherzh., auch abw.) || **austriakisch** (scherzh., auch abw.): *[typisch] österreichisch* || **Austriakum** = Austriacum [-k-] das, -s/Austriaka: *spezifische österreichische Eigenart, Erscheinung* | *spezifische Publikation zum Thema Österreich* || **Austrian** [ˈɔːstriən] ⟨lat.-engl.⟩ (AUA): *eine österreichische Fluggesellschaft* || **Austrian Airlines** [-ˈeəlaınz] die (Pl.) (AUA) (früher): *Austrian* || **Austrianer** der, -s/- ⟨lat.⟩ (Sport): *Spieler/Anhänger der* → *Austria [Wien]* || **Austrianerin** die, -/-innen (Sport) || **Austrian Industries** [- ˈındəstriz] die (Pl.) (AI): → Verstaatlichte || **Austrianlook** [-ˈlʊk] = **Austrian Look:** *Kleidung nach Art österreichischer Trachten* || **Austriazismus** der, -/Austriazismen ⟨lat.⟩ (Sprachwiss.): *Merkmal des österreichischen Deutsch;* → Helvetismus; → Teutonismus; → Germanismus

austricksen: *durch einen Trick ausschalten, überlisten*

austrinken: den Kakao a.

Austritt: *das Austreten* || **Austrittserklärung**

austro-

⟨lat.⟩ (nur in Zusammensetzungen): *österreichisch*
Als Vorsilbe ist „austro-“ ein Wortbildungselement für Bezeichnungen mit spezifischem Österreichbezug, zB *austrophil, Austropopper, Austromarxismus.*

Austroamerikaner || **Austroamerikanerin** || **Austrochinese** [-k-]: *Chinese mit österreichischer Staatsbürgerschaft* || **Austrochinesin**

austrocknen: der Bach wird bald ausgetrocknet sein

Austrofaschismus (Gesch., Pol.): *autoritäres System in Österreich 1933/1934–1938;* → Ständestaat || **Austrofilm** || **Austromarxismus** (Gesch., Pol.): *österreichische Ausformung des Marxismus ca. 1900–1934*

austrompeten: *überall ausplaudern, ausposaunen*

Austronaut der, -en/-en ⟨lat.⟩: *Bezeichnung für einen Österreicher im Weltraum* || **austrophil** [-f-]: *österreichfreundlich* || **austrophob** [-f-]: *österreichfeindlich* || **Austropop:** *eine Musikrichtung* || **Austropopper** || **Austropopperin**

austüfteln, ich tüftle aus: *ausklügeln*

ausüben: ein Amt a. || **Ausübung**

ausufern: die Zahl der Anordnungen ist ausgeufert *(unnötig angewachsen)*

aus und ein: aus und ein gehen; nicht aus und ein wissen; *aber:* Waren aus- und einführen

ausverhandeln: *zu Ende verhandeln*

Ausverkauf: *Abverkauf aller Waren* | (abw.) ein A. der heimischen Industrie an ausländische Konzerne || **ausverkaufen:** ein ausverkauftes Konzert

auswachsen [-ks-]: der Salat ist ausgewachsen | (ugs.) ein ausgewachsener Blödsinn; *aber:* etwas ist zum **A**uswachsen *(es ist nicht mehr zu ertragen)*

auswaggonieren = **auswagonieren:** *[Güter] ausladen* | (ugs.) *entlassen, hinauswerfen*

Auswahl: eine A. treffen *(auswählen)* || **auswählen** || **Auswahlmannschaft** (Sport) || **Auswahlmöglichkeit** || **Auswahlverfahren**

auswalken: den Teig a. *(ausrollen)*

auswalzen: Blech dünn a.

Auswanderer: *Emigrant* || **Auswanderin,** *auch:* Auswandrerin || **auswandern:** *sein Heimatland auf Dauer verlassen, emigrieren* || **Auswanderung** || **Auswanderungswelle** || **Auswandrerin** → Auswanderin

auswärtig: auswärtige *(nicht ortsansässige) Firmen* | *das Ausland betreffend; auswärtige Angelegenheiten* || **Auswärtige**[1] der, -n/-n, ein Auswärtiger: *jemand, der von auswärts kommt* || **Auswärtige**[2] die, -n/-n || **auswärts:** a. *(nicht zu Hause)* essen || **auswärtsgehen:** *mit nach außen gerichteten Fußspitzen gehen* || **Auswärtsmatch** [-metʃ, engl.: -æ-] (Sport) || **Auswärtsniederlage** (Sport) → G.: Heimniederlage || **Auswärtsschlappe** (Sport) → G.: Heimschlappe || **Auswärtssieg** (Sport) → G.: Heimsieg || **Auswärtsspiel** (Sport): *ein auf der Anlage des Gegners ausgetragener Wettkampf;* → G.: Heimspiel || **Auswärtstor** (Sport) || **Auswärtstorregel** (Sport)

auswaschen: sich die Augen a. | ein vom Wasser ausgewaschener *(geformter, ausgehöhlter)* Fels | ausgewaschene *(verblasste)* Farben

auswechselbar [-ks-] || **auswechseln:** eine Spielerin a. *(gegen eine Ersatzspielerin austauschen);* er ist wie ausgewechselt *(ganz anders als sonst)* || **Auswechslung** die, -/-en

Ausweg: verzweifelt nach einem A. *(einem Lösungsweg)* suchen || **ausweglos** || **Ausweglosigkeit** die, -

Ausweiche: *Ausweichstelle* || **ausweichen:** dem Reh auf der Autobahn a. || **Ausweichmanöver** [-v-, -f-]: *Versuch, einen Zusammenstoß zu vermeiden* || **Ausweichstelle**

ausweiden (Jägerspr.): ein Reh a. *(seine Eingeweide herausnehmen)*

ausweinen sich: sich bei der Freundin a.

Ausweis der, -es/-e: einen A. bei sich haben | (veraltet) *Schulzeugnis* || **ausweisen:** Asylwerber a. *(aus einem Staat weisen)* | „Bitte weisen Sie sich aus!“ *(bitte legitimieren Sie sich)* || **Ausweiskontrolle** || **Ausweisleistung** (Amtsspr.): *das Nachweisen der Identität durch einen Ausweis* || **Ausweispflicht**

ausweißeln: *ausweißen* || **ausweißen,** *auch:* ausweißeln: *einen Raum [weiß] ausmalen* || **ausweißigen** (veraltet): *ausweißen*

Ausweisung → ausweisen

ausweiten: *erweitern, ausdehnen* || **Ausweitung** die, -/-en

auswendig: ein Gedicht a. *(aus dem Gedächtnis)* können; ein Gedicht a. lernen; etwas in- und auswendig *(genauestens)* kennen; *aber:* das **A**uswendiglernen

auswerfen: die Angel a. | Daten vom Computer a. lassen

auswerkeln (ugs., veraltend): dieses Gewinde ist ausgewerkelt *(ausgeleiert, stark abgenützt)*

auswerten: Ergebnisse a. || **Auswertung**

auswetzen: eine Scharte a. *(den Fehler wiedergutmachen)*

auswickeln: ein Geschenk a.

auswiegen: *genau abwiegen*

A

aus|win|den: *durch Zusammendrehen Flüssigkeit herauspressen, auswringen*
aus|win|tern: die Saat ist ausgewintert *(im Winter erfroren)*
aus|wir|ken sich: das wirkt sich auf deine Gesundheit aus *(hat Folgen für sie)* ‖ **Aus|wir|kung**
aus|wi|schen: ein Gefäß a. *(säubern, trocknen)* | (ugs.) jemandem eins a. *(einen kleinen Denkzettel erteilen); aber:* das ist nur zum **A**ugenauswischen (ugs.: *nur zum Schein)*
aus|wrin|gen: Wäsche a. *(auswinden)*
Aus|wuchs [-ks]: *Geschwulst, Wucherung* | (meist Pl.) *Missstand;* Auswüchse des Profitdenkens
aus|wuch|ten: *ausbalancieren;* Rotoren a.
Aus|wurf: *ausgehusteter Schleim* | (geh., abw.) *Abschaum*
aus|zah|len: jemandem seinen Lohn a. | das zahlt sich nicht aus *(es lohnt sich nicht)* ‖ **aus|zäh|len:** *die Anzahl feststellen, abzählen* | eine Reihenfolge a. | (Sport) den zu Boden geschlagenen Boxer a. ‖ **Aus|zähl|reim** ‖ **Aus|zah|lung** ‖ **Aus|zäh|lung** ‖ **Aus|zähl|vers** [-v-, f-]
aus|zeh|ren (geh.): *entkräften* ‖ **Aus|zeh|rung** die, - (geh.): die A. der Kräfte | (veraltet) *Schwindsucht, Lungentuberkulose*
aus|zeich|nen: einen Künstler a. | sich durch Fleiß a. *(hervortun)* | Waren a. *(ihre Preise anschreiben);* → ausgezeichnet ‖ **Aus|zeich|nung** ‖ **Aus|zeich|nungs|pflicht:** A. für Inhaltsstoffe von Nahrungsmitteln
Aus|zeit (Sport): *regelkonforme außertourliche kurze [Spiel]unterbrechung;* eine A. nehmen
aus|zieh|bar ‖ **aus|zie|hen:** aus der Wohnung a. | sich im Badezimmer a. | einen Tisch a. *(verlängern)* | auf Abenteuer a. *(aufbrechen, um Abenteuer zu erleben)* | (Küchenspr.) einen Teig a. ‖ **Aus|zieh|tisch:** *durch Ausziehen einer eingeschobenen Platte vergrößerbarer Tisch*
Aus|zu|bil|den|de[1] der, -n/-n (bes. D): *Lehrling* ‖ **Aus|zu|bil|den|de**[2] die, -n/-n (bes. D)
aus|zu|cken (ugs.): *die Beherrschung verlieren;* nicht gleich a.
Aus|zug: *Auswanderung* | *Teil des Ganzen;* Kontoauszug | *Ausgedinge* ‖ **Aus|züg|ler** der, -s/-: *Ausnehmer* | (T, K) (Küchenspr.) *auseinandergezogener Krapfen [aus Germteig]* ‖ **Aus|züg|le|rin** die, -/-innen ‖ **Aus|zugs|bau|er:** *Auszügler* ‖ **Aus|zugs|bäu|e|rin,** *auch:* **Aus|zugs|bäu|rin** ‖ **Aus|zugs|mehl:** *bes. feines Mehl* ‖ **Aus|zugs|tisch** = **Aus|zug|tisch:** *Ausziehtisch* ‖ **aus|zugs|wei|se:** *nur das Wichtigste auswählend*
aus|zup|fen: Haare a.
aus|zut|zeln, *auch:* **aus|zu|zeln** (ugs.): *auslutschen*
AUT: Autriche *(dreistelliger Buchstabencode für Österreich [bei internationalen Sportbewerben]);* → Autriche; → AT
au|tark ⟨gr.⟩: *[wirtschaftlich] unabhängig* ‖ **Au|tar|kie** die, -/-n
au|then|tisch ⟨gr.⟩: *echt, verbürgt;* eine authentische Nachricht ‖ **Au|then|ti|zi|tät** die, -
Au|tis|mus der, - ⟨gr.⟩ (Med.): *krankhafte Kontaktunfähigkeit* ‖ **au|tis|tisch** (Med.)
Au|to das, -s/-s ⟨gr.⟩: A. fahren; A. stoppen; *aber:* das Autofahren ‖ **Au|to|ab|stell|platz** ‖ **Au|to|at|las** ‖ **Au|to|bahn** (A): eine mehrspurige A. ‖ **Au|to|bahn|ab|fahrt** ‖ **Au|to|bahn|ab|schnitt** ‖ **Au|to|bahn|auf|fahrt** ‖ **Au|to|bahn|gen|dar|me|rie** [-ʒɑ̃d-, -ʒan-] (früher) ‖ **Au|to|bahn|hof** ‖ **Au|to|bahn|kno|ten:** *Autobahnkreuzung, -anbindung* ‖ **Au|to|bahn|kreuz** (D): *Autobahnknoten* ‖ **Au|to|bahn|maut** ‖ **Au|to|bahn|meis|te|rei** die, -/-en ‖ **Au|to|bahn|netz** ‖ **Au|to|bahn|pi|ckerl:** *Autobahnvignette* ‖ **Au|to|bahn|pla|ket|te** ‖ **Au|to|bahn|rast|sta|ti|on** [-ʃtatsi̯-] ‖ **Au|to|bahn|rast|stät|te:** *an der Autobahn gelegenes Restaurant* ‖ **Au|to|bahn|ring:** *Autobahnumfahrung rund um eine Stadt* ‖ **Au|to|bahn|sta|ti|on** [-ʃtatsi̯-]: *Autobahnraststätte mit Tankstelle* ‖ **Au|to|bahn|um|fah|rung** ‖ **Au|to|bahn|un|ter|füh|rung** ‖ **Au|to|bahn|vi|gnet|te** [-vinjɛ-]: *Aufkleber für die Autobahngebühr* ‖ **Au|to|bahn|zu|brin|ger** ‖ **Au|to|bau|er** der, -s/- ‖ **Au|to|bio|gra|fie** = Autobiographie [-f-]: *Beschreibung des eigenen Lebens, Selbstbiografie* ‖ **au|to|bio|gra|fisch** = autobiographisch [-f-] ‖ **Au|to|bom|be:** *in einem Auto versteckte [ferngezündete] Bombe* ‖ **Au|to|büch|lein** (SüdT): *Typenschein* ‖ **Au|to|bus** ‖ **Au|to|bus|fahrt** ‖ **Au|to|bus|li|nie** [-i̯ɛ] ‖ **au|to|ch|thon:** *bodenständig, ursprünglich* | (Biol.) autochthone *(aus der Region stammende)* Pflanzen
Au|to|da|fé das, -s/-s ⟨port.⟩ (früher): *öffentliche Ketzerverbrennung*
Au|to|di|dakt der, -en/-en ⟨gr.⟩: *jemand, der sich durch Selbstunterricht ausbildet* ‖ **Au|to|di|dak|tin** die, -/-innen ‖ **au|to|di|dak|tisch:** a. eine Sprache lernen ‖ **Au|to|drom** das, -s/-e: *Anlage zum Fahren mit Kleinautos [in Vergnügungsparks]* | *Skooter* | *Renn-, Teststrecke* ‖ **Au|to|ein|bre|cher** ‖ **Au|to|ein|bre|che|rin** ‖ **Au|to|fah|rer** ‖ **Au|to|fah|re|rin** ‖ **Au|to|fahrt** ‖ **Au|to|fo|kus** der, -[-kusses]: *automatische Scharfeinstellung [bei Kameras]* ‖ **au|to|frei** ‖ **Au|to|fried|hof** (scherzh.): *Sammelplatz für Autowracks* ‖ **au|to|gen** (Technik): a. *(mit einer heißen Stichflamme)* schneiden oder schweißen | (Psych.) autogenes Training *(eine Methode der Selbstentspannung)* ‖ **Au|to|graf** = Autograph [-f] das, -s/-e[n]: *eigenhändig geschriebener Text [eines Schriftstellers]* ‖ **Au|to|gramm** das, -s/-e: *eigenhändige Unterschrift einer prominenten Person* ‖ **Au|to|gramm|jä|ger** ‖ **Au|to|gramm|jä|ge|rin** ‖ **Au|to|graph** [-f] = → Autograf ‖ **Au|to|haus:** *Geschäft, das Autos verkauft* ‖ **Au|to|her|stel|ler** ‖ **Au|to|im|mun|er|kran|kung** = **Au|to|im|mun|krank|heit:** *eine Störung des körpereigenen Immunsystems* ‖ **Au|to|in|dus|t|rie** ‖ **Au|to|kenn|zei|chen** ‖ **Au|to|ki|no:** *Kino, das man im Auto sitzend besucht* ‖ **Au|to|kna|cker** der, -s/- ‖ **Au|to|kna|cke|rin** die, -/-innen ‖ **Au|to|ko|lon|ne** ‖ **Au|to|krat** der, -en/-en: *Alleinherrscher* ‖ **Au|to|kra|tin** die, -/-innen ‖ **au|to|kra|tisch:** *selbstherrschend, eigenmächtig;* ein autokratischer Erziehungs- oder Führungsstil ‖ **Au|to|len|ker:** *Autofahrer* ‖ **Au|to|len|ke|rin** ‖ **Au|to|mar|der** (sal.): *Autoeinbrecher/in* ‖ **Au|to|mar|ke** ‖ **Au|to|mat** der, -en/-en: *selbsttätiger Apparat, Maschine* ‖ **Au|to|ma|ten|buf|fet** [-byfe:] = Automatenbüfett [-fe:, D auch: -fɛt] ‖ **Au|to|ma|tik** die, -: *automatische Einrichtung* | *routinemäßiger Vorgang* ‖ **Au|to|ma|ti|on** [-tsi̯-] die, - ‖ **au|to|ma|ti|ons|un|ter|stützt:** die Dienstzeit a. erfassen; Daten a. verarbeiten ‖ **au|to|ma|tisch** ‖

A

au|to|ma|ti|sie|ren || **Au|to|ma|ti|sie|rung** die, -: *Umstellung auf automatischen Betrieb* || **Au|to|ma|tis|mus** der, -/Automatismen: *selbsttätiger, ohne Kontrolle ablaufender [psychischer] Mechanismus* || **Au|to|me|cha|ni|ker** || **Au|to|me|cha|ni|ke|rin** || **Au|to|mo|bil** das, -s/-e (veraltend): *Auto* || **au|to|nom:** *selbständig, unabhängig* | (SüdT) *separat;* autonomer Zugang || **Au|to|no|mie** die, -/-n: *weitgehende Selbstverwaltung, Unabhängigkeit;* die A. Südtirols || **Au|to|no|mie|sta|tut** [-ʃ-] (SüdT): *Verfassungsgesetz, das die Südtiroler Autonomie festschreibt* || **Au|to|num|mer:** *Autokennzeichen* || **Au|to|pi|lot** (Technik): *ein automatisches Steuerungssystem [von Flugzeugen]* || **Au|t|op|sie** die, -/-n: *Leichenbeschau, ärztliche Leichenöffnung zur Feststellung der Todesursache*

Au|tor der, -s/-en [-'oː-] ⟨lat.-fr.⟩: *Verfasser*

Au|to|ra|dio || **Au|to|ra|ser** || **Au|to|ra|se|rin** || **Au|to|rei|fen** || **Au|to|rei|se|zug:** *Zug, in dem Autos mittransportiert werden können;* → Autozug

Au|to|ren|ka|ta|log: *ein nach Autorennamen geordnetes [Bücher-]verzeichnis;* → G.: Schlagwortkatalog

Au|to|ren|nen || **Au|to|re|pa|ra|tur** || **Au|to|re|verse** [-rɪvɜːs] das, - (Elektrot.): *automatische beidseitige Abspielfunktion bei einem Kassettenrekorder*

Au|to|rin die, -/-innen || **au|to|ri|sie|ren:** *ermächtigen* || **au|to|ri|siert** || **au|to|ri|tär:** *Autorität ausübend; Autorität betonend; Autorität missbrauchend;* a. regieren || **Au|to|ri|tät** die, -/-en: *maßgebende Person;* eine A. auf dem Gebiet der Orthopädie | (ohne Pl.) *Macht; Ansehen;* sich A. verschaffen || **au|to|ri|ta|tiv:** *auf Autorität beruhend* || **au|to|ri|täts|gläu|big** || **Au|to|ri|täts|gläu|big|keit** || **Au|tor|schaft** die, -: *Urheberschaft*

Au|to|schal|ter: *Bankverkehr aus dem Auto heraus* || **Au|to|schleu|se:** *ersatzweiser Transport von Kraftfahrzeugen auf Schiene;* → Tauernschleuse || **Au|to|schlüs|sel** || **Au|to|sitz** || **Au|to|speng|ler** || **Au|to|speng|le|rin** || **Au|to|stopp** [-ʃt-]: A. machen; per/mit A. reisen || **au|to|stop|pen** (nur Inf. und Part.) || **Au|to|stop|per** || **Au|to|stop|pe|rin** || **Au|to|stra|ße:** *eine autobahnähnliche Schnellstraße* || **Au|to|sug|ges|ti|on** [-st-] (Psych.): *Selbstbeeinflussung* || **Au|to|te|le|fon** || **au|to|troph** [-f] (Biol.): *aus anorganischen Substanzen organische herstellend* || **Au|to|tür** || **Au|to|un|fall** || **Au|to|ver|kehr** || **Au|to|ver|leih** || **Au|to|ver|mie|tung** || **Au|to|werk|statt** = **Au|to|werk|stätte** || **Au|to|wrack:** *stark beschädigtes Kraftfahrzeug* || **Au|to|zug:** *Eisenbahnzug zur Beförderung von Autos;* → Autoreisezug || **Au|to|zu|lie|fe|rer**

Au|tri|che [ɔ'triʃ] ⟨lat.⟩ (AUT): *französische Bezeichnung für Austria/Österreich;* → AT

autsch → au

AUVA [a u faʊ 'aː] die, -: **A**llgemeine **U**nfall**v**ersicherungs**a**nstalt

Au|wald → Au

au weh = **au|weh:** *Ausruf des Schmerzes;* au weh (= auweh, **Au** weh, **Au**weh) schreien || **au|weia** = **au weia:** *ein Ausruf [der Betroffenheit]*

Au|xi|li|ar das, -s/-e = **Au|xi|li|ar|verb** [-v-] ⟨lat.⟩ (Gramm.): *Hilfsverb*

AV [a 'faʊ]: **a**udio**v**isuell || **AV-An|schluss**

Avan|ce [a'vãːs(ɛ)] die, -/-n ⟨fr.⟩ (geh.): jemandem Avancen machen *(Interesse an einer Beziehung zeigen, Hoffnungen machen)* || **Avan|ce|ment** [-s'mãː] das, -s/-s (geh., veraltend): *Beförderung, Vorrückung* || **avan|cie|ren** (veraltend): *[im Rang] vorrücken, befördert werden*

Avant|gar|de [avã'gart, -rdɛ] die, -/-n ⟨fr.⟩: *Gruppe von Vorkämpfern für eine neue Idee* | (veraltet) *Vorhut* || **avant|gar|dis|tisch:** *[künstlerisch] wegweisend, modern*

Ava|tar [av-] der, -s/-e ⟨Sanskrit-engl.⟩: *Figur in einer virtuellen Umgebung, die eine reale Person vertritt*

Ave ['aːvɛ] das, -[s]/-[s] ⟨lat.⟩: *Kurzwort für Ave-Maria* || **Ave-Ma|ria** das, -[s]/-[s] ⟨lat.⟩: *das Gebet „Gegrüßet seist du, Maria ..."* || **Ave-Ma|ria-Läu|ten** das, -s: *Läuten der Kirchenglocken zu bestimmten Tageszeiten*

Avers [av-] der -es/-e ⟨fr.⟩: *Vorderseite einer Münze oder Medaille;* → Revers[3] || **Aver|si|on** [av-] die, -/-en: *Abneigung*

AVG [a faʊ 'geː] das, - (Jus): **A**llgemeines **V**erwaltungsverfahrens**g**esetz

Avis [a'viː] das, -/- ⟨fr.⟩ (bes. D): *Aviso* | (Pol.) *Stellungnahme der EU-Kommission zu einem Beitrittswerber* || **avi|sie|ren:** *ankündigen* || **Avi|so** das, -s/-s ⟨it.⟩: *Ankündigung, Wink*

AV-Me|di|um [a 'faʊ-]: *Videokassette, DVD, CD u. dgl.*

Avo|ca|do [avok-] die, -/-s ⟨indianisch-span.⟩: *eine tropische Frucht*

Award [ə'wɔːd] der, -s/-s ⟨engl.⟩: *Preis, Auszeichnung*

Awa|re der, -n/-n: *Angehöriger eines Reitervolkes der Völkerwanderungszeit* || **Awa|rin** die, -/-innen || **awa|risch**

Axa|mer Li|zum: *ein Talschluss bei Innsbruck (Wintersportort)*

Axel[1]: *männl. Vorname* || **Axel**[2] der, -s/-: *ein Sprung im Eiskunstlauf*

axi|al ⟨lat.⟩ (Technik): *auf eine Achse bezogen; entlang der Achse*

Axi|om das, -s/-e ⟨gr.⟩: *unmittelbar einleuchtender, nicht beweisbarer Grundsatz* || **Axi|o|ma|tik** die, -: *Lehre von den Axiomen*

Axo|lotl der, -s/- ⟨indian.⟩: *mexikanischer Schwanzlurch*

Axon das, -s/-e [-'oː-] [Axonen] ⟨gr.⟩ (Biol.): *faserartiger Fortsatz einer Nervenzelle*

Axt die, -/Äxte: *Hacke, Beil mit langem Stiel* || **Axt|hieb**

Ayur|we|da [ajur-] = **Ayur|ve|da** [-v-] der, -s ⟨Sanskrit⟩: *auf altindische Schriften aufbauende Richtung der indischen Heilkunde*

Aza|lee die, -/-n ⟨gr.⟩: *eine Zierpflanze*

Aze|tat das, -s/-e, fachspr.: Acetat [ats-] ⟨lat.⟩ (Chem.): *eine Chemiefaser* || **Aze|tat|sei|de** || **Aze|ton** das, -s (Chem.): *ein feuergefährliches Lösungsmittel* || **Aze|ty|len** [-ty-] das, -[s] (Chem.): *ein brennbares Gas* || **Aze|tyl|sa|li|cyl|säu|re** [-zali'tsyːl-] (Chem.): *ein fiebersenkender, schmerzlindernder und entzündungshemmender Wirkstoff*

Azi|mut [auch: -'uːt] der = das, -s/-e ⟨arab.⟩ (Astron.): *bestimmte Koordinate eines Himmelskörpers*

Azo|ren die (Pl.): *eine Inselgruppe im Atlantik* || **Azo|ren|hoch** (Met.): *ein Hochdruckgebiet mit Auswirkung auf das Wetter in Mitteleuropa*

Az|te|ke der, -n/-n: *Angehöriger eines mexikanischen Indianervolkes* || **Az|te|ken|reich** || **Az|te|kin** die, -/-innen || **az|te|kisch**

A-Zug der, -[e]s (früher): *erster Klassenzug der Hauptschule;* → Leistungsgruppe

Azur der, -s ⟨fr.⟩ (geh.): *das Blau des Himmels* || **azur|blau:** *himmelblau* || **azu|ren** (geh.): *azurblau*

azy|k|lisch [-yk-]: *nicht im Sinne eines vorherrschenden Rhythmus* | (Med.) eine azyklische *(unregelmäßige)* Menstruation

A

b B

b [beː] das, -/- (Kleinbuchstabe): das b im Wort *bald* | (Laut) der b-Laut | (Mus.) der Ton b (B) *(das um einen Halbton erniedrigte H bzw. h)* | (Mus.) b-Moll | (Mus.) *ein Vertiefungszeichen (♭)*

B [beː] das, -/- (Großbuchstabe): das B im Wort *Bad;* das Vitamin B | **B**undesstraße; die B 10 *(Budapester Bundesstraße)* | (Mus.) der Ton B (b) *(das um einen Halbton erniedrigte H bzw. h)* | (Mus.) B-Dur | (Mus.) **B**ass | (auslaufend auch Kfz) **B**urgenland | (Phys.) **B**el | (Chem.) **B**or | (EDV) **B**yte

b.: bei; Baden b. Wien

Ba: Barium

baba, *auch:* papa (ugs.): *leb wohl!* || **babatschi,** *auch:* papatschi (ostöst., ugs. bzw. Kinderspr.): *ein Abschiedsgruß, baba*

Babel[1] (bes. biblisch für): *Babylon* || **Babel**[2] das, -s/-: *vielsprachige Stadt* | (geh.) *lasterhafter Ort;* Sündenbabel

Babenberger der, -s/-: *Angehöriger eines mittelalterlichen österreichischen Herrschergeschlechts* || **Babenbergerin** die, -/-**innen**

Baby ['beːbi, engl.: 'beɪ-] das, -s/-s ⟨engl.⟩: *Säugling, Kleinkind* | *Liebling* || **Babyausstattung** || **Babyboom** [-buːm]: *Anstieg der Geburtenrate* || **Babyfon** = Babyphon [-f-] das, -s/-e: *Gerät zur akustischen Überwachung von Babys* || **Babyjahr:** *Karenzjahr* || **Babykarotte:** *eine kleine Karottensorte* || **Babyklappe:** *Babynest* || **babyleicht** (ugs.): *kinderleicht, sehr leicht*

Babylon [-bi-, -by-]: *eine antike Stadt, Babel* || **babylonisch:** eine babylonische *(totale)* Sprachverwirrung

Babynahrung ['beːbi-, engl.: 'beɪ-] || **Babynest:** *Abgabeplatz für weggelegte Babys* || **Babyphon** [-f-] = → Babyfon || **Babyschwimmen** das, -s || **babysitten** (nur Inf. und Part.): sie hat oft babygesittet || **Babysitter** der, -s/-: *jemand, der aushilfsweise auf Kinder aufpasst* || **Babysitterin** die, -/-**innen** || **Babyspeck** (scherzh.): *Rundlichkeit bei Kindern* || **Babystrich:** *Gegend, wo sich Minderjährige zur Prostitution anbieten*

Baccalaureat [-k-] = → Bakkalaureat || **Baccalaureus** = → Bakkalaureus || **Baccalaurea** = → Bakkalaurea

Bacchanal [baka-, auch: -x-] das, -s/-e [-ien] [-iɛn] ⟨gr.-lat.⟩ (geh.): *Trinkgelage* || **Bacchant** der, -en/-en (meist Pl.) (geh.): *betrunken von Gelage zu Gelage Ziehender* || **Bacchantin** die, -/-**innen** (geh.) || **bacchantisch** (geh.): *trunken, ausschweifend* || **Bacchus:** *römischer Gott des Weins*

Bach der, -[e]s/Bäche: ein reißender B. || **Bachbett** || **Bachblütentherapie** (Med.): *eine alternative Behandlungsmethode mit kombinierten Blütenessenzen*

Bache die, -/-n: *weibliches Wildschwein*

Bachelor ['bætʃ(ə)lə] der, -s/-s (B.) ⟨engl.⟩: *akademischer Grad;* → Bakkalaureus

bacherlwarm (ugs.): *angenehm warm* || **Bachforelle** || **Bächlein** das, -s/- || **Bachstelze:** *ein Singvogel*

Bach-Werke-Verzeichnis (BWV) (Mus.): *Verzeichnis der Werke Johann Sebastian Bachs*

Bäck der, -en/-en (reg., mda.): *Bäcker* || **Backblech**

Backbone ['bækbəʊn] das, -s/-s ⟨engl.⟩: *zentrale Datenleitung für große Datenmengen (bes. im Internet)*

backbord (Seemannsspr.) || **Backbord** das, -[e]s/-e (Seemannsspr.): *linke Schiffsseite (von hinten aus gesehen);* → G.: Steuerbord

Backe die, -/-n: *Wange* | (meist scherzh.) *Gesäßbacke*

backen, du bäckst, backst/backte [veraltet: buk]/gebacken: Semmeln b.; Kuchen b.; gebackenes Schnitzel; *aber:* → packen; → frischgebacken

Backen der, -s/-: *beweglicher Seitenteil bei Schraubstock, Bremse u. a. Klemmvorrichtungen; aber:* → Bakken

Backenstreich (veraltet bzw. geh.): *Ohrfeige* || **Backenzahn** (bes. D): *Stockzahn*

Bäcker der, -s/-: der B. bäckt Brot || **Backerbse** (meist Pl.): *eine Suppeneinlage* || **Bäckerei** die, -/-en: Brot in der B. *(beim Bäcker)* kaufen | *Kleingebäck, Keks;* zum Tee B. aufwarten || **Bäckergerm** || **Bäckerin** die, -/-**innen** || **Backfett** || **Backfisch** (veraltet): *halbwüchsiges Mädchen* || **Backfolie** [-iɛ] || **Backform**

Backgammon [bæk'gæmən] das, -[s] ⟨engl.⟩: *ein Würfelspiel* | *ein Kartenspiel* || **Background** ['bækgraʊnd] der, -s: *Hintergrund, Gesamtheit der Voraussetzungen* || **Backgroundsänger** || **Backgroundsängerin** || **Backhand** [-hænd] die, -/-s (Sport): *Rückhand, zB im Tischtennis;* → G.: Forehand

Backhendl: *Backhuhn* || **Backhendlfriedhof** (ugs., scherzh.): *großer [Männer]bauch* || **Backhendlstation** [-ʃtatsi̯-]: *eine Gaststätte* || **Backhuhn**

Backlist ['bæk-] die, -/-s ⟨engl.⟩: *Liste aller lieferbaren Werke eines Verlags*

Backofen: im B. Brot backen || **Backofenhitze** || **Backpapier:** *Schutzauflage für das Backbleck* || **Backpulver** [-f-] || **Backrohr:** den Braten ins B. schieben || **Backschaufel**

Backslash ['bækslæʃ] ⟨engl.⟩ (Druckw.) (\): *ein Zeichen, zB in Programmiersprachen, verkehrter Schrägstrich* || **backstage** [-steɪdʒ]: *hinter der Bühne* || **Backstage** die (*auch:* der, das), -/-s [-ɪz]: *Bühnenhintergrund* | *Geschehen hinter den [Bühnen-]kulissen*

Backstein: *Ziegel* || **Backsteingotik:** *Ziegelbau im [neu]gotischen Stil* || **Backstube** || **Backteig**

Back-up [bæk'ʌp] = **Backup** das, -s/-s ⟨engl.⟩ (EDV): *Sicherung der Arbeit am Computer durch Kopieren, zB auf Diskette oder Streamer*

Backware (meist Pl.)

Bácsi ['baːtʃi] der, -[s]/-s ⟨ung.⟩ (B, W, N ugs.): *Onkel, vertrauter Bekannter;* Pepi-Bácsi *(Pepi-Onkel)*

Bad das, -[e]s/Bäder: ein Bad nehmen *(baden)* | *Badezimmer* | *Bezeichnung von Kurorten, zB Bad Wimsbach-Neydharting in Oberösterreich* || **Bad Aussee** (Kfz: BA, auslaufend): *Kurstadt (St)* || **Bad-Ausseer** der, -s/-, *auch:* Bad Ausseer || **Bad-Ausseerin** die, -/-**innen**, *auch:* Bad Ausseerin

Bad Bank ['bæd 'bæ-] = **Badbank** die, - -/- -s ⟨engl.⟩ (Wirt.): *Bank, die schlechte Kredite von anderen Banken auffängt*

Bad Bleiberg: *Kurort (K)* || **Bad Deutsch-Altenburg:** *Kurort (N)*

‖ **Badeanzug** ‖ **Badehaube** ‖ **Badehose** ‖ **Bademantel** ‖ **Bademeister:** *Badewärter* ‖ **Bademeisterin** ‖ **baden:** das Baby b. | (ugs., sal.) damit kannst du b. gehen *(daraus wird nichts)* ‖ **Baden** (Siedlungsname): B. bei Wien *(Kurstadt, N)* | (Kfz: BN) Bezirk B. ‖ **Badenixe:** *[junge] Frau im Badedress* ‖ **Baden-Württemberg:** *deutsches Bundesland* ‖ **badenwürttembergisch** ‖ **Badeort** ‖ **Badepantoffel** ‖ **Bader** der, -s/- (früher): *Besitzer einer Badestube* | (veraltet) *Kurpfuscher* ‖ **Badesachen** die (Pl.) ‖ **Badesaison** [-zɛzoːn, fr.: -sɛˌzɔ̃] ‖ **Badesalz** ‖ **Badeschlapfen** (ugs.) ‖ **Badeschuh** ‖ **Badesee** ‖ **Badestrand** ‖ **Badestube,** *auch:* Badstube (früher) ‖ **Badetrikot** [-ˌkoː] (veraltet) ‖ **Badetuch** ‖ **Badewanne** ‖ **Badewart:** *Bademeister* ‖ **Badewartin** ‖ **Badewaschel** (ugs., oft abw.): *Bademeister* ‖ **Badewetter** ‖ **Badezimmer** ‖ **Badezuber** ‖ **Badezusatz** ‖ **Bad Fischau:** *Kurort (N)* ‖ **Bad Gastein:** *Kurort (S)* ‖ **Bad Gleichenberg:** *Kurort (St)* ‖ **Bad Goisern:** *Kurort (O)* ‖ **Bad Hall:** *Kurort (O)* ‖ **Bad Hofgastein:** *Kurort (S)* ‖ **Bad Ischl:** *Kurort (O)* ‖ **Bad Kleinkirchheim:** *Kurort (K)* ‖ **Bad Leonfelden:** *Kurort (O)*

Badminton [ˈbædmɪnt(ə)n] das, -[s] ⟨engl.⟩: *ein Ballspiel;* B. spielen; → Federball

Bad Radkersburg (Kfz: RA): *Kurstadt in der (St)* ‖ **Bad Sankt Leonhard im Lavanttal** [- -f-, auch: -v-]: *Kurstadt in (K)* ‖ **Bad Schallerbach:** *Kurort in (O)* ‖ **Badstube** → *Badestube* ‖ **Bad Tatzmannsdorf:** *Kurort im (B)* ‖ **Bad Vöslau** [- f-]: *Kurstadt in (N)*

baff → paff

BAG [be a ˈgeː]: **B**erufs**a**usbildungs**g**esetz

Bagage [-ˈaːʃ, auch: -ʒɛ] die, - ⟨fr.⟩ (ugs., abw.): *Pack, Gesindel* | (veraltet) *Gepäck*

Bagatelle [-l(ɛ)] die, -/-n ⟨fr.⟩: *Kleinigkeit* ‖ **Bagatellfall** (Jus) ‖ **Bagatellgrenze** (Jus) ‖ **bagatellisieren:** etwas b. *(leicht nehmen)*

Bagdad: *Hauptstadt des Iraks*

Bagel [ˈbeɪ-] der = das, -s/-s ⟨jidd.-engl.⟩: *ein Gebäck;* → Beugel

Bagger der, -s/- ⟨niederl.⟩: *eine Maschine zum Entfernen von Geröll, Sand oder Schutt* ‖ **Baggerführer:** *eine Berufsbezeichnung* ‖ **Baggerführerin** ‖ **baggern:** eine Grube b. | (Sport) *Abspiel von unten [im Volleyball]* ‖ **Baggersee:** *Teich, See in einer ehemaligen Kies- oder Schottergrube*

Baggy Pant [ˈbægi ˌpæ-] = **Baggypant** die, -/-s (meist Pl.) ⟨engl.⟩: *weite, ausgebeulte Hose*

bagschierlich (W, ugs., veraltend): ein bagschierliches *(herziges, graziöses)* Mädchen

Baguette [-ˈgɛt] das, -s/-s, *auch:* die, -/-n ⟨fr.⟩: *ein knuspriges längliches Weißbrot*

Bahamas die (Pl.): *Inselgruppe und Staat in der Karibik*

bähen: *rösten;* gebähtes Brot

Bahmigoreng das, -[s]/-[s], *auch:* Bamigoreng ⟨mal./indonesisch⟩: *indonesisches Nudelgericht*

Bahn die, -/-en: *Durchgang, Weg;* Fahrbahn; sich B. brechen; auf die schiefe B. *(auf Abwege)* geraten | *breiter Stoffstreifen* | *Rennbahn* | *Eisenbahn;* mit der/per B. fahren/befördern; jemanden zur B. *(Bahnstation)* bringen | (ohne Pl.) *Bundesbahn;* → ÖBB ‖ **bahnbrechend:** bahnbrechende Erfindungen; *aber:* sich eine Bahn brechen ‖ **Bahndamm** ‖ **bahnen:** sich einen Weg b. ‖ **Bahnfahrt** ‖ **Bahnfrevel** [-f-]: *mutwillige Beschädigung von Bahneinrichtungen* ‖ **Bahnhof** (Bhf., Bf.) ‖ **Bahnhofsbuffet** [-byfeː] = Bahnhofsbüfett [-feː, D auch: -ˌfɛt]: *Imbisslokal in einem Bahnhof* ‖ **Bahnhofshalle** ‖ **Bahnhofsmission:** *eine kirchliche Betreuungseinrichtung* ‖ **Bahnhofsoffensive** [-fɛ, -vɛ]: *ein Investitionsprogramm der ÖBB* ‖ **Bahnhofsozialdienst:** *eine Einrichtung der Caritas* ‖ **Bahnhofsrestaurant** [-tɔrɑ̃ː] ‖ **Bahnhofsrestauration** [-tsi̯-] (veraltend) ‖ **Bahnhofsvorstand** ‖ **Bahnknotenpunkt** ‖ **Bahnkörper:** *eine Gleisanlage* ‖ **Bahnlinie** [-i̯ɛ] ‖ **Bahnrad:** *eine Disziplin im Radsport* ‖ **Bahnreisende** ‖ **Bahnrennen** (Sport): *eine Disziplin im Radsport;* → G.: Straßenrennen ‖ **Bahnschranken** ‖ **Bahnschwelle** ‖ **Bahnstation** [-ʃtatsi̯-] ‖ **Bahnsteig:** B. 2, Gleis 3 ‖ **Bahnstrecke** ‖ **Bahnstrom:** *Strom zum Antrieb elektrischer Eisenbahnen* ‖ **Bahntrasse** ‖ **Bahnüberführung** ‖ **Bahnübergang** ‖ **Bahnübersetzung:** *Bahnübergang* ‖ **Bahnunterführung** ‖ **Bahnverbindung** ‖ **Bahnwächter** (früher): *Bahnwärter* ‖ **Bahnwächterin** (früher) ‖ **Bahnwärter** ‖ **Bahnwärterhaus** ‖ **Bahnwärterin** ‖ **Bahnwerbung**

Bahöl [-ˈhœː] der, -[s] (ostöst., mda.): *Lärm, Wirbel*

Bahre die, -/-n: *ein Gestell zum Tragen*

Bai die, -/-en ⟨fr.⟩: *Meeresbucht*

Baikalsee: *See in Russland (Sibirien)*

bairisch

(Sprachwiss): *die bairischen Mundarten betreffend*

Die Schreibung mit i bezieht sich auf den mittelalterlichen Stamm der Baiern. Sie ist für die auf die Baiern zurückgehenden Mundarten in Österreich, Bayern und Südtirol, aber auch in der Volkskunde gebräuchlich; → bayerisch = bayrisch

Bairisch das, -[s] = **Bairische,** -n (Sprachwiss.): *die Dialekte des größten Teils von Österreich, Südtirols und eines großen Teils von Bayern*

Baiser [bɛˈzeː] das, -[s]/-s ⟨fr.⟩ (Küchenspr.): *eine Windbäckerei*

Baisse [bɛs] die, -/-n ⟨fr.⟩: *Fallen der Börsenkurse;* → G.: Hausse

Bajazzo der, -[s]/-s ⟨it.⟩: *komische Figur, Hanswurst*

Bajonett das, -[e]s/-e ⟨fr.⟩: *eine Stoß-, Stich- und Hiebwaffe (nach der französischen Stadt Bayonne)*

Bajuware der, -n/-n: *Angehöriger eines altdeutschen Volksstamms* | (scherzh.) *Bayer* ‖ **Bajuwarin** die, -/-innen ‖ **bajuwarisch**

Bake die, -/-n: *ein Verkehrs- und Signalzeichen*

Bakelit das, -s (Wz.): *ein Kunststoff (nach dem belgischen Erfinder benannt)*

BAKI (früher): BAKIPÄD ‖ **BAKIPÄD:** **B**ildungs**a**nstalt für **Ki**ndergarten**päd**agogik

Bakk.: **Bakk**alaureus, Bakkalaurea; Bakk. phil. ‖ **Bakkalaureat** = Baccalaureat [-k-] das, -[e]s/-e ⟨lat.⟩: *unterster akademischer Grad* | (in manchen Staaten) *Reifeprüfung* ‖ **Bakkalaurea** = Baccalaurea die, -/Bakkalaureae [-reɛ] (Bakk.): *Trägerin des Bakkalaureatgrades* ‖ **Bakkalaureus** = Baccalaureus der, -/Bakkalaurei [-re.i] (Bakk.): *Trä-*

ger des Bakkalaureatgrades; → Bachelor

Bak|ka|rat [-'ra(ː)] das, -[s] ⟨fr.⟩: *ein Glücksspiel*

Bak|ken der, -s/- ⟨norw.⟩ (Sport): *[Absprungtisch der] Sprungschanze; aber:* → Backen

Bakk. phil. ['bak 'fil]: **bakk**alaureus **phil**osophiae [- -fiɛ] *(Bakkalaureus/Bakkalaurea der Philosophie)*

Bak|schisch das (auch: der), -[e]s/-e ⟨pers.-arab.⟩: *Trinkgeld, kleine Geldzuwendung*

Bak|te|rie [-i̯ɛ] die, -/-n = Bakterium das, -s/Bakterien [-i̯ɛn] ⟨gr.-lat.⟩: *mikroskopisch kleines Lebewesen, einige sind Krankheitserreger* ‖ **bak|te|ri|ell:** bakterielle Infekte ‖ **Bak|te|ri|en|kul|tur:** *künstlich gezüchtete Bakterien* ‖ **Bak|te|rio|lo|ge** der, -n/-n: *Wissenschaftler mit dem Tätigkeitsbereich Bakteriologie* ‖ **Bak|te|rio|lo|gie** die, -: *Lehre von den Bakterien* ‖ **Bak|te|rio|lo|gin** die, -/-innen ‖ **bak|te|rio|lo|gisch** ‖ **Bak|te|ri|um** = → Bakterie ‖ **Bak|te|ri|zid** das, -[e]s/-e: *Bakterien tötendes Mittel*

Ba|ku: *Hauptstadt Aserbaidschans*

Ba|la|lai|ka die, -/-s ⟨russ.⟩: *ein russisches Zupfinstrument*

Ba|lan|ce [-'lɑ̃ːs] die, -/-n ⟨fr.⟩: *Gleichgewicht* ‖ **Ba|lan|ce|akt** ‖ **ba|lan|cie|ren:** auf dem Balken b. *(das Gleichgewicht haltend gehen);* er balanciert die Gläser auf dem Tablett

bald: b. hier, b. dort; ich komme b. wieder; das hätte ich b. *(fast)* vergessen; auf/bis bald!; möglichst b.; so bald als (= wie) möglich

Bal|da|chin [auch: -'iːn] der, -s/-e ⟨it.⟩: *Schmuckdach; Traghimmel*

Bäl|de (veraltet) (nur in der Wendung): in B. *(bald)* ‖ **bal|dig** ‖ **bal|digst**

Bal|dri|an der, -s ⟨lat.⟩: *eine Arzneipflanze* ‖ **Bal|dri|an|trop|fen** die (Pl.): *ein Beruhigungsmittel*

Bal|du|in: *männl. Vorname*

Balg[1] der, -[e]s/Bälge: *Haut von Tieren und von bestimmten Früchten* | *Blasbalg*

Balg[2] der = das, -[e]s/Bälge[r]: *unartiges Kind* ‖ **bal|gen** sich: *raufen* ‖ **Bal|ge|rei** die, -/-en

Bal|kan der, -[s]: *ein Gebirge* | *Balkanhalbinsel* ‖ **Bal|ka|ne|se** der, -n/-n (meist abw.): *Bezeichnung für eine Person vom Balkan* ‖ **Bal|ka|ne|sin** die, -/-innen (meist abw.) ‖ **Bal|kan|halb|in|sel** die, - ‖ **Bal|ka|ni|en** (sal. bzw. scherzh.): *Balkan* ‖ **bal|ka|nisch:** balkanische Speisen | (abw.) balkanische *(verworrene)* Zustände

Bal|ken der, -s/-: *großes Stück [Bau]holz* | *Kurzwort für Fensterbalken* ‖ **Bal|ken|let|tern** die (Pl.) (Druckw.): ein Zeitungstitel in B. *(in großen, fetten Buchstaben)* ‖ **Bal|ken|waa|ge:** *bestimmte Form der Hebelwaage*

Bal|kon der, -s/-e (D auch -s) ⟨germ.-it.-fr.⟩: wir haben eine Wohnung mit B. ‖ **Bal|kon|blu|me** ‖ **Bal|ko|ni|en** (oft scherzh.): *der Balkon als Garten- und Urlaubsersatz;* Ferien auf/in B.

Ball[1] der, -[e]s/Bälle: [mit einem] B. spielen | (ugs.) am B. bleiben *(an einer Sache dranbleiben)*

Ball[2] der, -[e]s/Bälle ⟨fr.⟩: *Tanzunterhaltung;* einen B. besuchen

Bal|la|de die, -/-n ⟨prov.⟩: *ein Gedicht mit dramatischem Inhalt* ‖ **bal|la|desk:** eine balladeske *(balladenhafte)* Erzählung

Bal|last der, -[e]s/-e: *schwere Last zum Gewichtsausgleich;* B. abwerfen | (abw.) *wertlose, störende Last* ‖ **Bal|last|stoff** (meist Pl.): *Nahrungsbestandteil, der von den Verdauungssäften nicht abgebaut werden kann* ‖ **bal|last|stoff|reich**

Bal|la|watsch → Pallawatsch

bal|len: die Faust b. ‖ **Bal|len** der, -s/-: ein B. *(eine aufgerollte Bahn)* Stoff | *Teil der Hand, des Fußes* | ein Baum samt B. *(Wurzelballen)*

Bal|le|ri|na[1] die, -/Ballerinen ⟨it.⟩: *[Solo]tänzerin beim Ballett* ‖ **Bal|le|ri|na**[2] der, -s/-s: *ein flacher leichter Damenschlüpfschuh*

Bal|ler|mann der, -[s] (ugs., bes. D): *ein Urlauberstrand auf Mallorca (nach einem Lokal)* | *ausgelassenes [feuchtfröhliches] Partytreiben im Urlaub*

bal|lern (sal.): *herumschießen, herumknallen* ‖ **bal|les|tern** (ostöst., ugs., veraltet): *[Fuß]ball spielen*

Bal|lett das, -[e]s/-e ⟨it.⟩: *ein künstlerischer Tanz* | *eine Tanzgruppe;* beim B. sein ‖ **Bal|let|teu|se** [-'tøːs, -zɛ] die, -/-n: *Balletttänzerin, Ballerina* ‖ **Bal|lett|meis|ter:** *Lehrer, der eine Ballettgruppe ausbildet* ‖ **Bal|lett|meis|te|rin** ‖ **Bal|lett|schu|le** ‖ **Bal|lett|tän|zer** ‖ **Bal|lett|tän|ze|rin**

Ball|ge|fühl (Sport): *Fähigkeit, mit einem Ball umzugehen* ‖ **Ball|ge|sell|schaft** ‖ **Ball|haus|platz:** *Bundeskanzleramt bzw. Präsidentschaftskanzlei (nach einem Platz in Wien)*

Bal|lis|tik die, - ⟨gr.-lat.⟩: *Lehre von der Flugbahn [eines Geschosses]* ‖ **bal|lis|tisch:** eine ballistische Kurve *(Flugbahn)*

Ball|kleid ‖ **Ball|lo|kal** ‖ **Ball|muf|fel** (sal.): *jemand, der nicht gern auf Bälle geht* ‖ **Ball|mut|ter** (sal.): *verantwortliche Organisatorin eines [großen] Balls* ‖ **Ball|nacht**

Bal|lon der, -s/-e [-s] ⟨fr.⟩: *mit Luft oder Gas gefüllte kugelförmige Hülle;* Luftballon | *ein Fluggerät;* B. fahren ‖ **Bal|lon|fah|rer** ‖ **Bal|lon|fah|re|rin** ‖ **Bal|lon|fla|sche** ‖ **Bal|lon|man|tel:** *ein leichter Mantel*

Ball|room|dance ['bɔːlru(ː)m,dɑːns, - - ,dæns] der, -s ⟨engl.⟩: *Gesellschaftstanz*

Ball|saal: *Saal für Tanzveranstaltungen* ‖ **Ball|sai|son** [-zɛ,zoːn, fr.: -sɛ,zɔ̃]

Ball|scha|ni (ostöst., ugs., veraltend): *jemand, zB ein Bub, der die [Tennis]bälle einsammelt* | ich bin doch nicht dein B. *(Diener)*

Ball|spen|de: *kleines Geschenk für Ballbesucher;* → Damenspende; → Herrenspende

Ball|spiel ‖ **Ball|tech|nik** (Sport)

Ball|ti|ger (sal.): *jemand, der gern und oft auf Bälle geht* ‖ **Ball|ti|ge|rin** (sal.)

Bal|lung die, -/-en ‖ **Bal|lungs|ge|biet** ‖ **Bal|lungs|raum:** *bes. dicht besiedeltes Gebiet; Industriegebiet* ‖ **Bal|lungs|zen|trum**

Ball|wech|sel [-ks-] (Sport)

Bal|neo|lo|gie die, - (Med.) ⟨lat.+gr.⟩: *Heilbäderkunde*

Bal|sa das, -s ⟨span.⟩: *Holz des Balsabaums* ‖ **Bal|sa|baum:** *tropische Baumart* ‖ **Bal|sa|holz:** *ein sehr leichtes Holz*

Bal|sam der, -s/-e [-'zaː-] ⟨gr.-lat.⟩: *ein Gemisch von Harz und Ölen* | *ein Schmerzlinderungsmittel* ‖ **bal|sa|mie|ren:** *einbalsamieren* ‖ **bal|sa|misch** (geh.): balsamische *(wohl riechende)* Düfte

Bal|te der, -n/-n: *Bewohner des Baltikums;* → Baltin

Bal|tha|sar: *männl. Vorname*

Bal|ti|kum das, -s: *geografische Bezeichnung für die baltischen Staaten (Estland, Lettland und Litauen);* → Balte ‖ **Bal|tin** die, -/-innen; → Balte ‖ **bal|tisch:**

die baltischen Staaten
Ba|lus|tra|de die, -/-n ⟨fr.⟩: *ein Geländer; eine Brüstung*
Balz die, -/-en: *Paarungszeit und -spiel mancher Vögel* ‖ **bal|zen:** der balzende *(um ein Weibchen werbende)* Auerhahn | (sal.) du balzt schon wieder *(versuchst dich an eine Frau heranzumachen)* ‖ **Balz|zeit**
bam[1]: *lautmalend [für Geräusche, Klänge];* → bim ‖ **bam**[2] (bes. W, Jug.): *ein Ausruf der Krocha*
Bam|bi[1] das, -s/-s (meist Kinderspr.): *Rehkitz (nach einer literarischen Gestalt)* ‖ **Bam|bi**[2] der, -s/-s: *ein Medienpreis*
Bam|bus der, - [-busses]/-busse ⟨mal.-niederl.⟩: *tropische baumförmige Graspflanze und wichtiger Rohstoff* ‖ **Bam|bus|hüt|te** ‖ **Bam|bus|rohr** ‖ **Bam|bus|spross** = **Bam|bus|spros|se** (meist Pl.): *ein Trieb des Bambus* | *ein Gemüse*
Ba|mi|go|reng → Bahmigoreng
Bam|per|letsch der, -[en]/-en, *auch: Pamperletsch* ⟨?⟩ (ostöst., ugs., meist abw.): *kleines Kind*
bampf|en → pampfen
Bams der, -/-e (reg., ugs., abw.): *[lästiges, schlimmes; dickes] Kind*
bams|tig (reg., ugs.): dieser Rettich ist b. *(saftlos, schwammig)* | ein bamstiges Gefühl *(kein Empfinden)* im Finger haben | (bes. ostöst., ugs., abw.) *protzig, aufgeblasen*
Ban der, -s/-e = Banus, -/- ⟨awarisch-slaw.-lat.⟩ (Gesch.): *ein Fürstentitel*
ba|nal ⟨fr.⟩: *nichts sagend; geistlos; abgedroschen* ‖ **ba|na|li|sie|ren** ‖ **Ba|na|li|tät** die, -/-en
Ba|na|ne die, -/-n ⟨afrik.-port.⟩: *eine tropische Obstart* ‖ **Ba|na|nen|re|pu|blik** (abw.): *politisch instabiler Staat [in der Dritten Welt]* ‖ **Ba|na|nen|scha|le** ‖ **Ba|na|nen|split** der, -s/-s: *eine Süßspeise aus Eis, Bananen, Schokoladesauce und Schlagobers*
Ba|nat das, -[e]s: *Gebiet, an dem Rumänien, Serbien und Ungarn Anteil haben* ‖ **Ba|na|ter** der, -s/- ‖ **Ba|na|te|rin** die, -/-innen
Ba|nau|se der, -n/-n ⟨gr.⟩: *Mensch ohne Kunstverständnis; Spießbürger*
Ban|co|mat [-k-] (SüdT, CH): → Bankomat (Wz.)
band → binden ‖ **Band**[1] das, -[e]s/Bänder: *[Stoff]streifen;* ein B. aus Seide | *Fließband;* am laufenden B. *(in ununterbrochener Reihe)* etwas erzeugen | (Med.) *Bindegewebestrang, der für Zusammenhalt und Beweglichkeit der Gelenke sorgt* | (Elektrot.) *Tonband* ‖ **Band**[2] das, -[e]s/-e: *persönliche Bindung;* das B. der Freundschaft | (meist Pl.) (veraltet) *Fessel*
Band[3] der, -[e]s/Bände (Bd.): *Buch;* ein Roman in mehreren Bänden | etwas spricht Bände *(besagt sehr viel)*
Band[4] [-æ-] die, -/-s ⟨engl.⟩: *[kleinere] Musikkapelle;* in einer B. Schlagzeug spielen
Ban|da|ge [-ˈaːʃ, -ʒɛ] die, -/-n ⟨fr.⟩: *elastische Binde; Stützverband* | harte Bandagen *(Kämpfe; Vorwürfe)* ‖ **ban|da|gie|ren** [-ʒ-] ‖ **Ban|da|gist** der, -en/-en: *Erzeuger von Bandagen und Prothesen* ‖ **Ban|da|gis|tin** die, -/-innen
Band|brei|te: *Vielfalt innerhalb von Grenzen* | (Elektrot.) *Frequenzbereich von Audio- bzw. Videosignalen* | (Internet) *Geschwindigkeit, mit der man surft*
Ban|de[1] die, -/-n: *wilde Schar; Verbrecherbande*
Ban|de[2] die, -/-n ⟨fr.⟩: *Einfassung, zB eines Spielfeldes* | (Phys.) *Vielzahl eng benachbarter Spektrallinien* ‖ **Band|ei|sen:** *eiserner Reifen, zB für Fässer*
Ban|den|bil|dung
Ban|den|check [-tʃ-] (im Eishockey): *Foul, bei dem der Gegner gegen die Bande gestoßen wird, Boarding*
Ban|den|chef [-ʃeːf] ‖ **Ban|den|che|fin** ‖ **Ban|den|krieg** ‖ **Ban|den|mit|glied**
Ban|de|ro|le die, -/-n ⟨fr.⟩: *ein Etikett [auf Weinflaschen]*
Bän|der|riss (Med.): *Riss eines Gelenkbandes* ‖ **Bän|der|zer|rung** (Med.): *Überdehnung eines Gelenkbandes* ‖ **Band|ge|ne|ra|tor** (Phys.): *Gerät zur Erzeugung elektrischer Hochspannung* ‖ **-bän|dig** (nur in Zusammensetzungen wie mehrbändig)
bän|di|gen: wilde Pferde b. *(zähmen)* | seinen Hunger b. *(bezwingen)* | sie kann ihr volles Haar kaum b.
Ban|dit der, -en/-en ⟨it.⟩: *Räuber, Verbrecher* | einarmiger B. *(ein Glücksspielautomat)* ‖ **Ban|di|tin** die, -/-innen
Bandl das, -s/-n (ugs.): *schmales Band;* jemanden am B. haben *(in Abhängigkeit halten)*
Band|lea|der [ˈbændliːdə] ⟨engl.⟩: *Leiter einer Band*[4] ‖ **Band|lea|de|rin**
Band|ler der, -s/- (ugs., veraltet): *langsamer, umständlicher Mensch* ‖ **Band|le|rin** die, -/-innen (ugs., veraltet) ‖ **Bandl|kra|mer** (mda.) (früher): *fahrender Händler mit Kurzwaren* ‖ **Bandl|kra|me|rin** (mda.) (früher) ‖ **Bandl|wurm** (ugs.): Bandwurm ‖ **Band|nu|deln** die (Pl.) ‖ **Band|sä|ge:** *eine Motorsäge* ‖ **Band|schei|be** (Med.): *Knorpelscheibe zwischen den Wirbeln* ‖ **Band|schei|ben|scha|den** (Med.) ‖ **Band|schei|ben|vor|fall** (Med.) ‖ **Band|wurm:** *ein Parasit* | (sal.) etwas hat den B. *(dreht sich unaufhörlich)*
bang = **ban|ge:** mir ist/wird angst und b. ‖ **Ban|ge** die, - (bes. nördl. D): jemandem Angst und B. machen ‖ **ban|gen** (geh.): um etwas/jemanden b. *(sich ängstigen)*
Bang|kok: *Hauptstadt von Thailand*
Ban|gla|desch: *Staat in Südasien*
Ban|jo [ˈbændʒəʊ] das, -s/-s ⟨engl.⟩: *ein Zupfinstrument*
Bank[1] die, -/Bänke: *eine Sitzgelegenheit;* auf die lange B. schieben *(hinauszögern)* | (ugs.) durch die B. *(ohne Ausnahme)* | (Sport) *Sitzplatz für Trainer, Reservespieler uÄ;* Strafbank; Reservebank; → Bankerl | *Hobelbank, Arbeitsbank*
Bank[2] die, -/-en ⟨it.⟩: *Geldinstitut* | auf die B. setzen *(zB bei Systemwetten)* | *Sandbank* | (westöst.) *Schotteraufschüttung im Gebirge* ‖ **Bank|an|ge|stell|te** ‖ **Bank|de|pot** [-ˌpo] ‖ **Bank|di|rek|tor** ‖ **Bank|di|rek|to|rin**
Bän|kel|lied ‖ **Bän|kel|sän|ger** (früher): *Jahrmarktsänger, der die neuesten [Schauer]geschichten verbreitet* ‖ **Bän|kel|sän|ge|rin**
Ban|ken|auf|sicht ⟨it.⟩ ‖ **Ban|ken|grup|pe** ‖ **Ban|ken|krach** ‖ **Ban|ken|kri|se** ‖ **Ban|ker** [ˈbæ-, auch: ˈba-] der, -s/- ⟨engl.⟩: *Bankfachmann; Bankier* ‖ **Ban|ke|rin** die, -/-innen
Ban|kerl das, -s/-[n]: *[kleine] Bank* | (Sport) die Ersatzspieler sitzen auf dem B. | (W, ugs., sal.) ein B. reißen *(sterben)*
Ban|kert der, -s/-en (veraltet, abw.): *uneheliches Kind* | (ugs., derb) *ungezogenes Kind*
Ban|kett[1] das, -[e]s/-e ⟨Pseudofr.⟩:

B

Festmahl ‖ **Ban|kett**[2] das, -[e]s/ -e: *Weg-, Randstreifen neben der Fahrbahn* ‖ **Ban|ket|te** die, -/-n (D): *Bankett*[2]
Bank|ga|ran|tie ⟨it.⟩: *Haftungserklärung (Zahlungsverpflichtung) einer Bank* ‖ **Bank|ge|bäu|de** ‖ **Bank|ge|heim|nis:** *Geheimhaltungspflicht der Banken* ‖ **Bank|ge|schäft** ‖ **Bank|gut|ha|ben** ‖ **Ban|ki|er** [-'ki̯eː] der, -s/-s ⟨fr.⟩: *Inhaber eines Bankhauses, Banker* ‖ **Ban|king** ['bæ-] das, -[s] ⟨engl.⟩: *Abwicklung von Bankgeschäften;* Telebanking ‖ **Bank|in|s|ti|tut** [-st-] ‖ **Bank|kauf|frau** ⟨it.⟩: *eine Berufsbezeichnung* ‖ **Bank|kauf|mann** ‖ **Bank|kon|to** ‖ **Bank|ko|or|di|na|ten** die (Pl.) (SüdT): *Bankencode und Bankleitzahl* ‖ **Bank|kun|de** ‖ **Bank|kun|din** ‖ **Bank|leit|zahl:** *Kennnummer von Banken*
Bankl das, -s/-n: *Bankerl* ‖ **Bank|nach|bar:** *Sitznachbar* ‖ **Bank|nach|ba|rin**
Bank|no|te [auch: 'ba-] ⟨it.⟩: *Geldschein* ‖ **Ban|ko|mat** der, -en/-en ⟨it.+gr.⟩ (Wz.): *Geldausgabeautomat* ‖ **Ban|ko|mat|kar|te:** *Scheckkarte mit Geldausgabefunktion* ‖ **Ban|ko|mat|kas|sa** = **Ban|ko|mat|kas|se:** *bargeldlose Kasse, bei der mit Bankomatkarte bezahlt wird* ‖ **Bank|raub** ‖ **Bank|räu|ber** ‖ **Bank|räu|be|rin**

ban|krott

⟨it.⟩: *pleite*
Kleinschreibung in Verbindung mit „sein" und „werden":
- bankrott sein
- bankrott werden

R→ S. 891, 1.2.1
Großschreibung in Verbindung mit „machen":
- Bankrott machen

Zusammenschreibung bei übertragener Bedeutung:
- die Firma wird bankrottgehen

R→ S. 900, 1.5.1

Ban|krott der, -[e]s/-e: *Zusammenbruch; Zahlungsunfähigkeit [eines Bankinstituts, einer Firma];* B. machen ‖ **Ban|krott|er|klä|rung** ‖ **Ban|krot|teur** [-'tøːɐ] der, -s/-e: *jemand, der Bankrott macht* ‖ **Ban|krot|teu|rin** die, -/ -innen ‖ **ban|krott|ge|hen:** die Firma geht bankrott; → bankrott ‖ **Bank|safe** [-seɪf] ‖ **Bank|schließ|fach:** im B. Wertsachen deponieren ‖ **Bank|stel|le:** *Banknebenfiliale, Zweigstelle*
Banks|ter ['bæ-] der, -s/- ⟨engl.⟩ (abw.): *Banker, der mit kriminellen Methoden arbeitet*
Bank|stra|fe (im Eishockey): *kurzfristiger Ausschluss eines Spielers*
Bank|über|fall ‖ **Bank|ver|bin|dung:** *Kontoangabe zu einem bestimmten Geldinstitut* ‖ **Bank|we|sen**
Bann der, -[e]s (früher): in Acht und B. tun *(ächten)* | (geh.) im B. eines Erlebnisses sein *(davon gefesselt sein)* ‖ **ban|nen:** eine Gefahr b. *(abwehren)* | *wie gebannt (angewurzelt) starren*
Ban|ner das, -s/- ⟨germ.-fr.⟩ (geh.): *eine Fahne;* das B. der Freiheit | (auch mit Aussprache ['bæ-]) ⟨engl.⟩ (EDV): *Werbeeinschaltung im Internet* ‖ **Ban|ner|trä|ger:** *Fahnenträger | Leitfigur, Vorkämpfer* ‖ **Ban|ner|trä|ge|rin** ‖ **Ban|ner|wer|bung** [auch: 'bæ-] (EDV): *Werbung im Internet*
Bann|fluch (früher): *Kirchenbann;* der B. des Papstes gegen den Kaiser ‖ **Bann|kreis** (geh.): *Wirkungsbereich, Einflussgebiet* ‖ **Bann|mei|le:** *Sicherheitsabstand [zu Regierungsgebäuden]* ‖ **Bann|wald:** *Wald, der nicht geschlägert werden darf [als Lawinenschutz]*
Ban|tam|ge|wicht [auch: 'bæntəm-] das, -[e]s (Sport): *eine Gewichtsklasse (nach einer indonesischen Stadt)*
Ba|nus = → Ban
BAO [be a 'oː] die, -: **B**undes**a**bgaben**o**rdnung
Bap|tis|te|ri|um das, -s/Baptisterien [-i̯ən] ⟨gr.-lat.⟩: *Taufkapelle*
Ba|on das, -s (Mil.): *Kurzwort für Bataillon*
bar[1] (als Zeichen): *Bar*[2]
bar[2]: bar zahlen *(zum Unterschied von bargeldlos, nicht ratenweise)* | (Kaufmannsspr.) 100 € in bar; nur gegen bar liefern; bares Geld; *aber:* über **B**ares verfügen *(Bargeld)* | (geh.) barer *(offenkundiger)* Unsinn | bar jedes/jeden Gefühls *(ohne jedes Gefühl)*
Bar[1] die, -/-s ⟨engl.⟩: *ein erhöhter Schanktisch;* an der Bar stehen | *ein [Vergnügungs]lokal, in dem Getränke und kleine Imbisse serviert werden | Vorrat verschiedener [alkoholischer] Getränke;* Hausbar
Bar[2] das, -[s]/- ⟨gr.⟩ (bar): *Maßeinheit für Druck und Spannung, bes. für den Luftdruck (100 000 Pa)*
Bär der, -en/-en: *ein Raubtier* | der Große Bär *(ein Sternbild)* | jemandem einen Bären aufbinden *(ihn anschwindeln)*
Ba|ra|ber der, -s/-, *auch:* **Ba|ra|be|rer** ⟨it.⟩ (ugs., abw., veraltend): *ein körperlich schwer arbeitender Mensch* ‖ **ba|ra|bern** (veraltend, ugs.): *schwer arbeiten*
Bar|ab|he|bung (Bankw.): *Abheben von Geld von einem Konto;* → bar[2] ‖ **Bar|ab|lö|se:** *Ausbezahlung [eines Sachgewinnes] in bar*
Ba|rack [-tsk, ung.: 'bɔrɔtsk] der, -s/-s: *Kurzwort für Barackpálinka* ‖ **Ba|rack|pá|lin|ka** [-ˌpaː-, ung.: -kɔ] der, -s/-s: *ein ungarischer Marillenbrand*
Ba|ra|cke die, -/-n ⟨span.-fr.⟩: *ein [behelfsmäßiger] ebenerdiger, leichter Bau*
Bar|an|wei|sung (Bankw.) → bar[2] ‖ **Bar|aus|zah|lung**
Bar|bar der, -en/-en ⟨gr.⟩: *ungesitteter, roher Mensch*
Bar|ba|ra: *weibl. Vorname;* → Bärbl; → Wetti ‖ **Bar|ba|ra|zweig:** *abgeschnittener [Kirsch-] zweig, der im Dezember blüht*
Bar|ba|rei die, -/-en ⟨gr.⟩: *Rohheit, Wildheit* ‖ **Bar|ba|rin** die, -/-innen ‖ **bar|ba|risch**
Bar|be die, -/-n: *ein Fisch*
Bar|be|cue [-bɪkjuː] das, -[s]/-s ⟨indian.-engl.⟩: *auf dem Rost Gebratenes | Grillparty*
bär|bei|ßig: ein bärbeißiger *(mürrischer, unfreundlicher)* Mensch
Bär|bel = Bärbl: *weibl. Vorname (Barbara)*
Bar|bier der, -s/-e ⟨lat.-fr.⟩ (veraltet): *[Herren]friseur*
Bar|bi|tu|rat das, -s/-e ⟨lat.⟩ (Med.): *Schlafmittel, Beruhigungsmittel*
Bärbl = → Bärbel
bar|bu|sig (oft scherzh.): *mit nacktem Busen* ‖ **Bar|check** [-ʃ-] (CH): *Barscheck;* → bar[2]
Bar|chent der, -s/-e ⟨arab.-lat.⟩: *ein Baumwollgewebe*
Bar|ce|lo|na [-se-]: *Stadt in Spanien, Hauptstadt Kataloniens*
Bar|code [-koːt, fr.: -kɔd, engl.: -kəʊd] = → Barkode
Bar|da|me ⟨engl.⟩: *Frau, die in einer Bar die Gäste bedient*
Bar|de der, -n/-n ⟨kelt.-fr.⟩ (geh., veraltet): *Dichter, Sänger*
Bar|ein|he|bung (Bankw.): *Kassieren in bar*
Bä|ren|dienst: jemandem einen B.

(schlechten Dienst) erweisen ‖ **Bä|ren|dreck** der, -s (reg., zB V, T): *Lakritze* ‖ **Bä|ren|fell** ‖ **Bä|ren|hun|ger** (ugs.): *riesiger Hunger* ‖ **Bä|ren|käl|te:** *sehr arge Kälte* ‖ **Bä|ren|klau** die, -/-, *auch:* der, -s/-: *eine Pflanzengattung* ‖ **Bä|ren|spin|ner:** *ein Schmetterling* ‖ **bä|ren|stark:** *sehr stark* ‖ **Bä|ren|tat|ze** die, -/-n: *ein Pilz* ‖ **Bä|ren|trau|be:** *eine Arzneipflanze* ‖ **Bä|en|zu|cker** der, -s: *Lakritze*

Ba|rett das, -[e]s/-e ⟨it.⟩: *eine Kopfbedeckung ohne Krempe*

bar|fuß = **bar|fü|ßig:** *bloßfüßig;* b. gehen

barg → bergen

Bar|geld: *Geld in Scheinen bzw. in Münzen* ‖ **bar|geld|los:** bargeldloser Zahlungsverkehr *(Scheckverkehr oÄ);* → bar[2] ‖ **bar|haupt** = **bar|häup|tig:** *ohne Kopfbedeckung, bloßköpfig*

Bar|ho|cker ⟨engl.⟩: *ein hoher Hocker*

Ba|ri|bal der, -s/-s ⟨?⟩: *nordamerikanischer Schwarzbär*

bä|rig (ugs.): *großartig, ausgezeichnet*

Ba|rist der, -en/-en (SüdT): *Betreiber einer Bar* | *Barkeeper* ‖ **Ba|ris|tin** die, -/-innen (SüdT)

Ba|ri|ton der, -s/-e ⟨gr.-it.⟩: *Männerstimme zwischen Tenor und Bass* | *Sänger mit dieser Stimmlage* ‖ **Ba|ri|ton|sa|xo|fon** = Baritonsaxophon [-f-]

Ba|ri|um das, -s (Zeichen: Ba) ⟨gr.⟩: *ein chemisches Element*

Bar|ka|ro|le die, -/-n ⟨it.⟩: *venezianisches Gondellied* ‖ **Bar|kas|se** die, -/-n ⟨rom.-niederl.⟩: *ein Motorboot*

Bar|kauf: *Kauf mit sofortiger Bezahlung des Kaufpreises;* → bar[2]

Bar|ke die, -/-n ⟨fr.⟩: *ein Boot*

Bar|kee|per ['ba:(r)ki:-] ⟨engl.⟩: *Kellner hinter der Bartheke* ‖ **Bar|kee|pe|rin**

Bar|kode = Barcode [-ko:t, fr.: -kɔd, engl.: -kəʊd]: *Strichkode*

Bär|lapp der, -[e]s/-e: *eine Pflanzengattung* ‖ **Bär|lauch:** *ein Wildgemüse*

barm|her|zig: *mitleidig, mildtätig;* ein barmherziger Mensch; *aber:* die **B**armherzigen Brüder, Schwestern *(katholische Krankenpflegeorden)* ‖ **Barm|her|zig|keit** die, -

Bar|mixer ⟨engl.⟩ ‖ **Bar|mi|xe|rin** ‖ **Bar|mu|sik**

Barn der, -[e]s/-e, *auch:* Barren, -/- (Landw.): *Futtertrog*

ba|rock ⟨port.⟩: *im Barockstil* | *prunkvoll, überladen* | *wunderlich, seltsam* ‖ **Ba|rock** das = der, -[s]: *eine historische Epoche* | *eine Kunstrichtung im 17. und 18. Jh.* ‖ **Ba|rock|kir|che** ‖ **Ba|rock|mu|sik** ‖ **Ba|rock|schloss** ‖ **Ba|rock|stil** [-st-, auch: -ʃt-]

Ba|ro|me|ter das, -s/-, *auch:* der ⟨gr.⟩: *Luftdruckmesser;* das B. steigt

Ba|ron der, -s/-e ⟨fr.⟩: *ein Adelstitel, Freiherr* ‖ **Ba|ro|ness** die, -/-en = **Ba|ro|nes|se** [-'ɛs], -/-n: *Tochter eines Barons* ‖ **Ba|ro|nin** die, -/-innen: *Frau eines Barons*

Bar|cheque [-ʃɛk] → Barscheck

Bar|rel ['bæ-] das, -s/-[s] ⟨engl.⟩: *ein Hohlmaß (163,6 Liter bzw. für Petroleum 159 Liter);* zehn Barrel[s] Erdöl

Bar|ren der, -s/-: *ein Turngerät* | ein B. *(gegossener Block)* Gold ‖ **Bar|ren|tur|nen**

Bar|ri|e|re [-'ri̯e:rə, -'e:rə] die, -/-n ⟨fr.⟩: *Schlagbaum* | *Sperre, Hindernis* ‖ **bar|ri|e|re|frei:** *barrierefreie Zugänge* ‖ **Bar|ri|ka|de** die, -/-n: *[eilig errichtetes] Hindernis auf Straßen; Verschanzung;* auf die Barrikaden steigen *(sich leidenschaftlich für etwas engagieren)*

Bar|rique[1] [-'rik] die, -/-s ⟨fr.⟩ (Gast.): *spezielles Eichenfass für den [Rot]weinausbau* ‖ **Bar|rique**[2] der, -s/-s: *Kurzwort für Barriquewein* ‖ **Bar|rique|wein:** *in speziellen Eichenfässern ausgebauter Wein*

barsch: *grob, unfreundlich*

Barsch der, -[e]s/-e: *ein Fisch*

Bar|schaft die, -/-en: *zur Verfügung stehendes Bargeld* ‖ **Bar|scheck,** *auch:* Barcheck [-ʃ-]: *in Bargeld einzulösender Scheck;* → G.: Verrechnungsscheck

barst → bersten

Bart der, -[e]s/Bärte: einen B. tragen; Schnurrbart | *Schlüsselbart*

Bar|tel, *auch:* Barthel ⟨jidd./Rotwelsch⟩ (nur in der Wendung): wissen, wo [der] B. den Most *(Geld)* holt *(sich genau auskennen, alle Tricks kennen)*

Bar|ten|wal: *ein Plankton fressender Wal* | (Pl.) (Zool.) *eine Unterordnung der Wale* ‖ **Bär|terl** das, -s/-[n] (bes. ostöst., ugs.): *Lätzchen;* dem Baby ein B. umhängen ‖ **Bart|gei|er:** *ein Greifvogel;* → Lämmergeier ‖ **Bart|haar**

Bar|the|ke ⟨engl.⟩: *Schanktisch in einer Bar*[1]

Bar|thel → Bartel

Bar|tho|lo|mä|us: *männl. Vorname*

bär|tig: ein bärtiger Mann ‖ **Bart|schnei|der** ‖ **Bart|stop|pel** die, -/-n (meist Pl.) ‖ **Bart|wisch** (bes. ostöst.): *Handbesen* ‖ **Bart|wuchs** [-ks]

Bar|vor|la|ge (Bankw.): *kurzfristiger Kredit* ‖ **Bar|zah|lung:** 3 % Skonto bei B.; → bar[2]

ba|sal ⟨gr.-lat.⟩: *die Grundlage (die Basis) betreffend;* basale Klassen *(für mehrfach behinderte, pflegeabhängige Kinder und Jugendliche)*

Ba|salt der, -[e]s/-e ⟨gr.-lat.⟩: *ein vulkanisches Gestein*

Ba|sal|tem|pe|ra|tur (Med.): *Körpertemperatur der Frau vor dem Aufstehen (zur Erkennung des Eisprungs)*

Ba|sar = Bazar [-z-] der, -s/-e ⟨pers.-türk.-fr.⟩: *orientalisches Marktviertel* | *Wohltätigkeitsverkauf*

Ba|se[1] die, -/-n (veraltet): *Cousine*

Ba|se[2] die, -/-n ⟨gr.⟩: *eine chemische Verbindung;* → basisch

Base|ball ['beɪsbɔ:l] der (*auch:* das), -[s] ⟨engl.⟩: *ein Schlagballspiel [in den USA];* B. spielen ‖ **Base|ball|müt|ze**

Ba|se|dow [-do:, *auch:* -dɔf] der, -[s] = **ba|se|dow|sche Krank|heit** = **Ba|se|dow'|sche Krank|heit** die, -n -: *eine Schilddrüsenerkrankung*

Ba|sel: *Schweizer Stadt und Kanton*

Ba|sen die (Pl. von → Base und → Basis)

BASIC ['beɪsɪk] das, -[s] ⟨engl.⟩ (EDV): *eine internationale Programmiersprache*

Ba|sics ['beɪsɪks] die (Pl.) ⟨engl.⟩: *Grundlagen, Voraussetzungen*

ba|sie|ren ⟨gr.-fr.⟩: *beruhen;* dieses Urteil basiert auf Zeugenaussagen; → Basis

Ba|si|li|ka die, -/Basiliken ⟨gr.-lat.⟩: *eine Kirchenbauform* | *Ehrentitel einer Kirche;* eine Kirche zur B. erheben

Ba|si|li|kum das, -s ⟨gr.-lat.⟩: *eine Gewürzpflanze*

Ba|si|lisk der, -en/-en ⟨gr.-lat.⟩: *tropische Echsenart* | *ein Fabeltier*

Ba|sis die, -/Basen ⟨gr.⟩: *Grundlage* | (Math.) *Grundfläche; Grundlinie; Grundzahl einer Potenz oder eines Logarithmus* | *breite Masse der [politischen] Anhänger* | *[militärischer] Stütz-*

B

punkt ‖ **Ba|sis|arzt** (SüdT): *Hausarzt* ‖ **Ba|sis|ärz|tin** (SüdT) ‖ **ba|sisch** (Chem.): → Base² ‖ **Ba|sis|de|mo|kra|tie:** *Form des [staatlichen] Zusammenlebens, die den Bürger/innen unmittelbare Mitspracherechte einräumt* ‖ **Ba|sis|grup|pe** ‖ **Ba|sis|la|ger:** *[bei Expeditionen] Stützpunkt [zur Versorgung];* ein B. errichten ‖ **Ba|sis|punkt:** *ein Hundertstel Prozentpunkt* ‖ **Ba|sis|sta|ti|on** [-ʃtatsi̯-]: *Basislager* | (Elektrotech.) *zentrales Gerät für den Betrieb von [Schnurlos]telefonen* ‖ **Ba|sis|tun|nel** ‖ **Ba|sis|wis|sen:** *grundlegendes Wissen*

Bas|ke der, -n/-n: *Angehöriger eines Volkes in Spanien und Frankreich* ‖ **Bas|ken|land** ‖ **Bas|ken|müt|ze:** *eine Kopfbedeckung*

Bas|ket|ball der, -[e]s/-bälle ⟨engl.⟩: *spezieller Ball fürs Basketballspiel* | (auch mit Art. das, ohne Pl.) *ein Korbballspiel;* B. spielen

Bas|kin die, -/-innen ‖ **Bas|kisch** das, -[s] = **Bas|ki|sche,** -n: *die baskische Sprache*

Bas|ma|ti|reis: *eine Reissorte*

bass (veraltet): *sehr;* b. erstaunt

Bass der, -es/Bässe (B) ⟨it.⟩ (Mus.): *tiefste Männersingstimme* | *Sänger mit dieser Stimmlage* | *tiefste Stimme eines Tonsatzes* | *Kurzwort für Bassgeige, Bassgitarre*

Bas|se|na die, -/-s ⟨fr.⟩ (W) (bes. früher): *gemeinsames Wasserbecken auf dem Gang alter Wohnhäuser* ‖ **Bas|se|na|ge|rücht** (W, veraltend) ‖ **Bas|se|na|ni|veau** [-ˌvoː] (W, veraltend): *tiefstes Niveau [einer Auseinandersetzung]* ‖ **Bas|se|na|streit** (W, veraltend) ‖ **Bas|se|na|tratsch** (W, veraltend): *Gerede auf niedrigstem Niveau* ‖ **Bas|se|na|woh|nung** (W) (bes. früher): *eine Substandardwohnung mit Fließwasser auf dem Gang oder im Stiegenhaus*

Bas|set [-ˈseː, ˈbæsɪt] der, s-/-s ⟨fr./engl.⟩: *eine Hunderasse*

Bas|sett das, -s/-s ⟨it.⟩: *Bassetthorn* ‖ **Bas|sett|horn:** *eine Klarinette in Altlage* ‖ **Bass|gei|ge:** *Kontrabass* ‖ **Bass|gi|tar|re**

Bas|sin [-ˈsɛ̃ː] das, -s/-s ⟨fr.⟩: *Wasserbehälter, Wasserbecken*

Bas|sist der, -en/-en ⟨it.⟩ (Mus.): *Basssänger* | *Bassgeiger* ‖ **Bas|sis|tin** die, -/-innen (Mus.) ‖ **Bass|la|ge** (Mus.): ein Instrument in B. ‖ **Bas|so con|ti|nuo** [- k-] der, - - (Mus.): *Generalbass* ‖ **Bas|so os|ti|na|to** der, - - (Mus.): *sich ständig wiederholendes Bassmotiv* ‖ **Bass|schlüs|sel** (𝄢) (Mus.): *F-Schlüssel;* → C-Schlüssel ‖ **Bass|stim|me** (Mus.)

Bast der, -[e]s/-e: *Pflanzenfaser* | *Haut am Geweih [der Hirsche]*

bas|ta ⟨it.⟩ (ugs.): *genug!;* und damit b.!

Bas|tard [auch: ˈba-] der, -[e]s/-e ⟨fr.⟩ (Biol.): *Lebewesen, das durch Kreuzung verschiedener Arten entstanden ist, Hybride, zB der Muli* | (geh., veraltet) *uneheliches Kind* | [nur: ˈba-] *ein Schimpfwort*

Bas|tei die, -/-en ⟨it.⟩: *Teil einer alten Stadtbefestigung [als Plattform für Kanonen]*

Bas|tel|ar|beit ‖ **Bas|te|lei** die, -/-en ‖ **bas|teln,** ich bastle

Bas|til|le [-ˈij] die, - ⟨fr.⟩: *in der Französischen Revolution gestürmtes Pariser Staatsgefängnis*

Bas|ti|on die, -/-en ⟨it.⟩: *Bastei, Schutzwehr, Befestigung;* die letzte B. der Freiheit

Bast|ler der, -s/- ‖ **Bast|le|rin** die, -/-innen

Bas|to|na|de die, -/-n ⟨fr.⟩: *eine orientalische Prügelstrafe*

bat → bitten

Ba|tail|le [-ˈtaːj(ɛ)] die, -/-n ⟨fr.⟩ (veraltet): *Schlacht, Gefecht* ‖ **Ba|tail|lon** [-alˈjoːn, auch: -aˈjoːn] das, -s/-e (Baon) (Mil.): *eine militärische Abteilung*

Ba|ta|te die, -/-n ⟨indian.-span.⟩ (meist Pl.): *Süßkartoffel*

Ba|tik die, -/-en ⟨javanisch⟩: *ein künstlerisches Färbeverfahren für Stoffe* ‖ **ba|ti|ken:** *im Batikverfahren färben*

Ba|tist der, -[e]s/-e ⟨fr.⟩: *ein feines Gewebe*

Bat|man [ˈbætmæn] ⟨engl.⟩: *eine Figur aus Comics und [Zeichentrick]filmen*

Bat|te|rie die, -/-n [-ˈiː(ɛ)n] ⟨fr.⟩: *eine Zusammenstellung gleichartiger Einheiten* | *ein Stromspeichergerät* | *Armatur zum Mischen von Warm- und Kaltwasser* | (Mil.) *eine Artillerieeinheit* | (Mus.) *Schlagzeuggruppe* ‖ **bat|te|rie|be|trie|ben** ‖ **Bat|te|rie|hal|tung:** *Hühnerhaltung in Legebatterien;* → G.: Freilandhaltung ‖ **Bat|te|rie|ver|ord|nung,** *auch:* Batterienverordnung

Bat|zen der, -s/- (ugs.): *Klumpen;* ein B. *(sehr viel)* Geld; *aber:* → Patzen

Bau der, -[e]s/-e: das Haus ist in Bau | *höhlenartiger Unterschlupf [für Füchse]* | (mit Pl. -ten) *Gebäude* | (ohne Pl.) (sal.) vom Bau *(fachlich kompetent) sein* | (ohne Pl.) (reg.) *Anbau* ‖ **Bau|ab|schnitt** ‖ **Bau|al|ter|plan** (Admin.): *Dokumentation des Bauzustands historischer Gebäude* ‖ **Bau|an|su|chen** (Amtsspr.): *Antrag für eine Baugenehmigung* ‖ **Bau|an|zei|ge:** *Meldung kleinerer Bauarbeiten an die Behörde* ‖ **Bau|ar|bei|ter** ‖ **Bau|ar|bei|te|rin** ‖ **Bau|art** ‖ **Bau|auf|sicht** ‖ **Bau|be|ginn** ‖ **Bau|be|wil|li|gung:** *Baugenehmigung* ‖ **Bau|bio|lo|gie:** *Lehre von der Wechselwirkung zwischen dem Menschen und der Wohnumwelt*

Bauch der, -[e]s/Bäuche: den B. einziehen; aus dem B. heraus *(spontan)* ‖ **Bauch|an|satz:** *dicker werdender Bauch* ‖ **Bauch|at|mung:** *Zwerchfellatmung* ‖ **Bauch|de|cke** ‖ **Bauch|fell:** *Auskleidung der Bauchhöhle* ‖ **Bauch|fell|ent|zün|dung** (Med.) ‖ **Bauch|fleck** der, -s/-: *Sprung ins Wasser mit Bauchlandung* ‖ **Bauch|fleisch** (Küchenspr.): *ein fettes Schweinefleisch* ‖ **bauch|frei:** ein bauchfreies T-Shirt ‖ **Bauch|ge|fühl:** nach dem B. *(aus dem B. heraus, intuitiv)* handeln ‖ **Bauch|grim|men** (veraltend): *Bauchschmerzen, Kolik* ‖ **Bauch|höh|le:** die B. mit einer Sonde untersuchen ‖ **bau|chig:** ein bauchiger Krug ‖ **Bauch|la|den:** *vor dem Körper getragener kleiner Verkaufskasten* ‖ **Bauch|la|ge:** in B. schlafen ‖ **Bauch|lan|dung** ‖ **Bäuch|lein** das, -s/- ‖ **bäuch|lings:** *auf dem Bauch;* b. schlafen ‖ **Bauch|na|bel** ‖ **bauch|pin|seln,** ich bauchpinsle, er hat gebauchpinselt (ugs., scherzh.): *schmeicheln* ‖ **bauch|re|den** (nur Inf. und Part.): *ohne sichtbare Mundbewegungen sprechen* ‖ **Bauch|red|ner** ‖ **Bauch|red|ne|rin** ‖ **Bauch|schmerz** (meist Pl.) ‖ **Bauch|speck** (Küchenspr.): *Bauchfleisch* ‖ **Bauch|spei|chel|drü|se** ‖ **Bauch|spie|ge|lung** (Med.): *Laparoskopie* ‖ **Bauch|tanz** ‖ **bauch|tan|zen** (nur Inf. und Part.) ‖ **Bauch|weh:** *Bauchschmerzen* | (ugs.) B. haben *(in Ungewissheit sein, Angst haben)*

Baud [auch: bɔːd] das, -[s] (Phys., EDV): *Einheit für die Schrittgeschwindigkeit von Datenübertragungen (nach dem Franzosen*

Baudot) **Baudenkmal:** *historische Architektur*
Baudenzug → Bowdenzug
Bauelement ‖ **bauen:** solide gebaute Häuser; ein Auto b. *(herstellen)* | auf jemanden b. *(sich verlassen)* können | (ugs.) du hast Mist gebaut *(einen Fehler gemacht)* ‖ **Bauer**[1] das *(auch:* der), -s/-: *Vogelkäfig*
Bauer[2] der, -n [-s]/-n: *Landwirt* | *eine Schachfigur* ‖ **Bäuerchen** das, -s/-: *Aufstoßen [bes. bei Babys];* ein B. machen ‖ **Bäuerin** die, -/-**innen**, *auch: Bäurin* ‖ **bäuerlich:** ein bäuerlicher Besitz; → bäurisch ‖ **Bauernaufstand** (Gesch.): *Erhebung der Bauern bes. im Spätmittelalter und in der frühen Neuzeit* ‖ **Bauernbrot** ‖ **Bauernbund** der, -[e]s: Österreichischer B. *(eine Teilorganisation der ÖVP)* ‖ **Bauernbursch** ‖ **Bauernfängerei** die, -/-en: *Täuschung, plumper Trick, um zB zu einem schlechten Handel zu verleiten* ‖ **Bauernfrau** = Bauersfrau (veraltend): *Bäuerin* ‖ **Bauerngeselchtes** ‖ **Bauerngröstel** = **Bauerngröstl** ‖ **Bauernhaus** ‖ **Bauernhochzeit** ‖ **Bauernhof** ‖ **Bauernjanker** ‖ **Bauernkrapfen:** *großer Krapfen (auch mit Sauerkraut oder als Beilage zu Wild ua.)* ‖ **Bauernkrieg** (Gesch.): *Niederwerfung von Bauernaufständen mit Waffengewalt durch die Landesherren* ‖ **Bauernmädchen** ‖ **Bauernmarkt** ‖ **Bauernmöbel** ‖ **Bauernopfer:** ein B. machen *(im Schach)* | *Verzicht auf etwas Geringeres, um etwas Größeres zu erlangen* ‖ **Bauernregel:** *in der Erfahrung begründete Wetterregel* ‖ **bauernschlau:** *pfiffig, listig, gewitzt* ‖ **Bauernschläue** ‖ **Bauernschaft** die, - ‖ **Bauernschmaus:** *Gericht mit mehreren Fleisch- und Wurstsorten, Sauerkraut und Knödel* ‖ **Bauernschnapsen:** *ein Kartenspiel, Viererschnapsen* ‖ **Bauernschnapser:** *eine Partie Bauernschnapsen* | *eine Ansage im Bauernschnapsen* ‖ **Bauernspeck** ‖ **Bauernstand** ‖ **Bauernsterben:** *Rückgang bäuerlicher Betriebe aus wirtschaftlichen Gründen* ‖ **Bauerntheater** ‖ **Bauerntum** das, -s ‖ **Bauersfrau** = → Bauernfrau ‖ **Bauersmann** der, -[e]s/-leute (veraltend) **baufällig:** ein baufälliges *(einsturzgefährdetes)* Haus ‖ **Baufirma** ‖ **Baufläche:** *zum Bauen gewidmetes Grundstück;* → G.: Grünland ‖ **Baufluchtlinie** [-iɛ] (Amtsspr.): → *Fluchtlinie* ‖ **Bauführer:** *Firma, die mit der Errichtung eines Bauwerks beauftragt ist* ‖ **Bauführerin** ‖ **Bauführung:** *Leitung bei der Errichtung eines Bauwerks* ‖ **Baugebrechen:** *Mangel an einem Bauwerk* ‖ **Baugenehmigung** ‖ **Baugesellschaft** ‖ **Baugewerbe** ‖ **Baugrube:** *Grube für ein Fundament* ‖ **Baugrund:** *Grundstück für einen Bau* ‖ **Bauherr:** *Auftraggeber eines Bauvorhabens* ‖ **Bauherrin** ‖ **Bauholz** ‖ **Bauingenieur** [-ʒe,niøə] ‖ **Bauingenieurin** ‖ **Bauindustrie** ‖ **Baujahr** ‖ **Baukasten:** *Kasten, der Bauklötze für Kinder enthält* ‖ **Baukastensystem** [-zy-]: *aus mehreren Einzelteilen bestehendes System* ‖ **Bauklammer:** *schwere Klammer aus Eisen* ‖ **Bauklotz:** *Baustein* ‖ **Baukosten** die (Pl.) ‖ **Baukostenzuschuss** ‖ **Baukran** ‖ **Baukultur** ‖ **Baukunst** die, -: *Architektur* ‖ **Bauland** ‖ **Bauleiter** ‖ **Bauleiterin** ‖ **Bauleitplan** (SüdT): *Flächenwidmungsplan* ‖ **baulich:** bauliche Veränderungen vornehmen ‖ **Baulichkeit** die, -/-en (meist Pl.): *Gebäude* ‖ **Baulinie** [-iɛ]: *Baufluchtlinie* ‖ **Baulos:** *bestimmter Abschnitt beim Straßenbau* ‖ **Baulöwe** (sal.): *einflussreicher Bauunternehmer* ‖ **Baulöwin** (sal.) ‖ **Baulücke:** *unbebaute Baufläche in bebautem Gebiet*
Baum der, -[e]s/Bäume: einen B. pflanzen
Baumarkt ‖ **Baumaschine** ‖ **Baumaterial**
Baumbestand ‖ **Baumblüte:** *Blütezeit der Bäume*
Baumeister: *eine Berufsbezeichnung* ‖ **Baumeisterin**
baumeln, ich baumle, bin gebaumelt: im Wind b. *(schaukeln, pendeln)*
bäumen sich: das Pferd bäumte sich *(es stellte sich auf die Hinterbeine)*
Baumgrenze: *Höhe im Gebirge, bis zu der einzelne Bäume wachsen;* → Waldgrenze ‖ **Baumgruppe** ‖ **baumhoch** ‖ **Baumkrone** ‖ **Baumkuchen:** *eine Mehlspeise* ‖ **baumlang** ‖ **baumreif:** baumreife Früchte ‖ **Baumriese** ‖ **Baumschere** ‖ **Baumschmuck** ‖ **Baumschule:** *Betrieb, in dem Bäume gezogen werden* ‖ **Baumstamm** ‖ **baumstark:** ein baumstarker Kerl ‖ **Baumsterben:** *Waldsterben durch Krankheiten, Schädlinge, Umwelteinflüsse* ‖ **Baumstrunk** ‖ **Baumstumpf** ‖ **Baumwipfel** ‖ **Baumwolle** ‖ **Baumwollhemd** ‖ **baumwollen:** baumwollene Tücher
Baunzerl das, -s/-[n] (bes. W, veraltend): *ein Kleingebäck;* → Paunzen
Bauoberbehörde (Admin): *Entscheidungsinstanz für das Bauwesen in Wien* ‖ **Bauordnung** (Jus): *gesetzliche Regelung der Bautätigkeit* ‖ **Bauplan** ‖ **Bauplatz** ‖ **Baupolizei** ‖ **baupolizeilich** ‖ **Baurat:** *ein Berufstitel* ‖ **Baurätin** ‖ **Baurecht** (Jus): *Recht, auf fremdem Grund zu bauen* ‖ **Baurechtseinlage** (Jus) ‖ **Bausatz:** *Fertigteile zum Zusammenbauen*
Bäurin → Bäuerin ‖ **bäurisch** (oft abw.): *plump, unkultiviert, roh;* → bäuerlich
Bausch der, -[e]s/-e [Bäusche]: *kleiner weicher [Textil]ballen, Knäuel, Bauschen; Wattebausch* | in B. und Bogen *(alles zusammen)* kaufen; in B. und Bogen verurteilen ‖ **Bauschbetrag** (Kaufmannsspr.): *ein vereinbarter Gesamtbetrag, Pauschale* ‖ **bauschen,** du bausch[s]t: die Wäsche bauschte sich im Wind ‖ **Bauschen** der, -s/-: *Bausch;* Wattebausch ‖ **bauschig:** eine bauschige *(weiche, füllige)* Decke
Bauschlosser ‖ **Bauschlosserin** ‖ **Bauschutt** ‖ **bausparen** (nur Inf. und Part.): *bei einer Bausparkasse (steuerbegünstigt) sparen;* sie hat baugespart ‖ **Bausparen** das, -s ‖ **Bausparer** ‖ **Bausparerin** ‖ **Bausparkasse** ‖ **Bausparprämie** [-iɛ] ‖ **Bausparvertrag** ‖ **Baustein** ‖ **Baustelle** ‖ **Baustil** [-st-, auch: -ʃt-] ‖ **Baustoff** ‖ **Bausubstanz:** *Beschaffenheit der wichtigsten Bauteile eines Gebäudes* ‖ **Bautätigkeit** ‖ **bautechnisch** ‖ **Bautischler** ‖ **Bautischlerin** ‖ **Bauteil** der = das, -[e]s/-e ‖ **Bauträger:** *Unternehmen, das für die Abwicklung eines Baus verantwortlich ist* ‖ **Bauträgerin** ‖ **Bau-**

B

trupp ‖ **Bau|un|ter|neh|mer** ‖ **Bau|un|ter|neh|me|rin** ‖ **Bau|ver|bot:** *behördliche Untersagung des Verbauens eines Grundstückes* ‖ **Bau|ver|hand|lung** ‖ **Bau|vor|ha|ben** ‖ **Bau|vor|schrift** ‖ **Bau|wei|se** ‖ **Bau|wer|ber** (Amtsspr.): *Antragsteller für eine Baubewilligung* ‖ **Bau|wer|be|rin** (Amtsspr.) ‖ **Bau|werk:** *Gebäude* ‖ **Bau|wirt|schaft**

Bau|xerl das, -s/-[n], *auch:* Pauxerl (ostöst., mda.): *kleines, herziges Kind*

Bau|xit der = das, -[e]s/-e: *Mineral, aus dem Aluminium gewonnen wird (nach einem französischen Fundort)*

Bau|zeit

Bay|er der, -n/-n ‖ **Bay|e|rin** = Bayrin die, -/-innen

bay|e|risch = bayrisch:

das bay[e]rische Wappen; bay[e]risches Bier; *aber:* die Bayerischen Bayerischen Alpen
Die Schreibung mit y bezieht sich auf das deutsche Bundesland Bayern. Neben der Schreibung „bayrisch" wird in Bezeichnungen von amtlichen Einrichtungen und Amtsträgern meist die Form „bayerisch" gebraucht; → bairisch.

Bay|ern: der Freistaat B. *(ein Bundesland Deutschlands)*

Bay|reuth: *Stadt in Deutschland*

Bay|rin = → Bayerin ‖ **bay|risch** = → bayerisch ‖ **Bay|ri|sche** der, -n/-n (Mus.): *ein Volkstanz*

Ba|zar [-z-] = → Basar

Ba|zi der, -[s]/-[s] (reg., zB ostöst., ugs., oft scherzh.): *Schlingel, Früchtchen*

Ba|zil|lus der, -/Bazillen, *auch:* Bazille die, -/-n ⟨lat.⟩ (Med., Biol.): *Stäbchenbakterie*

BB (Kfz): Österreichische **B**undes**b**ahnen; → ÖBB | (Kfz) (früher) → **B**undes**b**us

bcc [be tse ˈtseː]: ein E-Mail bcc *(als heimliche Kopie)* an jemanden mitsenden; → cc ‖ **BCC** das, -/-: **B**lind **C**arbon **C**opy *(Blindkopie)*

BD[1] (Kfz): **B**undesbus**d**ienst

BD[2] [be ˈdeː] die, -/-[s]: **B**lu-Ray-**D**isc

BDM [be de ˈɛm] der, - (im Nationalsozialismus): **B**und **d**eutscher **M**ädchen *(Zwangsorganisation für Mädchen von 14 bis 21 Jahren);* → HJ

Bd.: Band[3]; Lexikon, Bd. 5

B-Dur [ˈbeːˈduːə] (B) (Mus.): *eine Tonart* ‖ **B-Dur-Ton|lei|ter** (Mus.)

Be: **Be**ryllium

BE [be ˈeː]: **B**ildnerische **E**rziehung (als Unterrichtsgegenstand)

BEA die, -/-n [-s] (früher): **B**undes**e**rziehungs**a**nstalt *(höhere Internatsschule des Bundes)*

be|ab|sich|ti|gen: *planen, im Sinn haben, wollen*

be|ach|ten: die Verkehrsvorschriften b. ‖ **be|ach|tens|wert** ‖ **be|acht|lich:** eine beachtliche *(erstaunlich gute, bedeutende)* Leistung ‖ **Be|ach|tung**

Beach|vol|ley|ball [ˈbiːtʃvɒli-] der, -[e]s/-bälle ⟨engl.⟩: *spezieller Ball fürs Beachvolleyballspiel* | (auch mit Art. das, ohne Pl.) *Volleyballspiel auf Sand;* B. spielen

bea|men [ˈbiː-] ⟨engl.⟩: *von einem Ort zu einem anderen bewegen, ohne dass dabei Zeit vergeht, zB in Sciencefictionfilmen* | den Computerbildschirm an die Wand b. *(projizieren)* ‖ **Bea|mer** der, -s/-: *ein elektronisches Projektionsgerät*

Be|am|te[1] der, -n/-n, ein Beamter: *Beschäftigter im öffentlichen Dienst* ‖ **Be|am|te**[2] die, -n/-n: *Beamtin* ‖ **Be|am|ten|ap|pa|rat:** *Sammelname für alle Beamten, Beamtenschaft, die Organisation der Verwaltung* ‖ **Be|am|ten|auf|stiegs|prü|fung:** *Externistenprüfung, die im öffentlichen Dienst angerechnet werden kann, Beamtenmatura, B-Matura* ‖ **Be|am|ten|be|lei|di|gung** ‖ **Be|am|ten|burg** (scherzh., sal.): *Amtsgebäude* ‖ **Be|am|ten|deutsch:** *Papierdeutsch* ‖ **Be|am|ten-Dienst|rechts|ge|setz** (Jus) ‖ **Be|am|ten|ebe|ne:** auf B. *(ohne politische Funktionäre)* verhandeln ‖ **Be|am|ten|fo|rel|le** (scherzh., veraltet): *Knackwurst* ‖ **Be|am|ten|ge|werk|schaft:** *die Gewerkschaft öffentlicher Dienst* ‖ **Be|am|ten|ma|tu|ra** (B-Matura): *Beamtenaufstiegsprüfung* ‖ **Be|am|ten|mi|nis|te|ri|um:** *Fachbereich für den öffentlichen Dienst (im Bundeskanzleramt)* ‖ **Be|am|ten|pen|si|on** ‖ **Be|am|ten|schaft** die, - : *alle Beamten* ‖ **Be|am|ten|sta|tus** [-st-, -ʃt-] ‖ **Be|am|ten|ti|tel** ‖ **Be|am|tin** die, -/-innen ‖ **be|amts|han|deln** (Amtsspr., auch scherzhaft): *[bürokratisch] eine Amtshandlung vollziehen, amtshandeln*

be|an|ga|ben (Kaufmannsspr.): eine Ware b. *(eine Anzahlung für sie leisten)*

be|ängs|ti|gend: es ist b. ruhig

be|an|spru|chen: Hilfe b. *(verlangen)* | der Aufzug wird zu stark beansprucht *(benützt)* ‖ **Be|an|spru|chung** die, -/-en

be|an|stan|den, *auch:* **be|an|stän|den:** einen Fehler b. *(auf ihn aufmerksam machen, ihn tadeln)* ‖ **Be|an|stan|dung** die, -/-en, *auch:* **Be|an|stän|dung**

be|an|tra|gen: *einen Antrag stellen;* seine Versetzung b.

be|ant|wor|ten: einen Brief b. ‖ **Be|ant|wor|tung** die, -/-en: die B. meiner Frage ließ auf sich warten | (bes. Amtsspr.) in B. Ihres Schreibens

be|ar|bei|ten: den Boden b.; einen Roman b.; einen Fall b. *(an ihm arbeiten);* jemanden b. *(zu beeinflussen versuchen)* ‖ **Be|ar|bei|ter** ‖ **Be|ar|bei|te|rin** ‖ **Be|ar|bei|tung** die, -/-en

be|arg|wöh|nen: *jemanden misstrauisch beobachten*

Beat [biːt] der, -[s] ⟨engl.⟩ (Mus.): *Grundrhythmus im Jazz;* → Beatmusik

Be|a|te, *auch:* Beata: *weibl. Vorname*

Beat|ge|ne|ra|ti|on [ˈbiːt-tsi̯-] ⟨engl.⟩: *jene Altersgruppe, die mit der Beatmusik groß wurde*

be|at|men: den Verletzten künstlich b. ‖ **Be|at|mung** die, -: Mund-zu-Mund-Beatmung

Beat|mu|sik [ˈbiːt-]: *verschiedene Arten von Pop- oder Rockmusik;* → Beat

Be|a|t|rix [auch: ˈbeː-]: *weibl. Vorname*

Beau [boː] der, -[s]/-s ⟨fr.⟩ (meist abw., veraltet): *schöner Mann, Frauenheld*

Beau|fort|ska|la [ˈbɔʊfətsk-]: *Skala für die Angabe der Windstärke (nach einem englischen Admiral)*

be|auf|sich|ti|gen: Kinder b. ‖ **Be|auf|sich|ti|gung** die, -/-en

be|auf|tra|gen: einen Auftrag erteilen; jemanden mit etwas b. *(es ihm auftragen)* ‖ **Be|auf|trag|te**[1] der, -n/-n, ein Beauftragter ‖ **Be|auf|trag|te**[2] die, -n/-n

be|äu|gen: *genau besehen*

Beau|jo|lais [boʒoˈlɛ] der, -/-: *ein französischer [Rot]wein (nach einer französischen Landschaft)*

Be|aus|kunf|tung die, -/-en (Amtsspr.)

Beau|ty|case [ˈbjuːtikeɪs] der =

das, -/-s [-ɪz] ⟨engl.⟩: *Kosmetikkoffer* ‖ **Beautyfarm:** *ein Schönheitspflegeinstitut*
bebauen: Felder b. *(zB Getreide anbauen)* | ein Grundstück b. ‖ **Bebauung** die, -/-en ‖ **Bebauungsplan**
beben: *zittern* ‖ **Beben** das, -s/-: *Erschütterung, Erdbeben* ‖ **Bebenherd:** *Ursprungsgebiet eines Bebens* ‖ **Bebenstärke**
bebildern: *illustrieren* ‖ **Bebilderung** die, -/-en
Bebop ['bi:-] der, -[s] ⟨engl.⟩ (Mus.): *ein Jazzstil*
bebrillt: *mit Brille*
Béchamel [-ʃa-] die, -: *feine Einmach mit Milch (nach einem französischen Marquis)* ‖ **Béchamelsauce** [-zo:s(ɛ)], *auch:* **Béchamelsoß, Béchamelsoße**
Becher der, -s/-: *ein Gefäß* ‖ **Becherkuchen** (Küchenspr.): *[Blech]kuchen, dessen Zutaten nur mit einem Becher abgemessen werden* ‖ **bechern:** *viel Alkoholisches trinken, zechen*
Becherovka [-f-] der, -s/-s ⟨tschech.⟩ (Wz.): *ein Kräuterlikör aus Tschechien*
becircen [-'tsirts-] = → bezirzen
Becken das, -s/-: *ein Teil des Skeletts;* ein breites B. | *Waschbecken, Planschbecken* | (Geogr.) das Grazer B. | (Mus.) *ein Schlaginstrument, Tschinelle* ‖ **Beckenbruch** (Med.) ‖ **Beckenknochen** (Med.) ‖ **Beckenrand:** *Rand eines [Schwimm]beckens*
Beckmesser der, -s/- (abw.): *pedantischer [Kunst]kritiker, Kritikaster (nach einer Operngestalt)* ‖ **Beckmesserei** die, -/-en (abw.) ‖ **beckmessern,** ich beckmess[e]re (abw.): *kleinlich tadeln*
Becquerel [bɛkœ'rɛl] das, -[s]/- (Zeichen: Bq) (Phys.): *Maßeinheit der Radioaktivität (nach einem französischen Physiker)*
bedacht: auf seinen Vorteil b. sein *(an ihn denken, ihn im Auge haben);* → bedenken ‖ **bedächtig:** b. *(vorsichtig)* vorgehen ‖ **Bedacht** (ohne Art.) (geh.): mit B. *(wohl überlegt);* auf etwas B. nehmen ‖ **Bedächtigkeit** die, -: *überlegtes Handeln | Langsamkeit* ‖ **Bedachtnahme** die, - (Amtsspr.): unter B. auf ‖ **Bedachtnehmen** das, -s (Amtsspr.) ‖ **bedachtsam**
bedanken[1]: den Redner b. *(ihm danken)* ‖ **bedanken[2]** sich
Bedarf der, -[e]s: der B. an Nahrungsmitteln; nach B. *(wenn nötig)* ‖ **Bedarfsartikel** ‖ **Bedarfsfall:** im B. ‖ **bedarfsgerecht** ‖ **Bedarfsgesetzgebung**
bedauerlich ‖ **bedauerlicherweise** ‖ **bedauern:** ich bedauere *(bemitleide)* sie; er bedauert *(bereut)* seinen Fehler; „Bedaure, keine Zeit" ‖ **Bedauern** das, -s: jemandem sein B. aussprechen ‖ **bedauernswert**
bedecken: etwas mit Laub b. *(zudecken)* | (Kaufmannsspr., Amtsspr.) die Kosten b. *(finanziell absichern, decken)* ‖ **bedeckt:** ein bedeckter *(bewölkter)* Himmel | sich b. halten *(sich nicht äußern/festlegen)* ‖ **Bedecktsamer** der, -s/- (Biol.): *Großgruppe innerhalb der Samenpflanzen (mit Samenanlagen in Fruchtknoten);* → Nacktsamer ‖ **Bedeckung:** *[polizeilicher] Schutz* | (Kaufmannsspr., Amtsspr.) *finanzielle Deckung, Vorsorge [im Budget]* | (Amtsspr.) unter [militärischer, polizeilicher] B. *(mit Begleitschutz)* ‖ **Bedeckungsvorschlag** (Amtsspr.)
bedenken: etwas b. *(erwägen);* ich gebe zu b., dass ... | jemanden mit etwas b. *(beschenken);* jemanden bei der Verteilung b. *(berücksichtigen);* → bedacht ‖ **Bedenken** das, -s: *Nachdenken* | (mit. Pl. -en) ernste B. *(Zweifel)* [gegen etwas] haben ‖ **bedenkenlos** ‖ **Bedenkenlosigkeit** die, - ‖ **bedenkenswert:** dieses Argument ist b. ‖ **Bedenkjahr:** *Gedenkjahr* ‖ **bedenklich:** ein bedenklicher *(Besorgnis erregender; fragwürdiger)* Zustand; b. *(schwer)* erkrankt sein | (Jus) bedenklicher Ankauf *(Ankauf von Diebsgut oder weit unter dem Marktwert)* ‖ **Bedenklichkeit** die, -/-en ‖ **Bedenkzeit:** sich B. erbitten
bedeuten: ihr Schweigen bedeutet *(verheißt)* nichts Gutes | er bedeutet mir nichts *(ist mir gleichgültig)* | er bedeutete uns *(gab uns ein Zeichen)* nachzukommen ‖ **bedeutend:** bedeutende Persönlichkeiten | (geh.) ein bedeutender *(wesentlicher)* Unterschied; *aber:* um ein Bedeutendes besser sein ‖ **bedeutsam:** *wichtig* ‖ **Bedeutsamkeit** die, - ‖ **Bedeutung** die, -/-en: von B. ‖ **bedeutungslos** ‖ **Bedeutungslosigkeit** die, - ‖ **Bedeutungsunterschied:** einen B. erkennen ‖ **bedeutungsvoll:** *wichtig, von großer Bedeutung* ‖ **Bedeutungswandel:** der B. eines Wortes
bedienbar: ein Gerät ist einfach b. ‖ **bedienen[1]:** Kunden b. | die Waschmaschine b. | *als Bedienerin arbeiten* | „Bedienen Sie sich!" *(Greifen Sie zu!);* → bedient ‖ **bedienen[2]** sich: sie musste sich einer fremden Hilfe b. ‖ **bedienerfreundlich:** ein Gerät ist b. *(leicht zu bedienen)* ‖ **Bedienerin** (bes. ostöst.): *Haushaltshilfe, Putzfrau;* → Zugehfrau ‖ **bediensteet** ‖ **Bedienstete[1]** der, -n/-n, ein Bediensteter: der öffentlich B. ‖ **Bedienstete[2]** die, -n/-n ‖ **bedient** (ugs., sal.): b. *(in einer schwierigen Situation)* sein; → bedienen ‖ **Bedienung** die, -/-en: ein Gasthaus mit guter B. *(mit gutem Service)* | diese Frau geht in B. *(sie arbeitet als Bedienerin)* ‖ **Bedienungsanleitung** ‖ **Bedienungsfehler** ‖ **bedienungsfreundlich:** *bedienerfreundlich* ‖ **Bedienungszuschlag:** *zusätzliche Gebühr [in einem Lokal] für die Bedienung*
bedingen: *verursachen, hervorrufen, zur Folge haben* ‖ **Bedingnis** die, -/-nisse (Amtsspr., veraltet): *Bedingung* ‖ **bedingt:** b. *(veranlasst, verursacht)* durch ... | *mit Vorbehalt; eingeschränkt* | (Jus) *auf Bewährung;* eine bedingte Strafe ausfassen ‖ **Bedingtheit** die, -: eine historische B. ‖ **Bedingung** die, -/-en: folgende B. musst du erfüllen ‖ **bedingungslos:** jemandem b. ergeben sein ‖ **Bedingungssatz** (Gramm.): *Konditionalsatz* ‖ **bedingungsweise:** *unter einer bestimmten Bedingung*
bedrängen: *in unangenehmer Weise belästigen oder zu etwas auffordern* ‖ **Bedrängnis** die, -/-nisse: in B. *(Not)* sein
bedrohen ‖ **bedrohlich:** die Lage wird immer bedrohlicher ‖ **Bedrohlichkeit** die, - ‖ **Bedrohung**
bedrucken: Papier/Stoff b.
bedrücken: *Sorgen, Kummer bereiten;* es bedrückt mich, dass ... ‖ **Bedrücktheit** die, - ‖ **Bedrückung** die, -
Beduine der, -n/-n ⟨arab.-fr.⟩: *Angehöriger eines nicht sesshaften Araberstammes* ‖ **Beduinin** die, -/-innen

be|dür|fen: eines Anstoßes b. *(ihn brauchen)* || **Be|dürf|nis** das, -nisses/-nisse || **Be|dürf|nis|an|stalt** (Amtsspr., veraltend): *öffentliche Toilette* || **Be|dürf|nis|be|frie|di|gung** || **be|dürf|nis|los:** *anspruchslos* || **Be|dürf|nis|lo|sig|keit** die, - || **be|dürf|tig:** rascher Hilfe b. sein
be|du|seln sich (ugs.): *sich [leicht] betrinken;* sie waren alle [leicht] beduselt
Beef|steak ['bi:fste:k, engl.: -steɪk] ⟨engl.⟩: *[gebratenes] Stück vom Lungenbraten des Rindes*
be|eh|ren (geh., veraltend): „Wir beehren *(erlauben)* uns, Ihnen mitzuteilen ..." | „Beehren *(besuchen)* Sie mich bald wieder!"
be|ei|den: *mit einem Eid bekräftigen;* ein gerichtlich beeideter Sachverständiger || **be|ei|di|gen** (Amtsspr.): *vereidigen*
be|ei|len sich: beeil dich, sonst kommen wir zu spät || **Be|ei|lung** die, - (nur in der Aufforderung): Beeilung!
be|ein|dru|cken: von einem Erlebnis tief beeindruckt *(ergriffen)* sein
be|ein|fluss|bar || **be|ein|flus|sen:** jemanden b. *(sein Tun mitbestimmen);* sie beeinflusst ihn || **Be|ein|flus|sung** die, -/-en
be|ein|spruch|bar (Amtsspr.) || **be|ein|spru|chen** (Amtsspr.): einen Bescheid b. *(dagegen Einspruch erheben)* || **Be|ein|spru|chung** die, -/-en (Amtsspr.)
be|ein|träch|ti|gen: die Ernte wurde durch die nasse Witterung beeinträchtigt *(gemindert)* || **Be|ein|träch|ti|gung** die, -/-en
Beel|ze|bub [b(e)'ɛl-, 'be:l-] ⟨hebr.⟩: *der oberste Teufel;* den Teufel durch/mit B. austreiben *(ein Übel durch ein größeres beseitigen)*
be|en|den = be|en|di|gen: diese Arbeit ist beendet/beendigt || **Be|en|di|gung** die, -/-en
be|en|gen: in der Wohnung beengt sein; in seinem Wirken beengt *(gehemmt)* werden || **Be|engt|heit** die, -
be|er|ben: einen verstorbenen Verwandten b.
be|er|di|gen: *begraben, bestatten* || **Be|er|di|gung** die, -/-en
Bee|re die, -/-n: Beeren pflücken/sammeln || **Bee|ren|aus|le|se:** *ein Prädikatswein* || **Bee|ren|koch** das, -[e]s: *Beerenmus* || **Bee|ren|mus** || **Bee|ren|obst** || **Bee|ren|rös|ter**
Bee|per ['bi:pə] der, -s/- ⟨engl.⟩: *Piepserl*
Beet das, -[e]s/-e: ein B. mit Blumen anpflanzen || **Bee|te** → Bete
be|fä|hi|gen: seine Kenntnisse b. ihn dazu || **Be|fä|hi|gung** die, -/-en || **Be|fä|hi|gungs|di|plom** || **Be|fä|hi|gungs|nach|weis**
be|fahl → befehlen
be|fahr|bar: die Straße ist wieder b. || **be|fah|ren**
Be|fall der, -[e]s: die Bäume litten unter dem B. von Schädlingen || **be|fal|len:** von Angst b. *(ergriffen)* werden
be|fan|gen: *verlegen, schüchtern* | *voreingenommen* || **Be|fan|gen|heit** die, -
be|fas|sen: sie hat sich mit jemandem/etwas befasst *(auseinandergesetzt)*
be|feh|den (geh.): *bekämpfen;* → Fehde
Be|fehl der, -[e]s/-e: auf B. | (Mil.) zu B. *(jawohl, verstanden)* || **be|feh|len,** ich befehle, du befiehlst/befahl/befohlen/befiehl!, befehlt!: sie befiehlt dir zu gehen | (geh.) sie befahl mich zu sich | (veraltend) Gott befohlen *(ein Gruß)* || **be|feh|li|gen:** eine Truppe b. *(kommandieren)* || **Be|fehls|aus|ga|be** || **Be|fehls|emp|fän|ger** || **Be|fehls|emp|fän|ge|rin** || **Be|fehls|form** (Gramm.): *Imperativ* || **Be|fehls|ha|ber** der, -s/-: *Kommandant* || **Be|fehls|ha|be|rin** die, -/-innen || **Be|fehls|not|stand** (Jus, Mil.): *Situation, in der jemand zur Ausführung von Befehlen gegen sein Gewissen gezwungen ist* || **Be|fehls|satz** (Gramm.): *Aufforderungssatz* || **Be|fehls|ton:** etwas im B. sagen || **Be|fehls|ver|wei|ge|rung**
be|fein|den (geh.): *jemandem feindlich gegenübertreten;* den Konkurrenten b. *(bekämpfen)*
be|fes|ti|gen: etwas an der Wand b. *(festmachen)* | eine befestigte *(von Festungswerken umgebene)* Stadt || **Be|fes|ti|gung** || **Be|fes|ti|gungs|an|la|ge**
be|fet|ten: *einfetten, mit Fett bestreichen*
be|feuch|ten: Briefmarken b.
be|fiehlt → befehlen
be|fin|den: etwas für gut b. | sich daheim b. | (Amtsspr.) über etwas b. *(urteilen)* || **Be|fin|den** das, -s: *der Gesundheitszustand* || **be|find|lich** (Amtsspr.): das in Graz befindliche Museum || **Be|find|lich|keit** die, -/-en: *die Art, wie sich jemand fühlt; Lage, Situation*
be|fin|gern: *betasten*
be|flag|gen: die Häuser b. *(Fahnen/Flaggen hinaushängen)*
be|fle|cken: *beschmutzen;* sie hat sich ihr Kleid befleckt
be|fle|geln, ich beflegle: *grob beschimpfen, beleidigen* || **Be|fle|ge|lung** die, -/-en
be|flei|ßi|gen sich (geh.): *sich bemühen;* sich eines guten Benehmens b. || **be|flis|sen:** *eifrig*
be|flü|geln: durch Lob beflügelt *(angespornt)*
be|fol|gen: einen Rat b. || **Be|fol|gung** die, -
be|för|dern: Lasten mit der Bahn b. | befördert werden *(einen höheren Rang erhalten, vorrücken)* || **Be|för|de|rung** || **Be|för|de|rungs|mit|tel** (meist Pl.) || **Be|för|de|rungs|pa|pie|re** die (Pl.) || **Be|för|de|rungs|ver|trag:** *Vertrag über die Beförderung von Gütern, Speditionsvertrag*
be|frach|ten: ein Fahrzeug b. *(mit Fracht beladen)* | (geh.) die Erklärung nicht mit weiteren Informationen b. *(belasten)*
be|frackt: er war b. *(im Frack)*
be|fra|gen: Passanten, Hausfrauen b. || **Be|fra|gung** die, -/-en
be|frei|en: einen Gefangenen b. | sich von allen Sorgen b. | ein befreiendes Lachen | du bist vom Unterricht befreit *(musst nicht teilnehmen)* || **Be|frei|er** der, -s/- || **Be|frei|e|rin** die, -/-innen || **Be|frei|ung** die, -/-en || **Be|frei|ungs|ak|ti|on** [-tsi̯-] || **Be|frei|ungs|be|we|gung** || **Be|frei|ungs|kampf** || **Be|frei|ungs|krieg** || **Be|frei|ungs|schein** (Amtsspr.): *Berechtigungsnachweis für Ausländer/innen mit Niederlassungsbewilligung, ohne Arbeitsbewilligung bundesweit eine Arbeit oder Lehrstelle antreten zu können* || **Be|frei|ungs|schlag** (Mil., Sport): *Aktion zur Rettung aus einer Bedrängnis*
be|frem|den: das befremdet mich *(berührt mich merkwürdig, unangenehm)* || **Be|frem|den** das, -s: etwas mit B. *(peinlichem Erstaunen)* bemerken || **be|frem|dend:** *befremdlich* || **be|fremd|lich:** das wirkt b. || **Be|frem|dung** die, -
be|freun|den sich || **be|freun|det:** mit jemandem b. sein
be|frie|den (geh.): das Land b. *(ihm den Frieden bringen)* || **be|frie|di|gen:** *zufrieden stellen* ||

be|frie|di|gend: diese Leistung ist b.; *aber:* **B**efriedigend *(3, eine Beurteilungsstufe in der Schule);* die Note **B**efriedigend bekommen ‖ **Be|frie|di|gung** die, -/-en ‖ **Be|frie|dung** die, - (geh.)
be|fris|ten: ein kurz befristeter *(zeitlich begrenzter)* Aufenthalt ‖ **Be|fris|tung** die, -/-en
be|fruch|ten: befruchtete Blüten ‖ **Be|fruch|tung** die, -/-en: *Verschmelzung der Eizelle mit der Samenzelle;* künstliche B.
Be|fug|nis die, -/-nisse: seine Befugnisse *(Rechte)* überschreiten ‖ **be|fugt:** zu etwas b. *(berechtigt)* sein
be|füh|len: einen Stein b. *(abtasten)*
be|fum|meln (nördl. D, ugs.): *begrapschen*
Be|fund: ein ärztlicher B. *(schriftliches Untersuchungsergebnis)* ‖ **be|fun|den** (fachspr.) ‖ **Be|fundung** die, -/-en (fachspr.)
be|fürch|ten: das Schlimmste b. *(ahnen, damit rechnen)* ‖ **Befürch|tung** die, -/-en
be|für|sor|gen (Amtsspr.): *betreuen* ‖ **Be|für|sor|gung** die, - (Amtsspr.)
be|für|wor|ten: *empfehlen* ‖ **Befür|wor|ter** der, -s/- ‖ **Be|für|worte|rin** die, -/-innen ‖ **Be|für|wortung** die, -/-en
be|gabt: für Musik b. sein *(Talent dafür haben)* ‖ **Be|gab|ten|förde|rung** ‖ **Be|gab|ten|sti|pen|dium** [-ʃt-, auch: st-] ‖ **Be|ga|bung** die, -/-en
be|gat|ten[1] (Zool.): das Männchen begattet das Weibchen ‖ **be|gatten**[2] sich: *sich paaren, sich geschlechtlich vereinigen* ‖ **Be|gattung**
be|ge|ben sich: sich nach Graz b. *(dorthin reisen);* sich ins Parlament b. *(dorthin gehen)* | (geh.) sich eines Rechtes b. *(darauf verzichten)* | (geh.) es begab *(ereignete)* sich ‖ **Be|ge|ben|heit** die, -/-en: *Geschehnis* ‖ **Be|ge|bung** die, -/-en (Bankw.): *Einlösung [eines Schecks]*
be|geg|nen: ich bin ihr nie mehr begegnet ‖ **Be|geg|nung** die, -/-en ‖ **Be|geg|nungs|stät|te**
be|geh|bar: ein begehbarer Schrank ‖ **be|ge|hen:** die Grenze des Grundstücks b. *(abschreiten)* | er hat einen Fehler begangen
Be|geh|ren das, -s/- ‖ **be|geh|ren:** *wünschen, wollen* | (Amtsspr.) *fordern* ‖ **be|geh|rens|wert** ‖ **be|gehr|lich** (geh.): begehrliche *(verlangende)* Blicke ‖ **Be|gehrlich|keit** die, -/-en (geh.)
Be|ge|hung die, -/-en: *[amtliche] Besichtigung*
be|geis|tern: von etwas begeistert sein; sich für etwas b.; sich an einer Sache b. ‖ **Be|geis|te|rung** die, - ‖ **be|geis|te|rungs|fä|hig** ‖ **Be|geis|te|rungs|fä|hig|keit** die, - ‖ **Be|geis|te|rungs|sturm:** ein B. der Zuschauer brach los
Be|gier die, - (geh.) ‖ **Be|gier|de** die, -/-n: *heftiges Verlangen* ‖ **begie|rig:** auf Neuigkeiten b. sein
be|gie|ßen: *bewässern* | (ugs.) wir b. deinen Geburtstag *(feiern ihn mit Alkohol);* er steht da wie ein begossener Pudel *(hilflos, verlegen)*
Be|ginn der, -[e]s: Anfang; zu B. ‖ **be|gin|nen:** begann/begonnen: der Film beginnt gleich; es beginnt zu regnen ‖ **Be|gin|nen** das, -s (geh.): ein vergebliches B. *(Vorhaben)* ‖ **Be|ginn|zeit:** B. der Aufführung 19 Uhr
be|glau|bi|gen: die amtlich beglaubigte *(als richtig bestätigte)* Kopie eines Dokuments ‖ **Beglau|bi|gung** die, -/-en: *Legalisierung* ‖ **Be|glau|bi|gungs|schreiben**
be|glei|chen: eine Rechnung b. *(zahlen)*
be|glei|ten: die Kinder zur Schule b. | die Sängerin am Klavier b. ‖ **Be|gleit|brief** ‖ **Be|glei|ter** der, -s/- ‖ **Be|glei|te|rin** die, -/-innen ‖ **Be|glei|ter|schei|nung** ‖ **Be|gleitgeld** (SüdT): *Pflegegeld* ‖ **Begleit|hund:** *Hund mit entsprechender Grundausbildung* ‖ **Begleit|leh|rer:** *zusätzliche Lehrkraft [bei Lehrausgängen]* ‖ **Begleit|leh|re|rin** ‖ **Be|gleit|musik** ‖ **Be|gleit|per|son** ‖ **Be|gleitschrei|ben:** der Sendung liegt ein B. bei ‖ **Be|gleit|um|stand** (meist Pl.): ein Urlaub mit traurigen Begleitumständen ‖ **Be|gleitung** die, -/-en: in B. der Eltern
be|glü|cken (geh.): *jemanden glücklich machen, erfreuen* | (ironisch) die Chefin beglückt uns mit neuer Arbeit ‖ **be|glückwün|schen:** er wird zu seinem Erfolg beglückwünscht
be|gna|det (geh.): eine begnadete *(sehr begabte)* Künstlerin ‖ **begna|di|gen:** *jemandem die Strafe erlassen* ‖ **Be|gna|di|gung** die, -/-en ‖ **Be|gna|di|gungs|recht** (Jus): *ein Recht des Bundespräsidenten* ‖ **Be|gna|dung** die, - (Rel.): *Zustand der Gnade*
be|gnü|gen sich: sich mit wenig[em]/Wenigem b. müssen
Be|go|nie [-jɛ] die, -/-n: *eine Zierpflanze (nach einem französischen Gouverneur)*
be|gra|ben ‖ **Be|gräb|nis** das, -nisses/-nisse ‖ **Be|gräb|nis|fei|er** ‖ **Be|gräb|nis|fei|er|lich|keit** (meist Pl.) ‖ **Be|gräb|nis|kos|ten** die (Pl.) ‖ **Be|gräb|nis|mes|se** (kath.): *Messe bei einer Beerdigung, Requiem* ‖ **Be|gräb|nis|stät|te** ‖ **Be|gräbnis|tag**
be|gra|di|gen: eine Straße b.
be|grap|schen (ugs.): *unsittlich berühren*
be|grei|fen: die Zusammenhänge b. ‖ **be|greif|lich** ‖ **be|greif|licher|wei|se**
be|gren|zen: den Garten mit einer Hecke b. *(abschließen)* | seine Macht b. *(einschränken);* die Vorräte sind begrenzt ‖ **Be|grenztheit** die, -/-en: die B. der vorhandenen Mittel ‖ **Be|gren|zung** die, -/-en: die B. des Grundstücks | die B. der vorgesehenen Ausgaben ‖ **Be|gren|zungs|licht:** *ein Scheinwerfer am Kfz*

Be|griff

der, -[e]s/-e: *das, was als Wesen einer Sache angesehen wird;* mein Begriff von Partnerschaft; sich einen Begriff von etwas machen; das ist mir kein Begriff *(das kenne ich nicht);* ein dehnbarer Begriff | *Auffassungsgabe;* schwer von Begriff sein | ich bin im Begriff wegzugehen *(ich will soeben weggehen)* | (sal.) *Benennung, Wort*

Es wirkt oft verwirrend, wenn anstelle von „Wort" „Begriff" gesagt wird, obwohl wir über Begriffe natürlich mit Hilfe von Wörtern, Ausdrücken und Benennungen reden. Ein Beispiel: „Über den Begriff Liebe haben sich schon viele Gedanken gemacht." *Aber:* „Das Wort Liebe schreibt man mit ie."

be|grif|fen: etwas ist im Umbau b. *(wird gerade umgebaut);* → begreifen ‖ **be|griff|lich:** begriffliches Denken ‖ **Be|griffs|be|stimmung:** *Definition* ‖ **Be|griffs|inhalt** ‖ **be|griffs|stüt|zig,** *auch:* begriffsstutzig: *schwer begreifend* ‖ **Be|griffs|um|fang** ‖ **Be|griffs|verwir|rung**

begründen: ein begründeter *(berechtigter) Verdacht* ‖ **Begründer** der, -s/- ‖ **Begründerin** die, -/-innen ‖ **Begründung** ‖ **Begründungssatz** (Gramm.): *Kausalsatz*

begrünen: *bepflanzen* ‖ **Begrünung** die, -/- en

begrüßen: einen alten Freund b. | ihren Vorschlag b. *(gutheißen)* | (ostöst., ugs.) begrüße! *(ein Gruß)* ‖ **begrüßenswert:** *positiv zu bewerten* ‖ **Begrüßung** die, -/-en ‖ **Begrüßungsansprache** ‖ **Begrüßungstrunk**

begünstigen: *vorziehen; fördern* ‖ **Begünstigte**[1] der, -n/-n, ein Begünstigter ‖ **Begünstigte**[2] die, -n/-n ‖ **Begünstigung** die, -/-en

Begutachtungsentwurf ‖ **begutachten:** *fachmännisch beurteilen* ‖ **Begutachter** ‖ **Begutachterin** ‖ **Begutachtung** die, -/-en ‖ **Begutachtungsplakette** (Kfz): *Prüfpickerl (nach § 57a StVO)* ‖ **Begutachtungsverfahren**

begütert: *wohlhabend*

begütigen: *besänftigen*

behaart ‖ **Behaarung** die, -/-en

behäbig: *gemächlich, beleibt; schwerfällig* ‖ **Behäbigkeit** die, -

behaftet: mit einem Fehler b. sein *(einen Fehler haben)*

behagen: das behagt ihm nicht *(es ist ihm nicht angenehm)* ‖ **Behagen** das, -s ‖ **behaglich** ‖ **Behaglichkeit** die, -/-en

Behaltefrist die, -/-en (Amtsspr.): *Frist, in der ein Arbeitnehmer weiter beschäftigt werden muss* | (Jus) *Frist, die für die Inanspruchnahme steuerlicher Begünstigungen verstrichen sein muss* ‖ **behalten:** sie durfte das Buch b.; das Kind b. *(nicht weggeben);* den Angestellten b. *(weiter beschäftigen);* b. Sie Platz! *(bleiben Sie sitzen!)* | etwas b. *(sich merken)* | etwas für sich b. *(nicht weitersagen)* ‖ **Behaltepflicht** (Amtsspr., Wirt.): *zeitlich beschränkte Verpflichtung zur Weiterbeschäftigung zB von ausgelernten Lehrlingen* ‖ **behaltepflichtig** (Amtsspr.) ‖ **Behälter** der, -s/- ‖ **Behältnis** das, -nisses/-nisse (geh.): *Behälter*

behämmert (ugs.): eine behämmerte *(dumme, verrückte)* Idee

behände, *auch:* behänd: *flink, geschickt, gewandt;* geistig b.

behandeln: Haustiere gut b.; sie behandelt mich von oben herab *(herablassend)* | einen Patienten b. | der Film behandelt auch die Flüchtlingsproblematik

Behändigkeit die, -: → behände

Behandlung: bei einem Arzt in B. sein ‖ **Behandlungskosten** die (Pl.) ‖ **Behandlungsmethode** ‖ **Behandlungspflicht** (Jus): *Verpflichtung zur medizinischen Versorgung*

behängen: den Christbaum mit Schmuck b.

beharren: auf seiner Meinung b. *(an ihr festhalten)* ‖ **beharrlich** ‖ **Beharrlichkeit** die, - ‖ **Beharrungsbeschluss** (Jus, Amtsspr.): *eine Entscheidung des Nationalrates gegenüber einem Einspruch des Bundesrates* ‖ **Beharrungsvermögen**

behauchen: *anhauchen* | (Sprachwiss.) ein behauchtes *(aspiriertes)* t

behauen: Steine b.

behaupten: *überzeugt etwas sagen* | sich b. *(sich halten, sich durchsetzen);* seine Position b. können ‖ **Behauptung** die, -/-en

Behausung die, -/-en: *Wohnstätte*

Behaviorismus [bɪheɪv-] der, - ⟨engl.⟩: *eine Richtung der Verhaltenspsychologie* ‖ **behavioristisch**

behebbar: ein behebbarer *(reparierbarer)* Schaden | (Bankw.) täglich behebbare *(abhebbare, fällige)* Gelder ‖ **beheben:** einen Schaden b. *(beseitigen)* | *abheben;* in der Bank Geld b. ‖ **Behebung** (Amtsspr.): *Abhebung, Abholung* ‖ **Behebungsfrist** (Amtsspr.)

beheimaten: die Stadt beheimatet mehrere Museen

beheizen: elektrisch b. ‖ **Beheizung**

Behelf der, -[e]s/-e: *Hilfsmittel;* Notbehelf ‖ **behelfen** sich: sich mit etwas zu b. wissen ‖ **Behelfsbrücke** ‖ **Behelfsdienst:** *eine Serviceeinrichtung;* der B. des Pastoralamtes der Diözese | *Materialstelle* ‖ **behelfsmäßig:** *provisorisch* ‖ **behelfsweise**

behelligen: jemanden mit Fragen b. *(belästigen)*

beherbergen: *Unterkunft geben* ‖ **Beherbergungsbetrieb:** *Pension, Hotel uÄ*

beherrschbar: *bezwingbar; überbrückbar* ‖ **beherrschen:** eine Fremdsprache b. *(gut gelernt haben)* | sich nicht b. *(zurückhalten)* können ‖ **Beherrscher** ‖ **Beherrscherin** ‖ **Beherrschung** die, -: die B. *(Zurückhaltung, Fassung)* verlieren

beherzigen: einen Rat b. *(ernst nehmen, befolgen)* ‖ **beherzigenswert** ‖ **beherzt** (geh.): *mutig*

behexen: *verzaubern*

behilflich: jemandem b. sein

behindern: ein Falschparker behinderte die Straßenbahn | geistig behindert sein ‖ **Behinderte**[1] der, -n/-n, ein Behinderter ‖ **Behinderte**[2] die, -n/-n ‖ **Behinderteneinstellungsgesetz** ‖ **behindertengerecht:** eine behindertengerechte Toilettenanlage ‖ **Behindertengleichstellungsgesetz** ‖ **Behindertenintegration** [-tsi̯-] ‖ **Behindertenmilliarde** (ugs.): *staatliche Förderung zur beruflichen Integration Behinderter* ‖ **Behindertenparkplatz** ‖ **Behindertensport** ‖ **Behindertenvertrauensperson** (Amtsspr.): *Behindertenvertretung [in einem Betrieb]* ‖ **Behinderten-WC** [-ve tse:] ‖ **Behinderung**

Behörde die, -/-n: *Amt, Dienststelle;* Schulbehörde ‖ **Behördendeutsch:** *Papierdeutsch, Amtsdeutsch* ‖ **Behördenverfahren** (Admin.): *Abwicklung amtlicher Verfahren, Instanzenzug, Behördenweg* ‖ **Behördenweg:** *Erledigung bei einer Behörde* ‖ **behördlich:** *amtlich;* b. verboten ‖ **behördlicherseits:** etwas ist b. vorgeschrieben

behübschen, du behübsch[s]t (oft abw.): *[nur oberflächlich] verschönern* ‖ **Behübschung** die, -/-en (oft abw.)

Behuf (Amtsspr., veraltend) (nur in der Wendung): zu diesem B. *(Zweck)* ‖ **behufs** (Präp. mit Gen.) (Amtsspr., veraltend): *zwecks;* b. besseren Verständnisses

behüten: eine behütete *(sorgenfreie)* Kindheit; behüt (= **Behüt**) dich Gott sagen; Gott behüte! *(Ausruf der Ablehnung)* ‖ **behutsam:** *vorsichtig* | *rücksichtsvoll* ‖ **Behutsamkeit** die, -

bei (Präp. mit Dat.): bei dem Brunnen; bei diesem Wetter; bei Gott schwören; sie sitzt bei *(an)* der Kassa; bei weitem/Weitem *(durchaus)* nicht | (mit Abkürzung b.) Baden bei (b.) Wien

bei|be|hal|ten: Traditionen b. *(an ihnen festhalten)* ‖ **Bei|be|hal|tung** die, -/-en
Bei|blatt: die weiteren Informationen finden Sie im B. *(in der Beilage, Anlage)*
Bei|boot: ein Schiff mit einem B.
bei|brin|gen: *lehren;* jemandem etwas b. | (Amtsspr.) ein Dokument b. *(vorlegen)*
Beich|te die, -/-n (kath.): *[sakramentales] Sündenbekenntnis;* die B. hören ‖ **beich|ten:** *eingestehen* | (kath.) Sünden b. ‖ **Beicht|ge|heim|nis** (kath.): *die Schweigepflicht des Geistlichen über die Inhalte von Beichten* ‖ **beicht|hö|ren** (nur Inf. und Part.) (veraltend): *die Beichte hören* ‖ **Beich|ti|ger** der, -s/- (kath., veraltet): *Beichtvater* ‖ **Beicht|sie|gel:** *Wahrung des Beichtgeheimnisses;* unter dem B. *(unter absoluter Verschwiegenheit)* ‖ **Beicht|stuhl** (kath.): *Beichtkabine in der Kirche* ‖ **Beicht|va|ter** (kath.): *Priester, bei dem gebeichtet wird*
beid|ar|mig ‖ **beid|bei|nig:** *mit beiden Beinen* | (Sport) b. schießen können ‖ **bei|de:** beides wollen; diese beiden; wir b.; mit [den] beiden; einer von beiden; die ersten beiden *(der Erste und der Zweite);* die beiden Ersten *(die zwei Ersten);* b. Mal[e] ‖ **bei|der|lei:** *von beiden Arten;* b. Geschlechts ‖ **bei|der|sei|tig:** in beiderseitigem Einverständnis ‖ **bei|der|seits** (Präp. mit Gen.): b. der Donau | (Adv.) b. *(auf, von beiden Seiten)* wurden Fehler gemacht ‖ **beid|hän|dig:** b. schreiben können | (Sport) Tennis mit beidhändiger Rückhand spielen
bei|dre|hen (Seemannsspr.): *die Fahrt verlangsamen und die Richtung ändern*
beid|sei|tig: *beiderseits;* b. gelähmt ‖ **beid|seits**

bei|ei|n|an|der:

Getrenntschreibung in Verbindung mit „sein":
– dicht *(nahe)* beieinander sein; → beinand R→ S. 901, 1.8
Getrenntschreibung, wenn die Hauptbetonung auf dem Verb liegt:
– es beieinander aushalten
Zusammenschreibung, wenn die Betonung auf „beieinander" liegt:
– für immer beieinanderbleiben
– beieinanderliegen
– beieinanderstehen
R→ S. 899, 1.3

bei|ei|n|an|der|blei|ben ‖ **bei|ei|n|an|der|lie|gen** ‖ **Bei|ei|n|an|der|sein:** *Zusammensein* ‖ **bei|ei|n|an|der|ste|hen**
Bei|fah|rer: *neben dem Lenker sitzende Person* ‖ **Bei|fah|rer|air|bag** [-eəbæg] ‖ **Bei|fah|re|rin** ‖ **Bei|fah|rer|sitz**
Bei|fall der, -[e]s: heftig B. klatschen; B. heischende (= beifallheischende) Blicke ‖ **Bei|fall hei|schend = bei|fall|hei|schend** ‖ **bei|fäl|lig:** *zustimmend* ‖ **Bei|fall|klat|schen = Bei|falls|klat|schen** das, -s ‖ **Bei|falls|kund|ge|bung** ‖ **Bei|falls|sturm**
Bei|fang der, -[e]s: *unbeabsichtigt in Netzen mitgefangene Delfine, Robben ua.*
bei|fü|gen: einen Lebenslauf b. ‖ **Bei|fü|gung** (Gramm.): *nähere Beschreibung, zB das* schöne *Haus, Attribut*
Bei|fut|ter (Landw.): *Zugabe zum Futter*
Bei|fuß: *eine Gewürzpflanze*
Bei|ga|be: eine B. zum Essen | *Grabbeigabe*
bei|ge [beːʃ, fr.: bɛːʒ] ⟨fr.⟩: *bräunlich gelb, sandfarben;* ein beige (*auch:* beiges [ˈbeːʒɛs]) Kleid; → beigefarben ‖ **Bei|ge** das, -/-
bei|ge|ben: etwas Salz b. | klein b. *(sich [letztlich] fügen)* | (Jus) in der Verfahrenshilfe einen Rechtsanwalt unentgeltlich b.
bei|ge|far|ben [beːʃf-]: *beige* ‖ **bei|ge|fär|big,** *auch:* beigefarbig
Bei|ge|schmack: etwas hat einen B. *([unangenehmen] Nebengeschmack)*
bei|ge|sel|len (geh.): *als Begleitung dazugeben;* sich jemandem b.
Bei|heft: *Ergänzungsheft* ‖ **bei|hef|ten:** *anheften*
Bei|hil|fe: *finanzielle Unterstützung;* um eine B. ansuchen ‖ (Jus) *Mithilfe bei einer Straftat;* B. zum Mord
Bei|jing [ˈbeɪdʒɪŋ] → Peking
Bei|klang: seine Worte hatten einen unangenehmen B. *(eine üble Nebenbedeutung)*
Bei|koch: *ein Beruf* ‖ **Bei|kö|chin**
bei|kom|men: jemandem nicht b. können *(gegen jemanden nicht ankönnen)*
Bei|kraut (Bot., Landw.): *landwirtschaftlich nicht direkt genutzte Pflanze, [Acker]unkraut*
Beil das, -[e]s/-e: *Hacke, Axt mit kurzem Stiel*
Beil.: Beilage[n] ‖ **Bei|la|ge:** eine Fleischspeise mit B. | die Sonntagsbeilage einer Zeitung | (mit Abkürzung Beil.) *(Anlage [zu einem Brief, Ansuchen oÄ])*
Bei|la|ger (veraltet): *[fürstliche] Vermählung und Beischlaf*
bei|läu|fig: *nebenbei* | *ungefähr, etwa* ‖ **Bei|läu|fig|keit** die, -/-en
bei|le|gen: dem Brief ein Bild b. | einen Streit b. *(schlichten)* ‖ **Bei|le|gung** die, -/-en: Konfliktbeilegung
bei|lei|be (veraltend): b. nicht! *(keinesfalls!)*
Bei|leid: sein B. *(Mitgefühl)* bei einem Todesfall ausdrücken ‖ **Bei|leids|schrei|ben,** *auch:* Beileidschreiben
bei|lie|gen: das beiliegende *(als Beilage mitgeschickte)* Zeugnis

beim:

bei dem; beim Fenster hinausschauen; das hängt mir schon beim *(zum)* Hals heraus
Großschreibung des nachfolgenden Infinitivs und Adjektivs:
– beim **S**chreiben
– beim **R**adfahren
– beim **K**lavierspielen
– es bleibt alles beim **A**lten

bei|men|gen: *beimischen*
bei|mes|sen: einer Nachricht keine Bedeutung b. *(sie nicht wichtig nehmen)*
bei|mi|schen: *beimengen*
Bein das, -[e]s/-e (mda. auch: -er): *Knochen;* das geht mir durch Mark und Bein *(durch und durch)* | *ein Körperteil, bestehend aus Oberschenkel, Unterschenkel und Fuß;* auf einem B. stehen; mit einem B. im Grab stehen *(schwer krank sein);* etwas auf die Beine stellen *(zu Stande bringen, bewerkstelligen);* auf eigenen Beinen stehen *(selbständig sein)* | (ugs.) jemandem Beine machen *(jemanden antreiben)*
bei|nah = bei|na|he: *fast*
Bei|na|me, *auch:* **Bei|na|men:** *Namenszusatz, zB Karl* der Große, *Heinrich* Jasomirgott
bein|am|pu|tiert: ein beinamputierter Mann
bei|nand (ugs.): → *beieinander;* gut b. *(gesund, rüstig)* sein
Bein|ar|beit die, - (Sport): ein Boxer mit guter B. ‖ **Bein|bruch** ‖

B

Beindl|vieh, *auch:* Beinlvieh (mda.): *Schlachtvieh [mit etwas minderwertigerem Fleisch], das ausgebeint wird* || **-bei|ner** (nur in Zusammensetzungen wie Zweibeiner) || **bei|nern:** *aus Bein;* beinerne Knöpfe || **Bein|fleisch:** *eine Rindfleischsorte [mit Knochen]* || **Beinl|vieh:** *Beindlvieh*

be|in|hal|ten: *enthalten; das Programm beinhaltet nichts Neues*

bein|hart: *hart wie ein Knochen* || **Bein|haus:** *Gebäude zur Aufbewahrung ausgegrabener Totengebeine, Karner* || **-bei|nig** (nur in Zusammensetzungen wie zweibeinig) || **Bein|kleid** (oft Pl.) (veraltet): *Hose* || **Bein|pro|the|se** || **Bein|schie|ne** || **Bein|schin|ken:** *eine Schinkenspezialität [mit Knochen]* || **Bein|stumpf:** *[nach einer Amputation] verbliebener Teil des Beines*

Bein|well der, -s: *eine Arzneipflanze*

bei|ord|nen: *zuordnen*

bei|pa|cken || **Bei|pack|text** = **Beipack|zet|tel:** *Medikamenten beiliegende Information*

bei|pflich|ten: *zustimmen;* ich pflichte ihr bei

Bei|pro|gramm: *ein zusätzliches Angebot zum Hauptprogramm*

Bei|rat: *ein beratender Ausschuss;* in einen B. berufen werden | *Mitglied eines Beirates* || **Bei|rä|tin**

Bei|ried das, -[e]s, *auch:* die, -: *eine Rindfleischsorte, Rückenstück*

be|ir|ren: *unsicher machen, verwirren;* sich nicht b. lassen

Bei|rut [auch: -'u:-]: *Hauptstadt des Libanons*

bei|sam|men: *zusammen;* b. sein | (ugs.) nicht ganz b. sein *(nicht ganz gesund sein, geistig gestört sein)* || **bei|sam|men|blei|ben** || **Bei|sam|men|sein** || **bei|sam|men|sit|zen** || **bei|sam|men|ste|hen**

Bei|satz (Gramm.): *Apposition*

bei|schie|ßen: jährlich 10 Millionen Euro b. *(beisteuern)*

Bei|schlaf (geh.): *Geschlechtsverkehr*

bei|schlie|ßen (Amtsspr.): Rechnung beigeschlossen *(beiliegend)* || **Bei|schluss** (Amtsspr.): Bewerbungen unter B. eines Lebenslaufes

Bei|sein (Amtsspr.): im B. *(in Anwesenheit)* des Ministers

bei|sei|te: „Spaß beiseite!" *(„Im Ernst!")* || **bei|sei|te|le|gen** || **bei|sei|te|schaf|fen:** *wegbringen* | (sal.) *umbringen* || **bei|sei|te|spre|chen:** *auf der Bühne zu sich selbst bzw. zum Publikum sprechen, als ob die anderen Personen auf der Bühne es nicht hörten*

Bei|sel das, -s/-n ⟨hebr.-jidd.⟩ (reg., bes. ostöst.): *kleine, volkstümliche Gaststätte*

bei|set|zen (geh.): *[feierlich] begraben, bestatten* || **Bei|set|zung**

Bei|sit|zer der, -s/- (Amtsspr.): *Mitglied eines Gerichts, einer Kommission* || **Bei|sit|ze|rin** die, -/-innen (Amtsspr.)

Bei|spiel: zum Beispiel (z. B., zB); mit gutem B. vorangehen || **Beispiel|fall** = Beispielsfall || **beispiel|ge|bend** || **bei|spiel|haft:** *vorbildlich* || **bei|spiel|los:** *ohne Beispiel* || **Bei|spiels|fall** = → Beispielfall || **Bei|spiel|satz** || **beispiels|wei|se**

bei|sprin|gen (geh.): *helfen;* die Nachbarn sind uns beigesprungen

bei|ßen, du beißt/biss/gebissen: in den sauren Apfel b. *(etwas nur ungern tun);* auf Granit b. *(auf unüberwindlichen Widerstand stoßen)* | (ugs.) es beißt *(juckt)* mich | beißende *(schmerzende)* Kälte | (ugs.) ins Gras b. *(sterben)* || **Bei|ßer** der, -s/-: *ein Hebeeisen* | *jemand, der sich in eine Arbeit verbeißt* | *Beißzahn* | (W, derb) *lautstarker, aggressiver Kerl* || **Bei|ße|rei** die, -: eine wilde B. zwischen zwei Hunden || **Beißhem|mung** (Biol.): *Kontrolle der Beißintensität (bes. bei Hunden)* | (geh.) *Konfliktscheu* || **Beiß|korb** || **Beiß|re|flex** || **Beiß|zahn** || **Beißzange:** *eine Zange* | (ugs., abw.) *streitsüchtige Frau*

Bei|stand: *Hilfe;* jemandem B. leisten | *Helfer* | *Trauzeuge* || **Beistands|pakt** (Pol.) || **Bei|stands|pflicht** (Pol.): *Vereinbarung, sich gegenseitig [militärisch] zu helfen* | (Jus) eheliche B. || **bei|stehen:** *helfen;* ich stehe dir in der Gefahr bei

bei|stel|len: *zur Verfügung stellen* || **Bei|stell|tisch:** *ein kleiner Tisch* || **Bei|stel|lung**

bei|steu|ern: *beitragen*

bei|stim|men: einem Vorschlag b.

Bei|strich (,): *Komma;* einen B. setzen; auf Punkt und B. *(sehr genau, bis ins Detail)* || **Bei|strich|set|zung**

Bei|tel der, -s/-: *ein Stemmwerkzeug*

Bei|trag der, -[e]s/-träge: *anteilige Summe;* der B. für eine Mitgliedschaft | *Mitwirkung* | *Artikel [in einer Zeitschrift]* || **bei|tra|gen** || **Bei|trags|grund|la|ge** (Amtsspr.): *Bruttoeinkommen für die Berechnung der Sozialversicherung* || **Bei|trags|leis|tung** || **Beitrags|pflicht:** *Verpflichtung, einen bestimmten Beitrag, zB zur Sozialversicherung, zu leisten* || **Bei|trags|zah|lung**

bei|tre|ten: ich trete einem Tennisverein bei || **Bei|tritt** || **Beitritts|er|klä|rung** || **Bei|tritts|verhand|lung** (meist Pl.) || **Bei|trittswer|ber** (Amtsspr.): ein B. für die EU-Mitgliedschaft || **Bei|trittswer|be|rin** (Amtsspr.)

Bei|wa|gen: *seitlich montierte einrädrige Karosserie bei einem Motorrad* | *Anhänger der Straßenbahn* || **Bei|wa|gen|fah|rer** || **Beiwa|gen|fah|re|rin** || **Bei|wa|genma|schi|ne:** *Motorrad mit Beiwagen* || **Bei|wa|gerl** (ugs.): *Helfer* | (ugs.) *Unterrichtspraktikant/in*

Bei|werk das, -[e]s: *Nebensächliches; Zubehör*

bei|woh|nen (geh.): einer Veranstaltung b. *(daran teilnehmen)* | (geh.) einer Frau b. *(mit ihr Geschlechtsverkehr haben)*

Bei|wort das, -[e]s/-wörter: *ein schmückendes oder näher präzisierendes Wort, zB ein Adjektiv*

Beiz die, -/-en ⟨hebr.-jidd.⟩ (CH, V): *Beisel, Wirtshaus*

Bei|ze die, -/-n: Fleisch in die B. *(saure, stark gewürzte Flüssigkeit)* legen | (Jägerspr.) *Beizjagd*

bei|zei|ten: *rechtzeitig*

bei|zen, du beizt: Holz b. *(färben, imprägnieren)* | Fleisch b. *(zum Würzen in die Beize legen)* | (Jägerspr.) *auf Beizjagd gehen*

bei|zie|hen: einen Sachverständigen b. *(zu Rate ziehen)* || **Bei|ziehung:** unter B. eines Anwalts

Beiz|jagd: *Jagd mit abgerichteten Greifvögeln, Beize*

be|ja|hen: *ja sagen, zustimmen;* sie bejahte meine Frage || **Be|jahung** die, -/-en

be|jahrt (geh.): b. *(alt)* sein

be|jam|mern || **be|jam|merns|wert**

be|ju|beln: der viel bejubelte Sieger

be|kämp|fen: die Konkurrenz b.; eine Erkältung mit Medikamenten b. || **Be|kämp|fung** die, -/-en

be|kannt:

ein bekannter Künstler

B

Getrenntschreibung in Verbindung mit „sein":
– bekannt sein
– bekannt gewesen
R→ S. 901, 1.8
Getrennt- und Zusammenschreibung:
– die Sponsion bekannt geben (= bekanntgeben)
– jemanden/eine Verordnung bekannt machen (= bekanntmachen)
– bekannt werden = bekanntwerden R→ S. 900, 1.5.2

Be|kann|te[1] der, -n/-n, ein Bekannter ‖ **Be|kann|te**[2] die, -n/-n ‖ **Be|kann|ten|kreis:** *alle Bekannten, die jemand hat* ‖ **be|kann|ter|ma|ßen** ‖ **Be|kannt|ga|be** die, - ‖ **be|kannt ge|ben = be|kannt|ge|ben** → bekannt ‖ **Be|kannt|heit** die, - ‖ **Be|kannt|heits|grad** ‖ **be|kannt|lich** ‖ **be|kannt ma|chen = be|kannt|ma|chen:** die Gäste miteinander b. m.; → bekannt ‖ **Be|kannt|ma|chung** die, -/-en ‖ **Be|kannt|schaft** die, -/-en: eine neue B. schließen | (oft drohend oder scherzh.) „Du wirst schon noch meine B. machen!" | (veraltend) eine neue B. *(erotische Beziehung)* haben ‖ **be|kannt wer|den = be|kannt|wer|den** ‖ **Be|kannt|wer|den** das, -s: nach B. der Ergebnisse; *aber:* etwas muss bekannt werden

Be|kas|si|ne die, -/-n ⟨fr.⟩: *ein Schnepfenvogel*

be|keh|ren: jemanden zu einer anderen Ansicht b.; sich zum Christentum b. ‖ **Be|keh|rung**

be|ken|nen: einen Fehler b. *(eingestehen);* sie hat sich zu ihrer Überzeugung bekannt *(ist dafür eingestanden);* Farbe b. *(sich eindeutig deklarieren)* ‖ **Be|ken|ner** ‖ **Be|ken|ner|an|ruf:** *Anruf, in dem sich ein Täter zu einem Attentat bekennt* ‖ **Be|ken|ner|brief** ‖ **Be|ken|ne|rin** ‖ **Be|ken|ner|schrei|ben:** *Bekennerbrief* ‖ **Be|kennt|nis** das, -nisses/-nisse: *Geständnis, Eingeständnis* | *Religionsbekenntnis;* ohne B. ‖ **Be|kennt|nis|ge|mein|schaft** (Amtsspr.): *religiöse Gemeinschaft mit Rechtspersönlichkeit*

be|kla|gen[1]: *jemanden bedauern* ‖ **be|kla|gen**[2] sich: sich über den Lärm b. ‖ **be|kla|gens|wert** ‖ **Be|klag|te**[1] der, -n/-n, ein Beklagter (Amtsspr.): *Beschuldigte* ‖ **Be|klag|te**[2] die, -n/-n (Amtsspr.)

be|klat|schen: jemanden b. *(ihm applaudieren)*

be|klau|en (ugs.): *bestehlen*

be|kle|ben: ein Heft b.

be|kle|ckern (nördl. D, ugs.): *anpatzen;* sich mit Eis b. ‖ **be|kleck|sen** (nördl. D, ugs.)

be|klei|den (geh.): ein Amt b. *(innehaben)* ‖ **Be|klei|dung** ‖ **Be|klei|dungs|vor|schrift**

be|klem|mend: ein beklemmendes Gefühl ‖ **Be|klem|mung** die, -/-en: *Gefühl der Angst, Sorge* ‖ **be|klom|men:** *ängstlich, bedrückt*

be|knie|n [-'iː(ə)n]: *inständig um etwas bitten;* jemanden um Unterstützung b.

be|ko|chen: *verpflegen; für jemanden kochen*

be|kom|men: *kriegen;* wohl bekomm's! *(ein Wunsch)* | etwas nicht über sich b. *(sich nicht dazu durchringen)* können ‖ **be|kömm|lich:** *gut verträglich* ‖ **Be|kömm|lich|keit** die, -

be|kös|ti|gen: *verpflegen*

be|kräf|ti|gen: eine Aussage b. *(bestärken)* ‖ **Be|kräf|ti|gung**

be|krän|zen, du bekränzt

be|kreu|zen: *jemanden/etwas mit dem Kreuzzeichen segnen* ‖ **be|kreu|zi|gen** sich

be|krie|gen: *jemanden bekämpfen*

be|krit|teln: ich bekrittle alles *(setze an allem etwas aus)*

be|krit|zeln: bekritzelte Wände

be|krö|nen: *krönen* ‖ **Be|krö|nung:** die B. der Kuppel ist ein Kreuz

be|küm|mern: diese Vorfälle b. ihn am meisten *(bereiten ihm die meisten Sorgen)* ‖ **be|küm|mert:** b. *(sorgenvoll)* dreinschauen

be|kun|den (geh.): Anteilnahme b. *(zeigen)*

Bel das, -[s]/- (Zeichen: B): *Verhältniszahl von Energiegrößen oder Leistungen; Dämpfungsmaß für Schwingungen; physikalisches Maß für Schallstärke (nach dem amerikanischen Erfinder Bell);* → Dezibel

be|lä|cheln: einen Vorschlag b. *(darüber geringschätzig lächeln)* ‖ **be|la|chen**

be|la|den: einen Wagen b.; mit Sorgen b. sein

Be|lag der, -[e]s/-läge: *[dünne] Beschichtung, Auflage;* ein B. auf der Zunge

Be|la|ge|rer der, -s/- (meist Pl.) ‖ **Be|la|ge|rin** die, -/-innen ‖ **be|la|gern:** eine Stadt b.; eine Gruppe von Neugierigen belagerte die Auslage ‖ **Be|la|ge|rung** ‖ **Be|la|ge|rungs|zu|stand:** *ein Ausnahmezustand;* den B. ausrufen

be|läm|mert: ziemlich b. *(verdutzt, irritiert)* dreinschauen

Be|lang der, -[e]s/-e: von/ohne B. *(Wichtigkeit, Bedeutung)* sein | (meist Pl.) *Angelegenheit;* wirtschaftliche Belange ‖ **be|lan|gen** (Amtsspr.): *zur Rechenschaft ziehen; verklagen* ‖ **be|lang|los:** *unwichtig* ‖ **Be|lang|lo|sig|keit** die, -/-en ‖ **Be|lang|sen|dung:** *[politische] Werbesendung*

Be|la|rus (Kfz: BY), *auch:* Belorussland: *Weißrussland* ‖ **Be|la|rus|se** ‖ **Be|la|rus|sin** ‖ **be|la|rus|sisch**

be|las|sen: *unverändert lassen;* wir wollen es dabei b. *(bewenden lassen)*

be|last|bar ‖ **Be|last|bar|keit** die, -/-en ‖ **be|las|ten:** eine Brücke b. | mit Sorgen belastet sein

be|läs|ti|gen: er belästigte sie mit zudringlichen Fragen ‖ **Be|läs|ti|gung** die, -/-en

Be|las|tung die, -/-en: ich bin der B. gewachsen ‖ **Be|las|tungs-EKG** [-e ka 'geː] (Med.): *EKG, das die Belastbarkeit des Herzens überprüft* ‖ **Be|las|tungs|gren|ze** ‖ **Be|las|tungs|ma|te|ri|al** (Jus): *Materialsammlung, die eine Angeklagte/einen Angeklagten belastet* ‖ **Be|las|tungs|pa|ket:** ein massives B. auf Kosten der Arbeitnehmer/innen schnüren ‖ **Be|las|tungs|pro|be:** *Prüfung auf Belastungsfähigkeit* ‖ **Be|las|tungs|ver|bot** (Jus): *Verbot, eine Liegenschaft mit Hypotheken zu belasten* ‖ **Be|las|tungs|zeu|ge** (Jus): *Zeuge, dessen Aussage Beschuldigte belastet;* → G.: Entlastungszeuge ‖ **Be|las|tungs|zeu|gin** (Jus)

be|laubt: belaubte Bäume

be|lau|ern: *heimlich jemanden beobachten;* sich gegenseitig b.

be|lau|fen sich: die Kosten b. sich auf ... *(betragen ...)*

be|lau|schen: *heimlich beobachten und mithören*

Bel|can|to [-k-] der, -[s] ⟨it.⟩: *Gesangskunst italienischer Art*

be|le|ben: die Wirtschaft b. *(ankurbeln);* Kaffee belebt *(regt an)* ‖ **be|lebt:** eine belebte *(bevölkerte)* Straße

Be|leg der, -[e]s/-e: *Beweisstück;* Zahlungsbeleg ‖ **be|leg|bar:** alle Kurse sind einzeln b.; die Funktionen der Tasten sind frei b. ‖

B

be|le|gen: ein belegtes Brötchen | eine belegte *(heisere)* Stimme | einen Platz b.; einen Kurs b. | das kann ich b. *(beweisen)* ‖ **Be|leg|ex|em|p|lar:** ein B. von ihrem neuen Buch ‖ **Be|leg|schaft** die, -/-en: *die Arbeiter und Angestellten eines Betriebs* ‖ **Be|leg|stel|le**

be|leh|nen: *beleihen, verpfänden, zum Pfand bestellen;* ein Haus b. | (früher) *ein Lehen übergeben;* er wurde vom König mit einem Herzogtum belehnt; → Lehen ‖ **Be|leh|nung** die, -/-en

be|lehr|bar ‖ **be|leh|ren** (geh.): *unterrichten, informieren;* jemanden eines Besser[e]n b. *(zur Einsicht bringen)* | ich lasse mich gerne b. *(vom Gegenteil überzeugen)* ‖ **Be|leh|rung** die, -/-en ‖ **Be|leh|rungs|pflicht** (Jus): die B. zB des Richters im Verfahren

be|leibt: *dick*

be|lei|di|gen: *jemanden in seiner Ehre verletzen;* beleidigende Äußerungen ‖ **Be|lei|di|gung** die, -/-en

be|lei|hen: *belehnen*

be|le|sen: *[durch viel eigenes Lesen] kenntnisreich, gebildet*

Bel|eta|ge [-'aːʃ, -ʒɛ] ⟨fr.⟩ (Arch.): *repräsentatives Stockwerk; erster Stock [eines Palais]*

be|leuch|ten ‖ **Be|leuch|ter** der, -s/-: *jemand, der für die Bühnenbeleuchtung verantwortlich ist* ‖ **Be|leuch|te|rin** die, -/-innen ‖ **Be|leuch|tung** die, -/-en ‖ **Be|leuch|tungs|kör|per**

be|leum|det = be|leu|mun|det: gut b. sein *(in gutem Ruf stehen);* übel b. sein; → Leumund

Bel|fast: *Hauptstadt Nordirlands*

bel|fern ⟨?⟩: *stoßweise, wütend bellen | laut schimpfen*

Bel|gi|en (Kfz: B): *ein Staat* ‖ **Bel|gi|er** der, -s/- ‖ **Bel|gi|e|rin** die, -/-innen ‖ **bel|gisch**

Bel|grad (serbisch: Beograd): *Hauptstadt von Serbien*

be|lich|ten: einen Film b. ‖ **Be|lich|tung** ‖ **Be|lich|tungs|zeit**

be|lie|ben (veraltend bzw. scherzhaft): wie es Ihnen beliebt; du beliebst wohl zu scherzen ‖ **Be|lie|ben** das, -s: [je] nach B. *(nach freier Wahl)* ‖ **be|lie|big:** eine beliebige Zahl nennen; *aber:* jeder Beliebige; → x-beliebig ‖ **be|liebt:** ein beliebtes Lokal ‖ **Be|liebt|heit** die, -

be|lie|fern: die Kunden b.

bel|len: die Hunde b. | der Vorgesetzte bellte *(brüllte)* die Befehle

Bel|le|t|ris|tik die, - ⟨fr.⟩: *schöngeistige, unterhaltende Literatur (zum Unterschied von Sachliteratur und Fachbüchern)* ‖ **bel|le|t|ris|tisch**

be|lo|ben = be|lo|bi|gen: *jemandem öffentlich ein Lob aussprechen* ‖ **Be|lo|bi|gung = Be|lo|bung** die, -/-en

be|loh|nen ‖ **Be|loh|nung:** eine B. erhalten

Be|lo|russ|land: *Belarus*

be|lüf|ten ‖ **Be|lüf|tung** ‖ **Be|lüf|tungs|an|la|ge**

Be|lu|ga[1] die, -/-s ⟨russ.⟩: *Weißwal* | → *Hausen* ‖ **Be|lu|ga**[2] der, -s: *Kaviar der Beluga* ‖ **Be|lu|ga|stör:** → *Hausen*

be|lü|gen: den Freund b. *(ihm bewusst die Unwahrheit sagen)*

be|lus|ti|gen: die Zuschauer b. *(erheitern)* ‖ **Be|lus|ti|gung** die, -/-en: *Vergnügen*

Bel|ve|de|re [-ve'deːɔ, -'eːre]

das, -s ⟨it.⟩: ein *Barockpalais in Wien*

Das Wiener Belvedere wird traditionellerweise ohne das Schluss-e ausgesprochen (unter Einfluss des Französischen oder wie auch regional im Italienischen).

be|mäch|ti|gen sich: sich einer Sache b. *(sie sich aneignen)*

be|ma|len: eine bemalte Schüssel ‖ **Be|ma|lung** die, -/-en

be|män|geln: ich bemängle die Ausführung einer Arbeit *(zeige an ihr Mängel auf)*

be|man|nen: ein Segelboot b. *(mit Mannschaft besetzen);* ein bemanntes Raumschiff ‖ **Be|man|nung** die, -/-en

be|män|teln (geh.): ich bemäntle *(beschönige, vertusche)* seine Fehler

be|ma|ßen (fachspr.): *mit Maßen versehen*

be|mau|ten (Amtsspr.): *mit einer Maut belegen;* eine Straße b. ‖ **Be|mau|tung** die, -/-en (Amtsspr.)

be|meh|len (Küchenspr.)

be|merk|bar: sich b. machen *(auf sich aufmerksam machen)* ‖ **be|mer|ken:** eine Veränderung b. *(feststellen)* | etwas zu einem Thema b. *(sagen);* nebenbei bemerkt ‖ **be|mer|kens|wert** ‖ **be|mer|kens|wer|ter|wei|se** ‖ **Be|mer|kung** die, -/-en

be|mes|sen: meine Zeit ist knapp b. *(ich habe wenig Zeit)* ‖ **Be|mes|sung** ‖ **Be|mes|sungs|grund|la|ge:** *durchschnittliches beitragspflichtiges Arbeitseinkommen*

be|mit|lei|den ‖ **be|mit|lei|dens|wert**

be|mit|telt: *wohlhabend, reich*

Bem|merl das, -s/-[n] (mda.): *kugelförmiger Kot, zB von Ziegen*

be|moost: ein bemooster *(mit Moos bedeckter)* Baum | (geh. bzw. scherzh.) ein bemoostes Haupt *(alter, weißhaariger Mensch)*

be|mü|hen[1] (geh.): *in Anspruch nehmen;* den Nachbarn b. *(um Hilfe bitten)* ‖ **be|mü|hen**[2] sich: *sich Mühe geben* ‖ **be|müht:** sie führten eine sehr bemühte *(gezwungen freundliche)* Unterhaltung ‖ **Be|mü|hung** die, -/-en: *trotz aller Bemühungen*

be|mü|ßigt (geh.): sich b. *(veranlasst, gezwungen)* fühlen/sehen, etwas zu tun

be|mut|tern: *wie eine Mutter für jemanden sorgen*

be|nach|bart: sie wohnt im benachbarten Dorf

be|nach|ran|gen (Amtsspr.): *mit Nachrang versehen, nachrangig behandeln* ‖ **Be|nach|ran|gung** die, -/-en (Amtsspr.)

be|nach|rich|ti|gen: die Eltern b. ‖ **Be|nach|rich|ti|gung** die, -/-en

be|nach|tei|li|gen: *schädigen* ‖ **Be|nach|tei|lig|te**[1] der, -n/-n, ein Benachteiligter ‖ **Be|nach|tei|lig|te**[2] die, -n/-n ‖ **Be|nach|tei|li|gung** die, -/-en

be|na|gen: von Mäusen benagtes Brot

be|nam|sen (ugs., scherzh.): *benennen* ‖ **Be|nam|sung** die, -/-en (ugs., scherzh.)

Bench|mar|king ['bentʃ-] das, -s ⟨engl.⟩ (Wirt.): *Konkurrenzvergleich bei Herstellungsprozessen, Produkten und Management, Suche nach Leitwerten*

be|ne|belt (ugs.): *benommen; leicht betrunken*

be|ne|dei|en (veraltet) → gebenedeit ‖ **Be|ne|dic|tus** [-k-] das, - ⟨lat.⟩: *ein Teil der heiligen Messe* ‖ **Be|ne|dikt:** *männl. Vorname* ‖ **Be|ne|dik|ti|ner** der, -s/-: *Angehöriger eines Mönchsordens* ‖ **Be|ne|dik|ti|ne|rin** die, -/-innen ‖ **Be|ne|dik|ti|ner|or|den** (OSB)

Be|ne|fiz das, -es/-ien [-i̯ən] ⟨lat.⟩: *Begünstigung* ‖ **Be|ne|fi|zi|um** das, -s/Benefizien [-i̯ən]: *kirchliche Pfründe; Lehen* ‖ **Be|ne|fiz-**

konzert || **Benefizveranstaltung** || **Benefizvorstellung:** *[Theater]vorstellung zu Gunsten einer wohltätigen Sache*

benehmen: sich anständig b. | (geh.) etwas benimmt *(raubt)* mir den Atem || **Benehmen** das, -s: ein gutes B.

beneiden: jemanden um etwas b. || **beneidenswert**

Beneluxstaaten die (Pl.): *die zu einer engen Gemeinschaft zusammengeschlossenen Staaten* ***Be****lgien, Niederlande (****Ne****derland) und* ***Lux****emburg*

benennen: *einen Namen geben;* eine Straße nach einer Künstlerin b. | als Zeugin benannt *(bestimmt)* werden || **Benennung**

Benešdekrete [-ʃ-] die (Pl.) (Pol.): *Beschlüsse der Tschechoslowakischen Republik 1945 über Enteignung, Ausbürgerung und Ausweisung der deutschen Volksgruppe*

benetzen: *feucht machen*

Bengalen: *eine Landschaft in Bangladesch und Indien* || **Bengali** das, -[s]: *Sprache in Bengalen* || **bengalisch**

Bengel der, -s/-: *ungezogener, frecher Bub*

Benjamin[1]: *männl. Vorname* || **Benjamin**[2] der, -[s]/-e: *der Jüngste in der Familie, in der Schulklasse uÄ*

benommen: *wie betäubt* || **Benommenheit** die, -

benoten: eine Schularbeit b.

benötigen: eine Brille b. *(brauchen)*

Benotung die, -/-en

benutzbar = **benützbar:** etwas ist nicht b. || **Benutzbarkeit** = **Benützbarkeit** die, - || **benutzen** = **benützen:** *nutzen, gebrauchen, verwenden* || **Benutzer** = **Benützer** der, -s/- || **Benutzerin** = **Benützerin** die, -/-innen || **benutzerfreundlich** = **benützerfreundlich:** das Computerprogramm ist b. || **Benutzerfreundlichkeit** = **Benützerfreundlichkeit:** *einfache Handhabung* || **Benutzername** = **Benützername,** *auch:* **Benutzernamen, Benützernamen:** *Name des Benutzers, der bei der elektronischen Registrierung gemeinsam mit dem Passwort anzugeben ist, Username* || **Benutzeroberfläche** = **Benützeroberfläche** (EDV): *Programm zur bequemeren Bedienung des Computers* || **Benutzung** = **Benützung** || **Benutzungsbewilligung** = **Benützungsbewilligung** (Amtsspr.): *Kollaudierung* || **Benutzungsentgelt** = **Benützungsentgelt** (Amtsspr.): *Miete, Pachtzins* || **Benutzungsgebühr** = **Benützungsgebühr** || **Benutzungsordnung** = **Benützungsordnung** || **Benutzungsvorschrift** = **Benützungsvorschrift**

benzen, du benzt (ugs.): *beharrlich, aufdringlich bitten oder mahnen*

Benzin das (ugs. auch: der), -s/-e ⟨arab.-rom.⟩: *ein Treibstoff; Lösungs- und Reinigungsmittel;* B. tanken; → B. sparend = benzinsparend || **Benziner** der, -s/- (ugs.): *benzinbetriebenes Auto* || **Benzinfeuerzeug** || **Benzinkanister** || **Benzinpreis:** der B. wurde schon wieder erhöht || **Benzinpreiserhöhung** || **Benzinpreissenkung** || **Benzin sparend** = **benzinsparend:** B. sparende Autos || **Benzinverbrauch** || **Benzoesäure** [-o.e-] die, - (Chem.): *ein Konservierungsmittel* || **Benzol** das, -s/-e (Chem.): *eine Flüssigkeit, die als Treibstoff oder als Fleckputzmittel verwendet wird*

Beo der, -s/-s: *ein Vogel*

beobachten: Wild b.; einen Verdächtigen b. | (geh.) das Gesetz b. *(beachten)* || **Beobachter** der, -s/- || **Beobachterin** die, -/-innen || **Beobachterstatus** [-ʃt-]: bei einer internationalen Organisation nur B. haben *(nicht Mitgliedstaat sein)* || **Beobachtung** die, -/-en: eine B. machen || **Beobachtungsgabe** || **Beobachtungszeitraum**

beordern: Polizisten zum Unfallsort b. *(befehlen)*

bepacken: *voll beladen*

bepflanzen || **Bepflanzung:** *Begrünung*

bepflastern: *bekleben; voll kleben*

bepinseln: *bemalen*

bequem: bequeme Kleidung | das geht sich b. *(spielend)* aus | dafür ist er viel zu bequem *(faul)* || **bequemen** sich: *sich bereit finden* || **Bequemlichkeit** die, -/-en

berappen: *bezahlen*

beraten: die Kundin gut b. | neue Gesetze b. *(gemeinsam überlegen)* || **Berater** der, -s/- || **Beraterfirma** || **Beraterin** die, -/-innen || **beratschlagen:** *gemeinsam überlegen, beraten* || **Beratung** die, -/-en || **Beratungsdienst** || **Beratungsfirma** || **Beratungsgespräch** || **Beratungshonorar** || **Beratungsstelle**

berauben: *ausrauben* | (geh.) *wegnehmen;* sie wurden ihrer Freiheit beraubt || **Beraubung** die, -/-en

berauschen, du berausch[s]t: *betrunken machen;* der Wein berauschte sie; berauschende *(betäubende)* Mittel; die Aufführung war nicht berauschend *(nur durchschnittlich);* er berauschte *(begeisterte)* sich an dieser Musik

Berber der, -s/-: *Angehöriger einer nordafrikanischen Völkergruppe* || **Berberhengst** || **Berberin** die, -/-innen || **berberisch**

Berberitze die, -/-n ⟨arab.-lat.⟩: *ein Strauch, Sauerdorn*

Berberteppich

berechenbar: *einschätzbar, voraussehbar* || **berechnen:** den Umfang b.; die Kosten b. || **berechnend:** *auf seinen Vorteil bedacht sein* || **Berechnung:** eine schwierige B. anstellen || **Berechnungsgrundlage**

berechtigen: dieses Zeugnis berechtigt zum Besuch einer Fachschule || **berechtigt:** berechtigte Einwände || **Berechtigte**[1] der, -n/-n, ein Berechtigter || **Berechtigte**[2] die, -n/-n || **berechtigterweise:** b. mehr Lohn bekommen || **Berechtigung** die, -/-en || **Berechtigungsschein**

bereden: etwas in Ruhe b. | ihr Verhalten b. *(darüber abfällig reden)* | sie haben mich beredet *(überredet)* mitzukommen || **beredsam:** *redegewandt, mitteilsam* || **Beredsamkeit** die, - || **beredt:** *beredsam*

beregnen: *künstlich bewässern;* den Rasen b. || **Beregnungsanlage**

Bereich der, -[e]s/-e: ein markierter B. | *[Aufgaben]gebiet;* das liegt nicht im B. des Möglichen *(es ist nicht möglich)* || **bereichern:** sein Wissen b.; sich rücksichtslos b. || **Bereicherung** die, -/-en: sie ist eine B. für die Runde | (Jus) die ungerechtfertigte B. || **Bereichssprecher** (Pol.): *Wortführer einer Parlamentspartei für einen bestimmten Sachbereich, zB Justizsprecher* || **Bereichssprecherin** (Pol.)

B

be|rei|fen[1]: von Frost bereifte Wiesen

be|rei|fen[2]: *mit Reifen versehen;* ein Auto b. ‖ **Be|rei|fung** die, -/-en

be|rei|ni|gen: ein Missverständnis b. *(es aufklären, es aus der Welt schaffen)* ‖ **Be|rei|ni|gung**

be|rei|sen: den Fernen Osten b.

> **be|reit:**
>
> **Getrenntschreibung in Verbindung mit „sein“:**
> – zu etwas bereit sein
> R→ S. 901, 1.8
>
> **Zusammenschreibung bei übertragener Bedeutung:**
> – sich zu etwas bereitfinden
> – immer eine Ausrede bereithaben
> – bereitlegen
> – bereitliegen
> – bereitstehen
> – die nötigen Mittel bereitstellen *(zur Verfügung stellen)*
> – sich zu etwas bereitzeigen
> – sich für den Einsatz bereithalten R→ S. 900, 1.5.1
>
> **Getrennt- und Zusammenschreibung:**
> – sich zu etwas bereit erklären (= bereiterklären)
> – bereit machen = bereitmachen
> R→ S. 900, 1.5.2

be|rei|ten[1]: jemandem eine Freude b. *(machen)* ǀ (geh.) das Essen/ein Mahl/einen Tee b.

be|rei|ten[2]: Pferde b.; → beritten ‖ **Be|rei|ter:** *jemand, der Pferde zureitet;* B. der Spanischen Reitschule (Hofreitschule) ‖ **Be|rei|te|rin** die, -/-innen

be|reit er|klä|ren = **be|reit|er|klä|ren** → bereit ‖ **be|reit|fin|den** sich → bereit ‖ **be|reit|ha|ben** → bereit ‖ **be|reit|hal|ten** → bereit ‖ **be|reit|le|gen** ‖ **be|reit|lie|gen** ‖ **be|reit ma|chen** = **be|reit|ma|chen** ‖ **be|reits:** *schon* ‖ **Be|reit|schaft** die, -/-en ‖ **Be|reit|schafts|dienst:** der B. der Ärzte ‖ **be|reit|ste|hen** → bereit ‖ **be|reit|stel|len** → bereit ‖ **Be|reit|stel|lung** ‖ **Be|rei|tung** die, -: *Aufbereitung* ‖ **be|reit|wil|lig** ‖ **Be|reit|wil|lig|keit** die, - ‖ **be|reit|zei|gen** sich → bereit

be|reu|en: einen Entschluss b.

Berg der, -[e]s/-e: einen B. besteigen; die Haare stehen einem zu Berg[e] *(sie sträuben sich);* sie ist wieder über den/dem B. *(einigermaßen gesund);* Berge versetzen *(Unglaubliches bewirken)* können; sie war längst über alle Berge *(in Sicherheit; verschwunden)* ǀ ein B. *(Haufen)* Wäsche ‖ **berg|ab:** b. gehen/fahren ‖ **berg|ab|wärts:** b. gehen

Ber|ga|mot|te die, -/-n ⟨türk.-fr.⟩: *eine Zitrusfrucht* ‖ **Ber|ga|mott|öl,** *auch:* Bergamottenöl

berg|an: b. gehen; b. fahren ‖ **Berg|ar|bei|ter** ‖ **Berg|ar|bei|te|rin** ‖ **berg|auf:** b. steigen ‖ **berg|auf|wärts:** b. gehen ‖ **Berg|bahn** ‖ **Berg|bau** der, -[e]s: *Förderung von Bodenschätzen* ‖ **Berg|bau|er** ‖ **Berg|bäu|e|rin,** *auch:* Bergbäurin ‖ **Berg|bau|ern|be|trieb** ‖ **Berg|dorf** ‖ **Berg|ei|dech|se** [-ks-]

ber|gen, ich berge, du birgst/barg/geborgen/ birg!, bergt!: *in Sicherheit bringen;* die Verletzten b. *(retten)* ǀ (geh.) etwas birgt Vorteile in sich *(enthält Vorteile);* → geborgen ‖ **Ber|ge|pan|zer:** *Panzer mit Kranvorrichtung zum Abschleppen militärischer Schwerfahrzeuge* ‖ **Ber|ge|un|ter|neh|men:** *Firma zur Bergung [von gesunkenen Schiffen]* ‖ **ber|ge|wei|se:** *in großer Menge*

Berg|fex: *jemand, der ins Bergsteigen und in die Berge vernarrt ist* ‖ **Berg|fried** der, -[e]s/-e, *auch:* Burgfried: *Hauptturm einer Burg* ‖ **Berg|füh|rer** ‖ **Berg|füh|re|rin** ‖ **Berg|ge|mein|de** ‖ **Berg|gip|fel** ‖ **Berg|haupt|mann|schaft** die, -/-en (früher): *erste Instanz für das Bergwesen* ‖ **Berg|hüt|te** ‖ **ber|gig**

Ber|gi|sel [-ˈgiː-] der, -[s]: *Anhöhe bei Innsbruck (mit Sprungschanze)*

Berg|kä|se, *auch:* Bergkäs: *ein [Vorarlberger] Käse* ‖ **Berg|ket|te** ‖ **Berg|kit|tel:** *Kleidung der Bergleute* ‖ **Berg|knap|pe:** *Bergmann* ‖ **Berg|kra|xler** (ugs.): *Bergsteiger* ‖ **Berg|kra|xle|rin** (ugs.) ‖ **Berg|kris|tall:** *ein klares Mineral (ein Schmuckstein)* ‖ **Berg|kup|pe** ‖ **Berg|lamm** ‖ **Berg|land** ‖ **Berg|leh|ne:** *Abhang* ‖ **Berg|ler** der, -s/- (reg., ugs.): *Bergbewohner* ‖ **Berg|le|rin** die, -/-innen (reg., ugs.) ‖ **Berg|mann** der, -[e]s/-leute [-männer]: *Arbeiter im Bergbau* ‖ **berg|män|nisch** ‖ **Berg|manns|spra|che** ‖ **Berg|mas|siv** ‖ **Berg|molch:** *ein Schwanzlurch* ‖ **Berg|not** die, -: in B. geraten *(im Gebirge in Gefahr kommen)* ‖ **Berg|pre|digt:** *eine der wichtigsten Predigten Christi* ‖ **Berg|ret|tung** ‖ **Berg|ret|tungs|dienst** ‖ **Berg|rat:** *ein Berufstitel* ‖ **Berg|rä|tin** ‖ **Berg|rü|cken** ‖ **Berg|rutsch** ‖ **Berg|schi** = → Bergski

Berg|schrund: *Spalte zwischen dem fließenden und dem nichtfließenden (am Fels festgefrorenen) Gletschereis* ‖ **Berg|ski** [-ʃiː] = Bergschi: *bei Schrägfahrt der obere Ski* ‖ **Berg|sta|del** ‖ **Berg|sta|ti|on** [-ʃtatsi̯-]: *die oberste Station einer Bergbahn* ‖ **berg|stei|gen** (nur Inf. und Part.): b. gehen ‖ **Berg|stei|ger** der, -s/- ‖ **Berg|stei|ge|rin** die, -/-innen ‖ **Berg|stra|ße** ‖ **Berg|tour** [-tuːə]: eine B. machen ‖ **Berg-und-Tal-Bahn:** *Achterbahn, Hochschaubahn* ‖ **Berg|un|fall**

Ber|gung die, -/-en: die B. der Verletzten ‖ **Ber|gungs|ak|ti|on** [-tsi̯-] ‖ **Ber|gungs|mann|schaft** ‖ **Ber|gungs|hub|schrau|ber** ‖ **Ber|gungs|schiff**

Berg|wacht: von der B. gerettet werden ‖ **berg|wan|dern** (nur Inf. und Part.): in den Alpen b. ‖ **Berg|wan|de|rung** ‖ **Berg|wein:** *Wein, der auf Steillagen gewachsen ist* ‖ **Berg|werk:** *[unterirdische] Abbaustätte für Bodenschätze* ‖ **Berg|zoo**

Be|richt der, -[e]s/-e: B. erstatten *(berichten)* ‖ **be|rich|ten:** über einen Unfall b. ‖ **Be|richt|er|stat|ter** der, -s/- ‖ **Be|richt|er|stat|te|rin** die, -/-innen ‖ **Be|richt|er|stat|tung** die, - ‖ **be|rich|ti|gen:** einen Fehler b. ‖ **Be|rich|ti|gung** die, -/-en ‖ **Be|richts|pflicht** (Jus): *Verpflichtung zur Berichterstattung an die übergeordnete Dienststelle/Behörde* ‖ **Be|richts|sai|son** [-zɛˌzoːn, fr.: -sɛˌzɔ̃], *auch:* Berichtsaison (Wirt.): *Berichtszeitraum* ‖ **Be|richts|zeit|raum,** *auch:* Berichtzeitraum

be|rie|chen: die Welpen b. alles Neue

be|rie|seln: der Gärtner berieselt *(beregnet)* ein Feld ǀ sich vom Radio b. lassen ‖ **Be|rie|se|lung** = **Be|ries|lung** die, -/-en

be|rin|gen: Zugvögel b. *(durch Beinringe kennzeichnen)*

be|rit|ten: berittene Polizei; → bereiten[2]

Ber|ke|li|um das, -s (Zeichen: Bk): *ein chemisches Element (nach der amerikanischen Universität Berkeley)*

Ber|lin: *deutsche Bundeshauptstadt und zugleich Bundesland*

Ber|li|ner[1] (Adj.): B. Pfannkuchen *(Berliner)* ‖ **Ber|li|ner**[2] der, -s/-: *Bewohner Berlins* | (Küchenspr.) *eine Art Krapfen* ‖ **Ber|li|ne|rin** die, -/-innen ‖ **ber|li|ne|risch**

Ber|mu|da die, -/-s: *Kurzwort für Bermudashorts (nach einer Inselgruppe)* ‖ **Ber|mu|da|drei|eck:** *Meeresgebiet in der Karibik, wo viele Flugzeuge und Schiffe verschwunden sind* | (ugs.) *Stadtviertel mit vielen In-Lokalen* ‖ **Ber|mu|da|shorts** [-ʃɔːts]: *eine [fast knielange] Hose*

Bern: *Hauptstadt der Schweiz* | *ein Schweizer Kanton*

Ber|na|det|te [-'ɛt]: *weibl. Vorname*

Bernd, *auch:* Bernt: *männl. Vorname (Bernhard)*

Bern|dorf: *Stadt in Niederösterreich*

Bern|hard: *männl. Vorname;* → Bernd ‖ **Bern|har|di|ner** der, -s/- = **Bern|har|di|ner|hund**

Bern|stein der, -[e]s: *ein Schmuckstein, versteinertes Harz* ‖ **Bern|stein|stra|ße:** *eine historische Handelsroute*

Bernt → Bernd

Bersch der, -[en]/- (reg., ugs., sal.): *Bub, Bursch*

Ber|ser|ker [auch: 'bɛ-] der, -s/- ⟨germ.⟩: wie ein B. *(Besessener)* toben ‖ **ber|ser|ker|haft:** *wild, tobend, ungebärdig*

bers|ten, ich berste, du birst/barst/geborsten/birst!, berstet!: das Wasserrohr ist geborsten *(zersprungen);* vor Wut b. *(platzen); aber:* der Bus ist zum **B**ersten voll

Ber|ta = Ber|tha: *weibl. Vorname;* → Bertl ‖ **Bert|hold,** *auch:* Bertold: *männl. Vorname* ‖ **Bertl:** *weibl. und männl. Vorname (Albert, Berta, Herbert, Hubert uÄ)* ‖ **Ber|told** → Berthold

Ber|tram[1]: *männl. Vorname*

Ber|tram[2] der, -s ⟨gr.-lat.⟩: *Name verschiedener Arzneipflanzen*

be|rüch|tigt: *durch schlechten Ruf bekannt*

be|rü|cken (geh.): *bezaubern, betören*

be|rück|sich|ti|gen: *darauf Rücksicht nehmen;* alle bei der Verteilung b. *(bedenken)* ‖ **be|rück|sich|ti|gens|wert** ‖ **Be|rück|sich|ti|gung** die, - ‖ **be|rück|sich|ti|gungs|wür|dig**

Be|ruf der, -[e]s/-e: sie ist von B. Ärztin ‖ **be|ru|fen**[1] (Verb): sie wurde als Professorin an die Universität b. | gegen ein Urteil b. *(Einspruch erheben)* ‖ **be|ru|fen**[2] sich: sich auf ein Versprechen b. *(beziehen)* ‖ **be|ru|fen**[3] (Adj.): *geeignet, talentiert;* sie ist zur Sängerin b. ‖ **Be|ruf|kraut:** *eine Pflanzengattung* ‖ **be|ruf|lich** ‖ **Be|rufs|al|bum** (SüdT., Amtsspr.): *Verzeichnis der Ausübungsberechtigten für bestimmte Berufe* ‖ **Be|rufs|an|fän|ger** ‖ **Be|rufs|an|fän|ge|rin** ‖ **Be|rufs|an|wär|ter:** drei Jahre als B. in einer Wirtschaftstreuhandkanzlei arbeiten ‖ **Be|rufs|an|wär|te|rin** ‖ **Be|rufs|aus|bil|dung** ‖ **Be|rufs|aus|bil|dungs|ge|setz** (BAG) ‖ **Be|rufs|aus|sich|ten** die (Pl.) ‖ **be|rufs|be|dingt** ‖ **be|rufs|be|glei|tend:** berufsbegleitende Studien ‖ **Be|rufs|be|ra|ter** ‖ **Be|rufs|be|ra|te|rin** ‖ **Be|rufs|be|ra|tung** ‖ **Be|rufs|be|zeich|nung** ‖ **be|rufs|be|zo|gen** ‖ **Be|rufs|bild** ‖ **be|rufs|bil|dend:** die berufsbildende mittlere Schule (BMS) *(Handelsschule ua.);* die berufsbildende höhere Schule (BHS) *(Handelsakademie ua.)* ‖ **Be|rufs|ein|stei|ger** ‖ **Be|rufs|ein|stei|ge|rin** ‖ **Be|rufs|ein|stieg** ‖ **Be|rufs|er|fah|rung** ‖ **Be|rufs|ethos:** *ideale Berufsauffassung* ‖ **Be|rufs|fah|rer** ‖ **Be|rufs|fah|re|rin** ‖ **Be|rufs|feu|er|wehr** → G.: freiwillige Feuerwehr ‖ **Be|rufs|för|de|rungs|in|sti|tut** [-st-] (BFI): *Dachverband von Fortbildungseinrichtungen der Arbeitnehmerorganisationen* ‖ **Be|rufs|ge|heim|nis** ‖ **Be|rufs|heer** ‖ **Be|rufs|in|for|ma|ti|on** [-tsi̯-] ‖ **Be|rufs|in|for|ma|ti|ons|zen|trum** (BIZ): *Einrichtung der Arbeitsmarktverwaltung zur Berufsberatung* ‖ **Be|rufs|ju|gend|li|che** (oft iron.): *Person, die trotz fortgeschrittenen Alters [politische] Anliegen der Jugendlichen vertritt* ‖ **Be|rufs|klei|dung** ‖ **Be|rufs|kraft|fah|rer** ‖ **Be|rufs|kraft|fah|re|rin** ‖ **Be|rufs|krank|heit:** *eine berufsbedingte Krankheit* ‖ **Be|rufs|le|ben:** neu ins B. eintreten ‖ **Be|rufs|lauf|bahn** ‖ **be|rufs|mä|ßig:** ein Hobby b. ausüben ‖ **Be|rufs|ma|tu|ra:** *Berufsreifeprüfung* ‖ **Be|rufs|of|fi|zier** ‖ **Be|rufs|of|fi|zie|rin** ‖ **Be|rufs|ori|en|tie|rung:** *ein Unterrichtsgegenstand und -prinzip* ‖ **be|rufs|pä|da|go|gisch:** berufspädagogische Maßnahmen; *aber:* → die Berufspädagogische Akademie (BPA) ‖ **Be|rufs|rei|fe:** ein Lehrling erlangt die B. ‖ **Be|rufs|rei|fe|prü|fung:** *Prüfung für Berufstätige, die die Matura ersetzt* ‖ **Be|rufs|ri|si|ko** ‖ **Be|rufs|schu|le:** *berufsbildende Pflichtschule* ‖ **Be|rufs|schul|in|spek|tor** [-sp-, auch: -ʃp-] (BSI) ‖ **Be|rufs|schul|in|spek|to|rin** (BSI) ‖ **Be|rufs|schul|leh|rer** ‖ **Be|rufs|schul|leh|re|rin** ‖ **Be|rufs|schul|ober|leh|rer** ‖ **Be|rufs|schul|ober|leh|re|rin** ‖ **Be|rufs|sol|dat** ‖ **Be|rufs|sol|da|tin** ‖ **Be|rufs|stand** ‖ **be|rufs|tä|tig** ‖ **Be|rufs|tä|ti|ge**[1] der, -n/-n, ein Berufstätiger ‖ **Be|rufs|tä|ti|ge**[2] die, -n/-n ‖ **Be|rufs|tä|tig|keit** ‖ **Be|rufs|ti|tel:** *auszeichnender Titel, der sich auf eine bestimmte berufliche Tätigkeit bezieht, zB Medizinalrat, Oberstudienrat* ‖ **Be|rufs|un|fä|hig|keit** ‖ **Be|rufs|un|fä|hig|keits|pen|si|on** ‖ **Be|rufs|ver|band** ‖ **Be|rufs|ver|bot** ‖ **Be|rufs|ver|bre|cher** ‖ **Be|rufs|ver|bre|che|rin** ‖ **Be|rufs|ver|ei|ni|gung** ‖ **Be|rufs|ver|kehr** ‖ **Be|rufs|wahl** ‖ **Be|rufs|weg** ‖ **Be|rufs|wunsch** ‖ **Be|ru|fung** die, -/-en: eine B. an die Universität Graz | besonderes Talent; die B. zur Künstlerin fühlen | B. gegen ein Urteil einlegen *(es anfechten)* ‖ **Be|ru|fungs|frist** ‖ **Be|ru|fungs|kom|mis|si|on** ‖ **Be|ru|fungs|se|nat:** *Entscheidungsinstanz (zB im Sport, beim Wiener Magistrat)* | *Richtersenat* ‖ **Be|ru|fungs|ver|fah|ren** ‖ **Be|ru|fungs|wer|ber** ‖ **Be|ru|fungs|wer|be|rin**

be|ru|hen: das beruht auf einem Irrtum; etwas auf sich b. lassen *(diesbezüglich nichts unternehmen)*

be|ru|hi|gen: das weinende Kind b.; sich vor Aufregung nicht b. können ‖ **Be|ru|hi|gung** die, - ‖ **Be|ru|hi|gungs|mit|tel** ‖ **Be|ru|hi|gungs|pil|le**

be|rühmt: sie ist für ihren Humor b. ‖ **be|rühmt-be|rüch|tigt:** *auf Grund auffälliger Vorkommnisse/Eigenschaften zu Berühmtheit gelangt;* er ist für seine Sager b. ‖ **Be|rühmt|heit** die, -: *der Ruhm* | (mit Pl. -en) er ist eine B. *(berühmte Persönlichkeit)*

be|rüh|ren: *angreifen* | ein heikles Thema b. *(ansprechen)* | sein Schicksal berührt *(bewegt, ergreift)* mich ‖ **Be|rüh|rung** die, -/-en ‖ **Be|rüh|rungs|angst:** *Angst vor Berührung* ‖ **Be|rüh|rungs|punkt**

B

B

berußt, *auch:* berusst: *mit Ruß bedeckt*
Beryll [-'yl, -'il] der, -s/-e ⟨Sanskrit-gr.-lat.⟩: *ein Schmuckstein* ‖ **Beryllium** das, -s (Zeichen: Be): *ein chemisches Element*
bes.: besonders
besagen: das will nichts b. *(bedeuten)* ‖ **besagt:** besagter *(vorhin erwähnter)* Mann
besaiten: die Geige neu b.; zart besaitet (= zartbesaitet) *(sensibel, überempfindlich)*
besamen: *befruchten*
besänftigen: das weinende Kind b. *(beruhigen)* ‖ **Besänftigung** die, -/-en
besät (geh.): mit Blüten b. *(übersät)*
Besatz: *Verzierung aus Spitzen oder Borten an Kleidern* ‖ **Besatzer** der, -s/-: *Angehöriger, Soldat einer Besatzungsmacht* ‖ **Besatzerin** die, -/-innen ‖ **Besatzung:** die B. *(Mannschaft)* eines Flugzeugs | (Mil.) *Besatzungsmacht* ‖ **Besatzungsmacht:** *Truppen (Staat) auf fremdem Staatsgebiet* ‖ **Besatzungssoldat** ‖ **Besatzungssoldatin** ‖ **Besatzungszeit** ‖ **Besatzungszone:** *von fremdem Militär besetztes Gebiet*
besaufen sich (derb): *sich betrinken* ‖ **Besäufnis** das, -nisses/-nisse = die, -/-nisse (derb)
beschädigen: das Auto beim Einparken b.; beschädigte Ware ‖ **Beschädigtenrente** (Amtsspr.): *Rente bei Dienstbeschädigung* ‖ **Beschädigung** die -/-en
beschaffen[1] (Verb): sie hat etwas beschafft *(besorgt)* ‖ **beschaffen**[2] (Adj.): gut b. *(geartet)* sein ‖ **Beschaffenheit** die, - ‖ **Beschaffung:** *Besorgung* ‖ **Beschaffungsamt:** *eine administrative Einrichtung* ‖ **Beschaffungskriminalität:** *kriminelle Handlungen zur Beschaffung von Drogen*
beschäftigen[1]: *jemandem Arbeit geben* ‖ **beschäftigen**[2] sich: *sich befassen* ‖ **Beschäftigte**[1] der, -n/-n, ein Beschäftigter | (Wirt.) geringfügig B. ‖ **Beschäftigte**[2] die, -n/-n ‖ **beschäftigungslos** ‖ **Beschäftigung** die, -/-en ‖ **Beschäftigungsausmaß** ‖ **Beschäftigungsbewilligung:** *Arbeitsaufnahmeberechtigung für eine ausländische Arbeitskraft mit Aufenthaltstitel* ‖ **Beschäftigungsgruppe:** *Verwendungsgruppe* ‖ **Beschäftigungslose**[1] der, -n/-n, ein Beschäftigungsloser: *Arbeitslose* ‖ **Beschäftigungslose**[2] die, -n/-n ‖ **Beschäftigungstherapie** (Med.): *eine Heilmethode* ‖ **Beschäftigungsverbot** (Jus): *gesetzliches Verbot der Beschäftigung von Kindern, Jugendlichen und werdenden Müttern*
beschallen: einen Saal mit Lautsprechern b. ‖ **Beschallung** die, -/-en: *Tontechnik [bei Veranstaltungen auf großen Plätzen]*
beschämen: *in Verlegenheit bringen, demütigen* ‖ **beschämend** ‖ **beschämenderweise**
beschatten: *jemanden heimlich beobachten, überwachen*
Beschau die, - (Amtsspr.): *eine amtliche Kontrolle;* Fleischbeschau ‖ **beschauen:** *ansehen* ‖ **beschaulich:** *ruhig, besinnlich; ein beschauliches Leben führen* ‖ **Beschaulichkeit** die, -
Bescheid der, -[e]s/-e (Amtsspr.): *[schriftliche] Entscheidung einer Behörde* | (ohne Pl.) B. *(Auskunft; Nachricht)* geben; B. wissen *(sich auskennen)* ‖ **Bescheidcharakter** [-k-] (Amtsspr.): ein amtliches Schreiben mit B. ‖ **bescheiden**[1] (Verb) (Amtsspr.): der Antrag wurde abschlägig beschieden *(er wurde abgelehnt);* jemanden zu sich b. *(vorladen)* ‖ **bescheiden**[2] sich (Verb) (geh.): *sich begnügen* ‖ **bescheiden**[3] (Adj.): *genügsam, anspruchslos* ‖ **Bescheidenheit** die, -
bescheinen: von der Sonne beschienen
bescheinigen (bes. Amtsspr.): *schriftlich bestätigen* ‖ **Bescheinigung** die, -/-en (bes. Amtsspr.)
bescheißen (derb): ich lasse mich nicht b. *(betrügen);* → beschissen
beschenken: jemanden reichlich b. ‖ **Beschenkte**[1] der, -n/-n, ein Beschenkter ‖ **Beschenkte**[2] die, -n/-n
bescheren: *zu Weihnachten beschenken* | (oft iron.) das neue Jahr beschert *(bringt)* uns neue Steuern ‖ **Bescherung** die, -/-en (veraltend): *Beschenkung zu Weihnachten* | (ugs.) „Da haben wir die B.!"
bescheuert (nördl. D, ugs.): *blöd, dumm*
beschichten: *mit einer Schicht überziehen* ‖ **Beschichtung**
beschicken: der Obstmarkt ist reich beschickt *(es wird viel Obst angeboten)*
bescheiden (geh.): den Flüchtlingen war ein schweres Schicksal b.
beschießen: mit Raketen b. ‖ **Beschießung** die, -/-en
beschildern: *mit Verkehrszeichen versehen;* einen Verkehrsweg b. ‖ **Beschilderung** die, -/-en
beschimpfen: jemanden arg b. ‖ **Beschimpfung** die, -/-en
beschirmen (geh.): *beschützen*
Beschiss der, -es (ugs., derb): *Betrug, Irreführung* ‖ **beschissen** (ugs., derb): eine beschissene *(miserable)* Situation; es geht mir b. *(sehr schlecht);* → bescheißen
Beschlag: ein B. an der Haustür | (ohne Pl.) jemanden/etwas in B. nehmen *(ganz für sich beanspruchen)* ‖ **beschlagen**[1] (Verb): Pferde b. *(sie mit Hufeisen versehen)* ‖ **beschlagen**[2] (Adj.): das Fenster war b. *(angelaufen);* er ist sehr gut b. *(er weiß viel)* ‖ **Beschlagnahme** die, -/-n: *behördliche Einziehung [einer Schmuggelware]* ‖ **beschlagnahmen** ‖ **Beschlagnahmung** die, -/-en
beschleichen: der Fuchs beschleicht seine Beute | (geh.) Angst beschleicht mich *(überkommt mich)*
beschleunigen: die Fahrt b. ‖ **Beschleunigung** die, -/-en
beschließen: das Gesetz wurde beschlossen ‖ **Beschluss:** einen B. fassen *(etwas beschließen)* ‖ **beschlussfähig:** ein beschlussfähiger Gemeinderat ‖ **Beschlussfassung**
beschmieren: einen Karton mit Klebstoff b. *(bestreichen);* die Mauern [mit Parolen] b. *(mit Schmierereien verunstalten)*
beschmutzen: du beschmutzt deine Hose
beschneiden: jemanden in der Ausübung seiner Rechte b. *(einschränken)* | (Med.) *die Vorhaut entfernen* ‖ **Beschneidung** die, -/-en: *ein Ritual bei manchen Völkern und Religionen*
beschneien: beschneite Pisten ‖ **Beschneiung** die, -/-en: künstliche B. *(Schneefall mittels Schneekanonen)*
beschnuppern: der Hund beschnupperte den Fremden
beschönigen: *etwas bewusst günstiger darstellen*
beschottern: eine Straße b.

beschränken: *einengen, begrenzen;* sich auf das Wesentliche b.; → beschränkt ‖ **beschrankt:** ein beschrankter *(mit Schranken versehener)* Bahnübergang ‖ **beschränkt:** Gesellschaft mit beschränkter Haftung (GesmbH) | (abw.) etwas b. *(dumm)* sein; → beschränken ‖ **Beschränktheit** die, - ‖ **Beschränkung** die, -/-en

beschreiben: ein Blatt eng b. | einen Weg b.; ein Erlebnis b. | der Planet beschreibt eine Kreisbahn um die Sonne ‖ **Beschreibung:** das spottet jeder B. ‖ **beschreibbar:** etwas ist schwer b. *(wiederzugeben, zu schildern)* | (EDV) der Datenträger ist mehrmals b.

beschreiten: einen Weg b.

beschriften: ein Schild b. *(etwas draufschreiben)* ‖ **Beschriftung** die, -/-en

beschuht: *mit Schuhen versehen*

beschuldigen: jemanden des Diebstahls b. ‖ **Beschuldigte**[1] der, -n/-n: ein Beschuldigter im Zivilprozess ‖ **Beschuldigte**[2] die, -n/-n ‖ **Beschuldigung** die, -/-en

beschummeln (ugs.): *anschwindeln*

Beschuss: die Stadt lag unter B.

beschützen: *schützen* ‖ **Beschützer** der, -s/- ‖ **Beschützerin** die, -/-innen

beschwatzen (ugs.): *jemandem etwas einreden;* lass dich nicht b.!

Beschwerde die, -/-n: B. führen *(sich beschweren)* | (nur Pl.) *gestörtes Wohlbefinden;* Beschwerden haben ‖ **Beschwerdeflut** ‖ **beschwerdefrei** ‖ **Beschwerdefreiheit** ‖ **Beschwerdeführer** ‖ **Beschwerdeführerin** ‖ **Beschwerdemanagement** [-ˌmænɪdʒm-] ‖ **beschweren**[1]: eine Plache mit Steinen b. ‖ **beschweren**[2] sich: sich über den Lärm b. ‖ **beschwerlich:** ein beschwerlicher *(anstrengender)* Weg ‖ **Beschwerlichkeit** die, -/-en ‖ **Beschwernis** die, -/-nisse (geh.): *Mühe, Anstrengung*

beschwichtigen: *beruhigen;* einen Streit b. ‖ **Beschwichtigung** die, -/-en ‖ **Beschwichtigungshofrat** (scherzh. bzw. abw.): *jemand, der sich stets bemüht, Beschwerdeführer zu beschwichtigen* ‖ **Beschwichtigungshofrätin** (scherzh. bzw. abw.) ‖ **Beschwichtigungspolitik**

beschwindeln: *die Unwahrheit sagen*

beschwingt: ein beschwingter *(schwungvoller)* Gang ‖ **Beschwingtheit** die, -: *gehobene Laune, Stimmung*

beschwipst (ugs.): *leicht betrunken;* → Schwips

beschwören: eine Aussage [als Zeuge] b. | ich beschwöre dich *(flehe dich an),* die Wahrheit zu sagen | Geister b. *(herbeirufen)* ‖ **Beschwörung** die, -/-en ‖ **Beschwörungsformel**

beseelen (geh.): ein beseelter *(ausdrucksvoller)* Blick; *aber:* → beseligen

besehen: sich etwas näher b. *(betrachten)*

beseitigen: *wegbringen, wegschaffen* | (beschön.) *umbringen* ‖ **Beseitigung** die, -

beseligen (geh.): von Glück beseligt; ein beseligendes *(erhebendes)* Gefühl; *aber:* → beseelen

Besen der, -s/-: Mistschaufel und B.; mit eisernem B. kehren *(unerbittlich durchgreifen)* ‖ **Besenbinder** ‖ **Besenbinderin** ‖ **Besenheide:** *ein Zwergstrauch* | (ugs.) *Heidekraut* ‖ **Besenkammer** ‖ **Besenkammerl** (ugs.): *kleiner Abstellraum* ‖ **besenrein** ‖ **Besenreiser** die (Pl.): *mit Blut gefüllte erweiterte Adern, die sichtbar unter der Haut verlaufen* ‖ **Besenstiel** ‖ **Beserl** das, -s/-[n] (ostöst.): *Handbesen, Bartwisch, Kehrwisch* ‖ **Beserlpark** (W, scherzh.): *kleiner, kümmerlicher Park*

besessen: von einer Idee b. *(ganz eingenommen)* sein ‖ **Besessene**[1] der, -n/-n, ein Besessener ‖ **Besessene**[2] die, -n/-n ‖ **Besessenheit** die, -

besetzen: „Der Platz ist schon besetzt!“ | eine Rolle in einem Theaterstück b.; eine Stelle/einen Posten b. | ein Land [mit Truppen] b. | ein Kleid mit Spitzen b. ‖ **Besetztzeichen:** *Telefonsignal bei besetzter Leitung;* → G.: Freizeichen ‖ **Besetzung:** die B. eines Landes | der Posten gelangt zur B. *(wird besetzt);* die B. einer Theaterrolle ‖ **Besetzungsliste:** *Verzeichnis der Rollen und Schauspieler [im Theater]*

besichtigen: Sehenswürdigkeiten b. ‖ **Besichtigung** die, -/-en ‖ **Besichtigungszeit**

besiedeln: eine dicht besiedelte Region ‖ **Besiedelung** = **Besiedlung** die, -/-en

besiegeln: das Bündnis b. *(gültig abschließen)* | sein Schicksal ist besiegelt *(in ungünstigem Sinn entschieden)* ‖ **Besiegelung** = **Besieglung**

besiegen: die Mannschaft wurde hoch besiegt

besingen: *literarisch, musikalisch rühmen;* die Donau b.

besinnen sich: sich eines Besser[e]n b. *(sich für etwas Vernünftigeres entscheiden)* ‖ **besinnlich:** eine besinnliche Stunde *(eine Stunde des Nachdenkens)* ‖ **Besinnlichkeit** ‖ **Besinnung** die, -: *Bewusstsein;* zur B. kommen ‖ **besinnungslos:** b. *(ohnmächtig)* werden

Besitz der, -es/-e: etwas in seinen B. bringen ‖ **besitzanzeigend** (Gramm.): besitzanzeigendes Fürwort *(Possessivpronomen)* ‖ **besitzen:** kein Geld b. ‖ **Besitzer** der, -s/-: der neue B. des Hauses ‖ **Besitzergreifung** die, -/-en ‖ **Besitzerin** die, -/-innen ‖ **besitzlos** ‖ **Besitznahme** die, -/-n ‖ **Besitzstand:** *was jemand an materiellen Gütern erreicht hat;* den B. wahren ‖ **Besitzstandswahrer** der, -s/-, *auch:* Besitzstandwahrer (abw.): *jemand, der erworbene Privilegien verteidigt, Reformen verhindert* ‖ **Besitzstandswahrerin** die, -/-innen, *auch:* Besitzstandwahrerin (abw.) ‖ **Besitzstörung** (Jus) ‖ **Besitzstörungsklage** (Jus) ‖ **Besitztitel** (Jus): *verbrieftes Recht auf einen Besitz* ‖ **Besitztum** das, -s/-tümer ‖ **Besitzung** die, -/-en: *Grundbesitz, Gutshof* ‖ **Besitzverhältnisse** die (Pl.)

besoffen (ugs., derb): *[völlig] betrunken;* eine besoffene Geschichte *(eine im Rausch begangene Handlung)* | (Küchenspr.) besoffene (auch: Besoffene) Liesl *(eine Mehlspeise)*; besoffener (auch: Besoffener) Kapuziner *(eine Mehlspeise)*

besohlen: *doppeln*

besolden ‖ **Besoldung** die, -: *Gehalt, Entlohnung*

besondere: ein besonderer Fall; *aber:* das **B**esondere *(Außergewöhnliche)* an der Sache; ich sehe darin etwas/nichts **B**esond[e]res *(Außergewöhnliches);* im **B**esond[e]ren; → insbesondere ‖ **Besonderheit** die, -/-en ‖ **beson-**

B

ders (bes.): *insbesondere*
be|sọn|nen: *gut überlegt;* ein besonnener *(ruhig überlegender)* Mensch ‖ **Be|sọn|nen|heit** die, -
be|sọr|gen: Kinokarten für jemanden b.

Be|sọrg|nis

die, -/-ni**ss**e: *Befürchtung, Sorge;* in tiefer Besorgnis
Getrenntschreibung:
- Besorgnis erregen
- große Besorgnis erregen[d]

Getrennt- und Zusammenschreibung:
- Besorgnis erregende (= besorgniserregende) Nachrichten

R→ S. 899, 1.1

Zusammenschreibung bei Steigerung oder näherer Bestimmung der ganzen Fügung:
- besorgniserregendere Nachrichten
- äußerst besorgniserregende Nachrichten R→ S. 903, 2.2

be|sọrg|nis|er|füllt: *von Besorgnis erfüllt* ‖ **Be|sọrg|nis er|re|gend** = **be|sọrg|nis|er|re|gend** → Besorgnis ‖ **be|sọrgt:** um den Kranken b. sein ‖ **Be|sọrgt|heit** die, - ‖ **Be|sọr|gung** die, -/-en: *Durchführung, Erledigung;* Besorgungen *(Einkäufe)* machen
be|spạn|nen: die Kutsche mit Pferden b. | einen Tennisschläger neu b. lassen
be|spie|geln[1]: *widerspiegeln* ‖ **be|spie|geln**[2] sich: *sich im Spiegel anschauen*
be|spie|len: ein Tonband b. | eine Bühne b. | der Tennisplatz ist ganzjährig zu b. ‖ **be|spiel|bar**
be|spịt|zeln, ich bespitzle: *heimlich beobachten und aushorchen* ‖ **Be|spịt|ze|lung** die, -/-en
be|spọ̈t|teln: *mit Spott überhäufen*
be|sprẹ|chen: eine Angelegenheit b. | ein Tonband b. | ein Buch b. *(rezensieren)* ‖ **Be|sprẹ|chung** die, -/-en
be|sprẹn|gen: Blumen b. *(gießen, besprühen)*
be|sprịt|zen: mit Wasser b.
be|sprü|hen: die Bügelwäsche mit Wasser b.; Pflanzen b.

bẹs|ser:

besser heute als morgen; → gut; → beste
Großschreibung bei Nominalisierung:
- jemanden eines **Besser**[e]n belehren
- nichts **Besseres** wissen
- zum **Besser**[e]n wenden
- sich eines **Besser**[e]n besinnen

R→ S. 892, 2.2

Getrenntschreibung bei wörtlicher Bedeutung:
- besser sein
- alles besser wissen
- besser verdienen als früher

Zusammenschreibung bei übertragener Bedeutung:
- die Älteren besserstellen *(besser bezahlen)*
- ein bessergestellter *(besser verdienender)* Beamter

R→ S. 900, 1.5.1

Getrennt- und Zusammenschreibung:
- dem Kranken wird es bald besser gehen (= bessergehen)

R→ S. 900, 1.5.2

bẹs|ser ge|hen = **bẹs|ser|ge|hen** → besser ‖ **bẹs|ser|ge|stellt** → besser ‖ **bẹs|sern** sich: ich bess[e]re mich; das Wetter bessert sich ‖ **bẹs|ser|stel|len** → besser ‖ **Bẹs|se|rung** die, -/-en ‖ **bẹs|se|rungs|fä|hig** ‖ **Bẹs|ser|ver|die|ner** ‖ **Bẹs|ser|ver|die|ne|rin** ‖ **Bẹs|ser|wis|ser** der, -s/- (abw.) ‖ **Bẹs|ser|wis|se|rin** die, -/-innen (abw.) ‖ **bẹs|ser|wis|se|risch** (abw.) ‖ **Bẹst** das, -[e]s/-e: *höchster ausgesetzter Gewinn [bei einer Tombola]*
Be|stạl|lung die, -/-en (Amtsspr.): *Ernennung*
Be|stạnd der, -[e]s/-stände: der 10-jährige B. der Firma *(ihr 10-jähriges Bestehen)* | *Vorrat* | (Jus) *Pacht, Miete;* etwas in B. geben ‖ **be|stạn|den:** mit Bäumen b. *(bewachsen);* → bestehen ‖ **be|stạnd|frei,** *auch:* bestandsfrei (Amtsspr.): *lastenfrei* ‖ **Be|stạnd|ga|be** (Amtsspr.): *Vermietung, Verpachtung* ‖ **Be|stạnd|ge|ber** (Jus): *Verpächter, Vermieter, Verkäufer* ‖ **Be|stạnd|ge|be|rin** (Jus) ‖ **Be|stạnd|ge|gen|stand** (Amtsspr.) ‖ **be|stän|dig:** beständiges *(gleich bleibendes)* Wetter ‖ **Be|stän|dig|keit** die, - ‖ **Be|stạnd|ju|bi|lä|um** → Bestandsjubiläum ‖ **Be|stạnd|neh|mer** der, -s/- (Jus): *Pächter, Mieter, Käufer* ‖ **Be|stạnd|neh|me|rin** die, -/-innen (Jus) ‖ **Be|stạnd|ob|jekt,** *auch:* Bestandsobjekt (Amtsspr.): *Bestandgegenstand* ‖ **Be|stạnd|sa|che** (Amtsspr.): *bestehendes Objekt, das Gegenstand eines Bestandvertrags ist* ‖ **Be|stạnds|auf|nah|me:** *Inventur;* eine B. machen ‖ **be|stạnds|frei** → bestandfrei ‖ **Be|stạnds|ju|bi|lä|um,** *auch:* Bestandjubiläum ‖ **Be|stạnds|ob|jekt** → Bestandobjekt ‖ **Be|stạnds|ver|hält|nis** → Bestandverhältnis ‖ **Be|stạnds|ver|trag,** *auch:* Bestandvertrag (Jus): *Miet- oder Pachtvertrag* ‖ **Be|stạnds|zins** → Bestandzins ‖ **Be|stạnd|teil** der, -[e]s/-e ‖ **Be|stạnd|ver|hält|nis,** *auch:* Bestandsverhältnis (Amtsspr.): *Mietverhältnis, Pachtvertrag* ‖ **Be|stạnd|ver|trag** → Be|stands|vertrag ‖ **Be|stạnd|zins,** *auch:* Bestandszins (Amtsspr.): *Mietzins*
be|stär|ken: jemanden in seiner Meinung b.
be|stä|ti|gen: den Empfang der Ware b. | das Gerücht hat sich bestätigt *(als richtig erwiesen)* ‖ **Be|stä|ti|gung** die, -/-en: eine B. brauchen
be|stat|ten: *einen Toten beerdigen oder seine Asche beisetzen* ‖ **Be|stätt|nis** die, -/-nisse (reg., bes. V): *Bestattung, Begräbnis* ‖ **Be|stätt|nis|got|tes|dienst** (reg., bes. V): *Begräbnisgottesdienst* ‖ **Be|stat|tung** die, -/-en: *Beerdigung* ‖ **Be|stat|tungs|fir|ma** ‖ **Be|stat|tungs|kos|ten** die (Pl.) ‖ **Be|stat|tungs|un|ter|neh|men**
be|stau|ben: *mit Mehl oÄ bedecken* ‖ **be|stäu|ben:** bestäubte *(befruchtete)* Blüten ‖ **Be|stäu|bung** die, -/-en
be|stau|nen: *bewundern, anstaunen*
bẹst|be|kannt ‖ **bẹst|be|zahlt:** die bestbezahlten Berufe ‖ **Bẹst|bie|ter:** *derjenige, der das beste (nicht unbedingt das billigste) Angebot macht;* → Billigstbieter ‖ **Bẹst|bie|te|rin**

bẹs|te:

beste Grüße ausrichten; → gut; → besser
Großschreibung bei Nominalisierung:
- es ist das **Beste** zu schweigen
- der erste **Beste** *(irgendeiner);* → erstbeste
- das **Beste**/sein **Bestes** tun
- der/die **Beste** in der Klasse
- zu deinem **Besten**
- zum **Besten** der Menschheit
- zum **Besten** geben/halten

- es steht mit dem Kranken nicht zum **B**esten
- sie findet immer nur am **B**esten Gefallen; *aber klein:* etwas am besten können

R→ S. 892, 2.2

Großschreibung nach „auf das/aufs" auf die Frage *Worauf?:*
- auf das **B**este hoffen

Groß- und Kleinschreibung nach „auf das/aufs" auf die Frage *Wie?:*
- auf das beste (= **B**este) versorgt sein

R→ S. 893, 2.2.1

be|ste|chen: *durch Geschenke für sich gewinnen* ‖ **be|ste|chend:** eine bestechende *(überzeugende)* Idee ‖ **be|stech|lich:** ein bestechlicher *(korrupter)* Funktionär ‖ **Be|stech|lich|keit** die, - ‖ **Be|ste|chung** die, -/-en ‖ **Be|ste|chungs|ver|such**

Be|steck das, -[e]s/-e: *Essbesteck* | chirurgisches B. *(Geräte für eine Operation)*

be|ste|hen: eine Regelung b. lassen; b. bleiben | die Wohnung besteht aus mehreren Räumen | hartnäckig auf seinem Recht b. *(darauf beharren)* | eine Prüfung b.; → bestanden ‖ **Be|ste|hen** das, -s: eine Feier zum 10-jährigen B. *(Bestand)* der Firma

be|steh|len: der Reisende wurde bestohlen

be|stei|gen: einen Berg b. | den Thron b.

Be|stell|ab|schnitt ‖ **be|stel|len:** ein Buch b. | jemanden zum Bahnhof b. | im Frühjahr die Felder b. | es ist schlecht um ihn bestellt *(es geht ihm schlecht)* | zum Vorsitzenden bestellt *(mit dem Vorsitz betraut)* werden | jemandem eine Botschaft b. *(ausrichten)* ‖ **Be|stel|ler** der, -s/- ‖ **Be|stel|le|rin** die, -/-innen ‖ **Be|stell|lis|te** ‖ **Be|stell|kar|te** ‖ **Be|stell|schein** ‖ **Be|stel|lung** ‖ **Be|stel|lungs|de|kret**

Be|stemm der, -[e]s (ugs.): B. machen *(sachlich nicht begründeten Widerstand leisten);* nur aus B. dagegen sein ‖ **Be|stemm|hal|tung**

bes|ten|falls: *günstig[st]enfalls* ‖ **bes|tens:** sich b. bedanken

be|steu|ern: Vermögen hoch b. ‖ **Be|steu|e|rung** die, -/-en

Best|form (Sport): in B. *(besonders leistungsfähig)* sein ‖ **best|ge|hasst:** *am meisten gehasst* ‖ **best|ge|hü|tet**

bes|ti|a|lisch ⟨lat.⟩: eine bestialische *(viehische, grausame)* Tat ‖ **Bes|ti|a|li|tät** die, -/-en

be|sti|cken → sticken

Bes|tie [-stiɛ] die, -/-n ⟨lat.⟩: *wildes Tier* | *Unmensch*

be|stim|men: den richtigen Zeitpunkt b. | den Ablauf b. *(anordnen)* | Pflanzen b. ‖ **be|stimmt** (Adj.): zur bestimmten *(festgesetzten)* Stunde | (Adv.) etwas b. *(sicherlich)* tun ‖ **Be|stimmt|heit** die, -: etwas mit B. behaupten ‖ **Be|stim|mung** die, -/-en: *Schicksal, Los* ‖ **be|stim|mungs|ge|mäß** ‖ **Be|stim|mungs|bahn|hof** ‖ **Be|stim|mungs|ort:** *Zielort* ‖ **Be|stim|mungs|wort** (Gramm.): *erster Teil eines Kompositums, zB* Schul*wart;* → Grundwort

best|in|for|miert: etwas aus bestinformierten Kreisen erfahren ‖ **Best|leis|tung:** *die beste Leistung [in einer Sportart]* ‖ **Best|mar|ke:** *Rekord* ‖ **best|mög|lich:** bestmögliche Lösungen; *aber:* das Bestmögliche *(sein Bestes)* versuchen

be|sto|ßen: bestoßene *(beschädigte)* Kanten | (westöst., CH) eine Alm mit Vieh b. *(belegen)*

Best|plat|zier|te[1] der, -n/-n, ein Bestplatzierter ‖ **Best|plat|zier|te**[2] die, -n/-n

Best Prac|tice [- 'præktɪs] die, - - (Art. selten) ⟨engl.⟩ (bes. Wirt.): *beste Vorgangsweise, Erfolgsrezept*

Best|preis ‖ **Best|preis|ga|ran|tie:** *Sicherheit des niedrigsten Preises*

best|qua|li|fi|ziert: *am besten beurteilt, hervorragend geeignet* ‖ **Best|schie|ßen** (veraltend): *Preisschießen*

be|stra|fen: der Täter wurde streng bestraft ‖ **Be|stra|fung** die, -/-en

be|strah|len: von der Sonne bestrahlt werden | (Med.) einen Krebskranken b. *(ihn mit Strahlen behandeln)* ‖ **Be|strah|lung**

Be|stre|ben das, -s: *Bestrebung* ‖ **be|strebt:** sie ist b. *(bemüht),* das Beste zu leisten ‖ **Be|stre|bung** die, -/-en: *Bemühung, Anliegen*

be|strei|chen: das Brot mit Butter b. | (Mil.) den Waldrand b. *(beschießen)*

be|strei|fen (Amtsspr.): *[eine Gegend] durch eine Polizeistreife überwachen* ‖ **Be|strei|fung** die, -/-en (Amtsspr.)

be|strei|ken: *ein Unternehmen durch Streik lahmlegen*

be|strei|ten: das wird niemand b. *(anzweifeln)* | mit wenig Geld den Haushalt b. *(führen)*

be|streu|en: mit Staubzucker b.

be|stri|ckend (geh.): *bezaubernd*

Best|sel|ler der, -s/- ⟨engl.⟩: dieses Buch wurde ein B. *(ein großer Verkaufserfolg);* → Longseller ‖ **Best|sel|ler|lis|te** ‖ **best|si|tu|iert:** *reich*

be|stü|cken: *ausstatten, versehen, ausrüsten*

be|stuh|len: *[einen Saal] mit Sesseln ausstatten* ‖ **Be|stuh|lung** die, -/-en

be|stür|men: jemanden mit Bitten b. *(bedrängen)*

be|stürzt: über eine Nachricht b. *(erschüttert)* sein ‖ **Be|stür|zung** die, -

Best|zeit: *beste, kürzeste Zeit [im Sport]* ‖ **Best|zu|stand**

Be|such der, -[e]s/-e: auf B. sein ‖ **be|su|chen:** die Schule b. ‖ **Be|su|cher** der, -s/-: zur Premiere kamen zahlreiche B. ‖ **Be|su|cher|an|drang:** *großer Zustrom von Besuchern* ‖ **Be|su|cher|an|sturm** ‖ **Be|su|che|rin** die, -/-innen ‖ **Be|su|cher|re|kord** ‖ **Be|su|cher|zahl** ‖ **Be|suchs|schul|leh|rer:** *Lehrer, der Studenten der Pädagogischen Hochschule im schulpraktischen Teil ausbildet* ‖ **Be|suchs|schul|leh|re|rin** ‖ **Be|suchs|zeit:** die B. im Spital einhalten ‖ **Be|suchs|recht** (Jus): *gerichtliche Einwilligung zum Besuch einer Person*

be|su|deln (abw.): *schmutzig machen* ‖ **Be|su|de|lung** die, -/-en (abw.)

Be|ta das, -[s]/-[s] ⟨gr.⟩ (β, B): *griechischer Buchstabe, entspricht* b/B ‖ **Be|ta|blo|cker** der, -s/- (Med.): *ein Medikament*

be|tagt (geh.): eine betagte *(alte)* Frau

be|ta|keln, ich betakle ⟨?⟩ (ugs.): *übervorteilen, beschwindeln, hineinlegen*

be|tas|ten: vorsichtig den gebrochenen Arm b.

Be|ta|strah|len die (Pl.) (β-Strahlen) ⟨gr.⟩ (Phys.): *die aus Elektronen bestehenden Teilchenstrahlen aus radioaktivem Zerfall* ‖ **Be|ta|zer|fall** (Phys.)

be|tä|ti|gen[1]: die Bremse b. *(bremsen)* ‖ **be|tä|ti|gen**[2] sich: sie betätigte sich künstlerisch ‖ **Be|tä|ti|gungs|feld**

be|täu|ben: betäubender Lärm | einen Schmerz b. ‖ **Be|täu|bung** die, -/-en ‖ **Be|täu|bungs|mit|tel**

Bet|bank die, -/-bänke: *Bank in der Kirche zum Knien und Beten; aber:* → Bettbank ‖ **Bet|bru|der** (abw.): *Frömmler*

Be|te die, -/-n, *auch:* Beete (D): Rote Bete *(Rote Rübe)*

be|tei|len (geh., veraltend): *beschenken* ‖ **be|tei|li|gen:** am Gewinn beteiligt sein *(einen Teil des Gewinns erhalten);* sich an einem Geschäft b. *(finanziell daran teilhaben)* ‖ **Be|tei|li|gung** die, -/-en ‖ **Be|tei|lung** die, - (geh., veraltend): *Zuteilung*

be|ten, betete/gebetet: das Vaterunser b. ‖ **Be|ter** der, -s/- ‖ **Be|te|rin** die, -/-innen

be|teu|ern: seine Unschuld b. *(ausdrücklich erklären)* ‖ **Be|teu|e|rung** die, -/-en: *Versprechen*

be|ti|teln: *mit einem Titel versehen* | dieses Buch betitelt sich: ...

Be|ton der, -s/-e [-s] ⟨fr.⟩: *Zementmörtel* ‖ **Be|ton|bun|ker**

be|to|nen: ein Wort richtig b. | seine Meinung b. *(bes. hervorheben)*

be|to|nie|ren ⟨fr.⟩: ein Fundament b. | (abw.) seine Meinung b. *(starr festlegen)* ‖ **Be|to|nie|rer** der, -s/- (abw.): *jemand, der seine Machtpositionen verteidigt* ‖ **Be|to|nie|re|rin** die, -/-innen (abw.) ‖ **Be|to|nie|rung** die, -/-en ‖ **Be|ton|misch|ma|schi|ne** ‖ **Be|ton|stamp|fer** (meist Pl.) (ugs., abw.): *unförmiges Bein*

Be|to|nung die, -/-en: die B. seiner Position ‖ **Be|to|nungs|zei|chen**

be|tö|ren: *bezaubern, bezirzen* ‖ **Be|tö|rung** die, -/-en

betr.: **betr**effend, **betr**effs ‖ **Betr.:** **Betr**eff

Be|tracht: für eine Stelle in B. kommen *(in Frage kommen, ein Kandidat sein);* etwas in B. ziehen *(berücksichtigen, erwägen);* etwas außer B. lassen *(nicht berücksichtigen)* ‖ **be|trach|ten:** ein Bild b. *(anschauen)* | unter diesem Gesichtspunkt betrachtet, sieht die Sache anders aus | jemanden als Rivalen b. *(dafür halten)* ‖ **Be|trach|ter** der, -s/- ‖ **Be|trach|te|rin** die, -/-innen ‖ **be|trächt|lich:** ein beträchtlicher *(ziemlich großer)* Schaden; *aber:* sich um ein **B**eträchtliches irren ‖ **Be|trach|tung** die, -/-en ‖ **Be|trach|tungs|wei|se:** *Gesichtspunkt, Perspektive*

Be|trag der, -[e]s/-träge: *Geldbetrag* ‖ **be|tra|gen**[1]: das Gewicht betrug 30 kg ‖ **be|tra|gen**[2] sich: sich gut b. *(benehmen)* ‖ **Be|tra|gen** das, -s ‖ **Be|tra|gens|no|te:** *Verhaltensnote*

be|trau|en: jemanden mit einer Aufgabe b.

be|trau|ern: die Opfer b.

be|träu|feln: *mit Tropfen befeuchten;* einen Würfelzucker b.

Bet|raum: *Raum [in öffentlichen Gebäuden], der Betenden zur Verfügung steht*

Be|treff der, -s (Betr.) (Amtsspr.): *kurze Angabe über den Inhalt [am Beginn] eines Schreibens* ‖ **be|tref|fen:** das betrifft nur die Erwachsenen; sie fühlte sich nicht betroffen *(sie bezog den Vorwurf nicht auf sich)* | von einem Unglück betroffen werden; → betroffen; → betreffend; → betreffs ‖ **be|tref|fend** (betr.): den Beschluss b. ‖ **Be|tref|fen|de**[1] der, -n/-n, ein Betreffender: *derjenige, der gemeint ist* ‖ **Be|tref|fen|de**[2] die, -n/-n ‖ **be|treffs** (Präp. mit Gen.) (betr.) (Amtsspr.): b. des Beschlusses

be|trei|ben: ein Geschäft b. | eine elektrisch betriebene *(angetriebene)* Eisenbahn; *aber:* auf mein **B**etreiben *(meine Veranlassung)* ‖ **Be|trei|ber** der, -s/-: *Anbieter* ‖ **Be|trei|ber|ge|sell|schaft** ‖ **Be|trei|be|rin** die, -/-innen

be|tre|ten[1] (Verb): „Den Rasen nicht b.!“ | (Amtsspr.) der Verbrecher wurde auf frischer Tat b. *(ertappt)* ‖ **be|tre|ten**[2] (Adj.): b. *(verlegen)* schweigen ‖ **Be|tre|tung** die, - (Amtsspr.): im Falle der B. *(des Ertapptwerdens)* ‖ **Be|tre|tungs|fall** (Amtsspr.): im B. *(beim Ertapptwerden)* ‖ **Be|tre|tungs|ver|bot** (Jus): *Gesetz zum Schutz vor Gewalt in der Familie, zB Wegweisung aus der gemeinsamen Wohnung*

be|treu|en: Kinder b., Kranke b. *(für sie sorgen, sie pflegen)* ‖ **Be|treu|er** der, -s/- ‖ **Be|treu|e|rin** die, -/-innen ‖ **Be|treu|ung** die, -/-en ‖ **Be|treu|ungs|leh|rer:** *Lehrer, der Unterrichts- oder Schulpraktikanten ausbildet* ‖ **Be|treu|ungs|leh|re|rin**

Be|trieb der, -[e]s/-e: *Firma, Fabrik* | Aufzug außer B.! *(nicht in Funktion)* | ein reger, lebhafter B. *(Verkehr, geschäftiges Treiben)* ‖ **be|trieb|lich:** betriebliche Aufwendungen ‖ **be|trieb|sam:** *fleißig, rührig* ‖ **Be|trieb|sam|keit** die, - ‖ **Be|triebs|an|lei|tung** ‖ **Be|triebs|an|sied|lung** ‖ **Be|triebs|aus|flug** ‖ **Be|triebs|bahn|hof** (Verk.): *Remise* ‖ **Be|triebs|be|ra|ter** ‖ **Be|triebs|be|ra|te|rin** ‖ **be|triebs|be|reit:** die Maschinen sind b. ‖ **Be|triebs|be|reit|schaft** ‖ **Be|triebs|be|wil|li|gung** ‖ **be|triebs|blind:** *durch Routine unkritisch geworden* ‖ **Be|triebs|dienst** ‖ **Be|triebs|er|geb|nis** ‖ **be|triebs|fremd:** betriebsfremden Personen ist der Zutritt nicht gestattet ‖ **Be|triebs|ge|ba|rung** (Amtsspr.): *Art einer Geschäftsführung* ‖ **Be|triebs|ge|gen|stand:** *Unternehmensgegenstand* ‖ **Be|triebs|ge|heim|nis** ‖ **Be|triebs|grö|ße** ‖ **Be|triebs|hil|fe:** *eine Sozialleistung bei Gefährdung eines [landwirtschaftlichen] Betriebs* ‖ **be|triebs|in|tern** ‖ **Be|triebs|kai|ser** (sal.): *Betriebsratskaiser* ‖ **Be|triebs|kan|ti|ne** ‖ **Be|triebs|kli|ma:** *die Atmosphäre im Betrieb* ‖ **Be|triebs|kos|ten** die (Pl.) ‖ **Be|triebs|kü|che** ‖ **Be|triebs|lei|tung** ‖ **Be|triebs|ma|nage|ment** [-mænɪdʒm-] ‖ **Be|triebs|prü|fung** ‖ **Be|triebs|rat:** *gewählte Vertretung der Arbeitnehmer/innen im Betrieb* | *Mitglied dieser Vertretung* ‖ **Be|triebs|rä|tin** ‖ **Be|triebs|rats|kai|ser** (sal.): *wichtigster Betriebsrat* ‖ **Be|triebs|rats|ob|frau** ‖ **Be|triebs|rats|ob|mann** ‖ **Be|triebs|schluss:** *Arbeitsschluss* ‖ **Be|triebs|stand|ort** ‖ **Be|triebs|stel|le:** *eigene Organisationseinheit im Bahnverkehr, zB Haltestelle, Bahnhof, Schrankenposten* ‖ **Be|triebs|steu|er:** *Steuer, die als Betriebsausgabe geltend gemacht werden kann, zB Kfz-Steuer für ein Betriebsauto* ‖ **Be|triebs|stö|rung** ‖ **Be|triebs|sys|tem** [-zy-] (EDV): *Programm, das die Bedienung eines Computers und alle anderen Programme steuert, zB Windows* ‖ **Be|triebs|un|fall** ‖ **Be|triebs|ver|ein|ba|rung:** *Vereinbarung zwischen Firmenleitung und Belegschaft* ‖ **Be|triebs|ver|mö|gen** ‖ **Be|triebs|ver|samm|lung:** *[vom Betriebsrat einberufene] Versammlung aller Arbeitnehmer* ‖ **Be|triebs|vor|schrift** ‖ **Be|triebs|wirt:** *ein Beruf mit kaufmännischen Arbeitsaufgaben* ‖ **Be|triebs|wir|tin** ‖ **Be|triebs|wirt|schaft** ‖ **Be|triebs|wirt|schaft|ler,** *auch:* Betriebswirtschafter ‖ **Be|triebs|wirt|schaft|le|rin,** *auch:* Betriebs-

wirtschafterin ‖ **Be|trie̲bs|wirt|schafts|leh|re** (BWL): *ein Unterrichtsfach* ‖ **Be|trie̲bs|zeit:** B. von 8 bis 17 Uhr | B. eines Akkus
be|trịn|ken sich: er hat sich sinnlos betrunken
be|trọf|fen: *besorgt, bestürzt, verwirrt;* → betreffen ‖ **Be|trọf|fe|ne**[1] der, -n/-n, ein Betroffener ‖ **Be|trọf|fe|ne**[2] die, -n/-n ‖ **Be|trọf|fen|heit** die, -
Be|tro̲|ge|ne[1] der, -n/-n, ein Betrogener ‖ **Be|tro̲|ge|ne**[2] die, -n/-n
be|trọp|pezt ⟨jidd.⟩ (ostöst., sal.): *betroffen, bestürzt, verwirrt*
be|trü̲|ben (geh.): *traurig machen* ‖ **be|trü̲b|lich:** eine betrübliche Nachricht ‖ **be|trü̲b|li|cher|we̲i|se** ‖ **Be|trü̲b|nis** die, -/-nisse (geh.) ‖ **be|trü̲bt:** *traurig*
Be|tru̲g der, -[e]s: *kriminelle Täuschung;* ein frommer B. *(Täuschung in guter Absicht)* ‖ **be|trü̲|gen:** er wurde beim Verkauf betrogen ‖ **Be|trü̲|ger** der, -s/- ‖ **Be|trü|ge|re̲i** die, -/-en ‖ **Be|trü̲|ge|rin** die, -/-innen ‖ **be|trü̲|ge|risch:** in betrügerischer Absicht handeln
be|trụn|ken: *alkoholisiert;* b. Auto fahren; b. machen
Bet|schwes|ter (abw.): *Frömmlerin*
Bẹtt das, -[e]s/-en: ins/zu B. gehen; wegen Angina das B. hüten müssen | das B. eines Flusses | (ugs.) mit jemandem ins B. gehen/steigen *(Geschlechtsverkehr ausüben)* ‖ **Bẹtt|bank** die, -/-bänke (veraltend): *ein bettähnliches Sofa; aber:* → Betbank ‖ **Bẹtt|de|cke**
Bẹt|tel der, -s (geh.): *wertlose Sachen, Geringfügigkeit* ‖ **bẹt|tel|ạrm** ‖ **Bet|te|le̲i** die, -/-en, *auch:* Bettlerei (abw.) ‖ **Bẹt|tel|mann** der, -[e]s/-leute (veraltet): *Bettler* ‖ **Bẹt|tel|mönch:** *Mönch eines Bettelordens* ‖ **bẹt|teln,** ich bettle ‖ **Bẹt|tel|or|den:** *auf Almosen angewiesener Orden* ‖ **Bẹt|tel|stab** (zB in der Wendung): an den B. kommen *(total verarmen)* ‖ **Bẹt|tel|ver|bot:** über die City wurde ein B. verhängt ‖ **Bẹt|tel|weib** (veraltet): *Bettlerin*
bẹt|ten: jemanden sanft b. *(hinlegen)* ‖ **Bẹt|ten|bau** der, -[e]s (bes. Mil.): *Bettenmachen* ‖ **Bẹt|ten|ka|pa|zi|tät:** *verfügbare (belegbare) Bettenanzahl [eines Beherbergungsbetriebs, eines Krankenhauses]* ‖ **Bẹt|ten|ma|chen** das, -s: *Herrichten der Betten* ‖ **Bẹtt|fe|der** (meist Pl.): *Material zur Füllung von Pölstern uÄ | Feder von Betteinsätzen uÄ* ‖ **Bẹtt|fla|sche:** *Wärmflasche* ‖ **Bẹtt|ge|her** (früher): *Untermieter, der nur eine Schlafstelle benützen darf* ‖ **Bẹtt|ge|he|rin** (früher) ‖ **Bẹtt|ge|wand** (veraltet): *Bettwäsche* ‖ **Bẹtt|haupt:** *Fußhaupt bzw. Kopfhaupt* ‖ **Bẹtt|hup|ferl:** vor dem Schlafengehen ein B. *(eine kleine Süßigkeit)* bekommen
Bet|ti̲|na: *weibl. Vorname*
Bẹtt|kan|te ‖ **Bẹtt|la|de:** *ausziehbarer Unterteil des Betts* ‖ **bẹtt|lä|ge|rig** = bettlägrig: *krankheitshalber zur Bettruhe gezwungen* ‖ **Bẹtt|lä|ge|rig|keit** = **Bẹtt|läg|rig|keit** die, - ‖ **Bẹtt|la|ken** (nördl. D): *Leintuch* ‖ **Bẹtt|lek|tü|re:** *Lesestoff vor dem Einschlafen*
Bẹtt|ler der, -s/- ‖ **Bett|le|re̲i** → Bettelei ‖ **Bẹtt|le|rin** die, -/-innen
Bẹtt|näs|ser der, -s/- ‖ **Bẹtt|näs|se|rin** die, -/-innen ‖ **Bẹtt|pols|ter** ‖ **Bẹtt|rand** ‖ **Bẹtt|ru|he:** der Arzt verordnete B. ‖ **Bẹtt|schwe|re:** *Müdigkeit vor dem Schlafengehen* ‖ **Bẹtt|statt** die, -/-en (veraltet): *Bettgestell; Bett* ‖ **Bẹtt|sze|ne:** *Filmszene, die ein Liebespaar im Bett zeigt* ‖ **Bẹtt|tuch** (D): *Leintuch* ‖ **Bẹtt|über|wurf:** *Tagesdecke* ‖ **Bẹtt|vor|le|ger:** *Teppich vor dem Bett* ‖ **Bẹtt|wan|ze:** *eine Blut saugende Wanze* ‖ **Bẹtt|wä|sche** ‖ **Bẹtt|zeug:** *Bettwäsche*
be|tu̲cht (sal.): *wohlhabend*
be|tu̲|lich: *zuvorkommend bemüht, aber umständlich* ‖ **Be|tu̲|lich|keit** die, -/-en
be|tup|fen: eine Wunde b.
Beu̲|ge die, -/-n: die B. des Armes | *eine Turnübung, Kniebeuge* ‖ **Beu̲|ge|haft** (Jus): *Haft[verschärfung] zur Erzwingung einer Aussage* ‖ **Beu̲|gel** das, -s/- (ostöst.): *ein Gebäck* ‖ **Beu̲|ge|mit|tel** (Jus, Amtsspr.): *staatliche Zwangsmaßnahme, Geld- oder Haftstrafe* ‖ **beu̲|gen:** das Knie b. *(abbiegen);* sich aus dem Fenster b. | sich der Gewalt b. *(ihr nachgeben)* | (Gramm.) *deklinieren* ‖ **Beu̲|ger** der, -s/- (Med.): *Beugemuskel;* → G.: Strecker ‖ **Beu̲|gung** die, -/-en: *Krümmung, Biegung* | (Phys.) *Abweichung von Wellen, zB Licht, vom geradlinigen Strahlengang* | (Gramm.) *Deklination*
Beu̲|le die, -/-n: *Anschwellung des Gewebes [auf Grund eines Stoßes]* ‖ **Beu̲|len|pest**
be|un|ru|hi|gen: *in Sorge/Angst versetzen;* du brauchst dich deswegen nicht zu b. ‖ **Be|ụn|ru|hi|gung** die, -/-en
Beu̲n|te die, -/-n (reg.): *kleines Haus mit landwirtschaftlichem Grund, eingezäuntes Grundstück (bes. in Orts- und Flurnamen)* ‖ **Beu̲nt|ler** → Beuntner ‖ **Beu̲nt|le|rin** → Beuntnerin ‖ **Beu̲nt|ner** der, -s/-, *auch:* Beuntler (reg.): *Besitzer einer Beunte* ‖ **Beu̲nt|ne|rin** die, -/-innen, *auch:* Beuntlerin (reg.)
be|u̲r|kun|den (Amtsspr.): *urkundlich bestätigen*
be|u̲r|lau|ben: jemanden b. ‖ **Be|u̲r|lau|bung** die, -/-en
be|u̲r|tei|len: die Leistung b. *(bewerten, benoten)* ‖ **Be|u̲r|tei|lung** die, -/-en ‖ **Be|u̲r|tei|lungs|stu|fe** (Bildw.): *Benotung, zB Befriedigend*
Beu̲|schel das, -s/-: *Lunge [und Herz] als Speise* | (scherzh.) *Lunge, Bauch* ‖ **Beu̲|schel|rei|ßer** (ugs., sal.): *starker Tabak* | *starker Alkohol/Schnaps*
Beu̲|te die, -: der Adler ließ seine B. los; B. machen *(etwas erbeuten)* ‖ **Beu̲|te|grei|fer** der, -s/- (fachspr., zB Ökol.): *ein Tier, das andere Tiere jagt und frisst* | (Zool.) *Raubtier* ‖ **Beu̲|te|gut** ‖ **Beu̲|te|kunst** die, -: *[während eines Krieges] in einem fremden Land beschlagnahmte Kunstwerke*
Beu̲|tel der, -s/-: *eine Art Sack;* ein voller B. *(Geldbeutel)* ‖ **beu̲|teln,** ich beutle: den Kopf b. *(schütteln)* | *jemanden schütteln* ‖ **Beu̲|tel|rat|te:** *Opossum* ‖ **Beu̲|tel|schnei|der** (veraltet): *Taschendieb* ‖ **Beu̲|tel|schnei|de|rin** (veraltet) ‖ **Beu̲|tel|tier:** *Säugetier, das nach der Geburt in einem Beutel der Mutter aufgezogen wird, zB Känguru* | (Pl.) (Zool.) *eine Unterklasse der Säugetiere*
Beu̲|te|zug: *Raubzug*
Beu̲t|ler der, -s/- (ugs.): einen B. bekommen *([am Kopf] geschüttelt werden)*
BEV [be e ˈfaʊ]: **B**undesamt für **E**ich- und **V**ermessungswesen
be|vọ̈l|kern: *bewohnen, ansiedeln* ‖ **be|vọ̈l|kert** ‖ **Be|vọ̈l|ke|rung** die, -/-en: ein kleiner Teil der B. lebt von der Landwirtschaft ‖ **Be|vọ̈l|ke|rungs|be|we|gung** ‖ **Be|vọ̈l|ke|rungs|dich|te** ‖ **Be|vọ̈l|ke|rungs|ent|wick|lung** ‖ **Be|vọ̈l|ke|rungs|ex|plo|si|on:** *sprunghaftes Ansteigen der Bevölke-*

B

B

rungszahl ‖ **Be|völ|ke|rungs|grup|pe** ‖ **be|völ|ke|rungs|reich:** das bevölkerungsreichste Bundesland ‖ **Be|völ|ke|rungs|schlüs|sel:** abgestufter B. *(Berechnungszahl für den Finanzausgleich)* ‖ **Be|völ|ke|rungs|sta|tis|tik** [-ʃt-, -st-] ‖ **Be|völ|ke|rungs|ver|tei|lung** ‖ **Be|völ|ke|rungs|wachs|tum** [-ks-]

be|voll|mäch|ti|gen: *eine Vollmacht erteilen* ‖ **Be|voll|mäch|tig|te**[1] der, -n/-n, ein Bevollmächtigter ‖ **Be|voll|mäch|tig|te**[2] die, -n/-n ‖ **Be|voll|mäch|ti|gung** die, -/-en: *die Erteilung der Vollmacht*

be|vor: *ehe;* b. es zu spät ist ‖ **be|vor|mun|den** ‖ **Be|vor|mun|dung** die, -/-en: *Einschränkung der Entscheidungsfreiheit* ‖ **be|vor|ran|gen** (Amtsspr.): *mit dem Vorrang versehen, vorrangig behandeln* ‖ **Be|vor|ran|gung** die, -/-en (Amtsspr.): *Bevorzugung;* die B. des öffentlichen Verkehrs ‖ **be|vor|ra|ten** ‖ **Be|vor|ra|tung** die, -/-en ‖ **be|vor|rech|tet:** *privilegiert* ‖ **Be|vor|rech|ti|gung** die, -/-en ‖ **Be|vor|rech|tung** die, -/-en: *Bevorrechtigung* ‖ **be|vor|schus|sen,** du bevorschusst: *einen Vorschuss geben* ‖ **be|vor|ste|hen:** ihnen stand eine Prüfung bevor ‖ **be|vor|tei|len:** *bevorzugen* ‖ **be|vor|zu|gen:** jemanden bevorzugt behandeln ‖ **Be|vor|zu|gung** die,-/-en

be|wa|chen: ein bewachtes Haus ‖ **Be|wa|cher** der, -s/- ‖ **Be|wa|che|rin** die, -/-innen

be|wach|sen [-ks-]: von/mit Pflanzen b.

Be|wa|chung die, -/-en

be|waff|nen: bis an die Zähne bewaffnete Banden; bewaffneten Widerstand leisten ‖ **Be|waff|ne|te**[1] der, -n/-n, ein Bewaffneter ‖ **Be|waff|ne|te**[2] die, -n/-n ‖ **Be|waff|nung** die, -/-en

be|wah|ren: „Gott bewahre!" *(„Gott behüte!");* jemanden vor Schaden b. | Ruhe b.

be|wäh|ren sich: diese Erfindung hat sich bewährt *(als brauchbar erwiesen)*

Be|wah|rer der, -s/- ‖ **Be|wah|re|rin** die, -/-innen

be|wahr|hei|ten sich: *sich als wahr, richtig herausstellen, sich bestätigen*

be|währt: ein bewährtes Rezept

Be|wah|rung die, -/-en

Be|wäh|rung die, -/-en: *Erprobung* | (Jus) auf B. entlassen *(bedingte Strafnachsicht)* ‖ **Be|wäh|rungs|frist** (Jus) ‖ **Be|wäh|rungs|hel|fer:** *geschulter Betreuer von Haftentlassenen bei ihrer Resozialisierung* ‖ **Be|wäh|rungs|hel|fe|rin** ‖ **Be|wäh|rungs|hil|fe:** B. bekommen ‖ **Be|wäh|rungs|pro|be**

be|wal|den: bewaldete Hänge

be|wäl|ti|gen: eine schwere Arbeit wurde bestens bewältigt *(vollbracht)* ‖ **Be|wäl|ti|gung** die, -/-en

be|wan|dert: in seinem Fach b. *(tüchtig, erfahren)* sein

Be|wandt|nis die, -/-nisse (geh.): damit hat es eine andere B. *(das ist anders zu verstehen, es verhält sich anders);* → bewenden

be|wäs|sern ‖ **Be|wäs|se|rung** die, -/-en ‖ **Be|wäs|se|rungs|an|la|ge**

be|we|gen[1], bewegte/bewegt: die Hand b.; sich nicht frei b. dürfen; bewegte Luft | die Angebote b. sich zwischen 2 und 3 Millionen | eine bewegte *(ereignisreiche)* Vergangenheit | bewegt *(ergriffen)* sein | nichts b. *(bewirken, ausrichten)* können ‖ **be|we|gen**[2], bewog/bewogen: jemanden zum Nachdenken b. *(veranlassen)* ‖ **Be|weg|grund:** ihr wahrer B. *(Anlass)* ‖ **be|weg|lich:** bewegliche Glieder | (Jus) bewegliche *(körperliche)* Sachen; → G.: unbewegliche Sachen; → Fahrnis ‖ **Be|weg|lich|keit** die, - ‖ **Be|we|gung** die, -/-en: B. im Freien; der Lkw setzt sich in B.; B. und Sport *(ein Unterrichtsfach)* | die innere B. *(Ergriffenheit)* | (Pol.) *[Selbst]bezeichnung politischer Parteien oder Vereinigungen;* eine politische B. ‖ **Be|we|gungs|ab|lauf** ‖ **Be|we|gungs|ap|pa|rat:** Schäden am B. *(Schäden an der Wirbelsäule, der Hüfte uÄ)* ‖ **Be|we|gungs|ar|mut:** *Mangel an Bewegung* ‖ **Be|we|gungs|drang** ‖ **Be|we|gungs|ener|gie** (Phys.): *Energie eines Körpers auf Grund seines Bewegungszustandes* ‖ **Be|we|gungs|frei|heit** die, - ‖ **be|we|gungs|los** ‖ **Be|we|gungs|the|ra|pie** (Med.) ‖ **be|we|gungs|un|fä|hig** ‖ **Be|we|gung und Sport:** *ein Unterrichtsgegenstand*

Be|weh|rung die, -/-en: *Stahleinlage im Beton, Armierung* | (früher) (Mil.) *Bewaffnung, Armierung*

be|wei|den: von Rindern beweidet

be|weih|räu|chern: *mit Weihrauch versehen;* den Altar b. | (abw.) *schmeichlerisch übertreibend loben*

be|wei|nen (geh.): den Tod eines Freundes b.

Be|weis der, -es/-e: *Nachweis;* schlüssige Beweise; den B. erbringen; mangels Beweisen freigesprochen ‖ **Be|weis|an|bot** (Jus): *Begründung für eine Klage* ‖ **Be|weis|auf|nah|me** (Jus): *das Erfassen von Beweismitteln* ‖ **be|weis|bar** ‖ **be|wei|sen:** *nachweisen;* der Mord konnte bewiesen werden ‖ **Be|weis|füh|rung** ‖ **Be|weis|ket|te:** eine B. aus mehreren Indizien ‖ **be|weis|kräf|tig** ‖ **Be|weis|la|ge** (Jus) ‖ **Be|weis|last** (Jus): die B. liegt bei der Anklage *(sie muss die Schuld beweisen)* ‖ **Be|weis|last|um|kehr** (Jus): *Grundsatz, dass (ausnahmsweise) der Beschuldigte/Angeklagte seine Unschuld beweisen muss* ‖ **Be|weis|mit|tel** (Jus): *Urkunden, Zeugenaussagen uÄ* ‖ **Be|weis|pflicht** (Jus): *Pflicht jeder Partei, ihren Standpunkt zu beweisen* ‖ **Be|weis|stück** ‖ **Be|weis|wür|di|gung** (Amtsspr.): *behördliche Prüfung von Beweisen, zB Zeugenaussagen*

be|wen|den: es dabei b. lassen *(es damit genug sein lassen);* → Bewandtnis ‖ **Be|wen|den** das, -s (geh.): die Sache hat damit ihr B.

Be|werb der, -[e]s/-e (Sport): *Wettkampf* ‖ **be|wer|ben**[1]: *für etwas Werbung machen* ‖ sich **be|wer|ben**[2] sich: sich um eine Stelle b. ‖ **Be|wer|ber:** *jemand, der sich um etwas bewirbt;* für die vakante Stelle meldeten sich zehn B. ‖ **Be|wer|be|rin** ‖ **Be|wer|bung** ‖ **Be|wer|bungs|ge|spräch** ‖ **Be|wer|bungs|schrei|ben** ‖ **Be|wer|bungs|un|ter|la|gen** die (Pl.)

be|wer|fen: jemanden mit faulen Eiern b. | eine Fassade mit Mörtel b. *(verputzen)*

be|werk|stel|li|gen: *zu Stande bringen*

be|wer|ten: dieses Schmuckstück ist zu hoch bewertet *(geschätzt)* ‖ **Be|wer|tung:** die B. *(Beurteilung)* ihrer Leistung ‖ **Be|wer|tungs|kon|fe|renz** (SüdT)

be|wil|li|gen: ein Gesuch b. *(genehmigen)* ‖ **Be|wil|li|gung** die, -/-en: *Zusage, Genehmigung* ‖ **Be|wil|li|gungs|pflicht** ‖ **be|wil|li|gungs|pflich|tig:** *genehmigungspflichtig* ‖ **Be|wil|li|gungs|wer|ber** ‖ **Be|wil|li|gungs|wer|be|rin**

be|will|komm|nen [auch: -'ɔ-]

(geh.): sie wurde feierlich bewillkommnet *(begrüßt)* || **Bewillkommnung** die, -/-en (geh.)
bewirken: *verursachen*
bewirten: den Gast gut b. || **bewirtschaften:** eine bewirtschaftete Schutzhütte || **Bewirtschaftung** die, -/-en || **Bewirtung** die, -/-en
bewog → bewegen
bewohnbar || **bewohnen:** das Haus ist nicht bewohnt || **Bewohner** der, -s/- || **Bewohnerin** die, -/-innen
bewölkt: es ist b. || **Bewölkung** die, -
Bewunderer der, -s/-: die B. der Schauspielerin || **Bewunderin** die, -/-innen || **bewundern** || **bewundernswert** || **Bewunderung** die, - || **bewunderungswürdig**

bewusst:

aus dem bewussten *(bekannten)* Grund
Getrenntschreibung:
- sich keiner Schuld bewusst sein
- etwas bewusst *(mit Absicht)* tun/machen

Getrennt- und Zusammenschreibung:
- sich einer Sache bewusst werden (= bewusstwerden)
- jemandem etwas bewusst machen (= bewusstmachen) *(klarmachen)*

R→ S. 900, 1.5.2

Bewusstheit die, - (Päd., Psych.): *besondere Aufmerksamkeit, volles Gewahrsein* || **bewusstlos:** b. schlagen || **Bewusstlosigkeit** die, - || **bewusst machen = bewusstmachen** → bewusst || **Bewusstmachung** die, - || **Bewusstsein:** bei vollem B.; wieder zu B. kommen || **Bewusstseinsbildung** || **Bewusstseinserweiterung** || **Bewusstseinsspaltung:** *Eine psychische Erkrankung* || **bewusst werden = bewusstwerden** sich → bewusst
bez.: bezahlt | **bezüglich**
Bez.: Bezirk
bezahlen: 5 € b.; den Schneider b.; eine Unvorsichtigkeit mit dem Leben b.; etwas hat sich bezahlt gemacht *(gelohnt);* → bez.; → zahlen || **Bezahlung**
bezähmen: seinen Zorn b. *(beherrschen)*
bezaubern: sie hat ein bezauberndes Wesen
bezeichnen: *kenntlich machen* | *benennen* || **bezeichnend:** es ist b., dass ...; der bezeichnendste *(charakteristischeste)* Fall || **bezeichnenderweise** || **Bezeichnung**
bezeigen (geh.): jemandem Achtung b. *(erweisen)*
bezeugen: die Wahrheit b. *(sie als Zeuge/Zeugin bekräftigen);* ich bezeuge *(bestätige, erkläre),* dass ...
bezichtigen: jemanden des Diebstahls b. *(beschuldigen)*
beziehbar || **beziehen:** eine neue Wohnung bezogen haben | Waren b. *(bekommen);* ein hohes Einkommen b. | sich auf ein Versprechen b. *(berufen)* || **Bezieher** der, -s/-: B. einer Zeitschrift || **Bezieherin** die, -/-innen || **Beziehung:** das neue Gesetz bringt in jeder B. *(überall)* eine Verbesserung | gute Beziehungen *(gesellschaftliche, wirtschaftliche Verbindungen uÄ)* haben; diplomatische Beziehungen *(offizielle staatliche Kontakte)* | *Liebesbeziehung* || **Beziehungskiller** (sal.): *Störfaktor in einer Partnerschaft* || **Beziehungskiste** (ugs., sal., veraltend): *Beziehung, Partnerschaftsverhältnis* || **beziehungslos:** *zusammenhanglos* || **beziehungsweise** (bzw.): *auf das eine oder andere bezogen, oder*
beziffern: der Brandschaden wurde mit ca. 50 000 € beziffert *(angegeben);* der Schaden beziffert sich auf 50 000 € | (Mus.) bezifferter Bass *(Basso continuo)*
Bezirk der, -[e]s/-e ⟨lat.⟩ (Bez.) (Admin.): *Stadtbezirk;* politischer B. *(Verwaltungsbezirk)* || **Bezirksamt:** das Magistratische B. für den 1. Wiener Gemeindebezirk || **Bezirksanwalt:** *Staatsanwalt auf Bezirksgerichtsebene* || **Bezirksanwältin** || **Bezirksgemeinschaft** (SüdT) (Admin.): *Interessenverband benachbarter Gemeinden* || **Bezirksgericht** || **Bezirkshauptfrau:** die B. des Bezirks Reutte || **Bezirkshauptleute** die (Pl.): → Bezirkshauptmann; → Bezirkshauptfrau || **Bezirkshauptmann** || **Bezirkshauptmannschaft** die, -/-en (BH) || **Bezirkshauptstadt** || **Bezirkskaiser** (sal.): *einflussreicher Bezirkshauptmann bzw. Bezirksvorsteher* || **Bezirkskrankenhaus** || **Bezirksmuseum** || **Bezirksparlament:** *die Bezirksvertretung [in Wien]* || **Bezirkspolizeikommando** (Admin.): *höchste Bezirksbehörde der Polizei* || **Bezirksrat:** *Mitglied des Bezirksparlaments* || **Bezirksrätin** || **Bezirksrichter** || **Bezirksrichterin** || **Bezirksschulinspektor** [-sp-, auch: -ʃp-] (BSI) || **Bezirksschulinspektorin** (BSI) || **Bezirksschulrat** || **Bezirksstadt** || **Bezirksvertretung:** *Abgeordnete/r eines Stadtbezirks, besteht in Wien aus den Bezirksräten und dem Bezirksvorsteher;* → Bezirksparlament || **Bezirksverwaltungsbehörde:** *Bezirkshauptmannschaft* || **Bezirksvorsteher:** der B. eines Wiener Gemeindebezirks || **Bezirksvorsteherin** || **Bezirksvorstehung** (Admin.): die B. für den 10. Wiener Gemeindebezirk
bezirzen = becircen [-'tsirts-] ⟨gr.-lat.⟩: *betören, umgarnen;* → Circe
Bezug: *Gehalt, Lohn, Pension uÄ* | (ohne Pl.) im/in/mit/unter Bezug auf; B. nehmend auf Ihr Schreiben || **Bezügeregelung** || **bezüglich** (Adj.): ein bezügliches Fürwort *(Relativpronomen)* | (Präp. mit Gen.) (bzgl., bez.) b. Ihres Briefes || **Bezugnahme** || **bezugsfertig:** die Wohnung ist b. || **Bezugskosten** die (Pl.) (Kaufmannsspr.): *Porto, Speditionskosten uÄ* || **Bezugsperson:** *Person, zu der jemand einen engen Kontakt hat* || **Bezugssystem** [-zy-]: *zu Grunde gelegtes Koordinatensystem* || **Bezugszettel:** *Lohnzettel*
bezuschussen (Amtsspr.): *einen Zuschuss gestatten;* ein Theater b. || **Bezuschussung** die, -/-en (Amtsspr.)
bezwecken: *beabsichtigen;* was bezweckst *(willst)* du damit?
bezweifeln: die Richtigkeit der Angaben b. || **Bezweifelung = Bezweiflung** die, -
bezwingen: einen Berg b. *(unter Anstrengungen erklimmen)* | den Gegner b. *(besiegen)* | ein bezwingender *(überwältigender)* Charme
Bf.: Bahnhof
BFI [be ɛf 'i:] das, -: **Berufsförderungsinstitut**
B-Führerschein ['be:-]: *Berechti-*

B

BG[1] (Kfz) (früher): **B**undes**g**endarmerie
BG[2] [be ˈgeː] das, -/-: **B**undes**g**ymnasium
BGBl. [be ge be ˈɛl] das, -: **B**undes**g**esetz**bl**att
Bgld.: Burgenland
Bgm.: Bürgermeister/in
BGV [be ge ˈfaʊ] die, - (früher): **B**undes**g**ebäude**v**erwaltung
Bh: Bohrium
BH[1] (Kfz): **B**undes**h**eer
BH[2] [be haː] die, -/-[s]: **B**ezirks**h**auptmannschaft
BH[3] [be haː] der, -[s]/-[s]: **B**usen**h**alter, **B**üsten**h**alter
Bhf.: Bahnhof
BHS [be ha ˈɛs] die, -/-: **b**erufsbildende **h**öhere **S**chule; → berufsbildend ‖ **BHS|ler** der, -s/- (sal.): *BHS-Schüler* ‖ **BHS|le|rin** die, -/-innen (sal.)
bi (sal.): *Kurzwort für bisexuell*
Bi: Bismut
bi- ⟨lat.⟩ (nur in Zusammensetzungen wie zB bilateral)
Bi|a|n|ca [ˈbi̯aŋka] = **Bi|a|n|ka:** *weibl. Vorname;* → Blanka
Bi|ath|let ⟨lat.+gr.⟩ ‖ **Bi|ath|le|tin** ‖ **Bi|ath|lon** das = der, -[s]/-s: *Skilanglauf mit Schießwettbewerb*
bib|bern: *zittern;* vor Kälte b.
Bi|bel die, -/-n ⟨gr.⟩: *die Heilige Schrift, Altes und Neues Testament* ‖ **Bi|bel|le|sung** ‖ **Bi|bel|text** ‖ **Bi|bel|über|set|zung** ‖ **Bi|bel|wis|sen|schaft** ‖ **Bi|bel|zi|tat**
Bi|ber der, -s/-: *ein Nagetier* | *Pelz des Bibers*
bi|berln → piperln
Bi|ber|nel|le die, -/-n ⟨lat.⟩: *eine Arzneipflanzengattung*
Bi|ber|pelz ‖ **Bi|ber|stol|len** der, -s/-: *elegante bergmännische Uniform*
Bi|b|lio|gra|fie = Bibliographie [-f-] die, -/-n ⟨gr.⟩: *ein systematisches Bücherverzeichnis [zu einem bestimmten Sachgebiet]* ‖ **bi|b|lio|gra|fie|ren** = bibliographieren ‖ **bi|b|lio|gra|fisch** = bibliographisch ‖ **bi|b|lio|phil** [-f-]: *bücherliebend* ‖ **Bi|b|lio|thek** die, -/-en: *Bücherei* ‖ **Bi|b|lio|the|kar** der, -s/-e ‖ **Bi|b|lio|the|ka|rin** die, -/-innen ‖ **Bi|b|lio|theks|dienst** ‖ **Bi|b|lio|theks|di|rek|tor** ‖ **Bi|b|lio|theks|di|rek|to|rin**
bi|b|lisch: biblische *(aus der Bibel stammende)* Namen; die biblische Geschichte; ein biblisches *(sehr hohes)* Alter
BIC [-k] der, -[s]/-[s]: **B**ank **I**dentifier **C**ode *(weltweiter Code für die Bankenidentifikation)*
Bichl der, -s/-n, *auch:* Pichl (mda.): *Hügel, Bühel, Abhang*
Bi|det [-ˈdeː] das, -s/-s ⟨fr.⟩: *Sitzwaschbecken*
bie|der: ein biederer *(ehrlicher; treuherziger)* Mensch | *konventionell, ohne Schwung, langweilig* ‖ **Bie|der|keit** die, - ‖ **Bie|der|mann** (abw.): *Spießer* | (veraltet) *Person mit tadellosem Verhalten* ‖ **Bie|der|mei|er** das, -[s]: *Kunstrichtung und bürgerlicher Lebensstil in der ersten Hälfte des 19. Jh.* | echtes B. *(Biedermeiermöbel u. dgl. aus der Zeit)* ‖ **Bie|der|mei|er|mö|bel** ‖ **Bie|der|mei|er|zeit**
Bie|ge|han|tel: *ein Sportgerät, Königsfeder*
Bie|gel das, -s/-[n] (ostöst.): *Geflügelschenkel*
bie|gen, bog/gebogen: die Gabel gerade b. (= geradebiegen); sich vor Lachen b.; *aber:* auf **B**iegen und Brechen *(mit aller Gewalt)* | (Gramm.) *beugen* ‖ **bieg|sam** ‖ **Bieg|sam|keit** die, - ‖ **Bie|gung** die, -/-en: die Straße macht eine B. | (Gramm.) *Beugung*
Bie|ne die, -/-n: *ein Hautflügler;* Honigbiene; Wildbienen ‖ **bie|nen|flei|ßig** ‖ **Bie|nen|fres|ser:** *ein Vogel* ‖ **Bie|nen|ho|nig** ‖ **Bie|nen|kö|ni|gin** ‖ **Bie|nen|korb** ‖ **Bie|nen|schwarm** ‖ **Bie|nen|spra|che** ‖ **Bie|nen|stich:** auf einen B. allergisch reagieren | *eine Mehlspeise* ‖ **Bie|nen|stock** ‖ **Bie|nen|va|ter:** *Imker, Halter und Betreuer von Bienenstöcken* ‖ **Bie|nen|volk** ‖ **Bie|nen|wa|be:** *der aus Wachs bestehende Zellbau der Bienen* ‖ **Bie|nen|wachs** [-ks] ‖ **Bie|nen|zucht** ‖ **Bie|nen|züch|ter** ‖ **Bie|nen|züch|te|rin**
Bi|en|na|le [biɛ-] die, -/-n ⟨lat.⟩: *Veranstaltung, die alle zwei Jahre stattfindet* ‖ **Bi|en|nal|sprung:** *kollektivvertragliche Gehaltsvorrückung nach zwei Jahren* ‖ **Bi|en|ni|um** das, -s/Biennien [-i̯ɛn]: *Zeitraum von zwei Jahren* | *damit verbundene Gehaltsvorrückung* | (SüdT) *die ersten beiden Jahre der Südtiroler Oberschule;* → Triennium
Bier das, -[e]s/-e: ein Glas B. | (ugs.) das ist nicht mein B. *(das geht mich nichts an)* ‖ **Bier|an|stich:** *Anzapfen eines Bierfasses* ‖ **Bier|bauch** ‖ **Bier|brau|er** ‖ **Bier|brau|e|rin** ‖ **Bier|brau|e|rei** ‖ **Bier|de|ckel:** *Untersatz aus Karton [mit Werbung]* ‖ **Bier|do|se** ‖ **bier|ernst** (ugs.): *sehr ernst* ‖ **Bier|fass** ‖ **Bier|fla|sche** ‖ **Bier|gar|ten** ‖ **Bier|glas** ‖ **Bier|hansl** (ugs.): *abgestandener Bierrest* ‖ **Bier|kä|se,** *auch:* Bierkäs ‖ **Bier|kis|te** ‖ **Bier|krug** ‖ **Bier|krü|gel** (bes. ostöst.) ‖ **Bier|ra|di** (ugs.): *Bierrettich* ‖ **Bier|ret|tich** ‖ **Bier|schin|ken** (D): *eine Schinkenart* ‖ **Bier|stu|be** (D) ‖ **Bier|stübl** ‖ **Bier|stüb|le** = **Bier|stüb|li** (V): *Bierstübl* ‖ **Bier|sup|pe** ‖ **Bier|taz|ze** (reg., mda.): *Bierdeckel* ‖ **Bier|taz|zerl** ‖ **Bier|teig** ‖ **Bier|tipp|ler** (W, ugs., veraltend): *gewohnheitsmäßiger Trinker von Bierresten* ‖ **Bier|tipp|le|rin** (W, ugs., veraltend) ‖ **Bier|zelt:** *Zelt auf Volksfesten für Gastronomie und Unterhaltung*
bie|seln → pieseln
Biest das, -[e]s/-er: *lästiges, bösartiges Tier* | *ein Schimpfwort*
bie|ten, bot/geboten: [bei einer Auktion] das meiste b. | jemandem die Hand b. | ein Programm b. | die Gelegenheit bot sich | jemandem Trotz b. *(widerstehen, trotzig entgegentreten)* ‖ **Bie|ten** das, -s (T): *ein Kartenspiel* ‖ **bie|ten las|sen** = **bie|ten|las|sen** sich: ich lass mir das nicht bieten *(gefallen)* ‖ **Bie|ter** der, -s/- ‖ **Bie|te|rin** die, -/-innen
bi|fo|kal ⟨lat.⟩: *mit zwei Brennpunkten (bei Brillengläsern für Nähe und für Ferne)* ‖ **Bi|fo|kal|bril|le**
BIG [be i ˈgeː]: **B**undes**i**mmobilien**g**esellschaft (früher: BGV)
Bi|ga|mie die, -/-n ⟨lat.+gr.⟩: *ungesetzliche Doppelehe* ‖ **Bi|ga|mist** der, -en/-en ‖ **Bi|ga|mis|tin** die, -/-innen
Big Band [- -æ-] = **Big|band** die, -/-s ⟨engl.⟩: *großes Jazz- oder Tanzorchester* ‖ **Big Bang** [- -ˈæ-] = **Big|bang** der, -[s] (Astron.): *Urknall* ‖ **Big Bro|ther** [- ˈbrʌðə] der, - -s/- -[s]: *überwachende Macht (nach einem Roman von George Orwell)* ‖ **Big Foot** [- fʊt] = **Big|foot** der, -[s]/-[s] (Wz.): *ein spezieller Kurzski*
bi|gott ⟨fr.⟩ (abw.): *übertrieben fromm, frömmelnd* ‖ **Bi|got|te|rie** die, -/-n (abw.)
Bi|jou|te|rie [-ʒut-] die, -/-n ⟨fr.⟩: *[Mode]schmuckwaren; Schmuckherstellung und -handel* | Geschäft für [Mode]schmuck
Bike [baɪk] das, -[s]/-s ⟨engl.⟩ (sal.): *Fahrrad, meist in Spezialausführung;* Mountainbike | *Motorrad* ‖

biken ‖ **Biker** der, -s/- (sal.) ‖ **Bikerin** die, -/-innen (sal.)
Bikini der, -s/-s: *ein zweiteiliger Damenbadeanzug (nach einem Atoll im Pazifik)*
bikonkav ⟨lat.⟩ (Phys.): eine bikonkave *(beiderseits konkave)* optische Linse ‖ **bikonvex** (Phys.)
bilabial (Sprachwiss.): ein bilabialer Laut ‖ **Bilabial** der, -s/-e (Sprachwiss.): *Laut, der mit beiden Lippen erzeugt wird, zB* b, m
Bilanz die, -/-en ⟨it.⟩: *Rechnungsabschluss; Gegenüberstellung von Vermögen und Schulden;* B. machen/ziehen; Bilanzen lesen ‖ **Bilanzbuchhalter:** *Buchhalter, der selbständig eine Bilanz erstellt* ‖ **Bilanzbuchhalterin** ‖ **Bilanzfälschung** ‖ **Bilanzgeld:** *eine Sonderzahlung, 15. Monatsgehalt* ‖ **Bilanzgruppe** (Wirt.): *eine virtuelle Zusammenfassung von Stromlieferanten bzw. -verbrauchern* ‖ **bilanzieren** ‖ **Bilanzsumme**
bilateral ⟨lat.⟩: ein bilaterales *(zweiseitiges)* Abkommen; → G.: multilateral, unilateral
Bilch der, -[e]s/-e ⟨slaw.⟩: *ein Nagetier* | (Pl.) (Zool.) *eine Nagerfamilie, zB Siebenschläfer*
Bild das, -[e]s/-er: ein B. zeichnen | ein B. *(Foto)* knipsen | ein B. *(Anblick)* der Zerstörung | über etwas im B. *(informiert)* sein; sich ein B. von der Lage machen | in Bildern sprechen ‖ **Bildarchiv** ‖ **Bildauflösung** ‖ **Bildband:** *Buch, das hauptsächlich Abbildungen enthält* ‖ **Bildbericht:** *[reich]illustrierter Bericht* ‖ **Bilddokument** ‖ **Bildebene** (Math.) ‖ **bilden:** eine Gruppe b.; Sätze b.; die bildende Kunst *(Malerei, Bildhauerei usw.)* | sich b. *(Bildung erwerben)* | Gase b. sich *(entstehen)* ‖ **Bilderbuch** ‖ **Bilderbuchehe:** *eine vorbildliche Ehe* ‖ **Bilderkennung** ‖ **Bilderrahmen** ‖ **Bilderrätsel** ‖ **Bilderstürmer** (geh.): *Gegner traditioneller Ansichten* ‖ **Bilderstürmerin** (geh.) ‖ **Bilderverehrung** (Rel.) ‖ **Bildfahrplan:** *grafische Darstellung eines Fahrplans mit Weglinie, Zeitlinie und Haltepunkten (als Zeit-Wege-Diagramm)* ‖ **Bildfläche:** *Fläche eines [projizierten] Bildes;* von der B. verschwinden *(nicht mehr vorhanden sein)* ‖ **Bildformat:** Fotos in größerem B. ‖ **Bildfrequenz:** *Anzahl der Bilder in einer Sekunde [im Film]* ‖ **bildgebend:** bildgebende Verfahren *(die Aufnahmen aus dem Körperinneren liefern, zB Röntgen, Ultraschall, Tomografie)* ‖ **Bildgeschichte:** *[hauptsächlich] in Bildern erzählte Geschichte* ‖ **bildhaft** ‖ **Bildhauer** ‖ **Bildhauerin** ‖ **bildhübsch** ‖ **Bildl** das, -s/-n (ugs.): sich bei jemandem ein B. einlegen *(beliebt machen)* ‖ **bildlich:** eine bildliche Redensart, zB der *Fuß* des Berges ‖ **Bildmaterial** ‖ **bildnerisch:** ein bildnerisches Talent; *aber:* Bildnerische Erziehung *(ein Unterrichtsgegenstand)* (BE) ‖ **Bildnis** das, -nisses/-nisse: *Porträt* ‖ **Bildplatte** (Technol., Elektrot.): *Laserdisc, Speichermedium, auf dem auch Bilder gespeichert sind* ‖ **Bildpunkt** (meist Pl.) (Elektrot.): *Pixel* ‖ **Bildqualität** ‖ **Bildrauschen** das, -s (Elektrot.): *Störsignale am Bildschirm, Grieß, Schnee* ‖ **Bildreportage** [-ˈaːʃ, -ʒɛ] ‖ **Bildröhre:** *ein Teil in Fernsehgeräten* ‖ **Bildschirm:** *Monitor* ‖ **Bildschirmarbeit:** *Dateneingabe uÄ am Computer* ‖ **Bildschirmdiagonale:** der Fernseher hat eine B. von 72 cm ‖ **Bildschirmformat** ‖ **Bildschirmmenü** (Elektrot.): *Anzeige für die Bedienung auf dem Bildschirm* ‖ **Bildschirmschoner** (EDV): *ein Programm zur Schonung der Bildröhre* ‖ **Bildschnitzer:** *Bildhauer, der Holzfiguren schnitzt* ‖ **Bildschnitzerin** ‖ **bildschön:** ein bildschöner Mann ‖ **Bildstock:** *ein kleines Heiligendenkmal* ‖ **Bildstörung:** *Störung des Fernsehbildes* ‖ **Bildtelefon** (Elektrot.): *Gerät, das Ton und Bild zugleich überträgt bzw. empfängt* ‖ **Bildteppich:** *Gobelin*
Bildung die, -/-en: *Formung;* die B. einer neuen Regierung | (ohne Pl.) *erworbenes Wissen und geistige Formung* ‖ **Bildungsangebot** ‖ **Bildungsanstalt:** B. für Kindergartenpädagogik ‖ **Bildungsberater:** Schüler- und B. *(Lehrer mit berufs- bzw. schülerberatender Funktion)* ‖ **Bildungsberaterin** ‖ **Bildungsberatung** ‖ **Bildungsbürgertum** ‖ **Bildungschance** [-ʃãːs] (meist Pl.) ‖ **Bildungseinrichtung** ‖ **bildungsfeindlich** ‖ **Bildungsfreibetrag** ‖ **Bildungsgrad** ‖ **Bildungsgut** ‖ **bildungshungrig** ‖ **Bildungsinfo** = **Bildungsinformation** [-tsj-] ‖ **Bildungskarenz:** *Bildungsurlaub, eine Sozialleistung* ‖ **Bildungslücke** ‖ **Bildungsminister** ‖ **Bildungsministerin** ‖ **Bildungsministerium:** *Bundesministerium für Unterricht, Kunst und Kultur* ‖ **Bildungspolitik** ‖ **Bildungsscheck:** *eine Fördermaßnahme* ‖ **Bildungssprache** ‖ **bildungssprachlich:** *in gehobener Ausdrucksweise, gute Schulbildung voraussetzend* ‖ **Bildungssprecher:** *für Bildung zuständiger Sprecher einer Parlamentspartei* ‖ **Bildungssprecherin** ‖ **Bildungsstandards** [-ʃt-, -st-] die (Pl.): *Katalog von Kompetenzen, die die Schüler/innen erworben haben sollen* ‖ **Bildungsurlaub** ‖ **Bildungsvolksbegehren** ‖ **Bildungsweg:** auf dem zweiten B. *(nach der normalen Schullaufbahn, schon während einer Berufstätigkeit)* ‖ **Bildungswesen**
Bildunterschrift ‖ **Bildverarbeitung** ‖ **Bildwand:** *Projektionswand* ‖ **Bildwörterbuch**
Bilharziose die, -/-n (Med.): *eine Wurmerkrankung (nach dem Arzt Bilharz)*
bilingual ⟨lat.⟩: *zweisprachig;* eine bilinguale Schule
Billard [bi(l)ˈjaːr] das, -s/-s ⟨fr.⟩: *ein Kugelspiel; der Tisch dafür;* B. spielen ‖ **Billardkugel** ‖ **Billardqueue** [-køː] ‖ **Billardspiel** ‖ **Billardtisch**
Billet [bi(l)ˈjeː, -ˈleː] das, -s/-s, *auch:* Billett [-bi(l)ˈjeː, -ˈleː, (D): -ˈl(j)ɛt], -[e]s/-s [-e] ⟨fr.⟩: *Glückwunschkarte in einem Kuvert* | (veraltend) *Eintrittskarte* | (veraltend, CH) *Fahrkarte, Ticket* ‖ **Billeteur** [-ˈtøːɐ] der, -s/-e (veraltend): *Platzanweiser, der [im Theater, im Kino] die Eintrittskarten überprüft* ‖ **Billeteurin** die, -/-innen (veraltend) ‖ **Billeteuse** [-ˈtøːs, -zɛ] die, -/-n (veraltend)
Billiarde die, -/-n ⟨lat.⟩: *tausend Billionen* (10^{15})
billig: *preiswert;* Waren billigst abgeben | (abw.) *minderwertig;* billiger Wein | es ist recht und b. *(es ist angemessen, gerecht)* ‖ **Billigangebot** ‖ **Billigarbeitskraft** ‖ **billigen:** *gutheißen* ‖ **Billigflieger** ‖ **Billigfluglinie** [-iɛ] ‖ **Billigkeit** die, - (Jus): *Beurtei-*

lungskriterium mit dem Bemühen um sozialen Härteausgleich ‖ **Billiglohnland:** *Land mit niedrigen Löhnen und Preisen* ‖ **Billigprodukt** ‖ **Billigsdorfer** der, -s/- (bes. W, ugs.): *billige, minderwertige Ware* | *Geschäft, Firma mit billigen Waren (nach dem Ortsnamen Pillichsdorf in N)* ‖ **Billigsdorferprodukt** ‖ **Billigstbieter:** *jener, der das billigste Angebot macht;* → Bestbieter ‖ **Billigstbieterin** ‖ **Billigtarif** ‖ **Billigung** die, -/-en: *Zustimmung, Einverständnis* ‖ **Billigware:** der Markt wird mit B. überschwemmt

Billion die, -/-en ⟨lat.⟩: *eine Million Millionen bzw. tausend Milliarden* (10^{12}) | (in den USA) *eine Milliarde* ‖ **billionstel:** ein b. Gramm (= Billionstelgramm) ‖ **Billionstel** das, -s/- ‖ **billionstel Gramm** = **Billionstelgramm**

Bilsenkraut: *eine Giftpflanze*

bim: *lautmalend für den Klang kleiner Glocken;* die Glocken läuten bim, bam, bum ‖ **Bim** die, -/- (W, sal.): *Straßenbahn* ‖ **Bimbam** das, -s: *Glockenläuten*

Bimbo der, -s/-s: *Schimpfwort für einen Schwarzen*

Bimetall = **Bimetallstreifen** ⟨lat.+gr.⟩: *Streifen aus zwei miteinander verbundenen Metallen*

Bimmelbahn (ugs., scherzh.): *Kleinbahn [mit Warnglocke]* | *Bahn in einem Vergnügungspark* | *Straßenbahn, Bim* ‖ **bimmeln,** ich bimmle: ein bimmelndes Glöcklein

Bims der, - ⟨lat.⟩: *Kurzwort für Bimsstein* | (ugs.) (Mil.): *Brot* ‖ **Bimsstein:** *ein vulkanisches Gestein (auch zum Abreiben der Haut)*

bin → sein

binär ⟨lat.-fr.⟩: *nur aus zwei Elementen (Teilen) bestehend* ‖ **Binärsystem** [-zy-] (Math.): *Dualsystem* ‖ **Binärzahl** (Math.): *Dualzahl*

Binde die, -/-n: *Armbinde;* eine elastische B. | *Damenbinde* ‖ **Bindegewebe** (Med.) ‖ **Bindegewebsmassage** [-aːʃ, -ʒɛ] ‖ **Bindeglied:** *verbindender Teil* ‖ **Bindehaut** ‖ **Bindehautentzündung** ‖ **Bindemittel:** *Mittel zum Binden anderer Stoffe, zB Farben* ‖ **binden,** band/gebunden: einen Knoten b.; ihm sind die Hände gebunden *(er kann nicht frei handeln);* jemandem etwas auf die Nase b. *(etwas erzählen, was nicht unbedingt notwendig ist, ausplaudern)* | bindende *(verpflichtende)* Vereinbarungen; sie ist an den Vertrag gebunden | Bücher b. | gebundene Sprache *(durch Rhythmus/Versmaß gestaltete Sprache im Gegensatz zur Prosa)* | (Küchenspr.) *eine Sauce oder Suppe verdicken* ‖ **Binder** der, -s/-: *Bindemittel* | *Verbindungsbalken* | *Kurzwort für Fassbinder* ‖ **Binderin** die, -/-innen ‖ **Bindestrich** (-) (Druckw.): *kurzer Strich;* der B. in der Wendung *das Entweder-oder* ‖ **Bindewort** (Gramm.): *Konjunktion* ‖ **Bindfaden** (nördl. D): *Spagat, dünne Schnur* ‖ **Bindl** das, -s/-n (ugs., veraltend): *eine bandförmige Krawatte zu Trachtenanzügen* ‖ **Bindung** die, -/-en: keine feste B. *(Beziehung)* haben | *Kurzwort für Skibindung* ‖ **Bindungsangst:** *Angst vor festen Beziehungen* ‖ **Bindungsenergie** (Phys.): *freigesetzte Energie bei Teilchen, die in einen gebundenen Zustand übergehen*

Bingelkraut: *eine Pflanzengattung*

Bingo das, -[s] ⟨engl.⟩: *ein Spiel* | *ein Ausruf, „Volltreffer!"*

Binkel der, -s/-[n] (ugs.): *Bündel* | *[liebevolle] Bezeichnung [für ein Kind];* Zornbinkel ‖ **Binkerl** das, -s/-[n] (ugs.): *kleines Bündel;* ein B. Sorgen | *liebes Kind;* Herzbinkerl

binnen (Präp. mit Dat., auch mit Gen.): *innerhalb, im Laufe von;* b. zwei Monaten/b. zweier Monate; b. einem Jahr/b. eines Jahres; b. Jahr und Tag; b. kurzem (= Kurzem) ‖ **binnendeutsch** (veraltend, Sprachwiss.): *nur Deutschland betreffend* ‖ **Binnenflüchtling** (meist Pl.): *Person, die innerhalb eines Staates flüchten musste* ‖ **Binnengewässer:** *Gewässer innerhalb eines Festlandes* ‖ **Binnengrenze:** *die gemeinsame Grenze mit einem Bündnisstaat, zB innerhalb der EU* ‖ **Binnen-I** das, -/-: *Majuskel-I, Großbuchstabe I innerhalb eines Wortes zur Kennzeichnung männlicher und weiblicher Formen, zB* LehrerInnen *(für:* Lehrer/-innen *bzw.* Lehrer/innen*);* → Binnenmajuskel ‖ **Binnenland:** *Binnenstaat*

Binnenmajuskel:

Binnenmajuskeln oder Binnenversalien sind Großbuchstaben innerhalb eines Wortes, zB *InterCity, YouTube.* Sie werden im amtlichen Regelwerk nicht erwähnt, sind damit nicht ausdrücklich verboten und werden vielfach zur Unterscheidung und Kenntlichmachung eingesetzt, zB als → Binnen-I.

R→ S. 861, 12.1

Binnenmarkt (Wirt.): *gemeinsamer Markt unter verschiedenen Staaten;* EU-Binnenmarkt ‖ **Binnenmigration** [-tsi̯-]: *Binnenwanderung* ‖ **Binnenreim:** *Reim im Inneren eines Verses* ‖ **Binnenschifffahrt** ‖ **Binnenstaat:** *Staat, der nicht ans Meer grenzt, Binnenland* ‖ **Binnenverkehr:** *Verkehr innerhalb des Landes* ‖ **Binnenversal** [-v-]: *Binnenmajuskel* ‖ **Binnenwanderung**

binokular ⟨lat.⟩: → monokular ‖ **Binokular** das, -s/-e: *Fernglas, Mikroskop für beide Augen*

Binom das, -s/-e ⟨lat.+gr.⟩ (Math.): *Summe aus zwei Gliedern* | (Biol.) *zweigliedriger Name (einer Pflanzen- oder Tierart)*

Binse die, -/-n: *eine Pflanzengattungsgruppe, Simse* | (sal.) in die Binsen gehen *(verloren gehen; unbrauchbar werden)* ‖ **Binsenwahrheit** = **Binsenweisheit:** *Altbekanntes, Selbstverständliches*

bio ⟨gr.⟩ (sal.): *Kurzwort für biologisch uÄ;* sie lebt bio *(gesundheitsbewusst);* → öko ‖ **bioaktiv** [auch: 'biː-]: *biokompatibel* ‖ **Bioaktivität** [-v-] die, - ‖ **Biobauer** ‖ **Biobäuerin,** *auch:* Biobäurin ‖ **Biochemie** [-k-]: *die Lehre von den chemischen Vorgängen in der belebten Natur* ‖ **Biodiesel:** *Treibstoff [aus Rapsöl]* ‖ **Biodiversität** [-v-]: *Vielfalt des Lebens auf der Erde* ‖ **Biodroge:** *aus Pflanzen gewonnenen Rauschmittel* ‖ **biodynamisch** [-dy-]: *bestimmten Richtlinien für die Landwirtschaft folgend, zB biologische Düngung* ‖ **bioenergetisch** ‖ **Bioethik:** *Teilbereich der Ethik, der sich besonders Fragen im Bereich Gentechnik und Medizin sowie über den Umgang mit der belebten Umwelt widmet* ‖ **Bioethikkommission** ‖ **Biofeedback** [-fiːdbæk]: *eine Behandlungsmethode zur Steue-*

rung unbewusster Körpervorgänge ‖ **Biogas:** *eine Alternativenergie* ‖ **Biogenese** die, - (Biol.): *individuelle bzw. stammesgeschichtliche Entwicklungsgeschichte der Lebewesen* ‖ **biogenetisch** (Biol.): *die Biogenese betreffend* ‖ **Biogeografie** = **Biogeographie** [-f-] (Biol.): *Wissenschaft von der räumlichen Verteilung der Organismen* ‖ **Biograf** = Biograph der, -en/-en: *Verfasser einer Lebensbeschreibung* ‖ **Biografie** = Biographie die, -/-n ‖ **Biografin** = **Biographin** die, -/-innen ‖ **Bioindikator** (Biol., Ökol.): *Lebewesen, das ökologische Zustände anzeigt und auf deren Veränderungen reagiert* ‖ **Bioklima** ‖ **biokompatibel** (Ökol.): *ohne schädlichen Einfluss auf die Umwelt* ‖ **Biokompatibilität** die, - (Ökol.) ‖ **Biologe** der, -n/-n ‖ **Biologie** die, -: *Wissenschaft von den Lebewesen (Mikroben, Pflanzen, Tieren, Menschen);* B. und Erdwissenschaften *(ein Studienfach);* B. und Umweltkunde *(ein Unterrichtsgegenstand)* ‖ **Biologin** die, -/-innen ‖ **biologisch:** b. angebaut *(ohne Kunstdünger und Spritzmittel);* biologischer Gemüseanbau ‖ **Biomasse** die, - (Biol.): *Gesamtheit der Substanz der lebenden und toten Organismen* ‖ **Biomassekraftwerk** ‖ **Biometrie** die, -: *Vermessung spezifischer Körperdaten, zB Fingerprint, Netzhaut* ‖ **Biomüll:** *organischer Abfall* ‖ **Bionahrung** ‖ **Bionik** die, -: *Wissenschaft, die zur Klärung von technischen Problemen biologische Funktionen heranzieht* ‖ **Biophysik** [-fy-, auch: 'bi:-]: *Lehre von den physikalischen Vorgängen in der belebten Natur* ‖ **Bioprodukt** (meist Pl.) ‖ **Biopsie** die, -/-n (Med.): *Probe von lebendem organischem Gewebe* ‖ **biopsychosozial** [-y:-] (Med., Psych.): biopsychosoziale *(auch soziale und psychische Faktoren einbeziehende)* Medizin ‖ **Bioresonanztherapie:** *ein alternatives Heilverfahren* ‖ **Biorhythmus** [-y-]: *vom persönlichen Befinden beeinflusster Lebensablauf* ‖ **Biosiegel** (Ökol.): *eine Qualitätsproduktbestätigung* ‖ **Biosphäre** [-f-] (Ökol.): *die von Lebewesen bewohnte Welt* ‖ **Biosprit** [-ʃp-]: *Rapsöl uÄ* ‖ **Biospritmotor** ‖ **Biotonne:** *Sammelbehälter zum Kompostieren von Biomüll* ‖ **Biotop** der = das, -s/-e (Biol., Ökol.): *ein konkreter Lebensraum in der Natur* ‖ **Biotreibstoff** ‖ **Biowetter:** *der klimatische Einfluss auf den menschlichen Organismus* ‖ **Biowetterlage**

BIP: **B**rutto**i**nlands**p**rodukt

bipolar: *zweipolig*

Birchermüsli, *CH auch:* Birchermüesli (Wz.): *Müsli einer bestimmten Art (nach einem Schweizer Arzt)*

Birdie ['bɜ:di] der = das, -s/-s ⟨engl.⟩ (im Golf): *Ergebnis mit einem Schlag unter Par*

Birett das, -[e]s/-e ⟨lat.⟩: *Kopfbedeckung katholischer Priester*

Birgit = **Birgitta:** *weibl. Vorname;* → Brigitta

birgt → bergen

Birke die, -/-n: *eine Laubbaumgattung* | (ohne Pl.) *Holz der Birke* ‖ **Birkenpilz** ‖ **Birkhahn** ‖ **Birkhuhn:** *ein Hühnervogel*

Birma → *Burma*

Birnbaum ‖ **Birne** die, -/-n: *ein Obst* | *Glühbirne* ‖ **birnen** (ugs.): *verhauen, ohrfeigen* | es hat ihn gebirnt *(er ist [mit dem Rad] gestürzt);* → aufbirnen ‖ **Birnenbrot** (V, CH): *Kletzenbrot, Früchtebrot* ‖ **birnenförmig,** *auch:* birnförmig ‖ **Birnenkompott** ‖ **Birnenmost**

birst → bersten

bis (–):

Präposition mit Akkusativ:
- bis Eisenstadt
- bis nächsten Freitag
- von der Schule bis hierher
- bis nachher; → Biszeichen

Adverbiell gebraucht:
- vom 12. bis [zum] 15. Mai
- bis auf weiteres (= Weiteres)
- Jugendliche bis zu 18 Jahren; *aber:* Jugendliche bis 18 Jahre

Konjunktion:
- Kinder von 10 bis 12 Jahren
- wir warten, bis sie kommt

Bisamratte: *ein Nagetier*

Bischof der, -s/Bischöfe (Rel.): *durch eigene Weihe legitimierter Inhaber eines kirchlichen Amtes; Leiter einer Diözese* | (Küchenspr.) *Teil des Geflügels* ‖ **Bischöfin** die, -/-innen ‖ **bischöflich** ‖ **Bischofsamt** ‖ **Bischofsbrot:** *eine Mehlspeise* ‖ **Bischofshofen:** *Stadt in Salzburg* ‖ **Bischofskonferenz** (kath.): *Versammlung aller Bischöfe;* die österreichische B. ‖ **Bischofssitz:** *Hauptort eines bischöflichen Amtsbereichs* ‖ **Bischofsstab** ‖ **Bischofssynode** [-zy-]: *Bischofsversammlung zur Beratung des Papstes* ‖ **Bischofsweihe**

Bisexualität ‖ **bisexuell:** *beiden Geschlechtern zugewandt; zweigeschlechtlich*

bisher [auch: 'bi-]: *bis jetzt* ‖ **bisherig** [auch: 'bi-]: das bisherige Leben | (Großschreibung) alles **B**isherige; im **B**isherigen

Biskotte [ugs.: -ʃ'ko:-] die, -/-n ⟨it.⟩: *eine [löffelförmige] Biskuitart* ‖ **Biskottentorte** ‖ **Biskuit** [-'kvit, auch: -'kvi:] das, -[e]s/-e [-s] ⟨fr.⟩: *eine Mehlspeise; Bäckerei* ‖ **Biskuitroulade** [-ru-] ‖ **Biskuitschöberl**

bislang: *bis jetzt*

Bismarckhering (bes. D): *großer marinierter Hering, Russe (nach dem deutschen Staatsmann Bismarck)*

Bismut das, -[e]s, *auch:* Wismut ⟨lat.⟩ (Zeichen: Bi): *ein chemisches Element*

Bison der, -s/-s ⟨germ.-lat.⟩: *nordamerikanischer Büffel*

biss → beißen ‖ **Biss** der, -es/-e: der B. eines Hundes | ein B. *(eine Bisswunde)* im Arm | (ugs.) seine Reden haben wenig B. *(Überzeugungskraft)* ‖ **bisschen:** ein b. *(ein wenig);* ein b. Geduld; das b. Zeit, das wir noch haben; dieses kleine b. ‖ **bissel** (ugs.): *bisschen* ‖ **Bissen** der, -s/-: nur einen B. machen; ein fetter B. *(etwas Gewinnbringendes)* ‖ **bisserl** (ugs.): *bisschen* ‖ **bissfest:** *das Gemüse b. kochen* ‖ **Bissgurn** die, -/- (ugs., derb): *Schimpfwort für eine zänkische Frau* ‖ **bissig:** ein bissiger Hund | eine bissige Antwort geben ‖ **Bissigkeit** die, -/-en ‖ **bissl** (ugs.): *bisschen* ‖ **Bisswunde**

bist → sein

Bistro [-st-] das, -s/-s ⟨russ.-fr.⟩: *kleine [französische] Gaststätte*

Bistum [-st-] das, -s/-tümer ⟨gr.-lat.⟩: *Amtsbereich eines katholischen Bischofs, Diözese*

bisweilen (veraltend): *manchmal*

Biszeichen (–) (Druckw.): *mittellanger Strich ohne Zwischenraum;* 1939–1945; Ordination 15–18 (sprich: von 15 bis 18) Uhr; → bis

B

Bit das, -[s]/-[s] ⟨engl.⟩ (Zeichen: bit) (EDV): *kleinste Maßeinheit für den Informationsgehalt einer Nachricht;* → Byte ‖ **Bitrate** (EDV): *Datenübertragungsrate (ua. ein Maß für die Detailtreue von Audio- und Videodateien)*

Bitsche die, -/-n, *auch:* Pitsche (mda.): *Kanne [mit Deckel];* Milchbitsche

bitte: b. schön; wie b.?; b. wenden! (b. w.!); b. (= Bitte) sagen ‖ **Bitte** die, -/-n ‖ **bitten,** bat/gebeten: um etwas b. und flehen; sich b. lassen *(gebeten werden wollen);* jemanden zur Kasse b. *(zum Zahlen auffordern);* wenn ich b. darf! *(auch als nachdrückliche Bitte)*

bitter: ein bitterer Geschmack | *unangenehm, leidvoll;* bittere Not | ein bitterer *(sehr kalter)* Winter ‖ **Bitter** der, -s/-: *Kurzwort für Bitterlikör* ‖ **bitterböse:** *sehr böse* ‖ **bitterernst:** *sehr ernst* ‖ **Bittergetränk** ‖ **bitterkalt** ‖ **Bitterkeit** die, -/-en: voll B. ‖ **Bitterklee:** *eine Arzneipflanze* ‖ **Bitterl** der, -s (ugs.): *zart-bitterer Weingeschmack* ‖ **bitterlich:** b. weinen ‖ **Bitterlikör** ‖ **Bitterling** der, -s/-e: *ein Fisch | eine Pflanzengattung* ‖ **Bittermandel:** *ein natürlicher Aromastoff* ‖ **Bitternis** die, -/-nisse (geh.) ‖ **Bittersalz** (Med.): *ein Abführmittel, Magnesiumsulfat* ‖ **Bitterschokolade** ‖ **Bitterstoff** (meist Pl.): *bitterer Geschmacksstoff* ‖ **bittersüß:** *bitter und süß* | ein bittersüßer *(tragisch-schöner)* Liebesfilm

Bittgang (kath., veraltet): *Bittprozession* ‖ **Bittgebet** ‖ **Bittgesuch** ‖ **Bittleihe** die, -/-n (Jus): *Verleihen einer Sache gegen jederzeitigen Widerruf; Prekarium* ‖ **bittlich** (veraltet): b. werden *(bitten)* ‖ **Bittprozession** (kath.) ‖ **Bittschrift** (veraltet): *Bittgesuch* ‖ **Bittsteller** der, -s/-: *jemand, der um etwas bittet, ansucht* ‖ **Bittstellerin** die, -/-innen ‖ **Bitttag** (kath.): *Tag, an dem ein Bittgang stattfindet*

Bitumen das, -[s]/- ⟨lat.⟩: *eine teerartige Masse*

bitzeln (mda.): *zornig, unbeherrscht sein;* ein Kind bitzelt; *aber:* → pitzeln ‖ **Bitzler** der, -s/- (mda.) ‖ **Bitzlerin** die, -/-innen (mda.)

Biwak das, -s/-s [-e] ⟨niederl.-fr.⟩: *[Nacht]lager im Freien* ‖ **biwakieren**

Biz [bɪz] das, - ⟨engl.⟩: *Business;* Showbiz

BIZ: Berufs**i**nformations**z**entrum

bizarr ⟨fr.⟩: *seltsam, absonderlich, wunderlich*

Bizeps der, -[es]/-e ⟨lat.⟩: *ein Oberarmmuskel*

Björn: *männl. Vorname*

Bk: Berkelium

BKA [be ka ˈaː] das, -: **B**undes**k**anzler**a**mt

BKI [be ka ˈiː] der, -: **B**örsen**k**ammer**i**ndex

BKS [be ka ˈɛs]: **B**osnisch/**K**roatisch/**S**erbisch *(eine Gruppe untereinander engstverwandter Sprachen)*

Bl.: Blatt [einer Handschrift, eines Dokuments]

BLA [be ɛl ˈaː]: **B**undes**l**ehr**a**nstalt; → HBLA

Blabla das, -[s] (ugs., abw.): *leeres Gerede, Unsinn*

Blachfeld (veraltet): *Ebene*

Black Box [ˈblæk -] = **Blackbox** die, -/-es [-ɪz] ⟨engl.⟩ (Phys.): *Teilbereich eines Ablaufes, der nicht erforscht werden kann* | (Technik) *Behälter mit dem Flugschreiber* ‖ **Black-out** [- aʊt] = **Blackout** das *(auch:* der), -[s]/-s, *auch: Geistesabwesenheit, kurzes Aussetzen des Denkvermögens* | *Stromausfall* | *[Cabaret]szene, die mit plötzlicher Verdunkelung endet* ‖ **Black Power** [- ˈpaʊə] die, -: *afroamerikanische Bürgerrechtsbewegung gegen Rassendiskriminierung*

blad (reg., ugs., abw.): *dick* ‖ **Blade**[1] der, -n/-n, ein Blader (reg. ugs., abw.) ‖ **Blade**[2] die, -n/-n (reg. ugs., abw.)

blähen: *aufbauschen;* der Wind bläht die Segel | blähende Speisen ‖ **Blähhals** ‖ **Blähung** die, -/-en: an Blähungen leiden

blamabel ⟨fr.⟩: *beschämend;* eine blamable Angelegenheit ‖ **Blamage** [-ˈaːʃ, -ʒɛ] die, -/-n: *Beschämung; Schande; Bloßstellung* ‖ **blamieren:** *bloßstellen;* sich vor den Kollegen b. *(sich lächerlich machen)*

blanchieren [blɑ̃ˈʃiː-] ⟨fr.⟩ (Küchenspr.): *abbrühen, [über]brühen;* Gemüse b.

blank:

rein, glänzend | *unbedeckt, bloß;* die blanke Faust; blankes Entsetzen | mit blanken *(gezogenen)* Waffen | *offensichtlich;* blanker Unsinn | (ugs.) *ohne Geld*

Getrenntschreibung in Verbindung mit „sein" und bei wörtlicher Bedeutung:
- blank sein
- blank liegen *(frei, bloß)*
- blank gehen (veraltet: *ohne Mantel)* R→ S. 901, 1.8

Zusammenschreibung bei übertragener Bedeutung:
- den Säbel blankziehen *(aus der Scheide ziehen);* zieh blank! R→ S. 900, 1.5.1

Getrennt- und Zusammenschreibung, zB:
- blank polieren = blankpolieren
- Nerven, die blank liegen (= blankliegen) R→ S. 900, 1.5.2

Blanka: *weibl. Vorname;* → Bianca ‖ **Blankett** das, -[e]s/-e ⟨pseudofr.⟩ (Wirt.): *noch nicht unterschriebenes Schriftstück; unfertiges Formular* ‖ **blank liegen = blankliegen:** die Nerven sind b. *(bloß)* gelegen; → blank ‖ **blanko** ⟨it.⟩: ein b. *(unausgefüllt)* unterschriebener Scheck ‖ **Blankocheck** [-ʃ-] = → Blankoscheck ‖ **Blankocheque** [-ʃɛk] (CH): *Blankoscheck* ‖ **Blankoscheck** = Blankocheck [-ʃ-]: *Scheck, bei dem der Betrag erst nachträglich einzusetzen ist* ‖ **Blankounterschrift** ‖ **Blankovollmacht:** *unbeschränkte Vollmacht* ‖ **blank polieren = blankpolieren** ‖ **Blankvers** [-v-, -f-]: *reimloser Vers in fünftaktigen Jamben* ‖ **blankziehen:** den Säbel b. *(aus der Scheide ziehen);* → blank

Blasbalg → Blasebalg ‖ **Bläschen** das, -s/- ‖ **Blase** die, -/-n: Blasen an den Füßen; kochende Milch wirft Blasen | *Harnblase* | *Wirtschaftsblase* ‖ **Blasebalg** der, -[e]s/-bälge, *auch:* Blasbalg ‖ **blasen,** du bläst/blies/geblasen: der Wind bläst | Trompete b. | jemandem den Marsch b. *(jemanden zurechtweisen)* | Trübsal b. *(traurig sein)* ‖ **Blasenbildung** ‖ **Blasenentleerung** ‖ **Blasenentzündung** (Med.) ‖ **Blasenkammer** (Phys.): *Gerät zum Nachweis ionisierender Teilchen* ‖ **Blasenkatarr** = Blasenkatarrh (Med.): *Blasenentzündung* ‖ **Blasenleiden** (Med.) → Harnblase ‖ **Blasensprung** (Med.): *Platzen der Fruchtblase am Beginn der Geburt* ‖ **Bläser** der, -s/-: *Musi-*

ker, der ein Blasinstrument spielt | (nur Pl.) (Mus.) *die Blasinstrumente im Orchester* ‖ **Bla|se|rei** die, - (abw.) ‖ **Blä|ser|en|sem|b|le** [-ɑ̃,sɛ:bl] ‖ **Blä|se|rin** die, -/-innen

bla|siert ⟨fr.⟩ (abw.): *eingebildet; gelangweilt tuend* ‖ **Bla|siert|heit** die, - (abw.)

Blas|in|s|t|ru|ment [-st-] *Aerofon, zB Flöte, Klarinette, Trompete* ‖ **Blas|ka|pel|le:** in der B. spielen ‖ **Blas|mu|sik**

Blas|phe|mie [-f-] die, -/-n ⟨gr.⟩: *Gotteslästerung* ‖ **blas|phe|misch**

blass, blässer [blasser]/am blässesten [blassesten]: im Gesicht ganz b. werden ‖ **blass|blau** ‖ **Bläs|se** die, -: wegen der B. ins Solarium gehen ‖ **Bläss|huhn** = → Blesshuhn ‖ **Blässl** der = das, -s/- (mda.): *Pferd oder Rind mit weißem Stirnfleck;* → Blesse ‖ **bläss|lich:** *blass* | *uncharakteristisch, farblos*

Blatt das, -[e]s/Blätter: grüne Blätter; das leere B. in der Mitte falten; sich kein B. vor den Mund nehmen *(deutlich seine Meinung sagen)* | *Zeitung* | *Spielkarte;* das B. hat sich gewendet *(die Verhältnisse haben sich geändert)* | (mit Abkürzung Bl.) Blatt (Bl.) 14 dieser Handschrift | (in Mengenangaben mit Pl. Blatt) fünf Blatt Papier | (Bot.) *Organ der höheren Pflanzen;* Blütenblatt ‖ **blat|teln,** ich blattle (ugs.): *blättern*

Blat|tern die (Pl.) (Med.): *eine ansteckende Krankheit, Pocken; ihre hinterlassenen Narben*

blät|te|rig = blättrig ‖ **blät|tern:** in einem Buch b.

blat|ter|nar|big

Blät|ter|pilz: *ein Pilz mit Lamellen* ‖ **Blät|ter|teig** (Küchenspr.): Schinken in B. ‖ **Blät|ter|teig|ko|lat|sche,** *auch:* Blätterteiggolatsche *(W, N)* (Küchenspr.) ‖ **Blät|ter|wald** der, -[e]s (scherzh.): *die [Tages]zeitungen* ‖ **Blatt|gold:** *hauchdünne Goldblättchen [zum Vergolden]* ‖ **Blatt|grün:** *Chlorophyll* ‖ **Blatt|kä|fer** ‖ **Blattl** das, -s/-n (ugs.): *kleines Blatt* | → Plattl ‖ **Blatt|laus:** *ein Pflanzenschädling* ‖ **Blatt|li|nie** [-i̯ɛ]: *allgemeine [und politische] Ausrichtung eines Printmediums* ‖ **blätt|rig** ‖ **Blatt|ro|set|te** (Bot.): *Anordnung der Blätter an einer Pflanze, dicht übereinanderstehende Blätter* ‖ **Blatt|sa|lat** ‖ **Blatt|schuss** (Jägerspr.): *Schuss ins Herz* ‖ **Blatt|spi|nat** ‖ **Blatt|trieb**

blau:

blaue Augen; blauer Fleck *(Bluterguss);* sein blaues Wunder erleben *(unangenehm überrascht werden);* blau in blau | (Verk.) blaue Zone *(Kurzparkzone)* | blauer *(auch:* **B**lauer) Brief *(Kündigungsschreiben)*

Großschreibung bei Nominalisierung und in Eigennamen:
- in **B**lau gekleidet; → Blau
- eine Fahrt ins **B**laue *(ohne bestimmtes Ziel)*
- **B**lauer Burgunder (→ Blauburgunder)
- der **B**laue Planet *(die Erde)*
- **B**lauer Wildbacher *(Weinrebe, aus der Schilcher gewonnen wird)*
- **B**lauer Portugieser *(eine Reb- und Weinsorte)*

R→ S. 892, 2.2

Getrenntschreibung in Verbindung mit „sein“:
- blau sein (ugs. auch: *betrunken sein)* R→ S. 901, 1.8

Zusammenschreibung bei übertragener Bedeutung:
- blaumachen (ugs.: *nicht arbeiten)* R→ S. 900, 1.5.1

Getrennt- und Zusammenschreibung mit Verben, die ein Resultat herbeiführen:
- blau streichen = blaustreichen
- einen Stoff blau färben (= blaufärben) R→ S. 900, 1.5.2

Getrennt- und Zusammenschreibung mit adjektivisch gebrauchten Partizipien:
- ein blau gestreifter (= blaugestreifter) Schal

Blau das, -[s]/-: das B. des Himmels; in B. [gekleidet] *(blau angezogen);* ihr steht B. gut; → Blaue ‖ **blau|äu|gig:** das Baby ist b. | *naiv;* sich b. stellen ‖ **Blau|bart:** *eine Märchengestalt, Mörder seiner Ehefrauen* ‖ **Blau|bee|re** (reg.): *Heidelbeere* ‖ **blau|blü|tig:** *adelig* ‖ **Blau|bur|gun|der:** *eine Reb- und Weinsorte, Blauer Burgunder, Pinot Noir* ‖ **Blaue**[1] der, -n/-n: *ein Blauer* | (ugs.) *Anhänger der FPÖ* | (sal., früher) *Tausendschillingschein* ‖ **Blaue**[2] die, -n/-n (ugs.): *Anhängerin der FPÖ* ‖ **Blaue**[3] das, -n: ins B. *(unsachlich; gedankenlos)* reden; eine Fahrt ins B. *(mit unbekanntem Ziel);* das B. vom Himmel versprechen *(Unerfüllbares versprechen, lügen)* ‖ **Bläue** die, - ‖ **blau|en** (geh.): der Himmel blaut *(wird blau)* ‖ **blau fär|ben** = **blau|fär|ben** → blau

B-Lauf|bahn ['be: -]: *berufliche Tätigkeiten im Staatsdienst für Maturanten und Maturantinnen*

Blau|fich|te ‖ **Blau|frän|kisch** der, -[s]/- = **Blau|frän|ki|sche,** -n/-n: *eine Reb- und Weinsorte* ‖ **blau ge|streift** = **blau|ge|streift** → blau

blau|grün:

eine blaugrüne *(blaue und grüne)* Fahne; blaugrüne *(bläulich grüne)* Augen; ein blaugrün gestreifter (= blaugrün gestreifter) Stoff

Um deutlich zu machen, dass es sich um zwei verschiedene Farben handelt, kann ein Bindestrich gesetzt werden:
- ein blau-grünes Kleid *(ein Kleid in den beiden Farben Blau und Grün)* R→ S. 907, 5.3.3

Blau|helm (meist Pl.): *Soldat einer Truppe der Vereinten Nationen (nach dem hellblauen Stahlhelm)* ‖ **Blau|kraut:** *Rotkraut*

bläu|lich: b. grün ‖ **Blau|licht:** *Warnsignal von Einsatzfahrzeugen;* eine Rettung mit B. ‖ **Blau|licht|fahr|zeug** ‖ **Blau|licht|steu|er** (sal.): *Gebühr für die polizeiliche Aufnahme von Unfällen ohne Personenschaden* ‖ **Bläu|ling** der, -s/-e: *ein Schmetterling* ‖ **blau|ma|chen** (ugs.): *nicht arbeiten* ‖ **Blau|mann** (D): *Schlosseranzug* ‖ **Blau|mei|se** ‖ **Blau|pau|se** (Druckw.): *letzter Kontrollabzug vor dem Druck* ‖ **Blau|ra|cke** die, -/-n: *ein Vogel* ‖ **Blau|säu|re** (Chem.): *ein Gift* ‖ **Blau|schim|mel|kä|se:** *ein Käse* ‖ **blau|sti|chig:** blaustichige *(bläulich verfärbte)* Fotos ‖ **blau strei|chen** = **blau|strei|chen** → blau ‖ **Blau|ver|schie|bung** (Phys.): *die Verschiebung von Spektrallinien nach kürzeren Wellenlängen;* → G.: Rotverschiebung ‖ **Blau|wal:** *eine Walart (größtes und schwerstes Tier überhaupt)* ‖ **blau|weiß|rot:** die Fahne ist b.

Bla|zer ['bleɪzə] der, -s/- ⟨engl.⟩: *eine Jacke*

Blech das, -[e]s/-e: *dünne Metallplatte* | *Kurzwort für Backblech* | (Sport, auch scherzh.) *fiktive Medaille für den vierten Platz* | (ohne Pl.) (Mus.) *die Blechbläser* ‖ **Blech|blä|ser** die (Pl.) (Mus.):

die Spieler der Blechblasinstrumente, Blech ‖ **Blechblasinstrument** [-st-] (Mus.): *Trompete, Posaune, Horn, Flügelhorn uÄ* ‖ **blechen** (ugs.): *zahlen* ‖ **blechern:** *aus Blech* ‖ **Blechlawine** (sal.): *Autokolonne* ‖ **Blechmusik** (Mus.): *Besetzung mit Blechblasinstrumenten* ‖ **Blechsalat** (sal.): *Verkehrsunfall mit mehreren Fahrzeugen* ‖ **Blechschaden:** *Unfallschaden an einem Kfz* ‖ **Blechschere:** *ein Werkzeug* ‖ **Blechtrottel** (veraltend, scherzhaft): *Computer*

blecken: die Zähne b. *(drohend zeigen)*

bledern, *auch:* pledern (ostöst., mda.): *sich schnell und geräuschvoll [mit dem Motorrad] fortbewegen*

Blei[1] das, -[e]s (Zeichen: Pb): *ein chemisches Element;* zu Silvester B. gießen | Senkblei ‖ **Blei**[2] der, -s/-[e]: *Kurzwort für Bleistift*

Bleibe die, -/-n: *[vorübergehender] Aufenthaltsort*

bleiben,

blieb/geblieben: bleibende Erinnerungen | (geh.) im Krieg bleiben *(als Soldat fallen)*

Getrenntschreibung bei wörtlicher Bedeutung:

- cool bleiben
- trotz Nervosität ruhig bleiben

Getrennt- und Zusammenschreibung der Verbindung von Infinitiv + „bleiben"/„lassen" bei übertragener Bedeutung:

- sie soll es bleiben lassen (= bleibenlassen) *(unterlassen)*
- er wird sitzen bleiben (= sitzenbleiben) *(die Klasse wiederholen); aber nur getrennt:* sitzen bleiben (nicht aufstehen)
- die Uhr ist stehen geblieben (= stehengeblieben); *aber nur getrennt:* stehen bleiben (nicht weitergehen; sich nicht setzen)

Ebenso getrennt und zusammen:

- es wird ihr nichts übrig bleiben (= übrigbleiben) *(sie wird es tun müssen)* R→ S. 901, 1.7.2

bleiben lassen = **bleibenlassen** → bleiben

Bleiberecht (Jus): *Aufenthaltsregelung für Ausländer und Asylanten;* humanitäres B.

Bleiberg → Bad Bleiberg ‖ **Bleiburg** (slowen.: Pliberk]): *Stadt in Kärnten*

bleich: *blass, fahl* | (geh.) bleiches *(blankes)* Entsetzen ‖ **Bleiche** die, -/-n: *Blässe* | (früher) die Wäsche lag auf der B. *(zum Bleichen)* ‖ **bleichen**[1], bleichte/gebleicht: sie bleichte ihre Haare; chlorfrei gebleichtes Papier ‖ **bleichen**[2], blich/geblichen (veraltet): die Farben blichen in der Sonne; → erbleichen ‖ **Bleichgesicht** (meist Pl.): *Weißer (im Gegensatz zu einem farbigen Menschen, aus der Sicht der Indianer)* ‖ **Bleichmittel** ‖ **Bleichsucht** (veraltet): *Blutarmut*

bleiern: *aus Blei; wie Blei* ‖ **bleifrei:** b. tanken ‖ **Bleifuß** (sal.): mit B. *(Vollgas)* fahren | *Schnellfahrer* ‖ **Bleigehalt** der, -[e]s ‖ **bleihältig,** *auch:* bleihaltig ‖ **Bleikristall:** *[wertvolles] Glas mit Bleizusatz;* → Kristall[2] ‖ **Bleirohr** ‖ **bleischwer:** bleischwere Müdigkeit ‖ **Bleistift** ‖ **Bleistiftabsatz:** *spitzer Damenschuhabsatz* ‖ **Bleistiftspitzer** ‖ **Bleistiftstummel** ‖ **Bleistiftwert** (Jus): *voraussichtlich erzielbarer Erlös einer [gerichtlichen] Exekution oder Versteigerung*

Blende die, -/-n: mit mittlerer B. *(Objektiveinstellung)* fotografieren | *Wechsel der Filmszene durch Ein-, Ausblenden* ‖ **blenden:** *blind machen* | vom Scheinwerfer geblendet werden ‖ **blendend:** b. *(strahlend, auffallend)* schön; b. weiß; mir geht es b. *(ausgezeichnet)* ‖ **Blendung** die, -/-en ‖ **Blendwerk** (abw.): etwas als B. *(Täuschung)* entlarven

Bless der = die, -/-en: *Blassel* ‖ **Blesse** die, -/-n: *weißer Stirnfleck bei Pferden und Rindern;* → Blassl ‖ **Blesshuhn** = Blässhuhn: *eine Ralle*

blessiert ⟨fr.⟩ (veraltet): *verwundet* ‖ **Blessur** die, -/-en

Bletschen die, -/- (ugs.): *großes Pflanzenblatt* | *größerer Fleck, zB Schmutzfleck* | (scherzh.) *auffälliges Abzeichen;* → Platschern

bleu [blø(:)] ⟨fr.⟩ (Küchenspr.): *eine Garstufe beim Fleischbraten;* → englisch

blich → bleichen[1]

Blick der, -[e]s/-e: sich Blicke zuwerfen; auf den ersten B. *(sofort)* | Zimmer mit B. *(Ausblick)* auf den Dachstein | (ohne Pl.) einen geübten B. *(Erfahrung)* für etwas haben ‖ **blickdicht:** eine blickdichte Strumpfhose ‖ **blicken:** der Gefahr ins Auge b. ‖ **blicken lassen** = **blickenlassen** sich: sich nicht mehr b. *(nicht mehr kommen)* ‖ **Blickfang** ‖ **Blickfeld** ‖ **Blickkontakt:** B. herstellen ‖ **Blickpunkt:** *Gesichtspunkt* ‖ **Blickrichtung** ‖ **Blickwinkel**

blieb → bleiben

blies → blasen

blind:

ein blinder Mann | ein blindes *(vorgetäuschtes)* Fenster; ein blinder *(ohne Fahrkarte versteckt mitfahrender)* Passagier; ein blinder *(unnötiger; falscher)* Alarm

Getrenntschreibung in Verbindung mit „sein":

- für etwas blind sein *(es nicht verstehen, nicht wahrhaben wollen)* R→ S. 901, 1.8

Getrenntschreibung:

- sich blind stellen
- jemanden blind verstehen *(sehr gut kennen)*
- jemandem blind *(voll)* vertrauen

Getrennt- und Zusammenschreibung mit Verben, die ein Resultat herbeiführen:

- blind machen = blindmachen *(blenden)* R→ S. 900, 1.5.2

Zusammenschreibung bei übertragener Bedeutung:

- blindfliegen *(ohne Sicht)*
- auf der Tastatur blindschreiben *(ohne hinzusehen)* R→ S. 900, 1.5.1

Blinddarm (Med.): *Teil des Dickdarms* ‖ **Blinddarmentzündung** (Med.)

Blind Date ['blaınd 'deıt] = **Blinddate** ⟨engl.⟩: *Treffen mit einer unbekannten Person*

Blinde[1] der, -n/-n, ein Blinder ‖ **Blinde**[2] die, -n/-n ‖ **Blindekuh:** B. spielen ‖ **Blindenführhund:** *Hund, der Blinde führen kann* ‖ **Blindenhund:** *Blindenführhund* ‖ **Blindenschrift:** *Brailleschrift* ‖ **Blindensport** ‖ **Blindenstock** ‖ **blindfliegen** → blind ‖ **Blindflug:** *Instrumentenflug;* im B. *(ohne etwas zu sehen)* ‖ **Blindgänger** der, -s/-: *nicht explodiertes Geschoß* | (ugs.) *Versager* ‖ **Blindheit** die, - ‖ **Blindkopie:** *heimliche E-Mail-Kopie;* → BCC ‖ **blindlings:** b. *(ohne zu schauen)* über die Straße laufen ‖ **blind machen** = **blindmachen** → blind ‖ **Blindschleiche** die, -/-n:

eine beinlose Eidechse ‖ **blind|schrei|ben** → blind ‖ **blind|wü|tig**

blin|ken: blinkende *(leuchtende)* Sterne ‖ **Blin|ker** der, -s/-: *ein Licht [am Kraftfahrzeug]* ‖ **Blink|licht** ‖ **Blink|zei|chen**

blin|zeln: ich blinzle in der Sonne

Blitz der, -es/-e: wie ein B. aus heiterem Himmel *(unvorhersehbar, unerwartet);* sie war wie vom B. getroffen *(sehr erschreckt)* | *Kurzwort für Blitzlicht* ‖ **Blitz|ab|lei|ter** der, -s/-: *Vorrichtung [an Gebäuden], die Blitze ableiten soll* ‖ **Blitz|ak|ti|on** [-tsi̯-]: eine B. der Polizei ‖ **blitz|ar|tig** ‖ **blitz|blank** ‖ **blitz|blau:** ein blitzblauer *(klarer)* Himmel ‖ **Blitz|eis** (Met.): *plötzliches Glatteis* ‖ **blit|zen:** es blitzt und donnert | du blitzt *(fotografierst mit Blitzlicht)* ‖ **Blit|zes|schnel|le:** in/mit B. *(schnell wie der Blitz)* ‖ **blitz|ge|scheit** (ugs.): *sehr gescheit* ‖ **Blitz|gnei|ßer** der, -s/- (ugs., scherzh.): *jemand, der etwas schnell versteht* ‖ **Blitz|gnei|ße|rin** die, -/-innen (ugs., scherzh.) ‖ **Blitz|krieg:** *überraschend durchgeführte Kriegshandlungen, um einen schnellen Sieg zu erringen* ‖ **Blitz|licht** ‖ **blitz|sau|ber:** *sehr sauber* ‖ **Blitz|schlag** ‖ **blitz|schnell** ‖ **Blitz|tem|po:** im B. etwas erledigen ‖ **Blitz|um|fra|ge** ‖ **Blitz|zan|ge:** *schnell verstellbare Rohrzange*

Bliz|zard ['blɪzəd] der, -s/-s ⟨engl.⟩: *Schneesturm [in Nordamerika]*

Bloch der = das, -[e]s/-e [Blöcher]: *gefällter und entrindeter Baumstamm* ‖ **Bloch|holz** ‖ **Bloch|zie|hen** das, -s: *ein Volksbrauch*

Block der, -[e]s/Blöcke [Blocks]: *Häuserblock, Gruppe von Gebäuden;* ich mache einen Spaziergang um den B. | *Steinblock* | *Abreißblock* | *Gruppe von Staaten, politischen Strömungen uÄ;* der oppositionelle B. | *Blockveranstaltung* | (in Mengenangaben mit Pl. Block) drei Block Papier ‖ **Block|ab|schnitt** (Verk.): *signalmäßig gedeckter bzw. gesteuerter Gleisabschnitt auf freier Strecke* ‖ **Blo|cka|de** die, -/-n ⟨fr.⟩: *Einschließung; Absperrung der Zufuhr* ‖ **Block|buch|sta|be**

Block|bus|ter [-bʌ-] der, -s/- ⟨engl.⟩: *[Film]kassenschlager*

Block|flö|te ‖ **block|frei:** blockfreie Staaten *(früher: Staaten, die keinem Mächteblock angehörten und Distanz zum Westen und Osten betonten)* ‖ **Block|haus** ‖ **Block|hei|de:** *ein Naturpark im Waldviertel* ‖ **blo|ckie|ren** ⟨fr.⟩: *absperren; an der Bewegung hindern;* die Räder b. *(sie drehen sich nicht)* ‖ **Blo|ckie|rung** die, -/-en ‖ **Block|re|de|zeit:** jede Fraktion hat 20 Minuten B. ‖ **Block|schrift:** *lateinische Druckschrift* ‖ **Block|ver|an|stal|tung:** *eine längere, mehrere Termine zusammenfassende Veranstaltung [auf der Universität]* ‖ **Block|ve|to** [-v-] (Jus): *Recht einer Gruppe, ein Veto einzulegen* ‖ **Block|wart** (im Nationalsozialismus): *Leiter einer kleinen Organisationseinheit* ‖ **Block|wär|ter** (veraltend): *Mitarbeiter des Betriebsdienstes, der für einen Blockabschnitt verantwortlich ist* ‖ **Block|wär|te|rin** (veraltend)

blöd, *auch:* **blö|de:** *dumm;* sich b. stellen | (ugs.) jemanden b. sterben lassen *(über etwas nicht informieren)* | (ugs.) *lästig, unangenehm; zu blöd!* | (ugs.) jemanden für b. anschauen *(für dumm halten)* | (ugs.) das ist b. gelaufen *(unglücklich verlaufen)* ‖ **Blö|de|lei** die, -/-en ‖ **blö|deln,** ich blödle: *zum Vergnügen Unsinniges treiben* ‖ **blö|der|wei|se** ‖ **Blöd|frau** (bes. D, ugs., abw.): *weibl. Form von Blödmann* ‖ **Blöd|heit** die, -/-en: mach keine Blödheiten *(keinen Unsinn)* | (ohne Pl.) (veraltend) *Debilität* ‖ **Blö|di|an** der, -s/-e (ugs.): *Dummkopf* ‖ **Blöd|mann** (bes. D, ugs., abw.): *Dummkopf* ‖ **Blöd|sinn** ‖ **blöd|sin|nig**

Blog das, *auch:* der, -s/-s ⟨engl.⟩: *Kurzwort für Weblog* ‖ **blog|gen:** *ein Internettagebuch führen* ‖ **Blog|ger** der, -s/-: *jemand, der Weblogs schreibt* ‖ **Blog|ge|rin** die, -/-innen ‖ **Blog|ging** das, -s: *Führung eines Weblogs* ‖ **Blo|go|sphä|re** [-sf-]: *das gesamte Umfeld der Weblogs*

blö|ken: blökende Schafe

blond:

blondes Haar | eine blonde *(helle, goldgelbe)* Semmel

Getrennt- und Zusammenschreibung mit adjektivisch gebrauchten Partizipien:

– blond gefärbt = blondgefärbt
– blond gelockt = blondgelockt

R→ S. 903, 2.2.1

Blond das, -[s]/- ‖ **blond ge|färbt** = **blond|ge|färbt** ‖ **blond ge|lockt** = **blond|ge|lockt** ‖ **blon|die|ren:** *blond färben* | (Küchenspr.) *bräunen;* Zwiebelringe b. ‖ **Blon|di|ne** die, -/-n ‖ **Blon|di|nen|witz** (abw.) ‖ **Blond|oran|ge** [-rɑ̃:ʒɛ]: *helle Orange*

B

bloß

(Adj.): mit bloßem *(nacktem)* Oberkörper | mit bloßer *(ungeschützter)* Hand | mit dem bloßen Auge *(ohne Fernglas)* | (Adv.) *nur;* bloß zufällig

Getrenntschreibung:

– bloß *(unbedeckt)* liegen

Getrennt- und Zusammenschreibung:

– Mauern bloß legen (= bloßlegen) *(freilegen)*
– Nerven, die bloß liegen (= bloßliegen) *(flattern); aber nur getrennt:* b. *(nur)* liegen, aber nicht schlafen

R→ S. 900, 1.5.2

Zusammenschreibung bei übertragener Bedeutung:

– die Vergangenheit eines Politikers bloßlegen *(enthüllen)*
– jemanden bloßstellen *(blamieren)*

R→ S. 900, 1.5.1

Blö|ße die, -/-n: *Nacktheit* | sich keine B. geben *(keine Schwäche zeigen)* ‖ **bloß|fü|ßig:** *barfuß* ‖ **Bloß|fü|ßi|ge**[1] der, -n/-n, ein Bloßfüßiger | (ugs., abw.) (bes. Sport) *Nichtskönner, Dahergelaufener* ‖ **Bloß|fü|ßi|ge**[2] die, -n/-n ‖ **bloß|köp|fig** ‖ **bloß|le|gen:** *enthüllen, aufdecken;* Missstände b.; *aber:* Mauern b. (= bloß legen); → bloß ‖ **bloß lie|gen** = **bloß|lie|gen:** so angespannt sein, dass die Nerven b. l. *(flattern)* ‖ **bloß|stel|len:** *blamieren;* → bloß

Blou|son [blu'zõ:, -'zo:n] das = der, -[s]/-s ⟨fr.⟩: *eine blusenähnliche Jacke*

blub|bern: *sprudeln, glucksen*

Blu|denz (Kfz: BZ): *Stadt in Vorarlberg*

Blue Box ['blu: -] = **Blue|box** die, -/-es [-ɪz] ⟨engl.⟩ (Elektrot.): *ein Effekt, bei dem der gewünschte Hintergrund einer Szene erst bei der Aufzeichnung eingespielt werden kann* ‖ **Blue Card** [- k-] = **Blue|card:** *Zuzugsberechtigung für qualifizierte Arbeitskräfte in die EU;* → RWR-Card ‖ **Blue Chip** [- tʃ-] = **Blue|chip** (meist Pl.)

B

(Börse): *Aktientitel erstklassiger Unternehmen* ‖ **Blue Jean** [blu: 'dʒi:n] = **Blue|jean** = **Blue Jeans** = **Blue|jeans:** *eine Hose, Jean* ‖ **Blues** [-z] der, -/- (Mus.): *schwermütiges Lied [der Afroamerikaner] | eine Jazzform | ein Tanz* ‖ **Blue|tooth** ['blu:'tu:θ] das, -[s] (Wz.): *kabellose Übertragung von Daten und Sprache [zwischen PC und dazugehörigen Geräten]*

Bluff [-œ-, engl.: -ʌ-] der, -s/-s ⟨engl.⟩: *beabsichtigte Täuschung* ‖ **bluf|fen:** er hat nur geblufft

blü|hen: ein blühender Baum | eine blühende *(gut gedeihende)* Wirtschaft | (ugs.) das wird dir auch noch b. *(das Unangenehme wird auch dir zuteilwerden)*

Blüm|chen das, -s/-: *kleine Blume* ‖ **Blüm|chen|kaf|fee** (D, sal.): *sehr dünner Kaffee* ‖ **Blüm|chen|sex** (sal., oft abw.): *Kuschelsex* ‖ **Blu|me** die, -/-n: Blumen gießen; etwas durch die B. *(umschreibend)* sagen | die B. *(der Duft, der besondere Geschmack)* des Weines ‖ **Blu|men|beet** ‖ **Blu|men|draht** ‖ **Blu|men|er|de** ‖ **Blu|men|geschäft** ‖ **blu|men|ge|schmückt** ‖ **Blu|men|gruß** ‖ **Blu|men|kind** (früher): *Hippie* ‖ **Blumen|kistchen** ‖ **Blu|men|kis|te** ‖ **Blu|menkistl** ‖ **Blu|men|kohl** (D, CH, V): *Karfiol* ‖ **Blu|men|kro|ne** (Bot.) ‖ **Blu|men|schmuck** ‖ **Blu|menstock** ‖ **Blu|men|strauß** ‖ **Blumen|topf** ‖ **Blu|men|va|se** [-v-] ‖ **Blu|men|zwie|bel** ‖ **blu|mig:** eine blumige *(ausschmückende)* Rede | ein blumiger Wein

Blun|ze die, -/-n, *auch:* Blunzen, -n/-n: *Blutwurst* | (derb) *dicker Mensch* | (derb) *dumme Frau* ‖ **blun|zen** (bes. ostöst., ugs.): das ist mir b. *(egal;* Frage *Wie?); aber:* → Blunze ‖ **Blun|zen|grös|tel** = **Blun|zen|gröstl** ‖ **Blun|zen|radl:** *eine Speise* ‖ **Blun|zen|stru|del** ‖ **Blun|zen|ta|scherl:** gebackene B. *(eine Speise)*

Blu-Ray [- ˌreɪ] ⟨engl.⟩ (Wz.): *ein Speicherverfahren* | (mit Art. die) *Kurzwort für Blu-Ray-Disc* ‖ **Blu-Ray-Disc** [-k] (BD) (Wz.): *ein digitales optisches Speichermedium mit einer höheren Speicherdichte als CD und DVD* ‖ **Blu-Ray-Brenner:** *Computerlaufwerk, das BD-Rohlinge beschreiben kann* ‖ **Blu-Ray-Lauf|werk** ‖ **Blu-Ray-Play|er** [-pleɪə] ‖ **Blu-Ray-Roh|ling:** *unbeschriebene BD* ‖ **Blu-Ray-Wri|ter** [-raɪtə]: → *Blu-Ray-Brenner*

Blu|se die, -/-n ⟨fr.⟩: *ein Kleidungsstück*

Blut

das, -[e]s: Blut spenden; den Alkohol im Blut messen; Blut vergießen *(Menschen töten, verletzen);* Blut und Wasser schwitzen *(sehr aufgeregt sein, Angst haben);* jemanden bis aufs Blut *(bis aufs Äußerste)* quälen; kaltes/ruhiges Blut *(die Ruhe)* bewahren; böses Blut machen *(Feindseligkeit, Widerstand erregen);* die Musik liegt ihr im Blut *(sie hat eine besondere Begabung dafür)*

Getrennt- und Zusammenschreibung mit adjektivisch gebrauchten Partizipien:
- Blut bildende (= blutbildende) Medikamente
- Blut reinigend = blutreinigend
- Blut stillende (= blutstillende) Mittel R→ S. 903, 2.2.1

Zusammenschreibung, wenn der erste Bestandteil für eine Wortgruppe steht, zB:
- blutbefleckt *(mit Blut befleckt)*
- blutdurstig *(nach Blut durstig)*
- blutleer
- bluttriefend

Blut|ab|nah|me (Med.) ‖ **Blut|alko|hol** ‖ **blut|arm**[1] (Med.): *zu wenige rote Blutkörperchen [im Blut]* ‖ **blut|arm**[2]: *sehr arm* ‖ **Blut|ar|mut** (Med.): → *Anämie* ‖ **Blut|auf|fri|schung** ‖ **Blut|au|ge:** *eine Moorpflanze* ‖ **Blut|bad:** der Amokläufer richtete ein B. an ‖ **Blut|bahn:** *Blutkreislauf* ‖ **Blutbank** die, -/-n (Med.): *Depot verschiedener Blutkonserven [für Transfusionen]* ‖ **blut|be|fleckt** ‖ **blut|be|schmiert** ‖ **Blut|bild** (Med.): *Ergebnis einer Blutuntersuchung* ‖ **Blut bil|dend** = **blutbil|dend** (Med.) → Blut ‖ **Blutbu|che:** *eine Rotbuchensorte* ‖ **Blut|di|a|mant** (meist Pl.) (Pol.): *Diamant, mit dessen Erlös Kriege uÄ finanziert werden* ‖ **Blut|doping** (Med., Sport): *eine Methode zur sportlichen Leistungssteigerung* ‖ **Blut|druck** der, -[e]s ‖ **Blut|druck|mes|ser:** *ein Messgerät* ‖ **blut|druck|sen|kend** (Med.) ‖ **blut|durs|tig** (geh.): *blutrünstig*

Blü|te die, -/-n: ein Kaktus mit gelben Blüten | (ohne Pl.) die Marillenbäume stehen in B. | (ohne Pl.) (geh.) die B. *(Blütezeit)* der Gotik | (ugs.) *Falschgeld*

Blut|egel der, -s/-: *ein Ringelwurm* ‖ **blu|ten:** die Verletzung blutet; eine blutende Wunde

Blü|ten|blatt ‖ **Blü|ten|le|se:** *Auswahl, Anthologie* ‖ **Blü|tenpflan|ze** ‖ **Blü|ten|pol|len:** *Blütenstaub* ‖ **Blü|ten|stand** (Bot.) ‖ **Blü|ten|staub:** *Pollen* ‖ **blü|tenweiß:** *leuchtend weiß*

Blu|ter der, -s/- (Med.): *jemand, dessen Blut schwer gerinnt* ‖ **Blut|er|guss:** *Hämatom* ‖ **Blu|terin** die, -/-innen (Med.) ‖ **Blu|terkrank|heit** (Med.)

Blü|te|zeit: die B. der römischen Kultur

Blut|fett (meist Pl.) (Med.) ‖ **Blutfleck** der, -[e]s/-e[n] ‖ **Blut|gefäß:** *Ader, Vene, Arterie* ‖ **Blut|gefäß|sys|tem** [-zy-] ‖ **Blut|ge|rinnsel** (Med.): *ein Stück geronnenes Blut [in einem Blutgefäß]* ‖ **Blutgrup|pe** (Med.): *eine der vier Grundtypen des menschlichen Blutes* ‖ **Blut|hoch|druck** (Med.) ‖ **Blut|hund:** *eine Hunderasse, Spürhund* | (abw.) *brutaler Mörder, Folterer* ‖ **blu|tig:** blutige Kleider; blutige Nasen; blutige Rache | sie sind blutige Anfänger *(ganz unerfahren)* ‖ **blut|jung:** *sehr jung* ‖ **Blut|kon|ser|ve** [-v-, -f-] (Med.) ‖ **Blut|kör|per|chen** das, -s/- (meist Pl.): rote, weiße B. *(Bestandteile des Blutes)* ‖ **Blut|krebs** (Med.): *Leukämie* ‖ **Blut|kreis|lauf** ‖ **Blut|la|che** ‖ **Blut|la|cke** ‖ **blut|leer** ‖ **Blutoran|ge** [-'rɑ̃:ʒɛ]: *Orange mit rötlichem Fruchtfleisch* ‖ **Blut|plasma:** *Blutflüssigkeit* ‖ **Blut|pro|be** (Med.) ‖ **Blut|ra|che:** *Tötung als Rache für eine Tötung* ‖ **Blutrausch:** *[besinnungslose] Mordgier* ‖ **Blut rei|ni|gend** = **blut|reini|gend** (Med.) ‖ **blut|rot** ‖ **blutrüns|tig:** *blutgierig* ‖ **Blut|sauger** der, -s/- (Zool.): *Blut saugendes Insekt* | *Vampir* | (abw.) *ausnutzerische, rücksichtslose Person* ‖ **Blut|sau|ge|rin** die, -/-innen ‖ **Bluts|brü|der|schaft** die, -/-en: *durch Blut besiegelte Kameradschaft, Freundschaft* ‖ **Blutschan|de:** *Geschlechtsverkehr zwischen Nächstverwandten;* → Inzest ‖ **Blut|schuld** die, - (geh.): eine B. auf sich laden *(einen Mord oÄ begehen)* ‖ **Blut|senkung** (Med.) ‖ **Blut|se|rum** (Med.) ‖ **Blut|spen|der** ‖ **Blut|spen|derin** ‖ **Blut|spen|de|zen|t|ra|le** ‖ **Blut|spie|gel** (Med.): *Bezeichnung für die Konzentrationshö-*

he natürlicher oder künstlicher Stoffe im Blutserum ‖ **Blut|spur** ‖ **Blut stil|lend** = **blut|stil|lend** (Med.) → Blut ‖ **Bluts|trop|fen** ‖ **Blut|sturz** (Med.): *plötzliche starke Blutung [aus Mund oder Nase]* ‖ **bluts|ver|wandt:** *verwandt durch gleiche Vorfahren* ‖ **Bluts|ver|wand|te** ‖ **Blut|tat:** eine B. *(Mord oÄ)* verüben ‖ **Blut|tom|merl** (St, K): *eine Speise* ‖ **Blut|trans|fu|si|on** (Med.): *Blutübertragung, Blutaustausch* ‖ **blut|trie|fend** ‖ **blut|über|strömt** ‖ **Blu|tung** die, -/-en ‖ **blut|un|ter|lau|fen:** sein Auge ist b. ‖ **Blut|un|ter|su|chung** (Med.) ‖ **Blut|ver|gie|ßen** das, -s: *Auseinandersetzungen mit Körperverletzungen und Tod;* B. vermeiden ‖ **Blut|ver|gif|tung** (Med.) ‖ **Blut|ver|lust** ‖ **blut|ver|schmiert** ‖ **Blut|wä|sche** (Med.): *Reinigung des Blutes von schädlichen Stoffen* ‖ **Blut|wei|de|rich:** *eine Pflanzengattung* ‖ **blut|we|nig** (ugs.): *so gut wie gar nichts* ‖ **Blut|wurst:** *eine Wurstspezialität, Blunze* ‖ **Blut|wurz:** *eine Arzneipflanze* ‖ **Blut|zeu|ge** (geh.): *Märtyrer* ‖ **Blut|zeu|gin** (geh.) ‖ **Blut|zir|ku|la|ti|on** [-tsi̯-]: *Blutkreislauf* ‖ **Blut|zoll** der, -[e]s (geh.): *Verlust an Menschenleben [im Straßenverkehr]*

Blut|zer → Plutzer

Blut|zu|cker (Med.): *Zuckergehalt im Blut* ‖ **Blut|zu|cker|spie|gel** (Med.)

BM [be ˈɛm] (in Abkürzungen): **B**undes**m**inisterium | **B**undes**m**inister/in | **B**ürger**m**eister/in

BMASK [be ɛm ɑ ɛs ˈkaː]: **B**undes**m**inisterium für **A**rbeit, **S**oziales und **K**onsumentenschutz

B-Ma|tu|ra [ˈbeː-]: Beamtenmatura

BMeiA [be ɛm e i ˈaː]: **B**undes**m**inisterium für **e**uropäische und **i**nternationale **A**ngelegenheiten *(Außenministerium)*

BMF [be ɛm ˈɛf]: **B**undes**m**inisterium für **F**inanzen

BMG [be ɛm geː]: **B**undes**m**inisterium für **G**esundheit

BMHS [be ɛm ha ˈɛs]: **b**erufsbildende **m**ittlere und **h**öhere **S**chule

BMI [be ɛm ˈiː]: **B**undes**m**inisterium für **I**nneres

BMJ [be ɛm ˈjeː]: **B**undes**m**inisterium für **J**ustiz

BMLFUW [be ɛm ɛl ɛf u ˈveː]: **B**undes**m**inisterium für **L**and- und **F**orstwirtschaft, **U**mwelt und **W**asserwirtschaft

BMLVS [be ɛm ɛl fau ˈɛs]: **B**undes**m**inisterium für **L**andes**v**erteidigung und **S**port

b-Moll [ˈbeːmɔl] (b) (Mus.): *eine Tonart* ‖ **b-Moll-Ton|lei|ter** (Mus.)

BMS [be ɛm ˈɛs] die, -/-: **b**erufsbildende **m**ittlere **S**chule

BMUKK [be ɛm u ka ˈkaː]: **B**undes**m**inisterium für **U**nterricht, **K**unst und **K**ultur

BMVIT [be ɛm ˈfit]: **B**undes**m**inisterium für **V**erkehr, **I**nnovation und **T**echnologie

BMWFJ [be ɛm ve ɛf ˈjeː]: **B**undes**m**inisterium für **W**irtschaft, **F**amilie und **J**ugend

BMWF [be ɛm ve ˈɛf]: **B**undes**m**inisterium für **W**issenschaft und **F**orschung

BMX [be ɛm ˈiks] das -/-: *Kurzwort für BMX-Rad* | (ohne Pl.) *eine Sportart (Bicycle Motocross)* ‖ **BMX-Rad:** *kleines, geländegängiges Fahrrad*

BNE [be ɛn ˈeː] das, -/-: **B**rutto**n**ati**o**naleinkommen

BNP [be ɛn ˈpeː] das, -/-: **B**rutto**n**ational**p**rodukt

Bö die, -/-en = **Böe,** -/-n: *heftiger Windstoß;* → böig

Boa die, -/-s ⟨lat.⟩: *eine Riesenschlange* | *ein langer, schmaler Schal;* Federboa

Board [bɔːd] das, -s/-s ⟨engl.⟩: *Kurzwort für Snowboard, Skateboard ua.* ‖ **boar|den:** *Kurzwort für snowboarden uÄ* | *in ein Flugzeug einsteigen* ‖ **Boar|der** der, -s/- ‖ **Boar|der|cross:** *Snowboardcross* ‖ **Boar|de|rin** die, -/-innen ‖ **Boar|ding** das, -s/-s: *Zeitraum zwischen Bordkartenkontrolle und Abflug* | (im Eishockey) *ein Foul, Bandencheck* ‖ **Boar|ding|pass:** *Bordkarte*

Boat|peo|ple [ˈbəʊtpiːpl] die (Pl.) ⟨engl.⟩: *Menschen, die mit [seeuntüchtigen] Booten in ein anderes Land fliehen*

Bob der, -s/-s ⟨engl.⟩: *Kurzwort für Bobsleigh;* Bob fahren ‖ **Bob|bahn**

Bob|by [-i] der, -s/-s ⟨engl.⟩: *englischer Polizist* | *ein Vorname, Robert;* Graf B. *(eine altösterreichische Witzgestalt)*

Bob|fah|rer ‖ **Bob|fah|re|rin**

Bo|bo der, -s/-s: *Angehöriger einer jungen Gesellschaftsschicht, die sich durch Individualismus und Modebewusstheit auszeichnet (aus* ***Bo****urgeois und* ***Bo****hémien)*

Bob|sleigh [-sleɪ] der, -s/-s: *steuerbarer schwerer Rennschlitten*

Bob|tail [-teɪl] der, -s/-s ⟨engl.⟩: *eine Hunderasse*

Boc|cia [ˈbɔtʃa] das, -[s]/-[s], *auch:* die, -/-[s] ⟨it.⟩: *ein Spiel mit Kugeln*

Bock der, -[e]s/Böcke: *männliches Tier;* Rehbock | *ein Arbeitsgerät* | *ein Turngerät;* B. springen; ich springe [über den] B.; *aber:* → Bockspringen | (ugs.) einen B. schießen *(einen groben Fehler machen)* | (Jug.) keinen B. *(keine Lust)* [auf etwas] haben ‖ **bock|bei|nig:** *störrisch* ‖ **Bock|bier:** *ein starkes Bier* ‖ **bö|ckeln** (ugs.): *nach Ziegenbock riechen* ‖ **bo|cken:** das Pferd bockt *(ist störrisch)* ‖ **Bo|ckerl** das, -s/-[n] (ostöst., ugs.): *Föhrenzapfen* ‖ **bo|ckig:** *steif; störrisch* ‖ **Bock|kä|fer** ‖ **Bocks|bart:** *eine Pflanzengattung* ‖ **Bocks|beu|tel:** *eine flache bauchige Weinflasche* ‖ **Bocks|dorn:** *ein Strauch* ‖ **Bocks|horn:** sich nicht ins B. jagen *(nicht einschüchtern)* lassen ‖ **Bocks|horn|klee:** *eine Gewürzpflanze* ‖ **Bocks|hörndl** das, -s/-n (ugs.): *Frucht des Bockshörndlbaums* ‖ **Bocks|hörndl|baum:** *Johannisbrotbaum* ‖ **Bock|sprin|gen** das, -s: *eine Turnübung; aber:* [über den] Bock springen ‖ **bock|steif** (ugs.): b. *(sehr hart)* gefroren

Bo|de|ga die, -/-s ⟨span.⟩: *spanisches Weinlokal*

Bo|den der, -s/Böden: *Erde;* sandige Böden; aus dem B. stampfen *(schnell hervorbringen)* | zu B. *(auf den Erdboden, Fußboden)* fallen; den B. unter den Füßen verlieren; am B. zerstört sein; auf unsicherem B. | *Dachboden* | (ohne Pl.) *Fläche, Gebiet;* an B. gewinnen (auch: *Vorteile erringen)* ‖ **Bo|den|be|lag** ‖ **Bo|den-Bo|den-Ra|ke|te** (Mil.): *eine Waffe* ‖ **Bo|den|bürs|te** ‖ **Bo|den|ero|si|on** ‖ **Bo|den|fet|zen:** *Bodentuch* ‖ **Bo|den|frost** ‖ **Bo|den|fund** ‖ **Bo|den|haf|tung:** die B. eines Autos ‖ **Bo|den|hal|tung:** Eier aus B. *(nicht aus Legebatterien)* ‖ **Bo|den|hei|zung:** *Fußbodenheizung* ‖ **Bo|den|kul|tur** (sal.): Universität für B. Wien ‖ **Bo|den|kun|de:** *Wissenschaft von den Böden* ‖ **bo|den|los:** eine bodenlose *(unerhörte)* Frechheit; *aber:* ins **B**odenlose stürzen ‖ **Bo|den-Luft-Ra|ke|te** (Mil.): *eine Flugzeug- bzw. Raketenabwehrwaffe* ‖ **Bo|den|mul|de** ‖ **bo|den-**

B

nah: bodennahe Luft ‖ **Bodennähe** ‖ **Bodennebel** ‖ **Bodenpersonal:** das B. am Flughafen ‖ **Bodenreform:** *Agrarreform* ‖ **Bodensatz:** *feste Rückstände einer Flüssigkeit am Boden eines Gefäßes* ‖ **Bodenschätze** die (Pl.): *Erze, Kohle, Erdöl uÄ* ‖ **Bodensee** der, -s (V, CH, D) ‖ **Bodenseeregion** ‖ **Bodensee-Rheintal** das, -[e]s: *eine Landschaft* ‖ **bodenständig:** ein bodenständiges *(einheimisches)* Gewerbe ‖ **Bodenstation** [-ʃtatsi̯-] ‖ **Bodenstreitkräfte** die (Pl.) (Mil.) ‖ **Bodentuch** ‖ **Bodenturnen** (Sport): *eine Disziplin im Kunstturnen* ‖ **Bodenvase** [-v-] ‖ **Bodenwachs** [-ks]: *Bohnerwachs* ‖ **Bodenwelle:** *Unebenheit im Erdboden* ‖ **Bodenwertabgabe** (Amtsspr.): *zusätzliche Grundsteuer für landwirtschaftlich ungenützte unbebaute Grundstücke*

Body [-i] der, -s/-s ⟨engl.⟩: *einteiliges [Damen]trikot (für den Rumpf)* ‖ **Bodybuilder** [-bɪl-] der, -s/- ‖ **Bodybuilderin** die, -/-innen ‖ **Bodybuilding** das, -[s]: *ein systematisches Muskeltraining* ‖ **Bodycheck** [-tʃek] (Sport): *erlaubtes Rempeln im Eishockey* ‖ **Bodyguard** [-gɑːd] der, -s/-s: *Leibwächter* ‖ **Bodypainting** [-'peɪn-] das, -s: *Bemalung des nackten Körpers* ‖ **Bodyshaping** [-ʃeɪ-]: *gezieltes Auftrainieren des Körpers* ‖ **Bodystyling** [-staɪ-]: *Training zur Gestaltung des Körpers*

Böe = → Bö

Boeuf [bœf] das, -s/-s, *auch:* **Bœuf** ⟨fr.⟩ (Küchenspr.): *Rindfleisch in besonderer Zubereitung;* B. Stroganoff

Bofel → Pofel

Bofese → Pafese

Bofist → Bovist

bog → biegen ‖ **Bogen** der, -s/Bögen [Bogen]: um jemanden einen [großen] B. machen *(jemandem aus dem Weg gehen);* Bögen auf dem Eis laufen | mit Pfeil und B.; den B. überspannen | *gewölbte Einfassung einer Öffnung;* Brückenbogen | Geigenbogen | zwei B. Papier | in Bausch und B. *(insgesamt)* ‖ **bogenförmig** ‖ **Bogenmaß** (Phys.): *ein bestimmtes Maß für ebene Winkel* ‖ **Bogenschießen** das, -s (Sport) ‖ **Bogenschütze** ‖ **Bogenschützin** ‖ **Bogerl** das, -s/-[n] (ugs.): *Kurve, Bogen;* B. *(Slalom)* fahren

Bogey ['bəʊgi] das (*auch:* der), -s/-s ⟨engl.⟩ (Sport): *Ergebnis im Golf mit einem Schlag über Par*

Bogotá [-'a(ː)]: *Hauptstadt Kolumbiens*

Boheme [bo'ɛːm] die, - ⟨fr.⟩ (veraltend): *Künstler- oder Studentenmilieu [mit ungebundener Lebensweise]* ‖ **Bohemien** [-'mi̯ɛ̃ː] der, -s/-s (veraltet)

Bohle die, -/-n: *Kantholz*

böhmakeln [auch: 'bɛ(ː)-], ich böhmakle (ugs.): *fehlerhaftes Deutsch, das vom Tschechischen beeinflusst ist, sprechen* ‖ **Böhme** der, -n/-n ‖ **Böhmen:** *westlicher Teil der Tschechischen Republik* ‖ **Böhmerwald:** *Teil des Böhmischen Massivs (O, D, Tschechien)* ‖ **Böhmin** die, -/-innen

böhmisch:

die böhmischen Länder; böhmische Dalken

Großschreibung in Eigennamen:

- Böhmisches Massiv
- Böhmische Masse *(eine Gebirgslandschaft, O, N, D, Tschechien)*

R→ S. 895, 4.1

Bohne die, -/-n: *eine Gemüsepflanze;* → Fisole | *deren Samen* | *ihre Frucht* | *Kaffeebohne* ‖ **Bohnengulasch,** *auch:* Bohnengulyas [-laʃ] ‖ **Bohnenkaffee** ‖ **Bohnenkäse:** *eine Speise aus Sojabohnen, Tofu;* gebratener B. ‖ **Bohnenkraut:** *eine Gewürzpflanzenart* ‖ **Bohnensalat** ‖ **Bohnscharl** das, -[s]/-n (ostöst., mda.): *Bohnschote* ‖ **Bohnenschote** → Bohnschote ‖ **Bohnenstange:** *Kletterstange für Bohnenpflanzen* | (ugs.) *große magere Person* ‖ **Bohnenstrudel:** *eine burgenländische Speise* ‖ **Bohnensuppe**

bohnern (nördl. D): den Fußboden b. *(mit Bohnerwachs polieren, wachsen)* ‖ **Bohnerwachs** [-ks] (nördl. D): *Fußbodenwachs*

Bohnschote, *auch:* Bohnenschote (ostöst.): *Fisole*

bohren: ein Loch b.; Brunnen b.; in der Nase b. | bohrende *(qualvolle)* Schmerzen; ein bohrender Blick | bohrende *(nachforschende)* Fragen stellen ‖ **Bohrer** der, -s/-: *Gerät zum Bohren* ‖ **Bohrfutter:** *Halterung für Bohrer in Bohrmaschinen* ‖ **Bohrhammer** ‖ **Bohrinsel** ‖ **Bohrist** der, -en/-en: *ein Facharbeiter* ‖ **Bohristin** die, -/-innen

Bohrium das, -s (Zeichen: Bh): *ein chemisches Element (nach dem dänischen Physiker Bohr)*

Bohrmaschine ‖ **Bohrplattform** ‖ **Bohrturm** ‖ **Bohrung** die, -/-en

böig: böiges Wetter *(Wetter mit stoßweise wehenden Winden);* → Bö

Boiler der, -s/- ⟨engl.⟩: *Apparat zur Warmwasserbereitung und -speicherung*

Bojar der, -en/-en = **Bojare,** -n/-n ⟨russ.⟩ (früher): *russischer Adeliger* ‖ **Bojarin** die, -/-innen (früher)

Boje die, -/-n ⟨niederl.⟩: *verankertes schwimmendes Schifffahrtszeichen*

Boku die, -: Kurzwort für Universität für **Bodenkultur** Wien

Bolero der, -s/-s ⟨span.⟩: *ein spanischer Tanz* | *ein kurzes, offenes Jäckchen*

Bolide der, -n/-n ⟨gr.⟩: *schwerer Rennwagen*

Bolivien [-v-]: *ein Staat in Südamerika* ‖ **bolivianisch**

Böller der, -s/-: *kleiner Mörser, mit dem bei festlichen Gelegenheiten geschossen wird;* B. schießen ‖ **böllern** ‖ **Böllerschuss**

Bollette die, -/-n ⟨it.⟩ (Amtsspr.): *Zoll- oder Steuerbescheinigung*

Bollwerk: *Befestigungsanlage; Schutzwehr;* ein B. des Friedens

Bollywood [-liwʊd]: *an Hollywood angelehnte Produktion von Unterhaltungsfilmen in Bombay/Mumbai [mit typischen Tanzeinlagen]*

Bolschewik der, -en/-en, *auch:* Bolschewist ⟨russ.⟩: *Anhänger des Bolschewismus* ‖ **Bolschewikin** die, -/-innen, *auch:* Bolschewistin ‖ **Bolschewismus** der, - (Gesch.): *eine russische Form des Kommunismus* ‖ **Bolschewist** der, -en/-en: *Bolschewik* ‖ **Bolschewistin** die, -/-innen: *Bolschewikin* ‖ **bolschewistisch**

Bolzen der, -s/-: *ein Eisenstift* | *ein Geschoß*

Bombardement [-d'mɑ̃ː] das, -s/-s ⟨fr.⟩: *[heftige] Beschießung; Bombenabwurf* ‖ **bombardieren**

bombastisch (abw.): er hielt eine bombastische *(schwulstige)* Rede

Bombay [-beɪ]: *früherer Name von Mumbai*

Bombe die, -/-n ⟨gr.-lat.-it.-fr.⟩:

ein Sprengkörper; er fiel mit Bomben und Granaten durch *(schnitt ganz schlecht ab)* || **Bombenalarm** || **Bombenangriff** || **Bombenanschlag** || **Bombendrohung** || **Bombenerfolg** (ugs.): *sehr großer Erfolg* || **Bombenexplosion** || **bombenfest** (ugs.): etwas b. *(steif und fest)* behaupten || **Bombengeschäft** (ugs.): *sehr erfolgreiches Geschäft* || **bombensicher:** ein bombensicherer Unterstand | (ugs.) ein bombensicherer *(100-prozentiger)* Erfolg || **Bombenstimmung** (ugs.): *sehr gute, ausgelassene Stimmung* || **Bombenteppich** (Mil.): *flächendeckendes Bombardement* || **Bombenterror** || **Bombentrichter:** *Einschlagloch einer Bombe* || **Bombenwerfer** der, -s/- || **Bombenwerferin** die, -/-innen || **Bomber** der, -s/- (Mil.): *ein Kampfflugzeug zum Abwerfen von Bomben* || **Bomberjacke:** *eine kurze sportliche [Piloten]jacke mit Bund* || **bombieren:** bombiertes *(gebogenes)* Glas

Bon [bo:n, auch: bõ:] der, -s/-s ⟨fr.⟩: *Gutschein | Kassenzettel;* → bonieren

bona fide ⟨lat.⟩ (wörtl.: im guten Glauben) (geh.): *vertrauensvoll*

Bonbon [auch: bõ'bõ:] das, -s/-s ⟨fr.⟩: *Zuckerl* || **Bonboniere** [-bɔ'ni̯e:ə] = **Bonbonniere** die, -/-n: *Geschenkpackung mit Bonbons*

Bongo die, -/-s = das, -[s]/-s ⟨span.⟩ (Mus.): *ein Schlaginstrument* || **Bongotrommel**

bonieren ⟨fr.⟩: *einen Bon ausstellen* || **Bonifikation** [-tsi̯-] die, -/-en: *Vergütung, Entschädigung* || **Bonität** die, -: *[finanzielle] Zuverlässigkeit [einer Firma]*

Bonmot [bõ'mo:] das, -[s]/-s ⟨fr.⟩: *treffende, witzige Bemerkung*

Bonn: *Stadt in Deutschland*

Bonobo der, -s/-s ⟨afrik.⟩: *ein Menschenaffe, Zwergschimpanse*

Bonsai der, -[s]/-s ⟨jap.⟩: *[japanisches] Zwergbäumchen*

Bonus der, - [Bonusses]/- [Boni, Bonusse] ⟨lat.⟩: *Gutschrift für Kunden, Sondervergütung | Prämienermäßigung nach unfallfreiem Fahren [in der Kfz-Haftpflichtversicherung];* → G.: Malus || **Bonus-Malus-System** [-zy-] (Versich.): *eine von der Unfallhäufigkeit abhängende Kfz-Versicherung*

Bonvivant [bõvi'vã:] der, -s/-s ⟨fr.⟩: *ein Genießer, Lebemann*

Bonze der, -n/-n ⟨jap.⟩: *buddhistischer Geistlicher* | (abw.) *hoher Funktionär*

Boogie-Woogie [bugi'wu:gi] der, -[s]/-s ⟨engl.⟩ (Mus.): *ein Klavierstil im Jazz | ein Tanz*

Booklet ['bʊklət] das, -s/-s ⟨engl.⟩: *Broschüre | beigelegtes Heft [zu einer CD]*

Boom [bu:m] der, -[s]/-s ⟨engl.⟩: *starkes Interesse an oder für etwas* | (Wirt.) *plötzlicher [wirtschaftlicher] Aufschwung, Hochkonjunktur* || **boomen:** *plötzlich im Aufschwung sein*

Boot[1] das, -[e]s/-e: B. fahren; *aber:* beim **Boot**fahren

Boot[2] [bu:t] der, -s/-s ⟨engl.⟩: *ein Stiefel;* Moonboots || **booten** (EDV): ich boote *(starte)* den Computer

Bootfahren das, -s || **Bootsbauer** der, -s/- || **Bootsbauerin** die, -/-innen || **Bootshaus:** *Garage für Boote* || **Bootsmann** der, -[e]s/-leute: *ein Unteroffizier auf Schiffen* || **Bootsverleih**

Bor das, -s ⟨lat.⟩ (Zeichen: B): *ein chemisches Element*

Bora die, -/-s ⟨gr.-lat.-it.⟩: *ein Fallwind im Adriagebiet*

Borax der = das, -[es] ⟨arab.-lat.⟩: *ein Borsalz [zum Weichmachen des Wassers]*

Bord[1] das, -[e]s/-e: *Wandbrett, Stellage*

Bord[2] der, -[e]s/-e: *oberster Schiffsrand;* an B. gehen *(das Schiff, das Flugzeug besteigen);* von B. gehen; eine Ladung an B. haben; etwas über B. werfen *(sich davon trennen);* über B. gehen *(vom Schiff ins Wasser fallen)* || **Bordbuch:** *Tagebuch eines Fahrzeugs* || **Bordcase** [-'keɪs] das = der, -/-(s [-ɪz]) ⟨engl.⟩ *kleiner Handkoffer* || **Bordcomputer** [-k-pju:-]

bordeaux [-'do:] ⟨fr.⟩: *weinrot;* eine b. *(bordeauxrote)* Handtasche || **Bordeaux**[1]: *Stadt in Frankreich* || **Bordeaux**[2] der, -[-'do:(s)]/- [-'do:(s)]: *Rotwein aus der Gegend von Bordeaux* || **Bordeaux**[3] das, - [-'do:(s)]: *eine Farbe;* → Bordo || **bordeauxrot**

Bordell das, -s/-e ⟨fr.⟩: *Haus für Prostituierte*

bördeln = börteln, ich börtle: Blechkanten b. *(umbiegen)*

Borderlinesyndrom [-laɪnzy-] (Med.) ⟨engl.+gr.⟩: *eine psychische Erkrankung, Persönlichkeitsstörung*

Bordfunk || **Bordkamera** || **Bordkarte:** *Ticket, das zum Einsteigen in ein Flugzeug berechtigt* || **Bordküche**

Bordo das, -[s] ⟨fr.⟩: *Bordeaux*

Bordun der, -s/-e ⟨it.⟩ (Mus.): *tiefer, lang klingender Begleitton [beim Dudelsack]*

Bordüre die, -/-n ⟨fr.⟩: *Einfassung; Borte, Randmuster*

Bordwaffe: *Panzerkanone, Flugzeugrakete uÄ* || **Bordwand**

Boretsch → Borretsch

Borg (veraltet) (nur in der Wendung): auf B. kaufen || **borgen:** *leihen*

BORG [auch: be o ɛr 'ge:] das, -/-: **B**undes-**O**berstufen**r**eal**g**ymnasium

Boris: *männl. Vorname*

Borke die, -/-n: *Baumrinde* || **Borkenkäfer:** *ein Baumschädling*

Born der, -[e]s/-e (geh.): *Brunnen, Quelle*

borniert ⟨fr.⟩ (abw.): *beschränkt, dumm; eingebildet* || **Borniertheit** die, -/-en (abw.)

Borretsch der, -[e]s ⟨lat.-rom.⟩: *eine Gewürzpflanze, Gurkenkraut*

Borsalbe || **Borsäure:** *ein Antiseptikum*

Borschtsch der, -[s], *auch:* Boretsch ⟨russ.⟩: *eine [russische] Suppe*

Börse[1] die, -/-n: *Geldbörse*

Börse[2]

die, -/-n (Bankw., Wirt.): *Ort bzw. Institution für Waren- und Geldgeschäfte im Großen;* an die Börse gehen *(ein Unternehmen in eine AG umwandeln)*

Die Zusammensetzungen mit „Börse-" werden in Österreich häufig auch ohne Fugen-n gebildet (*Börsegang = Börsengang, börsenotiert = börsennotiert*), in Deutschland hingegen meist mit Fugen-n.

Börseeinführung → Börseneinführung || **Börsegang** = Börsengang (Wirt.) || **Börsegeschäft** = Börsengeschäft (Wirt.): *Geschäft an einer Börse* || **Börsekammer,** *auch:* Börsenkammer (CH, sonst veraltet): *Börse* || **Börsenbericht** || **Börsencrash** [-kræʃ] || **Börseneinführung,** *auch:* Börseeinführung (Wirt.): *erstmalige*

Notierung von Aktien an der Börse || **Bör|sen|gang** = → Börsegang || **Bör|sen|ge|schäft** = → Börsegeschäft || **Bör|sen|kam|mer** → Börsekammer || **Bör|sen|kam|mer|in|dex** (BKI) (Wirt.) || **Bör|sen|kurs** (Wirt.) || **Bör|sen|mak|ler:** *Aktienhändler an der Börse* || **Bör|sen|mak|le|rin** || **bör|sen|no|tiert** = **bör|se|no|tiert** (Wirt.): ein börsenotiertes Unternehmen *(Unternehmen, dessen Aktien an der Börse gehandelt werden)* || **Bör|sen|sen|sal** = Börsesensal (Wirt.): *öffentlicher Börsenmakler* || **Bör|sen|sen|sa|lin** = Börsesensalin (Wirt.) || **Bör|sen|spe|ku|lant** [-ʃp-] || **Bör|sen|spe|ku|lan|tin** || **Bör|sen|ver|ein** || **Bör|si|a|ner** der, -s/- (Wirt.): *Börsenmakler, Börsenspekulant* || **Bör|si|a|ne|rin** die, -/-innen || **Börsl** das, -s/-n (ugs.): *Börse, Geldtäschchen* || **börs|lich:** *innerhalb einer Börse stattfindend*

Bors|te die, -/-n: eine Bürste mit langen Borsten || **Bors|ten|pin|sel** || **Bors|ten|vieh** || **bors|tig:** sein Haar ist b. | ein borstiges *(unhöfliches)* Wesen

Bor|te die, -/-n: *Schmuckband zum Aufnähen oder Einfassen* || **bör|teln** = → bördeln

Bor|was|ser das, -s: *eine antiseptische Lösung*

bös = böse:

ein böser Mensch; es war nicht bös gemeint; auf jemanden bös sein *(jemandem grollen)* | (Jus) böse Absicht *(mit Vorsatz etwas Bösartiges tun)*

Großschreibung bei Nominalisierung:
- das Gute und das **B**öse
- im **B**ösen [wie im Guten]
- sich zum **B**ösen wenden
- jenseits von **G**ut und **B**öse

R→ S. 892, 2.2

bös|ar|tig || **Bös|ar|tig|keit**

Bö|schung die, -/-en: eine steile B. *(ein steiler Abhang)*

bö|se = → bös || **Bö|se** der, -n (geh.): die Macht des Bösen *(des Teufels)*

Bö|sen|dor|fer der, -s/- (Wz.): *ein Flügel, Klavier (nach dem Firmengründer)*

Bö|se|wicht der, -[e]s/-e[r]: *bösartige Person* || **bös|gläu|big** (bes. Jus): *bedenkenlos, in böser Absicht;* → G.: gutgläubig || **bos|haft:** boshafte *(bösartige, spöttische)* Bemerkungen || **Bos|haf|tig|keit** die, -/-en || **Bos|heit** die, -/-en

Bos|kop der, -s/-: *eine Apfelsorte (nach einem Ort in den Niederlanden)*

Bos|na die, -/-s = **Bos|ner** die, -/- (Küchenspr.): *eine Bratwurst mit Zwiebel und Curry in einem Weckerl* || **Bos|ni|ak** der, -en/-en, *auch:* **Bos|ni|a|ke,** -n/-n (auch abw.): *muslimischer Bewohner von Bosnien, Bosnier* | (Küchenspr.) *Bosniakerl* || **Bos|ni|a|kerl** das, -s/-[n] (reg.) (Küchenspr.): *schmales, dunkles Weckerl* || **Bos|ni|a|kin** die, -/-innen (auch abw.): *Bosnierin* || **Bos|ni|en:** *Land in Südosteuropa* || **Bos|ni|en und Her|ze|go|wi|na** [auch: -'viː-] (Kfz: BIH, auch: BiH): *ein Staat, Republik Bosnien und Herzegowina* || **Bos|ni|er** der, -s/-: *Bewohner von Bosnien* || **Bos|ni|e|rin** die, -/-innen

Bos|ni|gel = **Bos|nigl** der, -s/-[n] (ugs.): *boshafter Mensch;* → Nickel[1]

bos|nisch || **Bos|nisch** das, -[s] = **Bos|ni|sche,** -n: *die bosnische Sprache;* → Serbokroatisch

Bo|son [auch: -'oːn] das, -s/-en [-'zoː-] (Phys.): *Elementarteilchen mit ganzzahligem Spin (nach dem indischen Physiker Bose);* → G.: Fermion

Bos|ruck: *ein Berg (O, St)* || **Bos|ruck|tun|nel**

Boss der, -es/-e ⟨niederl.-engl.⟩: *Chef/in*

Bos|sa no|va [- -va] der, - -/- -s ⟨port.⟩ (Mus.): *ein [südamerikanischer] Tanz*

bos|sen, du bosst (ostöst., mda.): Nüsse b. *(sie vom Baum schlagen)* || **Bos|sing** das, -s: *Mobbing durch Vorgesetzte*

bös|wil|lig: sie haben b. gehandelt || **Bös|wil|lig|keit** die, -/-en

bot → bieten

Bo|ta|nik die, - ⟨gr.⟩: *Wissenschaft von den Pflanzen, Pflanzenkunde* | (ugs.) *Wildnis; freie Natur; Einöde;* in freier B. || **Bo|ta|ni|ker** der, -s/- || **Bo|ta|ni|ke|rin** die, -/-innen || **bo|ta|nisch:** botanische Studien betreiben; *aber:* der **B**otanische Garten der Universität Wien || **bo|ta|ni|sie|ren:** *Pflanzen sammeln und bestimmen*

Bo|te der, -n/-n: den Brief per B. schicken || **Bo|ten|dienst** || **Bo|ten|gang** || **Bo|ten|stoff** (Biol.): *Hormon* || **Bo|tin** die, -/-innen || **bot|mä|ßig** (geh.): jemandem b. *(untertan, zum Gehorsam verpflichtet)* sein || **Bot|schaft** die, -/-en: *Nachricht;* eine B. überbringen | (Rel.) die frohe B. *(Frohbotschaft, Evangelium)* | *diplomatische Vertretung eines Staates im Ausland* || **Bot|schaf|ter** der, -s/-: *ein Berufstitel* || **Bot|schaf|ter|ebe|ne:** auf B. verkehren || **Bot|schaf|te|rin** die, -/-innen

Bött|cher der, -s/- (reg. in D): *Fassbinder* || **Bött|che|rin** die, -/-innen (reg. in D) || **Bot|tich** der, -[e]s/-e: *ein Behälter*

Bou|c|lé [bu'kleː] = → Buklee

Bou|doir [bu'doaːr] das, -s/-s ⟨fr.⟩ (geh., veraltet): *Damenzimmer*

Bouil|la|baisse [buja'bɛs] die, -/-s [-'bɛs] ⟨fr.⟩ (Küchenspr.): *eine [französische] Fischsuppe*

Bouil|lon [bu'joːn, -'jõː] die, -/-s ⟨fr.⟩ (Küchenspr.): *klare [Rind]fleischsuppe*

Boul|dern ['bəʊl-] das, -s ⟨engl.⟩: *eine Form des Sportkletterns*

Bou|le|vard [bul'vaːr], -[s]/-s ⟨fr.⟩: *breite Prachtstraße* || **Bou|le|vard|blatt:** *eine Sensationszeitung* || **Bou|le|vard|pres|se** || **Bou|le|vard|stück:** *ein unterhaltsames Theaterstück*

Bou|quet [bu'keː] = Bukett das, -s/-s [-'keː, D: -'kɛt], -s/-s [-e] ⟨fr.⟩: *Blumenstrauß* | *Blume des Weins*

Bour|geois [bur'ʒoaː] der, -/- ⟨fr.⟩ (abw., veraltend): *wohlhabender Bürger* || **Bour|geoi|se** [-'ʒoaːz(ɛ)] die, -/-n (abw., veraltend): *wohlhabende Bürgerin* || **Bour|geoi|sie** die, -/-n (abw., veraltend): *Großbürgertum*

Bou|teil|le [bu'tɛɪ, auch: -'tɛlɛ] die, -/-n ⟨fr.⟩ (veraltend): *[0,7-l-Wein-]Flasche [mit langem, schlankem Hals]*

Bou|ti|que [bu'tik] die, -/-n, *D auch:* Butike [-kɛ] ⟨fr.⟩: *kleines Fachgeschäft für Modeartikel*

Bou|zou|ki [bu'zuː-] → Busuki

Bo|vist [-v-] der, -[e]s/-e, *auch:* Bofist: *Staubpilz*

Bow|den|zug ['baud-], *auch:* Baudenzug: *Drahtkabel für Kraftübertragung, zB bei der Fahrradbremse (nach dem Engländer Bowden)*

Bow|le ['boːlɛ, engl.: bəʊl] die, -/-n ⟨engl.⟩: *ein Getränk aus Wein und Früchten* | *Gefäß dafür* || **Bow|len|glas**

Bow|ling ['bəʊl-] das, -s/-s ⟨engl.⟩:

[amerikanisches] Kegelspiel ‖ **Bowlingbahn**
Box die, -/-en ⟨engl.⟩: *Abteil in einem Stall oder einer Garage* | *Einzelraum in Ausstellungen* | *ein Behälter* | *Lautsprecherbox*
boxen, du boxt ⟨engl.⟩
Boxenstopp [-ʃt-] ⟨engl.⟩ (Motorsport)
Boxer der, -s/- ⟨engl.⟩: *ein Sportler* | *eine Hunderasse* | *ein Faustschlag* ‖ **Boxerin** die, -/-innen ‖ **Boxermotor:** *ein Verbrennungsmotor* ‖ **Boxershorts** [-ʃɔːts]: *eine weite Unterhose* ‖ **Boxhandschuh** ‖ **Boxhieb** ‖ **Boxkampf:** *Faustkampf* ‖ **Boxring:** *der abgegrenzte Kampfplatz beim Boxen*
Boy der, -s/-s ⟨engl.⟩: *Bub, Bursch, junger Mann* | *[Hotel]diener;* Liftboy ‖ **Boygroup** [-gruːp] die, -/-s (Mus.): *aus männlichen Teenagern bestehende Popgruppe [mit Tanzeinlagen]*
Boykott der, -[e]s/-s [-e] ⟨engl.⟩: über jemanden einen B. verhängen ‖ **Boykottmaßnahme** ‖ **boykottieren:** *meiden, ächten;* ein Geschäft b. *(dort grundsätzlich nicht einkaufen)*
Boyscout [-skaʊt] der, -[s]/-s ⟨engl.⟩: *Pfadfinder*
Bozen (it.: Bolzano): *Hauptstadt von Südtirol*
BP [be ˈpeː] (Kfz): **B**undes**p**olizei
BPA[1] [be pe ˈaː] die, -/-[s]: Berufs**p**ädagogische **A**kademie
BPA[2] [be pe ˈaː] die, -: **B**undes**p**rüf**a**nstalt *(für Kraftfahrzeugüberprüfungen und Messtechnik, in Wien)*
BPA[3] [be pe ˈaː] das, -[s]: **B**undes**p**ensions**a**mt
BPD: **B**undes**p**olizei**d**irektion
B-Posten [ˈbeː-]
B-Promi [ˈbeː-] (sal.): *Person, die [durch spektakuläres Auftreten] nur für kurze Zeit in den Schlagzeilen ist*
BPS [be pe ˈɛs] die, -: **B**erufsbildende **P**flicht**s**chule
Bq: **B**e**q**uerel
Br: **Br**om
brabbeln (bes. D, ugs.): *undeutlich sprechen*
brach[1] (Verb) → brechen
brach[2] (Adj.): *unbebaut;* das Feld ist b. gelegen; → brach liegend = brachliegend ‖ **Brache** die, -/-n (Landw.): *das Brachliegen; Kurzwort für Brachfeld* ‖ **Brachfeld:** *unbebauter Acker*
brachial ⟨gr.-lat.⟩: *handgreiflich, brutal* ‖ **Brachialgewalt:** einen Widerstand mit B. brechen
Brachliegen das, -s: *Brache* ‖ **brach liegend** = **brachliegend:** jahrelang b. liegende *(unbebaute)* Felder
Brachse [-ks-] die, -/-n: *ein Fisch*
brachte → bringen
Brachvogel: *ein Schnepfenvogel*
brackig: brackiges *(salziges, ungenießbares)* Wasser ‖ **Brackwasser** das, -s/-: *Mischung von Fluss- und Meerwasser [an Flussmündungen]*
Brahma [auch: brax-] ⟨Sanskrit⟩: *indische Gottheit* ‖ **Brahmane** der, -n/-n: *Angehöriger der Priesterkaste in Indien* ‖ **Brahmanin** die, -/-innen ‖ **Brahmaputra** der, -[s]: *Strom in Indien und Bangladesch*
Brailleschrift [ˈbraɪlɛ-, braːj-] die, - ⟨fr.⟩: *Blindenschrift (nach dem französischen Erfinder Braille)*
Braindrain [ˈbreɪndreɪn] der, -s ⟨engl.⟩ (Wirt.): *wirtschaftliche Einbuße durch den Abgang ausgebildeter Arbeitskräfte* ‖ **Brainstorming** [-st-] das, -[s]/-s: *eine Methode gemeinsamer Problemlösung* ‖ **Braintrust** [-trʌst] der, -[es] [-s]/-s [-truste]: *Beratungsausschuss*
Bramburi die (Pl.) ⟨tschech.⟩ (ostöst., scherzh., veraltet): *Kartoffel, Erdäpfel*
Branche [brɑ̃ːʃ] die, -/-n ⟨fr.⟩: *Berufszweig, Fach; Geschäftszweig* ‖ **Branchenerfahrung** ‖ **branchenfremd** ‖ **branchenkundig** ‖ **Branchenleader** [-liːdə] ‖ **Branchenleaderin** ‖ **Branchenmix** ‖ **branchenüblich** ‖ **Branchenverzeichnis:** *Firmenverzeichnis [im Telefonbuch]*
Brand der, -[e]s/Brände: in B. geraten; in B. setzen; einen B. legen; den B. löschen | (Med.) *Absterben von Gewebe auf Grund unzureichender Durchblutung* | (meist Pl.) *Schnaps, Branntwein, Brandy, Weinbrand ua.* | (Biol.) *durch bestimmte Pilze hervorgerufene Pflanzenkrankheit* | (ugs.) einen B. *(nach starkem Alkoholgenuss großen Durst)* haben ‖ **Brandabschnitt** ‖ **brandaktuell:** *hochaktuell* ‖ **Brandanschlag** ‖ **Brandbekämpfung** ‖ **Brandblase** ‖ **Brandbombe** ‖ **Branddirektor:** *Leiter der Wiener Berufsfeuerwehr* ‖ **Branddirektorin** ‖ **brandeln** (ugs.): es brandelt *(es riecht nach einem Brand)* | (ugs.) *zahlen;* ich brandle für eine verlorene Wette
branden: brandende *(an das Ufer schlagende)* Wogen; → Brandung
Brandenburg: *deutsches Bundesland* | (früher) die Mark B.; → märkisch ‖ **brandenburgisch** → märkisch
Brandfackel ‖ **Brandfall:** im B. keinen Lift benützen ‖ **Brandgeruch** ‖ **brandheiß** (sal.): *ganz neu, aktuell* ‖ **Brandherd:** *Ausgangspunkt des Brandes* ‖ **brandig:** eine brandige *(faulende)* Wunde ‖ **Brandkatastrophe** [-f-] ‖ **Brandleger** der, -s/-: *Brandstifter* ‖ **Brandlegerin** die, -/-innen ‖ **Brandlegung** die, -/-en ‖ **Brandmal** das, -[e]s/-e ‖ **brandmarken,** gebrandmarkt: *öffentlich anprangern* ‖ **Brandmelder** ‖ **brandneu:** *ganz neu, aktuell* ‖ **Brandobjekt:** abgebranntes Gebäude ‖ **Brandrede:** *eine zündende Ansprache* ‖ **Brandsalbe** (Med.) ‖ **Brandschaden** ‖ **Brandschadenversicherung** ‖ **brandschatzen** (geh.): *[plündern und] zerstören* ‖ **Brandschutz:** vorbeugender B. ‖ **Brandsohle:** *Sohle im Innern des Schuhes* ‖ **Brandstatt** = **Brandstätte** ‖ **Brandstifter** ‖ **Brandstifterin** ‖ **Brandstiftung** ‖ **Brandteig:** *Teig, der auf dem Herd erhitzt wird* ‖ **Brandteigkrapferl:** *gefüllte Süßigkeit aus Brandteig*
Brandung die, -/-en: → branden
Brandursache: die B. wurde geklärt ‖ **Brandverhütung** ‖ **Brandwache:** B. halten *(Wache zur Kontrolle, falls das Feuer wieder aufflammt)* ‖ **Brandwunde**
Brandy [ˈbrændi] der, -s/-s ⟨engl.⟩: *Weinbrand*
Brandzeichen: *Eigentümerzeichen bei Rindern, Pferden*
brannte → brennen ‖ **Branntwein:** *Schnaps;* → Brandy ‖ **Branntweiner** der, -s/- (veraltend): *Wirt einer Branntweinschank* | *Branntweinschank* | (ugs.) *Säufer* ‖ **Branntweinerin** die, -/-innen (veraltend) ‖ **Branntweinschank** = **Branntweinschänke** = **Branntweinschenke** ‖ **Branntweinmonopol** (früher)
Brasilia: *Hauptstadt von Brasilien* ‖ **Brasilianer** der, -s/- ‖ **Brasilianerin** die, -/-innen ‖ **brasilianisch** ‖ **Brasilien:** *ein Staat*

B

Brat = **Brät** das, -s: *Wurstfülle*
Bratapfel ‖ **braten,** du brätst/briet/gebraten: Fleisch b. | in der Sonne b. *(liegen, um braun zu werden)* | (ugs.) *aufreißen, anmachen* ‖ **Braten** der, -s/-: *gebratenes Stück Fleisch;* den B. riechen *(eine günstige Gelegenheit erkennen);* ein fetter B. *(eine Gewinn bringende Sache)* ‖ **Bratenfett** ‖ **Bratenpfanne** ‖ **Bratensaft** ‖ **Bratenwender** ‖ **bratfertig** ‖ **Bratfisch** ‖ **Brathendl:** *Brathuhn* ‖ **Brathering** ‖ **Brathuhn**
Bratislava [-v-]: *Hauptstadt der Slowakei (Pressburg)*
Bratkartoffel (meist Pl.) ‖ **Bratl** das, -s/-n: *[Schweins]braten* | (reg., bes. O) B. in der Rein *(in der Kasserolle servierter Schweinsbraten mit Zuspeisen)* ‖ **Bratling** der, -s/-e (D): *Getreide-Gemüse-Laibchen* ‖ **Bratpfanne** ‖ **Bratrohr:** *Backrohr*
Bratsche die, -/-n ⟨it.⟩: *ein Streichinstrument, Viola* ‖ **Bratschist** der, -en/-en ‖ **Bratschistin** die, -/-innen
Bratspieß ‖ **Bratwurst** ‖ **Bratwürstel** [meist: -ʃt-]
Bräu[1] das, -[e]s/-e: *Brauhaus, Brauerei | das dort gebraute Bier, zB Stadtbräu | Kurzwort für Bräustüberl* ‖ **Bräu**[2] der, -[e]s/-e (S): *Brauereibesitzer, der selbst ausschenkt* ‖ **Bräuin** die, -/-innen
Brauch der, -[e]s/Bräuche: *Sitte;* das ist bei uns [so] B. ‖ **brauchbar** ‖ **Brauchbarkeit** die, - ‖ **brauchen:** sie braucht nicht [zu] kommen; ich brauchte (auch für den Konjunktiv: *ich würde brauchen, bräuchte*); das kann ich jetzt [gut] b.; ich kann euch jetzt nicht b. *(habe jetzt keine Zeit für euch)* ‖ **Brauchtum** das, -s/-tümer: altes B. *(alte Bräuche)*
Braue die, -/-n: *Augenbraue*
brauen: Bier b. ‖ **Brauer** der, -s/- ‖ **Brauerei** die, -/-en ‖ **Brauerin** die, -/-innen ‖ **Brauhaus** ‖ **Braumeister** ‖ **Braumeisterin**

braun:

braune Haare | *braungebrannt, sonnengebräunt;* braun aus dem Urlaub zurückkommen | (ugs.) (Pol.) nationalsozialistisch geprägt; → Braune
Getrennt- und Zusammenschreibung mit adjektivisch gebrauchten Partizipien:
– braun gebrannte (= braungebrannte) Kinder
– ein braun getupftes (= braungetupftes) Kleid
R→ S. 903, 2.2.1

Braun das, -[s]/-: ein Pulli in B. ‖ **Braunalge** (Bot.)
Braunau am Inn (Kfz: BR): *Stadt und Bezirk in Oberösterreich*
braunäugig ‖ **Braunbär** (Zool.) ‖ **Bräundl** der, -s/-n, *auch:* Bräunl (ugs.): *braunes Pferd* ‖ **Braune**[1] der, -n/-n, ein Brauner: *braunes Pferd, Bräunl* | ein kleiner Brauner *(ein Mokka mit Obers oder Milch)* | (ugs.) (Pol.) *Anhänger einer nationalsozialistisch geprägten Gesinnung (bes. während der NS-Zeit)* ‖ **Braune**[2] die, -n/-n (ugs.) (Pol.) ‖ **Bräune** die, -
Braunelle die, -/-n ⟨lat.⟩: *ein Singvogel* | *(auch:* Brunelle) (Bot.) *ein Lippenblütler*
bräunen: sich in der Sonne b. lassen ‖ **braun gebrannt** = **braungebrannt** → braun ‖ **braun getupft** = **braungetupft** → braun ‖ **braunhaarig** ‖ **Braunkehlchen:** *ein Singvogel* ‖ **Braunkohle** ‖ **Bräunl** → Bräundl ‖ **bräunlich:** b. grau ‖ **Braunschweiger** die, -/-: *eine Wurstsorte* ‖ **Bräunung** die, -/-en ‖ **Bräunungsstudio** [-ʃt-]: *Salon mit Solarium uÄ*
Braus → Saus und Braus ‖ **Brause** die, -/-n: *Dusche* | *Gerät zum Brausen;* die B. ist verstopft | (veraltend) *Kurzwort für Brausegetränk, Brausepulver* ‖ **brausen,** du braust: brausender Herbstwind; sich nach dem Joggen b. *(sich duschen)* | (ugs., sal.) geh dich b. *(lass mich damit in Ruhe, verschwinde)* ‖ **Brausepulver** [-f-] ‖ **Brausetablette** ‖ **Brausetasse:** *Duschwanne*
Bräustüberl = **Bräustübl:** *[zu einer Brauerei gehörendes] Bierlokal*
Braut die, -/Bräute: die B. zum Altar führen ‖ **Brautbouquet** [-bukeː] = **Brautbukett** [-keː, D: -kɛt] ‖ **Brauteltern** ‖ **Bräutigam** der, -s/-e: *zukünftiger Ehemann am Tag seiner Hochzeit* | (veraltend) *Verlobter* ‖ **Brautjungfer** ‖ **Brautkleid** ‖ **Brautkranz** ‖ **Brautleute** die (Pl.) ‖ **Brautmutter** ‖ **Brautnacht:** *Hochzeitsnacht* ‖ **Brautpaar** ‖ **Brautschau** die, - (heute meist scherzh.): auf B. gehen *(sich eine Ehefrau suchen)* ‖ **Brautvater** ‖ **Brautwerbung:** auf B. gehen *(um eine Ehefrau werben)*
brav ⟨it.⟩: *gesittet, anständig* | b. *(bieder, ohne Pfiff)* angezogen sein | (veraltend) *rechtschaffen;* ein braver Angestellter | (veraltend) *mutig, tüchtig;* brave Soldaten ‖ **bravo** [-v-]: anerkennend b. (= Bravo) rufen ‖ **Bravoruf** ‖ **Bravour** [-'vuːə] = → Bravur ‖ **Bravourleistung** = → Bravurleistung ‖ **bravourös** = → bravurös ‖ **Bravourstück** = → Bravurstück ‖ **Bravur** = Bravour [-'vuːə] die, - ⟨fr.⟩: etwas mit B. *(souverän)* meistern ‖ **Bravurleistung** = Bravourleistung ‖ **bravurös** = bravourös: *meisterhaft, tollkühn* ‖ **Bravurstück** = Bravourstück: *gewagte Tat, virtuose Leistung*
BRD [be ɛr 'deː] die, - (nicht amtliche Abkürzung, veraltend): **B**undes**r**epublik **D**eutschland
Break [breɪk] das, -s/-s ⟨engl.⟩ (im Tennis): *Durchbrechen des gegnerischen Aufschlags* | (Mus.) *Zwischensolo im Jazz* ‖ **Breakdance** [-dɑːns, -dæns] der, -[s]: *ein moderner Tanzstil* ‖ **breaken** (bes. im Tennis): *beim Aufschlag des Gegners ein Spiel machen* ‖ **Break-even** = **Breakeven** [-'iːvən] = **Break-even-Point** = **Breakeven-Point** der, -s/-s (Wirt.): *Rentabilitätsgrenze, Übergang zur Gewinnzone*
Brechdurchfall (Med.) ‖ **Brecheisen:** *ein Werkzeug, Brechstange*
brecheln: *den Flachs schlagen, bis die Fasern freigelegt werden*
brechen, ich breche, du brichst/brach/gebrochen/brich!, brecht!: sein Wort b. | den Weltrekord b. | jemandem das Herz b. *(großen Kummer bereiten);* den Stab über ihn b. *(ihn verurteilen);* einen Streit vom Zaun b. *(anfangen)* | *brecheln* | *sich übergeben, erbrechen*
Brecher der, -s/-: *schwere Meereswelle* | *Maschine zum Zerkleinern [von Gesteinsbrocken]*
Brechmittel: *Mittel, das ein Erbrechen verursachen soll* | (derb, abw.) *ungute Person, Sache* ‖ **Brechreiz** (Med.) ‖ **Brechstange:** *ein Werkzeug, Brecheisen* ‖ **Brechung** die, -/-en (Phys.): die B. *(Richtungsablenkung)* der Lichtstrahlen ‖ **Brechungsindex** (Phys.): *Maß für die Lichtbrechung in einem Stoff*
Bredouille [-'duj(ɛ)] die, - ⟨fr.⟩: in der B. *(in Schwierigkeiten, Be-*

drängnis) sein
Bre|genz (Kfz: B): *Landeshauptstadt und Bezirk von Vorarlberg* ‖ **Bre|gen|zer** der, -s/- ‖ **Bre|gen|ze|rin** die, -/-innen ‖ **Bre|gen|zer Wald = Bre|gen|zer|wald:** *eine Gebirgsgruppe (V, D)* ‖ **Bre|gen|zer|wäl|der:** *Bewohner des Bregenzer Waldes,* → *Wälder* ‖ **Bre|gen|zer|wäl|de|rin**
Brei der, -[e]s/-e: *Haferbrei;* um den heißen B. herumreden *(die Sache nicht klar aussprechen)* ‖ **brei|ig**
Brein der, -s: *Hirse* | (Küchenspr.) *gekochtes Korn* ‖ **Brein|wurst** (St): *eine Speise*

breit:

ein breites Brett; 10 m breit | die breite Öffentlichkeit; weit und breit
Großschreibung bei Nominalisierung:
- etwas **B**reites
- des Langen und [des] **B**reiten (ausführlich) R→ S. 892, 2.2

Zusammenschreibung bei übertragener Bedeutung:
- sich breitmachen *(ausbreiten)*
- jemanden breitschlagen *(überreden)*
- eine Sache breittreten *(ihr zu viel Gewicht beimessen)* R→ S. 900, 1.5.1

Getrennt- und Zusammenschreibung mit Verben, die ein Resultat herbeiführen, und mit adjektivisch gebrauchten Partizipien:
- breit machen = breitmachen *(breit anlegen)*
- breit gefächert = breitgefächert *(vielseitig)* R→ S. 900, 1.5.2

Breit|band: *Kurzwort für Breitbandinternet uÄ* ‖ **Breit|band|an|ti|bi|o|ti|kum** (Med.) ‖ **Breit|band|in|ter|net:** *eine schnelle Internetverbindung* ‖ **breit|bei|nig** ‖ **Brei|te** die, -/-n: in voller B. | (Geogr.) *Breitengrad;* 48° nördliche[r] B. ‖ **Brei|te|grad** = Breitengrad (Geogr.) ‖ **brei|ten:** ein Tischtuch über den Tisch b. | (geh.) Wolken b. sich über den Bergen ‖ **Brei|ten|grad** = Breitegrad (Geogr.) ‖ **Brei|ten|kreis** (Geogr.): *Parallelkreis zum Äquator* ‖ **Brei|ten|sport:** *Sportart, die von vielen Menschen betrieben wird* → G.: Leistungssport ‖ **Brei|ten|wir|kung:** *große Wirkung in der Öffentlichkeit* ‖ **breit ge|fä|chert = breit|ge|fä|chert:** *vielseitig* ‖ **breit|ma|chen** sich: *viel Raum beanspruchen; aber:* den Weg b. (= breit machen) *(breit anlegen);* → breit ‖ **breit|schla|gen** (ugs.): *überreden;* sich b. lassen ‖ **breit|schult|rig** ‖ **Breit|sei|te:** die B. eines Schiffes; → G.: Längsseite | (Mil.) *Salve aller Geschütze einer Längsseite des Schiffes* ‖ **breit|spu|rig** ‖ **breit|tre|ten** (abw.): eine Sache b.; → breit ‖ **Breit|wand:** *ein Aufnahme- und Projektionsverfahren für Filme* ‖ **Breit|wand|fern|se|hen** ‖ **Breit|we|ge|rich:** *eine Pflanzenart*
Bre|men: *Stadt in Deutschland (zugleich Bundesland)*
Brems|ba|cke: *Bestandteil der Bremse in Fahrzeugen* ‖ **Brems|be|lag** ‖ **Brem|se**[1] die, -/-n: *eine Hemmvorrichtung;* Notbremse
Brem|se[2] die, -/-n: *eine blutsaugende Fliege*
brem|seln (ugs.): es bremselt *(kribbelt) im Finger*
brem|sen, du bremst: scharf b.; die Inflation b. *(stoppen, verhindern)* ‖ **Brem|ser** der, -s/- ‖ **Brem|se|rin** die, -/-innen ‖ **Brems|flüs|sig|keit:** B. [in hydraulischen Bremsen] wechseln ‖ **Brems|klotz** ‖ **Brems|ler** der, -s/- (ugs.): *Zuckung, Ruck* | *kurzes Prickeln [auf der Haut]* ‖ **Brems|leuch|te** ‖ **Brems|licht** ‖ **Brems|pe|dal** ‖ **Brems|spur:** eine lange B. am Unfallort ‖ **Brems|strah|lung** (Phys.): *bei der Abbremsung geladener Teilchen entstehende elektromagnetische Strahlung* ‖ **Brem|sung** die, -/-en ‖ **Brems|weg:** ein langer B.
brenn|bar ‖ **Brenn|dau|er** ‖ **Brenn|ele|ment** (Phys.): *meist stabförmiger Bauteil eines Kernreaktors;* → Brennstab ‖ **bren|nen,** brannte/gebrannt: brennende Kerzen; brennend heiß | das Licht brennt noch *(ist noch eingeschaltet)* | die Sonne brennt; aus dem Urlaub braun gebrannt (= braungebrannt) zurückkommen | die Augen b. | Ziegel b. | Schnaps b. | (EDV, Elektrot.) eine CD-ROM b. *(bespielen, Daten darauf speichern)* | sich brennend *(sehr)* für etwas interessieren; auf Vergeltung b. *(sie dringend wünschen)* | er brennt vor Liebe *(ist sehr verliebt)* | es brennt *(es ist sehr dringend, gefährlich);* die Sache brennt unter den Nägeln; eine brennende Frage; der Hut brennt *(es ist sehr dringend)* | (ugs., sal.) *zahlen;* b. müssen; b. wie ein Luster *(sehr viel bezahlen müssen)* ‖ **Bren|ner**[1] der, -s/-: *eine Vorrichtung zum Brennen;* Gasbrenner; CD-Brenner
Bren|ner[2] der, -s: *Pass zwischen Nord- und Südtirol* ‖ **Bren|ner|au|to|bahn** ‖ **Bren|ner|ba|sis|tun|nel**
Bren|ne|rei die, -/-en ‖ **brenn|heiß:** *sehr heiß* ‖ **Brenn|holz** ‖ **Brenn|ma|te|ri|al** ‖ **Brenn|nes|sel:** *eine Pflanzengattung* ‖ **Brenn|ofen** ‖ **Brenn|punkt** (Math., Phys.): der B. *(Punkt, in dem sich gebrochene Strahlen bündeln)* einer Linse | im B. *(im Mittelpunkt des aktuellen Geschehens)* ‖ **Brenn|sche|re** (früher): *scherenförmiges Gerät zum Lockenlegen* ‖ **Brenn|spi|ri|tus** [-ʃp-]: *ein Brennstoff* ‖ **Brenn|stab** (Phys.): *Brennelement in einem Atomreaktor* ‖ **Brenn|stoff** ‖ **Brenn|sup|pe:** *Einbrennsuppe* ‖ **Brenn|wei|te** (Phys.): die B. einer optischen Linse *(Entfernung zu ihrem Brennpunkt)* ‖ **Brenn|wert** (Phys.): *Wärmemenge, die bei Verbrennung oder Abkühlung entsteht*
bren|zeln: es brenzelt *(es riecht nach Brand)* ‖ **brenz|lig = brenz|lich:** ein brenzliger Geruch | es wird b. *(gefährlich)*
Bre|sche die, -/-n: eine B. *(Lücke)* schlagen; in die B. springen *(helfend eingreifen);* sich für jemanden in die B. werfen *(für jemanden eintreten)*
brest|haft (geh., veraltet): *krank, gebrechlich* ‖ **Brest|haf|tig|keit** die, - (geh., veraltet)
Bre|ta|gne [-'anj(ɛ), fr. brœ'tanj] die, - ⟨kelt.-fr.⟩: *Landschaft in Westfrankreich* ‖ **Bre|to|ne** der, -n/-n ‖ **Bre|to|nin** die, -/-innen ‖ **bre|to|nisch** ‖ **Bre|to|nisch** das, -[s] = **Bre|to|ni|sche,** -n: *eine keltische Sprache*
Brett das, -[e]s/-er: ein B. festnageln; Anschläge am schwarzen (auch: Schwarzen) B. *(Anschlagtafel)* | (ugs.) ein B. vor dem Kopf haben *(etwas nicht kapieren)* | *Spielbrett* | (ohne Sing.) (geh.) Bretter, die die Welt bedeuten *(Theater, Bühne)* | (St, S) *kahle Felsplatte* ‖ **bret|teln,** ich brettle (veraltend): *mit den Skiern [seitlich] hinaufstapfen, treppeln* ‖ **Bret|ter|bo|den** ‖ **bret|tern**[1]

(ugs.): *aus Brettern* ‖ **brettern**[2] (ugs.): *[auf Skiern] rasen, sehr schnell fahren, über nicht präpariertes Gelände abfahren* ‖ **Bretterzaun** ‖ **Brettl** das, -s/-n (ugs.): *kleines Brett* | *Kleinkunstbühne, Cabaret* | (sal.) *Ski;* gewachste Brettln ‖ **Brettlboden:** *Boden aus schmalen Brettern* ‖ **brettleben** (ugs.): *flach wie ein Brett* ‖ **Brettljause:** *kleine kalte Mahlzeit, auf einem Brett serviert* ‖ **Brettspiel:** *Spiel, zu dem ein Spielbrett benötigt wird, zB Schach*

Breve [-v-] das, -[s]/-n [-s] ⟨lat.⟩: *ein kürzeres päpstliches Schreiben; Urkunde* ‖ **Brevier** das, -s/-e (kath.): *Stundengebet* | *Gebetbuch des Priesters* | (geh.) *Anleitung, Leitfaden; Textsammlung*

Brezel das, -s/-[n] = die, -/-n ⟨rom.⟩ (reg., zB V, auch mit Art. der): *ein Gebäck* ‖ **Brezen** die, -/- (ugs.): *Brezel* | (ugs.) eine B. reißen *([beim Skifahren] stürzen)*

BRG [be ɛr ˈgeː] das, -/-: **B**undes**r**ealgymnasium

bricht → brechen

Bridge [-tʃ, engl.: -dʒ] das, - ⟨engl.⟩: *ein Kartenspiel* ‖ **Bridgepartie**

Brie der, -s/-s: *eine Käsesorte (nach einer französischen Landschaft)*

Brief der, -[e]s/-e: Briefe schreiben; blauer (auch: Blauer) B. *(Kündigungsbrief);* ein offener *(in der Zeitung veröffentlichter)* B.; mit B. und Siegel *(offiziell)* ‖ **Briefabstimmung** ‖ **Briefbeschwerer** der, -s/- ‖ **Briefbombe:** *als Brief getarnter Sprengkörper* ‖ **Briefchen:** ein B. *(Päckchen)* Lose

briefen ⟨engl.⟩: *jemanden [für ein Interview] mit wichtigen Informationen versorgen;* → Briefing

Brieffreund: *Partner für Briefwechsel* ‖ **Brieffreundin** ‖ **Briefgeheimnis:** das B. verbietet das Öffnen fremder Briefe

Briefing das, -s/-s ⟨engl.⟩: *[kurze] informative Besprechung;* → briefen

Briefkasten: der B. wurde schon geleert ‖ **Briefkastenfirma:** *Scheinfirma* ‖ **Briefkastl,** *auch:* Briefkastel (ugs.): *Briefkasten* ‖ **Briefkopf:** *oberer Teil des Briefes [bis zum Text] mit Absender, Adresse, Datum ua.* ‖ **Briefkurs** (Bankw.): *Kurs, zu dem Wertpapiere angeboten werden* | *Börsekurs* ‖ **Briefkuvert** [-veːɐ, in D auch: -vɛrt]: *Briefumschlag* ‖ **brieflich:** b. *(in Briefform)* verkehren ‖ **Brieflos:** *ein Glücksspiel* ‖ **Briefmarke** ‖ **Briefmarkensammlung** ‖ **Brieföffner** ‖ **Briefpapier** ‖ **Briefporto** ‖ **Briefroman:** *Roman in Form von Briefen* ‖ **Briefsendung** (Amtsspr.) ‖ **Briefschaften** die (Pl.) (veraltend): *Briefe, persönliche Post* ‖ **Brieftasche:** die B. mit allen Ausweisen wurde gestohlen ‖ **Brieftaube:** *dressierte Taube, die Briefbotschaften überbringt* ‖ **Briefträger** ‖ **Briefträgerin** ‖ **Briefumschlag:** *Kuvert* ‖ **Briefwaage** ‖ **Briefwahl:** *Wahlform für im Ausland weilende Wahlberechtigte* ‖ **Briefwechsel** [-ks-]: *Korrespondenz* ‖ **Briefzentrum:** *Logistikzentrum (Zustellbasis) zur Verteilung der Post*

Bries das, -es/-e: *eine Drüse [des Kalbes]* | *Speise daraus*

briet → braten

Brigade die, -/-n ⟨fr.⟩ (Mil.): *eine größere Truppeneinheit* ‖ **Brigadier** [D: -ˈdjeː] der, -s/-e: *Kommandant einer Brigade* ‖ **Brigadiere** [-ˈdjɛːre] der, -s/- ⟨it.⟩: *Unteroffizier bei der Südtiroler Polizei*

Brigg die, -/-s ⟨engl.⟩ (Seemannsspr.): *ein zweimastiges Segelschiff*

Brigitta = **Brigitte:** *weibl. Vorname;* → Britta; → Gitta; → Birgit ‖ **Brigittenau** [auch: -ˈaʊ] die, -: *20. Bezirk Wiens*

Brikett das, -[e]s/-s ⟨fr.⟩: *gepresster Kohlenstaub in Ziegel- oder Eiform*

brillant [-lˈjant] ⟨fr.⟩: *glänzend, hervorragend* ‖ **Brillant** der, -en/-en: *Diamant mit bestimmtem Schliff* ‖ **Brillantring** ‖ **Brillantschliff** ‖ **Brillanz** die, -: eine Aufgabe mit B. *(mit meisterhafter Geschicklichkeit)* erledigen

Brille die, -/-n: *Augengläser;* etwas durch eine rosa B. *(zu optimistisch)* sehen ‖ **Brillenfassung** ‖ **Brillenglas** ‖ **Brillenschlange:** *Kobra* | (abw.) *Brillenträger/in* ‖ **Brillenträger** ‖ **Brillenträgerin**

brillieren [auch: -lˈjiː-] ⟨fr.⟩: *mit einer Leistung glänzen*

Brimborium das, -s, *auch:* Brimbamborium ⟨lat.-fr.⟩ (abw.): *geheimnisvolles Getue, Gerede*

Brimsen der, -[s]/- ⟨slaw.⟩ (ostöst.): *ein Weichkäse aus Schafmilch*

bringen, brachte/gebracht: Gewinn b. | Glück b.; etwas an sich b. *(es in Besitz nehmen);* es zu etwas b. *(erfolgreich sein)* | jemanden zur Bahn b.; den Verbrecher hinter Gitter b. *(bewirken, dass er inhaftiert wird/ins Gefängnis muss)* | etwas hinter sich b. *(es erledigen);* das bringt mit sich *(hat zur Folge);* sie brachte es nicht über sich *(konnte sich nicht dazu entschließen)* | jemanden um den Schlaf b. | einen Beitrag im Radio b. *(senden)* | (Forstwirt.) Holz b. *(zu Tal, zur Straße schaffen)* ‖ **Bringschuld** die, -: *Verpflichtung, die beim Gläubiger zu begleichen ist;* → Holschuld ‖ **Bringung** die, -/-en (Forstwirt.): *Holzabtransport* ‖ **Bringungsanlage** (Amtsspr.): *Güterweg* | *Transportanlage, zB Materialseilbahn* ‖ **Bringungsgenossenschaft** ‖ **Bringungsrecht** (Jus): *Berechtigung zur Errichtung und Benützung von Bringungsanlagen*

Brioche [ˈbriːɔʃ, -ˈɔʃ] das, -/-s ⟨fr.⟩: *ein mürbes Gebäck* ‖ **Briochekipfel** = **Briochekipferl**

brisant ⟨fr.⟩: *hochexplosiv* | *sehr aktuell und heikel* ‖ **Brisanz** die, -

Brise die, -/-n: *leichter Wind*

Britannien: *Kurzform für Großbritannien* ‖ **Brite** der, -n/-n: *Bewohner Großbritanniens* ‖ **Britin** die, -/-innen ‖ **britisch:** die britische Regierung; *aber:* die Britischen Inseln

Britta: *weibl. Vorname (Brigitta, Brigitte)*

Brixen (it.: Bressanone): *Stadt in Südtirol*

Brixlegg: *Marktgemeinde in Tirol*

Broadway [ˈbrɔːdweɪ] der, -s ⟨engl.⟩: *Theaterstraße in New York*

Broccoli [-k-] = → Brokkoli

bröckelig, *auch:* bröcklig ‖ **bröckeln:** die Mauer bröckelt; ich bröckle *(brocke)* Brot in die Suppe ‖ **brocken** (bes. ostöst.): Beeren b. *(pflücken)* | ich brocke *(bröckle)* Brot in die Suppe ‖ **Brocken** der, -s/-: *Felsbrocken* | nur ein paar B. Italienisch können; ein harter B. *(eine schwierige Aufgabe)* ‖ **Bröckerl** das, -s/-[n] (ugs.): *kleiner Brocken, Stückchen, Klümpchen* | *kräftiges Kind* | (scherzh.) *dicker Mann*

brodeln, ich brodle: *sieden, wallen* | *langsam sein, Zeit verschwenden* ‖ **Brodler** der, -s/- ‖

Brod|le|rin die, -/-innen
Bro|kat der, -[e]s/-e ⟨it.⟩: *ein kostbares schweres, gemustertes Gewebe*
Bro|ker [engl.: -'əʊ-] der, -s/- ⟨engl.⟩: *Börsenmakler* ‖ **Bro|kerin** die, -/-innen
Bro|k|ko|li = Broccoli [-k-] die (Pl.) ⟨it.⟩: *eine Gemüsepflanzensorte*
Brom das, -[s] ⟨gr.⟩ (Zeichen: Br): *ein chemisches Element*
Brom|bee|re ‖ **Brom|beer|strauch**
Bron|chi|al|asth|ma ⟨gr.⟩ (Med.) ‖ **Bron|chi|al|ka|tarr** = **Bron|chi|al|ka|tarrh** (Med.): *Bronchitis* ‖ **Bron|chie** [-i̯ɛ] die, -/-n (meist Pl.): *Verästelung der Luftröhre* ‖ **Bron|chi|tis** die, -/Bronchitiden (Med.): *Entzündung der Bronchien*
Bron|ze ['brõ:s(ɛ)] die, -/-n ⟨fr.⟩: *eine Legierung aus Kupfer und Zinn;* eine Statue aus B. ‖ **Bron|ze|me|dail|le** [-'ai̯lj̯ɛ]: *Medaille für den dritten Platz bei Wettbewerben* ‖ **bron|zen:** *aus Bronze* ‖ **Bron|ze|zeit:** *eine vor-, frühgeschichtliche Periode* ‖ **bron|ze|zeit|lich** ‖ **bron|zie|ren:** *mit Bronzefarbe überziehen, anstreichen*
Bro|sa|men die (Pl.) (veraltet): *Brotbrösel*
Bro|sche [-ʃ(ɛ)] die, -/-n ⟨fr.⟩: *Schmucknadel* ‖ **bro|schiert:** *geheftet;* ein broschiertes Buch ‖ **Bro|schü|re** die, -/-n: *Druckschrift mit weichem Einband*
Brö|sel[1] das, -s/-[n]: B. *(Semmelbrösel)* reiben | (ugs.) nicht ein B. *(nichts)* ‖ **Brö|sel**[2] der, -s/-[n] (V): *Speise aus Weizen- oder Maisgrieß* ‖ **brö|se|lig,** *auch:* bröslig ‖ **Brö|sel|knö|del:** *eine Suppeneinlage* ‖ **Brö|sel|müh|le** ‖ **brö|seln,** ich brösle ‖ **Brö|sel|top|fen** (reg., bes. K, T): *bröseliger Topfen* ‖ **Brö|serl** das, -s/-[n]: *Brösel* | (ugs.) nicht ein B. *(gar nichts)* ‖ **brös|lig** → bröselig
Brot das, -[e]s/-e: ein Stück B. | das tägliche B.; sich sein B. *(den Lebensunterhalt)* verdienen ‖ **Brot|auf|strich** ‖ **Brot|be|ruf:** *nur auf den Verdienst angelegte Berufswahl* ‖ **Bröt|chen** das, -s/-: *[kleines] belegtes Brot, Sandwich* | (D) *Semmel, [Weiß]gebäck* ‖ **Brot|do|se** ‖ **Brot|ein|heit** (Med.): *Maßeinheit bei Zuckerkrankheit* ‖ **Brot|er|werb:** *Brotberuf* ‖ **Brot|fa|brik** ‖ **Brot|frucht:** *ein tropisches Obst* ‖ **Brot|frucht|baum** ‖ **Brot|ge|trei|de** ‖ **Brot|korb** ‖ **Brot|körb|chen** ‖ **Brot|kru|me:** *Schmolle, weicher Teil des Brotes* ‖ **Brot|laib** ‖ **Bröt|le** das, -s/- (V): *kleines Gebäck, Weckerl* ‖ **brot|los:** *ohne Einkommen;* eine brotlose *(nichts einbringende, wenig einträgliche)* Kunst ‖ **Brot|messer** ‖ **Brot|neid:** sie kennt keinen B. *(ist nicht auf Geld oder Position anderer neidig)* ‖ **Brot|rin|de** ‖ **Brot|schei|be** ‖ **Brot|schnit|te** ‖ **Brot|sor|te** ‖ **Brot|stu|di|um** [-ʃt-]: *auf sicheres und rasches Unterkommen angelegtes Studium* ‖ **Brot|sup|pe** ‖ **Brot|teig** ‖ **Brot|wecken** ‖ **Brot|zeit** (reg. west-öst., Bayern): *Jause[npause]*
Brow|nie ['braʊni] der, -s/-s ⟨engl.⟩: *ein Schokoladekuchen*
Brow|ser ['braʊzə] der, -s/- ⟨engl.⟩ (EDV): *Programm, mit dem man im Internet navigieren und Informationen abrufen kann*
BRP: **B**erufs**r**eife**p**rüfung
brr: *ein Ausruf; Zuruf an Zugtiere, „halt!";* → öha; → hüa
BRT: **B**rutto**r**egister**t**onne
Bruch der, -[e]s/Brüche: zu B. gehen; in die Brüche gehen | (Med.) *Knochenbruch* | (Med.) *Leistenbruch* | das ist ein B. unseres Abkommens; ein B. mit der Vergangenheit | (Math.) *Schreibweise für Bruchzahlen mit Bruchstrich* | *zerbrochene Teile oder Reste von Schokolade, Mehlspeisen ua.* | (Jägerspr.) *abgebrochener Zweig* ‖ **Bruch|band** (Med.) ‖ **Bruch|bu|de** (ugs., abw.): *baufälliges Gebäude* ‖ **bruch|fest** ‖ **brü|chig** ‖ **Bruch|lan|dung:** *Landung, bei der das Flugzeug beschädigt wird* ‖ **bruch|rech|nen** (nur Inf. und Part.) ‖ **Bruch|rech|nung** (Math.) ‖ **Bruch|stel|le** ‖ **Bruch|strich** (Math.) ‖ **Bruch|stück** ‖ **bruch|stück|haft** ‖ **Bruch|teil** der, -(e)s/-e ‖ **Bruch|zahl** (Math.): *Zahl, die als Bruch geschrieben werden kann;* → rational
Bruck (Siedlungsname): B. an der Leitha (N) (Kfz: BL) | B. an der Mur (St) (Kfz: BM)
Brü|cke die, -/-n: eine B. über den Inn; hinter sich alle Brücken *(Verbindungen, die Rückkehrmöglichkeiten)* abbrechen; jemandem eine goldene B. bauen *(eine Aufgabe, einen Entschluss sehr erleichtern)* | *ein Zahnersatz* | *ein [kleiner] Teppich* | *Kommandobrücke* | (Sport) *Figur im Bodenturnen* ‖ **Brü|cken|bau** der, -[e]s/-ten ‖ **Brü|cken|funk|ti|on** [-tsi̯-] ‖ **Brü|cken|ge|län|der** ‖ **Brü|cken|kopf** (Mil.): *vorgeschobener Stützpunkt [am feindlichen Ufer]* ‖ **Brü|cken|pfei|ler** ‖ **Brü|cken|schlag:** *Errichtung einer Brücke* | *Vermittlung bei Verhandlungen* ‖ **Brü|cken|tech|no|lo|gie:** *Übergangslösung zwischen alter und zukünftiger Technologie* ‖ **Brü|cken|waa|ge**
Bruck|fleisch (reg., bes. W): *beim Schlachten zurückgebliebene Fleischteile und Innereien* | *ragoutähnliche Speise daraus*
Bruck|ner|haus: *ein Konzerthaus in Linz (nach dem Komponisten A. Bruckner)* ‖ **Bruck|ner|or|ches|ter** [meist: -k-]: *oberösterreichisches Landesorchester* ‖ **Bruck|ner|or|gel:** *die Orgel der Stiftskirche St. Florian (O)*
Bru|der der, -s/Brüder: mein kleiner *(jüngerer)* B. | alle Menschen sind Brüder *(Mitmenschen)* | (ugs.) unter Brüdern *(offen gesprochen; ohne Benachteiligung)* | der große B. *(die totale [staatliche] Überwachung)* | *Mönch ohne Priesterweihe, Frater;* B. Paul; die Barmherzigen Brüder *(ein Krankenpflegeorden)* | (abw.) was führen diese Brüder *(Kerle)* bloß im Schilde? ‖ **Bru|der|herz** (meist scherzh.): *Bruder* ‖ **Bru|der|krieg:** *Bürgerkrieg* ‖ **Bru|der|kuss:** *Freundschaftskuss auf beide Wangen* ‖ **brü|der|lich:** etwas b. teilen ‖ **Brü|der|lich|keit** die, -: *brüderliche Gesinnung* ‖ **Bru|der|mord** ‖ **Bru|der|schaft** die, -/-en: *religiöse Vereinigung* | mit jemandem B. trinken *(per Du werden)*
Brüh|dau|er|wurst [-st, auch: -ʃt]: *eine Brühwurstsorte* ‖ **Brü|he** die, -/-n (abw.): *trübe [stinkende] Flüssigkeit* | (bes. D) *Suppe;* Kraftbrühe ‖ **brü|hen** (Küchenspr.): *blanchieren* ‖ **brüh|warm:** etwas b. *(sofort)* weitererzählen ‖ **Brüh|wurst:** *durch Erhitzen fertiggestellte Wurstsorte*
Brüll|af|fe: *eine Affenart* | (abw.) *laute, schreiende Person* ‖ **brül|len:** brüllende Löwen; vor Lachen b.; *aber:* das ist zum **B**rüllen
Brumm|bär (ugs., scherzh.): *grantiger, schlecht gelaunter Mensch* ‖ **brum|men:** der Bär brummt | etwas vor sich hin b. *(unhöflich, unverständlich reden)* | mein Kopf brummt *(ich habe Kopfweh)* | (ugs.) b. müssen *(eine Haftstrafe absitzen)* | (sal.) die Wirtschaft

brummt *(gedeiht, floriert)* ‖ **Brummi** der, -s/-s (bes. D, ugs., sal.): *[großer] lauter Lastwagen* ‖ **Brummschädel** (scherzh.): *schmerzender Kopf [auf Grund übermäßigen Alkoholkonsums]*

Brunch [brʌntʃ] der, -[es] [-s]/-e[s] [-ɪz] [-s] ⟨engl.⟩: *statt des Frühstücks erst gegen Mittag eingenommene ausgedehnte Mahlzeit* ‖ **brunchen,** du brunch[s]t

Bründl das, -s/-n, *auch:* Brünnl (ugs.): *Quelle, Brunnen*

Bruneck (it.: Brunico [-k-]): *Stadt in Südtirol*

Brunelle → *Braunelle*

brünett ⟨fr.⟩: *braunhaarig* ‖ **Brünette**[1] der, -n/-n, ein Brünetter ‖ **Brünette**[2] die, -n/-n

Brunft die, -/-en (Jägerspr.): *Brunst* ‖ **Brunftzeit**

Brunn (Siedlungsname): B. am Gebirge (N)

Brünn (tschech.: Brno ['brnɔ]): *Stadt in Tschechien (Hauptstadt von Mähren)*

Brünnele das, -s/- (V): *Quelle, Brunnen* ‖ **Brunnen** der, -s/-: einen B. bohren | *[gemauerte] Vorrichtung zur Wasserentnahme;* der B. auf dem Markt | *Heilquellenwasser* ‖ **Brunnenfigur** ‖ **Brunnenkresse:** *eine Salatpflanze* ‖ **Brunnenschwengel:** *Hebel zum Pumpen* ‖ **Brunnenvergifter** der, -s/- (abw.): *jemand, der gute Verhältnisse [durch Verleumdung, Intrigen] zerstört* ‖ **Brunnenvergifterin** die, -/-innen (abw.) ‖ **Brunnenvergiftung** (abw.): *absichtliche Belastung der Beziehungen [zum politischen Gegner]; [verleumderisches] Intrigenspiel* ‖ **Brunnenwasser,** *auch:* Brunnwasser

Brünnerstraßler, *auch:* Brünnerstrassler (ugs.): *entlang der Strecke Wien – Brünn angebauter Wein* | (früher) *minderwertiger, saurer Wein, Heckenklescher*

Brünnl → Bründl

Bruno: *männl. Vorname*

Brunst die, -/Brünste: *Paarungszeit bei einigen Tierarten, Brunft* | *Feuersbrunst* ‖ **brünstig:** ein brünstiger Hirsch ‖ **Brunstzeit**

brunzen, du brunzt (ugs., derb): *urinieren*

brüsk ⟨fr.⟩: *schroff* ‖ **brüskieren:** *beleidigend abweisen* ‖ **Brüskierung** die, -/-en

Brüssel (fr.: Bruxelles [bry'(k)sɛl], niederländisch: Brussel ['brʏ-]): *Hauptstadt Belgiens; Hauptsitz der Organe der Europäischen Union*

Brust die, -/Brüste: aus voller B.; sich in die B. werfen *(mit etwas prahlen)* | dem Säugling die B. geben *(ihn stillen)* | (nur Sing., ohne Art.) (Sport) *Kurzwort für Brustschwimmen;* → Brust schwimmen = brustschwimmen ‖ **Brustbeutel:** Geld im B. verwahren ‖ **Brustbild:** *Darstellung von Kopf und Oberkörper* ‖ **brüsten** sich: *protzen* ‖ **Brustkorb** ‖ **Brustkrebs** (Med.) ‖ **Brust schwimmen = brustschwimmen** (meist nur Inf. und Part.): ich schwimme Brust; sie ist 100 m B. geschwommen (= brustgeschwommen) ‖ **Brustschwimmen** das, -s ‖ **Brustsstimme:** *[tiefere] Lage der menschlichen Stimme mit Brustresonanz;* → G.: Kopfstimme ‖ **Brusttasche** ‖ **Brustton** der, -[e]s/-töne: im B. der Überzeugung sprechen ‖ **Brustumfang** ‖ **Brüstung** die, -/-en: *Schutzgeländer* ‖ **Brustwarze** ‖ **Brustwehr** (Mil.): *Verteidigungswall* | *Brüstung bei Burgmauern*

brut [bryt] ⟨fr.⟩: *sehr trocken (bei Sekt und Champagner)*

Brut die, -/-en: das Vogelweibchen ist mit der Aufzucht der B. beschäftigt | (abw.) *Gesindel*

brutal ⟨lat.⟩: *roh, gewalttätig* ‖ **Brutalität** die, -/-en ‖ **Brutalo** der, -[s]/-[s] (Jug.): *ein gewalttätiger Mensch*

brüten: brütende Vögel | brütende Hitze; brütend heiß ‖ **Brüter** der, -s/- (Phys.): *Kernreaktor zur Erzeugung von spaltbarem Material;* schneller B. ‖ **Bruthenne** ‖ **Brutkasten:** *Apparat zum künstlichen Ausbrüten von Eiern* | (Med.) *Vorrichtung für die Versorgung von Frühgeborenen* ‖ **Brutpflege** (Zool.)

brutto ⟨it.⟩: *im Gesamten* | *mit Verpackung* | *mit Steuern* ‖ **Bruttodefizit** (Wirt.) ‖ **Bruttoeinkommen** (Wirt.) ‖ **Bruttoeinnahme** (Wirt.): *Gesamteinnahme ohne Abzüge* ‖ **Bruttogehalt** der = das, -[e]s/-hälter ‖ **Bruttogewicht:** *Gewicht der Ware samt Verpackung* ‖ **Bruttoinlandsprodukt** (BIP) (Wirt.): *Jahresergebnis der Wirtschaftsleistung einer Volkswirtschaft, in Geld bewertet* ‖ **Bruttonationaleinkommen** [-tsi̯-] (BNE) (Wirt.): *Einkommen der Inländer einer Volkswirtschaft* ‖ **Bruttonationalprodukt** (BNP) (Wirt.): *Jahresergebnis der Wirtschaftsleistung eines Staates* ‖ **Bruttoraumzahl** (BRZ): *Maßeinheit für den Rauminhalt von Schiffen* ‖ **Bruttoregistertonne** (BRT) (in Österreich keine gesetzliche Maßeinheit) (früher): *ein Raummaß für Handelsschiffe (2,8316 m³);* → Bruttoraumzahl ‖ **Bruttosozialprodukt** (BSP) (Wirt.) (veraltend): *Bruttonationalprodukt*

brutzeln: *in heißem Fett braten*

BRZ: **B**rutto**r**aum**z**ahl

BS: **B**erufs**s**chule

Bschütte die, - (V, mda.): *Jauche* ‖ **Bschüttekasten** (V, mda.): *Jauchegrube*

BSE [be ɛs 'eː] die, -: **B**ovine **S**pongiforme **E**nzephalopathie *(eine Krankheit bei Rindern, Rinderwahnsinn)*

BSI[1] [be ɛs 'iː] der, -/-: **B**ezirks**s**chul**i**nspektor ‖ **BSI**[2] [be ɛs 'iː] die, -/-: **B**ezirks**s**chul**i**nspektorin

BSP [be ɛs 'peː] das, -/-: **B**rutto**s**ozial**p**rodukt

Btx [be te 'iks] der = das, -: **B**ild**s**chirm**t**e**x**t

Bua [buɐ] der, -s/-m (mda.): *Bub;* Steirerbua; → Buam ‖ **Buaba** die (Pl.) (V, mda.): *Buam* ‖ **Buam** die (Pl. von Bua) (mda.): *Buben* | *Bezeichnung zB von Musikantengruppen;* → Bua ‖ **Bub** der, -en [-'uː-]/-en [-'uː-]: *Knabe* | *eine Spielkarte;* → Bua ‖ **Bube** der, -n/-n (veraltet): *Schuft* ‖ **Bubenstück** (geh., veraltet): *Schandtat* ‖ **Buberl** das, -s/-[n]: *[kleiner, schwacher] Bub* ‖ **Büberl** das, -s/-[n]: *Buberl* ‖ **Buberlpartie** (scherzh. bzw. abw., sal., Pol.): *verschworene Gruppe [sich jung gebender] Gleichgesinnter [mit Freunderlwirtschaft]* ‖ **Bubi** der (*auch:* das), -s/-s (ugs.): *kleiner Bub* | (sal., abw.) *unreifer Mann; Muttersöhnchen* ‖ **Bubikopf:** *eine Damenfrisur* ‖ **bübisch:** *spitzbübisch* ‖ **Bübl** das, -s/-[n] (ugs.): *kleiner Bub*

Buch das, -[e]s/Bücher: ein B. lesen; ein B. mit sieben Siegeln *(unverständlich)* sein; wie es im Buch[e] steht *(wie man sich etwas erwartet);* das B. der Bücher *(die Bibel);* erstes B. Moses *(Teil der Bibel)* | *Drehbuch* | *Kassabuch;* B. führend (= buchführend); zu Buch[e] schlagen *(ins Gewicht fallen)* ‖ **Buchbespre-**

chung: *Rezension* ‖ **Buch|bin|der** ‖ **Buch|bin|de|rin** ‖ **Buch|de|ckel:** *vorderer bzw. hinter Teil des Einbands* ‖ **Buch|druck** der, -[e]s ‖ **Buch|dru|cker** ‖ **Buch|dru|cke-rin**

Bu|che die, -/-n: *eine Laubbaum;* Rotbuche | (ohne Pl.) *Holz der Buche* ‖ **Buch|ecker** die, -/-n: *Frucht der Buche* ‖ **Bu|chel** die, -/-n (mda.): *Buchecker*

bu|chen[1] (Verb): einen Betrag b. *(ihn ins Kassabuch bzw. auf ein Konto eintragen)* | einen Flug b. *(einen Platz für eine Flugreise bestellen)* | etwas als Erfolg b.

bu|chen[2] (Adj.): *aus Buchenholz;* ein buchenes Scheit ‖ **Bu|chen-holz**

Bü|che|rei die, -/-en: *Bibliothek* ‖ **Bü|cher|kas|ten** ‖ **Bü|cher|kun-de** ‖ **Bü|cher|markt:** einen B. veranstalten ‖ **Bü|cher|re|gal** ‖ **Bü-cher|schrank** ‖ **Bü|cher|skor|pi-on:** *ein kleines Spinnentier* ‖ **Bü-cher|ver|bren|nung:** *Vernichtung von [politisch] unerwünschter Literatur, zB als Propagandaaktion im Nationalsozialismus* ‖ **Bü|cher|wand** ‖ **Bü|cher|wurm** (scherzh.): *jemand, der sehr gern und viel liest* ‖ **Buch|fahr|plan:** *Fahrplan aller Züge in Heft- oder Buchform* ‖ **Buch|fink:** *ein Singvogel* ‖ **Buch|form:** einen Roman in B. und elektronisch publizieren ‖ **Buch füh|rend** = **buch|füh-rend** ‖ **Buch|füh|rung:** *Aufzeichnung aller Geschäftsvorgänge eines Unternehmens für den Jahresabschluss und die Kostenrechnung* ‖ **Buch|ge|mein|schaft:** *Buchklub* ‖ **Buch|hal|ter** ‖ **Buch-hal|te|rin** ‖ **buch|hal|te|risch** [veraltet auch: -'eː-]: *die Buchhaltung betreffend* ‖ **Buch|hal|tung:** *Buchführung* ‖ **Buch|han|del:** *Buch- und Musikalienhandel* ‖ **Buch|händ|ler** ‖ **Buch|händ|le-rin** ‖ **Buch|hand|lung** ‖ **Buch-kri|tik** ‖ **Büchl** das, -s/-n (ugs.): *kleines Buch;* wie's im B. steht ‖ **Buch|ma|cher:** *Vermittler von Wetten (im Pferdesport)* ‖ **Buch-ma|che|rin** ‖ **Buch|ma|le|rei:** *gemaltes Bild [in mittelalterlichen Handschriften]* ‖ **Buch|markt** ‖ **Buch|mes|se:** die Frankfurter B. ‖ **Buch|prü|fer:** *amtlicher Experte für das Rechnungswesen* ‖ **Buch-prü|fe|rin**

Buchs [-ks] der, -es/-e = **Buchs-baum** ⟨gr.-lat.⟩: *eine immergrüne Strauchart* ‖ **Buch|se** [-ks-] die, -/-n ⟨gr.-lat.⟩: *eine Hülse [für Stecker]* ‖ **Büch|se** die, -/-n: *ein Behälter* | *ein Jagdgewehr* ‖ **Büch-sen|ma|cher:** *ein Beruf* ‖ **Büch-sen|ma|che|rin**

Buch|sta|be [-xʃt-] der, -n[s]/-n: die Buchstaben des Alphabets; nach dem Buchstaben des Gesetzes *(überkorrekt, streng formell)* handeln | (ugs., scherzh.) setz dich auf deine vier B. *(auf deinen Popo)* ‖ **buch|sta|ben|ge|treu:** *wörtlich* ‖ **Buch|sta|ben|schrift:** *Schrift mit Buchstabenzeichen (im Gegensatz zu Silbenschrift und Wortschrift)* ‖ **-buch|sta|big** (nur in Zusammensetzungen wie dreibuchstabig/3-buchstabig) ‖ **buch|sta|bie|ren:** ein Wort b. ‖ **buch|stäb|lich** (Adj.): etwas b. *(genau nach dem Wortlaut)* nehmen | (Adv.) er ist b. *(tatsächlich, ohne Übertreibung)* verhungert ‖ **Buch|stüt|ze** ‖ **Buch|ti|tel:** einen B. zitieren

Bucht die, -/-en: das Schiff liegt in einer B.

Buch|tel die, -/-n, *auch:* Wuchtel ⟨tschech.⟩: *eine Mehlspeise aus Germteig*

Bu|chung die, -/-en: die B. *(Bestellung)* bestätigen ‖ **Buch|ver|sand**

Buch|wei|zen: *eine Getreidepflanze, Heiden* ‖ **Buch|wei|zen|mehl**

Bu|ckel der, -s/-: *[krummer] Rücken* | (ugs.) sie sollen mir den B. runterrutschen *(mich in Ruhe lassen);* sie hat schon viele Jahre auf dem B. *(ist alt und hat schon viel erlebt)* | *Höcker, Erhebung* ‖ **bu|ckel|fün|ferln** (mda., derb): er kann mich b. *(er kann mir den Buckel hinunterrutschen)* ‖ **Bu-ckel|kra|xe** (mda.): *ein Rückentraggestell* ‖ **bu|ckel|kra|xen** (mda.): jemanden b. *(auf dem Rücken)* tragen ‖ **bu|ckeln:** *sich unterwürfig zeigen* | (V) *hart arbeiten* ‖ **Bu|ckel|pis|te** (Sport): *zu Buckeln abgefahrene Skipiste* ‖ **Bu|ckel|rind:** *Zebu* ‖ **Bu|ckel-wal** ‖ **bü|cken** sich ‖ **Bu|ckerl** das, -s/-[n] (ugs.): *Verbeugung;* ein B. machen ‖ **buck|lert** (mda.): *bucklig;* sich krumm und b. lachen *(sich schieflachen)* ‖ **buck-lig:** eine bucklige Skipiste | ein buckliger Greis; *aber:* die Bucklige Welt *(ein Hügelland in Niederösterreich)* ‖ **Bück|ling**[1] der, -s/-e: *Verbeugung, Diener*

Bück|ling[2] der, -s/-e: *geräucherter Hering*

Bu|da|pest (ung.: ['budɒpɛʃt]): *Hauptstadt Ungarns*

bud|deln, ich buddle (nördl. D, ugs.): *graben;* ein Loch b.; im Sand b.; Kartoffeln aus der Erde b. | (bes. D, ugs.) *arbeiten*

Bud|dha[1] ⟨Sanskrit⟩: *indischer Religionsstifter* ‖ **Bud|dha**[2] der, -s/-s: *Buddhafigur* ‖ **Bud|dha|fi-gur** ‖ **Bud|dhis|mus** der, -: *die Lehre des Buddha* ‖ **Bud|dhist** der, -en/-en ‖ **Bud|dhis|tin** die, -/-innen ‖ **bud|dhis|tisch**

Bud|dy[1] ['bʌdi] der, -s/-s ⟨engl.⟩: *Betreuer eines Austauschstudenten/einer Austauschstudentin* | (Internet) *Ansprechpartner in Internetforen* ‖ **Bud|dy**[2] ['bʌdi] die, -/-s

Bu|de die, -/-n: *Hütte; Marktstand* | (abw.) *heruntergekommene Wohnung, baufälliges Haus* | (veraltend) *Zimmer, Wohnung* | (ugs.) *Laden, Werkstätte* ‖ **Bu|del** die, -/-n (veraltend): *Verkaufstisch;* etwas unter der B. *(heimlich, verbotenerweise)* verkaufen | *Kegelbahn*

bu|dern → pudern

Bu|derl das, -s/-[n] (reg., bes. ostöst., ugs.): *Schnapsglas; Fläschchen mit Schnaps oder Öl*

Bud|get [by'dʒeː] das, -s/-s ⟨fr.⟩: *Zusammenstellung der zu erwartenden Einnahmen und Ausgaben [einer Gemeinde oder des Staates], Haushaltsplan, Voranschlag* ‖ **bud|ge|tär** ‖ **Bud|get-aus|schuss:** *eine Einrichtung des Nationalrats* ‖ **Bud|get|de|fi|zit** ‖ **Bud|get|ent|wurf** ‖ **Bud|get|ho-heit** (Admin.): *Kompetenz des Nationalrats zur Budgetfestsetzung* ‖ **bud|ge|tie|ren:** *im Budget vorsehen* ‖ **Bud|ge|tie|rung** die, -/-en ‖ **Bud|get|kon|so|li|die|rung** ‖ **Bud|get|loch** ‖ **Bud|get|mit|tel** die (Pl.) ‖ **Bud|get|pro|vi|so|ri|um** [-v-] (Admin.): *Übergangsregelung bis zur Beschlussfassung über ein neues Budget* ‖ **Bud|get-ver|hand|lung** (meist Pl.) ‖ **Bud-get|vor|an|schlag**

Bu|do das, -s ⟨jap.⟩: *Sammelbezeichnung für japanische Kampfsportarten, zB Judo, Karate, Aikido, Kendo*

Bud|weis (tschech.: České Budějovice ['tʃɛskɛː 'budʲɛjɔvɪtsɛ]): *Stadt in Tschechien*

Bu|e|nos Ai|res: *Hauptstadt von Argentinien*

Bü|fett [-'feː, D: -'fɛt] = → Buffet

Büf|fel der, -s/-: *eine Rinderart* | (ugs. abw.) *sturer, ungehobelter*

B

Mensch ‖ **bụf|feln,** ich büffle (Schülerspr., Studentenspr.): *viel, angestrengt lernen*

Buf|fet [by'fe:] das, -s/-s = Büfett [-'fe:, D auch: -'fɛt], -[e]s/-s [-e] ⟨fr.⟩: *Schanktisch* | *kleine Gaststätte [an Bahnhöfen]* | Party mit kaltem B. *(kalte Speisen zur Selbstbedienung)* | (veraltet) *Automatenbuffet* | (veraltend) *Geschirrkasten*

Buf|fo der, -s/-s ⟨it.⟩: *Sänger komischer Rollen* ‖ **buf|fo|nẹsk**

Bug[1] der, -[e]s/Büge: *Hosenbug* | (mit Pl. Buge, meist Sing.) *vorderster Teil [eines Schiffes]* | ein Schuss vor den Bug *(eine drohende Warnung);* → G.: Heck

Bug[2] [bʌg] der, -s/-s ⟨engl.⟩ (EDV): *ein Hard- oder Softwarefehler*

Bü|gel der, -s/-: *Kleiderbügel* | *Steigbügel* | *Brillenbügel* | (Technik) *ein Gerät zur Stromabnahme* ‖ **Bü|gel|brett** ‖ **Bü|gel|ei|sen** ‖ **Bü|gel|fal|te** ‖ **bü|gel|frei:** dieses Hemd ist b. *(braucht nicht gebügelt zu werden)* ‖ **Bü|gel|laden:** *Bügelbrett* ‖ **Bü|gel|ma|schi|ne** ‖ **bü|geln,** ich bügle ‖ **Bü|gel|schloss:** *ein festes Schloss [zum Absperren von Fahrrädern]* ‖ **Bü|gel|ver|schluss:** eine Flasche mit B.

Bug|gy ['bʌgi] der, -s/-s ⟨engl.⟩: *leichter, kleiner Wagen bzw. Kinderwagen* | *Rollstuhl* | *kleines Cabrio*

Büg|ler der, -s/- ‖ **Büg|le|rin** die, -/-innen

bug|sie|ren ⟨port.-niederl.⟩ (ugs.): jemanden ins Haus b. *(hineindrängen, hineinschieben)* | (Seemannsspr.) ein Schiff b. *(schleppen oder schieben)* ‖ **Bug|wel|le** (Seemannsspr.): *Welle am Bug des fahrenden Schiffes*

buh: *ein Ausruf;* → Buhruf; → buhen

Bü|hel der, -s/-: *Hügel*

bu|hen: *durch Buhrufe sein Missfallen kundtun;* → buh

buh|len: um jemandes Gunst b. *(werben)*

Buh|mann (sal.): *Sündenbock; Angriffsziel* ‖ **Buh|frau** (sal.)

Buh|ne die, -/-n: *Schutzdamm in Flüssen und Seen*

Büh|ne die, -/-n: *erhöhter Boden* | *Theaterbühne;* zur B. gehen *(Schauspieler/in werden);* etwas über die B. bringen *(erledigen);* über die B. gehen *(stattfinden)* ‖ **Büh|nen|ar|bei|ter** ‖ **Büh|nen|ar|bei|te|rin** ‖ **Büh|nen|aus|spra|che,** *auch:* Bühnensprache: *festgelegte Aussprache der deutschen Hochsprache für die Bühne, bes. für die klassische Rezitation* ‖ **Büh|nen|be|leuch|tung** ‖ **Büh|nen|bild:** *künstlerische Gestaltung der Bühne für eine bestimmte Aufführung* ‖ **Büh|nen|bild|ner** der, -s/- ‖ **Büh|nen|bild|ne|rin** die, -/-innen ‖ **Büh|nen|de|ko|ra|ti|on** [-tsi̯-] ‖ **Büh|nen|dienst|ver|trag** ‖ **Büh|nen|er|folg** ‖ **Büh|nen|fi|gur** ‖ **Büh|nen|mo|dell** ‖ **Büh|nen|mu|sik:** *Musik zu einem Sprechdrama, Schauspielmusik* | *auf der Bühne (nicht im Orchesterraum) ausgeführte Musik* ‖ **büh|nen|reif:** *geeignet zur Aufführung oder zum Auftritt auf der Bühne* ‖ **Büh|nen|spra|che:** *Bühnenaussprache* ‖ **Büh|nen|tanz:** *für ein Bühnenwerk, zB Ballett, bestimmter Tanz* ‖ **Büh|nen|tür:** *Theatereingang für die Schauspieler* ‖ **Büh|nen|türl** (ugs.) ‖ **büh|nen|wirk|sam**

Buh|ruf: *eine Missfallensäußerung;* → buhen

buk (veraltet): → backen

Bu|ka|rest (rum.: București [-ku-'reʃtʲ]): *Hauptstadt Rumäniens*

Bu|kett [-'ke:, in D auch: -'kɛt] = → Bouquet

Bu|klee = Bouclé [bu'kle:] der, -[s]/-s ⟨fr.⟩: *eine Gewebeart*

bu|ko|lisch ⟨gr.⟩ (geh.): *in der Art antiker Schäferdichtung, ländlich-idyllisch*

Bu|ko|wi|na die, -: *eine Landschaft (Rumänien, Ukraine)*

Bu|let|te die, -/-n ⟨fr.⟩ (reg. in D): *Fleischlaibchen*

Bul|ga|re der, -n/-n: *Angehöriger eines südslawischen Volks* ‖ **Bul|ga|ri|en** (Kfz: BG) ‖ **Bul|ga|rin** die, -/-innen ‖ **bul|ga|risch** ‖ **Bul|ga|risch** das, -[s] = **Bul|ga|ri|sche,** -n: *die bulgarische Sprache*

Bul|gur [auch: 'bul-] der, -s ⟨arab.-türk.⟩: *eine Speise aus geschälten und geschroteten Weizenkörnern*

Bu|li|mie die, - ⟨gr.⟩ (Med.): *eine Essstörung (Ess-Brech-Sucht)*

Bull|au|ge: *rundes Schiffsfenster*

Bull|dog der, -s/-s = **Bull|dog|ge** die, -/-n ⟨engl.⟩: *eine Hunderasse*

Bull|do|zer [-do:zə, engl.: -dəʊ-] der, -s/- ⟨engl.⟩: *Planierraupe*

Bul|le[1] der, -n/-n: *männliches Rind* | *männliches Tier verschiedener großer Säugetierarten, zB der Elefanten* | (nördl. D) *Stier* | (bes. D, ugs., abw.) *Polizist*

Bul|le[2] die, -/-n ⟨lat.⟩: *mittelalterliche Papst- oder Herrscherurkunde;* die Goldene B.

Bul|le|tin [byl'tɛ̃:] das, -s/-s ⟨fr.⟩: *[amtlicher] Bericht*

bul|lig: massig; ein bulliger *(kräftiger)* Mensch

Bull|ter|ri|er der, -s/- ⟨engl.⟩: *eine Hunderasse*

bum, *auch:* bumm: *lautmalend [für einen Schuss];* → bim

Bum|bass ⟨?⟩: *ein Geräuschinstrument der Volksmusik, Teufelsgeige*

Bu|me|rang der, -s/-s ⟨Sprache der Aborigines⟩: *gekrümmtes Wurfholz, das zum Werfer zurückfliegt* ‖ **Bu|me|rang|ef|fekt:** *[unerwartete] negative Rückwirkung einer Maßnahme*

bumm → bum

Bum|mel der, -s/-: *zielloser Spaziergang* ‖ **Bum|me|lei** die, -

bum|me|lig → pummelig

bum|meln, ich bummle: wir *sind* durch die Stadt gebummelt; wir *haben* gebummelt *(wir haben uns zu viel Zeit gelassen)* ‖ **Bum|mel|zug** (ugs.): *Bummler*

Bum|merl das, -s/-[n] (ugs.): *Verlustpunkt, Verlustpartie beim Kartenspiel* | das B. *(der Gefoppte, Benachteiligte)* sein ‖ **Bum|merl|sa|lat** (W): *ein [Winter-]salat, Eissalat*

bumm|fest (ugs.): b. *(vollkommen)* geschlossene Fenster

Bumm|ler der, -s/- | (ugs.) *Bummelzug* ‖ **Bumm|le|rin** die, -/-innen

bumm|voll (ugs.): *gesteckt voll, überfüllt*

bum|sen, du bumst (ugs.): es hat gebumst *(gekracht)* | (ugs., derb) *koitieren*

bums|ter|nazl = **bums|ti|nazl** (mda., scherzh.): *ein Ausruf, meist nach dem Hinfallen eines Kindes*

Bund[1] der, -[e]s/Bünde: *Bündnis;* einen B. schließen; der B. der Ehe; mit jemandem im Bund[e] stehen; der Neue Bund *(das Neue Testament)* | (auch mit Pl. Bunde) *zusammenhaltendes Band, Gurt* | (meist mit Gen. -es und ohne Pl.) (Admin.) *der österreichische Bundesstaat, die Republik Österreich; die bundesstaatlichen Einrichtungen im Gegensatz zu denen der [Bundes]länder* ‖ **Bund**[2] der, -[e]s/Bünde: *Bündel, Gebinde* | (in Mengenangaben auch Pl. Bund) ein B. Schnittlauch; drei Bund Holz ‖ **Bund**[3] der = das,

-[e]s/Bünde (Mus.): *die Querleiste[n] auf dem Griffbrett [der Gitarre]* ‖ **Bünd|chen** das, -s/-: *ein Ärmel- oder Kragenabschluss* ‖ **Bün|del** das, -s/-: ein B. Holz ‖ **bün|deln:** ich bündle Reisig *(binde es zusammen);* gebündelte Zeitschriften ‖ **bün|del|wei|se** ‖ **Bụn|des|ạb|ga|be:** *Abgabe (Steuer), die durch den Bund erhoben wird* ‖ **Bụn|des|ạb|ga|ben|ord|nung** (BAO): *Steuergesetz zur Regelung der Einhebung von Bundesabgaben* ‖ **Bụn|des|amt:** B. für Eich- und Vermessungswesen (in Wien) (BEV); B. für Zivilluftfahrt ‖ **Bụn|des|ạmts|ge|bäu|de** ‖ **Bụn|des|an|lei|he** (Bankw.) ‖ **Bụn|des|an|stalt:** B. für Erziehungsbedürftige *(Anstalt für jugendliche Rechtsbrecher);* B. für Pflanzenschutz ‖ **Bụn|des|asyl|amt** [-ˌyː-] (Admin.) ‖ **Bụn|des|bahn** (meist Pl.) (Verk.): *Kurzwort für die Österreichischen Bundesbahnen (ÖBB)* ‖ **Bụn|des|bah|ner** der, -s/-: *Eisenbahner* ‖ **Bụn|des|bah|ne|rin** die, -/-innen ‖ **Bụn|des|bei|trag** (Admin.): *Beitrag des Bundes zum Finanzausgleich* ‖ **Bụn|des|be|treu|ung** (Amtsspr.): *Betreuung von Asylwerbern durch den Staat* ‖ **Bụn|des|be|trieb** (meist Pl.): *organisatorisch ausgegliederter Teil der Bundesverwaltung* ‖ **Bụn|des|buch|hal|tung:** *Rechnungswesen für den Bund, Prüfstelle für Budgets in öffentlichen Körperschaften und in Schulen* ‖ **Bụn|des|buch|hal|tungs|agen|tur:** *zentrale Einrichtung für das Rechnungswesen des Bundes* ‖ **Bụn|des|bür|ger** ‖ **Bụn|des|bür|ge|rin** ‖ **Bụn|des|bür|ger|schaft:** *eine Form der Staatsbürgerschaft* ‖ **Bụn|des|bus** (Kfz: BD, früher: BB) (Verk.): *Busdienste von ÖBB und PTA (früher: Bundesbahn- bzw. Postautobus)* ‖ **Bụn|des|denk|mal|amt** (Admin.): *für Denkmalschutz und -pflege zuständiges Amt (in Wien)* ‖ **bụn|des|deutsch:** *auf die BRD bezogen, bes. früher im Vergleich zur DDR;* → deutschländisch ‖ **Bụn|des|dienst** ‖ **Bụn|des|ebe|ne:** auf B. *(in der Zuständigkeit des Bundes, der Republik);* → Landesebene ‖ **Bụn|des|fi|nanz|ge|setz** (Jus): *das jährliche Budget des Bundes, Budgetgesetz* ‖ **Bụn|des|forst** (meist Pl.): *Verwaltung der österreichischen Bundesforste* ‖ **Bụn|des|ge|biet** ‖ **Bụn|des|gen|dar|me|rie** [-ʒãd-, -ʒan-] (Kfz: BG) (früher): *ein Wachkörper (jetzt Teil der Bundespolizei)* ‖ **Bụn|des|ge|nos|se:** *Verbündeter* ‖ **Bụn|des|ge|nos|sin** ‖ **Bụn|des|ge|schäfts|füh|rer** ‖ **Bụn|des|ge|schäfts|füh|re|rin** ‖ **Bụn|des|ge|setz|blatt** (BGBl.) ‖ **Bụn|des|gren|ze** ‖ **Bụn|des|gym|na|si|um** [-gy-] ‖ **Bụn|des|haf|tung:** Anleihen mit B. ‖ **Bụn|des|haupt|stadt:** Wien ist unsere B. ‖ **Bụn|des|heer:** das österreichische/Österreichische B.; Österreichs B. ‖ **Bụn|des|hym|ne** [-hy-]: die österreichische B. ‖ **Bụn|des|im|mo|bi|li|en|ge|sell|schaft** (BIG) ‖ **Bụn|des|ju|gend|ring:** *Dachverband für Jugendorganisationen* ‖ **Bụn|des|kanz|ler:** *Vorsitzender der Bundesregierung* ‖ **Bụn|des|kanz|le|rin** ‖ **Bụn|des|kanz|ler|amt** (BKA) ‖ **Bụn|des|kar|tell|an|walt:** *Vertreter öffentlicher Interessen beim Kartellgericht* ‖ **Bụn|des|kel|le|rei|in|spek|ti|on** [-sp-tsi̯-, auch: -ʃp-] ‖ **Bụn|des|kri|mi|nal|amt:** *eine Dienststelle des Innenministeriums* ‖ **Bụn|des|la|de** (Rel.): *Heiligtum Gottes im Alten Testament* ‖ **Bụn|des|land:** Österreich hat neun Bundesländer | die neuen Bundesländer *(die ehemalige DDR)* ‖ **Bụn|des|län|der|fern|se|hen** ‖ **Bụn|des|län|der|zei|tung** ‖ **Bụn|des|lehr|an|stalt** (BLA) ‖ **Bụn|des|leh|rer:** *vom Staat angestellter Lehrer [an höheren Schulen]* ‖ **Bụn|des|leh|re|rin** ‖ **Bụn|des|li|ga** (Sport): *oberste Spielklasse im österreichischen Fußball* ‖ **Bụn|des|mi|nis|ter** ‖ **Bụn|des|mi|nis|te|rin** ‖ **Bụn|des|mi|nis|te|ri|um:** B. für europäische und internationale Angelegenheiten *(Außenministerium)* (BMeiA); B. für Finanzen (BMF); B. für Gesundheit (BMG); B. für Inneres (BMI); B. für Justiz (BMJ); B. für Land- und Forstwirtschaft, Umwelt und Wasserwirtschaft *(Umweltministerium)* (BMLFUW); B. für Landesverteidigung und Sport (BMLVS); B. für Arbeit, Soziales und Konsumentenschutz *(Sozialministerium)* (BMASK); B. für Unterricht, Kunst und Kultur *(Unterrichtsministerium, Bildungsministerium)* (BMUKK); B. für Verkehr, Innovation und Technologie (BMVIT); B. für Wirtschaft, Familie und Arbeit (BMWFJ); B. für Wissenschaft und Forschung (BMWF) ‖ **Bụn|des|mo|bi|li|en|de|pot** [-poː]: *Sammlung von Möbeln in staatlichen Einrichtungen* ‖ **Bụn|des|mu|se|um** ‖ **Bụn|des|ob|frau** ‖ **Bụn|des|ob|mann** ‖ **Bụn|des|par|tei** ‖ **Bụn|des|par|tei|ob|frau** ‖ **Bụn|des|par|tei|ob|mann** ‖ **Bụn|des|pen|si|ons|amt** (BPA): *eine Verrechnungsstelle für [Bundes]beamte* ‖ **Bụn|des|po|li|ti|ker** ‖ **Bụn|des|po|li|ti|ke|rin** ‖ **Bụn|des|po|li|zei** (Kfz: BP): *Wachkörper des Bundes, Sicherheitsexekutive* ‖ **Bụn|des|po|li|zei|di|rek|ti|on** [-tsi̯-] (Admin.) (BPD): *Landespolizeikommando* ‖ **Bụn|des|prä|si|dent:** *Staatsoberhaupt [in Österreich]* ‖ **Bụn|des|prä|si|den|tin** ‖ **Bụn|des|prüf|an|stalt:** B. für KFZ-Überprüfungen und Messtechnik (in Wien) (BPA) ‖ **Bụn|des|rat:** *die zweite Kammer des österreichischen Parlaments;* → Nationalrat | (mit Pl. -räte) *eines ihrer Mitglieder* | (CH) *die Schweizer Regierung* | (mit Pl. -räte) (CH) *eines ihrer Mitglieder* ‖ **Bụn|des|rä|tin** ‖ **Bụn|des|re|chen|zen|trum** (Admin.) (BRZ): *IT-Zentrale für die öffentliche Verwaltung* ‖ **Bụn|des|re|gie|rung** ‖ **Bụn|des|pres|se|dienst:** *eine Sektion im Bundeskanzleramt* ‖ **Bụn|des|re|pu|blik:** *aus einem Bund von Ländern bestehender republikanischer Staat, zB Österreich;* die B. Deutschland ‖ **Bụn|des|schatz:** *Staatsvermögen, Wertpapier der Republik* ‖ **Bụn|des|schü|ler|ver|tre|tung** ‖ **Bụn|des|schul|spre|cher** ‖ **Bụn|des|schul|spre|che|rin** ‖ **Bụn|des|si|cher|heits|wa|che:** *Sicherheitsorgan zur Unterstützung der Polizei* ‖ **Bụn|des|so|zi|al|amt** (Admin.) ‖ **Bụn|des|spre|cher** ‖ **Bụn|des|spre|che|rin** ‖ **Bụn|des|staat:** *Staat, der aus mehreren [Bundes]ländern besteht;* Österreich ist ein B. ‖ **Bụn|des|stra|ße** (B): Budapester B. (B 10) ‖ **Bụn|des|tag** der, -[e]s: *das deutsche Parlament* ‖ **Bụn|des|the|a|ter** (meist Pl.): *Staatsoper, Burgtheater, Akademietheater, Volksoper (alle in Wien)* ‖ **Bụn|des|ver|fas|sung:** die österreichische B. *(die gesetzliche Grundlage des österreichischen Staates und des Wirkens seiner Organe)* ‖ **Bụn|des|ver|fas|sungs|ge|setz** das, -es/-e (BVG) (Jus): *mit qualifizierter Mehrheit*

B

des Nationalrats beschlossenes Gesetz im Verfassungsrang | (auch in der Schreibung: Bundes-Verfassungsgesetz) (ohne Pl.) (B-VG) *Gesetz, das die Verfassung der Republik Österreich normiert (1920/29)* ‖ **Bun|des|ver|samm|lung:** *National- und Bundesrat gemeinsam* ‖ **Bun|des|ver|wal|tung:** *zentrale Verwaltung [durch Bundesbehörden und mittelbar durch Landesbehörden]* ‖ **Bun|des|vor|an|schlag:** *Budgetentwurf* ‖ **Bun|des|vor|stand** ‖ **Bun|des|wap|pen** ‖ **bun|des|weit** ‖ **Bun|des|wett|be|werbs|be|hör|de** (Admin.): *Behörde in Wettbewerbsangelegenheiten* ‖ **Bund|fal|te** ‖ **Bund|fal|ten|ho|se** ‖ **Bund|ha|cke:** *eine Zimmermannshacke* ‖ **Bund|ho|se:** *Hose mit Bund* | *Kurzwort für Kniebundhose* ‖ **bün|dig:** eine bündige *(schlüssige, kurze)* Erklärung; kurz und b.; linksbündig ‖ **Bund|le|der|ne:** *Bundlederhose* ‖ **Bünd|ner Fleisch** (Küchenspr.): *luftgetrocknetes Geselchtes (nach dem Kanton Graubünden)* ‖ **Bünd|nis** das, -nisses/-nisse: ein B. schließen; → BZÖ ‖ **Bünd|nis|part|ner** ‖ **Bünd|nis|part|ne|rin** ‖ **Bün|dnis|ver|pflich|tung** ‖ **Bund|wei|te:** *Weite des Hosen- oder Rockbundes*

Bun|ga|low ['bu-loː, engl.: 'bʌŋɡəlaʊ] der, -s/-s ⟨Bengali-engl.⟩: *ebenerdiges [Sommer]haus*

bun|gee|jum|pen ['bʌndʒidʒʌm-] ⟨engl.⟩ ‖ **Bun|gee|jum|ping** das, -s: *Springen [von einer Brücke] mittels eines gesicherten Gummiseils*

Bun|ker der, -s/- ⟨engl.⟩: *befestigter Unterstand* | *Vorratsbehälter;* Kohlenbunker | (im Golf) *mit Sand gefülltes Hindernis*

Bun|kerl → Punkerl

bun|kern ⟨engl.⟩: *in Bunkern einlagern* | das Schiff bunkert *(tankt auf)* | (ugs.) *in Abwehrstellung sein*

bun|kert → punkert

Bun|sen|bren|ner: *ein Gasbrenner (nach dem deutschen Chemiker Bunsen)*

bunt:

bunte Luftballons | das wird uns zu bunt *(geht zu weit);* es zu bunt treiben

Getrennt- und Zusammenschreibung mit Verben, die ein Resultat herbeiführen:

- bunt färben = buntfärben

R→ S. 900, 1.5.2

Getrennt- und Zusammenschreibung mit adjektivisch gebrauchten Partizipien:

- bunt gefärbte (= buntgefärbte) Eier
- bunt gefleckte (= buntgefleckte) Felle
- ein bunt gemischtes (= buntgemischtes) Treiben
- die Hose ist bunt gestreift (= buntgestreift)

R→ S. 903, 2.2.1

Bunt|barsch: *ein tropischer Süßwasserfisch* ‖ **bunt fär|ben** = **bunt|fär|ben:** bunt gefärbte (= buntgefärbte Eier; → bunt ‖ **bunt ge|fleckt** = **bunt|ge|fleckt** → bunt ‖ **bunt ge|mischt** = **bunt|ge|mischt** → bunt ‖ **bunt ge|streift** = **bunt|ge|streift** → bunt ‖ **Bunt|glas:** Container für B.; → Weißglas ‖ **Bunt|heit** die, - ‖ **Bunt|me|tall:** *Kupfer, Zinn, Messing ua.* ‖ **Bunt|pa|pier** ‖ **bunt|sche|ckig** ‖ **Bunt|specht** ‖ **Bunt|stift** ‖ **Bunt|wä|sche**

Bünt die, -/-en (V): *[eingezäunte] Wiese um das Haus*

Bür|de die, -/-n: *Last*

Bu|ren|häutl (reg., bes. W, ugs.): *Burenwurst* ‖ **Bu|ren|wurst** [-st, auch: -ʃt] (reg., bes. W): *eine Wurstsorte (nach den Siedlern in Südafrika)*

Burg die, -/-en: eine mittelalterliche B. besichtigen | „Nicht um die Burg!" *(„Um keinen Preis!")* | (ohne Pl.) *die Hofburg in Wien* | (ohne Pl.) *das Burgtheater in Wien*

Bür|ge der, -n/-n ‖ **bür|gen:** für jemanden b. *(gutstehen, die Bürgschaft übernehmen)*

Bur|gen|land das, -[e]s (Bgld., B): *ein österreichisches Bundesland;* ins B. fahren ‖ **Bur|gen|län|der** der, -s/- ‖ **Bur|gen|län|de|rin** die, -/-innen ‖ **bur|gen|län|disch:** burgenländisches Obst; *aber:* die Burgenländische Landesregierung ‖ **Bur|gen|land|kro|a|te:** *Angehöriger der kroatischen Volksgruppe des Burgenlandes* ‖ **Bur|gen|land|kro|a|tin** ‖ **Bur|gen|land|kro|a|tisch** das, -[s], *auch:* Burgenlandkroatische, Burgenländischkroatisch, Burgenländisch-Kroatisch: *spezielle Form des Kroatischen im Burgenland*

Bur|ger ['bɜːɡə] der, -s/-[s] ⟨engl.⟩: *Kurzform für Hamburger uÄ*

Bür|ger der, -s/-: 10 Mio. B. waren zur Wahl aufgerufen | *Angehöriger des Bürgertums* ‖ **Bür|ger|an|walt** ‖ **Bür|ger|an|wäl|tin** ‖ **Bür|ger|be|fra|gung** die, -/-en ‖ **Bür|ger|bü|ro:** *Bürgerservice* ‖ **Bür|ger|dienst:** *Service-Einrichtung auf jedem Polizeiposten* ‖ **Bür|ger|ge|sell|schaft** ‖ **Bür|ge|rin** die, -/-innen ‖ **Bür|ger|in|i|ti|a|ti|ve** [-tsi̯-vɛ, -fɛ]: *zur Durchsetzung bestimmter Forderungen gebildete Vereinigung* ‖ **Bür|ger|ka|pel|le** (SüdT): *städtische Blasmusikkapelle* ‖ **Bür|ger|kar|te:** *E-Card mit persönlichen Daten und besonderen Funktionen* ‖ **Bür|ger|krieg:** *Krieg zwischen den Bewohnern des eigenen Staates* ‖ **bür|ger|kriegs|ähn|lich:** bürgerkriegsähnliche Zustände ‖ **Bür|ger|kun|de** (SüdT): *politische Bildung* ‖ **bür|ger|lich:** bürgerliche *(konservative, liberale)* Parteien; das bürgerliche Recht *(das Zivil- oder Privatrecht, das für alle gilt); aber:* das Allgemeine Bürgerliche Gesetzbuch (ABGB) ‖ **Bür|ger|lis|te:** *für eine Wahl kandidierende Gruppe außerhalb der traditionellen Parteien* ‖ **Bür|ger|meis|ter** (BM) ‖ **Bür|ger|meis|te|rin** (BM) ‖ **Bür|ger|mit|be|stim|mung** ‖ **bür|ger|nah** ‖ **Bür|ger|nä|he** ‖ **Bür|ger|pflicht** ‖ **Bür|ger|recht|ler** der, -s/- ‖ **Bür|ger|recht|le|rin** die, -/-innen ‖ **Bür|ger|schaft** die, -: die B. *(die Einheimischen)* der Stadt ‖ **Bür|ger|schreck:** *jemand, der sich provozierend verhält* ‖ **Bür|ger|schu|le** (früher): *Hauptschule* ‖ **Bür|ger|ser|vice** [-sɜːvɪs]: *Einrichtung von Ämtern, Gemeinden uÄ* ‖ **Bür|ger|steig** (bes. D, veraltend): *Gehsteig* ‖ **Bür|ger|tum** das, -s: *Gesellschaftsschicht mit bestimmtem Lebensstil* ‖ **Bür|ger|ver|samm|lung** ‖ **Burg|fried** → Bergfried ‖ **Burg|frie|de** = **Burg|frie|den:** B. halten *(sich innerhalb des gemeinsamen Bereichs vertragen)* ‖ **Burg|haupt|mann:** *ein Amtstitel* ‖ **Burg|haupt|mann|schaft** die, -/-en: *Verwaltungsbehörde für Hofburg, Belvedere und Schönbrunn in Wien*

Bür|gin die, -/-innen: *weibl. Form von Bürge*

Burgl: *weibl. Vorname (Notburga, Walburga uÄ)*

Burg|ru|i|ne

Bürgschaft die, -/-en: [eine] B. leisten; → bürgen
Burgschauspieler: *am Wiener Burgtheater engagierter Schauspieler* || **Burgschauspielerin** || **Burgstall** der, -[e]s/-e [-ställe]: *Stätte einer [einstigen] Wehranlage* || **Burgtheater:** *ein Bundestheater in Wien*
Burgund: *eine Landschaft in Frankreich* || **Burgunder** der, -s/-: *Kurzwort für Burgunderwein;* → Blauer Burgunder; → Weißer Burgunder → Pinot || **Burgunderwein**
Burgverlies: *Kerker einer Burg* || **Burgvogt** (früher): *Aufseher einer Burg*
Burka die, -/-s, *auch:* Burqa [-ka] ⟨arab.⟩: *eine muslimische Frauenkleidung (Ganzkörperschleier)*
Burkhard: *männl. Vorname*
burlesk ⟨fr.⟩: *possenhaft* || **Burleske** die, -/-n: *Posse, Schwank*
Burli der, -s/-s (ugs.): *Koseform für Bub*
Burma, *auch:* Birma: *anderer (gegenwärtig nicht amtlicher) Name von Myanmar*
Burn-out [ˈbɜːnaʊt] = **Burnout** das, -[s] ⟨engl.⟩: *Gefühl des Ausgebranntseins [in einem Beruf]* || **Burn-out-Hotline** [-laɪn] = **Burnout-Hotline:** *eine Beratungseinrichtung* || **Burn-out-Syndrom** = **Burnout-Syndrom**
Burnus der, - [-nusses]/-nusse ⟨arab.⟩: *Beduinenmantel mit Kapuze*
Büro das, -s/-s ⟨fr.⟩: ins B. gehen || **Büroangestellte** || **Büroarbeit** || **Bürohengst** (ugs., abw. bzw. scherzh.): *Person, die in einem Büro arbeitet* || **Bürokauffrau** || **Bürokaufmann** || **Büroklammer** || **Bürokraft:** *jemand, der in einem Büro angestellt ist* || **Bürokrat** der, -en/-en (oft abw.) || **Bürokratie** die, -/-n (oft abw.): *Beamtenschaft* | *Beamtenherrschaft* || **Bürokratieabbau** || **Bürokratin** die, -/-innen (oft abw.) || **bürokratisch** (oft abw.): *übertrieben amtlich* || **Bürokratismus** der, -/-men (oft abw.): *pedantisches, schwerfälliges Handeln nach Vorschriften* || **Büromaterial** || **Büromöbel** || **Büroschluss**
Burqa [-ka] → Burka
burren (ugs.): *ein dumpfes Geräusch machen*
Bursch der, -en/-en: *junger Mann;* ein fescher B.; Burschen und Mädchen | *Schankbursch* || **Burschchen** das, -s/-(sal.): *Bursch, Bürscherl* || **Bursche** der, -n/-n (D): *Bursch* | (im Sing. meist abw.) ein übler B. || **Burschenschaft** die, -/-en: *Studentenverbindung* | *Gemeinschaft der [ledigen] Burschen eines Dorfes* || **Bürscherl** das, -s/-[n] (ugs.) || **burschikos:** ein burschikoses *(betont ungezwungenes, formloses)* Benehmen
Bürste die, -/-n: eine B. mit weichen Borsten || **bürsteln,** ich bürstle (ugs.): *bürsten, abbürsten* || **bürsten** || **Bürstenbinder** || **Bürstenbinderin** || **Bürstenfrisur**
Bürzel der = das, -s/-[n]: *Vogelsteiß*
Bus der, Busses/Busse ⟨lat.-engl.⟩: *Autobus, Omnibus* | (EDV) *Leiterbahnen zur Informationsübertragung zwischen den Komponenten eines Computers* || **Busbahnhof**
Busch der, -[e]s/Büsche: *Strauch* | der afrikanische B. *(eine tropische Landschaft)* || **Büschel** das, -s/-: ein B. Gras || **büschelweise** || **Buschen** der, -s/-: *Bündel von Blumen, Zweigen uÄ* || **Buschenschank** = **Buschenschänke** = **Buschenschenke** (bes. St): *Heurigenschank, Weinausschank im Freien [durch Weinhauer]* || **Buschenschanker** der, -s/- (bes. St): *Wirt einer Buschenschank* || **Buschenschankerin** die, -/-innen (bes. St) || **Büscherl** das, -s/-[n]: *kleiner Buschen;* ein B. Gras || **buschig:** *mit Büschen bewachsen* | buschige Augenbrauen || **Buschmesser** || **Buschtrommel:** *ein Musikinstrument [zur Nachrichtenübermittlung]* || **Buschwerk** das, -[e]s
büseln ⟨?⟩ (reg., bes. W, ugs.): *einnicken, schlummern*
Busen der, -s/-: *weibliche Brust* | (geh., veraltend) *Herz, Gemüt* | *Meerbusen* || **Busenfreund** (oft scherzh.): er ist sein B. *(bester Freund)* || **Busenfreundin** (oft scherzh.): *vertraute Freundin [einer Frau]* || **Busenhalter** (veraltend) (BH)
Buserer der -s/- ⟨?⟩ (reg., bes. W, ugs.): *kleiner Auffahrunfall, Blechschaden* || **buserieren** (sal., veraltet): *drängen, nötigen*
Busfahrer ⟨lat.-engl.+dt.⟩ || **Busfahrerin** || **Busgate** [-geɪt] : *Bahnsteig für Busse [an Flughäfen]* || **Bushaltestelle**
Business [ˈbɪznɪs] das, - ⟨engl.⟩: *Geschäft[sleben];* B. as usual [- əz ˈjuːʒuəl] *(Normalbetrieb)* | (Wirt.) B. to B. (*auch:* B2B [biː tu ˈbiː]) *(Geschäftstätigkeit zwischen Unternehmen);* B. to Consumer [- - kənˈsjuːmə] (*auch:* B2C [biː tu ˈsiː]) *(Geschäftstätigkeit zwischen Unternehmen und Endverbrauchern)* || **Businesscenter** [-se-]: *Geschäftszentrum* || **Businessclass** [-kl-] die, -: *eine Reisekategorie* || **Businesslounge** [-laʊndʒ] || **Businessplan:** *Geschäftskonzept zur Realisierung einer Idee*
Bussard [auch: -ˈa-] der, -[e]s/-e ⟨fr.⟩: *ein Greifvogel*
Buße die, -/-n (Rel.): B. tun | (Jus) *Geldbuße, Bußgeld*
Bussel das, -s/-[n] (ugs.): *Busserl* || **busseln,** ich bussle (ugs.): *küssen*
büßen, du büßt: eine Unvorsichtigkeit mit dem Leben b. *(bezahlen)* | (Rel.) für seine Sünden b. || **Büßer** der, -s/- (Rel.) || **Büßergewand** (Rel.) || **Büßerin** die, -/-innen (Rel.)
Busserl das, -s/-[n] (ugs.): *Kuss* | (Küchenspr.) *eine Bäckerei;* Kokosbusserl || **busserln** (ugs.): *küssen*
bußfertig (Rel.): *zur Buße bereit* || **Bußfertigkeit** die, - (Rel.): *Bereitschaft zur Buße, Wiedergutmachung* || **Bußgeld** (Jus): *vom Gericht oder einer Behörde verhängte Geldstrafe*
Bussi das, -[s]/-[s] (Kinderspr.): *Busserl, Küsschen;* Zwickerbussi || **Bussi-Bussi-Gesellschaft** (ugs.): *Schickeria, Seitenblickegesellschaft*
Bussole die, -/-n ⟨fr.⟩: *ein Kompass*
Busspur ⟨lat.-engl.+dt.⟩: *eine eigene Fahrspur*
Bußübung (Rel.): eine B. *(Gebet, gute Tat oÄ)* zur Wiedergutmachung || **Buß- und Bettag:** *ein evangelischer Feiertag*
Büste die, -/-n ⟨it.-fr.⟩: *plastisches Brustbild;* eine B. Schuberts | (veraltend) *weibliche Brust* || **Büstenhalter** (veraltend) (BH) || **Bustier** [bysˈtjeː] das, -s/-s: *miederartiges Damenoberteil*
Bustransfer ⟨lat.-engl.⟩
Busuki [-z-] die, -/-s, *auch:* Bouzouki [buˈzuː-] ⟨gr.⟩: *ein griechisches Saiteninstrument*
Butan das, -s ⟨lat.⟩ (Chem.): *ein Kohlenwasserstoffgas*
Butike → Boutique

B

Bu|t|ler ['bʌ-] der, -s/- ⟨engl.⟩: *[englischer] Hausbediensteter in leitender Stellung*

Bụt|te die, -/-n: *ein [hölzernes] Gefäß;* eine B. voller Weintrauben | (Bot.) *Hagebutte; aber:* → Putte

Büt|tel der, -s/- (früher): *Gerichtsbote; Häscher*

Büt|ten|pa|pier: *eine teure Papierart*

Bụt|ter die, -: B. auf Brot streichen | (ugs.) B. am Kopf *(etwas angestellt)* haben || **Bụt|ter|ab|trieb** (Küchenspr.): *schaumig geschlagene Butter* || **Bụt|ter|berg** (sal.) (Wirt.): *Butterüberschuss* || **Bụt|ter|blu|me:** *volkstümliche Bezeichnung für verschiedene Pflanzen* || **Bụt|ter|brot:** Honig aufs B. streichen | (ugs.) für/um ein B. *(fast umsonst, unterbezahlt)* || **Bụt|ter|do|se** || **Bụt|ter|fass**

But|ter|fly ['bʌtəflaɪ] der, -s/-s ⟨engl.⟩: *Mascherl [am Kragen]* | (Sport) *ein Schwimmstil, Schmetterling* || **But|ter|fly|mes|ser:** *Messer mit zweiteiligem Heft*

Bụt|ter|kip|ferl || **Bụt|ter|mes|ser** || **Bụt|ter|milch:** *entrahmte saure Milch* || **bụt|tern:** *Butter rühren, stoßen* | (nördl. D, ugs.) *[Brot] mit Butter bestreichen* | (ugs.) in eine neue Firma Geld b. *(viel Geld hineinstecken)* || **Bụt|ter|schmalz:** *durch Schmelzen haltbar gemachte Butter* || **Bụt|ter|schnit|zel** (Küchenspr.): *faschiertes Laibchen aus Kalbfleisch* || **Bụt|ter|sei|te** (scherzh.): *die günstige Seite einer Sache* || **Bụt|ter|sem|mel** || **Bụt|ter|teig** || **bụt|ter|weich** || **Bụt|ter|zopf:** *ein Striezel*

But|ton [bʌtn] der, -s/-s ⟨engl.⟩: *Plakette (mit Abbildung oder Aufschrift) zum Anstecken* | (EDV) *Schaltfläche, die mit der Maus angeklickt werden kann* || **But|ton-down-Kra|gen** [-'daʊn-]: *Hemdkragen mit Knöpfen an den Spitzen*

Bụtz[1] der, -en/-en (westöst.): *Kobold*

Bụtz[2] der, -en/-en (reg.): *Butzen;* → Butz und Stingel || **Bụt|zen** der, -s/-: *Kerngehäuse des Apfels, der Birne ua., Butz*[2] || **Bụt|zen|schei|be:** *kleine, runde Glasscheibe*

Bụt|zerl → Putzerl

Bụtz und Stịn|gel (ugs.) (nur in der Wendung): mit B. und S. *(ganz und gar);* → Butz[2]

Buy-in ['baɪɪn] = **Buy|in** das, -s/-s ⟨engl.⟩ (Wirt.): *Management-Buy-in* || **Buy-out** [-aʊt] = **Buy|out** das, -s/-s (Wirt.): *Management-Buy-out*

BVA [be faʊ 'aː] die, -: **B**undes**v**ersicherungs**a**nstalt *(Versicherungsanstalt öffentlich Bediensteter)*

BVG: **B**undes**v**erfassungs**g**esetz || **B-VG:** **B**undes-**V**erfassungs**g**esetz

b. w.: **b**itte **w**enden

BWL [be ve 'ɛl]: **B**etriebs**w**irtschafts**l**ehre

BWV [be ve 'faʊ]: **B**ach-**W**erke-**V**erzeichnis

By|pass ['baɪ-] der, -[es]/-pässe ⟨engl.⟩ (Med.): *Überbrückung eines Blutgefäßstückes;* einen B. legen | (Elektrot.) *die Umleitung eines Signals* || **By|pass|ope|ra|ti|on** [-tsi̯-] (Med.)

Byte [baɪt] das, -[s]/-[s] (B) ⟨engl.⟩ (EDV): *Zeichen, Einheit von 8 Bits, Maßeinheit für die Speichergröße in der EDV;* Kilobyte

By|zanz ['byː-, auch: -'a-]: *antiker Name von Istanbul;* → Konstantinopel || **by|zan|ti̱|nisch:** byzantinische Kunst *(im oströmischen Reich, etwa 6. bis 15. Jh.)* | (geh.) *schmeichlerisch, unterwürfig*

bzgl.: **bez**ü**gl**ich

BZÖ [be tsɛt 'øː] das, -[s]: **B**ündnis **Z**ukunft **Ö**sterreich *(eine politische Partei)*

B-Zug (früher): *zweiter Klassenzug der Hauptschule*

bzw. [oft scherzh. auch mit Aussprache: be tsɛt 'veː]: **bez**ie**hungsw**eise

c C

c [tseː] das, -/- (Kleinbuchstabe): das c im Wort *cremefarben* | (Mus.) der Ton c (C) | (Mus.) c-Moll | (in Abkürz.) Zenti-

C [tseː] das, -/- (Großbuchstabe): das C im Wort *Celsius;* das Vitamin C | (Mus.) der Ton C (c) | (Mus.) C-Dur | 100 *(römisches Zahlzeichen)* | **C**elsius | (Phys.) **C**oulomb | (Chem.) Kohlenstoff; C-14-Methode [tse'firtsen-] *(ein Verfahren zur Altersbestimmung organischer Stoffe)*

Ca: Calcium; → Kalzium

ca.: circa; → zirka

Ca|bal|le|ro [k-'(l)jeː-] der, -s/-s ⟨span.⟩: *spanische Anrede für Herr (ohne Namensnennung)* | (früher) *ein spanischer Adeliger*

Ca|ba|ret [k-'reː] das, -s/-s = Kabarett [-'reː, -'rɛt, in D auch: 'ka-] das, -s/-s [-e] ⟨fr.⟩: *Kleinkunstbühne, Brettl*

Ca|ber|net Sau|vi|gnon [k-'neː sovi'njɔ̃] der, --/-s -s [-'neː -'njɔ̃] ⟨fr.⟩: *eine Reb- und Weinsorte*

Cable|li|ner ['keɪbl,laɪnə] der, -s/- = **Cable-Li|ner** ⟨engl.⟩: *eine [Stadt-]seilbahn*

Ca|bri|o [k-] = Kabrio das, -s/-s ⟨fr.⟩: *Kurzwort für Cabriolet* ‖ **Ca|bri|o|let** [-'leː] = Kabriolett das, -s/-s: *Auto mit zurückklappbarem, versenkbarem oder abnehmbarem Dach, Cabrio*

Cache [kæʃ, auch: kaʃ] der, -s/-s ⟨engl./fr.⟩ (EDV): *[Zwischen]speicher mit kurzer Zugriffszeit (zur Erhöhung der Computerleistung)*

Cä|ci|lia [tsɛts-] = **Cä|ci|lie** [-i̯ɛ]: *weibl. Vorname;* → Cilli

CAD [kat, engl.: kæd, auch: siː eɪ 'diː] das, -s/-s (EDV): **c**omputer-**a**ided **d**esign *(ein technisches Zeichenprogramm für Computer);* → CAM

Cad|die ['kædi] der, -s/-s = **Cad|dy** [-i] der, -s/-s ⟨fr.-engl.⟩: *Person, die dem Golfspieler bzw. der Golfspielerin die Tasche trägt* | *fahrbares Gerät für die Golfausrüstung*

Cad|mi|um [k-] = → Kadmium

Ca|fé [k-] das, -s/-s ⟨fr.⟩: *Kaffeehaus; aber:* → Kaffee ‖ **Ca|fe|te|ria** die, -/-s [Cafeterien] [-'iː(ɛ)n] ⟨it.⟩: *[Selbstbedienungs]café* ‖ **Ca|fe|ti|er** [-'ti̯eː] der, -s/-s ⟨fr.⟩: *Kaffeehausbesitzer* ‖ **Ca|fè La|tte** der, - -/- - ⟨-it.⟩: *Milchkaffee nach italienischer Art;* → Latte Macchiato

Cai|pi|rin|ha [kai̯-nja] der, -s/-s ⟨port.⟩: *ein Cocktail aus Rum, Eis und Limetten*

cal: Kalorie

Ca|la|ma|ro [k-] der, -[s]/Calamari (meist Pl.) ⟨it.⟩: *Tintenfisch;* → Kalmar | (nur Pl.) (gast.) *Gericht aus frittierten Tintenfischstücken*

> **Cal|ci|um**
>
> ['kaltsi̯-] = → Kalzium
>
> **Für das Wort gibt es zwei Schreibweisen:**
>
> – Kalzium: die eingedeutschte Schreibung. Im Deutschen stehen für *c* die Buchstaben *k* bzw. *z*.
>
> – Calcium: die fremdsprachige Schreibung. Sie ist v. a. in der Fachsprache üblich.

Ca|li|for|ni|um [k-] das, -s (Zeichen: Cf): *ein chemisches Element*

Ca|lla [k-] die, -/-s, *auch:* Kalla ⟨gr.-lat.⟩: *eine Zierpflanze*

Cal|la|ne|tics [kæ-ks] die (Pl.) ⟨engl.⟩ (Wz.): *eine Gymnastik als Fitnesstraining*

Call|boy ['kɔːlbɔɪ] ⟨engl.⟩: *telefonisch erreichbarer Prostituierter* ‖ **Call-by-Call** [-baɪ'kɔːl] das, -s/-s: *Telefonat über den eigenen zu einem anderen Netzbetreiber* ‖ **Call-by-Call-Gespräch** ‖ **Call-cen|ter** [-s-] (Wirt.): *Büro für telefonische Dienstleistungen* ‖ **Call-girl** [-gɜːl]: *telefonisch erreichbare Prostituierte*

Cal|va|dos [k-v-] der, -/-: *ein französischer Apfelbranntwein*

cal|vi|nisch [k-v-] = → kalvinisch ‖ **Cal|vi|nist** = → Kalvinist ‖ **Cal|vi|nis|tin** = → Kalvinistin

Ca|lyp|so [ka'li-] der, -s/-s ⟨?⟩: *ein Tanz aus der Karibik*

CAM [kam, engl.: kæm, auch: siː eɪ 'em] das, -s/-s (EDV): **c**omputer-**a**ided **m**anufacturing *(ein Programm zur computerunterstützten Fabrikation);* → CAD

Cam|cor|der [k-k-] = Kamkorder [k-] der, -s/- ⟨engl.⟩: *Videokamera mit integriertem Rekorder*

Ca|mem|bert ['kamɛmbeːɐ, fr.: kamɑ̃'bɛːr] der, -s/-s: *eine Käsesorte*

Ca|mi|lla [k-]: *weibl. Vorname* ‖ **Ca|mi|llo:** *männl. Vorname*

Ca|mor|ra [k-] = Kamorra die, - ⟨it.⟩: *süditalienische Verbrecherorganisation*

Ca|mou|fla|ge [kamu'flaːʃ, -ʒɛ] die, - ⟨fr.⟩ (Biol., Mil.): *Verbergen, Tarnung* ‖ **Ca|mou|fla|ge|look** [-lʊk]: *eine Moderichtung;* → Militarylook

Camp [kɛ-] das, -s/-s ⟨engl.⟩: *[Ferien]lager;* → campieren

Cam|pa|gne [k-'anjɛ, fr.: kɑ̃'panʲ] = → Kampagne

Cam|pa|ni|le [k-] = Kampanile der, -/- ⟨it.⟩: *frei stehender Glockenturm [in Italien]*

Cam|pa|ri [k-] der, -s/- (Wz.): *ein roter Bitterlikör aus Kräutern*

cam|pen ['kɛ-] ⟨engl.⟩: *zelten;* → Camp ‖ **Cam|per** der, -s/- ‖ **Cam|pe|rin** die, -/-innen ‖ **cam|pie|ren** [ka-] ‖ **Cam|ping** ['kɛ-] das, -s; → kampieren ‖ **Cam|ping|bus** ‖ **Cam|ping|lie|ge** ‖ **Cam|ping|platz** ‖ **Cam|pus** ['ka-] der, -/- ⟨lat.⟩: *der gesamte [in sich abgeschlossene] Bereich einer Universität oder einer Schule*

Ca|na|di|er [k-] = → Kanadier

Ca|nail|le [k-ljɛ] = → Kanaille

Ca|na|pé [k-] = → Kanapee

Ca|nas|ta [k-] das, -s ⟨span.⟩: *ein Kartenspiel* ‖ **ca|nas|tern**

Can|ber|ra ['kæn-]: *Hauptstadt von Australien*

Can|can [kɑ̃'kɑ̃(ː)] der, -s/-s ⟨fr.⟩: *ein Bühnentanz*

> **can|celn** [kænsln] = canceln
>
> ⟨engl.⟩ (sal.): *streichen, annullieren;* ein Meeting canceln; der Flug wurde gecancelt
>
> **Bei aus dem Englischen übernommenen Wörtern ist die Wortbildung oft im Schwanken:**
>
> canceln: wird wie einige deutsche Verben auf *-eln* gebildet, zB *wechseln* ..., nah an der englischen Form *to cancel*
>
> canclen: Endung *-en* wie die meisten deutschen Verben
>
> ich cancle/cancel: Schwankungen auch bei der Konjugation

can|ce|ro|gen [kants-] = → kanzerogen

cand. ⟨lat.⟩: **cand**id**a**tus [k-], **cand**id**a**ta; zB cand. med. (candidatus/-data medicinae [- -'tsiːnɛ]) *(Kandidat/in der Medizin, Mediziner/in kurz vor Studienabschluss)*

Can|de|la [k-] die, -/- (cd) ⟨lat.⟩ (Phys.): *fotometrische Einheit für die Lichtstärke*

C

Cannabis [k-] der, - ⟨lat.⟩: *Hanf* | *Haschisch*
Cannelloni [k-] die (Pl.) ⟨it.⟩: *eine italienische Nudelspeise*
Cañon ['kanjɔn] der, -s/-s, *auch:* Canyon ['kænjən] ⟨span.⟩: *enges, tief eingeschnittenes Tal [bes. im Westen Nordamerikas]*
Canossagang [k-] = → Kanossagang
cantabel [k-] = → kantabel ‖ **cantabile** [k-] ⟨it.⟩ (Mus.): *gesanghaft, ausdrucksvoll* ‖ **Cantabile** das, -s/-s (Mus.): *gesangliche Vortragsart; ein musikalischer Satz mit dieser Anweisung*
Cantus firmus [k- -] der, - -/- firmi ⟨lat.⟩ (Mus.): *eine vorgegebene, als Thema kontrapunktisch verarbeitete Melodie, zB Choral*
Canyon ['kænjən] → Cañon ‖ **Canyoning** das, -s ⟨engl.⟩: *eine Extremsportart, Durchklettern von Schluchten*
Cape [keɪp] das, -s/-s ⟨engl.⟩: *ärmelloser Umhang*
Cappuccino [k-'tʃiː-] der, -[s]/-[s] [Cappuccini] ⟨it.⟩: *[italienischer] Kaffee mit aufgeschäumter Milch*
Capriccio [k-'itʃo] das, -s/-s ⟨it.⟩ (Mus.): *ein [heiteres] Musikstück*
Carabiniere [-'njeː-] der, -[s]/Carabinieri ⟨it.⟩: *italienischer Gendarm*
Caracas [k-kas]: *Hauptstadt Venezuelas*
Caravan [k-v-, engl.: 'kærəvæn] der, -[s]/-s ⟨engl.⟩: *kombiniertes Personen- und Lastauto* | *Wohnwagen;* → Van
Carbid [k-] = → Karbid ‖ **Carbidlampe** = → Karbidlampe ‖ **Carbonat** [k-] = → Karbonat
Card [kaːd] die, -/-s ⟨engl.⟩: *Karte;* E-Card
cardial [k-] = → kardial
Cardiff [k-]: *Hauptstadt von Wales*
Cardigan ['kaːdigən] der, -s/-s: *eine lange [Damen]strickweste*
cardiovaskulär [k-v-] = → kardiovaskulär
care of ['keərəv] (c/o) ⟨engl.⟩: *per Adresse von ...*
Carepaket ['keə-]: *Paket mit Hilfsgütern (der Hilfsorganisation CARE)*
Cargo [k-] = → Kargo
Carina [k-] → Karina
Carinthia [k-tja]: *lateinischer Name von Kärnten* ‖ **Carinthian** [kə'rɪnθiən]: *eine Kärntner Fluglinie* ‖ **carinthisch** [ka-t-]: *kärntnerisch; aber:* Carinthischer Sommer *(Kulturwochen in Kärnten)*
Caritas [k-] die, - ⟨lat.⟩: *eine wohltätige Hilfsorganisation der katholischen Kirche; aber:* → Karitas
Carmen [k-]: *weibl. Vorname*
Carl [k-] → Karl[1] ‖ **Carla** → Karla
Carnitin [k-] das, -s ⟨lat.⟩: *ein körpereigener Stoff, der zur Gewinnung von Energie dient*
Carnuntum [k-]: *ausgedehnte Ruinenstätte einer römischen Stadt bei Deutsch-Altenburg (N)*
Carola [k-] → Karola ‖ **Caroline** → Karoline ‖ **Carolino Augusteum** das, - -s ⟨lat.⟩: *das Salzburger Stadt- und Landesmuseum*
Carpaccio [kar'patʃo] das, -s/-s ⟨it.⟩: *kalte Speise aus rohem, dünn geschnittenem und mariniertem Fleisch, Fisch oder Gemüse*
Carport [k-] ⟨engl.⟩: *Unterstellplatz für Autos* ‖ **Carsharing** [-ʃeər-] das, -s ⟨engl.⟩: *Benutzung eines Autos durch mehrere Personen*
Cart [k-] = → Kart
Cartellverband [k-] (CV): *ein* → *Kartellverband*
Cartoon [k-'tuːn] der = das, -[s]/-s ⟨engl.⟩: *Karikatur, Witzzeichnung* | *Bildgeschichte* ‖ **Cartoonist** der, -en/-en ‖ **Cartoonistin** die, -/-innen
Cartridge ['kaːtrɪdʒ] die, -/-s [-ɪz] ⟨engl.⟩: *Farbpatrone [für Toner von Druckern]*
Carver ['kaːvə] ⟨engl.⟩: *Kurzwort für Carverski* ‖ **Carverski** [-ʃiː] = Carverschi: *Carvingski* ‖ **Carving** das, -s/-s: *Skifahren mit Carvingskiern* ‖ **Carvingski** [-ʃiː] = Carvingschi: *ein [stark] taillierter Ski, Carver, Carverski*
Casa d'Austria [k-] die, - ⟨it.⟩ (wörtl.: das Haus Österreich): *die Habsburger*
Casanova [k-v-] der, -[s]/-s: *Frauenheld (nach dem italienischen Abenteurer)*
Cäsar[1] ['ts-]: *männl. Vorname* ‖ **Cäsar**[2] der, -s/-en [-'aː-]: *römischer Kaisertitel (nach dem römischen Feldherrn und Staatsmann)* ‖ **Cäsarenwahn:** *Größenwahn von Mächtigen* ‖ **cäsarisch:** *kaiserlich* | *überheblich, selbstherrlich*
Cash [kæʃ] das = der, -[s] ⟨engl.⟩: *Bargeld;* in C.;→ abcashen ‖ **Cashcow** [-kaʊ] die, -/-s (Wirt.): *großer Umsatzträger in einem Unternehmen*
Cashewnuss ['kæʃu-] ⟨indian.-port.-engl.⟩: *eine tropische Nussart*
Cashflow ['kæʃfləʊ] der, -s ⟨engl.⟩ (Wirt.): *Messgröße zur Einschätzung der Zahlungskraft eines Unternehmens*
Casimir [k-] → Kasimir
Casino [k-] = → Kasino
Cäsium ['tsɛː-] das, -s ⟨lat.⟩ (Zeichen: Cs): *ein chemisches Element*
Caspar [k-] → Kaspar
Cassis [k-] der, -/- ⟨lat.-fr.⟩: *Likör aus schwarzen Ribiseln*
casten [k-] ⟨engl.⟩: die Darsteller für eine Fernsehserie c. *(auswählen)* ‖ **Casting** [k-] das, -s/-s: *Besetzung der Rollen [in Theater, Film, Musical]* ‖ **Castingshow** [-ʃəʊ]: *Fernsehshow, in der ein Wettbewerb [um eine Besetzung] ausgetragen wird*
Casus Belli [k-] der, - - ⟨lat.⟩: *Grund zum Krieg bzw. Streit*
CAT [k-, engl.: kæt] der, -[s]/-[s]: **C**ity **A**irport **T**rain
catchen ['kætʃ-], du catch[s]t ⟨engl.⟩ ‖ **Catcher** der, -s/-: *Freistilringer* ‖ **Catcherin** die, -/-innen
Catering ['keɪ-] das, -s ⟨engl.⟩ (Gast.): *Zustellung von Essen und Getränken;* → Partyservice
Caterpillar ['ka-lə, 'kæ-] der, -s/-[s] ⟨engl.⟩ (Wz.): *ein Planier-, Raupenfahrzeug*
Catwalk ['kætwɔːk] der, -s/-s ⟨engl.⟩: *Laufsteg [der Models]*
Causa [k-] die, -/Causae [-zɛː] ⟨lat.⟩: *Grund, Ursache* | (auch mit Pl. Causen) (Jus) *Rechtsfall, Streitfall*
Cavaliere [kav-] der, -s/Cavalieri ⟨it.⟩: *ein italienischer Adelstitel*
Cayennepfeffer [ka'jɛnpf-]: *ein scharfes Gewürz, Chilipfeffer*
CB-Funk [tse 'beː-]: *dem privaten Funkverkehr überlassener Frequenzbereich*
CBT [tse be 'teː, engl.: siː biː 'tiː] der = das, -[s] (EDV): **C**omputer **B**ased **T**raining *(computerunterstützter Unterricht)*
cc [tse 'tseː]: ein E-Mail cc *(in/als Kopie)* an jemanden senden; → bcc ‖ **CC**[1] das, -/-: **C**arbon **C**opy
CC[2] [tse 'tseː]: **C**orps **c**onsulaire *(konsularisches Korps)*
CCD [tse tse 'deː] das, -/-[s] (Phys., Elektrot.): **C**harged **C**oupled **D**evice *(lichtempfindliche Elemente in der Halbleitertechnik)*
cd: **C**an**d**ela

Cd: Cadmium; → Kadmium

CD[1] [tse ˈdeː]: **C**orps **d**iplomatique *(diplomatisches Korps)*

CD[2] [tse ˈdeː] die, -/-[s]: **C**ompact **D**isc | **CD-ROM** ‖ **CD-Brenner,** *auch:* CD-Writer der, -s/-: *Gerät, das Daten auf eine CD schreiben kann* ‖ **CD-i** [tse de ˈiː, auch: siː diː ˈaɪ] die, -/-s (EDV) (Wz.): **C**ompact **D**isc-**i**nteraktiv *(CD mit multifunktionaler Information, zB mit Grafiken, bewegten Bildern, Musik u. dgl.)* ‖ **CD-Player** [-pleɪə], *auch:* CD-Spieler: *Abspielgerät für CDs* ‖ **CD-Rohling:** *unbeschriebene CD* ‖ **CD-ROM** [tse de-] die, -/-s: **C**ompact **D**isc-**R**ead **O**nly **M**emory *(CD, auf der Computerdaten gespeichert sind, die nicht bearbeitet, sondern nur gelesen werden können)*

CD-ROM-Laufwerk:

Computerlaufwerk, das auf einer Compact Disc gespeicherte Daten lesen kann

Zwischen Zusammensetzungen mit Einzelbuchstaben oder Abkürzungen steht ein Bindestrich:

- CD-Brenner, CD-Player
- C-Dur, Cis-Dur
- CD-ROM-Laufwerk
- C-Dur-Tonleiter

R→ S. 906, 5.1

C-Dur [ˈtseːduːə] (C) (Mus.): *eine Tonart* ‖ **C-Dur-Tonleiter** (Mus.)

CD-Spieler [tseˈdeː-] → CD-Player ‖ **CD-Wechsler** [-ks-] der, -s/-: *automatische Wechselanlage bei einem CD-Player* ‖ **CD-Writer** [-raɪtə, auch: si ˈdiː-] → CD-Brenner

Ce: Cer

Cedille [seˈdij] die, -/-n ⟨fr.⟩: *beistrichähnliches Zeichen unter einigen Buchstaben als Aussprachezeichen, zB* Façon [faˈsõ]

CE-Kennzeichnung [tse ˈeː-]: *Symbol zur Kennzeichnung von Produkten, die den EU-Richtlinien (mit Mindestanforderungen für die Sicherheit) entsprechen*

Celesta [tʃ-sta] die, -/-s ⟨it.⟩: *ein Tasteninstrument mit Metallstäben*

Cellist [tʃ-] der, -en/-en ⟨it.⟩: *Cellospieler* ‖ **Cellistin** die, -/-innen ‖ **Cello** das, -s/-s [Celli]: *Violoncello*

Cellophan [ts-f-] (Wz.) = → Zellophan ‖ **Cellulite** [ˈseljʊlaɪt] = → Zellulitis ‖ **Cellulitis** [ts-] = → Zellulitis ‖ **Celluloid** = → Zelluloid ‖ **Cellulose** = → Zellulose

Celsius [ts-] (C): *Gradeinheit für die Temperaturmessung;* 20° C; → Reaumur; → Fahrenheit ‖ **Celsiusthermometer:** *Thermometer mit 100-teiliger Skala*

Cembalo [tʃ-] das, -s/-s [Cembali] ⟨it.⟩: *ein Tasteninstrument* ‖ **Cembalist** der, -en/-en ‖ **Cembalistin** die, -/-innen

Cent [ts-, engl.: s-] der, -s/-s (meist C, c, Ct., ct.) ⟨lat.-engl.⟩: *Untereinheit der Währungseinheiten verschiedener Länder bzw. des Euros;* drei Cents *(drei 1-Cent-Münzen);* dafür bekommst du keinen C. *(nichts)* | (in Angaben von Beträgen mit Pl. Cent) eine Rechnung über 90 Cent; → Eurocent

Center [s-] das, -s/- ⟨engl.⟩: *Zentrum;* Shoppingcenter ‖ **Centrecourt** [-təkɔːt] der, -s/-s = **Centre-Court:** *wichtigster Platz einer Tennisanlage (mit den meisten Zuschauerplätzen)* ‖ **Centrope** [s-ˈrəʊp] ⟨gr.-lat.-engl.⟩: *Europaregion Mitte (eine Wirtschaftsregion im benachbarten Raum von Österreich, Tschechien, der Slowakei und Ungarn)*

CEO [tse e ˈoː, engl.: siː iː ˈəʊ] der, -[s]/-[s]: **C**hief **E**xecutive **O**fficer *(Geschäftsführer [größerer Firmen])*

Cer [ts-] das, -s (Zeichen: Ce): *ein chemisches Element;* → Zereisen

Ceran [ts-] das, -s (Wz.): *eine temperaturstabile Glaskeramik* ‖ **Ceranfeld:** *Cerankochfläche* ‖ **Cerankochfläche**

Cerberus [ts-] = → Zerberus

Cercle [sɛrkl] der, -s/-s [sɛrkl] ⟨fr.⟩: *[vornehmer] Gesellschaftszirkel* | *vorderste Sitzreihen im Theater bzw. im Konzertsaal* ‖ **Cerclesitz**

cerebral [ts-] = → zerebral

CERN [tsɛrn] der, -: **C**onseil **E**uropéen pour la **R**echerche **N**ucléaire *(europäisches Kernforschungszentrum bei Genf)*

ces [tsɛs] das, -/- (Mus.): *das um einen Halbton erniedrigte C (c);* → Ces | ces-Moll ‖ **Ces** das, -/- (Mus.): *das um einen Halbton erniedrigte C (c);* → ces | Ces-Dur ‖ **Ces-Dur** (Ces) (Mus.) ‖ **Ces-Dur-Tonleiter** (Mus.) ‖ **ces-Moll** (ces) (Mus.) ‖ **ces-Moll-Tonleiter** (Mus.)

c'est la vie [sɛ la ˈvi] ⟨fr.⟩: *so ist eben das Leben*

Cevapcici [tʃeˈvaptʃitʃi] = **Ćevapčići** die (Pl.) ⟨serb.⟩: *eine serbische Fleischspeise*

Ceylon [ˈtseɪl-, ˈtsaɪl-]: *früherer Name von Sri Lanka* ‖ **Ceylontee:** *Tee aus Sri Lanka*

Cf: Californium

cf.: vergleiche (lat. confer [ˈkɔ-])

CFO [tse ɛf ˈoː, engl.: siː ef ˈəʊ] der, -[s]/-[s]: **C**hief **F**inancial **O**fficer *(Finanzchef [größerer Firmen])*

cg: Zentigramm

CGS-System [tse ge ˈɛszy-]: *auf Zentimetern, Gramm und Sekunden basierendes Maßsystem*

CH [tse ˈhaː]: **C**onfoederatio **H**elvetica *(Autokennzeichen der Schweiz)*

Cha-Cha-Cha [ˈtʃatʃaˈtʃa] der, -[s]/-s ⟨span.⟩: *ein Tanz*

Chaconne [ʃaˈkɔn] die, -/-n ⟨span.-fr.⟩: *ein barocker Variationensatz und Tanz*

Chagrinleder [ʃaˈgrɛ̃ːl-] ⟨fr.⟩: *Leder mit aufgepresstem Narbenmuster*

Chairman [ˈtʃɛəmən] der, -[s]/Chairmen ⟨engl.⟩: *Vorsitzender [einer Konferenz]*

Chaiselongue [ʃɛzˈlɔ̃ːg] die, -/-n [-s] ⟨fr.⟩ (veraltet): *ein gepolstertes Liegemöbel mit Kopflehne*

Chakra [tʃ-] das, -s/Chakren ⟨Sanskrit⟩: *Energiezentrum im Körper (in mehreren asiatischen Lehren)*

Chalet [ʃaˈleː, ˈʃalɛ] das, -[s]/-s ⟨fr.⟩ (bes. CH): *Landhaus*

Chamäleon [k-] das, -s/-s ⟨gr.⟩: *eine Echse, die ihre Hautfarbe rasch verändern kann*

Chambre separée [ʃɑ̃(ː)br sepaˈre(ː)] das, - -/-s -s [ʃɑ̃(ː)br sepaˈre(ː)] ⟨fr.⟩ (veraltend): *separiertes [intimes] Zimmer in Restaurants, Bars*

chamois [ʃaˈmoa(ː)] ⟨fr.⟩: *gamslederfarben, gelbbraun;* eine c. Tasche ‖ **Chamois** das, -/-: *eine Farbe* ‖ **chamoisfarben** ‖ **Chamoisleder**

Champagne [ʃamˈpanʲ, fr.: ʃɑ̃-] die, -: *eine Landschaft in Nordfrankreich* ‖ **Champagner** [ʃamˈpanjə] der, -s/- (Wz.): *[französischer] Schaumwein, Sekt*

Champignon [ˈʃampinjoːn, fr.: ʃɑ̃piˈɲɔ̃] der, -s/-s ⟨fr.⟩: *ein essbarer Pilz*

Champion [ˈtʃæmpiən] der, -s/-s ⟨engl.⟩: *Meister in einer Sportart* | (mit Aussprache [ˈʃampi̯on]) (ostöst.) (fachspr.) *Aufsatz auf dem Rauchfang* ‖ **Champions**

C

League ['tʃæmpiənz 'li:g] die, - - (Sport): *höchster europäischer Fußballvereinsbewerb*
Chan [k-] = → Khan ‖ **Chanat** = → Khanat
Chance [ʃɑ̃:s] die, -/-n ⟨fr.⟩: eine C. *(günstige Gelegenheit)* haben, etwas zu erreichen ‖ **Chancengleichheit** ‖ **Chancengerechtigkeit** ‖ **chancenlos**
changeant [ʃɑ̃'ʒɑ̃:] ⟨fr.⟩: *die Farbe wechselnd, schillernd* ‖ **changieren** [-'ʒi:-]: *wechseln;* ein changierender Stoff
Chanson [ʃɑ̃'sõ:] das, -s/-s ⟨fr.⟩: *ein Lied* ‖ **Chansonette** [-ɔ'nɛt] = Chansonnette die, -/-n: *Autorin, Sängerin von Chansons* ‖ **Chansonier** [-'nje:] = Chansonnier der, -s/-s: *Chansonsänger* ‖ **Chansoniere** [-'nje:ə, -rɛ] = **Chansonniere** die, -/-n: *Chansonette*
Chantal [ʃɑ̃t-]: *weibl. Vorname*
Chanukka [x-] das, -[s]/-[s] ⟨hebr.⟩: *das jüdische Lichterfest*
Chaos [k-] das, - ⟨gr.⟩: *Unordnung, Wirrwarr* | (Phys.) deterministisches C. *(nicht vorhersagbares Verhalten eines Systems)* ‖ **Chaostheorie** (Phys.): *Versuch, hinter scheinbar zufälligen Abläufen ein System zu erkennen* ‖ **Chaote** der, -n/-n (abw.): *Wirrkopf* | *gewaltbereiter politischer Aktivist* ‖ **Chaotin** die, -/-innen ‖ **chaotisch**
Charakter [k-] der, -s/-e [-'te:-] ⟨gr.⟩: *Wesensart;* ein Mensch mit C. *(festen Grundsätzen)* ‖ **Charakteranlage** ‖ **Charakterbild** ‖ **Charakterdarsteller:** *Schauspieler, der auf Charakterrollen spezialisiert ist* ‖ **Charakterdarstellerin** ‖ **Charaktereigenschaft** ‖ **charakterfest:** *feste Grundsätze besitzend, willensstark* ‖ **Charakterfestigkeit** ‖ **charakterisieren:** einen Menschen c. *(seine Eigenart treffend beschreiben)* | Was charakterisiert *(kennzeichnet)* das moderne Theater? ‖ **Charakterisierung** die, -/-en ‖ **Charakteristik** die, -/-en ‖ **Charakteristikum** das, -s/Charakteristika: *spezifische Eigenheit, typisches Merkmal* ‖ **charakteristisch** ‖ **charakteristischerweise** ‖ **Charakterkopf:** *Kopf, Gesicht mit ausgeprägten Zügen* ‖ **Charakterkunde:** *Charakterologie* ‖ **charakterlich:** ein c. gefestigter Mensch ‖ **charakterlos:** *ohne feste Grundsätze, willensschwach* ‖ **Charakterlosigkeit** die, -/-en ‖ **Charakterologie** die, -: *Teilgebiet der Psychologie, Charakterkunde* ‖ **Charakterrolle** (Theater, Film): *Rolle mit ausgeprägtem Charakter* ‖ **Charakterschwäche** ‖ **Charakterstärke:** C. zeigen ‖ **Charakterstück** (Mus.): *kurzes, genrehaftes Instrumentalstück* ‖ **Charakterstudie** [-iɛ]: *[filmische] Analyse eines Charakters* ‖ **charaktervoll** ‖ **Charakterzug:** ein typischer C.
Chardonnay [ʃardɔ'ne:] der, -s/-s ⟨fr.⟩: *eine Reb- und Weinsorte*
Charge ['ʃarʃ, -ʒɛ] die, -/-n ⟨fr.⟩ (Mil.): *Dienstgrad* | (nur Pl.) *die Mannschaftsdienstgrade* | *Amt in einer Studentenverbindung* | *zusammengehörende Tranche von Medikamenten* | (Theater) *kleine Rolle, Nebenrolle* ‖ **Chargennummer:** *Kennzahl auf den Verpackungen einer Medikamentenserie* ‖ **chargieren** [-ʒ-]: *[als Schauspieler] übertreiben* | *als Charge auftreten* ‖ **Chargierte** der, -n/-n, ein Chargierter: *Amtsträger einer Studentenverbindung*
Charisma ['ka(:)-, -'i-] das, -[s]/ Charismen [Charismata] ⟨gr.⟩: *Gnade, Berufung, persönliche Ausstrahlung* ‖ **charismatisch**
Charity ['tʃærɪti-] die, -/-s ⟨engl.⟩: *Kurzwort für Charityveranstaltung* ‖ **Charitylady** [-i,leɪdi], *auch:* Charity-Lady: *Dame der Gesellschaft, die Benefizveranstaltungen durchführt* ‖ **Charityveranstaltung:** *Wohltätigkeitsveranstaltung*
Charleston ['tʃɑ(:)lstən] der, -[s]/ -[s]: *ein Tanz (benannt nach einer US-amerikanischen Stadt)*
Charlotte [ʃ-]: *weibl. Vorname*
charmant [ʃ-] = scharmant ⟨fr.⟩: ein charmantes *(bezauberndes)* Lächeln ‖ **Charme** [-m] = Scharm der, -s: *Anmut, Liebreiz* ‖ **Charmeur** [-'mø:ə] der, -s/-e: *[oft übertrieben] charmanter Mann* ‖ **Charmeurin** die, -/-innen ‖ **Charmeusewäsche** [ʃar'mø:s-v-]: *Wäsche aus Kunstseide*
Chart [tʃ-] der = das, -s/-s ⟨engl.⟩ (Bankw.): *Grafik des Kursverlaufes eines Wertpapiers* | (nur Pl.) *Hitparade*
Charta [k-] die, -/-s [Charten] ⟨lat.⟩: *eine grundlegende Urkunde;* die C. der Vereinten Nationen *(UNO-Charta)*
Charterflug [tʃ-] ⟨engl.⟩ → G.: Linienflug ‖ **Chartermaschine** ‖ **chartern:** *ein Flugzeug oder Schiff mieten*
Chassidismus [x-] der, - ⟨hebr.⟩: *eine mystische Bewegung im Judentum*
Chassis [ʃa'si:] das, - [-'si:(s)]/- [-'si:s] ⟨fr.⟩: *Fahrgestell [eines Autos]* | *Rahmen [eines Radioapparates]*
Chat [tʃæt] der, -s/-s ⟨engl.⟩: *digitale Kommunikation via Computer (bes. im Internet);* → chatten; → Netchat
Chateaubriand [ʃatobri'ɑ̃:] das, -s/-s (Küchenspr.): *bes. dickes Filetsteak vom Rind (nach einem französischen Schriftsteller und Politiker)*
Chatikette [tʃæ-] → Chatiquette ‖ **Chatiquette** [tʃæ-'kɛt] die, -, *auch:* Chattiquette, Chatikette [-tɛ] ⟨engl.+fr.⟩: *Benimmregeln fürs Internetchatten;* → Netiquette ‖ **Chatroom** [-ru:m] der, -s/-s ⟨engl.⟩: *eine Internetanwendung zum Chatten* ‖ **chatten:** *im Internet plaudern* ‖ **Chatten** das, -s ‖ **Chattiquette** → Chatiquette
Chaudeau [ʃo'do:] das = der, -[s]/ -s ⟨fr.⟩: *warme Creme aus Wein und Eiern;* Weinchaudeau
Chauffeur [ʃo'fø:ə] der, -s/-e ⟨fr.⟩ ‖ **Chauffeurin** die, -/-innen ‖ **Chauffeuse** [-'fø:s, -'fø:zɛ] die, -/-n: *Chauffeurin* ‖ **chauffieren:** *ein Auto lenken;* jemanden c. *(mit dem Auto führen)*
Chaussee [ʃo'se:] die, -/-n [-e:(ə)n] ⟨fr.⟩ (bes. D, veraltend): *Landstraße*
Chauvi ['ʃo:vi] der, -s/-s ⟨fr.-engl.⟩ (sal., abw.): *Kurzwort für Chauvinist;* → Macho ‖ **Chauvinismus** der, -/Chauvinismen ⟨fr.⟩ (abw.): *übertriebener, unduldsamer Nationalstolz* | *Machogehabe* ‖ **Chauvinist** der, -en/-en (abw.) ‖ **Chauvinistin** die, -/-innen (abw.) ‖ **chauvinistisch** (abw.)
Check[1] [tʃ-] der, -s/-s ⟨engl.⟩: *Kontrolle;* → checken | (Sport) *Stoß, Schlag;* → Bodycheck
Check[2] [ʃ-] = → Scheck ‖ **Checkbetrug** = → Scheckbetrug ‖ **Checkbuch** = → Scheckbuch
checken [tʃ-] ⟨engl.⟩: *kontrollieren* | (sal.) das checkst *(verstehst)* du nicht; → Check[1] ‖ **Checker** der, -s/- (sal.): *jemand, der viel regelt, organisiert; Macher* ‖ **Checkerin** die, -/-innen (sal.) ‖ **Check-in** der

(*auch:* das), -[s]/-s: *das Einchecken* | (mit Art. der) *Flughafenbereich, in dem das Einchecken stattfindet* ‖ **Check|lis|te**

Check|kar|te [ʃ-] = → Scheckkarte ‖ **Check|kar|ten|be|trug** [ʃ-] = → Scheckkartenbetrug

Check-out [tʃ-'aʊt] das (*auch:* der), -[s]/-s ⟨engl.⟩: *das Auschecken*

Cheese|bur|ger ['tʃi:zbɜ:gə] ⟨engl.⟩ (Wz.): *Hamburger mit Käse*

Chef [ʃe:f, D: -ɛ-] der, -s/-s ⟨fr.⟩: *Vorgesetzter; Leiter; Geschäftsinhaber* ‖ **Chef|arzt:** *leitender Arzt einer Krankenkasse* ‖ **Chef|ärz|tin** ‖ **Chef|arzt|pflicht** die, -: *Begutachtungspflicht bestimmter Medikamente, Therapien durch einen Chefarzt* ‖ **chef|arzt|pflich|tig:** chefarztpflichtige Medikamente ‖ **Chef|di|ri|gent:** *ständiger Dirigent eines großen Orchesters* ‖ **Chef|di|ri|gen|tin** ‖ **Chef|eta|ge** [-a:ʃ, -ʒɛ] ‖ **Che|fin** die, -/-innen ‖ **Che|fi|tät** die, -/- (meist Pl.) (ugs., sal.): *Chef[etage], Vorgesetzte/r, Obrigkeit* ‖ **Chef|re|dak|teur** [-tø:ɐ] ‖ **Chef|re|dak|teu|rin** ‖ **Chef|sa|che:** *Angelegenheit, die dem Chef vorbehalten ist, von ihm entschieden wird* ‖ **Chef|se|kre|tär** ‖ **Chef|se|kre|tä|rin** ‖ **Chef|ses|sel** ‖ **Chef|ver|hand|ler** ‖ **Chef|ver|hand|le|rin**

Che|mie [k-] die, - ⟨gr.⟩: *Wissenschaft, die das Verhalten und die Zusammensetzung von Stoffen erforscht* | (sal.) die C. stimmt *(die persönliche Beziehung ist gut)* ‖ **Che|mie|fa|ser** ‖ **Che|mi|ka|lie** [-iɐ] die, -/-n (meist Pl.) ‖ **Che|mi|ker** der, -s/- ‖ **Che|mi|ke|rin** die, -/-innen ‖ **che|misch** ‖ **Che|mis|mus** der, -: *die chemischen Abläufe im Stoffwechsel*

Chem|nitz [k-]: *Stadt in Deutschland*

Che|mo|tech|nik [k-] ⟨gr.⟩ (Chem.) ‖ **che|mo|the|ra|peu|tisch** ‖ **Che|mo|the|ra|pie** (Med.): *Behandlung mit chemischen Mitteln*

Chèque [ʃɛk] der, -s/-s (CH): *Scheck*

Cher|ry|bran|dy [tʃeri'brændi] ⟨engl.⟩: *Kirschlikör; aber:* → Sherry

Che|rub [k-] = Kerub der, -[s]/-im [-inen] ⟨hebr.⟩: *Engel, Wächter vor dem Paradies* ‖ **che|ru|bi|nisch:** *engelhaft*

che|va|le|resk [ʃœv-] ⟨fr.⟩ (geh., veraltet): *kavaliersmäßig* ‖ **Che|va|li|er** [-'lie:] der, -s/-s [-'lie:(s)] (wörtl.: Ritter): *ein französischer Adelstitel*

Che|vi|reau [ʃœ'vro:] das, -s ⟨fr.⟩: *Ziegenleder*

Chi[1] [çi:] das, -[s]/-[s] (χ, X) ⟨gr.⟩: *griechischer Buchstabe, entspricht* ch/Ch

Chi[2] [tʃi:] = Qi [tʃi:] das, -[s] ⟨chin.⟩: *die Lebensenergie in der chinesischen Philosophie*

Chi|an|ti ['kja-] der, -s: *ein italienischer Rotwein (benannt nach einer italienischen Landschaft)*

Chia|ra ['kja:-]: *weibl. Vorname (Clara)*

> **chic** [ʃik]
>
> ⟨fr.⟩: *fesch;* → schick
>
> **Die französische und die eingedeutschte Schreibweise sind korrekt:**
> – du bist chic (= schick)
>
> **Bei dekliniertem Adjektiv gilt nur die eingedeutschte Form:**
> – ein schicker Hut
> – mit einem schicken Kleid

Chic = → Schick

Chi|ca|go [ʃi'k-]: *Stadt in den Vereinigten Staaten*

Chi|co|rée [ʃiko're:] = → Schikoree

Chiem|see [k-]: *See in Deutschland (Bayern)*

Chif|fon [ʃ-] der, -s/-e [-s] ⟨fr.⟩: *ein Gewebe*

Chif|fre ['ʃifə, fr.: 'ʃifr(œ)] die, -/-n ⟨fr.⟩: *geheimes Schriftzeichen; Kennwort; Kennzahl [in geschäftlichen Mitteilungen]* ‖ **chif|frie|ren:** *eine Botschaft verschlüsseln;* → dechiffrieren ‖ **Chif|frie|rung** die, -/-en

Chi|hua|hua [tʃi'wawa] der, -s/-s ⟨chin.⟩: *eine Hunderasse*

Chi|le [tʃ-]: *Staat in Südamerika* ‖ **Chi|le|ne** der, -n/-n ‖ **Chi|le|nin** die, -/-innen ‖ **chi|le|nisch** ‖ **Chi|le|sal|pe|ter** (Chem.)

Chi|li [tʃ-] der, -s/-s ⟨indian.-span.⟩: *eine scharfe Paprikasorte* | *ein scharfes Gewürz;* C. con carne [- k- k-] *(eine Fleischspeise)* ‖ **Chi|li|pfef|fer:** *ein scharfes Gewürz, Cayennepfeffer* ‖ **Chi|li|sauce** [-zo:s(ɛ)] = **Chi|li|soß** = **Chi|li|so|ße:** *eine scharfe Sauce*

chil|len [tʃ-] ⟨engl.⟩ (Jug.): *relaxen;* sie chillt gerne mit ihren Freunden ‖ **chil|lig** (Jug.): die Musik ist echt c. *(angenehm zu hören)*

Chi|mä|re [ʃ-] = → Schimäre

Chimes [tʃaimz] die (Pl.) ⟨engl.⟩: *ein dem Glockenspiel ähnliches Musikinstrument*

Chi|na [k-]: *ein Staat* ‖ **Chi|na|kohl:** *ein Gemüse; eine Salatsorte*

Chi|na|rin|de [k-] ⟨indian.-span.+dt.⟩: *Rinde des südamerikanischen Chinarindenbaums, die zur Chiningewinnung diente*

Chin|chil|la[1] [tʃin'tʃil(j)a] das, -[s]/-s ⟨span.⟩: *ein Nagetier* ‖ **Chin|chil|la**[2] der, -[s]/-s: *ein Pelz*

Chi|ne|se [k-] der, -n/-n ‖ **Chi|ne|sin** die, -/-innen ‖ **chi|ne|sisch:** chinesische Seide; *aber:* die Chinesische Mauer ‖ **Chi|ne|sisch** das, -[s] = **Chi|ne|si|sche,** -n: *die chinesische Sprache*

Chi|nin [k-] das, -s ⟨indian.⟩: *ein Heilmittel aus Chinarinde*

Chi|noi|se|rie [ʃinoazə'ri:] die, -/-n ⟨fr.⟩: *Kunstgewerbearbeit in chinesischem Stil*

Chip [tʃ-] der, -s/-s ⟨engl.⟩: *Spielmarke beim Roulett* | (nur Pl.) *gebackene Erdäpfelscheiben* | (EDV, Elektrot.) *Mikroprozessor; Halbleiterplättchen* | *Annäherungsschlag zu einem Golfloch;* → Pitch ‖ **Chip|card** [-k-]: *Chipkarte* ‖ **Chip|kar|te** (EDV): *kleine Plastikkarte mit eingebautem Chip (oft als Berechtigungskarte)* ‖ **Chip|kar|ten|ge|bühr** ‖ **chip|pen:** *einen Chip einsetzen;* mein Hund ist gechippt

Chi|ro|man|tie [k-] = **Chi|ro|man|tik** die, - ⟨gr.⟩: *Zukunftsvorhersage durch Handlesen* ‖ **Chi|ro|prak|tik** die, - (Med.): *eine Behandlungsmethode für Schäden des Bewegungsapparats (bes. der Wirbelsäule)* ‖ **Chi|ro|prak|ti|ker** der, -s/- ‖ **Chi|ro|prak|ti|ke|rin** die, -/-innen ‖ **Chi|rurg** der, -en/-en: *Facharzt für Chirurgie* ‖ **Chi|rur|gie** die, - (Med.): *operative Behandlung von Erkrankungen und Verletzungen* | *chirurgische Station in einem Krankenhaus* ‖ **Chi|rur|gin** die, -/-innen ‖ **chi|r|ur|gisch**

Chi|și|nău ([rum.: kiʃi'nəu], russ.: Kischinew [-'nɔf]): *Hauptstadt Moldawiens*

Chi|tin [k-] das, -[s] ⟨gr.⟩: *hornartiger Stoff [im Panzer von Insekten]*

Chlor [k-] das, -s ⟨gr.⟩ (Zeichen: Cl): *ein chemisches Element* ‖ **chlo|ren:** gechlortes Wasser ‖ **chlor|frei:** c. gebleichtes Papier ‖ **chlo|rie|ren:** *mit Chlor versetzen* ‖ **Chlo|ro|form** das, -s: *ein Betäubungs- und Desinfektionsmittel*

Chlo|ro|phyll [k-'fyl] das, -s ⟨gr.⟩ (Bot.): *Blattgrün (in Pflanzen)*

Choke [tʃəuk] der, -s/-s ⟨engl.⟩:

C

Luftklappe am Vergaser eines Verbrennungsmotors als Kaltstarthilfe ‖ **Choker** der, -s/-: *Bedienungshebel für den Choke*

Cholera [k-] die, - ⟨gr.⟩: *eine epidemische Infektionskrankheit*

Choleriker [k-] der, -s/- ⟨gr.⟩: *jähzorniger Mensch* ‖ **Cholerikerin** die, -/-innen ‖ **cholerisch:** *jähzornig, aufbrausend* | (Med.) *die Galle betreffend*

Cholesterin [k-] das, -s ⟨gr.⟩: *ein Fettstoff im menschlichen Organismus, in tierischen Lebewesen* ‖ **cholesterinarm** ‖ **cholesterinfrei** ‖ **cholesterinsenkend** ‖ **Cholesterinspiegel** (Med.): *Cholesteringehalt im Blut*

Chopsuey [tʃɒp'su:i] = **Chop-Suey** das, -s/-s ⟨chin.⟩ (Küchenspr.): *ein chinesisches Gericht aus Fleisch und Gemüse*

Chor [k-] der, -[e]s/Chöre ⟨gr.⟩: *mehrstimmiger Gesang* | *eine Komposition hiefür* | *die gemeinsam Singenden;* im C. sprechen; *aber:* das Chorsprechen | (auch mit Art. das, selten auch Pl. Chore) (Kunstg.) → *Apsis* | (auch mit Art. das, selten auch Pl. Chore) (Kunstg.) → *Empore* ‖ **Choral** der, -s/Choräle: *ein Kirchengesang* ‖ **Choralvorspiel:** *Orgelstück, in dem eine Choralmelodie verarbeitet wird* ‖ **Chordirektor:** *Leiter eines [Kirchen]chors, Regens Chori, Chorregent* ‖ **Chordirektorin** ‖ **Chordofon** = **Chordophon** [k-f-] das, -s/-e (meist Pl.): *Saiteninstrument* ‖ **Choreograf** = Choreograph [-f] der, -en/-en ‖ **Choreografie** = Choreographie die, -/-n: *Entwurf und Ausarbeitung eines Bühnentanzes* ‖ **choreografieren** = choreographieren ‖ **Choreografin** = Choreographin die, -/-innen ‖ **choreografisch** = **choreographisch** ‖ **Chorgebet:** *ein gemeinsames Gebet in Klöstern* ‖ **Chorgesang** ‖ **Chorgestühl:** *Sitzbänke in der Kirche für Mönche oder Klosterfrauen [für das Chorgebet]* ‖ **Chorherr:** *Angehöriger bestimmter geistlicher Orden;* → Augustiner-Chorherr ‖ **Chorherrenstift:** das C. Klosterneuburg ‖ **chorisch:** *im Chor, in mehrfacher Besetzung der einzelnen Stimmen* ‖ **Chorkonzert** ‖ **Chorleiter:** *Chordirigent* ‖ **Chorleiterin** ‖ **Chormusik** ‖ **Chororgel:** *Orgel in der Nähe des Chorgestühls* ‖ **Chorprobe** ‖ **Chorregent:** *Chordirektor* ‖ **Chorsänger** ‖ **Chorsängerin** ‖ **Chorus** der, -/- [-russe]: *im Jazz das Grundschema einer Komposition; Refrain*

Chose [ʃ-] die, -/-n ⟨fr.⟩ (veraltend): *[unangenehme] Angelegenheit*

Chow-Chow ['tʃaʊ'tʃaʊ] der, -s/-s ⟨chin.-engl.⟩: *eine Hunderasse*

Chrisam [k-] das = der, -s ⟨gr.⟩: *geweihtes Salböl in der katholischen Kirche* ‖ **Chrisamgeld** (früher): *Tauf- oder Firmgeschenk*

Christ [k-] der, -en/-en ⟨gr.⟩: *Angehöriger einer christlichen Religionsgemeinschaft* ‖ **Christa,** *auch:* Krista: *weibl. Vorname (Christiane, Christine);* → Christel ‖ **Christbaum** ‖ **Christbaumbehang:** *Lebkuchen, Strohsterne uÄ* ‖ **Christbaumschmuck** ‖ **Christdemokrat:** *Anhänger einer christlich-sozialen Partei* ‖ **Christdemokratin** ‖ **Christel** = Christl: *weibl. und männl. Vorname (Christian, Christine, Christiane)* ‖ **Christenheit** die, -: *alle Christen* ‖ **Christenpflicht:** *Nächstenliebe* ‖ **Christentum** das, -s ‖ **Christenverfolgung** ‖ **Christfest** (geh.): *Weihnachtsfest* ‖ **Christian:** *männl. Vorname;* → Christel ‖ **Christiane:** *weibl. Vorname;* → Christa; → Christel ‖ **christianisieren:** *zum Christentum bekehren* ‖ **Christin** die, -/-innen ‖ **Christina** = **Christine:** *weibl. Vorname* ‖ **Christkind** (Rel., Kunstg.): *Jesus Christus als kleines Kind, Jesukind;* → Christkindl ‖ **Christkindl** das, -s/-[n]: *Christkind* | (ugs.) *Weihnachtsgeschenk* | (ohne Art.) *Stadtteil von Steyr (O)* ‖ **Christkindlbrief:** *Brief an das Christkind mit Weihnachtswünschen* ‖ **Christkindlmarkt:** *Weihnachtsmarkt* ‖ **Christkönigsfest** (kath.): *letzter Novembersonntag* ‖ **Christl** = → Christel ‖ **christlich** ‖ **Christmette:** *Mitternachtsmesse am Weihnachtsabend* ‖ **Christnacht:** *Nacht vom 24. auf den 25. Dezember* ‖ **Christof** → Christoph ‖ **Christoffer** → Christopher ‖ **Christoph** [-f] = **Christopher,** *auch:* Christof, Christoffer: *männl. Vorname* ‖ **Christophorus** [auch: -'fo:-]: *Schutzpatron der Reisenden und der Kraftfahrer* ‖ **Christophskraut:** *eine Waldpflanze* ‖ **Christtag:** *der erste Weihnachtsfeiertag, der 25. Dezember* ‖ **Christus** der (Art. selten) (Gen.: Christus/Christi; Dat.: Christus, *veraltet auch:* Christo; Akk.: Christus, *veraltet auch:* Christum): Christi Himmelfahrt *(ein Feiertag);* v., n. Chr. = vor/nach Christus = vor/nach Christi Geburt; → Jesus Christus ‖ **Christusdorn** (Bot.): *eine Pflanze* ‖ **Christusfigur**

Chrom [k-] das, -s ⟨gr.⟩ (Zeichen: Cr): *ein chemisches Element* ‖ **Chromatik** (Phys.): *Farbenlehre* | (Mus.) *Veränderung der Tonstufen um einen Halbton;* → Diatonik ‖ **chromatisch** (Mus.): *Halbtöne verwendend* ‖ **Chromgelb** ‖ **Chromnickelstahl** ‖ **Chromosom** das, -s/-en: *der Teil des Zellkerns, der die Erbanlagen trägt* ‖ **Chromosphäre** [-f-] die, - (Astron.): *glühende Gasschicht um die Sonne*

Chronik [k-] die, -/-en ⟨gr.⟩: *Aufzeichnung historischer Ereignisse in zeitlicher Reihenfolge* ‖ **chronisch:** eine chronische *(langwierige)* Krankheit; → G.: akut ‖ **Chronist** der, -en/-en: *Verfasser einer Chronik* | *Berichterstatter* ‖ **Chronistin** die, -/-innen ‖ **Chronograf** = **Chronograph** [-f] der, -en/-en: *[Stopp]uhr* ‖ **Chronologie** die, -/-n [-'i:(ɛ)n]: *(wissenschaftliche) Zeitmessung* | eine C. *(Reihenfolge)* der Ereignisse ‖ **chronologisch:** *nach der Zeit geordnet* ‖ **Chronometer:** *Präzisionsuhr*

Chrysantheme [kry-, kri-] die, -/-n ⟨gr.⟩: *eine Herbstblume*

chthonisch [çt-] ⟨gr.⟩ (geh.): *erdbezogen, unterirdischen, finsteren Mächten zugehörig*

Chur [k-]: *Schweizer Stadt*

Chutney ['tʃʌtni] das, -s/-s ⟨Hindi-engl.⟩: *eine scharfe Würzsauce*

Chuzpe [x-] die, - ⟨jidd.⟩ (ugs., veraltend): *Frechheit, Unverschämtheit*

CI [tse 'i:, engl.: si: 'aɪ] die, -/-s (Werb.): **C**orporate **I**dentity

CIA [si aɪ 'eɪ] der (*auch:* die), -: **C**entral **I**ntelligence **A**gency *(Geheimdienst der USA)*

Ciabatta [tʃa-] das, -s/-s, *auch:* die, -/Ciabatte ⟨it.⟩: *knuspriges italienisches Weißbrot*

ciao [tʃaʊ] = tschau ⟨it.⟩ (sal.): *servus, leb wohl;* c. (= **C**iao) sagen ‖ **Ciao** das, -[s]/-[s]: C. (= **c**iao) sagen

Ci|dre ['si:də, fr.: sidr] der, -[s] ⟨hebr.-gr.-lat.-fr.⟩: *Apfelwein, Zider*
Cie. (veraltet): **C**ompagn**ie** (in Firmennamen); → Co.; → Kompanie
Ci|li[1] [ts-] (slowen. Celje [ts-]): *Stadt in Slowenien*
Ci|li[2] [ts-] = **Ci|ly** [-i]: *weibl. Vorname (Cäcilia)*
Ci|ne|ast [s-] der, -en/-en ⟨gr.-fr.⟩: *Filmkenner, Filmbegeisterter* ‖ **Ci|ne|as|tin** die, -/-innen ‖ **Ci|ne|ma|s|cope** [-'ko:p, engl.: -'kəʊp] = **Ci|ne|ma-Scope** das, -[s] (Wz.): *besondere Aufnahme- und Projektionstechnik beim Film* ‖ **Ci|ne|ma|thek** die, -/-en: *Filmsammlung*
Cin|que|cen|to [tʃiŋkue'tʃe-] das, -[s] ⟨it.⟩: *das 16. Jh. und seine Kunst in Italien*
CIO [tse i 'o:, engl.: si: aɪ 'əʊ] der, -[s]/-[s]: **C**hief **I**nformation **O**fficer *(Leiter/in der IT einer Firma)*
cir|ca ['tsirka] (ca.) = → zirka
Cir|ce ['tsirtsɛ] die, -/-n: *Verführerin* | (ohne Pl.) *griechische Sagengestalt;* → bezirzen
Cir|cuit ['sɜ:kɪt] der, -s/-s ⟨engl.⟩: *eine Turnierserie im Tennis*
Cir|cu|lus vi|ti|o|sus ['tsirk- vitsi-] der, - -/Circuli vitiosi ⟨lat.⟩: *verhängnisvoller Kreislauf von Ursache und Wirkung, Teufelskreis* ‖ **Cir|cus** = → Zirkus
cis [tsis] das, -/- (Mus.): *das um einen Halbton erhöhte C (c);* → Cis | cis-Moll ‖ **Cis** das, -/- (Mus.): *das um einen Halbton erhöhte C (c);* → cis | Cis-Dur ‖ **Cis-Dur** (Cis) (Mus.) ‖ **Cis-Dur-Ton|lei|ter** (Mus.)
Cis|lei|tha|ni|en [ts-] = → Zisleithanien
cis-Moll ['tsis-] (cis) (Mus.) ‖ **cis-Moll-Ton|lei|ter** (Mus.)
Ci|t|rin [ts-] → Zitrin ‖ **Ci|trus** die (Pl.) ⟨lat.⟩ (Bot.): → *Zitrus*
Ci|ty ['sɪti] die, -/-s ⟨engl.⟩: *Stadtkern, Innenstadt* ‖ **Ci|ty Air|port Train** [- 'eə- ˌtreɪn] (CAT) der, - - -[s]/- - -[s]: *Zug[verbindung] vom Bahnhof Wien Mitte zum Flughafen Schwechat* ‖ **Ci|ty|bike** [-baɪk]: *[Stadt]fahrrad mit dicken Reifen* ‖ **Ci|ty|maut** (Verk.): *Maut für Stadtzentren* ‖ **Ci|ty|shuttle** [-ʃʌtl] = **Ci|ty-Shuttle** = **Ci|ty-Shuttle:** *ein [regionaler] Wendezug*
cl: Zentiliter
Cl: Chlor
Clan [k-] = → Klan
Cla|que [klak] die, -/-n ⟨fr.⟩: *bezahlte Beifallsklatscher* ‖ **Cla|queur** [-'kø:ə] der, -s/-e: *einer von der Claque* ‖ **Cla|queu|rin** die, -/-innen
Cla|ra [k-] → Klara ‖ **Cla|ris|sa:** *weibl. Vorname;* → Klarissa
Clash [klɛʃ, engl.: -æ-] der, -s/-s ⟨engl.⟩ (sal.): *Zusammenstoß*
Clau|dia [k-]: *weibl. Vorname*
Claus [k-] → Klaus
Cla|ves [k-v-] die (Pl.) ⟨span.⟩: *ein hölzernes Schlaginstrument*
Cla|vi|chord [klavik-] = → Klavichord
clean [kli:n] ⟨engl.⟩: *nicht mehr drogensüchtig* ‖ **Clea|ning** das, -s: *Reinigung[sdienst]*
Clea|ring ['kli:r-] das, -s/-s ⟨engl.⟩ (Wirt.): *ein Verrechnungsverfahren* | (ohne Pl.) *ein Angebot des Bundessozialamts für Jugendliche, die in das Berufsleben einsteigen möchten* ‖ **Clea|ring|stel|le:** *Anlaufstelle, Kontaktstelle*
Cle|ma|tis [k-] = → Klematis
Cle|mens [k-], *auch:* Klemens: *männl. Vorname*
cle|ver [k-v-] ⟨engl.⟩: *klug, schlau, gerissen* ‖ **Cle|ver|ness** die, -
Cli|ent ['klaɪənt] der, -s/-s ⟨engl.⟩ (EDV): *Computer, der Teil eines Netzwerkes ist und von einem Server Informationen bekommt;* → Klient ‖ **Cli|ent|ser|ver** [-sɜ:və] (EDV): *Verbindung zwischen Arbeitsplätzen und einem zentralen Datenspeicher*
Clinch [klɪn(t)ʃ] der, -[e]s ⟨engl.⟩: *Umklammerung des Gegners im Boxkampf* | mit jemandem im C. liegen *(sich mit jemandem im Konflikt befinden)* ‖ **clin|chen,** du clinch[s]t (Sport)
Clip [k-] der, -[s]/-s = Clips, -/- = Klipp = Klips ⟨engl.⟩: *eine kleine Vorrichtung zum Festklammern* | *ein modisches Schmuckstück;* Ohrclip | *Kurzwort für Videoclip* ‖ **Clip|art** das, -s/-s: *kurze Bild- oder Videoanimation in einer Computerpräsentation* ‖ **Clips** = → Clip ‖ **clip|sen** = klipsen ‖ **Clip|ser** = Klipser der, -s/-: *Knipser;* Nagelclipser
Clique [klik] die, -/-n ⟨fr.⟩ (meist abw.): *Gruppe, die sich gegen andere abschließt* ‖ **Cli|quen|wirt|schaft** (meist abw.)
Cli|via [k-v-] die, -/Clivien [-iən]: *eine Zimmerpflanze (nach einer englischen Herzogin)*
Clo|chard [klɔ'ʃa:r] der, -s/-s ⟨fr.⟩: *Obdachloser [in Frankreich]*
Clog [k-] der, -s/-s (meist Pl.) ⟨engl.⟩: *pantoffelähnlicher Schuh mit fester [Holz]sohle; aber:* → Crocs
Clou [klu:] der, -s/-s ⟨fr.⟩: *Glanzpunkt, Schlager*
Cloud|com|pu|ting ['klaʊdk-ˌpju:-] das, -s ⟨engl.⟩: *Datenverarbeitung mit Hilfe in Netzwerke ausgelagerter IT-Infrastruktur*
Clown [klaʊn] der, -s/-s ⟨engl.⟩: *Spaßmacher im Zirkus* ‖ **Clown|doc|tor** [-ktə] der, -s/-s (meist Pl.): *Clown, der [in Spitälern] für Kinder auftritt* ‖ **Clow|ne|rie** die, -/-n
Club [k-] = → Klub
Club|bing ['klʌ-] das, -s/-s ⟨engl.⟩: *eine [Tanz]party*
Club|chef [-ʃe:f] = → Klubchef ‖ **Club|che|fin** = → Klubchefin ‖ **club|ei|gen** = → klubeigen ‖ **Club|för|de|rung** = → Klubförderung ‖ **Club|gar|ni|tur** = → Klubgarnitur ‖ **Club|klau|sur** = → Klubklausur ‖ **Club|ob|frau** = → Klubobfrau ‖ **Club|ob|mann** = → Klubobmann ‖ **Club|raum** = → Klubraum ‖ **Club|ses|sel** = → Klubsessel ‖ **Club|ur|laub** = → Kluburlaub ‖ **Club|zwang** = → Klubzwang
Clus|ter ['klʌs-] der, -s/- ⟨engl.⟩: *Gemisch aus nebeneinanderliegenden Tönen (in der Musik des 20. Jh.)* | (Phys.) *aus Einzelteilen bestehendes Gesamtsystem* | (Wirt.) *Kooperation gleichartiger Unternehmen*
cm: Zentimeter ‖ **cm²:** Quadratzentimeter ‖ **cm³:** Kubikzentimeter
Cm: Curium
CM [tse 'ɛm, engl.: si: 'em]: **C**ontent **M**anagement; → CMS
C + M + B, *auch:* K + M + B: **C**aspar (Kaspar), **M**elchior und **B**althasar *(die Heiligen Drei Könige)* | **C**hristus **m**ansionem **b**enedicat *(Christus segne dieses Haus) (Haussegenzeichen)*
c-Moll ['tse:'mɔl] (c) (Mus.): *eine Tonart* ‖ **c-Moll-Ton|lei|ter** (Mus.)
CMS [tse ɛm 'ɛs, engl.: si: em 'es]: **C**ontent **M**anagement **S**ystem *(Softwaresystem zur Erstellung und Bearbeitung von Webinhalten);* → CMS
Cn: Copernicium
Co: Kobalt
Co. [ko:]: **Co**mpagnie (in Firmennamen); → Cie.; → Kompanie
c/o: → care of
CO₂-Fuß|ab|druck [tse o 'tsvaɪ-]: *ökologischer Fußabdruck, Fläche, die der Mensch [umweltscho-*

C

nend] für seine Bedürfnisse braucht)
Coach [kəutʃ] der, -[s]/-s ⟨engl.⟩ (bes. Sport): *Trainer, [sportlicher] Betreuer* | *Wirtschaftscoach* || **coachen,** du coach[s]t (bes. Sport) || **Coachin** die, -/-innen (bes. Sport) || **Coaching** das, -[s] (bes. Sport): *Betreuung*
Coautor = → Koautor || **Coautorin** = → Koautorin
Cobalt [k-] = → Kobalt
Cobra [k-] die, -: *ein Sonderkommando der Polizei*
Coca[1] [k-k-] die, -/-s → Koka || **Coca**[2] das, -[s]/-[s], *in D auch:* die, -/-[s] ⟨indian.-span.⟩: *Kurzwort für Coca-Cola* || **Coca-Cola** [- k-] das, -[s]/-[s], *in D auch:* die, -/-[s] (Wz.): *ein coffeinhältiges Getränk;* → Coca; → Cola || **Cocapflanze** → Kokapflanze || **Cocastrauch** → Kokastrauch
Cockpit [k-] das, -s/-s ⟨engl.⟩: *Pilotenkabine (in Flugzeugen, Rennwagen)*
Cocktail [k-teıl] der, -s/-s ⟨engl.⟩: *Mischung von [alkoholischen] Getränken* || **Cocktailempfang** || **Cocktailkleid:** *ein kurzes Abendkleid* || **Cocktailparadeiser** || **Cocktailparty** [-i] || **Cocktailtomate:** *bes. kleine Tomate;* → Kirschtomate
Coda [k-] = → Koda
Code [ko:t, fr.: kɔd, engl.: kəʊd] = → Kode || **Codex** ['ko:d-] ⟨lat.⟩ = → Kodex | (Jus) C. Iuris canonici *(Gesetzessammlung des katholischen Kirchenrechts)* || **codieren** = → kodieren || **Codierung** = → Kodierung
Coffein [k-] = → Koffein || **coffeinfrei** = → koffeinfrei || **coffeinhältig** = → koffeinhältig
cognac ['kɔnjak] = → kognak || **Cognac** der, -s/-s (Wz.): *ein französischer Weinbrand;* → Kognak || **cognacfarben** = → kognakfarben || **Cognacglas** = → Kognakglas || **Cognacschwenker** = → Kognakschwenker
Coiffeur [koa'fø:ə] der, -s/-e ⟨fr.⟩: *Friseur, Haarschneider* || **Coiffeurin** die, -/-innen || **Coiffeuse** [-'fø:s, -zɛ] die, -/-n; → Coiffeurin
coitieren [k-] = → koitieren || **Coitus** = → Koitus
Coke [koʊk] das, -s/-s ⟨engl.⟩ (Wz.): *Kurzwort für Coca-Cola*
Cola[1] [k-] die, -/-s ⟨afrik.⟩ → Kola || **Cola**[2] das, -[s]/-[s], *in D auch:* die, -/-[s]: *Kurzwort für zB Coca-Cola* || **Colabaum** → Kolabaum ||
Colanuss → Kolanuss
Collage [ko'la:ʃ, -ʒɛ] die, -/-n ⟨fr.⟩: *mit verschiedenartigen Materialien hergestelltes Bildwerk*
College ['kɒlıdʒ] das, -/-s [-dʒız] ⟨engl.⟩: *eine höhere Schule [in Großbritannien und den USA]*
Collie ['kɔli] der, -[s]/-s ⟨engl.⟩: *eine Hunderasse*
Collier [ko'lie:] = → Kollier
Colonel [fr.: -'nɛl; engl.: kɜ:nl] der, -s/-s ⟨fr.-engl.⟩: *Oberst*
Coloniakübel = → Koloniakübel
Colt [k-] der, -s/-s (Wz.): *ein Revolver (nach dem amerikanischen Erfinder benannt)*

Comeback = Come-back

[kʌm'bæk, auch: 'kʌm-] das, -[s]/-s ⟨engl.⟩: *erfolgreiche Rückkehr einer prominenten Person in ihr ehemaliges Betätigungsfeld;* ein Comeback feiern
Nominalisierungen aus dem Englischen aus Verb + Adverb werden mit Bindestrich geschrieben. Wenn die Lesbarkeit nicht beeinträchtigt wird, ist auch Zusammenschreibung möglich, zB:
– Come-back = Comeback
– Coming-out = Comingout
– Count-down = Countdown
R→ S. 906, 5.2.1

Combo [k-] die, -/-s ⟨engl.⟩: *kleines Jazz- oder Tanzmusikensemble*
COMECON [k-k-] das = der, - (früher): **C**ouncil for **M**utual **Econo**mic Assistance (bzw.: Aid) *(eine Wirtschaftsorganisation der Ostblockstaaten)*
Comedy ['kɒmədi] die, -/-s ⟨engl.⟩ (bes. D): *kabarettistisches Programm [im Fernsehen]*
Comic [k-k] der = das, -[s]/-s ⟨engl.⟩ (meist Pl.): *Kurzwort für Comicstrip, Comicheft* || **Comicheft** || **Comicstrip** [-st-] der = das, -s/-s (meist Pl.): *Bildgeschichte mit eingebauten Kurztexten*
Coming-out [kɒmiŋ'aʊt] = **Comingout** das, -s/-s ⟨engl.⟩: → *Outing*
comme il faut [kɔm il 'fo] ⟨fr.⟩ (wörtl.: wie es sich gehört) (geh.): *vorbildlich*
Commedia dell'Arte [k- -] die, - ⟨it.⟩: *italienisches [Stegreif]lustspiel*
Commitment [k-] das, -s/-s ⟨engl.⟩: *Verpflichtung, Bekenntnis* | *Bindung [an eine Firma]* || **committen** sich
Common Sense ['kɒmən 'sens] der, -/- = **Commonsense** ⟨engl.⟩: *gesunder Menschenverstand*
Commonwealth ['kɒmənwelθ] das, -: *Zusammenschluss der Staaten, die die englische Krone als Oberhaupt anerkennen*
Communio [k-] die, - ⟨lat.⟩: *ein Teil des Propriums der heiligen Messe*
Community [k-'mju:-i] die, -/-s ⟨engl.⟩: *eine Interessengemeinschaft im Internet, zB Diskussionsforen*
Compact Disc [k-kt -k, auch: -'pa-] die, - -/- -s (CD) ⟨engl.⟩: *digitale Speicherplatte für Tonsignale* (CD-Audio), *Bildsignale* (CD-Video, Foto-CD) *oder Texte* (CD-ROM, CD-i), *die mittels Laserstrahl abgetastet wird;* → DVD
Compagnie [k-a'ni:] = → Kompanie || **Compagnon** [-njo:n] = → Kompagnon
Computer [k-'pju:-] der, -[s]/- ⟨engl.⟩: *elektronischer Rechner; Datenverarbeitungsanlage* || **computeraffin:** *mit dem Computer vertraut* || **Computeranimation** [-tsi-] || **Computerausdruck** || **Computerfreak** [-fri:k]: *begeisterter Benützer eines Computers* || **Computerführerschein** (Bildw.): Europäischer C. || **computergesteuert** || **computerisieren:** *[Arbeitsabläufe] auf Computer umstellen* || **Computermaus:** *Steuerungsgerät beim Computer* || **Computermusik:** *Komposition bzw. Herstellung von Musik mit Hilfe eines Computers* || **Computerspiel** || **Computertomografie = Computertomographie** [-f-] die, - (CT) (Med.): *eine spezielle Röntgenuntersuchung* || **computerunterstützt:** computerunterstützter Unterricht || **Computervirus** [-v-]
con brio [k- -] ⟨it.⟩ (Mus.): *mit Schwung*
Concerto grosso [k-'tʃɛ- -] das, -/Concerti grossi ⟨it.⟩ (Mus.): *ein barockes Instrumentalkonzert*
Conclusio [k-k-] die, -/-nen [-'o:n-] ⟨lat.⟩: *Schlussfolgerung*
Concordia [k-k-] die, -: *römische Göttin der Eintracht* | *ältester Presseclub der Welt (in Wien)*
Conditio sine qua non [k-tsio - - -] die, - - - - ⟨lat.⟩ (geh.): *unerlässliche Bedingung*

Con|fé|ren|ce [kõfeˈrɑ̃ːs] die, -/-n ⟨fr.⟩: *Ansage bei unterhaltenden Veranstaltungen;* Doppelconférence; *aber:* → Konferenz ‖ **Con|fé|ren|cier** [-ˈsjeː] der, -s/-s ‖ **Con|fé|ren|cieuse** [-ˈsjøːs, -zɛ] die, -/-n ‖ **con|fe|rie|ren** [kɔn-]: *als Conférencier/Conférencieuse tätig sein;* → konferieren

Con|fi|se|rie [kɔn-, auch: kõ-] = → Konfiserie

Con|foe|de|ra|tio Hel|ve|ti|ca [k-fød-tsio -v-ka] die, - (CH) ⟨lat.⟩: *Schweizerische Eidgenossenschaft*

Con|ga [k-] die, -/-s: *eine große Trommel (nach dem Strom Kongo benannt)*

con mo|to [k- -] ⟨it.⟩ (Mus.): *bewegt;* Andante con m.

Con|nais|seur [kɔneˈsøːə] der, -s/-s ⟨fr.⟩ (geh.): *Kenner*

Con|ni [k-], *auch:* **Con|ny** [-i]: *weibl. und männl. Vorname (Cornelia, Konstanze, Konrad)* ‖ **Con|rad** → Konrad

con sor|di|no [k-] ⟨it.⟩ (Mus.): *mit Dämpfer*

Con|s|tan|ze [k-] → Konstanze

Con|tai|ner [k-ˈteːn-, engl.: -ˈeɪ-] der, -s/- ⟨engl.⟩: *großer [genormter] Behälter zur Güterbeförderung oder als Bauhütte* ‖ **Con|tai|ner|ver|kehr** ‖ **Con|tain|ment** das, -s/-s: *Schutzhülle, Sicherheitsbehälter [für AKWs]*

Con|te|nan|ce [kõtœˈnɑ̃ːs] = Contenance die, - ⟨fr.⟩ (geh., veraltend): die C. *(Haltung, Fassung)* bewahren

Con|tent [ˈk-] der, -s/-s ⟨lat.-engl.⟩: *alle Inhalte im Internet* ‖ **Content Ma|nage|ment** [k- ˌmæ-nɪdʒm-] (CM): *Aufbereitung und Verwaltung von Inhalten, bes. für Internetanwendungen* ‖ **Content-Ma|nage|ment-Sys|tem** [engl.: - - ˌsɪ-] (CMS): *Softwaresystem zur Erstellung und Bearbeitung von Webinhalten* ‖ **Con|tent|pro|vi|der** [-prəˈvaɪ-] (EDV): *Provider für Internetinhalte*

Con|ter|gan|kind [k-]: *auf Grund des Medikaments Contergan behindert geborenes Kind*

Con|ti|nuo [k-] der, -s/-s ⟨it.⟩ (Mus.): → *Basso continuo*

con|t|ra [k-] = → kontra

Con|t|rol|ler [k-ˈrəʊ-] der, -s/- ⟨engl.⟩ (EDV): *Steuerungseinheit in Computern [zum Betrieb von Festplatten und Laufwerken]* | (Wirt.) *Fachmann für Kostenrechnung und Kostenplanung in einem Betrieb* ‖ **Con|t|rol|le|rin** die, -/-innen (Wirt.) ‖ **Con|t|rol|ling** das, -s (Wirt.)

Coo|kie [ˈkʊki] das, -s/-s ⟨engl.⟩: *ein [amerikanisches] Frühstücksgebäck* | (EDV) *Textdatei, die beim Besuch einer Website zur Identifizierung von Internetbenutzern [und ihrer Aktivitäten] angelegt wird*

cool [kuːl] ⟨engl.⟩ (sal.): *kühl, lässig, die Ruhe bewahrend;* ein cooler Blick; c. bleiben | (Jug.) *super, hervorragend;* eine coole Party ‖ **Cool Jazz** [- dʒæz] der, - - (Mus.): *ein Jazzstil*

Co|pa Ka|g|ra|na [k- -] die, - -: *ein Strand an der Donauinsel in Wien-Kagran*

Co|per|ni|ci|um [k-tsi-] das, -s (Zeichen: Cn): *ein chemisches Element (nach dem Astronomen Nikolaus Kopernikus)*

Co|pi|lot [k-] = → Kopilot ‖ **Co|pi|lo|tin** = → Kopilotin

Co|pro|duk|ti|on [k-tsi-] = → Koproduktion

Co|pro|zes|sor [k-] = → Koprozessor

Co|py and Paste [ˈkɒpi ənd ˈpeɪst] das, - - - ⟨engl.⟩ (EDV): *Kopieren und Einfügen* ‖ **Co|py|right** [raɪt] das, -s/-s: *Vermerk in Büchern, dass das Nachdrucken nur mit besonderer Erlaubnis gestattet ist* | (Jus) *Urheberrecht* ‖ **Co|py|shop** [-ʃ-]: *[Selbstbedienungs]-geschäft zum Fotokopieren*

co|ram pu|b|li|co [k- -k-] ⟨lat.⟩: *in aller Öffentlichkeit*

Cord = → Kord ‖ **Cord|ho|se** = → Kordhose

Cor|don bleu [kɔrdõ ˈblø] das, - -/-s -s [-dõ ˈblø] ⟨fr.⟩ (Küchenspr.): *ein gefülltes Schnitzel* ‖ **Cor|don sa|ni|taire** [- saniˈtɛːr] der, - -/-s -s [-dõ -ˈtɛːr]: *Schutzgürtel, Sicherheitszone [gegen Epidemien]*

Cord|samt [k-] = → Kordsamt

Cor|du|la [k-], *auch:* Kordula: *weibl. Vorname*

Co|r|in|na [k-] → Korinna

Co|ri|o|lis|kraft [k-] die, - (Phys., Astron.): *die auf einem rotierenden Körper, zB der Erde, auftretende Trägheitskraft (nach einem französischen Physiker)*

Cor|ned Beef [ˈkɔːnd biːf] = **Cor|ned|beef** das, -[s] ⟨engl.⟩: *gepökeltes Rindfleisch*

Cor|ne|lia [k-], *auch:* Kornelia: *weibl. Vorname;* → Conni

Cor|ner [k-] der, -s/- ⟨engl.⟩ (Sport): *Eckball, Eckstoß [im Fußball]*

Corn|flakes [k-fleɪks] die (Pl.) ⟨engl.⟩: *geröstete Maisflocken*

Cor|ni|chon [kɔrniˈʃõː] das, -s/-s ⟨fr.⟩: *kleine eingelegte Gurke*

Cor|po|rate Iden|ti|ty [ˈkɔːpərɪt aɪˈdentəti] die, - -/- -s (CI) ⟨engl.⟩ (Werb.): *Erscheinungsbild [einer Firma], das die Wiedererkennung in der Öffentlichkeit unterstützt* ‖ **Corps** [kɔːə] ⟨fr.⟩ = → Korps | C. de Ballet [kɔːr dœ -ˈle] *(Ballettensemble)* ‖ **Corps|geist** = → Korpsgeist ‖ **Corps|kom|man|dant** = → Korpskommandant

Cor|pus [k-] = → Korpus ‖ **Cor|pus De|lic|ti** [- -kt-] das, - -/- - [Corpora -] ⟨lat.⟩: *Beweisstück, Tatwerkzeug*

Cor|sa|ge [k-ˈsaːʃ, -ʒɛ] die, -/-n ⟨fr.⟩: *ein trägerloses Damenoberteil*

Cor|so [k-] = → Korso

Cor|ti|son [k-] = → Kortison

cos: Cosinus ‖ **Co|si|nus** [k-] = → Kosinus

Cos|ta Ri|ca [k- -ka], *auch:* Kostarika: *mittelamerikanischer Staat*

cot: Kotangens

Co-Tea|ching [ˈkoːtiːtʃ-] das, -s ⟨engl.⟩: *gemeinsame Unterrichtsgestaltung durch zwei Lehrkräfte*

Côte d'Azur [kot daˈzyːr] die, -: *eine südfranzösische Küstenlandschaft*

Côte d'Ivoire [kot diˈvu̯aːr]: *afrikanischer Staat, Elfenbeinküste*

Cot|tage[1] [ˈkɒtɪdʒ] das, -/-s [-dʒɪz] ⟨fr.-engl.⟩: *Landhaus, Wochenendhaus* | *Villenviertel* ‖ **Cottage**[2] [auch: kɔˈteːʃ] die, - (W, veraltend): *mehrere Villenviertel in Wien* ‖ **Cot|tage|cheese** [ˈkɒtʃiːz] der, -/- (-s [-zɪz]), *auch:* **Cottage-Cheese:** *ein Frischkäse, Hüttenkäse* ‖ **Cot|tage|la|ge:** *noble Wohngegend* ‖ **Cot|tage|vier|tel** ‖ **Cot|tage|woh|nung**

Cot|ton [kɒtn] die, - ⟨engl.⟩: *Baumwolle*

Couch [kaʊtʃ] die, -/-en ⟨engl.⟩: *ein gepolstertes Liegemöbel* ‖ **Couch|po|ta|to** [-ˌteɪ-] die, -/-s = der, -s/-s ⟨engl.⟩ (abw.): *Person, die die meiste Zeit essend und trinkend vor dem Fernseher herumsitzt* ‖ **Couch|tisch:** *ein niedriger Tisch*

Couleur [kuˈlœːə] die, - ⟨fr.⟩: *Farbe* | *Farben einer studentischen Verbindung* | *Parteizugehörigkeit*

Couloir [kuˈlo̯aːr] der = das, -s/-s ⟨fr.⟩: *Schlucht* | *Wandelgang;* in den Couloirs des Parlaments etwas besprechen

Cou|lomb [kuˈlõː] das, -s/- (Zeichen: C) (Phys.): *Maßeinheit für*

die Elektrizitätsmenge
Count-down ['kaʊntdaʊn] = **Countdown** der = das, -[s]/-s ⟨engl.⟩: *Herunterzählen bis zum Zeitpunkt null [bei einem Raketenstart]*
Countertenor ['kaʊntəˌtenə] = Kontratenor ⟨engl.⟩ (Mus.): *Sänger, der im Falsett in Alt- oder Sopranlage singt;* → Falsettist
Countrymusic ['kʌntrimju:zɪk] die, - ⟨engl.⟩: *traditionelle volkstümliche Musik der USA*
Coup [ku:] der, -[s]/-s ⟨fr.⟩: *Gewaltstreich, überraschendes Vorgehen*
Coupe [kup] der, -[s]/-s, *auch:* die, -/-s ⟨fr.⟩: *Eisbecher, Früchtebecher*
Coupé [ku'pe:] = Kupee das, -[s]/-s ⟨fr.⟩: *eine Autoform* | (veraltend) *Abteil im Eisenbahnwagon*
Couplet [ku'ple:] das, -s/-s ⟨fr.⟩: *witziges Lied mit Kehrreim; Gesangseinlage in Possen*
Coupon [ku'põ:] = → Kupon
Courage [ku'ra:ʃ, -ʒɛ] die, - ⟨fr.⟩: *Mut;* Zivilcourage || **couragiert:** *mutig*
Courante [ku'rɑ̃:t] die, -/-n ⟨fr.⟩: *ein Tanzsatz in der barocken Suite*
Courtage [kur'ta:ʃ, -ʒɛ] die, -/-n ⟨fr.⟩ (Wirt.): *Vermittlungsprovision des Maklers*
Courtoisie [kurtoa'zi:] die, -/-n ⟨fr.⟩ (geh., veraltend): *feines Benehmen, Höflichkeit*
Couscous ['kʊskʊs] das, -/- ⟨berberisch-arab.-fr.⟩: *Hartweizengrieß* | *nordafrikanisches Gericht [mit Lammfleisch und Gemüse]*
Cousin [ku'zɛ̃:] der, -s/-s ⟨fr.⟩: *Sohn des Onkels bzw. der Tante, Vetter* || **Cousine** = Kusine die, -/-n: *Tochter des Onkels bzw. der Tante, Base*
Couture [ku'ty:r] → Haute Couture
Couvert [ku've:ə] das, -s/-s ⟨fr.⟩: *Gedeck* || **Couverture** [kuvɛr'ty:ə, -rɛ] = → Kuvertüre
Cover ['kʌvə] das, -s/-[s] ⟨engl.⟩: *Titelseite; Buchhülle; Schallplattenhülle* | *Kurzwort für Coverversion* || **Covergirl** [-gɜ:l]: *auf der Titelseite [einer Illustrierten] abgebildetes Mädchen* || **covern** (Mus.): *eine Coverversion aufnehmen* || **Coverstory** [-stɔri]: *Titelgeschichte* || **Coverversion** [-vɛrʒ-] (Mus.): *neu interpretierte Aufnahme eines alten Musiktitels*
Cowboy ['kaʊbɔɪ] der, -s/-s ⟨engl.⟩: *nordamerikanischer berittener Rinderhirt* || **Cowboyhut** || **Cowboystiefel**
Coyote [koj-] = → Kojote
CPU [tse pe 'u:, engl.: si: pi: 'ju:] die, -/-s (EDV): **C**entral **P**rocessing **U**nit *(Hauptkomponente eines Computers)*
Cr: Chrom
ČR [tʃe 'ɛr] die, -: Tschechische Republik, Tschechien
Crack[1] [kræk] der, -s/-s ⟨engl.⟩ (Sport): *bes. guter Sportler, Ass* | *Eishockeyspieler* || **Crack**[2] das, -s/-s: *eine synthetische Droge* || **Cracker** der, -s/-[s]: *ein knuspriges Kleingebäck* | (EDV) *jemand, der geschützte Software manipuliert;* → Hacker || **Crackerin** die, -/-innen (EDV)
Cranberry ['krænbəri] die, -/-s ⟨engl.⟩: *amerikanische Verwandte der Preiselbeere*
Crash [kræʃ] der, -[s]/-s ⟨engl.⟩ (sal.): *Zusammenstoß* | (Wirt.) *Zusammenbruch* || **Crashkurs:** *Intensivkurs* || **Crashtest** (bes. Kfz): *Härtetest*
crawlen ['krɔ:l-] = → kraulen
Credo [k-] = → Kredo
creme [kre:m] ⟨fr.⟩: *gelblich weiß;* ein c. Hemd || **Creme**[1] das, -[s]/-: *eine Farbe* || **Creme**[2] die, -/-n [-s] = Krem, -/-en = Kreme, -/-n: *Salbe zur Hautpflege* | *eine Süßspeise; Füllung für Torten uÄ* | (ohne Pl.) (iron.) die C. *(oberste Schicht)* der Gesellschaft; die Crème de la Crème [- dœ - -] *(oberste Gesellschaftsschicht)* || **cremefarben** || **Crème fraîche** [- 'frɛʃ] die, - -/-s -s [- 'frɛʃ]: *ein fettreicher Sauerrahm* || **Cremeschnitte:** *eine süße Mehlspeise* || **Cremespinat** || **cremig** = kremig
Crêpe[1] [krɛp] = Krepp die, -/-s [krɛp] ⟨fr.⟩ (bes. D): *dünne Palatschinke* || **Crêpe**[2] [krɛp] = → Krepp[2]
cresc.: crescendo || **crescendo** [kre'ʃe-] (cresc.) ⟨it.⟩ (Mus.): *anschwellend;* → G.: decrescendo || **Crescendo** das, -[s]/-s (Mus.)
Crescentia [k-'tsɛntsja], *auch:* Kreszentia, Kreszenz: *weibl. Vorname;* → Zenzi
Creutzfeldt-Jakob-Krankheit [k-] (Med.): *eine Nervenerkrankung*
Crew [kru:] die, -/-s ⟨engl.⟩: *Mannschaft, Besatzung [eines Flugzeugs]*
Crimpzange [kr-] ⟨engl.⟩: *ein Werkzeug*
CRM [tse ɛr 'ɛm, engl.: si: a: 'em] das, -[s]: **C**ustomer **R**elationship **M**anagement *(Kundenbeziehungs- bzw. Kundenbindungsmanagement)*
Crocs [krɔks] die (Pl.) ⟨engl.⟩ (Wz.): *ein Kunststoffschuh;* aber: → Clog
Croissant [kroa'sɑ̃:] das, -s [-(s)]/-s [-(s)] ⟨fr.⟩: *ein kipferlartiges französisches Weißgebäck*
Cro-Magnon-Mensch [k-ma'ɲõ-] (Anthropologie): *ein steinzeitlicher Menschentyp (benannt nach dem französischen Fundort)*
Cromargan [k-] das, -[s] (Wz.): *Stahl von besonderer Qualität*
cross ⟨engl.⟩ (Sport, bes. Tennis): *quer;* einen Ball c. spielen; *aber:* → kross || **Cross** [k-] der, -/-es [-ɪz] (Sport, bes. Tennis): *ein Schlag;* einen C. spielen | (auch mit Art. das) *Kurzwort für Snowboardcross uÄ* || **Crosscheck** [tʃ-] (im Eishockey): *Foul mit dem Schläger* || **Crosscountry** [-kʌntrɪ] das (*auch:* der), -s (Sport): *Querfeldeinlauf* || **Cross-over** [-əʊvə] = **Crossover** das (*auch:* der), -s (Mus.): *Vermischung von E- und U-Musik* || **Crossposting** [-pəʊ-] *unerwünschter, inhaltlich identischer Beitrag in verschiedenen Diskussionsforen* || **Crosstrainer** [-tre:-, engl.: -'eɪ-]: *ein Fitnessgerät*
Croupier [kru'pje:] der, -s/-s ⟨fr.⟩: *Spielleiter im Casino* || **Croupiere** [-'pje:ə, -rɛ] die, -/-n
Croûton [kru'tõ:] der (*auch:* das), -s/-s (meist Pl.) ⟨fr.⟩: *eine Suppeneinlage aus getoastetem Weißbrot*
Cruisemissile ['kru:zˌmɪsaɪl] das, -s/-s ⟨engl.⟩ (Mil.): *eine Boden-Boden-Rakete, Marschflugkörper*
Crux [k-] = → Krux
Cs: Cäsium
Csarda [tʃ-] = **Csárda** die, -/-s ⟨ung.⟩ (B): *Gaststätte nach Art ungarischer Pusztaschänken* || **Csardas** [-aʃ] = **Csárdás** der, -/-[e]: *ungarischer Nationaltanz*
C-Schlüssel ['tse:-] (Mus.): *Bezeichnung für verschiedene Notenschlüssel, zB Alt-, Tenorschlüssel*
ČSFR [tʃe ɛs ɛf 'ɛr] die, - (früher): Tschechische und Slowakische Föderative Republik (1990–1992); → ČSR
CSI [tse ɛs i:, engl.: si: es 'aɪ] die, -/-[s]: **C**rime **S**cene **I**nvestigation *(kriminologische Spurensicherung)* | *Erkennungsdienst (nach einer amerikanischen TV-Serie)*
ČSR [tʃe ɛs 'ɛr] die, - (früher):

Tschechoslowakische Republik (1918–1939, 1945–1960) ‖ **ČSSR** [tʃe ɛs ɛs 'ɛr] die, - (früher): Tschechoslowakische Sozialistische Republik (1960–1990); → Tschechien; → Slowakei; → ČSFR
ct [tse 'teː]: Karat
CT [tse 'teː] die, -: **C**omputer**t**omographie
c. t. [tse 'teː]: **c**um **t**empore
Cu: Kupfer
cu|ius re̱gio ei|us re|li̱gio [kuj- -ej- -] ⟨lat.⟩ (wörtl.: wessen Herrschaft, dessen Religionsbekenntnis) (Gesch., Rel.): *Rechtssatz des Augsburger Religionsfriedens* (1555)
Cum|ber|land|sau|ce ['kʌmbələnd-zoːs(ɛ)] = **Cum|ber|land|soß** = **Cum|ber|land|so|ße:** *eine englische Sauce [zu Wild]*
cum gra̱no sa̱lis [k-] ⟨lat.⟩: *nicht wörtlich gemeint, leicht übertreibend oder scherzhaft ausgedrückt*
cum te̱m|po|re [k- -] (c. t.) ⟨lat.⟩: *eine Viertelstunde nach der angegebenen vollen Stunde;* → G.: sine tempore
Cun|ni|li̱n|gus [k-] der, - ⟨lat.⟩: *Sex mit oraler Stimulation der Vagina;* → Fellatio
Cup [kʌp] der, -s/-s ⟨engl.⟩: *Pokal als Ehrenpreis für den Sieger in einem sportlichen Wettbewerb* | *sportlicher Wettbewerb;* Europacup | *Büstenhalterkörbchen* ‖ **Cup|be|werb** ‖ **Cup|cake** [-keɪk]: *kleines Törtchen, [cremige] Mehlspeise in einem kleinen Becher* ‖ **Cup|fi|na|le**
Cu̱|ra [k-] die, -/Curen ⟨lat.⟩: *Obsorge in einem besonderen, zB juridischen oder religiösen Sinn*
Cu|ra|çao [kyra'saʊ] der, -[s]/-s: *ein Likör (nach der Insel Curaçao)*
Cu̱ra pos|te̱|ri|or [k- -] ⟨lat.⟩: *später zu klärende Angelegenheit*
Cu̱rd [k-], *auch:* Curt → Kurt
Cu|ri̱e [ky'riː] das, -/- (Zeichen: Ci) (Phys.): *frühere Maßeinheit der Radioaktivität (nach dem französischen Physikerehepaar Curie)* ‖ **Cu̱|ri|um** ['kuː-] das, -s (Zeichen: Cm): *ein chemisches Element*
Cur|ling ['kɜːl-] das, -[s] ⟨engl.⟩ (Sport): *ein Mannschaftszielspiel auf Eis*
cur|ri|cu|la̱r [k-k-] ⟨lat.-engl.⟩ ‖ **Cur|ri̱|cu|lum** das, -s/Curricula: *Lehrplan, Lehrprogramm* ‖ **Cur|ri̱|cu|lum Vi̱|tae** [- 'viːtɛ] das, - -/Curricula - ⟨lat.⟩: *schriftliche Darstellung des Lebenslaufs*
Cur|ry ['kʌri, 'kɜːri] der, -[s] ⟨tamilisch-engl.⟩: *eine pulverige Gewürzmischung* ‖ **Cur|ry|sau|ce** [-zoːs(ɛ)] = **Cur|ry|soß** = **Cur|ry|so|ße**
Cur|sor ['kɜːsə] der, -s/- ⟨lat.-engl.⟩: *Positions- bzw. Schreibmarke am Computerbildschirm*
Cu̱rt [k-] → Curd
Cut [kʌt] der, -s/-s ⟨engl.⟩: *Schnitt von Film- und Tonbandaufnahmen* | *schmale Fleischwunde [beim Boxen]* | [auch: kœt] *Gesellschaftsanzug* ‖ **cut|ten** [kʌ-] ‖ **Cut|ter** der, -s/-: *Schnittmeister (bei Film, Rundfunk, Fernsehen)* ‖ **Cut|te|rin** die, -/-innen
Cu|ve̱e [ky'veː] der, -s/-s, *fachspr. auch:* die, -/-s ⟨fr.⟩: *Weinverschnitt von verschiedenen Sorten oder Jahrgängen*
CV [tse 'faʊ] der, -[s]: **C**artell**v**erband ‖ **CV|er** der, -s/-
Cy|a̱n [tsy-] das, -s/-e, *auch:* Zyan ⟨gr.-lat.⟩ (bes. Druckw.): *eine Farbe zwischen Blau und Grün*
Cy|ber|ge|sell|schaft ['saɪbə-] ⟨engl.+dt.⟩: *soziale Ordnung in virtuellen Räumen, bes. im Internet* ‖ **Cy|ber|kri|mi|na|li|tät:** *Straftaten, die per Internet begangen werden* ‖ **Cy|ber|sex:** *virtueller Sex (bes. via Internet)* ‖ **Cy|ber|space** [-speɪs] der (*auch:* das, -): *vom Computer simulierte künstliche Räume;* → Virtual Reality
cy|ri̱l|lisch [tsy-, tsi-] = → kyrillisch

C

d D

d [deː] das, -/- (Kleinbuchstabe): das d im Wort *dunkel* | (Laut) der d-Laut | (Mus.) der Ton d (D) | (Mus.) d-Moll | **Dezi-**
D [deː] das, -/- (Großbuchstabe): das D im Wort *Donner;* das Vitamin D | 500 *(römisches Zahlzeichen)* | (Mus.) der Ton D (d) | (Mus.) D-Dur | (Mus.) **Deutsch-Verzeichnis**

da¹ (Adv.):

(Adv.): *hier;* da und dort; dieser da | *in diesem Punkt;* da bin ich ganz deiner Meinung | *daraufhin; zu diesem Zeitpunkt;* da lachte sie; → hie und da

Getrenntschreibung in Verbindung mit „sein":
- da sein *(gegenwärtig, zugegen, vorhanden sein); aber groß:* das **D**asein *(das Leben)*
- das ist noch nie da gewesen; *aber groß:* etwas noch nie da **G**ewesenes (= **D**agewesenes)
- weil ich da bin; weil sie da ist/war

R→ S. 901, 1.8

Getrenntschreibung, wenn beide Bestandteile betont sind:
- da *(hier, an dieser Stelle)* bleiben
- sie ist genau da gelegen

Zusammenschreibung, wenn die Betonung auf „da" liegt, zB:
- den Patienten dabehalten
- du sollst dableiben *(nicht fortgehen)*
- genügend Geld dahaben
- bewusstlos daliegen
- etwas dalassen

R→ S. 899, 1.3

Konjunktion mit Beistrich:
- da *(weil)* der Text nicht vollständig ist, ...
- ich kann nicht kommen, da *(weil)* ich krank bin

Bedeutungsunterschied zwischen Deutschland und Österreich:
- In Österreich bedeutet „da" im örtlichen Sinn so viel wie *hier.*
- In Deutschland hingegen bedeutet „da" so viel wie *dort.*

da²: Deka
d. Ä.: der/die **Ä**ltere; → älter
da|be|hal|ten: er wollte den Hund gleich d.

da|bei [auch: 'daː-]:

es ist doch nichts dabei *(ist nicht bedenklich)*

Getrenntschreibung in Verbindung mit „sein":
- dabei sein
- wenn ich dabei bin; weil er dabei ist/war

R→ S. 901, 1.8

Getrenntschreibung, wenn beide Bestandteile betont sind:
- dabei *(zB bei seiner Meinung)* bleiben
- dabei *(zB während der Rede)* sitzen
- dabei (währenddessen) stehen

Zusammenschreibung, wenn die Betonung auf „dabei" liegt, zB:
- bei einer Gesellschaft dabeibleiben
- ich will sie in unserem Team dabeihaben
- gerne dabeisitzen *(bei den anderen sitzen)*
- ständig dabeistehen *(bei den anderen stehen)*

R→ S. 899, 1.3

da|blei|ben: *nicht fortgehen;* → da ‖ **Da|blei|ber** der, -s/- (SüdT): *Südtiroler, der sich im Jahr 1939 im Gegensatz zu den → Optanten gegen die Auswanderung entschied*
DAC [de a 'tseː]: **D**istrictus **A**ustriae **C**ontrollatus *(Herkunftsbezeichnung österreichischer gebietstypischer Weine)*
da ca|po [- k-] (d. c.) ⟨it.⟩ (Mus.): *noch einmal von Anfang an* ‖ **Da|ca|po** das, -[s]/-s (Mus.): *Wiederholung*
d'ac|cord [da'kɔːr] ⟨fr.⟩: d. sein/gehen *(derselben Meinung sein)*
Dach das, -[e]s/Dächer: etwas unter D. und Fach bringen *(es erfolgreich beenden);* ein D. über dem Kopf *(eine Unterkunft)* haben | (ugs.) eine aufs D. kriegen *(getadelt werden)* ‖ **Dach|aus|bau** ‖ **Dach|bo|den** ‖ **Dach|de|cker** der, -s/- ‖ **Dach|de|cke|rin** die, -/-innen ‖ **Dach|fens|ter** ‖ **Dach|first** ‖ **Dach|fonds** [-fõː] (Bankw.): *Wertpapierfonds, der in andere Fonds investiert* ‖ **Dach|gar|ten** ‖ **Dach|gau|be** = **Dach|gau|pe:** *Vorbau im Dach mit senkrechtem Fenster* ‖ **Dach|ge|schoß,** *auch:* Dachgeschoss: *[ausgebauter] Dachboden; oberstes Stockwerk* ‖ **Dach|ge|schoß|aus|bau,** *auch:* Dachgeschossausbau ‖ **Dach|ge|sell|schaft** (Wirt.): *Holdinggesellschaft, Muttergesellschaft* ‖ **Dach|gie|bel** ‖ **Dach|glei|che** die, -/-n: *Fest bei Fertigstellung des Hausbaus bis zum Aufsetzen des Dachstuhls* ‖ **Dach|glei|chen|fei|er:** *Dachgleiche* ‖ **Dach|keh|le:** *Winkel zwischen Dachflächen* ‖ **Dachl** das, -s/-n: *[kleines] Dach; das Goldene D. in Innsbruck* ‖ **Dach|la|wi|ne:** *vom Dach abrutschender Schnee* ‖ **Dach|lu|ke:** *Dachbodenfenster* ‖ **Dach|or|ga|ni|sa|ti|on** [-tsi̯-]: *übergeordnete Organisation* ‖ **Dach|pap|pe:** *wasserundurchlässige Pappe zum Abdichten* ‖ **Dach|rei|ter:** *Türmchen auf dem [Kirchen-]dachfirst* ‖ **Dach|rin|ne**
Dachs [-ks] der, -es/-e: *eine Marderart* ‖ **Dachs|bau** der, -[e]s/-e
Dach|scha|den: mit Folien einen D. abdecken | (sal., abw.) *geistige Störung* ‖ **Dach|schin|del**
Dachs|hund [-ks-]: *Dackel*
Dach|spar|ren: *schräger Balken des Dachstuhls* ‖ **Dach|stein:** *eine Gebirgsgruppe in Oberösterreich, Salzburg, der Steiermark* ‖ **Dach|stuhl**
dach|te → denken
Dach|tel [-'ɒ-] die, -/-n, *auch:* Tachtel (reg., ugs.): *leichter Schlag auf den Kopf, Ohrfeige*
Dach|ter|ras|se ‖ **Dach|trau|fe** (reg. in D): *Dachrinne* ‖ **Dach|ver|band:** der D. *(die gemeinsame Organisation)* der *Elternvereine an den höheren Schulen* ‖ **Dach|woh|nung** ‖ **Dach|zie|gel**
Da|cke die, -/-n, *auch:* Tacke (ostöst., ugs., veraltend): *Fußabstreifer*
Da|ckel der, -s/-: *eine Hunderasse*
Da|ckerl das, -s/-[n], *auch:* Tackerl (ostöst., ugs.): *kleiner Stoffuntersatz, Set;* → Dacke
Da|da|is|mus der, - ⟨fr.⟩: *eine Kunstrichtung um 1920* ‖ **da|da|is|tisch**
da|durch [auch: 'daː-]: d. bedingt
DaF [daf]: **D**eutsch **a**ls **F**remdsprache
da|für [auch: 'daː-]: d. sein *(zustimmen, beipflichten);* ihn d. *(zB für einen Schwindler)* halten; *aber zB* → dafürhalten ‖ **da|für|hal|ten** (geh.): *glauben, meinen;* ich halte dafür, dass ...; → dafür ‖ **Da|für|hal|ten** das, -s (geh.): nach meinem D. *(nach meiner Meinung)* ‖ **da|für|kön|nen:** etwas d. *(schuld sein);* nichts d. ‖ **da|für|spre|chen:** alles spricht dafür *(deutet*

darauf hin), dass sie kommen wird | *positiv erscheinen lassen;* das Projekt realisieren, weil viele Argumente d. || **da|für|ste|hen:** *lohnen;* es steht [sich] dafür *(es zahlt sich aus),* die Ausstellung zu besuchen
dag (früher: dkg): **Dekagramm**
da|ge|gen [auch: 'da:-]: d. sein; sie ist d. | sie d. *(hingegen)* kam erst viel später || **da|ge|gen|ha|ben:** nichts d. || **da|ge|gen|hal|ten:** *entgegnen, erwidern* || **da|ge|gen|stel|len** sich: *sich widersetzen* || **da|ge|gen|stem|men** sich
da Ge|we|se|ne das, - -n = **Da|ge|we|se|ne** das, -n: etwas noch nie da Gewesenes
Dag|mar: *weibl. Vorname*
Da|go|bert: *männl. Vorname;* → Bertl
da|ha|ben: genügend Geld d. *(vorrätig haben)*
da|heim: d. *(zu Hause)* wohnen; ich bin d. gewesen || **Da|heim** das, -s: ein gemütliches D. *(Zuhause)* || **da|heim|blei|ben:** d. müssen || **Da|heim|ge|blie|be|ne**[1] der, -n/-n, ein Daheimgebliebener || **Da|heim|ge|blie|be|ne**[2] die, -n/-n
da|her [auch: 'da:-]: das wird d. *(deshalb)* kommen, weil ...; *aber:* → daherkommen || **da|her|brin|gen:** *bringen, herbeischaffen;* alles Mögliche d.; → daher || **da|he|rein** (veraltet): *[hier] herein* || **da|her|ge|lau|fen** (abw.): ein dahergelaufener Kerl *(ohne Geltung, Renommee); aber:* ein Dahergelaufener; → daher || **da|her|kom|men:** abgehetzt d.; → daher || **da|her|re|den** (abw.): *gedankenlos reden;* → daher
da|hier (veraltet): *hier*

da|hin [auch: 'da:-]:

dahin und dorthin | bis dahin *(bis zu diesem Zeitpunkt)* ist noch Zeit | der Sommer ist dahin *(vorüber)*

Getrenntschreibung, wenn beide Bestandteile betont sind, und in Verbindung mit „sein":
- es dahin *(so weit)* kommen lassen
- dahin *(an ein bestimmtes Ziel)* fahren
- das Geld ist dahin gewesen *(verloren)* R→ S. 901, 1.8

Getrennt- und Zusammenschreibung:
- ein dahin gehender (= dahingehender) *(darauf abzielender)* Antrag

Zusammenschreibung, wenn die Betonung auf „dahin" liegt, zB:
- dahinkränkeln
- dahinschwinden
- der Sommer ist dahingegangen (vergangen) R→ S. 899, 1.3

da|hin|auf || **da|hin|däm|mern** || **da|hin|düm|peln:** *dahingrundeln;* → dümpeln **da|hin|ei|len** || **da|hin|ein** (veraltet) || **da|hin|fret|ten** sich (ugs.): *mühevoll sein Leben fristen* || **da|hin|ge|gen** (geh.): *jedoch, hingegen* || **da|hin|ge|hen** (geh.): der Sommer ist dahingegangen *(vergangen); aber:* dahin gehen || **da|hin ge|hend = da|hin|ge|hend:** ein d. gehender *(darauf abzielender)* Antrag || **Da|hin|ge|schie|de|ne**[1] der, -n/-n, ein Dahingeschiedener (geh.): *ein Verstorbener* || **Da|hin|ge|schie|de|ne**[2] die, -n/-n (geh.) || **da|hin|ge|stellt:** etwas d. [sein] lassen *(es unentschieden lassen)* || **da|hin|grun|deln** (ugs.): *nicht recht weiterkommen, es schleifen lassen* || **da|hin|krän|keln** || **da|hin|plät|schern:** der Bach plätschert dahin *(fließt langsam)* | die Diskussion plätscherte nur dahin *(war oberflächlich, ohne Spannung)* || **da|hin|raf|fen** (geh.): die Krankheit hat ihn dahingerafft *(hat zum Tod geführt)* || **da|hin|schei|den** (geh.): *sterben* || **da|hin|schlep|pen** sich: die Verhandlungen schleppten sich dahin *(gingen kaum voran)* || **da|hin|schwin|den** (geh.): *zu Ende gehen, sich verringern;* die Jugendjahre sind dahingeschwunden *(sind vergangen)* || **da|hin|sie|chen:** *an einer lang dauernden [unheilbaren] Krankheit leiden* || **da|hin|ste|hen** (veraltet): *nicht entschieden sein* || **da|hin|ster|ben** (geh.)
da|hin|ten: *dort hinten*

da|hin|ter [auch: 'da:-]:

Getrenntschreibung in Verbindung mit „sein":
- dahinter sein/gewesen R→ S. 901, 1.8

Getrenntschreibung, wenn die Hauptbetonung auf dem Verb liegt:
- dahinter vorbeigehen
- dahinter *(zB hinter diesen Stapel)* legen

Zusammenschreibung, wenn die Betonung auf „dahinter" liegt, zB:
- dahinterkommen *(draufkommen; ein Geheimnis entdecken)*
- etwas dahinterlegen
- dahinterstehen *(etwas unterstützen)* R→ S. 899, 1.3

D

da|hin|ter|kom|men: *draufkommen; ein Geheimnis entdecken* || **da|hin|ter|klem|men** sich: *etwas mit Ehrgeiz verfolgen* || **da|hin|ter|le|gen:** das Buch d. || **da|hin|ter|ste|cken:** welche Absichten wohl d. *(ausschlaggebend sind)*? || **da|hin|ter|ste|hen:** ich konnte das Buch nicht finden, weil es dahinterstand | *etwas, jemanden unterstützen*
da|hi|n|über || **da|hi|n|un|ter**
da|hin|ve|ge|tie|ren [-v-]: *elend leben* || **da|hin|wurs|teln** [-st-, auch: -ʃt-] (ugs.): *ohne konkretes Ziel arbeiten* || **da|hin|zie|hen:** dahinziehende *(sich vorwärtsbewegende)* Wolken | *sich erstrecken;* die Sandstrände ziehen sich kilometerlang dahin || **da|hin|zo|ckeln** || **da|hin|zu|ckeln**
Dah|lie [-i̯ɛ] die, -/-n: *eine Zierpflanze (nach einem schwedischen Botaniker)*
da|ho|cken (ugs.): *dasitzen*
Dai|ly Soap ['deɪli 'səʊp] die, - -/- -s (ugs.) ⟨engl.⟩: *[täglich ausgestrahlte] Seifenoper im Fernsehen*
dak|ty|lisch [-'ty:-] ⟨gr.⟩ || **Dak|ty|lo|sko|pie** die, -: *Herstellung von Fingerabdrücken* || **Dak|ty|lus** der, -/Daktylen: *ein dreisilbiger Versfuß, zB* Áfrika, Dáktylus
Da|lai-La|ma ⟨mongolisch+ tibetisch⟩: *Oberhaupt der tibetischen Buddhisten*
da|las|sen: das Buch kannst du d. || **da|lie|gen:** sie ist bewusstlos dagelegen; *aber:* sie ist genau da gelegen
Dalk [-ɒ-] der, -[e]s/-e (ugs.): *einfältiger, ungeschickter Mensch;* → dalkert
Dal|ken der, -/- (meist Pl.) (Küchenspr.) ⟨tschech.⟩: *eine Mehlspeise;* böhmische Dalken; *aber:* → Talken || **Dal|ken|pfan|ne**
dal|kert [-ɒ-] (ugs.): *dumm, kindisch;* → Dalk
dal|li (ugs.): d., d.! *(jetzt aber flott; los, weiter)*
Dal|ma|ti|en [-tsi̯ən]: *eine Küstenlandschaft in Kroatien* || **Dal|ma|ti|ner** [-'ti:-] der, -s/-: *Bewohner Dalmatiens* | *eine Hunderasse* ||

Dalmatinerin die, -/-innen ‖ **dalmatinisch**
damalig: der damalige *(damals regierende)* Minister ‖ **damals**
Damaskus: *Hauptstadt von Syrien* | sein D. erleben *(sich tiefgreifend ändern)* ‖ **Damast** der, -[e]s/-e ⟨it./fr.⟩: *ein in sich gemustertes feines Gewebe* ‖ **Damasttischtuch** ‖ **Damaszener**[1] der, -s/-: *Einwohner von Damaskus* ‖ **Damaszener**[2] (Adj.): D. Stahl *(ein edler Stahl)* ‖ **Damaszenerin** die, -/-innen
Dame[1] die, -/-n: *Frau [in der Gesellschaft];* meine Damen und Herren; eine feine D.; die D. des Hauses | *eine Spielkarte* | *eine Schachfigur* ‖ **Dame**[2] [deɪm] die, -/-s ⟨engl.⟩: *ein englischer Adelstitel (vor dem Vornamen);* D. Margot Fonteyn; D. Margot; → Sir ‖ **Dame**[3] das, -: *Damespiel* ‖ **Damenbart:** *Bartwuchs bei Frauen* ‖ **Damenbekanntschaft:** eine D. machen ‖ **Damenbesuch** (oft scherzh.): ein alleinstehender Herr bekommt D. ‖ **Damenbinde:** *Watte, die das Menstruationsblut aufsaugt;* → Tampon ‖ **Damenfußball** ‖ **Damengesellschaft:** er liebt D. *(das Zusammensein mit Damen, die Begleitung von Damen)* ‖ **damenhaft:** ihr Benehmen war nicht eben d. ‖ **Damenkarte:** *[verbilligte] Eintrittskarte für Frauen* | *Speisekarte ohne Preisangaben* ‖ **Damenliga** (Sport) ‖ **Damenmode** ‖ **Damenprogramm:** *eigene Veranstaltungen für die [begleitenden] Damen, zB bei Staatsbesuchen von Politikern* ‖ **Damenrad** ‖ **Damensattel:** *spezieller Reitsattel für Frauen* ‖ **Damensitz:** *Sitzhaltung im Damensattel* ‖ **Damenspende:** *kleines Ballgeschenk für die Damen* ‖ **Damentoilette** [-toaletə] ‖ **Damentag:** heute ist beim Eislaufen D. *(freier Eintritt für Mädchen und Frauen)* ‖ **Damenwahl** die, -: *Wahl des Tanzpartners [für den nächsten Tanz] durch die Dame* ‖ **Damenwelt** die, - (oft scherzh., veraltend): *die Damen; alle [anwesenden] Frauen* ‖ **Damespiel:** *ein Brettspiel, Dame*[3]
Damhirsch: *eine Hirschart*
damisch (ugs.): *benommen* | *närrisch* | d. *(sehr)* kalt
damit (Konj.): d. *(dass)* du es weißt | [auch: 'da:-] (Adv.) ich weiß d. nichts anzufangen
dämlich (bes. D): *dumm*
Damm der, -[e]s/Dämme: *Wall* | wieder auf dem D. sein *(wieder gesund sein)* | (Med.) *Weichteile zwischen After und Geschlechtsteilen;* → Dammriss ‖ **Dammböschung** ‖ **Dammbruch** ‖ **dämmen:** *isolieren, abdichten*
dämmerig = dämmrig: *halbdunkel* ‖ **Dämmerlicht** das, -[e]s ‖ **dämmern:** es dämmert bereits; mir dämmert *(ich fange an zu verstehen),* dass ... ‖ **Dämmerschlaf** ‖ **Dämmerstunde** (geh.): *Abenddämmerung* ‖ **Dämmerung** die, - ‖ **dämmerungsaktiv:** dämmerungsaktive Tiere ‖ **Dämmerungseinbuch** ‖ **Dämmerzustand** ‖ **dämmrig** = → dämmerig
Dammriss (Med.): *Einriss des Dammes*
Dämmstoff: *Baumaterial zur Isolierung* ‖ **Dämmung** die, -/-en: *Isolierung*
Damoklesschwert (geh.): ein D. schwebt über ihm *(etwas ist eine ständige Bedrohung für ihn; nach einer antiken Gestalt)*
Dämon der, -s/-en [-'o:-] ⟨gr.⟩: *ein böser Geist* ‖ **Dämonie** die, -/-n: *unergründliche Gefahr, Bedrohung* ‖ **Dämonin** die, -/-innen ‖ **dämonisch:** *unheimlich; teuflisch* ‖ **dämonisieren:** *als dämonisch, sehr schlecht hinstellen*
Dampf der, -[e]s/Dämpfe: *feuchte Wärme* | (ugs.) D. ablassen *(sich abreagieren);* jemandem D. machen *(jemanden antreiben)* ‖ **Dampfbad** ‖ **Dampfbügeleisen** ‖ **dampfen:** dampfendes Wasser ‖ **dämpfen:** seine Stimme d. *(abschwächen);* seine Begeisterung d. | Gemüse d. *(in Dampf kochen)* ‖ **Dampfer** der, -s/-: *Dampfschiff* ‖ **Dämpfer** der, -s/-: der D. der Geige, der Trompete | (ugs.) einen D. bekommen *(zurechtgewiesen, gezügelt werden)* ‖ **Dampfkessel** ‖ **Dampfkochtopf** ‖ **Dampfkraft** die, - ‖ **Dampfl** das, -s/-n (Küchenspr.): *Vorteig für Teige [aus Germ oder Sauerteig]* ‖ **Dampflokomotive** [-fə, -və] ‖ **Dampfmaschine** ‖ **Dampfnudel:** *eine ungefüllte kleinere Buchtel* ‖ **Dampfplauderei** (abw., ugs.) ‖ **Dampfplauderer** der, -s/- (abw., ugs.): *jemand, der viel daherredet* ‖ **Dampfplauderin** die, -/-innen (abw., ugs.) ‖ **Dampfschiff** ‖ **Dampfschifffahrt** ‖ **Dämpfung** (Phys.): *die [durch Reibung verursachte] Abnahme der Amplitude einer Schwingung oder Welle* ‖ **Dampfwalze:** *Straßenwalze*
Damwild (Jägerspr.): → *Damhirsch*
danach [auch: 'da:-], *auch:* darnach: was kommt d. *(dann)*? | einige Meter d. *(dahinter)* lief ihr Hund; d. *(nach etwas)* greifen | sich d. richten ‖ **Danachachtung,** *auch:* Darnachachtung (Amtsspr.): *Befolgung*
Danaergeschenk: *Geschenk, das Unglück bringt (nach der griechischen Sage vom Trojanischen Pferd)*
Dancefloor ['da:ns-, 'dæns-] der, -s ⟨engl.⟩: *eine Stilrichtung in der Popmusik* ‖ **Dancing** das, -s/-s: *Tanzlokal*
Dandy ['dændi] der, -s/-s ⟨engl.⟩: *auf modische Eleganz bedachter, oberflächlicher Mann* ‖ **dandyhaft**
Däne der, -n/-n: *Einwohner Dänemarks*

daneben:

ihre Arbeit war ausgezeichnet, d. *(im Vergleich dazu)* fand seine kaum Beachtung | er ist Lehrling und d. *(gleichzeitig, außerdem)* Juniorenmeister im Tischtennis
Getrenntschreibung in Verbindung mit „sein“:
– ich bin daneben gewesen
– daneben sein
R→ S. 901, 1.8
Zusammenschreibung, wenn die Betonung auf „daneben“ liegt, zB:
– sich danebenbenehmen
– danebengehen *(misslingen); aber getrennt:* daneben *(zB neben der Absperrung)* gehen
– danebenliegen *(sich irren)*
– ich habe mein Buch danebengestellt
R→ S. 899, 1.3

danebenbenehmen sich: *sich unpassend benehmen* ‖ **danebengehen:** der Versuch ist danebengegangen *(misslungen)* ‖ **danebengreifen** ‖ **danebenlegen** ‖ **danebenliegen:** mit einer Schätzung d. *(sich irren)* ‖ **danebenraten** ‖ **danebenschießen** ‖ **danebenstellen:** das Buch d.; → daneben ‖ **danebentreffen**

Dä|ne|mark (Kfz: DK): *ein Staat;* → dänisch

da|nie|der|lie|gen, *auch:* darniederliegen: krank d. | die Wirtschaft lag danieder *(die Geschäfte gingen schlecht)*

Da|ni|el: *männl. Vorname* || **Da|ni|e|la:** *weibl. Vorname*

Dä|nin die, -/-innen || **dä|nisch** → Dänemark || **Dä|nisch** das, -[s] = **Dä|ni|sche,** -n

dank (Präp. mit Dat. und Gen.): d. seinem Fleiß; d. seines guten Willens || **Dank** der, -[e]s: „Herzlichen Dank!"; jemandem D. schulden; jemandem zu D. verpflichtet sein; → Dank sagen = danksagen || **dank|bar:** *von Dank erfüllt* | eine dankbare *(vorteilhafte)* Arbeit | (ugs.) eine dankbare *(pflegeleichte und langlebige)* Pflanze || **Dank|bar|keit** die, - || **dan|ke:** d. (= Danke) sagen; „Danke (schön)!" || **dan|ken:** etwas dankend ablehnen || **dan|kens|wert:** eine dankenswerte Leistung || **dan|kens|wer|ter|wei|se** || **Dan|kes|be|zeu|gung** (geh.) || **Dan|ke|schön** das, -[s]/-: ein herzliches D. sagen | *kleines Geschenk zum Dank* || **Dan|kes|schuld** die, - (geh.) || **Dan|kes|wor|te** die (Pl.) || **Dank|ge|bet** || **Dank|got|tes|dienst** || **Dank sa|gen = dank|sa|gen,** du sagst Dank [danksagst] (geh.): er hat ihm Dank gesagt/gedanksagt || **Dank|sa|gung** die, -/-en || **Dank|schrei|ben**

dann: d. und wann *(hin und wieder)*

dan|nen (geh., veraltet) (nur in der Wendung): von d. gehen/eilen *(weggehen)*

da|r|an [auch: 'da:], *auch:* dran:

Getrenntschreibung, wenn beide Bestandteile betont sind:
- das wird wohl daran *(zB an diesem strittigen Punkt)* liegen, dass …
- du musst dich daran *(zB an die Vereinbarung)* halten
- daran glauben müssen *(auch: etwas durchmachen müssen, sterben müssen)*

Zusammenschreibung, wenn die Betonung auf „daran" liegt, zB:
- darangehen *(damit beginnen)*
- sich daranhalten *(sich bemühen)*

R→ S. 899, 1.3

da|r|an|ge|hen, *auch:* drangehen: sie ging daran *(begann damit),* Ordnung zu machen || **da|r|an|hal|ten** sich, *auch:* sich dranhalten: *etwas intensiv betreiben, sich bemühen;* da musst du dich aber d.!; → daran || **da|r|an|ma|chen**[1], *auch:* dranmachen[1]: Bänder d. *(befestigen)* || **da|r|an|ma|chen**[2] sich, *auch:* dranmachen[2] sich: *anfangen* || **da|r|an|set|zen,** *auch:* dransetzen: alles d. *(sich sehr bemühen)*

da|r|auf [auch: 'da:], *auch:* drauf:

Getrenntschreibung, wenn beide Bestandteile betont sind:
- es wird genau darauf ankommen
- unmittelbar darauf *(zB nach der Werbung)* folgen die Nachrichten; *aber getrennt und zusammen:* am darauf folgenden (= darauffolgenden) Tag

Zusammenschreibung, wenn die Betonung auf „darauf" liegt:
- das Buch darauflegen; *aber getrennt:* du sollst das Buch darauf *(auf einen bestimmten Stapel)* legen
- sich daraufsetzen

R→ S. 899, 1.3

da|r|auf fol|gend = da|r|auf|fol|gend → darauf || **da|r|auf|hin** || **da|r|auf|le|gen** || **da|r|auf|set|zen**

da|r|aus [auch: 'da:-], *auch:* draus: sich nichts d. machen | d. trinken

dar|ben (geh.): *Not, Mangel leiden*

dar|bie|ten[1] (geh.): ein Theaterstück d. *(aufführen)* | Erfrischungen d. *(anbieten)* || **dar|bie|ten**[2] sich: ein wunderschöner Anblick bot sich uns dar || **Dar|bie|tung** die, -/-en: *Vorstellung*

dar|brin|gen (geh.): jemandem große Opfer d. *(anbieten)* || **Dar|brin|gung** die, -/-en (geh.)

da|r|ein (geh., veraltet) → drein || **da|r|ein|fin|den** (geh., veraltet) → dreinfinden

darf → dürfen

da|r|in [auch: 'da:-], *auch:* drin || **da|r|in|nen** (geh., veraltet): *drinnen*

dar|le|gen: *erörtern, erklären* || **Dar|le|gung** die, -/-en (meist Pl.): die Darlegungen *(Ausführungen)* des Vorsitzenden

Dar|le|hen das, -s/-: ein D. aufnehmen *([sich] Geld ausleihen)* || **Dar|le|hens|er|stre|ckung:** *Verlängerung der Kreditlaufzeit* || **Dar|le|hens|kas|se** || **Dar|le|hens|pro|mes|se** (Jus); → Promesse || **Dar|le|hens|sum|me**

Dar|ling der, -s/-s ⟨engl.⟩: *Liebling*

Darm der, -[e]s/Därme || **Darm|aus|gang** (Med.): künstlicher D. **Darm|ent|gif|tung** || **Darm|er|kran|kung** || **Darm|flo|ra:** *Pilze und Bakterien im Darm* || **Darm|in|fek|ti|on** [-tsi̯-] || **Darm|ka|tarr** = **Darm|ka|tarrh** || **Darm|ko|lik** || **Darm|krebs** (Med.) || **Darm|sai|te:** *Saite [für Streich- und Zupfinstrumente] aus gedrehtem Darm* || **Darm|spie|ge|lung** (Med.): *Darmuntersuchung mit optischen Hilfsmitteln oder Sonden*

Darm|stadt|ti|um [-tsi̯-] (Zeichen: Ds): *ein chemisches Element*

Darm|tä|tig|keit || **Darm|träg|heit** || **Darm|ver|schluss** || **Darm|wind** (geh.): *Blähung*

dar|nach → danach || **Dar|nach|ach|tung** → Danachachtung

dar|nie|der|lie|gen → daniederliegen

da|r|ob [auch: 'da:-] (geh., veraltet): sie war d. *(darüber, deswegen)* sehr verwundert

Dar|re die, -/-n: *Vorrichtung zum Dörren von Obst und Flachs*

dar|rei|chen

dar|ren: *austrocknen*

dar|stell|bar: das ist auf der Bühne nicht d. || **dar|stel|len:** er stellt seine Vorschläge dar *(erläutert sie)* | die Datei wird als Icon dargestellt *(auf dem Bildschirm angezeigt)* | sie stellt etwas dar *(wirkt beeindruckend);* darstellende Kunst *(Schauspielkunst)* | (Großschreibung) die **Darstellende** Geometrie *(ein Unterrichtsgegenstand)* || **Dar|stel|ler** der, -s/-: *Schauspieler* || **Dar|stel|le|rin** die, -/-innen || **dar|stel|le|risch** || **Dar|stel|lung:** die eindringliche D. *(Schilderung, Erläuterung, Erklärung)* eines Problems || **Dar|stel|lungs|form** || **Dar|stel|lungs|wei|se**

Dart der, -[s]/-s ⟨engl.⟩: *Wurfpfeil* || **Darts** das, -: *Wurfpfeilspiel*

dar|tun (geh.): sie hat etwas Wichtiges dargetan *(erklärt, nachgewiesen)*

da|r|ü|ber [auch: 'da:], *auch:* drüber:

darüber hinaus *(außerdem);* darüber reden

Zusammenschreibung, wenn die Betonung auf „darüber" liegt, zB:

D

– mit den Fingern darüberfahren; *aber getrennt:* darüber *(über eine bestimmte Stelle)* fahren
– Zucker darüberstreuen
– darüberstehen (überlegen sein)
R→ S. 899, 1.3
Getrennt- und Zusammenschreibung:
– darüber hinausgehende (= darüberhinausgehende) Hinweise R→ S. 903, 2.2.1

D

da|r|ü|ber|fah|ren, *auch:* drüberfahren: mit dem Finger d.; → darüber ‖ **da|r|ü|ber hi|n|aus|ge|hend** = **da|r|ü|ber|hi|n|aus|ge|hend** → darüber ‖ **da|r|ü|ber|ma|chen** sich, *auch:* sich drübermachen: *mit etwas beginnen* ‖ **da|r|ü|ber|ste|hen,** *auch:* drüberstehen: *überlegen sein* ‖ **da|r|ü|ber|streu|en,** *auch: drüberstreuen:* Zucker d.

da|r|um [auch: 'da:-], *auch:* drum: darum *(aus diesem Grund)* kommen; *aber:* → darumkommen ‖ **da|r|um|kom|men,** *auch:* drumkommen (ugs.): *um seinen Lohn kommen; aber:* → darum *(deshalb)* kommen

da|r|un|ter [auch: 'da:-], *auch:* drunter: die Gäste, d. auch eine Schweizerin | d. leiden; → darüber ‖ **da|r|un|ter|fal|len,** *auch:* drunterfallen: *von etwas, zB von einem Gesetz, mit erfasst sein* ‖ **da|r|un|ter|mi|schen,** *auch:* druntermischen: Mehl d. ‖ **da|r|un|ter|stel|len,** *auch:* drunterstellen: ein Stockerl d. ‖ **da|r|un|ter|ste|hen,** *auch:* drunterstehen

dar|wi|der → dawider ‖ **dar|wi|der|re|den** → dawiderreden

Dar|wi|nis|mus der, -: *Lehre von der Entwicklung der Arten von Lebewesen durch natürliche Auslese (nach dem englischen Naturwissenschaftler Charles Darwin)* ‖ **dar|wi|nis|tisch**

das (bestimmter Art.): das Haus | (Pron.) das (auch: das) heißt (d. h., dh.); das ist (d. i.); → 's; was ist das da?; sie weiß auch das?; ein Haus, das *(welches)* leer steht; *aber:* → dass

Da|sein das, -s: *das Existieren; das Leben; das Vorhandensein; aber:* da sein ‖ **Da|seins|angst** ‖ **Da|seins|be|rech|ti|gung** ‖ **Da|seins|be|wäl|ti|gung** ‖ **Da|seins|form** ‖ **Da|seins|vor|sor|ge:** *staatliche Aufgabe zur Bereitstellung der sogenannten Grundversorgung, zB Wasser, soziale Dienstleistungen, ÖPNV*

da|selbst (veraltet): *am selben Ort; dort*

da|sig (mda.): *niedergeschlagen, kleinlaut* | *hiesig;* das dasige Theater ‖ **Da|si|ge**[1] der, -n/-n, ein Dasiger (mda.): *ein Hiesiger* ‖ **Da|si|ge**[2] die, -n/-n (mda.)

da|sit|zen: gelassen d.; *aber:* da *(an einem bestimmten Ort)* sitzen

das|je|ni|ge

dass: sie glaubt, dass sie ...; *aber:* → das; so dass = sodass

das|sel|be: es kommt auf d. hinaus; ein und d.; → selbe; → derselbe ‖ **das|sel|bi|ge** (veraltet): *dasselbe*

Dass|satz, *auch:* **dass-Satz**

da|ste|hen: er ist als der Blamierte dagestanden; *aber:* da *(an einem bestimmten Ort)* stehen; eine allein dastehende *(einzigartige)* Leistung

DAT das, -s (Elektrot.): **D**igital **A**udio **T**ape *(digitales Magnetaufzeichnungsverfahren)*

Dat.: Dativ

Dä|ta der, -s/-s (V, mda.): *Vater*

Date [deɪt] das, -s/-s ⟨engl.⟩ (Jug.): *Rendezvous*

Da|tei die, -/-en ⟨lat.-engl.⟩ (EDV): *zusammengehörige Datenmenge, die auf Datenträger gespeichert werden kann* ‖ **Da|ten** die (Pl.): *gesammelte Informationen; Angaben über Ort, Zeit und andere Fakten;* persönliche D. | (EDV) D. [ein]pflegen; → Daten verarbeitend = datenverarbeitend | Pl. von → Datum ‖ **Da|ten|aus|tausch** ‖ **Da|ten|au|to|bahn:** *Datenhighway* ‖ **Da|ten|bank** die, -/-en: *Computerprogramm zum übersichtlichen elektronischen Sammeln, Speichern und Verarbeiten großer Datenmengen* ‖ **da|ten|bank|ge|stützt** ‖ **Da|ten|bus:** → *Bus* ‖ **Da|ten|dieb|stahl** ‖ **Da|ten|er|fas|sung** ‖ **Da|ten|feld** (EDV): *Teil eines Datensatzes* ‖ **Da|ten|fern|über|tra|gung** (DFÜ) (EDV) ‖ **Da|ten|for|mat** (EDV): *spezifische Anordnung für die Speicherung bzw. Ausgabe von Daten* ‖ **Da|ten|high|way** [-haɪweɪ]: *leistungsfähige Informationsleitungen für umfassende multimediale Telekommunikation, Datenautobahn, Informationshighway* ‖ **Da|ten|ka|bel** ‖ **Da|ten|klau** der, -[e]s (sal.): *illegaler Zugriff auf geheime Daten* ‖ **Da|ten|kom|pres|si|on:** *Verschlüsselungsverfahren, durch das digitale Daten komprimiert werden* ‖ **Da|ten|ma|te|ri|al** das, -s ‖ **Da|ten|men|ge** ‖ **Da|ten|netz:** *Vernetzung verschiedener Datensysteme* ‖ **Da|ten|ra|te** (EDV): *Datenübertragungsrate* ‖ **Da|ten|roa|ming** [-rəʊm-] ‖ **Da|ten|satz** (EDV): *Einheit zusammengehörender Datenfelder* ‖ **Da|ten|schutz:** *gesetzlicher Schutz elektronisch gespeicherter Daten vor Missbrauch* ‖ **Da|ten|schüt|zer** ‖ **Da|ten|schüt|ze|rin** ‖ **Da|ten|schutz|ge|setz** ‖ **Da|ten|schutz|kom|mis|sion** (DSK): die Österreichische D. *(beim BKA eingerichtete Stelle für Datenschutz)* ‖ **Da|ten|ta|rif** ‖ **Da|ten|trä|ger:** *ein elektronisches Speichermedium, zB CD-ROM* ‖ **Da|ten|über|mitt|lung** (EDV) ‖ **Da|ten|über|tra|gung** (EDV) ‖ **Da|ten|über|tra|gungs|ra|te** (EDV): *übertragene Datenmenge pro Sekunde* ‖ **Da|ten ver|ar|bei|tend** = **da|ten|ver|ar|bei|tend** (EDV): D. verarbeitende Systeme ‖ **Da|ten|ver|ar|bei|ter:** *ein Beruf* ‖ **Da|ten|ver|ar|bei|te|rin** ‖ **Da|ten|ver|ar|bei|tung** die, -: elektronische D., → EDV ‖ **Da|ten|ver|kehr**

Da|ti der, -s/-s, *auch:* Tati (mda., Kinderspr.): *Vater*

da|tier|bar ⟨lat.⟩ ‖ **da|tie|ren:** der Brief ist mit 10. 1. d. J. datiert; er datiert vom 10. 1. ‖ **Da|tie|rung** die, -/-en

Da|ting ['deɪ-] das, -s ⟨engl.⟩: *Treffen, Rendezvous*

Da|tiv der, -s/-e [-fɛ, -vɛ] (Dat.) ⟨lat.⟩ (Gramm.): *3. Fall, Wemfall* ‖ **Da|tiv|ob|jekt**

Datl der, -s/-[n], *auch:* Tatl (mda., abw.): *[schon unbeholfener] alter Mann*

da|to ⟨lat.⟩: bis d. *(bis zum heutigen Tag, bis jetzt)*

DAT-Re|kor|der = DAT-Recorder [-k-] ⟨engl.⟩

Da|tscha, -/-s [Datschen] ⟨russ.⟩: *[russisches] Landhaus*

Dät|schen → Tätschen

Dat|tel die, -/-n: *eine Südfrucht* ‖ **Dat|tel|pal|me**

Da|tum das, -s/Daten ⟨lat.⟩: *eine Zeitangabe mit Tag, Monat, Jahr;* → Daten ‖ **Da|tums|gren|ze:** *gedachte Linie, wo jeweils um 0 Uhr der nächste Tag zuerst beginnt;* die D. überschreiten ‖ **Da|tums|stem|pel** = **Da|tum|stem|pel**

Dau|be die, -/-n: *[gebogenes] Brett eines Fasses* | (Sport) *Zielscheibe*

D

beim Eisstockschießen || **Daubel** die, -/-n (ostöst.): *Fischnetz*

Dauer die, -: es ist auf [die] D. nicht auszuhalten || **Dauerauftrag** (Bankw.): *Geldbetrag, der regelmäßig zur gleichen Zeit und in gleicher Höhe vom Konto abgebucht wird* || **Dauerausstellung** || **Dauerbelastung** || **Dauerbeschuss** || **Dauerbrenner** (sal.): *Sache, die lange Zeit aktuell ist* || **Dauereinrichtung** || **Dauereinsatz:** seit Mittwoch stehen die Feuerwehrleute im D. || **Dauerfrost** || **Dauerfrostboden** (Geol., Geogr.)|| **Dauergast** || **dauerhaft** || **Dauerhaftigkeit** die, - || **Dauerkarte** || **dauerlagern** (nur Inf. und Part.): die Getränke wurden kühl dauergelagert || **Dauerlauf** || **Dauerleihgabe** || **Dauerleistung:** *Leistung, die lang anhält* || **dauern**[1]: es dauert lang *(braucht viel Zeit)*

dauern[2] (geh., veraltet): er dauert mich *(er tut mir leid);* → bedauern

dauernd: *ständig;* d. zu spät kommen || **Dauerparker** || **Dauerparkplatz** || **Dauerregen** || **Dauerschaden:** *[nach einem Unfall] zurückbleibender [körperlicher] Schaden* || **Dauerstreit** || **Dauerwelle** || **Dauerwurst:** *eine lang haltbare Wurst* || **Dauerzustand:** das ist kein D.!

Daumen der, -s/-: den D. strecken; jemandem [den] D. halten *(für jemanden hoffen, jemandem Erfolg wünschen)* | (ugs.) D. drehen *(sich langweilen)*; über den D. *(grob)* schätzen | (ugs., scherzh.) D. mal Pi *(ungefähr)* || **daumendick:** ein daumendicker Riss; *aber:* zwei Daumen dick || **Daumenlutscher:** *Kind, das oft am Daumen lutscht* || **Daumennagel** || **Daumenregister:** *Alphabetleiste als Nachschlagehilfe [in Wörterbüchern]* || **Daumenschraube** (meist Pl.): *ein altes Folterwerkzeug;* jemandem Daumenschrauben anlegen *(jemanden in die Enge treiben)* || **Däumling** der, -s: *eine Märchengestalt* | (mit Pl. -e) *Fingerling für den Daumen*

Daune die, -/-n: *Flaumfeder* || **Daunendecke** || **Daunenpolster**

Dauphin [doˈfɛ̃] der, -s/-s (gr.-lat.-fr.) (früher): *Titel des französischen Kronprinzen*

David [-v-]: *männl. Vorname* || **Davidstern:** *ein sechszackiger Stern (nach dem biblischen König David), Symbol des Judentums;* → Judenstern

Daviscup [ˈdeɪvɪskʌp] der, -s/-s (Sport): *ein Tennisländerkampf*

Davit [ˈdeɪv-, ˈdæv-] der, -s/-s ⟨engl.⟩ (Seemannsspr.): *eine Art Kran auf Schiffen*

davon [auch: ˈdaː-]: das kommt d. *(daher), ...; aber zB:* → davonschwimmen || **davoneilen** || **davonfahren** || **davonkommen:** gerade noch d.; → davon || **davonlassen** || **davonlaufen:** vor etwas d.; *aber:* es ist zum Davonlaufen *(es ist schrecklich, nicht auszuhalten)* || **davonmachen** sich || **davonrennen** || **davonschleichen:** [sich] heimlich d. || **davonschwimmen** || **davonstehlen** sich: *sich heimlich davonmachen;* → stehlen || **davontragen:** den verletzten Spieler d. *(forttragen, wegbringen)* | den Sieg d. *(erringen)* | (geh.) eine Erkältung d. *(sich zuziehen)*

davor [auch: ˈdaː-]: sie kommt um 9 Uhr, d. hat sie einen wichtigen Termin | davor *(vor dieser Markierung)* stehen bleiben; *aber:* → davorstehen || **davorstehen:** sie ist fassungslos davorgestanden; *aber:* davor *(vor dieser Markierung)* stehen bleiben

dawider, *auch:* darwider (geh., veraltend): *dagegen* || **dawiderreden,** *auch:* darwiderreden (geh., veraltend): *dagegenreden*

DAX der, - (Wirt.): **D**eutscher **A**ktieninde**x**

DaZ: **D**eutsch **a**ls **Z**weitsprache

dazu [auch: ˈdaː-]: d. *(zB zu einem Problem)* Stellung nehmen || **dazubekommen** || **dazugeben** || **dazugehen** (ugs.): *beitreten* || **dazugehören:** zu einem Verein d. || **dazugehörig** || **dazugesellen** sich || **dazukommen:** gerade noch rechtzeitig d. *(hinzukommen);* ich werde nicht mehr d., das zu tun || **dazulernen**

dazumal: anno d. *(früher einmal)*

dazurechnen || **dazusagen:** wieso hast du das nicht dazugesagt *(mit erwähnt)*? || **dazuschauen** (ugs.): *sich bemühen* || **dazuschreiben** || **dazusetzen:** „Darf ich mich d. *(hinzusetzen)*?"; *aber:* ich werde mich dazu *(für diese Tätigkeit)* setzen || **dazustoßen:** *mitkommen; nachkommen;* er wird später d. || **dazutun:** nichts d.; *aber:* ohne mein Dazutun || **dazuverdienen** || **dazuzahlen**

dazwischen:

Getrenntschreibung in Verbindung mit „sein":
- dazwischen sein
- es ist genau dazwischen gewesen R→ S. 901, 1.8

Getrenntschreibung, wenn die Hauptbetonung auf dem Verb liegt:
- ich werde dazwischen *(zwischen zwei Terminen, in einer Pause)* essen
- dazwischen *(zB zwischen zwei Markierungen)* fahren

Zusammenschreibung, wenn die Betonung auf „dazwischen" liegt, zB:
- dazwischenfahren *(einschreiten)*
- dazwischenreden
- dazwischenschieben *(einschieben)* R→ S. 899, 1.3

dazwischenfahren: *einschreiten* || **dazwischenfragen** || **dazwischenfunken:** *sich störend einschalten;* ein Dritter hat dazwischengefunkt || **dazwischengeraten** || **dazwischenkommen:** leider ist mir etwas dazwischengekommen *(etwas Unvorhersehbares passiert)* || **dazwischenreden** || **dazwischenschieben:** *einschieben* || **dazwischentreten:** *sich einmischen, einschreiten*

dB: **Dezibel**

Db: **Dubnium**

d. c. [de ˈtseː]: **da capo**

DD [diːˈdiː]: **d**ouble **d**ensity *(doppelte Speicherkapazität, zB auf Disketten und CD-ROMs);* → HD

DDR [de de ˈɛr] die, - (früher): **D**eutsche **D**emokratische **R**epublik

DDr.: **Dr. Dr.** *(doppelter Doktor)*

DDSG [de de ɛs ˈgeː] die, - (früher): die **D**onau-**D**ampf**s**chifffahrts**g**esellschaft

DDT [de de ˈteː] das, -[s] (Wz.): *ein Schädlingsbekämpfungsmittel*

D-Dur [ˈdeːduːə] (D) (Mus.): *eine Tonart* || **D-Dur-Tonleiter**

de- ⟨lat./fr.⟩ (nur in Zusammensetzungen wie dechiffrieren)

Deadline [ˈdedlaɪn] die, -/-s ⟨engl.⟩: *der allerletzte Termin*

deaktivieren [-v-], *auch:* desaktivieren: die Alarmanlage d. *(ausschalten)*

Deal [diːl] der, -s/-s ⟨engl.⟩ (sal.):

Handel, Vertrag ‖ **dealen** ‖ **Dealer** der, -s/-: *Rauschgifthändler* ‖ **Dealerin** der, -/-innen

Debakel das, -s/- ⟨fr.⟩: *blamabler Misserfolg*

Debatte die, -/-n ⟨fr.⟩: *[lebhafte] Diskussion, Meinungsaustausch, Wortgefecht;* einen Vorschlag zur D. stellen; das steht nicht zur D. *(darüber wird nicht verhandelt)* ‖ **debattieren**

D

Debet das, -s ⟨lat.⟩ (Bankw.): *Sollkonto, Schulden*

debil ⟨lat.⟩ (Med.): *leicht geistesschwach* | (abw.) *blöd* ‖ **Debilität** die, - (Med.)

Debitor der, -s/-en [-ˈoː-] (meist Pl.) ⟨lat.⟩ (Kaufmannsspr.): *Schuldner, der Waren von einem Lieferanten auf Kredit bezogen hat;* → G.: Kreditor ‖ **Debitorenbuchhaltung** ‖ **Debitorenkonto**

Debreziner die (Pl.): *mit Paprika gewürzte Würstel (nach der ungarischen Stadt Debrecen)*

debuggen [diːˈbʌg-] ⟨engl.⟩ (EDV): ein Programm d. *(darin Fehler suchen und entfernen)* ‖ **Debugging** das, -s/-s (EDV)

Debüt [-ˈbyː] das, -s/-s ⟨fr.⟩: *erstes Auftreten [von Schauspielern, Musikern]* ‖ **Debütalbum** ‖ **Debütant** der, -en/-en: *jemand, der [auf der Bühne] debütiert* | *Angehöriger des Jungherrenkomitees* ‖ **Debütantin** die, -/-innen ‖ **debütieren:** *erstmals auftreten* | *im Jungherren- bzw. Jungdamenkomitee einen Ball eröffnen* ‖ **Debütsingle** die, -s/-s

Dechant [westöst. auch: -ˈa-] der, -en [-ˈa-]/-en ⟨lat.⟩: *ein höherer katholischer Geistlicher; Vorsteher eines Kirchenbezirkes (Dekanats);* → Dekan

dechiffrieren [-ʃi-]: *eine verschlüsselte Nachricht entziffern;* → chiffrieren ‖ **Dechiffrierung** die, -/-en

Deck das, -[e]s/-s: *Verdeck eines Schiffes, Bootes;* an D. gehen | *Stockwerk eines Schiffes* ‖ **Deckblatt** ‖ **Decke** die, -/-n: *Stoff zum Zudecken oder Bedecken;* Tischdecke; unter einer D. stecken *(gemeinsame Sache machen)*; sich nach der D. strecken *(an die Verhältnisse anpassen)* | *Plafond* ‖ **Deckel** der, -s/-: *Abdeckung, Verschluss eines Gefäßes* | Buchdeckel | (ugs.) eine auf den D. bekommen *(eine Rüge bekommen; eine Niederlage erleiden)* | (ugs.) *Gesundheitsausweis für Prostituierte* ‖ **deckeln** (Wirt.): ich deckle *(begrenze)* die Ausgaben ‖ **Deckelung** die, -/-en (Wirt.): *Verhinderung bzw. Verbot einer Kostenerhöhung;* die D. der Schulbuchkosten ‖ **decken**[1]: das Dach d.; den Tisch d. | diese Farbe deckt *(überdeckt)* nicht | eine Tat d. *(den Täter schützen)* | der Hengst hat die Stute gedeckt *(begattet)* | (Bankw.) dieser Scheck ist nicht gedeckt *(nicht durch einen Geldbetrag abgedeckt)* | (Sport) einen Gegenspieler genau d. *(bewachen)* ‖ **decken**[2] sich: unsere Ansichten d. sich *(sind gleich)* | (Math.) die Rechtecke d. sich *(stimmen genau überein)* ‖ **Deckenbeleuchtung** ‖ **Deckenfluter:** *Lampe, die zur Decke strahlt* ‖ **Deckenfresko** ‖ **Deckengemälde:** *Gemälde am Plafond eines Raumes* ‖ **Deckengewölbe** ‖ **Deckenkonstruktion** [-tsi̯-] ‖ **Deckentram:** *Deckenbalken* ‖ **Deckfarbe** ‖ **Deckhengst:** *Zuchthengst* ‖ **Deckmantel** (nur in der Wendung): unter dem D. *(Vorwand)* ‖ **Deckname,** *auch:* **Decknamen:** *angenommener Name, Tarnname* ‖ **Deckung** die, -/-en: D. hinter einem Baum finden | die D. des Daches | (Bankw.) die D. *(finanzielle Garantie)* des Kredits | (Sport) die D. *(Verteidigung)* vernachlässigen | (ohne Pl.) in D. gehen *(Schutz zB vor dem Gesehenwerden suchen)* ‖ **Deckungsbeitrag** (Wirt.): *Erlöse minus variable Kosten* ‖ **deckungsgleich** (Math.): *kongruent* ‖ **Deckweiß** das, -[es]: *abdeckende weiße Farbe*

Decoder [-k-] = → Dekoder ‖ **decodieren** = → dekodieren ‖ **Decodierung** = → Dekodierung

decouvrieren [-kuv-] = → dekuvrieren

decrescendo [-krɛˈʃɛn-] ⟨it.⟩ (Mus.): *leiser werdend;* → G.: crescendo ‖ **Decrescendo** das, -[s]/-s (Mus.)

Dedikation [-tsi̯-] die, -/-en ⟨lat.⟩ (geh.): *Widmung* ‖ **dedizieren** (geh.): *widmen*

Deduktion [-tsi̯-] die, -/-en ⟨lat.⟩: *das Schließen vom Allgemeinen auf das Einzelne;* → G.: Induktion ‖ **deduktiv** ‖ **deduzieren**

Deeskalation [-tsi̯-]: Schritte zur D. *(Entschärfung, Abschwächung)* der Situation setzen; → G.: Eskalation ‖ **deeskalieren**

de facto [- -k-] ⟨lat.⟩: *tatsächlich;* → G.: de jure ‖ **De-facto-Anerkennung**

Defätismus der, - = Defaitismus [-fɛt-] ⟨fr.⟩: *Mutlosigkeit, Schwarzseherei* ‖ **defätistisch** = defaitistisch

defekt ⟨lat.⟩: *schadhaft* ‖ **Defekt** der, -[e]s/-e: *Mangel, Schaden, Gebrechen;* einen D. haben ‖ **defektiv** (Gramm.): defektives Verb *(Verb, von dem nicht alle Formen und Zeiten gebildet werden können)*

Defensio die, -/-nes [-ˈoː-] ⟨lat.⟩: *eine Prüfungsform, mündliche wissenschaftliche Verteidigung einer Diplomarbeit oder Dissertation* ‖ **defensiv:** *verteidigend, abwehrend;* → G.: offensiv ‖ **Defensivbündnis** ‖ **Defensive** [-fɛ, -wɛ] die, -/-n: *Verteidigung* ‖ **Defensivspieler** (Sport) ‖ **Defensivspielerin** (Sport) ‖ **Defensivtaktik:** *Taktik, die auf Verteidigung abzielt*

Defereggen [meist: -fr-] das, -[s], *auch:* Defreggen: *Tal in Osttirol* ‖ **Defereggental,** *auch:* Defreggental

Defibrillator der, -s/-en [-ˈoː-] ⟨lat.⟩: *ein Elektroschockgerät für medizinische Zwecke*

Defilee das, -s/-s ⟨fr.⟩: *parademäßiger Vorbeimarsch* ‖ **defilieren**

definierbar ⟨lat.⟩: etwas ist nur schwer d. ‖ **definieren:** *einen Begriff genau bestimmen* ‖ **Definition** [-tsi̯-] die, -/-en ‖ **definitiv:** *endgültig;* eine definitive *(unkündbare)* Anstellung ‖ **Definitivstellung:** *fixe Anstellung* ‖ **Definitivum** [-v-] das, -s/Definitiva; → G.: Provisorium ‖ **definitorisch**

defizient ⟨lat.⟩ (fachspr.): *unvollständig* | (Amtsspr., veraltet): *dienstunfähig* ‖ **Defizit** das, -s/-e: *Verlust, Fehlbetrag* ‖ **defizitär:** *mit Verlusten*

Deflation [-tsi̯-] die, -/-en ⟨lat.⟩: *Verminderung des Geldumlaufs;* → G.: Inflation ‖ **deflationär**

Defloration [-tsi̯-] die, -/-en ⟨lat.⟩ (Med.): *Durchstoßen des Jungfernhäutchens der Frau [beim ersten Geschlechtsverkehr], Entjungferung* ‖ **deflorieren** (geh.) (Med.): *entjungfern*

Deformation [-tsi̯-] die, -/-en: *Formveränderung, Verunstaltung* ‖ **deformieren** ‖ **Deformierung**

Defraudant der, -en/-en ⟨lat.⟩ (veraltet): *jemand, der Geld unterschlägt; Betrüger* ‖ **Defraudantin** die, -/-innen (veraltet) ‖ **defraudieren** (veraltet)
Defroster der, -s/- ⟨engl.⟩: *Enteisungsanlage [im Kühlschrank]*
deftig: ein deftiges *(üppiges)* Essen; d. *(kräftig)* gewürzt | *derb;* deftige Sprüche | eine deftige *(deutliche)* Niederlage ‖ **Deftigkeit** die, -
Degen[1] der, -s/- (bes. früher): *eine Hieb- und Stichwaffe* | *ein Sportgerät im Degenfechten* | (ohne Art.) (Sport) *Kurzwort für Degenfechten*
Degen[2] der, -s/- (geh., veraltet): *kriegerischer Held*
Degeneration [-tsi̯-] ‖ **Degenerationserscheinung** ‖ **degenerieren** ‖ **degeneriert:** *entartet; zurückgebildet; verkümmert*
Degenfechten: *eine Sportart*
Degout [-'gu:] der, -s ⟨fr.⟩ (geh.): *Ekel* ‖ **degoutant** [-gu-] (geh.): *unappetitlich, abstoßend, ekelhaft*
degradieren ⟨lat.-fr.⟩: einen Offizier d. *(strafweise in einen niedrigeren Rang versetzen); erniedrigen* ‖ **Degradierung** die, -/-en
Degression die, -/-en ⟨lat.-fr.⟩ (Wirt.) ‖ **degressiv** ⟨lat.-fr.⟩ (Wirt.): *abnehmend, vermindernd;* degressive Zahlungen
Degustation [-tsi̯-] die, -/-en ⟨lat.⟩: *das prüfende Kosten von Lebensmitteln, Wein* ‖ **degustieren**
dehnbar ‖ **Dehnbarkeit** die, - ‖ **dehnen:** sich d. und strecken ‖ **Dehnfähigkeit** die, - ‖ **Dehnung** die, -/-en ‖ **Dehnungs-h** [-ha:] das, -/- ‖ **Dehnungszeichen**
Dehydration [-hy-tsi̯-] = Dehydrierung die, -/-en (Chem.) ‖ **dehydrieren** (Med.): *[zu] viel Flüssigkeit verlieren, austrocknen* | (Chem.) *Wasserstoff abspalten* ‖ **Dehydrierung** = → Dehydration
Deich der, -[e]s/-e: *ein Schutzdamm an Flussufern oder Meeresküsten;* die Deiche brechen ‖ **Deichanlage**
Deichsel [-ks-] die, -/-n: *Wagenstange zum Anhängen der Zugtiere und zum Lenken* ‖ **deichseln,** ich deichsle (ugs.): *schlau zu Stande bringen*
deiktisch [auch: 'dei̯-] ⟨gr.⟩ (fachspr.): *hinweisend*

dein:

Kommen deine Eltern? Hier liegen Stifte, sind das deine?

In der Anrede im Brief ist auch Großschreibung möglich:

- Liebe Omi, ich danke dir *(auch:* Dir) für deinen *(auch:* Deinen) Brief. Ich werde deinetwegen *(auch:* Deinetwegen) früher anreisen.

R→ S. 894, 2.4

Großschreibung bei Nominalisierung:

- das Mein und **D**ein
- Mein und **D**ein unterscheiden

Groß- und Kleinschreibung:

- die deinen = Deinen *(deine Angehörigen, die deinigen)*
- die deinigen = Deinigen *(die deinen)*

R→ S. 895, 3

deine = **Deine** der, -n/-n: der/die/das deine (= Deine); das ist das deine (= Deine) *(dein Eigentum, deine Sache, das* → *deinige);* die deinen (= Deinen) *(deine Angehörigen, die deinigen)* ‖ **deinerseits;** *aber zur Anrede im Brief* → dein ‖ **deinesgleichen:** du und d.; *aber zur Anrede im Brief* → dein ‖ **deinethalben:** *aber zur Anrede im Brief* → dein ‖ **deinetwegen:** sie kam d.; *aber zur Anrede im Brief* → dein ‖ **deinetwillen:** um d.; *aber zur Anrede im Brief* → dein ‖ **deinige** = **Deinige** der, -n/-n: der/die/das deinige (= Deinige); das ist das deinige (= Deinige) *(das* → *deine);* die deinigen (= Deinigen) *(die deinen)*
Deismus [-e'i-] der, - ⟨lat.⟩: *Gottesglaube aus Vernunftgründen* ‖ **deistisch**
Deixel der, -s/-n (ugs.): *Teufel;* pfui D. *(ein Ausruf)*
Deixfigur: *eine der typischen Figuren des Karikaturisten Manfred Deix*
Déjà-vu-Erlebnis [deʒa'vy(:)-] ⟨fr.⟩: *Eindruck, etwas schon einmal erlebt zu haben*
de jure ⟨lat.⟩: *dem Recht nach;* → G.: de facto
Deka das *(ugs. auch:* der), -[s]/-[s] ⟨gr.⟩: *Kurzwort für Dekagramm* | (mit Abkürzung da) (in Zusammensetzungen wie Dekagramm) ‖ **Dekade** die, -/-n: *Zeitraum, der zehn Tage, Wochen, Monate oder Jahre umfasst*
dekadent ⟨lat.⟩: *formal übersteigert und dadurch kulturell verfallend* ‖ **Dekadenz** die, - ‖ **Dekadenzerscheinung**
dekadisch ⟨gr.⟩: dekadisches Zahlensystem *(Zehnersystem)* ‖ **Dekagramm** (dag; früher: dkg): 10 g; → Gramm ‖ **Dekalog** der, -[e]s: *die Zehn Gebote Gottes*
Dekan der, -s/-e ⟨lat.⟩: *Vorstand einer Fakultät* | (V, reg. in D) *Dechant* ‖ **Dekanat** das, -[e]s/-e: *Büro, Amt eines Dekans* | *Amtsbereich eines Dechanten* ‖ **Dekanin** die, -/-innen
dekantieren ⟨fr.⟩: *Flüssigkeit vom Bodensatz trennen;* Wein d. *(in eine Karaffe umfüllen)*
Deklamation [-tsi̯-] die, -/-en ⟨lat.⟩: *ausdrucksvoller Vortrag [eines Gedichts]* ‖ **deklamieren**
Deklaration [-tsi̯-] die, -/-en ⟨lat.⟩: *grundsätzliche Erklärung;* die D. der Menschenrechte ‖ **deklarieren:** zollpflichtige Waren d. *(angeben)* | sich als Grüner d. *(bekennen);* eine deklarierte Sozialistin
deklassieren ⟨lat.⟩: *gesellschaftlich herabsetzen* | (bes. Sport) *überlegen besiegen;* die Mannschaft wurde deklassiert ‖ **Deklassierung** die, -/-en
Deklination [-tsi̯-] die, -/-en ⟨lat.⟩: die D. *(Abweichung)* der Magnetnadel | (Gramm.) *Beugung des Nomens, Adjektivs und Pronomens* ‖ **Deklinationsendung** (Gramm.) ‖ **deklinierbar** (Gramm.) ‖ **deklinieren** (Gramm.): *beugen, biegen;* → flektieren
Deko die, - (sal.) ⟨lat.-fr.⟩: *Dekoration;* etwas dient nur zur D.
Decoder der, -s/- = Decoder [-k-] ⟨engl.⟩: *ein Gerät zum Entschlüsseln von zB Satellitensignalen;* → G.: Enkoder ‖ **dekodieren** = decodieren: *mit Hilfe eines Codes entschlüsseln* | *einen Code entschlüsseln* ‖ **Dekodierung** = Decodierung
Dekolletee [-l'te:] das, -s/-s = **Dekolleté** ⟨fr.⟩: *Kleidausschnitt* ‖ **dekolletiert**
Dekompression die, -/-en: *[allmähliche] Druckentlastung [im Tauchsport]*
Dekonstruktivismus [-v-] der, -: *eine Richtung bzw. ein Verfahren in Philosophie, Architektur und Literaturwissenschaft*
Dekontamination [-tsi̯-] ‖ **dekontaminieren:** *Verstrahlung beseitigen;* → G.: kontaminieren ‖ **Dekontaminierung**

D

D

Dekonzentration [-tsi̯-] die, -/-en: *Auflösung einer Konzentration* ‖ **dekonzentrieren** → G.: konzentrieren

Dekor der = das, -s/-s [-e] ⟨lat.-fr.⟩: *Verzierung, Musterung, Ausstattung* ‖ **Dekorateur** [-'tøːə] der, -s/-e: *Fachmann für Auslagengestaltung* ‖ **Dekorateurin** die, -/-innen ‖ **Dekoration** [-tsi̯-] die, -/-en: *Verzierung; Bühnenausstattung* | *Saalschmuck;* → Deko ‖ **dekorativ:** *schmückend, wirkungsvoll* ‖ **dekorieren:** *[aus] schmücken* | *mit einem Orden auszeichnen* ‖ **Dekorierung** die, -/-en: *Ordensverleihung* ‖ **Dekorstoff:** *ein Vorhang- oder Möbelstoff*

Dekret das, -[e]s/-e ⟨lat.⟩: *Erlass, Verfügung einer Behörde; Urkunde* | (SüdT) *Staats- bzw. Landesgesetz* ‖ **dekretieren:** *verfügen, anordnen*

Dekubitus der, - ⟨lat.⟩ (Med.): *das Wundliegen bei Bettlägrigen*

dekuvrieren [-v-] = decouvrieren [-kuv-] (geh.): *entlarven, offenlegen*

del = **del.:** **del**eatur

Delay [dɪ'leɪ] das, -s/-s ⟨engl.⟩ (Elektrot.): *Signalverzögerung, Verspätung*

deleatur (del, del.) ⟨lat.⟩: *„bitte streichen!" (Aufforderung für eine Korrektur)* ‖ **Deleatur** das, -[s]/- = **Deleaturzeichen** (₰): *Tilgungszeichen*

Delegat der, -en/-en ⟨lat.⟩: *Bevollmächtigter* ‖ **Delegation** [-tsi̯-] die, -/-en: *Gruppe von entsandten Personen; Abordnung* ‖ **Delegationsleiter** ‖ **Delegationsleiterin**

de lege lata ⟨lat.⟩ (Jus): *nach geltendem Gesetz*

delegieren ⟨lat.⟩: *entsenden, beauftragen* | einen Auftrag d. *(weitergeben)* ‖ **Delegierte**[1] der, -n/-n, ein Delegierter ‖ **Delegierte**[2] die, -n/-n ‖ **Delegiertenkonferenz** ‖ **Delegierung** die, -/-en: *Delegation*

delektieren ⟨lat.⟩: *erfreuen, ergötzen;* er delektiert sich an exquisiten Speisen

Delfin = Delphin [-f-] der, -[e]s/-e ⟨gr.⟩: *ein Zahnwal* | (nur Sing., ohne Art.) (Sport) *Kurzwort für Delphinschwimmen* ‖ **Delfin schwimmen** = delfinschwimmen = Delphin schwimmen = delphinschwimmen (meist nur Inf. und Part.) (Sport): sie schwimmt Delfin, sie ist Delfin geschwommen/delfingeschwommen ‖ **Delfinschwimmen** = Delphinschwimmen (Sport): *eine Schwimmdisziplin*

Delhi [-li] → New Delhi

delikat ⟨lat.⟩: eine delikate *(wohlschmeckende)* Speise | eine delikate *(heikle; diskrete)* Angelegenheit ‖ **Delikatesse** [-'tɛs(ɛ)] die, -/-n ⟨fr.⟩: *bes. feine Speise, Leckerbissen* | (geh., veraltet) *Rücksichtnahme* ‖ **Delikatessengeschäft** ‖ **Delikatessgurke**

Delikt das, -[e]s/-e ⟨lat.⟩: *strafbare Handlung* ‖ **Deliktsfähigkeit,** *auch:* Deliktfähigkeit (Jus): *Fähigkeit, strafrechtlich verantwortlich zu sein*

Delinquent der, -en/-en ⟨lat.⟩: *Angeklagter, Verbrecher, Übeltäter* ‖ **Delinquentin** die, -/-innen

delirieren ⟨lat.⟩ (geh.) ‖ **Delirium** das, -s/Delirien [-i̯ɛn]: im D. *(zB im Fieberwahn)* reden ‖ **Delirium tremens** das, - - (Med.): *Wahnvorstellungen durch Alkoholmissbrauch*

deliziös ⟨lat.-fr.⟩ (geh.): *köstlich*

Delle die, -/-n: *Einbeulung, zB am Kotflügel* | (Wirt.) *wirtschaftlicher Einbruch, Rückgang*

delogieren [-'ʒiː-]: *[Mieter] behördlich zum Ausziehen aus der Wohnung zwingen* ‖ **Delogierung** die, -/-en

Delphin [-f-] = → Delfin ‖ **Delphin schwimmen** = → Delfin schwimmen ‖ **Delphinschwimmen** = → Delfinschwimmen

Delta[1] das, -[s]/-[s] (δ, Δ) ⟨gr.⟩: *griechischer Buchstabe, entspricht* d/D ‖ **Delta**[2] das, -s/-s: *fächerförmige Flussmündung* ‖ **deltaförmig** ‖ **Deltamündung** ‖ **Deltoid** das, -[e]s/-e (Math.): *ein Viereck*

de luxe [dœ 'lyks] ⟨fr.⟩: *in Luxusausführung*

dem (bestimmter Artikel): mit dem Bruder | (Pron.) „dem hab ich's aber gezeigt!"

Demagoge der, -n/-n ⟨gr.⟩ (abw.): *Volksverführer; Aufwiegler* ‖ **Demagogie** die, - (abw.): *bewusste Verdrehung der Wahrheit zu politischen Zwecken* ‖ **Demagogin** die, -/-innen (abw.) ‖ **demagogisch** (abw.)

Demarche [-rʃ] die, -/-n ⟨fr.⟩: *offizieller Einspruch bei einem anderen Staat*

Demarkation [-tsi̯-] die, -/-en ⟨lat.⟩: *Abgrenzung* ‖ **Demarkationslinie** [-i̯ɛ]: *Grenzlinie [zwischen besetzten Gebieten]* ‖ **Demarkierung:** *Demarkation*

demaskieren: *die Maske abnehmen;* der Räuber demaskierte sich nach dem Überfall; → G.: maskieren | *entlarven, jemandes wahres Wesen enthüllen* ‖ **Demaskierung**

dementgegen: *dagegen*

Dementi das, -[s]/-s ⟨fr.⟩ ‖ **dementieren:** *offiziell [eine Behauptung] widerrufen, bestreiten*

dementsprechend: d. *(gemäß dem vorher Gesagten)* handeln

Demenz die, - ⟨lat.⟩ (Med.): *Geistesschwäche*

Demeter: *griechische Göttin des Ackerbaus* | *ein Markenzeichen von biologischer Landwirtschaft*

demgegenüber: *dagegen, hingegen, andererseits*

demgemäß: d. *(dementsprechend)* handeln

Deminutiv: *Diminutiv*

Demission die, -/-en: *Rücktritt;* die D. einer Ministerin ‖ **demissionieren:** *sein Amt zurücklegen* ‖ **Demissionsgesuch**

demnach [auch: -'naːx]: *folglich* ‖ **demnächst** [auch: -'nɛːçst]: *bald*

Demo die, -/-s ⟨lat.⟩ (sal.): *Kurzwort für Demonstration; Kundgebung* ‖ **Demoaufnahme** (Mus.): *Probeaufnahme zur Vorstellung eines Produkts*

demobilisieren → G.: mobilisieren ‖ **Demobilisierung**

Demografie = Demographie [-f-] die, - ⟨gr.⟩ ‖ **demografisch** = demographisch: *die Veränderung der Bevölkerung beschreibend*

Demoiselle [dœmo̯a'zɛl] die, -/-n ⟨fr.⟩ (veraltet): *Fräulein*

Demokrat der, -en/-en ⟨gr.⟩ ‖ **Demokratie** die, -/-n: *eine Staatsform, in der die Macht vom Volk ausgeht* ‖ **Demokratiedefizit** ‖ **Demokratieverständnis** ‖ **Demokratin** die, -/-innen ‖ **demokratisch** ‖ **demokratisieren:** *demokratische Verhältnisse herstellen* ‖ **Demokratisierung** die, -/-en ‖ **Demokratur** die, - (Pol., auch iron.): *Demokratie mit diktatorischen Merkmalen*

demolieren ⟨fr.⟩: *zerstören, niederreißen* ‖ **Demolierung** die, -/-en

Demonstrant der, -en/-en ⟨lat.⟩: *Teilnehmer an einer Kundgebung* ‖ **Demonstrantin** die, -/-innen

‖ **De|mons|tra|ti|on** [-tsi̯-] die, -/-en: *Kundgebung* | *Vorführung; Erläuterung* ‖ **De|mons|tra|ti|ons|ob|jekt** ‖ **De|mons|tra|ti|ons|recht** ‖ **De|mons|tra|ti|ons|ver|bot** ‖ **de|mons|tra|tiv:** *auffällig; geflissentlich; herausfordernd;* d. schweigen | *beispielhaft, nicht erschöpfend;* eine demonstrative Aufzählung; → G.: taxativ ‖ **De|mons|tra|tiv|pro|no|men** (Gramm.): *hinweisendes Fürwort* ‖ **De|mons|tra|tor** der, -s/-en [-'oː-]: *jemand, der etwas vorzeigt und erklärt* ‖ **De|mons|tra|to|rin** die, -/-innen ‖ **de|mons|trie|ren:** *vorzeigen und erklären;* sie demonstrierten Einigkeit | *[in Massen] auf die Straße gehen;* gegen etwas d.

De|mon|ta|ge [-'aːʃ, -ʒɛ]: die D. eines Gerüsts, einer Legende; → G.: Montage ‖ **de|mon|tie|ren:** *zerlegen, abbrechen;* eine Maschine d. ‖ **De|mon|tie|rung** die, -/-en

de|mo|ra|li|sie|ren: *Sitte und Moral zersetzen; entmutigen* ‖ **De|mo|ra|li|sie|rung** die, -/-en

De|mo|sko|pie die, -/-n ⟨gr.⟩: *Meinungsforschung* ‖ **de|mo|sko|pisch**

De|mo|ti|va|ti|on [-tsi̯-] ‖ **de|mo|ti|vie|ren:** *entmutigen, den Ansporn nehmen;* → G.: motivieren

De|mo|ver|si|on [-v-] ⟨lat.⟩: *kostenlose Testversion [einer Software]*

De|mut die, -: *Unterwürfigkeit, Ergebenheit* ‖ **de|mü|tig** ‖ **de|mü|ti|gen:** *erniedrigen;* er lässt sich nicht d. ‖ **De|mü|ti|gung** die, -/-en ‖ **De|muts|ge|bär|de** (Verhaltensforschung): *Körperhaltung eines Tieres, die Unterwerfung signalisiert* ‖ **de|muts|voll**

dem|zu|fol|ge: *daher*

den (bestimmter Art.): mit den Eltern; (im Datum) Salzburg, den *(am)* 22. Mai | (Pron.) „nimm den dort!"

de|na|tu|rie|ren: *ungenießbar machen;* denaturierter Alkohol | *der eigenen Natur entfremden, entarten;* Landschaften d. ‖ **De|na|tu|rie|rung** die, -/-en

Den|drit der, -en/-en ⟨gr.⟩: *verzweigter Fortsatz einer Nervenzelle*

Den|dro|chro|no|lo|gie [-kr-] die, - ⟨gr.⟩: *[archäologische] Altersbestimmung anhand von Jahresringen im Holz* ‖ **Den|dro|lo|gie** die, - (Bot.): *Gehölzkunde*

de|nen: wie wird es d. ergehen?

Den|gel der, -s/-: der D. *(die Schärfe, Schneide)* einer Sense ‖ **den|geln,** ich dengle: Sense und Sichel d. *(durch Hämmern schärfen)* ‖ **Den|gel|stock**

Deng|lisch das, -[s] (Neuprägung, abw.): *mit vielen Anglizismen vermischtes Deutsch*

Den Haag → Haag

De|nim der = das, -s ⟨fr.⟩ (Wz.): *ein Baumwollstoff [für Jeans]*

Denk|an|satz ‖ **Denk|an|stoß** ‖ **Denk|art** ‖ **denk|bar:** die d. besten Absichten ‖ **den|ken,** dachte/gedacht: sich seinen Teil d. *(seine Meinung für sich behalten)* | etwas gibt jemandem zu d. *(bewirkt, dass sich jemand darüber Gedanken macht)* | (nördl. D, ugs.) denkste! *(das hast du geglaubt!)* ‖ **Den|ken** das, -s ‖ **Den|ker** der, -s/-: ein scharfer D. ‖ **Den|ke|rin** die, -/-innen ‖ **Den|ker|stirn** (oft scherzh.): *eine hohe Stirn* ‖ **Denk|fä|hig|keit** ‖ **denk|faul** ‖ **Denk|feh|ler** ‖ **Denk|mal** das, -[e]s/-mäler (*auch:* -male): *Monument zur Erinnerung;* jemandem ein D. setzen ‖ **denk|mal|ge|schützt:** dieses Gebäude ist d. *(steht unter Denkmalschutz)* ‖ **Denk|mal|pfle|ge** ‖ **Denk|mal|schutz** ‖ **Denk|mal|schüt|zer** ‖ **Denk|mal|schüt|ze|rin** ‖ **Denk|mo|dell** ‖ **Denk|pro|zess** ‖ **Denk|sche|ma** ‖ **Denk|schrift:** *[an eine Behörde gerichtete] Veröffentlichung zu einem wichtigen Thema; Memorandum* ‖ **Denk|sport:** *Lösen von Denkaufgaben* ‖ **denks|te** → denken ‖ **Den|kungs|art** ‖ **Denk|ver|bot** ‖ **Denk|wei|se** ‖ **denk|wür|dig:** ein denkwürdiges Ereignis ‖ **Denk|werk|statt** = **Denk|werk|stät|te:** *Planungs- und Innovationsabteilung zB eines Unternehmens* ‖ **Denk|zet|tel:** jemandem einen D. geben *(jemanden so behandeln, dass er noch lange daran denken wird; jemandem eine Lektion erteilen)*

denn: wir hatten Durst, d. es war heiß | wie geht's d.? | es sei d., dass ... *(außer wenn ...)* | (geh.) sie galt mehr als Malerin d. *(als)* als Bildhauerin | (geh.) wenn es d. *(nun schon einmal)* sein muss ‖ **den|noch:** *trotzdem*

De|no|tat das, -[e]s/-e ⟨lat.⟩: → *Denotation* ‖ **De|no|ta|ti|on** [-tsi̯-] die, -/-en, *auch:* Denotat (Sprachwiss.): *der rein sachbezogene Wortinhalt ohne hinzutretende Stilnuancen und Begleitvorstellungen;* → G.: Konnotation

den|tal ⟨lat.⟩ (Med.): *die Zähne betreffend* ‖ **Den|tal** der, -s/-e (Sprachwiss.): *Laut, der an den oberen Schneidezähnen gebildet wird, Zahnlaut, zB* d, t ‖ **Den|tal|kli|nik:** *Zahnärztezentrum* ‖ **Den|tist** der, -en/-en: *ein Zahnbehandler* ‖ **Den|tis|tin** die, -/-innen

De|nu|da|ti|on [-tsi̯-] die, -/-en ⟨lat.⟩ (Geol.): *Bloßlegung; Oberflächenabtragung*

De|nun|zi|ant der, -en/-en ⟨lat.⟩ (abw.): *böswilliger Anzeiger* ‖ **De|nun|zi|an|tin** die, -/-innen (abw.) ‖ **De|nun|zi|a|ti|on** [-tsi̯-] die, -/-en (abw.) ‖ **de|nun|zie|ren** (abw.): *aus niedrigen Motiven anzeigen* | ihre Arbeit d. *(öffentlich schlechtmachen)*

Deo das, -s/-s ⟨lat.-fr.⟩: *Kurzwort für De[s]odorant* ‖ **De|o|do|rant** [auch: -'rãː] das, -s/-s, *auch:* Desodorant: *Mittel zur Beseitigung von schlechtem [Körper]geruch;* → Deo ‖ **de|o|do|rie|ren** ‖ **Deo|spray** [-ʃpreː, engl.: -spreɪ]

De|par|te|ment [-t'mãː] das, -s/-s ⟨fr.⟩: *Abteilung, Behörde* | *Verwaltungsbezirk [in Frankreich]*

De|pen|dance [-pã'dãːs] die, -/-n ⟨fr.⟩: *Nebengebäude von Hotels, Pensionen, Spitälern uÄ; Zubau*

De|pen|denz die, -/-en ⟨lat.⟩: *Abhängigkeit;* → G.: Independenz

De|pe|sche die, -/-n ⟨fr.⟩ (veraltet): *Telegramm*

De|pi|la|ti|on [-tsi̯-] die, -/-en ⟨lat.⟩ ‖ **de|pi|lie|ren:** *enthaaren*

de|plat|ziert: *fehl am Platz, unangebracht*

De|po|nie die, -/-n ⟨lat.-fr.⟩: *Ablagerungsstätte für Müll, Giftstoffe oÄ* ‖ **de|po|nie|ren:** *hinterlegen, in Verwahrung geben, aufbewahren* | seine Meinung d. ‖ **De|po|nie|rung** die, -/-en

De|por|ta|ti|on [-tsi̯-] die, -/-en ⟨lat.⟩ ‖ **De|por|ta|ti|ons|la|ger** ‖ **de|por|tie|ren:** *zwangsweise verschicken, verschleppen* ‖ **De|por|tier|te**[1] der, -n/-n, ein Deportierter ‖ **De|por|tier|te**[2] die, -n/-n

De|po|si|ten die (Pl.) ⟨lat.⟩ (Bankwesen): *Einlagen, Gelder* ‖ **De|po|si|tum** das, -s/Depositen (Jus): *in Verwahrung gegebener Gegenstand*

De|pot [-'poː] das, -s/-s ⟨fr.⟩: *Aufbewahrungsort; Lager* | *hinterlegtes Gut, zB Geld, Schmuck, Wertpapiere* | (Med.) *Ablagerung in Geweben oder Organen*

D

D

Depp der, -en/-en, *auch:* Tepp (ugs.): *Dummkopf, Trottel* ‖ **deppensicher,** *auch:* teppensicher (ugs., oft scherzh.): *so einfach, dass jeder Dummkopf es begreift, idiotensicher* ‖ **Depperl** das, -s/-[n] (ugs.): *leicht behinderter, hilfloser Mensch* ‖ **deppert,** *auch:* teppert (ugs.): *dumm, blöd; ungeschickt*

Depravation [-vatsi̯-] die, -/-en ⟨lat.⟩ (geh.): *Verderbnis* | (Med.) *Verschlechterung einer Krankheit* | (Bankw.) *Wertminderung von Münzen durch geringeren Edelmetallanteil* ‖ **depravieren**

Depression die, -/-en ⟨lat.⟩: *seelische Niedergeschlagenheit;* unter Depressionen leiden | *Gebiet des niedrigsten Luftdrucks* | (Geogr.) *Land, das tiefer liegt als der Meeresspiegel* | *wirtschaftlicher Tiefstand* ‖ **depressiv:** *gedrückt, niedergeschlagen* ‖ **deprimieren:** eine deprimierende *(niederdrückende, entmutigende)* Nachricht; er ist deprimiert

Deprivation [-v-tsi̯-] die, -/-en ⟨lat.⟩ (Psych., Soz.): *Entzug von jeglichen Außenreizen und emotionalen Grundbedürfnissen*

depischen, *auch:* tepschen (ugs.): *[ein]drücken, quetschen* | sich gedepscht *(bedrückt, ermüdet)* fühlen ‖ **Depscher** der, -s/-, *auch:* Tepscher (ugs.): ein D. *(eine Einbeulung, Delle)* am Auto | *seelische Erschütterung*

Deputat das, -[e]s/-e ⟨lat.⟩: *Sachlohn, der nicht in Geld, sondern zB in Lebensmitteln, Brennholz entrichtet wird* ‖ **Deputation** [-tsi̯-] die, -/-en: *Abordnung* ‖ **Deputierte**[1] der, -n/-n, ein Deputierter ‖ **Deputierte**[2] die, -n/-n

der (bestimmter Art.): der Mitmensch | (Pron.) was weiß der schon?; einer, der sich auskennt

der- (verstärkende Vorsilbe bei Verben wie derfangen, derpacken)

derangiert [-rɑ̃'ʒiːɐt] (veraltet): *in Unordnung, aufgelöst*

derart: *so* ‖ **derartig:** derartige *(solche)* Dinge; sie gerieten d. in Wut, dass ... | (Großschreibung) etwas **D**erartiges; **D**erartiges gibt es sonst nicht

derb: *grob* | derbe *(kräftige)* Kost ‖ **Derbheit** die, -/-en

Derby ['dɑːbi, 'dɜː-] das, -[s]/-s ⟨engl.⟩ (Sport): *ein Pferdewettrennen* | *Wettkampf zweier lokaler Mannschaften [im Fußball]*

dereinst [auch: 'deːɐ-] (geh.): *später einmal* | *früher einmal*

Dereliktion [-tsi̯-] die, -/-en ⟨lat.⟩ (Jus): das *Aufgeben von Eigentumsrechten*

> **deren:**
>
> **Pronomen mit Rückverweis:**
> – die Frau, deren Sohn verunglückt ist, ...
> – die Explosion und deren Folgen

derenthalben ‖ **derentwegen** ‖ **derentwillen:** um d.

> **derer:**
>
> **Pronomen mit Vorausverweis:**
> – wir wollen derer gedenken, die uns geholfen haben

derfangen sich (mda.): *sich erfangen*

dergestalt (geh.): *so*

dergleichen [auch: 'deːɐ-] (dgl.): und dergleichen (u. dgl.); nichts d. tun *(nicht reagieren)*

derheben (mda.): die Kiste grad noch d. *(heben)* können | eine Aufgabe d. *(packen, schaffen)*

Derivat [-v-] das, -[e]s/-e ⟨lat.⟩ (Chem.): *abgeleitete chemische Verbindung* | (meist Pl.) (Bankw., Wirt.) *ein Finanzinstrument, dessen Wert von den Kursen anderer Handelsgüter uÄ abhängt;* Finanzderivat | (Sprachwiss.) *Derivation* ‖ **Derivation** [-tsi̯-] die, -/-en (Sprachwiss.): *Ableitung; abgeleitetes Wort* ‖ ‖ **derivativ:** *abgeleitet*

derjenige [auch: -'jeː-]

derlei: *dergleichen*

dermachen (mda.): es grad noch d. *(schaffen; überleben)*

dermaleinst (geh., veraltet): *dereinst* ‖ **dermalen** (geh., veraltet): *jetzt* | *damals*

dermaßen: *so; so sehr*

Dermatitis die, -/Dermatitiden ⟨gr.⟩ (Med.): *Entzündung der Haut* ‖ **Dermatologe** der, -n/-n: *Facharzt für Haut- und Geschlechtskrankheiten, Hautarzt* ‖ **Dermatologie** die, - ‖ **Dermatologin** die, -/-innen

Dernier Cri [-ni̯e 'kri] der, - - ⟨fr.⟩ (wörtl.: letzter Schrei): *Modeneuheit*

Dero (veraltet): *Ihr, Euer;* D. Gnaden

Derogation [-tsi̯-] die, -/-en ⟨lat.⟩ (Jus) ‖ **derogativ** (Jus) ‖ **derogieren** (Jus): *aufheben;* ein späteres Gesetz derogiert ein früheres

derpacken (mda.): sie hat die Prüfung derpackt *(geschafft, bewältigt)*

derrennen (mda.): den Zug nicht mehr d. *(erreichen)*

derschlagen (mda.): *erschlagen*

> **derselbe:**
>
> ein und derselbe; → selbe
>
> **Zusammenschreibung:**
> – derselbe Mann
> – dieselbe Vase
> – dasselbe Kind; *aber getrennt:* zum selben Zweck, beim selben Platz
>
> **„derselbe" versus „der gleiche"**
> Wenn Missverständnisse möglich sind, ist zu unterscheiden:
> derselbe: Identität des einzelnen Gegenstands, der einzelnen Person
> – derselbe Hut *(= ein und derselbe Hut)*
> der gleiche: Identität der Gattung
> – der gleiche Computer *(= ein Computer von mehreren der gleichen Art)*
> – der gleiche Hut *(= ein Hut derselben Marke/Machart)*

derstessen sich [-ʃt-] (bes. ostöst., mda.): *durch Anstoßen oder Stürzen zu Schaden kommen* | *tödlich verunglücken*

derweil (veraltend, ugs.) (Adv.): *einstweilen;* was tust du d.? | (Konj.) *während;* d. ich schlief, passierte es

Derwisch der, -[e]s/-e ⟨türk.-pers.⟩: *islamischer Mönch*

derwischen (mda.): *erwischen*

derwuzeln (mda.): *zerreiben* | sich d. *(sich drängen)* | sich über jemanden d. *(vor Lachen biegen)*

derzählen (mda.): *erzählen;* das kannst du jedem d. *(einreden)*

derzeit (dzt.): *jetzt, gegenwärtig* ‖ **derzeitig:** der derzeitige Minister

des[1] (best. Art.): des Menschen | (Pron.) (geh.) *dessen;* wes Brot ich ess, des Lied ich sing; des ungeachtet

des[2] das, -/- (Mus.): *das um einen Halbton erniedrigte D (d);* → Des | des-Moll ‖ **Des** das, -/- (Mus.): *das um einen Halbton erniedrigte D (d);* → des[2] | Des-Dur

des- ⟨lat./fr.⟩ (nur in Zusammensetzungen wie desorientiert)

des|ak|ti|vie|ren [-v-]: *deaktivieren*
De|sas|ter das, -s/- ⟨fr.⟩ (geh.): *schwere Niederlage; Zusammenbruch* ‖ **de|sas|trös:** *katastrophal*
de|s|a|vou|ie|ren [-vu-] ⟨fr.⟩: *bloßstellen*
Des-Dur (Des) (Mus.) ‖ **Des-Dur-Ton|lei|ter** (Mus.)
de|sen|si|bi|li|sie|ren: *unempfindlich machen* ‖ **De|sen|si|bi|li|sie|rung:** sich einer D. unterziehen
De|ser|teur [-'tøːə] der, -s/-e ⟨fr.⟩: *Soldat, der sich unerlaubt von seiner Truppe entfernt; Überläufer, Fahnenflüchtiger* ‖ **De|ser|teu|rin** die, -/-innen ‖ **de|ser|tie|ren** ‖ **De|ser|ti|fi|ka|ti|on** [-tsi̯-] die, -/-en ⟨lat.⟩: *Ausbreitung der Wüste, Wüstenbildung;* → verwüsten ‖ **De|ser|ti|on** [-tsi̯-] die, -/-en
desgl.: desgleichen ‖ **des|glei|chen:** *ebenso*
des|halb ['dɛs-, -'a-]: *daher*
De|si|de|rat das, -[e]s/-e = **De|si|de|ra|tum,** -s/Desiderata ⟨lat.⟩: *etwas Fehlendes, Gewünschtes, dringend Gebrauchtes*
De|sign [dɪ'zaɪn] das, -[s]/-s ⟨engl.⟩: *Produktgestaltung;* → Dessin ‖ **de|si|gnen,** sie designt/ hat designt ‖ **De|si|gner** der, -s/-: *Produkt-, Formgestalter [für Gebrauchsgegenstände]* ‖ **De|si|gner|dro|ge:** *synthetisch hergestelltes Suchtgift* ‖ **De|si|gne|rin** die, -/-innen ‖ **De|si|gner|mo|de** ‖ **De|si|gner|out|let** [-aut-]: *Outletcenter von verschiedenen Marken*
de|si|gnie|ren [dezign-] ⟨lat.⟩: *[für ein Amt] vorsehen*; der designierte Minister
Des|il|lu|si|on → G.: Illusion ‖ **des|il|lu|si|o|nie|ren:** *enttäuschen, ernüchtern*
Des|in|fek|ti|on [-tsi̯-] → G.: Infektion ‖ **Des|in|fek|ti|ons|mit|tel** ‖ **des|in|fi|zie|ren:** *Krankheitserreger abtöten; keimfrei machen*
Des|in|for|ma|ti|on [-tsi̯-]: *bewusste Falschinformation;* → G.: Information ‖ **des|in|for|miert:** *nicht bzw. ungenügend oder falsch informiert*
Des|in|te|gra|ti|on [-tsi̯-] die, -/-en: *Spaltung, Auflösung;* → G.: Integration ‖ **des|in|te|grie|ren** ‖ **Des|in|te|grie|rung**
Des|in|te|r|es|se: *Uninteressiertheit;* → G.: Interesse ‖ **des|in|te|r|es|siert:** *nicht interessiert; gleichgültig*
Dé|si|rée: *weibl. Vorname*
De|skrip|ti|on [-tsi̯-] die, -/-en ‖ **de|skrip|tiv:** *beschreibend;* → präskriptiv
Desk|top der (auch: das), -s/-s ⟨engl.⟩ (EDV): *die Benutzeroberfläche eines Betriebssystems* ‖ **Desk|top|pu|bli|shing** [-'pʌblɪʃ-] das, -[s] = **Desk|top-Pu|bli|shing** (DTP): *Erarbeitung und Herstellung von Texten [auch mit Grafiken uÄ] mit Hilfe eines Computers*
des-Moll (des) (Mus.) ‖ **des-Moll-Ton|lei|ter** (Mus.)
De|s|o|do|rant [auch: -'rãː] → Deodorant
de|so|lat ⟨lat.⟩: in desolatem *(heruntergekommenem)* Zustand
Des|or|ga|ni|sa|ti|on [-tsi̯-] die, -: *schlechte Organisation* | *Auflösung der Organisation;* → G.: Organisation
des|ori|en|tiert: *falsch orientiert; im Unklaren;* → orientieren ‖ **Des|ori|en|tie|rung**
Des|oxy|ri|bo|nu|c|le|in|säu|re [-ɔksi-nukle'iːn-, -ɔksy-] (DNA, DNS) (Biol.): *Trägermolekül der Erbinformation*
de|s|pek|tier|lich [-sp-, auch: -ʃp-] ⟨lat.⟩: eine despektierliche *(respektlose, unpassende)* Bemerkung
Des|pe|ra|do [-sp-] der, -s/-s ⟨span.⟩: *[krimineller] Abenteurer* ‖ **de|s|pe|rat:** *ohne Hoffnung, verzweifelt, ratlos* ‖ **Des|pe|ra|ti|on** [-tsi̯-] die, -/-en (geh., veraltend)
Des|pot der, -en/-en ⟨gr.⟩: *Gewaltherrscher, Tyrann* ‖ **Des|po|tie** die, -/-n ‖ **Des|po|tin** die, -/-innen ‖ **des|po|tisch** ‖ **Des|po|tis|mus** der, -
des|sen: d. ungeachtet *(trotzdem)*; statt d. gibt es etwas anderes; ich bin mir d. sicher; *aber:* → stattdessen ‖ **des|sent|we|gen** (veraltet): *deswegen* ‖ **des|sent|wil|len** (geh.) (nur in der Wendung): um d. *(dem zuliebe)*
Des|sert [-'seːə] das, -s/-s ⟨fr.⟩: *Nachspeise* ‖ **Des|sert|be|steck** ‖ **Des|sert|tel|ler** ‖ **Des|sert|wein:** *ein süßer Wein*
Des|sin [-'sɛ̃ː] das, -s/-s ⟨fr.⟩: *Zeichnung, Muster;* → Design
Des|sous [-'suː, fr.: dœ'su] das, -[-'uː(s)]/- [-'uːs] (meist Pl.) ⟨fr.⟩: *[feine] Damenunterwäsche*
de|sta|bi|li|sie|ren [-st-, -ʃt-]: *instabil machen;* → G.: stabilisieren ‖ **De|sta|bi|li|sie|rung**
De|stil|lat das, -[e]s/-e ⟨lat.⟩: *Ergebnis einer Destillation* ‖ **Des|til|la|ti|on** [-tsi̯-] die, -/-en ‖ **Des|til|la|tor** der, -s/-en [-'oː-]: *Gerät zum Destillieren* ‖ **De|s|til|lier|ap|pa|rat** ‖ **de|s|til|lie|ren:** *eine Flüssigkeit verdampfen und wieder flüssig machen;* Alkohol d.; destilliertes Wasser | Obstsaft d. *(brennen)*
Des|ti|na|ti|on [-tsi̯-] die, -/-en ⟨lat.⟩: *Bestimmungsort, Ziel [eines Fluges]*
des|to: je mehr, d. *(umso)* besser
De|s|truk|ti|on [-tsi̯-] die, -/-en ⟨lat.⟩: *Zerstörung* ‖ **de|s|truk|tiv:** *zerstörerisch, zersetzend;* → G.: konstruktiv
des|we|gen [auch: 'dɛs-]: *deshalb*
De|s|zen|dent der, -en/-en ⟨lat.⟩: *Nachkomme, zB Kind, Enkel;* → G.: Aszendent ‖ **De|s|zen|denz** die, -/-en: *Abstammung, Ableitung*
De|tail das, -s/-s ⟨fr.⟩: *Einzelheit;* bei einer Schilderung ins D. *(ins Einzelne)* gehen; im D. *(im Kleinen, stückweise)* verkaufen; → en détail ‖ **De|tail|fra|ge** ‖ **de|tail|ge|treu** ‖ **De|tail|han|del:** *Einzelhandel* ‖ **De|tail|kennt|nis** ‖ **de|tail|lie|ren:** eine detaillierte Rechnung *(eine Rechnung mit allen Einzelbeträgen)* ‖ **de|tail|reich** ‖ **De|tail|ver|kauf:** *Einzelverkauf* ‖ **De|tail|zeich|nung**
De|tek|tei die, -/-en ⟨lat.⟩: *Detektivbüro* ‖ **De|tek|tiv** der, -s/-e [-fɛ, -vɛ]: *jemand, der Verdächtigte berufsmäßig beobachtet* ‖ **De|tek|tiv|bü|ro** ‖ **De|tek|ti|vin** [-f-, -v-] die, -/-innen ‖ **de|tek|ti|visch** ‖ **De|tek|tiv|ro|man** [-f-]
De|tek|tor der, -s/-en [-'oː-] ⟨lat.⟩ (Phys.): *Nachweis- oder Anzeigegerät [für Strahlung]*
De|ter|gen|zi|en die (Pl.) ⟨lat.⟩: *Wirkstoffe [in Waschmitteln]*
De|ter|mi|nan|te die, -/-n ⟨lat.⟩ (geh.): *ausschlaggebende Größe* ‖ **De|ter|mi|na|ti|on** [-tsi̯-] die, -: *Begriffsbestimmung durch Eingung; Bestimmtheit;* → G.: Indetermination ‖ **de|ter|mi|nie|ren:** *bestimmen, begrenzen* ‖ **De|ter|mi|niert|heit** die, - ‖ **De|ter|mi|nis|mus** der, - (Phys.): *eindeutige Vorhersagbarkeit des Verhaltens bestimmter physikalischer Systeme* ‖ **de|ter|mi|nis|tisch:** *Willensfreiheit negierend*
Det|lef = **Det|lev:** *männl. Vorname*
De|to|na|ti|on [-tsi̯-] die, -/-en ⟨lat.⟩: *heftige Explosion, Knall* ‖ **de|to|nie|ren:** *explodieren;* die Bombe

D

detonierte nicht
det|to ⟨it.⟩: *ebenso;* → dito
deuce [djuːs] ⟨engl.⟩ (Sport): *Einstand (im Tennis)*
De̩|us ex Ma̩|chi|na der, - - -/Dei ['de(ː)i] - - (Pl. selten) ⟨lat.⟩: *plötzlich erscheinender Helfer in einer Notlage*
Deut (nur in der Wendung): keinen D. *(keine Spur, kein bisschen)* besser sein
deu|teln, ich deutle (abw.): *spitzfindig auslegen;* da gibt es nichts zu d. *(es ist eindeutig)* ‖ **deu|ten:** auf jemanden d. *(auf jemanden zeigen, hinweisen)* | geheimnisvolle Zeichen d. *(zu erklären versuchen)* ‖ **Deu|ter** der, -s/- (geh.): *jemand, der eine Sache erklärt* | (ugs.) jemandem einen D. *(Hinweis, leichten Stoß)* geben ‖ **Deu|te|rin** die, -/-innen
Deu|te̩|ri|um das, -s ⟨gr.⟩ (Phys.): *schweres Wasser* ‖ **Deu|te|ron** das, -s/-en [-'oː-] (Phys.): *Atomkern des Deuteriums* ‖ **Deu|te|ro|no̩|mi|um** das, -s: *ein Buch des Alten Testaments*
-deu|tig (nur in Zusammensetzungen wie zweideutig) ‖ **deut|lich:** daraus wird d. *(klar);* jemandem etwas d. machen *(verdeutlichen)* ‖ **Deut|lich|keit** die, -/-en: etwas mit aller D. sagen ‖ **deut|lich|keits|hal|ber**

deutsch

(dt.): die deutsche Sprache
Kleinschreibung des Adjektivs (Frage *Wie?*):
– mit jemandem deutsch reden (auch: *jemandem offen die Wahrheit sagen)*
– deutsch lehren/sprechen/unterrichten (Frage *Wie? – in deutscher Sprache); aber groß mit der Frage Was?;* → Deutsch
– das Fach Geografie deutsch oder französisch unterrichten (Frage *Wie? – in einer dieser Sprachen)*
R→ S. 893, 2.2.4
Großschreibung in Eigennamen und Klassifizierungseinheiten der Biologie:
– **D**eutsches Eck *(Verkehrsverbindung von Salzburg nach Tirol über deutsches Gebiet;* in D: *Zusammenfluss von Rhein und Mosel in Koblenz)*
– Kleines **D**eutsches Eck *(über Bad Reichenhall)*
– Großes **D**eutsches Eck *(Autobahn über Rosenheim)*
– der **D**eutsche Orden *(ein Ritterorden)*
– der **D**eutsche Schäferhund *(eine Hunderasse)*
R→ S. 895, 4.1

Deutsch

das, -[s]:
Großschreibung als Nomen (Frage *Was?*):
– das Deutsch Goethes
– seine Muttersprache ist Deutsch *(die deutsche Sprache)*
– auf/in/zu Deutsch
– auf gut Deutsch *(unmissverständlich)*
– die Anleitung ist in Deutsch und Englisch abgefasst
– er kann/lernt/lehrt Deutsch *(Was?)*
– Deutsch lehren/sprechen/unterrichten *(Was? – die deutsche Sprache); aber klein mit der Frage Wie?;* → deutsch
– sie hat einen Einser in Deutsch *(im Gegenstand Deutsch)*
R→ S. 893, 2.2.4
Schreibung mit adjektivisch gebrauchtem Partizip:
– eine Deutsch sprechende (= deutschsprechende/deutsch sprechende) Französin
R→ S. 903, 2.2.1

Deutsch-A̩l|ten|burg (N) → Bad Deutsch-Altenburg ‖ **Deutsch|ame|ri|ka|ner:** *gebürtiger Amerikaner mit deutscher Abstammung* ‖ **Deutsch|ame|ri|ka|ne|rin** ‖ **Deut|sche**[1] das, -n: *Deutsch;* ins D. *(in die deutsche Sprache)* übersetzen ‖ **Deut|sche**[2] der, -n/-n, ein Deutscher ‖ **Deut|sche**[3] die, -n/-n ‖ **deutsch-fran|zö|sisch:** deutsch-französische Beziehungen; *aber:* der **D**eutsch-Französische Krieg (1870/1871) ‖ **Deutsch|kennt|nis|se** die (Pl.): von ausländischen Studenten verlangt man gute D. ‖ **Deutsch|kurs** ‖ **Deutsch|land** (Kfz: D): *ein Staat;* → BRD ‖ **deutsch|län|disch** (Sprachwiss.): *auf Deutschland (im Gegensatz zum gesamten deutschen Sprachraum) bezogen;* → Teutonismus ‖ **Deutsch|lands|berg** (Kfz: DL): *Stadt in der Steiermark* ‖ **deutsch|land|weit** ‖ **Deutsch|leh|rer** ‖ **Deutsch|leh|re|rin** ‖ **Deutsch|meis|ter** (früher): *ein hoher Würdenträger des Deutschen Ordens* | die (Pl.) *ehemaliges österreichisches Infanterieregiment;* Hoch- und D. ‖ **Deutsch|meis|ter|marsch** ‖ **deutsch|na|ti|o|nal** [-tsi̯-] (Gesch., Pol.): *in nationalistischer Gesinnung ausschließlich an den Interessen der deutsch[sprachi-g]en Bevölkerung orientiert* ‖ **Deutsch|na|ti|o|na|le**[1] der, -n/-n, ein Deutschnationaler (Gesch., Pol.) ‖ **Deutsch|na|ti|o|na|le**[2] die, -n/-n (Gesch., Pol.) ‖ **Deutsch|ös|ter|reich** (Gesch.): *offizielle Bezeichnung Österreichs 1918–1920* ‖ **Deutsch|schweiz:** *die deutschsprachige Schweiz* ‖ **deutsch|spra|chig:** *mit deutscher [Mutter]sprache;* deutschsprachiger *(auf Deutsch gehaltener)* Unterricht; deutschsprachige Länder ‖ **deutsch|stäm|mig:** *von deutscher Abstammung* ‖ **Deutsch|stäm|mi|ge**[1] der, -n/-n, ein Deutschstämmiger; → Volksdeutsche ‖ **Deutsch|stäm|mi|ge**[2] die, -n/-n ‖ **Deutsch|stun|de** ‖ **Deutsch|tum** das, -s (Gesch., Pol.): *kennzeichnende Eigenschaften, Wesen der Deutschen* ‖ **Deutsch|tü|me|lei** die, -(abw.): *aufdringliche Betonung deutscher Eigenart* ‖ **deutsch|tü|meln** (nur Inf. und Part.) (abw.) ‖ **Deutsch|un|ter|richt**
Deutsch-Ver|zeich|nis das, -nisses (D) (Mus.): *Verzeichnis der Werke Franz Schuberts (nach dem Musikhistoriker O. E. Deutsch);* die Sonate D 960
Deutsch-Wag|ram: *Stadt in Niederösterreich*
Deu|tung die, -/-en: *Erklärung, Erläuterung* ‖ **Deu|tungs|ver|such**
Deux|pi|èces [dø'pi̯ɛs] = **Deux-Pi|èces** das, -/- ⟨fr.⟩: *Kleid mit Jacke*
De|va|lu|a|ti|on [-v-tsi̯-], *auch:* Devalvation [-v-v-] die, -/-en ⟨lat.-fr.⟩: *Abwertung [einer Währung]* ‖ **de|va|lu|ie|ren,** *auch:* **de|val|vie|ren**
De|vas|ta|ti|on [-v-tsi̯-] die, -/-en ⟨lat.⟩ (geh.): *Verwüstung, Zerstörung* ‖ **de|vas|tie|ren**
De|vi|anz [-v-] = **De|vi|a|ti|on** [-v-tsi̯-] die, -/-en ⟨lat.⟩ (bes. Soz.): *Abweichung*
De|vi|se [-v-] die, -/-n ⟨fr.⟩: unter der D. *(dem Wahlspruch)* „Leben und leben lassen!" | (meist Pl.) (Bankw.) *Zahlungsmittel in ausländischer Währung* ‖ **De|vi|sen|bör|se** (Wirt.) ‖ **De|vi|sen|brin|ger** der, -s/- (Wirt.): *Wirtschaftsfaktor, der einem Land Devisen*

bringt ‖ **De|vi|sen|ge|schäft** ‖ **De|vi|sen|han|del** ‖ **De|vi|sen|kom|mis|si|on** (Bankw.): *Provision bei Scheckeinlösung im Ausland* ‖ **De|vi|sen|kurs** (Bankw.): *aktueller Wert von Wertpapieren in Fremdwährung* ‖ **De|vi|sen|re|ser|ve** [-v-] (meist Pl.) ‖ **De|vi|sen|schmug|gel**
De|vo|lu|ti|on [-v-tsi-] die, -/-en ⟨lat.⟩ (Jus): *Übergang des Entscheidungsrechts auf eine übergeordnete Behörde* ‖ **De|vo|lu|ti|ons|an|trag** (Jus)
de|vot [-v-] ⟨lat.⟩: ein devotes *(unterwürfiges)* Benehmen ‖ **De|vo|ti|on** [-v-tsi-] die, -/-en (geh.): *Unterwürfigkeit* ‖ **De|vo|ti|o|na|li|en** die (Pl.): *der religiösen Andacht dienende Gegenstände, zB Rosenkränze, Heiligenbilder* ‖ **De|vo|ti|o|na|li|en|han|del**
Dex|tro|se die, - ⟨gr.⟩ (Biol., Chem.): *Traubenzucker*
Dez.: Dezember ‖ **De|zem|ber** der, -[s]/- (Dez.): *der zwölfte Monat;* am 24. D. ‖ **De|zem|ber|ver|fas|sung** (Gesch.): *Verfassungsgesetze von 1867*
De|zen|ni|um das, -s/Dezennien [-iɛn] ⟨lat.⟩: *Jahrzehnt*
de|zent ⟨lat.⟩: *unaufdringlich; zurückhaltend; schicklich, anständig;* eine dezente Kleidung; → G.: indezent
de|zen|tral ‖ **de|zen|tra|li|sie|ren:** *aufgliedern; verwaltungsmäßig aufteilen;* → G.: zentralisieren ‖ **De|zen|tra|li|sie|rung**
De|zenz die, - ⟨lat.⟩: *Dezentheit* | *Anstand, Zurückhaltung;* → G.: Indezenz
De|zer|nat das, -[e]s/-e ⟨lat.⟩: *Abteilung, Sachgebiet*
De|zi- ⟨lat.⟩ (d) (nur in Zusammensetzungen wie zB Dezimeter) ‖ **De|zi|bel** das, -[s]/- (dB): *gebräuchlichste Einheit für die Angabe der Schallstärke (0,1 B);* → Bel
de|zi|diert ⟨lat.⟩: etwas d. *(entschieden)* behaupten
De|zi|gramm (dg): *Zehntelgramm* (0,1 g); → Gramm ‖ **De|zi|li|ter** (dl): *Zehntelliter* (0,1 l); → Liter ‖ **de|zi|mal:** *auf der Grundzahl 10 beruhend* ‖ **De|zi|mal|bruch** ‖ **De|zi|ma|le** die, -/-n: *Ziffer rechts vom Dezimalzeichen einer Dezimalzahl;* auf drei Dezimalen genau rechnen ‖ **De|zi|mal|punkt:** *(bes. im englischsprachigen Raum verwendetes) Dezimalzeichen* ‖ **De|zi|mal|stel|le** ‖ **De|zi|mal|sys|tem** [-zy-]: *Zahlensystem mit der Grundzahl 10* ‖ **De|zi|mal|waa|ge** ‖ **De|zi|mal|zahl** ‖ **De|zi|mal|zei|chen:** *Komma (selten auch Punkt) vor den Dezimalen;* 3,14 (sprich: 3 Ganze 14; 3 Komma 14) ‖ **De|zi|me** die, -/-n, *auch:* Dezim (Mus.): *Intervall der 10. Tonstufe* ‖ **De|zi|me|ter** (dm): *0,1 m;* → Meter ‖ **de|zi|mie|ren:** *stark vermindern* ‖ **De|zi|mie|rung** die, -/-en
DFÜ: Datenfernübertragung
dg: Dezigramm
d. G. [de 'ge:]: **des Generalstabs;** Oberst d. G.
dgl.: dergleichen
d. Gr.: der/die Große; Karl d. Gr.; → groß
d. h. = dh.: das heißt
d. i. = di.: das ist
DI = Dipl.-Ing.: **Diplomingenieur/in;** → DI (FH)
dia- ⟨gr.⟩ (nur in Zusammensetzungen wie Diagnose, diagonal)
Dia das, -s/-s ⟨gr.⟩: *Kurzwort für Diapositiv*
Di|a|be|tes der, - ⟨gr.⟩ (Med.): *Zuckerkrankheit, Kurzwort für Diabetes mellitus* ‖ **Di|a|be|ti|ker** der, -s/-: *Zuckerkranker* ‖ **Di|a|be|ti|ke|rin** die, -/-innen ‖ **Di|a|be|ti|ker|scho|ko|la|de** ‖ **Di|a|be|ti|ker|wein**
Dia|be|trach|ter der, -s/-: *ein Gerät zur Betrachtung der Diapositive ohne Projektion*
di|a|bo|lisch ⟨gr.⟩: *teuflisch* ‖ **Di|a|bo|lo** das, -s/-s: *ein Kinderspiel*
Dia|chro|nie [-kr-] die, - ⟨gr.⟩ (Sprachwiss.): *(Darstellung der) Geschichte einer Sprache* ‖ **dia|chron:** *entwicklungsgeschichtlich;* → G.: synchron; → chronisch ‖ **dia|chro|nisch**
Di|a|dem das, -s/-e ⟨gr.⟩: *kostbarer Stirnreif; Krone*
Di|a|do|chen die (Pl.) ⟨gr.⟩ (Gesch.): *Nachfolger Alexanders des Großen* | (geh.) *um die Nachfolge Streitende* ‖ **Di|a|do|chen|kämp|fe** die (Pl.)
Di|a|gno|se die, -/-n ⟨gr.⟩: die Ärztin stellte die D. *(sie stellte die Art der Krankheit fest)* ‖ **Di|ag|nos|tik** die, -/-en ‖ **Di|ag|nos|ti|ker** der, -s/- ‖ **Di|ag|nos|ti|ke|rin** die, -/-innen ‖ **Di|ag|nos|tik|zen|trum** ‖ **di|ag|nos|ti|zie|ren**
di|a|go|nal ⟨gr.-lat.⟩: *schräg laufend;* etwas d. lesen *(überfliegen)* ‖ **Di|a|go|na|le** die, -/-n: die Diagonalen ziehen | (auch mit Pl. -) zwei, alle Diagonale[n] ‖ **Di|a|go|nal|schritt** (Sport): *eine Technik im Skilanglauf*
Dia|gramm das, -s/-e ⟨gr.⟩: *Zeichnung zur Veranschaulichung von Zahlen- und Größenverhältnissen, zB eine Temperaturkurve*
Di|a|kon der, -s/-e ⟨gr.⟩: *ein Weihegrad in der katholischen Kirche, Vorstufe zum Priester* | *Assistent beim Hochamt* | *Helfer im Dienst der evangelischen Kirche* ‖ **Di|a|ko|nat** das, -[e]s/-e: *Amt[sführung] des Diakons* ‖ **Di|a|ko|nie** die, -: *Dienst und Fürsorge an Hilfsbedürftigen* ‖ **Di|a|ko|nis|se** die, -/-n = Diakonissin die, -/-innen: *Schwester im Dienst der evangelischen Kirche* ‖ **Di|a|ko|nis|sen|heim** ‖ **Di|a|ko|nis|sin** = → Diakonisse
dia|kri|tisch ⟨gr.⟩: *unterscheidend;* diakritische Zeichen bei einem Buchstaben *(zB Umlautpunkte, Akzent, Hatschek)*
Di|a|lekt der, -[e]s/-e ⟨gr.⟩ (Sprachwiss.): *lokal bzw. regional gebundene Sprachform, Mundart* ‖ **di|a|lek|tal** (Sprachwiss.): *mundartlich* ‖ **Di|a|lekt|aus|druck** ‖ **Di|a|lekt|dich|tung** ‖ **Di|a|lekt|ein|schlag** ‖ **Di|a|lekt|for|schung** ‖ **di|a|lekt|frei** ‖ **Di|a|lek|tik** die, -: *Kunst des Disputierens* | (Phil.) *eine philosophische Denkmethode* ‖ **di|a|lek|tisch** (Phil.): ein dialektischer Prozess *(in Gegensätzen fortschreitende Entwicklung)* ‖ **Di|a|lek|to|lo|gie** die, -: *Mundartforschung*
Di|a|log der, -[e]s/-e ⟨gr.⟩: *Zwiegespräch, bes. im Schauspiel;* → G.: Monolog | *Gespräche zwischen zwei Gruppen* ‖ **Di|a|log|be|reit|schaft** ‖ **di|a|lo|gisch**
Di|a|ly|se [-'ly:-] die, -/-n ⟨gr.⟩ (Med.): *Blutwäsche* ‖ **Di|a|ly|se|ge|rät** (Med.): *Gerät zur Blutwäsche* | *künstliche Niere* ‖ **Di|a|ly|se|pa|ti|ent** [-tsi-] ‖ **Di|a|ly|se|pa|ti|en|tin**
Di|a|mant der, -en/-en ⟨fr.⟩: *ein Edelstein* ‖ **di|a|man|ten:** die diamantene Hochzeit *(die Feier zum 60. Jahrestag der Hochzeit)* ‖ **di|a|man|ten|be|setzt** ‖ **Di|a|man|ten|han|del** ‖ **Di|a|mant|ring**
dia|me|tral ⟨gr.-lat.⟩: diametrale *(entgegengesetzte)* Meinungen; d. *(genau, schroff)* entgegengesetzt
Di|a|na: *römische Göttin der Jagd*
Di|a|phrag|ma [-'frag-] das, -s/Diaphragmen ⟨gr.⟩ (Med.): *ein mechanisches Verhütungsmittel* | *Zwerchfell*

D

Diapositiv das, -s/-e: *Fotografie auf durchsichtigem Material;* → Dia ‖ **Diaprojektor:** *Apparat zur Projektion von Diapositiven*
Diarium das, -s/Diarien [-iɛn] ⟨lat.⟩ (veraltet): *Tagebuch*
Diarrhö [-'røː] = **Diarrhöe** [-'røː] die, -/-n ⟨gr.⟩ (Med.): *Durchfall*
Diaskop das, -s/-e ⟨gr.⟩ (veraltet): *Diaprojektor*
Diaspora die, - ⟨gr.⟩: *Gebiete, in denen religiöse oder nationale Minderheiten verstreut leben; diese Minderheiten selbst*
Diastole [auch: -'oː-] die, -/-n [-'oː-] ⟨gr.⟩ (Med.): *Erschlaffung des Herzmuskels;* → G.: Systole ‖ **diastolisch** (Med.): diastolischer Blutdruck
Diät die, -/-en ⟨gr.⟩: *ärztlich vorgeschriebene Kost, Schonkost;* eine D. einhalten; D. leben ‖ **Diätassistent** (D): *Diätologe* ‖ **Diätassistentin** (D) ‖ **Diätetik** die, -/-en (Med.): *Lehre von der gesunden Ernährung* ‖ **Diäten** die, - (Pl.) ⟨lat.-fr.⟩: *Geldentschädigung für besondere Auslagen, zB bei Dienstreisen* ‖ **diätetisch** (Med.) ‖ **diätisch**
Diathermie die, - ⟨gr.⟩ (Med.): *[elektrische] Wärmebehandlung*
Diathese ⟨gr.⟩ (Med.): *[genetische] Veranlagung zu gewissen Krankheiten*
Diätist der, -en/-en (SüdT): *Diätassistent* ‖ **Diätistin** die, -/-innen (SüdT) ‖ **Diätkost** ‖ **Diätküche** ‖ **Diätologe** der, -n/-n: *Fachmann für spezielle Kost (bes. für Kranke); ein Heilberuf* ‖ **Diätologin** die, -/-innen
Diatonik die, - ⟨gr.⟩ (Mus.): *eine siebenstufige Tonleiter (aus Ganz- und Halbtonschritten, zB Dur)* ‖ **diatonisch** (Mus.)
Diätplan
dich: „Ich liebe dich!“; *aber zur Anrede im Brief* → du
Dichotomie die, -/-n ⟨gr.⟩: *Gliederung in paarweise Begriffe*

dicht:

in dichter Aufeinanderfolge *(knapp hintereinander)*
Getrenntschreibung:
– der Damm wird dicht halten
Getrennt- und Zusammenschreibung mit Verben, die ein Resultat herbeiführen:
– etwas dicht machen/dichtmachen *(undurchlässig)*
R→ S. 900, 1.5.2
Zusammenschreibung bei übertragener Bedeutung:
– dichtmachen (ugs.: *zusperren*)
– dichthalten (ugs.: *etwas verschweigen*)
R→ S. 900, 1.5.1
Getrennt- und Zusammenschreibung mit adjektivisch gebrauchten Partizipien:
– dicht belaubte (= dichtbelaubte) Bäume
– dicht besiedeltes (= dichtbesiedeltes) Land
– dicht verbautes (= dichtverbautes) Gebiet
– dicht gedrängt (= dichtgedrängt) stehen
R→ S. 903, 2.2.1

dichtauf: d. *(in knappem Abstand)* folgen ‖ **dicht belaubt** = **dichtbelaubt** ‖ **dicht besiedelt** = **dichtbesiedelt** ‖ **Dichte** die, -: die D. eines Gewebes ‖ **dichten**[1]: den Wasserleitungshahn d. *(abdichten)*
dichten[2]: *ein sprachliches Kunstwerk verfassen, zB ein Gedicht, einen Roman;* Verse d. ‖ **Dichter** der, -s/- ‖ **Dichterin** die, -/-innen ‖ **dichterisch** ‖ **Dichterkomponist:** *Dichter und Komponist zugleich, zB Richard Wagner* ‖ **Dichterlesung:** *eine Vortragsveranstaltung* ‖ **Dichterling** der, -s/-e (abw.): *schlechter Dichter* ‖ **Dichterwort** das, -[e]s/-worte (geh.): *Äußerung, Spruch eines Dichters*
dicht gedrängt = **dichtgedrängt** ‖ **dichthalten** (ugs.): *etwas verschweigen;* → dicht ‖ **Dichtheit** die, - ‖ **dichtig:** *dicht* ‖ **Dichtigkeit** die, -: *Widerstand gegen das Eindringen von Flüssigkeiten oder Gasen*
Dichtkunst die, -: *Dichtung*[2]*, Poesie als Kunstgattung*
dichtmachen (ugs.): eine Firma d. *(zusperren); aber:* den Damm dicht machen/dichtmachen; → dicht ‖ **dichtmaschig:** ein dichtmaschiger Zaun ‖ **Dichtung**[1] die, -/-en: *luft- bzw. wasserundurchlässige Schicht [aus Gummi] zur Abdichtung;* die D. auswechseln
Dichtung[2] die, -/-en: *Sprachkunstwerk;* lyrische, dramatische, epische D. | (Mus.) sinfonische D. *(Orchesterwerk darstellenden Inhalts)* ‖ **Dichtungsgattung**
Dichtungsmaterial ‖ **Dichtungsring** ‖ **dicht verbaut** = **dichtverbaut** → dicht

dick: durch d. und dünn *(in allen Lebenslagen)* | (abw.) d. auftragen *(übertreiben); aber:* die Dicken und die Dünnen ‖ **Dickbauch** (scherzh.): *dicker Mensch* ‖ **Dickdarm** ‖ **Dicke** die, -/-n: die D. einer Mauer ‖ **Dickerl** das, -s/-[n] (ugs.): *dickes Kind* ‖ **dickflüssig** ‖ **Dickhäuter** der, -s/-: *Säugetier mit dicker, lederartiger Haut, zB Elefant, Nashorn* ‖ **dickhäutig** ‖ **Dickicht** das, -s/-e: *dicht verwachsenes Gebüsch* ‖ **Dickkopf:** *starrsinniger, eigensinniger Mensch* ‖ **dickköpfig** ‖ **dicklich:** *etwas dick* ‖ **Dickmacher** (sal.): *Lebensmittel, die dick machen* ‖ **Dickschädel** (ugs.): *Dickkopf* ‖ **dickschädlig** (ugs.) ‖ **dickschalig** ‖ **Dickwanst** (ugs.): *Schimpfwort für einen dicken Menschen*
Didaktik die, - ⟨gr.⟩: *Wissenschaft vom Lehren und Lernen* ‖ **Didaktiker** der, -s/- ‖ **Didaktikerin** die, -/-innen ‖ **didaktisch:** didaktische Grundsätze [in den Lehrplänen] ‖ **Didaktisierung** die, -/-en: *Aufbereitung von Lehrstoffen*
Didgeridoo [dɪdʒəri'duː] das, -s/-s ⟨Sprache der Aborigines⟩ (Mus.): *ein [Holzrohr]blasinstrument der australischen Ureinwohner*
die (bestimmter Art.): die Frau | (Pron.) ist es die da?; du meinst die?; eine Frau, die *(welche)* eisläuft
Dieb der, -[e]s/-e: *jemand, der stiehlt;* haltet den D.! ‖ **Diebin** die, -/-innen ‖ **diebisch:** die diebische Elster | sich d. *(mit Genugtuung)* freuen ‖ **Diebsbande** ‖ **Diebsgesindel** (abw.) ‖ **Diebsgut:** *die gestohlenen Gegenstände* ‖ **Diebstahl** der, -[e]s/-stähle ‖ **Diebstahlsicherung:** *Vorrichtung zum Schutz vor Diebstahl* ‖ **Diebstahlversicherung**
Dieffenbachie [-iɛ, auch: 'diː-] die, -/-n: *eine Topfpflanze (nach einem Wiener Gärtner)*
diejenige: ist das d., die du gemeint hast?
Diele die, -/-n: *Bretterboden* | *geräumiger, wohnlicher Vorraum* | (veraltend) *[kleine] Gaststätte;* Eisdiele
Dielektrikum das, -s/Dielektrika ⟨gr.+lat.⟩ (Phys.): *isolierender Stoff, vor allem in Kondensatoren*
dienen: einem guten Zweck d. *(nützen);* das Messer dient zum Schneiden | er hat gedient *(war*

Soldat) | (veraltet) *bei jemandem arbeiten* || **Diener** der, -s/-: *jemand, der Dienst leistet;* stummer D. *(kleiner Serviertisch; Kleiderständer)* | (veraltet) einen D. machen *(sich verbeugen)*; Ihr gehorsamster D. *(ein unterwürfiger Gruß)*; → gschamster Diener || **Dienerin** die, -/-innen || **dienern** (abw.): *sich devot verhalten* || **Dienerschaft** die, -: *alle Diener und Dienerinnen* || **dienlich:** das ist der Sache nicht d. *(nützlich)* || **Dienst** [auch: -i-] der, -[e]s/-e: D. haben; → Dienst habend = diensthabend; außer D. *(im Ruhestand; außerhalb der Arbeitszeit)*; → a. D.; der öffentliche D. *(Bund, Länder und Gemeinden)*; Dienste leisten; D. am Kunden | (veraltend) jemandem zu Diensten stehen || **Dienstabteil**

Dienstag [auch: '-i-]:

- am Dienstag, dem 1. Mai[,] ankommen
- Dienstag, den 1. Mai[,] ankommen
- am Dienstag, den 1. Mai ankommen
- am Dienstag abends

Kleinschreibung des Adverbs „dienstags“:

- dienstags weggehen *(jeden, auch: am Dienstag)*
- dienstags abends (= dienstagabends) fernschauen

R→ S. 891, 1.3.1

Zusammenschreibung mit Tageszeiten:

- sich Dienstagfrüh treffen; *aber getrennt:* am Dienstag früh *(zeitig)* zu arbeiten beginnen
- Dienstagnachmittag
- eines Dienstagabends

R→ S. 891, 1.3

Dienstagabend: eines Dienstagabends; am D.; jeden D.; wir kommen schon [nächsten] D. || **dienstagabends:** *dienstags abends* || **dienstägig:** *am Dienstag stattfindend* || **dienstäglich:** *jeden Dienstag* || **dienstags:** *jeden* (auch: *am*) *Dienstag;* d. abends *(dienstagabends)*

Dienstälteste[1] der, -n/-n, ein Dienstältester: *an Dienstjahren der Älteste unter Gleichrangigen* || **Dienstälteste**[2] die, -n/-n || **Dienstantritt** || **Dienstanweisung:** *Dienstvorschrift; verbindlicher Arbeitsauftrag auf Grundlage eines Dienstverhältnisses* || **Dienstauffassung** || **Dienstaufsicht:** *Überwachung der Arbeitnehmer* || **Dienstaufsichtsbeschwerde** (Amtsspr., Jus): *Beschwerde über Missstände in der [öffentlichen] Verwaltung* || **Dienstauftrag** || **Dienstausweis** || **dienstbar** (geh.): *hilfsbereit* || **Dienstbarkeit** die, -/-en (Jus): *Nutzungsrecht an einem fremden Grundstück, zB Wegerecht* || **dienstbeflissen:** ein dienstbeflissener *(eifriger, höflicher)* Verkäufer || **Dienstbeginn** || **Dienstbehelf:** *nicht genehmigungspflichtige Zusammenfassung von Vorschriften und Erläuterungen für den Dienstgebrauch* || **Dienstbehörde** (Amtsspr.): *[für eigenständige Personalentscheidungen] zuständiges Amt* || **Dienstbereich:** *Zuständigkeitsbereich* || **Dienstbereitschaft:** *Einsatz bei Notfällen außerhalb der Öffnungszeiten, zB bei Ärzten* || **Dienstbeschädigung** (Amtsspr.): *im [Heeres]dienst erlittene Gesundheitsschädigung* || **Dienstbote** (früher): *Hilfskraft am Bauernhof oder im Haushalt* || **Dienstboteneingang:** *Eingang für die Dienstboten abseits des Haupteingangs* || **Dienstbotin** (früher) || **Diensteid:** die Beamten haben einen D. zu leisten || **Diensteifer** || **dienstfertig:** → *dienstbeflissen* || **dienstfrei** || **Dienstfreistellung** (Amtsspr.) || **Dienstgeber** der, -s/- (Amtsspr.): *Arbeitgeber* || **Dienstgeberabgabe** (Wirt.) || **Dienstgeberanteil** (Wirt.) || **Dienstgeberbeitrag** (Wirt.) || **Dienstgeberin** die, -/-innen (Amtsspr.) || **Dienstgespräch:** *dienstliches Telefongespräch* || **Dienstgrad:** *Rangstufe* || **Dienst habend** = **diensthabend:** der D. habende Arzt || **Diensthabende**[1] der, -n/-n, ein Diensthabender || **Diensthabende**[2] die, -n/-n || **Diensthund** || **Dienstjahr** || **Dienstklasse** (Amtsspr.): *Stufe in der [bürokratischen] Hierarchie* || **Dienstleister** der, -s/- (Wirt.): *Dienstleistungsunternehmen* || **Dienstleistung** || **Dienstleistungsbetrieb** (Wirt.) || **Dienstleistungsbilanz** (Wirt.): *Zahlungsbilanz auf dem Dienstleistungssektor* || **Dienstleistungsfreiheit** || **Dienstleistungsgesellschaft** || **Dienstleistungsindustrie** (Wirt.): in der D. arbeiten || **Dienstleistungsscheck:** *Gutschein zur Abgeltung von privaten Arbeiten mit Anmeldung bei der Sozialversicherung* || **Dienstleistungsunternehmen** (Wirt.) || **Dienstleistungsverkehr** || **dienstlich:** d. verhindert sein || **Dienstmädchen,** *auch:* **Dienstmädel** (früher) || **Dienstmann** (früher): *berufsmäßiger Bote/Träger* | (mit Pl. -leute/-mannen) (im Mittelalter) *Gefolgsmann, Ministeriale, Ritter* || **Dienstmarke:** *eine Art Dienstausweis* || **Dienstnehmer** der, -s/- (Amtsspr.): *Arbeitnehmer* || **Dienstnehmerin** die, -/-innen (Amtsspr.) || **Dienstpersonal** || **Dienstpistole** || **Dienstplan** || **Dienstposten** || **Dienstpragmatik** die, -/-en: *Sammlung der Dienstvorschriften für Beamte* || **Dienstrecht:** *Regelung der Rechte und Pflichten der Bundes- und Landesbeamten* || **dienstrechtlich** || **Dienstreise** || **Dienstschluss** der, -es || **Dienststand** der, -[e]s (veraltend) (Amtsspr.): Beamte des Dienststandes *(aktive, nicht pensionierte Beamte)* || **Dienststelle:** *Amt, Behörde* || **Dienststellenausschuss** (Amtsspr.): *die gewählte Personalvertretung an der Dienststelle* || **Dienststunde:** *Arbeitsstunde* | (nur Pl.) *Amtstunden, öffentlicher Parteienverkehr* || **diensttauglich** || **dienstunfähig** || **dienstuntauglich** || **Dienstvergehen:** *Verstoß gegen Dienstvorschriften* || **Dienstverhältnis** || **Dienstverhinderung** || **dienstverpflichtet** || **Dienstvertrag** || **Dienstvorschrift** || **Dienstwaffe:** die D. der Polizistin || **Dienstwagen:** *vom Arbeitgeber zur Verfügung gestelltes Auto, Firmenauto* || **Dienstweg:** *Behördengang;* den D. einhalten || **Dienstwohnung** || **Dienstzeit** || **Dienstzettel** (Amtsspr.): *Vertrag/Arbeitsvereinbarung zwischen Dienstgeber und -nehmer* || **Dienstzeugnis** || **Dienstzuteilung** || **Dienstzweig** (Amtsspr.): *Stufe auf dem Einteilungsschema für Beamte*

dies: *dieses;* d. [und das] und jenes *(Verschiedenes)*; → dieser || **diesbezüglich:** *dazu, darüber, zu dieser Sache*

Diesel der, -s/-: *Dieselöl* | *Fahrzeug mit Dieselmotor;* → Benzi-

ner
dieselbe: ein[e] und d.; → selbe; → derselbe ‖ **dieselbige** (veraltend): *dieselbe*
Diesellokomotive [-fɛ, -vɛ] ‖ **Dieselmotor** ‖ **Dieselöl**
dieser: diese Frau; dieses Kind; dies; dieses Jahres (d. J.); dieses Monats (d. M.) ‖ **dieserart** (geh.): *auf diese Weise; so geartet* ‖ **diesfalls** (veraltend, geh.): *in diesem Fall*
diesig: diesiges *(dunstiges)* Wetter
diesjährige: die d. *(neue, heurige)* Ernte ‖ **diesmal:** d. meine ich es ernst; *aber:* dieses [eine] Mal ‖ **diesmalig** ‖ **diesseitig** ‖ **Diesseitigkeit** die, - ‖ **diesseits** (Präp. mit Gen.); d. des Sees ‖ **Diesseits** das, -: *diese Welt, das irdische Leben;* → G.: Jenseits
Dieter, *auch:* **Diether:** *männl. Vorname* ‖ **Dietmar:** *männl. Vorname* ‖ **Dietrich**[1]: *männl. Vorname* ‖ **Dietrich**[2] der, -s/-e: *Nachschlüssel, Sperrhaken*
dieweil (veraltet): *während* | *weil*
diffamieren ⟨lat.⟩: *verleumden* ‖ **Diffamierung** die, -/-en
different ⟨lat.⟩: differente *(unterschiedliche)* Standpunkte vertreten; → G.: indifferent ‖ **Differential** [-tsi̯-] = → Differenzial ‖ **Differentialgetriebe** = → Differenzialgetriebe ‖ **Differentialrechnung** = → Differenzialrechnung ‖ **differentiell** = → differenziell ‖ **Differenz** die, -/-en: *Unterschied, Rest, Fehlbetrag* | *Zwist;* mit jemandem Differenzen *(Meinungsverschiedenheiten)* haben ‖ **Differenzbetrag**

> **Differenzial** = Differential
>
> das, -s/-e ⟨lat.⟩: *ein Getriebe [beim Auto]*
>
> **Für das Wort gibt es zwei Schreibweisen:**
> – Differenzial: die eingedeutschte Schreibung (nach *Differenz*)
> – Differential: die fremdsprachige Schreibung
>
> Ebenso: differenziell/differentiell ...

Differentialdiagnose ⟨lat.+gr.⟩ (Med.): *Gesamtdiagnose* ‖ **Differenzialgetriebe** = Differentialgetriebe: → *Differenzial* ‖ **Differenzialrechnung** = Differentialrechnung (Math.) ‖ **differenziell** = differentiell: *unterscheidend* ‖ **differenzieren:** *unterscheiden;* eine differenzierte *(fein abgestufte)* Sichtweise | (Math.) *eine Differenzialrechnung durchführen* ‖ **Differenziertheit** die, - ‖ **Differenzierung** die, -/-en ‖ **differieren:** *verschieden sein, abweichen;* im Gewicht d.
diffizil ⟨lat.-fr.⟩: *schwierig, heikel*
Diffraktion [-tsi̯-] die, -/-en ⟨lat.⟩ (Phys.): *Beugung von Wellen*
diffundieren ⟨lat.⟩ (Chem.): *verschmelzen* | (Phys.) *zerstreuen* ‖ **diffus:** eine diffuse *(zerstreute, verschwommene)* Beleuchtung ‖ **Diffusion** die, -/-en (Phys.): *ein vor allem bei unterschiedlichen Gasen auftretender Konzentrationsausgleich*
DI (FH) [de i ɛf haː]: *Diplomingenieur/in einer Fachhochschule*
Digest [ˈdaɪdʒest] der = das, -[s]/-s ⟨engl.⟩: *Zeitschrift, die Auszüge aus Büchern oder aus Zeitschriften bringt, bes. in den angelsächsischen Ländern*
Digestif [-ʒɛsˈti(ː)f, auch: -gɛs-] der = das, -s/-s ⟨fr.⟩: *verdauungsförderndes alkoholisches Getränk nach dem Essen*
Digicam [-k-, engl.: ˈdɪdʒɪkæm] = **Digikam** die, -/-s ⟨lat.-engl.⟩: *Digitalkamera* ‖ **digital** ⟨lat.⟩: *ziffernmäßig* | digitale Revolution; digitale Signatur ‖ **Digitalanzeige:** eine Uhr mit D.; → G. Analoganzeige ‖ **Digitalfunk** ‖ **Digitalis** die, -/- (Bot.): *eine Arzneipflanze, Fingerhut* ‖ **digitalisieren** ‖ **Digitalkamera** ‖ **Digitaltechnik** ‖ **Digitaluhr**
Diglossie die, -/-n [-i̯ən] ⟨gr.⟩ (Sprachw.): *Zweisprachigkeit in einem bestimmten Gebiet*
Digression die, -/-en ⟨lat.⟩ (bes. Astron.): *Abweichung*
Diktafon = **Diktaphon** [-f-] das, -s/-e ⟨lat.+gr.⟩: *Diktiergerät* ‖ **Diktat** das, -[e]s/-e: *Niederschrift nach Ansage* | *Befehl* ‖ **Diktator** der, -s/-en [-ˈoː-]: *unumschränkter Machthaber* ‖ **Diktatorin** die, -/-innen ‖ **diktatorisch** ‖ **Diktatur** die, -/-en: *Herrschaft eines Diktators* ‖ **diktieren:** *ansagen* | *befehlen* ‖ **Diktiergerät:** *Diktaphon* ‖ **Diktion** [-tsi̯-] die, -/-en: *sprachliche Ausdrucksweise* ‖ **Diktionär** das = der, -s/-e (veraltet): *fremdsprachliches Wörterbuch* ‖ **Diktum** das, -s/Dikta (geh.): *Ausspruch*
Dilatation [-tsi̯-] die, -/-en ⟨lat.⟩ (Phys.): *Ausdehnung einer Größe, zB der Zeit*
Dilation [-tsi̯-] die, -/-en ⟨lat.⟩ (Jus): *Aufschub* ‖ **dilatorisch** (Jus): *aufschiebend*
Dilemma das, -s/-s ⟨gr.⟩: *Zweifel, schwierige Wahl;* in einem D. sein *(nicht wissen, wofür man sich entscheiden soll)*
Dilettant der, -en/-en ⟨lat.⟩: *jemand, der etwas aus Liebhaberei tut, Nichtfachmann;* → Amateur | (abw.) *jemand, der unsachgemäß arbeitet* ‖ **dilettantenhaft** (abw.) ‖ **Dilettantin** die, -/-innen ‖ **dilettantisch** (abw.): *unfachmännisch; stümperhaft* ‖ **Dilettantismus** der, - (auch abw.) ‖ **dilettieren:** er dilettiert auf der Bühne *(versucht sich aus Liebhaberei als Schauspieler)*
Dill der, -s/-e = **Dille** die, -/-n: *Dillkraut* ‖ **Dillkraut:** *eine Gewürzpflanze* ‖ **Dillkräutl** (ugs.): *Dillkraut* ‖ **Dillsauce** [-zoːs(ɛ)] = **Dillsoß = Dillsoße**
diluvial [-v-] ⟨lat.⟩ (Geol.): *eiszeitlich* ‖ **Diluvium** das, -s (Geol.): *das Eiszeitalter*
dim.: diminuendo
Dimension die, -/-en ⟨lat.⟩: *Ausdehnung* ‖ **-dimensional** (nur in Zusammensetzungen wie zweidimensional) ‖ **dimensionieren:** richtig dimensionierte Platten *(im passenden Maß)*
diminuendo (dim.) ⟨lat.-it.⟩ (Mus.): *leiser werdend* ‖ **Diminutiv** das, -s/-e [-fɛ, -vɛ], *auch:* Deminutiv (Sprachwiss.): *Verkleinerungsform, zB* Bächlein, Häuschen, Schwammerl
Dimmer der, -s/- ⟨engl.⟩: *die Helligkeit regelnder Lichtschalter*
DIN (Wz.): **D**eutsche **I**ndustrie-**N**orm; → DIN-Format; → ÖNORM
Dinar [ugs. auch: -ˈaː-] der, -s/-e [-ˈaː-] ⟨lat.⟩: *eine Geldeinheit, zB in Serbien und in arabischen Staaten* | (in Angaben von Beträgen mit Pl. Dinar) eine Rechnung über 500 Dinar
Diner [-ˈneː] das, -s/-s ⟨fr.⟩: *ein vornehmes Festessen;* → Dinner; → dinieren
DIN-Format: *ein genormtes Format, zB Papierformat DIN A4 = 210 : 297 mm;* → DIN
Ding das, -[e]s/-e: *Sache;* ein wertloses D. | guter Dinge *(gut aufgelegt)* sein; unverrichteter Dinge *(vergebens);* das ist ein D. der

Unmöglichkeit *(das ist unmöglich);* es geht nicht mit rechten Dingen zu *(das ist nicht geheuer; das ist nicht korrekt);* vor allen Dingen *(besonders)* | (mit Pl. -er) (ugs.) sie ist noch ein junges D. *(Mädchen)* || **dingen,** dingte/gedungen (geh.): *anwerben;* ein gedungener *(gegen Bezahlung beauftragter)* Mörder || **dingfest** (nur in den Wendungen): jemanden d. machen *(verhaften);* etwas d. machen *(festlegen, klar darlegen)* || **dinglich:** *gegenständlich, konkret* | (Jus) *das Recht auf Sachen betreffend*

Dingo der, -s/-s ⟨austr.⟩: *australischer verwilderter Haushund*

Dings der = die = das, -/- = **Dingsbums** = **Dingsda** (ugs.): *eine Person/Sache, deren Namen man im Augenblick nicht weiß*

dinieren ⟨fr.⟩: *festlich speisen;* → Diner

Dinkel der, -s: *eine Weizenart* || **Dinkelbrot** || **Dinkellaibchen** || **Dinkelweckerl**

Dinner das, -s/- ⟨engl.⟩: *in Großbritannien und den USA abends eingenommene Hauptmahlzeit; festliches Abendessen;* → Diner

Dino der, -s/-s ⟨gr.⟩ (sal.): *Kurzwort für Dinosaurier* || **Dinosaurier:** *eine Gruppe ausgestorbener Reptilien* | (sal.) *Vertreter einer schwindenden Tradition oder Auffassung*

Diode die, -/-n ⟨gr.⟩ (Elektrot.): *elektronischer Bauteil;* → Triode

Dion: Direktion

dionysisch [-'ny:-]: ein dionysisches *(wildes, ausschweifendes)* Fest || **Dionysos:** *griechischer Gott des Weins*

Dioptrie die, -/-n ⟨gr.⟩: *Einheit der Lichtbrechungskraft optischer Linsen, zB der Brillengläser*

Diorama das, -s/Dioramen ⟨gr.⟩ (Kunstg.): *räumliches Schaubild mit plastischen Modellen vor einem Hintergrund*

Dioskuren die (Pl.) ⟨gr.⟩ (geh.): *unzertrennliches Brüder-, Freundespaar*

Dioxid [auch: -'i:d]-] = Dioxyd [-y:-] ⟨gr.⟩ (Chem.): *ein Typus chemischer Verbindungen;* → Kohlendioxid; → Monoxid || **Dioxin** das, -s: *eine hochgiftige chemische Verbindung*

diözesan ⟨gr.-lat.⟩: das diözesane Schulamt || **Diözesanbischof:** *geistliches Oberhaupt einer Diözese;* → Weihbischof || **Diözese** die, -/-n: *Amtsbereich eines Bischofs oder (in der evangelischen Kirche) eines Superintendenten;* → Bistum

Dip der, -s/-s ⟨engl.⟩: *Sauce zum Eintunken;* → dippen

Diphtherie [-ft-] die, -/-n ⟨gr.⟩: *eine ansteckende Hals- und Rachenkrankheit*

Diphthong [-ft-] der, -[e]s/-e ⟨gr.⟩ (Sprachwiss.): *Zwielaut, zB* au, ei; → G.: Monophthong || **Diphthongierung** die, -/-en

Dipl.-Dolm.: Diplomdolmetsch/erin || **Dipl.-Ing.** = → DI || **Dipl.-Kfm.: Diplom-Kaufmann**

diploid ⟨gr.⟩ (Biol.): *mit doppeltem Satz von Chromosomen*

Diplom das, -[e]s/-e ⟨gr.-lat.⟩: *Urkunde* | *Nachweis für ein Studium* | (SüdT) *[Abschluss]zeugnis an einer Schule* || **Diplomand** der, -en/-en: *jemand, der ein Diplom erhalten soll; jemand, der sich für eine Diplomprüfung vorbereitet* || **Diplomandin** die, -/-innen || **Diplomarbeit:** *wissenschaftliche Arbeit zur Erlangung des Magistergrades* || **Diplomat** der, -en/-en: *Vertreter eines Staates im Ausland, zB ein Botschafter* | *vorsichtige, kluge, gewandte Person* || **Diplomatenkoffer** || **Diplomatenlaufbahn** || **Diplomatenpass** || **Diplomatenstatus** [-st-, -ʃt-] || **Diplomatenviertel** || **Diplomatie** die, -: *alle Diplomaten* | *Verhandlungskunst;* mit D. einen Konflikt lösen | *berechnende Klugheit* || **Diplomatik** die, -: *Urkundenforschung* || **Diplomatiker** der, -s/-: *Urkundenforscher* || **Diplomatikerin** die, -/-innen || **Diplomatin** die, -/-innen || **diplomatisch:** die diplomatischen *(zwischenstaatlichen)* Beziehungen | ein diplomatisches *(vorsichtiges, taktisch kluges)* Vorgehen | (Gesch., Lit., Mus.) eine diplomatische *(ganz genaue)* Wiedergabe eines handschriftlichen Textes; → Diplomatik || **Diplomdolmetsch** (Dipl.-Dolm.) (auslaufend): *akademisch ausgebildeter Dolmetsch* || **Diplomdolmetscher** (Dipl.-Dolm.) (auslaufend) || **Diplomdolmetscherin** (Dipl.-Dolm.) (auslaufend) || **diplomiert:** eine diplomierte Krankenschwester || **Diplom-Ingenieur** [-ʒe-niø:ɐ], *auch:* **Diplomingenieur** (DI, Dipl.-Ing.): *akademischer Grad eines Ingenieurs mit Universitätsausbildung* || **Diplom-Ingenieurin,** *auch:* **Diplomingenieurin** || **Diplom-Kauffrau,** *auch:* **Diplomkauffrau** (auslaufend) || **Diplom-Kaufmann,** *auch:* **Diplomkaufmann** (Dipl.-Kfm., Dkfm.) (auslaufend): *Titel eines Absolventen der Hochschule für Welthandel* (jetzt: *Wirtschaftsuniversität*) || **Diplomkrankenpfleger** || **Diplomkrankenschwester** || **Diplompädagoge** (Dipl.-Päd.) (auslaufend) || **Diplompädagogin** (Dipl.-Päd.) (auslaufend) || **Diplomprüfung** || **Diplomvolkswirt** (auslaufend): *ein akademischer Grad* || **Diplomvolkswirtin** (auslaufend) || **Dipl.-Päd.: Diplompädagoge/Diplompädagogin**

Dipol der, -s/-e ⟨gr.⟩ (Phys.): *Anordnung von zwei ungleichnamigen elektrischen Ladungen oder magnetischen Polen*

Dippel der, -s/-, *auch:* Tippel (ugs.): *Beule* | (reg., zB Wien): *Schlingel, schlimmer Bub* || **Dippelbaum** (fachspr.): *Tragbalken in Zimmerdecken u. dgl.*

dippen: *[in eine Sauce] eintauchen;* → Dip

Diptam der, -s/-s [-e] ⟨gr.-lat.⟩: *eine Pflanze*

Diptychon [-ty-] das, -s/Diptycha ⟨gr.⟩: *zweiteiliger Flügelaltar;* → Triptychon

dir

(Dativ von → du): sie ging mir nichts, dir nichts fort *(ohne etwas zu sagen)*

Kleinschreibung:

– Hat sie dir das schon gesagt?
– Lies dir den Text genau durch.

In der Anrede im Brief ist auch Großschreibung möglich:

– Liebe Karin! Wie geht es dir (*auch:* Dir)? R→ S. 895, 3

direkt [auch: 'di(:)-] ⟨lat.⟩: d. *(geradewegs)* auf etwas zugehen | d. *(sofort)* nach der Arbeit nach Hause kommen | ein direkter *(unmittelbarer)* Zugang | sie äußert sich sehr d. *(unmissverständlich, offen);* → G.: indirekt | (ugs.) das war d. *(geradezu)* gemein | (Gramm.) direkte Rede *(wörtliche Rede [zwischen Anführungszeichen])* || **Direktbank** die, -/-en: *Bank, die keine Filia-*

len besitzt und ihre Geschäfte per Telefon, Fax und Internet anbietet || **Direktflug** || **Direktheit** die, -/-en || **Direktinvestition** [-v-tsi̯-] (Wirt.): *Firmeninvestition im Ausland* || **Direktion** [-tsi̯-] die, -/-en: *Leitung* | (veraltet) *Richtung* || **Direktionszimmer** || **Direktive** [-fɛ, -vɛ] die, -/-n: *Verhaltensmaßregel, Weisung; jemandem Direktiven geben* || **Direktmandat:** *Mandat, das durch Direktwahl vergeben wird* || **Direktor** der, -s/-en [-'to:-] || **Direktorat** das, -[e]s/-e: *Amt; Amtszeit eines Direktors/einer Direktorin* || **Direktorenposten** || **Direktorin** die, -/-innen || **Direktorium** das, -s/Direktorien [-i̯ɛn]: *Leitung [in einem Betrieb]* || **Direktorstag** (früher): *Schultag, den der Direktor selbst freigeben kann* || **Direktrice** [-'tri(:)s] die, -/-n ⟨lat.-fr.⟩: *Leiterin [eines Modesalons]* || **Direktträger** [auch: 'di(:)-] ⟨lat.⟩: *unveredelte Weinrebe;* → Uhudler || **Direktübertragung:** eine D. *(Livesendung im Fernsehen)* aus dem Parlament || **Direktverkauf:** *Verkauf unmittelbar an den Endverbraucher* || **Direktverrechnung** || **Direktwahl:** *Möglichkeit bei einer Wahl, für einen bestimmten Kandidaten zu stimmen* || **Direttissima** die, -/-s ⟨it.⟩: *direkter Aufstieg [zum Gipfel eines Berges]*

Dirigat das, -[e]s/-e ⟨lat.⟩: *das Dirigieren* || **Dirigent** der, -en/-en: *Leiter einer musikalischen Aufführung, Kapellmeister* || **Dirigentenpult** || **Dirigentenstab:** *Taktstock* || **Dirigentin** die, -/-innen || **dirigieren:** ein Orchester d. | jemanden zum Ausgang d. *(leiten)* || **Dirigismus** der, -: *zentrale Lenkung [der Wirtschaft]* || **dirigistisch** (oft abw.): *lenkend, regelnd;* d. eingreifen

dirimieren ⟨lat.⟩ (Jus): *bei Stimmengleichheit entscheiden* || **Dirimierungsrecht** (Jus): *Recht eines Vorsitzenden, bei Stimmengleichheit zu entscheiden*

Dirn die, -/-en (veraltet): *Bauernmagd* || **Dirndl** das, -s/-n: *Mädchen* | *Dirndlkleid* | (nur Pl.) (ostöst.) *Früchte des Dirndlstrauchs* || **Dirndlbaum** → Dirndlstrauch || **Dirndlbluse** || **Dirndle** das, -s/-n (westöst.): *Dirndl* || **Dirndlgewand** || **Dirndlkleid:** *trachtenähnliches Kleid* || **Dirndlschnaps** (bes. ostöst.) || **Dirndlschürze** || **Dirndlstrauch** (bes. ostöst.): *Kornelkirschenstrauch* || **Dirne** die, -/-n (geh.): *Prostituierte*

dis das, -/- (Mus.): *das um einen Halbton erhöhte D (d);* → Dis | dis-Moll || **Dis** das, -/- (Mus.): *das um einen Halbton erhöhte D (d);* → dis | Dis-Dur

dis- ⟨lat.⟩ (nur in Zusammensetzungen wie disharmonisch)

Disagio [-'a:dʒo, auch: -'a:ʒi̯o] ⟨it.⟩ (Bankw.): *prozentuelle Angabe über die Differenz des Nominalwertes von dem darunterliegenden Emissionskurs;* → Agio

Discjockey [-kdʒɔki, -dʒɔkɛ] = Diskjockey ⟨engl.⟩ (DJ): *jemand, der Schallplatten auflegt [und ansagt];* → DJane; → Discothek || **Discman** [-æ-] der, -s/-s [Discmen] (Wz.): *ein tragbarer kleiner CD-Spieler;* → Walkman || **Disco** = Disko die, -/-s ⟨gr.⟩: *Kurzform für Diskothek* || **Discofox** = Diskofox: *ein Gesellschaftstanz* || **Discomusik** = Diskomusik || **Discosound** [-saʊnd] = Diskosound

Discounter [-'kaʊn-] = → Diskonter || **Discountgeschäft** = → Diskontgeschäft || **Discounttankstelle** = → Diskonttankstelle

Dis-Dur (Dis) (Mus.) || **Dis-Dur-Tonleiter** (Mus.)

Disharmonie: *Uneinigkeit, Zwist* | (Mus.) *Missklang* || **disharmonieren** → G.: harmonieren || **disharmonisch**

Disjunktion [-tsi̯-] die, -/-en ⟨lat.⟩ (Phil.): *Verknüpfung zweier Aussagen durch „entweder – oder“ bzw. „und – oder“* || **disjunktiv**

Diskant der, -s/-e ⟨lat.⟩ (Mus.): *eine hohe Stimmlage;* im [schrillen] D. *(in höchster Stimmlage)* | *alte Bezeichnung für die oberste Stimme im Tonsatz*

Disken die (Pl. von → Diskus)

Diskette die, -/-n ⟨gr.-fr.⟩ (bes. früher): *Magnetscheibe als Speicher für Daten im Computer* || **Diskettenlaufwerk** (bes. früher): *Gerät zum Lesen von Disketten*

Diskjockey [-dʒɒki, -dʒɔkɛ] = → Discjockey || **Disko** = → Disco || **Diskofox** = → Diskofox || **Diskografie** = **Diskographie** [-f-] die, -/-n: *Verzeichnis von Schallplatten, CD-Aufnahmen* || **Diskomusik** = → Discomusik

Diskont der, -[e]s/-e ⟨it.⟩: *Zinsabzug beim Ankauf eines noch nicht fälligen Wechsels* || **Diskonter** = Discounter [-'kaʊn-] der, -s/-: → *Diskontgeschäft* || **Diskontgeschäft** = Discountgeschäft: *Geschäft, in dem Waren verbilligt verkauft werden* | (Bankw.) *Kauf von noch nicht fälligen Schecks uÄ* || **Diskonttankstelle** = Discounttankstelle

diskontinuierlich: *unterbrochen, ohne Zusammenhang;* → G.: kontinuierlich || **Diskontinuität** die, -/-en || **Diskontsatz** (Bankw.): *Zinssatz für Kredite von der Nationalbank*

Diskosound [-saʊnd] = → Discosound [-k-] || **Diskothek** die, -/-en: *Schallplattensammlung* | *(auch:* Disko, Disco) *ein Tanzlokal;* → Discjockey

diskreditieren ⟨lat.⟩: *jemandes Ruf schaden* || **Diskreditierung** die, -/-en: *Rufschädigung*

diskrepant ⟨lat.⟩ || **Diskrepanz** die, -/-en: *Abweichung, Missverhältnis*

diskret ⟨lat.⟩: *verschwiegen; taktvoll, rücksichtsvoll;* eine Angelegenheit d. behandeln; → G.: indiskret | (Phys.) diskrete Größe *(Größe, die nur bestimmte, voneinander getrennte Werte besitzt)* || **Diskretion** [-tsi̯-] die, -: „Diskretion [ist] Ehrensache!“

diskriminieren ⟨lat.⟩: *jemanden schlechter behandeln als die anderen, herabsetzen* || **Diskriminierung** die, -/-en || **Diskriminierungsverbot:** das D. ist in den Menschenrechten verankert

diskurrieren ⟨lat.⟩ (veraltet): *ein lebhaftes Gespräch führen* || **Diskurs** der, -es/-e: *Gespräch, Erörterung* || **diskursfähig** || **diskursiv:** *schlussfolgernd*

Diskus der, - [-kusses]/-kusse [Disken] ⟨gr.-lat.⟩: *Wurfscheibe* | *Diskuswerfer*

Diskussion die, -/-en ⟨lat.⟩: *Wechselrede, Aussprache [nach einem Vortrag];* etwas zur D. stellen *(ein Thema zur Erörterung vorschlagen);* zur D. stehen; → diskutieren || **Diskussionsbeitrag** || **diskussionsfreudig** || **Diskussionsforum:** *Diskussionsrunde* | *Meinungsaustausch [per E-Mail] im Internet, Onlineforum;* → Netchat || **Diskussionsgrundlage** || **Diskussionsleiter** || **Diskussionsleiterin** ||

Diskussionspapier || **Diskussionsthema** || **diskussionswürdig**

Diskuswerfen das, -s: *eine Sportart* || **Diskuswerfer** || **Diskuswerferin**

diskutabel ⟨lat.⟩: *erwägenswert;* → G.: indiskutabel || **Diskutant** der, -en/-en: *Teilnehmer einer Diskussion* || **Diskutantin** die, -/-innen || **diskutieren:** *Meinungen austauschen;* → Diskussion

Dislokation [-tsi̯-] die, -/-en (geh.) || **disloziert:** *räumlich getrennt, verlagert* || **Dislozierung** die, -/-en

dis-Moll (dis) (Mus.) || **dis-Moll-Tonleiter** (Mus.)

disparat ⟨lat.⟩: *unvereinbar* || **Disparität** die, -/-en: *Ungleichheit*

Dispens die, -/-en ⟨lat.⟩: *Befreiung von einer Verpflichtung, Ausnahme von einem Verbot* || **dispensieren:** jemanden vom Unterricht d. *(befreien)* || **Dispensierung** die, -/-en

Dispersion die, -/-en ⟨lat.⟩ (Phys.): *Abhängigkeit bestimmter physikalischer Größen von der Wellenlänge* || **Dispersionsanstrich:** *ein Wandanstrich* || **Dispersionsfarbe**

Display [-'pleɪ] das, -s/-s ⟨engl.⟩: *elektronische [Klein]bildschirmanzeige* | (Werb.) *werbewirksame Platzierung von Produkten* | (Werb.) *werbewirksam gestalteter Verkaufsständer*

Disponent der, -en/-en ⟨lat.⟩: *höherer kaufmännischer Angestellter* || **Disponentin** die, -/-innen || **disponibel:** *verfügbar* || **disponieren:** *anordnen; gliedern; planen* || **disponiert:** der Sänger ist heute gut d. *(in Form);* → G.: indisponiert || **Disposition** [-tsi̯-] die, -/-en: *Gliederung [eines Aufsatzes]* | *Anfälligkeit [für gewisse Krankheiten]* | eine D. *(Verfügung)* treffen

disproportional [-tsi̯-]: *unverhältnismäßig, ungleich;* → G.: proportional || **Disproportionalität** [-tsi̯-] die, -/-en: *Missverhältnis*

Disput der, -[e]s/-e ⟨lat.⟩: *Wortwechsel, Streit* || **Disputation** [-tsi̯-] die, -/-en (geh.): *Diskussion* || **disputieren:** *diskutieren*

Disqualifikation [-tsi̯-] || **disqualifizieren:** *für untauglich erklären* | (Sport) *wegen einer groben Regelwidrigkeit ausschließen;* → G.: qualifizieren

Diss.: **Diss**ertation

dissen ⟨engl.⟩ (Jug.): *erniedrigen, heruntermachen*

Dissens der, -es/-e ⟨lat.⟩: *Meinungsverschiedenheit;* → G.: Konsens || **dissentieren** (geh.): *verschiedener Meinung sein*

Dissertant der, -en/-en ⟨lat.⟩: *Student, der an seiner Dissertation arbeitet, Doktorand* || **Dissertantin** die, -/-innen || **Dissertation** [-tsi̯-] die, -/-en: *wissenschaftliche Arbeit zur Erlangung des Doktorgrades* || **dissertieren**

Dissident der, -en/-en ⟨lat.⟩: *ein [politisch] anders Denkender, [verfolgter] Regimekritiker* || **Dissidentin** die, -/-innen || **dissidieren:** *anderer Meinung sein* | *aus einer Religionsgemeinschaft austreten*

Dissimulation [-tsi̯-] die, -/-en (Med., Psych.) || **dissimulieren** (Med., Psych.): *eine Krankheit verheimlichen*

Dissipation [-tsi̯-] die, -/-en ⟨lat.⟩ (Phys.): *Übergang einer Energieform in Wärmeenergie, zB bei der Reibung*

dissonant ⟨lat.⟩ || **Dissonanz** die, -/-en: *Missklang* | (Mus.) *unharmonischer Klang;* → G.: Konsonanz || **dissonieren** (Mus.)

Distanz die, -/-en ⟨lat.⟩: *Abstand, Entfernung* || **distanzieren**[1] sich: *von jemandem/etwas abrücken;* der Kanzler distanzierte sich von der Aussage der Ministerin | sie verhält sich mir gegenüber distanziert *(zurückhaltend, reserviert)* || **distanzieren**[2]: die Gegner d. *(im Wettkampf hinter sich lassen)* || **Distanziertheit** die, - || **Distanzierung** die, -/-en

Distel die, -/-n: *verschiedene stachelige Pflanzen* || **Distelfink:** *Stieglitz* || **Distelöl**

Distichon das, -s/Distichen ⟨gr.⟩: *ein Verspaar, bestehend aus Hexameter und Pentameter*

distingiert = **distinguiert** [-ŋg(u̯)-] ⟨lat.-fr.⟩ (geh.): ein distinguierter *(vornehmer)* Herr || **Distinguiertheit** die, - || **distinkt:** *verschieden, klar abgegrenzt* || **Distinktion** [-tsi̯-] die, -/-en: *Unterscheidung* | *Rangabzeichen*

Distorsion die, -/-en ⟨lat.⟩ (Med.): *Verstauchung* | (Optik) *Verzerrung*

distribuieren ⟨lat.⟩ (veraltet): *verteilen* || **Distribution** [-tsi̯-] die, -/-en: *[Einkommens]verteilung*

Distrikt der, -[e]s/-e ⟨lat.⟩: *Verwaltungsbezirk*

Disziplin die, - ⟨lat.⟩: *Ordnung, Selbstbeherrschung;* eiserne D. | (mit Pl. -en) *Wissenschaftsfach* | *Sportart (im Wettkampf)* || **disziplinär** = **disziplinarisch:** jemanden aus disziplinären/disziplinarischen Gründen *(wegen Ordnungswidrigkeiten)* versetzen || **Disziplinarkommission** || **Disziplinarmaßnahme** || **Disziplinarstrafe** || **Disziplinarverfahren** || **disziplinieren:** *gegen jemanden disziplinarische Maßnahmen anwenden* || **Disziplinierung** die, -/-en || **diszipliniert:** *geordnet, mit Selbstbeherrschung* || **Diszipliniertheit** die, - || **disziplinlos** || **Disziplinlosigkeit** die, - || **disziplinwidrig**

dito ⟨it.⟩ (D); → detto

diuretisch ⟨gr.⟩ (Med.): *harntreibend*

Diurnum das, -s/Diurnen ⟨lat.⟩ (veraltet): *Taggeld* || **Diurnist** der, -en/-en (veraltet): *Tagelöhner, zB Schreiber in einem Gemeindeamt* || **Diurnistin** die, -/-innen (veraltet)

Diva [-v-] die, -/-s [Diven] ⟨it.⟩: *gefeierte Sängerin, Tänzerin oder Schauspielerin*

divergent [-v-] ⟨lat.⟩ || **Divergenz** die, -/-en: *Abweichung;* → G.: Konvergenz || **divergieren:** divergierende *(auseinanderlaufende) Linien* | divergierende *(gegensätzliche) Meinungen*

divers [-v-] ⟨lat.⟩: diverse *(verschiedene)* Gegenstände; *aber:* Diverses *(Verschiedenartiges)* einkaufen || **Diversifikation** [-tsi̯-] die, -/-en || **diversifizieren:** *Vielfältigkeit herbeiführen* || **Diversion** die, -/-en (Jus): *außergerichtlicher Tatausgleich, Schadensgutmachung statt gerichtlicher Bestrafung bei geringen Vergehen* || **Diversität** die, -: *Vielfalt*

Divertikel [-v-] das, -s/- ⟨lat.⟩ (Med.): *Ausstülpung zB im Dickdarm*

Divertimento [-v-] das, -s/-s [Divertimenti] ⟨it.⟩ (Mus.): *unterhaltendes Musikstück* | *Tanzeinlage* | *Zwischenspiel*

Dividend [-v-] der, -en/-en ⟨lat.⟩ (Math.): *Zahl, die zu teilen ist*

D

‖ **Di|vi|den|de** die, -/-n (Börse, Wirt.): *Anteil am Gewinn einer AG; Ertrag aus Aktien;* eine D. ausschütten *(den Reingewinn auszahlen)* ‖ **Di|vi|den|den|ren|di|te** [auch: -rɑ̃ˌdit] (Börse, Wirt.): *Dividendenertrag* ‖ **di|vi|die|ren:** d. *(teilen)* durch ... ‖ **Di|vis** das, -/-e (Druckw.): *Bindestrich* ‖ **Di|vi|si|on** die, -/-en: *Teilungsrechnung* | (Mil.) *eine große Heeresabteilung* | (Sport) *eine Spielklasse [im Fußball]* ‖ **Di|vi|si|o|när** der, -s/-e (Mil.): *Kommandant einer Division* ‖ **Di|vi|sor** der, -s/-en [-ˈsoː-] (Math.): *Zahl, durch die geteilt wird*

Di|wan der, -s/-s [-e] ⟨pers.-fr.⟩: *ein gepolstertes Sitz- und Liegemöbel* ‖ **Di|wan|über|wurf**

Di|xie|land [-læ-] der, - ⟨engl.⟩: *Kurzwort für Dixielandjazz* | (mit Pl. -s) einen D. *(eine Musiknummer im Dixieland-Stil)* spielen ‖ **Di|xie|land|jazz** [-dʒæz]: *ein Jazzstil*

d. J.: der **J**üngere; → jünger | **d**ieses **J**ahres

DJ [diː ˈdʒeɪ] der, -[s]/-s: **D**isk**j**ockey; → DJane

Dja|kar|ta [dʒ-] → Jakarta

DJane [diːˈdʒeɪn] die, -/-s ⟨engl.⟩: *weibl. Form von DJ;* → Diskjockey

Dji|had [dʒi-] = → Dschihad

Dkfm.: **D**iplom-**K**au**fm**ann, -frau

dkg → dag

DKT [de ka ˈteː] das, -[s]/-[s] (Wz.): „**D**as **k**aufmännische **T**alent" *(Monopoly)*

dl: **D**ezi**l**iter

dm: **D**ezi**m**eter ‖ **dm²:** Quadrat**d**ezi**m**eter ‖ **dm³:** Kubik**d**ezi**m**eter

DM [ˈdeːmark] die, -/- (früher): **D**eutsche **M**ark *(Geldeinheit in Deutschland);* → D-Mark

d. M.: **d**ieses **M**onats

D-Mark [ˈdeː-] die, - (früher): Deutsche Mark; → DM; → DEM

d-Moll [ˈdeːˈmɔl] (d) (Mus.): *eine Tonart* ‖ **d-Moll-Ton|lei|ter** (Mus.)

DNA [de ɛn ˈaː] die, -, *veraltend auch:* DNS (Biol.): **D**esoxyribo**n**ucleic **A**cid (Desoxyribonukleinsäure) ‖ **DNA-Ana|ly|se** [-yː-]: *Gentest*

D-Netz [ˈdeː-]: *ein Telefonnetz für drahtlose Übertragung, zB für Mobiltelefone*

Dnjepr der, -[s] (ukr.: Dnipro [-ˈo]): *Strom in Russland, Weißrussland und der Ukraine*

Dnjestr der (moldawisch-rum.: Nistru), -s: *Fluss in der Ukraine und in Moldawien*

DNS[1] [de ɛn ˈɛs] die, - (veraltend) (Biol.): **D**esoxyribo**n**uklein**s**äure; → DNA

DNS[2] [de ɛn ˈɛs] das, - (EDV): **D**omain **N**ame **S**ystem

do: **do**rtig[e]

Do|ber|mann der, -s/-s [-männer]: *eine Hunderasse*

Döb|ling: *19. Bezirk Wiens*

Do|bos|tor|te [-ʃ-]: *eine glasierte Cremetorte*

Do|b|ratsch der, -: *ein Gebirgsstock in Kärnten (auch: Villacher Alpe)*

doch: es ist spät, d. *(aber)* nicht zu spät; krank und d. *(trotzdem)* heiter sein; „Komm doch endlich!"

Docht der, -[e]s/-e: *brennbarer Faden [in einer Kerze]* ‖ **Docht|sche|re**

Dock das, -s/-s ⟨niederl./engl.⟩: *Anlage zum Bauen oder Reparieren von Schiffen*

Do|cke → Tocke

do|cken ⟨niederl./engl.⟩: ein Schiff d. *(in ein Dock bringen);* → andocken

Do|cker[1] der, -s/-[n], *auch:* Tocker (T, K, mda.): *dummer, einfältiger Mensch*

Do|cker[2] der, -s/- ⟨niederl./engl.⟩: *Dockarbeiter* ‖ **Do|cke|rin** die, -/-innen ‖ **Do|cking|sta|ti|on** [-ʃtatsi̯-, engl.: -steɪʃn]: *Vorrichtung zum Ankoppeln von tragbaren Geräten (zB ans Festnetz)*

Doc|trix [-k-] die, -/Doctrices [-ˈtriːts-] ⟨lat.⟩: *Doktorin*

Do|de|ka|e|der der, -s/- ⟨gr.⟩ (Math.): *regelmäßiger 12-flächiger Körper* ‖ **Do|de|ka|fo|nie** = **Do|de|ka|pho|nie** [-f-] die, - (Mus.): *[Tonsystem der] Zwölftonmusik*

Do|del der, -s/-n (ugs.): *Schimpfwort für einen dummen Menschen* ‖ **do|del|si|cher** (ugs., abw. bzw. scherzh.): *idiotensicher*

Do|ge [-ʒɛ] der, -n/-n ⟨it.⟩: *Titel der Oberhäupter der ehemaligen Stadtrepubliken Venedig und Genua*

Dog|ge die, -/-n: *eine Hunderasse;* → Bulldogge

Dog|ma das, -s/Dogmen ⟨gr.⟩: *verpflichtender Glaubenssatz* ‖ **Dog|ma|tik** die, -: *System von Glaubenssätzen* ‖ **Dog|ma|ti|ker** der, -s/-: *Verfechter einer starren Lehrmeinung* | *Lehrer der Dogmatik* ‖ **Dog|ma|ti|ke|rin** die, -/-innen ‖ **dog|ma|tisch** (oft abw.): *starr an einem Dogma festhaltend* ‖ **dog|ma|ti|sie|ren** ‖ **Dog|ma|tis|mus** der, -: *Abhängigkeit von starren [Glaubens]regeln*

Doh|le die, -/-n: *ein Rabenvogel*

do it your|self [ˈduː ɪt jɔːˈself] ⟨engl.⟩ (wörtl.: Mach es selbst!): *Devise zB von Heimwerkern* ‖ **Do-it-your|self-Me|tho|de**

Dok|tor der, -s/-en [-ˈtoː-] (Dr.) ⟨lat.⟩: *ein akademischer Grad;* Dr. phil. | *Arzt;* Dr. med. [univ.] ‖ **Dok|to|rand** der, -en/-en: → *Dissertant* ‖ **Dok|to|ran|din** die, -/-innen ‖ **Dok|tor|ar|beit:** *Dissertation* ‖ **Dok|to|rat** das, -[e]s/-e: *Doktortitel;* das D. machen ‖ **Dok|to|rats|stu|di|um** [-ʃt-] ‖ **Dok|tor|grad** ‖ **Dok|tor|hut** (früher): *Zeichen der Doktorwürde* ‖ **Dok|to|rin** die, -/-innen (Dr.): *weibliche Form zu Doktor* | (ugs. auch mit Ausspr. [ˈdɔk-]) *Ärztin;* die Frau D. ‖ **Dok|tor|mut|ter:** *weibl. Form von Doktorvater* ‖ **Dok|tor|ti|tel** ‖ **Dok|tor|va|ter:** *Universitätsprofessor, der einen Dissertanten betreut* ‖ **Dok|tor|wür|de** ‖ **Dok|t|rin** die, -/-en: *Lehrmeinung; politischer Grundsatz* ‖ **dok|t|ri|när** (oft abw.): *starr an einer Doktrin festhaltend*

Do|ku die, -/-s ⟨lat.⟩: *Kurzwort für Dokumentation* ‖ **Do|ku|ment** das, -[e]s/-e: *Urkunde* | *Beweisstück* | (EDV) → *Datei* ‖ **Do|ku|men|tar|film** ‖ **do|ku|men|ta|risch:** *urkundlich* | etwas d. *(als Beweis, zB schriftlich)* festhalten ‖ **Do|ku|men|ta|ti|on** [-tsi̯-] die, -/-en: *Sammlung von Dokumenten und Daten; Zusammenstellung von Unterlagen zu einem Thema oder Fachgebiet* ‖ **Do|ku|men|ta|ti|ons|stel|le** ‖ **Do|ku|men|ten|samm|lung** ‖ **do|ku|men|tie|ren:** *ausdrücken, zeigen;* darin dokumentiert sich die Entstehungsgeschichte | *[urkundlich] nachweisen; medial darstellen* ‖ **Do|ku|soap** [-səʊp] ⟨engl.⟩: *dokumentarische Unterhaltungsserie*

Dol|by [-i] das, -s ⟨engl.⟩ (Technol.) (Wz.): *ein Bandrausch-Unterdrückungsverfahren* ‖ **Dol|by Sur|round** [- səˈraʊnd] ⟨engl.⟩ (Wz.): *Tonübertragung, die eine räumliche Klangwiedergabe ermöglicht*

dol|ce [-tʃe] ⟨it.⟩ (Mus.): *sanft, lieblich, süß, weich* ‖ **Dol|ce|far|ni|en|te** [-tʃe-] das, - (wörtl.: süßes Nichtstun): *erholsames Faulenzen, reiner Lebensgenuss* ‖ **Dol|ce Vi|ta** [- v-] die = das, - - (wörtl.:

süßes Leben): *Müßiggang und vergnügliches Leben reicher Leute*

Dolch der, -[e]s/-e: *eine Stichwaffe* ‖ **Dolchstich** ‖ **Dolchstoßlegende** (Gesch.): *deutsche Behauptung in der Zwischenkriegszeit, dass der Erste Weltkrieg nicht durch eine militärische Niederlage verloren worden sei* | *[unwahre] Behauptung, ein hinterhältiger Akt sei der Grund für das Scheitern eines Unternehmens*

Dolde die, -/-n (Bot.): *ein Blütenstandstyp* ‖ **Doldenblütler** der, -s/- (Bot.): *eine Pflanzenfamilie* ‖ **doldenförmig**

Doline die, -/-n ⟨slowen.⟩: *Karsterscheinung, trichterförmige Einsenkung im Kalkgestein*

Dollar der, -s/-[s] ($) ⟨engl.⟩: *eine Geldeinheit [der Vereinigten Staaten von Amerika]* | (in Angaben von Beträgen mit Pl. Dollar) zehn Dollar wert sein ‖ **Dollarkurs** ‖ **Dollarwährung** ‖ **Dollarzeichen** ($)

Dolm der, -[e]s/-e (ostöst., mda.): *Schimpfwort für einen dummen Menschen*

Dolmetsch der, -[e]s/-e ⟨türk.-ung.-slaw.⟩: *Dolmetscher* ‖ **dolmetschen,** du dolmetsch[s]t: *mündlich übersetzen;* simultan *(während der Text gesprochen wird)* d. ‖ **Dolmetscher** der, -s/- ‖ **Dolmetscherin** die, -/-innen ‖ **Dolmetschung** die, -/-en

Dolomit der, -[e]s/-e: *ein Kalkgestein* ‖ **Dolomiten** die (Pl.): *Gebirgsgruppen in Kärnten, Osttirol, Italien*

Dolores: *weibl. Vorname*

Dom der, -[e]s/-e ⟨lat.⟩: *Bischofskirche; der Salzburger Dom*

Domain [dəʊˈmeɪn] die, -/-s, *auch:* Domäne ⟨engl.⟩: *Adressbereich in EDV-Netzwerken, organisatorische Verwaltungseinheit* ‖ **Domaingrabbing** [-græb-]: *[illegale] Registrierung von Domains, um sie später mit Gewinn zu verkaufen*

Domäne die, -/-n ⟨lat.-fr.⟩: *[spezielles] Arbeitsgebiet, Einflussbereich* | (veraltet) *herrschaftlicher Gutsbesitz* | (EDV) *Domain* ‖ **Domestik** der, -en/-en (Sport): *Helfer [im Radsport]* | (meist Pl.) (veraltet bzw. abw.) *Dienstbote* ‖ **Domestikation** [-tsi̯-] die, -/-en ‖ **Domestikin** die, -/-innen ‖ **domestizieren:** *aus Wildtieren bzw. -pflanzen Haustiere bzw. Kulturpflanzen züchten;* die domestizierte Wildkatze | einen rebellischen Charakter d. *(zähmen, bändigen)* ‖ **Domestizierung** ‖ **Domherr:** *Mitglied eines Domkapitels* ‖ **Domina** die, -/-s: *Prostituierte, die zu sadistischen Handlungen bereit ist* ‖ **dominant:** *vorherrschend, beherrschend* | (Biol.) → G.: rezessiv ‖ **Dominante** die, -/-n (Mus.): *fünfte Stufe der Dur- oder Molltonleiter* ‖ **Dominanz** die, -/-en: *Vorherrschaft* ‖ **dominieren:** unser Team dominierte das Viertelfinale *(überragte die anderen Mannschaften)*

Dominik: *männl. Vorname* ‖ **Dominikaner** der, -s/-: *Angehöriger eines geistlichen Ordens* | *Einwohner der Dominikanischen Republik* ‖ **Dominikanerin** die, -/-innen ‖ **Dominikanerorden** (O. P., OP, O. Pr.): *ein geistlicher Orden* ‖ **Dominikanische Republik** die, -n - (Kfz: DOM): *Inselstaat in der Karibik*

Dominium das, -s/Dominien [-i̯ən] ⟨lat.⟩: *Herrschaftsgebiet* ‖ **Domino**[1] der, -s/-s: *Maskenmantel* | *Person, die eine solche Maskierung trägt* | *Stein im Dominospiel* ‖ **Domino**[2] das, -s/-s: *ein Gesellschaftsspiel* ‖ **Dominoeffekt:** *Umfallen einer ganzen Reihe, wenn das erste Glied fällt* ‖ **Dominospiel** ‖ **Domizil** das, -s/-e: *Wohnstätte* ‖ **Domkapitel** (Kath.): *nur für einen Dom zuständige Geistliche;* → Kapitel; → Domherr ‖ **Domkapitular** (Kath.): *Domherr* ‖ **Dompfaff** der, -en [-s]/-en (Zool.): → *Gimpel* ‖ **Dompfarre** (kath.): *Pfarre, deren Pfarrkirche zugleich Bischofskirche ist (zB St. Stephan in Wien)* ‖ **Dompfarrer** (kath.) ‖ **Domplatz**

Dompteur [-ˈtøːə] der, -s/-e ⟨fr.⟩: *Tierbändiger* ‖ **Dompteurin** die, -/-innen = **Dompteuse** [-ˈtøːs, -ˈtøːzɛ] die, -/-n

Don[1] (ohne Art.) ⟨span./it.⟩ (wörtl.: Herr): *ehrerbietige Anrede in Verbindung mit spanischen oder italienischen Vornamen;* D. Camillo; → Doña; → Donna

Don[2] der, -[s]: *Strom in Südrussland*

Doña [-nja] ⟨span.⟩ (wörtl.: Frau): *ehrerbietige Anrede mit anschließendem spanischen Vornamen;* D. Elvira; → Don

Donald Duck [auch: ˈdɒnəld ˈdʌk]: *eine Figur aus Comics und Zeichentrickfilmen*

Donau die, -: *Fluss in Deutschland, Österreich, der Slowakei, Ungarn, Kroatien, Serbien, Bulgarien, Rumänien, Moldawien und der Ukraine;* Linz an der D.; Alte D. *(Donauarme in Wien)* ‖ **Donauau** (meist Pl.): Nationalpark Donauauen *(an der Donau von Wien bis Hainburg)* ‖ **Donau-Dampfschifffahrtsgesellschaft** die, - (DDSG) (früher) ‖ **Donaudelta** ‖ **Donauinsel:** *von zwei Donauarmen eingeschlossenes Freizeitgelände in Wien* ‖ **Donaukanal:** *Donauarm in Wien* ‖ **Donaukraftwerk** ‖ **Donaulachs** [-ks-]: *Huchen* ‖ **Donauland:** *Landschaft beidseits der Donau* | (nur Pl.) *Staaten an der Donau, Donauraum* ‖ **Donaumarina** die, -: *Jachthafen (und U-Bahn-Station) an der Donau in Wien* ‖ **Donaumetropole:** *Hauptstadt an der Donau, zB Wien* ‖ **Donaumonarchie** die, -: *Österreich-Ungarn vor 1918* ‖ **Donau-Oder-Kanal** ‖ **Donauraum** (Geogr.): *[Teile von] Staaten bzw. Großlandschaften um die Donau* ‖ **Donauschule** (Kunstg.): *eine Gruppe süddeutscher und österreichischer Maler um 1500* ‖ **Donaustadt:** *Stadt an der Donau (bes. Wien)* | *22. Bezirk Wiens* ‖ **Donaustrom** ‖ **Donauturm:** *ein Wahrzeichen in Wien* ‖ **Donauuferautobahn** (Verk.): *eine Autobahn in Wien* ‖ **Donauuni** ‖ **Donauuniversität** [-v-]: *[postgraduale] Universität in Krems* ‖ **Donauwalzer:** *berühmter Walzer („An der schönen blauen Donau") von Johann Strauß (Sohn)*

Donawitz: *Stadtteil von Leoben (Steiermark)*

Döner = **Dönerkebab** = **Dönerkebap** der = das, -s/- ⟨türk.⟩: *stark gewürzter türkischer Fleischspieß;* → Gyros | *mit Salat, Gemüse uÄ in Fladenbrot gefüllte Fleischstücke vom Drehspieß*

Don Juan [- ˈxu̯an, auch: - ʒu-] der, - -s/- -s: *Mann mit starker erotischer Ausstrahlung, Frauenheld* | (ohne Pl.) *spanische Dramenfigur*

Donna ⟨it.⟩ (wörtl.: Frau): *ehrerbietige Anrede italienischer Adeliger mit anschließendem Vornamen;* D. Anna; → Don; → Doña

D

Donner der, -s/-: *Geräusch bei Gewitter* ‖ **donnern:** es blitzt und donnert | die Lawine donnert ins Tal ‖ **Donnerschlag**

Donnerstag:

– am Donnerstag, dem 4. Mai[,] ankommen
– Donnerstag, den 4. Mai[,] ankommen
– am Donnerstag, den 4. Mai ankommen
– am Donnerstag abends

Kleinschreibung des Adverbs „donnerstags“:
– donnerstags weggehen (*jeden,* auch: *am Donnerstag*)
– donnerstags abends (= donnerstagabends) fernschauen R→ S. 891, 1.3.1

Zusammenschreibung mit Tageszeiten:
– Donnerstagnachmittag
– eines Donnerstagabends
– sich Donnerstagfrüh treffen; *aber getrennt:* am Donnerstag früh *(zeitig)* zu arbeiten beginnen R→ S. 891, 1.3

Donnerstagabend: am D.; eines Donnerstagabends; wir kommen D. ‖ **donnerstagabends:** *donnerstags abends* ‖ **donnerstägig:** *am Donnerstag stattfindend* ‖ **donnerstags:** *jeden* (auch: *am*) *Donnerstag;* d. abends *(donnerstagabends)* ‖ **Donnerwetter** (veraltet): *Gewitter* | das wird ein D. *(einen heftigen Tadel)* geben | *Ausruf der Bewunderung und des Staunens;* D., war die heute fleißig!
Don Quijote [- ki'xɔte] der, - -s/ - -s, *auch:* Don Quichotte [- -'ʃɔt] (früher: Don Quixote [- -'xɔ-]): *ein idealistischer Schwärmer* | (ohne Pl.) *spanische Romanfigur* ‖ **Donquichotterie** [-kiʃ-] die, -/-n: *weltfremdes Tun, aussichtsloses Unternehmen*
Donut ['dəunʌt] der, -s/-s ⟨engl.⟩: *eine krapfenartige Süßspeise*
doof (bes. D, sal.): *dumm*
Dope [dəup] das, -s/-s ⟨engl.⟩: *Droge* | *Doping* ‖ **dopen** ['do:-]: das Rennpferd war gedopt *(seine Leistung war durch verbotene Mittel gesteigert)* ‖ **Doping** das, -s/-s: *unerlaubte Einnahme von Medikamenten zur Leistungssteigerung* ‖ **Dopingkontrolle** ‖ **Dopingsünder** ‖ **Dopingsünderin** ‖ **Dopingverfahren**
Doppel das, -s/-: *Kurzwort für Doppelspiel, zB im Tennis* ‖ **Doppel-a:** *Waage* schreibt man mit D. ‖ **Doppeladler:** *zweiköpfiger Adler als Wappentier [der österreichisch-ungarischen Monarchie]* ‖ **Doppelagent** ‖ **Doppelagentin** ‖ **Doppelbelastung** ‖ **Doppelbett** ‖ **doppelbödig:** *nicht eindeutig* ‖ **Doppelbödigkeit** die, -/-en ‖ **Doppelbrechung** (Phys.): *Aufspaltung von in bestimmte Kristalle einfallenden Lichtstrahlen* ‖ **Doppelbudget** [-by,dʒe:]: *Budget für zwei Jahre* ‖ **Doppelchor** [-k-]: *zwei [gleichzeitig musizierende] Chorgruppen* ‖ **doppelchörig:** *für zwei Chöre bzw. Ensembles komponiert* ‖ **Doppelconférence** [-kõfe,rã:s]: *eine spezielle Nummer im Cabaret* ‖ **Doppeldecker:** *ein Flugzeugtyp* | *Kurzwort für Doppeldeckerbus* ‖ **Doppeldeckerbus:** *zweistöckiger Autobus* ‖ **doppeldeutig** ‖ **Doppeldeutigkeit** die, -/-en ‖ **doppeldeutsch:** doppeldeutsche Spielkarten ‖ **Doppelfehler** (Sport): *zwei Servicefehler bei einem Aufschlagpunkt im Tennis* ‖ **Doppelfenster** ‖ **Doppelfuge** (Mus.): *Fuge mit zwei Themen* ‖ **Doppelfüßer** der, -s/-: *ein Tausendfüßler mit zwei Beinpaaren pro Segment* ‖ **Doppelgänger** der, -s/-: *Person, die einer anderen zum Verwechseln ähnlich schaut* ‖ **Doppelgängerin** die, -/-innen ‖ **Doppelgleisigkeit** die, -/-en ‖ **doppelgleisig:** eine doppelgleisige Bahnstrecke | (ugs.) d. fahren *(dieselbe Aufgabe von zwei Personen durchführen lassen)* ‖ **Doppelhaltestelle** ‖ **Doppelhelix** (Biol.): *doppelspiralige Struktur der Desoxyribonukleinsäure* ‖ **Doppelhochzeit** ‖ **Doppeljackpot** [-ˌdʒæk-] ‖ **Doppelkinn** ‖ **Doppelklick** ‖ **doppelklicken:** *eine Taste der Computermaus zweimal knapp hintereinander betätigen* ‖ **Doppelkonsonant** ‖ **Doppelkonzert:** *Konzert mit zwei Soloinstrumenten* ‖ **Doppelkopf:** *ein Kartenspiel* ‖ **Doppelkreuz** (#): *Raute*[2] | (Mus.) *ein Erhöhungszeichen* ‖ **Doppelleben:** ein D. *(neben dem bekannten ein zweites, geheimes Leben)* führen ‖ **Doppelliter:** *zwei Liter;* → Doppler ‖ **Doppelmaut** ‖ **Doppelmonarchie:** *die österreichisch-ungarische Monarchie* ‖ **Doppelmoral** (meist abw.): *Moral, die mit zweierlei Maßstäben misst* ‖ **Doppelmord** ‖ **Doppelmühle:** sie hat eine D. *(kann beim Mühlespiel mit jedem Zug eine Mühle schließen)* | *zweifache Bedrängnis, Zwickmühle;* in einer D. stecken ‖ **doppeln,** ich dopple: Schuhe d. *(besohlen)* lassen ‖ **Doppelname,** *auch:* **Doppelnamen:** *Vor- oder Nachname, der aus zwei Namen besteht* ‖ **Doppelpack** der, -[e]s/-s (-e): *Doppelpackung;* im D. billiger ‖ **Doppelpackung:** *[preisgünstigere] Kaufeinheit von zwei gleichen Produkten* ‖ **Doppelpass** (Sport): *schneller Ballwechsel zwischen zwei Spielern* ‖ **Doppelpunkt** (:): *ein Satzzeichen* | *Divisionszeichen;* 6 : 3 = 2 (sprich: *6 durch 3 ist 2*) | (Sport) *zur Angabe des Trefferverhältnisses;* 1 : 0 (sprich: *eins zu null*) siegen | *Gliederungszeichen in Uhrzeitangaben;* die Strecke in 3 : 10 (sprich: *3 Minuten 10 Sekunden; drei zehn*) laufen ‖ **Doppelrohrblatt** (Mus.): *Anblasrohr von Oboe und Fagott* ‖ **Doppelrolle:** *zwei Rollen in einem Film oder Bühnenstück, die vom selben Schauspieler gespielt werden* ‖ **Doppelschlag** ‖ **Doppelseite:** *zwei nebeneinanderliegende Seiten* ‖ **doppelseitig:** eine doppelseitige *(zwei Seiten umfassende)* Anzeige ‖ **Doppelsieg** ‖ **Doppelsinn:** *Doppeldeutigkeit* ‖ **doppelsinnig** ‖ **Doppelspiel** (abw.): mit jemandem ein D. treiben *(jemanden täuschen, hintergehen)* ‖ **Doppelstaatsbürgerschaft** ‖ **Doppelstern** (Astron.) ‖ **doppelstöckig:** ein doppelstöckiger Autobus ‖ **Doppelstockwagen** ‖ **Doppelstockwaggon** = Doppelstockwaggon ‖ **Doppelstrategie** [-ʃt-, -st-]: *Strategie, die zugleich für gegensätzliche Ziele ausgerichtet ist* ‖ **Doppelstudium** [-ʃt-]: zwei Studien gleichzeitig ‖ **Doppelstunde:** *zwei Unterrichtsstunden eines Fachs hintereinander*

doppelt:

zweifach; doppelt so groß wie … | (nördl. D) doppelt gemoppelt *(überflüssigerweise doppelt)* | (ugs.) etwas doppelt und dreifach *(öfter als üblich)* sagen | doppelte Buchhaltung

Getrenntschreibung bei wörtlicher Bedeutung:
- doppelt wirken
- ein doppelt breiter Stoff

Zusammenschreibung bei übertragener Bedeutung:
- doppeltsehen *(betrunken sein)*

R→ S. 900, 1.5.1

Getrennt- und Zusammenschreibung mit adjektivisch gebrauchtem Partizip:
- doppelt wirkende (= doppeltwirkende) Mittel

R→ S. 903, 2.2.1

Großschreibung bei Nominalisierung:
- das **D**oppelte leisten
- etwas ums **D**oppelte vergrößern
- einen **D**oppelten *(einen doppelten Schnaps)* trinken

R→ S. 892, 2.2

dop|pelt|koh|len|sau|er (fachspr.): doppeltkohlensaures Natron ‖ **dop|pelt|se|hen:** *betrunken sein* ‖ **Dop|pel|tür** ‖ **Dop|pe|lung** = Dopplung die, -/-en: *Verdopp[e]lung* ‖ **Dop|pel|ver|die|ner:** *jemand, der wie sein Lebenspartner über ein Einkommen verfügt* | *jemand, der zwei Einkommen bezieht* ‖ **Dop|pel|ver|die|ne|rin** ‖ **Dop|pel|vie|rer** (Sport): *eine Ruderdisziplin;* → Doppelzweier ‖ **Dop|pel|vo|kal** ‖ **dop|pel|wan|dig** ‖ **Dop|pel|zent|ner** (veraltet): *100 kg* ‖ **Dop|pel|zim|mer** (DZ) (Tour.) → Einzelzimmer ‖ **dop|pel|zün|gig** (abw.): seine Worte sind d. *(er redet einmal so, einmal so)* ‖ **Dop|pel|zün|gig|keit** die, -/-en (abw.) ‖ **Dop|pel|zwei|er** (Sport): *eine Ruderdisziplin;* → Doppelvierer ‖ **Dopp|ler** der, -s/-: *neue Besohlung* | (ugs.) *Zweiliterflasche [Wein]* ‖ **Dopp|ler|ef|fekt** (Phys.): *Frequenzänderung bei einem bewegten Sender (nach dem Physiker C. Doppler)* ‖ **Dopp|lung** = → Doppelung

Do|ra|do → Eldorado

Dorf das, -[e]s/Dörfer: das olympische Dorf *(Ort, in dem die Olympiateilnehmer untergebracht sind);* potemkinsche (= Potemkin'sche) Dörfer *(eine vorgetäuschte Leistung);* das sind böhmische Dörfer *(das ist unverständlich)* für mich ‖ **Dorf|äl|tes|te**[1] der, -n/-n, ein Dorfältester ‖ **Dorf|äl|tes|te**[2] die, -n/-n ‖ **Dorf|be|woh|ner** ‖ **Dorf|be|woh|ne|rin** ‖ **Dorf|brun|nen** ‖ **Dorf|cha|rak|ter** [-k-]: eine Wohngegend mit D. ‖ **Dorf|er|neu|e|rung** ‖ **Dorf|fest** ‖ **Dorf|ge|mein|de** ‖ **Dorf|ge|mein|schaft** ‖ **Dorf|ju|gend** ‖ **Dorf|kai|ser** (sal.): *mächtiger Bürgermeister* ‖ **Dörf|le|fest,** *auch:* Dörflifest (V): *Dorffest* ‖ **Dörf|ler** der, -s/-: *Dorfbewohner (im Gegensatz zum Städter)* ‖ **Dörf|le|rin** die, -/-innen ‖ **dörf|lich** ‖ **Dörf|li|fest** → Dörflefest ‖ **Dorf|schön|heit** (iron.): *hübsches Mädchen mit typischem Verhalten der Dörflerin* ‖ **Dorf|trot|tel** (ugs., abw.): *im ganzen Dorf bekannter Trottel*

Do|ris: *weibl. Vorname (Dorothea, Theodora)*

do|risch (Arch.): Säulen im dorischen Stil; → ionisch; → korinthisch | (Mus.) → Dorisch ‖ **Do|risch** das, -[en] (Mus.): *eine der alten Kirchentonarten*

Do|rit, *auch:* **Do|ritt:** *weibl. Vorname (Dorothea)* ‖ **Dor|le** (bes. D): *Dorli* ‖ **Dor|li:** *weibl. Vorname (Dorothea)*

Dor|mi|to|ri|um das, -s/Dormitorien [-i̯ən] ⟨lat.⟩ (früher): *Schlafsaal eines Klosters*

Dorn der, -[e]s/-en: die Dornen der Rose; jemandem ein D. im Auge sein *(jemandem verhasst sein)*

Dorn|birn (Kfz: DO): *Stadt in Vorarlberg*

Dorn|busch ‖ **Dor|nen|ge|strüpp** ‖ **Dor|nen|he|cke** ‖ **Dor|nen|kro|ne:** *Dornenkranz, mit dem Jesus Christus gekrönt wurde* ‖ **dor|nen|reich** ‖ **Dor|nen|strauch** ‖ **dor|nen|voll** (geh.): *mit Leid, Mühe verbunden* ‖ **dor|nig:** eine dornige Hecke | ein dorniger *(dornenvoller)* Weg ‖ **Dorn|rös|chen** [auch: -'rø:s-] das, -s: *eine Märchenfigur* ‖ **Dorn|rös|chen|schlaf:** *lang dauerndes untätiges Dahindämmern*

Do|ro|thea = **Do|ro|thee** [auch: 'dɔ-]: *weibl. Vorname;* → Doris; → Doritt; → Dorli

Do|ro|the|um das, -s: *ein Auktionshaus und Versatzamt*

dör|ren: Obst d. *(trocknen)* ‖ **Dörr|pflau|me** ‖ **Dörr|obst** ‖ **Dörr|zwetsch|ke**

Dorsch der, -[e]s/-e: *[junger] Kabeljau aus der Ostsee* | (Zool.) (Pl.) *eine Fischfamilie, zB Schellfisch*

dort:

dort drüben; dort oben

Getrenntschreibung in Verbindung mit „sein":
- ich bin noch nie dort gewesen
- dort sein R→ S. 901, 1.8

Zusammenschreibung, wenn die Betonung auf „dort" liegt:
- etwas dortbehalten
- sie wollte unbedingt dortbleiben; *aber getrennt:* du sollst dort *(an dieser Stelle)* bleiben; dort wohnen R→ S. 899, 1.3

dor|ten (veraltend): *dort* ‖ **dort|her:** *von dort* ‖ **dort|hin** ‖ **dort|hi|n|auf** ‖ **dort|hi|n|aus** ‖ **dort|hin|ein** ‖ **dort|hi|n|un|ter** ‖ **dor|tig** (do.): die d. Beschäftigten; die dortige Schule ‖ **dort|selbst** (veraltet): *ebendort* ‖ **dort zu Lan|de,** *auch:* dort zu Land = **dort|zu|lan|de,** *auch:* dortzuland: → Land

DOS das, -/- (Wz.): **D**isc **O**perating **S**ystem *(ein Betriebssystem für Computer)*

Do|se die, -/-n: *Büchse;* Bier in Dosen | *Steckdose*

Do|sen die (Pl. von → Dose und → Dosis)

dö|sen, du döst: *leicht schlummern; vor sich hinträumen*

Do|sen|bier ‖ **Do|sen|fut|ter:** *Tierfutter in einer Konservendose* | (sal., abw.) *Konservennahrung* ‖ **Do|sen|ge|tränk** ‖ **Do|sen|öff|ner**

do|sier|bar ⟨gr.-lat.⟩ ‖ **do|sie|ren:** *eine bestimmte Menge [eines Medikaments] abmessen, zumessen;* ein dosierter *(kontrollierter)* Schlag beim Tennis ‖ **Do|sie|rung** die, -/-en ‖ **Do|si|me|ter** (Phys.): *Gerät zur Bestimmung der Strahlendosis* ‖ **Do|sis** die, -/Dosen: *eine vorgeschriebene Menge [eines Heilmittels]* | (Phys.) *Maß für die einem Körper zugeführte Strahlungsmenge*

Dos|si|er [-'si̯e:] das, -s/-s ⟨fr.⟩: *Sammlung von Schriftstücken zu einem Thema*

Dost der, -[e]s/-e: *Oregano*

dos|tig (bes. ostöst., mda.): *aufgedunsen;* dostige Finger

Do|ta|ti|on [-tsi̯-] die, -/-en ⟨lat.⟩: *Geldzuweisung, Ausstattung*

Dot|com [-k-] die, -/-s = das, -s/-s ⟨engl.⟩: *Kurzwort für Dotcomfirma* ‖ **Dot|com|fir|ma:** *Firma, die ihre Geschäfte zum Großteil über das Internet abwickelt*

do|tie|ren ⟨lat.⟩: *mit Geldmitteln versehen;* ein hoch dotierter Preis ‖ **Do|tie|rung** die, -/-en

Dot|ter der (*reg. auch:* das), -s/-: *Eigelb* ‖ **Dot|ter|blu|me** ‖ **dot|ter|gelb**

D

dou|beln ['du:-], ich double ⟨fr.⟩ ‖ **Double** ['du:bl] das, -s/-s: *Doppelgänger; Ersatz-Filmschauspieler [für gefährliche Szenen]* ‖ **Dou|b-lé** = → Dublee ‖ **Dou|b|lé|ket|te** = → Dubleekette ‖ **Dou|b|let|te** = → Dublette

D

Dou|g|las|fich|te ['du:-]: *Douglasie* ‖ **Dou|g|la|sie** [-siə] die, -/-n: *ein Nadelbaum (nach einem schottischen Botaniker)* ‖ **Dou|g|las|tanne:** *Douglasie*

Dow-Jones-In|dex ['daʊ'dʒəʊnz-] (Wirt.): *Aufstellung der Durchschnittskurse der dreißig wichtigsten Aktien der USA*

down [daʊn] ⟨engl.⟩ (sal.): *(erschöpft, bedrückt);* ich fühle mich ganz d.; → G.: high

Dow|ning Street ['daʊnɪŋ stri:t]: *[Straße mit dem] Amtssitz des britischen Premierministers*

Down|load ['daʊnləʊd] der, -s/-s ⟨engl.⟩ (EDV): *das Herunterladen;* → Upload ‖ **down|loa|den,** du downloadest (EDV): *herunterladen;* sie hat eine Software downgeloadet *(von einem anderen Computer oder vom Internet auf den eigenen übertragen);* → uploaden

Down|syn|drom ['daʊnzy-] das, -s (Med.): *eine Erbkrankheit, Trisomie (nach einem britischen Arzt);* → Mongolismus

Do|yen [doa'jɛ̃:] der, -[s]/-s ⟨fr.⟩: *rangältester Diplomat, Schauspieler u. Ä.* ‖ **Do|ye|n|ne** [-'jɛn] die, -/-n: die D. des Burgtheaters

Doz.: **Doz**ent/in ‖ **Do|zent** der, -en/-en ⟨lat.⟩: *Lehrer an Universitäten oder hochschulmäßigen Lehrgängen* ‖ **Do|zen|tin** die, -/-innen ‖ **Do|zen|tur** die, -/-en ‖ **do|zie-ren:** *hochschulmäßig lehren* | *in lehrhaftem Ton vortragen*

Dr.: **D**okto**r**/in; Dr. phil.; Dr. med. [univ.]

d. R.: **d**er **R**eserve; Hauptmann d. R.

Dra|che der, -n/-n, *auch:* Drachen der, -s/-: *ein Fabeltier;* → Lindwurm ‖ **Dra|chen** der, -s/-: *ein Fluggerät, Hängegleiter; ein Spielzeug;* D. steigen lassen | → *Drache* ‖ **Dra|chen|flie|gen** das, -s (Sport): *Gleiten mit einem Drachen als Fluggerät* ‖ **Dra|chen-flie|ger** ‖ **Dra|chen|flie|ge|rin** ‖ **Dra|chen|stei|gen** das, -s

Drach|me die, -/-n ⟨gr.⟩ (früher): *eine Geldeinheit [in Griechenland]*

Draft der, -s/-s ⟨engl.⟩: *Entwurf, Skizze*

Drag and Drop ['dræg ənd -] das, - - -[s] ⟨engl.⟩ (EDV): *„Ziehen und Einfügen" (Verschieben von markierten Daten auf einer grafischen Benutzeroberfläche mittels Maus)*

Dra|gee [-'ʒe:] = **Dra|gée** das, -s/-s ⟨fr.⟩: *eine Art Bonbon* | *eine Arzneipille*

Dra|go|ner der, -s/- ⟨fr.⟩: *Rückenspange [am Mantel]* | (früher) *ein Reitersoldat* | (abw.) *derbe, resolute Frau*

Drag|queen ['drægkwi:n] ⟨engl.⟩: *eine Art von Transvestit*

Drah|di|wa|berl das, -s/-[n] (ostöst., ugs.): *Kreisel* | *wirre Person* | *verwickelte, schwierige Situation*

drahn (ostöst., ugs.): *sich die Nacht hindurch ausgelassen vergnügen* ‖ **Drah|rer** der, -s/- (ostöst., ugs.): *Nachtschwärmer* ‖ **Drah|re|rin** die, -/-innen (ostöst., ugs.)

Draht der, -[e]s/Drähte: den D. aufwickeln | einen guten D. *(ein gutes Verhältnis)* zu jemandem haben; heißer D. *(direkte [telefonische] Verbindung)* ‖ **Draht-bürs|te** ‖ **Dräht|chen** das, -s/- ‖ **Draht|esel** (scherzh.): *Fahrrad* ‖ **Draht|git|ter** ‖ **Draht|haar:** *steifes Haar [bei bestimmten Hunderassen]* ‖ **draht|haa|rig** ‖ **drah|tig:** ein drahtiger *(schlanker, sehniger)* Bursch ‖ **draht|los:** *schnurlos, mittels Funk;* drahtlose Telegrafie ‖ **Draht|seil** ‖ **Draht|seil-bahn** ‖ **Draht|ver|hau:** *Sperre, Abgrenzung aus [Stachel]drahtgeflecht* ‖ **Draht|zaun** ‖ **Draht|zie-her** der, -s/- (abw.): *Anstifter, Leiter im Hintergrund* ‖ **Draht|zie-he|rin** die, -/-innen (abw.)

Drai|na|ge [drɛ'na:ʃ, -ʒɛ] = → Dränage ‖ **Drai|na|ge|rohr** = → Dränagerohr ‖ **drai|na|gie|ren** = → dränagieren ‖ **drai|nie|ren** = → dränieren

Drai|si|ne [draɪ-] die, -/-n: *ein kleines Schienenfahrzeug, Bahndienstwagen (nach dem Erfinder Karl von Drais)*

dra|ko|nisch: *sehr streng (nach dem giechischen Gesetzgeber Drakon);* drakonische Maßnahmen

drall: ein dralles *(rundes, kräftiges)* Gesäß ‖ **Drall** der, -[e]s/-e: *Drehung [bes. eines Geschoßes durch die Windung der Züge im Lauf];* → Linksdrall

Dra|lon das, -[s] (Wz.): *eine Polyacrylfaser*

Dra|ma das, -s/Dramen ⟨gr.⟩: *eine Bühnendichtung* | *aufregendes, tragisches Geschehen* ‖ **Dra|ma-tik** die, -: *Spannung* | *dramatische Dichtkunst* ‖ **Dra|ma|ti|ker** der, -s/-: *Bühnendichter* ‖ **Dra-ma|ti|ke|rin** die, -/-innen ‖ **dra-ma|tisch:** *zum Drama gehörend;* dramatische Literatur | ein dramatischer *(bewegter, aufregender)* Vorfall | die Strahlung stieg d. *(gefährlich stark)* an ‖ **dra|ma-ti|sie|ren:** *für die Bühne, TV oÄ gestalten;* einen Roman d. | *aufbauschen* ‖ **Dra|ma|ti|sie|rung** die, -/-en ‖ **Dra|ma|turg** der, -en/-en: *literarischer Berater eines Theaters* ‖ **Dra|ma|tur|gie** die, -/-n ‖ **Dra|ma|tur|gin** die, -/-innen ‖ **dra|ma|tur|gisch**

dran: *daran;* d. sein *(an der Reihe sein);* d. glauben müssen *(etwas durchmachen müssen, sterben müssen);* an dieser Sache kann nichts d. sein *(sie wird gewiss nichts wert sein);* das wird wohl d. *(daran)* liegen, dass ...

Drä|na|ge [-'na:ʃ, -ʒɛ] = Drainage [drɛ-] die, -/-n ⟨engl.-fr.⟩: *Entwässerung; Entwässerungsanlage* | (Med.) *Ableitung von Flüssigkeit mittels eines Röhrchens* ‖ **Drä|na-ge|rohr** = Drainagerohr ‖ **drä|na-gie|ren** = drainagieren: *dränieren*

dran|blei|ben (sal.): *beim Telefonieren nicht auflegen* | an dieser Sache musst du d. *(du musst sie weiterverfolgen)*

drang → dringen ‖ **Drang** der, -[e]s: *Druck* | *Trieb*

dran|ge|hen → darangehen

Drän|ge|lei die, -/-en ‖ **drän|geln,** ich drängle ‖ **drän|gen:** sie drängt *(presst, schiebt)* sich in die U-Bahn | auf eine rasche Lösung d. *(darauf hinwirken, sie verlangen);* die Zeit drängt *(wird knapp und macht ein rasches Handeln notwendig); aber:* auf Drängen der Behörden ‖ **Drän-ge|rei** die, -/-en

Drang|pe|ri|o|de (Sport): *Phase eines Spiels mit deutlicher Überlegenheit einer Mannschaft*

Drang|sal die, -/-e (geh.): *Mühe, Bedrängnis;* die Drangsale *(Plagen)* des Krieges ‖ **drang|sa|lie-ren** (abw.): *quälen, peinigen*

dran|hal|ten sich → daranhalten

drä|nie|ren = drainieren [drɛ-] ⟨fr.⟩: eine sumpfige Wiese d. *(entwässern)*

dranḳommen: *an die Reihe kommen* || **dranḳriegen** (ugs.): *hineinlegen, übervorteilen* || **dranmachen**[1] → daranmachen[1] || **dranmachen**[2] sich → daranmachen[2] || **dranṇehmen:** *aufrufen, abfertigen; prüfen* || **dranṣetzen** → daransetzen

Drapee = Drapé das, -s/-s ⟨fr.⟩: *ein feiner Stoff* || **Draperie** die, -/-n: *[faltiger] Stoffbehang [bei den Fenstern]* || **drapieren:** einen Festsaal mit Fahnentuch d. *(ausschmücken)*

drapp ⟨fr.⟩ (veraltend): *blassbraun, sandfarben;* ein drapp[es] Kleid || **Drapp** das, -[s]/- (veraltend) || **drappfarben** (veraltend)

Drastik die, - ⟨gr.⟩ || **drastisch:** *kräftig wirkend, grob;* ein drastisches *(schlagendes, augenfälliges)* Beispiel

Drau die, -: *Fluss in Italien, Osttirol, Kärnten, Slowenien, Kroatien, Ungarn*

dräuen (geh., veraltet): *drohen*

drauf: *darauf;* d. und dran *(im Begriff)* sein | (ugs.) gut d. sein *(in guter Verfassung sein)* || **Draufgabe:** *[Programm]zugabe* || **Draufgänger** der, -s/-: *jemand, der [ohne viel Überlegung] mutig handelt* || **Draufgängerin** die, -/-innen || **draufgängerisch** || **draufgeben:** *drauflegen* | einen Apfel d. *(zusätzlich geben)* | (ugs.) jemandem eine d. *(jemanden schlagen)* || **draufgehen** (ugs.): viel Geld geht drauf *(geht auf, wird verbraucht)* | (derb) die Katze ist draufgegangen *(verendet)* || **draufhaben** (ugs.): nichts d. *(nichts können)* || **draufhalten:** mit der Hand d. *(auf die Stelle drücken)* || **draufhauen** || **draufkommen:** *entdecken* || **draufkriegen** (ugs.): eine d. *(getadelt, geschlagen werden)* || **drauflegen** || **drauflos:** einfach so d. || **drauflosfahren** || **drauflosgehen** || **drauflosreden** || **drauflosschlagen:** blindlings d. || **draufschlagen:** kräftig d. | (ugs.) auf den Preis d. || **draufschmieren** (ugs.): Butter d. || **Draufsicht:** *Ansicht von oben* || **draufstehen** || **draufstreichen** || **draufzahlen** (ugs.): *Schaden erleiden*

draus: *daraus* || **drausmachen** sich: sich nichts d.; → daraus || **drausbringen:** *aus der Fassung bringen* || **drauskommen:** *den Faden verlieren, stecken bleiben* || **draußen:** d. bleiben

Draustadt (geh.): *Villach*

Drawidisch das, -[s] = **Drawidische,** -n: *eine Sprachfamilie in Indien*

Dreadlocks ['dredlɒks] = **Dreads** die (Pl.) ⟨engl.⟩: *verfilzte Haarsträhnen*

Dreamteam ['dri:mti:m] ⟨engl.⟩ (bes. Sport): *bes. erfolgreiche Mannschaft*

Drechselbank die, -/-bänke: *Drehbank* || **drechseln** [-ks-], *ich drechsle: auf der Drehbank herstellen* | gedrechselte *(komplizierte formulierte)* Sätze || **Drechsler** der, -s/- || **Drechslerin** die, -/-innen

Dreck der, -s: den D. *(Schmutz)* wegputzen | (ugs.) D. am Stecken haben *(eine [öffentlich nicht bekannte] Schuld auf sich geladen haben);* jemanden/etwas durch den D. ziehen *(übel verleumden);* wie der letzte D. *(schlecht, unwürdig)* behandelt werden || **Dreckpatzen** || **Dreckarbeit** = Drecksarbeit (abw.) || **Dreckfink** (abw.): *Schmutzfink* || **dreckig:** dreckige Schuhe | (ugs.) es geht ihr d. *(schlecht)* || **Drecknest** = Drecksnest (abw.): *kleiner uninteressanter Ort* || **Drecksarbeit** = → Dreckarbeit || **Drecksau:** *ein derbes Schimpfwort* || **Dreckschleuder** (ugs., abw.): *unflätiges Mundwerk* | *Maschine mit großem Schadstoffausstoß* || **Ioneckskerl:** *ein derbes Schimpfwort* || **Drecksnest** = → Drecknest

Dreh der, -s/-s (ugs.): den richtigen D. *(Trick, Kunstgriff)* heraushaben || **Drehachse** [-ks-] || **Dreharbeit** (meist Pl.): *das Drehen eines Films* || **Drehbank** die, -/-bänke: *Werkbank zur Bearbeitung von Holz, Metall, Kunststoffen uÄ* || **drehbar** || **Drehbewegung** || **Drehbleistift** || **Drehbuch:** *Filmtext mit genauen Aufnahmeanweisungen* || **Drehbuchautor** || **Drehbuchautorin** || **Drehbühne** || **drehen**[1]: ich drehe den Zeiger | einen Film d. || **drehen**[2] sich: es dreht sich alles um sie *(sie steht immer im Mittelpunkt)* | mir dreht sich alles *(ich bin schwindlig)* || **Dreher** der, -s/-: *Arbeiter an der Drehbank* || **Dreherin** die, -/-innen || **Drehgestell** || **Drehimpuls** (Phys.): *physikalische Größe zur Beschreibung rotierender Körper* || **Drehkreuz:** *drehbare Vorrichtung bei Durchgängen, die das Eintreten nur jeweils einer Person zulässt* || **Drehleier:** *ein altertümliches Saiteninstrument;* → Leierkasten || **Drehmoment** das, -[e]s/-e (Phys.): *Maß für die Drehwirkung einer auf einem drehbaren Körper angreifenden Kraft* || **Drehorgel:** *mechanische Kleinorgel für Straßenmusikanten, Werkel* || **Drehort:** *Ort, an dem ein Film gedreht wird* || **Drehpause:** in einer D. gab die Schauspielerin ein Interview || **Drehpunkt:** *Punkt, um den sich ein Körper dreht* || **Drehscheibe:** diese Stadt ist eine D. *(ein internationales Zentrum)* des Drogenhandels | *Töpferscheibe* | *Vorrichtung zum Wenden von einzelnen [Eisenbahn]fahrzeugen* || **Drehsessel** || **Drehspieß** || **Drehstrom:** *eine Art des elektrischen Stroms* || **Drehtür:** *vierteilige Tür, die zum Durchgehen in Drehung versetzt werden muss* || **Drehung** die, -/-en || **Drehwurm:** *ein Bandwurm* || **Drehzahl:** *Tourenzahl* || **Drehzahlbereich:** im oberen D. fahren || **Drehzahlmesser:** *Tourenzähler*

drei (3):

Kleinschreibung des Zahlworts:
- [um] Punkt drei
- nicht bis drei zählen können *(ugs.: dumm sein)*
- zu dreien *(zu dritt, in Dreiergruppen)*

Schreibung in Verbindung mit „viertel“:
- um drei viertel acht
- in drei viertel Stunden (*auch:* in drei Viertelstunden); *aber zusammen und groß:* in einer Dreiviertelstunde

Großschreibung bei Nominalisierung der Grundzahl zur Bezeichnung einer Ziffer:
- die Ziffer **Drei** (3, → *Dreier*)
- die Note **Drei;** → acht

R→ S. 894, 2.3.3

Drei (3) die, -/-en (bes. D): → *Dreier;* → drei || **dreiachsig** [-ks-] (3-achsig) || **Dreiachteltakt** (3/8-Takt) || **Dreiakter** der, -s/-: *dreiaktiges Bühnenstück* || **dreiarmig** (3-armig) || **dreibeinig** (3-beinig) || **Dreibettzimmer** || **dreidimensional:** ein Körper ist d. || **Drei-D-Verfahren** [-'de:-]

D

(3-D-Verfahren = 3D-Verfahren): *ein Verfahren zur räumlichen Wiedergabe von Filmen* ‖ **Drei|eck** das, -[e]s/-e ‖ **drei|eckig** (3-eckig) ‖ **Drei|ecks|stän|der:** *[Wahl]werbeständer entlang von Straßen* ‖ **Drei|ecks|ver|hält|nis:** *geschlechtliche Beziehung, an der drei Partner beteiligt sind* ‖ **drei|ein|halb** ‖ **Drei|ei|nig|keit:** *Dreifaltigkeit* ‖ **drei|ei|nig:** der dreieinige Gott

Drei|er

(3er) der, -s/-: *die Ziffer Drei (3)*
Die österreichischen Formen der nominalisierten Zahlwörter werden auf -er gebildet:
- einen Dreier hinschreiben (bes. in Deutschland: eine Drei)
- als Note einen Dreier *(ein Befriedigend)* bekommen (bes. in Deutschland: eine Drei)

Drei|er|be|zie|hung ‖ **drei|er|lei** ‖ **drei|ern** (reg., zB T): *die Nachmittagsjause einnehmen, marenden;* → neunern ‖ **Drei|er|radl** (ugs.): *Turnus in drei Schichten* ‖ **Drei|er|rei|he** ‖ **Drei|er|team** [-tiːm] ‖ **Drei|er|vor|schlag:** *Reihung von drei für eine höhere Stellung vorgeschlagenen Bewerbern* ‖ **drei|fach** (3fach/3-fach) ‖ **Drei|fach|jack|pot** [-ˌdʒæk-] ‖ **Drei|fal|tig|keit** die, - (Rel.): *die Einheit der drei göttlichen Personen Vater, Sohn und Heiliger Geist,* Dreieinigkeit; die Heilige D.; → Trinität ‖ **Drei|fal|tig|keits|sonn|tag:** *der Sonntag nach Pfingsten* ‖ **drei|fär|big,** *auch:* dreifarbig (3-färbig, *auch:* 3-farbig) ‖ **Drei|fel|der|wirt|schaft** (Landw.): *eine Bewirtschaftungsform mit wechselnder Fruchtfolge* ‖ **Drei|fuß:** *ein Gerät mit drei Füßen* ‖ **drei|ge|stri|chen** (Mus.): das dreigestrichene C (c''', c^3) singen ‖ **Drei|halb|be|takt** ($^3/_2$-Takt) (Mus.) ‖ **Drei|heit** die, -: *drei zusammengehörende Größen;* die D. Geist, Körper und Seele ‖ **drei|hun|dert** (300) ‖ **drei|jäh|rig** (3-jährig): ein dreijähriges (3-jähriges) Mädchen; *aber:* die Dreijährige (3-Jährige) ‖ **drei|jähr|lich** (3-jährlich): *alle drei Jahre* ‖ **Drei|kampf:** *eine Disziplin in der Leichtathletik* ‖ **Drei|kan|ter:** *Dreikanthof* ‖ **Drei|kant|fei|le** ‖ **drei|kan|tig** (3-kantig) ‖ **Drei|kant|hof:** *eine Bauernhofform* ‖ **Drei|kant|schlüs|sel:** *ein Steckschlüssel* ‖ **Drei|kä|se|hoch** der, -s/-[s] (scherzh.): *kleines Kind* ‖ **Drei|klang** (Mus.): *ein Akkord* ‖ **Drei|kö|nigs|fest:** *Fest der Heiligen Drei Könige am 6. Jänner* ‖ **Drei|kö|nigs|tag** → Dreikönigsfest ‖ **drei|köp|fig** (3-köpfig): *drei Personen umfassend* ‖ **drei|la|gig** (3-lagig): dreilagige Papiertaschentücher ‖ **Drei|län|der|eck** = **Drei|län|der|ecke:** *Stelle, an der drei Länder aneinandergrenzen* ‖ **drei|mal** (3-mal), *auch:* drei Mal ‖ **drei|ma|lig** ‖ **Drei|mas|ter** der, -s/-: *Segelschiff mit drei Masten* ‖ **Drei|mei|len|zo|ne:** *zum Hoheitsgebiet eines Staates gehöriger Teil des Meeres* ‖ **Drei|me|ter|brett:** *ein Sprungbrett*

drein (ugs.): *darein* ‖ **drein|fah|ren** (ugs.): *energisch eingreifen* ‖ **drein|fin|den** sich (ugs.): *sich mit etwas abfinden* ‖ **drein|ge|ben** sich (ugs.): *sich fügen* ‖ **drein|hau|en** (ugs.): *wild dreinschlagen* ‖ **drein|mi|schen** sich (ugs.) ‖ **drein|pfu|schen** (ugs.) ‖ **drein|re|den** (ugs.): ich lasse mir nicht d. *(lasse es nicht zu, dass sich jemand einmischt)* ‖ **drein|schau|en** (ugs.): finster d. ‖ **drein|schla|gen** (ugs.): *dazwischenschlagen*

Drei|pha|sen|strom [-f-]: *Drehstrom* ‖ **Drei|rad:** *ein dreirädriges Fahrzeug* ‖ **Drei|rad|ler** ‖ **Drei|sei|ter** der, -s/- = **Drei|seit|hof:** *Dreikanthof* ‖ **drei|sei|tig** (3-seitig) ‖ **drei|sil|big** (3-silbig): ein dreisilbiges Wort ‖ **Drei|spitz** (früher): *ein Hut* ‖ **drei|spra|chig** (3-sprachig) ‖ **Drei|spra|chig|keit** die, - (SüdT): *Beherrschung der drei Landessprachen Deutsch, Italienisch und Ladinisch* ‖ **Drei|spra|chig|keits|nach|weis** (SüdT) ‖ **Drei|spra|chig|keits|zu|la|ge** (SüdT) ‖ **Drei|sprung:** *eine Sportart* ‖ **drei|ßig** (30): Anfang d.; → achtzig ‖ **drei|ßi|ger** (30er) → achtziger ‖ **Drei|ßi|ger** (30er) der, -s/-, ein Dreißiger: seinen D. *(30. Geburtstag)* feiern ‖ **drei|ßi|ger Jahr** = **Drei|ßi|ger|jahr** (= 30er Jahr, 30er-Jahr) → achtziger ‖ **drei|ßig|jäh|rig** (30-jährig): eine dreißigjährige Frau; *aber: der* Dreißigjährige Krieg (1618–1648) ‖ **drei|ßigs|te** (30.): der d. Geburtstag

dreist: ein dreistes *(keckes, anmaßendes)* Benehmen

drei|stel|lig (3-stellig): eine dreistellige Zahl ‖ **Drei-Ster|ne-Ho|tel** (3-Sterne-Hotel), *auch:* Drei-Stern-Hotel (3-Stern-Hotel)

Dreis|tig|keit die, -/-en

drei|stim|mig (3-stimmig): ein dreistimmiges Lied ‖ **drei|stö|ckig** (3-stöckig) ‖ **drei|stün|dig** (3-stündig): eine dreistündige Wartezeit ‖ **drei|stünd|lich** (3-stündlich): dreistündliche Bahn-Intervalle ‖ **drei|tä|gig** (3-tägig) ‖ **Drei|ta|ge|bart:** *ein zirka drei Tage alter Stoppelbart* ‖ **drei|tau|send** (3 000): d. Meter ‖ **Drei|tau|sen|der** (3 000er): *Berg, der zwischen 3 000 und 3 999 m hoch ist* ‖ **drei|tei|len:** *dritteln* ‖ **Drei|vier|tel|är|mel** (¾-Ärmel) ‖ **Drei|vier|tel|li|ter|fla|sche** (¾-Liter-Flasche) ‖ **Drei|vier|tel|stun|de:** in einer D.; → drei; → viertel; → Viertel ‖ **Drei|vier|tel|takt** (¾-Takt) ‖ **drei|wer|tig** (3-wertig) ‖ **drei|wö|chig** (3-wöchig) ‖ **Drei|zack** der, -[e]s/-e: *ein Spieß mit drei Zacken* ‖ **drei|zehn** (13): Nummer d. | (ugs.) jetzt schlägt's d.! *(das geht zu weit)* ‖ **drei|zehn|hun|dert** (1 300): d. Euro ‖ **Drei|zehn|te** der, -n/-n, *auch:* das (sal. auch für): *13. Monatsgehalt (Weihnachtsremuneration)* ‖ **Drei|zim|mer|woh|nung** (3-Zimmer-Wohnung) ‖ **drei|zin|kig** (3-zinkig): eine dreizinkige Gabel

dre|schen, ich dresche, du drisch[s]t/drosch/gedroschen/drisch!, drescht!: Getreide d. | (ugs.) jemanden windelweich d. *(schlagen)* | Phrasen d. *(gefällige, aber inhaltlich leere Reden führen)* ‖ **Dre|scher** der, -s/- ‖ **Dre|sche|rin** die, -/-innen ‖ **Dresch|fle|gel** ‖ **Dresch|ma|schi|ne**

Dres|den: *Stadt in Deutschland*

Dress der, -es/-en = die, -/-en ⟨engl.⟩: *eine Sportkleidung* ‖ **Dres|sen|wer|bung:** *Werbung auf der Sportkleidung von Fußballern uÄ*

dres|sie|ren ⟨fr.⟩: einen Hund d. *(abrichten)* | (Küchenspr.) eine Torte d. *(verzieren)* | (Küchenspr.) *zurichten [von Geflügel]* ‖ **Dres|sier|sack** (Küchenspr.): *Beutel zum Verzieren von Torten uÄ, Spritzsack*

Dres|sing das, -s/-s ⟨engl.⟩: *Salatmarinade, -sauce* ‖ **Dress|man** [-mæn] der, -[s]/Dressmen: *Vorführer von Herrenbekleidung; männliches Modell*

Dres|sur die, -/-en ⟨fr.⟩: *Abrichtung*

‖ **Dres|sur|akt:** ein D. mit Tigern [im Zirkus] ‖ **Dres|sur|rei|ten**

Dr. h. c. ['dɔktoːɐ ha 'tseː]: **doctor honoris causa** [-k- - k-] *(Ehrendoktor/in)*

drib|beln, ich dribble, hat gedribbelt ⟨engl.⟩ (Sport) ‖ **Drib|blanski** der, -s/-s (ugs., oft scherzh.): *Fußballer, Dribbelkünstler* ‖ **Dribb|ling** das, -s/-s (Sport): *das Vorantreiben des Balls mit kurzen Fußstößen und Ausspielen des Gegners*

Drift die, -/-en, *auch:* Trift: *vom Wind hervorgerufene Wasserströmung* | *Holzflößung;* → Trift ‖ **drif|ten,** *auch:* triften: *in der Drift treiben;* Holz d. *(schwemmen, flößen)*

Drill der, -s: *hartes Training durch monotone Übungen;* → drillen ‖ **Drill|boh|rer:** *ein konischer Bohrer* ‖ **dril|len:** *Fertigkeiten mechanisch einüben, um automatische Beherrschung zu erreichen;* der Trainer drillt sein Team; auf etwas gedrillt sein

Dril|lich der, -[e]s/-e: *dichtes Gewebe aus dreifachem Faden;* → Zwillich ‖ **Dril|lich|ho|se**

Dril|ling der, -s/-e: Drillinge zur Welt bringen; → Zwilling

drin: *darin;* d. sein; das ist nicht d. *(das lohnt sich nicht; das ist unmöglich)* ‖ **drin|blei|ben**

drin|gen, drang/gedrungen: an die Öffentlichkeit d. *(gelangen)* | auf Erledigung d. *(beharren);* in jemanden d. *(auf jemanden einwirken),* die Wahrheit zu sagen; ich habe darauf gedrungen *(habe verlangt),* dass die Zeit genau eingehalten wird ‖ **drin|gend:** *eilig, sofort zu erledigen;* ich muss d. mit ihr telefonieren; aufs/auf das dringendste (= Dringendste) bitten ‖ **dring|lich:** die Angelegenheit ist d. *(drängt und ist wichtig);* Dringliche (auch: dringliche) Anfrage (einer Partei im Parlament) ‖ **Dring|li|che** die, -n/-n (Pol., sal.): *Dringliche Anfrage* ‖ **Dring|lich|keit** die, -: etwas ist von höchster D. ‖ **Dring|lich|keits|an|trag** (Pol.)

Drink der, -s/-s ⟨engl.⟩: *[alkoholisches] Getränk;* → Softdrink

drin|nen, *auch:* darinnen: d. *(zB in einem Buch)* nachschauen; d. arbeiten; d. essen ‖ **drin|nen|blei|ben,** *auch:* darinnenbleiben ‖ **drin|ste|cken:** sie steckt auch mit drin *(sie ist auch daran beteiligt)* ‖ **drin|ste|hen:** das Wort steht nicht drin *(ist zB nicht im Wörterbuch zu finden)*

Dri|schel die, -/-n: *Dreschflegel*

Dri|ste → Triste

dritt: zu d. musizieren ‖ **Dritt|ab|schla|gen** das, -s: *ein Fangspiel*

drit|te (3.):

- die dritte Zeile
- die dritte der Läuferinnen wurde disqualifiziert (Bezugswort: Läuferinnen)

Großschreibung in Eigennamen:

- die **D**ritte Welt *(die Entwicklungsländer)*
- das **D**ritte Reich *(das Deutsche Reich im Nationalsozialismus)*
- Ferdinand der **D**ritte *(Ferdinand III.);* → achte

R→ S. 896, 4.3

Drit|te[1] (3.)

der, -n/-n, ein Dritter

Großschreibung bei Nominalisierung:

- der Dritte des Monats
- der Dritte von links
- „Wenn zwei sich streiten, freut sich der Dritte"
- der lachende Dritte *(jemand, der von einem Streit zweier anderer profitiert)*
- der Dritte im Bunde sein
- ein Dritter *(Unbeteiligter)*
- ohne Benachteiligung Dritter/von Dritten

R→ S. 894, 2.3

Drit|te[2] die, -n/-n (3.) ‖ **drit|tel:** ein d. Jahr (= Dritteljahr); → achtel ‖ **Drit|tel** das, -s/-: das letzte D. des Monats; → Achtel ‖ **drit|tel Jahr** = **Drit|tel|jahr** ‖ **drit|teln,** ich drittle: *in drei Teile teilen* ‖ **drit|tens** (3.) ‖ **Drit|te-Welt-La|den:** *Geschäft, das Produkte aus der Dritten Welt zu fairen Preisen verkauft* ‖ **dritt|höchs|te** ‖ **dritt|klas|sig:** *von minderer Qualität* ‖ **Dritt|klass|ler** der, -s/-: *Schüler der dritten Klasse* ‖ **Dritt|kläss|ler** der, -s/- (V, südl. D): *Drittklassler* ‖ **Dritt|klass|le|rin** die, -/-innen ‖ **Dritt|kläss|le|rin** die, -/-innen (V, südl. D) ‖ **Dritt|land:** *Land außerhalb eines zwischenstaatlichen Vertrags;* jemanden in ein sicheres D. *(nicht in seine Heimat)* abschieben ‖ **dritt|letz|te:** die d. Schülerin; *aber:* er wurde Drittletzter ‖ **Dritt|mit|tel** die (Pl.): *Gelder von Außenstehenden* ‖ **dritt|ran|gig** ‖ **Dritt|teil** (veraltet): *Drittel*

Dr. iur. ['dɔktoːɐ 'juːɐ] = Dr. jur.: **doctor iuris/juris** *(Doktor/in der Rechtswissenschaften)* (auslaufend: *der Rechte)*

Drive [draɪv] der, -s/-s ⟨engl.⟩: *Schwung, Elan;* → Speed | (Sport) *eine Technik [im Tennis]* | (Mus.) *rhythmische Dynamik im Jazz* ‖ **Drive-in** ⟨pseudoengl.⟩: *Kurzwort für Drive-in-Lokal uÄ* ‖ **Drive-in-Ki|no** ‖ **Drive-in-Lo|kal:** *Lokal, bei dem Autofahrer am Fahrzeug bedient werden* ‖ **Dri|ving|range** [-reɪndʒ] = **Dri|ving-Range** die, -/-s [-ɪz]: *[Übungs]golfanlage*

Dr. jur. → Dr. iur. ‖ **Dr. med. univ.** ['dɔktoːɐ 'mɛt 'unif]: **doctor medicinae universae** [- -'tsiːnɛ -'vɛrsɛ] *(Doktor/in der gesamten Medizin)* ‖ **Dr. med. vet.** [- - 'vɛt]: **doctor medicinae veterinariae** [- - -'naːri̯ɛ] *(Doktor/in der Veterinärmedizin)* (auslaufend: *der Tierheilkunde)* ‖ **Dr. mont.** → Dr. rer. mont. ‖ **Dr. nat. techn.** → Dr. rer. nat. techn.

dro|ben: *dort oben* ‖ **dro|ben|blei|ben** ‖ **dro|be|re** (ugs.): die droberen *(oberen)* Stockwerke

Dro|ge die, -/-n ⟨fr.⟩: *[Rohstoff für] Heilmittel* | *Rauschgift* ‖ **dro|gen|ab|hän|gig** ‖ **Dro|gen|ab|hän|gi|ge[1]** der, -n/-n, ein Drogenabhängiger ‖ **Dro|gen|ab|hän|gi|ge[2]** die, -n/-n ‖ **Dro|gen|ab|hän|gig|keit** die, - ‖ **Dro|gen|auf|klä|rung** ‖ **Dro|gen|be|ra|tungs|stel|le** ‖ **Dro|gen|boss** ‖ **Dro|gen|dea|ler** [-diːl-] ‖ **Dro|gen|dea|le|rin** ‖ **Dro|gen|de|likt** ‖ **Dro|gen|ein|fluss** ‖ **Dro|gen|fahn|der** ‖ **Dro|gen|fahn|de|rin** ‖ **Dro|gen|han|del** ‖ **Dro|gen|händ|ler** ‖ **Dro|gen|händ|le|rin** ‖ **Dro|gen|kof|fer** (sal.): *Materialien zur Suchtgiftprävention im Unterricht* ‖ **Dro|gen|kon|sum** ‖ **Dro|gen|miss|brauch** ‖ **Dro|gen|rausch** ‖ **Dro|gen|ring** ‖ **Dro|gen|schmug|gel** ‖ **Dro|gen|spür|hund** ‖ **Dro|gen|sucht** ‖ **dro|gen|süch|tig** ‖ **Dro|gen|sze|ne** ‖ **Dro|ge|rie** die, -/-n: *Geschäft für Kosmetika, Chemikalien und Heilmittel* ‖ **Dro|ge|rie|markt** ‖ **Dro|gist** der, -en/-en: *ein Beruf* ‖ **Dro|gis|tin** die, -/-innen

Droh|brief: einen anonymen D. erhalten ‖ **dro|hen:** dem Mitarbeiter mit Entlassung d. *(sie als Warnung ankündigen)* ‖ **Droh|ge|bär|de**

D

Dro|hne die, -/-n: *männliche Biene* | *fauler Schmarotzer* | (Mil.) *ferngesteuertes unbemanntes kleines Aufklärungs- oder Angriffsflugzeug*

dröh|nen: dröhnender Maschinenlärm

Dro|hung die, -/-en: seine D. wahrmachen; leere Drohungen; eine D. ausstoßen

drol|lig: *spaßig, lustig, erheiternd;* ein drolliges Kind ‖ **Drol|lig|keit** die, -/-en

Dro|me|dar das, -s/-e ⟨gr.-lat.⟩: *einhöckriges Kamel*

Drop-out [-ˈaʊt] = **Drop|out** der, -[s]/-s ⟨engl.⟩: *jemand, der vor Erreichen des Ziels ausfällt/aufhört, zB Student vor Abschluss des Studiums* | *jemand, der aus seiner sozialen Gruppe ausgestiegen ist* ‖ **Drop-out-Quo|te** = **Drop|out-Quo|te** ‖ **Drop-out-Ra|te** = **Drop|out-Ra|te:** *Verhältniszahl der Drop-outs zu den normalen Abschlüssen*

dropp → hopp

Drops das, -/- ⟨engl.⟩: *säuerliches Fruchtzuckerl*

drosch → dreschen

Drosch|ke die, -/-n ⟨russ.⟩ (bes. nördl. D): *[Miet]kutsche*

drö|seln → aufdröseln

Dro|sen|dorf: *Stadt in Niederösterreich*

Dro|so|phi|la [-f-] die, -/Drosophilae [-lɛ] ⟨gr.⟩: *eine Taufliege (genetisches Forschungsobjekt)*

Dros|sel die, -/-n: *ein Singvogel*

dros|seln, ich drossle: die Wasserzufuhr d. *(vermindern)* ‖ **Dros|se|lung** = **Dross|lung** die, -/-en

Dr. phil. [ˈdɔktoːɐ fil]: **doctor philo**sophiae [- -fiɛ] *(Doktor/in der Philosophie);* → PhD ‖ **Dr. rer. mont.** [- ˈrɛːɐ ˈmɔnt]: **doctor rerum montanarum** *(Doktor/in der montanistischen Wissenschaften)* ‖ **Dr. rer. nat. techn.:** **doctor rerum naturalium technicarum** [- - -ˈraː- -ˈkaː-] *(Doktor/in der Bodenkultur)* ‖ **Dr. techn.:** **doctor technicae** [- ˈtɛ-tsɛː] *(Doktor/in der technischen Wissenschaften)* ‖ **Dr. theol.:** **doctor theologiae** [- -gi.ɛ] *(Doktor/in der Theologie)*

drü|ben: *auf der gegenüberliegenden Seite* ‖ **drü|ben|blei|ben** ‖ **drü|ber:** *darüber;* es geht drunter und d. *(wild durcheinander)* ‖ **drü|be|re** (ugs.): *jenseitig;* das drübere Ufer ‖ **drü|ber|fah|ren:** → *darüberfahren* | (ugs.) *anherrschen, zurechtweisen* ‖ **drü|ber|ma|chen** sich (ugs.): *sich* → *darübermachen* ‖ **drü|ber|ste|hen:** → *darüberstehen* ‖ **drü|ber|strahn** (ostöst., ugs., scherzh.): *drüberstreuen; aber:* ein letztes Glas zum **Drüberstrahn** *(zusätzlich als Abschluss)* ‖ **Drü|ber|strah|rer** (ostöst., ugs., scherzh.): *Drüberstreuer* ‖ **drü|ber|streu|en:** → *darüberstreuen* ‖ **Drü|ber|streu|er** der, -s/- (ostöst., ugs., scherzh.): *etwas Zusätzliches, zB ein Glas Wein vor dem Weggehen*

Druck[1] der, -[e]s/-e: *das Drucken auf Papier, Stoff uÄ;* ein kleiner D. *(schwer lesbares Schriftbild);* alte Drucke *(Bücher oder Grafiken);* das Buch ist in/im D. ‖ **Druck**[2] der, -[e]s/Drücke: *Kraft, die auf eine Fläche einwirkt;* Händedruck; ein D. von 1 000 Pascal | auf jemanden [einen] D. *(Zwang)* ausüben ‖ **Druck|ab|fall** (Phys.) ‖ **Druck|an|stieg** (Phys.) ‖ **Druck|aus|gleich** (Phys.) ‖ **Druck|buch|sta|be** ‖ **Drü|cke|ber|ger** der, -s/- (abw.): *jemand, der unangenehmen Aufgaben aus dem Weg geht* ‖ **Drü|cke|ber|ge|rin** die, -/-innen (abw.) ‖ **druck|emp|find|lich** ‖ **dru|cken:** Bücher d. | (mda.) *drücken* ‖ **drü|cken**[1]: jemandem die Hand d.; eine drückende *(belastende)* Schuld; drückend heiß | das Niveau d. *(herabsetzen);* → gedrückt ‖ **drü|cken**[2] sich: *unangenehmen Sachen aus dem Weg gehen* ‖ **Dru|cker** der, -s/-: *Druckknopf an Kleidungsstücken* | *jemand, der beruflich Bücher druckt* | (EDV) *an den Computer angeschlossenes Gerät, das Daten auf Papier ausdruckt* ‖ **Drü|cker** der, -s/-: *ein Türöffner* | *Schaltknopf;* am D. sein/sitzen *(das entscheidende Zeichen geben [können])* | (ugs.) auf den letzten D. *(im letzten Moment)* ‖ **Dru|cke|rei** die, -/-en ‖ **Dru|cke|rin** die, -/-innen: *Frau, die beruflich Bücher druckt* ‖ **Dru|cker|pres|se** ‖ **Dru|cker|schwär|ze** ‖ **Druck|er|zeug|nis:** *Gedrucktes, zB Buch, Zeitschrift, Druckschrift* ‖ **Druck|feh|ler** ‖ **Druck|feh|ler|be|rich|ti|gung** ‖ **Druck|feh|ler|teu|fel** (scherzh.): *Phantasiewesen, das für Druckfehler verantwortlich gemacht wird* ‖ **Druck|for|mat** (EDV): *Einstellungen einer Druckseite, zB Schriftgröße, Seitenränder* ‖ **druck|frisch:** ein druckfrisches *(direkt aus der Druckerei kommendes)* Buch ‖ **Druck|ge|schwin|dig|keit** ‖ **Druck|gra|fik** = **Druck|gra|phik** [-f-] (Kunstg.): *Grafik, die durch ein drucktechnisches Reproduktionsverfahren hergestellt wird, zB Holzschnitt, Radierung* ‖ **Druck|ka|bi|ne:** *druckdichter Raum [in Flugzeugen, U-Booten] zur Erzeugung von bestimmten Druckverhältnissen* ‖ **Druck|knopf** ‖ **Druck|knopf|am|pel** ‖ **Druck|koch|topf** ‖ **Druck|le|gung** die, -/-en: *Durchführung des Drucks*[1] ‖ **Druck|luft** die, - (Phys.): *verdichtete Luft, Pressluft* ‖ **Druck|mit|tel:** etwas als D. *(um Druck auszuüben)* benutzen ‖ **druck|reif:** *so gut formuliert, dass es gleich gedruckt werden könnte* ‖ **Druck|sa|che** (früher): *[gedruckte] offene Postsendung zu einem niedrigeren Tarif* ‖ **Druck|schrift:** *kleineres Druckwerk* | *Schrift für den Buchdruck, zB Antiqua* ‖ **Druck|sor|te:** *Formular, Vordruck* ‖ **Druck|stel|le:** eine D. auf einem Pfirsich ‖ **druck|un|emp|find|lich** ‖ **Druck|un|ter|schied** ‖ **Druck|werk:** *Druckerzeugnis* ‖ **Druck|wel|le** (Phys.): *infolge einer plötzlichen Druckänderung entstehende Welle in Flüssigkeiten oder Gasen, die sich mit hoher Geschwindigkeit ausbreitet* ‖ **Druck|ver|fah|ren**

Drud → Trut ‖ **Dru|den|fuß** → Trutenfuß

Dru|i|de der, -n/-n ⟨kelt.-lat.⟩: *altkeltischer Priester*

drum: *darum;* d. *(aus diesem Grund)* kommen; *aber:* → drumkommen; nichts d. geben; *aber:* mit allem **Drum** und **Dran**

Drum [-ʌ-] die, -/-s ⟨engl.⟩: *Trommel* | (nur Pl.) *Schlagzeug, bes. im Jazz und der Popmusik* ‖ **Drum|com|pu|ter** [-k-,pju-]

Drum|he|rum das, -s (ugs.) ‖ **drum|kom|men** → darumkommen

Drum|mer [-ˈʌ-] der, -s/- ⟨engl.⟩: *Schlagzeuger* ‖ **Drum|me|rin** die, -/-innen

drun|ten: *da unten;* d. im Tale ‖ **drun|ter:** *darunter;* es geht d. und drüber ‖ **drun|te|re** (ugs.): die drunteren *(unteren)* Stockwerke ‖ **drun|ter|fal|len** → darunterfallen ‖ **drun|ter|mi|schen** → daruntermischen ‖ **drun|ter|ste|hen** → darunterstehen ‖ **drun|ter|stel|len** → darunterstellen

Drusch der, -[e]s: *das Dreschen* | *der Ertrag beim Dreschen*
Druse[1] der, -n/-n ⟨arab.⟩: *Angehöriger einer aus dem Islam entstandenen Religionsgemeinschaft*
Druse[2] die, -/-n: *Kristallbildung in hohlem Gestein*
Drüse die, -/-n: *Körperorgan, das bestimmte Säfte absondert* ‖ **Drüsenfunktion** [-tsi̯-]
Drusin die, -/-innen: *weibl. Form von Druse*[1]
dry [draɪ] ⟨engl.⟩: *trocken (bei alkoholischen Getränken)*
Ds: Darmsstadtium
Dschihad = **Djihad** [dʒi-] der, -s ⟨arab.⟩: *der heilige Krieg im Islam*
Dschungel der, -s/- ⟨Hindi-engl.⟩: *sumpfiges Walddickicht in den Tropen* | *[romantische] Wildnis*
DSK [de ɛs 'kaː] die, -: **D**aten**s**chutz**k**ommission
Dschunke die, -/-n ⟨mal.⟩: *Segelschiff in chinesischer Bauart*
dt.: deutsch
DTP [de te 'peː] das, -s: Desktoppublishing
Dtzd.: Dutzend

du:

Was hast du?; Wie würdest du dich verhalten?
In der Anrede im Brief ist auch Großschreibung möglich:
– Liebe Klara! Leider hast du (*auch:* Du) lange nichts von dir (*auch:* Dir) hören lassen. Muss ich mir deinetwegen (*auch:* Deinetwegen) Sorgen machen? Ich hoffe, es geht euch (*auch:* Euch) gut.
Groß- und Kleinschreibung:
– du (= **D**u) zueinander sagen
R→ S. 895, 3
Großschreibung bei Nominalisierung:
– das vertrauliche **D**u
– jemanden mit **D**u anreden
– mit jemandem auf **D**u und **D**u stehen
– mit jemandem per **D**u sein; → duzen; → Sie R→ S. 894, 2.4

Du das, -[s]/-[s]: das vertrauliche Du; Du (= du) zueinander sagen; → du; → duzen; → Sie
dual ⟨lat.⟩: das duale Zahlensystem *(Zahlensystem mit der Grundzahl 2)* | (Bildw.) die duale Ausbildung der Lehrlinge *(Ausbildung in Berufsschule und Lehrbetrieb)* ‖ **Dual** ['duː-, -'aːl] der, -s/-e (Gramm.): *Zweizahl, ein Numerus neben Singular und Plural, zB im Slowenischen* ‖ **Dualismus** der, -/Dualismen: *zwei zusammengehörende Größen, Zweiheit* | *Gegensätzlichkeit* | (Phys.) *Eigenschaft mikrophysikalischer Objekte, je nach Art der Beobachtung sich wie ein Teilchen oder eine Welle zu verhalten* ‖ **dualistisch** ‖ **Dualität** die, -: *Zweiheit* ‖ **Dualsystem** [-zy-] (Math.): *Zahlensystem mit der Grundzahl 2 (statt zB 10 im Dezimalsystem), Binärsystem* ‖ **Dualzahl** (Math.)
Dubbing ['dʌb-] das, -s/-s ⟨engl.⟩ (Elektrot.): *Kopieren, Überspielen von Bild- oder Audioinformationen*
Dübel der, -s/-: *Holzstück oder Hülse [aus Kunststoff], in die eine Schraube eingedreht werden kann;* einen D. in die Mauer schlagen ‖ **dübeln,** ich düble
dubios ⟨lat.⟩: *zweifelhaft, fragwürdig*
Dublee = Doublé [du-] das, -s/-s ⟨fr.⟩: *minderes [unechtes] Metall, das mit einer Edelmetallschicht überzogen ist* ‖ **Dubleekette** = Doublékette: *Metallkette, die zB vergoldet ist* ‖ **Dublette** = Doublette [du-] die, -/-n: *ein doppelt vorhandenes Stück [von Büchern oder gesammelten Briefmarken]*
Dublin ['dʌ-]: *Hauptstadt der Republik Irland*
Dubnium das, -s (Zeichen: Db): *ein chemisches Element*
Dubrovnik [-v-]: *Hafenstadt in Kroatien;* → Ragusa
Duce [-tʃe] der, -s ⟨it.⟩ (wörtl.: Führer) (Gesch.): *offizielle Bezeichnung für den italienischen Faschistenführer Mussolini*
Duchesse [dy'ʃɛs] ⟨fr.⟩ die, -: *ein Seidengewebe*
Duck [auch: dʌk] → Donald Duck
ducken: sich bei Gefahr d. *(sich klein machen, in Deckung gehen)* ‖ **Duckmäuser** der, -s/- (abw.): *verängstigter Mensch, Heuchler, Heimlichtuer* ‖ **Duckmäuserin** die, -/-innen (abw.) ‖ **duckmäuserisch** (abw.)
Dudelei die, -/-en, *auch:* Dudlerei (oft abw.): *Gedudel* ‖ **dudeln,** ich dudle (oft abw.): *eintönige Melodien blasen, singen oder jodeln* ‖ **Dudelsack:** *ein Blasinstrument, Sackpfeife* ‖ **Dudelsackpfeifer** ‖ **Dudelsackpfeiferin** ‖ **Dudler** der, -s/-: *Bezeichnung des Jodlers im Wienerlied* | (reg.) *leichter Schwips* ‖ **Dudlerei** → Dudelei
Duell das, -s/-e ⟨lat.⟩: *Zweikampf* ‖ **Duellant** der, -en/-en ‖ **Duellantin** die, -/-innen ‖ **duellieren** sich
Duett das, -[e]s/-e ⟨it.⟩: *Musikstück für zwei Gesangsstimmen oder Instrumente* | *die beiden Ausführenden eines solchen Musikstücks;* → Duo
Dufflecoat ['dʌflkəʊt] der, -s/-s ⟨engl.⟩: *ein kurzer sportlicher Mantel*
Dufreund: *Duzfreund* ‖ **Dufreundin**
Duft der, -[e]s/Düfte: *zarter [angenehmer] Geruch* ‖ **duften:** es duftet *(riecht angenehm)* nach Kaffee ‖ **Dufthauch** ‖ **duftig:** ein duftiges Kleid *(Kleid aus sehr feinem, dünnem Gewebe)* ‖ **Duftkerze** ‖ **Duftkissen** ‖ **Duftmarke** (Biol.): *von Tieren ausgeschiedener Stoff [zur Markierung des Reviers]* ‖ **Duftnote:** *Eigenart eines Duftes* ‖ **Duftstein** ‖ **Duftstoff** ‖ **Duftwasser** das, -s/-wässer: *ein Parfum* ‖ **Duftwolke**
Duisburg ['dyːs-]: *Stadt in Deutschland*
Dukaten der, -s/- ⟨lat.⟩: *eine alte Goldmünze* ‖ **Dukatenbuchtel:** *kleine Buchtel* ‖ **Dukatengold:** *ein bes. feines Gold* ‖ **Dukatennudeln** die (Pl.): *eine Mehlspeise*
Du-Komment [-mɑ̃ː] der, -s (Fachjargon): *Brauch des Duzens in bestimmten Vereinigungen oder Kreisen;* → Komment
Duktus der, - ⟨lat.⟩: der D. *(Zug)* dieser Handschrift
dulden: *zulassen* | *still leiden* ‖ **Dulder** der, -s/- ‖ **Dulderin** die, -/-innen ‖ **Duldermiene** ‖ **duldsam:** *tolerant* ‖ **Duldsamkeit** die, - ‖ **Duldung** die, -/-en
dulliäh, *auch:* dullióh (ostöst., ugs.): *gut in Stimmung, lustig, ausgelassen;* d. sein ‖ **Dulliäh** das = der, -/-s, *auch:* Dullióh (ostöst., ugs.): *Ausgelassenheit; Alkoholrausch* ‖ **Dulliähstimmung,** *auch:* **Dulliöhstimmung** (ostöst., ugs.): *lustige, ausgelassene Stimmung*
Dulle = Tulle der, -n/-n (K, mda.): *Ochs, Stier* | *ungeschickter, missmutiger Mensch*
Dult die, -/-en (O, S): *Kirchtag, Volksfest*
Dulzinea die, -/Dulzineen [-'eː-(ɛ)n] (scherzh. bzw. abw.): *Geliebte, Angebetete*

D

Du̲ma die, -/-s ⟨russ.⟩: *russisches Parlament*
Du̲m|bo der, -s/-s: *Person mit abstehenden großen Ohren (nach einer Comicfigur)*
Dum|du̲m|ge|schoß, *auch:* Dumdumgeschoss: *[verbotenes] Geschoß, das schwere Wunden verursacht*
du̲mm, dümmer/am dümmsten: das ist mir zu d. *(meine Geduld ist am Ende);* sich nicht für d. verkaufen *(sich nichts vormachen)* lassen; sich d. stellen ‖ **du̲mm|dreist** ‖ **Du̲m|merl** das, -s/-[n] (ugs.): *Dummkopf* ‖ **Du̲m|mer|le** das, -[s]/-[s] (V): *Dummerl* ‖ **du̲m|mer|wei|se** ‖ **Du̲mm|heit** die, -/-en ‖ **Du̲m|mi|an** der, -s/-e: *Dummkopf* ‖ **Du̲mm|kopf:** *dumme Person* ‖ **dü̲mm|lich:** *geistig beschränkt*
Dum|my ['dʌmi] der, -s/-s ⟨engl.⟩: *menschenähnliche große Puppe für Versuchszwecke [bei Autotests]* | (Werb.) *Attrappe, Schaupackung*
dü̲m|peln, ich dümple: *[auf/unter Wasser] langsam dahinschwimmen, grundeln;* dahindümpeln | *aus einem Gewässer Lebendfutter [fürs Aquarium] sammeln* | (Seemannsspr.) *schaukeln, schlingern;* das Boot dümpelt
du̲mpf: ein dumpfer *(tief und hohl klingender)* Ton | ein dumpfer *(modriger)* Geruch | ein dumpfer *(undeutlicher)* Schmerz ‖ **Du̲mpf|ba|cke** (bes. D): *ein Schimpfwort* ‖ **du̲mp|fig:** *muffig, modrig*
Dum|ping ['dʌm-] das, -s ⟨engl.⟩ (Wirt.): *das Unterbieten von Preisen im [Auslands]handel* ‖ **Dum|ping|preis** (Wirt.)
Dü̲|ne die, -/-n: *ein angewehter Sandhügel*
Du̲ng der, -[e]s: *Stallmist; Jauche* ‖ **Dü̲n|ge|mit|tel** ‖ **dü̲n|gen:** den Boden/Acker d. ‖ **Dü̲n|ger** der, -s/-: *nährstoffreiche Substanz für den Boden;* Kunstdünger ‖ **Dü̲n|gung** die, -/-en

du̲n|kel,

dunkler [dünkler]/am dunkelsten: eine dunkle Nische | dunkle *(anrüchige, zwielichtige)* Geschäfte machen
Großschreibung bei Nominalisierung:
– im **D**unkeln *(in der Finsternis, im Dunkel)* stolpern
– jemanden im **D**unkeln *(Ungewissen)* lassen
– im **D**unkeln *(Ungewissen)* tappen R→ S. 892, 2.2
Getrennt- und Zusammenschreibung mit Verben, die ein Resultat herbeiführen:
– dunkel färben = dunkelfärben
– dunkel streichen = dunkelstreichen R→ S. 900, 1.5.2

Du̲n|kel das, -s: im D. *(in der Finsternis, im Dunkeln)* stolpern
Dü̲n|kel der, -s (geh.): *Überheblichkeit, Anmaßung*
Du̲n|kel|ar|rest ‖ **du̲n|kel|blau** ‖ **du̲n|kel|blond** ‖ **du̲n|kel fär|ben** = **du̲n|kel|fär|ben** ‖ **du̲n|kel|haa|rig** ‖ **Du̲n|kel|haft:** *Haft in völliger Dunkelheit*
dü̲n|kel|haft (geh.): *überheblich, anmaßend*
du̲n|kel|häu|tig ‖ **Du̲n|kel|heit** die, -: vor Einbruch der D. ‖ **Du̲n|kel|kam|mer:** in der D. Filme ausarbeiten ‖ **Du̲n|kel|mann** (abw.): *zwielichtiger Mann* ‖ **du̲n|keln:** es dunkelt *(wird dunkel)* ‖ **Du̲n|kel|stei|ner Wald** = **Du̲n|kel|stei|ner|wald:** *ein Hügelland in Niederösterreich* ‖ **du̲n|kel strei|chen** = **du̲n|kel|strei|chen** ‖ **Du̲n|kel|zif|fer:** *unbekannte Zahl, zB nicht bekannt gewordener Verbrechen*
dü̲n|ken, dünkte [deuchte]/gedünkt [gedeucht] (geh.): *scheinen;* es dünkt (deucht) mich/mir, wir sinken; sich besser d. *(für besser halten)*

dü̲nn:

ein dünnes Buch; sie ist dünner als er | die Suppe ist zu dünn *(es liegt zu wenig vor, um gerichtlich vorzugehen)*
Kleinschreibung:
– durch dick und dünn
Großschreibung bei Nominalisierung:
– Mode für Dick und **D**ünn *(für alle)* R→ S. 892, 2.2
Getrennt- und Zusammenschreibung:
– dünn besiedelt = dünnbesiedelt
– Brot dünn schneiden (= dünnschneiden) R→ S. 900, 1.5.2

dü̲nn be|sie|delt = **dü̲nn|be|sie|delt** ‖ **Dü̲nn|darm** ‖ **dü̲nn|flüs|sig** ‖ **dü̲nn|häu|tig:** *mit dünner Haut* | *sensibel* ‖ **Dü̲nn|pfiff** (scherzh.): *Durchfall* ‖ **Dü̲nn|schiss** (ugs.): *Durchfall* ‖ **dü̲nn schnei|den** = **dü̲nn|schnei|den** ‖ **dü̲nn|wan|dig**
Du̲nst der, -[e]s/Dünste: über der Gegend liegt starker D. | (ugs.) jemandem einen blauen D. vormachen *(etwas vorspiegeln);* keinen D. *(keine Ahnung)* von einer Sache haben ‖ **Du̲nst|ab|zug** ‖ **Du̲nst|ab|zugs|hau|be:** *Gerät über dem Herd, das Dunst und Gerüche absaugt* ‖ **dü̲ns|ten:** dunstende Wiesen | (sal.) jemanden d. *(absichtlich lang warten)* lassen ‖ **dü̲ns|ten:** Fleisch d. ‖ **Du̲nst|früch|te** die (Pl.): *Dunstobst* ‖ **Du̲nst|glo|cke:** *Smog* ‖ **Du̲nst|koch:** *Brei aus gedünstetem Obst* ‖ **du̲ns|tig** ‖ **Du̲nst|kreis:** *Umgebung* | *Einflussbereich, Gefolge* ‖ **Du̲nst|obst** (Küchenspr.): *gedünstetes Obst* ‖ **Du̲nst|schicht** ‖ **Du̲nst|schlei|er** ‖ **Du̲nst|wol|ke**
Dü̲|nung die, -/-en: *abklingende Meereswellen*
Du̲o das, -[s]/-s ⟨lat.⟩: *Musikstück für zwei Gesangsstimmen bzw. Instrumente* | *die beiden Ausführenden eines solchen Musikstücks;* → Duett ‖ **Du|o|de̲|num** das, -s/Duodena (Med.): *Zwölffingerdarm* ‖ **duo|de|zi|ma̲l** ‖ **Duo|de|zi|ma̲l|sys|tem** [-zy-] (Math.): *Zahlensystem mit der Grundzahl 12* ‖ **Du|o|de̲z|staat:** *Zwergstaat*
dü|pi̲e|ren ⟨fr.⟩ (geh.): *täuschen, hineinlegen* ‖ **Dü|pi̲e|rung** die, -/-en (geh.)
du|pli̲e|ren ⟨lat.⟩ (veraltend): *duplizieren* ‖ **Du|pli|ka̲t** das, -[e]s/-e: *Ersatz, Zweitschrift einer Originalurkunde, zB eines Zeugnisses;* → Replikat ‖ **Du|pli|ka|ti̲on** [-tsi̲-] die, -/-en ‖ **du|pli|zi̲e|ren:** *verdoppeln* ‖ **Du|pli|zi|tä̲t** die, -: *zweimaliges Vorkommen [eines Geschehens]*
Du̲r das, - ⟨lat.⟩ (Mus.): *die Durtonart;* in Dur; → Moll ‖ **Du̲r|ak|kord** (Mus.) ‖ **Du̲r|drei|klang** (Mus.)
du̲rch (Präp. mit Akk.): d. einen Bach waten; etwas d. die Blume sagen *(andeuten);* d. zehn Jahre *(zehn Jahre lang);* → durchs | (Adv.) d. und d. nass sein; der Bodenbelag ist d. *(durchlöchert, undicht);* das Steak muss schon halb d. *(durchgebraten)* sein; mit dem Ärgsten d. sein | (ugs.) bei jemandem unten d. sein *(es sich mit ihm verscherzt haben)*

dur|ch|ackern: *gründlich durcharbeiten;* das Lehrbuch d.
dur|ch|ar|bei|ten: eine Sache d. | sie hat eine Nacht durchgearbeitet
dur|ch|at|men: tief d. *(ein- und ausatmen)*
durch|aus: *völlig, unbedingt*
durch|bei|ßen[1]: eine Brotscheibe d. ‖ **durch|bei|ßen**[2] sich: *mit Zähigkeit durchhalten*
durch|beu|teln: *kräfig schütteln*
durch|bie|gen: den Rücken leicht d.; die Bücherregale biegen sich durch
durch|bil|den: ein gut durchgebildeter *(geformter)* Körper
durch|bla|sen: der Wind hat heftig durchgeblasen
durch|blät|tern: die Zeitung d.
durch|bläu|en: *durchhauen*
Durch|blick: *Überblick;* keinen D. haben ‖ **durch|bli|cken,** durchgeblickt: etwas d. *(erkennen)* lassen
durch|blu|ten[1]: er hat den Verband durchgeblutet ‖ **durch|blu|ten**[2]: eine gut durchblutete Haut ‖ **Durch|blu|tung** ‖ **durch|blu|tungs|för|dernd** ‖ **Durch|blu|tungs|stö|rung**
durch|boh|ren[1]: sie hat das Brett durchgebohrt ‖ **durch|boh|ren**[2]: er hat ihn mit Blicken durchbohrt
durch|bo|xen[1] sich: sich zur Kassa d. ‖ **durch|bo|xen**[2]: ein Vorhaben trotz großer Bedenken d. *(durchsetzen)*
durch|bra|ten: das Fleisch ist gut durchgebraten
durch|bre|chen[1]: die Brücke ist durchgebrochen ‖ **durch|bre|chen**[2]: eine durchbrochene Stickerei
durch|bren|nen: eine Sicherung ist durchgebrannt | (ugs.) ein Kind ist von daheim durchgebrannt *(ausgerissen)*
durch|brin|gen: er hat sich kümmerlich durchgebracht *(notdürftig ernährt, am Leben erhalten)* | *leichtsinnig verschwenden;* sein Geld d.
Durch|bruch: der Künstlerin gelang der D. *(sie erreichte die Anerkennung)*
durch|che|cken [-tʃ-] (sal.): *abchecken;* sich beim Arzt d. *(untersuchen)* lassen; das Auto beim Mechaniker d. *(kontrollieren)* lassen | jemanden am Schalter d.
durch|den|ken[1]: ich habe die Sache durchgedacht ‖ **durch|den|ken**[2]: ein gut durchdachter (= gutdurchdachter) Plan
durch|dis|ku|tie|ren: *ausführlich diskutieren*
durch|drän|gen sich: sich zum Eingang d.
durch|dre|hen: durchdrehende Räder | (ugs.) vor Wut d. *(die Nerven verlieren)*
durch|drin|gen[1]: sie ist mit ihrer Idee durchgedrungen *(sie hat sich durchgesetzt)* ‖ **durch|drin|gen**[2]: von einer Idee durchdrungen *(erfüllt)* sein ‖ **Durch|drin|gung** die, -/-en
durch|drü|cken: das Pedal ganz d. | ein Anliegen bei jemandem d. *(durchsetzen)*
durch|dür|fen: sie hat nicht durchgedurft

durch|ei|n|an|der:

Getrenntschreibung in Verbindung mit „sein":
- durcheinander *(verwirrt)* sein
- ich bin durcheinander gewesen

R→ S. 901, 1.8

Zusammenschreibung, wenn die Betonung auf „durcheinander" liegt:
- alles durcheinanderbringen *(etwas in Unordnung bringen; alles verwechseln)*
- durcheinanderredende Kinder
- durcheinanderessen

R→ S. 899, 1.3

Durch|ei|n|an|der das, -s ‖ **durch|ei|n|an|der|brin|gen:** alles d. *(etwas in Unordnung bringen; alles verwechseln)* ‖ **durch|ei|n|an|der|es|sen** ‖ **durch|ei|n|an|der|ge|hen:** heute geht alles durcheinander *(nicht wie geplant)* ‖ **durch|ei|n|an|der|re|den:** durcheinanderredende Kinder
durch|ex|er|zie|ren: *von Anfang bis Ende durchnehmen*
durch|fah|ren[1]: ich bin (durch Linz) nur durchgefahren ‖ **durch|fah|ren**[2]: ich habe Österreich kreuz und quer d. ‖ **Durch|fahr|gleis,** *auch:* Durchfahrtsgleis: *Gleis, das beim Durchfahren benützt wird (bei mehrgleisigen Anlagen)* ‖ **Durch|fahrt** ‖ **Durch|fahrts|gleis** → Durchfahrgleis ‖ **Durch|fahrts|stra|ße,** *auch:* Durchfahrtstraße
Durch|fall: → *Diarrhö* ‖ **durch|fal|len:** bei der Prüfung durchgefallen sein; das Theaterstück ist durchgefallen *(wurde allgemein abgelehnt)*
durch|fech|ten: eine höhere Gewinnbeteiligung vor Gericht d. *(durchsetzen, erreichen)*
durch|fei|ern: sie hat die ganze Nacht durchgefeiert
durch|feuch|ten: ein durchfeuchteter Wundverband
durch|fil|zen (ugs.): *genau kontrollieren, untersuchen;* er ist an der Grenze durchfilzt worden
durch|flech|ten: mit Blumen durchflochtene Haare
durch|flie|gen[1]: die Wildgänse sind bei uns nur durchgeflogen | (ugs.) er ist bei der Prüfung durchgeflogen *(durchgefallen)* ‖ **durch|flie|gen**[2]: das Flugzeug hat die Gewitterfront durchflogen
durch|flie|ßen[1]: ein Wildbach ist hier durchgeflossen ‖ **durch|flie|ßen**[2]: das von einem Wildbach durchflossene Tal
durch|for|mu|lie|ren: ein durchformulierter *(gut formulierter, durchdachter)* Text
durch|for|schen: *genau untersuchen; durchsuchen*
durch|fors|ten: den Wald d. *(ausholzen)* | die Bestände d. *(prüfen, aussortieren)* ‖ **Durch|fors|tung** die, -/-en
durch|fra|gen sich: er hat sich zur richtigen Adresse durchgefragt
durch|fres|sen[1]: der Rost hat sich durchgefressen ‖ **durch|fres|sen**[2]: ein von Rost durchfressenes Rohr
durch|fret|ten sich (ugs.): *sich mühsam durchbringen*
durch|frie|ren[1]: der durchgefrorene Erdboden ‖ **durch|frie|ren**[2]: ich bin ganz durchfroren
Durch|fuhr die, -: die D. *(der Transit)* von Waren durch Österreich ‖ **durch|führ|bar** ‖ **Durch|führ|bar|keit** die, -/-en ‖ **durch|füh|ren:** sie hat den Auftrag durchgeführt ‖ **Durch|füh|rung:** die D. eines Plans | (Mus.) *die Verarbeitung von Themen, zB in der Sinfonie* ‖ **Durch|füh|rungs|be|stim|mung** (Jus): *Durchführungsverordnung* | (SüdT) *Gesetzesbestimmung zur Durchführung des Südtirolpakets* ‖ **Durch|füh|rungs|plan** (SüdT): *Programm zur Umsetzung der im Bauleitplan festgelegten Nutzung der Grundstücke* ‖ **Durch|füh|rungs|ver|ord|nung** (DV) (Jus): *gesetzlich verankerte Erläuterung zu einer Gesetzesnorm*
durch|fur|chen: eine von Falten

D

durchfurchte Stirn
durch|füt|tern (ugs.): *jemanden einen Zeitraum hindurch ernähren, mit dem Lebensnotwendigen versorgen*
Durch|ga|be: die telefonische D. einer Meldung
D
Durch|gang: „Durchgang verboten!" ǁ **durch|gän|gig:** *durchwegs, gänzlich* ǁ **Durch|gangs|raum** ǁ **Durch|gangs|sta|di|um** [-ʃt-]: *Übergangsstadium* ǁ **Durch|gangs|ver|kehr:** *Durchzugsverkehr* ǁ **Durch|gangs|zug** (früher): *D-Zug*
durch|ge|ben: eine telefonisch durchgegebene Meldung
durch|ge|hen[1]: unter der Brücke d. | einen Entwurf d. *(prüfen)* | etwas d. lassen *(es großzügig übersehen)* | die Nerven sind ihm durchgegangen | (ugs.) der Kassier ist mit dem Geld durchgegangen *(durchgebrannt, geflohen)* ǁ **durch|ge|hen**[2]: er hat das ganze Gebiet durchgangen ǁ **durch|ge|hend:** *überall; immer; allgemein;* d. geöffnet ǁ **durch|ge|hends** (veraltet): *durchgehend*
durch|geis|tigt (geh.): ein durchgeistigtes *(vom Denken geprägtes)* Antlitz
durch|ge|knallt (ugs.): er ist völlig d. *(hat den Verstand, den Bezug zur Realität verloren)*
durch|gie|ßen: *hindurchgießen*
durch|glü|hen[1]: ein durchgeglühter Ofenrost ǁ **durch|glü|hen**[2] (geh.): von Begeisterung durchglüht *(erfüllt)* sein
durch|grei|fen: *Ordnung schaffen*
durch|ha|cken: *entzweihacken*
durch|hal|ten: *ausharren;* wir haben in schweren Zeiten durchgehalten ǁ **Durch|hal|te|pa|ro|le:** *Aufforderung [trotz Aussichtslosigkeit] weiterzumachen*
durch|hän|gen: das Netz hängt durch ǁ **Durch|hän|ger:** einen D. haben *(aus Müdigkeit vorübergehend in schlechter Verfassung sein)*
durch|han|teln: sich durch das Gedränge d. *(durchkämpfen, hindurchmanövrieren)*
durch|hau|en[1], durchgehauen/durchgehaut: *durchprügeln* ǁ **durch|hau|en**[2]: er hat das Seil durchhauen/durchhaut
Durch|haus: *Haus mit einem [öffentlichen] Durchgang* | (sal.) hier ist es wie in einem D. *(hier herrscht ein ständiges Kommen und Gehen)*
durch|he|cheln, durchgehechelt (abw.): *Punkt für Punkt [gehässig] bereden*
durch|hei|zen: es wurde die ganze Nacht durchgeheizt
durch|hö|ren: eine Stimme vom Nachbarzimmer d.
durch|hun|gern sich: *sich hungernd durchbringen*
durch|käm|men[1]: sie hat ihre Haare schnell durchgekämmt ǁ **durch|käm|men**[2]: die Polizei hat den Wald durchkämmt *(durchsucht)*
durch|kämp|fen: sein Recht d.
durch|kau|en (ugs.): den Prüfungsstoff noch einmal gründlich d. *(durcharbeiten)*
durch|klet|tern: sie ist unter der Absperrung durchgeklettert ǁ **durch|klet|tern:** der Bergsteiger hat die Felswand durchklettert
durch|kne|ten: den Teig, den Rücken d.
durch|kom|men: er ist durch Salzburg durchgekommen | damit kommst du nicht durch *(damit wirst du keinen Erfolg haben)* | sie ist bei der Prüfung durchgekommen *(hat sie bestanden)*
durch|kön|nen: sie hat auf Grund der Schneemassen nicht durchgekonnt
durch|kos|ten: *nach der Reihe kosten*
durch|kreu|zen[1]: *mit kreuzweisen Strichen anzeichnen, ausstreichen* ǁ **durch|kreu|zen**[2]: *vereiteln;* durchkreuzte Pläne
durch|krie|chen[1]: unter der Absperrung d. ǁ **durch|krie|chen**[2]: er hat den Stollen durchkrochen
Durch|la|de|mög|lich|keit: das Auto hat einen Kofferraum mit D. ǁ **durch|la|den:** die Schusswaffe d. *(die Patrone in den Lauf der Waffe bringen)*
Durch|lass der, -es/-lässe: *Durchgang zum Passieren;* ein D. *(eine Aussparung)* im Zaun für Igel ǁ **durch|las|sen** ǁ **durch|läs|sig:** *undicht; zB Wasser, Licht durchlassend* ǁ **Durch|läs|sig|keit** die, -
Durch|laucht [auch: -ˈaʊ-] die, -/-en: „Eure/Euer Durchlaucht!" (früher: *Anrede für bestimmte Adelige)* ǁ **durch|lauch|tig** (geh.): durchlauchtige *(hochadelige)* Personen
Durch|lauf: *das Durchlaufen* | (Sport) *Durchgang* ǁ **durch|lau|fen**[1]: 45 Minuten d. *(ohne Pause laufen)* ǁ **durch|lau|fen**[2]: die Stufen einer Ausbildung d. *(sie absolvieren)* ǁ **Durch|lauf|er|hit|zer** der, -s/-: *ein Apparat zur Warmwasserbereitung*
durch|le|ben: das Unternehmen hat schlechte Zeiten durchlebt *(mitgemacht)*
durch|le|sen: einen Text d. *(lesen)*
durch|leuch|ten[1]: das Licht hat durchgeleuchtet ǁ **durch|leuch|ten**[2]: ich bin durchleuchtet *(geröntgt)* worden
durch|lo|chen: eine durchlochte Fahrkarte ǁ **durch|lö|chern:** ein durchlöcherter Strumpf
durch|lot|sen: du lotst die Besucherinnen durch *(führst sie hindurch)*
durch|lüf|ten[1]: das Zimmer wurde gut durchgelüftet ǁ **durch|lüf|ten**[2]: ein gut durchlüftetes Zimmer
durch|ma|chen: er hat viel durchgemacht *(Schweres erlebt)*
durch|ma|nö|vrie|ren [-v-]: *(ein Fahrzeug) durch eine schwierige Stelle lenken* | sich durch alle Widrigkeiten d. *(sie geschickt überwinden)*
Durch|marsch ǁ **durch|mar|schie|ren:** die Truppen sind durchmarschiert
durch|men|gen: *durchmischen*
durch|mes|sen[1]: er misst die Anschlüsse durch *(führt alle möglichen Messungen durch)* ǁ **durch|mes|sen**[2] (geh.): er hat den Ballsaal mit großen Schritten durchmessen *(durchschritten)* ǁ **Durch|mes|ser** der, -s/- (Ø): der D. des Kreises
durch|mi|schen[1]: Mehl und Zucker gut d. ǁ **durch|mi|schen**[2]: den Putz mit Farbe d.
durch|mo|geln sich (ugs.): *sich durchschwindeln*
durch|müs|sen: wir haben da durchgemusst
durch|näs|sen[1]: die Wunde hat durchgenässt ǁ **durch|näs|sen**[2]: ganz durchnässt sein
durch|neh|men: der Lehrstoff wird durchgenommen *(durchgearbeitet)*
durch|num|me|rie|ren: *etwas mit fortlaufenden Nummern versehen*
durch|or|ga|ni|sie|ren: *alles bis ins Detail organisieren*
durch|pau|sen: *durch durchscheinendes Papier eine Kopie zeichnen*
durch|peit|schen: *auspeitschen* | (sal.) *[einen Antrag] in Eile, mit*

Druck durchbringen
durch|pres|sen: Knoblauchzehen d. | *mit Gewalt durchsetzen;* er will seinen Entwurf d.
durch|pro|bie|ren: alle Möglichkeiten d. *(der Reihe nach ausprobieren)*
durch|prü|fen: *alle[s] prüfen*
durch|prü|geln
durch|que|ren: die Wüste durchquert haben
durch|quet|schen: sie hat sich neben der Absperrung durchgequetscht *(hindurchgezwängt)*
durch|ra|sen[1]: der Zug ist durchgerast || **durch|ra|sen**[2]: der Autorowdy hat den Ort durchrast
durch|ras|seln (bes. D, ugs.): *bei einer Prüfung durchfallen*
durch|ra|ti|o|na|li|sie|ren [-tsi-]: *gründlich rationalisieren*
durch|rech|nen: sich die Pensionshöhe d. *(berechnen)* lassen || **Durch|rech|nung:** *[prüfende] Berechnung* || **Durch|rech|nungs|zeit|raum:** *Zeitraum, der für eine Berechnung herangezogen wird*
durch|reg|nen
Durch|rei|che die, -/-n: die D. zwischen Küche und Esszimmer || **durch|rei|chen**
Durch|rei|se || **durch|rei|sen**[1]: ich bin nur durchgereist || **durch|rei|sen**[2]: sie hat viele Länder durchreist
durch|rei|ßen: das Papier ist durchgerissen
durch|rei|tern: der Sand wurde durchgereitert *(gesiebt)*
durch|rin|gen sich: sich zu einer Entscheidung d. *(sich nach langer Unentschlossenheit entscheiden)*
durch|rin|nen: Wasser d. *(durchfließen)* lassen
durch|ros|ten: das Auto ist durchgerostet
durch|rut|schen: durch den Spalt d. | (ugs.) ich bin bei der Prüfung durchgerutscht *(habe sie knapp bestanden)*
durch|rüt|teln: wir wurden kräftig durchgerüttelt
durchs: *durch das;* d. Dorf gehen
Durch|sa|ge: Ende der D. *(der Mitteilung)*
durch|sä|gen: sie hat das Brett durchgesägt
durch|schau|bar: sein Motiv ist leicht d. | ein schwer durchschaubares *(schwer verständliches)* Rechtssystem || **durch|schau|en**[1]: die Lehrerin hat die Aufgaben durchgeschaut || **durch|schau|en**[2]: er ist durchschaut worden *(seine wahren Absichten sind erkannt worden)*
durch|schei|nen: die Sonne hat für einen Augenblick zwischen den Wolken durchgeschienen || **durch|schei|nend:** durchscheinendes Papier
durch|scheu|ern: *durchwetzen*
durch|schie|ßen[1]: er hat durch das Fenster durchgeschossen || **durch|schie|ßen**[2]: die Fensterscheibe wurde durchschossen | ein mit Goldfäden durchschossenes Gewebe
durch|schim|mern
durch|schla|fen[1]: wir haben die Nacht durchgeschlafen || **durch|schla|fen**[2]: nach gut durchschlafener Nacht
Durch|schlag: einen Brief mit D. *(Kopie)* schreiben | *Schneise* || **durch|schla|gen**[1]: die Feuchtigkeit hat stellenweise durchgeschlagen | sich mühsam d. *(durchbringen)* || **durch|schla|gen**[2]: das Geschoß hat die Mauer d. || **durch|schla|gend:** ein durchschlagender *(voller)* Erfolg || **Durch|schlag|pa|pier** || **Durch|schlags|kraft** || **durch|schlags|kräf|tig**
durch|schlän|geln sich: sie hat sich geschickt durchgeschlängelt
durch|schleu|sen: das Schiff wurde durchgeschleust
Durch|schlupf der, -[e]s/-e: einen D. finden || **durch|schlüp|fen:** sie ist unterm Zaun durchgeschlüpft
durch|schmel|zen: die Sicherung ist durchgeschmolzen
durch|schmug|geln: *durchschwindeln*
durch|schnei|den[1]: das Holz wurde durchgeschnitten || **durch|schnei|den**[2]: ein von Kanälen durchschnittenes Land
Durch|schnitt: *Mittelwert* | im D. *(im Allgemeinen)* kommen mehr Besucher || **durch|schnitt|lich:** *im Durchschnitt* || **Durch|schnitts|al|ter** || **Durch|schnitts|bür|ger** || **Durch|schnitts|bür|ge|rin** || **Durch|schnitts|ein|kom|men** || **Durch|schnitts|ge|schwin|dig|keit** || **Durch|schnitts|leis|tung** || **Durch|schnitts|tem|pe|ra|tur** || **Durch|schnitts|wert:** *Mittelwert*
Durch|schrift: *Durchschlag*
durch|schum|meln sich (ugs.): *sich durchschwindeln*
Durch|schuss: *Schuss, der einen Körperteil durchdringt;* ein glatter D. | (Druckw.) *Zeilenabstand*
durch|schüt|teln: der Polster wurde gut durchgeschüttelt
durch|schwim|men[1]: sie ist unter der Brücke durchgeschwommen || **durch|schwim|men**[2]: er hat den See durchschwommen
durch|schwin|deln: sich/etwas durch eine Kontrolle d.; sich bei allen Prüfungen d.
durch|schwit|zen[1] = **durch|schwit|zen**[2]: eine durch[ge-]schwitzte Bluse
durch|se|hen: *hindurchsehen* | Hausübungen d. *(auf Vorzüge und Mängel hin anschauen)*
durch|sei|hen: durchgeseihte Milch
durch|setz|bar || **durch|set|zen**[1]: sie hat ihren Willen durchgesetzt; ich habe mich bei den Verhandlungen nicht durchgesetzt || **durch|set|zen**[2]: ein von Glimmerplättchen durchsetztes Gestein || **Durch|set|zung** die, -: die D. von Rechten || **Durch|set|zungs|ver|mö|gen** das, -s
Durch|sicht: bei D. der Papiere; → durchsehen || **durch|sich|tig** || **Durch|sichts|re|gis|ter:** *ein Sicherheitsmerkmal von [Euro-] banknoten*
durch|si|ckern: ein Gerücht ist durchgesickert
durch|sie|ben[1]: durchgesiebtes Mehl || **durch|sie|ben**[2]: ein von Schrotkugeln durchsiebtes Hasenfell
durch|sit|zen: Polstermöbel d. *(abnützen)*
durch|spie|len: *vom Anfang bis zum Ende spielen* | verschiedene Lösungsmöglichkeiten d. *(sich durch den Kopf gehen lassen, sich vorstellen)*
durch|spre|chen: die Planung wurde gründlich durchgesprochen *(besprochen)*
durch|star|ten: das Flugzeug musste d. *(vor der Landung erneut starten)*
durch|ste|chen[1]: sie hat mit einer Nadel durchgestochen || **durch|ste|chen**[2]: der Damm wurde durchstochen
durch|ste|hen: er hat Schweres durchgestanden
durch|stei|gen[1]: sie sind durchs Fenster durchgestiegen || **durch|stei|gen**[2]: sie hat die Felswand durchstiegen || **Durch|stei|gung**
durch|stel|len (bes. D): einen Anruf d. *(weiterverbinden)*

D

D

Durch|stich: der D. des Dammes/des Tunnels
durch|stö|bern: er hat die Lade durchstöbert
durch|sto|ßen[1]: der Stock wurde durch die Eisdecke durchgestoßen ‖ **durch|sto|ßen**[2]: die Verteidigungslinie wurde durchstoßen
durch|strei|chen: Nichtzutreffendes d.
durch|strei|fen: der Wald wurde durchstreift *(durchsucht)*
durch|strö|men[1]: das Wasser ist durchgeströmt ‖ **durch|strö|men**[2]: ein von vielen Flüssen durchströmtes Land
durch|struk|tu|rie|ren [-st-, -ʃt-]: *bis ins Detail eine Ordnung festlegen*
durch|sty|len [-stai-] (sal.): sie war für den Auftritt durchgestylt *(abgestimmt modisch gekleidet, frisiert, geschminkt)*
durch|su|chen: die Polizei hat das Spiellokal durchsucht ‖ **Durch|su|chung** die, -/-en ‖ **Durch|su|chungs|be|fehl** (Jus): mit richterlichem D.
durch|tan|zen[1]: ein durchgetanzter Schuh | sie haben die ganze Nacht durchgetanzt ‖ **durch|tan|zen**[2]: eine durchtanzte Ballnacht
durch|tes|ten: *vollständig und genau testen*
durch|trai|niert [-trɛn-]: ein durchtrainierter *(durch viel Sport gut geformter)* Körper
durch|tränkt: ein mit Blut durchtränkter Verband
durch|trei|ben: das Vieh wurde hier durchgetrieben
durch|tren|nen[1] = **durch|tren|nen**[2]: die Sehne ist durch[ge-]trennt worden
durch|tre|ten: das Gaspedal d.
durch|trie|ben (abw.): *listig, gerissen* ‖ **Durch|trie|ben|heit** die, - (abw.)
durch|wa|chen[1]: sie hat die Nacht durchgewacht ‖ **durch|wa|chen**[2]: eine durchwachte Nacht
durch|wach|sen[1] [-ks-] (Verb): ein Ast ist zwischen den Zaunlatten durchgewachsen ‖ **durch|wach|sen**[2] (Adj.): durchwachsener Speck *(mit Fleisch durchzogen)* | *gemischt, positiv und negativ;* eine durchwachsene Bilanz
Durch|wahl die, - (DW) ‖ **durch|wäh|len:** sie hat (beim Telefonieren) zur Nebenstelle durchgewählt
durch|wan|dern[1]: sie sind Tag und Nacht durchgewandert ‖ **durch|wan|dern**[2]: sie hat eine Schlucht durchwandert
durch|wär|men[1]: der Tee hat ihn durchgewärmt ‖ **durch|wär|men**[2]: ein von der Sonne durchwärmter Boden
durch|wa|schen: das T-Shirt schnell d. *(schnell mit der Hand waschen)*
durch|wa|ten[1]: er ist durch den Bach durchgewatet ‖ **durch|wa|ten**[2]: sie hat den Bach durchwatet
durch|weg (bes. D): *durchwegs* ‖ **durch|wegs:** *gänzlich, ausnahmslos*
durch|wei|chen[1]: der Regen hat den Boden durchgeweicht ‖ **durch|wei|chen**[2]: ein vom Regen durchweichter Boden
durch|wet|zen: durchgewetzte Ärmel
durch|wich|sen [-ks-] (ugs.): der Kasperl wurde durchgewichst *(gehaut)*
durch|wirkt: ein mit Gold durchwirkter Stoff
durch|wol|len: sie hat durch die Menschenmenge durchgewollt
durch|wüh|len[1] sich: der Maulwurf hat sich durch den Garten durchgewühlt ‖ **durch|wüh|len**[2]: eine durchwühlte Lade
durch|wurs|teln sich [meist: -ʃt-] (ugs.): er hat sich irgendwie durchgewurstelt *(sich recht und schlecht durchgebracht)*
durch|wu|zeln sich (ugs.): *sich durchzwängen*
durch|zäh|len: *abzählen*
durch|ze|chen[1]: sie hat die Nacht durchgezecht ‖ **durch|ze|chen**[2]: eine durchzechte Nacht
durch|zie|hen[1]: ein Wanderzirkus ist durchgezogen | *[unbeirrt] zu Ende bringen;* sie hat das Projekt durchgezogen ‖ **durch|zie|hen**[2]: mit Fett durchzogenes Fleisch
durch|zu|cken: Blitze d. die Dunkelheit | ein neuer Gedanke durchzuckte mich *(kam mir plötzlich in den Sinn)*
Durch|zug der, -[e]s: der D. eines Gewitters | durch Aufmachen von Tür und Fenster entstand ein D. | (mit Pl. -züge) *ein zusammengefaltetes, quer gespanntes Leintuch zB im Krankenbett* ‖ **Durch|zugs|stra|ße:** *Transitstraße* ‖ **Durch|zugs|ver|kehr** reger D.
durch|zwän|gen: er hat sich durch die Menge durchgezwängt
Dur|drei|klang (Mus.)

dür|fen,

ich darf/durfte/gedurft bzw. dürfen: „Sie dürfen sich wieder bewegen!"; sie dürfte vor etwa 100 Jahren gelebt haben *(hat wahrscheinlich vor 100 Jahren gelebt)*
Partizipbildung:
Ist ein weiteres Verb vorhanden, so folgt auf den Infinitiv nicht das 2. Partizip, sondern „dürfen":
– ich habe kommen dürfen
– sie hat sich den Rest behalten dürfen

dürf|tig: d. *(armselig)* gekleidet sein ‖ **Dürf|tig|keit** die, -/-en (geh.)
Dürn|stein: *Stadt in Niederösterreich*
dürr: *trocken, ausgedorrt* | *sehr mager* ‖ **Dür|re** die, -/-n: *Trockenheit* ‖ **Dür|re|ka|ta|s|tro|phe** [-f-] ‖ **Dür|re|pe|ri|o|de**
Durst der, -[e]s: er hat über den D. *(zu viel)* getrunken ‖ **dürs|ten:** jemanden d. lassen ‖ **dürs|ten** (geh.): mich dürstet *(ich habe Durst)* ‖ **Durst|ge|fühl** ‖ **durs|tig:** *Durst verspürend;* d. *(begierig)* nach Wissen ‖ **durst|lö|schend** ‖ **Durst|lö|scher** der, -s/-: Wasser ist der beste D. ‖ **durst|stil|lend** ‖ **Durst|stre|cke:** eine D. *(die Zeit eines vorübergehenden Mangels)* überwinden
Dur|terz (Mus.): *große Terz* ‖ **Dur|ton|art** (Mus.) ‖ **Dur|ton|lei|ter** (Mus.)
Dusch|bad ‖ **Du|sche** die, -/-n: *Brause* | eine kalte D. *(eine Ernüchterung)* ‖ **du|schen,** du dusch[s]t: er duscht sich in der Früh ‖ **Dusch|gel** ‖ **Dusch|ka|bi|ne** ‖ **Dusch|ta|sse:** *Duschwanne* ‖ **Dusch|vor|hang** ‖ **Dusch|wan|ne**
Dü|se die, -/-n: *enge Öffnung zum Zerstäuben, Durchpressen von Flüssigkeiten oder Gasen* | (reg., ugs.) *sehr aufgewecktes Kind*
Du|sel der, -s (ugs.): *leichter Rausch* | (reg., ugs.) D. *(unverdientes Glück)* haben ‖ **du|seln,** ich dusle (ugs.): *dösen*
Dü|sen|an|trieb ‖ **Dü|sen|flug|zeug:** *ein Flugzeug mit Düsenantrieb;* → Propellerflugzeug ‖ **Dü|sen|jä|ger:** *Jagdflugzeug mit Düsenantrieb*

Düs|sel|dorf: *Stadt in Deutschland*
düs|ter: ein düsterer *(halbdunkler, unfreundlicher)* Kellerraum ‖ **Düs|ter|keit** die, - (geh.) ‖ **Düs|ter|nis** die, - (geh.)
Dutt der, -[s]/-e [-s] (bes. D): *Haarknoten*
Dut|te → Tutte ‖ **Dut|tel,** *auch:* Duttl → Tuttel
Duty-free-Shop [dju:ti'fri:ʃ-] ⟨engl.⟩: *Geschäft mit zollfreien Waren*

Dut|zend

das, -s/-e (Dtzd.): ein halbes Dutzend; etwas im Dutzend kaufen

In Mengenangaben mit Plural „Dutzend":
- vier Dutzend
- drei Dutzend Eier

Groß- und Kleinschreibung, wenn „Dutzend" eine unbestimmte Menge angibt:
- dutzende (= Dutzende) [von] Käufer[n]
- ein paar dutzend (= Dutzend) Mal; *aber zusammen:* etwas dutzendmal sagen
- ein paar dutzend (= Dutzend) Mal[e]
- [viele] dutzend[e] (= Dutzend[e]) Mal[e] R→ S. 894, 2.3.4

dut|zend: ein d. (= Dutzend) Mal; → Dutzend
dut|zend|fach ‖ **dut|zend|mal:** sie hat es ihm d. gesagt; *aber:* ein paar dutzend (= Dutzend) Mal ‖ **Dut|zend|wa|re** die, - (meist abw.): *Massenware* ‖ **dut|zend|wei|se**
Du|ve|ti|ne [dif'ti:n, dy-] der, -[s]/-s ⟨fr.⟩: *ein wildlederartiges Baumwollgewebe*
Du|wort das, -[e]s: jemandem das D. antragen ‖ **du|zen,** du duzt: *mit jemandem per Du sein* ‖ **Duz|freund** ‖ **Duz|freun|din**
DV [de 'faʊ]: **D**urchführungs**v**erordnung
DVB [de faʊ 'be:] das, -[s]: **D**igital **V**ideo **B**roadcasting *(digitale Fernsehübertragung);* DVB-C *(über Kabel);* DVB-S *(über Satellit));* DVB-T *(über terrestrische Antenne)* ‖ **DVB-H-Han|dy** [-'ha:ˌhɛndi]: *Mobiltelefon mit TV-Empfang*
DVD [de faʊ 'de:] die, -/-s (Elektrot.): **D**igital **V**ersatile **D**isc (früher: **D**igital **V**ideo **D**isc) *(ein digitales optisches Speichermedium)* ‖ **DVD-Bren|ner:** *Computerlaufwerk, das DVD-Rohlinge beschreiben kann* ‖ **DVD-Lauf|werk:** *Computerlaufwerk für DVDs* ‖ **DVD-Play|er** [-pleɪə]: *[an den Fernsehapparat angeschlossenes] Gerät zum Abspielen von DVDs* ‖ **DVD-Roh|ling:** *unbeschriebene DVD* ‖ **DVD-Wri|ter** [-raɪtə] → DVD-Brenner
DW: **D**urch**w**ahl
Dy: **Dy**sprosium
Dy|na|mik [dy-] die, - ⟨gr.⟩: *Triebkraft, Schwung* | (Mus.) *Tonstärkegrade, zB forte, piano* ‖ **dy|na|misch** ‖ **dy|na|mi|sie|ren:** die Pensionen d. *(dem Geldwert anpassen)* ‖ **Dy|na|mit** das, -[e]s: *ein Sprengstoff* ‖ **Dy|na|mo** [auch: 'dy(:)-] der, -[s]/-s: *Kurzwort für Dynamomaschine* ‖ **Dy|na|mo|ma|schi|ne:** *Maschine zur Erzeugung von elektrischem Strom*
Dy|nas|tie [dy-] die, -/-n ⟨gr.⟩: *Herrschergeschlecht* ‖ **dy|nas|tisch**

dys- [dys-]

⟨gr.⟩ (nur in Zusammensetzungen wie Dysfunktion)

Nicht verwechseln!

dys-: Vorsilbe griechischer Herkunft mit der Bedeutung *unrichtig, schlecht, gestört,* zB Dysfunktion, Dyslexie.

dis-: Vorsilbe lateinischer Herkunft, die sich in manchen Wörtern in auch ungefähr der gleichen Bedeutung wie „dys-" findet, zB Disharmonie, diskriminieren.

Dy|sen|te|rie [dys-, auch: dis-] die, -/-n ⟨gr.⟩: *eine Darmkrankheit, Ruhr*
Dys|funk|ti|on ['dys-tsi̯-] ⟨gr.+lat.⟩ (Med.): *Funktionsstörung*
Dys|le|xie [dys-] die, -/-n ⟨gr.⟩ (Med.): *eine Lesestörung*
Dys|pro|si|um [dys-] das, -s ⟨gr.⟩ (Zeichen: Dy): *ein chemisches Element*
Dys|to|nie [dy-] die, -/-n ⟨gr.⟩ (Med.): *eine Muskel- und Gefäßerkrankung*
DZ: **D**oppel**z**immer (zB in Unterkunftverzeichnissen); → EZ
dzt.: derzeit
D-Zug ['de:-] (früher): **D**urchgangs**zug** *(bei der Eisenbahn)*

e E

e [eː] das, -/- (Kleinbuchstabe): das e im Wort *echt* | (Laut) der e-Laut | (Mus.) der Ton e (E) | (Mus.) e-Moll

E [eː] das, -/- (Großbuchstabe): das E im Wort *Erika;* das Vitamin E; → F & E | **E**ilzug | (Mus.) der Ton E (e) | (Mus.) E-Dur | **E**uropastraße | [iː] **E**lectronic, **e**lektronisch; E-Mail | (€) **E**uro

EAD [auch: e a 'deː] der, -[s] (Pol.): **E**uropäische **A**uswärtige **D**ienst *(das „Außenministerium" der EU)*

EAN-Kode [-koːt] = EAN-Code [engl.: -kəʊd, fr.: -kɔd] (Wirt.): **e**uropäische **A**rtikel**n**ummerierung *(ein Strichkode zur Warenauszeichnung)*

Eau de Co|lo|gne [o dœ kɔ'lɔnʲ] das, - - - /Eaux - - [o - -] ⟨fr.⟩: *Kölnischwasser* || **Eau de Toi|let|te** [- - tu̯a'lɛt] das, - - -s/Eaux - - [o - -]: *Duftwasser*

E-Ban|king ['iːbæŋkɪŋ]

das, -s ⟨engl.⟩ (Wirt.): *Abwicklung von Bankgeschäften über das Internet*

Einzelbuchstaben als Teile von nominalen Zusammensetzungen mit Bindestrich werden im Allgemeinen großgeschrieben:
- E-Banking
- E-Business
- E-Mail R→ S. 906, 5.1.1

E-Bass: **E**lektro-**Bass**gitarre

E-Bay ['iːbeɪ] das, -s, *auch:* eBay (Wz.): *eine Verkaufsplattform im Internet*

Eb|be die, -/-n: *tiefer Stand des Meeresspiegels im Wechsel der Gezeiten;* E. und Flut

eb|bis = **eb|bas** → eppis = eppas

ebd.: **eb**en**d**a, **eb**en**d**ort

eben[1] (Adv.): e. *(in diesem Augenblick)* hat es geläutet | das ist e. *(halt)* so; *aber:* → ebenso

eben[2] (Adj.): ein ebener *(flacher)* Weg

Eben (Siedlungsname): *E. im Pongau (Salzburg)*

Eben|bild: er ist das E. seines Vaters *(ist ihm sehr ähnlich)* || **eben|bür|tig:** jemandem e. *(gleichrangig)* sein || **Eben|bür|tig|keit** die, - || **eben|da** (ebd.): *da* || **eben|da|r|um** || **eben|des|halb** || **eben|des|we|gen** || **eben|die|ser:** ebendiese Frau; ebendies || **eben|dort** (ebd.): *dort* || **Ebe|ne** die, -/-n: *flaches Land* | (Phys.) eine schiefe E. *(eine geneigte Fläche)* | etwas auf höchster E. *(an höchster Stelle)* entscheiden || **eben|er|dig:** *zu ebener Erde, im Parterre* || **eben|falls:** *auch, ebenso, gleichfalls*

Eben|furth: *Stadt in Niederösterreich*

Eben|holz das, -es: *ein schwarzes Edelholz*

Eben|maß das, -es: *Ausgeglichenheit der Größenverhältnisse;* das E. dieser Gestalt || **eben|mä|ßig:** *gleichmäßig, regelmäßig*

Eben|see: *Marktgemeinde in Oberösterreich*

eben|so:

rechne das ebenso *(geradeso)!;* ein ebenso guter Einfall; *aber getrennt:* das ist eben so und nicht anders

Getrenntschreibung vom nachfolgenden Adjektiv oder Adverb:
- sie ist ebenso *(genauso)* groß wie er
- ein ebenso langes Brett
- ebenso oft
- ebenso sehr
- ebenso viel
- ebenso wenig

eben|so viel Mal = **eben|so|viel|mal**

Eber der, -s/-: *männliches [Wild-]schwein*

Eber|esche: *Vogelbeerbaum*

Eber|hard, *auch:* **Eber|hart:** *männl. Vorname*

Ebern|dorf (slowen.: Dobrla vas ['dɔbərla ˌvaːs]): *Marktgemeinde in Kärnten*

Eber|rau|te: *eine Arzneipflanze*

E-Bike ['iːbaɪk]: *Elektrofahrrad, Elektrobike*

eb|nen: *eben machen* | *Schwierigkeiten wegräumen;* ihre Spende hat den Weg für neue Forschung geebnet

Ebo|la das, -s (Med.): *Kurzwort für Ebolafieber, eine Infektionskrankheit* || **Ebo|la|fie|ber** (Med.): *Ebola*

Ebo|nit das, -s ⟨ägypt.-gr.-lat.⟩: *Hartgummi*

E-Book ['iːbʊk] das, -s/-s ⟨engl.⟩ (Medienw.): → E-Buch || **E-Book-Rea|der** [-riːdə] (Medienw.): *elektronisches Lesegerät für E-Bücher* || **E-Buch** (Medienw.): *elektronisches Buch, E-Book*

E-Busi|ness ['iːbɪznɪs] (Wirt.): *Geschäftsabwicklung über das Internet*

EC [e 'tseː] der, -[s]/-[s]: **E**uro**c**ity

E-Card ['iːkɑːd] ⟨engl.⟩: *Chipkarte mit Krankenversicherungsdaten uÄ* || **E-Cash** ['iːkæʃ] das, - (Wz.) (Wirt.): *elektronisches Zahlungssystem*

Ec|ce ho|mo ['ɛktsɛ -] ⟨lat.⟩: *„Seht, welch ein Mensch!"* || **Ec|ce-Ho|mo** das, -[s]/-[s]: *Darstellung des dornengekrönten Christus*

echauf|fie|ren sich [eʃɔf-] ⟨fr.⟩ (geh.): *sich erhitzen, sich ereifern*

Echo das, -s/-s ⟨gr.⟩: *Widerhall* || **Echo|ef|fekt** || **Echo|lot** [-loːt]: *Gerät zur Entfernungsmessung mit Schallwellen*

Ech|se [-ks-] die, -/-n: *ein Reptil, zB Eidechse*

echt: echter Schmuck; sein Lachen war e. *(nicht gespielt)* | (ugs., sal.) das ist e. *(wirklich)* gut; e.? || **echt|fär|big,** *auch:* echtfarbig || **echt gol|den** = **echt|gol|den** || **Echt|heit** die, - || **Echt|heits|zer|ti|fi|kat:** *Bestätigung, dass etwas echt ist* || **echt sil|bern** = **echt|sil|bern** || **Echt|zeit:** *die 1:1-Wiedergabe, zB auf Video*

Eck das, -s/-en: *Ecke;* übers Eck *(diagonal);* ums Eck *(gleich daneben);* ein Vorhaben ins E. stellen *(aufgeben)* | (ugs.) jemanden ums E. bringen *(umbringen);* im Eck *(in Bedrängnis)* sein | (Geogr.) das [Große/Kleine] Deutsche Eck *(Straßenverbindung zwischen Salzburg und Tirol über deutsches Gebiet);* → deutsch | *steiler Fels* || **Eck|ball** (Sport): *Corner* || **Eck|bank** die, -/-bänke || **Eck|da|ten** die (Pl.): *maßgebliche Daten* || **Ecke** die, -/-n: um die E.; an allen Ecken und Enden *(überall);* → Eck || **Eckerl** das, -s/-[n] || **Eckerl|kä|se,** *auch:* Eckerlkäs (ugs.): *Streichkäse in Dreieckform* || **Eck|haus** || **eckig** || **Eck|pfei|ler** || **Eck|platz** || **Eck|punkt:** *maßgeblicher Bestandteil;* die Steuerreform ist ein E. des Regierungsprogramms || **Eck|satz** (Mus.): *erster und letzter Satz einer mehrsätzigen Komposition* || **Eck|stein** || **Eck|stoß** (Sport): *Eckball, Corner* || **Eck|zahn** || **Eck|zins** (Bankw.): *Mindestzinssatz für nicht gebundene Spareinlagen* || **Eck|zins|satz** (Bankw.): *Eckzins*

Eclair [e'klɛːə] das, -s/-s ⟨fr.⟩: *eine Mehlspeise*
E-Commerce ['iːkɒmɜːs] der, - ⟨engl.⟩ (Wirt.): *elektronischer Handel im Internet*
Economyclass [-k-mik-] die, - ⟨engl.⟩: *eine Reisekategorie;* → Businessclass
E-Content ['iːk-] (EDV, Internet): *alle Informationen, die in digitalisierter bzw. digitaler Form vorliegen*
écru [e'kryː] = → ekrü ‖ **Ecru** = → Ekrü
Ecstasy ['ekstəsi] die, -/-s ⟨engl.⟩: *eine künstliche Droge mit aufputschender, halluzinogener Wirkung*
Ecuador [-k-] = Ekuador: *ein Staat in Südamerika*
Edamer der, -s/-: *eine Käsesorte*
Edda die, -: *altisländische Heldendichtung*
edel: eine edle *(großmütige)* Tat | edle *(hochwertige)* Materialien ‖ **Edelbrand:** *Qualitätsbranntwein* ‖ **Edelfäule:** *durch Bakterien verursachte Geschmacksrichtung bestimmter Prädikatsweine* ‖ **Edelfrau** (früher): *eine Adelige* ‖ **Edelfräulein** (früher) ‖ **Edelgas** (Chem.): *Gas, das sich nur schwer chemisch bindet, zB Helium* ‖ **Edelholz** ‖ **Edelkastanie** [-iə]: *Maroni[baum], Esskastanie* ‖ **Edelkitsch** (oft abw.): *Qualität vortäuschender Kitsch* ‖ **Edelmann** der, -[e]s/-leute (früher): *ein Adeliger* ‖ **Edelmetall** ‖ **Edelmut** (geh.) ‖ **edelmütig** (geh.): *edel, selbstlos* ‖ **Edelobst** ‖ **Edelpilzkäse:** *Blauschimmelkäse, zB Gorgonzola* ‖ **Edelraute:** *eine Arzneipflanze* ‖ **Edelrost:** *Patina* ‖ **Edelschimmel:** *Schimmelpilz, der Käse ua. Nahrungsmittel aromatisiert* ‖ **Edelschnulze** ‖ **Edelstahl** ‖ **Edelstein** ‖ **Edelweiß** das, -/-: *eine geschützte Alpenpflanze* ‖ **Edelwild:** *Rotwild*
Eden das, -[s] ⟨hebr.⟩: *Paradies;* der Garten E. *(das Paradies in der Bibel)*
Edgar: *männl. Vorname*
edieren ⟨lat.⟩: Bücher, Musik e. *(herausgeben, veröffentlichen)*
Edikt das, -[e]s/-e ⟨lat.⟩: *ein Erlass eines Herrschers* | (Jus) *gerichtlicher Beschluss [über die Eröffnung eines Konkurses]* ‖ **Ediktalverfahren** (Jus): *per Edikt eingeleitetes [Gerichts]verfahren, zB Gläubigeraufruf*
Edinburg (engl.: Edinburgh ['ebərə]): *Hauptstadt Schottlands*
Edith = **Editha:** *weibl. Vorname*
editieren ⟨lat.⟩: *[ein Computerprogramm] zusammenstellen und eingeben* | → *edieren* ‖ **Edition** [-tsi-] die, -/-en: *Ausgabe, Herausgabe [von Büchern]* ‖ **Editor** der, -s/-en [-'oː-] ⟨lat.-engl.⟩: *Herausgeber* | (EDV) *kleines Programm zum Schreiben von Texten* ‖ **Editorial** [auch: -'tɔːriəl] das, -s/-e [-s] (Medienw.): *Mitteilung an die Leser [in Zeitschriften];* → Impressum ‖ **Editorin** die, -/-innen: *Herausgeberin*
Edle[1] der, -n/-n, ein Edler (früher): *ein Adliger;* Moritz Edler von Kuffner ‖ **Edle**[2] die, -n/-n (früher)
Edmund: *männl. Vorname;* → Mundl
EDOK die, -: *eine Spezialeinheit der Exekutive* (**E**insatzgruppe der Gruppe **D** zur Bekämpfung der **O**rganisierten **K**riminalität)
Eduard: *männl. Vorname*
E-Dur (E) (Mus.): *eine Tonart* ‖ **E-Dur-Tonleiter** (Mus.)
Edutainment [edju'teɪn-] ⟨engl.⟩: *Vermittlung von Wissen auf unterhaltsam-erzieherische Weise;* → Infotainment
Edu-Kinästhetik = **Edu-Kinestetik** die, -: *eine Methode der Bewegungserziehung, eine Lernmethode;* → Kinestetik
EDV [e de 'faʊ] die, -: **e**lektronische **D**aten**v**erarbeitung ‖ **EDV-Techniker:** *ein Lehrberuf* ‖ **EDV-Technikerin**
EEG [e e 'geː] das, -[s]/-[s] (Med.): **E**lektro**e**nzephalo**g**ramm *(Aufzeichnung der elektrischen Ströme im Gehirn)*
Eferding (Kfz: EF): *Stadt in Oberösterreich*
Efeu der, -s: *eine immergrüne Kletterpflanze* ‖ **efeubewachsen** [-ks-] ‖ **Efeuranke**
Effeff (sal.) (nur in der Wendung): etwas aus dem E. *(gründlich)* beherrschen
Effekt der, -[e]s/-e ⟨lat.⟩: *Wirkung, Folge* ‖ **Effekten** die (Pl.) (Börse): *Wertpapiere* ‖ **Effektenbörse:** *Wertpapierbörse* ‖ **Effekthascherei** die, -/-en (abw.): *übertriebenes Bemühen um Effekte* ‖ **effektiv:** effektive *(wirkungsvolle)* Maßnahmen; → G.: ineffektiv | *tatsächlich, wirklich* ‖ **Effektivität** die, - ‖ **Effektivverzinsung** (Bankw.): *Höhe der tatsächlich erhaltenen Zinsen [nach Abzug der KESt]* ‖ **effektuieren** (Kaufmannsspr.): einen Kaufauftrag e. *(ausführen)* ‖ **effektvoll:** *wirkungsvoll*
effeminiert ⟨lat.⟩ (Psych., Med.): *verweiblicht*
Effet [ɛ'feː] der, -s ⟨fr.⟩ (Sport): *starker Drall eines Balles, Schnitt*
Effilierschere ⟨lat.-fr.⟩: *Schere zum Ausdünnen der Haare*
effizient ⟨lat.⟩: *wirksam und wirtschaftlich;* → G.: ineffizient ‖ **Effizienz** die, -/-en
EFTA die, -: **E**uropean **F**ree **T**rade **A**ssociation *(Europäische Freihandelsassoziation, Freihandelszone)*
EG [e 'geː] die, -: **E**uropäische **G**emeinschaft[en] *(Sammelbezeichnung für die Europäische Wirtschaftsgemeinschaft, die Europäische Atomgemeinschaft und die Europäische Gemeinschaft für Kohle und Stahl);* → EU
EGA [auch: e ge 'aː]: *Vorrichtung zur Farbdarstellung auf einem Computermonitor;* → VGA; → SVGA ‖ **EGA-Grafikkarte** = **EGA-Graphikkarte** [-f-]
egal ⟨fr.⟩: das ist mir e. *(gleich, gleichgültig, einerlei)* ‖ **egalisieren:** *angleichen, ausgleichen* ‖ **egalitär** (Pol.): *auf Gleichheit zielend* ‖ **Egalität** die, -/-en (Pol.)
Egart die, -/-en, *auch:* Egerte, -/-n (früher) (Landw.): *Futterwiese, die wechselweise auch als Acker genützt wird* ‖ **Egartenwirtschaft** = **Egartwirtschaft:** *eine Bewirtschaftungsform, bei der ein Grundstück abwechselnd als Feld und als Wiese genutzt wird*
Eger (tschech.: Cheb [xɛp]): *Stadt in Tschechien* | → *Erlau* ‖ **Egerland** das, -[e]s: *historische Landschaft in Böhmen*
Egerte → Egart
Egge die, -/-n: *ein Ackergerät* ‖ **eggen**
Eggenberg: *14. Bezirk von Graz* ‖ **Eggenburg:** *Stadt in Niederösterreich*
E-Gitarre: **E**lektrogitarre
EGMR [e ge ɛm 'ɛr]: **E**uropäischer **G**erichtshof für **M**enschen**r**echte
Ego das, -s ⟨lat.⟩ (Psych.): *das Ich* ‖ **Egoismus** der, -: *Ichsucht, Eigenliebe, Eigennutz;* → G.: Altruismus ‖ **Egoist** der, -en/-en ‖ **Egoistin** die, -/-innen ‖ **egois-**

E

tisch: ein egoistischer Mensch *(jemand, der nur an sich denkt)* ‖ **Ego|ma|nie** die, - (Psych.): *krankhafte Ichsucht*
Egon: *männl. Vorname*
ego|sur|fen [-sɜːf-] (sal.) ⟨lat.+ engl.⟩: *sich selbst googeln* ‖ **Ego-trip:** *egoistische Lebensphase*
E-Go|vern|ment [ˈiːgʌv-] das, -s ⟨engl.⟩: *Abwicklung von Dienstleistungen der öffentlichen Verwaltung per Internet*
Ego|zen|tri|ker der, -s/- ⟨lat.⟩ ‖ **Ego|zen|tri|ke|rin** die, -/-innen ‖ **ego|zen|trisch:** *ichbezogen;* ein egozentrischer Mensch *(einer, der sich selbst immer in den Mittelpunkt stellt)*
EGT [e ge ˈteː] das, -[s]/-[s] (Wirt.): Ergebnis gewöhnlicher Geschäftstätigkeit (in Bilanzen)
eh (ugs.): ich bin eh *(ohnehin, sowieso)* schon fertig | (sal.) eh schon wissen! *(wie ja bekannt ist!);* eh klar! *(natürlich!);* → eh und je
eh. [e ˈhaː], *auch:* **e. h.:** eigenhändig *(bedeutet auf Schriftstücken neben dem Namen, dass das Original eigenhändig unterschrieben wurde);* → m. p.
ehe: ehe *(bevor)* sie kam
Ehe die, -/-n
ehe|bal|dig: *bald* ‖ **ehe|bal|digst:** *so bald wie möglich*
Ehe|be|ra|ter ‖ **Ehe|be|ra|te|rin** ‖ **Ehe|be|ra|tung** ‖ **Ehe|be|ra|tungs|stel|le** ‖ **Ehe|bett** ‖ **ehe|bre|chen** (nur Inf. und 1. Part.) ‖ **Ehe|bre|cher** der, -s/- (geh.) ‖ **Ehe|bre|che|rin** die, -/-innen (geh.) ‖ **ehe|bre|che|risch** ‖ **Ehe|bruch:** *Vollziehung des außerehelichen Beischlafes, ein (gerichtlich nicht strafbarer) Scheidungsgrund* ‖ **Ehe|buch** (Admin.): *standesamtliches Verzeichnis der Eheschließungen* ‖ **Ehe|bund**
ehe|dem (geh.): *vormals, einst*
Ehe|fä|hig|keit (Jus): *Fähigkeit einer Person zur rechtswirksamen Eheschließung* ‖ **Ehe|frau** ‖ **Ehe|gat|te** ‖ **Ehe|gat|ten|erb|recht** (Jus): *das gesetzliche Erbrecht des Ehegatten/der Ehegattin (ohne Testament)* ‖ **Ehe|gat|tin** ‖ **Ehe|glück** ‖ **Ehe|gü|ter|recht** (Jus): *Regelungen über das Vermögen der Ehepartner* ‖ **Ehe|hin|der|nis** (Jus) ‖ **Ehe|krach** ‖ **Ehe|kri|se** ‖ **Ehe|le|ben** ‖ **Ehe|leu|te** die (Pl.): *Ehepaar* ‖ **ehe|lich:** *die eheliche Gemeinschaft;* → unehelich; → außerehelich ‖ **ehe|li|chen** (geh.): *heiraten* ‖ **Ehe|lich|er|klä|rung** (Jus): *Erklärung vor- oder außerehelicher Kinder zu ehelichen Kindern* ‖ **Ehe|lo|sig|keit** die, -: *das Gelübde der E.;* → Zölibat
ehe|ma|li|ge ‖ **ehe|mals**
Ehe|mann ‖ **Ehe|paar** ‖ **Ehe|pakt:** *vermögensrechtliche Vereinbarung zwischen Ehegatten* ‖ **Ehe|part|ner** ‖ **Ehe|part|ne|rin**
eher: je e. *(früher),* desto besser | das ist schon e. wahrscheinlich *(ist wahrscheinlicher)*
Ehe|ring
ehern (geh.): *aus Erz, Bronze, Eisen* | ein eherner *(fester)* Wille
Ehe|sa|kra|ment das, -[e]s (kath.) ‖ **Ehe|schei|dung** ‖ **Ehe|schei|dungs|recht** ‖ **Ehe|schlie|ßung** die, -/-en: *kirchliche bzw. standesamtliche Heirat*
ehest: *baldmöglichst, baldigst*
Ehe|stand der, -[e]s
ehes|te: am ehesten *(am frühesten; am besten)* hat sie am Freitag Zeit | am ehesten *(noch am liebsten)* würde ich ans Meer fahren ‖ **ehes|tens:** *baldigst, so bald wie möglich* ‖ **ehest|mög|lich:** *so bald wie möglich*
Ehe|streit ‖ **Ehe|ver|feh|lung** (Jus) ‖ **Ehe|ver|mitt|lung** ‖ **Ehe|ver|spre|chen** ‖ **Ehe|ver|trag**
Eh|ni der, -s/- (V): *Ehnl* ‖ **Ehnl** der, -s/-n (mda., veraltet): *Großvater;* → Ahnl[1]
Ehr|ab|schnei|der der, -s/-: *Verleumder* ‖ **Ehr|ab|schnei|de|rin** die, -/-innen ‖ **ehr|bar** (geh., veraltend): *anständig* ‖ **Ehr|bar|keit** die, -: *Rechtschaffenheit* ‖ **Ehr|be|griff** ‖ **Eh|re** die, -/-n: *Achtung, Anerkennung;* mit Ehren *(ehrenvoll)* | (geh.) die letzte E. erweisen *(am Begräbnis teilnehmen)* | (veraltet) „Habe die Ehre!" *(ein Gruß;* ugs., sal. auch: *Ausdruck zB des Erstaunens)* ‖ **eh|ren:** einen Künstler ehren; es ehrt mich, dass ... | *achten* ‖ **Eh|ren|amt** ‖ **eh|ren|amt|lich:** sie ist e. *(ohne Bezahlung, uneigennützig)* tätig; → hauptamtlich ‖ **Eh|ren|be|lei|di|gung** ‖ **Eh|ren|be|zei|gung** die, -/-en: *militärischer Gruß* ‖ **Eh|ren|bür|ger** ‖ **Eh|ren|bür|ge|rin** ‖ **Eh|ren|bür|ger|schaft** ‖ **Eh|ren|co|dex** [-k-] → Ehrenkodex ‖ **Eh|ren|dok|tor** → Dr. h. c. ‖ **Eh|ren|dok|to|rat** ‖ **Eh|ren|dok|to|rin** ‖ **Eh|ren|er|klä|rung:** *öffentlicher Widerruf [einer Ehrenbeleidigung]* ‖ **Eh|ren|for|ma|ti|on** [-tsi̯-] (Mil.): *Truppe, die bei Staatsbesuchen uÄ aufmarschiert* ‖ **Eh|ren|gast** ‖ **Eh|ren|ge|richt:** *ein Schiedsgericht, Kommission von Standesgenossen zur Entscheidung von Vergehen gegen den Ehrenkodex* ‖ **Eh|ren|grab** ‖ **eh|ren|haft** ‖ **eh|ren|hal|ber:** einen Titel e. *(als Ehrung)* verliehen bekommen ‖ **Eh|ren|ko|dex** = Ehrencodex [-k-]: *die geltenden Normen ehrenhaften Verhaltens* ‖ **Eh|ren|kom|pa|nie** (Mil.): *Ehrenformation* ‖ **Eh|ren|krän|kung** (veraltet): *nicht öffentliche Beleidigung* ‖ **Eh|ren|kreuz:** *ein Orden;* E. für Wissenschaft und Kunst ‖ **Eh|ren|mann:** *aufrichtiger, achtbarer Mann* ‖ **Eh|ren|mit|glied** ‖ **Ehren|mord:** *Ermordung eines Familienmitglieds zur Vermeidung gesellschaftlicher Ächtung* ‖ **Ehren|ob|frau** ‖ **Eh|ren|ob|mann** ‖ **Eh|ren|platz** ‖ **Eh|ren|ret|tung:** *Verteidigung der Ehre [einer Person]* ‖ **Eh|ren|ring** ‖ **eh|ren|rüh|rig:** *die Ehre verletzend* ‖ **Eh|ren|run|de** (Sport): der Sieger läuft eine E. ‖ **Eh|ren|sa|che:** *selbstverständliche Pflicht* ‖ **Eh|ren|sal|ve** [-v-] ‖ **Eh|ren|schutz:** *die Feier stand unter dem E. des Bundespräsidenten* ‖ **Eh|ren|tag** ‖ **Eh|ren|tor** (Sport): *das einzige selbst erzielte Tor bei einer deutlichen Niederlage* ‖ **Eh|ren|tri|bü|ne** ‖ **Eh|ren|ur|kun|de** ‖ **eh|ren|voll** ‖ **Eh|ren|wa|che:** E. halten ‖ **eh|ren|wert** ‖ **Eh|ren|wort** das, -[e]s: ich gebe dir mein E. *(ich versichere dir, mein Versprechen zu halten)* ‖ **eh|ren|wört|lich** ‖ **Eh|ren|zei|chen:** das Goldene E. für Verdienste um die Republik Österreich ‖ **ehr|er|bie|tig:** *achtungsvoll* ‖ **Ehr|er|bie|tig|keit** die, - (geh.) ‖ **Ehr|er|bie|tung** die, - (geh.) ‖ **Ehr|furcht:** *Ergebenheit, Hochachtung;* E. gebieten ‖ **Ehr|furcht ge|bie|tend** = **ehr|furcht|ge|bie|tend:** ein E. gebietendes Auftreten ‖ **ehr|fürch|tig** ‖ **ehr|furchts|voll** ‖ **Ehr|ge|fühl** das, -[e]s: sein E. verletzen ‖ **Ehr|geiz** der, -es ‖ **ehr|gei|zig:** eine ehrgeizige Schülerin ‖ **ehr|lich:** e. gesagt ‖ **Ehr|lich|keit** die, -/-en ‖ **ehr|los** ‖ **ehr|sam** (veraltet): das ehrsame *(achtbare)* Handwerk ‖ **Eh|rung** die, -/-en ‖ **Ehr|wür|den:** „[Euer] Ehrwürden!" *(Anrede für Ordensmitglieder, die nicht die Priesterweihe haben);* → Hoch-

würden ‖ **ehr|wür|dig:** ehrwürdige Mutter Priorin
eh und je: seit eh und je *(schon immer)*
Ei das, -[e]s/-er: Eier legen; Eier pecken; → Eierpecken ‖ **Ei|ab|la|ge** ‖ **Ei|be|cher** → Eierbecher
Ei|be die, -/-n: *ein Nadelbaum*
Ei|bisch der, -[e]s/-e: *eine Heilpflanze* ‖ **Ei|bisch|tee** ‖ **Ei|bisch|zu|ckerl**
Eich|amt (kurz für): *Bundesamt für Eich- und Vermessungswesen (BEV);* → eichen
Eich|blatt|sa|lat: *eine Salatsorte* ‖ **Ei|che** die, -/-n: *eine Laubbaumgattung* ‖ **Ei|chel** die, -/-n: *Frucht der Eiche* | *eine Farbe im Kartenspiel, Kreuz* | *Teil des Penis und der Klitoris* ‖ **Ei|chel|hä|her:** *ein Rabenvogel*
ei|chen[1]: Gewichte, Maße e. *(ihre Richtigkeit eichamtlich überprüfen und durch ein Zeichen bestätigen)*
ei|chen[2]: *aus Eichenholz* ‖ **Ei|chen|holz** ‖ **Ei|chen|laub** ‖ **Ei|chen|wald**
Eich|hörn|chen = **Eich|kätz|chen:** *ein Nagetier* ‖ **Eich|kat|zerl** = **Eich|katzl** (ugs.): *Eichhörnchen*
Eich- und Ver|mes|sungs|we|sen: Bundesamt für E. u. V.; → BEV ‖ **Ei|chung** die, -/-en
Eid der, -[e]s/-e: *Schwur, Gelöbnis [vor Gericht];* unter Eid aussagen; einen Eid leisten/ablegen; an Eides statt *(statt eines Eides);* hippokratischer Eid *(Gelöbnis der Mediziner)*
Ei|dam der, -[e]s/-e (veraltet): *Schwiegersohn*
eid|brü|chig
Ei|dech|se [-ks-]: *ein Kriechtier;* → Echse
Ei|der|dau|ne: *bes. feine und leichte Daune der Eiderente* ‖ **Ei|der|en|te:** *ein Meeresvogel*
Ei|des|ab|le|gung die, -/-en: *Ablegung des Schwurs oder des Offenbarungseides vor Gericht* ‖ **Ei|des|for|mel:** *bei der Vereidigung zu sprechender Text* ‖ **ei|des|statt|lich:** *anstatt eines Eides*
Ei|de|tik [eı-, aı-] die, - (gr.) (Psych.): *Fähigkeit des Denkens in genau vorgestellten Bildern* ‖ **ei|de|tisch** (Psych.)
Eid|ge|nos|sen die (Pl.): *die Schweizer* ‖ **Eid|ge|nos|sen|schaft** die, -: Schweizerische E. *(amtlicher Name der Schweiz)* ‖ **eid|ge|nös|sisch:** *schweizerisch* | (CH) *Sache des Gesamtstaates, nicht kantonal; aber:* die Eidgenössische Technische Hochschule (ETH)
Ei|dot|ter: *Eigelb* ‖ **Ei|er|be|cher,** *auch:* Eibecher ‖ **Ei|er|frucht** (D): → *Melanzani* ‖ **Ei|er|ko|cher** ‖ **Ei|er|la|berl** (ugs., veraltet): *unförmiger Fußball* ‖ **Ei|er|li|kör** ‖ **ei|ern:** *ungleichmäßig drehen* ‖ **Ei|er|no|ckerl** das -s/-[n] (meist Pl.): *eine Speise* ‖ **Ei|er|pe|cken** das, -s (reg.): *ein Osterbrauch;* → pecken ‖ **Ei|er|scha|le,** *auch:* Eischale ‖ **ei|er|scha|len|far|ben,** *auch:* eischalenfarben ‖ **Ei|er|schwamm** (westöst.) = **Ei|er|schwam|merl** (reg., bes. ostöst.): *ein Pilz, Pfifferling* ‖ **Ei|er|speis** die, -/-en = **Ei|er|spei|se** ‖ **Ei|er|stock** (meist Pl.): *paarig angelegte weibliche Geschlechtsdrüse* ‖ **Ei|er|tanz** (sal.): *vorsichtiges Handeln in einer heiklen Lage* ‖ **Ei|er|tut|schen** das, -s (reg., bes. St, K): *Eierpecken*
Ei|fer der, -s: *Strebsamkeit, Fleiß;* im E. des Gefechtes *(in der Aufregung)* ‖ **Ei|fe|rer** der, -s/-: *Fanatiker* ‖ **Ei|fe|rin** die, -/-innen ‖ **ei|fern:** *fanatisch reden* | (ugs.) *eifersüchtig sein* ‖ **Ei|fer|sucht** die, - ‖ **Ei|fer|süch|te|lei** die, -/-en ‖ **ei|fer|süch|tig** ‖ **Ei|fer|suchts|sze|ne**
Ei|form ‖ **ei|för|mig**
eif|rig: *fleißig*
Ei|gelb: *Eidotter*
ei|gen: der eigene Sohn | sich eine fremde Meinung zu e. machen; *aber:* etwas aus **E**igenem *(aus eigenen Mitteln)* bezahlen; etwas **E**igenes; → Eigen | (geh.) dies ist ihm e. *(für ihn typisch)* | *absonderlich, eigenartig, eigentümlich;* ein eigener Mensch ‖ **Ei|gen** das, -s (geh.): das ist mein E. *(Besitz, Eigentum);* die Bücher sind mein E. *(gehören mir);* etwas sein E. nennen ‖ **Ei|gen|an|rei|se:** ein Urlaub mit E. ‖ **Ei|gen|art:** *eigentümlicher [Charakter]zug* ‖ **ei|gen|ar|tig** ‖ **ei|gen|ar|ti|ger|wei|se** ‖ **Ei|gen|ar|tig|keit** die, -/-en ‖ **Ei|gen|bau** der, -[e]s: *Selbst[an]gebautes;* Salat aus E. ‖ **Ei|gen|be|darf:** nur für den E. ‖ **ei|gen|be|rech|tigt** ‖ **Ei|gen|be|rech|ti|gung** (Jus): *volle Geschäftsfähigkeit bei Volljährigkeit* ‖ **Ei|gen|be|richt** ‖ **Ei|gen|bröt|e|lei** die, -/-en (meist abw.) ‖ **Ei|gen|bröt|ler** der, -s/- (meist abw.): *Sonderling* ‖ **Ei|gen|bröt|le|rin** die, -/-innen (meist abw.) ‖ **ei|gen|bröt|le|risch** (meist abw.) ‖ **Ei|gen|dün|kel:** *Überheblichkeit, Stolz* ‖ **Ei|gen|dy|na|mik** [-dy-]: *Eigengesetzlichkeit [einer bestimmten Entwicklung]* ‖ **Ei|gen|er|zeu|gung** ‖ **Ei|gen|fi|nan|zie|rung** → G.: Fremdfinanzierung ‖ **Ei|gen|fre|quenz** (Phys.): *bestimmte Frequenz, mit der ein einmalig angeregtes System noch weiter schwingt* ‖ **Ei|gen|ge|setz|lich|keit** die, - ‖ **Ei|gen|ge|wicht** ‖ **Ei|gen|goal** [-go:l]: *Eigentor* | sich ein E. schießen *(selbst Schaden zufügen)* ‖ **ei|gen|hän|dig** (eh.): ein eigenhändiges Testament; → G.: fremdhändig ‖ **Ei|gen|heim** ‖ **Ei|gen|heit:** Eigenart ‖ **Ei|gen|ini|ti|a|ti|ve** [-tsi̯a-vɛ, -fɛ] ‖ **Ei|gen|in|te|r|es|se** ‖ **Ei|gen|jagd:** *Jagdgebiet in [gemeinschaftlichem] Eigentum* ‖ **Ei|gen|ka|pi|tal** ‖ **Ei|gen|le|ben** ‖ **Ei|gen|lie|be:** *Selbstliebe* ‖ **Ei|gen|lob** ‖ **ei|gen|mäch|tig:** *unbefugt, ohne Erlaubnis, ohne zu fragen* ‖ **Ei|gen|mäch|tig|keit** ‖ **Ei|gen|mar|ke:** die E. einer großen Handelskette ‖ **Ei|gen|mit|tel** die (Pl.): *das eigene vorhandene Vermögen* ‖ **Ei|gen|na|me,** *auch:* **Ei|gen|na|men** (Sprachwiss.): *Nomen (Substantiv), das nur einmal vorkommende Lebewesen, Bauwerke, Länder usw. bezeichnet; Nomen proprium;* → G.: Gattungsname ‖ **Ei|gen|nutz** der, -es: etwas aus reinem E. betreiben *(dabei nur an den eigenen Vorteil denken)* ‖ **ei|gen|nüt|zig** ‖ **Ei|gen|pen|si|on:** *Pension aus selbst erworbenen Versicherungsansprüchen* ‖ **Ei|gen|pro|duk|ti|on** [-tsi̯-] ‖ **Ei|gen|re|gie** [-ʒi:]: etwas in E. *(selbst)* tun ‖ **ei|gens:** ich bin e. *(nur zu diesem Zweck)* gekommen ‖ **Ei|gen|schaft** die, -/-en: in meiner E. als Ärztin ‖ **Ei|gen|schafts|wort** (Gramm.): → *Adjektiv* ‖ **Ei|gen|sinn** ‖ **ei|gen|sin|nig:** *dickköpfig, stur* ‖ **ei|gen|stän|dig:** *selbständig, unabhängig* ‖ **Ei|gen|stän|dig|keit** ‖ **Ei|gen|strom|er|zeu|gung** ‖ **ei|gen|süch|tig:** *egoistisch* ‖ **ei|gent|lich:** *tatsächlich, genau genommen, im Grunde;* → wirklich | was tut ihr e. *(überhaupt)* den ganzen Tag? ‖ **Ei|gen|tor:** sich ein E. schießen *(sich selbst Schaden zufügen)* ‖ **Ei|gen|tum** das, -s/-tümer: das Grundstück ist [im] E. der Gemeinde ‖ **Ei|gen|tü|mer** der, -s/-: *Besitzer* ‖ **Ei|gen|tü|me|rin** die,

E

-/-innen ‖ **ei|gen|tüm|lich:** *eigenartig* | *charakteristisch* ‖ **Ei|gen|tums|de|likt** (Jus): *Verletzung des Eigentums einer anderen Person, zB Diebstahl* ‖ **Ei|gen|tums|vor|be|halt** (Jus): *Übereinkunft, dass eine verkaufte Sache erst bei vollständiger Bezahlung ins Eigentum des Käufers übergeht* ‖ **Ei|gen|tums|woh|nung:** *im Eigentum erworbene (nicht gemietete) Wohnung* ‖ **ei|gen|ver|ant|wort|lich:** eigenverantwortliches Lernen ‖ **Ei|gen|ver|ant|wor|tung** ‖ **Ei|gen|ver|schul|den** (Jus): aus E.; → G.: Fremdverschulden ‖ **Ei|gen|ver|such:** *Versuch an der eigenen Person* ‖ **Ei|gen|vor|sor|ge** ‖ **Ei|gen|wer|bung** ‖ **Ei|gen|wert** ‖ **ei|gen|wil|lig** ‖ **Ei|gen|zu|stän|dig|keit** (Jus): *Zuständigkeit eines Gerichts nach der Sachmaterie (dem Gegenstand)* ‖ **eig|nen**[1] sich: sich gut für etwas e.; → geeignet ‖ **eig|nen**[2] (geh.): ihm eignet eine gewisse Ausdrucksweise *(sie ist für ihn charakteristisch)* ‖ **Eig|ner** der, -s/-: *[Schiffs]eigentümer* ‖ **Eig|ne|rin** die, -/-innen ‖ **Eig|nung** die, - ‖ **Eig|nungs|er|klä|rung** ‖ **Eig|nungs|prü|fung** ‖ **Eig|nungs|test**

-ei|ig (nur in Zusammensetzungen wie eineiig) ‖ **Ei|klar** das, -s/-: *das flüssige Eiweiß [im Hühnerei]*

Ei|land das, -[e]s/-e (geh.): *[kleine] Insel*

Ei|bo|te ‖ **Eil|brief:** *Expressbrief* ‖ **Ei|le** die, -: in höchster E.

Ei|lei|ter der, -s/- (Med.): *(paarig ausgebildete) Verbindung zwischen Eierstock und Gebärmutter*

ei|len: es eilt nicht *(es ist nicht dringend)* ‖ **ei|lends** (geh.): *sofort, schnell* ‖ **eil|fer|tig** (geh.): *übereifrig; dienstbeflissen* ‖ **Eil|gut** ‖ **ei|lig:** sie hat es eilig; *aber:* er hat nichts **E**iligeres zu tun ‖ **Eil|marsch** (bes. Mil.) ‖ **Eil|schrift:** *Form der Kurzschrift für bes. schnelles und verkürztes Schreiben* ‖ **Eil|schritt** (nur in der Wendung): im E. *(schnell)* ‖ **Eil|sen|dung:** *Postsendung mit Eilzustellung;* → EMS ‖ **Eil|tem|po:** im E. ‖ **Eil|zug** (E) ‖ **Eil|zugs|tem|po** = **Eil|zug|tem|po**

Ei|mer der, -s/-: *Kübel* | (ugs.) etwas ist im E. *(kaputt)* | *ein altes Hohlmaß [für Wein]* ‖ **ei|mer|wei|se**

E

ein[1]**:**

unbestimmter Artikel (unbetont):
- ein *(irgendein)* Haus

Zahlwort (betont), **Pronomen: Im Normalfall gilt Kleinschreibung:**
- ein oder zwei
- ein Stück Brot
- in einem fort
- das eine ist wichtig
- das geht in einem
- in einem schreiben *(zusammenschreiben)*
- etwas unter einem mitteilen (Amtsspr.: *zugleich mitteilen)*
- zum einen ..., zum ander[e]n
- ein für alle Mal[e]

Aber groß: mein Ein und Alles; → eins
- ein und derselbe
- der eine oder der andere
- die einen und die anderen

Wenn der nominale Gebrauch betont werden soll, ist auch Großschreibung möglich:
- die einen *(auch:* Einen) sagen dies, die anderen *(auch:* Anderen) das
- das Verhältnis des einen *(auch:* Einen) zu den anderen *(auch:* Anderen) R→ S. 894, 2.3

ein[2] (Adv.): nicht ein noch aus wissen *(völlig ratlos sein);* bei jemandem ein und aus gehen

ein|ach|sig [-ks-]: ein einachsiger Karren

ein|ackern

Ein|ak|ter der, -s/-: *Bühnenstück, das aus nur einem Akt besteht* ‖ **ein|ak|tig**

ei|n|an|der:

„einander" drückt die Beziehung zwischen zwei Personen aus. Es gilt als gehoben und wird heute meist durch sich/uns/euch ersetzt.
- sie begrüßen einander *(sich)*
- wir treffen einander *(uns)* morgen

ein|ant|wor|ten (Jus): *übergeben* ‖ **Ein|ant|wor|tung** die, -/-en (Jus): *gerichtliche Übertragung der Erbschaft an den Erben* ‖ **Ein|ant|wor|tungs|ur|kun|de** (Jus)

ein|ar|bei|ten: sie hat sich eingearbeitet *(sie macht die Arbeit schon selbständig)* | ausgefallene Arbeitszeit e. *(einbringen, nachholen)* ‖ **Ein|ar|bei|tung** die, -/-en

ein|ar|mig: e. *(einhändig)* Rad fahren | einarmiger Bandit *(Glücksspielautomat)*

ein|äschern: der Leichnam wurde eingeäschert *(verbrannt)* ‖ **Ein|äsche|rung** die, -/-en: *Feuerbestattung*

ein|at|men: tief ein- und ausatmen

ein|äu|gig: ein einäugiges Monster

Ein|bahn = **Ein|bahn|stra|ße:** *Straße, auf der nur in einer Richtung gefahren werden darf* ‖ **Ein|bahn|ver|kehr**

ein|bal|sa|mie|ren: einen Leichnam e. *(durch Balsam und andere Stoffe vor Verwesung bewahren)*

Ein|band der, -[e]s/-bände: ein Buch mit ledernem E. ‖ **ein|bän|dig:** ein einbändiges *(aus nur einem Band bestehendes)* Lexikon

ein|bau|en ‖ **Ein|bau|kas|ten** ‖ **Ein|bau|kü|che**

Ein|baum: *Boot aus einem ausgehöhlten Baumstamm*

Ein|bau|mö|bel (meist Pl.)

Ein|bee|re: *eine Giftpflanze*

ein|be|glei|ten (geh.): das Fest mit Musik e. *(einleiten)*

ein|be|grif|fen: die Nebenkosten mit e. *(inklusive);* → inbegriffen

ein|be|hal|ten: *zurückbehalten*

ein|bei|nig: ein einbeiniger Invalide; e. *(mit nur einem Bein)* hüpfen

ein|bei|zen: Fleisch e. *(in eine Beize geben)*

ein|be|ken|nen: eine Schuld e. *(eingestehen)* ‖ **Ein|be|kennt|nis** ‖ **Ein|be|ken|nung** die, -/-en

ein|be|ru|fen: eine Versammlung e. | [zum Bundesheer/Militär] e. werden ‖ **Ein|be|ru|fung** ‖ **Ein|be|ru|fungs|be|fehl** (Mil.)

ein|be|to|nie|ren

ein|bet|ten: Eisenstangen in Beton e. ‖ **Ein|bett|zim|mer**

ein|beu|len: eingebeultes Blech

ein|be|zah|len: *einzahlen*

ein|be|zie|hen: *dazunehmen* ‖ **Ein|be|zie|hung**

ein|bie|gen: in einen Seitenweg e.

ein|bil|den sich: darauf kannst du dir etwas e. *(darauf kannst du stolz sein)* | ein eingebildeter *(überheblicher)* Mensch | eine eingebildete *(gar nicht vorhandene)* Krankheit | sie hat sich diese Farbe eingebildet *(wollte unbedingt diese haben)* ‖ **Ein|bil-**

dung: das existiert nur in ihrer E. *(Fantasie)* | Überheblichkeit || **Ein|bil|dungs|kraft** die, -: *Fantasie, Vorstellungskraft*
ein|bin|den: Bücher e. | sich den Kopf e. *(verbinden)* | die Mitarbeiter in die Entscheidung e. *(einbeziehen, teilhaben lassen)* || **Ein|bin|dung**
ein|bläu|en: jemandem etwas e. *(mit Gewalt oder mühsam beibringen)*
ein|blen|den: die Spendennummer in der Fernsehsendung e. *(zeigen, einschalten)* || **Ein|blen|dung**
Ein|blick: *[kontrollierende] Einsichtnahme;* E. in das Protokoll nehmen
ein|bra|ten (ugs.): *durch listiges Einschmeicheln für sich gewinnen*
ein|bre|chen: er *hat* in einer Villa eingebrochen | er *ist* im Eis eingebrochen || **Ein|bre|cher** der, -s/- || **Ein|bre|cher|ban|de** || **Ein|bre|che|rin** die, -/-innen
ein|brem|sen sich (sal.): *sich zurückhalten;* brems dich ein!
Ein|brenn die, -/-en, *bes. D und SüdT auch:* **Ein|bren|ne,** -/-n (Küchenspr.): *in Fett geröstetes, aufgegossenes Mehl für Gemüse, Suppen u. dgl.* || **ein|bren|nen:** in Holz ein Zeichen e. | (Küchenspr.) Gemüse e.; eingebrannte Erdäpfel *(Erdäpfelsauce)* || **Ein|brenn|sup|pe**
ein|brin|gen: versäumte Arbeitszeit e. *(nachholen)* | das bringt nichts ein *(es trägt keinen Gewinn)* | (Amtsspr.) ein Ansuchen bei einer Behörde e. *(offiziell vorlegen);* einen Gesetzesentwurf im Parlament e. | sich in eine Diskussion e. *(sich aktiv daran beteiligen);* Erfahrungen e. *(beisteuern)* | die Ernte e. || **Ein|brin|gung** die, -/-en (Amtsspr.): E. einer Klage, eines Rechtsmittels || **Ein|brin|gungs|stel|le** (Amtsspr.)
ein|bröckeln (ugs.): *einbrocken* || **ein|bro|cken:** Brot in die Milch e. *(in kleinen Bröckchen in die Milch geben)* | (ugs.) sich etwas [Unangenehmes] e. *(aus eigener Schuld in eine unangenehme Lage geraten)*
Ein|bruch: einen E. verüben | bei E. *(Beginn)* der Dunkelheit | (Wirt.) ein massiver E. *(Rückgang)* der Aktienkurse || **Ein|bruchs|dieb|stahl** || **ein|bruch|si|cher** || **Ein|bruchs|tour** [-tu:ɔ] || **Ein|bruchs|werk|zeug**
ein|buch|ten (nördl. D, ugs.): *einsperren* || **Ein|buch|tung:** *Delle;* → Ausbuchtung
ein|bun|kern sich (sal.): *sich in eine unangreifbare starre Position zurückziehen, weitere Verhandlungen ablehnen*
ein|bür|gern: einen Ausländer e. *(ihm die Staatsbürgerschaft verleihen)* | dieser Brauch hat sich eingebürgert *(er ist hier üblich geworden)* || **Ein|bür|ge|rung** die, -/-en
Ein|bu|ße: eine E. *(einen Verlust)* erleiden || **ein|bü|ßen:** durch einen Unfall einen Finger e. *(verlieren);* seinen Einfluss e.
Ein|cent|mün|ze [-ts-, engl.: -s-] (1-Cent-Münze)
ein|che|cken [-tʃ-]: *im Flughafen Passagiere und Gepäck abfertigen;* im Hotel e.; → auschecken
ein|cre|men [-k-] = einkremen: *[sich] mit Creme einreiben*
ein|däm|men: einen Waldbrand e. *(seine Ausbreitung verhindern)* || **Ein|däm|mung** die, -/-en
ein|de|cken[1]: ein Haus e. || **ein|de|cken**[2] sich: wir haben uns mit Holz eingedeckt *(mit Holzvorräten versehen)*
ein|del|len: *eine Beule machen;* den Kotflügel e.
ein|dep|schen, *auch:* eintepschen (ugs.): *eindrücken;* du depsch[s]t den Hut ein; → einditschen
ein|deu|tig: *keinen Zweifel zulassend, unmissverständlich* || **Ein|deu|tig|keit** die, -/-en
ein|deut|schen: *der deutschen Sprache [und Orthografie] anpassen;* ein englisches Wort e. | (ugs.) *verständlich erklären*
ein|di|cken: eingedickter Saft
ein|di|men|si|o|nal: *von nur einer Dimension* | *einseitig;* → G.: mehrdimensional
ein|dit|schen (ostöst., mda.): *eindepschen, eindellen*
ein|do|sen: *[Gemüse, Obst] in Dosen haltbar machen*
ein|dö|sen: *in den Halbschlaf versinken*
ein|dre|hen: die Haare e.
ein|dril|len: jemandem Formeln e. *(sie ihm durch mechanisches Wiederholen beibringen);* → drillen
ein|drin|gen: in ein Haus e. | auf jemanden e. *(jemanden bedrängen)* || **ein|dring|lich:** jemanden e. *(nachdrücklich, deutlich)* ermahnen; aufs (auf das) **E**indringlichste (= eindringlichste; mit Frage *Wie?*) ersuchen || **Ein|dring|ling** der, -s/-e
Ein|druck der, -[e]s/-drücke: einen guten/schlechten E. hinterlassen || **ein|drü|cken:** eine Fensterscheibe e. || **ein|drück|lich:** etwas e. *(eindrucksvoll)* dem Publikum vorführen || **Ein|drück|lich|keit** die, -/-en || **ein|drucks|voll**
ein|dü|beln: *mit einem Dübel befestigen*
ein|du|seln (reg., ugs.): *einschlafen;* → eindösen
ein|eb|nen: *eben machen*
Ein|ehe: *Ehe mit nur einem Partner, Monogamie;* → G.: Vielehe
ein|ei|ig: eineiige Zwillinge *(Zwillinge, die einem einzigen befruchteten Ei entstammen);* → G.: zweieiig
ein|ein|halb, *auch:* einundeinhalb: *anderthalb* || **ein|ein|halb|mal** *(bei bes. Betonung auch:* eineinhalb Mal)
ei|nen (geh.): *vereinen, vereinigen;* das geeinte Europa
ein|en|gen: ein von Felsen eingeengter Fluss || **Ein|en|gung** die, -/-en
ei|ner (Numerale): nur e. fehlt | (Pronomen) *man, jemand;* da läuft's einem kalt über den Rücken || **Ei|ner** der, -s/-: *Einerstelle (einer mehrstelligen Zahl);* die Einer, die Zehner, die Hunderter | *Einmannboot* || **ei|ner|lei:** mir ist alles e. *(gleichgültig)* || **Ei|ner|lei** das, -s: das ist ein ewiges E. *(immer das Gleiche)*

> **ei|ner|seits:**
>
> einerseits – andererseits (anderseits, andrerseits)
>
> **Vor „and[e]rerseits" steht ein Beistrich:**
> – Einerseits will sie Verbesserungen, andererseits akzeptiert sie keinen unserer Vorschläge.
> – Er möchte einerseits keine Bevormundung, kann aber andererseits keine Entscheidungen treffen.

ei|nes|teils: e. – anderenteils (andernteils)
Ein|eu|ro|mün|ze (1-Euro-Münze, 1-€-Münze)
ein|fach: ein einfaches Beispiel | sich aufs (auf das) **E**infachste (= einfachste; mit Frage *Wie?*) einrichten; es ist das **E**infachste,

E

wenn ... | er kam e. nicht ‖ **ein|fach|ge|setz|lich** (Jus): eine einfachgesetzliche Norm; → G.: verfassungsgesetzlich ‖ **Ein|fach|heit** die, -: der E. halber auf eine Wiederholung verzichten
ein|fä|deln: beim Slalom (mit dem Ski) e. | ein Treffen geschickt e. *(in die Wege leiten)*
ein|fah|ren: der Zug fährt ein | (sal.) Gewinne e. *(machen)* | (ugs.) er ist ganz schön eingefahren *(hat sich bei einer Sache sehr getäuscht, verschätzt)* ‖ **Ein|fahr|gleis,** *auch:* Einfahrtsgleis: *das für das Einfahren in den Bahnhof vorgesehene Gleis* ‖ **Ein|fahr|si|g|nal,** *auch:* Einfahrtsignal, Einfahrtssignal ‖ **Ein|fahrt:** die E. des Zuges | E. *(Haustor, -einfahrt)* frei halten! ‖ **Ein|fahrts|gleis:** *Einfahrgleis* ‖ **Ein|fahrt|si|g|nal** = **Ein|fahrts|si|g|nal** → Einfahrsignal ‖ **Ein|fahrts|stra|ße,** *auch:* Einfahrtstraße
Ein|fall: ein guter E. *(eine gute Idee)* | der E. des Lichts | der E. feindlicher Truppen ‖ **ein|fal|len:** das Haus fiel *(stürzte)* ein | der Chor fällt *(stimmt)* ein | sich etwas e. lassen *(sich anstrengen, eine Lösung zu finden)*; ihr fällt immer etwas [Gescheites] ein | *gewaltsam eindringen;* → eingefallen ‖ **ein|falls|los:** *ideenlos, langweilig* ‖ **Ein|falls|lo|sig|keit** die, -/-en ‖ **ein|falls|reich** ‖ **Ein|falls|reich|tum** der, -s ‖ **Ein|falls|tor:** die Region wurde zum E. für illegale Einwanderer ‖ **Ein|fall|stra|ße** (Verk.): *wichtige Verkehrsstraße, die in den Ortskern hineinführt;* → G.: Ausfallstraße ‖ **Ein|falls|win|kel:** der E. des Lichtes
Ein|falt die, - (geh.): *arglose Naivität* ‖ **ein|fäl|tig** ‖ **Ein|falts|pin|sel:** *Schimpfwort für einen einfältigen, dummen Menschen*
Ein|fa|mi|li|en|haus
ein|fan|gen[1]: ein Tier e. | die Stimmung auf einem Foto e. *(festhalten)* ‖ **ein|fan|gen**[2] sich (ugs.): sich einen Schnupfen e. *(damit angesteckt worden sein)*
ein|fär|ben ‖ **ein|fär|big,** *auch:* einfarbig: ein einfärbiger Stoff ‖ **Ein|fär|bung**
ein|fa|schen: den Knöchel e. *(bandagieren)*
ein|fas|sen: einen Rock mit einer Borte e. ‖ **Ein|fas|sung**
ein|fat|schen (reg., ugs.): *einfaschen*
ein|fens|trig: ein einfenstriges Zimmer *(Zimmer mit nur einem Fenster)*
ein|fet|ten: das Leder e.
ein|fin|den sich: sich am Treffpunkt e.
ein|flech|ten: ein Band ins Haar e. | eine Bemerkung e.
ein|fli|cken: ein Wort e. *(einfügen)*
ein|flie|gen: in fremdes Hoheitsgebiet e. *(darüberfliegen, hineinfliegen)* | einen Experten e. *(mit dem Flugzeug herholen)*
ein|flie|ßen: Gedanken in das Gespräch e. lassen
ein|flö|ßen: einem Kranken Tee e. | jemandem Mut e. *(machen)*
Ein|flug|schnei|se: *der dem Flugzeug vorgeschriebene Weg zum Flughafen*
Ein|fluss: großen E. auf seine Freunde haben ‖ **Ein|fluss|be|reich** ‖ **Ein|fluss|mög|lich|keit** ‖ **Ein|fluss|nah|me** die, -/-en ‖ **ein|fluss|reich**
ein|flüs|tern ‖ **Ein|flüs|te|rung** die, -/-en
ein|for|dern: *etwas fordern*
ein|för|mig: eine einförmige *(abwechslungslose)* Landschaft ‖ **Ein|för|mig|keit** die, -/-en
Ein|fors|tung die, -/-en (Jus): *Servitut an Forst- und Weidebesitz*
ein|frie|den ‖ **Ein|frie|dung** die, -/-en: *Einzäunung, Umgrenzung*
ein|frie|ren: ich habe die Torte eingefroren | [diplomatische] Beziehungen e. *(vorläufig nicht weiterführen)*
ein|fri|schen: Blumen e. *(einwässern)*
ein|fü|gen[1]: eine Ergänzung in einen Text e. ‖ **ein|fü|gen**[2] sich: sich in eine Gemeinschaft e. ‖ **Ein|fü|gung:** eine E. in einem Text
ein|füh|len sich: sich in einen anderen e. *(sich in seine Lage versetzen)* können ‖ **ein|fühl|sam** ‖ **Ein|füh|lungs|ver|mö|gen** das, -s
Ein|fuhr die, -/-en: die E. von Kaffee und Tee ‖ **Ein|fuhr|be|schrän|kung** ‖ **ein|füh|ren:** Waren aus China e. | (reg.) Heu e. *(einbringen)* | ein neues Wahlrecht e. | einen Fremden in die Familie e. *(ihn mit der Familie bekannt machen)* ‖ **Ein|fuhr|sper|re** ‖ **Ein|füh|rung** ‖ **Ein|füh|rungs|preis:** *reduzierter Preis nach Eröffnung eines neuen Geschäfts, bei Einführung eines neuen Produkts*
ein|fül|len: die Milch in eine Flasche e. ‖ **Ein|füll|stut|zen:** *rohrförmige Öffnung zum Einfüllen von Flüssigkeiten*
Ein|ga|be (Amtsspr.): *schriftlich an ein Amt gerichteter Wunsch* ‖ **Ein|ga|be|ge|rät** (EDV): *Gerät zur Eingabe von [Sprach]zeichen in den Computer, zB Tastatur*
Ein|gang ‖ **ein|gän|gig:** *leicht verständlich, einleuchtend* ‖ **eingangs:** wie e. *(anfangs)* erwähnt ‖ **Ein|gangs|be|stä|ti|gung** ‖ **Eingangs|hal|le** ‖ **Ein|gangs|stem|pel:** *Stempel mit dem Datum des Eintreffens* ‖ **Ein|gangs|stück** ‖ **Ein|gangs|tür**
ein|ge|ben: jemandem ein Medikament e. | Daten [in den Computer] e. | (Amtsspr.) einen Beamten zur Beförderung e. *(vorschlagen, beantragen)*
ein|ge|bil|det → einbilden
ein|ge|bo|ren[1] (geh.): Jesus, der eingeborene *(einzige)* Sohn Gottes
ein|ge|bo|ren[2]: die eingeborene Bevölkerung ‖ **Ein|ge|bo|re|ne**[1] der, -n/-n, ein Eingeborener: *ein Bewohner seines Geburtsortes* | *Ureinwohner* ‖ **Ein|ge|bo|re|ne**[2] die, -n/-n
Ein|ge|bung die, -/-en: *Einfall, Idee*
ein|ge|denk (Adj.) (geh.): seines Versprechens e. sein *(es nicht vergessen)* | (Präp.) e. *(unter Berücksichtigung, wegen)* ihrer Meinung
ein|ge|fal|len: er hat eingefallene Wangen *(wirkt ausgezehrt, abgemagert);* → einfallen
ein|ge|fleischt: ein eingefleischter *(hartnäckiger)* Junggeselle
ein|ge|hen: das Kleid ist beim Waschen eingegangen *(kleiner geworden)* | die Pflanze ist eingegangen *(abgestorben)* | auf meinen Vorschlag ist sie nicht eingegangen *(sie hat ihn nicht berücksichtigt)* | ich will kein Risiko e. ‖ **ein|ge|hend:** etwas aufs (auf das) Eingehendste (= eingehendste; mit Frage *Wie?*) *(sehr genau)* erklären
ein|ge|lei|sig → eingleisig
Ein|ge|mach|te das, -n: *haltbar gemachte Lebensmittel, zB eingekochte Früchte* | (sal.) ans E. gehen *(die Reserven angreifen müssen; zum Wesentlichen kommen)*
ein|ge|mein|den: einen Nachbarort e. *(ihn in die Gemeinde eingliedern)* ‖ **Ein|ge|mein|dung** die, -/-en
ein|ge|mummt: *warm eingehüllt*

ein|ge|nom|men → einnehmen
ein|ge|pfercht → einpferchen
ein|ge|reg|net: sie ist in einer Schutzhütte e.
ein|ge|schnappt (ugs.): *beleidigt;* → einschnappen
ein|ge|scho|ßig, *auch:* eingeschossig: *einstöckig*
ein|ge|schrie|ben → einschreiben
ein|ge|ses|sen: *lange ortsansässig*
Ein|ge|sot|te|ne das, -n, Eingesottenes (Küchenspr., veraltet): *eingekochte Früchte*
ein|ge|sprengt: fremdes Mineral ist in diesem Gestein e. *(eingeschlossen)*
ein|ge|stan|de|ner|ma|ßen ‖ **Ein|ge|ständ|nis** ‖ **ein|ge|ste|hen:** eine Schuld e. *(zugeben);* er hat seinen Fehler eingestanden; → einstehen
ein|ge|stellt: ein kritisch eingestellter *(gesinnter)* Mensch; → einstellen
ein|ge|stri|chen (Mus.): das eingestrichene a (a', a¹) spielen
Ein|ge|tropf|te das, -n, Eingetropftes: *in die Suppe eingetropfter Teig;* → Eintropfsuppe
Ein|ge|wei|de das, -s/- (meist Pl.): *Herz, Leber, Lunge, Darm usw.*
ein|ge|wöh|nen: sich in neuer Umgebung e. ‖ **Ein|ge|wöh|nung**
ein|gie|ßen: dem Gast eine Tasse Tee e.
ein|gip|sen: ein gebrochenes Bein e. *(mit einem Gipsverband versehen)* | einen Haken e.
ein|glei|sig, *auch:* eingeleisig: eine eingleisige Bahnstrecke
ein|glie|dern: sich in die Gesellschaft e. *(einfügen)* ‖ **Ein|glie|de|rung**
ein|gra|ben: *vergraben* | (ugs.) *beerdigen, begraben*
ein|gra|vie|ren [-v-]: in den Ring einen Namen e.
ein|grei|fen: in eine Auseinandersetzung e. ‖ **Ein|greif|trup|pe** (Mil.): *eine sofort verfügbare Einheit*
ein|gren|zen: ein Thema e. *(einschränken, begrenzen)* ‖ **Ein|gren|zung** die, -/-en
Ein|griff: ein folgenreicher E. *(folgenreiches Eingreifen)* der Geschäftsführung in die Verhandlungen | (Med.) der Arzt musste einen E. *(eine Operation)* vornehmen
ein|ha|cken: [mit der Hacke] eine Kerbe e.
ein|ha|keln, ich hakle ein (ugs.): *einhaken* ‖ **ein|ha|ken:** ich hake das Fenster ein *(befestige es an einem Haken)* | hier muss ich e. *(mich zu Wort melden)*
ein|halb|mal: *ein halbes Mal*
Ein|halt der, -[e]s (geh.): der Ausbreitung einer Seuche E. gebieten ‖ **ein|hal|ten:** einen Termin e.; die Spielregeln e. *(befolgen)* | (geh.) halt ein! *(hör auf!)* ‖ **Ein|hal|tung**
ein|häm|mern: jemandem politische Parolen e. *(eintrichtern)*
ein|han|deln sich: sich Schwierigkeiten e.
ein|hän|dig: das Gerät e. bedienen; → beidhändig
ein|hän|di|gen (Amtsspr.): *übergeben, ausfolgen, aushändigen*
ein|hän|gen: die Fenster e. | sich [beim Gehen] in jemanden/bei jemandem e.
ein|hau|chen (geh.): einem alten Schloss neues Leben e. *(es aktiv nutzen, revitalisieren)*
ein|hau|en¹: eine Kerbe e. | (ugs.) *gierig essen* ‖ **ein|hau|en**² sich (ugs.): sich bei jemandem e. *(einschmeicheln)*
ein|hau|sen (fachspr.): *umbauen;* eine Straße [zum Schutz vor Lärm oder Lawinen] e. *(rundherum verbauen, ummanteln)* ‖ **Ein|hau|sung** (fachspr.)
ein|he|ben: *einkassieren;* eine Gebühr e. ‖ **Ein|he|bung**
ein|hef|ten: die Kontoauszüge in die Mappe e.
ein|hei|misch: einheimische *(inländische)* Obstsorten ‖ **Ein|hei|mi|sche**¹ der, -n/-n, ein Einheimischer ‖ **Ein|hei|mi|sche**² die, -n/-n
ein|heim|sen, du heimst ein: [einen] Gewinn e. *(einstreifen)*
ein|hei|ra|ten: in eine Familie, Firma e.
Ein|heit die, -/-en ‖ **ein|heit|lich:** einen Plan e. durchführen; einheitliche Preise ‖ **Ein|heit|lich|keit** die, - ‖ **Ein|heits|look** [-luk] **Ein|heits|preis** ‖ **Ein|heits|wäh|rung** ‖ **Ein|heits|wert:** *gesetzlich vorgeschriebener Wert [für Grundstücke]*
ein|hei|zen: *die Heizung in Betrieb nehmen* | (ugs., sal.) jemandem ordentlich e. *(jemanden energisch zurechtweisen, jemanden antreiben)*
ein|hel|lig: ein einhelliger *(einstimmiger)* Beschluss ‖ **Ein|hel|lig|keit** die, -
ein|her|ge|hen: das Fieber ging mit Kopfschmerzen einher
ein|höck|rig, *auch:* einhöckerig: ein einhöckriges Kamel *(Dromedar)*
Ein|hof: *Bauernhof mit Wohn- und Wirtschaftshaus in einem;* → G.: Paarhof
ein|ho|len: er konnte das Spitzenfeld e. *(erreichen)* | die Segel e. *(einziehen)* | ein Gutachten e. *(anfordern)*
ein|hö|ren sich: ich muss mich in diese Musik e.
Ein|horn das, -[e]s/-e [-hörner]: *ein Fabeltier*
Ein|hu|fer der, -s/- (Zool.): Pferd und Esel sind E.; → Paarhufer ‖ **ein|hu|fig** (Zool.)
ein|hül|len: sich in ein Badetuch e.
ein|hun|dert (zB auf Formularen): *hundert* ‖ **Ein|hun|dert|eu|ro|bank|no|te** (100-Euro-Banknote): *Hunderteurobanknote* ‖ **Ein|hun|dert|eu|ro|schein** (100-Euro-Schein): *Hunderteuroschein*
ei|nig: wir sind uns e. *(wir sind alle der Meinung),* dass ...; e. werden

ei|ni|ge:

Das Pronomen wird immer kleingeschrieben:
- einige Stunden später
- einige Mal[e]
- es sind noch einige gekommen
- wir müssen noch einiges besprechen
- nur einige wenige *(nur wenige)*
- einige hundert (= Hundert) [Leute] waren dabei

ei|ni|geln sich: ich igle mich aus Protest ein *(schirme mich nach allen Seiten hin ab)*
ei|ni|gen: sich über/auf etwas e. *(darüber einig werden)* ‖ **ei|ni|ger|ma|ßen** ‖ **ei|ni|ges:** ich habe e. gehört ‖ **Ei|nig|keit** die, - ‖ **Ei|ni|gung** die, -/-en ‖ **Ei|ni|gungs|be|stre|bung** (meist Pl.)
ein|imp|fen: jemandem eine Meinung e. *(mit Nachdruck beibringen)*
ein|ja|gen: jemandem Schrecken e.
ein|jäh|rig: ein einjähriger Lehrgang ‖ **Ein|jäh|rig-Frei|wil|li|ge**¹ der, -n/-n, ein Einjährig-Freiwilliger (Mil.): *Grundwehrdiener mit verlängerter Dienstzeit (Offiziersausbildung)* ‖ **Ein|jäh|rig-Frei|wil|li|ge**² die, -n/-n (Mil.)
ein|kal|ku|lie|ren: jedes Risiko e. *(in Betracht ziehen)*
Ein|ka|rä|ter der, -s/-: *einkarätiger*

E

Edelstein ‖ **ein|ka|rä|tig** → Karat
ein|kas|sie|ren: Geld e.
ein|kas|teln (ugs.): ich kastle eine Ziffer ein *(umrande sie mit einem Viereck)* | *einsperren*
Ein|kauf: Einkäufe für jemanden erledigen ‖ **ein|kau|fen:** günstig e. ‖ **Ein|käu|fer** ‖ **Ein|käu|fe|rin** ‖ **Ein|kaufs|bum|mel** ‖ **Ein|kaufs|korb** ‖ **Ein|kaufs|pa|ra|dies** ‖ **Ein|kaufs|preis:** *Preis, den ein Händler für eine Ware bezahlt* ‖ **Ein|kaufs|re|ser|ve** [-v-] (Bankw.): *Überziehungsrahmen* ‖ **Ein|kaufs|sams|tag:** langer E. vor Weihnachten ‖ **Ein|kaufs|stra|ße** ‖ **Ein|kaufs|ta|sche** ‖ **Ein|kaufs|tour** [-tuːə] ‖ **Ein|kaufs|wa|gen** ‖ **Ein|kaufs|wa|gerl** ‖ **Ein|kaufs|zen|t|rum** (EKZ)
Ein|kehr die, - (geh.): E. halten *(in sich gehen)* ‖ **ein|keh|ren:** *in ein Gasthaus gehen* ‖ **Ein|kehr|schwung** (scherzh.): *Rast beim Skifahren* ‖ **Ein|kehr|tag** (Rel.)
ein|kei|len: er ist in der Menge eingekeilt
ein|kel|lern: Erdäpfel e. *(einlagern)*
ein|ker|ben: *eine Kerbe anbringen;* den Baumstamm e.
ein|ker|kern: *in einem Kerker in Haft setzen*
ein|kes|seln (Mil.): *rundum einschließen*
Ein|kind|ehe ‖ **Ein|kind|fa|mi|lie**
ein|kla|gen: die Schadenssumme bei Gericht e.
ein|klam|mern: *in Klammer[n] setzen*
Ein|klang der, -[e]s: Worte und Taten stehen im/in E. *(sie stimmen überein);* die Ansichten des einen mit denen des anderen in E. bringen | (Mus.) *das Zusammenklingen mehrerer Stimmen auf demselben Ton;* beide Violinen beginnen im E. *(mit demselben Ton)*
ein|klas|sig: eine einklassige Volksschule
ein|kle|ben: Fotos e.
ein|klei|den: die Kinder neu e.
ein|klem|men: einen Draht e.
ein|klin|ken: *einrasten;* die Karabinerhaken e.
ein|kni|cken: beim Gehen e.
ein|ko|chen: Zwetschken e. | (ugs.) sie haben die Oma eingekocht *(durch listiges Einschmeicheln für sich gewonnen)*
Ein|kom|men das, -s/-: *Lohn, Verdienst, Einnahmen* ‖ **Ein|kom|mens|ent|fall** (Amtsspr.) ‖ **Ein|kom|mens|ge|fäl|le:** *Unterschied im Einkommen, zB zwischen West- und Ostösterreich* ‖ **Ein|kom|mens|gren|ze:** *Grenze, um zB noch eine Förderung zu erhalten* ‖ **Ein|kom|mens|hö|he** ‖ **ein|kom|mens|schwach:** *von geringem Einkommen* ‖ **Ein|kom|men|steu|er,** *auch:* Einkommenssteuer ‖ **Ein|kom|men|steu|er|er|klä|rung,** *auch:* Einkommenssteuererklärung ‖ **ein|kom|men|steu|er|frei,** *auch:* einkommenssteuerfrei ‖ **Ein|kom|men|steu|er|ge|setz** (EStG) ‖ **ein|kom|men|steu|er|pflich|tig,** *auch:* einkommenssteuerpflichtig ‖ **Ein|kom|mens|un|ter|schied** ‖ **Ein|kom|mens|ver|hält|nis|se** die (Pl.)
ein|köp|feln: den Ball e. *(ihn im Fußball mit dem Kopf ins Tor stoßen)*
ein|kra|chen: *zusammenstürzen*
ein|krei|sen: das Wild e. *(umzingeln)*
ein|kre|men = → eincremen
ein|kreu|zen (Biol.): eine neue Sorte in den Weizen e.
ein|küh|len: Getränke e. *(kalt stellen)*
Ein|künf|te die (Pl.): *Einnahmen, Verdienst*
ein|kup|peln: *einen Gang einlegen*
ein|la|den[1]: er lädt/ladet unsere Koffer ein
ein|la|den[2]: sie lädt/ladet uns zu einem Geburtstagsfest ein ‖ **ein|la|dend:** der Tisch ist e. gedeckt ‖ **Ein|la|dung**
Ein|la|ge die, -/-n: *zusätzliche Sohle, die in den Schuh eingelegt wird* | *provisorische Zahnfüllung* | *Frittaten, Nockerln uÄ in der Suppe* | *Bankguthaben* | eine musikalische E. *(ein Zwischenstück)* | (Amtsspr.) *Neuanlage, neues Blatt [in einem Verzeichnis];* Grundbuchseinlage ‖ **Ein|la|gen|si|che|rung:** *Sicherheitsgarantie von Staat und Banken zum Schutz der Einlagen von Kunden im Fall der Insolvenz eines Kreditinstituts*
ein|la|gern: Erdäpfel e. ‖ **Ein|la|ge|rung**
Ein|la|ge|zahl (Amtsspr.)
ein|lan|gen: *ankommen, eintreffen*
Ein|lass der, -es/-lässe: „Einlass ab 19 Uhr" ‖ **ein|las|sen:** Wasser in die Wanne e. | den Fußboden [mit Wachs] e. | sich mit jemandem in ein Gespräch e.
Ein|lauf (Amtsspr.): *eingegangene Post [in einem Büro]* | (Med.) *Klistier* ‖ **ein|lau|fen** (Seemannsspr.): in den Hafen e. *(einfahren)* | (Sport) die Mannschaft läuft ins Stadion ein ‖ **Ein|lauf|kas|ten** (Amtsspr.): *Briefkasten der Einlaufstelle* ‖ **Ein|lauf|stel|le** (Amtsspr.): *Posteingangsstelle [in Ämtern]*
ein|läu|ten: das neue Jahr e.
ein|le|ben sich: sich in der neuen Schule e.
Ein|le|ge|ar|beit: *eine E. aus färbigen Hölzern in einer Tischplatte;* → Intarsia ‖ **ein|le|gen:** die Knödel ins kochende Wasser e.; eine CD e. *(in den CD-Player schieben)* | für jemanden/bei jemandem ein gutes Wort e.; Protest e. *(erheben)* | (Küchenspr.) Essiggurkerln e. *(sie in Flüssigkeit haltbar machen)* | (Bankw.) einen Geldbetrag e. *(auf ein Konto, Sparbuch einzahlen)* ‖ **Ein|le|ger** der, -s/- (Bankw.) ‖ **Ein|le|ge|rin** die, -/-innen (Bankw.)
ein|lei|ten: das elektrische Licht e. lassen | einleitend *(zu Beginn)* etwas feststellen | ein Verfahren e. *(in die Wege leiten)* ‖ **Ein|lei|tung** die, -/-en: die E. eines Aufsatzes, einer Rede
ein|len|ken: *nachgeben*
ein|ler|nen: *mechanisch lernen; einprägen*
ein|le|sen: sich in einen Autor e. | Daten e. *([mittels Scanner] in den Computer eingeben)*
ein|leuch|ten: das leuchtet mir ein *(ich verstehe es, sehe es ein)* ‖ **ein|leuch|tend:** eine einleuchtende *(verständliche)* Begründung
ein|lie|fern: ins Spital eingeliefert werden ‖ **Ein|lie|fe|rung**
ein|lo|chen (ugs.): *einsperren*
ein|log|gen (EDV): *eine Verbindung zu einem anderen Computer oder in einem Netzwerk herstellen;* sie hat sich eingeloggt; → Log-in; → ausloggen
ein|lo|gie|ren [-loʒ-] (veraltend): *unterbringen;* jemanden im Gästezimmer e.
ein|lö|sen: einen Gutschein e. | ein Versprechen e. *(erfüllen)* ‖ **Ein|lö|sung**
ein|lul|len: *einschläfern; die Aufmerksamkeit lähmen*
Ein|mach die, - (Küchenspr.): *eine [helle] Einbrenn* ‖ **ein|ma|chen** (Küchenspr.): *Gemüse oder Obst haltbar machen; einkochen, einlegen, einrexen;* → Eingemachte | eine Suppe e. *(mit einer Einmach verdicken)* ‖ **Ein|mach|sau|ce** [-zoːs(ɛ)], *auch:* **Ein|mach-**

E

soß, Ein|mach|so|ße ‖ **Ein|mach|sup|pe**
ein|mah|nen: *einfordern* ‖ **Ein|mah|nung**

ein|mal:

Zusammenschreibung ist der Normalfall:
- auf einmal
- noch einmal, *aber getrennt:* das eine Mal
- es war einmal (unbetont, *einst*)
- komm einmal her (unbetont)
- nicht einmal (auch: nicht einmal)

Bei besonderer Betonung ist auch Getrenntschreibung möglich:
- ich sage das nur ein Mal; → mal; → Mal

Ein|mal|ein|la|ge: *Sparen durch eine einmalige Einzahlung (im Gegensatz zu laufenden Einzahlungen)* ‖ **Ein|mal|eins** das, -/-: das kleine E. *(Multiplikationsreihe mit den Zahlen 1 bis 10)* ‖ **Ein|mal|er|lag** (Bankw.): *einmalige Einzahlung* ‖ **ein|ma|lig:** das ist eine einmalige Gelegenheit *(gibt es nur einmal)* | das Essen war e. *(großartig)* ‖ **Ein|mal|zah|lung**
Ein|mann|be|trieb [auch: -'a-] ‖ **Ein|mann|boot** (Sport) → Einer
ein|mar|ge|rie|ren ⟨fr.-dt.⟩ (W, mda.): das kannst du dir e. *(für immer behalten)*
Ein|marsch ‖ **ein|mar|schie|ren:** die Festgäste marschieren in den Ballsaal ein; die feindliche Armee marschiert in das Nachbarland ein
ein|mas|sie|ren: eine Salbe e.
Ein|mas|ter (Seemannsspr.): *Segelschiff mit nur einem Mast*
ein|mau|ern: den Türrahmen e.
ein|mei|ßeln: eine Aufschrift in Stein e.
ein|men|gen sich: *sich einmischen*
Ein|me|ter|brett (Sport): *ein Sprungbrett*
ein|mie|ten: sich bei Verwandten für einige Zeit e.
ein|mi|schen sich: *eingreifen* ‖ **Ein|mi|schung**
ein|mo|na|tig: einmonatige Kurse
ein|mo|to|rig: ein einmotoriges Flugzeug
ein|mot|ten: Kleider e. *(sie durch ein Mittel gegen Mottenfraß schützen)* | die Skiausrüstung e. *(bis zur nächsten Saison wegpacken)*
ein|mün|den ‖ **Ein|mün|dung**
ein|mü|tig: *einstimmig* ‖ **Ein|mü|tig|keit** die, -
ein|nä|hen: den Ärmel e.; das Geld ins Futter e. ‖ **Ein|nä|her** der, -s/-: *Abnäher;* das Kleid mit einem E. *(durch eine eingenähte Falte)* passend machen
Ein|nah|me die, -/-n ‖ **Ein|nah|me|aus|fall** = **Ein|nah|men|aus|fall** ‖ **ein|nah|men|sei|tig:** einnahmen- und ausgabenseitig ‖ **Ein|nah|me|quel|le** = **Ein|nahms|quel|le**
ein|ne|beln: *durch [künstlichen] Nebel verhüllen*
ein|neh|men: Geld e. | viel Platz e. | eine Stadt e. *(erobern)* | eine Mahlzeit e.; Medikamente e. | von jemandem eingenommen sein *(für jemanden eine Vorliebe haben);* sie ist von sich eingenommen *(hält viel von sich)* ‖ **ein|neh|mend:** ein einnehmendes *(angenehmes, gewinnendes)* Wesen haben
ein|ni|cken: *einschlafen*
ein|nis|ten ‖ **Ein|nis|tung** die, -/-en
Ein|öd → Einöde ‖ **Ein|öd|bau|er** ‖ **Ein|öd|bäu|e|rin,** *auch:* **Ein|öd|bäu|rin** ‖ **Ein|öde** die, -, *auch:* Einöd: *verlassene, einsame Gegend* | *Einödhof* ‖ **Ein|öd|hof:** *entlegener Einzelhof*
ein|ölen: die Fahrradkette e.
ein|ord|bar = **ein|or|den|bar:** nicht e. *(zuzuordnen)* sein ‖ **ein|ord|nen**[1]: ein Wort alphabetisch e. *(einreihen)* | er lässt sich politisch schwer e. ‖ **ein|ord|nen**[2] sich: sie will sich nicht e. *(nicht in die [gesellschaftliche] Ordnung, in das [Arbeits]team einfügen)*
ein|pa|cken: das Buch e. | (ugs.) die Kinder warm e. *(anziehen)* | (ugs.) e. können *(auf Grund von Erfolglosigkeit aufgeben müssen)*
ein|pa|pierln (ugs.): *in Papier einwickeln*
ein|par|ken: das Auto e. *(in eine Parklücke lenken)* ‖ **Ein|par|ker** der, -s/- ‖ **Ein|par|ke|rin** die, -/-innen ‖ **Ein|park|hil|fe**
Ein|par|tei|en|re|gie|rung (Pol.)
ein|pas|sen: *genau passend einfügen*
ein|peit|schen ‖ **Ein|peit|scher** der, -s/-: *jemand, der andere in eine Sache hineinhetzt oder ihnen etwas eintrichtert* ‖ **Ein|peit|sche|rin** die, -/-innen
ein|pen|deln[1]: nach Linz e. *(zur Arbeit fahren);* → Pendler ‖ **ein|pen|deln**[2] sich: *einen bestimmten [Durchschnitts]wert erreichen;* die Zahl der Teilnehmer hat sich auf 20 eingependelt ‖ **Ein|pend|ler** ‖ **Ein|pend|le|rin**
Ein|per|so|nen|haus|halt (Wirt.) ‖ **Ein|per|so|nen|stück:** Theaterstück mit nur einer Person
ein|pfer|chen: *in einen engen Raum hineindrängen;* das Vieh ist in Käfigen eingepfercht
ein|pflan|zen: *eine Pflanze einsetzen* | (Med.) *implantieren;* der Patientin eine neue Niere e.
ein|pfle|gen (EDV): Daten e. *(systematisch in eine Datenbank eingeben)*
ein|pi|cken: Fotos ins Album e. *(einkleben)*
ein|pin|seln: Warzen mit einer Tinktur e.
ein|pla|nen: *in die Planung einbeziehen*
ein|pö|keln: Fleisch e. *(es durch Einsalzen haltbar machen)*
ein|prä|gen: er hat sich das eingeprägt *(gemerkt, hat das im Gedächtnis behalten)* | die Initialen in Leder e. ‖ **ein|präg|sam** ‖ **Ein|präg|sam|keit** die, -
ein|pres|sen
ein|pro|gram|mie|ren: *Daten eingeben, programmieren*
ein|prü|geln: auf jemanden e. | jemandem etwas e. *(mit Gewalt beibringen)*
ein|pu|dern: *mit Puder bedecken*
ein|quar|tie|ren: *ins Quartier nehmen; unterbringen;* sich bei jemandem e. ‖ **Ein|quar|tie|rung** die, -/-en
ein|quet|schen: sich den Finger e. *(einklemmen und dabei quetschen)*
ein|rä|drig: einrädrige Anhänger
ein|rah|men: ein Bild e.
ein|ram|men: einen Pfosten e. *(in den Boden schlagen)*
ein|ras|ten: *einschnappen;* der Verschluss rastet ein
ein|räu|men: ein Zimmer, Spielzeug e. | jemandem einen Platz e. *(zur Verfügung stellen)* | eine Möglichkeit e. *(zugestehen)*
ein|rech|nen: *mitrechnen, anrechnen*
Ein|re|de (Jus): *Widerspruch, Einwand im Prozess* ‖ **ein|re|den:** ich lasse mir das nicht e. *(weismachen)* | sie hat lang auf ihn eingeredet *(sie hat eindringlich zu ihm gesprochen)*
ein|rei|ben: das Fleisch mit Salz und Pfeffer e. ‖ **Ein|rei|bung**

E

ein|rei|chen: ein Gesuch e.; jemanden für einen Preis e. *(vorschlagen)* || **Ein|reich|frist** || **Ein|reich|plan** || **Ein|reich|schluss**
ein|rei|hen: *in die Reihe stellen;* *sich links e. (auf die linke Fahrspur wechseln)* || **Ein|rei|her** der, -s/-: *Sakko mit einer Knopfreihe* || **ein|rei|hig**
Ein|rei|se || **Ein|rei|se|be|wil|li|gung** || **ein|rei|sen:** *in ein Land reisen* || **Ein|rei|se|ver|bot** || **Ein|rei|se|vi|sum** [-v-]
ein|rei|ßen: eine Mauer e.; einen Stoff e. | eine Unart ist eingerissen *(zur Gewohnheit geworden)*
ein|rei|ten: in die Manege e. | ein junges Pferd e. *(an das Reiten gewöhnen)*
ein|ren|ken: eine ausgerenkte Schulter e. *(einrichten)* | eine verfahrene Sache wieder e. *(in Ordnung bringen)*
ein|ren|nen: jemandem die Tür e. *(jemanden bestürmen)*
ein|re|xen: Kirschen e. *(einmachen);* → Rexglas
ein|rich|ten: sich auf etwas e. *(einstellen)* | das Zimmer modern e. | eine Hotline e. *(schaffen, begründen)* | (Med.) ein gebrochenes Bein e. || **Ein|rich|tung** die, -/-en: *das gesamte Mobiliar* | eine E. *(Institution)* der Erwachsenenbildung || **Ein|rich|tungs|ge|gen|stand** || **Ein|rich|tungs|haus**
ein|rin|geln: ich ringle in einem Text ein Wort ein | das Haar ringelt sich ein *(legt sich in Locken)*
Ein|riss: ein E. in der Lunge
ein|rit|zen: einen Namen e.
ein|rol|len: eine Weinflasche in Papier e.
ein|ros|ten: die Maschine ist eingerostet
ein|rü|cken: einen Textabschnitt e. | (Mil.) zum Grundwehrdienst e.
ein|rüh|ren: Mehl e.
ein|rüs|ten: eine Fassade e.

eins (1):

Kleinschreibung des Zahlworts:
- es ist/schlägt eins
- eins zu zwei (1 : 2)
- sie ist die Nummer eins
- eins a, 1a *(ausgezeichnet);* → Ia
- eins zu eins *(unverändert)* realisieren

→ ein; → erste; → acht

Kleinschreibung des Adjektivs:
- es ist mir alles eins *(gleich, gleichgültig)*
- das läuft auf eins hinaus *(es ist das Gleiche)*

Eins

die, -/-en (bes. D): *Einser*

Großschreibung bei Nominalisierung der Grundzahl zur Bezeichnung einer Ziffer:
- die Ziffer Eins (1)
- die Ziffern Eins bis Neun
- die Note Eins; → Einser

R→ S. 894, 2.3.3

ein|sa|ckeln (ugs.): ich sackle *(packe)* die Geschenke ein | *einverleiben, an sich nehmen* | jemanden e. *(für sich einnehmen, herumkriegen)*
ein|sa|gen: dem Mitschüler e. || **Ein|sa|ger** der, -s/-: *Souffleur* || **Ein|sa|ge|rin** die, -/-innen
ein|sä|gen: mehrere Kerben in das Brett e.
ein|sal|zen: das Fleisch e.; → einsuren
ein|sam: er fühlt sich e. | ein einsamer *(abgelegener)* Ort | (ugs.) einsame Klasse! *(weit überlegen)* || **Ein|sam|keit** die, -
ein|sam|meln: die Hefte aller Schüler/innen e.
ein|sar|gen: *in den Sarg legen;* den Toten e.
Ein|satz der, -es/-sätze: der E. pro Wette beträgt 20 Euro; E. *(Pfand)* für eine Flasche zahlen | der E. der Polizei | die Mannschaft spielte mit großem E. | *Lattenrost* | (Mus.) der Dirigent gibt den E. || **ein|satz|be|reit** || **Ein|satz|be|reit|schaft** || **ein|satz|fä|hig** || **Ein|satz|fahr|zeug:** Einsatzfahrzeuge der Polizei, Rettung, Feuerwehr || **Ein|satz|kom|man|do** || **Ein|satz|kraft** (meist Pl.): *jemand, der einem Einsatzkommando angehört* || **Ein|satz|lei|ter** || **Ein|satz|lei|te|rin** || **Ein|satz|lei|tung** || **Ein|satz|mög|lich|keit** || **Ein|satz|plan** || **Ein|satz|wa|gen** || **Ein|satz|zei|chen** || **Ein|satz|zen|t|ra|le**
ein|säu|men: Kleider e.
ein|scan|nen [-skæ-]: *[Bilder, Text] mit einem Scanner erfassen und im PC speichern*
ein|schal|ten: das Licht e. | sich in Verhandlungen e. *(in sie eingreifen);* eine kurze Diskussion e. *(einschieben)* | eine Zeitungsannonce e. *(schalten)* || **Ein|schalt|quo|te:** *Anzahl der Radiohörer bzw. der Fernsehzuschauer einer Sendung* || **Ein|schal|tung:** *Veröffentlichung [in einer Zeitung, im TV]* || **Ein|schalt|zif|fer:** → *Einschaltquote*
ein|schär|fen: ich habe ihm das eingeschärft *(streng aufgetragen)*
ein|schar|ren: *verscharren*
ein|schät|zen: ich habe ihn falsch eingeschätzt || **Ein|schät|zung**
Ein|schau (Amtsspr.): *eine behördliche Überprüfung [durch den Rechnungshof]* || **Ein|schau|be|richt** (Amtsspr.) || **ein|schau|en:** beim Versteckenspiel e. *(mit verdeckten Augen zählen, bis sich die Mitspieler versteckt haben)*
ein|schau|feln: den Sand in Plastiksäcke e.
ein|schen|ken: Milch e.; jemandem reinen Wein e. *(die volle Wahrheit sagen)*
Ein|schicht die, -: in der E. *(Einsamkeit)* leben || **Ein|schicht|hof:** *Bauernhof auf abgelegenem Gelände* || **ein|schich|tig:** *einseitig* | ein einschichtiger *(abseitsgelegener)* Hof
ein|schi|cken: das defekte Gerät e. *(an die zuständige Firma senden)*
ein|schie|ben: einen Zug e. *(zusätzlich [wegen Überlastung] auf den Fahrplan setzen)* || **Ein|schieb|sel** das, -s/- (ugs.): *[Text-]einschub* || **Ein|schie|bung:** *Einschub [von Textzeilen]*
ein|schie|ßen: eine Fensterscheibe e. | die Medien haben sich darauf eingeschossen *(machten es zum Angriffsziel)* | sich auf ein Ziel e. *(fixieren, konzentrieren)*
ein|schif|fen: sich nach Korfu e. *(sich an Bord eines Schiffes nach Korfu begeben)*
ein|schir|ren: *ein Pferd ins Geschirr nehmen*
einschl.: einschließlich
ein|schla|fen: ich bin beim Lesen eingeschlafen | der Fuß ist [mir] eingeschlafen || **ein|schlä|fern:** ein Kind e. *(zum Schlafen bringen);* ein einschläferndes *(eintöniges)* Geräusch | den kranken Hund e. *(schmerzlos töten)* || **Ein|schlä|fe|rung** die, -/-en
Ein|schlag: Einschläge von Granaten | eine Autolenkung mit großem E. | Italienisch mit deutschem E. *(Akzent)* sprechen || **ein|schla|gen:** einen Nagel e. | Butter in Papier e. *(einwickeln)* | eine andere Wegrichtung e. | der Blitz hat eingeschlagen | dieses

Theaterstück wird e. *(große Wirkung haben)* ‖ **ein|schlä|gig:** *zum Thema gehörig*
ein|schlei|chen[1] sich: sich in ein fremdes Haus e. | Fehler haben sich eingeschlichen ‖ **ein|schlei|chen**[2] (Med.): *die Dosis langsam steigern*
ein|schlei|fen: *eingravieren* | (Amtsspr.) *nach und nach anpassen;* die Beihilfe nach dem Einkommen e. | (ugs., veraltend) *bremsen* ‖ **Ein|schleif|re|ge|lung** (Amtsspr.): *eine [steuerliche] Übergangsregelung*
ein|schlei|men sich (ugs., abw.): *sich einschmeicheln*
ein|schlep|pen: eine Krankheit aus den Tropen e. *(mitbringen)*
ein|schleu|sen: einen Spion in einen Betrieb e.
ein|schlich|ten: *einordnen* | *einlagern*
ein|schlie|ßen: Geld im Tresor e. *(versperren)* | sie sind vom Hochwasser eingeschlossen | etwas ist im Preis eingeschlossen *(inbegriffen)*

ein|schließ|lich (einschl.):

Präposition mit Genitiv:
– einschließlich *(inklusive)* des Trinkgeldes
Allein stehendes starkes Nomen im Singular bleibt undekliniert:
– einschließlich Trinkgeld
– einschließlich Rabatt
Im Plural mit Dativ, wenn Genitiv nicht erkennbar:
– einschließlich Trinkgeldern *(statt:* Trinkgelder)
Adverb:
– bis einschließlich 31. Mai

ein|schlum|mern: *sanft einschlafen*
Ein|schluss: mit E. *(einschließlich)* | (Geol.) viele Jahrtausende alte Einschlüsse *(Fremdkörper)* im Gestein
ein|schmei|cheln sich: sich beim Lehrer e. *(ihm schöntun);* diese Musik ist einschmeichelnd
ein|schmei|ßen (ugs.): ein Fenster e. *(einwerfen, einschlagen)*
ein|schmel|zen: Alteisen e.
ein|schmie|ren: *eincremen, einölen*
ein|schmug|geln: Drogen e.
ein|schnap|pen: die Haustür e. lassen; → eingeschnappt
ein|schnei|den: dieser Riemen schneidet *(schnürt)* ein | ein Fenster e. *(Scheiben einsetzen)* | einschneidende *(durchgreifende, bes. fühlbare)* Maßnahmen | (Küchenspr.) Kraut e. *(zerkleinern und zur Haltbarmachung in einen Behälter geben)*
ein|schnei|en: der Skiort ist eingeschneit *(durch Schnee abgeschnitten, zugeschneit)*
Ein|schnitt: ein tiefer E.
ein|schnü|ren: das Korsett schnürt die Taille ein
ein|schrän|ken: ich werde mich e. müssen *(sparen müssen);* die Bewegungsfreiheit ist eingeschränkt worden
ein|schrau|ben: eine neue Glühbirne e. *(in die Fassung drehen)*
Ein|schreib|brief ‖ **ein|schrei|ben:** das Kind in die Schule e. *(aufnehmen)* lassen | „Einschreiben", *auch:* „Eingeschrieben" *(Vermerk auf einem rekommandierten Brief)* | (Math.) einem Dreieck einen Kreis e. ‖ **Ein|schrei|ben** das, -/-: *Einschreibsendung* ‖ **Ein|schreib|frist** ‖ **Ein|schreib|ge|bühr** ‖ **Ein|schreib|sen|dung**
ein|schrei|ten: gegen Gewalttäter polizeilich e. *(vorgehen)* ‖ **Ein|schrei|ter** der, -s/- (Amtsspr.): *jemand, der mit einem Begehren an eine Behörde herantritt* ‖ **Ein|schrei|te|rin** die, -/-innen (Amtsspr.)
ein|schrump|fen: *durch Trockenheit schrumpfen die Weintrauben ein*
Ein|schub: *Einfügung* ‖ **Ein|schub|wa|gen:** *außerplanmäßig verkehrender [Straßenbahn]zug*
ein|schüch|tern: ich lasse mich nicht e. ‖ **Ein|schüch|te|rung** die, - ‖ **Ein|schüch|te|rungs|ver|such**
ein|schu|len: ein Kind wird eingeschult *(in die 1. Schulstufe aufgenommen)* | einen Arbeiter an der neuen Maschine e. *(anlernen)* ‖ **Ein|schu|lung**
Ein|schuss: *Stelle, an der ein Geschoß eingedrungen ist* ‖ **Ein|schuss|loch** ‖ **Ein|schuss|stel|le** ‖ **Ein|schuss|win|kel**
ein|schwei|ßen: in Folie e. ‖ **Ein|schweiß|fo|lie** [-iɛ]
ein|schwen|ken: die Demonstranten schwenken links ein *(biegen ab)* | auf einen liberalen Kurs e.
ein|schwin|gen: sich beim Skifahren e.
ein|schwö|ren: die Partei ist auf das Programm eingeschworen
ein|seg|nen: *(mit kirchlichem Beistand) feierlich bestatten;* der Geistliche segnet den Verstorbenen ein ‖ **Ein|seg|nung**
ein|se|hen: seinen Irrtum e. *(erkennen)* | wir können vom Nachbarhaus den Hof e. | Akten e. *(Einblick nehmen)* ‖ **Ein|se|hen** das, -s: ein E. haben *(Verständnis für etwas haben)*
ein|sei|fen: Wäsche e.; sich vor der Rasur e. | (sal.) du hast dich e. *(überreden, beschwindeln)* lassen
ein|sei|tig: ein e. beschriftetes/beschriebenes Blatt | ein einseitiger *(nur an bestimmten Dingen interessierter)* Mensch | den Vertrag e. kündigen ‖ **Ein|sei|tig|keit** die, -/-en
ein|sen|den: *einschicken* ‖ **Ein|sen|der** der, -s/- ‖ **Ein|sen|de|rin** die, -/-innen ‖ **Ein|sen|de|schluss**

Ein|ser

(1er) der, -s/-: *die Ziffer Eins (1)*
Die österreichischen Formen der nominalisierten Zahlwörter werden auf -er gebildet:
– einen Einser hinschreiben (bes. in Deutschland: eine Eins)
– als Note einen [römischen] Einser *(ein Sehr gut)* bekommen (bes. in Deutschland: eine Eins)

ein|setz|bar ‖ **ein|set|zen**[1]: Pflanzen e. | Maschinen e. | der Chor setzt ein ‖ **ein|set|zen**[2] sich: sich für eine gute Sache e. ‖ **Ein|set|zung** die, -/-en
Ein|sicht die, -/-en: er kam zur E. *(Erkenntnis),* dass ...; wenig E. *(Verständnis)* zeigen | (ohne Pl.) Akten zur E. *(Einsichtnahme)* vorlegen ‖ **ein|sich|tig:** sich e. *(vernünftig)* zeigen | einsichtige *(einleuchtende)* Gründe ‖ **Ein|sicht|nah|me** die, -/-n ‖ **Ein|sichts|akt** der, -[e]s/-en (Amtsspr.): *zur Einsichtnahme genehmigter [gerichtlicher, ministerieller] Akt* ‖ **Ein|sichts|be|mer|kung** (Amtsspr.): *Vermerk in einem bereits angelegten Akt nach Einsichtnahme* ‖ **ein|sichts|voll**
ein|si|ckern: *langsam eindringen;* einsickerndes Grundwasser
Ein|sie|de|glas, *auch:* Einsiedglas: *Marmelade-, Kompottglas*
Ein|sie|de|lei die, -/-en: *Wohnstätte eines Einsiedlers* ‖ **Ein|sied|ler|krebs:** *in einem Schneckenhaus lebender Krebs*
ein|sie|den: Obst oder Gemüse e. *(einkochen und dadurch haltbar*

E

machen) || **Ein|sied|glas** → Einsiedeglas

Ein|sied|ler: → *Eremit* || **Ein|sied|le|rin** || **ein|sied|le|risch**

ein|sil|big: ein einsilbiges *(aus nur einer Silbe bestehendes)* Wort | sie ist e. *(wortkarg)*

ein|si|lie|ren (Landw.): Mais e. *(als Gärfutter aufbewahren);* → Silo

ein|sin|gen: sich vor dem Konzert e. *(vor dem Auftritt Stimmübungen machen)*

ein|sin|ken: im Schnee e.

ein|sit|zen (bes. D): *in Haft sein*

Ein|sit|zer der, -s/-: *Boot, Flugzeug oder Rodel mit nur einem Sitz* || **ein|sit|zig**

ein|sor|tie|ren: *einordnen*

ein|span|nen: Pferde e. | Papier in die Schreibmaschine e. | (ugs.) den Praktikanten [dafür] e. *(ihn für sich arbeiten lassen)* || **Ein|spän|ner** der, -s/-: *Wagen mit nur einem Pferd | ein Glas Mokka mit Schlagobers | eine Hälfte von einem Paar [Frankfurter] Würstel* || **ein|spän|nig:** e. fahren

ein|spa|ren: Personal e. *(kündigen; frei gewordene Stellen nicht mehr nachbesetzen)* || **Ein|spa|rung** die, -/-en || **Ein|spa|rungs|maß|nah|me** || **Ein|spa|rungs|po|ten|zi|al** = Einsparungspotential [-tsi̯-]

ein|spei|chern: Daten e.

ein|spei|sen: Strom in das Netz e. | (EDV) Daten e. *(speichern)*

ein|sper|ren: einen Verbrecher e. | einen Brief in der/die Lade e.

ein|spie|len: der Film hat seine Herstellungskosten eingespielt *(hereingebracht)* | die Musiker spielen sich vor dem Konzert ein | alles hat sich eingespielt *(läuft nun reibungslos)* | die neue CD wurde von den Philharmonikern eingespielt *(mit ihnen aufgenommen)* || **Ein|spiel|er|geb|nis** | **Ein|spie|lung** die, -/-en: *Musikaufnahme | eingeschobener Beitrag während einer Fernseh-, Radiosendung, Insert*

ein|spin|nen: die Raupe spinnt sich ein | sich in seine Gedankenwelt e.

Ein|spra|che (Amtsspr., Jus): *Einspruch* || **ein|spra|chig:** das Österreichische Wörterbuch ist e.; ein einsprachiges Wörterbuch für Englisch || **Ein|spra|chig|keit** die, - || **ein|spre|chen:** auf jemanden e. *(einreden)* | (veraltet) im Gasthaus e. *(einkehren)*

Ein|spreng|sel das, -s/-: ein E. in einem Gestein

ein|sprin|gen: für jemanden e. *(jemanden unvorgesehen [kurzfristig] vertreten)*

ein|sprit|zen: Benzin e. || **Ein|sprit|zer** der, -s/-s = **Ein|spritz|mo|tor** (Kfz): *ein Verbrennungsmotor;* → G.: Vergasermotor || **Ein|spritz|pum|pe** (Kfz)

Ein|spruch: E. erheben; → Einsprache || **Ein|spruchs|recht**

ein|spu|rig: eine einspurige Bergstraße; eine einspurige *(eingleisige)* Bahnstrecke | ein einspuriges Fahrzeug *(Motorrad uÄ)*

Eins|sein das, -s (geh.): *völlige Übereinstimmung*

einst (geh.): *früher, seinerzeit;* → einstig | *später, in Zukunft, dereinst*

ein|stamp|fen: alte Akten e. *(vernichten)*

Ein|stand der, -[e]s: *Übernahme des Geschäftes, Hofes usw. | Arbeitsantritt* | (Sport) den E. *(Ausgleich)* erzielen || **Ein|stands|preis:** *Einkaufspreis zuzüglich Bezugskosten, zB Zoll*

ein|stan|zen: die Initialen in den Ring e.

ein|stau|ben: das Nudelbrett kräftig mit Mehl e. || **ein|stäu|ben:** mit Puder e.

ein|ste|chen: auf das Opfer e.

ein|ste|cken: die Schlüssel e. | sie muss viel Kritik e. *(ertragen, ohne zu widersprechen)*

ein|ste|hen: für seinen Freund e. *(bürgen; eintreten);* sie ist für ihre Überzeugung eingestanden *(hat trotz Unannehmlichkeiten an ihr festgehalten);* → eingestehen

Ein|steig|dieb|stahl || **ein|stei|gen:** in den Zug e. | auf einen Vorschlag e. *(ihn akzeptieren)* || **Ein|stei|ger** der, -s/-: *Anfänger, Beginner* || **Ein|stei|ge|rin** die, -/-innen || **Ein|steig|stel|le**

Ein|stei|ni|um das, -s (Zeichen: Es): *ein chemisches Element (nach dem Physiker A. Einstein)* || **ein|stein|sche:** die e. (= Einstein'sche) Relativitätstheorie

ein|stel|len: Arbeiter e. *(aufnehmen)* | die Arbeit e. *(sie unterbrechen bzw. beenden)* | das Fahrrad im Hof e. | einen Rekord e. *(die Rekordleistung ein weiteres Mal erbringen)* | sich auf neue Verhältnisse e. | Nebenwirkungen stellen sich ein | (Med.) den Patienten e. *(die richtige Dosis regelmäßig zu nehmender Medikamente herausfinden);* → eingestellt || **ein|stel|lig:** ein einstelliges *(aus einer Ziffer bestehendes)* Ergebnis || **Ein|stell|platz:** ein E. für Autos und Räder || **Ein|stel|lung:** die E. des Mikrofons ändern | *Ansicht, Verhalten | Bildausschnitt einer Kamera* || **Ein|stel|lungs|ge|spräch**

eins|tens (geh.): *einst*

Ein|stich || **Ein|stich|stel|le**

Ein|stieg der, -[e]s/-e: den hinteren E. benutzen; → G.: Ausstieg; → Einsteiger || **Ein|stiegs|dro|ge:** *Droge, mit der man mit dem Drogenkonsum beginnt* || **Ein|stieg|stel|le,** *auch:* Einstiegsstelle

eins|tig: sein einstiger *(ehemaliger)* Lehrer; → einst

ein|stim|men: Instrumente für ein Konzert e. *(in die gleiche Tonhöhe bringen)* | in das Jubelgeschrei e. | sich auf einen Opernabend e. || **ein|stim|mig:** dieses Gesetz wurde e. *(mit allen Stimmen)* beschlossen | einstimmiger Gesang; → mehrstimmig || **Ein|stim|mig|keit** || **Ein|stim|mung** die, -/-en

einst|mals (geh.): *einst*

ein|stö|ckig: ein einstöckiges Haus

ein|strei|chen: den Blattrand mit Klebstoff e.

ein|strei|fen (ugs., abw.): Geld e. *(es [wie selbstverständlich] einnehmen, abkassieren)*

Ein|streu (Landw.): *als Futter ungeeignetes Heu oder Stroh zum Belegen des Stallbodens;* → Streu || **ein|streu|en:** *hineinstreuen* | eine Bemerkung e. *(einfügen)*

ein|strö|men: einströmende Kälte

ein|stu|die|ren: eine Rolle e. | an ihm wirkt alles einstudiert *(sein ganzes Verhalten wirkt gekünstelt, unnatürlich)*

ein|stu|fen: einen Beamten nach dem Gehaltsschema e. || **ein|stu|fig** (1-stufig) || **Ein|stu|fung** die, -/-en || **Ein|stu|fungs|prü|fung:** *Prüfung zur Feststellung des Niveaus, der geeigneten [Schul-]stufe*

Ein|stun|den|takt [auch: -ˈu-]: die Züge fahren im E. || **ein|stün|dig:** ein einstündiger *(eine Stunde dauernder)* Vortrag || **ein|stünd|lich:** das Medikament e. *(stündlich, jede Stunde)* einnehmen

ein|stup|pen (mda.): den Säugling e. *(einpudern)*

ein|stür|men: alle stürmten auf einmal auf uns ein *(bedrängten*

uns gleichzeitig)
Einsturz ‖ **einstürzen:** das Haus droht einzustürzen ‖ **Einsturzgefahr** die, -
einstweilen ['aɪn-, -'vaɪ-]: *vorläufig; inzwischen* ‖ **einstweilig:** *vorläufig* | (Jus) einstweilige Verfügung *(vorläufige Gerichtsentscheidung über strittige Rechtsverhältnisse)*
einsuren: *einpökeln*
Einswerden das, -s (geh.): *das Erreichen vollkommener Übereinstimmung*
eintägig ‖ **Eintagsfliege:** *ein Insekt* | *nur kurz aktuelle Angelegenheit*
Eintänzer: *in einer Tanzschule beschäftigter Tanzpartner* ‖ **Eintänzerin**
eintätowieren: sich einen Namen e. lassen
eintauchen: den Pinsel in die Farbe e.
eintauschen: eine CD gegen ein Buch e.
eintausend (zB auf Formularen): *tausend*
einteilen: sich die Arbeit e. ‖ **Einteiler** der, -s/-: *einteiliger Badeanzug* ‖ **Einteilung**
eintepschen → eindepschen
eintippen: etwas in die Datenbank e. *(eingeben)*
eintönig: ein eintöniger *(monotoner, fader)* Gesang
Eintopf: *in nur einem Topf zubereitetes Gericht aus mehreren Bestandteilen* ‖ **eintopfen:** Blumen e.
Eintracht die, -: in E. leben ‖ **einträchtig:** e. *(harmonisch)* zusammenarbeiten
Eintrag der, -[e]s/-träge: ein E. im Gästebuch ‖ **eintragen:** etwas in ein Buch e. | (Amtsspr.) eingetragene Partnerschaft *(Homoehe)* ‖ **einträglich:** einträgliche *(gewinnbringende)* Geschäfte ‖ **Eintragung** die, -/-en
eintrainieren [-trɛ-]: einen Zaubertrick e.
eintrankeln (ostöst., ugs., derb): *jemanden betrunken, willenlos machen*
einträufeln: *tropfenweise eingeben*
eintreffen: am Bahnhof e. | das Vorhergesagte ist eingetroffen *(ist wirklich passiert)*
eintreiben: Schulden e. *(einkassieren)*
eintreten: in ein Zimmer e. | es ist eine Besserung eingetreten | für sein Recht e. *(sich dafür einsetzen)*
eintrichtern: jemandem [ein] Wissen e. *(mit Mühe bzw. Zwang beibringen)*
Eintritt: der E. *(das Betreten)* ist verboten | *Eintrittspreis;* „Eintritt frei" ‖ **Eintrittspreis**
eintrocknen: die Farbe eine Stunde e. lassen
eintropfen: die Augen e. ‖ **Eintropfsuppe** → Eingetropfte
eintrüben: das Wetter trübt sich ein
eintrudeln (ugs.): die Gäste sind eingetrudelt *(nach und nach eingetroffen)*
eintunken: das Kipferl in den Kaffee e.; → tunken | (ugs., abw.) *jemanden schädigen* | (reg., ugs.) *einnicken*
einüben: ein Klavierstück e. | sich in eine neue Lebenshaltung e.
ein und aus: ein und aus gehen; nicht ein und aus wissen; *aber:* Waren ein- und ausführen; → ein ‖ **ein und dasselbe:** ein[e] und dieselbe; ein[en] und denselben Gedanken haben ‖ **eineinhalb** → eineinhalb ‖ **einundzwanzig**
einverleiben: [sich] ein Gebiet e. *(eingliedern)* | (Amtsspr.) ein Recht ins (auch: im) Grundbuch e. *(eintragen);* → Intabulation | (scherzh.) sich eine reichliche Mahlzeit e. ‖ **Einverleibung** die, -/-en
Einvernahme die, -/-n: die E. *(Befragung, Vernehmung)* der Zeugen ‖ **einvernahmsfähig:** *vernehmungsfähig* ‖ **einvernehmen:** den Beschuldigten e. *(verhören)* ‖ **Einvernehmen:** im E. mit ihm *(mit seiner Zustimmung);* wir stehen im besten/in bestem E. *(wir vertragen uns sehr gut);* sich mit jemandem ins E. setzen *(sich mit jemandem besprechen, verständigen)* ‖ **einvernehmlich:** *einmütig*
einverstanden: damit bin ich e. ‖ **Einverständnis:** im E. mit jemandem vorgehen
Einwaage die, -: *[in Dosen] eingewogene Menge* | *Verlust am Gesamtgewicht beim Auswiegen mehrerer Mengen oder Portionen*
Einwahl ‖ **einwählen:** sich in ein Netz e. ‖ **Einwahlknoten:** *Knotenpunkt zum Einloggen ins Internet ua.*
Einwand der, -[e]s/-wände: keinen E. erheben *(nichts dagegen äußern)*
Einwanderer, *auch:* Einwandrer ‖ **Einwanderin,** *auch:* Einwandrerin ‖ **einwandern:** in ein anderes Land e. ‖ **Einwanderung** ‖ **Einwanderungsstopp** [-ʃt-]
einwandfrei: *ohne Fehler, tadellos*
Einwandrerin → Einwanderin
einwärts ‖ **einwärtsgehen:** *mit nach innen gerichteten Fußspitzen gehen*
einwässern: Blumen e. *(ins Wasser stellen)*
einwechseln [-ks-]: Geld e.
einwecken: *[nach einem bestimmten Verfahren] einmachen* ‖ **Einweckglas**
Einwegflasche: *Flasche, die nach Gebrauch zum Wegwerfen bestimmt ist;* → G.: Pfandflasche; → G. Mehrwegflasche ‖ **Einweggebinde:** *Einwegverpackung* ‖ **Einwegpackung** → G.: Mehrwegpackung ‖ **Einwegspritze** ‖ **Einwegsystem** [-zy-] → G.: Mehrwegsystem
einweichen: Wäsche e.
einweihen: die neue Kirche e. | jemanden in seine Pläne e. ‖ **Einweihung** ‖ **Einweihungsfeier**
einweimberln sich, *auch:* **einweinberln** sich (W, mda., sal.): *sich einschmeicheln;* → Weimberl
einweisen: die Ärztin musste mich ins Spital e.
einwenden: nichts e. *(dagegen sagen)* ‖ **Einwendung** (meist Pl.): keine E. machen
einwerfen: „Briefe hier einwerfen!" | sie warf ein *(machte eine Zwischenbemerkung),* dass ...
einwickeln: das Jausenbrot in eine Folie e. | (ugs.) die Kinder haben den Großvater eingewickelt *(überredet, für etwas gewonnen)*
einwiegen[1]: das Baby e. *(in den Schlaf wiegen);* → wiegen[1]
einwiegen[2]: Obst in Säcke e. *(abgewogen einfüllen);* → wiegen[2]
einwilligen: *zustimmen* ‖ **Einwilligung** die, -/-en
einwinken: *durch Handzeichen einweisen*
einwintern: Erdäpfel e. *(den Winter über einlagern)*
einwirken: durch gutes Vorbild auf jemanden e. ‖ **Einwirkung**
einwirtschaften (sal.): damit haben wir uns etwas eingewirtschaftet *(Unannehmlichkeiten zugezogen)*

ein|wö|chig: ein einwöchiger Urlaub
Ein|woh|ner der, -s/- || **Ein|woh|ne|rin** die, -/-innen || **Ein|woh|ner|schaft** die, - || **Ein|woh|ner|zahl:** die E. von Österreich
Ein|wort|satz (Gramm.): *situationsabhängiger Kurzsatz, zB* Halt!
Ein|wurf: *Zwischenbemerkung* | (Sport) *das Einwerfen [des Fußballs vom seitlichen Spielfeldrand]*
ein|wur|zeln: *Wurzeln schlagen*
Ein|zahl die, - (Gramm.): *Singular* || **ein|zah|len:** den Betrag aufs Konto e. || **Ein|zah|ler** || **Ein|zah|le|rin** || **Ein|zah|lung** || **Ein|zah|lungs|be|leg** || **Ein|zah|lungs|frist**
ein|zäu|nen || **Ein|zäu|nung** die, -/-en
ein|zeich|nen: den Standort auf dem/im/in den Plan e.
ein|zei|lig (1-zeilig): mit einzeiligem Abstand schreiben
Ein|zel das, -s/- (Sport): *Kurzwort für Einzelspiel, Single* || **Ein|zel|ab|teil** || **Ein|zel|an|fer|ti|gung** || **Ein|zel|be|hand|lung** || **Ein|zel|er|schei|nung** || **Ein|zel|fahr|schein** || **Ein|zel|fall:** das ist ein E. *(eine Ausnahme)* || **Ein|zel|gän|ger** der, -s/-: *jemand, der sich von anderen abschließt* || **Ein|zel|gän|ge|rin** die, -/-innen || **Ein|zel|ge|neh|mi|gung** || **Ein|zel|haft** || **Ein|zel|han|del** → G.: Großhandel || **Ein|zel|han|dels|kauf|frau** || **Ein|zel|han|dels|kauf|mann** || **Ein|zel|händ|ler** → G.: Grossist || **Ein|zel|händ|le|rin** || **Ein|zel|heit** die, -/-en: alle Einzelheiten eines Bildes beachten || **Ein|zel|in|te|res|se** (meist Pl.) || **Ein|zel|kampf** || **Ein|zel|kämp|fer** || **Ein|zel|kämp|fe|rin** || **Ein|zel|kind** || **Ein|zel|kom|po|nen|te**
Ein|zel|ler der, -s/- (Biol.): *einzelliges Lebewesen* || **ein|zel|lig**
Ein|zel|mo|dul

ein|zeln:

einzelne Exemplare; einzeln kommen | diese Pflanze muss einzeln stehen; *aber getrennt und zusammen:* einzeln stehende (= einzelnstehende) Bäume:
Großschreibung bei Nominalisierung:
– der/die/das **E**inzelne
– die Gemeinschaft und der **E**inzelne *(das Individuum)*
– **E**inzelnes *(einiges)* ist brauchbar
– das geht zu sehr ins **E**inzelne
– vom **E**inzelnen *(Detail)* zum Ganzen übergehen
– im **E**inzelnen R→ S. 894, 2.4

Ein|zel|ne[1] der, -n/-n, ein Einzelner; → einzeln || **Ein|zel|ne**[2] die, -n/-n || **Ein|zel|ne**[3] das, -n; → einzeln || **ein|zeln ste|hend** = **ein|zeln|ste|hend** || **Ein|zel|or|gan** (Admin.): → G.: *Kollegialorgan* || **Ein|zel|pa|ckung** || **Ein|zel|preis** || **Ein|zel|rad|auf|hän|gung** (Kfz) || **Ein|zel|rich|ter:** *alleine entscheidendes Organ der Gerichtsbarkeit* || **Ein|zel|rich|te|rin** || **Ein|zel|spiel** (Sport) → Einzel || **Ein|zel|ste|hen|de**[1] der, -n/-n, ein Einzelstehender (D): *ein Alleinstehender* || **Ein|zel|ste|hen|de**[2] die, -n/-n (D) || **Ein|zel|stück** || **Ein|zel|stun|de** || **Ein|zel|tä|ter** || **Ein|zel|tä|te|rin** || **Ein|zel|teil** der = das, -[e]s/-e || **Ein|zel|un|ter|neh|men:** *Rechtsform für ein Unternehmen mit einem einzigen Betriebsinhaber* || **Ein|zel|un|ter|neh|mer** || **Ein|zel|un|ter|neh|me|rin** || **Ein|zel|un|ter|richt:** E. bekommen || **Ein|zel|ver|kauf** || **Ein|zel|wer|tung** (Sport) || **Ein|zel|zel|le** || **Ein|zel|zim|mer** (EZ) (Tour.)
ein|ze|men|tie|ren: *einbetonieren* | *unverrückbar festlegen*
ein|zie|hen: in eine neue Wohnung e. | ein Gummiband in den Hosenbund e. | den Kopf e. | sich einen Schiefer e. | Banknoten e. *(aus dem Verkehr ziehen);* einen Zug e. *(in die Remise lenken)* | über jemanden Erkundigungen e. *(einholen)* | *zum Militär einberufen* || **Ein|zie|hung** (Amtsspr.): Gerichtsbeschluss über die E. einer Sache || **Ein|zie|hungs|auf|trag** (Bankw.): *Abbuchung eines bestimmten Betrags im Auftrag des Kontoinhabers von dessen Konto, zB Miete, Versicherung, Strom*

ein|zig:

Kleinschreibung:
– ein einziger Fehler
– einzig und allein
Großschreibung bei Nominalisierung:
– der/die/das **E**inzige
– keine **E**inzige ist gekommen
– das **E**inzige, das mich stört ...
– er ist unser **E**inziger *(der einzige Sohn)*
R→ S. 894, 2.4

ein|zig|ar|tig: eine einzigartige Melodie; *aber:* das **E**inzigartige daran ist ... || **Ein|zi|ge**[1] der, -n/-n, ein/kein Einziger; → einzig || **Ein|zi|ge**[2] die, -n/-n || **Ein|zi|ge**[3] das, -n/-n; → einzig || **Ein|zig|ar|tig|keit** die, -/-en
Ein|zim|mer|woh|nung
ein|zip|pen: in die Jacke ein Pelzfutter e.; → Zippverschluss
Ein|zug: der E. der Sportler in das Stadion | der E. in eine neue Wohnung || **Ein|zugs|auf|trag** (Bankw.): *Einziehungsauftrag* || **Ein|zugs|be|reich:** *Einzugsgebiet* || **Ein|zugs|ge|biet:** das E. der Donau; das E. einer Schule
ein|zwän|gen: *einklemmen* | *einengen*
ein|zwi|cken: einen Finger e. *(einklemmen)*
eis das, -/- (Mus.): *das um einen Halbton erhöhte E (e);* → Eis[1] | eis-Moll || **Eis**[1] das, -/- (Mus.): *das um einen Halbton erhöhte E (e);* → eis | Eis-Dur
Eis[2] das, -es: das Eis ist gebrochen *(die gespannte Stimmung ist vorbei);* etwas auf Eis legen *(vorläufig ruhen lassen); aber:* → eislaufen | *Speiseeis;* gemischtes Eis mit Schlag; drei Eis bestellen
Ei|sack der, -s (it.: Isarco [-k-]): *ein Nebenfluss der Etsch (SüdT): ein Fluss in Italien (SüdT)*
Eis|bar: *Bar an Skipisten, Getränkekiosk in Skiorten* | *Eissalon* || **Eis|bär:** *ein Raubtier* || **Eis|be|cher** || **Eis|bein** (D) → Stelze || **Eis|berg** || **Eis|berg|sa|lat:** *ein Blattsalat* || **Eis|beu|tel** || **Eis|block** || **Eis|blu|me** (meist Pl.): *Vereisung an Fensterscheiben* || **Eis|bre|cher** der, -s/-: *Schiff zum Durchbrechen einer Eisdecke*
Ei|scha|le → Eierschale || **ei|scha|len|far|ben** → eierschalenfarben || **Ei|schnee:** *fester Schaum aus Eiklar*
Eis|cre|me [-kre:m] = Eiskrem, Eiskreme || **Eis|de|cke** || **Eis|die|le** (D, in Ö veraltend): *Eisgeschäft, Eissalon*
Ei|sen das, -s: ein Gegenstand aus E.; → Eisen verarbeitend = eisenverarbeitend | (Zeichen: Fe) *ein chemisches Element* | (mit Pl. -) ein heißes E. *(eine heikle, kritische Sache);* zum alten E. gehören *(auf Grund des Alters ausgedient haben)* | (Sport) *Golfschläger* || **Ei|sen|bahn:** *Bahn* | (ugs.) etwas ist höchste E. *(sehr eilig);* da fährt die E. drüber *(darauf ist*

Verlass) ǁ **Eisenbahner** der, -s/- ǁ **Eisenbahnerin** die, -/-innen ǁ **Eisenbahnfahrt** ǁ **Eisenbahnkreuzung** ǁ **Eisenbahntunnel** ǁ **Eisenbahnüberführung** ǁ **Eisenbahnunterführung** ǁ **eisenbeschlagen** ǁ **Eisenerz**[1] das, -es ǁ **Eisenerz**[2]: *Stadt in der Steiermark* ǁ **Eisengehalt** der, -[e]s/-e ǁ **eisenhältig,** *auch:* eisenhaltig ǁ **Eisenhandlung** ǁ **Eisenhut:** *eine Giftpflanze* ǁ **Eisenindustrie** ǁ **Eisenlegierung** ǁ **Eisenmangel** (Med.) ǁ **Eisensäge:** *Werkzeug zum Zersägen von Eisen* ǁ **Eisenstadt** (Kfz: E): *Landeshauptstadt des Burgenlandes* | (Kfz: EU) *politischer Bezirk;* Eisenstadt-Umgebung (= Eisenstadt Umgebung) ǁ **Eisenstädter** der, -s/- ǁ **Eisenstädterin** die, -/-innen ǁ **Eisenstange** ǁ **Eisensteher:** *Eisenstütze* ǁ **Eisenstraße:** steirische E. *(eine alte Handelsstraße in Oberösterreich und der Steiermark, auf der das Eisenerz vom steirischen Erzberg abtransportiert wurde)* ǁ **Eisenträger:** *Eisensteher* ǁ **Eisen verarbeitend** = **eisenverarbeitend:** E. verarbeitende Industrie ǁ **Eisenverhüttung** ǁ **Eisenwurzen** die (Pl.): *eine Landschaft in Ober- und Niederösterreich* ǁ **Eisenzeit:** *eine frühgeschichtliche Periode* ǁ **eisern:** eine eiserne Kassa; der eiserne Vorhang *(im Theater); aber:* der **E**iserne Vorhang (früher: *abgeriegelte Grenze des sowjetischen Machtbereichs)* | eiserne *(unerbittliche)* Disziplin | (ugs.) das hält e. *(verlässlich)*

Eiseskälte (geh.) ǁ **Eisfach:** etwas ins E. des Kühlschranks legen ǁ **eisfrei:** die Donau ist wieder e. ǁ **eisgekühlt:** eisgekühlte Getränke ǁ **eisglatt** ǁ **Eisheiligen** die (Pl.): → *Eismänner* ǁ **Eishockey** [-ki, -kɛ] ǁ **Eishöhle:** *Felshöhle mit [oft bizarren] Eisgebilden* ǁ **eisig:** ein e. kalter März | eisiges *(äußerst abweisendes)* Schweigen ǁ **Eiskaffee:** *Kaffee mit Speiseeis und Schlagobers* ǁ **eiskalt** ǁ **Eiskanal:** mit dem Bob durch den E. fahren ǁ **Eiskasten** (veraltend): *Kühlschrank* ǁ **Eisklettern:** *eine Sportart* ǁ **Eiskratzer:** *Gerät zum Reinigen vereister [Auto]fenster* ǁ **Eiskrem** = **Eiskreme** = → Eiscreme ǁ **Eiskripipe** ǁ **Eiskristall** ǁ **Eiskübel:** *Kübel, in dem Getränke auf Eis gekühlt werden* ǁ **Eiskunstlauf:** *eine Sportdisziplin;* Eiskunstlauf-Europameisterschaft ǁ **Eiskunstläufer** ǁ **Eiskunstläuferin** ǁ **Eislauf** der, -[e]s ǁ **eislaufen,** sie läuft eis, ich lief eis/bin eisgelaufen: sie hatten vor eiszulaufen ǁ **Eislaufen** das, -s ǁ **Eisläufer** ǁ **Eisläuferin** ǁ **Eislaufplatz** ǁ **Eislaufschuh** ǁ **Eislutscher:** *Eis am Stiel* ǁ **Eismann** (veraltend): *Eisverkäufer* ǁ **Eismänner** die (Pl.): *die Eisheiligen; Pankraz, Servaz, Bonifaz: 12., 13., 14. Mai;* → Sopherl ǁ **Eismarillenknödel** (Wz.): *eine Eisspezialität* ǁ **Eismeer** ǁ **Eispalatschinke** ǁ **Eisparfait** [-fe:] ǁ **Eisparkett** (oft scherzh.): *spiegelglatte Eisfahrbahn* ǁ **Eispickel:** *Bergstock mit doppelseitiger Eishacke*

Eisprung: *Ausstoßen der reifen Eizelle*

Eisregen ǁ **Eisrevue** [-vy:]

Eiß das, -es/-e (mda.): *Abszess;* → Ass

Eissalat: *Eisbergsalat* ǁ **Eissalon** ǁ **Eisschicht** = **Eisschichte** ǁ **Eisschießen:** *eine volkstümliche Sportart, Eisstockschießen* ǁ **Eisschnelllauf** ǁ **Eisschnellläufer** ǁ **Eisschnellläuferin** ǁ **Eisscholle** ǁ **Eisschrank:** *Kühlschrank* ǁ **Eissorbet** [-be:] ǁ **Eisstanitzel** (veraltend): *Eistüte* ǁ **Eisstock:** *Sportgerät [aus Birnenholz] mit [eisenbeschlagenem] Griff und Laufsohle* ǁ **Eisstockschießen** das, -s: *Eisstocksport* ǁ **Eisstockschütze** ǁ **Eisstockschützin** ǁ **Eisstocksport** der, -s: *eine Sportart* ǁ **Eisstau** ǁ **Eisstoß:** *aufgestautes Eis in Flüssen, Eisstau* ǁ **eissurfen** [-sɜ:-]: ich gehe e. ǁ **Eissurfen:** *eine Sportart* ǁ **Eistanz:** *eine Sportdisziplin* ǁ **Eistee** ǁ **Eistreiben** ǁ **Eistüte** ǁ **Eisvogel:** *ein am Wasser lebender Vogel* ǁ **Eiswaffel** ǁ **Eiswasser** das, -s: den Spinat blanchieren und in E. abschrecken ǁ **Eiswein:** *süßer Prädikatswein aus gefrorenen Trauben* ǁ **Eiswürfel** ǁ **Eiszapfen** ǁ **Eiszeit** (Geol.): *erdgeschichtliche Periode starker Vergletscherung* | (sal.) *abgekühltes Verhältnis, frostige Atmosphäre, Feindschaft* ǁ **eiszeitlich**

eitel: ein eitler Mensch | (geh.) e. Wonne *(ungetrübte Freude)* | (geh.) es ist alles e. *(vergänglich, nichtig)* ǁ **Eitelkeit** die, -/-en

Eiter der (*reg. auch:* das), -s ǁ **Eiterbeule:** *Geschwür* ǁ **Eiterherd** ǁ **eitern:** eine eiternde Wunde ǁ **Eiterung** die, -/-en ǁ **eitrig** ǁ **Eitrige** die, -n/-n (W, ugs., scherzh.): *Käsekrainer*

Eiweiß das, -[es]/-e: *Eiklar* | (Chem., Biol.) *Protein, eine organisch-chemische Verbindung* ǁ **eiweißarm** ǁ **eiweißhältig,** *auch:* eiweißhaltig ǁ **eiweißreich** ǁ **Eizelle:** *die weibliche Fortpflanzungszelle* ǁ **Eizellenspende** (Med.): *eine Möglichkeit für künstliche Befruchtung*

Ejakulation [-tsi̯-] die, -/-en ⟨lat.⟩ (Med.): *Ausstoßung der Samenflüssigkeit beim Mann, Samenerguss* ǁ **ejakulieren** (Med.)

Ekel[1] der, -s/-: [einen] E. *(Abscheu)* vor etwas empfinden; E. erregen; großen E. erregend; → Ekel erregend = ekelerregend ǁ **Ekel**[2] das, -s/- (abw.): *Widerling, widerwärtiger Mensch* ǁ **Ekel erregend** = **ekelerregend:** E. erregende Schilderungen; *aber nur:* etwas ist ekelerregender, sehr ekelerregend ǁ **ekelhaft** ǁ **ekelig** → eklig ǁ **ekeln:** es ekelt mir/mich davor; ich ekle mich vor Spinnen

EKG [e ka 'ge:] das, -[s]/-[s] (Med.): **E**lektro**k**ardio**g**ramm *(Aufzeichnung der elektrischen Ströme im Herzen)*

EKIS das, -: **E**lektronisches **k**riminalpolizeiliches **I**nformations**s**ystem

Eklat [e'kla:] der, -s/-s ⟨fr.⟩: *Aufsehen, Skandal* ǁ **eklatant:** *augenfällig, hervorstechend*

E-Klavier: Elektroklavier

Eklektiker der, -s/- ⟨gr.⟩ (auch abw.): *jemand, zB ein Künstler, der [ohne Originalität] fremden Vorbildern folgt* ǁ **Eklektikerin** die, -/-innen (auch abw.) ǁ **eklektisch** (auch abw.) ǁ **Eklektizismus** der, - (auch abw.)

eklig, *auch:* ekelig: *widerlich*

Ekliplse die, -/-n ⟨gr.⟩ (Astron.): *Sonnen-, Mondfinsternis* ǁ **Ekliptik** die, -/-en: *scheinbare Sonnenbahn*

ekrü = écru [e'kry:] ⟨fr.⟩: *rohseidenfarben* ǁ **Ekrü** = Ecru das, -[s]/-

Ekstase die, -/-n ⟨gr.⟩: in E. *(höchste Begeisterung)* geraten ǁ **Ekstatiker** der, -s/-: *jemand, der in Ekstase geraten ist; verzückter, rauschhafter Schwärmer* ǁ **Ekstatikerin** die, -/-innen ǁ **eksta-**

tisch: *verzückt*

Ektomie die, -/-n ⟨gr.⟩ (Med.): *operative Entfernung*

Ekuador = → Ecuador

EKZ [e ka 'tsɛt]: **Ein**kaufs**z**entrum

Ekzem das, -s/-e ⟨gr.-lat.⟩: *ein Hautausschlag*

Elaborat das, -[e]s/-e ⟨lat.⟩: *[längere] schriftliche Ausarbeitung* | (abw.) *Geschreibsel*

ELAK der, -s, *auch:* Elak: **el**ektronischer **Ak**t, **el**ektronische **Ak**tenverwaltung; → G.: Papierakt

Elan der, -s ⟨fr.⟩: mit E. *(Schwung, Begeisterung)*

elastisch ⟨gr.-lat.⟩: elastisches *(biegsames, in die Ausgangsform zurückkehrendes)* Material ‖ **Elastizität** die, -‖ **Elastomer** das, -s/-e: *ein elastischer Kunststoff*

Elativ der, -s/-e ⟨lat.⟩ (Gramm.): *absoluter Superlativ, zB* in tiefster Trauer

Elba: *eine italienische Insel*

Elbe die, -: *ein Strom in Tschechien und Deutschland*

Elch der, -[e]s/-e: *eine Hirschart, Elen* ‖ **Elchtest:** *ein Stabilitätstest für Autos* | (sal.) *Bewährungsprobe, harter Belastungstest*

Eldorado das, -[s]/-s, *auch:* Dorado ⟨span.⟩: diese Gegend ist ein E. *(ein Paradies)* für Skiläufer

E-Learning ['iːlɜːn-] das, -s ⟨engl.⟩: *Lernen per Internet*

Electronic Organizer [-k-k ɔːgənaɪzə] der, - -s/- -, *auch:* Electronic Organiser ⟨engl.⟩: *Kleinstcomputer zum Organisieren von Adressen und Terminen*

Elefant der, -en/-en ⟨gr.⟩: *ein Säugetier;* afrikanischer und asiatischer E.; sich wie ein E. im Porzellanladen *(grob, ungeschickt, unpassend)* benehmen; aus einer Mücke einen Elefanten machen *(stark übertreiben)* ‖ **Elefantengras:** *eine riesige Grasart* ‖ **Elefantenhochzeit** (sal.): *Vereinigung großer Firmen oder Institutionen* ‖ **Elefantenrunde** (sal.): *prominent besetzte Diskussionsrunde [im Fernsehen]*

Elegance [-'ɑ̃ːs] die, - ⟨fr.⟩: *Eleganz* ‖ **elegant:** *fein, geschmackvoll, formvollendet* ‖ **Elegant** [-'gɑ̃ː] der, -s/-s (veraltet): *Modegeck* ‖ **Eleganz** die, -

Elegie die, -/-n ⟨gr.⟩: *eine lyrische Gedichtart* ‖ **elegisch:** eine elegische *(wehmütige)* Stimmung

Elektorat das, -[e]s/-e ⟨lat.⟩: *alle Wahlberechtigten* | (Gesch.) *Kurfürstenwürde*

Elektrant der, -en/-en ⟨gr.-lat.⟩: *eine Vorrichtung zur Stromentnahme* ‖ **elektrifizieren:** eine Bahnstrecke e. *(für den elektrischen Betrieb einrichten)* ‖ **Elektrifizierung** die, -/-en ‖ **Elektrik** die, -: *die gesamten elektrischen Einrichtungen* ‖ **Elektriker** der, -s/- ‖ **Elektrikerin** die, -/-innen ‖ **elektrisch** ‖ **Elektrische** die, -n/-n (veraltet): *Straßenbahn* ‖ **elektrisieren:** *mit Elektrizität berühren; mit Elektrizität behandeln* | wie elektrisiert *(jäh)* auffahren ‖ **Elektrizität** die, - ‖ **Elektrizitätswerk** → E-Werk ‖ **Elektrizitätswirtschaft** ‖ **Elektroakustik:** *Wissenschaft von der Umwandlung von Schall in elektrische Spannung* ‖ **Elektroantrieb** ‖ **Elektroauto** ‖ **Elektrobike** [-baɪk]: *Fahrrad mit Elektroantrieb;* → E-Bike ‖ **Elektroboot** ‖ **Elektrode** die, -/-n: *Stelle des Übertritts des elektrischen Stroms (Gleichstroms) von einem Leiter auf ionisierte Gase oder Flüssigkeiten* ‖ **Elektrodynamik** [-dy-] (Phys.): *Theorie der elektromagnetischen Erscheinungen im nicht atomaren Bereich* ‖ **Elektroenzephalogramm** [-f-] das, -s/-e ⟨gr.-lat.+gr.⟩ (Med.) → EEG ‖ **Elektroenzephalograf** = **Elektroenzephalograph** [-f] der, -en/-en (Med.): *Gerät zur Aufzeichnung von EEGs* ‖ **Elektrofahrrad** ‖ **Elektrofahrzeug** ‖ **Elektrogerät** ‖ **Elektrogeschäft** ‖ **Elektrogitarre,** *auch: E-Gitarre;* → G.: akustische Gitarre ‖ **Elektroherd** ‖ **Elektroinstallateur** [-st-'tøːə, -ʃt-] ‖ **Elektroinstallateurin** ‖ **Elektrokardiogramm** das, -s/-e (Med.); → EKG ‖ **Elektrokardiograf** = **Elektrokardiograph** [-f] der, -en/-en (Med.): *Gerät zur Aufzeichnung von EKGs* ‖ **Elektroklavier,** *auch:* E-Klavier ‖ **Elektrolyse** [-'lyː-] die, -/-n (Chem.): *Zersetzung einer Salzlösung, Säure oder Base durch elektrischen Strom* ‖ **Elektrolyt** [-'ly(ː)-] der = das, -s [-en]/-e[n]: *Lösung, die den Strom leitet* ‖ **elektrolytisch:** e. vernickeln ‖ **Elektrolytverlust:** *Schwund von Flüssigkeit und lebensnotwendigen Mineralstoffen* ‖ **Elektromagnet** (Phys.): *stromdurchflossene Spule mit starker magnetischer Wirkung* ‖ **elektromagnetisch** ‖ **Elektromagnetismus** (Phys.): *durch Elektrizität erzeugter Magnetismus* ‖ **Elektromobil:** *elektrisch betriebenes Kleinfahrzeug* ‖ **Elektromobilität:** *Einsatz von Elektrofahrzeugen [im Straßenverkehr]* ‖ **elektromotorisch** ‖ **Elektron** ['e-, -'oː-, -'lɛ-] das, -s/-en [-'oː-] (Phys.): *negativ geladenes Elementarteilchen;* → Proton; → Neutron ‖ **Elektronenmikroskop** (Phys.): *Mikroskop, das an Stelle von Licht Elektronen zur Abbildung verwendet* ‖ **Elektronenorgel,** *auch:* E-Orgel: *elektronische Orgel* ‖ **Elektronik** die, -: *die Technik elektrischer Schaltungen* ‖ **Elektroniker** der, -s/- ‖ **Elektronikerin** die, -/-innen ‖ **elektronisch:** elektronische Datenverarbeitung (EDV); elektronische Geräte ‖ **Elektropiano** ‖ **Elektrorad:** *Elektrofahrrad* ‖ **Elektrorasierer:** *ein Rasierapparat* ‖ **Elektroschock** (Med.) ‖ **Elektroschocker:** *eine Verteidigungswaffe* ‖ **Elektroskop** das, -s/-e (Phys.): *Gerät zum Nachweis elektrischer Ladungen* ‖ **Elektrosmog:** *schädliche Auswirkungen durch elektromagnetische Felder* ‖ **elektrostatisch:** der Pullover ist e. *([durch Reibung] elektrisch)* aufgeladen ‖ **Elektrotechnik** [-'tɛç-, e'lɛk-] ‖ **Elektrotechniker** ‖ **Elektrotechnikerin** ‖ **elektrotechnisch**

Element das, -[e]s/-e ⟨lat.⟩: das Toben der Elemente *(der Naturgewalten)* | die Elemente *(das Grundwissen)* des Rechnens | die chemischen Elemente *(Grundstoffe)* | (ohne Pl.) sie ist ganz in ihrem E. *(bei einer Tätigkeit, die sie sehr freut)* | (abw.) destruktive Elemente *(Personen)* ‖ **elementar:** elementare Begriffe *(Grundbegriffe);* eine elementare *(urwüchsige, unzähmbare, wilde)* Gewalt ‖ **Elementarereignis:** *durch die Naturkräfte hervorgerufene Zerstörung, Katastrophe* ‖ **Elementargewalt:** *Naturgewalt* ‖ **Elementarkenntnis** (meist Pl.): *Grundlagenkenntnis* ‖ **Elementarladung** (Phys.): *kleinste nachweisbare elektrische Ladung* ‖ **Elementarteilchen** (Phys.): *Bestandteil der*

Atome, zB Elektron; Korpuskel ‖ **Ele|men|tar|un|ter|richt:** *Anfangs-, Grundlagenunterricht*

Elen das, -s/-: *Elch*

Ele|na: *weibl. Vorname (Helena)*

elend: e. zu Grunde gehen | ein elendes Wetter ‖ **Elend** das, -s: *Not, Leid;* ins E. geraten ‖ **elen|dig:** *elend* ‖ **elen|dig|lich:** *elend* ‖ **Elends|ge|stalt** ‖ **Elends|vier|tel:** *Armenviertel in einer Stadt*

Ele|o|no|re, *auch:* Eleonora: *weibl. Vorname;* → Lore; → Nora

Ele|va|tor [-v-] der, -s/-en [-'o:-] ⟨lat.⟩: *ein Förder-, Hebewerk*

Ele|ve [-v-] der, -n/-n ⟨fr.⟩: *Tanz-, Schauspielschüler* ‖ **Ele|vin** die, -/-innen

Ele|xier → Elixier

elf (11); elf Uhr; → acht ‖ **Elf**[1] die, -/-en (Sport): *die elf Personen einer Fußballmannschaft* | (bes. D) *die Zahl Elf (11); Elfer*

Elf[2] der, -en/-en: *anmutiger Naturgeist;* → Alb ‖ **El|fe** die, -/-n: zart wie eine E.

El|fen|bein das, -[e]s: eine Figur aus E. *(Elefanten-, Walrossstoßzahn)* ‖ **el|fen|bei|nern:** ein elfenbeinerner Stockgriff ‖ **elfen|bein|far|ben** ‖ **El|fen|bein|küs|te:** → *Côte d'Ivoire* ‖ **El|fen|bein|schnit|ze|rei** ‖ **El|fen|bein|turm:** *selbst gewählte Isolation, zB eines Dichters oder Wissenschaftlers*

El|fer der, -s/- (11er): *die Zahl Elf (11);* → Elf | einen E. im Toto machen | (Sport) → *Elfmeter* ‖ **El|fer|fra|ge** (sal.): *bes. schwierige Frage* ‖ **elf|fach** (11fach = 11-fach) ‖ **elf|hun|dert** (1 100): *eintausendeinhundert*

El|fi = **El|fie:** *weibl. Vorname (Elfriede)*

elf|mal (11-mal) (auch: elf Mal) ‖ **Elf|me|ter** (Sport): *Strafstoß von der Elfmetermarke im Fußballspiel; Elfer, Elfmeterstoß* ‖ **Elf|me|ter|schie|ßen** (Sport): *ein Modus, um ein unentschiedenes Fußballspiel zu entscheiden* ‖ **Elf|me|ter|stoß** (Sport): *Elfmeter*

El|frie|de: *weibl. Vorname;* → Elfi

elft: zu e. ‖ **elf|te** (11.): → achte ‖ **Elf|tel** das, -s/-

Eli|as: *männl. Vorname*

eli|mi|nie|ren ⟨lat.⟩: *entfernen, ausscheiden* ‖ **Eli|mi|nie|rung** die, -/-en

Eli|sa: *weibl. Vorname (Elisabeth)* ‖ **Eli|sa|beth:** *weibl. Vorname;* → Elsbeth; → Elsa; → Liesa; → Liesl; → Lisa; → Lisbeth; → Sissy ‖ **eli|sa|be|tha|nisch:** das elisabethanische Drama *(Drama aus der Zeit Elisabeths I. von England)*

eli|tär ⟨fr.⟩: *der Elite angehörig* | (oft abw.) *überheblich;* elitäres Verhalten ‖ **Eli|te** [-t(ɛ)] die, -/-n: *Auslese;* die E. *(die Besten)* unserer Sportler ‖ **Eli|ten|bil|dung** ‖ **Eli|te|ein|heit** (Mil.) ‖ **Eli|te|schu|le** ‖ **Eli|te|trup|pe** (Mil.) ‖ **Eli|te|uni** ‖ **Eli|te|uni|ver|si|tät**

Eli|xier das, -s/-e, *auch:* Elexier ⟨arab.-gr.⟩: *[Zauber]trank*

El|ke: *weibl. Vorname*

ELKI-Grup|pe = **El-Ki-Grup|pe** (ugs.): *Eltern-Kinder-Gruppe*

Ell|bo|gen der, -s/- ‖ **Ell|bo|gen|schüt|zer** ‖ **Ell|bo|gen|tech|nik:** mit E. *(Rücksichtslosigkeit)* Karriere machen ‖ **El|le** die, -/-n: *ein Unterarmknochen* | *ein altes Längenmaß;* drei Ellen lang ‖ **El|len|bo|gen** der, -s/- (bes. D): *Ellbogen* ‖ **el|len|lang:** eine ellenlange *(endlos lange)* Geschichte; *aber:* ein zwei Ellen langer Stoff

El|lip|se die, -/-n ⟨gr.⟩ (Math.): *eine Kurve* | (Gramm.) *Aussparung, zB* [ich komme] gleich ‖ **el|lip|sen|för|mig** ‖ **el|lip|tisch:** eine elliptische Figur | (Gramm.) elliptischer Satz *(grammatisch unvollständiger Satz)*

Elms|feu|er (Phys.): *elektrische Gasentladung an spitzen Gegenständen bei Gewitterluft*

El Ni|ño [- -nj̥o] der, - -[s] ⟨span.⟩: *ein Klimaphänomen im ostpazifischen Raum*

Elo|ge [-'o:ʃ, -ʒɛ] die, -/-n ⟨fr.⟩: *Lobrede*

E-Lok: *Kurzwort für Elektrolokomotive*

Elon|ga|ti|on [-tsi̯-] die, -/-en ⟨lat.⟩ (Phys.): *Auslenkung (Abweichung) eines schwingenden Körpers von seiner Ruhelage* | (Astron.) *Winkel zwischen Sonne und Planet*

elo|quent ⟨lat.⟩ (geh.): *beredt* ‖ **Elo|quenz** die, - (geh.): *Beredsamkeit*

Elo|xal das, -s (Wz.): *Schutzschicht auf Aluminium[legierungen]* ‖ **elo|xiert:** *mit Aluminiumoxid versehen*

El|rit|ze die, -/-n: *ein Fisch*

El|sa = Else: *weibl. Vorname (Elisabeth)*

El Sal|va|dor [-v-]: *mittelamerikanischer Staat*

El|sass das, - (fr.: Alsace [-'zas]): *Landschaft in Frankreich;* E.-Lothringen ‖ **El|säs|ser** der, -s/- ‖ **El|säs|se|rin** die, -/-innen ‖ **el|säs|sisch**

Els|bee|re die, -: *eine Baumart*

Els|beth: *weibl. Vorname (Elisabeth)* ‖ **El|se** → Elsa

Els|ter die, -/-n: *ein Rabenvogel;* diebisch wie eine E.

el|ter|lich: die e. Wohnung *(die Wohnung der Eltern)* ‖ **El|tern** die (Pl.): *Vater und Mutter* | nicht von schlechten E. sein *(tüchtig, gut sein)* ‖ **El|tern|abend:** *Zusammenkunft der Eltern einer Klasse* ‖ **El|tern|be|ra|tung** ‖ **El|tern|haus:** *Haus der Eltern* | *Familie* ‖ **El|tern|ka|renz** ‖ **El|tern|ka|renz|ur|laub** ‖ **el|tern|los** ‖ **El|tern|pflicht** ‖ **El|tern|recht** ‖ **El|tern|schaft** die, - ‖ **El|tern|sprech|tag:** *Sprechtag der Lehrer/innen einer Schule* ‖ **El|tern|teil** der (*auch:* das), -[e]s/-e: *Vater oder Mutter* ‖ **El|tern|teil|zeit:** *Teilzeitkarenz* ‖ **El|tern|te|le|fon:** *eine Telefonhotline* ‖ **El|tern|ver|ein:** *Vereinigung der Eltern einer Schule* ‖ **El|tern|ver|tre|ter** ‖ **El|tern|ver|tre|te|rin**

El|vi|ra [-v-]: *weibl. Vorname*

Ély|sée [eli'ze(:)] das, -s = **Ély|sée|pa|last** der, -[e]s ⟨gr.-fr.⟩: *Amtssitz des französischen Staatspräsidenten*

ely|sisch [-'ly:-], *auch:* elysäisch [-'ɛ:i-] ⟨gr.⟩ (geh.): *paradiesisch* ‖ **Ely|si|um** das, -s: *Aufenthaltsort der Seligen (in der griechischen Sage)*

em.: **em**eritiert; emeritieren

Email das, -s/-s ⟨fr.⟩: *ein Schmelzüberzug*

E-Mail ['i:meɪl] das, -s/-s = die, -/-s ⟨engl.⟩: *elektronische Post, von einem Computer zum anderen übermittelte Nachricht;* → Mail; → Mailbox ‖ **E-Mail-Ad|res|se**

Email|ar|beit ⟨fr.+dt.⟩

e-mai|len ['i:meɪ-] ⟨engl.⟩: *ein E-Mail versenden*

Email|ge|schirr ⟨fr.+dt.⟩

E-Mail-Kon|to ⟨engl.+it.⟩

email|lie|ren ⟨fr.⟩: emailliertes Geschirr ‖ **Email|ofen**

E-Mail-Post|fach ['i:meɪl-] ⟨engl.+lat.-it.+dt.⟩ ‖ **E-Mail-Ver|kehr**

Ema|na|ti|on [-tsi̯-] die, -/-en ⟨lat.⟩ (bes. Phil.): *Ausstrahlung*

Ema|nu|el: *männl. Vorname* ‖ **Ema|nu|e|la:** *weibl. Vorname*

Eman|ze die, -/-n ⟨lat.⟩ (oft abw.): *Feministin* ‖ **Eman|zi|pa|ti|on** [-tsi̯-] die, -: *Befreiung aus Abhängigkeit;* die E. der Frau ‖ **Eman|zi|pa|ti|ons|be|we|gung** ‖ **eman-**

zi|pa|ti̲v: emanzipative *(Emanzipation einschließende)* Entwicklungen ‖ **eman|zi|pa|to̲|risch:** *auf Emanzipation zielend* ‖ **emanzi|pi̲e|ren:** eine emanzipierte Frau; sich von etwas e. ‖ **Emanzi|pi̲e|rung** die, -/-en

E̲-Maut: *elektronisch eingehobene Maut*

Em|bal|la̲|ge [ɑ̃ba'la:ʃ, -ʒɛ] die, -/-n ⟨fr.⟩: *Verpackung*

Em|ba̲r|go das, -s/-s ⟨span.⟩: *staatliches Ausfuhrverbot*

Em|ble̲m das, -s/-e ⟨gr.-lat.⟩: *Sinnbild [in einem Wappen]; Abzeichen* ‖ **Em|ble|ma̲|tik** die, -: *sinnbildliche Darstellung* | *Wissenschaft von den Emblemen*

Em|bo|li̲e die, -/-n ⟨gr.⟩ (Med.): *Verstopfung von Blutgefäßen*

E̲m|bry|o [-ÿɔ, -i̯ɔ] der = das, -s/-s [-nen] [-'o:-] ⟨gr.⟩: *ungeborene Leibesfrucht* ‖ **em|bry|o|na̲l** ‖ **Em|bry|o|na̲l|ent|wick|lung** ‖ **Em|bry|o̲|nen|for|schung:** *medizinische Forschung an Embryonen*

E̲me|ly [-i] → Emily ‖

Eme̲|ri|ta die, -/Emeriten ⟨lat.⟩: *Universitätsprofessorin im Ruhestand* ‖ **eme|ri|ti̲e|ren:** *durch Ruhestand den Berufspflichten entheben (bes. bei Universitäts- bzw. Hochschulprofessoren);* → em. ‖ **Eme|ri|ti̲e|rung** die, -/-en ‖ **Eme̲|ri|tus** der, -/Emeriti

Emi|gra̲nt der, -en/-en ⟨lat.⟩: *jemand, der zB aus politischen, wirtschaftlichen oder religiösen Gründen sein Vaterland verlassen hat;* → G.: Immigrant; → Migrant ‖ **Emi|gra̲n|ten|schick|sal** ‖ **Emi|gra̲n|tin** die, -/-innen ‖ **Emi|gra|ti|o̲n** [-tsi̯-] die, -/-en: innere E. *(innerlicher Rückzug [aus Resignation])* ‖ **emi|gri̲e|ren**

E̲mil: *männl. Vorname* ‖ **Emi̲|lia** = **Emi̲|lie** [-i̯ɛ]: *weibl. Vorname;* → Milli ‖ **E̲mi|ly** [-i], *auch:* Emely: *weibl. Vorname (Emilie)*

emi|ne̲nt ⟨lat.⟩: eine e. *(besonders, außerordentlich)* wichtige Entscheidung ‖ **Emi|ne̲nz** die, -/-en: „Eure/Euer Eminenz!" *(Anrede für einen Kardinal);* Seine E.; graue (auch: Graue) E. *(tonangebende Persönlichkeit im Hintergrund)*

E̲mir der, -s/-e ⟨arab.⟩: *arabischer [Fürsten]titel* ‖ **Emi|ra̲t** das, -[e]s/-e: *arabisches Fürstentum;* die Vereinigten Arabischen Emirate

Emis|sä̲r der, -s/-e ⟨lat.-fr.⟩: *Abgesandter, Gesandter* ‖ **Emis|sä̲|rin** die, -/-innen ‖ **Emis|si|o̲n** die, -/-en (Bankw.): *Ausgabe [von Wertpapieren]* | (Ökol.) *das Entweichen luftverunreinigender Stoffe in die Atmosphäre* | (Phys.) *Ausstrahlung [von radioaktiven Stoffen]* ‖ **Emis|si|o̲ns|be|las|tung** (bes. Ökol.) ‖ **Emis|si|o̲ns|kurs** (Bankw.): *Kurs, zu dem eine Aktie ausgegeben wird* ‖ **Emis|si|o̲ns|wert** (meist Pl.) ‖ **Emit|te̲nt** der, -en/-en (Bankw.): *jemand, der Wertpapiere ausgibt* ‖ **emit|ti̲e|ren** (Bankw.): *Wertpapiere ausgeben* | (Phys.) *ausstrahlen;* → Emission

E̲m|ma: *weibl. Vorname;* → Emmi

E̲m|men|ta|ler der, -s/-: *ein Käse (nach einem Tal in der Schweiz)*

E̲m|me|rich: *männl. Vorname*

E̲m|mi, *auch:* Emmy: *weibl. Vorname (Emma)*

e̲-Mo̲ll (e) (Mus.): *eine Tonart* ‖ **e-Mo̲ll-Ton|lei|ter** (Mus.)

Emo̲|ti|con [-k-, engl.: ɪ'məʊt-] das, -s/-s ⟨engl.⟩: *Symbol, das im Internet bestimmte Gefühlshaltungen ausdrückt;* → Smiley ‖

Emo|ti|o̲n [-tsi̯-] die, -/-en ⟨lat.⟩: *Gefühlsbewegung* ‖ **emo|ti|o|na̲l:** *Emotionen betreffend* ‖ **emo|ti|o|na|li|si̲e|ren** → G.: entemotionalisieren ‖ **Emo|ti|o|na|li|si̲e|rung** die, - ‖ **Emo|ti|o|na|li|tä̲t** die, - ‖ **emo|ti|o|ne̲ll:** e. *(gefühlsbetont)* reagieren ‖ **emo|ti|o̲ns|ge|la|den** ‖ **emo|ti|o̲ns|los**

Em|pa|na̲|da die, -/-s (meist Pl.) ⟨span.⟩ (Küchenspr.): *gefüllte [gebackene] Teigtasche*

Em|pa|thi̲e die, - ⟨gr.⟩ (Psych.): *Einfühlungsvermögen*

emp|fa̲hl → empfehlen

Emp|fa̲ng der, -[e]s/-fänge: ein festlicher E. | (ohne Pl.) den E. eines Briefes bestätigen; etwas in E. nehmen | etwas am/beim E. *(an der Rezeption)* hinterlegen | (ohne Pl.) einen guten E. haben *(zB Rundfunk, Fernsehen gut empfangen)* ‖ **emp|fa̲n|gen,** du empfängst/empfing/empfangen ‖ **Emp|fä̲n|ger** der, -s/- ‖ **Emp|fä̲n|ge|rin** die, -/-innen ‖ **emp|fä̲ng|lich:** für schöne Musik sehr e. sein *(zugänglich sein; Verständnis dafür haben)* ‖ **Emp|fä̲ng|nis** die, -/-nisse ‖ **Emp|fä̲ng|nis|ver|hü|tung** ‖ **emp|fa̲ngs|be|reit** ‖ **Emp|fa̲ngs|be|stä|ti|gung** ‖ **Emp|fa̲ngs|chef** [-ʃ-] ‖ **Emp|fa̲ngs|che|fin** ‖ **Emp|fa̲ngs|da|me** ‖ **Emp|fa̲ng|schein** (früher): *Teil eines Erlag- bzw. Zahlscheins* ‖ **Emp|fa̲ngs|hal|le** ‖ **Emp|fa̲ngs|ko|mi|tee** ‖ **Emp|fa̲ngs|qua|li|tät** ‖ **Emp|fa̲ngs|sta|ti|on** [-ʃtatsi̯-]: → Sendestation

emp|fe̲h|len[1], ich empfehle, du empfiehlst/empfahl/empfohlen/empfiehl!, empfehlt!: er empfahl *(riet)* mir ... ‖ **emp|fe̲h|len**[2] sich (geh.): sie hat sich rasch empfohlen *(hat sich rasch verabschiedet und ist weggegangen)* ‖ **emp|fe̲h|lens|wert** ‖ **Emp|fe̲h|lung** die, -/-en: sie gab mir eine E. *(Befürwortung)* mit; „Meine besten Empfehlungen *(Grüße)*!" ‖ **Emp|fe̲h|lungs|schrei|ben**

emp|fi̲ehlt → empfehlen

Emp|fi̲n|den das, -s ‖ **emp|fi̲n|den,** empfand/empfunden: Freude e. *(fühlen)*; Schmerz e. *(verspüren)* ‖ **emp|fi̲nd|lich:** sehr e. *(wehleidig; leicht beleidigt)* sein | ein empfindlicher *(schwerer)* Verlust | ein empfindliches *(auf kleinste Schwankungen reagierendes)* Messgerät ‖ **Emp|fi̲nd|lich|keit** die, -/-en ‖ **emp|fi̲nd|sam:** *feinfühlig* ‖ **Emp|fi̲nd|sam|keit** die, -: *eine Geistesströmung im 18. Jh.* ‖ **Emp|fi̲n|dung** die, -/-en ‖ **emp|fi̲n|dungs|los** ‖ **Emp|fi̲n|dungs|wort** (Gramm.): *Interjektion*

Em|pha̲|se [-f-] die, - ⟨gr.⟩: *Nachdruck, Leidenschaftlichkeit [der Rede]* ‖ **em|pha̲|tisch**

Em|phy|se̲m [-fy-] das, -s/-e ⟨gr.⟩ (Med.): *Luftansammlung im Gewebe*

Em|pi̲re[1] [ɑ̃'pi:ə, fr.: -i:r] das, -[s] ⟨fr.⟩: *Kunststil der napoleonischen Zeit* ‖ **E̲m|pi|re**[2] ['empaiə] das, -[s] ⟨engl.⟩: *das ehemalige britische Weltreich* ‖ **Em|pire|stil** [ɑ̃pi:əst-, -ʃt-] ⟨fr.⟩

Em|pi|ri̲e die, - ⟨gr.⟩: *Erfahrung* ‖ **em|pi̲|risch:** *aus der Erfahrung gewonnen* ‖ **Em|pi|ri̲s|mus** der, -: *eine philosophische Richtung;* → Rationalismus ‖ **em|pi|ri̲s|tisch**

em|po̲r: *aufwärts* ‖ **em|po̲r|ar|bei|ten** sich: *sich [im Beruf] hinaufarbeiten* ‖ **em|po̲r|bli|cken**

Em|po̲|re die, -/-n: *erhöhter Raum für Sänger und Musiker in der Kirche, Chor*

em|pö̲|ren[1]: ihr Verhalten empört *(verärgert, erbost)* mich ‖ **em|pö̲|ren**[2] sich: *sich auflehnen;* sich gegen die Obrigkeit e. ‖ **em|pö̲|rend:** *Ärgernis erregend*

em|po̲r|he|ben ‖ **em|po̲r|kom|men** ‖ **Em|po̲r|kömm|ling** der, -s/-e (meist abw.): *rasch reich oder mächtig gewordener Mensch* ‖ **em|po̲r|ra|gen** ‖ **em|po̲r|rich|ten:**

die Schlange richtet sich empor ‖ **emporschweben** ‖ **emporsteigen**
Empörung die, -/-en: *Auflehnung, Zorn;* die E. war groß | (geh.) *Aufstand*
EMRK [e ɛm ɛr 'ka:]: **E**uropäische **M**enschen**r**echts**k**onvention
EMS [e ɛm 'ɛs]: **E**xpress **M**ail **S**ervice *(ein Eilgutdienst der Post)* ‖ **EMS-Sendung**
emsig: *fleißig, rastlos* ‖ **Emsigkeit** die, -
Emu der, -s/-s ⟨port.⟩: *ein australischer Laufvogel*
Emulgator der, -s/-en [-'o:-] ⟨lat.⟩ (Chem.): *Stoff, der nicht mischbare Substanzen verbindet; Zusatzstoff [in Lebensmitteln]* ‖ **emulgieren** ‖ **Emulsion** die, -/-en (Chem.): *Gemenge von zwei Flüssigkeiten, die sich nicht mischen* | *lichtempfindliche Schicht*
E-Musik: *ernste Musik;* → G.: U-Musik
EN[1] [e 'ɛn] die, -/-: **E**uropäische **N**orm[en], Europa**n**orm[en]
EN[2] [e 'ɛn]: Euro**N**ight
en bloc [ɑ̃ 'blɔk] ⟨fr.⟩: *im Ganzen, in Bausch und Bogen* ‖ **En-bloc-Abstimmung**
Encoder [-k-] = → Enkoder ‖ **encodieren** = → enkodieren
Endabrechnung ‖ **Endachtziger** der, -s/- → Achtziger ‖ **Endachtzigerin** die, -/-innen ‖ **Endausscheidung** (Sport) ‖ **Endbahnhof:** *Endstation* ‖ **Endbericht:** *Schlussbericht* ‖ **Endbeschluss** (Jus) ‖ **Endbetonung** (Sprachwiss.): *Betonung auf der letzten Silbe eines Wortes* ‖ **Endbetrag** ‖ **Enddarm** ‖ **Enddreißiger** der, -s/-: *jemand Ende dreißig* ‖ **Enddreißigerin** die, -/-innen ‖ **Ende** das, -s: wir sind am E.; etwas zu E. bringen; letzten Endes *(schließlich)* hat sie Recht; E. Mai; mit E. des Monats; eine Frau E. [der] dreißig | (ugs.) das dicke E. *(die Probleme, die große Mühe zum Schluss)* | (mit Pl. -n) die Enden der Wurst ‖ **Endeffekt:** im E. *(letztlich)* bleibt alles beim Alten ‖ **Endel** das, -s/-[n]: *fester, gewebter Rand eines Stoffes* ‖ **endeln,** ich endle: die Ränder eines Schals e. *(einfassen)*
endemisch ⟨gr.⟩ (Biol., Med.): *ausschließlich in dem angegebenen (relativ kleinen) Gebiet vorkommend;* eine endemische Seuche; → epidemisch ‖ **Endemit** der, -en/-en (Biol.): *endemisches Lebewesen*
enden: das Wort *Hut* endet auf *t*/ mit einem *t* ‖ **Endergebnis** ‖ **enderledigen** (Amtsspr.): *erledigen, abschließen* ‖ **Enderledigung** (Pol., Amtsspr.): *Erledigung eines Berichts in einem Ausschuss (und nicht im Plenum) des Nationalrats* ‖ **Endesgefertigte**[1] der, -n/-n, ein Endesgefertigter (Amtsspr., veraltet): *der Unterzeichnete* ‖ **Endesgefertigte**[2] die, -n/-n (Amtsspr., veraltet)
en détail [ɑ̃ de'ta:j] ⟨fr.⟩: Verkauf en d. *(Verkauf im Kleinen, Einzelverkauf);* → G.: en gros
Endfassung: *letzte Fassung [eines Berichts]* ‖ **endgiltig** (veraltet): *endgültig* ‖ **endgültig:** jetzt sind wir e. *(wirklich, ganz)* fertig; das steht e. *(unumstößlich)* fest ‖ **Endgültigkeit** ‖ **endigen** (veraltet): *enden, beenden*
Endivie [-viə] die, -/-n ⟨gr.⟩: *eine Salatpflanze* ‖ **Endiviensalat**
Endkampf: *alles entscheidender Kampf* ‖ **Endkontrolle** ‖ **Endlager** ‖ **endlagern** ‖ **Endlagerung** die, -: die E. von radioaktivem Abfall ‖ **endlich** ‖ **Endlichkeit** die, - ‖ **endlos:** ein endloses Gerede; *aber:* das geht ins **End**lose ‖ **Endlosigkeit** die, - ‖ **Endlospapier** ‖ **Endlosschleife:** *ein Rechenvorgang am Computer* ‖ **Endlösung** die, - (im Nationalsozialismus): *verhüllende Bezeichnung für die geplante völlige Vernichtung der europäischen Juden;* → Endsieg
endogen ['ɛn-, -'e:n] ⟨gr.⟩ (Med.): *von innen kommend;* → G.: exogen ‖ **endokrin** (Med.): *von innerer Sekretion verursacht* ‖ **Endokrinologie** die, - (Med., Biol.): *Lehre von den Hormonen und ihren Wirkungen* ‖ **Endonym** [-'y:m] das, -s/-e (Sprachwiss.): *geografischer Eigenname in der betreffenden Landessprache, zB* Praha *(tschech. für Prag);* → G.: Exonym ‖ **Endorphin** [-f-] das, -s/-e: *ein körpereigenes Opiat, dessen Ausschüttung, zB beim Joggen, einen euphorischen Zustand verursachen kann* ‖ **Endoskop** das, -s/-e (Med.): *Sehrohr mit einer Minivideokamera* ‖ **Endoskopie** die, -/-n (Med.): *Operation mittels Endoskop, bei der der Chirurg den Eingriff auf einem Monitor mitverfolgt* ‖ **endotherm** [auch: 'ɛ-] (Phys., Chem.): eine endotherme *(Wärme aufnehmende)* Reaktion; → G.: exotherm
Endphase [-f-] ‖ **Endprodukt** ‖ **Endpunkt** ‖ **Endrang:** *endgültige Platzierung* ‖ **Endredaktion** [-tsi̯-]: → *Schlussredaktion* ‖ **Endresultat** ‖ **Endrunde** (Sport): *Entscheidungskampf* ‖ **Endsieg** (im Nationalsozialismus): *Bezeichnung für den erwarteten endgültigen Triumph;* → Endlösung ‖ **Endsilbe** ‖ **Endspurt** [-spɜ:t, auch: -ʃpʊrt] *(Sport): letzte Anstrengung, Beschleunigung vor dem Ziel[einlauf]* ‖ **Endstand:** *Endergebnis* ‖ **Endstation** [-ʃtatsi̯-] ‖ **Endsumme** ‖ **Endung** die, -/-en (Gramm.): die E. der 2. Person Singular
Enduro[1] die, -/-s ⟨engl.⟩: *ein geländegängiges Motorrad* ‖ **Enduro**[2] das, -s (Sport): *Motorraddisziplin, die im Gelände ausgetragen wird*
endungslos ‖ **Endverbraucher** ‖ **Endverbraucherin** ‖ **Endvierziger** der, -s/- ‖ **Endvierzigerin** die, -/-innen ‖ **Endzeit** ‖ **Endzeitstimmung:** *Weltuntergangsstimmung* ‖ **Endziel:** *letztes Ziel* ‖ **Endzustand** ‖ **Endzweck**
energetisch ⟨gr.⟩: *die Energie betreffend* ‖ **Energie** die, -/-n: seine ganze E. *(Kraft, Tatkraft)* aufwenden; → Energie sparend = energiesparend | (Phys.) *Vermögen, Arbeit zu leisten;* mechanische, elektrische E. ‖ **Energieanbieter** ‖ **Energieanleihe** ‖ **Energieausweis:** *Bewertung des Energieverbrauchs von [Wohn]häusern, E-Pass* ‖ **Energiebedarf** ‖ **Energiebündel:** *tatkräftiger, lebhafter Mensch* ‖ **Energieeffizienz** ‖ **Energieeinsparung** ‖ **Energieerzeugung** ‖ **Energieferien** (veraltet): *Semesterferien* ‖ **energiegeladen:** *voller Energie* ‖ **Energiegewinnung** ‖ **Energiehaushalt:** der E. *(Energieerzeugung und -verbrauch)* des Körpers ‖ **Energiekrise:** *Engpass in der Energieversorgung* ‖ **energielos:** *ohne Energie* ‖ **Energiepickerl** (ugs.): *Etikett auf Energie sparenden Elektrogeräten* ‖ **Energiequelle:** die E. Sonne besser nutzen ‖ **Energie sparend** = **energiesparend:** E. sparende Maßnahmen ‖ **Energiesparmaßnahme** (meist Pl.) ‖

E

Energiesparhaus: *Haus mit geringem Heizwärmebedarf* ‖ **Energiesparlampe** ‖ **Energiesteuer** ‖ **Energieträger** ‖ **Energieverbrauch** ‖ **Energieverschwendung** ‖ **Energieversorgung** ‖ **Energieversorgungsunternehmen** ‖ **Energiewirtschaft** ‖ **Energiewoche** (früher): *Semesterferien* ‖ **Energiezufuhr** ‖ **energisch:** *tatkräftig*

Energydrink ['enədʒi-] ⟨engl.⟩: *ein belebendes, aufputschendes Getränk*

enervieren [-v-] ⟨lat.⟩ (geh.): eine enervierende *(die Nerven stark beanspruchende)* Arbeit; er ist enerviert *(sehr nervös)*

en face [ɑ̃ 'fas] ⟨fr.⟩: ein Frauenbildnis en f. *(von vorn);* → en profil

Enfant terrible [ɑ̃fɑ̃ -bl] das, - -/ -s -s [-bl] ⟨fr.⟩ (wörtl.: schreckliches Kind): *jemand, der andere unbekümmert in Verlegenheit bringt*

eng:

ein enger Spalt; die Sache wird eng *(knapp)*

Groß- und Kleinschreibung:

– aufs (auf das) **E**ngste (= engste; bei Frage *Wie?*) mit jemandem befreundet sein

R→ S. 893, 2.2.1

Getrenntschreibung:

– eng anliegen
– eng verbinden

Getrennt- und Zusammenschreibung mit adjektivisch gebrauchten Partizipien:

– eng anliegende (= enganliegende) Kleider
– eng verwandt = engverwandt
– eng befreundet = engbefreundet

R→ S. 903, 2.2.1

Engadin [-ŋg-] das, -s: *das Tal des Inns in der Schweiz*

Engagement [ɑ̃gaʒ'mɑ̃:] das, -s/ -s ⟨fr.⟩: *Anstellung [beim Theater]* | (ohne Pl.) *persönliche Bemühung, Anstrengung;* großes soziales E. ‖ **engagieren** [-'ʒi:-]: drei Musiker wurden engagiert *(angestellt)* | ich engagiere mich für den Umweltschutz *(setze mich nachdrücklich für ihn ein);* engagierte Literatur

eng anliegend = **enganliegend** ‖ **eng befreundet** = **engbefreundet** ‖ **engbrüstig:** *körperlich schwach gebaut, schmalbrüstig* ‖ **Enge** die, -/-n: *enge Stelle;* jemanden in die E. treiben *(jemand in Verlegenheit bringen)*

Engel der, -s/- (Rel.) ‖ **Engelbert:** *männl. Vorname;* → Bertl ‖ **engelhaft** ‖ **Engelmacher** (ugs., veraltet): *jemand, der illegal Abtreibungen vornimmt* ‖ **Engelmacherin** (ugs., veraltet): *Frau, die Ziehkinder beseitigt oder illegal Abtreibungen vornimmt* ‖ **Engelsgeduld** ‖ **Engelshaar** das, -[e]s: *ein Christbaumschmuck* ‖ **Engelwurz** (Bot.): → *Angelika²*

Engerling der, -s/-e: *Larve des Mai- und des Junikäfers*

engherzig: *kleinlich* ‖ **Engherzigkeit** die, -

England: *ein Teil von Großbritannien* | (auch) *Großbritannien, das Vereinigte Königreich* ‖ **Engländer** der, -s/- ‖ **Engländerin** die, -/-innen ‖ **englisch:** englische Möbel | (Küchenspr.) ein Steak e. *(innen noch blutig)* braten; → bleu; *aber:* die **E**nglischen Fräulein *(ein Frauenorden)* ‖ **Englisch** das, -[s] = **Englische**, -n: *die englische Sprache;* E. lernen → Deutsch

Englische Gruß der, -n -es (veraltend) (kath.): *Engelsgruß, ein Gebet;* → Angelusläuten

Englischhorn (Mus.): *ein Blasinstrument, Oboe in Altlage* ‖ **englischsprachig** ‖ **Englischunterricht** ‖ **Englishwaltz** ['ɪŋglɪʃ wɔlts] der, -/- ⟨engl.⟩: *langsamer Walzer*

engmaschig: ein engmaschiges Netz ‖ **Engpass:** ein E. in der Benzinversorgung

en gros [ɑ̃ gro(:)] ⟨fr.⟩: Verkauf en g. *(Verkauf im Großen);* → Gros; → G.: en détail ‖ **Engrosgeschäft** ‖ **Engrosssist** der, -en/-en (veraltend): *Großhändler;* → Grossist ‖ **Engrosssistin** die, -/ -innen (veraltend)

engstirnig (abw.): ein engstirniger Mensch *(ein Mensch ohne Weitblick)* ‖ **Engstirnigkeit** die, - (abw.) ‖ **eng verwandt** = **engverwandt** ‖ **engzeilig:** *mit knappem Zeilenabstand*

enharmonisch ⟨gr.⟩ (Mus.): *gleich klingende Töne bzw. Noten chromatisch umdeutend, zB h als ces*

enigmatisch ⟨gr.⟩ (geh.): *rätselhaft*

Enjambement [ɑ̃ʒɑ̃b'mɑ̃:] das, -s/-s ⟨fr.⟩: *das Übergreifen eines Wortes (Satzes) in die nächste Verszeile*

Enkel der, -s/-: *Kindeskind* ‖ **Enkelin** die, -/-innen ‖ **Enkelkind:** *Enkel[in] im Kindesalter* ‖ **Enkelsohn** ‖ **Enkeltochter** ‖ **Enkerl** das, -s/-[n]: *Enkel/in*

Enklave [-v-] die, -/-n ⟨lat.-fr.⟩: *in ein Staatsgebiet eingeschlossener fremder Gebietsteil;* → Exklave

Enkoder = Encoder [-k-] der, -s/- ⟨lat.-engl.⟩: *Zusatzgerät für die Verschlüsselung von [Video]signalen;* → G.: Dekoder ‖ **enkodieren** = encodieren: *verschlüsseln*

Enkulturation [-tsi̯-] die, -/-en ⟨lat.-fr.-engl.⟩ (Soz.): *das Hineinwachsen in die Gesellschaft bzw. Kultur*

en masse [ɑ̃ 'mas] ⟨fr.⟩: *massenhaft*

en miniature [ɑ̃ -'ty:r] ⟨fr.⟩: *im Kleinen, in kleinem Maßstab*

Enns¹: *Stadt in Oberösterreich* ‖ **Enns²** die, -: *ein Nebenfluss der Donau;* Land ob der E. (O); Land unter der E. (N) ‖ **Ennstal:** *Tal der Enns (S, St, O)* | (fachspr.) *Strecke vom Mandlingpass bis zum Gesäuse (St)*

ennuyieren [ɑ̃ny'ji:-] ⟨fr.⟩ (veraltet): *langweilen, lästig werden*

enorm ⟨lat.-fr.⟩: ein enormer *(ungeheurer)* Unterschied; e. *(außergewöhnlich)* groß

en passant [ɑ̃ pa'sɑ̃:] ⟨fr.⟩: *im Vorübergehen, nebenbei*

en profil [ɑ̃ -] ⟨fr.⟩: ein Frauenbildnis en p. *(von der Seite);* → G.: en face

Enquete [ɑ̃'kɛ(:)t] die, -/-n ⟨fr.⟩: *Umfrage großen Stils* | *Arbeitstagung mit Experten*

Ensemble [ɑ̃'sɑ̃:bl] das, -s/-s ⟨fr.⟩: *Gruppe gemeinsam wirkender Musiker/Schauspieler* | *zusammenpassende Kleidungsstücke* | *Gruppe [architektonisch] zusammengehöriger Bauwerke* ‖ **Ensemblemitglied**

en suite [ɑ̃ 'sɥit] ⟨fr.⟩: das Musical wurde ein Jahr lang en s. *(in ununterbrochener Folge)* gespielt

entarten (Biol., Med.): *von der Norm abweichen;* entartetes *(degeneriertes)* Gewebe | (im Nationalsozialismus) entartete Kunst *(abschätzige Bezeichnung für bestimmte Formen moderner Kunst, bes. von Juden)* ‖ **Entartung** die, -/ -en ‖ **Entartungserscheinung**

entäußern sich (geh.): sich einer Sache e. *(sie hergeben, auf sie verzichten)* ‖ **Entäußerung** (geh.)
entbehren: etwas e. *(darauf verzichten)* müssen | (geh.) *vermissen* | (geh.) *fehlen;* seine Behauptung entbehrt jeder Grundlage ‖ **entbehrlich:** *nicht unbedingt notwendig* ‖ **Entbehrlichkeit** die, - ‖ **Entbehrung** die, -/-en ‖ **entbehrungsreich**
entbieten (geh.): Grüße e. *(übermitteln)*
entbinden: in der Klinik e. *(ein Kind gebären)* | jemanden von seinen Pflichten e. *(lossprechen, befreien)* ‖ **Entbindung** die, -/-en: *Niederkunft, das Gebären* | (Jus) E. *(Befreiung)* vom Amtsgeheimnis ‖ **Entbindungsstation** [-ʃtatsi̯-]
entblättern[1]: der Wind entblätterte die Äste ‖ **entblättern**[2] sich (scherzh.): *sich ausziehen*
entblöden sich (abw.): sich nicht e. *(sich nicht schämen, sich nicht scheuen),* so etwas zu tun
entblößen: du entblößt den Oberkörper *(machst ihn frei)* | ich habe mich vor allen entblößt *(habe die intimsten Geheimnisse erzählt, nichts verschwiegen)* | (geh.) von allen Mitteln entblößt *(mittellos)* ‖ **Entblößung** die, -/-en
entbrennen (geh.): es entbrannte ein Streit
entbürokratisieren: die Verwaltung e. ‖ **Entbürokratisierung** die, -
entdecken ‖ **Entdecker** der, -s/- ‖ **Entdeckerfreude** ‖ **Entdeckerin** die, -/-innen ‖ **Entdeckung** die, -/-en: die E. Amerikas ‖ **Entdeckungsreise**
entdramatisieren: *als nicht so dramatisch darstellen*
Ente die, -/-n: *ein Schwimmvogel;* Hausente; Wildente | → *Zeitungsente*
entehren (geh.): *die Ehre nehmen, entwürdigen;* Frauen und Mädchen e. *(verführen; sexuell missbrauchen)*
enteignen: *Eigentum im öffentlichen Interesse, zB für einen Straßenbau, entziehen* ‖ **Enteignung** die, -/-en
enteilen (geh.): *davoneilen*
enteisen: *das Eis entfernen*
entemotionalisieren [-tsi̯-]: eine Diskussion e. *(sachlich führen);* → G.: emotionalisieren
Entenjunge das, -n (Küchenspr.): *Magen, Herz, Hals der Ente [als Speise]* ‖ **Entenklein** (bes. D) (Küchenspr.): *Entenjunge* ‖ **Entenmarsch** (bes. D, ugs.): im E. *(einer hinter dem anderen, im Gänsemarsch)* ‖ **Entenschnabel**
Entente [ãˈtã:t] die, -/-n ⟨fr.⟩ (Gesch., Pol.): *Staatenbündnis [im Ersten Weltkrieg]*
Entenvogel: der Schwan ist ein E. | (Pl.) (Zool.) *eine Ordnung der Vögel (Schwäne, Enten, Gänse)*
enterben: *von der Erbschaft ausschließen* ‖ **Enterbte**[1] der, -n/-n, ein Enterbter ‖ **Enterbte**[2] die, -n/-n
Enterhaken: *Gerät zum Entern*
Enterich der, -[e]s/-e: *männliche Ente, Erpel*
entern: ein Schiff e. *(es [mit Enterhaken heranziehen und] stürmen)*
Entertainer [ˈe-teɪ-] der, -s/- ⟨engl.⟩: *Unterhaltungskünstler* ‖ **Entertainerin** die, -/-innen
entfachen (geh.): die Glut e. *(zum Aufflammen bringen);* eine Diskussion e.
entfahren: *ungewollt sagen, ausstoßen;* ein Stöhnen entfuhr ihr
Entfall der, -[e]s ‖ **entfallen:** der Unterricht entfiel | das ist mir e. *(ich habe es vergessen)* | der Teller entfiel seinen Händen | auf jeden e. *(kommen)* hundert Euro
entfalten: sie konnte sich in dieser Umgebung gut e. *(sich gut entwickeln);* seine Talente e. *(zur Geltung bringen)* ‖ **Entfaltung** die, -/-en ‖ **Entfaltungsmöglichkeit**
entfernen[1]: Schutt e. *(wegräumen)* ‖ **entfernen**[2] sich: sofort entfernte er sich *(ging er weg)* ‖ **entfernt:** *weit;* eine entfernte *(schwache)* Ähnlichkeit; e. verwandt; *aber:* nicht im **E**ntferntesten *(überhaupt nicht)* daran denken ‖ **Entfernung** die, -/-en ‖ **Entfernungsmesser** der, -s/-
entfesseln: entfesselte Naturgewalten ‖ **Entfesselung**
entfetten: Milch e.
entflammbar: schwer entflammbare Stoffe ‖ **entflammen:** *anzünden* | (geh.) *begeistern*
entflechten: *entwirren, auflösen* ‖ **Entflechtung** die, -/-en
entfliegen (geh.): *davonfliegen*
entfliehen: dem Lärm e.
entfremden[1]: das Gebäude wurde seinem eigentlichen Zweck entfremdet ‖ **entfremden**[2] sich: sie haben sich entfremdet *(sind einander fremd geworden)* ‖ **Entfremdung** die, -/-en
entfristen ‖ **Entfristung** die, -/-en: *Aufhebung einer Befristung*
entführen: ein Flugzeug/ein Kind e. ‖ **Entführer** ‖ **Entführerin** ‖ **Entführung**
Entgang der, -[e]s/-gänge (bes. Amtsspr.): *Ausfall;* Verdienstentgang
entgegen (Präp. mit Dat.): e. dem Verbot/dem Verbot e. *(gegen das Verbot)* | (Adv.) den Ferien e. ‖ **entgegenbringen:** jemandem großes Vertrauen e. ‖ **entgegenfahren** ‖ **entgegenfiebern:** dem Auftritt e. *(ihn mit höchster Erregung erwarten)* ‖ **entgegengehen** ‖ **entgegengesetzt:** die entgegengesetzte Richtung einschlagen ‖ **entgegenhalten:** *einwenden, kontern;* dem Argument e. ‖ **entgegenkommen** ‖ **Entgegenkommen** das, -s: *Gefälligkeit, Zugeständnis* ‖ **entgegenkommend:** *freundlich; hilfreich* ‖ **entgegenkommenderweise** ‖ **entgegenlaufen** ‖ **Entgegennahme** die, - ‖ **entgegennehmen:** ein Geschenk e. *(annehmen)* ‖ **entgegensehen:** *erwarten* ‖ **entgegensetzen:** dem Befehl Widerstand e. ‖ **entgegenstehen:** *im Weg stehen* ‖ **entgegenstellen:** *in den Weg stellen, dagegen ankämpfen;* sich der Korruption e. ‖ **entgegentreten:** der Kritik e. *(sich dagegenstellen, sich wehren)* ‖ **entgegenwirken**
entgegnen: *antworten, erwidern* ‖ **Entgegnung** die, -/-en: *Antwort* | (Jus) *Richtigstellung von unrichtigen Tatsachenbehauptungen in Medien; Gegendarstellung*
entgehen: bei einem Unfall dem Tod e. *(ihm entrinnen, mit dem Leben davonkommen);* dieses Vergnügen ist mir entgangen
entgeistert: e. *(sehr erstaunt; entsetzt)* dreinschauen
Entgelt [auch: ˈɛ-] das, -[e]s/-e (Amtsspr.): ohne E. *(Bezahlung)* arbeiten ‖ **Entgeltanspruch** (Amtsspr.): E. für den Urlaub ‖ **entgelten:** ich lasse es dich/dir nicht e. *(ich lasse dich nicht dafür büßen)* | die Teilnahme wird finanziell entgolten ‖ **Entgelt-**

E

fortzahlung (Amtsspr.): *Weiterzahlung des Gehalts an Arbeitnehmer bei Krankheit* ‖ **entgeltlich:** *gegen Bezahlung* ‖ **Entgeltlichkeit** die, -/-en (Amtsspr.) ‖ **entgeltpflichtig**
entgiften ‖ **Entgiftung** die, -/-en
entgleisen ‖ **Entgleisung** die, -/-en: die E. des Zuges forderte vier Todesopfer | *ein Fehler im Benehmen*
entgleiten: die Sache ist ihr entglitten *(sie hat sie nicht mehr unter Kontrolle)*
entglorifizieren: eine Filmlegende e.
entgräten: einen Fisch e.
enthaaren: die Beine e. ‖ **Enthaarung** die, -/-en ‖ **Enthaarungscreme** [-kreːm] = Enthaarungskrem = Enthaarungskreme
enthaften (Amtsspr.): *aus der Haft entlassen* ‖ **Enthaftung** (Amtsspr.)
Enthalpie die, - ⟨gr.⟩ (Phys.): *bestimmte thermodynamische Zustandsgröße*
enthalten: dieser Koffer enthält Wäsche | sich der Stimme e. *(keine Stimme abgeben)* ‖ **enthaltsam** ‖ **Enthaltsamkeit** die, -/-en: *Zurückhaltung, Abstinenz* ‖ **Enthaltung**
enthärten: Wasser e. *(entkalken)*
enthaupten: *durch Köpfen hinrichten* ‖ **Enthauptung** die, -/-en
entheben: jemanden seines Amtes e. *(jemanden absetzen)* ‖ **Enthebung** die, -/-en
entheiligen: *entweihen* ‖ **Entheiligung** die, -/-en
enthemmen ‖ **enthemmt:** *ohne Hemmungen, ohne Zurückhaltung* ‖ **Enthemmung**
enthüllen: ein Denkmal e. | einen Schwindel e. *(aufdecken, entlarven)* ‖ **Enthüllungsjournalismus** [-ʒur-]
enthusiasmiert ⟨gr.-fr.⟩ (geh.): *begeistert, entzückt* ‖ **Enthusiasmus** der, - ⟨gr.⟩: *Begeisterung* ‖ **enthusiastisch**
entideologisieren: *von Ideologie befreien* ‖ **Entideologisierung** die, -/-en
entjungfern ‖ **Entjungferung** die, -/-en: → *Defloration*
entkalken: die Waschmaschine e. ‖ **Entkalker** der, -s/- ‖ **Entkalkung** die, -/-en
entkeimen: *steril machen*
entkernen: Kirschen/Orangen e.
entkleiden: sich hinter einem Paravent e. *(sich ausziehen)* ‖ **Entkleidung**
entknoten: das Schuhband e.
entkoffeinieren: *Kaffee koffeinfrei machen*
entkommen: den Verfolgern e.
entkoppeln: Forschung und Lehre e. *(voneinander trennen)*
entkorken: eine Weinflasche e.
entkräften: eine Behauptung e. *(beweisen, dass sie nicht [ganz] richtig ist)* ‖ **entkräftet:** *kraftlos geworden*
entkrampfen: sich durch Übungen e. *(lockern)* ‖ **Entkrampfung** die, -/-en
entkriminalisieren: *nicht mehr als kriminell betrachten;* → G.: kriminalisieren ‖ **Entkriminalisierung** die, -/-en
entladen: den Lieferbus e. | das Gewehr e. | das Gewitter entlud sich ‖ **Entladung**

entlang:

Präposition mit Genitiv oder Dativ:
– entlang des Baches
– entlang dem Bach
Bei Nachstellung mit Akkusativ:
– den Bach entlang (*selten auch:* dem Bach entlang) wandern viele Menschen
Adverb:
– am Ufer entlang eislaufen; *aber zusammen:* entlangfahren, entlanggehen

entlangfahren ‖ **entlangführen** ‖ **entlanggehen** → langgehen → entlang
entlarven [-f-]: einen Schwindler e. *(seine Betrügereien aufdecken)* ‖ **Entlarvung** die, -/-en
entlassen: einen Arbeiter e. | jemanden aus der Haft e. *(freilassen)* | Schüler/innen nach dem Unterricht e. ‖ **Entlassung** die, -/-en ‖ **Entlassungsgrund** ‖ **Entlassungswelle:** *große Zahl von Entlassungen*
entlasten: die Kollegin e. *(ihr eine Last, eine Arbeit abnehmen)* | (Jus) die Zeugen entlasteten den Angeklagten *(sie sagten für ihn günstig aus)* ‖ **Entlastung** die, -/-en ‖ **Entlastungsgerinne:** *einen Fluss begleitendes Gerinne zur Aufnahme bzw. Ableitung von Hochwässern* ‖ **Entlastungsoffensive** [-fɛ, -vɛ] ‖ **Entlastungszeuge** (Jus): *Zeuge, dessen Aussage Beschuldigte entlastet;* → G.: Belastungszeuge ‖ **Entlastungszeugin** (Jus)
entlauben: Bäume e.
entlaufen: mein Hund ist e. *(davongelaufen)*
entlausen: *von Läusen befreien*
entledigen sich (geh.): sich eines Zeugen e. *(ihn loswerden)* | sich eines Auftrags e. *(ihn durchführen)* | sich seines Mantels e. *(ihn ablegen)*
entleeren: den Papierkorb e. | (beschön.) sich e. *(die Notdurft verrichten)* ‖ **Entleerung**
entlegen: ein entlegenes *(abseitsliegendes, einsam gelegenes)* Haus ‖ **Entlegenheit** die, -
entlehnen: ein Buch e. *(ausleihen)* ‖ **Entlehnordnung** ‖ **Entlehner** der, -s/- ‖ **Entlehnerin** die, -/-innen ‖ **Entlehnung** die, -/-en ‖ **Entlehnzeiten** die (Pl.)
entleiben sich (geh., veraltet): *Selbstmord begehen*
entleihen: ein Buch e. *(entlehnen)*
entlocken: jemandem ein Geheimnis e. *(herauslocken)*
entlohnen: er wurde gut entlohnt ‖ **Entlohnung** die, -/-en
entlüften: den Heizkörper e. ‖ **Entlüfter** ‖ **Entlüftung** ‖ **Entlüftungsanlage**
entmachten: der Diktator wurde entmachtet ‖ **Entmachtung** die, -/-en
entmannen: *kastrieren* ‖ **Entmannung** die, -/-en
entmenscht (geh.): *unmenschlich; bestialisch*
entmilitarisieren: ein Gebiet e. *(das Militär daraus abziehen)* ‖ **Entmilitarisierung** die, -/-en
entminen: *alle Minen entfernen, entschärfen*
entmischen (fachspr.): *teilen, sondern, trennen* ‖ **Entmischung** (fachspr.)
entmündigen: *unter Vormundschaft stellen* ‖ **Entmündigung** die, -/-en
entmutigen: das hat mich entmutigt *(mir den Mut genommen)* ‖ **Entmutigung** die, -/-en
Entnahme die, -/-n: zur freien E.
entnazifizieren (Gesch., Pol.): *ehemalige Nationalsozialisten in den Jahren nach 1945 überprüfen [und verurteilen]* ‖ **Entnazifizierung** die, -/-en ‖ **Entnazifizierungsverfahren**
entnehmen: seinen Worten war nur Gutes zu e.
entnervt: *nervös*
Entomologe der, -n/-n ⟨gr.⟩: *In-*

sektenforscher || **En|to|mo|lo|gie** die, - || **En|to|mo|lo|gin** die, -/-innen
ent|pflich|ten: *aus einer Pflicht entbinden*
ent|po|li|ti|sie|ren: *dem Einfluss der Parteipolitik entziehen* || **Ent|po|li|ti|sie|rung** die, -/-en
ent|pri|va|ti|sie|ren [-v-]: *verstaatlichen* || **Ent|pri|va|ti|sie|rung**
ent|pup|pen sich: er entpuppte *(erwies)* sich als Gauner
ent|rah|men: Milch e. *(abrahmen)*
ent|ra|ten (geh., veraltet): sie kann deiner Hilfe nicht e. *(sie kann nicht ohne sie sein)*
ent|rät|seln: *das Rätsel um etwas lösen, das Geheimnis um etwas lüften;* eine geheime Botschaft e.
ent|rech|tet: *rechtlos* || **Ent|rech|tung** die, -/-en
En|tre|cote [ãtr(œ)'koːt] das, -s/-s ⟨fr.⟩ (Küchenspr.): *gebratenes Rippenstück vom Rind*
En|tree [ã'treː] das, -s/-s ⟨fr.⟩: *Eingang, Vorzimmer* | (Gast.) *Vorspeise, erster Gang* | *Einführung in einen gesellschaftlichen Kreis* | (Theater) *Auftrittslied* | (bes. W, veraltend) *Eintrittsgeld*
En|tre|pre|neur|ship [ãntrəprə'nɜː-ʃɪp] das, -[s] ⟨fr.+engl.⟩: *Unternehmergeist, Unternehmertum; ein Unterrichtsfach*
ent|rei|ßen: jemandem seinen Besitz e.
en|tre nous [ãtr(œ) 'nu] ⟨fr.⟩: *unter uns, im Vertrauen [gesagt]*
ent|rich|ten: den Mitgliedsbeitrag e. *(zahlen)* || **Ent|rich|tung:** die E. von Abgaben
ent|rie|geln: das Schloss e.
en|trie|ren [ãt-] ⟨fr.⟩ (geh.): *versuchen; in die Wege leiten*
ent|rin|den: *die Rinde entfernen*
ent|rin|gen (geh.): jemandem den Schlüssel e. *(im Kampf entreißen)*
ent|rin|nen: wir sind der Gefahr entronnen *(entkommen)*
ent|rol|len: *ausrollen*
En|tro|pie die, -/-n ⟨gr.⟩ (Phys.): *thermodynamische Zustandsgröße* | *Maß für die Unordnung eines Systems*
ent|ros|ten: *von Rost befreien*
ent|rü|cken (geh.): im Traum in ein fernes Land entrückt werden || **Ent|rückt|heit** die, -/-en (geh.) || **Ent|rü|ckung** die, -/-en (geh.)
ent|rüm|peln: *Gerümpel entfernen;* ich entrümple den Dachboden || **Ent|rüm|pe|lung** die, -/-en, *auch:* **Ent|rümp|lung**
ent|ru|ßen, *auch:* entrussen: *von Ruß befreien*
ent|rüs|ten: sich über etwas e. *(sich darüber empören);* das hat sie entrüstet
ent|saf|ten: Obst e. || **Ent|saf|ter** der, -s/-
ent|sa|gen (geh.): der Rache e. *(auf sie verzichten)* || **Ent|sa|gung** die, -/-en (geh.): *Verzicht*
ent|sal|zen: Meerwasser e.
Ent|satz der, -es (Mil.): *Befreiung [einer belagerten Stadt];* → entsetzen
ent|schä|di|gen: jemanden für einen Verlust e. *(jemandem den Schaden ersetzen)* || **Ent|schä|di|gung** die, -/-en || **Ent|schä|di|gungs|an|spruch**
ent|schär|fen: eine Bombe e. *(sie funktionsuntüchtig machen)* || **Ent|schär|fung** die, -/-en
Ent|scheid der, -[e]s/-e (Amtsspr.): der E. des Obersten Gerichtshofes || **ent|schei|den:** e., wer Recht hat; sich für etwas e. || **ent|schei|dend:** im entscheidenden *(maßgeblichen)* Augenblick || **Ent|schei|dung:** eine E. herbeiführen || **Ent|schei|dungs|be|fug|nis** || **Ent|schei|dungs|fra|ge:** eine E. stellen | (Gramm.) *Fragesatz, der mit der Personalform des Verbs eingeleitet wird* || **Ent|schei|dungs|frei|heit** || **Ent|schei|dungs|hil|fe** || **Ent|schei|dungs|kampf** || **Ent|schei|dungs|prü|fung** || **Ent|schei|dungs|schlacht** || **Ent|schei|dungs|spiel** || **Ent|schei|dungs|trä|ger:** *jemand, der beruflich eine maßgebliche Position innehat* || **Ent|schei|dungs|trä|ge|rin** || **Ent|schei|dungs|zwang** || **ent|schie|den:** das ist e. *(ohne Zweifel)* richtig | ein entschiedener *(unnachgiebiger)* Gegner; aufs (= auf das) Entschiedenste (= entschiedenste; mit Frage *Wie?*); → entscheiden || **Ent|schie|den|heit** die, -
ent|schla|cken: *Schlacken entfernen;* den Körper e. || **Ent|schla|ckungs|kur**
ent|schla|fen (geh.): *sterben;* sanft e. | (geh., veraltet) *einschlafen*
ent|schla|gen (geh., Amtsspr.): sich des Anspruchs e. *(darauf verzichten)* || **Ent|schla|gung** die, -/-en (geh., Amtsspr.) || **Ent|schla|gungs|recht** (Jus)
ent|schleu|ni|gen: *abspannen, regenerieren, beruhigen* || **Ent|schleu|ni|gung** die, -/-en
ent|schlie|ßen sich: *einen Entschluss fassen* || **Ent|schlie|ßung** die, -/-en (Amtsspr.): mit E. *(Verfügung)* des Bundespräsidenten || **Ent|schlie|ßungs|an|trag** (Pol.): *Antrag an die Bundesregierung oder an eines ihrer Mitglieder* || **ent|schlos|sen:** *tatkräftig, zielgerichtet* || **Ent|schlos|sen|heit** die, -
ent|schlum|mern (geh.): *einschlafen*
ent|schlüp|fen: *entwischen* | das Geheimnis ist ihm versehentlich entschlüpft *(ungewollt über die Lippen gekommen)*
Ent|schluss: einen E. fassen
ent|schlüs|seln: ich entschlüssle *(dechiffriere)* eine Nachricht in Geheimschrift
ent|schluss|fä|hig || **ent|schluss|freu|dig**
ent|schuld|bar: das ist nicht e. || **ent|schul|den:** *[durch Gesetz] von Schulden befreien* || **ent|schul|di|gen:** sich dafür e. || **Ent|schul|di|gung** die, -/-en || **Ent|schul|di|gungs|grund**
ent|schwe|ben (geh., auch iron.): *davonschweben*
ent|schwin|den (geh.): das Flugzeug entschwand den Blicken
ent|seelt (geh.): *tot*
ent|sen|den (geh.): einen Boten e. *(abschicken)*
ent|set|zen: deine Reaktion hat mich entsetzt *(sie hat mich in Furcht versetzt, mich aus der Fassung gebracht);* sie ist darüber entsetzt *(sehr empört; außer sich)* | (Mil.) *eine belagerte Stadt oÄ befreien* || **Ent|set|zen** das, -s: weltweites E. nach den Anschlägen; E. erregen || **Ent|set|zen er|re|gend** = **ent|set|zen|er|re|gend:** E. erregende (= entsetzenerregende) Berichte; *aber nur:* tiefes Entsetzen erregende Schilderungen || **ent|setz|lich**
ent|si|chern: eine Pistole e.
ent|sin|nen sich (geh., veraltet): sich seiner Pflicht e. *(sich an sie erinnern)*
ent|sor|gen: *[gefährlichen] Abfall ordnungsgemäß beseitigen* || **Ent|sor|gung** die, -/-en || **Ent|sor|gungs|bei|trag:** für die Rücknahme des Kühlschranks einen E. zahlen || **Ent|sor|gungs|be|trieb**
ent|span|nen: die Muskeln e.; sich mit Musik e. *(sich beruhigen, sich ausruhen, sich erholen)* | ein entspanntes *(lockeres, angenehmes)* Verhältnis || **Ent|span|nung**

E

|| **Ent|span|nungs|po|li|tik** || **Ent|span|nungs|übung**
ent|sper|ren: ein Handy e. *(für andere SIM-Karten freimachen)*
ent|spie|geln: Brillengläser e.
ent|spin|nen sich: es entspann *(entwickelte)* sich ein lebhaftes Gespräch
ent|spre|chen: den Anforderungen e. *(gerecht werden)* || **ent|spre|chend** (Adj.): entsprechende Vorkehrungen treffen | (Präp. mit Dat.) meinem Wunsch e./e. meinem Wunsch || **Ent|spre|chung** die, -/-en
ent|sprie|ßen (geh.): *hervorkommen*
ent|sprin|gen: das ist nur ihrer Fantasie entsprungen | die Drau entspringt in Südtirol | ein entsprungener Häftling
Ent|staat|li|chung die, -: *Reduzierung der Staatsaufgaben, Privatisierung*
ent|stam|men (geh.): einer berühmten Familie e.
ent|stau|ben: *von Staub befreien*
ent|ste|hen: dadurch ist großer Schaden entstanden || **Ent|ste|hung** die, -/-en || **Ent|ste|hungs|ge|schich|te** || **Ent|ste|hungs|zeit**
ent|stei|gen (geh.): *aussteigen;* dem Flugzeug e.
ent|stei|nen (Küchenspr.): Oliven, Kirschen e. *(entkernen)*
ent|stel|len: ein entstelltes *(stark verunstaltetes)* Gesicht | die Wahrheit e. *(verfälschen)* || **Ent|stel|lung**
ent|stö|ren: Elektrogeräte e. *(verhindern, dass sie zB den Radioempfang stören)*
ent|strö|men (geh.): Gas entströmt *(strömt heraus)*
ent|ta|bu|i|sie|ren, *auch:* enttabuieren: *von Tabus befreien*
ent|tar|nen: *überführen; enthüllen, aufdecken;* einen Spion e.
ent|täu|schen: von jemandem/von einem Film/über ein Geschenk enttäuscht sein || **Ent|täu|schung**
ent|thro|nen: *jemanden vom Thron stürzen, absetzen*
ent|völ|kern: ein entvölkerter *(von den Bewohnern verlassener)* Landstrich
ent|wach|sen [-ks-]: der Schule e.
ent|waff|nen: den Feind e. | ein entwaffnendes *(gewinnendes, den Widerstand eines Gegners abbauendes)* Lächeln
ent|war|nen: *gegebenen Alarm aufheben* || **Ent|war|nung**
ent|wäs|sern: sumpfige Wiesen e. *(trockenlegen)* | den Körper e. *(eine Entwässerungskur machen)* || **Ent|wäs|se|rung** die, -/-en

ent|wei|der

[auch: -ˈveː-]: entweder – oder; *aber:* hier gibt es kein Entweder-oder

Im Normalfall steht vor („entweder“ –) „oder“ kein Beistrich:
- Ich verlange entweder ein neues Gerät oder mein Geld zurück.
- Wir holen euch entweder heute oder aber erst morgen ab.

Nur zwischen Hauptsätzen kann man einen Beistrich setzen, um die Gliederung deutlich zu machen:
- Entweder du kommst[,] oder du schreibst mir ein E-Mail.

ent|wei|chen: *ausströmen;* Gas entweicht | (geh.) *entkommen*
ent|wei|hen: ein Gotteshaus e. *(die Würde verletzen)* || **Ent|wei|hung**
ent|wen|den: *stehlen*
ent|wer|fen: einen Plan e.
ent|wer|ten: eine Briefmarke e. *(sie durch Abstempeln für den weiteren Gebrauch ungültig machen)* | die Aktien wurden entwertet *(im Wert vermindert)* || **Ent|wer|ter** der, -s/-: *Automat zum Entwerten [von Fahrscheinen]* || **Ent|wer|tung**
ent|wi|ckeln[1] sich: sich körperlich gut e. | Rauch entwickelt sich *(entsteht)* || **ent|wi|ckeln**[2]: Konzepte e. *(erarbeiten)* | einen Film e. || **Ent|wick|ler** der, -s/- || **Ent|wick|le|rin** die, -/-innen || **Ent|wick|lung** die, -/-en || **ent|wick|lungs|fä|hig** || **Ent|wick|lungs|ge|schich|te:** *Ontogenese* | *Phylogenese* || **ent|wick|lungs|ge|schicht|lich:** e. verschieden alte Organe || **Ent|wick|lungs|hel|fer** || **Ent|wick|lungs|hel|fe|rin** || **Ent|wick|lungs|hil|fe:** → *Entwicklungszusammenarbeit* || **Ent|wick|lungs|land:** *wirtschaftlich unterentwickeltes Land* || **Ent|wick|lungs|pha|se** [-f-]: *Entwicklungsstufe* || **Ent|wick|lungs|pro|gramm** || **Ent|wick|lungs|pro|zess** || **Ent|wick|lungs|stu|fe:** *Stadium innerhalb eines Entwicklungsprozesses* || **Ent|wick|lungs|zu|sam|men|ar|beit:** *Unterstützungsmaßnahmen für Entwicklungsländer*
ent|win|den: sie entwand ihm die Waffe
ent|wir|ren: einen Wollknäuel e.
ent|wi|schen: *entkommen*
ent|wöh|nen: den Säugling e. *(die Muttermilch allmählich durch andere Nahrung ersetzen)* | (geh.) sich des Rauchens e. || **Ent|wöh|nung** die, - || **Ent|wöh|nungs|kur**
ent|wür|di|gen: *die Würde verletzen;* ein entwürdigendes Ansinnen
Ent|wurf: den E. eines Gesetzes begutachten
ent|wur|men: den Hund e. *(von Würmern befreien)*
ent|wur|zeln: der Sturm kann Bäume e. | ein entwurzelter *(von der Gemeinschaft getrennter, heimatloser)* Mensch
ent|zau|bern: *den Zauber von etwas nehmen*
ent|zer|ren: eine Luftaufnahme e. *(ihre perspektivische Verzerrung beheben)*
ent|zie|hen: jemandem den Führerschein e.; sich einer Verpflichtung e. || **Ent|zie|hung** die, -/-en: E. der Lenkerberechtigung || **Ent|zie|hungs|dau|er:** die E. zB beim Führerscheinentzug || **Ent|zie|hungs|kur:** *Kur zur Überwindung einer Suchtkrankheit*
ent|zif|fern: eine schwer lesbare Schrift e. || **Ent|zif|fe|rung** die, -/-en
ent|zip|pen [auch: -z-] (EDV): *eine komprimierte Datei wieder auf die ursprüngliche Größe bringen;* → zippen
ent|zü|cken: hell entzückt *(begeistert)* sein; ein entzückendes Kind || **Ent|zü|cken** das, -s
Ent|zug der, -[e]s || **Ent|zugs|er|schei|nung:** *körperliche Reaktion [beim Abgewöhnen des Rauchens]* || **Ent|zugs|de|likt** (Jus): *ein Vormerkdelikt*
ent|zünd|bar || **ent|zün|den:** Benzindämpfe e. sich leicht | entzündete Augen || **ent|zünd|lich:** leicht e. (= leichtentzündlich) || **Ent|zün|dung** die, -/-en || **ent|zün|dungs|hem|mend** || **Ent|zün|dungs|herd:** *Ausgangspunkt einer Entzündung*
ent|zwei: die Vase ist e. *(auseinandergebrochen)* || **ent|zwei|bre|chen** || **ent|zwei|en:** ich habe mich mit der Nachbarin entzweit *(mich mit ihr verfeindet)*
E-Num|mer: *eine Kennzeichnungsvorschrift für Lebensmittelzusätze*

en vogue [ɑ̃ 'vɔg] ⟨fr.⟩: *modern, aktuell*
Enzephalitis [-f-] die, -/Enzephalitiden ⟨gr.⟩ (Med.): *Gehirnentzündung*
Enzian der, -s/-e: *eine Pflanzengattung* | *Kurzwort für Enzianschnaps* ‖ **Enzianschnaps**
Enzyklika [-'tsy(:)-] die, -/Enzykliken ⟨gr.-lat.⟩: *päpstliches Rundschreiben [programmatischen Inhalts]*
Enzyklopädie [-tsy-, -tsi-] die, -/-n ⟨gr.-lat.⟩: *ein umfassendes Lexikon* ‖ **enzyklopädisch:** ein enzyklopädisches *(vielseitiges)* Wissen
Enzym [-'tsy:m] das, -s/-e ⟨gr.⟩: *ein Ferment*
eo ipso ⟨lat.⟩: *eben dadurch, gerade dadurch; von selbst*
E-Orgel: elektronische Orgel, **E**lektronenorgel
E-Pass: → *Energieausweis*
Epaulette [epo'lɛt(ɛ)] die, -/-n ⟨fr.⟩: *ein Schulterstück bestimmter Uniformen*
ephemer [-f-] ⟨gr.⟩ (geh.): *schnell vorübergehend*
epi- ⟨gr.⟩ (nur in Zusammensetzungen wie Epizentrum)
E-Piano: Elektropiano
Epidemie die, -/-n ⟨gr.⟩ (Med.): *massenhaftes Auftreten einer [Infektions]krankheit in einem bestimmten Gebiet, Seuche* ‖ **epidemisch** (Med.): eine epidemische Krankheit; → endemisch
Epidermis die, -/Epidermen ⟨gr.⟩ (Biol., Med.): *oberste Hautschicht*
Epidiaskop das, -s/-e: *Projektor für durchsichtige und undurchsichtige Bilder;* → Episkop
epigonal ⟨gr.-lat.⟩: *epigonenhaft* ‖ **Epigone** der, -n/-n ⟨gr.⟩ (oft abw.): *Nachahmer [einer künstlerischen Richtung]* ‖ **Epigonin** die, -/ -innen (oft abw.)
Epigramm das, -s/-e: *Sinnspruch* | *geistreiches kurzes Gedicht*
Epik die, - ⟨gr.⟩: *erzählende Dichtkunst;* → episch ‖ **Epiker** der -s/ -: *Dichter von Epik* ‖ **Epikerin** die -/-innen
Epikureer der, -s/- ⟨gr.⟩: *Anhänger einer philosophischen Richtung* | *Genießer* ‖ **Epikureerin** die, -/-innen ‖ **epikureisch:** *genießerisch*
Epilepsie die, - ⟨gr.⟩ (Med.): *eine Erkrankung des Gehirns mit krampfartigen Anfällen* ‖ **Epileptiker** der, -s/- ‖ **Epileptikerin** die, -/-innen ‖ **epileptisch** (Med.): epileptische Anfälle
epilieren ⟨lat.⟩: *die Körperhaare entfernen, enthaaren* ‖ **Epilierer** der, -s/-
Epilog der, -[e]s/-e ⟨gr.⟩: *Nachwort; Schlusswort, Ausklang [einer Dichtung]*
Epiphanias [-f-] die, - ⟨gr.⟩: *Fest der Erscheinung Christi unter den Menschen, Dreikönigsfest am 6. Jänner* ‖ **Epiphanie** [-f-] die, -: *Erscheinung Christi*
episch ⟨gr.⟩: eine epische *(erzählende)* Dichtung; → Epos; → Epik
Episkop das, -s/-e ⟨gr.⟩: *Projektor für undurchsichtige Vorlagen;* → Epidiaskop
episkopal ⟨gr.-lat.⟩: *bischöflich* ‖ **Episkopat** der = das, -[e]s/-e: *Gesamtheit der Bischöfe* | *Bischofswürde*
Episode die, -/-n ⟨gr.⟩: *ein Geschehnis von vorübergehender, von nebensächlicher Bedeutung* ‖ **episodenhaft**
Epistel die, -/-n ⟨lat.-gr.⟩: *Lesung aus der Bibel im Gottesdienst, speziell aus den Apostelbriefen* | (scherzh.) *Brief*
Epitaph [-f] das, -[e]s/-e ⟨gr.⟩: *Grabinschrift; Gedenktafel für Verstorbene*
Epizentrum: *Gebiet senkrecht über einem Erdbebenherd;* → Hypozentrum
epochal ⟨gr.-lat.⟩: eine epochale *(sehr bedeutende)* Erfindung ‖ **Epoche** die, -/-n: *großer geschichtlicher Zeitraum, Zeitabschnitt* ‖ **Epoche machend** = **epochemachend:** E. machende Erfindungen
Epos das, -/Epen ⟨gr.⟩: *längere erzählende Versdichtung* | *Heldengedicht;* → episch
eppis = **eppas,** *auch:* ebbis, ebbas (bes. westöst., CH, reg. in D, mda.): *etwas*
Eprouvette [-ruv-] die, -/-n ⟨fr.⟩: *Proberöhrchen [für chemische Versuche]*
Epsilon das, -[s]/-[s] (ε, E) ⟨gr.⟩: *griechischer Buchstabe, entspricht kurzem e/E;* → Eta
EQ [e 'ku:, i 'kju:] der, -[s]/-[s] (Psych.): **e**motionaler **Q**uotient; → IQ
Equalizer ['i:kwəlaızə] der, -s/- ⟨lat.-engl.⟩ (Elektrot.): *Einrichtung bei Hi-Fi-Geräten zur Regelung der Klangfarbe uÄ*
Equipage [ek(v)i'pa:ʃ, -'ʒɛ] die, -/-n ⟨fr.⟩: *vornehme Kutsche* ‖ **Equipe** [e'kip] die, -/-n: *die ausgewählte Mannschaft für einen Wettkampf* ‖ **Equipment** [ı'kwıp-] das, -s ⟨fr.-engl.⟩: *Ausrüstung*
er: war er das?; *aber:* ein **Er** oder eine Sie | (als Anrede an eine untergebene männliche Person groß) (veraltet) will **Er** mir drohen?; → sie
Er: Erbium
erachten (geh.): jemanden für würdig e. *(halten)* ‖ **Erachten** das, -s (geh.): meines Erachtens (m. E.) *(meiner Meinung nach)*
erahnen: *ahnen*
erarbeiten: sich ein Vermögen e.
Erasmus: *ein Bildungsprogramm der Europäischen Union* ‖ **Erasmusstipendium** [-ʃt-, -st-]
Erbadel: *erblicher Adel* ‖ **Erbanlage:** *vererbbares physisches oder psychisches Merkmal* ‖ **Erbänderung:** → *Mutation* ‖ **Erbantrittserklärung** (Jus)
erbarmen: er erbarmt mir *(tut mir leid);* seine Not erbarmt mich; sich der Kranken e. *(sich ihrer annehmen, für sie sorgen)* ‖ **Erbarmen** das, -s: *Mitleid, Mitgefühl;* mit jemandem E. haben; es ist zum E. ‖ **erbarmenswert** ‖ **erbärmlich:** es geht ihm e.; eine erbärmliche Pfuscherei ‖ **Erbärmlichkeit** die, - ‖ **erbarmungslos** ‖ **erbarmungsvoll** ‖ **erbarmungswürdig** (geh.)
erbauen: ein Haus e. | (geh.) sich an schöner Musik e. *(seelisch aufrichten);* von etw. erbaut sein ‖ **Erbauer** der, -s/- ‖ **Erbauerin** die, -/-innen ‖ **erbaulich** (veraltend): *erhebend* ‖ **Erbauung** die, - ‖ **Erbauungsliteratur:** *eine Art religiöse Literatur*
erbberechtigt ‖ **Erbe**[1] das, -s/ Erbschaften: ein großes E. hinterlassen ‖ **Erbe**[2] der, -n/-n: jemanden zum/als Erben einsetzen
erbeben (geh.): *beben*
erben: ein Vermögen e.
erbetteln: sich den Lebensunterhalt e.
erbeuten: Bankräuber e. eine Million
Erbfaktor (Biol.): *Gen* ‖ **Erbfeind:** *Feind seit Generationen* ‖ **Erbfeindin** ‖ **Erbfolge:** *erbrechtliche Nachfolge* ‖ **Erbfolgekrieg** (Gesch.): *Krieg wegen strittiger Thronfolge* ‖ **Erbgut** (Biol.): *Gesamtheit der Erbanlagen* ‖ **Erbhof:** *ungeteilt zu vererbender Bauernhof* | *seit mehreren Gene-*

rationen im Besitz derselben Familie stehender Hof ‖ **Ẹrb|hof|bau|er** ‖ **Ẹrb|hof|bäu|e|rin,** *auch:* **Ẹrb|hof|bäu|rin**

er|bie|ten sich (geh.): sich e. *(sich bereit erklären),* Hilfe zu leisten

Ẹr|bin die, -/-innen ‖ **Ẹrb|in|for|ma|ti|on** [-tsi̯-] (Biol.)

er|bịt|ten (geh.): Hilfe, einen Rat e.

er|bịt|tert: über etwas e. *(sehr verärgert)* sein | ein erbitterter *(unnachgiebiger)* Feind ‖ **Er|bịt|te|rung** die, -

Ẹr|bi|um das, -s (Zeichen: Er): *ein chemisches Element*

Ẹrb|krank|heit: *erbliche Krankheit*

er|blạs|sen (geh.): *[vor Schreck] blass werden*

Ẹrb|las|ser der, -s/- (Jus): *der Verstorbene, der ein Erbe hinterlassen hat* ‖ **Ẹrb|las|se|rin** die, -/-innen (Jus) ‖ **Ẹrb|last:** *von einem Vorgänger verursachtes Problem*

er|blei|chen, erbleichte/erbleicht (geh.): *bleich werden;* → bleichen²

ẹrb|lich: e. belastet sein *(eine [schlechte] Veranlagung geerbt haben)* ‖ **Ẹrb|lich|keit** die, -

er|blị|cken: *sehen, wahrnehmen;* sie erblickte die Schüler; sie erblickt in dir einen Feind

er|blịn|den: *blind werden* ‖ **Er|blịn|dung** die, -/-en

er|blọn|den (scherzh.): *durch Färben blond werden*

er|blü|hen (geh.): *aufblühen*

Ẹrb|mas|se: *Nachlass* | (Biol.) *die Erbanlagen* ‖ **Ẹrb|on|kel** (oft scherzh.): *Onkel, von dem man sich ein Erbe erwartet*

er|bo|sen: sein Verhalten erboste sie *(machte sie wütend, zornig);* darüber erboste er sich; erboste Zwischenrufe

er|bö|tig (geh.): sich e. machen *(sich anbieten)* zu helfen

er|brẹ|chen: *brechen, sich übergeben* | (veraltet) *aufbrechen;* eine Tür e. ‖ **Er|brẹ|chen** das, -s

er|brịn|gen: einen Beweis e.; ihr Einspruch hat nichts eingebracht *(hat keinen Erfolg gehabt)*

Ẹrb|schaft die, -/-en: *Erbe* ‖ **Ẹrb|schafts|an|ge|le|gen|heit** ‖ **Ẹrb|schafts|an|spruch** (Jus) ‖ **Ẹrb|schafts|steu|er** ‖ **Ẹrb|schafts|streit** ‖ **Ẹrb|schein** (D): *Einantwortungsurkunde* ‖ **Ẹrb|schlei|cher** der, -s/- (abw.): *jemand, der sich eine Erbschaft erschwindeln will* ‖ **Ẹrb|schlei|che|rin** die, -/-innen (abw.)

Ẹrb|se die, -/-n: *eine Gemüsepflanze* ‖ **ẹrb|sen|groß** ‖ **Ẹrb|sen|pü|ree** ‖ **Ẹrb|sen|sup|pe**

Ẹrbs|ent|schla|gung (Amtsspr.): *Ablehnung einer Erbschaft*

Ẹrb|sen|zäh|le|rei die, - (ugs., abw.): *kleinlich-lächerliche Aktivitäten*

Ẹrbs|er|klä|rung (früher) (Jus): *Erbsantrittserklärung* ‖ **Ẹrb|stück** ‖ **Ẹrb|sub|s|tanz** (Biol.): *Gesamtheit der DNA* ‖ **Ẹrb|sün|de** die, - (Rel.): *Sündhaftigkeit des Menschen auf Grund des Sündenfalls von Adam und Eva*

Ẹrbs|wurst (Küchenspr.): *kochfertige Suppe aus gemahlenen Erbsen (in Wurstform gepresst und abgepackt)*

Ẹrb|tan|te (oft scherzh.): *Tante, von der man sich ein Erbe erwartet* ‖ **Ẹrb|teil** das, -[e]s/-e (Jus): *Aufteilung eines Nachlasses auf Erbteile* ‖ **Ẹrb|ver|zicht** (Jus)

Ẹrd|ach|se [-ks-] die, -: *Achse der Erddrehung*

er|dacht → erdenken

Ẹrd|al|ter|tum: *Paläozoikum* ‖ **Ẹrd|an|zie|hung** ‖ **Ẹrd|an|zie|hungs|kraft** ‖ **Ẹrd|ap|fel:** *Kartoffel;* geröstete Erdäpfel | (scherzh., veraltet) Erdäpfel in der Montur *(mit Schale)* ‖ **Ẹrd|äp|fel|blattln** → Erdäpfelplattln ‖ **Ẹrd|äp|fel|grös|tel** = **Ẹrd|äp|fel|gröstl** ‖ **Ẹrd|äp|fel|gu|lasch** ‖ **Ẹrd|äp|fel|kas** (bes. O): *ein Brotaufstrich* ‖ **Ẹrd|äp|fel|kel|ler** ‖ **Ẹrd|äp|fel|knö|del** ‖ **Ẹrd|äp|fel|koch** das, -[e]s: *ein Kartoffelbrei; Erdäpfelpüree* ‖ **Ẹrd|äp|fel|nu|del** ‖ **Ẹrd|äp|fel|plattln** die (Pl.), *auch:* Erdäpfelblattln (reg.): *eine Speise;* → Plattl ‖ **Ẹrd|äp|fel|pres|se:** *ein Küchengerät* ‖ **Ẹrd|äp|fel|puf|fer** ‖ **Ẹrd|äp|fel|pü|ree** ‖ **Ẹrd|äp|fel|sa|lat** ‖ **Ẹrd|äp|fel|sau|ce** [-zoːs(ɛ)] = Erdäpfelsoß = Erdäpfelsoße (K, St): *eingebrannte Erdäpfel* ‖ **Ẹrd|äp|fel|schmar|ren** (reg.): *eine Speise aus gerösteten Erdäpfeln* ‖ **Ẹrd|äp|fel|soß, Ẹrd|äp|fel|so|ße** = → Erdäpfelsauce ‖ **Ẹrd|äp|fel|stamp|fer:** *ein Küchengerät* ‖ **Ẹrd|äp|fel|stei|ge** ‖ **Ẹrd|äp|fel|sterz:** *Erdäpfelschmarren* ‖ **Ẹrd|äp|fel|sup|pe** ‖ **Ẹrd|at|mo|sphä|re** [-f-] ‖ **Ẹrd|bahn:** *Umlaufbahn der Erde um die Sonne* ‖ **Ẹrd|ball:** *der Planet Erde* ‖ **Ẹrd|be|ben** ‖ **Ẹrd|be|ben|herd** ‖ **Ẹrd|bee|re** ‖ **Ẹrd|beer|eis** ‖ **Ẹrd|beer|frap|pee** = Erdbeerfrappé ‖ **Ẹrd|beer|mar|me|la|de** ‖ **Ẹrd|be|völ|ke|rung** ‖ **Ẹrd|be|woh|ner** ‖ **Ẹrd|be|woh|ne|rin** ‖ **Ẹrd|bo|den** der, -s: etwas dem E. gleichmachen *(vollständig zerstören);* wie vom E. verschluckt *(nicht auffindbar)* ‖ **Ẹr|de** [geh. auch: ˈeː-] die, -: *unser Planet* | *Boden;* etwas aus der E. stampfen *(überraschend zu Wege bringen)* | (geh.) auf Erden *(im Diesseits)* | *Erdung* | (mit Pl. -n) (Chem.) seltene Erden *(eine Gruppe von Metalloxiden)* ‖ **ẹr|den:** elektrische Geräte e. *(mit der Erde verbinden);* → Erdung ‖ **Ẹr|den|bür|ger** (geh.): *Mensch* ‖ **Ẹr|den|bür|ge|rin** (geh.)

er|dẹn|ken (geh.): *sich ausdenken;* ein erdachtes Beispiel ‖ **er|dẹnk|lich:** sich alle erdenkliche Mühe geben; *aber:* alles **E**rdenkliche getan haben

Ẹr|den|wurm (geh.): *der unbedeutende Mensch* ‖ **Ẹrd|er|wär|mung** ‖ **Ẹrd|far|be:** *mineralische Farbe, zB Ocker* ‖ **Ẹrd|gas** ‖ **Ẹrd|gas|vor|kom|men** ‖ **Ẹrd|ge|schich|te** die, - ‖ **ẹrd|ge|schicht|lich** ‖ **Ẹrd|ge|schoß,** *auch:* Erdgeschoss: *Parterre* ‖ **Ẹrd|hörn|chen:** *ein Nagetier*

er|dịch|ten (geh.): *sich ausdenken*

ẹr|dig: *mit Erde beschmutzt; nach Erde schmeckend* ‖ **Ẹrd|in|ne|re** ‖ **Ẹrd|kreis** der, -es (geh.): Naturkatastrophen erschüttern den E. *(die ganze Welt)* ‖ **Ẹrd|kern** (Geol.) ‖ **Ẹrd|krö|te:** *ein Froschlurch* ‖ **Ẹrd|krus|te** (Geol.) ‖ **Ẹrd|ku|gel:** *der Planet Erde* ‖ **Ẹrd|kun|de:** *Geographie* ‖ **Ẹrd|ma|g|ne|tis|mus** ‖ **Ẹrd|männ|chen** (Zool.): *eine Manguste* ‖ **Ẹrd|man|tel** (Geol.): *Schicht zwischen Erdkruste und Erdkern* ‖ **Ẹrd|mas|se** ‖ **Ẹrd|mit|tel|al|ter:** → *Mesozoikum* ‖ **Ẹrd|mit|tel|punkt** ‖ **ẹrd|nah:** erdnahe *(bodennahe)* Schichten der Atmosphäre ‖ **Ẹrd|neu|zeit:** → *Känozoikum* ‖ **Ẹrd|nuss:** *eine Nutzpflanze* ‖ **Ẹrd|nuss|but|ter** ‖ **Ẹrd|ober|flä|che** ‖ **Ẹrd|öl:** E. fördern, exportieren; → Erdöl exportierend = erdölexportierend

er|dọl|chen (geh.): *erstechen*

Ẹrd|öl ex|por|tie|rend = **ẹrd|öl|ex|por|tie|rend:** E. exportierende Länder ‖ **Ẹrd|öl|pro|dukt** ‖ **Ẹrd|öl|raf|fi|ne|rie** ‖ **Ẹrd|öl|vor|kom|men** ‖ **Ẹrd|öl|vor|rat** ‖ **Ẹrd|rauch:** *eine Pflanzengattung* ‖ **Ẹrd|reich** das, -[e]s: *Erdboden*

er|dreis|ten sich (geh.): er erdreistet sich *(ist so dreist, unverfro-*

ren), das zu tun
erdröhnen: *widerhallen*
erdrosseln: *[mit einem Strick] erwürgen*
erdrücken: von einstürzenden Mauern erdrückt werden | erdrückende *(schwerwiegende, belastende)* Schuldbeweise
Erdrutsch ‖ **Erdrutschsieg:** *Wahlsieg, der die Verhältnisse ändert* ‖ **Erdstoß:** schwere Erdstöße erschüttern Italien ‖ **Erdstrahlen** die (Pl.): *(im Sinne der Radiästhesie) von der Erde ausgehende Strahlungen* ‖ **Erdtrabant:** *der Mond*
erdulden (geh.): *erleiden, hinnehmen*
Erdteil: *Kontinent* ‖ **Erdumfang** ‖ **Erdumlaufbahn:** die E. einer Raumsonde ‖ **Erdung** die, -: die E. *(das Erden)* der Waschmaschine ‖ **Erdungskabel** ‖ **Erdwärme** (Geol.): *in der Erde (Erdkruste) gespeicherte Wärme, Geothermie* ‖ **Erdwissenschaft** (meist Pl.): *Geowissenschaft* ‖ **Erdzeichen:** *die astrologischen Tierkreissymbole Stier, Jungfrau, Steinbock*
E-Reader ['i:ri:də] (Medienw.): *Kurzwort für E-Book-Reader*
ereifern sich: sich über etwas e. *(erregen)*
ereignen sich: der Unfall ereignete sich *(geschah)* heute ‖ **Ereignis** das, -nisses/-nisse: ein wichtiges E. ‖ **ereignislos** ‖ **ereignisreich**
ereilen (geh.): der Tod hat ihn ereilt *(er ist [überraschend] gestorben)*
Erektion [-tsi̯-] die, -/-en ⟨lat.⟩: *Aufrichtung, Anschwellung [des Penis];* → erigieren
Eremit der, -en/-en ⟨gr.⟩: *jemand, der [aus religiösen Gründen] abgeschieden und zurückgezogen lebt; Einsiedler* ‖ **Eremitage** [-'a:ʃ, -ʒɛ] die, -/-n ⟨gr.-fr.⟩: *abgelegene Grotte, Einsiedelei, abgelegenes Schloss* ‖ **Eremitin** die, -/-innen
ererbt: ererbter *(geerbter)* Besitz
erethisch ⟨gr.⟩ (Med.): *krankhaft leicht erregbar*
erfahrbar ‖ **erfahren**[1] (Verb): eine Neuigkeit e. ‖ **erfahren**[2] (Adj.): ein erfahrener *(tüchtiger)* Landwirt ‖ **Erfahrenheit** die, - ‖ **Erfahrung** die, -/-en: etwas in E. bringen *(herausfinden)* ‖ **Erfahrungsaustausch** ‖ **Erfahrungsbericht** ‖ **erfahrungsgemäß**
erfangen sich: *einen Sturz gerade noch vermeiden | sich erholen, sich wieder fassen*
erfassen: sie hat es sofort erfasst *(verstanden)* | alles in Zahlen e. ‖ **Erfassung** die, -/-en: statistische E. von Daten
erfechten (geh.): sich den Sieg schwer e. *(erkämpfen)*
erfinden: das Rad neu e. *(eine bereits existierende Lösung nicht nutzen)* | eine frei erfundene Geschichte ‖ **Erfinder** der, -s/- ‖ **Erfindergeist** der, -[e]s ‖ **Erfinderin** die, -/-innen ‖ **erfinderisch** ‖ **erfindlich:** was geschah, ist nicht e. *(begreiflich, verständlich);* → G.: unerfindlich ‖ **Erfindung** die, -/-en ‖ **Erfindungsgabe:** *Einfallsreichtum, Einbildungskraft* ‖ **erfindungsreich:** *einfallsreich, kreativ* ‖ **Erfindungsreichtum** (ohne Pl.)
erflehen (geh.): *erbitten*
erfließen (geh. bzw. Amtsspr.): *ausgehen, kommen (von etwas), folgen;* das vom OGH erflossene Urteil

Erfolg

der, -[e]s/-e

Getrenntschreibung:
- Erfolg haben
- viel Erfolg versprechen[d]

Getrennt- und Zusammenschreibung:
- Erfolg versprechende (= erfolgversprechende) Vorschläge

R→ S. 903, 2.2.1

Zusammenschreibung bei Steigerung oder näherer Bestimmung der ganzen Fügung:
- ein erfolgversprechenderes Angebot
- sehr erfolgversprechend
- am erfolgversprechendsten

erfolgen: die Explosion erfolgte um 11 Uhr ‖ **erfolggekrönt** (geh.): *erfolgreich* ‖ **erfolglos** ‖ **Erfolglosigkeit** die, - ‖ **erfolgreich** ‖ **Erfolgsautor** ‖ **Erfolgsautorin** ‖ **Erfolgsaussicht** ‖ **Erfolgsbilanz** ‖ **Erfolgserlebnis** ‖ **Erfolgsgeschichte** ‖ **Erfolgshaftung** (Jus): *vom Verschulden unabhängige Pflicht zum Schadenersatz* ‖ **Erfolgshunger** ‖ **Erfolgskurs** ‖ **Erfolgsmeldung** ‖ **erfolgsorientiert** ‖ **Erfolgsprämie** [-i̯ɛ] ‖ **Erfolgsquote:** die E. liegt über 80 % ‖ **Erfolgsrezept** ‖ **Erfolgsserie** [-i̯ɛ] ‖ **Erfolgsstory** [-stɔri] ‖ **Erfolgswelle** ‖ **Erfolgszwang:** unter E. stehen ‖ **Erfolg versprechend** = **erfolgversprechend** → Erfolg
erforderlich: *nötig* ‖ **erforderlichenfalls** ‖ **erfordern:** gute Arbeit erfordert *(verlangt)* auch Mühe ‖ **Erfordernis** das, -nisses/-nisse
erforschen: *erkunden* ‖ **Erforschung**
erfragen: den genauen Preis e.
erfrechen sich (geh.): er erfrechte sich *(hatte die Frechheit),* das zu behaupten
erfreuen: die Gäste mit Geschenken e.; sich guter/einer guten Gesundheit e. ‖ **erfreulich** ‖ **erfreulicherweise**
erfrieren: *den Kältetod sterben;* die Blumen sind erfroren ‖ **Erfrierung** die, -/-en: sich Erfrierungen zuziehen ‖ **Erfrierungstod**
erfrischen, du erfrisch[s]t: ein erfrischendes Bad; sich mit einem kühlen Getränk e. ‖ **Erfrischung** die, -/-en: jemandem eine E. anbieten ‖ **Erfrischungsgetränk**
erfüllbar: erfüllbare Wünsche ‖ **erfüllen:** einen Wunsch e.; einen Zweck e. | das erfüllt uns mit Abscheu ‖ **Erfüllung** die, -/-en ‖ **Erfüllungsgehilfe** (Jus): *Mitarbeiter, für den der Unternehmer einzustehen hat* | (abw.) *Handlanger, bloßes Werkzeug im Interesse anderer* ‖ **Erfüllungsgehilfin** (abw.)
ergänzen: du ergänzt unser Team; die beiden e. sich hervorragend; möchten Sie noch etwas e. *(hinzufügen)*? ‖ **Ergänzung** die, -/-en: eine E. anbringen | (Gramm.) *Satzglied, das den Sachinhalt genauer fasst oder vom Verb gefordert wird; Objekt* ‖ **Ergänzungsabteilung** (Mil.): *militärische Einberufungsstelle (dem jeweiligen Militärkommando unterstellt)* ‖ **Ergänzungsfrage** (Gramm.): *Fragesatz, der mit einem Fragewort eingeleitet wird* ‖ **Ergänzungskommando** (früher): *militärische Einberufungsstelle* ‖ **Ergänzungswesen** (Mil.)
ergattern: *etwas mit Geschicklichkeit und Beharrlichkeit erwerben*
ergaunern (ugs.): sich etwas e. *(sich durch Gaunerei beschaffen)*
ergeben[1] (Verb): zwei plus zwei

ergibt vier; daraus ergibt sich *(folgt)*, dass ... ‖ **ergeben**[2] sich: sich in sein Schicksal e. *(fügen);* er hat sich im Kampf e. *(er hat aufgegeben)* ‖ **ergeben**[3](Adj.) (veraltet) (als Schlussformel in Briefen): „Ihr (dein/Dein, euer/Euer) sehr ergebener ..." ‖ **Ergebenheit** die, - : *Demut, Ehrfurcht, Treue* I (veraltet) „Meine Ergebenheit!" *(ein Gruß)* ‖ **Ergebnis** das, -nisses/-nisse ‖ **ergebnislos** ‖ **Ergebnislosigkeit** die, -‖ **ergebnisoffen** (bes. D, sal.): Verhandlungen e. *(ohne festgelegtes oder erwartetes Ergebnis)* führen

ergehen[1]: es ist ihm schlecht ergangen; etwas geduldig über sich e. lassen *(es hinnehmen)* ‖ **ergehen**[2] sich (geh.): sich (im Park) e. *(spazieren gehen)*

ergiebig: eine ergiebige *(wasserreiche)* Quelle; ein ergiebiges *(reiches)* Erdölvorkommen ‖ **Ergiebigkeit** die, -

ergießen sich (geh.): das Wasser ergoss sich über die ganze Küche *(überflutete sie)* I Lava ergießt sich *(fließt)* ins Meer

erglühen (geh.): *zu glühen beginnen*

ergo ⟨lat.⟩: *daher; folglich* I (meist scherzh.) e. dessen

Ergometer das, -s/- ⟨gr.⟩ (Med.): *ein Standrad zur Leistungsmessung* ‖ **Ergometrie** die, -/-n (Med.) ‖ **Ergonomie** die, -: *Wissenschaft von der Belastungsmöglichkeit und den Arbeitsbedingungen des Menschen*

ergoogeln [-ˈguːg-] (sal.): → *googeln;* einen Begriff im Internet e.

Ergotherapie ⟨gr.⟩ (Med.): *Aktivierungs-, Beschäftigungstherapie*

ergötzen (geh.): du ergötzt *(unterhältst)* die Anwesenden; sich am Spiel e. *(erfreuen)* ‖ **ergötzlich** (geh.): *erheiternd* ‖ **Ergötzung** die, -/-en

ergrauen: er ist ergraut *(hat graue Haare bekommen)*

ergreifen: ihren Arm e.; einen Dieb e. *(fassen);* einen Beruf e.; das Wort e. *(zu sprechen beginnen);* die Flucht e. *(weglaufen)* I Angst ergreift *(erfasst)* ihn I ein ergreifender *(zu Herzen gehender)* Anblick ‖ **ergriffen:** tief ergriffen (= tiefergriffen) *(bewegt)* sein; → ergreifen ‖ **Ergriffenheit** die, -

ergrimmen (geh., veraltet): *zornig werden*

ergründen: die Ursachen eines Unfalls e.

ergrünen (geh.): *grün werden;* die Wiesen sind ergrünt

Erguss der, -es/-güsse (Med.): *Flüssigkeitsansammlung in Körperhöhlen oder im Gewebe;* Bluterguss I *Samenerguss* I (meist Pl.) (oft abw.) *[Gefühls]äußerung;* lyrische Ergüsse

erhaben: eine erhabene *(plastisch hervortretende)* Schrift I diese Arbeit ist über alles Lob e. *(sie ist außergewöhnlich gut)* I (geh.) ein erhabener *(Ehrfurcht erweckender)* Gedanke ‖ **Erhabenheit** die, -

Erhalt der, -[e]s (Kaufmannsspr.): nach E. der Rechnung ‖ **erhalten:** einen Brief e. *(bekommen)* I eine Familie e. *(für ihren Unterhalt sorgen)* I das Palais ist sehr gut e. *(ist in einem sehr guten baulichen Zustand)* ‖ **erhaltenswert** ‖ **Erhalter** der, -s/-: der E. *(Geldgeber und Verwalter)* eines Vereins; Straßenerhalter ‖ **Erhalterin** die, -/-innen ‖ **erhältlich:** das Gerät ist im Handel e. ‖ **Erhaltung** die, -: die E. der Gebäude ‖ **erhaltungswürdig** ‖ **Erhaltungszustand**

erhängen: die Selbstmörderin hat sich erhängt *(durch Aufhängen getötet)*

Erhard, *auch:* Erhart: *männl. Vorname*

erhärten: eine Meinung durch Beweise e.

erhaschen: *erwischen*

erheben[1]: sein Glas auf jemandes Wohl e. I Ansprüche e. *(geltend machen)* I den Sieger zum König e. I (Amtsspr.) *nachforschen, feststellen;* Schäden e. ‖ **erheben**[2] sich: sich von den Plätzen e. *(aufstehen)* I sich gegen einen Diktator e. *(gegen ihn rebellieren)* I (geh.) ein Sturm hat sich erhoben ‖ **erhebend:** eine erhebende *(eindrucksvolle, ergreifende)* Feier ‖ **erheblich:** erhebliche *(bedeutende)* Schäden ‖ **Erhebung** die, -/-en: *Erhöhung* I *Aufstand* I (Amtsspr.) Erhebungen *(Ermittlungen)* über einen Unfall durchführen

erheiraten: er hat sich sein Vermögen erheiratet *(hat alles durch Heirat erworben)*

erheischen (geh.): diese Arbeit erheischt *(erfordert, verlangt)* viel Mühe

erheitern: *belustigen* ‖ **Erheiterung** die, -/-en

erhellen: einen Raum e. *(beleuchten)* I (geh.) daraus erhellt *(wird klar)*, dass ...

erhitzen, du erhitzt: ich bin vom Laufen erhitzt; sich über ein Thema e. *(erregen)* ‖ **Erhitzung** die, -/-en

erhoffen: *erwarten, wünschen*

erhöhen: *steigern, vergrößern* ‖ **Erhöhung** die, -/-en

erholen sich: sich von einem Schrecken e. ‖ **erholsam** ‖ **Erholung** die, -: der Urlaub wird die nötige E. bringen; → Erholung Suchender = Erholungsuchender ‖ **erholungsbedürftig** ‖ **Erholungsdorf** ‖ **Erholungsgebiet** ‖ **Erholungsheim** ‖ **Erholungsuchende**[1] = **Erholung Suchende**[1] = **Erholungsuchende**[1] der, -n/-n, ein Erholungssuchender ‖ **Erholungsuchende**[2] = **Erholung Suchende**[2] = **Erholungsuchende**[2] die, -n/-n ‖ **Erholungsurlaub** ‖ **Erholungswert**

erhören (geh.): seine Bitte wurde erhört *(erfüllt)* ‖ **Erhörung** die, -/-en (geh.): E. finden

Erich: *männl. Vorname;* → Erik

erigieren ⟨lat.⟩: ein erigierter *(aufgerichteter)* Penis; → Erektion

Erik: *männl. Vorname (Erich)* ‖ **Erika**[1]: *weibl. Vorname* ‖ **Erika**[2] [fachspr.: -ˈiː-] die, -/-s [Eriken] = das -[s]/-s [Eriken]: *eine Pflanze, Heidekraut*

erinnerlich (geh.): wie e., geschah das voriges Jahr ‖ **erinnern:** sich an etwas e. ‖ **Erinnerung** die, -/-en: Erinnerungen an die Schulzeit I (ohne Pl.) *Gedenken;* in guter E. behalten ‖ **Erinnerungsvermögen** das, -

Eritrea: *ein Staat in Afrika* ‖ **Eritreer** der, -s/-: *Bewohner Eritreas* ‖ **Eritreerin** die, -/-innen ‖ **eritreisch**

Eriwan → Jeriwan

erkalten: *kalt werden* ‖ **erkälten** sich: *sich verkühlen* ‖ **Erkältung** die, -/-en ‖ **Erkältungsgefahr** ‖ **Erkältungskrankheit**

erkämpfen: *durch Kampf erreichen*

erkaufen: ein teuer erkaufter Sieg

erkennbar ‖ **erkennen:** die Zeugin erkannte den Täter; einen Irrtum e. I (Jus) *ein Urteil fällen;* das Gericht erkannte auf Freispruch ‖ **er|kennt|lich:** sich e. *(dankbar)* zeigen ‖ **Er|kennt|lich|keit** die, -/-en ‖ **Er|kennt|nis**[1] die, -/-nisse: zur E. *(Einsicht)* kommen, dass ... ‖ **Er|kennt|nis**[2] das, -nisses/-nisse (Jus): *Entscheid der Höchstgerichte; behördlicher Bescheid* ‖ **Er|kennt|nis|pro|zess** ‖ **Er|kennt|nis|the|o|rie** (Phil.): *Lehre von der menschlichen Erkenntnis* ‖ **Er|ken|nung** die, - ‖ **Er|ken|nungs|dienst:** *kriminalpolizeiliche Einrichtung zur Identifizierung von Personen* ‖ **er|ken|nungs|dienst|lich** ‖ **Er|ken|nungs|zei|chen**

Er|ker der, -s/-: *Gebäudevorbau*

er|kie|sen, du erkiest/erkor/erkoren (meist nur noch im Präteritum und Perfekt) (geh.): *erwählen;* sie wurde zur Siegerin im Wettbewerb erkoren; der erkorene *(gewählte)* Anführer

er|klä|ren: *begreiflich machen* | *sagen, mitteilen* | etwas für ungültig e. ‖ **er|klär|lich** ‖ **er|klärt:** ihr erklärtes Ziel ‖ **Er|klä|rung** die, -/-en: eine E. abgeben *(offiziell Stellung nehmen)* ‖ **Er|klä|rungs|not|stand**

er|kleck|lich: eine erkleckliche *(große)* Anzahl

er|klet|tern: einen Berggipfel e.

er|klim|men, erklomm/erklommen (geh.): eine Felswand e. *(unter Anstrengungen erklettern)*

er|klin|gen: beim Einzug erklingt eine Fanfare

er|klomm → erklimmen

er|kor → erkiesen ‖ **er|ko|ren** → erkiesen

er|kran|ken: *krank werden* ‖ **Er|kran|kung** die, -/-en

er|küh|nen sich (geh.): *wagen, sich erfrechen*

er|kun|den: einen neuen Weg e. *(ausforschen)* ‖ **er|kun|di|gen** sich: sich nach einem Freund e. *(nach ihm fragen)* ‖ **Er|kun|di|gung** die, -/-en: *Nachfrage;* Erkundigungen einziehen/einholen ‖ **Er|kun|dung** die, -/-en: *Erforschung* ‖ **Er|kun|dungs|flug**

er|kü|ren (geh., veraltend): *erwählen*

Er|laf → Erlauf

Er|lag der, -[e]s (Amtsspr.): gegen E. *(Entrichtung)* einer Gebühr; → erlegen ‖ **Er|lag|schein:** *ein Zahlungsbeleg;* mit E. *(Zahlschein)* einzahlen

er|lah|men: in seinen Bemühungen e. *(nachlassen)*

er|lan|gen: Zustimmung e. *(erreichen)*

Er|lass der, -es/-lässe: *eine behördliche Verfügung* ‖ **er|las|sen:** eine Verordnung e. *(herausgeben, hinausgeben)* | eine Strafe e. *(nachsehen, aufheben)* ‖ **Er|las|sung** die, -/-en

Er|lau (ung.: Eger ['ɛgɛr]): *Stadt in Ungarn;* → Eger

er|lau|ben[1]: das erlaubt mir mein Vater nicht ‖ **er|lau|ben**[2] sich: sie erlaubt sich einen Scherz mit ihm ‖ **Er|laub|nis** die, -/-nisse: um E. bitten

er|laucht (geh.): ein Kreis erlauchter *(würdiger, hoch angesehener)* Gelehrter ‖ **Er|laucht** [auch: -'aʊ-] die, -/-en: „Eure/Euer Erlaucht!" (früher: *Anrede für bestimmte Adelige)*

Er|lauf die, -, *auch:* Erlaf: *ein Nebenfluss der Donau (St, N)*

er|läu|tern: eine schwierige Aufgabe e. *(erklären)* ‖ **Er|läu|te|rung** die, -/-en

Er|le die, -/-n: *eine Laubbaumgattung* | (ohne Pl.) *Holz der Erle*

er|le|ben: viel Schönes e. | du kannst was e.! *(du wirst bestraft)* ‖ **Er|le|ben** das, -s (Jus): eine Versicherung auf E. und Ableben ‖ **Er|leb|nis** das, -nisses/-nisse: ein schreckliches Erlebnis ‖ **Er|leb|nis|bahn** ‖ **Er|leb|nis|park** ‖ **er|leb|nis|reich** ‖ **Er|leb|nis|welt**

er|le|di|gen: *durchführen;* ein Gesuch günstig e. *(es bewilligen);* der Fall ist erledigt *(abgeschlossen, fertig gemacht)* | die Feinde e. *(vernichten)* ‖ **er|le|digt:** ich bin e. *(völlig erschöpft)* ‖ **Er|le|di|gung** die, -/-en ‖ **Er|le|di|gungs|ent|wurf**

er|le|gen: einen Hirsch e. *(schießen)* | einen Betrag e. *(entrichten);* → Erlag; → erliegen ‖ **Er|le|gung** die, -/-en

er|leich|tern: *leichter machen;* sich das Leben e. ‖ **Er|leich|te|rung** die, -/-en

er|lei|den: sie hat ein schweres Schicksal erlitten

er|lern|bar ‖ **er|ler|nen:** eine Sprache e.

er|le|sen (geh.): erlesene *(ausgesuchte, bes. schöne)* Geschenke ‖ **Er|le|sen|heit** die, - (geh.)

er|leuch|ten: *hell machen;* Lampen e. den Weg | die erleuchtende Idee ‖ **Er|leuch|tung** die, -/-en: plötzlich kam ihm die E. *(Erkenntnis)*

er|lie|gen: einer Versuchung e. *(ihr nachgeben)* | (Amtsspr.) eine Urkunde erliegt bei Gericht *(sie ist dort hinterlegt); aber:* zum Erliegen *(Stillstand)* kommen

er|lischt → erlöschen

Erl|kö|nig: *Elfenkönig; eine Balladengestalt bei Goethe*

er|lo|gen: diese Geschichte ist e.

Er|lös der, -es/-e: *Einnahme; Gewinn*

er|lö|schen, erlosch/erloschen: das Feuer erlischt; ein erloschener Vulkan; seine Ansprüche sind erloschen *(bestehen nicht mehr)*

er|lö|sen: *befreien* ‖ **Er|lö|ser** der, -s/- (Rel.): *Heiland* ‖ **Er|lö|sung**

er|mäch|ti|gen: sie ist ermächtigt *(hat das Recht, die Vollmacht),* mich zu vertreten ‖ **Er|mäch|ti|gung** die, -/-en

er|mah|nen: *eindringlich erinnern* ‖ **Er|mah|nung**

er|man|geln (geh.): seine Worte ermangelten des logischen Zusammenhangs; ich werde nicht e. *(verabsäumen)* zu kommen ‖ **Er|man|ge|lung** = **Er|mang|lung** (geh.): in E. *(mangels)*

er|man|nen sich (geh.): *sich aufraffen, sich zusammennehmen*

er|mä|ßi|gen: *reduzieren;* eine ermäßigte Fahrkarte ‖ **Er|mä|ßi|gung** die, -/-en ‖ **Er|mä|ßi|gungs|aus|weis**

er|mat|tet: *erschöpft* ‖ **Er|mat|tung** die, -

er|mes|sen: das kannst du nicht e. *(verstehen, beurteilen)* ‖ **Er|mes|sen** das, -s: das liegt im E. *(in der Entscheidung)* der Behörde; nach menschlichem E. *(nach aller Wahrscheinlichkeit)* ‖ **Er|mes|sens|ent|schei|dung** (Jus): *im Rahmen des gesetzlichen Ermessens gefällte Entscheidung* ‖ **Er|mes|sens|fra|ge** ‖ **Er|mes|sens|frei|heit** (Jus): *vom Gesetz festgelegter Ermessensspielraum behördlicher Entscheidungen* ‖ **Er|mes|sens|sa|che**

er|mit|teln, ich ermittle: *ausfindig machen, feststellen* ‖ **Er|mitt|lung** die, -/-en: *behördliche Untersuchung, Nachforschung;* Ermittlungen anstellen ‖ **Er|mitt|lungs|stand** ‖ **Er|mitt|lungs|ver|fah|ren**

er|mög|li|chen: *möglich machen* ‖ **Er|mög|li|chung** die, -

er|mor|den: *vorsätzlich töten* ‖ **Er|mor|dung** die, -

er|mü|den: *müde werden* | (Technik) das Material ermüdet *(wird brüchig)* ‖ **Er|mü|dungs|er|schei-**

E

nung
er|mun|tern: jemanden zur Arbeit e. *(ermutigen, anspornen)* ‖ **Er|mun|te|rung** die, -/-en
er|mu|ti|gen: ermutigende Worte ‖ **Er|mu|ti|gung** die, -/-en
Er|na: *weibl. Vorname (Ernesta)*
er|näh|ren ‖ **Er|näh|rer** der, -s/- ‖ **Er|näh|re|rin** die, -/-innen ‖ **Er|näh|rung** die, - ‖ **Er|näh|rungs|leh|re** ‖ **Er|näh|rungs|ver|hal|ten** ‖ **Er|näh|rungs|wei|se** ‖ **Er|näh|rungs|wis|sen|schaft** ‖ **Er|näh|rungs|zu|stand**
er|nen|nen: sie wurde zur Professorin ernannt ‖ **Er|nen|nung** die, -/-en
Er|nes|ta = **Er|nes|ti|ne:** *weibl. Vorname;* → Erna
er|neu|en → erneuern ‖ **er|neu|er|bar:** erneuerbare Energien *(Solarenergie, Wasserkraft ua.)* ‖ **Er|neu|e|rer** der, -s/- ‖ **Er|neu|e|rin** die, -/-innen ‖ **er|neu|ern,** *auch:* erneuen: den Bezug des Sofas e. | die Versicherung e. *(verlängern)* ‖ **Er|neu|e|rung** die, -/-en ‖ **er|neu|e|rungs|be|dürf|tig** ‖ **Er|neu|e|rungs|be|we|gung** ‖ **er|neut:** *wieder, abermals*
er|nied|ri|gen: *demütigen, herabsetzen; reduzieren* ‖ **Er|nied|ri|gung** die, -/-en

> **ernst:**
>
> ich bin ernst geworden; einen Rat ernst nehmen (Frage *Wie?*); es ist mir ernst (= **E**rnst) gewesen; *aber nur groß:* für **E**rnst nehmen; im **E**rnst; **E**rnst machen; → Ernst²
>
> **Getrenntschreibung:**
> – ernst dreinschauen
> – um den Kranken soll es ernst stehen
> – etwas ernst meinen
> – das ist ernst zu nehmen
>
> **Getrennt- und Zusammenschreibung mit adjektivisch gebrauchten Partizipien:**
> – ein ernst gemeinter (= ernstgemeinter) Rat
> – ernst genommen = ernstgenommen
> – ernst zu nehmend = ernstzunehmend R→ S. 903, 2.2.1

Ernst[1]: *männl. Vorname*
Ernst[2] der, -[e]s: im E.; aus dem Spiel wurde E.; endlich E. machen; es ist mein voller E.; es ist mir/mein [vollkommener] E. (Frage *was?*); er glaubt allen Ernstes an Gespenster; → ernst ‖ **Ernst|fall:** im E. ‖ **ernst gemeint** = **ernst|ge|meint** ‖ **ernst ge|nom|men** = **ernst|ge|nom|men** ‖ **ernst|haft**
Ernst-Hap|pel-Sta|di|on [-ʃt-]: → *Praterstadion*
ernst|lich: e. *(wirklich, sehr)* gekränkt sein ‖ **ernst zu neh|mend** = **ernst|zu|neh|mend**
Ern|te die, -/-n: eine ertragreiche E. | (geh.) die Seuche hielt reiche E. ‖ **Ern|te|aus|fall** ‖ **Ern|te|dank|fest:** *ein Fest im Herbst* ‖ **Ern|te|er|trag** ‖ **ern|te|frisch** ‖ **ern|ten** ‖ **Ern|te|zeit**
er|nüch|tern: *[aus Illusionen, Träumen, Rauschzuständen] in die Wirklichkeit zurückholen;* ernüchternde Ergebnisse ‖ **Er|nüch|te|rung** die, -/-en
Er|o|be|rer der, -s/- ‖ **Er|o|be|rin** die, -/-innen ‖ **er|o|bern** ‖ **Er|o|be|rung** die, -/-en ‖ **Er|o|be|rungs|krieg** ‖ **Er|o|be|rungs|zug**
ero|die|ren ⟨lat.⟩: erodierendes *(verwitterndes)* Gestein; → Erosion
er|öff|nen: eine Ausstellung e. | einen Ball e. | (geh.) jemandem etwas Wichtiges e. *(mitteilen)* | das Feuer e. *(zu schießen beginnen)* ‖ **Er|öff|nung:** die E. des Geschäfts | eine E. machen *(Vertrauliches kundtun)* ‖ **Er|öff|nungs|an|ge|bot** ‖ **Er|öff|nungs|fei|er** ‖ **Er|öff|nungs|re|de** ‖ **Er|öff|nungs|ter|min**
ero|gen ⟨gr.⟩: erogene Zonen *(sexuell bes. erregbare Körperstellen)*
er|ör|tern: wichtige Angelegenheiten e. *(besprechen, beraten)* ‖ **Er|ör|te|rung** die, -/-en
Eros[1] ⟨gr.⟩: *griechischer Liebesgott* ‖ **Eros**[2] der, -: *[sinnliche] Liebe; Drang nach schöpferischer geistiger Tätigkeit* ‖ **Eros|cen|ter** [-sɛ-] das, -s/-: *Geschäft für Sexartikel, die Vorführung von Sexfilmen uÄ*
Ero|si|on die, -/-en ⟨lat.⟩: *Abtragung und Zerstörung an der Erdoberfläche durch Wasser bzw. Wind;* → erodieren
Ero|tik die, - ⟨gr.⟩: *die sinnliche, sexuelle Anziehung* ‖ **ero|tisch** ‖ **ero|ti|sie|ren:** deine Stimme erotisiert mich *(hat eine erotische Wirkung)*
ERP [e ɛr ˈpeː]: **E**uropean **R**ecovery **P**rogram *(amerikanische Hilfe zum Wiederaufbau Westeuropas nach dem Zweiten Weltkrieg);* → Marshallplan ‖ **ERP-Kre|dit**
Er|pel der, -s/- (Jägerspr.): *Enterich*
er|picht: auf etwas e. *(begierig)* sein
er|press|bar ‖ **er|pres|sen:** *durch unrechtmäßige Drohung erzwingen* ‖ **Er|pres|ser** der, -s/- ‖ **Er|pres|se|rin** die, -/-innen ‖ **er|pres|se|risch** ‖ **Er|pres|sung** die, -/-en
er|pro|ben: ein neues Fahrzeug e. ‖ **er|probt:** *bewährt, verlässlich* ‖ **Er|pro|bung** die, -/-en
er|qui|cken (geh.): das Wasser erquickte *(erfrischte)* mich ‖ **er|quick|lich:** *erfreulich*
er|ra|ten: des Rätsels Lösung e.
Er|ra|tum das, -s/Errata (meist Pl.) ⟨lat.⟩ (Druckw.): *Versehen, Irrtum, Druckfehler*
er|rech|nen: *ausrechnen*
er|reg|bar ‖ **Er|reg|bar|keit** die, - ‖ **er|re|gen:** Aufsehen e. ‖ **Er|re|ger** der, -s/-: der E. einer Krankheit ‖ **Er|re|gung:** in der E. *(Aufregung)* etwas Unbedachtes tun ‖ **Er|re|gungs|zu|stand**
er|reich|bar ‖ **Er|reich|bar|keit** die, - ‖ **er|rei|chen:** das Ziel e.
er|ret|ten (geh.): *retten* ‖ **Er|ret|tung** (geh.)
er|rich|ten: *bauen* | (Jus) einen Vertrag e. ‖ **Er|rich|tung** die, -/-en
er|rin|gen: den ersten Preis e. *(erlangen)*
er|rö|ten: *rot werden*
Er|run|gen|schaft die, -/-en: die Errungenschaften *(Leistungen)* der Technik
Er|satz der, -es/-sätze ‖ **Er|satz|an|spruch** (Jus) ‖ **Er|satz|bank** die, -/-bänke (Sport): auf der E. sitzen *(nur Reserve sein)* ‖ **Er|satz|be|frie|di|gung** (Psych.): *Ersatzhandlung zur Befriedigung eines Triebes* ‖ **Er|satz|er|klä|rung** (SüdT) (Jus): *eidesstattliche Erklärung an Stelle eines Dokuments* ‖ **Er|satz|form** (Gramm.): *Wort, das in einem Text an Stelle eines anderen eingesetzt wird;* → Proform; → Substitution ‖ **Er|satz|frau:** *Frau, die eine andere [bei einer Aufführung, einem Wettkampf] ersetzt* ‖ **Er|satz|hand|lung** (Psych.) ‖ **Er|satz|leis|tung** (Jus) ‖ **er|satz|los:** e. gestrichen ‖ **Er|satz|lö|sung** ‖ **Er|satz|mann** → Ersatzfrau ‖ **Er|satz|maut:** *Strafe bei fehlender oder ungültiger Autobahnvignette* ‖ **er|satz|pflich|tig** ‖ **Er|satz|pro|be** (Gramm.): *Bestimmung der grammatischen Form durch*

Ersatz eines Wortes, Austauschprobe ‖ **Ersatzreligion:** *Ideologie/Leidenschaft, die die Religion ersetzt* ‖ **Ersatzspieler** (Sport) ‖ **Ersatzspielerin** (Sport) ‖ **Ersatzteil** der = das, -[e]s/-e ‖ **Ersatzverkehr** ‖ **Ersatzzeit** (Versich.): *für die Pensionsversicherung anrechenbare Zeit*

ersaufen (derb): *ertrinken;* die Maus ist ersoffen ‖ **ersäufen:** *ertränken*

erschaffen: etwas aus dem Nichts e. ‖ **Erschaffung** die, -: die E. der Welt

erschallen, erschallte [erscholl]/erschallt [erschollen]: ein Ruf erschallte im Wald

erschaudern (geh.): vor Angst e. *(erschauern)*

erschauen (geh.): *erblicken*

erschauern (geh.): *erschaudern*

erscheinen: *auftauchen, sich zeigen* ‖ **Erscheinung** die, -/-en: dieser Mann ist eine stattliche E. | in E. treten *(sichtbar werden)* | (Rel.) die E. des Herrn *(Dreikönigsfest am 6. Jänner)* ‖ **Erscheinungsbild:** ein modernes E. ‖ **Erscheinungsform:** eine neue E. der Kriminalität ‖ **Erscheinungsjahr** ‖ **Erscheinungsort:** der E. einer Zeitung

erschießen: *durch einen Schuss/Schüsse töten;* → erschossen ‖ **Erschießung** die, -/-en ‖ **Erschießungskommando:** *zur Hinrichtung eines Verurteilten abkommandierte Einheit*

erschlaffen: *schlaff werden, matt werden*

erschlagen: eine Gelse e.

erschleichen: er hat sich einen Vorteil erschlichen *(ihn durch List erlangt)*

erschließen: ein Erdölvorkommen e. | (geh.) der Sinn des Sprichwortes hat sich ihm erschlossen ‖ **Erschließung**

erschöpfen: erschöpft brach er zusammen | die Vorräte sind erschöpft *(aufgebraucht)* | eine erschöpfende *(umfassende)* Auskunft ‖ **Erschöpfung** ‖ **Erschöpfungszustand**

erschossen (ugs.): e. sein *(am Ende, fix und fertig sein);* → erschießen

erschrak → erschrecken[1] ‖ **erschrecken**[1], erschrak/ist erschrocken: ich erschrecke über etwas; du erschrickst leicht; erschrick nicht vor ihnen!; erschreckt nicht, wenn das Licht ausgeht! ‖ **erschrecken**[2], erschreckte/hat erschreckt: jemanden e.; du erschreckst mich immer; erschreck[e] niemanden!; erschreckt ihn nicht!; seine Schulden nahmen erschreckende Ausmaße an ‖ **Erschrockenheit** die, -

erschüttern: *ins Wanken bringen;* sein Tod erschütterte mich ‖ **erschütternd:** eine erschütternde *(überaus traurige, entsetzliche)* Nachricht ‖ **Erschütterung** die, -/-en

erschweren: sich das Leben unnütz e. ‖ **Erschwernis** die, -/-nisse: *zusätzliche Belastung* ‖ **Erschwernisabgeltung** (Admin.): *staatliche Förderung [für Berggebiete]* ‖ **Erschwerniszulage** (Admin.): *Entschädigungszahlung für schwere Arbeit*

erschwindeln: sich Vorteile e.

erschwingen (selten): sich etwas e. *(leisten)* können ‖ **erschwinglich:** erschwingliche *(nicht zu hohe)* Preise

ersehen: daraus ist klar zu e. *(zu erkennen),* dass …

ersehnen (geh.): den Frieden e.

ersetzbar ‖ **ersetzen:** den Schaden e.

ersichtlich: ein Grund ist nicht e. *(erkennbar)* ‖ **Ersichtlichmachung** die, -/-en (Amtsspr.): *[amtlicher] Aushang*

ersinnen (geh.): neue Methoden e. *(ausdenken)*

ersitzen (Jus): *durch Zeitablauf zB ein Grundstück erwerben*

erspähen (geh.): der Adler erspäht seine Beute

ersparen: sich Geld e. | jemandem Probleme e.; es bleibt einem nichts erspart ‖ **Ersparnis** die, -/-nisse = das, -es/-nisse: eine E. an elektrischem Strom | erspartes Geld

erspielen: die Mannschaft erspielte [sich] einen deutlichen Vorsprung

ersprießlich (geh.): eine ersprießliche *(sehr nützliche; erfolgreiche)* Arbeit

erspüren (geh.): *intuitiv erfassen, erahnen*

erst: „Erst links, dann rechts schauen!" | sie ist e. heute angekommen | „Jetzt erst recht!"; → erste

Erstanmeldung: die E. eines Mobiltelefons

erstarken (geh.): *stärker werden*

erstarren: vor Kälte erstarrte Finger; vor Schrecken e.

erstatten: Bericht, Anzeige e. | jemandem die Unkosten e. *(ersetzen)* ‖ **Erstattungskodex** (Amtsspr.): *Verzeichnis der von den Krankenkassen bezahlten Medikamente*

Erstaufführung: *erste Aufführung [eines Dramas in einem bestimmten Theater];* → Uraufführung ‖ **Erstauflage:** *erste Auflage [eines Buches]* ‖ **Erstaufnahme:** ambulatorische E. ‖ **Erstaufnahmeverfahren** (Jus) ‖ **Erstaufnahmezentrum** (Amtsspr.): ein E. für Asylanten ‖

erstaunen: das erstaunt mich nicht; erstaunte Blicke ‖ **Erstaunen** das, -[s] ‖ **erstaunlich:** eine erstaunliche *(kaum glaubhafte, außergewöhnliche)* Leistung

Erstausgabe: *die erste Veröffentlichung [eines Romans]* ‖ **Erstausstattung:** die E. für ein Baby ‖ **Erstberatung:** Gutschein für kostenlose E. ‖ **Erstbesitz** ‖ **Erstbesitzer** ‖ **Erstbesitzerin** ‖ **erstbeste:** die e. Lösung | (Großschreibung) der/die/das Erstbeste; den Erstbesten *(einen Beliebigen, irgendeinen)* nehmen; → beste ‖ **Erstbesteigung:** die E. des Großglockners ‖ **Erstbetreuung** ‖ **Erstdruck** der, -[e]s/-e: *Erstveröffentlichung*

erste

[geh.: ˈeː-]: auf den ersten Eindruck/Blick; bei der ersten Gelegenheit; die ersten beiden *(der Erste und der Zweite);* zum ersten Mal[e]; *aber zusammen:* → erstmals

Großschreibung bei Nominalisierung:

- der/die/das **E**rste; ein **E**rster
- der **E**rste, der kam
- der **E**rste *(Beste)* der Klasse
- die beiden **E**rsten erhielten einen Preis *(die zwei Ersten, ex aequo)*
- fürs **E**rste; zum **E**rsten; als **E**rstes
- das **E**rste, was ich sah
- der **E**rste *(des Monats)*
- am **E**rsten nächsten Monats
- das **E**rste und [das] Letzte *(Anfang und Ende)*
- die **E**rsten werden die Letzten sein R→ S. 894, 2.3

Großschreibung in Eigennamen, Titeln, besonderen Kalendertagen und in bestimmten fach-

sprachlichen Verbindungen:
- [Kaiser] Franz der **E**rste (Franz I.)
- die **E**rste (*auch:* erste) Hilfe
- der **E**rste Staatsanwalt
- der **E**rste Weltkrieg
- die **E**rste Republik *(Österreich nach dem Ersten Weltkrieg bis zur Errichtung des Ständestaates)* R→ S. 896, 4.3

E

er|ste|chen: *mit einem Messer oÄ töten*

er|ste|hen (geh.): ein Kunstwerk e. *(kaufen)* | die Republik ist 1945 neu erstanden *(entstanden)* || **Er|ste|her** der, -s/- (Amtsspr.): *Erwerber in einer Versteigerung* || **Er|ste|he|rin** die, -/-innen (Amtsspr.)

Ers|te-Hil|fe-Kurs || **Ers|te-Hil|fe-Leis|tung**

er|stei|gen: einen Gipfel e.

er|stei|gern: auf der Auktion ein Gemälde e. || **Er|stei|ge|rung**

Er|stei|gung: die E. einer Felswand

Ers|te-Klas|se-Ab|teil, *auch:* Erster-Klasse-Abteil: *Abteil der 1. Klasse in der Bahn*

er|stel|len: einen Plan e. *(ausarbeiten)*

Ers|te-Mai-Fei|er → Maifeier || **ers|tens** || **ers|ter** (1.): e. werden; → erste || **ers|te|re:** wir bleiben beim ersteren Vorschlag | (Großschreibung) der/die/das **E**rstere; der **E**rstere – der Letztere *(der eine – der andere, dieser – jener)* || **Erst|ge|bä|ren|de** die, -n/-n: *Frau, die ihr erstes Kind bekommt* || **erst|ge|bo|ren:** *als Älteste[r] geboren* || **Erst|ge|bo|re|ne**[1] der, -n/-n, ein Erstgeborener || **Erst|ge|bo|re|ne**[2] die, -n/-n || **erst|ge|nannt**

er|sti|cken: Flammen mit einer Decke e. || **Er|sti|ckungs|an|fall** || **Er|sti|ckungs|ge|fahr** || **Er|sti|ckungs|tod**

Erst|in|skri|bent: *Student, der zum ersten Mal inskribiert* || **Erst|in|skri|ben|tin** || **erst|in|stanz|lich** (Jus): *in erster Instanz* || **Erst|klass|ho|tel** (V): *Erste-Klasse-Hotel* || **erst|klas|sig:** *bes. gut* || **Erst|klass|ler** der, -s/-: *Schüler der ersten Klasse* || **Erst|kläss|ler** der, -s/- (V, südl. D): *Erstklassler* || **Erst|klass|le|rin** die, -/-innen || **Erst|kläss|le|rin** die, -/-innen (V, südl. D) || **Erst|kom|mu|ni|on** || **Erst|ling** der, -s/-e: dieser Roman war der E. des Autors || **Erst|lings|werk** || **erst|ma|lig** || **Erst|ma|lig|keit** die, - || **erst|mals:** e. eislaufen; *aber:* das erste Mal; → erste || **Erst|plat|zier|te**[1] der, -n/-n, ein Erstplatzierter: *ein Erstgereihter* || **Erst|plat|zier|te**[2] die, -n/-n || **erst|se|mest|rig** || **Erst|se|mest|ri|ge**[1] der, -n/-n, ein Erstsemestriger: *Student im ersten Semester* || **Erst|se|mest|ri|ge**[2] die, -n/-n

er|strah|len: im Lichterglanz e.

erst|ran|gig: ihre Forderungen sind e. *(vorrangig)*

er|stre|ben: eine bessere Position e. || **er|stre|bens|wert**

er|stre|cken: die Ebene erstreckt sich bis zur Donau | (Amtsspr.) eine Frist e. *(verlängern)* || **Er|stre|ckung** (Amtsspr.): die E. der Zahlungsfrist

er|strei|ten (geh.): *etwas durch einen [Rechts]streit erreichen*

Erst|schlag (Mil.): *dem Feind zuvorkommender Vernichtungsangriff* || **Erst|tags|stem|pel:** *besonderer Poststempel am Erscheinungstag einer neuen Briefmarke*

er|stun|ken und er|lo|gen (ugs.): *schamlos gelogen*

Erst|un|ter|su|chung (Med.): *Ambulanzeinrichtung in Krankenhäusern*

er|stür|men: eine Stadt e. *(im Sturmangriff einnehmen)* || **Er|stür|mung** die, -/-en

Erst|ver|öf|fent|li|chung: die E. eines Romans || **Erst|ver|sor|gung:** *Erste-Hilfe-Leistung* || **Erst|ver|sor|gungs|am|bu|lanz** (EVA): *Akutversorgungseinrichtung an manchen regionalen Krankenhäusern* || **Erst|woh|nung:** *[staatlich] geförderte Wohnung für Jungfamilien*

er|su|chen: um Auskunft e. *(höflich darum bitten)* || **Er|su|chen** das, -s/-: *Ansuchen; Aufforderung; Bitte*

er|tap|pen: der Dieb wurde auf frischer Tat ertappt *(erwischt);* sich bei einer Nachlässigkeit e.

er|tas|ten: *durch Tasten finden*

er|tau|ben: *taub werden*

er|tei|len: jemandem einen Rat, eine Auskunft e. *(geben)*

er|tö|nen: Glocken e.

Er|trag der, -[e]s/-träge: einen höheren E. *(Gewinn)* erzielen || **er|tra|gen:** er ertrug sein Leiden mit Geduld || **er|träg|lich:** eine kaum noch erträgliche Hitze || **Er|träg|nis** das, -nisses/-nisse: *Ertrag;* die Erträgnisse der Felder || **er|trag|reich** || **er|trags|arm** || **Er|trags|aus|sich|ten** die (Pl.) || **Er|trags|be|steu|e|rung** (Admin.) || **Er|trags|la|ge** || **Er|trags|min|de|rung** || **Er|trags|stei|ge|rung**

er|trän|ken: das Tier wurde ertränkt

er|träu|men sich: *sich sehnsüchtig wünschen;* das ist mehr, als ich mir erträumt habe

er|trin|ken: der Schiffbrüchige ist ertrunken || **Er|trin|ken|de**[1] der, -n/-n, ein Ertrinkender || **Er|trin|ken|de**[2] die, -n/-n

er|trot|zen: sich einen Vorteil e.

Er|trun|ke|ne[1] der, -n/-n, ein Ertrunkener || **Er|trun|ke|ne**[2] die, -n/-n

er|tüch|ti|gen (geh.): den Körper e.

er|üb|ri|gen[1] sich: eine Erklärung erübrigt sich *(ist nicht nötig)* || **er|üb|ri|gen**[2] (geh.): etwas e. *(sparen)* können

eru|ie|ren ⟨lat.⟩: der Täter wurde eruiert *(ausgeforscht)*

Erup|ti|on [-tsi̯-] die, -/-en ⟨lat.⟩: *Ausbruch [eines Vulkans]* || **erup|tiv:** *hervorbrechend* || **Erup|tiv|ge|stein**

er|wa|chen: früh e. *(aufwachen);* ihr Interesse ist erwacht *(wurde geweckt); aber:* das gibt ein böses Erwachen

er|wach|sen[1] [-ks-] (Verb): daraus e. *(entstehen)* Kosten || **er|wach|sen**[2] (Adj.): ein erwachsener Mensch || **Er|wach|se|ne**[1] der, -n/-n, ein Erwachsener || **Er|wach|se|ne**[2] die, -n/-n || **Er|wach|se|nen|bil|dung** || **Er|wach|se|nen|welt**

er|wä|gen: wir haben alle Vor- und Nachteile einer Sache erwogen *(bedacht)* || **er|wä|gens|wert** (geh.): *überlegenswert* || **Er|wä|gung** die, -/-en: etwas in E. ziehen

er|wäh|len (geh.): *auswählen, berufen* || **Er|wähl|te**[1] der, -n/-n, ein Erwählter (geh.)|| **Er|wähl|te**[2] die, -n/-n (geh.)

er|wäh|nen: etwas nebenbei e. || **er|wäh|nens|wert** || **Er|wäh|nung** die, -/-en

er|wär|men: *warm machen;* der See erwärmt sich | sich für etwas nicht e. *(begeistern)* können

er|war|ten: ich erwarte Besuch; ein Kind e. *(schwanger sein);* du wirst es e. können | ich erwarte *(erhoffe)* viel von ihr || **Er|war|tung** die, -/-en || **er|war|tungs|ge|mäß** || **Er|war|tungs|hal|tung:**

die E. vor dem Rennen war hoch || **Er|war|tungs|ho|ri|zont:** *Ausmaß der Erwartungen* || **er|war|tungs|voll**
er|we|cken: einen günstigen Eindruck e. *(auslösen, machen)* | (geh.) *aufwecken* | (Rel.) vom Tode e.
er|weh|ren sich: sich der Gelsen nicht e. können
er|wei|chen: Kunststoff durch Wärme e. | sich nicht e. lassen *(hart, unnachgiebig bleiben)*
Er|weis der, -es/-e (geh.): *Nachweis* || **er|wei|sen:** jemandem einen Gefallen e. *(tun)* | es erweist *(zeigt)* sich, dass ...
er|wei|tern: das Angebot e. || **Er|wei|te|rung** die, -/-en || **Er|wei|te|rungs|steck|platz** (EDV): *im Computer vorgesehener Platz für einen Erweiterungsbaustein, zB eine Grafikkarte* || **Er|wei|te|rungs|be|reich** (Bildw.): *Teil des Lehrstoffs, den die Lehrer/innen selbst bestimmen;* → G.: Kernbereich
Er|werb der, -[e]s || **er|wer|ben:** Geld e.; Kenntnisse e. || **Er|wer|ber** der, -s/- || **Er|wer|be|rin** die, -/-innen || **Er|werbs|ar|beit:** *Erwerbstätigkeit* || **Er|werbs|ar|mut** (Soz., Wirt.): *Armut trotz Erwerbstätigkeit, Working Poor* || **er|werbs|fä|hig** || **Er|werbs|fä|hig|keit** || **Er|werbs|ge|sell|schaft** (Wirt.): *Vereinigung mehrerer Personen, um ein Unternehmen zu betreiben* || **er|werbs|los:** *arbeitslos* || **Er|werbs|lo|sig|keit** die, - || **Er|werbs|min|de|rung:** *Minderung der Erwerbsfähigkeit* || **er|werbs|tä|tig:** *berufstätig* || **Er|werbs|tä|tig|keit** || **er|werbs|un|fä|hig:** *arbeitsunfähig* || **Er|werbs|un|fä|hig|keit** || **Er|werbs|un|fä|hig|keits|pen|si|on:** *Invaliditätspension*
er|wi|dern: *entgegnen, antworten* || **Er|wi|de|rung** die, -/-en
er|wie|sen: *bewiesen, nachgewiesen* || **er|wie|se|ner|ma|ßen:** *nachweislich*
Er|win: *männl. Vorname*
er|wir|ken: eine Erlaubnis e. *(erreichen)*
er|wirt|schaf|ten: *durch erfolgreiche Arbeit erreichen*
er|wi|schen: den Dieb e. *(fangen)* | ich will den Zug um 15:00 Uhr e. *(erreichen)*
er|wünscht: etwas ist nicht e. *(es wird nicht gern gesehen)*
er|wür|gen
Ery|thro|zyt [-y-'y(:)t] der, -en/-en (meist Pl.) ⟨gr.⟩ (Med.): *rotes Blutkörperchen;* → Leukozyt
erz- ⟨gr.-lat.⟩ (nur in Zusammensetzungen wie erzkonservativ, Erzrivale)
Erz [geh. auch: 'e:-] das, -es/-e: *metallhältiges Gestein* | (geh.) *Bronze; Eisen;* → ehern; → erzen || **Erz|ab|bau** der, -[e]s
Erz|ab|tei: *ein Kloster;* die E. St. Peter in Salzburg
Erz|ader (Bergbau): *Erz führender Gang im Gestein*
er|zäh|len: ein Märchen e. | (ugs.) dem werd ich was e.! *(ordentlich meine Meinung sagen)* || **Er|zäh|ler** der, -s/- || **Er|zäh|le|rin** die, -/-innen || **Er|zäh|lung** die, -/-en
Erz|berg: der steirische E.
Erz|bi|schof || **erz|bi|schöf|lich** || **Erz|bis|tum** || **Erz|di|ö|ze|se:** *Amtsbereich eines Erzbischofs*
er|zei|gen (geh.): sich dankbar e. *(erweisen)*
er|zen [geh.: 'e:-]: *aus Erz, ehern*
Erz|en|gel: der E. *(oberste Engel)* Michael
er|zeu|gen: Waren e. | eine positive Stimmung e. || **Er|zeu|ger** der, -s/- || **Er|zeu|ger|ge|nos|sen|schaft** || **Er|zeu|ge|rin** die, -/-innen || **Er|zeu|ger|land** || **Er|zeu|ger|preis** || **Er|zeug|nis** das, -nisses/-nisse: heimische Erzeugnisse || **Er|zeu|gung** die, -/-en
Erz|feind: *[seit Langem] der größte Feind* || **Erz|fein|din**
Erz|ge|win|nung || **erz|häl|tig,** *auch:* erzhaltig: das Gestein ist e.
Erz|her|zog [auch: -'hɛr-] (Gesch.): *Titel männlicher (nicht regierender) Habsburger* || **Erz|her|zo|gin** die, -/-innen (Gesch.) || **Erz|her|zog|tum** (Gesch.): das E. Österreich
erz|höf|fig (Bergmannsspr.): ein erzhöffiges Gestein *(Gestein, in dem man Erz vermutet)*
er|zieh|bar: schwer erziehbare (= schwererziehbare) Kinder || **er|zie|hen:** ihn zur Hilfsbereitschaft e. || **Er|zie|her** der, -s/- || **Er|zie|he|rin** die, -/-innen || **er|zie|he|risch** = **er|zieh|lich:** *pädagogisch* || **Er|zie|hung:** antiautoritäre E. | er hat keine E. *(keine guten Manieren)* || **Er|zie|hungs|be|dürf|ti|ge**[1] der, -n/-n, ein Erziehungsbedürftiger (Amtsspr.): Bundesanstalt für Erziehungsbedürftige *(für jugendliche Rechtsbrecher)* || **Er|zie|hungs|be|dürf|ti|ge**[2] die, -n/-n (Amtsspr.) || **Er|zie|hungs|be|ra|tung** || **er|zie|hungs|be|rech|tigt** || **Er|zie|hungs|be|rech|tig|te**[1] der, -n/-n, ein Erziehungsberechtigter || **Er|zie|hungs|be|rech|tig|te**[2] die, -n/-n || **Er|zie|hungs|heim** || **Er|zie|hungs|wis|sen|schaft** (ohne Pl.): *Pädagogik*
er|zie|len: Erfolge e. *(erreichen)* | (Sport) einen Treffer e.
er|zit|tern (geh.): *zittern*
erz|kon|ser|va|tiv (oft abw.): *bes. konservativ*
Erz|la|ger (Bergbau) || **Erz|la|ger|stät|te** (Bergbau)
Erz|ri|va|le [-v-]: *größter Rivale* || **Erz|ri|va|lin** || **Erz|schelm** (veraltet): *großer Schelm* || **Erz|schel|min** (veraltet)
er|zür|nen (geh.): dein Verhalten erzürnte ihn *(machte ihn zornig);* sie erzürnte sich darüber *(wurde zornig)*
er|zwin|gen: Erfolg e. wollen || **er|zwun|ge|ner|ma|ßen**
es[1]: es geht mir gut; es war einmal ...; es schneit; wird es? (auch: wird's?, wirds?); → 's
es[2] das, -/- (Mus.): *das um einen Halbton erniedrigte E (e);* → Es[1] | es-Moll || **Es**[1] das, -/- (Mus.): *das um einen Halbton erniedrigte E (e);* → es[2] | Es-Dur
Es[2]:**Einsteinium**
ESA die, -: **E**uropean **S**pace **A**gency *(Europäische Weltraumbehörde);* → ASA
Es|cha|to|lo|gie [ɛsç-] die, -/-n ⟨gr.⟩ (Rel.): *Lehre, Gesamtvorstellung vom Weltende und vom Ende des Menschen* || **es|cha|to|lo|gisch** (Rel.)
Esche die, -/-n: *eine Laubbaumgattung* | (ohne Pl.) *Holz der Esche* || **Eschen|holz**
Es|cu|do [-k-] der, -[s]/-[s] ⟨port.⟩ (früher): *Geldeinheit in Portugal*
Es-Dur (Es) (Mus.): *eine Tonart* || **Es-Dur-Ton|lei|ter** (Mus.)
Esel der, -s/-: *ein Unpaarhufer* | *ein Schimpfwort* || **Ese|lei** die, -/-en: *Dummheit* || **Ese|lin** die, -/-innen || **Esels|brü|cke:** jemandem eine E. bauen *(Denkhilfe bieten, einen bequemen Ausweg lassen)* || **Esels|ohr:** *Ohr des Esels* | *umgeknickte Ecke einer Seite*
E-Shop ['i:ʃ-] || **E-Shop|ping:** *Einkauf über Internet, Onlineshopping*
Es|ka|la|ti|on [-tsi̯-] die, -/-en ⟨engl.⟩: *Steigerung, Ausweitung [von Kriegsmaßnahmen];* → G.: Deeskalation || **es|ka|lie|ren:** die

E

Situation ist eskaliert
Es|ka|pa|de die, -/-n (meist Pl.) ⟨lat.-fr.⟩: *mutwillige Handlungsweise, Streich* ‖ **Es|ka|pis|mus** der, -/Eskapismen (Psych.): *Neigung, sich den Problemen des Lebens zu entziehen* ‖ **es|ka|pis|tisch**
Es|ki|mo der, -s/-s ⟨indian.⟩: *Fremdbezeichnung für* → *Inuk*

E

Es|kont|zins|fuß ⟨lat.-it.⟩ (Bankwesen): *Zinssatz für den Ankauf von Wertpapieren*
Es|kor|te die, -/-n ⟨lat.-fr.⟩: *Begleit-, Bewachungsmannschaft* ǀ *Ehrengeleit* ‖ **es|kor|tie|ren**
es-Moll (es) (Mus.): *eine Tonart* ‖ **es-Moll-Ton|lei|ter** (Mus.)
Eso|te|rik die, - ⟨gr.⟩: *[pseudo]mystische Geheimlehre* ‖ **Eso|te|ri|ker** der, -s/- ‖ **Eso|te|ri|ke|rin** die, -/-innen ‖ **eso|te|risch:** *nur für Eingeweihte, geheim*
ESP [e ɛs 'pe:] das, - (Kfz): **e**lektronisches **S**tabilitäts**p**rogramm *(eine Sicherheitseinrichtung)*
Es|pa|d|ril|le [-'ijɛ] die, -/-n ⟨fr.⟩ = **Es|pa|d|ril|lo** der, -s/-s ⟨span.⟩: *eine Sandalenart*
Es|pa|ña [-nja] (Kfz.: E): *Spanien*
Es|pe die, -/-n: *ein Laubbaum, Zitterpappel* ǀ (ohne Pl.) *Holz der Espe* ‖ **Es|pen|laub:** zittern wie E.
Es|pe|ran|tist der, -en/-en ‖ **Es|pe|ran|tis|tin** die, -/-innen ‖ **Es|pe|ran|to** das, -: *eine künstlich geschaffene internationale Sprache*
Es|pla|na|de die, -/-n ⟨fr.⟩: *Allee, Promenade an einem Fluss- oder Seeufer*
es|pres|si|vo [-v-] ⟨it.⟩ (Mus.): *ausdrucksvoll, expressiv*
Es|pres|so[1] der, -s/-s [Espressi] ⟨it.⟩: *in einer speziellen Maschine gekochter starker schwarzer Kaffee* ‖ **Es|pres|so**[2] das, -s/-s: *ein kleines Kaffeelokal* ‖ **Es|pres|so|ma|schi|ne**
Es|prit [-'ri:] der, -[s] ⟨fr.⟩: *Geist, Witz*
Es|say [ɛ'se:, auch: 'ɛ-] der = das, -[s]/-s ⟨fr.⟩: *kürzere Abhandlung in literarischer Form* ‖ **Es|say|ist** der, -en/-en ‖ **Es|say|is|tin** die, -/-innen ‖ **es|say|is|tisch**
ess|bar: essbare Pilze ‖ **Ess|be|steck**
Es|se die, -/-n: *offene Feuerstelle und Kamin; Rauchabzug [in einer Schmiede]*
es|sen, ich esse, du isst/aß/gegessen/iss!, esst!: wir e. heute kalt *(kalte Speisen);* sie isst kein Fleisch *(ist Vegetarierin);* sie will sich einmal satt e.; die Kinder e. uns noch arm ‖ **Es|sen** das, -s/-: zum E. einladen; ein warmes E. ‖ **Es|sens|ge|ruch** ‖ **Es|sens|zeit**
es|sen|ti|ell [-tsi̯-] ⟨lat.⟩ = → essenziell ‖ **Es|senz** die, -/-en: *konzentrierte Flüssigkeit, die bei Gebrauch verdünnt werden muss* ǀ (ohne Pl.) die E. *(das Wesen, der Kern)* eines Problems

es|sen|zi|ell = essentiell [-tsi̯-]:

wesentlich; → G.: inessenziell
Für das Wort gibt es zwei Schreibweisen:
- essenziell: die eingedeutschte Schreibung (nach *Essenz*)
- essentiell: die fremdsprachige Schreibung

Es|ser der, -s/- ‖ **Es|se|rin** die, -/-innen ‖ **Ess|ge|wohn|heit:** *Ernährungsgewohnheit*
Es|sig der, -s/-e: Wurst in E. und Öl ǀ (ugs.) mit der Reise ist es E. *(vorbei)* ‖ **Es|sig|ge|mü|se** ‖ **Es|sig|gur|ke** ‖ **Es|sig|gur|kerl** ‖ **es|sig|sau|er** (Chem.): essigsaure Tonerde ‖ **Es|sig|säu|re**
Ess|kas|ta|nie [-i̯ɛ]: → *Edelkastanie* ‖ **Ess|kul|tur** ‖ **Ess|löf|fel** ‖ **Ess|lust** ‖ **Ess|stäb|chen:** *bes. in Asien verwendetes Essgerät* ‖ **Ess|stö|rung** ‖ **Ess|tisch** ‖ **Ess|wa|ren** die (Pl.)
Es|ta|b|lish|ment [ɪs'tæblɪʃ-, es-] das, -s/-s ⟨engl.⟩ (auch abw.): *die herrschende Gesellschaftsschicht und -ordnung*
Es|te der, -n/-n: *Bewohner Estlands*
Es|ter der, -s/-: *eine chemische Verbindung*
Es|ther: *weibl. Vorname*
Es|tin die, -/-innen ‖ **Est|land** (Kfz: EST): *ein baltischer Staat* ‖ **Est|län|der** der, -s/-: → *Este* ‖ **Est|län|de|rin** die, -/-innen: *Estin* ‖ **est|nisch** ‖ **Est|nisch** das, -[s] = **Est|ni|sche,** -n: *die estnische Sprache*
EStG [ɛs te 'ge:]: **E**inkommen**st**euer**g**esetz
Es|t|ra|de die, -/-n ⟨it.-fr.⟩: *erhöhter Platz in einem Saal; langes Podium*
Es|t|ra|gon der, -s ⟨lat.-fr.⟩: *eine Gewürzpflanze* ‖ **Es|t|ra|gon|senf**
Est|rich der, -s/-e: *Fußboden [aus Beton], auf dem die Bodenbeläge verlegt werden*
Es|zett das, -/- (D): *scharfes s (ß)*
Eta das, -[s]/-[s] (η, H) ⟨gr.⟩: *griechischer Buchstabe, entspricht langem eE;* → Epsilon
eta|b|lie|ren[1] ⟨fr.⟩: ein neues Fach e. *(gründen, einrichten);* die etablierte *(herrschende)* Gesellschaft ‖ **eta|b|lie|ren**[2] sich: sich als Ärztin e. *(niederlassen)* ǀ das hat sich etabliert *(durchgesetzt, bewährt)* ‖ **Eta|b|lis|se|ment** [-s'mɑ̃:] das, -s/-s: *ein Geschäftsunternehmen* ǀ *eine Vergnügungsstätte*
Eta|ge [-'a:ʃ, -ʒɛ] die, -/-n ⟨fr.⟩: *Stockwerk* ‖ **Eta|gen|hei|zung:** *[Zentral]heizung innerhalb eines Stockwerks oder Stockwerkteils* ‖ **Eta|ge|re** [-'ʒe:ə] die, -/-n = das, -[s]/-n: *Stellage/Gestell mit Fächern [für Bücher oder Küchengeschirr]*
Etap|pe die, -/-n ⟨fr.⟩: *Abschnitt* ǀ (Mil.) *Hinterland im Krieg* ǀ (Sport) aus der E. *(von hinten, aus zurückgezogener Position)* ‖ **Etap|pen|sieg** (Sport): *Sieg in einem Abschnitt eines Rennens* ‖ **Etap|pen|sie|ger** ‖ **Etap|pen|sie|ge|rin** ‖ **etap|pen|wei|se:** *stufenweise* ‖ **Etap|pen|ziel**
Etat [e'ta:] der, -[s]/-s ⟨fr.⟩: *Haushaltsplan [des Staates]* ‖ **etat|mä|ßig,** *auch:* **etats|mä|ßig**
etc.: et **c**etera ‖ **et ce|te|ra** [- ts-] (etc.) ⟨lat.⟩: *und so weiter*
ete|pe|te|te: *geziert; übertrieben fein, steif*
Eter|nit der = das, -s ⟨lat.⟩ (Wz.): *ein Kunst-, Asbestschiefer* ‖ **Eter|nit|plat|te** ‖ **Eter|nit|dach**
Etha|nol (fachspr.) → Äthanol
Ether (fachspr.) → Äther
Ethik die, - ⟨gr.⟩: *Sittenlehre;* christliche E. ‖ **Ethik|kom|mis|si|on** ‖ **Ethik|un|ter|richt** (Bildw.): *Ersatzgegenstand für den Religionsunterricht (als Schulversuch)* ‖ **ethisch:** *sittlich, moralisch;* → Ethos
Eth|nie die, -/-n ⟨gr.⟩: *Menschengruppe mit übereinstimmenden kulturellen und soziologischen Merkmalen;* → Volk; → Rasse ‖ **eth|nisch:** *ein bestimmtes Volkstum betreffend* ǀ (beschön.) ethnische Säuberungen *(Entfernung einer ethnischen Minderheit aus einem Gebiet, zB durch Vertreibung, Mord)* ‖ **Eth|no|gra|fie** = **Eth|no|gra|phie** [-f-] die, -: *beschreibende Völkerkunde* ‖ **Eth|no|lo|ge** der, -n/-n: *Völkerkundler* ‖ **Eth|no|lo|gie** die, - ‖ **Eth|no|lo|gin** die, -/-innen

Ethologie die, - ⟨gr.⟩: *Verhaltensforschung* ‖ **Ethos** das, -: *moralische Gesinnung;* → ethisch

Ethylalkohol [-'y:l-] (fachspr.) → Äthylalkohol

E-Ticket [engl.: 'i:-]: *elektronisches [Flug]ticket;* → Etix

Etikett das, -s/-e = **Etikette**[1] die, -/-n ⟨fr.⟩: *Schildchen [mit Aufschrift]* ‖ **Etikette**[2] [-'ɛt] die, -: *strenge Vorschriften für das Verhalten bei gesellschaftlichen Anlässen* ‖ **Etikettenschwindel:** *betrügerische Falschkennzeichnung* ‖ **etikettieren:** Flaschen e. *(mit Etiketten versehen)* | *[eine Person] oberflächlich einordnen* ‖ **Etikettierung** die, -/-en

Etix das, -/-: *elektronisches [Flug-]ticket, E-Ticket*

etliche: schon etliches erledigt haben; etliche *(einige)* Mal[e]

Etrusker der, -s/-: *Angehöriger eines antiken Volkes in Mittelitalien (Etrurien, Toskana)* ‖ **Etruskerin** die, -/-innen ‖ **etruskisch**

Etsch die, - (it.: Adige [-dʒe]): *ein Fluss in Italien (SüdT)*

Etüde die, -/-n ⟨fr.⟩ (Mus.): *ein Übungs-, Vortragsstück*

Etui [e'tŷi:] das, -s/-s ⟨fr.⟩: *Behälter, Futteral; Dose*

etwa: *ungefähr;* in e. *(annähernd)* | wie e. *(zum Beispiel)* | hat e. *(vielleicht)* doch jemand Einwände? ‖ **etwaige:** *allfällige;* jemanden für e. Schäden haftbar machen

etwas: auf e. hoffen; von allem e.; so e.!; es zu e. bringen *(beruflich erfolgreich sein);* e. and[e]res; e. Einziges; e. Neues; e. Großes; e. Ähnliches | e. *(ein bisschen)* Zucker; → irgendetwas ‖ **Etwas** das, -/-: das gewisse E.

Etymologie [-ty-, -ti-] die, -/-n ⟨gr.⟩: *[Lehre von der] Herkunft samt ursprünglicher Bedeutung der Wörter* ‖ **etymologisch**

Et-Zeichen (&) ⟨lat.⟩ (Druckw.) (bei Firmennamen): Firma Gollinger & Co; → Undzeichen; *aber:* → At-Zeichen

Eu: Europium ‖ **EU** [e 'u:] die, -: Europäische **U**nion; Österreich ist seit 1995 Mitglied der EU; → EG | → Eisenstadt ‖ **EU-Abgeordnete** ‖ **EU-Ausland** ‖ **EU-Ausländer:** *Bürger eines anderen EU-Staates* ‖ **EU-Ausländerin** ‖ **EU-Außengrenze** ‖ **EU-Austritt** ‖ **EU-Beamte** ‖ **EU-Beamtin** ‖ **EU-Beitritt** (Pol.) ‖ **EU-Botschafter** ‖ **EU-Botschafterin** ‖ **EU-Bürger** ‖ **EU-Bürgerin** ‖ **EU-Bürgerschaft** (Pol.): *Unionsbürgerschaft*

euch: „Lest euch das gut durch!" | (im Brief auch Großschreibung) „Liebe Eltern, ich danke euch (*auch:* Euch) für euren (*auch:* Euren) Brief ..."; → du; → ihr; → Sie | (als veraltete Höflichkeitsform groß) „Frau Mutter, kränkt Ihr **Euch**?"

Eucharistie die, - ⟨gr.-lat.⟩ (kath.) (wörtl.: Danksagung): *Altarsakrament; Messopfer* ‖ **eucharistisch**

> **euer:**
>
> euer Haus; eu[e]re Eltern; auf euren Wunsch; nehmt euer Wörterbuch
>
> **In der Anrede im Brief ist auch Großschreibung möglich:**
> – Liebe Moni, liebe Babsi! Ich habe euren (*auch:* Euren) Brief erhalten. Ich werde euretwegen (*auch:* Euretwegen) schon früher anreisen.
>
> R→ S. 895, 3
>
> **Großschreibung in Anreden hochgestellter Persönlichkeiten und als veraltete Höflichkeitsform:**
> – **E**ure Magnifizenz
> – „Herr Vater, **E**uer Mantel ..."
>
> **Groß- und Kleinschreibung:**
> – das Eu[e]re = eu[e]re *(euer Eigentum, eure Sache)*
> – die Eu[e]ren = eu[e]ren *(eure Angehörigen)*

euere = **Euere** → eure = Eure ‖ **euerseits** → eurerseits ‖ **euersgleichen** → euresgleichen ‖ **euerthalben** → eurethalben ‖ **euertwegen** → euretwegen ‖ **euertwillen** → euretwillen

EU-Erweiterung [e 'u:-] (Pol.)

EUFOR die, -, *auch:* Eufor: **Euro**pean **U**nion **For**ce *(militärische Einsatztruppe der EU)*

Eugen: *männl. Vorname;* Prinz E. [-'ge:n] von Savoyen

Eugenik die, - ⟨gr.⟩ (Med.): *Erbgesundheitslehre*

EuGH ['ɔy ge ha:]: **Eu**ropäischer **G**erichts**h**of

EU-Gipfel [e 'u:-]: *Treffen des Europäischen Rats* ‖ **EU-Grundrechtscharta** [e u:-k-] die, - (Pol.)

Eukalyptus [-'ly-, auch: -'li-] der, -/- [Eukalypten] ⟨gr.⟩: *eine Laubbaumgattung*

euklidisch ⟨gr.⟩: euklidische Geometrie (nach dem altgriechischen Mathematiker Euklid)

EU-Kommissar [e 'u:-], *auch:* EU-Kommissär ‖ **EU-Kommissarin,** *auch:* EU-Kommissär ‖ **EU-Kommission** (Pol.): *„Regierung" der EU mit 27 Kommissaren* ‖ **EU-Kommissionspräsident** ‖ **EU-Kommissionspräsidentin** ‖ **EU-Konferenz** ‖ **EU-Land**

Eule die, -/-n: *ein Waldvogel* | *ein Nachtfalter* ‖ **Eulenspiegelei** die, -/-en: *[oft mit einem Wortspiel verbundener] Schabernack*

EU-Ministerrat [e 'u:-]: *Rat der Europäischen Union* ‖ **EU-Mitgliedschaft** ‖ **EU-Mitgliedsstaat**

Eunuch der, -en/-en ⟨gr.⟩: *entmannter Haremswächter;* → Kastrat

EU-Osterweiterung [e 'u:-] ‖ **EU-Parlament:** *Europaparlament, Europäisches Parlament*

Euphemismus [-f-] der, -/Euphemismen ⟨gr.⟩: *beschönigende/verhüllende Bezeichnung, zB* der Verblichene *für* der Tote ‖ **euphemistisch:** *beschönigend*

Euphorie [-f-] die, - ⟨gr.⟩: *Hochstimmung* | (Med.) *nur subjektives Gefühl gesteigerten Wohlbefindens [eines Schwerkranken]* ‖ **euphorisch**

Euphrat [-f-] der, -[s]: *Strom in Vorderasien (Türkei, Syrien, Irak)*

EU-Präsidentschaft [e 'u:-] ‖ **EU-Projekt** ‖ **EUR:** *Abkürzung für Euro* ‖ **Eurasien:** *Europa und Asien* ‖ **EURATOM** die, -: **Eur**opäische **Atom**gemeinschaft; → EG ‖ **EU-Ratspräsident** (Pol.): *Präsident des Europäischen Rats* | *Präsident des Rats der Europäischen Union* ‖ **EU-Ratspräsidentin** ‖ **EU-Ratspräsidentschaft**

eure[1] (Possessivpron.) → euer ‖ **eure**[2] = **Eure** der, -n/-n, *auch:* euere = Euere: die eu[e]re = Eu[e]re; das eu[e]re = Eu[e]re *(euer Eigentum, eure Sache);* die eu[e]ren = Eu[e]ren *(eure Angehörigen);* → eurige

EU-Recht [e 'u:-] ‖ **EU-Reformvertrag**

eurerseits, *auch:* euerseits; *aber zur Anrede im Brief* → euer ‖ **euresgleichen,** *auch:* euersgleichen; *aber zur Anrede im Brief* → euer ‖ **eurethalben,** *auch:* euerthalben; *aber zur Anrede im Brief* → euer ‖ **euretwegen,** *auch:* euertwegen: um e. *(euch* *zuliebe); aber zur Anrede im Brief* → euer ‖ **eu|ret|wil|len,** *auch:* euertwillen*; aber zur Anrede im Brief* → euer

Eu|rhyth|mie [-ry-] die, - ⟨gr.⟩: *eine ganzheitliche künstlerische Bewegungslehre der Anthroposophie*

Eu|ri|bor der, -s: **Eur**opean **I**nterbank **O**ffered **R**ate *(Zinssatz für Termingelder in Euro im Interbankengeschäft)*

E

EU-Richt|li|nie [e 'u:-i̯ɛ] (Pol.)

eu|ri|ge = **Eu|ri|ge** der, -n/-n: die eurige (= Eurige), das eurige (= Eurige); die eurigen (= Eurigen) *(die euren);* → eure

Eu|ro[1] der, -[s]/-s (EUR, €) ⟨gr.⟩: *Währungseinheit der EU;* drei Euros *(Euromünzen)* | (in Angaben von Beträgen mit Pl. Euro) eine Rechnung über 100 Euro; → Cent | (mit Abkürzung €) 20,50 € (auch: € 20,50) ‖ **Eu|ro**[2] die -/-s (sal.*): Kurzwort für Europameisterschaft* ‖ **eu|ro|at|lan|tisch** (Geogr.): *den europäischen und angloamerikanischen Raum betreffend (in Beziehungen und [militärischer] Zusammenarbeit);* euroatlantische Strukturen **Eu|ro|bank|no|te** ‖ **Eu|ro|cent** [-ts-, engl.: -s-]: *Bezeichnung für den Cent im Euroraum zum Unterschied zB vom amerikanischen Cent* ‖ **Eu|ro|ci|ty** [-'sɪti] = **Eu|ro|Ci|ty** (EC) der, -s/-s (Verk.): *eine internationale Zugsverbindung;* → Intercity ‖ **Eu|ro|dol|lar** = **Eu|ro|dol|lars** die (Pl.): *Dollarbankeinlagen außerhalb der USA* ‖ **Eu|ro-Dol|lar-Kurs** ‖ **Eu|ro|figh|ter** [-faɪtə] der, -s/- ⟨gr.+engl.⟩: *ein Kampfflugzeug* ‖ **eu|ro|fit** (sal.): *den Anforderungen entsprechend, die ein gemeinsames Europa stellt* ‖ **Eu|ro|fla|sche:** *eine genormte [Bier]flasche* ‖ **Eu|ro|ge|biet** ‖ **Eu|ro|kom|mu|nis|mus** (Pol., Gesch.): *die vom sowjetischen Muster abweichende Form des Kommunismus in den westlichen Staaten Europas* ‖ **Eu|ro|land** das, -[e]s: *Gebiet jener EU-Länder, die seit 2002 den Euro als Währung haben* ‖ **Eu|ro|mün|ze** ‖ **Eu|ro|Night** [-naɪt] der, -[s]/-[s] (EN): *internationale Nachtreisezuggattung* ‖ **Eu|ro|norm** (EN): *gültige Norm in der EU* ‖ **Eu|ro|not|ruf,** auch: **Eu|ro-Not|ruf:** *die europaweite Telefonnummer 112* ‖ **Eu|ro|pa:** *ein Kontinent* ‖ **Eu|ro|pa|ab|ge|ord|ne|te** ‖ **Eu|ro|pa|brü|cke:** *Brücke zwischen Innsbruck und dem Brenner (Tirol)* ‖ **Eu|ro|pa|cup** [-kʌp]: *ein europäischer Sportbewerb;* → Weltcup ‖ **Eu|ro|pä|er** der, -s/- ‖ **Eu|ro|pä|e|rin** die, -/-innen ‖ **Eu|ro|pa|fah|ne:** *blaue Fahne mit zwölf goldenen Sternen* ‖ **Eu|ro|pa|hym|ne** [-hy-] ‖ **eu|ro|pä|isch:** die europäischen Staaten; *aber zB:* die **E**uropäische Union, der **E**uropäische Gerichtshof ‖ **Eu|ro|pä|i|sche Ge|mein|schaft** die, -n -: *Teilorganisation der Europäischen Union;* → EG ‖ **Eu|ro|pä|i|sche Ge|richts|hof** der, -n -[e]s (EuGH): *Recht sprechendes Organ der EU mit Sitz in Straßburg* ‖ **Eu|ro|pä|i|sche Ge|richts|hof für Men|schen|rech|te** der, -n -[e]s - - (EGMR): *ein Organ des Europarats mit Sitz in Straßburg, oberste Instanz in Menschenrechtsfragen* ‖ **Eu|ro|pä|i|sche Kom|mis|si|on** die, -n -: *Regierungsbehörde der EU* ‖ **Eu|ro|pä|i|sche Men|schen|rechts|kon|ven|ti|on** [-tsi̯-] die, -n - (EMRK): *vom EGMR überwachter Grundrechtskatalog im Verfassungsrang* ‖ **Eu|ro|pä|i|sche Par|la|ment** das, -n -[e]s: *Europaparlament* ‖ **Eu|ro|pä|i|sche Rat** der, -n -[e]s (Pol., Admin.): *Gremium der EU-Staats- und Regierungschefs* ‖ **Eu|ro|pä|i|sche Uni|on** die, -n - (EU): *seit 1992 wirtschaftliche und politische Gemeinschaft 27 europäischer Staaten einschließlich Österreichs;* → EG ‖ **Eu|ro|pä|i|sche Wäh|rungs|sys|tem** [-zy-] das, -n -[e]s (EWS) ‖ **Eu|ro|pä|i|sche Wirt|schafts|raum** der, -n -[e]s (EWR): *gemeinsames Wirtschaftsbündnis aller EG- und EFTA-Staaten* ‖ **Eu|ro|pä|i|sche Zen|t|ral|bank** die, -n - (EZB): *Bank der EU mit Sitz in Frankfurt* ‖ **eu|ro|pä|i|sie|ren** ‖ **Eu|ro|pa|kar|te** ‖ **eu|ro|pa|kon|form** ‖ **Eu|ro|pa League** [- ˌli:g] die, - - ⟨gr.+engl.⟩: *Europaliga, ein Europacupbewerb im Fußball (früher: UEFA-Cup)* ‖ **Eu|ro|pa|li|ga** (Sport) → *Europa League* ‖ **Eu|ro|pa|meis|ter** ‖ **Eu|ro|pa|meis|te|rin** ‖ **Eu|ro|pa|meis|ter|schaft** ‖ **Eu|ro|pa|norm** → EN ‖ **Eu|ro|pa|par|la|ment** das, -[e]s: *Gremium mit Abgeordneten aller EU-Staaten; Europäisches Parlament, EU-Parlament* ‖ **Eu|ro|pa|po|kal** ‖ **Eu|ro|pa|rat** der, -[e]s: *internationale Organisation der europäischen Staaten in Straßburg* | (selten) *Abgeordneter im Europäischen Parlament* ‖ **Eu|ro|pa|recht** ‖ **Eu|ro|pa|re|kord** ‖ **Eu|ro|pa|stra|ße** (E): *gekennzeichnete Fernstraße innerhalb von Europa* ‖ **Eu|ro|pa|wahl** ‖ **eu|ro|pa|weit** ‖ **Eu|ro|pi|um** das, -s (Zeichen: Eu): *ein chemisches Element* ‖ **Eu|ro|pol** die, -: *EU-gemeinsame Polizeibehörde;* → Interpol ‖ **Eu|ro|ret|tungs|schirm** (ugs.) ‖ **Eu|ro|schein** ‖ **eu|ro|skep|tisch** ‖ **Eu|ro|speak** [-'spi:k] das, -[s] ⟨gr.+engl.⟩: *Landessprache mit starker Beeinflussung durch das Englische* ‖ **Eu|ro Stoxx** der, - (Bankw.): *Aktienindex der 50 meistgehandelten europäischen Unternehmen, die der Eurowährungszone angehören* ‖ **Eu|ro|su|per:** *ein Benzin* ‖ **Eu|ro|vi|si|on** [-v-] die, -: *europäische Fernsehorganisation* ‖ **Eu|ro|vi|si|ons|sen|dung** ‖ **Eu|ro|wäh|rung** (Bankw.): *Währung der EU* ‖ **Eu|ro|zo|ne**

Eu|ryth|mie [-ry-] (fachspr.) → Eurhythmie

EU-Staat [e 'u:-]

Eu|ter das, -s/-: *Milchdrüse [der Kuh, der Ziege]*

Eu|tha|na|sie die, - ⟨gr.⟩ (Med.): *vorzeitige Herbeiführung des [schmerzlosen] Todes bei unheilbar Kranken* | (im Nationalsozialismus) *beschönigende Bezeichnung für die systematische Tötung von [behinderten] Menschen*

eu|troph [-f] ⟨gr.⟩ (Ökol.): *nährstoffreich* ‖ **Eu|tro|phie** die, - (Ökol., Med.): *reiche bis überreiche Nährstoffversorgung* ‖ **Eu|tro|phie|rung** die, - (Ökol.): *Überdüngung*

EU-Ver|fas|sung [e 'u:-] ‖ **EU-Vor|sitz** ‖ **EU-Wahl:** *Europawahl* ‖ **EU-weit** ‖ **EU-Wett|be|werbs|kom|mis|si|on**

ev.: **ev**angelisch ‖ **Ev.:** **Ev**angelium

e. V. (D): **e**ingetragener **V**erein

Eva [-f-, -v-]: *weibl. Vorname;* → Evi; → Adam

EVA die, -/-s (Med.): **E**rst**v**ersorgungs**a**mbulanz

Eva|kos|tüm → Evaskostüm

eva|ku|ie|ren [-v-] ⟨lat.⟩: ein Haus e. *(seine Bewohner zeitweilig oder dauernd aus Sicherheitsgründen aussiedeln);* die Bewohner wurden evakuiert ‖ **Eva|ku|ie|rung** die, -/-en ‖ **Eva|ku|ie|rungs|maß|nah|men** die (Pl.)

Eva|lu|a|ti|on [-v-si̯-] = Evaluierung

die, -/-en ⟨lat.⟩: *Bewertung [von Testverfahren]* ‖ **eva|lu|ie|ren** ‖ **Eva|lu|ie|rung** = → Evaluation
Evan|ge|li|ar [-v-, -f-] das, -s/-e ⟨gr.-lat.⟩: *Buch, das die Evangelien enthält* ‖ **Evan|ge|li|sa|ti|on** [-tsi̯-] die, -/-en (Rel.): *Verkündigung des Evangeliums außerhalb des Gottesdienstes* ‖ **evan|ge|lisch** (ev.): die evangelische Kirche ‖ **evan|ge|lisch-lu|the|risch** → A. B. ‖ **evan|ge|lisch-re|for|miert** → H. B. ‖ **Evan|ge|list** der, -en/-en: *die vier Evangelisten Matthäus, Markus, Lukas, Johannes, Verfasser der vier Evangelien* ‖ **Evan|ge|lis|ten|sym|bol** [-zy-]: *Mensch, Löwe, Rind, Adler* ‖ **Evan|ge|li|um** das, -s/Evangelien [-i̯en] (Ev.) (Rel.): *Heilsbotschaft Christi* | *Geschichte des Lebens Jesu* | *Lesung aus einem Evangelium während des Gottesdienstes* | das ist für uns kein E. *(nicht maßgebend)*
eva|po|rie|ren [-v-] ⟨lat.⟩: *verdampfen;* evaporierte Milch *(Kondensmilch)*
Evas|kos|tüm [-f-, -v-], *auch:* Evakostüm (scherzh.): im E. *(nackt; von Frauen);* → Adamskostüm
Eve|lyn [-v-in], *auch:* Evelin, Eveline: *weibl. Vorname*
Event [ɪv-] der = das, -s/-s ⟨engl.⟩: *Veranstaltung, Ereignis*
Even|tu|al|fall [-v-] ⟨fr.⟩ ‖ **Even|tu|a|li|tät** die, -/-en: alle Eventualitäten *(Möglichkeiten)* bedenken ‖ **even|tu|ell** (evtl.): *allenfalls, möglicherweise* ‖ **Event|gas|t|ro|no|mie:** *gastronomische Betreuung bei [Groß]veranstaltungen*
Ever|green ['evəgriːn] der, -s/-s ⟨engl.⟩: *Schlager, der lange Zeit beliebt bleibt*
Evi [-f-, -v-]: *weibl. Vorname (Eva)*
evi|dent [-v-] ⟨lat.⟩: das ist e. *(offenkundig, sicher)* | e. *(in Evidenz)* halten ‖ **Evi|dent|hal|tung** ‖ **Evi|denz** die, -: die E. *(offensichtliche Gewissheit)* dieser Tatsachen | etwas in E. halten *(vormerken, im Auge behalten)* | (mit Pl. -en) (Amtsspr.) *Übersicht* ‖ **Evi|denz|blatt** ‖ **Evi|denz|bü|ro** (Amtsspr.): *Evidenzstelle* ‖ **Evi|denz|lis|te** (Amtsspr.) ‖ **Evi|denz|stel|le** (Amtsspr.): *Registratur [in Ämtern, auf Universitäten]*
Evo|lu|ti|on [-v-tsi̯-] die, -/-en ⟨lat.⟩: *Entwicklung der Arten der Lebewesen im Laufe der Erdgeschichte* ‖ **evo|lu|ti|o|när** ‖ **Evo|lu|ti|ons|leh|re** = **Evo|lu|ti|ons|the|o|rie:** *Lehre von der stammesgeschichtlichen Entwicklung der Tier- und Pflanzenarten* ‖ **evo|lu|tiv:** *entwicklungsgeschichtlich bedingt*
E-Vo|ting ['iːvəʊ-] ⟨engl.⟩: *Wahl per Internet*
evtl.: eventuell
Ewald: *männl. Vorname*
E-Werk: *Kurzwort für Elektrizitätswerk*
EWG [e ve 'geː] die, -: **E**uropäische **W**irtschafts**g**emeinschaft; → EG
ewig: ewiges *(nie schmelzendes)* Eis; e. schade *(sehr schade);* das ewige Licht *(stets brennendes Licht in der kath. Kirche)* ‖ **Ewig|gest|ri|ge**[1] der, -n/-n, ein Ewiggestriger (abw.): *ein rückständig Bleibender* ‖ **Ewig|gest|ri|ge**[2] die, -n/-n (abw.) ‖ **Ewig|keit** die, -: bis in alle E. | (geh.) in die E. eingehen *(sterben)* | (mit Pl. -en) es ist eine E. *(sehr lange)* her ‖ **Ewig|keits|wert:** *beständiger Wert* ‖ **ewig|lich** (geh.): *ewig* ‖ **Ewig|licht** (bes. D): *ewiges Licht*
E-Wirt|schaft: *Kurzwort für Elektrizitätswirtschaft*
EWR [e ve 'ɛr] der, -[s]: **E**uropäischer **W**irtschafts**r**aum ‖ **EWR-Mit|glied**
EWS [e ve 'ɛs] das, - (Bankwesen, Wirt.): **E**uropäisches **W**ährungs**s**ystem
EWU [e ve 'uː] die, -: **E**uropäische **W**ährungs**u**nion ‖ **EWWU** [e ve ve 'uː] die, -: **E**uropäische **W**irtschafts- und **W**ährungs**u**nion
ex ⟨lat.⟩ (sal.): ex trinken *(auf einen Zug austrinken)* | (derb) ex gehen *(sterben)*
Ex[1] der, -/- (sal.): *der ehemalige Ehemann/Partner* ‖ **Ex**[2] die, -/- (sal.)
Ex[3]: **Ex**presszug
Ex.: Exemplar
ex ae|quo [- 'ɛː-] ⟨lat.⟩: *in gleichem Maß;* der 1. Preis wird ex aequo *(zweifach)* vergeben
ex|akt ⟨lat.⟩: *genau, präzise;* → G.: inexakt ‖ **Ex|akt|heit** die, -
Ex|al|ta|ti|on [-tsi̯-] die, -/-en ⟨lat.⟩ ‖ **ex|al|tie|ren** sich: *sich aufregen* ‖ **ex|al|tiert:** ein exaltierter *(überspannter)* Mensch ‖ **Ex|al|tiert|heit** die, -/-en
Ex|a|men das, -s/- [auch: Examina] ⟨lat.⟩: *Prüfung* ‖ **Ex|a|mi|na|tor** der, -s/-en [-'oː-]: *Prüfer* ‖ **Ex|a|mi|na|to|rin** die, -/-innen ‖ **ex|a|mi|nie|ren:** *prüfen*
ex an|te ⟨lat.⟩ (bes. Jus): *von vornherein; vorausbetrachtet*
ex ca|the|d|ra [- k-] ⟨lat.⟩: ex c. *(von höchster Stelle aus, unfehlbar)* entscheiden
excl. → exkl.
Ex|e|ge|se die, -/-n ⟨gr.⟩: *Auslegung, Erklärung [der Bibel]*
ex|e|ku|tie|ren ⟨lat.⟩: *ausführen, vollstrecken* | *pfänden* | *hinrichten* ‖ **Ex|e|ku|ti|on** [-tsi̯-] die, -/-en: *Durchführung* | *Hinrichtung* | (Jus) *Pfändung, Zwangsvollstreckung* ‖ **Ex|e|ku|ti|ons|be|fehl** (Jus): *Befehl zur Pfändung* ‖ **Ex|e|ku|ti|ons|be|wil|li|gung** (Amtsspr.) ‖ **Ex|e|ku|ti|ons|ge|richt** (Jus) ‖ **Ex|e|ku|ti|ons|kom|man|do:** *Hinrichtungs-, Erschießungskommando* ‖ **Ex|e|ku|ti|ons|ord|nung** (Jus): *Regelung über die gerichtliche Zwangsvollstreckung* ‖ **Ex|e|ku|ti|ons|or|gan** (Jus): *Gerichtsvollzieher* ‖ **Ex|e|ku|ti|ons|ti|tel** (Jus): *vollstreckbares Urteil für eine Exekution* ‖ **Ex|e|ku|ti|ons|ver|fah|ren** (Jus): *Zwangsvollstreckung* ‖ **Ex|e|ku|ti|ons|wer|ber** (Jus): *Person, die die Pfändung veranlasst* ‖ **Ex|e|ku|ti|ons|wer|be|rin** (Jus) ‖ **ex|e|ku|tiv:** *ausführend* ‖ **Ex|e|ku|tiv|be|am|te:** *Polizist, Gendarm ua.* ‖ **Ex|e|ku|tiv|be|am|tin** ‖ **Ex|e|ku|tiv|be|diens|te|te** ‖ **Ex|e|ku|tiv|dienst** (Amtsspr.): *Außendienst der Polizei* ‖ **Ex|e|ku|ti|ve** [-vɛ, -fɛ] die, -: *die vollziehende Gewalt im Staate, insbesondere die Sicherheitsexekutive, zB Polizei, Gendarmerie; auch Regierung, Verwaltung, Heer ua.;* → Judikative; → Legislative ‖ **Ex|e|ku|tiv|or|gan** (Amtsspr.): *Polizei- oder Gendarmeriebeamter* ‖ **Ex|e|ku|tor** der, -s/-en [-'oː-] (Jus): *Gerichtsvollzieher, Vollstrecker* ‖ **Ex|e|ku|to|rin** die, -/-innen (Jus)
Ex|em|pel das, -s/- ⟨lat.⟩: *[warnendes] Beispiel;* ein E. statuieren *([durch schwere Bestrafung] ein abschreckendes Beispiel geben);* die Probe aufs E. machen *(ausprobieren und überprüfen);* zum E. *(Beispiel)* ‖ **Ex|em|p|lar** das, -s/-e: es gibt noch Exemplare des Buches ‖ **ex|em|p|la|risch:** *beispielhaft;* e. *(abschreckend)* strafen ‖ **ex|em|p|li|fi|zie|ren:** *durch Beispiele erklären* ‖ **Ex|em|p|li|fi|zie|rung** die, -/-en
Ex|e|qui|en die (Pl.) ⟨lat.⟩ (kath.): *Begräbnisfeierlichkeiten*
ex|er|zie|ren ⟨lat.⟩: *militärische Übungen ausführen* ‖ **Ex|er|zier|platz** ‖ **Ex|er|zi|ti|en** [-tsi̯-] die (Pl.): *religiöse Übungen*

E

Exfrau: *ehemalige Ehefrau*
exhibieren ⟨lat.⟩ ‖ **Exhibition** [-tsi̯-] die, -/-en: *Zurschaustellung, Entblößung* ‖ **Exhibitionismus** der, - (Psych.): *krankhafte Neigung zur öffentlichen Entblößung der Geschlechtsteile* ‖ **Exhibitionist** der, -en/-en ‖ **Exhibitionistin** die, -/-innen ‖ **exhibitionistisch**
exhumieren ⟨lat.⟩: *eine Leiche ausgraben* ‖ **Exhumierung** die, -/-en
Exil das, -s/-e ⟨lat.⟩: im E. leben *(außerhalb des Heimatlands leben müssen; in der Verbannung leben)* ‖ **Exilant** der, -en/-en ‖ **Exilantin** die, -/-innen ‖ **exilieren:** *verbannen* ‖ **Exilliteratur:** *Werke, die im Exil geschrieben wurden* ‖ **Exilösterreicher** ‖ **Exilösterreicherin** ‖ **Exilregierung**
existent ⟨lat.⟩: *vorhanden, wirklich;* nicht existente Gefahren; → G.: inexistent ‖ **Existentialismus** [-ts-] = → Existenzialismus ‖ **Existentialist** = → Existenzialist ‖ **Existentialistin** = → Existenzialistin ‖ **existentiell** [-tsi̯-] = → existenziell ‖ **Existenz** die, -: *das Dasein; das Vorhandensein* | keine sichere E. haben *(keinen gesicherten Lebensunterhalt haben);* → G.: Inexistenz | (mit Pl. -en) eine gescheiterte E. *(ein Mensch, der es zu nichts gebracht hat)* ‖ **Existenzangst:** *Lebensangst* ‖ **existenzbedrohend** ‖ **Existenzberechtigung** ‖ **existenzgefährdend** ‖ **Existenzgrundlage:** *lebenswichtiges Einkommen* ‖ **Existenzialismus** = Existentialismus der, - (Phil.): *eine philosophische Richtung im 20. Jh.* ‖ **Existenzialist** = Existentialist der, -en/-en ‖ **Existenzialistin** = Existentialistin die, -/-innen

existenziell = existentiell:

lebenswichtig; wesenhaft; existenzielle Probleme
Für das Wort gibt es zwei Schreibweisen:
– existenziell: die eingedeutschte Schreibung (nach *Existenz*)
– existentiell: die fremdsprachige Schreibung
Ebenso: Existenzialismus/Existentialismus, Existenzialist/Existentialist, Existenzialistin/Existentialistin

Existenzkampf ‖ **Existenzminimum** das, -s: *zum Leben unbedingt notwendiges (amtlich festgesetztes) Mindesteinkommen* ‖ **existieren:** *bestehen, vorhanden sein* | *leben*
Exitus der, -/- ⟨lat.⟩ (Med.): *Tod, Todesfall*
exkl., *auch:* excl.: **exkl**usive
Exklave [-v-] die, -/-n ⟨lat.⟩: *von fremdem [Staats]gebiet umschlossener Gebietsteil;* die Tiroler Gemeinde Jungholz ist praktisch eine E.; → Enklave
exkludieren ⟨lat.⟩: *ausschließen;* → G.: inkludieren ‖ **Exklusion** die, -/-en (veraltet): *Ausschluss;* → G.: Inklusion ‖ **exklusiv:** *ausschließend, abgesondert* | *vornehm;* er kauft ausschließlich exklusive Ware ‖ **Exklusivbericht:** *Bericht zB nur für eine bestimmte Zeitung*

exklusive [-fɛ, -vɛ]

(exkl., excl.) → G.: inklusive
Präposition mit Genitiv:
– exklusive *(ausschließlich)* des Portos
Allein stehendes starkes Nomen im Singular bleibt undekliniert:
– exklusive Trinkgeld
– exklusive Porto
Im Plural mit Dativ, wenn Genitiv nicht erkennbar:
– exklusive Getränken (*statt:* Getränke)

Exklusivinterview [-vju] ‖ **Exklusivität** [-v-] die, -
Exkommunikation [-tsi̯-] die, -/-en: *Ausschluss aus der Kirchengemeinschaft, Kirchenbann* ‖ **exkommunizieren** ‖ **Exkommunizierung** die, -/-en
Exkrement das, -[e]s/-e (meist Pl.) ⟨lat.⟩: *Stoffwechselausscheidung, zB Stuhl*
exkulpieren ⟨lat.⟩: *jemanden von Schuld befreien, entlasten*
Exkurs der, -es/-e ⟨lat.⟩: *beigefügte Erörterung* ‖ **Exkursion** die, -/-en: *Lehrausgang, Besichtigung*
ex libris ⟨lat.⟩: ex l. Karl Huber *(aus der Bücherei des Karl Huber)* ‖ **Exlibris** das, -/-: *in Büchern eingeklebter [künstlerisch gestalteter] Zettel mit dem Namen des Eigentümers*
Exmann: *ehemaliger Ehemann*
Exmatrikulation [-tsi̯-] die, -/-en; → G.: Immatrikulation ‖ **exmatrikulieren** → G.: immatrikulieren
ex nunc [- -k] ⟨lat.⟩ (bes. Jus): *von nun an; mit Wirkung für die Zukunft;* → ex tunc
Exodus der, - ⟨gr.⟩: *Auszug der Juden aus Ägypten (in der Bibel)* | *zweites Buch der Bibel* | (mit Pl. -dusse) bei der Parlamentssitzung kam es zu einem E. *(Auszug)* der Opposition
ex officio [-tsi̯o] = **ex offo** ⟨lat.⟩: *von Amts wegen*
exogen ['ɛks-, -'ge:n] ⟨gr.⟩ (Med.): *von außen kommend;* → G.: endogen
Exonym [-y:-] das, -s/-e ⟨gr.⟩ (Sprachwiss.): *geographischer Eigenname in einer auswärtigen Sprache, zB* Prag *für tschech.* Praha; → G.: Endonym
exorbitant ⟨lat.⟩: *außerordentlich, übertrieben* ‖ **Exorbitanz** die, -/-en
exorzieren ⟨gr.-lat.⟩ ‖ **Exorzismus** der, -/Exorzismen: *[Teufels-]beschwörung, Austreibung böser Geister* ‖ **Exorzist** der, -en/-en ‖ **Exorzistin** die, -/-innen
Exot der, -en/-en = **Exote** der, -n/-n ⟨gr.⟩: *Person, Tier, Pflanze aus weit entfernten Gebieten*
exotherm [auch: 'ɛ-] ⟨gr.⟩ (Phys., Chem.): eine exotherme *(Wärme abgebende)* Reaktion; → G.: endotherm
Exotik die, - ⟨gr.⟩: *Fremdartigkeit* ‖ **Exotin** die, -/-innen: *Frau aus einem entfernten Land* ‖ **exotisch:** *fremdartig, fremdländisch*
Expander [ɛks'pa-] der, -s/- ⟨lat.-engl.⟩: *Sportgerät zum Muskeltraining* ‖ **expandieren** ⟨lat.⟩: *[sich] ausdehnen* ‖ **Expansion** die, -/-en: *Ausdehnung* ‖ **Expansionsbestrebungen** die (Pl.) ‖ **Expansionskurs** ‖ **expansiv:** *[sich] ausdehnend*
Expedient der, -en/-en ⟨lat.⟩: *Angestellter im Expedit, Expeditor* ‖ **Expedientin** die, -/-innen ‖ **expedieren:** Pakete e. *(abschicken)* ‖ **Expedit**[1] das, -[e]s/-e: *Versandabteilung* ‖ **Expedit**[2] der, -[e]s/-e: *Versand* ‖ **Expedition** [-tsi̯-] die, -/-en: *Forschungsreise* | *Versand[abteilung] [einer Zeitung]* ‖ **Expeditionsteilnehmer** ‖ **Expeditionsteilnehmerin** ‖ **Expeditor** der, -s/-en [-'o:-]: → *Expedient* ‖ **Expeditorin** die, -/-innen ‖ **expeditiv:** *produktiv, zweckorientiert, flink*

Ex|pe|ri|ment das, -[e]s/-e ⟨lat.⟩: *[wissenschaftlicher] Versuch* | *Wagnis* ‖ **Ex|pe|ri|men|tal|phy|sik** [-fy-] ‖ **Ex|pe|ri|men|ta|tor** der, -s/-en [-'oː-]: *jemand, der ein Experiment durchführt* ‖ **Ex|pe|ri|men|ta|to|rin** die, -/-innen ‖ **ex|pe|ri|men|tell** ‖ **ex|pe|ri|men|tie|ren** ‖ **ex|pe|ri|men|tier|freu|dig** ‖ **Ex|pe|ri|men|tier|freu|dig|keit** die, -

Ex|per|te der, -n/-n ⟨lat.⟩: *Sachverständiger* ‖ **Ex|per|ten|grup|pe** ‖ **Ex|per|ten|gut|ach|ten** ‖ **Ex|per|ten|hea|ring** [-hɪər-] ‖ **Ex|per|ten|kom|mis|si|on** ‖ **Ex|per|ten|re|gie|rung** (Pol.): *eine Regierung, die nicht nur aus Politikern, sondern auch aus unabhängigen Experten besteht* ‖ **Ex|per|ten|team** [-tiːm] ‖ **Ex|per|ten|tipp** ‖ **Ex|per|tin** die, -/-innen ‖ **Ex|per|ti|se** die, -/-n: *Sachverständigengutachten*

Ex|pli|ka|ti|on [-tsi̯-] die, -/-en ⟨lat.⟩: *Erklärung, ausführliche Darlegung* ‖ **ex|pli|zie|ren:** *erklären* ‖ **ex|pli|zit:** *ausdrücklich;* → G.: implizit

ex|plo|die|ren ⟨lat.⟩: *mit einem Knall zerplatzen, bersten;* ein explodierender Motor | die Kosten e.; → G.: implodieren ‖ **ex|plo|si|bel:** explosible *(explosionsgefährliche)* Stoffe ‖ **Ex|plo|si|on** die, -/-en ‖ **ex|plo|si|ons|ar|tig** ‖ **Ex|plo|si|ons|ge|fahr** ‖ **Ex|plo|si|ons|mo|tor:** *Verbrennungsmotor* ‖ **ex|plo|siv:** *leicht explodierend*

Ex|po die, -/-s ⟨lat.⟩: *[Welt]ausstellung* ‖ **Ex|po|nat** das, -[e]s/-e ⟨lat.-russ.⟩: *Ausstellungsstück* ‖ **Ex|po|nent** der, -en/-en ⟨lat.⟩: *Vertreter einer Gruppe oder Sache* | (Math.) *hochgestellte Zahl, zB 4 in 3^4* ‖ **ex|po|nen|ti|ell** [-tsi̯-]: exponentielles Wachstum *(zB jährliche Verdoppelung)* ‖ **Ex|po|nen|tin** die, -/-innen ‖ **ex|po|nie|ren:** *herausstellen;* er exponiert sich durch seine Aussagen *(setzt sich dadurch einer Gefahr aus);* eine exponierte *(ungeschützte; hervorgehobene)* Lage

Ex|port [auch: 'ɛ-] der, -[e]s/-e ⟨lat.-engl.⟩: *die Ausfuhr (von Waren ins Ausland);* → G.: Import ‖ **Ex|port|ar|ti|kel** ‖ **Ex|port|bier:** *für die Ausfuhr bestimmtes Bier* ‖ **Ex|port|boom** [-buːm] ‖ **Ex|por|teur** [-'tøːə] der, -s/-e: *Kaufmann, der exportiert* ‖ **Ex|por|teu|rin** die, -/-innen ‖ **Ex|port|för|de|rung** ‖ **Ex|port|ge|schäft** ‖ **ex|por|tie|ren** ‖ **Ex|port|kauf|frau** ‖ **Ex|port|kauf|mann** ‖ **Ex|port|ver|bot** ‖ **Ex|port|wirt|schaft**

Ex|po|see = Exposé das, -s/-s ⟨fr.⟩: *[kurze] Darlegung, Zusammenfassung* | *Plan, Entwurf*

Ex|po|si|ti|on [-tsi̯-] die, -/-en ⟨lat.⟩: *Ausstellung* | *einführende Darstellung* | (Geogr.) *Ausgesetztheit, Richtung eines Hangs* | (Med.) *Gefährdungsgrad*

Ex|po|si|tur die, -/-en ⟨lat.⟩: *Außenstelle, Zweigstelle [einer Schule]*

ex post ⟨lat.⟩ (bes. Jus): *im Nachhinein*

ex|press ⟨lat.⟩: *eilig* | (veraltend) einen Brief e. *(als Eilbrief)* aufgeben; → EMS ‖ **Ex|press** der, - (Ex) (früher): *Expresszug* ‖ **Ex|press|brief** (früher) → EMS ‖ **Ex|pres|si|on** die, -/-en: *Ausdruck* ‖ **Ex|pres|si|o|nis|mus** der, -: *Stilrichtung des frühen 20. Jh. in bildender Kunst, Dichtung und Musik; Ausdruckskunst;* → Impressionismus ‖ **Ex|pres|si|o|nist** der, -en/-en ‖ **Ex|pres|si|o|nis|tin** die, -/-innen ‖ **ex|pres|si|o|nis|tisch** ‖ **ex|pres|sis ver|bis** [- v-] (geh.): *ausdrücklich* ‖ **ex|pres|siv:** *ausdrucksstark* ‖ **Ex|pres|si|vi|tät** die, - ‖ **Ex|press|zug** → Express ‖ **Ex|press|zu|stel|lung** (veraltend) → EMS

ex|qui|sit ⟨lat.⟩: *auserlesen*

Ex|stir|pa|ti|on [-tsi̯-] die, -/-en ⟨lat.⟩ (Med.): *operative Entfernung [eines erkrankten Organs]*

Ex|su|dat das, -[e]s/-e ⟨lat.⟩ (Med.): *infolge Entzündung abgesonderte Flüssigkeit*

ex tem|po|re ⟨lat.⟩: *aus dem Stegreif* ‖ **Ex|tem|po|re** das, -[s]/-[s] ‖ **ex|tem|po|rie|ren:** *improvisieren*

Ex|ten|si|on[1] die, -/-en ⟨lat.⟩ (bes. Phil.): *Ausweitung, Ausdehnung* | (Med.) *Streckverband [mit Gewichten]* ‖ **Ex|ten|si|on**[2] [ɪks-'tenʃn] die, -/-s ⟨engl.⟩ (EDV): *Erweiterung des Dateinamens, zB doc, pdf* | *Haarverlängerung* ‖ **ex|ten|siv** ⟨lat.⟩: *umfassend, ausgebreitet* | (Jus) das Gesetz e. *(erweiternd)* auslegen | (Ökol.) *ohne oder mit nur geringer landwirtschaftlicher Behandlung;* → G.: intensiv ‖ **Ex|ten|si|vie|rung** [-v-] die, - (Ökol.): *Verringerung landwirtschaftlicher Einflussnahme* ‖ **ex|ten|so** → in extenso ‖ **ex|ten|si|vie|ren**

Ex|te|ri|eur [-'ri̯øːə] das, -s/-s ⟨lat.-fr.⟩ (geh.): *das Äußere; Erscheinungsbild, Aussehen*

ex|tern [auch: 'ɛ-] ⟨lat.⟩: *auswärtig, von außen kommend;* eine externe *(nicht im Internat wohnende)* Schülerin; → G.: intern ‖ **ex|ter|na|li|sie|ren** (Psych.): *nach außen verlegen;* Konflikte e.; → G.: internalisieren ‖ **Ex|ter|ne**[1] der, -n/-n, ein Externer: *Schüler, der nicht im Internat wohnt* ‖ **Ex|ter|ne**[2] die, -n/-n ‖ **Ex|ter|nist** der, -en/-en: *Schüler, der keine Schule besucht, sondern sich privat [auf die Reifeprüfung] vorbereitet* ‖ **Ex|ter|nis|ten|ma|tu|ra** ‖ **Ex|ter|nis|ten|prü|fung** ‖ **Ex|ter|nis|tin** die, -/-innen

ex|ter|ri|to|ri|al: Botschaften sind e. *(sie unterstehen nicht den Gesetzen des Landes, in dem sie sich befinden)* ‖ **Ex|ter|ri|to|ri|a|li|tät** die, -

ex|tra ⟨lat.⟩: *eigens, besonders; als Zugabe* | (ugs.) sei nicht so e. *(heikel);* → extrig ‖ **Ex|tra**[1] das, -s/-s: für die Extras beim Auto ist zusätzlich zu zahlen ‖ **Ex|tra**[2] die, - (ugs.): *Kurzwort für Extrawurst;* 20 Deka E. ‖ **Ex|tra|aus|ga|be:** die E. einer Zeitung ‖ **ex|tra dry** [- draɪ] ⟨engl.⟩: *bes. trocken (bei alkoholischen Getränken)* ‖ **ex|tra|hart**

ex|tra|hie|ren ⟨lat.⟩: *herausziehen* | (Med.) einen Zahn e. ‖ **Ex|trakt** der = das, -[e]s/-e: *durch Auslaugen oder Auskochen aus Pflanzen gewonnener Nähr- oder Heilstoff* ‖ **Ex|trak|ti|on** [-tsi̯-] die, -/-en

Ex|tra|or|di|na|ria (früher): *Außerordentliche Universitätsprofessorin;* → Ordinaria ‖ **Ex|tra|or|di|na|ri|us** (früher); → Ordinarius

ex|tra|po|lie|ren ⟨lat.⟩: *aus dem Verhalten im bekannten Bereich auf dasjenige außerhalb schließen, zB bei der Kostenentwicklung*

ex|tra|ter|res|trisch: *außerirdisch*

Ex|tra|tour [-tuːə] (abw.): *eigenwilliges Vorgehen ohne Abstimmung mit den anderen Beteiligten*

ex|tra|va|gant [-v-] ⟨fr.⟩: *ausgefallen, überspannt* ‖ **Ex|tra|va|ganz** die, -/-en

ex|tra|ver|tiert [-v-] = extrovertiert ⟨lat.⟩: *nach außen gewendet, weltoffen;* → G.: introvertiert

Ex|tra|wurst [-st, auch: -ʃt]: *eine Wurstsorte;* → Extra | (ugs.) eine E. haben *(bevorzugt werden)*

Ex|tra|zim|mer: im E. des Gasthauses feiern

ex|trem ⟨lat.⟩: *äußerst; übertrieben;* eine extreme *(bes. strenge)*

Kälte || **Ex|t|rem** das, -s/-e: von einem E. ins andere fallen || **Ext-rem|berg|stei|ger** || **Ex|t|rem-berg|stei|ge|rin** || **Ex|t|rem|fall** || **Ex|t|re|mis|mus** der, -/Extremismen: *radikale Haltung* || **Ex|t|re-mist** der, -en/-en: *rücksichtsloser Verfechter einer radikalen Richtung* || **Ex|t|re|mis|tin** die, -/-innen || **ex|t|re|mis|tisch** || **Ex|t|re|mi|tä-ten** die (Pl.): *Gliedmaßen; Arme, Beine* || **Ex|t|rem|klet|te|rer** || **Ext-rem|klet|te|rin** || **Ex|t|rem|si|tu|a-ti|on** [-tsi̯-] || **Ex|t|rem|sport** || **Ex-t|rem|sport|ler** || **Ex|t|rem|sport-le|rin** || **Ex|t|rem|wert:** *äußerster möglicher Wert*

ex|t|rig (ugs.): *heikel, extravagant;* → extra

ex|t|rin|sisch ⟨lat.⟩ (Päd., Psych.): *von außen gesteuert, bestimmt;* → intrinsisch

ex|t|ro|ver|tiert [-v-] = → extravertiert

ex tunc [- -k] ⟨lat.⟩ (bes. Jus): *rückwirkend;* → ex nunc

ex vo|to [- v-] ⟨lat.⟩: *auf Grund eines Gelübdes*

ex|ze|die|ren: *über die Stränge schlagen, sich widersetzlich benehmen;* → Exzess

ex|zel|lent ⟨lat.⟩: *hervorragend;* exzellenter Geschmack || **Ex|zel-lenz** die, -/-en: „Eure/Euer Exzellenz!“ *(Anrede für bestimmte hohe Würdenträger, zB Botschafter/innen);* Seine E., Ihre E.

Ex|zen|ter der, -s/- ⟨gr.-lat.⟩ (Technik): *exzentrisch angebrachte Steuerungsscheibe* || **Ex|zen|t|ri-ker** der, -s/-: *überspannter, verschrobener Mensch* || **Ex|zen|t|ri-ke|rin** die, -/-innen || **ex|zen|t-risch:** eine exzentrische Scheibe *(Scheibe, deren Achse nicht durch den Mittelpunkt geht)* | ein exzentrischer *(exaltierter, verschrobener)* Mensch || **Ex|zen|t|ri-zi|tät** die, -/-en

ex|zep|ti|o|nell ⟨lat.-fr.⟩ [-tsi̯-]: *außergewöhnlich*

ex|zer|pie|ren ⟨lat.⟩: *einen Auszug [aus einem Buch] machen* || **Ex-zerpt** das, -[e]s/-e

Ex|zess der, -es/-e ⟨lat.⟩: *Maßlosigkeit;* bis zum E. | *Ausschreitung, Rauferei* || **ex|zes|siv:** *übertreibend, maßlos* | (Med.) exzessiver Gebrauch *(übermäßige Verwendung [von Drogen])*

Eye|li|ner ['aɪlaɪ-] der, -s/- ⟨engl.⟩: *[flüssiges] Kosmetikum zum Ziehen eines Lidstriches* || **Eye|cat-cher** [-kætʃ-] der, -s/- (sal., bes. Werb.): *Blickfang*

EZ: **E**inzel**z**immer (zB in Unterkunftverzeichnissen); → DZ

EZB [e tsɛt 'beː] die, -: **E**uropäische **Z**entral**b**ank || **EZBS** [e tsɛt be 'ɛs] das, -: **E**uropäisches **Z**entral**ban**ken**s**ystem || **EZU** [e tsɛt 'uː] die, -: **E**uropäische **Z**ahlungs**u**nion

Ez|zes die (Pl.) ⟨jidd.⟩ (ugs.): *Ratschläge, Hinweise;* jemandem E. geben

E

f F

f [ɛf] das, -/- (Kleinbuchstabe): das f im Wort *fallen* | (Laut) der f-Laut | (Mus.) der Ton f (F) | (Mus.) f-Moll | (Mus.) **forte**

F [ɛf] das, -/- (Großbuchstabe): das F im Wort *Fall* | (Phys.) **Fahrenheit** | (Chem.) **Fluor** | (Mus.) der Ton F (f) | (Mus.) F-Dur | F & E → F und E

f.: [die] **f**olgende [Seite]; sieh[e] Seite 17 f. *(Seiten 17 und 18);* → ff.

Fa.: **F**irm**a**

Faaker See der, - -s (K)

Fa|bel die, -/-n ⟨lat.-fr.⟩: *kurze, belehrende Erzählung, in der zB Tiere und Pflanzen wie Menschen sprechen und handeln;* → fabulieren ‖ **fa|bel|haft:** *hervorragend* ‖ **Fa|bel|tier:** *ein Fantasietier, Sagentier, zB Drache* ‖ **Fa|bel|we|sen**

Fa|bi|an = **Fa|bio:** *männl. Vorname*

Fa|b|rik

die, -/-en ⟨lat.-fr.⟩
Zusammensetzungen mit „Fabrik" werden wie die meisten Wörter auf *-k*, *-g* und *-ch* in Österreich auch mit Fugen-s gebildet, zB:
- Fabrikshalle (in Deutschland: Fabrikhalle)
- Fabrikstor (in Deutschland: Fabriktor)

Fa|b|ri|kant der, -en/-en ‖ **Fa|b|ri|kan|tin** die, -/-innen ‖ **Fa|b|rik|ar|bei|ter** = Fabriksarbeiter ‖ **Fa|b|rik|ar|bei|te|rin** = Fabriksarbeiterin ‖ **Fa|b|ri|kat** das, -[e]s/-e: *Fabrikserzeugnis, Ware* ‖ **Fa|b|ri|ka|ti|on** [-tsi̯-] die, -/-en: *Herstellung* ‖ **Fa|b|ri|ka|ti|ons|pro|zess** ‖ **Fa|b|rik|be|sit|zer** = Fabriksbesitzer ‖ **Fa|b|rik|be|sit|ze|rin** = Fabriksbesitzerin ‖ **Fa|b|rik|hal|le** = Fabrikshalle‖ **fa|b|rik|mä|ßig** = fabriksmäßig: fabrikmäßige Herstellung ‖ **Fa|b|rik|na|me** = Fabriksname, *auch:* Fabriknamen, Fabriksnamen: → *Warenzeichen* ‖ **Fa|b|riks|ar|bei|ter** = → Fabrikarbeiter ‖ **Fa|b|riks|ar|bei|te|rin** = → Fabrikarbeiterin ‖ **Fa|b|riks|be|sit|zer** = → Fabrikbesitzer ‖ **Fa|b|riks|be|sit|ze|rin** = → Fabrikbesitzerin ‖ **Fa|b|riks|hal|le** = → Fabrikhalle ‖ **fa|b|riks|mä|ßig** = → fabrikmäßig ‖ **Fa|b|riks|na|me** = → Fabrikname ‖ **fa|b|riks|neu** ‖ **Fa|b|riks|ver|kauf** = **Fa|b|rik|ver|kauf:** *Outlet* ‖ **fa|b|ri|zie|ren:** *anfertigen*

fa|bu|lie|ren ⟨lat.⟩: *Erdichtetes fantasievoll erzählen, dichten;* → Fabel ‖ **fa|bu|los** = **fa|bu|lös:** *nicht glaubwürdig*

Face|book [ˈfeɪsbʊk] das, -s ⟨engl.⟩ (Wz.): *ein soziales Netzwerk im Internet für den Austausch persönlicher Daten* ‖ **Face|lif|ting:** *eine kosmetische Gesichtsoperation;* → liften

Fa|cet|te [-s-] = → Fassette ‖ **Fa|cet|ten|au|ge** = → Fassettenauge ‖ **fa|cet|ten|reich** = → fassettenreich ‖ **Fa|cet|ten|schliff** = → Fassettenschliff ‖ **fa|cet|tie|ren** = → fassettieren

-fach:

Die Nachsilbe steht nur in Zusammensetzungen wie:
- vielfach
- zehnfach; *aber groß:* das **Z**ehnfache des Wertes

Schreibung mit Ziffern:
- 8fach = 8-fach
- um das 8fache (= 8-**F**ache) größer

R→ S. 906, 5.1

Schreibung mit Einzelbuchstaben:
- x-fach
- das x-fache (= x-**F**ache)

Fach das, -[e]s/Fächer: ein Regal mit sechs Fächern | *Unterrichtsgegenstand;* sein F. verstehen *(seinen Beruf beherrschen)* ‖ **Fach|aka|de|mie:** *Ausbildung für Absolventen einer Lehre* ‖ **Fach|ar|bei|ter:** *Arbeiter, der eine Lehre oder eine Fachschule abgeschlossen hat* ‖ **Fach|ar|bei|te|rin** ‖ **Fach|arzt:** *Arzt mit einer zusätzlichen Spezialausbildung;* F. für Orthopädie ‖ **Fach|ärz|tin** ‖ **fach|ärzt|lich** ‖ **Fach|aus|bil|dung** ‖ **Fach|aus|druck:** *Wort einer bestimmten Fachsprache, Fachjargon, Terminus* ‖ **Fach|be|griff:** *Fachausdruck* ‖ **Fach|be|ra|ter** ‖ **Fach|be|ra|te|rin** ‖ **Fach|be|ra|tung** ‖ **Fach|be|reich** ‖ **Fach|be|reichs|ar|beit** (FBA) (Bildw.): *längere schriftliche Arbeit als alternative Teilprüfung für die Matura* ‖ **fach|be|zo|gen** (Bildw.): fachbezogene Lernbetreuung ‖ **Fach|buch** ‖ **Fach|chi|ne|sisch** [-ki-] (oft abw.): *[unverständliche] Fachsprache* ‖ **Fach|di|dak|tik**

fä|cheln: ich fächle mir kühle Luft ins Gesicht ‖ **Fä|cher** der, -s/- ‖ **fä|cher|för|mig**

Fä|cher|kom|bi|na|ti|on [-tsi̯-] (Bildw.): *Studienrichtung aus mehreren nach eigener Wahl kombinierten Fächern*

Fä|cher|pal|me (Bot.)

Fä|cher über|grei|fend = **fä|cher|über|grei|fend** (Bildw.): F. übergreifende Unterrichtsprinzipien ‖ **Fä|cher ver|bin|dend** = **fä|cher|ver|bin|dend** (Bildw.): F. verbindender Unterricht ‖ **Fach|frau** ‖ **fach|ge|mäß** ‖ **Fach|ge|biet** ‖ **Fach|ge|schäft** ‖ **Fach|han|del** ‖ **Fach|hoch|schu|le** (FH, FHS): *universitätsähnliche Einrichtung mit praxisbezogener Ausbildung* ‖ **Fach|hoch|schul|lehr|gang** ‖ **Fach|idi|ot** (abw.): *jemand, der nur sein Fachgebiet kennt* ‖ **Fach|idi|o|tin** (abw.) ‖ **Fach|in|spek|tor** [-sp-, auch: -ʃp-] (FI): *ein Amtstitel* | (Bildw.) *Schulaufsichtsorgan [für bestimmte Unterrichtsgegenstände]* ‖ **Fach|in|spek|to|rin** (FI) ‖ **Fach|jar|gon** [-ʒ-]: *spezifische Fachsprache* ‖ **Fach|kennt|nis** ‖ **Fach|kom|pe|tenz** ‖ **Fach|kraft** ‖ **fach|kun|dig** ‖ **Fach|leh|rer** ‖ **Fach|leh|re|rin** ‖ **Fach|leu|te** die (Pl.) ‖ **fach|lich** ‖ **Fach|li|te|ra|tur:** *[wissenschaftliche] Literatur zu einem bestimmten Fachbereich* ‖ **Fach|mann** der, -[e]s/-männer [-leute] ‖ **fach|män|nisch** ‖ **Fach|mes|se** (Wirt.): *Spezialmesse für bestimmte Branchen* ‖ **Fach|mit|tel|schu|le:** *einjährige berufsorientierte Ausbildung für Abgänger/innen des Schulversuchs Mittelschule* ‖ **Fach|ober|schu|le** ‖ **Fach|rich|tung** ‖ **Fach|schu|le** (FS): *mittlere technisch-gewerbliche Schule* ‖ **fach|sim|peln**, ich fachsimple (ugs.): sie haben gefachsimpelt (auch: fachgesimpelt) *(nur von ihren gemeinsamen Interessen geredet)* ‖ **fach|spe|zi|fisch** [-ʃp-, auch: -sp-] ‖ **Fach|spra|che:** *Fachjargon, zB Bergmannssprache;* → Fachchinesisch ‖ **fach|sprach|lich** ‖ **Fach|welt** die, -: *alle Fachleute* ‖ **Fach|werk:** *Hausmauer aus Balken und Mauerwerk* ‖ **Fach|werk|bau** der, -[e]s/-ten ‖ **Fach|wis|sen** ‖ **Fach|wort:** *Fachausdruck* ‖ **Fach|zeit|schrift**

Fa|ckel die, -/-n ⟨lat.⟩: *[Holz]stab, mit einem präparierten Ende*

zum Leuchten ‖ **fa|ckeln,** ich fackle (ugs.): er fackelte *(zögerte)* nicht lange ‖ **Fa|ckel|zug**
Fa|çon [-s-] = → Fasson ‖ **fa|ço|nie|ren** = → fassonieren
Fact [fækt] der = das, -s/-s (meist Pl.) ⟨engl.⟩: *Faktum* ‖ **Fac|tor** [-tə] der, -s (Bankw.): *Geldinstitut, das Kundenforderungen ankauft* ‖ **Fac|to|ring** [-tər-] das, -s (Wirt.): *eine Finanzierungsmethode [im Exportgeschäft], Verkauf von Kundenforderungen an ein Geldinstitut* ‖ **Fac|to|ry|out|let** [-ˌaʊt-] (Wirt.): *Direktverkaufsstelle eines Produzenten, Outlet[center]*
fad ⟨fr.⟩: eine fade *(langweilige)* Gesellschaft; mir ist fad; sei nicht fad *(los, trau dich)* | eine fade *(reizlose)* Kost ‖ **fa|de** (bes. D): *fad*
fä|deln, ich fädle ‖ **Fa|den** der, -s/Fäden: einen F. einfädeln; keinen trockenen F. am Leib haben *(durchnässt sein);* beim Reden den F. *(den gedanklichen Zusammenhang)* verlieren; der rote F. *(Leitgedanke);* alle Fäden in der Hand haben *(den Ablauf bestimmen);* etwas hängt an einem seidenen Faden *(ist äußerst ungewiss, unsicher)* | (mit Pl. Faden) *ein Maß (1,829 m) für Meerestiefen;* zehn Faden tief ‖ **fa|den|dünn** ‖ **Fa|den|kreuz:** *Zielvorrichtung [im Fernrohr]* ‖ **fa|den|schei|nig:** ein fadenscheiniger *(zerschlissener)* Rock | ein fadenscheiniger *(nicht glaubwürdiger)* Vorwand
Fa|de|sse [-'dɛs] die, - ⟨fr.⟩: *Langeweile; langweiliges, geziertes Gehaben* ‖ **Fa|di|an** der, -s/-e (ugs.): *langweiliger Mensch*
Fa|ding ['feɪ-] das, -[s]/-s ⟨engl.⟩: *An- und Abschwellen [des Hörfunkempfangs]*
fa|di|sie|ren ⟨fr.⟩ (ugs.): *langweilen;* während des Vortrags habe ich mich fadisiert
Fa|gott das, -[e]s/-e ⟨it.⟩: *ein Holzblasinstrument* ‖ **Fa|got|tist** der, -en/-en ‖ **Fa|got|tis|tin** die, -/-innen
fä|hig: ein fähiger *(tüchtiger)* Kopf; zu allem f. sein ‖ **Fä|hig|keit** die, -/-en
fahl: das fahle *(bleiche, blasse)* Licht des Mondes ‖ **fahl|gelb**
Fähn|chen das, -s/-: *kleine Fahne*
fahn|den: nach einem Verbrecher f. *(ihn suchen)* ‖ **Fahn|der** der, -s/- ‖ **Fahn|de|rin** die, -/-innen ‖ **Fahn|dung** die, -/-en ‖ **Fahn|dungs|fo|to**
Fah|ne die, -/-n: etwas auf seine F. schreiben *(etwas zu seinem Programm machen)* | (ugs.) *Alkoholfahne*; eine F. haben *(nach Alkohol riechen)* ‖ **Fah|nen|eid** (Mil.): *Treueschwur der Soldaten* ‖ **Fahnen-F** [-ˌɛf] das, -/- (veraltet): das Wort *fiel* schreibt man mit Fahnen-F ‖ **Fah|nen|flucht** die, -: *Desertion* ‖ **fah|nen|flüch|tig:** f. werden *(desertieren)* ‖ **fah|nen|ge|schmückt** ‖ **Fah|nen|mast** ‖ **Fah|nen|stan|ge** ‖ **Fah|nen|trä|ger** ‖ **Fah|nen|trä|ge|rin** ‖ **Fah|nen|wort:** *für die politische Richtung kennzeichnendes Wort, zB* Bildungsoffensive ‖ **Fähn|lein** das, -s/-: *kleine Fahne* | (früher) *ein Trupp Landsknechte* ‖ **Fähn|rich** der, -s/-e: *ein militärischer Dienstgrad, Offiziersanwärter*
Fahr|an|fän|ger ‖ **Fahr|an|fän|ge|rin** ‖ **Fahr|aus|weis,** *auch:* Fahrtausweis ‖ **Fahr|bahn** ‖ **Fahr|bahn|mar|kie|rung** ‖ **Fahr|bahn|scha|den** ‖ **Fahr|bahn|schwel|le** ‖ **Fahr|bahn|wech|sel** [-ks-] ‖ **fahr|bar:** das Auto ist leicht f. ‖ **fahr|be|reit** ‖ **Fähr|be|trieb** ‖ **Fähr|boot** ‖ **Fahr|dienst** ‖ **Fahr|dienst|lei|ter:** *ein Bahnbeamter* ‖ **Fahr|dienst|lei|te|rin** ‖ **Fäh|re** die, -/-n: *Wasserfahrzeug zum Transport [von Personen] über Gewässer; Überfuhr;* → Rollfähre | Mondlandefähre

fah|ren,

du fährst/fuhr/gefahren: auf Urlaub fahren | sie fährt mit der Hand durch sein Haar; sie fuhr in die Höhe *(sprang auf)* | was ist in dich gefahren? | mit dieser Strategie sind wir gut gefahren *(zurechtgekommen)* | (ugs.) aus der Haut fahren *(wütend sein)*

Perfektbildung:
- wir *sind* den ganzen Tag gefahren
- er *hat* einen Laster gefahren *(gelenkt)*

Getrenntschreibung:
- sie ist Auto gefahren
- er kann Rad fahren
- spazieren fahren
- den Gast nicht fahren lassen; *aber getrennt und zusammen bei übertragener Bedeutung:* alle Hoffnungen fahren lassen (= fahrenlassen)

R→ S. 901, 1.7.2

Fahr|ei|gen|schaft ‖ **Fah|ren|de**[1] der, -n/-n, ein Fahrender (früher): *ein im Lande Herumziehender, zB Spielmann, Gaukler* ‖ **Fah|ren|de**[2] die, -n/-n (früher)
Fah|ren|heit (F): 40° F (= 4,4° C); → Celsius; → Reaumur ‖ **Fah|ren|heit|ther|mo|me|ter:** *Thermometer mit 180-teiliger Skala*
fah|ren las|sen = fah|ren|las|sen: alle Hoffnungen fahren lassen (= fahrenlassen); *aber:* den Gast nicht fahren lassen ‖ **Fah|rer** der, -s/-: er ist ein geübter F. | (ugs.) er hat mir einen F. *(eine Kratzspur, einen Strich)* am Auto gemacht ‖ **Fah|rer|air|bag** [-eəbæg] (Kfz): *Airbag im Lenkrad* ‖ **Fah|re|rei** die, - ‖ **Fah|rer|flucht:** *das Fliehen vom Unfallort nach einem verschuldeten Verkehrsunfall* ‖ **fah|rer|flüch|tig** ‖ **Fah|re|rin** die, -/-innen ‖ **Fahr|er|laub|nis** (Amtsspr.): *Führerschein, Lenkberechtigung* ‖ **Fah|rer|sitz** ‖ **Fahr|gast** ‖ **Fahr|ge|mein|schaft** ‖ **Fahr|ge|schwin|dig|keit** ‖ **Fahr|ge|stell:** *Teil [von Flugzeugen], wo die Räder angebracht sind* ‖ **fah|rig:** ein fahriger *(unruhiger, nervöser, unkonzentrierter)* Mensch ‖ **Fah|rig|keit** die, -/-en ‖ **Fahr|kar|te** ‖ **Fahr|kar|ten|au|to|mat** ‖ **Fahr|kar|ten|kon|t|rol|le** ‖ **Fahr|kar|ten|schal|ter** ‖ **Fahr|kom|fort** [-foːɐ] ‖ **Fahr|kön|nen** das, -s ‖ **fahr|läs|sig:** f. *(unüberlegt; leichtsinnig; nicht vorschriftsmäßig)* handeln | (Jus) fahrlässige Tötung *(ein Strafdelikt)* ‖ **Fahr|läs|sig|keit** die, -/-en: *Außerachtlassung der gebotenen Sorgfalt* | (Jus) leichte bzw. grobe F. *(Verschuldensgrad im Schadenersatzrecht bzw. Strafrecht)* ‖ **Fahr|läs|sig|keits|de|likt** (Jus): *unabsichtliche Straftat;* → G.: Vorsatzdelikt ‖ **Fahr|leh|rer** ‖ **Fahr|leh|re|rin** ‖ **Fahr|lei|tungs|an|la|ge:** *zur Stromabgabe an Fahrzeuge dienende Leitungen, zB Oberleitung* ‖ **Fähr|mann** der, -[e]s/-männer [-leute] ‖ **Fahr|nis** die, -/-nisse (Amtsspr.): *bewegliches Vermögen* ‖ **Fahr|nis|exe|ku|ti|on** [-tsi̯-] (Jus)
Fähr|nis die, -/-nisse (geh.): *Gefahr*
Fahr|plan ‖ **fahr|plan|mä|ßig:** *dem Fahrplan entsprechend* ‖ **Fahr|preis:** *Preis für eine Fahrkarte* ‖ **Fahr|preis|er|hö|hung** ‖ **Fahr|preis|er|mä|ßi|gung** ‖ **Fahr|prü|fung** ‖ **Fahr|rad** ‖ **Fahr|rad|schloss** ‖ **Fahr|rad|stän|der** ‖

F

Fahr|rad|ver|leih || **Fahr|rad|weg** || **Fahr|rin|ne:** *Schifffahrtsweg in Flüssen* || **Fahr|schein:** *Fahrkarte* || **Fahr|schein|ent|wer|ter** || **Fahr|schein|kon|t|rol|le** || **Fähr|schiff:** *Transportschiff [zur Überquerung einer Meeresenge], Fähre* || **Fahr|schu|le:** *private Schule, in der die Vorbereitung auf die Führerscheinprüfung erfolgt* || **Fahr|schü|ler:** *Schüler einer Fahrschule* | *Schüler, der täglich in den Schulort fahren muss* || **Fahr|schü|le|rin** || **Fahr|si|cher|heit** || **Fahr|si|cher|heits|kurs** || **Fahr|si|cher|heits|trai|ning** [-'trɛː-, engl.: -'eɪ-] || **Fahr|spur:** *durch Linien gekennzeichneter Teil der Fahrbahn* || **Fahr|stil** [-st-, -ʃt-] || **Fahr|stra|ße** || **Fahr|strei|fen:** *Fahrspur* || **Fahr|stuhl** (bes. D): *Aufzug, Lift* || **Fahr|stun|de** || **Fahrt** die, -/-en: eine F. ins Blaue *(eine F. mit unbekanntem Ziel)* || **Fahrt|an|tritt** || **fahr|taug|lich** || **Fahrt|aus|weis** → Fahrausweis || **Fahrt|be|ginn** || **Fähr|te** die, -/-n: eine F. verfolgen *(die Spur[en] [eines Wildes] verfolgen; einer Sache nachgehen)* || **Fahr|tech|nik** || **Fahr|tech|nik|trai|ning** [-'trɛː-, engl.: -'eɪ-] || **Fahr|ten|buch:** *Buch, in dem der Fahrzeuglenker alle zurückgelegten Fahrten aufzeichnet* || **Fahr|ten|schrei|ber,** *auch:* Fahrtschreiber: *automatisches Registriergerät zum Festhalten von Geschwindigkeit, Fahr- und Haltezeiten [in Lkws und Bussen]* || **Fähr|ten|su|cher** der, -s/- || **Fähr|ten|su|che|rin** die, -/-innen || **Fahrt|kos|ten** die (Pl.) || **Fahrt|rich|tung** || **Fahrt|rich|tungs|än|de|rung** || **Fahrt|schrei|ber** → Fahrtenschreiber || **fahr|tüch|tig** || **Fahr|tüch|tig|keit** || **Fahrt|un|ter|bre|chung** || **Fahrt|wind** der, -[e]s: *durch die Fahrt verursachte Luftbewegung* || **fahr|un|taug|lich** || **Fahr|un|taug|lich|keit** || **fahr|un|tüch|tig** || **Fahr|ver|bot** || **Fahr|ver|hal|ten** || **Fahr|ver|käu|fer:** *Verkaufsfahrer* || **Fahr|ver|käu|fe|rin** || **Fahr|was|ser** das, -s/-: das F. für Schiffe frei halten; ich gerate ganz in sein F. *(unter seinen Einfluss)* || **Fahr|weg** || **Fahr|wei|se:** er ist durch seine aggressive F. aufgefallen || **Fahr|werk:** *Fahrgestell* || **Fahr|zeit** || **Fahr|zeug** || **Fahr|zeug|hal|ter** der, -s/- (Amtsspr.): *Fahrzeugbesitzer* || **Fahr|zeug|hal|te|rin** die, -/-innen (Amtsspr.) || **Fahr|zeug|in|sas|se** || **Fahr|zeug|in|sas|sin** || **Fahr|zeug|ko|lon|ne** || **Fahr|zeug|len|ker** || **Fahr|zeug|len|ke|rin** || **Fahr|zeug|pa|pie|re** die (Pl.) || **Fahr|zeug|tech|nik** || **Fahr|zeug|tech|ni|ker** || **Fahr|zeug|tech|ni|ke|rin** || **Fahr|zeug|wrack**

Fai|ble [fɛːbl] das, -s/-s ⟨fr.⟩: ein F. *(eine Schwäche, Vorliebe)* für etwas haben

fair [fɛːɐ] ⟨engl.⟩: *anständig, ehrlich; edel;* ein faires Match || **Fair|ness** die, - || **Fair Play** [- 'pleɪ] = **Fair|play** das, -[s]: *faires Spiel* || **Fair Trade** ['- treɪd] = **Fair|trade** der, -[s]: *fairer Handel mit Entwicklungsländern* | *Gütesiegel für solche Produkte*

Fait ac|com|p|li [fɛtakɔ̃'pli] das, - -/-s -s [fɛzakɔ̃'pli] ⟨fr.⟩: *vollendete Tatsache*

Fä|ka|li|en die (Pl.) ⟨lat.⟩: *[menschliche] Stoffwechselausscheidungen* || **Fä|kal|spra|che:** *Ausdrucksweise mit derben Wörtern aus dem Verdauungsbereich*

Fake [feɪk] das = der, -s/-s ⟨engl.⟩: *Schwindel, Fälschung* || **fa|ken**

Fa|kir der, -s/-e ⟨arab.⟩: *indischer Asket* | *ein Zauberkünstler; ein Gaukler*

Fak|si|mi|le das, -s/-s ⟨lat.⟩: *genaue Nachbildung einer Vorlage, zB einer Handschrift* || **Fak|si|mi|le|aus|ga|be** || **fak|si|mi|lie|ren** || **Fak|ten** die (Pl. von → Faktum) || **fak|tisch:** die Firma wurde f. stillgelegt *(nicht offiziell, aber „so gut wie")* || **Fak|ti|zi|tät** die, -/-en: *eine Tatsache, Gegebenheit* || **Fak|tor** der, -s/-en [-'oː-]: alle Faktoren *(Umstände, Ursachen)* berücksichtigen | (Math.) *Zahl oder Größe in einer Multiplikation* || **Fak|to|rei** die, -/-en (veraltet): *Handelsniederlassung in Übersee* || **Fak|to|tum** das, -s/Faktoten: *nützlicher Helfer [im Haushalt, im Betrieb]* | *etwas schrullige Person* || **Fak|tum** das, -s/Fakten: *Tatsache, Geschehnis* || **Fak|tu|ra** die, -/Fakturen ⟨lat.-it.⟩ (Kaufmannsspr.): *Rechnung über gelieferte Waren* || **Fak|tu|ren|ge|richts|stand:** *der auf einer Rechnung angegebene Ort des zuständigen Gerichts* || **fak|tu|rie|ren:** *die Faktura ausstellen* || **Fak|tu|rist** der, -en/-en: *Firmenangestellter, der die Fakturen ausstellt* || **Fak|tu|ris|tin** die, -/-innen || **Fa|kul|tät** die, -/-en ⟨lat.⟩: *Universitätsabteilung;* Rechtswissenschaftliche F.; Medizinische F. || **fa|kul|ta|tiv:** *freigestellt, unverbindlich;* → G.: obligatorisch || **Fa|kul|täts|gut|ach|ten:** *Gutachten eines Angehörigen einer [medizinischen] Fakultät im Strafprozess* || **Fa|kul|täts|kol|le|gi|um** (Bildw.) || **Fa|kul|täts|ver|samm|lung**

Fal|be der, -n/-n: *fahlgelbes Pferd*

Fal|ke der, -n/-n: *ein Greifvogel* | *Vertreter einer harten, kompromisslosen Politik;* → G.: Taube || **Fal|ken|bei|ze** die, -/-n (Jägerspr.): *Jagd mit Falken* || **Falk|ner** der, -s/-: *Sportjäger, der einen abgerichteten Greifvogel zur Jagd verwendet* || **Falk|ne|rei** die, -/-en: *das Abrichten und Jagen mit Falken* || **Falk|ne|rin** die, -/-innen

Fall der, -[e]s/Fälle: zu F. kommen *(stürzen)* | auf jeden F.; auf alle Fälle; auf keinen F.; das ist der F. *(ist so, trifft zu);* etwas von F. zu F. *(jeweils extra, nicht nach Schema)* entscheiden; gesetzt den F. *(angenommen);* jemand/etwas ist nicht mein F. *(sagt mir nicht zu)* | (Jus) einen F. *(einen Gerichtsprozess)* neu aufrollen | 50 Fälle von Typhus sind bekannt geworden | (Gramm.) *Kasus;* die vier Fälle des Nomens/Substantivs || **Fall|beil:** *eine Hinrichtungsmaschine, Guillotine* || **Fall|bei|spiel:** *ein für bestimmte Fälle typisches Beispiel* || **Fall|brü|cke:** *bewegliche Brücke [an Burgtoren]* || **Fal|le** die, -/-n: *Vorrichtung zum Fangen von Tieren;* jemandem eine F. stellen

fal|len,

du fällst/fiel/gefallen: im Kampf fallen *(getötet werden)* | der Heilige Abend fällt heuer auf einen Montag | das fällt in meine Zuständigkeit *(gehört in meinen Bereich)* | er fiel ihr ins Wort *(unterbrach sie)* | es fielen mehrere Schüsse | (Börse) die Kurse sind gefallen | (ugs.) mit der Tür ins Haus fallen *(einen Wunsch, etwas Unerwartetes ohne besondere Einleitung vorbringen)*

Getrenntschreibung bei wörtlicher Bedeutung:

– den Teller fallen lassen; *aber getrennt und zusammen bei übertragener Bedeutung:* den Plan fallen lassen (= fallenlassen) *(aufgeben)*
– die Maske fallen lassen *(sein wahres Gesicht zeigen)*

– der alte Mann ist schwer gefallen *(gestürzt); aber zusammen bei übertragener Bedeutung:* das ist dir schwergefallen *(hat dir große Probleme bereitet)*
R→ **S. 901, 1.7.2** bzw. **S. 900, 1.5.1**

fällen, fällte/gefällt: *zum Fallen bringen;* Bäume f. | ein Urteil f. *(sprechen)* ‖ **fallen lassen** = **fallenlassen:** den Plan fallen lassen (= fallenlassen) *(aufgeben); aber nur:* den Teller fallen lassen ‖ **Fallensteller** der, -s/- ‖ **Fallenstellerin** die, -/-innen ‖ **Fallergänzung** (Gramm.): *Objekt* ‖ **fallfrei** (Gramm.): *nicht flektierbar* ‖ **Fallhöhe** ‖ **Fallholz:** *heruntergefallene Äste*
fällig: der Zins ist am Ersten jedes Monats f. *(zu zahlen)* ‖ **Fälligkeit** die, -/-en ‖ **Fälligkeitstermin**
Fallklotz: *Ramme* ‖ **Falllaub** ‖ **Falllinie** [-iɛ]: *die kürzeste Linie abfließenden Wassers* | die Snowboarderin fährt in der F. *(direkt, steil hangabwärts)* ‖ **Fallobst:** *Obst, das selbst vom Baum gefallen ist;* aus F. Most pressen
Fall-out ['fɔːlaʊt] = **Fallout** der, -s/-s ⟨engl.⟩: *radioaktiver Niederschlag*
Fallrecht (Jus): *Rechtsordnung, deren Grundlage gerichtliche Entscheidungen von Rechtsfragen sind;* → Präzedenzfall; → G.: Gesetzesrecht ‖ **Fallreep** das, -[e]s/-e (Seemannsspr.): *ein äußerer Schiffszugang* ‖ **Fallrückzieher** (Fußball): *Schuss im Rückwärtsfallen* ‖ **falls:** *im Falle, dass ...; wenn* ‖ **Fallschirm:** mit dem F. über einem Sportplatz abspringen ‖ **Fallschirmjäger:** *Soldat einer Luftlandetruppe* ‖ **Fallschirmspringen** das, -s: *eine Sportart* ‖ **Fallschirmspringer** ‖ **Fallschirmspringerin** ‖ **Fallschirmsprung** ‖ **Fallstrick:** *Falle, Hinterlist* ‖ **Fallstudie** [-iɛ]: *wissenschaftliche Untersuchung eines wichtigen Einzelfalles* ‖ **Fallsucht** (veraltet): → *Epilepsie* ‖ **Falltür:** *Klappe, Tür im Fußboden oder in der Decke* ‖ **Fällung** die, -/-en: die F. von Bäumen ‖ **fallweise:** *gelegentlich;* nur f. anwesend sein ‖ **Fallwind:** *abwärtswehender, starker Wind*
Falott der, -en/-en ⟨fr.⟩ (ugs.): *Lump* ‖ **Falottin** die, -/-innen

falsch:

falsche Behauptungen; falsche Zähne | (Küchenspr.) falscher *(auch:* **Falscher)** Hase *(eine Speise aus Faschiertem)*
Großschreibung bei Nominalisierung:
– [zwischen] **F**alsch und Richtig nicht unterscheiden können
R→ **S. 892, 2.2**
Getrenntschreibung bei wörtlicher Bedeutung:
– falsch schreiben
– auf der Geige falsch spielen
Zusammenschreibung bei übertragener Bedeutung:
– mit den Karten falschspielen *(schwindeln, betrügen)*
– mit seiner Meinung falschliegen *(sich täuschen)*
R→ **S. 900, 1.5.1**

Falsch (geh.) (nur in den Wendungen): [es ist] kein F. [an ihm]; ohne F. *(ehrlich, offen)* sein ‖ **Falschaussage** ‖ **fälschen:** du fälsch[s]t eine Unterschrift ‖ **Fälscher** der, -s/- ‖ **Fälscherin** die, -/-innen ‖ **Falschgeld** ‖ **Falschheit** die, -/-en ‖ **fälschlich:** jemanden f. *(irrtümlich)* verdächtigen ‖ **fälschlicherweise** ‖ **falschliegen:** *sich täuschen* ‖ **Falschmeldung** ‖ **Falschmünzer** der, -s/-: *Geldfälscher* ‖ **Falschmünzerin** die, -/-innen ‖ **Falschparker** der, -s/- ‖ **Falschparkerin** die, -/-innen ‖ **falschspielen:** *schwindeln; aber:* auf der Geige falsch spielen ‖ **Falschspieler** ‖ **Falschspielerin** ‖ **Fälschung** die, -/-en ‖ **fälschungssicher:** der neue Reisepass ist f.
Falsett das, -[e]s/-e ⟨it.⟩ (Mus.): *Fistelstimme, Kopfstimme;* im F. singen ‖ **falsettieren** (Mus.) ‖ **Falsettist** der, -en/-en (Mus.); → Countertenor ‖ **Falsettstimme** (Mus.)
Falsifikat das, -[e]s/-e ⟨lat.⟩: *etwas Gefälschtes, Unechtes, zB eine falsche Banknote* ‖ **Falsifikation** [-tsi̯-] die, -: die F. der Behauptung *(der Nachweis, dass sie falsch ist);* → G.: Verifikation ‖ **falsifizieren**
Faltblatt ‖ **Faltboot** ‖ **Falte** die, -/-n: ein Rock mit Falten; Falten im Gesicht ‖ **falten:** einen Brief f.; die Hände zum Gebet f. ‖ **Faltengebirge** (Geol.) ‖ **faltenlos** ‖ **faltenreich** ‖ **Faltenrock** ‖ **Faltenwurf** der, -[e]s: der schöne F. ihres Kleides
Falter[1] der, -s/-: *Schmetterling;* Nachtfalter
Falter[2] der, -s/-: *Folder, Faltprospekt*
faltig: ein faltiges *(zerfurchtes)* Antlitz ‖ **-fältig** (nur in Zusammensetzungen wie vielfältig) ‖ **Faltkarton:** *zusammenlegbare Kartonschachtel* ‖ **Falttür** ‖ **Faltung** die, -/-en
Falz der, -es/-e: *Faltstelle* | → *Klebefalz* | *Ausnehmung, Rinne* ‖ **Falzbein:** *ein Buchbinderwerkzeug* ‖ **falzen,** du falzt: *einen Falz machen*
Fama die, - ⟨lat.⟩: *Gerücht*
familiär ⟨lat.⟩: ein familiäres *(herzliches, ungezwungenes)* Verhältnis ‖ **Familie** [-iɛ] die, -/-n: eine vierköpfige F.; die Heilige F. *(Jesus, Maria und Joseph)* | (Biol.) *Rangstufe im System der Organismen* ‖ **Familienangehörige** ‖ **Familienangelegenheit** ‖ **Familienanschluss:** F. finden *(sich einer Familie anschließen können)* ‖ **Familienarbeit:** *unentgeltlich von Familienmitgliedern erbrachte Leistungen für Haushalt, Kindererziehung ua.* ‖ **Familienausflug** ‖ **Familienbande** die (Pl.) (geh.): *Zusammenhalt innerhalb der Familie* ‖ **Familienbeihilfe:** *eine staatliche Unterstützung* (früher: *Kinderbeihilfe)* ‖ **Familienberatung** ‖ **Familienbesitz** ‖ **Familienbetrieb** ‖ **Familienbogen** (SüdT, Amtsspr.): *Dokument, in dem alle Familienmitglieder verzeichnet sind* ‖ **Familienchronik** [-k-] ‖ **Familienerlebnis** ‖ **Familienfeier** ‖ **familienfeindlich** ‖ **Familienfest** ‖ **Familienfonds** [-fõː]: *Kurzwort für Familienlastenausgleichsfonds* ‖ **Familienforschung:** *Genealogie* ‖ **familienfreundlich** ‖ **Familiengrab** ‖ **Familienhospizkarenz** (Amtsspr.): *Karenz für die Sterbebegleitung Verwandter* ‖ **Familienkreis:** den Geburtstag im engsten F. feiern ‖ **Familienlastenausgleich** (Admin.): *eine staatliche Förderungsmaßnahme* ‖ **Familienlastenausgleichsfonds** [-fõː] (Admin.) (FLAF, Flaf): *Fonds, aus dem Sozialleistungen für Familien gespeist werden* ‖ **Familienleben** ‖ **Familienminister** ‖ **Familienministerin** ‖ **Familienministerium**

(früher): *Ministerium für Umwelt, Jugend und Familie* (jetzt: *Bundesministerium für Wirtschaft, Familie und Jugend*) ‖ **Fa|mi|li|en|mit|glied** ‖ **Fa|mi|li|en|nach|zug:** *Familienzusammenführung in einem Asylland* ‖ **Fa|mi|li|en|na|me,** *auch:* **Fa|mi|li|en|na|men:** *Zuname* ‖ **Fa|mi|li|en|ober|haupt** ‖ **Fa|mi|li|en|pla|nung:** *Anwendung der Geburtenregelung* ‖ **Fa|mi|li|en|po|li|tik** ‖ **Fa|mi|li|en|psy|cho|lo|gie** [-psy-] ‖ **Fa|mi|li|en|recht** (Jus): *Rechtsnormen zur Regelung des Eltern-Kind-Verhältnisses (einschließlich Eherecht)* ‖ **Fa|mi|li|en|ser|vice** [-sɜːvɪs]: *eine Telefonhotline* ‖ **Fa|mi|li|en|sil|ber:** *Silberbesteck uÄ in langjährigem Familienbesitz* | F. *(die letzten Reserven)* verscherbeln ‖ **Fa|mi|li|en|sinn:** ein ausgeprägter F. ‖ **Fa|mi|li|en|stand** (Amtsspr.): *Angabe, ob ledig, verheiratet, geschieden oder verwitwet* ‖ **Fa|mi|li|en|stands|bo|gen** (SüdT, Amtsspr.): → *Familienbogen* ‖ **Fa|mi|li|en|ta|rif** ‖ **Fa|mi|li|en|the|ra|pie** (Psych.): *eine psychotherapeutische Richtung;* systemische F. ‖ **Fa|mi|li|en|tra|gö|die** [-i̯ɛ] ‖ **Fa|mi|li|en|va|ter** ‖ **Fa|mi|li|en|ver|band** ‖ **Fa|mi|li|en|ver|hält|nis|se** die (Pl.): in zerrütteten Familienverhältnissen aufwachsen ‖ **Fa|mi|li|en|zu|sam|men|füh|rung:** *Familiennachzug* ‖ **Fa|mi|li|en|zu|wachs** [-ks] ‖ **Fa|mi|li|en|zwist**

fa|mos ⟨lat.⟩: ein famoser *(ausgezeichneter)* Gedanke

Fa|mu|la|tur die, -/-en ⟨lat.⟩: *Praktikum für Medizinstudenten* ‖ **fa|mu|lie|ren** (Med.): *die Famulatur machen* ‖ **Fa|mu|lus** der, -/Famuli (veraltet): *Gehilfe [eines Gelehrten]*

Fan [fæn] der, -s/-s ⟨engl.⟩: *begeisterter Anhänger*

Fa|nal das, -s/-e ⟨gr.-it.-fr.⟩ (geh.): *weithin sichtbares [Feuer]zeichen*

Fa|na|ti|ker der, -s/- ⟨lat.⟩ ‖ **Fa|na|ti|ke|rin** die, -/-innen ‖ **fa|na|tisch:** *leidenschaftlich, besessen;* ein fanatischer Anhänger einer Sekte ‖ **fa|na|ti|sie|ren:** *aufhetzen, fanatisch machen* ‖ **Fa|na|tis|mus** der, -

Fan|club ['fænk-] → Fanklub

fand → finden

Fan|fa|re die, -/-n ⟨fr.⟩: *eine Trompete | ein festliches Musikstück für Blechblasinstrumente [zur Einleitung einer Feier]*

Fang der, -[e]s: *Beute;* einen guten F. machen | (mit Pl. Fänge) *Reißzahn des Raubtiergebisses* | (mit Pl. Fänge) *Greifvogelfuß, -kralle* ‖ **Fang|arm:** der F. eines Kraken ‖ **Fang|ei|sen:** *Falle zum Fangen von Wild* ‖ **fan|gen,** du fängst/fing/gefangen: Fische f.; den Feind gefangen nehmen | Feuer f. *(zu brennen beginnen; sich begeistern)* | (ugs.) eine Ohrfeige f. *(bekommen)* | (ugs.) er hat sich wieder gefangen *(erfangen); aber:* Fangen (ostöst.: Fangerl) spielen ‖ **Fän|ger** der, -s/- ‖ **Fän|ge|rin** die, -/-innen ‖ **Fan|gerl|spiel** (ostöst.): *Fangen, Abfangen* ‖ **Fang|fra|ge:** *eine als Falle gestellte Frage* ‖ **fang|frisch:** fangfrische Forellen ‖ **Fang|grün|de** die (Pl.): F. *(fischreiche Meeresgebiete)* einer Hochseefischerei ‖ **Fang|netz**

Fan|go der, -s/-s ⟨it.⟩ (Med.): *ein Heilschlamm*

Fang|quo|te: die F. für Wale ‖ **Fang|schal|tung:** *Einrichtung zur Identifizierung von Telefonanrufern* ‖ **Fang|schuss** (Jägerspr.): *Schuss, mit dem ein angeschossenes Wild getötet wird*

Fan|klub ['fæn-] = Fanclub [-k-] ⟨engl.⟩: *Zusammenschluss von Anhängern [eines Sportlers]* ‖ **Fan|mei|le:** *Fanzone*

Fan|ni = **Fan|ny** [-i]: *weibl. Vorname (Franziska, Stefanie uÄ)*

Fan|pa|ckage ['fæn,pækɪdʒ] ⟨engl.⟩: *[mehrteiliges] Verkaufsangebot von Fanartikeln uÄ*

Fant der, -[e]s/-e ⟨lat.-it.⟩ (veraltet): *unreifer, eitler Bursche*

Fan|ta|sie = Phantasie [-f-] die, -/-n ⟨gr.⟩: *Vorstellungskraft, Einfallsreichtum | Einbildung, Trugbild* | (Mus.) *ein Musikstück* ‖ **fan|ta|sie|arm** = phantasiearm ‖ **fan|ta|sie|los** = phantasielos ‖ **Fan|ta|sie|lo|sig|keit** = Phantasielosigkeit ‖ **fan|ta|sie|ren** = phantasieren ‖ **fan|ta|sie|voll** = phantasievoll ‖ **Fan|tast** = Phantast der, -en/-en: *Träumer, Schwärmer* ‖ **Fan|tas|te|rei** = Phantasterei die, -/-en: *wirklichkeitsfremde Idee* ‖ **Fan|tas|tin** = Phantastin die, -/-innen ‖ **fan|tas|tisch** = phantastisch*: unglaublich; großartig; aber:* der [Wiener] Phantastische Realismus *(Richtung der modernen Malerei und Grafik, die Elemente der Wirklichkeit mit Fantastischem verbindet)* ‖ **Fan|ta|sy** ['fæntəsi] die, - ⟨engl.⟩: *fantastische Literatur in märchen- oder sagenähnlicher Form; fantastischer Film*

Fan|zo|ne ['fæn-] ⟨engl.⟩

FAO [ɛf a oː] die, -: **F**ood and **A**griculture **O**rganization *(Organisation der Vereinten Nationen für Ernährung, Landwirtschaft und Forstwesen)*

FAQ [ɛf a 'kuː] die (Pl.): **f**requently **a**sked **q**uestions *(Fragen, die oft gestellt werden)*

Fa|rad das, -[s]/- (Zeichen: F) (Phys.): *Maßeinheit für die elektrische Kapazität (nach dem Physiker Faraday)*

Farb|ab|stu|fung ‖ **Farb|auf|nah|me:** *Farbfoto* ‖ **Farb|bild|schirm** ‖ **Farb|druck** der, -[e]s/-e

farb|echt: *nicht abfärbend* ‖ **Fär|be|mit|tel** ‖ **-far|ben** (nur in Zusammensetzungen wie rosafarben) ‖ **fär|ben:** Eier f.; sich die Haare f.; die Rede war politisch einseitig gefärbt ‖ **far|ben|blind** (Med.) ‖ **Far|ben|blind|heit** (Med.): *Störung der Wahrnehmung von Farben* ‖ **far|ben|froh** ‖ **Far|ben|pracht** ‖ **far|ben|präch|tig** ‖ **far|ben|reich** ‖ **Far|ben|spiel:** der herbstliche Wald bot ein prächtiges F. ‖ **Fär|ber** der, -s/- ‖ **Fär|ber|dis|tel:** *eine Nutzpflanze, Saflor, Öldistel* ‖ **Fär|be|rei** die, -/-en ‖ **Fär|be|rin** die, -/-innen ‖ **Fär|ber|waid:** *eine Färbepflanze* ‖ **Farb|fern|se|hen** ‖ **Farb|fern|se|her** ‖ **Farb|film** ‖ **Farb|fo|to** ‖ **Farb|ge|bung** die, -/-en: *Kolorit* ‖ **far|big:** eine farbige *(lebendige)* Darstellung; *aber:* → färbig

> **Far|be**
>
> die, -/-n: Farbe bekennen *(mit der Wahrheit herausrücken)* | die F. *(der Anstrich)* blättert von den Wänden | *Spielkartenzeichen, zB Herz*
>
> **Großschreibung des nachfolgenden Farbadjektivs:**
> - die Farbe meiner Augen ist Blau (auch: blau; mit Frage *Wie?*)
> - meine liebste Farbe ist Rot (Frage: *Welche Farbe?; auch:* rot; mit Frage *Wie?*)
> - die Farbe Gelb (Frage: *Welche Farbe?*) R→ S. 893, 2.2.3

> **fär|big,** *auch:* farbig:
>
> *in Farbe, bunt;* ein färbiges

(auch: farbiges) Kopftuch; → farbig
In Österreich überwiegen die Formen mit -ä-:
- andersfärbig
- dreifärbig
- verschiedenfärbig
In Deutschland heißt es hingegen nur „andersfarbig“, „dreifarbig“ …
In der Bedeutung „anschaulich, lebendig“ heißt es nur „farbig“:
- eine farbige Schilderung

Farbige[1] der, -n/-n, ein Farbiger: *Nichtweißer, zB Schwarzafrikaner* ‖ **Farbige**[2] die, -n/-n ‖ **Farbigkeit** die, -; → farbig ‖ **Färbigkeit** die, -, *auch:* Farbigkeit; → färbig ‖ **Farbkontrast** ‖ **Farbkopie** ‖ **Farblithografie** = **Farblithographie** [-f-] ‖ **farblich:** f. aufeinander abgestimmte Kleidung ‖ **farblos:** farbloser *(transparenter)* Lack | ein farbloser *(unscheinbarer)* Mensch ‖ **Farbnuance** [-nyɑ̃:s] ‖ **Farbstift:** *Buntstift* ‖ **Farbstoff:** *färbende Substanz* ‖ **Farbtafel:** *ganzseitige färbige Abbildung in Büchern* ‖ **Farbton** ‖ **Farbtupfer** ‖ **Färbung** die, -/-en: der Stein hat eine rötliche F. | eine Rede mit ideologischer F.

Farce [fars] die, -/-n ⟨fr.⟩: eine ernste Sache zu einer F. machen *(sie ins Lächerliche verkehren)* | (Küchenspr.) *Fülle [eines Bratens]* ‖ **farcieren** [-'si:-] (Küchenspr.): *[Fleisch] mit einer Farce füllen*

Farfel das, -s/-n, *auch:* Pfarfel (reg., bes. K): *geriebenes Teigknöllchen als Einlage für Milchspeisen oder Suppen* ‖ **Farfelsuppe,** *auch:* Pfarfelsuppe (reg., bes. K)

Färinger → Färöer[2] ‖ **Färingerin** → Färöerin ‖ **färingisch** → färöisch

Farm die, -/-en ⟨engl.⟩: *meist [großer] landwirtschaftlicher Betrieb (bes. in angelsächsischen Ländern und in Afrika)* ‖ **Farmer** der, -s/-: *Besitzer einer Farm* ‖ **Farmerin** die, -/-innen

Farn der, -[e]s/-e: *eine Pflanzenklasse* ‖ **Farnkraut**

Färöer[1] [auch: -'ø:-] die (Pl.): *eine Inselgruppe im Nordatlantik* ‖ **Färöer**[2] der, -s/-, *auch:* Färinger: *Bewohner der Färöer*[1] ‖ **Färöerin** die, -/-innen, *auch:* Färingerin ‖ **färöisch,** *auch:* färingisch

Färse die, -/-n (fachspr.): *Kalbin*

Fasan der, -[e]s/-e[n] ⟨gr.-fr.⟩: *ein Hühnervogel* ‖ **Fasanjagd**

Fasche die, -/-n ⟨it.⟩: *Wickelbinde* ‖ **faschen,** du fasch[s]t

faschieren ⟨fr.⟩ (Küchenspr.): *durch den Fleischwolf drehen;* Fleisch f.; faschierte Laibchen; faschierter Braten ‖ **Faschiermaschine:** *Fleischwolf* ‖ **Faschierte** das, -n, Faschiertes: *Hackfleisch*

Faschina die, -: *ein Pass in Vorarlberg*

Faschine die, -/-n ⟨it.⟩: *Reisigbündel oder -geflecht [zum Festigen der Ufer von Wildbächen]*

Fasching der, -s/-e [-s]: *Zeitraum bes. von Weihnachten bis Aschermittwoch, Fasnacht, Karneval* ‖ **Faschingdienstag** = Faschingsdienstag ‖ **Faschingsball** ‖ **Faschingsdienstag** = Faschingdienstag ‖ **Faschingsfest** ‖ **Faschingsgilde** ‖ **Faschingskostüm** ‖ **Faschingskrapfen** ‖ **Faschingsnarr** ‖ **Faschingsnärrin** ‖ **Faschingsprinz** ‖ **Faschingsprinzessin** ‖ **Faschingsscherz** ‖ **Faschingstreiben** ‖ **Faschingsumzug** ‖ **Faschingsverein** ‖ **Faschingszeit** ‖ **Faschingszug**

Faschismus der, -/Faschismen ⟨it.⟩ (Gesch., Pol.): *das autoritäre System in Italien von 1922–1945* | *antidemokratische und nationalistische Bestrebungen oder Herrschaftsform* ‖ **Faschist** der, -en/-en ‖ **Faschistin** die, -/-innen ‖ **faschistisch** ‖ **faschistoid:** *gewisse Merkmale des Faschismus aufweisend*

Faselei die, -/-en (abw.): *Gefasel* ‖ **faseln,** ich fasle (abw.); → Fasler

Faser die, -/-n ‖ **faserig,** *auch:* fasrig ‖ **fasern:** ein fasernder *(fransender)* Stoff ‖ **Faserpflanze** ‖ **Faserplatte:** *Holzfaserplatte* ‖ **Faserschmeichler** (oft scherzh.): *ein Weichmacher* | *etwas Anschmiegsames, Pflegeleichtes, Weiches* | *etwas als angenehm Empfundenes, zB ein eingängiges Lied* | *smarte, sich einschmeichelnde Person* ‖ **Faserschreiber:** *feiner Filzstift* ‖ **Faserung** die, -/-en

Fashion ['fæʃ(ə)n] die, -/-s ⟨engl.⟩: *Mode* ‖ **fashionable** ['fæʃənəbl] (sal.): *modisch*

Fasler der, -s/- (abw.): *jemand, der oberflächlich und dumm daherredet;* → faseln ‖ **Faslerin** die, -/-innen (abw.)

Fasnacht die, - (westöst.): *Fasching (im Zusammenhang mit Brauchtum)* ‖ **Fasnat** = **Fasnet** die, - (V): *Fasnacht*

fasrig → faserig

Fass das, -es/Fässer: Bier aus dem F.; das F. zum Überlaufen bringen *(das Maß überschreiten, einen Streit auslösen);* etwas schlägt dem F. den Boden aus *(das ist die Höhe, ist unerhört);* etwas ist ein F. ohne Boden *(verursacht ständig Kosten)* | (in Mengenangaben auch mit Pl. Fass) zwei Fass (Fässer) Bier

Fassade die, -/-n ⟨fr.⟩: *Vorderseite [eines Hauses]* ‖ **Fassadenreinigung** ‖ **Fassadenrenovierung** [-v-]

fassbar: *fasslich*

Fassbier: *offenes Bier* ‖ **Fassbinder:** *ein Handwerker* ‖ **Fassbinderei** die, -/-en ‖ **Fassbinderin** ‖ **Fassdaube**

fassen[1]: sich in Geduld f. | der Täter wurde gefasst | du fasst *(begreifst)* es nicht | Gedanken in Worte f. *(verständlich darlegen, formulieren)* ‖ **fassen**[2] sich: bald hat sie sich wieder gefasst *(den Schock überwunden, sich beruhigt)*

fässerweise: *in Fässern*

Fassette = Facette [-s-] die, -/-n ⟨fr.⟩: *kleine geschliffene Fläche [an Gläsern und Schmucksteinen]* | *Teilaspekt;* eine F. des Charakters *(ein Charakterzug)* ‖ **Fassettenauge** = Facettenauge (Zool.): *aus vielen Einzelaugen bestehendes Sehorgan der Insekten* ‖ **fassettenreich** = facettenreich ‖ **Fassettenschliff** = Facettenschliff: *aus Fassetten bestehender Schliff [bei Edelsteinen]* ‖ **fassettieren** = facettieren: *mit Fassetten versehen*

Fassl das, -s/-[n]: *[kleines] Fass*

fasslich: *verständlich, begreifbar;* ein leicht fasslicher (= leichtfasslicher) Text

Fasslrutschen das, -s: *ein Volksbrauch [in Klosterneuburg]*

Fasson die, -/-en = Façon [-'sõ:], -/-s ⟨fr.⟩: die F. *(die Form, der Schnitt)* des Anzugs | (veraltet) der Preis für die F. *(Macherlohn)* ‖ **fassonieren** [-on-] = façonieren: die Haare f. *(zurechtschneiden)*

Fassung die, -/-en: Glühbirnen in die F. schrauben; die F. der Brille zurechtbiegen | die F. *(Haltung)* bewahren/verlieren; sie trägt die

Beleidigung mit F. || **fas|sungs|los:** ich bin f. *(bestürzt, sprachlos)* || **Fas|sungs|lo|sig|keit** die, - || **Fas|sungs|ver|mö|gen**
fass|wei|se: *Fass für Fass*
fast: *beinah[e]*
fas|ten: *sich [aus religiösen Gründen] des Essens [bestimmter Speisen] enthalten* || **Fas|ten|kur** || **Fas|ten|spei|se** || **Fas|ten|zeit:** *in der kath. Kirche die Zeit vor Ostern*
Fast Food ['fa:st fu:d] = **Fast|food** das, -[s] ⟨engl.⟩: *schnell zubereitetes Gericht, Fertiggericht;* → Junkfood; → G.: Slow Food = Slowfood || **Fast|food-Res|tau|rant** [-storã:] = **Fast-Food-Res|tau|rant:** *Schnellimbiss*
Fast|nacht die, - (bes. D): *Fasching* || **Fast|tag:** einen F. einlegen | (kath.) ein strenger F.; → fasten
Fas|zi|kel der = das, -s/- ⟨lat.⟩ (Amtsspr.): *Aktenbündel*
Fas|zi|na|ti|on [-tsi̯-] die, -/-en ⟨lat.⟩: *fesselnde Wirkung, die von einer Person oder Sache ausgeht* || **fas|zi|nie|ren:** ein faszinierender *(hinreißender)* Anblick || **Fas|zi|no|sum** das, -s (geh.): *faszinierende Sache*
fa|tal ⟨lat.⟩: eine fatale *(verhängnisvolle)* Angelegenheit || **Fa|ta|lis|mus** der, -: *Glaube an ein unvermeidliches Schicksal* || **Fa|ta|list** der, -en/-en || **Fa|ta|lis|tin** die, -/-innen || **fa|ta|lis|tisch** || **Fa|ta|li|tät** die, -/-en (geh.): *Verhängnis, Missgeschick*
Fa|ta Mor|ga|na die, - -/- Morganen [- -s] ⟨it.+arab.⟩: *Luftspiegelung [in der Wüste und auf dem Meer]; Fantasiebild*
fa|tie|ren (fachspr.): *eine Steuererklärung abgeben* || **Fa|tie|rung** die, -/-en (fachspr.)
Fat|sche (reg., ugs.): *Fasche* || **fat|schen** (reg., ugs.): *faschen*
Fa|tum das, -s/Fata ⟨lat.⟩: *Schicksal, Bestimmung*
fau|chen = pfauchen: der fauchende Kater
faul: ein fauler *(verdorbener)* Apfel | ein fauler *(träger)* Mensch | an der Sache ist etwas f. *(nicht in Ordnung, nicht korrekt);* ein fauler Trick | (Wirt.) faule Kredite *(uneinbringliche Kredite [von insolventen Firmen])* || **Fäu|le** die, -: *Fäulnis* || **fau|len:** das Obst fault; *aber:* → foulen || **fau|len|zen,** du faulenzt: *[genießerisch] ausspannen, nichts tun* || **Fau|len|zer** der, -s/-: *jemand, der faulenzt* | (ugs., veraltet) *Linienblatt* || **Fau|len|ze|rin** die, -/-innen || **Faul|gas:** *Gas, das bei der Fäulnis entsteht* || **Faul|heit** die, - || **fau|lig:** fauliges Sumpfwasser || **Fäul|nis** die, -: *Zersetzung organischer Stoffe;* in F. übergehen || **Faul|pelz** (abw.): *fauler Mensch* || **Faul|schlamm:** *faulender, übel riechender Schlamm [in Kläranlagen]* || **Faul|tier:** *ein Säugetier*
Faun der, -[e]s/-e: *römischer Fruchtbarkeits-, Feld- und Waldgott* | *lüsterner Mann* || **Fau|na** die, -/Faunen: die F. *(Tierwelt)* der Alpen || **fau|nisch:** *natürlich, urwüchsig* | *lüstern;* → Faun || **fau|nis|tisch:** *die Fauna betreffend*
Faust die, -/Fäuste: *geballte Hand;* das passt wie die F. aufs Auge *(ganz und gar nicht);* auf eigene F. *(selbständig, allein);* mit eiserner F. *(mit aller Strenge)* || **Faust|ball** der, -[e]s/-bälle: *ein spezieller Ball fürs Faustballspiel* | (ohne Pl.) *ein Ballspiel;* F. spielen || **Fäust|chen** das, -s/-: sich ins F. lachen *(schadenfroh lachen)* || **faust|dick:** ein faustdickes Stück | (scherzh.) es f. hinter den Ohren haben *(schlau und durchtrieben sein)* || **Faust|feu|er|waf|fe:** *Pistole, Revolver uÄ;* → Handfeuerwaffe || **Fäus|tel** der (*auch:* das), -s/-[n], *auch:* Fäustl: *eine Art schwerer Hammer; Maurerfäustel* || **faus|ten:** den Ball f. *(mit der Faust wegschlagen)* || **faust|groß** || **Faust|hieb**
faus|tisch (geh.): *nach Erkenntnis strebend (nach der literarischen Figur Dr. Faust)*
Faust|kampf (veraltet): *Boxkampf* || **Faust|keil:** *ein steinzeitliches Werkzeug* || **Fäust|ling** der, -s/-e: *ein Handschuh* || **Faust|pfand:** *als Pfand überlassener Wertgegenstand* | eine Geisel als F. *(zum Erpressen von Forderungen)* nehmen || **Faust|recht** das, -[e]s: *mit Gewalt durchgesetzter Anspruch* || **Faust|re|gel:** *einfache Regel* || **Faust|schlag**
Fau|teuil [fo'tœi̯] der = das, -s/-s ⟨fr.⟩: *gepolsterter Lehnstuhl mit Armstützen*
Faux|pas [fo'pa(:)] der, - [-'pa(:)(s)]/- [-'pa(:)s] ⟨fr.⟩: *Verstoß gegen gesellschaftliche Umgangsformen*
fa|vo|ri|sie|ren [-v-, -f-] ⟨fr.⟩: *begünstigen* || **Fa|vo|rit** der, -en/-en: *Sieganwärter, zB beim Pferderennen* | (veraltet) *Günstling* || **Fa|vo|ri|ten:** *10. Bezirk Wiens* || **Fa|vo|ri|ten|rol|le** || **Fa|vo|ri|tin** die, -/-innen
Fax das, -/-[e]: *Telefax, Fernschreiben bzw. Fernkopieren per Telefon;* → faxen
Fa|xe die, -/-n (meist Pl.) (ugs.): Faxen machen *(sich zieren; Schwierigkeiten, Umstände machen; blödeln)*
fa|xen, du faxt: *ein Telefax durchgeben, senden;* → anfaxen || **Fax|ge|rät** || **Fax|num|mer** || **Fax|wei|che:** *Umstellvorrichtung von Telefon auf Fax*
Fa|yen|ce [fa'jã:s] die, -/-n ⟨fr.⟩: *eine Tonware*
Fa|zit das, -s ⟨lat.⟩: *Ergebnis, Endsumme*
FBA: **F**ach**b**ereichs**a**rbeit
FCKW [ɛf tse ka 've:] das, -s/-s (Chem.): **F**luor**c**hlor**k**ohlen**w**asserstoff
fdH [ɛf de 'ha] (ugs., scherzh.): **f**riss **d**ie **H**älfte *(Motto einer Diät)*
F-Dur ['ɛf'du:ə] (F) (Mus.) || **F-Dur-Ton|lei|ter** (Mus.)
Fe: **Fe**rrum; → Eisen
Fea|ture ['fi:tʃə] das, -s/-s ⟨engl.⟩: *ein Dokumentarbericht [im Radio]* | *Ausstattungsdetail [an einem Elektrogerät, Auto]*
Fe|ber der, -[s]/- ⟨lat.⟩: *Februar* || **Fe|bru|ar** der, -[s]/-e: *der zweite Monat* || **Fe|bru|ar|kämp|fe** die (Pl.) (Gesch.): *bürgerkriegsartige Kampfhandlungen zwischen den aufständischen Sozialdemokraten und dem ständestaatlichen Regime in Österreich im Februar 1934* || **Fe|bru|ar|pa|tent** das, -[e]s (Gesch.): *Entwurf eines Staatsgrundgesetzes von 1861*
fech|sen [-ks-], du fechst (bes. ostöst., veraltend): *ernten* || **Fech|sung** die, -/-en (bes. ostöst., veraltend): *Ernte, Ernteertrag;* eigene F. *(hausgemachtes Erzeugnis, zB Marmelade)*
Fech|ten das, -s: *eine Sportart* || **fech|ten,** ich fechte, du fichtst/focht/gefochten/ficht!, fechtet!: *mit Stoß- oder Hiebwaffen kämpfen* | (ugs., veraltet) *betteln* || **Fech|ter** der, -s/- || **Fech|te|rin** die, -/-innen || **Fecht|kampf** || **Fecht|meis|ter:** *Lehrer im Fechtsport* || **Fecht|meis|te|rin** || **Fecht|sport**
Fe|der die, -/-n: der Papagei hat grüne Federn; Federn lassen *(Verluste hinnehmen müssen)* | *ein Schreibgerät;* zur F. greifen *(sich als Autor betätigen)* | *[spiralförmiges] Stück Metall, das*

F

bei Druck nachgibt oder Druck ausübt | (ugs.) Federn *(Angst)* haben ‖ **Fe|der|ball** der, -[e]s/-bälle: *ein spezieller Ball fürs Federballspiel* | (ohne Pl.) *ein Ballspiel;* F. spielen; → Badminton ‖ **Fe|der|ball|spiel** ‖ **Fe|der|bett:** *Tuchent* ‖ **Fe|der|boa:** *Schal aus Federn* ‖ **fe|der|füh|rend:** *führend verantwortlich; zuständig* ‖ **Fe|der|füh|rung** ‖ **Fe|der|ge|wicht** das, -[e]s (Sport): *eine Gewichtsklasse* ‖ **Fe|der|hal|ter** (bes. D, veraltet): *Federstiel, Füllfeder* ‖ **Fe|der|kern:** *Innenteil einer Matratze, der aus vielen Sprungfedern besteht* ‖ **Fe|der|kern|ma|t|rat|ze** ‖ **Fe|der|kiel:** *Teil der Vogelfeder* | (früher) *ein Schreibgerät* ‖ **Fe|der|kiel|sti|cker** der, -s/- (SüdT): *jemand, der mit Federkielen Ornamente und Motive auf Leder stickt* ‖ **Fe|der|kiel|sti|cke|rin** die, -/-innen (SüdT) ‖ **Fe|der|kleid:** *die Federn, das Gefieder eines Vogels* ‖ **Fe|derl** das, -s/-[n] (ugs.): *Feder* | (ugs.) (in der Wendung): sich ein F. auf/an den Hut stecken *(als Zeichen einer Leistung bzw. als Aushängeschild anführen)* | (Küchenspr.) *eine Rindfleischsorte* ‖ **fe|der|leicht** ‖ **Fe|der|le|sen** das, -s (nur in der Wendung): nicht viel Federlesens *(keine Umstände)* machen ‖ **Fe|der|mäpp|chen** ‖ **Fe|der|map|pe** ‖ **fe|dern:** *bei Druck nachgeben;* ein gefederter Kinderwagen ‖ **Fe|der|schach|tel:** *Pennal* ‖ **Fe|der|pen|nal** ‖ **Fe|der|schlei|ßen** das, -s (früher): *Ablösen des Flaums von den Federkielen (zur Füllung von Bettzeug)* ‖ **Fe|der|schmuck:** ein Indianer mit F. ‖ **Fe|der|spiel** der (*auch:* das), -s: *eine Prädikatsbezeichnung für Wachauer Weine;* → Smaragd; → Steinfeder ‖ **Fe|der|stiel** (früher): *Federkiel, Federhalter* ‖ **Fe|der|strich:** *Strich mit einer Schreibfeder* | mit einem F. *(leichtfertig, mühelos)* alles bewilligen oder ablehnen ‖ **Fe|der|vieh:** *Geflügel* ‖ **Fe|de|rung** die, -/-en: die F. des Sofas erneuern ‖ **fe|der|weich:** ein federweiches *(sehr weiches)* Bett ‖ **Fe|der|weiß** das, -: *Talkpulver* ‖ **Fe|der|wei|ße** der, -n/-n (D): *gärender Traubenmost, Sturm* ‖ **Fe|der|wild:** *essbares Wildgeflügel* ‖ **Fe|der|zeich|nung** (Kunstg.)

Fee die, -/-n ⟨fr.⟩: *eine weibliche Märchen-, Sagengestalt*

Feed-back ['fi:dbæk] = **Feed|back** das, -s/-s ⟨engl.⟩: *Rückmeldung, Rückkopplung*

Fee|ling ['fi:l-] das, -s ⟨engl.⟩ (sal.): *Gefühl, Gespür; Stimmung;* ein tolles F.

fe|en|haft ['fe:(ɛ)n-] ⟨fr.⟩: eine feenhafte *(zauberhafte)* Erscheinung ‖ **Fe|en|kö|ni|gin**

Fe|ge|feu|er das, -s (kath.): *Zustand (Ort) der Läuterung der Seelen im Jenseits* ‖ **fe|gen:** der Wind fegte ums Haus | (Sport) jemanden vom Platz f. *(überlegen besiegen)* ‖ **Feg|feu|er** (selten) (kath.): *Fegefeuer*

Feh das, -[e]s/-e: *sibirisches Eichhörnchen (als Pelztier)*

Feh|de die, -/-n (geh.): *Kampf, Streit;* eine F. austragen; jemandem F. ansagen; → befehden; → Urfehde ‖ **Feh|de|hand|schuh** der, -[e]s: den F. hinwerfen *(den Kampf ansagen)*

fehl: f. am Platz *(unangebracht)* ‖ **Fehl** (geh.) (nur in der Wendung): ohne F. *(tadellos)* ‖ **Fehl|alarm** ‖ **feh|ler|an|fäl|lig** ‖ **Fehl|an|zei|ge:** *negative Antwort; Mitteilung, dass nichts vorliegt* ‖ **fehl|bar** (geh.): jeder Mensch ist f. *(macht Fehler);* → unfehlbar ‖ **Fehl|bar|keit** die, - ‖ **Fehl|be|set|zung:** *nicht geeignete Besetzung einer [Film-, Theater]rolle, eines Postens* ‖ **Fehl|be|trag:** *fehlender Betrag, Defizit, Verlust* ‖ **Fehl|bit|te** (geh.): keine F. tun *(nicht vergeblich bitten)* ‖ **Fehl|di|ag|no|se:** *falsche Diagnose* ‖ **Fehl|ein|schät|zung** ‖ **feh|len:** in der Schule f. | mir fehlt nichts *(ich bin gesund)* | (geh.) weit gefehlt! *(Irrtum!)* | (geh.) *Fehler begehen, sündigen* ‖ **Fehl|ent|schei|dung** ‖ **Fehl|ent|wick|lung** ‖ **Feh|ler** der, -s/-: aus Fehlern lernen ‖ **feh|ler|frei** ‖ **feh|ler|haft** ‖ **feh|ler|los** ‖ **Feh|ler|strom-Schutz|schal|ter** → FI-Schalter ‖ **Feh|ler|su|che** ‖ **Feh|ler|quel|le** ‖ **Feh|ler|zahl** ‖ **Fehl|ge|burt** (Med.): *Geburt einer nicht lebensfähigen Leibesfrucht* ‖ **fehl|ge|hen:** du gehst fehl damit *(du liegst falsch)* | der erste Versuch ist fehlgegangen *(ist missglückt)* ‖ **Fehl|griff:** *falsche Entscheidung* ‖ **Fehl|hal|tung** (Med.): *orthopädischer Haltungsfehler [der Wirbelsäule]* ‖ **Fehl|in|for|ma|ti|on** [-tsi̯-]: *falsche Information* ‖ **Fehl|in|ter|pre|ta|ti|on** [-tsi̯-] ‖ **Fehl|in|ves|ti|ti|on** [-v-tsi̯-] (Wirt.) ‖ **Fehl|kon|s|t|ruk|ti|on** [-tsi̯-] ‖ **Fehl|leis|tung** (Psych.): *Handlungen, die anders ablaufen als beabsichtigt, zB das Sichversprechen* ‖ **fehl|lei|ten:** das Paket wurde fehlgeleitet ‖ **Fehl|pass** (Sport) ‖ **Fehl|pfiff** (Sport) ‖ **Fehl|schlag:** *Misserfolg* ‖ **fehl|schla|gen:** das Unternehmen schlug fehl *(scheiterte)* ‖ **Fehl|sich|tig|keit** (Med.): *von der Norm abweichendes Sehvermögen* ‖ **Fehl|start** [-ʃt-, auch: -st-] (bes. Sport) ‖ **Fehl|tritt:** *[sittliches] Vergehen, Verfehlung* ‖ **Fehl|ver|hal|ten** ‖ **Fehl|zün|dung:** *Zündung erst im Auspuff des Kraftfahrzeuges*

Feh|ring: *Stadt in der Steiermark*

Fei|er die, -/-n: eine F. anlässlich ihres Geburtstags ‖ **Fei|er|abend:** *[Zeit nach] Arbeitsschluss;* F. machen ‖ **fei|er|lich:** feierliche Stille ‖ **Fei|er|lich|keit** die, -/-en ‖ **fei|ern:** den Geburtstag f. ‖ **Fei|er|stun|de** ‖ **Fei|er|tag:** an Sonn- und Feiertagen geschlossen ‖ **fei|er|tags:** *an Feiertagen* ‖ **Fei|er|tags|stim|mung**

feig: *furchtsam* | ein feiger *(unrühmlicher, gemeiner)* Anschlag gegen Wehrlose

Fei|ge die, -/-n ⟨lat.-prov.⟩: *eine Südfrucht* | *Feigenbaum* ‖ **Fei|gen|baum** ‖ **Fei|gen|blatt:** *Blatt des Feigenbaums* | (Kunstg.) *Darstellung eines Feigenblatts zur Verhüllung der Geschlechtsteile* ‖ **Fei|gen|kaf|fee:** *ein Kaffeeersatz* ‖ **Fei|gen|kak|tus:** *Opuntie*

Feig|heit die, - ‖ **Feig|ling** der, -s/-e (abw.)

feil (veraltet bzw. geh.): *käuflich* ‖ **feil|bie|ten** (veraltet bzw. geh.): sie bietet eine Ware feil *(zum Kauf an)* ‖ **Feil|bie|tung** die, -/-en (Amtsspr.): öffentliche F. *(Versteigerung)*

Fei|le die, -/-n: *Werkzeug zum Abschleifen von Unebenheiten;* Nagelfeile ‖ **fei|len:** die Nägel f. | an einem Text f. *(ihn sprachlich verbessern)*

feil|hal|ten (veraltet bzw. geh.): *anbieten;* sie hat das Gemüse am Markt feilgehalten; → feil ‖ **feil|schen:** *hartnäckig handeln;* du feilsch[s]t um jeden Groschen

Feim der, -s (veraltet): *Schaum;* → abgefeimt

fein:

ein feiner *(dünner)* Stoff | ein feiner *(netter, sympathischer)* Kerl

F

Großschreibung bei Nominalisierung:
- Musik vom **F**einsten

R→ S. 892, 2.2

Getrennt- und Zusammenschreibung:
- fein mahlen = feinmahlen
- fein schneiden = feinschneiden
- sich fein machen = sich feinmachen
- fein gemahlenes (= feingemahlenes) Mehl
- fein geschnittene (= feingeschnittene) Kräuter

R→ S. 900, 1.5.2

Zusammenschreibung, wenn „fein" die Bedeutung des folgenden Bestandteils verstärkt oder ein Bestandteil nicht selbstständig vorkommt, zB:
- feinfühlend
- feinsäuberlich
- feinkörnig

R→ S. 902, 2.1.3 bzw. S. 903, 2.2.2

Feinabstimmung: *genaue Einstellung* ‖ **Feinarbeit**

feind (geh.): dir kann man nicht f. *(böse)* sein (Frage *Wie?*); *aber:* → Feind ‖ **Feind** der, -[e]s/-e: alte Feinde; ich bin nicht dein F. ‖ **Feindbild:** *Vorstellung vom Gegner* ‖ **Feindeinwirkung** ‖ **Feindeshand** (geh.): in F. *(in die Gewalt des Feindes)* fallen ‖ **Feindesland** ‖ **Feindin** die, -/-innen ‖ **feindlich:** jemandem f. gegenüberstehen ‖ **Feindlichkeit** die, -/-en ‖ **Feindschaft** die, -/-en ‖ **feindselig:** f. eingestellt/gesinnt sein ‖ **Feindseligkeit** die, -/-en

feinfühlend: ein feinfühlender *(empfindsamer)* Mensch ‖ **feinfühlig:** *feinfühlend, zart* ‖ **Feinfühligkeit** die, - ‖ **Feingefühl** das, -[e]s ‖ **Feingehalt** der, -[e]s: *der Anteil an Edelmetall [in einer Münze]* ‖ **fein gemahlen** = **feingemahlen** ‖ **fein geschnitten** = **feingeschnitten** ‖ **feingliedrig:** eine feingliedrige *(zarte, zierliche)* Gestalt ‖ **Feingold** ‖ **Feinheit** die, -/-en ‖ **feinkörnig** ‖ **Feinkost** ‖ **Feinkostabteilung** ‖ **Feinkosthandlung:** *Delikatessengeschäft* ‖ **fein machen** = **feinmachen** sich: sich fürs Theater f. m. ‖ **fein mahlen** = **feinmahlen** ‖ **feinmaschig** ‖ **Feinmechaniker** ‖ **Feinmechanikerin** ‖ **Feinmotorik:** *präzise Beweglichkeit [der Fingergelenke]* ‖ **feinnervig** [-f-]: ein feinnerviger *(sensibler)* Mensch ‖ **feinporig** ‖ **feinsäuberlich** ‖ **Feinschmecker** der, -s/-: *Gourmet* ‖ **Feinschmeckerin** die, -/-innen ‖ **fein schneiden** = **feinschneiden** ‖ **feinsinnig:** *empfindsam, feinfühlig* ‖ **Feinsliebchen** (veraltet): *Geliebte* ‖ **Feinspitz** (sal.): *Feinschmecker* ‖ **Feinstaub** ‖ **Feinstaubbelastung** ‖ **Feinstoff** (meist Pl.) ‖ **Feinwäsche:** *Wäsche aus empfindlichen Materialien, die schonend gewaschen werden muss* ‖ **Feinwaschmittel**

feist: ein feistes *(dickes, fettes)* Schwein

Feitel der, -s/- (ugs.): *einfaches Taschenmesser*

feixen, du feixt (bes. D, ugs.): *höhnisch lachen, schadenfroh grinsen*

Felber der, -s/- (mda.): *Weide[nbaum]* ‖ **Felberbaum** ‖ **Felberrute**

Felber Tauern der, - -: *ein Pass in Salzburg, Osttirol*

Felchen der, -[s]/-: → *Reinanke*

Feld das, -[e]s/-er: auf dem F. *(Acker)* arbeiten | das F. eines Formulars ausfüllen | ein weites F. *(großer Zusammenhang)* | (Mil.) im F. *(an der Front)* ‖ **Feldarbeit:** die F. des Bauern | *Feldforschung* ‖ **Feldbach** (Kfz: FB): *Stadt in der Steiermark* ‖ **Feldbett:** *einfaches Klappbett, Liege* ‖ **feldein:** *in die Felder* ‖ **Feldflasche:** *Flasche, um Getränke bei sich zu tragen* ‖ **Feldforschung:** *wissenschaftliche Arbeit an Ort und Stelle;* → Feldversuch ‖ **Feldfrucht** ‖ **Feldhase:** *ein Säugetier* ‖ **Feldherr** (Mil.): *Heerführer* ‖ **Feldkirch** (Kfz: FK): *Stadt in Vorarlberg* ‖ **Feldkirchen** (Siedlungsname): F. in Kärnten (Kfz: FE) ‖ **Feldküche** (Mil.) ‖ **Feldkurat:** *Militärgeistlicher* ‖ **Feldlager** (früher) (Mil.): *Heerlager* ‖ **Feldlazarett** (Mil.) ‖ **Feldlerche** ‖ **Feldmarschall** (früher) (Mil.): *höchster Offizier* ‖ **Feldmaus:** *ein Nagetier* ‖ **Feldmesse:** *ein im Freien gefeierter Gottesdienst* ‖ **Feldpost** (früher) (Mil.): *in Kriegszeiten Postverkehr mit Soldaten an der Front* ‖ **Feldpostbrief** (Mil.) ‖ **Feldquant** (Phys.): *kleinste Energiemenge eines Feldes, zB Photon, Gluon;* → Quant ‖ **Feldsalat** (bes. D): *Rapunzel*[1] ‖ **Feldspat** der, -[e]s: *ein Mineral* ‖ **Feldsperling** ‖ **Feldstärke** (Phys.) ‖ **Feldstecher** der, -s/-: *ein Fernglas* ‖ **Feldversuch:** *vor Ort vorgenommene (empirische) Untersuchung;* → Feldforschung; → Feldarbeit ‖ **Feldwebel** der, -s/- (D) (Mil.): *ein Unteroffizier* ‖ **Feldweg:** einen F. einschlagen ‖ **Feldzug** (Mil.): *Kriegszug*

Felgaufschwung [auch: -'au-] (veraltet): → *Hüftaufschwung* ‖ **Felge** die, -/-n: *Radteil, der die Bereifung trägt* | → *Hüftaufschwung* ‖ **Felgenbremse**

Felicitas [-ts-], *auch:* Felizitas: *weibl. Vorname* ‖ **Felix:** *männl. Vorname*

Fell das, -[e]s/-e: *dicht behaarte Haut von Tieren;* ein samtig weiches F.; ein dickes F. haben *(viel ertragen können, unempfindlich sein)* | (ugs.) jemandem das F. über die Ohren ziehen *(jemanden betrügen, bes. im Geschäftsbereich)*

Fellache der, -n/-n ⟨arab.⟩: *[armer] arabischer Bauer im Vorderen Orient*

Fellatio [-tsi̯-] die, - ⟨lat.⟩: *orale sexuelle Befriedigung an einem Mann;* → Cunnilingus

Felleisen das, -s/- (veraltet): *Tornister, Rucksack* ‖ **Fellgeher** (Sport): *jemand, der Skitouren mit Skifellen unternimmt* ‖ **Fellgeherin** (Sport)

Fels[1] der, -: im nackten F. *(im kargen Gebirge)* ‖ **Fels**[2] der, -en[s]/-en: *Felsen;* wie ein F. in der Brandung *(unerschütterlich)* ‖ **Felsblock** der, -s/-blöcke ‖ **Felsbrocken** ‖ **Felsen** der, -s/-: auf einen hohen F. klettern; → Fels[2] ‖ **Felsenbirne:** *ein Strauch* ‖ **felsenfest:** f. *(unerschütterlich)* an die Gerechtigkeit glauben ‖ **Felseninsel** ‖ **Felsenküste** ‖ **Felsenreitschule** die, -: *eine [Freiluft]bühne in Salzburg* ‖ **Felsenriff** ‖ **Felsgipfel** ‖ **Felshöhle** ‖ **felsig** ‖ **Felsmalerei:** *zB steinzeitliche Höhlenbilder* ‖ **Felsrücken** ‖ **Felsschlucht** ‖ **Felsspalt** = **Felsspalte** ‖ **Felsspitze** ‖ **Felssturz** ‖ **Felsvorsprung** ‖ **Felswand** ‖ **Felszeichnung**

Feme die, -/-n: *geheimes Gericht [einer Verschwörergruppe];* → verfemen ‖ **Femegericht,** *auch:* Femgericht ‖ **Fememord**

feminin [auch: 'fe(:)-] ⟨lat.⟩: *weiblich* | (abw.) *weibisch* ‖ **Femininum** [auch: -'ni:-] das, -s (Grammatik): *weibliches grammatisches Geschlecht* | (mit Pl. Feminina) *Nomen (Substantiv), das diesem Geschlecht angehört;* → Genus ‖ **Fe|mi|nis|mus** der, -: *eine Bewegung, die für Frauenrechte kämpft* ‖ **Fe|mi|nist** der, -en/-en ‖ **Fe|mi|nis|tin** die, -/-innen ‖ **fe|mi|nis|tisch**

Femme fa|tale [fam fa'tal] die, - -/-s-s [- -'al] ⟨fr.⟩: *verführerische Frau*

Fen|chel der, -s/-: *eine Gewürzpflanze, ein Gemüse*

F

Feng|shui [ˌfəŋ'ʃu(e)ɪ] das, -[s], *auch:* **Feng-Shui** ⟨chin.⟩: *chinesische Tradition der Harmonie zwischen Umgebung und persönlicher Lebensgestaltung*

Fen|nek der, -s/- ⟨arab.⟩: *Wüstenfuchs, ein Wildhund*

Fens|ter das, -s/-: das F. offen lassen | (sal.) *Kurzwort für Fensterstunde* | (ugs.) weg vom F. sein *(nicht mehr gefragt sein)* ‖ **Fens|ter|bal|ken:** *Fensterladen* ‖ **Fens|ter|bank** die, -/-bänke *Fensterbrett* ‖ **Fens|ter|brett:** auf dem F. stehen Blumen ‖ **Fens|ter|flü|gel** ‖ **Fens|ter|git|ter** ‖ **Fens|ter|glas** ‖ **Fens|ter|he|ber** der, -s/-: elektrische F. *(beim Auto)* ‖ **Fens|ter|kitt** ‖ **Fens|ter|ku|vert** [-veːə]: *Kuvert mit Fenster für die Adresse* ‖ **Fens|ter|la|den:** *schwenkbare Abdeckung des Fensters [zum Verdunkeln]* ‖ **Fens|terl** das, -s/-[n]: *[kleines] Fenster* ‖ **fens|terln** (früher) (Volksk.): nachts zu einem Mädchen f. gehen *(ans/durchs Fenster zu ihr kommen)* ‖ **fens|ter|los** ‖ **Fens|ter|ni|sche** ‖ **Fens|ter|platz:** ein F. im Flugzeug ‖ **Fens|ter|pols|ter:** *Polster vor dem Fenster zum Schutz vor Zugluft* ‖ **Fens|ter|put|zer** der, -s/- ‖ **Fens|ter|put|ze|rin** die, -/-innen ‖ **Fens|ter|rah|men** ‖ **Fens|ter|schei|be** ‖ **Fens|ter|schnal|le:** *Vorrichtung zum Öffnen bzw. Schließen des Fensters* ‖ **Fens|ter|schüt|zer** der, -s/-: *eine Decke zum Schutz vor Zugluft* ‖ **Fens|ter|stock:** *Fensterrahmen* ‖ **Fens|ter|stun|de** (Schule): *Freistunde innerhalb der Unterrichtszeit* ‖ **Fens|ter|tag:** *einzelner Arbeitstag zwischen einem Feiertag und dem Wochenende, Zwickeltag* ‖ **-fens|trig** (nur in Zusammensetzungen wie zweifenstrig)

Fer|di: *männl. Vorname (Ferdinand)* ‖ **Fer|di|nand:** *männl. Vorname;* → Ferdi; → Ferdl; → Ferry ‖ **Fer|di|nan|de|um** das, -[s]: *Tiroler Landesmuseum in Innsbruck* ‖ **Ferdl:** *männl. Vorname (Ferdinand)*

Fer|ger [-kə] der, -s/- (V): *Vermittler zwischen Heimarbeiter und Fabrikant (in der Stickereiindustrie)* ‖ **Fer|ge|rin** die, -/-innen (V)

fe|ri|al ⟨lat.⟩: feriale *(die Ferien betreffende)* Bestimmungen ‖ **Fe|ri|al|ar|beit** ‖ **Fe|ri|al|ar|bei|ter** ‖ **Fe|ri|al|ar|bei|te|rin** ‖ **Fe|ri|al|be|schäf|ti|gung** ‖ **Fe|ri|al|job** [-dʒɔp] ‖ **Fe|ri|al|kurs** ‖ **Fe|ri|al|prak|ti|kant** ‖ **Fe|ri|al|prak|ti|kan|tin** ‖ **Fe|ri|al|prak|ti|kum:** *eine der Ausbildung entsprechende Arbeit während der Ferien* ‖ **Fe|ri|al|pra|xis** ‖ **Fe|ri|al|tag** ‖ **Fe|ri|en** die (Pl.) ‖ **Fe|ri|en|auf|ent|halt** ‖ **Fe|ri|en|be|ginn** ‖ **Fe|ri|en|dorf** ‖ **Fe|ri|en|en|de:** das F. naht ‖ **Fe|ri|en|gast** ‖ **Fe|ri|en|haus** ‖ **Fe|ri|en|job** [-dʒɔp] ‖ **Fe|ri|en|la|ger** ‖ **Fe|ri|en|pa|ra|dies** ‖ **Fe|ri|en|stim|mung** ‖ **Fe|ri|en|tag** ‖ **Fe|ri|en|woh|nung** ‖ **Fe|ri|en|zeit**

Fer|kel das, -s/-: *junges Schwein* ‖ **Fer|ke|lei** die, -/-en (ugs., abw.): *Unanständigkeit* ‖ **fer|keln** (ugs., abw.): *schweinische Reden führen, unanständige Bemerkungen machen*

Fer|lach: *Stadt in Kärnten*

Fer|ma|te die, -/-n ⟨it.⟩ (Mus.): *Verlängerungs-, Aushaltezeichen* (𝄐)

Fer|ment das, -[e]s/-e ⟨lat.⟩ (Chem.): *organische Verbindung, die den Stoffwechsel fördert* ‖ **Fer|men|ta|ti|on** [-tsi̯-] die, -/-en: *Gärung* ‖ **fer|men|tie|ren:** *Ferment zusetzen*

Fer|mi|on das, -s/-en [auch: -'oː-] (Phys.): *Elementarteilchen mit halbzahligem Spin (nach dem italienischen Physiker Fermi);* → G.: Boson ‖ **Fer|mi|um** das, -s (Zeichen: Fm): *ein chemisches Element*

fern:

Adjektiv:

- von nah und fern
- von fern[e] her
- das ferne Land; *aber als Eigenname groß:* der Ferne Osten

Zusammenschreibung bei übertragener Bedeutung:

- dem Unterricht fernbleiben *(nicht erscheinen)*
- sie hat sich von ihm ferngehalten
- solche Gedanken sind mir ferngelegen
- fernliegende Gedanken; *aber getrennt und zusammen:* fern liegende (= fernliegende) Dörfer
- fernsehen
- fernsteuern; fernlenken
- Menschen, die der Kirche fernstehen *(zu ihr keinerlei Bezug haben)* R→ S. 900, 1.5.1

Präposition mit Dativ:

- fern dem Dorf

fern|ab (Adv.): *weit weg, entfernt* | (Präp. mit Gen.) f. des Weges ‖ **Fern|amt** (früher): *Stelle, die telefonische Ferngespräche vermittelt* ‖ **Fern|auf|nah|me** → G.: Nahaufnahme ‖ **Fern|be|die|nung:** den Fernseher mit der F. einschalten ‖ **Fern|be|zie|hung:** in einer F. leben ‖ **fern|blei|ben:** unentschuldigt dem Unterricht f. ‖ **Fern|bril|le** → G.: Nahbrille ‖ **Fern|di|a|gno|se** ‖ **Fern|du|ell:** *nicht in unmittelbarem Kontakt ausgeführter Kampf* ‖ **fer|ne** → fern ‖ **Fer|ne** die, -/-n: aus der F.; in die F. ‖ **fer|ner:** *außerdem* | (ugs.) der Rest fällt unter „ferner liefen" *(nimmt eine unbedeutende Stellung ein)*

Fer|ner der, -s/- (westöst.): *Gletscher;* → Firn; → Kees

fer|ner|hin: *in Zukunft* ‖ **fer|ners** (veraltet): *ferner* ‖ **Fern|fah|rer:** *Lkw-Fahrer, der über lange Strecken Güter transportiert* ‖ **Fern|fah|re|rin** ‖ **fern|ge|lenkt** → fernlenken ‖ **Fern|ge|spräch:** *Telefonat mit einem Partner in einem anderen Ort* ‖ **fern|ge|steu|ert** → fernsteuern ‖ **Fern|glas** ‖ **fern|hal|ten:** sie will mich davon f. ‖ **Fern|hei|zung** → Fernwärme ‖ **Fern|heiz|werk** ‖ **Fern|käl|te:** die Versorgung eines Krankenhauses mit F. *(Kälteenergie)* ‖ **Fern|kurs:** *Fernunterricht* ‖ **Fern|las|ter:** *ein Lkw;* → Fernfahrer ‖ **Fern|lei|he:** *Möglichkeit, von Bibliotheken in anderen Orten Bücher zu entlehnen* ‖ **fern|len|ken** (nur Inf. und 2. Part.): ein Fahrzeug ferngelenkt bewegen ‖ **Fern|licht:** *Scheinwerferlicht, das die Fahrbahn weit nach vorne ausleuchtet;* → Abblendlicht ‖ **fern|lie|gen:** eine fernliegende Möglichkeit; *aber:* fern liegende (= fernliegende) Dörfer ‖ **Fern|mel|de|amt:** *der für die technische Informationsübermittlung zuständige Bereich der Telekom* ‖ **Fern|mel|de|ge|bühr** ‖ **Fern|mel-**

de|ge|heim|nis (Jus) ‖ **Fern|mel|de|we|sen:** *Informationsverbreitung über Telefon, Telefax usw.* ‖ **fern|münd|lich** (geh.): *telefonisch* ‖ **Fern|ost:** ein Kampfsport aus F. *(aus dem Fernen Osten)* ‖ **fern|öst|lich**

Fern|pass der, -es: *ein Pass in den Lechtaler Alpen (T)*

Fern|rei|se ‖ **Fern|rohr** ‖ **fern|schau|en** ‖ **Fern|schrei|ben:** die Nachricht als F. übermitteln ‖ **Fern|schrei|ber:** *Gerät zum Senden und Empfangen von Zeichen über Datenleitungen* ‖ **fern|schrift|lich:** *telegrafisch, per Telex* ‖ **Fern|seh|an|ten|ne** ‖ **Fern|seh|ap|pa|rat** ‖ **Fern|seh|dis|kus|si|on** ‖ **Fern|seh|emp|fang** ‖ **fern|se|hen,** ich sehe fern: wir haben am Abend ferngesehen ‖ **Fern|se|hen** das, -s: das Theaterstück wird im F. übertragen ‖ **Fern|se|her:** *Fernsehapparat* | *Fernsehzuschauer* ‖ **Fern|se|he|rin:** *Fernsehzuschauerin* ‖ **Fern|seh|film:** *für das Fernsehen produzierter Film;* → Kinofilm ‖ **Fern|seh|ge|rät** ‖ **Fern|seh|ge|bühr** ‖ **Fern|seh|ka|me|ra** ‖ **Fern|seh|pro|gramm** ‖ **Fern|seh|sen|dung** ‖ **Fern|seh|se|rie** [-iɐ] ‖ **Fern|seh|spre|cher** (veraltet) ‖ **Fern|seh|spre|che|rin** ‖ **Fern|seh|stu|dio** [-ʃt-]: *Sende- und Aufnahmeraum beim Fernsehen* ‖ **Fern|seh|über|tra|gung** ‖ **Fern|seh|zu|schau|er** ‖ **Fern|seh|zu|schau|e|rin** ‖ **Fern|sicht:** *klare Sicht in die Ferne* ‖ **Fern|spre|cher:** *Telefon* ‖ **fern|ste|hen:** unserem Glauben f. *(keinerlei Bezug haben);* → fern ‖ **fern|steu|ern** (nur Inf. und 2. Part.): ein ferngesteuertes *(ferngelenktes)* Auto ‖ **Fern|steu|e|rung** ‖ **Fern|stra|ße:** *Straße für den Fernverkehr* ‖ **Fern|stu|di|um** [-ʃt-] ‖ **Fern|trans|port** ‖ **Fern|un|ter|richt:** *Unterricht [über Internet, Fernsehen] ohne direkten Kontakt zwischen Lehrer/innen und Schüler/innen* ‖ **Fern|ver|kehr** → G.: Nahverkehr ‖ **Fern|wär|me:** *eine Heizungs- und Warmwasserversorgung mit einem zentralen Wärmeproduzenten* ‖ **Fern|weh** → G.: Heimweh ‖ **Fern|wir|kung** ‖ **Fern|ziel:** *ein erst nach längerer Zeit erreichbares Ziel;* → G.: Nahziel ‖ **Fern|zug** ‖ **Fern|zün|dung**

Fer|rum das, -s ⟨lat.⟩ (Zeichen: Fe): *ein chemisches Element, Eisen*

Fer|ry [-i]: *männl. Vorname (Ferdinand, Franz)*

Fer|se die, -/-n: jemandem auf den Fersen sein *(knapp hinter jemandem her sein)* ‖ **fer|seln** (ugs.): *den Ball mit der Ferse weiterspielen* ‖ **Fer|sen|bein** ‖ **fer|sen|frei:** fersenfreie Sandalen ‖ **Fer|sen|geld** (veraltet, scherzh.) (nur in der Wendung): F. geben *(fliehen)* ‖ **fer|serln** (ugs.): *ferseln* ‖ **Fers|ler** der, -s/- (ugs.): *Stoß des Balles mit der Ferse*

fer|tig:

Getrenntschreibung in Verbindung mit „sein":
- fertig sein/gewesen

R→ S. 901, 1.8

Getrennt- und Zusammenschreibung:
- die Arbeit fertig bekommen/machen (= fertigbekommen/fertigmachen)
- die Arbeit fertig bringen (= fertigbringen)
- sich fürs Theater fertig machen (= fertigmachen)
- den Bericht fertig stellen (= fertigstellen)
- mit der Arbeit nicht fertig werden (= fertigwerden)
- mit jemandem fertig werden (= fertigwerden) *(sich durchsetzen)*

R→ S. 900, 1.5.2

Zusammenschreibung bei übertragener Bedeutung:
- jemanden fertigmachen *(rücksichtslos zermürben)*
- es nicht fertigbringen zu widersprechen *(nicht im Stande sein, nicht so mutig sein)*

R→ S. 900, 1.5.1

Fer|tig|bau der, -[e]s/-ten = **Fer|tig|bau|haus:** *Fertigteilhaus* ‖ **fer|tig be|kom|men** = **fer|tig|be|kom|men:** die Arbeit f. b. ‖ **fer|tig|brin|gen:** sie wird es nicht f. zu widersprechen *(nicht im Stande sein); aber:* die Arbeit nicht fertig bringen (= fertigbringen) ‖ **fer|ti|gen:** *herstellen* | *ausstellen, ausfertigen* | (Amtsspr.) *unterschreiben, unterfertigen;* → gefertigt ‖ **Fer|tig|ge|richt** ‖ **Fer|tig|keit** die, -/-en: große F. im Sticken haben ‖ **fer|tig|ma|chen:** jemanden f. *(jemanden rücksichtslos zermürben); aber:* die Arbeit nicht fertig machen (= fertigmachen) ‖ **Fer|tig|pro|dukt** ‖ **fer|tig stel|len** = **fer|tig|stel|len:** den Bericht f. s. ‖ **Fer|tig|stel|lung** ‖ **Fer|tig|sup|pe** ‖ **Fer|tig|teil|bau|wei|se** ‖ **Fer|tig|teil|haus** ‖ **Fer|ti|gung** die, -/-en: *Erzeugung* | (Amtsspr.) *Unterschrift* ‖ **Fer|ti|gungs|pro|zess** ‖ **Fer|tig|wa|re** ‖ **fer|tig wer|den** = **fer|tig|wer|den:** mit jemandem f. w. *(sich durchsetzen)* | mit der Arbeit nicht f. w.

fer|til ⟨lat.⟩ (Biol., Med.): *fruchtbar* ‖ **Fer|ti|li|tät** die, - (Biol., Med.)

Fer|wall → Verwall

Fes = Fez [-s] der, -/- ⟨türk.⟩: *eine orientalische Kopfbedeckung*

fesch ⟨engl.⟩: ein fesches *(schickes)* Kleid | *hübsch, smart;* ein fescher Bursch | (sal.) „geh, sei f. *(nett)*!" ‖ **Fe|schak** der, -[s]/-s (ostöst., sal., oft abw.): *fescher, selbstgefälliger Mann* ‖ **Fesch|heit** die, -

Fes|sel[1] die, -/-n: die Fesseln sprengen *(sich befreien)*

Fes|sel[2] die, -/-n: *Teil des Beines zwischen Wade und Fußgelenk*

Fes|sel|bal|lon: *mit Seilen fest gehaltener Ballon;* → G.: Freiballon ‖ **fes|sel|los** (geh.): *unbeherrscht, hemmungslos* ‖ **fes|seln,** ich fessle: ein fesselnder *(interessanter, spannender)* Vortrag ‖ **Fes|se|lung** die, -/-en

fest:

feste *(beständige, starke)* Mauern | ein festes *(bindendes, unumstößliches)* Versprechen

Getrenntschreibung bei adverbialem Gebrauch:
- die Schuhbänder [sehr] fest binden; *aber zusammen:* den Hund festbinden
- das Lenkrad [sehr] fest halten

Bei „fest" + Verb, das ein Resultat herbeiführt, gilt im Allgemeinen Zusammenschreibung, zB:
- den Hund festbinden *(anbinden)*
- die Haare feststecken
- ein Brett festnageln

R→ S. 900, 1.5.2

Zusammenschreibung bei übertragener Bedeutung, zB:
- einen Termin festlegen *(fixieren)*
- einen Dieb festnehmen *(verhaften)*

R→ S. 900, 1.5.1

Getrennt- und Zusammenschreibung mit adjektivisch gebrauchten Partizipien:
- fest angestellt = festangestellt
- die fest Angestellte = Festangestellte
- fest gefügt = festgefügt

Fest das, -[e]s/-e: ein rauschendes F. ‖ **Festakademie:** *festliche [kulturelle] Veranstaltung* ‖ **Festakt** der, -[e]s/-e (geh.): *eine offizielle Festveranstaltung*
fest angestellt = **festangestellt** ‖ **fest Angestellte**[1] = **Festangestellte**[1] der, -n/-n, ein fest Angestellter (= Festangestellter) ‖ **fest Angestellte**[2] = **Festangestellte**[2] die, -n/-n
Festansprache ‖ **Festbankett**
festbeißen sich: der Hund hat sich festgebissen | *sich intensiv mit etwas beschäftigen*
Festbeleuchtung: die F. des Rathauses
festbinden: *anbinden; aber:* die Masche fest binden ‖ **festbleiben:** *nicht nachgeben* ‖ **festdrehen:** den Wasserhahn f. *(zudrehen)* ‖ **Feste** die, -/-n (geh.): *Festung;* die F. Hohensalzburg; → Veste
Festessen: *festliche Mahlzeit*
festfahren: *stecken bleiben* ‖ **fest gefügt** = **festgefügt**
Festgelage ‖ **Festgelände** ‖ **Festgottesdienst**
festhalten: an einem Plan f. | hier darfst du dich nicht f. *(anhalten)* | jemanden f. *(gefangen halten)* ‖ **festhängen:** ich hänge mit der Jacke am Nagel fest ‖ **festigen:** *beständig, widerstandsfähig machen, stärken;* → gefestigt ‖ **Festiger** der, -s/-: *Haarfestiger* ‖ **Festigkeit** die, -: *Bruchfestigkeit* ‖ **Festigung** die, -/-en
Festival [-val, -vəl] das, -s/-s ⟨fr.-engl.⟩: *große kulturelle Festveranstaltung* ‖ **Festivität** die, -/-en ⟨lat.⟩ (geh. bzw. scherzh.): *Festlichkeit*
festklammern: sich krampfhaft an jemandem/etwas f. ‖ **festkleben:** ein Plakat f. ‖ **festkochend** (Küchenspr.): festkochende Erdäpfel
Festkomitee ‖ **Festkonzert**
Festkörper (Phys.): *Stoff im festen Aggregatzustand* ‖ **Festkörperphysik** [-fy-]
Festl das, -s/-n (ugs.): *Fest, Party*
Festland das, -[e]s: das europäische F. *(im Gegensatz zu den Inseln)* ‖ **Festlandsockel:** *Schelf* ‖ **festlegen:** einen Termin f. *(bestimmen);* → fest ‖ **Festlegung** die, -/-en
festlich: festliche Tage ‖ **Festlichkeit** die, -/-en
festliegen: der Öltanker liegt fest *(steckt)* ‖ **festmachen:** das Boot am Ufer f. *(anbinden)*
Festmahl (geh.)
Festmeter (fm): *1 m³ errechnete Holzmasse;* drei F. Holz; → Meter; → Raummeter ‖ **festnageln:** ein Brett f. | jemanden in der Diskussion f. *(beim Wort nehmen);* ich lasse mich nicht f. ‖ **Festnahme** die, -/-n: *Verhaftung* ‖ **festnehmen:** *verhaften; aber:* etwas fest (in die Hand) nehmen; → fest ‖ **Festnetz:** *verkabeltes Telefonnetz;* → G.: Mobilfunk ‖ **Festnetznummer** ‖ **festpicken** ‖ **Festplatte** (EDV): *Massenspeichermedium in Computern;* → Hard Disc ‖ **Festplattenspeicher** (EDV) ‖ **Festpreis:** *Fixpreis*
Festprogramm ‖ **Festrede** ‖ **Festredner** ‖ **Festrednerin** ‖ **Festsaal** ‖ **Festschmaus**
festschnallen: *anschnallen* ‖ **festschrauben** ‖ **festschreiben:** etwas f. *(verbindlich festlegen);* → fest
Festschrift: *zu einem Jubiläum herausgegebenes Buch mit verschiedenen Beiträgen*
festsetzen: einen Termin f. *(bestimmen)* ‖ **Festsetzung** die, -/-en ‖ **festsitzen:** *sich nicht vom Platz wegbewegen können*
Festsitzung: *festliche Sitzung* ‖ **Festspiele** die (Pl.): *größere Kulturveranstaltung, die jährlich stattfindet;* die Salzburger F. ‖ **Festspielhaus:** *Theater, Konzerthaus für Festspiele, zB in Salzburg, Bregenz* ‖ **Festspielleitung** ‖ **Festspielstadt**
Feststation [-tsi̯-]: *Fixstation [bei einem schnurlosen Telefon]* ‖ **feststecken:** im Schnee f. | die Haare f. ‖ **feststehen:** es steht fest *(es ist sicher),* dass ...; eine feststehende *(sichere)* Tatsache; *aber:* fest stehen *(nicht schwanken);* → fest ‖ **feststellen:** ich musste mit Entsetzen f., dass ... ‖ **Feststelltaste** ‖ **Feststellung** die, -/-en: *nachdrückliches Aussprechen eines Umstandes;* eine F. treffen
Feststiege: die F. *(Prunkstiege)* des Burgtheaters ‖ **Feststimmung** ‖ **Festtafel** (geh.): *feierliches Festessen | festlich geschmückter Tisch* ‖ **Festtag** ‖ **festtäglich:** festtägliche Kleidung ‖ **festtags:** *an Festtagen* ‖ **Festtagsessen** ‖ **Festtagskleidung** ‖ **Festtagsstimmung**
festtreten: den Schnee f. *(zusammenpressen)* ‖ **Festung** die, -/-en: eine uneinnehmbare F. ‖ **Festungsanlage** ‖ **Festungshaft** (früher): *eine Art der Freiheitsstrafe* ‖ **Festveranstaltung** ‖ **Festversammlung** ‖ **festverzinslich** (Bankw.): *mit gleich bleibendem Zinssatz für die gesamte Laufzeit; festverzinsliche Wertpapiere (Anleihe oÄ)* ‖ **festwachsen** [-ks-] ‖ **Festwertspeicher:** *Speichermedium im Computer;* → ROM; → Hauptspeicher
Festwochen die (Pl.): die Wiener F. *(Festspiele)* ‖ **Festzelt:** *großes Zelt für Veranstaltungen*
festziehen: den Knoten f. *(zusammenziehen); aber:* am Seil [sehr] fest ziehen ‖ **Festzinsgarantie** (Bankw.)
Festzug: *festlicher Umzug*
Fetisch der, -[e]s/-e ⟨port.-fr.⟩: *Gegenstand, der abergläubisch verehrt wird* ‖ **Fetischismus** der, - ‖ **Fetischist** der, -en/-en ‖ **Fetischistin** die, -/-innen
fett: fettes Fleisch; fette Haare | (ugs.) *sehr dick* | (ugs.) *betrunken* | fette *(große)* Beute | (Jug.) ein fetter *(toller, beeindruckender)* Song; → geil | (Druckw.) die Überschrift f. drucken; f. gedruckt = fettgedruckt ‖ **Fett** das, -[e]s/-e: in heißem F. anbraten ‖ **Fettablagerung** (Med.) ‖ **Fettabsaugung** die, -/-en (Med.): *eine Schönheitsoperation* ‖ **fettarm:** fettarme Kost ‖ **Fettauge:** *Fetttropfen an der Oberfläche von flüssigen Speisen* ‖ **Fettfleck** der, -[e]s/-e[n] ‖ **fetten:** die Lederjacke f. *(mit Fett einschmieren)* | die Salbe fettet *(gibt Fett ab)* ‖ **fettfrei** ‖ **fett gedruckt** = **fettgedruckt** ‖ **Fettgehalt** der, -[e]s/-e ‖ **Fettgewebe** (Med.) ‖ **fetthältig,** *auch:* fetthaltig ‖ **fettig:** fettige Finger ‖ **fettleibig:** *sehr dick* ‖ **Fettleibigkeit** die, -: *Korpulenz* ‖ **fettlos** ‖ **fettlöslich** ‖ **Fettnäpfchen** das, -s/- (nur in der Wendung): ins F. treten *(sich durch unbedachte Äußerung in eine peinliche Situation bringen)* ‖ **Fettpolster:** *Fettgewebe unter der Haut* ‖ **fettreduziert:** *mit geringem Fettgehalt* ‖ **fettreich** ‖ **Fettsack:** *derbes Schimpfwort für einen dicken Menschen* ‖ **Fettsäure** (Biol., Chem.): *Baustein der Nahrungsfette;* → Linolsäure ‖ **Fettschicht** ‖ **Fettsucht** (Med.) ‖ **fetttriefend** ‖ **Fetttropfen** ‖ **Fettwiese:** *nährstoff-*

F

reiche (gedüngte) Wiese; → G.: Magerwiese

Fetus = Fötus der, -/-tusse [Feten/Föten] ⟨lat.⟩ (Med.): *Leibesfrucht*

fetzen: *zerfetzen, abreißen;* die Tapete von der Wand f. | (ugs.) *schnell fahren, rasen* | (ugs., abw.) du fetzt *(schmierst)* beim Schreiben | (Jug.) die Musik fetzt *(ist bes. gut, schnell)* ‖ **Fetzen** der, -s/-: *abgerissenes, zerfetztes Stück Papier, Stoff | Lappen, Tuch* | (ostöst., ugs., derb) *Rausch* ‖ **Fetzenball** (ugs.): *Faschingsball, Maskenball, Gschnas* ‖ **Fetzendach,** *auch:* **Fetzendachl** (ugs.): *faltbares [abnehmbares] Autodach* ‖ **fetzendeppert,** *auch:* fetzenteppert (ugs., derb): *ausgesprochen dumm* ‖ **Fetzenlaberl** (ostöst., ugs., früher): *aus Fetzen gefertigter Fußball* ‖ **Fetzenmarkt** (reg.): *Markt mit Altwaren* ‖ **Fetzenschädel** (derb): *Wirrkopf; Dummkopf* ‖ **Fetzentandler** (veraltet): *Trödler* ‖ **Fetzentandlerin** (veraltet) ‖ **Fetzenzug** (reg., zB O, St) (Volksk.): *ein traditioneller Faschingsumzug* ‖ **fetzig:** ein fetziger *(minderwertiger)* Stoff | (Jug.) eine fetzige *(tolle, mitreißende)* Musik

feucht: das Wetter wird kühl und f. ‖ **Feuchtbiotop** (Ökol.): *zB ein Teich mit seiner Tier- und Pflanzenwelt* ‖ **Feuchtblattern** die (Pl.): *eine Infektionskrankheit, Schafblattern, Windpocken* ‖ **feuchtfröhlich:** ein feuchtfröhliches Fest *(mit viel Alkohol)* ‖ **Feuchtgebiet** ‖ **feuchtheiß:** *feucht und heiß* ‖ **Feuchtigkeit** die, - ‖ **Feuchtigkeitscreme** [-kreːm] = Feuchtigkeitskrem = Feuchtigkeitskreme ‖ **Feuchtigkeitsgehalt** der, -[e]s/-e ‖ **Feuchtigkeitsmesser** ‖ **Feuchtigkeitstuch** ‖ **feuchtkalt** ‖ **feuchtkühl** ‖ **Feuchttuch** ‖ **feuchtwarm:** *feucht und warm*

feudal ⟨germ.-lat.⟩: *adelig, nobel* ‖ **Feudalgesellschaft** ‖ **Feudalherr** ‖ **Feudalismus** der, - (bes. Gesch.): *Herrschaftsform, in der die adelige Oberschicht [auf Grund des Lehenswesens] die Macht besitzt und ausübt* ‖ **Feudalstaat**

Feuer das, -s/-: es ist F. am Dach *(es herrscht große Aufregung);* für etwas F. und Flamme *(begeistert) sein;* für jemanden durchs F. gehen *(alles tun);* F. speien; → Feuer speiend = feuerspeiend ‖ **Feueralarm** ‖ **Feuerball** ‖ **feuerbeständig:** *dem Feuer widerstehend* ‖ **Feuerbeschau** die, - (Amtsspr.): *Überprüfung der Feuersicherheit* ‖ **Feuerbestattung:** *Einäscherung* ‖ **Feuerbrand:** *eine Obstseuche* ‖ **Feuereifer:** mit F. *(großem Eifer)* bei der Sache sein ‖ **Feuereinstellung** ‖ **feuerfest:** Öfen mit feuerfestem Schamott auskleiden ‖ **Feuerfleck** der, -[e]s/- (reg., bes. ostöst.): *gerollter Brotfladen [mit Schmalz und Knoblauch]* ‖ **feuergefährlich:** *leicht entflammbar* ‖ **Feuergefecht** (Mil.) ‖ **Feuerhalle:** *Krematorium* ‖ **feuerhemmend** ‖ **Feuerherd:** *Brandherd* ‖ **Feuerkopf** (geh.): *Hitzkopf* ‖ **Feuerleiter:** *Leiter an Außenwänden von Häusern zur Flucht bei Feuer* ‖ **Feuerlöscher** der, -s/-: *ein chemisches Löschgerät* ‖ **Feuermal** das, -[e]s/-e (Med.): *eine rötliche Hautverfärbung* ‖ **Feuermauer:** *nicht durchbrochene Trennmauer [zum Nebenhaus]* ‖ **Feuermelder:** *eine Feueralarmanlage* ‖ **feuern:** mit Holz f. *(heizen)* | auf das Ziel f. *(schießen)* | (ugs.) *entlassen* ‖ **Feuerpause** (Mil.) ‖ **Feuerpolizei:** *für Brandschutz zuständige Behörde* ‖ **feuerpolizeilich** ‖ **Feuerprobe:** die F. bestehen *(sich erstmals unter schwierigsten Bedingungen bewähren)* ‖ **feuerrot** ‖ **Feuersalamander:** *ein Schwanzlurch* ‖ **Feuersbrunst** (geh.) ‖ **Feuerschau** (V): *Feuerbeschau* ‖ **Feuerschlucker:** *ein Künstler [im Zirkus]* ‖ **Feuerschluckerin** ‖ **Feuerschutz** (Mil.): jemandem F. geben *(jemanden durch den Einsatz von Feuerwaffen schützen)* ‖ **feuersicher:** ein feuersicherer Tresor ‖ **Feuersirene** ‖ **Feuer speiend** = **feuerspeiend:** ein F. speiender Drache ‖ **Feuerstein:** *ein Mineral; Zündstein* ‖ **Feuertaufe:** *Feuerprobe* ‖ **Feuerteufel:** *Brandleger, Pyromane* ‖ **Feuertod** (geh.): den F. sterben *(durch einen Brand umkommen)* ‖ **Feuerung** die, -/-en: *Teil des Ofens, wo die Verbrennung stattfindet* | (ohne Pl.) *Brennstoff* ‖ **Feuerüberfall:** *plötzlicher Angriff mit Schusswaffen* ‖ **Feuerversicherung** ‖ **Feuerwache:** *Feuerwehrhaus mit einsatzbereiten Geräten, Fahrzeugen* ‖ **Feuerwaffe:** *Schusswaffe* ‖ **Feuerwanze:** *ein Insekt* ‖ **Feuerwasser** das, -s/-wässer (sal.): *Branntwein* ‖ **Feuerwehr:** die freiwillige F. ‖ **Feuerwehrauto** ‖ **Feuerwehrball** ‖ **Feuerwehrfest** ‖ **Feuerwehrfrau** ‖ **Feuerwehrhalle** (SüdT): *Zeughaus* ‖ **Feuerwehrhauptmann** ‖ **Feuerwehrhauptfrau** ‖ **Feuerwehrhaus** ‖ **Feuerwehrkommandant** ‖ **Feuerwehrkommandantin** ‖ **Feuerwehrmann** ‖ **Feuerwehrübung** ‖ **Feuerwerk:** *durch Raketen uÄ erzeugte Licht- und Knalleffekte am Nachthimmel* ‖ **Feuerwerker** der, -s/-: *Fachmann für Feuerwerke* ‖ **Feuerwerkerin** die, -/-innen ‖ **Feuerwerkskörper:** *eine Rakete* ‖ **Feuerzangenbowle** [-boːlɛ, engl.: -bəʊl]: *punschähnliches heißes Getränk aus Rotwein* ‖ **Feuerzeichen:** *Signalfeuer | die astrologischen Tierkreissymbole Widder, Löwe, Schütze* ‖ **Feuerzeug**

Feuilleton [fœıˈtõː] das, -s/-s ⟨fr.⟩: *kürzerer unterhaltender oder belehrender Artikel in einer Zeitung* ‖ **Feuilletonist** [-on-] der, -en/-en ‖ **Feuilletonistin** die, -/-innen ‖ **feuilletonistisch**

feurig: ein feuriges *(sehr lebhaftes)* Pferd | feurige *(scharfe)* Speisen

Feverl [-f-] = **Fevi:** *weibl. Vorname (Genoveva)*

Fex der, -en/-en: *jemand, der von etwas sehr begeistert ist;* → Bergfex, Skifex

Fez [-s] = → Fes

ff: fortissimo

FF (früher): **französischer Franc**

ff.: [die] folgende[n] [Seiten]; sieh[e] Seite 17 ff. *(Seite 17 und die folgenden Seiten);* → f.

fff: forte fortissimo *(dreifaches Forte)*

FH [ɛf ˈhaː]= **FHS** [- - ˈɛs]: **Fachhochschule** ‖ **FH-Studiengang**

FI [ɛf ˈiː]: **Fachinspektor[in]** | → FI-Schalter

Fiaker der, -s/- ⟨fr.⟩: *zweispännige Mietkutsche | deren Kutscher* ‖ **Fiakerkutsche** ‖ **Fiakerzeugel,** *auch:* **Fiakerzeugl** (W, fachspr.): *Fiakergespann* ‖ **Fiakergulasch:** *ein mit Frankfurter, Ei und Gurkerl garniertes Gulasch*

Fiale die, -/-n ⟨gr.-lat.-it.⟩: *kleiner, spitzer Turm*

Fiasko das, -s/-s ⟨it.⟩: *arger Misserfolg*

F

Fibel[1] die, -/-n ⟨gr.-lat.⟩: *Buch zum Lesenlernen*
Fibel[2] die, -/-n ⟨lat.⟩: *Gewandspange [aus frühgeschichtlicher Zeit]*
Fiber die, -/-n ⟨lat.⟩: *eine Faser* ‖ **Fiberglas**
ficht → fechten
Fichte die, -/-n: *ein Nadelbaum* | (ohne Pl.) *Holz der Fichte* ‖ **Fichtenholz** ‖ **Fichtenmoped** (scherzh.): *Baumsäge [mit Verbrennungsmotor]* ‖ **Fichtennadel** ‖ **Fichtennadelöl** ‖ **Fichtenwald** ‖ **Fichtenzapfen**
ficken (derb): *geschlechtlich verkehren, koitieren*
Fiddle [-dl] die, -/-s ⟨engl.⟩: *Geige [in der Folk- und Countrymusik]*
Fideikommiss [-de.i-] das, - ⟨lat.⟩ (Jus): *unteilbarer Familienbesitz*
fidel ⟨lat.⟩: *lustig, vergnügt*
Fidel die, -/-n: *ein mittelalterliches Streichinstrument;* → Fiedel
Fidschi: *ein pazifischer Inselstaat* ‖ **Fidschiinseln** die (Pl.)
Fieber das, -s: hohes F. haben | *Faszination, Begeisterung* ‖ **Fieberanfall** ‖ **Fieberblase** → Herpes ‖ **fieberfrei** ‖ **fieberhaft:** f. *(sehr eifrig)* suchen ‖ **Fieberkurve** [-fɛ, auch: -vɛ] ‖ **Fiebermesser** der, -s/-: *Fieberthermometer* ‖ **fiebern:** *Fieber haben* | nach etwas f. *(es heftig verlangen)* ‖ **fiebersenkend** ‖ **Fieberthermometer** ‖ **fiebrig**
Fiedel die, -/-n: *ein Streichinstrument* | (auch für) *Geige;* → Fidel ‖ **fiedeln,** ich fiedle (auch abw.)
fiederförmig (Bot.): *federförmig;* ein fiederförmiges Laubblatt
fiel → fallen
Fierant [fir-, auch: fiɛ-] der, -en/-en ⟨lat.-it.⟩ (ostöst., veraltet): *Wanderhändler* ‖ **Fierantin** die, -/-innen (ostöst., veraltet)
fies (nördl. D, ugs.): *gemein*
Fieselarbeit (ugs.): *Fitzelarbeit* ‖ **fieseln,** ich fiesle (ugs.): *nagen* | *mit feinen Fingerbewegungen arbeiten*
Fiesling der, -s/-e (nördl. D): *gemeiner Mensch*
Fiesta die, -/-s ⟨span.⟩: *spanisches Volksfest; aber:* → Siesta
FIFA die, -, *auch:* Fifa: **F**édération **I**nternationale de **F**ootball **A**ssociation *(Internationaler Fußballverband)*
fifty-fifty [-ti-ti] ⟨engl.⟩: *50 zu 50 [Prozent], halb zu halb;* f. machen
Figaro der, -s/-s (scherzh.): *Friseur (nach einer Bühnenfigur)*
figeln, ich figle (reg.): *firngleiten* ‖ **Figl** der, -s/-n (reg.): *Firngleiter;* → Bigfoot ‖ **Figler** der, -s/- (reg.): *Skiläufer auf Firngleitern* ‖ **Figlerin** die, -/-innen (reg.)
Fight [faɪt] der, -s/-s ⟨engl.⟩ (Sport): *Kampf (bes. im Boxsport)* ‖ **fighten** (Sport): *kämpfen* | *boxen* ‖ **Fighter** der, -s/- (Sport) ‖ **Fighterin** die, -/-innen
Figur die, -/-en ⟨lat.⟩: eine lebensgroße F.; eine gute F. *(einen guten Eindruck)* machen ‖ **figural:** figurales Zeichnen *(Menschen oder Tiere darstellend)* ‖ **Figurant** der, -en/-en (geh.): *Nebenperson* ‖ **Figurantin** die, -/-innen (geh.) ‖ **figurativ:** *figürlich dargestellt* ‖ **figurbetont:** ein figurbetontes Kleid ‖ **figurieren:** *in Erscheinung treten* | (EDV) *einen Computer einrichten* ‖ **Figurine** die, -/-n: *Entwurf eines Bühnenkostüms* ‖ **figürlich:** *bildlich, sinnbildlich*
Fiktion [-tsi̯-] die, -/-en ⟨lat.⟩: *Annahme; Einbildung; Erdachtes;* → fingieren ‖ **fiktional:** fiktionale Literatur *(Belletristik)* ‖ **fiktiv:** *angenommen, nicht wirklich*
File [faɪl] das, -s/-s ⟨engl.⟩ (EDV): *Computerdatei* ‖ **Filesharing** [-ʃeər-] (EDV): *[gleichzeitiger] Zugriff auf gemeinsame Dateien im Internet*
Filet [-ˈleː] das, -s/-s ⟨fr.⟩: *Lungenbraten; feines Fleisch ohne Knochen* | *entgrätetes Stück Fisch* | *eine feine Handarbeit* ‖ **filetieren:** *die wertvollsten Teile herausschneiden* | (Küchenspr.) den Fisch f. *(die Filets herausschneiden)* ‖ **Filetsteak** [-steɪk]: *Steak vom Lungenbraten*
Filia die, -/Filiae [-i̯ɛ] ⟨lat.⟩ (scherzh.): *Tochter;* → Filius ‖ **Filialbank** die, -/-en: *Bank mit Niederlassung[en]* ‖ **Filialkirche:** die F. einer Pfarrkirche ‖ **Filiale** die, -/-n: *Zweigstelle, Zweiggeschäft* ‖ **Filialleiter** ‖ **Filialleiterin** ‖ **Filiation** [-tsi̯-] die, -/-en (fachspr.): *Abstammung*
filigran ⟨lat.-it.⟩: *bes. zart* ‖ **Filigranarbeit:** *durchbrochene Arbeit aus feinem Metalldraht*
Filipina die, -/-s: *Einwohnerin der Philippinen* ‖ **Filipino** der, -s/-s
Filius der, -/Filii [-ii] [Filiusse] ⟨lat.⟩ (scherzh.): *Sohn;* → Filia
Film der, -[e]s/-e ⟨engl.⟩: *dünne Schichte; Überzug;* Ölfilm | den F. entwickeln lassen | einen F. *(ein Kino- oder Fernsehstück)* drehen ‖ **Filmarchiv** ‖ **Filmatelier** [-ˌli̯eː] ‖ **Filmbericht** ‖ **Filmdiva** [-v-]: *weiblicher Filmstar* ‖ **Filmemacher:** *[Drehbuchautor und] Regisseur eines Films* ‖ **Filmemacherin** ‖ **filmen:** *eine Filmaufnahme machen; in einem Film mitwirken* ‖ **Filmfestival** [-val, -vəl] ‖ **Filmfestspiele** die (Pl.) ‖ **Filmheld** ‖ **Filmheldin** ‖ **filmisch** ‖ **Filmindustrie** ‖ **Filmkamera** ‖ **Filmkritik** ‖ **Filmkulisse** ‖ **Filmleinwand** ‖ **Filmmusik** ‖ **Filmpiraterie** ‖ **Filmpreis** ‖ **Filmpremiere** [-ˌmi̯eːə, -rɛ] ‖ **Filmproduzent:** *jemand, der einen Film finanziert* ‖ **Filmproduzentin** ‖ **Filmprojektor** ‖ **Filmregie** [-ʒiː] ‖ **Filmregisseur** [-søːə] ‖ **Filmregisseurin** ‖ **Filmriss** ‖ **Filmschaffen** ‖ **Filmschnitt:** *(wirkungsvolles) Zusammenstellen der Teile des Films* ‖ **Filmstar** [-st-] ‖ **Filmsternchen:** *Nachwuchsschauspielerin* ‖ **Filmtablette:** *Tablette mit einer Schutzschicht, die sich im Magen auflöst* ‖ **Filmverleih**
Filou [-ˈluː] der, -s/-s ⟨fr.⟩ (meist scherzh.): *Gauner, Spitzbub* | *Schalk*
Filter der (*auch:* das), -s/- ⟨lat.⟩: *Vorrichtung zum Aussondern [fester Teile aus Flüssigkeiten];* den verschmutzten F. wechseln | *Tonfilter [am CD-Player]* ‖ **Filterkaffee** ‖ **filtern** = filtrieren: *seihen; reinigen* ‖ **Filterzigarette** ‖ **filtrieren** = → filtern ‖ **Filtrierpapier**
Filz der, -es/-e: *aus Fasern oder Haaren gepresster Stoff* | *roher Schweinespeck* | (Geogr.) *moosig verwachsenes Moor* ‖ **filzen,** du filzt (ugs.): *genau [beim Zoll] durchsuchen* ‖ **Filzhut** ‖ **Filzjanker** ‖ **Filzlaus:** *eine am Menschen parasitierende Laus* ‖ **Filzmoos:** *Ort in Salzburg* ‖ **Filzokratie** die, -/-n (sal.): *Nepotismus, Freunderlwirtschaft* ‖ **Filzpantoffel** ‖ **Filzpatschen** [-pɒː-, -paː-] (ugs.) ‖ **Filzschlapfen** (ugs.) ‖ **Filzstift**
Fimmel der, -s/- (ugs.): *übertriebene Begeisterung;* einen F. für etwas haben
final ⟨lat.⟩: *endgültig* ‖ **Finale** das, -s/- ⟨lat.-it.⟩: *Schluss* | (Mus.) *Schlusssatz, -teil* | (Sport) *Endkampf;* ins F. kommen ‖ **finalisieren:** *endgültig [einen Termin]*

festlegen ‖ **Fi|na|list** der, -en/-en: *Teilnehmer an einer Endrunde [an einem Endspiel]* ‖ **Fi|na|lis|tin** die, -/-innen ‖ **Fi|nal|spiel** (Sport): *Finale*

Fi|nan|cier [-nɑ̃'sjeː] der, -s/-s ⟨fr.⟩: *Bankmann; kapitalkräftiger Geldgeber* ‖ **Fi|nanz** [-'a-] die, - ⟨fr.-lat.⟩ (ugs.): *Finanzamt, Finanzbehörde;* → Finanzen ‖ **Fi|nanz|amt:** *Amt für die Einhebung und Verwaltung der Steuern* ‖ **Fi|nanz|aus|gleich** (Admin.): *Aufteilung der Steuereinnahmen zwischen Bund, Ländern, Gemeinden* ‖ **Fi|nanz|be|am|te** ‖ **Fi|nanz|be|am|tin** ‖ **Fi|nanz|be|hör|de:** *für die Steuereinhebung zuständige Behörde* ‖ **Fi|nanz|de|ri|vat** [-vaːt] (meist Pl.) (Wirt., Bankw.): *ein Finanzinstrument, das sich wertmäßig aus einem anderen Finanzprodukt oder Vermögen ableitet, zB Option, Zertifikat* ‖ **Fi|nanz|dienst|leis|ter** = **Fi|nanz|dienst|leis|tungs|un|ter|neh|men:** *Banken, Versicherungen uÄ* ‖ **Fi|nan|zen** die (Pl.): *Gelder; Vermögensanlage;* → Finanz ‖ **Fi|nan|zer** der, -s/- (ugs.): *Beamter der Zollwache* | *Finanzbeamter* ‖ **Fi|nan|ze|rin** die, -/-innen (ugs.) ‖ **Fi|nanz|fahn|der** ‖ **Fi|nanz|fahn|de|rin** ‖ **Fi|nanz|ge|ba|rung** ‖ **Fi|nanz|ge|ber:** *Geldgeber, Financier* ‖ **Fi|nanz|ge|be|rin** ‖ **Fi|nanz|ge|setz** ‖ **Fi|nanz|hil|fe** ‖ **fi|nan|zi|ell:** in finanziellen Schwierigkeiten sein *(zu wenig Geld haben)* ‖ **Fi|nanz|in|dus|t|rie:** *der gesamte Finanzsektor* ‖ **fi|nan|zier|bar:** der Autobahnbau ist nicht f. ‖ **fi|nan|zie|ren:** ein Unternehmen f. *(das Geld dafür beschaffen)* ‖ **Fi|nan|zie|rung** die, -/-en ‖ **Fi|nan|zie|rungs|plan** ‖ **Fi|nanz|kam|mer:** *Finanzverwaltung der [römisch-katholischen] Kirche* ‖ **Fi|nanz|ka|ser|ne** (SüdT): *Gebäude der Finanzpolizei* ‖ **Fi|nanz|kraft** ‖ **fi|nanz|kräf|tig** ‖ **Fi|nanz|kri|se** ‖ **Fi|nanz|lan|des|di|rek|ti|on** [-tsi̯-] (Admin.) (FLD): *dem Finanzministerium direkt unterstellte Behörde [in den Bundesländern]* ‖ **Fi|nanz|markt** ‖ **Fi|nanz|markt|auf|sicht** (Admin.) (FMA): *nicht weisungsgebundene staatliche Behörde mit wichtigen Kontrollaufgaben im Finanzsektor* ‖ **Fi|nanz|markt|re|gu|lie|rung** ‖ **fi|nanz|ma|rod** (sal.): *sich in Geldschwierigkeiten befindend* ‖ **Fi|nanz|mi|nis|ter** ‖ **Fi|nanz|mi|nis|te|rin** ‖ **Fi|nanz|mi|nis|te|ri|um:** *Bundesministerium für Finanzen* ‖ **Fi|nanz|platz:** der F. Wien bietet Vorteile für internationale Anleger ‖ **Fi|nanz|po|li|tik** ‖ **Fi|nanz|po|li|zei** (SüdT) (Admin.): *Polizei, die für das Steuer- und Zollwesen zuständig ist* ‖ **Fi|nanz|pro|ku|ra|tur** die, - (Admin.): *eine nachgeordnete Dienststelle des Finanzministeriums, Vertretungsbehörde des Bundes als Partei vor den Gerichten* ‖ **Fi|nanz|se|nat** (Admin.): Unabhängiger F. *(eine Finanzstrafbehörde);* → UFS ‖ **Fi|nanz|spre|cher** (Pol.) ‖ **Fi|nanz|spre|che|rin** (Pol.) ‖ **Fi|nanz|sprit|ze:** *finanzielle Unterstützung, Förderung* ‖ **Fi|nanz|straf|be|hör|de** (Amtsspr., Admin.) ‖ **Fi|nanz|straf|ver|fah|ren** ‖ **Fi|nanz|trans|ak|ti|ons|steu|er** [-tsi̯-]: *Besteuerung von börslichen und außerbörslichen Finanztransaktionen* ‖ **Fi|nanz|ver|wal|tung** (FV) (Kfz: FV): *für Steuern zuständige Verwaltungseinheit* ‖ **Fi|nanz|wa|che** (SüdT) (Admin.): *Polizei, die für die Kontrolle von Grenzen ua. zuständig ist*

Fin|del|kind: *ein weggelegtes und von Fremden aufgezogenes Kind* ‖ **fin|den**[1], fand/gefunden: Pilze f.; in einem Text Fehler f.; sein Glück f. | sie findet *(denkt),* dass ... | Gefallen an etwas/jemandem f. ‖ **fin|den**[2] sich: es wird sich alles f. *(sich zeigen; in Ordnung kommen)* ‖ **Fin|der** der, -s/-: der ehrliche F. ‖ **Fin|de|rin** die, -/-innen ‖ **Fin|der|lohn**

Fin de Siècle [fɛ̃ dœ 'si̯ɛkl] das, - - -[s] ⟨fr.⟩: *die Zeit des ausgehenden 19. Jh. [und ihre Kunstrichtung]*

fin|dig: ein findiger *(einfallsreicher)* Kopf ‖ **Find|ling** der, -s/-e: *Findelkind* | *von Eiszeitgletschern verschleppter Gesteinsblock* ‖ **Fin|dung** die, -/-en: die F. der eigenen Identität

Fi|ne das, -s/-s ⟨it.⟩ (Mus.): *Bezeichnung für das Ende eines Stücks*

Fi|nes|se [-s(ɛ)] die, -/-n ⟨fr.⟩: ein mit allen erdenklichen Finessen *(Feinheiten)* ausgestattetes Auto

fing → fangen

Fin|ger der, -s/-: sich in den F. schneiden; der kleine F.; die F. von etwas lassen *(sich nicht damit abgeben);* jemandem auf die F. schauen *(jemanden genau beobachten, kontrollieren);* sich etwas aus den Fingern saugen *(etwas frei erfinden)* | (ugs.) sie kann sich alle zehn F. abschlecken *(kann von Glück reden, dass nichts Schlimmeres eingetreten ist);* jemanden um den kleinen F. wickeln *(auf jemanden leicht Einfluss ausüben können);* durch die F. schauen *(leer ausgehen);* → Fingerbreit = Finger breit ‖ **Fin|ger|ab|druck** der, -[e]s/-drücke ‖ **fin|ger|breit:** eine fingerbreite Wunde; *aber:* einen Finger breit ‖ **Fin|ger|breit** der, -/- = **Fin|ger breit:** keinen F. abweichen; *aber:* ein fingerbreiter Spalt ‖ **fin|ger|dick:** eine fingerdicke Schnitte Brot; *aber:* zwei Finger dick ‖ **fin|ger|fer|tig:** *mit geschickten Fingern* ‖ **Fin|ger|fer|tig|keit** die, - ‖ **Fin|ger|food** [-fuːd] das, -[s] ⟨engl.⟩: *Speise, die mit den Fingern (ohne Besteck) gegessen wird* ‖ **Fin|ger|ha|keln** das, -s: *ein alpenländischer Sport* ‖ **Fin|ger|hut:** *Fingerschutz beim Nähen* | (Bot.) → *Digitalis* ‖ **Fin|ger|kraut:** *eine Pflanzengattung* ‖ **Fin|ger|kup|pe:** *Fingerspitze* ‖ **fin|ger|lang** ‖ **Fin|ger|ling** der, -s/-e: *Schutzhülle für einen Finger* ‖ **fin|gern:** *mit den Fingern tasten* ‖ **Fin|ger|na|gel** ‖ **Fin|ger|print:** *Fingerabdruck als individuelles Kennzeichen* ‖ **Fin|ger|satz:** ein guter F. *(optimaler Einsatz aller Finger beim Klavierspielen oder Maschinschreiben)* ‖ **Fin|ger|scha|le** (Gast.): *bei manchen Speisen servierte Wasserschale zum Waschen der Finger* ‖ **Fin|ger|spit|ze** ‖ **Fin|ger|spit|zen|ge|fühl** das, -[e]s: *Feingefühl* ‖ **Fin|ger|übung:** eine F. auf dem Klavier | das war eine F. *(reine Routine, Übung)* für die Sportlerin ‖ **Fin|ger|zeig** der, -[e]s/-e: *Hinweis, Wink*

fin|gie|ren ⟨lat.⟩: *erfinden, annehmen, vortäuschen;* eine fingierte Adresse; → Fiktion

Fi|ni: *weibl. Vorname (Josefine);* → Finnerl

Fi|nis|sa|ge [-'saːʃ, -ʒɛ] die, -/-n ⟨fr.⟩: *Abschlussveranstaltung einer [Kunst]ausstellung*

Fi|nish [-ʃ] das, -[s]/-s ⟨engl.⟩: *Finishing* | (Sport) *Endphase eines Wettkampfs* ‖ **Fi|ni|shing** das, -[s]: *Endfertigung, Abschlussarbeiten an einem Gegenstand*

fi|nit ⟨lat.⟩ (Gramm.): finite Verb-

F

form *(jede Verbform, die Person und Numerus erkennen lässt);* → Personalform; → G.: infinit

Fink der, -en/-en: *ein Singvogel;* Buchfink ‖ **Finkenschlag** der, -[e]s: *der Gesang des Finken*

Finne[1] der, -n/-n: *Angehöriger der Mehrheitsbevölkerung von Finnland*

Finne[2] die, -/-n (Zool.): *Rückenflosse [des Haies]*

Finne[3] die, -/-n (Zool.): *eine Entwicklungsstufe des Bandwurms*

Finnerl: *weibl. Vorname (Josefine);* → Fini

finnig: finniges *(vom Bandwurm befallenes)* Fleisch

Finnin die, -/-innen ‖ **finnisch** ‖ **Finnland** (Kfz: FIN): *ein Staat* ‖ **finnougrisch** ‖ **Finnougrist** der, -en/-en ‖ **Finnougristin** die, -/-innen ‖ **Finnougristik** die, -: *Wissenschaft von den finnougrischen Sprachen, zB Finnisch, Estnisch und Ungarisch*

Finnwal: *eine Walart*

Finocchi [-ki] die (Pl.) ⟨it.⟩: *Fenchelgemüse*

finster: ein finsteres Zimmer | finstere *(zwielichtige)* Gestalten | (Großschreibung) im **F**instern *(in der Dunkelheit);* im **F**instern *(im Ungewissen)* tappen ‖ **Finsterling** der, -s/-e (abw.): *humorloser, verdrießlich wirkender Mensch* ‖ **Finsternis** die, -/-nisse

Finte die, -/-n ⟨lat.-it.⟩: *Irreführung* | (Sport) *eine Technik [beim Fechten]* ‖ **fintenreich**

Fiocco [-k-] das, -s = **Fioccoeis** ⟨it.⟩: *eine Speiseeissorte*

Firewall [ˈfaɪəwɔːl] die, -/-s = der, -s/-s ⟨engl.⟩: *ein Programm, das ein EDV-System vor unerlaubten Zugriffen schützt*

Firlefanz der, -es/-e ⟨it.⟩ (abw.): *wertloser Aufputz; überflüssiges Getue*

firm ⟨lat.⟩: in einem Fach f. *(sicher, beschlagen)* sein ‖ **Firma** die, -/Firmen (Fa.) ⟨lat.-it.⟩: *Gewerbe- oder Industrieunternehmen; dessen eingetragener Name;* → firmieren ‖ **Firmament** das, -[e]s/-e ⟨lat.⟩ (geh.): *Himmelsgewölbe* ‖ **firmen** (kath.): *das Sakrament der Firmung spenden* ‖ **Firmenauto** ‖ **Firmenbuch:** *gerichtliches Verzeichnis von Firmeninhabern* ‖ **Firmenchef** [-ʃeːf] ‖ **Firmenchefin** ‖ **firmeneigen** ‖ **Firmeninhaber** ‖ **Firmeninhaberin** ‖ **firmenintern** ‖ **Firmenname,** *auch:* **Firmennamen** ‖ **Firmenpension** ‖ **Firmenpleite** ‖ **Firmensitz** ‖ **Firmenstandort** ‖ **Firmenstempel** ‖ **Firmenwagen** ‖ **Firmenwohnung** ‖ **Firmenwortlaut:** *Firmenname* ‖ **Firmenzentrale** ‖ **Firmgöd,** *auch:* Firmgöt (mda.): *Firmpate* ‖ **Firmgodl,** *auch:* Firmgoden, Firmgotl (mda.): *Firmpatin* ‖ **Firmgöt** → Firmgöd ‖ **firmieren** (Kaufmannsspr.): das Unternehmen firmiert *(zeichnet)* unter neuem Namen; → Firma ‖ **Firmling** der, -s/-e: *jemand, der gefirmt wird* ‖ **Firmpate** ‖ **Firmpatin** ‖ **Firmung** die, -/-en (kath.): *ein Sakrament*

Firn der, -[e]s/-e: *grobkörniger Altschnee;* → Ferner ‖ **Firnfeld** ‖ **firngleiten** ‖ **Firngleiter** der, -s/-: *ein Kurzski, Figl;* → Bigfoot | *Skiläufer auf Firngleitern, Figler* ‖ **Firngleiterin** die, -/-innen

Firnis der, -nisses/-nisse ⟨gr.-fr.⟩: *eine ölige Flüssigkeit [für Schutzanstriche]* ‖ **firnissen,** du firnisst

First der, -[e]s/-e: *oberste Dachkante* | (Geogr.) *Berggipfel* ‖ **Firstbalken** ‖ **Firstbaum:** *Firstbalken*

first class [ˈfɜːst ˈklɑːs] ⟨engl.⟩: *erste Klasse* ‖ **First-Class-Hotel**

Firstfeier: *Dachgleiche*

First Lady [fɜːst ˈleɪdi] ⟨engl.⟩: *Gattin eines Staatsoberhauptes*

Firstpfette: *oberster Dachbalken*

fis das, -/- (Mus.): *das um einen Halbton erhöhte f (F);* → Fis | fis-Moll ‖ **Fis** das, -/- (Mus.): *das um einen Halbton erhöhte F (f);* → fis | Fis-Dur

FIS die, -: **F**édération **I**nternationale de **S**ki *(Internationaler Skiverband)* ‖ **FIS-Rennen**

Fisch der, -[e]s/-e: fangfrischer F. | *ein Tierkreiszeichen* | (ugs.) kleine Fische *(Kleinigkeiten)* ‖ **Fischadler**

FI-Schalter [ɛf ˈiː-]: Fehlerstrom-Schutzschalter *(automatischer Unterbrecher eines schadhaften Stromkreises)*

Fischamend: *Stadt in Niederösterreich*

fischarm: fischarme Flüsse

Fischau → Bad Fischau

Fischbestand ‖ **Fischbesteck** ‖ **Fischbeuschel:** *Rogen oder Milch essbarer Fische* ‖ **Fischbeuschelsuppe** ‖ **Fischchen** das, -s/- ‖ **Fischei** ‖ **fischeln** (ugs.): *[unangenehm] nach Fisch riechen oder schmecken* ‖ **fischen,** du fisch[s]t: f. gehen | den Ball aus dem Netz f. *(herausholen)* ‖ **Fischer** der, -s/- ‖ **Fischerei** die, -/-en ‖ **Fischereiflotte** ‖ **Fischerin** die, -/-innen ‖ **Fischerkarte:** *öffentliche Berechtigung zum Fischfang, Angelschein* ‖ **Fischerl** das, -s/-[n]: *kleiner Fisch* | (Küchenspr.) *eine Fleischsorte, Filet (bes. vom Schweinslungenbraten)* | *Kurzwort für Silberfischerl* ‖ **Fischernetz** ‖ **Fischfang** der, -[e]s ‖ **Fischfanggebiet** ‖ **Fischfilet** [-leː] ‖ **Fischfutter** ‖ **Fischgräte** ‖ **Fischgrätenmuster:** *ein Stoffmuster* ‖ **Fischgründe** die (Pl.): *Fischfanggebiet* ‖ **Fischhandlung** ‖ **Fischkalter:** *ein Behälter für lebende Fische* ‖ **Fischkonserve** [-vɛ, -fɛ] ‖ **Fischkutter** der, -s/-: *ein Fischerboot* ‖ **Fischl** das, -s/-[n] (K) (Küchenspr.): *Fischerl* ‖ **Fischlaich:** *im Wasser abgelegte Fischeier* ‖ **Fischmarkt** ‖ **Fischmehl:** *Tierfutter* ‖ **Fischmesser** ‖ **Fischotter:** *eine wasserbewohnende Marderart* ‖ **fischreich** ‖ **Fischreiher:** *Graureiher* ‖ **Fischreuse:** *ein geflochtenes Fanggerät* ‖ **Fischrogen:** *Fischeier* ‖ **Fischstäbchen** das, -s/-: *längliches gebackenes Stückchen Fisch* ‖ **Fischsterben** das, -s ‖ **Fischsuppe** ‖ **Fischteich** ‖ **Fischvergiftung** ‖ **Fischwasser** das, -s/-[-wässer]: *Gewässer, welches mit einer Fischereilizenz befischt werden darf* ‖ **Fischweiher** (südl. D): *Fischteich* ‖ **Fischzeug** das, -[e]s: *die Geräte zum Fischen* ‖ **Fischzucht**

Fis-Dur (Fis) (Mus.) ‖ **Fis-Dur-Tonleiter** (Mus.)

Fisimatenten die (Pl.) ⟨?⟩ (ugs., veraltet): *Ausflüchte*

fiskalisch ⟨lat.⟩ ‖ **Fiskus** der, -: *Staatsvermögen; Finanzbehörde*

fis-Moll (fis) (Mus.) ‖ **fis-Moll-Tonleiter** (Mus.)

Fisole die, -/-n ⟨gr.-lat.-it.⟩: *frische Bohnschote, grüne Bohne* ‖ **Fisolengemüse** ‖ **Fisolensalat**

Fissur die, -/-en ⟨lat.⟩ (Med.): *schmerzhafter Einriss bei spröder Haut*

Fistel die, -/-n ⟨lat.⟩: *tief sitzendes Geschwür* ‖ **fisteln:** *mit Fistelstimme reden* ‖ **Fistelstimme:** *unnatürlich hohe Stimmlage; Kopfstimme*

fit, fitter, am fittesten ⟨engl.⟩: die Sportlerin ist wieder fit *(leistungsfähig, in guter körperlicher Verfassung);* → Fitness

F. i. T.: Fett **i**n **T**rockenmasse (zB bei Käse)

Fitis der, - [Fitisses]/ Fitisse ⟨lautmalend⟩: *ein Singvogel*

Fitness die, - ⟨engl.⟩: *gute körperliche Gesamtverfassung;* → fit ‖ **Fitnesscenter** [-sɛ-]: *Ort für Fitnesstraining* ‖ **Fitnessparcours** [-'kuːə], *auch:* Fitnessparcour ⟨engl.+fr.⟩: *Fitnesspfad im Freien;* → Parcours ‖ **Fitnessstudio** [-ʃt-] ‖ **Fitnesstraining** [-treːn-, engl.: -treɪn-]

Fitschigogerln → Pfitschigogerln ‖ **Fitschipfeil** → Pfitschipfeil

Fittich der, -[e]s/-e (geh.): *Flügel* | jemanden unter seine Fittiche nehmen *(jemanden betreuen, beschützen)*

Fitzelarbeit (ugs.): *Fitzelei* ‖ **Fitzelei** = Fitzlerei die, -/-en (ugs.): *Arbeit, die besondere Genauigkeit erfordert* ‖ **fitzeln** (ugs.): *sorgfältigst an etwas herumarbeiten, pitzeln* | *schnipseln, zerreißen;* → zerfitzeln ‖ **Fitzlerei** = → Fitzelei

Fiume: *italienischer Name von Rijeka*

fix ⟨lat.⟩: ein fixer *(fester)* Preis; eine fixe Idee *(ein Gedanke, von dem man nicht loskommt);* jemanden fix anstellen; f. angestellt = fixangestellt | (ugs.) fix und fertig *(ganz fertig)* | (ugs.) fix noch einmal! *(verflucht!);* → fix Laudon ‖ **Fixabsteiger** (Sport): *Mannschaft, deren Abstieg schon vor Ende der Meisterschaft feststeht* ‖ **fix Angestellte** = **Fixangestellte** ‖ **Fixanstellung** ‖ **Fixativ** [-f] das, -s/-e [-fɛ, -vɛ]: *Fixiermittel [für Kohlezeichnungen]* ‖ **Fixbetrag** ‖ **Fixeinkommen** ‖ **fixen,** du fixt (ugs.): *sich Drogen injizieren* ‖ **Fixer** der, -s/- (ugs.): *jemand, der sich Drogen injiziert* ‖ **Fixerin** die, -/-innen (ugs.) ‖ **fixfertig** (bes. westöst.): *fix und fertig* ‖ **Fixgeschäft** (Wirt.): *Vertrag, bei dem die Leistung zu einem ganz bestimmten Zeitpunkt erbracht werden muss* ‖ **fixieren:** Ladegut f. *(befestigen)* | einen Termin f. *(festlegen)* | jemanden/etwas f. *(anstarren)* | (Psych.) an/auf jemanden fixiert sein *(emotional an jemanden gebunden sein)* ‖ **Fixkosten** die (Pl.) ‖ **fix Laudon:** *Ausruf [des Ärgers], Fluch (nach einem altösterreichischen Feldmarschall)* ‖ **Fixmandat** ‖ **Fixpreis** ‖ **Fixpunkt:** das jährliche Treffen ist ein F. ‖ **Fixleiberl** (sal.): *Stammleiberl,* er hat ein F. *(einen festen Platz in der Mannschaft)* ‖ **Fixmandat** (sal.): *fester Listenplatz für ein Mandat* ‖ **Fixstation** [-tsi̯-]: *Feststation (zB beim Mobiltelefon)* ‖ **Fixstarter** (sal.) (bes. Sport): *jemand, der sicher für einen Wettkampf qualifiziert ist* ‖ **Fixstarterin** (sal.) (bes. Sport) ‖ **Fixstern:** *scheinbar unbeweglicher Stern;* → G.: Planet ‖ **Fixstunde** ‖ **Fixum** das, -s/Fixa: *festes Einkommen* ‖ **Fixzeit** ‖ **Fixzins** (Bankw.): *fest vereinbarter Zinssatz* ‖ **Fixzinsdarlehen** (Bankw.) ‖ **Fixzinsgarantie** (Bankw.): *Festzinsgarantie*

Fjord der, -[e]s/-e ⟨nordgerm.⟩: *tief ins Land reichende schmale Meeresbucht mit Steilküsten*

FKK [ɛf ka 'kaː] die, -, *auch:* das, -s: **F**rei**k**örper**k**ultur ‖ **FKK-Gelände** ‖ **FKK-Strand**

fl.: Florin *(Gulden)*

> **flach:**
>
> flache Dächer | sich flach auf den Boden legen | flach atmen
>
> **Getrennt- und Zusammenschreibung mit Verben, die ein Resultat herbeiführen:**
> – die Knetmasse flach drücken (= flachdrücken)
> – das Schnitzel flach klopfen (= flachklopfen)
>
> R→ S. 900, 1.5.2
>
> **Zusammenschreibung bei übertragener Bedeutung:**
> – sie ist drei Tage flachgelegen (ugs.: *war krank, erschöpft*)
> – unser Treffen ist flachgefallen (ugs.: *entfallen*)
>
> R→ S. 900, 1.5.1

Flachbildschirm ‖ **flachbrüstig** ‖ **Flachdach** ‖ **flach drücken** = **flachdrücken** ‖ **Fläche** die, -/-n: eine zehn Quadratmeter große F.; Grünfläche ‖ **Flächenbrand:** die Krise droht sich zu einem F. auszuweiten ‖ **flächendeckend** ‖ **flächengleich:** flächengleiche Dreiecke ‖ **flächenhaft** ‖ **Flächeninhalt:** den F. berechnen ‖ **Flächenmaß** ‖ **Flächenwidmung** ‖ **Flächenwidmungsplan:** dieses Grundstück darf laut F. nicht verbaut werden ‖ **flachfallen** (ugs.): *entfallen, wegfallen* ‖ **Flachgau:** *Landesteil von Salzburg* ‖ **flächig:** die Farbe f. auftragen ‖ **flach klopfen** = **flachklopfen** ‖ **Flachküste** ‖ **Flachland** ‖ **flachliegen** (ugs.): *erschöpft, krank sein* ‖ **Flachmann:** *flache, in der [Brust]tasche transportierbare [Schnaps-]flasche* ‖ **Flachmoor:** *Niedermoor*

Flachs [-ks] der, -es: *eine Faserpflanze; ihre Fasern* ‖ **flachsblond**

Flachse [-ks-] die, -/-n, *auch:* Flaxe: *Sehne* ‖ **flachsig,** *auch:* flaxig: flachsiges Fleisch

flackern: flackerndes *(zuckendes)* Licht

Fladen der, -s/-: *flacher, runder Kuchen* | *Kuhfladen* ‖ **Fladenbrot**

Fladerer der, -s/- (reg., ugs.): *Dieb* ‖ **Fladerin** die, -/-innen (reg., ugs.) ‖ **fladern** (reg., ugs.): *stehlen, entwenden;* → flauchen

Flädle, *auch:* Flädli das, -s/- (CH, V): *Frittate* ‖ **Flädlesuppe,** *auch:* **Flädlisuppe** (CH, V)

FLAF = **Flaf:** **F**amilien**la**stenaus**g**leichs**f**onds

Flagellant der, -en/-en ⟨lat.⟩ (früher): *Büßer, der sich selbst geißelt* ‖ **Flagellantin** die, -/-innen (früher) ‖ **Flagellat** der, -en/-en (Biol.): *Einzeller, Geißeltierchen*

Flageolett [-ʒo-] das, -s/-e [-s] ⟨lat.-fr.⟩ (Mus.): *eine hohe Flöte* | *flötenartiger Ton [auf der Geige]* ‖ **Flageoletton** (Mus.)

Flagge die, -/-n: *Fahne eines Landes;* F. zeigen *(die Absicht deutlich machen)* ‖ **flaggen:** *auf Grund eines besonderen Anlasses Flaggen aufziehen;* halbmast f. ‖ **Flaggschiff** (Seemannsspr.): *führendes Schiff der Flotte*

flagrant ⟨lat.⟩: eine flagrante *(offenkundige)* Grenzverletzung; → in flagranti

Flagshipstore ['flægʃɪpstɔə, engl.: -stɔː] der, -s/-s ⟨engl.⟩: *großes Vorzeigegeschäft einer Marke*

Flair [flɛːə] das, -s ⟨engl.⟩: *Wirkung, die von einer Person oder Sache ausgeht; Fluidum*

Flak die, -/-[s] (Mil.): *Kurzwort für Flugzeugabwehrkanone*

Flakon [-'kõː, auch: -'oːn] das = der, -s/-s ⟨fr.⟩: *Fläschchen*

Flakturm: *Betonbau für die Fliegerabwehr aus dem Zweiten Weltkrieg in Wien*

F

flam|bie|ren ⟨lat.-fr.⟩ (Küchenspr.): *eine Speise mit Alkohol übergießen und brennend servieren*
Fla|me der, -n/-n: *Angehöriger des in Flandern lebenden Volkes;* → flämisch
Fla|men|co [-kɔ] der, -[s]/-s ⟨span.⟩: *spanischer Nationaltanz* ‖ **Fla|men|co|tän|zer** ‖ **Fla|men|co|tän|ze|rin**
Fla|min die, -/-innen: *weibl. Form von Flame*
Fla|min|go der, -[s]/-s ⟨span.⟩: *ein Sumpfvogel*
flä|misch: die flämische Malerei; → Flame; → Niederländisch ‖ **Flä|misch** das, -[s] = **Flä|mi|sche,** -n: *das Niederländische in Belgien*
Flam|me die, -/-n: das Haus steht in Flammen *(brennt lichterloh)* ‖ **flam|men** (geh.): flammender *(leidenschaftlicher, energischer)* Protest ‖ **Flam|men|meer:** *großflächiger Brand* ‖ **Flam|men|tod** (geh.): *Feuertod* ‖ **Flam|men|wer|fer** (Mil.): *eine Waffe*
Flam|me|ri = **Flam|me|rie** die, -/-s = das, -s/-s = der ⟨engl.⟩: *eine Süßspeise, Dessertcreme, Pudding*
Flamm|punkt (Phys.): *niedrigste Entzündungstemperatur eines Dampf-Luft-Gemisches einer brennbaren Substanz*
Flan|dern: *nördlicher (niederländischsprachiger) Teil Belgiens;* → Flame; → Flamin
Fla|nell der, -s/-e ⟨engl.-fr.⟩: *ein einseitig aufgerautes Gewebe* ‖ **Fla|nell|hemd**
Fla|neur [-ˈnøːə] der, -s/-e ⟨fr.⟩ ‖ **Fla|neu|rin** die, -/-innen ‖ **fla|nie|ren:** *müßig herumschlendern*
Flan|ke die, -/-n ⟨fr.⟩: *Seite* | (Sport) *eine Turnübung* | (Sport) *Schuss von der Spielfeldseite in die Mitte* ‖ **flan|ken** (Sport): den Ball f. *(ihn von der Seite zur Spielfeldmitte schießen)* ‖ **Flan|ken|an|griff** (Sport): *Angriff von der Seite* ‖ **Flan|ken|schutz** (Mil.): *seitlicher Truppenschutz* | (Verk.) *Sicherungsmaßnahme für eine Eisenbahntrasse, zB Signal, Weiche, Gleissperre*
Flan|kerl das, -s/-[n] (ugs.): *Flöckchen, winziges Stück;* es ist kein F. Staub mehr zu sehen
flan|kie|ren ⟨fr.⟩: die Präsidentin wurde von zwei Leibwächtern flankiert *(wurde von ihnen rechts und links begleitet);* flankierende Maßnahmen *(Begleitmaßnahmen)*
Flansch der, -[e]s/-e = **Flan|sche** die, -/-n: *ein Verbindungsstück von Rohren*
Flap|pe die, -/-n: *außen mitgeheftete Lasche bei Zeitschriften (für Werbezwecke)*
flap|sig (sal.): *ungehobelt und frech*
Fläsch|chen das, -s/- ‖ **Fla|sche** die, -/-n: Bier aus der F. trinken | (fachspr.) *Wein auf die Flasche füllen* | (ugs.) eine Flasche[n] *(Ohrfeige)* bekommen | (ugs.) *dummer Mensch* ‖ **Fla|schen|bier** ‖ **Fla|schen|ein|satz:** *Pfand* ‖ **Fla|schen|gä|rung:** Sekt mit F. ‖ **fla|schen|grün** ‖ **Fla|schen|hals** ‖ **Fla|schen|kür|bis:** *eine Nutzpflanze* ‖ **Fla|schen|milch:** *Milch in [Pfand]flaschen* ‖ **Fla|schen|öff|ner** ‖ **Fla|schen|pfand** ‖ **Fla|schen|post:** *in einer Flasche verschlossene Nachricht, die über ein Gewässer jemanden erreichen soll* ‖ **Fla|schen|wein** ‖ **fla|schen|wei|se** ‖ **Fla|schen|zug:** *eine Kraft sparende Vorrichtung zum Heben und Ziehen* ‖ **Fla|scherl** das, -s/-[n]: *Fläschchen;* dem Baby das F. geben ‖ **Fla|scherl|zug** (scherzh.): der Stainzer F. *(eine Schmalspurbahn in der Steiermark)* ‖ **Flaschl** das, -s/-n (ugs.): *Flascherl*
Flash|mob [ˈflæʃ-] der, -s/-s ⟨engl.⟩: *per Internet initiierte Aktion mit Menschenauflauf*
Flat|rate [ˈflætreɪt] die, - ⟨engl.⟩: *gleich bleibende Gebühr ohne weitere Kosten [bei Internetprovidern]* ‖ **Flat Screen** [- skriːn] = **Flat|screen:** *Flachbildschirm* ‖ **Flat Tax** [- tæks] = **Flat|tax** die, -/-es [-ɪz] (Wirt.): *Einheitssteuer mit einem einstufigen Einkommensteuertarif*
flat|ter|haft: *unstet, leichtlebig* ‖ **Flat|ter|haf|tig|keit** die, - ‖ **flat|tern:** die Fahnen f. im Wind ‖ **Flat|ter|tier:** *ein Säugetier*
Flat-TV [ˈflæt te ˌfaʊ, engl.: -tiːˈviː] der, -s/-s ⟨engl.⟩: *Fernseher mit Flachbildschirm*
flau: ein flauer *(schwacher)* Wind | (ugs.) die Geschäfte gingen f. *(schlecht)*
flau|chen (reg., ugs.): *stehlen;* → fladern
Flaum der, -[e]s: *weiche Federn oder Haare* ‖ **Flaum|fe|der** ‖ **flau|mig:** *locker, weich;* eine flaumige Mehlspeise
Flausch der, -[e]s/-e: *ein dicker, wolliger Stoff* ‖ **flau|schig**
Flau|sen die (Pl.): den Kopf voller F. *(Unsinn)* haben
Flau|te die, -/-n: *Windstille* | *Stagnation [in der Wirtschaft]*
Fla|via Sol|va [-v- -v-]: *römische Stadt (Ruinenstätte) bei Leibnitz (St)*
Fla|xe → Flachse ‖ **fla|xig** → flachsig
FLD: Finanz**l**andes**d**irektion
Flech|se [-ks-] die, -/-n (D): *Flachse* ‖ **flech|sig** (D): *flachsig*
Flech|te die, -/-n (Bot.): *eine moosähnliche Pflanze (enge Lebensgemeinschaft von Pilzen und Algen)* | (Med.) *ein Hautausschlag* ‖ **flech|ten,** ich flechte, du flichtst [flechtest]/flocht/geflochten/flicht!, flechtet!: Zöpfe f.; Körbe f. ‖ **Flecht|werk:** *Geflecht*
Fleck[1] der, -[e]s/-e[n]: den F. aus dem Kleid waschen; ein weißer F. auf der Landkarte *(unerforschtes Gebiet)* | *[quadratisch] zugeschnittener Stoff* | nicht vom F. kommen *(nicht weiterkommen)* | (mit Pl. Fleck) (ugs.) *Fünfer, die Note Nicht genügend* | (mit Pl. Fleck) (Küchenspr.) *eine Mehlspeise;* Marillenfleck ‖ **Fleck**[2] die (Pl.) (Küchenspr.): *Kurzwort für Kuttelfleck;* Flecksuppe ‖ **Fle|cken** der, -s/-: *Fleck* | (veraltet) *eine Ortschaft;* → Marktflecken ‖ **fle|cken|los** ‖ **Fle|cken|was|ser** das, -s/- [-wässer], auch: Fleckwasser: *ein Fleckputzmittel* ‖ **Fle|ckerl** das, -s/-[n]: *kleiner Fleck, Stückchen* | (Küchenspr.) *eine Teigware; Krautfleckerln;* → Fleck | *Kurzwort für Fleckerlwalzer* ‖ **Fle|ckerl|speis** die, -/-n = **Fle|ckerl|spei|se** (reg., zB O): *Gericht mit Fleckerln* ‖ **Fle|ckerl|sup|pe** ‖ **Fle|ckerl|tep|pich** ‖ **Fle|ckerl|wal|zer:** *auf dem Platz getanzter [Wiener] Walzer* ‖ **Fleck|fie|ber:** *eine Infektionskrankheit, Flecktyphus* ‖ **fle|ckig** ‖ **Fleck|putz|mit|tel** ‖ **Fleck|sup|pe** ‖ **Fleck|ty|phus** [-yf-]: *Fleckfieber* ‖ **Fleck|was|ser** → Fleckenwasser
fled|dern (ugs.): *[aus]plündern;* → zerfleddert
Fle|der|maus: *ein Fledertier* ‖ **Fle|der|tier:** *Flattertier* | (Pl.) (Zool.) *eine Säugetierordnung* ‖ **Fle|der|wisch:** *Staubwedel*
Fleece [fliːs] das, *auch:* der, - ⟨engl.⟩: *ein synthetisches Textil; aber:* → Vlies ‖ **Fleece|ja|cke** ‖ **Fleece|stoff**

Fle|gel der, -s/-: *ein landwirtschaftliches Gerät;* Dreschflegel | (abw.) *Lümmel* ‖ **Fle|ge|lei** die, -/-en (abw.): *Ungezogenheit* ‖ **fle|gel|haft** (abw.) ‖ **Fle|gel|jah|re** die (Pl.): *die von Ungezogenheit bestimmten Jugendjahre*

fle|hen: *inständig bitten* ‖ **fle|hent|lich:** eine flehentliche Bitte

Fleisch das, -[e]s: er isst kein F. *(ist Vegetarier);* → Fleisch fressend = fleischfressend | diese Pfirsichsorte hat ein saftiges F. *(Fruchtfleisch)* | (ugs., scherzh.) vom F. fallen *(abmagern)* | (geh.) sein eigen[es] F. und Blut *(sein Blutsverwandter, sein Kind)* ‖ **Fleisch|bäll|chen** ‖ **Fleisch|bank** die, -/ -bänke (veraltet): *Fleischhauerei* ‖ **Fleisch|be|schau** (abw.): *entwürdigende Zurschaustellung menschlicher Körper* | (Amtsspr.) *amtliche Untersuchung geschlachteter Tiere* ‖ **Fleisch|brü|he** ‖ **Fleisch|ein|waa|ge:** *Fleischanteil [in Konserven]* ‖ **Flei|scher** der, -s/-: *Fleischhauer, Metzger* ‖ **Flei|sche|rei** die, -/-en ‖ **Flei|sche|rin** die, -/-innen ‖ **Flei|scher|mes|ser** ‖ **Flei|sches|lust** (geh. bzw. oft abw.): *sexuelles Verlangen* ‖ **Fleisch|ex|trakt:** *eine Würze* ‖ **fleisch|far|ben** ‖ **Fleisch|flie|ge:** *eine Fliege, deren Maden sich von Aas oder parasitisch ernähren* ‖ **Fleisch fres|send** = **fleisch|fres|send:** F. fressende (= fleischfressende) Pflanzen ‖ **Fleisch|fül|le:** *Füllung aus Faschiertem* ‖ **Fleisch|fres|ser** der, -s/- (Zool.): *Tier, das sich hauptsächlich von Fleisch ernährt* ‖ **Fleisch|ge|richt** das, -[e]s/-e ‖ **Fleisch|ha|cker** der, -s/- (ostöst., ugs., veraltend): *Fleischer* ‖ **Fleisch|ha|cke|rin** die, -/-innen (ostöst., ugs., veraltend) ‖ **Fleisch|hau|er** der, -s/-: *Fleischer* ‖ **Fleisch|hau|e|rei** die, -/-en ‖ **Fleisch|hau|e|rin** die, -/-innen ‖ **flei|schig:** *reich an Fleisch* ‖ **Fleisch|kä|se,** *auch:* Fleischkäs (T): *Leberkäs* ‖ **Fleisch|knö|del** ‖ **Fleisch|la|berl** (reg., bes. ostöst., ugs.): *Fleischlaibchen;* → Laberl ‖ **Fleisch|laib|chen:** *faschiertes Laibchen* ‖ **fleisch|lich** (veraltet): *die Sinnenlust betreffend* ‖ **fleisch|los:** fleischlose Kost ‖ **Fleisch|ma|schi|ne** (veraltend): *ein Küchengerät; Fleischwolf* ‖ **Fleisch|nu|del** (meist Pl.) (reg.): *eine Speise* ‖ **Fleisch|pa|lat|schin|ke** ‖ **Fleisch|schlä|gel:** *[Holz]hammer zum Fleischklopfen* ‖ **Fleisch|sel|cher** ‖ **Fleisch|sel|che|rin** ‖ **Fleisch|skan|dal:** *Aufdeckung zB verbotener Futterungsmittel, Medikamente in der Tieraufzucht* ‖ **Fleisch|stru|del** ‖ **Fleisch|stru|del|sup|pe:** *Lungenstrudelsuppe* ‖ **Fleisch|sup|pe** ‖ **Fleisch|ti|ger** (sal.): *jemand, der gern und viel Fleisch isst* ‖ **Fleisch|ti|ge|rin** (sal.) ‖ **Fleisch|wolf:** *Küchengerät, mit dem Fleisch faschiert wird* ‖ **Fleisch|wun|de:** die F. am Arm verbinden

Fleiß der, -es: mit eisernem F. *(Eifer)* arbeiten | (ugs.) jemandem etwas zu/mit F. tun *(es mit der Absicht tun, jemanden zu ärgern oder zu schädigen)* ‖ **Fleiß|auf|ga|be:** *zusätzliche Arbeit* ‖ **flei|ßig:** f. üben; fleißige Schüler; *aber:* das Fleißige Lieschen *(eine Pflanze)*

flek|tier|bar ⟨lat.⟩ (Gramm.) ‖ **flek|tie|ren** (Gramm.): *Oberbegriff für deklinieren und konjugieren;* → Flexion

flen|nen (reg., ugs.): *weinen*

Fle|serl das, -s/-[n] (bes. S, O): *Gebäck in Zopfform mit Salz, Kümmel oder Mohn*

flet|schen, du fletsch[s]t: der Hund fletschte *(zeigte drohend)* die Zähne

fleucht → kreucht

fle|xi|bel ⟨lat.⟩: *biegsam, elastisch; flexibles Rohr* | *anpassungsfähig;* rasch und f. auf Kundenwünsche reagieren ‖ **fle|xi|bi|li|sie|ren:** *flexibel machen;* die Arbeitszeit f. ‖ **Fle|xi|bi|li|sie|rung** die, -/-en ‖ **Fle|xi|bi|li|tät** die, - ‖ **Fle|xi|on** die, -/-en ⟨lat.⟩ (Gramm.); → flektieren; → Deklination; → Konjugation ‖ **Fle|xi|ons|en|dung**

flicht → flechten

fli|cken: die Schürze f. *(ausbessern)*

Flick|flack der, -s/-s (Sport): *eine Turnübung*

Flickr das, -[s] ⟨engl.⟩ (Wz.): *eine Internetplattform für Fotos und Videos*

Flick|werk das, -[e]s (abw.): *nicht einheitliche, zusammengestückelte (stümperhafte) Arbeit* ‖ **Flick|zeug:** *Werkzeug zum Ausbessern [von Fahrradschläuchen]*

Flie|der der, -s/-: *ein Zierstrauch* | (reg., ugs.) *Holunder* ‖ **Flie|der|busch** ‖ **flie|der|far|ben:** *blasslila*

Flie|ge die, -/-n: *ein Zweiflügler;* zwei Fliegen auf einen Streich erledigen *(zwei Sachen auf einmal erreichen)* ‖ **flie|gen,** flog/geflogen: er *ist* ins Ausland geflogen; sie *hat* eine Sportmaschine geflogen | (ugs.) auf die Nase f. *(fallen)* | (ugs.) auf etwas f. *(erpicht sein)* | alles was da → kreucht und fleucht ‖ **Flie|gen|fi|schen:** *eine Angelmethode [mit künstlichen Insekten]* ‖ **Flie|gen|ge|wicht** das, -[e]s (Sport): *eine Gewichtsklasse* ‖ **Flie|gen|git|ter** ‖ **Flie|gen|pilz:** *ein giftiger Pilz* ‖ **Flie|gen|pra|cker** ‖ **Flie|gen|schiss** (ugs.) ‖ **Flie|gen|schnäp|per** der, -s/-: *ein Singvogel* ‖ **Flie|ger** der, -s/-: *Flugzeug* | *Pilot* ‖ **Flie|ger|ab|wehr:** *Flugabwehr* ‖ **Flie|ger|alarm:** F. bei Luftangriffen ‖ **Flie|ge|rei** die, -: *das Flugwesen; der Fliegerberuf* | *das ständige Fliegen* ‖ **Flie|ger|horst:** *Militärflugplatz* ‖ **Flie|ge|rin** die, -/-innen: *Pilotin*

flie|hen, floh/geflohen: aus dem Kriegsgebiet f. *(flüchten)* ‖ **Flieh|kraft:** *Zentrifugalkraft*

Flie|se [-zɛ, ugs. auch: -sɛ] die, -/-n: *eine Kachel zur Wandverkleidung und zum Bodenbelegen* ‖ **Flie|sen|le|ger** der, -s/- ‖ **Flie|sen|le|ge|rin** die, -/-innen ‖ **Flie|sen|schnei|der:** *ein Werkzeug*

Fließ|band: *Laufband [in Fabriken]* ‖ **Fließ|band|ar|beit** ‖ **flie|ßen,** du fließt/floss/geflossen: der Bach fließt rasch | das Bier floss in Strömen *(es wurde viel Bier getrunken)* | die Gelder f. ins Ausland | der Rock fließt weich um die Hüften ‖ **flie|ßend:** fließendes Wasser (auch: *Wasseranschluss im Zimmer)* | sie spricht f. Russisch | die Übergänge sind f. *(nicht eindeutig)* ‖ **Fließ|ge|schwin|dig|keit:** die F. von Flüssen ‖ **Fließ|ge|wäs|ser** ‖ **Fließ|han|del:** *Handel der meistgefragten Aktien an der Wiener Börse* ‖ **Fließ|han|dels|in|dex** (Börse) ‖ **Fließ|heck:** *eine Autoform* ‖ **Fließ|pa|pier:** *Löschpapier* ‖ **Fließ|stre|cke:** die F. der Donau | *Abschnitt bei der Fließbandfertigung* ‖ **Fließ|text** (Druckw.): *fortlaufender Text ohne Randformatierung* ‖ **Fließ|was|ser** das, -s: ein Zimmer ohne F. *(Wasseranschluss)*

flim|mern: flimmernde Sterne; es flimmert mir vor den Augen

flink: *rasch;* f. wie ein Wiesel ‖ **Flink|heit** die, -

Flin|serl das, -s/-[n]: *kleines, glänzendes Metallplättchen; Flitter* |

F

ein [einzelner] Männerohrring
Flin|te die, -/-n ⟨engl.⟩: *ein Gewehr für Schrotpatronen;* → Büchse; die F. ins Korn werfen *(aufgeben)*
Flip der, -s/-s ⟨engl.⟩ (Sport): *ein Sprung im Eiskunstlauf* ‖ **Flip-chart** [-tʃa:(r)t] das, -s/-s = die, -/-s: *auf einem Gestell befestigter Papierblock [für Präsentationen]* ‖ **Flip|flop** = **Flip-Flop** der, -s/-s (meist Pl.) (Wz.): *eine [Bade]sandale* ‖ **flip|pen** (sal.): *sich ängstigen, zittern;* er flippt vor der Schularbeit; → ausflippen ‖ **Flipper** der, -s/-: *ein Spielautomat* ‖ **flip|pern**
Flirt [flœrt, engl.: flɜ:t] der, -s/-s ⟨engl.⟩: *Liebelei* ‖ **flir|ten:** *[durch Gesten, Blicke, Worte] erotische Absichten bekunden*
Flit|sche die, -/-n (meist Pl.) (ugs.): *Kurzwort für Maisflitsche* ‖ **flitschen** (ugs.): *flutschen | schnalzen, schnepfen;* mit einem Gummiband f. *(schießen)* | einen flachen Stein übers Wasser f. *(hüpfen)* lassen, *platteln*
Flit|scherl das, -s/-[n] (ugs., abw.): *leichtlebiges Mädchen* ‖ **Flittchen** das, -s/- (nördl. D, abw.): *Flitscherl*
Flit|ter der, -s/-: *billiger, glänzender Schmuck* ‖ **Flit|ter|wo|chen** die (Pl.): *die ersten Wochen nach der Hochzeit, Honeymoon*
flit|zen, du flitzt: das Auto flitzt *(saust)* vorüber
Floa|ting ['floʊt-] das, -[s] ⟨engl.⟩ (Bankw.): *Freigabe bzw. Schwanken des Wechselkurses einer Währung*
Flo|bert|ge|wehr: *kleinkalibriges Sportgewehr*
flocht → flechten
Flo|cke die, -/-n: es schneit dicke Flocken *(Schneeflocken)* | *flach gedrücktes Getreidekorn;* Haferflocken ‖ **Flo|cken|blu|me:** *ein Korbblütler* ‖ **flo|ckig:** eine flockige *(flaumige)* Mehlspeise
flog → fliegen
floh → fliehen
Floh der, -[e]s/Flöhe: *ein Blut saugendes Insekt;* jemandem einen F. ins Ohr setzen *(etwas mitteilen, das ihn lange beschäftigt)* ‖ **Floh|markt:** *Markt für [den Privatverkauf von] Altwaren; Tandelmarkt*
Flop der, -s/-s ⟨engl.⟩ (sal.): *Misserfolg;* → G.: Hit
Flor[1] der, -s/-e ⟨niederl.⟩: *ein feines Gewebe | ein Teppich mit hohem* F. *(flauschiger Oberschicht)*
Flor[2] der, -s/-e ⟨lat.⟩: *Blütenpracht* ‖ **Flo|ra**[1]: *weibl. Vorname | römische Göttin der Blumen* ‖ **Flo|ra**[2] die, -/Floren: *Gesamtheit der Pflanzenarten eines Gebiets;* Alpenflora
Flo|ren|ti|ner der, -s/-: *ein breitkrempiger Strohhut | ein Mandelgebäck | ein Vorhang* ‖ **Flo|ren|ti|ner|hut**
Flo|rett das, -[e]s/-e ⟨it.-fr.⟩: *eine Stoßwaffe [im Fechtsport]* ‖ **Flo|rett|fech|ten:** *eine Sportdisziplin*
Flor|flie|ge: *ein Netzflügler*
Flo|ri|an: *männl. Vorname* ‖ **Flo|ri|a|ni**[1]: zu F. *(am Florianitag)* ‖ **Flo|ri|a|ni**[2] der, -s/-s (sal.): *Kurzwort für Florianijünger* ‖ **Flo|ri|a|ni|fei|er** ‖ **Flo|ri|a|ni|jün|ger** (scherzh.): *Feuerwehrmann* ‖ **Flo|ri|a|ni|markt** ‖ **Flo|ri|a|ni|prin|zip** das, -s (ugs., scherzh.): nach dem F. vorgehen *(Belastungen auf andere abwälzen)* ‖ **Flo|ri|a|ni|tag:** *Festtag des heiligen Florian am 4. Mai, Floriani*
Flo|ri|da: *Bundesstaat der USA*
Flo|rids|dorf: *21. Bezirk Wiens*
flo|rie|ren ⟨lat.⟩: das Geschäft floriert *(blüht, geht sehr gut)* ‖ **Florin** der, -s/-e [-s] (fl.) (früher): *Gulden, Münze und Währung* ‖ **Flo|rist** der, -en/-en: *Blumenbinder, -händler* | (Bot.) *Kenner bzw. Erforscher der Flora*[2] ‖ **Flo|ris|tin** die, -/-innen
Flos|kel die, -/-n ⟨lat.⟩: *nichts sagende Redensart* ‖ **flos|kel|haft**
floss → fließen ‖ **Floß** das, -es/Flöße: *ein flaches Wasserfahrzeug [aus Baumstämmen];* → flößen ‖ **Flos|se** die, -/-n: *Bewegungs- und Steuerungsorgan [bei Fischen];* Rückenflosse | *Schwimmflosse* ‖ **flö|ßen,** du flößt: Holz f. *([zusammengebundene] Baumstämme durch die Strömung eines fließenden Gewässers transportieren lassen);* → Floß ‖ **Flos|sen|fü|ßer** der, -s/- (Zool.): *Robbe* ‖ **Flos|sen|schwim|men:** *eine Sportdisziplin* ‖ **Flö|ßer** der, -s/- ‖ **Flö|ße|rin** die, -/-innen ‖ **Floß|fahrt**
Flö|te die, -/-n: *ein Holzblasinstrument;* F. spielen ‖ **flö|ten:** *die Flöte blasen | süßlich sprechen* | (ugs.) f. gehen *(verloren gehen)* ‖ **Flö|ten|klang** ‖ **Flö|ten|mu|sik** ‖ **Flö|ten|spiel** das, -[e]s ‖ **Flö|ten|spie|ler** ‖ **Flö|ten|spie|le|rin** ‖ **Flö|ten|tö|ne** die (Pl.): *schmeichelnde Worte* ‖ **Flö|ten|uhr** (Mus.): *kleine, automatisch betriebene Orgel* ‖ **Flö|tist** der, -en/-en: *Flötenspieler* ‖ **Flö|tis|tin** die, -/-innen
flott: die Arbeit f. *(flink)* machen; *aber:* → flottmachen | ein flottes *(schickes) Kleid* | ein flottes *(leichtlebiges)* Leben führen | → flott geschrieben = flottgeschrieben | (Küchenspr.) die flotte Lotte *(ein Gerät zum Passieren)*
Flot|te die, -/-n (Mil.): *ein größerer Schiffsverband | größere Einheit von Fahrzeugen oder Transportmitteln* ‖ **Flot|ten|ba|sis** (Mil.) ‖ **Flot|ten|stütz|punkt** (Mil.)
flott ge|schrie|ben = **flott|ge|schrie|ben:** ein f. geschriebener Artikel
Flot|til|le die, -/-n: *Verband kleinerer Schiffe* ‖ **flott|ma|chen:** ein gestrandetes Schiff flottmachen *(fahrfähig machen); aber:* eine Arbeit flott *(flink)* machen
Flöz das, -es/-e: *eine Schichte [von Kohle oder Erzen] im Gestein*
Fluch der, -[e]s/Flüche: *im Zorn gesprochenes derbes Schimpfwort | Verwünschung* | (geh.) auf ihm lastet ein F. *(Unglück, Verderben)* ‖ **fluch|be|la|den** (geh.) ‖ **flu|chen**
Flucht[1] die, -: die F. ergreifen *(fliehen);* jemanden in die F. schlagen
Flucht[2] die, -/-en: eine F. *(Reihe)* von Zimmern
Flucht|ach|terl (ugs., scherzh.): *abschließender Umtrunk nach einem geselligen Treffen* ‖ **flucht|ar|tig:** f. das Haus verlassen ‖ **Flucht|au|to**
fluch|ten: *genau in einer Geraden liegen | in eine Gerade bringen*
flüch|ten: *fliehen* ‖ **Flucht|fahr|zeug** ‖ **Flucht|ge|fahr** ‖ **Flucht|ge|schwin|dig|keit** (Phys.): *notwendige Geschwindigkeit eines Flugkörpers, um die Schwerkraft der Erde zu überwinden* ‖ **Flucht|hel|fer** ‖ **Flucht|hel|fe|rin** ‖ **flüch|tig:** *auf der Flucht | oberflächlich* ‖ **Flüch|tig|keits|feh|ler** ‖ **Flücht|ling** der, -s/-e ‖ **Flücht|lings|hel|fer** ‖ **Flücht|lings|hel|fe|rin** ‖ **Flücht|lings|hoch|kom|mis|sa|ri|at:** UN-F. *(zum Schutz von Flüchtlingen)* ‖ **Flücht|lings|kon|ven|ti|on** [-v-tsi̯-]: *Genfer Konvention zum Schutz der Flüchtlinge* ‖ **Flücht|lings|la|ger** ‖ **Flücht|lings|strom** ‖ **Flücht|lings|wel|le**
Flucht|li|nie [-i̯ɛ]: *durchgehende Kante einer Häuserfront;* Bau-

fluchtlinie ‖ **Flucht|punkt:** *Zentralpunkt der Perspektive*

Flucht|weg

fluf|fig (ugs. bzw. Jug.): *flauschig, locker, luftig*

Flug der, -[e]s/Flüge: einen F. buchen | die Zeit vergeht wie im F. *(sehr schnell)* | der F. ist offen *(für den Check-in verfügbar)* ‖ **Flug|ab|ga|be:** *eine Gebühr auf Flugtickets* ‖ **Flug|ab|wehr** (Mil.) ‖ **Flug|am|bu|lanz:** → *Ärzteflugambulanz* ‖ **Flug|angst** ‖ **Flug|aus|fall:** wegen des Streiks gab es zahlreiche Flugausfälle ‖ **Flug|be|glei|ter:** *Steward* ‖ **Flug|be|glei|te|rin:** *Stewardess* ‖ **flug|be|reit** ‖ **Flug|blatt:** *Werbeblatt, Flugschrift, Flugzettel;* Flugblätter verteilen ‖ **Flug|boot:** *ein Wasserflugzeug* ‖ **Flug|dach:** *seitlich offene Überdachung [von Bahnsteigen]* ‖ **Flug|dra|chen:** *ein Sportgerät, Hängegleiter* ‖ **Flü|gel** der, -s/-: der Adler breitet die F. aus | der linke F. *(der politisch links stehende Teil)* der Partei | *ein Klavier* | *Seitenteil eines Bauwerks* | *Seitenteil eines (gegliederten) Fensters;* Fensterflügel | (meist Pl.) → *Schwimmflügel* ‖ **Flü|gel|al|tar:** *[gotischer] Altar mit einem unbeweglichen Teil in der Mitte und mindestens zwei seitlichen Flügeln* ‖ **Flü|gel|bahn:** *von einer Hauptstrecke abzweigende Strecke, die keinen weiteren Anschluss an die Hauptstrecke hat, Stichbahn, Stichstrecke* ‖ **Flü|gel|horn:** *ein Blechblasinstrument* ‖ **-flü|ge|lig** (nur in Zusammensetzungen wie zweiflügelig) ‖ **Flü|gel|kampf** (meist Pl.): *Auseinandersetzung innerhalb einer [politischen] Partei* ‖ **Flü|gel|spann|wei|te** ‖ **Flü|gel|tür** ‖ **Flug|en|te:** *flugfähige Ente mit geringem Fettansatz* ‖ **Flug|gast:** *Passagier* ‖ **flüg|ge:** die jungen Meisen sind f. *(flugfähig)* ‖ **Flug|ge|sell|schaft** ‖ **Flug|ha|fen** ‖ **Flug|ha|fen|ta|xi** ‖ **Flug|ha|fen|trans|fer** ‖ **Flug|hö|he** ‖ **Flug|hund:** *ein Fledertier* ‖ **Flug|ka|pi|tän** ‖ **Flug|ka|pi|tä|nin** ‖ **Flug|ki|lo|me|ter** ‖ **Flug|li|nie** [-i̯ɛ] ‖ **Flug|lot|se** ‖ **Flug|lot|sin** ‖ **Flug|mei|le:** Flugmeilen sammeln ‖ **Flug|ob|jekt:** unbekanntes F. ‖ **Flug|pas|sa|gier** [-ʒiːə] ‖ **Flug|pas|sa|gie|rin** ‖ **Flug|per|so|nal** ‖ **Flug|platz** ‖ **Flug|post:** *Luftpost* ‖ **Flug|rei|se** ‖ **Flug|ret|tung:** *[organisierte] Bergung per Hubschrauber oder Flugzeug* ‖ **flugs** (veraltend): *im Nu, schnell* ‖ **Flug|sand:** *feiner, durch den Wind verbreiteter Sand* ‖ **Flug|schein:** *Pilotenschein* ‖ **Flug|schnei|se:** *den Flugzeugen vorgeschriebener Weg* ‖ **Flug|schrei|ber:** *ein automatisches Registriergerät in Flugzeugen;* → Fahrtschreiber ‖ **Flug|schrift:** *Flugblatt* ‖ **Flug|show** [-ʃəʊ] ‖ **Flug|si|che|rung** ‖ **Flug|steig:** *Gate* ‖ **flug|taug|lich** ‖ **Flug|taug|lich|keit** ‖ **Flug|ti|cket** ‖ **flug|un|fä|hig** ‖ **Flug|ver|bin|dung** ‖ **Flug|ver|bots|zo|ne** ‖ **Flug|ver|kehr** ‖ **Flug|wet|ter** ‖ **Flug|zet|tel:** *Flugblatt* ‖ **Flug|zeug** das, -[es]/-e: das F. ist abgestürzt ‖ **Flug|zeug|ab|sturz** ‖ **Flug|zeug|ab|wehr|ka|no|ne** (Mil.) (Flak) ‖ **Flug|zeug|bau** der, -[e]s ‖ **Flug|zeug|ent|füh|rung** ‖ **Flug|zeug|ka|bi|ne** ‖ **Flug|zeug|rumpf** ‖ **Flug|zeug|trä|ger** (Mil.): *großes Kriegsschiff mit Start- und Landebahn*

Fluh die, -/Fluhe (V): *steiler Felsabsturz, Fels[wand]*

flu|id ⟨lat.⟩ (Chem.): *flüssig* ‖ **Flu|id** das, -s/Fluida (Med.): *Feuchtigkeit spendende Flüssigkeit* ‖ **Flu|i|dum** das, -s/Fluida: *geistige, seelische Ausstrahlung, Flair*

Fluk|tu|a|ti|on [-tsi̯-] die, -/-en ⟨lat.⟩ ‖ **fluk|tu|ie|ren:** *schwanken, schnell wechseln*

Flun|der die, -/-n: *ein Plattfisch*

Flun|ke|rei die, -/-en (ugs.) ‖ **Flun|ke|rer** der, -s/- (ugs.) ‖ **Flun|ke|rin** die, -/-innen (ugs.) ‖ **flun|kern** (ugs.): *großtun, aufschneiden*

Flu|or das, -s ⟨lat.⟩ (Zeichen: F): *ein chemisches Element* ‖ **Flu|or|chlor|koh|len|was|ser|stoff** [-kl-] (FCKW) (Chem.): *Verbindung, die Ozonschäden verursacht* ‖ **Flu|o|res|zenz** die, -: *das Aufleuchten mancher Stoffe unter Strahleneinwirkung* ‖ **flu|o|res|zie|ren** ‖ **Flu|or|ta|blet|te**

Flur[1] der, -[e]s/-e: *Hauseingang, Einfahrt;* Hausflur ‖ **Flur**[2] die, -/-en: *[parzelliertes] Wirtschaftsgrundstück;* auf weiter F. *(weit und breit)* ‖ **Flur|be|rei|ni|gung** die, -/-en: *Kommassierung* ‖ **Flur|na|me,** *auch:* **Flur|na|men:** *überlieferte Bezeichnung für Grundstücke, Wiesen, Wälder* ‖ **Flur|scha|den:** *Schaden an der Natur [durch Wild oder Straßenbau]*

Fluss der, -es/Flüsse: reißende Flüsse | (ohne Pl.) die Entwicklung ist noch im F. *(fließend)* ‖ **fluss|ab|wärts:** f. treiben ‖ **Fluss|arm** ‖ **fluss|auf|wärts:** f. paddeln ‖ **Fluss|barsch:** *ein Süßwasserfisch* ‖ **Fluss|bett:** *Graben, in dem ein Fluss fließt* ‖ **Fluss|bie|gung** ‖ **Fluss|del|ta** ‖ **Fluss|dia|gramm:** *ein Diagramm, das die Abhängigkeit der einzelnen dargestellten Faktoren zeigt* ‖ **flüs|sig:** flüssiges Waschmittel; Metall f. machen (= flüssigmachen) *(schmelzen); aber:* → flüssigmachen | einen Text f. *(ohne Stocken, zügig)* lesen ‖ **Flüs|sig|gas** ‖ **Flüs|sig|keit** die, -/-en: zwei Liter F. trinken; die F. ist verdunstet ‖ **Flüs|sig|keits|an|samm|lung** ‖ **Flüs|sig|keits|men|ge** ‖ **Flüs|sig|kris|tall** (Phys.): *eine durch ein elektrisches Feld veränderbare Flüssigkeit* ‖ **Flüs|sig|kris|tall|an|zei|ge** (Phys., Elektrot.) → LCD ‖ **flüs|sig|ma|chen:** einen Betrag f. *(verfügbar machen); aber:* Metall flüssig machen (= flüssigmachen) ‖ **Fluss|krebs** ‖ **Fluss|lauf** ‖ **Fluss|mün|dung** ‖ **Fluss|pferd:** *in Gewässern lebendes Säugetier, Nilpferd* ‖ **Fluss|re|gu|lie|rung** ‖ **Fluss|sand** ‖ **Fluss|schiff|fahrt** ‖ **Fluss|spat** der, -[e]s: *ein Mineral* ‖ **Fluss|ufer**

Flüs|ter|as|phalt [-f-]: *ein geräuschdämmender Straßenbelag* ‖ **flüs|tern:** *leise sprechen* ‖ **Flüs|ter-Lkw** [-ɛl ka veː] = **Flüs|ter-LKW:** *geräuscharmer LKW* ‖ **Flüs|ter|ton:** im F. *(mit leiser Stimme)* reden

Flut die, -: bei F.; Ebbe und F. | (mit Pl. -en) *große Wassermenge;* in den Fluten umkommen *(ertrinken)* | eine F. *(Menge)* von Briefen ‖ **flu|ten:** *strömen;* der flutende Verkehr | *[die Tanks eines U-Bootes] unter Wasser setzen* ‖ **Flu|ter** der, -s/-: *[Decken]leuchte* ‖ **Flut|ka|ta|s|tro|phe** [-f-] ‖ **Flut|licht:** bei F. *(im Scheinwerferlicht)* Fußball spielen ‖ **Flut|licht|an|la|ge**

flut|schen (ugs.): *wie geschmiert gehen, funktionieren, gelingen*

Flut|war|nung ‖ **Flut|wel|le**

Fly|er ['flaɪə] der, -s/- ⟨engl.⟩: *grafisch gestalteter Flugzettel [für Events, Partys, Konzerte]* ‖ **Fly|over** [-oːv-] = **Fly|over** der, -s/-s ⟨engl.⟩: *provisorische Überbrückung einer Straßenbaustelle*

Flysch [-y(ː)-, fachspr., D und CH: -i(ː)-] der, -[e]s/-e: *aus Schichten von Sandsteinen und Mergeln bestehende Gesteinsformation* ‖ **Flysch|zo|ne** (Geol.)

F

fm: Festmeter
Fm: Fermium
FMA [ɛf ɛm 'aː] die, -: Finanzmarktaufsicht
f-Moll ['ɛf'mɔl] (f) (Mus.) ‖ **f-Moll-Tonleiter** (Mus.)
Fochaz der, -/- ⟨it.⟩ (SüdT): *ein Festgebäck*
focht → fechten
Fock die, -/-en (Seemannsspr.): *Vorsegel* ‖ **Fockmast** (Seemannsspr.)
Föderalismus der, - ⟨lat.⟩: *der Grundsatz weit gehender Selbständigkeit der Glieder eines Bundesstaates;* → G.: Zentralismus ‖ **föderalistisch** ‖ **Föderation** [-tsi̯-] die, -/-en: *Staatenbund; Bundesstaat; Verband;* → konföderieren ‖ **föderativ** ‖ **föderiert:** *verbündet* ‖ **Föderierte**[1] der, -n/-n, ein Föderierter ‖ **Föderierte**[2] die, -n/-n
Fogosch der, -[e]s/-e ⟨ung.⟩ (ostöst.): → *Zander*
fohlen: die Stute fohlt *(gebärt)* ‖ **Fohlen** das, -s/-: *junges Pferd, Füllen*
Föhn der, -s/-e: *ein warmer Wind;* der F. bricht zusammen *(hört auf)* | *ein elektrisches Heißluftgerät; aber:* → Fön ‖ **Föhneinbruch** ‖ **föhnen:** es föhnt *(es weht ein warmer Wind, es wird föhnig)* | sich die Haare f. ‖ **föhnig:** föhniges Wetter ‖ **Föhnkrankheit** ‖ **Föhnlage:** *ein meteorologisches Phänomen [im Alpenraum]*
Fohnsdorf: *Ort in der Steiermark*
Föhnwetterlage
Föhre die, -/-n: *eine Nadelbaumgattung, Kiefer* | (ohne Pl.) *Holz der Föhre* ‖ **föhren:** föhrene Bretter ‖ **Föhrenholz** ‖ **Föhrenwald** ‖ **Föhrenzapfen:** *Bockerl*
fokal ⟨lat.⟩: *den Brennpunkt betreffend* ‖ **Fokus** der, - [-kusses]/-kusse: *Brennpunkt* | *Mittelpunkt* ‖ **fokussieren:** *scharf einstellen; ins Zentrum [des Interesses] rücken*
fol.: Folio; → foliiert
Folder ['fəʊl-] der, -s/- ⟨engl.⟩: *Faltprospekt*
Folge die, -/-n: F. leisten *(gehorchen, entsprechen);* zur F. haben *(bewirken);* das hat Folgen *(Konsequenzen)* | in der F. *(künftig);* die nächste F. *(Nummer)* einer Zeitschrift; *aber:* → infolge, → zufolge ‖ **folgedessen:** *infolgedessen* ‖ **Folgeerscheinung** ‖ **Folgekosten** die (Pl.) ‖ **Folgekrankheit** ‖ **folgen:** er *ist* mir gefolgt *(nachgegangen)* | sie *hat* mir gefolgt *(gehorcht)* | daraus folgt *(ergibt sich)*

folgend:

Deklination:
- folgendes klare (auch: klares) Beispiel
- folgende ausführliche (*auch:* ausführlichen) Erläuterungen

Großschreibung bei Nominalisierung:
- der **Folgende** *(der Nächste in einer Reihe)*
- der ihm **Folgende** *(hinter ihm Gehende)*
- mit **Folgendem** musst du rechnen
- alle **Folgenden** wurden nicht eingelassen
- ich muss dir **Folgendes** *(dies)* sagen
- das **Folgende** *(was danach kam)* hatte ernste Auswirkungen
- im **Folgenden** *(in den nachstehenden Punkten)* die Gründe aufzählen **R→ S. 892, 2.2**

folgendermaßen ‖ **folgenlos** ‖ **folgenreich** ‖ **folgenschwer** ‖ **Folgerecht** (Jus): *Recht zur Rechtsnachfolge, zB Erbrecht* ‖ **folgerichtig:** f. *(logisch)* denken ‖ **folgern:** daraus lässt sich f. *(schließen),* dass … ‖ **Folgerung** die, -/-en: *Schlussfolgerung, Konklusion* ‖ **Folgetonhorn:** *Signalhupe von Einsatzfahrzeugen (Rettung, Polizei usw.)* ‖ **Folgewirkung:** die Folgewirkungen nicht abschätzen können ‖ **Folgezeit** ‖ **folglich:** *daher* ‖ **folgsam** ‖ **Folgsamkeit** die, -
Foliant der, -en/-en ⟨lat.⟩: *großes, dickes Buch; Wälzer* ‖ **Folie** [-i̯ɛ] die, -/-n: *sehr dünnes Metall- oder Kunststoffblatt* ‖ **Folienerdapfel** (Küchenspr.): *Erdapfel, der in einer Folie gebraten wird* ‖ **Folienkartoffel** ‖ **Folienstreifen:** *ein Sicherheitsmerkmal von Banknoten* ‖ **foliiert:** *mit nummerierten Blättern (nicht Seiten);* → paginieren ‖ **Folio** das, -s/-s (Folien [-i̯ɛn]) (fol.): *großes Papier-, Buchformat;* in F. *(Folioformat)* | ein Narr in F. *(ein großer Narr)* ‖ **Folioband** ‖ **Folioformat**
Folk [fəʊk] der, -s ⟨engl.⟩: *sich der Volksmusik nähernde Musik*
Folklore [fɔlk-] die, - ⟨engl.⟩: *Brauchtum, Volkskunde und Volkskunst (oder deren kommerzialisierte Form)* ‖ **Folkloristik** die, - ‖ **folkloristisch**
Folksänger ['fəʊk-] ⟨engl.⟩ ‖ **Folksängerin**
Folsäure ⟨lat.+dt.⟩ (Biol., Chem.): *ein Vitamin*
Folter die, -/-n: *Zufügen von Schmerzen, um ein Geständnis zu erzwingen; Marter* | jemanden auf die F. spannen *(jemanden sehr neugierig machen)* ‖ **Folterkammer** ‖ **Folterknecht:** *Folterer* ‖ **Foltermethode** ‖ **foltern:** die Gefangenen f. ‖ **Folterung** die, -/-en ‖ **Folterwerkzeug**

Fon = Phon [f-]

das, -s/-s ⟨gr.⟩: *(in Österreich nicht mehr gesetzliche)* Maßeinheit für die Lautstärke; → Dezibel | (in Mengenangaben mit Pl. Fon) Straßenlärm von 70 Fon

Für das Wort bzw. den Wortbestandteil gibt es zwei Schreibweisen:
- Fon: die eingedeutschte Schreibung
- Phon: die fremdsprachige Schreibung

Ebenso: Fonem/Phonem, Fonetik/Phonetik, Diktafon/Diktaphon …

Fön der, -[e]s/-e (Wz.): *ein Haartrockner der Marke Fön; aber:* → Föhn
Fond [fõː] der, -s/-s ⟨fr.⟩: *Rücksitz im Wagen* | (Küchenspr.) *[Braten]saft als Grundlage für Suppen, Saucen uÄ* | *Hintergrund [eines Bildes, einer Bühne]; aber:* → Fonds; → Font
Fondant [fõ'dãː] das, -s/-s ⟨fr.⟩: *eine Zuckermasse*
Fonds [fõː] der, - [fõːs]/- [fõːs] ⟨fr.⟩: *Geldmittel, Vermögen für einen bestimmten Zweck; aber:* → Fond
Fondue [fõ'dyː] das, -[s]/-s ⟨fr.⟩: *eine Speise;* Käsefondue
Fonem = Phonem [f-] das, -s/-e (Sprachwiss.): *kleinste bedeutungsunterscheidende Lauteinheit, zB* Teich – Deich ‖ **fonematisch** = phonematisch (Sprachwiss.): *das Phonem betreffend* ‖ **Fonetik** = Phonetik die, - (Sprachwiss.): *Lehre von Art und Bildung der Sprachlaute* ‖ **Fonetiker** = Phonetiker der, -s/- ‖ **Fonetikerin** = Phonetikerin die, -/-innen ‖ **fonetisch** =

phonetisch (Sprachwiss.): phonetische *(lautgetreue)* Schreibung ‖ **Fonograf** = Phonograph [-f] der, -en/-en (früher): *Tonaufzeichnungsgerät* ‖ **Fonogramm** = Phonogramm das, -s/-e ⟨gr.⟩: *Schallaufzeichnung* ‖ **Fonologie** = Phonologie die, - (Sprachwiss.): *Lehre von den Lauten in deren Funktion als wortunterscheidende Zeichen* ‖ **fonologisch** = phonologisch (Sprachwiss.) ‖ **Fonometrie** = Phonometrie die, - (Phys.): *Messung akustischer Phänomene* ‖ **Fonothek** = Phonotek die, -/-en: *Archiv, Sammlung für Tonträger* ‖ **Fonotypie** [-y-] = Phonotypie die, -: *das Schreiben [auf der Schreibmaschine] nach einem Diktiergerät* ‖ **Fonotypist** = Phonotypist der, -en/-en ‖ **Fonotypistin** = Phonotypistin die, -/-innen

Font [fɔnt] der, -s/-s ⟨engl.⟩ (EDV): *Schriftart eines Computerprogramms; aber:* → Fond

Fontäne die, -/-n ⟨fr.⟩: *Springbrunnen*

Fontanelle die, -/-n ⟨lat.-fr.⟩ (Med.): *Knochenlücke am Kopf eines Neugeborenen*

Football [ˈfʊtbɔːl] der *(ugs. auch:* das), -s ⟨engl.⟩ (Sport): *ein amerikanisches Ballspiel;* American F. ‖ **Footprint:** → *Fußabdruck*

foppen: *zum Narren halten* ‖ **Fopper** der, -s/- (reg., ugs.): *Schnuller, Zutzel* ‖ **Fopperei** die, -/-en

forcieren [-s-] ⟨fr.⟩: eine Arbeit f. *(beschleunigen, mit Nachdruck betreiben)* ‖ **forciert:** *gezwungen;* seine Freundlichkeit ist f.

Förderansuchen (Amtsspr.): *Subventionsansuchen* ‖ **Förderband:** *Transportanlage, zB zum Fördern von Erz, Kohle uÄ* ‖ **Förderer** der, -s/- ‖ **Fördergeld** (meist Pl.) ‖ **Förderin** die, -/-innen ‖ **Förderkapazität** ‖ **Förderkurs** (Bildw.): *zusätzlicher Unterricht [für lernschwache Kinder]* ‖ **Förderlehrer** ‖ **Förderlehrerin** ‖ **förderlich** (geh.): *nützlich;* der Gesundheit nicht f. sein ‖ **Fördermaßnahme** (meist Pl.) ‖ **Fördermillionen** die (Pl.): F. der EU für Wissenschaftsprojekte ‖ **Fördermittel**

fordern: mehr Lohn f. | die Katastrophe forderte Menschenleben | die Begabten f. *(sie zur Leistung anspornen);* sein Beruf fordert ihn *(nimmt ihn her)* | (Sport) einen Gegner (zum Match) f. | (früher) *jemanden zum Duell herausfordern*

fördern: *[Kohle, Erz] bergmännisch gewinnen* | eine junge Künstlerin f. *(ihr Vorwärtskommen [finanziell] unterstützen)* ‖ **Förderpaket** ‖ **Förderpreis:** ein F. für Nachwuchskünstler ‖ **Förderprogramm** ‖ **Förderpumpe** ‖ **Förderschacht** (Bergbau) ‖ **Fördertopf:** *Gesamtheit der Fördergelder* ‖ **Förderturm** (Bergbau)

Forderung die, -/-en: eine gerechte F. erheben | (Kaufmannsspr.) eine offene F. *(Anspruch auf einen Geldbetrag)*

Förderung die, -/-en: die F. von Kohle | die F. *(Unterstützung)* junger Wissenschaftler

Forderungsabtretung (Jus): *Zession;* → zedieren ‖ **Forderungsexekution** [-tsi̯-] (Jus): *Gehalts- bzw. Lohnpfändung uÄ*

Förderungsfonds [-fõː] ‖ **Förderungsmaßnahme** ‖ **Förderungsmittel** die (Pl.): *Subventionen* ‖ **Förderungsprogramm** ‖ **förderungswürdig** ‖ **Förderunterricht:** *ein unterstützender zusätzlicher Unterricht* ‖ **förderwürdig**

Forechecking [ˈfɔːtʃ-] das, -s/-s ⟨engl.⟩ (Sport): *ständiges [körperbetontes] Stören des Angreifers*

Forehand [ˈfɔːhænd] die, -/-s ⟨engl.⟩ (Sport): *Vorhand [im Tischtennis];* → G.: Backhand

Forelle die, -/-n: *ein Fisch* ‖ **Forellenteich** ‖ **Forellenzucht**

forensisch ⟨lat.⟩: *öffentlich, gerichtlich*

Forint [ugs. auch: -ˈi-] der, -[s]/-[e] [-s] ⟨ung.⟩: *Geldeinheit in Ungarn* | (in Angaben von Beträgen mit Pl. Forint) zehn Forint wert sein

Form die, -/-en ⟨lat.⟩: die F. eines Berges | in F. sein *(in bester körperlicher Verfassung sein)* | das Projekt nimmt F. an *(wird konkret)* | ich möchte mich in aller F. *(förmlich, besonders)* bedanken | den Gugelhupf aus der F. *(Backform)* nehmen ‖ **formal:** *der Form nach;* → formell; → G.: material ‖ **formalisieren:** *eine bestimmte Form geben* | *systematisieren* ‖ **formaliter:** *der Form nach*

Formaldehyd [-ˈyːt, auch: ˈfɔ-] das, -s/-e ⟨lat.⟩: *ein Gas*

Formalfehler ⟨lat.⟩: *Formfehler*

Formalin das, -[s]/-e ⟨latinisiert⟩ (Wz.): *ein Konservierungsmittel für Präparate*

formalisieren ⟨lat.⟩ ‖ **Formalismus** der, -/Formalismen: *[übertriebene] Beachtung der äußeren Form* ‖ **Formalist** der, -en/-en ‖ **Formalistin** die, -/-innen ‖ **formalistisch** ‖ **Formalität** die, -/-en: *Formsache; Äußerlichkeit* ‖ **formalrechtlich** ‖ **Format** das, -[e]s/-e: das F. *(die Größe)* eines Heftes | ein Mensch von F. *(eine bedeutende Persönlichkeit)* | (EDV) *Art eines Datenträgers;* → Datenformat ‖ **formatfüllend:** das Bild ist f. ‖ **formatieren** (EDV): *einen Datenträger für die spätere Nutzung vorbereiten* ‖ **Formatierung** die, -/-en (EDV) ‖ **Formation** [-tsi̯-] die, -/-en: *geologische Epoche;* Gesteinsformation | *[militärische] Truppe; Aufstellung* ‖ **Formationsflug** ‖ **Formationstanz** [-tsi̯-]: *eine Sportart* ‖ **formbar** ‖ **formbeständig** ‖ **Formblatt:** *Formular, Vordruck* ‖ **Formel** die, -/-n: eine chemische F.; mathematische Formeln ‖ **Formel 1** [- ˈaɪns] die, - -: *eine Klasse im Autorennsport* ‖ **Formel-1-Rennen** ‖ **formelhaft** ‖ **formell** ⟨lat.-fr.⟩: *förmlich, äußerlich; in aller Form, nachdrücklich;* → formal; → G.: informell | (Jus) formelles Recht *(Gesetz, das das Verfahren regelt);* → G.: materielles Recht ‖ **Formelsammlung** ⟨lat.⟩ ‖ **formen:** aus dem Teig Knödel f. | die Jugendjahre haben sie musikalisch geformt *(geprägt)* ‖ **Formenlehre** (Mus.): *Lehre vom Aufbau musikalischer Formen* | (Gramm.) *Morphologie* ‖ **formenreich** ‖ **Formenreichtum** ‖ **Formfehler:** *formaler Fehler [bei einem Bescheid]* ‖ **Formgebrechen** (Jus): *Formfehler* ‖ **Formgebung:** *Gestaltung, Design* ‖ **formidabel** (geh.): *großartig* ‖ **formieren:** die Tänzerinnen f. sich *(stellen sich in bestimmter Ordnung auf)* | die Umweltschützer f. sich neu *(organisieren sich neu)* ‖ **Formierung** die, -/-en ‖ **Formkrise:** der Tennisspieler steckt in einer F. ‖ **förmlich:** *höflich, aber unpersönlich, formell* | f. *(geradezu)* erstarrt sein ‖ **Förmlichkeit** die, -/-en: ohne Förmlichkeiten ‖ **formlos:** *ohne Form* | *ohne Förmlichkeiten; informell* ‖ **Formlosigkeit** die, -/-en ‖ **Formsache:**

F

das ist nur F. *(betrifft nur mehr die äußere Form)* ‖ **Form|si|gnal** (Verk.) → G.: Lichtsignal ‖ **Form|tief:** der Sportler befindet sich in einem F. ‖ **For|mu|lar** das, -[e]s/-e: *Vordruck, Formblatt* ‖ **for|mu|lie|ren:** *in entsprechende Worte fassen* ‖ **For|mu|lie|rung** die, -/-en ‖ **For|mu|lie|rungs|pro|b|lem** ‖ **For|mung** die, -/-en: die F. der Persönlichkeit ‖ **form|voll|en|det**

forsch: *schneidig, kühn* | *vorlaut*

for|schen, du forsch[s]t: nach den Ursachen f. ‖ **For|scher** der, -s/- ‖ **For|scher|drang** ‖ **For|scher|geist** ‖ **For|sche|rin** die, -/-innen ‖ **For|schung** die, -/-en: in F. und Entwicklung investieren ‖ **For|schungs|auf|trag** ‖ **For|schungs|be|richt:** einen F. veröffentlichen ‖ **For|schungs|er|geb|nis** ‖ **For|schungs|för|de|rung:** F. beantragen ‖ **For|schungs|ge|biet** ‖ **For|schungs|ge|mein|schaft** ‖ **For|schungs|la|bor:** in einem F. arbeiten ‖ **For|schungs|po|li|tik** ‖ **For|schungs|rei|sen|de** ‖ **For|schungs|stel|le** ‖ **For|schungs|tä|tig|keit** ‖ **For|schungs|zen|t|rum**

Forst der, -[e]s/-e: *Wald, der fachmännisch bewirtschaftet wird* ‖ **Forst|ad|junkt:** *ein Amtstitel* ‖ **Forst|ad|junk|tin** ‖ **Forst|amt** ‖ **Forst|ärar** (Amtsspr., veraltet): *Staatsforst* ‖ **Forst|ar|bei|ter** ‖ **Forst|ar|bei|te|rin** ‖ **Förs|ter** der, -s/-: *Forstbeamter* ‖ **Förs|te|rin** die, -/-innen ‖ **Forst|ge|setz** (Jus.) ‖ **Forst|haus:** *Haus eines Försters* ‖ **Forst|in|ge|ni|eur** [-ʒeni̯øːɐ] ‖ **Forst|in|ge|ni|eu|rin** ‖ **Forst|mann:** *Förster* ‖ **Forst|mei|le** (reg.): *Fitnessparcours* ‖ **Forst|re|vier** [-v-] ‖ **Forst|scha|den:** *[durch Wild, Wetter, Insektenbefall entstandener] Schaden im Wald* ‖ **Forst|schutz:** *die Bekämpfung und Vermeidung von Waldschäden* ‖ **Forst|schutz|maß|nah|men** die (Pl.) ‖ **Forst|stra|ße** ‖ **Forst|ver|wal|tung** ‖ **Forst|wa|che** (SüdT): *Behörde, die für den Schutz der Wälder zuständig ist* | *Aufsichtsbeamter dieser Behörde* ‖ **Forst|weg:** *Fahrweg zur Nutzung des Waldes* ‖ **Forst|wirt** ‖ **Forst|wir|tin** ‖ **Forst|wirt|schaft** ‖ **forst|wirt|schaft|lich:** forstwirtschaftliche Lehranstalt

For|sy|thie [-'ziːtsi̯ɛ, ugs. auch: -tsi̯ɛ] die, -/-n: *ein Zierstrauch*

fort: f. *(weg)* mit dir!; in einem f.; f. und f. *(fortwährend)*; und so f. *(und so weiter)*

Fort [foːɐ] das, -s/-s ⟨fr.⟩: *kleine Festung;* → Fortifikation

fort|ab (geh.): *von nun an*

fort|an (geh.): *von nun an*

fort|be|ge|ben sich (geh.): *weggehen*

Fort|be|stand der, -[e]s ‖ **fort|be|ste|hen:** *weiterbestehen*

fort|be|we|gen: sich langsam f. ‖ **Fort|be|we|gung**

Fort|be|zug (Amtsspr.): der F. *(das weitere Beziehen)* des Arbeitslosengeldes

fort|bil|den: sich laufend beruflich f. *(weiterlernen)* ‖ **Fort|bil|dung** ‖ **Fort|bil|dungs|ver|an|stal|tung**

fort|blei|ben: *wegbleiben*

fort|brin|gen: sich kümmerlich f. *(armselig leben)*

Fort|dau|er: *Dauer, das Andauern* ‖ **fort|dau|ern:** das Schönwetter wird f.

fort|dür|fen: am Abend nicht f.

for|te (f) ⟨it.⟩ (Mus.): *stark, laut;* → G.: piano

fort|ei|len: *davoneilen*

fort|ent|wi|ckeln: die Zusammenarbeit soll sich f. *(weiterentwickeln)* ‖ **Fort|ent|wick|lung**

for|te|pi|a|no (fp) ⟨it.⟩ (Mus.): *laut und sofort wieder leise* ‖ **For|te|pi|a|no** (Mus.): *Hammerklavier;* → Pianoforte

fort|fah|ren: *wegfahren;* in der Rede f. *(weitersprechen)*

fort|flat|tern: der Schmetterling flattert fort

fort|flie|gen: *davonfliegen; wegfliegen*

fort|füh|ren: *weiterführen* ‖ **Fort|füh|rung**

Fort|gang: *Weiterentwicklung*

fort|ge|hen: *weggehen* | wir wollen am Abend f. *(ausgehen)*

fort|ge|schrit|ten: ein fortgeschrittenes Stadium; → fortschreiten ‖ **Fort|ge|schrit|te|ne**[1] der, -n/-n, ein Fortgeschrittener: ein Kurs für F. ‖ **Fort|ge|schrit|te|ne**[2] die, -n/-n

fort|ge|setzt: *auch weiterhin, wiederholt;* bei fortgesetzter Einnahme des Medikaments; wegen fortgesetzter Verfehlungen; → fortsetzen

For|ti|fi|ka|ti|on [-tsi̯-] die, -/-en ⟨lat.⟩: *Befestigung;* → Fort ‖ **For|tis** die, -/Fortes (Sprachwiss.): zB *hartes p, t, k, ß;* → G.: Lenis ‖

for|tis|si|mo (ff) ⟨it.⟩ (Mus.): *sehr stark, sehr laut;* → G.: pianissimo ‖ **For|tis|si|mo** das, -[s]/Fortissimi (Mus.)

fort|ja|gen: die Tauben f. *(davonjagen)*

fort|kom|men: beruflich f. *(sich weiterentwickeln)* | schau, dass du fortkommst! *(verschwinde!)* ‖ **Fort|kom|men** das, -s: sein F. *(einen ausreichenden Lebensunterhalt)* finden

fort|kön|nen

fort|las|sen

fort|lau|fen ‖ **fort|lau|fend:** f. nummerieren

fort|le|ben ‖ **Fort|le|ben:** das F. *(Weiterbestehen)* der Antike in der Kunst

fort|lo|cken

fort|müs|sen: um 9 Uhr f.

fort|pflan|zen sich: *Nachkommen hervorbringen* | *sich verbreiten* ‖ **Fort|pflan|zung** die, - ‖ **Fort|pflan|zungs|trieb** ‖ **Fort|pflan|zungs|ge|schwin|dig|keit:** *Verbreitungsgeschwindigkeit;* die F. des Lichtes

fort|ren|nen

Fort|satz: die Fortsätze *(Verlängerungen)* der Nervenzellen; Wurmfortsatz

fort|schaf|fen: *wegbringen*

fort|sche|ren sich: scher dich fort!

fort|schi|cken: *zum Gehen auffordern; wegschicken*

fort|schlei|chen sich

fort|schrei|ben: *(unter geänderten Bedingungen) das bisherige Verfahren fortsetzen*

fort|schrei|ten: *weitergehen; vorankommen* ‖ **Fort|schrei|ten** das, -s: das F. der Krankheit ‖ **Fort|schritt:** Fortschritte *(Erfolge in der Entwicklung)* erzielen ‖ **fort|schritt|lich** ‖ **Fort|schritt|lich|keit** die, - ‖ **fort|schritts|feind|lich** ‖ **Fort|schritts|glau|be** = **Fort|schritts|glau|ben**

fort|schwem|men

fort|seh|nen sich

fort|set|zen: *etwas Begonnenes weiterführen* ‖ **Fort|set|zung** die, -/-en ‖ **Fort|set|zungs|ro|man**

fort|steh|len sich: *sich heimlich entfernen*

fort|tra|gen: der Wind hat den Hut fortgetragen

fort|trei|ben: *wegjagen* | *durch eine Strömung wegtreiben*

For|tu|na: *römische Göttin des Glücks und des Schicksals* ‖ **For|tü|ne** [auch: -'y(ː)n] die, - ⟨fr.⟩ (geh.): *Glück, Erfolg*

fort|wäh|ren (geh.): *andauern* ‖ **fort|wäh|rend:** sich f. *(ununterbrochen)* ärgern

fort|we|hen: *wegwehen*

fort|wer|fen: *wegwerfen*

fortwirken: ihre Ideen wirken noch heute fort ‖ **Fortwirken**
fortwollen: nicht mehr f.
fortwünschen: sich von diesem schrecklichen Ort f. *(sich fortsehnen);* jemanden f. *(wegwünschen)*
fortwursteln [meist: -ʃt-]: *im alten Schlendrian, ohne Plan weiterarbeiten*
fortzahlen: *weiterzahlen* ‖ **Fortzahlung**
fortziehen: *wegziehen*
Forum das, -s/Foren ⟨lat.⟩: *Zuhörerkreis* ‖ **Forumsdiskussion:** *öffentliches [Streit]gespräch*
forwarden [ˈfɔːwədn] (sal. bzw. fachspr.) ⟨engl.⟩: *[ein E-Mail] weiterleiten;* sie hat das Mail geforwardet
fossil ⟨lat.⟩: fossile *(versteinerte)* Knochenreste; fossile Energieträger *(Kohle, Erdöl uÄ)* ‖ **Fossil** das, -s/-ien [-i̯ɛn] (meist Pl.): *versteinerte Überreste eines urzeitlichen Lebewesens*
Foto das, -s/-s (frühere Schreibung: Photo) ⟨gr.⟩: *Kurzwort für Fotografie;* ein F. machen ‖ **Fotoalbum** = Photoalbum ‖ **Fotoapparat** = Photoapparat: *Kamera* ‖ **Fotoatelier** [-li̯eː] = Photoatelier ‖ **Foto-CD** [-tseˈdeː] = Photo-CD (Technol.): *eine CD zur digitalen Speicherung von Fotos und Bildern* ‖ **Fotoelektrizität** = Photoelektrizität ‖ **fotogen** = photogen: *gut zu fotografieren* ‖ **Fotograf** = Photograph der, -en/-en ‖ **Fotografie** = Photographie die, -/-n: *das Foto* | *Lehre und Praxis des Fotografierens* ‖ **Fotografin** = Photographin die, -/-innen ‖ **fotografieren** ‖ **fotografisch** = photographisch ‖ **Fotokauffrau** = Photokauffrau: *eine Berufsbezeichnung* ‖ **Fotokaufmann** = Photokaufmann ‖ **Fotokopie** = Photokopie ‖ **fotokopieren** = photokopieren ‖ **Fotokopierer** = Photokopierer ‖ **Fotolabor** = Photolabor ‖ **Fotometrie** = Photometrie die, -: *Lichtmessung* ‖ **fotometrisch** = photometrisch ‖ **Fotomodell** = Photomodell: *ein Beruf* ‖ **Fotomontage** [-aːʃ, -ʒɛ] = Photomontage: *Zusammensetzung eines Bildes aus mehreren Fotos* ‖ **Fotoportal** (Internet): *auf Fotos spezialisierte Website, zB Flickr* ‖ **Fotorealismus** = Photorealismus (Kunstg.): *ein Malstil* ‖ **Fotosafari** = Photosafari: *[Afrika-]reise zum Beobachten und Fotografieren wild lebender Tiere* ‖ **Fotosharing** [-ʃeər-]: *Austausch von Fotos im Internet für bestimmte Benutzer* ‖ **Fotoshooting** [-ʃuːt-]: *[professionelles] Fotografieren von Personen oder Produkten [für Werbezwecke]* ‖ **Fotosynthese** [-zy-] = Photosynthese (Biol.): *zentraler biologischer Vorgang, Aufbau organischer Substanz durch die grünen Pflanzen* ‖ **Fotovoltaik** [-v-] = Photovoltaik die, -: *Lehre von der Gewinnung elektrischer Energie aus Sonnenenergie* ‖ **Fotozelle** = Photozelle: *Vorrichtung zur Umwandlung von Lichtschwankungen in elektrische Schwankungen*
Fötus = → Fetus
Fotze die, -[n]/-n (ugs., derb): *Ohrfeige;* → Fotzen | *Vulva* ‖ **fotzen** (ugs., derb): *ohrfeigen* ‖ **Fotzen** die, -/- (ugs., derb): *Ohrfeige* | *Mund* ‖ **Fotzhobel** (reg., ugs.): *Mundharmonika*
foul [faʊl] ⟨engl.⟩ (Sport): *regelwidrig, unfair;* nicht f. spielen ‖ **Foul** das, -s/-s (Sport): *ein Verstoß gegen die Regeln* ‖ **foulen** (Sport): den Gegenspieler f. *(regelwidrig behindern, angehen)*
Fourage [fuˈraːʃ, -ˈʒɛ] die, -/-n ⟨fr.⟩ (veraltet) (Mil.): *Verpflegung* ‖ **Fourier** [-ˈriːə] der, -s/-e (veraltet) (Mil.): *Unteroffizier, der für Unterkunft und Verpflegung sorgt*
Fox der, -[e]s/-e ⟨engl.⟩: *Kurzwort für Foxtrott, Foxterrier* ‖ **Foxl** der, -s/-n (ugs.): *Foxterrier* ‖ **Foxterrier** der, -s/-: *eine Hunderasse*
Foxtrott der, -s/-s ⟨engl.⟩: *ein Tanz*
Foyer [fo̯aˈjeː] das, -s/-s ⟨fr.⟩: *Vorhalle, Wandelgang im Theater*
fp: fortepiano
FPÖ [ɛf pe ˈøː] die, -: Freiheitliche Partei Österreichs ‖ **FPÖ-Club** [-k-] = **FPÖ-Klub** (Pol.) ‖ **FPÖler** der, -s/- ‖ **FPÖlerin** die, -/-innen
fr: Franc
Fr: Francium
Fr.: Frau | Franken
Fracht die, -/-en: *Waren, die mit einem Transportmittel befördert werden* | *Gebühr, Entgelt für einen Transport* ‖ **Frachtbrief:** *Papier, auf dem Angaben zur Fracht vermerkt sind* ‖ **Frachtenbahnhof** ‖ **Frachtentransport** ‖ **Frachtenverkehr** ‖ **Frachtenzug** ‖ **Frachter** der, -s/-: *Frachtschiff* ‖ **Frächter** der, -s/-: *Transportunternehmer, Spediteur* ‖ **Frächterei** die, -/-en ‖ **Frächterin** die, -/-innen ‖ **Frachtflugzeug** ‖ **Frachtführer:** *Spediteur* ‖ **Frachtführerin** ‖ **Frachtgut:** *größere Fracht* ‖ **Frachtraum** ‖ **Frachtschiff** ‖ **Frachtspesen** [-ʃp-] ‖ **Frachtverkehr** ‖ **Frachtvertrag:** *Vereinbarung zwischen Frächter und Absender*
Frack der, -[e]s/-s: *eine festliche Kleidung für Männer* ‖ **Frackhemd** ‖ **Frackschößel,** *auch:* Frackschössel ‖ **Frackzwang:** bei diesem Ball besteht F.
Frage die, -/-n: nicht in F. (= infrage) kommen *(nicht in Betracht kommen);* etwas in F. stellen *(in Zweifel ziehen, zur Diskussion stellen);* etwas steht außer F. *(ist unbestritten, sicher);* ohne F. *(auf jeden Fall)* ‖ **Fragebogen** ‖ **fragen,** du fragst, fragtest: es fragt sich *(es ist nicht sicher);* frag mich | (Gramm.) fragendes Fürwort *(Interrogativpronomen)* ‖ **Fragenkatalog:** *eine Liste von Fragen zu einem bestimmten Thema* ‖ **Fragenkomplex:** *mehrere zusammenhängende Fragen* ‖ **Fragerei** die, -/-en: *lästiges Fragen* ‖ **Fragesatz** (Gramm.) ‖ **Fragestellung** die, -/-en: eine unklare F. *(Formulierung der Frage)* ‖ **Fragestunde:** *Parlamentssitzung, in der Fragen an die Regierung beantwortet werden* ‖ **Frage-und-Antwort-Spiel** ‖ **Fragewort** (Gramm.): *Interrogativpronomen* ‖ **Fragezeichen** (?)
fragil ⟨lat.⟩: *zerbrechlich, zart;* ein fragiles Wesen ‖ **Fragilität** die, -
fraglich: es ist f. *(unsicher),* ob … ‖ **fraglos:** *gewiss;* du hast f. Recht
Fragment das, -[e]s/-e ⟨lat.⟩: *Bruchstück;* dieses Drama ist [ein] F. *(unvollendet)* geblieben ‖ **fragmentarisch:** *bruchstückweise; unfertig*
Fragner der, -s/- (veraltet): *Gemischtwarenhändler* ‖ **Fragnerei** die, -/-en (veraltet) ‖ **Fragnerin** die, -/-innen (veraltet)
fragwürdig: sein Verhalten war f. *(nicht in Ordnung, zweifelhaft)* ‖ **Fragwürdigkeit** die, -/-en
fraise [frɛːs, fr.: -z] ⟨fr.⟩: *erdbeerfarben;* ein fraise *(auch:* fraiser) Rock ‖ **Fraise** das, -/-: ein Rock in F. ‖ **fraisefarben**
Fraisen die (Pl.) (mda., veraltet): *Krämpfe [bei kleinen Kindern durch hohes Fieber];* in die F. fallen *(erschrecken)*

F

fraktal ⟨lat.⟩ ‖ **Fraktal** das, -s/-e (Math., Kunstg.): *komplexes geometrisches Gebilde, bei dem ein Ausschnitt eine verkleinerte Kopie der Gesamtfigur ist* ‖ **Fraktion** [-tsi̯-] die, -/-en: *die Abgeordneten einer Partei [im Parlament]* | (SüdT, V, CH) (Admin.) *Ortsteil, Teil einer Gemeinde* ‖ **fraktionell:** eine fraktionelle Besprechung ‖ **fraktioniert** [-tsi̯-]: *in Fraktionen/Abschnitte geteilt* ‖ **fraktionslos** [-tsi̯-]: eine fraktionslose *(wilde)* Abgeordnete ‖ **Fraktionslose**[1] der, -n/-n, ein Fraktionsloser ‖ **Fraktionslose**[2] die, -n/-n ‖ **Fraktionssprecher** ‖ **Fraktionssprecherin** ‖ **Fraktur** die, -/-en (Med.): *Knochenbruch* | (Druckw.) eine Schriftform *(deutsche Druckschrift, zB Jahreswechsel)*; mit jemandem F. *(unverblümt, schonungslos)* reden ‖ **Frakturschrift**

Frame [freɪm] der, -s/-s ⟨engl.⟩ (EDV): *Teilbereich („Rahmen") einer HTML-Internetseite;* Mainframe ‖ **Framework** [-wɜːk] das, -s/-s (EDV): *Programmiergerüst für die Softwareentwicklung*

Franc [frɑ̃ː] der, -/-s ⟨fr.⟩ (fr): *eine Geldeinheit (früher in Frankreich und Belgien)* | (in Angaben von Beträgen auch mit Pl. Franc) zehn Franc[s] wert sein

Franchise [ˈfræntʃaɪz] das, - = Franchising, -s ⟨engl.⟩ (Wirt.): *Herstellung und Verkauf von Produkten oder Dienstleistungen über Lizenzpartner* ‖ **Franchisegeber** (Wirt.): *Unternehmer, der seine Produkte unter seinem Warenzeichen von anderen Händlern vertreiben lässt* ‖ **Franchisenehmer** (Wirt.) ‖ **Franchisevertrag** (Wirt.) ‖ **Franchising** = → Franchise

Francium [-ts-] das, -s ⟨lat.-fr.⟩ (Zeichen: Fr): *ein chemisches Element*

franco [-k-] = → franko

frank ⟨lat.-fr.⟩: f. und frei *(ungebunden, ungezwungen)* | (W, Gaunerspr.) *ehrlich, nicht kriminell*

Frank: *männl. Vorname*

Franken der, -s/- (Fr.): *eine Geldeinheit in der Schweiz*

Frankenburg am Hausruck: *Marktgemeinde in Oberösterreich*

Frankfurt (Siedlungsname): F. am Main, F. (Oder) *(Städte in Deutschland)* ‖ **Frankfurter** die (Pl.): *Frankfurter Würstel*

frankieren ⟨it.⟩: einen Brief f. *(die erforderlichen Marken aufkleben)* ‖ **Frankiermaschine** ‖ **franko** = franco [-k-]: *kostenfrei, portofrei;* etwas f. *(ohne Anrechnung der Transportkosten)* zustellen; gratis und f.

frankofon = frankophon [-f-]: *französischsprachig* ‖ **Frankokanadier:** *französischsprachiger Kanadier* ‖ **Frankokanadierin** ‖ **frankophil** [-f-]: *frankreichfreundlich;* f. eingestellt sein ‖ **frankophon** [-f-] = → frankofon ‖ **Frankreich** (Kfz: F): *ein Staat;* → Franzose

Franse die, -/-n: *Faden als Abschluss [an Teppichen, Vorhängen]* ‖ **fransen:** dieser Stoff franst *(fasert am Rand)* ‖ **fransig**

Franz: *männl. Vorname;* → Ferry ‖ **Franzbranntwein:** *Weingeist zum Einreiben* ‖ **Franzensfeste** (it.: Fortęzza): *Stadt in Südtirol* ‖ **Franzi:** *weibl. und männl. Vorname (Franziska, Franz, Franziskus)* ‖ **Franziska:** *weibl. Vorname;* → Fanni ‖ **Franziskaner** der, -s/-: *Angehöriger eines geistlichen Ordens* | (Gast.) *Melange mit Schlagobers* ‖ **Franziskanerin** die, -/-innen ‖ **Franziskanerorden** (OFM, O. F. M.) ‖ **franziskanisch** ‖ **Franziskerl** [mda. auch: -ʃk-] das, -s/-[n] (W, veraltet): *gepresstes Räuchermittel, Räucherkerze, Weihrauch* ‖ **franziskojosephinisch** [-f-]: *von Kaiser Franz Joseph (1848–1916) oder aus seiner Zeit stammend;* franziskojosephinische Bauten; *aber:* die Franziskojosephinische Ära ‖ **Franziskus:** *männl. Vorname* ‖ **Franz-Joseph-Land** das, -[e]s: *eine russische arktische Inselgruppe* ‖ **Franz-Josephs-Bahn:** *eine Bahnlinie* ‖ **Franz-Josephs-Bahnhof:** *ein Bahnhof in Wien*

Franzos der, -en/-en: *ein Schraubenschlüssel mit verstellbaren Backen* ‖ **Franzose** der, -n/-n; → Frankreich ‖ **Franzosenkrankheit** (veraltet): *Syphilis* ‖ **Franzosenzeit:** *Zeit der napoleonischen Kriege* ‖ **Französin** die, -/-innen ‖ **französisch:** die französische Kunst; *aber:* die Französische Revolution (1789–1795); sich auf Französisch empfehlen *(sich wegschleichen)* ‖ **Französisch** das, -[s] = **Französische** das, -n: *die französische Sprache;* → Deutsch

frappant ⟨fr.⟩: *überraschend; befremdend;* eine frappante *(auffallende)* Ähnlichkeit ‖ **Frappee** = Frappé das, -[s]/-s: *ein kühles Milchmixgetränk* ‖ **frappieren:** *verblüffen, stutzig machen* | (Küchenspr.) *[Getränke] gut abkühlen*

Fräse die, -/-n: *Maschine zur Holz- und Metall- oder Bodenbearbeitung* ‖ **fräsen,** du fräst ‖ **Fräser** der, -s/-: *Arbeiter, der die Fräse bedient* | *ein Werkzeug, das zB Rillen schneidet* ‖ **Fräserin** die, -/-innen ‖ **Fräsmaschine**

fraß → fressen ‖ **Fraß** der, -es: Raubtieren Fleisch zum F. *(zum Fressen)* vorwerfen | (abw.) *schlechtes, lieblos hergestelltes Essen* ‖ **Fraßspur:** die F. von Raupen

Frater der, -s/Fratres ⟨lat.⟩: *Ordensbruder ohne Priesterweihe, Klosterbruder;* → Pater ‖ **Fraternisation** [-tsi̯-] die, -/-en: *Fraternisierung* ‖ **fraternisieren** sich: *sich verbrüdern* ‖ **Fraternisierung** die, -/-en: *Verbrüderung* ‖ **Fraternität** die, - (geh.): *Brüderlichkeit; Bruderschaft*

Fratz der, -en/-en: *unartiges Kind* ‖ **Fratze** die, -/-n: *[Schrecken erregend] verzerrtes Gesicht* ‖ **fratzenhaft**

frau (Pron.): f. *(jede Frau)* sagt ...; → man ‖ **Frau** die, -/-en: Frau (Fr.) Müller | (kath.) Unsere Liebe F. *(hl. Maria)* ‖ **Frauchen** das, -s/- (bes. D, CH): *Frauerl* ‖ **Frauenabteil:** ein Wagon mit einem F. ‖ **Frauenarbeit** ‖ **Frauenarzt:** *Gynäkologe* ‖ **Frauenärztin** ‖ **Frauenbeauftragte** ‖ **Frauenberuf** ‖ **Frauenbewegung** ‖ **Frauenchor** [-k-] ‖ **frauenfeindlich** ‖ **Frauenfußball** ‖ **Frauenemanzipation** [-tsi̯-] ‖ **Frauenhaus:** *Haus, in dem von Gewalt bedrohte Frauen vorübergehend Zuflucht finden* ‖ **Frauenheld:** *Mann, der viele Affären mit Frauen hat* ‖ **Frauenhelpline** [-laɪn]: *eine Telefonhotline [gegen Männergewalt in der Familie]* ‖ **Frauenkäfer** = **Frauenkäferl** das, -s/-[n]: *Marienkäfer* ‖ **Frauenklinik** ‖ **Frauenkloster** ‖ **Frauenkrankheit:** *Krankheit, die bei Frauen bes. häufig auftritt* ‖ **Frauenleiden:** *Frauenkrankheit* ‖ **Frauenliteratur:** *von Frauen geschriebene Literatur* ‖ **Frauenmantel:** *eine*

Volksarzneipflanze ‖ **Frau|en|mi|nis|ter** ‖ **Frau|en|mi|nis|te|rin:** *Bundesministerin für Frauen und Öffentlichen Dienst (im BKA)* ‖ **Frau|en|mi|nis|te|ri|um** (früher) ‖ **Frau|en|not|ruf** ‖ **Frau|en|ober|schu|le** (früher): *eine höhere Schule* ‖ **Frau|en|or|den** (kath.) ‖ **Frau|en|po|li|tik** ‖ **Frau|en|quo|te** ‖ **Frau|en|rech|te** die (Pl.) ‖ **Frau|en|recht|ler** der, -s/- ‖ **Frau|en|recht|le|rin** die, -/-innen ‖ **Frau|en|sa|che:** Kindererziehung ist noch immer F. ‖ **Frau|en|schuh:** *eine Orchideengattung; deren geschützte heimische Art* ‖ **Frau|en|schutz** (Jus): *Schutz der Frauen vor Diskriminierung;* → Gleichbehandlung ‖ **Frau|ens|per|son** (veraltet): *Frau* ‖ **Frau|en|stim|me** ‖ **Frau|en|tag:** Internationaler F. *(Weltfrauentag)* | (kath.) *Marienfeiertag, Maria Himmelfahrt* ‖ **Frau|en|te|le|fon:** *eine Beratungs- und Servicestelle* ‖ **Frau|en|zeit|schrift** ‖ **Frau|en|zim|mer** (abw., veraltet): *Frau* ‖ **Frau|erl** das, -s/-[n]: *Besitzerin eines Hundes;* → Herrl ‖ **Frau Hitt** die, - -: *ein Berg bei Innsbruck* ‖ **Frau Hol|le** die, - -: *eine Märchenfigur* ‖ **Fräu|lein** das, -s/- (Frl.) (veraltend): *unverheiratete Frau;* F. Müller | *Kellnerin;* F., bitte zahlen! ‖ **frau|lich:** *weiblich*

Freak [fri:k] der, -s/-s ⟨engl.⟩: *sich exzentrisch gebärdender Anhänger einer Sache;* Computerfreak

frech: *unverschämt, vorlaut; aufmüpfig;* ein frecher Bursche ‖ **Frech|dachs** [-ks] (scherzh.): *freches, aber sympathisches Kind* ‖ **Frech|heit** die, -/-en ‖ **Frech|ling** der, -s/-e

Fred: *männl. Vorname (Alfred, Manfred)*

Free Clim|bing ['fri: klaımıŋ] = **Free|clim|bing** das, -s ⟨engl.⟩ (Sport): *Freiklettern*

Free Jazz ['fri: dʒæz] der, - ⟨engl.⟩ (Mus.): *ein Jazzstil*

Free|lan|cer ['fri:lɑːnsə] der, -s/- ⟨engl.⟩: *Freiberufler* ‖ **Free|lan|ce|rin** die, -/-innen

Free|ri|den ['fri:ˌraıd-] = **Free|ri|ding** das, -s ⟨engl.⟩: *Ski- bzw. Snowboardfahren im freien Gelände [neben den Pisten], Freeskiing;* → Variantenfahren

Free|sie [-ıɛ] die, -/-n: *eine Blume*

Free|ski|ing ['fri:ˌs-] das, -s ⟨engl.⟩: → *Freeriden*

Free|style ['fri:staıl] das, -s ⟨engl.⟩ (Sport): *eine Skidisziplin* ‖ **Free|sty|ler** der, -s/- (Sport): *jemand, der Freestyle betreibt* ‖ **Free|sty|le|rin** die, -/-innen (Sport)

Free-TV ['fri: ti:'vi:] ⟨engl.⟩: *kostenloses Fernsehen;* → G.: Pay-TV

Free|ware ['fri:weə] die, -/-s ⟨engl.⟩ (EDV): *Software, die kostenlos zur Verfügung gestellt wird*

Fre|gat|te die, -/-n ⟨it.-fr.⟩: *ein schnelles Kriegsschiff*

frei:

ein freier Platz; in freier Wildbahn *(Natur);* ein freier Beruf *(zB Arzt, Rechtsanwalt, Künstler);* etwas frei Haus *(ohne Verrechnung von Transportkosten)* liefern; aber: im Freien | (Jus) jemanden auf freiem Fuß anzeigen *(ohne Verhaftung)* | freier Unizugang

Getrenntschreibung bei wörtlicher Bedeutung:

- frei sein/gewesen
- der Platz soll frei bleiben
- die Einfahrt frei halten/lassen
- eine Rede frei halten *(ohne sie abzulesen)*
- frei sprechen *(aus dem Stegreif)*
- die Statue ist frei gestanden *(ohne Stütze)*

Getrennt- und Zusammenschreibung:

- die Geiseln frei bekommen/frei geben/frei lassen (= freibekommen/freigeben/freilassen)
- am Montag frei bekommen/frei haben (= freibekommen/freihaben)
- den Angestellten frei geben (= freigeben)
- frei lebende (= freilebende) Tiere
- die Einfahrt frei geben (= freigeben)
- ihm den Rücken frei halten (= freihalten)
- sich den Montag frei halten (= freihalten)
- einen Schatz frei legen (= freilegen)
- den Platz frei machen (= freimachen)
- den Oberkörper frei machen (= freimachen)
- sich am Nachmittag frei machen/nehmen (= freimachen/freinehmen)
- das Auto frei schaufeln (= freischaufeln)
- frei stehende (= freistehende) Wohnungen

R→ S. 903, 2.2.1 bzw. S. 900, 1.5.2

Zusammenschreibung bei übertragener Bedeutung:

- das freibleibende Angebot *(unverbindliche)*
- die Akten zur Einsicht freigeben
- freigehen *(straflos bleiben; entlassen werden)*
- freihalten *(jemandem die Zeche bezahlen)*
- den Gefangenen freikaufen/freipressen
- die Gefangenen sind freigekommen
- sich beim Ballspiel freilaufen/freispielen
- sich von Vorurteilen freimachen *(lossagen)*
- einen Brief freimachen *(frankieren)*
- eine Leitung freischalten
- Kräfte freisetzen
- Arbeitskräfte freisetzen *(entlassen)*
- den Angeklagten vor Gericht freisprechen
- einen Lehrling freisprechen *(ihn zum Gesellen erklären)*
- jemanden vom Dienst freistellen; jemandem eine Entscheidung freistellen
- die Entscheidung soll dir freistehen

R→ S. 900, 1.5.1

Frei|ar|beit (Bildw.): *eine Arbeitsform im Offenen Lernen* ‖ **Frei|bad:** ein städtisches F.; → G.: Hallenbad ‖ **Frei|bal|lon** → G.: Fesselballon ‖ **frei be|kom|men** = **frei|be|kom|men:** am Montag f. b.; die Geiseln f. b. ‖ **Frei|be|ruf|ler** der, -s/- ‖ **Frei|be|ruf|le|rin** die, -/-innen ‖ **frei|be|ruf|lich** ‖ **Frei|be|trag** (Wirt.): *Teilbetrag der Einkünfte einer Person, der bei der Besteuerung unberücksichtigt bleibt* ‖ **Frei|be|trags|be|scheid** ‖ **Frei|beu|ter** der, -s/- (früher): *Seeräuber* ‖ **Frei|beu|te|rin** die, -/-innen (früher) ‖ **Frei|bier:** *Gratisbier* ‖ **frei|blei|bend** (Kaufmannsspr.): *unverbindlich;* der Preis ist f. *(er kann noch geändert werden)* | (Jus) etwas f. *(ohne Verbindlichkeit, unverbindlich)* anbieten; → frei ‖ **Frei|brief:** kein F. *(keine Erlaubnis)* für schlechtes Benehmen | (früher) *Privileg* ‖ **Frei|burg** (Siedlungsname): F. im Breisgau *(Stadt in Deutschland)* | (fr.: Fribourg [-'bu:r]) *Schweizer Kanton und Stadt* (auch F. in der Schweiz bzw. F. im Üechtland ['yə-]) ‖ **Frei|corps** [-ko:ə] = → Freikorps

|| **Freidenker:** *konfessionell Ungebundener* || **Freidenkerin** || **Freie**[1] der, -n/-n, ein Freier (Gesch.); → G.: Sklave; *aber:* → Freier || **Freie**[2] die, -n/-n || **freien** (geh.): um ein Mädchen f. *(werben);* er hat ein Mädchen gefreit *(geheiratet)* || **Freier** der, -s/- : *Kunde einer Prostituierten* | (geh.) *einer, der um ein Mädchen wirbt; aber:* → Freie[1] || **Freiersfüße** (scherzh.) (nur in der Wendung): er wandelt auf Freiersfüßen *(er will [wird] heiraten)* || **Freiexemplar:** *ein kostenloses Exemplar, zB Buch* || **Freifach:** *zusätzlich zu wählende Lehrveranstaltung an Universität oder Hochschule;* → Pflichtfach | *Freigegenstand in der Schule;* → Wahlfach || **Freifahrt:** *Berechtigung für die kostenlose Benützung der öffentlichen Verkehrsmittel* || **Freifahrtschein,** *auch:* Freifahrtsschein || **Freifrau:** *Baronin* || **Freifräulein:** *Baronesse* || **Freigabe:** F. des Starts || **Freigänger** der, -s/-: *Häftling mit Ausgang zur Arbeit* || **Freigängerin** die, -/-innen || **freigebig,** *auch:* freigiebig: ein freigebiger Mensch *(jemand, der gern und viel gibt)* || **freigeben:** die Akten zur Einsicht f. *(für die Öffentlichkeit zugänglich machen); aber:* den Angestellten am 24. Dezember frei geben (= freigeben); die Geiseln frei geben (= freigeben) *(ihnen die Freiheit geben);* → frei || **Freigebigkeit** die, -, *auch:* Freigiebigkeit || **Freigegenstand** (Bildw.): *ein zusätzlich gewählter Gegenstand im Schulunterricht (mit Beurteilung);* → Freifach; → Wahlpflichtgegenstand || **Freigehege:** *großes Gehege im Freien, in dem Tiere gehalten werden* || **freigehen:** *straflos bleiben* | *aus der Haft entlassen werden; aber:* das Kind kann schon frei *(ohne Hilfe)* gehen; → frei || **Freigelassene**[1] der, -n/-n, ein Freigelassener (früher): *ein in die Freiheit entlassener Sklave* || **Freigelassene**[2] die, -n/-n (früher) || **Freigepäck:** *Fluggepäck, für das kein Aufschlag bezahlt werden muss* || **freigiebig** → freigebig || **Freigiebigkeit** → Freigebigkeit || **Freigrenze** (Wirt.): *Höhe, bis zu der bestimmte Einkünfte steuerfrei bleiben* || **frei haben** = **freihaben:** am Nachmittag f. h. || **Freihafen:** *Hafen für den zollfreien Gütertransit* || **freihalten:** die Freunde f. *(ihre Zeche bezahlen); aber:* eine Rede frei halten; „Einfahrt frei halten!"; → frei || **Freihandel** || **Freihandelszone:** *ein zollfreier Wirtschaftsraum* || **freihändig:** f. Rad fahren *(ohne die Hände zu gebrauchen)* | f. *(ohne Hilfsmittel)* einen Kreis zeichnen | ein f. *(ohne öffentliche Ausschreibung)* vergebener Auftrag; freihändiger Verkauf *(Verkauf außerhalb einer Versteigerung)* || **Freihandverkauf:** *Verkauf von [gepfändeten] Waren unter behördlicher Aufsicht* || **Freiheit** die, -/-en: in F. leben || **freiheitlich:** eine freiheitliche Gesinnung; *aber:* die Freiheitliche Partei Österreichs || **Freiheitsberaubung** || **Freiheitsdrang** || **Freiheitsentzug** (Jus) || **Freiheitskampf** || **Freiheitskämpfer** || **Freiheitskämpferin** || **freiheitsliebend** || **Freiheitsstrafe** (Jus): *Gefängnisstrafe, Haftstrafe;* → G.: Geldstrafe, Vermögensstrafe || **freiheraus:** f. *(ohne nachzudenken, von sich aus)* etwas zugeben || **Freiherr:** *Baron* || **Freiin** die, -/-innen: *ledige Tochter eines Freiherrn;* → Freifrau || **Freikarte:** *kostenlose Eintrittskarte* || **freikaufen:** Gefangene f. || **Freikirche** (Rel.): *christliche Gemeinde, die keiner Landeskirche angehört* || **Freiklettern** (Sport): *Klettern ohne Seil oder andere Hilfsmittel, Freeclimbing* || **freikommen:** aus dem Gefängnis f. || **Freikörperkultur** die, - (FKK): *eine Anschauung, die das Erleben der Natur ohne Kleidung propagiert, zB Nacktbaden* || **Freikorps** [-ko:ɐ] = Freicorps (früher): *militärähnliche Einheiten aus Freiwilligen, die zur Durchsetzung politischer Ziele gegründet wurden* || **Freiland** das, -[e]s: *Nutzungsfläche im Freien (in der Landwirtschaft, im Gartenbau)* || **Freilandei:** *Ei aus Freilandhaltung* || **Freilandhaltung:** Hühner aus F.; → G.: Batteriehaltung || **Freilandhuhn** || **Freilandstraße** || **frei lassen** = **freilassen:** einen Vogel f.; *aber:* einen Platz frei *(unbesetzt)* lassen || **Freilassung** die, -/-en || **Freilauf** der, -[e]s: *eine Vorrichtung [am Fahrrad], die ein Fahren ohne Treten erlaubt* || **freilaufen** sich: sich beim Ballspiel f.; *aber:* Hunde frei laufen lassen || **frei lebend** = **freilebend** || **freilegen:** römische Mauerreste f.; *aber:* elektrische Leitungen frei legen *(nicht unter Verputz verlegen)* || **Freileitung:** *Stromleitung an Masten* | *freie Telefonverbindung* || **freilich:** *allerdings, gewiss* || **Freilichtaufführung** || **Freilichtbühne:** *Theater im Freien* || **Freilichtmuseum:** *volkskundliche Museumsanlage, die historische oder ländliche Wohnkultur zeigt* || **Freilichttheater** || **Freilos** (Sport): *wettkampfloses Aufsteigen in die nächste Runde;* ein F. erhalten || **Freiluftmuseum** (selten): *Freilichtmuseum* || **Freilufttheater** (selten): *Freilichttheater* || **freimachen:** einen Brief f. *(frankieren)* | sich von Vorurteilen freimachen; *aber:* sich am Nachmittag frei machen (= freimachen); → frei || **Freimaurer:** *Mitglied einer internationalen Geheimgesellschaft* || **Freimaurerloge** [-lo:ʃ, -ʒɛ]: *Bund und Versammlungsort von Freimaurern* || **Freimut** || **freimütig:** *offenherzig, aufrichtig, unbekümmert* || **Freimütigkeit** die, - || **frei nehmen** = **freinehmen** sich: sie nimmt sich am Freitag frei

Freinetpädagogik [frɛˈnɛ:p-] (Bildw.): *eine Richtung der Reformpädagogik (nach dem französischen Lehrer Freinet)*

Freiplatz: *ein kostenloser Platz [im Theater, in einem Heim]* || **freipressen:** *jemandes Freilassung durch Erpressung erzwingen* || **Freiraum:** *Möglichkeit zur persönlichen Entfaltung, eigenständigen Entwicklung* || **freischaffend:** ein freischaffender *(in keinem Angestelltenverhältnis stehender)* Künstler || **freischalten:** eine Leitung f. || **Freischaltung:** die F. eines Handys || **Freischar:** *Freikorps* || **Freischärler** der, -s/- || **Freischärlerin** die, -/-innen || **frei schaufeln** = **freischaufeln:** das Auto f. s. || **Freischein** || **Freischütz** der, -: *eine Sagengestalt* || **Freischwimmbad** || **freisetzen:** ungeahnte Kräfte f. | (beschön.) Arbeitskräfte f. *(entlassen)* || **Freisetzung** die, -/-en || **freisinnig:** *vorurteilsfrei* || **Freispiel** (Sport): *ohne Wettkampf in die nächste Runde kommen* || **freispielen**

(Sport): der Stürmer hat sich freigespielt ‖ **Frei|sprech|an|la|ge** = **Frei|sprech|ein|rich|tung:** *Einrichtung [im Auto], die ein freihändiges Telefonieren ermöglicht* ‖ **frei|spre|chen:** den Angeklagten (vor Gericht) f. *(ihn für unschuldig erklären);* einen Lehrling f. *(ihn zum Gesellen erklären); aber:* frei *(ohne Manuskript, aus dem Stegreif)* sprechen ‖ **Frei|spre|chung** die, -/-en: die F. eines Lehrlings | (Jus) *Freispruch* ‖ **Frei|spruch:** der F. vor Gericht ‖ **Frei|staat** (veraltend): *Republik;* der F. Bayern ‖ **Frei|stadt**[1]: die F. *(Statutarstadt)* Rust ‖ **Frei|stadt**[2] (Kfz: FR): *Stadt in Oberösterreich* ‖ **Frei|statt** die, -/-stätten (geh.): *Asyl, Zufluchtsort* ‖ **frei|ste|hen:** die Entscheidung soll dir f. *(bleibt dir überlassen); aber:* frei *(ohne Stütze)* stehen ‖ **frei ste|hend** = **frei|ste|hend:** ein f. stehender Turm ‖ **frei|stel|len:** jemanden vom Dienst f. *(beurlauben)* | jemandem die Entscheidung f. *(jemanden frei entscheiden lassen)* ‖ **Frei|stil** [-st-, -ʃt-] (Sport): *Kurzwort für Freistilschwimmen, Freistilringen* ‖ **Frei|stil|rin|gen** (Sport) ‖ **Frei|stil|schwim|men** (Sport) ‖ **Frei|stoß** (Sport): *eine Strafe für ein Foul* ‖ **Frei|stun|de:** *unterrichts-, arbeitsfreie Stunde;* → Fensterstunde ‖ **Frei|tag:** nächsten F.; → Dienstag ‖ **Frei|tag|abend:** am F.; wir kommen [am] F.; eines Freitagabends ‖ **frei|tag|abends:** *freitags abends* ‖ **frei|tä|gig:** *am Freitag stattfindend* ‖ **frei|tags:** *jeden Freitag* (auch: *am Freitag*); f. abends *(freitagabends)* ‖ **Frei|tod** (geh.): *Selbstmord* ‖ **frei|tra|gend:** *ohne Stütze* ‖ **Frei|trep|pe** (Arch.): *im Freien zu einem Bauwerk führende [repräsentative] Stiege* ‖ **Frei|wild:** *ein Mensch, der Angriffen schutzlos preisgegeben ist* ‖ **frei|wil|lig:** der freiwillige Helfer; *aber:* die **F**reiwillige Feuerwehr ‖ **Frei|wil|lig|keit** die, - ‖ **Frei|zei|chen:** *Ton, der anzeigt, dass eine Telefonleitung frei ist;* → G.: Besetztzeichen ‖ **Frei|zeich|nung** (Jus): *in Verträgen vereinbarte Befreiung von einer Haftung* ‖ **Frei|zeit** die, - ‖ **Frei|zeit|as|sis|tenz:** *soziale Einrichtung zur Gestaltung der Freizeit junger Menschen mit Behinderung* ‖ **Frei|zeit|be|schäf|ti|gung** ‖ **Frei|zeit|cen|ter** [-s-] ‖ **Frei|zeit|ge|stal|tung** ‖ **Frei|zeit|ja|cke** ‖ **Frei|zeit|klei|dung** ‖ **Frei|zeit|pa|ra|dies:** *eine touristische Einrichtung, bes. schöner Urlaubsplatz* ‖ **Frei|zeit|spaß,** *auch:* Freizeitspass ‖ **Frei|zeit|sport|ler** ‖ **Frei|zeit|sport|le|rin** ‖ **Frei|zeit|wirt|schaft** ‖ **Frei|zeit|zen|trum** ‖ **Frei|zo|ne:** *Gebiet mit gelockerten Bestimmungen* ‖ **frei|zü|gig:** mit Spenden f. *(großzügig)* umgehen | *bestimmte Konventionen missachtend;* eine freizügige Bademode ‖ **Frei|zü|gig|keit** die, -/-en

fremd: eine fremde Sprache | das ist mir f. *(nicht bekannt)* | fremdes Eigentum *(das Eigentum einer anderen Person)* ‖ **Fremd|ar|bei|ter** (veraltet): *Gastarbeiter* ‖ **Fremd|ar|bei|te|rin** (veraltet) ‖ **fremd|ar|tig** ‖ **fremd|be|stimmt:** *von äußeren Faktoren bestimmt* ‖ **Frem|de**[1] der, -n/-n, ein Fremder: er blieb immer ein Fremder ‖ **Frem|de**[2] die, -n/-n ‖ **Frem|de**[3] die, - (geh.): in der F. *(fern der Heimat)* leben ‖ **Fremd|ein|wir|kung** die, -: sie kam ohne F. zu Sturz ‖ **frem|deln:** der Hund fremdelt *(zeigt Angst vor unbekannten Personen)* ‖ **Frem|den|feind|lich|keit** ‖ **Frem|den|füh|rer:** *jemand, der Touristen [gegen Bezahlung] Sehenswürdigkeiten zeigt* ‖ **Frem|den|füh|re|rin** ‖ **Frem|den|hass** ‖ **Frem|den|le|gi|on** die, -: *französische Einheit mit auch ausländischen Söldnern* ‖ **Frem|den|le|gi|o|när** ‖ **Frem|den|po|li|zei** ‖ **Frem|den|recht** (Jus): *Regelung der Rechte von Ausländern* ‖ **Frem|den|ver|kehr:** *Tourismus;* den heimischen F. ankurbeln ‖ **Frem|den|ver|kehrs|ge|biet** ‖ **Frem|den|ver|kehrs|ver|ein** ‖ **Frem|den|zim|mer** ‖ **Fremd|fi|nan|zie|rung** → G.: Eigenfinanzierung ‖ **fremd|ge|hen:** *Ehebruch begehen* ‖ **fremd|hän|dig** (Jus): ein fremdhändiges Testament; → G.: eigenhändig ‖ **Fremd|herr|schaft** (Pol.): *Beherrschung eines Volkes/Staates durch eine fremde Macht* ‖ **Fremd|ka|pi|tal** (Wirt.) ‖ **Fremd|kör|per:** das Haus wirkt wie ein störender F. *(wirkt in seiner Umgebung fremd)* | (Med.) einen F. operativ entfernen ‖ **fremd|län|disch** (veraltend): *aus dem (fernen) Ausland stammend* ‖ **Fremd|ling** der, -s/-e (geh.): *Fremder* ‖ **Fremd|pfle|ge** (Amtsspr.): in F. *(als Pflegekind)* aufwachsen ‖ **fremd|schä|men** sich (sal.): *sich [stellvertretend] für eine andere Person schämen* ‖ **Fremd|spra|che:** Englisch als erste F.; lebende Fremdsprachen; → Unterrichtssprache ‖ **Fremd|spra|chen|kennt|nis** (meist Pl.) ‖ **Fremd|spra|chen|kor|res|pon|dent:** *ein kaufmännischer Beruf* ‖ **Fremd|spra|chen|kor|res|pon|den|tin** ‖ **Fremd|spra|chen|un|ter|richt** ‖ **fremd|spra|chig:** fremdsprachige Bücher *(Bücher in fremden Sprachen)* ‖ **fremd|sprach|lich:** fremdsprachlicher Unterricht *(Unterricht einer fremden Sprache)* ‖ **Fremd|ver|schul|den** (Jus): *Verschulden eines anderen;* → G.: Eigenverschulden ‖ **Fremd|wäh|rung:** *ausländische Währung* ‖ **Fremd|wäh|rungs|kre|dit:** *Kredit in einer anderen als der Landeswährung* ‖ **Fremd|wäh|rungs|spar|buch** (Bankw.): *Sparverfahren in Fremdwährung* ‖ **Fremd|wort:** *aus einer Fremdsprache übernommenes Wort, dessen Herkunft noch mehr oder weniger deutlich erkennbar ist, zB* Adagio, Konzert; → Lehnwort ‖ **Fremd|wör|ter|buch**

fre|ne|tisch ⟨fr.⟩: frenetischer *(tosender)* Beifall

fre|quen|tie|ren ⟨lat.⟩: ein gut frequentierter *(stark besuchter)* Kurs ‖ **Fre|quenz** die, -/-en: *Besucherzahl* | *Dichte [des Straßenverkehrs]* | (Phys.) *Schwingungszahl [von Wechselstrom, von Tönen]* ‖ **Fre|quenz|mo|du|la|ti|on** [-tsi̯-] (Phys.): *bestimmtes Verfahren in der Hochfrequenztechnik*

Fres|ko[1] das, -[s]/Fresken ⟨it.⟩ (Kunstg.): *eine Wandmalerei auf feuchtem Verputz* ‖ **Fres|ko**[2] der, -[s]: *eine Stoffart* ‖ **Fres|ko|ma|le|rei** (Kunstg.)

Fres|sa|li|en die (Pl.) (ugs., meist scherzh.): *Verpflegung* ‖ **Fres|se** die, -/-n (derb): *Mund* ‖ **fres|sen,** ich fresse, du frisst/fraß/gefressen/friss!, fresst!: das Schaf frisst Gras | (ugs.) er frisst ihr aus der Hand *(tut alles für sie);* den/das hab ich schon gefressen *(kann ihn/es nicht ausstehen)* | (derb) wir haben nichts mehr zu f. | (ugs.) Kilometer f. *(weit und viel fahren);* Benzin f. *(viel Benzin verbrauchen); aber:* jemanden zum **F**ressen *(sehr)* gernhaben ‖ **Fres|sen** das, -s: ein gefun-

F

denes F. *(willkommene Gelegenheit, jemandem etwas vorwerfen zu können)* ‖ **Fresser** der, -s/- ‖ **Fresserin** die, -/-innen ‖ **Fressnapf** ‖ **Fresssack** (ugs., abw.): *gefräßiger Mensch*

Frettchen das, -s/-: *eine Iltisart*

fretten sich (ugs.): *sich behelfen, so gut es geht* | (veraltet) *sich wund reiben* ‖ **Fretter** der, -s/- (ugs.): *jemand, der mit großen Schwierigkeiten zu kämpfen hat* ‖ **Fretterei** die, - (ugs.): *Gefrett* ‖ **Fretterin** die, -/-innen (ugs.)

Freude die, -/-n: etwas mit Freude[n] *(sehr gerne)* machen | (geh.) Freud und Leid ‖ **Freudenbotschaft** (geh.) ‖ **Freudenhaus** (geh., veraltet): *Bordell* ‖ **Freudenmädchen** (geh., veraltet): *Prostituierte* ‖ **freudenreich** (geh.) ‖ **Freudenschrei** ‖ **Freudensprung:** einen F. machen ‖ **Freudentag** ‖ **Freudentaumel** (geh.) ‖ **Freudenträne** (meist Pl.) ‖ **freudestrahlend** ‖ **freudetrunken** (geh.) ‖ **freudig:** f. überrascht sein ‖ **freudlos**

Freudianer der, -s/- (Psych.): *Anhänger der Lehre Sigmund Freuds* ‖ **Freudianerin** die, -/-innen (Psych.) ‖ **freudsche** = **Freud'sche** (Psych.): ein freudscher (= Freud'scher) Versprecher *(aufschlussreicher Versprecher)*

freuen: das Lob freut ihn; sich auf Weihnachten f.; sich über die Geschenke f.

freund: jemandem f. *(gutgesinnt)* sein (Frage *Wie?*); *aber:* → Freund ‖ **Freund** der, -[e]s/-e: er ist mein bester F.; jemandes [bester] F. sein; F. und Feind *(alle)* | *Geliebter, Lebensgefährte* | kein F. von etwas sein *(es nicht bes. mögen)* ‖ **Freunderl** das, -s/-[n] (abw. bzw. drohend): *Freund, Kumpan, Bursche* ‖ **Freunderlwirtschaft** (ugs., abw.): *Begünstigung von Freunden und Verwandten; Protektion [bei Vergabe von Posten];* → Vetternwirtschaft; → Nepotismus ‖ **Freundeskreis:** der engste F. ‖ **Freundin** die, -/-innen ‖ **freundlich:** ein freundlicher Empfang; mit freundlichen Grüßen *(als Brief-, Mailschluss);* italienfreundlich = Italien-freundlich ‖ **freundlicherweise** ‖ **Freundlichkeit** die, -/-en ‖ **Freundschaft** die, -/-en: sie verbindet eine langjährige F. ‖ **freundschaftlich:** jemandem f. verbunden sein ‖ **Freundschaftsdienst:** jemandem einen F. erweisen ‖ **Freundschaftsspiel** (Sport)

frevel [-f-] (geh., veraltet): *frevelhaft;* frevles Handeln ‖ **Frevel** der, -s/- (geh.): *Schandtat, Entweihung* ‖ **frevelhaft** (geh.): *schändlich, verwerflich* ‖ **freveln,** ich frevle (geh.) ‖ **Freveltat** (geh.) ‖ **freventlich** (geh.): *frevelhaft* ‖ **Frevler** der, -s/- (geh.) ‖ **Frevlerin** die, -/-innen (geh.) ‖ **frevlerisch** (geh.)

Friaul -s, *auch:* das, -[s]: *eine Landschaft in Nordostitalien* ‖ **friaulisch,** *auch:* friulanisch ‖ **Friaulisch** das, -[s], *auch:* Friulanisch = **Friaulische** das, -n, *auch:* Friulanische: *die rätoromanische Sprache in Friaul (Nordostitalien)*

Fribourg [-'bu:r]: → *Freiburg*

Fridolin, *auch:* Friedolin: *männl. Vorname*

Friedberg: *Stadt in der Steiermark*

Friede der, -ns = **Frieden,** -s: seinen Frieden mit jemandem machen *(sich versöhnen);* jemanden in Frieden *(Ruhe)* lassen ‖ **Friedensabkommen** ‖ **Friedensappell** ‖ **Friedensbewegung** ‖ **Friedensbruch** ‖ **Friedensdialog** ‖ **Friedensdiktat:** *aufgezwungener Friede* ‖ **friedenserhaltend** (Pol.): friedenserhaltende Maßnahmen der UNO ‖ **friedensgefährdend** ‖ **Friedenshoffnung** ‖ **Friedenskonferenz** ‖ **Friedensliebe** ‖ **Friedensmission** ‖ **Friedensnobelpreis** [-ˌbɛ-] ‖ **Friedenspalme:** *ein Symbol des Friedens* ‖ **Friedenspfeife:** die F. rauchen *(Frieden schließen)* ‖ **Friedensplan** ‖ **Friedenspolitik** ‖ **Friedensprojekt** ‖ **Friedensrichter** (SüdT): *Jurist, der Schlichtungsversuche durchführt bzw. in erster Instanz urteilt* ‖ **Friedensrichterin** (SüdT) ‖ **Friedensschluss** ‖ **Friedenssicherung** ‖ **Friedensstadt:** *Bezeichnung für manche Städte (zB Linz)* ‖ **Friedensstifter** ‖ **Friedensstifterin** ‖ **Friedenstaube:** *ein Symbol des Friedens* ‖ **Friedenstruppe** (Mil.): eine F. der UNO ‖ **Friedensverhandlungen** die (Pl.) ‖ **Friedensvertrag** ‖ **Friedenszeichen** ‖ **Friedenszeit:** in Friedenszeiten ‖ **Friedenszins** (bes. W, bes. früher): *niedrige Miete für Wohnungen, die unter Mieterschutz stehen* ‖ **Friederike:** *weibl. Vorname;* → Fritzi ‖ **friedfertig:** ein friedfertiger *(gutmütiger)* Mensch ‖ **Friedfertigkeit** die, - ‖ **Friedhelm:** *männl. Vorname* ‖ **Friedhof** ‖ **Friedhofskapelle** ‖ **Friedhofsmauer** ‖ **Friedhofsruhe** ‖ **friedlich** ‖ **friedliebend** ‖ **friedlos** (geh.): f. *(keinen Frieden findend)* umherirren ‖ **Friedolin** → Fridolin ‖ **Friedrich:** *männl. Vorname;* → Fritz ‖ **friedvoll**

frieren, fror/gefroren: es friert *(es herrscht Frost);* das Wasser ist zu Eis gefroren | mich friert in den Zehen

Fries das = der, -es/-e: *Gesimsverzierung; ein bemalter Wandstreifen als Abschluss gegen die Decke*

Friesach: *Stadt in Kärnten*

frieseln (reg.): *frösteln*

Frigelesuppe (bes. K) (Küchenspr.): *bäuerliche Suppe mit kleinen Mehlknöllchen*

Frigga die, -/-s ⟨friaulisch⟩ (K) (Küchenspr.): *Speise aus Speck, Eiern und Käse zu Polenta*

frigid ⟨lat.⟩ (oft abw.): eine frigide *(gefühlskalte, empfindungslose)* Frau ‖ **Frigidität** die, - (oft abw.): *Empfindungslosigkeit der Frau beim Geschlechtsverkehr*

Frikadelle die, -/-n ⟨rom.⟩ (reg. in D): *Fleischlaibchen* ‖ **Frikandeau** [-'do:] das, -s/-s ⟨fr.⟩ (Küchenspr.): *gebratene oder gedünstete gespickte [Kalb]fleischschnitte* ‖ **Frikassee** das, -s/-s (Küchenspr.): *eingemachtes geschnetzeltes Kalb-, Lamm- oder Hühnerfleisch*

Friktion [-tsi̯-] die, -/-en ⟨lat.⟩ (meist Pl.): *Reibung; Abreibung, Einreibung* | *Widerstand* | (geh.) *Unstimmigkeit*

Frisbee [-bi] das, -s/-s ⟨engl.⟩ (Sport) (Wz.): *ein Spiel, Wurfscheibe*

frisch:

frische Luft; ein frisches Hemd anziehen | sie ist frisch und munter *(bei bester Gesundheit)* | es ist heute frisch *(kühl)* | frische *(helle, leuchtende)* Farben

Getrenntschreibung bei wörtlicher Bedeutung:
– Obst frisch halten

Getrennt- und Zusammenschreibung:
– frisch gebackenes (= frischgebackenes) Brot

- frisch gestrichene (= frischgestrichene) Wände
- sich in der Pause frisch machen (= frischmachen)

R→ S. 903, 2.2.1

Zusammenschreibung bei übertragener Bedeutung:

- ein frischgebackenes Ehepaar *(erst seit Kurzem verheiratetes)*

R→ S. 900, 1.5.1

Frische die, - ‖ **Frischfisch** ‖ **Frischfleisch** ‖ **frisch-fröhlich:** *munter und gut aufgelegt* ‖ **frischgebacken:** ein frischgebackenes Ehepaar; *aber:* frisch gebackenes (= frischgebackenes) Brot ‖ **Frischgefangte**[1] = Frischgfangte[1] der, -n/-n, ein Frischgefangter (ugs.): *Berufsanfänger* ‖ **Frischgefangte**[2] = Frischgfangte[2] die, -n/-n (ugs.) ‖ **frisch gestrichen = frischgestrichen** ‖ **Frischhaltefolie** [-iɛ] ‖ **Frischkäse:** *Topfen, Hüttenkäse uÄ* ‖ **Frischling** der, -s/-e: *Jungtier des Wildschweins* ‖ **Frischluft** ‖ **Frischluftzufuhr** ‖ **frisch machen = frischmachen** sich: sich in der Pause f. m. ‖ **Frischmilch** → G.: Haltbarmilch ‖ **Frischzelle** (Med.): *noch lebende Körperzelle* ‖ **Frischzellenkur** (Med.)

Frisée der, -s/-s: *Friséesalat* ‖ **Friséesalat** ⟨fr.⟩: *eine Salatsorte*

Friseur [-'zøːə] = → Frisör ‖ **Friseurin** = → Frisörin ‖ **Friseursalon** = → Frisörsalon ‖ **Friseuse** [-'zøːs, -'zøːzɛ] die, -/-n: *Frisörin* ‖ **frisieren** ⟨fr.⟩: sich die Haare f. | (sal.) eine Statistik f. *(Änderungen vornehmen, die das Ergebnis verfälschen);* → auffrisieren ‖ **Frisiersalon** ‖ **Frisör** = Friseur [-'zøːə] der, -s/-e ‖ **Frisörin** = Friseurin die, -/-innen ‖ **Frisörsalon** = Friseursalon

frisst → fressen ‖ **Frissling** der, -s/-e (reg., scherzh.): *jemand, der allzu viel isst*

Frist die, -/-en: die F. einhalten *(etwas bis zu einem festgesetzten Zeitpunkt tun)* ‖ **fristen:** sein Leben f. *(armselig leben)* ‖ **Fristenlösung** die, - (Jus): *gesetzliche Regelung, wonach Abtreibung innerhalb einer bestimmten Frist straflos bleibt* ‖ **Fristenregelung** die, - (Jus): *Fristenlösung* ‖ **Fristerstreckung** (Amtsspr.): *Fristverlängerung* ‖ **fristgerecht:** *rechtzeitig innerhalb der [gesetzlichen Berufungs]frist* ‖ **fristlos:** jemanden f. *(auf der Stelle)* entlassen ‖ **Fristüberschreitung**

Frisur die, -/-en ⟨fr.⟩: eine neue F.

Frittate die, -/-n ⟨it.⟩: *eine Suppeneinlage* ‖ **Frittatenroulade** [-ru-]: *eine Suppeneinlage* ‖ **Frittatensuppe** ‖ **Fritteuse** [-'tøːs, -'tøːzɛ] die, -/-n ⟨fr.⟩: *Küchengerät zum Frittieren* ‖ **frittieren** (Küchenspr.): *in heißem Fett garen;* → Pommes frites ‖ **Frittieröl**

Fritz: *männl. Vorname (Friedrich)* ‖ **Fritzi:** *weibl. Vorname (Friederike)*

friulanisch → friaulisch ‖ **Friulanisch = Friulanische** → Friaulisch

frivol [-v-] ⟨fr.⟩: *leichtfertig; anstößig;* frivole Witze ‖ **Frivolität** die, -/-en

Frizzante der, -/- ⟨it.⟩: *Wein mit etwas weniger Kohlensäure als Sekt*

Frl.: Fräulein

froh: ein frohes Kind; f. gelaunt (= frohgelaunt); wir waren f. über deine Hilfe | (Rel.) die frohe Botschaft *(Frohbotschaft)* ‖ **Frohbotschaft** die, - (geh.) (Rel.): *das Evangelium* ‖ **froh gelaunt = frohgelaunt** ‖ **frohgemut** (geh.) ‖ **fröhlich:** fröhliche Urständ feiern *(wieder in Mode kommen)* ‖ **Fröhlichkeit** die, - ‖ **frohlocken** (geh., veraltend): sie hat frohlockt *(gejubelt)* ‖ **Frohnatur:** *fröhlicher Mensch*

Frohnleiten: *Stadt in der Steiermark*

Frohsinn der, -[e]s (geh.): *Fröhlichkeit*

fromm, frömmer [frommer], am frömmsten [frommsten]: ein frommer *(gottesfürchtiger)* Mensch | ein frommes *(gutmütiges)* Pferd | ein frommer *(gut gemeinter, aber unerfüllbarer)* Wunsch ‖ **Frömmelei** die, -/-en (abw.) ‖ **frömmeln,** ich frömmle (abw.): *fromm tun* ‖ **frommen** (geh.): *nützen; aber:* zu Nutz und Frommen *(zum Vorteil)* aller ‖ **Frömmigkeit** die, - ‖ **Frömmler** der, -s/- (abw.): *fromm tuender, scheinheiliger Mensch* ‖ **Frömmlerin** die, -/-innen (abw.)

Fron die, -/-en (geh.): *harte Arbeit unter Druck* ‖ **Frondienst** (früher): *Dienst für den Grundherrn* ‖ **fronen** (früher): *Frondienst leisten* | (geh.) *schwer arbeiten* ‖ **frönen** (geh.): einem Laster f. *(verfallen sein)* ‖ **Fronleichnam:** *ein katholischer Feiertag;* zu F. ‖ **Fronleichnamsprozession**

Front die, -/-en ⟨lat.-fr.⟩: die F. *(Vorderseite)* des Hauses | in einer F. *(Reihe)* | (Mil.) an vorderster F. *(Kampflinie)* | F. gegen jemanden machen *(gegen jemanden auftreten, Widerstand leisten)* | (Met.) *Grenze zwischen warmer und kalter Luft;* Kaltfront ‖ **frontal:** *von vorn;* jemanden f. *(direkt)* angreifen ‖ **Frontalangriff** ‖ **Frontalansicht:** *Ansicht von vorne* ‖ **Frontalaufprall** ‖ **Frontalunterricht:** *eine Unterrichtsform* ‖ **Frontalzusammenstoß** ‖ **Frontantrieb** der, -[e]s: *Vorderradantrieb* ‖ **Frontfrau** (Mus.): *Bandleaderin; Leadsängerin* ‖ **Frontlader** der, -s/-: *eine Lade- oder Baggervorrichtung bei Traktoren* | *eine Arbeitsmaschine mit einer Schaufel* ‖ **Frontlinie** [-iɛ] (Mil.) ‖ **Frontmann** (Mus.) ‖ **Frontseite:** *Vorderseite* ‖ **Frontsoldat** (Mil.) ‖ **Frontstellung:** *ablehnende, unnachgiebige Position* ‖ **Fronturlaub** (Mil.)

fror → frieren

Frosch der, -[e]s/Frösche: *ein Amphibium;* Laubfrosch; einen F. im Hals haben *(kurzzeitig keine Stimme haben)* ‖ **Froschgoscherl:** *eine Borte an Trachtenkleidern* | (Bot.) *eine Pflanze, Löwenmaul* ‖ **Froschlaich** ‖ **Froschlurch:** *ein Amphibium* | (Pl.) (Zool.) *eine Amphibienordnung, zB Frosch, Kröte* ‖ **Froschmann:** *Taucher [für militärische Sondereinsätze]* ‖ **Froschperspektive** [-fɛ, -vɛ] die, -: aus der F. *(ohne genügenden Überblick)* urteilen

Frost der, -[e]s/Fröste: *Temperatur unter 0° C* ‖ **Frostaufbruch** der, -[e]s/-brüche: durch F. verursachte Straßenschäden ‖ **frostbeständig:** frostbeständige Pflanzen ‖ **Frostbeule** ‖ **frösteln,** ich fröstle: mich fröstelt *(mir ist kalt)* ‖ **frostempfindlich** ‖ **frostfest:** *gegen Frost unempfindlich* ‖ **frostfrei:** der Oktober war f. ‖ **Frostgefahr** ‖ **frostgefährdet** ‖ **frostgeschützt** ‖ **Frostgrenze** (Met.): die F. sinkt auf 1000 Meter ‖ **frostig:** ein frostiger *(eher unfreundlicher)* Empfang ‖ **Frostschaden** ‖ **Frostschutzmittel:** *Mittel, das das Gefrieren von Flüssigkeit verhindert* ‖ **Frost-**

spanner: *ein Schmetterling*

Frottee = Frotté der (*auch:* das), -s/-s ⟨fr.⟩: *ein Stoff* ‖ **Frotteehandtuch** = Frottéhandtuch ‖ **frottieren:** *mit einem rauen Tuch abreiben* ‖ **Frottierhandtuch**

Frotzelei die, -/-en ‖ **frotzeln,** ich frotzle: *hänseln, zum Besten halten*

Frucht die, -/Früchte: die Kiwi ist eine exotische F.; F. bringend (= fruchtbringend); F. tragend (= fruchttragend) | (Biol.) *Rangstufe im System der Organismen* ‖ **fruchtbar:** fruchtbarer Boden | die Gespräche erwiesen sich als f. *(lohnend)* ‖ **Fruchtbarkeit** die, - ‖ **Fruchtbarkeitssymbol** [-zy-] ‖ **Fruchtblase:** *mit Fruchtwasser gefüllte Hülle des Embryos* ‖ **Frucht bringend** = **fruchtbringend** ‖ **Früchtchen** (bes. D): *Früchterl* ‖ **Früchtebrot,** *auch: Früchtenbrot: mit getrockneten Früchten gebackenes Brot* ‖ **Fruchteis** ‖ **fruchten:** bei ihm fruchtet *(nützt)* leider keine Ermahnung ‖ **Früchtenbrot** → Früchtebrot ‖ **Früchterl** das, -s/-[n] (ugs., abw.): *junger, leichtsinniger Mensch; Schlingel, Früchtchen* ‖ **Früchtetee** ‖ **Fruchtfleisch:** der Pfirsich hat ein festes F. ‖ **Fruchtfliege:** *eine Fliege, deren Larve in Früchten lebt* | (ugs. auch für) *Taufliege* ‖ **Fruchtfolge** (Landw.) ‖ **Fruchtgenuss** (Jus): *Recht, ein fremdes Grundstück auf bestimmte Weise, zB durch Anbau von Früchten, zu nutzen* ‖ **Fruchtgummi:** *eine Süßigkeit* ‖ **fruchtig:** fruchtiger Geschmack ‖ **Fruchtjoghurt** = **Fruchtjogurt** ‖ **Fruchtknoten** (Bot.) ‖ **fruchtlos:** fruchtlose *(vergebliche)* Bemühungen ‖ **Fruchtmark:** *eine Art Marmelade* ‖ **Fruchtnektar:** *Saft mit Fruchtanteil* ‖ **Fruchtnießung** die, -/-en (veraltet, Jus): *Fruchtgenuss* ‖ **Fruchtsalat:** *Obstsalat* ‖ **Fruchtsaft:** *Obstsaft (aus 100 % Fruchtsaft)* ‖ **Fruchtsaftgetränk:** *Saft mit Fruchtanteil* ‖ **Fruchtspiegel** (Küchenspr.): *[dekorative] Obstsauce als Beilage zu einer Süßspeise* ‖ **Fruchtstand** (Bot.) ‖ **Frucht tragend** = **fruchttragend** ‖ **Fruchtwasser** das, -s: → Fruchtblase ‖ **Fruchtwechsel** [-ks-] (Landw.): *eine Anbaumethode* ‖ **Fruchtzucker:** *Fruktose*

Fructose [-k-] = → Fruktose

Frufru = **Fru-Fru** das, -[s]/-[s] (Wz.): *Sauermilch mit Marmelade*

frugal ⟨lat.⟩: ein frugales *(einfaches, karges)* Essen; → G.: opulent ‖ **Fruganer** der, -s/- ⟨lat.-engl.⟩: *Frutarier* ‖ **Fruganerin** die, -/-innen

früh:

ein früher *(zeitiger)* Termin

Kleinschreibung des Adverbs:
- von früh bis spät
- heute früh *(zeitig, frühzeitig)* kommen

Großschreibung des Nomens:
- heute Früh *(heute Morgen); aber zusammen:* Dienstagfrüh *(Dienstagmorgen)*
- in der Früh *(morgens)*
- in aller Früh R→ S. 891, 1.3

Getrennt- und Zusammenschreibung mit adjektivisch gebrauchtem Partizip:
- früh verstorben = frühverstorben R→ S. 903, 2.2.1

Zusammenschreibung, wenn „früh" den folgenden Bestandteil näher bestimmt, zB:
- frühchristlich
- frühkindlich
- frühreif R→ S. 903, 2.1.6

Früh die, -: in der F. *(morgens);* → früh; → Frühe ‖ **Frühaufsteher** der, -s/- ‖ **Frühaufsteherin** die, -/-innen ‖ **Frühbucher** der, -s/- ‖ **Frühbucherbonus** ‖ **Frühbucherin** die, -/-innen ‖ **Frühchen** das, -s/- (Med.): *Frühgeburt* ‖ **frühchristlich** [-k-] ‖ **Frühdiagnose:** eine F. erstellen ‖ **Frühe** die, -: in der F.; in aller F.; → Früh; → früh ‖ **früher:** f. kommen ‖ **Früherdapfel** ‖ **Früherkennung** (Med.) ‖ **frühestens:** f. morgen Früh ‖ **frühestmöglich** ‖ **Frühform** ‖ **Frühgeburt:** *zu früh geborenes Kind;* eine F. mit sieben Monaten | *vorzeitig erfolgte Geburt* ‖ **Frühgeschichte** die, -: Institut für Ur- und F. | in der F. *(Frühzeit)* des Films ‖ **frühgeschichtlich** ‖ **Frühherbst** ‖ **Frühjahr:** *Frühling* ‖ **Frühjahrsarbeit** ‖ **Frühjahrsbeginn** ‖ **Frühjahrskatalog** [-tsi̯-] ‖ **Frühjahrsmeister** ‖ **Frühjahrsmeisterschaft** ‖ **Frühjahrsmesse** ‖ **Frühjahrsmode** ‖ **Frühjahrsmüdigkeit** ‖ **Frühjahrsputz** ‖ **Frühjahrssession** ‖ **Frühkartoffel** ‖ **frühkindlich** ‖ **Frühling** der, -s/-e: *Jahreszeit, die dem Winter folgt* ‖ **Frühlingsanfang:** F. ist zwischen 20. und 23. März ‖ **Frühlingsbeginn** ‖ **Frühlingsblume** ‖ **Frühlingshock** (V, CH): *gemütliches Beisammensein zum Frühlingsbeginn* ‖ **Frühlingsknotenblume:** *Märzenbecher* ‖ **Frühlingsluft:** F. schnuppern ‖ **Frühlingsmode** ‖ **Frühlingspunkt** der, -[e]s (Astron.): *Schnittpunkt der Ekliptik mit dem Himmelsäquator* ‖ **Frühlingsrolle:** *eine chinesische Vorspeise* ‖ **Frühlingstag** ‖ **Frühlingszeit** (geh.) ‖ **frühmorgens:** *zeitig in der Früh* ‖ **Frühnachrichten** die (Pl.) ‖ **Frühnebel** ‖ **frühneuhochdeutsch** ‖ **Frühneuhochdeutsch** das, -[s] = **Frühneuhochdeutsche** das, -n: *Sprachform des Deutschen (ca. 14. bis 17. Jh.)* ‖ **Frühobst** ‖ **Frühpension** die, -: *vorzeitiger Ruhestand bei ausreichender Anzahl von Versicherungsjahren;* in [die] F. gehen ‖ **Frühpensionierung** ‖ **Frühpensionist** ‖ **Frühpensionistin** ‖ **frühreif:** ein frühreifes Kind *(Kind, bei dem die Pubertät früher als üblich einsetzt)* ‖ **Frühroter Veltliner** [- f-, - v-] der, -n -s/-n -: *eine Reb- und Weinsorte* ‖ **Frühschicht:** *die Schichtarbeit[er] am Morgen;* F. haben; → Nachtschicht; → Spätschicht ‖ **Frühschluss** der, -: am Freitag ist F. *(kürzere Dienstzeit)* ‖ **Frühschoppen:** *geselliges Essen und Trinken am Vormittag;* zum F. gehen ‖ **Frühsommer** ‖ **Frühsommer-Meningoenzephalitis** [-f-] (FSME) (Med.): *eine durch Zecken übertragene Gehirnhautentzündung* ‖ **Frühspitze:** *Stoßverkehr am Morgen;* → Abendspitze ‖ **Frühstadium** [-ʃt-]: eine Krankheit im F. behandeln; → G.: Spätstadium ‖ **Frühstarter** [-ʃt-, auch: -st-] ‖ **Frühstarterin** ‖ **Frühstück:** ein reichliches F.; → Brunch ‖ **Frühstücksbrot** ‖ **frühstücken:** in Ruhe f. ‖ **Frühstücksbuffet** [-byfeː] = Frühstücksbüfett [-feː, D: -fɛt] ‖ **Frühstückshotel:** *Hotel, das Übernachtung und Frühstück anbietet;* → Hotel garni ‖ **Frühstückspension** ‖ **Frühstücksspeck** ‖ **Frühtemperatur** ‖ **früh verstorben** = früh-

verstorben ‖ **Frühwarnsystem** [-zy-] (Mil.): *ein Alarmsystem* | (Bildw.) *bei drohender negativer Jahresnote Benachrichtigung der Eltern eines Schülers* ‖ **Frühwerk:** das F. einer Künstlerin ‖ **Frühzeit:** in der F. *(in den Anfängen)* der Firma ‖ **frühzeitig**

Fruktose = Fructose [-k-] ⟨lat.⟩: *Fruchtzucker*

Frust der, -[e]s (sal.) ⟨lat.⟩: *Frustration* ‖ **Frustration** [-tsi̯-] die, -/-en: *Verdrossenheit, Enttäuschung* ‖ **frustrieren:** langweilige Arbeit frustriert mich; ich bin frustriert *(enttäuscht, entmutigt)* ‖ **Frustrierung** die, -/-en

Frutarier der, -s/- ⟨lat.-engl.⟩: *Vegetarier, der sich vorwiegend von Früchten ernährt* ‖ **Frutarierin** die, -/-innen ‖ **Frutti di Mare** die (Pl.) ⟨it.⟩: *Meeresfrüchte, zB Shrimps, Tintenfisch, Muscheln*

FS 1 [ɛf ɛs 'aɪns] (früher): *ORF 1* ‖ **FS 2** (früher): *ORF 2*

F-Schlüssel ['ɛf-] (Mus.): *Bassschlüssel*

FS [ɛf 'ɛs]: **F**ach**s**chule

FSME [ɛf ɛs ɛm 'eː] die (Med.): **F**rüh**s**ommer-**M**eningo**e**nzephalitis

FTP [ɛf te 'peː] (EDV): **F**ile **T**ransfer **P**rotocol *(Datenübertragungsprotokoll)*

Fuchs[1] [-ks] der, -es/Füchse: *ein hundeartiges Raubtier;* ein tollwütiger F. | ein alter Fuchs *(schlauer Mensch, Schlaufuchs)* ‖ **Fuchs**[2] der, -en/-en: *rotbraunes Pferd* ‖ **Fuchsbau** der, -[e]s/-e ‖ **fuchsen** (ugs.): es fuchst *(ärgert)* mich; du fuchst dich deswegen?

Fuchsie [-ksi̯e] die, -/-n: *eine Zierpflanze*

fuchsig [-ks-] (ugs.): *verärgert, zornig* ‖ **Füchsin** die, -/-innen ‖ **Fuchsjagd** ‖ **Fuchsschwanz:** ein buschiger F. | *eine kurze Handsäge* | *Name verschiedener Pflanzen* ‖ **fuchsteufelswild:** *sehr zornig*

Fuchtel die, -/-n (ugs., abw.): unter ihrer F. stehen *(von ihr unterdrückt werden)* | *herrschsüchtiges Weib* ‖ **fuchteln:** ich fuchtle mit den Händen ‖ **fuchtig** (ugs.): *wütend*

Fuder das, -s/-: *eine Wagenladung;* ein F. Heu ‖ **fuderweise**

Fuffzgerl → Fuffzigerl ‖ **Fuffziger** der, -s/- (ugs.): *Geldeinheit mit Wert 50* | ein falscher F. *(eine unaufrichtige Person)* ‖ **Fuffzigerl**, *auch:* Fuffzgerl das, -s/-[n] (ugs.): *Fünfzigerl*

Fug (geh.) (nur in der Wendung): mit Fug und Recht *(mit vollem Recht)*

Fugato das, -s/-s [Fugati] ⟨it.⟩ (Mus.): *kurze Fuge*

Fuge[1] die, -/-n ⟨lat.-it.⟩ (Mus.): *ein kunstvolles mehrstimmiges Musikstück*

Fuge[2] die, -/-n: *Ritze, Spalte;* etwas gerät aus den Fugen *(verliert den Zusammenhalt)* ‖ **fugen:** *verfugen* ‖ **fügen:** das Schicksal fügte es so; es fügt sich *(ergibt sich zufällig)*, dass ... | sich ihrem Willen f. *(sich unterordnen; gehorchen)* ‖ **Fugen-s** [-ɛs] das, -/- (Gramm.): *ein Fugenzeichen, zB* lebensfremd, Liebesbrief; → Fugenzeichen ‖ **Fugenzeichen** (Gramm.): *Element, das zwei Bestandteile einer Wortzusammensetzung verbindet, zB* sonnenarm; → Fugen-s ‖ **füglich** (geh.) (Adv.): *ohne Weiteres, mit Recht;* das darf f. bezweifelt werden ‖ **fügsam:** ein fügsames *(gehorsames)* Kind ‖ **Fugung** die, -/-en: *Verfugung* ‖ **Fügung** die, -/-en: eine F. des Schicksals

fühlbar: die Kälte macht sich f. *(man merkt sie);* ein fühlbarer *(merkbarer)* Mangel ‖ **fühlen**[1]: jemandem den Puls f. | er ließ mich seinen Hass f. *(spüren)* ‖ **fühlen**[2] sich: ich fühle mich einsam ‖ **Fühler** der, -s/-: *ein Tastorgan [der Insekten]* | seine F. ausstrecken *(die Lage vorsichtig erkunden)* | *Sensor*

fuhr → fahren ‖ **Fuhre** die, -/-n, *auch:* Fuhr, -/-en: eine F. *(Wagenladung)* Heu ‖ **führen:** einen Blinden f.; dieser Weg führt in den Ort | ein Gespräch f. | einen Titel f. | die Mannschaft führt 2 : 0; in einer führenden Position *(Spitzenposition)* sein | Milch f. *(transportieren);* soll ich dich zum Bahnhof f.? *(mit dem Auto hinbringen)* | das führt *(geht)* zu weit | das führt zu nichts *(bringt kein Ergebnis)* | die Donau führt Hochwasser ‖ **Führer** der, -s/-: *Person, die eine Gruppe leitet;* Bergführer, Fremdenführer | *Lenker eines Fahrzeuges;* Lokführer | *Buch, das Informationen zu einem Reiseziel gibt;* Reiseführer | (im Nationalsozialismus) *Bezeichnung Adolf Hitlers;* → Duce ‖ **Führerhaus** ‖ **Führerin** die, -/-innen ‖ **führerlos** ‖ **Führerprinzip** (Pol.): *politische Ordnung im Faschismus und Nationalsozialismus* ‖ **Führerschaft** die, -/-en: die europaweite F. *(Führung)* anstreben ‖ **Führerschein** ‖ **Führerscheinentzug** ‖ **führerscheinfrei** ‖ **Führerscheinneuling** ‖ **Führerscheinprüfung** ‖ **Führerscheinregister:** → *Führerschein-Vormerksystem* ‖ **Führerschein-Vormerksystem** [-zy-]: *ein Vormerksystem für bestimmte Verkehrsdelikte* ‖ **Führerstand:** *Zugteil, in dem der Lokführer den Zug fährt* ‖ **Fuhrlohn:** den f. kassieren ‖ **Fuhrmann:** *jemand, der gewerbsmäßig ein Fuhrwerk lenkt* ‖ **Fuhrpark:** *Gesamtheit der Fahrzeuge [eines Unternehmens]* ‖ **Führung** die, -: die politische F. *(die politisch Verantwortlichen)* eines Landes | in F. *(derzeit auf Platz eins)* liegen | auf Grund guter F. *(guten Verhaltens im Gefängnis)* vorzeitig entlassen | (mit Pl. -en) eine F. im Museum ‖ **Führungsgarnitur** ‖ **Führungskraft:** *Person in leitender Funktion in einem Betrieb* | ein Chef mit F. ‖ **Führungsposition** [-tsi̯-] ‖ **Führungsqualität** ‖ **Führungsschwäche:** dem Parteichef wurde F. vorgeworfen ‖ **Führungstor** (Sport) ‖ **Führungswechsel** [-ks-] ‖ **Führungszeugnis:** *Leumundszeugnis;* ein polizeiliches F. ‖ **Fuhrunternehmen:** *Transportunternehmen* ‖ **Fuhrwerk:** *Fahrzeug zum Lastentransport* ‖ **fuhrwerken:** *beruflich transportieren* | (abw.) *herumfuhrwerken, unbeholfen an etwas arbeiten* ‖ **Fuhrwerker** der, -s/-: *Fuhrmann; Transportunternehmer* ‖ **Fuhrwerkerin** die, -/-innen

Fukushima [-'ʃi-]: *eine Stadt in Japan (Ort der Atomkatastrophe 2011)*

Fülle die, -: in Hülle und F. *(sehr viel);* eine F. *(Vielzahl)* von Anregungen | (mit Pl. -n) (Küchenspr.) ein Strudel mit einer F. *(Füllung)* aus Mohn ‖ **füllen**[1]: ein Glas f. | (Küchenspr.) ein gefüllter Truthahn ‖ **füllen**[2] sich: der Saal füllt sich *(wird langsam voll)*

Füllen das, -s/-: *junges Pferd, Fohlen*

Füller der, -s/- (bes. D): *Füllfeder* ‖ **Füllfeder** ‖ **Füllfederhalter** ‖

Füll|horn (geh.): *Symbol der Fülle, Fruchtbarkeit* ‖ **füllig:** eine füllige *(dicke, rundliche)* Figur ‖ **Füll|sel** das, -s/-: *[unwichtige] Einfügung, damit keine Lücke entsteht* ‖ **Füll|stim|me** (Mus.): *Stimme, die nur der harmonischen Ausfüllung dient* ‖ **Füll|stoff:** *bei der Papier- und Kunststoffherstellung verwendete Hilfsstoffe, zB Kreide, Holzmehl*

Full|time|job [-taımdʒɔp, engl.: -ɒb] ⟨engl.⟩ = **Full|time-Job:** *Tätigkeit, die jemandes gesamte Arbeitszeit beansprucht*

Fül|lung die, -/-en: ein Polster mit weicher F. | (Med.) *Füllmasse in Zahnlöchern* | (Küchenspr.) *Fülle*

ful|mi|nant ⟨lat.⟩: eine fulminante *(großartige, mitreißende)* Aufführung

Fum|mel der, -s/- (nördl. D, ugs., abw.): *Getue* | *Kleid* ‖ **fum|meln** (nördl. D, ugs.): *sich mit den Händen zu schaffen machen; herumfummeln*

Fun [fʌn] der, -s ⟨engl.⟩: *Spaß, Vergnügen, Belustigung;* Funsportarten

Fund der, -[e]s/-e: einen wertvollen F. machen

Fun|da|ment das, -[e]s/-e ⟨lat.⟩: *Grundlage; Grundmauer[n]* ‖ **fun|da|men|tal:** *grundlegend* ‖ **Fun|da|men|ta|lis|mus** der, -: *Ideologie, die eine religiöse Lehre wörtlich zur Grundlage des gesamten, zB auch des rechtlichen und politischen, Lebens macht* ‖ **Fun|da|men|ta|list** der, -en/-en ‖ **Fun|da|men|ta|lis|tin** die, -/-innen ‖ **fun|da|men|ta|lis|tisch** ‖ **fun|da|men|tie|ren:** *ein Baufundament legen* ‖ **Fun|da|men|tum** das, -s/Fundamenta (Päd.): → *Kernbereich;* → Additum

Fund|amt ‖ **Fund|bü|ro**

F und E = **F & E** [ɛf unt ˈeː]: **F**orschung und **E**ntwicklung

Fund|ge|gen|stand ‖ **Fund|gru|be:** das Internet ist eine F. für Informationen

Fun|di[1] der, -s/-s ⟨lat.⟩ (sal.) (Pol.): *Kurzwort für einen fundamentalistischen Grünen;* → Realo ‖ **Fun|di**[2] die, -/-s (sal.) (Pol.) ‖ **fun|die|ren:** *untermauern* ‖ **fun|diert:** diese Behauptung ist f. *(gut begründet)* ‖ **Fun|diert|heit** die, -/-en ‖ **Fun|die|rung** die, -/-en

fün|dig: bei der Erdölbohrung ist man f. geworden *(man ist auf Öl gestoßen)* ‖ **Fund|ort**

Fund|rai|sing [ˈfʌndreızıŋ] das, -s ⟨engl.⟩: *das Sammeln von Geldspenden*

Fund|sa|che ‖ **Fund|stät|te** ‖ **Fund|stück**

Fun|dus der, -/- ⟨lat.⟩: *Bestand [an Bühnendekorationen]; Grundstock;* auf einen F. an Erfahrungen zurückgreifen können

fünf (5): f. Euro; f. gerade sein lassen *(etwas nicht allzu genau nehmen);* → acht ‖ **Fünf** die, -/-en (bes. D): *Fünfer; die Ziffer Fünf (5);* die Note F.; → Fünfer ‖ **fünf|bän|dig** (5-bändig) ‖ **Fünf|eck** ‖ **fünf|eckig** (5-eckig)

Fün|fer

(5er) der, -s/-: *die Ziffer Fünf (5)*
Die österreichischen Formen der nominalisierten Zahlwörter werden auf -er gebildet:
- einen Fünfer hinschreiben (bes. in Deutschland: eine Fünf)
- als Note einen Fünfer *(ein Nicht genügend)* bekommen (bes. in Deutschland: eine Fünf)

Fün|ferl das, -s/-[n]: *Münze mit Wert 5, zB 5-Cent-Münze* ‖ **fün|fer|lei** ‖ **Fünf|eu|ro|bank|no|te** (5-Euro-Banknote) ‖ **Fünf|eu|ro|schein** (5-Euro-Schein) ‖ **fünf|fach** (5fach = 5-fach) ‖ **fünf|hun|dert** (500): f. € ‖ **Fünf|hun|der|ter:** *500-Euro-Schein* | (früher) *500-Schilling-Schein* ‖ **Fünf|hun|dert|eu|ro|bank|no|te** (500-Euro-Banknote) ‖ **Fünf|hun|dert|eu|ro|schein** (500-Euro-Schein) ‖ **fünf|jäh|rig** (5-jährig) ‖ **Fünf|kampf:** *ein Sportwettbewerb in fünf Einzeldisziplinen* ‖ **Fünf|kir|chen** (ung.: Pécs [peːtʃ]): *Stadt in Ungarn* ‖ **Fünf|ling** der, -s/-e: Fünflinge *(gleichzeitig fünf Kinder)* zur Welt bringen; → Zwilling ‖ **fünf|mal** (5-mal) (auch: fünf Mal) ‖ **fünf|pro|zen|tig** (5-prozentig) ‖ **Fünf|schil|ling|stück** (5-Schilling-Stück) (früher) ‖ **Fünf|ster|ne|ho|tel** (5-Sterne-Hotel), *auch:* Fünfsternhotel (5-Stern-Hotel) ‖ **fünft:** zu f. ‖ **Fünf|ta|ge|wo|che** (5-Tage-Woche) ‖ **fünf|tä|gig** (5-tägig) ‖ **fünf|tau|send** (5 000): f. Euro ‖ **Fünf|tau|sen|der** (5 000er): *Berg, der zwischen 5 000 und 5 999 m hoch ist* | (früher) *5 000-Schilling-Note* ‖ **Fünf|tau|send|me|ter|lauf** (5 000-m-Lauf) ‖ **fünf|te** (5.): die f. Zeile; *aber:* der Fünfte des Monats; → achte ‖ **fünf|tens** (5.) ‖ **fünf|tel** ‖ **Fünf|tel** das, -s/- ‖ **Fünf|uhr|tee** ‖ **fünf|zehn** (15) ‖ **fünf|zehn|hun|dert** (1 500) ‖ **fünf|zehn|jäh|rig** (15-jährig) ‖ **fünf|zig** (50) ‖ **fünf|zi|ger:** → achtziger ‖ **Fünf|zi|ger** der, -s/- (50er): *der 50. Geburtstag* | *50-Euro-Schein* | (früher) *50-Schilling-Schein* ‖ **fünf|zi|ger Jahr** = **Fünf|zi|ger|jahr** → achtziger Jahr = Achtzigerjahr ‖ **Fünf|zi|gerl** das, -s/-[n] (ugs.): *Fünfziger, Münze mit Wert 50, zB 50-Cent-Münze;* → Fuffziger ‖ **Fünf|zig|eu|ro|bank|no|te** (50-Euro-Banknote) ‖ **Fünf|zig|eu|ro|schein** (50-Euro-Schein) ‖ **fünf|zig|jäh|rig** (50-jährig) ‖ **fünf|zigs|te** (50.): der f. Geburtstag

Fun|ge|ne|ra|ti|on [ˈfʌn-tsi-, engl.: -dʒɛnəˌreıʃn] ⟨engl.+lat.⟩ (Soz.): *Spaßgesellschaft* ‖ **Fun|ge|sell|schaft** (Soz.): *Spaßgesellschaft*

fun|gie|ren ⟨lat.⟩: als Ordner f. *(tätig sein)*

Fun|gi|zid das, -[e]s/-e ⟨lat.⟩: *pilztötendes chemisches Mittel*

Funk[1] [-ʌ-] der, -s ⟨engl.⟩ (Mus.): *eine Stilrichtung im Pop und im Jazz*

Funk[2] [-u-] der, -s: *drahtlose Übertragung von Botschaften und Musik;* über F. Hilfe holen | *Hörfunk, Rundfunk;* in F. und Fernsehen ‖ **Funk|an|ten|ne** ‖ **Fünk|chen** das, -s/-: ein F. Wahrheit ‖ **Fun|ke** → Funken ‖ **fun|keln:** funkelnde *(leuchtende)* Sterne ‖ **fun|kel|na|gel|neu** (ugs.): *ganz neu* ‖ **fun|ken:** *einen Funkspruch senden* ‖ **Fun|ken**[1] der, -s/-, *auch:* Funke, -ns/-n: F. spühen; F. sprühend (= funkensprühend) ‖ **Fun|ken**[2] der, -s (V) (Volksk.): *ein Frühjahrsfeuer, ein Volksbrauch* ‖ **Fun|ken|flug:** *das Wegfliegen von Funken* ‖ **Fun|ken|he|xe** (V) (Volksk.): *eine Brauchtumsgestalt;* → Funken[2] ‖ **Fun|ken|meis|ter** (V) (Volksk.) ‖ **Fun|ken|schla|gen** das, -s (T) (Volksk.): *Funken*[2] ‖ **Fun|ken sprü|hend** = **fun|ken|sprü|hend** ‖ **Fun|ken|zunft** (V) (Volksk.): *ein Brauchtumsverein, der den Funken organisiert* ‖ **Fun|ker** der, -s/-: *Telegrafist im drahtlosen Verkehr* | *Teilnehmer am Funken* ‖ **Fun|ke|rin** die, -/-innen ‖ **Funk|feu|er:** *Dauersignal für die Navigation von Flugzeugen oder Schiffen* ‖ **Funk|ge|rät** ‖ **Funk|haus:** das F. des ORF ‖ **Funk|kon|takt** ‖ **Funk|mess|ge|rät:** *Radargerät* ‖ **Funk|pei|lung** ‖ **Funk|schat|ten:** *Bereich ohne*

Funkempfang ‖ **Funkspruch** ‖ **Funkstation** [-tsi̯-] ‖ **Funkstille:** *Abbruch des Funkverkehrs* | zwischen ihnen herrscht F. *(gibt es keinen Kontakt mehr)* ‖ **Funkstreife:** *eine motorisierte Streife [der Polizei]* ‖ **Funktaxi** ‖ **funktechnisch** ‖ **Funktelefon:** *über Funk betriebenes Telefon;* → Mobiltelefon

Funktion [-tsi̯-] die, -/-en ⟨lat.⟩: die F. *(das Amt, die Aufgaben)* des Bürgermeisters | (Math.) *eindeutige Zuordnung der Elemente zweier Mengen* ‖ **funktional:** *auf die Funktion bezogen* ‖ **funktionalisieren:** *der Funktion anpassen* ‖ **Funktionalismus** der, -: *eine Stilrichtung in der modernen Architektur* ‖ **funktionalistisch** ‖ **Funktionär** der, -s/-e: *bevollmächtigter Vertreter [einer Partei, eines Vereins, einer Organisation]* ‖ **Funktionärin** die, -/-innen ‖ **funktionell:** *wirksam, leistungsbezogen* ‖ **funktionieren:** dieser Motor funktioniert *(er arbeitet störungsfrei)* ‖ **Funktionsebene** ‖ **funktionsfähig:** *funktionstüchtig* ‖ **funktionslos** ‖ **Funktionsschwäche** (Med.): *beeinträchtigte Funktion [eines Organs, einer Drüse]* ‖ **funktionstüchtig** ‖ **Funktionsunterwäsche** ‖ **Funktionsverbgefüge** [-v-] (Gramm.): *feste Verbindung eines Nomens mit einem Verb, wobei das Verb die ursprüngliche Bedeutung meist verloren hat, zB* in Erwägung ziehen, Kontakt aufnehmen ‖ **Funktionswechsel** [-ks-] ‖ **Funktionszulage:** *eine Abgeltung in bestimmten Verwendungsgruppen im öffentlichen Dienst*

Funkturm ‖ **Funkverbindung:** eine F. herstellen ‖ **Funkverkehr** ‖ **Funkzeichen**

Funsel → Funzel ‖ **Funsen** → Funzen ‖ **Funserl** → Funzel

Funsport ['fʌn-] ⟨engl.⟩: *Sport nur zum Vergnügen* ‖ **Funsportart** (meist Pl.)

Funzel die, -/-n, *auch:* Funsel die, Funserl das, -s/-[n] (ugs., abw.): *schlecht brennende Leuchte* ‖ **Funzen** die, -/-, *auch:* Funsen (ugs.): *Funzel* | *Schimpfwort für eine unangenehme, eingebildete Frau*

für (Präp. mit Akk.): für dich; für ihn; ein für allemal *(endgültig);* für nichts und wieder nichts *(völlig umsonst); aber:* das Für und Wider bedenken; → fürs

fürbass [auch: 'fy:-] (geh., veraltet): *voran, weiter;* f. schreiten

Fürbitte: *Bitte, Gebet für andere*

Furche die, -/-n: *schmale, geradlinige Vertiefung im Erdboden;* mit dem Pflug Furchen ziehen | *Hautfalte* ‖ **furchen:** die Stirne f.

Furcht

die, -: ohne Furcht

Getrenntschreibung:
- Furcht erregen
- Furcht verbreiten

Getrennt- und Zusammenschreibung:
- Furcht einflößende (= furchteinflößende) Drohungen
- ein Furcht erregender (= furchterregender) Blick

R→ S. 903, 2.2.1

Zusammenschreibung bei Steigerung oder näherer Bestimmung der ganzen Fügung:
- furchterregendere Blicke
- äußerst furchterregende Blicke
- am furchterregendsten

furchtbar: *beängstigend; schrecklich* | f. *(sehr)* langweilig ‖ **Furcht einflößend** = **furchteinflößend** → Furcht ‖ **fürchten:** die Kälte f.; sich vor jemandem/etwas f. ‖ **fürchterlich** ‖ **Furcht erregend** = **furchterregend** → Furcht ‖ **furchtlos** ‖ **furchtsam:** *ängstlich* ‖ **Furchtsamkeit** die, -/-en

fürder = **fürderhin** (veraltet): *von nun an, künftig*

füreinander: f. da sein; f. einspringen

Furie [-i̯ɛ] die, -/-n ⟨lat.⟩: *römische Rachegöttin* | (abw.) *wütende, böse Frau* ‖ **furios:** *wütend, hitzig, leidenschaftlich* ‖ **furioso** ⟨it.⟩ (Mus.): *stürmisch*

fürliebnehmen ['fy:-, -'li:p] (veraltet): *vorliebnehmen*

Furmint der, -s ⟨ung.⟩: *eine Reb- und Weinsorte (Tokajer)*

fürnehm (scherzh., veraltet): *vornehm*

Furnier die, -/-e = das, -s/-e ⟨fr.⟩: *dünne [Edel]holzschicht als Oberfläche von Möbeln* ‖ **furnieren:** furnierte Möbel ‖ **Furnierholz** ‖ **Furnierung** die, -/-en

Furore ⟨it.⟩ (nur in der Wendung): F. machen *(sehr erfolgreich sein; Aufsehen erregen)*

fürs: *für das;* f. Erste; f. Leben; → für

Fürsorge die, -: Kinder brauchen liebevolle F. *(Betreuung, Obhut)* | *Kurzwort für Fürsorgeamt* ‖ **Fürsorgeamt** (früher): *Sozialamt* ‖ **Fürsorgeinstitut** [-st-] (SüdT): *amtliche Institution für Sozialhilfe, Sozialamt* ‖ **Fürsorger** der, -s/- ‖ **Fürsorgerin** die, -/-innen ‖ **fürsorglich:** *um das Wohlergehen anderer besorgt* ‖ **Fürsorglichkeit** die, -

Fürsprache: für jemanden F. einlegen *(für jemanden bitten, sich für jemanden einsetzen)* ‖ **Fürsprecher:** *Befürworter* ‖ **Fürsprecherin**

Fürst der, -en/-en: *ein Titel des hohen Adels* | er lebt wie ein F. *(sehr prunkvoll, treibt großen Aufwand)* | (geh.) der F. der Finsternis *(der Teufel)* | *ein Herrscher* ‖ **Fürstbischof** (früher) ‖ **Fürstengeschlecht** ‖ **Fürstenfeld** (Kfz: FF): *Stadt in der Steiermark* ‖ **Fürstenhof** (bes. früher) ‖ **Fürstenstand** der, -[e]s ‖ **Fürstentum** das, -s/-tümer: das F. Liechtenstein ‖ **Fürsterzbischof** (früher) ‖ **Fürstin** die, -/-innen ‖ **fürstlich:** jemanden f. *(großzügig)* bewirten; ein fürstliches Trinkgeld

Furt die, -/-en: *seichte, durchfahrbare Stelle in einem Fluss*

Fürtuch (veraltet): *Schürze* | *Brusttuch*

Furunkel das = der, -s/- ⟨lat.⟩: *ein Geschwür, Eiterbeule*

fürwahr (geh.): *tatsächlich*

Fürwitz (veraltet) → Vorwitz ‖ **fürwitzig** (veraltet) → vorwitzig

Fürwort (Gramm.): *Pronomen*

Furz der, -es/Fürze (derb): *Blähung* ‖ **furzen** (derb)

Fusel der, -s/- (abw.): *schlechter Branntwein*

Füsilier der, -s/-e ⟨fr.⟩ (veraltet): *ein Infanterist* ‖ **füsilieren:** *standrechtlich erschießen*

Fusion die, -/-en ⟨lat.⟩: *Verschmelzung, Zusammenschluss [von Unternehmen]* ‖ **fusionieren:** zwei U. fusionieren ‖ **Fusionierung** die, -/-en

Fuß der, -es/Füße: zu Fuß gehen; er liegt ihr zu Füßen *(ist ihr völlig ergeben);* Fuß fassen *(sich integrieren);* bei Fuß! *(Befehl bei Hunden);* auf freiem Fuß *(nicht in Haft);* auf großem F. *(verschwenderisch)* leben; auf die Füße fallen *(Schwierigkeiten ohne*

F

Schaden überstehen); das Recht mit Füßen treten *(grob verletzen);* stehenden Fußes *(sofort);* die Strafe folgt auf dem Fuße *(sofort);* von Kopf bis Fuß *(völlig);* jemanden auf dem falschen Fuß erwischen *(überrumpeln, unvorbereitet antreffen)* | (sal.) kalte Füße *(Angst)* bekommen | *Bein;* sie hat sich den Fuß gebrochen; auf eigenen Füßen stehen *(selbständig sein)* | der Fuß *(untere Teil)* des Berges | (mit Pl. Fuß) *ein altes Längenmaß;* drei Fuß hoch | (Jus) jemanden auf freiem Fuß anklagen *(ohne Verhaftung)* || **Fuß|ab|druck:** ein F. im Sand | ökologischer F. *(→ CO_2-Fußabdruck)* || **Fuß|ab|strei|fer** der, -s/-: *Matte [vor der Tür] zum Abputzen der Schuhe* || **Fuß|ab|wehr** (Sport) || **Fuß|an|gel:** *eine Falle* || **Fuß|bad** || **Fuß|ball:** *ein [spezieller] Ball fürs Fußballspiel* | (ugs. *auch:* das) (ohne Pl.) *ein Ballspiel;* F. spielen || **Fuß|ball|bun|des|li|ga** || **Fuß|bal|len:** *Teil des Fußes* || **Fuß|bal|ler** der, -s/- || **Fuß|bal|le|rin** die, -/-innen || **Fuß|ball|mann|schaft** || **Fuß|ball|match** [-mɛtʃ, engl.: -æ-] || **Fuß|ball|na|ti|o|nal|mann|schaft** [-tsi̯-] || **Fuß|ball|row|dy** [-ˌraʊdi] || **Fuß|ball|spiel** || **Fuß|ball|sta|di|on** [-ʃt-] || **Fuß|ball|tor** || **Fuß|ball|trai|ner** [-treːn-, engl.: -treɪn-] || **Fuß|ball|trai|ne|rin** || **Fuß|ball|ver|band** || **Fuß|ball|welt|meis|ter|schaft** (Fußball-WM) || **Fuß|bo|den** || **Fuß|bo|den|hei|zung** || **fuß|breit:** ein fußbreiter Spalt; *aber:* zwei **Fuß** breit offen || **Fuß|breit** der, -/- = **Fuß breit** (geh.): keinen F. weichen *(nicht im Geringsten nachgeben)* || **Fuß|brem|se** || **Füß|chen** das, -s/- || **Fuß|da|cke,** *auch:* Fußtacke (ostöst., ugs., veraltend): *Fußabstreifer*

Fus|sel die, -/-n (bes. D): *Staubfaser;* → Fuzerl || **fus|seln** (bes. D): *Fusseln machen; aber:* → fußeln

fu|ßeln = fü|ßeln, ich fußle/füßle (ugs.): *einander heimlich mit den Füßen berühren; aber:* → fusseln || **fu|ßen:** die Nachricht fußt *(beruht)* auf Tatsachen || **Fuß|en|de:** am F. des Bettes || **Fus|serl** das, -s/-[n] (ugs.): *[zarter, kleiner] Fuß* || **Fuß|fall:** einen F. tun *(sich demütigen)* || **Fuß|fes|sel:** elektronische F. *(für Haftfreigänger)* || **fuß|frei:** fußfreie Reihe *(Reihe im Kino, Theater mit genügend Platz für die Beine)* || **Fuß|gän|ger** der, -s/- || **Fuß|gän|ger|am|pel** || **Fuß|gän|ge|rin** die, -/-innen || **Fuß|gän|ger|schutz|weg:** *Zebrastreifen* || **Fuß|gän|ger|tun|nel** || **Fuß|gän|ger|über|gang** || **Fuß|gän|ger|zo|ne** || **Fuß|ge|her:** *Fußgänger* || **Fuß|ge|he|rin** || **Fuß|ge|her|über|gang** || **Fuß|ge|her|zo|ne** || **Fuß|haupt:** *untere Bettbegrenzung* || **Fuß|he|bel** || **fuß|hoch** || **-fü|ßig** (nur in Zusammensetzungen wie leichtfüßig) || **fuß|lang** || **fuß|ma|rod** (sal.): *fußkrank* || **Fuß|marsch** || **Fuß|mat|te** || **Fuß|no|te:** *Anmerkung am Ende der Seite* || **Fuß|pfle|ge** || **Fuß|pfle|ger** || **Fuß|pfle|ge|rin** || **Fuß|pilz** (Med.) || **Fuß|ras|ter:** *Fußstütze [am Motorrad]* || **Fuß|re|flex|zo|nen|mas|sa|ge** [-ˌaːʃ, -ʒɛ] || **Fuß|rü|cken:** *Rist* || **Fuß|soh|le** || **Fuß|spur** || **Fuß|stap|fen** die (Pl.): *Fußspur;* in jemandes F. treten *(jemandem nachfolgen)* || **Fuß|stüt|ze:** *Auflage für den Fuß [beim Sitzen]* | *Schiene zur Verbesserung der Fußhaltung* || **Fuß|ta|cke** → Fußdacke || **fuß|tief:** f. einsinken || **Fuß|tritt** || **Fuß|trup|pe** (Mil.): *Infanterie* || **Fuß|volk** (Mil.): *Infanterie* | (auch abw.) *nicht mitentscheidende Menge von Personen [in Parteien, Betrieben]* || **Fuß|weg:** 5 Minuten F. bis zur U-Bahn || **Fuß|wur|zel:** *Teil des Fußes*

Fut die, -/-en (derb): *Vulva*

Fut|sal der = das, -[s] (Art. selten) ⟨engl.+port./span.⟩: *Hallen-Kleinfeldfußball*

futsch → pfutsch

Fut|ter[1] das, -s: *Nahrung für Tiere;* Hundefutter

Fut|ter[2] das, -s/Futter: *dünner Stoff auf der Innenseite von Kleidungsstücken*

Fut|te|ral das, -s/-e ⟨germ.-lat.⟩ (veraltend): *Behälter, Etui*

Fut|ter|barn, *auch:* **Fut|ter|bar|ren:** *Futtertrog* || **Fut|ter|ge|trei|de** || **Fut|ter|krip|pe:** *Behälter zur Fütterung [von Wild]* || **Fut|ter|man|gel** || **Fut|ter|mit|tel** || **fut|tern** (ugs.): *viel essen* || **füt|tern**[1]: die Kuh f.; das Baby f.

füt|tern[2]: ein gefütterter Rock; → Futter[2]

Fut|ter|napf || **Fut|ter|neid:** Erfolg erzeugt F. *(löst bei anderen Neid und Eifersucht aus)* || **Fut|ter|pflan|ze** || **Fut|ter|schüs|sel**

Fut|ter|sei|de: *ein Futterstoff*

Fut|ter|si|lo

Fut|ter|stoff: *Futter*[2]

Fut|ter|trog || **Füt|te|rung** die, -/-en: die F. des Wilds || **Fut|ter|ver|wer|ter**

Fu|tur das, -s/-e, *auch:* Futurum, -s/Futura ⟨lat.⟩ (Gramm.): *1. Zukunft, unvollendete Zukunft, Futur I* | *2. Zukunft, vollendete Zukunft, Futur II* (auch: *Futurum exaktum, Vorzukunft*) || **Fu|ture** [fjuːtʃə] das, -s/-s ⟨lat.-engl.⟩ (Wirt.): *ein unbedingtes Termingeschäft* || **Fu|tu|ris|mus** der, - ⟨lat.⟩: *eine Kunstrichtung im frühen 20. Jh.* || **fu|tu|ris|tisch** || **Fu|tu|ro|lo|ge** der, -n/-n: *Zukunftsforscher* || **Fu|tu|ro|lo|gie** die, - || **Fu|tu|ro|lo|gin** die, -/-innen || **Fu|tu|rum** → Futur || **Fu|tu|rum ex|ak|tum** das, - -/Futura exakta; → Futur II

Fu|zel → Fuzerl || **fu|zeln,** ich fuzle (ugs.): *sehr klein schreiben* || **Fu|zerl** das, -s/-[n], *auch:* Fuzel das, -s/-[n]: *ein winziges Stück;* → Fussel

Fuzzy Logic [ˈfʌzi ˌlɒdʒɪk] = **Fuz|zy|lo|gic** die, - ⟨engl.⟩ (EDV): *Annäherung an menschliches Denken [bei Computern], unscharfe Logik* | (Elektrot.) *ein Steuersystem [bei Videokameras]*

FV: Finanz**v**erwaltung

FWF [ɛf ve ˈɛf] der, -[s]: **F**onds zur Förderung der **w**issenschaftlichen **F**orschung *(österreichischer Wissenschaftsfonds)*

g G

g [geː] das, -/- (Kleinbuchstabe): das g im Wort *gehen* | (Laut) der g-Laut | **Gramm** | (früher) **Groschen** | (Mus.) der Ton g (G) | (Mus.) g-Moll

G [geː] das, -/- (Großbuchstabe): das G im Wort *Gras* | (Mus.) der Ton G (g) | (Mus.) G-Dur | **Giga-**

G8 [geː 'axt]: *Gruppe der Acht, Vereinigung von acht führenden Industrienationen* || **G8-Staaten,** *auch:* **G-8-Staaten** die (Pl.) || **G20** [geː 'tsvantsik] || **G20-Staaten,** *auch:* **G-20-Staaten** die (Pl.): *Gruppe der 20 wichtigsten Industrie- und Schwellenländer*

Ga: Gallium

gab → geben || **gäbe** → geben | gang und g.; → gang

Gabe die, -/-n: *Geschenk* | *Begabung*

Gabel die, -/-n: *ein Teil des Essbestecks;* mit Messer und G. essen | *ein Werkzeug;* Heugabel | *Gabelung* || **Gabelbissen:** *in einem Plastikbecher abgepackter Imbiss mit Majonäse und Aspik* || **gabelförmig** || **Gabelfrühstück:** *kleine Vormittagsmahlzeit* || **gabelfrühstücken** || **Gabelkraut:** *mit Zwiebeln ua. gedünstetes Sauerkraut* || **gabeln** sich: dieser Weg gabelt *(teilt)* sich || **Gabelringschlüssel:** *ein Werkzeug* || **Gabelschlüssel:** *ein Werkzeug* || **Gabelstapler** der, -s/-: *Fahrzeug mit Vorrichtung zum Verladen von Waren* || **Gabelung** die, -/-en, *auch:* Gablung

Gabenbereitung die, -/-en (kath.): *Opferung in der heiligen Messe* || **Gabentisch:** ein weihnachtlich geschmückter G. *(Geschenketisch)*

gaberln (ugs.) (Sport): *den Ball [wiederholt] mit dem Fuß leicht in die Höhe schlagen*

Gabi, *auch:* Gaby [-i]: *weibl. Vorname (Gabriela, Gabriele)*

Gabler der, -s/- (Jägerspr.): *Rehbock/Hirsch mit je zwei Geweihenden* || **Gablung** → Gabelung

Gabriel: *männl. Vorname* || **Gabriela** = **Gabriele:** *weibl. Vorname* || **Gaby** [-i] → Gabi

gack (Kinderspr.): pfui g. *(ein Ausruf der Abscheu, des Ekels);* → Gacki || **gacken** → kacken || **Gacker** → Kacker || **Gackerin** → Kackerin || **gackerlgelb,** *auch:* gagerlgelb (reg., ugs.): *dottergelb, bräunlich gelb*

gackern: gackernde Hühner

Gacki das, -s (Kinderspr.): G. machen; → kacken, → Gaga

Gaden der, -s/Gäden (T, K): *Nebenraum, Vorratsraum* | (V) *Schlafkammer*

Gadget ['gædʒɪt] das, -s/-s ⟨engl.⟩: *kleines [verspieltes, designtes] technisches Gerät*

Gadolinium das, -s (Zeichen: Gd): *ein chemisches Element*

gaffen (abw.): *neugierig und untätig zuschauen* || **Gaffer** der, -s/- (abw.) || **Gafferei** die, -/-en (abw.) || **Gafferin** die, -/-innen (abw.)

Gag [gæg] der, -s/-s ⟨engl.⟩: *überraschender, witziger Einfall*

gaga[1] (sal.): *leicht verrückt* || **gaga**[2] (Kinderspr.): das ist g.! *(ein Ausruf)* || **Gaga** das , -s (Kinderspr.): → *Gacki;* → Gagga

Gagat der, -[e]s/-e ⟨gr.-lat.⟩: *als Schmuckstein verwendete Braunkohle*

Gage [gaːʃ, -ʒɛ] die, -/-n ⟨fr.⟩: *Bezahlung, bes. von Künstlern* || **Gagenkaiser** (sal.): *Topverdiener [mit Zusatzeinkommen]*

gagerlgelb → gackerlgelb ||

Gagga das, -s (Kinderspr.): *Gacki;* → Gaga

gähnen: vor Müdigkeit g. | ein gähnend leerer *(fast leerer großer)* Saal

Gail die, -: *Nebenfluss der Drau (Kärnten, Osttirol)*

Gainse = **Gainze** die, -/-n ⟨fr./engl.⟩: *Verbindungsrohr zwischen WC-Muschel und Abflussrohr*

Gaisberg: *Berg bei der Stadt Salzburg*

Gala die, -/-s ⟨span.⟩: *Kurzwort für Galaveranstaltung* | (ohne Pl.) sich in G. werfen *(sich bes. festlich kleiden, zB für eine Galavorstellung)* || **Galaabend:** *eine Galavorstellung* || **Galadiner** [-neː] || **Galaempfang** || **Galakonzert**

galaktisch ⟨gr.⟩: *zur Galaxis gehörend, sie betreffend*

Galan der, -s/-e [-s] ⟨span.⟩ (veraltet bzw. iron.): *Liebhaber, Kavalier* || **galant** ⟨fr.⟩: *ritterlich, zuvorkommend, besonders gegen Frauen* | (veraltet) galante Abenteuer *(Liebesabenteuer)* || **Galanterie** die, -/-n: *zuvorkommendes Benehmen, Komplimentieren* || **Galanteriespengler:** *Hersteller von Ziergegenständen aus Blech* || **Galanteriespenglerin** || **Galanteriewaren** die (Pl.): *Modeschmuck; Ziergegenstände*

Galauniform || **Galaveranstaltung** || **Galavorstellung:** *bes. festliche Vorstellung*

Galaxie die, -/-n ⟨gr.-lat.⟩: *ein Sternsystem* || **Galaxis** die, - ⟨gr.⟩: *die Milchstraße;* → galaktisch

Galeere die, -/-n ⟨gr.-lat.-it.⟩ (früher): *ein großes Ruderschiff* || **Galeerensträfling** (früher): *zum Ruderdienst Verurteilter*

Galerie die, -/-n ⟨it.⟩: *oberstes Stockwerk des Zuschauerraums [im Theater]* | *balkonartiger Außengang [um einen Turm]* | (im Bahnbau) *Halbtunnel* | *Kunstsammlung;* Gemäldegalerie | (W, ugs., veraltend) *Verbrecherkreise, Unterwelt* || **Galerist** der, -en/-en: *Inhaber einer Galerie* | (W, ugs., veraltend) *Angehöriger der Unterwelt* || **Galeristin** die, -/-innen

Galgant der, *auch:* das, -s ⟨arab.-gr.-lat.⟩: *eine Gewürzpflanze*

Galgen der, -s/-: *Gerüst zum Erhängen eines Todeskandidaten* || **Galgenfrist:** *letzte noch gewährte Zeit* || **Galgenhumor:** *Humor trotz misslicher Lage* || **Galgenstrick** = **Galgenvogel:** *Gauner, Schelm*

Galicien [-ts-]: *Landschaft (autonomes Gebiet) in Nordwestspanien; aber:* → Galizien, Gallizien || **galicisch** || **Galicisch** das, -[s] = **Galicische,** -n: *eine romanische Sprache*

Galiläa: *biblisches Land in Palästina, Heimat Jesu* || **Galiläer** der, -s/- || **Galiläerin** die, -/-innen

Galimathias der = das, - ⟨fr.⟩ (veraltet): *verworrenes Gerede, Geschwätz*

Galionsfigur ⟨span.-niederl.⟩: *aus Holz geschnitzte Figur am Schiffsbug* | er diente lediglich als G. *(Aushängeschild)* der Partei

gälisch || **Gälisch** das, -[s] = **Gälische,** -n: *eine keltische Sprache in Irland, Schottland*

Galizien (früher): *ein Kronland der österreichisch-ungarischen Monarchie* (heute: *Südpolen, Westukraine); aber:* → Gallizien, Galicien || **galizisch**

Gallapfel: *Auswuchs an Blättern (bes. von Eichen)*

gallbitter: *sehr bitter* || **Galle** die, -/-n: *ein Sekret für die Verdauung*

‖ **Gallenblase** ‖ **Gallenflüssigkeit** ‖ **Gallenkolik** ‖ **Gallenoperation** [-tsi̯-] ‖ **Gallenstein:** *Ablagerung in der Gallenblase*
Gallert das, -s/-e ⟨lat.⟩: *steife Masse aus eingedickter Fleischbrühe oder aus Fruchtsaft* ‖ **gallertartig** ‖ **Gallerte** die, -/-n: *Gallert* ‖ **gallertig** ‖ **Gallertmasse**
Gallien: *Frankreich, Belgien und Teile Norditaliens in römischer Zeit* ‖ **Gallier** der, -s/-: *keltischer Bewohner Galliens* ‖ **Gallierin** die, -/-innen
gallig: *bitter* | ein galliger *(boshafter, bissiger)* Humor; → Galle
gallisch: gallischer *(französischer)* Witz; *aber:* der **G**allische Krieg (Julius Caesars); → Gallien
Gallium das, -s ⟨lat.⟩ (Zeichen: Ga): *ein chemisches Element*
Gallizien: *Ort in Kärnten; aber:* → Galizien, → Galicien
Gallizismus der, -/Gallizismen ⟨lat.⟩: *charakteristische Redensart des Französischen; französisch beeinflusster Ausdruck*
Gallone die, -/-n ⟨fr.-engl.⟩: *ein altes bzw. britisches [4,546 Liter] und amerikanisches [3,785 Liter] Hohlmaß;* der Erdölpreis je G.
Gallwespe: *ein Hautflügler*
Galopp der, -s/-e [-s] ⟨fr.⟩: *schnellste Gangart des Pferdes* | (Mus.) *ein schneller Rundtanz; ein Musikstück* ‖ **Galoppade** die, -/-n: *Galoppritt* ‖ **galoppieren**
Galosche die, -/-n ⟨fr.⟩: *Überschuh aus Gummi*
galt[1] (Verb); → gelten
galt[2] (Adj.) (Landw.): *unfruchtbar; keine Milch gebend* ‖ **Galtalm** (Landw.): *Alm für Galtvieh* ‖ **Galtvieh** (Landw.): *Jungrinder und Ochsen, die auf Almen aufgetrieben werden*
Galvanisation [-v-tsi̯-] die, -/-en (Chem.); → galvanisieren | (Med.) *ein elektrisches Heilverfahren* ‖ **Galvaniseur** [-v-'zøːɐ] der, -s/-e ‖ **Galvaniseurin** die, -/-innen ‖ **galvanisieren** (Chem.): *durch Elektrolyse mit Metall überziehen (nach dem italienischen Forscher Galvani)*
Gamasche die, -/-n ⟨arab.-fr.⟩: *ein Kleidungsstück für den Unterschenkel [aus Leder]*
Gamander der, -s/- ⟨gr.-lat.⟩: *eine Pflanze*
Gambe die, -/-n ⟨it.⟩: *ein Streichinstrument; Viola da Gamba*
gambeln ['gæ-], ich gamble ⟨engl.⟩: *mit großem Risiko um Geld spielen*
Gambist der, -en/-en ⟨it.⟩: *Spieler einer Gambe* ‖ **Gambistin** die, -/-innen
Gambit das, -s/-s ⟨it.⟩: *eine Eröffnung im Schachspiel mit Bauernopfer*
Gameboy ['geɪm-] ⟨engl.⟩ (Wz.): *Spielkonsole mit integriertem Bildschirm* ‖ **Gameshow** [-ʃəʊ]: *Quizsendung im Fernsehen mit Unterhaltungselementen;* → G.: Talkshow
Gamet der, -en/-en ⟨gr.⟩ (Biol.): *Keimzelle*
Gaming: *Marktgemeinde in Niederösterreich*
Gamma das, -[s]/-[s] (γ, Γ) ⟨gr.⟩: *griechischer Buchstabe, entspricht* g/G ‖ **Gammaglobulin** (Med.): *Eiweißkörper des Blutplasmas* ‖ **Gammastrahlen** (γ-Strahlen) die (Pl.) (Phys.): *elektromagnetische Strahlung aus radioaktivem Zerfall*
Gammelfleisch (ugs., abw.): *verdorbenes Fleisch* ‖ **gammeln,** ich gammle (abw.); → Gammler | *faulenzen;* → vergammelt ‖ **Gammler** der, -s/- (abw.): *verwahrloste Person, die sich ohne Arbeit herumtreibt* ‖ **Gammlerin** die, -/-innen (abw.)
Gams der, -/- = die, -/-en (Jägerspr. bzw. reg.): *Gämse* ‖ **Gamsbart:** *Hutschmuck aus dem Rückenhaar des Gamsbocks* ‖ **Gamsbock** ‖ **Gämse** die, -/-n: *im Hochgebirge lebender Paarhufer,* → *Gams* ‖ **Gamsheide** = **Gämsheide:** *eine Alpenpflanze* ‖ **gamsig** (ugs.): *lüstern, auf der Suche nach Sex* ‖ **Gamskrickel,** *auch:* **Gamskrickerl** ‖ **Gamsleder** ‖ **gamslederfarben:** *chamois* ‖ **Gamslederne:** *Gamslederhose* ‖ **Gamsmilch:** *ein Getränk aus Milch, Likör ua.* ‖ **Gamspfeffer** (Küchenspr.): *Gamsragout* ‖ **Gamswild** (Jägerspr.): *Gämsen*
Gand die, -/-en, *auch:* das, -[e]s/Gänder (westöst.): *Schutthalde im Gebirge*
Ganeff der, -s/-s ⟨jidd.⟩ (ugs., veraltend): *Gauner, Ganove, Schlingel*
gang (nur in der Wendung): g. und gäbe *(allgemein üblich, gebräuchlich)* ‖ **Gang**[1] der, -[e]s/Gänge: *Art zu gehen;* jemanden an seinem G. erkennen | *Korridor, Flur* | Gänge *(Besorgungen)* machen | (bes. Kfz) *Stufe der Getriebeübersetzung;* den dritten G. einlegen | (sal.) in die Gänge *(in Fahrt, in Betrieb)* kommen | *Gericht in der Speisenfolge;* ein Essen mit drei Gängen *(zB Vor-, Haupt-, Nachspeise)* | eine Maschine in G. setzen *(zum Funktionieren bringen)* | die Sitzung ist im Gang[e] *(findet gerade statt)*
Gang[2] [gæŋ] die, -/-s ⟨engl.⟩: *Gangsterbande, Verbrecherbande;* → Gangster
Gangart: *Art des Gehens, Laufens;* → Galopp; → Trab ‖ **gangbar:** eine gangbare *(begehbare)* Brücke | einen gangbaren Lösungsweg finden
Gängelband das, -[e]s/-bänder: jemanden am G. führen *(nicht selbständig handeln lassen)* ‖ **gängeln,** ich gängle: sich nicht von anderen g. *(bevormunden)* lassen ‖ **Gängelung** die, -/-en
Ganges der, -: *Strom in Indien und Bangladesch*
Gangfenster ‖ **Gangklosett** (bes. früher)
gängig: eine gängige *(gut gehende, gern gekaufte)* Ware
Gangliengelle ⟨gr.⟩: *eine Nervenzelle [im Gehirn]* ‖ **Ganglion** das, -s/Ganglien [-i̯ən]: *Nervenknoten*
Gangplatz: Fensterplatz oder G. wählen ‖ **Gangschaltung:** *Vorrichtung zur Umschaltung der Gänge eines Fahrzeugs*
Gangster ['gɛ-] der, -s/- ⟨engl.⟩: *gefährlicher Verbrecher;* → Gang[2] ‖ **Gangsterboss** ‖ **Gangsterbraut:** *Freundin eines Gangsters* ‖ **Gangsterin** die, -/-innen ‖ **Gangstermethode** ‖ **Gangstertum** das, -s
Gangway ['gæŋweɪ] die, -/-s ⟨engl.⟩: *bewegliche Stiege, Brücke zum Ein- und Aussteigen bei Flugzeugen und Schiffen*
Gankerl der, -s/-[n] (mda.): *Teufel* | (*auch:* das) *aufgewecktes [wildes] Kind*
Ganove [-vɛ, -fɛ] der, -n/-n ⟨jidd.⟩: *Gauner* ‖ **Ganovensprache** ‖ **Ganovin** die, -/-innen
Gans die, -/Gänse: *ein Entenvogel;* Martinigans ‖ **Gansbraten** = Gänsebraten ‖ **Gänseblümchen** ‖ **Gänsebraten** = Gansbraten ‖ **Gänsefuß:** *eine Pflanzengattung* ‖ **Gänsefüßchen** (bes. D, ugs.): *Anführungszeichen* ‖ **Gänsegeier** ‖ **Gänsehäufel** das, -s: *eine Insel (mit Bad) in einem Altarm der Donau in Wien* ‖ **Gänsehaut** die, -: eine G. kriegen *(vor*

Angst/Kälte eine veränderte Hautoberfläche mit aufgerichteten Haaren bekommen) ‖ **Gän|se|jun|ge** → Gansljunge ‖ **Gän|se|kiel** (früher): *Schreibfeder* ‖ **Gän|se|le|ber** = Gansleber ‖ **Gän|se|le|ber|pas|te|te** ‖ **Gän|se|marsch** der, -es: im G. gehen *(einer hinter dem anderen gehen)* ‖ **Gän|se|rich** der, -s/-e = **Gan|ser** der, -s/-: *männl. Gans* ‖ **Gan|serl** das, -s/-[n]: *junge Gans* | (sal., abw.) *Mädchen, das sich kindisch benimmt* ‖ **Gän|se|wein** (scherzh.): *Wasser*

Gän|sern|dorf (Kfz: GF): *Stadt in Niederösterreich*

Gans|fett ‖ **Gansl** das, -s/-n (ugs.): *Gans* ‖ **Gansl|le|ber**= → Gänseleber ‖ **Gansl|es|sen** (ugs.): ich war zum G. eingeladen ‖ **Gansl|haut** (ugs.): *Gänsehaut* ‖ **Gansl|jun|ge** das, -n, *auch:* Gänsejunge (Küchenspr.): *Innereien und Hals der Gans (als Speise)* ‖ **Gansl|sup|pe** (Küchenspr.)

Gant die, -/-en (veraltend): *öffentliche Versteigerung;* → verganten

ganz:

ganze Arbeit leisten; ganz und gar; ganz *(sehr)* aufgeregt; ganz *(ziemlich, recht)* gut | (Mus.) ganze Note; ganze Pause | (Math.) ganze Zahlen (zB 1, -1, 2, -2) | (ugs.) die ganzen *(alle)* Leute

Großschreibung bei Nominalisierung:

- ein Stück Wurst im **G**anzen
- im großen **G**anzen *(im Allgemeinen)*
- aufs **G**anze gehen *(alles wollen)*
- das **G**anze *(alles)* wiederholen
- im Großen und **G**anzen zufrieden sein R→ S. 892, 2.2

Gän|ze die, - (nur in den Fügungen): zur G. *(ganz, vollständig)* aufessen | (geh.) in seiner/ihrer G. ‖ **Ganz|heit** die, -/-en ‖ **ganz|heit|lich:** ganzheitliche Medizin *(Medizin, die den ganzen Menschen umfasst, leiblich und seelisch)* ‖ **Ganz|heits|me|di|zin** ‖ **Ganz|jah|res|rei|fen** ‖ **ganz|jäh|rig:** g. *(das ganze Jahr über)* geöffnet ‖ **Ganz|kör|per|scan|ner** [-skæ-]: *Nacktscanner* ‖ **Ganz|kör|per|schlei|er:** → *Burka* ‖ **ganz|lei|nen** ‖ **Ganz|lei|nen** das, -s: ein Buch in G. *(ganz in Leinen gebunden)* ‖ **gänz|lich:** *vollkommen, völlig, ganz* ‖ **Ganz|sa|che** (Amtsspr.): *Kuvert oder Postkarte mit aufgedruckter Briefmarke* ‖ **Ganz|satz** (Gramm.): *gesamter Satz mit allen seinen Teilsätzen* ‖ **ganz|sei|tig:** ein ganzseitiges Zeitungsinserat ‖ **ganz|tä|gig** ‖ **ganz|tags** ‖ **Ganz|tags|be|treu|ung** ‖ **Ganz|tags|schu|le** (Bildw.): *ganztägige Schulform mit verschränkter Abfolge von Unterrichts- und Betreuungsteil* ‖ **Ganz|ton** (Mus.): *ein Intervall, Tonschritt aus zwei Halbtönen* ‖ **Ganz|ton|lei|ter** (Mus.): *nur aus Ganztonschritten gebildete Tonleiter* ‖ **ganz|zah|lig** (Phys.); → G.: halbzahlig ‖ **Ganz|zug:** *Güterzug, der als Ganzes vom Start- bis zum Zielbahnhof geführt wird*

gar[1] (Adv.): ganz und gar; es geht gar nicht *(überhaupt nicht);* gar nichts *(überhaupt nichts)* | jetzt regnet es gar *(sogar);* schrei nicht gar so! | sie ist gar *(sehr)* streng ‖ **gar**[2] (Adj.): das Fleisch ist gar *(weich gekocht);* → gar gekocht = gargekocht; → gar kochen = garkochen | (ugs.) die Vorräte sind gar *(es sind keine mehr da)*

Ga|ra|ge [-'a:ʃ, -ʒɛ] die, -/-n ⟨fr.⟩: *Abstellraum für Kfz* | (SüdT, CH) *Reparaturwerkstatt und Verkaufslokal für Kfz* ‖ **Ga|ra|gen|tor** ‖ **ga|ra|gie|ren** [-ʒi:-] (veraltend): *ein Kraftfahrzeug in die Garage stellen* ‖ **Ga|ra|gist** der, -en/-en (CH, sonst veraltet): *Besitzer einer Reparaturwerkstatt* ‖ **Ga|ra|gis|tin** die, -/-innen (CH, sonst veraltet)

Ga|rant der, -en/-en ⟨fr.⟩: die UNO ist ein G. für Frieden ‖ **Ga|ran|tie** die, -/-n: *Haftung;* eine Uhr mit zweijähriger G. *(Mängelhaftung)* ‖ **ga|ran|tie|ren:** *zusichern* ‖ **Ga|ran|tie|schein** ‖ **Ga|ran|tie|zeit**

Ga|raus (nur in der Wendung): jemandem den G. machen *(jemanden töten, vernichten)*

Gar|be die, -/-n: *Bündel aus Getreidehalmen samt Ähren*

Gar|çon|ni|è|re [-sɔ'nje:ɾə] die, -/-n ⟨fr.⟩: *Kleinwohnung mit einem Zimmer und Nebenräumen*

Gar|da|see: *ein See in Norditalien*

Gar|de die, -/-n ⟨fr.⟩ (Mil.): *Leibwache; Kerntruppe* ‖ **Gar|de|ba|tail|lon** [-aljo:n, auch: -ajo:n] (Mil.) ‖ **Gar|de|re|gi|ment** (Mil.)

Gar|de|ro|be die, -/-n ⟨fr.⟩: *gesamte Kleidung, die jemand besitzt* | *Kleiderablage* | *Umkleideraum* ‖ **Gar|de|ro|ben|frau:** *Betreuerin einer [Opern-, Theater-]Garderobe* ‖ **Gar|de|ro|ben|num|mer** ‖ **Gar|de|ro|ben|stän|der** ‖ **Gar|de|ro|bi|er** [-'bje:] der, -s/-s: *jemand, der in der Garderobe arbeitet* ‖ **Gar|de|ro|bi|e|re** [-'bje:ɾə, -ɾɛ] die, -/-n: *Garderobenfrau*

Gar|de|sol|dat ⟨fr.+dt.⟩ ‖ **Gar|de|sol|da|tin**

Gar|di|ne die, -/-n ⟨fr.-niederl.⟩: *Vorhang* | (ugs., scherzh.) hinter schwedischen Gardinen *(im Gefängnis)* ‖ **Gar|di|nen|pre|digt:** *Vorwürfe gegen jemanden;* der Trainer hielt der Mannschaft eine G. ‖ **Gar|di|nen|schnur** ‖ **Gar|di|nen|stan|ge**

Gar|dist der, -en/-en ⟨fr.⟩: *Mitglied der Garde*

ga|ren: *gar kochen*

gä|ren, gor [gärte]/gegoren [gegärt]: der Wein ist/hat gegoren; gegorener Apfelsaft *(Apfelwein)* | es gärte im Volk *(es herrschte Unruhe);* gärender *(schwelender)* Hass ‖ **Gär|gas**

Gar|gut (fachspr.): *zum Garen Vorbereitetes* ‖ **gar ge|kocht** = **gar|ge|kocht:** gar gekochtes Fleisch ‖ **gar ko|chen** = **gar|ko|chen:** das Fleisch g. k. ‖ **Gar|kü|che** (veraltet): *einfaches Esslokal*

Garn das, -[e]s/-e: *Faden aus Wolle oÄ;* G. spinnen | jemandem ins G. gehen *(in eine Falle geraten)*

Gar|ne|le die, -/-n: *eine essbare Krebsart*

gar|ni → Hotel garni ‖ **Gar|ni** das, -s/-[s] (SüdT): *Hotel garni*

gar|nie|ren ⟨fr.⟩: *verzieren; schmückend hinzufügen;* kunstvoll garnierte Brötchen ‖ **Gar|nie|rung** die, -/-en ‖ **Gar|ni|son** die, -/-en: *Truppenquartier, -standort* | *Besatzung eines Truppenquartiers* ‖ **Gar|ni|tur** die, -/-en: *zusammengehörige Möbel, Kleidungsstücke, Fahrzeuge u. dgl.; Straßenbahngarnitur* | *Garnierung*

Garn|knäu|el

Ga|rot|te → Garrotte

Gär|pro|zess

Gar|rot|te die, -/-n, *auch:* Garotte ⟨span.⟩ (früher): *Eisenklammer für Hinrichtungen*

Gars|ten: *Marktgemeinde in Oberösterreich*

gars|tig: *unfreundlich, ungezogen;* ein garstiges Benehmen | *unangenehm, schlecht;* garstiges Wetter ‖ **Gars|tig|keit** die, -/-en

gar|teln, ich gartle (ugs.): *als Liebhaberei Gartenarbeit betreiben* ‖ **Gar|ten** der, -s/Gärten: englischer G. *(nach der natürlichen Landschaft gestalteter Park)* ‖

Gar|ten|ar|beit || **Gar|ten|ar|chi|tekt** || **Gar|ten|ar|chi|tek|tin** || **Gar|ten|bau** der, -[e]s: *Gemüse-, Obst-, Blumenanbau* || **Gar|ten|beet** || **Gar|ten|erd|bee|re** || **Gar|ten|er|de** → Blumenerde || **Gar|ten|ge|schirr:** *Blumentopf* || **Gar|ten|haus** || **Gar|ten|kräu|ter** || **Gar|ten|kres|se:** *eine Kresseart* || **Gar|ten|lau|be** || **Gar|ten|mel|de:** *ein Spinatgemüse* || **Gar|ten|mö|bel** || **Gar|ten|pflan|ze** || **Gar|ten|schau** || **Gar|ten|sche|re** || **Gar|ten|schlauch** || **Gar|ten|zaun** || **Gar|ten|zwerg** || **Gärt|ner** der, -s/- || **Gärt|ne|rei** die, -/-en || **Gärt|ne|rin** die, -/-innen || **Gärt|ne|rin|art** (Küchenspr.): *Garnierung mit jungem Gemüse;* nach G.

Gä|rung die, -: *ein chemischer Vorgang [bei dem Kohlenhydrate abgebaut werden];* alkoholische G. || **Gä|rungs|pro|zess**

Gar|zeit: *Kochzeit*

Gas das, -es/-e: *ein luftähnlicher Stoff;* giftiges Gas | Gas geben *(zB das Gaspedal treten, beschleunigen)*

Ga|sa → Gaza

Gas|an|bie|ter || **Gas|an|schluss** || **Gas|an|zün|der** || **gas|be|heizt** || **Gas|bren|ner** || **Gas|ent|wick|lung** || **Gas|ex|plo|si|on** || **Gas|feu|er|zeug** || **Gas|flam|me** || **Gas|fla|sche** || **gas|för|mig** || **Gas|fuß:** *Fuß am Gaspedal* | (sal.) *Schnellfahrer* || **Gas|ge|bre|chen:** *Schaden an Gasinstallationen* || **Gas|ge|misch** || **Gas|ge|ruch** || **Gas|hahn** || **Gas|hei|zung** || **Gas|herd** || **Gas|kam|mer:** *Raum (bes. früher in den Konzentrationslagern im Nationalsozialismus), in dem Menschen durch Giftgas ermordet werden;* → vergasen || **Gas|kas|sier** (veraltet) || **Gas|kas|sie|rin** (veraltet) || **Gas|lei|tung** || **Gas|mann:** *Angestellter eines Energieversorgungsunternehmens, der den Zählerstand abliest* || **Gas|mas|ke:** *eine Schutzmaske* || **Gas|mes|ser:** *Gaszähler* || **Ga|so|me|ter** der, -s/-: *Gasbehälter; Gasmesser* || **Gas|not|ruf** || **Gas|pe|dal** (Kfz) || **Gas|pis|to|le:** *Pistole für Gaspatronen* || **Gas|re|chaud** [-ʃoː] (veraltet): *Gaskocher* || **Gas|rech|nung** || **Gas|rohr**

Gäs|chen das, -s/-: *kleine Gasse*

Gas|schlauch

Gas|se die, -/-n: eine finstere G.; Wein über die G. *(zum Mitnehmen)* verkaufen; Kellergasse || **gas|sel|ge|hen** = **gas|seln** = gassl|gehen (bes. S, T) (Volksk.): *fensterln* || **Gas|sen|bub** (veraltend) || **Gas|sen|hau|er** der, -s/- (veraltet): *Schlager* || **Gas|sen|jun|ge** der, -n/-n (bes. D) || **Gas|sen|lo|kal** || **Gas|sen|schank** (veraltet): *Verkauf „über die Gasse"* || **gas|sen|sei|tig** → straßenseitig || **Gas|sen|ver|kauf** || **Gas|serl** das, -s/-[n] (ugs.): *kleine Gasse, Gässchen* || **Gas|si ge|hen,** *auch:* **gas|si|ge|hen** (ugs.): *den Hund äußerln führen* || **Gassl** das, -s/-n (ugs.): *Gasserl* || **gassl|ge|hen** = → gasseln || **Gassl|schlit|ten** (bes. früher): *kleiner, von nur einem Pferd gezogener Schlitten*

Gast der, -[e]s/Gäste: bei jemandem zu G. *(eingeladen)* sein || **Gast|ar|bei|ter:** *ausländischer Arbeiter* || **Gast|ar|bei|te|rin** || **Gast|ar|bei|ter|rou|te** [-ruː-] (bes. früher): *Transitstrecke zwischen Salzburg und Spielfeld [über den Schoberpass]* || **Gast|di|ri|gent** || **Gast|di|ri|gen|tin** || **Gäs|te|bett** || **Gäs|te|buch** || **Gäs|te|hand|tuch**

Gas|tein die, - (S): *Gasteiner Tal;* → Bad Hofgastein; → Bad Gastein

Gäs|te|näch|ti|gung || **Gäs|te-WC** [-ve tseː] || **Gäs|te|zim|mer** || **gast|freund|lich** || **Gast|freund|schaft:** *freundliche Aufnahme der Gäste* || **Gast|gar|ten:** *Garten für die Gäste eines Lokals* || **Gast|ge|ber** der, -s/-: *jemand, der einen Gast einlädt* || **Gast|ge|be|rin** die, -/-innen || **Gast|ge|schenk** || **Gast|ge|wer|be** das, -s || **Gast|ge|wer|be|fach|schu|le** || **Gast|ge|wer|be|kon|zes|si|on** || **Gast|haus:** *Wirtshaus*

Gas|ther|me

Gast|hof || **gas|tie|ren:** *[in einer Theatervorstellung] mitwirken, ohne zum Ensemble zu gehören* || **Gast|land** || **gast|lich:** ein gastliches Haus führen *(gastfreundlich sein)* || **Gast|lich|keit** die, - || **Gast|mahl** (geh.) || **Gast|pro|fes|sor:** *für einen bestimmten Zeitraum angestellter Professor* || **Gast|pro|fes|so|rin** || **Gast|rol|le:** die Schauspielerin erhielt in der TV-Serie eine G. || **Gast|recht:** G. genießen, gewähren || **Gast|red|ner:** *für ein bestimmtes Thema, einen bestimmten Anlass eingeladener Redner* || **Gast|red|ne|rin**

Gas|tri|tis die, -/Gastritiden ⟨gr.⟩ (Med.): *Magenschleimhautentzündung* || **Gas|tro|nom** der, -en/-en: *Gastwirt* || **Gas|tro|no|mie** die, -: *Kochkunst* | *Gastgewerbe* || **Gas|tro|no|mie|fach|frau** || **Gas|tro|no|mie|fach|mann** || **Gas|tro|no|min** die, -/-innen || **gas|tro|no|misch:** gastronomische Betriebe || **Gas|tro|s|ko|pie** (Med.): *Magenspiegelung* || **gas|tro|s|ko|pisch** (Med.)

Gast|spiel: die Sängerin gab ein kurzes G. *(trat als Gast auf)* || **Gast|stät|te:** in einer G. essen || **Gast|stu|be** || **Gast|stu|dent** || **Gast|stu|den|tin** || **Gast|vor|trag** || **Gast|wirt** || **Gast|wir|tin** || **Gast|wirt|schaft:** *Gaststätte* || **Gast|zim|mer**

Gas|ver|gif|tung || **Gas|ver|sor|gung** || **Gas|werk:** *Gaserzeugungs- bzw. -verteilungsbetrieb* || **Gas|zäh|ler**

Gate[1] [geɪt] das, -[s]/-s ⟨engl.⟩: *Ausgang vom Flughafen zum Flugzeug*

Ga|te[2] die, -/-n ⟨slaw.-ung.⟩ (ostöst., ugs., veraltet): *Gatehose* || **Ga|te|ho|se** (ostöst., ugs., veraltet): *[lange] Männerunterhose*

Gate|way ['geɪtweɪ] ⟨engl.⟩ (EDV): *ein Rechner, der die Verbindung zwischen Netzwerken herstellt*

GATS das, -: **G**eneral **A**greement on **T**rade in **S**ervices *(Abkommen der Mitgliedstaaten der WTO zur Liberalisierung des Dienstleistungssektors)*

Gatsch der, -[e]s (ugs.): *Brei* | *Straßendreck, zB Schneematsch* || **gat|schen** (W, mda.): *tratschen; jemanden verpetzen* || **gat|schig** (ugs.): ein gatschiger *(schmutziger, glitschiger)* Weg

GATT [gat] das, -[s]: **G**eneral **A**greement on **T**ariffs and **T**rade *(Allgemeines Zoll- und Handelsabkommen)*

Gat|te der, -n/-n (geh.): *Ehemann* | (nur Pl.) (veraltend) *Ehepaar* || **gat|ten** sich (geh.): *sich paaren*

Gat|ter das, -s/-: *Gitter; Zaun* | *Kurzwort für Gattersäge* || **Gat|ter|sä|ge:** *eine Maschine, die Stämme zu Brettern schneidet*

Gat|tin die, -/-innen (geh.): *Ehefrau* || **Gat|tung** die, -/-en: *Gesamtheit von gleichartigen Dingen oder Lebewesen;* verschiedene Gattungen *(Arten)* von Musik | (Biol.) *Rangstufe im System der Organismen, Gruppe miteinander verwandter Arten* || **Gat|tungs|be|zeich|nung:** *Gattungsname* || **Gat|tungs|na|me,** *auch:* **Gat|tungs|na|men** (Sprachwiss.): *Appellativ; konkretes Nomen, das*

eine Gattung gleichartiger Dinge oder Lebewesen bezeichnet, zB Tisch, Mädchen
GAU [gaʊ] der, -[s]/-[s]: **g**rößter **a**nzunehmender **U**nfall (zB in einem Atomkraftwerk); → Super-GAU
Gau der, -[e]s/-e (in Gebietsnamen): *Gebiet, Landesteil;* Flachgau; Pinzgau; Strudengau | (im Nationalsozialismus) *Verwaltungseinheit,* zB Gau Niederdonau; Reichsgau | *Orts- und Gebietsgruppe von Turn- und Gesangsvereinen* ‖ **Gäu** das, -[e]s/-e (veraltet): *Gau;* jemandem ins G. *(in seinen Einflussbereich)* kommen
Gau|be = Gaupe die, -/-n: *Vorbau im Dach mit Fenster*
Gauch|heil der, -[e]s/-s: *eine Pflanzengattung*
Gau|cho [-tʃɔ] der, -[s]/-s ⟨indianisch-span.⟩: *berittener südamerikanischer Viehhirt*
Gau|dee die, -/-n ⟨lat.⟩ (ugs.): *Gaudi;* auf G. *(zu einer Unterhaltung, auf eine Party)* gehen ‖ **Gaudi** die, -: *Hetz* ‖ **Gau|di|um** das, -s: zum G. *(zur Belustigung)* aller
Gau|ke|lei die, -/-en, *auch:* Gaukelrei (geh., oft abw.): *Schwindel, Täuschung* ‖ **gau|keln,** ich gaukle (geh., oft abw.): *etwas vortäuschen* | (geh.) der Schmetterling gaukelt *(flattert)* von Blume zu Blume ‖ **Gauk|ler** der, -s/- (veraltet): *Possenreißer; Taschenspieler* | (abw.) *Schwindler* ‖ **Gauk|le|rei** → Gaukelei ‖ **Gauk|le|rin** die, -/-innen (veraltet bzw. abw.)
Gaul der, -[e]s/Gäule: *[altes, minderwertiges] Pferd*
Gau|lei|ter der, -s/- (im Nationalsozialismus): *Leiter eines → Gaus*
Gau|men der, -s/-: einen feinen G. haben *(ein Feinschmecker sein)* ‖ **Gau|men|freu|de** (meist Pl.): *Leckerbissen; köstliche Speisen* ‖ **Gau|men|kit|zel:** *Gaumenfreude* ‖ **Gau|men|laut** (Sprachwiss.); → Palatal; → Velar
Gau|ner der, -s/- (abw.): *Betrüger* ‖ **Gau|ner|ban|de** ‖ **Gau|ne|rei** die, -/-en ‖ **gau|ner|haft** ‖ **Gau|ne|rin** die, -/-innen (abw.) ‖ **Gau|ner|ko|mö|die** [-i̯ɛ] ‖ **gau|nern** ‖ **Gau|ner|spra|che** ‖ **Gau|ner|streich** ‖ **Gau|ner|trick** ‖ **Gau|ner|zin|ken:** *Geheimzeichen [unter Wanderhändlern]*
Gau|pe = → Gaube
Gauß|ver|tei|lung (Phys., Math.): *bestimmte Wahrscheinlichkeitsverteilung einer Messgröße um einen Mittelwert (nach dem dt. Mathematiker C. F. Gauß)*
gaut|schen, du gautsch[s]t: *[Buchdruckerlehrlinge] nach altem Brauch zu Gesellen machen* ‖ **Gautsch|fest**
GAV [ge a ˈfaʊ] (Lit.): **G**razer **A**utorinnen/**A**utoren**v**ersammlung
Ga|vot|te [-ˈvɔt] die, -/-n ⟨fr.⟩ (Mus.): *ein Tanzsatz in der barocken Suite*
Ga|za [-z-], *auch:* Gasa: *palästinensische Stadt* ‖ **Ga|za|strei|fen**
Ga|ze [gaːs, ˈgaːzɛ] die, -/-n ⟨pers.-arab.-fr.⟩: *lockeres, gitterartiges Gewebe; ein Verbandstoff*
Ga|zel|le die, -/-n ⟨arab.-it.⟩: *eine Antilopenart* ‖ **ga|zel|len|haft:** *zierlich, anmutig*
Ga|zet|te [auch: -z-] die, -/-n ⟨it./fr.⟩ (oft abw.): *Zeitung*
GB [ge ˈbeː]: **Gigab**yte
Gd: Gadolinium
G-Dur [ˈgeːˈduːə] (G) (Mus.): *eine Tonart* ‖ **G-Dur-Ton|lei|ter** (Mus.)
Ge: Germanium
ge|ach|tet → achten
Ge|äch|te|te[1] der, -n/-n, ein Geächteter; → Acht; → ächten ‖ **Ge|äch|te|te**[2] die, -n/-n
Ge|äch|ze das, -s; → ächzen
ge|ädert: geäderter *(mit färbigen Adern durchzogener)* Marmor
ge|ar|tet: sehr verschieden geartete *(geprägte, veranlagte)* Schwestern
Ge|äst das, -[e]s: *Astwerk, Äste*
geb.: geboren[e] | **geb**unden (bei Büchern)
Ge|bäck das, -[e]s/-e: *frische Semmeln, Weckerln uÄ;* frisches G. ‖ **Ge|bäck|kör|berl**
Ge|bälk das, -[e]s: *Balkenkonstruktion [eines Dachstuhls]*
ge|bar → gebären
Ge|bär|de die, -/-n: *Ausdrucksbewegung, Geste* ‖ **ge|bär|den** sich: *sich verhalten, sich betragen* ‖ **Ge|bär|den|spra|che:** *Verständigung durch Gesten, zB die Gehörlosensprache;* → ÖGS
Ge|ba|ren das, -s (veraltet): ein merkwürdiges G. *(Benehmen)* zeigen
ge|bä|ren, du gebärst [geh.: gebierst]/gebar/geboren: Zwillinge g. *(auf die Welt bringen);* → geboren ‖ **ge|bär|fä|hig** ‖ **ge|bär|freu|dig:** *bereit, Kinder zu bekommen* ‖ **Ge|bär|ka|nal** (Med.): *Geburtskanal* ‖ **Ge|bär|kli|nik:** *Entbindungsstation* ‖ **Ge|bär|mut|ter:** *ein Organ des weiblichen Körpers* ‖ **Ge|bär|mut|ter|hals|krebs** (Med.) ‖ **Ge|bär|mut|ter|sen|kung** (Med.)
Ge|ba|rung die, -/-en: *finanzielle Geschäftsführung;* Geschäftsgebarung ‖ **Ge|ba|rungs|be|richt:** *Geschäftsbericht* ‖ **Ge|ba|rungs|jahr** ‖ **Ge|ba|rungs|kon|trol|le** ‖ **Ge|ba|rungs|prü|fung** ‖ **Ge|ba|rungs|über|schuss**
Ge|bär|vor|gang (Med.)
ge|bauch|pin|selt (ugs., scherzh.): sich g. *(geschmeichelt)* fühlen
Ge|bäu|de das, -s/- ‖ **Ge|bäu|de|ka|tas|ter** (SüdT): *amtliches Verzeichnis der Gebäude* ‖ **Ge|bäu|de|kom|plex** ‖ **Ge|bäu|de|nut|zung** ‖ **Ge|bäu|de|rei|ni|gung** ‖ **Ge|bäu|de|sa|nie|rung** ‖ **Ge|bäu|de|ver|wal|tung:** *Hausverwaltung* ‖ **ge|baut:** ein gut gebauter (= gutgebauter) *(wohl proportionierter)* Körper; → bauen
ge|be|freu|dig: *freigebig*
Ge|bein das, -[e]s/-e (meist Pl.) (geh.): *Knochen von Toten*
Ge|bell das, -[e]s: das G. *(ständige Bellen)* des Hundes
ge|ben[1], ich gebe, du gibst/gab/gegeben/gib!, gebt!: jemandem zu trinken g.; jemandem Feuer g.; g. Sie mir Frau Huber, bitte (ans Telefon) | du hast es ihm gegeben *(ihm gehörig die Meinung gesagt; ihn geprügelt)* | ein Konzert g. *(veranstalten; im Konzert auftreten)* | das gibt mir nichts *(macht mir kein Vergnügen)* | Franz gibt *(teilt die Spielkarten aus)* | etwas von sich g. *(äußern)* | viel auf gutes Essen g. *(viel Wert darauf legen)* | es gibt nichts Neues ‖ **ge|ben**[2] sich: das gibt sich wieder *(bessert sich von selbst)* | sie gibt sich siegessicher *(verhält sich so)*
ge|be|ne|deit (geh.): *gesegnet;* „Du bist gebenedeit unter den Frauen"; → benedeien
Ge|ber der, -s/- ‖ **Ge|be|rin** die, -/-innen ‖ **Ge|ber|lau|ne:** er war in G. *(in großzügiger, freigebiger Stimmung)*
Ge|bet das, -[e]s/-e ‖ **Ge|bet|buch** ‖ **Ge|bet|läu|ten** das, -s: *Ave-Maria-Läuten* ‖ **Ge|bets|man|tel** (in der jüdischen Rel.) ‖ **Ge|bets|müh|le** (im Lamaismus): *drehbares Gerät mit schriftlichen Gebeten* ‖ **Ge|bets|tep|pich** (im Islam): *Teppich, auf dem man beim Beten kniet*
Geb|hards|tag: *Festtag des Landespatrons von Vorarlberg am 27.*

G

August
Ge|biet das, -[e]s/-e: *Bereich;* Naturschutzgebiet | Fachgebiet || **ge|bie|ten,** gebot/geboten (geh.): jemandem Gehorsam g. *(befehlen);* Einhalt g. *(verhindern, dass etwas Schlechtes weitergeführt wird)* | über ein Land g. *(herrschen)* | das gebietet *(fordert)* der Anstand || **Ge|bie|ter** der, -s/- (geh.): *Herr, Herrscher* || **Ge|bie|te|rin** die, -/-innen (geh.) || **ge|bie|te|risch** (geh.): etwas g. *(entschieden)* fordern || **Ge|biets|an|spruch** || **Ge|biets|ho|heit** (Jus): *staatliche Befugnis zur Machtausübung in einem bestimmten Gebiet* || **Ge|biets|kör|per|schaft** (Admin.): *Körperschaft öffentlichen Rechts, zB Bund, Länder, Gemeinden* || **Ge|biets|kran|ken|kas|se** (GKK): *Träger der gesetzlichen Krankenversicherung nach dem ASVG [in den Bundesländern];* die Burgenländische G. || **Ge|biets|lei|ter:** *Verkaufsleiter in einer bestimmten Vertriebsregion* || **Ge|biets|lei|te|rin** || **ge|biets|wei|se**
Ge|bild|brot (Volksk.): *Festgebäck in sinntragender Gestalt, zB Ostergebäck in der Form eines Hasen* || **Ge|bil|de** das, -s/-: *Gegenstand, Erzeugnis, etwas Geformtes*
ge|bil|det: ein gebildeter Mensch; → Bildung || **Ge|bil|de|te**[1] der, -n/-n; ein Gebildeter || **Ge|bil|de|te**[2] die, -n/-n
Ge|bin|de das, -s/-: ein G. *(Blumenstrauß)* aus Rosen | *leere Flaschen, Kanister uÄ;* Wein in Gebinden *(Fässern)* verkaufen
Ge|bir|ge das, -s/- || **ge|bir|gig** || **Ge|birg|ler** der, -s/- (auch abw.): *Gebirgsbewohner* || **Ge|birg|le|rin** die, -/-innen || **Ge|birgs|bach** || **Ge|birgs|be|woh|ner** || **Ge|birgs|be|woh|ne|rin** || **Ge|birgs|dorf** || **Ge|birgs|jä|ger** (Mil.) || **Ge|birgs|ket|te** || **Ge|birgs|mas|siv:** *das gesamte Gebirge* || **Ge|birgs|rü|cken** || **Ge|birgs|stock:** *Bergmassiv* || **Ge|birgs|zug:** *lang gestrecktes Gebirge*
Ge|biss das, -es/-e: *Gesamtheit der Zähne;* ein künstliches G. || **Ge|biss|ab|druck** der, -[e]s/-drücke (Med.) || **Ge|biss|re|gu|lie|rung:** *Zahnregulierung*
Ge|blä|se das, -s/-: *Gerät, um zB Luft zuzublasen*
ge|bleicht → bleichen[1]
Ge|blö|del das, -s
ge|blumt = **ge|blümt:** ein geblumter *(mit Blumen gemusterter)* Stoff
Ge|blüt das, -[e]s (veraltet): von edlem G. *(von adeliger, vornehmer Herkunft)* sein || **Ge|blüts|adel:** *Adel durch Abstammung*
ge|bo|gen → biegen
ge|bo|ren, wurde geboren/ist geboren worden: er ist [ein] geborener Wiener *(er ist in Wien zur Welt gekommen);* sie ist eine geborene Künstlerin *(sie hat von Natur aus die Anlage dazu)* | (mit Abkürzung geb.) geboren (geb.) in Wien; Karoline Pichler(,) geborene (geb.) Greiner(,) starb 1843; → gebären
ge|bor|gen: sich g. *(sicher, behütet)* fühlen; → bergen || **Ge|bor|gen|heit** die, -
ge|bors|ten → bersten
Ge|bot das, -[e]s/-e: die Zehn Gebote *(Gottes);* ihm stehen viele Mittel zu Gebot[e] *(zur Verfügung)* || **Ge|bots|schild** (Verk.) || **Ge|bots|zei|chen** (Verk.): *Zeichen, das eine bestimmte Vorschrift ausdrückt*
Gebr.: Gebrüder
Ge|bräu das, -[e]s/-e (oft abw.): *[zusammengemischtes] Getränk von meist minderer Qualität*
Ge|brauch der, -[e]s: *Verwendung* || **Ge|bräu|che** die (Pl.): alte Sitten und G. *(Bräuche)* || **ge|brau|chen:** *verwenden* || **ge|bräuch|lich:** *üblich* || **Ge|brauchs|an|wei|sung:** die G. durchlesen || **Ge|brauchs|ar|ti|kel:** *alltäglicher Gebrauchsgegenstand* || **ge|brauchs|fä|hig** || **ge|brauchs|fer|tig** || **Ge|brauchs|ge|gen|stand** || **Ge|brauchs|gra|fik** = **Ge|brauchs|gra|phik** [-f-] || **Ge|brauchs|in|for|ma|ti|on** [-tsi̯-]: *Beipacktext [von Medikamenten]* || **Ge|brauchs|li|te|ra|tur** || **Ge|brauchs|mu|sik:** *Musik für einen ganz bestimmten Zweck, zB Kirchenmusik, Tanzmusik* || **Ge|brauchs|recht** (Jus): *das Benützungsrecht [des Mieters, Pächters]* || **Ge|brauchs|wert** || **Ge|braucht|wa|gen** → G.: Neuwagen || **Ge|braucht|wa|gen|markt** || **Ge|braucht|wa|re** (meist Pl.): *nicht fabriksneue Ware*
ge|bre|chen (geh.): es gebricht *(fehlt)* ihm am Notwendigsten || **Ge|bre|chen** das, -s/-: ein körperliches G. *(eine Behinderung, zB Blindheit)* | (bes. W) *Schaden an Installationen, zB ein Rohrbruch* || **Ge|bre|chen|dienst** (bes. W): *Firma, die Schäden an Installationen behebt* || **ge|brech|lich:** *altersschwach* || **Ge|brech|lich|keit** die, -/-en || **ge|bro|chen:** *kaputt, geknickt* | er spricht nur g. *(mangelhaft)* Deutsch | sie war ein gebrochener *(seelisch schwer erschütterter)* Mensch; → brechen
Ge|brü|der die (Pl.) (Gebr.) (bes. in Firmennamen): Gebr. *(Brüder)* Selig; G. Grimm
Ge|brüll das, -[e]s; → brüllen
Ge|bühr die, -/-en: *Betrag, der für eine [amtliche] Leistung bezahlt werden muss;* Zustellgebühr | die Geduld über G. *(mehr, als recht ist)* beanspruchen; nach G. *(angemessen)* || **ge|büh|ren:** das gebührt ihm *(darauf hat er Anspruch, das geschieht ihm recht)* || **Ge|büh|ren|an|zei|ge:** ein Telefon mit G. || **Ge|büh|ren|be|frei|ung** || **ge|büh|rend:** eine gebührende *(angemessene, zurechtweisende)* Antwort || **Ge|büh|ren|ein|he|bung** || **Ge|büh|ren|er|hö|hung** || **ge|büh|ren|frei** || **Ge|büh|ren|pflicht** || **ge|büh|ren|pflich|tig** || **ge|bühr|lich** (geh.): *angemessen*
Ge|bun|den|heit die, -/-en; → binden
Ge|burt [geh. auch: -'u:-] die, -/-en: *Entbindung* || **Ge|bur|ten|bei|hil|fe:** *staatliche Geldbeihilfe bei der Geburt eines Kindes* || **Ge|bur|ten|bi|lanz** || **Ge|bur|ten|buch:** *standesamtliches Verzeichnis der Geburten* || **Ge|bur|ten|kon|trol|le:** *staatliche Maßnahmen, um den Bevölkerungsanstieg zu mindern* || **Ge|bur|ten|ra|te:** *Verhältniszahl von Geburten und Einwohnern;* → G.: Sterblichkeitsrate || **Ge|bur|ten|re|ge|lung:** *Schwangerschaftsbegrenzung [durch Verhütungsmittel uÄ]* || **Ge|bur|ten|rück|gang** || **ge|bur|ten|schwach:** geburtenschwache Jahrgänge || **ge|bur|ten|stark:** geburtenstarke Jahrgänge || **Ge|bur|ten|sta|tis|tik** [-ʃt-, st-] || **Ge|bur|ten|über|schuss:** *mehr Geburten als Todesfälle* || **Ge|bur|ten|zahl** || **ge|bür|tig:** ein gebürtiger Tiroler *(jemand, der in Tirol geboren ist bzw. von dort stammt)* || **Ge|burts|adel:** *Erbadel;* → Geblütsadel || **Ge|burts|an|zei|ge** || **Ge|burts|da|tum** || **Ge|burts|feh|ler** || **Ge|burts|haus:** das G. Peter Roseggers | *Entbindungsklinik* || **Ge|burts|hel|fer** || **Ge|burts|hel|fe-**

rin: *Ärztin, Hebamme u. dgl.* ‖ **Ge|burts|hil|fe** ‖ **Ge|burts|jahr|gang** ‖ **Ge|burts|ka|nal** (Med.): *Teil des weiblichen Geschlechtssystems, welches der Fötus während des Geburtsvorgangs zu passieren hat* ‖ **Ge|burts|ort** ‖ **Ge|burts|schein** (SüdT, CH): *Geburtsurkunde* ‖ **Ge|burts|schock** (Med.): *einschneidendes Ereignis für Mutter und Kind, welches mit einer Geburt in Zusammenhang steht* ‖ **Ge|burts|stun|de:** die G. der Europäischen Union ‖ **Ge|burts|tag** ‖ **Ge|burts|tags|fei|er** ‖ **Ge|burts|tags|ge|schenk** ‖ **Ge|burts|tags|jau|se** ‖ **Ge|burts|tags|kind:** *jemand, der Geburtstag hat* ‖ **Ge|burts|tags|par|ty** [-i] ‖ **Ge|burts|tags|tor|te** ‖ **Ge|burts|ur|kun|de** ‖ **Ge|burts|vor|be|rei|tung** ‖ **Ge|burts|vor|gang** ‖ **Ge|burts|we|hen** die (Pl.)

Ge|büsch das, -[e]s/-e: *Ansammlung von Büschen*

Geck der, -en/-en (abw.): *eitler Mensch, der sich übertrieben modisch kleidet* ‖ **ge|cken|haft**

Gecko der, -s/-s ⟨mal.-engl.⟩: *eine Echsenart*

ge|dacht: das ist nur als Übergangslösung g. *(vorgesehen, geplant);* → denken; → gedenken ‖ **Ge|dächt|nis** das, -nisses/-nisse: ein gutes G. *(eine hohe Merkfähigkeit)* haben | zum G. *(Gedenken)* an ... ‖ **Ge|dächt|nis|fei|er** ‖ **Ge|dächt|nis|hil|fe:** *Hilfe/Trick, um sich etwas besser zu merken* ‖ **Ge|dächt|nis|ka|pel|le** ‖ **Ge|dächt|nis|leis|tung** ‖ **Ge|dächt|nis|lü|cke** ‖ **Ge|dächt|nis|pro|to|koll:** *aus dem Gedächtnis verfasstes Protokoll* ‖ **Ge|dächt|nis|schwä|che** (Med.) ‖ **Ge|dächt|nis|schwund** (Med.) ‖ **Ge|dächt|nis|stö|rung** (Med.) ‖ **Ge|dächt|nis|stüt|ze:** *Gedächtnishilfe* ‖ **Ge|dächt|nis|trai|ning** [-'tre:-, engl.: -'eɪ-] ‖ **Ge|dächt|nis|ver|lust** (Med.): *Amnesie*

ge|dackt, *auch:* gedeckt (Mus.): eine gedackte *(am oberen Ende verschlossene)* Orgelpfeife ‖ **Ge|dackt** das, -[e]s/-e, *auch:* Gedeckt (Mus.): *ein Orgelregister*

Ge|dan|ke der, -ns/-n = **Ge|dan|ken,** -s/-: sich keine Gedanken machen | einen Gedanken *(eine Kleinigkeit)* breiter ‖ **ge|dan|ken|arm:** *einfallslos* ‖ **Ge|dan|ken|aus|tausch** ‖ **Ge|dan|ken|blitz:** *plötzlicher Einfall* ‖ **Ge|dan|ken|frei|heit** ‖ **Ge|dan|ken|füh|rung:** *Entwicklung, Ordnung von Gedanken in der Darlegung* ‖ **Ge|dan|ken|gang** ‖ **Ge|dan|ken|ge|bäu|de:** *Summe aller Ideen* ‖ **ge|dan|ken|los** ‖ **Ge|dan|ken|lo|sig|keit** die, -/-en ‖ **ge|dan|ken|reich** ‖ **Ge|dan|ken|split|ter:** *Aphorismus* ‖ **Ge|dan|ken|strich** (–) (Druckw.): *langer Strich;* der G. in *teils – teils;* → Strich; → Bindestrich ‖ **Ge|dan|ken|über|tra|gung:** *Telepathie* ‖ **ge|dan|ken|ver|lo|ren:** *nachdenklich und unaufmerksam* ‖ **ge|dan|ken|voll** ‖ **Ge|dan|ken|vor|be|halt** (Jus): *Abweichen des Willens/Gedankens von der Erklärung, Mentalreservation* ‖ **ge|dank|lich**

Ge|därm das, -[e]s/-e: *Eingeweide*

Ge|deck das, -[e]s/-e: *eine Garnitur Tischwäsche, Tischtuch und Servietten* | *Teller, Gläser, Besteck u. dgl.;* → Couvert ‖ **ge|deckt** → gedackt; → decken ‖ **Ge|deckt** → Gedackt

ge|deф|tet (ugs.): *bedrückt, niedergeschlagen*

Ge|deih: auf G. und Verderb *(bedingungslos)* ‖ **ge|dei|hen,** gedieh/gediehen: das Gemüse gedeiht *(wächst)* gut; die Verhandlungen sind weit gediehen (= weitgediehen) *(fortgeschritten)* ‖ **ge|deih|lich** (geh.): die Zusammenarbeit war g. *(erfolgreich)*

Ge|denk|die|ner: *Zivildiener zur Pflege von Gedenkstätten [des Holocausts];* → Auslandszivildienst ‖ **Ge|denk|dienst** ‖ **ge|den|ken:** wir gedachten des Verstorbenen *(wir dachten, erinnerten uns an ihn)* ‖ **Ge|den|ken** das, -s ‖ **Ge|denk|fei|er** ‖ **Ge|denk|got|tes|dienst** ‖ **Ge|denk|jahr** ‖ **Ge|denk|mi|nu|te:** *eine Schweigeminute* ‖ **Ge|denk|mün|ze** ‖ **Ge|denk|re|de** ‖ **Ge|denk|sen|dung** ‖ **Ge|denk|stät|te:** *Ort der Erinnerung an jemanden oder ein Ereignis* ‖ **Ge|denk|ta|fel** ‖ **Ge|denk|tag**

Ge|dicht das, -[e]s/-e: *[lyrische] Dichtung in besonderer sprachlicher Gestaltung, zB in Versen;* ein G. interpretieren | (sal.) die Torte ist ein G. *(hervorragend, bes. gut)* ‖ **Ge|dicht|in|ter|pre|ta|ti|on** [-tsi̯-] ‖ **Ge|dicht|zy|k|lus** [-tsy-]

ge|die|gen: eine gediegene *(sehr gute, sorgfältige)* Arbeit | gediegen[es] *(reines)* Gold ‖ **Ge|die|gen|heit** die, -

ge|dieh → gedeihen

Ge|drän|ge das, -s: in ein G. *(eine Menschenmenge)* geraten | ins G. *(in Bedrängnis)* kommen ‖ **Ge|drän|gel** das, -s (ugs.): bei der Eröffnung herrschte ein dichtes G.

Ge|dröhn das, -[e]s = **Ge|dröh|ne,** -s: das pausenlose G. der Flugzeuge

ge|drückt: die Stimmung war g. *(niedergeschlagen);* → drücken

ge|drun|gen: von gedrungener *(kleiner und stämmiger)* Gestalt

Ge|du|del das, -s: *eintöniges, unbeholfenes, nicht zusammenstimmendes Musizieren*

Ge|duld die, -: ihr reißt/sie verliert die G.; sich in G. fassen *(geduldig warten)* ‖ **ge|dul|den** sich ‖ **ge|dul|dig:** g. *(ruhig, beherrscht)* warten ‖ **Ge|duld|pro|be,** *auch:* Geduldsprobe ‖ **Ge|dulds|fa|den** (nur in der Wendung): jemandem reißt der G. *(die Geduld)* ‖ **Ge|duld|spiel,** *auch:* **Ge|dulds|spiel**

ge|dun|gen → dingen

ge|dun|sen: ein gedunsenes *(aufgeschwemmtes, geschwollenes)* Gesicht

Ge|düns|te|te das, -n, ein Gedünstetes: *gedünstetes Fleisch oder Gemüse*

ge|eig|net: *passend;* → eignen

ge|eist: geeister Tee *(Eistee)*

Geest die, -/-en: *unfruchtbares Küstenland hinter der Marsch*

Ge|fahr die, -/-en: G. laufen/in G. sein zu ertrinken; die Verletzte ist außer G.; es ist G. im Verzug *(bei Zögern besteht die Möglichkeit, dass Schaden entsteht);* auf die G. hin, dass ... ‖ **Ge|fahr brin|gend** = **ge|fahr|brin|gend:** G. bringende Entwicklungen ‖ **ge|fähr|den:** *in Gefahr bringen* ‖ **Ge|fähr|dung** die, -/-en ‖ **Ge|fähr|dungs|de|likt** (Jus): *strafbare Gefährdung anderer* ‖ **Ge|fähr|dungs|haf|tung** (Jus): *Haftung für Schadenszufügung ohne Rücksicht auf Verschulden* ‖ **Ge|fah|ren|be|reich** ‖ **Ge|fah|ren|be|wusst|sein** ‖ **Ge|fah|ren|gut** → Gefahrgut ‖ **Ge|fah|ren|gut|be|auf|trag|te** → Gefahrgutbeauftragte ‖ **Ge|fah|ren|gut|trans|port** → Gefahrguttransport ‖ **Ge|fah|ren|herd:** *Auslöser, Ausgangspunkt von Gefahren* ‖ **Ge|fah|ren|mo|ment:** *Umstand, der besondere Gefahren mit sich bringt* ‖ **Ge|fah|ren|quel|le:** *Gefahrenherd* ‖ **Ge|fah|ren|zo|ne** ‖ **Ge|fah|ren|zu|la|ge:** *Zuschuss zur Entlohnung bei gefährlicher Ar-*

G

G

beit ‖ **Ge|fahr|fall** → Gefahrsfall ‖ **Ge|fahr|gut,** *auch:* Gefahrengut: *gefährliche Güter, zB Chemikalien* ‖ **Ge|fahr|gut|be|auf|trag|te,** *auch:* Gefahrengutbeauftragte ‖ **Ge|fahr|gut|trans|port,** *auch:* Gefahrenguttransport ‖ **ge|fähr|lich** ‖ **Ge|fähr|lich|keit** die, - ‖ **ge|fahr|los** ‖ **Ge|fahr|lo|sig|keit** die, - ‖ **Ge|fahrs|fall,** *auch:* Gefahrfall ‖ **Ge|fahrs|si|gnal,** *auch:* Gefahrsignal

Ge|fährt das, -[e]s/-e (geh.): *Fahrzeug* ‖ **Ge|fähr|te** der, -n/-n: *Begleiter; Kamerad* ‖ **Ge|fähr|tin** die, -/-innen

Ge|fahr|tra|gung die, -/-en (Jus): *Haftung für zufälligen Schadenseintritt* ‖ **ge|fahr|voll**

Ge|fäl|le das, -s/-: *Neigung;* Gebirgsbäche mit starkem G.; → G.: Steigung ‖ **ge|fal|len:** der Film gefällt ihr | lass dir das nur ja nicht g.! *(nimm diese Ungerechtigkeit nicht einfach hin!)* ‖ **Ge|fal|len**[1] der, -s: *Gefälligkeit;* jemandem einen G. erweisen ‖ **Ge|fal|len**[2] das, -s: *Freude;* tu mir das zu G. *(zuliebe)*!; an etwas G. finden *(es schön finden)* ‖ **Ge|fal|le|ne**[1] der, -n/-n, ein Gefallener: *bei Kampfhandlungen als Militärangehöriger verstorbener Soldat;* die Gefallenen des Zweiten Weltkrieges ‖ **Ge|fal|le|ne**[2] die, -n/-n ‖ **ge|fäl|lig:** ein gefälliger *(hilfsbereiter)* Mensch | eine gefällige *(hübsche, nette)* Schrift | wenn's gefällig *(erwünscht)* ist | (veraltet) (in Briefen auch: gefl.) um gefl. Antwort wird gebeten ‖ **Ge|fäl|lig|keit** die, -/-en ‖ **ge|fäl|ligst:** „Antworten Sie gefälligst!" *(unfreundliche Aufforderung)* ‖ **Ge|fall|sucht** (abw.) ‖ **ge|fall|süch|tig** (abw.): *eitel*

ge|fan|gen: g. halten; g. nehmen; sie wurde g. genommen; jemanden g. setzen; → fangen ‖ **Ge|fan|ge|ne**[1] der, -n/-n, ein Gefangener: Gefangene frei lassen ‖ **Ge|fan|ge|ne**[2] die, -n/-n ‖ **Ge|fan|ge|nen|aus|tausch** ‖ **Ge|fan|ge|nen|haus:** *Haftanstalt* ‖ **Ge|fan|ge|nen|la|ger** ‖ **Ge|fan|gen|haus** (Amtsspr.): *Gefangenenhaus* ‖ **Ge|fan|gen|nah|me** die, - ‖ **Ge|fan|gen|schaft** die, -: einen Wolf in G. halten ‖ **Ge|fäng|nis** das, -nisses/-nisse: ins G. kommen ‖ **Ge|fäng|nis|in|sas|se** ‖ **Ge|fäng|nis|in|sas|sin** ‖ **Ge|fäng|nis|stra|fe** (Jus): *Haftstrafe, Freiheitsstrafe;* → G.: Geldstrafe, Vermögensstrafe ‖ **Ge|fäng|nis|zel|le**

Ge|fa|sel das, -s (abw.): *dummes, leeres Gerede*

Ge|fäß das, -es/-e: ein leeres G. *(einen Behälter)* mit Wasser füllen | *Blutgefäß* ‖ **Ge|fäß|chi|rur|gie** [-ki-] (Med.); → Blutgefäß ‖ **ge|fäß|er|wei|ternd** ‖ **Ge|fäß|pro|the|se** (Med.) ‖ **Ge|fäß|sys|tem** [-zy-] ‖ **Ge|fäß|wand** (Med.)

ge|fasst: eine traurige Nachricht g. *(ruhig)* aufnehmen | auf das Schlimmste g. sein *(mit dem Schlimmsten rechnen);* sich auf etwas g. machen *(sich darauf einstellen, vorbereiten);* → fassen ‖ **Ge|fasst|heit** die, -

ge|fäß|ver|en|gend (Med.): ein gefäßverengendes Medikament ‖ **Ge|fäß|ver|en|gung** (Med.) ‖ **Gefäß|ver|kal|kung** (Med.) ‖ **Ge|fäß|ver|stop|fung** (Med.)

Ge|fecht das, -[e]s/-e: *Kampf;* jemanden außer G. setzen *(kampfunfähig machen)* ‖ **ge|fechts|be|reit** ‖ **ge|fechts|klar:** *zum Kampf bereit*

ge|feit: gegen Krankheiten g. *(geschützt, immun)* sein

ge|fer|tigt (Amtsspr.): *unterzeichnet;* → fertigen ‖ **Ge|fer|tig|te**[1] der, -n/-n, ein Gefertigter (Amtsspr.): *der Unterzeichnete* ‖ **Gefer|tig|te**[2] die, -n/-n (Amtsspr.)

ge|fes|tigt: ein gefestigter *(fester, starker)* Charakter; → festigen

Ge|fie|del das, -s (abw.): *Geigenspiel*

Ge|fie|der das, -s/-: *die Federn, das Federkleid* ‖ **ge|fie|dert:** *die Federn versehen* | (Bot.) ein gefiedertes Blatt

Ge|fil|de das, -s/- (meist Pl.) (geh.): in den heimatlichen Gefilden *(Landschaften, Fluren)*

ge|fin|kelt: *schlau, gerissen*

gefl. (veraltet): **gefällig[e]**

ge|flammt: *flammenartig gemustert*

Ge|flecht das, -[e]s/-e: *Flechtwerk, zB geflochtene Körbe*

ge|fleckt: ein bunt geflecktes (= buntgeflecktes) Fell

Ge|flim|mer das, -s; → flimmern

Ge|flis|sen|heit die, - (geh.): *Eifer* ‖ **ge|flis|sent|lich:** *absichtlich, mit Fleiß;* g. wegschauen

Ge|flü|gel das, -s: *Vögel, die als Nutztiere gehalten werden* ‖ **Geflü|gel|farm:** *Geflügelzuchtbetrieb* ‖ **Ge|flü|gel|pest:** *Vogelgrippe* ‖ **Ge|flü|gel|ri|sot|to** ‖ **Geflü|gel|sa|lat** ‖ **Ge|flü|gel|sche|re:** *ein Küchengerät* ‖ **ge|flü|gelt:** ein geflügeltes Wort *(eine oft gebrauchte Redewendung, ein Zitat)* ‖ **Ge|flü|gel|zucht**

Ge|flun|ker das, -s; → flunkern

Ge|flüs|ter das, -s

Ge|fol|ge das, -s/-: *Begleitung einer hohen Persönlichkeit* ‖ **Ge|folgschaft** die, -: jemandem G. leisten *(jemandes Anhänger sein)* ‖ **Ge|folgs|leu|te** die (Pl.) ‖ **Gefolgs|mann** der, -[e]s/-leute [-männer; veraltet: -mannen]: *Anhänger* ‖ **Ge|folgs|frau**

ge|frä|ßig: ein gefräßiges Tier ‖ **Ge|frä|ßig|keit** die, -

Ge|frei|te der, -n/-n, ein Gefreiter: *ein militärischer Dienstgrad*

Ge|frett = Gfrett das, -s (ugs.): *Ärger, Mühe;* → fretten

Ge|frier|ak|ku: *mit einer speziellen Flüssigkeit gefüllter kleiner Plastikbehälter, Kühlakku* ‖ **ge|frie|ren** ‖ **Ge|frier|fach:** *Tiefkühlfach* ‖ **ge|frier|ge|trock|net** ‖ **Ge|frierket|te:** *Kühlkette* ‖ **Ge|frier|punkt** ‖ **Ge|frier|tru|he**

Ge|frieß → Gfrieß

Ge|fro|re|ne das, -n, *auch:* **Gefror|ne,** ein Gefror[e]nes (veraltet): *Speiseeis*

Ge|frot|zel das, -s (ugs.): *ständiges Frotzeln*

Ge|fü|ge das, -s/-: das G. *(der Aufbau, die Struktur)* eines Staates ‖ **ge|fü|gig:** *gehorsam, willfährig* ‖ **Ge|fü|gig|keit** die, -

Ge|fühl das, -[e]s/-e: mit gemischten Gefühlen *(mit Freude und Unbehagen)* ‖ **ge|fühl|los** ‖ **Gefühl|lo|sig|keit** die, -/-en ‖ **gefühls|arm** ‖ **Ge|fühls|aus|bruch** ‖ **ge|fühls|be|tont** ‖ **Ge|fühls|du|se|lei** die, -/-en (ugs., abw.): *sentimentales Verhalten* ‖ **ge|fühls|kalt** ‖ **Ge|fühls|le|ben** ‖ **ge|fühls|mä|ßig:** g. das Richtige tun ‖ **Gefühls|mensch** ‖ **Ge|fühls|re|gung** ‖ **Ge|fühls|sa|che:** das ist reine G. *(entscheidet nur das Gefühl)* ‖ **Ge|fühls|ter|ror** ‖ **Ge|fühls|tie|fe** ‖ **Ge|fühls|über|schwang:** im G. *(in großer Begeisterung)* zustimmen ‖ **ge|fühl|voll**

ge|füh|rig → gführig

Ge|ga|cker das, -s: das G. der Hühner

ge|ge|ben: es war ihr nicht g. *(gegönnt);* aus gegebenem Anlass; *aber:* es war das **G**egebene, rasch zu entscheiden | (veraltet) g. *(unterzeichnet)* zu Wien, am 15. März 1780; → geben ‖ **ge|ge|be|nen|falls** (ggf.): *wenn der Fall eintritt,*

wenn es sich ergibt ‖ **Ge|ge|ben|heit** die, -/-en: sich mit den Gegebenheiten *(der Lage, den Umständen)* abfinden
Ge|gei|fer das, -s; → geifern
ge|gen (Präp. mit Akk.): g. den Strom schwimmen; g. 20 Uhr nach Hause kommen; g. Barzahlung
Ge|gen|an|ge|bot
Ge|gen|an|griff (Mil., Sport)
Ge|gen|an|trag
Ge|gen|an|zei|ge (Med.): → *Kontraindikation*
Ge|gen|ar|gu|ment
Ge|gen|bei|spiel
Ge|gen|be|such
Ge|gen|be|we|gung
Ge|gen|be|weis
Ge|gend die, -/-en: *Gebiet;* eine einsame G.; die G. *(Umgebung)* erkunden
Ge|gen|dar|stel|lung: *Entgegnung*
Ge|gen|de|mons|t|ra|ti|on [-tsi̯-]

ge|gen|ei|n|an|der:

Getrenntschreibung, wenn die Hauptbetonung auf dem Verb liegt:
- gegeneinander antreten
- gegeneinander kämpfen
- gegeneinander spielen

Zusammenschreibung, wenn die Betonung auf „gegeneinander" liegt:
- sie sind gegeneinandergeprallt
- sich gegeneinanderpressen

R→ S. 899, 1.3

ge|gen|ei|n|an|der|pral|len ‖ **ge|gen|ei|n|an|der|pres|sen**
Ge|gen|fahr|bahn
Ge|gen|for|de|rung (Jus): mit einer G. aufrechnen *(mit einer Forderung kompensieren)*
Ge|gen|fra|ge
Ge|gen|ge|schäft
Ge|gen|ge|schenk
Ge|gen|ge|wicht
Ge|gen|gift (Med.)
ge|gen|gleich: die Schultern g. bewegen
Ge|gen|gleis: *Gleis neben dem Regelgleis für die andere Fahrtrichtung*
Ge|gen|kan|di|dat ‖ **Ge|gen|kan|di|da|tin**
Ge|gen|kul|tur (Soz.): *Subkultur, Parallelgesellschaft*
Ge|gen|kurs
ge|gen|läu|fig: eine gegenläufige *(in die entgegengesetzte Richtung führende)* Tendenz
ge|gen|len|ken: *gegen die Fahrtrichtung lenken*
Ge|gen|leis|tung: *Entgelt, Entlohnung*
Ge|gen|licht: *Licht, das [beim Fotografieren] gegen die Blickrichtung strahlt*
Ge|gen|lie|be: das Vorhaben stieß auf wenig G. *(fand wenig Zustimmung)*
Ge|gen|maß|nah|me
Ge|gen|pol
Ge|gen|pro|be: eine G. zur Überprüfung
Ge|gen|re|de: *Widerrede*
Ge|gen|re|for|ma|ti|on [-tsi̯-] (Gesch.): *Gegenbewegung der katholischen Kirche zur Reformation im 16. und 17. Jh.*
Ge|gen|re|vo|lu|ti|on [-v-tsi̯-]: *Konterrevolution*
Ge|gen|rich|tung
Ge|gen|satz: im G. *(Unterschied)* zu dir ‖ **ge|gen|sätz|lich:** gegensätzliche Meinungen
Ge|gen|schlag: *Vergeltungsschlag*
Ge|gen|schrift (Jus): *Gegenäußerung im Verfahren, Stellungnahme*
Ge|gen|sei|te: *entgegengesetzte, gegnerische Seite [bei Verhandlungen]* ‖ **ge|gen|sei|tig:** eine gegenseitige Abneigung ‖ **Ge|gen|sei|tig|keit** die, -/-en: dies beruht auf G. *(wird von der anderen Seite auch so empfunden)*
Ge|gen|spie|ler: *Gegner* ‖ **Ge|gen|spie|le|rin**
Ge|gen|sprech|an|la|ge: die G. am Haustor
Ge|gen|stand der, -[e]s/-stände: ein harter G. | *Thema;* etwas ist G. der Verhandlung | *Unterrichtsfach* ‖ **ge|gen|stän|dig** (Bot.): gegenständige *(einander gegenüberstehende)* Blätter ‖ **gegen|ständ|lich:** etwas g. *(dinghaft)* darstellen | (Amtsspr.) das gegenständliche Ansuchen *(das Ansuchen, von dem die Rede ist)* ‖ **ge|gen|stands|be|zo|gen** ‖ **ge|gen|stands|los:** das ist g. *(unwichtig)* geworden
ge|gen|steu|ern: einer gefährlichen Entwicklung g. *(Gegenmaßnahmen treffen)*
Ge|gen|stim|me: mit einer G. *(ablehnenden Stimme)* angenommen
Ge|gen|stoß (Mil., Sport): *schneller Entlastungsangriff aus der Abwehr heraus, Konter*
Ge|gen|strö|mung
Ge|gen|stück: *Pendant*
Ge|gen|teil das, -[e]s/-e: im G. *(Gegensatz)* zu dir; im G.! *(genau umgekehrt!)* ‖ **ge|gen|tei|lig:** er ist gegenteiliger Meinung

ge|gen|über:

Präposition mit Dativ:
- gegenüber dem Rathaus (= dem Rathaus gegenüber)

Bei Ortsnamen auch mit „von":
- gegenüber von Krems

Adverb:
- sie wohnt schräg gegenüber

Zusammenschreibung in Verbindung mit Verben, wenn die Betonung auf „gegenüber" liegt:
- sich feindlich gegenüberstehen
- gegenüberstellen; *aber getrennt:* gegenüber aufstellen
- gegenüberliegen
- gegenübersitzen

R→ S. 899, 1.3

Ge|gen|über das, -s/-: mein G. ‖ **ge|gen|über|lie|gen** ‖ **ge|gen|über|sit|zen** ‖ **ge|gen|über|ste|hen:** sich/einander feindlich g.; → gegenüber ‖ **ge|gen|über|stel|len** ‖ **Ge|gen|über|stel|lung** ‖ **ge|gen|über|tre|ten**
Ge|gen|ver|kehr
ge|gen|ver|rech|nen
Ge|gen|vor|schlag
Ge|gen|wart die, -: in G. *(Anwesenheit)* der Zeugen | (Gramm.) *Präsens* ‖ **ge|gen|wär|tig:** *jetzt, in dieser Zeit* | (geh.) etwas g. *(in Erinnerung)* haben ‖ **gegen|warts|fremd:** *nicht auf die Gegenwart bezogen* ‖ **Ge|gen|warts|li|te|ra|tur** ‖ **ge|gen|warts|nah** ‖ **Ge|gen|warts|spra|che**
Ge|gen|wehr die, -: *Verteidigung, Widerstand*
Ge|gen|wert: den G. *(entsprechenden Wert)* für geleistete Arbeit in Naturalien abstatten
Ge|gen|wind
ge|gen|zeich|nen: eine Rechnung g. *(zum Zeichen der Kontrolle mitunterschreiben)*
Ge|gen|zug: den G. abwarten | im G. *(als Erwiderung)*
Geg|ner der, -s/- ‖ **Geg|ne|rin** die, -/-innen ‖ **geg|ne|risch:** der gegnerische Spieler ‖ **Geg|ner|schaft** die, -
gegr.: gegründet
Ge|grö|le das, -s: *[ständiges] Grölen*
Ge|grun|ze das, -s: *[ständiges] Grunzen*
Ge|ha|be das, -s (abw.): *geziertes*

G

Benehmen | (selten) *Gehaben* || **ge|ha|ben** sich: „Gehab dich nicht so!"; sich wie ein Fünfjähriger g. *(benehmen)* | (veraltet) „Gehab dich wohl!" *(leb wohl!)* || **Ge|ha|ben** das, -s: *Verhalten* | *Gehabe;* Imponiergehabe[n]

Ge|halt[1] der = das, -[e]s/-hälter: *Entlohnung, Besoldung* || **Ge|halt**[2] der, -[e]s/-e: *Inhalt, Wert;* Fettgehalt || **ge|halt|los:** *inhaltslos* || **ge|halt|reich:** gehaltreiches *(nährstoffreiches)* Obst || **Ge|halts|ab|rech|nung** || **Ge|halts|an|spruch** || **Ge|halts|aus|zah|lung** || **Ge|halts|emp|fän|ger** || **Ge|halts|emp|fän|ge|rin** || **Ge|halts|er|hö|hung:** eine G. bekommen || **Ge|halts|exe|ku|ti|on** [-tsi-] (Jus): *Gehaltspfändung* || **Ge|halts|for|de|rung** || **Ge|halts|kon|to** || **Ge|halts|pfän|dung** (Jus) || **Ge|halts|py|ra|mi|de** [-py-, auch: -pi-]: *grafische Darstellung unterschiedlicher Gehaltsstufen* || **Ge|halts|run|de:** *Lohnverhandlung* || **Ge|halts|ver|rech|ner:** *eine Berufsbezeichnung;* Lohn- und Gehaltsverrechner || **Ge|halts|ver|rech|ne|rin** || **Ge|halts|ver|rech|nung** || **Ge|halts|vor|rü|ckung** (Amtssspr.) || **Ge|halts|zet|tel** || **Ge|halts|zu|la|ge** || **ge|halt|voll:** *inhaltsreich;* ein gehaltvolles Programm | gehaltvoller *(geschmacksintensiver)* Wein

ge|han|di|kapt [-'hɛ-kɛpt] = gehandicapt [-k-]; → Handikap

Ge|hän|ge das, -s/-: *herabhängender Schmuck, Ohrringe* || **Ge|häng|te**[1] der, -n/-n, *auch:* Gehenkte, ein Gehängter: *jemand, der durch den Strang hingerichtet wurde* || **Ge|häng|te**[2] die, -n/-n, *auch:* Gehenkte

ge|har|nischt: *gepanzert;* → Harnisch | ein geharnischter *(energischer, heftiger)* Protest

ge|harzt → harzen

ge|häs|sig: *feindselig* || **Ge|häs|sig|keit** die, -/-en

Ge|häu|se das, -s/-: das G. *(Kerngehäuse)* des Apfels entfernen | *Kasten, Behälter als Schutz;* das G. einer Uhr; das G. eines Computers

ge|haut (mda.): *durchtrieben, schlau, listig;* → hauen

Geh|bänk|chen das, -s/- (bes. D): *eine Gehhilfe ohne Rollen* || **geh|be|hin|dert** || **Geh|be|hin|de|rung**

Ge|he|ge das, -s/-: *umzäuntes Gebiet zur Schonung und Pflege des Wildes* | jemandem ins G. kommen *(sich in jemandes Angelegenheiten mischen, jemandes Rechte beeinträchtigen)*

ge|heim:

geheime Zusammenkünfte

Großschreibung bei Nominalisierung und in Eigennamen:
- im **G**eheimen zusammentreffen
- die **G**eheime Offenbarung *(ein Buch der Bibel, Apokalypse)*

R→ S. 892, 2.2

Getrenntschreibung:
- geheim bleiben
- geheim halten
- sie hat das geheim getan *(im Geheimen)*

Zusammenschreibung bei übertragener Bedeutung:
- geheimtun *(geheimnisvoll tun)*

R→ S. 900, 1.5.1

Ge|heim|ab|kom|men || **Ge|heim|agent** || **Ge|heim|agen|tin** || **Ge|heim|akt** der, -es/-en || **Ge|heim|auf|trag** || **Ge|heim|bund** || **Ge|heim|dienst** || **Ge|heim|fach** || **Ge|heim|fa|vo|rit** [-f-, -v-] || **Ge|heim|fa|vo|ri|tin** || **Ge|heim|gang** || **Ge|heim|hal|tung** || **Ge|heim|nis** das, -nisses/-nisse: ein G. ausplaudern; ein offenes G. *(bereits Bekanntes, das aber vertraulich behandelt wird)* || **Ge|heim|nis|krä|me|rei** die, -: *Geheimnistuerei* || **Ge|heim|nis|tu|e|rei** die, -/-en || **ge|heim|nis|um|wit|tert** (geh.): *geheimnisvoll* || **ge|heim|nis|um|wo|ben** (geh.): *geheimnisvoll* || **ge|heim|nis|voll** || **Ge|heim|num|mer:** *Telefonnummer, die nicht im Telefonbuch steht* || **Ge|heim|pakt** || **Ge|heim|po|li|zei:** *Teil des Sicherheitsapparates eines Staates mit bes. Vollmachten;* → Staatspolizei || **Ge|heim|rat** (früher in D): *ein Titel;* → Hofrat || **Ge|heim|rä|tin** (früher in D) || **Ge|heim|rats|ecke** (meist Pl.) (ugs., scherzh.): *Haarausfall an den Stirnseiten* || **Ge|heim|re|zept** || **Ge|heim|schrift:** *verschlüsselte Schrift* || **Ge|heim|tipp** || **ge|heim|tun:** *geheimnisvoll tun* || **Ge|heim|ver|trag** || **Ge|heim|waf|fe** || **Ge|heim|wis|sen|schaft** (oft scherzh.): *nur Eingeweihten vertrautes Wissen*

Ge|heiß das, -es (geh.): auf G. *(Befehl)* der Vorgesetzten

ge|hemmt: in Gesprächen g. *(schüchtern)* sein; → hemmen || **Ge|hemmt|heit** die, -

ge|hen,

ging/gegangen: nach Hause gehen; ins Gymnasium gehen; an die Arbeit gehen; in Pension gehen; in die Luft gehen *(wütend werden)* | der Wecker geht *(funktioniert)* nicht | das geht nicht *(ist nicht möglich)* | das Telefon geht *(läutet)* ununterbrochen | sie ist zu weit gegangen (auch: *hat gewisse Grenzen des Erlaubten oder Zumutbaren überschritten*); es geht ums Ganze; was geht hier vor sich? *(was passiert hier?)* | geh! *(Ausdruck der Ermunterung oder Ablehnung);* gehst!; gehts!; gehn S'! | geh komm!; aber geh! *(staunend oder zurückweisend)* | (ugs., oft scherzh.) er ist gegangen worden *(entlassen worden)*

Getrenntschreibung bei wörtlicher Bedeutung:
- spazieren gehen
- schwimmen gehen
- essen gehen
- das Kind allein in die Schule gehen lassen

Schreibung bei übertragener Bedeutung:
- sich gehen lassen (= gehenlassen) *(sich allzu ungezwungen benehmen)*
- jemanden gehen lassen (= gehenlassen) *(in Ruhe lassen; ziehen lassen)*
- die Vase wird kaputtgehen *(kaputt werden)*

R→ S. 901, 1.7.2

Ge|hen das, -s: *eine Sportdisziplin* || **ge|hen las|sen = ge|hen|las|sen:** sich g. l. *(sich allzu ungezwungen benehmen)* | du sollst sie g. l. *(in Ruhe lassen);* → gehen

Ge|henk|te[1] → Gehängte[1] || **Ge|henk|te**[2] → Gehängte[2]

Ge|her der, -s/- (Sport): *jemand, der die Sportdisziplin Gehen ausübt* || **Ge|he|rin** die, -/-innen

ge|heu|er: hier ist es nicht g. *(hier ist es unheimlich)*

Ge|heul das, -[e]s: das G. der Wölfe

Geh|fal|te: ein Rock mit einer G. || **Geh|gips:** *ein Gehverband* || **Geh|hil|fe:** *Stock, Krücke, Gehbänkchen uÄ*

Ge|hil|fe der, -n/-n: *Helfer* | *in einem Lehrberuf Ausgebildeter ohne Abschlussprüfung; aber:* → Kaufmannsgehilfe; → Geselle || **Ge|hil|fin** die, -/-innen

Ge|hirn das, -[e]s/-e: *Hirn;* eine Operation am G. || **Ge|hirn|akro-**

ba|tik (scherzh.): *gewaltige Denkleistung* || **Ge|hirn|blu|tung** = Hirnblutung (Med.) || **Ge|hirn-ent|zün|dung** = Hirnentzündung (Med.): *Enzephalitis* || **Ge|hirn|er-schüt|te|rung** = Hirnerschütterung (Med.) || **Ge|hirn|funk|ti|on** [-tsi̯-] (Med.): die G. mittels EEG messen || **ge|hirn|ge|schä|digt** = hirngeschädigt (Med.) || **Ge|hirn-hälf|te** = Hirnhälfte || **Ge|hirn-haut** = Hirnhaut || **Ge|hirn|haut-ent|zün|dung** = Hirnhautentzündung (Med.): *Meningitis* || **Ge-hirn|rin|de** = Hirnrinde: *Teil des Gehirns* || **Ge|hirn|schlag** = Hirnschlag (Med.) || **Ge|hirn|tod** = → *Hirntod* || **Ge|hirn|tu|mor** = Hirntumor (Med.) || **Ge|hirn|vo|lu-men** [-v-] = Hirnvolumen || **Ge-hirn|wä|sche:** *Zerstörung der Wertbegriffe eines Menschen durch psychischen und physischen Druck* || **Ge|hirn|win|dung** = Hirnwindung

Geh|mi|nu|te: nur eine G. entfernt wohnen

ge|ho|ben: in gehobener *(höherer)* Stellung sein; in gehobener Stimmung *(gut gelaunt)* sein; in gehobener *(feierlicher, dichterischer)* Sprache; → heben

Ge|höft das, -[e]s/-e: *Bauernhof*

Ge|hölz das, -es/-e: *Wäldchen*

Ge|hör das, -s: *Gehörsinn* | G. finden *(angehört werden)* | (geh.) jemandem G. schenken *(sich von jemandem beeinflussen lassen, jemandem nachgeben)* || **ge|hör-be|hin|dert** = hörbehindert || **Ge-hör|nerv** [-f] = Hörnerv (Med.)

ge|hor|chen: den Eltern g.; den Gesetzen g.

ge|hö|ren: dieses Buch gehört mir | das gehört *(schickt)* sich nicht | das Hemd gehört schon gewaschen

Ge|hör|gang = Hörgang || **ge|hör-ge|schä|digt** = hörgeschädigt (Med.)

ge|hö|rig: eine gehörige *(angemessene)* Strafe; jemandem g. *(heftig)* seine Meinung sagen | *zu jemandem/etwas gehörend;* die zur Gemeinde gehörige Ortschaft

ge|hör|los: *taub;* → taubstumm || **Ge|hör|lo|se**[1] der, -n/-n, ein Gehörloser || **Ge|hör|lo|se**[2] die, -n/-n || **Ge|hör|lo|sen|schu|le** || **Ge|hör-lo|sen|spra|che:** *eine Gebärdensprache* || **Ge|hör|lo|sen|un|ter-richt**

ge|hörnt: ein gehörnter Bock | (veraltend) ein gehörnter *(betrogener)* Ehemann

Ge|hör|or|gan = Hörorgan

ge|hor|sam: *folgsam* || **Ge|hor|sam** der, -s || **Ge|hor|sam|keit** die, - || **Ge|hor|sams|pflicht** || **Ge|hor-sams|ver|wei|ge|rung**

Ge|hör|scha|den = Hörschaden (Med.) || **Ge|hör|sinn** = Hörsinn der, -[e]s || **Ge|hör|sturz** = Hörsturz (Med.): *plötzlicher [vorübergehender] Gehörverlust*

Ge|hört|sich das (*auch:* der), -, *auch:* Ghörtsich (ugs., sal.): das ist kein G. *(das gehört sich nicht)*

Geh|rung die, -/-en: die Ecken der Leisten auf G. schneiden *(sie [zur Fertigung eines Bilderrahmens] schräg abschneiden)* || **Geh|rungs|sä|ge**

Geh|schu|le: *Gestell mit Gitter oder Netz für Kleinkinder* | *ein Rehabilitationsgerät* | *Übungsprojekt;* eine G. für Jungunternehmer || **Geh|steig** || **Geh|steig-kan|te** || **Geh|steig|vor|zie|hung:** *Verbreiterung an Straßenkreuzungen* || **Geht|nicht|mehr** (ugs.) (nur in der Wendung): bis zum G. *(bis zum Überdruss)*

Ge|hu|pe das, -s: *ständiges Hupen*

Geh|ver|such: das Kind macht erste Gehversuche || **Geh|wa-gen:** *Rollator* || **Geh|weg** || **Geh-zeit**

Gei|dorf: *3. Bezirk von Graz*

Gei|er der, -s/-: *ein Greifvogel*

Gei|fer der, -s || **gei|fern:** *Speichel vor dem Mund haben* | (geh., abw.) *gehässig und erregt reden*

Gei|ge die, -/-n: *Violine;* G. spielen

gei|geln, ich geigle (mda.): mit dem Fahrrad g. *(schwankend fahren)*

gei|gen: *Geige spielen* | (ugs.) es jemandem g. *(jemandem gründlich die Meinung sagen)* || **Gei-gen|bau** der, -[e]s || **Gei|gen-bau|er** || **Gei|gen|bau|e|rin** || **Gei-gen|bo|gen** || **Gei|gen|kas|ten:** *Kasten zum Aufbewahren der Geige* || **Gei|gen|spiel** das, -[e]s || **Gei|gen|wir|bel:** *Teil zum Spannen der Geigensaiten* || **Gei|ger** der, -s/- || **Gei|ge|rin** die, -/-innen

Gei|ger|zäh|ler: *Instrument zur Messung radioaktiver Strahlung (nach dem Physiker Geiger)*

geil: eine geile *(widerlich fette)* Speise | *lüstern, sexuell erregt;* ein geiles Grinsen; → aufgeilen | (sal.) (Jug.) der Pulli ist g. *(bes. schön, toll)* || **Geil|heit** die, -/-en

Gei|sel die, -/-n, *selten auch:* der, -s/-: jemanden als G. nehmen *(in seine Gewalt bringen, um Erpressung auszuüben)* || **Gei|sel|dra-ma:** *spektakuläre Geiselnahme* || **Gei|sel|er|schie|ßung** || **Gei|sel-haft** || **Gei|sel|nah|me** die, -/-n || **Gei|sel|neh|mer** der, -s/- || **Gei-sel|neh|me|rin** die, -/-innen

Gei|ser → Geysir

Gei|sha [ˈgeːʃa] die, -/-s ⟨jap.⟩: *in Musik und Tanz ausgebildete Gesellschaftsdame in Japan*

Geiß die, -/-en: *Ziege;* Rehgeiß || **Geiß|bart:** *eine Pflanzengattung* || **Geiß|blatt:** *eine Liane* || **Geiß-bock:** *Ziegenbock*

Gei|ßel die, -/-n (geh.): *Peitsche* | der Krieg ist eine G. *(eine Strafe, Heimsuchung)* der Menschheit || **gei|ßeln,** ich geißle: *peitschen* | (geh.) Missstände g. *(anprangern, verurteilen)* || **Gei|ße|lung** die, -/-en, *auch:* Geißlung

Geiß|fuß: *eine Pflanze*

Geiß|ler der, -s/-: *fanatischer Büßer im Mittelalter* || **Geiß|lung** → Geißelung

Geist der, -[e]s: *Verstand* | daran erkennt man, wes Geistes Kind er ist *(seine Denkart, Geisteshaltung)* | (ugs.) die Uhr gab den G. auf *(wurde funktionsuntüchtig)* | (mit Pl. -er) *Gespenst;* ein schöpferischer G. *(zB Gelehrter, Künstler, Wissenschaftler)* | der Heilige G. || **Geis|ter|bahn:** *eine Attraktion zB in Vergnügungsparks* || **Geis|ter|be|schwö|rer** || **Geis|ter-be|schwö|re|rin** || **Geis|ter|bild** (Elektrot.): *schwaches, verzerrtes Bild [beim Fernseher]* || **Geis|ter-er|schei|nung** || **Geis|ter|fah|rer:** *jemand, der auf einer Autobahn gegen die vorgeschriebene Richtung fährt* || **Geis|ter|fah|re|rin** || **geis|ter|haft** || **geis|tern:** im Schloss geistert es || **Geis|ter-reich** || **Geis|ter|se|her:** *jemand, der Geister zu sehen glaubt, Visionen hat* || **Geis|ter|se|he|rin** || **Geis|ter|stadt:** *ausgestorbene Stadt* || **Geis|ter|stun|de:** *die Stunde nach Mitternacht* || **geis-tes|ab|we|send** || **Geis|tes|ab|we-sen|heit** die, -: *Zerstreutheit* || **Geis|tes|blitz:** *plötzliche Idee, Eingebung* || **Geis|tes|ge|bre-chen:** *geistige Behinderung, Geisteskrankheit* || **Geis|tes|ge-gen|wart** || **geis|tes|ge|gen|wär-tig:** g. handeln *(auf Unvorhergesehenes sofort richtig reagieren)* || **Geis|tes|ge|schich|te** die, -: *die geistigen Strömungen* || **geis|tes-ge|stört** (meist abw.): *geistes-*

krank ‖ **Geisteshaltung** ‖ **geisteskrank** (Med., auch abw.): *geis-ztig behindert, psychisch krank* ‖ **Geisteskrankheit** (Med.) ‖ **Geistesschwäche** ‖ **Geistesstörung** (Med.) ‖ **Geisteswissenschaften** die (Pl.); → G.: Naturwissenschaften ‖ **geisteswissenschaftlich** ‖ **Geisteszustand** ‖ **geistig:** geistige Arbeit *(Denkarbeit);* g. behindert | (veraltend) ein geistiges *(alkoholisches)* Getränk; → hochgeistig ‖ **geistlich:** geistliche *(religiöse, kirchliche)* Lieder ‖ **Geistliche**[1] der, -n/-n, ein Geistlicher: *Priester* ‖ **Geistliche**[2] die, -n/-n ‖ **Geistlichkeit** die, - ‖ **geistlos:** *einfallslos, lustlos* ‖ **Geistlosigkeit** die, -/-en ‖ **geistreich:** *klug* ‖ **geisttötend:** geisttötende *(eintönige)* Arbeit ‖ **geistvoll**

Geiz der, -es: *übertriebene Sparsamkeit* ‖ **geizen** ‖ **Geizhals** (abw.) ‖ **geizig** ‖ **Geizkragen** (abw.) ‖ **Geiztrieb:** *Seitentrieb beim Weinstock*

Gejammer das, -s: *ständiges Jammern*

Gejauchze das, -s

Gejohle das, -s

gekampelt (mda.): *gekämmt;* → schnäuzen

Gekicher das, -s

Geklatsche das, -s: *ständiges Klatschen*

Geklimper das, -s (abw.): *dilettantisches Klavierspiel uÄ*

Geklirr das, -[e]s, *auch:* **Geklirre,** -s: *ständiges Klirren*

Geklüft das, -[e]s/-e (geh.): *zerklüftete, felsige Landschaft*

Geknister das, -s

gekonnt (sal.): sie spielt g. Klavier; → können

Gekrächze das, -s

Gekränktheit die, -

Gekreuzigte der, -n: *Christus am Kreuz*

Gekritzel das, -s

Gekröse das, -s (fachspr.): *Gedärm, bes. von Kalb und Lamm*

gekünstelt (abw.): alles an ihm wirkt gekünstelt *(nicht echt, nur vorgetäuscht);* → künsteln

gel → gelt

Gel das, -s/-e ⟨lat.-fr.⟩: *eine geleeartige Salbe oder Masse*

Gelächter das, -s/-

geladen (ugs.): sie ist g. *(wütend, aufgebracht);* → laden

Gelage das, -s/-: *ausschweifendes Essen und Trinken in größerer Runde*

Geläger das, -s/-: *Heferückstände am Ende der Gärung des Traubenmostes*

gelähmt → lahm ‖ **Gelähmte**[1] der, -n/-n, ein Gelähmter ‖ **Gelähmte**[2] die, -n/-n

Gelände das, -s/-: im G. *(im Freien)* ‖ **Geländedarstellung** ‖ **Geländefahrzeug** ‖ **geländegängig:** ein geländegängiges Fahrzeug ‖ **Geländelauf:** *eine Sportart*

Geländer das, -s/-: sich über das G. beugen

geländetauglich ‖ **Geländetauglichkeit** ‖ **Geländewagen**

gelang → gelingen

gelangen: ans Ziel g. *(kommen)*

Gelass das, -es/-e (geh.): *enger Raum*

gelassen: einen Tadel g. *(ruhig, beherrscht)* hinnehmen; → lassen ‖ **Gelassenheit** die, -

Gelatine [ʒe-n(ɛ)] die, - ⟨lat.-fr.⟩: *gestockter reiner Knochenleim*

geläufig: das ist mir g. *(gut bekannt)* | g. *(fließend)* Englisch sprechen ‖ **Geläufigkeit** die, -

gelaunt: schlecht g. (= schlechtgelaunt) sein; eine gut gelaunte (= gutgelaunte) Chefin

Geläut das, -[e]s/-e = **Geläute,** -s/-: *das Läuten* | *aufeinander abgestimmte Glocken; deren Zusammenklang*

gelb: die Bluse ist gelb; eine gelbe Blüte | (Großschreibung) das Gelbe Meer; die Gelbe Rübe; die Gelbe (auch: gelbe) Karte (zB im Fußball: *Zeichen für eine Verwarnung)* ‖ **Gelb** das, -[s]/-: die Ampel zeigt G.; bei G. anhalten; eine Fassade in Schönbrunner G. ‖ **gelbbraun** ‖ **Gelbfieber** (Med.): *eine Infektionskrankheit* ‖ **gelbgesperrt** (im Fußball): *nach drei gelben Karten gesperrt* ‖ **gelbgrün** ‖ **gelblich:** g. weiß ‖ **Gelbrandkäfer:** *ein wasserlebender Käfer* ‖ **Gelbrotsperre:** *Sperre nach zwei gelben Karten in einem Fußballmatch* ‖ **Gelbsucht** die, - (Med.): *eine Krankheit* ‖ **Gelbwurz:** *eine Gewürzpflanze, Kurkuma*

Geld das, -[e]s/-er: viel G. verdienen; zu G. kommen *(reich werden);* etwas zu G. machen *(verkaufen);* leichtes *(leicht erworbenes)* G. | (sal.) Gelder parken *([in Stiftungen, im Ausland] veranlagen])* ‖ **Geldadel:** *vermögende Gesellschaftsschicht* ‖ **Geldangelegenheit** (meist Pl.) ‖ **Geldanlage** ‖ **Geldausgabeautomat:** → Bankomat (Wz.) ‖ **Geldaushilfe:** *eine Sozialhilfe für Notfälle* ‖ **Geldautomat** ‖ **Geldbeheibung** ‖ **Geldbeschaffungsaktion** [-tsi̯-] ‖ **Geldbeutel** ‖ **Geldbombe:** *metallener Geldbehälter für den Banktresor* ‖ **Geldbörse** ‖ **Geldbörsl** (ugs.): *Geldbörse* ‖ **Geldbriefträger** (bes. früher) ‖ **Geldbriefträgerin** (bes. früher) ‖ **Geldbuße** (Jus): *Geldstrafe* ‖ **Gelddarlehen** ‖ **Geldentwertung:** *Abnahme des Geldwertes* ‖ **Gelderwerb** ‖ **Geldeswert** (bes. Jus): in Geld oder G. ‖ **Geldfluss** (meist Pl.) ‖ **Geldfrage:** *Frage, die von der finanziellen Situation abhängt* ‖ **Geldgebarung:** *finanzielle Geschäftsführung* ‖ **Geldgeber:** *Financier* ‖ **Geldgeberin** ‖ **Geldgeschäft** ‖ **Geldgier** ‖ **geldgierig** ‖ **Geldhahn** (ugs.) (nur in der Wendung): jemandem den G. zu-/abdrehen *(jemanden nicht mehr finanziell unterstützen; keine Bankkredite mehr gewähren)* ‖ **geldig** (reg., ugs.): *reich* ‖ **Geldinstitut** (Bankw.): *Bank, Sparkasse u. dgl.* ‖ **Geldkurs** (Bankw.): *Kurs, zu dem jemand ein Wertpapier erwirbt; Börsenkurs, zu dem die Nachfrage, aber nicht das Angebot vorliegt* ‖ **Geldmangel** ‖ **Geldmarkt** (Bankw.): *Markt für kurzfristige Kredite* ‖ **Geldmittel** die (Pl.): *verfügbare Finanzen* ‖ **Geldnot** ‖ **Geldquelle** ‖ **Geldregen** ‖ **Geldrolle:** *aus gleichartigen Münzen bestehende und in Papier eingewickelte Rolle* ‖ **Geldsackerl** (veraltet): *Geldtasche* ‖ **Geldschein** der, -[e]s/-e ‖ **Geldschulden** die (Pl.) ‖ **Geldsorgen** die (Pl.) ‖ **Geldspende** ‖ **Geldspritze** (sal.): *einmalige finanzielle Unterstützung, Zuschuss* ‖ **Geldstrafe** (Jus): *Geldbuße, Vermögensstrafe;* → G.: Freiheitsstrafe, Haftstrafe ‖ **Geldstück:** *Münze* ‖ **Geldtasche:** *Brieftasche, Börse* ‖ **Geldtascherl** ‖ **Geldtaschl** (ugs.): *Geldtasche* ‖ **Geldumlauf** ‖ **Geldverkehr** der, -s ‖ **Geldwäsche:** *das Reinwaschen illegaler Einnahmen durch Transferierung über verschiedene Konten* ‖ **Geldzahlung** ‖ **Geldzuckerl** (sal.) ‖ **Geldzuwendung**

Geleck das, -[e]s/-e, *auch:* Leck:

Salz [mit Kleie] für Vieh und Wild ‖ **ge|leckt** (abw.): wie g. aussehen *(übertrieben ordentlich gekleidet sein)*

Ge|lee [ʒ-] das, -s/-s ⟨fr.⟩: *eine sulzartige Masse* | *Aufstrich, eingedickter Fruchtsaft*

Ge|le|ge das, -s/-: das G. *(die Eier)* im Amselnest ‖ **ge|le|gen:** das kommt mir g. *(wie gewünscht, ist mir angenehm);* → liegen ‖ **Ge|le|gen|heit** die, -/-en ‖ **Ge|le|gen|heits|ar|beit** ‖ **Ge|le|gen|heits|ar|bei|ter** ‖ **Ge|le|gen|heits|ar|bei|te|rin** ‖ **Ge|le|gen|heits|kauf:** *ein günstiger, verbilligter Kauf* ‖ **Ge|le|gen|heits|ver|kehr** (Amtsspr.): *Taxi- und Mietwagengewerbe* ‖ **ge|le|gent|lich:** *bei Gelegenheit*

ge|leh|rig: ein gelehriger *(intelligenter, talentierter)* Hund ‖ **Ge|leh|rig|keit** die, - ‖ **ge|lehr|sam** ‖ **Ge|lehr|sam|keit** die, - (geh.) ‖ **ge|lehrt:** *wissenschaftlich gebildet* ‖ **Ge|lehr|te**[1] der, -n/-n, ein Gelehrter (geh.): *Wissenschaftler* ‖ **Ge|lehr|te**[2] die, -n/-n ‖ **Ge|lehr|ten|streit**

Ge|lei|se das, -s/- (veraltend): *Gleis;* ins richtige G. *(auf den richtigen Weg)* kommen

Ge|leit das, -[e]s, *auch:* **Ge|lei|te,** -s (geh.): einem Verstorbenen das letzte G. geben *(an seinem Begräbnis teilnehmen)* | zum G. *(Worte zB am Beginn eines Buchs)* | (Jus) freies G. geben *(vorläufig von der Verhaftung Abstand nehmen)* ‖ **ge|lei|ten** (geh.): *begleiten* ‖ **Ge|leit|schutz:** der Limousine des Präsidenten G. geben | (Jus) *Zusage der Haftfreiheit für einen Täter, der sich stellt* ‖ **Ge|leit|wort:** *Vorwort [in einem Buch]* ‖ **Ge|leit|zug:** *von Bewachungsfahrzeugen begleiteter Transport [zur See]*

Ge|lenk

das, -[e]s/-e: *abbiegbare Verbindung;* Kniegelenk

Zusammensetzungen mit „Gelenk" werden in Österreich im Allgemeinen eher mit Fugen-s gebildet, zB:

- Gelenksentzündung (in Deutschland eher: Gelenkentzündung)
- Gelenkskapsel
- Gelenksoperation

ge|len|kig ‖ **Ge|len|kig|keit** die, - ‖ **Ge|lenks|chi|rur|gie** [-ki-], *auch:* Gelenkchirurgie (Med.) ‖ **Ge|lenks|ent|zün|dung,** *auch:* Gelenkentzündung (Med.): *Arthritis* ‖ **Ge|lenks|kap|sel,** *auch:* Gelenkkapsel ‖ **Ge|lenks|knor|pel,** *auch:* Gelenkknorpel ‖ **Ge|lenks|ope|ra|ti|on,** *auch:* Gelenkoperation ‖ **Ge|lenks|pfan|ne,** *auch:* Gelenkpfanne (Med.): *nach innen gewölbte Verbindungsstelle zweier Knochen* ‖ **Ge|lenks|rheu|ma|tis|mus,** *auch:* Gelenkrheumatismus (Med.) ‖ **Ge|lenks|schmerz,** *auch:* Gelenkschmerz ‖ **Ge|lenks|schmie|re,** *auch:* Gelenkschmiere (Med.): *von der Innenhaut des Gelenks gebildete Gleitflüssigkeit*

ge|lernt: ein gelernter *(fachlich ausgebildeter)* Fotograf; → lernen

Ge|lich|ter das, -s (abw.): *Gesindel, Pack*

Ge|lieb|te[1] der, -n/-n, ein Geliebter: *Liebhaber* ‖ **Ge|lieb|te**[2] die, -n/-n

ge|lie|fert (sal.): jetzt sind wir g. *(erledigt, ruiniert);* → liefern

ge|lie|ren [ʒe-] ⟨fr.⟩: *Gelee bilden, eindicken;* gelierter Obstsaft ‖ **Ge|lier|mit|tel** ‖ **Ge|lier|zu|cker:** *ein Geliermittel [zum Marmeladeeinkochen]*

ge|lind = **ge|lin|de** (veraltet): *mild, sanft* | (geh.) das ist, gelinde gesagt *(verharmlosend ausgedrückt),* ein Unfug

ge|lin|gen, gelang/gelungen: heute gelingt nichts *(geht nichts glatt, kommt nichts zu Stande);* *eine gelungene Zeichnung;* → gelungen

Ge|lis|pel das, -s: → lispeln

gell → gelt

gel|len: gellende *(schrille)* Rufe

geln (bes. ostöst., ugs.): geln S'? *(nicht wahr?);* → gelt

ge|lo|ben: *feierlich versprechen* ‖ **Ge|löb|nis** das, -nisses/-nisse: ein G. ablegen

Ge|lock das, -[e]s, *auch:* **Ge|lo|cke,** -s (geh.) ‖ **ge|lockt:** gelocktes Haar

ge|löst: ein gelöstes *(befreites, entspanntes)* Lächeln; → lösen ‖ **Ge|löst|heit** die, -/-en: *Entspanntheit*

Gel|se die, -/-n: *Stechmücke;* → Schnake ‖ **Gel|sen|dip|pel,** *auch:* Gelsentippel: *angeschwollener Gelsenstich* ‖ **Gel|sen|pla|ge** ‖ **Gel|sen|stich** ‖ **Gel|sen|tip|pel** → Gelsendippel

gelt, *auch:* gel, gell (ugs.): *gilt es?; nicht wahr?;* g. ja!; → geln

gel|ten, ich gelte, du giltst/galt/gegolten: dieser Fahrschein gilt nicht mehr; du lässt diesen Einwand nicht g. | er gilt als Unruhestifter | die Anspielung galt dir *(war an dich gerichtet)* ‖ **gel|tend:** nach geltendem Recht; seine Ansprüche geltend machen ‖ **Gel|tend|ma|chung** die, -/-en (Amtsspr.) ‖ **Gel|tung** die, -: sich G. verschaffen; etwas ist zur G. *(Wirkung)* gekommen ‖ **Gel|tungs|be|dürf|nis** ‖ **Gel|tungs|be|reich** ‖ **Gel|tungs|dau|er** ‖ **Gel|tungs|drang** ‖ **Gel|tungs|sucht** ‖ **Gel|tungs|trieb** der, -[e]s: *Sucht, sich hervorzutun*

Ge|lüb|de das, -s/-: beim Eintritt in einen geistlichen Orden ein G. *(Versprechen, die Profess)* ablegen

Ge|lun|de|ne der, -n/-n, *auch:* Glundne: *eine Kärntner Käsespezialität;* glund[e]ner Käse

ge|lun|gen (ugs.) ein gelungener *(origineller)* Kerl; → gelingen

ge|lüs|ten (geh.): es gelüstet mich nach Früchten

gem.: **gemäß**

ge|mach (geh.): *langsam, allmählich, gemächlich* ‖ **Ge|mach** das, -[e]s/-mächer (geh.): *[großes, prunkvolles] Zimmer* ‖ **ge|mäch|lich:** g. *(gemütlich, langsam)* gehen ‖ **Ge|mäch|lich|keit** die, -

Ge|mächt das, -[e]s/-e (veraltet, noch scherzh.): *männliche Geschlechtsteile*

Ge|mahl der, -[e]s/-e (geh.): *Ehemann* ‖ **Ge|mah|lin** die, -/-innen (geh.)

ge|mah|nen (geh.): an etwas/dessen g. *(daran erinnern)*

Ge|mäl|de das, -s/- ‖ **Ge|mäl|de|ga|le|rie:** *eine Ausstellung, ein Museum* ‖ **Ge|mäl|de|samm|lung**

ge|ma|sert: das Holz ist schön g.; → Maserung

ge|mäß (Präp. mit Dat.) (gem.): den Vorschriften g. = g. den Vorschriften *(nach den Vorschriften);* g. § 23 SchUG ‖ **ge|mä|ßigt:** ein gemäßigtes Klima

Ge|mäu|er das, -s/-: *Mauerwerk*

ge|mein: ein gemeiner *(gewissenloser, roher)* Mensch | mit jemandem nichts g. *(gemeinsam)* haben | (veraltet) *allgemein, gewöhnlich* ‖ **Ge|mein|de** die, -/-n: *Verwaltungseinheit;* die G. Wien ‖ **Ge|mein|de|ab|ga|be:** *Steuern und Abgaben, die von der Gemeinde erhoben werden* ‖ **Ge|mein|de|amt** ‖ **Ge|mein|de|amts|lei|ter** ‖ **Ge|mein|de|amts|lei|te-**

G

rin ‖ **Gemeindearbeiter** ‖ **Gemeindearbeiterin** ‖ **Gemeindeausschuss** (SüdT) (Admin.): *Organ der Gemeindeverwaltung* ‖ **Gemeindebau** der, -[e]s/-ten: *ein gemeindeeigenes [Wohn]haus* ‖ **Gemeindebauwohnung** ‖ **Gemeindebeamte** ‖ **Gemeindebeamtin** ‖ **Gemeindebedienstete** ‖ **Gemeindebezirk:** *Stadtbezirk;* der 18. Wiener G. *(Währing)* ‖ **Gemeindebund** der, -[e]s/-bünde: *Interessenvertretung von Gemeinden;* Österreichischer G. ‖ **gemeindeeigen** ‖ **Gemeindegut** ‖ **Gemeindeimmobiliensteuer** (SüdT): *Grund- und Gebäudesteuer* ‖ **Gemeindekaiser** (sal.): *einflussreicher Gemeindepolitiker* ‖ **Gemeindekanzlei** ‖ **Gemeindekotter** (veraltet): *Arrest* ‖ **Gemeindemandatar** ‖ **Gemeindemandatarin** ‖ **Gemeindepolitiker** ‖ **Gemeindepolitikerin** ‖ **Gemeinderat:** *die gewählte Gemeindevertretung* | *eines ihrer Mitglieder* ‖ **Gemeinderätin** ‖ **Gemeinderatsausschuss** ‖ **Gemeinderatssitzung** ‖ **Gemeindesekretär** ‖ **Gemeindesekretärin** ‖ **Gemeindetechniker** (SüdT): *Begutachter von Bauplänen privater Bauvorhaben* ‖ **Gemeindetechnikerin** (SüdT) ‖ **gemeindeutsch:** *im ganzen deutschen Sprachgebiet verbreitet* ‖ **Gemeindeväter** die (Pl.) (oft scherzh.): *Bürgermeister und Gemeinderäte* ‖ **Gemeindevermögen** ‖ **Gemeindevertreter** ‖ **Gemeindevertreterin** ‖ **Gemeindevorstand** ‖ **Gemeindevorsteher:** *Bürgermeister* ‖ **Gemeindevorsteherin** ‖ **Gemeindewohnung:** *Mietwohnung in Gemeindeeigentum* ‖ **Gemeine**[1] der, -n/-n, ein Gemeiner (früher): *einfacher Soldat* ‖ **Gemeine**[2] die, -n/-n (veraltet): *Gemeinde* ‖ **Gemeingebrauch:** eine Sache dient dem G. *(der Allgemeinheit zur Benützung)* ‖ **gemeingefährlich:** *für die Allgemeinheit gefährlich* ‖ **Gemeingut:** *Besitz der Allgemeinheit* ‖ **Gemeinheit** die, -/-en: *Niederträchtigkeit* ‖ **gemeinhin:** das wird g. *(gewöhnlich, allgemein)* behauptet ‖ **Gemeinkosten** die (Pl.) (Wirt.): *Kosten, die einem Kostenträger (zB einem verkaufsfähigen Produkt) nicht direkt zugerechnet werden* ‖ **Gemeinnutz** der, -[es]: *Nutzen für die Allgemeinheit* ‖ **gemeinnützig:** ein gemeinnütziges *(dem allgemeinen Wohl dienendes, nicht auf Gewinn gerichtetes)* Unternehmen; gemeinnützige Wohnbau- oder Siedlungsgenossenschaft ‖ **Gemeinnützigkeit** die, -/-en ‖ **Gemeinplatz** (abw.): seine Rede bestand aus Gemeinplätzen *(abgedroschenen Phrasen)* ‖ **gemeinsam:** der gemeinsame Markt (in der EU) ‖ **Gemeinsamkeit** die, -/-en ‖ **Gemeinschaft** die, -/-en ‖ **gemeinschaftlich:** gemeinschaftliche *(gemeinsame)* Ziele ‖ **Gemeinschaftsarbeit** ‖ **Gemeinschaftseigentum** (Jus) → G.: → Individualeigentum ‖ **Gemeinschaftskunde** (SüdT): *politische Bildung* ‖ **Gemeinschaftspraxis** ‖ **Gemeinschaftsproduktion** [-tsi̯-] ‖ **Gemeinschaftsraum:** *Aufenthaltsraum zB in Heimen* ‖ **Gemeinschaftsunternehmen** ‖ **Gemeinschuldner** (Jus): *der Schuldner im Konkurs (Insolvenzverfahren)* ‖ **Gemeinschuldnerin** (Jus) ‖ **Gemeinsinn** der, -[e]s: *Verständnis für die Interessen der Allgemeinheit* ‖ **Gemeinsprache** (Sprachwiss.): *allgemein verwendete und verständliche Sprache* ‖ **gemeinverständlich:** *allgemein verständlich* ‖ **Gemeinwesen:** *Gemeinde; Staat; Allgemeinheit* ‖ **Gemeinwirtschaft:** *der Allgemeinheit dienende Wirtschaftsform* ‖ **Gemeinwohl:** *Wohl aller*

Gemenge das, -s/-: *Mischung, Gemisch* | sich ins G. *(unter die Menschenmassen)* mischen

gemessen (geh.): gemessenen Schrittes *(langsam und würdevoll)* gehen; → messen ‖ **Gemessenheit** die, -

Gemetzel das, -s/- (abw.): *Blutbad, mörderischer Kampf*

Gemination [-tsi̯-] die, -/-en ⟨lat.⟩ (Sprachwiss.): *Verdoppelung [von Konsonantenbuchstaben]*

gemindert → mindern

Gemisch das, -[e]s/-e: ein explosives G. ‖ **gemischt:** gemischter Satz *(Sorten- bzw. Jahrgangsmischung von Weinen)* | (Mus.) gemischter Chor *(Chor mit Frauen- und Männerstimmen)* | (Sport) gemischtes Doppel *(Doppel mit je einem weiblichen und einem männlichen Spieler);* → mischen ‖ **gemischtsprachig:** gemischtsprachige Gebiete ‖ **Gemischtwaren** die (Pl.) (veraltend): *Waren für den Alltagsbedarf, Lebensmittel uÄ* ‖ **Gemischtwarenhandlung** (veraltend)

gemittelt: gemittelte *(auf einen Mittelwert gebrachte)* Werte

gemma (mda.): *gehen wir;* g., g.! *(los, vorwärts!)*

Gemme die, -/-n ⟨lat.⟩: *Schmuckstein, in den ein Reliefbildnis geschnitten ist*

gemocht → mögen

gemoppelt (nördl. D) (nur in der Wendung): doppelt g. *(überflüssigerweise doppelt)*

Gemunkel das, -s: *heimlicher Tratsch*

Gemurmel das, -s

Gemurre das, -s

Gemüse das, -s/- ‖ **Gemüseanbau** der, -[e]s ‖ **Gemüsebeet** ‖ **Gemüsegarten** ‖ **Gemüsehändler** ‖ **Gemüsehändlerin** ‖ **Gemüsekohl** ‖ **Gemüsepflanze** ‖ **Gemüseplatte:** *ein vegetarisches Gericht* ‖ **Gemüsestick** [-stɪk]: Gemüsesticks mit Jogurtdip ‖ **Gemüsestrudel** ‖ **Gemüsesuppe**

Gemüt das, -[e]s/-er: ein frohes G. haben *(ein fröhlicher Mensch sein);* sich etwas zu Gemüte führen *(etwas erwägen, beachten, sich auf einen Gedanken einlassen)* ‖ **gemütlich** ‖ **Gemütlichkeit** die, - ‖ **gemütsarm** ‖ **Gemütsbewegung:** er reagierte mit einer heftigen G. *(Erregung)* ‖ **gemütskrank:** *depressiv* ‖ **Gemütskranke**[1] der, -n/-n, ein Gemütskranker ‖ **Gemütskranke**[2] die, -n/-n ‖ **Gemütsmensch** (oft iron.): *gemütlicher, gutmütiger Mensch* ‖ **Gemütsverfassung** ‖ **Gemütszustand** ‖ **gemütvoll**

gen (geh., veraltet): gen *(gegen den, zum)* Himmel blicken

Gen das, -[e]s/-e ⟨gr.⟩ (Biol.): *Erbfaktor, einzelne Erbanlage*

gen.: **gen**annt

Gen.: **Gen**itiv | **Gen**ossenschaft

Genanalyse [-yː-] ⟨gr.⟩

genant [ʒe-] ⟨fr.⟩: *peinlich;* → genieren

genas → genesen

genäschig (geh.): ein genäschiges *(naschhaftes)* Kind

genau:

genaue Pläne; etwas genauestens beobachten

Großschreibung bei Nominalisierung:
- nichts **G**enaues wissen
- ich bin aufs (auf das) **G**enaueste (= genaueste; mit Frage *Wie?*) unterrichtet R→ S. 892, 2.2

Getrenntschreibung:
- genau arbeiten
- etwas genau nehmen

Getrennt- und Zusammenschreibung mit adjektivisch gebrauchten Partizipien:
- genau unterrichtete (= genauunterrichtete) Kreise
- genau genommene (= genaugenommene) Anweisungen; *aber nur getrennt:* das ist genau genommen falsch R→ S. 903, 2.2.1

ge|nau ge|nom|men = **ge|nau|ge|nom|men** → genau ‖ **Ge|nau|ig|keit** die, -

ge|nau|so:

ebenso; ich mache es genauso

Vom nachfolgenden Adjektiv oder Adverb getrennt:
- genauso gut
- genauso lang[e]
- genauso oft
- genauso viel
- genauso wenig
- genauso weit

Aber getrennt, wenn „so" betont ist: genau so und nicht anders

ge|nau|so|viel|mal (*bei bes. Betonung auch:* genauso viel Mal) ‖ **ge|nau un|ter|rich|tet** = **ge|nau|un|ter|rich|tet**
Gen|darm [ʒɑ̃d-, ʒan-] der, -en/-en ⟨fr.⟩ (früher): *Mitglied der Gendarmerie;* → Polizist ‖ **Gen|dar|me|rie** die, - (früher): *Kurzwort für Bundesgendarmerie;* → Polizei; → Alpingendarmerie ‖ **Gen|dar|me|rie|pos|ten** (früher): *Polizeiinspektion* ‖ **Gen|dar|min** die, -/-innen (früher)
Gen|der [dʒ-] das, -[s] (meist ohne Art.) ⟨engl.⟩: *Geschlecht als soziale Rolle, Frau bzw. Mann zu sein* ‖ **Gen|der|be|auf|trag|te** ‖ **Gen|der|for|schung** ‖ **Gen|der|main|strea|ming** [-ˌmeɪnstriːm-] = **Gen|der-Main|strea|ming** das, -s: *Methode zur Durchsetzung der Bedürfnisse und Rechte beider Geschlechter* ‖ **gen|dern:** *den Gleichbehandlungsgrundsatz beachten*
Ge|ne|a|lo|ge der, -n/-n ⟨gr.⟩ ‖ **Ge|ne|a|lo|gie** die, -/-n: *Ahnenforschung, Familienforschung; Herkunft, Abstammung* ‖ **Ge|ne|a|lo|gin** die, -/-innen ‖ **ge|ne|a|lo|gisch**
ge|nehm (geh.): „Ist Ihnen das genehm *(angenehm, recht)*?" ‖ **ge|neh|mi|gen:** ein Ansuchen g. *(bewilligen)* ‖ **Ge|neh|mi|gung** die, -/-en: eine G. einholen ‖ **Ge|neh|mi|gungs|pflicht** ‖ **ge|neh|mi|gungs|pflich|tig**
ge|neigt (geh.): einem Plan g. sein *(ihm wohlgesinnt sein, ihm zuneigen)* ‖ **Ge|neigt|heit** die, - (geh.)
Ge|ne|ral der, -s/Generäle [D: Generale] ⟨lat.-fr.⟩: *ein hoher militärischer Dienstgrad* | *gewähltes Oberhaupt mancher Mönchsorden;* Pater G. ‖ **Ge|ne|ral|an|walt:** *ein Amtstitel* ‖ **Ge|ne|ral|an|wäl|tin** ‖ **Ge|ne|ral|bass** (Mus.): *Basso continuo* ‖ **Ge|ne|ral|be|voll|mäch|tig|te**[1] der, -n/-n, ein Generalbevollmächtigter: *jemand, der die Generalvollmacht besitzt* ‖ **Ge|ne|ral|be|voll|mäch|tig|te**[2] die, -n/-n ‖ **Ge|ne|ral|de|bat|te:** *allgemeine Debatte [im Parlament]* ‖ **Ge|ne|ral|di|rek|ti|on** [-tsi̯-]: *oberste Geschäftsführung, oberste Verwaltungsebene;* G. für die öffentliche Sicherheit ‖ **Ge|ne|ral|di|rek|tor:** *oberster Direktor eines Unternehmens* ‖ **Ge|ne|ral|di|rek|to|rin** ‖ **Ge|ne|ral|im|por|teur** [-tøːɐ̯]: *alleiniger Importeur* ‖ **Ge|ne|ral|im|por|teu|rin** ‖ **Ge|ne|ra|lin** die, -/-innen ‖ **Ge|ne|ral|in|ten|dant:** *oberster verantwortlicher Leiter [des ORF]* ‖ **Ge|ne|ral|in|ten|dan|tin** ‖ **ge|ne|ra|li|sie|ren:** *verallgemeinern* ‖ **Ge|ne|ra|li|sie|rung** die, -/-en ‖ **Ge|ne|ra|lis|si|mus** der, -/Generalissimi (Mil.): *oberster Befehlshaber* ‖ **Ge|ne|ra|list** der, -en/-en: *jemand, der auf verschiedenen Gebieten Bescheid weiß;* → G.: Spezialist ‖ **Ge|ne|ra|lis|tin** die, -/-innen ‖ **ge|ne|ra|li|ter** (geh.): *allgemein gesehen* ‖ **Ge|ne|ral|klau|sel:** *Vorschrift, die Sachverhalte nicht aufzählt und beschreibt, sondern abstrakt umschreibt* ‖ **Ge|ne|ral|kon|sul:** *oberster Konsul* ‖ **Ge|ne|ral|kon|su|lat:** *Amtsstelle eines Generalkonsuls* ‖ **Ge|ne|ral|kon|su|lin** ‖ **Ge|ne|ral|maut:** *allgemeine Maut* ‖ **Ge|ne|ral|mo|bil|ma|chung** (Mil.): *allgemeine Mobilmachung;* → Teilmobilmachung ‖ **Ge|ne|ral|mu|sik|di|rek|tor** (GMD): *ein Titel* ‖ **Ge|ne|ral|mu|sik|di|rek|to|rin** (GMD) ‖ **Ge|ne|ral|pau|se** (Mus.): *Pause zugleich in allen Stimmen des Tonsatzes* ‖ **Ge|ne|ral|prä|ven|ti|on** [-v-tsi̯-] (Jus): *Abschreckung potenzieller Täter vor der Begehung einer Straftat durch Strafandrohung* ‖ **Ge|ne|ral|pro|be:** *letzte Probe wie eine Aufführung [mit Publikum]* ‖ **Ge|ne|ral|pro|ku|ra|tur** (Admin.): *Staatsanwaltschaft beim OGH* ‖ **Ge|ne|ral|re|prä|sen|tanz:** *Generalvertretung [einer Firma]* ‖ **ge|ne|ral|sa|nie|ren:** *komplett sanieren* ‖ **Ge|ne|ral|sa|nie|rung** ‖ **Ge|ne|ral|se|kre|tär:** *oberster Geschäftsführer* ‖ **Ge|ne|ral|se|kre|tä|rin** ‖ **Ge|ne|rals|rang** ‖ **Ge|ne|ral|stab** (Mil.): *oberste militärische Planungsgruppe;* Major des Generalstabs (d. G.) ‖ **Ge|ne|ral|stäb|ler** der, -s/- (Mil., sal.): *Mitglied eines Generalstabs* ‖ **Ge|ne|ral|stäb|le|rin** die, -/-innen (Mil., sal.) ‖ **Ge|ne|ral|stabs|chef** [-ʃeːf] ‖ **Ge|ne|ral|stabs|che|fin** ‖ **Ge|ne|ral|streik:** *allgemeiner Streik* ‖ **Ge|ne|ral|trup|pen|in|spek|tor** [-sp-, *auch:* -ʃp-] (Mil.): *höchster Offizier des Bundesheeres* ‖ **ge|ne|ral|über|ho|len** ‖ **Ge|ne|ral|über|ho|lung:** *gänzliche Überprüfung und Reparatur [einer Maschine]* ‖ **Ge|ne|ral|un|ter|neh|mer:** *Firma, die die verantwortliche Gesamtleitung eines [Bau]projekts hat* ‖ **Ge|ne|ral|ver|samm|lung:** *Versammlung aller Mitglieder eines Vereins, aller Gesellschafter einer GmbH* ‖ **Ge|ne|ral|ver|tre|tung:** *alleinige Vertretung;* die Firma hat die G. für Österreich ‖ **Ge|ne|ral|vi|kar** [-v-] (kath.): *ständiger Stellvertreter eines Diözesanbischofs* ‖ **Ge|ne|ral|voll|macht:** *unbeschränkte Vollmacht*
Ge|ne|ra|ti|on [-tsi̯-] die, -/-en ⟨lat.⟩: Vater und Sohn gehören verschiedenen Generationen an; die ältere G. ‖ **Ge|ne|ra|ti|o|nen|kon|flikt** = Generationskonflikt ‖ **Ge|ne|ra|ti|o|nen|ver|trag:** *Prinzip der Sozialversicherung, wonach die Pensionen durch die Beiträge der nachfolgenden Generationen finanziert werden* ‖ **Ge|ne|ra|ti|o|nen|wech|sel** [-ks-] = Generationswechsel ‖ **Ge|ne|ra|ti|ons|kon|flikt** = → Generationenkonflikt ‖ **Ge|ne|ra|ti|ons|wech|sel** [-ks-] = → Generationenwechsel ‖ **ge|ne-**

G

ra|ti̱v: *das Erzeugen, Hervorbringen betreffend* | (Sprachwiss.) *mit exakten Regeln beschreibend, wie sprachliche Strukturen gebildet werden* || **Ge|ne|ra|ti|o̱n X** [- iks, auch: dʒenəˈreɪʃn eks] die, - -: *Generation der um 1970 Geborenen, der Orientierungslosigkeit zugeschrieben wird* || **Ge|ne|ra̱|tor** der, -s/-en [-ˈoː-]: *Maschine zur Erzeugung von elektrischem Strom, Dynamomaschine* | *Anlage zur Erzeugung von Gas* || **ge|ne|re̱ll:** *allgemein* || **ge|ne|rie̱|ren:** *hervorbringen*

G

Ge|ne̱|ri|kum das, -s/Generika ⟨lat.⟩ (Med.): *kostengünstiges Arzneimittel, das die gleiche Wirksamkeit wie das Originalpräparat hat*

ge|ne̱|risch (Sprachwiss.): generisches Maskulinum *(männliches Geschlecht für die Bezeichnung beider Geschlechter)*

ge|ne|rö̱s [ʒ-, g-] ⟨fr.⟩: *großzügig* || **Ge|ne|ro|si|tä̱t** [g-] die, -

Ge|ne̱|se die, -/-n ⟨gr.⟩: *Entstehung*

ge|ne̱|sen, du genest/genas/genesen (geh.): *gesund werden* | (veraltet) eines Kindes g. *(ein Kind gebären)* || **Ge|ne̱|sen|de**[1] der, -n/-n, ein Genesender || **Ge|ne̱|sende**[2] die, -n/-n

Ge̱|ne|sis die, - ⟨gr.⟩: *Entstehungsgeschichte* | (Rel.) *erstes Buch der Bibel; 1. Buch Moses*

Ge|ne̱|sung die, - (geh.): *Gesundung* || **Ge|ne̱|sungs|pro|zess**

Ge|ne̱|tik die, - ⟨gr.⟩: *Vererbungslehre* || **ge|ne̱|tisch:** *erblich, vererbungsbedingt; der Entstehung nach;* g. bedingt

Ge̱|ne|tiv → Genitiv

Ge̱nf (fr.: Genève [ʒ(œ)ˈnɛːv]): *Schweizer Stadt und Kanton* || **Ge̱n|fer See:** *See in der Schweiz und Frankreich*

Ge̱n|for|schung die, - ⟨gr.+dt.⟩: *Gentechnologie*

ge|ni|a̱l [veraltet auch: ʒe-] ⟨lat.⟩: *überragend begabt, besonders geistvoll* || **ge|ni|a̱|lisch** [ge-]: *wie ein Genie* || **Ge|ni|a|li|tä̱t** die, -; → Genie

Ge|ni̱ck das, -[e]s/-e: *Nacken* | jemandem das G. brechen *(jemanden zum Scheitern bringen)* || **Ge|ni̱ck|fang** (Jägerspr.): *Gnadenstoß mit dem Jagdmesser* || **Ge|ni̱ck|schuss:** *eine [bei Hinrichtungen angewandte] Tötungsart* || **Ge|ni̱ck|star|re:** *eine Krankheit*

Ge|nie̱ [ʒe-] das, -s/-s ⟨lat.-fr.⟩: *ein überragend begabter, genialer Mensch* | (ohne Pl.) *hohe Geisteskraft* | *Genius* || **Ge|nie̱|korps** [-koːɐ] (veraltet) (Mil.): *Pioniertruppe*

ge|nie̱|ren [ʒe-] sich ⟨fr.⟩: es geniert *(stört)* mich; ich geniere *(schäme)* mich dafür; → genant || **Ge|nie̱|rer** der, -s (ugs.): *Scheu, Scham;* keinen G. haben || **genie̱r|lich:** *schüchtern* | *peinlich*

ge|nieß|bar: genießbare *(essbare, ungiftige)* Pilze || **Ge|nie̱ß|bar|keit** die, - || **ge|nie̱|ßen,** du genießt/genoss/genossen: eine schöne Aussicht g. *(sich an ihr erfreuen);* die neue Freiheit in vollen Zügen g. | sie ist mit Vorsicht zu g. *(bei ihr ist Vorsicht angebracht)* | hohes Ansehen g. *(sehr angesehen sein)* || **Ge|nie̱|ßer** der, -s/- || **Ge|nie̱|ße|rin** die, -/-innen || **ge|nie̱|ße|risch**

Ge|nie̱|streich [ʒe-] ⟨lat.-fr.⟩ (geh.): *geniale Leistung; großer Wurf* || **Ge|nie̱|trup|pe** (CH): *Pioniertruppe*

ge|ni|ta̱l ⟨lat.⟩ || **Ge|ni|ta̱l** das, -s/-ien [-i̯ən] = **Ge|ni|ta̱|le,** -s/Genitalien (meist Pl.): *Geschlechtsorgan* || **Ge|ni|ta̱l|ver|stüm|melung:** *eine Praktik an Mädchen und Frauen in manchen Ländern*

Ge̱|ni|tiv der, -s/-e [-fɛ, -vɛ], *auch:* Genetiv (Gen.) ⟨lat.⟩ (Gramm.): *2. Fall, Wesfall*

Ge̱|ni|us der, - ⟨lat.⟩: *Geisteskraft, schöpferische Fähigkeit* | (mit Pl. Genien [-i̯ən]) (geh.) *überragender schöpferischer Mensch* | (geh.) *Schutzgeist* | (geh.) *Genie* || **Ge̱|ni|us Lo̱|ci** [- -tsi] der, - -: *Schutzgeist eines Ortes*

Ge̱n|mais ⟨gr.+dt.⟩: *gentechnisch veränderter Mais* || **Ge̱n|ma|ni|pu|la|ti|on** [-tsi̯-] (Biol., Med.): *künstliche Veränderung der Erbanlagen* || **Ge̱n|mu|ta|ti|on** [-tsi̯-] (Biol.) || **Ge|no̱m** das, -s/-e (Biol.): *die Erbmasse einer Zelle* || **Ge|no̱m|ana|ly|se** [-yː-]

ge|no̱ss → genießen

Ge|no̱s|se der, -n/-n: *Kamerad (bes. in sozialdemokratischen und kommunistischen Parteien);* Gesinnungsgenosse || **Ge|no̱s|sen|schaft** die, -/-en (Gen.): *gemeinschaftlicher Geschäftsbetrieb von Einzelpersonen* || **Ge|no̱s|sen|schaf|ter** der, -s/-s, *auch:* Genossenschaftler || **Ge|no̱s|sen|schaf|te|rin** die, -/-innen, *auch:* **Ge|no̱s|sen|schaft|le|rin** || **ge|no̱s|sen|schaft|lich** || **Ge|no̱s|sen|schafts|woh|nung:** *Wohnung im Eigentum gemeinnütziger Genossenschaften* || **Ge|no̱s|sin** die, -/-innen

Ge̱|no|typ [auch: -ˈty(ː)p] ⟨gr.⟩ (Biol.): *Summe der genetischen Information;* → Phänotyp

Ge|no|ve̱|fa [-ˈfeː-, -ˈveː-] = **Ge|no|ve̱|va** [-fa, -va]: *weibl. Vorname;* → Feverl

Ge|no|zi̱d der = das, -[e]s/-e ⟨gr.+lat.⟩: *Völkermord*

Gen|re [ˈʒɑ̃ːr] das, -[s]/-s ⟨fr.⟩: *Art* || **Gen|re|bild:** *Bild aus dem Alltagsleben; Sittenbild* || **gen|re|haft**

Ge̱n|tech|nik ⟨gr.+dt.⟩ || **ge̱n|tech|nik|frei** || **Ge̱n|tech|nik|ge|setz** || **ge̱n|tech|nisch** || **Ge̱n|tech|no|lo|gie̱:** *Wissenschaft von der künstlichen Veränderung von Erbanlagen* || **ge̱n|tech|no|lo̱|gisch** || **Ge̱n|test:** *DNA-Analyse*

Ge̱nt|le|man [ˈdʒentlmən] der, -[s]/Gentlemen ⟨engl.⟩: *ein wohlerzogener Mann von vornehmer Gesinnung* || **ge̱nt|le|man|like** [-laɪk]: das ist nicht g. *(eines Gentleman nicht würdig)* || **Ge̱nt|le|men's Ag|ree|ment** [- əˈgriːm-] das, - -[s]/- -s: *Übereinkunft auf guten Glauben*

Ge̱n|trans|fer ⟨gr.+lat.⟩ (Biol.): *Übertragung einzelner Gene*

ge|nu̱g: g. Schönes; g. zu essen haben; das ist g. zum Leben || **Ge|nü̱|ge** (zB in der Wendung): etwas zur G. kennen | (geh.) dem Gesetz G. tun *(dessen Anforderungen erfüllen);* einer Sache geschieht G. || **ge|nü̱|gen:** das genügt *(reicht)* nicht || **ge|nü̱|gend:** diese Leistung ist genügend | (Großschreibung) **G**enügend *(4, eine Beurteilungsstufe in der Schule);* die Note **G**enügend; ein **G**enügend bekommen; → Nicht genügend || **ge|nü̱g|sam** || **Ge|nü̱g|sam|keit** die, - || **ge|nu̱g|tun**[1] (geh.): sie war bemüht, den Anforderungen genugzutun *(zu entsprechen)* || **ge|nu̱g|tun**[2] sich (geh.): sich nicht g. *(aufhören)* können || **Ge|nu̱g|tu|ung** die, -: etwas mit G. *(Befriedigung)* erfahren | (Jus) volle G. leisten *(vollen Schadenersatz einschließlich Gewinnentgang leisten)*

ge|nu|i̱n ⟨lat.⟩: *angeboren, echt, natürlich*

Ge̱|nus das, -/Ge̱nera ⟨lat.⟩ (Gramm.): *grammatisches Geschlecht;* → Femininum; → Maskulinum; → Neutrum

Ge|nu̱ss der, -es/-nüsse: der G. von

Alkohol ist verboten | *Annehmlichkeit;* in den G. eines Fensterplatzes kommen ‖ **ge|nüss|lich:** *genießerisch* ‖ **Ge|nuss|mensch** ‖ **Ge|nuss|mit|tel:** *Kaffee u. dgl.* ‖ **Ge|nuss|mit|tel|in|dus|t|rie** ‖ **Ge|nuss|re|gi|on** (Tour.): *Gebiet mit landestypischen Lebensmitteln und Spezialitäten* ‖ **Ge|nuss|schein** (Bankw.): *ein Wertpapier* ‖ **Ge|nuss|specht** (ugs.): *Genießer/in* ‖ **Ge|nuss|sucht** ‖ **ge|nuss|süch|tig**

geo- ⟨gr.⟩ (nur in Zusammensetzungen wie geologisch) ‖ **Geo|bo|ta|nik:** *Teilgebiet der Botanik, erforscht die geografischen Beziehungen* ‖ **Geo|ca|ching** [-kæʃ-, engl.: 'dʒiːəʊ-] das, -s/-s ⟨gr.+engl.⟩: *Schnitzeljagd mit GPS* ‖ **Geo|che|mie** [-k-]: *Lehre von der chemischen Zusammensetzung der Erde* ‖ **Geo|dä|sie** die, - ⟨gr.⟩: *Lehre von der Erdvermessung* ‖ **Geo|dät** der, -en/-en: *Geometer* ‖ **Geo|dä|te** die, -/-n (Phys., Math.): *kürzeste Verbindung zweier Punkte, zB eine Gerade im ebenen Raum* ‖ **Geo|dä|tin** die, -/-innen ‖ **Geo|drei|eck** (Wz.): *ein Zeichengerät für Geometrie* ‖ **Geo|dy|na|mik** [-dy-] die, -: *Erdbebenkunde* ‖ **Geo|graf** = Geograph [-f] der, -en/-en: *Forscher bzw. Lehrer der Geographie* ‖ **Geo|gra|fie** = Geographie die, -: *Erdkunde* ‖ **Geo|gra|fin** = Geographin die, -/-innen ‖ **geo|gra|fisch** = **geo|gra|phisch:** *erdkundlich* ‖ **Geo|lo|ge** der, -n/-n ‖ **Geo|lo|gie** die, -: *Wissenschaft vom Bau und von der Geschichte der Erde* ‖ **Geo|lo|gin** die, -/-innen ‖ **geo|lo|gisch:** geologische Untersuchungen; *aber:* die **Geologische** Bundesanstalt (in Wien) ‖ **Geo|man|tie** die, -: *alte westliche Tradition der Lagebestimmung* ‖ **Geo|me|ter** der, -s/-: *Vermessungsfachmann, Landvermesser* ‖ **Geo|me|te|rin** die, -/-innen, *auch:* Geometrin ‖ **Geo|me|t|rie** die, - (Math.) ‖ **geo|me|t|risch:** beim geometrischen Zeichnen ein Lineal benützen; *aber:* **Geometrisches** Zeichnen *(Unterrichtsgegenstand; GZ)* ‖ **Geo|mor|pho|lo|gie** [-f-]: *Wissenschaft von den Erdoberflächenformen* ‖ **Geo|phy|sik** [-fy-]: *Lehre von den physikalischen Vorgängen auf und in der Erde* ‖ **geo|phy|si|ka|lisch** ‖ **geo|po|li|tisch:** *die Zusammenhänge von Geographie und Politik betreffend*

Ge|org: *männl. Vorname;* → Jörg; → Jürgen; → Schorsch; → Schurl ‖ **Ge|or|gia**[1] = Georgine: *weibl. Vorname* ‖ **Ge|or|gia**[2] ['dʒɔːdʒə]: *Bundesstaat der USA* ‖ **Ge|or|gi|en:** *ein Staat der GUS* ‖ **Ge|or|gi|er** der, -s/-: *Bewohner Georgiens* ‖ **Ge|or|gi|e|rin** die, -/-innen ‖ **Ge|or|gi|ne** die, -/-n: *eine Gartenblume* | = → Georgia

geo|sta|ti|o|när [-ʃtatsi̯-] (Phys.): *eine unveränderliche Stellung über dem Erdäquator einnehmend* ‖ **Geo|ther|mie** die, - (Geol.): → *Erdwärme* ‖ **Geo|top** der = das, -s/-e ⟨gr.⟩ (Ökol.): *natürliche landschaftlich-geologische Einheit* ‖ **Geo|wis|sen|schaft** (meist Pl.): *Erdwissenschaft, zB Geologie, Geographie, Mineralogie* ‖ **geo|zen|t|risch** [auch: 'geː-]: das geozentrische *(auf die Erde als Mittelpunkt bezogene)* Weltsystem; → heliozentrisch

Ge|päck das, -[e]s: *Koffer, Rucksack u. dgl.;* Handgepäck ‖ **Ge|päck|ab|fer|ti|gung,** *auch:* Gepäcksabfertigung ‖ **Ge|päck|auf|be|wah|rung,** *auch:* Gepäcksaufbewahrung ‖ **Ge|päck|auf|ga|be** = Gepäcksaufgabe ‖ **Ge|päck|band:** beim G. auf dem Flughafen auf die Koffer warten ‖ **Ge|päck|kon|t|rol|le** →Gepäckskontrolle ‖ **Gepäck|netz** = Gepäcksnetz ‖ **Ge|päcks|ab|fer|ti|gung** → Gepäckabfertigung ‖ **Ge|päcks|auf|be|wah|rung** → Gepäckaufbewahrung ‖ **Ge|päcks|auf|ga|be** = → Gepäckaufgabe ‖ **Ge|päck|schal|ter,** *auch:* Gepäcksschalter ‖ **Ge|päcks|kon|t|rol|le,** *auch:* Gepäckkontrolle ‖ **Ge|päcks|netz** = → Gepäcknetz ‖ **Ge|päcks|schal|ter** → Gepäckschalter ‖ **Ge|päcks|trä|ger** = Gepäckträger: *eine Ablage [im Zug, auf Fahrrädern]* | *jemand, der [auf Bahnhöfen] Koffer uÄ transportiert* ‖ **Ge|päcks|trä|ge|rin** = Gepäckträgerin ‖ **Ge|päck|stück,** *auch:* Gepäcksstück ‖ **Ge|päcks|ver|si|che|rung** → Gepäckversicherung ‖ **Ge|päcks|wa|gen** ‖ **Ge|päck|trä|ger** = → Gepäcksträger ‖ **Ge|päck|trä|ge|rin** = → Gepäcksträgerin ‖ **Ge|päck|ver|si|che|rung,** *auch:* Gepäcksversicherung

Ge|pard der, -en/-en = **Ge|pard,** -s/-e ⟨fr.⟩: *eine Großkatze* ‖ **Ge|par|din** die, -/-innen

ge|pfef|fert (ugs.): gepfefferte *(hohe)* Preise; → pfeffern

ge|pflegt: gut gepflegte (= gutgepflegte) Beziehungen; eine gepflegte *(niveauvolle)* Unterhaltung; → pflegen ‖ **Ge|pflegt|heit** die, - ‖ **Ge|pflo|gen|heit** die, -/-en: *Gewohnheit, Brauch*

Ge|plän|kel das, -s/-: *kleinere Auseinandersetzung, harmloses [Wort]gefecht*

Ge|plärr das, -[e]s, *auch:* **Ge|plär|re,** -s

Ge|plau|der das, -s

Ge|pol|ter das, -s: *ständiges Poltern* | *lautstarkes Schimpfen*

Ge|prä|ge das, -s (geh.): *besondere Note, Eigenart*

Ge|prän|ge das, -s (geh.): *großer Aufwand, Prunk*

ge|punk|tet: *mit Punkten versehen, punktiert;* → punkten

Ge|quiet|sche das, -s

ge|rad (ugs.): *gerade*

ge|ra|de[1]: eine g. Zahl; → G.: ungerade

ge|ra|de[2]

(Adj.): ein gerader Weg

Getrenntschreibung in der wörtlichen Bedeutung „aufrecht“:
- gerade halten
- gerade sitzen
- gerade stehen

Getrennt- und Zusammenschreibung mit Verben, die ein Resultat herbeiführen:
- ein Bild gerade richten (= geraderichten)
- die Gabel gerade biegen (= geradebiegen) R→ S. 900, 1.5.2

Zusammenschreibung bei übertragener Bedeutung:
- geradebiegen *(in Ordnung bringen, bereinigen)*
- für etwas geradestehen *(die Verantwortung für etwas auf sich nehmen)* R→ S. 900, 1.5.1

ge|ra|de[3] (Adv.): er ist g. *(soeben)* angekommen; g. *(genau)* das meine ich ‖ **Ge|ra|de** die, -n/-n: die Geraden zeichnen | (auch mit Pl. -) zwei, alle Gerade[n] ‖ **ge|ra|de|aus** [auch: -'aʊs]: g. gehen | g. *(genau)* zehn Euro | *unbekümmert; direkt* ‖ **ge|ra|de|bie|gen:** *in Ordnung bringen, bereinigen;* sie hat die Angelegenheit wieder geradegebogen; *aber:* die Gabel gerade biegen (= geradebiegen) ‖ **ge|ra|de|he|raus:** ich sage es g. *(offen und direkt)* ‖ **ge|ra|de rich|ten** = **ge|ra|de|rich|ten** ‖ **ge|ra|de|so:** *ebenso;* g. schnell; ich mache es g.; *aber:* gerade so und nicht anders ‖ **ge|ra|de|ste|hen:** für etwas g. *(dafür die Verantwortung auf sich nehmen); aber:* gerade *(aufrecht)* stehen ‖ **ge|ra|de|wegs** ‖ **ge|ra|de|zu:** *direkt* ‖ **ge|rad|li|nig** ‖ **Ge|rad|li|nig|keit** die, -

Ge|rald: *männl. Vorname*

ge|ram|melt (nur in der Wendung): g. voll *(dicht gedrängt);* → rammeln

Ge|ran|gel das, -s (ugs.): ein G. *(eine Drängerei)* um die besten Plätze

G

Ge|ra|nie [-i̯ɛ] die, -/-n ⟨gr.⟩: *eine Zierpflanze, Pelargonie*

Ge|ras: *Stadt und Stift in Niederösterreich*

Ge|ra|schel das, -s

Ge|rät das, -[e]s/-e: das G. ist defekt ‖ **ge|ra|ten** (Verb): ins Unglück g. *(kommen)* | er ist vor Zorn außer sich g. *(hat die Beherrschung verloren)* | der Gugelhupf ist dir wirklich [gut] g. *(ist gut geworden)* | es sei dir g. ... *(es ist ratsam ...)* ‖ **Ge|rä|te|schup|pen** ‖ **Ge|rä|te|tur|nen,** *auch:* Gerätturnen: *eine Sportdisziplin* ‖ **Ge|ra|te|wohl,** *auch:* Gratewohl: aufs G. *(auf gut Glück)* ‖ **Ge|rät|schaft** die, -/-en

Ge|rat|ter das, -s

Ge|rät|tur|nen → Geräteturnen

ge|rau|me (geh.): g. *(lange)* Zeit ‖ **ge|räu|mig:** ein geräumiges *(großes)* Zimmer ‖ **Ge|räu|mig|keit** die, -

Ge|rau|ne das, -s

Ge|raunz das, -es = **Ge|raun|ze,** -s (abw.): *ständiges Raunzen*

Ge|räusch das, -[e]s/-e ‖ **ge|räusch|arm** ‖ **ge|räusch|emp|find|lich** ‖ **Ge|räusch|ku|lis|se:** die Musik war lediglich G. ‖ **ge|räusch|los** ‖ **Ge|räusch|lo|sig|keit** die, - ‖ **Ge|räusch|pe|gel** ‖ **ge|räusch|voll**

Ge|räus|per das, -s: *ständiges Räuspern*

ger|ben: Häute und Felle g. *(zu Leder verarbeiten)* ‖ **Ger|ber** der, -s/-

Ger|be|ra die, -/-[s]: *eine Pflanze*

Ger|be|rei die, -/-en ‖ **Ger|be|rin** die, -/-innen

Gerb|stoff

Gerd, *auch:* Gert: *männl. Vorname (Gerhard)* ‖ **Ger|da:** *weibl. Vorname*

Ge|re|bel|te der, -n, ein Gerebelter: *Wein von gerebelten (stängellosen) Trauben;* → rebeln

ge|recht: einem Wunsch g. werden *(ihn erfüllen)* | eine gerechte Strafe ‖ **ge|rech|ter|wei|se** ‖ **ge|recht|fer|tigt** ‖ **Ge|rech|tig|keit** die, -: ausgleichende G. ‖ **Ge|rech|tig|keits|fa|na|ti|ker** ‖ **Ge|rech|tig|keits|fa|na|ti|ke|rin** ‖ **Ge|rech|tig|keits|ge|fühl** ‖ **ge|rech|tig|keits|lie|bend** ‖ **Ge|rech|tig|keits|sinn**

Ge|re|de das, -s: ins G. kommen; jemanden ins G. bringen *(schuld sein, dass über jemanden [nachteilig] geredet wird)*

ge|re|gelt: *regelmäßig, geordnet;* ein geregeltes Einkommen; → regeln

ge|rei|chen (geh.): das gereicht ihm zur Ehre *(es ehrt ihn)*

ge|reift: eine gereifte *(charakterlich gefestigte, erfahrene)* Persönlichkeit; → reifen

ge|reizt: *überempfindlich, missmutig auf Grund von Angespanntheit;* er reagierte g.; → reizen ‖ **Ge|reizt|heit** die, -

ge|reu|en (geh.): es gereut *(reut)* mich

Ger|hard, *auch:* Gerhart: *männl. Vorname* **Ger|hard-Ha|nap|pi-Sta|di|on** [-ʃt-]: *Stadion von Rapid Wien;* → Sankt Hanappi ‖ **Ger|hart** → Gerhard

Ge|ri|a|ter der, -s/- ⟨gr.⟩: *Facharzt für Alterskrankheiten* ‖ **Ge|ri|a|te|rin** die, -/-innen, *auch:* Geriatrin ‖ **Ge|ri|a|trie** die, - ‖ **Ge|ri|a|trie|zen|trum:** *Pflegeheim* ‖ **Ge|ri|a|tri|kum** das, -s/Geriatrika (Med.): *vorbeugendes Mittel gegen Alterskrankheiten* ‖ **ge|ri|a|trisch**

Ge|richt[1] das, -[e]s/-e: sich wegen schwerer Erpressung vor G. verantworten müssen | (Rel.) das Jüngste/Letzte G. *(Gericht Gottes über die Menschen)* | mit jemandem hart ins G. gehen *(jemanden heftig kritisieren, angreifen)*

Ge|richt[2] das, -[e]s/-e: *Speise, Essen*

ge|rich|tet: nach vorne g. ‖ **ge|richt|lich** ‖ **ge|richts|an|hän|gig** (Jus): der Fall ist g. ‖ **Ge|richts|an|hän|gig|keit** die, - (Jus) ‖ **Ge|richts|as|ses|sor** (D): *Gerichtspraktikant* ‖ **Ge|richts|as|ses|so|rin** (D) ‖ **Ge|richts|bar|keit** die, -/-en: *Ausübung der Rechtsprechung* ‖ **Ge|richts|be|schluss** ‖ **Ge|richts|be|zirk** ‖ **Ge|richts|fe|ri|en** die (Pl.) ‖ **Ge|richts|ge|büh|ren** die (Pl.) ‖ **Ge|richts|hof:** *ein mit mehreren Richtern besetztes Gericht;* der Oberste G. (→ OGH); der Internationale G. im Haag; → Europäische Gerichtshof ‖ **Ge|richts|hof|ver|fah|ren** ‖ **Ge|richts|ho|heit:** *das Recht zur Rechtsprechung* ‖ **Ge|richts|jahr:** *Praktikum für Juristen* ‖ **Ge|richts|kanz|lei** ‖ **Ge|richts|kom|mis|sär:** *Notar im Verlassenschaftsverfahren* ‖ **Ge|richts|kom|mis|sä|rin** ‖ **Ge|richts|kos|ten** die (Pl.) ‖ **Ge|richts|me|di|zin** ‖ **Ge|richts|me|di|zi|ner** ‖ **Ge|richts|me|di|zi|ne|rin** ‖ **Ge|richts|prak|ti|kant:** *Jurist, der ein Praktikum bei Gericht absolviert; Rechtspraktikant* ‖ **Ge|richts|prak|ti|kan|tin** ‖ **Ge|richts|pra|xis:** eine mehrmonatige G. *(als Teil der Ausbildung)* absolvieren ‖ **Ge|richts|saal** ‖ **Ge|richts|sach|ver|stän|di|ge** ‖ **Ge|richts|spren|gel** (Admin.): *Zuständigkeitsbereich eines Gerichts* ‖ **Ge|richts|stand:** *Ort des zuständigen Gerichts* ‖ **Ge|richts|tag** (Jus): *Tag einer Verhandlung* | *Verhandlung in einem Strafverfahren vor dem OGH* ‖ **Ge|richts|ter|min** ‖ **Ge|richts|ur|teil** ‖ **Ge|richts|ver|fah|ren:** *gerichtliche Untersuchung, Prozess* ‖ **Ge|richts|ver|hand|lung** ‖ **Ge|richts|voll|zie|her** der, -s/-: *Exekutor* ‖ **Ge|richts|voll|zie|he|rin** die, -/-innen ‖ **Ge|richts|vor|ste|her:** *leitender Richter eines Bezirksgerichts* ‖ **Ge|richts|vor|ste|he|rin** ‖ **Ge|richts|vor|sit|zen|de:** *Vorsitzende/r eines Richtersenats* ‖ **Ge|richts|weg:** etwas auf dem G. lösen ‖ **Ge|richts|we|sen** das, -s ‖ **Ge|richts|zu|stän|dig|keit**

ge|rie|ren sich ⟨lat.⟩ (veraltet): er geriert sich *(gibt sich)* als Fachmann

ge|ring:

eine geringe Abweichung

Großschreibung bei Nominalisierung:

- nicht im **G**eringsten
- nicht das **G**eringste *(gar nichts)*
- auch das **G**eringste *(Unbedeutendste)* kann wichtig sein
- keine **G**eringere als Maria Theresia

R→ S. 892, 2.2

Getrennt- und Zusammenschreibung:

- jemanden gering achten (= geringachten)
- jemanden gering schätzen (= geringschätzen) *(wenig achten)*

R→ S. 900, 1.5.2

ge|ring ach|ten = ge|ring|ach|ten ‖ **Ge|ring|ach|tung**
ge|rin|gelt: geringelte *(rund gestreifte)* Socken
ge|ring|fü|gig: *unbedeutend, wenig* | (Wirt.) g. Beschäftigte ‖ **Ge|ring|fü|gig|keit** die, -/-en ‖ **Ge|ring|fü|gig|keits|gren|ze** (Wirt.): *Betragsgrenze, bei deren Überschreiten sich zB eine Krankenversicherungspflicht ergibt* ‖ **gering schät|zen = ge|ring|schät|zen:** *wenig achten* ‖ **ge|ring|schät|zig:** *verächtlich* ‖ **Ge|ring|schät|zung**
ge|rin|nen: *Flocken bilden und verklumpen;* geronnene Milch ‖ **Ge|rinn|sel** das, -s/-: → *Blutgerinnsel* ‖ **Ge|rin|nung** die, -/-en ‖ **Ge|rin|nungs|fak|tor**
Ge|rip|pe das, -s/-: *Knochengerippe* ‖ **ge|rippt:** eine gerippte Backform
Ge|riss das, -es (ugs.): um die Karten ist ein G. *(sie sind sehr begehrt)* ‖ **ge|ris|sen:** ein gerissener *(durchtriebener)* Bursche; → reißen ‖ **Ge|ris|sen|heit** die, -
Ger|lin|de: *weibl. Vorname*
Ger|lit|zen die, -: *Berg in Kärnten*
Ger|los die, -: *Gerlospass (T, S)*
Germ die, - (ostöst.) = der, -s (westöst.): *Backhefe*
Ger|ma|ne der, -n/-n ⟨lat.⟩: *Angehöriger eines historischen Volkes mit germanischer Sprache* | (scherzh.) *Deutscher* ‖ **Ger|ma|nin** die, -/-innen ‖ **ger|ma|nisch:** germanische Sprachen *(zB Deutsch, Englisch, Schwedisch)* ‖ **ger|ma|ni|sie|ren:** *eindeutschen* ‖ **Ger|ma|ni|sie|rung** die, - (früher): die G. eines Gebietes ‖ **Ger|ma|nis|mus** der, -/Germanismen: *Eigentümlichkeit der deutschen Sprache, bes. ihre [fälschliche] Anwendung auf eine andere Sprache* | → *Teutonismus* ‖ **Ger|ma|nist** der, -en/-en: *Kenner (Lehrer) des Deutschen (und anderer germanischer Sprachen) und seiner (ihrer) Literatur(en)* ‖ **Ger|ma|nis|tik** die, - ‖ **Ger|ma|nis|tin** die, -/-innen ‖ **ger|ma|nis|tisch** ‖ **Ger|ma|ni|um** das, -s ⟨lat.⟩ (Zeichen: Ge): *ein chemisches Element*
Ger|mer der, -s/- : *eine Giftpflanze*
Germ|knö|del: *[mit Powidl] gefüllte und mit Mohn garnierte Mehlspeise* ‖ **Germ|krap|fen** ‖ **Germ|ku|chen** ‖ **Germ|strie|zel,** *auch:* Germstritzel ‖ **Germ|teig**
gern = ger|ne, lieber/am liebsten: g. lesen; allzu g.; ich möchte diese Hose g. haben *(besitzen); aber:* → gernhaben; → gern gesehen = gerngesehen ‖ **Ger|ne|groß** der, -/-e (scherzh.): *Angeber* ‖ **gern ge|se|hen = gern|ge|se|hen:** g. gesehene Gäste ‖ **gern|ha|ben:** du wirst ihn g. *(mögen, lieben)* | (ugs.) du kannst mich g. *(von dir will ich nichts mehr wissen!);* → gern
Ger|not: *männl. Vorname*
Ge|röll das, -[e]s/-e: *Gesteinsbrocken [als Ablagerungen in Flüssen]* ‖ **Ge|röll|hal|de** ‖ **Ge|röll|la|wi|ne**
Ge|ron|to|lo|gie die, - ⟨gr.⟩: *Wissenschaft, die sich mit dem Altern und alternden Menschen beschäftigt; Alter[n]sforschung* ‖ **Ge|ron|to|psy|cho|lo|gie** [-psy-]: *Teilgebiet der Psychologie, das sich mit dem Altern beschäftigt*
Ge|rös|te|ten die (Pl.) (Küchenspr.): Rindfleisch und Geröstete *(geröstete Erdäpfel);* → Rösti
Gerst|brein: *eine Speise* ‖ **Gers|te** die, -: *ein Getreide* ‖ **Gers|ten|korn** das, -[e]s/-körner: *Frucht der Gerste* | (Med.) *eine eitrige Entzündung am Augenlid* ‖ **Gers|ten|malz** ‖ **Gers|ten|saft** (oft scherzh.): *Bier* ‖ **Gerstl** das, -s: *eine Suppeneinlage;* geriebenes G. *(geriebener Teig)* | *Rollgerstel, Graupe* | (mit Ausspr. ['gɛɔʃtl]) (mda., sal.) *Geld* ‖ **Gerstl|sup|pe** ‖ **Gerst|sup|pe** (SüdT): *Gerstlsuppe*
Gert → Gerd ‖ **Ger|ta** → Gertrud
Ger|te die, -/-n: *biegsamer Stock;* Reitgerte ‖ **ger|ten|schlank**
Ger|trud = Ger|tru|de, *auch:* Gertraud, Gertraut: *weibl. Vorname*
Ge|ruch der, -[e]s/Gerüche: ein penetranter G. ‖ **ge|ruch|los** ‖ **Ge|ruch|lo|sig|keit** die, - ‖ **Ge|ruchs|be|läs|ti|gung** ‖ **ge|ruchs|emp|find|lich** ‖ **ge|ruchs|frei** ‖ **ge|ruchs|in|ten|siv** ‖ **Ge|ruchs|sinn** der, -[e]s
Ge|rücht das, -[e]s/-e: *unverbürgte Nachricht* ‖ **Ge|rüch|te|bör|se** ‖ **Ge|rüch|te|kü|che** die, - (scherzhaft): *Ort, an dem Gerüchte entstehen* ‖ **ge|rüch|te|wei|se = ge|rücht|wei|se**
ge|ru|hen (geh.): er geruhte zu antworten *(er ließ sich dazu herbei)* ‖ **ge|ruh|sam:** *ruhig, bedächtig, ohne Hast* ‖ **Ge|ruh|sam|keit** die, -
ge|rührt: ich bin g. *(ergriffen);* → rühren
Ge|rum|pel das, -s: das G. *(das Rumpeln)* des Wagens auf holprigem Weg
Ge|rüm|pel das, -s (abw.): *altes, wertloses Zeug* ‖ **Ge|rüm|pel|tur|nier** → Grümpelturnier
Ge|rüst das, -[e]s/-e: *[Metall]konstruktion für [Bau]arbeiten* ‖ **Ge|rüs|ter** der, -s/-: *Gerüstarbeiter* ‖ **Ge|rüs|te|rin** die, -/-innen
Ge|rüt|tel das, -s ‖ **ge|rüt|telt** (geh.): er trägt ein g. Maß *(ziemlich viel)* an/von Verantwortung; → rütteln
Ger|vais [ʒɛr'veː] der, - [-(s)]/- [-(s)]: *eine Käsesorte (nach dem Firmengründer benannt)*
ges das, -/- (Mus.): *das um einen Halbton erniedrigte G (g);* → Ges | ges-Moll ‖ **Ges** das, -/- (Mus.): *das um einen Halbton erniedrigte G (g);* → ges | Ges-Dur
ges.: gesetzlich; → ges. gesch.
Ges.: Gesellschaft; → Gesellschaft m. b. H.
ge|sal|zen (ugs.): gesalzene *(übertrieben hohe)* Preise; → salzen
ge|sam|melt: gesammelte Werke *(Ausgabe der wichtigsten Werke eines Autors);* → sammeln
ge|sam|pelt [-'sæ-, auch: -'saː-] → sampeln
Ge|samt|aus|ga|be: *vollständige Ausgabe aller Werke eines Autors* ‖ **Ge|samt|be|trag** ‖ **Ge|samt|be|völ|ke|rung** ‖ **ge|sam|te:** das g. Vermögen; *aber:* im Gesamten ‖ **Ge|samt|ein|druck** ‖ **Ge|samt|ein|kom|men** ‖ **Ge|samt|flä|che** ‖ **Ge|samt|ge|wicht** ‖ **Ge|samt|ge|winn|sum|me** ‖ **ge|samt|haft** (bes. westöst., CH): *insgesamt* ‖ **Ge|samt|hand|schuld** (Jus): *Verbindlichkeit mehrerer Schuldner* ‖ **Ge|samt|heit** die, -: *alle, alles [zusammen]* ‖ **Ge|samt|klas|se|ment** [-smɑ̃ː] ‖ **Ge|samt|kos|ten** die (Pl.) ‖ **Ge|samt|kunst|werk:** die Oper als G. aus Dichtung, Musik, Tanz und bildender Kunst ‖ **Ge|samt|no|te** ‖ **Ge|samt|pa|ket:** *Konvolut von einzelnen Teilen* ‖ **Ge|samt|pro|duk|ti|on** [-tsi̯-] ‖ **Ge|samt|sa|che** (Jus): *Gesamtheit von mehreren Bestandteilen* | *Unternehmen* ‖ **Ge|samt|scha|den** ‖ **Ge|samt|schu|le:** *Schule für alle (meist 6- bis 14-Jährigen)* ‖ **Ge|samt|sieg** ‖ **Ge|samt|spiel|zeit:** die G. einer Kassette ‖ **Ge|samt|um|satz** ‖ **Ge|samt|welt|cup** [-k-] ‖ **Ge|samt|werk:** das G. einer Künstlerin ‖ **Ge|samt|wer|tung** ‖ Ge-

G

samtzahl

Gesandte[1] der, -n/-n, ein Gesandter: *ein Diplomat* ‖ **Gesandte**[2] die, -n/-n ‖ **Gesandtschaft** die, -/-en: *diplomatische Vertretung eines Staates im Ausland;* → Botschaft

Gesang:

der, -[e]s: *das Singen* | (mit Pl. Gesänge) *Lieder* | (ohne Pl.) (veraltet) *Dichtkunst*

Zusammensetzungen mit „Gesang" werden in Österreich im Allgemeinen mit Fugen-s gebildet, zB:

- Gesangsbuch (in Deutschland: Gesangbuch)
- Gesangsunterricht
- Gesangsverein

Gesangsbuch ‖ **Gesangskunst** ‖ **Gesangslehrer** ‖ **Gesangslehrerin** ‖ **Gesangspädagogik** ‖ **Gesangsstunde** ‖ **Gesangsunterricht** ‖ **Gesangsverein,** *auch:* **Gesangverein**

Gesäß das, -es/-e: *Hintern;* → Arsch; → Popo ‖ **Gesäßbacke** ‖ **Gesäßmuskel** ‖ **Gesäßtasche:** *Hosentasche auf dem Gesäß*

gesättigt (Chem.): gesättigte Fettsäuren; → G.: ungesättigt

Gesätzlein das, -s/- (veraltet): *Strophe, Abschnitt*

Gesäuse das, -s: *ein Engtal der Enns in der Steiermark*

Gesäusel das, -s; → säuseln

gesch.: geschätzt | **geschieden**[e] | **geschützt;** → ges. gesch.

Geschädigte[1] der, -n/-n, ein Geschädigter ‖ **Geschädigte**[2] die, -n/-n

Geschäft das, -[e]s/-e: ein G. eröffnen | mit jemandem ins G. kommen *(eine Geschäftsverbindung anknüpfen);* sie versteht ihr G. *(beherrscht ihren Beruf sehr gut)* | (sal.) ins G. *(zur Arbeit)* gehen | (verhüllend) sein kleines/großes G. *(seine Notdurft)* verrichten ‖ **Geschäftemacher** (abw.) ‖ **Geschäftemacherei** die, -/-en (abw.) ‖ **Geschäftemacherin** (abw.) ‖ **Geschäftesterben** → Geschäftssterben ‖ **geschäftig:** g. *(immer beschäftigt)* tun; g. hin und her gehen ‖ **Geschäftigkeit** die, - ‖ **geschäftlich:** geschäftliche *(berufliche)* Besprechungen ‖ **Geschäftsabschluss** ‖ **Geschäftsanteil** (Wirt.): *die Gesellschaftsbeteiligung, Anteil am Gesellschaftskapital* ‖ **Geschäftsauflösung** ‖ **Geschäftsbank** die, -/-en: *auf Unternehmen spezialisiertes Bankinstitut* ‖ **Geschäftsbedingung** (meist Pl.) (Wirt.): *vertraglich festgelegte Bedingung, unter welcher ein Geschäftsabschluss zu Stande kommt bzw. ein Geschäft abgewickelt wird;* allgemeine Geschäftsbedingungen (AGB) ‖ **Geschäftsbereich:** *zugewiesener Aufgabenbereich [eines Amtes]* ‖ **Geschäftsbeziehung** ‖ **Geschäftsbrief** ‖ **Geschäftseinteilung:** *die Verteilung der Aufgaben auf die Mitarbeiter* ‖ **Geschäftsfähigkeit** (Jus): *geistige und körperliche Handlungsfähigkeit* ‖ **Geschäftsfeld** (Wirt.): *Geschäftsbereich, Tätigkeitsbereich, Marktsegment* ‖ **Geschäftsfläche** ‖ **Geschäftsfrau** ‖ **Geschäftsfreund:** *Geschäftspartner* ‖ **Geschäftsfreundin** ‖ **geschäftsführend:** die geschäftsführende Vorsitzende ‖ **Geschäftsführer** ‖ **Geschäftsführerin** ‖ **Geschäftsführung** ‖ **Geschäftsgang:** ein guter G. ‖ **Geschäftsgebaren** das, -s (bes. D) (Kaufmannsspr.): *Geschäftsgebarung* ‖ **Geschäftsgebarung** die, -/-en (Kaufmannsspr.): *Führung der finanziellen Geschäfte* ‖ **Geschäftsgeheimnis:** *vertraulich zu behandelnde geschäftliche Information* ‖ **Geschäftsgrundlage** (Jus): *Motiv für einen Geschäftsabschluss* ‖ **Geschäftsinhaber** ‖ **Geschäftsinhaberin** ‖ **Geschäftsinteresse** ‖ **Geschäftsjahr:** *Wirtschaftsjahr* ‖ **Geschäftskosten** die (Pl.) ‖ **Geschäftskreise** die (Pl.): *Geschäftswelt* ‖ **Geschäftslage** ‖ **Geschäftsleitung** ‖ **Geschäftslokal** ‖ **Geschäftsmann** der, -[e]s/-leute ‖ **Geschäftsordnung:** *Regelung der Vorgangsweise, zB im Nationalrat* ‖ **Geschäftspartner** ‖ **Geschäftspartnerin** ‖ **Geschäftsrückgang** ‖ **geschäftsschädigend** ‖ **Geschäftsschädigung** ‖ **Geschäftsschluss** ‖ **Geschäftssinn** ‖ **Geschäftsstelle:** *Büro einer Firma, einer Organisation* ‖ **Geschäftssterben** das, -s, *auch:* Geschäftesterben ‖ **Geschäftsstraße** ‖ **Geschäftsstück** (Amtsspr.): *vom Amt zu erledigender Antrag oÄ, Aktenstück* ‖ **Geschäftsstunden** die (Pl.): *Öffnungszeit* ‖ **Geschäftstarif:** *bes. günstiger [Telefon]tarif für Unternehmen, Großkunden* ‖ **Geschäftstätigkeit** die, -: → EGT ‖ **Geschäftsträger:** *ein Diplomat* ‖ **Geschäftsträgerin** ‖ **geschäftstüchtig** ‖ **Geschäftsverkehr:** *alle geschäftlichen Kontakte* ‖ **Geschäftsviertel** ‖ **Geschäftswelt:** sich in der G. auskennen ‖ **Geschäftszahl** (GZ): *Nummer zur Kennzeichnung von Geschäftsbriefen, Akten, Bescheiden uÄ* ‖ **Geschäftszeit:** *Öffnungszeit*

geschah → geschehen

Geschäker das, -s; → schäkern

geschamig → gschamig

geschasst (ugs.): der geschasste *(entlassene, hinausgeworfene)* Direktor; → schassen

geschätzt: sie wurde von allen sehr g. | (mit Abkürzung gesch.) (Kaufmannsspr.) Ihr geschätztes (gesch.) Schreiben vom 28. Februar

Geschau = Gschau das, -s/-e (ugs., oft abw.): *Gesichtsausdruck*

gescheckt: *scheckig*

geschehen, es geschieht/es geschah/geschehen: es ist ihr dabei nichts g. *(passiert);* es war um ihn g. *(er war endgültig verloren; er hatte sich verliebt);* das geschieht dir ganz recht *(du hast diese Strafe verdient)* ‖ **Geschehen** das, -s/-: *Ereignis* ‖ **Geschehnis** das, -nisses/-nisse (geh.)

gescheit: *klug* | (mda. auch: gscheit) sie rennt wie nicht g. *(wie verrückt)* ‖ **Gescheitheit** die, -

Geschenk das, -[e]s/-e: *Gabe, Präsent;* Weihnachtsgeschenk ‖ **Geschenkannahme** = Geschenksannahme ‖ **Geschenkartikel** = Geschenksartikel: *als Geschenk gedachte Ware* ‖ **Geschenkkarton** = Geschenkskarton ‖ **Geschenkkorb** = Geschenkskorb ‖ **Geschenkpapier** = Geschenkspapier

geschert → gschert ‖ **Gescherte** → Gscherte

Geschichte die, -/-n: dem Kind eine G. erzählen | (ohne Pl.) die G. Österreichs; G. machen *(Bedeutungsvolles leisten)* | (ugs.) *Angelegenheit;* „Mach keine Geschichten *(Umstände, Schwierigkeiten)*!" | (sal.) es war eine besoffene G. *(durch Alkohol verur-*

sachte Dummheit) ‖ **Ge|schich|ten|buch:** *Buch, das Geschichten enthält; aber:* → Geschichtsbuch ‖ **Ge|schich|ten|er|zäh|ler** ‖ **Ge|schich|ten|er|zäh|le|rin** ‖ **ge|schicht|lich:** *historisch;* geschichtliche Ereignisse ‖ **Ge|schicht|lich|keit** die, -: *Historizität, Frage nach der Tatsächlichkeit überlieferter geschichtlicher Ereignisse* ‖ **Ge|schichts|at|las** ‖ **Ge|schichts|be|wusst|sein** ‖ **Ge|schichts|buch:** *Lehrbuch der Geschichte; aber:* → Geschichtenbuch ‖ **Ge|schichts|fäl|schung** ‖ **Ge|schichts|for|schung** ‖ **Ge|schichts|klit|te|rung** die, -/-en: G. betreiben *(geschichtliche Ereignisse verfälschend darstellen)* ‖ **ge|schichts|los** ‖ **Ge|schichts|schrei|ber** (veraltet): *Historiker* ‖ **Ge|schichts|schrei|be|rin** (veraltet) ‖ **Ge|schichts|schrei|bung** (veraltet) ‖ **Ge|schichts|stun|de** ‖ **ge|schichts|träch|tig:** *historisch von großer Bedeutung*

Ge|schick das, -[e]s: mit großem G. basteln | (mit Pl. Geschicke) (geh.) sich in sein G. *(Schicksal)* fügen ‖ **Ge|schick|lich|keit** die, - ‖ **Ge|schick|lich|keits|prü|fung** ‖ **ge|schickt:** *praktisch begabt, fingerfertig*

Ge|schie|be das, -s/-: *Geröll; [vom Fluss] mitgeführte Steine* | (ohne Pl.) ein G. und Gedränge

ge|schie|den (gesch.): Annemarie Müller[,] geschiedene (gesch.) Meier[,] hat ... ‖ **Ge|schie|de|ne**[1] der, -n/-n, ein Geschiedener ‖ **Ge|schie|de|ne**[2] die, -n/-n

ge|schieht → geschehen

Ge|schimp|fe das, - (abw.)

Ge|schirr das, -[e]s/-e: *Kochtöpfe, Teller, Schüsseln u. dgl.;* [das] G. abwaschen | das G. *(Zaumzeug, Riemenzeug)* der Zugtiere ‖ **Ge|schirr|han|gerl** (ugs.) ‖ **Ge|schirr|rei|ni|ger** ‖ **Ge|schirr|spü|ler** = **Ge|schirr|spül|ma|schi|ne** ‖ **Ge|schirr|spül|mit|tel** ‖ **Ge|schirr|tuch**

ge|schla|gen → schlagen

Ge|schlecht das, -[e]s/-er: ein altes G. *(eine alte Familie)* | das weibliche G. | das menschliche G. *(die Menschheit)* | (ohne Pl.) (geh.) *Geschlechtsteile* | (Gramm.) *Genus;* sächliches G.; → Gender ‖ **Ge|schlech|ter|fol|ge:** *Generationenfolge* ‖ **Ge|schlech|ter|rol|le** (Soz., Psych.): *das gesellschaftlich erwartete Verhalten von Mann und Frau* ‖ **Ge|schlech|ter|tren|nung** ‖ **-ge|schlech|tig** (nur in Zusammensetzungen wie zweigeschlechtig) ‖ **ge|schlecht|lich:** die geschlechtliche *(sexuelle)* Liebe; g. verkehren ‖ **Ge|schlecht|lich|keit** die, - ‖ **Ge|schlechts|akt** der, [e]s/-e: *Geschlechtsverkehr* ‖ **ge|schlechts|be|zo|gen:** geschlechtsbezogene Unterschiede im Verhalten ‖ **Ge|schlechts|drü|se:** *Keimdrüse; Hoden, Eierstock* ‖ **ge|schlechts|krank** ‖ **Ge|schlechts|krank|heit** ‖ **Ge|schlechts|merk|mal** das, -s/-e: ein sekundäres G. *(Körperproportion, Scham-, Bart- oder Achselhaare)* ‖ **Ge|schlechts|na|me,** *auch:* **Ge|schlechts|na|men** (Amtsspr.): *aus dem Geschlecht abgeleiteter Nachname, Familienname* ‖ **ge|schlechts|neu|tral:** eine geschlechtsneutrale Stellenausschreibung ‖ **Ge|schlechts|or|gan:** innere Geschlechtsorgane *(Hoden, Eierstock ua.);* äußere Geschlechtsorgane *(Penis, Klitoris ua.)* ‖ **ge|schlechts|reif** ‖ **Ge|schlechts|rei|fe** ‖ **ge|schlechts|spe|zi|fisch** [-sp-, -ʃp-] ‖ **Ge|schlechts|tei|le** die (Pl.): *äußere Geschlechtsorgane* ‖ **Ge|schlechts|trieb** der, -[e]s: *Fortpflanzungstrieb* ‖ **Ge|schlechts|um|wand|lung** ‖ **Ge|schlechts|un|ter|schied** ‖ **Ge|schlechts|ver|kehr**

ge|schlif|fen: in geschliffener *(stilistisch prägnanter, formvollendeter)* Sprache; → schleifen ‖ **Ge|schlif|fen|heit** die, -

ge|schlos|sen: die Opposition hat g. *(einheitlich)* dagegengestimmt | (Sprachwiss.) ein geschlossener *(mit wenig geöffnetem Mund gesprochener)* Vokal; → schließen ‖ **Ge|schlos|sen|heit** die, -

Ge|schmack der, -[e]s/Geschmäcke[r]: ein leicht süßlicher G. | *Geschmackssinn* | *Sinn für Passendes;* G. an etwas finden; auf den G. kommen *(etwas schätzen lernen)* ‖ **ge|schma|ckig** → gschmackig ‖ **ge|schmäck|le|risch** (abw.): *übertrieben wählerisch* ‖ **ge|schmack|lich** ‖ **ge|schmack|los** ‖ **Ge|schmack|lo|sig|keit** die, -/-en ‖ **Ge|schmacks|emp|fin|dung** ‖ **Ge|schmacks|er|leb|nis** ‖ **ge|schmacks|in|ten|siv** ‖ **ge|schmacks|neu|tral** ‖ **Ge|schmacks|rich|tung** ‖ **Ge|schmacks|sa|che:** das ist G. *(das kann man verschieden beurteilen)* ‖ **Ge|schmacks|sinn** der, -[e]s ‖ **Ge|schmacks|ver|stär|ker:** *chemischer Zusatz in Lebensmitteln* ‖ **ge|schmack|voll**

ge|schmal|zen (ugs.): die Preise sind g. *(überhöht);* → schmalzen

Ge|schmei|de das, -s/- (geh.): *Schmuck; Goldschmiedearbeiten* ‖ **ge|schmei|dig:** geschmeidige *(gelenkige)* Finger ‖ **Ge|schmei|dig|keit** die, -

Ge|schmeiß das, -es (geh.): *Insektengewimmel; eklige Brut;* → Schmeißfliege | (geh., abw.) *Gesindel*

Ge|schmie|re das, -s, *auch:* Geschmier (abw.)

Ge|schnat|ter das, -s: *das Schnattern*

ge|schnäuzt → schnäuzen

Ge|schnet|zel|te das, -n, ein Geschnetzeltes: *eine Speise aus dünn und klein geschnittenen Fleischstücken*

ge|schnie|gelt: ein geschniegelter *(übertrieben herausgeputzter)* Bursch; g. und gestriegelt *(bes. fein herausgeputzt)*

Ge|schöpf das, -[e]s/-e: *Lebewesen;* ein G. Gottes | ein zartes G. *(ein schwächliches Kind)*

Ge|schoß das, -es/-e, *auch:* Geschoss: das G. traf den Mann in die Brust; Wurfgeschoß | *Stockwerk;* Erdgeschoß ‖ **Ge|schoß|ha|gel,** *auch:* Geschosshagel ‖ **-ge|scho|ßig,** *auch:* -geschossig (nur in Zusammensetzungen wie zweigeschoßig)

ge|schraubt (ugs.): g. *(geziert, unnatürlich)* reden; → schrauben

Ge|schrei das, -[e]s

Ge|schreib|sel das, -s (ugs., abw.): *Geschriebenes*

Ge|schrie|ben|stein der, -s: *ein Berg (Burgenland, Ungarn)*

ge|schult: eine geschulte *(ausgebildete)* Stimme; geschultes Personal; → schulen

ge|schupft → gschupft

Ge|schütz das, -es/-e: *eine Kanone oÄ* ‖ **Ge|schütz|don|ner** ‖ **Ge|schütz|feu|er**

ge|schützt → ges. gesch.; → schützen

Ge|schwa|der das, -s/- (Mil.): *eine größere [Luft]flotteneinheit*

Ge|schwa|fel das, -s, *auch:* Geschwefel (ugs., abw.): *leeres Gerede*

Ge|schwätz das, -es (abw.): *dummes Gerede, Tratsch* ‖ **ge|schwät|zig** (abw.) ‖ **Ge|schwät|zig|keit** die, - (abw.)

Ge|schwe|fel → Geschwafel

G

G

ge|schweift: *geschwungen;* → schweifen

ge|schwei|ge: er kann kaum gehen, g. [denn] *(noch viel weniger)* laufen

ge|schwind: g. *(schnell)* laufen ‖ **Ge|schwin|dig|keit** die, -/-en ‖ **Ge|schwin|dig|keits|be|gren|zung** ‖ **Ge|schwin|dig|keits|be|schrän|kung** ‖ **Ge|schwin|dig|keits|mes|ser** der, -s/-: *Tachometer* ‖ **Ge|schwin|dig|keits|rausch:** *hemmungslos schnelles Fahren oÄ* ‖ **Ge|schwin|dig|keits|über|schrei|tung**

Ge|schwirr das, -s; → schwirren

Ge|schwis|ter die (Pl.): meine kleinen G. ‖ **Ge|schwis|ter|kind:** er/sie ist mein G. *(mein Neffe/meine Nichte);* wir sind Geschwisterkinder *(Cousins/Cousinen)* ‖ **ge|schwis|ter|lich:** geschwisterliche Liebe ‖ **Ge|schwis|ter|lie|be:** *Liebe zwischen Geschwistern* | *Inzest, Blutschande* ‖ **Ge|schwis|ter|paar:** *Bruder und Schwester*

ge|schwol|len (abw.): eine geschwollene *(hochtrabende, unnatürliche)* Ausdrucksweise; → schwellen

ge|schwo|ren: ein geschworener *(entschiedener)* Feind des Alkohols; → schwören ‖ **Ge|schwo|re|ne**[1] der, -n/-n, ein Geschworener: *ein Laienrichter* ‖ **Ge|schwo|re|ne**[2] die, -n/-n ‖ **Ge|schwo|re|nen|ge|richt:** *Gericht mit Laienrichtern* ‖ **Ge|schwo|re|nen|se|nat:** *Teil des Geschworenengerichts* ‖ **Ge|schwor|ne**[1] der, -n/-n (Amtsspr.): *Geschworene*[1] ‖ **Ge|schwor|ne**[2] die, -n/-n (Amtsspr.)

Ge|schwulst die, -/Geschwülste: *Tumor;* eine bösartige G. operieren

ge|schwun|gen: eine geschwungene Linie; → schwingen

Ge|schwür das, -[e]s/-e: → *Ulkus* ‖ **ge|schwü|rig:** *eitrig*

Ges-Dur (Ges) (Mus.) ‖ **Ges-Dur-Ton|lei|ter** (Mus.)

Ge|sei|er, Ge|sei|re → Geseres

ge|selcht: *geräuchert* ‖ **Ge|selch|te** das, -n, ein Geselchtes: *Selchfleisch, geräuchertes Fleisch*

Ge|sel|le der, -n/-n, *auch:* Gesell, -en/-en: *jemand, der die Lehrabschlussprüfung abgelegt hat; Facharbeiter* ‖ **ge|sel|len** sich: sich zu jemandem g. *(sich anschließen)* ‖ **Ge|sel|len|stück:** *Arbeit, die bei der Gesellenprüfung beurteilt wird* ‖ **ge|sel|lig:** ein geselliger Mensch; ein geselliges *(gemütliches)* Beisammensein ‖ **Ge|sel|lig|keit** die, - ‖ **Ge|sel|lin** die, -/-innen ‖ **Ge|sell|schaft** die, -/-en: die Schwächsten der G. *(im Zusammenleben der Menschen)* | ich befinde mich damit in bester/guter G. *(bin damit nicht allein)* | *festliches Beisammensein;* eine G. geben | (Wirt.) *eine Unternehmensform;* Aktiengesellschaft ‖ **Ge|sell|schaf|ter** der, -s/-: *Kompagnon, Teilhaber* ‖ **Ge|sell|schaf|te|rin** die, -/-innen ‖ **ge|sell|schaft|lich:** ein gesellschaftliches Ereignis; gesellschaftliche Zusammenhänge ‖ **Ge|sell|schaft m. b. H.** die, - - -/-en - - - (im kaufmännischen Schriftverkehr auch: Ges. m. b. H., Ges. mbH, GesmbH, GmbH): Gesellschaft mit beschränkter Haftung ‖ **Ge|sell|schafts|da|me** (veraltet): *Angestellte zur Unterhaltung und Begleitung von jemandem* ‖ **Ge|sell|schafts|leh|re** die, -: *Soziologie* ‖ **Ge|sell|schafts|ord|nung** (Soz.) ‖ **Ge|sell|schafts|po|li|tik:** *Sozialpolitik* ‖ **ge|sell|schafts|po|li|tisch** ‖ **Ge|sell|schafts|recht** ‖ **Ge|sell|schafts|rei|se:** *Gruppenreise* ‖ **Ge|sell|schafts|spiel** ‖ **Ge|sell|schafts|sys|tem** [-zy-] ‖ **Ge|sell|schafts|tanz:** *[Mode]tanz zur geselligen Unterhaltung* ‖ **Ge|sell|schafts|ver|trag** (Jus): *Vertrag über das Zusammenwirken mehrerer Personen zu einem gemeinsamen Zweck* ‖ **Ge|sell|schafts|wa|gen:** *Sonderwagen der Bahn für Personengruppen mit Theke, Speisetischen [und Tanzfläche]* ‖ **Ge|sell|schafts|wis|sen|schaft:** *Soziologie, Sozialwissenschaft*

Ge|sen|ke das, -s/-: *Vertiefung im Gelände*

Ge|se|res das, -, *auch:* Geseier, Geseire ⟨jidd.⟩ (ostöst., ugs.): *Gejammer, unnützes Gerede*

Ge|setz das, -es/-e: *Vorschrift;* mit dem G. in Konflikt geraten ‖ **Ge|setz|blatt:** *Publikation eines Gesetzes;* → Bundesgesetzblatt ‖ **Ge|setz|buch:** das Allgemeine Bürgerliche G. (ABGB) ‖ **Ge|setz|ent|wurf** = Gesetzesentwurf: dem Parlament einen G. vorlegen ‖ **Ge|set|zes|än|de|rung** ‖ **Ge|set|zes|an|zei|ger** (SüdT): *offizielles Publikationsorgan der staatlichen italienischen Behörden, Bundesgesetzblatt* ‖ **Ge|set|zes|aus|le|gung:** *Interpretation der Gesetze* ‖ **Ge|set|zes|be|stim|mung** ‖ **Ge|set|zes|bre|cher** der, -s/- ‖ **Ge|set|zes|bre|che|rin** die, -/-innen ‖ **Ge|set|zes|dschun|gel** (sal.) ‖ **Ge|set|zes|ent|wurf** = → Gesetzentwurf ‖ **Ge|set|zes|hü|ter** (meist scherzh.): *Polizist* ‖ **Ge|set|zes|hü|te|rin** ‖ **Ge|set|zes|kraft** die, -: die Vorlage erlangt im Jänner G. *(Gültigkeit)* ‖ **Ge|set|zes|ma|schi|ne|rie** ‖ **Ge|set|zes|no|vel|le** [-v-] = Gesetznovelle: *Änderung eines Gesetzes* ‖ **Ge|set|zes|prü|fungs|ver|fah|ren,** *auch:* Gesetzprüfungsverfahren (Jus, Admin.) ‖ **Ge|set|zes|recht** → G.: Fallrecht ‖ **Ge|set|zes|stel|le:** *einzelne Gesetzesbestimmung* ‖ **Ge|set|zes|text** ‖ **ge|set|zes|treu** ‖ **Ge|set|zes|treue** ‖ **Ge|set|zes|über|tre|tung** ‖ **Ge|set|zes|vor|la|ge:** *Gesetzentwurf* ‖ **ge|set|zes|wid|rig** = gesetzwidrig: *gegen das Gesetz* ‖ **Ge|set|zes|wid|rig|keit** = Gesetzwidrigkeit ‖ **ge|setz|ge|bend:** die gesetzgebende Gewalt *(Legislative)* ‖ **Ge|setz|ge|ber** der, -s/-: das Parlament als G. ‖ **Ge|setz|ge|bung** die, -/-en ‖ **Ge|setz|ge|bungs|kom|mis|si|on** (SüdT): *Kommission des Südtiroler Landtages für Gesetzesvorlagen* ‖ **Ge|setz|ge|bungs|pe|ri|o|de** ‖ **Ge|setz|ge|bungs|ver|fah|ren** (Pol.) ‖ **ge|setz|lich:** der Name ist g. geschützt *(ist in seiner Verwendung durch Gesetz [gegen Missbrauch] geschützt);* → ges. gesch. ‖ **Ge|setz|lich|keit** die, -/-en: *Gesetzmäßigkeit* ‖ **ge|setz|los** ‖ **ge|setz|mä|ßig** ‖ **Ge|setz|mä|ßig|keit** die, -/-en ‖ **Ge|setz|no|vel|le** [-v-] = → Gesetzesnovelle ‖ **Ge|setz|prü|fungs|ver|fah|ren** → Gesetzesprüfungsverfahren

ge|setzt: ein gesetzter *(ruhiger)* Mensch | g. den Fall *(angenommen),* dass ...; → setzen ‖ **Ge|setzt|heit** die, -

ge|setz|wid|rig = → gesetzeswidrig ‖ **Ge|setz|wid|rig|keit** = → Gesetzeswidrigkeit

Ge|seuf|ze das, -s

ges. gesch.: gesetzlich **gesch**ützt; → gesetzlich

Ge|sicht das, -[e]s/-er: *Antlitz;* Gesichter *(Grimassen)* schneiden; den Tatsachen ins G. sehen *(eine Situation richtig einschätzen, sich keine Illusionen machen)* | *Ansehen, Haltung;* sein G. verlieren/[be]wahren | jemanden schon seit Wochen nicht zu G. bekommen *(nicht sehen)* | (mit

Pl. -e) (geh.) *Erscheinung, Vision* ‖ **Ge|sichts|aus|druck** ‖ **Ge|sichts|bad:** *das Gesehenwerden;* ein G. in der Menge nehmen ‖ **Ge|sichts|cre|me** [-kre:m] = Gesichtskrem = Gesichtskreme ‖ **Ge|sichts|er|ken|nung** ‖ **Ge|sichts|far|be** ‖ **Ge|sichts|feld:** *jener Bereich, den man ohne Augenbewegung sehen kann* ‖ **Ge|sichts|kreis:** *Horizont;* den G. *(geistigen Horizont)* erweitern ‖ **ge|sichts|los:** *ohne Persönlichkeit* ‖ **Ge|sichts|punkt:** *Standpunkt; Betrachtungsweise* ‖ **Ge|sichts|schlei|er** ‖ **Ge|sichts|sinn** der, -[e]s: *Sehvermögen* ‖ **Ge|sichts|ver|lust:** *Blamage* ‖ **Ge|sichts|zü|ge** die (Pl.)

Ge|sims das, -es/-e, *auch:* **Ge|sim|se** das, -s/-: *ein waagrechter Mauervorsprung*

Ge|sin|de das, -s (früher): *alle Knechte und Mägde [auf einem Bauernhof]* ‖ **Ge|sin|del** das, -s (abw.): *Pack;* lichtscheues G.

ge|sinnt: ein mir feindlich gesinnter Chef; *aber:* → gutgesinnt ‖ **Ge|sin|nung** die, -/-en: *Grundhaltung, Einstellung* ‖ **Ge|sin|nungs|freund** ‖ **Ge|sin|nungs|freun|din** ‖ **Ge|sin|nungs|ge|mein|schaft:** eine religiöse G.; eine politische G. ‖ **Ge|sin|nungs|ge|nos|se** ‖ **Ge|sin|nungs|ge|nos|sin** ‖ **ge|sin|nungs|los** ‖ **Ge|sin|nungs|lo|sig|keit** die, - ‖ **Ge|sin|nungs|schnüf|fe|lei** die, - (abw.): *Versuch, [politisch] unerwünschte Gesinnungen aufzuspüren* ‖ **Ge|sin|nungs|tä|ter:** *Täter aus Überzeugung* ‖ **Ge|sin|nungs|tä|te|rin** ‖ **ge|sin|nungs|treu** ‖ **Ge|sin|nungs|wan|del**

ge|sit|tet: ein gesitteter *(kultivierter, wohlerzogener)* Mensch

Ges. m. b. H. [gɛs ɛm be 'ha:] die, - - - -/- - - - [- 'ha:s], *auch:* Ges. mbH, GesmbH, GmbH; → Gesellschaft m. b. H.

ges-Moll (ges) (Mus.) ‖ **ges-Moll-Ton|lei|ter** (Mus.)

Ge|socks das, - (abw.): *Gesindel, Pack*

Ge|söff das, -[e]s/-e (ugs., abw.): *minderwertiges Getränk*

ge|son|dert: etwas g. *(getrennt, eigens)* aufbewahren

ge|son|nen (geh.): ich bin nicht g. *(gewillt),* noch länger zu bleiben; → sinnen

ge|sot|ten → sieden

Ge|span [-ʃp-] der, -[e]s [-en]/-e[n] (veraltet bzw. Druckw.): *Mitarbeiter, Helfer, Genosse* ‖ **Ge|spa|nin** die, -/-innen (mda. bzw. Druckw.)

Ge|spann das, -[e]s/-e: *vor einen Wagen gespannte Zugtiere* | *zwei zusammengehörige Menschen;* ein erfolgreiches/seltsames G. ‖ **ge|spannt:** g. *(neugierig)* sein | ein gespanntes *(gereiztes, spannungsgeladenes)* Verhältnis; → spannen ‖ **Ge|spannt|heit** die, -

Ge|spenst [-ʃp-] das, -[e]s/-er ‖ **ge|spens|ter|haft** ‖ **ge|spens|tern:** *spuken;* im Schloss gespenstert es ‖ **ge|spens|tig** ‖ **ge|spens|tisch**

Ge|spie|le der, -n/-n (geh.): *Spielkamerad* ‖ **Ge|spie|lin** die, -/-innen (geh.): *Spielgefährtin; Freundin*

Ge|spinst das, -[e]s/-e: *Gesponnenes*

Ge|spons[1] [-ʃp-] der, -es/-e ⟨lat.⟩ (veraltet): *Bräutigam; Gatte* ‖ **Ge|spons**[2] → Gesponsin ‖ **Ge|spon|sin** die, -/-innen, *auch:* Gespons das, -es/-e (veraltet): *Braut, Gattin*

Ge|spött das, -[e]s: sie ist dem G. *(Spott, Hohn)* ausgesetzt; zum G. werden; jemanden zum G. machen

Ge|spräch das, -[e]s/-e: mit jemandem ins G. kommen ‖ **ge|sprä|chig:** sie war heute g. *(hat viel und gern gesprochen)* ‖ **Ge|sprä|chig|keit** die, - ‖ **Ge|sprächs|ba|sis:** mit jemandem eine gute G. haben ‖ **ge|sprächs|be|reit** ‖ **Ge|sprächs|ebe|ne** ‖ **Ge|sprächs|gut|ha|ben:** *Guthaben auf einer Telefonwertkarte* ‖ **Ge|sprächs|kli|ma** ‖ **Ge|sprächs|part|ner** ‖ **Ge|sprächs|part|ne|rin** ‖ **Ge|sprächs|run|de:** eine prominente G. ‖ **Ge|sprächs|stoff** ‖ **Ge|sprächs|the|ma** ‖ **Ge|sprächs|the|ra|pie:** *ein psychotherapeutisches Verfahren* ‖ **Ge|sprächs|ver|wei|ge|rung** ‖ **ge|sprächs|wei|se**

ge|spreizt (abw.): ein gespreiztes *(geziertes) Benehmen;* → spreizen ‖ **Ge|spreizt|heit** die, - (abw.)

ge|spren|kelt: ein gesprenkeltes *(mit kleinen Flecken oder Tupfen versehenes)* Fell

ge|spritzt: ein Achtel g. ‖ **Ge|spritz|te,** *auch:* Gspritzte der, -n/-n, ein Gespritzter: *Wein, der mit Sodawasser aufgespritzt worden ist;* → Spritzer

Ge|spür das, -s: das richtige G. *(Gefühl)* für etwas haben; → spüren

gest.: gestorben

Ge|sta|de [-ʃt-] das, -s/- (geh.): *Ufer bei größeren Gewässern*

Ge|stalt [-ʃt-] die, -/-en: *Körperbau, Figur;* von zierlicher G. | *unbekanntes Wesen;* eine leblose G. | *Form;* etwas nimmt langsam G. an ‖ **ge|stal|ten**[1]: *formen;* eine Feier g. ‖ **ge|stal|ten**[2] sich: das Wetter gestaltet *(entwickelt)* sich unbeständig ‖ **Ge|stal|ter** der, -s/- ‖ **Ge|stal|te|rin** die, -/-innen ‖ **ge|stal|te|risch** ‖ **-ge|stal|tig** (nur in Zusammensetzungen wie verschiedengestaltig) ‖ **ge|stalt|los** ‖ **Ge|stalt|the|ra|pie** (Psych.): *eine psychotherapeutische Behandlungsmethode* ‖ **Ge|stal|tung** die, -/-en ‖ **Ge|stal|tungs|kraft** ‖ **Ge|stal|tungs|prin|zip**

Ge|stam|mel das, -s (abw.): *unzusammenhängendes Sprechen;* → stammeln

ge|stan|den: eine gestandene *(erprobte, erfahrene)* Lehrerin; → stehen; → gestehen ‖ **ge|stän|dig:** der Verbrecher ist g. *(er gesteht seine Schuld)* ‖ **Ge|ständ|nis** das, -nisses/-nisse: ein G. ablegen *(seine Tat eingestehen)* ‖ **ge|ständ|nis|be|reit**

Ge|stän|ge das, -s/-: *die Stangen [bei einem Zelt]*

Ge|stank der, -[e]s: *schlechter Geruch*

Ge|sta|po [-st-] die, -: **Ge**heime **Sta**ats**po**lizei (zur Zeit des Nationalsozialismus)

ge|stat|ten: „Bis auf Widerruf gestatteter *(erlaubter)* Durchgang"; g. *(erlauben)* Sie?

ge|staubt (bes. St): ein gestaubtes *(zB mit Wasser verdünntes)* Achtel Wein; → stauben ‖ **Ge|staub|te** der, -n/-n, ein Gestaubter (ostöst.): *noch trüber Sturm;* → Staubige

Ges|te die, -/-n ⟨lat.⟩: *Gebärde, Handbewegung;* → Gestik

Ge|steck das, -[e]s/-e: *Blumenarrangement* | *Hutschmuck [aus Federn oder Gamsbart]* ‖ **ge|steckt** (ugs.) (in der Wendung): g. voll *(ganz voll, bis auf den letzten Platz voll);* → stecken

ge|ste|hen: er hat seine Schuld gestanden ‖ **Ge|ste|hungs|kos|ten** die (Pl.): *Herstellungskosten, Selbstkosten*

Ge|stein das, -[e]s/-e ‖ **Ge|steins|bro|cken** ‖ **Ge|steins|pro|be** ‖ **Ge|steins|schicht** = **Ge|steins|schich|te**

G

Ge|stell das, -[e]s/-e: *Konstruktion aus Stangen oÄ;* Fahrgestell
ge|stellt: ich werde morgen Früh g. *(fertig, abmarschbereit)* sein; → stellen || **Ge|stel|lungs|be|fehl** (veraltet): *Stellungsbefehl*

ges|tern:

seit gestern; von gestern bis heute; die Welt von gestern *(früher)*
Großschreibung der nachfolgenden Tageszeitangabe:
- gestern Nachmittag
- gestern Abend
- gestern Früh R→ S. 891, 1.3

G

ge|stie|felt: *in Stiefeln;* g. und gespornt; *aber:* der **G**estiefelte Kater *(eine Märchengestalt)*
Ges|tik die, - ⟨lat.⟩: G. und Mimik unterstützten seinen Vortrag || **ges|ti|ku|lie|ren:** *Gesten machen, mit den Händen reden* || **ges|tisch:** *auf Gesten bezogen*
Ges|ti|on die, -/-en ⟨lat.⟩ (Amtsspr.): *Amtsführung, Verwaltung* || **ges|ti|o|nie|ren** (Amtsspr.) || **Ges|ti|ons|be|richt** (Amtsspr.)
Ge|stirn das, -[e]s/-e (geh.): *ein [selbst] leuchtender Himmelskörper* || **ge|stirnt** (geh.): *mit Sternen bedeckt;* der gestirnte Himmel
Ge|stö|ber das, -s/-: *Schneegestöber* | *das Stöbern [in einer Lade]*
ge|sto|chen: in g. scharfer *(präziser, klarer)* Handschrift; → stechen
ge|stockt → stocken
Ge|stöhn das, -[e]s = **Ge|stöh|ne,** -s: *fortwährendes Stöhnen*
ge|stopft, *auch:* gstopft (ugs., sal., oft abw.): *reich* || **Ge|stopf|te**[1] der, -n/-n, *auch:* Gstopfte[1], ein Gestopfter (ugs., sal., oft abw.) || **Ge|stopf|te**[2] die, -n/-n, *auch:* Gstopfte[2] (ugs., sal., oft abw.)
ge|stor|ben (gest.); → sterben
ge|stört: ein gestörtes *(schlechtes)* Verhältnis zu jemandem haben; geistig g. *(behindert);* → stören
Ge|stot|ter das, -s: *das Stottern*
Ge|sträuch das, -[e]s/-e: *Ansammlung von Sträuchern*
Ge|strau|chel|te[1] der, -n/-n, ein Gestrauchelter: *auf die schiefe Bahn Geratener;* → straucheln || **Ge|strau|chel|te**[2] die, -n/-n
ge|streckt (veraltend): ein gestreckter *(verlängerter)* Kaffee; → strecken || **Ge|streck|te** der, -n/-n (veraltend): *Verlängerte*
ge|streift: ein rot gestreiftes (= rotgestreiftes) Kleid
ge|streng (geh.): *streng*
ge|stri|chen → streichen
gest|ri|ge: der g. Tag | g. *(altmodische) Ansichten*
Ge|strüpp das, -[e]s/-e: *dichtes Gesträuch*
Ge|stühl das, -[e]s/-e: *Gesamtheit der Sessel oÄ in einem Saal, einer Kirche o. dgl.*
Ge|stüt das, -[e]s/-e: *Pferdezuchtanstalt*
ge|stylt [-'staı-]; → stylen
Ge|such das, -[e]s/-e: *Ansuchen, Antrag, Bitte* || **Ge|such|stel|ler** der, -s/- (Amtsspr.) || **Ge|such|stel|le|rin** die, -/-innen (Amtsspr.) || **ge|sucht:** *unnatürlich, gekünstelt;* eine gesuchte Aussprache; → suchen
Ge|su|de|re das, -s (W, ugs.): *Gejammere;* → sudern

ge|sund,

gesünder/am gesündesten: ein gesundes Kind; Höhenluft ist gesund *(gesundheitsfördernd)*
Getrenntschreibung bei wörtlicher Bedeutung:
- gesund bleiben
- gesund sein

Getrennt- und Zusammenschreibung mit Verben, die ein Resultat herbeiführen:
- jemanden gesund machen (= gesundmachen)
- jemanden gesund pflegen (= gesundpflegen) R→ S. 900, 1.5.2

Zusammenschreibung bei übertragener Bedeutung:
- gesundbeten *(durch Gebete zu heilen versuchen)*
- gesundschreiben *(aus dem Krankenstand entlassen)*
- sich gesundstoßen (reg., sal., oft abw.: *sich bereichern)*
- eine Firma gesundschrumpfen *(weniger profitable Bereiche schließen)* R→ S. 900, 1.5.1

ge|sund|be|ten (oft abw.): *durch Worte zu heilen versuchen;* → G.: krankjammern || **ge|sun|den** (geh.): *gesund werden* || **Ge|sun|den|un|ter|su|chung:** *Untersuchung zur Früherkennung von Krankheiten* || **Ge|sund|heit:** bei bester G. sein; G.! *(ein Ausruf, wenn jemand niest)* || **ge|sund|heit|lich** || **Ge|sund|heits|amt** || **Ge|sund|heits|be|ruf** || **Ge|sund|heits|ein|rich|tung** || **ge|sund|heits|för|dernd** || **Ge|sund|heits|för|de|rung** || **ge|sund|heits|ge|fähr|dend** || **Ge|sund|heits|ge|fähr|dung** || **ge|sund|heits|hal|ber** || **Ge|sund|heits|leh|re** || **Ge|sund|heits|mi|nis|ter** || **Ge|sund|heits|mi|nis|te|rin** || **Ge|sund|heits|mi|nis|te|ri|um:** *Bundesministerium für Gesundheit, Familie und Jugend* || **Ge|sund|heits|po|li|tik** || **Ge|sund|heits|po|li|zei:** *Sanitätspolizei (zuständig zB für die Bekämpfung von Seuchen)* || **ge|sund|heits|po|li|zei|lich** || **ge|sund|heits|schäd|lich** || **Ge|sund|heits|spre|cher** (Pol.) || **Ge|sund|heits|spre|che|rin** (Pol.) || **Ge|sund|heits|spren|gel** (Amtsspr.): *Verwaltungsbereich der Fürsorge für ambulante und stationäre Dienste;* Gesundheits- und Sozialsprengel || **Ge|sund|heits|stadt|rat** || **Ge|sund|heits|stadt|rä|tin** || **Ge|sund|heits|sys|tem** [-zy-] || **Ge|sund|heits|te|le|fon:** *ein telefonischer Service* || **Ge|sund|heits|vor|sor|ge** || **Ge|sund|heits|we|sen** || **Ge|sund|heits|zu|stand** || **ge|sund ma|chen** = **ge|sund|ma|chen** || **ge|sund pfle|gen** = **ge|sund|pfle|gen** || **ge|sund|schrei|ben:** den Patienten g. *(aus dem Krankenstand entlassen);* → G.: krankschreiben || **ge|sund|schrump|fen:** eine Firma g. *(weniger profitable Bereiche schließen)* || **ge|sund|sto|ßen** sich (reg., sal., oft abw.): *sich bereichern* || **Ge|sun|dung** die, -: *Genesung*
Ge|tä|fel das, -s || **ge|tä|felt:** *mit Holz verkleidet*
Ge|tier das, -[e]s (geh.): *die Tiere*
ge|ti|gert: eine getigerte *(gestreifte)* Katze; → tigern
Ge|tö|se das, -s; → tosen
ge|tra|gen: *ruhig vorgetragen;* getragene Musik; → tragen
Ge|tränk das, -[e]s/-e: alkoholfreie Getränke || **Ge|trän|ke|fla|sche** || **Ge|trän|ke|kar|te** (Gast.) || **Ge|trän|ke|kar|ton** || **Ge|trän|ke|kis|te** || **Ge|trän|ke|kon|sum** || **Ge|trän|ke|pa|ckerl** || **Ge|trän|ke|steu|er**
Ge|trat|sche das, -s: *das Tratschen*
ge|trau|en sich: ich getraue mich/mir nicht, das zu tun
Ge|trei|de das, -s/-: G. ernten; G. mahlen || **Ge|trei|de|an|bau** || **Ge|trei|de|ern|te** || **Ge|trei|de|feld** || **Ge|trei|de|korn** || **Ge|trei|de|si|lo** || **Ge|trei|de|vor|rat**
ge|trennt: g. leben; → trennen || **ge|trennt le|bend** = **ge|trennt|le|bend:** g. lebende Eheleute || **Ge-**

trennt|schrei|bung die, -: G. von Wörtern; Zusammen- und G.

ge|treu (Adj.): *entsprechend;* eine getreue Wiedergabe; seiner Überzeugung g. handeln | (geh.) *treu* | (Präp. mit Dat.) g. *(gemäß)* ihrem Motto || **Ge|treue**[1] der, -n/-n, ein Getreuer || **Ge|treue**[2] die, -n/-n || **ge|treu|lich** (geh.): *treu, grundsatztreu*

Ge|trie|be das, -s/-: das G. *(die Antriebsvorrichtung)* eines Autos | im G. *(Trubel)* des Verkehrs

Ge|trie|ben|heit die, -: *Unruhe*

Ge|trom|mel das, -s; → trommeln

ge|trost (geh.): „Sei getrost *(zuversichtlich; unbesorgt)*!"; g. *(ohne Sorge)* fortgehen

Get|schent|sche das, -s (K, ugs.): *Geraunze, Gejammere;* → tschentschen

Get|to = → Ghetto || **Get|to|blas|ter** = → Ghettoblaster

Get|to|ge|ther [-tə'geðə] das, -[s]/-[s] (sal.) ⟨engl.⟩: *Meeting, Zusammentreffen*

get|to|i|sie|ren = → ghettoisieren || **Get|to|i|sie|rung** = → Ghettoisierung

Ge|tu das, -[e]s = **Ge|tue** [-'uːɛ], -s (ugs.): kein großes G. *(nicht viel Aufhebens)* machen

Ge|tüm|mel das, -s/-: im G. *(Trubel)* des Verkehrs

Ge|tu|schel das, -s; → tuscheln

Ge|vat|ter der, -s/-[n] (veraltet): *Taufpate* | *Vetter* | *Nachbar, Bekannter* || **Ge|vat|te|rin** die, -/-innen (veraltet)

Ge|viert das, -[e]s/-e: → *Häusergeviert*

Ge|wächs [-ks] das, -es/-e: *Pflanze* | *Geschwulst;* ein bösartiges G. || **ge|wach|sen:** groß g.; jemandem g. *(ebenbürtig)* sein; der Situation g. sein; → wachsen || **Ge|wächs|haus:** *Glashaus*

ge|wagt: *bedenklich, gefährlich, kühn;* eine gewagte These; → wagen || **Ge|wagt|heit** die, -

ge|wählt: eine gewählte *(wohl überlegte, gepflegte)* Ausdrucksweise; → wählen || **Ge|wählt|heit** die, -

ge|wahr (geh.): des Fehlers/den Fehler g. werden *(ihn bewusst wahrnehmen)*

Ge|währ die, -: *Bürgschaft, Sicherheit, Haftung;* ohne G.; → Gewähr leisten = gewährleisten

ge|wah|ren (geh.): *wahrnehmen, sehen*

ge|wäh|ren: eine Unterstützung g. *(geben)* | jemanden g. lassen *(ohne einzugreifen tun lassen)* || **Ge|währ leis|ten** = **ge|währ|leis|ten:** *sichern, garantieren;* ihre Mitarbeit gewährleistet den Erfolg; ich leiste Gewähr (= ich gewährleiste); Gewähr zu leisten (= zu gewährleisten); Gewähr geleistet (= gewährleistet) || **Ge|währ|leis|tung** (Jus): *die gesetzliche Haftung für Mängel;* die G. des Händlers || **Ge|währ|leis|tungs|aus|schluss** (Jus) || **Ge|währ|leis|tungs|pflicht** (Jus) || **Ge|währ|leis|tungs|recht** (Jus)

Ge|wahr|sam der, -s (geh.): *Obhut, Besitz;* etwas in seinen G. bringen | (Amtsspr.) einen Dieb in G. nehmen *(ihn verhaften, ihn einsperren)* || **Ge|wahr|sa|me** die, -(Amtsspr.): jemanden in polizeiliche G. *(in Haft)* nehmen || **Ge|wahr|sein** das, -s (geh.)

Ge|währs|frau: *Frau, auf deren Mitteilung man sich beruft* || **Ge|währs|mann** der, -[e]s/-männer [-leute] || **Ge|währs|per|son** || **Ge|wäh|rung** die, -/-en

Ge|walt die, -/-en: die gesetzgebende G. *(Legislative);* die vollziehende G. *(Exekutive)* | sich in der G. *(unter Kontrolle)* haben | (ohne Pl.) mit aller G. *(Macht, unbedingt);* jemandem G. antun *(jemanden zB misshandeln, vergewaltigen)* | das ist höhere G. *(nicht zu ändern, zB bei Naturkatastrophen)* || **Ge|walt|akt** || **Ge|walt|aus|bruch** || **ge|walt|be|reit:** gewaltbereite Demonstranten || **Ge|walt|be|reit|schaft** || **Ge|wal|ten|tei|lung** (Jus, Pol.): *Gewaltentrennung* || **Ge|wal|ten|tren|nung** (Jus, Pol.): *ein demokratischer Grundsatz des Rechtsstaates; Trennung von Gesetzgebung, Rechtssprechung und Verwaltung* || **ge|walt|frei** || **Ge|walt|ge|ber** (Jus): *Vollmachtgeber* || **Ge|walt|ge|be|rin** (Jus) || **Ge|walt|ha|ber** der, -s/- (selten): *jemand, der auf Grund seiner Stellung rücksichtslos Macht ausübt;* → Machthaber | (Jus) *Bevollmächtigter* || **Ge|walt|ha|be|rin** die, -/-innen || **Ge|walt|herr|schaft** || **ge|wal|tig:** der gewaltigste *(mächtigste)* Herrscher | der Ansturm war g. *(bes. groß);* sie hat sich g. *(sehr)* verbessert || **ge|walt|los** || **Ge|walt|marsch** || **Ge|walt|mensch** || **Ge|walt|op|fer** || **ge|walt|sam** || **Ge|walt|tat** || **Ge|walt|tä|ter:** *jemand, der ein Gewaltverbrechen verübt* || **Ge|walt|tä|te|rin** || **ge|walt|tä|tig** || **Ge|walt|tä|tig|keit** || **Ge|walt|ver|bre|chen:** *Raub, Mord u. dgl.* || **Ge|walt|ver|zicht**

Ge|wand das, -[e]s/-wänder: *Kleidung;* Alltagsgewand || **ge|wan|det** (veraltet): festlich g. *(gekleidet)* sein || **Ge|wand|laus:** *ein Ungeziefer* | (abw.) *ein zudringlicher Mensch*

ge|wandt: *geschickt;* ein gewandtes Auftreten | *flink* || **Ge|wandt|heit** die, -

Ge|wan|dung die, -/-en (geh.): *besondere Kleidung*

ge|wann → gewinnen

ge|wär|tig (geh.): einer Strafe g. sein *(auf sie gefasst sein)* || **ge|wär|ti|gen** (geh.): es ist Sturm zu g. *(man muss mit Sturm rechnen)*

Ge|wäsch das, -es (abw.): *sinnloses Gerede*

Ge|wäs|ser das, -s/-: die G. *(Bäche, Flüsse und Seen)* eines Landes || **Ge|wäs|ser|be|las|tung** || **Ge|wäs|ser|gü|te** || **Ge|wäs|ser|na|me,** *auch:* **Ge|wäs|ser|na|men** || **ge|wäs|ser|reich** || **Ge|wäs|ser|schutz**

Ge|we|be das, -s/-: synthetisches G.; Körpergewebe || **Ge|we|be|flüs|sig|keit** (Med.) = Gewebsflüssigkeit || **Ge|we|be|trans|plan|ta|ti|on** [-tsi-] = Gewebstransplantation

Ge|wehr das, -[e]s/-e: *eine Schusswaffe;* Jagdgewehr; wir stehen G. bei Fuß *(kampfbereit)* || **Ge|wehr|kol|ben:** *hinterer Teil des Gewehrschafts* || **Ge|wehr|lauf** || **Ge|wehr|mün|dung** || **Ge|wehr|schaft**

Ge|weih das, -[e]s/-e: *paarweise Knochenauswüchse auf der Stirn männlicher Hirsche, Rehe ua.*

Ge|wer|be das, -s/-: ein G. *(einen Beruf)* ausüben; freies G. *(Beruf, für dessen Ausübung kein Befähigungsnachweis erforderlich ist)* || **Ge|wer|be|auf|sicht** || **Ge|wer|be|be|rech|ti|gung** (Wirt.): *Befugnis für die Ausübung eines Gewerbes* || **Ge|wer|be|be|trieb** || **Ge|wer|be|frei|heit** || **Ge|wer|be|ge|biet:** *Gebiet, in dem viele Betriebe angesiedelt sind* || **Ge|wer|be|ober|schu|le** (SüdT) (Bildw.) || **Ge|wer|be|ord|nung** (Wirt.): *Gesetz, das die Ausübung eines Gewerbes regelt* || **Ge|wer|be|re|gis|ter** (Amtsspr.): Zentrales G. *(Register der Gewerbeberechtigungen von Unternehmen)* || **Ge|wer|be|schein** (früher): *Gewerbeberechtigung* || **ge|wer|be|trei-**

bend: gewerbetreibende Wirtschaft ‖ **Ge|wẹr|be|trei|ben|de**[1] der, -n/-n, ein Gewerbetreibender ‖ **Ge|wẹr|be|trei|ben|de**[2] die, -n/-n ‖ **ge|wẹrb|lich:** g. *(nicht fabriksmäßig)* erzeugte Waren; gewerblich Wirtschaft ‖ **Ge|wẹrbs|mann** (Jus): *der befugte (konzessionierte) Gewerbetreibende* ‖ **ge|wẹrbs|mä|ßig:** *beruflich, professionell*

Ge|wẹrk das, -[e]s/-e (fachspr.): *Handwerk | Innung, Zunft* ‖ **Ge|wẹr|ke** der, -n/-n: *Mitglied einer Bergbau- oder Metallverarbeitungsgenossenschaft* | (früher) *Besitzer eines Bergwerks* ‖ **Ge|wẹrk|schaft** die, -/-en: *eine Interessenvertretung der Arbeitnehmer/innen;* G. öffentlicher Dienst; → Gewerkschaftsbund ‖ **Ge|wẹrk|schaf|ter** der, -s/-, *auch:* Gewerkschaftler: *Gewerkschaftsfunktionär* ‖ **Ge|wẹrk|schaf|te|rin** die, -/-innen, *auch:* Gewerkschaftlerin ‖ **ge|wẹrk|schaft|lich** ‖ **Ge|wẹrk|schafts|boss** ‖ **Ge|wẹrk|schafts|bund** der, -[e]s: Österreichischer Gewerkschaftsbund (ÖGB) ‖ **Ge|wẹrk|schafts|funk|ti|o|när** [-tsi̯-] ‖ **Ge|wẹrk|schafts|funk|ti|o|nä|rin**

ge|we̲|sen (veraltet): *ehemalig;* Maria Bauer, gewesene Schneiderin; → sein

Ge|wịcht das, -[e]s/-e: er kann sein G. nicht halten *(nimmt zu bzw. ab);* ins G. fallen *(entscheidend sein)* ‖ **ge|wịch|ten:** die Argumente unterschiedlich g. *(ihnen unterschiedliche Bedeutung beimessen)* ‖ **Ge|wịcht|he|ben:** *eine Sportdisziplin* ‖ **Ge|wịcht|he|ber** der, -s/- ‖ **Ge|wịcht|he|be|rin** die, -/-innen ‖ **ge|wịch|tig:** ein gewichtiger *(wichtiger, ins Gewicht fallender)* Einwand ‖ **Ge|wịch|tig|keit** die, - ‖ **Ge|wịchts|klas|se** (Sport): *nach dem Körpergewicht bestimmte Klasse in manchen Sportarten* ‖ **Ge|wịchts|kon|trol|le** ‖ **Ge|wịchts|ver|la|ge|rung** ‖ **Ge|wịchts|ver|lust** ‖ **Ge|wịch|tung** die, -/-en

ge|wi̲eft: ein gewiefter *(schlauer, durchtriebener)* Bursche ‖ **Ge|wi̲eft|heit** die, -

ge|wi̲egt: ein gewiegter *(sehr erfahrener, tüchtiger)* Geschäftsmann

Ge|wie̲|her das, -s

ge|wịll|kürt (Jus): *vom Willen bestimmt;* die gewillkürte *(testamentarische, nicht gesetzliche)* Erbfolge

ge|wịllt (geh.): g. *(willens, bereit)* sein, etwas zu tun

Ge|wịm|mel das, -s: ein G. von Ameisen

Ge|wịm|mer das, -s

Ge|wịn|de das, -s/-: *rundes [Metall]stück mit schraubenförmigen Rillen;* Schraubengewinde ‖ **Ge|wịn|de|boh|rer** ‖ **Ge|wịn|de|schnei|der:** *ein Werkzeug*

Ge|wịnn

der, -[e]s/-e
Getrenntschreibung:
– einen Gewinn ausschütten *(auszahlen)*
– großen Gewinn bringend
Getrennt- und Zusammenschreibung:
– Gewinn bringende (= gewinnbringende) Investitionen
R→ S. 903, 2.2.1
Zusammenschreibung bei Steigerung oder näherer Bestimmung der ganzen Fügung:
– am gewinnbringendsten
– äußerst gewinnbringende Investitionen

Ge|wịnn|an|teil (Wirt.): *Dividende* ‖ **Ge|wịnn|aus|schüt|tung** (Wirt.) ‖ **Ge|wịnn|be|tei|li|gung** (Wirt.) ‖ **Ge|wịnn brin|gend** = **ge|wịnn|brin|gend** → Gewinn ‖ **Ge|wịnn|chan|ce** [-ʃɑ̃ːs] ‖ **Ge|wịnn|ein|bruch** (Wirt., Bankw.): *Rückgang bei Gewinn bzw. Absatz* ‖ **ge|wịn|nen,** gewann/gewonnen: die Wette g. | Zeit g.; sie hat mein Vertrauen gewonnen; Abstand zu jemandem/etwas g. | ein gewinnendes *(einnehmendes)* Wesen; ihre Leistung gewann an Bedeutung | Erdöl g. *(fördern)* ‖ **Ge|wịn|ner** der, -s/- ‖ **Ge|wịn|ne|rin** die, -/-innen ‖ **Ge|wịnn|er|mitt|lung** ‖ **Ge|wịnn|ma|xi|mie|rung** ‖ **Ge|wịnn|mit|nah|me** (Börse): *Aktienverkauf, um Kursgewinne einzustreifen* ‖ **Ge|wịnn|num|mer:** *[Lotto]nummer, die einen Gewinn erzielt hat* ‖ **Ge|wịnn|op|ti|mie|rung** ‖ **ge|wịnn|ori|en|tiert:** *auf Gewinn ausgerichtet* ‖ **Ge|wịnn|schein** ‖ **Ge|wịnn|span|ne** (Wirt.): *ein Teil der Handelsspanne* ‖ **Ge|wịnn|spiel:** *Preisausschreiben* ‖ **Ge|wịnn|stre|ben** das, -s ‖ **Ge|wịnn|sucht:** *Habgier* ‖ **Ge|wịnn|sum|me** ‖ **ge|wịnn|träch|tig:** *Gewinn bringend* ‖ **Ge|wịn|nung** die, -: *Förderung [von Erz, Erdöl]* ‖ **Ge|wịnn|war|nung** (Wirt., Börse): *Information einer AG, dass die Gewinne geringer ausfallen könnten als prognostiziert* ‖ **Ge|wịnn|zo|ne** (Wirt.): *gewinnbringender Bereich*

Ge|wịn|sel das, -s: das G. *(Winseln)* des Hundes

Ge|wịnst der, -[e]s/-e (veraltet): *Gewinn [beim Preisschießen]*

Ge|wịrkst, *auch:* Gewirks → Gwirkst

Ge|wịrr das, -[e]s/-e: *Durcheinander;* ein G. von Stimmen; ein G. von engen Gassen

Ge|wịs|per das, -s; → wispern

ge|wịss[1], gewisser/am gewissesten (Adj.): ein gewisser Herr Nagl *(ein nicht näher bekannter Herr namens Nagl)* | (Großschreibung) etwas **G**ewisses; nichts **G**ewisses ‖ **ge|wịss**[2] (Adv.): sie ruft g. *(bestimmt)* noch an ‖ **Ge|wịs|sen** das, -s/-: ein schlechtes G. haben; etwas auf dem G. haben *(an etwas schuld sein);* jemandem ins G. reden *(jemanden warnen, positiv beeinflussen wollen)* ‖ **ge|wịs|sen|haft:** *sorgfältig, ordentlich, genau* ‖ **Ge|wịs|sen|haf|tig|keit** die, - ‖ **ge|wịs|sen|los:** *rücksichtslos, ohne moralische Grundsätze* ‖ **Ge|wịs|sen|lo|sig|keit** die, -/-en ‖ **Ge|wịs|sens|bis|se** die (Pl.): G. *(ein schlechtes Gewissen, Schuldgefühle)* haben ‖ **Ge|wịs|sens|er|for|schung** ‖ **Ge|wịs|sens|fra|ge** ‖ **Ge|wịs|sens|frei|heit** ‖ **Ge|wịs|sens|grün|de** die (Pl.): aus Gewissensgründen den Militärdienst verweigern ‖ **Ge|wịs|sens|kon|flikt:** in einen G. geraten ‖ **Ge|wịs|sens|prü|fung** ‖ **ge|wịs|ser|ma|ßen** [auch: -ˈaː-]: *sozusagen* ‖ **Ge|wịss|heit** die, -: die sichere G. *(Sicherheit)* haben, dass ...

Ge|wịt|ter das, -s/- ‖ **Ge|wịt|ter|front:** *vordere Grenze einer Schlechtwetterzone* ‖ **ge|wịt|tern:** es gewittert *(blitzt und donnert)* ‖ **Ge|wịt|ter|nei|gung:** *meteorologisch-atmosphärische Bedingungen zur Ausbildung von Gewittern* ‖ **Ge|wịt|ter|re|gen** ‖ **Ge|wịt|ter|stim|mung** ‖ **Ge|wịt|ter|sturm** ‖ **Ge|wịt|ter|wol|ke** ‖ **Ge|wịt|ter|zel|le** ‖ **ge|wịtt|rig:** ein gewittriger Tag

ge|wịt|zigt (veraltet): *durch Schaden klug, vorsichtig geworden* ‖ **ge|wịtzt:** *schlau, erfahren* ‖ **Ge|wịtzt|heit** die, -

ge|wo|gen: jemandem [sehr] g. *(freundlich gesinnt)* sein
ge|wöh|nen: ich habe mich an seine Art gewöhnt; daran bin ich gewöhnt ‖ **Ge|wohn|heit** die, -/-en: *wiederkehrende, selbstverständliche Handlung* ‖ **ge|wohn|heits|mä|ßig** ‖ **Ge|wohn|heits|mensch** ‖ **Ge|wohn|heits|recht** (Jus) ‖ **Ge|wohn|heits|sa|che** ‖ **Ge|wohn|heits|trin|ker** ‖ **Ge|wohn|heits|trin|ke|rin** ‖ **Ge|wohn|heits|ver|bre|cher** ‖ **Ge|wohn|heits|ver|bre|che|rin** ‖ **ge|wöhn|lich:** *herkömmlich* | *üblich* | *ordinär* ‖ **Ge|wöhn|lich|keit** die, -/-en ‖ **ge|wohnt:** seiner gewohnten Arbeit nachgehen; ich bin [es] g., früh aufzustehen ‖ **gewöhnt** → gewöhnen ‖ **Ge|wöh|nung** die, - ‖ **ge|wöh|nungs|be|dürf|tig** ‖ **Ge|wöh|nungs|ef|fekt**
Ge|wöl|be das, -s/-: *bogenförmiger Plafond* | (veraltet) *Geschäftslokal*
Ge|wölk das, -[e]s (geh.): *Wolken*
ge|wollt: ein gewolltes *(gewünschtes, geplantes)* Kind | etwas wirkt g. *(gekünstelt);* → wollen
Ge|wühl das, -[e]s: im G. *(Gewimmel) der Straße*
Ge|wurl das, -s (ugs.): beim Ausverkauf gab es ein G. *(Gewimmel, Gedränge)*
Ge|würm das, -[e]s (geh.): *Würmer, Kriechtiere uÄ*
Ge|würz das, -es/-e: ein scharfes G.; den Geschmack mit Gewürzen verfeinern ‖ **Ge|würz|kraut** ‖ **Ge|würz|mi|schung** ‖ **Ge|würz|nel|ke:** *ein Gewürz* ‖ **Ge|würz|pflan|ze** ‖ **Ge|würz|sträuß|chen** = **Ge|würz|sträu|ßerl:** *Strauß aus Zimtrinden, Gewürznelken uÄ* ‖ **Ge|würz|tra|mi|ner:** *eine Reb- und Weinsorte*
ge|wusst → wissen
Gey|sir ['gaɪ-, auch: -'ziːə] der, -s/-e, *auch:* Geiser, -s/- ⟨isländisch⟩: *heiße Springquelle*
gez.: gezeichnet
ge|zählt: gezählte hundert Tage *(sage und schreibe, erstaunlicherweise so viele);* → zählen
ge|zähnt → zähnen
Ge|zänk das, -[e]s, *auch:* **Ge|zän|ke,** -s: *fortwährendes Zanken*
ge|zeich|net (mit Abkürzung gez.): g. *(unterschrieben)* Hans Müller; → zeichnen
Ge|zei|ten die (Pl.): *der Wechsel von Ebbe und Flut* ‖ **Ge|zei|ten|wech|sel** [-ks-]
Ge|ze|ter das, -s (abw.): *Geschrei*
ge|zielt → zielen
ge|zie|men sich (geh.): es geziemt *(gehört)* sich nicht ‖ **ge|zie|mend:** *gebührend*
ge|ziert: *affektiert, gekünstelt;* → zieren ‖ **Ge|ziert|heit** die, -
Ge|zir|pe das, -s
Ge|zisch das, -[e]s = **Ge|zi|sche** das, -s ‖ **Ge|zi|schel** das, -s
Ge|zücht das, -[e]s (geh., abw.): *Brut*
ge|zückt → zücken
Ge|zwit|scher das, -s: das ununterbrochene G. der Vögel im Wald
ge|zwun|gen: ein gezwungenes *(nicht freiwilliges, unnatürliches)* Lächeln; → zwingen ‖ **ge|zwun|ge|ner|ma|ßen** [auch: -'aː-]: *einem Zwang folgend* ‖ **Ge|zwun|gen|heit** die, -
Gfrasst = **Gfrast** das, -[e]s/-er (ugs., abw.): *schlimmes Kind* | *schlechter, gemeiner Mensch*
Gfrett = → Gefrett
Gfrieß das, -[es]/-er, *auch:* Gefrieß (ugs., abw.): *Gesicht* ‖ **Gfrie|ßerl** das, -s/-[n] (ugs.): *[herziges] Gesichtchen* | *Kind*
gfüh|rig, *auch:* geführig (ugs.): der Schnee ist g. *(gut mit Skiern zu befahren)*
ggA [ge ge 'aː] = **g. g. A.: g**eografisch **g**eschützte **A**ngabe *(europäisches Qualitätsgütesiegel für traditionelle Agrarprodukte, zB Wachauer Marille)*
ggf.: ge**g**ebenen**f**alls
Gha|na: *afrikanischer Staat*
Ghet|to ['gɛ-] = Getto das, -[s]/-s ⟨it.⟩: *Bereich einer [unerwünschten] Isoliertheit* | (Gesch.) *abgeschlossenes Stadtviertel, in dem Juden wohnen mussten* | (im Nationalsozialismus) *Bezirk, in den Juden verschleppt wurden* ‖ **Ghet|to|blas|ter** = Gettoblaster der, -s/- ⟨it.+engl.⟩: *leistungsstarker (auf Schultern) tragbarer Kassettenrekorder* ‖ **ghet|to|i|sie|ren** = gettoisieren ⟨it.⟩: *in einem Getto zusammenfassen* ‖ **Ghet|to|i|sie|rung** = Gettoisierung die, -/-en
Ghört|sich ['k-] → Gehörtsich
Ghost|wri|ter ['gəʊstraɪ-] der, -s/- ⟨engl.⟩: *jemand, der für einen anderen Bücher, Reden oÄ verfasst, aber ungenannt bleibt* ‖ **Ghost|wri|te|rin** die, -/-innen
GHz: Giga**h**ert**z**
Gib|bon der, -s/-s ⟨fr.⟩: *ein kleiner Menschenaffe*
Gi|bral|tar [auch: -'taːr, -'ra-]: *britisches Gebiet an der Südküste Spaniens*
gibt → geben
Gicht die, - (Med.): *eine Stoffwechselkrankheit* ‖ **gicht|brü|chig** (veraltet): *durch Gicht verkrüppelt* ‖ **gich|tig** ‖ **Gicht|kno|ten** (Med.)
gick|sen: *mit der Stimme umschnappen;* die Klarinette gickst
Gie|bel der, -s/-: *oberster [dreieckiger] Teil der Hauswand zwischen den schrägen Dachseiten* ‖ **Giebel|dach**
Gier die, -: blinde G. ‖ **gie|ren** (geh.): *gierig sein;* er giert nach Aufmerksamkeit ‖ **gie|rig**
Gieß|bach: *rasch fließender [Gebirgs]bach* ‖ **gie|ßen,** du gießt/goss/gegossen: die Blumen g. | es gießt *(regnet)* in Strömen | Silber g. *(schmelzen, in Formen gießen und erstarren lassen);* Kerzen g. ‖ **Gie|ßer** der, -s/-: *jemand, der in einer Gießerei arbeitet* ‖ **Gie|ße|rei** die, -/-en: *Betrieb, in dem Metall gegossen wird* ‖ **Gie|ße|rin** die, -/-innen ‖ **Gieß|form** ‖ **Gieß|kan|ne** ‖ **Gieß|kan|nen|prin|zip** das, -s (abw.): Subventionen nach dem G. *(für alle gleich, ohne Schwerpunkte)* verteilen
GIF (EDV): **G**raphics **I**nterchange **F**ormat *(Dateinamenerweiterung für ein Bildformat)* ‖ **GIF-Da|tei** (EDV)
Gift das, -[e]s/-e: *Stoff, der schädlich oder tödlich ist;* Rattengift; auf etwas G. nehmen können *(sicher damit rechnen können)* ‖ **Gift|at|ten|tat** ‖ **Gift|drü|se** (Zool.) ‖ **gif|teln** (ugs.): *böse Bemerkungen machen, die gute Atmosphäre vergiften* | *Rauschgift konsumieren* ‖ **gif|ten** (ugs.): das wird ihn g. *(ärgern);* darüber hast du dich gegiftet ‖ **Gift|gas** ‖ **gift|grün** ‖ **gift|häl|tig,** *auch:* gifthaltig ‖ **gif|tig:** giftige Beeren | (ugs.) *zornig* ‖ **Gift|kü|che** (oft abw.): *Ort, an dem mit Giften hantiert, experimentiert wird* | (abw.) *Ort, von dem Intrigen u. dgl. ausgehen* ‖ **Gift|ler** der, -s/- (ugs., abw.): *Drogensüchtiger* ‖ **Gift|le|rin** die, -/-innen (ugs., abw.) ‖ **Gift|mi|scher** ‖ **Gift|mi|sche|rin** ‖ **Gift|mord** ‖ **Gift|müll** (Ökol.): *chemischer, für Organismen giftiger Müll* ‖ **Gift|pflan|ze** ‖ **Gift|pilz** ‖ **Gift|schlan|ge** ‖ **Gift|schrank:** *Schrank in einer Apotheke, in dem Suchtgifte verwahrt werden* ‖ **Gift|schüp|pel** (ugs.): *widerspenstiger Haarschopf* |

G

(reg.) *ein zorniger Mensch* ‖ **Giftspritze:** *eine Vollzugsform der Todesstrafe [in den USA]* | (ugs.) *ein Schimpfwort* ‖ **Giftstachel** (Zool.) ‖ **Giftstoff** ‖ **Giftzahn** (Zool.) ‖ **Giftzwerg** (ugs., abw.): *boshafter Mensch*

Gig der, -s/-s ⟨engl.⟩: *Auftritt [bei Pop-, Jazzmusikern]*

Giga- ⟨gr.⟩ (G) (nur in Zusammensetzungen wie zB Gigabyte) ‖ **Gigabyte** [-baɪt] (GB) (EDV): *1 024 Megabyte;* → Byte ‖ **Gigahertz** (GHz) (Phys.): *10^9 Hertz* ‖ **Gigaliner** [-laɪ-]: *extrem langer Laster*

Gigant der, -en/-en ⟨gr.⟩: *(sagenhafter) Riese* | (Wirt.) *Unternehmen von Weltbedeutung;* ein neuer G. auf dem Computermarkt ‖ **gigantisch** ‖ **Gigantomanie** die, -: *Größenwahn, zB in der Architektur*

Gigerl der = das, -s/-[n] (W, veraltet): *Modegeck* ‖ **gigerlhaft** (W, veraltet): g. gekleidet sein

giggeln (westöst., mda.): *glucksen, kichern*

Gigolo [ʒ-] der, -s/-s ⟨fr.⟩: *Mann, der sich von Frauen aushalten lässt*

Gigue [ʒiːk, fr.: ʒig] die, -/-n ⟨fr.⟩ (Mus.): *ein Tanzsatz in der barocken Suite*

gilben (geh.): *vergilben;* Papier gilbt

Gilde die, -/-n: *eine Interessensvereinigung;* Faschingsgilde | (bes. früher) *eine Berufsvereinigung;* die G. der Maler

Gilet [ʒiˈleː] das, -s/-s ⟨fr.⟩: *eine ärmellose Weste*

gilt → gelten

Gimmick das, -s/-s ⟨engl.⟩: *Werbegeschenk [als Beilage zu einem Heft]*

Gimpel der, -s/-: *eine Finkenart, Dompfaff* | (geh., abw.) *ein einfältiger Mensch*

Gin [dʒɪn] der, -[s]/-s ⟨engl.⟩: *ein Wacholderschnaps*

ging → gehen

Ginko [-ŋkɔ] = Ginkgo [-ŋkɔ] der, -s/-s ⟨jap.⟩: *aus China stammender Baum; eine Arzneipflanze*

Ginseng der, -s/-s ⟨chin.⟩: *eine eine ostasiatische Arzneipflanze* ‖ **Ginsengwurzel**

Ginster der, -s/-: *eine Pflanzengattung*

Gipfel der, -s/-: der G. eines Berges; er steht auf dem G. *(auf der Höhe)* seines Ruhmes; das ist der G.! *(das ist eine Unverschämtheit!)* | (Pol.) *Kurzwort für Gipfelkonferenz* ‖ **Gipfelglück:** *das Glücksgefühl beim Erklimmen eines Berggipfels* ‖ **Gipfelkonferenz:** *Treffen leitender [politischer] Persönlichkeiten* ‖ **Gipfelkreuz:** *Kreuz auf einem Berggipfel* ‖ **gipfeln** (geh.): *seinen Höhepunkt erreichen;* das Ehedrama gipfelte in Amoklauf ‖ **Gipfelpunkt:** *höchster Punkt; Höhepunkt* ‖ **Gipfelsieg:** *Erklimmen eines [schwierigen] Berggipfels* ‖ **Gipfelstürmer:** *Bergsteiger* ‖ **Gipfelstürmerin** ‖ **Gipfeltreffen:** *Gipfelkonferenz*

Gips der, -es/-e: ein Loch in der Wand mit G. verputzen | (ugs.) *Gipsverband* ‖ **Gipsabdruck** der, -[e]s/-e ‖ **Gipsabguss:** *eine Kopie [einer klassischen Statue]* ‖ **Gipsbomber** (ugs., scherzh.): *Flugzeug, das verletzte Skitouristen heimfliegt* ‖ **Gipsbüste** ‖ **gipsen,** du gipst ‖ **gipsern:** *aus Gips* ‖ **Gipsfigur** ‖ **Gipsfuß** ‖ **Gipskorsett** (Med.): *ein Gipsverband* ‖ **Gipsverband**

Giraffe [ʒi-] die, -/-n ⟨arab.-it.⟩: *ein afrikanischer Paarhufer*

Girardihut [ʒi-], *auch:* Girardi: *ein flacher Strohhut (nach dem Schauspieler Girardi)*

girieren [ʒi-] ⟨it.⟩ (Kaufmannsspr.): *etwas, zB einen Wechsel, jemandem übertragen;* → Giro

Girl [gɜːl] das, -s/-s ⟨engl.⟩: *Mädchen* | *Tänzerin in einer Tanztruppe*

Girlande die, -/-n ⟨it./fr.⟩: *bogenförmig aufgehängtes Gewinde aus Reisig, Blumen, Papier uÄ*

Girlgroup [ˈgɜːlgruːp] die, -/-s ⟨engl.⟩ (Mus.): *Mädchenband [mit Tanzeinlagen];* → Boygroup ‖ **Girlie** [-li] das, -s/-s (sal., Jug.): *selbstbewusste modische junge Frau* ‖ **Girlie-Look** [-lʊk]: *eine Stilrichtung*

Girlitz der, -es/-e ⟨slowen.⟩: *ein Singvogel*

Girlpower [ˈgɜːlpaʊə] ⟨engl.⟩ (Soz.): *Ausdruck für zunehmendes Selbstbewusstsein und Einfluss von jungen Frauen, bes. in der Popkultur*

Giro [ˈʒiː-] das, -[s]/-s [Giri] ⟨it.⟩: *ein bargeldloser Zahlungsverkehr;* → girieren ‖ **Girokonto** ‖ **Girozentrale** (GZ): *Zentralinstitut der Sparkassen*

girren: *gurren, (mit hoher Stimme) schmeicheln;* → kirren

gis das, -/- (Mus.): *das um einen Halbton erhöhte G (g);* → Gis | gis-Moll ‖ **Gis** das, -/- (Mus.): *das um einen Halbton erhöhte G (g);* → gis | Gis-Dur

Gischt die, -/-en, *auch:* der, -[e]s/-e: *aufschäumendes Wasser [eines Wasserfalls, hoher Wellen]* ‖ **gischten**

Gis-Dur (Gis) (Mus.) ‖ **Gis-Dur-Tonleiter** (Mus.)

Gisela [auch: -ˈɛ-], *auch:* **Gisi:** *weibl. Vorname*

gis-Moll (gis) (Mus.) ‖ **gis-Moll-Tonleiter** (Mus.)

Gitarre die, -/-n ⟨gr.-span.⟩: *ein Zupfinstrument* ‖ **Gitarrenbegleitung** ‖ **Gitarrenriff** (Mus.) ‖ **Gitarrensolo** ‖ **Gitarrist** der, -en/-en ‖ **Gitarristin** die, -/-innen

Gitsche die, -/-n, *auch:* **Gitschen** die, -/- (K, T, mda.): *Mädchen*

Gitta = **Gitte:** *weibl. Vorname (Brigitta, Brigitte)*

Gitter das, -s/-: ein G. vor dem Fenster; Kanalgitter; hinter Gitter[n] *(ins/im Gefängnis)* ‖ **Gitterbett** ‖ **Gitterfenster** ‖ **Gitterrost** ‖ **Gitterstab** ‖ **Gitterstange** ‖ **Gitterzaun**

Gitti → Gitta

Give-away [ˈgɪvəweɪ] = **Giveaway** das, -s/-s ⟨engl.⟩: *kleines [Werbe]geschenk [zum Abschied]*

Gizi der, - (reg., bes. W): *Zorn*

GKB [ge ka ˈbeː] die, - (Verk.): **G**raz-**K**öflacher **B**ahn; → Köflacherbahn

GKK: **G**ebiets**k**ranken**k**asse

Glacee [-ˈseː] = Glacé das, -s/-s ⟨fr.⟩: *ein Gewebe* ‖ **Glaceehandschuh** = Glacéhandschuh: *Handschuh aus sehr weichem, glattem Leder;* jemanden mit Glaceehandschuhen anfassen *(schonend behandeln)* ‖ **glacieren** [-s-]: *Speisen [mit Gelee, Butter] glänzend machen;* → glasieren ‖ **Glacis** [-ˈsiː] das, - [-ˈsiːs]/- [-ˈsiːs] (früher): *unverbautes Gelände vor der Stadt- oder Festungsmauer*

Gladiator der, -s/-en [-ˈoː-] ⟨lat.⟩: *Schaukämpfer (im alten Rom)* ‖ **Gladiole** die, -/-n: *eine Pflanzengattung*

Glamour [ˈglæmə]

der = das, -s/-s ⟨engl.⟩: *glitzernde [erotische] Aufmachung*

Das englische Wort Glamour wird korrekt nur [ˈglæmə] **ausgesprochen.** Auf Grund des Schriftbildes und unter Einfluss des dazugehörigen Adjektivs glamourös [glamu'rø:s] wird man allerdings oft fälschlich auch zur französischen Aussprache [gla'mu:ə] verleitet.

gla|mou|rös [glamur-] ⟨engl.+fr.⟩: *[erotisch] blendend, bezaubernd*
Glanz der, -es: in vollem G. ‖ **glän|zen,** du glänzt: durch Abwesenheit g. *(auffallen)* ‖ **glän|zend:** mir geht es g. *(hervorragend);* g. schwarze Schuhe ‖ **Glanz|leis|tung** ‖ **Glanz|licht** das, -[e]s/-er: die Glanzlichter *(Höhepunkte)* der Veranstaltung ‖ **glanz|los** ‖ **Glanz|num|mer:** *beste Nummer einer Darbietung* ‖ **Glanz|punkt:** *Höhepunkt* ‖ **Glanz|rol|le** ‖ **Glanz|stück:** dieses Bild ist das G. der Ausstellung ‖ **glanz|voll** ‖ **Glanz|zeit:** die G. einer Künstlerin
gla|ren (V, mda.): *starren;* → gluren ‖ **Gla|re** die (Pl.) (V, mda.): *Augen*
Gla|rus: *Schweizer Kanton und Stadt*
Glas das, -es/Gläser: ein G. Wein | (in Mengenangaben auch mit Pl. Glas) zwei Glas *(Gläser)* Milch | (Pl.) *Augengläser* ‖ **glas|ar|tig** ‖ **Glas|au|ge:** *Ersatzauge aus Glas* ‖ **Glas|blä|ser** ‖ **Glas|blä|se|rei** die, -/-en ‖ **Glas|blä|se|rin** ‖ **Glas|dach** ‖ **Gla|ser** der, -s/-: *eine Berufsbezeichnung* ‖ **Gla|se|rei** die, -/-en ‖ **Gla|se|rer** der, -s/- (ugs.): *Glaser* ‖ **Gla|se|rin** die, -/-innen ‖ **Gla|serl** das, -s/-[n]: *Gläschen;* ein G. Wein; → Glasl ‖ **Gla|ser|meis|ter** ‖ **Gla|ser|meis|te|rin** ‖ **glä|sern:** *aus Glas* ‖ **Glas|fa|ser** (Phys.): *eine Licht leitende Faser* ‖ **Glas|fa|ser|ka|bel** ‖ **Glas|fa|ser|netz** ‖ **Glas|fi|ber** das, -s/-: *Glasfaser* ‖ **Glas|glo|cke:** *Glassturz* ‖ **Glas|har|fe:** *ein Musikinstrument* ‖ **Glas|har|mo|ni|ka:** *ein Instrument aus Glasschalen, die mit den Fingern gestrichen werden* ‖ **Glas|haus:** in einem G. Pflanzen züchten | im G. sitzen *(bes. exponiert oder geschützt sein)* ‖ **Glas|hüt|te:** *ein Glaserzeugungsbetrieb* ‖ **gla|sie|ren:** ein Tongefäß g. *(mit einer Glasur überziehen);* → glacieren ‖ **gla|sig:** g. dünsten ‖ **Glas|in|dus|t|rie** ‖ **glas|klar:** glasklare *(sehr klare, ungetrübte)* Sicht | glasklare *(eindeutige, genaue)* Vorstellungen ‖ **Glas|kör|per** (Med.): *Teil des Auges* ‖ **Glas|kör|per|trü|bung** (Med.) ‖ **Glasl** das, -s/-n (ugs.): *Glaserl* ‖ **Glas|ma|le|rei:** *eine bildnerische Technik | buntes Glasfenster*
Glas|nost [-sn-] die, - ⟨russ.⟩: *Öffentlichkeit, Transparenz eines Vorgangs, Durchschaubarkeit (in der späten sowjetischen Innenpolitik)*
Glas|not|dienst ‖ **Glas|nu|del:** *asiatische Nudelart aus Reismehl* ‖ **Glas|pa|last** (sal.): *Gebäude, dessen Fassade großteils aus Glas besteht* ‖ **Glas|per|le** ‖ **Glas|rei|ni|ger:** *ein Reinigungsmittel* ‖ **Glas|schei|be** ‖ **Glas|scher|ben** ‖ **Glas|schüs|sel** ‖ **Glas|split|ter** ‖ **Glas|sturz:** *halbkugelförmige Abdeckung aus Glas;* Käse unter dem G. aufheben ‖ **Gla|sur** die, -/-en; → glasieren ‖ **Glas|vi|t|ri|ne** [-v-] ‖ **Glas|wol|le**

glatt:

glattes *(fein gemahlenes)* Mehl; → G.: griffiges Mehl | ein glatter *(eindeutiger)* Sieg
Getrennt- und Zusammenschreibung:
Mit Verben, die ein Resultat herbeiführen:
– glatt bügeln = glattbügeln
– glatt hobeln = glatthobeln
– glatt rühren = glattrühren
– glatt machen = glattmachen *(glätten)* R→ S. 900, 1.5.2
Mit adjektivisch gebrauchtem Partizip:
– eine glatt gehobelte (= glattgehobelte) Oberfläche R→ S. 903, 2.2.1
Zusammenschreibung bei übertragener Bedeutung:
– das wird glattgehen (ugs.: *gelingen)* R→ S. 900, 1.5.1

glatt bü|geln = glatt|bü|geln ‖ **Glät|te** die, - ‖ **Glatt|eis:** auf dem G. stürzen | jemanden aufs G. *(in die Irre)* führen ‖ **Glatt|eis|bil|dung** ‖ **Glatt|eis|warn|an|la|ge** ‖ **glät|ten:** *glatt machen* ‖ **glatt|ge|hen** (ugs.): *klappen;* → glatt ‖ **glatt ho|beln = glatt|ho|beln** ‖ **glatt ma|chen = glatt|ma|chen:** *glätten* ‖ **Glatt|nat|ter:** *Schlingnatter* ‖ **glatt rüh|ren = glatt|rüh|ren** ‖ **Glät|tung** die, -/-en ‖ **glatt|weg:** eine Bitte g. *(ohne Weiteres, ohne Umschweife)* abschlagen
Glat|ze die, -/-n: *haarlose Stelle auf dem Kopf* ‖ **Glat|zen|sche|rer** der, -s/- (ugs., veraltet): *Haarschneider* ‖ **Glat|zen|sche|re|rin** die, -/-innen (ugs., veraltet) ‖ **Glat|zen|tisch|ler** (scherzh., veraltet): *Friseur* ‖ **Glat|zen|tisch|le|rin** (scherzh., veraltet) **Glatz|kopf** ‖ **glatz|köp|fig**
Glau|be der, -ns = **Glau|ben,** -s: im guten Glauben *(subjektiv von der Richtigkeit überzeugt)* handeln | der jüdische G. ‖ **glau|ben:** sie glaubt mir nicht | (ugs.) dran g. müssen *(sterben; als Nächste/r dran sein)* ‖ **Glau|bens|be|kennt|nis:** *Zusammenfassung christlicher Glaubensinhalte* ‖ **Glau|bens|bru|der:** *Angehöriger desselben Bekenntnisses* ‖ **Glau|bens|fra|ge** ‖ **Glau|bens|frei|heit** ‖ **Glau|bens|ge|mein|schaft:** *alle Mitglieder einer Konfession* ‖ **Glau|bens|krieg** ‖ **Glau|bens|rich|tung:** die Glaubensrichtungen des Islams ‖ **glau|bens|stark** ‖ **glau|bens|treu** ‖ **glaub|haft** ‖ **Glaub|haf|tig|keit** die, - ‖ **Glaub|haft|ma|chung** die, - (Jus) ‖ **gläu|big:** ein gläubiger *(religiöser)* Mensch ‖ **Gläu|bi|ge**[1] der, -n/-n, ein Gläubiger: *gläubiger Mensch* ‖ **Gläu|bi|ge**[2] die, -n/-n ‖ **Gläu|bi|ger** der, -s/-: *jemand, dem man etwas schuldig ist;* → G.: Schuldner ‖ **Gläu|bi|ger|be|ein|träch|ti|gung** (Jus): *Gläubigerschädigung* ‖ **Gläu|bi|ge|rin** die, -/-innen ‖ **Gläu|bi|ger|mehr|heit** (Wirt.) ‖ **Gläu|bi|ger|schä|di|gung** (Jus): *betrügerische oder fahrlässig herbeigeführte Zahlungsunfähigkeit* ‖ **Gläu|bi|ger|ver|samm|lung** (Wirt.) ‖ **Gläu|big|keit** die, - ‖ **glaub|lich** (geh.): das ist kaum g. *(zu glauben)* ‖ **glaub|wür|dig:** ein glaubwürdiger Zeuge ‖ **Glaub|wür|dig|keit** die, -: an G. verlieren
Glau|kom das, -s/-e ⟨gr.⟩ (Med.): der grüne Star *(eine Augenkrankheit)*
gla|zi|al ⟨lat.⟩ (Geol.): *eiszeitlich;* glaziale *(durch Gletscher entstandene)* Ablagerungen ‖ **Gla|zi|al** das, -s/-e (Geol.): *Eiszeit*
Gle|di|t|schie [-i̯ɛ] die, -/-n: *ein Zierbaum (nach einem deutschen Botaniker)*

gleich:

Adverb: gleich *(sogleich, sofort)* kommen
Präposition mit Dativ: (geh.) sie bewegte sich gleich dem Bruder
Adjektiv: das gleiche *(gleich ausschauende)* Kleid; gleiche

G

(identische) Farben; das ist mir ganz gleich *(egal)* | (ugs.) wieder auf gleich kommen
Großschreibung bei Nominalisierung:
- der/die/das **G**leiche
- es kommt aufs **G**leiche heraus
- **G**leiches mit **G**leichem vergelten
- **G**leich und **G**leich gesellt sich gern R→ S. 892, 2.2

Getrenntschreibung in der Bedeutung „sofort" oder „in gleicher Weise":
- gleich bleiben *(nicht mehr weggehen)*
- gleich kommen *(sofort)*
- gleich lauten; gleich denken
- Werte, die gleich bleiben
- gleich groß; gleich schnell

Zusammenschreibung bei übertragener Bedeutung:
- gleichkommen *(entsprechen)*
- etwas dem Erdboden gleichmachen *(zerstören)*
- gleichschalten *(auf eine Linie bringen)*
- gleichschauen, gleichsehen *(jemandem ähneln)*
- Fehler mit Misserfolg gleichsetzen *(als dasselbe betrachten)*
- Arbeiter und Angestellte gleichstellen *(beruflich nicht unterscheiden)*
- mit jemandem gleichziehen *(dieselbe Leistung erbringen)*
- es jemandem gleichtun *(ihm nacheifern)* R→ S. 900, 1.5.1

Außerdem zusammen: gleichbedeutende Wörter; *aber getrennt:* gleich bedeutende Wissenschaftlerinnen
Getrennt- und Zusammenschreibung mit adjektivisch gebrauchten Partizipien:
- gleich bleibende (= gleichbleibende) Werte
- gleich beschaffen = gleichbeschaffen
- gleich geartet = gleichgeartet
- gleich gesinnt = gleichgesinnt
- die gleich Gesinnte = Gleichgesinnte
- gleich lautende (= gleichlautende) Wörter

Zu „derselbe" oder „der gleiche" → derselbe R→ S. 903, 2.2.1

gleich|al|te|rig = **gleich|alt|rig** || **gleich|ar|tig** || **Gleich|ar|tig|keit** die, - || **gleich|auf:** sie kamen g. ins Ziel || **Gleich|be|hand|lung:** die G. von Mann und Frau || **Gleich|be|hand|lungs|be|auf|trag|te** || **Gleich|be|hand|lungs|fra|ge:** Anwältin für Gleichbehandlungsfragen || **Gleich|be|hand|lungs|ge|bot** (Jus): *Kernpunkt des Gleichbehandlungsgesetzes* || **Gleich|be|hand|lungs|ge|setz** (Jus) || **Gleich|be|hand|lungs|grund|satz** || **Gleich|be|hand|lungs|kom|mis|si|on** (Jus) || **gleich|be|rech|tigt** || **Gleich|be|rech|ti|gung** || **gleich blei|bend** = **gleich|blei|bend** || **gleich|be|deu|tend:** gleichbedeutende Wörter; *aber:* gleich bedeutende *(ebenso bedeutende)* Persönlichkeiten || **gleich be|schaf|fen** = **gleich|be|schaf|fen:** g. beschaffene Uhren || **Glei|che** die, -/-n: *Kurzwort für [Dach]gleichenfeier* || **glei|chen,** glich/geglichen: der Sohn gleicht seinem Vater; die Zwillinge gleichen sich wie ein Ei dem anderen
Glei|chen|berg → Bad Gleichenberg
Glei|chen|fei|er: *Dachgleichenfeier* || **glei|chen|orts** (veraltet) || **glei|chen|tags** (veraltet) || **glei|cher|ma|ßen** [auch: -'a:-]: *genauso* || **gleich|falls:** *ebenfalls* || **gleich|fär|big,** *auch:* gleichfarbig; → färbig || **gleich|för|mig** || **Gleich|för|mig|keit** die, -/-en || **gleich ge|ar|tet** = **gleich|ge|ar|tet** || **gleich|ge|schlech|tig:** eine gleichgeschlechtige Schulklasse *(Mädchen- oder Bubenklasse)* || **gleich|ge|schlecht|lich:** gleichgeschlechtliche *(auf das gleiche Geschlecht gerichtete)* Liebe | → *gleichgeschlechtig* || **gleich gesinnt** = **gleich|ge|sinnt** || **gleich Ge|sinn|te**[1] = **Gleich|ge|sinn|te**[1] der, -n/-n, ein gleich Gesinnter (= Gleichgesinnter) || **gleich Ge|sinn|te**[2] = **Gleich|ge|sinn|te**[2] die, -n/-n || **Gleich|ge|wicht** das, -[e]s || **Gleich|ge|wichts|or|gan** (Biol.): im Ohr befindet sich das G. || **Gleich|ge|wichts|stö|rung** || **gleich|gül|tig:** *egal, einerlei* | *unbedeutend* || **Gleich|gül|tig|keit** || **Gleich|heit** die, - || **Gleich|heits|grund|satz** || **Gleich|heits|prin|zip** || **Gleich|heits|zei|chen** (=): *Istgleichzeichen* || **Gleich|klang** || **gleich|kom|men:** jemandem beim Weitsprung g. *(genauso weit springen wie er bzw. sie); aber:* gleich *(sofort)* kommen || **gleich lau|tend** = **gleich|lau|tend** || **gleich|ma|chen:** eine Stadt dem Erdboden g.; *aber:* etwas gleich *(sofort, rasch)* machen || **Gleich|ma|che|rei** die, -/-en (abw.): *Einebnung von Unterschieden* || **gleich|ma|che|risch** (abw.) || **Gleich|maß** das, -es || **gleich|mä|ßig** || **Gleich|mä|ßig|keit** || **Gleich|mut** der, -[e]s = die, -: *Gelassenheit* || **gleich|mü|tig** || **gleich|na|mig:** ein Film nach der gleichnamigen Novelle von H. v. Kleist || **Gleich|nis** das, -nis|ses/-nis|se: *kurze bildhafte Erzählung [mit belehrender Absicht];* das G. vom guten Hirten || **gleich|nis|haft** || **gleich|ran|gig** || **Gleich|rich|ter** der, -s/- (Phys.): *elektrisches Gerät zur Umwandlung von Wechselstrom in Gleichstrom* || **gleich|sam** (geh.): sie tat g. *(sozusagen)* instinktiv das Richtige || **gleich|schal|ten** (meist abw.): alle Institutionen g. || **Gleich|schal|tung** (meist abw.): *Anpassung, Uniformierung* | (im Nationalsozialismus) *die Vereinheitlichung des öffentlichen wie privaten Lebens mittels Zwangsmaßnahmen* || **gleich|schau|en:** jemandem g. *(ähneln)* | nichts g. *(unansehnlich sein)* | (ugs.) das schaut ihm gleich *(ist für ihn typisch)* || **gleich|schen|ke|lig** = **gleich|schenk|lig** (Math.): ein gleichschenk[e]liges Dreieck || **Gleich|schritt** der, -[e]s: im G. gehen || **gleich|se|hen:** sie sieht ihrer Schwester gleich *(gleicht ihr)* | (ugs.) das sieht ihm gleich *(ist für ihn typisch)* || **gleich|sei|tig** (Math.): ein gleichseitiges Dreieck || **Gleich|sei|tig|keit** die, - || **gleich|set|zen:** Fehler mit Misserfolg g. *(als dasselbe betrachten)* || **Gleich|set|zung** die, -/-en || **Gleich|set|zungs|ak|ku|sa|tiv** (Gramm.): *Ergänzung im 4. Fall,* zB ich nenne dich *einen Freund* || **Gleich|set|zungs|no|mi|na|tiv** (Gramm.): *Ergänzung im 1. Fall,* zB sie ist *eine große Künstlerin* || **Gleich|stand** (bes. Sport): *gleiche Punkte-/Trefferzahl* || **gleich|stel|len:** *auf eine Stufe stellen, gleich behandeln* || **Gleich|stel|lung** || **Gleich|stel|lungs|ge|setz:** *Kurzwort für Behindertengleichstellungsgesetz* || **Gleich|strom** (Technik): *Strom von gleich bleibender Stärke und Richtung;* → Wechselstrom || **gleich|tun:** es der Schwester g. *(sie nachmachen; ihr nacheifern); aber:* etwas gleich *(sofort)* tun || **Glei|chung** die, -/-en (Math.): *Ausdruck, in dem zwei Terme gleichgesetzt sind* || **gleich|viel** ['glaɪ-, -'fi:l] (geh.): *einerlei; wie dem auch sei;*

G

g., ob du willst ...; *aber:* gleich viel wie ein anderer haben ‖ **gleichwertig** ‖ **Gleichwertigkeit** ‖ **gleichwie** ['glaɪ-, -'viː] (geh.): *nicht anders als* ‖ **gleichwohl** ['glaɪ-, -'voːl] (geh.): *dennoch, trotzdem* ‖ **gleichzeitig** ‖ **Gleichzeitigkeit** die, - ‖ **gleichziehen:** *dasselbe Niveau wie andere erreichen*

Gleinalm → Gleinalpe ‖ **Gleinalmtunnel** ‖ **Gleinalpe,** *ugs. auch:* Gleinalm: *ein Gebirgsrücken (St)*

Gleis das, -es/-e: *Fahrspur, die aus zwei parallel laufenden Schienen besteht;* Bahngleis; alles ist aus dem G. *(aus der Ordnung geraten)* ‖ **Gleisanlage** ‖ **Gleisarbeiten** ‖ **Gleisbau** der, -[e]s

Gleisdorf: *Stadt in der Steiermark*

-gleisig (nur in Zusammensetzungen wie zweigleisig) ‖ **Gleiskörper:** → *Bahnkörper*

gleisnerisch (geh.): *heuchlerisch, scheinheilig*

gleißen, du gleißt (geh.): *glänzen, glitzern;* gleißend helles Licht

gleiten, glitt/geglitten: *schweben; rutschen;* gleitende Arbeitszeit ‖ **Gleitflug** ‖ **Gleitmittel** ‖ **Gleitpension** (Versich.): *flexibler Pensionsantritt* ‖ **Gleitreibung** (Phys.): *eine Form der Reibung* ‖ **Gleitschirm:** *ein Sportgerät* ‖ **gleitschirmfliegen:** *paragleiten* ‖ **Gleitschirmfliegen** das, -s ‖ **Gleitschutz** (Kfz) ‖ **gleitsicher:** *nicht gleitend* ‖ **Gleitsichtbrille** ‖ **Gleitsichtgläser** die (Pl.): *stufenlos bifokale Brillengläser (für Ferne und Nähe);* → bifokal ‖ **Gleitzeit:** *gleitende (verschiebbare) Arbeitszeit*

Gletscher der, -s/-: *nicht abschmelzende Eisfläche im Hochgebirge und an den Polen* ‖ **Gletscherabbruch** ‖ **Gletscherbach** ‖ **Gletscherbrille** ‖ **Gletschereis** ‖ **Gletscherfloh:** *hochalpiner Springschwanz* ‖ **Gletscherkunde** ‖ **Gletschermaul** (reg.): *Gletschertor* ‖ **Gletschermilch:** *abfließendes (milchig-trübes) Schmelzwasser eines Gletschers* ‖ **Gletscherschliff:** *durch Gletscher abgeschliffene Gesteinsoberflächen* **Gletscherspalte** ‖ **Gletschertor:** *unteres Ende einer Gletscherzunge* ‖ **Gletscherzunge:** *unterster Teil des Gletschers*

glich → gleichen

Glied das, -[e]s/-er: das G. *(bewegliche Teilstück)* einer Kette | ein Schauder ging durch meine Glieder *(Gliedmaßen, meinen Körper)* | *Penis* | (geh.) bis ins vierte G. *(in die vierte Generation)* | (Math.) das G. einer Gleichung ‖ **Gliederfüßer** der, -s/- (Zool.): *ein Stamm des Tierreichs, zB Insekten, Krebse, Spinnentiere* ‖ **gliedern:** einen Text gut g. ‖ **Gliederschmerz** ‖ **Gliederung** die, -/-en ‖ **Gliederzucken** das, -s ‖ **Gliedmaße** die, -/-n (meist Pl.): *Körperteil, der mit dem Rumpf durch ein Gelenk verbunden ist (Bein, Arm)* ‖ **-gliedrig** (nur in Zusammensetzungen wie mehrgliedrig) ‖ **Gliedsatz** (Gramm.): *Nebensatz;* → Hauptsatz ‖ **Gliedstaat:** *Staat eines Staatenbundes, Bundesstaates* ‖ **Gliedteil** der, -[e]s/-e (Gramm.): *Teil eines Satzgliedes, Attribut*

glimmen, glomm [glimmte]/geglommen [geglimmt]: *schwach glühen; ein glimmendes Zündholz*

Glimmer der, -s/-: *ein Mineral* ‖ **Glimmerschiefer:** *ein Gestein*

Glimmlampe: *eine kleine [Kontroll]lampe* ‖ **Glimmstängel** (scherzh.): *Zigarette oder Zigarre*

glimpflich: das ist noch g. *(ohne größeren Schaden)* abgelaufen

glissando ⟨it.⟩ (Mus.) ‖ **Glissando** das, -s/-s (Mus.): *gleitende Verbindung benachbarter Töne*

Glitsch, *auch:* Klitsch der, -[e]s/-e ⟨slowen.⟩ (K, OstT, mda.): *kleiner, abgesonderter Stall, Häuschen*

glitschen (veraltend): *rutschen* ‖ **glitschig:** ein glitschiger *(rutschiger)* Weg

glitt → gleiten

glitzern: in der Sonne glitzernder *(glänzender)* Schnee; Sterne g.

global ⟨lat.⟩: *weltweit* | *umfassend, alles zusammen* | (Geogr., Pol., Wirt.) globaler Norden bzw. Süden *(Einteilung der Staaten nach ihrem [sozialen, wirtschaftlichen] Entwicklungsstand)* ‖ **Globalisierung** die, - ‖ **Globalisierungsgegner** ‖ **Globalisierungsgegnerin** ‖ **Globalisierungskritiker** ‖ **Globalisierungskritikerin** ‖ **Global Player** ['gləʊbəl 'pleɪə] ⟨engl.⟩: *weltweit agierendes Unternehmen* ‖ **Global Village** [- 'vɪlɪdʒ] das, -: *die Welt als globales Dorf (auf Grund der neuen Technologien wie zB Internet)* ‖ **Globetrotter** ['gloːbɛ-, auch: 'gləʊbt-] der, -s/-: *Weltenbummler, Weitgereister* ‖ **Globetrotterin** die, -/-innen

Globulin das, -s/-e ⟨lat.⟩ (Med.): *Eiweißkörper des Organismus* ‖ **Globulus** der, -/Globuli: *Arzneikügelchen als Träger für [homöopathische] Heilmittel*

Globus der, - [-busses]/Globen [-busse] ⟨lat.⟩: *eine Nachbildung der Erdkugel*

Glöckchen das, -s/-: *kleine Glocke;* Maiglöckchen ‖ **Glocke** die, -/-n: die G. läutet | etwas an die große G. hängen *(ausposaunen)* ‖ **Glöckeln** das, -s, *auch:* Klöckeln (Volksk.): *ein Brauch in den Raunächten, bes. im Salzkammergut* ‖ **Glockenblume** ‖ **Glockenform** ‖ **glockenförmig** ‖ **Glockengeläut** = **Glockengeläute** ‖ **Glockengießerei:** *Werkstätte für die Herstellung von Glocken* ‖ **Glockenguss** ‖ **glockenhell:** *glockenrein* ‖ **Glockenhose:** *Hose mit glockig geschnittenen Hosenbeinen* ‖ **Glockenläuten** das, -s ‖ **glockenrein:** mit glockenreinem *(bes. klarem)* Klang ‖ **Glockenrock:** *glockig geschnittener Damenrock* ‖ **Glockenschlag:** auf den G. genau *(bes. pünktlich)* ‖ **Glockenspiel:** *Musikinstrument aus abgestimmten [Turm]glocken* | *ein Schlaginstrument, Metallophon* ‖ **Glockenstuhl:** *Gerüst, auf dem eine Glocke hängt* ‖ **Glockenturm** ‖ **Glockenzug:** *Vorrichtung zum Ziehen der Glocke* ‖ **Glöckerl** das, -s/-[n] (ugs.): wie ein G. gehen *(ausgezeichnet funktionieren); Maiglöckerl;* → Glöckchen ‖ **glockig:** ein glockiger *(glockenförmiger)* Rock ‖ **Glöckle** das, -s/- (V): *Glöckchen* ‖ **Glöckler** der, -s/-, *auch:* Klöckler (Volksk.): *Teilnehmer am Glöckeln, eine Gestalt des alpenländischen Brauchtums* ‖ **Glöcklerlauf,** *auch:* Klöcklerlauf (Volksk.)

Glockner der, -s: *Kurzwort für Großglockner*

Gloggnitz: *Stadt in Niederösterreich*

glomm → glimmen

Gloria[1]: *weibl. Vorname* ‖ **Gloria**[2] das, -[s]/-[s] ⟨lat.⟩: *Lobgesang in der christlichen Liturgie* ‖ **Glorie** [-ịɛ] die, -/-n: *Herrlichkeit, Ruhm, Glanz* ‖ **Glorienschein:** *Heiligenschein* ‖ **Gloriette** [auch: -'ịɛt] die, -/-n ⟨lat.-fr.⟩ (Arch.): *tempel- oder pavillonar-*

tiges Gebäude [in einer Parkanlage] (zB beim Schloss Schönbrunn in Wien) ‖ **glorifizieren:** *verherrlichen* ‖ **Glorifizierung** die, -/-en ‖ **Gloriole** die, -/-n: *Glorienschein* ‖ **glorios** (meist iron.): *glorreich;* eine gloriose Idee ‖ **glorreich:** *ruhmreich; aber:* Leopold der **G**lorreiche

glosen: *glimmen, glühen*

Glossar das, -s/-e = **Glossarium,** -s/Glossarien [-i̯ɛn] ⟨lat.⟩: *Wörterverzeichnis mit Erklärungen* ‖ **Glossator** der, -s/-en [-ˈtoː-]: *jemand, der einen Text mit Bemerkungen versieht* ‖ **Glossatorin** die, -/-innen ‖ **Glosse** die, -/-n: *[satirische] [Rand]bemerkung; kurzer Artikel* ‖ **glossieren:** *erläutern; mit Bemerkungen versehen;* seine Rede wurde boshaft glossiert

Glottal der, -s/-e ⟨gr.⟩ (Sprachwiss.): *Stimmritzenlaut, zB* h

glotzäugig ‖ **Glotze** die, -/-n (bes. D, ugs., abw.): *Fernsehgerät* ‖ **glotzen,** du glotzt (meist abw.): *starr, geistlos dreinschauen*

Gloxinie [-i̯ɛ] die, -/-n: *eine Blume (nach einem dt. Botaniker)*

Glück das, -[e]s: jemandem [viel] G. wünschen; „Glück auf!" *(ein Bergmannsgruß)* | auf gut G. *(aufs Geratewohl)* ‖ **Glück bringend** = **glückbringend:** G. bringende Edelsteine

Glucke die, -/-n: *Gluckhenne*

glücken: es glückte *(gelang)* mir, *zu entkommen*

gluckern: *blubbern, glucksen;* das Wasser gluckert

glückhaft (geh.): *Glück bringend*

Gluckhenne: *brütende Henne*

glücklich: ein glücklicher Mensch ‖ **glücklicherweise** ‖ **glücklos:** ein glückloser *(erfolgloser)* Minister ‖ **Glücksache** = Glückssache; das ist reine G. ‖ **Glücksbringer** der, -s/- ‖ **glückselig** ‖ **Glückseligkeit** die, -

glucksen, du gluckst: *gluckern*

Glücksfall: ein reiner G. ‖ **Glücksgefühl** ‖ **Glücksgöttin:** *Fortuna* ‖ **Glückshafen** (veraltend): *Tombola* ‖ **Glückskäfer:** *Marienkäfer* ‖ **Glückskind:** *Glückspilz* ‖ **Glücksklee:** *vierblättriger Klee* ‖ **Glückspilz** (scherzh.): *jemand, der [oft] Glück hat* ‖ **Glücksritter** (auch abw.): *Abenteurer* ‖ **Glücksritterin** (auch abw.) ‖ **Glückssache** = → Glücksache ‖ **Glücksschweinchen:** *ein Neujahrssymbol* ‖ **Glücksspiel:** *Spiel, bei dem der Zufall für den Ausgang entscheidend ist* ‖ **Glücksspielmonopol** das, -s (früher) ‖ **Glückssträhne:** *Zeit, in der alles gelingt* ‖ **Glückstag** ‖ **glückstrahlend:** g. überbrachte sie mir die Nachricht; *aber:* vor Glück strahlend ‖ **Glückstreffer** ‖ **Glückszahl** ‖ **Glückwunsch** ‖ **Glückwunschadresse:** *offizielles Glückwunschschreiben* ‖ **Glückwunschtelegramm**

Glucose [-k-] = → Glukose

Glühbirne: die G. wechseln ‖ **Glühdraht:** *Glühfaden* ‖ **glühen:** glühend heiße Herdplatten ‖ **Glühfaden:** *glühender Faden [in Glühbirnen]* ‖ **Glühlampe:** *Glühbirne* ‖ **Glühmost:** *gewürzter heißer Most* ‖ **Glühwein:** *gewürzter heißer Wein* ‖ **Glühwürmchen** das, -s/-: *Johannis-, Leuchtkäfer*

Glukose = Glucose [-k-] die, - ⟨gr.⟩: *Traubenzucker*

Glump = **Glumpert** das, -s, *auch:* Klump, Klumpert (reg., ugs., abw.): *Lumpen, wertloses Zeug, schäbige Sachen*

Glundne → Gelundene

gluren (ostöst., ugs., meist abw.): *starren, anblicken* ‖ **Gluren** die (Pl.) (bes. ostöst., ugs., meist abw.): *Augen*

Gluscht der (V, CH, ugs.): *Lust, Appetit, Gusto* ‖ **gluschtig** (V, CH, ugs.)

Glut die, -/-en: die G. verlischt; → glühen

Glutamat das, -[e]s/-e ⟨gr.-lat.⟩: *eine chemische Verbindung (ein Lebensmittelzusatz)* ‖ **Glutamatgeschmack:** *Umamigeschmack*

glutäugig (geh.): *dunkeläugig, mit feurigem Blick*

Gluten [fachspr. auch: -ˈteːn] das, -s ⟨lat.⟩: *im Weizenmehl enthaltener Eiweißbestandteil;* → Kleber ‖ **glutenfrei** ‖ **Glutenunverträglichkeit:** *eine Krankheit, Zöliakie*

glutrot

Glykol [-y-] das, -s ⟨gr.+lat.⟩: *ein Frostschutzmittel*

Glyptothek [-y-] die, -/-en ⟨gr.⟩: *Museum für antike Bildhauerwerke*

Glyzerin [gly-, gli-] das, -s ⟨gr.⟩: *eine ölige Flüssigkeit* ‖ **Glyzinie** [gly-i̯ɛ, auch: gli-] die, -/-n: *eine Kletterpflanze*

Gmachterl das, -s/-[n] = **Gmachtl** das, -s/-[n] (Küchenspr.): *eine Art Suppeneinlage*

GmbH [ge ɛm be ˈhaː] die, -/- [ˈhaːs] → Gesellschaft m. b. H.

GMD: General**m**usik**d**irektor/in

g-Moll [ˈgeːˈmɔl] (g) (Mus.): *eine Tonart* ‖ **g-Moll-Tonleiter** (Mus.)

Gmünd: *Stadt in Kärnten* | (Kfz: GD) *Stadt in Niederösterreich*

Gmunden (Kfz: GM): *Stadt in Oberösterreich* ‖ **Gmundner See:** → *Traunsee*

Gnade die, -/-n: *Erbarmen, Nachsicht;* auf G. und Ungnade *(bedingungslos);* G. vor Recht ergehen lassen *(Nachsicht walten lassen);* von Gottes Gnaden König ‖ **Gnadenakt** der, -s/-e: der Häftling wurde auf Grund eines Gnadenaktes vorzeitig frei gelassen ‖ **Gnadenbild** (Rel.): *Heiligenbild, dem Wunderkraft zugeschrieben wird; das Mariazeller G.* ‖ **Gnadenbrot** das, -[e]s: einem alten Pferd das G. geben *(es füttern, obwohl es nicht mehr arbeiten kann)* ‖ **Gnadenerlass:** *Amnestie; Begnadigung* ‖ **Gnadenfrist:** *letzte Frist* ‖ **Gnadengesuch:** *Schreiben um Begnadigung* ‖ **Gnadenhof:** *Bauerngut, wo [Haus]tiere das Gnadenbrot bekommen* ‖ **gnadenlos** ‖ **Gnadenort:** *Wallfahrtsort* ‖ **Gnadenrecht** (Jus): *Begnadigung, Amnestie* ‖ **gnadenreich** (geh.) ‖ **Gnadenschuss** ‖ **Gnadenstoß:** *Stich, der den Leiden eines Tieres ein Ende setzt* ‖ **gnadenvoll** (geh.) ‖ **gnädig:** das Glück war ihm g. *(wohlgesinnt); „Gnädige (Gnä') Frau!" (eine Anrede)* | (ugs.) es g. *(eilig) haben* ‖ **Gnädige** die, -n/-n: *die Dame des Hauses [als Dienstgeberin]* ‖ **Gnädigste** die, -n/-n (auch abw. bzw. iron.): *Anrede für eine Frau*

Gneis der, -es/-e: *ein Gestein*

gneißen, du gneißt (reg., ugs.): etwas g. *(merken, durchschauen)*

Gnocchi [ˈnʲɔki] die (Pl.) ⟨it.⟩: *Erdäpfel- oder Grießnockerln nach italienischer Art*

Gnom der, -en [-s]/-en [-e] ⟨?⟩: *[hässlicher] Zwerg*

Gnu das, -s/-s ⟨afrik.⟩: *eine Antilopenart*

Goal [goːl, engl.: gəʊl] das, -s/-s ⟨engl.⟩ (Sport): *Tor;* ein G. schießen ‖ **Goalfrau:** *Torfrau* ‖ **Goalgetter** der, -s/-: *erfolgreicher Torschütze, Torjäger* ‖ **Goalgetterin** die, -/-innen ‖ **Goali**[1] = Goalie[1] [-li] der, -s/-s (Sport): *Torhüter [im Eishockey]* ‖ **Goali**[2] = **Goalie**[2] die, -/-s (Sport) ‖ **Goal-**

keeper [-kiː-] der, -s/-: *Tormann* || **Goalkeeperin** die, -/-innen || **Goalmann**

Gob der, -/-e (V, CH, ugs.): *Kind;* → Gof

Gobelin [-'blɛ̃ː] der, -[s]/-s ⟨fr.⟩: *Wandteppich mit eingewebten Bildern, Bildteppich*

Gocart ['gəʊkɑːt] = Gokart das = der, -[s]/-s ⟨engl.⟩: *ein unverkleideter kleiner Rennwagen* || **Gocartbahn** = Gokartbahn

Gockel der, -s/- = **Gockelhahn:** *Hahn* | (scherzh.) stolz wie ein G.

Göd der, -en/-en, *auch:* Göt (ugs.): *Pate* || **Goden** die, -/- (ugs.): *Patin;* → Godl

Goder der, -s/- (reg., ugs.): *Doppelkinn* || **Goderl** das, -s/-[n] (reg., ugs.): *Goder* | (scherzh.) jemandem das G. kratzen *(jemandem schöntun)* || **Göderl** das, -s/-[n] (ostöst.): *Halsteil des Schweines* | *eine Fleischspeise daraus*

Godl die, -/-n, *auch:* Gotl (ugs.): *Patin;* → Göd

Gof der, -/-e (V, ugs.): *Kind, Gob*

Go-go-Girl [-gɜːl] ⟨engl.⟩: *Vortänzerin in einem Tanzlokal*

Goi der, -[s]/Gojim ⟨hebr.⟩ (abw.): *Nichtjude, Christ*

Goingpublic [ˌgəʊɪŋ'pʌblɪk] = **Going-public** das, -/-s ⟨engl.⟩ (Wirt.): *Börsegang*

Goiserer der, -s/-: *schwerer, genagelter Bergschuh (nach dem Ort Bad Goisern)* || **Goisern** → Bad Goisern

Goji [-dʒi] die, -/-s ⟨chin.-engl.⟩: *[getrocknete] Bockdornbeere*

Gokart ['gəʊkɑːt] = → Gocart || **Gokartbahn** = → Gocartbahn

Golatsche → Kolatsche

Gold das, -es: nach G. graben; G. schürfen | (Zeichen: Au) *ein chemisches Element, Aurum, ein Schwer-, Edelmetall* | *Goldmünze* | (Gast.) eine Schale G. *(ein Milchkaffee)* || **Goldammer** der, -s/- = die, -/-n: *ein Singvogel* || **Goldbarren:** *Block aus massivem Gold* || **goldblond** || **goldbraun:** die Zwiebel g. rösten || **Goldbrokat:** *mit Goldfäden durchzogener Brokat* || **Goldburger** der, -s/-: *eine Reb- und Weinsorte* || **Golddollar:** *die offizielle Währungseinheit der USA* || **Golddukaten:** *eine Goldmünze*

golden:

die goldene Uhr; die Sterne schimmern golden; die goldene Hochzeit *(die Fünfzigjahrfeier der Eheschließung)*; der goldene Mittelweg; das goldene *(auch:* **G**oldene) Zeitalter *(als fiktive historische Epoche; eine bes. glückliche, positive Zeit)*

Großschreibung in Eigennamen:
- die **G**oldene Stadt *(Prag)*
- **G**oldene Schallplatte *(eine Auszeichnung)*

R→ S. 895, 4.1 bzw. S. 896, 4.3 bzw. S. 900, 1.5.1

Golden Retriever ['gouldn ri'triːvə] ⟨engl.⟩: *eine Hunderasse*

Goldesel: *Geldquelle, die nie versiegt (nach einer Märchengestalt)* || **Goldfaden** || **goldfarben** || **Goldfisch:** *ein Zierfisch* || **Goldgehalt** der, -[e]s/-e: der G. einer Münze || **goldgelb** || **Goldgräber** der, -s/- || **Goldgräberin** die, -/-innen || **Goldgrube:** ihr Geschäft ist eine G. *(sie verdient damit sehr viel Geld)* || **Goldhähnchen:** *ein Singvogel* || **goldhältig,** *auch:* goldhaltig || **Goldhamster:** *ein Nagetier* || **Goldhaube:** *Teil einer Frauentracht* || **goldig:** goldiger Glanz | ein goldiges *(süßes, herziges)* Kind || **Goldkrone:** *Zahnkrone aus Gold* | *altösterreichische Münze* || **Goldkurs** (Bankw.) || **Goldlack** (Bot.): *eine Zierpflanze* || **Goldmacher:** *Alchemist* || **Goldmacherin** || **Goldmedaille** [-'ailjə] || **Goldmine** || **Goldmünze** || **Goldnessel:** *eine Waldpflanze* || **Goldpreis** || **Goldregen:** *ein Strauch* | *[plötzlicher] Reichtum* || **goldrichtig:** *völlig richtig* || **Goldring** || **Goldrute:** *eine Pflanzengattung* || **Goldschatz** || **Goldschmied** || **Goldschmiedearbeit** || **Goldschmiedin** || **Goldschnitt:** *mit Blattgold belegter Rand eines Buches* || **Goldstickerei** || **Goldwaage:** er legt jedes Wort auf die G. *(ist in seiner Wortwahl übervorsichtig; prüft jede Äußerung bes. genau)* || **Goldzahn:** *Zahn mit Goldkrone*

Golem der, -s ⟨hebr.⟩: *durch Magie belebte menschenähnliche Tonfigur, eine jüdische Sagengestalt*

Golf[1] der, -[e]s/-e ⟨gr.-lat.-it.⟩: *Meeresbucht;* → Golfstrom

Golf[2] das, -s ⟨engl.⟩: G. spielen || **Golfball** || **Golfklub** = Golfclub [-k-] || **Golfplatz** || **Golfschläger** || **Golfspieler** || **Golfspielerin**

Golfstrom ⟨gr.⟩: *warme Meeresströmung im Atlantik;* → Golf[1]

Golgatha = **Golgota** ⟨hebr.⟩ (wörtl.: Schädelstätte): *Kreuzigungsort Jesu*

Goliath der, -s/-s [-e]: *ein Riese (nach einer biblischen Gestalt)*

Gomorra = **Gomorrha** → Sodom

Gondel die, -/-n ⟨it.⟩: *ein venezianisches Ruderboot* | *Seilbahnkabine* || **Gondelbahn** || **gondeln,** ich gondle || **Gondoliere** [-'ljeː-] der, -s/Gondolieri: *venezianischer Gondelruderer*

Gong der, -s/-s ⟨mal.⟩: *ein Schlaginstrument;* mit dem G. zum Essen rufen; → Tamtam || **Gongschlag**

gönnen: jemandem sein Glück g.; sich etwas g. || **Gönner** der, -s/-: ein G. *(Förderer)* junger Künstler || **gönnerhaft:** jemandem g. *(herablassend)* zunicken || **Gönnerin** die, -/-innen || **Gönnermiene** (abw.): *herablassend freundlicher Gesichtsausdruck*

Gonorrhöe [-ɔ'røː] die, -/-n, *auch:* **Gonorrhö** ⟨gr.⟩ (Med.): *eine Geschlechtskrankheit, Tripper*

Goodwill [gʊd'wɪl] der, -s ⟨engl.⟩: *der gute Wille* | (Wirt.) *Wohlwollen; Geschäftswert, Firmenwert, zB Kundenstock, eines Unternehmens* || **Goodwilltour** [-tuːə]: *[diplomatische] Reise zur Erlangung von Wohlwollen*

Goofy ['guːfi]: *eine Comicfigur*

googeln ['gug-], ich google: *mit der Suchmaschine Google eine Information im Internet suchen;* → ergoogeln

Göpel der, -s ⟨?⟩ (früher): *eine Antriebsvorrichtung [im Bergbau, für ein Schöpfrad]*

gor → gären

gordisch: einen gordischen Knoten durchhauen *(eine äußerst schwierige Aufgabe auf einfache Weise lösen können); aber:* der **G**ordische Knoten *(von Alexander dem Großen durchschlagen)*

Göre die, -/-n (nördl. D, oft abw.): *ungezogenes Mädchen*

Goretex das, - (Wz.): *ein Textilmaterial*

Gorgonzola der, -s/-s (Wz.): *eine Käsesorte (nach einem italienischen Ort)*

Gorilla der, -s/-s ⟨afrik.⟩: *ein Menschenaffe* | (sal.) *Leibwächter*

Görz (it.: Gorizia, slowen. Gorica [-tsa]): *Stadt in Italien (an der Grenze zu Slowenien)*

Gosche die, -/-n, *auch:* **Goschen** -/- (ugs., derb): *Mund, Maul* || **Goscherl** = **Göscherl** das, -s/-[n]

G

(bes. ostöst., ugs.) || **goschert** (ugs., abw.): *großmäulig, frech*
Gospel der = das, -s/-s ⟨engl.⟩: *religiöses Lied nordamerikanischer Schwarzer* || **Gospelsong**
goss → gießen
Gosse die, -/-n (geh.): *Rinnsal;* in der G. landen *(ganz verwahrlosen, in schlechte Verhältnisse abrutschen)*
Gössermuskel (scherzh.): *Bierbauch (nach einer Biermarke)*
Gösting: *13. Bezirk von Graz*
Göt → Göd || **Gota** die, -/- (V, mda.): *Patin;* → Goden; → Godl; → Gote
Gote[1] der, -n/-n: *Angehöriger eines germanischen Volksstammes*
Gote[2] = Gotte die, -/-n (T, V, K, mda.): *Patin;* → Goden; → Godl; → Gota || **Göte** = Götti der, -s/- (T, V, K, mda.): *Pate;* → Göd
Gotik die, -: *ein Kunststil des Mittelalters vom 12. bis ins 16. Jh.*
Gotin die, -/-innen: *weibl. Form von Gote*[1]
gotikeit, *auch:* gottikeit (veraltet, mda.): *gewissermaßen;* sie gähnt, g. *(wie um zu sagen),* ich soll schon weggehen | *nicht der Rede wert*
gotisch → Gote; → Gotik
Gotl → Godl
Gott der, -es/Götter: in Gottes Namen; um Gottes willen; behüt (= Behüt) dich G. sagen; grüß (= Grüß) G. sagen | (reg., ugs.) grüß Sie G. | (W, mda.) grüß Ihnen | G. sei Dank, der Krieg ist zu Ende; leider Gottes; G. behüte; G. bewahre! *(sicher nicht!);* G. und die Welt *(Verschiedenstes);* helf G.! *(Zuruf beim Niesen);* gnade dir G.! *(eine Drohung);* → weiß Gott || **gottähnlich** || **gottbegnadet:** ein gottbegnadeter Künstler
Gotte = → Gote[2]
gotterbärmlich, *auch:* gottserbärmlich: sie heulte g. *(kläglich)* || **Götterbaum:** *ein Zierbaum* || **Götterdämmerung:** *Weltuntergang* || **gottergeben** || **Göttersage** || **Götterspeise:** *eine Nachspeise* || **Göttervater:** *Zeus* || **Gottesacker** (geh., veraltet): *Friedhof* || **Gottesanbeterin:** *ein Insekt* || **Gottesbeweis** || **Gottesdienst** || **gottesdienstlich** || **Gotteserfahrung** || **Gottesfurcht:** *Gehorsam und Ehrfurcht vor Gott* || **gottesfürchtig** || **Gottesgabe:** *unverhofftes Geschenk* || **Gottesgnade:** diese Begabung ist eine G.; aus Gottesgnaden *(herablassend)* etwas tun; *aber:* Franz Joseph I., von Gottes Gnaden Kaiser ...; Künstler von Gottes Gnaden || **Gottesgnadentum** das, -s || **Gotteshaus:** *Kirche* || **Gotteskrieger:** *fanatischer Glaubenskämpfer* || **Gotteskriegerin** || **Gotteslästerung** || **Gotteslohn** der, -[e]s: um G. *(gratis)* arbeiten || **Gottesmann** (geh.): *Priester, Mönch;* ein frommer G. || **Gottesmutter** die, -: *Muttergottes, Maria als Mutter Jesu* || **Gottesstaat:** *Staatsform, deren Grundlage die Religion ist, zB der Lamaismus in Tibet vor der chinesischen Besetzung* || **Gottesurteil** (früher): *Ermittlung des Schuldigen durch eine Probe, die göttliches Eingreifen zeigen soll* || **Gottfried:** *männl. Vorname;* → Götz || **gottgefällig** || **gottgewollt** || **Gotthard:** *männl. Vorname* || **Gottheit** die, -/-en
Götti = → Göte
gottikeit → gotikeit
Göttin die, -/-innen || **göttlich:** die göttliche Gnade | eine göttliche *(köstliche)* Speise || **Gottlieb:** *männl. Vorname* || **gottlob** || **gottlos** || **Gottlosigkeit** die, -
Gottschee die, - (slow.: Kočevje [-ˈtʃeːv-]): *ehemalige deutsche Sprachinsel in Slowenien*
Gottseibeiuns der, - (beschön.): *der Teufel* || **gottserbärmlich** → gotterbärmlich || **Gottsöberste:** *der/die Ranghöchste* || **Gottvater** der, -s, *auch:* Gott Vater || **gottverdammt** || **gottverlassen:** eine gottverlassene Gegend || **Gottvertrauen**
Götz: *männl. Vorname (Gottfried)*
Götze der, -n/-n: *wie eine Gottheit verehrte Figur; falscher Gott* || **Götzenbild** || **Götzendiener** || **Götzendienerin** || **Götzendienst** || **Götzenkult**
Götzis: *Marktgemeinde in Vorarlberg*
Götzzitat das, -[e]s: *der Ausspruch „leck mich am Arsch" (nach Goethes Drama „Götz von Berlichingen")*
Gouache [gu̯a(ː)ʃ] die, -/-n ⟨fr.⟩: *Deckfarbenmalerei*
Gouda [ˈgau̯-] der, -s/-s: *ein holländischer Käse (nach einer niederländischen Stadt)*
Gourmand [gurˈmãː] der, -s/-s ⟨fr.⟩: *Schlemmer* || **Gourmet** [-ˈmeː] der, -s/-s: *Feinschmecker* || **Gourmetlokal** || **Gourmettempel** (sal.)
goutieren [gu-] ⟨fr.⟩: den Vorschlag mit einem Nicken g. *(gutheißen)*
Gouvernante [guv-] die, -/-n ⟨fr.⟩ (früher): *Erzieherin in einer Familie* || **gouvernantenhaft** (meist abw.): *streng; belehrend* || **Gouvernement** [-nˈmãː] das, -s/-s: *ein Verwaltungsbezirk* || **Gouverneur** [-ˈnøːɐ] der, -s/-e: *höchster Regierungsbeamter eines Staates der USA* (früher: *einer Kolonie*) | *ein Amtstitel;* G. der Österreichischen Postsparkasse || **Gouverneurin** die, -/-innen
GPRS [dʒiː piː ɑːr ˈɛs, auch: ge pe ɛr ˈɛs] das, - (Elektrot.): **G**eneral **Pa**cket **R**adio **S**ystem *(eine Mobilfunktechnologie)*
GPS [dʒiː piː ˈɛs, auch: ge pe ˈɛs]: **G**lobal **P**ositioning **S**ystem *(Navigationssystem [für Autos] mit Satellitenunterstützung)*
Grab das, -[e]s/Gräber: jemanden zu Grabe tragen; das Heilige G. *(Grab Jesu)* || **Grabeinfassung** || **graben,** du gräbst/grub/gegraben: ein tiefes Loch g.; Erdäpfel g. *(ernten);* nach Gold g. || **Graben** der, -s/Gräben: neue Gräben aufreißen *(Unfrieden stiften)* || **Grabenkampf** (meist Pl.) (Mil.): *Nahkampf im Schützengraben* || **Gräberfeld:** *frühgeschichtlicher Friedhof* || **Grabesstille** || **Grabesstimme:** *eine tiefe, schaurige Stimme* || **Grabhügel** || **Grabinschrift:** eine G. auf dem Grabstein || **Grabkammer** || **Grablicht:** *Kerze, Lampe auf Gräbern* || **Grabmal** das, -[e]s/-mäler (*auch:* -male): das G. des Unbekannten Soldaten *(Gedenkstätte für Gefallene)* || **Grabrede** || **Grabschändung:** *Beschädigung, Zerstörung eines Grabes* || **Grabscheit** das, -[e]s/-er (veraltet bzw. fachspr.): *Spaten* || **Grabstätte** || **Grabstein** || **Grabstele** [-st-, auch: -ʃt-]: *Grabmal;* → Stele || **Grabstelle:** das Benützungsrecht für eine G. auf einem Friedhof || **Grabung** die, -/-en: *[archäologische] Ausgrabung [von Altertümern]* || **Grabungskampagne** [-ˌanjɛ, fr.: -kãˌpanʲ] = Grabungscampagne [-k-] || **Grabungsstätte:** *Ort von Ausgrabungen* || **Grabwespe:** *ein Hautflügler*
Gracht die, -/-en ⟨niederl.⟩: *Kanal, Wasserstraße in niederländi-*

schen Städten
grad = grade (ugs.): *gerade*[2]; er ist ein grader Michel *(sagt unverblümt seine Meinung)* | *gerade*[3]
Grad der, -[e]s/-e ⟨lat.⟩: einen akademischen G. erlangen; Verbrennungen dritten Grades erleiden; in hohem Grade *(sehr)* leistungsfähig sein | (mit Zeichen °) (auch mit Art. das) *eine Maßeinheit;* Minusgrade, Winkelgrade; Breitengrade | (in Maßangaben mit Pl. Grad) zehn Grad Celsius (10° C, fachspr.: 10 °C); ein Winkel von 45 Grad (45°); 15 Grad (15°) östlich von Greenwich
grad|aus (ugs.): *geradeaus* ‖ **grad|bie|gen** (ugs.): *geradebiegen* ‖ **gra|de** = → grad
Grad|ein|tei|lung
Gra|del der = das, -s/-: *ein festes Gewebe*
gra|de|zu (ugs.): *geradezu* ‖ **grad|li|nig** (ugs.): *geradlinig* ‖ **Grad|li|nig|keit** die, - (ugs.): *Geradlinigkeit*
Grad|mes|ser ‖ **Grad|netz** (Geogr.)
grad|so (ugs.): *geradeso; genauso* ‖ **grad|ste|hen** (ugs.): *geradestehen*
Gra|du|a|le das, -s/Gradualien [-iən] ⟨lat.⟩: *ein Teil des Propriums der heiligen Messe* | *Liturgiebuch mit Messgesängen* ‖ **gra|du|ell:** *stufenweise* ‖ **gra|du|ie|ren:** *einen akademischen Grad erwerben oder verleihen* | *mit einer Skala versehen* ‖ **Gra|du|ie|rung** die, -/-en
grad|wegs (ugs.): *geradewegs*
Grae|cum [-ˈɛːk-] das, -s ⟨lat.⟩: *eine nachträgliche Prüfung in Griechisch an der Universität*
Graf[1] der, -en/-en: *ein Adeliger*

Graf[2] = Graph [-f]

der, -en/-en ⟨gr.⟩ (bes. Math.): *grafische Darstellung*
Für das Wort bzw. den Wortbestandteil gibt es zwei Schreibweisen:
– Graf: die eingedeutschte Schreibung
– Graph: die fremdsprachige Schreibung
Ebenso: grafisch/graphisch, Grafologie/Graphologie, Fotografin/Photographin ...

Graf[3] = Graph [-f] das, -s/-e ⟨gr.⟩ (Sprachwiss.): *Schriftzeichen* ‖ **Gra|fem** = Graphem das, -s/-e (Sprachwiss.): *Buchstabe oder Buchstabenverbindung;* → Phonem
Graf|fel → Graffl ‖ **Graf|fel|werk** → Grafflwerk
Graf|fi|ti|spray|er [-spreıə, -ʃpreːə] ⟨it.+engl.⟩ ‖ **Graf|fi|ti|spray|e|rin** ‖ **Graf|fi|to** das (*auch:* der), -s/ Graffiti[s]: *auf Wände gemalte (gesprühte, gekratzte) Parole, Inschrift oder Zeichnung;* → Sgraffito
Graffl das, -[s] = **Graffl|werk** das, -[e]s, *auch:* Graffel, Graffelwerk (ugs., abw.): *wertloses Zeug*
Gra|fik = Graphik [-f-] die, - ⟨gr.⟩: *Druck-, Schreib- und Zeichenkunst* | *Schaubild, Illustration* | (mit Pl. -en) *Arbeit in einer bestimmten grafischen Technik, zB Radierung* ‖ **Gra|fi|ker** = Graphiker der, -s/-: *ein Künstler; ein Angehöriger des grafischen Gewerbes* ‖ **Gra|fi|ke|rin** = Graphikerin die, -/-innen ‖ **Gra|fik|kar|te** = Graphikkarte (EDV): *Vorrichtung zur Farb- und Grafikdarstellung auf einem Computermonitor*
Grä|fin die, -/-innen
gra|fisch = graphisch [-f-]: den Fieberverlauf in einer Kurve g. darstellen | ein grafisches Gewerbe *(die Buchdruckerei, Layouter o. dgl.)* | (Mus.) grafische Notation *(Andeutung des musikalischen Ablaufs durch grafische Symbole)* ‖ **Gra|fit** = Graphit der, -[e]s/-e: *ein Mineral [zur Erzeugung von Bleistiftminen]*
gräf|lich → Graf[1]
Gra|fo|lo|ge = Graphologe [-f-] der, -n/-n: *Schriftsachverständiger* ‖ **Gra|fo|lo|gie** = Graphologie die, -: *Deutung des Charakters eines Menschen aus seiner Handschrift* ‖ **Gra|fo|lo|gin** = Graphologin die, -/-innen
Graf|schaft die, -/-en: *englischer Verwaltungsbezirk* | (Gesch.) die G. Tirol
Gra|ham|brot: *Brot aus grobem Weizenschrot* ‖ **Gra|ham|we|ckerl**
Gral der, -[e]s ⟨fr.⟩: der heilige G. *(sagenhafte wundertätige Schale)*
Gral|le die, -/-n (T, K, mda.): *Perle eines Schmuckstücks oder Rosenkranzes*
Grals|burg ‖ **Grals|hü|ter:** *Hüter des heiligen Grals* | (auch abw.) *Bewahrer altehrwürdiger Überlieferung* ‖ **Grals|hü|te|rin** (auch abw.) ‖ **Grals|rit|ter**
gram (geh.): ich bin dir nicht g. *(bös)* ‖ **Gram** der, -s (geh.): *Kummer, Sorge* ‖ **grä|men** sich (geh.): *sich kränken* ‖ **gram|ge|beugt** (geh.) ‖ **gräm|lich** (geh.): *verdrossen*
Gramm das, -s/-e ⟨gr.⟩: nur um Gramme schwerer | (in Mengenangaben mit Pl. Gramm) (g) drei Gramm (3 g) Gold; die Werte in Gramm angeben
Gram|ma|tik die, -/-en ⟨gr.⟩: *Lehre von System und Bau einer Sprache* ‖ **gram|ma|ti|ka|lisch** = grammatisch ‖ **Gram|ma|ti|ker** der, -s/- ‖ **Gram|ma|ti|ke|rin** die, -/-innen ‖ **gram|ma|tisch** = → grammatikalisch
Gram|mel die, -/-n: *der verbleibende Rest ausgelassenen Schweinefetts* ‖ **Gram|mel|fett** ‖ **Gram|mel|knö|del** ‖ **Gram|mel|schmalz** ‖ **Gram|mel|ta|scherl** (Küchenspr.)
Gram|mo|fon = **Gram|mo|phon** [-f-] das, -s/-e ⟨gr.⟩ (früher): *ein Plattenspieler* ‖ **Gram|my** [ˈgræmi] der, -s/-s ⟨gr.-engl.⟩: *ein Musikpreis*
gram|voll → Gram
Gran[1] (ung.: Esztergom [ˈɛster-]): *Stadt in Ungarn*
Gran[2] das, -[e]s/-e ⟨lat.⟩ (früher): *ein sehr kleines Gewicht* | (in Mengenangaben mit Pl. Gran) drei Gran Silber
Gra|nat der, -en/-en ⟨lat.⟩: *ein Schmuckstein* ‖ **Gra|nat|ap|fel:** *eine Frucht* ‖ **Gra|nat|ap|fel|baum**
Gra|na|te die, -/-n ⟨lat.-it.⟩: *ein Sprenggeschoß* ‖ **Gra|nat|split|ter:** durch G. verwundet ‖ **Gra|nat|trich|ter** ‖ **Gra|nat|wer|fer** der, -s/-
Gran|de der, -n/-n ⟨span.⟩: *Angehöriger des spanischen Hochadels* | (iron.) *hoher Funktionär in einer Partei, einer Organisation oÄ*
Gran|de Dame [grɑ̃d ˈdam] ⟨fr.⟩: *bedeutende [ältere] weibl. Persönlichkeit, Kapazität;* die G. D. der Politik
Gran|del das, -s/-n (Jägerspr.): *ein oberer Eckzahn des Rotwildes [in Schmuckstücken]*
Gran|der der, -s/-: *Brunnentrog*
Gran|dez|za die, - ⟨it.⟩: *elegant-würdevolles Benehmen*
Grand|ho|tel [ˈgrɑ̃ːho-] ⟨fr.⟩: *komfortables erstklassiges Hotel*
gran|di|os ⟨it.⟩: *großartig*
Grand Prix [grɑ̃ ˈpri] der, - - [-(s)]/ Grands - [grɑ̃ -] ⟨fr.⟩ (wörtl.: Großer Preis) ‖ **Grand-Prix-Ren|nen** ‖ **Grand|sei|gneur** [-sɛˈnjœːr] der, -s/-s [-e]: *vornehmer, großzügiger*

älterer Herr

Grand Slam [grænd 'slæm] der, --s/- -s ⟨engl.⟩ (Sport) (Wz): *die vier bedeutendsten Tennisturniere der Welt*

Granit der, -[e]s/-e ⟨lat.-it.⟩: *ein sehr hartes Gestein;* bei jemandem auf G. beißen *(nichts erreichen)* ‖ **granitten:** *aus Granit* ‖ **Granitpflaster** ‖ **Granit- und Gneishochland** (Geogr.)

Granne die, -/-n: *borstenartiger Fortsatz an der Ähre von Getreide* ‖ **Grannenhaar:** *langes Oberhaar im Fell von Tieren*

Grant der, -s (ugs.): *schlechte Laune, Missmut*

Grante die, -/-n (K, T, St, mda.): *Preiselbeere* ‖ **Gränte** die, -/-n (V, mda.): *Preiselbeere*

granteln (ugs.): *grantig sein oder reden* ‖ **grantig:** *übel gelaunt* ‖ **Grantigkeit** die, - ‖ **Grantler** der, -s/- (ugs.): *schlecht gelaunter Mensch* ‖ **Grantlerin** die, -/-innen (ugs.) ‖ **Grantscherben** (ugs., abw.): *verdrossener Mensch*

Granulat das, -[e]s/-e ⟨lat.⟩: *Substanz in Körnchenform* ‖ **granulieren** ‖ **Granulom** das -s/-e (Med.): *eine Geschwulst*

Grapefruit ['greɪpfru:t] die, -/-s ⟨engl.⟩: *eine Zitrusfrucht* ‖ **Grapefruitsaft**

Graph [-f] = → Graf[2/3] ‖ **Graphem** = → Grafem ‖ **Graphen** das, -s (Phys.) ⟨gr.⟩: *ein Hochleistungsmaterial (aus einer Schicht Kohlenstoff)* ‖ **Graphik** = → Grafik ‖ **Graphiker** = → Grafiker ‖ **Graphikerin** = → Grafikerin ‖ **Graphikkarte** = → Grafikkarte ‖ **graphisch** = → grafisch ‖ **Graphit** = → Grafit ‖ **Graphologe** = → Grafologe ‖ **Graphologie** = → Grafologie ‖ **Graphologin** = → Grafologin

Grappa der, -s/-[s], *bes. SüdT, CH auch:* die, -/-[s] [Grappe] ⟨it.⟩: *italienischer Tresternschnaps*

grapschen, du grapsch[s]t (ugs.): *greifen; stehlen* | (ugs.) *sexuell belästigen* ‖ **Grapscher** der, -s/- (ugs.) ‖ **Grapscherin** die, -/-innen (ugs.)

Gras das, -es/Gräser: *eine Pflanzenfamilie;* G. mähen; das G. wachsen hören *(im Vorhinein wissen, wie sich etwas entwickelt; sich für bes. gescheit halten)* | (sal.) ins G. beißen *(sterben)* ‖ **Grasbüschel** ‖ **grasen:** auf der Wiese grasendes Vieh ‖ **Grasfläche** ‖ **Grasfrosch:** *ein Froschlurch* ‖ **grasgrün** ‖ **Grashalm** ‖ **Grashüpfer,** *auch:* Grashupfer: *Heuschrecke* ‖ **Grasmücke:** *ein Singvogel* ‖ **Grasnarbe:** *Pflanzendecke über der obersten Bodenschicht* ‖ **Grasnelke:** *eine Pflanzengattung* ‖ **Graswurzel** (Soz. bzw. sal., bes. D): *Basis*

Grass das, - (mda.): *Reisig, Nadelholz-Buschwerk*

Grasschi = → Grasski

grassieren ⟨lat.⟩: *sich ausdehnen, sich ausbreiten;* die Grippe grassiert

Grasski [-ʃi:] = Grasschi: G. fahren *(ein Sport)*

grässlich: *fürchterlich, schrecklich* ‖ **Grässlichkeit** die, -/-en

Grat der, -[e]s/-e: *Kamm, Schneide eines Berges*

Gräte die, -/-n: ein Fisch ohne Gräten ‖ **grätenlos**

Gratewohl → Geratewohl

Gratifikation [-tsi̯-] die, -/-en ⟨lat.⟩ (Amtsspr.): *Sonderzahlung, Ehrengabe* ‖ **gratifizieren:** *vergüten*

grätig: ein grätiger Fisch

Gratin [-'tɛ̃:] das, -s/-s ⟨fr.⟩ (Küchenspr.): *gratinierte Speise* ‖ **gratinieren** [-tin-] (Küchenspr.): *eine Speise im Backrohr überkrusten*

gratis: *kostenlos;* g. und franko ‖ **Gratiseintritt** ‖ **Gratisfahrt** ‖ **Gratisflug** ‖ **Gratisprobe** ‖ **Gratisschulbuchaktion** [-tsi̯-] (früher) (Bildw.) ‖ **Gratisvorstellung**

Gratkorn: *Marktgemeinde in der Steiermark*

Grätsche die, -/-n: *eine Turnübung* ‖ **grätschen:** du grätsch[s]t die Beine ‖ **Grätschstellung**

Gratten der, -s/- (T): *Wagen, Karren;* Schubgratten

Gratulant der, -en/-en ⟨lat.⟩ ‖ **Gratulantin** die, -/-innen ‖ **Gratulation** [-tsi̯-] die, -/-en ‖ **gratulieren:** jemandem zum Namenstag g.

Gratwanderung: *Wanderung an einem Grat entlang* | *riskantes Unternehmen, das nach zwei Seiten hin schiefgehen kann*

Grätzel = Grätzl das, -s/-[n] (ostöst.): *kleiner Teil eines Wohnviertels; Umkreis* ‖ **Grätzelfest** = **Grätzlfest**

grau: g. gestreift (= graugestreift); ein grauer Anzug; *aber:* der Graue Burgunder *(Grauburgunder)* | alles g. in g. *(trostlos)* sehen | die graue (auch: **G**raue) Eminenz *(jemand, der im Hintergrund maßgeblichen [politischen] Einfluss ausübt)* | (Med.) der graue Star *(eine Augenkrankheit, Katarakt)* ‖ **Grau** das, -[s]/-: das G. des Alltags ‖ **graublau**

Graubünden: *Schweizer Kanton*

Grauburgunder: *eine Reb- und Weinsorte, Grauer Burgunder, Ruländer, Pinot Gris*

Gräuel der, -s/-: die G. *(Schrecken)* des Krieges; das ist mir ein G. *(ich finde es schrecklich)* ‖ **Gräuelmärchen:** *unwahrer Schreckensbericht* ‖ **Gräueltat** ‖ **grauen**[1]: mir graut vor der Zukunft

grauen[2] (geh.): der Morgen graut *(dämmert)*

Grauen das, -s: sich mit G. *(Angst und Entsetzen)* daran erinnern; G. erregen ‖ **Grauen erregend** = **grauenerregend:** G. erregende Vorfälle; *aber:* am grauenerregendsten ‖ **grauenhaft** ‖ **grauenvoll**

Graugans: *eine Wildgans* ‖ **grau gestreift** = **graugestreift** ‖ **graugrün** ‖ **grauhaarig** ‖ **Graukäse** (bes. T, K): *ein scharf-würziger Topfenkäse;* → Steirerkas ‖ **gräulich**[1]: *ins Graue gehend;* g. blau

gräulich[2] (geh.): *schrecklich*

Graupe die, -/-n (veraltet): *Gersten- oder Weizenkorn als Suppeneinlage* ‖ **Graupel** die, -/-n: *kleines Hagelkorn* ‖ **graupeln:** es graupelt und regnet

graupert (reg., ugs.): *zerzaust, schäbig*

Graureiher: *ein Vogel, Fischreiher*

Graus der, -es: es ist ein G. *(es ist abscheulich)* ‖ **grausam:** *brutal, gefühllos;* ein grausames *(furchtbares)* Schicksal erleiden ‖ **Grausamkeit** die, -/-en

Grausbirne (ugs.) (nur in der Wendung): jemandem steigen die Grausbirnen auf *(jemand ahnt Schlimmes)*

Grauschimmel: *Pferd mit grauem Fell*

grausen: mir/mich graust *(ekelt)* vor dieser Speise ‖ **Grausen** das, -s ‖ **grausig** ‖ **grauslich:** *abscheulich* | *hartherzig* | *unfreundlich* ‖ **Grauslichkeit** die, -/-en

Grauspecht ‖ **Grauzone:** *schwer abgrenzbarer Übergangsbereich*

grave [-ve] ⟨it.⟩ (Mus.): *schwer, bedächtig*

Graveur [-'vø:ə] der, -s/-e ⟨fr.⟩: *Kupfer-, Stahlstecher, Steinschneider;* → gravieren; → Gra-

vur ‖ **Graveurin** die, -/-innen
gravid ⟨lat.⟩ (Med.): *schwanger* ‖ **Gravidität** die, - (Med.)
gravieren [-v-] ⟨fr.⟩: *einritzen;* → Graveur; → Gravur
gravierend [-v-] ⟨lat.⟩: *schwerwiegend, folgenschwer;* ein gravierender Fehler
Gravierung [-v-] die, -/-en ⟨fr.⟩: *eingeritzte Zeichnung;* ein Ring mit G.
Gravis der, -/- ⟨lat.⟩ (`): *ein Betonungs- bzw. Aussprachezeichen, Akzent, zB in italienisch* città [tʃi'ta] *(Stadt)* ‖ **Gravität** die, - (geh.): *Würde* ‖ **Gravitation** [-tsi̯-] die, -: *Schwerkraft* ‖ **Gravitationsfeld** (Phys.) ‖ **Gravitationsgesetz** (Phys.) ‖ **gravitätisch** [-v-]: *würdevoll* ‖ **Graviton** das, -s/-en (Phys.): *Feldquant der Gravitation*
Gravur [-v-] die, -/-en ⟨fr.⟩: *Gravierung;* → Graveur; → gravieren
Graz (Kfz: G): *Landeshauptstadt der Steiermark* | (Kfz: GU) Graz-Umgebung (= Graz Umgebung) ‖ **Grazer** der, -s/- ‖ **Grazerin** die, -/-innen
Grazie [-i̯ɛ] die, - ⟨lat.⟩: voll G. *(Anmut, Liebreiz)* ‖ **Grazien** die (Pl.): *die drei Göttinnen der Anmut* ‖ **grazil:** *schlank, zart, geschmeidig* ‖ **graziös** ⟨lat.-fr.⟩: *anmutig, lieblich*
Grebelte → *Gerebelte*
Gred die, -/-en = **Grede** die, -/-n (mda.): *ebene gepflasterte Fläche entlang eines Bauernhauses* | (K, T) *Scheiterhaufen an der Hauswand*
Green [gri:n] das, -s/-s ⟨engl.⟩: *Rasenfläche im Golf, auf der sich Loch und Fahne befinden, Grün* ‖ **Green Card** [- k-] = **Greencard** die, -/-s (bes. D) (Wirt., Pol.): *Aufenthalts- bzw. Arbeitsgenehmigung für Ausländer/innen* ‖ **Greenhorn** das, -s/-s: *Grünschnabel, Neuling* ‖ **Greenpeace** [-pi:s]: *eine internationale Umweltschutzorganisation*
Greenwich ['grɪnɪdʒ]: *Stadtteil von London;* 15 Grad östlich von G. *(vom Nullmeridian)*
Gregor: *männl. Vorname* ‖ **Gregorianik** die, -: *traditioneller einstimmiger, unbegleiteter Choralgesang der katholischen Kirche* ‖ **gregorianisch:** *nach Papst Gregor I. bzw. Papst Gregor XIII. benannt;* gregorianischer Choral; gregorianischer Kalender; → julianisch
Greif der, -[e]s, -en/-e[n]: *ein Fabeltier* | *Greifvogel*
Greifarm (Technik) ‖ **greifbar** ‖ **greifen,** griff/gegriffen: ins Leere g.; zum Messer g.; zur Feder g. *(zu schreiben beginnen);* nach der Macht g.; um sich g. *(sich schnell ausbreiten);* aus der Luft gegriffen *(frei erfunden);* das ist zu hoch gegriffen *(veranschlagt);* einen Ton auf der Gitarre g.; *aber:* etwas ist zum **Greifen** nah[e]; → Griff ‖ **Greifer** der, -s/- (Technik): *eine Vorrichtung [an Kränen]* ‖ **Greifvogel:** *Raubvogel*
Grein: *Stadt in Oberösterreich*
greinen (veraltet): *weinen; weinerlich schimpfen*
greis (geh.): ein greises *(sehr altes)* Ehepaar ‖ **Greis** der, -es/-e ‖ **greisenhaft** ‖ **Greisin** die, -/-innen
Greißler der, -s/- (bes. ostöst.): *Lebensmittelhändler* ‖ **Greißlerei** die, -/-en (bes. ostöst.) ‖ **Greißlerin** die, -/-innen (bes. ostöst.) ‖ **Greißlermentalität** ‖ **Greißlersterben** das, -s: *Rückgang kleiner Lebensmittelhandlungen [wegen Konkurrenz von Großmärkten]*
grell: grelles *(blendendes)* Licht; grelle *(schreiende)* Farben; g. beleuchten ‖ **grell beleuchtet** = **grellbeleuchtet** ‖ **grellbunt** ‖ **grellfärbig** ‖ **grellrot**
Gremialvorsteher ⟨lat.⟩ ‖ **Gremialvorsteherin** ‖ **Gremium** das, -s/Gremien [-i̯ɛn]: *eine Körperschaft;* das G. der Kaufmannschaft
Grenadier der, -s/-e ⟨fr.⟩ (Mil.): *ein Infanterist* ‖ **Grenadiermarsch** der, -es (Küchenspr.): *eine Speise aus Erdäpfeln, Nudeln und Fleisch- oder Wurststückchen*
Grenzabfertigung: blockweise G. ‖ **Grenzbahnhof** ‖ **Grenzbalken** ‖ **Grenzbaum:** *Schlagbaum* ‖ **Grenzbefestigung** ‖ **Grenzbelastung:** *die größtmögliche Belastung* ‖ **Grenzbereich** ‖ **Grenzberichtigung** ‖ **Grenzbevölkerung** ‖ **Grenzbewohner** ‖ **Grenzbewohnerin** ‖ **Grenzbezirk:** *Bezirk an der Grenze* ‖ **grenzdebil** (abw.): *nahezu debil* ‖ **Grenzdienst** ‖ **Grenze** die, -/-n: die G. passieren | der Schaden hält sich in Grenzen ‖ **Grenzeinsatz:** ein G. des Bundesheers ‖ **grenzen,** du grenzt; Österreich grenzt an Italien ‖ **grenzenlos** ‖ **Grenzenlosigkeit** die, - ‖ **Grenzer** der, -s/-: *Grenzbeamter* | (früher) *als Grenzwache angesiedelter Wehrbauer* ‖ **Grenzerin** die, -/-innen ‖ **Grenzfall:** *Fall, der sich auf zweierlei Art betrachten [und lösen] lässt* | *Grenzsituation* ‖ **Grenzgänger** der, -s/-: *jemand, der die Staatsgrenze ständig [aus beruflichen Gründen] überschreitet* ‖ **Grenzgängerin** die, -/-innen ‖ **Grenzgebiet** ‖ **Grenzkataster:** *behördliche Aufzeichnung der Grundstücksgrenzen* ‖ **Grenzkonflikt** ‖ **Grenzkontrolle** ‖ **Grenzland** ‖ **grenznah** ‖ **Grenzpolizei** ‖ **Grenzposten** ‖ **Grenzregion** ‖ **Grenzschutz** ‖ **Grenzsicherung** ‖ **Grenzsituation** [-tsi̯-]: *außergewöhnliche Situation, die die Menschen bis an ihre Grenzen belastet* ‖ **Grenzstein** ‖ **Grenzübergang** ‖ **grenzüberschreitend** ‖ **Grenzübertritt:** ein illegaler G. ‖ **Grenzverkehr** ‖ **Grenzverlauf** ‖ **Grenzverletzung** ‖ **Grenzvermarkung** die, -/-en (Amtsspr.): *Festlegung der Grundstücksgrenze* ‖ **Grenzwache** (früher): *ein Sicherheitsorgan, gebildet aus Zollwache und Gendarmerie* ‖ **Grenzwartezeit** (meist Pl.) ‖ **Grenzwert:** *äußerster tolerierter Wert* ‖ **Grenzzwischenfall:** *Zwischenfall zwischen Staaten an einer Grenze*
Greta → Grete ‖ **Gretchenfrage:** *Gewissensfrage, entscheidende Frage* ‖ **Grete,** *auch:* Greta, Gretl: *weibl. Vorname (Margarete)* ‖ **Gretl** → Grete ‖ **Gretlfrisur:** *Haarkranz aus den geflochtenen Zöpfen*
Griebe die, -/-n (D): *Grammel*
Grieche der, -n/-n ‖ **Griechenland** (Kfz: GR): *ein Staat;* → Hellas ‖ **Griechin** die, -/-innen ‖ **griechisch** ‖ **Griechisch** das, -[s] = **Griechische,** -n: *die griechische Sprache;* → Altgriechisch; → Neugriechisch ‖ **griechisch-katholisch** (Rel.): die griechisch-katholische Kirche ‖ **griechisch-orthodox** (Rel.): die griechisch-orthodoxe Kirche ‖ **griechisch-uniert** (Rel.): *griechisch-katholisch;* → uniert
Gries: *5. Bezirk von Graz*
Griesel der, -s: *Graupel* ‖ **grieseln:** es grieselt ‖ **Grieseln** das, -s: *gefrierender Regen;* Schneegrieseln ‖ **Grieselregen**
Griesgram der, -[e]s/-e (geh.): *im-*

G

mer schlecht aufgelegter Mensch ‖ **griesgrämig** (geh.)
Grieskirchen (Kfz: GR): *Stadt in Oberösterreich*
Grieß der, -es/-e: *grob gemahlenes Mehl aus Getreide;* Maisgrieß | (ugs.) *eine Bildstörung [auf dem Fernsehbildschirm], Bildrauschen, Schnee* ‖ **Grießauflauf:** *eine Mehlspeise* ‖ **Grießblattln** → Grießplattln ‖ **Grießbrei** ‖ **Grießbrösel** der, -s/-[n] (V): *Grießschmarren* ‖ **grießeln:** *körnig werden* ‖ **grießig:** *körnig* ‖ **Grießknödel** ‖ **Grießkoch** das, -[e]s: *eine Speise* ‖ **grießlert** (mda.): *grießig* ‖ **Grießmus** (V): *Grießbrei* ‖ **Grießnockerl** ‖ **Grießnockerlsuppe** ‖ **Grießpapperl** (ugs.) ‖ **Grießplattln** die (Pl.), *auch:* Grießblattln (reg.): *eine Speise;* → Plattl ‖ **Grießriebel** (V): *Grießschmarren* ‖ **Grießschmarren:** *eine Mehlspeise* ‖ **Grießstopfer** (V): *Grießschmarren*
griff → greifen ‖ **Griff** der, -[e]s/-e: ein G. in die Geldbörse; ein guter G. *(eine gute Wahl)* | etwas in den G. bekommen *(es bewältigen können);* Handgriff; → greifen ‖ **griffbereit** ‖ **Griffbrett** (Mus.): *Teil des Halses von Streich- und Zupfinstrumenten* ‖ **Griffel** der, -s/- (früher): *ein Schreibgerät* | (Biol.) *Organ der Blüte* ‖ **Griffelschachtel** (SüdT): *Federpennal* ‖ **grifffest:** ein grifffestes *(auch nach längerem Gebrauch nicht abgegriffenes)* Material ‖ **griffig:** griffiger Schnee | griffiges *(etwas körniges)* Mehl; → G.: glatt ‖ **Griffloch** (Mus.): *mit dem Finger zu deckendes Loch im Rohr von Holzblasinstrumenten* ‖ **Griffregister** (Druckw.): *eingestanzte Orientierungshilfe [bei Nachschlagewerken]* ‖ **Grifftechnik** (Mus.) ‖ **Griffweite:** das Handy in G. lassen
Grill der, -s/-s ⟨engl.⟩: *Bratrost*
Grille die, -/-n: *ein heuschreckenähnliches Insekt* | (geh.) *Laune, Marotte, wunderlicher Einfall*
grillen ⟨engl.⟩: *auf dem Rost oder am Spieß braten* ‖ **Griller** der, -s/-: *ein Gerät zum Grillen* ‖ **Grillgewürz** ‖ **Grillgut** das, -[e]s (fachspr.): *zum Grillen Vorbereitetes* ‖ **Grillhendl** ‖ **grillieren** (bes. CH): *grillen* ‖ **Grillkohle** ‖ **Grillparty** [-i] ‖ **Grillspieß** ‖ **Grillstation** [-tsi̯-]: *Lokal, das auf Grillhendl uÄ spezialisiert ist*

Grimasse die, -/-n ⟨fr.⟩ (auch abw.): Grimassen *(Gesichter)* schneiden
Grimm der, -[e]s (geh.): *[unterdrückter] Zorn* ‖ **Grimmen** das, -s: *Bauchschmerzen* ‖ **grimmig:** ein grimmiges Gesicht | grimmige *(strenge)* Kälte
Grimming der, -s: *Berg in der Steiermark*
Grind der, -[e]s/-e: *Schorf [auf der Kopfhaut]* | (T, V) (abw.) *Kopf* | (T) (abw.) *starrköpfiger Mensch;* ein sturer G. ‖ **grindig:** *sehr schmutzig*
Gringo der, -s/-s ⟨span.⟩ (abw.): *lateinamerikanische Bezeichnung für einen US-Amerikaner*
Grinsel das, -s/-: *Kimme am Gewehrlauf*
grinsen, du grinst: *dumm, höhnisch lächeln*
grippal ⟨fr.⟩ (Med.): grippaler Infekt *(grippeähnliche Erkrankung)* ‖ **Grippe** die, -/-n (Med.): *eine ansteckende Krankheit, Influenza* ‖ **Grippeepidemie** ‖ **Grippeimpfung** ‖ **Grippeschutz** ‖ **Grippevirus** [-v-] (Med.) ‖ **Grippewelle** ‖ **grippös** (Med.): *grippal*
Grips der, -/-n (ugs.): *Verstand, Köpfchen*
Grisaille [gri'za:j] die, -/-n ⟨fr.⟩ *Malerei, Maltechnik in grauen Farben*
Grisli = Grizzly [-zli] der, -s/-s ⟨engl.⟩: *nordamerikanischer Braunbär*
Griss das, -es (ugs.): *Geriss*
Grizzly [-zli] = → Grisli

grob,

gröber/am gröbsten: grober Sand | ein grober *(unhöflicher)* Kerl | (Seemannsspr.) grobe See *(stark bewegtes Meer mit hohem Wellengang)*

Großschreibung bei Nominalisierung:
- aufs (auf das) **Gröbste** (= gröbste; mit Frage *Wie?*) beleidigen
- aus dem **Gröbsten** heraußen sein R→ S. 892, 2.2

Getrennt- und Zusammenschreibung mit Verben, die ein Resultat herbeiführen, und adjektivisch gebrauchten Partizipien:
- das Getreide grob mahlen (= grobmahlen)
- grob gemahlen = grobgemahlen
- grob gestrickt = grobgestrickt

Außerdem: grob fahrlässig = grobfahrlässig R→ S. 900, 1.5.1

grob fahrlässig = **grobfahrlässig** ‖ **grobfaserig,** *auch:* **grobfasrig** ‖ **grob gemahlen** = **grobgemahlen** ‖ **grob gestrickt** = **grobgestrickt** ‖ **Grobheit** die, -/-en ‖ **Grobian** der, -s/-e: *grober Mensch* ‖ **grobkörnig** ‖ **gröblich:** jemanden g. *(sehr schwer)* beleidigen ‖ **grob mahlen** = **grobmahlen** ‖ **grobmaschig**
Gröbming (Kfz: GB): *Marktgemeinde in der Steiermark*
grobschlächtig (abw.): *von grober Art;* ein grobschlächtiger Mann
Grödel das, -s/-[n] (meist Pl.): *leichtes Steigeisen*
Gröden das, -[s]: *Grödnertal (in Südtirol)*
Grog der, -s/-s ⟨engl.⟩: *ein heißes alkoholisches Getränk mit Rum*
groggy [-i] ⟨engl.⟩ (ugs.): *erschöpft, halb betäubt*
grölen (abw.): *dumpf schreiend singen, brüllen*
Groll der, -[e]s: keinen G. *(Ärger)* empfinden ‖ **grollen** (geh.): *hadern, streiten;* er grollt [mit] seinem Sohn | den Vulkan g. *(donnern)* hören
Grönland: *große Insel in der Arktis (zu Dänemark gehörend)*
Groove [gru:v] der, -s ⟨engl.⟩ (Mus.): *wiederkehrendes rhythmisches Muster, das den [Gefühls]eindruck eines Musikstücks verstärkt* ‖ **grooven** (Mus.): der Song groovt ‖ **groovig** (Mus.)
Gros[1] [gro:] das, - [-(s)] ⟨fr.⟩: das G. *(die Hauptmasse)* der Wähler/innen; → en gros ‖ **Gros**[2] [gro(:)s] das, -/-: *12 Dutzend einer Ware [im Textilhandel]*
Groschen der, -s/- (g): *eine Geldeinheit, zB früher in Österreich (bis Februar 2002)* | (ugs.) der G. ist bei ihm gefallen *(endlich hat er es verstanden)* ‖ **Groschenheft** (veraltet): *billige Lektüre* ‖ **Groschenklauber** der, -s/- (ugs., abw., veraltet): *geldgieriger Mann, Geizhals;* → Pfennigfuchser ‖ **Groschenklauberin** die, -/-innen (ugs., abw., veraltet) ‖ **Groschenroman** (veraltet) ‖ **Groscherl** = **Gröscherl** das, -s/-[n] (oft abw., veraltend): *wertlose Münze, Kleingeld* ‖ **Groscherlgeschäft,** *auch:* **Gröscherlgeschäft** (ostöst., ugs.)

(veraltend): *Minimalumsatz, Kleinstverdienst*

groß,

größer/am größten; die großen Ferien; im großen Ganzen; das große G singen (Mus.); die große Oktav (Mus.: *die Töne C bis H*)

Großschreibung bei Nominalisierung:
- im **G**roßen *(in großen Mengen)* einkaufen
- im **G**roßen und Ganzen
- **G**roß und Klein *(alle, jedermann)*
- die **G**roßen und die Kleinen
- das **G**roße und das Kleine
- etwas/nichts **G**roßes leisten
- das **G**rößte ist, dass …

R→ S. 892, 2.2

Großschreibung in Eigennamen:
- Karl der **G**roße (d. Gr.)
- der **G**roße Bär *(ein Sternbild)*
- der **G**roße Ozean *(der Pazifik)*
- der **G**roße Teich *(Atlantik)*

R→ S. 895, 4.1

Getrenntschreibung bei wörtlicher Bedeutung:
- groß schreiben *(in großen Schriftzügen); aber zusammen:* das Nomen musst du großschreiben
- groß anlegen *(großzügig)*

Zusammenschreibung bei übertragener Bedeutung:
- Nomen werden großgeschrieben *(mit großem Anfangsbuchstaben)*
- Ordnung wird bei uns großgeschrieben *(wichtig genommen)*
- großtun *(protzen, prahlen)*
- ein Kind großziehen

R→ S. 900, 1.5.1

Getrennt- und Zusammenschreibung mit adjektivisch gebrauchten Partizipien:
- ein groß gewachsenes (= großgewachsenes) Kind
- groß gemustert = großgemustert

R→ S. 903, 2.2.1

Groß|ab|neh|mer: *Großkunde* ‖ **Groß|ab|neh|me|rin** ‖ **Groß|ak|ti|o|när** [-tsi̯-] (Wirt.) ‖ **Groß|ak|ti|o|nä|rin** (Wirt.) ‖ **Groß|alarm** ‖ **groß|ar|tig:** *ausgezeichnet, hervorragend* ‖ **Groß|ar|tig|keit** die, -/-en ‖ **Groß|auf|nah|me:** *das ganze Bild füllende Aufnahme [eines Gesichts, einer Blume]* ‖ **Groß|auf|trag** (Wirt.) ‖ **Groß|bank** die, -/-en ‖ **Groß|bau|stel|le** ‖ **Groß|be|trieb** ‖ **Groß|bild|lein|wand** ‖ **Groß|brand** ‖ **Groß|bri|tan|ni|en** [-i̯ən]: *England, Schottland und Wales;* Vereinigtes Königreich von Großbritannien und Nordirland (UK) (Kfz: GB); → Britannien; → Brite ‖ **Groß|buch|sta|be** ‖ **groß|bür|ger|lich:** *der einflussreichere Teil des Bürgertums (bes. im 19. Jh.)* ‖ **Groß|bür|ger|tum** ‖ **groß|deutsch** (Gesch.): *die Vereinigung aller deutschsprachigen Gebiete in einem Staat anstrebend* ‖ **Grö|ße** die, -/-n: die G. eines Raumes | die G. *(Wichtigkeit)* des Augenblicks; die innere G. *(der innere Wert)* | sie ist eine G. *(eine bedeutende Persönlichkeit)* auf ihrem Gebiet ‖ **Groß|ein|kauf** ‖ **Groß|ein|satz:** ein G. der Rettung ‖ **Groß|el|tern** die (Pl.) ‖ **Grö|ßen|ord|nung** ‖ **gro|ßen|teils:** *zum großen Teil* ‖ **Grö|ßen|ver|hält|nis** ‖ **Grö|ßen|wahn** ‖ **grö|ßen|wahn|sin|nig** ‖ **Groß-En|zers|dorf:** *Stadt in Niederösterreich* ‖ **Groß|er|eig|nis** ‖ **Groß|er|zeu|ger** ‖ **Groß|fahn|dung:** eine G. der Polizei ‖ **Groß|fa|mi|lie** [-i̯ə] ‖ **groß|flä|chig** ‖ **Groß|for|mat** ‖ **groß|for|ma|tig** ‖ **Groß|fürst:** *ein hoher Adeliger im alten Russland* ‖ **Groß|fürs|tin** ‖ **groß ge|mus|tert** = **groß|ge|mus|tert** ‖ **Groß|ge|päck:** das G. einchecken ‖ **Groß Ge|rungs:** *Stadt in Niederösterreich* ‖ **groß ge|wach|sen** = **groß|ge|wach|sen** [-ks-] ‖ **Groß|glock|ner** der, -s: *höchster Berg in Österreich (Kärnten, Osttirol);* → Glockner ‖ **groß|go|schert** (ugs., abw.): *großmäulig, prahlerisch* ‖ **Groß|grund|be|sit|zer** ‖ **Groß|grund|be|sit|ze|rin** ‖ **Groß|han|del** → G.: Einzelhandel ‖ **Groß|han|dels|preis** ‖ **groß|her|zig:** *edelmütig; freigebig* ‖ **Groß|her|zog:** *ein Fürstentitel* ‖ **Groß|her|zo|gin** ‖ **Groß|hirn** ‖ **Groß|hirn|rin|de** ‖ **Groß|in|qui|si|tor** (früher): *höchster Richter der Inquisition* ‖ **Groß|in|ves|tor** ‖ **Groß|in|ves|to|rin**

Gros|sist der, -en/-en ⟨fr.⟩: *Großhändler;* → Engrossist; → G.: Einzelhändler ‖ **Gros|sis|tin** die, -/-innen

groß|jäh|rig: *volljährig* ‖ **Groß|jäh|rig|keit** die, - ‖ **groß|ka|li|b|rig** → Kaliber ‖ **Groß|kampf|tag** ‖ **Groß|kat|ze** (Zool.): *große Raubkatze, zB Tiger, Löwe* ‖ **Groß|kauf|mann** ‖ **Groß|kauf|frau** ‖ **Groß|knecht** (früher): *oberster Knecht* ‖ **Groß|kö|nig:** *Titel der altpersischen Herrscher* ‖ **groß|kop|fert** (ugs.): *hochgestellt* ‖ **Groß|kop|fer|te**[1] der, -n/-n, ein Großkopferter (ugs.): *hochgestellte Persönlichkeit* ‖ **Groß|kop|fer|te**[2] die, -n/-n (ugs.) ‖ **groß|kot|zig** (ugs., abw.): *protzig, arrogant* ‖ **Groß|kü|che** ‖ **Groß|kun|de** ‖ **Groß|kund|ge|bung** ‖ **Groß|kun|din** ‖ **Groß|macht:** *ein sehr mächtiger Staat oÄ* ‖ **groß|mäch|tig** [auch: -ˈɛ-]: *sehr groß;* etwas g. anpreisen ‖ **Groß|ma|ma** [-ˌmaː]: *Großmutter* ‖ **Groß|markt** ‖ **Groß|maul** (abw.): *Prahler, Wichtigtuer* ‖ **groß|mäu|lig:** *großsprecherisch* ‖ **Groß|meis|ter:** *ein Titel im Schach | ein Rang (in den Ritterorden, in der Freimaurerei)* ‖ **Groß|meis|te|rin** ‖ **Groß|mo|gul** (früher): *nordindischer Herrscher;* → Mogul ‖ **Groß|mut** die, - (geh.): *Großzügigkeit, Edelmut* ‖ **groß|mü|tig** (geh.) ‖ **Groß|mut|ter** ‖ **groß|müt|ter|lich** ‖ **Groß|nef|fe:** *Enkel der Schwester/des Bruders* ‖ **Groß|nich|te:** *Enkelin des Bruders/der Schwester* ‖ **Groß|of|fen|si|ve** [-fɛ, -vɛ]

gro|sso mo|do ⟨it.⟩ (geh.): *im Großen und Ganzen*

Groß|on|kel: *Bruder eines Großelternteils* ‖ **Groß|pa|ckung** ‖ **Groß|pa|pa** [-ˌpaː]: *Großvater* ‖ **Groß|par|tei** ‖ **Groß|pro|jekt** ‖ **Groß|raum:** *Stadt mit ihrer näheren Umgebung;* im G. Linz ‖ **Groß|raum|bü|ro:** *Büro, in dem mehrere Arbeitsplätze in einem großen Raum untergebracht sind* ‖ **groß|räu|mig** ‖ **Groß|raum|li|mou|si|ne** [-mu-] → Makrovan ‖ **Groß|raum|wa|gen:** *nicht abgeteilter Waggon* ‖ **Groß|raz|zia** ‖ **Groß|rech|ner** (EDV): *leistungsstarke Computeranlage* ‖ **groß|schrei|ben:** *mit großem Anfangsbuchstaben schreiben; aber:* etwas groß *(in großen Schriftzügen)* schreiben; → groß ‖ **Groß|schrei|bung** die, - ‖ **Groß-Sieg|harts:** *Stadt in Niederösterreich* ‖ **Groß|spre|cher** (abw.) ‖ **Groß|spre|che|rin** (abw.) ‖ **groß|spre|che|risch** (abw.): *prahlerisch* ‖ **groß|spu|rig** (abw.): *auftrumpfend, hochstaplerisch;* g. reden ‖ **Groß|stadt:** *Stadt mit mehr als 1 Million Einwohnern* ‖ **Groß|städ|ter** ‖ **Groß|städ|te|rin** ‖ **groß|städ|tisch** ‖ **Groß|tan|te:** *Schwester eines Großelternteils* ‖ **Groß|tat:** *großartige Leistung* ‖

G

Großteil der, -[e]s/-e ‖ **großteils** ‖ **größtenteils** ‖ **größtmöglich** ‖ **Großtuer** der, -s/- (abw.) ‖ **Großtuerei** die, - (abw.) ‖ **Großtuerin** die, -/-innen (abw.) ‖ **großtuerisch** (abw.) ‖ **großtun** (abw.): er tut groß *(er protzt, prahlt)* ‖ **Großunternehmen** ‖ **Großvater** ‖ **großväterlich** ‖ **Großvenediger** [-v-; auch: -'ne:-] der, -s: *Berg in den Hohen Tauern (Salzburg, Osttirol)* ‖ **Großveranstaltung** ‖ **Großverbraucher** ‖ **Großverbraucherin** ‖ **Großverdiener** ‖ **Großverdienerin** ‖ **Großvieh:** *Rinder, Pferde u. dgl.* ‖ **Großvorhaben** ‖ **Großwesir** (früher): *höchster osmanischer Amtsträger;* → Wesir ‖ **Großwetterlage:** *die weiträumige Wetterlage* ‖ **Großwild:** *Elefanten, Löwen u. dgl.* ‖ **Großwildjäger** ‖ **Großwildjägerin** ‖ **großziehen:** ein Kind g. ‖ **großzügig:** *freigebig* | *nachsichtig, tolerant;* über Fehler g. hinwegsehen | *weiträumig;* ein großzügiges Zimmer ‖ **Großzügigkeit** die, -/-en

Gröstel = **Gröstl** das, -s/-[n]: *eine [Tiroler] Speise aus geröstetem Fleisch und Erdäpfeln;* Tiroler G.

grotesk ⟨fr.⟩: groteske *(wunderliche, absonderliche)* Figuren, Ideen ‖ **Groteske** die, -/-n (bes. Kunstg., Lit.)

Grotte die, -/-n ⟨lat.-it.⟩: *Felshöhle* ‖ **Grottenbahn** ‖ **grottenhässlich** (ugs., abw.): *besonders hässlich* ‖ **Grottenolm:** *in Höhlen lebender Schwanzlurch* ‖ **grottenschlecht** (ugs., abw.): *besonders schlecht*

Groupie ['gru:pi] der, -s/-s ⟨engl.⟩: *weiblicher Fan [eines Popsängers]*

grub → graben

Grubber der, -s/- ⟨engl.⟩ (Landw.): *eine Maschine zum Lockern der Erde* ‖ **grubbern,** ich grubbere (Landw.)

Grübchen das, -s/-: *Gruberl* ‖ **Grube** die, -/-n: in eine G. stürzen | *Bergwerk;* in die G. einfahren

Grübelei die, -/-en, *auch:* Grüblerei ‖ **grübeln,** ich grüble: über etwas g. *(sich mit Gedanken darüber abquälen)*

Grubenhund = **Grubenhunt** (Bergmannsspr.): *ein Förderwagen* ‖ **Grubenunglück:** *Bergwerksunglück* ‖ **Grüberl** das, -s/-[n] (bes. ostöst., ugs.): Grüberln *(kleine Vertiefungen, Grübchen)* in den Wangen

Grübler der, -s/-: *jemand, der zum Grübeln neigt* ‖ **Grüblerei** → Grübelei ‖ **Grüblerin** die, -/-innen ‖ **grüblerisch:** ein grüblerischer *(unaufhörlich nachdenklicher)* Mensch

grüezi [-'yə-] (CH): *grüß dich*

Gruft die, -/Grüfte: *ausgemauertes Grab* | *ein Betreuungszentrum für Obdachlose in Wien* ‖ **Grufti**[1] der, -s/-s (Jug.): *schwarz gekleideter Jugendlicher mit Hang zum Okkulten* | (abw.) (Jug.) *alter Mensch* ‖ **Grufti**[2] die, -/-s (Jug.)

grummeln: *murmeln*

Grummet das, -s (Landw.): *die zweite Mahd; der zweite Grasschnitt* ‖ **Grummetschober** (Landw.)

Grümpelturnier, *auch:* Gerümpelturnier (ugs., bes. V, CH): *Hobbyfußballturnier*

grün: die Ampel ist g.; die grüne (*auch:* Grüne) *(unbewachte, ungesicherte)* Grenze | (sal.) es ist alles im grünen Bereich (normal, unter Kontrolle) | grüne Zone *(gebührenpflichtige Parkzone [in Graz])* | (ugs.) sich g. und gelb *(sehr)* ärgern | der Grüne Veltliner *(eine Reb- und Weinsorte)* | (Med.) der grüne Star *(eine Augenkrankheit, Glaukom)* | (scherzh.) jemandem nicht g. *(nicht wohlgesinnt)* sein | die grüne Revolution *(landwirtschaftliche Ertragssteigerung [in Entwicklungsländern])* | (westöst.) *frisch, nicht geselcht (bei Wurst, Speck);* → Grüne; → blaugrün ‖ **Grün** das, -[s]/-: das erste G. im Frühjahr | die Ampel zeigt G. | (ugs.) dasselbe in G. *(so gut wie dasselbe)* | (Sport) *Teil der Spielbahn einer Golfanlage,* → *Green* | (SüdT) landwirtschaftliches G. *(landwirtschaftliche Nutzfläche);* → Grüne ‖ **Grünabgeordnete** ‖ **Grünalge** (Bot.) ‖ **Grünanlage:** *Park uÄ [vor einem Haus]*

Grund der, -[e]s/Gründe: auf G. (= aufgrund); aus Gründen der Verständlichkeit; → zu Grunde (= zugrunde) gehen | im Grund[e] genommen; von G. auf | den G. des Sees sehen können | einen G. *(Baugrund; ein Grundstück)* kaufen; etwas in G. und Boden verdammen | (ugs., veraltet) Leute vom G. *(aus der betreffenden Gegend der Stadt)* ‖ **Grundablöse:** *Kauf eines Grundstücks im öffentlichen Interesse* ‖ **grundanständig:** *durch und durch anständig* ‖ **Grundausbildung** ‖ **Grundausstattung:** die G. eines Autotyps ‖ **Grundbedeutung:** *wesentlichste Bedeutung* ‖ **Grundbedingung** ‖ **Grundbedürfnis:** *Lebensnotwendigkeit* ‖ **Grundbegriff** ‖ **Grundbesitz** ‖ **Grundbesitzer** ‖ **Grundbesitzerin** ‖ **Grundbezug:** *fixes Entgelt, Grundgehalt* ‖ **Grundbirne** (reg., mda.): *Erdapfel* ‖ **Grundbuch** (Admin.): *amtliches Verzeichnis des Grund- und Hausbesitzes* ‖ **Grundbuchauszug** = Grundbuchsauszug (Jus) ‖ **Grundbucheintragung** = Grundbuchseintragung (Jus): *Intabulation* ‖ **grundbücherlich:** g. *(durch Eintragung ins Grundbuch)* gesichert ‖ **Grundbuchsauszug** = Grundbuchauszug (Jus) ‖ **Grundbuchseinlage:** *Eintragungsblatt einer Liegenschaft im Grundbuch* ‖ **Grundbuchseintragung** = → Grundbucheintragung ‖ **Grundbuchseinverleibung** (Jus): *Grundbucheintragung* ‖ **grundbuchsfähig** (Amtsspr.): *geeignet (beglaubigt) für die Grundbuchseintragung* ‖ **Grundbuchsgericht** ‖ **Grunddienstbarkeit** (Jus): *Servitut* ‖ **grundehrlich:** *durch und durch, absolut ehrlich* ‖ **Grundeigentum** ‖ **Grundeigentümer** ‖ **Grundeigentümerin** ‖ **Grundeinheit** (Phys.): *Meter, Mol, Kilogramm ua.* ‖ **Grundeinkommen:** *Grundbezug* ‖ **Grundeinlöse** die, -/-n: → *Grundablöse* ‖ **Grundel** die, -/-n: *ein Meeresfisch* ‖ **grundeln:** Enten g. *(suchen Nahrung unter Wasser)* ‖ **gründen:** einen Verein g. ‖ **Grunderwerb** ‖ **Grunderwerbsteuer** ‖ **Gründerzeit** (bes. Wirt., Gesch., Arch.): *Zeitabschnitt mit vielen Betriebsgründungen im letzten Drittel des 19. Jh.* ‖ **Gründerzeithaus** ‖ **grundfalsch:** *völlig unrichtig* ‖ **Grundfarbe:** die drei Grundfarben Rot, Blau und Gelb | *Farbe des Untergrunds* ‖ **Grundfertigkeit** (meist Pl.): *in der Grundausbildung erworbenes Wissen* ‖ **Grundfesten** die (Pl.): in den G. *(bis ins Fundament) erschüttert werden* ‖ **Grundfläche** ‖ **Grundfreiheiten** die (Pl.) (Jus): *persönliche Freiheitsrechte* ‖ **Grundfür-**

sor|ge (SüdT): *amtliche Maßnahmen zur Sicherung der grundlegenden medizinischen und sozialen Versorgung* || **Grund|ge|bühr:** *fixe Gebühr [für Telefon, Strom], unabhängig vom Verbrauch* || **Grund|ge|dan|ke** || **Grund|ge|halt** der, -[e]s/-hälter: *Grundbezug* || **grund|ge|scheit:** *durch und durch klug* || **Grund|ge|setz:** ein physikalisches G. *(eine physikalische Gesetzmäßigkeit)* | (Jus) *Gesetz zum Schutz der Grundrechte der Bürger* || **grund|gü|tig:** *von Grund aus gütig* || **Grund|hal|tung** || **Grund|herr|schaft** (früher) || **grun|die|ren:** *eine Grundfarbe auftragen* || **Grun|die|rung** die, -/-en || **Grund|ka|pi|tal** (Bankwesen): *Nominalkapital von Aktiengesellschaften* || **Grund|kennt|nis** (meist Pl.) || **Grund|kon|zep|ti|on** [-tsi̯-] || **Grund|kos|ten** die (Pl.): *fixe Kosten* || **Grund|kurs** || **Grund|la|ge:** *Basis, Fundament* || **Grund|la|gen|for|schung** || **Grund|la|gen|wis|sen** || **grund|le|gend:** *fundamental, grundsätzlich* || **gründ|lich:** eine Arbeit g. *(gewissenhaft)* machen | die Wohnung g. machen *(reinigen und aufräumen)* || **Gründ|lich|keit** die, - || **grund|los:** *ohne Grund* || **Grund|lo|sig|keit** die, - || **Grund|mau|er:** *Fundament* || **Grund|mund|art** (Sprachwiss.): *Dialekt mit engem Verbreitungsgebiet;* → Verkehrsmundart || **Grund|nah|rungs|mit|tel**

Grün|don|ners|tag: *Donnerstag vor Ostern*

Grund|par|zel|le: *[parzelliertes] Grundstück* || **Grund|preis:** *Grundstückspreis* || **Grund|prin|zip** || **Grund|rech|nungs|art:** die vier Grundrechnungsarten Addieren, Subtrahieren, Multiplizieren, Dividieren || **Grund|recht** (Jus): *durch die Verfassung garantiertes grundlegendes Recht jedes Menschen;* → Menschenrecht || **Grund|rech|te|char|ta** [-ka-] = Grundrechtscharta: *ein Teil der EU-Verfassung* || **Grund|rechts|ka|ta|log** (Jus) || **Grund|rechts|schutz** (Jus) || **Grund|riss:** *Bauzeichnung, die eine Sicht von oben wiedergibt;* den G. des Hauses zeichnen; → Aufriss || **Grund|satz:** sie ist ein Mensch von festen Grundsätzen *(Prinzipien)* || **Grund|satz|de|bat|te** || **Grund|satz|ent|schei|dung** || **Grund|satz|ge|setz** (Jus): *Rahmengesetz für die Ausführungsgesetze der Länder* || **grund|sätz|lich** || **Grund|sau|ce** [-zo:s(ɛ)] = Grundsoß, Grundsoße (Küchenspr.): *Saucengrundlage, aus der weitere Saucen hergestellt werden* || **Grund|schu|le** (bes. D, SüdT): *Volksschule* || **Grund|schul|leh|rer** (bes. D, SüdT) || **Grund|schul|leh|re|rin** (bes. D, SüdT) || **Grund|si|che|rung:** *Mindesteinkommen* || **grund|so|lid:** *äußerst solid* || **Grund|stein:** den G. *(den symbolischen ersten Stein eines Bauwerks)* legen || **Grund|stein|le|gung** die, -/-en || **Grund|steu|er:** *Steuer auf Grundbesitz* || **Grund|stock** der, -[e]s: *Grundlage* || **Grund|stoff:** *Ausgangsstoff* | (Chem.) *Element* || **Grund|stoff|in|dus|t|rie** || **Grund|stück:** ein G. zum Bauen kaufen || **Grund|stücks|zu|sam|men|le|gung** (Amtsspr.): *Flurbereinigung* || **Grund|stu|fe** (Gramm.): *Positiv*[1] || **grund|stür|zend:** *vollständig;* ein grundstürzendes *(alles umwerfendes)* Ergebnis || **Grund|ton** (Mus.): *Ton, auf dem ein Klang bzw. ein Akkord aufgebaut ist* || **grund|tö|nig** (Mus.): → obertönig || **Grund|tö|nig|keit** die, - (Mus.): *Klangfarbe, die fast nur den Grundton (ohne Obertöne) hervortreten lässt* || **Grund|übel:** *ausschlaggebendes, grundlegendes Übel* || **Grund|um|satz** (Med.): *Energiemenge, die nötig ist, um den Körper in absoluter Ruhe 24 Stunden zu versorgen* || **Grün|dung** die, -/-en: die G. einer Firma || **Grün|dungs|mit|glied** || **Grund|ver|kehr** (Amtsspr.): *Regelung des Rechtserwerbs an land- und forstwirtschaftlichen Grundstücken oder an Grundstücken durch Ausländer* || **Grund|ver|kehrs|ge|setz** || **Grün|dungs|ver|samm|lung** (Wirt.)

Grün|dün|gung (Landw.): *Anbau und Einarbeitung von Pflanzen zur Bodenverbesserung*

grund|ver|dor|ben: *ganz und gar schlecht, böse* || **grund|ver|schie|den:** *sehr verschieden* || **Grund|ver|sor|gung:** die medizinische G. ist gewährleistet || **Grund|vor|aus|set|zung** || **Grund|was|ser** das, -s/- [-wässer]: *Wasseransammlung im Boden* || **Grund|was|ser|spie|gel** || **Grund|wehr|die|ner** (Mil.): *Wehrpflichtiger, der den [ersten Teil des] ordentlichen Präsenzdienst[es] ableistet* || **Grund|wehr|die|ne|rin** (Mil.) || **Grund|wehr|dienst** (Mil.): *Präsenzdienst* || **Grund|wehr|zeit** || **Grund|wein:** *Wein zur Sekterzeugung* || **Grund|wis|sen:** *grundlegende Kenntnisse* || **Grund|wort** (Gramm.): *letzter Teil eines Kompositums, zB* Weg *in* Heimweg; → Bestimmungswort || **Grund|wort|schatz** (Sprachwiss.): *die wichtigsten und häufigsten Wörter* || **Grund|zahl|wort** (Gramm.): *Kardinalzahlwort, zB* zwei, elf; → Ordnungszahlwort || **Grund|zug:** einen Vertrag in seinen Grundzügen entwerfen *(das Wesentliche festlegen)* || **Grund|zu|stand** (Phys.): *derjenige Zustand von Teilchen[systemen] mit niedrigster Energie*

Grü|ne[1] der, -n/-n, ein Grüner (Pol.): *Anhänger einer Umweltschutzbewegung;* die Grünen *(eine Partei)* || **Grü|ne**[2] die, -n/-n || **Grü|ne**[3] das, -n: *das Grün, grüne Farbe;* ins G. *(in die freie Natur)* gehen; → grün; → Grün || **grü|nen** (geh.): alles grünt || **Grü|ne Velt|li|ner** [- f-, - v-] der, -n -s/-n -: *eine Reb- und Weinsorte* || **Grün|fink:** *Grünling* || **Grün|flä|che** || **Grün|fut|ter** (Landw.) → G.: Trockenfutter

Grunge [grʌndʒ] der, - ⟨engl.⟩ (Mus.): *eine Stilrichtung der Rockmusik*

Grün|gür|tel: *ein Siedlungsgebiet umgebende Grünanlagen* || **Grün|kapp|ler** der, -s/- (reg., ugs., abw.): *Polizist* || **Grün|kapp|le|rin** die, -/-innen (reg., ugs., abw.) || **Grün|kern** der, -[e]s: *unreifer Dinkel* || **Grün|kern|laib|chen** || **Grün|kohl:** *eine Kohlart* || **Grün|land:** *landwirtschaftlich genutzte Fläche;* → Bauland || **grün|lich:** g. blau || **Grün|ling** der, -s/-e: *ein Singvogel, Grünfink* || **Grün|oa|se** || **Grün|pflan|ze** || **Grün|po|li|ti|ker:** *Politiker einer Umweltschutzpartei* || **Grün|po|li|ti|ke|rin** || **Grün|ru|he|la|ge** || **Grün|schna|bel** (scherzh. bzw. abw.): *unerfahrener junger Mensch* || **Grün|span** der, -[e]s: *Patina* || **grün|spa|nig:** grünspaniges Kupfer || **Grün|specht** || **Grün|strei|fen:** *schmale Rasenfläche*

grun|zen, du grunzt: das grunzende Schwein

Grün|zeug das, -[e]s: *Suppengrün* || **Grün|wei|ße** der, -n/-n (meist Pl.) (Sport): → *Rapidler* || **Grün|zo|ne:** *Grünanlagen am Stadt- oder*

Ortsrand, nicht bebauter Bereich im Ortsgebiet

Gruppe die, -/-n ⟨it.-fr.⟩: eine G. Jugendlicher ‖ **Gruppenarbeit** ‖ **Gruppenbild** ‖ **Gruppendynamik** [-dy-] (Psych., Soz.): *Lehre von den Vorgängen in einer Menschengruppe* ‖ **gruppendynamisch** ‖ **Gruppenleiter:** *eine Funktionsbezeichnung* ‖ **Gruppenleiterin** ‖ **Gruppenpsychotherapie** [-y-] ‖ **Gruppenreise** ‖ **Gruppentherapie** ‖ **Gruppenunterricht** ‖ **gruppenweise** ‖ **gruppieren:** *in Gruppen ordnen;* sich neu g. ‖ **Gruppierung** die, -/-en

Grus der, -es/-e: *feiner Schutt;* Kohlengrus

Gruselfilm ‖ **Gruselgeschichte** ‖ **gruselig,** *auch:* gruslig: *schaurig* ‖ **gruseln:** mir/mich gruselt vor ihm; ich grusle *(fürchte)* mich im Dunkeln

Gruß der, -es/Grüße: mit freundlichen Grüßen ‖ **Grußadresse:** *offizielle schriftliche Grußbotschaft [an eine Versammlung]* ‖ **grüßen,** du grüßt: sei gegrüßt; grüß (= **Grüß**) [dich] Gott sagen; grüß dich!; grüß Sie! | (reg., ugs.) grüß Sie Gott | (W, mda.) grüß Ihnen ‖ **Grußformel** ‖ **Grüßgott** das, -/- ‖ **grußlos** ‖ **Grußwort** das, -[e]s/-e: *Begrüßung am Beginn einer Veranstaltung*

Grütze die, - (D): *Brei aus Getreidekörnern* | (bes. D, ugs.) *Verstand*

Gsatzl das, -s/-n, *auch:* Gsätzl (mda.): *Absatz, [Lied]strophe*

Gschaftl das, -s/-n (ugs.): *Tätigkeit, Geschäft* ‖ **Gschaftlhuber** der, -s/- (ugs., abw.): *Wichtigmacher* ‖ **Gschaftlhuberei** die, -/-en (ugs., abw.) ‖ **Gschaftlhuberin** die, -/-innen (ugs., abw.) ‖ **gschaftlhuberisch**

gschamig, *auch:* geschamig (ugs.): *schamhaft, verschämt;* g. tun

gschamster (W, ugs., veraltet) (nur in der Wendung): g. *(gehorsamster) Diener* ‖ **Gschamsterer** der, -s/- (W, ugs., sal., veraltet): *Liebhaber, Freund*

Gschau = → Geschau

Gscheid das, -[s]/-e (oft in Siedlungsnamen): *Wasserscheide;* Preiner G. (N, St) | *Wegscheide* | *Grenze*

Gscheiterl das, -s/-[n] (ugs., oft scherzh.): *jemand, der immer alles besser weiß*

gschert, *auch:* geschert (ugs., abw.): *geschoren; bäurisch, tölpelhaft, naiv* | *unkultiviert;* → scheren[1] ‖ **Gscherte**[1] der, -n/-n, *auch:* Gescherte[1], ein Gscherter (reg., ugs., abw.): *Landbewohner* | *ungehobelter, unkultivierter Mensch* ‖ **Gscherte**[2] die, -n/-n, *auch:* Gescherte[2] (reg., ugs., abw.)

Gschichterl = Gschichtl das, -s/-[n] (ugs.): *[erfundene] Geschichte, Anekdote* ‖ **Gschichterlerzähler** = Gschichtlerzähler ‖ **Gschichterlerzählerin** = **Gschichtlerzählerin**

Gschisti-gschasti das, - (ugs.): *Umstände, Getue, Aufheben;* mach nicht so viel G.

Gschlader [-'ɒː-] das, -s/- (bes. ostöst., ugs., abw.): *minderwertiges Getränk, dünner Kaffee*

G-Schlüssel ['geː-] (Mus.): *Violinschlüssel*

gschmackig, *auch:* geschmackig (ugs.): *geschmackvoll, schmackhaft*

Gschnas das, -es/-e (bes. ostöst.): *Kurzwort für Gschnasfest;* auf ein G. gehen ‖ **Gschnasfest** (bes. ostöst.): *ein lustiges Kostümfest, Gschnas*

Gschrapp [-'ɒ-] der, -en/-en (bes. ostöst., ugs.): *kleines Kind*

gschupft, *auch:* geschupft (ugs., veraltend): *verrückt, affektiert, überspannt*

gsi (V, mda.): *gewesen* ‖ **Gsiberger** der, -s/- (ugs., scherzh.): *Vorarlberger* ‖ **Gsibergerin** die, -/-innen (ugs., scherzh.)

GSM [ge ɛs 'ɛm] das, -[s]: **G**lobal **S**ystem for **M**obile Communications *(ein globales Mobiltelefonsystem);* → UMTS; → Handy

Gspaß [gʃp-] der, -[es]/-, *auch:* Gspass (ugs.): *Spaß* ‖ **Gspassettln** → Spassettln ‖ **gspaßig,** *auch:* gspassig (ugs.): *spaßig*

Gspritzte → Gespritzte

Gspusi [gʃp-] das, -s/-s (ugs.): *Liebschaft* | *Liebhaber/in*

Gstanzl [gʃt-] das, -s/-n (Volksk.): *ein lustiges Lied, zB Vierzeiler, Schnaderhüpfl*

Gstätten [gʃt-] die, -/- (ostöst., ugs.): *verwilderter Platz [in verbautem Gebiet];* Mistgstätten

gstopft → gestopft ‖ **Gstopfte** → Gestopfte

GSVG [ge ɛs faʊ 'geː]: **G**ewerbliches **S**ozial**v**ersicherungs**g**esetz

Guano der, -s ⟨indian.-span.⟩: *Dünger aus Vogelmist*

Guaraná [-'na(ː)] das, -s/-s ⟨indian.⟩: *koffeinhältiges pflanzliches Genussmittel aus Brasilien* | *Getränk daraus*

Guardian ['gva-] der, -s/-e ⟨germ.-lat.⟩ (kath): *Vorsteher eines Franziskaner- oder Kapuzinerklosters*

Guatemala: *mittelamerikanischer Staat* ‖ **Guatemalteke** der, -n/-n ‖ **Guatemaltekin** die, -/-innen ‖ **guatemaltekisch**

Guave [-v-] die, -/-n ⟨indian.-span.⟩: *ein tropisches Obst*

gucken (bes. D): *schauen; herumgucken* ‖ **Gucker** der, -s/- (ugs.): *Opernglas; Feldstecher* ‖ **Guckerl** das, -s/-[n] (ugs.): *Guckloch* | (Pl.) *Äuglein*

Guckerschecken → Gugerschecken

Guckkastenbühne: *Bühne im traditionellen Theater* ‖ **Guckloch**

Gudrun: *weibl. Vorname*

Guerilla[1] [ge'rilja] der, -[s]/-s (veraltend) ⟨span.⟩: *bewaffneter Widerstandskämpfer im Partisanenkrieg* ‖ **Guerilla**[2] die, -/-s: *Kleinkrieg; Kriegsführung der Partisanen* ‖ **Guerillakrieg** ‖ **Guerillero** [-ril'jeː-] der, -s/-s: *Guerilla*[1]

Gufel der, -s/- (Geogr.): *Felshöhle, -nische, überhängender Fels*

Gugel die, -/-n (reg., veraltet): *Kapuze; Kopftuch* ‖ **Gugelhupf** der, -[e]s/-e: *ein Kuchen in bestimmter Form*

Gugerschecken die (Pl.), *auch:* Guckerschecken (reg., ugs.): *Sommersprossen*

Guido ['gui-, gu̯'iː-]: *männl. Vorname*

Guillotine [gijɔ'ti(ː)n] die, -/-n: *Fallbeil, eine Hinrichtungsmaschine (nach dem französischen Arzt Guillotin)* ‖ **guillotinieren**

Guinea [gi-]: *afrikanischer Staat*

Gulag: *sowjetisches Straf-, Zwangsarbeitslager*

Gulasch das, -[e]s/-[e] ⟨ung.⟩: *eine Fleischspeise;* Rindsgulasch; Szegediner Gulasch ‖ **Gulaschkanone** (Mil. bzw. scherzh.): *Feldküche* ‖ **Gulaschsuppe**

Gulden der, -s/- (fl.): *eine alte Geldeinheit, zB früher in Österreich* ‖ **gülden** (geh.): *golden*

Gülle die, -: *Jauche*

Gully [-i] der, -s/-s ⟨engl.⟩: *Kanalabfluss; Wasserablauf im Erdboden*

Gulter der, -s/-, *auch:* Kulter (bes.

K, mda.): *abgesteppte Bettdecke*
gültig: ein gültiger Personalausweis ‖ **Gültigkeit** die, - ‖ **Gültigkeitsdauer**
Gummi der, *bes. D auch:* das, -s/-[s] ⟨ägyptisch-gr.-lat.⟩: *ein elastisches Produkt aus Kautschuk* | *Radiergummi* | (ugs.) *Kondom* ‖ **Gummiadler** (ugs., scherzh.): *zähes Hendl* ‖ **gummiartig** ‖ **Gummiband** ‖ **Gummibär** = **Gummibärchen** das, -s/- = **Gummibärli** das, -s/-[s]: *ein Fruchtgummi* ‖ **Gummibaum:** *eine Zimmerpflanze* | *Kautschukbaum* ‖ **gummieren:** *mit Klebstoff versehen;* gummierte Marken ‖ **Gummihandschuh** ‖ **Gummihupfen** = **Gummihüpfen** das, -s: *ein Kinderspiel* ‖ **Gummiknüppel** ‖ **Gummimatte** ‖ **Gummiparagraf** = Gummiparagraph [-f] (sal.): *dehnbare [Rechts]bestimmung; Kautschukparagraph* ‖ **Gummireifen** ‖ **Gummiringerl** das, -s/-[n] ‖ **Gummistiefel** ‖ **Gummiwand:** wie gegen eine G. rennen *(erfolglos sich gegen Widerstände bemühen)* | (Sport) er ist wie eine G. *(er bringt jeden Ball zurück)* ‖ **Gummizelle:** *Beruhigungszelle [für Tobsüchtige]* ‖ **Gummizuckerl:** *Fruchtzuckerl mit Gelatine*
Gundelrebe (Bot.): *eine Gewürzpflanze, Gundermann* ‖ **Gundermann** der, -[e]s: *Gundelrebe*
Gundula: *weibl. Vorname*
Güns (ung.: Kőszeg ['kø:sɛg]): *Stadt in Ungarn*
Günsel der, -s/- ⟨lat.⟩: *eine Pflanze*
Gunst die, -: die G. *(das Wohlwollen)* des Publikums erlangen wollen; zu meinen Gunsten *(zu meinem Vorteil);* → zu Gunsten (= zugunsten) ‖ **Gunstbeweis** ‖ **Gunstbezeigung** die, -/-en (geh.): *Gunstbeweis* ‖ **günstig:** die Gelegenheit ist g. | *billig* ‖ **günstigenfalls** ‖ **günstigstenfalls:** *bestenfalls* ‖ **Günstling** der, -s/-e (abw.): *bevorzugte Person* ‖ **Günstlingswirtschaft** die, - (abw.) ‖ **Gunstraum** (Geogr., Wirt.): *durch Naturfaktoren wie Klima und Boden begünstigtes Gebiet*
Gunter = Gunther: *männl. Vorname* ‖ **Günter** = **Günther:** *männl. Vorname*
Guntramsdorf: *Marktgemeinde in Niederösterreich*
Gupf der, -[e]s/-e: *Gipfel, Bergkuppe* | ein G. Schlagobers auf dem Kaffee
Gurgel die, -/-n: *Kehle* ‖ **gurgeln,** ich gurgle
Gurk die, -: *ein Nebenfluss der Drau in Kärnten* | *Marktgemeinde in Kärnten*
Gurke die, -/-n ‖ **Gurkenglas** ‖ **Gurkenhachel,** *auch:* **Gurkenhechel:** *Gurkenhobel* ‖ **Gurkenhobel** ‖ **Gurkenkraut:** *Borretsch* ‖ **Gurkensalat** ‖ **Gurkerl** das, -s/-[n]: *Essiggurkerl* | (ugs.) (im Fußball) *Schuss durch die Beine des Gegners;* → Steirertor
gurren: gurrende Tauben
Gurt der, -[e]s/-e: den G. anlegen; Sicherheitsgurt ‖ **Gurte** die, -/-n (bes. CH): *Gurt* ‖ **Gürtel** der, -s/-: den G. enger schnallen *(sich einschränken)* | *ein ringförmiger Straßenzug* ‖ **Gürtellinie** [-iɛ]: *Taille* | (Boxsport) Schläge unter die G. sind verboten ‖ **Gürtelrose** (Med.): *eine Viruserkrankung* ‖ **Gürtelschlaufe** ‖ **Gürtelschnalle** ‖ **Gürteltasche** ‖ **Gürteltier:** *ein gepanzertes Säugetier* ‖ **gürten** (geh.): die Riemen kreuzweise g. *(umgürten)* | sich zum Kampf g. *(sich wappnen, sich bereitmachen)* ‖ **Gurtenmuffel** (sal.): *Autofahrer, der sich nicht angurten will* ‖ **Gurtenpflicht** die, - ‖ **Gurtstopper:** *spezielle Einrichtung beim Sicherheitsgurt* ‖ **Gurtstraffer** = **Gurtstrammer:** *eine Vorrichtung für den Sicherheitsgurt*
Guru der, -s/-s ⟨Hindi⟩: *[indischer] religiöser Lehrer, Meister*
GUS [ge u 'ɛs, gus] die, -: **G**emeinschaft **U**nabhängiger **S**taaten *(Nachfolgestaaten der UdSSR)* ‖ **GUS-Staaten** die (Pl.)
Guss der, -es/Güsse: ein Werk [wie] aus einem G. *(ein in sich geschlossenes Werk)* | *Regenguss* ‖ **Gusseisen:** *nicht schmiedbares Eisen* ‖ **gusseisern:** gusseiserne Öfen ‖ **Gussform**
Güssing (Kfz: GS): *Stadt im Burgenland*
Gussnaht: *die Naht an einem gegossenen Werkstück* ‖ **Gussstahl**
Gustav, *auch:* Gustaf: *männl. Vorname;* → Gustl ‖ **Gusti:** *weibl. Vorname (Auguste, Augustine uÄ)*
gustieren ⟨it.⟩: *kosten; prüfen* ‖ **gustiös:** diese Speise schaut g. *(appetitanregend)* aus
Gustl: *weibl. und männl. Vorname (Gustav, August[in], Auguste uÄ)*
Gusto der, -s/-s ⟨it.⟩: keinen G. *(Appetit)* haben | *Geschmack;* das ist ganz nach meinem G. ‖ **Gustostück:** *Leckerbissen* ‖ **Gustostückerl**

gut,

besser/am besten: diese Leistung ist gut; die guten Sitten; zu guter Letzt *(schließlich)* | sie ist gut *(tüchtig, kompetent)* | (auch Jus) im guten Glauben *(aus Gutgläubigkeit)*

Groß- und Kleinschreibung:
- guten (= **G**uten) Tag sagen
- gute (= **G**ute) Nacht sagen

Großschreibung bei Nominalisierung:
- etwas im **G**uten sagen
- die Note **G**ut; ein **G**ut bekommen
- alles **G**ute wünschen; etwas **G**utes
- zu viel des **G**uten
- jenseits von **G**ut und Böse
- **G**utes tun R→ S. 892, 2.2

Getrenntschreibung in Verbindung mit „sein“ und bei wörtlicher Bedeutung:
- zu nichts gut sein *(nutzlos sein)*
- noch für Überraschungen gut sein *(sie erwarten lassen)*
- etwas gut sein lassen *(dabei bewenden lassen)*
- es mit jemandem gut meinen
- das Kleid wird dir gut stehen
- etwas gut finden

R→ S. 901, 1.8

Getrennt- und Zusammenschreibung in Zweifelsfällen:
- es ist mir im Urlaub gut gegangen (= gutgegangen) *(ich habe mich erholt); aber nur getrennt:* in den Schuhen gut gehen können
- diese Sache wird nicht gut gehen (= gutgehen) *(sie wird nicht gut enden)*
- diese Ware wird gut gehen (= gutgehen) *(sie wird guten Absatz finden)*
- die Chancen sind gut gestanden (= gutgestanden)

Getrennt- und Zusammenschreibung mit adjektivisch gebrauchten Partizipien, zB:
- gut gelaunt = gutgelaunt
- ein gut gemeinter (= gutgemeinter) Ratschlag
- gut informierte (= gutinformierte) Kreise
- gut situiert = gutsituiert *(in guten finanziellen Verhältnissen);*

aber nur zusammen: gutgesinnt
R→ S. 903, 2.2.1
Zusammenschreibung bei übertragener Bedeutung:
- einen Betrag guthaben *(ihn noch einfordern können)*
- etwas nicht gutheißen *(damit nicht einverstanden sein)*
- einen Schaden gutmachen *(in Ordnung bringen); aber getrennt und zusammen:* seine Sache gut machen (= gutmachen)
- gutschreiben *(für später anrechnen)*
- die Kur hat mir gutgetan; er hat auf dem Posten nicht gutgetan *(sich nicht bewährt)*
- für jemanden gutstehen *(bürgen)*
R→ S. 900, 1.5.1

G

Gut das, -[e]s/Güter: *Besitz;* mein Hab und G.; Gesundheit ist ein wertvolles Gut I *Landbesitz;* Landgut I öffentliches Gut *(Luftraum, Flüsse u. dgl.)* I der Transport von Gütern *(Waren)* II **Gut|ach|ten** das, -s/-: ein ärztliches G. II **Gut|ach|ter** der, -s/- II **Gut|ach|te|rin** die, -/-innen II **Gut|ach|ter|kom|mis|si|on** II **gut|acht|lich** (Amtsspr.): eine gutachtliche Stellungnahme II **gut|ar|tig:** gutartige Tiere I (Med.) eine gutartige *(nicht lebensgefährliche, krebsartige)* Geschwulst II **gut aus|se|hend** = **gut|aus|se|hend** → gut II **gut|bür|ger|lich:** *solid, einem geordneten Bürgerleben entsprechend;* ein gutbürgerliches Gasthaus II **gut do|tiert** = **gut|do|tiert** → gut II **Gut|dün|ken** das, -s: nach seinem G. *(Dafürhalten, Belieben)* handeln II **Gü|te** die, -: *Großmut, Entgegenkommen;* jemandem etwas in G. sagen I ein Produkt erster G. *(Qualität)* II **Gü|te|klas|se:** Äpfel der G. I II **Gü|te|kon|t|rol|le** II **Gu|te|nacht|kuss** II **Gü|ter|ab|fer|ti|gung** II **Gü|ter|bahn** → G.: Personenbahn II **Gü|ter|bahn|hof** II **Gü|ter|be|för|de|rung** II **Gü|ter|fern|ver|kehr** II **Gü|ter|ge|mein|schaft:** die G. *(der gemeinschaftliche Besitz)* der Eheleute II **Gü|ter|ter|mi|nal** [-,tɜːmɪnəl] II **Gü|ter|trans|port** (Verk.) → G.: Personentransport II **Gü|ter|tren|nung:** die G. in einer Ehe II **Gü|ter|ver|kehr** II **Gü|ter|wa|gen** II **Gü|ter|weg:** *Fahrweg für landwirtschaftliche Zwecke* II **Gü|ter|zug:** *Lastzug* II **Gü|te|sie|gel:** *Gütezeichen (zB bei Wein)* II **Gü|te|zei|chen:** *Zeichen für eine Qualitätsgarantie* II **gut ge|hen** = **gut|ge|hen** → gut II **gut ge|launt** = **gut|ge|launt** II **gut ge|meint** = **gut|ge|meint** II **gut|ge|sinnt** II **gut|gläu|big:** etwas g. *(ohne Bedenken; ohne Prüfung)* hinnehmen; → G.: bösgläubig II **Gut|gläu|big|keit** II **gut|ha|ben** (Kaufmannsspr.): einen Betrag g. *(ihn noch einfordern können); aber:* er soll es bei uns gut haben II **Gut|ha|ben** das, -s (Kaufmannsspr.): das G. *(eine Geldsumme)* in der Sparkasse II **Gut|ha|ben|kar|te:** *Wertkarte* II **gut|hei|ßen:** das kann ich nicht g. *(damit bin ich nicht einverstanden)* II **gut|her|zig:** *gutmütig, gütig* II **Gut|her|zig|keit** die, - II **gü|tig:** ein gütiger *(gutherziger)* Mensch II **gut in|for|miert** = **gut|in|for|miert** → gut II **güt|lich:** *im Guten;* sich an etwas g. tun *(es genießen);* sich g. einigen II **gut|ma|chen:** einen Schaden g.; *aber:* seine Sache gut machen (= gutmachen); → gut II **Gut|mensch** (oft abw.) (Pol.): *jemand, dessen politisches, moralisches oder gesellschaftliches Engagement als übertrieben empfunden wird* II **gut|mü|tig:** *gutherzig, geduldig* II **Gut|mü|tig|keit** die, - II **gut|nach|bar|lich:** gutnachbarliche Beziehungen II **Gut|punkt** II **gut|sa|gen** (veraltet): für jemanden g. *(bürgen)* II **Guts|be|sit|zer:** *Besitzer eines Gutshofes/Landgutes* II **Guts|be|sit|ze|rin** II **Guts|be|stands|blatt** (Amtsspr.): *Teil der Grundbuchseinlage* II **Gut|schein** II **gut|schrei|ben:** jemandem etwas g. *(für später anrechnen); aber:* einen Werbetext/eine Arbeit gut *(gelungen)* schreiben; → gut II **Gut|schrift:** *[auf einem Konto] bestätigter Geldeingang, Bonus* II **Guts|hof** II **gut si|tu|iert** = **gut|si|tu|iert:** *in guten finanziellen Verhältnissen;* → gut II **gut|ste|hen:** für jemanden g. *(bürgen); aber:* das Kleid wird dir gut stehen; die Chancen sind gut gestanden (= gutgestanden); → gut II **Guts|ver|wal|ter** II **Guts|ver|wal|te|rin** II **Gut|teil** das, -[e]s: die Ware ist zu einem G. *(zum großen Teil)* verkauft II **gut|tun:** er hat auf diesem Posten nicht gutgetan *(sich nicht bewährt);* das Bad hat mir gutgetan; → gut

gut|tu|ral ⟨lat.⟩ (Sprachwiss.): ein gutturaler *(kehlig klingender)* Laut; *velar*

gut un|ter|rich|tet = **gut|un|ter|rich|tet:** g. unterrichtete Kreise; → gut II **gut|wil|lig:** ein gutwilliges *(unkompliziertes, folgsames)* Kind; etwas g. *(ohne Streit)* hergeben

GVO [ge faʊ 'oː] (Biol., Ökol.): **g**entechnisch **v**eränderter **O**rganismus

Gwirkst das, -, *auch:* Gewirkst, Gwirks, Gewirks (bes. ostöst., ugs.): *schwierige Lage, Durcheinander*

Gym [-y-] = **Gy|mi** das, -s/-s ⟨gr.⟩ (Schülerspr.): *Gymnasium* II **gym|na|si|al:** gymnasiale Bildung II **Gym|na|si|al|bil|dung** II **Gym|na|si|al|leh|rer** (veraltend): *AHS-Lehrer* II **Gym|na|si|al|leh|re|rin** (veraltend) II **Gym|na|si|al|pro|fes|sor** (veraltend) II **Gym|na|si|al|pro|fes|so|rin** (veraltend) II **Gym|na|si|ast** der, -en/-en II **Gym|na|si|as|tin** die, -/-innen II **Gym|na|si|um** das, -s/Gymnasien [-iən]: *eine Form der allgemein bildenden höheren Schule;* Bundesgymnasium; Realgymnasium II **Gym|nas|tik** die, -: jeden Tag eine Stunde G. betreiben II **gym|nas|tisch:** gymnastische *(körperliche, den Körper schulende)* Übungen

Gy|nä|ko|lo|ge [gy-] der, -n/-n ⟨gr.⟩: *Facharzt für Gynäkologie* II **Gy|nä|ko|lo|gie** die, - (Med.): *Frauenheilkunde und Geburtshilfe* I *gynäkologische Abteilung im Krankenhaus* II **Gy|nä|ko|lo|gin** die, -/-innen II **gy|nä|ko|lo|gisch** (Med.): gynäkologische Voruntersuchungen

Gy|ros ['gy-, auch: 'ji-] der, -/- ⟨gr.⟩: *ein griechischer Spießbraten;* → Dönerkebab

GZ [ge 'tsɛt]: **G**iro**z**entrale I **G**eometrisches **Z**eichnen *(ein Unterrichtsgegenstand)* I **G**eschäfts**z**ahl

h H

h [ha:] das, -/- (Kleinbuchstabe): das h im Wort *heute;* das stumme h *(Dehnungs-h)* im Wort *Bahn* | (Laut) der h-Laut | (Mus.) der Ton h (H) | (Mus.) h-Moll | Stunde (lateinisch: **h**ora); 5 h = 5 Stunden | (meist hochgestellt) Zeitbestimmung; um 5h *(um 5 Uhr)* | **H**ekto-

H [ha:] das, -/- (Großbuchstabe): das H im Wort *Himmel;* die H-Bombe *(Wasserstoffbombe)* | (Mus.) der Ton H (h) | (Mus.) H-Dur | (Chem.) Wasserstoff

ha[1]: *ein Ausruf*

ha[2]: **H**ektar

ha.: hieramts

Haag: *Siedlungsname;* Stadt H. (N); H. am Hausruck (O) | Den H. *(Stadt in den Niederlanden, Regierungssitz);* der Internationale Gerichtshof im H. *(in Den H.)* || **Haa|ger** (Adj.): H. Konventionen *(völkerrechtliche Abkommen)*

Haar[1] das, -[e]s/-e: das H. schneiden; [sich] die Haare schneiden [lassen]; *aber:* → haarschneiden; ein H. in der Suppe finden *(etwas auszusetzen haben);* sich die Haare raufen; jemandem stehen die Haare zu Berge; Haare auf den Zähnen haben *(aggressiv-unhöflich und gebieterisch sein);* jemandem kein H. krümmen können; etwas an den Haaren herbeiziehen *(für etwas weit hergeholte Gründe anführen);* sich in den Haaren liegen *(streiten);* → Haarbreit = Haar breit; → Härchen || **Haar**[2] der, -s (mda.): *Flachs* || **Haar|an|satz** || **Haar|aus|fall:** an H. leiden || **Haar|breit = Haar breit** (nur in der Wendung): nicht um ein H. nachgeben || **Haar|bürs|te** || **haa|ren:** die Katze haart *(verliert Haare)* || **Haa|res|brei|te:** um H. || **Haar|far|be** || **Haar|fön** || **Haar|fes|ti|ger** || **haar|ge|nau:** etwas h. *(ganz genau)* erzählen || **Haar|glät|ter** || **haa|rig:** ein haariger Loden | eine haarige *(unangenehme, heikle)* Angelegenheit || **haar|los** || **Haar|ma|sche:** *Haarschleife* || **Haar|na|del:** *Nadel zum Hochstecken der Haare* || **Haar|na|del|kur|ve** [-fɛ, auch: -vɛ]: *sehr enge Kurve* || **Haar|pfle|ge** || **Haar|riss:** *dünner Riss in festen Materialien* || **haar|scharf:** h. *(ganz nahe)* daneben vorbei; h. *(sehr genau)* treffen || **Haar|schlei|fe** || **haar|schnei|den** (nur Inf. und Part.): h. gehen; *aber:* sich die Haare schneiden lassen || **Haar|schnitt** || **Haar|spal|te|rei** die, -/-en (abw.): *Wortklauberei; Spitzfindigkeit* || **haar|spal|te|risch** (abw.) || **Haar|span|ge** || **Haar|spray** [-spreɪ, -ʃpre:] || **Haar|sträh|ne** || **haar|sträu|bend:** *schrecklich* || **Haar|tracht:** *Frisur* || **Haar|tock|ner** || **Haar|wild:** *essbares Wild, das ein Fell hat* || **Haar|wuchs** [-ks] || **Haar|wur|zel**

Ha|be die, -: um die ganze H. *(den ganzen Besitz)* kommen; → Hab und Gut || **ha|ben,** ich habe, du hast, sie hat/hatte/gehabt: Geld h.; Familie h.; Durst h.; es hat 20 Grad; du hast zu gehorchen; etwas ist noch zu h. *(zu kaufen);* dafür bin ich nicht zu h. *(da tue ich nicht mit);* habt (= **H**abt) Acht/acht rufen *(ein militärisches Kommando);* das hat etwas für sich *(hat positive Seiten);* ich habe etwas gegen schmutzige Gläser; sie hat etwas mit ihm *(ein Verhältnis)* | (scherzh.) sie ist noch zu h. *(noch ledig)* | (ugs.) hab dich nicht so! *(zier dich nicht!)* | (ugs.) den hat's wohl! *(der ist im Kopf nicht ganz richtig!)* || **Ha|ben** das, -s/-: *Guthaben, Habenseite;* → G.: Soll || **Ha|be|nichts** der, -[es]/-e || **Ha|ben|sei|te:** *die rechte Seite im Buchführungskonto, auf der Einnahmen vermerkt werden, Haben;* → G.: Sollseite || **Ha|ben|zin|sen** (Bankw.): *Zinsen für ein Guthaben*

Ha|be|rer der, -s/- (bes. W, ugs., sal.): *Freund* | *Liebhaber* | *Kumpan* || **Ha|be|rei** die, - (bes. W, ugs., sal.): *Freunderlwirtschaft*

Ha|ber|geiß (Volksk.): *eine alpenländische Brauchtumsgestalt*

Ha|ber|korn|hüt|chen: *Kegel zur Wegmarkierung, Pylon*

ha|bern (bes. W, ugs., sal.): *essen*

Hab|gier (abw.) || **hab|gie|rig** (abw.): ein habgieriger Mensch *(jemand, der nicht genug bekommen kann)* || **hab|haft:** eines Diebes h. werden *(ihn erwischen)*

Ha|bicht der, -[e]s/-e: *ein Greifvogel*

Ha|bi|li|ta|ti|on [-tsi̯-] die, -/-en ⟨lat.⟩: *Erlangung der Lehrbefugnis an Universitäten und Hochschulen* || **ha|bi|li|tie|ren** sich: *die Lehrbefugnis erwerben*

Ha|bit [auch: -'bɪt] der = das, -s/-e ⟨lat.-fr.⟩: *Ordenstracht* || **Ha|bi|tat** das, -[e]s/-e ⟨lat.⟩ (Biol., Ökol.): *Lebensraum bzw. Lebensbedingungen von Mensch, Tier und Pflanze, Gesamtheit ihrer ökologischen [Umwelt]faktoren* || **ha|bi|tu|ell** [h-tu-] (Psych.): *gewohnheitsmäßig* || **Ha|bi|tus** der, -: *Erscheinungsbild, Gehaben [eines Menschen]*

Habs|burg: das Haus/die Dynastie H. *(ein österreichisches Herrschergeschlecht)* || **Habs|bur|ger** der, -s/-: *Angehöriger des Hauses Habsburg* || **Habs|bur|ge|rin** die, -/-innen || **Habs|bur|ger|mo|nar|chie** || **habs|bur|gisch** || **Habsburg-Loth|rin|gen:** das Haus H.

Hab|se|lig|kei|ten die (Pl.): *das [bescheidene] Eigentum* || **Hab|sucht** (abw.): *Habgier* || **hab|süch|tig** (abw.) || **habt Acht** → haben || **Habt|acht|stel|lung,** *auch:* **Habt-Acht-Stel|lung** || **Hab und Gut** das, - - -[e]s: er verlor sein ganzes Hab und Gut *(seinen ganzen Besitz, seine ganze Habe)*

Há|ček ['ha:tʃ-] → Hatschek

Ha|chel die, -/-n = das, -s/-: *ein hobelartiges Küchengerät;* Gurkenhachel || **ha|cheln:** ich hachle Gemüse | (ugs.) *streiten*

Ha|chse [-ks-] die, -/-n (nördl. D): *Haxen*

Hack|bra|ten (V, D): *faschierter Braten* || **Hack|brett:** *ein mit Hämmerchen geschlagenes Saiteninstrument, Zimbal* || **Hack|brett|spie|ler** || **Hack|brett|spie|le|rin** || **Ha|cke**[1] die, -/-n: *Beil, Axt* | (bes. D) *ein landwirtschaftliches Gerät, Haue*[1]

Ha|cke[2] die, -/-n (D): *Ferse, Absatz*

ha|ckeln, ich hackle (W, ugs., sal.): *arbeiten;* → Hacken || **ha|cken**[1]: Holz h.

ha|cken[2] [-'æ-] ⟨engl.⟩: *in fremde Computersysteme eindringen (um sich Daten zu verschaffen);* → Hacker

Ha|cken ['hɒ-] die, -/- (ostöst., ugs., sal.): *Arbeit, Job;* → hackeln || **ha|cken|stad** [-ʃta:d] (ostöst., ugs., sal.): *arbeitslos*

Ha|cker [-'æ-] der, -s/- ⟨engl.⟩: *Computernutzer, der ohne Ermächtigung in fremde Computernetze eindringt und sich Daten verschafft;* → hacken[2] || **Ha|cke|rin** die, -/-innen

Hack|fleisch (D, V): *Faschiertes* || **Hack|frucht:** *Erdäpfel, Rüben uÄ*

‖ **Hackgerät** (Landw.): *eine Maschine zur Bodenbearbeitung* ‖ **Hackl** das, -s/-n (ostöst., ugs.): *kleine Hacke;* jemandem das H. ins Kreuz hauen *(jemanden hinterrücks angreifen, gegen jemanden intrigieren)* ‖ **Hackler** der, -s/- (ostöst., ugs.): *Arbeitender;* → Hacken ‖ **Hacklerin** die, -/-innen (ostöst., ugs.) ‖ **Hacklerpension** ‖ **Hacklerregelung:** *Sonderregelung für den Pensionsantritt bei Personen mit langer Versicherungsdauer* ‖ **Hacklschmeißen** das, -s: *Hacklwerfen* ‖ **Hacklwerfen** das, -s: *ein volkstümlicher Sport* | (abwertend) *heimtückischer Angriff, Denunziation* ‖ **Hackmesser** ‖ **Hackordnung** (Biol.): *Rangordnung bei gesellig lebenden Tieren* ‖ **Hackschnitzel** die (Pl.): *kleine Holzstückchen* ‖ **Hackschnitzelheizung** ‖ **Häcksel** der = das, -s: *kurz geschnittenes Stroh als Tierfutter* ‖ **häckseln:** abgeschnittene Zweige h. *(zerkleinern)* ‖ **Häcksler** der, -s/-: *ein landwirtschaftliches Gerät* ‖ **Hackstock:** *Holzklotz zum Holzhacken*

Hademar: *männl. Vorname*

Hader der, -s (geh.): *Streit, Zank, Zwist*

Haderlump (ugs., veraltend, abw.): *Taugenichts*

hadern (geh.): mit seinem Schicksal h. *(über sein Schicksal klagen)*

Hadern der, -/- (veraltet): *Lumpen, Fetzen* ‖ **Haderwachl** der, -s/-[n] (ostöst., ugs., sal., abw., veraltet): *Schlingel, unverlässliche Person*

Hades[1]: *griechischer Gott der Unterwelt* ‖ **Hades**[2] der, -: *Unterwelt, Totenreich*

Hadsch der, - = die, - ⟨arab.⟩: *Pilgerfahrt der Moslems nach Mekka* ‖ **Hadschi** der, -s/-s: *Moslem, der bereits die Hadsch gemacht hat*

Hafele das, -s/-[s] (westöst.): *Häferl*

Hafelekar das, -[e]s: *ein Berg bei Innsbruck*

Hafen der, -s/Häfen: *Landungsort [von Schiffen]* | (reg., mda.) *Topf;* → Häfen[1]; → Häferl ‖ **Häfen**[1] der = das, -s/-, *auch:* Hefen: *Topf;* → Hafen; → Häferl ‖ **Häfen**[2] der, -s/- (ugs.): *Gefängnis;* in den H. kommen ‖ **Hafenbecken** ‖ **Häfenbruder** (ugs., abw.): *jemand, der schon mehrmals in Haft war und sich dem Milieu angepasst hat* ‖ **Hafenrundfahrt** ‖ **Hafenstadt** ‖ **Häfenurlaub** (ugs., sal.): *Hafturlaub* ‖ **Hafenviertel**

Hafer der, -s: *eine Getreideart* | (ugs.) es sticht sie der H. *(sie wird übermütig)* ‖ **Haferflocken** die (Pl.)

Häferl das, -s/-[n], *auch:* Haferl, Heferl: *ein Trinkgefäß;* Kaffeehäferl; → Hafen; → Häfen[1] ‖ **Häferlgucker** der, -s/-, *auch:* Heferlgucker (ugs., veraltend): *(auf das Essen) Neugieriger* ‖ **Häferlguckerin** die, *auch:* Heferlguckerin, -/-innen (ugs., veraltend) ‖ **Häferlkaffee,** *auch:* Heferlkaffee: *einfacher, nicht in der Maschine zubereiteter Kaffee* ‖ **Haferlschuh** (veraltend): *fester Halbschuh, Wanderschuh*

Haferschleim: *breiige Schonkost* ‖ **Haferschleimsuppe**

Haflinger der, -s/-: *eine Pferderasse*

Hafner der, -s/-: *Ofensetzer; Töpfer* ‖ **Hafnerei** die, -/-en ‖ **Hafnerin** die, -/-innen

Hafnium das, -s (Zeichen: Hf): *ein chemisches Element*

Haft[1] der, -[e]s/-e: einen H. machen *(etwas mit wenigen Nadelstichen provisorisch heften)* ‖ **Haft**[2] die, -: in H. *(eingesperrt)* sein ‖ **Haftanstalt:** *Gefangenenhaus* ‖ **Haftaufschub** ‖ **Haftausflug:** *Ausgang während der Strafhaft* ‖ **Haftausgang:** *Hafturlaub* ‖ **haftbar:** für einen Schaden h. *(ersatzpflichtig)* sein ‖ **Haftbefehl:** *Gerichtsbeschluss zur Verhaftung eines Straftäters* ‖ **Haftel** das, -s/-n: *Verschluss aus einer Öse und einem Häkchen* ‖ **Haftelmacher:** wie ein H. *(sehr genau)* aufpassen ‖ **haften:** an den Schuhen haftender Staub; daran h. bleiben; *aber:* → haften bleiben = haftenbleiben | für jemanden h. *(einstehen, bürgen)* ‖ **haften bleiben** = **haftenbleiben:** von dem Kurs ist nicht viel haften geblieben (= haftengeblieben) *(die Merkleistung war gering); aber nur:* daran haften bleiben ‖ **Haftentlassene**[1] der, -n/-n, ein Haftentlassener ‖ **Haftentlassene**[2] die, -n/-n ‖ **Haftentlassung** ‖ **Haftentschädigung** (Jus): *finanzielle Entschädigung für ungerechtfertigt verhängte Haft* ‖ **haftfähig** (Jus) ‖ **Haftfreigang:** *Hafturlaub, Haftausgang* ‖ **Haftfreigänger:** *Häftling, der das Gefängnis zeitweise verlassen darf* ‖ **Haftfreigängerin** die, -/-innen ‖ **Haftglas** (meist Pl.): *Kontaktlinse* ‖ **Häftling** der, -s/-e: *jemand, der sich in Haft befindet* ‖ **Haftnotizblock** ‖ **Haftpflicht** (Jus): *Verpflichtung, für eine Schuld einstehen zu müssen* ‖ **haftpflichtversichert** ‖ **Haftpflichtversicherung** ‖ **Haftprüfung** (Jus): *Prüfung, ob ein Haftbefehl berechtigt war* ‖ **Haftprüfungsverfahren** ‖ **Haftreibung** (Phys.): *eine Form der Reibung* ‖ **Haftschale:** *Kontaktlinse* ‖ **Haftstrafe:** *Gefängnisstrafe, Freiheitsstrafe* ‖ **haftunfähig** (Jus) ‖ **Haftunfähigkeit** ‖ **Haftung** die, -/-en: die H. *(Garantie; Ersatzpflicht)* übernehmen ‖ **Haftungsausschluss** (Jus): *Begrenzung bzw. Ausschluss der Verantwortlichkeit einer Person* ‖ **Haftungsfreiheit** (Jus) ‖ **Hafturlaub** (Jus): *Haftausgang*

Hag der, -[e]s/-e (CH bzw. geh.): *Zaun, Einfriedung aus Gebüsch*

Hagebutte die, -/-n: *Frucht der wilden Rose;* → Hetschepetsch ‖ **Hagebuttentee**

Hagel der, -s ‖ **hageldicht:** *dicht wie ein Hagel;* die Bälle sausten h. auf uns nieder ‖ **Hagelflieger:** *Flugzeug zur Hagelbekämpfung* ‖ **Hagelkorn** ‖ **hageln:** vereinzelt hat es gehagelt | es hagelt Proteste *(der Protest ist heftig)* ‖ **Hagelschaden** ‖ **Hagelschlag:** *heftiges Hagelunwetter* ‖ **Hagelschloße:** *großes Hagelkorn* ‖ **Hagelzucker:** *grober Zucker [zum Dekorieren]*

Hagengebirge: *eine Gebirgsgruppe in Salzburg und Deutschland*

hager: eine hagere *(sehnige, magere)* Gestalt ‖ **Hagerkeit** die, -

Hagestolz der, -es/-e (geh.): *schrulliger alter Junggeselle*

Hagiografie = **Hagiographie** [-f-] die, -/-n ⟨gr.⟩: *Beschreibung des Lebens von Heiligen*

haha: *ein Ausruf*

Häher der, -s/-: *ein Rabenvogel;* Eichelhäher

Hahn der, -[e]s/Hähne: *männl. Tier des [Haus]huhns und anderer [Hühner]vögel;* Auerhahn | ihm kräht kein H. nach *(niemand macht sich Gedanken um ihn, trauert ihm nach)* | der H. *(Wasserhahn)* tropft ‖ **Hähnchen** (D): *Hendl* ‖ **Hahnenfuß:** *eine Pflanzengattung, Ranunkel* ‖ **Hahnenkamm:** *Haut am Kopf* *eines Hahnes* | *ein Berg in Tirol* || **Hahnenkammrennen,** *auch:* **Hahnenkamm-Rennen:** *ein internationales Skirennen in Kitzbühel* || **Hahnenschrei:** beim ersten H. *(bei Sonnenaufgang)* aufstehen || **Hahnenkampf:** *Kampf zwischen dressierten Kampfhähnen* || **Hahnentritt** der, -[e]s: *ein Textilmuster* || **Hahnrei** der, -s/-e (geh., veraltet): *betrogener Ehemann*

Hai der, -[e]s/-e ⟨isländisch-niederl.⟩ = **Haifisch:** *ein Knorpelfisch* || **Haifischkragen:** *ein klassischer Herrenhemdkragen*

Hain der, -[e]s/-e (geh.): *Wäldchen*

Hainburg an der Donau [auch: 'haı-]: *Stadt in Niederösterreich*

Hainfeld [auch: 'haı-]: *Stadt in Niederösterreich*

Haircut ['heəkʌt] ⟨engl.⟩ (Wirt.) (sal.): *Schuldenschnitt, Umschuldung* || **Hairstyling** [-staıl-]: *modische Frisierkunst* || **Hairstylist** der, -en/-en: *Modefriseur* || **Hairstylistin** die, -/-innen

Haiti: *Inselstaat in der Karibik*

HAK die, -/-[s], *auch:* **HAk:** **H**andels**ak**ademie

Häkchen das, -s/-: *kleiner Haken* || **Häkelei** die, -/-en: *Häkelarbeit* || **Häkelgarn** || **häkeln:** ich häkle Spitzen | (ostöst., ugs.) *frotzeln, necken* || **Häkelnadel** || **Haken** der, -s/-: die Jacke an einem H. *(Kleiderhaken)* aufhängen; Angelhaken; → abhaken | die Sache hat einen H. *(einen großen Nachteil)* || **hakenförmig** || **Hakenkreuz:** *ein in verschiedenen Kulturen vorkommendes Symbol* | (Gesch.) *Symbol des Nationalsozialismus* || **Hakennase** || **Hakerl** das, -s/-[n]: *Häkchen* || **häkerln** (ostöst., ugs.): *necken;* → häkeln

HAK-Schüler, *auch:* **HAk-Schüler** || **HAK-Schülerin,** *auch:* **HAk-Schülerin**

halal ⟨arab.⟩: *nach den islamischen [Essens]vorschriften erlaubt;* → G.: haram

Halali das, -s/-[s]: *ein Jagdhornsignal;* H. blasen

halb (½):

es ist/schlägt halb [eins]; der Zeiger steht auf halb; halb und halb; alle halben Stunden; *aber:* nichts **H**albes; etwas **H**albes; → halbe-halbe | (Mus.) die halbe Note; halbe Pause

Getrenntschreibung:
- sich halb totlachen
- jemanden halb totschlagen
- halb krank
- halb rund, halb eckig *(zur Hälfte)*

Getrennt- und Zusammenschreibung, zB:
- halb blind = halbblind
- halb fertig = halbfertig
- halb leer/halb voll = halbleer/halbvoll
- halb links/halb rechts = halblinks/halbrechts
- halb reif = halbreif
- halb wach = halbwach
- halb tot = halbtot

R→ S. 903, 2.2.2

Zusammenschreibung, zB:
- halbamtlich *(nicht offiziell amtlich, offiziös)*
- im halbdunklen Raum; *aber getrennt:* halb dunkel, halb hell *(zur Hälfte)*
- halbgebildet
- halblange Haare
- halbtrockener Wein
- sich halblaut unterhalten; *aber getrennt:* halb laut, halb leise *(teils, teils)*

R→ S. 903, 2.1.6

Halbaffe || **halbamtlich:** *nicht offiziell amtlich, offiziös;* → halb || **Halbautobahn:** *ohne Mittelstreifen und ohne Pannenstreifen ausgebaute Autobahn* || **halbbeschäftigt:** *halbtags bzw. mit halbem Anteil beschäftigt* || **Halbbildung** (abw.): *oberflächliche, unzureichende Bildung* || **halb blind** = **halbblind** → halb || **Halbblut** das, -[e]s/-e: *ein Mischling* || **Halbbruder:** *jemand, der mit Bruder oder Schwester nur einen Elternteil gemeinsam hat* || **halbdunkel** → halb || **Halbdunkel** das, -s: im H. fast nichts mehr sehen || **Halbe** die, -n/-n: *halber Liter, ein Krügel, eine halbe Maß* | (in Mengenangaben Pl. -) zwei H. | (Mus.) *halbe Note, Pause* || **Halbedelstein:** *Schmuckstein* || **halbe-halbe:** mit jemandem h. *(halb, halb)* machen; → halbpart || **halber** (Präp. mit Gen.): der Umstände h. *(wegen der Umstände);* → umständehalber | (in Zusammensetzungen ohne Art.) krankheitshalber; *aber:* der Krankheit halber | (Adv.) (ugs.) *halb;* um h. drei || **halbert** (ugs.): *halb* || **Halbfabrikat:** *halb fertige Ware* || **halb fertig** = **halbfertig** → halb || **Halbfertigprodukt** || **halb fest** = **halbfest** || **halbfett** (Druckw.): die Überschrift h. drucken || **Halbfettmilch** || **Halbfinale:** *Semifinale* || **Halbfliegengewicht** (Sport): *eine Gewichtsklasse* || **halbgebildet** (abw.) || **Halbgefrorene** das, -n (SüdT, D): *eine tiefgekühlte Süßspeise* || **Halbgott** || **Halbgöttin** || **Halbheit** die, -/-en (meist Pl.) (abw.): *Unvollkommenheit;* lauter Halbheiten || **halbherzig:** nur h. *(nicht überzeugt)* zustimmen || **Halbherzigkeit** die, -/-en || **Halbidiot:** *ein Schimpfwort* || **Halbidiotin** || **halbieren:** einen Apfel h. || **Halbierung** die, -/-en || **Halbinsel** || **Halbinternat** (Bildw.): *Nachmittagsbetreuung an Schulen* || **Halbjahr** || **Halbjahresausweis,** *auch:* Halbjahrsausweis || **Halbjahreszeugnis,** *auch:* Halbjahrszeugnis || **halbjährig:** eine halbjährige Frist || **halbjährlich:** halbjährliche Zinsen *(Zinsen, die nach jedem halben Jahr fällig sind)* || **Halbjahrsausweis** → Halbjahresausweis || **Halbjahrszeugnis** → Halbjahreszeugnis || **Halbkanton** (CH): *Teil eines Kantons mit selbstständiger Verwaltung, zB Basel-Stadt;* → Kanton || **Halbkreis** || **Halbkugel** || **halblang:** halblange Haare; → halb || **halblaut:** sich h. unterhalten; → halb || **Halbleichtgewicht** (Sport): *eine Gewichtsklasse* || **halb leer** = **halbleer** → halb || **Halbleinen:** *ein zur Hälfte aus Leinen bestehendes Gewebe* | ein Buch in H. *(mit festem Einband und einem Rücken aus Leinen)* || **Halbleiter** (Phys.): *kristalliner Stoff mit veränderlicher Leitfähigkeit* || **Halbleiterdiode** || **Halbleiterindustrie** [-st-]: *Industrie für Mikrochips* || **halb links** = **halblinks** → halb || **halbmast:** *nur bis zur halben Höhe des Mastes;* zum Zeichen der Trauer h. flaggen || **Halbmesser** der, -s/-: *Radius* || **Halbmittag** (SüdT, ugs.): *Jause* || **Halbmittelgewicht** (Sport): *eine Gewichtsklasse* || **halbmonatig** → halbstündig || **halbmonatlich** → halbstündlich || **Halbmond** || **halbmondförmig** || **halb nackt** = **halbnackt** → halb || **halb offen** = **halboffen** || **halbpart:** *zu gleichen Teilen;* → halbe-halbe || **Halbpension:**

H

Unterkunft mit Frühstück und Mittag- oder Abendessen ‖ **Halbpreisausweis** ‖ **halb rechts** = **halbrechts** → halb ‖ **halb reif** = **halbreif** ‖ **halbrund:** *oval;* → halb ‖ **Halbschatten:** *nicht völliger Schatten;* → Kernschatten ‖ **Halbschlaf** ‖ **Halbschrift** (Jus): *erste [abgestempelte] Seite eines Schriftsatzes, Rubrik* ‖ **Halbschuh** ‖ **Halbschuhtourist** [-tu-] (abw.): *Tourist, der mit unpassendem Schuhwerk einen Berg besteigt* ‖ **Halbschuhtouristin** (abw.) ‖ **Halbschwergewicht** (Sport): *eine Gewichtsklasse* ‖ **Halbschwester** → Halbbruder ‖ **halbseiden** (abw.): *von zweifelhafter Eleganz und Moral;* eine halbseidene Gesellschaft; *aber:* eine halb seidene Bluse *(zur Hälfte aus Seide, zur Hälfte zB aus Wolle)* ‖ **halbseitig:** h. gelähmt sein ‖ **Halbstarke**[1] der, -n/-n, ein Halbstarker (abw. veraltend): *sich von der Erwachsenenwelt durch sein [lautstarkes] Verhalten abgrenzender Jugendlicher* ‖ **Halbstarke**[2] die, -n/-n (abw., veraltend) ‖ **Halbstock:** *[niedrigeres] Zwischengeschoß, Mezzanin* ‖ **halbstündig:** eine halbstündige *(halbe Stunde dauernde)* Sitzung ‖ **halbstündlich:** *jede halbe Stunde* ‖ **Halbtag** ‖ **halbtägig:** ein halbtägiger Wandertag ‖ **halbtäglich:** *jeden halben Tag* ‖ **halbtags:** h. beschäftigt *(halbbeschäftigt)* ‖ **Halbtagsarbeit** ‖ **Halbtagsbeschäftigte** ‖ **Halbton** (Mus.) → Ganzton ‖ **Halbtonschritt** (Mus.) ‖ **halb tot** = **halbtot** → halb ‖ **halbtrocken:** ein halbtrockener Wein ‖ **halb verhungert** = **halbverhungert** → halb ‖ **halb voll** = **halbvoll** ‖ **halb wach** = **halbwach** → halb ‖ **Halbwahrheit** (meist Pl.): *Information, die einen wesentlichen Teil verschweigt* ‖ **Halbwaise:** *Kind, das den Vater oder die Mutter verloren hat;* → Vollwaise ‖ **halbwegs:** *einigermaßen* ‖ **Halbwelt** (abw.): *moralisch zweifelhafte Gesellschaftsschicht* ‖ **Halbweltdame** (abw.) ‖ **Halbweltergewicht** (Sport): *eine Gewichtsklasse* ‖ **Halbwertszeit** (Phys.): *Zeit, nach der die Hälfte einer Anzahl radioaktiver Atome zerfallen ist* ‖ **Halbwissen** (abw.): *oberflächliches, unzureichendes Wissen* ‖ **halbwöchentlich** ‖ **halbwöchig** ‖ **halbwüchsig** [-ks-] ‖ **Halbwüchsige**[1] der, -n/-n, ein Halbwüchsiger: *ein noch nicht Erwachsener* ‖ **Halbwüchsige**[2] die, -n/-n ‖ **halbzahlig** (Phys.): *Vielfaches von ½;* → G.: ganzzahlig ‖ **Halbzeit** (Sport): *Spielhälfte;* in der zweiten H.

Halde die, -/-n: *Abhang;* Geröllhalde; Abraumhalde | sie produzieren nur auf H. *(auf Lager; Unverkäufliches)*

half → helfen

Halfpipe ['hɑːfpaɪp] die, -/-s ⟨engl.⟩: *oben offene (halbe) Röhre zum Snowborden, Skateborden und Inlineskaten*

Hälfte die, -/-n: die H. aller Teilnehmerinnen

Halfter[1] der = das, -s/-: *Zaumriemen*

Halfter[2] das, -s/-, *auch:* die, -/-n: *Pistolentasche*

Hall[1] (Siedlungsname): [Solbad] H. in Tirol | → Bad Hall

Hall[2] der, -[e]s: *Echo, Nachhall*

Halle die, -/-n: *Gebäude, das meist aus nur einem großen Raum besteht;* Markthalle | *weitläufiger Raum;* Eingangshalle

Hallein [auch: -'aɪn] (Kfz: HA): *Stadt in Salzburg*

halleluja, *auch:* alleluja ⟨hebr.⟩: h. (= Halleluja) rufen ‖ **Halleluja** das, -[s]/-[s], *auch:* Alleluja: *liturgischer Jubelruf*

hallen: *schallen, nachtönen;* hallende Schritte

Hallenbad → G.: Freibad ‖ **Hallenfußball** ‖ **Hallenkirche** (Arch.): *[gotische] Kirche mit gleich hohen Schiffen* ‖ **Hallensport** ‖ **Hallenturnier**

hallig: diese Kirche ist sehr h. *(hat starken Nachhall)*

halli, hallo (bes. Jug.): *ein Gruß*

Hallimasch der, -[e]s/-e: *ein Pilz*

hallo [auch: -'oː]: h. (= Hallo) rufen ‖ **Hallo** das, -s/-s: jemanden mit lautem H. begrüßen

Hallodri der, -[s]/-[s] (ugs.): *ausgelassene, leichtsinnige Person*

Halloween [hæloʊ'wiːn] das, -[s]/-[s] (Art. selten) ⟨engl.⟩: *ein [amerikanischer] Brauch am Abend vor Allerheiligen*

Hallstatt: *Marktgemeinde in Oberösterreich* ‖ **Hallstätter See** der, - -s (O) ‖ **Hallstattkultur** (Gesch.) ‖ **Hallstattzeit** die, -: *die ältere Eisenzeit (8.–5. Jh. v. Chr.)*

Halluzination [-tsi̯-] die, -/-en ⟨lat.⟩: *eine Sinnestäuschung* ‖ **halluzinativ** ‖ **halluzinieren** ‖ **halluzinogen** ‖ **Halluzinogen** das, -s/-e (Med.): *Halluzinationen bewirkendes Mittel*

Halm der, -[e]s/-e: einen H. knicken; Grashalm

Halma das, -s/-s: *ein Brettspiel*

Halo der, -[s]/-s ⟨gr.-lat.⟩ (Astron.): *ringförmige Lichterscheinung [beim Mond]*

Halogen das, -s/-e ⟨gr.⟩ (Chem.): *Stoff, der mit Metallen Salz bildet* ‖ **Halogenlampe** ‖ **Halogenlicht:** *ein sehr starkes Licht*

Hals der, -es/Hälse: H. über Kopf *(überstürzt)* abreisen; „Hals- und Beinbruch!“ *(ein Wunsch für ein gutes Gelingen [im Sport])* | (ugs.) jemanden am H. haben *(sich mit einer lästigen Person beschäftigen müssen);* das hängt mir zum H. heraus *(ich bin dessen überdrüssig)* | (Mus.) *Verlängerung des Korpus mit dem Griffbrett (bei vielen Streich- und Zupfinstrumenten)* | (Geogr.) *enger Sattel* ‖ **Halsabschneider** (abw.): *Wucherer, Betrüger* ‖ **Halsabschneiderin** (abw.) ‖ **Halsausschnitt** ‖ **Halsband:** dem Hund ein H. anlegen ‖ **halsbrecherisch:** *tollkühn* ‖ **halsen** (veraltet): du halst deine Mutter *(fällst ihr zärtlich um den Hals)* | (Seemannsspr.) *ein Wendemanöver durchführen* ‖ **Halskette** ‖ **Halskrause:** *gefalteter Kragen [bei Trachten]* | *Federwulst am Vogelhals* | (Med.) *eine Halsstütze* ‖ **Hals-Nasen-Ohren-Arzt** (HNO-Arzt) ‖ **Hals-Nasen-Ohren-Ärztin** (HNO-Ärztin) ‖ **Halsschlagader** ‖ **Halsschmerz** (meist Pl.) ‖ **halsstarrig** (geh.): *eigensinnig* ‖ **Halsstarrigkeit** die, - ‖ **Halstuch** ‖ **Halsweh** ‖ **Halsweite** ‖ **Halswirbel**

halt[1]: das ist h. *(eben, nun einmal)* so; so h. *(das ist eben so)*

halt[2]: „halt!“ *(Zuruf);* h. (= Halt) rufen; *aber:* jemandem ein gebieterisches **Halt** zurufen ‖ **Halt** der, -[e]s/-e: keinen H. finden | → Halt machen = haltmachen ‖ **haltaus** (mda.): *halt!* ‖ **haltbar:** Obst durch Einkochen h. machen ‖ **Haltbarkeit** die, - ‖ **Haltbarmilch** (H-Milch): → G.: Frischmilch ‖ **Haltegriff** ‖ **Haltegurt** ‖ **Haltelinie** [-i̯ə] (Verk.): eine H. vor einer Kreuzung ‖ **halten,** du hältst/hielt/gehalten: den Griff fest h.; sich den schmerzenden Arm h.; die Augen geschlossen h. | (Sport) den Ball h. *(ein Tor verhindern)* | die Festung h. *(verteidigen)* | sie hat sich tapfer gehalten *(hat gut durchgehalten)* | einen Vortrag h. | das Seil hält *(hält der Belastung stand)* | der Zug hält *(bleibt stehen)* | ein Versprechen h. | zu jemandem h. *(auf jemandes Seite stehen)* | das Essen warm h.; *aber:* sich jemanden → warmhalten | sich ein Reitpferd h.; Kühe h. *(besitzen, züchten; beim Weiden hüten)* || **Hal|te|punkt:** *Haltestelle, Station* || **Hal|ter** der, -s/-: *Tierhüter* | der H. eines Kraftfahrzeugs | (bes. ostöst., bes. früher) *Viehhirt* || **Hal|ter|bub** (bes. ostöst., bes. früher): *Hirtenjunge;* → Halter || **Hal|te|rin** die, -/-innen || **Hal|te|rung** die, -/-en: *Befestigung;* den Feuerlöscher aus seiner H. reißen || **Hal|te|stel|le** (Verk.): *Station* || **Hal|te|stel|len|in|sel** (Verk.) || **Hal|te|ver|bot** (Verk.): im H. stehen || **Hal|te|vor|rich|tung** || **Hal|te|wunsch:** *im Bus die Taste für den H. drücken* || **Hal|te|zei|chen**

-häl|tig, *auch:* -haltig

(nur in Zusammensetzungen wie bleihältig)

In Österreich überwiegen die Formen mit ä:
- alkoholhältig
- eisenhältig
- fetthältig

In Deutschland heißt es hingegen nur „alkoholhaltig", „eisenhaltig" ...

halt|los: ein haltloser *(charakterschwacher) Mensch* | haltlose *(unbegründete, erfundene)* Beschuldigungen || **Halt|lo|sig|keit** die, - || **Halt ma|chen** = **halt|ma|chen,** ich machte Halt (= halt), ich habe Halt gemacht (= haltgemacht) || **Hal|tung** die, -/-en: wie ist deine H. *(Einstellung)* dazu? | H. *(Fassung, Selbstbeherrschung)* bewahren | artgerechte H. von Tieren || **Hal|tungs|feh|ler** (Med.): *Fehlhaltung des Körpers* || **Hal|tungs|no|te** (Sport) || **Hal|tungs|scha|den** (Med.): *durch Fehlhaltung verursachter Körperschaden* || **Hal|tungs|tur|nen**

Ha|lun|ke der, -n/-n (abw.): *Schuft, Betrüger*

Ha|lusch|ka die, -/Haluschken ⟨slowak.⟩ (ostöst.): *eine Teigwarenspeise mit Topfen oder Schafkäse und Speck*

Ha|mam = Hammam der = das, -s/-s ⟨türk./arab.⟩: *ein [orientalisches] Badehaus*

Ham and eggs ['hæm ənd 'egz] die (Pl.) ⟨engl.⟩: *eine Speise aus Schinken und Eiern*

Hä|ma|tit der, -s/-e ⟨gr.⟩: *ein Schmuckstein* || **Hä|ma|to|lo|gie** die, - (Med.): *Wissenschaft vom Blut* || **Hä|ma|tom** das, -s/-e (Med.): *Bluterguss*

Ham|burg: *Stadt (zugleich Bundesland) in Deutschland* || **Ham|bur|ger**[1] der, -s/-: *Einwohner von Hamburg* || **Ham|bur|ger**[2] ['hæm-ˌbɜːɡə] der, -s/- ⟨dt.-engl.⟩: *gebratenes Fleischlaibchen in aufgeschnittenem Weißgebäck;* → Burger || **Ham|bur|ge|rin** ['hambu-] die, -/-innen

Hä|me die, - (bes. D): *Missgunst, Gehässigkeit* || **hä|misch:** h. *(boshaft)* grinsen

Ha|mit der, -en/-en (meist Pl.): *Angehöriger einer Völkergruppe in Afrika mit hamitischer Sprache, zB Berber, Somalier* || **Ha|mi|tin** die, -/-innen || **ha|mi|tisch**

Ham|mam = → Hamam

Ham|me die, -/-n (SüdT): *geräucherter Schweineschlegel* | (CH, ugs.) *Schinken [mit Knochen]*

Ham|mel der, -s/-: *kastrierter Widder, Schöps*

Ham|mer der, -s/Hämmer: *ein Werkzeug;* das Haus kommt unter den H. *(es wird zwangsweise versteigert)* | (ugs.) das ist ein H. *(ein Hit; ein starkes Stück)* | (veraltet) *Schmiedewerk* || **Ham|mer|kla|vier:** *das Klavier des 18. und frühen 19. Jh., Fortepiano* || **häm|mern:** gegen die Tür h. *(dagegenschlagen)* || **Ham|mer|schlag** || **Ham|mer|schmie|de:** *Hammerwerk* || **Ham|mer|wer|fen** das, -s: *eine Sportart* || **Ham|mer|werk:** *großes Schmiedewerk*

Ham|mond|or|gel ['hæmə-]: *eine elektroakustische Orgel (nach dem amerikanischen Erfinder Hammond)*

Hä|mo|glo|bin das, -s ⟨gr.+lat.⟩ (Med.): *roter Blutfarbstoff* || **Hä|mor|ri|den** = Hämorrhoiden die (Pl.) ⟨gr.-lat.⟩ (Med.): *eine Mastdarmerkrankung* || **Hä|mo|zyt** [-'yːt] der, -en/-en ⟨gr.⟩ (Med.): *Blutkörperchen*

Ham|pel|mann: *ein Spielzeug* | (abw.) *willensschwacher Mann* || **ham|peln** (bes. nördl. D): h. und strampeln *(sich abmühen)*

Hams|ter der, -s/-: *ein Nagetier* || **Hams|ter|ba|cke:** *pralle, große Backe* || **Hams|te|rer** der, -s/-: *jemand, der hamstert* || **Hams|te|rin** die, -/-innen || **Hams|ter|kauf** || **hams|tern:** *Vorräte überreichlich ansammeln* || **Hams|ter|rad**

Ha|mur der, -s (W): *hintergründiger, makaberer Humor; Weinlaune*

Hand

die, -/Hände: küss (= Küss) die Hand sagen; jemandem an die Hand gehen *(jemandem helfen);* [mit] Hand anlegen *(mittun);* etwas unter der Hand *(privat; heimlich)* kaufen; etwas hat Hand und Fuß *(es ist gut durchdacht);* die öffentliche Hand *(der Staat);* er ist ihre rechte Hand *(unterstützt in untergeordneter, aber vertraulicher Position ihre Arbeit);* die Hand im Spiel haben *(heimlich mitwirken);* linker Hand sehen Sie das Rathaus, rechter Hand das Burgtheater; eine Information aus erster Hand *(aus direkter Quelle)* | (scherzh.) er ist in festen Händen *(hat eine feste Beziehung)* | (reg., bes. ostöst.) Arm | (geh.) Hand an sich legen *(Selbstmord begehen)*

Getrennt- und Zusammenschreibung:
- zu Handen = zuhanden (z. H., zH; in D: zu Händen); *aber nur zusammen:* anhand, kurzerhand
- zwei Handbreit (= Hand breit) Tuch *(als Maßeinheit); aber nur getrennt:* eine/mehrere Hand breit frei lassen; *aber zusammen:* ein handbreiter Spalt
- zwei Handvoll (= Hand voll) Reis *(als Maßeinheit); aber nur getrennt:* sie hat die Hand voll Farbe R→ S. 905, 4.1

Hand|ab|rol|ler: *ein Gerät [für Klebebänder]* || **Hand|ar|beit** || **hand|ar|bei|ten:** er hat gehandarbeitet; *aber:* → handgearbeitet || **Hand|ball** der, -[e]s/-bälle: *ein spezieller Ball fürs Handballspiel* | (auch mit Art. das, ohne Pl.) *ein Ballspiel;* H. spielen || **Hand|bal|len:** *Muskelteil der inneren Hand* || **hand|be|trie|ben** || **Hand|be|we|gung** || **Hand|bi|bli|o|thek:** *frei zugänglich aufgestellte Bücher einer Bücherei* || **hand|breit:**

der Streifen ist h.; → Hand ‖ **Handbreit** die, -/- = **Hand breit:** zwei H. Tuch ‖ **Handbremse** ‖ **Händchen** das, -s/- ‖ **Handcreme** [-kreːm] = Handkrem, Handkreme ‖ **handdressiert** (Küchenspr.): *mit der Hand verziert (bei Speisen)* ‖ **Händedruck** der, -s/-drücke ‖ **Händeklatschen** das, -s

Handel der, -s: *ein Wirtschaftszweig;* H. treiben; Handel treibend (= handeltreibend)

Händel die (Pl.) (geh.): H. *(Streit)* suchen

handeln[1]: *tun, machen;* ich handle richtig | *Handel treiben;* sie h. mit Aktien | es handelt sich um einen 15-jährigen Schüler

handeln[2] [ˈhæ-], ich handle ⟨engl.⟩: *handhaben, erledigen;* wie sollen wir das h.?; → Handling

Handelsabkommen: internationale H. ‖ **Handelsagent:** *jemand, der beruflich für ein Unternehmen Geschäfte vermittelt [und abschließt]* ‖ **Handelsagentin** ‖ **Handelsakademie** (HAK, HAk): *berufsbildende höhere Schule kaufmännischer Richtung* ‖ **Handelsakademiker** (ugs.): *Absolvent einer HAK* ‖ **Handelsakademikerin** (ugs.) ‖ **Handelsattaché** [-ʃeː] ‖ **Handelsbeziehung** (meist Pl.) ‖ **Handelsbilanz** (Wirt.): *Gegenüberstellung von Ein- und Ausfuhr in einem Staat* ‖ **Handelsbrauch** (Jus): *im Handelsrecht geltendes Gewohnheitsrecht* ‖ **Handelsdelegation** [-tsi̯-] ‖ **handelseinig** ‖ **handelseins:** h. *(einig)* werden ‖ **Handelsfirma:** *kaufmännisches Unternehmen; Handelsname eines Kaufmannes* ‖ **Handelsgericht:** *das in Handelssachen zuständige [Handels]gericht* ‖ **Handelsgeschäft** ‖ **Handelsgesellschaft** ‖ **Handelsgewerbe:** *Unternehmen eines Kaufmanns* ‖ **Handelskammer** → Kammer ‖ **Handelskauf:** *Kaufvertrag zwischen Kaufleuten* ‖ **Handelskette:** *Handelsunternehmen, das aus mehreren Filialen besteht* ‖ **Handelsmarke** (Wirt.): *geschützter Name eines Artikels;* → Marke; → Warenzeichen ‖ **Handelsmatura** (ugs.): *HAK-Matura* ‖ **Handelsministerium** ‖ **Handelsniederlassung** (Wirt.): *Filiale einer Handelsfirma* ‖ **Handelsoberschule** (SüdT) (Bildw.) ‖ **Handelsrecht:** *gesetzliche Richtlinien für den Handel* ‖ **Handelsregister** (früher): *Firmenbuch* ‖ **Handelsreise** ‖ **Handelsschule** (HAS, HaSch): *berufsbildende mittlere Schule kaufmännischer Richtung* ‖ **Handelssenat** (Admin.): *eine Einrichtung an Landesgerichten in Handelssachen* ‖ **Handelsspanne** (Wirt.): *Unterschied zwischen Einstands- und Verkaufspreis* ‖ **handelsüblich:** *wie im Geschäftsverkehr üblich;* handelsübliche Packungen ‖ **Handelsunternehmen** ‖ **Handelsvertreter:** *Handelsagent* ‖ **Handelsvertreterin** ‖ **Handelsvollmacht** ‖ **Handelsweg:** *Transportweg von Waren* ‖ **Handel treibend** = **handeltreibend**

händeringend: h. *(flehentlich)* bitten ‖ **Händeschütteln** das, -s ‖ **Händewaschen** das, -s ‖ **Handfertigkeit:** *Geschicklichkeit* ‖ **handfest:** eine handfeste *(kräftige)* Tracht Prügel | handfeste *(konkrete; zwingende)* Beweise ‖ **Handfeuerlöscher** ‖ **Handfeuerwaffe:** *Gewehr, Maschinenpistole uÄ;* → Faustfeuerwaffe ‖ **Handfläche** ‖ **handgearbeitet:** eine handgearbeitete Tonfigur; *aber:* → handarbeiten ‖ **Handgebäck:** *mit der Hand (nicht maschinell) geformtes Gebäck* ‖ **handgefertigt** ‖ **handgeknüpft:** ein handgeknüpfter Teppich ‖ **Handgelenk:** *Gelenk zwischen der Hand und dem Unterarm* | etwas aus dem H. schütteln/machen *(mühelos, ohne lange nachzudenken bewältigen)* ‖ **handgemacht** ‖ **handgemein** (meist in der Wendung): h. werden *(sich prügeln, raufen)* ‖ **Handgemenge:** *[kleine] Rauferei* ‖ **Handgepäck:** *kleines Gepäck* ‖ **handgeschrieben** ‖ **handgestrickt:** der Pullover ist h. | (oft abw.) *selbst gemacht; nicht professionell* ‖ **handgewebt** ‖ **Handgranate:** *eine Infanteriewaffe* ‖ **handgreiflich** ‖ **Handgreiflichkeit** die, -/-en (oft Pl.): *tätlicher Angriff, Rauferei* | *sexuelle Belästigung* ‖ **Handgriff:** etwas mit einem H. *(mit geringem Aufwand)* erledigen ‖ **Handhabe** die, -/-n: keine H. zum Eingreifen bieten ‖ **handhaben:** ein Werkzeug richtig h. *(verwenden)* ‖ **Handhabung** die, -/-en

Handheld [ˈhæ-] der, *auch:* das, -s/-s ⟨engl.⟩ (EDV): *tragbares elektronisches Gerät, kleiner PC*

-händig (nur in Zusammensetzungen wie zweihändig)

Handikap [ˈhɛ-kɛp] = Handicap [-k-] das, -s/-s ⟨engl.⟩: *Behinderung, Erschwernis;* → gehandikapt

händisch: *mit der Hand, manuell;* Waren h. *(nicht maschinell)* verpacken; etwas h. fertigen ‖ **handkoloriert:** *von Hand bemalt* ‖ **Handkrem, Handkreme** = → Handcreme ‖ **Handkuss:** einen H. geben; zum H. kommen *(draufzahlen);* etwas mit H. *(dankbar)* annehmen ‖ **Handlanger** der, -s/-: *Helfer* | (abw.) *jemand, der mindere Arbeit für andere verrichtet* | (abw.) *gewissenloser Helfer [bei einer Straftat]* ‖ **Handlangerin** die, -/-innen ‖ **Handlangerdienst** (abw.) ‖ **Handlauf:** *Teil des Stiegengeländers, an dem man sich mit der Hand festhalten kann*

Händler der, -s/-: *Handel treibender Kaufmann* ‖ **Händlerin** die, -/-innen

handlich: *bequem zu handhaben*

Handling [ˈhæ-] das, -s ⟨engl.⟩: *Handhabung, Behandlung [eines Problems];* → handeln[2]

Handlung die, -/-en: eine wahre Geschichte mit einer spannenden H. | eine strafbare H. *(Tat)* ‖ **Handlungsablauf** ‖ **Handlungsbedarf:** *Notwendigkeit zu handeln;* H. anmelden ‖ **handlungsbevollmächtigt** ‖ **Handlungsbevollmächtigte** ‖ **handlungsfähig** (Jus): *in der Lage, verantwortungsvoll zu handeln* ‖ **Handlungsfähigkeit** (Jus) ‖ **Handlungsfreiheit** ‖ **handlungsorientiert:** handlungsorientierter Unterricht ‖ **Handlungsreisende**[1] der, -n/-n, ein Handlungsreisender: *Handelsvertreter* ‖ **Handlungsreisende**[2] die, -n/-n ‖ **Handlungsspielraum** ‖ **handlungsunfähig** (Jus) ‖ **Handlungsunfähigkeit** (Jus) ‖ **Handlungsverlauf:** der H. eines Dramas ‖ **Handlungsvollmacht** (Jus) ‖ **Handlungsweise**

Handmixer ‖ **Handorgel:** *Drehorgel* | (ugs., veraltet) *Ziehharmonika*

Hand-out [ˈhændaʊt] = **Handout**

das, -s/-s ⟨engl.⟩: *schriftliche Unterlage [zu einem Vortrag] für die Zuhörer/innen, Tischvorlage*
Hand|pfand (Jus): *Pfandgegenstand* | *Pfandrecht an einer körperlichen Sache* || **Hand|pfle|ge** || **Hand|rei|chung** die, -/-en: *[kleine] Hilfeleistung* | eine H. *(schriftliche Erläuterungen, Hilfestellung dazu)* zum neuen Lehrplan || **Hand|rü|cken:** *Oberseite der Hand*
Hands [hæ-] das, -/- ⟨engl.⟩ (Sport): *unerlaubtes Handspiel im Fußball*
hand|sam: *handlich* | *handzahm* || **Hand|schel|le** (meist Pl.): *metallene Handfessel* || **Hand|schlag:** *Händedruck als Zeichen einer Abmachung;* einen Vertrag per H. schließen || **Hand|schlag|qua|li|tät:** *hohe Vertrauenswürdigkeit;* ein Geschäftspartner mit H. || **Hand|schrift:** eine gut leserliche H. haben | eine wertvolle H. aus dem 11. Jh. || **hand|schrift|lich:** ein handschriftlicher Vermerk || **Hand|schuh:** ein Paar Handschuhe || **Hand|schuh|fach:** *ein absperrbares kleineres Fach im Auto* || **Hand|schutz**
Hands|el|fer [hæ-] ⟨engl.⟩ (im Fußball): *Elfmeter nach Handspiel*
Hand|sem|mel: *mit der Hand geformte Semmel;* → G.: Maschinsemmel || **hand|si|gniert:** *[vom Künstler] selbst signiert*
Hand|shake ['hændʃeɪk] der, -s/-s ⟨engl.⟩: *Handschlag;* mit einem H. den Vertrag besiegeln || **Hands-on-Men|ta|li|tät** (sal.): *Durchsetzungsvermögen*
Hand|stand der, -[e]s/-stände: *eine Turnübung* || **Hand|streich:** *überraschender Gewaltakt;* eine Festung im H. nehmen || **Hand|stütz|über|schlag** (Sport): *eine Turnübung;* H. seitwärts *(Rad)* || **Hand|ta|sche** || **Hand|tel|ler:** *das Innere der flachen Hand* || **Hand|tuch:** das H. werfen *(aufgeben)* || **Hand|tuch|hal|ter** || **Hand|um|dre|hen** (in der Wendung): er war im H. *(sehr rasch)* weg || **hand|ver|le|sen:** *von Hand ausgesucht, zB Früchte* || **Hand|voll** die, -/- = **Hand voll** → Hand || **hand|warm** || **Hand|wär|mer** der, -s/- || **Hand|wasch|be|cken** || **Hand|wä|sche:** *Wäschewaschen mit der Hand (nicht mit der Maschine)* || **Hand|werk:** ein H. ausüben | (ohne Pl.) jemandem das H. legen *(jemandes schändliches Treiben unterbinden)* || **Hand|wer|ker** der, -s/- || **Hand|wer|ke|rin** die, -/-innen || **Hand|wer|ker|zo|ne** (SüdT): *Gewerbegebiet* || **Hand|werks|be|trieb** || **Hand|werks|zeug:** *Werkzeug* | *Grundlagen, Voraussetzungen;* ihm fehlt das mathematische H.
Han|dy ['hɛndi] das, -s/-s ⟨pseudoengl.⟩: *Mobiltelefon* || **Han|dy|be|trei|ber** || **Han|dy|cam** [-k-] ⟨engl.⟩ (Wz.): *ein bes. kleiner Camcorder* || **han|dy|fo|nie|ren** (sal.): *mit einem Handy telefonieren* || **han|dy|frei:** handyfreie Zone || **Han|dy|frei|schal|tung** || **Handy|mast** || **Han|dy|netz** || **Han|dy|netz|be|trei|ber** || **han|dy|par|ken** (nur Inf. und Part.) || **Han|dy|par|ken** das, -s || **Han|dy|si|gna|tur** || **Han|dy|ta|rif** || **Handy-TV** [-te ˌfaʊ, engl.: -tiː'viː] || **Han|dy|num|mer** || **Han|dy|verbot**
hand|zahm: ein handzahmes *(bes. zahmes)* Pferd || **Hand|zei|chen:** beim Einbiegen H. geben || **Hand|zet|tel:** *ein Informationsblatt [für Patienten]*
ha|ne|bü|chen: *dumm;* eine hanebüchene *(grobe, unverschämte)* Lüge
Hanf der, -[e]s: *eine Faser-, Öl- und Rauschgiftpflanze* || **Hänf|ling** der, -s/-e: *ein Singvogel* || **Hanf|schnur** || **Hanf|seil**
Hang der, -[e]s/Hänge: *Berghang, Abhang* | (ohne Pl.) einen H. zur Verschwendung haben *(zur Verschwendung neigen)* || **hang|ab|wärts**
Han|gar der, -s/-s ⟨germ.-fr.⟩: *Flugzeughalle*
Hän|ge|bauch || **Hän|ge|brü|cke** || **Hän|ge|bu|sen** || **hän|ge|glei|ten** (nur Inf. und Part.) || **Hän|ge|glei|ten** das, -s: *Drachenfliegen* || **Hän|ge|glei|ter** der, -s/-: *Sportgerät zum Drachenfliegen* || **han|geln:** ich hangle mich an der Leiter vorwärts *(bewege mich hängend an ihr weiter)* || **Hän|ge|mat|te**

hän|gen[1],

hing/gehangen [*auch:* gehängt]: der Rock hing am Haken; der Mantel ist am Haken gehangen (auch: gehängt); an jemandem/etwas hängen *(eine starke Beziehung haben)* | (ugs.) er hängt *(ist schlecht)* in Mathematik

Getrenntschreibung bei wörtlicher Bedeutung:

- an einem Nagel hängen bleiben
- den Kopf hängen lassen *(niedergeschlagen sein)*

Getrennt- und Zusammenschreibung von hängen + „bleiben“/„lassen“ bei übertragener Bedeutung:

- von dem Vortrag ist bei mir nicht viel hängen geblieben (= hängengeblieben) *(habe ich nur wenig behalten)*
- alles ist an mir hängen geblieben (= hängengeblieben) *(ich muss alles allein erledigen)*
- im Wirtshaus hängen bleiben (= hängenbleiben) *(verweilen)*
- jemanden hängen lassen (= hängenlassen) *(im Stich lassen)*

R→ S. 901, 1.7.2

hän|gen[2], hängte/gehängt: er *hat* den Rock an den Haken gehängt | *henken, durch den Strang hinrichten* || **hän|gen blei|ben** = **hän|gen|blei|ben:** vom Vortrag ist wenig hängen geblieben (= hängengeblieben); *aber nur:* an einem Nagel hängen bleiben; → hängen || **hän|gen las|sen** = **hän|gen|las|sen:** *im Stich lassen; aber:* den Kopf hängen lassen; → hängen || **Han|gen und Ban|gen:** mit H. u. B. *(Angst und Sorgen)* auf jemanden warten || **Hän|ge|oh|ren** die (Pl.) || **Hän|ge|par|tie:** *vertagte [Schach]partie* || **Han|gerl** das, -s/-[n] (ugs.): *Geschirrtuch* || **Hang|la|ge:** *Lage an einem Hang* || **Hang|rutsch**
Han|na, *auch:* Hanne: *weibl. Vorname (Johanna, Hannelore);* → Hannerl; → Hanni; *aber:* → Hannah || **Han|nah:** *weibl. Vorname; aber:* → Hanna || **Han|ne** → Hanna || **Han|ne|lo|re** [auch: 'ha-]: *weibl. Vorname* || **Han|nerl** → Hanna || **Han|nes:** *männl. Vorname (Johannes)* || **Han|ni:** *weibl. Vorname (Johanna)*
Han|no|ver [-f-]: *Stadt in Deutschland* || **Han|no|ve|ra|ner** [-v-] der, -s/- || **Han|no|ve|ra|ne|rin** die, -/-innen
Hanns → Hans
Ha|noi: *Hauptstadt von Vietnam*
Hans, *auch:* Hanns: *männl. Vorname (Johann, Johannes)*
Han|sa|plast das, -[e]s/-e (Wz.): *ein Heftpflaster*
Hans|dampf der, -[s]: H. in allen Gassen *(jemand, der überall dabei sein will)*
Han|se die, - (früher): *ein Bund von Handelsstädten* || **Han|se|at**

der, -en/-en: *Bürger einer Hansestadt* ‖ **Hanseatin** die, -/-innen ‖ **hanseatisch**
Hänselei die, -/-en ‖ **hanseln** (T, ugs.): *hänseln* ‖ **hänseln,** ich hänsle: *verspotten, sich über jemanden lustig machen*
Hansestadt: *Hamburg, Bremen, Lübeck, Rostock ua.;* → Hanse
Hansi: *weibl. und männl. Vorname (Johanna, Johann, Johannes)* ‖ **Hansl** der, -s/-n (ugs.): *abgestandener Bierrest* ‖ **Hanswurst** [-st] der, -[e]s/-e: *Wurstel im Volksstück* | *dummer Mensch*
Hantel die, -/-n (*auch:* das, -s/-n): *ein Sportgerät zum Krafttraining* ‖ **hanteln:** ich hantle mit Gewichten
hantieren: mit einem Werkzeug h. *(es handhaben)*
hantig (ugs.): *bitter* | (abw.) *zänkisch, unfreundlich*
hapern (ugs.): *mangeln;* es hapert am/beim Geld *(es ist kein oder zu wenig Geld vorhanden);* bei ihm hapert's in Englisch
Happel = Happl das, -s/-n (ostöst., mda.): *Häuptel;* Krauthappel
Happen der, -s/-: *Bissen;* ein fetter H. *(ein gutes Geschäft)*
Happening ['hæ-] das, -s/-s ⟨engl.⟩: *Veranstaltung mit Aktionen, bei der auch die Zuschauer mitwirken;* → Performance
happig (ugs.): auf etwas h. *(begierig)* sein
Happl = → Happel
Happy End ['hæpi-] = **Happyend** das, -[s]/-s ⟨engl.⟩: *glückliches Ende [in einem Film]* ‖ **Happy Hour** [- 'aʊə] = **Happyhour** die, -/-s: *Zeitraum [am Nachmittag], in dem in einem Lokal [alkoholische] Getränke günstiger angeboten werden*
haptisch ⟨gr.⟩: *den Tastsinn betreffend*
Harakiri das, -[s]/-s ⟨jap.⟩: *japanische Form des rituellen Selbstmordes* | (sal.) er wird doch nicht H. machen *(sich selbst zu Grunde richten)*
Harald: *männl. Vorname*
haram ⟨arab.⟩: *nach den islamischen [Essens]vorschriften verboten;* → G.: halal
Härchen das, -s/-: → Haar
Hard: *Marktgemeinde in Vorarlberg*
Hardcore ['hɑ:dkɔ:] der, -s ⟨engl.⟩: *bes. harte Variante [der Rockmusik]* | (ohne Art.) (sal., Jug.) *krass, extrem ausgeprägt;* die Prüfung war H. *(bes. schwer)* ‖ **Hardcover** [-kʌvə]: *Buch mit festem Einband* ‖ **Hard Disc** [-k] = **Harddisc** die, -/-s (HD) (EDV): *Festplatte, magnetische Platte im Computer zur Speicherung von Daten*
Hardegg: *Stadt in Niederösterreich*
Hardliner ['hɑ:dlaɪnə] der, -s/- ⟨engl.⟩: *Vertreter einer harten Politik* ‖ **Hard Rock** = **Hardrock:** *ein Stil der Rockmusik* ‖ **Hardtop** das, -s/-s: *abnehmbares oder versenkbares Autodach aus festem Material* ‖ **Hardware** [-weə] die, -/-s: *Apparate wie Filmprojektor, Tonbandgerät, Computer;* → G.: Software
Harem der, -s/-s ⟨arab.-türk.⟩: *Räume eines islamischen Hauses, die nur dem Hausherrn und seinen Frauen zugänglich sind* | *die Frauen eines Moslems*
hären (geh., veraltet): *aus Haar gewebt;* ein härenes Büßergewand
Häresie die, -/-n ⟨gr.-lat.⟩ (kath.): *Ketzerei* ‖ **Häretiker** der, -s/- (kath.): *Ketzer* ‖ **Häretikerin** die, -/-innen (kath.) ‖ **häretisch** (kath.)
Harfe die, -/-n: *ein Zupfinstrument* | (reg.) (Volksk.) *Gestell zum Trocknen von Getreide, Bohnen usw.* ‖ **Harfenist** der, -en/-en: *Harfenspieler* ‖ **Harfenistin** die, -/-innen
Harissa die, -/-s ⟨arab.⟩: *eine pikante Paste zum Würzen*
Harke die, -/-n (nördl. D): *Rechen* ‖ **harken** (nördl. D)
Harlekin der, -s/-e ⟨it.-fr.⟩: *Hanswurst, Clown*
Harm der, -s (geh.): *Kummer, Gram* ‖ **härmen** sich (geh.): *sich grämen, trauern* ‖ **harmlos** ‖ **Harmlosigkeit** die, -/-en
Harmonie die, -/-n ⟨gr.⟩: *Zusammenklang; Übereinstimmung* ‖ **Harmonielehre** die, - (Mus.): *Lehre von den Akkordverbindungen* ‖ **Harmoniemusik:** *Bezeichnung für Bläserensembles im 18. und 19. Jh.* ‖ **harmonieren:** *zusammenstimmen; zusammenpassen* ‖ **Harmonik** die, - (Mus.): *Lehre von der Harmonie, den Zusammenklängen* ‖ **Harmonika** die, -/-s: *Musikinstrument mit durchschlagenden Zungen, zB Akkordeon, Zieh- und Mundharmonika, Harmonium;* steirische H. *(ein Volksmusikinstrument);* → Glasharmonika ‖ **harmonisch** ‖ **harmonisieren:** *in Einklang bringen* ‖ **Harmonisierung** die, -/-en ‖ **Harmonium** das, -s/Harmonien [-iən]: *ein Tasteninstrument*
Harn der, -[e]s/-e: *Urin* ‖ **Harnbefund** (Med.) ‖ **Harnblase** ‖ **Harndrang** ‖ **harnen** (geh.): *Harn lassen, urinieren*
Harnisch der, -[e]s/-e: *[Brust]panzer;* jemanden in H. bringen *(jemanden reizen, jemanden in Wut bringen)*
Harnleiter ‖ **Harnprobe** ‖ **Harnröhre** ‖ **harntreibend** ‖ **Harnuntersuchung** ‖ **Harnwege** die (Pl.)
Harpfe die, -/-n, *auch:* **Harpfen,** -/- (mda.) (Volksk.): *Harfe* | (ugs.) *Bett*
Harpune die, -/-n ⟨fr.-niederl.⟩: *ein Wurfspeer mit Widerhaken und Fangleine [für den Fischfang]* ‖ **harpunieren**
harren (geh.): seiner h. *(auf ihn warten)*
Harry Potter ['hæri -]: *eine Jugendbuchfigur*
harsch: in harschem *(unfreundlichem, strengem)* Ton
Harsch der, -[e]s: *an der Oberfläche hart gefrorener Schnee* ‖ **harschen:** Schnee harscht
Harschheit die, -; → harsch

hart,

härter/am härtesten: hartes Holz | hartes Wasser *(mit mehr als 12 Härtegraden)* | ein harter *(schwerer)* Kampf | ein hartes p, t (G.: weiches b, d)

Getrenntschreibung:
– hart sein
– hart werden

Getrennt- und Zusammenschreibung mit Verben, die ein Resultat herbeiführen, und mit adjektivisch gebrauchten Partizipien:
– Eier hart kochen (= hartkochen)
– hart gekochte (= hartgekochte) Eier
– hart gefrorenes (= hartgefrorenes) Wasser R→ S. 900, 1.5.2

Zusammenschreibung bei übertragener Bedeutung:
– sich harttun *(schwertun)*
– ein hartgesottener Geschäftsmann *(rücksichtsloser)*
R→ S. 900, 1.5.1

Hart: *Wald (in Siedlungsnamen);* H. bei Graz ‖ **Hartberg** (Kfz: HB): *Stadt in der Steiermark*
Härte die, -/-n ‖ **Härteausgleich** (Jus): *Ausnahme bzw. Abschwächung aus Billigkeitsgründen (bes. im Familienrecht)* ‖ **Härteausgleichsfonds** [-fõː] (Amtsspr.) ‖ **Härtefall:** die Kündigung macht ihn zu einem H. *(zu einem sozial Bedürftigen, sie traf ihn besonderes hart)* ‖ **Härtegrad:** der H. eines Edelsteins ‖ **härten:** Stahl h. *(hart machen)* ‖ **hart gefroren** = **hartgefroren** ‖ **hart gekocht** = **hartgekocht** ‖ **Hartgeld** das, -[e]s: *Metallgeld* ‖ **hartgesotten:** *rücksichtslos;* → hart ‖ **Hartgummi** ‖ **hartherzig:** *gefühllos* | *geizig* ‖ **Hartholz** ‖ **harthörig:** *schwerhörig* ‖ **Hartkäse** ‖ **hart kochen** = **hartkochen:** Eier h. k. ‖ **hartlöten:** *mit hartem Metall löten*
Hartmut: *männl. Vorname*
hartnäckig: ein hartnäckiger *(langwieriger)* Schnupfen ‖ **Hartnäckigkeit** die, - ‖ **Hartplatz:** auf [einem] H. Tennis spielen ‖ **Hartriegel:** *ein Strauch* ‖ **hartschalig** ‖ **harttun** sich: sie hat sich in Latein hartgetan *(schwergetan)* ‖ **Härtung** die, -/-en: *Methode, um [Metall oder Kunststoff] zu behandeln* ‖ **Hartweizengrieß**
Hartwig: *männl. Vorname*
Harz[1] der, -es: *ein Gebirge in Deutschland*
Harz[2] das, -es/-e: *klebrige Flüssigkeit, die aus [Nadel]bäumen austritt* ‖ **Harzgewinnung** ‖ **harzen:** *Harz ausscheiden;* die Föhre harzt | geharzter *(mit Harz versetzter [griechischer])* Wein | die Beine h. *(mit Wachs die Haare entfernen)* ‖ **harzig:** harziges Holz
HAS → HaSch, HASCH
Hasardeur [-'døːə] der, -s/-e ⟨arab.-fr.⟩: *Glücksspieler* | *waghalsiger Mann* ‖ **Hasardeurin** die, -/-innen ‖ **hasardieren** ‖ **Hasardspiel:** *ein verbotenes Glücksspiel*
Hasch das, -[s] (ugs.): *Kurzwort für Haschisch*
HaSch, HASCH die, -/-, *auch:* HAS: **Handelsschule**
Haschee das, -s/-s ⟨germ.-fr.⟩: *fein gehacktes Fleisch*
haschen[1] (geh.): einen Schmetterling h. *(zu fangen versuchen);* du hasch[s]t nach Beifall
haschen[2] (ugs.): *Haschisch rauchen*
Häschen das, -s/-: *kleiner Hase*
Hascher[1] der, -s/- (ugs., oft abw.): → *Hascherl*
Hascher[2] der, -s/- (ugs.): *Haschischraucher*
Häscher der, -s/- (früher): *Scherge, Gerichtsdiener*
Hascherin die, -/-innen (ugs.); → Hascher[2]
Hascherl das, -s/-[n] (ugs., oft abw.): *ängstlicher, bedauernswerter Mensch; Hascher;* ein armes H.
haschieren: *ein Haschee bereiten*
Haschisch das, -[s] ⟨arab.⟩: *eine aus der Hanfpflanze gewonnene Rauschdroge;* → Hasch
Hase der, -n/-n: *ein wild lebendes Säugetier;* Feldhase | (ugs.) *Kaninchen* | wissen, wie der H. läuft *(über die kommenden Entwicklungen Bescheid wissen);* ein alter H. *(Person mit langjähriger Erfahrung)* | (bes. D) (Küchenspr.) falscher (auch: Falscher) H. *(faschierter Braten)*
Hasel die, -/-n: *Haselnussstrauch* ‖ **Haselhuhn:** *ein Hühnervogel* ‖ **Haselmaus:** *ein* → *Bilch* ‖ **Haselnuss** ‖ **Haselnusscreme** [-kreːm] = **Haselnusskrem** = **Haselnusskreme** ‖ **Haselnussfülle** ‖ **Haselnussschokolade** ‖ **Haselstaude** ‖ **Haselwurz:** *eine Waldpflanze*
Hasenbraten: *eine Speise* | (bes. D) falscher H. *(faschierter Braten)* ‖ **Hasenfell** ‖ **Hasenfuß** (abw.): *ängstlicher Mensch* ‖ **Hasenjunge** das, -n (Küchenspr.): *Vorderläufe und Kopf des Hasen als Speise* ‖ **Hasenohr:** *eine Pflanzengattung* ‖ **Hasenöhrl** das, -s/-n (reg.) (Küchenspr.): *eine Mehlspeise* ‖ **Hasenpanier** (veraltet) (nur in der Wendung): das H. ergreifen *(fliehen)* ‖ **Hasenpfeffer** (Küchenspr.): *Hasenragout* ‖ **Hasenscharte:** *angeborene Oberlippenspaltung* ‖ **Haserl** das, -s/-[n]: *Häschen* ‖ **Häsin** die, -/-innen
Haspel die, -/-n: *Vorrichtung zum Aufwickeln von Garn* ‖ **haspeln** (reg.): *mit einer Haspel aufwinden;* → verhaspeln | *hastig reden; sich verhaspeln*
Hass der, -es: einen H. auf jemanden haben ‖ **hassen,** du hasst ‖ **hassenswert** (geh.) ‖ **hasserfüllt**
Hassium das, -s (Zeichen: Hs): *ein chemisches Element*
hässlich ‖ **Hässlichkeit** ‖ **Hassliebe** ‖ **Hassorgie** [-iɐ]: *Triumph des Hasses* ‖ **Hassprediger:** *jemand, der Hass schürt und zu Feindschaft aufruft* ‖ **Hasspredigerin** ‖ **hassverzerrt:** mit hassverzerrtem Gesicht
Hast die, -: in großer H. *(Eile)* sein ‖ **hasten:** *sehr eilen* ‖ **hastig**
hat → haben
Hatschek der, -s/-s, *auch:* Háček ['haːtʃ-] ⟨tschech.⟩ (ˇ): *Häkchen auf manchen Buchstaben, zB tschech.* Dvořák ['dvɔrʒaːk], *kroat.* Korčula ['kɔrtʃ-], *kroat.* Šibenik ['ʃ-]
hätscheln, ich hätschle: *verwöhnen, verzärteln*
hatschen, du hatsch[s]t (ugs.): *schleifend, schleppend gehen* ‖ **Hatscher** der, -s/- (ugs.): *langer, anstrengender Marsch* ‖ **hatschert** (ugs.): h. *(schlecht, hinkend, schwerfällig)* gehen
hatschi: *Ausruf beim Niesen*
hatte → haben
Hättiwari der, -/- (ugs.): *jemand, der ständig Ausflüchte für Misserfolge sucht („hätte ich, so wäre ich")*
Hattrick ['hæ-] der, -s/-s ⟨engl.⟩: *dreimaliger Torerfolg hintereinander durch denselben Spieler, zB im Fußball*
Hatz die, -/-en: *Hetzjagd, Verfolgung;* → Hetze
Haube die, -/-n: *eine Kopfbedeckung, [Woll]mütze* | (Gast.) *Qualitätszeichen für Restaurants;* ein Restaurant mit zwei Hauben | (scherzh.) unter die H. kommen *(heiraten)* ‖ **Haubenkoch:** *für sein Können ausgezeichneter Koch* ‖ **Haubenköchin** ‖ **Haubenküche** ‖ **Haubenlerche** ‖ **Haubenlokal** ‖ **Haubenmeise** ‖ **Haubenrestaurant** [-torɑ̃ː] ‖ **Haubentaucher:** *ein Wasservogel* ‖ **Hauberl** das, -s/-[n]
Haubitze die, -/-n ⟨tschech.⟩ (Mil.): *ein Geschütz*
Hauch der, -[e]s: *Atem; Luftzug* | ein H. *(eine Spur)* von Luxus ‖ **hauchdünn:** *bes. dünn* ‖ **hauchen** ‖ **hauchzart**
Haudegen der, -s/-: *alter, erprobter Kämpfer*
Haue[1] die, -/-n: *ein landwirtschaftliches Gerät* ‖ **Haue**[2] die (Pl.) (ugs.): H. *(Hiebe, Schläge)* kriegen ‖ **hauen,** haute [geh.: hieb]/gehaut [gehauen]: jemanden windelweich h. *(schlagen)* | einen

Pflock in die Erde h. *(stoßen, rammen)* | (ugs.) über die Schnur h. *(übermütig sein);* jemanden übers Ohr h. *(reinlegen)* ‖ **Hauer** der, -s/-: *Weinbauer, Winzer;* Weinhauer | *Bergmann* | *Eckzahn des Ebers* ‖ **Hauerin** die, -/-innen: *Winzerin* ‖ **Hauerjause:** *Winzerjause* ‖ **Hauersekt:** *Winzersekt* ‖ **Hauersteig:** *ein schmaler Fußweg im Weinberg* ‖ **Hauerwein:** *Wein direkt vom Weinbauern*

Häufchen das, -s/-: wie ein H. Elend aussehen ‖ **häufeln,** ich häufle: die Erdäpfel h. ‖ **Haufen** der, -s/-: ein großer H. *(viel, eine Menge)* unerledigter Arbeit | *durch Anschwemmung entstandene Flussinsel* | etwas über den H. werfen *(rückgängig machen);* jemanden über den H. rennen *(niederstoßen)* ‖ **häufen**[1]: er häuft Essen auf seinen Teller ‖ **häufen**[2] sich: die Arbeit häuft sich *(wird immer mehr)* ‖ **Haufendorf:** *unregelmäßig angelegtes Dorf* ‖ **haufenweise,** *auch:* haufenweis ‖ **Haufenwolke** (Met.): *Kumulus* ‖ **häufig:** *oft* ‖ **Häufigkeit** die, - ‖ **Häufung** die, -/-en: *zahlreiches Vorkommen*

Hauhechel: *eine Pflanzengattung*

häundeln ['haın(d)ln] = häuneln, *auch:* heindln, ich häundle (ugs.): *Erde mit der Haue bearbeiten* ‖ **Häundl** = Häunl das, -s/-[n], *auch:* Heindl (ugs.): *kleine Haue*

Haupt das, -[e]s/Häupter (geh.): zu Häupten *(an der Kopfseite)* des Bettes stehen | *Kopf;* das H. neigen | *Oberhaupt [einer Familie, eines Stammes]* ‖ **Hauptabendprogramm:** *Fernsehsendung zur Hauptsendezeit* ‖ **Hauptact** [-ækt]: *Höhepunkt [einer Show]; Programmteil nach der Vorgruppe* ‖ **Hauptaltar:** *Hochaltar;* → G.: Seitenaltar ‖ **hauptamtlich:** *hauptberuflich;* h. Politiker sein; → ehrenamtlich ‖ **Hauptanliegen** ‖ **Hauptattraktion** [-tsi̯-] ‖ **Hauptaugenmerk:** sein H. auf etwas/jemanden richten ‖ **Hauptausschuss:** der H. des Nationalrats ‖ **Hauptbahnhof** ‖ **Hauptbedeutung:** die H. eines Wortes ‖ **hauptberuflich** ‖ **Hauptbeschäftigung** ‖ **Hauptdarsteller:** *Schauspieler, der die Hauptrolle spielt* ‖ **Hauptdarstellerin** ‖ **Haupteingang** ‖ **Häuptel** = Häuptl das, -s/-[n]: *Kopf von Salat, Kraut, Kohl ua.;* ein H. Salat ‖ **Häuptelsalat** = Häuptlsalat: *Kopfsalat, zB Eissalat* ‖ **Haupterwerb** ‖ **Haupteslänge** (geh.) (nur in der Wendung): um H.; sie überragt ihn um H. ‖ **Hauptfach:** *Hauptgegenstand* | *schwerpunktmäßig betriebenes Studienfach* ‖ **Hauptfigur:** *wichtigste Person [in einem Roman]* ‖ **Hauptfilm** ‖ **Hauptgebäude** ‖ **Hauptgegenstand:** *wichtiger Unterrichtsgegenstand* ‖ **Hauptgericht:** *Hauptspeise* ‖ **Hauptgesprächsthema** ‖ **Hauptgewicht:** *Schwergewicht* ‖ **Hauptgläubiger** ‖ **Hauptgläubigerin** ‖ **Hauptgleis** ‖ **Hauptgrund** ‖ **Hauptinhalt** ‖ **Hauptinteresse** ‖ **Hauptkläranlage** ‖ **Hauptkontingent** ‖ **Häuptl** = → Häuptel ‖ **Hauptleistung** (Jus): *vertragliche Hauptpflicht;* → G.: Nebenleistung ‖ **Häuptling** der, -s/-e: *Oberhaupt, Anführer [bei Indianerstämmen]* ‖ **Häuptlsalat** = → Häuptelsalat ‖ **Hauptmahlzeit** ‖ **Hauptmann** der, -[e]s/-männer [-leute]: *ein [militärischer] Dienstgrad;* Feuerwehrhauptmann ‖ **Hauptmiete:** *direkt vom Eigentümer vermietete Wohnung;* in H. wohnen; → Untermiete ‖ **Hauptmieter** ‖ **Hauptmieterin** ‖ **Hauptmietwohnung** ‖ **Hauptmotiv:** *wichtigstes Motiv* ‖ **Hauptperson** ‖ **Hauptpflichten** die (Pl.) (Jus): die H. aus einem Vertrag; → G.: Nebenpflichten ‖ **Hauptplatine** (EDV): *Mutterplatine* ‖ **Hauptplatz** ‖ **Hauptpostamt** ‖ **Hauptpreis** ‖ **Hauptquartier** (Mil.): *Kommandozentrale* ‖ **Hauptreferent** ‖ **Hauptreferentin** ‖ **Hauptreisezeit** ‖ **Hauptrolle:** die H. in einem Film spielen ‖ **Hauptsache:** H., du bist gesund ‖ **hauptsächlich** ‖ **Hauptsaison** [-zɛz-, fr.: -sɛzɔ̃] ‖ **Hauptsatz** (Gramm.): *unabhängiger Satz, der selbständig bestehen kann;* → Gliedsatz | der H. *(ein grundlegender Erfahrungssatz)* der Wärmelehre ‖ **Hauptsatzreihe** (Gramm.): *aus Hauptsätzen bestehende Satzverbindung* ‖ **Hauptschlagader:** → *Aorta* ‖ **Hauptschulabschluss** ‖ **Hauptschuldige** ‖ **Hauptschuldirektor** ‖ **Hauptschuldirektorin** ‖ **Hauptschuldner** (Jus): *Schuldner, für dessen Verbindlichkeit ein Nebenverpflichteter, zB Bürge, haftet* ‖ **Hauptschule** ‖ **Hauptschüler** ‖ **Hauptschülerin** ‖ **Hauptschullehrer** ‖ **Hauptschullehrerin** ‖ **Hauptschuloberlehrer** (HOL): *ein Titel* ‖ **Hauptschuloberlehrerin** (HOL) ‖ **Hauptschwierigkeit** ‖ **Hauptsignal** ‖ **Hauptsorge** ‖ **Hauptspeicher** (EDV): *interner Speicher der Zentraleinheit eines Computers, Arbeitsspeicher* ‖ **Hauptspeise** ‖ **Hauptstadt** ‖ **Hauptstelle:** *Zentrale;* → Nebenstelle; → Außenstelle ‖ **Hauptstraße** ‖ **Hauptstrecke** ‖ **Hauptstück:** *Kapitel, Abschnitt [in Gesetzestexten]* ‖ **Hauptthema** ‖ **Haupttreffer:** den H. in einer Lotterie machen ‖ **Hauptursache** ‖ **Hauptverband:** *eine größere Organisationseinheit;* H. der österreichischen Sozialversicherungsträger ‖ **Hauptverkehrszeit:** *Stoßzeit im Straßenverkehr* ‖ **Hauptversammlung:** *Versammlung aller Aktionäre bzw. Mitglieder;* Jahreshauptversammlung ‖ **Hauptwerk:** das H. einer Schriftstellerin ‖ **Hauptwohnsitz:** *Wohnsitz, der als Mittelpunkt der Lebensbeziehungen gilt;* → Nebenwohnsitz ‖ **Hauptwort** (veraltet) (Gramm.): *Nomen* ‖ **Hauptziel**

hau ruck = ho ruck: *ein Ausruf*

Haus

das, -es/Häuser: von Haus zu Haus; Haus der Begegnung; Haus und Hof *(der ganze Besitz);* etwas steht mir ins Haus *(bevor)* | (sal., ugs.) sich über die Häuser hauen *(flüchten)* | (Gesch.) das Haus Österreich *(die Dynastie Habsburg, die Habsburger, Casa d'Austria)*

Getrenntschreibung:
- von Haus aus *(von vornherein)*
- außer Haus sein

Getrennt- und Zusammenschreibung:
- nach Haus[e] = nachhaus[e]
- zu Haus[e] = zuhaus[e]
- Haus halten = haushalten

R→ S. 905, 4.1

Hausanzug: *bequeme Kleidung aus Jacke und Hose* ‖ **Hausapotheke** ‖ **Hausarbeit:** *Arbeit im Haus[halt]* | *Hausübung* ‖ **Hausarrest:** unter H. sein *(strafweise das Haus nicht verlassen dürfen)*

|| **Hausarzt:** *der persönliche Arzt [für Allgemeinmedizin]* || **Hausärztin** || **Hausaufgabe** || **hausbacken:** *hausgemacht* | (abw.) *einfältig* || **Hausbahnsteig:** *direkt am Bahnhofsgebäude gelegener Bahnsteig* || **Hausbar** || **Hausberg:** der Kahlenberg ist ein H. der Wiener || **Hausbeschau** die, - (Amtsspr.): *Verzollung direkt an der Lieferadresse* || **Hausbesetzer** || **Hausbesetzerin** || **Hausbesorger** der, -s/-: *Hausmeister* || **Hausbesorgerin** die, -/-innen || **Hausbesorgerposten:** *Hausmeisterstelle* || **Hausbesuch:** der H. *(die Visite)* der praktischen Ärztin || **Hausbewohner** || **Hausbewohnerin** || **Hausboot:** *Boot, das als Wohnung dient* || **Hausbrand** der, -[e]s: *[Ofen]heizung privater Haushalte* | *privat gebrannter Schnaps;* → Brandy || **Hausbrot:** *Brot nach Art des Hauses* || **Hausbünt** (V): *Hausgarten* || **Häuschen** das, -s/-: aus dem H. *(sehr aufgeregt)* sein || **Hausdrachen** (ugs., abw.): *streitsüchtige Ehefrau, Angestellte* || **Hausdurchsuchung:** *richterlich angeordnete Durchsuchung eines Hauses/einer Wohnung* || **hauseigen** || **Hauseigentümer** || **Hauseigentümerin** || **Hauseinfahrt:** *befahrbarer Hauseingang* || **hausen** (abw.): *in armseligen Verhältnissen leben;* du haust in dieser dunklen Kammer? | der Fuchs hat im Hühnerstall fürchterlich gehaust *(gewütet)*

Hausen der, -s/-: *ein Fisch, der Kaviar liefert, Belugastör;* → Beluga

Hausente || **Hauser** der, -s/- (T): *Verwalter;* → Hauserin || **Häuserblock** der, -[e]s/-s [-blöcke] || **Häuserfront** || **Häusergeviert:** *im Viereck angeordnete Häuser* || **Hauserin** = **Häuserin** die, -/-innen (T): *Wirtschafterin, bes. Pfarrersköchin* || **Hauserl** = **Häuserl** das, -s/-[n] (ugs.): *Häuschen* || **Häuserzeile** || **Hausflur:** *Hauseinfahrt, Hauseingang, Gang* || **Hausfrau:** *[Ehe]frau, die den eigenen Haushalt besorgt* | *Hausbesitzerin, Zimmervermieterin* || **Hausfreund:** *bes. guter Freund der Familie* | (scherzh.) *Liebhaber der Ehefrau* | (Küchenspr.) *Früchtebiskuit, eine Weihnachtsbäckerei mit Mandeln und Früchten* | (Küchenspr.) *Teigkarte* || **Hausfriede** = **Hausfrieden** || **Hausfriedensbruch** (Jus): *gewaltsames Eindringen in eine Wohnung* || **Hausgang:** *Flur; Stiegenhaus* || **Hausgeburt:** *daheim, nicht im Spital durchgeführte Geburt* || **Hausgehilfe** || **Hausgehilfin** || **hausgemacht:** hausgemachte Marmelade || **Hausgemeinschaft** || **Hausgenosse** || **Hausgenossin** || **Haushalt** der, -[e]s/-e: den H. führen | (Wirt.) *Budget* || **Haus halten** = **haushalten:** *sparen, gut wirtschaften;* er hält Haus (= er haushaltet)/er hielt Haus (= er haushaltete)/hat Haus gehalten (= hat gehaushaltet); es ist schwer, richtig Haus zu halten (= hauszuhalten) || **Haushälter** der, -s/-: *Wirtschafter* || **Haushälterin** die, -/-innen || **haushälterisch:** *sparsam* || **Haushaltsbuch** || **Haushaltsdefizit** || **Haushaltsführung** || **Haushaltshilfe** || **Haushaltskunde** || **Haushaltsmenge:** Abgabe nur in H. || **Haushaltspackung:** *etwas größere Verpackungseinheit* || **Haushaltsplan** (Wirt.): *Voranschlag über die Ausgaben und Einnahmen [des Folgejahres]* || **Haushaltsrecht** (Jus): *Gesetz zur Regelung des Budgets öffentlicher Körperschaften (der öffentlichen Hand)* || **Haushaltsreiniger** || **Haushaltsschokolade:** *Kochschokolade* || **Haushaltsversicherung** || **Haushaltsware** (meist Pl.) || **Hausherr:** *Hausbesitzer* || **Hausherrin** || **haushoch:** *haushohe Wellen* | h. verlieren || **Haushofmeister** (früher): *Leiter einer fürstlichen Hofhaltung* || **Haus-, Hof- und Staatsarchiv** (in Wien) || **Haushuhn** || **Haushund** || **hausieren:** *von Haus zu Haus gehen und Waren verkaufen* | (sal., abw.) mit einer Idee h. gehen *(sie in aufdringlicher Weise jedem anpreisen)* || **Hausierer** der, -s/- || **Hausiererin** die, -/-innen || **Hausinhabung** die, -/-en (Amtsspr.): *Hauseigentümer, Hausbesitzer* || **hausintern** || **Hauskatze** || **Hauskrankenpflege** || **Hauskrankenpfleger** || **Hauskrankenschwester** || **Häusl** das, -s/-n (ugs.): *[kleines] Haus;* ganz aus dem H. *(sehr aufgeregt)* sein | (ugs., derb bzw. scherzh.) *Abort* || **Häuslbauer** der, -s/- (ugs.): *jemand, der ein Haus baut oder am Bau seines Eigenheimes mitarbeitet* || **Häuslbauerin** die, -/-innen (ugs.) || **Häuslebauer** = Hüslebauer der, -s/- (V, ugs.): *Häuslbauer* || **Häuslebauerin** = Hüslebauerin die, -/-innen (V, ugs.) || **Hauslehrer** || **Hauslehrerin** || **Häusler** der, -s/- (veraltet): *Kleinhäusler* || **Häuslerin** die, -/-innen (veraltet) || **häuslich:** sich h. *(als ob man hier zu Hause wäre)* niederlassen | ein häuslicher Mensch *(jemand, der das Familienleben und sein Zuhause liebt)* || **Häuslichkeit** die, - || **Hausmacht:** *die auf Familienbesitz oder persönlichen Anhängern beruhende Macht* || **Hausmädchen:** *Haushaltshilfe* || **Hausmann:** *[Ehe]mann, der den eigenen Haushalt besorgt* || **Hausmannskost:** *einfache, gute Kost (wie zu Hause gemacht)* || **Hausmarke:** *Lieblingsprodukt [von Wein]* || **Hausmaus:** *ein Nagetier* || **Hausmeister:** *Hausbesorger* || **Hausmeisterin** || **Hausmittel:** *traditionelles Mittel gegen eine Erkrankung* || **Hausmüll** || **Hausmusik** || **Hausmütterchen** das, -s/- (auch abw.): *nur an Haushalt und Familie interessierte Frau* || **Hausname,** *auch:* **Hausnamen:** *Vulgoname* || **Hausnummer:** eine ungerade H. | (ugs.) nur eine H. *(willkürliche Zahlenangabe);* eine H. *(irgendetwas)* angeben || **Hausordnung:** *in einem Haus geltende Regeln* || **Hauspartei:** *Wohnungsmieter[in]* || **Hauspatschen** [-pɒ(ː)-, auch: -pa(ː)-] (ugs.) || **Hauspflegedienst** (SüdT): *Hauskrankenpflege* || **Hausrat** der, -[e]s: *Möbel und Geräte, die zum Haushalt gehören* || **Hausrecht:** *Recht des Hausherrn* || **Hausrind**

Hausruck der, -s: *ein Bergrücken in Oberösterreich* || **Hausruckviertel,** *auch:* Hausruckkreis: *Landesteil von Oberösterreich* || **Hausruckviertler**[1] (Adj.) || **Hausruckviertler**[2] der, -s/-: *Bewohner des Hausruckviertels* || **Hausruckviertlerin** die, -/-innen

Haussammlung: *Spendenaktion, bei der die Helfer von Haus zu Haus gehen* || **hausschlachten** (nur Inf. und Part.): *auf dem eigenen Hof selbst schlachten* || **Hausschlachtung** || **Hausschlapfen** (ugs.) || **Hausschuh** || **Hausschwein**

H

Hausse [(h)oːs] die, -/-n ⟨fr.⟩ (Wirt.): *Steigen der Börsenkurse;* → G.: Baisse

Haussegen: *Segensspruch [an der Wand eines Hauses]* | der H. hängt schief *(es herrscht eine Missstimmung)* ‖ **Haussperling** ‖ **Hausspezialität** [-ʃp-] ‖ **Hausspinne:** *eine Webspinne* ‖ **Hausstand** der, -[e]s (veraltend): einen H. *(Haushalt und Familie)* gründen ‖ **Hausstock** (reg.): *[gemauerter] Wohntrakt eines Bauernhauses* ‖ **Haustier** ‖ **Haustor** ‖ **Haustrunk:** *leichter Wein/Most für den Hausgebrauch* ‖ **Haustür** ‖ **Haustürgeschäft** (Jus): *zu Hause (nicht in den Geschäftsräumlichkeiten eines Unternehmers) abgeschlossenes Geschäft* ‖ **Haustyrann** [-y-] ‖ **Haustyrannin** ‖ **Hausübung** ‖ **Hausverbot:** H. haben *(ein bestimmtes Haus nicht betreten dürfen)* ‖ **Hausversammlung:** *Versammlung der Bewohner eines Wohnhauses* ‖ **Hausverstand** (in der Wendung): das sagt einem der gesunde H. *(der normale Verstand)* ‖ **Hausverwalter** ‖ **Hausverwalterin** ‖ **Hausverwaltung:** *Gebäudeverwaltung* ‖ **Hauswart:** *Hausbesorger* ‖ **Hauswartin** ‖ **Hauswein:** *[offen ausgeschenkte] Eigenmarke eines Gastronomiebetriebs („Wein des Hauses")* ‖ **Hausweisen** (veraltet): *Haushaltsführung* ‖ **Hauswirt** (veraltet): *Vermieter* ‖ **Hauswirtin** (veraltet) ‖ **Hauswirtschaft** ‖ **Hauswirtschaftsschule** (früher) ‖ **Hauswurst** ‖ **Hauswurz** die, -/-en: *eine Pflanze* ‖ **Hauszustellung**

Haut die, -/Häute: etwas geht unter die H. *(geht einem sehr nahe);* mit H. und Haar *(ganz und gar);* seine H. retten *(sich retten)* | (ugs.) aus der H. fahren *(sehr zornig werden);* auf der faulen H. liegen *(faulenzen)* ‖ **Hautabschürfung** ‖ **Hautatmung** ‖ **Hautarzt:** → *Dermatologe* ‖ **Hautärztin** ‖ **Hautausschlag** ‖ **Häutchen** das, -s/- ‖ **Hautcreme** [-kreːm] = Hautkrem, Hautkreme

Haute Couture [ot kuˈtyːr] die, - - ⟨fr.⟩ (wörtl.: hohe Schneiderkunst): *die tonangebende Mode*

häuteln sich (ugs.): ich häutle mich nach dem Sonnenbrand ‖ **häuten** sich: die Schlange häutet sich ‖ **hauteng:** *am Körper eng anliegend*

Hautevolee [otvɔ-] die, - ⟨fr.⟩: *die vornehme Gesellschaft*

Hautfarbe: dunkle H. ‖ **hautfarben** ‖ **Hautfetzen** ‖ **Hautflügler** der, -s/-: *ein Insekt* | (Pl.) (Zool.) *eine Insektenordnung, zB Bienen, Wespen* ‖ **hautfreundlich:** eine hautfreundliche Creme ‖ **Hautkontakt:** *unmittelbare körperliche Berührung* ‖ **Hautkrankheit** ‖ **Hautkrebs** (Med.) ‖ **Hautkrem, Hautkreme** = → Hautcreme ‖ **Häutl** das, -s/-n (ugs.): *[Tier]haut; ein Stück Leder;* Rehhäutl ‖ **hautnah** ‖ **Hautpflege** ‖ **Hautpflegesalbe** ‖ **Hautpilz** (Med.) ‖ **Hautsalbe** ‖ **hautschonend** ‖ **Hauttransplantation** [-tsi̯-] (Med.) ‖ **Hauttyp** [-yp]: ein dunkler H. ‖ **Häutung** die, -/-en

Havanna [-v-]: *Hauptstadt Kubas*

Havarie [-v-] die, -/-n [-ˈiː(ə)n] ⟨arab.-fr.-niederl.⟩: *Unfall mit einem Kfz; Unfallschaden* ‖ **Havariedienst:** *Kfz-Abschleppdienst* ‖ **Havariefahrzeug** ‖ **havarieren:** das Auto ist vorne havariert *(unfallbeschädigt)*

Hawaii [-ˈvaɪ]: *Inselgruppe im Pazifik, Bundesstaat der USA* ‖ **hawaiianisch** ‖ **Hawaiigitarre** ‖ **Hawaiiinseln** die (Pl.) ‖ **hawaiisch**

Haxe die, -/-n (südl. D, ugs., derb): *Haxen* ‖ **Haxen** der, -s/-, *auch:* die, -/- (ugs., derb): *Bein* | (ugs., sal.) sich die H. ausreißen *(sich für etwas bes. einsetzen)* ‖ **Haxl** das, -s/-n (ugs.): jemandem das/ein H. legen/stellen *(ein Bein stellen)* ‖ **Haxlbeißer** ‖ **Haxlbeißerin** ‖ **Haxlstellerei** die, -/-en (ugs.)

Hazienda [-tsi̯-, auch: asi̯-] die, -/-s ⟨span.⟩: *Farm in Lateinamerika*

H. B. [ha ˈbeː]: die Evangelische Kirche H. B. (**H**elvetischen **B**ekenntnisses); → A. B.

HBLA [ha be ɛl ˈaː]: **H**öhere **B**undes-**L**ehr**a**nstalt; → BLA

H-Bombe [ˈhaː-]: *Wasserstoffbombe*

h. c. [ha ˈtseː]: **h**onoris **c**ausa; Dr. h. c.

HD [ha ˈdeː] (EDV): **H**igh **D**ensity *(hohe Speicherkapazität [auf Disketten]);* → DD | Harddisk ‖ **HDMI** [ha de ɛm ˈiː]: **H**igh **D**efinition **M**ultimedia **I**nterface *(Schnittstelle zur Übertragung von digitalen Video- und Audiosignalen)* ‖ **HDTV** [ha de te ˈfaʊ]: **H**igh **D**efinition **TV** *(hochauflösendes TV)*

H-Dur [ˈhaːˈduːə] (H): eine Tonart ‖ **H-Dur-Tonleiter** (Mus.)

he: *ein Zuruf*

He: Helium

Headhunter [ˈhedhʌn-] der, -s/- ⟨engl.⟩ (Wirt.): *jemand, der geeignete Führungskräfte sucht [und abwirbt]* ‖ **Headline** [-laɪn] die, -/-s: *Schlagzeile* ‖ **Headquarter** [-kwɔːtə] das, -s/-[s]: *Hauptsitz einer Firma oder Institution* ‖ **Headset:** *Freisprecheinrichtung für Mobiltelefone*

Heanz [ˈheənts] der, -en/-en = **Heanze,** -n/-n (B, mda., heute auch abw.): *Bewohner des mittleren und südlichen Burgenlands sowie der angrenzenden Steiermark* ‖ **heanzen** (ostöst., mda.): *spotten;* → ausheanzen ‖ **Heanzenland** (B, mda.): *[ein Gebiet im] Burgenland*

Hearing [ˈhɪər-] das, -s/-s ⟨engl.⟩: *eine Gelegenheit zur Meinungsäußerung [vor Regierung oder Parlament]; Anhörung*

heavy [ˈhevi] ⟨engl.⟩ (sal.) (Jug.): das war jetzt h. *(anstrengend, schwer)* ‖ **Heavy Metal** [- ˈmetl] das, -s (Mus.): *ein Stil in der Rockmusik*

Hebamme die, -/-n: *ausgebildete geprüfte Geburtshelferin*

Hebebühne: *bewegliche Plattform* ‖ **Hebekran** ‖ **Hebel** der, -s/-: alle H. in Bewegung setzen *(alles Mögliche unternehmen);* Schalthebel | (Phys.) *ein um eine feste Achse drehbarer, starrer Körper* ‖ **Hebelarm:** *bestimmter Teil eines Hebels* ‖ **Hebelgesetz** (Phys.): *Gesetz der Hebelwirkung* ‖ **hebeln:** *mit einem Hebel bewegen* ‖ **Hebelwirkung** ‖ **heben,** hob/gehoben: den Sessel h.; die Augen h. *(aufblicken);* der Vorhang hebt sich *(geht in die Höhe, geht auf)* | das Image h. *(verbessern);* → gehoben

Hebräer der, -s/-: *Israelit; Jude* ‖ **Hebräerin** die, -/-innen ‖ **hebräisch:** die hebräische Schrift ‖ **Hebräisch** das, -[s] = **Hebräische,** -n: *die hebräische Sprache*

Hebung die, -/-en: die H. *(Erhöhung)* des Erdbodens | *betonte Silbe im Vers*

Hechel die, -/-n: *Flachskamm* ‖ **hecheln**[1]: Flachs h. *(kämmen)*

hecheln[2]: der Hund hechelt *(atmet rasch und stoßweise mit offenem Maul)*

Hecht der, -[e]s/-e: *ein Fisch;* der

H. im Karpfenteich sein *(die tonangebende, dominierende Rolle spielen)* ‖ **hechten:** *einen Hechtsprung machen* ‖ **Hechtsprung:** *eine Turnübung, Kopfsprung ins Wasser*
Heck das, -[e]s/-e [-s]: *hinterster Teil eines Fahrzeugs;* → G.: Bug
Hecke die, -/-n: *Gebüsch [als Umzäunung]* ‖ **Heckenklescher** (ugs., abw.): *minderwertiger Wein* ‖ **Heckenrose** ‖ **Heckenschere** ‖ **Heckenschütze:** *jemand, der aus dem Hinterhalt schießt* ‖ **Heckenschützin**
Heckflügel: *Spoiler* ‖ **hecklastig** ‖ **Heckmotor** ‖ **Heckscheibe** ‖ **Heckscheibenwischer** ‖ **Heckspoiler** [-sp-]
Hederich der, -s/- ⟨lat.⟩: *ein Kreuzblütler*
Hedgefonds ['hedʒfõ:] ⟨engl.+fr.⟩ (Bankw.): *hochriskanter Investmentfonds [mit Leerverkäufen und Derivaten]*
Hedonismus der, - ⟨gr.⟩: *Lehre, nach der das Glück in der Sinnenlust besteht* ‖ **Hedonist** der, -en/-en ‖ **Hedonistin** die, -/-innen ‖ **hedonistisch**
Hedschra die, - ⟨arab.⟩: *Beginn der islamischen Zeitrechnung (622 n. Chr.)*
Hedwig: *weibl. Vorname*
Heer das, -[e]s/-e: *die gesamten Streitkräfte eines Staates, Streitmacht;* Bundesheer | ein H. *(eine Unmenge)* von Ameisen ‖ **Heeresbeschädigte** der, -n/-n, ein Heeresbeschädigter (Amtsspr.): *jemand, der im Heeresdienst eine Gesundheitsschädigung erlitten hat* ‖ **Heeresbeschädigte** die, -n/-n ‖ **Heeresführung** ‖ **heeresgeschichtlich:** eine heeresgeschichtliche Sammlung; *aber:* das Heeresgeschichtliche Museum (in Wien) ‖ **Heereskommando** ‖ **Heeresreform** ‖ **Heeresverwaltung** ‖ **Heerführer** ‖ **Heerführerin** ‖ **Heerlager** (früher) ‖ **Heerschar** (meist Pl.): *Truppe* | Heerscharen *(Unmengen)* von Touristen ‖ **Heerschau** (geh.): *Truppenparade*
Hefe die, -/-n: *Germ*
Hefen → Häfen[1] ‖ **Heferl** → Häferl ‖ **Heferlgucker** → Häferlgucker ‖ **Heferlguckerin** → Häferlguckerin ‖ **Heferlkaffee** → Häferlkaffee
Hefepilz ‖ **Hefeteig:** *Germteig* ‖ **Hefezopf:** *ein Striezel*
Heft[1] das, -[e]s/-e (geh.): das H. *(der Griff)* des Messers | (ohne Pl.) das H. in der Hand haben *(die Führung innehaben)*
Heft[2] das, -[e]s/-e: aus dem H. ein Blatt herausreißen ‖ **heften:** *mit Heftwolle und großen Stichen nähen;* einen Saum h. | (geh.) sich an jemandes Fersen h. *(ihm folgen)* ‖ **Heftfaden** ‖ **Hefter** der, -s/-: *Schnellhefter*
heftig: ein heftiger *(starker)* Wind ‖ **Heftigkeit** die, -
Heftklammer ‖ **Heftl** das, -s/-[n] (ugs.): *Heft* | (oft abw.) *Comic* ‖ **Heftmaschine** ‖ **Heftnaht** ‖ **Heftpflaster:** *ein selbstklebendes Pflaster für kleine Verletzungen* ‖ **Heftwolle:** *leicht reißbares Garn*
Hege die, -: *Pflege von Pflanzen und Tieren;* → hegen
Hegemonie die, -/-n ⟨gr.⟩: *Vorherrschaft [eines Staates]* ‖ **hegemonisch**
hegen: das Wild h. *(pflegen);* h. und pflegen | (geh.) keinen Groll h. *(haben);* ein lang gehegter (= langgehegter) Wunsch ‖ **Heger** der, -s/-: *Waldaufseher* ‖ **Hegerin** die, -/-innen
Hehl (geh.) (nur in der Wendung): kein[en] H. *(kein Geheimnis)* aus etwas machen ‖ **hehlen** ‖ **Hehler** der, -s/-: *Mitwisser, Nutznießer [eines Diebstahls]* ‖ **Hehlerei** die, -/-en: *Handel mit Diebsgut* ‖ **Hehlerin** die, -/-innen
hehr (geh., veraltet): ein hehrer *(feierlicher, erhabener)* Anblick
hei: *freudiger Ausruf*
heia (Kinderspr.): h. machen *(schlafen);* h. gehen ‖ **Heiabett** (Kinderspr.): *Bett*
Heide[1] = Heidi: *weibl. Vorname;* → Adelheid
Heide[2] der, -n/-n: *Angehöriger einer nicht monotheistischen Religion* | (oft abw.) *Ungläubiger, Glaubensloser*
Heide[3] die, -/-n: *Heidelandschaft* | (Bot.) *eine Pflanze, Heidekraut* ‖ **Heidekraut:** *Name verschiedener Zwergsträucher;* → Erika
Heidelbeere: *Schwarzbeere, Blaubeere, Moosbeere*
Heidemarie: *weibl. Vorname*
Heiden der, -s (ostöst., südöst.): *Buchweizen*
Heidenangst die, - (ugs.): *sehr große Angst*
Heidenbrein (ostöst., südöst.): *Brei aus Buchweizen*
Heidengeld (ugs.): das kostet ein H. *(sehr viel Geld)* ‖ **Heidenlärm** (ugs.): *sehr starker Lärm*
Heidenmehl (ostöst., südöst.): *Mehl aus Heiden*
Heidenreichstein: *Stadt in Niederösterreich*
Heidensterz (ostöst., südöst.): *Sterz aus Heiden*
Heidentum das, -s; → Heide[2]
Heidi = → Heide[1]
Heidin die, -/-innen; → Heide[2] ‖ **heidnisch:** heidnische Gebräuche
Heidrun: *weibl. Vorname*
Heiduck der, -en/-en ⟨ung.⟩ (früher): *ungarischer Söldner; Freischärler* | *Diener ungarischer Adeliger*
heikel: sie ist beim Essen h. *(wählerisch)* | eine heikle *(schwierige, unangenehme)* Situation ‖ **heiklig** (ugs.): *heikel*
heil: h. *(unverletzt)* davonkommen; die heile Welt *(Welt, in der alles in Ordnung ist)* ‖ **Heil** das, -[e]s: H. bringen; → Heil bringend = heilbringend | (veraltet) „H. *(Glück)* dir!" ‖ **Heiland** der, -[e]s: *der Erlöser Jesus Christus* ‖ **Heilanstalt** ‖ **Heilbad:** *Thermalbad* ‖ **heilbar:** eine heilbare Krankheit ‖ **Heilbedarf:** *Heilbehelf, [medizinische] Geräte und Hilfsmittel zur Krankenpflege und Rehabilitation* ‖ **Heilbehelf** ‖ **Heil bringend** = **heilbringend:** H. bringende Wirkung ‖ **Heilbringer** der, -s/- ‖ **Heilbringerin** die, -/-innen
Heilbutt der, -[e]s/-e: *ein Fisch*
heile (V): *ein Gruß* ‖ **heilen:** die Wunde heilte schnell ‖ **Heiler** der, -s/-: *Wunderheiler* ‖ **Heilerin** die, -/-innen ‖ **Heilfasten** das, -s ‖ **heilfroh:** *sehr froh* ‖ **Heilgymnastik** [-gy-]

heilig

(hl.): *göttlich vollkommen* | (ugs.) alle heiligen Zeiten *(sehr selten)*

Kleinschreibung:
- der heilige Petrus
- die heilige Messe
- das heilige Abendmahl
- der heilige (*auch:* Heilige) Krieg *(Dschihad)*

Großschreibung in bestimmten Eigennamen, besonderen Kalendertagen und Titeln:
- der **H**eilige Abend *(Weihnachtsabend)*
- die **H**eiligen Drei Könige
- das **H**eilige Land *(Palästina)*
- die **H**eilige Schrift *(Bibel)*

- der **Heilige** Geist
- der **Heilige** Vater *(der Papst)*
- die **Heilige** Familie *(Jesus, Maria und Josef)* R→ S. 895, 4.1 bzw. S. 896, 4.3

Zusammenschreibung bei übertragener Bedeutung:
- heiligsprechen
- den Feiertag heilighalten *(achten)* R→ S. 900, 1.5.1

Hei|li|ge[1] der, -n/-n, ein Heiliger ‖ **Hei|li|ge**[2] die, -n/-n ‖ **hei|li|gen:** *verehrenswürdig machen; heilighalten;* den Feiertag h. ‖ **Hei|li|gen|bild** ‖ **Hei|li|gen|fi|gur** ‖ **Hei|li|gen|le|gen|de** ‖ **Hei|li|gen|schein** ‖ **Hei|li|gen|ver|eh|rung** ‖ **hei|lig|hal|ten:** den Feiertag h. *(achten)* ‖ **Hei|lig|keit** die, -: „Eure Heiligkeit!" *(Anrede für den Papst);* Seine H. ‖ **hei|lig|spre|chen** (kath.): der Märtyrer wurde heiliggesprochen ‖ **Hei|lig|spre|chung** die, -/-en ‖ **Hei|lig|tum** das, -[e]s/-tümer

Heil|kraft ‖ **heil|kun|dig** ‖ **heil|los:** ein heilloses *(schreckliches)* Durcheinander ‖ **Heil|mas|sa|ge** [-ˌaːʃ, -ʒɛ] ‖ **Heil|mas|seur** [-ˌsøːə] ‖ **Heil|mas|seu|rin** = **Heil|mas|seu|se** [-ˌsøːs, -zɛ] ‖ **Heil|me|tho|de** ‖ **Heil|mit|tel** ‖ **Heil|pflan|ze** ‖ **Heil|prak|ti|ker:** *Heilkundiger ohne wissenschaftliche Ausbildung* ‖ **Heil|prak|ti|ke|rin** ‖ **Heil|quel|le** ‖ **heil|sam:** eine heilsame *(lehrreiche, nützliche)* Erfahrung ‖ **Heils|ar|mee:** *eine internationale christliche karitative Organisation* ‖ **Heils|bot|schaft** (Rel.): *Evangelium* ‖ **Heil|schlaf** (Med.) ‖ **Heils|leh|re** (Rel.): *Heilsbotschaft* ‖ **Hei|lung** die, -/-en ‖ **Hei|lungs|pro|zess** ‖ **Hei|lungs|ver|lauf** ‖ **Heil|was|ser** das, -s/-wässer: *heilkräftiges Wasser [einer Heilquelle]*

Heim das, -[e]s/-e: ein H. für Pflegebedürftige | *das Zuhause* ‖ **Heim|ar|beit:** *manuelle Tätigkeit, die in der eigenen Wohnung verrichtet wird* ‖ **Hei|mat** die, -: die H. verlassen ‖ **Hei|mat|dorf** ‖ **Hei|mat|dich|ter** ‖ **Hei|mat|dich|te|rin** ‖ **Hei|mat|fer|ne**[1] der, -n/-n, ein Heimatferner (SüdT): *Auslandssüdtiroler* ‖ **Hei|mat|fer|ne**[2] die, -n/-n (SüdT) ‖ **Hei|mat|film:** *Spielfilm, in dem Landleben und die heimische Landschaft im Vordergrund stehen* ‖ **Hei|mat|ge|mein|de** ‖ **Hei|mat|kun|de:** *[Vermittlung von] Wissen über Geschichte, Wirtschaft, Bevölkerung usw. der engeren Heimat* ‖ **hei|mat|kund|lich** ‖ **Hei|mat|land** ‖ **hei|mat|lich** ‖ **hei|mat|los** ‖ **Hei|mat|lo|sig|keit** die, - ‖ **Hei|mat|mu|se|um** ‖ **Hei|mat|ort** ‖ **Hei|mat|pfle|ge|ver|band** (SüdT): *Verein, der sich bes. für die Erhaltung von Natur und Brauchtum einsetzt* ‖ **Hei|mat|ro|man** ‖ **Hei|mat|stadt** ‖ **hei|mat|ver|trie|ben** ‖ **Hei|mat|ver|trie|be|ne**[1] der, -n/-n, ein Heimatvertriebener ‖ **Hei|mat|ver|trie|be|ne**[2] die, -n/-n ‖ **Heim|be|för|de|rung** (Amtsspr. Jus): *[Schubhaft und] Abschiebung* ‖ **heim|be|glei|ten** ‖ **heim|brin|gen** ‖ **Heim|chen** das, -s/-: *Hausgrille* | (abw.) *Hausmütterchen;* H. am Herd ‖ **heim|dür|fen** ‖ **hei|me|lig:** *anheimelnd, gemütlich* ‖ **Heim|er|zie|her** ‖ **Heim|er|zie|he|rin** ‖ **Heim|er|zie|hung** ‖ **heim|fah|ren** ‖ **Heim|fahrt** ‖ **Heim|fall** (Jus): *Zurückfall eines Erbes an den Staat* ‖ **heim|fal|len** (Jus) ‖ **Heim|falls|recht** (Jus): *gesetzliches Erbrecht des Staates, wenn keine Erben den Nachlass antreten* ‖ **heim|fin|den:** im Dunkeln nicht h. ‖ **heim|flie|gen** ‖ **heim|füh|ren** ‖ **Heim|gang:** *Heimweg* | (geh.) *Tod* ‖ **heim|ge|hen:** ich gehe heim | (geh.) heimgegangen *(verstorben)* ‖ ‖ **heim|ge|schä|digt:** *durch das Leben in einem Heim seelisch geschädigt* ‖ **Heim|hel|fer** ‖ **Heim|hel|fe|rin** ‖ **Heim|hil|fe:** *Helfer[in] für hilfsbedürftige Personen* | *ein Sozialdienst* ‖ **heim|ho|len** ‖ **hei|misch:** sich h. *(wie zu Hause)* fühlen; heimische *(inländische)* Erzeugnisse ‖ **Heim|kehr** die, - ‖ **heim|keh|ren** ‖ **Heim|keh|rer** der, -s/- ‖ **Heim|keh|re|rin** die, -/-innen ‖ **Heim|kind** ‖ **heim|kom|men** ‖ **heim|kön|nen** ‖ **Heim|kunft** die, -: *Heimkehr* ‖ **Heim|lei|ter** ‖ **Heim|lei|te|rin** ‖ **heim|leuch|ten** (ugs.): dem werd ich h.! *(ich werde ihn grob abfertigen)* ‖ **heim|lich:** etwas h. *(im Geheimen)* tun; *aber:* → heimlichtun ‖ **heim|lich|tun:** *geheimnisvoll tun; aber:* etwas heimlich *(im Geheimen, versteckt)* tun ‖ **Heim|lich|keit** die, -/-en ‖ **Heim|lich|tu|e|rei** die, -/-en ‖ **Heim|match** [-mɛtʃ, engl.: -æ-] (Sport) ‖ **heim|müs|sen** ‖ **Heim|nie|der|la|ge** (Sport) → G.: Auswärtsniederlage

Hei|mo: *männl. Vorname*

Heim|pfle|ge ‖ **Heim|rei|se** ‖ **heim|rei|sen** ‖ **heim|schi|cken** ‖ **Heim|schlap|pe** (Sport): *(hohe) Niederlage bei einem Fußballspiel vor heimischem Publikum* ‖ **Heim|sieg** (Sport) ‖ **Heim|spiel** (Sport): *ein vor heimischem Publikum ausgetragener Wettkampf* ‖ **Heim|statt** die, - = **Heim|stät|te** die, -/-n: eine neue H. finden ‖ **heim|su|chen:** vom Unglück heimgesucht *(verfolgt)* werden | (reg.) die Verwandten h. *(besuchen)* ‖ **Heim|su|chung** die, -/-en: *Schicksalsschlag* ‖ **Heim|tex|ti|lie** [-i̯ɛ] (meist Pl.): *Vorhang, Tischwäsche uÄ* ‖ **Heim|trai|ner** [-trɛː-nə]: *Fitnessgerät für die Wohnung, Hometrainer* ‖ **heim|trau|en** sich ‖ **Heim|tü|cke** die, - ‖ **heim|tü|ckisch:** ein heimtückischer *(hinterhältiger)* Raubüberfall ‖ **Heim|vor|teil** (Sport): *Vorteil einer Mannschaft, vor eigenem Publikum und in vertrauter Umgebung zu spielen* ‖ **heim|wärts:** h. ziehen ‖ **Heim|weg** ‖ **Heim|weh** → G.: Fernweh ‖ **Heim|wehr** die, - (Gesch.): *militärisch organisierte bewaffnete Vereinigung in der Zwischenkriegszeit in Österreich, die die Errichtung des Ständestaates mitvollzogen hat;* → Schutzbund ‖ **Heim|wer|ker** der, -s/-: *Laie, der für den Eigenbedarf [Möbel] baut* ‖ **Heim|wer|ke|rin** die, -/-innen ‖ **heim|wol|len** ‖ **heim|zah|len** (ugs.): *übel vergelten* ‖ **heim|zie|hen** ‖ **heim|zu:** *heimwärts, nach Hause*

heindln → häundeln ‖ **Heindl** → Häunl

Hein|rich: *männl. Vorname;* → Heinz ‖ **Heinz:** *männl. Vorname (Heinrich)*

Hein|ze die, -/-n (westöst.): *Gestell zum Heutrocknen* ‖ **Hein|zel|bank** die, -/-bänke: *eine Art Werkbank mit Klemmvorrichtung zur Holzbearbeitung*

Hein|zel|männ|chen: *eine hilfreiche Märchengestalt, Zwerg* | *heimlich helfender Mensch*

Hei|rat die, -/-en ‖ **hei|ra|ten:** die große Liebe h. ‖ **Hei|rats|ab|sicht** (meist Pl.) ‖ **Hei|rats|an|non|ce** [-anõːs(ɛ)] ‖ **Hei|rats|an|trag** ‖ **Hei|rats|aus|stat|tung** ‖ **hei|rats|fä|hig** ‖ **Hei|rats|gut:** *in die Ehe mitgebrachter Besitz* ‖ **Hei|rats|schwin|del:** *Vortäuschung der Absicht zu heiraten* ‖ **Hei|rats|schwind|ler** ‖ **Hei|rats|schwind-**

le|rin ‖ **Hei|rats|ur|kun|de** ‖ **Hei|rats|ver|mitt|lung** ‖ **hei|rats|wil|lig**
Hei|sche|brauch: *Volksbrauch, bei dem um Spenden gebeten wird* ‖ **hei|schen,** du heisch[s]t (geh.): Einlass h. *(fordern)*
hei|ser: eine heisere Stimme ‖ **Hei|ser|keit** die, -

heiß:

eine heiße *(Erfolg versprechende)* Spur
Getrenntschreibung:
– jemanden heiß begehren/heiß lieben
– der Motor hat sich heiß gelaufen
Getrennt- und Zusammenschreibung mit adjektivisch gebrauchten Partizipien:
– heiß begehrt = heißbegehrt
– heiß umstrittene (= heißumstrittene) Fragen
– die heiß geliebte (= heißgeliebte) Tochter R→ S. 903, 2.2.1
Zusammenschreibung bei übertragener Bedeutung:
– sich die Köpfe heißreden
– jemandem die Hölle heißmachen; *aber getrennt und zusammen:* das Essen heiß machen (= heißmachen) R→ S. 900, 1.5.1

hei|ßa (geh.): *ein Ausruf*
heiß be|gehrt = **heiß|be|gehrt** ‖ **heiß|blü|tig:** *leicht erregbar, leidenschaftlich*
hei|ßen, du heißt/hieß/geheißen: das heißt (d. h., dh.); es heißt *(man sagt),* sie sei krank; jetzt heißt es *(muss man)* still sein | (geh.) jemanden einen Narren h. *(nennen);* jemanden gehen h. *(jemandem zu gehen befehlen)* | (ugs.) nichts h. *(nicht viel wert sein)*
heiß ge|liebt = **heiß|ge|liebt** ‖ **Heiß|hun|ger** ‖ **heiß|hung|rig** ‖ **Heiß|luft:** Kranke mit H. behandeln | die H. im Backrohr einschalten ‖ **Heiß|luft|bal|lon** ‖ **heiß|ma|chen:** jemandem die Hölle h. *(ihm zusetzen); aber:* das Essen heiß machen (= heißmachen) ‖ **heiß|re|den:** sich die Köpfe h. *(sich beim Reden innerlich aufregen)* ‖ **Heiß|sporn** der, -[e]s/-e: *jähzorniger Mensch; Draufgänger* ‖ **heiß|spor|nig** ‖ **heiß um|strit|ten** = **heiß|um|strit|ten:** *heftig umstritten* ‖ **Heiß|was|ser|be|rei|tung** ‖ **Heiß|was|ser|spei|cher**
hei|ter: eine heitere *(fröhliche)* Stimmung; heiteres *(klares)* Wetter ‖ **Hei|ter|keit** die, -
Heiz|an|la|ge ‖ **heiz|bar** ‖ **Heiz|de|cke** ‖ **hei|zen,** du heizt ‖ **Hei|zer** der, -s/- ‖ **Hei|ze|rin** die, -/-innen ‖ **Heiz|ge|rät** ‖ **Heiz|haus:** *Bahnbetriebswerk, Lokomotivwerkstätte* ‖ **Heiz|kes|sel** ‖ **Heiz|kör|per** ‖ **Heiz|kos|ten** die (Pl.) ‖ **Heiz|lüf|ter** ‖ **Heiz|ma|te|ri|al** ‖ **Heiz|öl** ‖ **Heiz|schwam|merl:** *Partystrahler* ‖ **Heiz|son|ne:** *ein Heizgerät* ‖ **Heiz|strah|ler:** *ein elektrischer Heizkörper* ‖ **Hei|zung** die, -/-en ‖ **Hei|zungs|rohr** ‖ **Heiz|wert:** *Energie, die bei vollständiger Verbrennung eines Brennstoffes frei wird*
He|ka|tom|be die, -/-n (meist Pl.) ⟨gr.⟩ (geh.): *Unmenge;* Hekatomben an Toten
Hek|tar [auch: -'a:r] das, -s/-e ⟨gr.+lat.-fr.⟩ (ha): *ein Flächenmaß für Grund und Boden, 100 Ar bzw. 10 000 m²* | (in Mengenangaben mit Pl. Hektar) zehn Hektar (10 ha) ‖ **Hek|tar|er|trag:** *Ertrag [an Weizen] je Hektar*
Hek|tik die, - ⟨gr.⟩: *übersteigerte Betriebsamkeit, fieberhafte Eile* ‖ **Hek|ti|ker** der, -s/- ‖ **Hek|ti|ke|rin** die, -/-innen ‖ **hek|tisch**
Hek|to- ⟨gr.⟩ (h) (nur in Zusammensetzungen wie zB Hektoliter) ‖ **hek|to|gra|fie|ren** = **hek|to|gra|phie|ren** [-f-] (früher): *[Texte] auf eine bestimmte Art vervielfältigen* ‖ **Hek|to|li|ter** (hl): *100 Liter* ‖ **Hek|to|me|ter** (hm): *100 Meter* ‖ **Hek|to|me|ter|stein:** *Markierung mit Infos alle 100 m entlang einer Zugstrecke* ‖ **Hek|to|pas|cal** [-ˌkal] (hPA): *100 Pascal*
Hek|tor der, -s/-s: *Gerät zur Reinigung von Abflüssen, Saugpumpe*
Held der, -en/-en: spiel nicht den Helden! *(täusch nicht Furchtlosigkeit vor!; prahle nicht!)* ‖ **Hel|den|denk|mal:** *Denkmal für die gefallenen Soldaten [des Ortes]* ‖ **Hel|den|dich|tung** (Lit.) ‖ **Hel|den|epos** (Lit.) ‖ **hel|den|haft** ‖ **Hel|den|kult** ‖ **Hel|den|lied** (Lit.) ‖ **Hel|den|mut** ‖ **hel|den|mü|tig** (geh.) ‖ **Hel|den|platz:** *ein Platz in Wien* ‖ **Hel|den|sa|ge** (Lit.) ‖ **Hel|den|tat** ‖ **Hel|den|te|nor** (Mus.): *ein Rollenfach in der Oper* ‖ **Hel|den|tum** das, -s ‖ **Hel|din** die, -/-innen ‖ **hel|disch** (geh.): *heldenhaft*
He|le|ne, *auch:* Helena ['he(:)-], Helen: *weibl. Vorname;* → Ilona; → Heli; → Helli; → Leni
hel|fen, ich helfe, du hilfst/half/geholfen/hilf!, helft!: Hungernden h.; ihm war nicht mehr zu h. *(er ist gestorben);* dir ist nicht zu h. *(du nimmst keinen Rat an);* die Salbe hilft gegen Bluterguss *(lindert ihn)* | (ugs.) zu jemandem h. *(halten)* ‖ **Hel|fer** der, -s/- ‖ **Hel|fe|rin** die, -/-innen ‖ **Hel|fers|hel|fer:** *Komplize, Mitschuldiger* ‖ **Hel|fers|hel|fe|rin** ‖ **helf|gott:** *ein Zuruf beim Niesen, Gesundheit!;* h. (= **Helfgott**) sagen
Hel|ga: *weibl. Vorname*
He|li = Helli: *weibl. und männl. Vorname (Helene, Helmut)*
He|li|kon das, -s/-s ⟨gr.⟩: *ein tiefes Blechblasinstrument* ‖ **He|li|kop|ter** der, -s/-: *Hubschrauber* ‖ **He|li|kop|ter|ski|ing** das, -s ⟨engl.⟩: *Skilaufen mit Hubschrauber als Aufstiegshilfe*
He|li|os: *griechischer Sonnengott* ‖ **he|lio|zen|trisch:** das heliozentrische *(auf die Sonne als Mittelpunkt bezogene)* Weltsystem; → geozentrisch
He|li|um das, -s ⟨gr.⟩ (Zeichen: He): *ein chemisches Element*
He|lix die, -/Helices [-ts-] ⟨gr.⟩ (Chem.): *Spiralstruktur der Moleküle*
hell: ein helles *(lichtes)* Zimmer; hell leuchten/strahlen; hell leuchtend (= hellleuchtend); hell strahlend (= hellstrahlend) | eine helle *(hohe; klare)* Stimme | ein heller *(kluger)* Kopf
Hel|las: *das alte Griechenland;* → Hellene
hell|auf: h. lachen; h. begeistert sein ‖ **hell|blau** ‖ **hell|blond**
Hell|brunn: *ein Schloss bei Salzburg*
Hel|le die, - (geh.): *Helligkeit*
Hel|le|bar|de die, -/-n: *eine mittelalterliche Hieb- und Stoßwaffe*
Hel|le|ne der, -n/-n: *Grieche, bes. des Altertums;* → Hellas ‖ **Hel|le|nin** die, -/-innen ‖ **hel|le|nisch** ‖ **hel|le|ni|sie|ren:** *nach (antikem) griechischem Vorbild formen* ‖ **Hel|le|nis|mus** der, -: *Kulturepoche in der Antike*
Hel|ler der, -s/-: *eine Geldeinheit (in Österreich 1892–1924)*
hell|gelb ‖ **hell|grau** ‖ **hell|grün** ‖ **hell|haa|rig** ‖ **hell|häu|tig** ‖ **hell|hö|rig:** h. werden
Hel|li = → Heli
Hel|lig|keit die, - ‖ **Hel|lig|keits|reg|ler:** *Dimmer* ‖ **hell leuch-**

H

tend = **hell|leuch|tend** ‖ **hell|licht:** am helllichten Tag
Hell|muth → Helmut
hell|rot ‖ **hell|se|hen:** *die Zukunft vorhersehen; Verborgenes sehen* ‖ **Hell|se|her** ‖ **Hell|se|he|rin** ‖ **hell|se|he|risch** ‖ **hell|sich|tig:** *klar denkend* ‖ **hell strah|lend** = **hell|strah|lend** ‖ **hell|wach**
Helm der, -[e]s/-e: *Sturzhelm, Stahlhelm, Schutzhelm* | (Arch.) *Turmhelm* ‖ **Helm|pflicht**
Hel|mut, *auch:* **Hel|muth,** Hellmuth: *männl. Vorname;* → Heli; → Helli
He|lot der, -en/-en = **He|lo|te,** -n/-n ⟨gr.⟩: *Staatssklave im antiken Sparta*

H

Help|desk der (*auch:* das), -s/-s ⟨engl.⟩: *telefonischer Informationsdienst* ‖ **Help|line** [-laın] die, -/-s: *telefonischer Notdienst*
Hel|sin|ki: *Hauptstadt Finnlands*
Hel|ve|tia [-ˈveːts-] = **Hel|ve|ti|en:** *lateinischer Name für die Schweiz* ‖ **hel|ve|tisch:** *schweizerisch* ‖ **Hel|ve|ti|sche Be|kennt|nis** das, -n -nisses: *das Glaubensbekenntnis der evangelisch-reformierten Kirche;* → H. B. ‖ **Hel|ve|tis|mus** [-v-] der, -/Helvetismen: *sprachliche Besonderheit im Schweizerdeutschen;* → Austriazismus; → Teutonismus; → Germanismus
Hemd das, -[e]s/-en ‖ **Hemd|är|mel,** *auch:* Hemdsärmel ‖ **hemd|är|me|lig,** *auch:* hemdärmlig, hemdsärmelig, hemdsärmlig: *in Hemdärmeln* | *ungezwungen, unbekümmert derb* ‖ **Hemd|blu|se** ‖ **Hemd|knopf** ‖ **Hemd|kra|gen** ‖ **Hemds|är|mel** → Hemdärmel ‖ **hemds|är|me|lig** = **hemds|ärm|lig** → hemdärmelig
He|mi|sphä|re [-f-] ⟨gr.⟩: *Halbkugel;* die westliche H. der Erde
hem|men: den Lauf h. *(verlangsamen);* → gehemmt ‖ **Hemm|nis** das, -nisses/-nisse ‖ **Hemm|schuh:** *eine Bremshilfe, Keil* | *Behinderung;* das Gesetz wurde zum H. der Konjunktur ‖ **Hemm|schwel|le** (Psych.): Alkohol senkt die H. *(psychische Hemmung)* für Gewalt ‖ **Hem|mung** die, -/-en: keine Hemmungen haben ‖ **hem|mungs|los:** *ohne Zurückhaltung*
Hen|derl das, -s/-[n]: *Hendl* ‖ **Hendl** das, -s/-n: *Huhn;* das H. panieren; Backhendl ‖ **Hendl|brust** ‖ **Hendl|es|sen** ‖ **Hendl|fried|hof** (ugs., derb): *Bauch* ‖ **Hendl|grill** ‖ **Hendl|ha|xen** = **Hendl|haxl** ‖ **Hendl|jun|ge** das, -n (Küchenspr.): *Magen, Herz, Hals des Huhns [als Speise]* ‖ **Hendl|sta|ti|on** [-tsi̯-]
Hengst der, -[e]s/-e: *männliches Pferd;* → Stute
Hen|kel der, -s/-: ein Gefäß mit zwei Henkeln ‖ **Hen|kel|fla|sche** ‖ **Hen|kel|glas** ‖ **-hen|ke|lig** (nur in Zusammensetzungen wie zweihenkelig) ‖ **hen|kel|los**
hen|ken: *durch den Strang hinrichten;* → hängen ‖ **Hen|ker** der, -s/-: *Scharfrichter* ‖ **Hen|ke|rin** die, -/-innen ‖ **Hen|kers|mahl|zeit:** *letzte Mahlzeit*
Hen|na die, - = das, -s: *ein pflanzlicher Farbstoff*
Hen|ne die, -/-n: *weibl. Tier des [Haus]huhns und anderer [Hühner]vögel* ‖ **Hen|ne|le** das, -s/- (V): *kleines Huhn, Brathuhn*
Hen|ri|et|te: *weibl. Vorname*
He|pa|ti|tis die, -/Hepatitiden ⟨gr.⟩ (Med.): *durch Viren hervorgerufene Leberentzündung*
her: her zu mir!; es ist schon lange her; damit ist es nicht weit her *(es ist nichts Besonderes);* → hin und her
he|r|ab: ihn von oben h. *(herablassend; hochmütig)* behandeln ‖ **he|r|ab|bli|cken** ‖ **he|r|ab|flie|ßen** ‖ **he|r|ab|hän|gen** ‖ **he|r|ab|las|sen**[1]: *herunterlassen* ‖ **he|r|ab|las|sen**[2] sich: *sich zu etwas unter dem eigenen Rang oder Niveau bereitfinden* ‖ **he|r|ab|las|send:** sich h. *(gönnerhaft)* benehmen ‖ **He|r|ab|las|sung** die, - ‖ **he|r|ab|min|dern:** *vermindern* ‖ **he|r|ab|schau|en** ‖ **he|r|ab|schwe|ben** ‖ **he|r|ab|se|hen** ‖ **he|r|ab|sen|ken** ‖ **he|r|ab|set|zen:** *jemanden geringschätzig behandeln bzw. darstellen* ‖ **He|r|ab|set|zung** die, -/-en ‖ **he|r|ab|sin|ken** ‖ **He|r|ab|stu|fung** ‖ **he|r|ab|stür|zen** ‖ **he|r|ab|wür|di|gen:** *kränken; verletzend behandeln* ‖ **He|r|ab|wür|di|gung** ‖ **he|r|ab|zie|hen**
He|ra|kles → Herkules
He|ra|klith das, -s (Artikel selten) (Wz.): *ein Baustoff [für Platten]*
He|ral|dik die, - ⟨germ.-lat.-fr.⟩: *Wappenkunde* | *Fahnenkunde* ‖ **He|ral|di|ker** der, -s/- ‖ **He|ral|di|ke|rin** die, -/-innen ‖ **he|ral|disch**
he|r|an ‖ **he|r|an|ar|bei|ten** sich ‖ **he|r|an|bil|den:** *schulen* ‖ **He|r|an|bil|dung:** die H. *(Ausbildung)* von Wissenschaftlerinnen ‖ **he|r|an|brin|gen** ‖ **he|r|an|dür|fen** ‖ **he|r|an|fah|ren** ‖ **he|r|an|füh|ren** ‖ **he|r|an|ge|hen:** an die Sache h. *(sich ihr zuwenden)* ‖ **he|r|an|kom|men:** an ihn ist nicht heranzukommen *(er ist unzugänglich)* ‖ **he|r|an|las|sen** ‖ **he|r|an|ma|chen** sich: sich an jemanden h. *(sich jemandem in bestimmter Absicht nähern)* ‖ **he|r|an|na|hen** (geh.): *sich nähern* ‖ **he|r|an|neh|men** ‖ **he|r|an|pir|schen** sich: *sich heranschleichen* ‖ **he|r|an|rei|chen** ‖ **he|r|an|rei|fen** ‖ **he|r|an|rü|cken** ‖ **he|r|an|schaf|fen** ‖ **he|r|an|schlei|chen** ‖ **he|r|an|schlep|pen** ‖ **he|r|an|ste|hen:** *bevorstehen, anstehen* ‖ **he|r|an|tas|ten** ‖ **he|r|an|tra|gen** ‖ **he|r|an|trau|en** sich ‖ **he|r|an|tre|ten:** an jemanden mit einer Bitte h. ‖ **he|r|an|wach|sen** [-ks-]: die Kinder wachsen heran ‖ **He|r|an|wach|sen|de**[1] der, -n/-n, ein Heranwachsender ‖ **He|r|an|wach|sen|de**[2] die, -n/-n ‖ **he|r|an|wa|gen** sich ‖ **he|r|an|zie|hen:** jemanden zur Beratung h.
he|r|auf ‖ **he|r|auf|be|schwö|ren:** einen Streit h. *(ihn [absichtlich] hervorrufen)* ‖ **he|r|auf|bit|ten:** in den oberen Stock h. *(einladen)* ‖ **he|r|auf|brin|gen** ‖ **he|r|auf|däm|mern** (geh.): der Morgen dämmert herauf *(bricht an)* ‖ **he|r|auf|ge|hen** ‖ **he|r|auf|klet|tern** ‖ **he|r|auf|kom|men** ‖ **he|r|auf|las|sen** ‖ **he|r|auf|rei|chen:** den Kübel h. | die Leiter reicht bis zum Fenster herauf ‖ **he|r|auf|schaf|fen** ‖ **he|r|auf|schie|ßen:** das Öl schießt herauf *(an die Erdoberfläche)* ‖ **he|r|auf|se|hen** ‖ **he|r|auf|set|zen:** die Preise/Mieten h. *(erhöhen, anheben)* ‖ **he|r|auf|stei|gen:** vom Tal auf den Berg h. | (geh.) die Dämmerung steigt herauf ‖ **he|r|auf|wa|gen** sich ‖ **he|r|auf|zie|hen:** ein Gewitter/Unheil zieht herauf | vom Erdgeschoß in den 3. Stock h.
he|r|aus: h. aus den Betten! ‖ **he|r|aus|ar|bei|ten:** sich aus dem Schnee h. *(sich bemühen, an die Oberfläche zu kommen)* | einige Schwerpunkte h. ‖ **he|r|aus|ba|cken:** Paniertes in Fett schnell h. ‖ **he|r|aus|be|för|dern** ‖ **he|r|aus|be|glei|ten** ‖ **he|r|aus|be|kom|men:** Flecken aus der Wäsche h. | beim Zahlen 2 Euro h. *(zurückbekommen)* | *herausfinden* ‖ **he|r|aus|beu|gen** ‖ **he|r|aus|bil|den** sich: *sich [aus etwas] entwickeln* ‖ **He|r|aus|bil|dung** die, -/-en ‖ **he|r|aus|brin|gen:** es war aus

ihm kein Wort herauszubringen *(er verriet nichts; er brachte [vor Aufregung] kein Wort hervor)* ‖ **he|r|aus|dre|hen** ‖ **he|r|aus|ei|len** ‖ **he|r|aus|fil|tern** ‖ **he|r|aus|fin|den:** den Zweck seines Besuchs durch Nachforschen h. | aus der Stadt wieder h. ‖ **He|r|aus|for|de|rer** der, -s/- ‖ **He|r|aus|for|de|rin** die, -/-innen ‖ **he|r|aus|for|dern:** den Gegner h. *(zum Kampf fordern)* | einen Streit h. *(provozieren);* die Konkurrentin herausfordernd anschauen ‖ **He|r|aus|for|de|rung** ‖ **he|r|aus|füh|ren** ‖ **he|r|aus|ge|ben:** Wechselgeld h. | ein Buch h. *(es erscheinen lassen);* → hg.; → hrsg. ‖ **He|r|aus|ge|ber** der, -s/- (Hg., Hrsg.): der H. eines Buches/einer Zeitung ‖ **He|r|aus|ge|be|rin** die, -/-innen (Hg., Hrsg.) ‖ **he|r|aus|ge|hen:** sie ging nicht aus sich heraus *(blieb zurückhaltend, verschlossen)* ‖ **he|r|aus|gu|cken** ‖ **he|r|aus|hal|ten:** den Kopf beim Fenster h. | sich aus einer Sache h. *(sich nicht einmischen)* ‖ **he|r|aus|hän|gen**[1]: ihm hing das Hemd aus der Hose heraus; ihr hängt die Zunge heraus *(sie ist [vom Laufen] überanstrengt);* → hängen[1] ‖ **he|r|aus|hän|gen**[2]: sie hängte die Fahne heraus; → hängen[2] ‖ **he|r|aus|hau|en** (ugs.): *aus der Gefahr befreien* ‖ **he|r|aus|he|ben** ‖ **he|r|aus|hel|fen** ‖ **he|r|aus|ho|len:** die Bergleute aus dem Stollen h. | das Maximum aus der Batterie h. *(die maximale Leistung nutzen)* ‖ **he|r|aus|keh|ren:** sie kehrt die Vorgesetzte heraus *(betont ihre Vorrangstellung)* ‖ **he|r|aus|klet|tern** ‖ **he|r|aus|kom|men:** aus dem Staunen nicht h. | das kommt aufs Gleiche heraus *(macht keinen Unterschied);* → hinauskommen ‖ **he|r|aus|kön|nen** ‖ **he|r|aus|krie|gen:** *herausbekommen* ‖ **he|r|aus|kris|tal|li|sie|ren** ‖ **he|r|aus|las|sen** ‖ **he|r|aus|läu|ten:** den Hausbesorger h. ‖ **he|r|aus|leh|nen** ‖ **he|r|aus|le|sen** ‖ **he|r|aus|lo|cken** ‖ **he|r|aus|müs|sen** ‖ **he|r|aus|nehm|bar** ‖ **he|r|aus|neh|men:** er nahm sich zu viel heraus *(er benahm sich ungebührlich)* ‖ **he|r|aus|plat|zen:** mit dem Lachen h. ‖ **he|r|aus|pres|sen** ‖ **he|r|aus|put|zen:** *schmücken, aufputzen* ‖ **he|r|aus|ra|gen** ‖ **he|r|aus|re|den** sich: sich aus einer unangenehmen Situation h. ‖ **he|r|aus|rei|ßen:** Unkraut h. | (ugs.) dein Ratschlag hat mich herausgerissen *(aus den Schwierigkeiten gebracht)* ‖ **he|r|aus|rü|cken:** *ein Stück nach außen rücken [um Platz zu machen]* | mit der Wahrheit h. *(die Wahrheit sagen)* ‖ **he|r|aus|schaf|fen** ‖ **he|r|aus|schä|len** ‖ **he|r|aus|schau|en:** aus dem Fenster h. | (ugs.) dabei schaut nichts heraus *(es lohnt sich nicht)* ‖ **he|r|aus|schin|den:** *herausschlagen* ‖ **he|r|aus|schla|gen:** einen Vorteil h. ‖ **he|r|aus|schleu|dern** ‖ **he|r|aus|schme|cken** ‖ **he|r|aus|schmei|ßen:** etwas beim Fenster h. ‖ **he|r|aus|schmug|geln** ‖ **he|r|aus|schnei|den** ‖ **he|r|aus|schrau|ben** ‖ **he|r|aus|schrei|en:** etwas beim Fenster h. | *sich im Unterricht melden ohne aufzuzeigen* ‖ **he|r|aus|se|hen:** aus dem Fenster h. | sich nicht mehr h. *(den Mut verlieren, keinen Ausweg mehr kennen)*

he|r|au|ßen: h. *(zB hier im Freien)* sitzen | (ugs.) er hat den Trick h. *(verstanden)*

he|r|aus|sprin|gen: aus dem Käfig h. | (sal.) dabei wird kaum etwas h. *(man wird dabei keinen Gewinn erzielen)* ‖ **he|r|aus|ste|chen:** durch seine Farbe h. *(sich deutlich abheben)* ‖ **he|r|aus|stel|len:** das Bier aus dem Kühlschrank h. | seine Unschuld hat sich herausgestellt *(erwiesen)* ‖ **he|r|aus|strei|chen:** eine Leistung h. *(hervorheben)* ‖ **he|r|aus|stür|men** ‖ **he|r|aus|stür|zen** ‖ **he|r|aus|su|chen** ‖ **he|r|aus|tra|gen** ‖ **he|r|aus|tre|ten** ‖ **he|r|aus|trom|meln** ‖ **he|r|aus|wach|sen** [-ks-]: aus allen Kleidern h. ‖ **he|r|aus|wa|gen** sich ‖ **he|r|aus|wa|schen** ‖ **he|r|aus|wer|fen** ‖ **he|r|aus|win|den** ‖ **he|r|aus|win|ken** ‖ **he|r|aus|wirt|schaf|ten:** einen Gewinn h. ‖ **he|r|aus|wol|len** ‖ **he|r|aus|zie|hen**

herb: von herbem *(leicht bitterem)* Geschmack | (geh.) ein herbes *(bitteres)* Schicksal | ein herber *(strenger, kühler)* Charakter | herbe *(scharfe)* Kritik äußern

Her|ba|ri|um das, -s/Herbarien [-i̯ən] ⟨lat.⟩: *Sammlung gepresster/getrockneter Pflanzen*

her|bei ‖ **her|bei|brin|gen** ‖ **her|bei|ei|len** ‖ **her|bei|füh|ren:** einen Unfall h. *(verschulden)* ‖ **her|bei|ho|len** ‖ **her|bei|kom|men** ‖ **her|bei|las|sen** sich: *erst nach längerem Sträuben etwas tun;* sich h. zu grüßen ‖ **her|bei|lau|fen** ‖ **her|bei|re|den:** ein Unglück h. ‖ **her|bei|ru|fen** ‖ **her|bei|schaf|fen** ‖ **her|bei|schlep|pen** ‖ **her|bei|seh|nen:** die Ferien h. ‖ **her|bei|strö|men** ‖ **her|bei|win|ken** ‖ **her|bei|wün|schen:** ein Ende h. ‖ **her|bei|zau|bern** ‖ **her|bei|zie|hen:** diese Begründung ist an den Haaren herbeigezogen *(sehr weit hergeholt)* ‖ **her|bei|zi|tie|ren:** *jemanden kommen lassen, jemanden zu sich befehlen*

her|be|kom|men ‖ **her|be|mü|hen:** sie hat sich herbemüht *(ist trotz schwieriger Umstände gekommen)* ‖ **her|be|or|dern:** *herkommen lassen*

Her|ber|ge die, -/-n: *eine Unterkunft;* Jugendherberge ‖ **Her|bergs|el|tern** die (Pl.) ‖ **Her|bergs|mut|ter** ‖ **Her|bergs|su|che,** *auch:* Herbergsuche ‖ **Her|bergs|va|ter**

Her|bert: *männl. Vorname;* → Bertl

her|be|stel|len: *kommen lassen*

her|bit|ten

Her|bi|zid das, -[e]s/-e ⟨lat.⟩: *Pflanzen tötendes chemisches Mittel*

her|bor|gen: *verleihen*

her|brin|gen: bitte bring mir das Buch her

Herbst der, -[e]s/-e: *eine Jahreszeit;* → Steirischer Herbst ‖ **Herbst|be|ginn** ‖ **Herbst|blu|me** ‖ **herbs|teln** = **herbs|ten:** es herbstelt/herbstet schon *(es wird Herbst)* ‖ **Herbst|far|ben** die (Pl.) ‖ **Herbst|hock** (V, CH): *gemütliches Beisammensein zum Herbstbeginn* ‖ **Herbst|ka|ta|log** ‖ **Herbst|kleid** ‖ **Herbst|kol|lek|ti|on** [-tsi̯-] ‖ **Herbst|laub** ‖ **herbst|lich** ‖ **Herbst|meis|ter** (Sport): *Führender einer Liga über die Winterpause* ‖ **Herbst|meis|ter|schaft** ‖ **Herbst|mes|se** ‖ **Herbst|mo|de** ‖ **Herbst|punkt** der, -[e]s (Phys.): *Schnittpunkt der Ekliptik mit dem Himmelsäquator* ‖ **Herbst|ses|si|on** ‖ **Herbst|tag** ‖ **Herbst|zeit|lo|se** die, -/-n: *eine giftige Blume*

herb|süß: ein herbsüßer Geschmack/Duft

Herd [geh.: -e:-] der, -[e]s/-e: hinter dem H. stehen *(kochen)* | (geh.) am eigenen H. *(daheim)* | (Med.) *Krankheitsherd*

Her|de [geh.: -'e:-] die, -/-n: eine H. Elefanten ‖ **Her|den|mensch** (abw.); → Herdentrieb ‖ **Her|den|tier** ‖ **Her|den|trieb:** *Instinkt*

mancher Tierarten, in Herden zusammenzuleben | (abw.) *Verlangen beim Menschen, sich einer Gruppe oder einem Führer anzuschließen*
Herdfeuer || **Herdplatte**
herein: nur h.! *(bitte eintreten!)* || **hereinbekommen:** ein neues Produkt h. *(angeliefert bekommen)* | *hereinbringen, wettmachen* || **hereinbitten** || **hereinbrechen** (geh.): die Nacht, das Unheil ist hereingebrochen *(gekommen)* || **hereinbringen:** die Post h. | die Kosten wieder h. *(wettmachen)* || **hereinfallen:** auf schöne Worte h. *(sie glauben und betrogen werden)* || **hereinführen** || **Hereingabe** (Sport): *Spiel des Balls zur Mitte* | (Amtsspr.) *Annahme* || **hereingeben** || **hereinhängen:** die Äste des Baumes hängen zum Fenster herein || **hereinholen** || **hereinkommen** || **hereinlassen** || **hereinlegen:** *grob täuschen* || **Hereinnahme** die, -/-n || **hereinnehmen** || **hereinplatzen** (ugs.): sie ist plötzlich hereingeplatzt *(unerwartet gekommen)* || **hereinrasseln** (ugs.): *mit großem Lärm hereinkommen* || **hereinreichen** || **hereinschauen:** zum Fenster h. | *einen kurzen Besuch machen, vorbeischauen* || **hereinschicken:** den nächsten Kandidaten h. || **hereinschleichen** || **hereinschmuggeln** || **hereinschneien:** ins Zimmer h. | (sal.) der Besuch kam hereingeschneit *(unerwartet)* || **hereinspazieren** || **hereinstürzen** || **hereintragen**
herfahren || **Herfahrt**
herfallen: über jemanden/etwas h. *(sich auf jemanden/darauf stürzen)* | (reg.) *zu Boden stürzen*
herfinden
herführen
Hergang der, -[e]s: der H. *(Verlauf)* eines Ereignisses
hergeben: seine Ersparnisse h. | (abw.) sich zu einem Unfug h. | das Thema gibt nicht viel her *(ist nicht ergiebig)*
hergebracht: hergebrachte *(alte, überlieferte)* Bräuche; → althergebracht; → herbringen
hergehen: hinter jemandem h. | es ist hoch hergegangen *(es wurde fröhlich gefeiert)*
hergehören
Hergelaufene[1] der, -n/-n, ein Hergelaufener (abw.): *Person ungewisser, zweifelhafter Herkunft* || **Hergelaufene**[2] die, -n/-n (abw.)
herhaben: wo hast du das her?
herhalten: immer wieder h. müssen *(herangezogen, zur Verantwortung gezogen werden)*
herholen: das ist weit hergeholt *(an den Haaren herbeigezogen)*
herhören
herin: *herinnen*
Hering der, -s/-e: *ein Meeresfisch* | *Zeltpflock* || **Heringssalat** || **Heringsschmaus**
herinnen: h. *(zB hier im Zimmer)* sitzen | die verlorene Zeit haben wir bald wieder h. *(wettgemacht)*
herkommen: „Komm her!" || **Herkommen** das, -s (geh.): nach altem H. *(Brauch)* || **herkömmlich:** *wie gewohnt*
Herkules der, -/-lesse: *Mann mit Riesenkräften* | (ohne Pl.) *griechische Sagengestalt, Herakles* || **Herkulesarbeit** || **herkulisch:** ein h. gebauter Mann
Herkunft die, -: *Abstammung;* bäuerlicher H. sein || **Herkunftsbezeichnung:** *Angabe der Herkunft [auf Lebensmitteln]* || **herkunftsgeschützt** (Landw.) || **Herkunftskennzeichnung** || **Herkunftsland** || **Herkunftssprache** (Sprachwiss.): *die Sprachform, die jemand aus seiner Umgebung (Familie, Freunde, Milieu) mitbringt* | *Sprache, aus der ein Wort fremder Herkunft übernommen wurde*
herlaufen: hinter jemandem h.
herlegen: sich die Sachen h. *(bereitlegen)*
herleihen: ein Buch h.
herleiten: *ableiten;* aus dem Griechischen h.
Herma: *weibl. Vorname (Hermine)*
hermachen sich: sich über die Arbeit h. *(zu arbeiten beginnen)*
Hermagor (Kfz: HE): *Stadt in Kärnten*
Hermann: *männl. Vorname*
Hermaphrodit [-f-] der, -en/-en ⟨gr.⟩: *menschlicher Zwitter*
Hermelin[1] das, -s/-e: *ein Wiesel* || **Hermelin**[2] der, -s/-e: *ein Pelz*
Hermeneutik die, - ⟨gr.⟩: *Kunst der Auslegung, Deutung [von Kunstwerken]* || **hermeneutisch**
Hermes: *griechischer Götterbote, Gott des Handels;* → Merkur
hermetisch ⟨gr.-lat.⟩: h. *(absolut dicht)* verschlossen || **hermetisieren:** *undurchlässig machen*
Hermine, *auch:* Hermi: *weibl. Vorname;* → Herma
hermüssen (ugs.): das muss sofort her!
hernach: *nachher*
Hernals: *17. Bezirk Wiens*
hernehmen: dieses Unglück hat sie sehr hergenommen *(hat ihr körperlich und seelisch zugesetzt)*
hernieder (geh.): *herab, herunter* || **herniederfallen** (geh.) || **herniederschweben** (geh.) || **herniedersteigen** (geh.)
heroben: *hier oben* || **herobere** (ugs.): die heroberen Stockwerke
Heroenkult ⟨gr.⟩: *Heldenkult;* → Heros
Heroin[1] das, -s ⟨gr.⟩: *ein Suchtgift*
Heroin[2] die, -/-innen ⟨gr.⟩ (geh.): *Heldin* | *Halbgöttin (in der griechischen Sage);* → Heros
heroinsüchtig ⟨gr.⟩
heroisch ⟨gr.⟩: *heldenmütig;* → Heros || **heroisieren:** *zum Helden machen, verherrlichen* || **Heroismus** der, -: *Heldentum*
Herold der, -[e]s/-e ⟨gr.-fr.⟩ (früher): *Bote des Herrschers; Parlamentär; Ausrufer*
Heros der, -/Heroen ⟨gr.⟩ (geh.): *Held* | *Halbgott (in der griechischen Sage);* → Heroin[2]; → heroisch
Herpes der, - ⟨gr.-lat.⟩ (Med.): *Hauterkrankung, ausgelöst durch Viren*
Herr der, -n [geh. auch: -en]/-en: Herr (Hr.) Müller; meine Herren! *(Anrede; ein entrüsteter Ausruf)* | *Gebieter;* der H. des Hauses; Hausherr | eines Problems H. werden *(es überwinden)* | (geh.) aus aller Herren Länder[n] *(von überall her)* | (Rel.) Gott der H. || **Herrenabend:** *Treffen, Einladung nur für eine Männerrunde* || **Herrenausstatter:** *nobles Männermodengeschäft* || **Herrenbegleitung:** ich habe sie in H. gesehen || **Herrenbekanntschaft:** sie macht eine H. *(lernt einen Mann kennen)* || **Herrenbekleidung** || **Herrenbesuch:** H. bekommen || **Herrenfahrer** (veraltet): *jemand, der sein Auto selbst lenkt* || **Herrenfahrrad** || **Herrenfrisör** = Herrenfriseur [-zøːə] || **Herrenhaus:** *Gutshaus* | (im alten Österreich) *das Oberhaus im Reichsrat* | (früher) das niederösterreichische H. *(Sitz der Landesregierung)* in Wien || **Herrenhemd** || **Herrenhose** || **Herrenkonfektion** [-tsi̯-] || **her-**

renlos: ein herrenloser Hund || **Herrenmensch:** *sich überlegen fühlender Mensch* || **Herrenmode** || **Herrenpilz:** *Steinpilz* || **Herrenreiter:** *Reiter, der sein Pferd selbst reitet* || **Herrensattel:** *ein Reitsattel* || **Herrenschnitt:** *Herrenfrisur* || **Herrenspende:** *Ballspende für die Herren* || **Herrentoilette** [-toalɛt(ɛ)] || **Herrgott** der, -s: *Gott* | *Kruzifix* || **Herrgottschnitzer,** *auch: Herrgottsschnitzer: Bildschnitzer* || **Herrgottschnitzerin,** *auch: Herrgottsschnitzerin* || **Herrgottsfrüh** (nur in der Wendung): in aller H. *(sehr früh am Morgen)* || **Herrgottswinkel:** *Zimmerecke mit Kruzifix*

herrichten: *in Stand setzen; zubereiten*

Herrin die, -/-innen || **herrisch:** *stolz; rechthaberisch; befehlend*

herrje: *Ausdruck des Bedauerns, ein Ausruf*

Herrl das, -s/-n: *Besitzer eines Hundes, Herrchen;* → Frauerl

herrlich || **Herrlichkeit** die, -

Herrschaft die, -: die H. *(die Kontrolle)* über den Wagen verlieren | (früher) *die Eigentümer, Dienstgeber* || **Herrschaften** die (Pl.): *Damen und Herren in Gesellschaft* || **herrschaftlich** || **Herrschaftsanspruch** || **herrschaftsseiten** (ugs.): *ein Ausruf des Erstaunens oder des Ärgers; ein Fluch* || **Herrschaftsstruktur** [-st-, -ʃt-] || **Herrschaftssystem** [-zy-] || **herrschen,** du herrsch[s]t: es herrscht Stille || **Herrscher** der, -s/- || **Herrschergeschlecht:** *Dynastie* || **Herrscherhaus:** *Dynastie* || **Herrscherin** die, -/-innen || **Herrschsucht** || **herrschsüchtig**

herrühren: das Leiden rührt von einem Unfall her *(hat darin seine Ursache)*

hersagen: *aufsagen*

herschauen: alle schauen her | „Da schau her!" *(ein Ausruf des Erstaunens)*

herschicken

herschieben: ein Problem vor sich h.

hersehen

hersetzen

herstammen: *abstammen*

herstellen: die Fabrik stellt Autoreifen her || **Hersteller** || **Herstellerin** || **herstellt** (Mil.): *Befehl zurückgenommen (beim Exerzieren)* || **Herstellung** die, -: *Erzeugung* || **Herstellungskosten** die (Pl.)

Herta, *auch:* Hertha: *weibl. Vorname*

Hertz das, -/- (Hz): *Maßeinheit der Frequenz, Schwingungen [des elektrischen Stroms oder eines Tons] in der Sekunde (nach dem deutschen Physiker Hertz)*

herüben: *hier auf dieser Seite* || **herüber** || **herüberbefördern** || **herüberbitten** || **herüberbringen** || **herübere** (ugs.): das h. Ufer ansteuern || **herüberfahren** || **herübergehen** || **herübergrüßen** || **herüberhelfen** || **herüberholen** || **herüberkommen** || **herüberkönnen** || **herüberlassen** || **herüberlaufen** || **herüberlehnen** sich || **herübermüssen** || **herüberreichen:** das Salz h. || **herüberretten:** einen alten Brauch bis in die Gegenwart h. || **herüberrufen** || **herüberschwimmen** || **herüberspringen** || **herübersteigen** || **herüberwechseln** [-ks-] || **herüberwerfen** || **herüberwinken**

herum: um den Tisch h. sitzen || **herumärgern** sich || **herumbalgen** || **herumbasteln** || **herumblicken** || **herumbrodeln** (ugs.): *zögern, lange brauchen, herumtrödeln* || **herumbrüllen** || **herumdeuteln** (abw.) || **herumdoktern** (ugs.): *herummurksen* || **herumdrehen** || **herumdrücken**[1]: an einer Wunde h. || **herumdrücken**[2] sich: sich um etwas Unangenehmes h. *(ihm aus dem Weg gehen)* || **herumdrucksen** (ugs.): *nicht offen, zögerlich reden* || **herumfahren:** im Land h. || **herumfuchteln** || **herumführen** || **herumfuhrwerken** (ugs.): *sich planlos betätigen* || **herumfummeln:** *in lästiger Weise herumhantieren* || **herumgeheimnissen** (ugs.): *geheimnisvoll tun* || **herumgehen:** um das Haus h. | im Wald h. *(kreuz und quer durch den Wald gehen)* || **herumgeistern** || **Herumgerede** (abw.): Schluss mit dem H.! *(mit der sinnlosen Rederei!)* || **herumhacken:** auf jemandem dauernd h. *(jemanden dauernd ungerecht attackieren)* || **herumhängen** (ugs., Jug.): *herumlungern* || **herumhocken** || **herumhorchen** || **herumirren** || **herumkasperln** [-ʃ-, -sp-] (ugs.): *Unsinn machen, den Clown spielen* || **herumknotzen** (ugs.): *herumlungern* || **herumkommandieren:** ich lasse mich nicht h. *(lasse mir nicht ständig Befehle geben)* || **herumkommen:** um eine Tatsache nicht h. *(sie nicht ignorieren können)* || **herumkrebsen** (ugs.): in einer unteren Liga h. *(erfolglos spielen)* || **herumkriegen** (ugs.): *durch Einreden umstimmen* || **herumkritisieren** || **herumkugeln** (ugs.): *[verstreut] herumliegen* | *herumstehen, herumlungern* || **herumkurven** [-f-] || **herumlaufen** || **herumliegen** || **herumlungern:** *herumstehen und nichts arbeiten;* sie sind herumgelungert || **herummäkeln** || **herummurksen** (ugs.): *umständlich, unsachgemäß an etwas arbeiten* || **herumnudeln** (sal.): *herumhantieren* | *dahingrundeln, herumkrebsen* || **herumplagen** sich || **herumquälen** sich: sich mit lästigen Fragen h. || **herumraten** || **herumraunzen** (ugs.) || **herumreden:** um die Sache h. *(auf das Wesentliche nicht eingehen)* || **herumreisen** || **herumreißen:** den Wagen h. || **herumreiten:** in der Gegend h. | (ugs.) auf Fehlern h. *(sie immer wieder aufgreifen, nicht davon ablassen)* || **herumscharwenzeln** (ugs.): *müßig umherstreichen;* um jemanden h. *(sich liebedienerisch um jemanden zu schaffen machen)* || **herumschauen** || **herumschlagen** sich: *sich mit etwas/jemandem abplagen müssen* || **herumschleichen** || **herumschleppen** || **herumschnüffeln** (abw.) || **herumschurln** (ostöst., mda.): *geschäftig hin- und herlaufen* || **herumsitzen:** *untätig sitzen* || **herumspionieren** [-ʃp-] || **herumsprechen** sich: *allgemein bekannt werden* || **herumstiefeln** || **herumstieren** = **herumstierln** (ugs.): *herumstochern, herumsuchen* || **herumstöbern** || **herumstochern** || **herumstolzieren** || **herumstoßen** || **herumstrawanzen,** *auch:* herumstrabanzen (ugs., abw.): *sich [müßig] herumtreiben* || **herumstreifen:** *müßig umherstreichen* || **herumstreiten** sich (ugs.) || **herumstreunen** || **herumteufeln:** *herumtollen, herumtoben* || **herumtoben** || **herumtollen** || **herumtreiben** sich (abw.): *he-*

H

rumstreunen ‖ **Herumtreiber** der, -s/- (abw.) ‖ **Herumtreiberin** die, -/-innen (abw.) ‖ **herumtrödeln** ‖ **herumvagabundieren** [-v-] (abw.) ‖ **herumvagieren** [-v-] (ugs., veraltet): *herumziehen* ‖ **herumwerfen:** das Steuer h. ‖ **herumwurlen** (ugs.) ‖ **herumziehen** ‖ **herumzigeunern** (ugs., oft abw.)

herunten: *hier unten* ‖ **herunter** ‖ **herunterbaumeln** ‖ **herunterbekommen:** den Deckel vom Gurkenglas h. | keinen Bissen h. ‖ **herunterbeten** (abw.): *ausdrucksloses Hersagen* ‖ **herunterbiegen:** einen Ast h. | (ugs.) die Arbeitszeit h. *(lustlos arbeiten)* ‖ **herunterbrechen:** ein Stück h. *(abbrechen)* | *vereinfachen* | *[eine Gesamtmenge in Teilmengen] aufschlüsseln* ‖ **herunterbremsen** ‖ **herunterbrennen:** die Sonne brennt herunter | die Kerze ist heruntergebrannt *(ist abgebrannt)* ‖ **herunterbringen:** *hinunterbringen* | (ugs.) *herunterwirtschaften* ‖ **herunterdrücken** ‖ **heruntere** (ugs.): die herunteren Stockwerke ‖ **herunterfahren:** den Berg h. | den Computer h. ‖ **herunterfallen** ‖ **herunterfliegen** ‖ **heruntergeben** ‖ **heruntergehen:** mit den Preisen h. | das Fieber geht herunter *(sinkt)* ‖ **heruntergekommen:** ein heruntergekommenes Haus *(Haus in einem schlechten Zustand);* er ist seit der Kündigung immer mehr heruntergekommen *(verwahrlost);* → herunterkommen ‖ **herunterhandeln:** den Preis h. ‖ **herunterhängen** ‖ **herunterhauen** (ugs.) ‖ **herunterheben** ‖ **herunterholen:** jemanden vom hohen Ross h. *(ihm seine Überheblichkeit nehmen)* | (ugs., derb) sich einen h. *(onanieren)* ‖ **herunterklappen** ‖ **herunterkommen:** vom 1. Stock h.; → heruntergekommen ‖ **herunterkratzen** ‖ **herunterkrempeln** ‖ **herunterladen** (EDV): *downloaden;* → hochladen ‖ **herunterlassen** ‖ **herunterleiern** (abw.) ‖ **herunterlesen:** einen Text h. *(ausdrucks- und verständnislos vorlesen)* ‖ **heruntermachen** (ugs.): *herabsetzen, in verletzender Weise tadeln* ‖ **herunterputzen** (ugs.): *jemandem in verletzender Weise Vorhaltungen machen* ‖ **herunterradeln** (ugs., abw.): ein Gedicht h. *(herunterleiern)* ‖ **herunterrasseln** ‖ **herunterratschen** (ugs., abw.): ein Gedicht h. *(herunterleiern)* ‖ **herunterreichen** ‖ **herunterreißen:** Kinokarten vom Block h. *(abreißen)* ‖ **herunterrinnen:** Tränen rannen ihm herunter ‖ **herunterrutschen** ‖ **herunterschicken** ‖ **herunterschlucken** ‖ **herunterschrauben:** das Klavierstockerl h. | seine Ansprüche h. *(weniger erwarten)* ‖ **heruntersetzen:** die Preise h. *(reduzieren)* ‖ **herunterspielen:** *[ein Musikstück] ohne innere Beteiligung spielen* | eine Sache h. *(sie als nicht so wichtig darstellen, abschwächen)* ‖ **herunterspringen** ‖ **heruntersteigen** ‖ **herunterstoßen** ‖ **herunterstürzen** ‖ **herunterwirtschaften** ‖ **herunterzerren** ‖ **herunterziehen**

hervor ‖ **hervorblicken** ‖ **hervorbrechen** (geh.): Tränen brachen hervor ‖ **hervorbringen:** die Kultur hat Großartiges hervorgebracht *(entstehen lassen, geleistet)* | sie brachte vor Angst keinen Laut hervor ‖ **hervorgehen:** aus diesem Brief geht hervor *(darin steht),* dass ... ‖ **hervorheben** ‖ **hervorholen** ‖ **hervorkehren:** du solltest deine liebevolle Seite mehr h. *(mehr zur Geltung bringen)* ‖ **hervorkommen** ‖ **hervorkramen** ‖ **hervorlocken** ‖ **hervorragen:** der hervorragendste Künstler ‖ **hervorrufen:** ein Unglück h. *(verursachen)* ‖ **hervorschauen** ‖ **hervorschnellen** ‖ **hervorspringen** ‖ **hervorsprudeln** ‖ **hervorstechen:** *auffallen* ‖ **hervorstehen:** hervorstehende Zähne ‖ **hervorsuchen** ‖ **hervortreten** ‖ **hervortun** sich: sie hat sich hervorgetan *(ist positiv aufgefallen)* ‖ **hervorwagen** sich ‖ **hervorzaubern**

Herweg: *der Weg hierher;* → Hinweg

Herwig: *männl. Vorname*

herwinken

herwollen

Herz[1] das, -ens/-en, *fachspr. auch:* -es/-e: von Herzen kommen; zu Herzen gehen; jemandem sein H. ausschütten *(seine Sorgen anvertrauen);* sich etwas zu Herzen nehmen; ihm blutete das H. *(er war schmerzlich berührt);* jemandem das H. zerreißen *(jemanden tief berühren);* mit halbem Herzen *(halbherzig);* es nicht übers H. bringen; von ganzem Herzen; von Herzen gern | *Mittelpunkt, Zentrum;* im Herzen Europas ‖ **Herz**[2] die = das, -/-: *eine Farbe im Kartenspiel* ‖ **herzallerliebst** (geh.) ‖ **Herzanfall** (Med.) ‖ **Herzass** ‖ **Herzattacke** (Med.)

herzaubern: *herbeizaubern*

herzbeklemmend ‖ **Herzbeschwerden** die (Pl.) ‖ **herzbewegend** ‖ **Herzbinkerl** (ugs., bes. ostöst.): *Liebling* ‖ **Herzblatt** (veraltend): *Liebling* ‖ **Herzblut:** sein H. in etwas investieren *(sich für etwas bes. engagieren, aufopfern)* ‖ **herzbrechend** ‖ **Herzchirurgie** [-ki-] ‖ **Herzdame:** *eine Spielkarte*

Herzegowina [auch: -'i:-] die, -: *eine Landschaft im Süden von Bosnien und Herzegowina*

herzeigen

Herzeleid (geh., veraltet): *tiefes Leid* ‖ **Herzeln** = Herzerln das, -s: *ein Kartenspiel* ‖ **herzen,** du herzt (geh.): *liebkosen* ‖ **Herzensangelegenheit:** *Herzenswunsch* ‖ **Herzensangst:** *große Angst* ‖ **Herzensbedürfnis** ‖ **Herzensbildung** (geh.): *feines Taktgefühl* ‖ **Herzensbrecher:** *jemand, der Frauen erobert* ‖ **Herzensbrecherin** ‖ **herzensgut** ‖ **Herzensgüte** ‖ **Herzenslust:** nach H. essen ‖ **Herzenswärme** ‖ **Herzenswunsch:** *tiefer, inniger Wunsch* ‖ **herzerfreuend** ‖ **herzerfrischend** ‖ **herzergreifend** ‖ **Herzerl** das, -s/-[n]: *[kleines] Herz | Liebling* ‖ **Herzerln** → Herzeln ‖ **herzerquickend** ‖ **Herzfehler** (Med.) ‖ **Herzflimmern** (Med.): *unregelmäßiger Herzschlag* ‖ **herzförmig** ‖ **Herzfrequenz** ‖ **Herzfunktion** [-tsi̯-] (Med.) ‖ **Herzgegend** ‖ **herzhaft:** ein herzhafter *(kräftiger)* Schluck

herziehen: den Schlitten hinter sich h. | (ugs.) über jemanden h. *(schlecht von jemandem reden)*

herzig: *reizend, lieb* ‖ **Herzinfarkt** (Med.) ‖ **herzinnig** (geh., veraltend) ‖ **herzinniglich** (geh., veraltend) ‖ **Herzinsuffizienz** (Med.): *geschwächte Herzleistung* ‖ **Herzkammer** ‖ **Herzkasperl** [-ʃ-, -sp-] der, -s/- (ugs., sal.): *Herzanfall, Herzinfarkt* ‖ **Herzkatheter** (Med.): *ins Herz geführtes Röhrchen* ‖ **Herzkir-**

sche: *eine Kirschenart* ‖ **Herzklappe** ‖ **Herzklopfen** das, -s ‖ **Herzkönig:** *eine Spielkarte* ‖ **herzkrank** ‖ **Herzkranzgefäß** (meist Pl.): *Koronargefäß* ‖ **Herz-Kreislauf-Erkrankung** ‖ **Herzleiden** ‖ **herzlich:** aufs (auf das) Herzlichste (= herzlichste; mit Frage *Wie?*) ‖ **Herzlichkeit** die, -/-en ‖ **herzlos:** *gefühlskalt, hart* ‖ **Herzlosigkeit** die, -/-en ‖ **Herz-Lungen-Maschine** (Med.) ‖ **Herzmassage** [-'aːʃ, -ʒɛ] (Med.) ‖ **Herzmuskel**

Herzog der, -[e]s/-zöge [-zoge]: *dem König nachgeordneter Fürst* ‖ **Herzogenburg** ['hɛ-, -'bu-, auch: -'oː-]: *Stadt und Stift in Niederösterreich* ‖ **Herzogin** die, -/-innen ‖ **herzoglich** ‖ **Herzogshut:** der H. der Babenberger *(im Stift Klosterneuburg)* ‖ **Herzogtum** das, -s/-tümer

Herzoperation [-tsi̯-] (Med.) ‖ **Herzrhythmus** ‖ **Herzrhythmusstörung** (meist Pl.) (Med.) ‖ **Herzschlag** ‖ **Herzschmerz** (meist Pl.): *Liebeskummer* ‖ **Herzschrittmacher** (Med.) ‖ **Herzschwäche** (Med.): → *Herzinsuffizienz* ‖ **Herzspender:** *Verstorbener, dessen Herz zur Transplantation entnommen wird* ‖ **Herzspenderin** ‖ **Herzspezialist** [-ʃp-]: → *Kardiologe* ‖ **Herzspezialistin** ‖ **Herzstillstand** (Med.) ‖ **Herzstück:** *Kernstück, Hauptteil* ‖ **Herztätigkeit** ‖ **Herztod** (Med.): plötzlicher H. *(eine häufige Todesursache)* ‖ **Herzton** (meist Pl.) ‖ **Herztransplantation** [-tsi̯-] (Med.)

herzu: *herbei* ‖ **herzueilen** (geh.)

Herzverfettung (Med.) ‖ **Herzverpflanzung** (Med.) ‖ **Herzversagen** (Med.) ‖ **herzzerreißend:** h. weinen

Hesse der, -n/-n ‖ **Hessen:** *deutsches Bundesland* ‖ **Hessin** die, -/-innen ‖ **hessisch**

Hetäre die, -/-n ⟨gr.⟩: *gebildete Prostituierte (im alten Griechenland)*

Hetero der, -s/-s ⟨gr.⟩ (sal.): *Heterosexueller* ‖ **heterogen:** *ungleichartig zusammengesetzt;* → G.: homogen ‖ **Heterogenität** die, - ‖ **heteromorph** [-f]: *von unterschiedlicher Gestalt* ‖ **heteronom:** *abhängig* ‖ **heterofon** = heterophon [-f-] (Mus.): *mehrstimmig ohne Rücksicht auf den Zusammenklang;* → polyphon; → homophon ‖ **Heterofonie** = **Heterophonie** [-f-] die, - (Mus.) ‖ **Heterosexualität** → G.: Homosexualität; → Bisexualität ‖ **heterosexuell:** *dem andern Geschlecht zugewandt;* → G.: homosexuell

Hetschepetsch die, -/- (ugs.): *Hagebutte* ‖ **Hetscherl** das, -s/-[n] (bes. ostöst., ugs.): *Hagebutte*

Hetz die, - (ugs.): *Spaß, fröhliches Treiben, Gaudi;* etwas aus H. tun ‖ **Hetzcampagne** [-kam,panjɛ, fr. kɑ̃panʲ] → Hetzkampagne ‖ **Hetze** die, -/-n (abw.): *Aufstachelung, Aufwiegelung;* → Hatz ‖ **hetzen,** du hetzt: den Hund auf jemanden h. | sich nach Hause h. *(sich sehr beeilen)* ‖ **Hetzer** der, -s/- ‖ **Hetzerei** die, -/-en ‖ **Hetzerin** die, -/-innen ‖ **hetzhalber** (ugs.): *zum Spaß* ‖ **hetzig** (ugs.): *lustig* ‖ **Hetzjagd:** eine H. veranstalten | *ermüdendes Hasten* ‖ **Hetzkampagne** [-,panjɛ, fr. -kɑ̃panʲ] = Hetzcampagne [-k-] (abw.) ‖ **Hetzrede** (abw.)

Heu das, -[e]s: H. machen; → Grummet ‖ **Heublumen** die (Pl.): *Heilmittel aus Grasblüten* ‖ **Heuboden:** *Lagerstätte für Heu*

Heuchelei die, -/-en, *auch:* Heuchlerei ‖ **heucheln,** ich heuchle: *sich verstellen, Meinungen vortäuschen;* Mitgefühl h. ‖ **Heuchler** der, -s/- ‖ **Heuchlerei** → Heuchelei ‖ **Heuchlerin** die, -/-innen ‖ **heuchlerisch**

Heudriste → Heutriste

heuen: *Heu ernten*

heuer: *in diesem Jahr*

Heuer die, -: *Lohn eines Seemannes;* → anheuern

Heuernte ‖ **Heugabel** ‖ **Heugeige** (reg.): *Heuharfe* ‖ **Heuharfe** (T, K, St): *Gestell zum Trocknen von Heu* ‖ **Heuharpfe** = **Heuharpfen** (T, K, St, mda.): *Heuharfe* ‖ **Heuhüpfer,** *auch:* Heuhupfer: *Heuschreck*

heulen: heulende Wölfe; heulende Sirenen | *weinen; aber:* etwas ist zum **Heulen** *(deprimierend, niederschmetternd)*

Heumahd die, -/-en: *Heuernte* ‖ **Heumilch:** *Milch von (im Winter) ausschließlich mit Heu gefütterten Kühen* ‖ **Heumilchkäse,** *auch:* Heumilchkäs: *eine Spezialität;* Zillertaler H. ‖ **Heupferd:** *eine Laubheuschrecke* ‖ **Heuraupe:** *eine Landmaschine* ‖ **Heureiter** (reg.): *Gestell zum Heutrocknen*

heureka ⟨gr.⟩ (wörtl.: Ich habe es [gefunden]!): *ein Ausruf*

heurige: *diesjährige* ‖ **Heurige** der, -n/-n, ein Heuriger: *Wein der letzten Lese* | *Buschenschank;* zum Heurigen gehen ‖ **Heurigen** die (Pl.): *heurige Erdäpfel* ‖ **Heurigenabend** ‖ **Heurigenbesuch** ‖ **Heurigenbuffet** [-byfeː] ‖ **Heurigengarnitur:** *zusammenklappbare Bänke und Tische* ‖ **Heurigenlokal** ‖ **Heurigenmusik** ‖ **Heurigensänger** ‖ **Heurigensängerin** ‖ **Heurigenschank** = **Heurigenschänke** = **Heurigenschenke** ‖ **Heurigenwirt** ‖ **Heurigenwirtin**

Heuristik die, - ⟨gr.⟩: *Lehre von den Methoden zur Gewinnung neuer Erkenntnisse* ‖ **heuristisch**

Heuschnupfen (Med.): *eine Pollenallergie* ‖ **Heuschober:** *Heuhaufen* ‖ **Heuschreck** der, -[e]s/-e = **Heuschrecke** die, -/-n: *ein Insekt, Heuhüpfer* | (Wirt.) *Unternehmen, das andere nur zur schnellen Gewinnsteigerung kauft und dann wieder abstößt* ‖ **Heuschupfen:** *Heuhütte auf einer Wiese* ‖ **Heustadel:** *Scheune* ‖ **Heustock:** *im Stadel gelagertes Heu*

heute,

auch: heut: seit/bis heute; von heute an; die Jugend von heute
Großschreibung der nachfolgenden Tageszeitangabe:
– heute Früh *(heute am Morgen)*
– heute Nachmittag/Abend
R→ S. 891, 1.3

Heute das, - ‖ **heutig:** die heutige Zeitung ‖ **heutigentags** (geh.): *heutzutag*

Heutriste, *auch:* Heudriste

heutzutag = **heutzutage**

Heuwagen ‖ **Heuwender** der, -s/-: *eine landwirtschaftliche Maschine* ‖ **Heuziehen** das, -s: *Abtransport des Heus im Spätherbst mit Schlitten von den hoch gelegenen Heuhütten*

Hexagon das, -s/-e ⟨gr.⟩: *Sechseck* ‖ **hexagonal**

Hexameter der, -s/- ⟨gr.⟩: *ein sechstaktiger Vers*

Hexe die, -/-n ‖ **hexen,** du hext: *zaubern* ‖ **Hexenbesen:** *Besen, auf dem eine Hexe reitet* | (Biol.) *eine Missbildung an Bäumen* ‖ **Hexenhaus** ‖ **Hexenjagd** (früher): *Hexenverfolgung* | (abw.) *[widerrechtliche] gnadenlose*

Verfolgung und Verurteilung von Menschen ‖ **He̱xen|kes|sel:** *gefahrvolles Durcheinander, lautes Chaos* ‖ **He̱xen|kreis:** *kreisrunde Anordnung [gewisser Pilze auf Wiesen]* ‖ **He̱xen|meis|ter:** *Zauberer* ‖ **He̱xen|pro|zess** (früher) ‖ **He̱xen|sab|bat:** *ausschweifendes Treffen der Hexen* | *wüstes Treiben* ‖ **He̱xen|schuss:** *plötzlich auftretende Kreuzschmerzen* ‖ **He̱xen|ver|bren|nung** (früher) ‖ **He̱xen|ver|fol|gung** (früher) ‖ **He̱xen|wahn** (früher) ‖ **He̱xer** der, -s/- ‖ **He|xe|rei** die, -/-en: das war keine H. *(keine Schwierigkeit)*

hey [heɪ] ⟨engl.⟩ (sal.) (Jug.): *he, hallo*

Hf: Hafnium

HF: Hochfrequenz

hg.: herausgegeben; → herausgeben

Hg: Hydrargyrum; → Quecksilber

Hg.: Herausgeber/in

hi [haɪ] ⟨engl.⟩ (sal.) (Jug.): *hallo*

Hias ['hiəs] = **Hiasl**[1]: *männl. Vorname (Matthias)* ‖ **Hiasl**[2] der, -s/-n (mda., abw.): *einfältiger Kerl*

Hi|bis|kus der, -/Hibisken ⟨gr.-lat.⟩: *Eibisch, eine Heilpflanze*

hic et nunc [-k - -k] ⟨lat.⟩: *hier und jetzt*

Hick|hack [auch: -'i-] das, -s/-s (ugs.): *das Herumstreiten*

hie: hie und da *(manchmal)* | (veraltet) *hier*

Hieb der, -[e]s/-e: *Schlag, Stoß* | (W, sal., abw.) *gewisse Bezirke Wiens;* im 10. H. wohnen

hie|bei [auch: 'hi:-] → hierbei

hieb- und stich|fest: *unangreifbar* ‖ **Hieb|waf|fe:** *Schwert, Axt uÄ*

hie|durch [auch: 'hi:-] → hierdurch

Hie|ferl das, -s/-[n], *auch:* Hüferl (reg., bes. W) (Küchenspr.): *Hieferschwanzl* ‖ **Hie|fer|scherzl,** *auch:* Hüferscherzl (reg., bes. W) (Küchenspr.): *eine Rindfleischsorte* ‖ **Hie|fer|schwanzl,** *auch:* Hüferschwanzl (reg., bes. W) (Küchenspr.): *eine Rindfleischsorte*

Hief|ler [meist: 'hiəf-] der, -s/-, *auch:* Hüfler (reg.): *Gestell zum Heu- oder Garbentrocknen* | (reg., mda., abw.) *einfältiger Kerl*

hie|für [auch: 'hi:-] → hierfür ‖ **hie|ge|gen** (veraltend): *hiergegen* ‖ **hie|her** → hierher

hielt ['hi-] → halten

hie|mit → hiermit ‖ **hie|nie|den** (geh.): *auf der Erde*

hier:

hier und dort; „Hallo, hier [spricht] Elke."

Getrenntschreibung in Verbindung mit „sein" und, wenn die Hauptbetonung auf dem Verb liegt:

- hier sein; sie sind hier gewesen
- hier ansiedeln
- hier wohnen R→ S. 901, 1.8

Zusammenschreibung, wenn die Betonung auf „hier" liegt:

- hierbehalten
- hierbleiben
- hierlassen R→ S. 899, 1.3

hier|amts (Amtsspr.) (ha.): h. *(von diesem Amt)* bestätigen

Hi|e|r|ar|chie [hi(e)-] die, -/-n ⟨gr.⟩: *Rangordnung* ‖ **hi|e|r|ar|chisch:** h. gegliedert

hie|r|auf [auch: 'hi:-] ‖ **hie|r|aus** ‖ **hier|be|hal|ten** ‖ **hier|bei,** *auch:* hiebei: *dabei* ‖ **hier|blei|ben** ‖ **hier|durch,** *auch:* hiedurch: h. *(aus dem Gesagten)* wird klar, dass ... | h. *(hiermit)* teilen wir Ihnen mit ‖ **hier|für,** *auch:* hiefür ‖ **hier|ge|gen:** jeder Verstoß h. *(gegen das Erwähnte)* wird gerichtlich verfolgt

hier|her,

auch: hieher: auf dem Weg hierher bin ich bestohlen worden

Zusammenschreibung, wenn die Betonung auf „hierher" liegt:

- hierherblicken
- hierherbringen; *aber getrennt:* du sollst es hierher legen und nicht dorthin
- hierhergehören; hierhergehörig
- hierherkommen

hier|her|bli|cken ‖ **hier|her|brin|gen** ‖ **hier|her|ge|hö|ren** ‖ **hier|her|ge|hö|rig** ‖ **hier|her|kom|men** ‖ **hier|hin:** h. und dorthin laufen ‖ **hie|r|in** ‖ **hier|lands:** *hierzulande* ‖ **hier|las|sen** ‖ **hier|mit,** *auch:* hiemit ‖ **hier|nach:** h. handeln

Hi|e|ro|gly|phe [hi(e)-'y:fɛ, -'i:fɛ] die, -/-n ⟨gr.⟩: *Zeichen der altägyptischen Bilderschrift* | *unverständliches Zeichen*

hier|or|ti|ge (ho.) (veraltend) ‖ **hier|orts** (ho.): *hier* ‖ **Hier|sein** das, -s ‖ **hie|r|über** [auch: 'hi:-] ‖ **hier|von,** *auch:* hievon ‖ **hier|vor** ‖ **hier|zu,** *auch:* hiezu ‖ **hier zu Lan|de** = **hier|zu|lan|de,** *auch:* hier zu Land, hierzuland; → Land; → dort zu Lande

hie|sig: die hiesigen Zustände *(die Zustände zB in diesem Ort, in diesem Land)* ‖ **Hie|si|ge**[1] der, -n/-n, ein Hiesiger: *Einheimischer* ‖ **Hie|si|ge**[2] die, -n/-n

hieß → heißen

Hiet|zing ['hits-]: *13. Bezirk Wiens*

hie|ven [-f-, auch: -v-] (bes. Seemannsspr.): *heben, hochziehen*

hie|von → hiervon ‖ **hie|zu** → hierzu

Hi-Fi ['haɪ'fi, 'haɪ'faɪ]: **High Fidelity** ‖ **Hi-Fi-An|la|ge**

Hift|horn (veraltet): *ein Jagdhorn*

high [haɪ] ⟨engl.⟩ (sal.): *hochgestimmt; sie ist h.;* → G.: down | *im Drogenrausch* ‖ **High|end|ge|rät** ['- 'e-], *auch:* **High-End-Gerät:** *elektronisches Gerät von bes. hoher Qualität* ‖ **High Fi|de|li|ty** ['- fɪ'de-ti, -faɪ-] die, - - (Hi-Fi): *hohe Wiedergabequalität bei Radio, CD u. dgl.* ‖ **High|fly|er** [-flaɪə] (Börse): *Wertpapier mit steilem Kursanstieg* ‖ **High Heels** ['- hi:lz] = **High|heels** die (Pl.): *Stöckelschuhe* ‖ **High Life** ['- laɪf] = **High|life** das, -[s]: *Leben in großem Stil* ‖ **High|light** [-aɪt] das, -[s]/-s: *Höhepunkt* ‖ **High|ligh|ter** der, -s/-: *Leuchtstift* ‖ **High So|ci|e|ty** ['- sə'saɪəti] die, - -: *die oberen Zehntausend* ‖ **High|tech** [-tek] die, - = das, -[s]: *Hochtechnologie* ‖ **High|tech|pro|dukt** ‖ **High|way** [-weɪ] der, -s/-s: *amerikanische Fernstraße*

Hi-Hat-Ma|schi|ne ['haɪhæt-] ⟨engl.+gr.-fr.⟩ (Mus.): *Rhythmusinstrument für die Bedienung von zwei Becken*

hi|hi: *Ausruf der Schadenfreude*

Hi|ja|cker ['haɪdʒæ-] der, -s/- ⟨engl.⟩ (veraltend): *Flugzeugentführer* ‖ **Hi|ja|cke|rin** die, -/-innen (veraltend) ‖ **Hi|ja|cking** das, -s/-s (veraltend)

Hil|de, *auch:* Hilda: *weibl. Vorname* ‖ **Hil|de|gard:** *weibl. Vorname* ‖ **Hil|de|gund** = **Hil|de|gun|de:** *weibl. Vorname*

Hil|fe die, -/-n: zu H. eilen; Erste (auch: erste) H. leisten; H. suchen; → Hilfe suchend = hilfesuchend; → mit Hilfe = mithilfe ‖ **hil|fe|fle|hend** ‖ **Hil|fe|leis|tung:** zur H. verpflichtet ‖ **Hil|fe|leis|tungs|pflicht** (Jus) ‖ **Hil|fe|ruf** ‖ **Hil|fe|schrei** ‖ **Hil|fe|stel|lung:** *Unterstützung* ‖ **Hil|fe su|chend** = **hil|fe|su|chend:** H. suchende Blicke ‖ **hilf|los** ‖ **Hilf|lo|sen|zu-**

schuss: *eine Sozialhilfe, Pensionszuschlag* ‖ **hilf|reich** ‖ **Hilfs|ak|ti|on** [-tsi̯-] ‖ **Hilfs|ar|bei|ter** ‖ **Hilfs|ar|bei|te|rin** ‖ **hilfs|be|dürf|tig** ‖ **Hilfs|be|dürf|tig|keit** ‖ **hilfs|be|reit** ‖ **Hilfs|be|reit|schaft** ‖ **Hilfs|dienst** ‖ **Hilfs|ein|satz** ‖ **Hilfs|fonds** [-fõ:] ‖ **Hilfs|geld** (meist Pl.) ‖ **Hilfs|kons|t|ruk|ti|on** [-tsi̯-] (Math.) ‖ **Hilfs|kraft** ‖ **Hilfs|li|ni|en** die (Pl.) (Mus.): *kurze Notenlinien ober- oder unterhalb des Notensystems* ‖ **Hilfs|maß|nah|me** (meist Pl.) ‖ **Hilfs|mit|tel:** elektronische H. benützen | (Med.) Heilbehelfe und H. *(zur Rehabilitation)* ‖ **Hilfs|or|ga|ni|sa|ti|on** [-tsi̯-] ‖ **Hilfs|pa|ket** ‖ **Hilfs|pro|jekt** ‖ **Hilfs|schu|le** (früher): *Sonderschule* ‖ **Hilfs|schü|ler** (früher): *Sonderschüler* ‖ **Hilfs|schü|le|rin** (früher) ‖ **Hilfs|trans|port** ‖ **Hilfs|verb** [-v-] (Gramm.): *die Wörter* sein, haben, werden, *wenn mit ihnen zusammengesetzte Zeitformen gebildet werden; Auxiliar[verb];* → Modalverb ‖ **Hilfs|wil|li|ge**[1] der, -n/-n, ein Hilfswilliger: *jemand aus einem besetzten Land, der für die deutschen Besatzungstruppen arbeitete (im Zweiten Weltkrieg)* ‖ **Hilfs|wil|li|ge** die, -n/-n (im Zweiten Weltkrieg) ‖ **Hilfs|wis|sen|schaft:** *Wissenschaft als Dienstleistung für andere Wissenschaften* ‖ **Hilfs|zeit|wort** (veraltet) (Gramm.): *Hilfsverb* ‖ **hilft** → helfen

Hi|ma|la|ya [auch: -'la(:)ja] der, -[s], *auch:* Himalaja: *Gebirgszug in Asien*

Him|bee|re ‖ **Him|beer|eis** ‖ **Him|beer|geist:** *ein Branntwein* ‖ **Him|beer|kra|cherl** ‖ **Him|beer|mar|me|la|de** ‖ **Him|beer|saft** ‖ **Him|beer|si|rup** ‖ **Him|beer|strauch** ‖ **Him|beer|zu|ckerl**

Him|mel der, -s/-: um Himmels willen; aus heiterem H. *(überraschend);* im siebenten H. *(überglücklich)* sein | *Baldachin* ‖ **Him|mel|bett:** *Bett mit Baldachin* ‖ **him|mel|blau** ‖ **Him|mel|fahrt** die, - (Rel.): Christi H. *(ein Feiertag)* ‖ **Him|mel|fahrts|kom|man|do** (ugs.): *gefahrvolle Unternehmung* ‖ **him|mel|fix** (ugs.): *ein Fluch* ‖ **him|mel|hoch:** ein himmelhoher *(sehr großer)* Unterschied ‖ **Him|mel|mut|ter** die, - (Kinderspr.): *Muttergottes* ‖ **Him|mel|reich** ‖ **Him|mel|schlüs|sel** die, -/-n = der = das, -s/-: *eine Primel* ‖ **him|mel|schrei|end:** himmelschreiendes *(furchtbares) Unrecht* ‖ **Him|mels|er|schei|nung:** *Sonnenfinsternis oÄ* ‖ **Him|mels|ge|wöl|be** (geh.): *Firmament* ‖ **Him|mels|kar|te** (Astron.): *Sternkarte* ‖ **Him|mels|kö|ni|gin** (kath.): *Maria* ‖ **Him|mels|kör|per** ‖ **Him|mels|kun|de:** *Astronomie* ‖ **Him|mels|rich|tung** ‖ **him|mel|stür|mend:** *maßlos* ‖ **Him|mels|zei|chen:** *Tierkreiszeichen* ‖ **Him|mels|zelt** das, -[e]s (geh.): *Himmel* ‖ **Him|mel-und-Höl|le** das, - (reg.): *ein Kinderspiel* ‖ **Him|mel|va|ter** (bes. Kinderspr.): *Gottvater* ‖ **him|mel|wärts** ‖ **him|mel|weit:** *sehr weit, groß;* h. *(sehr)* verschieden ‖ **himm|lisch:** himmlische *(wundervolle) Musik*

hin: bis zu den Bergen hin; hin und wieder *(manchmal);* → hin und her | (ugs.) *unbrauchbar* | (derb) *erschöpft, erledigt, tot;* hin sein

hi|n|ab: *hinunter* ‖ **hi|n|ab|stei|gen** ‖ **hi|n|ab|wer|fen**

hi|n|an (geh.): *hinauf*

hin|ar|bei|ten: auf ein Ziel h.

hi|n|auf ‖ **hi|n|auf|ar|bei|ten** sich ‖ **hi|n|auf|be|mü|hen** ‖ **hi|n|auf|bit|ten:** in den oberen Stock h. *(einladen)* ‖ **hi|n|auf|brin|gen** ‖ **hi|n|auf|fah|ren** ‖ **hi|n|auf|ge|hen** ‖ **hi|n|auf|klet|tern** ‖ **hi|n|auf|kom|men** ‖ **hi|n|auf|las|sen** ‖ **hi|n|auf|li|zi|tie|ren:** *den Preis [bei einer Versteigerung] hinauftreiben* ‖ **hi|n|auf|rei|chen** ‖ **hi|n|auf|schaf|fen** ‖ **hi|n|auf|schal|ten:** *einen höheren Gang einlegen* ‖ **hi|n|auf|schau|en** ‖ **hi|n|auf|se|hen** ‖ **hi|n|auf|set|zen:** die Löhne/Preise h. *(anheben)* ‖ **hi|n|auf|stei|gen** ‖ **hi|n|auf|tra|gen** ‖ **hi|n|auf|wa|gen** sich ‖ **hi|n|auf|zie|hen**

hi|n|aus: den Weg h. finde ich allein ‖ **hi|n|aus|be|för|dern** ‖ **hi|n|aus|be|glei|ten** ‖ **hi|n|aus|be|kom|men:** einen lästigen Besuch endlich h. ‖ **hi|n|aus|brin|gen** ‖ **hi|n|aus|ei|len** ‖ **hi|n|aus|ekeln:** *durch schlechte Behandlung vertreiben* ‖ **hi|n|aus|fin|den:** aus der Stadt wieder h. ‖ **hi|n|aus|füh|ren** ‖ **hi|n|aus|ge|hen** ‖ **hi|n|aus|hän|gen**[1]: die Fahne hing zum Fenster hinaus; → hängen[1] ‖ **hi|n|aus|hän|gen**[2]: er hängte das nasse Tischtuch hinaus; → hängen[2] ‖ **hi|n|aus|ka|ta|pul|tie|ren** ‖ **hi|n|aus|klet|tern** ‖ **hi|n|aus|kom|men:** du sollst h. | das kommt aufs Gleiche h. *(macht keinen Unterschied);* → herauskommen ‖ **hi|n|aus|kom|pli|men|tie|ren:** *höflich zum Gehen bringen, loswerden* ‖ **hi|n|aus|kön|nen** ‖ **hi|n|aus|krie|gen:** *hinausbekommen* ‖ **hi|n|aus|las|sen** ‖ **hi|n|aus|leh|nen:** sich zum Fenster h. ‖ **hi|n|aus|lo|cken** ‖ **hi|n|aus|müs|sen:** *ins Freie* (auch: *auf die Toilette) müssen* ‖ **hi|n|aus|po|sau|nen:** *auffällig, triumphierend verkünden* ‖ **hi|n|aus|rei|chen** ‖ **hi|n|aus|rü|cken:** *nach außen rücken [um Platz zu machen]* ‖ **hi|n|aus|schaf|fen** ‖ **hi|n|aus|schau|en** ‖ **hi|n|aus|sche|ren** sich (abw.) ‖ **hi|n|aus|schie|ben:** ein unangenehmes Treffen h. ‖ **hi|n|aus|schlei|chen:** *leise und heimlich den Raum verlassen;* er *ist* aus dem Zimmer hinausgeschlichen; sie *hat* sich hinausgeschlichen ‖ **hi|n|aus|schleu|dern** ‖ **hi|n|aus|schmei|ßen:** das Geld zum Fenster h. ‖ **Hi|n|aus|schmiss** der, -[es]/-e ‖ **hi|n|aus|schmug|geln** ‖ **hi|n|aus|schrei|en** ‖ **hi|n|aus|se|hen:** zum Fenster h. | (ugs.) siehst du dich damit hinaus? *(glaubst du, dass du es bewältigen kannst?)* ‖ **hi|n|aus|sprin|gen** ‖ **hi|n|aus|steh|len** sich: *sich heimlich hinausschleichen* ‖ **hi|n|aus|stel|len** ‖ **hi|n|aus|stre|cken** ‖ **hi|n|aus|stür|men** ‖ **hi|n|aus|stür|zen** ‖ **hi|n|aus|tra|gen** ‖ **hi|n|aus|tre|ten:** ins Freie h. ‖ **hi|n|aus|wa|gen** sich ‖ **hi|n|aus|wer|fen:** *hinausschmeißen* ‖ **hi|n|aus|wol|len** ‖ **Hi|n|aus|wurf** ‖ **hi|n|aus|zie|hen:** *in die Länge ziehen* ‖ **hi|n|aus|zö|gern:** *verzögern*

hin|be|ge|ben sich → begeben

hin|be|stel|len

hin|be|we|gen: sich zur Mitte h.

hin|bie|gen (ugs.): etwas wieder h. *(in Ordnung bringen, reparieren)*

hin|blät|tern: eine große Summe h.

Hin|blick: im/in H. auf seine Krankheit

hin|brin|gen: dem Kranken Blumen h. | (ugs.) ich werde das schon h. *(zu Stande bringen, hinkriegen)*

hin|der|lich ‖ **hin|dern:** ihn an der Weiterfahrt h. *(behindern, verhindern)* ‖ **Hin|der|nis** das, -nisses/-nisse ‖ **Hin|der|nis|feu|er:** *rotes Leuchtfeuer [auf Sendemasten]* ‖ **Hin|der|nis|lauf** ‖ **Hin|der|nis|ren|nen** ‖ **Hin|de|rung** die, -/-en ‖ **Hin|de|rungs|grund**

hin|deu|ten: einiges schien darauf hinzudeuten, dass ...
Hin|di das, -: *die Hauptsprache Indiens*
Hin|din die, -/-innen (geh.): *Hirschkuh*
Hin|du[1] der, -s/-s ⟨pers.-Hindi⟩: *Anhänger des Hinduismus* ‖ **Hin|du**[2] die, -s/-s ‖ **Hin|du|is|mus** der, -: *eine große indische Religion* ‖ **hin|du|is|tisch**
hin|düm|peln (ugs.) (in der Wendung): vor sich h. *(stagnieren, ohne auffällige Entwicklung existieren)*
hin|durch: mitten h. ‖ **hin|durch|ge|hen** ‖ **hin|durch|schau|en** ‖ **hin|durch|zwän|gen:** sich unter dem Zaun h.
hi|n|ein: bis in den Tag h. schlafen ‖ **hi|n|ein|be|ge|ben** sich ‖ **hi|n|ein|bei|ßen** ‖ **hi|n|ein|be|kom|men:** das Buch nicht in die Tasche h. | Ordnung h. ‖ **hi|n|ein|bit|ten** ‖ **hi|n|ein|but|tern** (ugs.): in eine Firma viel Geld h. *(hineinstecken, verwenden);* → reinbuttern ‖ **hi|n|ein|den|ken** sich: sich in die Rolle des anderen h. ‖ **hi|n|ein|drän|gen** sich ‖ **hi|n|ein|fal|len:** in eine Grube h. | sie ist auf seine schönen Worte hineingefallen *(ließ sich davon täuschen)* ‖ **hi|n|ein|fin|den:** sich in die neue Situation h. *(damit vertraut werden)* ‖ **hi|n|ein|fres|sen:** Ärger/Kummer in sich h. ‖ **hi|n|ein|fun|ken** (ugs.): *sich störend einmischen* ‖ **hi|n|ein|ge|hen** ‖ **hi|n|ein|gie|ßen** ‖ **hi|n|ein|grei|fen** ‖ **hi|n|ein|hän|gen** ‖ **hi|n|ein|hei|ra|ten:** in eine Familie h. *(einheiraten)* ‖ **hi|n|ein|hel|fen:** jemandem in den Mantel h. ‖ **hi|n|ein|hor|chen:** in die Stille h. | in sich h. *(sich selbst beobachten, in sich gehen)* ‖ **hi|n|ein|in|ter|pre|tie|ren:** *Falsches hineindeuten* ‖ **hi|n|ein|kni|en** [-kniː(ɛ)n]: sich in eine Arbeit h. *(sich intensiv damit beschäftigen)* ‖ **hi|n|ein|kom|men** ‖ **hi|n|ein|las|sen** ‖ **hi|n|ein|lau|fen:** in ein Auto h. ‖ **hi|n|ein|le|gen:** einen Brief ins Fach h. | du hast mich hineingelegt *(betrogen)* ‖ **hi|n|ein|le|sen:** kurz in ein Buch h. ‖ **hi|n|ein|mi|schen:** Gift h. | sich in fremde Angelegenheiten h. ‖ **hi|n|ein|pas|sen:** etwas in einen Rahmen h. | in ein Team h. ‖ **hi|n|ein|pfu|schen** ‖ **hi|n|ein|plat|zen** ‖ **hi|n|ein|pres|sen** ‖ **hi|n|ein|pro|ji|zie|ren:** etwas Falsches h. *(hineindeuten)* ‖ **hi|n|ein|pum|pen:** Wasser h. | Geld in ein Unternehmen h. | (ugs.) Medikamente in einen Kranken h. ‖ **hi|n|ein|ra|gen** ‖ **hi|n|ein|re|den** ‖ **hi|n|ein|rei|ten:** in den Wald h. | (ugs.) du hast mich hineingeritten *(mich in diese schwierige Situation gebracht)* ‖ **hi|n|ein|rie|chen** (sal.): *nur eine Ahnung von etwas bekommen* ‖ **hi|n|ein|schau|en** ‖ **hi|n|ein|schlin|gen:** Essen in sich h. ‖ **hi|n|ein|schnei|en** (sal.): *uneingeladen, unerwartet kommen* ‖ **hi|n|ein|schüt|ten** ‖ **hi|n|ein|spa|zie|ren:** ohne anzukopfen h. ‖ **hi|n|ein|spie|len:** das spielt mit hinein *(das beeinflusst die Sache)* ‖ **hi|n|ein|sprin|gen** ‖ **hi|n|ein|ste|cken:** den Finger h. | seine Nase in fremde Angelegenheiten h. *(aus Neugierde überall dabei sein wollen)* | Arbeit, Geld in ein Unternehmen h. *(einbringen)* ‖ **hi|n|ein|stei|gern** sich: sich in eine Panik h. *(seine Gefühle bis zu Panikzuständen steigern)* | sich in die Arbeit h. *(sich überaus intensiv damit befassen)* ‖ **hi|n|ein|stel|len** ‖ **hi|n|ein|stür|zen** ‖ **hi|n|ein|thea|tern** (ugs.): er hat uns da hineintheatert *([gegen unsere Absicht] hineingetrieben)* | sich h. *(sich hineinsteigern)* ‖ **hi|n|ein|ti|gern** sich (ugs.): *sich kräftig einarbeiten; sich hineinsteigern* ‖ **hi|n|ein|ver|set|zen** sich: sich in jemanden h. *(hineindenken)* ‖ **hi|n|ein|wach|sen** [-ks-]: *Fuß fassen, vertraut werden; er ist in seine neue Rolle hineingewachsen* ‖ **hi|n|ein|wer|fen:** etwas in den Korb h. | einen Blick h. *(kurz hineinschauen)* ‖ **hi|n|ein|zer|ren** ‖ **hi|n|ein|zie|hen** ‖ **hi|n|ein|zwän|gen**
hin|fah|ren ‖ **Hin|fahrt:** Hin- und Rückfahrt
hin|fal|len ‖ **Hin|fal|len|de** das, -n (reg., veraltet): → *Epilepsie* ‖ **hin|fäl|lig:** eine hinfällige *(überflüssig gewordene)* Mahnung | ein hinfälliger *(schwacher)* Greis ‖ **Hin|fäl|lig|keit**
hin|fin|den
hin|flie|gen: wo wirst du im Urlaub h.? | (ugs.) *stürzen* ‖ **Hin|flug:** Hin- und Rückflug
hin|fort (geh.): *in Zukunft*
hing → hängen
Hin|ga|be die, -: jemanden mit aller H. *(mit vollem Einsatz, mit Leidenschaft)* pflegen
Hin|gang (geh.): *der Tod*
hin|ge|ben (geh.): sein Leben h. *(opfern)* | sich der Musik h. *(sie genießen)* | sie hat sich ihm hingegeben *(mit ihm Geschlechtsverkehr gehabt)* ‖ **Hin|ge|bung** die, - ‖ **hin|ge|bungs|voll**
hin|ge|gen: *dagegen, jedoch*
hin|ge|hen
hin|ge|hö|ren: wissen, wo man hingehört
hin|ge|ra|ten: wo sind wir nur h.!
hin|ge|ris|sen: ich bin h. *(begeistert)*
hin|ge|zo|gen: sich zu jemandem h. fühlen
Hin|gu|cker (sal.): *Anziehungspunkt, Blickfang*
hin|hal|ten: jemanden mit Versprechungen h. *(jemanden [mit der Erledigung einer Angelegenheit] warten lassen)* ‖ **Hin|hal|te|tak|tik**
hin|hau|en (ugs.): das wird h. *(gutgehen)*
hin|hö|ren
hi|nig (mda.): ein hiniges *(kaputtes)* Auto; → hin
Hin|kel|stein: *vorgeschichtlicher [großer] auffälliger Stein*
hin|ken: ein hinkendes Pferd; dieser Vergleich hinkt *(er passt nicht recht)*
hin|knal|len (abw.): *hinwerfen;* jemandem die Kündigung h.
hin|kni|en [-kniː(ɛ)n]: sich vor dem Altar h.
hin|kom|men
hin|krie|gen: *zu Stande bringen, schaffen*
Hin|kunft die, -: in H. *(von nun an)* ‖ **hin|künf|tig** (geh.): *in Zukunft*
hin|lan|gen: *ausreichen* | (D) *hingreifen* ‖ **hin|läng|lich:** *ausreichend, genügend*
hin|lau|fen: zum Schulhaus h.
hin|le|gen: sich ein paar Stunden h. | für etwas viel Geld h. *(bezahlen)* müssen
hin|ma|chen (ugs.): *ruinieren* | *töten* | *[an einer bestimmten Stelle] die Notdurft verrichten*
hin|met|zeln: *abschlachten*
hin|neh|men: eine Beleidigung einfach h. *(dulden, nicht darauf reagieren)*
hin|nen (geh., veraltet): von h. gehen *(weggehen)*
hin|pas|sen: das würde genau h. *(auf Grund der Maße passen; mit der Umgebung harmonieren)*
hin|rei|chen ‖ **hin|rei|chend:** *ausreichend*
Hin|rei|se ‖ **hin|rei|sen:** wo willst du h.?

hin|rei|ßend: ein hinreißender *(überwältigender)* Anblick
hin|rich|ten: *die Todesstrafe vollziehen; ermorden* ‖ **Hin|rich|tung** die, -/-en ‖ **Hin|rich|tungs|kom|man|do** ‖ **Hin|rich|tungs|stät|te**
Hin|run|de (Sport): *sämtliche [Fußball]spiele in einer Meisterschaft, bis jeder gegen jeden gespielt hat;* → Rückrunde
hin|schau|en: schau hin, sonst versäumst du etwas; *aber:* bei genauem **H**inschauen
hin|schei|den (geh.): *sterben* ‖ **Hin|schei|den** das, -s (geh.): nach seinem H. *(nach seinem Tod)*
hin|schie|ben
hin|schi|cken: ich schicke jemanden hin
hin|schlep|pen
hin|schmei|ßen (ugs.): vor Wut alles h.
hin|schmie|ren (ugs.): schmier die Hausübung nicht so hin *(schreibe sie nicht so schlampig)*
hin|schrei|ben
hin|se|hen: *hinschauen*
hin|set|zen: sich kurz h.
Hin|sicht die, -/-en: in jeder H. *(Beziehung)* ‖ **Hin|sichtl** (ugs., veraltend): [die Hofräte] H. und Rücksichtl *(Symbolfiguren für eine unentschlossene und opportunistisch-abwägende Grundeinstellung)* ‖ **hin|sicht|lich** (Präp. mit Gen.): *in Hinsicht auf;* h. neuer Erkenntnisse
hin|sol|len
Hin|spiel (Sport) → G.: Rückspiel
hin|star|ren
hin|stel|len: jemanden als Verleumder h. *(bezeichnen)*
hint|an|hal|ten: eine unerwünschte Entwicklung h. *(ihr entgegenwirken)* ‖ **hint|an|set|zen** = **hint|an|stel|len:** sie musste ihre eigenen Wünsche h. *(zurückstellen)*
hin|ten: h. stehen ‖ **hin|ten|her|aus** ‖ **hin|ten|he|rum:** etwas h. *(auf Umwegen)* erfahren ‖ **hin|ten|nach:** *hinterher* ‖ **hin|ten|über:** h. umkippen
hin|ter (Präp. mit Dat. und Akk.): h. dem Baum stehen *(wo?);* h. den Baum laufen *(wohin?)* | (ugs.) sich etwas h. den Spiegel stecken *(sich darauf nichts einbilden)* können | (reg., bes. K, mda.) (Vorsilbe in der Bedeutung „zurück") hintergeben *(zurückgeben)* ‖ **Hin|ter|ach|se** [-ks-] ‖ **Hin|ter|aus|gang** ‖ **Hin|ter|ba|cke:** *Teil des Gesäßes* ‖ **Hin|ter|bänk|ler** der, -s/- (ugs.): *Abgeordneter, dessen Platz auf den hinteren Bänken ist* ‖ **Hin|ter|bänk|le|rin** die, -/-innen (ugs.) ‖ **Hin|ter|bein:** das Pferd schlägt mit dem H. aus; sich auf die Hinterbeine setzen/stellen *(sich wehren)*
Hin|ter|blie|be|ne[1] der, -n/-n, ein Hinterbliebener: *Angehöriger eines/einer Verstorbenen* ‖ **Hin|ter|blie|be|ne**[2] die, -n/-n ‖ **Hin|ter|blie|be|nen|pen|si|on**
hin|ter|brin|gen: *heimlich mitteilen;* es wurde ihr hinterbracht
Hin|ter|deck (Seemannsspr.): *hinterer Teil des Schiffdecks, Achterdeck;* → G.: Vorderdeck
hin|ter|drein [auch: -ˈaɪn]: *hernach; später* ‖ **hin|ter|drein|lau|fen**
hin|te|re: das h. Haus

hin|ter|ei|n|an|der:

mehrere Stunden hintereinander

Zusammenschreibung, wenn die Betonung auf „hintereinander" liegt:
– hintereinandergehen
– die Zahlen hintereinanderschreiben
– die Kisten hintereinanderstellen *(eine nach der anderen);*
aber getrennt: sich hintereinander anstellen R→ S. 899, 1.3

hin|ter|ei|n|an|der|ge|hen ‖ **hin|ter|ei|n|an|der|schrei|ben** ‖ **hin|ter|ei|n|an|der|stel|len**
Hin|ter|ein|gang
hin|ter|fot|zig (ugs., derb): *hinterhältig* ‖ **Hin|ter|fot|zig|keit** (ugs., derb)
hin|ter|fra|gen: eine Behauptung h. *(nach ihrer Begründung fragen, sie in Zweifel ziehen)*
Hin|ter|frau: *weibl. Form von Hintermann*
hin|ter|ge|ben (reg., bes. K, mda.): *zurückgeben;* → hinter
Hin|ter|ge|dan|ke = **Hin|ter|ge|dan|ken:** *heimliche Absicht*
hin|ter|ge|hen: *betrügen;* hintergangen werden ‖ **Hin|ter|ge|hung** die, -/-en
Hin|ter|glas|bild ‖ **Hin|ter|glas|ma|le|rei**
Hin|ter|grund: der H. eines Bildes | die Hintergründe *(Ursachen, Zusammenhänge)* des Unglücks aufdecken ‖ **Hin|ter|grund|be|leuch|tung** ‖ **hin|ter|grün|dig:** ein hintergründiges *(nicht ganz durchschaubares) Lächeln* ‖ **Hin|ter|grund|in|for|ma|ti|on** [-tsi̯-] ‖ **Hin|ter|grund|mu|sik** ‖ **Hin|ter|grund|strah|lung** die, - (Astron.): *Reststrahlung des Weltalls nach dem Urknall*
Hin|ter|halt: jemanden in einen H. *(in eine Falle)* locken ‖ **hin|ter|häl|tig:** *tückisch* ‖ **Hin|ter|häl|tig|keit** die, -/-en
Hin|ter|hand: *Hinterbein [beim Pferd]*
Hin|ter|haupt: *Hinterkopf*
hin|ter|her [auch: -ˈheːɐ]: *nachher, später;* mit der Arbeit h. sein *(zurückliegen)* ‖ **hin|ter|her|hin|ken** ‖ **hin|ter|her|kom|men** ‖ **hin|ter|her|lau|fen** ‖ **hin|ter|her|ru|fen**
Hin|ter|hof
Hin|ter|in|di|en
Hin|ter|kopf
Hin|ter|la|der der, -s/-: *eine Art von Feuerwaffe;* → Vorderlader
Hin|ter|land das, -[e]s: das H. *(die Umgebung)* der Großstadt
hin|ter|las|sen: er hat Spuren h. ‖ **Hin|ter|las|sen|schaft** die, -/-en: *das Erbe*
hin|ter|le|gen: sie hat ein Testament beim Notar hinterlegt *(hat es ihm zur Aufbewahrung übergeben)* ‖ **Hin|ter|le|gung** die, -/-en (Jus): die H. bei Gericht *(eine Form der Schulderfüllung)*
Hin|ter|leib: der H. der Ameise
Hin|ter|list die, -: *Falschheit, Tücke* ‖ **hin|ter|lis|tig**
hin|term: hinter dem
Hin|ter|mann: *jemand, der hinter jemandem steht, sitzt oÄ | jemand, der vom Hintergrund aus lenkt oder unterstützt; Drahtzieher*
hin|tern: hinter den (Akk. Sing.)
Hin|tern der, -s/- (ugs.): *Gesäß*
Hin|ter|rad ‖ **Hin|ter|rad|an|trieb** (Kfz)
Hin|ter|rei|fen
hin|ter|rücks: jemanden h. *(von hinten)* überfallen
hin|ters: hinter das; jemanden h. Licht führen *(täuschen)*
Hin|ter|sas|se der, -n/-n (früher): *vom Grundherrn/Bürger Abhängiger*
Hin|ter|sei|te: *Rückseite*
Hin|ter|sinn der, -[e]s: *verborgene Nebenbedeutung* ‖ **hin|ter|sin|nig:** hintersinniger Humor
hin|ter|stel|len: *eine Lok [für längere Zeit] abstellen*
Hin|ter|stü|berl = **Hin|ter|stübl** ‖ **Hin|ter|stü|ble** = **Hin|ter|stüb|li** (V)
Hin|ter|teil das, -[e]s/-e: *Gesäß*
Hin|ter|tref|fen: ins H. *(in eine*

H

nachteilige Lage) kommen/geraten

hintertreiben: du hast eine Versöhnung hintertrieben *(böswillig verhindert)*

Hintertreppe

Hintertupfing (abw.): *abgelegener Ort, Provinznest*

Hintertür: die H. benutzen (auch: *sich davonschleichen)* | (ugs.) sich eine H. *(einen Ausweg)* offen lassen/halten || **Hintertürl** (ugs.)

Hinterwäldler der, -s/- (abw.): *[kulturell] rückständiger Mensch* || **Hinterwäldlerin** die, -/-innen (abw.) || **hinterwäldlerisch** (abw.)

hinterziehen: Steuern h. *(sich der Steuerpflicht entziehen)* || **Hinterziehung**

Hinterzimmer

hintreten: vor jemanden h.

hintun (ugs.): nicht wissen, wo man jemanden h. soll *(wer jemand ist, der einem bekannt vorkommt)*

hinüber: etwas bis h. hören | h. sein (geh.: *tot sein;* ugs.: *verrückt sein)* || **hinüberbefördern** || **hinüberbitten** || **hinüberbringen** || **hinüberfahren** || **hinübergehen** || **hinübergrüßen:** nur kurz h. || **hinüberhelfen** || **hinüberkommen** || **hinüberkönnen** || **hinüberlassen** || **hinüberlaufen** || **hinüberlehnen** sich: du sollst dich nicht h.! || **hinübermüssen** || **hinüberreichen:** der Sitznachbarin ein Buch h. || **hinüberrufen** || **hinüberschwimmen** || **hinüberspringen** || **hinübersteigen** || **hinüberwechseln** [-ks-] || **hinüberwerfen:** einen Blick h. || **hinüberwinken**

hin und her: hin und her laufen *(dahin und dorthin, durcheinanderlaufen)*; *aber:* hin- und herlaufen *(hin- und wieder zurücklaufen)* || **Hin und Her** das, - - -: nach längerem Hin und Her || **hin- und hergerissen:** *schwankend, im Zweifel*

Hin- und Rückfahrt

hinunter: bis h. ins Tal fahren || **hinunterbegleiten** || **hinunterblicken** || **hinunterbrettern** (ugs.): *[auf Skiern] hinunterrasen* || **hinunterbringen:** die Sachen h. | keinen Bissen h. *(nichts essen können)* || **hinuntereilen** || **hinunterfallen** || **hinunterfliegen** || **hinunterführen** || **hinuntergehen** || **hinuntergelangen** || **hinuntergießen** || **hinunterkippen:** Müll in die Grube h. | (ugs.) Schnaps h. *(rasch trinken)* || **hinunterkommen:** in den Keller h. || **hinunterlassen:** die WC-Spülung h. || **hinunterrinnen** || **hinunterrutschen** || **hinunterschicken** || **hinunterschlingen** || **hinunterschlucken:** eine Tablette h. | Beleidigungen/Zorn h. *(hinnehmen, unterdrücken)* || **hinunterschmeißen** || **hinunterspülen** || **hinunterstoßen** || **hinunterstürzen:** wir sahen eine Lawine ins Tal h. | ein Getränk h. *(schnell trinken)* || **hinuntertauchen** || **hinunterwürgen**

hinweg: Entscheidungen über ihre Köpfe h. *(ohne die Betroffenen zu fragen)* treffen | über Wochen h. *(wochenlang)* | (geh.) h. *(fort)* mit dir!

Hinweg: *der Weg von hier bis zum Zielpunkt;* → Herweg

hinwegfegen: die Zelte wurden vom Sturm hinweggefegt || **hinweggehen:** über einen Einwand h. *(ihn nicht beachten)* || **hinweghelfen** || **hinwegkommen:** über einen Verlust h. *(ihn verkraften, überwinden)* || **hinweglesen** || **hinwegreden** || **hinwegsehen** || **hinwegsetzen** sich: sich über ein Verbot h. *(es nicht beachten)* || **hinwegtäuschen:** sein Optimismus kann nicht über die Probleme h. || **hinwegtrösten**

Hinweis der, -es/-e || **hinweisen:** auf etwas Wichtiges h. | (Gramm.) hinweisendes Fürwort *(Demonstrativpronomen)* || **Hinweistafel**

hinwenden: wo kann ich mich bei Fragen h.? || **Hinwendung**

hinwerfen: eine Bemerkung h. *(nebenbei aussprechen)*

hinwieder (geh.): *andererseits* || **hinwiederum** (geh.): *hinwieder*

hinwirken: auf eine Änderung der Vorschrift h. *(sie herbeiführen wollen)*

hinwollen

Hinz (abw.) (nur in der Wendung): H. und Kunz *(jedermann)*

hinziehen: dieser Prozess zieht sich schon lange hin

hinzu: *dazu* || **hinzuaddieren** || **hinzubekommen** || **hinzudenken** || **hinzuerfinden** || **hinzufügen** || **hinzugeben** || **hinzugesellen** sich: *sich anderen anschließen* || **hinzugewinnen** || **hinzukommen** || **hinzulernen** || **hinzunehmen** || **hinzurechnen** || **hinzusetzen** || **hinzutreten** || **hinzutun** || **Hinzutun** das, -s: ohne mein H. *(Dazutun)* || **hinzuverdienen** || **hinzuzählen** || **hinzuziehen** || **Hinzuziehung** die, -: unter H. *(Beiziehung)* einer Sachverständigen

Hiobsbotschaft: *eine Unglücksnachricht (nach einer biblischen Gestalt)*

hip, hipper/am hippsten ⟨engl.⟩ (sal.) (Jug.): etwas ist hip *(modern, im Trend);* ein hipper Pullover

Hip-Hop der, -s ⟨engl.⟩ (Mus.): *eine Stilrichtung im Pop*

hipp, hipp, hurra: *anfeuernder Zuruf [im Sport]*

Hippie der, -[s]/-s ⟨engl.⟩ (früher): *[junger] Mensch, der sich durch ungebundene Lebensführung auf friedliche Weise von der Gesellschaft distanziert; Blumenkind*

Hippodrom das, -s/-e ⟨gr.⟩ (früher): *Stadion für Pferderennen*

hippokratisch: der hippokratische Eid *(Eid der Mediziner) (nach dem altgriechischen Arzt Hippokrates)*

Hirn das, -[e]s/-e: *Gehirn* | etwas mit H. *(Verstand)* machen | (Küchenspr.) H. mit Ei || **Hirnanhangsdrüse** (Med.): → *Hypophyse* || **Hirnblutung** = → Gehirnblutung || **Hirnederl** das, -s/-n, *auch:* Hirnöderl (ugs., abw.): *dummer Mensch* || **Hirnentzündung** = → Gehirnentzündung || **Hirnerschütterung** = → Gehirnerschütterung || **hirngeschädigt** = → gehirngeschädigt || **Hirngespinst** (abw.): *fantastischer Gedanke oder Wunsch, Einbildung* || **Hirnhälfte** = → Gehirnhälfte || **Hirnhaut** = → Gehirnhaut || **Hirnhautentzündung** = → Gehirnhautentzündung || **Hirnkastl,** *auch:* Hirnkastel (ugs.): *Kopf;* sein H. *(seinen Verstand)* anstrengen || **hirnlos** || **Hirnöderl** → Hirnederl || **Hirnrinde** = → Gehirnrinde || **hirnrissig** (ugs., abw.): *hirnverbrannt* || **Hirnschlag** = → Gehirnschlag || **Hirnstamm** (Med.): *ein Teil des Stammhirns* || **Hirntod,** *auch:* Gehirntod: *medizinischer Todeszeitpunkt bei nicht mehr nachweisbarer Gehirnfunktion* || **Hirntumor** = → Gehirntumor || **hirnverbrannt** (ugs., abw.): eine hirnverbrannte *(unsinnige, ver-*

rückte) Idee || **Hirn|win|dung** = → Gehirnwindung

Hirsch der, -[e]s [-en]/-e[n]: *ein geweihtragender Paarhufer;* ein röhrender H. || **Hirsch|bir|ne:** *eine steirische Obstspezialität* || **Hirsch|bir|nen|brand** || **hir|schen** (ostöst., ugs., scherzh.): *eilen;* in die Küche h. || **Hir|sche|ne**[1] das, -n, Hirschenes: *Hirschfleisch* || **Hir|sche|ne**[2] die, -n/-n: *Hirschlederhose* || **Hirsch|fän|ger** der, -s/-: *ein Jagdmesser* || **Hirsch|ge|weih** || **Hirsch|horn:** *das Material des Hirschgeweihs* || **Hirsch|horn|knopf** || **Hirsch|horn|salz:** *ein Treibmittel zum Backen* || **Hirsch|kä|fer** || **Hirsch|kalb** || **Hirsch|keu|le** (bes. D): *Hirschschlegel* || **Hirsch|kuh:** *weiblicher Hirsch, Hindin* || **Hirsch|le|der** || **hirsch|le|dern:** eine hirschlederne Hose || **Hirsch|le|der|ne:** *Hirschlederhose* || **Hirsch|pfef|fer** (Küchenspr.): *Hirschragout* || **Hirsch|schle|gel,** *auch:* **Hirsch|schlö|gel:** *Hirschkeule* || **Hirsch|talg** der, -[e]s || **Hirsch|zun|ge** (Bot.): *ein Farn*

Hir|se die, -: *Name verschiedener Getreidegräsergattungen* || **Hir|se|brei**

Hirt der, -en/-en = **Hir|te,** -n/-n: *jemand, der eine [Schaf]herde hütet* | der Gute Hirt[e] *(Christus)* || **Hir|ten|amt:** *Amt der Priester und Bischöfe* || **Hir|ten|brief:** *bischöfliches Rundschreiben* || **Hir|ten|flö|te** || **Hir|ten|hund** || **Hir|ten|mu|sik:** *Pastorale* || **Hir|ten|spiel** || **Hir|ten|spieß** (Küchenspr.): *eine Speise* || **Hir|ten|stab** || **Hir|ten|tä|schel** das, -s (Bot.): *eine Volksarznei- und Ruderalpflanze* || **Hir|ten|volk:** *von der Viehzucht lebendes Nomadenvolk* || **Hir|tin** die, -/-innen

his|pa|nisch (geh. bzw. veraltet): *spanisch*

his|sen, du hisst: *aufziehen;* die Fahne h.; die Segel h.

His|ta|min das, -s/-e ⟨gr.⟩ (Med., Biol.): *ein Hormon* || **His|to|lo|ge** der, -n/-n || **His|to|lo|gie** die, -: *Lehre von den menschlichen Körpergeweben* || **His|to|lo|gin** die, -/-innen || **his|to|lo|gisch** (Med.): ein histologischer Befund

His|tör|chen das, -s/- ⟨gr.⟩: *Anekdote* || **His|to|rie** [-iɛ] die, -: *[Welt-]geschichte* | (mit Pl. -n) *Bericht, Erzählung* || **His|to|ri|en|bild** (Kunstg.): *Gemälde, auf dem ein historisches Ereignis dargestellt ist* || **His|to|ri|ker** der, -s/-: *Geschichtsforscher* || **His|to|ri|ke|rin** die, -/-innen || **His|to|rio|gra|fie** = **His|to|rio|gra|phie** [-f-] die, -: *Geschichtsschreibung* || **his|to|risch:** *geschichtlich; geschichtlich bedeutsam;* → G.: ahistorisch || **his|to|ri|sie|ren** || **His|to|ris|mus** der, -: *Überbewertung des Geschichtlichen* | *Nachahmung historischer Stile, zB im Ringstraßenstil*

Hit der, -[s]/-s ⟨engl.⟩: *großer Erfolg* | *Spitzenschlager;* → G.: Flop

Hit|ler|gruß (Gesch.): *Gruß im Nationalsozialismus* || **Hit|ler|ju|gend** (HJ) (im Nationalsozialismus): *Zwangsorganisation für Buben von 14 bis 18 Jahren;* → BDM

Hit|lis|te ⟨engl.⟩ || **Hit|pa|ra|de:** *Sendung mit den aktuellsten Hits;* → Top Ten

Hit|ze die, -: brütende H. || **Hit|ze ab|wei|send** = **hit|ze|ab|wei|send:** eine H. abweisende Beschichtung || **Hit|ze|aus|schlag** || **hit|ze|be|stän|dig** || **hit|ze|emp|find|lich** || **Hit|ze|fe|ri|en** die (Pl.) || **hit|zen:** die Salbe hitzt auf der Haut; → G.: kälten, kühlen || **Hit|ze|pe|ri|o|de** || **Hit|ze|schild:** *eine Schutzschichte [bei Raumfahrzeugen]* || **Hit|ze|stau** || **Hit|ze|tod** (Med.): *Tod durch Versagen der Wärmeregulation des Körpers* || **Hit|ze|wal|lung** || **Hit|ze|wel|le** || **hit|zig:** *aufbrausend, jähzornig* || **Hitz|kopf:** *Heißsporn* || **Hitz|schlag** (Med.): *Kollaps bei hohen Temperaturen*

HIV [ha i ˈfaʊ] (Med.): *Erregervirus von AIDS* || **HIV-ne|ga|tiv** (Med.) || **HIV-po|si|tiv** (Med.): *im Test nachgewiesene AIDS-Infektion* || **HIV-Vi|rus** [-v-] (Med.)

HJ [ha ˈjɔt] die, - (im Nationalsozialismus): **H**itler**j**ugend; → BDM

hl: **H**ekto**l**iter

hl.: **h**ei**l**ig; die hl. (heilige) Messe; dem hl. (heiligen) Petrus

hm[1]: *ein Ausruf [des Überlegens]*

hm[2]: **H**ekto**m**eter

H-Milch [ˈhaː-]: **H**altbar**milch**

h-Moll [ˈhaːˈmɔl] (h) (Mus.) || **h-Moll-Ton|lei|ter** (Mus.)

HNO-Arzt [ha ɛn ˈoː]: **H**als-, **N**asen- und **O**hrenarzt || **HNO-Ärz|tin:** **H**als-, **N**asen- und **O**hrenärztin || **HNO-Kli|nik:** Klinik für **H**als-, **N**asen- und **O**hrenkrankheiten

Ho: **Ho**lmium

ho.: **h**ier**o**rts, **h**ier**o**rtige

Hoan|gart [ˈhõə(ŋ)gət] der, -en/-en (westöst.): *gemütliches Beisammensein* || **hoan|gar|ten** (westöst.) || **Hoan|gart|stu|ben** (westöst.): *Plausch, Treffen*

Hoang|ho [ˈhu̯aŋ-] der, -[s]: *Strom in China*

Hoax [həʊks] die = der, -/- ⟨engl.⟩: *Täuschung, Schwindel* | *über Medien verbreitete Falschmeldung* | (Internet) *E-Mail, das eine Virusbedrohung vortäuscht*

hob → heben

Hob, *auch:* **Hob.** (Mus.): **Hob**oken-Verzeichnis

Hob|by [-i] das, -s/-s ⟨engl.⟩: *Steckenpferd; Liebhaberei, Freizeitbeschäftigung;* ihre Hobbys sind Fußballspielen und Lesen || **Hob|by|gärt|ner** || **Hob|by|gärt|ne|rin** || **Hob|by|ki|cker** || **Hob|by|ki|cke|rin** || **Hob|by|raum**

Ho|bel der, -s/- || **Ho|bel|bank** die, -/-bänke || **Ho|bel|ma|schi|ne** || **ho|beln,** ich hoble || **Ho|bel|schar|ten** = **Ho|bel|schei|ten** die (Pl.): *Hobelspäne* | (reg.) (Küchenspr.) *eine Mehlspeise* || **Ho|bel|span**

Ho|bo|ken-Ver|zeich|nis das, -nisses (Hob, Hob.) (Mus.): *Verzeichnis der Werke Joseph Haydns*

hoch,

höher/am höchsten: etwas hoch und heilig *(ganz fest)* versprechen; „sie lebe hoch!" | das ist mir zu hoch *(das verstehe ich nicht)* | (Pol.) der Hohe Vertreter für Außen- und Sicherheitspolitik *(„Außenminister" der EU);* aber: **H**och und Niedrig/Nieder *(jedermann)* | (Math.) 5 hoch 3 *(fünf zur dritten Potenz);* → hohe; → höchst

Schreibung mit Verben:
Getrenntschreibung bei wörtlicher Bedeutung:
- hoch besteuern
- die Preise hoch halten
- sich hoch verschulden

Zusammenschreibung bei übertragener Bedeutung, zB:
- sich hocharbeiten
- sich hochdienen
- hochfahren *(erschrocken oder zornig auffahren)*
- hochgehen *(explodieren)*
- hochstapeln *(in betrügerischer Absicht eine höhere Stellung vortäuschen)* R→ S. 900, 1.5.1

Zusammenschreibung als Adverb in der Bedeutung „nach oben, hinauf", zB:
- hochblicken

H

- hochbringen
- hochklappen R→ S. 899, 1.3

Getrennt- und Zusammenschreibung in Zweifelsfällen:

- hoch achten = hochachten
- hoch schätzen = hochschätzen

Schreibung mit Adjektiven/Partizipien:
Zusammenschreibung, wenn „hoch" die Bedeutung des folgenden Bestandteils verstärkt, zB:

- eine hochaktuelle Nachricht
- hochanständige Leute
- hochberühmt
- hochgebildet
- hochgestellte Persönlichkeiten
- hochinteressant
- hochrot

Getrennt- und Zusammenschreibung in Verbindung mit adjektivisch gebrauchten Partizipien, zB:

- ein hoch bezahlter (= hochbezahlter) Job
- hoch dosiert = hochdosiert
- hoch konzentriert = hochkonzentriert
- hoch qualifiziert = hochqualifiziert R→ S. 903, 2.1

Hoch das, -s/-s: *Hochruf;* ein dreifaches H. ausbringen | (Met.) *Gebiet mit hohem Luftdruck* | sich in einem [seelischen] H. befinden; → G.: Tief ‖ **hoch achten** = **hochachten** ‖ **Hochachtung** ‖ **hochachtungsvoll** (geh.) ‖ **Hochadel:** *die höheren Rangstufen des Adels* ‖ **hochaktuell** ‖ **Hochalm** ‖ **hochalpin** ‖ **Hochaltar:** *Hauptaltar;* → G.: Seitenaltar ‖ **Hochamt** (kath.): *eine feierliche Messe* ‖ **hochanständig** ‖ **hocharbeiten** sich ‖ **Hocharistokratie** ‖ **hochauflösend:** ein hochauflösender Monitor ‖ **Hochbarock:** *Blütezeit des Barocks* ‖ **Hochbau** der, -[e]s: *Hausbau;* → Tiefbau ‖ **hoch begabt** = **hochbegabt** ‖ **hochberühmt** ‖ **hochbetagt** (geh.): *sehr alt* ‖ **Hochbetrieb:** heute herrscht H. ‖ **hoch bezahlt** = **hochbezahlt** ‖ **hochbinden** ‖ **hochblicken** ‖ **Hochblüte:** das Barock brachte eine H. der Kunst ‖ **hochbringen** ‖ **hochbrisant:** *sehr brisant* ‖ **Hochburg:** Wien ist eine H. *(ein Zentrum)* der klassischen Musik ‖ **hochdeutsch:** h. reden ‖ **Hochdeutsch** das, -[s] = **Hochdeutsche,** -n: *die von der 2. (hochdeutschen) Lautverschiebung erfasste Ausprägung der deutschen Sprache im Süden (einschließlich Österreichs und der Schweiz) und in der Mitte des deutschen Sprachraums* | *Standardsprache des Deutschen* ‖ **hochdienen** sich ‖ **hoch dosiert** = **hochdosiert** ‖ **hoch dotiert** = **hochdotiert** ‖ **hochdramatisch:** *sehr aufregend, spannend* ‖ **Hochdruck** der, -[e]s: mit H. arbeiten | (Druckw.) *ein Druckverfahren* | (mit Pl. -e) *im Hochdruck hergestellter Abzug* ‖ **Hochdruckgebiet** (Met.) ‖ **Hochdruckreiniger** ‖ **Hochdruckwetter** (Met.) ‖ **Hochebene** → G.: Tiefebene ‖ **Hochenergiephysik** [-fy-]: *Physik der Elementarteilchen* ‖ **hocherfreut** ‖ **hochexplosiv** ‖ **hochfahren** ‖ **hochfahrend** (geh.): *arrogant* ‖ **Hochfinanz** die, -: *die Spitzen des Bank- und Finanzwesens* ‖ **hochfliegen:** *nach oben fliegen* ‖ **hochfliegend** (geh.): hochfliegende Pläne ‖ **Hochform:** in H. *(bes. leistungsfähig)* sein; → Höchstform ‖ **Hochformat** → Querformat ‖ **hochfrequent** (Phys.) → G.: niederfrequent ‖ **Hochfrequenz** (HF) (Phys.): *elektrische Hochspannung* ‖ **Hochfrequenzmodulator** (Elektrot.): *Vorrichtung zum Modulieren von Videosignalen* ‖ **Hochfrequenzstrom** ‖ **hoch geachtet** = **hochgeachtet** ‖ **hochgebildet:** ein hochgebildeter Mensch ‖ **Hochgebirge** ‖ **hochgeboren:** *adelig* ‖ **hoch geehrt** = **hochgeehrt** ‖ **Hochgefühl** ‖ **hochgehen:** die Sprengladung geht hoch | (bes. D, ugs.) *sich erregen, sich entrüsten;* ihr Vorschlag hat die Wogen h. lassen ‖ **hochgeistig:** hochgeistige Gespräche | (meist scherzh.) ein hochgeistiges *(stark alkoholisches)* Getränk; → geistig ‖ **hochgemut** (geh.): *froh und zuversichtlich* ‖ **Hochgenuss** ‖ **hochgeschätzt:** eine hochgeschätzte Politikerin; *aber:* ein hoch geschätzter (= hochgeschätzter) Kunstgegenstand ‖ **hochgeschlossen:** eine hochgeschlossene Bluse ‖ **Hochgeschwindigkeit** ‖ **Hochgeschwindigkeitszug** ‖ **hochgesteckt:** hochgesteckte Ziele; hochgesteckte Haare ‖ **hochgestellt:** eine hochgestellte Ziffer; eine hochgestellte Persönlichkeit ‖ **hochgestochen** (abw.): ein hochgestochener *(geschraubter)* Stil ‖ **hochgewachsen** [-ks-]: eine hochgewachsene Schülerin ‖ **hochgiftig** ‖ **Hochglanz:** die Wohnung auf H. bringen *(sie bes. gründlich putzen)* ‖ **Hochglanzpapier** ‖ **hochgradig** ‖ **hochhackig** (bes. nördl. D): *mit hohen Absätzen* ‖ **hochhalten:** das Ansehen der Familie h. ‖ **Hochhaus** ‖ **hochheben:** *aufheben* ‖ **hochherrschaftlich** ‖ **hochherzig** (geh.): *großmütig* ‖ **Hochherzigkeit** die, - (geh.) ‖ **hochhieven** [-f-, auch: -v-]: *[mit einem Kran] hochheben* ‖ **hochintelligent** ‖ **hochinteressant** ‖ **Hochjagd:** *Jagd auf Hochwild* ‖ **hochjagen:** die Wildenten h. ‖ **hochjubeln:** die Medien jubelten den Sportler hoch ‖ **hochkämmen** ‖ **hochkant** = **hochkantig:** eine Kiste h. *(auf der Schmalseite)* aufstellen | (sal.) jemanden h. *(mit Nachdruck)* hinauswerfen ‖ **hochkarätig:** ein hochkarätiger *(großer)* Edelstein | *hochrangig, prominent;* eine hochkarätige Expertengruppe; → Karat ‖ **hochklappen** ‖ **hochklettern** ‖ **hochkommen:** *an die Oberfläche kommen* | beruflich h. *(aufsteigen)* ‖ **Hochkommissar,** *auch:* **Hochkommissär:** *hochrangiger Beauftragter [der Vereinten Nationen] für einen bestimmten Sachbereich* ‖ **Hochkommissariat:** *hochrangige diplomatische Vertretung;* UNO-H. für Menschenrechte ‖ **Hochkommissarin,** *auch:* **Hochkommissärin** ‖ **Hochkönig** der, -s [auch: -'ø:-]: *ein Gebirgsstock in Salzburg* ‖ **Hochkonjunktur** ‖ **hoch konzentriert** = **hochkonzentriert:** eine h. konzentrierte Schülerin | eine h. konzentrierte Säure ‖ **hochkrempeln** ‖ **hochkultiviert** ‖ **Hochkultur:** *hoch entwickelte Kultur* | (auch iron.) *Kultur der höheren Gesellschafts- und Bildungsschicht* | *eine Methode des Anbaus von Weinreben* ‖ **hochkurbeln** ‖ **hochladen** (EDV): *uploaden;* → herunterladen ‖ **Hochland:** *hoch gelegene Landschaft* ‖ **Hochländer** ‖ **Hochländerin** ‖ **Hochlantsch** der, -[s]: *ein Berg in der Steiermark* ‖ **Hochlautung** (Sprachwiss.): *die der Standardsprache zugehörige Aussprache* ‖ **hochle-**

ben: jemanden h. lassen ‖ **Hoch|leis|tung** ‖ **Hoch|leis|tungs|sport** ‖ **Hoch|leis|tungs|stre|cke:** *ein Abschnitt der Eisenbahn, der für hohe Geschwindigkeiten geeignet ist* ‖ **höch|lich** (geh. bzw. scherzhaft, veraltet): sie ist h. *(sehr) amüsiert* ‖ **hoch|löb|lich** (geh. oder scherzh.): *sehr ehrenwert* ‖ **Hoch|meis|ter:** *Oberhaupt des Deutschen Ritterordens;* → Deutschmeister ‖ **Hoch|mit|tel|al|ter** ‖ **hoch|mo|dern** ‖ **hoch|mo|disch** ‖ **Hoch|moor** ‖ **Hoch|mut** ‖ **hoch|mü|tig:** *arrogant, überheblich* ‖ **Hoch|mü|tig|keit** die, - ‖ **hoch|nä|sig** (abw.): *hochmütig* ‖ **Hoch|nä|sig|keit** die, - (abw.) ‖ **Hoch|ne|bel** ‖ **hoch|neh|men** (ugs.): *harmlos verspotten* ‖ **hoch|not|pein|lich** (geh. bzw. scherzh.): eine hochnotpeinliche *(strenge, unangenehme)* Überprüfung ‖ **Hoch|ofen:** *ein Schmelzofen für Erze* ‖ **hoch|of|fi|zi|ell** ‖ **Hoch|par|ter|re** [-tɛr]: *Halbstock zwischen Parterre und erstem Stock, Mezzanin;* → Tiefparterre ‖ **hoch|peit|schen:** *zur Leistung antreiben;* die Mannschaften haben sich gegenseitig hochgepeitscht | der Sturm peitschte die Wellen hoch ‖ **Hoch|pla|teau** [-to:]: *Hochebene* ‖ **hoch|po|li|tisch** ‖ **hoch|pro|zen|tig** ‖ **hoch qua|li|fi|ziert** = **hoch|qua|li|fi|ziert** ‖ **Hoch|quel|len|was|ser|lei|tung** = **Hoch|quell|was|ser|lei|tung:** zweite Wiener H. *(vom Hochschwab nach Wien)* ‖ **hoch|ra|gen** ‖ **hoch|ran|gig** ‖ **hoch|ran|ken** ‖ **hoch|rech|nen:** *aus Stichproben das zu erwartende Gesamtergebnis vorausberechnen* ‖ **Hoch|rech|nung** ‖ **hoch|rei|ßen** ‖ **hoch|rot** ‖ **Hoch|ruf** (meist Pl.); → Hoch ‖ **Hoch|sai|son** [-zɛz-, fr.: -sɛzɔ̃] ‖ **Hoch|schät|zung** die, - ‖ **hoch schät|zen** = **hoch|schät|zen** ‖ **Hoch|schau|bahn:** *Berg-und-Tal-Bahn, Achterbahn* ‖ **hoch|schla|gen:** die Ärmel h. ‖ **hoch|schnel|len** ‖ **hoch|schrau|ben:** einen Hocker h. | die Erwartungen h. ‖ **Hoch|scho|ber:** *ein Berg in Tirol* ‖ **Hoch|schul|ab|schluss** ‖ **Hoch|schul|ab|sol|vent** [-v-] ‖ **Hoch|schul|ab|sol|ven|tin** ‖ **Hoch|schul|au|to|no|mie** (Bildw.): *Entscheidungsfreiheit der Universitäten* ‖ **Hoch|schul|be|rech|ti|gung** ‖ **Hoch|schul|bil|dung** ‖ **Hoch|schu|le** (früher): H. für angewandte Kunst (jetzt: Universität für angewandte Kunst) in Wien; Kunst-, Musikhochschule ‖ **Hoch|schü|ler:** *Student* ‖ **Hoch|schü|le|rin** ‖ **Hoch|schü|ler|schaft:** die Österreichische H. (ÖH) *(gesetzliche Interessenvertretung der Studierenden)* ‖ **Hoch|schul|fonds** [-fõ:] ‖ **Hoch|schul|für|sor|ge** (SüdT): *Maßnahmen zur Sicherung des Rechts auf universitäre Bildung* ‖ **Hoch|schul|leh|rer** ‖ **Hoch|schul|leh|re|rin** ‖ **Hoch|schul|rei|fe** ‖ **Hoch|schul|stu|di|um** [-ʃt-] ‖ **Hoch|schwab** der, -s: *eine Gebirgsgruppe in der Steiermark* ‖ **hoch|schwan|ger** ‖ **Hoch|see** die, -: *offenes Meer fern der Küste* ‖ **Hoch|see|fi|sche|rei** ‖ **Hoch|see|schiff|fahrt** ‖ **hoch|see|tüch|tig** ‖ **Hoch|seil:** *hoch oben gespanntes Seil [im Zirkus]* ‖ **Hoch|si|cher|heits|trakt:** der H. einer Strafanstalt ‖ **Hoch|sitz:** *Hochstand* ‖ **Hoch|som|mer** ‖ **hoch|som|mer|lich** ‖ **Hoch|span|nung** ‖ **Hoch|span|nungs|lei|tung** ‖ **Hoch|span|nungs|mast** ‖ **hoch|spie|len:** eine Sache h. *(aufbauschen); aber:* hoch *(mit hohem Einsatz)* spielen ‖ **Hoch|spra|che** die, -: *Standardsprache (zum Unterschied von Umgangssprache und Dialekt)* ‖ **hoch|sprach|lich** ‖ **hoch|sprin|gen** (Sport) → Hochsprung | sie ist plötzlich hochgesprungen *(in die Höhe gesprungen); aber:* ich kann [sehr] hoch springen ‖ **Hoch|sprin|ger** (Sport) ‖ **Hoch|sprin|ge|rin** (Sport) ‖ **Hoch|sprung:** *eine Sportart*

höchst [-çst]:

äußerst; → hohe; → höchst

Getrenntschreibung:
- höchst seltsam
- höchst selten
- höchst unwahrscheinlich
- das ist höchst *(äußerst)* wahrscheinlich; *aber zusammen:* höchstwahrscheinlich *(fast gewiss)* werde ich kommen

Großschreibung bei Nominalisierung:
- nach dem **H**öchsten streben
- aufs (auf das) **H**öchste (= höchste; mit der Frage *Wie?*) erstaunt sein

R→ S. 892, 2.2

Höchst|al|ter ‖ **hoch|stäm|mig:** hochstämmige Apfelbäume ‖ **Hoch|stand:** das Wild vom H. *(Hochsitz)* aus beobachten ‖ **Hoch|sta|pe|lei** ‖ **hoch|sta|peln,** er stapelt hoch/hat hochgestapelt: *in betrügerischer Absicht eine höhere Stellung vortäuschen;* → G.: tiefstapeln ‖ **Hoch|stap|ler** der, -s/-: *jemand, der sich [in betrügerischer Absicht] für mehr ausgibt, als er ist* ‖ **Hoch|stap|le|rin** die, -/-innen ‖ **Höchst|aus|maß** [-çst-]: *Höchstmaß* ‖ **Höchst|bei|trags|gren|ze** ‖ **Höchst|bei|trags|grund|la|ge:** die H. für die Sozialversicherung ‖ **Höchst|be|las|tung** ‖ **Höchst|be|trag** ‖ **Höchst|bie|ten|de**[1] der, -n/-n, ein Höchstbietender: an den Höchstbietenden verkaufen ‖ **Höchst|bie|ten|de**[2] die, -n/-n ‖ **hoch|ste|hend:** eine hochstehende Persönlichkeit ‖ **hoch|stei|gen** ‖ **höchs|tens:** h. *(nicht mehr als)* drei Tage wegbleiben ‖ **Höchst|fall:** im H. 1 000 € ‖ **Höchst|form** → Hochform ‖ **Höchst|ge|richt:** *Oberster Gerichtshof, Verfassungs-, Verwaltungsgerichtshof, Europäischer Gerichtshof* ‖ **höchst|ge|richt|lich** ‖ **Höchst|ge|schwin|dig|keit** ‖ **Höchst|gren|ze** ‖ **hoch|sti|li|sie|ren** [-st-]: *einer Sache mehr Bedeutung beimessen als angebracht* ‖ **Hoch|stim|mung** ‖ **Höchst|leis|tung** [-çst] ‖ **Höchst|maß** ‖ **höchst|mög|lich:** die höchstmögliche Leistung ‖ **höchst|per|sön|lich:** er kam h. ‖ **Höchst|preis** ‖ **Hoch|stra|ße:** *auf Stelzen geführte Straße oberhalb einer anderen Straße* ‖ **Hoch|stre|cke:** etwas zur H. bringen *(nach oben stemmen)* ‖ **Höchst|rich|ter** [-çst]: *Richter eines Höchstgerichts* ‖ **Höchst|rich|te|rin** ‖ **höchst|rich|ter|lich:** eine höchstrichterliche Entscheidung ‖ **höchst|selbst** (veraltend bzw. scherzh.): *höchstpersönlich* ‖ **Höchst|stand** ‖ **Höchst|stra|fe** (Jus) ‖ **Höchst|stu|fe** (Gramm.): *Superlativ* ‖ **Höchst|tem|pe|ra|tur** ‖ **Höchst|ur|teil** (Jus): *Urteil eines Höchstgerichts* (OGH, VwGH, VfGH, EuGH) ‖ **höchst|wahr|schein|lich:** sie hat h. Recht; *aber:* es ist höchst *(äußerst)* wahrscheinlich, dass ...; → höchst ‖ **Höchst|wert** ‖ **höchst|zu|läs|sig:** das höchstzulässige Gewicht ‖ **Hoch|tal:** *hoch gelegenes Tal* ‖ **Hoch|tech|no|lo|gie:** *höchstentwickelte technische Produktionsverfahren bzw. Pro-*

H

dukte; → Hightech || **Hoch|tor** das, -[e]s: *ein Pass in Kärnten, Salzburg* || **Hoch|tour** [-tu:ə]: eine H. auf den Dachstein unternehmen | (Pl.) (sal.) auf Hochtouren *(zur Höchstleistung)* kommen || **hoch|tou|rig** [-tu:-]: ein hochtouriger *(mit hoher Drehzahl laufender)* Motor || **Hoch|tou|ris|tik:** *das Bergsteigen* || **hoch|tra|bend** (abw.): *schwülstig, pathetisch, übertrieben* || **Hoch|un|ser|frau|en|tag** (SüdT): *Mariä Himmelfahrt (15. August)* || **hoch|ver|dient** || **hoch|ver|ehrt** || **Hoch|ver|rat** (Jus): *Verbrechen gegen den [eigenen] Staat von innen her;* → Landesverrat || **Hoch|ver|rä|ter** (Jus) || **Hoch|ver|rä|te|rin** (Jus) || **hoch|ver|rä|te|risch** (Jus) || **hoch|ver|zins|lich** (Bankw.) || **Hoch|wald:** *Wald mit hohen, alten Bäumen* || **Hoch|was|ser** das, -s/-: die Donau führt H.; → G.: Niederwasser || **Hoch|was|ser|ka|ta|s|t|ro|phe** [-f-] || **Hoch|was|ser|op|fer** || **Hoch|was|ser|schutz** || **hoch|wer|fen** || **hoch|wer|tig** || **Hoch|wild** (Jägerspr.): *Hirsch, Adler, Gämse;* → G.: Niederwild || **hoch|will|kom|men** || **hoch|wirk|sam** || **hoch|wöl|ben** || **hoch|wüch|sig** [-ks-]: hochwüchsige Pflanzen; → wachsen || **hoch|wuch|ten:** *mit großem Körpereinsatz hochheben* || **Hoch|wür|den** (veraltet): *Anrede für einen katholischen Geistlichen* || **hoch|wür|dig** || **Hoch|zahl** (Math.): → *Exponent* || **Hoch|zeit** die, -/-en: *[Feier der] Eheschließung* || **hoch|zei|ten:** *heiraten* || **Hoch|zei|ter** der, -s/- (veraltend): *Bräutigam* | (nur Pl.) *Brautpaar* || **Hoch|zei|te|rin** die, -/-innen (veraltend) || **hoch|zeit|lich** || **Hoch|zeits|bit|ter** der, -s/- (reg.) (Volksk.): *jemand, der die Gäste zur Hochzeit einlädt (bittet);* → Leichenbitter || **Hoch|zeits|bit|te|rin** die, -/-innen (reg.) (Volksk.) || **Hoch|zeits|brauch** || **Hoch|zeits|fei|er** || **Hoch|zeits|fest** || **Hoch|zeits|gast** || **Hoch|zeits|ge|schenk** || **Hoch|zeits|ge|sell|schaft** || **Hoch|zeits|glo|cken** die (Pl.): die H. läuten *(eine Eheschließung kündigt sich an)* || **Hoch|zeits|kleid** || **Hoch|zeits|lis|te:** *Wunschliste des Brautpaars* || **Hoch|zeits|mahl** || **Hoch|zeits|nacht:** *erste Nacht des Brautpaares nach der Hochzeit* || **Hoch|zeits|paar** || **Hoch|zeits|rei|se** || **Hoch|zeits|ta|fel** || **Hoch|zeits|tag** || **Hoch|zeits|tor|te** || **hoch|zie|hen** || **Hoch|zins|po|li|tik** (Wirt.): *Bestreben, mit hohen Kreditzinsen der Inflation entgegenzuwirken* || **hoch|züch|ten** (nur Inf. und Part.): *ertragreiche, leistungs-, widerstandsfähige Tiere oder Pflanzen züchten*

Hock der, -s/Höcke (V, CH): *gemütliches Beisammenhocken [und Feiern]* || **Ho|cke** die, -/-n: *eine Körperstellung* | *eine Turnübung* || **ho|cken:** ich *bin* auf dem Boden gehockt || **Ho|cker** der, -s/-: *eine Art höheres [gepolstertes] Stockerl;* Barhocker

Hö|cker der, -s/-: das Dromedar hat nur einen H. || **hö|cke|rig,** *auch:* höckrig: *bucklig; uneben*

ho|ckerln, ich hockerl (ugs.): *hocken*

Hö|cker|schwan: *ein Entenvogel*

Ho|ckey [-ki, -kɛ] das, -[s] ⟨engl.⟩: *eine Sportart;* H. spielen; Eishockey

höck|rig → höckerig

Ho|den der, -s/-: *männliche Keimdrüse* || **Ho|den|bruch** (Med.) || **Ho|den|sack**

Ho|dscha der, -s/-s ⟨pers.-türk.⟩: *islamischer Geistlicher und Lehrer*

Hof der, -[e]s/Höfe: Verkauf ab Hof *(direkt beim Bauern);* Wein ab Hof *(direkt beim Winzer)* kaufen | *Wohnsitz eines Herrschers;* Hof halten/er hielt Hof/hat Hof gehalten | (veraltend) einer Frau den Hof machen *(um sie werben)* || **Hof|adel:** *der am Herrscherhof lebende Adel* || **Hof|bi|b|li|o|thek** die, - (früher): *die jetzige Nationalbibliothek* || **Hof|burg** die, -: *ehemals kaiserliche Residenz in Wien; Amtssitz des Bundespräsidenten* | *ehemals erzherzogliche Residenz in Innsbruck* || **Hof|burg|the|a|ter** (früher): *das jetzige Burgtheater* || **Hof|da|me:** *adeliges weibliches Mitglied eines Hofstaates* || **Hof|er|be:** *Erbe eines Bauernhofes* || **Hof|er|bin** || **Hö|fe|recht** (Jus): *Regelung der Hofübergabe im Erbrechtsweg*

Hof|fart die, - (geh.): *Hochmut* || **hof|fär|tig** (geh.)

hof|fen: sie hoffte auf ein gutes Ende

hof|fent|lich || **Hoff|nung** die, -/-en: die H. nicht aufgeben | (geh., veraltet) guter H. *(schwanger)* sein || **hoff|nungs|froh** || **Hoff|nungs|kauf** (Jus): *Kauf einer erhofften Sache, zB der Ernte des nächsten Jahres* || **hoff|nungs|los** || **Hoff|nungs|lo|sig|keit** die, - || **Hoff|nungs|markt** (Wirt.): *zukunftsträchtiger Absatzmarkt* || **Hoff|nungs|schim|mer** || **Hoff|nungs|trä|ger:** *Person, auf die man große Hoffnungen setzt* || **Hoff|nungs|trä|ge|rin** || **hoff|nungs|voll**

Hof|gas|tein → Bad Hofgastein || **Hof|ge|sell|schaft** (früher) || **Hof|hal|tung** || **ho|fie|ren** (geh.): *den Hof machen, schmeicheln* || **hö|fisch** (früher): *einem [mittelalterlichen] Fürstenhof gemäß;* höfische Dichtung || **Hof|kanz|lei** (früher): *eine Behörde* || **Hof|ka|pel|le** (früher): *Musikkapelle eines Fürsten* || **Hof|ka|pell|meis|ter** (früher): kaiserlicher H. || **höf|lich** || **Höf|lich|keit** die, -/-en || **Höf|lich|keits|be|such** || **Höf|lich|keits|flos|kel** || **höf|lich|keits|hal|ber** || **Hof|lie|fe|rant** (früher) || **Hof|lie|fe|ran|tin** (früher) || **Höf|ling** der, -s/-e (früher): *Mitglied des Hofstaates, Würdenträger bei Hof* || **Hof|mann** (früher): *Höfling* || **Hof|mar|schall** (früher) || **Hof|meis|ter** (früher): *Hauslehrer in vornehmen Familien* || **Hof|mu|se|en** die (Pl.) (früher): *die jetzigen Bundesmuseen* || **Hof|mu|si|ker** (früher) || **Hof|na|me,** *auch:* **Hof|na|men:** *Vulgoname* || **Hof|narr** (früher): *Spaßmacher am Hof* || **Hof|oper** (früher): *die jetzige Staatsoper (in Wien)* || **Hof|rat** (HR): *ein Titel; ein Dienstrang* || **Hof|rä|tin** (HR) || **Hof|reit|schu|le:** *die Spanische Reitschule in Wien* || **Hof|schran|ze** (abw., früher): *liebedienerischer Höfling* || **hof|sei|tig** || **Hof|staat** der, -[e]s: *das Gefolge eines Fürsten* || **Hof|stel|le** (SüdT): *zu einem landwirtschaftlichen Betrieb gehörende Baulichkeit* || **Hof|trauer**

ho|he:

hohe Schuhe; ein hoher Berg; → hoch; → höher

Kleinschreibung:
- hohes Gericht
- die hohe Schule (geh.: *Universität, Kunsthochschule*)
- das hohe C

Großschreibung in Eigennamen und in bestimmten fachsprachlichen Verbindungen:
- die **H**ohen Tauern
- die **H**ohe Warte *(die Zentralanstalt für Meteorologie und Geodynamik in Wien)*

- das **Hohe** Lied = Hohelied *(ein Buch des Alten Testaments); aber bei Deklination von „hohe" nur getrennt:* ein **Hohes** Lied
- der **Hohe** Priester = Hohepriester *(altjüdischer Oberpriester); aber bei Deklination von „hohe" nur getrennt:* ein **Hoher** Priester
- das **Hohe** Haus *(Parlament; Nationalrat)*
- die **Hohe** *(auch:* hohe) Schule *(Reitkunst)* R→ S. 895, 4.1 bzw. S. 896, 4.3

Hö|he die, -/-n: die H. eines Kirchturmes | Urlaub auf 1 200 m H. *(Meereshöhe)* | die umliegenden Höhen *(Berge)* | das ist ja die H.! *(unerhört)* | nicht auf der H. *(nicht voll leistungsfähig)* sein || **Ho|heit** die, -/-en: *Anrede für eine fürstliche Person* | (ohne Pl.) (geh.) *Würde, Vornehmheit;* die H. seiner Erscheinung | (ohne Pl.) die H. *(oberste Gewalt)* über ein Gebiet ausüben || **ho|heit|lich:** hoheitliche Rechte || **Ho|heits|gebiet:** *Staatsgebiet* || **Ho|heits|ge|wäs|ser** (meist Pl.) || **Ho|heits|recht:** *Recht, die Staatsgewalt auszuüben* || **Ho|heits|ver|wal|tung:** *die Vollziehung der gesetzlichen Aufgaben im behördlichen Verfahren;* → G. Privatwirtschaftsverwaltung || **ho|heits|voll** || **Ho|heits|zei|chen:** *Staatssymbol, zB Wappen, Fahne* || **Hö|hen|angst** (Med., Psych.): *Angst vor großen Höhen*

Ho|he|n|ems: *Stadt in Vorarlberg*

Hö|hen|flug: *Periode großen Erfolgs* || **Hö|hen|krank|heit** (Med.): *körperliche und geistige Leistungsminderung bei Aufenthalt in Höhen* || **Hö|hen|kur|ort** || **Hö|hen|la|ge** || **Hö|hen|li|nie** [-i̯e]: *Linie auf Landkarten, die gleich hoch gelegene Punkte verbindet* || **Hö|hen|luft** die, -: H. schnuppern *(einen Aufschwung erleben)* || **Hö|hen|luft|kur|ort** || **Hö|hen|mes|ser:** *ein Messgerät* || **Hö|hen|me|ter:** 1 000 H. zurücklegen || **Hö|hen|rü|cken:** *Bergrücken* || **Hö|hen|ru|der** (Technik): *Steuerfläche bei Flugzeugen* || **Ho|hen|salz|burg:** die Feste *(Festung,* → *Veste)* H. *(S)* || **Hö|hen|schicht** (Geogr.) || **Hö|hen|schicht|li|nie** [-i̯e]: *Höhenlinie* || **Hö|hen|son|ne:** die H. im Gebirge | *ein Bestrahlungsapparat* || **Hö|hen|strah|lung** (Astron.): *die aus dem Weltraum auf die Erde treffende Strahlung* || **Hö|hen|tief** (Met.): *bis in große Höhen reichende [beständige] Tiefdruckzone* || **Hö|hen|un|ter|schied** || **Hö|hen|zug** (Geogr.): *Gebirgszug* || **Hö|he|punkt:** auf dem H. des Erfolgs; → G.: Tiefpunkt || **hö|her:** höhere Schulen | (Jus) Schadenseintritt durch höhere Gewalt; *aber:* Höhere technische Lehranstalt || **hö|her|ge|stellt:** höhergestellte Beamte || **Hö|her|qua|li|fi|zie|rung:** *bessere berufliche Qualifikation durch Weiterbildung* || **hö|her|ran|gig** || **hö|her|schrau|ben:** Erwartungen/Preise h. || **Hö|her|stu|fe** (Gramm.): → *Komparativ* || **hö|her|stu|fen** || **Hö|her|stu|fung**

hohl: ein hohler Zahn | (abw.) *inhaltsleer, geistlos;* eine hohle Phrase || **hohl|äu|gig** || **Höh|le** die, -/-n || **Höh|len|brü|ter** (Zool.) || **Höh|len|ein|gang** || **Höh|len|for|scher** || **Höh|len|for|sche|rin** || **Höh|len|ma|le|rei:** steinzeitliche H. || **Höh|len|mensch:** *Höhlenbewohner der Steinzeit* || **Hohl|form:** *Gussform* || **Hohl|heit** die, - (abw.): die H. *(Geistlosigkeit)* seines Pathos || **Hohl|hip|pe** die, -/-n: *eine gerollte hohle Waffel* || **Hohl|keh|le** (fachspr.): *Verzierung in Form einer Rinne an Wänden und Möbeln* || **Hohl|kopf** (abw., derb): *dummer Mensch* || **Hohl|kör|per** (Phys.): *Körper, der innen hohl ist* || **Hohl|kreuz** (Med.): *eine Fehlhaltung* || **Hohl|ku|gel** || **Hohl|maß:** *Maßeinheit zur Bestimmung des Rauminhalts bzw. Fassungsvermögens eines Hohlkörpers, zB Liter, Kubikmeter* || **Hohl|raum** || **Hohl|saum:** *ein Saum bei Kleidungsstücken* || **Hohl|schliff** || **Hohl|spie|gel** (Phys.): *ein gekrümmter Spiegel* || **Höh|lung** die, -/-en: *ausgehöhlter Bereich* || **hohl|wan|gig** || **Hohl|weg:** *Weg zwischen Abhängen* || **Hohl|zie|gel**

Hohn der, -[e]s: *Spott;* → Hohn lachen = hohnlachen; → Hohn sprechen = hohnsprechen || **höh|nen** (geh.): *schmähen, verspotten;* wag es nicht, mich zu h.! || **Hohn|ge|läch|ter** || **höh|nisch** || **Hohn lachen = hohn|lachen** (meist nur Inf. und Part.) (geh.): H. lachend (= hohnlachend) wendete er sich ab || **Hohn sprechen = hohn|spre|chen** (geh.): sein Benehmen sprach allem Anstand Hohn/hat Hohn gesprochen (= hohngesprochen) || **hohn|voll** (geh.)

ho|ho: *ein Ausruf*

Ho|kus|po|kus der, - ⟨engl.⟩: *eine Zauberformel* | *eine Gaukelei*

HOL: **H**auptschul**o**berl**e**hrer/in

hold (geh.): *anmutig, lieblich* | jemandem h. *(gutgesinnt)* sein

Hol|der der, -s/- (V, CH, südl. D): *Holunder;* → Holler

Hol|ding [engl.: ˈhəʊl-] die, -/-s = **Hol|ding|ge|sell|schaft** ⟨engl.+dt.⟩ (Wirt.): *Dachgesellschaft zur Beaufsichtigung von Tochterfirmen*

hold|se|lig [auch: -ˈeː-] (geh., veraltet): *hold*

ho|len: Milch h. gehen

Ho|ger: *männl. Vorname*

Ho|lis|mus der, - ⟨gr.⟩ (Phil.): *Lehre, wonach alles aus einem ganzheitlichen Prinzip abzuleiten ist*

Hol|la|brunn (Kfz: HL): *Stadt in Niederösterreich*

Hol|land: *die niederländischen Provinzen Nord- und Südholland* | (ugs.) *die Niederlande* || **Hol|län|der** der, -s/- || **Hol|län|de|rin** die, -/-innen || **hol|län|disch:** *niederländisch*

Höl|le die, -/-n: jemandem die H. heißmachen *(ihn energisch zurechtweisen, ihm zusetzen);* → höllisch || **Höl|len|angst:** *sehr große Angst* || **Höl|len|fahrt:** *Fahrt in die Unterwelt, ins Totenreich* | *gefährliche Fahrt* || **Höl|len|ge|bir|ge** (O) || **Höl|len|hund:** *Zerberus* || **Höl|len|lärm:** *sehr starker Lärm* || **Höl|len|ma|schi|ne:** *Sprengkörper mit Zeit- oder Fernzündung* || **Höl|len|qual:** Höllenqualen erleiden || **Höl|len|tem|po:** *sehr hohes Tempo*

Hol|ler der, -s/-: *Holunder* | (reg., abw.) *Unsinn; wertloses Zeug* || **Hol|ler|baum** || **Hol|ler|blü|te** || **Hol|ler|busch:** *Holunderstrauch* || **Hol|ler|koch** das, -[e]s (Küchenspr.) || **Hol|ler|rös|ter** (Küchenspr.) || **Hol|ler|saft** || **Hol|ler|schnaps** || **Hol|ler|sekt** || **Hol|ler|stau|de**

höl|lisch: *der Hölle ähnlich;* höllisches Feuer; höllische *(unerträgliche, schreckliche)* Schmerzen | (ugs.) h. *(überaus)* laut

Hol|ly|wood [-liwʊd]: *Filmstadt in den USA* || **Hol|ly|wood|schau|kel:** *breites schaukelbares Gartenmöbel* || **Hol|ly|wood|star**

Holm der, -[e]s/-e (Sport): *Längsstange am Barren und an der Leiter* | (Technik) *tragendes Ele-*

ment [im Maschinenbau]

Holmium das, -s (Zeichen: Ho): *ein chemisches Element*

Holocaust [-k-] der, -[s] ⟨gr.-lat.-engl.⟩: *Massenmord an Juden durch das nationalsozialistische Regime;* → Shoah ‖ **Holocaustmahnmal** ‖ **Hologramm** das, -s/-e ⟨gr.⟩: *ein dreidimensionales Bild* ‖ **Holografie** = Holographie [-ˈfiː] die, -/-n: *Erzeugung von Hologrammen* | *Hologramm* ‖ **holografisch** = **holographisch** [-f-]

holperig → holprig ‖ **holpern:** der Wagen holperte auf der unebenen Straße ‖ **holprig,** *auch:* holperig: ein holpriger *(unebener)* Weg ‖ **Holprigkeit** die, -/-en

Holschuld die, - (Jus): *Verpflichtung, die beim Schuldner einzulösen ist;* → Bringschuld

holterdipolter = **holterdiepolter:** *ohne zu überlegen, überstürzt;* h. ging es den Berg hinunter | (ugs.) die Kutsche fuhr h. *(mit einem polternden Geräusch)* davon

Holunder der, -s/-: *ein Strauch;* → Holler ‖ **Holunderblüte** ‖ **Holunderbusch:** *Holunderstrauch* ‖ **Holunderröster** (Küchenspr.) ‖ **Holundersaft** ‖ **Holunderschnaps** ‖ **Holundersekt** ‖ **Holunderstaude** (ugs.): *Holunderstrauch* ‖ **Holunderstrauch** (Bot.)

Holz das, -es/Hölzer: H. hacken; H. verarbeiten; → Holz verarbeitend = holzverarbeitend | (ohne Pl.) (geh. bzw. Jägerspr.) *Wald, Gehölz;* Unterholz ‖ **Holzarbeiter** ‖ **Holzarbeiterin** ‖ **Holzart** ‖ **Holzbein:** *eine Prothese* ‖ **Holzbiene:** *eine Bienenart* ‖ **Holzbläser** die (Pl.): *die Spieler der Holzblasinstrumente* ‖ **Holzblasinstrument** [-st-]: *Flöte, Klarinette ua.* ‖ **Holzbock:** *eine Zeckenart* | *Schragen* ‖ **Holzbringung** die, -/-en (Forstwirt.): *Abtransport der gefällten Stämme* ‖ **Holzdecke** ‖ **Holzdriste** → Holztriste ‖ **hölzeln,** ich hölzle (ugs.): *an einem bestimmten Sprechfehler leiden, lispeln* ‖ **holzen,** du holzt: *Bäume schlagen* | (bes. im Fußball) *derb spielen, auf die Beine zielen* ‖ **Holzer** der, -s/- (veraltend): *Holzarbeiter* | (ugs.) (Sport) *unfairer Spieler* ‖ **hölzern:** *aus Holz* | h. *(steif, ungelenk)* sprechen ‖ **Holzfäller** der, -s/- ‖ **Holzfällerin** die, -/-innen ‖ **holzfrei:** *holzfreies Papier* ‖ **Holzfußboden** ‖ **holzgeschnitzt** ‖ **Holzgestell** ‖ **holzgetäfelt** ‖ **Holzhacker** (veraltend): *Holzfäller* ‖ **Holzhackerin** (veraltend) ‖ **Holzhammer:** *hölzerner Hammer* ‖ **Holzhaus** ‖ **holzig:** holzige Kohlrabi ‖ **Holzindustrie** ‖ **Holzkiste** ‖ **Holzklotz** ‖ **Holzknecht** (veraltet): *Waldarbeiter* ‖ **Holzkohle** ‖ **Holzkohlengrill** ‖ **Hölzl** das, -s/-n (ugs.): *Holz, Hölzchen;* jemandem ein H. werfen *(jemandem einen unterstützenden Hinweis geben);* Zündhölzl | (Mus.) picksüßes H. *(Pikkoloklarinette)* ‖ **Holzpaneel:** *Holztäfelung* ‖ **Holzplatte** ‖ **Holzriese:** *Gleitrinne für den Transport von Baumstämmen* ‖ **Holzschaff** ‖ **Holzscheit** ‖ **Holzschnitt:** *eine druckgrafische Technik* | *eine Grafik in dieser Technik* ‖ **Holzschnitzer** ‖ **Holzschnitzerin** ‖ **Holzschutzmittel** ‖ **Holzspan** ‖ **Holzspielzeug** ‖ **Holzsprießel** ‖ **Holzsprosse** ‖ **Holzstapel** ‖ **Holzsteige:** *Lattenkiste* ‖ **Holzstoß** ‖ **Holztäfelung** ‖ **Holztram:** *Holzbalken* ‖ **Holztriste,** *auch:* Holzdriste: *Holzstoß* ‖ **Holztrumm** (ugs.) ‖ **Holztür** ‖ **Holz verarbeitend** = **holzverarbeitend:** ein H. verarbeitender Betrieb ‖ **holzverkleidet** ‖ **Holzweg:** auf dem H. *(im Irrtum)* sein ‖ **Holzwespe:** *ein Hautflügler* ‖ **Holzwirtschaft** ‖ **Holzwolle:** *bes. feine Holzspäne* ‖ **Holzwurm:** *ein Holzschädling*

Homburg der, -s/-s: *ein klassischer Herrenhut*

Homebanking [ˈhəumbæ-] das, -[s] ⟨engl.⟩ (Bankw.): *Telebanking* ‖ **Homeoffice** [-ɔfɪs] das, -/-s [-ɪz]: *Büroarbeitsplatz zu Hause* ‖ **Homepage** [-peɪdʒ] die, -/-s [-ɪz] (EDV): *erste Seite einer Website* ‖ **Homestory** [-ˌstɔːri]: *Bericht über das private Umfeld von Prominenten*

homerisch: ein homerisches *(anhaltendes, schallendes)* Gelächter; die homerischen (auch: homerschen, Homer'schen) Epen (nach dem altgriechischen Dichter Homer)

Hometrainer [ˈhəumtreɪnə] ⟨engl.⟩: *Heimtrainer*

Homilie die, -/-n ⟨gr.⟩: *Bibelinterpretation als Predigt*

Hominide der, -n/-n ⟨gr.⟩: *der Mensch und die Menschenaffen samt (paläontologischen) Vorgängern (die biologische Familie der Menschenverwandten)*

Hommage [ɔˈmaːʃ, -ʒɛ] die, -/-n ⟨fr.⟩ (geh.): *Ausstellung oÄ als Ehrung, Huldigung [für eine Künstlerin];* eine H. an Ingeborg Bachmann

Homo der, -s/-s ⟨gr.⟩ (sal.): *Homosexueller* ‖ **Homoehe** (sal.): *eheähnliche Gemeinschaft zwischen Gleichgeschlechtlichen, eingetragene Partnerschaft* ‖ **Homoerotik** [auch: ˈhoː-]; → Homosexualität

Homo faber der, - -[s] ⟨lat.⟩ (wörtl.: der Mensch als Werkmeister): *jetzige Entwicklungsstufe des Menschen, der durch Fertigkeiten seine Umwelt beherrscht*

homogen ⟨gr.⟩: *gleichartig zusammengesetzt;* → G.: inhomogen; → G.: heterogen ‖ **homogenisieren** (Chem.): *nicht mischbare Substanzen miteinander mischbar machen* ‖ **Homogenisierung** die, -/-en ‖ **Homogenität** die, - ‖ **Homograf** = **Homograph** [-f] das, -s/-e (Sprachwiss.): Service (Tischgeschirr) und Service (Kundendienst) sind Homografe *(unterschiedliche, aber gleich geschriebene Wörter);* → Homonym; → Homofon ‖ **homolog** ‖ **Homologie** die, - (fachspr.): *Übereinstimmung; Bedeutungsgleichheit; Gleichgesetzlichkeit* ‖ **homologieren** (SüdT, CH): *[ein Gerät, eine Ausrüstung] behördlich genehmigen* | *eine Urkunde gerichtlich beglaubigen* ‖ **Homonym** [-ˈyːm] das, -s/-e (Sprachwiss.): *Homonyme sind unterschiedliche, aber gleich lautende oder gleich geschriebene Wörter, d. h.* → *Homofone und* → *Homografe* ‖ **Homopartnerschaft** ‖ **Homöopathie** die, - (Med.): *ein Heilverfahren* ‖ **homöopathisch:** in homöopathischen Dosen *(sehr kleinen Mengen)* ‖ **Homöostase** die, - (Med.): *Gleichgewicht der Körperfunktionen* ‖ **Homophilie** [-f-] die, -: → *Homosexualität* ‖ **homofon** = homophon [-f-] (Mus.): *mit mehreren, aber nicht gleichwertig geführten Stimmen;* → heterofon; → G.: polyfon ‖ **Homofon** = Homophon das, -s/-e (Sprachwiss.): Lerche (Vogel) und Lärche (Baum) sind Homofone *(unter-*

schiedliche, aber gleich lautende Wörter); → Homonym; → Homograf ‖ **Ho|mo|fo|nie** = **Ho|mo|pho|nie** die, - (Mus.)
Ho|mo sa|pi|ens der, - - ⟨lat.⟩ (wörtl.: der vernunftbegabte Mensch): *biologische Bezeichnung für den Menschen*
Ho|mo|se|xu|a|li|tät [auch: 'ho:-] ⟨gr.⟩: *gleichgeschlechtliche Neigung;* → G.: Heterosexualität; → Bisexualität ‖ **ho|mo|se|xu|ell:** *dem gleichen Geschlecht zugewandt;* → G.: heterosexuell ‖ **Ho|mo|se|xu|el|le**[1] der, -n/-n, ein Homosexueller ‖ **Ho|mo|se|xu|el|le**[2] die, -n/-n ‖ **Ho|mo|se|xu|el|len|ehe:** → *Homoehe*
Ho|mun|ku|lus der, -/Homunkuli ⟨lat.⟩: *künstlich geschaffener Mensch*
Hon|du|ras: *mittelamerikanischer Staat*
ho|nett ⟨fr.⟩ (veraltet): eine honette *(ehrliche, anständige)* Person
Ho|ney|moon ['hʌnimu:n] der, -s/-s ⟨engl.⟩: *Flitterwochen*
Hong|kong (chin. Xianggang ['ɕɪaŋ'gaŋ]): *Stadt in China*
Ho|nig der, -s: den Tee mit H. *(Bienenhonig)* süßen; arabischer, türkischer H. *(eine Süßigkeit)* ‖ **Ho|nig|bie|ne:** *Imme* ‖ **ho|nig|far|ben** ‖ **Ho|nig|le|cken** (nur in der Wendung): das ist kein H. *(das ist schwierig, unangenehm);* → Zuckerschlecken ‖ **Ho|nig|me|lo|ne** ‖ **Ho|nig|mond** (geh., auch scherzh.): *Flitterwochen* ‖ **ho|nig|süß** ‖ **Ho|nig|tau:** → *Meltau* ‖ **Ho|nig|wa|be**
Hon|neurs [ɔ'nø:əs] die (Pl.) ⟨fr.⟩ (geh.): die H. machen *(die Gäste willkommen heißen)*
Ho|no|rar das, -s/-e ⟨lat.⟩: *Entgelt für Leistungen der Angehörigen der freien Berufe* ‖ **Ho|no|rar|an|spruch** ‖ **Ho|no|rar|kon|sul** ‖ **Ho|no|rar|kon|su|lin** ‖ **Ho|no|rar|pro|fes|sor:** *Titel an Universitäten für wissenschaftliche Leistungen* ‖ **Ho|no|rar|pro|fes|so|rin** ‖ **Ho|no|ra|ti|o|ren** [-tsi̯-] die (Pl.): *Personen, die eine höhere öffentliche Stellung bekleiden* ‖ **ho|no|rie|ren:** *vergüten, bezahlen* ‖ **ho|no|rig:** *ehrenwert, ehrenhaft* ‖ **ho|no|ris cau|sa** [- k-] (h. c.): *ehrenhalber;* → Dr. h. c.
Hon|ved [-v-] die, - ⟨ung.⟩ (früher): *ungarische Landwehr bzw. Armee*
Hoo|li|gan ['hu:lɪgən] der, -s/-s ⟨engl.⟩: *Randalierer, Rowdy* ‖ **Hoo|li|ga|nis|mus** der, -
Hop|fen der, -s: *eine Nutzpflanze (zur Biererzeugung)* | bei ihm ist H. und Malz verloren *(bei ihm ist alle Mühe vergebens)* ‖ **Hop|fen|bu|che:** *ein Baum* ‖ **Hop|fen|stan|ge** (ugs., scherzh.): *langer, magerer Mensch*
Hopf|gar|ten (Siedlungsname): H. im Brixental (T)
hopp: *ein Ausruf* | h. oder tropp/dropp *(entweder – oder, mit sofortiger Entscheidung, auf Biegen und Brechen)* ‖ **hop|pa|la** → hoppla ‖ **hopp|auf** ‖ **hop|peln,** ich hopple: ein hoppelnder Hase ‖ **hop|per|tat|schert** = **hop|per|tat|schig** (W, ugs.): *ungeschickt | überheblich abweisend* ‖ **hopp|la,** *auch:* hoppala ‖ **hopp|neh|men** (sal.): *festnehmen* ‖ **hop|sen,** du hopst: *springen* ‖ **Hop|ser** der, -s/-: einen H. *(Sprung, Hüpfer)* machen
Hör|ap|pa|rat: *Hörgerät* ‖ **hör|bar** ‖ **Hör|be|reich:** *wahrnehmbarer Frequenzbereich* ‖ **hör|be|hin|dert** = → gehörbehindert ‖ **Hör|bild:** *Hörfunksendung aus Bericht und Hörspiel* ‖ **Hör|buch:** *auf CD oder Kassette gesprochener Roman o. dgl., Audiobook* ‖ **Hör|bü|che|rei**
hor|chen: vor der verschlossenen Tür h. *(lauschen)* ‖ **Hor|cher** der, -s/- ‖ **Hor|che|rin** die, -/-innen ‖ **Horch|ge|rät:** *ein akustisches Messgerät* ‖ **Horch|pos|ten** (Mil.): *Beobachtungsposten*
Hor|de die, -/-n: *wilde Schar*
hö|ren: auf gute Ratschläge h.; das lässt sich h. *(ist eine positive Nachricht); aber:* es vergeht ihr Hören und Sehen; sie hat seit Tagen nichts von sich h. lassen *(sich bei niemandem gemeldet)* ‖ **Hö|ren|sa|gen:** etwas nur vom H. *(nicht aus eigener Anschauung, nur gerüchtweise)* kennen oder wissen ‖ **hö|rens|wert** ‖ **Hö|rer** der, -s/-: *Student einer Universität | jemand, der eine Radiosendung hört* | den H. *(Telefonhörer)* abheben ‖ **Hö|re|rin** die, -/-innen ‖ **Hö|rer|kreis** ‖ **Hö|rer|schaft** ‖ **Hö|rer|ver|samm|lung:** *[Informations]veranstaltung der Studenten* ‖ **Hö|rer|wunsch** ‖ **Hö|rer|zahl** ‖ **Hör|feh|ler** ‖ **Hör|funk:** *Rundfunk, Radio* ‖ **Hör|gang** = → Gehörgang ‖ **Hör|ge|rät:** *Gerät für Schwerhörige* ‖ **hör|ge|schä|digt** = → gehörgeschädigt
hö|rig: jemandem h. *(willenlos ergeben)* sein ‖ **Hö|ri|ge**[1] der, -n/-n, ein Höriger (früher): *ein Unfreier, zB Bauer* ‖ **Hö|ri|ge**[2] die, -n/-n (früher) ‖ **Hö|rig|keit** die, -
Ho|ri|zont der, -[e]s/-e ⟨gr.⟩: *Grenzlinie zwischen Erde (Gewässer) und Himmel | bildungsmäßiger Gesichtskreis;* einen weiten H. *(vielfältige Interessen und Kenntnisse)* haben ‖ **ho|ri|zon|tal:** *waagrecht;* → G.: vertikal, senkrecht, lotrecht ‖ **Ho|ri|zon|tal|auf|lö|sung** (Elektrot.): *Anzahl der Linien, in die [in Camcordern] ein Bild aufgelöst wird* ‖ **Ho|ri|zon|ta|le** die, -n/-n: die Horizontalen zeichnen | (auch mit Pl. -) zwei, alle Horizontale[n]
Hor|mon das, -[e]s/-e ⟨gr.⟩: *von Drüsen abgesonderter lebenswichtiger Stoff* ‖ **hor|mo|nal** ‖ **hor|mo|nell** ‖ **Hor|mon|haus|halt:** *die Hormone im Körper* ‖ **Hor|mon|spie|gel**
Hör|mu|schel: *Teil des Telefonhörers*
Horn[1] (Kfz: HO): *Stadt in Niederösterreich*
Horn[2] das, -[e]s/Hörner: den Stier bei den Hörnern packen *(eine unangenehme Angelegenheit ohne Scheu in Angriff nehmen);* dem Ehemann Hörner aufsetzen *(ihn betrügen);* sich die Hörner abstoßen *(aus negativen Erfahrungen lernen, reifen)* | (Mus.) *ein Blechblasinstrument;* Waldhorn | *Bergform;* Kitzbühler H. (T) | (mit Pl. -e, -arten) *ein hartes Material, zB aus dem Geweih von Hirschen, Rehen (für Knöpfe u. dgl.)* ‖ **Horn|blen|de** die, -: *ein Mineral* ‖ **Horn|bril|le:** *Brille mit Hornfassung* ‖ **Hörn|chen** das, -s/-: *ein kleines Horn* | (meist Pl.) *eine Teigware* | (D) *ein Gebäck, Kipferl | ein Nagetier;* Eichhörnchen ‖ **Hörndl** das, -s/-n (ugs.): *Rinderhorn, Ziegenhorn* ‖ **Hörndl|bau|er:** *Bauer, der Hornvieh züchtet;* → G.: Köndlbauer
Hör|nerv = → Gehörnerv
Horn|haut: *durchsichtige Haut des Augapfels | Schwiele*
Hor|nis|se [auch: -'i-] die, -/-n: *eine Wespenart* ‖ **Hor|nis|sen|nest**
Hor|nist der, -en/-en: *Hornbläser* ‖ **Hor|nis|tin** die, -/-innen ‖ **Horn|klee** (Bot.): *eine Pflanzengattung* ‖ **Horn|ochs** [-ks] (ugs.): *ein Schimpfwort* ‖ **Horn|ot|ter:** *eine Giftschlange, Hornviper, Sandviper* ‖ **Horn|si|gnal**

H

Hornung der, -s/-e (veraltet): *Februar*
Hornvieh: *die Rinder* ‖ **Hornviper** [-v-, -f-]: → *Hornotter*
Hörorgan = → Gehörorgan
Horoskop das, -s/-e ⟨gr.⟩: *(Aufzeichnung der Stellung der Gestirne zwecks) Charakter- und Schicksalsdeutung;* → Astrologie
Hörpartitur: *Aufzeichnung, die den Verlauf der Musik durch grafische Zeichen verdeutlicht*
horrend ⟨lat.⟩: h. *(erschreckend)* teuer ‖ **horribile dictu** [- -k-] (wörtl.: schrecklich, es sagen zu müssen) (geh., oft scherzh.): ich hatte ihren Geburtstag, h. d., einfach vergessen ‖ **Horror** der, -s: *Schrecken, Abscheu* ‖ **Horrorfilm** ‖ **Horrormeldung** ‖ **Horrorszenario** ‖ **Horrorzahl** (meist Pl.): *erschreckende Zahl, zB ungünstige statistische Daten*
Hörsaal: *Raum für Lehrveranstaltungen [an der Universität]* ‖ **Hörschaden** = → Gehörschaden
Hörsching: *Marktgemeinde in Oberösterreich*
Hörschwelle (Phys.): *der gerade noch wahrnehmbare Schalldruck*
Horsd'œuvre [ɔr'dø:vә, fr.: -'œ:vr] das, -s/-s ⟨fr.⟩: *feine Vorspeise*
Hörsinn = → Gehörssinn ‖ **Hörspiel:** *eine literarische Kunstform des Hörfunks* ‖ **Hörspielmusik**
Horst[1]: *männl. Vorname*
Horst[2] der, -[e]s/-e: *Greifvogelnest* | *Fliegerhorst* ‖ **horsten:** der horstende *(nistende)* Geier
Hörsturz (Med.) = → Gehörsturz
Hort der, -[e]s/-e: *Tagesheim für Kinder* | (geh.) ein H. *(eine Heimstätte)* der Wissenschaft | (veraltet) *Schatz* ‖ **horten:** Vorräte h. *(anhäufen)*
Hortensie [-ɪ̯ɛ] die, -/-n: *eine Zierpflanze*
Horterzieher ‖ **Horterzieherin**
ho ruck = → hau ruck
hosanna → hosianna
Höschen das, -s/-: *Unterhose* ‖ **Hose** die, -/-n: lange/kurze H.; zu Hause die Hosen anhaben *(als Frau das Sagen haben)* | (ugs.) in die Hosen gehen *(misslingen)* ‖ **Hosenanzug:** *eine Damenbekleidung* ‖ **Hosenbein** ‖ **Hosenboden:** *Gesäßteil einer Hose* ‖ **Hosenbund** ‖ **Hosenknopf** ‖ **Hosenlatz** ‖ **Hosenrock:** *ein Kleidungsstück für Frauen* ‖ **Hosenrolle:** *von einer Frau in Männerkleidern gespielte Rolle; von einer Frau gesungene Männerrolle* ‖ **Hosensack:** *Hosentasche;* mit den Händen im H. ‖ **Hosenscheißer** (ugs., derb): *ängstlicher Mensch* ‖ **Hosenscheißerin** (ugs., derb) ‖ **Hosenschlitz** ‖ **Hosenspanner** ‖ **Hosenstall** (ugs., scherzh., veraltend): *Hosenschlitz* ‖ **Hosentasche** ‖ **Hosenträger** (meist Pl.) ‖ **Hosentürl** (ugs.): *Hosenschlitz* ‖ **Hoserl** das, -s/-[n]: *Höschen*
hosianna, *auch:* hosanna ⟨hebr.⟩ (Rel.): *ein Gebetsruf des Jubels (im Christentum)*
Hospital [-sp-] das, -s/-e [Hospitäler] ⟨lat.⟩: *Krankenhaus* ‖ **hospitalisieren:** *in ein Krankenhaus oÄ einweisen* ‖ **Hospitalismus** der, - (Psych., Med.): *Schädigung von Kindern durch längeren Heimaufenthalt* ‖ **Hospitant** der, -en/-en ‖ **Hospitantin** die, -/-innen ‖ **hospitieren:** *als Gast [beim Unterricht] zuhören* ‖ **Hospiz** das, -es/-e: *(christliche) Einrichtung zur Sterbebegleitung* | *Fremdenheim* ‖ **Hospizbewegung:** *Eintreten für humane Sterbebegleitung* ‖ **Hospizdienst** ‖ **Hospizkarenz:** *Kurzwort für Familienhospizkarenz*
Host [hәʊst] der, -s/-s ⟨engl.⟩ (EDV): *Computer in einem Netzwerk;* → Server
Hostess die, -/-en ⟨lat.-fr.-engl.⟩: *Betreuerin, Begleiterin [bei Ausstellungen]* | *Angestellte des Boden- oder Flugpersonals einer Fluggesellschaft* | (verhüllend) *Prostituierte*
Hostie [-ɪ̯ɛ] die, -/-n ⟨lat.⟩ (kath.): *konsekrierte Oblate;* die H. empfangen ‖ **Hostienbäckerei**
Hosting ['hәʊs-] das, -s ⟨engl.⟩: *Anbieten von [Internet]diensten;* Webhosting
hot ⟨engl.⟩ (sal.) (bes. Jug.): *heiß, scharf* ‖ **Hot Dog** = **Hotdog** das (*auch:* der), -s/-s (wörtl.: heißer Hund): *ein Würstel in einem ausgehöhlten Weckerl*
Hotel das, -s/-s ⟨fr.⟩: ein H. reservieren; im H. Mama *(im Elternhaus, zu Hause)* wohnen ‖ **Hotelbesitzer** ‖ **Hotelbesitzerin** ‖ **Hotelbett** ‖ **Hoteldirektor** ‖ **Hoteldirektorin** ‖ **Hotelfachschule** ‖ **Hotel garni** das, -s -/-s -[s]: *Frühstückshotel;* → Garni ‖ **Hotelgast** ‖ **Hotelhalle:** *Foyer* ‖ **Hotelier** [-'li̯e:] der, -s/-s: *Hotelbesitzer* ‖ **Hoteliere** [-'li̯e:ә-rɛ] die, -/-n = **Hotelierin** die, -/-innen: *Hotelbesitzerin* ‖ **Hotellerie** die, -: *Hotelgewerbe* ‖ **Hotelportier** [-ˌti:ә, -ˌti̯e:] ‖ **Hotelportierin** [-ti:r-] ‖ **Hotelzimmer**
Hot Jazz ['hɒt 'dʒæz] der, - - ⟨engl.⟩ (Mus.): *Stil im Jazz* ‖ **Hotline** [-laɪn] die, -/-s (wörtl.: heißer Draht): *direkte Telefonverbindung [für Stör- und Notfälle]* ‖ **Hot Pants** [- 'pænts] = **Hotpants** die (Pl.): *ganz kurze Damenhose* ‖ **Hot Spot** [- -sp-] = **Hotspot:** *Gebiet mit kabellosem Internetzugang*
hott: *Zuruf an Zugtiere, rechts!; vorwärts!;* → hü
Hotter der, -s/- (B, OstSt): *Grenzzeichen, Gemeindegrenze; Gemeindegebiet*
House [haʊs] der, - (Art. selten) ⟨engl.⟩: *elektronische Tanzmusik mit schnellem Rhythmus*
Housse ['husɛ] → Husse
HR: Hofrat/Hofrätin
Hr.: Herr ‖ **Hrn.:** Herrn (in Adressen); Hrn. Karl Spitz
hrsg.: herausgegeben; → herausgeben ‖ **Hrsg.:** Herausgeber/in
Hs: Hassium
HSDPA [ha ɛs de pe 'a:] das, -: *ein Standard für schnelle Datenübertragung über Mobilfunk*
HS: Hauptschule ‖ **HS-Lehrer** ‖ **HS-Lehrerin**
HTBLuVA: Höhere Technische Bundeslehr- und Versuchsanstalt
HTL [ha te 'ɛl] die, -/-[s]: Höhere technische Lehranstalt; → technisch ‖ **HTLer** der, -s/- (sal.): *HTL-Schüler* ‖ **HTLerin** die, -/-innen (sal.)
HTML [ha te ɛm 'ɛl] (EDV): Hypertext Markup Language *(eine Beschreibungssprache für Internetseiten)* ‖ **HTTP** [ha te te 'pe:] (EDV): Hypertext Transfer Protocol *(Internetprotokoll, das die Übertragung und Verknüpfung von Internetseiten garantiert)*
hu: *Ausruf des Gruselns*
hü: *Zuruf an Zugtiere, links!; halt!;* → hott ‖ **hüa:** *Zuruf an Zugtiere, vorwärts!;* → öha; → brr
Hub[1] der, -[e]s/Hübe: *Hin- oder Herbewegung eines Kolbens;* → Hubraum
Hub[2] [hʌb] der, -s/- ⟨engl.⟩ (Elektrot.): *Knotenpunkt in digitalen Telekommunikationsnetzwerken*
Hube die, -/-n (ostöst.): *eine kleine Bauernwirtschaft in alpinem Gebiet; Hufe*

H

hüben und drüben: *herüben und drüben*
Hubert, *auch:* Hubertus: *männl. Vorname;* → Bertl ‖ **Hubertus:** *Schutzpatron der Jagd und der Jäger* | *männl. Vorname;* → Hubert ‖ **Hubertusmantel:** *ein Lodenmantel*
Hubraum: *Teil des Zylinders, in dem sich der Kolben bewegt;* → Hub
hübsch: ein hübsches Kind | (ugs.) *ziemlich;* h. groß
Hubschrauber der, -s/-: *Helikopter* ‖ **Hubschrauberlandeplatz** ‖ **Hubstapler:** *Transportkarren mit hebbarer Ladefläche*
Huchen der, -s/-: *ein Fisch, Donaulachs*
huckepack: *auf dem Rücken;* den kleinen Bruder h. tragen/nehmen ‖ **Huckepackverkehr:** *Beförderung von Lkws mit der Bahn*
Hudelei die, -/-en ‖ **hudeln,** ich hudle: *hastig [und daher schlampig] arbeiten* | (mda.) nur net h.! *(Zeit lassen!)* ‖ **Hudlerei** die, -/-en ‖ **hudriwudri** (bes. ostöst., ugs., scherzh.): *flüchtig; wirr* ‖ **Hudriwudri** der, -[s]/-s (bes. ostöst., ugs., scherzh.): *ein schusseliger Mensch*
Huf der, -[e]s/-e: dem Pferd die Hufe beschlagen ‖ **Hufe** die, -/-n: → *Hube* ‖ **Hufeisen** ‖ **hufeisenförmig** ‖ **Hufeisenmagnet:** *hufeisenförmiger Magnet* ‖ **Hufeisennase:** *eine Fledermaus*
Hüferl → Hieferl ‖ **Hüferscherzl** → Hieferscherzl ‖ **Hüferschwanzl** → Hieferschwanzl
Huflattich: *eine Arzneipflanze*
Hüfler → Hiefler
Hufschlag ‖ **Hufschmied:** *Schmied, der die Pferde mit Hufeisen beschlägt* ‖ **Hufschmiedin**
Hüftaufschwung (Sport): *eine Turnübung am Reck, Felge* ‖ **Hüfte** die, -/-n ‖ **Hüftgelenk** ‖ **Hüftgelenksluxation** [-tsi̯-] (Med.) ‖ **Hüftgürtel** ‖ **hüfthoch**
Huftier: *Säugetier mit einer Hornschicht an den Zehen, zB Pferd, Rind, Antilope*
Hüftknick: *eine Technik [beim Skifahren]* ‖ **Hüftschwung:** *eine typische Tanzbewegung [im Rock 'n' Roll]* | *eine Technik beim Skifahren* | *ein Griff [im Ringen, Judo]* | *eine Übung am Reck* ‖ **Hüftumschwung** (Sport): *eine Turnübung*
Hügel der, -s/- ‖ **hügelab** (geh.) ‖ **hügelan** (geh.) ‖ **hügelauf** (geh.) ‖ **hügelig,** *auch:* **hüglig** ‖ **Hügelland** ‖ **Hügellandschaft**
Hugenotte der, -n/-n ⟨dt.-fr.⟩ (früher): *französischer Protestant* ‖ **Hugenottin** die, -/-innen (früher)
hüglig → hügelig
Hugo: *männl. Vorname* | (ugs.) etwas ist für den H. *(sinnlos, umsonst, vergeblich)*
Huhn das, -[e]s/Hühner: *ein Hühnervogel;* Haushuhn; → Hendl | (ugs.) da lachen ja die Hühner *(das ist ja Unsinn);* auch ein blindes H. findet einmal ein Korn *(irgendwann hat jeder einmal Glück)* ‖ **Hühnchen:** mit jemandem ein H. zu rupfen haben *(jemanden zur Rede stellen müssen)* ‖ **Hühnerauge:** *schmerzhafte Hornhautverdickung [an den Zehen]* ‖ **Hühnerbiegel:** *Hühnerschenkel* ‖ **Hühnerbrust:** *Teil des Huhns* | (Med.) *eine Verformung des Brustbeins* | (ugs.) *schwach ausgebildeter Brustmuskel (bei Männern)* ‖ **Hühnerei** ‖ **hühnereigroß** ‖ **Hühnerfarm** ‖ **Hühnerfutter** ‖ **Hühnerhabicht** ‖ **Hühnerhaut** ‖ **Hühnerjunge** das, -n (Küchenspr.): *Hendljunges* ‖ **Hühnerklein** (bes. D) (Küchenspr.): *Hendljunges* ‖ **Hühnerleiter** ‖ **Hühnerstall** ‖ **Hühnersteige:** *Hühnerleiter* | *Hühnerstall* ‖ **Hühnersuppe** ‖ **Hühnervogel:** der Truthahn ist ein H. | (Pl.) (Zool.) *eine Ordnung der Vögel*
hui: *ein Ausruf; aber:* in einem **Hui** *(sehr schnell)*
Hula-Hoop [-'hu:p] ⟨hawaiianisch +engl.⟩: *ein Plastikreifen (zum Spielen und als Sportgerät)*
Huld die, - (geh.): *Gunst* ‖ **huldigen:** dem Wein h. *(ihn bes. gern trinken)* ‖ **Huldigung** die, -/-en: *Ehrung*
Hülle die, -/-n: *Schutzüberzug;* in H. und Fülle *(reichlich)* | (geh.) die sterbliche H. *(der Leichnam)* ‖ **hüllenlos** (geh.): *nackt*
Hülse die, -/-n: *[Schutz]behälter;* Patronenhülse | (Bot.) *Fruchttyp der Hülsenfrüchtler* ‖ **Hülsenfrucht:** *Erbse, Linse ua.* ‖ **Hülsenfrüchtler** der, -s/- (Bot.): *eine Pflanze, zB Erbse, Bohne* | (Pl.) *eine Pflanzenfamilie*
human ⟨lat.⟩: *menschlich, menschenfreundlich;* → G.: inhuman ‖ **Humanbiologie:** *ein Teilgebiet der Anthropologie* ‖ **Humangenetik** ‖ **humanisieren** ‖ **Humanisierung** die, - ‖ **Humanismus** der, -: *eine durch Menschlichkeit bestimmte (an der klassischen Antike geschulte) Geisteshaltung, europäische geistige Bewegung im 14.–16. Jh.* ‖ **Humanist** der, -en/-en ‖ **Humanistin** die, -/-innen ‖ **humanistisch:** eine humanistische Weltanschauung; *aber: das* Humanistische Gymnasium (früher) *(eine Form der allgemein bildenden höheren Schule mit Latein und Griechisch)* ‖ **humanitär:** *menschenfreundlich, wohltätig* ‖ **Humanität** die, -: *Menschlichkeit* ‖ **Humanmedizin** → G.: Veterinärmedizin ‖ **Human-Resources-Manager** [ˌhjuːmən riˈzɔːsɪz ˌmænɪdʒə] ⟨lat.-engl.⟩: *für das Personal verantwortlicher Manager* ‖ **Human-Resources-Managerin** ‖ **Humanwissenschaft** (meist Pl.): *ein Teil der Geisteswissenschaften*
Humbug der, -s (ugs.): *Täuschung, Schwindel; Unsinn*
humid ⟨lat.⟩ (Geogr.): ein humides *(feuchtes)* Klima
Hummel die, -/-n: *eine Bienenart*
Hummer der, -s/-: *ein Krebs*
Hummus der = das, - ⟨arab.⟩: *eine Speise aus Kichererbsen ua. (orientalische Spezialität)*
Humor der, -s ⟨lat.-fr.⟩ ‖ **Humoreske** die, -/-n: *eine lustige Erzählung* ‖ **humorig** ‖ **Humorist** der, -en/-en ‖ **Humoristin** die, -/-innen ‖ **humoristisch** ‖ **humorlos** ‖ **Humorlosigkeit** die, - ‖ **humorvoll**
humpeln, ich humple: *hinkend gehen*
Humpen der, -s/-: *ein großes Trinkgefäß*
Humus der, - ⟨lat.⟩: *fruchtbare Ackererde* | *organische Anteile des Bodens* ‖ **Humuserde** ‖ **humusreich**
Hund[1] der, -[e]s/-e: *ein Raubtier;* Haushund | (Pl.) (Zool.) *eine Raubtierfamilie;* „Vorsicht, bissiger Hund!"; auf den H. kommen *(in schlechte Verhältnisse geraten);* von allen Hunden gehetzt sein *(schlau, geschickt sein);* vor die Hunde gehen *(zu Grunde gehen)* | (sal.) da liegt der H. begraben *(das ist der Grund für die Schwierigkeiten)* | (ugs.) unterm H. *(unterdurchschnittlich, miserabel)* ‖ **Hund**[2] = Hunt der, -[e]s/-e (Bergmannsspr.) *Förderwagen auf Schienen* ‖ **Hündchen** das,

-s/- ‖ **Hundeauslauf** ‖ **hundeelend:** sich h. *(miserabel) fühlen* ‖ **Hundefänger:** *jemand, der herrenlose Hunde [als Versuchstiere] einfängt* ‖ **Hundefängerin** ‖ **Hundefreund** ‖ **Hundeführerschein** (ugs. oft für): → *Hundeführschein* ‖ **Hundeführschein** (Amtsspr.): *Regelung für die Haltung gefährlicher Hunde* ‖ **Hundefutter** ‖ **Hundegebell** ‖ **Hundehalter** (Amtsspr.) ‖ **Hundehalterin** (Amtsspr.) ‖ **Hundehaufen:** *Hundekot* ‖ **Hundehütte** ‖ **Hundekot** ‖ **Hundeleben:** *elendes Leben* ‖ **Hundeleine** ‖ **Hundemarke:** *amtliche Kennmarke* ‖ **hundemüde** ‖ **Hunderasse**

H

hundert

(100): → tausend

Kleinschreibung als Grundzahl:
- hundert Euro (in Formularen auch: einhundert)
- an die hundert Menschen
- drei von hundert [Menschen]

Groß- und Kleinschreibung, wenn „hundert“ eine unbestimmte Menge bezeichnet:
- einige hundert (= **H**undert) Bäume
- hunderte (= **H**underte) Menschen
- [einige] hunderte (= **H**underte) [von] Menschen
- hunderte und aberhunderte (= **H**underte und **A**berhunderte) frohe[r] Kinder

R→ S. 894, 2.3.4

Großschreibung als Zahlnomen:
- 12 vom **H**undert (v. H.) *(12 %)*
- ein halbes **H**undert
- zu **H**underten

R→ S. 894, 2.3.3

Das Ordnungszahlwort „hundertste“:
- das hundertste Mal
- zum hundertsten Mal; *aber groß:* vom **H**undertsten ins Tausendste kommen; jeder **H**undertste gewinnt

Zusammenschreibung:
- hundertfach (100fach = 100-fach), *aber groß:* das **H**undertfache
- hundertjährige (100-jährige) Eichen; *aber groß:* eine **H**undertjährige war auch dabei
- hundertmal (100-mal) *(bei bes. Betonung auch:* hundert Mal)
- hundertprozentig (100-prozentig, 100%ig)
- aberhundert[e] (= **A**berhundert[e]) von Zuhörern *(viele hunderte)*

R→ S. 902, 2.1.3

Hundert das, -s/-e: 12 vom Hundert (v. H.) *(12 %);* → hundert ‖ **Hunderter** (100er) der, -s/-: *eine Zahl mit drei Stellen | Hunderterschein, Hunderteuroschein* ‖ **hunderterlei** ‖ **Hunderteurobanknote** (100-Euro-Banknote) ‖ **Hunderteuroschein** (100-Euro-Schein) ‖ **hundertfach** (100fach = 100-fach) ‖ **Hundertfache** (100fache = 100-Fache) das, -n ‖ **hundertfünfzigprozentig** (150-prozentig, 150%ig) (ugs., scherzh.): ein hundertfünfzigprozentiger *(begeisterter)* Fußballfan ‖ **Hundertfüßler** der, -s/-, *auch:* Hundertfüßer (Zool.): *ein Tausendfüßler mit Giftklauen* ‖ **Hundertjahrfeier** (100-Jahr-Feier) ‖ **hundertjährige** (100-jährige): der h. Kalender ‖ **hundertmal** (100-mal) (bei bes. Betonung auch: hundert Mal): einige, viele h. (= Hundert) Mal[e]; *aber:* (Math.) hundert mal zehn ist tausend (100 x 10 = 1 000) ‖ **hundertmalig** (100-malig) ‖ **Hundertmeterlauf** (100-m-Lauf) ‖ **hundertprozentig** (100-prozentig, 100%ig) ‖ **Hundertschaft** die, -/-en: *Einheit aus 100 Personen* ‖ **hundertste** (100.): der h. Geburtstag; → hundert ‖ **hundertstel** (100stel): ein h. Gramm (= Hundertstelgramm); eine h. Sekunde (= Hundertstelsekunde) ‖ **Hundertstel** (100stel) das, -s/- ‖ **hundertstel Gramm** = **Hundertstelgramm** ‖ **hundertstel Sekunde** = **Hundertstelsekunde** ‖ **hunderttausend** [auch: 'hu-] (100 000) **Hundertwasser-Krawina-Haus:** *ein Wahrzeichen von Wien*

Hundesalon: *Geschäft für Hundepflege* ‖ **Hundescheiße** (derb): *Hundekot* ‖ **Hundeschlitten** ‖ **Hundesohn** (veraltet): *ein derbes Schimpfwort* ‖ **Hundesteuer** ‖ **Hundeverbot** ‖ **Hundewetter** das, -s: *bes. schlechtes Wetter* ‖ **Hundewiese** ‖ **Hundezone** ‖ **Hundezucht** ‖ **Hundezwinger** ‖ **Hundianer** der, -s/- (ugs.): *ein Schimpfwort* ‖ **Hündin** die, -/-innen ‖ **hündisch** (abw.): ein hündisches *(kriecherisches)* Benehmen ‖ **Hundling** der, -s/-e (ugs.): *ein Schimpfwort* ‖ **hundselendig** (ugs., derb): *hundeelend* ‖ **hundserbärmlich** ‖ **Hundsfott** der, -[e]s/-e [-fötter] (nördl. D, derb): *Schuft* ‖ **hundsgemein** (ugs.): *ganz gemein* ‖ **hundsgewöhnlich** (ugs., derb): *sehr gewöhnlich* ‖ **hundsmiserabel** (ugs.) ‖ **hundsmüd** (ugs.): *hundemüde* ‖ **Hundsrose:** *eine Wildrosenart* ‖ **Hundstage** die (Pl.): *die heißeste Zeit im Hochsommer* ‖ **Hundstagshitze** ‖ **Hundstrümmerl** (bes. ostöst., ugs.): *Hundekot* ‖ **Hundsveigerl** das, -s/-[n] (reg.): *duftloses Veilchen* ‖ **Hundszahn:** *Name verschiedener Pflanzen*

Hüne der, -n/-n: *Riese* ‖ **Hünengestalt** ‖ **Hünengrab:** *eine prähistorische Grabanlage* ‖ **hünenhaft**

Hungaristik die, -: *Wissenschaft von ungarischer Sprache und Kultur*

Hunger der, -s: keinen H. leiden; → hungers ‖ **Hungergefühl** ‖ **Hungerjahr** ‖ **Hungerkatastrophe** [-f-] ‖ **Hungerkur** ‖ **Hungerleider** der, -s/- (abw.): *in ärmlichen Verhältnissen lebender Mensch* ‖ **Hungerleiderin** die, -/-innen (abw.) ‖ **Hungerlohn** (abw.): *sehr geringer Lohn* ‖ **hungern:** nicht h. müssen | (geh.) mich hungert ‖ **hungers:** h. *(an Hunger)* sterben ‖ **Hungersnot** ‖ **Hungerstreik** [-ʃt-]: *demonstrative Nahrungsverweigerung zur Durchsetzung von Forderungen* ‖ **Hungertod** ‖ **Hungertuch:** am H. nagen *(Hunger leiden)* ‖ **Hungerturm** (früher): *ein Kerker* ‖ **hungrig**

Hunne der, -n/-n: *Angehöriger eines Reitervolkes der Völkerwanderungszeit* ‖ **Hunnin** die, -/-innen ‖ **hunnisch**

Hunt = → Hund[2]

hunzen (ugs., abw.): *hart und ungerecht hernehmen;* du hunzt deine Angestellten

Hupe die, -/-n ‖ **hupen**

hupfen: *hüpfen;* es ist gehupft wie gesprungen *(völlig gleich, einerlei)* ‖ **hüpfen** ‖ **Hupfer** der, -s/-: *Sprung* ‖ **Hupferl** das, -s/-[n]: *Hupfer* ‖ **Hüpferling** der, -s/-s: *ein Krebstier*

Hupkonzert (scherzh.): *gleichzeitiges Hupen vieler Fahrzeuge* ‖ **Hupsignal** ‖ **Hupverbot**

Hürde die, -/-n: *Hindernis;* eine H. nehmen *(ein Problem bewältigen)* | *eingefriedeter Raum für Her-*

denvieh ‖ **Hürdenlauf** (Sport): *ein Hindernislauf*
Hure die, -/-n (meist abw.): *Prostituierte* ‖ **huren** (derb): *sich mit Huren herumtreiben* ‖ **Hurenbock:** *derbes Schimpfwort für einen Mann* ‖ **Hurenkind** (Druckwesen): *einzelne nicht volle Zeile am Anfang einer neuen Seite* ‖ **Hurensohn:** *ein derbes Schimpfwort* ‖ **Hurenviertel** (abw.): *Rotlichtbezirk* ‖ **Hurerei** die, - (derb bzw. geh., veraltet)
hurra: h. (= **Hurra**) schreien ‖ **Hurra** das, -[s]/-s: jemanden mit [einem] H. empfangen; H. (= hurra) schreien ‖ **Hurrapatriotismus** (abw.): *übertrieben geäußerter [oberflächlicher] Patriotismus*
Hurrikan ['hʌrɪkən] der, -s/-s (mit Aussprache ['hurikaːn]), -s/-e ⟨indian.-span.-engl.⟩: *ein Wirbelsturm in der Karibik*
hurtig (geh.): *flink, beweglich*
Husar der, -en/-en ⟨serb.-ung.⟩ (früher): *ein Reitersoldat* ‖ **Husarenkrapferl:** *ein [Weihnachts-]gebäck* ‖ **Husarenritt:** *eine Waghalsigkeit* ‖ **Husarenstück:** *kühner Handstreich*
husch: *ein Ausruf;* h., h.! *(schnell weg!)*
huschen, du husch[s]t ‖ **Huscher** der, -s/- (ugs., abw.): einen H. haben *(verrückt, nicht richtig im Kopf sein)*
husch, pfusch (ugs., abw.): etwas h. p. *(schnell und schlampig)* erledigen ‖ **Husch-Pfusch** der, -[e]s (ugs., abw.) ‖ **Husch-pfusch-Aktion** [-tsi̯-] (ugs., abw.)
Husky ['hʌski] der, -s/-s ⟨engl.⟩: *eine Hunderasse*
Hüsle, *auch:* Hüsli das, -s/- (V): *Häuschen* ‖ **Hüslebauer** = → *Häuslebauer* ‖ **Hüslebauerin** = → *Häuslebauerin*
Husse die, -/-n, *auch:* Housse ['husɛ] ⟨fr.⟩: *[Polster]möbelüberzug, Schutzhülle*
hussen, du husst (ugs.): *[mit Worten] reizen, hetzen, aufhussen* ‖ **Husser** der, -s/- (ugs.): *Aufhetzer* ‖ **Husserin** die, -/-innen (ugs.)
Hussit der, -en/-en: *Anhänger des tschechischen Reformators Jan Hus* ‖ **Hussitenkrieg** (meist Pl.) (Gesch.) ‖ **Hussitin** die, -/-innen
hüsteln, ich hüstle ‖ **husten:** er hat schwer gehustet ‖ **Husten** der, -s/- (Pl. selten) ‖ **Hustenanfall** ‖ **Hustenreiz** ‖ **Hustensaft** ‖ **Hustenzuckerl**

Hut[1] der, -[e]s/Hüte: ein Hut mit Schleier; das ist ein alter Hut *(längst nichts mehr Neues);* den Hut nehmen *(zurücktreten; kündigen)* | (ugs.) den Hut draufhauen *(etwas verärgert aufgeben);* unter einen Hut bringen *(koordinieren)* ‖ **Hut**[2] die, - (geh.): in guter Hut *(wohlbehütet)* sein; auf der Hut *(vorsichtig)* sein ‖ **Hutablage** ‖ **Hutband** ‖ **Hütchen** das, -s/- ‖ **hüten:** Schafe h. | sich vor etwas h. *(sich davor in Acht nehmen)* | (geh.) das Bett h. *(krank im Bett liegen)* ‖ **Hüter** der, -s/- ‖ **Hüterin** die, -/-innen ‖ **Hutgeschäft** ‖ **Hutkrempe** ‖ **hutlos** ‖ **Hutmacher** ‖ **Hutmacherin** ‖ **Hutmode** ‖ **Hutnadel** ‖ **Hutschachtel**
Hutsche die, -/-n: *Schaukel* ‖ **hutschen,** du hutsch[s]t: *schaukeln, wiegen;* ich möchte mich am Spielplatz h. | (ugs., sal.) hutsch dich! *(verschwind!)*
Hutschnur (sal.): das geht mir über die H. *(das geht zu weit)*
Hutschpferd: *Schaukelpferd*
Hütte die, -/-n: *kleines, einfaches Haus* | *Werk zur Gewinnung von Eisen, Glas uÄ;* Glashütte; → verhütten ‖ **Hüttenabend:** *gemütliches Zusammensein in einer Berghütte* ‖ **Hüttengaudi** ‖ **Hüttenindustrie:** *Hüttenwerke zur Verhüttung* ‖ **Hüttenkäse:** *ein Frischkäse, Cottagecheese* ‖ **Hüttenkoks** ‖ **Hüttenpatschen** [-ˌpɒ(ː)-, -ˌpa(ː)-] (ugs.): *Hüttenschuh* ‖ **Hüttenruhe:** *Nachtruhe, Sperrstunde auf einer [Bergsteiger]hütte* ‖ **Hüttenschlafsack** ‖ **Hüttenschuh:** *warmer Hausschuh [mit fester Sohle]* ‖ **Hüttenwerk:** *Hütte* ‖ **Hüttenwirt:** *Betreiber einer Gastwirtschaft in einer [Berg]hütte* ‖ **Hüttenwirtin** ‖ **Hüttenzauber:** *[abendliche] Unterhaltung auf einer stimmungsvollen Skihütte* ‖ **Hüttl** das, -s/-n (ugs.): *Hütte;* Telefonhüttl
Hutweide: *Wiese, auf der Vieh gehütet wird;* → Halt
Hyäne [hy-, hi-] die, -/-n ⟨gr.⟩: *ein Raubtier* | (abw.) *geldgieriger, gewissenloser Mensch*
Hyazinthe [hy-, hi-] die, -/-n ⟨gr.⟩: *eine Zierpflanze*
hybrid[1] [hy-] ⟨gr.⟩: *überheblich, frevelhaft;* → Hybris
hybrid[2] [hy-] ⟨lat.⟩: *aus ungleichen Teilen, von gemischter Herkunft, zwitterhaft* | (Biol.) *aus einer Kreuzung entstanden* ‖ **Hybridantrieb** ‖ **Hybridauto:** *Auto, das sowohl elektrisch als auch konventionell betrieben werden kann* ‖ **Hybride**[1] der, -n/-n, ein Hybrider (Biol.): *Pflanze oder Tier als Ergebnis von Kreuzungen* ‖ **Hybride**[2] die, -/-n (Biol.) ‖ **Hybridzüchtung**
Hybris ['hyː-] die, - ⟨gr.⟩ (geh.): *Überheblichkeit, Hochmut;* → hybrid[1]
Hydra ['hyː-] die, -/Hydren ⟨gr.⟩: *Schlange mit immer wieder nachwachsenden Köpfen, Ungeheuer der altgriechischen Sage*
Hydrant [hy-, hi-] der, -en/-en ⟨gr.⟩: *eine Zapfstelle an der Wasserleitung*
Hydrargyrum [hy-gy-] das, -s ⟨gr.-lat.⟩ (Zeichen: Hg): *ein chemisches Element, Quecksilber*
Hydrat [hy-] das, -[e]s/-e ⟨gr.⟩ (Chem.): *eine Wasserstoffverbindung* ‖ **Hydraulik** die, -: *Lehre von der Bewegung der Flüssigkeiten* | *eine technische Einrichtung* ‖ **Hydrauliker** der, -s/- (SüdT): *Installateur* ‖ **Hydraulikerin** die, -/-innen (SüdT) ‖ **hydraulisch:** *durch Flüssigkeitsdruck funktionierend* ‖ **Hydrobiologie:** *Lehre von den im Wasser lebenden Organismen* ‖ **Hydrodynamik** ['hyː-dy-] (Phys.): *Strömungslehre* ‖ **Hydrokultur:** *Pflanzenzucht in Nährlösungen ohne Erde* ‖ **Hydrologie** die, -: *Lehre vom Wasser* ‖ **Hydrometer:** *Gerät zum Messen der Wassergeschwindigkeit* ‖ **Hydrophobie** [-f-] (Med.): *krankhafte Wasserscheu* ‖ **Hydrostatik** [-st-] (Phys.): *die Lehre von den ruhenden Flüssigkeiten* ‖ **Hydroxid** = **Hydroxyd** [-'yːt] (Chemie): *bestimmte Verbindungen mit Wasserstoff und Sauerstoff*
Hygiene [hy-, auch: hi-] die, - ⟨gr.⟩: *Gesundheitslehre; Gesundheitspflege* ‖ **Hygieneartikel** ‖ **hygienisch**
Hygrometer [hy-] ⟨gr.⟩: *Luftfeuchtigkeitsmesser* ‖ **hygroskopisch:** *Feuchtigkeit anziehend*
Hymen ['hyː-] das, -s/- ⟨gr.⟩ (Medizin): *den Scheideneingang verschließende Hautfalte; Jungfernhäutchen*
Hymne ['hy-] die, -/-n ⟨gr.⟩: *Festgesang;* Nationalhymne ‖ **Hymnus** der, -/Hymnen (geh.): *Weihelied; Lobgesang*
hype [haɪp] ⟨engl.⟩ (sal.) (Jug.): *hip, modern, modisch* ‖ **Hype** der, -s/

H

-s: *ausgeprägter Trend, der stark vermarktet wird*

hy|per- [hy-] ⟨gr.⟩ (nur in Zusammensetzungen wie hypergenau, Hyperthermie)

hy|per|ak|tiv ['hy-] (Med., Psych.): *ständig aktiv, hektisch*

Hy|per|äs|the|sie [hy-] die, -/-n ⟨gr.⟩ (Med.): *Überempfindlichkeit [der Haut]*

Hy|per|bel [hy-] die, -/-n ⟨gr.⟩ (Math.): *eine Kurve, Kegelschnittlinie* | (Sprachwiss.) *ein stilistisch übertreibender Ausdruck* ‖ **hy|per|bo|lisch** (Math.): *hyperbelartig* | (Sprachwiss.) *im stilistischen Ausdruck übertreibend*

H

hy|per|ge|nau [hy-]: *übertrieben genau* ‖ **hy|per|kor|rekt** ‖ **hy|per|kri|tisch**

Hy|per|link ['haɪ-, auch: 'hy(:)-] ⟨engl.⟩ (EDV): *Verbindung zwischen Hypertexten;* → Link

hy|per|mo|dern [hy-]: *übertrieben modern* ‖ **hy|per|sen|si|bel**

Hy|per|text ['haɪ-, auch: 'hy(:)-] ⟨engl.⟩ (EDV): *elektronischer Text [im WWW] mit grafisch hervorgehobenen Ausdrücken, die Verbindungen zu weiteren Dokumenten aufweisen*

Hy|per|ther|mie [hy-] die, -/-n (Med.): *Ansteigen der Körpertemperatur;* → Hypothermie

Hy|per|to|nie [hy-] die, -/-n (Med.): *erhöhter Blutdruck* | *erhöhte Spannung in einem Organ;* → G.: Hypotonie; → Tonus ‖ **Hy|per|to|ni|ker** der, -s/- (Med.) ‖ **Hy|per|to|ni|ke|rin** die, -/-innen (Med.) ‖ **hy|per|to|nisch** (Med.)

hy|per|troph [hy-f] ⟨gr.⟩: *überentwickelt; überspannt* | (Med.) → Hypertrophie ‖ **Hy|per|tro|phie** die, - (Med.): *übermäßige Vergrößerung [von Organen];* → Hypotrophie

hy|po- [hy-] ⟨gr.⟩ (nur in Zusammensetzungen wie Hypozentrum)

Hyp|no|se [hy-] die, - ⟨gr.-lat.⟩ ‖ **hyp|no|tisch** ‖ **Hyp|no|ti|seur** [-'zøːɐ] der, -s/-e ⟨gr.-lat.-fr.⟩ ‖ **Hyp|no|ti|seu|rin** die, -/-innen ‖ **hyp|no|ti|sie|ren:** *in einen schlafähnlichen Zustand versetzen*

Hy|po|chon|der [hy-] der, -s/- ⟨gr.⟩: *jemand, der sich [ständig] einbildet, krank zu sein* ‖ **Hy|po|chon|de|rin** die, -/-innen ‖ **Hy|po|chon|d|rie** die, -/-n ‖ **hy|po|chon|d|risch**

Hy|po|krit [hy-] der, -en/-en ⟨gr.⟩ (geh.): *Heuchler*

Hy|po|phy|se [hy-'fyː-] die, -/-n ⟨gr.⟩ (Med.): *Hormone produzierende Drüse im Zwischenhirn; Hirnanhangsdrüse*

Hy|po|s|ta|se [hy-] die, -/-n ⟨gr.⟩ ‖ **hy|po|s|ta|sie|ren:** *zu einem Wesen verselbständigen; vergegenständlichen; personifizieren*

hy|po|tak|tisch [hy-] (Gramm.): *Sätze, Satzglieder unterordnend;* → G.: parataktisch ‖ **Hy|po|ta|xe** die, -/-n = **Hy|po|ta|xis** die, -/-taxen (Gramm.)

Hy|po|te|nu|se [hy-] die, -/-n ⟨gr.⟩ (Math.): *die dem rechten Winkel gegenüberliegende Seite im rechtwinkeligen Dreieck*

Hy|po|thek [hy-, auch: -i-] die, -/-en: *im Grundbuch eingetragenes Darlehen;* eine H. auf sein Haus aufnehmen ‖ **Hy|po|the|kar|kre|dit:** *durch eine Hypothek gesicherter Kredit*

Hy|po|ther|mie [hy-] die, -/-n (Med.): *Absinken der Körpertemperatur;* → Hyperthermie

Hy|po|the|se [hy-] die, -/-n: *noch nicht bewiesene Annahme* ‖ **hy|po|the|tisch:** *auf bloßer Annahme, Vermutung beruhend*

Hy|po|to|nie [hy-] die, -/-n (Med.): *niedriger Blutdruck;* → G.: Hypertonie

Hy|po|tro|phie [hy-'fiː] die, -/-n ⟨gr.⟩ (Med.): *gestörtes Größenwachstum* | *Unterernährung;* → Hypertrophie

Hy|po|zen|t|rum [hy-]: *Erdbebenherd;* → Epizentrum

Hys|te|r|ek|to|mie [hy-] die, -/-n ⟨gr.⟩ (Med.): *operative Entfernung der Gebärmutter* ‖ **Hys|te|rie** [hy-, auch: hi-] die, - ⟨gr.⟩: *eine psychische Erkrankung* | *übertriebene Erregbarkeit* ‖ **Hys|te|ri|ker** der, -s/- ‖ **Hys|te|ri|ke|rin** die, -/-innen ‖ **hys|te|risch:** ein hysterischer *(bes. leicht erregbarer, aufbrausender, launenhafter)* Mensch

Hz: Hertz

i I

i [iː] das, -/- (Kleinbuchstabe): das i im Wort *immer;* der Punkt auf dem i; → i-Punkt | (Laut) der i-Laut | (veraltend) das fremde i *(y, Ypsilon)*
I [iː] das, -/- (Großbuchstabe): das I im Wort *Igel* | 1 *(römisches Zahlzeichen)* | (Chem.) **I**od; → Jod | (veraltend) das fremde I *(Y, Ypsilon)* | *römischer Einser;* → Ia
i.: in; St. Johann i. *(in)* Tirol | im; Ried i. *(im)* Innkreis
Ia [aıns 'aː], *auch:* 1a: *prima, hervorragend;* → eins; → I
i. A.: im **A**uftrag *(bei Unterschriften)*
IAEA [i a e 'aː] die, -: **I**nternational **A**tomic **E**nergy **A**gency = Internationale Atomenergie-Organisation (IAEO) (mit Sitz in Wien)
iah: *Schrei des Esels* ‖ **iahen:** *der Esel iaht*
IBAN die, -/-[s]: **I**nternational **B**ank **A**ccount **N**umber *(international vereinheitlichte Darstellung von Kontonummer und Bank)*
iberisch: die iberischen Länder; *aber:* die **I**berische Halbinsel *(Spanien und Portugal)* ‖ **iberoamerikanisch:** lateinamerikanisch *(die spanisch- und portugiesischsprachigen Länder Amerikas betreffend)*
Ibis der, Ibisses/Ibisse ⟨ägyptisch-griech.-lat.⟩: *ein im alten Ägypten heiliger Vogel*
IC [i 'tseː] der, -[s]/-[s]: **I**nter**c**ity ‖ **ICB:** **I**ntercity**b**us ‖ **ICE** [i tse 'eː] der, -[s]/-[s]: **I**nter**C**ity**E**xpress
ich: ich glaube; er und ich ‖ **Ich** das, -[s]/-[s]: nur an sein eigenes Ich *(nur an sich selbst)* denken ‖ **Ich-AG:** *von Arbeitslosen betriebenes Kleinstunternehmen* ‖ **Ichbewusstsein** ‖ **ichbezogen** ‖ **Icherzähler:** *Erzähler [eines Romans] in Ichform* ‖ **Icherzählerin** ‖ **Icherzählung** ‖ **Ichform:** *1. Person Singular;* in der I. erzählen ‖ **Ichgefühl** ‖ **Ichlaut** (Sprachwiss.): *Aussprache des* ch *nach e und i;* → Achlaut ‖ **Ichmensch:** *Egoist*
Ichse [-ks-, meist mda.: 'ıəksn] die, -/-n, *auch:* Irxe [-ks-] (mda.): *Achselhöhle* | (fachspr.) *Dachkehle*
Ichsucht: *Egoismus, Selbstsucht* ‖ **ichsüchtig**
Ichthyologie [-ty-] die, - ⟨gr.⟩: *Lehre von den Fischen*
Icon ['aıkɒn] das, -s/-s ⟨gr.-engl.⟩: *Bildsymbol bei Computerprogrammen, um Befehle bequemer ausführen zu können*
Ida: *weibl. Vorname*
ideal ⟨gr.-lat.⟩: ein ideales *(optimales)* Geschenk; → ideell ‖ **Ideal** das, -s/-e: *etwas Vollkommenes, das man erstrebt, aber kaum erreichen kann; Vorbild* ‖ **Idealbesetzung** ‖ **Idealbild** ‖ **Idealfall** ‖ **Idealgewicht** ‖ **idealisieren:** *zum Ideal erheben, verklären* ‖ **Idealismus** der, -: *uneigennütziges Streben nach Idealen* | *eine philosophische Richtung* ‖ **Idealist** der, -en/-en ‖ **Idealistin** die, -/-innen ‖ **idealistisch** ‖ **Ideallösung** ‖ **Idealtyp** [-yp] ‖ **Idealvorstellung** ‖ **Idealzustand** ‖ **Idee** die, -/-n: gute Ideen *(Gedanken, Einfälle)* haben; eine fixe I. *(eine festgefahrene Vorstellung);* keine I. *(Ahnung)* von etwas haben ‖ **ideell:** *gedacht, nur in der Vorstellung vorhanden;* → ideal | (Jus) ideeller Verein *(Verein zu mildtätigen bzw. gemeinnützigen Zwecken)* ‖ **ideenarm** ‖ **Ideenflucht** (Psych.): *ungeordneter, abschweifender Gedankengang* ‖ **Ideenfülle** ‖ **ideenlos:** i. agieren ‖ **Ideenlosigkeit** die, - ‖ **ideenreich** ‖ **Ideenreichtum** ‖ **Ideenwelt**
ident ⟨lat.⟩: *identisch* ‖ **Identifikation** [-tsi̯-] die, -/-en: *Gleichsetzung* | *Feststellung der Identität* ‖ **identifizierbar** ‖ **identifizieren:** einen Gegenstand i. *(genau erkennen)* | sich mit etwas i. *(damit voll übereinstimmen)* ‖ **Identifizierung** die, -/-en: *Identifikation* ‖ **identisch:** *gleichbedeutend, übereinstimmend, ein und dasselbe* ‖ **Identität** die, -: die I. eines Menschen feststellen *(feststellen, wer er ist)* ‖ **Identitätsausweis:** *Personalausweis* ‖ **Identitätsfeststellung** (Amtsspr.): *Feststellung, um welche Person es sich handelt* ‖ **Identitätskarte:** *Personalausweis (in der Besatzungszeit nach 1945)* | (SüdT) *Identitätsausweis* ‖ **Identitätskrise** (Psych.) ‖ **Identitätsnachweis** ‖ **Identitätsverlust** (Psych.)
Ideogramm das, -[e]s/-e ⟨gr.⟩: *Begriffszeichen, zB* †, →, § ‖ **Ideologie** die, -/-n: *Weltanschauung (oft abwertend im Sinne einer Verschleierung von Gruppeninteressen)* ‖ **ideologiefrei** ‖ **Ideologiekritik** ‖ **ideologisch** ‖ **ideologisieren**
id est (i. e.) ⟨lat.⟩: *das heißt*
Idiolekt der, -[e]s/-e ⟨gr.⟩ (Sprachwiss.): *Gesamtheit der sprachlichen Eigenheiten einer einzelnen Person, persönliche Ausdrucksweise* ‖ **Idiom** das, -s/-e (Sprachwiss.): *Redensart, Redewendung, zB* grüß Gott; Hand und Fuß | *Sprechweise einer bestimmten Gruppe* | (allgemein für) *Sprache, Dialekt* ‖ **Idiomatik** die, -/-en (Sprachwiss.): *alle festen Redewendungen und Wortverbindungen einer Sprache* ‖ **idiomatisch** (Sprachwiss.): sich i. *(dem lebendigen bzw. richtigen Sprachgebrauch entsprechend)* ausdrücken ‖ **Idiomatisierung** die, -/-en (Sprachwiss.) ‖ **Idiofon** = **Idiophon** [-f-] das, -s/-e: *Musikinstrument, bei dem der schwingende Körper selbst den Ton erzeugt, zB Rassel, Glockenspiel* ‖ **Idiosynkrasie** [-zy-] die, -/-n (Med.): *Überempfindlichkeit gegen bestimmte Stoffe, Nahrungsmittel ua.* | (Psych.) *Widerwille zB gegen bestimmte Personen, Dinge ua.;* → Allergie ‖ **idiosynkratisch** (Med., Psych.) ‖ **Idiot** der, -en/-en: *Schwachsinniger* ‖ **idiotenhaft** ‖ **Idiotenhügel** (ugs., abw. bzw. scherzh.): *Übungshang für Skianfänger* ‖ **idiotensicher** (oft scherzh.): *sehr einfach* ‖ **Idiotie** die, -/-n: *Schwachsinn;* → Idiotismus ‖ **Idiotin** die, -/-innen ‖ **idiotisch** ‖ **Idiotismus** der, - (Med.): *Idiotie*
Idol das, -s/-e ⟨gr.⟩: *angehimmeltes Vorbild* | (Kunstg.) *Götzenbild*
Idyll [-'y-] das, -s/-e ⟨gr.⟩: *friedlich-beschauliche Szene* ‖ **Idylle** die, -/-n: *Darstellung eines Idylls in Wort oder Bild* ‖ **idyllisch:** eine idyllische *(friedliche, liebliche)* Landschaft
i. e.: id est
Ifflandring: *Auszeichnung für den besten deutschsprachigen Schauspieler (nach dem Schauspieler Iffland)*
IG [i 'geː]: **I**nteressen**g**emeinschaft; IG Autoren
Igel der, -s/-: *ein Säugetier mit Stacheln* ‖ **Igelfrisur** (scherzh.): *Bürstenhaarschnitt* ‖ **Igelkolben:** *eine Wasserpflanzengattung* ‖ **Igelstellung** (Mil.): *Aufstel-*

lung, um sich nach allen Seiten hin zu verteidigen
IGH [i ge 'haː]: **I**nternationaler **G**erichts**h**of (in Den Haag)
igitt (D): *pfui; Ausruf, der Abscheu ausdrückt*
Iglu der = das, -s/-s ⟨Eskimospr.⟩: *runde Schneehütte der Inuit/Eskimos*
Ignaz, *auch:* Ignatius [-'aːtsi̯-]: *männl. Vorname;* → Naz
ignorant ⟨lat.⟩ (abw.) ‖ **Ignorant** der, -en/-en (abw.): *unbelehrbarer Nichtwisser* ‖ **Ignorantin** die, -/-innen (abw.) ‖ **Ignoranz** die, -: *Unwissenheit, Dummheit* ‖ **ignorieren:** *jemanden/etwas absichtlich nicht beachten* | (scherzh.) nicht einmal i. *(überhaupt nicht darauf eingehen)*
ihm: ich schenke ihm ein Buch ‖ **ihn:** ich habe ihn gekränkt ‖ **ihnen:** ich schreibe i. *(zB den Schulkameraden)* | (als Anrede immer groß) „ich schreibe **I**hnen heute ...“; → Sie

ihr:

Possessivpronomen:
– ihr Haus
– ihre Eltern
In der distanzierten Anrede (mit „Sie“) immer groß:
– Ist das **I**hr Mantel?
– Ich grüße Sie und **I**hre Eltern!
Personalpronomen:
– Hast du ihr schon davon erzählt?
– Kommt ihr mit?
In der vertraulichen Anrede („du“-Anrede) ist im Brief auch Großschreibung möglich:
– „Lieber Valentin, liebe Mira! Was habt ihr (*auch:* Ihr) morgen vor?“
Als veraltete Anrede einer einzelnen Person groß:
– Herr Vater, kommt **I**hr?

R→ S. 895, 3

ihre = **Ihre** der, -n/-n: die ihre (= Ihre); das ihre (= Ihre) *(ihr Eigentum, ihre Sache);* die ihren = Ihren *(ihre Angehörigen, die ihrigen);* → ihrige = Ihrige ‖ **ihrerseits:** die Kinder i. | (bei der Anrede zB im Brief immer groß) „Sie haben **I**hrerseits ...“ ‖ **ihresgleichen:** diese Leistungen suchen i. | (bei der Anrede zB im Brief immer groß) „Sie und **I**hresgleichen“ ‖ **ihrethalben** (bei der Anrede zB im Brief immer groß) ‖ **ihretwegen** (bei der Anrede zB im Brief immer groß) ‖ **ihretwillen** (bei der Anrede zB im Brief immer groß) ‖ **ihrige** = **Ihrige** der, -n/-n: die ihrige (= Ihrige); das ihrige (= Ihrige); die ihrigen (= Ihrigen) *(die ihren);* → ihre ‖ **Ihro** (veraltet): I. *(Ihre)* Majestät
IHS[1]**:** *griechisch-lateinische Abkürzung für Jesus* (**IH**ΣΟΥΣ, IE**S**US)
IHS[2] [i ha 'ɛs] das, -: **I**nstitut für **H**öhere **S**tudien *(in Wien)*
i. J.: im **J**ahr[e]
Ikarus: *griechische Sagenfigur*
Ikebana das, -[s] ⟨jap.⟩: *die japanische Kunst des Blumensteckens*
Ikon das, -s/-en ⟨gr.⟩: → *Ikone* ‖ **Ikone** die, -/-n ⟨gr.-russ.⟩: *Heiligenbild in der Ostkirche, Ikon* | *Idol;* sie gilt als I. der Friedensbewegung ‖ **Ikonenmalerei** ‖ **Ikonenwand:** *Ikonostase* ‖ **Ikonografie** = **Ikonographie** [-f-] die, -: *Bestimmung und Deutung von bildlichen Darstellungen* ‖ **Ikonoklasmus** der, -/Ikonoklasmen: *Bilderstürmerei; Zerstörung von heiligen Bildern* ‖ **Ikonostase** die, -/-n: *Bilderwand in orthodoxen Kirchen*
il- ⟨lat.⟩ → in- (nur in Zusammensetzungen wie illegal)
Ill die, -: *ein Nebenfluss des Rheins in Vorarlberg*
ill.: **ill**ustriert (in bibliografischen Angaben); → illustrieren
illegal: *gesetzwidrig, ungesetzlich;* → G.: legal ‖ **Illegale**[1] der, -n/-n, ein Illegaler: *Angehöriger einer verbotenen Organisation* ‖ **Illegale**[2] die, -n/-n ‖ **Illegalität** die, - ‖ **illegitim:** *ungesetzlich;* illegitime Methoden; → G.: legitim ‖ **Illegitimität**
illiberal → G.: liberal
Illinois [-'nɔɪ(z)]: *Bundesstaat der USA*
illiquid: *zahlungsunfähig;* → G.: liquid ‖ **Illiquidität**
illoyal [-o(a)j-]: *unaufrichtig, untreu, pflichtvergessen;* → G.: loyal ‖ **Illoyalität**
Illumination [-tsi̯-] die, -/-en ⟨lat.-fr.⟩: *Festbeleuchtung* ‖ **illuminieren:** *festlich beleuchten* | eine illuminierte *(kunstvoll gemalte, illustrierte)* alte Handschrift | (scherzh.) illuminiert *(leicht betrunken, angeheitert)* sein ‖ **Illuminierung** die, -/-en
Illusion die, -/-en ⟨lat.-fr.⟩: *Einbildung, Selbsttäuschung;* sich einer I. *(einer falschen Hoffnung)* hingeben; → desillusioniert ‖ **illusionär** ‖ **Illusionist** der, -en/-en: *Unterhaltungskünstler/Magier, der mit Sinnestäuschungen arbeitet* ‖ **Illusionistin** die, -/-innen ‖ **illusionistisch:** *den Anschein von Wirklichkeit hervorrufend* ‖ **illusionslos** ‖ **illusorisch:** *nur in der Einbildung bestehend* | etwas ist i. *(unerfüllbar, hinfällig)*
illuster ⟨lat.⟩ (geh.): illustre *(vornehme, berühmte)* Gäste ‖ **Illustration** [-tsi̯-] die, -/-en: *Abbildung [in Büchern]* | etwas zur I. *(Erklärung, Veranschaulichung)* erzählen ‖ **illustrativ** ‖ **Illustrator** der, -s/-en [-'toː-]: *jemand, der [ein Buch] illustriert* ‖ **Illustratorin** die, -/-innen ‖ **illustrieren:** *mit Bildern versehen;* → ill. ‖ **Illustrierte** die, -n/-n: *illustrierte [Boulevard]zeitschrift*
Illyrer [-'yː-] der, -s/-: *Angehöriger eines Volksstammes der Frühgeschichte* ‖ **Illyrerin** die, -/-innen ‖ **illyrisch**
Ilona: *weibl. Vorname* (ung. für: Helene*)*
Ilse: *weibl. Vorname*
Iltis der, - [-tisses]/-tisse: *eine Marderart*
im: in dem; im Mai; im Allgemeinen; im Besonderen; im Einzelnen; im Jahr[e] (i. J.); im Nachhinein; im Übrigen; im Voraus; im Vorhinein; im Stand[e] (= → imstand[e]) | (mit Abkürzung i.) Ried i. Innkreis
im- ⟨lat.⟩ → in- (nur in Zusammensetzungen wie immobil, Immigrant)
Image ['ɪmɪdʒ] das, -/-s [-ɪz] ⟨fr.-engl.⟩: das I. eines Politikers *(das Bild, das sich die Öffentlichkeit von ihm macht)* ‖ **Imagebildung** ‖ **Imagekorrektur** ‖ **Imagepflege** ‖ **Imageschaden** ‖ **Imageverlust**
imaginär ⟨lat.⟩: *nur in der Vorstellung existierend* ‖ **Imagination** [-tsi̯-] die, -: *[künstlerische] Einbildungskraft* ‖ **imaginativ:** *auf die Einbildungskraft wirkend* ‖ **imaginieren:** *sich einbilden* ‖ **Imago** die, -/Imagines (Zool.): *vollentwickeltes Insekt*
Imam der, -s/-e ⟨arab.⟩: *Vorbeter bzw. Gelehrter im Islam* | *Oberhaupt der Schiiten*
IMAX ['aɪmæks] das, -s: *eine besondere Bild- und Tontechnologie für Kinos* | (mit Pl. -) *IMAX-Kino* ‖

IMAX-Kino
imbezil = **imbezill** ⟨lat.⟩ (Med.): *mittelgradig schwachsinnig*
Imbiss der, -es/-e: *kleine Mahlzeit* ‖ **Imbissstand** ‖ **Imbissstube**
Imitat das, -[e]s/-e ⟨lat.⟩: *Imitation [von Materialien]* ‖ **Imitation** [-tsi̯-] die, -/-en: *Nachahmung, Imitat;* die I. von Stimmen/Korallen | (Mus.) *Nachahmung des Themas durch folgende Stimme[n]* ‖ **Imitator** der, -s/-en [-'oː-]: *jemand, der Personen, Tierstimmen oÄ nachahmt* ‖ **Imitatorin** die, -/-innen ‖ **imitieren**
Imker der, -s/-: *Bienenzüchter* ‖ **Imkerei** die, -/-en: *Bienenzucht* ‖ **Imkerin** die, -/-innen ‖ **imkern**
immanent ⟨lat.⟩: *innewohnend, in etwas enthalten;* → G.: transzendent ‖ **Immanenz** die, -: *das Innewohnen, Anhaften*
Immaterialgut (Jus): *körperlich nicht greifbares Gut, zB Idee, Know-how* ‖ **Immaterialgüterrecht** (Jus): *Recht an geistigem Eigentum, zB Urheberrecht, Patentrecht* ‖ **immateriell:** *unkörperlich; geistig;* → G.: materiell
Immatrikulation [-tsi̯-] die, -/-en ⟨lat.⟩ (früher): *Einschreibung und Aufnahme an einer Universität bzw. Hochschule;* → Zulassung ‖ **Immatrikulationsfrist** ‖ **immatrikulieren** (früher) → G.: exmatrikulieren
Imme die, -/-n (geh.): *Honigbiene*
immens ⟨lat.⟩: *unermesslich*
imminent ⟨lat.⟩: *drohend, bevorstehend*
immer: i. mehr; wie i. es sich zugetragen hat ...; was auch i.; → immer während = immerwährend ‖ **immerdar** (geh.): *auf immer, für immer, für ewig* ‖ **immerfort:** *fortwährend* ‖ **immergrün:** immergrüne Pflanzen; *aber:* nur wenige Pflanzen bleiben immer grün ‖ **Immergrün** das, -s: *eine Pflanze* ‖ **immerhin**
Immersionsunterricht ⟨lat.+ dt.⟩ (SüdT): *Fachunterricht in der Zweit- oder einer Fremdsprache*
immer während = **immerwährend:** die i. während Neutralität Österreichs ‖ **immerzu:** *immer*
Immigrant der, -en/-en: *Einwanderer;* → G.: Emigrant; → Migrant ‖ **Immigrantin** die, -/-innen ‖ **Immigration** [-tsi̯-] die, -/-en ‖ **immigrieren**
Immission die, -/-en: *Einwirkung von Verunreinigung, Lärm uÄ auf Menschen, Tiere, Gebäude* ‖ **Immissionsschutz:** *Schutz vor schädlichen Einwirkungen durch Immissionen*
immobil: *unbeweglich; nicht einsatzbereit;* → G.: mobil ‖ **Immobilien** die (Pl.): *unbeweglicher Besitz, Liegenschaften, Häuser und Grundstücke* ‖ **Immobiliengeschäft** ‖ **Immobilienhandel** ‖ **Immobilienkaiser** (sal.): *erfolgreicher Immobilienbesitzer* ‖ **Immobilienmakler** ‖ **Immobilienmaklerin** ‖ **Immobilienmarkt** ‖ **Immobilienrecht** ‖ **Immobiliensteuer** (SüdT): *Grund- und Gebäudesteuer* ‖ **Immobilientreuhand:** *Immobilienbüro* ‖ **Immobilientreuhänder:** *Immobilienmakler* ‖ **Immobilientreuhänderin** ‖ **Immobilienverwalter** ‖ **Immobilienverwalterin** ‖ **Immobilienverwaltung** ‖ **Immobilität** die, -: *Unbeweglichkeit*
immoralisch: *unmoralisch* ‖ **Immoralität** die, -
Immortalität die, -: *Unsterblichkeit*
immun ⟨lat.⟩: gegen ansteckende Krankheiten i. sein *(für sie unempfänglich sein)* | ausländische Diplomaten sind i. *(strafrechtlich unantastbar)* ‖ **Immunantwort** (Med., Biol.): *Reaktion des Immunsystems auf ein Antigen* ‖ **immunisieren** (Med.) ‖ **Immunisierung** die, -/-en (Med.): *Impfung zur Unempfänglichkeit gegen Krankheiten;* aktive I. *(der Körper bildet selbständig Antikörper);* passive I. *(durch Impfung werden dem Organismus Antikörper zugeführt)* ‖ **Immunität** die, -: *Unverletzlichkeit;* die I. *(den Schutz vor Strafverfolgung)* eines Abgeordneten aufheben | (Med.) *Unempfindlichkeit gegenüber Krankheitserregern* ‖ **Immunologe** der, -n/-n ‖ **Immunologie** die, - (Med.): *Immunitätsforschung* ‖ **Immunologin** die, -/-innen ‖ **immunologisch** ‖ **Immunreaktion** [-tsi̯-] (Med., Biol.): *Immunantwort* ‖ **Immunschwäche** die, - (Med.) ‖ **Immunsystem** [-zy-] (Med.): *biologisches Abwehrsystem des Körpers gegen Infektionen*
Impala die, -/-s = das, -s/-s ⟨afrik.⟩: *eine Antilopenart*
Imparität die, -: *Ungleichheit;* → G.: Parität
Impedanz die, -/-en ⟨lat.⟩ (Elektrotechnik, Phys.): *komplexer Wechselstromwiderstand*
Imperativ der, -s/-e [-fɛ, -vɛ] ⟨lat.⟩ (Gramm.): *Befehlsform, Aufforderungsform* | (Phil.) kategorischer I. *(unbedingtes sittliches Gebot)* ‖ **imperativisch** ‖ **Imperativsatz** (Gramm.)
Imperator der, -s/-en [-'oː-] ⟨lat.⟩: *oberster Befehlshaber, Kaiser [im alten Rom]*
Imperfekt das, -s/-e (Gramm.): *Präteritum*
Imperialismus der, - ⟨lat.⟩: *rücksichtsloses Streben einer Großmacht nach Ausdehnung ihres Herrschaftsbereiches* ‖ **imperialistisch** ‖ **Imperium** das, -s/ Imperien [-i̯ɛn]: *Reich, Weltreich;* das römische I. | *Macht-, Herrschaftsbereich;* Wirtschaftsimperium
impertinent: *frech, unverschämt* ‖ **Impertinenz** die, -: *Unerhörtheit*
Impetus der, - ⟨lat.⟩: *Antrieb; Ungestüm*
Impfaktion [-tsi̯-] ‖ **impfen:** Grippe i. gehen; gegen Kinderlähmung i. ‖ **Impfpass:** *Ausweis über bereits erhaltene Impfungen* ‖ **Impfpflicht** ‖ **Impfschutz** ‖ **Impfstoff** ‖ **Impfung** die, -/-en
Implantat das, -[e]s/-e ⟨lat.⟩ (Med.): *in den Körper eingepflanztes Gewebe oder anderes Material* ‖ **Implantation** [-tsi̯-] die, -/-en (Med.) ‖ **implantieren** (Med.)
implementieren ⟨lat.⟩ (EDV): *einbauen;* Software am PC i. | (bes. Pol.) *[Bestimmungen eines Abkommens] erfüllen* ‖ **Implementierung** die, -/-en (EDV)
Implikation [-tsi̯-] die, -/-en ⟨lat.⟩: *Einbeziehung einer Sache in eine andere* ‖ **implizieren:** dieser Plan impliziert *(schließt ein, bedingt)* hohe Kosten ‖ **implizit:** *inbegriffen; mitgemeint;* → G.: explizit
implodieren ⟨lat.⟩; → G.: explodieren ‖ **Implosion** die, -/-en: *Bersten eines Hohlkörpers durch Druck von außen, zB beim Fernsehgerät*
imponderabel ⟨lat.⟩ (veraltet) ‖ **Imponderabilien** die (Pl.) (veraltet): *Unwägbares, schwer Abzuschätzendes* ‖ **Imponderabilität** die, - (veraltet)

I

im|po|nie|ren ⟨lat.⟩: *Eindruck machen* ‖ **im|po|nie|rend** ‖ **Im|po|nier|ge|ha|be** = **Im|po|nier|ge|ha|ben**

Im|port [auch: 'i-] der, -[e]s/-e ⟨lat.-fr.-engl.⟩: *die Einfuhr von Waren aus dem Ausland;* → G.: Export ‖ **im|port|ab|hän|gig** ‖ **Im|port|ar|ti|kel** ‖ **Im|por|teur** [-'tøːɐ] der, -s/-e ‖ **Im|por|teu|rin** die, -/-innen ‖ **Im|port|fir|ma** ‖ **Im|port|ge|schäft** ‖ **im|por|tie|ren** ‖ **Im|port|stopp** [-ʃt-] ‖ **Im|port|ver|bot** ‖ **Im|port|wa|re**

im|po|sant ⟨lat.-fr.⟩: *eindrucksvoll, Achtung gebietend*

im|po|tent → G.: potent ‖ **Im|po|tenz** die, - (Med.): *Unvermögen des Mannes, den Geschlechtsverkehr zu vollziehen; Zeugungsunfähigkeit* | (geh.) künstlerische, musikalische I. *(Unfähigkeit);* → G.: Potenz ‖ **Im|po|tenz|ler** der, -s/- (ugs.): *impotenter Mann*

im|prä|g|nie|ren: ein imprägnierter *(wasserdicht gemachter)* Regenmantel ‖ **Im|prä|g|nie|rung** die, -/-en

im|prak|ti|ka|bel: *nicht anwendbar;* → G.: praktikabel

Im|pre|sa|rio der, -s/-s [Impresarii] [-ri.i] ⟨lat.-it.⟩ (veraltet): *Theater- und Konzertveranstalter*

Im|pres|si|on die, -/-en ⟨lat.-fr.⟩: *Empfindung, momentaner Eindruck* ‖ **Im|pres|si|o|nis|mus** der, -: *Licht- und Farbeindrücke betonende Stilrichtung in der Malerei des ausgehenden 19. Jh. (ähnlich in Musik und Dichtung);* → Expressionismus ‖ **im|pres|si|o|nis|tisch** ‖ **Im|pres|sum** das, -s/Impressen ⟨lat.⟩: *Angabe über Verleger, Drucker usw. in Büchern, Zeitschriften und Zeitungen;* → Editorial ‖ **Im|pri|ma|tur** das, -s/-en [-'uː-] = **Im|pri|ma|tur** die, -/-en: *Freigabe zum Druck* ‖ **im|pri|mie|ren:** ein Buch i. ‖ **Im|prin|ter** der, -s/- ⟨lat.-engl.⟩: *Gerät zur Kreditkartenabwicklung*

Im|promp|tu [ɛ̃prõ'ty(ː)] das, -s/-s ⟨fr.⟩ (Mus.): *Stegreif-, Fantasiekomposition*

Im|pro|vi|sa|ti|on [-vi-tsi̯-] die, -/-en ⟨lat.-it.⟩: *nicht vorgeplantes Agieren, spontanes Tun* ‖ **Im|pro|vi|sa|ti|ons|ta|lent** ‖ **Im|pro|vi|sa|tor** der, -s/-en [-'toː-] ‖ **Im|pro|vi|sa|to|rin** die, -/-innen ‖ **im|pro|vi|sa|to|risch** ‖ **im|pro|vi|sie|ren:** eine Rede i. *(ohne Vorbereitung halten)* | improvisierte *(behelfsmäßige, vorläufige)* Maßnahmen

Im|puls der, -es/-e ⟨lat.⟩: *Anregung, Anstoß* ‖ **Im|puls|ge|ber** ‖ **Im|puls|ge|be|rin** ‖ **im|pul|siv:** ein impulsiver *(lebhafter, spontan handelnder)* Mensch

Imst (Kfz: IM): *Stadt in Tirol*

im Stand = **im|stand** = **im Stan|de** = **im|stan|de:** dieser Kranke ist nicht im S. *(nicht fähig)* aufzustehen; *aber:* im Stande *(im Zustand)* der Gnade Gottes sein

in[1] (Präp. mit Dat. und Akk.): der Haken steckt in der Mauer *(wo?);* den Haken in die Mauer schlagen *(wohin?);* in Bezug; in Stand (= → instand); in einem; → in extenso | (mit Abkürzung i.) St. Johann i. Tirol

in[2] (Adv.) ⟨engl.⟩ (sal.): etwas/jemand ist in *(ist in Mode/ist sehr gefragt);* → G.: out

in- ⟨lat.⟩ (nur in Zusammensetzungen wie inakzeptabel, Independenz)

In: Indium

in ab|sen|tia [- -tsi̯a] ⟨lat.⟩: *in Abwesenheit*

in|ad|äquat: *unangemessen, nicht entsprechend;* → G.: adäquat ‖ **In|ad|äquat|heit**

in|ak|ku|rat: *ungenau, flüchtig;* → G.: akkurat

in|ak|tiv: *untätig;* → G.: aktiv ‖ **in|ak|ti|vie|ren:** *in einen nicht aktiven Zustand versetzen, zB abschalten* ‖ **In|ak|ti|vie|rung** die, -/-en ‖ **In|ak|ti|vi|tät** [-v-] die, -

in|ak|zep|ta|bel: eine inakzeptable *(unannehmbare)* Forderung; → G.: akzeptabel

In|an|griff|nah|me die, -: *Anfang, Beginn*

In|an|spruch|nah|me die, -: *Beanspruchung*

In|au|gu|ra|ti|on [-tsi̯-] die, -/-en ⟨lat.⟩ ‖ **in|au|gu|rie|ren:** *in ein Amt einführen; einweihen*

In|be|griff: *die Gesamtheit, das Höchste;* das ist der I. *(die vollkommene Ausprägung)* von Tugend und Schönheit ‖ **in|be|grif|fen:** alle Abgaben sind i. *(schon enthalten);* → einbegriffen

In|be|sitz|nah|me die, -

In|be|trieb|nah|me die, -: die I. eines neuen Kraftwerkes

In|brunst die, - (geh.): mit I. *(Begeisterung)* mitmachen ‖ **in|brüns|tig** (geh.): ein inbrünstiges *(leidenschaftliches, bes. inniges)* Gebet

In|bus|schlüs|sel (Wz.): *Schraubenschlüssel für Inbusschrauben* ‖ **In|bus|schrau|be** (Wz.)

incl. = → inkl.

in cor|po|re [- k-] ⟨lat.⟩: *gemeinsam*

In|de|fi|nit|pro|no|men ⟨lat.⟩ (Gramm.): *unbestimmtes Fürwort, zB* man, jemand, kein

in|de|kli|na|bel (Gramm.): *nicht beugbar*

in|dem (Konj.): er grüßte, i. er sich verneigte

In|de|pen|denz die, -: *Unabhängigkeit;* → G.: Dependenz

In|der der, -s/-: *Bewohner Indiens;* → indisch ‖ **In|de|rin** die, -/-innen

in|des = **in|des|sen** (Adv.): *inzwischen, unterdessen* | (Konj.) *aber, jedoch*

In|de|ter|mi|na|ti|on [-tsi̯-]: *Unbestimmtheit; Nichtvorherbestimmbarkeit;* → G.: Determination ‖ **in|de|ter|mi|niert** ‖ **In|de|ter|mi|nis|mus**

In|dex der, -/-e (Indizes, *auch:* Indices [-ts-]) ⟨lat.⟩: *ein Verzeichnis* | *statistische Wertziffer;* Preisindex | (Math.) *hoch- oder tiefgestellte Ziffer zur Kennzeichnung;* x[1] ‖ **In|dex|an|pas|sung** (Wirt.): *Anpassung von Preisindizes an die Inflationsrate (zur Wertsicherung)* ‖ **in|dex|ge|bun|den** (Wirt.) ‖ **In|dex|klau|sel** (Wirt.): *Wertsicherungsvereinbarung* ‖ **In|dex|zif|fer**

in|de|zent: *aufdringlich, unschicklich;* → G.: dezent ‖ **In|de|zenz**

In|di|an der, -s/-e (veraltend): *Truthahn, Puter*

In|di|a|ner der, -s/-: *Ureinwohner Amerikas* ‖ **In|di|a|ner|häupt|ling** ‖ **In|di|a|ne|rin** die, -/-innen ‖ **In|di|a|ner|krap|fen:** *eine süße Mehlspeise* ‖ **In|di|a|ner|re|ser|vat** [-v-] ‖ **In|di|a|ner|re|ser|va|ti|on** [-tsi̯-] ‖ **In|di|a|ner|spra|che** ‖ **In|di|a|ner|stamm** ‖ **in|di|a|nisch**

In|di|en: *ein Staat in Asien*

In|dienst|stel|lung (Amtsspr.): *In-Dienst-Stellen*

in|dif|fe|rent: *unbestimmt; gleichgültig;* → G.: different ‖ **In|dif|fe|renz** die, -: *Zustand, der keinen Unterschied kennt*

in|di|gen ⟨lat.⟩: *einheimisch;* indigene Wörter/Völker

In|dig|na|ti|on [-tsi̯-] die, - ⟨lat.⟩: *Entrüstung* ‖ **in|dig|niert:** *peinlich berührt; entrüstet* ‖ **In|dig|ni|tät** (veraltet) die, -: *Unwürdigkeit*

In|di|go der = das, -s ⟨gr.-lat.-span.⟩: *ein Farbstoff* ‖ **in|di|go|blau**

In|di|ka|ti|on [-tsi̯-] die, -/-en ⟨lat.⟩ (Med.): *Veranlassung für eine bestimmte medizinische Behandlung;* → G.: Kontraindikation; → indiziert ‖ **In|di|ka|tiv** der, -s/-e [-fɛ, -vɛ] (Gramm.): *Wirklichkeitsform, eine Aussageweise des Verbs;* → Konjunktiv ‖ **In|di|ka|tor** der, -s/-en [-'o:-]: *[statistisches] Merkmal für einen bestimmten Zustand* | (Chem.) *Substanz, die einen Vorgang/Zustand [durch Farbänderung] anzeigt oder messbar macht*

In|dio der, -s/-s ⟨span.⟩: *in Süd- und Mittelamerika lebender Indianer* ‖ **In|dio|frau**

in|di|rekt: *mittelbar, auf einem Umweg;* → G.: direkt | (Gramm.) indirekte Rede *(nicht wörtliche Rede);* → G.: direkte Rede

in|disch: indischer Tee; *aber:* der Indische Ozean; → Indien

in|dis|kret: *taktlos; nicht verschwiegen;* → G.: diskret ‖ **In|dis|kre|ti|on** [-tsi̯-] die, -/-en: eine I. begehen

in|dis|ku|ta|bel: ein indiskutabler *(nicht in Frage kommender)* Vorschlag; → G.: diskutabel

in|dis|po|niert: *in schlechter Verfassung;* er ist heute i.; → G.: disponiert ‖ **In|dis|po|niert|heit** die, - ‖ **In|dis|po|si|ti|on** [-tsi̯-] die, -/-en

In|di|um das, -s ⟨lat.⟩ (Zeichen: In): *ein chemisches Element*

In|di|vi|du|al|an|trag [-v-] (Jus): *Antrag eines Einzelnen auf höchstgerichtliche Überprüfung* ‖ **In|di|vi|du|al|be|schwer|de** (Jus): *Individualantrag* ‖ **In|di|vi|du|al|code** [-ko:t, fr.: -kɔd, engl.: -kəʊd] = → Individualkode ‖ **In|di|vi|du|al|ei|gen|tum** (Jus) → G.: Gemeinschaftseigentum ‖ **in|di|vi|du|a|li|sie|ren** ⟨lat.⟩ ‖ **In|di|vi|du|a|li|sie|rung** die, -/-en ‖ **In|di|vi|du|a|lis|mus** der, - ‖ **In|di|vi|du|a|list** der, -en/-en: *jemand, der sich auf Grund seiner ausgeprägten Persönlichkeit von der Masse abhebt [und sich von ihr abgrenzt]* ‖ **In|di|vi|du|a|lis|tin** die, -/-innen ‖ **in|di|vi|du|a|lis|tisch:** *die Interessen der Einzelperson vertretend* ‖ **In|di|vi|du|a|li|tät** die, -/-en: *persönliche Eigenart* ‖ **In|di|vi|du|al|kode** [-ko:t] = Individualcode [-ko:t, fr.: -kɔd, engl.: -kəʊd] ⟨lat.+fr.-engl.⟩ (Sprachwiss.): → *Idiolekt* ‖ **In|di|vi|du|al|ver|kehr** → G.: öffentlicher Verkehr ‖ **in|di|vi|du|ell:** *auf den Einzelfall/die Einzelperson abgestimmt;* individuelle Beratung; individuelle Bedürfnisse ‖ **In|di|vi|du|um** das, -s/Individuen [-u̯en]: *das Einzelwesen; der einzelne Mensch* | (abw.) ein verdächtiges I.

In|diz das, -es/-ien [-i̯en] ⟨lat.⟩: die Indizien *(Anzeichen, Verdachtsgründe)* weisen auf einen bestimmten Täter hin ‖ **In|di|zi|en|be|weis** (Jus) ‖ **In|di|zi|en|pro|zess** (Jus): *Prozess, der durch Indizien entschieden werden muss* ‖ **in|di|zie|ren:** *auf etwas hinweisen* | (Med.) → indiziert ‖ **in|di|ziert** (Med.): eine bestimmte Behandlung ist i. *(empfehlenswert, angezeigt);* → Indikation

In|do|ari|er: *Sprecher einer indoarischen Sprache* ‖ **In|do|ari|e|rin** ‖ **in|do|arisch:** die indoarische Sprachfamilie *(Bezeichnung einer großen Gruppe indogermanischer Sprachen im südlichen Asien)* ‖ **in|do|eu|ro|pä|isch:** *indogermanisch* ‖ **in|do|ger|ma|nisch:** die indogermanischen Sprachen *(zB Deutsch, Französisch, Russisch, Griechisch, Persisch)* ‖ **In|do|ger|ma|nist** ‖ **In|do|ger|ma|nis|tik** ‖ **In|do|ger|ma|nis|tin**

in|dok|tri|nie|ren (abw.): *[ideologisch] beeinflussen* ‖ **In|dok|tri|nie|rung** die, -/-en (abw.)

in|do|lent ⟨lat.⟩: ein indolenter *(gleichgültiger, fauler)* Mensch | (Med.) *nicht schmerzhaft; unempfindlich gegen Schmerzen* ‖ **In|do|lenz** [auch: -'ɛ-] die, -

In|do|lo|gie die, -: *Wissenschaft von der indischen Kultur*

In|do|ne|si|en: *ein Staat in Südasien*

in|door [-dɔə, engl.: -dɔ:] ⟨engl.⟩: *im geschlossenen Raum;* → G.: outdoor ‖ **In|door|klet|tern:** *Hallenklettern* ‖ **In|door|schuh:** *Sportschuh für die Halle*

in|do|pa|zi|fisch: *zum geographischen Raum des Indischen und des Pazifischen Ozeans gehörend*

In|dos|sa|ment das, -[e]s/-e ⟨lat.-it.⟩ (Bankw.): *Übertragung von Rechten aus Wertpapieren*

in du|bio pro reo ⟨lat.⟩ (wörtl.: im Zweifel zu Gunsten des Angeklagten)

In|duk|ti|on [-tsi̯-] die, -/-en ⟨lat.⟩: *das Schließen vom Einzelnen auf das Allgemeine;* → G.: Deduktion | (Phys.) *Erzeugung elektrischen Stromes durch bewegte Magnetfelder* ‖ **In|duk|ti|ons|be|weis** (Phil.) ‖ **in|duk|tiv**

In|dul|genz die, - ⟨lat.⟩: *Nachsicht*

in du|plo ⟨lat.⟩: *in doppelter Anzahl, zB ein Formular*

In|dus der, -: *Strom in Südasien (Tibet, Kaschmir, Pakistan)*

In|dus|tri|al De|sign [-'dʌstriəl dɪ'zaɪn] das, - -s ⟨engl.⟩: → Industriedesign ‖ **in|dus|tri|a|li|sie|ren** [-dust-] ⟨lat.-fr.⟩: ein Land i. *(seine Industrie ausbauen)* ‖ **In|dus|tri|a|li|sie|rung** die, - ‖ **In|dus|tri|a|lis|mus** der, - ‖ **In|dus|trie** die, -/-n: *ein Wirtschaftszweig* ‖ **In|dus|trie|an|la|ge** ‖ **In|dus|trie|ar|bei|ter** ‖ **In|dus|trie|ar|bei|te|rin** ‖ **In|dus|trie|be|trieb** ‖ **In|dus|trie|de|sign** [-dɪzaɪn]: *Design für industriell gefertigte Produkte, Industrial Design* ‖ **In|dus|trie|ge|biet** ‖ **In|dus|trie|grund:** *Baugrund für industrielle Zwecke* ‖ **In|dus|trie|kauf|frau** ‖ **In|dus|trie|kauf|mann** ‖ **In|dus|trie|land** ‖ **in|dus|tri|ell:** industrielle *(fabriksmäßige)* Erzeugung ‖ **In|dus|tri|el|le**[1] der, -n/-n, ein Industrieller: *Industrieunternehmer* ‖ **In|dus|tri|el|le**[2] die, -n/-n ‖ **In|dus|tri|el|len|ver|band** (SüdT): *Industriellenvereinigung* ‖ **In|dus|tri|el|len|ver|ei|ni|gung** die, - (IV): *Interessensvertretung der Industrie* ‖ **In|dus|trie|ma|g|nat** (sal.): *Großindustrieller* ‖ **In|dus|trie|ma|g|na|tin** ‖ **In|dus|trie|na|ti|on** [-tsi̯-] die, -/-en ‖ **In|dus|trie|po|li|tik** ‖ **In|dus|trie|ro|bo|ter:** *Automat, der computergesteuert Arbeitsvorgänge ausführt* ‖ **In|dus|trie|staat** ‖ **In|dus|trie|stadt** ‖ **In|dus|trie|stand|ort** ‖ **In|dus|trie|un|ter|neh|men** ‖ **In|dus|trie|vier|tel:** *Landesteil von Niederösterreich* ‖ **In|dus|trie|zeit|al|ter** ‖ **In|dus|trie|zen|trum** ‖ **In|dus|trie|zo|ne**

in|du|zie|ren ⟨lat.⟩; → Induktion

in|ef|fek|tiv: *unwirksam;* → G.: effektiv

in|ef|fi|zi|ent: *unwirksam;* → G.: effizient ‖ **In|ef|fi|zi|enz** die, -/-en

in|ein|an|der: sich i. verlieben ‖ **in|ein|an|der|flie|ßen** ‖ **in|ein|an|der|grei|fen**

In|er|ti|al|sys|tem [-tsi̯-zy-] ⟨lat.+gr.⟩ (Phys.): *Bezugssystem, in dem keine Trägheitskräfte wirken*

Ines: *weibl. Vorname*

in|es|sen|zi|ell = inessentiell [-tsi̯-] → G.: essenziell

in even|tu [- -v-] ⟨lat.⟩: *im erwarteten Fall*

in|exakt → G.: exakt

inexistent → G.: existent ‖ **Inexistenz** die, -

in extenso ⟨lat.⟩: *ausführlich, vollständig*

infallibel ⟨lat.⟩ (kath.) ‖ **Infallibilität** die, - (kath.): die I. *(Unfehlbarkeit)* des Papstes in der Glaubenslehre

infam ⟨lat.⟩ (abw.): *niederträchtig* ‖ **Infamie** die, -/-n (abw.)

Infant der, -en/-en ⟨lat.-span.⟩: *Titel spanischer Prinzen*

Infanterie [-t(ə)'riː] die, -/-n ⟨lat.-it.-fr.⟩ (Mil.): *Fußtruppe; Nahkampftruppen* ‖ **Infanterieregiment** (Mil.) ‖ **Infanteriewaffen** die (Pl.) (Mil.) ‖ **Infanterist** der, -en/-en (Mil.)

infantil ⟨lat.⟩: *kindisch, unreif* ‖ **Infantilisierung** die, - ‖ **Infantilismus** der, -/Infantilismen (Med., Psych.): *geistige bzw. körperliche Entwicklungshemmung*

Infantin die, -/-innen ⟨lat.-span.⟩: *weibl. Form von Infant*

Infarkt der, -[e]s/-e ⟨lat.⟩ (Med.): *der Zustand nach Verstopfung eines Organhohlraumes, zB der Herzkranzgefäße;* Herzinfarkt | *Zusammenbruch;* ein I. des gesamten Verkehrs droht

Infekt der, -[e]s/-e ⟨lat.⟩ (Med.): *Infektionskrankheit* | *Infektion* ‖ **Infektion** [-tsi̯-] die, -/-en (Med.): *Ansteckung [durch Bakterien, Viren];* → infizieren; → G.: Desinfektion ‖ **Infektionsgefahr** (Med.) ‖ **Infektionsherd** (Med.): *Ausgangspunkt einer Infektion* ‖ **Infektionskrankheit** (Med.) ‖ **infektiös** (Med.): *ansteckend*

inferior ⟨lat.⟩: *unterlegen* | *untergeordnet* | *minderwertig* ‖ **Inferiorität** die, -

infernalisch ⟨lat.⟩ ‖ **Infernalität** die, -/-en: *Bösartigkeit, Unerträglichkeit* ‖ **Inferno** das, -s: *Hölle*

Infiltrant der, -en/-en ⟨lat.⟩: *Agent, der in ein anderes Land eingeschleust wurde* ‖ **Infiltrantin** die, -/-innen ‖ **Infiltration** [-tsi̯-] die, -/-en (Med.): *Einspritzung* ‖ **infiltrieren:** *eindringen; durchtränken* | eine Organisation i. *(durch eingeschleuste Personen [politisch] beeinflussen, unterwandern)* ‖ **Infiltrierung** die, -/-en

infinit (Gramm.): *nicht nach Person und Zahl konjugiert;* infinite Verbformen *(Infinitiv und Partizip);* → G.: finit ‖ **Infinitesimalrechnung** (Math.): *Differenzial- und Integralrechnung* ‖ **Infinitiv** der, -s/-e [-fɛ, -vɛ] (Gramm.): *Nennform* ‖ **Infinitivgruppe** (Gramm.): *Nenngruppe* *formgruppe*

infizieren ⟨lat.⟩: ich habe mich mit Scharlach infiziert *(angesteckt);* → Infektion

in flagranti ⟨lat.⟩: einen Dieb in f. *(auf frischer Tat)* ertappen

Inflation [-tsi̯-] die, -/-en ⟨lat.⟩: *Geldentwertung;* gefühlte und reale I.; → G.: Deflation ‖ **inflationär** ‖ **Inflationsabgeltung** ‖ **Inflationsrate**

inflexibel → G.: flexibel ‖ **Inflexibilität**

Influenz die, -/-en ⟨lat.⟩ (Elektrot.): *Beeinflussung eines elektrisch ungeladenen Körpers durch einen geladenen* ‖ **Influenza** die, - ⟨lat.-it.⟩: *Grippe*

Info die, -s/-s ⟨lat.⟩: *Kurzwort für Information* ‖ **Infodesk** der (*auch:* das), -s/-s ⟨engl.⟩: *Informationsdienst, -schalter* ‖ **Infohighway** [-haɪweɪ] → Informationshighway

infolge (Präp. mit Gen.): i. *(auf Grund von)* vieler Unfälle | (Adv.) i. *(auf Grund)* von vielen Unfällen ‖ **infolgedessen:** *deswegen, daher*

Informand

der, -en/-en ⟨lat.⟩
Die Nachsilbe „-and" drückt aus, dass mit jemandem etwas passiert, jemand etwas bekommt:
- Informand/Informandin: *jemand, der Informationen erhält*

Ebenso: Diplomand *(jemand, der ein Diplom erhalten soll),* Proband *(Testperson)*
Die Nachsilbe „-ant" drückt meist aus, dass jemand etwas tut:
- Informant/Informantin: *jemand, der Informationen gibt*

Ebenso: Lieferant *(jemand, der etwas liefert),* Demonstrant *(jemand, der demonstriert),* Maturant

Informandin die, -/-innen ‖ **Informant** der, -en/-en: *jemand, der Informationen gibt* ‖ **Informantin** die, -/-innen ‖ **Informatik** die, -: *Wissenschaft von der elektronischen Datenverarbeitung* ‖ **Informatiker** der, -s/- ‖ **Informatikerin** die, -/-innen ‖ **Information** [-tsi̯-] die, -/-en: *Nachricht, Auskunft;* → Info; → G.: Desinformation ‖ **Informationhighway** [-fəˈmeɪʃnhaɪweɪ]: → *Datenhighway* ‖ **Informationsaustausch** ‖ **Informationsbedürfnis** ‖ **Informationsdefizit:** *Mangel an Informationen* ‖ **Informationsfluss** ‖ **Informationsflut** ‖ **Informationsfreiheit:** *verfassungsgesetzlich gewährleistetes Grundrecht auf freie Information; Recht auf Meinungsfreiheit* ‖ **Informationsgesellschaft** (Soz.) ‖ **Informationsgespräch** ‖ **informationshungrig** ‖ **Informationskanal:** *Fernsehkanal mit vielen Informationssendungen* ‖ **Informationspflicht** (Jus.): *verpflichtender Hinweis zB bei kostenpflichtigen Telefonaten* ‖ **Informationssperre** ‖ **Informationsstand** → Infostand ‖ **Informationstechnik** (IT) ‖ **Informationstechnologie** (IT) ‖ **Informationsverarbeitung:** *Verarbeitung von Informationen zur Gewinnung weiterer Informationen* ‖ **Informationsvorsprung** ‖ **Informationswert** ‖ **informativ:** dieser Bericht ist i. *(inhaltsreich, wichtig)*

informell: *formlos, ohne Formalitäten;* → G.: formell

informieren ⟨lat.⟩: informiert *(im Bilde)* sein ‖ **Informiertheit** die, - ‖ **Infostand:** *Kurzwort für Informationsstand* ‖ **Infotainment** [-'teɪn-] das, -s: *Vermittlung von Information auf anregend-unterhaltende Weise;* → Edutainment

in Frage = **infrage:** in Frage (= infrage) stellen ‖ **Infragestellen** das, -s

infrarot ⟨lat.⟩: infrarote Strahlen *(unsichtbare Wärmestrahlen);* → G.: ultraviolett ‖ **Infrarot** (Phys.) (IR) ‖ **Infrarotbestrahlung** ‖ **Infrarotfernsteuerung** ‖ **Infrarotfilter** ‖ **Infrarotkabine** ‖ **Infrarotlampe** ‖ **Infrarotstrahl** (Phys.) ‖ **Infraschall** (Phys.): *Schall mit einer tiefen Frequenz, die für den Menschen nicht mehr hörbar ist;* → Ultraschall ‖ **Infrastruktur** [-st-, -ʃt-]: *die für die Wirtschaft eines Landes notwendigen Anlagen, zB Verkehrswege* ‖ **Infrastrukturbetreiber** (Wirt.) ‖ **Infrastrukturbetrieb** (Wirt.)

infundieren (Med.): *als Infusion*

verabreichen ‖ **In|fu|si|on** die, -/-en (Med.): *Einführung größerer Flüssigkeitsmengen in eine Vene*
Ing.: Ingenieur/in
In|gang|set|zung die, -/-en
In|ge: *weibl. Vorname (Ingeborg, Ingrid)*
In|ge|brauch|nah|me die, -/-n: die unbefugte I. von Fahrzeugen *(Autodiebstahl)*
In|ge|ni|eur [-ʒeˈnjøːɐ] der, -s/-e ⟨lat.-fr.⟩ (Ing.) ‖ **In|ge|ni|eu|rin** die, -/-innen (Ing.) ‖ **In|ge|ni|eur-kon|su|lent:** *Ziviltechniker für Bauwesen, Vermessungswesen, Maschinenbau uÄ* ‖ **In|ge|ni|eur-kon|su|len|tin** ‖ **in|ge|ni|ös** [-ge-]: *erfinderisch; sinnreich* ‖ **In|ge|ni-um** das, -s/Ingenien [-iən] ⟨lat.⟩ (geh.): *hohe Begabung* | *Genie*
In|ge|renz die, -/-en ⟨lat.⟩ (Amtsspr.): *Zuständigkeit, Einfluss*
In|go: *männl. Vorname*
In|gre|di|ens das, -/Ingredienzien [-tsiən] = **In|gre|di|enz** die, -/-en (meist Pl.) ⟨lat.⟩: verschiedene Ingredienzien *(Zutaten)* verwenden
Ing|rid [-ŋg-]: *weibl. Vorname*
In|grimm (geh.): mit I. *(voll Wut, voll Bitterkeit)* ‖ **in|grim|mig** (geh.): *wütend*
Ing|wer der, -s ⟨Sanskrit-gr.-lat.⟩: *eine Gewürzpflanze*
In|ha|ber der, -s/-: der I. eines Geschäfts; Geschäftsinhaber ‖ **In-ha|ber|ak|tie** [-tsiə] (Bankw.): *Aktie mit der Aufschrift Inhaber* ‖ **In|ha|be|rin** die, -/-innen ‖ **In|ha-ber|pa|pier** (Bankw.): *ein bestimmtes Wertpapier, zB Inhaberaktie*
in|haf|tie|ren: *in Haft nehmen* ‖ **In-haf|tier|te**[1] der, -n/-n, ein Inhaftierter ‖ **In|haf|tier|te**[2] die, -n/-n ‖ **In|haf|tie|rung** die, -/-en
In|ha|la|ti|on [-tsi-] die, -/-en ⟨lat.⟩ ‖ **In|ha|la|ti|ons|ap|pa|rat** ‖ **in|ha-lie|ren:** bei Halsweh Salzwasserdämpfe i. *(einatmen)*
In|halt der, -[e]s/-e: den I. der Flasche ausleeren | der I. *(die Handlung, Aussage)* des Buches ‖ **in-halt|lich** ‖ **In|halts|an|ga|be** ‖ **in-halts|arm** ‖ **in|halts|leer** ‖ **in-halts|los** ‖ **in|halts|schwer:** *viele wichtige Informationen enthaltend* ‖ **In|halts|stoff** (meist Pl.): *[in Lebensmitteln] enthaltene Stoffe* ‖ **In|halts|über|sicht** ‖ **In-halts|ver|zeich|nis**
in|hä|rent ⟨lat.⟩ (Phil.): *anhaftend; innewohnend* ‖ **In|hä|renz** die, -/-en (Phil.) ‖ **in|hä|rie|ren** (Phil.)

in|ho|mo|gen: *ungleichartig zusammengesetzt;* → G.: homogen ‖ **In|ho|mo|ge|ni|tät**
in|hu|man: *nicht menschenwürdig; unmenschlich;* → G.: human ‖ **In|hu|ma|ni|tät** die, -
In|i|ti|a|le [-tsi-] die, -/-n, *auch:* Initial das, -s/-e ⟨lat.⟩: *[künstlerisch verzierter] Anfangsbuchstabe* ‖ **In|i|ti|al|wort** (Sprachwiss.): *Abkürzungswort, das aus den Anfangsbuchstaben mehrerer Wörter gebildet wird, zB* EDV ‖ **In|i|ti-al|zün|der** ‖ **In|i|ti|al|zün|dung:** *Zündung durch einen hochexplosiven Sprengstoff* ‖ **In|i|ti|a|ti|on** [-tsi-] die, -/-en (Völkerkunde, Soz.): *Aufnahme des Jugendlichen in die Gemeinschaft der Erwachsenen* ‖ **In|i|ti|a|ti|ons|ri|tus** ‖ **in|i|ti|a|tiv:** i. werden; initiative Gemeinden ‖ **In|i|ti|a|tiv|an|trag:** *Antrag der Regierung (Regierungsvorlage) oder von neun Abgeordneten, ein Gesetzgebungsverfahren einzuleiten* ‖ **In|i|ti|a-ti|ve** [-və, -fə] die, -/-n: die I. ergreifen *(zu handeln beginnen, tätig werden)* ‖ **In|i|ti|a|tor** der, -s/-en [-ˈoː-] ‖ **In|i|ti|a|to|rin** die, -/-innen ‖ **in|i|ti|ie|ren** [-tsiˈiː-]: etwas i. *(damit beginnen, es einleiten, es anregen)*
In|jek|ti|on [-tsi-] die, -/-en ⟨lat.⟩ (Med.): *Einspritzung, Spritze* ‖ **In|jek|ti|ons|lö|sung** ‖ **In|jek|ti-ons|na|del** ‖ **In|jek|ti|ons|sprit|ze** ‖ **in|ji|zie|ren** (Med.): dem Patienten Insulin i. *(spritzen)*
In|ju|rie [-iə] die, -/-n ⟨lat.⟩ (meist Pl.): *Unrecht, Beleidigung*
In|kar|nat das, -[e]s ⟨lat.⟩ (Kunstgesch.): *Fleischfarbe [auf Porträts], Teint* ‖ **In|kar|na|ti|on** [-tsi-] die, - (Rel.): *Menschwerdung [Christi]* | (mit Pl. -en): *idealtypische Verkörperung;* die I. des Bösen ‖ **in|kar|nie|ren:** *sich verkörpern*
In|kas|sant der, -en/-en ⟨lat.-it.⟩: *jemand, der einkassieren kommt* ‖ **In|kas|san|tin** die, -/-innen ‖ **In-kas|so** das, -[s]/-s [Inkassi]: *das Einkassieren* | *die einkassierte Summe* ‖ **In|kas|so|bü|ro** ‖ **In|kas-so|voll|macht**
inkl. = incl.: **inkl**usive
In|kli|na|ti|on [-tsi-] die, -/-en ⟨lat.⟩ (veraltet): *Neigung, Vorliebe* ‖ **in-kli|nie|ren** (veraltet)
in|klu|die|ren ⟨lat.⟩: das Trinkgeld ist im Preis inkludiert *(eingeschlossen);* alles inkludiert; → G.: exkludieren ‖ **In|klu|si|on** die, -/-en (veraltet): *Einschluss* ‖ **in-klu|siv:** alles i.

in|klu|si|ve [-fə, -və] (inkl., incl.):

Präposition mit Genitiv:
– inklusive *(einschließlich)* des Trinkgeldes
Allein stehendes starkes Nomen im Singular bleibt undekliniert:
– inklusive Trinkgeld
– inklusive Porto
Im Plural mit Dativ, wenn Genitiv nicht erkennbar:
– inklusive Trinkgeldern (*statt:* Trinkgelder)

In|klu|siv|mie|te: *Miete mit eingeschlossenen Betriebskosten* ‖ **In-klu|siv|preis**
in|ko|gni|to ⟨lat.-it.⟩: *unerkannt, nicht unter seinem wahren Namen;* i. reisen ‖ **In|ko|gni|to** das, -[s]/-s: das I. lüften *(sich zu erkennen geben)*
in|ko|hä|rent → G.: kohärent ‖ **In-ko|hä|renz**
in|kom|men|su|ra|bel: inkommensurable *(nicht messbare; nicht vergleichbare)* Größen; → G.: kommensurabel ‖ **In|kom|men-su|ra|bi|li|tät** die, -
in|kom|mo|die|ren (geh.): *jemanden belästigen, jemandem Mühe bereiten;* → kommod
in|kom|pa|ra|bel: *nicht vergleichbar; nicht steigerungsfähig;* inkomparable Verhältnisse; → G.: komparabel
in|kom|pa|ti|bel: inkompatible *(miteinander unverträgliche)* Blutgruppen/Tätigkeiten; → G.: kompatibel ‖ **In|kom|pa|ti|bi|li-tät:** *Unvereinbarkeit*
in|kom|pe|tent: *unzuständig, nicht maßgeblich; nicht fachkundig;* → G.: kompetent ‖ **In|kom-pe|tenz**
in|kom|plett: *unvollständig;* → G.: komplett
in|kon|gru|ent: *nicht übereinstimmend; sich nicht deckend;* → G.: kongruent ‖ **In|kon|gru|enz**
in|kon|se|quent: *nicht folgerichtig;* → G.: konsequent ‖ **In|kon|se-quenz**
in|kon|sis|tent: *unbeständig; unhaltbar;* → G.: konsistent ‖ **In-kon|sis|tenz**
in|kon|stant → G.: konstant ‖ **In-kon|stanz**
In|kon|ti|nenz die, - (Med.): *Unfähigkeit, seinen Harn- bzw. Stuhldrang zu beherrschen;* → G.: Kon-

I

tinenz
Inkonvenienz [-v-] die, -/-en ⟨lat.⟩: *Ungehörigkeit*
inkonvertibel [-v-]: eine inkonvertible *(nicht austauschbare)* Währung; → G.: konvertibel ‖ **Inkonvertibilität**
inkonziliant → G.: konziliant
inkoordiniert: *unkoordiniert*
Inkorporation [-tsi̯-] die, -/-en: *Einverleibung*
inkorrekt: *unrichtig, fehlerhaft, unzulässig;* → G.: korrekt ‖ **Inkorrektheit**
Inkraftsetzung die, - ‖ **Inkrafttretedatum** (Amtsspr.) ‖ **Inkrafttreten** das, -s: das I. des neuen Gesetzes; → Kraft
inkriminieren ⟨lat.⟩: *vorwerfen, beschuldigen*
Inkubation [-tsi̯-] die, -/-en ⟨lat.⟩ (Med.): *Kurzform für Inkubationszeit* ‖ **Inkubationszeit** [-tsi̯-] (Med.): *die Zeit zwischen der Infektion und dem Ausbruch einer Infektionskrankheit* ‖ **Inkubator** der, -s/-en [-'oː-] (Med.): *Brutkasten für Frühgeburten*
inkulant (Kaufmannsspr.); → G.: kulant
Inkunabel die, -/-n ⟨lat.⟩: *Wiegendruck, frühes Werk der Buchdruckerkunst (vor 1500)*
inkurabel ⟨lat.⟩ (Med.): *unheilbar*
Inland das, -[e]s ‖ **Inlandeis:** *Eisdecke in den Polargebieten* ‖ **Inländer** der, -s/- ‖ **Inländerin** die, -/-innen ‖ **Inländerrum:** *eine Spirituose* ‖ **inländisch:** inländische *(einheimische)* Waren ‖ **Inlandsflug** ‖ **Inlandsgeschäft** ‖ **Inlandsgespräch:** *Telefongespräch innerhalb eines Landes* ‖ **Inlandsmarkt**
Inlay [-leɪ] das, -s/-s ⟨engl.⟩ (Med.): *eine Zahnfüllung*
Inlett das, -[e]s/-e [-s]: *ein dicht gewebter Stoff, zB für den mit Federn gefüllten Innenteil von Tuchenten*
inliegend (Amtsspr.): *beiliegend*
Inliner [-laɪnə] der, -s/- ⟨engl.⟩: *Rollschuh mit vier hintereinander angeordneten Rädern* ‖ **Inlineskate** [-skeɪt] der, -s/-s: *Inliner* ‖ **inlineskaten** (nur Inf. und Part.): sie ist inlinegeskatet ‖ **Inlineskater** ‖ **Inlineskaterin** ‖ **Inlineskating**
In-Lokal: *Lokal, das in Mode ist;* → in[2]
in medias res ⟨lat.⟩: in m. res gehen *(zum Kern der Sache kommen)*
in memoriam ⟨lat.⟩: *zum Gedenken [an]*
inmitten (Präp. mit Gen.): i. des Waldes | (Adv.) sie lag i. von Blumen
Inn der, -s: *Nebenfluss der Donau in der Schweiz, Tirol, Oberösterreich, Deutschland*
in natura ⟨lat.⟩: plötzlich stand sie i. n. *(leibhaftig)* vor mir | den Lohn i. n. *(in Form von Naturalien, Waren)* bekommen

> **inne** (geh.):
>
> **Getrenntschreibung in Verbindung mit „sein":**
> – du wirst der Veränderung bald inne sein *(sie wird dir bald bewusst werden)*
>
> R→ S. 901, 1.8
>
> **Zusammenschreibung:**
> – eine hohe Position innehaben
> – beim Sprechen innehalten (geh.: *aufhören zu sprechen*)
> – sich seiner Fehler innewerden (geh.: *sich deren bewusst werden*)
>
> R→ S. 900, 1.4

innehaben → inne ‖ **Innehabung** die, - (Amtsspr., Jus): *der Gewahrsam, die Gewahrsame, Obhut, Besitz* ‖ **innehalten** (geh.) → inne
innen: von i. und außen ‖ **Innenarbeiten** die (Pl.) ‖ **Innenarchitekt:** *Gestalter von Innenräumen* ‖ **Innenarchitektin** ‖ **Innenausschuss:** der I. des Nationalrats ‖ **Innenbezirk** ‖ **Innendienst** ‖ **Inneneinrichtung** ‖ **Innenfläche** ‖ **Innenhof** ‖ **Innenkante** ‖ **Innenleben** ‖ **Innenminister** ‖ **Innenministerin** ‖ **Innenministerium:** *Bundesministerium für Inneres* ‖ **Innennaht** ‖ **Innenpolitik** ‖ **innenpolitisch,** *auch:* innerpolitisch ‖ **Innenraum** ‖ **Innenseite** ‖ **Innenstadt:** *City, Zentrum* ‖ **Innentasche** ‖ **Innentemperatur** ‖ **Innenverteidiger** (Sport) ‖ **Innenverteidigerin** (Sport) ‖ **Innenwelt** (Psych., Phil.): *das Innenleben eines Individuums*
innerbetrieblich: innerbetriebliche Maßnahmen *(Maßnahmen innerhalb des Betriebes)* ‖ **innerdienstlich** ‖ **innere,** innerste: die inneren Organe; innere *(interne) Medizin; aber: die* **Innere Stadt** *(der 1. Bezirk von Wien und von Graz)* ‖ **Innere** das, des Inner[e]n: im Inner[e]n des Hauses ‖ **Innereien** die (Pl.): *Magen, Lunge usw. von Tieren*

> **innerhalb:**
>
> **Präposition mit Genitiv:**
> – innerhalb Österreichs
> – innerhalb zweier Jahre
>
> **Im Plural mit Dativ, wenn Genitiv nicht erkennbar:**
> – innerhalb vier Jahren *(statt:* Jahre)
>
> **Adverb:**
> – innerhalb von zwei Jahren

innerlich ‖ **Innerlichkeit** die, -: *Empfindsamkeit* ‖ **innerorts** (V, CH): *innerhalb eines Ortes* ‖ **Innerösterreich** (früher): *die habsburgischen Länder Steiermark, Kärnten, Krain;* → Vorderösterreich | (V) *Österreich östlich des Arlbergs* ‖ **Innerösterreicher** (V): *Bezeichnung für die hinter dem Arlberg (außerhalb Vorarlbergs, bes. östlich von Tirol) lebenden Österreicher* ‖ **Innerösterreicherin** ‖ **innerösterreichisch:** *innerhalb Österreichs* | (früher) *zum historischen Innerösterreich gehörend* | (V) *jenseits des Arlbergs; ostösterreichisch* ‖ **innerparteilich** ‖ **innerpolitisch** → innenpolitisch ‖ **innerstaatlich** ‖ **innerstädtisch** ‖ **Innerste** das, -n: bis ins I. *(zutiefst)* erschüttert sein; [m] ein Innerstes ‖ **innert** (Präp. mit Gen. oder Dat.) (bes. westöst., CH): *innerhalb, binnen;* i. dreier Tage/drei Tagen
innervieren [-v-]: *anregen* | (Med.) *mit Nervenreizen versorgen*
innewerden (geh.) → inne ‖ **innewohnend** (geh.): der dem Gedanken innewohnende *(darin enthaltene)* Sinn
Innichen (it.: San Cândido [k-]): *Marktgemeinde in Südtirol*
innig: eine innige *(leidenschaftliche)* Umarmung | innigst *(bes. eng)* miteinander verbunden ‖ **Innigkeit** die, - ‖ **inniglich** (geh.): *innig*
Innkreis: *Innviertel* ‖ **Innkreisautobahn**
Innocentia [-ts-tsi̯a] = Innozentia: *weibl. Vorname;* → Zenzi
Innovation [-vatsi̯-] die, -/-en ⟨lat.⟩: *Neuerung, Änderung;* Bundesministerium für Verkehr, Innovation und Technologie ‖ **in-**

novativ [-f]: *Neuerungen bringend* ‖ **innovatorisch** [-v-]: *auf Neuerungen gerichtet, sie anstrebend*
Innozentia [-tsi̯a] = → Innocentia
Innsbruck (Kfz: I): *Landeshauptstadt von Tirol* | (Kfz: IL) Innsbruck-Land (= Innsbruck Land) *(Innsbruck-Umgebung)* ‖ **Innsbrucker** der, -s/- ‖ **Innsbruckerin** die, -/-innen ‖ **Inntalautobahn**
in nuce [-tsε] ⟨lat.⟩: *im Kern; kurz und bündig, in wenigen Worten*
Innung die, -/-en: *eine gewerbliche Berufsgenossenschaft* ‖ **Innungsmeister:** *Vorsteher einer Innung* ‖ **Innungsmeisterin** ‖ **Innungswesen**
Innviertel: *Landesteil von Oberösterreich, Innkreis* ‖ **Innviertler**[1] (Adj.) ‖ **Innviertler**[2] der, -s/-: *Bewohner des Innviertels* ‖ **Innviertlerin** die, -/-innen
inoffiziell: *nicht amtlich;* → G.: offiziell
inoperabel: eine inoperable *(nicht operierbare)* Geschwulst, Krankheit; → G.: operabel
inopportun: *ungelegen, unangebracht;* → G.: opportun ‖ **Inopportunität**
in persona ⟨lat.⟩: *persönlich*
in petto ⟨it.⟩: einen Wunsch/Vorschlag in p. *(im Sinn, vorbereitet)* haben
in puncto [- Ak-] ⟨lat.⟩: *hinsichtlich;* in p. öffentlicher Angelegenheiten; in p. Geld; → punkto
Input der, -s/-s ⟨engl.⟩: *das Eingegebene, bes. die Daten, die in einen Computer eingegeben werden;* → G.: Output
inquirieren ⟨lat.⟩ (veraltet): *gerichtlich untersuchen* ‖ **Inquisit** der, -en/-en (veraltet): *Angeklagter* ‖ **Inquisitenspital:** *Gefängnisspital* ‖ **Inquisitin** die, -/-innen (veraltet) ‖ **Inquisition** [-tsi̯-] die, - (früher): *das kirchliche Gericht über Ketzer* ‖ **inquisitiv** (geh.): *wissbegierig* ‖ **Inquisitor** der, -s/-en [-'oː-]: *Richter der Inquisition;* → Großinquisitor ‖ **inquisitorisch**
I. N. R. I., *auch:* INRI: **I**esus **N**azarenus **R**ex **J**udaeorum ⟨lat.⟩ *(Jesus von Nazareth, König der Juden, Kreuzaufschrift)*
ins: in das; ins Haus gehen
Insasse der, -n/-n: die Insassen eines Autos ‖ **Insassenhaftung** ‖ **Insassenversicherung** ‖ **Insassin** die, -/-innen
insbesondere, *auch:* **insbesondre:** *besonders*
Inschrift: die I. auf einem Grabstein ‖ **Inschriftenkunde**
Insekt das, -[e]s/-en ⟨lat.⟩: *Gliederfüßer mit einer Einkerbung zwischen Kopf, Brust und Hinterleib; Kerbtier, Kerf;* → Insekten fressend = insektenfressend ‖ **Insektenbekämpfung** ‖ **Insekten fressend = insektenfressend:** I. fressende Tiere ‖ **Insektenfresser:** *Insekten fressendes Tier* | (Pl.) (Zool.) *eine Säugetierordnung, zB Igel, Maulwurf* ‖ **Insektenkunde** die, -: *Entomologie* ‖ **Insektizid** das, -s/-e: *chemisches Insektenvertilgungsmittel*
Insel die, -/-n ⟨lat.⟩: die I. der Seligen *(problemlose, harmonische Sonderstellung)* ‖ **Inselbahnsteig:** *Zwischenbahnsteig* ‖ **Inselbewohner** ‖ **Inselbewohnerin** ‖ **Inselgruppe** ‖ **Inselstaat** ‖ **Inselwelt** → Archipel
Insemination [-tsi̯-] die, -/-en ⟨lat.⟩ (Med., Biol.): *künstliche Befruchtung* ‖ **inseminieren**
insensibel → G.: sensibel
Inserat das, -[e]s/-e ⟨lat.⟩: *Anzeige [in einer Zeitung]* ‖ **Inserent** der, -en/-en: *jemand, der ein Inserat aufgibt* ‖ **Inserentin** die, -/-innen ‖ **inserieren:** in einer Zeitung i. ‖ **Insert** [engl.: 'ɪnsɜːt] das, -s/-s [-e] (Werb.): *in eine Fernsehsendung eingeblendete Schrift oder Grafik* ‖ **Insertion** [-tsi̯-] die, -/-en (Werb.): *Einschaltung eines Inserates*
insgeheim [auch: -'haɪm]: *heimlich* ‖ **insgesamt:** *[alles] zusammen; alles in allem*
Insider [-saɪdɐ] der, -s/- ⟨engl.⟩: *jemand, der über bestimmte Dinge, Verhältnisse bestens informiert ist, Eingeweihter;* → G.: Outsider ‖ **Insiderhandel** (Wirt., Bankw., Börse): *[illegale] Abwicklung von Börsengeschäften durch Ausnutzen von Insiderwissen* ‖ **Insiderin** die, -/-innen ‖ **Insiderstory** [-stɔri] ‖ **Insidertipp:** *Geheimtipp*
Insignien die (Pl.) ⟨lat.⟩: *Symbole von Macht und Würde [eines Staates]* ‖ **insignifikant** → G.: signifikant
insistent ⟨lat.⟩ ‖ **Insistenz** die, -: *Hartnäckigkeit* ‖ **insistieren:** *auf etwas bestehen*
Inskribent der, -en/-en ⟨lat.⟩ (veraltet) ‖ **Inskribentin** die, -/-innen (veraltet) ‖ **inskribieren** (veraltet): *sich an einer Universität als Hörer einschreiben lassen;* eine Vorlesung i. *(belegen)* ‖ **Inskription** [-tsi̯-] die, -/-en (veraltet): *Zulassung* ‖ **Inskriptionsfrist** (veraltet)
insofern [auch: -'fɛ-]: *soweit, in diesem Belang;* er hatte i. Recht, als er ...
Insolation [-tsi̯-] die, -/-en ⟨lat.⟩ (Met.): *Sonneneinstrahlung*
insolent [auch: 'i-] ⟨lat.⟩: *unverschämt* ‖ **Insolenz** die, -/-en
insolvent [-v-, auch: 'i-] (Kaufmannsspr.): *zahlungsunfähig;* → G.: solvent ‖ **Insolvenz** die, -/-en (Wirt.): *Zahlungsunfähigkeit eines Unternehmens, Ausgleich (früher: Konkurs)* ‖ **Insolvenzausfallgeld** (Amtsspr.) ‖ **Insolvenzeröffnung** ‖ **Insolvenzgericht** ‖ **Insolvenzmasse:** *Vermögen des zahlungsunfähigen Unternehmens* ‖ **Insolvenzordnung** ‖ **Insolvenzrecht** ‖ **Insolvenzverfahren:** *Konkursverfahren* ‖ **Insolvenzverwalter:** *jemand, der bevollmächtigt ist, ein Insolvenzverfahren durchzuführen* ‖ **Insolvenzverwalterin**
in Sonderheit (geh.): *im Besonderen*
insoweit [auch: -'aɪ-]: *soweit, insofern*
in spe [- sp-] ⟨lat.⟩: *in Erwartung, zukünftig;* Ehemann in spe
Inspektion [-sp-tsi̯-, auch: -ʃp-] die, -/-en ⟨lat.⟩ ‖ **Inspektor** der, -s/-en [-'oː-]: „Herr/Frau Inspektor!" *(auch übliche Anrede an Polizeibeamte);* → inspizieren ‖ **Inspektorat** das, -[e]s/-e: *inspizierende Behörde;* Arbeitsinspektorat ‖ **Inspektorin** die, -/-innen
Inspiration [-sp-tsi̯-] die, -/-en ⟨lat.⟩: *geistige Eingebung* ‖ **inspirativ** ‖ **Inspirator** der, -s/-en [-'oː-] ‖ **Inspiratorin** die, -/-innen ‖ **inspirieren:** *zu etwas anregen;* eine Reise hat sie dazu inspiriert
Inspizient [-sp-, auch: -ʃp-] der, -en/-en ⟨lat.⟩: *Verantwortlicher für den Ablauf [einer Theateraufführung]* ‖ **Inspizientin** die, -/-innen ‖ **inspizieren:** *prüfend besichtigen, beaufsichtigen*
instabil [-ʃt-, -st-]: *unbeständig;* → G.: stabil ‖ **Instabilität**
Installateur [-ʃt-'tøːɐ, -st-] der, -s/-e ⟨lat.-fr.⟩: *eine Berufsbezeichnung; Fachkraft für Elektroanla-*

gen, Gas, Heizung, Wasser | Wasserleitungsinstallateur || **Installateurin** die, -/-innen || **Installateurnotdienst** || **Installation** [-tsi̯-] die, -/-en || **installieren:** *technische Anlagen, Computerprogramme einrichten | in ein kirchliches Amt einsetzen*

in Stand = **instand:** etwas in Stand (= instand) setzen *(herrichten, reparieren);* in Stand (= instand) *(in Ordnung)* halten || **Instandhaltung** die, -/-en

inständig: i. *(eindringlich, flehentlich)* bitten || **Inständigkeit** die, -

Instandsetzung die, -/-en: *Wiederherstellung*

Instantgetränk [-stɛnt-] ⟨engl.⟩: *Getränk aus wasserlöslichem Granulat* || **Instantkaffee**

Instanz [-st-] die, -/-en ⟨lat.⟩: *zuständige Behörde* || **Instanzenweg** (Amtsspr.): *Amtsweg* || **Instanzenzug** (Amtsspr.): *Instanzenweg;* in einer Berufung den I. *(die Aufeinanderfolge der übergeordneten Behörden, zB Bezirksgericht – Landesgericht – Oberlandesgericht)* erschöpfen/ausschöpfen/ausnützen

in statu nascendi [- st- -sˈtsɛ-] ⟨lat.⟩ (wörtl.: im Zustand des Entstehens)

Instinkt [-st-] der, -[e]s/-e ⟨lat.⟩: *Naturtrieb | das richtige Gespür* || **Instinkthandlung** || **instinktiv:** *unwillkürlich, ohne zu überlegen;* i. das Richtige tun || **instinktlos:** i. *(ohne Gespür,* auch: *taktlos)* reagieren || **Instinktlosigkeit** die, - || **instinktmäßig** || **instinktsicher**

instituieren [-st-] ⟨lat.⟩: *einrichten* || **Institut** das, -[e]s/-e: *eine [universitäre] Anstalt, Organisation;* das I. für Geografie | (Jus.) das I. *(die Einrichtung, Möglichkeit)* der Berufung || **Institution** [-tsi̯-] die, -/-en: *ständige Einrichtung, Körperschaft* || **institutionalisieren:** *als Institution einrichten* || **institutionell:** *eine Institution betreffend* || **Institutskonferenz** || **Institutsleiter** || **Institutsleiterin** || **Institutsvorstand** || **Institutsvorständin**

instruieren [-st-] ⟨lat.⟩: *unterweisen* || **Instruktion** [-tsi̯-] die, -/-en: *Weisung, Unterweisung, Vorschrift* || **instruktiv:** ein instruktives *(lehrreiches)* Beispiel || **Instruktor** der, -s/-en [-ˈoː-]: *Vorführer, Lehrer* || **Instruktorin** die, -/-innen

Instrument [-st-] das, -[e]s/-e ⟨lat.⟩: *feines Gerät für wissenschaftliche, technische, ärztliche Arbeiten | Musikinstrument* || **instrumental** → vokal || **Instrumentalensemble** [-ãsãːbl] || **instrumentalisieren:** *als Mittel benützen, missbrauchen; aber:* → instrumentieren || **Instrumentalist** der, -en/-en || **Instrumentalistin** die, -/-innen || **Instrumentalmusik:** *nur mit Instrumenten ausgeführte Musik;* → G.: Vokalmusik || **Instrumentarium** das, -s/Instrumentarien [-i̯ɛn]: *Gesamtheit der verfügbaren Instrumente* || **Instrumentation** [-tsi̯-] die, -/-en || **Instrumentenbau** der, -[e]s || **Instrumentenbauer** || **Instrumentenbauerin** || **Instrumentenflug:** *Blindflug* || **Instrumentenkunde** || **Instrumentensammlung** || **instrumentieren** (Mus.): *die Stimmen eines Tonsatzes verschiedenen Instrumenten zuweisen; aber:* → instrumentalisieren || **Instrumentierung** die, -/-en (Mus.)

Insubordination [-tsi̯-] die, -: *Ungehorsam im Dienst;* → G.: Subordination

insuffizient: *ungenügend, unzulänglich* || **Insuffizienz** die, -/-en (Med.): *ungenügende biologische Funktion;* → G.: Suffizienz

Insulaner der, -s/- ⟨lat.⟩: *Inselbewohner* || **Insulanerin** die, -/-innen

Insulin das, -s ⟨lat.⟩ (Med.): *ein Hormon | ein Medikament für Zuckerkranke* || **Insulinpräparat** (Med.)

Insult der, -[e]s/-e ⟨lat.⟩: *Beschimpfung, tätlicher Angriff* | (Med.) *Anfall* || **insultieren:** *beschimpfen, tätlich angreifen* || **Insultierung** die, -/-en

in summa ⟨lat.⟩: *im Ganzen, insgesamt, in Summe*

Insurrektion [-tsi̯-] die, -/-en ⟨lat.⟩ (veraltet): *[Volks]aufstand* | (in Ungarn bis 1848) *Adelsaufgebot zur Reichsverteidigung*

inszenieren ⟨lat.⟩: ein Theaterstück i. *(seine Aufführung vorbereiten)* || **Inszenierung** die, -/-en

Intabulation [-tsi̯-] die, -/-en ⟨lat.⟩ (Jus): *Grundbuchseintragung, Einverleibung im Grundbuch*

intakt ⟨lat.⟩: *unbeschädigt, unversehrt* || **Intaktheit** die, -

Intarsia die, -/Intarsien [-i̯ɛn] = **Intarsie** [-i̯ɛ], -/-n ⟨arab.-it.⟩: *Einlegearbeit [in Holz]*

integer ⟨lat.⟩: ein integrer *(makelloser, einwandfreier)* Charakter || **integral** [auch: ˈi-]: ein integraler *(wesentlicher)* Bestandteil || **Integral** das, -s/-e (Math.) || **Integralrechnung** (Math.): *eine Rechnungsart* || **Integration** [-tsi̯-] die, -: *Eingliederung, Vereinigung;* → G.: Desintegration || **Integrationsfigur:** *Persönlichkeit, die Anhänger verschiedener Anschauungen um sich vereinigen kann* || **Integrationsgesetz:** *Gesetz zur Integration von Ausländern* || **Integrationsklasse:** *Klasse, in der Behinderte gemeinsam mit Nichtbehinderten unterrichtet werden* || **Integrationslehrer:** *speziell ausgebildeter Sonderschullehrer* || **Integrationslehrerin** || **Integrationspolitik** || **Integrationsprozess** || **Integrationsvereinbarung** (Jus): *Verpflichtung für Immigranten zur Integration in Österreich, bes. zum Erwerb von Deutschkenntnissen* || **Integrationsvertrag:** *Integrationsvereinbarung* || **integrierbar** || **integrieren:** Behinderte in den Arbeitsmarkt i. *(eingliedern)* | ein integrierender *(integraler)* Bestandteil || **Integrierung** die, -/-en || **Integrität** die, -: die territoriale I. *(Unversehrtheit)* eines Staates; die moralische I. *(Untadeligkeit)* einer Politikerin

Intellekt der, -[e]s ⟨lat.⟩: *Verstand; Vernunft* || **Intellektualismus** der, - || **intellektuell:** *geistig; verstandesmäßig* || **Intellektuelle**[1] der, -n/-n, ein Intellektueller: *ein Gebildeter, ein geistig Arbeitender* || **Intellektuelle**[2] die, -n/-n || **intelligent:** *verstandesmäßig begabt, gescheit* || **Intelligenz** die, -: künstliche I. *(Fähigkeit bestimmter Computerprogramme, menschliche Intelligenz nachzuahmen)* | *Intellektuellenschicht in der Gesellschaft* || **Intelligenzbestie** [-sti̯ɛ] (scherzh. bzw. abw.): *Person mit unverhältnismäßig betontem Intellekt* || **Intelligenzia** die, - ⟨lat.-russ.⟩ (oft abw.): *die Schicht oder eine Gruppe der Intellektuellen* || **Intelligenzler** der, -s/- (oft abw.): *Intellektueller* || **Intelligenzle-**

rin die, -/-innen (oft abw.) ‖ **Intelligenzquotient** [-tsi̯-] (IQ) (Psych.): *Maßzahl der Intelligenz* ‖ **Intelligenztest**

Intendant der, -en/-en ⟨lat.⟩: *Leiter eines Theaters, einer Rundfunkanstalt; aber:* → Superintendent ‖ **Intendantin** die, -/-innen ‖ **Intendanz** die, -/-en: *Amt, Amtssitz eines Intendanten* ‖ **intendieren:** *beabsichtigen, anstreben*

Intension die, -/-en ⟨lat.⟩ (Phil.): *Bedeutungsinhalt [eines Wortes];* → Extension; → Intention ‖ **Intensität** die, -/-en: *Stärke, innere Kraft* ‖ **intensiv:** i. *(angestrengt)* nachdenken; → G.: extensiv ‖ **intensivieren** [-v-] ‖ **Intensivierung** die, - ‖ **Intensivkurs** ‖ **Intensivmedizin** ‖ **Intensivstation** [-ʃtatsi̯-]: *Spitalsabteilung für lebensgefährlich Erkrankte und frisch Operierte* ‖ **Intention** [-tsi̯-] die, -/-en: *Absicht, Vorhaben* ‖ **intentional:** *zielgerichtet*

inter- ⟨lat.⟩ (nur in Zusammensetzungen wie interagieren)

interagieren ‖ **Interaktion** [-tsi̯-]: *Wechselbeziehung zwischen Partnern* | (Med.) *Wechselwirkung bei Medikamenten* ‖ **interaktiv** ‖ **Interaktivität**

Interbankenhandel (Wirt.): *weltweiter Handel mit Finanzinstrumenten zwischen Kreditinstituten*

Intercity [-'sɪti] = **InterCity** der, -[s]/-[s] (IC) (Wz.): *eine zwischen bestimmten Städten eingesetzte Zugsverbindung;* → Eurocity ‖ **Intercitybus** (ICB): *eine Busverbindung zB zwischen Klagenfurt und Graz* ‖ **InterCityExpress** (ICE) ‖ **Intercityzug**

interdependent: *voneinander abhängig* ‖ **Interdependenz**

Interdikt das, -[e]s/-e ⟨lat.⟩ (kath., früher): *strafweises Verbot gottesdienstlicher Handlungen für ein bestimmtes Gebiet*

interdisziplinär: *mehrere Wissenschaften betreffend*

interessant ⟨lat.⟩: *wissenswert; bedeutsam;* das Buch ist i. *(anregend, fesselnd)* | ein interessantes *(lohnendes)* Angebot ‖ **interessanterweise**

Interesse

das, -s/-n: *Anteilnahme, Aufmerksamkeit;* in seinem Interesse *(zu seinem Besten, zu seinem Vorteil);* → G.: Desinteresse
In Zusammensetzungen mit Interesse (zB Interessenvertretung) – ist es nicht notwendig, der Pluralendung auch noch ein Fugen-s anzufügen, also Interessenvertretung *(nicht:* Interessensvertretung).

interessehalber ‖ **interesselos** ‖ **Interesselosigkeit** die, - ‖ **Interessenausgleich** ‖ **Interessengebiet** ‖ **Interessengemeinschaft** ‖ **Interessenkollision:** *Aufeinandertreffen zweier entgegengesetzter Interessen* ‖ **Interessenkonflikt** ‖ **Interessenlage** ‖ **Interessenpolitik** ‖ **Interessensphäre** [-f-]: *Einflussbereich;* das liegt außerhalb meiner I. ‖ **Interessent** der, -en/-en: *Bewerber, Kauflustiger* ‖ **Interessentengruppe** ‖ **Interessentenweg:** *Privatweg, der von jedermann befahren werden darf* ‖ **Interessentin** die, -/-innen ‖ **Interessentschaft** die, -/-en (SüdT): *Agrargemeinschaft* ‖ **Interessenvertretung:** *zB Kammern, Gewerkschaften* uÄ ‖ **interessieren:** sich für etwas i. *(daran Anteil nehmen);* das interessiert mich nicht! ‖ **interessiert** → G.: desinteressiert

Interface [-feɪs] das, -/-s [-ɪz] ⟨engl.⟩ (EDV): *Schnittstelle, wo der Computer mit anderen Systemen in Kontakt tritt*

Interferenz die, -/-en ⟨lat.⟩ (Phys.): *Überlagerung von Wellen* | (Sprachwiss.) *[störende] gegenseitige Beeinflussung von Sprachen, zB beim Lernen* ‖ **interferieren** ‖ **Interferometer** das, -s/- (Phys.): *ein bestimmtes optisches Gerät* ‖ **Interferon** das, -s/-e (Biol., Med.): *körpereigenes Protein, das Viren abwehrt*

Interglazial das, -s/-e (Geol.): *Zwischeneiszeit*

Intérieur [ɛ̃te'ri̯øːɐ] das, -s/-s ⟨lat.-fr.⟩: *Innenausstattung eines Raumes*

Interim das, -s/-s ⟨lat.⟩: *Zwischenzeit* ‖ **interimistisch:** *vorläufig, einstweilig* ‖ **Interimsbescheid:** *vorläufiger Bescheid, Zwischenbescheid* ‖ **Interimslösung** ‖ **Interimszeit** ‖ **Interimszeugnis** (Jus): *Zwischenurkunde*

Interjektion [-tsi̯-] die, -/-en ⟨lat.⟩ (Gramm.): *Ausrufwort, Empfindungswort, zB* oh!

interkalar ⟨lat.⟩ (Amtsspr.) ‖ **Interkalarfrist** (Amtsspr.): *eingeschaltete, abzuwartende Frist*

interkonfessionell: *überkonfessionell*

interkontinental: *mehrere Erdteile betreffend* ‖ **Interkontinentalrakete** (Mil.)

interkulturell: *verschiedene Kulturen verbindend*

Interludium das, -s/-dien [-i̯ən] ⟨lat.⟩ (bes. Mus.): *Zwischenspiel*

Intermezzo das, -s/Intermezzi [-s] ⟨it.⟩: *[unbedeutender] Zwischenfall* | (Mus.) *Zwischenspiel, Interludium*

interministeriell: eine interministerielle *(aus Vertretern mehrerer Ministerien zusammengesetzte)* Arbeitsgruppe

intermittierend ⟨lat.⟩: *mit Unterbrechungen*

intern [auch: 'i-] ⟨lat.⟩: ein Facharzt für interne *(innere)* Medizin *(zB für Herzkrankheiten);* → Interne[2]; → Internist | ein interner Schüler *(einer, der im schuleigenen Heim wohnt, Internatsschüler);* → G.: extern ‖ **internalisieren** (Psych.): *sich bestimmte Wissensinhalte, Verhaltensmuster unbewusst aneignen, verinnerlichen;* → G.: externalisieren ‖ **Internat** das, -[e]s/-e: *Schülerheim*

international [-tsi̯-]:

international Wettkämpfe *(Bewerbe mit Teilnehmern aus verschiedenen Staaten);* ein internationales Übereinkommen *(multilateraler Vertrag)*
Großschreibung in Eigennamen und besonderen Kalendertagen:
- Internationaler Währungsfonds (IWF) *(Teilorganisation der Vereinten Nationen)*
- Internationaler Gerichtshof (IGH) (in Den Haag)
- Internationaler Frauentag

R→ S. 895, 4.1 bzw. S. 896, 4.3

Internationale[1] der, -n/-n, ein Internationaler: *Sportler, der in Länderkämpfen startet* ‖ **Internationale**[2] die, -n/-n ‖ **Internationale**[3] die, -n/-n (früher): *Vereinigung von Arbeiterorganisationen* | (ohne Pl.) *marxistische Hymne* ‖ **internationalisie-**

I

ren ‖ **In|ter|na|ti|o|na|li|sie|rung** die, -/-en ‖ **In|ter|na|ti|o|na|lis|mus** der, -: *Streben nach zwischenstaatlicher Zusammenarbeit* | (Sprachwiss.) *in vielen Sprachen vorhandenes Lehnwort mit ähnlicher Form und übereinstimmender Bedeutung, zB* Motor, Mathematik

In|ter|nats|lei|ter ⟨lat.⟩ ‖ **In|ter|nats|lei|te|rin** ‖ **In|ter|nats|schu|le** ‖ **In|ter|nats|schü|ler** → Interne[1] ‖ **In|ter|nats|schü|le|rin** ‖ **In|ter|ne**[1] der, -n/-n: *Internatsschüler* ‖ **In|ter|ne**[2] die, -n/-n: *Internatsschülerin* | (ohne Pl.) *Krankenhaus für innere Medizin, internistische Abteilung;* sie liegt auf der Internen

In|ter|net das, -s ⟨engl.⟩: *weltweiter Zusammenschluss von Computernetzwerken zur Informationsübertragung;* im I. surfen; → Intranet ‖ **In|ter|net|ac|count** [-əkaʊnt] → Account ‖ **In|ter|net|ad|res|se:** → *URL* ‖ **in|ter|net|af|fin:** *mit dem Internet vertraut* ‖ **In|ter|net|an|bie|ter:** *Kurzwort für Internetdienstanbieter* ‖ **In|ter|net|auk|ti|on** [-tsi̯-] ‖ **In|ter|net|bank** (Bankw.) die, -/-en (Bankw.): *Bank ohne Filialen* ‖ **in|ter|net|ba|siert** ‖ **In|ter|net|be|trei|ber** ‖ **In|ter|net|ca|fé** [-k-]: *Café mit Internetzugang für die Gäste* ‖ **In|ter|net|chat** [-tʃæt]: → *Netchat* ‖ **In|ter|net|chat|ten** ‖ **In|ter|net|da|ten|bank** ‖ **In|ter|net|dienst** (meist Pl.): *www, E-Mail, Radio, Telefonie ua.* ‖ **In|ter|net|dienst|an|bie|ter:** *Provider* ‖ **In|ter|net|fo|rum:** → *Diskussionsforum* ‖ **In|ter|net|kri|mi|na|li|tät:** *Cyberkriminalität* ‖ **In|ter|net|kul|tur:** → *Netikette* ‖ **In|ter|net|kun|de** der, -n/-n: *jemand, der im Internet Produkte bestellt* ‖ **In|ter|net|kun|din** ‖ **In|ter|net|link** ‖ **In|ter|net|platt|form:** *multifunktionale Website, Einstiegssite ins Web, Webportal;* → Diskussionsforum ‖ **In|ter|net|por|tal** ‖ **In|ter|net|prä|senz** ‖ **In|ter|net|pro|to|koll** (IP): *Standard, der die Datenübertragung von Informationen im Internet regelt;* → TCP ‖ **In|ter|net|pro|vi|der** [-prəˌvaɪdə]: *Internetanbieter* ‖ **In|ter|net-Ta|ge|buch** ‖ **In|ter|net|te|le|fo|nie** ‖ **in|ter|net|ten** (sal.): *im Internet arbeiten* ‖ **In|ter|net|user** [-ju:-]: *Internetbenützer, -kunde* ‖ **In|ter|net|use|rin** ‖ **In|ter|net|zu|gang**

in|ter|nie|ren ⟨lat.⟩: *in ein Lager einsperren* | ansteckende Kranke i. *(isolieren, in einer geschlossenen Anstalt unterbringen)* ‖ **In|ter|nier|te**[1] der, -n/-n, ein Internierter ‖ **In|ter|nier|te**[2] die, -n/-n ‖ **In|ter|nie|rungs|la|ger:** *Lager für zivile Gefangene im Krieg* ‖ **In|ter|nist** der, -en/-en: *Facharzt für innere Medizin* ‖ **In|ter|nis|tin** die, -/-innen ‖ **In|ter|num** das, -s/ Interna: *innere Angelegenheit [eines Amtes]*

In|ter|ope|ra|bi|li|tät die, -: *Kompatibilität verschiedener Systeme oder Techniken*

in|ter|par|la|men|ta|risch: *die Parlamente mehrerer Staaten betreffend*

In|ter|pel|lanz die, -/-en ⟨lat.-it.⟩ (SüdT): *Interpellation* ‖ **In|ter|pel|la|ti|on** [-tsi̯-] die, -/-en ⟨lat.⟩ (Pol.): *parlamentarische Anfrage* ‖ **in|ter|pel|lie|ren** (Pol.)

in|ter|pla|ne|ta|risch: *zwischen den Planeten*

In|ter|pol die, -: *Kurzwort für Internationale Kriminalpolizeiliche Organisation;* → Europol

In|ter|po|la|ti|on [-tsi̯-] die, -/-en ⟨lat.⟩: *nachträgliche Einschaltung; Änderung* ‖ **in|ter|po|lie|ren:** *in einen Zusammenhang einfügen*

In|ter|pret der, -en/-en ⟨lat.⟩: *Erklärer, Deuter; Ausführender, zB Sänger, Dirigent* ‖ **In|ter|pre|ta|ti|on** [-tsi̯-] die, -/-en ‖ **in|ter|pre|ta|to|risch** ‖ **in|ter|pre|tie|ren:** ein Gedicht i. *(auslegen, deuten; vortragen)* ‖ **In|ter|pre|tin** die, -/-innen

in|ter|punk|tie|ren, *auch:* interpungieren: *Satzzeichen setzen* ‖ **In|ter|punk|ti|on** [-tsi̯-] die, -/-en: *[Satz]zeichensetzung* ‖ **In|ter|punk|ti|ons|zei|chen** (Gramm.): *Satzzeichen, zB Beistrich, Fragezeichen, Rufzeichen, Punkt*

In|ter|rail [-reɪl] = **In|ter|Rail** das, -[s] (Art. selten): *zeitlich limitiertes Reiseangebot zum Pauschalpreis, gültig für mehrere europäische Länder und Bahngesellschaften*

In|ter|re|gnum das, -s/Interregnen [-regna] ⟨lat.⟩: *Zwischenreich, Zwischenregierung, bes. in der deutschen Geschichte die Jahre von 1254 bis 1273*

In|ter|ro|ga|tiv|pro|no|men ⟨lat.⟩ (Gramm.): *fragendes Fürwort, zB* wer?, was?

In|ter|se|xu|a|li|tät (Biol.): *geschlechtliche Zwischenstellung (ohne eindeutige Zuordnung zum männlichen oder weiblichen Geschlecht)*

in|ter|stel|lar [-st-] (Astron.): *zwischen den Fixsternen befindlich;* der interstellare Raum

in|ter|sub|jek|tiv (Psych., Phil.): dieses Argument ist i. richtig *(wird von den meisten Personen als richtig angesehen)*

in|ter|uni|ver|si|tär [-v-]: eine interuniversitäre *(aus Mitgliedern mehrerer Universitäten bestehende)* Arbeitsgruppe

In|ter|vall [-v-] das, -s/-e ⟨lat.⟩: *zeitlicher Zwischenraum* | (Mus.) *Abstand zweier Töne bzw. Noten in Zusammenklang oder Aufeinanderfolge;* das I. der Oktav *(8. Tonstufe)*

In|ter|ve|ni|ent [-v-] der, -en/-en ⟨lat.⟩: *jemand, der interveniert* ‖ **In|ter|ve|ni|en|tin** die, -/-innen ‖ **in|ter|ve|nie|ren:** *eingreifen, einschreiten;* für jemanden i. *(sich für jemanden einsetzen)* ‖ **In|ter|ven|ti|on** [-tsi̯-] die, -/-en

In|ter|view [-'vju:, auch: 'i-] das, -s/-s ⟨lat.-fr.-engl.⟩: einem Reporter ein I. geben *(seine Fragen beantworten)* ‖ **in|ter|vie|wen:** sie wurde fürs Fernsehen interviewt ‖ **In|ter|vie|wer** der, -s/- ‖ **In|ter|vie|we|rin** die, -/-innen

in|ter|zel|lu|lär (Biol.): *zwischen den Zellen*

In|thro|ni|sa|ti|on [-tsi̯-] die, -/-en ‖ **in|thro|ni|sie|ren:** *auf den Thron erheben* ‖ **In|thro|ni|sie|rung** die, -/-en

in|tim ⟨lat.⟩: eine intime *(innige, vertraute)* Freundschaft | eine intime *(sexuelle)* Beziehung haben ‖ **In|tim|be|reich:** *Intimsphäre* | *Bereich der Geschlechtsorgane* ‖ **In|tim|hy|gi|e|ne** [-hy-, auch: -hi-] ‖ **In|ti|mi|tät** die, -: *Vertrautheit, Innigkeit* | (mit Pl. -en) *Vertraulichkeiten; erotische Beziehungen* ‖ **In|tim|le|ben** ‖ **In|tim|schmuck:** *Schmuck, zB Piercing, an den Geschlechtsorganen* ‖ **In|tim|sphä|re** [-f-]: *engster persönlicher Bereich* ‖ **In|tim|spray** [-ʃpre:, engl.: -spreɪ]: *Deodorant für den Intimbereich* ‖ **In|ti|mus** der, -/Intimi: *vertrauter Freund*

in|to|le|ra|bel → G.: tolerabel ‖ **in|to|le|rant:** *unduldsam; rechthaberisch* ‖ **In|to|le|ranz** → G.: Toleranz | (Med.) *Unverträglichkeit [von Medikamenten]*

In|to|na|ti|on [-tsi̯-] die, - (Mus.):

I

Anstimmen eines Gesangs | *Tonbildung, Tonreinheit* || **in|to|nie|ren** (Mus.)
in toto ⟨lat.⟩: *im Ganzen*
In|to|xi|ka|ti|on [-tsi̯-] die, -/-en (Med.): *Vergiftung*
in|tra- ⟨lat.⟩ (nur in Zusammensetzungen wie intramuskulär)
In|tra|da die, -/Intraden ⟨lat.-it.⟩ (Mus.): *festliches Einleitungsstück*
in|tra|kar|di|al (Med.): *direkt ins Herz*
in|tra|mus|ku|lär (Med.): diese Injektion wird i. *(in einen Muskel)* gegeben
In|tra|net das, -s/-s ⟨lat.+engl.⟩ (EDV): *internes Computernetzwerk in Unternehmen;* → Internet
in|tran|si|gent ⟨lat.⟩: *unversöhnlich*
in|tran|si|tiv (Gramm.): intransitive *(nicht zielende, unbezügliche)* Verben; → transitiv
In|tra|ute|rin|pes|sar ⟨lat.+gr.⟩: *ein Verhütungsmittel*
in|tra|ve|nös [-v-] (Med.): diese Injektion wird i. *(in eine Vene)* gegeben
in|tri|gant ⟨lat.-fr.⟩: *hinterlistig; ränkesüchtig* || **In|tri|gant** der, -en/-en || **In|tri|gan|ten|sta|del** (sal., abw.): *ständig intrigierende Personengruppe* || **In|tri|gan|tin** die, -/-innen || **In|tri|ge** die, -/-n: *hinterlistig herbeigeführte Verwicklung* || **In|tri|gen|spiel** || **in|tri|gie|ren**
in|trin|sisch ⟨lat.-fr.-engl.⟩ (Päd., Psych.): *von sich selbst aus bestimmt;* → extrinsisch
In|tro das, -s/-s ⟨lat.-engl.⟩ (sal.): *Kurzwort für Introduktion* || **In|tro|duk|ti|on** [-tsi̯-] die, -/-en ⟨lat.⟩: *Einleitung* | (Mus.) *Einleitungsteil*
In|tro|i|tus der, -/- ⟨lat.⟩: *Eingangsgesang, ein Teil des Propriums der heiligen Messe*
in|tro|spek|tiv [-sp-] ⟨lat.⟩ (Psychologie): *das eigene Bewusstsein betrachtend*
in|tro|ver|tiert [-v-] ⟨lat.⟩: *nach innen gekehrt;* ein introvertierter *(auf sein Innenleben konzentrierter)* Mensch; → G.: extravertiert || **In|tro|ver|tiert|heit** die, -
In|tu|ba|ti|on [-tsi̯-] die, -/-en ⟨lat.⟩ (Med.): *das Einführen eines Rohres in die Atemwege* || **in|tu|bie|ren** (Med.)
In|tu|i|ti|on [-tsi̯-] die, -/-en ⟨lat.⟩: *Einfühlung, Eingebung* || **in|tu|i|tiv:** Zusammenhänge i. *(gefühlsmäßig)* erfassen
in|tus ⟨lat.⟩ (sal.) (in der Wendung): etwas i. haben *(etwas beherrschen; etwas gegessen, getrunken haben)*
Inu|it die (Pl. von → Inuk) || **Inuk**[1] der, -s/Inuit ⟨Eskimospr.⟩: *Angehöriger eines arktischen Volkes (Selbstbezeichnung);* → Eskimo || **Inuk**[2] die, -/Inuit || **Inu|ki|tut** das, -s: *Sprache der Inuit*
In|un|da|ti|ons|ge|biet [-tsi̯-] ⟨lat.⟩ (fachspr.): *Überschwemmungsgebiet, zB früher der Donau in Wien*
in|va|lid [-v-] ⟨lat.-fr.⟩: *körperbehindert; arbeitsunfähig bzw. nur beschränkt arbeitsfähig* || **In|va|li|de**[1] der, -n/-n, ein Invalider || **In|va|li|de**[2] die, -n/-n || **In|va|li|din** die, -/-innen || **In|va|li|di|tät** die, - || **In|va|li|di|täts|pen|si|on**
in|va|ri|a|bel [-v-, auch: -ˈaːb-]: eine invariable *(unveränderliche)* Größe; → G.: variabel || **in|va|ri|ant** (bes. Phys.) || **In|va|ri|anz** die, - (bes. Phys., Math.): *die Unveränderlichkeit bestimmter physikalischer oder mathematischer Größen;* → Varianz
In|va|si|on [-v-] die, -/-en ⟨lat.-fr.⟩: die I. *(das Eindringen)* fremder Truppen || **in|va|siv** (Biol.): *einfallend, sich [stark] ausbreitend, wuchernd* | (Med.) → minimalinvasiv
In|ven|tar [-v-] das, -s/-e ⟨lat.⟩: *die Einrichtungsgegenstände; der bewegliche Besitz;* das I. aufnehmen | *Verzeichnis der Gegenstände, des Besitzes* || **In|ven|tar|auf|nah|me** || **in|ven|ta|ri|sie|ren:** *die vorhandenen Gegenstände in einer Liste verzeichnen* || **In|ven|ta|ri|sie|rung** die, -/-en || **In|ven|tur** die, -/-en: *Bestandsaufnahme der vorhandenen Waren* || **In|ven|tur|ver|kauf:** *ein Verkauf zu herabgesetzten Preisen*
In-Ver|kehr-Brin|gen das, -s (Amtsspr.): das I. von *(das Handeln mit)* Suchtgiften
in|vers [-v-] ⟨lat.⟩: *umgekehrt* || **In|ver|si|on** die, -/-en: *Umkehrung; Umstellung* || **In|ver|si|ons|wet|ter** (Met.): *Wetterlage mit wärmerer Luft über kühlerer* || **in|ver|tiert:** *umgekehrt* | (selten, fachspr.) *sexuell für das eigene Geschlecht empfindend* || **In|vert|zu|cker:** *Mischung von Trauben- und Fruchtzucker*
In|vest|ab|lö|se [-v-] ⟨lat.⟩: *Kurzwort für Investitionsablöse* || **in|ves|tie|ren:** Geld in ein[em] Unternehmen i. *(anlegen)* || **In|ves|ti|ti|on** [-tsi̯-] die, -/-en || **In|ves|ti|ti|ons|ab|lö|se:** *Abgeltung für bestimmte Investitionen in Mietwohnungen;* verbotene I. || **In|ves|ti|ti|ons|frei|be|trag** (Wirt.): steuerliche Förderung für Investitionen || **In|ves|ti|ti|ons|prä|mie** [-i̯ɛ] (Wirt.): *steuerliche Begünstigung von Investitionen* || **In|ves|ti|ti|ons|rück|la|ge** (Wirt.) || **In|ves|ti|ti|ons|schutz:** *Schutz von Innovationen [durch Patente]* || **In|ves|ti|tur** die, -/-en: *Einweisung in ein niederes Kirchenamt; Einsetzung eines kirchlichen Würdenträgers* || **In|ves|ti|tur|streit** der, -[e]s (Gesch.): *Konflikt zwischen Kaisertum und Papsttum im Mittelalter* || **In|vest|ment** das, -s/-s ⟨engl.⟩ (Bankw., Börse): *das Investieren von Kapital in bestimmte Projekte* || **In|vest|ment|bank** die, -/-en || **In|vest|ment|fonds** [-fõː] (Bankw.): *ein aus Vermögenswerten, zB Aktien, bestehendes Vermögen* || **In|vest|ment|ge|sell|schaft** (Wirt.): *Beteiligungsgesellschaft, Kapitalanlagegesellschaft* || **In|vest|ment|zer|ti|fi|kat** (Wirt.): *Wertpapier[e] einer Investmentgesellschaft* || **In|ves|tor** der, -s/-en [-ˈoː-] (Wirt.) || **In|ves|to|rin** die, -/-innen (Wirt.)
in vi|no ve|ri|tas [- v- v-] ⟨lat.⟩ (wörtl.: im Wein [ist die] Wahrheit)
in vi|tro [- v-] ⟨lat.⟩: *im Reagenzglas* || **In-vi|tro-Fer|ti|li|sa|ti|on** [-tsi̯-] (Med.): *künstliche Befruchtung außerhalb des Körpers der Frau*
In|vo|lu|ti|on [-v-tsi̯-] ⟨lat.⟩ (bes. Med.): *Rückentwicklung* || **in|vol|vie|ren** [-v-v-]: *in sich schließen, einschließen;* ihr Beruf involviert große Verantwortung | in eine Sache involviert *(verwickelt)* sein
in|wen|dig: etwas in- und auswendig *(genauestens)* kennen
in|wie|fern [auch: ˈin-]: i. hat sie sich verändert? || **in|wie|weit:** i. kannst du ihr zustimmen?
In|woh|ner der, -s/- (veraltet): *Einwohner* | *Mieter* || **In|woh|ne|rin** die, -/-innen (veraltet)
In|zah|lungs|nah|me die, -/-n (Amtsspr.)
In|zest der -[e]s/-e ⟨lat.⟩: *Geschlechtsverkehr zwischen Nächstverwandten, Blutschande*

| *Inzucht* ‖ **in|zes|tu|ös**
In|zi|si|on die, -/-en ⟨lat.⟩ (Med.): *operative Öffnung*
In|zucht die, -: *Fortpflanzung unter nah verwandten Individuen*
in|zwi|schen: *indessen, unterdessen*
Iod [j-] (fachspr.): → Jod ‖ **iod|häl|tig,** *auch:* iodhaltig (fachspr.): → jodhältig ‖ **io|diert** (fachspr.): → jodiert ‖ **Iod|tink|tur** (fachspr.): → Jodtinktur
IOK [i o ˈkaː]: **I**nternationales **O**lympisches **K**ommitee
Ion [j-] das, -s/-en ⟨gr.⟩ (Phys., Chem.): *ein elektrisch geladenes Teilchen* ‖ **Io|nen|aus|tausch** (Phys., Chem.) ‖ **Io|ni|sa|ti|on** [-tsi̯-] die, -/-en (Phys., Chem.)
io|nisch [j-], *auch:* jonisch ⟨gr.-lat.⟩ (Arch.): Säulen im ionischen Stil; → dorisch; → korinthisch
io|ni|sie|ren [j-] ⟨lat.⟩ (Phys., Chem.): ionisierte *(elektrisch geladene)* Luft bei einem Gewitter ‖ **Io|ni|sie|rung** die, -/-en (Phys., Chem.) ‖ **Io|no|sphä|re** [-f-] die, - (Phys.): *oberste Schichte der Atmosphäre*
IP [aɪ ˈpiː]: **I**nternet**p**rotokoll; → TCP ‖ **IP-Ad|res|se** (EDV): *weltweit eindeutige Nummer eines Rechners im Internet*
i. P.: **i**n **P**ension
iPad [ˈaɪpæd] der = das, -[s]/-[s] ⟨engl.⟩ (Wz.): *ein Tablet-Computer* ‖ **iPhone** [-fəʊn] das, -[s]/-[s] (Wz.): *ein Smartphone* ‖ **iPod** der -[s]/-[s] (Wz.): *ein tragbares Abspielgerät für digitale Medien*
ip|so ju|re, *auch:* ipso iure [- j-] ⟨lat.⟩ (Jus): *durch das Recht selbst;* eine Rechtsfolge tritt i. j. *(ohne Hinzutreten weiterer Umstände)* ein
i-Punkt: *der Punkt auf dem i;* → i-Tüpferl
IQ [i ˈkuː, engl.: aɪ ˈkjuː] der, -[s]/-[s] (Psych.): **I**ntelligenz**q**uotient; → EQ
Ir: **Ir**idium
ir- ⟨lat.⟩ → in- (nur in Zusammensetzungen wie irrational)
IR[2] (Phys.): **I**nfra**r**ot
i. R.: **i**m **R**uhestand *(in Pension)*
IRA [i ɛr ˈaː]: **I**risch-**R**epublikanische **A**rmee (in Nordirland)
Irak der, -[s]: *ein Staat* ‖ **Ira|ker** der, -s/-, *auch:* Iraki der, -[s]/-[s] ‖ **Ira|ke|rin** die, -/-innen, *auch:* Iraki die, -/-[s] ‖ **Ira|ki** → Iraker, Irakerin ‖ **ira|kisch**
Iran der, -[s]: *ein Staat* (früher: *Persien*); im (auch: in) Iran ‖ **Ira|ner** der, -s/- ‖ **Ira|ne|rin** die, -/-innen ‖ **ira|nisch** ‖ **Ira|nis|tik** die, -: *Wissenschaft von den iranischen Kulturen und Sprachen*
ir|den: *aus Erde;* irdenes Geschirr *(Tongeschirr)* ‖ **Ir|den|wa|re** (veraltet): *Tonware* ‖ **ir|disch:** irdische *(nicht himmlische, nicht ewige)* Gerechtigkeit
Ire der, -n/-n: *Bewohner von Irland;* → Irin
Ire|ne: *weibl. Vorname*
ir|gend: wenn i. möglich; i. so ein; i. so etwas ‖ **ir|gend|ein,** irgendeiner, irgendeine ‖ **ir|gend|ein|mal** ‖ **ir|gend|et|was** ‖ **ir|gend|je|mand** ‖ **ir|gend|wann** ‖ **ir|gend|was** ‖ **ir|gend|welch,** irgendwelcher, irgendwelche ‖ **ir|gend|wer** ‖ **ir|gend|wie** ‖ **ir|gend|wo** ‖ **ir|gend|wo|her:** er kommt von i. ‖ **ir|gend|wo|hin**
Iri|di|um das, -s ⟨gr.⟩ (Zeichen: Ir): *ein chemisches Element*
Irin die, -/-innen; → Ire
Iri|o|din|strei|fen: *ein Sicherheitsmerkmal von [Euro]banknoten*
Iris[1]: *weibl. Vorname*
Iris[2] die, -/- ⟨gr.⟩: *färbige Haut rund um die Pupille, Regenbogenhaut* | *Schwertlilie*
irisch: *zu Irland gehörig, von dort stammend*
iri|sie|ren ⟨gr.⟩: irisierendes *(in den Regenbogenfarben schillerndes)* Glas
IRK [i ɛr ˈkaː] das, -: **I**nternationales **R**otes **K**reuz
Ir|land (Kfz: IRL): *ein Staat;* → Ire; → irisch | *eine Insel*
Irm|gard: *weibl. Vorname* ‖ **Irm|traud** = **Irm|traut:** *weibl. Vorname*
Iro|ke|sen|fri|sur: *Glatze mit Haarstreifen in der Mitte (nach einem Indianerstamm*
Iro|nie die, -/-n ⟨gr.-lat.⟩: *feiner, als Ernst getarnter Spott;* die I. des Schicksals ‖ **Iro|ni|ker** der, -s/- ‖ **Iro|ni|ke|rin** die, -/-innen ‖ **iro|nisch** ‖ **iro|ni|sie|ren:** etwas i. *(ironisch behandeln)*
Iron|man [ˈaɪənmæn] der, -s/Ironmen [-men] ⟨engl.⟩ (Sport): *ein bes. schwerer Triathlon* ‖ **Iron|wo|man** [ˈaɪənˌwʊmən] die, -/Ironwomen [-ˌwɪmɪn] ⟨engl.⟩ (Sport): *weibl. Form zu Ironman*
irr → irre
ir|ra|ti|o|nal [-tsi̯-]: *mit dem Verstand nicht erfassbar, nicht berechenbar;* → G.: rational ‖ **Ir|ra|ti|o|na|lis|mus** ‖ **Ir|ra|ti|o|na|li|tät** ‖ **ir|ra|ti|o|nell:** *nicht rational*

ir|re, *auch:* irr:

ein irrer *(geisteskranker)* Blick | eine irre *(außergewöhnliche, großartige)* Leistung
Getrenntschreibung in Verbindung mit „sein":
- vor Aufregung irr[e] sein *(durcheinander sein)* R→ S. 901, 1.8

Zusammenschreibung:
- jemanden irreführen *(täuschen)*
- irreleiten *(irreführen, auf Abwege bringen)*
- irr[e]machen *(verwirren)*
- an einem Freund irr[e]werden *(das Vertrauen zu ihm verlieren)*
- sie sind mit ihrer Meinung irregegangen R→ S. 900, 1.4

Ir|re[1] die, -: in die I. führen *(täuschen);* in die I. gehen ‖ **Ir|re**[2] der, -n/-n, ein Irrer: *ein Geisteskranker* ‖ **Ir|re**[3] die, -n/-n
ir|re|al: *unwirklich; übersinnlich;* → G.: real ‖ **Ir|re|a|li|tät** die, -
Ir|re|den|ta die, - ⟨lat.-it.⟩ (Gesch.): *italienische Unabhängigkeitsbewegung* ‖ **Ir|re|den|tis|mus** der, - (Gesch.): *Irredenta*
ir|re|füh|ren: irreführende Werbung; → irre ‖ **Ir|re|füh|rung** die, -/-en ‖ **ir|re|ge|hen** → irre
ir|re|gu|lär: *regelwidrig;* → G.: regulär; → Studium irregulare ‖ **Ir|re|gu|la|ri|tät**
ir|re|lei|ten → irre
ir|re|le|vant [-v-]: *ohne Beziehung, unerheblich, belanglos;* → G.: relevant ‖ **Ir|re|le|vanz** die, -
ir|re|li|gi|ös: *religionslos;* → G.: religiös ‖ **Ir|re|li|gi|o|si|tät**
ir|re|ma|chen = irrmachen: das macht uns irr[e] *(verwirrt uns);* → irre ‖ **ir|ren:** du irrst [dich] *(täuschst dich)* | er irrt *(läuft planlos, orientierungslos)* durch die Stadt ‖ **Ir|ren|an|stalt** (abw. bzw. veraltet): *psychiatrische Klinik* ‖ **Ir|ren|arzt** (abw. bzw. veraltet): *Psychiater* ‖ **Ir|ren|ärz|tin** (abw. bzw. veraltet) ‖ **Ir|ren|haus** (abw. bzw. veraltet): *Irrenanstalt* | (ugs.) reif fürs I. sein ‖ **ir|ren|haus|reif** (abw. bzw. veraltet)
ir|re|pa|ra|bel: ein irreparabler *(nicht mehr zu reparierender)* Schaden; → G.: reparabel ‖ **Ir|re|pa|ra|bi|li|tät** die, -
Ir|re|sein das, -s: *Verrücktheit, Irrsinn; aber:* irr[e] sein
ir|re|ver|si|bel [-v-]: ein irreversibler *(nicht umkehrbarer, zB chemischer)* Prozess/Vorgang; → G.:

reversibel || **Irreversibilität** die, -
irrewerden = irrwerden → irre || **Irrfahrt** die, -/-en || **Irrgarten:** *Labyrinth* || **Irrglaube** = **Irrglauben** || **irrgläubig** || **irrig:** eine irrige *(falsche, irrtümliche)* Ansicht
Irrigator der, -s/-toren [-'oː-] ⟨lat.⟩ (Med.): *Spülapparat für Einläufe*
irrigerweise || **Irrigkeit** die, -: die I. einer Theorie
Irritation [-tsi̯-] die, -/-en ⟨lat.⟩: *Störung* || **irritieren:** *beunruhigen, verwirren;* über sein Verhalten irritiert sein || **Irritierung** die, -/-en
Irrläufer: *falsch zugestellte Postsendung* || **Irrlehre** || **Irrlicht:** *flackernde Lichterscheinung über Sümpfen, im Wald* || **irrmachen** = → irremachen
Irrsee → Zeller See
Irrsinn der, -s (veraltet): *Geisteskrankheit* | das ist [ein] I. *(eine große Dummheit)* || **irrsinnig** || **Irrtum** der, -s/-tümer: im I. sein || **irrtümlich** || **irrtümlicherweise** || **Irrung** die, -/-en (geh.): *Irrtum* || **Irrweg:** *falsche Vorgehensweise, Strategie* || **irrwerden** = → irrewerden || **Irrwisch** der, -[e]s/-e: *Irrlicht* || **Irrwitz:** *Irrtum, Unsinn* || **irrwitzig:** *unsinnig*
Irxe → Ichse
Isabel = **Isabella** = **Isabelle** [-'ɛl]: *weibl. Vorname*
ISBN [i ɛs be 'ɛn]: **I**nternationale **S**tandard**b**uch**n**ummer
Ischias[1] [-ʃ-, -sç-] das, - ⟨gr.-lat.⟩: *eine Nervenerkrankung* || **Ischias**[2] der, -: *Ischiasnerv* || **Ischiasnerv**
Ischl → Bad Ischl
ISDN [i ɛs de 'ɛn] (EDV): **I**ntegrated **S**ervices **D**igital **N**etwork *(digitale Datenübertragung);* → ADSL
Isegrim der, -s (Art. selten): *Name des Wolfs in der Fabel;* Meister I.
Isel die, -: *ein Nebenfluss der Drau in Osttirol*
Isidor: *männl. Vorname* || **Isidora:** *weibl. Vorname*
Islam der, -s ⟨arab.⟩: *eine Religion (durch den Propheten Mohammed geoffenbart);* → Moslem; → Muslim || **Islamabad** [auch: -'baːt]: *Hauptstadt Pakistans* || **islamisch:** islamische Kunst || **islamisieren** || **Islamisierung** die, - || **Islamismus** der, -: *fundamentalistische Ausprägung des Islams, politische Richtung* || **Islamist** der, -en/-en: *Vertreter des Islamismus* || **Islamistin** die, -/-innen
Island (Kfz: IS): *ein Staat* || **Isländer** der, -s/- || **Isländerin** die, -/-innen || **isländisch** || **Islandpony** [-i]: *eine Pferderasse*
Ismus der, -/Ismen ⟨gr.-lat.⟩ (meist Pl.) (abw.): *bloße Theorie* | *modische Richtung*
iso- ⟨gr.⟩ (nur in Zusammensetzungen wie isometrisch)
ISO die, -: **I**nternational **S**tandardizing **O**rganization *(internationale Normungsinstitution)*
Isobare die, -/-n ⟨gr.⟩: *Verbindungslinie zwischen Orten gleichen Luftdrucks (auf Wetterkarten)* || **isochrom** [-kr-] (Phys.): *gleich farbempfindlich* || **isochromatisch** (Phys.): *isochrom* || **Isoglosse** (Sprachwiss.): *Grenzlinie des Verbreitungsgebietes einer sprachlichen Erscheinung, zB zwischen* Fleischhauer *und* Metzger
Isogon das, -s/-e ⟨gr.⟩ (Math.): *regelmäßiges Vieleck* || **isogonal** (Math.): *gleichwinkelig*
Isohypse [-'y-] die, -/-n ⟨gr.⟩: *Höhenlinie*
Isolation [-tsi̯-] die, -/-en ⟨lat.-it.-fr.⟩: *Vereinzelung, Absonderung* || **Isolationismus** der, - (Pol.): *Bestrebungen, sich von anderen Staaten abzusondern* || **isolationistisch** || **Isolationshaft:** *Einzelhaft* || **Isolator** der, -s/-en [-'toː-]: *Stoff, der Elektrizität oder Wärme schlecht leitet*
Isolde: *weibl. Vorname*
Isolierband ⟨lat.-it.-fr.⟩: *isolierendes Klebeband* || **isolieren:** eine elektrische Leitung i. | die Scharlachkranken i. *(absondern);* sie isoliert sich von ihren Freundinnen || **Isoliermaterial** || **Isolierschicht** = **Isolierschichte** || **Isolierung** die, -/-en: *Absonderung* | *Abdichtung*
isomer ⟨gr.⟩ (Chem., Bot.) || **Isomer** das, -s/-e (Chem., Bot.): *Körper bzw. Verbindung von gleicher Zusammensetzung*
Isometrie die, -: *maßstabsgerechte Nachbildung (bei Landkarten)* || **isometrisch**
isomorph [-f]: *gleichförmig, von gleicher Gestalt (bes. bei Kristallen)* || **Isomorphie** die, -
Isonzo der, -[s] (slowen. Soča ['soːtʃa]): *ein Fluss in Slowenien, Italien* || **Isonzoschlachten** die (Pl.): *Schlachten am Isonzo im 1. Weltkrieg*
Isotherme die, -/-n (Met.): *Verbindungslinie zwischen Orten gleicher Temperatur (auf Wetterkarten)*
isotonisch ⟨gr.⟩ (Chem.): *eine ähnliche Konzentration an gelösten Stoffen aufweisend wie Blut;* isotonische Getränke
Isotop das, -s/-e[n] ⟨gr.⟩ (Chem.): *eine [radioaktive] Variante eines Atoms*
Israel: *ein Staat* || **Israeli**[1] der, -[s]/-[s]: *Staatsbürger von Israel* || **Israeli**[2] die, -/-[s] = **Israelin** die, -/-innen || **israelisch:** *zu Israel gehörig, von dort stammend* || **Israelit** der, -en/-en: *Angehöriger der mosaischen Religionsgemeinschaft;* → Hebräer; → Jude || **Israelitin** die, -/-innen || **israelitisch:** der israelitische *(mosaische)* Religionsunterricht; *aber:* die **I**sraelitische Kultusgemeinde
ISS [i ɛs 'ɛs] die, -: **I**nternational **S**pace **S**tation *(ein internationales Weltraumlaboratorium)*
isst → essen
ist → sein
ISTA das, -: **I**nstitute of **S**cience and **T**echnology **A**ustria *(eine Forschungseinrichtung in Klosterneuburg-Gugging)*
Istanbul [türk.: -'a-]: *Stadt in der Türkei;* → Byzanz; → Konstantinopel
Istbestand: *der tatsächliche Bestand;* → G.: Sollbestand || **Istgehalt** der = das, -[e]s/-hälter: *Istlohn* || **Istgleichzeichen** (=): *Gleichheitszeichen*
Isthmus der, -/Isthmen ⟨gr.⟩: *Landenge;* der I. von Korinth
Istlohn: *der tatsächliche Bezug eines Arbeitnehmers (darf nicht unter dem kollektivvertraglichen Mindestlohn liegen)* || **Istlohnerhöhung**
Istrien: *eine Halbinsel in der nördlichen Adria*
Iststand: *der tatsächliche Stand;* → G.: Sollstand || **Istwert:** *der tatsächliche [Temperatur]wert* || **Istzustand:** *der derzeitige Zustand*
IT [iː 'teː, engl.: aɪ 'tiː]: **I**nformations**t**echnologie, **I**nformations**t**echnik
Itaker der, -s/- (abw.): *Italiener* || **Itakerin** die, -/-innen (abw.)
italianisieren: *italienisch ma-*

I

chen ‖ **Ita|li|a|ni|tà** [-'ta(ː)] die, - ⟨it.⟩: *italienische Wesens- und Lebensart* ‖ **Ita|li|en** (Kfz: I): *ein Staat* ‖ **Ita|li|e|ner** der, -s/- ‖ **Ita|li|e|ne|rin** die, -/-innen ‖ **ita|li|e|nisch** ‖ **Ita|li|e|nisch** das, -[s] = **Ita|li|e|ni|sche,** -n: *die italienische Sprache;* → Deutsch ‖ **Ita|li|en|meis|ter** (SüdT) (Sport): *italienischer Meister* ‖ **Ita|li|ker** der, -s/-: *Angehöriger einer Völkergruppe im antiken Italien* ‖ **ita|lisch:** *auf das antike Italien bezogen* ‖ **Ita|lo|ame|ri|ka|ner:** *Amerikaner italienischer Abstammung* ‖ **Ita|lo|ame|ri|ka|ne|rin** ‖ **Ita|lo|wes|tern:** *ein in Italien produzierter und durch eigenen brutalen Stil gekennzeichneter Western*

IT-Be|ruf [iː 'teː-, engl.: aɪ 'tiː-] → IT ‖ **IT-Bran|che** [-brãːʃ]

item ⟨lat.⟩ (veraltet): *ebenso, ferner* ‖ **Item** ['aɪ-] das, -s/-s: *einzelne Angabe, Aufgabe (im Text)*

Ite|ra|ti|on [-tsi̯-] die, -/-en ⟨lat.⟩: *Wiederholung, Verdoppelung* ‖ **ite|ra|tiv:** *wiederholend*

It-Girl [-gɜːl] ⟨engl.⟩: *junge Frau mit dem gewissen Etwas*

i. Tr.: in der Trockenmasse (zB Fett im Käse)

iTunes ['aɪtjuːnz] das, - ⟨engl.⟩ (Wz.): *ein Verwaltungsprogramm für digitale Medien*

i-Tüp|fel|chen (bes. D): *i-Tüpferl* ‖ **i-Tüp|ferl:** bis aufs i-Tüpferl *(bis ins Letzte)* genau sein; → i-Punkt ‖ **i-Tüp|ferl-Rei|ter** (ugs.): *kleinlicher, übertrieben genauer Mensch* ‖ **i-Tüp|ferl-Rei|te|rin** (ugs.)

Ius [ju(ː)s] das, - [Iuris]/Iura ⟨lat.⟩: → *Jus*

Iu|va|vum [ju'vaːv-] = → Juvavum

IV [i 'faʊ] die, -: **I**ndustriellen**verei**nigung

i. V. [i 'faʊ]: **i**n **V**ertretung (bei Unterschriften)

Iwan[1]: *männl. Vorname (Johann)* ‖ **Iwan**[2] der, -s/-s (oft abw.): *Russe*

IWF [i ve 'ɛf] der, -[s]: **I**nternationaler **W**ährungs**f**onds (mit Sitz in Washington D. C., USA)

Iw|rit = **Iw|rith** das, -[s]: → *Neuhebräisch*

j J

j [jeː, D: jɔt] das, -/- (Kleinbuchstabe): das j im Wort *jagen* | (Laut) der j-Laut

J [jeː, D: jɔt] das, -/- (Großbuchstabe): das J im Wort *Jäger* | (Phys.) Joule | (Chem.) Jod

ja:

auf ja und nein *(im Handumdrehen);* o ja! *(doch!);* tu das ja nicht!; er ist ja noch so klein

Groß- und Kleinschreibung:
- ja (= **J**a) sagen
- ja und amen (= **J**a und Amen) zu allem sagen *(mit allem einverstanden sein)*

Großschreibung bei Nominalisierung:
- mit [einem] **J**a antworten
- das **J**a und [das] Nein

R→ **S. 895, 2.5**

Ja das, -[s]/-[s] → ja

Ja|bot [ʒaˈboː] das, -s/-s ⟨fr.⟩: *Volants oder Spitzen an Damenblusen oder Herrenhemden* | *in Falten gelegtes Schmucktuch im Halsausschnitt*

Jacht = Yacht [j-] die, -/-en: *[luxuriöses] Boot für Sport- und Vergnügungsfahrten* || **Jacht|ha|fen** = Yachthafen

Jäck|chen das, -s/- || **Ja|cke** die, -/-n || **Ja|cken|kleid** || **Ja|ckerl** das, -s/-[n]

Ja|cket|kro|ne [ˈdʒæk-] ⟨engl.⟩: *eine Zahnkrone*

Ja|ckett [ʒaˈkɛt] das, -s/-s ⟨fr.⟩: *Jacke, Sakko*

Jack|pot [ˈdʒæk-] der, -s/-s ⟨engl.⟩: *Ansammlung nicht ausgespielter Beträge im Glücksspiel*

Ja|cob → Jakob

Jacque|line [ʒaˈklin]: *weibl. Vorname* || **Jaques** [ʒa(ː)k]: *männl. Vorname (Jakob)*

Ja|cuz|zi [-k-, engl.: dʒəˈkuːzi] der, -s/-s (Wz.): *ein Whirlpool*

Ja|de die, - = der, -[s] ⟨span.-fr.⟩: *ein [grüner, durchscheinender] Schmuckstein;* burgenländische J. *(Serpentin)*

Jagd die, -/-en: auf die J. gehen || **jagd|bar:** jagdbare Tiere || **Jagd|beu|te** || **Jagd|fie|ber** || **Jagd|flie|ger** (Mil.) || **Jagd|flug|zeug** (Mil.) || **Jagd|fre|vel** [-f-]: *Übertretung der Jagdgesetze* || **Jagd|ge|sell|schaft** || **Jagd|ge|wehr** || **Jagd|glück:** *erfolgreiche Jagd* || **Jagd|horn** || **Jagd|hund** || **Jagd|hüt|te** || **Jagd|in|s|tinkt:** *Grundlage des Jagdverhaltens [bei Raubtieren]* || **Jagd|kar|te** || **jagd|lich:** sich j. kleiden || **Jagd|pacht** || **Jagd|pan|zer** (Mil.): *schneller Panzer* || **Jagd|recht** || **Jagd|re|vier** [-v-] || **Jagd|scha|den** || **Jagd|schein** || **Jagd|schie|ßen:** *eine Sportdisziplin* || **Jagd|si|g|nal** || **Jagd|sprin|gen:** *Springreiten* || **Jagd|tro|phäe** [-ˈfɛːɛ]: *kennzeichnender Teil der Jagdbeute, zB Geweih* || **Jagd|un|fall:** *Unfall [durch Fehlschüsse] bei der Jagd* || **Jagd|waf|fe** || **Jagd|zeit** || **ja|gen:** Hasen j. || **Ja|ger** der, -s/- (ugs.): *Jäger;* Jagertee || **Jä|ger** der, -s/-: ein passionierter J. | (Mil.) *Angehöriger der motorisierten Infanterie* | (Mil.) *Jagdflugzeug; Abfangjäger* || **Jä|ge|rin** die, -/-innen, *ugs. auch:* Jagerin || **Jä|ger|la|tein** (scherzh.): *prahlerische Darstellung meist erfundener Jagderlebnisse;* → Seemannsgarn || **jä|gern,** *ugs. auch:* jagern: *auf die Jagd gehen* || **Jä|ger|schaft** die, - || **Jä|gers|mann** der, -[e]s/-leute (veraltend): *Jäger* || **Jä|ger|spra|che** die, -: *Fachsprache der Jäger* || **Ja|ger|tee:** *ein Tee mit Schnaps ua., zB auf Skihütten* || **Jä|ger|we|cken:** *Sandwich mit pikanter Fülle* || **Jä|ger|zaun:** *Zaun aus gekreuzten Latten*

Ja|gu|ar der, -s/-e ⟨indian.-port.⟩: *eine Großkatze*

jäh (geh.): ein jäher *(plötzlicher)* Windstoß | die Küste fällt jäh *(steil)* ab; *aber:* → je || **Jä|he** die, - (geh., veraltet) || **Jäh|heit** die, - (geh., veraltet) || **jäh|lings** (geh.): sie stürzte j. *(plötzlich)* bei der Tür herein

Jahr das, -[e]s/-e: im Jahr[e] (i. J.); dieses Jahres (d. J.); in die Jahre kommen *(älter werden);* im Jahre Schnee *(vor langer Zeit);* J. um J. *(jedes Jahr aufs Neue);* seit J. und Tag *(schon immer)* || **jahr|aus, jahr|ein** = jahrein, jahraus: *alljährlich* || **Jahr|buch:** *jährlich erscheinendes Sammelwerk* || **jah|re|lang:** eine jahrelange Entwicklung; sich j. damit beschäftigen; *aber:* zwei Jahre lang || **jäh|ren** sich: bald jährt sich der Gedenktag || **Jah|res|ab|lauf** || **Jah|res|abon|ne|ment** [-abɔnmɑ̃ː] || **Jah|res|ab|schluss** (Wirt.): *Rechnungsabschluss am Ende eines jeden Geschäftsjahres* || **Jah|res|aus|gleich** (früher) (Wirt.): *Arbeitnehmerveranlagung (meist zur Steuerrückzahlung)* || **Jah|res|be|ginn** || **Jah|res|be|richt** || **Jah|res|durch|schnitt** || **Jah|res|ein|kom|men** || **Jah|res|en|de** || **Jah|res|frist:** binnen J. *(innerhalb eines Jahres)* || **Jah|res|ge|dächt|nis:** *jährlich wiederkehrende Gedächtnisfeier für einen Toten* || **Jah|res|got|tes|dienst** (kath.) || **Jah|res|hälf|te** || **Jah|res|haupt|ver|samm|lung** || **Jah|res|ka|pa|zi|tät** || **Jah|res|kar|te:** *Fahrkarte für ein Jahr* || **Jah|res|mes|se** (kath.) || **Jah|res|pi|ckerl** || **Jah|res|pla|nung** (Bildw.): *Unterrichtsplanung für ein Schuljahr* || **Jah|res|pro|duk|ti|on** [-tsi̯-] || **Jah|res|re|gent:** *bedeutende Persönlichkeit, deren runder Geburts- oder Todestag gefeiert wird, zB Richard Wagner (geboren 1813) im Jahr 2013* || **Jah|res|ring** (Bot.): *jährlich entstehender Ring im Baumstamm, der zur Altersbestimmung des Baumes dient* || **Jah|res|sa|lär** || **Jah|res|schluss** || **Jah|res|schluss|an|dacht** (kath.) || **Jah|res|tag:** *jährlicher Gedenktag* || **Jah|res|um|satz** || **Jah|res|ver|samm|lung** || **Jah|res|vi|g|net|te** [-vinjɛtə]: *ein Jahr gültiges Autobahnpickerl* || **Jah|res|wech|sel** [-ks-] || **Jah|res|wen|de** || **Jah|res|zahl** || **Jah|res|zeit** || **jah|res|zeit|lich** || **Jah|res|zeug|nis** || **Jah|res|zy|k|lus** [-ˈtsy(ː)-] || **Jahr|gang:** *Personen mit demselben Geburtsjahr* | (in manchen Schultypen für) *Klasse* | (V) *organisierte Gemeinschaft der Personen desselben Geburtsjahrgangs* | ein guter J. *(Wein aus einem guten Anbaujahr)* | (mit Abkürzung Jg.) 2. Jg. [einer Zeitschrift] || **Jahr|gän|ger** der, -s/- (V): *Angehöriger einer Gemeinschaft desselben Geburtsjahrgangs* || **Jahr|gän|ger|ge|mein|schaft** (V) || **Jahr|gän|ge|rin** die, -/-innen (V) || **Jahr|gän|ger|tref|fen:** *Treffen der Geburtsjahrgänge [eines Orts]* || **Jahr|gangs|tref|fen** (SüdT) || **Jahr|hun|dert** das, -s/-e: zwei Jahrhunderte lang | (mit Abkürzung Jh.) 19. Jh. || **jahr|hun|der|te|alt:** eine jahrhundertealte Linde; *aber:* zwei Jahrhunderte alt || **jahr|hun|der|te|lang:** eine jahrhundertelange Tradition; *aber:* zwei Jahrhunderte lang || **Jahr|hun|dert|er|eig|nis:** *Ereignis, wie es nur einmal*

J

im Jahrhundert vorkommt ‖ **Jahr|hun|dert|fei|er** ‖ **Jahr|hun|dert|mit|te** ‖ **Jahr|hun|dert|tröp|ferl:** *Jahrhundertwein* ‖ **Jahr|hun|dert|wein:** *bes. guter Wein* ‖ **Jahr|hun|dert|wen|de** ‖ **jäh|rig:** ein jähriges *(einjähriges)* Fohlen | (in Zusammensetzungen, zB mehrjährig) → achtjährig

jähr|lich:

jedes Jahr
Nicht verwechseln!
jährlich – -jährig
jährlich: gibt an, in welchem Zeitraum sich etwas wiederholt (das gilt auch für Zusammensetzungen), zB:
- das jährliche Treffen *(findet jedes Jahr einmal statt)*
- die halbjährliche Bezahlung *(alle 6 Monate)*
- die alljährliche Weihnachtsfeier

-jährig: Zusammensetzungen mit -jährig geben an, wie lange etwas dauert oder wie alt jemand ist, zB:
- eine zweijährige Pause *(dauert zwei Jahre)*
- ein halbjähriges Kalb *(ein halbes Jahr alt)*

Jahr|markt ‖ **Jahr|mil|li|o|nen:** J. alte Fossilien ‖ **Jahr|ring** (D): *Jahresring* ‖ **Jahr|tag** = **Jahr|tags|mes|se** (westöst.): *jährlicher Gedenkgottesdienst* ‖ **Jahr|tau|send** das, -s/-e: das dritte J. ‖ **jahr|tau|sen|de|lang:** eine jahrtausendelange Entwicklung; *aber:* zwei Jahrtausende lang ‖ **Jahr|tau|send|wen|de** ‖ **Jahr|zehnt** das, -[e]s/-e: vier Jahrzehnte lang ‖ **jahr|zehn|te|lang:** eine jahrzehntelange Freundschaft; *aber:* zwei Jahrzehnte lang

Jah|we [auch: 'jaxvɛ, ja'hu̯e:] ⟨hebr.⟩: *Name Gottes im Alten Testament;* → Jehova

Jäh|zorn ‖ **jäh|zor|nig:** *aufbrausend, leicht erregbar*

Jak = Yak [j-] der, -s/-s ⟨tibetisch⟩: *tibetisches Hochgebirgsrind*

Ja|kar|ta [dʒ-], *auch:* Djakarta: *Hauptstadt von Indonesien*

Ja|kob, *auch:* Jacob [-k-]: *männl. Vorname* ‖ **Ja|ko|bi:** zu J. *(am Fest des hl. Jakob am 25. Juli)* ‖ **Ja|ko|bi|ner** der -s/-: *Angehöriger der radikalen Partei in der Französischen Revolution* ‖ **Ja|ko|bi|ne|rin** die, -/-innen ‖ **Ja|ko|bi|ner|müt|ze** ‖ **Ja|ko|bi|ner|tum** das, -s ‖ **Ja|ko|bi|tag**

Ja|ko|mi|ni: *6. Bezirk von Graz*

Ja|lou|sie [ʒalu'zi:] die, -/-n ⟨fr.⟩: *Verdunkelung am Fenster;* die Jalousien herunterlassen

Jam [dʒæm] die, -/-s ⟨engl.⟩: *Kurzwort für Jamsession;* → jammen

Ja|mai|ka: *ein karibischer Inselstaat* ‖ **Ja|mai|ka|ner** der -s/- ‖ **Ja|mai|ka|ne|rin** die, -/-innen

Jam|bo|ree [dʒæm-'ri:] das, -[s]/-s ⟨engl.⟩: *ein Pfadfindertreffen*

Jam|bus der, -/Jamben ⟨gr.-lat.⟩: *ein zweisilbiger Verstakt (unbetont + betont, zB* sofort, Gebet)

jam|men ['dʒæ-] ⟨engl.⟩: *[Jazz]musik spielen, improvisierend musizieren;* → Jam

Jam|mer der, -s: *Leid; [Weh]klage* ‖ **Jam|mer|ge|stalt** (auch abw.) ‖ **Jam|mer|lap|pen** (ugs., abw.): *wehleidiger, hilfloser Mensch* ‖ **jäm|mer|lich:** er macht einen jämmerlichen *(bedauernswerten)* Eindruck ‖ **Jäm|mer|lich|keit** die, -/-en ‖ **jam|mern:** *klagen* ‖ **jam|mer|scha|de** ‖ **Jam|mer|tal** das, -[e]s (geh.): die Welt ist ein J. *(ein Ort des Elends)* ‖ **jam|mer|voll:** *jämmerlich*

Jam|ses|sion ['dʒæmseʃn] die, -/-s ⟨engl.⟩: *Improvisationskonzert im Jazz;* → Jam

Jams|wur|zel → Yamswurzel

Jan: *männl. Vorname (Johann)* ‖ **Ja|na:** *weibl. Vorname*

Jang|tse|kiang [-ki̯aŋ] der, -[s]: *ein Strom in China*

Ja|nit|schar der, -en/-en ⟨türk.⟩ (Gesch.): *Soldat der Elitetruppe des osmanischen Heeres* ‖ **Ja|nit|scha|ren|mu|sik:** *türkische Musik* | *Nachahmung türkischer Militärmusik im 18. Jh.*

Jan|ker der, -s/-: *eine Jacke [im Trachtenstil]* ‖ **Jan|kerl** das, -s/-[n]: *[leichter] Janker, Jopperl*

Jän|ner der, -[s]/- ⟨lat.⟩: *der erste Monat;* → Januar ‖ **Jän|ner|loch:** *Flaute im Tourismus nach den Weihnachtsferien* ‖ **Ja|nu|ar** der, -[s]/-e: *Jänner*

Ja|nus ⟨lat.⟩: *römischer Gott der Türen und des Anfangs* ‖ **Ja|nus|kopf:** *doppelgesichtiger Männerkopf;* diese Sache hat einen J. *(zwei ganz verschiedene Gesichter)* ‖ **ja|nus|köp|fig**

Ja|pan: *ein Staat* ‖ **Ja|pa|ner** der, -s/- ‖ **Ja|pa|ne|rin** die, -/-innen ‖ **ja|pa|nisch** ‖ **Ja|pa|nisch** das, -[s] = **Ja|pa|ni|sche,** -n: *die japanische Sprache* ‖ **Ja|pa|no|lo|ge** der, -n/-n ‖ **Ja|pa|no|lo|gie** die, -: *Wissenschaft von Sprache und Kultur Japans* ‖ **Ja|pa|no|lo|gin** die, -/-innen

jap|sen, du japst: *nach Luft schnappen* ‖ **Jap|ser** der, -s/-

Jar|di|ni|e|re [ʒ-'ni̯ɛ:ə] die, -/-n ⟨fr.⟩: *Behälter für Blumen*

Jar|gon [ʒ-] der, -s/-s ⟨fr.⟩: *Ausdrucksweise einer bestimmten sozialen Gruppe | Berufssprache;* im J. der Fotografen

Ja|sa|ger der, -s/- (abw.): *jemand, der mit allem einverstanden ist* ‖ **Ja|sa|ge|rin** die, -/-innen (abw.)

Jas|min[1] der, -s/-e ⟨pers.-arab.-span.⟩: *ein Zierstrauch* ‖ **Jas|min**[2], *auch:* Jasmine: *weibl. Vorname*

Jas|pis [auch: -'is] der, - [Jaspisses]/Jaspisse ⟨sem.-gr.-lat.⟩: *ein Schmuckstein*

Jass der, -es (westöst., CH): → *Jassen* | (mit Pl. -e) (reg., ugs., veraltet) *ein tüchtiger Bursch; ein Spitzenfachmann* ‖ **jas|sen,** du jasst (westöst., CH) ‖ **Jas|sen** das, -[s] (westöst., CH): *ein Kartenspiel, Jass*

Ja|stim|me: bei der Abstimmung gab es 14 Jastimmen

jä|ten: Unkraut j. *(ausreißen)*

Jau|che die, -/-n: *flüssiger Dünger, Gülle* ‖ **Jau|che|gru|be** = Jauchengrube ‖ **jau|chen:** *mit Jauche düngen* ‖ **Jau|chen|gru|be** = → Jauchegrube

jauch|zen, *auch:* juchzen, du jauchzt: *jubeln* ‖ **Jauch|zer** der, -s/-, *auch:* Juchzer

Jauk der, -s ⟨slowen.⟩ (K, St, mda., veraltend): *Föhn-, Südwind*

jau|ken (mda.): *vor sich herjagen* ‖ **Jau|kerl** das, -s/-[n] (ugs., reg.): *Injektion*

jau|len: ein jaulender *(winselnder, heulender)* Hund

Jaun|tal: *Tal zwischen der Drau und den östlichen Karawanken*

Jau|se die, -/-n: *Zwischenmahlzeit am Vor- oder Nachmittag* ‖ **Jau|sen|ap|fel** ‖ **Jau|sen|brett** ‖ **Jau|sen|brettl** (ugs.) ‖ **Jau|sen|brot** ‖ **Jau|sen|geg|ner** (ugs., scherzh.): *leicht zu besiegender Gegner, kein ernsthafter Konkurrent* ‖ **Jau|sen|geg|ne|rin** (ugs., scherzh.) ‖ **Jau|sen|kaf|fee** ‖ **Jau|sen|pa|ckerl** ‖ **Jau|sen|pa|ket** ‖ **Jau|sen|pa|pier** ‖ **Jau|sen|speck** ‖ **Jau|sen|sta|ti|on** [-tsi̯-]: *ein Restaurant* ‖ **Jau|sen|tisch** ‖ **Jau|sen|we|ckerl** ‖ **Jau|sen|wurst** [-st, auch: -ʃt] ‖ **Jau|sen|zeit** ‖ **jaus|nen:** *wir haben in der Pause gejausnet*

J

Ja|va[1] [-v-]: *eine Insel in Indonesien* ‖ **ja|va|nisch**
Ja|va[2] ['dʒɑ:və] das, -[s] (EDV) (Wz.): *eine Programmiersprache*
ja|wohl: j., ich komme
Ja|wort: jemandem das J. *(die Zustimmung zur Ehe)* geben
Jazz [dʒæz] der, - ⟨engl.⟩: *eine Musikrichtung* ‖ **Jazz|band** [-bæ-] ‖ **jaz|zen:** *Jazzmusik machen* ‖ **Jaz|zer** der, -s/- ‖ **Jaz|ze|rin** die, -/-innen ‖ **Jazz|fan** [-fæn] ‖ **Jazz|ka|pel|le** ‖ **Jazz|kel|ler** ‖ **Jazz|kon|zert** ‖ **Jazz|mu|sik** die, - ‖ **Jazz|trom|pe|te**
je: seit eh und je *(seit jeher)* | je länger, je lieber; je mehr, desto besser; je nachdem | je zwei Personen; je zwei und zwei | die Kosten je Patient[en] *(für jeden einzelnen Patienten);* → oje; *aber:* → jäh
Jean[1] [ʒɑ̃]: *männl. Vorname (Johann);* → Schani
Jean[2] [dʒi:n] die, -/-s = **Jeans,** -/- ⟨engl.⟩: *Hose aus [blauem] strapazierfähigem Baumwollstoff;* → Bluejean ‖ **Jeans|hemd** ‖ **Jeans|ja|cke**
je|den|falls: *auf jeden Fall* | für mich j. *(was mich betrifft)* ist das akzeptabel

jeder,

jede, jedes; ein jeder; jedes Mal; jedem ein Stück geben; jeder Einzelne
Beispiele zur Flexion:
- auf die Bedürfnisse eines jeden eingehen
- am Ersten jedes/jeden Monats; *aber nur:* am Ersten eines jeden Monats

je|der|lei (veraltend): *von jeder Art* ‖ **je|der|mann** ‖ **je|der|zeit:** *immer; aber:* zu jeder Zeit
je|doch: *aber, doch*
jed|we|der [auch: -'ve:-], jedwede, jedwedes (geh.): der Einwand der Gegenseite entbehrt j. *(jeder)* Begründung
Jeep [dʒi:p] der, -s/-s (Wz.): *ein geländegängiges Auto*
jeg|li|cher, jegliche, jegliches (geh.): jeglichen *(jeden)* Einfluss ausschalten
je|her: seit/von j. *(schon immer)*
Je|ho|va [-v-] ⟨hebr.⟩: *(literarische, veränderte Wortform für) Jahwe;* → Zeugen Jehovas
jein (scherzh.): *sowohl ja als nein, unentschlossene Antwort*
je|mals
je|mand, Gen.: jemand[e]s; Dat.: jemand[em]; Akk.: jemand[en]: j. anderer; j. Fremder; *aber:* → irgendjemand
Je|men der, -[s]: *ein arabischer Staat*
Jen|bach: *Marktgemeinde in Tirol*
je|ner: jene Frau; jenes Kind
je|nisch ⟨Romanes⟩: die jenische Sprache *(Gaunersprache, Rotwelsch)* ‖ **Je|nisch** das, -[s] = **Je|ni|sche,** -n ‖ **Je|ni|sche**[1] der, -n/-n: *Angehöriger einer gesellschaftlich nicht voll integrierten Bevölkerungsschicht von Landfahrern* ‖ **Je|ni|sche**[1] die, -n/-n
Je|nis|sei [-'se:ı] der, -[s]: *Strom in Russland (Sibirien)*
Jen|ners|dorf (Kfz: JE): *Stadt im Burgenland*
Jen|ni [meist: dʒ-] = **Jen|nie** = **Jen|ny** [-i]: *weibl. Vorname (Johanna)*
jen|sei|tig: das jenseitige Ufer ‖ **jen|seits** (Präp. mit Gen.): j. des Sees | (Adv.) j. vom See; j. von Gut und Böse ‖ **Jen|seits** das, -: *[Zustand nach dem] Tod;* → G.: Diesseits | (derb bzw. sal.) jemanden ins J. befördern *(umbringen)* ‖ **Jen|seits|glau|be** = **Jen|seits|glau|ben**
Je|re|mi|a|de die, -/-n (geh.): *Klagelied (nach dem Propheten Jeremias)*
Je|ri|wan, *auch:* Eriwan: *Hauptstadt Armeniens*
Jer|sey ['dʒɜ:zi] der, -[s]/-s ⟨engl.⟩: *ein Trikotstoff*
Je|ru|sa|lem: *von Judentum, Christentum und Islam heiliggehaltene Stadt* | *Regierungssitz von Israel*
je|sas = **Je|sas** (ugs.): *Jesus; um Gottes willen, ein Ausruf [des Erschreckens];* j. (= Jessas) sagen; j. na (= Jessas na) sagen; → oje ‖ **je|sas|ma|rand|jo|sef** = **Je|sas|ma|rand|jo|sef** (ugs.): *Jesus, Maria und Josef, ein Ausruf [des Erschreckens]* ‖ **Je|su|it** der, -en/-en: *Angehöriger des Jesuitenordens* ‖ **Je|su|i|ten|or|den:** *ein geistlicher Orden* (offiziell: *Gesellschaft Jesu,* Abk.: SJ) ‖ **je|su|i|tisch:** jesuitische Erziehung | (abw.) *spitzfindig, listig* ‖ **Je|sus Chris|tus** [- k-], Gen.: Jesu Christi; Dat.: Jesus Christus, *auch:* Jesu Christo; Akk.: Jesus Christus, *auch:* Jesum Christum ⟨lat.⟩; → Christus ‖ **Je|sus|kind** das, -[e]s: *Jesus Christus als Kind*
Jet [dʒ-] der, -[s]/-s ⟨engl.⟩: *ein Düsenflugzeug;* → jetten ‖ **Jet|lag** [-læg] der, -s: *körperliche Auswirkung von großen Zeitunterschieden bei Fernflügen*
Je|ton [ʒœ'tõ:] der, -s/-s ⟨fr.⟩: *Spielmarke [im Glücksspiel]*
Jet|set [dʒ-] der, -[s] ⟨engl.⟩ (sal.): *die reichste Gesellschaftsschicht, die oberen Zehntausend* ‖ **jet|ten:** *mit einem Flugzeug reisen*
jet|zi|ge: zum jetzigen Zeitpunkt ‖ **jet|zo** (veraltet): *jetzt* ‖ **jetzt:** j. komm ich dran ‖ **Jetzt** das, - ‖ **Jetzt|zeit** die, -: *die heutige Zeit, die Gegenwart*
Jeu|nesse do|rée [ʒœ'nɛs -'re] die, - - ⟨fr.⟩: *reiche, vergnügungssüchtige Jugend*
je|wei|li|ge: die jeweiligen Umstände ‖ **je|weils**
Jg.: Jahrgang
Jh.: Jahrhundert
jid|deln, ich jiddle ⟨jidd.⟩: *jüdeln* ‖ **Jid|den** die (Pl.) (bes. früher): *Jiddisch Sprechende* ‖ **jid|disch:** die jiddische Sprache ‖ **Jid|disch** das, -[s] = **Jid|di|sche,** -n: *Sprache aus Mittel- und Osteuropa stammender Juden, basierend auf dem Mittelhochdeutschen mit hebräischen und slawischen Lehnwörtern*
Jiu-Jit|su [dʒiu'dʒ-] das, -[s] ⟨jap.⟩: *eine japanische Kunst der waffenlosen Selbstverteidigung;* → Judo
Jive [dʒaıv] der, -[s]/-s ⟨engl.⟩: *ein Tanz*
jö: *Ausruf des Erstaunens*
Jo|a|chim [selten: -'a-]: *männl. Vorname;* → Jochen
Jo|an|ne|um das, -[s]: *das Steiermärkische Landesmuseum (in Graz) (nach Erzherzog Johann);* Universalmuseum J. | J. Research [- ri'sɜ:tʃ] *(eine außeruniversitäre Forschungseinrichtung)*
Job [dʒɔp, engl.: dʒɒb] der, -[s]/-s ⟨engl.⟩: *bezahlte Beschäftigung; Beruf* ‖ **job|ben** (sal.) ‖ **Job|cen|ter** [-s-] ‖ **Job|hop|per** der, -s/- (sal.) ‖ **Job|hop|pe|rin** die, -/-innen (sal.) ‖ **Job|hop|ping** das, -s (sal.): *häufiger Arbeitswechsel, um nach oben zu kommen* ‖ **Job|kil|ler** (sal.): *etwas, zB eine Maschine, wodurch Arbeitsplätze verloren gehen* ‖ **Job|sha|ring** [-ʃeər-] (Wirt.): *ein Modell zur Teilung von Arbeitsplätzen auf mehrere Personen* ‖ **Job Su|chen|de**[1] = **Job|su|chen|de**[1] der, -n/-n, ein Job Suchender (= Job-

J

suchender) ‖ **Job Suchende**[2] = **Jobsuchende**[2] die, -n/-n ‖ **Jobwechsel** [-ks-]: einen J. erwägen

Joch das, -[e]s/-e: *ein Zuggeschirr der Rinder* | *ein Bergübergang* | (mit Pl. Joch) *(in Österreich nicht mehr gesetzliches) Flächenmaß [für Felder]; 5 700 m²;* 14 J. Grund ‖ **Jochbein:** *ein Gesichtsknochen*

Jochen: *männl. Vorname (Joachim)*

Jockei ['dʒɒki, 'dʒɔkɛ] = Jockey der, -[s]/-s ⟨engl.⟩: *berufsmäßiger Rennreiter*

Jockel = Jogel der, -s/-: *gutmütig-dümmlicher Mensch*

Jockey ['dʒɒki, 'dʒɔkɛ] = → Jockei

Jod das, -s ⟨gr.-fr.⟩ (Zeichen: I): *ein chemisches Element* | (Med.) *Jodtinktur*

jodeln, ich jodle: *Lautsilben im Wechsel zwischen Brust- und Kopfstimme singen*

jodhältig, *auch:* jodhaltig ⟨gr.-fr.⟩ ‖ **jodiert:** jodiertes *(mit Jod versetztes)* Kochsalz

Jodler der, -s/-: *ein volkstümlicher Gesang;* → jodeln | *Person, die jodelt* ‖ **Jodlerin** die, -/-innen

Jodok: *männl. Vorname*

Jodtinktur ⟨gr.-fr.⟩ (Med.): *ein Desinfektionsmittel*

Joga = Yoga [j-] der = das, -[s] ⟨Sanskrit⟩: *indische Methode körperlich-geistigen Trainings* ‖ **Jogaübung** = Yogaübung

Jogel = →Jockel

joggen [dʒ-] ⟨engl.⟩ ‖ **Jogger** der, -s/- ‖ **Joggerin** die, -/-innen ‖ **Jogging** das, -s: *konditions- und gesundheitsförderndes Laufen* ‖ **Jogginganzug:** *Trainingsanzug zum Joggen*

Joghurt = → Jogurt ‖ **Joghurtdip** = Jogurtdip

Jogi[1] = Yogi [j-] der, -s/-s ⟨Sanskrit⟩: *Anhänger des Joga* ‖ **Jogi**[2] = Yogi die, -/-s

Joglland das, -[e]s: *eine Landschaft in der Oststeiermark*

Jogurt = Joghurt [-gu-] das *(reg. in Ö und in D auch:* der), -s/-s, *ostöst. auch:* die, -/-s ⟨türk.⟩ (frühere Schreibung: Yoghurt [j-]): *eine Art saurer Milch* ‖ **Jogurtdip** = Joghurtdip

Johann, *auch:* Johannes: *männl. Vorname;* → Hans; → Hansi; → Schani; → Hannes; → Jan | (in Siedlungsnamen: St. Johann oder St. Johann); → Sankt ‖ **Johanna:** *weibl. Vorname;* → Hansi; → Hanni ‖ **Johannes** → Johann ‖ **Johannesburg:** *Stadt in Südafrika* ‖ **Johannesevangelium** [-v-]: *Evangelium des Apostels Johannes*

Johannisbeere: *Ribisel* ‖ **Johannisbrot:** *Bockshörndl* ‖ **Johannisbrotbaum** ‖ **Johanniskäfer:** *ein Leuchtkäfer, Glühwürmchen* ‖ **Johanniskraut:** *eine Arzneipflanze*

Johanniter[1] der, -s/-: *Mitglied des Johanniterordens* ‖ **Johanniter**[2] die (Pl.): *eine Hilfsorganisation* ‖ **Johanniterorden:** *ein Ritterorden, Malteser*

johlen (auch abw.): *schreien, brüllen*

Joint [dʒ-] der, -s/-s ⟨engl.⟩: *Haschischzigarette* ‖ **Joint Venture** [- v-tʃə] das, -[s]/-[s] (Wirt.): *Zusammenschluss von Firmen für ein bestimmtes Projekt unter einheitlicher Verwaltung*

Jo-Jo = Yo-Yo [jo'joː] das, -s/-s ⟨engl.⟩: *ein Geschicklichkeitsspiel* ‖ **Jo-Jo-Effekt** = Yo-Yo-Effekt (sal.): *wechselnde Gewichtsab- und -zunahme*

Jojoba die, -/-s ⟨mexikanisch⟩: *eine in Mexiko und im Süden der USA beheimatete Pflanze* ‖ **Jojobaöl:** *ein Öl zur Hautpflege*

Joker ['joː-, engl.: 'dʒəʊ-] der, -s/- ⟨lat.-engl.⟩: *eine Spielkarte* | *eine Spielart im Lotto* ‖ **Jokerzahl**

Jolle die, -/-n: *kleines Segelboot* | *kleines breites Ruderboot*

Jom Kippur der, - -/- - ⟨hebr.⟩: *höchster jüdischer Feiertag* ‖ **Jom-Kippur-Fest**

Jonas: *männl. Vorname*

Jonathan: *männl. Vorname*

Jongleur [ʒ-løːə] der, -s/-e ⟨lat.-fr.⟩ ‖ **Jongleurin** die, -/-innen ‖ **jonglieren:** mit Bällen j. *(sie in die Luft werfen und geschickt wieder auffangen)*

jonisch → ionisch

Joppe die, -/-n: *eine kurze Jacke* ‖ **Joppel** das, -s/-[n]: *[leichte] Joppe, Jankerl*

Jordan der, -[s]: *Fluss in Vorderasien (Syrien, Libanon, Israel, Jordanien, Palästina)*

Jordanien: *ein arabischer Staat*

Jörg: *männl. Vorname (Georg)*

Jöri der, -s/-s (V): *Faschingsnarr* ‖ **Jöriwagen** (V)

Joschi (ostöst.): *männl. Vorname (Josef)*

Josef, *auch:* Joseph [-f]: *männl. Vorname;* → Sepp; → Pepi ‖ **Josefa,** *auch:* Josepha: *weibl. Vorname;* → Pepi ‖ **Josefi,** *auch:* Josephi: → *Josefitag;* zu J. ‖ **Josefine,** *auch:* Josephine: *weibl. Vorname;* → Fini; → Finnerl; → Pepi ‖ **Josefitag:** *Festtag des heiligen Josef, des Landespatrons von Kärnten, Tirol und der Steiermark (19. März)* ‖ **Josefstadt:** *8. Bezirk Wiens;* in der J. | sie spielt an der J. *(im Theater in der Josefstadt)* ‖ **Joseph** [-f] → Josef ‖ **Josepha** → Josefa ‖ **Josephine** → Josefine ‖ **josephinisch:** *von Kaiser Joseph II. (1765/80–1790) oder aus seiner Zeit stammend bzw. dem Geist des Josephinismus entsprechend;* josephinische Reformen; *aber:* das Josephinische Zeitalter ‖ **Josephinismus** der, - (Gesch.): *Ordnung und Gesinnung im Geiste Kaiser Josephs II.*

Jota das, -[s]/-[s] (ι, I) ⟨gr.⟩: *griechischer Buchstabe, entspricht* i/I | kein J. *(nicht das Geringste)* daran ändern

Joule [dʒuːl] das, -[s]/- (J): *Maßeinheit der Energie, Arbeit, Wärmemenge (1 Joule = 1 Wattsekunde) (nach einem engl. Physiker)*

Jour [ʒuːə] der, -s/-s ⟨fr.⟩ (veraltet): *Empfangstag* ‖ **Jour fixe** [ʒuːr 'fiks] der, - -: *regelmäßig wiederkehrendes Treffen; fester Termin* ‖ **Jourgebäck** ['ʒuːə-]: *bes. kleine Semmeln, Salzstangerln etc.* ‖ **Journaille** [ʒur'naj(ɛ)] die, - (abw.): *gewissenlose, hetzende Presse* ‖ **Journal** das, -s/-e: *Zeitung, Zeitschrift* | *ein Buch mit täglichen Aufzeichnungen* ‖ **Journalbeamte:** *Dienst habender [Polizei]beamter* ‖ **Journalbeamtin** ‖ **Journaldienst:** *ein Bereitschaftsdienst* ‖ **Journalismus** der, - ‖ **Journalist** der, -en/-en: *Berufsbezeichnung eines Berichterstatters für Zeitungen, Zeitschriften, Hörfunk, Fernsehen, Film* ‖ **Journalistik** die, -: *Zeitungskunde* ‖ **Journalistin** die, -/-innen ‖ **journalistisch:** journalistische Berufe ‖ **Journalrichter:** *diensthabender Richter in Strafsachen* ‖ **Journalrichterin** ‖ **Journalstaatsanwalt** ‖ **Journalstaatsanwältin**

jovial [ʒov-, j-] ⟨lat.⟩: *wohlwollend, freundlich, zuvorkommend* ‖ **Jovialität** die, -

Joystick ['dʒɔɪstɪk] der, -s/-s ⟨engl.⟩: *Steuerhebel für Computerspiele*

jr.: junior; Karl Müller jr.; → jun.; → G.: sr.

Jubel der, -s ⟨lat.⟩: *Freudenaus-*

bruch || **Ju|bel|chor** [-k-] || **Ju|bel|fei|er:** *Jubiläum* || **Ju|bel|ge|schrei:** in J. ausbrechen || **Ju|bel|jahr** (kath.): *heiliges (alle 25 Jahre stattfindendes) Jahr* || **ju|beln,** ich juble ⟨lat.⟩ || **Ju|bel|paar:** *Ehepaar am Tag der silbernen/goldenen Hochzeit* || **Ju|bel|preis** || **Ju|bel|ruf** || **Ju|bi|lant** der, -en/-en: *Jubilar* || **Ju|bi|lan|tin** die, -/-innen || **Ju|bi|lar** der, -s/-e: *jemand, der eine persönliche Gedenkfeier begeht* || **Ju|bi|la|rin** die, -/-innen || **Ju|bi|lä|um** das, -s/Jubiläen: das J. zum 60er; 60-Jahre-Jubiläum || **Ju|bi|lä|ums|aus|ga|be** || **Ju|bi|lä|ums|fei|er** || **Ju|bi|lä|ums|geld** || **ju|bi|lie|ren:** *jubeln* | *ein Jubiläum feiern*

ju|chee, *auch:* juchhe: *ein freudiger Ausruf;* → juchhu || **Ju|chee** das, -[s], *auch:* Juchhe (ugs., oft scherzh.): *die ganz oben gelegenen Plätze [im Theater]* || **ju|che|zen** (mda.): *juchzen, jauchzen (in der Volksmusik)* || **Ju|che|zer** der, -s/- (mda.): einen J. aussto|ßen || **Juch|zer** der, -s/-: *Jauchzer* || **juch|hu** = **ju|hu:** *ein freudiger Ausruf;* → juchee

Juch|ten|le|der ⟨russ.⟩: *ein feines, wasserdichtes Leder*

juch|zen, du juchzt: *jauchzen* || **Juch|zer** der, -s/-: *Jauchzer;* → Juchezer

ju|cken: es juckt mich [am Bein]; mir/mich juckt die Hand *(auch: ich möchte dreinschlagen);* ein juckender Hautausschlag || **Juck|pul|ver** [-f-] || **Juck|reiz**

Ju|da|ist der, -en/-en ⟨hebr.-gr.-lat.⟩ || **Ju|da|is|tik** die, -: *Wissenschaft und Lehre von der hebräischen Sprache und vom Judentum* || **Ju|da|is|tin** die, -/-innen || **ju|da|is|tisch**

Ju|das der, -/Judasse (abw.): *ein gekaufter Verräter (nach dem Apostel J. Ischariot)* || **Ju|das|kuss:** *Zeichen des Verräters* || **Ju|das|lohn:** *Lohn für eine verräterische Handlung*

Ju|de der, -n/-n: *Angehöriger des jüdischen Volkes;* → Hebräer; → Israelit || **jü|deln,** ich jüdle: *mit jiddischem Einschlag sprechen, jiddeln* || **Ju|den|burg** (Kfz, auslaufend: JU): *Stadt in der Steiermark* || **Ju|den|stern** (im Nationalsozialismus): *gelber Davidstern als Kennzeichnung der Juden* || **Ju|den|tum** das, -s: *Gesamtheit der historischen, religiösen und kulturellen Werte und Besonderheiten der Juden* || **Ju|den|ver|fol|gung:** *(im Laufe der Geschichte wiederholte) Verfolgung von Juden aus religiösen oder rassischen Gründen* || **Ju|den|vier|tel** (früher): *bes. von Juden bewohnter Ortsteil;* → Ghetto = Getto

Ju|di|kat das, -[e]s/-e (Jus): *Urteil* || **Ju|di|ka|ti|ve** [-vɛ] die, - ⟨lat.⟩: *Gerichtsbarkeit;* → Exekutive; → Legislative || **Ju|di|kats|schuld** (Jus): *urteilsmäßig festgelegte Schuld* || **Ju|di|ka|tur** die, -: *Rechtsprechung; für analoge Fälle verbindliche Entscheidungen der Höchstgerichte*

Jü|din die, -/-innen || **jü|disch:** das jüdische Volk; → mosaisch

Ju|dith: *weibl. Vorname*

ju|di|zie|ren ⟨lat.⟩ (Jus): *rechtlich entscheiden;* → ausjudizieren || **Ju|di|zie|rung** die, -/-en (Jus)

Ju|do [dʒ-, j-] das, -[s] ⟨jap.⟩: *sportliche Form des Jiu-Jitsu* || **Ju|do|ka**[1] der, -s/-s: *Judosportler* || **Ju|do|ka**[2] die, -/-s

Ju|gend die, - || **Ju|gend|al|ter** || **Ju|gend|amt** || **Ju|gend|an|walt** || **Ju|gend|an|wäl|tin** || **Ju|gend|an|walt|schaft:** Kinder- und J. || **Ju|gend|ar|beit** || **Ju|gend|ar|beits|lo|sig|keit** || **Ju|gend|ban|de** || **Ju|gend|be|we|gung** die, -: *eine um 1900 entstandene Bewegung* || **Ju|gend|bild:** *Bild aus der Jugendzeit* || **Ju|gend|buch** || **Ju|gend|dienst** (SüdT): *Verein für Jugendarbeit* || **Ju|gend|er|in|ne|rung** || **ju|gend|frei** → Jugendverbot || **Ju|gend|freund:** *Freund aus der Jugendzeit* || **Ju|gend|freun|din** || **Ju|gend|für|sor|ge:** *staatliche Einrichtung, die junge Menschen unterstützt* || **Ju|gend|ge|richt:** *Gericht für jugendliche Straftäter* || **Ju|gend|ge|richts|hof** || **Ju|gend|her|ber|ge** || **Ju|gend|jah|re** die (Pl.) || **Ju|gend|kri|mi|na|li|tät** || **Ju|gend|kul|tur** || **ju|gend|lich** || **Ju|gend|li|che**[1] der, -n/-n, ein Jugendlicher: ein Lokal für J. *(junge Menschen)* | (Jus) *Person vom 14. bis zum 19. Lebensjahr* || **Ju|gend|li|che**[2] die, -n/-n || **Ju|gend|lich|keit** die, - || **Ju|gend|lie|be** die, -: *der/die Geliebte aus der Jugendzeit* || **Ju|gend|li|te|ra|tur** || **Ju|gend|meis|ter|schaft** (Sport) || **Ju|gend|or|ga|ni|sa|ti|on** [-tsi̯-] || **Ju|gend|par|la|ment:** *Plattform für die Anliegen von Jugendlichen* || **Ju|gend|psy|cho|lo|gie** [-psy-] || **Ju|gend|rich|ter** || **Ju|gend|rich|te|rin** || **Ju|gend|rot|kreuz** das, -es: *eine Teilorganisation des Roten Kreuzes* || **Ju|gend|schutz** (Jus) || **Ju|gend|seel|sor|ge** || **Ju|gend|spra|che** || **Ju|gend|stil** der, -s (Kunstg.): *eine Stilrichtung von ca. 1900 bis zum Ersten Weltkrieg;* → Secession || **Ju|gend|straf|recht** || **Ju|gend|straf|tat** (Jus): *von einem Jugendlichen begangenes Delikt* || **Ju|gend|sün|de** (meist scherzh.) || **Ju|gend|traum:** *größter Wunsch in der Jugendzeit* || **Ju|gend|ver|bot:** ein Film mit J.; → jugendfrei || **Ju|gend|ver|trau|ens|rat:** *Interessenvertretung jugendlicher Arbeitnehmer/innen in einem Betrieb* || **Ju|gend|werk:** *frühes Werk [eines Künstlers]* || **Ju|gend|wohl|fahrt:** *eine öffentliche Serviceeinrichtung* || **Ju|gend|zeit** || **Ju|gend|zen|trum**

Ju|go der, -[s]/-[s] (ugs., oft abw.): *Jugoslawe, Südosteuropäer* || **Ju|go|sla|we** der, -n/-n || **Ju|go|sla|wi|en** (früher): *ein südeuropäischer Vielvölkerstaat, der Slowenien, Kroatien, Bosnien, Serbien, das Kosovo, Montenegro und Makedonien umfasste (1929–1991)* | *das Staatenbündnis Serbien und Montenegro (2003–2006)* || **Ju|go|sla|win** die, -/-innen || **ju|go|sla|wisch**

ju|hu = → juchhu

Juice [dʒuːs] der, -/- [-s] [-ɪz] ⟨engl.⟩: *Frucht-, Gemüsesaft*

Juke|box [ˈdʒuːk-] die, -/-es [-ɪz] ⟨engl.⟩: *ein Musikautomat*

Jul|fest ⟨schwedisch⟩: *(nordgermanisches) Fest der Wintersonnenwende*

Ju|li der, -[s]/-[s] ⟨lat.⟩: *der siebente Monat* || **Ju|lia:** *weibl. Vorname* || **Ju|li|an:** *männl. Vorname* || **Ju|li|a|na** = **Ju|li|a|ne:** *weibl. Vorname* || **ju|li|a|nisch:** *nach Julius Cäsar benannt;* julianischer Kalender; → gregorianisch || **Ju|li|putsch** (Gesch.): *nationalsozialistischer Putschversuch in Österreich im Juli 1934* || **Ju|li|us:** *männl. Vorname*

Jum|bo|jet [ˈdʒʌmbəʊdʒet, ˈjumbɔ-] ⟨engl.⟩: *ein Großraumflugzeug mit Düsenantrieb*

jum|pen [ˈdʒʌm-] ⟨engl.⟩ (sal.): *springen;* → Bungeejumping

Jum|per [ˈdʒʌm-] der, -s/- ⟨engl.⟩: *Schalter in elektronischen Systemen*

jun.: junior; Karl Müller jun.; → jr.; → G.: sr.

J

jung,

jünger/am jüngsten: ein junger Mann; das jüngere/jüngste Kind; von jung auf; jung bleiben/heiraten

Großschreibung bei Nominalisierung:
- die **J**ungen
- der **J**üngere *(zB der Sohn)*
- **J**ung und Alt *(alle)*
- er ist nicht mehr der **J**üngste
- **J**unge und Alte

R→ S. 892, 2.2

Großschreibung in Eigennamen:
- das **J**üngste Gericht
- Hans Holbein der **J**üngere (d. J.)
- der **J**üngste Tag *(der Weltuntergang)*

R→ S. 895, 4.1

Getrennt- und Zusammenschreibung mit adjektivisch gebrauchten Partizipien:
- die jung Gebliebenen = Junggebliebenen
- ein jung verheiratetes *(= jungverheiratetes)* Paar (in jungen Jahren verheiratetes); *aber nur zusammen:* ein jungverheiratetes Pärchen *(erst seit Kurzem verheiratetes)*
- die jung Verheiratete = Jungverheiratete

R→ S. 903, 2.2

J

Jungakademiker ‖ **Jungakademikerin** ‖ **Jungarzt:** *promovierter Mediziner in Ausbildung zum Facharzt oder zum praktischen Arzt* ‖ **Jungärztin** ‖ **Jungbauer** ‖ **Jungbäuerin,** *auch:* Jungbäurin ‖ **Jungbrunnen:** *mythischer Brunnen, der ewige Jugend bringt* ‖ **Jungbürger:** *jemand, der das Wahlalter erreicht hat;* → Jungwähler ‖ **Jungbürgerbuch:** *Informationsbroschüre für Jungbürger/innen* ‖ **Jungbürgerfeier** ‖ **Jungbürgerin** die, -/-innen ‖ **Junge**[1] das, -n/-n, ein Junges: eine Häsin mit ihren Jungen | (ohne Pl.) (Küchenspr.) [ein] Junges *(Kopf, Vorderläufe bzw. Flügel und Innereien von Wild oder Geflügel als Speise)* ‖ **Junge**[2] der, -n/-n (bes. D): *Bub, Knabe* ‖ **jungenhaft** ‖ **jünger** → jung ‖ **Jünger** der, -s/-: *Anhänger, Schüler* ‖ **Jüngerin** die, -/-innen ‖ **Jüngerschaft** die, - ‖ **Jungfer** die, -/-n (veraltet): *Jungfrau* ‖ **Jungfernbraten** (Küchenspr.): *eine Speise aus Schweins- oder Kalbsfilet* ‖ **Jungfernfahrt:** *erste Ausfahrt [eines Schiffes]* ‖ **Jungfernflug:** *erster Flug eines neuen Flugzeugs* ‖ **Jungferngeburt:** → *Parthenogenese* ‖ **jungfernhaft** (abw.): *prüde, bieder, schrullig* ‖ **Jungfernhäutchen** das, -s/- (Med.): → *Hymen* ‖ **Jungfernzeugung:** → *Parthenogenese* ‖ **Jungfrau:** *Frau, die noch keinen Geschlechtsverkehr gehabt hat* | (kath.) die Heilige J. *(die Muttergottes)* | *ein Tierkreiszeichen* ‖ **jungfräulich:** *unberührt, nicht erschlossen;* eine jungfräuliche Landschaft ‖ **Jungfräulichkeit** die, - ‖ **jung Gebliebene**[1] = **Junggebliebene**[1] der, -n/-n, ein jung Gebliebener (= Junggebliebener) ‖ **jung Gebliebene**[2] = **Junggebliebene**[2] die, -n/-n ‖ **Junggeselle:** *nicht verheirateter Mann* ‖ **Junggesellenbude:** *Junggesellenwohnung* ‖ **Junggesellenleben** ‖ **Junggesellenwirtschaft** die, - (oft scherzh.): *unordentlicher Haushalt* ‖ **Junggesellenzeit** ‖ **Junggesellin** ‖ **Jungherrenkomitee:** *Gruppe junger Tänzer, die einen Ball eröffnet* ‖ **Junghölz:** *Jungwald* ‖ **Jungdamenkomitee** → Jungherrenkomitee ‖ **Jungkoch** ‖ **Jungköchin** ‖ **Junglehrer** ‖ **Junglehrerin** ‖ **Jüngling** der, -s/-e (geh.) ‖ **Jünglingsalter** ‖ **Jungmaiß** (fachspr.): *Jungwald* ‖ **Jungmann** (Mil.): *allgemeine Bezeichnung für einen Soldaten ohne Dienstgrad* ‖ **Jungschar** die, -: *eine katholische Jugendorganisation* ‖ **Jungschweinebraten** (bes. D): *Jungschweinsbraten* ‖ **Jungschweinsbraten:** *eine Speise* ‖ **Jungsozialist** → Juso ‖ **Jungsozialistin** ‖ **jüngst** (geh.): *vor Kurzem* ‖ **jüngste** → jung ‖ **Jungsteinzeit:** *Neolithikum;* → Altsteinzeit ‖ **jüngstens** (geh.): *jüngst* ‖ **jüngstvergangen** (veraltet) ‖ **Jungtier** ‖ **Jungunternehmer** ‖ **Jungunternehmerin** ‖ **jung verheiratet** = **jungverheiratet** → jung ‖ **jung Verheiratete**[1] = **Jungverheiratete**[1] der, -n/-n, ein jung Verheirateter (= Jungverheirateter) ‖ **jung Verheiratete**[2] = **Jungverheiratete**[2] die, -n/-n ‖ **Jungvieh** ‖ **Jungvolk** (veraltet): *die jungen Leute* | (im Nationalsozialismus) *eine Zwangsorganisation für die 10- bis 14-jährigen Knaben* ‖ **Jungwähler:** *Person, die erstmals wahlberechtigt ist;* → Jungbürger ‖ **Jungwählerin** ‖ **Jungwein:** *Heurige* ‖ **Jungzwiebel**

Juni der, -[s]/-[s] ⟨lat.⟩: *der sechste Monat* ‖ **Junikäfer:** *ein Verwandter des Maikäfers*

junior (jun., jr.) ⟨lat.⟩: Karl Müller junior *(Karl Müller der Jüngere, zB der Sohn);* → jünger; → G.: senior ‖ **Junior** der, -s/-en [-ˈoː-]: *Sohn des Firmenchefs* | (oft scherzh.) *Sohn* | *Sportler höchstens bis zum 23. Lebensjahr;* → G.: Senior ‖ **Juniorchef** [-ʃeːf]; → G.: Seniorchef ‖ **Juniorchefin** ‖ **Juniorenmeisterschaft** ‖ **Juniorin** die, -/-innen ‖ **Juniorpartner** ‖ **Juniorpartnerin**

Junker der, -s/- (früher): *junger Adeliger* | *adeliger Grundbesitzer in Preußen* | (St) *junger Wein, Heuriger* ‖ **Junkertum** das, -s (früher)

Junkfood [ˈdʒʌŋkfuːd] das, -[s] ⟨engl.⟩: *minderwertiges Essen;* → Fastfood

Junkie [ˈdʒʌŋki] der, -s/-s ⟨engl.⟩ (sal.): *Drogenabhängiger*

Junktim das, -s/-s ⟨lat.⟩: *Verknüpfung von verschiedenen Gesetzen/Verträgen, die nur gemeinsam in Kraft treten dürfen* ‖ **junktimieren** ‖ **Junktimierung** die, -/-en

Juno: *höchste römische Göttin, Gattin des Jupiter* ‖ **junonisch:** eine junonische *(stattliche, gebieterische)* Frauengestalt

Junta [x-] die, -/Junten ⟨span.⟩: *eine Militärregierung*

Jupiter[1], -s, *auch:* Juppiter: *höchster römischer Gott* ‖ **Jupiter**[2] der, -s: *ein Planet*

Jura[1] der, -[s]: *Schweizer Kanton* | *Gebirgsketten in der Schweiz und in Süddeutschland* | (Geol.) *ein Abschnitt des Mesozoikums*

Jura[2] die (Pl.) ⟨lat.⟩ (D): *Jus*

Jürgen: *männl. Vorname (Georg)*

Juridicum [-k-] das, -s/Juridica: *Bezeichnung für juristische Einrichtungen, Stellen, Bibliotheken uÄ;* das J. *(die Rechtswissenschaftliche Fakultät)* der Universität Wien ‖ **juridisch** ⟨lat.⟩: *die Rechtswissenschaft betreffend;* juridische Fakultäten; → juristisch ‖ **Jurisdiktion** [-tsi̯-]: *Rechtsprechung* ‖ **Jurisprudenz** die, -: *Rechtswissenschaft* ‖ **Jurist** der, -en/-en: *jemand, der Jus studiert hat, zB Richter, Rechtsanwalt* ‖ **Juristendeutsch:** *[komplizierte] Rechtssprache* ‖ **Juristin** die, -/-innen ‖ **juristisch:** *rechtlich, die Rechtswissenschaft betreffend;* eine juristische *(rechtliche, gesetzliche)* Entscheidung; → juridisch; → rechtlich | (Jus) juristische Person *(Personen- oder Kapitalgesellschaft, Körperschaft);* → G.: natürliche Person || **Ju|ror** der, -s/-en [-'o:-]: *Preisrichter;* → Jury || **Ju|ro|ren|ko|mi|tee** [-te:] || **Ju|ro|rin** die, -/-innen

Jur|te die, -/-n ⟨türk.⟩: *Nomadenzelt [in Mittelasien]*

Ju|ry [ʒy'ri:, V, D, CH auch: 'ʒy:-] die, -/-s ⟨lat.-fr.⟩: *Preisrichterkollegium [bei einem Wettbewerb];* → Juror

Jus das, - [Juris]/Jura, *auch:* Ius [ju(:)s] ⟨lat.⟩: *das Recht | Rechtswissenschaften;* Jus (D: Jura) studieren

Ju|so[1] der, -s/-s: *Kurzwort für Jungsozialist* || **Ju|so**[2] die, -/-s

Jus|stu|dent ⟨lat.⟩ || **Jus|stu|den|tin** || **Jus|stu|di|um** || **just:** *soeben;* j. *(gerade)* zur rechten Zeit || **jus|ta|ment:** *nun erst recht; ausgerechnet;* j. nicht! || **Jus|ta|ment|stand|punkt:** *starres Beharren auf einem bestimmten Standpunkt* || **jus|tie|ren:** die Waage j. *(genau einstellen)* || **Jus|tie|rung** die, -/-en || **Jus|ti|fi|ka|ti|on** [-tsi̯-] die, -/-en (veraltet): *Rechtfertigung | Hinrichtung* || **jus|ti|fi|zie|ren** (veraltet) || **Jus|ti|na** = **Jus|ti|ne:** *weibl. Vorname* || **Jus|ti|tia** [-tsi̯a] die, -: *Gerechtigkeit* | (ohne Art.) *Göttin der Gerechtigkeit in der römischen Antike* || **jus|ti|ti|a|bel** [-tsi̯-] = → justiziabel || **Jus|ti|ti|ar** [-tsi̯-] = → Justiziar || **Jus|ti|ti|a|rin** = → Justiziarin || **Jus|tiz** die, -: *Rechtspflege, Rechtswesen* || **Jus|tiz|an|stalt:** *Justizvollzugsanstalt, Gefängnis* || **Jus|tiz|aus|schuss** (Pol.) || **Jus|tiz|be|am|te** || **Jus|tiz|be|am|tin** || **Jus|tiz|be|hör|de** || **jus|ti|zi|a|bel** = justitiabel [-tsi̯-] (Jus): *den Gerichten zur Entscheidung zugewiesen* || **Jus|ti|zi|ar** = Justitiar der, -s/-e (früher): *bei Behörde oder Privatunternehmen angestellter Rechtsberater, Konsulent, Syndikus* || **Jus|ti|zi|a|rin** = Justitiarin die, -/-innen (früher) || **Jus|tiz|irr|tum** || **Jus|tiz|mi|nis|ter** || **Jus|tiz|mi|nis|te|rin** || **Jus|tiz|mi|nis|te|ri|um:** *Bundesministerium für Justiz* || **Jus|tiz|mord:** *Hinrichtung nach einem Justizirrtum* || **Jus|tiz|re|form** || **Jus|tiz|skan|dal:** *Urteil, das Aufsehen erregt; Fehlurteil* || **Jus|tiz|spre|cher** (Pol.): *ein* → *Bereichssprecher* || **Jus|tiz|spre|che|rin** (Pol.) || **Jus|tiz|ver|wal|tung** (Admin.): *Personal- und Sachverwaltung der Gerichtsbarkeit* || **Jus|tiz|voll|zugs|an|stalt:** *Gefängnis* || **Jus|tiz|wa|che** die, - (Kfz: JW): *bewaffnete Einheit [für Gefängnisbewachung]* || **Jus|tiz|wa|che|be|am|te:** *Beamter bei Gericht/in einem Gefängnis* || **Jus|tiz|wa|che|be|am|tin**

Jus|tus: *männl. Vorname*

Ju|te die, - ⟨Bengali-engl.⟩: *eine tropische Gespinstpflanze; ein Gewebe* || **Ju|te|fa|ser** || **Ju|te|sack**

Jut|ta: *weibl. Vorname*

Ju|va|vum [-'va:v-] = Iuvavum [ju-]: *römische Vorgängerstadt von Salzburg*

ju|ve|na|lisch [-v-]: *spöttisch, ironisch (nach dem römischen Satiriker Juvenal)*

ju|ve|nil [-v-] ⟨lat.⟩ (geh.): *jugendlich*

Ju|wel[1] das (*auch:* der), -s/-en ⟨lat.-fr.-niederl.⟩: *Edelstein; Schmuckstück* || **Ju|wel**[2] das, -s/-e: *herausragendes Stück, Kostbarkeit;* ein J. der gotischen Baukunst || **ju|we|len|ge|schmückt:** ein juwelengeschmücktes Kleid || **Ju|we|lier** der, -s/-e || **Ju|we|lier|ge|schäft** || **Ju|we|lie|rin** die, -/-innen

Jux der, -es/-e ⟨lat.⟩: *Scherz, Spaß;* aus Jux und Tollerei *(mutwillig, willkürlich);* → verjuxen

Jux|te die, -/-n ⟨lat.⟩: *Abschnitt eines Wertpapiers*

Jux|tur|nier ⟨lat.+fr.⟩

JW (Kfz): **J**ustiz**w**ache (auf Kraftfahrzeugkennzeichen)

J

k K

k [ka:] das, -/- (Kleinbuchstabe): das k im Wort *kalt* | (Laut) der k-Laut | **K**ilo-

K [ka:] das -/- (Großbuchstabe): das K im Wort *Kasten* | **K**rone *(eine Geldeinheit, zB in Österreich 1892–1924)* | (auslaufend auch Kfz) **K**ärnten | (Mus.) **K**öchel-Verzeichnis | **K**onsularkorps (auf Kraftfahrzeugkennzeichen, zB SK)

k.: **k**aiserlich bzw. **k**öniglich (in Österreich-Ungarn); → k. k.; → k. u.; → k. u. k.

Ka|ba|le die, -/-n (meist Pl.) ⟨hebr.-fr.⟩ (veraltet): *Intrige*

Ka|ba|ne die, -/-n ⟨fr./span./it.⟩ (W, veraltend): *Badekabine*

Ka|ba|no|si die, -/- ⟨pol.-ukr.⟩: *eine Wurstsorte*

Ka|ba|rett [-'re:, auch: 'ka-, bes. D auch: -'rɛt] ⟨fr.⟩ = → Cabaret || **Ka|ba|ret|tist** der, -en/-en: *ein Unterhaltungskünstler* || **Ka|ba|ret|tis|tin** die, -/-innen

Ka|bäus|chen [-sç-] das, -s/- (reg., bes. D): *kleiner Raum, kleines Häuschen*

Kab|ba|la die, - ⟨hebr.⟩: *eine mittelalterliche jüdische Geheimlehre* || **kab|ba|lis|tisch:** *kompliziert-geheimnisvoll*

Ka|bel das, -s/-: *gebündelte, isolierte Leitungsdrähte* || **Ka|bel|an|schluss:** *Anschluss an das Kabelfernsehen* || **Ka|bel|brand** || **Ka|bel|fern|se|hen:** *Fernsehen, das über Kabel empfangen wird* || **Ka|bel|fern|seh|netz**

Ka|bel|jau der, -s/-s [-e] ⟨niederl.⟩: *ein Seefisch;* → Dorsch

ka|beln, ich kable (veraltet): *nach Übersee telegrafieren* || **ka|bel|los** || **Ka|bel|netz** || **Ka|bel|ra|dio** || **Ka|bel|rol|le** || **Ka|bel|sa|lat** (ugs.): *Durcheinander von Leitungen* || **Ka|bel|trom|mel:** *Vorrichtung zum Aufspulen eines Kabels* || **Ka|bel-TV** [-te fau]: *Kabelfernsehen*

Ka|bi|ne die, -/-n ⟨rom.-engl.⟩: *kleiner Raum [zum Umkleiden]* | *Wohn- und Schlafraum auf Schiffen* | *Passagierbereich im Flugzeug* || **Ka|bi|nen|bahn:** *Gondelbahn;* 8er-Kabinenbahn || **Ka|bi|nen|pre|digt** (sal.): *Strafpredigt des Trainers in der Matchpause*

Ka|bi|nett das, -[e]s/-e ⟨fr.⟩: *kleines, meist schmales, einfenstriges Zimmer* | (mit Art. der) *ein Kabinettwein* | (Pol.) *die Gesamtheit der Regierungsmitglieder* || **Ka|bi|netts|be|schluss** (Pol.) || **Ka|bi|netts|bil|dung** (Pol.) || **Ka|bi|netts|kri|se** (Pol.): *Regierungskrise* || **Ka|bi|nett|stück:** *ein Meisterstück; bes. kluges taktisches Vorgehen* || **Ka|bi|netts|um|bil|dung** (Pol.) || **Ka|bi|nett|wein:** *ein Prädikatswein*

Ka|bri|o = → Cabrio || **Ka|bri|o|lett** = → Cabriolet

Ka|buff das, -s/-s (bes. nördl. D): *kleiner Raum*

Ka|bul [auch: -'u-]: *Hauptstadt Afghanistans*

Ka|chel die, -/-n: *[glasierte] Tonplatte, Fliese* || **ka|cheln:** ich kachle das Badezimmer || **Ka|chel|ofen**

Ka|cherl das, -s/-[n] (Sport): *tiefe Hocke beim Aufsprung im Skispringen* || **Ka|cherl|auf|sprung** (Sport) || **Ka|cherl|lan|dung** (Sport)

ka|cken, *auch:* gacken (ugs.): *Kot ausscheiden;* → Gacki || **Ka|cker** der, -s/-, *auch:* Gacker (ugs., sal.): *ein Schimpfwort* || **Ka|cke|rin** die, -/-innen, *auch:* Gackerin (ugs., sal.)

Ka|da|ver [-v-] der, -s/- ⟨lat.⟩: *Tierleiche; Aas* || **Ka|da|ver|ge|hor|sam** (abw.): *blinder Gehorsam* || **Ka|da|ver|ver|wer|tung:** *Tierkörperverwertung*

Ka|denz die, -/-en ⟨lat.-it.⟩ (Mus.): *abschließende Tonfolge, Akkordfolge; (virtuos) abschließendes Solo eines Musikstücks* || **ka|den|zie|ren** (Mus.)

Ka|der der, -s/- ⟨lat.-it.-fr.⟩ (bes. Sport, Pol., Mil.): *Stammtruppe* || **Ka|der|schmie|de:** *Ausbildungsstelle für [Partei]kader*

Ka|dett der, -en/-en ⟨lat.-fr.⟩: *Polizeischüler* | (früher) *ein Offiziersanwärter* || **Ka|det|ten|schu|le** (früher)

Ka|di der, -[s]/-s ⟨arab.⟩: *islamischer Richter* | (ugs., scherzh.) gleich zum K. laufen *(beim geringsten Anlass das Gericht in Anspruch nehmen)*

Kad|mi|um = Cadmium [k-] das, -s ⟨gr.⟩ (Zeichen: Cd): *ein chemisches Element*

ka|du|zie|ren ⟨lat.⟩ (Jus): *jemanden aus einer Handelsgesellschaft ausschließen* || **Ka|du|zie|rung** die, -/-en (Jus)

Kä|fer der, -s/-: *ein Insekt* | (Pl.) (Zool.) *eine Insektenordnung* | (ugs.) ein flotter K. *(eine lebenslustige, attraktive junge Frau)* || **Kä|fer|boh|ne** (reg., bes. St): *eine große Bohne* || **Kä|fer|boh|nen|sa|lat:** *eine steirische Spezialität*

Kaff das, -s/-s (ugs., abw.): *armselige, öde Ortschaft*

Kaf|fee der, -s/-s [-sorten] ⟨arab.-fr.⟩: K. mit Milch und Zucker; *aber:* → Café || **Kaf|fee|boh|ne** || **kaf|fee|braun** || **Kaf|fee|ern|te** || **Kaf|fee|er|satz:** *Ersatzkaffee [aus Gerste, Zichorie, Malz]* || **Kaf|fee|fil|ter** || **Kaf|fee|ge|schirr** || **Kaf|fee|hä|ferl,** *auch:* Kaffeeheferl || **Kaf|fee|haus:** *Café* || **Kaf|fee|haus|li|te|rat** (bes. früher, auch abw.): *im Café arbeitender Autor* || **Kaf|fee|haus|li|te|ra|tin** (bes. früher, auch abw.) || **Kaf|fee|haus|mu|sik:** *gepflegte Unterhaltungsmusik* || **Kaf|fee|kan|ne** || **Kaf|fee|koch:** *ein Beruf* || **Kaf|fee|kö|chin** || **Kaf|fee|kränz|chen** || **Kaf|fee|löf|fel** || **Kaf|fee|ma|schi|ne** || **Kaf|fee|müh|le** || **Kaf|fee|obers** || **Kaf|fee|pau|se** || **Kaf|fee|plan|ta|ge** [-'a:ʃ, -ʒɛ] || **Kaf|fee|satz:** *Bodensatz von Kaffee* || **Kaf|fee|scha|le** || **Kaf|fee|schwes|ter** (scherzh.): *leidenschaftliche Kaffeetrinkerin* || **Kaf|fee|ser|vice** [-vi:s] || **Kaf|fee|sieb** || **Kaf|fee|sie|der** der, -s/- (veraltend): *Kaffeehausbesitzer, Cafetier* || **Kaf|fee|sie|de|rball:** *ein Traditionsball (in der Wiener Hofburg)* || **Kaf|fee|sie|de|rin** die, -/-innen (veraltend) || **Kaf|fee|sor|te** || **Kaf|fee|sud:** *Kaffeesatz* || **Kaf|fee|tas|se** || **Kaf|fee|t|scherl** das, -s/-[n] (bes. W, ugs., sal.): *Kaffee* || **Kaf|fee|was|ser** das, -s

Kaf|fern|büf|fel ⟨arab.+dt.⟩: *ein Wildrind (nach einem afrik. Volk)*

Kä|fig der, -s/-e: den Vogel in den K. sperren || **Kä|fig|hal|tung:** die K. von Hühnern verbieten

kaf|ka|esk: *in der Art des Schriftstellers Franz Kafka, angsttraumhaft, skurril, undurchschaubar*

Kaf|tan der, -s/-e [-s] ⟨pers.-türk.⟩: *ein orientalisches Kleidungsstück*

ka|hl:

ein kahler *(haarloser)* Schädel

Getrennt- und Zusammenschreibung:

Mit Verben, die ein Resultat herbeiführen:

– einen Baum kahl fressen

K

(= kahlfressen)
– kahl scheren = kahlscheren
– den Hang kahl schlagen (= kahlschlagen)
R→ S. 900, 1.5.2
Mit adjektivisch gebrauchten Partizipien:
– ein kahl geschorenes (= kahlgeschorenes) Schaf
R→ S. 903, 2.2.1

Kah|len|berg: *ein Hausberg von Wien*
Kahl|fraß der, -[e]s: *völliger Verzehr* ‖ **kahl fres|sen** = **kahl|fressen** ‖ **kahl ge|scho|ren** = **kahlge|scho|ren** ‖ **Kahl|kopf** ‖ **kahlköp|fig** ‖ **kahl sche|ren** = **kahlsche|ren** ‖ **Kahl|schlag:** *völlig abgeholztes Waldstück* ‖ **kahl schla|gen** = **kahl|schla|gen**
Kahn der, -[e]s/Kähne: *kleines Boot* | *Schleppkahn* ‖ **Kahn|fahrt**
Kai [ke:] der, -[s]/-s ⟨fr.-niederl.⟩: *gemauertes Ufer; Uferstraße*
Kai|man der, -s/-e ⟨indian.-span.⟩: *ein Krokodil*
Kains|zei|chen: *Symbol der Schuld eines Mörders (nach einer biblischen Gestalt)*
Kai|ro: *Hauptstadt von Ägypten*

Kai|ser

der, -s/-: K. Franz Joseph; der K. von China; sich um des Kaisers Bart *(um Nichtigkeiten)* streiten
Zur Wortbildung: Kaiser ist ein häufiges Grundwort für saloppe Bezeichnungen von Personen in einer herausragenden, einflussreichen Position: *Landeskaiser, Betriebsratskaiser, Dorfkaiser, Ortskaiser.* Entsprechende weibliche Formen dazu sind nicht üblich.

Kai|ser|ad|ler ‖ **Kai|ser|fleisch:** *geselchtes Bauchfleisch* ‖ **Kai|ser|fles|serl:** *ein Gebäck* ‖ **Kai|ser|ge|bir|ge** (T) ‖ **Kai|ser|haus:** *Herrscherfamilie* ‖ **Kai|ser|hof:** der Wiener K. ‖ **Kai|se|rin** die, -/-innen ‖ **Kai|se|rin|mut|ter:** *Mutter eines Kaisers/einer Kaiserin* ‖ **Kai|se|rin|wit|we** ‖ **Kai|ser|jä|ger** die (Pl.) (früher): *eine österreichische Gebirgstruppe* ‖ **Kai|ser|kro|ne** ‖ **kai|ser|lich;** → k.; → k. k.; → k. u. k. ‖ **Kai|ser|pa|last** ‖ **Kai|ser|reich** ‖ **Kai|ser|schmar|ren:** *eine Mehlspeise* ‖ **Kai|ser|schnitt** (Med.): *eine geburtshilfliche Operation* ‖ **Kai|ser|sem|mel:** *eine runde Semmel* ‖ **Kai|ser|stadt** (früher): *Wien* ‖ **kai|ser|treu** ‖ **Kai|ser|tum** das, -s/-tümer: das K. Österreich (1804–1867) ‖ **Kai|ser|wet|ter:** *prachtvolles Sommerwetter*
Ka|jak der = das, -s/-s ⟨Eskimospr.⟩: *ein Paddelboot* ‖ **Ka|jak|ei|ner**
Ka|jal das, -s/-s ⟨Sanskrit⟩: *kosmetische Farbe zum Betonen der Augen* | (mit Art. der) *Kurzwort für Kajalstift* ‖ **Ka|jal|stift**
Ka|jü|te die, -/-n ⟨niederl.⟩: *Wohn- und Schlafraum auf Schiffen*
Ka|ka|du [bes. D auch: 'ka-] der, -[s]/-s ⟨mal.-niederl.⟩: *ein Papagei*
Ka|ka|ni|en (scherzh. aus → k. k.): *die österreichisch-ungarische Monarchie;* → k. u. k. ‖ **ka|ka|nisch** (scherzh.)
Ka|kao [ka'kaʊ, ugs.: kaʊ-] der, -s/-s [-sorten] ⟨indian.-span.⟩ ‖ **Ka|kao|baum** ‖ **Ka|kao|boh|ne** ‖ **Ka|kao|but|ter:** *Fett aus Kakaobohnen* ‖ **Ka|kao|plan|ta|ge** [-'a:ʃ, -ʒɛ] ‖ **Ka|kao|pul|ver** [-f-] ‖ **Ka|kao|sprud|ler** (ugs, veraltend): *dünne Beine*
Ka|ker|lak der, -en [-s]/-en ⟨span.-niederl.⟩ (D): *Kakerlake* ‖ **Ka|ker|la|ke** die, -/-n: *Küchenschabe*
ka|ki = khaki ⟨pers.-Hindi-engl.⟩: *gelbbraun*
Ka|ki[1] die, -/-s ⟨jap.⟩: *eine ostasiatische Frucht*
Ka|ki[2] = Khaki das, -[s] ⟨pers.-Hindi-engl.⟩: *eine Farbe* ‖ **Ka|ki**[3] = Khaki der, -[s]: *ein gelbbrauner Stoff [für Uniformen]* ‖ **ka|ki|färbig,** *auch:* khakifärbig, kakifarbig, khakifarbig
Ka|ko|fo|nie = Kakophonie [-f-] die, -/-n ⟨gr.⟩: *Missklang* ‖ **ka|ko|fonisch** = **ka|ko|pho|nisch**
Kak|tee die, -/-n = **Kak|tus** der, -[ugs.: -tusses]/Kakteen [-'e:(ɛ)n] [ugs.: -tusse] ⟨gr.-lat.⟩: *eine stachelige (dornige) Pflanze* ‖ **Kaktus|fei|ge:** *Frucht des Feigenkaktus*
Ka|la|bre|ser der, -s/-: *ein Hut mit breiter Krempe* ‖ **Ka|la|bri|en:** *eine Landschaft in Süditalien*
Ka|la|mi|tät die, -/-en ⟨lat.⟩: *Schwierigkeit; unangenehme Lage* | (fachspr.) *schwerer Hagel-, Sturm-, Insektenschaden*
Ka|lan|der der, -s/- (fachspr.): *Maschine aus rotierenden Walzen zum Glätten oder Prägen [von Leder, Papier]*
Ka|lasch|ni|kow [-f] die, -/-s: *eine Maschinenpistole (nach dem russischen Erfinder)*
Ka|lau|er der, -s/- ⟨fr.⟩: *geistloses Wortspiel, [längst bekannter] Witz* ‖ **ka|lau|ern**
Kalb das, -[e]s/Kälber ‖ **kal|ben:** die Kuh kalbt *(gebärt)* | der Gletscher kalbt *(Eismassen stürzen ins Meer)* ‖ **käl|bern**[1] (Verb): die Kuh kälbert *(kalbt)* ‖ **käl|bern**[2] (Adj.): *vom Kalb* ‖ **Käl|ber|ne** das, -n, ein Kälbernes: *Kalbfleisch* ‖ **Kalb|fleisch** ‖ **Kal|bin** die, -/-innen: *weibliches Jungrind, das noch nicht gekalbt hat* ‖ **Kalbs|beu|schel** ‖ **Kalbs|bra|ten** ‖ **Kalbs|bries:** *eine Speise* ‖ **Kalbs|brust** die, -: gefüllte K. *(eine Speise)* ‖ **Kalbs|gu|lasch** ‖ **Kalbs|ha|xe** (süddt.): *Kalbshaxen* ‖ **Kalbs|ha|xen:** *Kalbsstelze (als Speise)* ‖ **Kalbs|kar|ree** [-e:] ‖ **Kalbs|kopf:** *eine Speise* ‖ **Kalbs|le|ber** ‖ **Kalbs|le|der** ‖ **Kalbs|me|dail|lon** [-da(l)'jo:n, auch: -'jõ:] ‖ **Kalbs|nie|ren|bra|ten** ‖ **Kalbs|schle|gel,** *auch:* Kalbsschlögel ‖ **Kalbs|schnit|zel** ‖ **Kalbs|steak** [-ste:k] ‖ **Kalbs|stel|ze:** *eine Speise* ‖ **Kalbs|vö|gerl:** *ein Fleischteil des Kalbes (als Speise)*
Ka|le|bas|se die, -/-n ⟨arab.-span.-fr.⟩: *Gefäß aus einem Flaschenkürbis*
Ka|lei|do|s|kop das, -s/-e ⟨gr.-lat.⟩: *ein optisches Spielzeug* ‖ **ka|lei|do|s|ko|pisch:** k. *(in bunter Folge)* wechselnde Bilder
ka|len|da|risch ⟨lat.⟩: *nach dem Kalender* ‖ **Ka|len|da|ri|um** das, -s/Kalendarien [-i̯ən]: *kalenderartiges Verzeichnis* ‖ **Ka|len|der** der, -s/-: julianischer, gregorianischer, hundertjähriger K. ‖ **Ka|len|der|blatt** ‖ **Ka|len|der|jahr**
Ka|le|sche die, -/-n ⟨pol.⟩ (veraltet): *eine leichte Kutsche*
Kal|fak|ter der, -s/- ⟨lat.⟩ (ugs., abw., veraltend): *Nichtstuer; liederlicher Mensch; charakterloser Mensch* | *Häftling, der Aushilfsarbeiten verrichtet* ‖ **Kal|fak|te|rin** die, -/-innen (ugs., abw., veraltend)
kal|fa|tern ⟨arab.-rom.-niederl.⟩ (Seemannsspr.): *Schiffsfugen abdichten*
Ka|li das, -[s] ⟨arab.⟩: *Kurzwort für Kalidünger*
Ka|li|ber das, -s/- ⟨gr.-fr.⟩: *innerer Durchmesser von Rohren [bei Feuerwaffen]; Durchmesser von Geschoßen* | *Größenordnung, Format; Redner seines Kalibers sind nicht leicht zu finden* | (ugs.)

K

große, kräftige Person ‖ **ka|li|b|rie|ren:** *das Kaliber messen | eichen, den festgesetzten Sollwerten anpassen* ‖ **Ka|li|b|rie|rung** die, -/-en ‖ **-ka|li|b|rig** (nur in Zusammensetzungen wie großkalibrig)

Ka|li|dün|ger ⟨arab.⟩: *ein Kunstdünger;* → Kali

Ka|lif der, -en/-en ⟨arab.⟩: *Titel der Nachfolger Mohammeds* ‖ **Ka|li|fat** das, -[e]s/-e (früher): *Amt und Reich der Kalifen*

Ka|li|for|ni|en: *Bundesstaat der USA*

Ka|li|lau|ge ⟨arab.⟩ (Chem.) ‖ **Ka|li|um** das, -s (Zeichen: K): *ein chemisches Element;* → Kali ‖ **Ka|li|um|kar|bo|nat** = Kaliumcarbonat [-k-] (Chem.): *Pottasche* ‖ **Ka|li|um|ver|bin|dung** (Chem.) ‖ **Ka|li|um|zy|a|nid** [-tsy-] (Chem.)

Kalk der, -[e]s/-e: *Kalziumkarbonat;* → Kalzium ‖ **Kalk|ab|la|ge|rung** ‖ **Kalk|al|pen** die (Pl.): die Nördlichen, die Südlichen K. ‖ **kalk|arm** ‖ **Kalk|dün|ger** ‖ **kal|ken:** eine Wand k. *(weißen)* ‖ **Kalk|ge|halt** der, -[e]s/-e: der K. des Trinkwassers ‖ **kalk|häl|tig,** *auch:* kalkhaltig ‖ **kal|kig** ‖ **Kalk|ofen:** *Anlage zum Kalkbrennen* ‖ **Kalk|stein**

Kal|kül[1] das (*auch:* der), -s/-e ⟨fr.⟩: *Erwägung, Berechnung;* etwas ins K. ziehen ‖ **Kal|kül**[2] der, -s/-e: *eine mathematische Lösungsmethode* ‖ **Kal|ku|la|ti|on** [-tsi̯-] die, -/-en ‖ **Kal|ku|la|tor** der, -s/-en [-ˈo:-] ‖ **Kal|ku|la|to|rin** die, -/-innen ‖ **kal|ku|lier|bar** ‖ **kal|ku|lie|ren:** *überlegen; einen Preis errechnen*

Kal|kut|ta: *früherer Name von* → *Kolkata*

kalk|weiß

Kal|la → *Calla*

Kal|li|graf = Kalligraph [-f-] der, -en/-en ⟨gr.⟩ ‖ **Kal|li|gra|fie** = Kalligraphie die, -: *Schönschreibkunst* ‖ **Kal|li|gra|fin** = Kalligraphin die, -/-innen ‖ **kal|li|gra|fie|ren** = kalligraphieren ‖ **kal|li|gra|fisch** = **kal|li|gra|phisch:** *in Schönschrift*

Kal|lus der, -/-lusse ⟨lat.⟩ (Med.): *neu gebildetes Gewebe nach Knochenbrüchen; Schwiele*

Kal|mar der, -s/-e ⟨lat.-fr.⟩: *Tintenfisch;* → Calamaro

Kal|me die, -/-n ⟨gr.-rom.⟩ (Met.): *Windstille* ‖ **Kal|men|zo|ne** (Met.) ‖ **kal|mie|ren** (veraltet): *beruhigen*

Kal|muck der, -s/- ⟨mongolisch⟩: *Kurzwort für Kalmuckjanker* ‖ **Kal|muck|jan|ker:** *Trachtenjacke aus braun-weiß kariertem Baumwollstoff*

Kal|mus der, -/-musse ⟨gr.-lat.⟩: *eine Heil- und Gewürzpflanze*

Ka|lo|rie die, -/-n (cal) ⟨lat.⟩ (in Österreich keine gesetzliche Maßeinheit mehr): *Wärmeeinheit | Maß für den Energiewert von Lebensmitteln (4,2 J)* ‖ **ka|lo|ri|en|arm** ‖ **ka|lo|ri|en|be|wusst** ‖ **Ka|lo|ri|en|bom|be:** *bes. kalorienreiche Speise* ‖ **Ka|lo|ri|en|ge|halt** der, -[e]s/-e ‖ **ka|lo|ri|en|reich** ‖ **Ka|lo|ri|me|ter** das, -s/-, *auch:* der (Phys.): *Gerät zur Wärmemessung* ‖ **ka|lo|risch:** kalorisches Kraftwerk *(Wärmekraftwerk)*

kalt,

kälter/am kältesten; der Sensor reagiert auf warm und kalt; ein kalter Krieg *(nicht mit Waffen, sondern mit politischen, wirtschaftlichen oder psychologischen Mitteln geführter Krieg)*

Großschreibung in Eigennamen und bei Nominalisierung:

- der **K**alte Krieg *(1945 bis 1990 die politischen Spannungen zwischen der UdSSR und den USA samt ihren Verbündeten)*
- etwas **K**altes trinken

R→ S. 892, 2.2 bzw. S. 895, 4.1

Getrenntschreibung:

- es wird kalt bleiben
- kalt lächeln

Getrennt- und Zusammenschreibung mit Verben, die ein Resultat herbeiführen, und mit adjektivisch gebrauchten Partizipien:

- die Getränke kalt stellen (= kaltstellen)
- kalt gepresstes (= kaltgepresstes) Öl

R→ S. 900, 1.5.2 bzw. S. 903, 2.2.1

Zusammenschreibung bei übertragener Bedeutung:

- kaltbleiben; bleib kalt! *(reg dich nicht auf!)*
- das hat mich kaltgelassen *(mich überhaupt nicht beeindruckt)*
- jemanden kaltmachen (abw.: *umbringen*)
- jemanden kaltstellen *(um seinen Einfluss bringen, [politisch] ausschalten)* R→ S. 900, 1.5.1

kalt|blei|ben: *nicht aufregen; aber:* es wird kalt bleiben ‖ **Kalt|blut:** *eine Pferderasse* ‖ **Kalt|blü|ter** der, -s/- (Zool.): *Tier, dessen Körperwärme von der Temperatur der Umgebung abhängt* ‖ **kalt|blü|tig:** k. *(unerschrocken, ohne Nervosität)* reagieren | k. *(rücksichtslos)* morden | (Zool.) → Kaltblüter ‖ **Kalt|blü|tig|keit** die, - ‖ **Käl|te** die, -: eisige K. | soziale K. *(Gefühllosigkeit, Härte)* ‖ **Käl|te|be|hand|lung** (Med.) ‖ **käl|te|be|stän|dig** ‖ **Käl|te|ein|bruch** ‖ **käl|te|emp|find|lich** ‖ **Käl|te|ener|gie:** Wärme- und K. ‖ **Käl|te|ge|fühl** ‖ **Käl|te|grad** ‖ **käl|ten:** *kühlen;* die Salbe kältet die Haut; → G.: hitzen ‖ **Käl|te|pe|ri|o|de** ‖ **Käl|te|pol:** *der [jeweils] kälteste Ort*

Kal|ter der, -s/-: *[Fisch]behälter*

Käl|te|schock ‖ **Käl|te|schutz** ‖ **Käl|te|star|re** (Zool.): *Temperaturabsenkung bei Kaltblütern* ‖ **Käl|te|sturz** ‖ **Käl|te|tech|nik** ‖ **Käl|te|tod** (geh.): *Erfrieren* ‖ **Käl|te|wel|le** (Met.) ‖ **Kalt|front** (Met.): *vordere Grenze heranströmender Kaltluft* ‖ **kalt ge|presst** = **kalt|ge|presst** → kalt ‖ **kalt|her|zig:** *gefühllos* ‖ **kalt|las|sen:** *nicht beeindrucken;* → kalt ‖ **Kalt|luft** die, - (Met.) ‖ **Kalt|luft|ein|bruch** (Met.) ‖ **Kalt|luft|see** (Met.): *[in einem Tal] angesammelte Kaltluft* ‖ **kalt|ma|chen** (abw.): *umbringen* ‖ **Kalt|scha|le:** *kalte Obstsuppe* ‖ **kalt|schnäu|zig:** *schroff, ungerührt* ‖ **Kalt|start** (Kfz): *Start bei kaltem Motor* | (EDV) *Inbetriebnahme des Computers mittels Einschaltknopfes;* → Warmstart ‖ **kalt|stel|len:** *jemanden um seinen Einfluss bringen; aber:* den Wein kalt stellen *(= kaltstellen)*

Ka|lup|pe die, -/-n ⟨tschech.⟩ (veraltet): *verwahrloste, baufällige Hütte*

Kal|va|ri|en|berg [-v-]: *Hügel mit Kreuzwegstationen*

kal|vi|nisch [-v-] = calvinisch [k-]: die kalvinische Glaubenslehre; eine kalvinische Schrift *(eine Schrift des Reformators Johannes Calvin)* ‖ **Kal|vi|nist** = Calvinist der, -en/-en: *Anhänger der Lehre Calvins* ‖ **Kal|vi|nis|tin** = Calvinistin die, -/-innen

Kal|zi|um = Calcium [ˈkaltsi̯-] das, -s ⟨lat.⟩ (Zeichen: Ca): *ein chemisches Element;* → Kalk

kam → kommen

Ka|mal|du|len|ser der, -s/-: *Angehöriger eines katholischen Ordens (nach einem italienischen Kloster)*
Ka|ma|ri|lla [-'il(j)a] die, -/Kamarillen ⟨span.⟩: *durch ihre Intrigen einflussreiche Gruppe*
Ka|mel das, -[e]s/-e ⟨sem.-gr.-lat.⟩: *ein Paarhufer* ‖ **Ka|mel|haar:** *Gewebe aus den Haaren von Kamelen* ‖ **ka|mel|haar|far|ben** ‖ **Ka|mel|haar|man|tel**
Ka|me|lie [-iɛ] die, -/-n: *eine Zimmerpflanze (nach einem Jesuitenpater)*
Ka|mel|trei|ber der, -s/- ⟨sem.-gr.-lat.⟩: *jemand, der Kamele hält* | (abw.) *Araber* ‖ **Ka|mel|trei|be|rin** die, -/-innen (abw.)
Ka|me|ra die, -/-s ⟨lat.⟩: *Fotoapparat; Gerät zum Filmen*
Ka|me|rad der, -en/-en ⟨it.-fr.⟩: *jemand, mit dem man durch gemeinsam Durchlebtes verbunden ist; Gefährte* ‖ **Ka|me|ra|de|rie** die, - (oft abw.) *Kameradschaft, die auch unlauteren Zwecken dient* ‖ **Ka|me|ra|din** die, -/-innen ‖ **Ka|me|rad|schaft** die, -/-en ‖ **ka|me|rad|schaft|lich:** k. miteinander umgehen ‖ **Ka|me|rad|schafts|bund** der -[e]s: *Vereinigung ehemaliger Soldaten* ‖ **Ka|me|rad|schafts|dieb|stahl:** *Diebstahl unter Kameraden* ‖ **Ka|me|rad|schafts|geist**
Ka|me|ra|ein|stel|lung ⟨lat.⟩ ‖ **Ka|me|ra|frau** ‖ **Ka|me|ra|füh|rung**
Ka|me|ra|lis|tik die, - ⟨lat.⟩ (veraltet): *Finanzwissenschaft*
Ka|me|ra|mann ⟨lat.⟩ ‖ **ka|me|ra|scheu** ‖ **Ka|me|ra|team** [-ti:m] ‖ **ka|me|ra|über|wacht**
Ka|mi|ka|ze [-zɛ, auch: -tsɛ] der, -[s]/- ⟨jap.⟩: *japanischer Flugzeugpilot, der sich im Zweiten Weltkrieg beim Angriff bewusst opferte* | *Selbstmordkommando*
Ka|mil|le die, -/-n ⟨gr.-lat.⟩: *eine Arzneipflanze* ‖ **Ka|mil|len|tee**
Ka|min der, -s/-e ⟨gr.-lat.⟩: *Rauchfang, Schornstein* | *eine offene Feuerstelle; ein Ofenverbau* | *enge, steile Felsspalte* ‖ **Ka|min|fe|ger** der, -s/- (CH): *Rauchfangkehrer* ‖ **Ka|min|fe|ge|rin** die, -/-innen (CH) ‖ **Ka|min|feu|er** ‖ **Ka|min|keh|rer** der, -s/- (westöst.): *Rauchfangkehrer* ‖ **Ka|min|keh|re|rin** die, -/-innen (westöst.)
Kam|kor|der = → Camcorder
Kamm der, -[e]s/Kämme: *ein Werkzeug [zum Frisieren];* Haarkamm | *eine Gebirgsform* | (Zool.) *Hautlappen [auf dem Kopf von Hühnervögeln]* | *Stängel der Weintraube* ‖ **käm|men**
Kam|mer die, -/-n: in einer dunklen K. hausen | (Admin.) *eine gesetzliche Interessenvertretung;* Ärztekammer ‖ **Kam|mer|chor** [-k-]: *ein kleiner gemischter Chor* ‖ **Kam|mer|die|ner** (früher): *ein herrschaftlicher Bediensteter;* → Kammerjungfer ‖ **Käm|me|rer** der, -s/- (früher): *Kammerherr* | (sal.) *Kammerfunktionär* ‖ **Kam|mer|frau** (früher): *eine herrschaftliche Bedienstete* ‖ **Kam|mer|herr** (früher): *Träger eines Hofamtes, Kämmerer* ‖ **Käm|me|rin** die, -/-innen ‖ **Kam|mer|jä|ger:** *Ungeziefervertilger* ‖ **Kam|mer|jä|ge|rin** ‖ **Kam|mer|jung|fer** (früher): *Kammermädchen* ‖ **Kam|mer|kon|zert** ‖ **Kam|merl** das, -s/-[n]: *[kleine] Kammer* ‖ **Kam|mer|mäd|chen** (früher): *eine unverheiratete herrschaftliche Bedienstete;* → Kammerdiener ‖ **Kam|mer|mu|sik:** *E-Musik für wenige Instrumente, zB Streichtrio* ‖ **Kam|mer|or|ches|ter** [meist: -k-] ‖ **Kam|mer|rat:** *gewählter Vertreter einer Kammer* ‖ **Kam|mer|rä|tin** ‖ **Kam|mer|sän|ger:** *ein auszeichnender Berufstitel* ‖ **Kam|mer|sän|ge|rin** ‖ **Kam|mer|schau|spie|ler:** *ein auszeichnender Berufstitel* ‖ **Kam|mer|schau|spie|le|rin** ‖ **Kam|mer|see:** → *Attersee* ‖ **Kam|mer|staat** (sal.): *vom Kammernprinzip geprägter Staat (zB Österreich)* ‖ **Kam|mer|ton** der, -[e]s (Phys., Mus.): *ein bestimmter Ton zum Stimmen von Musikinstrumenten* ‖ **Kam|mer|um|la|ge** (Wirt.): *eine Abgabe* ‖ **Kam|mer|zo|fe** (früher): *eine herrschaftliche Bedienstete*
Kamm|garn das, -[e]s = **Kamm|garn|stoff:** *glatter, fester Wollstoff* ‖ **Kamm|ma|cher:** *eine Berufsbezeichnung* ‖ **Kamm|ma|che|rin** ‖ **Kamm|molch:** *ein Schwanzlurch*
Ka|mor|ra = → Camorra
Kamp der, -s: *ein Nebenfluss der Donau in Niederösterreich*
Kam|pa|gne [-'anjɛ, fr.: kɑ̃'paɲ] = Campagne [k-] die, -/-n ⟨fr.⟩: *größere Unternehmung für einen bestimmten Zweck;* eine K. gegen Gewalt in der Familie | (Archäologie) *Grabungsabschnitt* | (Landw.) *Hochsaison der Zuckerrübenernte und -verarbeitung*
Kam|pa|ni|le = → Campanile
Käm|pe der, -n/-n (geh., veraltet): *erfahrener Kämpfer, Krieger*
Kam|pel → Kampl ‖ **kam|peln** (mda.): *kämmen;* → gekampelt
Kampf der, -[e]s/Kämpfe: jemandem den K. ansagen | (Sport) *Wettkampf* ‖ **Kampf|ab|stim|mung:** *Abstimmung nach heftigem Meinungsstreit* ‖ **Kampf|an|sa|ge** ‖ **Kampf|an|zug** (Mil.): *Gefechtsuniform in Tarnfarben* ‖ **kampf|be|reit** ‖ **Kampf|be|reit|schaft** ‖ **kampf|be|tont** ‖ **Kampf|ein|satz** (Mil.) ‖ **kämp|fen:** um Anerkennung k.; mit dem Tod k. *(ringen);* mit sich k. *(von sich eine Entscheidung erzwingen)*
Kamp|fer der, -s: *ein stark riechendes Mittel*
Kämp|fer[1] der, -s/- (Arch.): *von einem Kapitäl aufsteigender tragender Teil*
Kämp|fer[2] der, -s/-: ein tapferer K. ‖ **Kämp|fe|rin** die, -/-innen ‖ **kämp|fe|risch** ‖ **Kämp|fer|na|tur** ‖ **kampf|er|probt** ‖ **Kamp|fes|lärm** → Kampflärm ‖ **Kamp|fes|lust** → Kampflust ‖ **kamp|fes|lus|tig** → kampflustig ‖ **Kampf|flie|ger** (Mil.): *Jagdflugzeug[pilot]* ‖ **Kampf|flug|zeug** (Mil.) ‖ **Kampf|ge|biet** (Mil.) ‖ **Kampf|ge|fähr|te** ‖ **Kampf|ge|fähr|tin** ‖ **Kampf|geist** ‖ **Kampf|ge|tüm|mel** ‖ **Kampf|hahn** → Hahnenkampf ‖ **Kampf|hand|lung** (meist Pl.) (Mil.): *Kampf* ‖ **Kampf|hub|schrau|ber** (Mil.) ‖ **Kampf|hund** (meist abw.): *Hund bestimmter Rassen, die als bes. gefährlich gelten* ‖ **Kampf|kraft** ‖ **Kampf|lärm,** *auch:* Kampfeslärm ‖ **Kampf|li|nie** [-iɛ]: in die K. geraten ‖ **kampf|los** ‖ **Kampf|lust,** *auch:* Kampfeslust ‖ **kampf|lus|tig,** *auch:* kampfeslustig ‖ **Kampf|mann|schaft** (Sport): *der zum Einsatz kommende Teil des Kaders* ‖ **Kampf|maß|nah|me** ‖ **Kampf|pau|se** ‖ **Kampf|platz** ‖ **Kampf|preis** (sal.) ‖ **Kampf|rich|ter** (Sport) ‖ **Kampf|rich|te|rin** (Sport) ‖ **Kampf|sau|fen** ‖ **Kampf|sport:** *Boxen, Judo ua.* ‖ **Kampf|stär|ke** ‖ **Kampf|stoff** (Mil.): *ein giftiges [chemisches] Mittel* ‖ **Kampf|trin|ken** ‖ **Kampf|trup|pe** (Mil.) ‖ **kampf|un|fä|hig** ‖ **Kampf|ver|band** (Mil.)
kam|pie|ren = campieren [k-] ⟨lat.⟩: *im Freien lagern, zelten;* → Camping
Kampl der, -s/-, *auch:* Kampel (mda.): *Kamm* | ein lustiger K.

K

(Bursch); → kampeln

Ka|na|da: *ein Staat* || **Ka|na|di|er** der, -s/-: *Bewohner Kanadas* | = Canadier [k-] (Sport) *eine Bootdisziplin* || **Ka|na|di|e|rin** die, -/-innen || **ka|na|disch**

Ka|nail|le [-ljɛ] = Canaille [k-] die, -/-n ⟨fr.⟩: *derbes Schimpfwort, niederträchtige Person*

Ka|na|ke der, -n/-n ⟨polynesisch⟩: *Eingeborener der Südseeinseln* | *derbes Schimpfwort [für Ausländer]*

Ka|nal der, -s/Kanäle ⟨lat.-it.⟩ || **Ka|nal|ar|bei|ter** || **Ka|nal|ar|bei|te|rin** || **Ka|nal|bau** der, -[e]s/-ten || **Ka|nal|bett** || **Ka|nal|de|ckel** || **Ka|nal|ge|bre|chen** || **Ka|nal|gebühr** || **Ka|nal|git|ter** || **Ka|na|li|sa|ti|on** [-tsi̯-] die, -/-en || **Ka|na|li|sa|ti|ons|an|la|ge** || **Ka|na|li|sa|ti|ons|netz** || **ka|na|li|sie|ren:** *mit Kanälen versehen* | Meinungsverschiedenheiten k. *(in bestimmte Bahnen lenken, entschärfen)* || **Ka|na|li|sie|rung** die, -/-en || **Ka|nal|räu|mer** der, -s/- || **Ka|nal|räu|me|rin** die, -/-innen || **Ka|nal|sys|tem** [-zy-] || **Ka|nal|tal:** *Talabschnitt zwischen Karnischen Alpen, Karawanken und Julischen Alpen (in Italien)*

Ka|na|pee = Canapé [k-] das, -s/-s ⟨fr.⟩: *kleine belegte Weißbrotscheibe* | (veraltet) *Diwan, Ruhebett*

Ka|na|ri der, -[s]/-[s] ⟨fr.⟩ (ugs.): *Kurzwort für Kanarienvogel* || **kanari|en|gelb,** *W, ugs.auch:* kanarigelb: *leuchtend gelb* || **Ka|na|ri|en|vo|gel** *ein Singvogel (ein Heimtier)* || **ka|na|ri|gelb** → *kanariengelb* || **Ka|na|ri|milch** (W, ugs.): *Vanillesoße* || || **Ka|na|ri|schen In|seln** die (Pl.): *eine spanische Inselgruppe im Atlantik*

Kan|da|har|ren|nen (Sport): *ein internationales Skirennen in St. Anton am Arlberg*

Kan|da|re die, -/-n ⟨ung.⟩: *Gebissstange des Pferdes* | jemanden an die K. nehmen *(streng behandeln)*

Kan|de|la|ber der, -s/- ⟨lat.-fr.⟩: *Armleuchter; Lichtmast der Straßenbeleuchtung*

Kan|del|zu|cker (mda.): *Kandiszucker*

Kan|derl das, -s/-[n] (ugs.): *kleine Kanne*

Kan|di|dat der, -en/-en ⟨lat.⟩: *Bewerber um eine Stelle, ein Mandat* | *Prüfling;* → cand. || **Kan|di|da|ten|lis|te** || **Kan|di|da|tin** die, -/-innen || **Kan|di|da|tur** die, -/-en || **kan|di|die|ren**

kan|die|ren ⟨arab.-fr.⟩: kandierte *(mit Zuckermasse überzogene)* Früchte || **Kan|dis|zu|cker:** *kristallisierter Zucker;* → Kandelzucker || **Kan|di|ten** die (Pl.) (Kaufmannsspr.): *Zuckerwaren*

Kän|gu|ru das, -s/-s ⟨Sprache der Aborigines⟩: *ein Beuteltier*

Ka|nin|chen das, -s/-: *ein hasenartiges Säugetier* | (ugs.) *Hase* || **Ka|nin|chen|bau** der, -[e]s/-e || **Ka|nin|chen|bra|ten** || **Ka|nin|chen|stall** || **Ka|nin|chen|zucht**

Ka|nis|ter der, -s/- ⟨gr.-lat.-engl.⟩: *ein tragbarer Behälter für Flüssigkeiten*

kann → können || **Kann|be|stim|mung:** *nicht zwingende [Gesetzes]bestimmung;* → G.: Mussbestimmung

Känn|chen das, -s/- (bes. D): ein K. Kaffee || **känn|chen|wei|se** || **Kan|ne** die, -/-n: *Gefäß mit einem Ausguss;* → Kanderl

Kän|nel der, -s/-, *auch:* die, -/-n (fachspr.): *Holzrinne, Wasserrinne, Dachrinne*

Kan|ne|lie|rung die, -/-en ⟨gr.-lat.-fr.⟩ || **kan|ne|lie|ren:** kannelierte *(mit Längsrillen versehene)* Säulen

kan|nen|wei|se

Kan|ni|ba|le der, -n/-n ⟨span.⟩: *Menschenfresser* || **Kan|ni|ba|lin** die, -/-innen || **kan|ni|ba|lisch** || **Kan|ni|ba|lis|mus** der, -: *das Essen von Menschenfleisch* | (Zool.) *Auffressen von Tieren derselben Art*

kann|te → kennen

Ka|non der, -s/-s ⟨gr.-lat.⟩: *Gesamtheit von Regeln* | *Musikstück, in dem zwei oder mehrere Stimmen mit der gleichen Melodie nacheinander einsetzen* | *vorgegebene Auswahl [von Lektüretexten]*

Ka|no|na|de die, -/-n ⟨gr.-lat.-it.-fr.⟩ (Mil.): *anhaltendes Geschützfeuer* || **Ka|no|ne** die, -/-n ⟨gr.-lat.-it.⟩: *ein Geschütz* | (sal.) *großer Könner;* Sportkanone || **Ka|no|nen|boot** (Mil.): *ein Kriegsschiff* || **Ka|no|nen|don|ner** || **Ka|no|nen|fut|ter:** *sinnlos geopferte Soldaten* || **Ka|no|nen|ku|gel** || **Ka|no|nen|ofen:** *ein kleiner Eisenofen* || **Ka|no|nen|rohr** || **Ka|no|nen|schlag:** *ein Feuerwerkskörper* || **Ka|no|nen|schuss** || **Ka|no|nier** der, -s/-e (Mil.): *Soldat am Geschütz*

Ka|no|ni|kus der, -/Kanoniker ⟨gr.-lat.⟩: *Titel höherer katholischer Geistlicher, Domherr* || **Ka|no|ni|sa|ti|on** [-tsi̯-] die, -/-en (kath.): *Heiligsprechung* || **ka|no|nisch:** kanonisches Recht *(Kirchenrecht)* | *musterhaft [in der klassischen Kunst]* | (Mus.) *zum Kanon gehörig* || **ka|no|ni|sie|ren** (kath.): *heiligsprechen*

Ka|nos|sa|gang = Canossagang [k-]: einen K. antreten *(sich vor jemandem demütigen, um Verzeihung zu erlangen)*

Kä|no|zo|i|kum das, -s ⟨gr.⟩ (Geol.): *ein Abschnitt der Erdgeschichte, Erdneuzeit*

kan|ta|bel = cantabel [k-] ⟨it.⟩: *sangbar, gesanglich*

Kan|ta|te die, -/-n ⟨lat.-it.⟩ (Mus.): *eine Komposition für Singstimme[n] und Instrument[e]*

Kan|te die, -/-n: eine scharfe K. || **kan|ten:** *kantig behauen* | *auf die Kante stellen* | *die Skikanten einsetzen* || **kan|ten|rein** (im Eiskunstlauf): *exakt*

Kan|ter|sieg (Sport): *hoher, überlegener Sieg*

Kant|holz || **kan|tig:** *scharfkantig*

Kan|ti|le|ne die, -/-n ⟨lat.-it.⟩ (Mus.): *gesangartige Melodie*

Kan|ti|ne die, -/-n ⟨it.-fr.⟩: *eine Art Restaurant [in Betrieben]* || **Kan|ti|nen|es|sen** || **Kan|ti|nen|kost** || **Kan|ti|nen|ver|pfle|gung** || **Kan|ti|neur** [-'nøːɐ] der, -s/-e: *Kantinenwirt* || **Kan|ti|neu|rin** die, -/-innen

Kan|ton[1] (chin.: Guangzhou ['guaŋ'dʒoʊ]): *Stadt in China*

Kan|ton[2] der, -s/-e ⟨lat.-it.-fr.⟩: *Bezeichnung für ein Bundesland in der Schweiz* || **kan|to|nal:** kantonales Gymnasium; → eidgenössisch || **Kan|tön|li|geist** (meist abw.): *engstirniger Lokalpatriotismus* || **Kan|tons|re|gie|rung** (CH)

Kan|tor der, -s/-en [-'oː-] ⟨lat.⟩: *Leiter eines Kirchenchors, Regens Chori* | *Vorsänger im Gottesdienst* || **Kan|to|rei** die, -/-en: *evangelischer Kirchenchor* || **Kan|to|rin** die, -/-innen

Kant|wurst [-st, auch: -ʃt]: *eine Wurstsorte*

Ka|nu [auch: 'kaː-] das, -s/-s ⟨karibisch-span.-fr.-engl.⟩: *ein Sportboot* || **Ka|nu|fah|rer:** *Kanute* || **Ka|nu|fah|re|rin**

Ka|nü|le die, -/-n ⟨gr.-lat.-fr.⟩ (Med.): *ein Röhrchen [zum Ableiten von Blut]* | *Hohlnadel an Spritzen*

Ka|nu|sla|lom [auch: 'kaː-] ⟨kari-

K

bisch-span.-fr.-engl.+norw.〉 ‖ **Kanusport** ‖ **Kanute** der, -n/-n (Sport): *Kanufahrer* ‖ **Kanutin** die, -/-innen (Sport)

Kanzel die, -/-n: *erhöhte Plattform mit Brüstung, von der aus der Geistliche predigt* | *erhöhtes Vortragspult* | *Cockpit* | (Jägerspr.) *Hochsitz* ‖ **Kanzelwort** (geh.): *Predigt*

kanzerogen = cancerogen [kants-] 〈lat.+gr.〉 (Med.): *Krebs auslösend, karzinogen*

Kanzlei die, -/-en 〈lat.〉: *Büro von Ämtern, Rechtsanwälten, Steuerberatern ua.* ‖ **Kanzleibeamte** ‖ **Kanzleibeamtin** ‖ **Kanzleibedienstete** ‖ **Kanzleigemeinschaft:** *Zusammenschluss [von Rechtsanwälten, Steuerberatern] zu einem gemeinsamen Büro* ‖ **Kanzleikraft:** *Bürokraft* ‖ **Kanzleileiter** ‖ **Kanzleileiterin** ‖ **Kanzleiordnung** (bes. früher): *Verhaltensvorschrift in Ämtern* ‖ **Kanzleirat:** *ein Berufstitel* ‖ **Kanzleirätin** ‖ **Kanzleisprache:** *eine Amtssprache* ‖ **Kanzleistunde** (meist Pl.): *Amtsstunde*; Kanzleistunden *(Parteienverkehr)* von 8 bis 12 ‖ **Kanzler** der, -s/-: *Regierungschef* | *Bundeskanzler* ‖ **Kanzleramt** (Admin., bes. D): *Bundeskanzleramt* ‖ **Kanzlerbonus:** *Popularitätsvorteil eines amtierenden Bundeskanzlers [im Wahlkampf]* ‖ **Kanzlerin** die, -/-innen ‖ **Kanzlerschaft** die, -/-en ‖ **Kanzlist** der, -en/-en (früher): *Kanzleiangestellter* ‖ **Kanzlistin** die, -/-innen (früher)

Kaolin das = der, -s/-e: *Ton für die Herstellung von Porzellan (nach einem chinesischen Berg)*

Kap das, -s/-s 〈rom.-niederl.〉: *Vorgebirge, Landspitze;* K. der Guten Hoffnung (in Südafrika)

Kap.: Kapitel

Kapaun der, -s/-e 〈lat.-fr.〉: *kastrierter, gemästeter Hahn*

Kapazität die, -/-en 〈lat.〉: *Fassungsvermögen* | *Produktionsausmaß [eines Kraftwerks]* | *Experte/Expertin* ‖ **Kapazunder** der, -s/- (ugs., oft scherzh.): *Koryphäe, Kapazität*

Kapelle die, -/-n 〈lat.〉: *kleine Kirche* | *[kleines] Orchester* ‖ **Kapellmeister:** *ein Dirigent* ‖ **Kapellmeisterin**

Kaper die, -/-n 〈gr.-lat.〉: *ein Gewürz, Blütenknospe des Kapernstrauches*

kapern 〈niederl.〉: ein Schiff k. *(erbeuten)* ‖ **Kaperung** die, -/-en

Kapfenberg: *Stadt in der Steiermark*

kapieren 〈lat.-it.〉: *verstehen, begreifen*

Kapillare die, -/-n = **Kapillargefäß** 〈lat.〉 (Phys.): *haarfeines Röhrchen* | (Med., Biol.) *feines Blutgefäß* ‖ **Kapillarität** die, - (Phys.)

kapital 〈lat.〉: ein kapitaler *(bes. schwerer)* Fehler | (Jägerspr.) ein kapitaler *(stattlicher)* Hirsch ‖ **Kapital** das, -s/-ien [-i̯ən]: *Geldsumme; Vermögen; Finanzkraft;* aus etwas K. schlagen *(einen Vorteil ziehen)* ‖ **Kapitäl** = Kapitell das, -s/-e (Arch.): *oberer Abschluss einer Säule* ‖ **Kapitalabfluss** (Wirt.): *Kapital, das ins Ausland transferiert wird* ‖ **Kapitalanlage** ‖ **Kapitalanlagegesellschaft** ‖ **Kapitalaufstockung** (Wirt.) ‖ **Kapitalbedarf** ‖ **Kapitalbeteiligung** ‖ **Kapitalbilanz** (Wirt.): *der finanzwirtschaftliche Teil des Wirtschaftsverkehrs mit dem Ausland* ‖ **Kapitalbildung** (Wirt.) ‖ **Kapitälchen** das, -s/- (meist Pl.) (Druckw.): etwas in KAPITÄLCHEN drucken; → Versal ‖ **Kapitale** die, -/-n (veraltet): *Hauptstadt* ‖ **Kapitalerhöhung** (Wirt., Bankw.): *Erhöhung des Stammkapitals einer Gesellschaft* ‖ **Kapitalertrag** (Wirt., Bankw.): *Gewinn, Zinsen aus der Geldanlage* ‖ **Kapitalertragsteuer,** *auch:* Kapitalertragssteuer (Wirt., Bankw.) (KEST, *auch:* KESt, Kest): *Steuer auf Kapitalerträge wie zB Zinsen aus Spareinlagen;* → Quellensteuer ‖ **Kapitalfehler:** *schwerer Fehler* ‖ **Kapitalflucht:** *Veranlagung von Kapital im Ausland* ‖ **Kapitalfluss** (Bankw.): *Cashflow* ‖ **Kapitalgarantie** (Bankw.): *Garantie für die Rückzahlung des eingesetzten Kapitals, zB Einlagensicherung der Banken* ‖ **Kapitalgesellschaft** (Wirt.): *Unternehmensform zur Kapitalaufbringung durch Gesellschafter, zB Aktiengesellschaft* ‖ **kapitalintensiv** ‖ **kapitalisieren** (Wirt.): *in Kapital umwandeln* | Zinsen k. *(dem Kapital hinzurechnen)* ‖ **Kapitalisierung** die, -/-en (Wirt.) ‖ **Kapitalismus** der, -: *Wirtschaftssystem, das sich durch Privateigentum an Produktionsmitteln und gezielte Produktion für den Markt auszeichnet* ‖ **Kapitalist** der, -en/-en (oft abw.): *jemand, der über große Mittel verfügt* ‖ **Kapitalistin** die, -/-innen (oft abw.) ‖ **kapitalistisch** ‖ **kapitalkräftig:** *finanzkräftig* ‖ **Kapitalmarkt:** *Geldmarkt, Wertpapiermarkt* ‖ **Kapitalschnitt** (Wirt., Bankw.): *massive Einsparungsmaßnahme* ‖ **Kapitalsparbuch** ‖ **Kapitalsparen** das, -s: *eine Sparform* ‖ **Kapitalverbrechen:** *Schwerverbrechen* ‖ **Kapitalverkehr** (Wirt.): *Transfer von Geldbeträgen*

Kapitän der, -s/-e 〈lat.-fr.〉: *Kommandant eines Schiffes oder Flugzeugs* | *Führer einer Sportmannschaft* | (früher) (Mil.) *Hauptmann* ‖ **Kapitänin** die, -/-innen ‖ **Kapitänspatent:** *Kapitänsberechtigung*

Kapitel das, -s/- (Kap.) 〈lat.〉: *Abschnitt [in einem Buch]* | ein unerfreuliches K. *(Thema)* | *Domkapitel* ‖ **Kapitell** = → Kapitäl ‖ **Kapitelsaal:** *Sitzungssaal eines Klosters* ‖ **Kapitol** das, -s: *Zitadelle des alten Rom* | *Sitz des Senats in Washington* ‖ **Kapitular** der, -s/-e (kath.): *Angehöriger eines Domkapitels; Domherr*

Kapitulation [-tsi̯-] die, -/-en 〈lat.-fr.〉: *Unterwerfung, Übergabe* ‖ **kapitulieren**

Kaplan der, -s/Kapläne 〈lat.〉: *ein katholischer Geistlicher, Kooperator*

Kapo der, -s/-s 〈fr.〉 (ugs.): *Wortführer einer Arbeitsgruppe* | *Häftling mit Aufsichtsbefugnissen*

Kappa das, -[s]/-[s] (κ, K) 〈gr.〉: *griechischer Buchstabe, entspricht* k/K

Käppchen das, -s/-: *[kleine] Kappe* ‖ **Kappe** die, -/-n: *[steife] Schirmmütze;* das nehme ich auf meine K. *(das verantworte ich)*

kappen: das Seil k. *(abschneiden, durchtrennen)*

Kapperl das, -s/-[n] (ugs.): *Kappe* ‖ **Kappl** das, -s/-n (ugs.): *Kappe;* Amtskappl ‖ **Käpple** das, -s/- (V, ugs.)

Kaprice [-'is] = → Kaprize

Kapriole die, -/-n 〈lat.-it.〉: *Luftsprung; närrischer Einfall*

Kaprize = Kaprice [-'is] die, -/-n 〈lat.-fr.〉 (meist abw.): *Laune, Eigensinnigkeit* ‖ **kaprizieren** sich: sich auf etwas k. *(eigensin-*

K

nig darauf bestehen) ‖ **kapriziös:** *launenhaft* ‖ **Kaprizpolster:** *kleiner fester Polster*

Kapsel die, -/-n ⟨lat.⟩: *kleiner, runder Behälter* | (Bot.) *ein Fruchttyp;* Mohnkapsel ‖ **kapselförmig** ‖ **kapselig** ‖ **Kapselriss** (Med.): *Einreißen einer Gelenkskapsel*

Kapstachelbeere (Bot.): → *Physalis;* → Kap ‖ **Kapstadt:** *Stadt in Südafrika*

kaputt

⟨fr.⟩: *zerbrochen; unbrauchbar* | (sal.) *erschöpft*

Getrenntschreibung bei wörtlicher Bedeutung und in Verbindung mit „sein":
- der Drucker ist kaputt geworden
- völlig kaputt sein *(erschöpft, todmüde)* R→ S. 901, 1.8

Getrennt- und Zusammenschreibung mit Verben, die ein Resultat herbeiführen:
- den CD-Player kaputt machen (= kaputtmachen)
- etwas kaputt schlagen (= kaputtschlagen) R→ S. 900, 1.5.2

Zusammenschreibung bei übertragener Bedeutung:
- ich habe mich kaputtgelacht
- sie hat sich damit kaputtgemacht *(ihre Gesundheit ruiniert)*
- die Maschine ist kaputtgegangen R→ S. 900, 1.5.1

kaputtbar (sal. bzw. Werb.): *zerbrechlich;* → G.: unkaputtbar ‖ **kaputtgehen:** die Maschine wird bald k. ‖ **kaputtlachen** sich ‖ **kaputtmachen:** *die Gesundheit ruinieren; aber:* die Kamera kaputt machen (= kaputtmachen) ‖ **kaputt schlagen** = **kaputtschlagen** ‖ **kaputtsparen** (sal.): *durch zu viel Sparen Zukunftsbereiche beschädigen und in den Ruin treiben*

Kapuze die, -/-n ⟨lat.-it.⟩ ‖ **Kapuzenmantel** ‖ **Kapuziner** der, -s/-: *Angehöriger eines geistlichen Ordens* | (Küchenspr.) *eine Schale Kaffee mit wenig [schaumiger] Milch* ‖ **Kapuzineraffe** ‖ **Kapuzinerberg:** *Berg in der Stadt Salzburg* ‖ **Kapuzinerkresse:** *eine Zierpflanze* ‖ **Kapuzinerpredigt:** *Zurechtweisung (nach einer Szene in Schillers „Wallenstein")*

Kar das, -[e]s/-e: *eine Mulde im Hochgebirge*

Karabiner der, -s/- ⟨fr.⟩: *ein Gewehr* | *Verschlusshaken [am Rucksack, an der Hundeleine]* ‖ **Karabinerhaken** ‖ **Karabinerverschluss:** *ein Schnappverschluss*

Karachi [-tʃi] = → Karatschi

Karacho das, -s ⟨span.⟩ (sal.): mit K. *(großer Geschwindigkeit, Wucht)* daherkommen

Karaffe die, -/-n ⟨arab.-rom.⟩: *eine [geschliffene] Flasche [mit Glasstöpsel]*

Karambol das, -s ⟨fr.⟩: *eine Form des Billardspieles* ‖ **Karambolage** [-'aːʃ, -ʒɛ] die, -/-n: *Zusammenstoß* ‖ **karambolieren**

Karamell der = das, -s ⟨gr.-lat.-fr.⟩: *gebrannter Zucker* ‖ **Karamelle** die, -/-n: *ein Zuckerl* ‖ **karamellfarben:** *bräunlich gelb* ‖ **karamellieren:** *Zucker zu Karamellzucker verarbeiten* ‖ **karamellisieren:** *mit Karamellzucker zubereiten* ‖ **Karamellpudding** ‖ **Karamellzucker**

Karaoke das, -s ⟨jap.⟩: *Mitsingen von Laiensängern zu einem Playback*

Karat das, -[e]s/-e (ct) ⟨gr.-arab.-lat.-fr.⟩: *Gewichtseinheit für Edelsteine und Gold (0,2 g)* | *Bezeichnung des Goldgehalts (der Feinheit) von Goldlegierungen* | (in Mengenangaben mit Pl. Karat) 14 Karat; → -karätig

Karate [auch: -'ɛ] das, -[s] ⟨jap.⟩: *eine Technik waffenloser Selbstverteidigung*

-karätig ⟨gr.-arab.-lat.-fr.⟩ (nur in Zusammensetzungen wie einkarätig, hochkarätig); → Karat

Karatschi = Karachi [-tʃi]: *Stadt in Pakistan*

Karausche die, -/-n ⟨slaw./litauisch⟩: *ein Süßwasserfisch*

Karavelle [-v-] die, -/-n ⟨lat.-port.-fr.⟩: *ein mittelalterliches Segelschiff*

Karawane die, -/-n ⟨pers.-it.⟩: *Kolonne von Tragtieren* | *Kolonne von Personen/Fahrzeugen* ‖ **Karawanenstraße**

Karawanken die (Pl.): *ein Gebirge in Kärnten und Slowenien* ‖ **Karawankenautobahn**

Karawanserei die, -/-en ⟨pers.-it.⟩: *Unterkunft für Karawanen*

Karbid = Carbid [k-] das, -[e]s/-e ⟨lat.⟩: *eine chemische Verbindung* ‖ **Karbidlampe** = Carbidlampe: *Azetylenlampe*

Karbol das, -s ⟨lat.⟩: *ein keimtötendes Mittel* ‖ **Karbolineum** das, -s: *eine ölige Flüssigkeit [zum Imprägnieren von Holz]*

Karbon das, -s ⟨lat.⟩ (Geol.): *ein Abschnitt der Erdgeschichte*

Karbonade die, -/-n = **Karbonadl** das, -s/-n ⟨lat.-it.-fr.⟩ (bes. ostöst., ugs., veraltet): *ein abgebratenes Fleischstück*

Karbonat = Carbonat [k-] das, -[e]s/[-e] ⟨lat.⟩ (Chem.): *Salz der Kohlensäure*

Karbunkel das, -s/- ⟨lat.⟩ (Med.): *mehrere dicht beieinanderliegende Furunkel*

kärchern: *mit einem Hochdruckreiniger [der Marke Kärcher] säubern*

Kardamom [auch: -'oː-] der = das, -s ⟨gr.-lat.⟩: *eine Gewürzpflanze, [Lebkuchen]gewürz*

Kardangelenk (Technik): *eine bewegliche Verbindung von zwei Wellen (nach dem italienischen Erfinder)* ‖ **kardanisch** (Technik): eine kardanische *(dreidimensional bewegliche)* Aufhängung ‖ **Kardanwelle** (Technik): *eine Vorrichtung zur Kraftübertragung [beim Auto]*

Kardätsche die, -/-n, *auch:* Kardatsche ⟨lat.-it.⟩ (fachspr.): *Gerät zum Wollelockern* | *grobe Pferdebürste; aber:* → Kartätsche ‖ **kardätschen**

Karde die, -/-n: *eine Pflanzengattung*

kardial = cardial [k-] ⟨gr.-lat.⟩ (Med.): *für das Herz, das Herz betreffend*

Kardinal der, -s/Kardinäle ⟨lat.⟩: *höchster Würdenträger der katholischen Kirche nach dem Papst* ‖ **Kardinalfehler:** *grundlegender Fehler* ‖ **Kardinalfrage:** *Hauptfrage* ‖ **Kardinalproblem:** *ein grundlegendes Problem, Hauptproblem* ‖ **Kardinalshut** ‖ **Kardinalskollegium** (kath.): *Gesamtheit aller Kardinäle* ‖ **Kardinalskongregation** [-tsi̯-]: *leitende Behörde der römischen Kurie* ‖ **Kardinalstaatssekretär:** *Leiter der politischen Kurienbehörde* ‖ **Kardinalswürde** ‖ **Kardinaltugend** (meist Pl.): *grundlegende Tugend, zB Standhaftigkeit* ‖ **Kardinalzahl:** *Grundzahl,* zB eins, zwei, drei ... ‖ **Kardinalzahlwort** (Gramm.): *Grundzahlwort*

Kardiologe der, -n/-n ⟨gr.⟩: *Spezialist für Herz- und Kreislauferkrankungen* ‖ **Kardiologie** die,

K

- (Med.) ‖ **Kardiologin** die, -/-innen ‖ **kardiologisch** (Med.) ‖ **kardiovaskulär** [-v-] = cardiovaskulär [k-] (Med.): *Herz und Kreislauf betreffend*

Karenz die, -/-en ⟨lat.⟩: *Mutterschaftsurlaub; Kurzwort für Karenzurlaub;* in K. gehen | (Amtsspr.) mit K. *(Entfall)* der Bezüge ‖ **Karenzgeld** (früher): *Kinderbetreuungsgeld* ‖ **karenzieren:** *bei Streichung der Bezüge weiterbeschäftigen* ‖ **Karenzierung** die, -/-en ‖ **Karenzjahr** ‖ **Karenzurlaub:** *[unbezahlter] Urlaub [nach einer Geburt, zur Weiterbildung]* ‖ **Karenzurlaubsgeld** ‖ **Karenzvertretung** ‖ **Karenzzeit**

Karette die, -/-n ⟨span.-fr.⟩: *Meeresschildkröte*

Karfiol der, -s ⟨it.⟩: *ein Gemüse;* → Blumenkohl ‖ **Karfiolrose:** *Kopf des Karfiols*

Karfreitag: *der Freitag vor Ostern* ‖ **Karfreitagsliturgie** ‖ **Karfreitagsratsche:** *Lärm erzeugendes Gerät als Ersatz für die am Karfreitag nicht läutenden Kirchenglocken*

Karfunkel der, -s/- ⟨lat.⟩: *ein Schmuckstein*

karg, karger [veraltend: kärger]/am kargsten [veraltend: am kärgsten]: ein karger *(nicht ertragreicher)* Boden | ein karges *(ärmliches)* Mahl ‖ **kargen** (geh.): *knausern* ‖ **Kargheit** die, - ‖ **kärglich**

Kargo = Cargo [k-] der, -s ⟨rom.⟩: *Schiffs-, Flugzeugfracht*

Karibik die, -: *Karibisches Meer mit den Antillen;* → Westindien ‖ **karibisch:** karibische Küche; *aber:* Karibisches Meer

Karibu das, -s/-s ⟨indian.-fr.⟩: *kanadisches Rentier*

kariert ⟨lat.-fr.⟩: ein klein karierter (= kleinkarierter) Stoff; *aber:* → kleinkariert

Karies die, - ⟨lat.⟩ (Med.): *Zahnfäule;* → kariös

Karikatur die, -/-en ⟨it.⟩: *Spottbild; Zerrbild* ‖ **karikaturesk:** *karikaturenhaft* ‖ **Karikaturist** der, -en/-en ‖ **Karikaturistin** die, -/-innen ‖ **karikaturistisch** ‖ **karikieren**

Karin: *weibl. Vorname* ‖ **Karina,** *auch:* Carina [k-]: *weibl. Vorname*

kariös ⟨lat.⟩: kariöse *(an Zahnfäule erkrankte)* Zähne; → Karies

Karitas die, - ⟨lat.⟩: *Wohltätigkeit, Fürsorge; aber:* → Caritas ‖ **karitativ**

Karkasse die, -/-n ⟨fr.⟩: *Unterbau [eines Autoreifens]* | (Küchenspr.) *Knochengerippe [von Fisch, Geflügel]*

Karl[1], *auch:* Carl [k-]: *männl. Vorname* ‖ **Karl**[2] (ostöst., ugs.) (nur in der Wendung): sich einen K. machen *(Spaß haben)* ‖ **Karla,** *auch:* Carla: *weibl. Vorname* ‖ **Karlsbad** (tschech.: Karlovy Vary [-vi v-i]): *Stadt in Tschechien*

Karma das, -s ⟨Sanskrit⟩: *durch frühere Leben bestimmtes Schicksal des Wiedergeborenen (im Hinduismus)*

Karmel der, -s/-s: *Mönchskloster der Karmeliter; Nonnenkloster der Karmeliterinnen (nach einem Berg in Israel)* ‖ **Karmelit** der, -en/-en = **Karmeliter,** -s/-: *Angehöriger eines geistlichen Ordens* ‖ **Karmelitin** = **Karmelitin** die, -/-innen

Karmesin das, -s ⟨pers.-arab.-rom.⟩: *Karmin* ‖ **Karmin** das, -s: *eine purpurne Farbe, Karmesin* ‖ **karminrot**

Karneol der, -s/-e ⟨lat.-it.⟩: *ein Schmuckstein*

Karner der, -s/-: *Beinhaus [auf Friedhöfen]*

Karneval [-v-] der, -s/-e ⟨it.⟩ (bes. D): der rheinische K. *(Fasching)* ‖ **Karnevalskostüm** (bes. D) ‖ **Karnevalsprinz** (bes. D) ‖ **Karnevalsprinzessin** (bes. D)

Karnickel das, -s/-: *Kaninchen*

Karnien: *eine Landschaft in Nordostitalien (nördliches Friaul)*

Karniese = Karnische die, -/-n ⟨rom.⟩: *Vorrichtung zum Aufhängen von Vorhängen* ‖ **Karniesenstange** = Karnischenstange

karnifeln, ich karnifle (ugs., sal.): *schikanieren*

Karnische = → Karniese ‖ **Karnischenstange** = → Karniesenstange

Karnischen Alpen die (Pl.): *ein Gebirge in Kärnten, Osttirol und Italien*

Kärnten (Ktn., K): *ein österreichisches Bundesland;* nach K. fahren ‖ **kärntisch** = kärntnisch (veraltet): *kärntnerisch* ‖ **Kärntner**[1] (Adj.): die K. Landesregierung; K. Seen; *aber:* kärntnerisch ‖ **Kärntner**[2] der, -s/-: *Bewohner Kärntens* ‖ **Kärntneranzug:** *ein Trachtenanzug* ‖ **Kärntnerin** die, -/-innen ‖ **kärntnerisch:** kärntnerische Gerichte; *aber:* → Kärntner[1] ‖ **kärntnisch** = → kärntisch

Karo[1] das, -s/-s ⟨lat.-fr.⟩: *auf der Spitze stehendes Viereck [als Stoffmuster]* ‖ **Karo**[2] die, -/-s = das, -[s]/-s: *eine Farbe im Kartenspiel* ‖ **Karoass** ‖ **Karodame** ‖ **Karokönig**

Karola, *auch:* Carola [k-]: *weibl. Vorname* ‖ **Karoline,** *auch:* Caroline: *weibl. Vorname* ‖ **Karolinger** die (Pl.) (Gesch.): *ein fränkisches Königsgeschlecht* ‖ **karolingisch** [auch: -'li-] (Gesch.): *aus der Epoche Kaiser Karls des Großen und seiner Nachfolger (etwa 9. Jh.);* die karolingische Mark *(Gebiet auf österreichischem Boden)*

Karosse die, -/-n ⟨it.-fr.⟩: *ein Prunkwagen* ‖ **Karosserie** die, -/-n: *Fahrzeugaufbau [des Autos]* ‖ **Karosseriebauer** der, -s/- ‖ **Karosseriebauerin** die, -/-innen ‖ **Karosseriespengler** ‖ **Karosseriespenglerin** ‖ **karossieren:** *mit einer Karosserie versehen*

Karotte die, -/-n ⟨gr.-lat.-fr.-niederl.⟩: *Möhre* ‖ **Karottensaft** ‖ **Karottentorte**

Karpaten die (Pl.): *Gebirgszug in Teilen der Slowakei, der Ukraine, Polens und Rumäniens* ‖ **Karpatenländer** die (Pl.)

Karpfen der, -s/-: *ein Fisch* ‖ **Karpfenteich** ‖ **Karpfenzucht**

Karre die, -/-n (D): *Karren*

Karree das, -s/-s ⟨fr.⟩: *Viereck* | (Küchenspr.) *Fleischstück von der Rippe;* kurzes, langes K. ‖ **Karreespeck**

karren (bes. nördl. D): *jemanden mit einem Karren fahren* ‖ **Karren** der, -s/-: *ein Wagen;* → Karre ‖ **Karrette** die, -/-n (V, CH): *Schubkarren*

Karriere [-'ri̯e:rə, -'e:rɛ] die, -/-n ⟨lat.-fr.⟩: K. machen *(im Beruf vorwärtskommen)* ‖ **Karrierefrau** ‖ **Karrieremacher** (oft abw.) ‖ **Karrieremacherin** (oft abw.) ‖ **Karrieremann** ‖ **Karrieremensch** ‖ **Karriereschmiede** (sal.): *Einrichtung, die karrierefördernde Schulungen durchführt* ‖ **Karrierestart** [-ʃt-, auch: -st-] ‖ **Karrierist** der, -en/-en (meist abw.): *jemand, der [zielstrebig, rücksichtslos] Karriere machen will/gemacht hat* ‖ **Karrieristin** die, -/-innen (abw.)

Karrner[1] der, -s/- (bes. T, auch abw., früher): *nicht sesshafter*

K

(mit Karren umherfahrender und diverse Arbeiten verrichtender) Bewohner des Vinschgaues und des Oberinntals ‖ **Karrner**[2] = **Kärrner** der, -s/- (geh., veraltet): *Fuhrmann* ‖ **Karrnerarbeit** = **Kärrnerarbeit** (abw.): nur K. *(mühselige Hilfsdienste)* verrichten ‖ **Karrnerleut** die (Pl.); → Karrner

Karsamstag: *der Samstag vor Ostern*

Karst der, -[e]s: *Landschaftsform in Kalkgebieten auf Grund unterirdischer Entwässerung;* → verkarsten | *eine Gebirgslandschaft in Italien, Slowenien und Kroatien* ‖ **Karsterscheinung:** *Verwitterungsformen im Kalkgebirge* ‖ **Karsthöhle** ‖ **Karstlandschaft** ‖ **Karstquelle**

Kart = Cart [k-] das = der, -[s]/-s ⟨engl.⟩: *Kurzwort für* → *Gokart*

kart.: kartoniert

Kartätsche die, -/-n ⟨ägyptisch-gr.-lat.-it.⟩ (früher): *ein Artilleriegeschoß; aber:* → Kardätsche

Kartause die, -/-n: *Kloster der Kartäusermönche* ‖ **Kartäuser** der, -s/-: *Angehöriger eines Mönchsordens*

Kärtchen ⟨ägypt.-gr.-lat.-it./fr.⟩ das, -s/- ‖ **Karte** die, -/-n: Karten spielen; die Karten neu mischen (auch: *eine neue Ausgangsbasis herstellen)* | *Post-, Ansichtskarte* | *Speisekarte* | *Ticket* | (EDV) *Steckkarte* | (zB im Fußball) die Gelbe (auch: gelbe) K. *(Karte als Zeichen der Verwarnung);* die Rote (auch: rote) K. *(Karte als Zeichen des Spielausschlusses)* ‖ **Kartei** die, -/-en: *Karten- oder Zettelkatalog; Kartothek* ‖ **Karteikarte:** eine K. anlegen ‖ **Karteileiche** (scherzh.): *jemand/etwas, der/das nur noch in einer Kartei vorhanden ist*

Kartell das, -s/-e ⟨ägyptisch-gr.-lat.-fr.⟩ (Wirt.): *Zusammenschluss von Unternehmen des gleichen Wirtschaftszweiges* ‖ **Kartellbehörde** ‖ **Kartellgericht:** *für Wettbewerbsrecht zuständiges Gericht* ‖ **Kartellgesetz** ‖ **kartellieren** (Wirt.): *innerhalb eines Zusammenschlusses von Unternehmen den Preis verbindlich festsetzen;* kartellierter Preis ‖ **Kartellverband:** *Verband studentischer Vereinigungen;* → Cartellverband (CV)

Kartengruß ‖ **Kartenhaus:** *aus Spielkarten gebautes Haus;* wie ein K. in sich zusammenstürzen ‖ **Kartenkunststück** ‖ **Kartenlegen** das, -s: *Wahrsagen durch Spielkarten* ‖ **Kartensperrnotruf:** den K. *(zB für verlorene Kreditkarten)* einspeichern ‖ **Kartenspiel** ‖ **Kartentippler** (reg., ugs., veraltend) ‖ **Kartentipplerin** (reg., ugs., veraltend) ‖ **Kartenverkauf** ‖ **Kartenvorverkauf** ‖ **Kartenzeichen:** *Signatur*

kartesisch, *auch:* kartesianisch (nach dem Philosophen Descartes [de'kart]) (Math.): kartesianische Koordinaten *(Zahlenangaben zur Lage eines Punktes [im Raum])*

kartieren: *eine Landschaft vermessen und auf einer Karte darstellen* | *in eine Kartei einordnen* ‖ **Kartierung** die, -/-en

Kartoffel die (*ugs. auch:* der), -/-n: *Erdapfel* ‖ **Kartoffelbrei:** *Erdäpfelpüree* ‖ **Kartoffelchips** [-tʃ-] die (Pl.) ‖ **Kartoffelgulasch** ‖ **Kartoffelkäfer:** *ein Schädling* ‖ **Kartoffelknödel** ‖ **Kartoffelmehl** ‖ **Kartoffelpuffer** ‖ **Kartoffelpüree** ‖ **Kartoffelsalat** ‖ **Kartoffelschäler** der, -s/-: *ein Küchengerät* ‖ **Kartoffelstärke** ‖ **Kartoffelteig**

Kartograf = Kartograph [-f-] der, -en/-en ⟨gr.⟩ ‖ **Kartografie** = Kartographie: *Landkartenkunde, Landkartenherstellung* ‖ **kartografieren** = kartographieren ‖ **Kartografin** = **Kartographin** die, -/-innen

Karton der, -s/-s [-e] ⟨it.-fr.⟩: *ein Pappendeckel* | *Schachtel aus Pappendeckel* | (in Mengenangaben auch mit Pl. Karton) *fünf Karton[s] Konserven* ‖ **Kartonage** [-'aːʃ, -ʒɛ] die, -/-n: *Verpackungsmaterial aus Karton* ‖ **kartoniert** (kart.): ein kartoniertes *(in Karton gebundenes)* Buch

Kartothek die, -/-en ⟨gr.⟩: *Karten- oder Zettelkatalog; Kartei*

Kartusche die, -/-n ⟨it.-fr.⟩: *Pulverladung [und deren Metallhülse] für Granaten* | *Wappen- oder Namensschild [an Bauwerken]*

Karussell das, -s/-s [-e] ⟨it.-fr.⟩: *Ringelspiel* | *Kreislauf [von Ereignissen]*

Karwendel das, -s: *eine Gebirgsgruppe in Tirol, Deutschland*

Karwoche: *die Woche vor Ostern*

Karyatide [-ry-, -ri-] die, -/-n ⟨gr.⟩: *weibliche Säulenfigur [an altgriechischen Tempeln];* → Atlant

Karzer der, -s/- ⟨lat.⟩ (früher): *Schul-, Universitätsgefängnis* | *eine Freiheitsstrafe*

karzinogen ⟨gr.⟩ (Med.): *Krebs erregend, kanzerogen* ‖ **Karzinogen** das, -s/-e (Med.): *Krebs verursachende Substanz oder Strahlung* ‖ **Karzinom** das -s/-e (Med.) *eine Krebserkrankung, Krebsgeschwulst*

Kas der, -/- (ugs.): *Käse, Topfen* | (ugs., abw.) so ein Kas *(Blödsinn);* → Kaszettel ‖ **Käs** → Käse

Kasache der, -n/-n ‖ **Kasachin** die, -/-innen ‖ **kasachisch** ‖ **Kasachstan:** *Staat der GUS*

Kaschau (slowak. Košice [-ʃitsɛ]): *Stadt in der Slowakei*

Kaschemme die, -/-n ⟨Romanes⟩ (abw.): *minderes Lokal, Spelunke*

Käscher → Kescher

kaschieren ⟨fr.⟩: ein Foto k. *(aufkleben)* | einen Fehler k. *(verschleiern)*

Kaschmir[1]: *ein Land in Asien (Indien/Pakistan)* ‖ **Kaschmir**[2] der, -s/-e: *ein feines Gewebe* ‖ **Kaschmirwolle:** *Wolle der Kaschmirziege*

Käse der, -s/-, *auch:* Käs, -[es]/-e: streichfähiger K. ‖ **Käseaufschnitt** ‖ **Käsebrot** ‖ **Käsefondue** [-fõdyː] ‖ **Käsegebäck** ‖ **Käseglocke** ‖ **Käsehobel** ‖ **Kasein** das, -s: *ein Eiweißstoff* ‖ **Käsekrainer:** *eine Wurst*

Kasel die, -/-n: *Teil des katholischen Messgewandes*

Käselaib, *auch:* Käslaib ‖ **Käseleberkäse,** *auch:* Käsleberkäs

Kasematte die, -/-n ⟨gr.-it.-fr.⟩: *unterirdische Befestigungsanlage, Verlies*

Käsemesser ‖ **käsen:** *Käse bereiten* ‖ **Käseplatte:** *eine Auswahl an Käsesorten* ‖ **Kaser**[1] der, -s/-, *auch:* Kaserer (reg., ugs.): *Senner* ‖ **Kaser**[2] die, -/-n (reg., ugs.): *Sennhütte, Alm* ‖ **Käser** der, -s/-: *Fachmann für Käseherstellung* ‖ **Käserei** die, -/-en ‖ **Kaserin** die, -/-innen (reg., ugs.) ‖ **Käserin** die, -/-innen

Kaserne die, -/-n ⟨lat.-fr.⟩: *Soldatenunterkunft* ‖ **Kasernenhof** ‖ **kasernieren:** *mit Ausgehverbot unterbringen* ‖ **Kasernierung** die, -/-en

Käsesahnetorte (D): *Topfentorte* ‖ **Käsesemmel** ‖ **Käsespätzle** die (Pl.): *eine Speise* ‖ **Käsetoast** [-toːst, engl.: -təʊst] ‖

kä|se|weiß ‖ **kä|sig:** k. bleich ‖ **ka|sig** (ugs.): *käsig*
Ka|si|mir, *auch:* Casimir [k-]: *männl. Vorname*
Ka|si|no = Casino [k-] das, -s/-s ⟨it.⟩: *Spielkasino* | *Aufenthalts- und Speiseraum [für Offiziere]*
Kas|ka|de die, -/-n ⟨lat.-fr.⟩: *künstlicher Wasserfall über mehrere Stufen* | (geh.) eine K. *(Unmenge)* von Reaktionen ‖ **kas|ka|den|förmig**
Kas|knö|del (Küchenspr.): Tiroler K. *(eine Speise)* ‖ **Kas|knö|del|sup|pe** ‖ **Käs|knöpf|le** die (Pl.) (V): *Kässpätzle*
Kạs|ko das, -[s]/-s = **Kạs|ko|ver|si|che|rung** ⟨lat.-span.⟩: *eine Fahrzeugversicherung* ‖ **Kạs|ko|scha|den**
Käs|le das, -[s]/- (V): *kleiner [Weich]käse* ‖ **Käs|laib** → Käselaib ‖ **Käs|le|ber|käs** → Käseleberkäse ‖ **Kas|no|cken** die, -/- (meist Pl.) (bes. K, S, St): *Käsespätzle* ‖ **Kas|nu|del** (meist Pl.): *gefüllte Teigtasche, eine Kärntner Spezialität*
Käs|pap|pel: *eine Arzneipflanze* ‖ **Käs|pap|pel|tee**
Kạs|par, *auch:* Caspar [k-]: *männl. Vorname* ‖ **Kạs|per** [-ʃ-, -sp-] der, -s/- (abw.): *sonderbare Person* ‖ **Kạs|perl** der, -s/-[n] (auch mit Art. das): *lustige Figur (der Volksbühne)* ‖ **Kạs|perl|büh|ne** ‖ **Kạs|per|le** der, -s/- (V): *Kasperl* ‖ **Kas|per|li|a|de** die, -/-n (scherzh.): *Unfug, Scherz* ‖ **kạs|perln** (ugs.): *harmlos Unfug treiben, den Witzbold machen* ‖ **Kạs|perl|pup|pe** ‖ **Kạs|perl|the|a|ter:** *ein Puppentheater für Kinder* | (abw.) *sinnlose Aktion*
Kạs|pi|sche Meer das, -n -[e]s: *größter See der Welt (zwischen Russland, Iran ua.)*

Kạs|sa

die, -/Kassen = Kasse, -/-n ⟨lat.-it.⟩: *Geldbehälter* | Kassa machen *(abrechnen)*; jemanden zur Kassa bitten *(von jemandem Geld verlangen)* | gegen Kassa *(Barzahlung)* | Geldschalter; die Karten an der Kassa *(zB Kinokassa)* abholen | gut bei Kassa sein *(ausreichend Geld haben)* | Bank | Krankenkasse

Die ursprünglich in Österreich übliche Form wurde aus dem Italienischen übernommen und lautet „Kassa“. Die in Deutschland übliche und heute auch in Österreich häufige Form lautet „Kasse“.

Kạs|sa|be|leg → Kassenbeleg ‖ **Kạs|sa|be|richt,** *auch:* Kassenbericht ‖ **Kạs|sa|block** → Kassenblock ‖ **Kạs|sa|bon** [auch: -bõ] = Kassenbon: *Kassazettel* ‖ **Kạs|sa|buch** = Kassenbuch ‖ **Kạs|sa|markt** = Kassenmarkt (Börse): *Marktsegment an der Börse, Erfüllung eines Geschäfts unmittelbar nach Abschluss (im Gegensatz zum Termingeschäft)*
Kas|san|dra|ruf (meist Pl.): *ungehört bleibende Warnung vor Unheil (nach einer altgriechischen Sagengestalt)*
Kạs|sa|preis: *Preis bei Barzahlung* ‖ **Kạs|sa|pult** → Kassenpult ‖ **Kạs|sa|stand,** *auch:* → Kassenstand ‖ **Kạs|sa|sturz** = Kassensturz: *Zählen des Bargeldstandes*
Kas|sa|ti|on [-tsi̯-] die, -/-en ⟨lat.⟩ (Jus): *Urteilsaufhebung durch eine höhere Instanz* ‖ **Kas|sa|ti|ons|ge|richts|hof** (Jus): *Gericht, das in Vorinstanz[en] gefällte Urteile aufheben kann, zB VwGH* ‖ **kas|sa|to|risch** (Jus): *aufhebend;* eine kassatorische *(das Ersturteil aufhebende)* Entscheidung
Kạs|sa|zet|tel
Kạs|se ⟨lat.-it.⟩ → Kassa ‖ **Kạs|sen|arzt:** *Arzt, der einen Vertrag mit einer gesetzlichen Krankenkasse hat* ‖ **Kạs|sen|ärz|tin** ‖ **Kạs|sen|be|leg,** *auch:* Kassabeleg ‖ **Kạs|sen|be|richt** → Kassabericht ‖ **Kạs|sen|block,** *auch:* Kassablock ‖ **Kạs|sen|bon** = → Kassabon ‖ **Kạs|sen|buch** = → Kassabuch ‖ **Kạs|sen|ma|g|net:** *Kassenschlager* ‖ **Kạs|sen|markt** = → Kassamarkt ‖ **Kạs|sen|obli|ga|ti|on** [-tsi̯-] (Bankw.): *kurzfristig veranlagtes Wertpapier* ‖ **Kạs|sen|pa|ti|ent** [-tsi̯-] → Krankenkassa ‖ **Kạs|sen|pa|ti|en|tin** ‖ **Kạs|sen|pult,** *auch:* Kassapult ‖ **Kạs|sen|schal|ter** ‖ **Kạs|sen|schein** (veraltet) (Bankw.): *Kassenobligation* | (früher) *Krankenkassenschein* ‖ **Kạs|sen|schla|ger:** der Film wird ein K. *(großer finanzieller Erfolg)* ‖ **Kạs|sen|stand** → Kassastand ‖ **Kạs|sen|stär|ker** (Bankw., Admin.): *kurzfristige Veranlagung im Bundeshaushalt* ‖ **Kạs|sen|sturz** = → Kassasturz ‖ **Kạs|sen|ver|trag:** *Vertrag zwischen Arzt und Krankenkasse*
Kas|se|rọl|le [-l(ɛ)] die, -/-n, *auch:* Kasserọl das, -s/-rollen ⟨lat.-fr.⟩: *Pfanne, Kochtopf [mit Stiel]*
Kas|sẹt|te die, -/-n ⟨lat.-it.-fr.⟩: *Kästchen [für Schmuck, Münzen]* | (Elektrot.) *Ton- bzw. Videoband [in einer Plastikhülle]* ‖ **Kas|sẹt|ten|deck** (Elektrot.): *Kassettenrekorder einer Stereoanlage* ‖ **Kas|sẹt|ten|de|cke:** *in vertiefte Felder unterteilter [Holz]plafond* ‖ **Kas|sẹt|ten|re|kor|der** = Kassettenrecorder (Elektrot.): *ein Tonbandgerät;* → Rekorder ‖ **Kas|sẹt|ten|spie|ler:** *Kassettenrekorder*
Kas|si|ber der, -s/- ⟨hebr.-jidd.⟩: *geheime schriftliche Mitteilung eines Häftlings*
Kas|sier der, -s/-e ⟨lat.-it.⟩ ‖ **kas|sie|ren:** *einen Geldbetrag einheben, einkassieren* | (fachspr.) eine Lok k. *(ausscheiden)* ‖ **Kas|sie|rer** der, -s/- (bes. D) ‖ **Kas|sie|re|rin** die, -/-innen (bes. D) ‖ **Kas|sie|rin** die, -/-innen
Kas|spatz|eln die (Pl.), *auch:* Kasspatzln (T): *Käsespätzle* ‖ **Käs|spätz|le** die (Pl.) (V): *Käsespätzle*
Kas|ta|g|nẹt|te [-an'jɛ-] die, -/-n ⟨gr.-lat.-span.⟩: *ein Schlaginstrument*
Kas|ta|nie [-i̯ɛ] die, -/-n ⟨gr.-lat.⟩: *ein Baum* | *dessen Frucht;* → Keste; → Maroni ‖ **Kas|ta|ni|en|baum** ‖ **kas|ta|ni|en|braun** ‖ **Kas|ta|ni|en|holz** ‖ **Kas|ta|ni|en|reis:** *eine Süßspeise* ‖ **Kas|ta|ni|en|schnit|te:** *eine Mehlspeise*
Kạs|te die, -/-n ⟨lat.-port.-fr.⟩: *Gesellschaftsschicht, die sich streng abschließt (bes. im Hinduismus)*
kas|tei|en sich: *sich Entbehrungen auferlegen* ‖ **Kas|tei|ung** die, -/-en
Kạs|tel → Kastl
Kas|tẹll das, -s/-e ⟨lat.⟩: *Festung, Burg* ‖ **Kas|tel|lan** der, -s/-e: *Aufseher, Verwalter eines Schlosses* ‖ **Kas|tel|la|nin** die, -/-innen
Kạs|ten der, -s/Kästen [Kasten]: *Schrank* ‖ **Kạs|ten|brot:** *Brotwecken mit viereckigem Querschnitt* ‖ **Kạs|ten|geist:** *Gesinnung wie innerhalb einer Kaste* ‖ **Kạs|ten|tür** ‖ **Kạs|ten|wa|gen:** *kastenförmiger Lastwagen* ‖ **Kạs|ten|we|sen** ‖ **Kạstl** das, -s/-n, *auch:* Kastel (ugs.): *Kästchen;* Küchenkastl ‖ **Kạ̈st|le** das, -s/- (V, ugs.): *Kastl*
Kas|ti|li|en: *Landschaft in Zentralspanien*
Kas|t|rat der, -en/-en ⟨lat.⟩: *Entmannter (früher zB als Sänger);* → Eunuch ‖ **Kas|t|ra|ten|stim|me** (Mus.): *bes. hohe Stimme eines*

K

kastrierten Sängers ‖ **Kas|t|ra|ti|on** [-tsi̯-] die, -/-en ‖ **kas|t|rie|ren:** *die Keimdrüsen entfernen* ‖ **Kas|t|rie|rung** die, -/-en

Ka|su|ar der, -s/-e ⟨mal.-niederl.⟩: *ein australischer Laufvogel*

Ka|su|is|tik die, - ⟨lat.⟩: *genaue Darstellung von Einzelfällen* | (abw.) *Spitzfindigkeit* ‖ **ka|su|is|tisch:** eine kasuistische *(auf alle möglichen Einzelfälle eingehende)* Regelung

Ka|sus der, -/- ⟨lat.⟩ (Gramm.): *Beugungsfall, Biegungsfall* ‖ **Ka|sus|en|dung** (Gramm.)

kas|weiß (ugs.): *käseweiß* ‖ **Kas|zet|tel** (ugs., abw.): *wertloses Blatt Papier, unwichtiger Notizzettel, Schmierzettel*

Kat der, -s/-s ⟨gr.-lat.⟩: *Kurzwort für Katalysator*

Ka|ta|falk der, -s/-e ⟨griech.-lat.-it.-fr.⟩: *schwarz verhängtes Sarggestell für Trauerfeiern*

Ka|ta|kom|be die, -/-n ⟨gr.-lat.⟩ (meist Pl.): *ein unterirdischer [Gebets]raum mit Grabstätten*

Ka|ta|la|ne der, -n/-n: *Angehöriger eines Volkes in Katalonien* ‖ **Ka|ta|la|nin** die, -/-innen ‖ **ka|ta|la|nisch** ‖ **Ka|ta|la|nisch** das, -[s] = **Ka|ta|la|ni|sche,** -n: *eine romanische Sprache*

Ka|ta|log der, -[e]s/-e ⟨gr.⟩: *Verzeichnis [von Büchern]* | Klassenkatalog ‖ **ka|ta|lo|gi|sie|ren:** *in einem Katalog erfassen* ‖ **Ka|ta|lo|gi|sie|rung** die, -/-en ‖ **Ka|ta|log|num|mer** ‖ **Ka|ta|log|preis**

Ka|ta|lo|ni|en: *eine Region in Nordostspanien*

Ka|ta|ly|sa|tor [-ly-] der, -s/-en [-'o:-] ⟨gr.⟩ (Chem.): *Stoff, der chemische Reaktionen auslöst oder beeinflusst* | *Vorrichtung zur Abgasreinigung;* → Kat ‖ **Ka|ta|ly|sa|tor|tech|nik** ‖ **Ka|ta|ly|se** die, -/-n ‖ **ka|ta|ly|sie|ren** ‖ **ka|ta|ly|tisch**

Ka|ta|ma|ran der, -s/-e ⟨tamilisch-engl.⟩: *[Segel]boot mit Doppelrumpf*

Ka|ta|pher [-f-] die, -/-n ⟨gr.⟩ (in der Textgrammatik): *Vorausverweis;* → Anapher

Ka|ta|pult das = der, -[e]s/-e ⟨gr.-lat.⟩: *ein antikes Schleudergeschütz* | *eine Vorrichtung [auf Schiffen] zum Starten von Flugzeugen* ‖ **ka|ta|pul|tie|ren:** *wegschleudern* ‖ **Ka|ta|pult|start** [-ʃt-]

Ka|ta|rakt[1] der, -[e]s/-e ⟨gr.-lat.⟩: *Wasserfall; Stromschnelle* ‖ **Ka|ta|rakt**[2] die, -/-e = **Ka|ta|rak|ta** die, -/Katarakten (Med.): *eine Augenkrankheit, grauer Star*

Ka|tarr = **Ka|tarrh** der, -s/-e ⟨gr.⟩ (Med.): *Schleimhautentzündung*

Ka|tas|ter der, -s/- ⟨it.⟩: *Grundbuch, Flurbuch* ‖ **Ka|tas|t|ral|ge|mein|de:** *Teil einer Gemeinde, Steuergemeinde* ‖ **Ka|tas|t|ral|joch** (früher): *ein Feldmaß;* → Joch

ka|ta|s|t|ro|phal [-f-] ⟨gr.⟩: *furchtbar, schrecklich* ‖ **Ka|ta|s|t|ro|phe** die, -/-n: *schweres Unglück* ‖ **Ka|ta|s|t|ro|phen|alarm** ‖ **ka|ta|s|t|ro|phen|ar|tig:** ein katastrophenartiges Unwetter ‖ **Ka|ta|s|t|ro|phen|ein|satz** ‖ **Ka|ta|s|t|ro|phen|fall** ‖ **Ka|ta|s|t|ro|phen|fonds** [-fõ:] ‖ **Ka|ta|s|t|ro|phen|ge|biet:** eine Region zum K. erklären ‖ **Ka|ta|s|t|ro|phen|hil|fe** ‖ **Ka|ta|s|t|ro|phen|schutz** ‖ **Ka|ta|s|t|ro|phen|tou|ris|mus** [-tu-] (abw.): *Tourismus in Katastrophengebiete*

Ka|ta|to|nie die, -/-n ⟨gr.⟩ (Med.): *eine Art der Schizophrenie*

Ka|te die, -/-n (D): *kleines Bauernhaus [in Norddeutschland]; Keusche*

Kä|te → Käthe

Ka|te|che|se die, -/-n ⟨gr.⟩ (veraltet): *religiöse Unterweisung* ‖ **Ka|te|chet** der, -en/-en: *christlicher [geistlicher] Religionslehrer* ‖ **Ka|te|chis|mus** der, -/Katechismen: *ein grundlegendes [Religions-]lehrbuch, oft in Form von Fragen und Antworten*

ka|te|go|ri|al ⟨gr.⟩: *Kategorien betreffend* ‖ **Ka|te|go|rie** die, -/-n: *Gattung, Gruppe* | (SüdT) *Berufssparte* ‖ **Ka|te|go|rie|miet|zins** (veraltet) (Amtsspr.): *Richtwertzins* ‖ **ka|te|go|risch:** etwas k. *(mit Bestimmtheit, streng)* verbieten ‖ **ka|te|go|ri|sie|ren** ‖ **Ka|te|go|ri|sie|rung** die, -/-en

Ka|ter[1] der, -s/-: *männliche Katze*

Ka|ter[2] der, -s (ugs.): *Katzenjammer;* einen K. haben ‖ **Ka|ter|früh|stück** (ugs.): *Frühstück nach einer durchzechten Nacht* ‖ **Ka|ter|stim|mung** (ugs.)

kat|e|xo|chen ⟨gr.⟩: sie ist eine Sportlerin k. *(schlechthin; der Inbegriff einer Sportlerin)*

kath.: katholisch

Ka|tha|ri|na: *weibl. Vorname;* → Käthe; → Kathi; → Katja; → Kathrin

Ka|thar|sis [auch: -'ta-] die, - ⟨gr.⟩ (Psych.): *sittliche, innerliche Reinigung* ‖ **ka|thar|tisch**

Kä|the, *auch:* Käte: *weibl. Vorname (Katharina)*

Ka|the|der der, -s/- ⟨gr.⟩ (veraltend): *Podium mit Vortragstisch; aber:* → Katheter ‖ **Ka|the|der|blü|te** (veraltet): *Stilblüte einer Lehrkraft*

Ka|the|d|ra|le die, -/-n ⟨gr.-lat.⟩: *eine bischöfliche Hauptkirche, Dom*

Ka|the|te die, -/-n ⟨gr.⟩ (Math.): *jede der beiden Seiten, die den rechten Winkel im rechtwinkeligen Dreieck bilden* ‖ **Ka|the|ter** der, -s/- (Med.): *Instrument zum Einführen in Körpergänge und -höhlen, bes. in die Harnblase; aber:* → Katheder ‖ **ka|the|te|ri|sie|ren** (Med.)

Ka|thi, *auch:* Kati: *weibl. Vorname (Katharina)*

Ka|tho|de die, -/-n ⟨gr.⟩ (Phys.): *negative Elektrode, die in Gasen oder Flüssigkeiten an die positiven Ionen die Elektronen abgibt;* → G.: Anode ‖ **Ka|tho|den|strahl** (Phys.)

Ka|tho|le der, -n/-n (meist Pl.) ⟨gr.-lat.⟩ (abw.): *Katholik* ‖ **Ka|tho|lik** der, -en/-en ‖ **Ka|tho|li|ken|tag:** *Versammlung der Katholiken eines Landes* ‖ **Ka|tho|li|kin** die, -/-innen ‖ **Ka|tho|lin** die, -/-innen (abw.) ‖ **ka|tho|lisch** (kath.): die katholische Kirche ‖ **Ka|tho|li|zis|mus** der, - ‖ **Ka|tho|li|zi|tät** die, -: *katholische Gesinnung*

Ka|th|rin [auch: -'i:n], *auch:* Katrin: *weibl. Vorname (Katharina)* ‖ **Ka|ti** → Kathi

Kat|ion [-tj-] ⟨gr.⟩ (Phys.): *positiv geladenes Ion;* → G.: Anion

Kat|ja: *weibl. Vorname (Katharina)* ‖ **Ka|t|rin** [auch: -'i:n] → Kathrin

Ka|to|de = → Kathode ‖ **Ka|to|den|strahl** = → Kathodenstrahl

Kat|sch|berg der, -[e]s: *ein Pass zwischen Kärnten und Salzburg*

Kat|tun der, -s/-e ⟨arab.-niederl.⟩ (veraltet): *ein Baumwollstoff*

Katz die, -/-en (ugs.): *Katze;* mit jemandem K. und Maus spielen *(ihn mit unklaren Auskünften bis zum [negativen] Ausgang hinhalten);* wie Hund und K. *(verfeindet)* sein | (ugs., oft abw.) *Mädchen;* eine fesche K. | (ugs.) alles für die K. *(vergeblich)* ‖ **katz|bu|ckeln** (ugs.): *sich demütig verhalten, buckeln* ‖ **Kat|ze** die, -/-n: *ein Raubtier;* Hauskatze | (Pl.) (Zool.) *eine Raubtierfamilie* | (ugs.) die K. im Sack kaufen *(etwas ungeprüft kaufen)*

Kat|zel|ma|cher (ugs., abw., veraltet): *Italiener*
kat|zen|ar|tig ‖ **Kat|zen|au|ge:** *Reflektor für das Fahrrad* ‖ **Kat|zen|freund** ‖ **Kat|zen|freun|din** ‖ **kat|zen|freund|lich** (abw.): *falsch* ‖ **Kat|zen|fut|ter** ‖ **Kat|zen|ge|schrei** (reg.): *eine Fleischspeise* ‖ **Kat|zen|gold:** *ein Mineral* ‖ **kat|zen|haft** ‖ **Kat|zen|jam|mer** (ugs.): *Missbehagen [nach einem Rausch];* → Kater[2] ‖ **Kat|zen|kis|te:** *Katzenklo* ‖ **Kat|zen|kis|terl** ‖ **Kat|zen|klo** ‖ **Kat|zen|kopf|pflas|ter:** *Straßenpflaster aus rundlichen Steinen* ‖ **Kat|zen|min|ze:** *eine Pflanzengattung* ‖ **Kat|zen|mu|sik** (ugs., abw.): *hässliche Musik; Lärm, mit dem jemand belästigt werden soll* ‖ **Kat|zen|pföt|chen:** *ein Korbblütler* ‖ **Kat|zen|sprung:** nur einen K. *(gar nicht weit)* entfernt ‖ **Kat|zen|streu** ‖ **Kat|zen|tisch** (ugs.): *kleiner abseitsstehender Tisch* ‖ **Kat|zen|wä|sche** (ugs.): *oberflächliches Waschen* ‖ **Kat|zen|zun|ge** (meist Pl.): *eine Form von Schokolade*
Kau|ap|pa|rat: *alle am Kauen beteiligten Körperteile* ‖ **Kau|be|we|gung**
Kau|der|welsch das, -[s]: *unverständliches Gerede* ‖ **kau|der|wel|schen**
kau|en: einen Kaugummi k.
kau|ern: *zusammengekrümmt sitzen; hocken;* ich *bin* im Eck gekauert ‖ **Kau|er|stel|lung**
Kauf der, -[e]s/Käufe: das muss man in K. nehmen *(hinnehmen)* ‖ **Kauf|an|bot** = **Kauf|an|ge|bot:** *Kaufangebot* ‖ **kau|fen:** Bücher k. | (ugs.) sich jemanden k. *(vornehmen; bestechen)* ‖ **Kauf|ent|schei|dung** ‖ **Käu|fer** der, -s/- ‖ **Käu|fe|rin** die, -/-innen ‖ **Käu|fer|schicht** ‖ **Kauf|frau:** *eine Berufsbezeichnung;* Fotokauffrau; → Kaufmann ‖ **Kauf|haus** ‖ **Kauf|haus|de|tek|tiv** ‖ **Kauf|haus|de|tek|ti|vin** [-f-, -v-] ‖ **Kauf|haus|ket|te** ‖ **Kauf|in|te|r|es|se** ‖ **Kauf|kraft** die, -: die K. des Euros ‖ **kauf|kräf|tig** ‖ **Kauf|kraft|ver|lust** ‖ **käuf|lich:** etwas k. erwerben | er ist k. *(bestechlich)* ‖ **Käuf|lich|keit** die, - ‖ **Kauf|lust** ‖ **Kauf|mann** der, -[e]s/-leute; → Kauffrau ‖ **kauf|män|nisch** ‖ **Kauf|mann|schaft** ‖ **Kauf|manns|ge|hil|fe:** *jemand, der im Handelsgewerbe eine Lehrabschlussprüfung abgelegt hat* ‖ **Kauf|manns|ge|hil|fin** ‖ **Kauf|manns|spra|che** ‖ **Kauf|preis** ‖ **Kauf|rausch:** *maßloses, hemmungsloses Einkaufen* ‖ **Kauf|sum|me** ‖ **Kauf|ver|hal|ten:** das K. der Jugend ‖ **Kauf|ver|trag** ‖ **Kauf|zwang:** ein Preisausschreiben ohne K.
Kau|gum|mi der, -s/-[s], *bes. D auch:* das
Kau|ka|sus der, -: *ein Gebirgszug an der Grenze zwischen Europa und Asien*
Kaul|quap|pe die, -/-n: *eine Entwicklungsform bei Frosch und Kröte*
kaum: *fast nicht* | k. *(gerade, eben erst)* war sie angekommen, als ...
Kau|mus|kel
kau|sal ⟨lat.⟩: *ursächlich;* ein kausaler Zusammenhang ‖ **Kau|sal|be|zie|hung** ‖ **Kau|sal|ge|setz** ‖ **Kau|sa|li|tät** die, - ‖ **Kau|sal|ket|te:** *Folge von Ursache und Wirkung* ‖ **Kau|sal|prin|zip** ‖ **Kau|sal|zu|sam|men|hang** ‖ **kau|sa|tiv** (Sprachwiss.): *verursachend, bewirkend;* kausatives Verb, zB *fällen* zu *fallen*
Kaus|tik die, - ⟨gr.⟩ (Phys.): *Brennfläche einer Linse oder eines Hohlspiegels* ‖ **kaus|tisch** (Chemie): *ätzend, beißend* | (geh.) kaustischer *(spöttischer, bissiger)* Witz
Kau|ta|bak
Kau|tel die, -/-en ⟨lat.⟩ (Jus): *Vorbehalt [in einem Vertrag]*
Kau|ti|on [-tsi̯-] die, -/-en ⟨lat.⟩: *Geld zur Sicherstellung als Pfand;* eine K. erlegen; gegen K. frei gelassen werden
Kau|tschuk der, -s/-e ⟨indian.-span.⟩: *Rohstoff aus dem Milchsaft verschiedener tropischer Pflanzen für die Herstellung von Gummi* ‖ **Kau|tschuk|baum** ‖ **Kau|tschuk|pa|ra|graf** = **Kau|tschuk|pa|ra|graph** [-f] (ugs.): *Gummiparagraph*
Kau|werk|zeu|ge die (Pl.) (Zool.) → Kauapparat
Kauz der, -es/Käuze: *eine Eulenart* | ein sonderbarer K. *(eigenartiger Mensch)* ‖ **kau|zig:** *sonderbar, eigenartig, skurril* ‖ **Kau|zig|keit** die, -
Ka|va|lier [-v-] der, -s/-e ⟨it.-fr.⟩: *taktvoller, bes. Frauen gegenüber höflicher Mann* | (veraltet) *Begleiter einer Dame* | (früher) *eleganter Höfling* ‖ **ka|va|lier|mä|ßig,** *auch:* kavaliersmäßig ‖ **Ka|va|liers|de|likt:** *Verstoß, der [zu Unrecht] nicht ernst genommen wird* ‖ **ka|va|liers|mä|ßig** → kavaliermäßig ‖ **Ka|va|lier|spitz,** *auch:* **Ka|va|liers|spitz** (Küchenspr.): *eine Rindfleischsorte* ‖ **Ka|va|lier|start,** *auch:* Kavaliersstart: *lärmendes Losfahren mit dem Auto oder Motorrad* ‖ **Ka|val|ka|de** die, -/-n: *festliche Reitergruppe* ‖ **Ka|val|le|rie** die, -/-n (Mil.): *Reiterei* ‖ **Ka|val|le|rist** der, -en/-en (Mil.)
Ka|va|ti|ne [-v-] die, -/-n ⟨lat.-it.⟩ (Mus.): *eine kurze, liedhafte Arie*
Ka|ver|ne [-v-] die, -/-n ⟨lat.⟩ (Med.): *Höhle; Hohlraum* ‖ **ka|ver|nös** (Med.)
Ka|vi|ar [-v-] der, -s/-e ⟨gr.⟩: *gesalzener Fischrogen, Fischeier* ‖ **Ka|vi|ar|bröt|chen** ‖ **Ka|vi|ar|er|satz:** *eingefärbter Rogen zB des Seehasen*
Ka|zoo [kəˈzuː] das, -[s]/-[s] ⟨engl.⟩: *ein volkstümliches (amerikanisches) Blasinstrument*
kB (EDV): **K**ilo**b**yte (1 024 Byte)
Ke|bab [auch: -ˈa-] = **Ke|bap** der = das, -s/-s ⟨pers.-türk.⟩: *türkischer [Lamm]fleischspieß;* → Dönerkebab
keck: *frech, unbefangen* ‖ **Keck|heit** die, -/-en
Kee|per [ˈkiːpə] der, -s/- ⟨engl.⟩ (Sport): *Tormann* ‖ **Kee|pe|rin** die, -/-innen (Sport)
Keep|smi|ling [kiːpˈsmaɪ-] das, -s ⟨engl.⟩ (wörtl.: immerzu lächeln): *optimistische Grundeinstellung*
Kees das, -es/-e (T, S, K): *Gletscher (in Namen);* → Ferner; → Firn
Ke|fir [auch: -ˈfiːə] der, -s ⟨kaukasisch-russ.⟩: *säuerliches Getränk aus gegorener Milch*
KEG [ka e ˈgeː] die, -/-s: **K**ommandit**e**rwerbs**g**esellschaft
Ke|gel der, -s/-: K. scheiben *(kegeln);* ich scheibe K./ich habe K. geschoben; *aber:* beim Kegelscheiben | (Math.) *ein geometrischer Körper, Konus* ‖ **Ke|gel|bahn** ‖ **Ke|gel|bu|del** (ugs., veraltet): *Kegelbahn* ‖ **ke|gel|för|mig** ‖ **ke|geln,** ich kegle ‖ **Ke|gel|schei|ben** das, -s: *Kegeln* ‖ **Ke|gel|schnitt** (Math.) ‖ **Ke|gel|spiel** ‖ **Ke|gel|statt** (veraltend): *Kegelbahn* ‖ **Ke|gel|stumpf** (Math.)
Keh|le die, -/-n: *Teil des Halses* ‖ **keh|lig:** ein kehliger Schrei ‖ **Kehl|kopf** ‖ **Keh|lung** die, -/-en: *Hohlkehle, Rille*
Kehr|aus der, -: *Abschluss [einer Tanzveranstaltung]* ‖ **Kehr|be-**

K

sen
Kehre die, -/-n: *enge Kurve* ‖ **kehren**[1]: jemandem den Rücken k. *(sich von jemandem abwenden)* | in sich gekehrt *(versunken)* | „Kehrt euch!“ *(ein militärisches Kommando)*; kehrt (= **Kehrt**) euch rufen
kehren[2]: die Straße k. ‖ **Kehricht** der -[e]s (geh.): *Mist, Staub* ‖ **Kehrmaschine**
Kehrreim: *Refrain* ‖ **Kehrschaufel:** *Mistschaufel* ‖ **Kehrseite:** *die andere Seite, der unangenehme Teil einer Sache* ‖ **kehrtmachen,** ich mache kehrt: *sich umdrehen und zurückgehen* ‖ **Kehrvers** [-v-, -f-]: *Refrain* ‖ **Kehrtwendung** ‖ **Kehrwert** (Math.): *reziproker Wert* ‖ **Kehrwisch** (bes. D): *Handbesen*
keifen (abw.): *laut und heftig schimpfen* ‖ **Keiferei** die, -/-en
Keil der, -[e]s/-e: *nach vorne schmäler werdendes Stück, zB aus Holz*

K

Keile die (Pl.) (bes. D): *Schläge* ‖ **keilen** (abw.): *in aufdringlicher Weise [zu einem Kauf] überreden* ‖ **Keiler** der, -s/- (Jägerspr.): *männliches Wildschwein* | (abw.) *Anwerber* ‖ **Keilerei** die, -/-en (ugs.): *Rauferei* ‖ **Keilerin** die, -/-innen (abw.)
keilförmig ‖ **Keilhose** ‖ **Keilpolster** ‖ **Keilriemen:** *Treibriemen [beim Kraftfahrzeug]* ‖ **Keilschrift:** *altorientalische Schriftform* ‖ **Keilsohle**
Keim der, -[e]s/-e: *Anfang, Ursprung [von Lebewesen]* | (Med.) *Krankheitserreger* ‖ **Keimdrüse** (Biol.): *Geschlechtsdrüse* ‖ **keimen:** die keimende *(aufgehende)* Saat ‖ **keimfähig** ‖ **Keimfähigkeit** ‖ **keimfrei:** *bakterienfrei* ‖ **Keimling** der, -s/-e ‖ **keimtötend** ‖ **Keimzelle** (Biol.)

kein,

keiner, keine, keines: keiner von beiden; in keinem Fall; auf keinen Fall
Deklination des folgenden Adjektivs/Partizips:
Starke Deklination, wenn „kein“ nicht gebeugt ist:
– kein einziger Fehler
– kein schönes Fest
– kein Beamter/Bekannter
Schwache Deklination, wenn „kein“ gebeugt ist:
– Sie brachte keine schönen (veraltet: schöne) Fotos mit.
– Es gab keine roten Rosen.
– Das Haus wurde von keinem Beamten/Bekannten überwacht.
Die Wendung „in keinster Weise“ wird oft umgangssprachlich gebraucht. Da „kein“ nicht gesteigert werden kann, heißt die korrekte Form „in keiner Weise“:
– das kann ich in keiner Weise unterstützen *(überhaupt nicht)*

keinerlei ‖ **keinesfalls** ‖ **keineswegs** ‖ **keinmal** (bei bes. Betonung auch: kein Mal): einmal ist k. *(etwas ist entschuldbar)*; → mal; → Mal ‖ **keinste** (ugs.) (fälschlich oft für): → *kein*
Keks das (D: der), -[e]s/-[e] ⟨engl.⟩: *kleines, süßes Gebäck, eine Bäckerei* ‖ **Keksdose**
Kelch der, -[e]s/-e: *nach oben weiter werdendes [Trink]gefäß mit Fuß* | (Bot.) *Organ der Blüte;* Blütenkelch | (ostöst., mda.) (Küchenspr.) *Kohl* ‖ **Kelchblatt:** *Blatt eines Blütenkelchs* ‖ **kelchförmig** ‖ **Kelchglas**
Kelim der, -[s]/-[s] ⟨türk.⟩: *orientalischer Webteppich*
Kelle die, -/-n: *ein Maurerwerkzeug* | (bes. T) *Schöpflöffel*
Keller der, -s/-: Wein aus dem K. holen ‖ **Kellerabteil** ‖ **Kellerassel:** *ein kleines Krebstier* ‖ **Kellerbuch:** *[gesetzlich vorgeschriebenes] Verzeichnis zur Kontrolle aller Ab- und Zugänge an Weinen* ‖ **Kellerei** die, -/-en: *Weingut* ‖ **Kellereigenossenschaft** (SüdT) ‖ **Kellereiinspektor** [-sp-, auch: -ʃp-] ‖ **Kellereiinspektorin** ‖ **Kellerfenster** ‖ **Kellergasse** (ostöst.): *typische Gasse in Weingegenden* ‖ **Kellergeschoß,** *auch:* Kellergeschoss ‖ **Kellerjause:** *Heurigenbesuch mit Imbiss* ‖ **Kellerkind:** *ärmliches, sozial benachteiligtes Kind* ‖ **Kellerloch:** *muffiger kleiner Raum* ‖ **Kellerlokal** ‖ **Kellermeister:** *eine Berufsbezeichnung* ‖ **Kellermeisterin** ‖ **Kellerpartie:** *gemütliches Beisammensein in einem Winzerkeller oÄ* ‖ **Kellerstiege** ‖ **Kellerstüberl** = **Kellerstübel** ‖ **Kellertheater** ‖ **Kellertreppe** ‖ **Kellertrift** (reg., bes. N): *Kellergasse* ‖ **Kellerwohnung** ‖ **Kellner** der, -s/- ‖ **kellnerieren** (ugs.): *kellnern* ‖ **Kellnerin** die, -/-innen ‖ **kellnern** (ugs.): *[nebenbei] als Kellner[in] arbeiten*

Kelte der, -n/-n: *Angehöriger eines Volkes mit einer keltischen Sprache*
Kelter die, -/-n (bes. D): *Fruchtpresse* ‖ **keltern:** Trauben k. *(pressen)*
Keltin die, -/-innen ‖ **keltisch:** keltische Sprachen *(zB Bretonisch, Walisisch, Gälisch/Irisch)*
Kelvin [-v-] das, -s (Phys.): *Maßeinheit für die Temperatur (nach einem englischen Physiker)*
Kemenate die, -/-n ⟨lat.⟩: *Wohnraum für Frauen in einer Burg*
Kendo das, -[s] ⟨jap.⟩: *eine japanische Kampfsportart*
Kenia: *afrikanischer Staat* ‖ **Kenianer** der, -s/- ‖ **Kenianerin** die, -/-innen ‖ **kenianisch**
Kenndaten: *charakteristische Daten*

kennen,

kannte/gekannt: ich kenne sie als große Sängerin; wir kennen keine Rücksicht | (ugs.) *erkennen*
Großschreibung bei Nominalisierung:
– er ist ums **Kennen** *(nur geringfügig)* kleiner **R→ S. 892, 2.1**
Getrennt- und Zusammenschreibung bei „kennen lernen“ = „kennenlernen“:
– ich möchte sie kennen lernen (= kennenlernen)
– um sie kennen zu lernen (= kennenzulernen)
– du sollst mich noch kennen lernen (= kennenlernen) *(dir werd ich's zeigen!)*; *aber groß:* ein Exemplar zum **Kennenlernen**
– ich habe sie beim Skifahren kennen gelernt (= kennengelernt) **R→ S. 901, 1.7.2**

kennen lernen = **kennenlernen** → kennen ‖ **Kenner** der -s/-: *Sachverständiger, Experte, jemand, der sich auf einem bestimmten Gebiet gut auskennt* | *Connaisseur* ‖ **Kennerblick** ‖ **Kennerin** die, -/-innen ‖ **Kennermiene** ‖ **Kennerschaft** die, - ‖ **Kennlinie** [-iɛ] (Phys.): *grafisch dargestellter Zusammenhang wichtiger Größen (zB Strom, Spannung) eines elektrischen Systems* ‖ **Kennmelodie** ‖ **Kennnummer:** *Nummer, mit der etwas gekennzeichnet ist* | (SüdT) (Kfz) *Autonummer* ‖ **Kenntafel** (SüdT) (Amtsspr., Kfz): *Nummerntafel* ‖ **kenntlich:** *erkenn-*

bar; k. machen ‖ **Kenntnis** die, -/-nisse: jemandem etwas zur K. bringen *(mitteilen);* ihre Worte zur K. nehmen ‖ **Kenntnisnahme** die, - ‖ **kenntnisreich** (geh.) ‖ **Kenntnisstand** ‖ **Kennung** die, -/-en: *Merkmal* | *Signal* | *Landmarke* ‖ **Kennwort** das, -[e]s/-wörter: Zuschriften erbeten unter dem K. „Aufsatzwettbewerb" ‖ **Kennzahl** ‖ **Kennzeichen:** ohne besondere K. | *Kurzwort für Kfz-Kennzeichen* ‖ **Kennzeichenschutz** (Jus): *der gesetzliche Schutz des Markenbzw. Firmenzeichens* ‖ **Kennzeichentafel** ‖ **kennzeichnen:** gekennzeichnete Lebensmittel ‖ **kennzeichnend:** *typisch, charakteristisch* ‖ **Kennzeichnung** die, -/-en ‖ **kennzeichnungspflichtig** ‖ **Kennziffer**

Kenotaph [-f] der, -en/-en ⟨gr.-lat.⟩: *scheinbar leeres Grabmal, Gedächtnismal*

Kentaur = Zentaur der, -en/-en ⟨gr.⟩: *Fabelwesen, halb Pferd, halb Mensch (in der griechischen Sage)*

kentern: ein kenterndes *(umkippendes)* Boot

Kentkragen: *ein klassischer Hemdkragen (nach der englischen Grafschaft Kent)*

Kentucky [-'tʌki]: *Bundesstaat der USA*

keppeln, ich kepple (ugs., abw.): *fortwährend schimpfen; keifen, nörgeln* ‖ **Keppelzahn** (ugs., scherzh.): *vorstehender Zahn* | (abw.) *keppelnde Person* ‖ **Keppler** der, -s/- (ugs., abw.) ‖ **Kepplerin** die, -/-innen (ugs., abw.)

Keramik die, - ⟨gr.-fr.⟩: *Töpferkunst* | (mit Pl. -en) *Figur, Gefäß uÄ aus Ton* ‖ **Keramiker** der, -s/- ‖ **Keramikerin** die, -/-innen ‖ **keramisch**

Keratin das, -s ⟨gr.-lat.⟩: *Hornsubstanz [in den Haaren]*

Kerbe die, -/-n: *Einschnitt, Vertiefung*

Kerbel der, -s: *eine Gewürzpflanze* ‖ **Kerbelrübe:** *eine Gemüsepflanze*

kerben: *einkerben* ‖ **Kerbholz** (nur in der Wendung): etwas auf dem K. *(etwas verschuldet)* haben ‖ **Kerbtier,** *auch:* **Kerf** der, -[e]s/-e: → *Insekt*

Kerker der, -s/- (früher): *[unterirdisches] Gefängnis* | er wurde zu zehn Jahren K. *(Zuchthausstrafe)* verurteilt ‖ **Kerkerhaft** ‖ **Kerkermeister** (früher): *Gefängnisaufseher* ‖ **Kerkerstrafe** (bes. früher)

Kerl der, -s/-e: ein tüchtiger K. *(Mann, Bursch)*

Kern der, -[e]s/-e: den K. der Kirsche ausspucken | der harte K. *(der wichtigste, entschlossenste Teil)* der Gruppe ‖ **Kernaussage** ‖ **Kernbeißer:** *ein Singvogel* ‖ **Kernbereich** (Bildw.): *allgemein verbindlicher Lehrstoff [im Lehrplan];* → G.: Erweiterungsbereich ‖ **Kernbrennstoff:** *in Kernkraftwerken eingesetzter Brennstoff, zB Uran* ‖ **Kernchemie** [-k-] (Phys.) ‖ **Kernenergie** die, -: *Atomkraft* ‖ **Kernexplosion** ‖ **Kernfäule:** *Fäule lebender Bäume* ‖ **Kernfett** das, -[e]s: *ein Rindsfett;* → Kernseife ‖ **Kernforschung:** *Atomforschung* ‖ **Kernfrage** ‖ **Kernfrucht** → Kernobst ‖ **Kernfusion** (Phys.): *Verschmelzung von Atomkernen* ‖ **Kerngebiet:** *Zentral-, Hauptbereich* ‖ **Kerngedanke:** *wesentlicher Gedanke* ‖ **Kerngeschäft** ‖ **Kerngehäuse** ‖ **Kerngeher** (meist Pl.): *Steinfrucht, deren Fleisch sich leicht vom Kern löst* ‖ **kerngesund** ‖ **Kernhaus** (SüdT, CH, D): *Kerngehäuse* ‖ **Kernholz:** *harter, innerer Teil des Stamms bestimmter Bäume* ‖ **kernig:** die Nudeln k. *(bissfest)* kochen | kernige *(kräftige, robuste)* Männer ‖ **Kernkompetenz** ‖ **Kernkraft:** *Atomkraft* ‖ **Kernkraftgegner** ‖ **Kernkraftgegnerin** ‖ **Kernkraftwerk:** *Atomkraftwerk* ‖ **kernlos:** kernlose Trauben ‖ **Kernobst:** *Äpfel, Birnen u. dgl.* ‖ **Kernöl:** *Kürbiskernöl* ‖ **Kernphysik** [-fy-]: *Atomphysik* ‖ **Kernpunkt:** *wichtigster Punkt* ‖ **Kernreaktion** [-tsi̯-] (Phys.) ‖ **Kernreaktor:** *Atomreaktor* ‖ **Kernschatten** (Astron.): *zentraler Schatten einer Lichtquelle* ‖ **Kernschmelze:** *schwerer Unfall in einem Kernreaktor mit Schmelzen der Brennstäbe* ‖ **Kernseife:** *grobe Seife aus Kernfett* ‖ **Kernspaltung** (Phys.): *Zerlegung oder Zerfall von Atomkernen* ‖ **Kernspintomografie** [-sp-] = **Kernspintomographie** [-f-] (Med.): *Magnetresonanz* ‖ **Kernstadt:** *zentraler Teil einer Stadt* ‖ **Kernstoff:** *allgemein verbindlicher Lehrstoff [bei Prüfungen];* → Kernbereich ‖ **Kernstück:** *wichtigster Bestandteil* ‖ **Kernthema** ‖ **Kernumwandlung** (Phys.) ‖ **Kernverschmelzung** (Phys.) ‖ **Kernwaffen** die (Pl.): *Atomwaffen* ‖ **kernwaffenfrei**

Kerosin das, -s ⟨gr.⟩: *ein Treibstoff [für Flugzeuge]*

Kerstin: *weibl. Vorname*

Kerze die, -/-n: die K. ausblasen ‖ **Kerzenbeleuchtung** ‖ **kerzengerade** ‖ **kerzengrad** (ugs.): *kerzengerade* ‖ **Kerzenleuchter** ‖ **Kerzenlicht** ‖ **Kerzenschein** ‖ **Kerzenständer** ‖ **Kerzenstummel**

Kerub = → Cherub

Kescher der, -s/-, *auch:* Käscher: *Gerät (Handnetz) zum Fischen bzw. zum Fangen von Insekten*

kess, kesser/am kessesten (urspr. D, sal.): ein kesses *(hübsches; freches)* Mädchen

Kessel der, -s/-: *ein Metallgefäß* | (Jägerspr.) *Ring von Jägern um das gejagte Wild;* → Kesseltreiben ‖ **Kesselfleisch:** *langsam gekochtes Bauchfleisch* ‖ **Kesselgulasch** ‖ **Kesselhaus:** *Heizraum* ‖ **Kesselschlacht** (Mil.): *Schlacht mit Einkesselung des Gegners* ‖ **Kesselschmied:** *eine Berufsbezeichnung* ‖ **Kesselschmiedin** ‖ **Kesselstein** der, -[e]s: *Kalkablagerung in Wassergefäßen* ‖ **Kesseltreiben:** *schonungsloser Angriff von allen Seiten* ‖ **Kesselwagen:** *Tankwagen zum Transport von Flüssigkeiten*

KESt die, -, *auch:* **KESt, Kest** (Bankw.): **K**apital**e**rtrag[s]**st**euer

Keste die, -/-n (mda.): *Kastanie, Edelkastanie*

Ketchup [-tʃʌp] das (*auch:* der), -s/-s = **Ketschup** ⟨mal.-engl.⟩: *kalte würzige Sauce aus Tomaten*

Kette die, -/-n: eine K. aus Edelsteinen | die K. des Fahrrades schmieren | (Wirt.) *Handelskette* ‖ **Kettelmasche,** *auch: Kettenmasche: Schlussmasche (beim Stricken)* ‖ **ketteln,** ich kettle: *[Teppiche, Strickwaren] mit einer Naht einfassen;* → abketteln ‖ **ketten:** ich kette das Rad an den Zaun ‖ **Kettenantrieb** ‖ **Kettenbrief:** *Brief, der vom Empfänger [in betrügerischer Absicht] mehrfach kopiert und weitergeschickt wird* ‖ **Kettenbrücke:** *an Ketten hängende Brücke* ‖ **Kettenfahrzeug:** *Raupenfahrzeug* ‖ **Kettengelenk** ‖ **Kettenglied** ‖ **Kettenhemd** (früher): *Teil der Rüstung* ‖ **Kettenhund:**

K

im Freien angeketteter Wachhund || **Ket|ten|ma|sche** → Kettelmasche || **Ket|ten|pan|zer** (früher) || **Ket|ten|rau|cher:** *jemand, der eine Zigarette nach der anderen raucht* || **Ket|ten|rau|che|rin** || **Ket|ten|re|ak|ti|on** [-tsi̯-]: *[nicht mehr beherrschbare] Aufeinanderfolge von Vorgängen, von denen jeder den nächsten zwingend auslöst* || **Ket|ten|sä|ge** || **Ket|ten|schutz:** *Schutz über der Fahrradkette* || **Ket|ten|stich:** *ein Zierstich* || **Ket|terl** das, -s/-[n]: *dünne [Schmuck]kette*

Ket|zer der, -s/- (oft abw.): *Anhänger einer Irrlehre* || **Ket|ze|rei** die, -/-en (oft abw.) || **Ket|ze|rin** die, -/-innen (oft abw.) || **ket|ze|risch** (oft abw.): ketzerische Bemerkungen || **ket|zern** (oft abw.): *sich ketzerisch verhalten* || **Ket|zer|tum** || **Ket|zer|ver|bren|nung** (früher) || **Ket|zer|ver|fol|gung** (früher)

K

keu|chen: *hörbar schwer atmen* || **Keuch|hus|ten:** *eine Infektionskrankheit*

Keu|le die, -/-n: *eine Schlagwaffe* | *Schlegel; Lammkeule* || **keu|len|för|mig** || **Keu|len|schlag:** der Schreck traf sie wie ein K.

Keu|per der, -s (Geol.): *ein Abschnitt der Erdgeschichte*

keusch: *rein, unberührt, schamhaft*

Keu|sche die, -/-n: *ärmliches [verfallenes] [Bauern]haus;* → Keuschler

Keusch|heit die, - || **Keusch|heits|ge|lüb|de** || **Keusch|heits|gür|tel** (früher): *Gürtel für Frauen, der den Geschlechtsverkehr verhindern sollte*

Keusch|ler der, -s/-, *auch:* Keuschner: *Kleinhäusler;* → Keusche || **Keusch|le|rin** die, -/-innen, *auch:* Keuschnerin || **Keusch|ner** → Keuschler || **Keusch|ne|rin** → Keuschlerin

Ke|vin [-v-]: *männl. Vorname*

Key|board ['ki:bɔ:d] das, -s/-s ⟨engl.⟩: *Tastatur* | (Mus.) *[elektronisches] Tasteninstrument* || **Key|word** [-wɜ:d] das, -s/-s (bes. EDV): *Schlüsselwort, Kennwort, Stichwort, Passwort*

Kfz [ka ɛf 'tsɛt] das, -/-: Kraftfahrzeug || **Kfz-Gut|ach|ten** || **Kfz-Kenn|zei|chen:** *Nummerntafel* || **Kfz-Me|cha|ni|ker** || **Kfz-Me|cha|ni|ke|rin** || **Kfz-Pa|pie|re** die (Pl.) || **Kfz-Pi|ckerl:** *eine Begutachtungsplakette* || **Kfz-Speng|ler** || **Kfz-Speng|le|rin** || **Kfz-Steu|er** || **Kfz-Werk|statt** = **Kfz-Werk|stät|te**

kg: Kilogramm; ein 25-kg-Sack

KG [ka 'ge:] die, -/-s: Kommanditgesellschaft

KGB [ka ge 'be:] der, -s (früher): *sowjetischer Geheimdienst*

kgl.: königlich

kha|ki = → kaki || **Kha|ki** = → Kaki || **kha|ki|fär|big** = → kakifärbig || **Kha|ki|uni|form** = → Kakiuniform

Khan = Chan [k-] der, -s/-e ⟨mongolisch⟩ (früher): *ein mongolischer Herrscher* || **Kha|nat** = Chanat das, -[e]s/-e (früher): *Herrschaft, Reich eines Khans*

Khar|tum: *Hauptstadt des Sudans*

kHz: Kilohertz

Kiachl [kiəxl] das, -s/-n (westöst.): *Kücherl*

Kib|buz [auch: -'u:-] der, -/-im [Kibbuze] ⟨hebr.⟩: *eine Gemeinschaftssiedlung in Israel* || **Kib|buz|nik** der, -s/-s: *Angehörige/r eines Kibbuz*

Ki|be|rei die, -, *auch:* Kieberei ⟨Rotwelsch-jidd.⟩ (W, ugs., abw.): *[Kriminal]polizei* || **Ki|be|rer** der, -s/-, *auch:* Kieberer (W, ugs., abw.): *Kriminalbeamter, Polizist* || **Ki|be|rin** die, -/-innen, *auch:* Kieberin (W, ugs., abw.)

Ki|cher|erb|se: *eine Gemüsepflanze*

ki|chern: *zurückhaltend lachen*

Kick der, -s/-s ⟨engl.⟩ (ugs.): Kaffee gibt mir für die Arbeit den richtigen K. *(Antrieb, Energieschub)* || **Kick|board** [-bɔ:d] (Wz.): *ein Tretroller mit drei Rädern* || **ki|cken** (ugs.): *Fußball spielen* || **Ki|cker** der, -s/-: *Fußballspieler* || **Ki|cke|rin** die, -/-innen || **Ki|ckerl** das, -s/-[n] (ugs.): *kurzes Fußballspiel zum Vergnügen* || **Kick|star|ter:** *Fußstarthebel beim Motorrad*

kid|nap|pen [-nɛ-], gekidnappt ⟨engl.⟩: *Personen, bes. Kinder, entführen* || **Kid|nap|per** der, -s/- || **Kid|nap|pe|rin** die, -/-innen || **Kid|nap|ping** das, -s/-s: *Entführung*

Kid das, -s/-s (meist Pl.) ⟨engl.⟩ (sal., Jug.): *[jüngerer] Jugendlicher, Kind*

Kie|be|rei → Kiberei || **Kie|be|rer** → Kiberer || **Kie|be|rin** → Kiberin

Kie|bitz der, -es/-e: *ein Vogel* | *interessierter Zuschauer [beim Kartenspiel]* || **kie|bit|zen,** du kiebitzt

kie|feln (ugs.): *[ab]nagen;* ich kiefle hartes Brot | (ugs.) an einem Problem k. *(sich damit herumschlagen)*

Kie|fer[1] die, -/-n: → *Föhre* | (ohne Pl.) *Holz der Kiefer*

Kie|fer[2]

der = das, -s/-: *Teil des Gebisses*

Nicht verwechseln!

- die Kiefer: Baum (Föhre) – hat weibliches Geschlecht
- der/das Kiefer: Teil des Gebisses – kann männlichen oder sächlichen Artikel haben

Kie|fer|bruch || **Kie|fer|chi|rur|gie** [-k-] || **Kie|fer|ge|lenk** || **Kie|fer|höh|le** || **Kie|fer|kno|chen**

kie|fern: *aus Kiefernholz* || **Kie|fern|harz** || **Kie|fern|holz** || **Kie|fern|spin|ner:** *ein Schmetterling* || **Kie|fern|wald** || **Kie|fern|zap|fen**

Kie|fer|ope|ra|ti|on [-tsi̯-] || **Kie|fer|or|tho|pä|die**

Kiel[1]: *deutsche Hafenstadt an der Ostsee, Hauptstadt von Schleswig-Holstein*

Kiel[2] der, -[e]s/-e: *Schaft der Vogelfeder*

Kiel[3] der, -[e]s/-e: *unterster Längsteil eines Schiffes;* auf K. legen *([mit der Arbeit] beginnen)* || **Kiel|li|nie** [-i̯ɛ] || **kiel|oben:** *mit dem Kiel nach oben* || **Kiel|was|ser** das, -s/-: die Fische folgten im K. des Dampfers | er machte seine Karriere im K. *(durch Gefolgschaft)* des Parteivorsitzenden

Kie|me die, -/-n: *Atmungsorgan von Fischen* || **Kie|men|at|mer** der, -s/- (Zool.) || **Kie|men|at|mung** || **Kie|men|spal|te**

Kien|föh|re: *Kiefer* || **Kien|span:** *Span/Fackel aus Föhrenholz*

Kies der, -es/-e: *Menge/Schicht von kleinen [Kiesel]steinen* || **Kie|sel** der, -s/-: *Kieselstein* || **Kie|sel|al|ge** (Bot.) || **Kie|sel|er|de** || **Kie|sel|säu|re** (Chem.) || **Kie|sel|stein:** *kleiner, durch Wassereinwirkung abgerundeter Stein*

kie|sen, du kiest/kor [kürte]/gekoren [gekürt] (geh., veraltet): *[er]wählen;* → küren

Kies|gru|be || **Kies|hau|fen** || **kie|sig** || **Kies|sand** || **Kies|weg**

Ki|ew ['ki:ɛf] (ukr.: Kyjiw ['kejiu̯]): *Hauptstadt der Ukraine*

kif|fen ⟨arab.-engl.⟩ (ugs.): *Marihuana rauchen* || **Kif|fer** der, -s/- (ugs.) || **Kif|fe|rin** die, -/-innen (ugs.)

kikeriki: *Ruf des Hahnes* ‖ **Kikeriki** der, -s/-s (Kinderspr.): *Hahn* ‖ **Kikeritzpatschen** [-'pɒ(ː)-] (ugs., scherzh. bzw. abw.): *Bezeichnung für einen unbedeutenden, entlegenen kleinen Ort;* irgendwo in K.

Kilbi die, - (V, CH): *Kirchweihfest, Kirchtag*

Kilian: *männl. Vorname*

Kilimandscharo der, -[s]: *Bergmassiv in Tansania (Afrika)*

killen ⟨engl.⟩: *kaltblütig umbringen* ‖ **Killer** der, -s/- (abw.): *[bezahlter] Mörder* ‖ **Killerhund** (abw.): *bes. gefährlicher Hund, Kampfhund* ‖ **Killerin** die, -/-innen (abw.) ‖ **Killerinstinkt** [-st-] (sal.) (bes. Sport): *Fähigkeit, eine chancenreiche Situation zum Sieg auszunützen* ‖ **Killervirus** [-v-]: *gefährlicher Krankheitserreger mit Seuchenpotential* ‖ **Killerwal**

Kilo das (*ugs. auch:* der), -s/-[s] ⟨gr.-fr.⟩: *Kurzwort für Kilogramm* | (mit Abkürzung k) (in Zusammensetzungen wie Kilometer/km, Kilowatt/kW) ‖ **Kilobit** (EDV): *1 024 Bit* ‖ **Kilobyte** [-baɪt] (kB) (EDV): *1 024 Bytes;* → Byte ‖ **Kilogramm** (kg): *1 000 g;* → Gramm ‖ **Kilohertz** (kHz): *1 000 Hz* ‖ **Kilojoule** [-dʒul] (Phys.) (KJ): *1 000 Joule* ‖ **Kilometer** [auch: 'kiː-] der = das, -s/- (km): *1 000 m;* → Meter ‖ **Kilometergeld:** *Entschädigungsbetrag [bei Dienstfahrten] für den im privaten Auto zurückgelegten Kilometer* ‖ **kilometerlang:** eine kilometerlange Mauer; *aber:* zwei Kilometer lang ‖ **Kilometerstand:** *Anzeige auf dem Kilometerzähler* ‖ **Kilometerstein** ‖ **Kilometersteuer** ‖ **kilometerweit** ‖ **Kilometerzähler:** *Gerät, das in Fahrzeugen die zurückgelegten Kilometer anzeigt* ‖ **Kilopond** (früher): *Einheit der Kraft* ‖ **Kilovolt** [-v-] (Phys.): *1 000 Volt* ‖ **Kilowatt** (kW): *1 000 W* ‖ **Kilowattstunde** (kWh)

Kilt der, -s/-s ⟨engl.⟩: *karierter schottischer Männerrock*

Kimme die, -/-n: *Teil der Zielvorrichtung bei Schusswaffen, Grinsel;* K. und Korn

Kimono der, -[s]/-s ⟨jap.⟩: *ein Kleidungsstück mit weiten Ärmeln*

Kinästhesie die, - ⟨gr.⟩ (Psych., Med.): *Sinn für Körperreaktionen und -bewegungen, Koordinationssinn* ‖ **kinästhetisch** (Psych., Med.)

Kind das, -[e]s/-er: an Kindes statt annehmen *(adoptieren);* sich bei jemandem lieb K. machen *(sich bei jemandem einschmeicheln);* Kind[er] und Kindeskinder *(die Nachkommenschaft);* das K. beim rechten Namen nennen *(offen reden);* mit K. und Kegel *(mit der ganzen Familie);* das K. mit dem Bad[e] ausschütten *(im Übereifer das Gute übersehen)* | (Jus) *Person bis zur Vollendung des 7. Lebensjahres;* → Jugendliche

Kindberg: *Stadt in der Steiermark*

Kindbett (veraltend): *Wochenbett* ‖ **Kindbettfieber** (veraltend) ‖ **Kinderabsetzbetrag** ‖ **Kinderanwalt** ‖ **Kinderanwaltschaft** (Jus): Jugend- und K. ‖ **Kinderanwalt** ‖ **Kinderanwältin** ‖ **Kinderarbeit** ‖ **kinderarm:** kinderarme Familien ‖ **Kinderarmut** ‖ **Kinderarzt:** *Pädiater* ‖ **Kinderärztin** ‖ **Kinderaugen** die (Pl.): mit großen K. *(staunend)* ‖ **Kinderbeihilfe** (früher): *Familienbeihilfe* ‖ **Kinderbekleidung** ‖ **Kinderbesteck** ‖ **Kinderbetreuung** ‖ **Kinderbetreuungsbeihilfe** (Amtsspr.): *soziale Unterstützung zur Kinderbetreuung* ‖ **Kinderbetreuungsgeld:** *eine Sozialbeihilfe* (früher: *Karenzgeld*) ‖ **Kinderbett** ‖ **Kinderbuch** ‖ **Kinderdorf:** *Einrichtung zur familienähnlichen Betreuung von Waisenkindern* ‖ **Kinderei** die, -/-en: *Dummheit, Unerfahrenheit* ‖ **Kinderermäßigung** ‖ **Kindererziehung** ‖ **Kinderfahrrad** ‖ **kinderfeindlich** ‖ **Kinderfest** ‖ **Kinderfreibetrag** ‖ **Kinderfreunde** die (Pl.): *eine sozialdemokratische Organisation* ‖ **kinderfreundlich** ‖ **Kindergarten** ‖ **Kindergartenonkel** ‖ **Kindergartenpädagogik** ‖ **Kindergartenschule** ‖ **Kindergartentante** ‖ **Kindergärtner** ‖ **Kindergärtnerin** ‖ **Kindergeld:** *Kurzwort für Kinderbetreuungsgeld* ‖ **kindergerecht** → kindgerecht ‖ **Kinderhand:** von K. geschrieben ‖ **Kinderheilkunde** ‖ **Kinderheim** ‖ **Kinderhort:** *eine Betreuungseinrichtung* ‖ **Kinderjause:** *Einladung unter Kindern* ‖ **Kinderkleidung** ‖ **Kinderklinik** ‖ **Kinderkram** (abw.): *Kinderei* ‖ **Kinderkrankheit** ‖ **Kinderkriegen** das, -s ‖ **Kinderkrippe:** *Betreuungseinrichtung für Kleinkinder* ‖ **Kinderlähmung** (Med.): → *Poliomyelitis* ‖ **kinderleicht:** *sehr leicht* ‖ **kinderlieb** ‖ **Kinderlied** ‖ **kinderlos** ‖ **Kindermädchen:** *weibl. Person, die in einem Privathaushalt Kinder betreut* ‖ **Kindermädel** (reg.): *Kindermädchen* ‖ **Kindermesse:** *bes. für Kinder gestaltete heilige Messe* ‖ **Kindermode** ‖ **Kindernotruf** ‖ **Kinderparlament** → Jugendparlament ‖ **Kinderpornografie** = **Kinderpornographie** [-f-] ‖ **Kinderportion** [-tsi̯-] ‖ **Kinderprogramm** ‖ **Kinderpsychologie** [-psy-] ‖ **Kinderpunsch** ‖ **kinderreich** kinderreiche Familien ‖ **Kinderschänder** ‖ **Kinderschänderin** ‖ **Kinderschar** ‖ **Kinderscheck:** *eine Fördermaßnahme* ‖ **Kinderschreck:** *Person/erfundene Gestalt, vor der sich Kinder fürchten* ‖ **Kinderschwester:** *Krankenschwester, die Kinder betreut* ‖ **Kindersendung** ‖ **kindersicher:** *für Kinder ungefährlich* ‖ **Kindersicherung:** *eine Schutzvorrichtung [im Auto]* ‖ **Kindersitz:** *spezieller Sitz [im Auto] für [Klein]kinder* ‖ **Kindersitzpflicht** ‖ **Kinderspiel:** das ist ein K. *(kinderleicht)* ‖ **Kinderspielplatz** ‖ **Kindersprache** ‖ **Kindersterblichkeit** ‖ **Kinderstimme** ‖ **Kinderstube:** eine gute K. *(Erziehung)* haben ‖ **Kindertagesheim** ‖ **Kinderteller:** *für Kinder gestalteter Teller* | (Gast.) *kleines, portioniertes Gericht für Kinder in Restaurants* ‖ **Kindertheater** ‖ **kindertümlich:** *kindgerecht; kindhaft* ‖ **Kinderuni** ‖ **Kinderuniversität** [-v-] ‖ **Kinderverzahrer,** *auch:* Kinderverzarrer (reg., bes. W, ugs.): *Person, die Kinder verschleppt [und sexuell missbraucht];* → verzarren ‖ **Kinderverzahrerin,** *auch:* Kinderverzarrerin (reg., bes. W, ugs.) ‖ **Kinderwagele** (V) ‖ **Kinderwagen** = **Kinderwagerl** ‖ **Kinderzahl** ‖ **Kinderzeit** ‖ **Kinderzeitung** ‖ **Kinderzimmer** ‖ **Kindesalter** ‖ **Kindesannahme** (Amtsspr.): *Adoption* ‖ **Kindesbein** (nur in der Wendung): von Kindesbeinen *(von Kindheit)* an ‖ **Kindesentführung** ‖ **Kindeskinder** die (Pl.) (geh.): *Enkelkinder; spätere Nachkommen* ‖ **Kin-**

des|miss|hand|lung ‖ **Kin|des|mord** ‖ **Kin|des|mut|ter** (Amtsspr.) ‖ **Kin|des|raub** (Amtsspr.): *Entführung eines Kindes* ‖ **Kin|des|tö|tung** ‖ **Kin|des|un|ter|schie|bung** (Amtsspr.): *wissentliche Fehlbenennung des Vaters* ‖ **Kin|des|va|ter** (Amtsspr.) ‖ **Kin|des|weg|le|gung** die, -/-en (Amtsspr.): *das Aussetzen eines Neugeborenen* ‖ **kind|ge|mäß** ‖ **kind|ge|recht,** *auch:* kindergerecht ‖ **kind|haft** ‖ **Kind|heit** die, - ‖ **Kind|heits|er|in|ne|rung** ‖ **kin|disch** (abw.): kindisches *(unreifes)* Benehmen ‖ **kind|lich:** kindliche *(reine, echte)* Freude ‖ **Kinds|kopf** (ugs., abw.): *kindischer Mensch* ‖ **Kinds|pech:** *Stuhlgang des Neugeborenen* ‖ **Kinds|tau|fe** ‖ **Kinds|tod** (Med.): plötzlicher K. *(unerwarteter Tod eines scheinbar gesunden Säuglings)*

Ki|ne|ma|thek die, -/-en ⟨gr.⟩: *Filmarchiv* ‖ **Ki|ne|ma|tik** die, - (Phys.): *Bewegungslehre ohne Berücksichtigung der zu Grunde liegenden Kräfte* ‖ **Ki|ne|ma|to|gra|fie** = **Ki|ne|ma|to|gra|phie** [-f-] die, -: *Filmtechnik, Filmwissenschaft, Filmkunst* ‖ **Ki|ne|tik** die, -: *Lehre von der Bewegung* ‖ **ki|ne|tisch:** kinetische Energie *(Bewegungsenergie)*

King|size [-saɪz] die = das, - ⟨engl.⟩: *Großformat [von Zigaretten]*

Ki|nigl|has der, -en/-en, *auch:* Küniglhas (ugs.): *Kaninchen*

Kin|ker|litz|chen die (Pl.) (ugs.): *Nichtigkeiten, Dummheiten*

Kinn das, -[e]s/-e ‖ **Kinn|ha|ken:** *ein Boxschlag* ‖ **Kinn|rie|men:** *Riemen um das Kinn an Helmen*

Ki|no das, -s/-s ⟨gr.-fr.⟩ ‖ **Ki|no|be|such** ‖ **Ki|no|film:** *für das Kino produzierter Film;* → Fernsehfilm ‖ **Ki|no|gän|ger** der, -s/-: *Kinogeher* ‖ **Ki|no|gän|ge|rin** die, -/-innen ‖ **Ki|no|ge|her** der, -s/- ‖ **Ki|no|ge|he|rin** die, -/-innen ‖ **Ki|no|kar|te** ‖ **Ki|no|kas|sa** = **Ki|no|kas|se** ‖ **Ki|no|or|gel:** *mit besonderen Klangeffekten versehene Pfeifenorgel der Stummfilmzeit* ‖ **Ki|no|pro|gramm** ‖ **Ki|no|ses|sel**

Ki|osk [auch: -'ɔ-] der, -[e]s/-e ⟨pers.-türk.-fr.⟩: *eine Verkaufshütte;* Zeitungskiosk

Kip|fel das, -s/-: *ein Gebäck* ‖ **Kip|fel|koch** das, -[e]s (reg., zB O): *Brei aus Weißbrot, Früchten uÄ* ‖ **Kip|ferl** das, -s/-[n]: *ein Gebäck* ‖ **Kipf|ler** die (Pl.): *eine Erdäpfelsorte*

Ki|pa = **Kip|pah** die, -/-s: *Kopfbedeckung der Juden [beim Gebet]*

Kip|pe[1] die, -/-n: *eine Turnübung* | auf der K. stehen *(gefährdet sein)*

Kip|pe[2] die, -/-n (D, ugs.): *Zigarettenrest*

kip|pen: das Boot kippt | (Ökol.) ein See kippt *(er verliert seine Selbstreinigungskraft)* ‖ **Kipp|ef|fekt:** *ein Sicherheitsmerkmal auf Banknoten* ‖ **Kip|per** der, -s/-: *Lastwagen, dessen Ladefläche gekippt werden kann* ‖ **Kipp|fens|ter** ‖ **Kipp|schal|ter** ‖ **Kipp|vor|rich|tung**

Kir der, -s/-s: *ein alkoholisches Mixgetränk;* → Kir royal

Kirch|dorf (Siedlungsname): K. an der Krems (Kfz: KI) *(Stadt in Oberösterreich)*

Kir|che die, -/-n: in die K. gehen; die K. im Dorf lassen *(nicht übertreiben)* ‖ **Kir|chen|aus|tritt** ‖ **Kir|chen|bank** die, -/-bänke: *Betbank* ‖ **Kir|chen|bann** (früher): *Ausschluss aus der kirchlichen Gemeinschaft;* → Exkommunikation ‖ **Kir|chen|bau** der, -[e]s/-ten ‖ **Kir|chen|bei|trag:** *Mitgliedsbeitrag für eine Glaubensgemeinschaft* ‖ **Kir|chen|bei|trags|stel|le** ‖ **Kir|chen|be|su|cher** ‖ **Kir|chen|be|su|che|rin** ‖ **Kir|chen|chor** [-k-] ‖ **kir|chen|feind|lich** ‖ **Kir|chen|fens|ter** ‖ **Kir|chen|füh|rer** ‖ **Kir|chen|fürst** (geh.): *hoher Geistlicher* ‖ **Kir|chen|gän|ger** → Kirchgänger ‖ **Kir|chen|gän|ge|rin** → Kirchgängerin ‖ **Kir|chen|ge|her** → Kirchgeher ‖ **Kir|chen|ge|he|rin** → Kirchgeherin ‖ **Kir|chen|ge|schich|te** ‖ **Kir|chen|glo|cke** ‖ **Kir|chen|jahr:** *die mit dem Advent beginnende Abfolge der Sonn- und kirchlichen Feiertage* ‖ **Kir|chen|kampf** (früher): *Auseinandersetzung zwischen Staat und Kirche* ‖ **Kir|chen|la|tein** ‖ **Kir|chen|leh|rer:** *heiliger gelehrter Theologe* ‖ **Kir|chen|lei|tung** ‖ **Kir|chen|licht** (scherzh., veraltend): sie ist kein K. *(nicht bes. gescheit)* ‖ **Kir|chen|lied** ‖ **Kir|chen|maus** (in der Wendung): arm wie eine K. ‖ **Kir|chen|mu|sik** ‖ **Kir|chen|ober|haupt** ‖ **Kir|chen|pa|tron:** *Schutzheiliger einer Kirche* ‖ **Kir|chen|pa|tro|nin** ‖ **Kir|chen|pro|vinz** [-v-]: *mehrere Nachbardiözesen, Amtsbereich eines Erzbischofs* ‖ **Kir|chen|recht:** *kanonisches Recht* ‖ **Kir|chen|schän|dung** ‖ **Kir|chen|schiff:** *lang gestreckter Innenraum von Kirchen* ‖ **Kir|chen|spal|tung:** *Schisma* ‖ **Kir|chen|staat:** *Vatikanstaat* ‖ **Kir|chen|steu|er** (früher): *Kirchenbeitrag* ‖ **Kir|chen|ton|art** (Mus.): *bis ins 17. Jh. gebrauchte mittelalterliche Tonleiter, zB Dorisch* ‖ **Kir|chen|uhr** ‖ **Kir|chen|va|ter:** *frühchristlicher Heiliger bzw. Theologe* ‖ **Kir|chen|ver|fol|gung:** *[politische] Verfolgung Geistlicher und Gläubiger* ‖ **Kir|chen|volk:** *die Laien einer Glaubensgemeinschaft* ‖ **Kir|chen|wirt:** *das Gasthaus nahe der Kirche [in kleineren Orten]* ‖ **Kir|chen|zei|tung** ‖ **Kirch|gang:** der sonntägliche K. *(Besuch der heiligen Messe)* ‖ **Kirch|gän|ger** der, -s/-, *auch:* Kirchengänger: *Gottesdienstbesucher* ‖ **Kirch|gän|ge|rin** die, -/-innen, *auch:* Kirchengängerin ‖ **Kirch|ge|her,** *auch:* Kirchengeher: *Kirchgänger* ‖ **Kirch|ge|he|rin,** *auch:* Kirchengeherin ‖ **Kirch|hof** (veraltend): *Friedhof* ‖ **kirch|lich** ‖ **Kirch|schlag:** K. in der Buckligen Welt *(Stadt in Niederösterreich)* ‖ **Kirch|tag** → Kirtag ‖ **Kirch|turm** ‖ **Kirch|turm|po|li|tik** (abw.): *engstirnige, kurzsichtige Politik* ‖ **Kirch|weih** die, -/-en = **Kirch|weih|fest:** *Erinnerungsfest an die Kircheneinweihung, auch Festtag des Kirchenpatrons;* → Patrozinium

Kir|mes die, -/-messen (reg. in D): *Kirchtag*

kir|re (nördl. D, ugs.): jemanden k. *(gefügig)* machen ‖ **kir|ren** (ugs.): *schrill lachen, kreischen; aber:* → girren

Kir ro|yal [- rua'jal] der, - -s ⟨fr.⟩: *Getränk aus Johannisbeerlikör und Sekt bzw. Champagner*

Kirsch der, -[e]s: *Kirschenschnaps* ‖ **Kirsch|baum** = Kirschenbaum: *ein Obstbaum* | (ohne Pl.) *Holz des Kirschbaums* ‖ **Kirsch|blü|te** ‖ **Kir|sche** die, -/-n: *ein Steinobst* ‖ **Kir|schen|baum** = → Kirschbaum ‖ **Kir|schen|knö|del** = Kirschknödel ‖ **Kir|schen|ku|chen** ‖ **Kir|schen|schnaps** ‖ **Kirsch|geist:** *Kirschenschnaps* ‖ **kirsch|groß** ‖ **Kirsch|holz** ‖ **Kirsch|kern** ‖ **Kirsch|knö|del** = → Kirschenknödel ‖ **Kirsch|pa|ra|dei|ser** ‖ **kirsch|rot** ‖ **Kirsch|to|ma|te:** *eine kleine Tomatenart* ‖ **Kirsch|was|ser** das, -s/-wässer: *Kirschenschnaps*

Kir|tag: *Kirchtag* | *großes öffentli-*

ches Fest, Jahrmarkt ‖ **Kirtagsstandl**

Kischinew [russ.: -'nʲɔf] (rum.: Chişinău [kiʃi'nəʊ]): *Hauptstadt Moldawiens*

Kismet das, -s ⟨arab.-türk.⟩: *gottgegebenes Schicksal im Islam*

Kiss-and-ride [-ənd'raɪd] das, - - - ⟨engl.⟩: *kurze Parkmöglichkeit für Autos vor einem Bahnhof zum Aussteigen von Fahrgästen* ‖ **Kiss-and-ride-Anlage**

Kissen das, -s/-: *weiche [mit Federn gefüllte] [Kopf]unterlage, Polster*

Kistchen das, -s/- ‖ **Kiste** die, -/-n: eine K. Bier | (sal., abw.) *fahrbarer Untersatz, Auto* ‖ **kistenweise:** Bier k. kaufen ‖ **Kisterl** das, -s/-[n] ‖ **Kistl** das, -s/-[n] (ugs.): *[kleine] Kiste, Kistchen;* Blumenkistl

Kitchenette [-tʃə'nɛt] die, -/-s ⟨engl.⟩: *Kochnische (in einem Wohnraum)*

kitesurfen ['kaɪtsɜːf-] ⟨engl.⟩ (Sport) ‖ **Kitesurfen** (Sport): *Surfen mit einem lenkbaren Drachen*

Kitsch der, -[e]s: *geschmackloses, künstlerisch minderwertiges Erzeugnis* ‖ **kitschig**

Kitt der, -[e]s/-e: *Dichtungsmaterial [für Fenster]*

Kittchen das, -s/- (ugs., bes. D): *Gefängnis*

Kittel der, -s/-: *Arbeitsüberkleid* | *[trachtiger] Frauenrock* ‖ **Kittelfalte** (ugs.): jemandem nicht von der K. gehen *(nicht von der Seite weichen)* ‖ **Kittelschürze**

kitten: Fenster k.; → Kitt

Kitz das, -es/-e: *junges Reh; junge Gämse; junge Ziege*

Kitzbühel (Kfz: KB): *Stadt in Tirol*

Kitzel der, -s/-: im Ohr einen K. *(einen Juckreiz)* spüren | *Erregung, Spannung erzeugendes Gefühl;* den K. von Höchstgeschwindigkeit fühlen ‖ **kitzelig** → kitzlig ‖ **kitzeln,** ich kitzle ‖ **Kitzler** der, -s/-: → *Klitoris* ‖ **kitzlig,** *auch:* kitzelig: sie ist k. *(empfindlich gegen Kitzel)* | eine kitzlige *(heikle)* Sache

Kiwi[1] die, -/-s ⟨Maori⟩: *eine exotische Frucht* ‖ **Kiwi**[2] der, -s/-s: *ein neuseeländischer flugunfähiger Vogel*

KJ: Kilojoule

k. k. ['kaː 'kaː]: **k**aiserlich-**k**öniglich (ab 1867 in Österreich-Ungarn nur für die österreichische Reichshälfte); → k.; → k. u. k.; → k. u.

Kl.: Klappe *(bei Telefonnummern)* | Klasse

Klabautermann (Seemannsspr.): *Schiffskobold*

Klachel der, -s/-n (mda.): *Glockenschwengel* | *großer, derber Mann* | (St, K) (Küchenspr.) *Stück einer Schweinsstelze* ‖ **klacheln,** ich klachle (mda., reg., zB St): *scheppern* | *baumeln* | (SüdT) *Schleim aufhusten und absondern (bei Lungenerkrankungen)* ‖ **Klachelsuppe:** *eine steirische und kärntnerische Spezialität aus Schweinshaxen*

Klacks der, -es/-e (nördl. D, ugs.): *Klecks* | (bes. D, ugs.) das ist ein K. *(eine Kleinigkeit, nicht der Rede wert)*

klaffen: eine klaffende *(weit offene)* Wunde

kläffen: *laut und schrill bellen* ‖ **Kläffer** der, -s/-: *Hund, der häufig bellt*

Klafter der = das, -s/- (früher): *ein altes Längen- und Raummaß* ‖ **Klafterholz:** *gestapeltes Holz* ‖ **klaftertief**

klagbar ‖ **Klagbarkeit** die, -/-en

Klage

die, -/-n: *Beschwerde;* es gab keine Klagen | (geh.) *Jammer, Wehklage* | (Jus) eine K. einbringen *(klagen)*

Zusammensetzungen mit Klage werden in Österreich, besonders in der Amtssprache, im Allgemeinen auch mit → Fugen-s gebildet (zB Klagsgegenstand, Klagsrisiko), in Deutschland meist nur mit Fugen-e (Klagegegenstand, Klagerisiko).

Klagebeantwortung, *auch:* Klagsbeantwortung (Jus): *Stellungnahme zur Klage* ‖ **Klagebegehren** (Jus) ‖ **Klagebegründung,** *auch:* Klagsbegründung (Jus) ‖ **Klagedrohung** (bes. D) (Jus): *Klagsdrohung* ‖ **Klageflut** (bes. D) (Jus): *Klagsflut* ‖ **Klagefrist** (Jus): *Verjährungsfrist* ‖ **Klageführung** (bes. D) (Jus): *Klagsführung* ‖ **Klagegegenstand** (bes. D) (Jus): *Klagsgegenstand* ‖ **Klagegeschrei** ‖ **Klagegrund** (Jus)= Klagsgrund (Jus) ‖ **Klagekosten** (bes. D) (Jus): *Klagskosten* ‖ **Klagelaut** ‖ **Klagelegitimation** [-tsi̯-] (D) (Jus): *Klagslegitimation* ‖ **Klagelied** ‖ **Klagemauer:** *jüdischer Gebetsort in Jerusalem* | (ugs.) *jemand, bei dem man sich ausweint, ausspricht* ‖ **klagen:** über Schmerzen k. | (Jus) den Schuldner k. *(gegen ihn gerichtlich vorgehen, Ansprüche geltend machen)*

Klagenfurt (Kfz: K): *Landeshauptstadt von Kärnten* | (Kfz: KL) Klagenfurt-Land (= Klagenfurt Land) *(Klagenfurt-Umgebung)* ‖ **Klagenfurter**[1] [reg. auch: -'u-] (Adj.): die K. Universität ‖ **Klagenfurter**[2] der, -s/- ‖ **Klagenfurterin** die, -/-innen

Kläger der, -s/- (Jus) ‖ **Klägerin** die, -/-innen (Jus) ‖ **Klägerseite** = Klagsseite (Jus) ‖ **Klageweib:** *Frau, die die Totenklage verrichtet (in manchen Kulturen)* ‖ **kläglich:** k. *(jämmerlich)* scheitern ‖ **klaglos:** *einwandfrei, ohne Störung;* k. funktionieren | (Jus) jemanden k. stellen; → schad- und klaglos ‖ **Klagsbeantwortung** → Klagebeantwortung ‖ **Klagsbegründung** (Jus): *Klagebegründung* ‖ **Klagsdrohung** (Jus): *Androhung einer Klage* ‖ **Klagseinbringung** die, -/-en (Amtsspr., Jus) ‖ **Klagsflut** (Jus) ‖ **Klagsführung** (Jus) ‖ **Klagsgegenstand** (Jus) ‖ **Klagsgrund** = → Klagegrund ‖ **Klagskosten,** *auch:* Klagekosten (Jus) ‖ **Klagslegitimation** [-tsi̯-] (Jus): *Berechtigung, im Prozess Kläger oder Beklagter zu sein* ‖ **Klagsseite** = → Klägerseite

Klamauk der, -s: *Geschrei, Lärm* | *komisches Getue* | *lärmende Veranstaltung*

klamm: vor Kälte klamme *(steife)* Finger haben ‖ **Klamm** die, -/-en: *Schlucht* ‖ **Klammer** die, -/-n: runde Klammer[n] (); eckige Klammer[n] [ ] ‖ **Klammeräffchen** = **Klammeraffe** (Zeichen: @): → *At-Zeichen* | *jemand, der sich stark an einen anderen anhängt* ‖ **Klammerausdruck** ‖ **Klammergriff** ‖ **Klammerl** das, -s/-[n] ‖ **Klammerlmaschine** (ugs.): *Klammermaschine* ‖ **Klammermaschine:** *Hefter* ‖ **klammern:** sich an etwas k. *(sich daran krampfhaft festhalten);* → ausklammern ‖ **klammheimlich:** *ganz heimlich*

Klamotte die, -/-n (meist Pl.) ⟨Rotwelsch⟩ (ugs.): *Kleidungsstück* ‖ **Klamottenkiste**

Klampfe die, -/-n: *Eisenklammer*

K

[für Baugerüste] | (ugs., veraltend) *Gitarre*

Klamsch (reg., ugs., derb) (nur in der Wendung): einen K. haben *(leicht verrückt sein)*

Klan = Clan [k-] der, -s/-s [-e] ⟨kelt.-engl.⟩: *Sippe, Stammesverband* | *Anhängerschaft, Clique*

klang → klingen || **Klang** der, -[e]s/Klänge: ein voller K.; Glockenklang || **Klangbild** || **Klangeffekt** || **Klangfarbe** || **Klangfülle** || **Klangkörper** (Mus.): *Orchester* || **klanglich** || **klanglos** || **Klangregler:** *Tonblende [an der Stereoanlage]* || **Klangreinheit** || **klangschön** || **klangvoll** || **Klangwolke:** *große [multimediale] musikalische Lautsprecherübertragung im Freien;* Linzer K. *(ein Musikfestival)*

Klapotetz [auch: -'o(:)-] der, -/-e ⟨slowen.⟩ (St): *Klapperwindrad als Vogelscheuche in Weingärten*

K

Klappbett || **Klappe** die, -/-n: eine K. öffnen | (mit der Abk. Kl.) *Telefonnebenstelle [bei einem Amt, einer Firma]* | (Mus.) *Verschlussmechanik der Tonlöcher bei Blasinstrumenten* || **klappen:** die Abdeckung nach oben k. | (sal.) alles klappt *(stimmt, geht in Ordnung)* || **Klappentext:** *Werbetext [mit Inhaltsangabe] auf dem Buchumschlag* || **Klapper** die, -/-n: *Rassel* || **klapperdürr:** *bes. dünn* || **klapperig** → klapprig || **Klapperl** das, -s/-[n]: *[kleine] Klappe* | (meist Pl.) (ugs.) *Sandale* || **klappern,** ich klappere || **Klapperschlange:** *eine Giftschlange* || **Klapperstorch** (Kinderspr.) || **Klappfenster** || **Klappleiter** || **Klappmesser:** *zuklappbares Messer* | *eine Turnübung* || **Klapprad** || **Klapprechner** (bes. D, meist scherzh.): *Laptop* || **klapprig,** *auch:* klapperig: sich k. *(gesundheitlich angegriffen)* fühlen || **Klappsessel** || **Klappsitz** || **Klappstuhl** || **Klapptisch**

Klaps der, -es/-e: *leichter Schlag [mit der Hand]* || **Klapsmühle** (D, ugs.): *Irrenhaus*

klar:

klares *(reines)* Wasser; klare Sicht

Großschreibung bei Nominalisierung:

- [sich] über etwas im **K**laren sein
- einen **K**laren trinken (Schnaps)
- ins **K**lare kommen

R→ S. 892, 2.2

Getrenntschreibung bei wörtlicher Bedeutung:

- klar sehen *(deutlich sehen)*
- nicht klar denken können

Zusammenschreibung bei übertragener Bedeutung:

- mit etwas nicht klarkommen (ugs.: *nicht zurechtkommen*)
- jemandem etwas klarmachen *(verdeutlichen)*
- nicht mehr klarsehen *(keinen Durchblick haben)*
- etwas klarlegen/klarstellen *(erklären, verdeutlichen)*

R→ S. 900, 1.5.1

Getrennt- und Zusammenschreibung in Zweifelsfällen und mit adjektivisch gebrauchten Partizipien:

- sich über etwas klar werden (= klarwerden) *(es verstehen; zu einem Entschluss kommen)*
- ein klar denkender (= klardenkender) Mensch

R→ S. 903, 2.2.1

Klar das, -s/-: *Eiklar*

Klara, *auch:* Clara [k-]: *weibl. Vorname*

Kläranlage: *Anlage zur Reinigung von Abwässern* || **Klärbecken** || **Klarblick** || **klar denkend** = **klardenkend** → klar || **Klare** der, -n/-n (D): *farbloser Schnaps* || **klären:** Wein k. *(ihn klar machen, reinigen)* | einen Streitfall k. || **klarerweise** || **Klarheit** die, -/-en: etwas in aller K. sagen

Klarinette die, -/-n ⟨lat.-it.-fr.⟩: *ein Holzblasinstrument* || **Klarinettist** der, -en/-en || **Klarinettistin** die, -/-innen

Klarissa, *auch:* Clarissa [k-]: *weibl. Vorname* || **Klarissenorden:** *ein Nonnenorden, Franziskanerinnen*

klarkommen (ugs.): ich komme damit nicht klar *(zurecht)* || **klarlegen:** *verdeutlichen;* → klar || **klarmachen:** *verdeutlichen* || **Klärschlamm** (Ökol.): *Endprodukt von Kläranlagen* || **klarsehen:** *den Durchblick haben; aber:* ich konnte wieder klar *(deutlich)* sehen || **Klarsichthülle** || **Klarsichtfolie** [-i̯ɛ] || **klarsichtig** || **Klarsichtpackung** || **Klarspüler** der, -s/-: *ein Geschirrspülmittel* || **Klarspülmittel:** *Klarspüler* || **klarstellen:** *erklären, verdeutlichen* || **Klarstellung** || **Klartext:** *dechiffrierter Text* | (ohne Pl.) das heißt im K. *(mit anderen, deutlicheren Worten)* ... || **Klärung** die, -/-en || **klar werden** = **klarwerden** sich: ich bin mir endlich darüber k. geworden; → klar

klass (ugs.): ein klasser *(tüchtiger, kameradschaftlicher)* Bursch || **klasse** (bes. D, ugs.): etwas k. finden; das ist k.! *(super;* Frage *Wie?*); *aber:* das ist große Klasse || **Klasse** die, -/-n (Kl.): in die 3. K. gehen | (Soz.) *Gesellschaftsschicht mit gleichen sozialen und ökonomischen Merkmalen;* Arbeiterklasse | (Biol.) *Rangstufe im System der Organismen;* die K. der Wirbeltiere | *Qualitätsstufe;* Äpfel der [Güte]klasse II || **Klassement** [-s'mɑ̃:] das, -s/-s: *Reihenfolge, Einreihung* || **Klassenbetreuer:** *Klassenvorstand* || **Klassenbetreuerin** || **klassenbewusst** || **Klassenbewusstsein:** *klassenbewusste Gesinnung (bes. im marxistischen Sinn)* || **Klassenbeste**[1] der, -n/-n, ein Klassenbester || **Klassenbeste**[2] die, -n/-n || **Klassenbuch:** den Unterrichtsstoff ins K. eintragen || **Klassenbucheintragung** || **Klassenerhalt** (Sport): *Verbleiben in der derzeitigen Spielklasse* || **Klassenfeind** (im Marxismus): *Feind der Arbeiterklasse* || **Klassenforum** (Bildw.): *Eltern und Klassenlehrer/in einer Klasse im Pflichtschulbereich;* → Schulforum || **Klassengesellschaft** (Soz.) || **Klassengröße** || **Klassenhass** || **Klassenjustiz** (im Marxismus): *Rechtsprechung zu Gunsten der herrschenden Klasse* || **Klassenkamerad** || **Klassenkameradin** || **Klassenkampf** (im Marxismus): *Kampf der gesellschaftlichen Klassen um die Macht* || **Klassenkasperl:** *Scherzbold in einer Schulklasse* || **Klassenkatalog** || **Klassenkollege:** *[ehemaliger] Mitschüler* || **Klassenkollegin** || **Klassenkonferenz:** *Dienstbesprechung der Lehrer/innen einer Klasse* | *Gesamtheit ihrer Teilnehmer* || **Klassenlehrer** || **Klassenlehrerin** || **klassenlos:** die klassenlose *(unterschiedslose)* Gesellschaft als Ziel des Marxismus || **Klassenlos:** *Los in der Klassenlotterie* || **Klassenlotterie** || **Klassenordner:** *Schüler, der [eine Woche lang] besondere Pflichten übernimmt* || **Klassenordnerin** || **Klassensatz:** ein Unterrichtsmittel im K.

(in Klassenstärke) bestellen || **Klassenschülerhöchstzahl** || **Klassensprecher** || **Klassensprecherin** || **Klassenstärke:** *Klassengröße* || **Klassentreffen:** *Treffen ehemaliger Klassenkameradinnen und -kameraden* || **klassenübergreifend** || **Klassenunterschied** || **Klassenvorstand:** *Mitglied des Lehrkörpers einer Klasse, dem koordinierende, pädagogische und Verwaltungsaufgaben zukommen* || **Klassenvorständin** || **klassenweise** || **Klassenziel** (bes. D): das K. *(Jahresziel)* im Lehrplan erreichen || **Klassenzimmer** || **Klassenzug** (früher): erster und zweiter K. der Hauptschule; → Leistungsgruppe || **Klassifikation** [-tsi̯-] die, -/-en || **klassifizierbar** || **klassifizieren:** *nach Arten einteilen, ordnen; beurteilen* | *Noten geben* || **Klassifizierung** die, -/-en || **-klassig** (nur in Zusammensetzungen wie erstklassig)

Klassik die, - ⟨lat.-fr.⟩: *Blütezeit der antiken griechischen und römischen Kultur* | *Zeitabschnitt grundlegender künstlerischer, auch wissenschaftlicher Leistungen;* Wiener Klassik || **Klassiker** der, -s/-: der Roman ist ein K. *(ist zeitlos gültig)* || **klassisch:** klassische Philologie *(→ Altphilologie)* || **Klassizismus** der, -: *am klassischen Altertum orientierter Kunststil (18. und 19. Jh.)* || **klassizistisch**

-klassler (nur in Zusammensetzungen wie Erstklassler)

Klatsch der, -[e]s (abw.): *Tratsch* || **klatschen,** du klatsch[s]t: in die Hände k.; Beifall k. | *tratschen* || **klatschhaft** (abw.) || **Klatschkolumnist** (oft abw.) || **Klatschkolumnistin** (oft abw.) || **Klatschmohn:** *ein Beikraut, Mohnblume* || **klatschnass** || **Klatschspalte:** *Gesellschaftsteil in Zeitungen, Zeitschriften* || **Klatschsucht** die, - (abw.) || **klatschsüchtig** (abw.): *tratschsüchtig*

Klatter die, -/-n (V, mda.): *Kuhflade*

Klau der, -[e]s (bes. D, ugs.): *Diebstahl;* Datenklau

Klaubauf der, -s/-e (T, K): *maskierte Teufelsgestalt (ähnlich dem Krampus), die am 5. Dezember den Nikolo begleitet* | (V) *eine Faschingsfigur* || **Klaubauflaufen:** *ein Osttiroler Volksbrauch*

klauben: Holz k. *([auf]sammeln)* | (bes. ostöst.) Beeren k. *(pflücken)* || **Klauber** der, -s/- (SüdT): *Erntehelfer* || **Klauberin** die, -/-innen (SüdT) || **Klaubholz** || **Klaubobst:** *Fallobst*

Klaue die, -/-n: *Hornzehe von Huftieren* | *Kralle der Greifvögel*

klauen (ugs.): *stehlen*

Klaus, *auch:* Claus [k-]: *männl. Vorname (Nikolaus)*

Klause die, -/-n ⟨lat.⟩: *Klosterzelle; Einsiedelei* | *Talenge, -sperre* || **Klausel** die, -/-n: *Vermerk; Zusatz; Vorbehalt* | *Losungswort für ein Sparbuch*

Klausen (it.: Chiusa ['kju:-]): *Stadt in Südtirol*

Klausner der, -s/- ⟨lat.⟩: *Einsiedler* || **Klausnerin** die, -/-innen

Klaustrophobie [-f-] die, - ⟨gr.⟩ (Psych.): *Angst vor/in geschlossenen Räumen*

Klausur die, -/-en ⟨lat.⟩: die K. *(ein abgeschlossener Teil)* eines Klosters | eine Tagung in K. *(Zurückgezogenheit)* | *Kurzwort für Klausurarbeit* || **Klausurarbeit:** *eine Prüfungsarbeit unter Aufsicht* || **Klausurtagung**

Klaviatur [-v-] die, -/-en ⟨lat.⟩: *die Tasten [eines Klaviers]* || **Klavichord** [-k-] = Clavichord [k-] das, -[e]s/-e: *ein Tasteninstrument, Vorläufer des Klaviers* || **Klavier** das, -s/-e: *ein Tasteninstrument;* K. spielen || **Klavierabend:** *ein Klavierkonzert* || **Klavierauszug:** *Einrichtung [eines Orchestersatzes] nur für Klavier* || **Klavierbauer** der, -s/-: *Klaviermacher* || **Klavierbauerin** die, -/-innen || **Klavierbegleitung** || **Klavierkonzert:** *Veranstaltung mit Klaviermusik, Klavierabend* || **Klavierlehrer** || **Klavierlehrerin** || **Klaviermacher** || **Klaviermacherin** || **Klaviermusik** || **Klavierspiel** || **Klavierstimmer** || **Klavierstimmerin** || **Klavierstockerl** || **Klavierstunde** || **Klaviertrio** (Mus.): *Trio meist mit Violine, Cello, Klavier* || **Klavierunterricht**

Klebeband das, -[e]s/-bänder || **Klebebindung** (Druckw.) || **Klebefalz:** *Klebestreifen [zum Einpicken von Briefmarken]* || **Klebemittel** || **kleben:** *picken* || **kleben bleiben** = **klebenbleiben** (ugs.): in einem Lokal kleben bleiben (= klebenbleiben) *(sich nicht entschließen können zu gehen); aber:* etwas ist im Hals kleben geblieben || **Kleber** der, -s/-: *Klebstoff* | *Eiweißbestandteil im Mehl* || **Klebestelle,** *auch:* Klebstelle || **Klebestreifen,** *auch:* Klebstreifen || **Klebeverband** || **Klebreis:** *eine Reissorte* || **klebrig** || **Klebstelle** → Klebestelle || **Klebstoff** || **Klebstreifen** → Klebestreifen

kleckern (bes. D, ugs.): *patzen* || **Klecks** der, -es/-e: *[Tinten]fleck* || **klecksen,** du kleckst

Klee der, -s: *eine Pflanzengattung;* Glücksklee; vierblättriger K; jemanden über den grünen K. *(übertrieben)* loben || **Kleeblatt** || **Kleeernte** || **Kleefeld** || **Kleereiter:** *Gerät zum Kleetrocknen*

Kleiber der, -s/-: *ein Singvogel*

Kleid das, -[e]s/-er || **Kleidchen** das, -s/- || **kleiden:** das kleidet dich *(steht dir)* gut; sich einfach k. || **Kleiderablage:** *Garderobe* || **Kleiderbügel:** den Mantel auf den K. hängen || **Kleiderbürste** || **Kleiderhaken:** *Wandhaken zum Aufhängen von Kleidung* | (veraltend) *Kleiderbügel* || **Kleiderkasten** || **Kleiderlaus:** *eine am Menschen parasitierende Laus* || **Kleidermacher** (veraltet): *Schneider* || **Kleidermacherin** (veraltet) || **Kleidermotte:** *ein Schmetterling, dessen Raupe Textilien frisst* || **Kleiderordnung** (früher): *Garderobenvorschrift* || **Kleiderpuppe** || **Kleiderständer** || **kleidsam:** eine kleidsame *(hübsche, schicke)* Tracht || **Kleidung** die, -/-en || **Kleidungsstück**

Kleie die, -/-n: *Abfall beim Mahlen des Getreides*

klein:

die Schuhe sind zu klein; der kleine Mann *(jemand aus dem Volke);* von klein auf *(von Kindheit an);* ein klein wenig | (Mus.) das kleine C (c) singen

Großschreibung bei Nominalisierung und in Eigennamen:

- die **K**leinen und die Großen
- im **K**leinen großzügig sein *(in kleinen Dingen)*
- Groß und **K**lein *(alle, jedermann)*
- bis ins **K**leinste durchdenken *(vollkommen)*
- der **K**leine Bär *(ein Sternbild)*
- im **K**leinen einkaufen *(stückweise)*

R→ S. 892, 2.2

K

Getrenntschreibung:
- klein beigeben *(sich fügen)*
- [sehr] klein schreiben *(in winzigen Schriftzügen); aber zusammen:* Verben musst du kleinschreiben

Zusammenschreibung bei übertragener Bedeutung:
- sich nicht kleinkriegen *(unterkriegen)* lassen
- sich kleinmachen *(tiefstapeln)*
- ein Problem kleinreden *(herunterspielen)*
- Adjektive werden kleingeschrieben
- Ordnung wird bei ihnen kleingeschrieben *(für unwichtig gehalten)* R→ S. 900, 1.5.1

Getrennt- und Zusammenschreibung:
Mit Verben, die ein Resultat herbeiführen:
- sich klein machen (= kleinmachen) *(sich ducken)*
- Obst klein schneiden (= kleinschneiden) R→ S. 900, 1.5.2

Mit adjektivisch gebrauchten Partizipien:
- das klein Gedruckte (= Kleingedruckte) lesen *(die genauen Bedingungen)*
- klein geschnittene (= kleingeschnittene) Röcke
- ein klein karierter (= kleinkarierter) Stoff; *aber zusammen:* kleinkarierte Ansichten *(engstirnige)* R→ S. 903, 2.2.1

Klein das, -s (bes. D) (Küchenspr.): *[Hühner]klein* ‖ **Klein|ak|ti|o|när** [-tsi̯-] ‖ **Klein|ak|tio|närin** ‖ **Klein|an|le|ger** ‖ **Klein|an|le|ge|rin** **Klein|an|zei|ge:** *kurzes Inserat in der Zeitung* ‖ **Klein|asi|en** [-i̯ɛn]: *Großteil des Gebiets der heutigen Türkei in Asien* ‖ **Klein|ar|beit:** eine mühsame K. *(Detailarbeit)* ‖ **Klein|au|to** ‖ **Klein|bau|er** ‖ **Klein|bäu|e|rin,** *auch:* **Klein|bäu|rin** ‖ **Klein|be|trieb** (Wirt.) ‖ **Klein|buch|sta|be** ‖ **Klein|bür|ger:** *Angehöriger der unteren Schicht des Bürgertums* | (abw.) *Spießer* ‖ **Klein|bür|ge|rin** ‖ **klein|bür|ger|lich** ‖ **Klein|bür|ger|tum** ‖ **Klein|bü|ro** ‖ **Klein|bus** ‖ **Klein|com|pu|ter** [-k-ˌpjuː-] ‖ **Klein|dar|stel|ler:** *Schauspieler kleiner Rollen* ‖ **Klein|dar|stel|le|rin** ‖ **Klein|fa|mi|lie** [-i̯ɛ] ‖ **Klein|for|mat** ‖ **Klein|gar|ten:** *Schrebergarten* ‖ **klein Ge|druck|te** = **Klein|ge|druck|te** das, -n → klein ‖ **Klein|geld** das, -[e]s ‖ **Klein|ge|päck:** das K. mit ins Flugzeug nehmen ‖ **klein ge|schnit|ten** = **klein|ge|schnit|ten** ‖ **klein|gläu|big** (geh., abw.): *leicht verzagt, zweiflerisch* ‖ **Klein|han|del** ‖ **Klein|häus|ler:** *Kleinbauer* ‖ **Klein|häus|le|rin** ‖ **Klein|heit** die, - ‖ **klein|her|zig** (abw.): *engherzig* ‖ **Klein|hirn** ‖ **Klein|holz** das, -es: etwas zu K. machen *(zertrümmern)* ‖ **Klei|nig|keit** die, -/-en ‖ **Klein|ka|li|ber|ge|wehr:** *ein Sportgewehr* ‖ **klein|ka|li|b|rig** ‖ **klein|ka|riert:** *engstirnig; aber:* ein klein karierter (= kleinkarierter) Stoff ‖ **Klein|kind** ‖ **Klein|kirch|heim** → Bad Kleinkirchheim ‖ **Klein|kram** ‖ **Klein|krieg:** *Guerilla* | *ständige Streitereien* ‖ **klein|krie|gen:** sich nicht k. *(unterkriegen)* lassen ‖ **Klein|kri|mi|na|li|tät** ‖ **Klein|kunst:** *kleine literarische/musikalische Form, meist unterhaltenden/satirischen Inhalts, zB Sketch, Chanson, Cabaret* ‖ **Klein|kunst|büh|ne** ‖ **Klein|las|ter** ‖ **klein|laut:** k. werden *(nicht mehr großtun; verstummen)* ‖ **klein|lich** (abw.): *engstirnig, übergenau* ‖ **Klein|lich|keit** die, -/-en (abw.) ‖ **klein|ma|chen** sich: *tiefstapeln; aber:* sich klein machen (= kleinmachen) *(sich ducken)* ‖ **Klein|mut** der, -[e]s (geh.) ‖ **klein|mü|tig** (geh.): *mutlos, verzagt* ‖ **Klein|mü|tig|keit** die, - (geh.) ‖ **Klein|od** das, -[e]s/-e [-ien] [-ˈoːdi̯ɛn] (geh.): *wertvoller Schmuck; Kostbarkeit* ‖ **Klein|par|tei** ‖ **klein|re|den:** *herunterspielen* ‖ **klein schnei|den** = **klein|schnei|den** ‖ **klein|schrei|ben:** *mit kleinem Anfangsbuchstaben schreiben* | *gering schätzen; für unwichtig halten; aber:* klein *(in kleinem Schriftzug)* schreiben ‖ **Klein|schrei|bung** ‖ **Klein|staat** ‖ **Klein|stadt** ‖ **klein|städ|tisch** ‖ **Kleinst|com|pu|ter** [-k-ˌpjuː-] ‖ **Kleinst|kind:** *Baby* ‖ **Kleinst|le|be|we|sen** ‖ **kleinst|mög|lich** ‖ **Klein|tier:** *kleines Haustier, zB Hund, Katze, Käfigvogel, Ratte* ‖ **Klein|tier|züch|ter** ‖ **Klein|tier|züch|te|rin** ‖ **Klein|trans|por|ter** ‖ **Klein|vieh:** *Geflügel, Kaninchen* ‖ **Klein|wa|gen** ‖ **klein|weis,** *auch:* **klein|wei|se:** etwas k. *(in kleinen Teilen)* bearbeiten ‖ **klein|win|zig** ‖ **Klein|woh|nung** ‖ **Klein|wuchs** [-ks] ‖ **klein|wüch|sig:** kleinwüchsige Pflanzen ‖ **klein|wun|zig** = **klein|wu|zig** (mda.): *kleinwinzig*

Kleis|ter der, -s/-: *ein Klebstoff* ‖ **kleis|tern**

Kle|ma|tis [auch: ˈkleː-]= Clematis [k-] die, -/- ⟨gr.-lat.⟩: *eine Pflanzengattung, Waldrebe*

Kle|mens → Clemens

Kle|men|ti|ne die, -/-n: *eine Zitrusfrucht (nach dem französischen Züchter)*

Klem|me die, -/-n: *eine Art Klammer* | in der K. sein *(in Not, bedrängt sein)* ‖ **klem|men:** diese Tür klemmt *(sie geht schwer auf)* ‖ **Klemm|map|pe** ‖ **Klemm|schrau|be**

Klemp|ner der, -s/- (nördl. D): *Spengler, Installateur* ‖ **Klemp|ne|rin** die, -/-innen (nördl. D) ‖ **klemp|nern** (nördl. D)

Klep|per der, -s/- (veraltet): *altes, mageres Pferd*

Klep|to|ma|ne der, -n/-n ⟨gr.⟩ ‖ **Klep|to|ma|nie** die, -: *krankhafter Trieb zum Stehlen* ‖ **Klep|to|ma|nin** die, -/-innen

kle|ri|kal ⟨lat.⟩ ‖ **Kle|ri|ka|le**[1] der, -n/-n, ein Klerikaler: *Anhänger des Klerus* ‖ **Kle|ri|ka|le**[2] die, -n/-n ‖ **Kle|ri|ka|lis|mus** der, -; → G.: *Laizismus* ‖ **kle|ri|ka|lis|tisch** ‖ **Kle|ri|ker** der, -s/-: *Angehöriger des Klerus* ‖ **Kle|rus** der, - ⟨gr.-lat.⟩: *katholische Geistlichkeit* | (oft abw.) *Angehörige der Amtskirche*

kle|schen, es klescht (ugs.): *krachen* | du klesch[s]t ihm eine *(gibst ihm eine Ohrfeige)* ‖ **Kle|scher** der, -s/- (ugs.): *Kracher* | *Ohrfeige*

Klet|te die, -/-n: *eine Pflanze;* sich wie eine K. an jemanden hängen

Klet|te|rei die, -/-en ‖ **Klet|te|rer** der, -s/- ‖ **Klet|ter|gar|ten:** *Übungsbereich für Bergsteiger* ‖ **Klet|ter|ge|rüst** ‖ **Klet|te|rin** die, -/-innen ‖ **Klet|ter|kurs** ‖ **klet|tern:** über den Zaun k.; mit dem Seil k. ‖ **Klet|ter|par|tie** ‖ **Klet|ter|pflan|ze** ‖ **Klet|ter|schuh** ‖ **Klet|ter|seil** ‖ **Klet|ter|wand**

Klett|ver|schluss: *Haftverschluss [bei Schuhen]*

Klet|ze die, -/-n: *getrocknete Birne*

klet|zeln, ich kletzle (ugs.): *mit dem Finger herunterkratzen*

Klet|zen|brot: *ein Früchtebrot* ‖ **Klet|zen|fül|le** ‖ **Klet|zen|nu|deln** die (Pl.): *eine Speise* ‖ **Klet|zen|pfef|fer:** *Kletzenmus*

Klez|mer [ˈklesm-] die, - = der, -[s] ⟨hebr.-jidd.⟩: *jüdische volkstümliche Musik (aus Osteuropa stam-*

mend)
klick: es machte k. ‖ **Klick** der, -s/-s: *ein Geräusch [einer Kamera]* | *Mausklick* ‖ **klicken**
klieben, klob/gekloben: Holz k. *(spalten);* geklobene Schindeln ‖ **Kliebhacke:** *ein Beil*
Klient der, -en/-en ⟨lat.⟩: *Kunde [eines Rechtsanwalts];* → Client ‖ **Klientel** die, -/-en: *Kundenkreis [eines Rechtsanwalts]* ‖ **Klientenstock** ‖ **Klientin** die, -/-innen
Kliff das, -s/-s: *[felsiger] Steilabfall der Küste*
Klima das, -s/-s [Klimate] ⟨gr.⟩: ein mildes K. ‖ **Klimaänderung** ‖ **Klimaanlage** ‖ **Klimabündnis** (Pol., Ökol.): *Klimaschutzabkommen zwischen Orten Europas und Amazoniens* ‖ **Klimabündnisgemeinde** ‖ **Klimafalle** (Ökol.): *durch Klimawandel verursachte Zwangslage* ‖ **klimafreundlich** ‖ **Klimagipfel** ‖ **Klimakiller** (Ökol., sal.) ‖ **Klimakonferenz** ‖ **Klimakterium** das, -s (Med.): *Lebensphase [der Frau], die durch eine Störung des hormonellen Gleichgewichts geprägt ist; Wechseljahre* ‖ **Klimaschutz** ‖ **Klimaschützer** der, -s/- ‖ **Klimaschützerin** die, -/-innen ‖ **Klimaschutzkonferenz** ‖ **Klimaschutzprotokoll** ‖ **Klimaschwankung** ‖ **Klimasünder** ‖ **Klimasünderin** ‖ **Klimatechnik** ‖ **klimatisch** ‖ **klimatisieren:** das Zimmer ist klimatisiert *(es hat eine Klimaanlage)* ‖ **Klimatisierung** die, -/-en ‖ **Klimatologie** die, - ‖ **klimatologisch** ‖ **Klimawandel** ‖ **Klimawechsel** [-ks-] ‖ **Klimaziel** (Ökol.) ‖ **Klimazone**
Klimax die, - ⟨gr.⟩: *Steigerung, Höhepunkt*
Klimbim das = der, -s (ugs.): *überflüssige Sachen*
Klimmzug: *eine Turnübung*
Klimperei die, -/-en ‖ **Klimperkasten** (abw.): *Klavier* ‖ **klimpern:** die Münzen k. *(scheppern)* in der Tasche | (meist abw.) auf dem Klavier k.
Klinge die, -/-n: die K. des Messers schleifen | (geh.) *Säbel, Degen;* mit jemandem die Klinge[n] kreuzen *(sich mit jemandem messen)*
Klingel die, -/-n: an der K. *(Glocke)* läuten ‖ **Klingelanlage** ‖ **Klingelbeutel:** *Gerät zum Einsammeln von Spenden in der Kirche* ‖ **Klingelknopf** ‖ **klingeln,** ich klingle: es klingelt an der Tür ‖ **Klingelton** ‖ **Klingelzeichen** ‖ **klingen,** klang/geklungen: die Glocken k. | er klang verstimmt; das klingt gut *(hört sich vielversprechend an);* das klingt nach dir
Klinik die, -/-en ⟨gr.-lat.⟩: *ein Spital;* → Klinikum | *eine Spitalsabteilung* ‖ **Klinikum** das, -s/Kliniken: *Klinik* | (ohne Pl.) *medizinische Ausbildung im Spital* ‖ **klinisch**
Klinke die, -/-n: *Türgriff, Türschnalle*
klinken: den Schalter k. *(betätigen)* ‖ **Klinker** der, -s/-: *hart gebrannter Ziegelstein* ‖ **Klinkerboden**
Klipp = → Clip
Klippe die, -/-n: *schroffer Felsen [im Wasser]* | eine K. *(Schwierigkeit)* überwinden ‖ **Klippenrand**
Klipper der, -s/- (früher): *ein großes Segelschiff*
klipp und klar: *ganz klar, eindeutig*
Klips = → Clip ‖ **klipsen** = → clipsen ‖ **Klipser** = Clipser ‖ **Klipserl** das, -s/-[n]
klirren: die Gläser k. | klirrend *(eisig)* kalt ‖ **Klirrfaktor** (Phys.): *ein Maß für die Verzerrung eines Tones*
Klischee das, -s/-s ⟨fr.⟩ (oft abw.): *Abklatsch, billige, gedankenlose Nachahmung* | (Kunstg.) *Druckstock für Abbildungen* ‖ **klischeehaft** (abw.) ‖ **Klischeevorstellung:** *Vorurteil* ‖ **klischieren** (Kunstg.): *ein Klischee herstellen*
Klistier das, -s/-e ⟨gr.-lat.⟩ (Med.): *Einlauf in den Darm* ‖ **klistieren** (Med.): *ein Klistier verabreichen*
klitoral ⟨gr.⟩ ‖ **Klitoris** die, -/-[Klitorides] [-'to:-]: *Teil der Vulva, Kitzler*
Klitsch → Glitsch
klitschnass
klitzeklein (ugs.): *sehr klein, winzig*
Klo das, -s/-s: *Kurzwort für Klosett*
Kloake die, -/-n ⟨lat.⟩: *Senkgrube, Abwasserkanal* | (Zool.) *gemeinsame Körperöffnung für Darm, Harn- und Geschlechtsorgane bei bestimmten Tieren*
Klobasse [auch: -'a-] die, -/-n, *auch:* **Klobasi,** -/- ⟨slaw.⟩: *Burenwurst*
Kloben der, -s/-: *grob gespaltener Holzklotz*
klobig: eine klobige *(derbe, plumpe)* Gestalt
Klobrille: *Sitzbrett des Klosetts* ‖ **Klobürste**
Klöckeln → Glöckeln ‖ **Klöckler** → Glöckler ‖ **Klöcklerlauf** → Glöcklerlauf
Klodeckel ‖ **Klofrau:** *Wärterin einer öffentlichen Klosettanlage* ‖ **Klomann** ‖ **Klomuschel**
Klon der, -s/-e ⟨fr.-engl.⟩ (Biol.): *Summe genetisch identer Nachkommen* ‖ **klonen** (Biol.): *künstlich (zB gentechnisch) identische Nachkommen von Lebewesen erzeugen* ‖ **Klonung** die, -/-en (Biol.)
Klopapier: *Klosettpapier*
Klopeiner See der, - -s (K)
klopfen: an der/die Tür k. ‖ **Klopfer** der, -s/-: *Teppichklopfer; Türklopfer* | (ugs., abw.) einen K. haben *(verrückt sein)* ‖ **klopffest** (Kfz): klopffestes Benzin ‖ **Klopfzeichen**
Klöppel der, -s/-: *Glockenschwengel* ‖ **Klöppelarbeit** ‖ **klöppeln,** ich klöpple: *in einer bestimmten Handarbeitstechnik Spitzen fertigen* ‖ **Klöppelspitze** ‖ **Klöppler** der, -s/- ‖ **Klöpplerin** die, -/-innen
Klosett das, -[e]s/-e [-s] ⟨lat.-fr.-engl.⟩: *Toilette; Klomuschel* ‖ **Klosettbecken** ‖ **Klosettbrille:** *Sitzbrett des Klosetts* ‖ **Klosettbürste** ‖ **Klosettfrau** ‖ **Klosettmann** ‖ **Klosettmuschel** ‖ **Klosettpapier:** *Toilettepapier* ‖ **Klosettsitz** ‖ **Klosettspülung**
Kloß der, -es/Klöße (nördl. D): *Knödel* | (nördl. D, veraltend) *Klumpen* ‖ **Klößchen** das, -s/- (nördl. D)
Kloster das, -s/Klöster ⟨lat.⟩: ins K. gehen *(Mönch/Nonne werden)* ‖ **Klosterarbeit:** *[klösterliche] Filigranarbeit* ‖ **Klosterbruder:** *Laienbruder* ‖ **Klosterfrau:** *Nonne* ‖ **Klosterkipferl:** *eine Mehlspeise* ‖ **klösterlich** ‖ **Klosterneuburg:** *Stadt (und Stift) in Niederösterreich* ‖ **Klosterneuburger Mostwaage** (KMW): *Gerät zur Bestimmung des Mostgewichts bzw. Maßeinheit dafür (in Graden);* → Öchsle ‖ **Klosterpforte** ‖ **Klosterschule** ‖ **Klosterschwester** ‖ **Klostersuppe:** *eine Armenausspeisung*
Klotür, *auch:* **Klotüre**
Klotz der, -es/Klötze: *kurzes, dickes Stück Holz;* ein schwerer K. ‖ **klotzen** (ugs.): klotzen, nicht

K

kleckern *(ganze Arbeit leisten, etwas mit Aufwand betreiben)* ‖ **klotzig:** *plump*

Klub = Club [k-] der, -s/-s ⟨engl.⟩: *Gesellschaft, Verein* | (Pol.) *Zusammenschluss von Abgeordneten (zum Nationalrat bzw. Landtag) einer Partei;* → Clubbing ‖ **Klubchef** [-ʃeːf] = Clubchef [k-] ‖ **Klubchefin** = Clubchefin ‖ **klubeigen** = clubeigen ‖ **Klubförderung** = Clubförderung ‖ **Klubgarnitur** = Clubgarnitur: *Gruppe gepolsterter Sitzmöbel* ‖ **Klubklausur** = Clubklausur ‖ **Klubobfrau** = Clubobfrau (Pol.): *Vorsitzende eines Parlamentsklubs* ‖ **Klubobmann** = Clubobmann (Pol.) ‖ **Klubraum** = Clubraum ‖ **Klubsessel** = Clubsessel ‖ **Klubsprecher** = Clubsprecher (Pol.) ‖ **Klubsprecherin** = Clubsprecherin (Pol.) ‖ **Klubrlaub** = Cluburlaub: *Urlaub in einer großen Hotelanlage mit reichem Freizeitangebot* ‖ **Klubzwang** = Clubzwang (Pol.): *faktische Verpflichtung der Abgeordneten, nach der Parteirichtlinie zu stimmen;* den K. aufheben

Kluft[1] die, -/Klüfte: *tiefe Spalte* | die K. *(die Ungleichheit)* zwischen Arm und Reich; eine K. überwinden

Kluft[2] die, -/Kluften (ugs.): *[alte] [Arbeits]kleidung*

klug, klüger/am klügsten: ein kluger Kopf; *aber:* das **Klügste** ist, dass ...; *aber:* → klugreden ‖ **klugerweise** ‖ **Klugheit** die, -/-en ‖ **klüglich** (veraltet): *vernünftigerweise* ‖ **klugreden** (nur Inf. und Part.) (abw.): *besserwisserisch sein; aber:* klug *(gescheit)* reden ‖ **Klugredner** (abw.): *Besserwisser* ‖ **Klugrednerin** (abw.) ‖ **klugscheißen** (nur Inf. und Part.) (ugs., abw.): *anmaßend gescheit reden, alles besser wissen* ‖ **Klugscheißer** der, -s/- (ugs., abw.): *Obergescheiter, Neunmalkluger* ‖ **Klugscheißerin** die, -/-innen (ugs., abw.)

Klump = **Klumpert** → Glump ‖ **klumpen:** der Brei klumpt ‖ **Klumpen** der, -s/-: ein K. *(ein unförmiges Stück)* Gold ‖ **Klumpert** = → Glumpert ‖ **Klumpfuß:** *verkrüppelter Fuß* ‖ **klumpfüßig** ‖ **klumpig**

Klüngel der, -s/- (abw.): *Gruppe, die sich selbstsüchtig gegen andere abschließt*

Klunker der, -s/- = die, -/-n (meist Pl.) (reg., bes. D, oft abw.): *auffallendes Schmuckstück*

Klupe die, -/-n (reg.): *Wäscheklammer* | (fachspr.) *eine Art Schublehre für Baumstämme* ‖ **Kluperl** das, -s/-[n]

km: **K**ilo**m**eter ‖ **km**^{2}**:** Quadratkilometer ‖ **km**^{3}**:** Kubikkilometer

K + M + B → C + M + B

km/h [ka ɛm ˈhaː]: Kilometer je/pro Stunde *(Stundenkilometer)*

KMS [ka ɛm ˈɛs]: **K**ooperative **M**ittel**s**chule

KMU (Wirt.): **k**lein- und **m**ittelständische **U**nternehmen

KMW [ka ɛm ˈveː]: **K**losterneuburger **M**ost**w**aage; 19° KMW; → Öchsle

kn: **Kn**oten (Maßeinheit der Seefahrt)

Knabbergebäck: *Chips, Soletti u. dgl.* ‖ **Knabberei** die, -/-en (meist Pl.) ‖ **knabbern:** *an etwas Knusprigem beißen*

Knabe der, -n/-n ‖ **Knabenchor** [-k-] ‖ **knabenhaft** ‖ **Knabenkraut:** *Orchis* ‖ **Knabenstimme** ‖ **Knäblein** das, -s/-

Knack → Knacks ‖ **Knäckebrot:** *eine knusprige Brotsorte* ‖ **knacken:** Nüsse k. | ein Problem k. *(lösen)* | Autos k. *(gewaltsam aufbrechen)* ‖ **Knacker**[1] die, -/-: *Knackwurst* ‖ **Knacker**[2] der, -s/- (ugs., abw.): *alter Mann* ‖ **knackfrisch** (sal.): *knusprig frisch* ‖ **knackig:** *knusprig* ‖ **Knackpunkt:** *entscheidender Punkt, Wendepunkt* ‖ **Knacks** der, -es/-e, *auch:* Knack, -[e]s/-e (ugs.): es machte einen K. *(ein kurzes, krachendes Geräusch)* ‖ **knacksen,** du knackst ‖ **Knackwurst:** *eine Wurstsorte*

Knall der, -[e]s/-e: ein lauter K.; sich K. und Fall *(jäh)* verlieben ‖ **Knalleffekt:** *überraschender Höhepunkt* ‖ **knallen** ‖ **Knaller** der, -s/-: *Knall* | *Knallkörper* ‖ **Knallerbse:** *ein Knallkörper* ‖ **Knallfrosch:** *ein Knallkörper* ‖ **Knallgas** (Chem.): *ein Gasgemisch* ‖ **knallhart:** *beinhart* ‖ **knallheiß:** *sehr heiß* ‖ **knallig:** *grellfarbig* ‖ **Knallkörper:** *ein Scherzartikel* ‖ **knallrot:** *grellrot*

knapp: der Rock ist mir zu k. *(eng)* | mit knapper Not *(gerade noch)* davonkommen

Knappe der, -n/-n: *Bergknappe* | (früher) *Schildknappe*

knapphalten: jemanden mit Taschengeld k. *(ihm wenig geben)* ‖ **Knappheit** die, -: räumliche und zeitliche K.

Knappschaft die, -/-en: *Gesamtheit der Bergleute eines Bergwerks*

Knarre die, -/-n (bes. D, ugs.): *Gewehr, Pistole, Revolver* ‖ **knarren:** das Bett knarrt ‖ **knarrig** (ugs.): *knarrend* | ein knarriger *(knorriger, kantiger)* Typ ‖ **knarzig** (ugs.): *knarrend, knarrig;* mit knarziger Stimme

Knast der, -[e]s/- [Knäste] (bes. D, sal.): *Gefängnis;* im K. sein

Knatsch der, -[es] (ugs.): *Schwierigkeiten, Streit*

knattern: das Moped knattert

Knäuel der = das, -s/-: ein K. Wolle | *eine Pflanzengattung* ‖ **knäuelig**

Knauf der, -[e]s/Knäufe: *ein kugel- bzw. knopfförmiger Griff*

Knauser der, -s/- (ugs., abw.): *Geizhals* ‖ **Knauserei** die, -/-en (ugs., abw.) ‖ **Knauserer** der, -s/- (ugs., abw.): *Geiziger* ‖ **Knauserin** die, -/-innen (ugs., abw.) ‖ **knauserig,** *auch:* knausrig (ugs., abw.): *geizig* ‖ **knausern** (ugs., abw.)

Knaus-Ogino-Methode (Med.): *eine Methode der Empfängnisregelung*

knausrig → knauserig ‖ **Knausrigkeit** die, -

knautschen, du knautsch[s]t: *knittern, drücken* ‖ **Knautschlack:** *ein Plastikmaterial, Kunstleder* ‖ **Knautschzone** (Kfz): *leicht verformbare Karosserieteile, die bei Unfällen die Wucht des Aufpralles mindern*

Knebel der, -s/-: *in den Mund gestopftes Stoffstück, das Schreien verhindert* | *Querholz zum Spannen, Befestigen* ‖ **knebeln,** ich kneble ‖ **Knebelung** die, -/-en, *auch:* Kneblung ‖ **Knebelungsvertrag** (Jus): *sittenwidriger Vertrag unter Ausnützung einer faktischen Machtposition* ‖ **Kneblung** → Knebelung ‖ **Knebelvertrag** (bes. D): *Knebelungsvertrag*

Knecht der, -[e]s/-e ‖ **knechten** (geh.): *unterdrücken* ‖ **knechtisch** (geh.) ‖ **Knechtschaft** die, - ‖ **Knechtung** die, -/-en (geh.)

kneifen, kniff/gekniffen (nördl. D): *zwicken* | (bes. D) *sich vor etwas/jemandem drücken*

Kneipe die, -/-n (D): *ein kleines Wirtshaus; Beisel* ‖ **Kneipier** [-ˈpieː] der, -s/-s (D, scherzh.): *Besitzer einer Kneipe*

kneippen: *eine Kneippkur ma-*

chen ‖ **Kneipper** der, -s/- ‖ **Kneipperin** die, -/-innen ‖ **Kneippkur:** *eine Wasserkur (nach Pfarrer Kneipp)*

Knesset die, - ⟨hebr.⟩: *das Parlament in Israel*

knetbar ‖ **Knete** die, - (bes. D, ugs.): *Knet-, Modelliermasse [für Kinder]* | *Geld* ‖ **kneten:** einen Teig k. ‖ **Knetmaschine** ‖ **Knetmasse**

Knick der, -[e]s/-e ‖ **knicken:** einen Ast k. *(abbiegen, dass er dabei bricht)*

Knicker der, -s/- (nördl. D, ugs.): *Geizhals*

Knickerbocker [auch: 'ni-] die, -/- ⟨engl.⟩ (veraltet): *eine halblange (unter dem Knie abschließende) Hose*

knickerig, *auch:* knickrig (nördl. D): *geizig* ‖ **knickern** (nördl. D): *geizen*

Knicks der, -es/-e: einen K. machen ‖ **knicksen,** du knickst

Knie das, -s/- [Pl.: 'kniː(ɛ)]: in die K. gehen; etwas übers K. brechen *(mit Gewalt durchsetzen)* ‖ **Kniebeuge** die, -/-n ‖ **Kniebundhose:** *unter dem Knie geschlossene Hose;* → Bundhose ‖ **Kniefall:** einen K. machen *(sich demütigen)* ‖ **kniefällig:** k. *(unterwürfig)* bitten ‖ **kniefrei** ‖ **Kniegelenk** ‖ **kniehoch** ‖ **Kniehose** ‖ **Kniekehle:** *Beuge an der Rückseite des Knies* ‖ **knielang** ‖ **knien** [kniː(ɛ)n], ich knie [-'iː(ɛ)], ich *bin* gekniet [-'iːt] ‖ **kniend** [-'iːɛ-] ‖ **Kniescheibe** ‖ **Knieschnackler** (reg., ugs.): *Kniezittern beim Abwärtsgehen* ‖ **Knieschoner** ‖ **Knieschützer** der, -s/- ‖ **Kniestrumpf** ‖ **Kniestutzen:** *Kniestrumpf* ‖ **knietief:** knietiefer Schnee ‖ **knieweich:** k. *(mit zittrigen Knien)* gehen

kniff → kneifen ‖ **Kniff** der, -[e]s/-e: *Trick* ‖ **knifflig:** eine knifflige *(verzwickte)* Angelegenheit

Knigge der, -s: *[Handbuch für] richtiges und gutes Benehmen (nach dem deutschen Autor)*

Knilch → Knülch

knipsen, du knipst: *fotografieren* ‖ **Knipser** der, -s/-: *Nagelknipser*

Knirps der, -es/-e: *kleiner Kerl* | (Wz.) *ein zusammenschiebbarer Regenschirm*

knirschen, du knirsch[s]t: mit den Zähnen k. *(durch Reiben ein Geräusch erzeugen)*

knistern: das Holz im Ofen k. hören | zwischen den beiden knistert es *(herrscht eine erotische Spannung)*

Knittel der, -s/-: *Knüttel, Knüppel*

Knittelfeld (Kfz, auslaufend: KF): *Stadt in der Steiermark*

Knittelvers [-v-, -f-]: *ein viertaktiger Reimvers*

knitterarm ‖ **Knitterfalte** ‖ **knitterfest** ‖ **knitterfrei:** knitterfreie Seide *(Seide, die sich nicht verdrückt)* ‖ **knittern:** *Falten machen*

knobeln, ich knoble: *auslosen, würfeln;* → knofeln

Knoblauch: *eine Pflanze [zum Würzen]* ‖ **Knoblauchbutter** ‖ **Knoblauchkapsel** ‖ **Knoblauchkröte:** *ein Froschlurch* ‖ **Knoblauchpresse** ‖ **Knoblauchsuppe** ‖ **Knoblauchwurst** [-st, auch: -ʃt] ‖ **Knoblauchzehe**

Knöchel der, -s/-: *Knochen im Fuß bzw. in der Hand* | (früher) *Spielwürfel* ‖ **Knöchelbruch:** *Bruch des Sprunggelenkes* ‖ **knöchellang** ‖ **Knochen** der, -s/-: *Bein;* bis auf die K. *(vollständig)* nass werden ‖ **Knochenarbeit:** *harte alltägliche Arbeit* ‖ **Knochenbau** der, -[e]s ‖ **knochenbrecherisch:** knochenbrecherische *(bes. gefährliche)* Bergtouren ‖ **Knochenbruch** ‖ **Knochendichtemessung** (Med.): *Bestimmung des Kalksalzgehalts eines Knochens* ‖ **Knochengerippe:** *Skelett* ‖ **Knochengerüst** ‖ **knochenhart** ‖ **Knochenkrebs** (Med.) ‖ **Knochenmann:** *der Tod in der Gestalt eines Skeletts* ‖ **Knochenmark** ‖ **Knochenmaxi** der, -[s]/-[s] (ugs.): *Skelett, Knochenmann* ‖ **Knochenmühle** (bes. früher): *Mühle, in der Knochen [zu Dünger] gemahlen werden* | (sal.) *mühselige, schwierige Arbeit;* durch eine K. gehen ‖ **Knochenmarkspender** (Med.) ‖ **Knochenmarkspenderin** (Med.) ‖ **Knochenmehl:** *ein Futter* | *ein Düngemittel* ‖ **Knochensplitter** ‖ **knochentrocken** (ugs.): *ganz trocken* ‖ **knöchern:** *aus Knochen* ‖ **knochig:** ein knochiger Körper

Knock-down ['nɒkdaʊn] = **Knockdown** der, -s/-s (Sport): *Niederschlag im Boxen* ‖ **knock-out** [-aʊt] = **knockout** (k. o.) (Sport): *kampfunfähig;* jemanden beim Boxen knock-out. (k. o.) schlagen ‖ **Knock-out** = **Knockout** das, -[s]/-s (K. o.) (Sport)

Knödel der, -s/-: Schweinsbraten mit K.; er hat einen K. im Hals *(kann zB vor Aufregung nicht mehr sprechen)* ‖ **Knödelakademie** (ugs., scherzh., veraltend): *[Höhere] Lehranstalt für wirtschaftliche Berufe* ‖ **Knödelbrot:** *Würfel aus Weißbrot oder Semmeln [als Zutat für Semmelknödel], Semmelbröckerln* ‖ **knödeln** (ugs.): *undeutlich mit gepresster Kehle sprechen/singen*

Knofel der, -s (mda.): *Knoblauch*

knofeln, ich knofle (reg., ugs.): *etwas auslosen;* → knobeln; → verknofeln

Knolle die, -/-n = **Knollen** der, -s/-: *Verdickung, Auswuchs* | (Bot.) *Speicherorgan der Pflanze* ‖ **Knollenblätterpilz:** *ein gefährlicher Giftpilz* ‖ **knollenförmig** ‖ **Knollenfrucht** (ugs.) ‖ **Knollensellerie** ‖ **Knollenziest:** *ein Wurzelgemüse* ‖ **knollig**

Knopf der, -[e]s/Knöpfe: einen K. annähen | *Knoten* | (ugs.) ihm ist der K. aufgegangen *(er hat es endlich geschafft)* ‖ **Knopfdruck:** auf K. funktionieren

Knöpfel das, -s/-n (Küchenspr.): *eine Rindfleischsorte*

knöpfeln, ich knöpfle: *knöpfen* ‖ **knöpfen** ‖ **Knopferl** = Knöpferl das, -s/-[n]: *[kleiner] Knopf* ‖ **Knopferlharmonika** = **Knöpferlharmonika** = **Knopfharmonika:** die steirische K. ‖ **Knöpfle** die (Pl.) (V): *kleine Nockerln* ‖ **Knopfloch** ‖ **Knopflochchirurgie** [-ki-]: *chirurgischer Eingriff über sehr kleine Hautschnitte;* → minimalinvasiv ‖ **Knopfzelle:** *eine Batterie*

Knorpel der, -s/-: *biegsames Stützgewebe, zB in der Ohrmuschel;* → Kruspel ‖ **Knorpelfisch:** *Fisch mit Knorpelskelett, zB Hai* ‖ **knorpelig,** *auch:* knorplig: knorp[e]liges Fleisch

Knorren der, -s/-: *Auswuchs an einem Baum* ‖ **knorrig:** eine knorrige Eiche

Knospe die, -/-n: *noch nicht vollständig entwickelte[s] Blüte, Blatt* ‖ **knospen:** knospende *(Knospen treibende)* Bäume ‖ **Knospung** die, -/-en

knoten: das Schuhband k. ‖ **Knoten** der, -s/-: den K. *(Knopf)* in der Schnur lösen | *hochgestecktes Haar* | *Autobahnkreuzung* | (mit Abkürzung kn) *Maßeinheit der Fahrgeschwindigkeit von Schiffen (Seemeilen pro Stunde)* |

→ gordisch ‖ **Knotenblume:** *eine Pflanzengattung* ‖ **Knotenpunkt:** *Schnittpunkt, Kreuzungspunkt*

Knöterich der, -s: *eine Pflanzengattung*

knotzen, du knotzt/du *bist* geknotzt (ugs.): *[untätig] herumhocken*

Know-how [ˈnəʊhaʊ, ˈnɔː-, auch: -ˈhaʊ] = **Knowhow** das, -[s] ⟨engl.⟩: *das Wissen, wie eine Aufgabe angepackt und gelöst werden kann*

knuddeln, ich knuddle (D): *umschlingen, drücken, liebkosen;* den Teddy k.

Knülch der, -[e]s/-e, *auch:* Knilch (ugs., abw.): *unangenehmer, ungebildeter Mensch*

Knüller der, -s/- (sal.): *Sensationsmeldung* | *Kassenschlager*

Knüpfarbeit ‖ **knüpfen:** *einen Knoten/Knopf machen;* einen Teppich k. ‖ **Knüpfer** der, -s/-: *ein Teppich* ‖ **Knüpftechnik** ‖ **Knüpfteppich**

Knüppel der, -s/-: *derber Stock, Prügel;* Gummiknüppel ‖ **knüppeln,** ich knüpple ‖ **Knüppelschaltung** (Kfz) ‖ **Knüppelweg:** *mit Prügelholz belegter Weg*

knurren: ein knurrender Hund | mir knurrt *(kracht)* der Magen ‖ **knurrig** ‖ **Knurrlaut**

Knusperhäuschen [-sç-] das, -s/-: *Lebkuchenhäuschen* ‖ **knuspern:** *Knuspriges zerbeißen, knabbern* ‖ **knusprig:** knusprige *(resche)* Semmeln

Knute die, -/-n (bes. D): *eine Peitsche* | unter der K. stehen *(gewaltsam unterdrückt werden)*

knutschen, du knutsch[s]t (ugs.): *küssend drücken, liebkosen* ‖ **Knutscherei** die, -/-en (bes. D, ugs.): *Schmusen* ‖ **Knutschfleck** der, -[e]s/-e[n] (ugs.)

Knüttel der, -s/- (veraltet): *Knüppel, Prügel*

ko- ⟨lat.⟩ (nur in Zusammensetzungen wie koexistieren, Kooperation)

k. o. [ka ˈoː] ⟨engl.⟩: **knock-out** ‖ **K. o.** das (*auch:* der), - -[s]/- -[s]: **Knock-out**; → K.-o.-Niederlage

Koadjutor der, -s/-en [-ˈoː-] ⟨lat.⟩: *ein dem katholischen Bischof beigegebener Vertreter*

koagulieren ⟨lat.⟩ (Chem.): *gerinnen (von Eiweiß)*

Koala der, -s/-s ⟨Spr. der Aborigines⟩: *ein Beuteltier*

koalieren ⟨lat.-fr.⟩: *sich vereinigen, sich verbünden* ‖ **Koalition** [-tsi̯-] die, -/-en: *Bündnis (meist zwischen politischen Parteien oder Staaten)* ‖ **koalitionär** ‖ **Koalitionsabkommen** ‖ **Koalitionskrieg** (Gesch.) ‖ **Koalitionspakt** ‖ **Koalitionspartei** ‖ **Koalitionspartner** ‖ **Koalitionsregierung:** *Regierung aus zumindest zwei (aber nicht aus allen im Parlament vertretenen) Parteien* ‖ **Koalitionsverhandlungen**

Koautor = *Coautor* [k-]: *Mitverfasser* ‖ **Koautorin** = Coautorin

Koaxialkabel (fachspr.): *ein Kabel [für Antennen]*

Kobalt = Cobalt [k-] das, -[e]s (Zeichen: Co): *ein chemisches Element* ‖ **kobaltblau** ‖ **Kobaltbombe:** *eine Wasserstoffbombe*

Kobel der, -s/-: *Verschlag;* Taubenkobel

Kobernaußer Wald [auch: -ˈaʊ- -] der, - -[e]s: *ein Gebirge in Oberösterreich*

Kobold der, -[e]s/-e: *spitzbübischer Zwerg (im Märchen)* ‖ **koboldhaft**

Kobra die, -/-s ⟨lat.-port.⟩: *eine Giftschlange, Brillenschlange*

Koch[1] das, -[e]s: *eine breiige Speise, Mus;* Grießkoch ‖ **Koch**[2] der, -[e]s/Köche: *eine Berufsbezeichnung* ‖ **Kochbuch** ‖ **Kochdunst** ‖ **kochecht:** kochechte *(mit 90° Wassertemperatur waschbare)* Wäsche ‖ **köcheln:** *schwach kochen;* die Suppe auf kleiner Flamme k. lassen

Köchel-Verzeichnis das, -nisses (KV, *auch:* K) (Mus.): *Verzeichnis der Werke W. A. Mozarts;* die Messe KV 275

kochen: eine kochend heiße Suppe | vor Wut k. *(sehr aufgebracht, erregt sein)* ‖ **Kocher** der, -s/-: *[Elektro]gerät, auf dem gekocht werden kann*

Köcher der, -s/-: *ein Behälter [für Pfeile]*

Kocherei die, -/-en

Köcherfliege: *ein Insekt*

kochfertig: kochfertiges *(für das Kochen vorbereitetes, zB geschältes)* Gemüse ‖ **Kochgelegenheit:** *Platz zum Kochen* ‖ **Kochgeschirr** ‖ **Kochhaube** ‖ **Köchin** die, -/-innen ‖ **Kochkunst** ‖ **Kochkurs** ‖ **Kochlöffel** ‖ **Kochmütze** ‖ **Kochnische:** *bes. kleine Küche* ‖ **Kochplatte** ‖ **Kochrezept** ‖ **Kochsalat:** *eine Salatsorte* ‖ **Kochsalz:** *Speisesalz, Natriumchlorid* ‖ **kochsalzarm** ‖ **Kochsalzlösung** ‖ **Kochschokolade** ‖ **Kochtemperatur** ‖ **Kochtopf** ‖ **Kochwäsche:** *Wäsche, die gekocht werden muss* ‖ **Kochzeit**

Koda = Coda [k-] die, -/-s ⟨lat.-it.⟩ (Mus.): *Schlussteil eines musikalischen Satzes*

Kode [koːt]

= Code [koːt, fr.: kɔd, engl.: kəʊd] der, -s/-s ⟨fr.-engl.⟩: *Schlüssel zum Entziffern [einer Geheimschrift]* | (Sprachwiss.) *Gesamtheit der Zeichen und Regeln eines Sprachsystems;* → kodieren

Für das Wort gibt es zwei Schreibweisen:

- Kode: die eingedeutschte Schreibung
- Code: die fremdsprachige Schreibung

Ebenso: Kodex/Codex, kodieren/codieren

Kodein das, -s ⟨gr.-lat.⟩ (Med.): *ein hustenstillendes Mittel*

Köder der, -s/-: *Lockspeise [für Fische]* ‖ **ködern:** *anlocken*

Kodex der, -[es]/-e [Kodizes] = Codex [k-] der, -[es]/-e (Codices [-ts-]) ⟨lat.⟩: *Gesetzbuch* | *Buch mit Sammlung alter Handschriften* ‖ **kodieren** = codieren: *in einen Code übertragen;* → Code ‖ **Kodierung** = Codierung die, -/-en ‖ **Kodifikation** [-tsi̯-] die, -/-en (Jus): *abschließende schriftliche Abfassung von Rechtsnormen* ‖ **kodifizieren** (Jus) ‖ **Kodifizierung** die, -/-en (Jus)

Kodizill das, -s/-e ⟨lat.⟩ (Jus): *letztwillige Verfügung ohne Erbseinsetzung*

Koedukation [-tsi̯-] die, -: *gemeinsamer Unterricht für Knaben und Mädchen* ‖ **koedukativ**

Koeffizient der, -en/-en (Math.): *Zahl, die mit einer oder mehreren Variablen multipliziert wird*

Koexistenz die, -: *friedliches Nebeneinanderbestehen [von Staaten mit verschiedenen Gesellschaftssystemen]* ‖ **koexistieren**

Kofel der, -s/- (K, T): *[felsiger] Berg; eine Bergform*

Koffein = Coffein [k-] das, -s ⟨lat.-engl.⟩: *ein anregender Wirkstoff [im Kaffee]* ‖ **koffeinfrei** = coffeinfrei ‖ **koffeinhältig** = coffeinhältig, *auch:* koffeinhaltig, coffe-

K

inhaltig
Kof|fer[1] der, -s/-: die K. packen
Kof|fer[2] der, -s/- (ugs., abw.): *Dummkopf;* → Vollkoffer
Kof|fer|an|hän|ger: *Namensschild an Koffern* ‖ **Kof|fer|ku|li** der, -s/-s: *Gepäckwagen [auf Bahnhöfen, Flughäfen];* → Kuli[1] ‖ **Kof|fer|ra|dio:** *kleines, tragbares Radio* ‖ **Kof|fer|raum** ‖ **Kof|fer|schlüs|sel**
Köf|lach: *Stadt in der Steiermark* ‖ **Köf|la|cher Bahn** = **Köf|la|cher|bahn:** *Kurzform für Graz-Köflacher Bahn;* → GKB
Ko|gel der, -s/-: *Bergkuppe; Berg*
Kog|ge die, -/-n (früher): *ein Segelschiff*
ko|gnak ['kɔnjak] = cognac [k-k]: *kognakfarben* ‖ **Ko|gnak** der, -s/-s: *Weinbrand (nach der französischen Stadt Cognac)* | → *Cognac* ‖ **ko|gnak|far|ben** = cognacfarben: *goldbraun* ‖ **Ko|gnak|glas** = Cognacglas ‖ **Ko|gnak|schwen|ker** = Cognacschwenker
ko|gni|tiv ⟨lat.⟩: *das Denken, die Erkenntnis betreffend*
ko|hä|rent ⟨lat.⟩: *zusammenhängend;* → G.: inkohärent ‖ **Ko|hä|renz** die, -/-en: *das Übereinstimmen* | (Gramm.) *Textzusammenhang in inhaltlicher und grammatikalischer Hinsicht* ‖ **ko|hä|rie|ren** ‖ **Ko|hä|si|on** die, - (Phys.): *die gegenseitige Anziehungskraft der Moleküle* ‖ **Ko|hä|si|ons|kraft** (Phys.)
Kohl der, -[e]s: *ein Gemüse;* Gemüsekohl | (Bot.) *eine Pflanzengattung* | (D) *Kraut*
Koh|le die, -/-n: *ein Brennstoff* ‖ **Koh|le|berg|werk** ‖ **koh|le|häl|tig,** *auch:* kohlehaltig ‖ **Koh|le|hy|d|rat** [-yd-, -id-] → Kohlenhydrat ‖ **Koh|le|kraft|werk** ‖ **koh|len:** *schwelend brennen* ‖ **Koh|len|berg|bau** ‖ **Koh|len|berg|werk** ‖ **Koh|len|di|oxid** = **Koh|len|di|oxyd** [-yːt, -iːt] (Chem.): *ein Gas, Kohlensäure in Getränken* ‖ **Koh|len|feu|e|rung** ‖ **Koh|len|flöz** (Bergmannsspr.) ‖ **Koh|len|gru|be:** *Kohlebergwerk* ‖ **Koh|len|grus** → Grus ‖ **Koh|len|hei|zung** ‖ **Koh|len|hy|d|rat** [-yd-, -id-], *auch:* Kohlehydrat: *eine chemische Verbindung* ‖ **Koh|len|kel|ler** ‖ **Koh|len|mei|ler:** *Holzstoß zur Holzkohlengewinnung* ‖ **Koh|len|mon|oxid** = **Koh|len|mon|oxyd** [-yːt, -iːt]: *ein giftiges Gas* ‖ **Koh|len|ofen** = Kohleofen ‖ **Koh|len|säu|re** die, -: Mineralwasser mit/ohne K. ‖ **koh|len|säu|re|häl|tig,** *auch:* kohlensäurehaltig ‖ **Koh|len|schau|fel** ‖ **Koh|len|stoff** der, -[e]s (Zeichen: C): *ein chemisches Element* ‖ **Koh|len|was|ser|stoff** (Chem.) ‖ **Koh|le|ofen** = Kohlenofen ‖ **Koh|le|pa|pier:** *Durchschreibpapier* ‖ **Köh|ler** der, -s/-: *Holzkohlenbrenner* ‖ **Köh|le|rei** die, -/-en ‖ **Koh|le|stift** ‖ **Koh|le|zeich|nung:** *Zeichnung mittels Kohlestift*

Kohl|spros|se

(meist Pl.): *Seitenknospe des* → *Sprossenkohls* | (ugs.) *Sprossenkohl*

Kohlsprossen – Sprossenkohl

Als Kohlsprossen werden in Österreich nicht nur die Seitenknospen (Röschen) des Sprossenkohls bezeichnet, sondern auch das Gemüse (der *Sprossenkohl,* in Deutschland: *Rosenkohl*) selbst.

Kohl|mei|se: *ein Singvogel*
kohl|ra|ben|schwarz: *tiefschwarz*
Kohl|ra|bi der, -[s]/-[s]: *ein Gemüse* ‖ **Kohl|rös|chen** = **Kohl|rö|serl** das, -s/-[n]: *eine Orchidee* ‖ **Kohl|rou|la|de** [-ru-]: *eine Speise* ‖ **Kohl|rü|be:** *ein Gemüse* | (ugs. oft fälschlich für) *Kohlrabi*
kohl|schwarz: *kohlrabenschwarz*
Kohl|weiß|ling der, -s/-e: *ein Schmetterling, dessen Raupen Pflanzenschädlinge sind*
Ko|hor|te die, -/-n ⟨lat.⟩ (Gesch.): *militärische Einheit im römischen Heer* | (Soz.) *eine bestimmte Gruppe [im gleichen Jahrgang]*
Koi der, -s/-s ⟨jap.⟩: *ein Zierkarpfen*
Ko|in|zi|denz die, -/-en ⟨lat.⟩: *Zusammentreffen von Ereignissen;* → G.: Antikoinzidenz ‖ **ko|in|zi|die|ren**
ko|i|tie|ren = coitieren [k-] ⟨lat.⟩ ‖ **Ko|i|tus** = Coitus der, -/- [-tusse]: *Geschlechtsakt*
Ko|je die, -/-n ⟨lat.-niederl.⟩: *kleines Abteil* | *Schlafstelle [auf Schiffen]*
Ko|jo|te = Coyote [k-] der, -n/-n ⟨aztekisch-span.⟩: *ein nordamerikanischer Wildhund*
Ko|ka die, -/-s, *auch:* Coca [k-k] ⟨indian.-span.⟩: *Kurzwort für Kokapflanze uÄ* ‖ **Ko|ka|in** das, -[s]: *ein Betäubungsmittel; ein Rauschgift* ‖ **ko|ka|in|süch|tig** ‖ **Ko|ka|pflan|ze,** *auch:* Cocapflanze ‖ **Ko|ka|strauch,** *auch:* Cocastrauch
Ko|kar|de die, -/-n ⟨fr.⟩: *knopfförmiges Abzeichen [an Uniformkappen]*
Ko|ke|rei die, -/-en ⟨engl.⟩: *Anlage zur Kokserzeugung*
ko|kett ⟨fr.⟩: *auf charmante Weise eitel;* ein koketter *(reizender)* Hut ‖ **Ko|ket|te|rie** die, -/-n ‖ **ko|ket|tie|ren:** *liebäugeln*
Kok|ke die, -/-n ⟨gr.-lat.⟩: *kugelförmige Bakterie*
Ko|kon der, -s/-s ⟨fr.⟩: *Gespinst/Puppe verschiedener Insektenlarven, bes. der Seidenraupe*
Ko|kos|bus|serl ⟨span.-fr.⟩: *eine Bäckerei* ‖ **Ko|kos|but|ter** ‖ **Ko|ko|sette** [-'zɛt] das, -s: *Kokosflocken* ‖ **Ko|kos|fett** ‖ **Ko|kos|flo|cken** die (Pl.) ‖ **Ko|kos|kup|pel:** *eine Bäckerei* ‖ **Ko|kos|läu|fer:** *Teppich aus Kokosfasern* ‖ **Ko|kos|milch** ‖ **Ko|kos|nuss:** *Frucht der Kokospalme* ‖ **Ko|kos|pal|me**
Ko|kot|te die, -/-n ⟨fr.⟩ (abw., veraltet): *elegante Prostituierte*
Koks der, -[es]/-e ⟨engl.⟩: *ein Brennstoff* | (ugs.) *Kokain* ‖ **kok|sen** (ugs.): *Kokain schnupfen* ‖ **Koks|ofen**
Ko|la die, -/-s, *auch:* Cola [k-] ⟨afrik.⟩: *eine tropische Nutzpflanze, Kolabaum* ‖ **Ko|la|baum,** *auch:* Colabaum ‖ **Ko|la|nuss,** *auch:* Colanuss: *coffeinhältiger Same des Colabaums*
Ko|lat|sche die, -/-n, *auch:* Golatsche ⟨tschech.⟩ (W, N): *eine Mehlspeise;* Topfenkolatsche; → Tascherl
Kol|ben der, -s/-: *Gewehrkolben* | (Technik) *ein Maschinenteil* | (Bot.) *ein verdickter Blütenstand* ‖ **Kol|ben|hub** (Technik) ‖ **Kol|ben|ma|schi|ne** (Technik) ‖ **Kol|ben|mo|tor** (Technik) ‖ **Kol|ben|stan|ge** (Technik)
Kol|cho|se die, -/-n ⟨russ.⟩ (früher): *eine landwirtschaftliche Betriebsform in der Sowjetunion, Kollektivwirtschaft;* → Sowchose
Ko|li|bak|te|rie [-iɛ] ⟨gr.⟩ (Med.): *ein Krankheitserreger*
Ko|li|bri der, -[s]/-s ⟨karibisch-fr.⟩: *ein tropischer Vogel*
Ko|lik die, -/-en ⟨gr.-lat.⟩ (Med.): *ein krampfartiger Schmerzanfall*
Ko|li|tis die, - ⟨gr.⟩ (Med.): *eine Darmentzündung*
Kol|ka|ta: *Stadt in Indien* (früher: *Kalkutta*)
Kolk|ra|be: *ein Rabe*
kol|la|bie|ren ⟨lat.⟩ (Med.): *einen Kollaps erleiden*
Kol|la|bo|ra|teur [-'tøːɐ] der, -s/-e

⟨lat.-fr.⟩: *jemand, der mit einer feindlichen Besatzungsmacht zusammenarbeitet* ‖ **Kol|la|bo|ra|teu|rin** die, -/-innen ‖ **Kol|la|bo|ra|ti|on** [-tsi̯-] die, -/-en ‖ **kol|la|bo|rie|ren**

Kol|la|gen das, -s ⟨gr.-lat.⟩: *ein Eiweißstoff [in Knorpeln, Knochen]*

Kol|laps der, -es/-e ⟨lat.⟩ (Med.): *Schwächeanfall;* → kollabieren

Kol|lar das, -s/-e, *auch:* **Kol|la|re,** -/- ⟨lat.⟩ (kath.): *weißer Stehkragen des Priestergewandes*

Kol|la|te|ral|scha|den ⟨lat.⟩ (Mil., Jus): *ungewollter Schaden beim Angriff eines militärischen Ziels, zB Tod von Zivilpersonen*

kol|la|ti|o|nie|ren [-tsi̯-] ⟨lat.⟩: *eine Abschrift mit dem Original vergleichen*

kol|lau|die|ren ⟨lat.⟩ (Amtsspr.) ‖ **Kol|lau|die|rung** die, -/-en (Amtsspr.): *letzte Prüfung und Bewilligung zur Benützung [eines Neubaus, einer Orgel]* | (SüdT) *behördliche Fahrzeugprüfung*

Kol|leg[1] das, -s/-ien [-i̯ɛn] ⟨lat.⟩: *eine [Ordens]schule;* → Kollegium | (Pl. auch: -s) (veraltet) *(akademische) Lehrveranstaltung* ‖ **Kol|leg**[2] das, -s/-s: *eine meist zweijährige Ausbildung für Maturanten/Maturantinnen* ‖ **Kol|le|ga**[1] der, -s/-s (veraltet, meist scherzh.): der Herr K. *(Kollege)* ‖ **Kol|le|ga**[2] die, -/-s (veraltet, meist scherzh.): die Frau K. *(Kollegin)* ‖ **Kol|le|ge** der, -n/-n: *jemand, der in der gleichen Arbeit tätig ist* ‖ **Kol|le|gen|kreis** ‖ **kol|le|gi|al:** *kameradschaftlich* ‖ **Kol|le|gen|schaft** die, - ‖ **Kol|le|gi|al|be|hör|de** (Admin.): *eine oberste Kontrollinstanz (gegen deren Entscheidung nur mehr der VfGH angerufen werden kann)* ‖ **Kol|le|gi|a|li|tät** die, - ‖ **Kol|le|gi|al|or|gan** (Admin.): *Behörde aus mehreren Organwaltern, zB Bundesregierung, Lehrerkonferenz;* → G.: Einzelorgan ‖ **Kol|le|gin** die, -/-innen ‖ **Kol|le|gi|um** das, -s/Kollegien [-i̯ɛn]: *Lehrkörper, Gesamtheit der Lehrenden* ‖ **Kol|le|gi|ums|mit|glied**

Kol|lek|te die, -/-n ⟨lat.⟩: *Spendensammlung in der Kirche*

Kol|lek|ti|on [-tsi̯-] die, -/-en ⟨lat.⟩: *[Muster]sammlung [zur Auswahl];* die Modeschöpferinnen präsentieren ihre neue K. *(neuen Modelle)*

kol|lek|tiv ⟨lat.⟩: *gemeinschaftlich* ‖ **Kol|lek|tiv** das, -s/-e [-fɛ, -vɛ]: *Arbeitsgruppe* ‖ **kol|lek|ti|vie|ren** [-v-]: *in Kollektive umwandeln* ‖ **Kol|lek|tiv|schuld:** *moralische Schuld einer Gemeinschaft* ‖ **Kol|lek|ti|vum** das, -s/Kollektiva [Kollektiven] (Gramm.): *Sammelname, zB* das Obst ‖ **Kol|lek|tiv|ver|trag:** *ein Arbeits-, Lohnabkommen für eine ganze Berufsgruppe* ‖ **Kol|lek|tiv|ver|trags|lohn:** *Lohn gemäß dem Kollektivvertrag* ‖ **Kol|lek|tiv|wirt|schaft** (bes. früher): *eine Wirtschaftsform sozialistischer Staaten* ‖ **Kol|lek|tor** der, -s/-en [-ˈtoː-]: *Vorrichtung zur Stromerzeugung* ‖ **Kol|lek|tur** die, -/-en (veraltend): *Annahmestelle für Lotto und Toto*

Kol|ler der, -s/- (ugs.): *Wutanfall*

kol|lern: *rollen;* alle Sachen kollerten auf den Boden

Kol|li das, -[s]/-s ⟨it.⟩ (veraltet): *Gepäcksstück, Frachtstück*

kol|li|die|ren ⟨lat.⟩: *zusammenstoßen;* kollidierende *(zeitlich zusammenfallende)* Termine; → Kollision

Kol|li|er [-ˈli̯eː] = Collier [k-] das, -s/-s ⟨lat.-fr.⟩: *Halsschmuck, Halskette*

Kol|li|si|on die, -/-en ⟨lat.⟩: *Zusammenstoß;* die K. von Pflichten; → kollidieren ‖ **Kol|li|si|ons|ku|ra|tor** (Admin.): *gerichtlich eingesetzter Vertreter im Fall einer Interessenkollision* ‖ **Kol|li|si|ons|ku|ra|to|rin** (Admin.) ‖ **Kol|li|si|ons|kurs**

Kol|lo|ka|ti|on [-tsi̯-] die, -/-en ⟨lat.⟩ (Sprachwiss.): *inhaltliche Kombinierbarkeit von Wörtern, zB* es schmeckt + gut, der Hund + bellt

kol|lo|quie|ren ⟨lat.⟩: *ein Kolloquium als Prüfung ablegen* ‖ **Kol|lo|qui|um** das, -s/Kolloquien [-i̯ɛn]: *eine Prüfung an Universitäten* | *Diskussionsrunde*

Köln: *Stadt in Deutschland* ‖ **Köl|nisch|was|ser** das, -s: *Eau de Cologne*

Ko|lo|fo|ni|um = Kolophonium [-f-] das, -s ⟨gr.-lat.⟩: *ein Harz, das für die Haare des [Geigen]bogens verwendet wird*

Ko|lon das, -s/-s [Kola] ⟨gr.-lat.⟩ (veraltet): *Doppelpunkt* (:); → Semikolon | (Med.) *Dickdarm*

Ko|lo|nia|kü|bel = Coloniakübel [k-] ⟨lat.⟩ (reg., bes. W): *behördlich beigestellter Behälter für Abfälle und Müll*

Ko|lo|ni|al|ge|biet ⟨lat.-fr.⟩ ‖ **Ko|lo|ni|al|her|ren** die (Pl.): *jene, die in einer Kolonie die Fremdherrschaft ausüben* ‖ **Ko|lo|ni|al|herr|schaft** die, - ‖ **ko|lo|ni|a|li|sie|ren** ‖ **Ko|lo|ni|a|li|sie|rung** die, -/-en ‖ **Ko|lo|ni|a|lis|mus** der, -: *Erwerb und Ausbeutung von Ländern [in Übersee] zur wirtschaftlichen und politischen Stärkung des Mutterlandes* ‖ **Ko|lo|ni|al|krieg** ‖ **Ko|lo|ni|al|macht** ‖ **Ko|lo|ni|al|reich** ‖ **Ko|lo|ni|al|wa|ren** die (Pl.) (veraltet) (Kaufmannsspr.): *Früchte, Gewürze uÄ aus südlichen Ländern* ‖ **Ko|lo|ni|al|zeit** ‖ **Ko|lo|nie** die, -/-n ⟨lat.⟩: *Ansiedlung in einem fremden Land oder Erdteil;* die österreichische K. *(die Gemeinschaft der Österreicher)* in Rom | *unter Fremdherrschaft stehendes Land [in Übersee]* | *Siedlergemeinschaft* | (Biol.) *Gruppe von gleichartigen Tieren oder Pflanzen;* Möwen brüten in Kolonien ‖ **Ko|lo|ni|sa|ti|on** [-tsi̯-] die, -/-en: *Gründung einer Kolonie* ‖ **ko|lo|ni|sie|ren** ‖ **Ko|lo|ni|sie|rung** die, -/-en ‖ **Ko|lo|nist** der, -en/-en: *jemand, der eine [neue] Kolonie besiedelt* ‖ **Ko|lo|nis|tin** die, -/-innen

Ko|lon|na|de die, -/-n ⟨lat.-it.-fr.⟩: *Säulengang* ‖ **Ko|lon|ne** die, -/-n: *untereinanderstehende [Zahlen, Wörter]* | *eine Gruppe hintereinanderfahrender Fahrzeuge;* in K. fahren | (Pol.) die fünfte K. *([vermeintliche] Gruppe von Kollaborateuren, Saboteuren)*

Ko|lo|nos|ko|pie → Koloskopie

Ko|lo|pho|ni|um [-f-] = → Kolofonium

Ko|lo|ra|ti|on [-tsi̯-] die, -/-en ⟨lat.⟩: *Haartönung*

Ko|lo|ra|tur die, -/-en ⟨lat.-it.⟩ (Mus.): *eine kunstvolle Gesangsverzierung* ‖ **Ko|lo|ra|tur|arie** [-i̯ɛ] ‖ **Ko|lo|ra|tur|so|pran**

ko|lo|rie|ren ⟨lat.⟩: *[eine Zeichnung] [an]färben* ‖ **Ko|lo|rie|rung** die, -/-en ‖ **Ko|lo|rit** das, -[e]s/-e: *Farbgebung, Farbwirkung* | *eigentümliche Atmosphäre;* Lokalkolorit

Ko|lo|sko|pie die, -/-n, *auch:* Kolonoskopie ⟨gr.⟩ (Med.): *Dickdarmspiegelung*

Ko|loss der, -es/-e ⟨gr.⟩: *Riese; Ungetüm* ‖ **ko|los|sal:** *riesengroß, ungeheuer*

Ko|los|t|rum das, -s ⟨lat.⟩ (Med.): *Brustdrüsensekret vor dem Einschießen der Muttermilch*

Kol|ping|haus: *Kolpingheim* ‖ **Kol|ping|heim:** *Wohnheim des Kol-*

pingwerks ‖ **Kol|ping|werk:** *ein katholischer Gesellenverein*
Kol|por|ta|ge [-'a:ʃ, -ʒɛ] die, -/-n ⟨lat.-fr.⟩: *reißerischer Bericht* | *Straßenverkauf von Zeitungen uÄ* | *Verbreitung von unsicheren Nachrichten* ‖ **Kol|por|ta|ge|ro|man** ‖ **Kol|por|teur** [-'tø:ə] der, -s/-e: *Zeitungsverkäufer, -austräger* ‖ **Kol|por|teu|rin** die, -/-innen ‖ **kol|por|tie|ren:** *als Gerücht verbreiten;* ihr Name wird von den Medien kolportiert
Ko|lum|bi|en [-i̯ən]: *ein Staat in Südamerika*
Ko|lum|ne die, -/-n ⟨lat.⟩: *Druckspalte* | *Zeitungsartikel, der von einem Kolumnisten verfasst wurde* ‖ **Ko|lum|nen|ti|tel** ‖ **Ko|lum|nist** der, -en/-en: *Journalist, dem eine bestimmte Zeitungsspalte für einen Meinungsartikel regelmäßig zur Verfügung steht* ‖ **Ko|lum|nis|tin** die, -/-innen
Ko|ma das, -s/-s [-ta] ⟨gr.⟩ (Med.): *tiefe Bewusstlosigkeit;* im K. liegen ‖ **Ko|ma|sau|fen** ‖ **Ko|ma|trin|ken:** *Trinken bis zur Bewusstlosigkeit (bei Jugendlichen)*
Kom|bi[1] der, -[s]/-s ⟨lat.⟩: *Kurzwort für Kombi[nationskraft]wagen* ‖ **Kom|bi**[2] die, -/-s (bes. Sport): *Kurzwort für Kombination*
Kom|bi|nat das, -[e]s/-e ⟨lat.-russ.⟩: *ein Zusammenschluss verschiedener Industriezweige (bes. früher in sozialistischen Staaten)*
Kom|bi|na|ti|on [-tsi̯-] die, -/-en ⟨lat.⟩: *Zusammenstellung [von Farben, Kleidungsstücken]* | *Zusammenspiel* | *Gedankenverbindung* | (Sport) *eine Disziplin im alpinen Skilauf;* nordische, alpine K.; → Kombi | (ugs. mit Aussprache [-'ne:ʃ]) (veraltet) *Unterkleid* ‖ **Kom|bi|na|ti|ons|ga|be** ‖ **Kom|bi|na|ti|ons|mög|lich|keit** ‖ **Kom|bi|na|ti|ons|schloss:** *ein Zahlenschloss* ‖ **Kom|bi|na|to|rik** die, - (Math.): *Lehre von den Kombinationen* ‖ **kom|bi|na|to|risch** ‖ **kom|bi|nier|bar** ‖ **kom|bi|nie|ren:** *zusammenfügen, zusammensetzen* | *Zusammenhänge suchen; überlegen* ‖ **Kom|bi|nie|rer** der, -s/- (Sport) ‖ **Kom|bi|nie|re|rin** die, -/-innen (Sport) ‖ **Kom|bi|pack** das, -s/-s: *kombinierte Verkaufseinheit, Package* ‖ **Kom|bi|wa|gen:** *kombiniertes Personen- und Lieferauto;* → Kombi ‖ **Kom|bi|zan|ge:** *ein Werkzeug*
Kom|bu|cha [-tʃa] der, -[s]/-[s] ⟨koreanisch/jap.⟩: *mit einem Gärmittel hergestellter Tee*
Kom|bü|se die, -/-n: *Schiffsküche*

Ko|met

der, -en/-en ⟨gr.-lat.⟩: *ein nebliger Schweifstern*
Deklination:
- der Schweif des Kometen
- mit dem Kometen (*nicht:* Komet)
- ohne den Kometen (*nicht:* Komet)

Ko|me|ten|bahn ‖ **ko|me|ten|haft:** ihre Karriere war k. *(überraschend schnell, steil)* ‖ **Ko|me|ten|schweif**
Kom|fort [-'fo:ə] der, -s ⟨lat.-fr.-engl.⟩: mit allem K. *(mit allen Bequemlichkeiten)* ‖ **kom|for|ta|bel:** *bequem* ‖ **Kom|fort|ei|gen|tum:** *schöne Eigentumswohnung (in Verkaufsanzeigen)* ‖ **Kom|fort|woh|nung** ‖ **Kom|fort|zim|mer:** *mit Dusche, Fernseher, Telefon uÄ ausgestattetes Hotelzimmer*
Ko|mik die, - ⟨gr.-lat.-fr.⟩: die K. *(das Erheiternde)* dieser Situation ‖ **Ko|mi|ker** der, -s/-: *Schauspieler komischer Rollen* | *Vortragskünstler im Varietee uÄ* ‖ **Ko|mi|ke|rin** die, -/-innen ‖ **ko|misch:** *belustigend* | ein komischer *(sonderbarer, wunderlicher)* Mensch ‖ **ko|mi|scher|wei|se**
Ko|mi|tat das, -[e]s/-e ⟨lat.⟩: *ungarischer Verwaltungsbezirk*
Ko|mi|tee das, -s/-s ⟨lat.-fr.⟩: *Arbeitsausschuss; Festausschuss*
Kom|ma das, -s/-s [-ta] ⟨gr.⟩ (,): *Beistrich; Dezimalzeichen;* 1,5 (eins Komma fünf)
Kom|man|dant der, -en/-en ⟨lat.-fr.⟩ (Mil.): *Befehlshaber* ‖ **Kom|man|dan|tin** die, -/-innen (Mil.) ‖ **Kom|man|dan|tur** die, -/-en (Mil.): *Sitz des Kommandanten* ‖ **Kom|man|deur** [-'dø:ə] der, -s/-e (D) (Mil.): *Kommandant* ‖ **Kom|man|deu|rin** die, -/-innen (D) (Mil.) ‖ **kom|man|die|ren**
Kom|man|dit|er|werbs|ge|sell|schaft (KEG) ⟨lat.-it.-fr.⟩ (Wirt.): *eine Personengesellschaft* **Kom|man|dit|ge|sell|schaft** (KG) (Wirt.): *eine Handelsgesellschaft* ‖ **Kom|man|di|tist** der, -en/-en: *beschränkt haftender Gesellschafter einer Kommanditgesellschaft;* → G.: Komplementär ‖ **Kom|man|di|tis|tin** die, -/-innen
Kom|man|do das, -s/-s ⟨lat.-it.⟩: *[militärischer] Befehl* | (mit Pl. Kommanden) *Befehlsgewalt; Truppenführung; Truppe für besondere Aufgaben* ‖ **Kom|man|do|ak|ti|on** [-tsi̯-] ‖ **Kom|man|do|brü|cke:** *Deckaufbau auf Schiffen für Kapitän, Steuermann ua.* ‖ **Kom|man|do|ruf** ‖ **Kom|man|do|stand** (Mil.): *Befehlsstelle einer Einheit* ‖ **Kom|man|do|stim|me** ‖ **Kom|man|do|ton** ‖ **Kom|man|do|un|ter|neh|men**
kom|mas|sie|ren ⟨lat.⟩ (Amtsspr.) ‖ **Kom|mas|sie|rung** die, -/-en (Amtsspr.): *amtliche Zusammenlegung von Grundstücken; Flurbereinigung*

kom|men,

kam/gekommen: sie kam zu spät; die Getränke kommen gleich *(werden gleich gebracht)*; der Frühling kommt; es kam zum Streit; ich kam noch nicht dazu *(hatte keine Zeit)*; zu sich kommen *(das Bewusstsein wiedererlangen)*; ums Leben kommen *(sterben)*; hinter einen Betrug kommen *(ihn durchschauen)*; jetzt komme ich *(bin ich an der Reihe)*; die kommenden Generationen; er kam um sein Geld *(er holte es ab; er wurde um sein Geld gebracht)*; komm mir nur nicht *(verschone mich)* damit
Großschreibung bei Nominalisierung:
- eine Partei ist im **K**ommen *(im Trend, aufstrebend)*

R→ S. 892, 2.1

Getrennt- und Zusammenschreibung in Verbindung mit „lassen“ bei übertragener Bedeutung:
- auf jemanden nichts kommen lassen (= kommenlassen) *(nichts Schlechtes über ihn sagen, ihn in Schutz nehmen)*
- den Gegner kommen lassen (= kommenlassen) (bes. Sport: *angreifen lassen)*
- die Kupplung kommen lassen (= kommenlassen) *(einkuppeln)*; *aber nur getrennt:* er hat mich kommen lassen *(herbestellt)*

R→ S. 901, 1.7.2

kom|men las|sen = **kom|men|las|sen** → kommen
kom|men|su|ra|bel ⟨lat.⟩: kommensurable *(mit demselben Maßsystem messbare)* Größen;

→ G.: inkommensurabel
Komment [-'mɑ̃ː] der, -s/-s ⟨lat.-fr.⟩: *Brauch [im studentischen Leben];* → Du-Komment
Kommentar der, -s/-e ⟨lat.⟩: *Erklärung, Erläuterung, Stellungnahme* ‖ **kommentarlos** ‖ **Kommentator** der, -s/-en [-'toː-] ‖ **Kommentatorin** die, -/-innen ‖ **kommentieren** ‖ **Kommentierung** die, -/-en
Kommers der, -es/-e ⟨lat.⟩: *festliche Veranstaltung einer studentischen Verbindung [mit Umtrunk]*
Kommerz der, -es ⟨lat.⟩ (oft abw.): *die Wirtschaft; das rein wirtschaftliche Interesse* ‖ **Kommerzbank** die, -/-en: *gewinnorientierte Bank für Firmenkunden, Geschäftsbank* ‖ **Kommerzdenken** das, -s (abw.) ‖ **kommerzialisieren** (oft abw.): den Sport k. *(ihn wirtschaftlichen Interessen unterordnen)* ‖ **Kommerzialisierung** die, -/-en (oft abw.) ‖ **Kommerzialrat** (KR, Komm.-Rat): *ein Titel für Kaufleute und Industrielle* ‖ **Kommerzialrätin** (KR, Komm.-Rätin) ‖ **kommerziell:** *kaufmännisch* | (oft abw.) rein kommerzielle *(auf Gewinn bedachte)* Interessen ‖ **Kommerzkunde** (meist Pl.): *Großkunde (bes. Wirtschafttreibender) einer Geschäftsbank* ‖ **Kommerzmusik** (oft abw.): *Unterhaltungsmusik, volkstümliche Musik [aus kommerziellen Interessen]*
Kommilitone der, -n/-n ⟨lat.⟩ (geh., veraltend): *Studienkollege* ‖ **Kommilitonin** die, -/-innen (geh., veraltend)
Kommis [-'miː] der, - [-'miː(s)]/ - [-'miːs] ⟨lat.-fr.⟩ (veraltet): *Handelsangestellter*
Kommiss der, -es ⟨lat.⟩ (sal., veraltet): beim K. *(Militär)* sein
Kommissar der, -s/-e ⟨lat.⟩ (bes. D): *Kriminalinspektor* | *politischer Funktionär, Beauftragter* ‖ **Kommissär** der, -s/-e: *Regierungsbeauftragter* | (veraltet) *Polizeiinspektor* ‖ **Kommissariat** das, -[e]s/-e: *Polizeidienststelle* ‖ **Kommissarin** die, -/-innen ‖ **Kommissärin** die, -/-innen ‖ **kommissarisch:** die kommissarische *(vertretungsweise)* Leitung des Amtes ‖ **Kommissbrot** (früher): *eine grobe Brotsorte* ‖ **Kommission** die, -/-en: *Gruppe von Sachverständigen* | *Kurzwort für EU-Kommission* | *Auftrag;* Kommissionen übernehmen und ausführen | (Wirt.) Waren in K. nehmen *(sie nicht auf eigene Rechnung verkaufen)* ‖ **Kommissionär** der, -s/-e (Wirt.): *Kaufmann, der Waren in eigenem Namen auf fremde Rechnung kauft oder verkauft* ‖ **Kommissionärin** die, -/-innen (Wirt.) ‖ **kommissionell:** k. *(durch eine Kommission)* prüfen ‖ **kommissionieren:** *amtlich prüfen* ‖ **Kommissionierung** die, -/-en ‖ **Kommissionsgeschäft** (Wirt.): *auf Fremdrechnung getätigtes Geschäft* ‖ **Kommissionspräsident** ‖ **Kommissionspräsidentin** ‖ **Kommissionsware** (Wirt.)
kommod ⟨lat.-fr.⟩ (veraltend): *bequem;* → inkommodieren ‖ **Kommode** die, -/-n: *Schubladkasten*
Komm.-Rat: Kommerzialrat ‖ **Komm.-Rätin:** Kommerzialrätin
kommunal ⟨lat.⟩: kommunale Abgaben *(Gemeindeabgaben)* ‖ **Kommunalabgabe** ‖ **kommunalisieren:** *Privatbesitz zu Gemeindebesitz machen* ‖ **Kommunalpolitik** ‖ **Kommunalpolitiker** ‖ **Kommunalpolitikerin** ‖ **Kommunalsteuer:** *eine lohnabhängige Gemeindeabgabe* ‖ **Kommunalwahl:** *Gemeinderatswahl ua.* ‖ **Kommune** die, -/-n (veraltend): *Gemeinde* | *Großfamilie, Wohngemeinschaft* ‖ **Kommunikation** [-tsi̯-] die, -/-en; → kommunizieren ‖ **Kommunikationsfähigkeit** ‖ **Kommunikationsmittel:** *Mittel zur gegenseitigen Verständigung und Information, zB die Sprache, der Rundfunk* ‖ **Kommunikationsschwierigkeit** ‖ **Kommunikationszentrum** ‖ **kommunikativ** ‖ **Kommunikee** = Kommuniqué [-myni'keː, -mu-] das, -s/-s ⟨lat.-fr.⟩: *eine (amtliche) Verlautbarung* ‖ **Kommunion** die, - (kath.): *Empfang des heiligen Abendmahls* | (mit Pl. -en) *Hostie, Hostienspendung;* → kommunizieren ‖ **Kommuniqué** [-myni'keː, -mu-] → Kommunikee ‖ **Kommunismus** der, - ⟨lat.⟩ (Pol.): *eine Wirtschafts- und Gesellschaftsordnung, in der die Produktionsmittel gemeinsames Eigentum sein sollen; die politische Lehre dazu* ‖ **Kommunist** der, -en/-en ‖ **Kommunistin** die, -/-innen ‖ **kommunistisch:** kommunistische Funktionäre; *aber:* die **K**ommunistische Partei Österreichs (KPÖ) ‖ **kommunizieren:** *miteinander reden;* → Kommunikation | *untereinander verbunden sein;* kommunizierende Gefäße | (kath.) *das heilige Abendmahl empfangen;* → Kommunion
kommutabel ⟨lat.⟩: *vertauschbar* ‖ **Kommutation** [-tsi̯-] die, -/-en (Math., Sprachwiss.): *Umstellbarkeit*
Komödiant der, -en/-en ⟨gr.-lat.-it.⟩: *ein Schauspieler* | (abw.) *jemand, der mit schauspielerischem Talent etwas vortäuscht* ‖ **komödiantenhaft** ‖ **Komödiantentum** das, -s ‖ **Komödiantin** die, -/-innen ‖ **komödiantisch** ‖ **Komödie** [-i̯ə] die, -/-n: *Lustspiel* | eine K. vorspielen *(sich verstellen)*
Komp.: **Komp**anie (in Firmennamen) ‖ **Kompagnon** [-njoːn] = Compagnon [k-] der, -s/-s ⟨lat.-fr.⟩: *Mitbesitzer [eines Geschäfts, einer Firma], Teilhaber*
kompakt ⟨lat.⟩: *dicht, fest* ‖ **Kompaktanlage** (Elektrot.): *eine Stereoanlage mit zB Verstärker, Tuner, Kassettendeck und CD-Player in einem Gerät* ‖ **Kompaktbauweise** ‖ **Kompaktheit** die, - ‖ **Kompaktkamera**
Kompanie die, -/-n ⟨lat.-fr.⟩ (Mil.): *eine militärische Abteilung* | (mit Abkürzung Komp.) = Compagnie [k-aniː] (Co.; veraltet: Cie.) (Kaufmannsspr.) *eine Handelsgesellschaft* ‖ **Kompanieführer** (Mil.) ‖ **Kompaniestärke** (Mil.)
komparabel ⟨lat.⟩: komparable *(vergleichbare)* Größen; → G.: inkomparabel ‖ **Komparation** [-tsi̯-] die, -/-en (Gramm.): *Steigerung;* → Vergleichsformen, zB *älter* ‖ **Komparatistik** die, -: *vergleichende Literatur-, Sprachwissenschaft* ‖ **Komparativ** der, -s/-e [-fɛ, -vɛ] (Gramm.): *die 2. Vergleichsform, Höherstufe, Mehrstufe*
Komparse der, -n/-n ⟨lat.-it.⟩: *Darsteller kleiner Rollen [ohne Text]* ‖ **Komparserie** die, -/-en: *alle beteiligten Komparsen* ‖ **Komparsin** die, -/-innen
Kompass der, -es/-e ⟨lat.-it.⟩: *ein Gerät zum Bestimmen der Himmelsrichtungen* ‖ **Kompassnadel:** die K. zeigt nach Norden
kompatibel ⟨lat.-fr.⟩: kompatible *(aufeinander abgestimmte)* Com-

K

putersysteme; → G.: inkompatibel ‖ **Kom|pa|ti|bi|li|tät** die, -
kom|pen|di|ös ⟨lat.⟩: *umfassend, umfangreich* ‖ **Kom|pen|di|um** das, -s/Kompendien [-i̯ən]: *ein zusammenfassendes Lehrbuch*
Kom|pen|sa|ti|on [-tsi̯-] die, -/-en ⟨lat.⟩: *Ausgleich, Entschädigung* ‖ **Kom|pen|sa|ti|ons|ge|schäft:** *Geschäft als Gegenleistung für ein anderes* ‖ **kom|pen|sa|to|risch** ‖ **kom|pen|sie|ren** ‖ **Kom|pen|sie|rung** die, -/-en
kom|pe|tent ⟨lat.⟩: *maßgebend, befähigt, befugt;* → G.: inkompetent | *zuständig* ‖ **Kom|pe|tenz** die, -/-en: *Fähigkeit, Zuständigkeit* | (Sprachwiss.) *Fähigkeit, eine bestimmte Sprache richtig zu gebrauchen;* → Performanz ‖ **Kom|pe|tenz|fra|ge** ‖ **Kom|pe|tenz|kon|flikt:** *Streit um die Zuständigkeit [unter Behörden]* ‖ **Kom|pe|tenz|team** [-tiːm] ‖ **Kom|pe|tenz|ver|tei|lung**
Kom|pi|la|ti|on [-tsi̯-] die, -/-en ⟨lat.⟩: *Zusammenstellung bereits vorhandener Werke* ‖ **Kom|pi|la|tor** der, -s/-en [-ˈtoː-] ‖ **Kom|pi|la|to|rin** die, -/-innen ‖ **kom|pi|lie|ren**
Kom|ple|ment das, -[e]s/-e ⟨lat.⟩: *Ergänzung, zB zusätzlicher Band eines Lexikons* ‖ **kom|ple|men|tär:** *gegenseitig ergänzend;* komplementäre Therapien ‖ **Kom|ple|men|tär** der, -s/-e (Wirt.): *unbeschränkt haftender Gesellschafter einer Kommanditgesellschaft;* → G.: Kommanditist ‖ **Kom|ple|men|tär|far|be:** Rot ist die K. zu Grün ‖ **Kom|ple|men|tä|rin** die, -/-innen (Wirt.) ‖ **Kom|ple|men|tär|me|dizin:** *alternative Medizin in Ergänzung zur Schulmedizin* ‖ **kom|ple|men|tie|ren:** *ergänzen;* sich gegenseitig k. ‖ **Kom|ple|men|tie|rung** die, -/-en (geh.)
Kom|plet[1] [-ˈleː] das, -[s]/-s ⟨lat.-fr.⟩: *Kleid und Mantel/Jacke aus gleichem Stoff* ‖ **Kom|plet**[2] [-ˈleːt] die, -/-en ⟨lat.⟩ (kath.): *kirchliches Abendgebet*
kom|plett ⟨lat.-fr.⟩: *vollständig* | *voll besetzt;* → G.: inkomplett ‖ **kom|plet|tie|ren:** eine Sammlung k. *(vervollständigen)* ‖ **Kom|plet|tie|rung** die, -/-en ‖ **Kom|plett|lö|sung:** eine K. anbieten
kom|plex ⟨lat.⟩: ein komplexes *(vielfältig verflochtenes)* Problem ‖ **Kom|plex** der, -es/-e: *[Wohn]anlage, die aus mehreren Gebäuden besteht* | (Psych.) *verdrängte Gedächtnisinhalte, die zu bestimmtem Verhalten führen* ‖ **Kom|ple|xi|tät** die, -/-en: *Vielfältigkeit, Verflochtenheit* ‖ **Kom|ple|xler** der, -s/- (ugs., abw.): *Mensch mit Minderwertigkeitskomplexen* ‖ **Kom|ple|xle|rin** die, -/-innen (ugs., abw.) ‖ **Kom|pli|ce** [-(t)sɛ] der, -n/-n (D): *Komplize* ‖ **Kom|pli|cen|schaft** die, - (D) ‖ **Kom|pli|cin** die, -/-innen (D) ‖ **Kom|pli|ka|ti|on** [-tsi̯-] die, -/-en: *Verwicklung, Schwierigkeit;* → komplizieren ‖ **kom|pli|ka|ti|ons|los**
Kom|pli|ment das, -[e]s/-e ⟨lat.-span.-fr.⟩: jemandem ein K. machen *(seine Bewunderung ausdrücken)* | (veraltet) *ein Gruß;* „[Mein] Kompliment!“ ‖ **kom|pli|men|tie|ren** (geh.): den Gast aus dem Zimmer k. *(ihn höflich abweisen)*
Kom|pli|ze der, -n/-n ⟨lat.-fr.⟩: *Mittäter* ‖ **Kom|pli|zen|schaft** die, -
kom|pli|zie|ren ⟨lat.⟩: → Komplikation ‖ **kom|pli|ziert:** *schwierig, verwickelt* | (Med.) ein komplizierter Bruch ‖ **Kom|pli|ziert|heit** die, -/-en ‖ **Kom|pli|zie|rung** die, -/-en
Kom|pli|zin die, -/-innen ⟨lat.-fr.⟩: *weibl. Form von Komplize*
Kom|plott das, -[e]s/-e ⟨fr.⟩: *eine Verschwörung;* ein K. schmieden
Kom|po|nen|te die, -/-n ⟨lat.⟩: *Teil, Faktor* ‖ **kom|po|nie|ren:** *ein Musikwerk schaffen; einen Text vertonen*

Kom|po|nist

der, -en/-en ⟨lat.⟩: *Verfasser von musikalischen Werken;* Opernkomponist; → Songwriter
Deklination:
- die Mutter des Komponisten
- mit dem Komponisten (*nicht:* Komponist)
- ohne den Komponisten (*nicht:* Komponist)

Kom|po|nis|tin die, -/-innen ‖ **Kom|po|si|teur** [-ˈtøːɐ], der, -s/-e (veraltet): *Komponist* ‖ **Kom|po|si|ti|on** [-tsi̯-] die, -/-en: *Musikstück* | *Zusammensetzung, -stellung* | *Entwurf, Aufbau [eines Bildes]* ‖ **Kom|po|si|ti|ons|fu|ge** (Sprachwiss.): *Stelle der Zusammensetzung eines Wortes, zB* Wörter|buch ‖ **Kom|po|si|tum** das, -s/Komposita (Sprachwiss.): *Wortzusammensetzung;* → G.: Simplex
Kom|post der, -[e]s/-e ⟨lat.-fr.⟩: *Dünger aus Abfällen* ‖ **Kom|post|hau|fen** ‖ **kom|pos|tier|bar** ‖ **kom|pos|tie|ren:** Gartenabfälle k. ‖ **Kom|pos|tie|rung** die, -/-en
Kom|pott das, -[e]s/-e ⟨lat.-fr.⟩: *gedünstetes oder eingemachtes Obst* ‖ **Kom|pott|schüs|sel**
Kom|pres|se die, -/-n ⟨lat.-fr.⟩: *ein zusammengelegtes feuchtes Tuch; Umschlag; ein feuchter Bauschen* ‖ **Kom|pres|si|on** die, -: *Verdichtung [der Luft]* | (Skisport) *Übergang vom Steilhang in das flache Stück einer Abfahrtsstrecke* ‖ **Kom|pres|si|ons|ver|band** (Med.) ‖ **Kom|pres|sor** der, -s/-en [-ˈsoː-]: *[Luft]verdichter* ‖ **kom|pri|mier|bar** ‖ **kom|pri|mie|ren:** *zusammenpressen, verdichten;* komprimierte Luft ‖ **Kom|pri|mie|rung** die, -/-en
Kom|pro|miss der, -es/-e ⟨lat.⟩: einen K. schließen *(eine Vereinbarung treffen, bei der beide Teile nachgeben)* ‖ **kom|pro|miss|be|reit** ‖ **Kom|pro|miss|be|reit|schaft** ‖ **Kom|pro|miss|fä|hig|keit** ‖ **kom|pro|miss|los** ‖ **Kom|pro|miss|lö|sung** ‖ **kom|pro|mit|tie|ren:** *bloßstellen;* damit hat er sich kompromittiert
Kom|tess die, -/-en = **Kom|tes|se,** -/-n ⟨fr.⟩: *unverheiratete Gräfin*
Kom|tur der, -s/-e ⟨lat.-fr.⟩: *Kommandant der Ordensritter*
kon- ⟨lat.⟩ (nur in Zusammensetzungen wie konfirmieren, Konföderation)
Kon|den|sat das, -[e]s/-e ⟨lat.⟩: *Kondensflüssigkeit* ‖ **Kon|den|sa|ti|on** [-tsi̯-] die, -/-en ‖ **Kon|den|sa|tor** der, -s/-en [-ˈtoː-]: ein elektrischer K. *(eine Vorrichtung zum Sammeln von Elektrizität)* ‖ **kon|den|sie|ren:** *verdichten, verflüssigen;* an der kalten Fensterscheibe kondensierender Wasserdampf ‖ **Kon|den|sie|rung** die, -/-en ‖ **Kon|dens|milch:** *eingedickte konservierte Milch* ‖ **Kon|dens|strei|fen:** *weiße Wolkenspur hinter Flugzeugen* ‖ **Kon|dens|was|ser** das, -s
Kon|dik|ti|on [-tsi̯-] die, -/-en ⟨lat.⟩ (Jus): *die Rückforderung einer Leistung*
Kon|di|ti|on [-tsi̯-] die, -/-en ⟨lat.⟩: *Bedingung;* gute Konditionen aushandeln | in guter K. *(körperlicher Verfassung)* sein ‖ **kon|di|ti|o|nal:** *bedingend* ‖ **Kon|di|ti|o|nal|satz** (Gramm.): *Bedingungs-*

K

satz ‖ **konditionell:** *die körperliche Kondition betreffend* ‖ **konditionieren** (Psych.): ein konditionierter *(durch einen ursprünglich neutralen Stimulus antrainierter)* Reflex ‖ **Konditionierung** die, -/-en ‖ **Konditionsmangel** ‖ **konditionsschwach** ‖ **Konditionsschwäche** ‖ **konditionsstark** ‖ **Konditionstraining** [-treːn-]

Konditor der, -s/-en [-ˈtoː-] ⟨lat.⟩: *Zuckerbäcker* ‖ **Konditorei** die, -/-en ‖ **Konditorin** die, -/-innen ‖ **Konditorwaren** die (Pl.), *auch:* Konditoreiwaren

Kondolenz die, -/-en ⟨lat.⟩: *Beileid[sbezeugung]* ‖ **Kondolenzbesuch** ‖ **Kondolenzschreiben** ‖ **kondolieren:** den Hinterbliebenen k. *(das Beileid aussprechen)*

Kondom das, -s/-e ⟨engl.⟩: *empfängnis- und infektionsverhütende Gummihülle für den Penis [beim Geschlechtsverkehr], Präservativ*

Kondominium das, -s/Kondominien [-i̯en] ⟨lat.-it.⟩ (SüdT): *Wohnblock*

Kondor der, -s/-e ⟨indian.-span.⟩: *ein Geier*

Kondukt der, -[e]s/-e ⟨lat.⟩: *Geleit, zB der Zug der Trauergäste bei einem Begräbnis* ‖ **Kondukteur** [-ˈtøːə] der, -s/-e (veraltet): *[Zug-, Straßenbahn]schaffner* ‖ **Kondukteurin** die, -/-innen (veraltet)

Konfekt das, -[e]s/-e ⟨lat.⟩: *feine Bonbons*

Konfektion [-tsi̯-] die, -/-en ⟨lat.-fr.⟩: *fabriksmäßige Herstellung von Kleidern; Fertigkleidung;* → G.: Maßarbeit ‖ **konfektionieren** ‖ **Konfektionsanzug** ‖ **Konfektionsgröße** ‖ **Konfektionsware**

Konferenz die, -/-en ⟨lat.⟩: *Sitzung, Beratung* | *Gesamtheit ihrer Teilnehmer; aber:* → Conférence ‖ **Konferenzschaltung:** *[Fernseh]schaltung, die Gesprächsteilnehmer an unterschiedlichen Orten miteinander verbindet* ‖ **Konferenzzimmer:** *gemeinsamer Raum für alle Lehrer/innen einer Schule* ‖ **konferieren:** *(in einer Konferenz) besprechen* | → conferieren

Konfession die, -/-en ⟨lat.⟩: *religiöses Bekenntnis* ‖ **konfessionell** ‖ **konfessionslos**

Konfetti die (Pl.) ⟨it.⟩: *färbige Papierscheibchen, mit denen man [bei Faschingspartys] um sich wirft*

Konfident der, -en/-en ⟨lat.⟩ (veraltet): *Polizeispitzel* ‖ **Konfidentin** die, -/-innen (veraltet)

Konfiguration [-tsi̯-] die, -/-en: *Stellung zueinander, Gestaltung* | (EDV) *Ausstattung eines Computers; Abstimmung von Hard- und Software* | (Astron.) *Stellung der Gestirne* | (Med.) *Aussehen eines Organs*

Konfirmand der, -en/-en: *jemand, der konfirmiert wird* ‖ **Konfirmandin** die, -/-innen ‖ **Konfirmation** [-tsi̯-] die, -/-en: *Bekräftigung der Aufnahme in die Abendmahlsgemeinschaft der evangelischen Kirche* ‖ **konfirmieren**

Konfiserie = Confiserie [kɔn-, auch: kõ-] die, -/-n ⟨fr.⟩ (bes. CH): *Süßwaren[geschäft], Zuckerlgeschäft*

Konfiskation [-tsi̯-] die, -/-en ⟨lat.⟩: *(staatliche) Beschlagnahme* ‖ **konfiszieren**

Konfitüre [-ˈyːə, -rɛ] die, -/-n ⟨lat.-fr.⟩: *Marmelade* | (Wirt., Jus) *jede Marmelade ohne Zitrusfrüchte*

Konflikt der, -[e]s/-e ⟨lat.⟩: *Streit[fall];* mit jemandem in K. geraten/kommen ‖ **Konfliktbeilegung** ‖ **konfliktbeladen** ‖ **Konfliktbewältigung** ‖ **Konfliktherd** ‖ **Konfliktlösung** ‖ **Konfliktlösungsstrategie** ‖ **Konfliktsituation** [-tsi̯-] ‖ **Konfliktstoff:** *Anlass zum Streit*

Konföderation [-tsi̯-] die, -/-en ⟨lat.⟩: *Bündnis, Staatenbund* ‖ **konföderieren:** *sich zusammenschließen;* konföderierte Staaten; → Föderation

konform ⟨lat.⟩: konforme *(übereinstimmende)* Ansichten ‖ **konform gehen** = **konformgehen:** mit jemandem k. g. *(übereinstimmen)* ‖ **Konformismus** der, - ‖ **Konformist** der, -en/-en ‖ **Konformistin** die, -/-innen ‖ **konformistisch:** *[übertrieben] um Anpassung bemüht* ‖ **Konformität** die, -: *Einheitlichkeit*

Konfrontation [-tsi̯-] die, -/-en ⟨lat.⟩: *Gegenüberstellung* ‖ **Konfrontationskurs:** auf K. gehen *(eine Auseinandersetzung riskieren)* ‖ **konfrontieren** ‖ **Konfrontierung** die, -/-en

konfus ⟨lat.⟩: *wirr, kopflos* ‖ **Konfusion** die, -/-en: *Verwirrung, Verwicklung*

Konfuzianismus der, -: *Lehre des altchinesischen Philosophen Konfuzius*

kongenial: eine kongeniale *(geistig ebenbürtige)* Illustration ‖ **Kongenialität** die, -: *Geistesverwandtschaft*

Konglomerat das, -[e]s/-e ⟨lat.-fr.⟩: *aus Geröllen, Sanden und Lehm gebildetes Gestein* | *ungeordnete Masse*

Kongo der, -[s]: *afrikanischer Strom* | *Name zweier afrikanischer Staaten;* Demokratische Republik K.; Republik K. ‖ **Kongolese** der, -n/-n ‖ **Kongolesin** die, -/-innen ‖ **kongolesisch**

Kongregation [-tsi̯-] die, -/-en ⟨lat.⟩: *eine religiöse Vereinigung*

Kongress der, -es/-e ⟨lat.⟩: *[große] Tagung, Zusammenkunft* | (ohne Pl.) *Parlament in den USA* ‖ **Kongresshalle** ‖ **Kongresssaal** ‖ **Kongressstadt** ‖ **Kongressteilnehmer** ‖ **Kongressteilnehmerin** ‖ **Kongresszentrum**

kongruent (Math.) ⟨lat.⟩: kongruente *(deckungsgleiche)* Dreiecke | (Jus) *entsprechend, zustehend;* → G.: inkongruent ‖ **Kongruenz** die, -/-en: *Übereinstimmung* | (Gramm.) *Übereinstimmung (zusammengehöriger Satzteile) in Genus, Numerus und Kasus* ‖ **Kongruenzsatz** (Math.): *ein Lehrsatz* ‖ **kongruieren**

K.-o.-Niederlage [ka ˈoː-]; → K. o.

Konifere die, -/-n ⟨lat.⟩: *Nadelbaum*

König der, -s/-e: der K. von Spanien | *eine Spielkarte* | *eine Schachfigur* ‖ **Königin** die, -/-innen ‖ **Königinmutter:** *Mutter einer Königin/eines Königs* ‖ **Königinwitwe** ‖ **königlich** (kgl.): königlicher Schmuck; *aber:* die Königliche Hoheit; → k. ‖ **Königreich** ‖ **königsblau:** *leuchtend hellblau* ‖ **Königsfeder:** *Biegehantel* ‖ **Königshaus:** *königliches Herrschergeschlecht, Dynastie* ‖ **Königshof** ‖ **Königskerze:** *eine Pflanze* ‖ **Königsklasse** (Sport): *oberste Liga, höchste Spielstärke* ‖ **Königskobra** ‖ **Königskrone** ‖ **Königsmacher** (sal.): *sehr einflussreiche Persönlichkeit* ‖ **Königsmacherin** (sal.) ‖ **Königspaar** ‖ **Königspalast** ‖ **Königsschloss** ‖ **Königssohn** ‖ **Königstiger:** *indischer Tiger* ‖ **Königstochter** ‖ **königstreu** ‖ **Königsweg:** *optimale Lösung* ‖ **Königtum** das,

-s/-tümer
ko|nisch ⟨gr.-lat.⟩: *kegelförmig;* → Konus
Kon|jek|tur die, -/-en ⟨lat.⟩ (Lit.): *Textberichtigung, Textergänzung durch einen Herausgeber*
Kon|ju|ga|ti|on [-tsi̯-] die, -/-en ⟨lat.⟩ (Gramm.): *Formveränderung des Verbs;* → Flexion ‖ **kon|ju|gier|bar** ‖ **kon|ju|gie|ren** (Gramm.): *ein Verb abwandeln;* → flektieren ‖ **Kon|junk|ti|on** [-tsi̯-] die, -/-en (Astron.): *Stellung der Gestirne* | (Gramm.) *Bindewort, Einleitewort* ‖ **Kon|junk|tiv** der, -s/-e [-fɛ, -vɛ] (Gramm.): *Möglichkeitsform, eine Aussageweise des Verbs;* → Indikativ ‖ **kon|junk|ti|visch** [-v-] (Gramm.) ‖ **Kon|junk|ti|vi|tis** die, -/-vi|ti|den (Med.): *Bindehautentzündung* ‖ **Kon|junk|tur** die, -/-en: *[eine bes. günstige] Wirtschaftslage; Wirtschaftsaufschwung* ‖ **kon|junk|tur|ab|hän|gig** ‖ **Kon|junk|tur|ab|schwä|chung** ‖ **Kon|junk|tur|ba|ro|me|ter:** *kennzeichnende Wirtschaftsdaten* ‖ **Kon|junk|tur|be|le|bung** ‖ **kon|junk|tur|be|dingt** ‖ **kon|junk|tu|rell:** *der Wirtschaftslage entsprechend, auf sie bezogen* ‖ **Kon|junk|tur|ent|wick|lung** ‖ **Kon|junk|tur|flau|te** ‖ **Kon|junk|tur|la|ge** ‖ **Kon|junk|tur|pa|ket** ‖ **Kon|junk|tur|rück|gang** ‖ **Kon|junk|tur|ver|lauf** ‖ **Kon|junk|tur|zy|klus** [-tsy(ː)-]
kon|kav ⟨lat.⟩: *nach innen gewölbt;* → G.: konvex ‖ **Kon|kav|lin|se:** *Hohllinse* ‖ **Kon|kav|spie|gel**
Kon|kla|ve [-vɛ] das, -s/-n ⟨lat.⟩: *Versammlung der Kardinäle zur Papstwahl*
kon|klu|dent ⟨lat.⟩ (Jus): *schlüssig;* konkludente Zustimmung *(stillschweigende, durch schlüssige Handlung erfolgte Zustimmung)* ‖ **kon|klu|die|ren:** *folgern* ‖ **Kon|klu|si|on** die, -/-en: *Schlussfolgerung* ‖ **kon|klu|siv:** *folgernd*
kon|kor|dant ⟨lat.⟩ ‖ **Kon|kor|danz** die, -/-en: *Übereinstimmung* | *vergleichende Übersicht* ‖ **Kon|kor|danz|ta|bel|le:** *vergleichende parallele Übersicht*
Kon|kor|dat das, -[e]s/-e ⟨lat.⟩: *Vertrag zwischen einem Staat und dem Vatikan* | (Jus) *Vertrag zwischen Bund und Ländern oder zwischen Bundesländern untereinander*
Kon|kre|ment das, -[e]s/-e ⟨lat.⟩ (Med.): *festes Objekt im Körpergewebe oder in einem Körperhohlraum, zB Nierenstein*
kon|kret ⟨lat.⟩: *mit den Sinnen wahrnehmbar; anschaulich; bestimmt;* → G.: abstrakt ‖ **Kon|kret|heit** die, -/-en ‖ **Kon|kre|ti|on** [-tsi̯-] die, -/-en ‖ **kon|kre|ti|sie|ren:** *verdeutlichen, anschaulich darlegen;* → G.: abstrahieren

Kon|kur|rent

der, -en/-en ⟨lat.⟩: *Mitbewerber; Gegenspieler*
Deklination:
- die Meinung des Konkurrenten
- mit dem Konkurrenten (*nicht:* Konkurrent)
- ohne den Konkurrenten (*nicht:* Konkurrent)

‖ **Kon|kre|ti|sie|rung** die, -/-en ‖ **Kon|kre|ti|sie|rungs|grad:** *Ausmaß der Konkretheit [einer Gesetzesbestimmung]* ‖ **Kon|kre|tum** das, -s/Konkreta (Gramm.): *ein Nomen, das Gegenständliches bezeichnet;* → Abstraktum
Kon|ku|bi|nat das, -[e]s/-e ⟨lat.⟩ (Jus): *außereheliche Lebensgemeinschaft* ‖ **Kon|ku|bi|ne** die, -/-n (veraltet, abw.): *Geliebte, Lebensgefährtin*
Kon|kur|ren|tin die, -/-innen ‖ **Kon|kur|renz** die, -/-en: *Wettbewerb;* außer K. *(ohne Bewertung)* ‖ **kon|kur|renz|fä|hig** ‖ **kon|kur|ren|zie|ren:** unsere Tätigkeit wird nicht konkurrenziert *(ihr wird nicht Konkurrenz gemacht)* ‖ **Kon|kur|ren|zie|rung** die, -/-en ‖ **Kon|kur|renz|kampf** ‖ **Kon|kur|renz|klau|sel** (Jus): *vertraglich vereinbartes Wettbewerbsverbot* ‖ **kon|kur|renz|los:** dieses Produkt ist k. *(allein dastehend, allen vergleichbaren überlegen)* ‖ **Kon|kur|renz|neid** ‖ **Kon|kur|renz|un|ter|neh|men** ‖ **Kon|kur|renz|ver|bot** ‖ **kon|kur|rie|ren:** mit jemandem k. *(wetteifern)* ‖ **Kon|kurs** der, -es/-e (Wirt.) (früher): *Insolvenz;* in K. gehen ‖ **Kon|kurs|er|öff|nung** ‖ **Kon|kurs|ge|richt** ‖ **Kon|kurs|mas|se** ‖ **Kon|kurs|ord|nung** ‖ **Kon|kurs|recht** ‖ **Kon|kurs|ver|fah|ren** ‖ **Kon|kurs|ver|wal|ter** ‖ **Kon|kurs|ver|wal|te|rin**

kön|nen,

ich kann/konnte/gekonnt bzw. können: Deutsch können; ein gekonnter Sprung | ich kann nicht mehr *(bin satt; ich bin am Ende)* | (ugs.) mit jemandem gut können *(auskommen)* | *dürfen;* kann ich kommen?
Partizipbildung:
Steht „können" ohne ein weiteres Verb, lautet das 2. Partizip „gekonnt":
- sie hat das Beispiel gekonnt (ugs.: können)

Ist ein weiteres Verb vorhanden, so folgt auf den Infinitiv nicht das 2. Partizip, sondern „können":
- sie hat spielen können/lesen können

Kön|ner der, -s/- ‖ **Kön|ne|rin** die, -/-innen ‖ **Kön|ner|schaft** die, -
Kon|nex der, -es/-e ⟨lat.⟩: *Zusammenhang, Verbindung*
Kon|no|ta|ti|on [-tsi̯-] die, -/-en, *auch:* Konnotat das, -[e]s/-e ⟨lat.⟩ (Sprachwiss.): *die zum rein sachbezogenen Wortinhalt hinzutretenden Stilnuancen und Begleitvorstellungen;* → G.: Denotation ‖ **kon|no|ta|tiv**
Kon|quis|ta|dor [-ki-] der, -en [-s]/-en ⟨span.⟩: *spanischer Eroberer Mittel- bzw. Südamerikas im 16. Jh.*
Kon|rad, *auch:* Conrad [k-]: *männl. Vorname;* → Conni; → Kurt
Kon|se|kra|ti|on [-tsi̯-] die, -/-en ⟨lat.⟩ (kath.): *bes. Form der Weihe* ‖ **kon|se|krie|ren** (kath.): *weihen;* einen Bischof k.; eine konsekrierte *(in Leib und Blut Christi verwandelte)* Hostie
kon|se|ku|tiv ⟨lat.⟩: *nachfolgend* ‖ **Kon|se|ku|tiv|satz** (Gramm.): *Folgesatz*
Kon|sens der, -es/-e ⟨lat.⟩: *Zustimmung, Übereinstimmung;* → G.: Dissens ‖ **kon|sens|fä|hig:** dieser Vorschlag wäre k. ‖ **kon|sen|su|al:** *im Konsens, einvernehmlich* ‖ **kon|sen|su|ell:** *konsensual*
kon|se|quent ⟨lat.⟩: *folgerichtig; beharrlich;* → G.: inkonsequent ‖ **kon|se|quen|ter|wei|se** ‖ **Kon|se|quenz** die, -/-en: mit aller K. *(mit Entschlossenheit)* etwas vertreten | die Konsequenzen ziehen *(die Folgen einer Handlungsweise tragen)*
Kon|ser|va|tis|mus: *Konservativismus* ‖ **kon|ser|va|tiv** ⟨lat.⟩: *Hergebrachtes bewahrend* ‖ **Kon|ser|va|ti|ve**[1] der, -n/-n, ein Konservativer ‖ **Kon|ser|va|ti|ve**[2] die, -n/-n ‖ **Kon|ser|va|ti|vis|mus** [-v-] der, - ‖ **Kon|ser|va|ti|vi|tät** die, - ‖ **Kon|ser|va|tor** der, -s/-en [-'toː-]: *Be-*

K

treuer und Pfleger von Kunstdenkmälern oder wissenschaftlichen Sammlungen || **Konservatorin** die, -/-innen || **konservatorisch** || **Konservatorium** das, -s/Konservatorien [-i̯ɛn]: *eine Musikschule* || **Konserve** [-vɛ, -fɛ] die, -/-n: *haltbar gemachtes Nahrungsmittel [in Dosen, Gläsern]* || **Konservendose** || **Konservenfabrik** || **konservierbar** || **konservieren:** Früchte k. | ein altes Fresko k. *(die originale Substanz erhalten)* || **Konservierung** die, -/-en || **Konservierungsmittel**

Konsignation [-tsi̯-] die, -/-en ⟨lat.⟩ (Wirt.): *zweckgebundene [Geld]anweisung*

Konsiliararzt ⟨lat.⟩: *beratender zweiter Arzt* || **Konsiliarärztin** || **Konsilium** das, -s/Konsilien [-i̯ɛn]: *eine Beratung;* ein ärztliches K.

konsistent ⟨lat.⟩: *zusammenhängend* | *dicht; beständig, zähflüssig;* → G.: inkonsistent || **Konsistenz** die, -

Konsistorialrat (KR) ⟨lat.⟩: *ein Titel für Geistliche* || **Konsistorium** das, -s/Konsistorien [-i̯ɛn]: *Kardinalsversammlung* | *Verwaltungsbehörde einer Diözese*

konskribieren ⟨lat.⟩ (Mil.) (früher): *einberufen* || **Konskription** [-tsi̯-] die, -/-en (früher) || **Konskriptionsnummer** (bes. früher) (Amtsspr.): *Hausnummer in der Katastralgemeinde*

Konsole die, -/-n ⟨fr.⟩: *ein [Wand-]vorsprung, Gesims* | *Spielkonsole*

Konsolidation [-tsi̯-] die, -/-en ⟨lat.⟩ || **konsolidieren:** *sichern, festigen;* die Regierung hat sich konsolidiert || **Konsolidierung** die, -/-en

Konsonant der, -en/-en ⟨lat.⟩ (Sprachwiss.): *Mitlaut;* → Vokal || **Konsonantenbuchstabe:** *b, m, s, x, z ua.* || **Konsonanz** die, -/-en (Mus.): *Wohlklang;* → G.: Dissonanz || **konsonieren** (Mus.); → G.: dissonieren

Konsorte der, -n/-n ⟨lat.⟩ (Wirt.): *Konsortiumsmitglied* | (nur Pl.) (abw.) *die Mittäter* || **Konsortin** die, -/-innen (Wirt.) || **Konsortium** [-tsi̯-] das, -s/Konsortien [-tsi̯ɛn] (Wirt.): *Zusammenschluss, Arbeitsgemeinschaft von Unternehmen;* landwirtschaftliches K.

Konspiration [-tsi̯-] die, -/-en ⟨lat.⟩: *Verschwörung* || **konspirativ:** eine konspirative Wohnung || **konspirieren:** *sich verschwören;* mit dem Ausland gegen die Regierung k.

konstant ⟨lat.⟩: *gleich bleibend, beständig;* → G.: variabel || **Konstante** die, -n/-n (Math., Phys.): *unveränderliche Größe;* die Konstanten | (auch mit Pl. -) zwei, mehrere Konstante[n]; → G.: Variable || **Konstantin:** *männl. Vorname* || **Konstantinopel:** *früherer (griechischer) Name von Istanbul;* → Byzanz || **Konstanz**[1] die, -/-en: *das Konstantbleiben;* → G.: Inkonstanz

Konstanz[2]: *deutsche Stadt am Bodensee*

Konstanze, *auch:* Constanze [k-]: *weibl. Vorname;* → Conni

konstatieren ⟨lat.⟩: *feststellen* || **Konstatierung** die, -/-en

Konstellation [-tsi̯-] die, -/-en ⟨lat.⟩: *Zusammentreffen von Umständen, gegebene Lage* | (Astron.) die K. *(Stellung)* der Gestirne

Konsternation [-tsi̯-] die, -/-en ⟨lat.⟩ || **konsternieren** || **konsterniert:** *verstört, betroffen* || **Konsterniertheit** die, -/-en

konstituieren ⟨lat.-fr.⟩: *festsetzen; gründen* || **Konstituierung** die, -/-en: die K. des Vereins || **Konstitution** [-tsi̯-] die, -/-en: *Körperbeschaffenheit von Lebewesen* | (Pol.) *Verfassung eines Staates* || **Konstitutionalismus** der, - (Pol.) || **konstitutionell** [-tsi̯-] (Pol.): konstitutionelle Monarchie || **konstitutiv:** *wesentlich, grundlegend*

Konstriktion [-st-tsi̯-] die, -/-en ⟨lat.⟩ (Biol., Med.): *[krankhaftes] Zusammenschnüren [eines Hohlorgans]* | (Med.) *Muskelzusammenziehung*

konstruieren ⟨lat.⟩: *bauen; entwerfen;* ein Dreieck k. || **Konstrukt** das, -[e]s/-e (auch abw.): *Arbeitshypothese, [bloße] Konstruktion, Konstruktum* || **Konstrukteur** [-ˈtøːɐ] der, -s/-e ⟨lat.-fr.⟩ || **Konstrukteurin** die, -/-innen || **Konstruktion** [-tsi̯-] die, -/-en ⟨lat.⟩: die K. *(der zeichnerische Entwurf; die Bauart; der Bau)* einer Brücke || **Konstruktionszeichnung** || **konstruktiv:** *aufbauend;* → G.: destruktiv || **Konstruktivismus** [-v-] der, -: *eine Richtung der bildenden Kunst im 20. Jh.* | *eine philosophische Richtung* || **Konstruktum** das, -s/-strukta: *Konstrukt*

Konsul der, -s/-n ⟨lat.⟩: *Vertreter eines Staates im Ausland [für nichtpolitische Angelegenheiten]* | (Gesch.) *höchster gewählter Beamter im alten Rom* || **Konsulat** das, -[e]s/-e: *Amt[sstelle] des Konsuls* || **Konsulent** der, -en/-en: *[Fach]berater* || **Konsulentenvertrag** || **Konsulentin** die, -/-innen || **Konsulin** die, -/-innen || **Konsultation** [-tsi̯-] die, -/-en || **konsultativ** || **konsultieren:** einen Arzt k. *(zu Rate ziehen)* || **Konsultierung** die, -/-en

Konsum der, -s ⟨lat.⟩: *Verbrauch [von Lebensmitteln]* | (früher) *Konsumgenossenschaft* || **Konsumartikel** || **Konsumation** [-tsi̯-] die, -/-en: *das, was man in einem Lokal isst und trinkt* || **Konsumationsabgabe** (Amtsspr.) || **Konsumationszwang:** *Verpflichtung, in einem Lokal auch etwas zu konsumieren* || **Konsument** der, -en/-en: *Verbraucher, Käufer* || **Konsumentenberatung** || **konsumentenfreundlich** || **Konsumenteninformation** [-tsi̯-] || **Konsumentenschutz:** *Verbraucherschutz* || **Konsumentenschutzgesetz** || **Konsumententelefon** || **Konsumentin** die, -/-innen || **Konsumfinanzierung** (Bankw.): *Konsumkredit* || **Konsumgesellschaft** || **Konsumgüterindustrie** || **konsumieren:** *zu sich nehmen, verbrauchen* || **Konsumkredit:** *ein Kleinkredit* || **konsumtiv** || **Konsumverhalten:** *Art, wie die Menschen auf das Warenangebot reagieren* || **Konsumzwang**

kontagiös ⟨lat.⟩ (Med.): *ansteckend* || **Kontakt** der, -[e]s/-e: keinen persönlichen K. *(keine persönliche Verbindung)* haben | elektrischer K. *(Berührung der leitenden Metallstücke)* || **Kontaktadresse:** *Adresse, an die man sich in einer bestimmten Situation wenden kann* || **Kontaktanzeige** || **kontaktarm** || **Kontaktaufnahme** || **Kontaktfrau** || **kontaktfreudig** || **Kontaktgespräch** || **Kontaktgift:** *Gift, das bei Kontakt [Pflanzen] tötet* || **Kontaktgriller:** *ein Gerät zum Grillen* || **kontaktieren:** eine Geschäftspartnerin k. *(Verbindung mit ihr aufnehmen)* || **Kontaktinfektion** [-tsi̯-] (Med.) || **Kontaktlinse:** *Haftschale auf dem*

Augapfel (statt Brillen) ‖ **Kontaktlinsenträger** ‖ **Kontaktlinsenträgerin** ‖ **Kontaktmann** ‖ **Kontaktnahme** die, -/-n ‖ **Kontaktperson** ‖ **Kontaktpflege** ‖ **kontaktscheu** ‖ **kontaktunfähig**

Kontamination [-tsi̯-] die, -/-en ⟨lat.⟩ ‖ **kontaminieren:** *verunreinigen; verstrahlen;* → G.: dekontaminieren ‖ **Kontaminierung** die, -/-en

Kontemplation [-tsi̯-] die, -/-en ⟨lat.⟩: *geistige Versenkung, Betrachtung* ‖ **kontemplativ**

kontemporär: *zeitgenössisch*

Konten die (Pl. von → Konto)

Kontenance [kõtœ'nãːs] = → Contenance

Kontenplan ⟨it.⟩ (Wirt.) ‖ **Kontenrahmen** (Wirt.)

Konter der, -s/- ⟨lat.-fr.-engl.⟩ (bes. Fußball): *Angriff aus dem Angriff des Gegners heraus* ‖ **Konterattacke** (veraltet) (bes. Sport) ‖ **Konterbande** die, - (veraltet): *Schmuggelgut* ‖ **Konterfei** [auch: -'faɪ] das, -s/-s [-e] (veraltet): *Bildnis, Porträt* ‖ **konterfeien** [auch: -'faɪ-] (veraltet) ‖ **konterkarieren:** *hintertreiben* ‖ **kontern** (Sport): *aus der Verteidigung heraus angreifen* | *entgegnen* ‖ **Konterrevolution** [-v-tsi̯-]: *Gegenrevolution* ‖ **konterrevolutionär** ‖ **Kontertanz:** *beliebte Tanzform um 1800*

Kontext [auch: -'ɛ-]: *der ein Wort umgebende Text, der seine Bedeutung klärt; Zusammenhang* ‖ **kontextuell:** *den Kontext betreffend*

Konti die (Pl. von → Konto) ‖ **kontieren** (Kaufmannsspr.): *verbuchen*

Kontinent [auch: 'kɔ-] der, -[e]s/-e ⟨lat.⟩: *Festland; Erdteil* ‖ **kontinental:** das kontinentale Klima ‖ **Kontinentaleuropa** ‖ **Kontinentalklima** ‖ **Kontinentalverschiebung** (Geol.) ‖ **Kontinenz** die, - (Med.): *Fähigkeit, seinen Harn- bzw. Stuhldrang zu beherrschen;* → G.: Inkontinenz

Kontingent das, -[e]s/-e ⟨lat.⟩: *begrenzte Menge, die zur Verfügung steht* ‖ **kontingentieren** ‖ **Kontingentierung** die, -/-en

kontinuierlich ⟨lat.⟩: *fortlaufend, zusammenhängend;* → G.: diskontinuierlich ‖ **Kontinuität** die, - ‖ **Kontinuum** das, -s/Kontinua: *zusammenhängendes Ganzes*

Konto das, -s/Konten [Kontos/Konti] ⟨it.⟩: bei einer Bank ein K. haben; das geht auf sein K. *(das muss er zahlen; er haftet dafür; er ist schuld daran)* ‖ **Kontoabschöpfung** (Bankw.): *Überweisung eines Geldbetrages von einem Konto auf ein anderes* ‖ **Kontoauszug** ‖ **Kontobewegung** ‖ **Kontoführung** ‖ **Kontoführungsgebühr** ‖ **Kontoinhaber** ‖ **Kontoinhaberin** ‖ **Kontokorrent** das, -s/-e (Kaufmannsspr.): *laufende Rechnung; Verrechnung gegenseitiger Forderungen innerhalb bestimmter Zeiträume* ‖ **Kontokorrentkredit:** *Bankkredit in einer bestimmten Höhe* ‖ **Kontonummer**

Kontor das, -s/-e ⟨lat.-fr.-niederl.⟩ (veraltet): *Büro eines Kaufmanns*

Kontorsion die, -/-en ⟨lat.⟩ (Med.): *Gelenksverdrehung*

Kontostand ⟨it.⟩

kontra = contra [k-] ⟨lat.⟩: *gegen;* Helga k. Klaus; schon aus Prinzip k. *(dagegen)* sein | (Großschreibung) das Pro und [das] Kontra; jemandem Kontra geben *(energisch widersprechen)* ‖ **Kontrabass:** *Bassgeige;* → Bass ‖ **Kontradiktion** [-tsi̯-] die, -/-en (Phil.): *Widerspruch* ‖ **kontradiktorisch** ‖ **Kontrafagott:** *ein um eine Oktav tieferes Fagott* ‖ **Kontragitarre:** *Gitarre mit zusätzlichen langen Basssaiten [in der Schrammelmusik]*

Kontrahent der, -en/-en ⟨lat.⟩: *Gegner* | *Vertragspartner* ‖ **Kontrahentin** die, -/-innen ‖ **kontrahieren** (Med., Biol.): *zusammenziehen;* die Muskeln k.; → Kontraktion | (Jus) *einen Vertrag abschließen* ‖ **Kontrahierungszwang** (Jus): *Vertragszwang, Zwang zum Vertragsabschluss*

Kontraindikation [-tsi̯-] die, -/-en ⟨lat.⟩ (Med.): *Veranlassung, eine bestimmte medizinische Behandlung zu unterlassen, Gegenanzeige;* → G.: Indikation ‖ **kontraindiziert** (Med.)

Kontrakt der, -[e]s/-e ⟨lat.⟩: *Vertrag* ‖ **Kontraktbruch** ‖ **kontraktbrüchig** ‖ **Kontraktion** [-tsi̯-] die, -/-en (Med., Biol.): *Zusammenziehung [eines Muskels];* → kontrahieren ‖ **kontraktlich:** *vertraglich*

Kontraoktav = **Kontraoktave** [-vɛ, -fɛ] ⟨lat.⟩ (Mus.): *die Töne C_1 bis H_1* ‖ **kontraproduktiv:** *das Gegenteil des Erwünschten bewirkend;* → G.: produktiv ‖ **Kontrapunkt** (Mus.): *kunstvolle Stimmführung; Gegenstimme* ‖ **kontrapunktieren** (Mus.) ‖ **Kontrapunktik** die, - (Mus.) ‖ **kontrapunktisch** (Mus.) ‖ **konträr:** konträrer *(entgegengesetzter)* Meinung sein ‖ **Kontrast** der, -[e]s/-e: *auffallender Unterschied; Gegensatz* ‖ **kontrastarm** ‖ **Kontrastfarbe** ‖ **kontrastieren:** mit etwas k. *(einen Gegensatz dazu bilden)* ‖ **Kontrastmittel:** *Mittel, das vor Röntgenaufnahmen der inneren Organe einzunehmen ist* ‖ **Kontrastprogramm** ‖ **kontrastreich** ‖ **Kontratenor** = → Countertenor ‖ **Kontrazeption** [-tsi̯-] die, -/-en (Med.): *Empfängnisverhütung* ‖ **kontrazeptiv** (Med.) ‖ **Kontrazeptivum** [-v-] das, -s/Kontrazeptiva (Med.): *empfängnisverhütendes Mittel, zB die Pille*

Kontribution [-tsi̯-] die, -/-en ⟨lat.⟩: *Zahlungen der Bevölkerung an eine Besatzungsmacht*

Kontrollabschnitt ⟨fr.+dt.⟩ ‖ **Kontrollamt:** *Prüfungsbehörde für die Gebarung einer ganzen Gemeinde;* K. der Stadt Wien ‖ **Kontrollamtsbericht** ‖ **Kontrollausschuss** ‖ **Kontrollbank** die, -/-en (Wirt., Bankw.): *eine Bank mit Aufsichtsfunktion* ‖ **Kontrolle** die, -/-n: *Überprüfung; Aufsicht* | die K. *(Herrschaft)* über das Auto verlieren; außer K. geraten; etwas unter K. halten ‖ **Kontrolleur** [-'løːə] (D): *Kontrollor* ‖ **Kontrolleurin** die, -/-innen (D) ‖ **Kontrollfrage** ‖ **Kontrollfunktion** [-tsi̯-] ‖ **Kontrollgang** ‖ **kontrollierbar** ‖ **kontrollieren:** *überprüfen* | *beherrschen;* den Markt k. ‖ **Kontrollinstanz** [-st-] ‖ **Kontrolllampe** ‖ **Kontrollliste** ‖ **Kontrollor** der, -s/-e: dem K. den Fahrschein vorweisen ‖ **Kontrollorgan:** *[eine Behörde] mit besonderen Aufgaben* ‖ **Kontrollorin** die, -/-innen ‖ **Kontrollturm** (Verk.)

kontrovers [-v-] ⟨lat.⟩: *umstritten, entgegengesetzt;* kontroverse *(gegensätzliche)* Stellungnahmen ‖ **Kontroverse** die, -/-n: *Auseinandersetzung; Meinungsverschiedenheit* ‖ **kontroversiell:** dieser Punkt ist noch k. *(umstritten)*

Kontumation [-tsi̯-] die, -/-en ⟨lat.⟩ (Jus): *Ausschluss einer bei Gericht säumigen Partei vom weiteren Verfahren, Kontumaz* ‖ **Kontumaz** die, - (Amtsspr.): *Verkehrssperre für Menschen und Haustiere als Seuchenschutzmaßnahme, Quarantäne* | (Jus) *Kontumation* ‖ **Kontumazanstalt** (Amtsspr.) ‖ **kontumazieren** (Amtsspr.)

Kontur die, -/-en ⟨lat.-it.-fr.⟩: *Umriss, Randlinie* ‖ **konturieren:** *skizzieren* ‖ **Konturierung** die, -/-en

Kontusion die, -/-en ⟨lat.⟩ (Med.): *Quetschung*

Konus der, -/-nusse ⟨gr.-lat.⟩: *Kegel, kegelförmiger Teil;* → konisch

Konvaleszenz [-v-] die, -/-en ⟨lat.⟩ (Jus): *nachträgliches Wirksamwerden eines anfangs ungültigen Geschäftes*

K

Konvektion [-vɛktsi̯-] die, -/-en ⟨lat.⟩ (Phys.): *eine besondere Form der Wärmeübertragung* ‖ **Konvektor** der, -s/-en [-ˈtoː-]: *ein Heizkörper*

konvenieren [-v-] ⟨lat.⟩ (geh.): *genehm sein, passen* ‖ **Konvent** der, -[e]s/-e: *Versammlung [in Klöstern]* | *Kloster* ‖ **Konvention** [-tsi̯-] die, -/-en: *Übereinkunft; gesellschaftlicher Brauch* | *Abkommen;* die K. zum Schutz der Menschenrechte und Grundfreiheiten ‖ **Konventionalität** die, -/-en ‖ **Konventionalstrafe** (Jus): *Vertragsstrafe; vertraglich festgelegte Schadenersatzleistung bei Nichterfüllung eines Vertrages* ‖ **konventionell:** *üblich, althergebracht* | *förmlich* | (Mil.) konventionelle *(herkömmliche)* Waffen *(im Gegensatz zu den ABC-Waffen)* ‖ **konventioniert** (SüdT): *in einem Vertragsverhältnis stehend, zB von Ärzten mit Institutionen* ‖ **Konventionsflüchtling:** *nach der Genfer Flüchtlingskonvention anerkannter Flüchtling*

konvergent [-v-] ⟨lat.⟩ ‖ **Konvergenz** die, -/-en: *Annäherung; Übereinstimmung;* → G.: Divergenz ‖ **Konvergenzkriterium** (meist Pl.): *Voraussetzung für die Teilnahme eines EU-Mitgliedstaates an der Europäischen Wirtschafts- und Währungsunion* ‖ **konvergieren**

Konversation [-v-tsi̯-] die, -/-en ⟨lat.-fr.⟩: *Gespräch, Geplauder* ‖ **Konversationslexikon:** *ein umfassendes Lexikon* ‖ **konversieren** (geh.): *Konversation machen; plaudern*

Konversion [-v-] die, -/-en ⟨lat.⟩: *Bekehrung, Übertritt in eine andere Glaubensgemeinschaft* | (Jus) *die Umdeutung einer Vertragsbestimmung durch die Vertragsparteien* ‖ **Konverter** der, -s/- ⟨lat.-fr.-engl.⟩ (Phys., Technik): *Vorrichtung zur Umwandlung [von Signalen]* | *ein optisches Gerät* | *ein Kernreaktor* ‖ **konvertibel** ⟨lat.-fr.⟩: *konvertierbar;* → G.: inkonvertibel ‖ **Konvertibilität** die, -/-en (Bankw.): *Umwandlung einer Währung in eine andere* ‖ **konvertierbar:** konvertierbare *(eintauschbare, umwechselbare)* Währungen ‖ **Konvertierbarkeit** die, - (bes. Bankw.) ‖ **konvertieren** (Rel.): zum Katholizismus k. *(übertreten)* | (Bankw.) *Geld wechseln* | (EDV) *in ein anderes Programm übertragen* ‖ **Konvertierung** die, -/-en ‖ **Konvertit** der, -en/-en: *jemand, der zu einem anderen Religionsbekenntnis übergetreten ist* ‖ **Konvertitin** die, -/-innen

konvex [-v-] ⟨lat.⟩: *nach außen gewölbt;* → G.: konkav ‖ **Konvexlinse**

Konvikt [-v-] das, -[e]s/-e ⟨lat.⟩: *Schülerheim*

Konvoi [-v-, auch: ˈkɔ-] der, -s/-s ⟨lat.-fr.-engl.⟩: *Geleitzug [aus mehreren Autos, Schiffen] als Schutz* | *Kolonne*

Konvokation [-v-] die, -/-en ⟨lat.⟩ (Jus): *Verständigung der Gläubiger im Nachlassverfahren*

Konvolut [-v-] das, -[e]s/-e ⟨lat.⟩: *Sammelband; Bündel von Schriftstücken*

Konvulsion [-v-] die, -/-en ⟨lat.⟩ (Med.): *Schüttelkrampf* ‖ **konvulsiv** (Med.): *konvulsivisch* ‖ **konvulsivisch** (Med.): konvulsivische Zuckungen

konzedieren ⟨lat.⟩: *zugestehen;* → Konzession

Konzelebration [-tsi̯-] ⟨lat.⟩ (kath.): *gemeinsame Messfeier mit mehreren Geistlichen* ‖ **konzelebrieren** (kath.)

Konzentrat das, -[e]s/-e ⟨gr.-lat.⟩ (bes. Chem.): *hoch konzentrierte Lösung* ‖ **Konzentration** [-tsi̯-] die, -/-en: *Zusammenfassung, Bündelung der Kräfte* | *Anspannung der Kräfte, Gedanken; angespannte Aufmerksamkeit* | (Chem.) *Gehalt eines gelösten Stoffes in einer Lösung* ‖ **Konzentrationsfehler** ‖ **Konzentrationslager** (KZ) (bes. im Nationalsozialismus): *Lager, in dem deportierte Menschen misshandelt oder ermordet werden; Vernichtungslager* | (Gesch.) *Internierungs-, Straf-, Zwangsarbeitslager* ‖ **Konzentrationsmangel** ‖ **Konzentrationsregierung:** *Regierung aus allen im Parlament vertretenen Parteien* ‖ **Konzentrationsschwäche** ‖ **Konzentrationsvermögen** ‖ **konzentrieren:** sich auf eine Arbeit k. *(sich mit ihr gründlich beschäftigen);* konzentriert arbeiten | (bes. Chem.) eine hoch konzentrierte Salzlösung ‖ **Konzentriertheit** die, - ‖ **Konzentrierung** die, -/-en ‖ **konzentrisch:** *auf einen gemeinsamen Mittelpunkt gerichtet*

Konzept das, -[e]s/-e ⟨lat.⟩: das K. *(der Entwurf)* eines Vertrages; sich nicht aus dem K. bringen *(sich nicht beirren)* lassen; → konzipieren ‖ **Konzeption** [-tsi̯-] die, -/-en: *gedanklicher Entwurf* | (Med.) *Empfängnis* ‖ **konzeptionell** ‖ **konzeptionslos** ‖ **konzeptiv:** eine konzeptive *(entwerfende)* Tätigkeit ‖ **konzeptlos** ‖ **Konzeptlosigkeit** die, - ‖ **Konzeptpapier** (früher): *eine mindere Schreibpapiersorte* ‖ **Konzeptsbeamte:** *Beamter, der Schriftstücke, zB Erlässe, entwirft* ‖ **Konzeptsbeamtin** ‖ **konzeptuell**

Konzern der, -s/-e ⟨lat.-fr.-engl.⟩: *eine Gruppe, Vereinigung von [gleichartigen] wirtschaftlichen Unternehmungen* ‖ **konzernieren** (Wirt.): *einen Konzern aufbauen* ‖ **Konzernierung** die, -/-en (Wirt.) ‖ **Konzernleitung** ‖ **Konzernmutter** ‖ **Konzernzentrale**

Konzert das, -[e]s/-e ⟨lat.-it.⟩: ein K. für Oboe und Geige ‖ **Konzertagentur** ‖ **konzertant** (Mus.): *konzertmäßig* ‖ **Konzertflügel:** *ein großes Klavier* ‖ **Konzerthaus:** das K. in Wien ‖ **konzertieren** (geh.): *ein Konzert geben* ‖ **konzertiert** (geh.): eine konzertierte *(verabredete, abgestimmte)* Aktion ‖ **Konzertmeister:** *Stimmführer der Violinen im Orchester* ‖ **Konzertmeisterin** ‖ **Konzertprogramm** ‖ **Kon-**

zert|pu|bli|kum ‖ **kon|zert|reif** ‖ **Kon|zert|saal** ‖ **Kon|zert|sän|ger** ‖ **Kon|zert|sän|ge|rin** ‖ **Kon|zert|stück:** *meist einsätziges Konzert für Soloinstrument(e)*

Kon|zes|si|on die, -/-en ⟨lat.⟩: *Zugeständnis* | (Wirt.) *behördliche Bewilligung [zur Führung eines Geschäfts];* → konzedieren ‖ **kon|zes|si|o|niert:** *mit einer Konzession, bewilligt* ‖ **kon|zes|si|ons|be|reit:** *zu Zugeständnissen bereit* ‖ **Kon|zes|si|ons|be|reit|schaft** ‖ **Kon|zes|si|ons|ge|wer|be** ‖ **Kon|zes|si|ons|in|ha|ber** ‖ **Kon|zes|si|ons|in|ha|be|rin** ‖ **kon|zes|si|ons|pflich|tig** ‖ **Kon|zes|si|ons|prü|fung**

Kon|zil das, -s/-e [-ien] [-ien] ⟨lat.⟩: *eine katholische Kirchenversammlung;* das Zweite Vatikanische K. (1962–1965) ‖ **kon|zi|li|ant:** *verträglich; entgegenkommend; umgänglich;* → G.: inkonziliant ‖ **Kon|zi|li|anz** die, - (geh.) ‖ **Kon|zils|va|ter** (meist Pl.): *Teilnehmer eines Konzils*

Kon|zi|pi|ent der, -en/-en ⟨lat.⟩: *juristische Hilfskraft eines Anwalts* ‖ **Kon|zi|pi|en|tin** die, -/-innen ‖ **kon|zi|pie|ren:** *entwerfen;* → Konzept

kon|zis ⟨lat.⟩: eine konzise *(kurze, gedrängte)* Darstellung

Ko|ope|ra|ti|on [-tsi-] die, -/-en ⟨lat.⟩: *Zusammenarbeit* ‖ **ko|ope|ra|ti|ons|be|reit** ‖ **Ko|ope|ra|ti|ons|ver|trag** (Wirt.): *Zusammenschluss von Unternehmen zur gemeinsamen Geschäftsabwicklung* ‖ **ko|ope|ra|tiv:** k. handeln | (mit Abkürzung KMS) **K**ooperative Mittelschule ‖ **Ko|ope|ra|tor** der, -s/-en [-'to:-]: *ein katholischer Geistlicher, Kaplan* ‖ **ko|ope|rie|ren:** *zusammenarbeiten*

ko|op|tie|ren: jemanden in den Vereinsvorstand k. *(aufnehmen, hinzuwählen)* ‖ **Ko|op|tie|rung** die, -/-en ‖ **Ko|op|ti|on** [-tsi-]

Ko|or|di|na|ten die (Pl.) (Math.): *Zahlenangaben zur Lage eines Punktes* ‖ **Ko|or|di|na|ten|ach|se** [-ks-] ‖ **Ko|or|di|na|ten|sys|tem** [-zy-] ‖ **Ko|or|di|na|ti|on** [-tsi-] die, -/-en: *Koordinierung* ‖ **Ko|or|di|na|ti|ons|stö|rung** ‖ **Ko|or|di|na|tor** der, -s/-en [-'to:-] ‖ **Ko|or|di|na|to|rin** die, -/-innen ‖ **ko|or|di|nie|ren:** Maßnahmen, Termine k. *(aufeinander abstimmen)* ‖ **Ko|or|di|nie|rung** die, -/-en

Ko|pen|ha|gen [auch: 'ko(:)-] (dänisch: København [kø-'haun]): *Hauptstadt Dänemarks*

Kö|per der, -s/- ⟨niederl.⟩: *ein Gewebe, zB Denim* ‖ **Kö|per|bin|dung:** *eine Webtechnik*

ko|per|ni|ka|nisch: *nach dem Astronomen Kopernikus benannt;* das kopernikanische Weltbild *(mit der Sonne im Zentrum);* → ptolemäisch | eine kopernikanische Wende *(epochemachende Veränderung)*

Kopf der, -[e]s/Köpfe: K. und Kragen riskieren; von K. bis Fuß *(völlig);* den K. *(die Übersicht)* verlieren; sich den K. zerbrechen *(angespannt nachdenken);* jemandem etwas an den K. werfen *(direkt sagen);* einen kühlen/klaren K. bewahren; *aber:* → kopfstehen ‖ **Kopf-an-Kopf-Ren|nen:** beim Sprint gab es ein K. ‖ **Kopf|bahn|hof:** *Bahnhof mit gleicher Ein- und Ausfahrt* ‖ **Kopf|ball:** mit einem K. ein Tor erzielen ‖ **Kopf|be|de|ckung** ‖ **Kopf|be|we|gung** ‖ **Köpf|chen** das, -s/-: *[kleiner] Kopf* | *Verstand* ‖ **köp|feln,** ich köpfle: *einen Kopfsprung machen* | (Sport) *den [Fuß]ball mit dem Kopf spielen* ‖ **köp|fen:** *enthaupten* ‖ **Köp|fe|rol|len:** nach der Sitzung gab es bei den Funktionären ein K. *(Absetzungen)* ‖ **Kopf|form** ‖ **Kopf|fü|ßer** (Zool.): *im Meer lebendes Weichtier, zB Tintenfisch* ‖ **Kopf|geld:** *Prämie für das Ergreifen eines Gesuchten* ‖ **Kopf|haar** ‖ **Kopf|haupt:** *obere Bettbegrenzung* ‖ **Kopf|haut** ‖ **Kopf|hö|rer:** *Lautsprecher, der direkt am/im Ohr getragen wird* ‖ **Kopf|hö|rer|an|schluss:** ein Fernseher mit K. ‖ **-köp|fig** (nur in Zusammensetzungen wie zweiköpfig) ‖ **Kopf|jagd:** *Erbeutung von Feindesköpfen* ‖ **Kopf|kis|sen** ‖ **Kopf|la|ge** (Med.): *eine Lage des Kindes bei der Geburt* ‖ **kopf|las|tig:** *[bei Fahrzeugen] vorne zu stark belastet* | *zu sehr verstandesmäßig* ‖ **Kopf|laus:** *eine am Menschen parasitierende Laus* ‖ **Köpf|ler** der, -s/-: *Kopfsprung* | (im Fußball) *Kopfstoß* ‖ **kopf|los:** *ohne Kopf* | *ohne klaren Verstand* ‖ **Kopf|ni|cken** das, -s ‖ **Kopf|nuss** (ugs.): *leichter Schlag auf den Kopf;* → Kopfstück ‖ **Kopf|pols|ter** ‖ **Kopf|putz** (veraltend): *[festlicher] Haarschmuck* ‖ **Kopf|quo|te:** *Quote pro Person* ‖ **kopf|rech|nen:** gut k. können; *aber:* ich rechne im Kopf ‖ **Kopf|sa|lat:** *Häuptelsalat* ‖ **kopf|scheu:** *verwirrt* ‖ **Kopf|schmerz** (meist Pl.) ‖ **Kopf|schmuck** ‖ **Kopf|schuss** ‖ **Kopf|schüss|ler** der, -s/- (sal., abw.): ich bin ja kein K. *(ich bin ja nicht blöd)* ‖ **Kopf|schüss|le|rin** die -/-innen (sal., abw.) ‖ **Kopf|schüt|teln** das, -s: *ein Ausdruck von Verwunderung oder Ablehnung* ‖ **kopf|schüt|telnd** ‖ **Kopf|schutz** ‖ **Kopf|sprung** ‖ **Kopf|stand:** *eine Turnübung* ‖ **kopf|ste|hen,** ich stehe kopf/ich bin kopfgestanden: *auf dem Kopf stehen; einen Kopfstand machen* | *bestürzt sein* ‖ **Kopf|stein|pflas|ter:** *ein Steinpflaster* ‖ **Kopf|steu|er:** *Steuer pro Kopf* ‖ **Kopf|stim|me:** *höhere Lage der menschlichen Stimme mit Kopfresonanz;* → G.: Bruststimme ‖ **Kopf|stück,** *auch:* **Kopfstückl:** *Teil zB von Holzblasinstrumenten* | (ugs., veraltend) *Kopfnuß* ‖ **Kopf|stüt|ze** ‖ **Kopf|tuch** ‖ **Kopf|tuch|ver|bot** ‖ **Kopf|tuch|zwang** (im Islam) ‖ **kopf|über:** *mit dem Kopf voraus* ‖ **kopf|un|ter:** *mit dem Kopf nach unten* ‖ **Kopf|ver|let|zung** ‖ **kopf|vo|ran:** *kopfüber;* k. ins Wasser springen; *aber:* mit dem Kopf voran ‖ **Kopf|weh** ‖ **Kopf|weh|pul|ver** [-f-] ‖ **Kopf|zahl:** die K. *(Anzahl)* der Teilnehmer hat sich vervielfacht ‖ **Kopf|zei|le:** *Zeile am Anfang jeder Seite eines Dokumentes bzw. Druckwerkes* ‖ **Kopf|zer|bre|chen** das, -s: das macht mir viel K. *(Sorgen)*

Ko|pie [auch: 'ko:pie] die, -/-n ⟨lat.⟩: *Abschrift [einer Urkunde]; Vervielfältigung; Fotokopie* | *Nachbildung [eines Kunstwerks]* | (oft abw.) eine schwache K. *(Nachahmung)* des Konkurrenzmodells ‖ **Ko|pier|an|stalt** ‖ **ko|pie|ren:** *nachmachen; nachahmen* | *eine Kopie herstellen;* eine Datei in ein Verzeichnis k.; → Kopist ‖ **Ko|pie|rer** der, -s/-: *Kopiergerät* ‖ **Ko|pier|ge|rät** ‖ **Ko|pier|pa|pier** ‖ **Ko|pier|schutz:** eine CD mit K. ‖ **Ko|pier|vor|la|ge**

Ko|pi|lot = Copilot [k-]: *der zweite Pilot* ‖ **Ko|pi|lo|tin** = Copilotin

Ko|pist der, -en/-en ⟨lat.⟩: *jemand, der [Handschriften] kopiert* ‖ **Ko|pis|tin** die, -/-innen

Kop|pel[1] die, -/-n: *eingezäunte Weidefläche für Pferde* ‖ **Kop|pel**[2] die, -/-n (D: das, -s/-): *ein Riemen [zum Zusammenhängen von Tieren]; Uniformgürtel* | *Gruppe [von Jagdhunden]* ‖ **kop|peln,** ich

K

kopple: *verbinden* ‖ **Koppelung** die, -/-en, *auch:* **Kopplung**

Kopra die, - ⟨tamilisch-port.⟩: *getrocknete und zerkleinerte Kokosnusskerne*

Koproduktion [-tsi̯-]: *gemeinsame Herstellung [eines Films]* ‖ **koproduzieren**

Koprozessor = Coprozessor [k-] (EDV) → Prozessor

Kopte der, -n/-n ⟨gr.-arab.⟩: *christlicher Ägypter* ‖ **Koptin** die, -/-innen ‖ **koptisch**

Kopulation [-tsi̯-] die, -/-en ⟨lat.⟩ (Biol.): *Begattung* ‖ **kopulieren** (Biol.)

Koralle die, -/-n ⟨gr.-lat.-fr.⟩: *ein tropischer Meeresbewohner* ‖ **Korallenbank** die, -/-bänke: *Anhäufung von Korallen auf dem Meeresboden* ‖ **Koralleninsel** ‖ **Korallenkette** ‖ **Korallenriff** ‖ **korallenrot**

Koralm die, - (ugs.): *Koralpe* ‖ **Koralmbahn:** *(teilweise noch im Bau befindliche) Bahnstrecke von Graz nach Klagenfurt durch den Koralmtunnel* ‖ **Koralmtunnel:** *Eisenbahntunnel durch die Koralpe* ‖ **Koralpe** die, -: *ein Gebirgsrücken in der Steiermark, in Kärnten, Slowenien*

Koran der, -s ⟨arab.⟩ (Rel.): *die heilige Schrift des Islams* ‖ **Koranschule** (Rel.)

Korb der, -[e]s/Körbe: ein K. voll Äpfel; Körbe flechten | einen K. *(eine Abweisung)* bekommen ‖ **Korbball** der (*ugs. auch:* das), -[e]s: *eine Sportart;* → Basketball ‖ **Korbblütler** der, -s/- (Bot.): *eine Pflanzenfamilie* ‖ **Körbchen** das, -s/- ‖ **Körberl** das, -s/-[n]: *Körbchen* ‖ **Körberlgeld** das, -[e]s (ugs.): *kleines, nebenbei abfallendes Zusatzeinkommen;* sich ein K. verdienen wollen ‖ **körbeweise** = korbweise ‖ **Korbflasche** ‖ **Korbflechter** der, -s/- ‖ **Korbflechterei** die, -/-en ‖ **Korbflechterin** die, -/-innen ‖ **Korbmöbel** ‖ **Korbsessel** ‖ **korbweise** = → körbeweise

Kord = Cord [k-] der, -[e]s/-e [-s] ⟨engl.⟩: *geripptes Gewebe;* → Kordsamt ‖ **Kordhose** = Cordhose

Kordel die, -/-n ⟨fr.⟩: *eine gedrehte Schnur [auf Uniformkappen]*

kordial ⟨lat.⟩ (geh.): *herzlich, umgänglich, vertraut*

Kordilleren [-l'je:-] die (Pl.) ⟨span.⟩: *Gebirgsketten in Nord- und Südamerika*

Kordon der, -s/-e [-s] ⟨fr.⟩: *Absperrung; Grenze;* die Ordner bildeten einen K. *(eine geschlossene Reihe)* um den Festplatz

Kordsamt = Cordsamt [k-]: *ein gerippter Stoff, Schnürlsamt*

Kordula → Cordula

Korea: *ostasiatische Halbinsel (mit den Staaten Nordkorea und Südkorea)* ‖ **Koreaner** der, -s/- ‖ **Koreanerin** die, -/-innen ‖ **koreanisch**

Koreferat: *Zusatzreferat* ‖ **Koreferent:** *zweiter, weiterer Referent* ‖ **Koreferentin**

kören (Landw.): *männliche Haustiere zur Zucht auswählen;* → Körung

Koriander der, -s ⟨gr.-lat.⟩: *ein Gewürz* ‖ **Koriandoli** die (Pl.) (veraltet) ⟨it.⟩: *Konfetti*

Korinna, *auch:* Corinna [k-]: *weibl. Vorname*

Korinthe die, -/-n: *eine Rosine* ‖ **Korintherbrief** (Rel.): *Brief des Apostels Paulus an die Korinther (nach der griechischen Stadt Korinth)* ‖ **korinthisch** (Arch.): Säulen im korinthischen Stil; → dorisch; → ionisch

Kork der, -[e]s/-e ⟨lat.-span.-niederl.⟩: *Rinde der Korkeiche* | *Korken* ‖ **Korkbrand:** *Stempel auf dem Flaschenkork* ‖ **Korkeiche** (Bot.) ‖ **Korken** der, -s/-: *Stöpsel [aus Kork]* ‖ **Korkenzieher** ‖ **Korkstoppel** der, -s/-

Kormoran der, -s/-e ⟨lat.-fr.⟩: *ein Wasservogel*

Korn[1] das, -[e]s/Körner: *Samen [der Getreidepflanzen]* | (ohne Pl.) *Brotgetreide, bes. Roggen* | *Teil der Zieleinrichtung bei Schusswaffen;* jemanden aufs K. nehmen *(zur Zielscheibe [des Spottes] machen)* | die Flinte ins K. werfen *(aufgeben)* ‖ **Korn**[2] der, -[e]s/-e: *Kurzwort für Kornbranntwein* ‖ **Kornähre** ‖ **Kornblume** ‖ **kornblumenblau** ‖ **Kornbranntwein** ‖ **Kornbrot** ‖

Körndl das, -s/-n (ugs.): *Körnchen* ‖ **Körndlbauer:** *Bauer, der hauptsächlich Getreide anbaut;* → G.: Hörndlbauer ‖ **Körndlbrot** (ugs.): *Vollkornbrot mit ganzen Körnern* ‖ **Körndlfresser** der, -s/- (ugs., meist scherzh.): *Anhänger von Vollwertkost* ‖ **Körndlfresserin** die, -/-innen (ugs., meist scherzh.) ‖ **Körndlfutter**

Kornelia → Cornelia

Kornelkirsche [auch: -'nɛl-] ⟨lat.⟩: *Dirndlstrauch*

Körner[1] die (Pl. von → Korn[1]) ‖ **Körner**[2] der, -s/-: *Stahlstift für Markierungen* ‖ **Körnerfresser** der, -s/- (Zool.) ‖ **Körnerfutter**

Kornett[1] das, -[e]s/-e [-s] ⟨lat.-fr.⟩: *ein Blechblasinstrument, eine Art Flügelhorn* ‖ **Kornett**[2] der, -[e]s/-e (veraltet): *Fähnrich*

Korneuburg (Kfz: KO): *Stadt in Niederösterreich*

körnig ‖ **Kornspitz** (Wz.): *ein Gebäck* ‖ **Kornrade** die, -/-n: *ein Beikraut*

Korona die, - ⟨lat.⟩ (Kunstg.): *Heiligenschein* | (Astron.) *Flammenkranz der Sonne* ‖ **koronar** (Med.) ‖ **Koronargefäß** (meist Pl.) (Med.): *Herzkranzgefäß*

Körper der, -s/- ‖ **Körperbau** der, -[e]s ‖ **Körperbeherrschung** ‖ **körperbehindert** ‖ **Körperbehinderte** ‖ **körpereigen** (Biol.): körpereigene [Abwehr]stoffe ‖ **körperfremd** ‖ **Körperfülle:** *großer Leibesumfang* ‖ **Körperfunktion** [-tsi̯-] ‖ **Körpergewebe** (Biol.) ‖ **Körpergewicht** ‖ **Körpergröße** ‖ **Körperhaar** ‖ **Körperhälfte** ‖ **Körperhaltung** ‖ **Körperkontakt** ‖ **Körperkraft** ‖ **körperlich:** k. arbeiten ‖ **Körperpflege** ‖ **Körperscanner** [-skæ-]: *Nacktscanner* ‖ **Körperschaft** die, -/-en (Admin.): *Vereinigung öffentlichen Rechts, zB Gemeinde, Ärztekammer* | (SüdT) *Einrichtung, Institution, Anstalt* ‖ **Körperschaftssteuer** = **Körperschaftsteuer:** *Steuer auf das Einkommen von Unternehmen* ‖ **Körpersprache:** *Ausdruck durch Körperhaltung, Mienenspiel uÄ* ‖ **Körperspray** [-spreɪ, -ʃpre:] ‖ **Körperteil** der, -[e]s/-e ‖ **Körpertemperatur** ‖ **Körperverletzung** ‖ **Körperwärme**

Korporal der, -s/Korporäle [Korporale] ⟨lat.-it.-fr.⟩: *ein militärischer Dienstgrad, Unteroffizier*

Korporation [-tsi̯-] die, -/-en ⟨lat.⟩: *Körperschaft* | *Studentenverbindung* ‖ **korporativ:** k. *(gemeinsam, geschlossen)* vorgehen

Korps [ko:ɐ] = Corps [k-] das, -[ko:ɐs]/- [ko:ɐs] ⟨fr.⟩: diplomatisches K. *(Gesamtheit der zB in Österreich tätigen ausländischen Diplomaten)* | (Mil.) *ein größerer Heeresverband* ‖ **Korpsgeist** = Corpsgeist: *traditioneller Zusammengehörigkeitssinn eines [Berufs]standes, einer Vereinigung* ‖ **Korpskommandant** =

Corpskommandant (Mil.)
korpulent ⟨lat.⟩: *dick, beleibt* ‖ **Korpulenz** die, -
Korpus[1] = Corpus [k-] der, -/-pusse ⟨lat.⟩: der K. *(feste Teil)* eines Kastens | (Mus.) *Resonanzkörper von Saiteninstrumenten* | (Kunstg.) *Christusfigur am Kreuz* ‖ **Korpus**[2] = Corpus das, -/Korpora (Sprachwiss.): *umfassende Text-, Wortsammlung* ‖ **Korpuskel** das, -s/-n, *auch:* die, -/-n (Phys.): *Elementarteilchen*
Korreferat ⟨lat.⟩ (D): *Koreferat* ‖ **Korreferent** (D): *Koreferent* ‖ **Korreferentin** (D)
korrekt ⟨lat.⟩: *tadellos, einwandfrei; unbestechlich;* → G.: inkorrekt; → G.: unkorrekt ‖ **Korrektheit** die, - ‖ **Korrektiv** das, -s/-e: *Gegengewicht als Ausgleich* ‖ **Korrektor** der, -s/-en [-'to:-]: *jemand, der Manuskripte uÄ korrigiert* ‖ **Korrektorin** die, -/-innen ‖ **Korrektur** die, -/-en: *Aus-, Verbesserung;* ein Buch K. lesen; → korrigieren ‖ **Korrekturfahne** (meist Pl.) ‖ **Korrekturzeichen**
Korrelat das, -[e]s/-e ⟨lat.⟩: *zugeordnete Entsprechung* ‖ **Korrelation** [-tsi̯-] die, -/-en: in K. *(Wechselbeziehung)* stehen ‖ **korrelativ** ‖ **korrelieren**
korrepetieren ⟨lat.⟩: *am Klavier [Opern-, Chor]gesang zum Einstudieren begleiten* ‖ **Korrepetitor** der, -s/-en [-'to:-] ‖ **Korrepetitorin** die, -/-innen
Korrespondent der, -en/-en ⟨lat.⟩: *auswärtiger Berichterstatter [einer Zeitung]* | *ein Angestellter, der den geschäftlichen Briefverkehr durchführt* ‖ **Korrespondentenbericht** ‖ **Korrespondentin** die, -/-innen ‖ **Korrespondenz** die, -/-en: *Briefwechsel* ‖ **Korrespondenzkarte** (veraltet): *Postkarte* ‖ **korrespondieren:** mit jemandem k. *(im Briefwechsel stehen)* | *einander entsprechen*
Korridor der, -s/-e ⟨lat.-it.⟩: *schmaler Gebietsstreifen* | (nördl. D) *Vorzimmer* ‖ **Korridorpension:** *Pensionsregelung für die Zeit von 3 Jahren vor und nach dem gesetzlichen Pensionsantrittsalter* ‖ **Korridorwagen:** *Korridorzug* ‖ **Korridorzug:** *Zug, der auf einer Teilstrecke fremdes Staatsgebiet durchquert und mit inländischen Fahrausweisen benützt werden kann (zB übers Deutsche Eck)*
Korrigenda die (Pl.) ⟨lat.⟩ (Druckw.): *aufgelistete Druckfehler* ‖ **korrigierbar** ‖ **korrigieren:** *verbessern, richtig stellen;* → Korrektur
korrodieren ⟨lat.⟩ ‖ **Korrosion** die, -: *Zerstörung [durch Rost]* ‖ **korrosionsbeständig** = **korrosionsfest** ‖ **Korrosionsschutz**
korrumpierbar ⟨lat.⟩ ‖ **korrumpieren:** *bestechen, moralisch verderben* ‖ **Korrumpierung** die, -/-en ‖ **korrupt:** *bestechlich, moralisch verdorben; betrügerisch* ‖ **Korruption** [-tsi̯-] die, - ‖ **Korruptionsverdacht**
Korsage [-'a:ʃ, -ʒɛ] die, -/-n ⟨lat.-fr.⟩: *trägerloses, miederartiges Kleideroberteil*
Korsar der, -en/-en ⟨lat.-it.⟩ (früher): *Seeräuber*
Korse der, -n/-n: *Bewohner von Korsika* | (geh.) *Napoleon Bonaparte*
Korselett das, -[e]s/-s [-e] ⟨lat.-fr.⟩: *ein leichtes Mieder* ‖ **Korsett** das, -[e]s/-s [-e]: *ein Mieder*
Korsin die, -/-innen: *weibl. Form von Korse* ‖ **Korsika:** *eine französische Mittelmeerinsel;* → Korse ‖ **korsisch**
Korso = Corso [k-] der, -[s]/-s ⟨it.⟩: *Festzug mit geschmückten Wagen*
Kortison = Cortison [k-] das, -s (Med.): *Medikament, das aus einem Hormon gewonnen wird*
Korund der, -[e]s/-e ⟨tamilisch-lat.⟩: *ein Mineral, zB Saphir, Rubin* ‖ **Korundschleifpapier**
Körung die, -/-en; → kören
Korvette [-v-] die, -/-n ⟨lat.-fr.⟩: *ein mittelgroßes Kriegsschiff*
Koryphäe [-ry'fɛ:(ɛ), -ri-] die, -/-n ⟨gr.-lat.-fr.⟩: sie ist eine K. *(eine hervorragende Könnerin)* auf ihrem Gebiet
Kosak der, -en/-en ⟨ukr.⟩ (Gesch.): *militärisch organisierter Grenzbewohner im alten Russland* ‖ **Kosakenchor** [-k-] ‖ **Kosakenhetman** der, -s/-e [-s] (Gesch.): *Anführer der Kosaken*
koscher ⟨hebr.-jidd.⟩: *rein, nach den mosaischen Speisegesetzen erlaubt* | (ugs.) etwas ist nicht k. *(es ist bedenklich)*
Koseform: *liebevolle Veränderung eines Namens* ‖ **kosen,** du kost (geh.): *liebkosen* ‖ **Kosename,** *auch:* **Kosenamen** ‖ **Kosewort**
K.-o.-Sieg [ka 'o:-]; → K. o.
Kosinus = Cosinus [k-] der, -/- [-nusse] (cos) ⟨lat.⟩ (Math.): *eine Winkelfunktion*
Kosmetik die, - ⟨gr.-fr.⟩: *Schönheitspflege* ‖ **Kosmetiker** der, -s/- ‖ **Kosmetikerin** die, -/-innen ‖ **Kosmetikkoffer** ‖ **Kosmetiksalon** ‖ **Kosmetikum** das, -s/Kosmetika: *Schönheitspflegemittel* ‖ **kosmetisch**
kosmisch ⟨gr.-lat.⟩: *das Weltall betreffend* ‖ **Kosmogonie** die, -/-n: *Mythos, Dichtung von der Weltentstehung* ‖ **Kosmologie** die, -: *Lehre von [der Entstehung] der Welt* ‖ **Kosmonaut** der, -en/-en: *[sowjetischer/russischer] Weltraumfahrer;* → Astronaut ‖ **Kosmonautik** die, - ‖ **Kosmonautin** die, -/-innen ‖ **Kosmopolit** der, -en/-en ‖ **Kosmopolitin** die, -/-innen ‖ **kosmopolitisch:** *weltbürgerlich* ‖ **Kosmos** der, -: *das Weltall, der Weltraum*
Kosovar [-sɔv-] der, -en/-en, *auch:* Kosovare, -n/-n: *[albanischer] Bewohner des Kosovo* ‖ **Kosovarin** die, -/-innen ‖ **Kosovo** das (*auch:* der), -[s]: *ein Staat in Südosteuropa* ‖ **Kosovoalbaner:** *albanischer Bewohner des Kosovo* ‖ **Kosovoalbanerin**
Kost die, -: jemanden in K. nehmen *(verköstigen)*
kostbar ‖ **Kostbarkeit** die, -/-en
Kostarika → Costa Rica
kosten[1]: eine Speise k.
kosten[2]: das kostet 500 €; das kostet mich (ugs.: mir) große Überwindung ‖ **Kosten** die (Pl.): *Ausgaben, Preis;* K. sparen; K. sparend (= kostensparend); K. deckend (= kostendeckend) ‖ **Kostenaufwand** ‖ **Kostenbeitrag** ‖ **kostenbewusst** ‖ **Kosten deckend** = **kostendeckend** ‖ **Kostendruck** ‖ **Kostenersatz** ‖ **Kostenexplosion:** *schlagartige Zunahme der Kosten* ‖ **Kostenfaktor** ‖ **Kostenfrage** ‖ **Kostengrund:** aus Kostengründen zu Fuß gehen ‖ **kostengünstig** ‖ **kostenintensiv:** *mit hohen [zusätzlichen] Kosten verbunden* ‖ **Kostenkontrolle** ‖ **kostenlos** ‖ **kostenneutral:** k. *(nicht teurer als bisher)* planen ‖ **Kosten-Nutzen-Analyse** [-y:-] (Wirt.) ‖ **kostenpflichtig:** k. abschleppen ‖ **Kostenrechnung** (Wirt.) ‖ **Kostenreduktion** [-tsi̯-] ‖ **Kostenschraube** (sal.): an der K. drehen *(kostensenkende Maßnahmen treffen)* ‖ **Kostensenkung** ‖ **Kosten spa-**

K

rend = **kostensparend** ‖ **Kostenstelle** (Wirt.) ‖ **Kostenvoranschlag** (Wirt.): *Vorausberechnung der Kosten*

Kostgänger der, -s/- (veraltet): *Person, die bei jemandem [in Untermiete wohnt und] regelmäßig [gegen Bezahlung] isst* ‖ **Kostgängerin** die, -/-innen (veraltet) ‖ **Kostgeld:** *Geld für den täglichen Bedarf* ‖ **köstlich:** es riecht k. ‖ **Köstlichkeit** die, -/-en: *Leckerbissen* ‖ **Kostprobe** ‖ **kostspielig:** *teuer* ‖ **Kostspieligkeit** die, -/-en

Kostüm das, -s/-e ⟨lat.-it.-fr.⟩: *Damenkleidung aus Rock und Jacke* | *eine Verkleidung* | *Kleidung für Schauspieler* ‖ **Kostümball** ‖ **Kostümbildner** der, -s/-: *jemand, der für Theater/Film Kostüme entwirft* ‖ **Kostümbildnerin** die, -/-innen ‖ **Kostümfest** ‖ **Kostümfilm:** *aufwändiger Spielfilm in historischen Kostümen* ‖ **Kostümfundus:** *Vorrat an Kostümen [beim Theater]* ‖ **kostümieren:** sie kostümiert sich für den Faschingsball ‖ **Kostümierung** die, -/-en ‖ **Kostümverleih**

Kostverächter der, -s/- (scherzhaft): kein K. sein *(Genüsse zu schätzen wissen)* ‖ **Kostverächterin** die, -/-innen

Kot der, -[e]s: *Ausscheidungsprodukt des Darms* | *[schlammige] Erde*

Kotangens [-ŋg-] der, -/- (cot) ⟨lat.⟩ (Math.): *eine Winkelfunktion;* → Tangens

Kotau [auch: 'koː-] der, -s/-s ⟨chin.⟩ (scherzh.): *Fußfall;* einen K. *(eine Ergebenheitsbezeigung)* machen

Kotbürste: *eine Schuhbürste*

Kote die, -/-n ⟨lat.-fr.⟩: *genau vermessene Höhe eines Punktes im Gelände; Höhenzahl*

Kotelett [-tl-] das, -[e]s/-s ⟨fr.⟩: *ein Fleischstück von der Rippe* ‖ **Kotelette** die, -/-n (meist Pl.): *kurzer Bart entlang der Backen*

Köter der, -s/- (abw.): *Hund*

Kotflügel ‖ **kotig:** kotige *(schmutzige)* Schuhe

K.-o.-Tropfen die (Pl.) [ka 'oː-]: *Betäubungsmittel [um unbemerkt eine Straftat begehen zu können];* → K. o.

Kotter der, -s/- (veraltet): *Arrestlokal*

Kotzbrocken (D, derb): *ekelhafter Mensch* ‖ **Kotze**[1] die, - (D, derb): *Erbrochenes;* → kotzen

Kotze[2] die, -/-n (westöst., D): *Kotzen*

kotzen, du kotzt (ugs., derb): *erbrechen;* es ist zum **K**otzen *(es ist widerlich);* → Kotze[1]

Kotzen der, -s/- = die, -/- (reg.): *grobe, dicke Wolldecke;* → Kotze[2] ‖ **kotzengrob** (ugs., veraltend): *sehr grob*

KPÖ [ka pe 'øː] die, -: die **K**ommunistische **P**artei **Ö**sterreichs ‖ **KPÖler** der, -s/- (sal.) ‖ **KPÖlerin** die, -/-innen (sal.)

kr: **Kr**one *(eine Währung)*

Kr: **Kr**ypton

KR: **K**ommerzial**r**at/-rätin | **K**onsistorial**r**at/-rätin

Krabbe die, -/-n: *ein Krebs*

Krabbelkind ‖ **krabbeln,** ich krabble: ein krabbelnder Käfer ‖ **Krabbelstube:** *Kindergarten für Kleinkinder*

Krach der, -[e]s/-s [-e]: K. *(Lärm)* machen | *Streit* | etwas mit Ach und K. *(mit knapper Not)* erreichen ‖ **krachen:** der Donner kracht | gegen die Mauer krachen | (ugs.) die Firma kracht *(sie ist in finanziellen Schwierigkeiten)* | (Jug.) es krachen lassen *(eine Party veranstalten)* ‖ **Krachen** die, -/- (reg., ugs.): *Feuerwaffe, Schusswaffe* ‖ **Kracher** der, -s/- (ugs.): *krachendes Geräusch* | (ugs.) *Knallkörper* | (ugs., abw.) ein alter K. *(ein alter, schwerfälliger Mann);* → Krocha ‖ **Kracherl** das, -s/-[n] (ugs.): *eine Fruchtlimonade*

Krachlederne: *traditionelle Männerlederhose*

krächzen, du krächzt: ein krächzender Rabe ‖ **Krächzer** der, -s/-

kracken [auch: -'ɛ-] (Chem.): *Schweröle umwandeln* ‖ **Krackverfahren** (Chem.)

kraft (Präp. mit Gen.): k. *(auf Grund)* seines Amtes ‖ **Kraft** die, -/Kräfte: etwas aus eigener K. *(allein, ohne Hilfe)* schaffen; Kräfte/Kraft raubend (= kräfteraubend/kraftraubend); Kräfte/Kraft sparend (= kräftesparend/kraftsparend) | dieses Gesetz tritt heute in K. *(es gilt von heute an);* → Inkrafttreten | (Phys.) *Größe, die den Bewegungszustand eines Körpers ändert* ‖ **Kraftakt** der, -[e]s/-e ‖ **Kraftanstrengung** ‖ **Kraftaufwand** ‖ **Kraftausdruck** der, -[e]s/-drücke: *derber Ausdruck, arges Schimpfwort* ‖ **Kraftbrühe** (nördl. D): *eine Fleischsuppe* ‖ **Kräftemessen** das, -s/- ‖ **Kräfte raubend** = **kräfteraubend** ‖ **Kräfte sparend** = **kräftesparend** ‖ **Kräfteverfall** ‖ **kräftezehrend** ‖ **Kraftfahrer** (Amtsspr.) ‖ **Kraftfahrerin** (Amtsspr.) ‖ **Kraftfahrgesetz** ‖ **Kraftfahrlinie** [-i̯ɛ] ‖ **Kraftfahrzeug** (Kfz) ‖ **Kraftfahrzeughaftpflichtversicherung** ‖ **Kraftfahrzeughalter** (Amtsspr.); → Halter ‖ **Kraftfahrzeughalterin** (Amtsspr.) ‖ **Kraftfahrzeugkennzeichen:** *Nummerntafel* ‖ **Kraftfahrzeugmechaniker** ‖ **Kraftfahrzeugmechanikerin** ‖ **Kraftfahrzeugpapiere** die (Pl.) ‖ **Kraftfahrzeugsteuer** ‖ **Kraftfahrzeugversicherung** ‖ **Kraftfahrzeugzulassung** ‖ **Kraftfeld** (Phys.) ‖ **Kraftfutter** ‖ **kräftig** ‖ **kräftigen:** *zu Kräften bringen, stärken* ‖ **Kräftigung** die, -/-en ‖ **Kraftlackel** (ugs., oft abw.): *Muskelprotz, Kraftprotz* ‖ **kraftlos** ‖ **Kraftloserklärung** (Jus): *Nichtigerklärung eines in Verlust geratenen Wertpapiers durch das Gericht* ‖ **Kraftlosigkeit** die, - ‖ **Kraftmeier** der, -s/- (oft abw.): *Kraftlackel* ‖ **Kraftprobe:** *Kräftemessen zwischen Konkurrenten* ‖ **Kraftprotz** (oft abw.) ‖ **Kraftquelle** ‖ **Kraftrad** (Amtsspr.): *jede Art Motorrad* ‖ **Kraft raubend** = **kraftraubend** ‖ **Kraftreserve** [-v-] ‖ **Kraft sparend** = **kraftsparend** ‖ **Kraftsport** [-ʃp-] ‖ **Kraftstoff:** *Treibstoff* ‖ **Kraftstoffpumpe** ‖ **Kraftstoffverbrauch** ‖ **kraftstrotzend** ‖ **Kraftübertragung** ‖ **kraftvoll** ‖ **Kraftwagen** (Amtsspr.): *Auto* ‖ **Kraftwerk:** *Elektrizitätswerk* ‖ **Kraftwerksbau** der, -[e]s/-ten

Kragen der, -s/- [Krägen]: den K. des Mantels aufstellen | *Hals;* es geht ihm an den K. *(bedroht seine Existenz);* Hals und K. *(das Leben)* riskieren ‖ **Kragenweite**

Krähe die, -/-n: *ein Rabenvogel;* Aaskrähe ‖ **krähen** ‖ **Krähenfüße** die (Pl.): *kleine Hautfalten um die Augen[winkel]*

Krain: *Kernland Sloweniens* ‖ **Krainer**[1] der, -s/-: *Bewohner Krains* ‖ **Krainer**[2] die, -/-: *eine Wurstsorte* ‖ **Krainerin** die, -/-innen

Krajina die, -: *ein Teil Kroatiens*

Krakau (poln.: Kraków [-uf]): *Stadt in Polen* ‖ **Krakauer** die, -/-: *eine Wurstsorte*

Krake der, -n/-n ⟨norwegisch⟩:

Riesentintenfisch
kra|kee|len (D, ugs., abw.): *[andauernd] laut schimpfen, streiten* || **Kra|kee|ler** der, -s/- (D, ugs., abw.) || **Kra|kee|le|rin** die, -/-innen (D, ugs., abw.)
krạ|keln (reg. in D): *undeutlich schreiben*
Kral der, -s/-e [-s] ⟨port.-Afrikaans⟩: *afrikanisches Runddorf*
Krạl|le die, -/-n: *Füße von Vögeln* | (geh.) aus den Krallen des Todes retten | (Landw.) *ein Werkzeug;* Gartenkralle; → Kräuel || **krạl|len**
Kram der, -[e]s: *Gerümpel* | das passt mir nicht in den K. *(ist mir nicht recht, nicht gelegen)*
Kram|bạm|bu|li: *mit [Wacholder-]schnaps versehener Glühwein*
kra|men: in der Tasche k. *(wühlen und dabei etwas suchen)* || **Kra|mer** der, -s/- (mda.): *Krämer* || **Krä|mer** der, -s/- (veraltet): *Gemischtwarenhändler, Greißler; Wanderhändler* || **Kra|me|rin** die, -/-innen (mda., veraltet) || **Krä|me|rin** die, -/-innen (veraltet)
Krạm|pen der, -s/-: *Spitzhacke*
Krạm|perl[1] das, -s/-[n] (mda.): *kleine Kralle [eines Vogels]* || **Krạm|perl**[2] der, -s/-[n] (ugs.): *Krampus* || **Krạm|perl|tag** (ugs.): *Krampustag* || **Krạm|perl|tee** der, -s: *eine Arzneipflanze*
Krạmpf der, -[e]s/Krämpfe (Med.): → *Spasmus* || **Krạmpf|ader** (Med.): *krankhaft erweiterte Vene* || **krạmpf|ar|tig** || **krạmpf|haft** || **Krạmpf|hus|ten** || **krạmpf|lö|send** || **krạmpf|stil|lend**
Krạm|pus der, - [-pusses]/-pusse: Nikolaus und K. || **Krạm|pus|lar|ve** [-f-] || **Krạm|pus|mas|ke** || **Krạm|pus|tag:** *5. Dezember* || **Krạm|pus|trei|ben** || **Krạm|pus|um|zug**
Kra|mu|ri die *(auch:* der), - (reg., ugs., abw.): *Kram, Gerümpel*
Kran der, -[e]s/Kräne [Krane]: *eine Maschine zum Lastenheben*
Krạ|ne|wit der, -s (reg.): *Wacholder* || **Krạ|ne|wit|ter** der, -s (reg.): *Wacholderschnaps*
Kran|füh|rer || **Kran|füh|re|rin**
krän|gen (Seemannsspr.): das Schiff krängt || **Krän|gung** die, -/-en (Seemannsspr.): *seitliche Neigung eines Schiffes*
Kra|nich der, -s/-e: *ein Vogel*

krạnk,

kränker/am kränksten: ein krankes Kind; vor Liebe k.

Getrenntschreibung in Verbindung mit „sein" und bei wörtlicher Bedeutung:
- krank werden/bleiben
- sich krank stellen/fühlen
- krank sein

R→ S. 901, 1.8

Getrennt- und Zusammenschreibung mit Verben, die ein Resultat herbeiführen:
- Dinge, die uns krank machen (= krankmachen)

Außerdem: ein schwer krankes (= schwerkrankes) Kind

R→ S. 900, 1.5.2

Zusammenschreibung bei übertragener Bedeutung:
- ich habe mich darüber krankgeärgert
- krankfeiern (sal., abw.: *eine Krankheit nur vortäuschen, um nicht arbeiten zu müssen)*
- krankjammern *(etwas so lange als gefährdet darstellen, bis dies eintritt)*
- ich habe mich krankgelacht
- sich krankmelden
- er wurde von der Ärztin krankgeschrieben

R→ S. 900, 1.5.1

krạnk|är|gern → krank || **Krạn|ke**[1] der, -n/-n, ein Kranker || **Krạn|ke**[2] die, -n/-n || **krạ̈n|keln,** ich kränkle: *nicht ganz gesund sein* || **krạn|ken** (geh.): die Aufführung krankt an *(leidet unter)* mangelnder Vorbereitung || **krän|ken**[1]: *verletzen, demütigen;* dein Verhalten kränkt deine Mutter || **krän|ken**[2] sich: kränk dich nicht *(sei deswegen nicht traurig)* || **Krạn|ken|an|stalt:** *Spital* || **Krạn|ken|be|such:** einen K. machen || **Krạn|ken|bett** || **Krạn|ken|für|sor|ge|an|stalt:** die K. *(Krankenkasse)* der Bediensteten der Stadt Wien || **Krạn|ken|geld:** *von der Krankenkasse bezahltes Geld* || **Krạn|ken|ge|schich|te:** *ärztlicher Bericht* || **Krạn|ken|haus:** *Spital* || **Krạn|ken|haus|auf|ent|halt** || **krạn|ken|haus|reif:** jemanden k. schlagen || **Krạn|ken|kas|se,** *auch:* Krankenkassa || **Krạn|ken|kost** || **Krạn|ken|la|ger** (geh.): *Krankenbett* || **Krạn|ken|pfle|ge** || **Krạn|ken|pfle|ger** || **Krạn|ken|pfle|ge|rin** || **Krạn|ken|sal|bung** die, -/-en: der Kranke empfing das Sakrament der K. || **Krạn|ken|schein:** *Bestätigung einer Krankenkasse für eine Kostenübernahme* || **Krạn|ken|schwes|ter** || **Krạn|ken|stand:** *krankheitsbedingte Arbeitsunfähigkeit;* im K. sein; in den K. gehen || **Krạn|ken|stands|tag** || **Krạn|ken|trans|port** || **krạn|ken|ver|si|chert** || **Krạn|ken|ver|si|che|rung** || **Krạn|ken|wa|gen:** *Rettungswagen, die Rettung* || **Krạn|ken|zim|mer** || **krạnk|fei|ern** (sal., abw.): *blaumachen;* → krank || **krạnk|haft:** krankhafter Ehrgeiz || **Krạnk|heit** die, -/-en || **Krạnk|heits|bild:** *Syndrom* || **krạnk|heits|er|re|gend** || **Krạnk|heits|er|re|ger** || **krạnk|heits|hal|ber** || **Krạnk|heits|herd:** *Ausgangspunkt einer Krankheit* || **Krạnk|heits|ver|lauf** || **krạnk|jam|mern** → krank; → G.: gesundbeten || **krạnk|la|chen** sich; → krank || **krạ̈nk|lich** || **krạnk ma|chen** = **krạnk|ma|chen** || **krạnk|mel|den** → krank || **Krạnk|mel|dung** || **krạnk|schrei|ben** → krank; → G.: gesundschreiben || **Krạ̈n|kung** die, -/-en
Kran|wa|gen: *fahrbarer Kran*
Krạnz der, -es/Kränze || **Krạ̈nz|chen** das, -s/-: *kleiner Kranz* | (veraltend) *kleine Tanzveranstaltung* || **Krạnz|ex|tra:** *Extrawurst in Kranzform* || **Krạnz|fei|gen** die (Pl.): *aufgefädelte getrocknete Feigen* || **Krạnz|ku|chen** || **Krạnzl** das, -s/-n (ugs.): *[Blumen]kränzchen* | *ein Gebäck* | ein K. Extrawurst | *verbleibender Haarkranz bei einer Tonsur* || **Krạ̈nz|le** das, -s/- (V, ugs.): *Kranzl* || **Krạnzl|jung|fer:** *Brautjungfer* || **Krạnzl|rei|ten** (K): *ein Pfingstbrauch* || **Krạnz|nie|der|le|gung** || **Krạnz|schlei|fe:** *breites Band am Kranz mit Abschiedsworten an den Verstorbenen* || **Krạnz|wurst,** *auch:* Kranzlwurst: *Wurst in Form eines Kranzes*
Krạp|fen der, -s/-: *eine Mehlspeise* || **Krạp|ferl** das, -s/-[n]: *eine [süße] Mehlspeise*
Krạpp der, -[e]s ⟨niederl.⟩: *eine Färbepflanze*
krạss, krasser/am krassesten: ein krasser *(sehr arger)* Fehler | (sal., Jug.) *super, großartig;* der Song ist voll k. || **Krạss|heit** die, -/-en
Kra|ter der, -s/- ⟨gr.⟩: *trichterförmige Öffnung eines Vulkans* || **Kra|ter|bil|dung** || **kra|ter|för|mig** || **Kra|ter|land|schaft** || **Kra|ter|see:** *See in einem ehemaligen Vulkankrater*
Krạt|ten der, -s/- (reg.): *ein Korb*
krạtz|bürs|tig: *unfreundlich* ||

K

Krätze die, -/-n (Med.): *durch Milben hervorgerufener Hautausschlag* | *Räude* || **kratzeln** (ugs., reg.): *schlecht schreiben, kritzeln* || **kratzen,** du kratzt || **Kratzer** der, -s/-: *Ritzer, Schramme* || **Krätzer** der, -s/- (D): *saurer Wein* || **Kratzfuß** (veraltet): *überhöfliche Verbeugung* || **kratzig** || **krätzig:** *voll Krätzen* || **Kratzputz:** *aufgerauter Mauerverputz*

Kräuel die, -/-n (Landw.): *ein Werkzeug;* → Kralle

kraulen[1]: *sanft kratzen*

kraulen[2] = crawlen ['krɔːl-] ⟨engl.⟩ (Sport): *in einer speziellen Technik schwimmen* || **Kraulen** das, -s || **Kraulschwimmen** das, -s

kraus: krauses *(lockiges, widerspenstiges)* Haar | (geh.) krause *(wirre)* Gedanken || **Krause** die, -/-n: *in viele Falten gelegter Kragen, Halskrause* || **kräuseln:** ihr Haar kräuselt sich || **kraushaarig** || **krausköpfig**

Kraut das, -[e]s/Kräuter: *Heilpflanze* | (ohne Pl.) *Weißkraut, Blaukraut* | (D) *Kohl* | (ugs.) dagegen ist kein K. gewachsen *(gibt es kein Mittel);* das macht das K. nicht fett *(die Sache nicht besser);* ins K. schießen *(zunehmen, wuchern)* || **Kräuterbutter** || **Kräuteressig** || **Kräutergarten** || **Kräuterkäse** || **Kräuterlikör** || **Kräutertee** || **Krautfleckerl** = **Krautfleckerln** die (Pl.): *eine Speise* || **Krautfleisch:** *eine Spezialität;* Szegediner K.; Wiener K. || **Krauthappel** = **Krauthappl** (ostöst., mda.): *Krauthäuptel* | (ugs., scherzh., veraltet) das goldene K. *(das Gebäude der Wiener Secession)* || **krautig** || **Krautinger** der, -s/- (T): *Rübenschnaps* || **Krauthäuptel** = **Krauthäuptl** || **Krautkopf** || **Kräutl** das, -s/-n (ugs.): *Kraut* || **Kräutler** der, -s/- (veraltet): *Gemüsehändler* || **Kräutlerin** die, -/-innen (veraltet) || **Krautroulade** [-ru-] (Küchenspr.) || **Krautsalat** || **Krautschneider:** *ein Küchengerät* || **Krautstrudel:** *eine ostösterreichische Spezialität* || **Krautsuppe** || **Krautwickel** der, -s/-, *auch:* Krautwickler: *Krautroulade*

Krawall der, -s: *arger Lärm* | (mit Pl. -e) *Schlägerei, Aufruhr* || **Krawallmacher** || **Krawallmacherin**

Krawatte die, -/-n ⟨kroat.-dt.-fr.⟩ || **Krawattenknopf** = **Krawattenknoten** || **Krawattennadel** || **Krawattenzwang** || **Krawattl** das, -s/-n (ugs.): *Krawatte;* jemanden beim K. *(am Kragen)* nehmen

Krawot [-'vɒːt] → Krowot || **Krawotin** → Krowotin || **krawutisch** ⟨kroat.⟩ (mda.): *zornig, wild, rabiat*

Kraxe die, -/-n (ugs.): *ein Traggestell für den Rücken* | *unleserliche Schrift* || **Kraxelei** die, -/-en, *auch:* Kraxlerei || **kraxeln:** ich kraxle *(klettere)* auf einen Baum || **Kraxler** der, -s/- || **Kraxlerei** → Kraxelei || **Kraxlerin** die, -/-innen

Kreation [-tsi̯-] die, -/-en ⟨lat.⟩: *etwas Neugeschaffenes [in der Mode]* || **Kreationismus** [-tsi̯-] der, - ⟨lat.⟩ (Rel.): *eine Richtung, die den Text der Genesis wörtlich auslegt* || **kreativ:** *einfallsreich, schöpferisch* || **Kreativdirektor:** *Artdirektor* || **Kreativdirektorin** || **Kreativität** [-v-] die, -: *das Schöpferische* || **Kreativurlaub** || **Kreativwirtschaft:** → *Kulturwirtschaft* || **Kreatur** die, -/-en: *Geschöpf, Lebewesen* || **kreatürlich** (geh.)

Krebs [auch: -eː-] der, -es/-e: *Krebstier* | *Flusskrebs* | *ein Sternbild* | *ein Tierkreiszeichen* | (ohne Pl.) (Med.) *eine Krankheit;* → K. erregend (= krebserregend) || **krebsen** (ugs.): → *herumkrebsen* || **Krebs erregend** = **krebserregend** (Med.) || **krebsfördernd** || **Krebsforschung** || **Krebsgang:** *Rückwärtsbewegung* || **Krebsgeschwulst** (Med.) || **Krebsgeschwür** (Med.) || **Krebshilfe** (Wz.): die Österreichische K. *(ein gemeinnütziger Verein mit Beratungsstellen)* || **krebsig** (Med.) || **krebskrank** || **Krebsleiden** || **Krebspatient** [-tsi̯-] || **Krebspatientin** || **krebsrot:** *hochrot* || **Krebsschaden** (geh.): *Grundübel* || **Krebstier** (Zool.): *ein Gliederfüßer;* → Krustazeen || **Krebsvorsorge** || **Krebszelle** (Med.)

Kredenz die, -/-en ⟨lat.-it.⟩: *ein Küchenmöbel, Küchenkastl [mit Anrichte]* || **kredenzen,** du kredenzt (geh.): jemandem eine Erfrischung k. *(anbieten)*

Kredit der, -[e]s/-e ⟨lat.-it.-fr.⟩: einen K. *(ein Darlehen)* aufnehmen; K. haben *(als vertrauenswürdig gelten);* fauler K. *(uneinbringliches Darlehen, wenn der Schuldner nicht zahlen kann)* || **Kreditanstalt:** *Kreditinstitut* || **Kreditantrag** || **Kreditbetrug** || **Kreditgeber:** *Kreditor* || **Kreditgeberin** || **Kredithai** (sal.): *privater Geldgeber, der überhöhte Kreditzinsen verlangt* || **kreditieren:** *Kredit gewähren* || **Kreditinstitut** [-st-] (Bankw.): *Sparkasse, Bank uÄ* || **Kreditkarte:** *Karte zur bargeldlosen Zahlung* || **Kreditnehmer** der, -s/- || **Kreditnehmerin** die, -/-innen || **Kreditor** [auch: -'di-] der, -s/-en [-'oː-] (meist Pl.): *Gläubiger, Kreditgeber;* → G.: Debitor || **Kreditorin** die, -/-innen || **Kreditrahmen** (Bankw.): *Überziehungsrahmen* || **Kreditschädigung** (Jus): *Rufmord oÄ* || **Kreditschutz** || **Kreditschützer:** *Mitarbeiter eines Kreditschutzverbandes* || **Kreditschützerin** || **Kreditschutzverband:** *Verband zur Wahrung von Gläubigerrechten bei Insolvenzen* || **Kreditvermittler** || **Kreditvermittlerin** || **Kreditversicherung** || **Kreditvertrag** || **Kreditvolumen** [-v-] || **Kreditwerber:** *jemand, der einen Kredit beantragt* || **Kreditwerberin** || **Kreditwesen** || **kreditwürdig** || **Kreditwürdigkeit** die, - || **Kreditzinsen** die (Pl.)

Kredo = Credo [k-] das, -s/-s ⟨lat.⟩: *das [katholische] Glaubensbekenntnis* | *Überzeugung;* ihr politisches K.

Kreide die, -/-n: mit K. an die Tafel schreiben | (ugs.) in der K. sein/stehen *(Schulden haben)* | (Geol.) *ein Abschnitt des Mesozoikums* || **kreidebleich** || **Kreidefelsen** || **kreideweiß** || **Kreidezeichnung** || **Kreidezeit** (Geol.): *eine erdgeschichtliche Periode*

kreieren [-e.'iː-] ⟨lat.⟩: *schaffen, gestalten; in Mode bringen*

Kreis der, -es/-e: sich im K. bewegen (auch: *mit einer Sache nicht vorwärtskommen)* || **Kreisbahn** || **Kreisbewegung** || **Kreisbogen**

kreischen, du kreisch[s]t: eine kreischende *(schrill und laut schreiende)* Stimme

Kreisdurchmesser || **Kreisel** der, -s/-: *ein [kegelförmiger] Körper, der um seine Achse drehbar ist* | *ein Spielzeug* || **Kreiselheuer** der, -s/- (Landw.): *ein Gerät zum Heuwenden* || **Kreiselkompass** || **kreisen,** du kreist: *sich in Kreisen bewegen;* k. lassen || **Kreisfläche** || **kreisförmig** || **Kreisgericht** (früher): *Gericht höherer Instanz* || **Kreislauf:** *Zyklus;* der

K. *(die wiederkehrenden Jahreszeiten)* der Natur | (Med.) *Blutzirkulation im Körper* || **Kreis|lauf|be|schwer|den** die (Pl.) (Med.) || **kreis|lauf|för|dernd** || **Kreis|lauf|kol|laps** (Med.) || **Kreis|lauf|schwä|che:** *vorübergehende Erkrankung des Kreislaufsystems (mit niedrigem Blutdruck)* || **Kreis|lauf|ver|sa|gen** (Med.) || **Kreis|li|nie** [-i̯ɛ] || **kreis|rund** || **Kreis|sä|ge** || **Kreis|seg|ment:** *abgeschnittenes Kreisstück* || **Kreis|sek|tor:** *herausgeschnittenes Kreisstück*
krei|ßen, du kreißt (veraltend): *in Geburtswehen liegen* || **Krei|ßen|de** die, -n/-n (veraltend): *gebärende Frau* || **Kreiß|saal** || **Kreiß|zim|mer**
Kreis|um|fang || **Kreis|ver|kehr**
Krem = → Creme
Kre|ma|to|ri|um das, -s/Krematorien [-i̯ən] ⟨lat.⟩: *Anlage zur Leichenverbrennung/Einäscherung*
Kre|me = → Creme || **kre|mig** = → cremig
Kreml der, -s ⟨russ.⟩: *russische Burganlage, zB in Moskau* | *[Sitz der] Regierung Russlands*
Krem|pe die, -/-n: *Hutrand*
Krem|pel der, -s (ugs., abw.): *alter, wertloser Kram; Gerümpel*
krem|peln: ich kremple die Ärmel nach oben; *aufkrempeln; umkrempeln*
Krems (Kfz: KS, KR): K. an der Donau *(Statutarstadt und Bezirk in Niederösterreich)* || **Krem|ser Senf** = **Krem|ser|senf:** *ein süßwürziger Senf*
Krems|müns|ter: *Marktgemeinde und Stift in Oberösterreich*
Kren der, -s: *eine Pflanze mit würzig-scharf schmeckender Wurzel;* K. reiben/reißen *(schaben);* → Meerrettich | (ugs.) etwas ist zum Krenreiben *(für nichts, ergebnislos, erfolglos);* seinen K. dazugeben *(seine Meinung einfließen lassen)*
kren|deln: *[bei Kärntner Nudeln] den Teigrand wellenförmig einschlagen*
Kren|fleisch: *eine Speise* || **Kren|rei|ßer:** *ein Küchengerät* || **Kren|sau|ce** [-zo:s(ɛ)] = **Kren|soß** = **Kren|so|ße** || **Kren|wurz** (ugs.) || **Kren|wur|zel** || **Kren|wur|zen** (ugs.)
Kre|o|le der, -n/-n ⟨span.-port.-fr.⟩: *Nachkomme von spanischen Einwanderern nach Amerika* | *Nachkomme von schwarzen Sklaven in Brasilien* || **Kre|o|lin** die, -/-innen
kre|pie|ren ⟨lat.-it.⟩: ein krepierendes *(explodierendes)* Geschoß | (derb) *verenden* || **Kre|pierl** das, -s/-[n] (ugs., derb): *schwächlicher Mensch*
Krepp[1] = → Crêpe[1] || **Krepp**[2] = Crêpe [krɛp] der, -s/-s ⟨lat.⟩: *ein Gewebe* || **Krepp|pa|pier** || **Krepp|soh|le:** *eine Schuhsohle*
Kres|se die, -/-n: *Bezeichnung verschiedener Salatpflanzen* | (Bot.) *eine Pflanzengattung*
Kres|zen|tia [-tsi̯a] = **Kres|zenz** → Crescentia
Kre|ta: *eine griechische Insel;* → kretisch || **Kre|ter** der, -s/- || **Kre|te|rin** die, -/-innen
Kre|thi und Ple|thi ⟨gr.⟩ (abw.): dort trifft/treffen sich K. u. P. *(eine gemischte Gesellschaft)*
Kre|tin [-'tɛ̃:] der, -s/-s ⟨fr.⟩ (abw.): *dumme Person* | (Med.) *Mensch, der an Kretinismus leidet* || **Kre|ti|nis|mus** [-tin-] der, - (Med.): *eine Entwicklungsstörung*
kre|tisch → Kreta
Kre|ton der, -s/-e ⟨fr.⟩: *ein Baumwollgewebe*
kreucht (nur in der Wendung): [alles,] was da k. *(kriecht)* und fleucht *(fliegt) (alles Getier)*
Kreuz[1] das, -es/-e: Holzscheiter über K. legen | *Symbol des Christentums; Kreuzzeichen;* das Rote K. | (Mus.) *ein Erhöhungszeichen* (#); → Raute[2] | *unterer Teil des Rückgrats* | (ugs.) es ist ein rechtes K. *(Elend, Problem)* mit ihm; zu Kreuze kriechen *(sich demütigen)* | (ugs.) mit jemandem übers K. *(verfeindet)* sein; *aber:* → kreuz und quer || **Kreuz**[2] die = das, -/-: *eine Farbe im Kartenspiel, Treff* || **Kreuz|ass** || **Kreuz|band:** *stabilisierender Bindegewebsstrang im Kniegelenk* || **Kreuz|bein:** *ein Knochen an der Wirbelsäule* || **Kreuz|bergl** das, -s: *Hausberg von Klagenfurt* || **Kreuz|blüt|ler** der, -s/- (Bot.): *eine Pflanzenfamilie* || **kreuz|brav** (ugs.): *anständig und ehrlich* || **Kreuz|da|me:** *eine Spielkarte* || **Kreuz|eck** (Sport): genau ins K. *(obere Eck des Tors)* treffen || **kreu|zen:** die Beine k. *(übereinanderschlagen)* | du kreuzt *(überquerst)* eine Straße; die Straße kreuzt *(quert)* die Bahn | (Seemannsspr.) *im Zickzack gegen den Wind steuern* | (Biol.) zwei Rosensorten k. *(zu einer neuen Sorte verbinden)* || **Kreu|zer** der, -s/-: *ein Kriegsschiff* | *eine alte Geldeinheit, zB früher in Österreich* || **Kreu|zes|tod:** der K. Christi || **Kreuz|fahrt:** *eine Schiffsreise* | (geh.) *Kreuzzug* || **Kreuz|fahrt|schiff** || **Kreuz|feu|er:** sie stehen im K. *(Hagel)* der Kritik || **kreuz|fi|del:** *gut aufgelegt, vergnügt* || **Kreuz|flug:** *Flugreise mit mehreren Bestimmungsorten* || **kreuz|för|mig** || **Kreuz|gang** (Arch.): *Bogengang im Innenhof eines Klosters* || **Kreuz|ge|lenk** || **Kreuz|ge|wöl|be** (Arch.) || **kreu|zi|gen** (früher): *am Kreuz hinrichten* || **Kreu|zi|gung** die, -/-en || **Kreuz|kö|nig:** *eine Spielkarte* || **Kreuz|kopf|schrau|be** || **Kreuz|kopf|schrau|ben|zie|her** || **Kreuz|küm|mel:** *ein Gewürz* || **Kreuzl** das, -s/-[n] (ugs.): *Kreuz* || **Kreuzl|schrei|ber** (veraltet): *jemand, der nicht schreiben kann (und deshalb mit Kreuzl unterschreibt)* || **Kreuzl|schrei|be|rin** (veraltet) || **Kreuz|ot|ter:** *eine Giftschlange* || **Kreuz|rip|pen|ge|wöl|be** (Arch.): *eine gotische Gewölbeform* || **Kreuz|rit|ter** (Gesch.): *Ritter, der an einem Kreuzzug teilnimmt* || **Kreuz|schlüs|sel:** *ein Werkzeug* || **Kreuz|schmerz** (meist Pl.) || **Kreuz|spinne** || **Kreuz|stich:** *eine Stickerei* | (Med.) *eine Betäubungsmethode* || **kreuz und quer:** *durcheinander;* k. u. q. gehen; *aber:* → Kreuz || **Kreu|zung** die, -/-en: *Schnittstelle von Verkehrswegen* | (Biol.) → kreuzen || **Kreu|zungs|be|reich** (Verk.) || **kreu|zungs|frei** (Verk.) || **Kreuz|ver|hör:** jemanden ins K. nehmen *(mit Fragen in die Enge treiben)* || **Kreuz|weg:** *[künstlerische] Darstellung des Leidensweges Christi* || **Kreuz|weg|sta|ti|on** [-ʃtatsi̯-] || **Kreuz|weh** || **kreuz|wei|se:** *über Kreuz* || **Kreuz|wort|rät|sel:** K. lösen || **Kreuz|zaun** (T, K, S): *Jägerzaun* || **Kreuz|zei|chen** || **Kreuz|zug:** *Kriegszug zur Befreiung des Heiligen Landes (im Mittelalter)* | ein K. *(eine Kampagne)* gegen die Not
krib|be|lig, *auch:* kribblig: *unruhig* || **krib|beln:** es kribbelt *(juckt, kitzelt)* mich in den Fingern
Kri|ckel das, -s/-, *auch:* Krickerl, -s/-[n]: *Gehörn* | *Geweih [eines Rehbocks]* || **Kri|ckerl** → Krickel
Kri|cket das, -s ⟨engl.⟩: *ein Schlagballspiel;* K. spielen
Kri|da die, - ⟨lat.⟩ (bes. früher) (Jus): *fahrlässige oder betrügeri-*

K

sche → *Gläubigerschädigung* ‖ **Kridatar** der, -s/-e: *Betrüger, fahrlässig Zahlungsunfähiger* ‖ **Kridatarin** die, -/-innen

kriechen, kroch/gekrochen: auf allen Vieren k. | (abw.) er kriecht vor Vorgesetzten *(verhält sich sehr unterwürfig)* | → kreucht ‖ **Kriecher** der, -s/- (ugs., abw.): *unterwürfiger Mensch* ‖ **Kriecherin** die, -/-innen (ugs., abw.) ‖ **kriecherisch** (abw.)

Kriecherl das, -s/-[n] (reg., ugs.): *Name verschiedener Pflaumensorten* ‖ **Kriecherlbaum**

Kriechspur: *äußerste Fahrspur für langsame Fahrzeuge (auf Autobahnen)* ‖ **Kriechstrom:** *[bei Feuchtigkeit] austretender Strom* ‖ **Kriechtier:** → *Reptil*

Krieg der, -[e]s/-e: einem Land den K. erklären; Länder, die K. führen; → Krieg führend = kriegführend; sie leben im ständigen K. *(Streit, Kampf)* miteinander

kriegen: *bekommen, erreichen*

Krieger der, -s/- (geh., veraltet): *Kämpfer, Soldat* ‖ **Kriegerdenkmal** das, -[e]s/-mäler (*auch:* -male): *Denkmal für die Gefallenen* ‖ **Kriegergrab** ‖ **Kriegerin** die, -/-innen ‖ **kriegerisch** ‖ **Kriegerwitwe** ‖ **Krieg führend** = **kriegführend:** K. führende Staaten ‖ **Kriegführung,** *auch:* Kriegsführung

Krieglach: *Marktgemeinde in der Steiermark*

Kriegsausbruch ‖ **kriegsbedingt** ‖ **Kriegsbeginn** ‖ **Kriegsbeil:** das K. begraben *(Frieden schließen)* ‖ **Kriegsbemalung:** *Bemalung bes. im Gesicht bei [indianischen] Kriegern* ‖ **Kriegsbericht** ‖ **Kriegsberichterstattung** ‖ **Kriegsdienst** ‖ **Kriegsdienstverweigerer** ‖ **Kriegsdienstverweigerung** ‖ **Kriegsende** ‖ **Kriegserklärung:** eine formale K. ‖ **Kriegsfall:** im K. ‖ **Kriegsflotte** ‖ **Kriegsfolge** (meist Pl.) ‖ **Kriegsfreiwillige** ‖ **Kriegsführung** → Kriegführung ‖ **Kriegsfuß:** mit jemandem auf K. stehen *(mit jemandem verfeindet sein)* ‖ **Kriegsgebiet** ‖ **Kriegsgefangene:** K. machen ‖ **Kriegsgefangenschaft** ‖ **Kriegsgeneration** [-tsi̯-] ‖ **Kriegsgericht** ‖ **Kriegsgeschädigte:** *jemand, dessen Eigentum im Krieg zerstört oder beschädigt wurde* ‖ **Kriegsgeschehen** ‖ **Kriegsgewinnler** der, -s/- (abw.): *Nutznießer aus einem Krieg* ‖ **Kriegsherr:** *militärischer Anführer [in Bandenkriegen]* ‖ **Kriegshetze** die, - ‖ **Kriegsinvalide** [-v-]: *Kriegsversehrte* ‖ **Kriegskamerad** ‖ **Kriegskassa** = **Kriegskasse** (Wirt.): *Gewinne, die zum Kauf oder zur Übernahme von Unternehmen eingesetzt werden* ‖ **Kriegslist** ‖ **Kriegsmarine** ‖ **Kriegsministerium** (früher): *Verteidigungsministerium* ‖ **Kriegsopfer** ‖ **Kriegsopferfürsorge** ‖ **Kriegsopferverband** ‖ **Kriegspfad:** auf dem K. sein *(Krieg führen)* ‖ **Kriegsrecht** das, -[e]s: *eine völkerrechtliche Vereinbarung* ‖ **Kriegsschauplatz** ‖ **Kriegsschiff** ‖ **Kriegsspielzeug** ‖ **Kriegsteilnehmer** ‖ **Kriegstreiber:** *jemand, der Krieg provoziert* ‖ **Kriegsverbrechen** ‖ **Kriegsverbrecher** ‖ **Kriegsverbrecherin** ‖ **Kriegsverbrechergesetz** ‖ **Kriegsverbrecherprozess** ‖ **Kriegsverbrechertribunal:** *Internationaler Strafgerichtshof in Den Haag* ‖ **kriegsverletzt** ‖ **Kriegsverletzung** ‖ **kriegsversehrt** ‖ **Kriegsversehrte** ‖ **Kriegswirren** die (Pl.) ‖ **Kriegsziel** ‖ **Kriegszustand**

Kriemhild = **Kriemhilde,** *auch:* Krimhild, Krimhilde: *weibl. Vorname*

Krim die, -: *ukrainische Halbinsel im Schwarzen Meer*

Krimi der, -[s]/-s ⟨lat.⟩: *Kurzwort für Kriminalfilm oder Kriminalroman* ‖ **Kriminal** das, -s/-e (veraltend): *Gericht, Gefängnis;* er steht mit einem Fuß im K. *(er ist einer Gesetzesübertretung nahe)* ‖ **Kriminalamt** → Bundeskriminalamt ‖ **Kriminalbeamte** ‖ **Kriminalbeamtin** ‖ **Kriminalfilm** ‖ **Kriminalinspektor** [-sp-, auch: -ʃp-] ‖ **Kriminalinspektorin** ‖ **kriminalisieren:** *als kriminell betrachten; als Verbrechen behandeln;* → G.: entkriminalisieren ‖ **Kriminalistik** die, -: *Aufklärung von Verbrechen* ‖ **kriminalistisch** ‖ **Kriminalität** die, -: *Straffälligkeit* ‖ **Kriminalkommissar** ‖ **Kriminalkommissär** (veraltet): *Kriminalkommissar* ‖ **Kriminalkommissariat** ‖ **Kriminalkommissarin** ‖ **Kriminalkommissärin** (veraltet) ‖ **Kriminalpolizei** ‖ **kriminalpolizeilich:** kriminalpolizeilicher Beratungsdienst ‖ **Kriminalprozess:** *Strafprozess;* → Zivilprozess ‖ **Kriminalroman** ‖ **Kriminalstatistik** [-ʃt-, -st-]: *Verbrechensstatistik* ‖ **Kriminaltourismus** [-tu-]: *als Tourismus getarnte grenzüberschreitende [Klein]kriminalität* ‖ **kriminell:** *verbrecherisch* ‖ **Kriminelle**[1] der, -n/-n, ein Krimineller: *Verbrecher* ‖ **Kriminelle**[2] die, -n/-n ‖ **Krimineser** der, -s/- (ugs., scherzh., veraltet): *Kriminalbeamter* | *Kriminalroman* ‖ **Kriminologe** der, -n/-n ‖ **Kriminologie** die, -: *Wissenschaft vom Verbrechen* ‖ **Kriminologin** die, -/-innen ‖ **kriminologisch**

Krimsekt: *Sekt von der Halbinsel Krim*

Krimskrams der, - (ugs.): *Kram*

kringeln (bes. D, ugs.): *ringeln*

Krinoline die, -/-n ⟨lat.-fr.⟩ (früher): *Reifrock*

Kripo die, -: *Kurzwort für Kriminalpolizei*

Krippe die, -/-n: *ein Futtertrog* | *Tagesheim für Säuglinge und Kleinkinder* | *figürliche Darstellung der Geburt Jesu* ‖ **Krippenfigur** ‖ **Krippenschauen** das, -s: *ein Weihnachtsbrauch* ‖ **Krippenspiel:** *ein Weihnachtsspiel* ‖ **Kripperl** das, -s/-[n]: *Krippe* ‖ **Kripperlroas** [-rɔɐs] die, - (O) (Volksk.): *Besuch mehrerer Weihnachtskrippen*

Krise die, -/-n ⟨gr.-lat.⟩: *schwierige, entscheidende Lage* | (Med.) *Krisis* ‖ **kriseln:** es kriselt *(eine Krise kündigt sich an)* ‖ **krisenanfällig** ‖ **Krisenerscheinung** ‖ **krisenfest** ‖ **Krisengebiet** ‖ **krisengeschüttelt:** eine krisengeschüttelte *(von Krisen heimgesuchte)* Region ‖ **krisenhaft** ‖ **Krisenherd:** *Ausgangspunkt, Gebiet einer Krise* ‖ **Krisenintervention** [-v-tsi̯-]: *psychologische Betreuung in Notsituationen und bei Katastrophen* ‖ **Krisenmanagement** [-mænɪdʒm-] ‖ **Krisenmanager** ‖ **Krisenmanagerin** ‖ **Krisenpaket** ‖ **Krisenregion** ‖ **krisensicher** ‖ **Krisensituation** [-tsi̯-] ‖ **Krisensitzung** ‖ **Krisenstab:** *Regierungs-, Expertengruppe in Krisenzeiten* ‖ **Krisenzeit** ‖ **Krisis** die, -/Krisen ⟨gr.⟩ (Med.): *Höhepunkt, Wendepunkt bei einer schweren Krankheit, Krise*

Krispindl [-ʃp-] das, -s/-n (ostöst.,

ugs., abw.): *schwächliche, magere Person*
Krista → Christa
Kristall[1] der, -s/-e ⟨gr.-lat.⟩: *eine gesetzmäßige, regelmäßige Form der Minerale* ‖ **Kristall**[2] das, -s: *Kristallglas* ‖ **kristallen** ‖ **Kristallglas:** *Bleikristall* | *Glas aus Kristall* ‖ **kristallin:** kristallines *(aus vielen kleinen Kristallen gebildetes)* Gestein ‖ **kristallinisch** ‖ **Kristallisation** [-tsi̯-] die, -/-en: *Kristallbildung* ‖ **Kristallisationspunkt** ‖ **kristallisieren:** *zu Kristallen werden;* kristallisierter Honig ‖ **kristallklar** ‖ **Kristallluster** ‖ **Kristalllüster** (D): *Kristallluster* ‖ **Kristallnacht,** *auch:* Reichskristallnacht (Gesch.): *Bezeichnung (der Nationalsozialisten) für das Novemberpogrom gegen die jüdische Bevölkerung vom 9. auf den 10. November 1938* ‖ **Kristallvase** [-v-] ‖ **Kristallzucker**
Kriterium das, -s/Kriterien [-i̯en] ⟨gr.-lat.⟩: *unterscheidendes Merkmal; Kennzeichen* | (bes. im Radsport) *Prüfungsfahrt; Wettfahrt* ‖ **Kritik** die, -/-en [auch: 'kri(ː)-]: *Besprechung, Beurteilung [eines Buches]* | *Tadel;* an etwas K. üben; unter aller K. *(ganz schlecht)* sein ‖ **Kritikaster** der, -s/- (abw.): *kleinlicher Kritiker, Nörgler* ‖ **Kritikasterin** die, -/-innen (abw.) ‖ **Kritiker** der, -s/- ‖ **Kritikerin** die, -/-innen ‖ **kritikfähig** ‖ **Kritikfähigkeit** die, - ‖ **kritiklos** ‖ **Kritikpunkt** ‖ **Kritikus** der, -/-kusse (scherzh. bzw. abw.): *Kritiker* ‖ **kritisch:** etwas k. *(streng, sorgfältig)* beurteilen | im kritischen *(entscheidenden)* Augenblick; jetzt wird es k. *(gefährlich, ernst)* ‖ **kritisieren:** *Kritik üben*
Kritzelei die, -/-en: *Gekritzel* ‖ **kritzeln,** ich kritzle
Krixikraxi das, -s/-s (ugs.): *Kritzelei* | (reg.) *ein Gruß beim Anstoßen mit Sturm (Prost, Mahlzeit)*
Kroate der, -n/-n: *Angehöriger eines südslawischen Volkes* ‖ **Kroatien** [-tsi̯en] (Kfz: HR): *ein Staat* ‖ **Kroatin** die, -/-innen ‖ **kroatisch** ‖ **Kroatisch** das, -[s] = **Kroatische,** -n: *die kroatische Sprache*
kroch → kriechen
Krocha der, -s/- (bes. W, ugs., Jug.): *Vertreter einer [Wiener] Jugendkultur;* → Kracher ‖ **Krocharin** die, -/-innen (bes. W, ugs., Jug.) ‖ **krochen**
Krocket das, -s ⟨engl.⟩: *ein Ballspiel;* K. spielen
Krokant der, -s ⟨fr.⟩: *knusprige Masse aus Nüssen und Zucker*
Krokette die, -/-n ⟨fr.⟩: *eine Beilage [aus Erdäpfelteig]*
Kroko das, -[s] ⟨gr.-lat.⟩: *Kurzwort für Krokodil[leder];* eine Tasche aus K. ‖ **Krokodil** das, -s/-e: *ein Reptil* ‖ **Krokodilleder** ‖ **Krokodilstränen:** Krokodilstränen *(geheuchelte Tränen)* weinen
Krokus der, -/- [-kusse] ⟨gr.-lat.⟩: *eine Pflanzengattung*
Krone die, -/-n ⟨gr.-lat.⟩: die K. niederlegen *(abdanken);* → Krönung | *Zahnkrone* | (Bot.) *Teil der Blüte;* Blumenkrone | (mit Abkürzung K) *eine Geldeinheit [im alten Österreich]* | (mit Abkürzung kr) *Geldeinheit in Skandinavien* ‖ **krönen:** seine Bemühungen waren von Erfolg gekrönt *(erfolgreich)* ‖ **Kronenkork** = **Kronenkorken:** *ein Flaschenverschluss* ‖ **Kronjuwel:** *Edelstein in einer Krone* | *kostbares Stück* ‖ **Kronland** (Gesch.): *Bezeichnung für die einzelnen Teile der österreichischen Reichshälfte der österreichisch-ungarischen Monarchie* ‖ **Kronleuchter:** *ein prunkvoller Luster* ‖ **Kronprätendent** der, -en/-en: *jemand, der Anspruch auf den Thron erhebt* ‖ **Kronprätendentin** die, -/-innen ‖ **Kronprinz:** *Thronfolger* ‖ **Kronprinzessin** ‖ **Krönung** die, -/-en: *feierliche Einsetzung eines Herrschers* | *Höhepunkt* ‖ **Krönungsfeierlichkeit** (meist Pl.) ‖ **Kronzeuge** (Jus): *Hauptzeuge* ‖ **Kronzeugin** (Jus)
Kropf der, -es/Kröpfe (Med.): *[am Hals sichtbare] Vergrößerung der Schilddrüse* ‖ **kröpfen** (Landw.): *mästen* | (Jägerspr.) *fressen (von Vögeln)* | (Arch.) *Gesims um einen Pfeiler verlaufen lassen* | (Technik) *[Rohre] parallel biegen* ‖ **kropfert** (mda.): *mit einem Kropf*
kross (nördl. D): *knusprig;* kross backen (= krossbacken); *aber:* → cross ‖ **kross backen** = **krossbacken**
Krösus der, - [-susses]/-susse: *ein sehr reicher Mann (nach einem antiken König)*
Krot die, -/-en (ugs.): *Kröte;* die K. schlucken/ fressen müssen *(etwas Unangenehmes tun müssen)* ‖ **Kröte** die, -/-n: *ein Froschlurch*
Krowot der, -en/-en, *auch:* Krawot ⟨kroat.⟩ (ugs., meist abw.): *Kroate;* → krawutisch ‖ **Krowotin** die, -/-innen, *auch: Krawotin* (ugs., meist abw.)
Krücke die, -/-n: auf Krücken gehen | die K. *(der gebogene Griff)* des Schirms ‖ **Krückenkreuz:** *eine Kreuzform* | (Gesch.) *Parteisymbol des österreichischen Ständestaates (1933/34 bis 1938)* ‖ **Krückerl** das, -s/-[n] (ostöst., ugs., veraltet): ein K. *(eine weinerliche Miene)* machen ‖ **Krückstock**
krud = **krude** ⟨lat.⟩ (geh., veraltet): *roh, grob, brutal* ‖ **Krudität** die, -/-en (geh., veraltet)
Krug der, -[e]s/Krüge ‖ **Krügel** das, -s/- (ostöst.): *Biermaß von 0,5 l;* zwei Krügel [Bier] | *Halbliterglas* ‖ **Krügelglas** (ostöst.) ‖ **Krügerl** das, -s/-[n] (ostöst.): *Krügel*
Krumau [auch: -'uː-] (tschech.: Český Krumlov ['tʃɛskiː -f]): *Stadt in Tschechien*
Krume die, -/-n: *das weiche Innere [im Brot]* | *Ackerkrume* ‖ **Krümel** der = das, -s/- (bes. D): *Brotbrösel* ‖ **krümelig** (bes. D): *bröselig* ‖ **krümeln** (bes. D): *bröseln*

krumm:

ein krummer *(gekrümmt gewachsener)* Baum

Getrenntschreibung bei wörtlicher Bedeutung:
- krumm sitzen
- die Wirbelsäule ist krummer geworden

Getrennt- und Zusammenschreibung mit Verben, die ein Resultat herbeiführen:
- keinen Finger krumm machen (= krummmachen) *(sich nicht anstrengen)* R→ S. 900, 1.5.2

Zusammenschreibung bei übertragener Bedeutung:
- krummnehmen; er hat den Spaß krummgenommen *(übel genommen)*
- sich krummlachen *(ausgelassen lachen)* R→ S. 900, 1.5.1

krummbeinig ‖ **krümmen:** jemandem kein Haar k. *(nichts zu Leid tun);* sich vor Schmerzen k. ‖ **Krummholz** das, -es: *Legföhren, Latschen* ‖ **krummlachen** sich → krumm ‖ **krummlinig** ‖ **krumm machen** = **krummma-**

K

chen → krumm ‖ **krummnasig** ‖ **krummnehmen:** *übelnehmen* ‖ **Krummsäbel** ‖ **Krummstab** (geh., veraltet): *Bischofsstab* ‖ **Krümmung** die, -/-en ‖ **Krümmungsradius**

Krupp der, -s/-s ⟨engl.-fr.⟩ (Med.): *Entzündung im Kehlkopfbereich mit Atemnot und Husten*

Kruppe die, -/-n: *das Kreuz [des Pferdes]*

Krüppel der, -s/- (oft abw.): *Körperbehinderter* | *ein Schimpfwort* ‖ **krüppelhaft** ‖ **Krüppelkiefer:** *Legföhre, Latsche*

Kruspel [-sp-, -ʃp-] der, -s/- = die, -/-n: *ein Knorpel* ‖ **Kruspelspitz** (W): *eine Rindfleischsorte*

Krustazee [-'eːɛ] die, -/-n (meist Pl.) ⟨lat.⟩ (Zool.): *Krustentier, Krebstier* ‖ **Kruste** die, -/-n: *harte Oberschicht;* das Blut bildet eine K. ‖ **Krustenbrot** ‖ **Krustentier:** *Krebstier* | (Küchenspr.) *Krebs, Hummer, Languste ua.*

K

Krutknöpfle die (Pl.) (V): *Spätzle mit Sauerkraut* ‖ **Krutspätzle** (V)

Krux = Crux [k-] die, - ⟨lat.⟩ (wörtl.: Kreuz): *Schwierigkeit;* die K. bei der Sache ist, dass ...

Kruzifix das, -es/-e ⟨lat.⟩: *Kreuz* | *Darstellung des gekreuzigten Christus*

kruzitürken, *auch:* kruzitürken (ugs.): *Ausruf [des Ärgers];* → Kuruzzen

Krypta [-'y-] die, -/Krypten ⟨gr.-lat.⟩: *unterirdischer Kirchenraum; Gruft* ‖ **kryptisch** (geh.): *geheimnisvoll, rätselhaft* ‖ **Krypton** [auch: -'oːn] das, -s (Zeichen: Kr): *ein chemisches Element* ‖ **Kryptografie** = Kryptographie [-f-] die, -/-n ⟨gr.⟩: *Geheimschrift* ‖ **Kryptogramm:** *verschlüsselter Text, verschlüsselte Information in einem Text* ‖ **Kryptographie** [-f-] = → *Kryptografie*

KSZE [ka ɛs tsɛt 'eː] die, - (früher) (Pol.): **K**onferenz über **S**icherheit und **Z**usammenarbeit in **E**uropa (jetzt: OSZE)

Ktn.: **K**ärn**t**e**n**

k. u. [ka 'uː]: **k**öniglich **u**ngarisch *(in Österreich-Ungarn für die ungarische Reichshälfte);* → k.; → k. k.; → k. u. k.

Küachle ['kyəx-] das, -s/-, *auch:* **Küachli** (V): *Kücherl*

Kuba: *Insel und Staat in der Karibik* ‖ **Kubaner** der, -s/- ‖ **Kubanerin** die, -/-innen ‖ **kubanisch**

Kubatur die, -/-en ⟨gr.-lat.⟩: *Rauminhalt; umbauter Raum eines Hauses*

Kübel der, -s/-: *ein Gefäß;* zwei K. Wasser | (ugs.) *altes Auto;* Rostkübel ‖ **Kübelmilch** (SüdT, ugs.): *Buttermilch* ‖ **kübelweise**

kubieren ⟨gr.-lat.⟩: eine Zahl k. *(zur dritten Potenz nehmen)* ‖ **Kubikdezimeter** (dm^3): *1 l;* → Meter ‖ **Kubikinhalt** der, -[e]s: *Rauminhalt* ‖ **Kubikmeter** (m^3): *Rauminhalt eines Würfels von 1 m Seitenlänge* ‖ **Kubikwurzel** (Math.): die K. *(dritte Wurzel)* aus 8 ‖ **Kubikzahl** (Math.): *dritte Potenz einer Zahl* ‖ **Kubikzentimeter** (cm^3) ‖ **kubisch:** *würfelförmig* ‖ **Kubismus** der, - (Kunstg.): *expressionistische Richtung in der modernen Plastik und Malerei mit Betonung einfacher geometrischer Formen* ‖ **kubistisch** (Kunstg.) ‖ **Kubus** der, -/Kuben: *Würfel* | (Math.) *Kubikzahl, dritte Potenz einer Zahl*

Küche die, -/-n: die Tiroler K.; warme K.

Kuchen der, -s/- ‖ **Kuchenblech:** *Backblech*

Küchenchef [-ʃeːf] ‖ **Küchenchefin**

Kuchenform

Küchenfreund (Wz.): *Backschaufel; Pfannenwender* ‖ **Küchengerät** ‖ **Küchenherd** ‖ **Küchenkasten** ‖ **Küchenkastl,** *auch:* Küchenkastel (ugs.) ‖ **Küchenmaschine** ‖ **Küchenmesser** ‖ **Küchenpersonal** ‖ **Küchenrolle:** *eine Papierrolle zur Verwendung in der Küche* ‖ **Küchenschabe:** *ein Insekt (Vorratsschädling)* ‖ **Küchenschelle:** *Kuhschelle* ‖ **Küchenschürze**

Kuchenteig

Küchentisch ‖ **Küchenwaage** ‖ **Küchenzettel** (bes. D): *Speiseplan*

Kücherl das, -s/-[n] = Küchl, -s/-n: *ein Schmalzgebäck;* → Kiachl; → Küachli

Kuchl die, -/-n (ugs.): *Küche*

Küchl = → Kücherl

Kücken das, -s/-: Hennen mit ihren K.; → Küken

Kuckuck der, -s/-e: *ein Vogel;* der K. ruft; weiß der K., zum K. *(verärgerte Ausrufe)* | (ugs.) *Pfändungsmarke* ‖ **Kuckucksei:** *etwas, das einem unterschoben wurde* ‖ **Kuckucksuhr**

Kuddelmuddel der = das, -s (urspr. nördl. D): *Durcheinander*

kudern (bes. ostöst., ugs.): *auffällig, kindisch lachen*

Kufe die, -/-n: *das Gleitholz des Schlittens* | *ein Holzgefäß* ‖ **Kufenstechen:** *ein Kärntner Volksbrauch*

Kufstein (Kfz: KU): *Stadt in Tirol*

Kugel die, -/-n: K. stoßen; K. scheiben *(mit Murmeln spielen);* ich scheibe K.; ich habe K. geschoben | *Geschoß* | (ugs.) eine ruhige K. scheiben *(ein bequemes Leben haben)* ‖ **Kugelblitz:** *eine Blitzform* ‖ **Kugelfang:** *eine Auffangvorrichtung bei Schießständen* ‖ **kugelfest:** eine kugelfeste *(kugelsichere)* Weste ‖ **kugelförmig** ‖ **Kugelgelenk** ‖ **Kugelhagel** (Mil.): *direkter heftiger Beschuss* ‖ **kugelig,** *auch:* kuglig ‖ **Kugellager** ‖ **kugeln,** ich kugle: der Ball kugelt *(rollt)* über die Straße | (ugs.) sich vor Lachen k. ‖ **kugelrund** ‖ **Kugelscheiben** das, -s (veraltend): *ein Kinderspiel mit [Glas]kugeln* ‖ **Kugelschreiber** ‖ **kugelsicher:** ein kugelsicheres Auto ‖ **Kugelstoßen** das, -s: *eine leichtathletische Disziplin* ‖ **Kugelwelle** (Phys.): *sich gleichmäßig in alle Raumrichtungen ausbreitende, kugelförmige [Schall-]welle* ‖ **Kugerl** das, -s/-[n]: *[kleine] Kugel; Murmel* ‖ **kuglig** → kugelig

Kuh die, -/Kühe: *weibl. Tier [von Rind, Hirsch];* die Kühe melken | (abw.) heilige Kühe *(unangreifbare, tabuisierte Gegenstände oder Themen)* ‖ **Kuhdorf** (abw.): *abgeschiedenes Dorf* ‖ **Kuheuter** ‖ **Kuhfladen** die, -/-n = **Kuhfladen** der, -s/- ‖ **Kuhglocke** ‖ **Kuhhandel** (abw.): *ein übles Tauschgeschäft* ‖ **Kuhhaut:** *Fell der Kuh* | (ugs.) das geht auf keine K. *(das ist ärger als beschreibbar, das glaubt keiner)* ‖ **Kuhklatter** (V): *Kuhflade*

kühl: eine kühle Brise ‖ **Kühlaggregat** ‖ **Kühlakku:** *Gefrierakku* ‖ **Kühlanlage** ‖ **Kühle** die, -: die K. des Morgens ‖ **kühlen:** *kälten;* → G.: hitzen ‖ **Kühler** der, -s/- (Kfz) ‖ **Kühlerhaube** (Kfz) ‖ **Kühlflüssigkeit** ‖ **Kühlhaus**

Kuhlimuh = Kulimuh die, -/-s (Kinderspr.): *Kuh;* → Muhkuh

Kühlkette: *Gefrierkette vom Hersteller bis zum Endverbraucher;* die K. darf nicht unterbrochen werden ‖ **Kühlmittel** ‖ **Kühlraum** ‖ **Kühlschrank** ‖ **Kühlta-**

sche || **Kühltruhe** || **Kühlung** die, - || **Kühlwagen** || **Kühlwasser** das, -s
Kuhmilch || **Kuhschelle:** *eine Pflanzengattung, Küchenschelle*
kühn: *tapfer* | *gewagt* || **Kühnheit** die, -/-en
Kuhstall || **kuhwarm:** kuhwarme Milch
kujonieren ⟨lat.-fr.⟩ (veraltet): *unnötig quälen, sekkieren*
k. u. k. ['ka: unt 'ka:]: **k**aiserlich **u**nd **k**öniglich *(in Österreich-Ungarn; für beide Reichshälften gemeinsam)*; das k. u. k. Ministerium des Äußeren; die k. u. k. Zeit; → k.; → k. k.; → k. u.
Küken das, -s/- (bes. D): *Kücken*
Ku-Klux-Klan der, -s ⟨engl.⟩: *ein amerikanischer rechtsradikaler Geheimbund*
Kukuruz der, -[es]/-e ⟨slaw.⟩: *Mais[kolben]*; → Türken || **Kukuruzfeld** || **Kukuruzkolben** || **Kukuruzmehl:** *Maismehl*; → Polenta
kulant ⟨lat.-fr.⟩ (Kaufmannsspr.): *entgegenkommend, großzügig*; → G.: inkulant || **Kulanz** die, - || **Kulanzweg** der, -[e]s: eine Angelegenheit auf dem K. *(entgegenkommend, ohne Rechtsanspruch)* erledigen
Kuli[1] der, -[s]/-s ⟨Hindi-engl.⟩: *asiatischer Lastträger, Taglöhner*; wie ein K. *(sehr schwer)* arbeiten
Kuli[2] der, -[s]/-s (ugs.): *Kugelschreiber*
Kulimuh = → Kuhlimuh
kulinarisch ⟨lat.⟩: *auf feine Kochkunst bezogen* || **Kulinarium** das, -s/Kulinaria (Kulinarien [-i̯ən]): *gastronomische Veranstaltung; Spezialitätenrestaurant*
Kulisse die, -/-n ⟨fr.⟩: *Dekorationsteile der Theaterbühne* || **Kulissenwechsel** [-ks-]
Kulleraugen die (Pl.): *große, runde Augen* || **kullern:** Tränen k. *(rollen)* über seine Wangen
Kulm der, -[e]s/-e: *runder Bergrücken*
Kulmination [-tsi̯-] die, -/-en ⟨lat.-fr.⟩ || **Kulminationspunkt** [-tsi̯-]: auf dem K. *(Höhepunkt)* einer Karriere || **kulminieren:** *den Höhepunkt erreichen*
Kult der, -[e]s/-e ⟨lat.⟩: *religiöse Verehrung; Gottesdienst* | (sal.) der Film ist K. *(wird in Insiderkreisen bes. geschätzt)* || **Kultbild** || **Kultbuch:** *in bestimmten Kreisen bes. geschätztes Buch*
Kulter → Gulter
Kultfilm ⟨lat.⟩ || **Kulthandlung** || **kultisch** || **kultivieren** [-v-]: ein Stück Land k. *(fruchtbar machen, bebauen)* | das gute Gesprächsklima k. *(pflegen, fördern)* | ein kultivierter *(gepflegter, gebildeter)* Mensch || **Kultivierung** die, -/-en || **Kultstätte:** *Ort religiöser Verehrung* || **Kultstatus** [-st-, -ʃt-]: der Film genießt K. || **Kultur** die, -/-en: die K. eines Volkes *(seine geistigen Errungenschaften, seine Sitten)* | *Pflanzung* || **Kulturabkommen** || **Kulturabteilung** || **Kulturattaché** [-ʃe:] || **Kulturaustausch** || **Kulturbanause** (abw.): *an Kultur nicht interessierte Person* || **Kulturbanausin** (abw.) || **Kulturbeilage:** *[Zeitungs]beilage mit Kulturberichten* || **Kulturbetrieb** || **Kulturboden:** *angebauter Boden* | *kulturell bedeutsames Gebiet* || **Kulturdenkmal** || **kulturell** || **Kulturerbe** || **Kulturepoche** || **Kulturfilm** || **Kulturflüchter** der, -s/- (Biol.): *Kulturpflanze, die aus bewohnten Gebieten verschwindet und verwildert* || **Kulturfolger** der, -s/- (Biol.): *Pflanze, die in bewohnten Gebieten heimisch wird* || **Kulturgeschichte** || **kulturgeschichtlich** || **Kulturgut:** wertvolle Kulturgüter || **Kulturhauptstadt:** Linz war 2009 K. Europas || **kulturhistorisch** || **Kulturhoheit** || **Kulturinstitut** [-st-] || **Kulturkritik** || **Kulturlandschaft:** *vom Menschen veränderte Natur*; → G.: Naturlandschaft || **Kulturleben** || **Kulturnation** [-tsi̯-]: *gebildete Nation* | *Nation, deren Zusammenhalt auf gemeinsamer Kultur (und nicht Abstammung) beruht* || **Kulturpflanze** || **Kulturpolitik** || **kulturpolitisch** || **Kulturrasse** (Biol., Bot., Zool.): *[Ergebnis einer] Züchtung* || **Kulturraum:** *ein geografischer Raum mit gleichartiger Kultur* || **Kulturreferat** || **Kulturressort** [-so:ɐ] || **Kulturstadtrat** || **Kulturstadträtin** || **Kultursteppe** (Ökol.): *durch den Menschen biologisch geschädigter Raum* || **Kulturtechnik:** *erworbene Fähigkeit, die das Teilhaben an einer Kultur ermöglicht, zB Schreiben, Lesen, Rechnen* | *Betreuung landwirtschaftlicher Nutzflächen* || **Kulturträger:** *Personen, Institutionen, Gegenstände, die kulturelle Tradition vermitteln* || **Kulturträgerin** || **Kulturvolk** || **Kulturwirtschaft:** Kultur- und Kreativwirtschaft *(Wirtschaftssektor mit den Erwerbstätigen im künstlerischen und kulturellen Bereich)* || **Kulturzentrum** || **Kultus** der, -: *Kult* | *Angelegenheiten der Religionsgemeinschaften* || **Kultusamt:** *oberste Verwaltung der Rechtsangelegenheiten der Kirchen und Religionsgemeinschaften (im Bundesministerium für Unterricht, Kunst und Kultur)* || **Kultusgemeinde** → israelitisch || **Kultusministerium** (D): *Ministerium für Bildung, Erziehung, Wissenschaft, Kunst, Kultur uÄ*
Kümmel der, -s/-: *ein Gewürz* | *ein Schnaps* || **Kümmelbraten** || **Kümmelweckerl:** *ein Gebäck*
Kummer der, -s: vor K. krank werden || **kümmerlich:** kümmerlicher *(spärlicher)* Pflanzenwuchs; sich nur k. *(schlecht und recht)* fortbringen || **kümmern:** das kümmert ihn nicht *(es berührt ihn nicht)* | sich um den Kranken k. *(für ihn sorgen)* || **Kümmernis** die, -/-nisse (veraltend): *Kummer* || **Kummernummer:** *telefonischer Beratungs-, Beschwerdedienst* || **Kummerspeck:** *durch kompensierendes Essen hervorgerufenes Übergewicht* || **kummervoll**
Kummet das, -s/-e (Landw.): *um den Hals gelegter Geschirrteil bei Zugtieren*
Kumpan der, -s/-e ⟨lat.-fr.⟩ (meist abw.): *Helfershelfer; Kamerad* || **Kumpanin** die, -/-innen (meist abw.)
Kumpel der, -s/-[s] [-n]: *Bergmann* | *Kamerad* || **kumpelhaft**
Kumpf der, -[e]s/-e: *Behälter für den Wetzstein des Mähers*
Kumquat die, -/-s ⟨chin.⟩ (Bot.): *eine Zitrusfrucht*
Kumulation [-tsi̯-] die, -/-en ⟨lat.⟩: *Anhäufung* || **kumulativ:** *sich steigernd* || **kumulieren** || **Kumulonimbus** (Met.): *Gewitterwolke* || **Kumulus** der, -/Kumuli = **Kumuluswolke** (Met.): *eine Wolkenform, Haufenwolke*
Kumys ['ku:mis, auch: -'is] der, - = **Kumyss** ⟨tatarisch-russ.⟩: *ein Sauermilchgetränk*
kündbar: der Vertrag ist jederzeit k. || **Kunde**[1] der, -n/-n, *reg. auch:* die, -/-n: die Kunden *(Käufer, Kundschaft)* eines Kaufmanns || **Kunde**[2] die, -/-n (geh.): *Nach-*

K

richt; Kenntnis ‖ **kün|den** (geh.): *verkündigen, berichten* ‖ **Kun|den|be|ra|tung** ‖ **Kun|den|be|treu|er** ‖ **Kun|den|be|treu|e|rin** ‖ **Kun|den|dienst:** *Betreuung technischer Geräte durch die Herstellerfirma* ‖ **kun|den|freund|lich** ‖ **Kun|den|kar|te** ‖ **Kun|den|kreis** ‖ **Kun|den|park|platz** ‖ **Kun|den|ser|vice** [-sɜːvɪs] ‖ **Kun|den|stock:** *die ständigen Kunden* ‖ **Kun|den|te|le|fon** ‖ **Kun|den|trenn|stab:** *Leiste [in Supermärkten] auf dem Förderband zum Trennen der Waren von verschiedenen Kunden, Warentrennstab, Warentrenner* ‖ **Kün|der** der, -s/- (geh.): *Verkünder* ‖ **Kün|de|rin** die, -/-innen (geh.) ‖ **kund|ge|ben** (geh.): seine Absicht k. *(mitteilen)* ‖ **Kund|ge|bung** die, -/-en: *Massenversammlung; Aufmarsch* ‖ **kun|dig** (geh.): *wissend, erfahren;* des Deutschen k. sein *(es beherrschen)* ‖ **kün|di|gen:** einem Mieter die Wohnung k. *(das Mietverhältnis lösen);* jemandem die Freundschaft k. ‖ **Kün|di|gung** die, -/-en ‖ **Kün|di|gungs|frist** ‖ **Kün|di|gungs|grund** ‖ **Kün|di|gungs|schutz** ‖ **Kün|di|gungs|wel|le** ‖ **Kun|din** die, -/-innen → Kunde[1] ‖ **kund|ma|chen** (Amtsspr.): ein Gesetz k. *(ordnungsgemäß im Bundes- bzw. Landesgesetzblatt veröffentlichen)* ‖ **Kund|ma|chung** die, -/-en: *Verlautbarung* ‖ **Kund|ma|chungs|pflicht** (Amtsspr.) ‖ **Kund|schaft** die, -/-en: die K. eines Kaufmanns | (veraltet) *Kunde, Nachricht* ‖ **kund|schaf|ten** ‖ **Kund|schaf|ter** der, -s/- (veraltend): *jemand, der etwas erkundet, ausforscht* ‖ **Kund|schaf|te|rin** die, -/-innen (veraltend) ‖ **kund|tun** (geh.): *kundmachen, bekannt geben*

Kü|ne|t|te die, -/-n ⟨lat.-fr.⟩: *Graben zum Verlegen von [Abfluss]rohren und Leitungen*

künf|tig: *in Zukunft, später;* künftige Generationen ‖ **künf|tig|hin** (geh.)

Kung-Fu das, -s ⟨chin.⟩: *eine asiatische Kampfsportart*

Kü|nigl|berg der, -s: *eine Anhöhe in Wien* | *Hauptsitz des Österreichischen Rundfunks* ‖ **Kü|nigl|has** → Kiniglhas

Ku|ni|gun|de: *weibl. Vorname*

Kunst die, -/Künste: abstrakte K.; bildende K.; die schwarze (auch: Schwarze) K. *(Magie)* ‖ **Kunst|aka|de|mie** (in Österreich keine gesetzliche Bezeichnung mehr): *Universität für Kunst* ‖ **Kunst|aus|stel|lung** ‖ **Kunst|be|trach|tung** ‖ **Kunst|blu|me:** *eine Blume [aus Plastik, Stoff]* ‖ **Kunst|denk|mal** ‖ **Kunst|dieb|stahl** ‖ **Kunst|druck** der, -[e]s: *ein hochwertiges Druckverfahren* | (mit Pl. -drucke) *Druckwiedergabe eines Kunstwerks;* einen K. rahmen lassen ‖ **Kunst|dün|ger** ‖ **Kunst|eis|bahn** ‖ **küns|teln,** ich künstle (meist abw.): *etwas nur mit Kunstgriffen zu Wege bringen; vortäuschen;* → gekünstelt ‖ **Kunst|er|zie|hung** ‖ **Kunst|fäl|schung** ‖ **Kunst|fa|ser:** *Nylon, Perlon u. dgl.* ‖ **Kunst|feh|ler:** ein ärztlicher K. *(ärztlicher Fehlgriff, Irrtum)* ‖ **kunst|fer|tig:** *kunstvoll; geschickt* ‖ **Kunst|fer|tig|keit** ‖ **Kunst|fi|gur** ‖ **Kunst|flug** ‖ **Kunst|för|de|rung** ‖ **Kunst|füh|rer:** *illustrierter Text als Einführung in Kunstwerke* ‖ **Kunst|ge|gen|stand** ‖ **kunst|ge|recht:** etwas k. *(sachverständig)* reparieren ‖ **Kunst|ge|schich|te** ‖ **kunst|ge|schicht|lich** ‖ **Kunst|ge|wer|be:** *künstlerische Gestaltung und Herstellung von Gebrauchsgegenständen ua.* ‖ **Kunst|griff:** *Trick, Kunststück* ‖ **Kunst|han|del** ‖ **Kunst|hand|werk** ‖ **Kunst|his|to|ri|ker:** *Fachmann der Kunstgeschichte* ‖ **Kunst|his|to|ri|ke|rin** ‖ **kunst|his|to|risch:** *kunstgeschichtlich;* ein kunsthistorisches Juwel; *aber:* das **K**unsthistorische Museum in Wien ‖ **Kunst|hoch|schu|le** (in Österreich keine gesetzliche Bezeichnung mehr): *eine Universität für Kunst* ‖ **Kunst|kar|te:** *Reproduktion eines Kunstwerks als Ansichtskarte* ‖ **Kunst|kri|tik** ‖ **Kunst|kri|ti|ker** ‖ **Kunst|kri|ti|ke|rin** ‖ **Künst|ler** der, -s/- ‖ **Künst|ler|hand** (geh.): von K. *(kunstvoll)* gestaltet ‖ **Künst|le|rin** die, -/-innen ‖ **künst|le|risch:** k. begabt sein ‖ **Künst|ler|na|me,** *auch:* **Künst|ler|na|men:** *ein Pseudonym* ‖ **Künst|ler|pech** (oft scherzh.): *Missgeschick, das allen passieren kann* ‖ **Künst|ler|schaft** die, - ‖ **Künst|ler|tum** das, -s ‖ **Künst|ler|zim|mer:** *reservierter Raum für Künstler/innen [hinter der Bühne]* ‖ **künst|lich:** künstliche Beleuchtung ‖ **Künst|lich|keit** die, - ‖ **Kunst|lieb|ha|ber** ‖ **Kunst|lieb|ha|be|rin** ‖ **Kunst|lied** (Mus.) ‖ **kunst|los:** *einfach, primitiv* ‖ **Kunst|ma|ler:** *Schöpfer von Zeichnungen und Gemälden* ‖ **Kunst|mär|chen** → Volksmärchen ‖ **Kunst|markt** ‖ **Kunst|pau|se** (scherzh.): *Verlegenheitspause* ‖ **kunst|reich** (geh.): *kunstvoll, kunstfertig* ‖ **Kunst|rich|tung** ‖ **Kunst|samm|ler** ‖ **Kunst|samm|le|rin** ‖ **Kunst|schatz** ‖ **Kunst|schlos|ser** ‖ **Kunst|schlos|se|rin** ‖ **Kunst|schnee:** *künstlich erzeugter Schnee* ‖ **Kunst|sei|de** ‖ **Kunst|se|nat:** Österreichischer K. *(beratende Gemeinschaft von 21 Künstlerpersönlichkeiten)* ‖ **Kunst|sinn** ‖ **kunst|sin|nig** ‖ **Kunst|sprin|gen** (Sport): *eine Disziplin im Wasserspringen* ‖ **Kunst|stein** → G.: Naturstein ‖ **Kunst|stoff:** *Plastik uÄ* ‖ **Kunst|stoff|fla|sche** ‖ **Kunst|stoff|fo|lie** [-i̯ɛ] ‖ **Kunst|strö|mung** ‖ **Kunst|stück** ‖ **Kunst|stu|dent** [-ʃt-] ‖ **Kunst|stu|den|tin** ‖ **Kunst|stu|di|um** ‖ **Kunst|tisch|ler** ‖ **Kunst|tisch|le|rin** ‖ **Kunst|tur|nen** (Sport) ‖ **Kunst|uni** ‖ **Kunst|uni|ver|si|tät** [-v-] ‖ **Kunst|ver|stand** der, -[e]s ‖ **kunst|ver|stän|dig** ‖ **Kunst|ver|ständ|nis** ‖ **kunst|voll** ‖ **Kunst|werk**

kun|ter|bunt: alles liegt hier k. *(wahllos)* durcheinander ‖ **Kun|ter|bunt** das, -s: ein K. *(ein buntes, ungeordnetes Vielerlei)* von Farben

Kunz (abw.) (nur in der Wendung): Hinz und K. *(jedermann)*

Ku|pee = → Coupé

Kup|fer das, -s (Zeichen: Cu): *ein chemisches Element* ‖ **Kup|fer|dach** ‖ **Kup|fer|draht** ‖ **Kup|fer|erz** ‖ **Kup|fer|erz|berg|bau** ‖ **Kup|fer|le|gie|rung** ‖ **Kup|fer|mün|ze** ‖ **kup|fern:** kupferne Münzen ‖ **kup|fer|rot** ‖ **Kup|fer|schmied** ‖ **Kup|fer|schmie|din** ‖ **Kup|fer|ste|cher** ‖ **Kup|fer|ste|che|rin** ‖ **Kup|fer|stich:** *Abdruck einer auf einer Kupferplatte eingeritzten Zeichnung*

ku|pie|ren ⟨fr.⟩: *Hunden die Ohren kürzen* | (Med.) eine Grippe k. *(den Ausbruch verhindern)*

Ku|pon = Coupon [kuˈpõː] der, -s/-s ⟨fr.⟩: *abtrennbarer Abschnitt [an Eintrittskarten, Aktien]*

Kup|pe die, -/-n: *abgerundeter Berggipfel* | *Fingerkuppe* ‖ **Kup|pel** die, -/-n: *halbkugelig gewölbtes Dach [auf Kirchen]*

Kup|pe|lei die, -, *auch:* Kupplerei (abw.): *Heiratsvermittlung* | (Jus)

[gewerbsmäßige] Vermittlung geschlechtlicher Beziehungen
Kuppelfresko: *ein Deckengemälde*
kuppeln, ich kupple: *die Kupplung bei Kraftfahrzeugen bedienen* | Eisenbahnwagen k. *(zusammenhängen)* | *Kuppelei betreiben* || **Kuppelpelz** (scherzh., veraltend): sich einen K. verdienen *(eine Heirat erfolgreich vermitteln)* || **Kuppler** der, -s/-: *jemand, der Kuppelei betreibt* || **Kupplerei** → Kuppelei || **Kupplerin** die, -/-innen || **Kupplung** die, -/-en (Technik, Kfz): *trennbare Verbindung zwischen Motor und Getriebe;* die K. durchdrücken || **Kupplungspedal**
Kur die, -/-en ⟨lat.⟩: eine Kur machen *(Heilbäder nehmen u. dgl.);* → kuren
Kür die, -: *Darbietung selbst gewählter Übungen* | (im Eiskunstlauf) [eine] Kür laufen; → G.: Pflicht | *das Küren*
Kuranstalt
Kurare das, - ⟨indian.-span.⟩: *ein indianisches Pfeilgift*
Kurarzt || **Kurärztin**
Kürassier der, -s/-e ⟨lat.-fr.⟩ (früher): *Reiter mit Brustharnisch*
Kurat der, -en/-en ⟨lat.⟩ (kath.): *ein Seelsorger, Priester* || **Kuratel** die, -/-en (Jus): *Vormundschaft;* jemanden unter K. stellen || **kuratieren:** *eine Ausstellung organisieren, ein Sammlung betreuen* || **Kurator** der, -s/-en [-'o:-]: *Treuhänder* | *Mitglied eines Kuratoriums* || **Kuratorin** die, -/-innen || **Kuratorium** das, -s/Kuratorien [-iən]: *eine Aufsichtsbehörde; Beirat;* K. für Verkehrssicherheit
Kuraufenthalt
Kurbel die, -/-n: eine K. *(Winde)* drehen || **Kurbellager** || **kurbeln,** ich kurble || **Kurbelwelle** (Technik)
Kürbis der, - [-bisses]/-bisse: *eine Gemüsepflanze* || **Kürbisgemüse:** *eine Speise* || **Kürbiskern** || **Kürbiskernöl:** *eine steirische Spezialität, Kernöl* || **Kürbiskraut:** *pikantes Kürbisgemüse*
Kurde der, -n/-n: *Angehöriger eines iranischen Volkes in Vorderasien* || **Kurdin** die, -/-innen || **kurdisch** || **Kurdistan:** *Heimatgebiete der Kurden (bes. Osttürkei, Nordirak)*
kuren: *eine Kur machen*
küren (geh.): *[er]wählen;* → kiesen; → Kür
Kürettage [-'a:ʃ, -ʒɛ] die, -/-n ⟨fr.⟩ (Med.): *eine Unterleibsoperation bei Frauen*
Kurfürst (früher): *zur Wahl des deutschen Königs berechtigter Fürst* || **Kurfürstentum**
Kurgast: *in einem Kurort Heilung Suchende[r]* || **Kurhaus** || **Kurheim** || **Kurhotel**
Kurie [-iɛ] die, -/-n ⟨lat.⟩: *Teil einer Vertretungskörperschaft, zB die Studentenkurie an Universitäten* | (ohne Pl.) *die päpstlichen Behörden; deren Sitz* || **Kurienbischof:** *im Vatikan tätiger Bischof* || **Kurienkardinal:** *an der römischen Kurie tätiger Kardinal* || **Kuriensprecher:** *Vertreter einer Kurie an der Universität* || **Kuriensprecherin** || **Kurienwahlrecht** (Gesch.): *Wahlrecht nach Stand und Vermögen*
Kurier der, -s/-e ⟨lat.-it.-fr.⟩: *Überbringer amtlicher [geheimer] Schriftstücke oder Aufträge* || **Kurierdienst**
kurieren ⟨lat.⟩: *heilen*
Kurierin die, -/-innen ⟨lat.-it.-fr.⟩ || **Kurierpost**
kurios ⟨lat.⟩: *merkwürdig, sonderbar* || **Kuriosität** die, -/-en || **Kuriositätenkabinett:** *Ansammlung von kuriosen Gegenständen* || **Kuriosum** das, -s/Kuriosa: *etwas Merkwürdiges, Wunderliches*
Kurkonzert: *Konzert für Kurgäste*
Kurkuma die, -/Kurkumen ⟨arab.⟩: → *Gelbwurz*
Kürlauf (Sport) → Kür
Kurmittel || **Kurmittelhaus** || **Kurorchester** [meist: -k-] || **Kurort:** *Luftkurort, Heilbad* || **Kurpark** || **kurpfuschen** (nur Inf. und Part.) (abw.) || **Kurpfuscher** (abw.): *jemand, der sich unberechtigt ärztlich betätigt* || **Kurpfuscherei** die, - (abw.) || **Kurpfuscherin** (abw.)
Kurrende die, -/-n ⟨lat.⟩ (Amtsspr.): *Rundschreiben* || **kurrent:** ein k. *(in Kurrentschrift)* geschriebener Brief || **Kurrentschrift:** *früher übliche deutsche Schreibschrift*
Kurs der, -es/-e ⟨lat.⟩: ein K. *(Lehrgang)* für Spanisch | der K. *(Weg)* eines Schiffes | der K. *(Handelspreis)* einer Währung; hoch im K. stehen *(viel gelten);* etwas außer K. setzen *(stornieren)* || **Kursabweichung** || **Kursänderung** || **Kursanstieg** || **Kursbuch:** *Fahrplanbuch*
Kurschatten (scherzh.): *Begleiter[in], Freund[in] eines Kurgastes*
Kürschner der, -s/-: *Hersteller von Pelzwaren* || **Kürschnerin** die, -/-innen
Kursentwicklung || **Kursfeuerwerk** (Börse): *signifikanter Anstieg der Aktienkurse* || **Kursgewinn** (Börse): *Spanne zwischen Ankauf und Verkauf von Wertpapieren* || **kursieren:** wilde Gerüchte k. *(gehen um)* || **kursiv:** eine kursive *(nach rechts gerichtete, schräge)* Schrift || **Kursivdruck** der, -[e]s: *Kursivschrift* || **Kursive** [-vɛ, -fɛ] die, -/-n: *Kursivschrift* || **Kursivschrift** || **Kurskorrektur** || **kursorisch:** etwas k. *(nur übersichtsweise)* behandeln || **Kursrückgang** (Börse) || **Kursschwankung** || **Kurssteigerung** (Börse) || **Kurssturz:** *plötzliches Fallen der Börsenkurse* || **Kursteilnehmer** || **Kursteilnehmerin** || **Kursverfall** (Börse) || **Kurswagen:** *Eisenbahnwagon, der für eine Teilstrecke an einen anderen Zug angehängt wird* || **Kurswechsel** [-ks-] (Wirt.): *Kursänderung* || **Kurswert** (Bankw.): *die Notierung eines Wertpapiers*
Kurt, *auch:* Curt [k-], Curd: *männl. Vorname (Konrad)*
Kurtaxe: *von Kurgästen zu zahlende Gebühr* || **Kurtheater**
Kurtisane die, -/-n ⟨fr.⟩ (früher): *[vornehme] Dirne*
Kuruzzen die (Pl.): *ungarische Aufständische (im 16. bis 18. Jh.);* → kruzzitürken
Kurvatur [-va-] die, -/-en ⟨lat.⟩ (Med.): *Krümmung [des Magens]* || **Kurve** [-f-, auch: -v-] die, -/-n: *krumme Linie, Bogen, Biegung* | (sal.) eine Frau mit tollen Kurven *(mit erotischer Figur)* || **kurven:** *herumfahren* || **Kurvendiskussion** (Math.) || **kurvenförmig** || **Kurvenlage:** ein Auto mit guter K. || **kurvenreich:** eine kurvenreiche Küstenstraße
Kurverwaltung
kurvig [-f-, auch: -v-]

kurz,

kürzer/am kürzesten; kurz und gut; kurz und bündig; über kurz oder lang *(auf jeden Fall)*

Großschreibung bei Nominalisierung:

– den Kürzer[e]n ziehen

R→ S. 892, 2.2

K

Groß- und Kleinschreibung:
- vor/seit/binnen kurzem (= **K**urzem)

Getrenntschreibung bei wörtlicher Bedeutung und bei Erweiterung:
- kannst du kurz kommen?
- er ist dabei zu kurz gekommen *(wurde benachteiligt)*

Zusammenschreibung bei übertragener Bedeutung, zB:
- kurzarbeiten (Wirt.: *in Kurzarbeit stehen*); *aber getrennt:* kurz *(kurze Zeit)* arbeiten
- du sollst dich kurzfassen *(nur kurze Zeit sprechen, auf das Wichtigste konzentrieren)*
- jemanden kurzhalten *(ihn zB beim Taschengeld beschränken)*
- sich kurzschließen *(absprechen)*
- den Stromkreis kurzschließen
- kurztreten/kürzertreten *(sich beschränken, schonen)*

R→ S. 900, 1.5.1

Getrennt- und Zusammenschreibung, zB:
- einen Text kurz fassen (= kurzfassen)
- ein kurz gefasster (= kurzgefasster) Bericht
- ich werde es kurz machen (= kurzmachen) *(nicht viel Aufsehen machen)*
- die Haare kurz schneiden (= kurzschneiden)

Kurzarbeit die, -: *aus wirtschaftlichen Gründen verkürzte Arbeitszeit* ‖ **kurzarbeiten** (Wirt.) → kurz ‖ **kurzärmelig** = **kurzärmlig** ‖ **kurzatmig** ‖ **Kurzatmigkeit** die, - ‖ **kurzbeinig** ‖ **Kurzbericht** ‖ **Kurzdarstellung** ‖ **Kurze** der, -n/-n (ugs.): *Kurzschluss* ‖ **Kürze** die, -: in K. beginnen ‖ **Kürzel** das, -s/-: *Abkürzung [in der Kurzschrift]* ‖ **kürzen:** du kürzt den Rock ‖ **kurzerhand:** *schnell, ohne viel zu überlegen* ‖ **kürzertreten** → kurz ‖ **kurzfassen** sich: du sollst dich k.; *aber:* einen Text kurz fassen (= kurzfassen) ‖ **Kurzfassung** ‖ **Kurzform** (Sprachwiss.): → *Kurzwort* ‖ **kurzfristig:** k. *(knapp vorher)* absagen ‖ **kurz gefasst** = **kurzgefasst** → kurz ‖ **Kurzgeschichte:** *eine Form literarischer Erzählung* ‖ **kurzhaarig** ‖ **kurzhalten:** die Kinder k. *(ihnen zB wenig Taschengeld geben)* ‖ **kurzlebig** ‖ **Kurzlebigkeit** die, - ‖ **kürzlich:** *unlängst, neulich* ‖ **kurz machen** = **kurzmachen:** *nicht viel Aufsehen machen;* → kurz ‖ **Kurzmantel** ‖ **Kurzmeldung** ‖ **Kurznachricht** ‖ **Kurzparkzone** ‖ **Kurzprosa** ‖ **kurzschließen** → kurz ‖ **Kurzschluss** ‖ **Kurzschlusshandlung:** *unüberlegte Fehlhandlung* ‖ **kurz schneiden** = **kurzschneiden:** die Haare k. s. ‖ **Kurzschrift** die, -: *Stenografie;* → Verkehrsschrift; → Eilschrift ‖ **kurzsichtig** → G.: weitsichtig ‖ **Kurzsichtigkeit** die, - ‖ **Kurzstrecke** ‖ **Kurzstreckengrenze** ‖ **Kurzstreckenlauf** ‖ **kurztreten** → kurz ‖ **kurzum:** *kurz gesagt* ‖ **Kürzung** die, -/-en ‖ **Kurzurlaub** ‖ **Kurzwaren** die (Pl.): *Nähzubehör, zB Zwirn, Knöpfe* ‖ **Kurzweil** die, - (geh.): *unterhaltende Abwechslung* ‖ **kurzweilig** (geh.): *unterhaltsam* ‖ **Kurzwelle** (KW): *eine elektromagnetische Welle* ‖ **Kurzwellensender** ‖ **Kurzwort** (Sprachwiss.): *verkürzte Form eines Wortes, zB* Alu *für* Aluminium ‖ **Kurzzeitgedächtnis** → G.: Langzeitgedächtnis ‖ **kurzzeitig:** *für kurze Zeit*

kusch (derb) ⟨fr.⟩: *Ruhe!;* → kuschen

kuschelig: *weich, warm, bequem* ‖ **Kuschelkurs** (Pol. bzw. iron.) ‖ **kuscheln:** *einander liebkosen;* miteinander k.; ich kuschle mich *(schmiege mich)* an dich ‖ **Kuschelparty** [-i] (Soz.): *Veranstaltung, bei der einander unbekannte Personen Entspannungs- und Entkrampfungsübungen machen* ‖ **Kuschelsex:** *zärtlicher Sex* ‖ **Kuscheltier:** *weiches Stofftier* ‖ **kuschelweich** ‖ **Kuschelwetter**

kuschen, du kusch[s]t/gekuscht ⟨fr.⟩ (ugs., abw.): *sich ducken; den Mund halten;* → kusch

Kusine = → Cousine

Kuss der, -es/Küsse ‖ **Küsschen** das, -s/- ‖ **kussecht:** kussechter Lippenstift ‖ **küssen,** du küsst: „Küss die Hand!"; küss die Hand (= Küss die Hand) sagen ‖ **Kusshand:** Kusshände werfen *(Küsse durch Handbewegungen andeuten)*

Küste die, -/-n: *Meeresufer* ‖ **Küstenbewohner** ‖ **Küstenbewohnerin** ‖ **Küstengebiet** ‖ **Küstengewässer** ‖ **Küstenpatent:** *ein Schiffsführerschein* ‖ **Küstenschifffahrt** ‖ **Küstenstrich**

Küster der, -s/- (D): *Mesner* ‖ **Küsterin** die, -/-innen (D)

Kustode ⟨lat.⟩ → Kustos ‖ **Kustodiat** das, -[e]s/-e: *Betreuung einer [Lehrmittel]sammlung* ‖ **Kustodin** die, -/-innen: *wissenschaftliche Beamtin [in einem Museum]* | *Betreuerin einer [Lehrmittel]sammlung* | *ein Amtstitel* ‖ **Kustos** der, -/Kustoden, *auch:* Kustode, -n/-n

Kutschbock: *erhöhter Sitz des Kutschers* ‖ **Kutsche** die, -/-n ‖ **Kutscher** der, -s/- ‖ **Kutscherin** die, -/-innen ‖ **kutschieren**

Kutte die, -/-n: *Mönchsgewand*

Kuttel die, -/-n (meist Pl.): *Kuttelfleck* ‖ **Kuttelfleck** die (Pl.): *als Speise verwendeter Magen von Rind oder Schaf*

Kuttelkraut das, -[e]s (ugs.): *Thymian*

Kutter der, -s/-: *ein kleines Schiff*

Kuvert [-ˈveːɐ, D: -ˈvɛrt] das, -s/-s ⟨fr.⟩: *Briefumschlag* ‖ **kuvertieren** ‖ **Kuvertüre** = Couverture [kuvɛrˈtyːɐ, -rɛ] die, -/-n: *[Torten-]glasur*

KV: **K**öchel-**V**erzeichnis

kW: **K**ilo**w**att; → kWh

KW [ka ˈveː]: **K**urz**w**elle

kWh: Kilowattstunde; → kW

Kybernetik [ky-] die, - ⟨gr.⟩: *Wissenschaft von den Steuerungssystemen in verschiedensten Bereichen, zB Technik, Biologie* ‖ **Kybernetiker** der, -s/- ‖ **Kybernetikerin** die, -/-innen ‖ **kybernetisch**

Kykladen [ky-] die (Pl.): *eine griechische Inselgruppe in der Ägäis*

Kyrie [ˈkyːri̯ɛ] das, -[s]/-[s] ⟨gr.⟩ (kath.): *ein Teil der heiligen Messe* ‖ **Kyrie eleison** [- -e.i-] (wörtl.: Herr, erbarme dich!)

kyrillisch [ky-, ki-] = zyrillisch, cyrillisch [ts-]: die kyrillische Schrift *(Schrift der Russen, Bulgaren, Serben ua., nach dem Slawenapostel Kyrill)*

KZ [ka ˈtsɛt] das, -s/-s: **K**on**z**entrationslager ‖ **KZler** der, -s/- (ugs.): *Häftling in einem KZ* ‖ **KZlerin** die, -/-innen (ugs.)

l L

l [ɛl] das, -/- (Kleinbuchstabe): das l im Wort *lachen* | (Laut) der l-Laut | Liter
L [ɛl] das, -/- (Großbuchstabe): das L im Wort *Land* | *römisches Zahlzeichen für 50* | large *(groß, bei Kleidungsgrößen)* | (£) *Pfund* | (zB auf Autokennzeichen) → Land
l.: links
L17 [ɛl 'ziptsen] (Verk.): *Lenkerberechtigung für 17-Jährige* | *Aufschrift am Kfz bei einer Ausbildungsfahrt* || **L17-Füh|rer|schein**
La: Lanthan
Laa an der Thaya: *Stadt in Niederösterreich*
Laa|ki|r|chen: *Marktgemeinde in Oberösterreich*
Lab das, -[e]s/-e: *Ferment, das Milch gerinnen lässt;* → Labmagen
La|bel ['leɪ-] das, -[s]/-[s] ⟨engl.⟩: *Marke; Etikett auf Produkten* | (Mus.) *Aufkleber [auf Schallplatten]* | (Mus.) *Produktionsfirma*
la|ben (geh.): eine Erschöpfte l. *(ihr eine Erfrischung reichen);* sich an frischem Obst l.; → Labsal
La|berl das, -s/-[n] (reg.): *ein kleiner Laib;* faschiertes L.; Wachauer L.; → Laibchen | (mda., veraltend) *Ball* || **la|berln** (mda., veraltend) (Sport): *einen Ball ohne Druck und Dynamik spielen*
la|bern (nördl. D, ugs.): *dumm daherreden*
LAbg.: Landtags**abg**eordnete/r
la|bi|al ⟨lat.⟩ (Sprachwiss.): ein labialer Laut || **La|bi|al** der, -s/-e (Sprachwiss.): *Lippenlaut, zB* [b], [m], [f]
la|bil ⟨lat.⟩: labile *(unsichere, unbeständige)* politische Verhältnisse | (Psych.) ein labiler *(seelisch nicht gefestigter)* Mensch | (Med.) der Zustand der Patientin ist l. *(ihre körperliche Verfassung ist schwankend)* || **La|bi|li|tät** die, -
La|bio|den|tal ⟨lat.⟩ (Sprachwiss.): *Laut (Labial), der mit der Unterlippe und den oberen Schneidezähnen gebildet wird, zB* f
Lab|kraut: *eine Pflanzengattung*
Lab|ma|gen: *Teil des Magens [bei Rindern];* → Lab
La|bor [ostöst. auch: 'laː-] das, -s/-e [-s] ⟨lat.⟩: *Kurzwort für Laboratorium* || **La|bo|rant** der, -en/-en: *Angestellter in einem Laboratorium, in einer Apotheke* || **La|bo|ran|tin** die, -/-innen || **La|bo|ra|to|ri|um** das, -s/Laboratorien [-i̯ən]: *Arbeitsraum für [chemische, medizinische] Untersuchungen;* → Labor || **La|bor|be|fund** || **la|bo|rie|ren:** an einer Krankheit l. *(leiden)* || **La|bor|ver|such**
La|b|ra|dor[1] [auch: 'la(ː)-] der, -s/-e: *eine Hunderasse* || **La|b|ra|dor**[2]: *eine nordamerikanische Halbinsel*
Lab|sal das, -[e]s/-e = die, -/-e (geh.): dieser kühle Trunk war ein/eine L. *(eine Erquickung);* → laben || **La|bung** die, -/-en (geh.)
La|by|rinth [-by-, auch: -bi-] das, -[e]s/-e ⟨gr.⟩: *Bau mit Irrgängen; Irrgarten* | *unübersichtlich angelegtes Gebäude; Wirrsal* | *inneres Ohr*
La|che die, -/-n (D): *Lacke*
lä|cheln, ich lächle || **la|chen:** herzhaft l.; *aber:* das ist zum **L**achen || **La|chen** das, -s: ein lautes L. || **La|cher** der, -s/-: die L. auf seiner Seite haben *(sie durch Witz für sich gewinnen);* das kostet mich einen L. *(darüber kann ich nur lachen)* || **Lach|er|folg:** der Film war ein L. || **lä|cher|lich:** sich l. machen; *aber:* etwas ins **L**ächerliche ziehen || **lä|cher|li|cher|wei|se** || **Lä|cher|lich|keit** die, -/-en || **Lach|gas** das, -es (Med.): *ein Betäubungsmittel* || **lach|haft** || **Lach|krampf** || **Lach|mö|we** || **Lach|num|mer** (ugs.): *lächerliches Verhalten; unsinnige Sache*
Lachs[1] [-ks] der, -es/-e: *ein Fisch* || **Lachs**[2] das, -: *gelbliches Rosa;* ein Kleid in L.; → lachsfarben; → lachsrosa
Lach|sal|ve [-v-]: *allgemeines plötzliches [gemeinsames] Gelächter*
lachs|far|ben [-ks-] || **lachs|ro|sa** || **Lachs|schin|ken:** *lachsfarbener, magerer Schinken*
Lach|sturm (meist Pl.): die Aufführung sorgte für Lachstürme des Publikums || **Lach|tau|be:** *ein Vogel*
Lack der, -[e]s/-e: *[Schutz]anstrich;* der L. ist ab *(der erste, gute Eindruck ist verblasst)* || **Lack|af|fe** (abw., veraltend): *Geck*
La|cke die, -/-n: *Pfütze* | (reg.) *[größerer] Teich;* die Lange L. (B)
La|ckel der, -s/-n (ugs., abw.): *großer, ungeschlachter Kerl*
La|ckerl das, -s/-[n] (ugs.): *kleine Lacke;* ein L. *(eine kleine Menge)* Milch
Lack|far|be || **la|ckie|ren:** lackierte Türen || **La|ckie|rer** der, -s/- || **La|ckie|re|rin** die, -/-innen || **La|ckie|rung** die, -/-en: *Lackanstrich* || **Lack|le|der**
Lack|mus der, - ⟨niederl.⟩ (Chem.): *Farbstoff, der als Indikator verwendet wird* || **Lack|mus|pa|pier** (Chem.) || **Lack|mus|test** (Chem.)
Lack|scha|den: ein L. am Auto || **Lack|schuh:** *Schuh aus Lackleder*
Lac|to|se [-k-] → Laktose
La|de die, -/-n: *Schublade* || **La|de|bon** [-boːn, auch: -bõː]: mittels L. das Handy aufladen || **La|de|flä|che:** ein Lkw mit breiter L. || **La|de|ge|rät:** *Gerät zum Aufladen von Akkumulatoren* || **La|de|ge|wicht** || **La|de|gut:** *Fracht* || **La|de|hem|mung:** *Defekt beim Laden einer Schusswaffe* || **La|de|ka|bel** || **La|de|kan|te:** die L. des Kofferraums ist niedrig
Lä|de|le das, -s/-, *auch:* Lädeli das, -s/- (V): *Greißlerei* || **Lä|de|le|ster|ben** das, -s (V): *Greißlersterben* || **Lä|de|li** → Lädele
la|den[1], du lädst [ladest]/lud/geladen: den Wagen l. | Schuld auf sich l. | das Gewehr l. *(Munition einschieben)* | die Batterie ist geladen *(aufgeladen)* | (EDV) *[ein Programm, eine Datei] aufrufen;* → geladen
la|den[2], du lädst [ladest]/lud/geladen: viele Gäste sind geladen *(eingeladen)* | (Jus) jemanden vor Gericht l.
La|den der, -s/Läden: *Fensterladen* | *Geschäft* || **La|den|dieb** || **La|den|die|bin** || **La|den|dieb|stahl** || **La|den|hü|ter** der, -s/-: *schwer verkäufliche Ware* || **La|den|öff|nungs|zei|ten** die (Pl.) || **La|den|preis** (Wirt.): fester L. || **La|den|schluss** || **La|den|schluss|zei|ten** die (Pl.) || **La|den|tisch**
La|de|ram|pe || **La|de|sta|ti|on** [-tsi̯-]: *Ladegerät* || **La|de|tä|tig|keit** (Verk.): Halteverbot, ausgenommen L. || **La|de|zeit:** *Zeitraum der Ladetätigkeit* | *Zeitraum des [Auf]ladens [eines Akkus]* || **La|de|zo|ne** (Verk.)
lä|die|ren ⟨lat.⟩: lädierte *(beschädigte)* Tischplatten; lädierte *(leicht verletzte)* Zehen || **Lä|die|rung** die, -/-en
La|di|ner der, -s/- ⟨rom.⟩ || **La|di|ne|rin** die, -/-innen || **la|di|nisch** || **La|di|nisch** das, -[s] = **La|di|ni|sche,** -n: *die rätoromanische*

Sprache der Ladiner (in Südtirol und den Dolomiten)
Ladl das, -s/-n (ugs.): *kleine Lade* | ihr fällt das L. runter *(sie kriegt vor Staunen den Mund nicht zu)* || **Ladner** der, -s/- (veraltet): *Verkäufer* || **Ladnerin** die, -/-innen (veraltet)
Ladung[1] die, -/-en (Jus): gerichtliche L. *(Vorladung)*
Ladung[2] die, -/-en: *Fracht-, Ladegut* | (Phys.) elektrische L. **Ladungssicherung** (beim Kfz) ||
Lady ['leɪdi] die, -/-s ⟨engl.⟩: *englischer Adelstitel;* → Lord | *Dame* || **ladylike** [-laɪk]: das war nicht l. *(einer Dame nicht würdig)*
Lafette die, -/-n ⟨fr.⟩ (Mil.): *[fahrbares] Untergestell für Geschütze*
Laffe der, -n/-n (geh., abw.): *Tölpel, Dummkopf*
lag → liegen
Lage die, -/-n: *Standort;* Wein aus besten Lagen *(Anbaugebieten)* | *Situation, Umstände;* nicht in der L. sein, etwas zu tun *(es nicht tun können)* | eine L. *(zehn Bogen)* Papier | (Mus.) die L. des Tones, der Stimme, der Finger auf dem Griffbrett || **Lagebericht** || **Lagebesprechung** || **Lagen** (ohne Art.): *Kurzwort für Lagenschwimmen* || **Lagenschwimmen** das, -s: *eine Sportdisziplin;* → Lagen || **Lageplan**
Lager das, -s/-: *[vorübergehende] Unterkunft* | *Aufbewahrungsort für eine größere Menge von Waren* | (Geol.) *[erz]hältige Gesteinsschicht* | (Technik) *ein tragender Maschinenteil* | *Kurzwort für Lagerbier* | *Arbeits-, Konzentrationslager* | (bes. Pol.) *Gruppe von Gleichgesinnten, Partei;* er ist dem rechten L. zuzurechnen || **Lagerarbeiter** || **Lagerarbeiterin** || **Lagerbestand** || **Lagerbier:** *eine Biersorte;* → Lager || **lagerfähig** || **Lagerfeuer** || **Lagerfeuerromantik** || **Lagerhalle** || **Lagerhaltung** || **Lagerhaus** (Wirt.): *genossenschaftliche Handelsniederlassung zur Versorgung im ländlichen Raum;* → Raiffeisen || **Lagerist** der, -en/-en: *Lagerarbeiter* || **Lageristin** die, -/-innen || **Lagerleben** das, -s: *Leben in einem [Jugend]lager* || **lagern:** im Wald l. *(Rast halten)* | Waren l. *(aufbewahren, stapeln)* | die Termine sind zeitlich günstig gelagert *(festgesetzt)* | die Fälle sind ähnlich gelagert *(sind einander ähnlich)* || **Lagerplatz** || **Lagerraum** || **Lagerstätte:** *Fundort für Bodenschätze* || **Lagerung** die, -/-en: *Aufbewahrung, das Lagern* | (Technik) die L. *(Positionierung)* einer Wagenachse || **Lagezuschlag:** *Zuschlag auf den Zinsrichtwert für Mietwohnungen*
Lago Maggiore [- ma'dʒoː-] der, - -: *See in Italien und der Schweiz*
Lagos: *Stadt in Nigeria*
Lagune die, -/-n ⟨it.⟩: *durch einen Landstreifen vom offenen Meer getrennte flache Bucht* || **Lagunenstadt:** die L. Venedig
lahm: *bewegungsunfähig, gelähmt* | *schwerfällig; lahme Verhandlungen* || **lahmarschig** (ugs., derb): *langsam, ohne Temperament* || **lahmen:** das Pferd lahmt *(hinkt)* || **lähmen:** lähmendes Entsetzen || **Lahmheit** die, - || **lahmlegen:** den Verkehr l. *(zum Erliegen bringen)* || **Lähmung** die, -/-en || **Lähmungserscheinung**
Lahn die, -/-en (reg., mda.): *Lawine* || **lahnen** (mda., veraltet): es lahnt *(es gehen Lawinen ab; das Eis, der Schnee schmilzt)* || **Lahnwind** (mda., veraltet): *Tauwind*
Laib der, -[e]s/-e: ein L. Brot; ein L. Käse
Laibach: *deutscher Name von* → *Ljubljana*
Laibchen das, -s/-: *kleiner Laib;* faschierte L. || **Laiberl** das, -s/-[n]: *Laibchen* || **Laibung** die, -/-en, *auch:* Leibung (Arch.): *innere Mauerfläche bei Wandöffnungen; innere Wölbfläche bei Wölbungen*
Laich der, -[e]s/-e: *Eier [von Fischen und Fröschen]* || **laichen:** laichende *(Eier ablegende)* Fische || **Laichkraut:** *eine Wasserpflanzengattung* || **Laichplatz** || **Laichwanderung** || **Laichzeit**
Laie der, -n/-n ⟨gr.-lat.⟩: *Nichtfachmann* | *Nichtgeistlicher* || **Laienapostolat** (kath.): *Sendungs- und Zeugnisamt der Laien* || **Laienbruder** (kath.): *Ordensangehöriger, der nicht Priester ist, Frater* || **Laienbühne** || **Laiengericht** (Jus) || **Laiengerichtsbarkeit** (Jus): *Beteiligung von Laien an der Gerichtsbarkeit* || **laienhaft** || **Laienrichter** (Jus): *Nichtjurist in richterlicher Funktion, Schöffe, Geschworener* || **Laienrichterin** (Jus) || **Laienspiel:** *Theaterstück, das von nicht berufsmäßigen Schauspielern gespielt wird* || **Laienstand** || **Laiin** die, -/-innen || **Laisierung** die, -/-en (kath.): *Zurückversetzung des Klerikers in den Laienstand und Entzug des Rechtes auf Ausübung geistlicher Dienste*
Laisser-faire [lɛse'fɛːr] das, - ⟨fr.⟩: *das Gewährenlassen, die Ungezwungenheit*
Laizismus der, -/-men ⟨gr.-lat.⟩: *Anschauung, dass Kirche und Staat getrennt sein sollen;* → G.: Klerikalismus || **laizistisch**
Lakai der, -en/-en ⟨fr.⟩ (früher): *livrierter herrschaftlicher Diener* | (abw.) *kritikloser Anhänger* || **lakaienhaft** (abw.): *unterwürfig, kriecherisch*
Lake die, -/-n: *Salzlösung zum Einlegen von Fisch, Fleisch, Käse*
Laken das, -s/- (bes. nördl. D): *Leintuch*
lakonisch ⟨gr.⟩: eine lakonische *(kurze und treffende)* Antwort; sich l. *(kurz, wortkarg)* äußern
Lakritze die, -/-n ⟨gr.-lat.⟩: *Süßholzwurzel* || **Lakritzenstange**
Laktase die, -/-n ⟨lat.⟩ (Chem.): *ein Enzym* || **Laktat** das, -[e]s/-e (Chem.): *Salz der Milchsäure* || **Laktation** [-tsi̯-] die, -/-en (Med.): *Stillperiode* || **Laktose** die, -, *auch:* Lactose [-k-] (Chem.): *Milchzucker*
lala (ugs.): mir geht es so l. *(nicht gut und nicht schlecht)*
lallen: *undeutlich, nicht artikuliert sprechen* || **Lallphase** [-f-]: *ein Abschnitt in der frühkindlichen Entwicklung* || **Lallwort:** *Mama, Papa ua.*
Lama[1] das, -s/-s ⟨indian.-span.⟩: *ein in Südamerika heimisches Kamel* || **Lama**[2] der, -[s]/-s: *[ein Mantel] aus Lamahaar*
Lama[3] der, -[s]/-s ⟨tibetisch⟩: *ein buddhistischer Priester oder Mönch (in Tibet)* || **Lamaismus** der, - (Rel.): *der tibetische Buddhismus*
Lambach: *Marktgemeinde und Stift in Oberösterreich*
Lambada der, -s/-s, *auch:* die, -/-s ⟨port.⟩: *ein Tanz*
Lambda das, -[s]/-[s] (λ, Λ) ⟨gr.⟩: *griechischer Buchstabe, entspricht* l/L
Lambert: *männl. Vorname* || **Lamberti:** *Festtag des heiligen Lambert am 17. September;* zu L. *(am Lambertitag, bes. in St. Lambrecht in der Steiermark)* || **Lambertitag:** *Lamberti*
Lambris [-'briː] die, -/- (Lambrien

[-'bri:(ɛ)n]) ⟨rom.-fr.⟩: *Wandverkleidung*

Lambswool ['læmzwʊl] die, - ⟨engl.⟩: *sehr weiche Schafwolle, Lammwolle*

Lamelle die, -/-n ⟨lat.-fr.⟩: *dünnes Blättchen [an Pilzen]* | *Metallblättchen* ‖ **lamellenförmig** ‖ **Lamellenreifen** (Kfz): *ein Winterreifen*

lamentabel ⟨lat.⟩ (geh.): *beklagenswert* ‖ **lamentieren** (abw.): *jammern* ‖ **Lamento** das, -[s]/-s ⟨lat.-it.⟩ (abw.): *Wehklage, Gejammer* | (Mus.) *Klagemusik, -gesang*

Lametta das, -[s] = die, - ⟨lat.-it.⟩: *schmale, glänzende Metallfolienstreifen [als Schmuck für den Christbaum]* | (scherzh.) *reicher Ordensschmuck*

Laminat das, -[e]s/-e ⟨lat.⟩: *in Schichten gepresstes Material* ‖ **Laminatboden** ‖ **laminieren:** *mit einer Folie überziehen*

Lamm das, -[e]s/Lämmer: *junges Schaf* ‖ **Lammbraten** ‖ **lammen** → lämmern ‖ **Lämmergeier** (veraltet): *Bartgeier* ‖ **lämmern,** *auch:* lammen: *ein Lamm gebären* ‖ **Lämmerne** das, -n, Lämmernes: *Lammfleisch* ‖ **Lammfell** ‖ **lammfromm:** *sehr sanft* ‖ **Lammkotelett** [-tl-] ‖ **Lammschlegel,** *auch:* **Lammschlögel** ‖ **Lammstelze**

Lamourhatscher [-muə(r)-] = **L'amour-Hatscher** (sal.) ⟨fr.+dt.⟩: *gefühlvoll-romantisches langsames Lied [zum engen Tanzen]*

Lampass der, -[es]/-[en] ⟨fr.⟩: *färbiger Stoffstreifen, Borte [an Uniformhosen]*

Lampe[1]: *Name des Hasen in der Fabel;* Meister L.

Lampe[2] die, -/-n ‖ **Lampenfieber** das, -s: *Angst, Aufgeregtheit;* vor der Premiere L. haben ‖ **Lampenschirm** ‖ **Lamperl**[1] das, -s/-[n] (ugs.): *kleine Lampe, Glühbirne*

Lamperl[2] das, -s/-[n] (ugs.): *kleines Lamm* | (ugs., scherzh.) *harmloser, unschuldiger Mensch* ‖ **Lamperlschwanz** (ugs.) (in der Wendung): zittern wie ein L.

Lampendocht

Lampion der, -s/-s ⟨gr.-lat.-it.-fr.⟩: *[bunte] Papierlaterne* ‖ **Lampionblume:** *Pflanze mit lampionähnlichen Früchten*

LAN [engl.: læːn] das, -[s] (EDV): Local **A**rea **N**etwork *(lokales [Computer]netzwerk);* LAN-Party

lancieren [lɑ̃s-] ⟨fr.⟩: Informationen, Gerüchte l. *(gezielt in Umlauf setzen)* | jemanden in den Aufsichtsrat l. *(durch Ausnutzen von Beziehungen in diese Position bringen)* ‖ **Lancierung** die, -/-en

Land

das, -[e]s/Länder (geh.: Lande): aufs Land fahren | *Staat;* das Land der unbegrenzten Möglichkeiten *(die USA);* Offiziere aus aller Herren Länder[n] | *Bundesland;* das Land Kärnten | (mit Abkürzung L [auf Autokennzeichen]) *Umgebung, Bezirk;* Innsbruck-Land = Innsbruck Land (Kfz: IL)

am – auf:
- auf dem (= am) Land wohnen; → am

Getrenntschreibung:
- bei uns zu Lande *(in unserem Land, daheim)*
- zu Wasser und zu Lande

Getrennt- und Zusammenschreibung:
- hier zu Lande = hierzulande
- dort zu Lande = dortzulande

Eigenname:
- das Gelobte/Heilige Land *(Palästina)*

Landadel (früher) ‖ **Landarbeit** ‖ **Landarbeiter** ‖ **Landarbeiterin** ‖ **Landarbeiterkammer:** *eine Interessenvertretung* ‖ **Landarzt** ‖ **Landärztin** ‖ **landauf, landab:** *überall im Lande* ‖ **Landaufenthalt** ‖ **landaus, landein:** *weit und breit* ‖ **Landbau** ‖ **Landbeben** ‖ **Landbesitz** ‖ **Landbevölkerung** die, - ‖ **Landbrücke** (Geogr.): *Landenge* ‖ **Lände** die, -/-n: *Landungsplatz* | *Uferweg* ‖ **Landeanflug:** *Endphase eines Flugs mit Vorbereitung der Landung* ‖ **Landebahn:** *Spur zum Landen auf Flughäfen* ‖ **Landeck** [auch: -'ɛ-] (Kfz: LA): *Stadt in Tirol* ‖ **Landeerlaubnis** ‖ **Landefähre:** *Mondlandefähre* ‖ **landeinwärts** ‖ **Landeklappe:** *Klappe an den Tragflächen eines Flugzeuges* ‖ **Landemanöver** [-v-]: *die Durchführung der Schiffs-, Flugzeuglandung* ‖ **landen:** die Pilotin landet das Flugzeug sicher ‖ **Landenge** ‖ **Landeplatz** ‖ **Länderchefs** [-ʃeːfs] die (Pl.) ‖ **Ländereien** die (Pl.): *großer Landbesitz* ‖ **Länderkampf** (Sport) ‖ **Länderkasse,** *auch:* Länderkassa (meist Pl.) ‖ **Länderkonferenz** (Pol.) ‖ **Länderkunde** ‖ **Ländermatch** [-mɛtʃ, -æ-] (Sport): *Länderkampf [im Fußball]* ‖ **Ländersache** (Pol.): *Angelegenheit, die in der Kompetenz des Bundeslandes liegt* ‖ **Länderspiel** (Sport) ‖ **Landesabgabe** (Admin.) ‖ **Landesagrarsenat** (Admin.): *eine Kollegialbehörde der Länder* ‖ **Landesamtsdirektion** [-tsi̯-]: *oberste Verwaltungsebene einer Landesregierung* ‖ **Landesamtsdirektor** ‖ **Landesamtsdirektorin** ‖ **Landesanstalt** ‖ **Landesausschuss** (SüdT) (Admin.): *Landesregierung* ‖ **Landesausstellung:** *repräsentative Ausstellung eines Bundeslandes* ‖ **Landesbahn** (meist Pl.): Steiermärkische Landesbahnen ‖ **Landesbaudirektion** [-tsi̯-] ‖ **Landesbeamte** ‖ **Landesbeamtin** ‖ **Landesbehörde** ‖ **Landesbeirat** (SüdT): *eine Expertenkommission der Südtiroler Landesregierung* ‖ **Landesberufsschule** ‖ **Landesbetrieb** (meist Pl.): *organisatorisch ausgegliederter Teil der Landesverwaltung* ‖ **Landesbudget** [-byˌdʒeː] ‖ **Landesbürgerschaft:** *Teil der Staatsbürgerschaft* ‖ **Landeschef** [-ʃeːf] (sal.): *Landeshauptmann* ‖ **Landeschefin** (sal.) ‖ **Landesebene:** auf L. *(in der Zuständigkeit des Bundeslandes);* → Bundesebene ‖ **Landesfarben** die (Pl.): *Farben der Fahne/des Wappens eines Bundeslandes* ‖ **Landesfeiertag:** *Festtag eines Landespatrons/einer Landespatronin* ‖ **Landesfeuerwehrkommandant** ‖ **Landesfeuerwehrkommandantin** ‖ **Landesforstdirektion** [-tsi̯-] ‖ **Landesfürst** (Gesch.) ‖ **Landesfürstin** (Gesch.) ‖ **Landesgefangenenhaus:** *Gefängnis eines Landesgerichts* ‖ **Landesgendarmeriekommando** [-ʒɑ̃d-, -ʒand-] (früher): *Leitung der Gendarmerie eines Bundeslandes* ‖ **Landesgericht** (LG): *dem Bezirksgericht gegebenenfalls übergeordnetes Gericht* ‖ **Landesgeschichte** ‖ **Landesgesetzblatt** (LGBl.) ‖ **Landesgesetzgebung** ‖ **Landesgrenze** ‖ **Landesgruppe** ‖ **Landeshauptfrau** (LH) ‖ **Landeshauptfrau-**

L

stell|ver|tre|ter ‖ **Lan|des|haupt|frau|stell|ver|tre|te|rin** ‖ **Lan|des|haupt|leu|te** die (Pl.): *die Regierungschefs der Bundesländer;* → Landeshauptmann; → Landeshauptfrau ‖ **Lan|des|haupt|leu|te|kon|fe|renz** (Pol.): *Versammlung aller Landeshauptleute* ‖ **Lan|des|häupt|ling** (sal. bzw. scherzh.): *Landeshauptmann* ‖ **Lan|des|haupt|mann** der, -[e]s/-männer [-leute] (LH): *Chef einer Landesregierung* ‖ **Lan|des|haupt|mann|stell|ver|tre|ter** ‖ **Lan|des|haupt|mann|stell|ver|tre|te|rin** ‖ **Lan|des|haupt|stadt:** *Hauptstadt eines Bundeslandes* ‖ **Lan|des|hei|li|ge:** *Landespatron* ‖ **Lan|des|herr** (früher): *Landesfürst* ‖ **Lan|des|her|rin** ‖ **Lan|des|hym|ne** [-hy-]: *Hymne eines Bundeslandes* ‖ **Lan|des|in|ne|re** das, -n ‖ **Lan|des|in|ten|dant:** *ORF-Chef eines Bundeslandes* ‖ **Lan|des|in|ten|dan|tin** ‖ **Lan|des|in|va|li|den|amt** [-v-] (früher): *Bundessozialamt* ‖ **Land|es|kai|ser** (sal.): *Landeshauptmann* ‖ **Lan|des|kai|se|rin** (sal.) ‖ **Lan|des|kam|mer:** *Interessenvertretung eines Bundeslandes;* L. für Land- und Forstwirtschaft ‖ **Lan|des|kir|che** (Rel.): *Teilkirche der evangelischen Kirche;* die österreichische L. ‖ **Lan|des|kon|ser|va|to|rat** [-v-] das, -s/-e: *eine Landesbehörde des Bundesdenkmalamts* ‖ **Lan|des|kon|ser|va|to|ri|um:** *Konservatorium eines Bundeslandes* ‖ **Lan|des|kran|ken|an|stalt** (reg.) ‖ **Lan|des|kran|ken|haus** (LKH): *Krankenhaus, dessen Träger ein Bundesland ist* ‖ **Lan|des|kri|mi|nal|amt** ‖ **Lan|des|kun|de** die, - ‖ **Lan|des|leh|rer:** *Pflichtschullehrer* ‖ **Lan|des|leh|re|rin** ‖ **Lan|des|li|ga** (Sport) ‖ **Lan|des|meis|ter** (Sport) ‖ **Lan|des|meis|te|rin** (Sport) ‖ **Lan|des|meis|ter|schaft** (Sport) ‖ **Lan|des|mu|se|um** ‖ **Lan|des|mut|ter** (sal.): *Landeshauptfrau* | (früher) *Landesfürstin* ‖ **Lan|des|ob|frau** ‖ **Lan|des|ob|mann** ‖ **Lan|des|par|tei|tag** (Pol.) ‖ **Lan|des|pa|tron:** *Schutzheiliger eines Landes* ‖ **Lan|des|pa|tro|nin** ‖ **Lan|des|po|li|tik** ‖ **Lan|des|po|li|ti|ker** ‖ **Lan|des|po|li|ti|ke|rin** ‖ **Lan|des|po|li|zei|di|rek|ti|on** [-tsi̯-] (Admin.): *Landeszentrale der Polizei* ‖ **Lan|des|po|li|zei|kom|man|do** ‖ **Lan|des|rat** (LR): *Mitglied einer Landesregierung;* → Assessor ‖ **Lan|des|rä|tin** (LR) ‖ **Lan|des|re|gie|rung:** *Regierung eines Bundeslandes;* Amt der Steiermärkischen L. ‖ **Lan|des|säckel** (sal.): *Landesbudget* ‖ **Lan|des|sa|ni|täts|di|rek|ti|on** [-tsi̯-] (Admin.) ‖ **Lan|des|sa|ni|täts|rat** ‖ **Lan|des|sa|ni|täts|rä|tin** ‖ **Lan|des|säu|re** (O, scherzh.): *Most* ‖ **Lan|des|schul|in|spek|tor** [-sp-, *auch:* -ʃp-] (LSI): *ein Schulaufsichtsorgan* ‖ **Lan|des|schul|in|spek|to|rin** (LSI) ‖ **Lan|des|schul|rat** (Bildw.) (LSR): *oberste Schulbehörde eines Bundeslandes* | (SüdT) *in Schulfragen beratendes Gremium des Landes Südtirol* ‖ **Lan|des|schul|rats|prä|si|dent** (Bildw.) ‖ **Lan|des|schul|rats|prä|si|den|tin** (Bildw.) ‖ **Lan|des|schul|spre|cher** ‖ **Lan|des|schul|spre|che|rin** ‖ **Lan|des|sit|te** ‖ **Lan|des|son|der|kran|ken|haus:** L. für Psychiatrie und Neurologie ‖ **Lan|des|spra|che** ‖ **Lan|des|statt|hal|ter:** *Landeshauptmannstellvertreter von Vorarlberg* ‖ **Lan|des|statt|hal|te|rin** ‖ **Lan|des|stra|ße** (Verk.) ‖ **Lan|des|the|a|ter:** Linzer L. ‖ **Lan|des|tracht:** *typische Tracht eines Bundeslandes, zB Steireranzug* ‖ **lan|des|üb|lich** ‖ **Lan|des|va|ter** (sal.): *Landeshauptmann* | (früher) *Landesfürst* ‖ **Lan|des|ver|fas|sung** ‖ **Lan|des|ver|rat:** *Verbrechen gegen den eigenen Staat zu Gunsten eines anderen Staates;* → Hochverrat ‖ **Lan|des|ver|rä|ter** ‖ **Lan|des|ver|rä|te|rin** ‖ **Lan|des|ver|tei|di|gung:** Bundesministerium für L. und Sport ‖ **Lan|des|ver|tei|di|gungs|rat** (Pol.): *politisches Gremium, das Grundentscheidungen über die Landesverteidigung trifft* ‖ **Lan|des|ver|wal|tung:** *Verwaltung durch Landesbehörden* ‖ **Lan|des|ver|wei|sung,** *auch:* Landesverweis ‖ **lan|des|ver|wie|sen:** ein landesverwiesener Straftäter ‖ **Lan|des|vor|an|schlag:** *Entwurf eines Landesbudgets* ‖ **Lan|des|wäh|rung** ‖ **Lan|des|wap|pen:** *Wappen eines Bundeslandes* ‖ **lan|des|weit** ‖ **Lan|de|ver|bot** ‖ **Land|flucht** die, -: *Übersiedlung von Landbewohnern in Städte* ‖ **land|flüch|tig** ‖ **Land|frie|de** = **Land|frie|den** (früher): *vom Landesherrn verkündeter Friede* ‖ **Land|frie|dens|bruch** (Jus): *grobe Störung der öffentlichen Ordnung* ‖ **Land|ge|mein|de** ‖ **Land|graf** (früher) ‖ **Land|grä|fin** (früher) ‖ **Land|gut** ‖ **Land|haus:** in einem L. wohnen | (Pol.) *Sitz von Landtag und Landesregierung* ‖ **Land|kar|te** ‖ **Land|kreis:** *deutscher Verwaltungsbezirk* ‖ **Land|krieg:** *Krieg zu Lande* ‖ **Land|kriegs|ord|nung** (Pol.): Haager L. ‖ **Landl**[1] das, -s (O): *Hausruckviertel bzw. ein Teil davon* ‖ **Landl**[2] das, -s/-[n] (ugs.): *Gefangenenhaus, Justizanstalt eines Landesgerichts* ‖ **land|läu|fig:** *üblich* ‖ **Länd|le** das, -s: *Bezeichnung für Vorarlberg* ‖ **Land|le|ben** ‖ **Land|ler** der, -s/-: *Bewohner des Landls*[1] | (früher) *altösterreichischer Siedler aus Oberösterreich und der Steiermark in Siebenbürgen und in der Ukraine* | (Volksk.) *Ländler* ‖ **Länd|ler** der, -s/-: *ein Tanz; ein Musikstück* ‖ **länd|lich** ‖ **Land|luft** ‖ **Land|mann** der, -[e]s/-leute (geh.): *Bauer; aber:* → Landsmann ‖ **Land|ma|schi|ne** ‖ **Land|mensch** → G.: Stadtmensch ‖ **Land|mi|ne** ‖ **Land|nah|me** die, -/-n: *Inbesitznahme und Besiedlung eines Gebietes* ‖ **Land|pacht** ‖ **Land|par|tie:** *Ausflug aufs Land* ‖ **Land|pfar|rer:** *Dorfpfarrer* ‖ **Land|pla|ge:** die vielen Autos wurden zu einer L. ‖ **Land|po|me|rant|sche** = **Land|po|me|ran|ze** (ugs., veraltend, abw.): *auffallend bäuerliche weibliche Person [in der Stadt]* ‖ **Land|rat|te** (Seemannsspr.): *jemand, der kein Seemann ist* ‖ **Land|raub** ‖ **Land|re|gen:** *tagelang anhaltender Regen* ‖ **Land|ro|ver** ['lændrəʊvə] der, -[s]/- (Wz.): *ein geländegängiges Auto* ‖ **Land|schaft** die, -/-en ‖ **land|schaft|lich** ‖ **Land|schafts|gärt|ner** ‖ **Land|schafts|gärt|ne|rin** ‖ **Land|schafts|ma|ler** ‖ **Land|schafts|ma|le|rin** ‖ **Land|schafts|schutz** (Ökol.) ‖ **Land|schafts|schutz|ge|biet** (Ökol.): *die unterste Naturschutzkategorie* ‖ **Lands|frau:** *weibl. Form von Landsmann* ‖ **Land|sitz:** *Besitztum, Haus auf dem Lande* ‖ **Lands|knecht** (im 16. Jh.): *Söldner, Berufssoldat* ‖ **Lands|kron:** *Stadtteil von Villach (K)* ‖ **Lands|mann** der, -[e]s/-leute [-männer]: in der Fremde einen L. *(einen Menschen aus dem Heimatort oder Heimatland)* treffen; *aber:* → Landmann ‖ **Lands|män|nin** die, -/-innen ‖ **Lands|mann|schaft:** *Vereinigung von Lands-*

L

leuten ‖ **Land|stän|de** die (Pl.) (Gesch.): *Vertreter des Landes und seiner Bevölkerung (Geistlichkeit, Adel, Bürger, Bauern)* ‖ **Land|stra|ße:** eine staubige L. | (Verk.) rollende L. | (ohne Pl.) *3. Bezirk Wiens;* auf der L. ‖ **Land|strei|cher** (veraltend) ‖ **Land|strei|che|rin** die, -/-innen (veraltend) ‖ **Land|streit|kräf|te** die (Pl.) (Mil.): *Heer* ‖ **Land|strich:** *Gegend* ‖ **Land|tag:** *Parlament eines Bundeslandes* ‖ **Land|tags|ab|ge|ord|ne|te** (LAbg.) ‖ **Land|tags|man|dat** ‖ **Land|tags|prä|si|dent** ‖ **Land|tags|prä|si|den|tin** ‖ **Land|tags|wahl** ‖ **Lan|dung** die, -/-en ‖ **Lan|dungs|boot** ‖ **Lan|dungs|brü|cke:** *mit dem Festland verbundene Anlegestelle für Schiffe* ‖ **Lan|dungs|steg** ‖ **Land|vogt** (früher): *vom König eingesetzter Verwalter* ‖ **Land|volk** (veraltet): *die Landbevölkerung* ‖ **Land|weg:** *Transport auf dem Festland* ‖ **Land|wehr** die, - (Mil.): *Reserveeinheit des Bundesheeres* ‖ **Land|wein:** *leichter, landestypischer Wein* ‖ **Land|wirt:** *Bauer* ‖ **Land|wir|tin** ‖ **Land|wirt|schaft:** *Land- und Forstwirtschaftsbetriebe;* eine L. führen ‖ **land|wirt|schaft|lich** ‖ **Land|wirt|schafts|kam|mer** (Admin.) ‖ **Land|wirt|schafts|mi|nis|ter** ‖ **Land|wirt|schafts|mi|nis|te|rin** ‖ **Land|wirt|schafts|mi|nis|te|ri|um:** *Bundesministerium für Land- und Forstwirtschaft, Umwelt und Wasserwirtschaft* ‖ **Land|wirt|schafts|schu|le:** *Schultyp mit Schwerpunkt Landwirtschaft* ‖ **Land|zun|ge:** *in ein Gewässer vorspringender schmaler Festlandstreifen*

lang,

länger/am längsten; ein langer Tag; über kurz oder lang *(bald);* mein Leben lang; → lange

Großschreibung bei Nominalisierung:
- etwas des **L**angen und **B**reiten *(sehr ausführlich)* beschreiben
- ein **L**anges und **B**reites *(sehr viel)* erzählen R→ S. 892, 2.2

Groß- und Kleinschreibung
- seit/vor langem (= **L**angem)
- seit/vor längerem (= **L**ängerem) R→ S. 892, 2.2

Getrenntschreibung:
- drei Meter lange Seile; *aber zusammen:* meterlange Seile
- zwei Jahre lang trainieren; *aber zusammen:* jahrelang trainieren R→ S. 902, 2.1.1

Getrennt- und Zusammenschreibung mit adjektivisch gebrauchten Partizipien und mit Verben, die ein Resultat herbeiführen:
- ein lang gehegter (= langgehegter) Wunsch
- ein lang gestreckter (= langgestreckter) Gebirgszug
- eine lang gezogene (= langgezogene) Kurve
- ein längs gestreiftes (= längsgestreiftes) Kleid
- jemandem die Ohren lang ziehen (= langziehen) *(ihn bestrafen)* R→ S. 903, 2.2.1

lang|är|me|lig = **lang|ärm|lig** ‖ **lang|at|mig:** ein langatmiger *(zu breit ausgeführter)* Vortrag ‖ **lang|bei|nig** ‖ **lan|ge,** *auch:* lang (Adv.): es ist lang[e] her ‖ **Län|ge** die, -/-n: L. mal Breite | (ugs.) auf die L. *(Dauer)* | (Geogr.) *Längengrad;* 16° östliche[r] L. ‖ **lan|gen:** der Vorhang langt *(reicht)* bis zum Boden | *ausreichen;* das langt für alle | nach etwas l. *(greifen)* ‖ **Län|gen|grad** (Geogr.): *Abstand zwischen zwei benachbarten Meridianen*
Lan|gen|lois [auch: -'ɔɪs]: *Stadt in Niederösterreich*
Län|gen|maß ‖ **Län|gen|wachs|tum** [-ks-]
Lang|en|zers|dorf: *Marktgemeinde in Niederösterreich*
län|ger|fris|tig: *langfristig* ‖ **Lan|ge|wei|le** → Langweile ‖ **Lan|ge|zeit** die, - (CH): *Sehnsucht, Heimweh* ‖ **Lang|fin|ger** (ugs.): *[Taschen]dieb* ‖ **lang|fris|tig:** langfristige Planung *(Planung auf lange Sicht)* ‖ **lang ge|hegt** = **lang|ge|hegt** → lang ‖ **lang|ge|hen** (D): *entlanggehen;* jemandem zeigen, wo es langgeht *(ihn zurechtweisen);* ich weiß, wo es langgeht *(ich kenne mich aus)* ‖ **lang ge|streckt** = **lang|ge|streckt** ‖ **lang ge|zo|gen** = **lang|ge|zo|gen** ‖ **Lang|haar|da|ckel:** *eine Hunderasse* ‖ **lang|haa|rig** ‖ **Lang|haus** (Arch.): *Hauptschiff einer Kirche* ‖ **lang|hin:** l. *(auf längere Zeit)* betrachtet ‖ **lang|jäh|rig:** ein langjähriger Kunde ‖ **Lang|korn|reis** → G.: Rundkornreis ‖ **Lang|lauf:** *eine Skidisziplin* ‖ **lang|lau|fen:** sie geht l., sie ist langgelaufen; *aber:* sie ist lang *(lange Zeit)* gelaufen ‖ **Lang|lauf|ski** [-ʃiː] = Langlaufschi ‖ **lang|le|big:** ein langlebiges Vorurteil ‖ **läng|lich** ‖ **lang|mäch|tig** (ugs.): *sehr lang* ‖ **lang|mäh|nig** ‖ **Lang|mut** die, - (geh.): *bes. große Geduld* ‖ **lang|mü|tig** (geh.)
Lan|go|bar|de der, -n/-n: *Angehöriger eines germanischen Stammes der Völkerwanderungszeit* ‖ **Lan|go|bar|din** die, -/-innen ‖ **lan|go|bar|disch**
Lang|ohr (scherzh.): *Esel* | *Hase*
Lan|gos [-ʃ] = **Lán|gos** der = das, -/- ⟨ung.⟩: *ein Hefeteiggebäck*
längs (Präp. mit Gen. und Dat.): *entlang;* l. des Ufers/dem Ufer | (Adv.) längs gestreift (= längsgestreift) ‖ **Längs|ach|se** [-ks-] ‖ **lang|sam:** langsamer Walzer *(Englishwaltz)* ‖ **Lang|sam|fahr|stel|le** (Verk.): *Gleisabschnitt mit Geschwindigkeitsbeschränkung* ‖ **Lang|sam|keit** die, - ‖ **Lang|sam|ver|kehr** ‖ **Lang|schlä|fer** ‖ **Lang|schlä|fe|rin** ‖ **Lang|sei|te:** *Längsseite* ‖ **Lang|sem|mel:** steirische L. ‖ **Längs|fal|te** ‖ **längs ge|streift** = **längs|ge|streift** ‖ **Lang|spiel|plat|te** (LP): *eine Schallplatte* ‖ **Längs|rich|tung** ‖ **Längs|schnitt** ‖ **Längs|sei|te** → G.: Breitseite ‖ **längs|seits** ‖ **Längs|strei|fen:** ein Hemd mit L. ‖ **längst:** das ist l. *(schon lange)* fertig ‖ **lang|stän|ge|lig** ‖ **längs|tens:** in l. *(spätestens)* zwei Tagen ‖ **lang|stie|lig** ‖ **Lang|stre|cke** ‖ **Lang|stre|cken|flug** ‖ **Lang|stre|cken|läu|fer** ‖ **Lang|stre|cken|läu|fe|rin**
Lang|strumpf → Pippi Langstrumpf
Längs|wand
Lan|gus|te die, -/-n ⟨fr.⟩: *ein Krebs*
Lang|wei|le, *auch:* Langeweile: aus L. *(auch:* aus Langerweile*)* ‖ **lang|wei|len:** wir l. uns dabei; gelangweilt dreinschauen ‖ **Lang|wei|ler** der, -s/- ‖ **Lang|wei|le|rin** die, -/-innen ‖ **lang|wei|lig:** ein langweiliger Film ‖ **Lang|wei|lig|keit** die, -/-en ‖ **Lang|wel|le** (LW): *eine elektromagnetische Welle* ‖ **Lang|wel|len|sen|der** ‖ **lang|wie|rig:** eine langwierige *(hartnäckige)* Krankheit ‖ **Lang|wie|rig|keit** die, -/-en ‖ **lang|zeit|ar|beits|los** ‖ **Lang|zeit|ar|beits|lo|sig|keit** ‖ **Lang|zeit|ge|dächt|nis** → G.: Kurzzeitgedächtnis ‖ **Lang|zeit|fol|ge:** *nachhaltige Auswirkung [eines menschlichen*

L

Eingriffs, einer Erkrankung, eines Unfalls] in bestimmte Systeme (Industrie, Natur, Landwirtschaft) ǁ **Lang|zeit|pro|gramm** ǁ **Lang|zeit|stu|die** [-ʃtu:dịɛ] ǁ **Lang|zeit|wir|kung** ǁ **lang ziehen = lang|zie|hen:** ein Gummiband l. z.; → lang

La|no|lin das, -s ⟨lat.⟩: *ein Fett*

LAN-Par|ty [-i, engl.: læn-], *auch:* Lanparty: *private Veranstaltung [zum Spielen] mit verbundenen Computern;* → LAN

Lan|than das, -s ⟨gr.-lat.⟩ (Zeichen: La): *ein chemisches Element*

Lan|ze die, -/-n: *[im Turnier eingesetzte] Stichwaffe;* für etwas eine L. brechen *(sich dafür einsetzen)* ǁ **lan|zen|för|mig** ǁ **Lan|zen|spit|ze** ǁ **Lan|zen|stich** ǁ **Lan|zen|stoß** ǁ **Lan|zen|wä|sche:** das Auto mir L. reinigen ǁ **Lan|zet|te** die, -/-n: *ein zweischneidiges chirurgisches Messer* ǁ **lan|zett|för|mig**

La|pa|ro|s|kop das, -s/-e ⟨gr.⟩ (Med.): *ein Untersuchungs- und Operationsinstrument* ǁ **La|pa|ro|s|ko|pie** die, -/-en (Med.): *Betrachtung der Bauchhöhle per Knopflochchirurgie*

la|pi|dar ⟨lat.⟩: eine lapidare *(kurze, überraschend knappe)* Antwort

La|pis|la|zu|li der, -[s]/-[s] ⟨lat.+pers.-arab.⟩: *ein Schmuckstein*

Lapp [lɒp] der, -en/-en (ugs., abw.): *einfältiger, willensschwacher Mensch*

Lap|pa|lie [-ịɛ] die, -/-n: *Nichtigkeit, Kleinigkeit*

Lap|pe der, -n/-n: *Same*[1]*;* → Lappland

Lap|pen der, -s/-: *[Putz]fetzen, -tuch* | (ugs.) er ist mir durch die L. gegangen *(entkommen)*

läp|pern sich: es läppert sich [zusammen] *(es summiert sich)*

lap|pig (ugs.): ein lappiger *(schlaffer, ausgedehnter)* Stoff

Lap|pin die, -/-innen: *Samin* ǁ **lap|pisch:** *samisch*

läp|pisch (abw.): *dumm, kindisch* | *lächerlich gering;* ein läppischer Betrag

Lapp|land: *Samland*[2] ǁ **lapp|län|disch:** *samländisch*

Lap|sus der, -/- ⟨lat.⟩: ein schwerer L. *(Fehler)* ǁ **Lap|sus Lin|gu|ae** [-guɛ] der, - -/- -: *ein Versprecher*

Lap|top [-'æ-] der (*auch:* das), -s/-s ⟨engl.⟩: *kleiner, tragbarer PC*

La|ra: *weibl. Vorname* ǁ **La|ris|sa:** *weibl. Vorname*

Lär|che die, -/-n: *ein Nadelbaum* | (ohne Pl.) *Holz der Lärche; aber:* → Lerche

large[1] [la:dʒ] (L) ⟨engl.⟩: *groß (bei Kleidungsgrößen);* → small; → medium; → X-large

large[2] [-rʃ] ⟨fr.⟩ (veraltet): *großzügig, weitherzig;* eine large [-rʒɛ] Handhabung der Vorschrift; → largieren; *aber:* → lasch ǁ **lar|ghet|to** [-'ge-] ⟨it.⟩ (Mus.): *etwas langsam, gedehnt* ǁ **lar|gie|ren** [-ʒi:-] ⟨fr.⟩ (veraltet) (Amtsspr.): *aufschiebend, großzügig vorgehen; aber:* → laschieren ǁ **lar|go** ⟨it.⟩ (Mus.): *langsam* ǁ **Lar|go** das, -[s]/-s [Larghi]: *ein langsames Musikstück*

La|ri|fa|ri das, -s (ugs., abw.): *Geschwätz, Unsinn*

Lärm der, -[e]s: L. schlagen *(alarmieren)* ǁ **Lärm|be|kämp|fung** ǁ **Lärm|be|läs|ti|gung** ǁ **Lärm|be|las|tung** ǁ **lärm|emp|find|lich** ǁ **lär|men:** lärmende Autos

lar|mo|yant [-mọa'ja-] ⟨fr.⟩ (geh.): *weinerlich, wehleidig* ǁ **Lar|mo|yanz** die, - (geh.): *Rührseligkeit, Weinerlichkeit*

Lärm|pe|gel: *Lautstärke des Lärms* ǁ **Lärm|schutz** ǁ **Lärm|schutz|maß|nah|me** (meist Pl.) ǁ **Lärm|schutz|wand**

l'art pour l'art ['la:r pur 'la:r] ⟨fr.⟩: *die Kunst als Selbstzweck*

Lar|ve [-f-] die, -/-n ⟨lat.⟩: *eine Entwicklungsform mancher Insekten, Raupe* | *Gesichtsmaske*

La|ryn|go|lo|ge [-y-] der, -n/-n ⟨gr.⟩: *Facharzt für Kehlkopferkrankungen, Hals-, Nasen- und Ohrenheilkunde;* → HNO ǁ **La|ryn|go|lo|gie** die, - (Med.): *Kehlkopfheilkunde* ǁ **La|ryn|go|lo|gin** die, -/-innen

las → lesen

La|sa|g|ne [-'anjɛ] die, -/-n ⟨it.⟩: *ein italienisches Teigwarengericht*

lasch (ugs.): *schwerfällig, nachlässig;* → laschieren

La|sche die, -/-n: *eine Schlinge [am Schuh] zum Anfassen* | *ein Verbindungsstück [von Schienen]*

la|schie|ren (ugs.): *ohne Elan arbeiten, Tätigkeit vortäuschen;* → lasch; *aber:* → largieren

La|ser ['leı-, 'la:-] der, -s/- ⟨engl.⟩: *Gerät zur Erzeugung scharf gebündelter, intensiver Strahlen polarisierten Lichtes* ǁ **La|ser|be|hand|lung** (Med.) ǁ **La|ser|disc** [-k] die, -/-s (LD) (Technol.): *Bildplatte* ǁ **La|ser|dru|cker:** *Drucker für Computer* ǁ **La|ser|pis|to|le** ǁ **La|ser|strahl** ǁ **La|ser|tech|nik**

la|sie|ren ⟨pers.-arab.-lat.⟩: Holz l. *(stark verdünnte Farbe so auftragen, dass der Grund bzw. die Maserung durchscheint);* → Lasur

Lä|si|on die, -/-en ⟨lat.⟩ (Med.): *Verletzung* | (Jus) *Anfechtbarkeit eines Kaufs, wenn der Preis einer Ware das Doppelte ihres Wertes übersteigt*

las|sen,

du lässt/ließ/gelassen bzw. lassen/lass!, lasst!: du solltest das Rauchen lassen *(aufgeben);* lass mich [in Ruhe]! | das muss man ihm lassen *(bleibt unbestritten)* | lass mich spielen *(es zulassen)* | ich lasse das Gerät liefern *(veranlasse die Lieferung)* | lass[e]t uns beten!

Partizipbildung:
Steht „lassen“ ohne ein weiteres Verb, lautet das Partizip „gelassen“:
- er hat das Trinken gelassen (ugs.: lassen)

Ist ein weiteres Verb vorhanden, so folgt auf den Infinitiv meist „lassen“:
- er hat die Wäsche bügeln lassen *(das Bügeln veranlasst);* ich habe den Schirm liegen [ge]lassen

Getrenntschreibung bei wörtlicher Bedeutung:
- das werde ich mir nicht gefallen lassen *(nicht dulden)*
- sie hat mich ihre Abneigung fühlen lassen
- jemanden allein lassen

Getrennt- und Zusammenschreibung der Verbindung von Infinitiv + „lassen“ bei übertragener Bedeutung:
- sie soll es bleiben lassen (= bleibenlassen) *(unterlassen)*
- ich habe den Schirm liegen lassen (= liegenlassen) *(vergessen)*
- einen fahren lassen (= fahrenlassen) *(furzen)*
- ich werde es dich wissen lassen (= wissenlassen) *(dich benachrichtigen)* R→ S. 901, 1.7.2

läs|sig: eine lässige *(ungezwungene)* Haltung | (Jug.) eine lässige *(tolle)* Party ǁ **Läs|sig|keit** die, - ǁ **läss|lich:** eine lässliche *(geringfügige)* Sünde ǁ **Läss|lich|keit** die, -

Las|so das, -s/-s ⟨span.⟩: *Wurfschlinge* ǁ **Las|so|wer|fen** das, -s ǁ

L

Las|so|wurf
Last die, -/-en: eine schwere L. tragen; zur L. fallen; etwas wird zur L.; jemandem etwas zur L. legen *(jemanden dafür verantwortlich machen)* | → zu Lasten (= zulasten) des Verbrauchers; auf Liegenschaften haften Lasten *(Belastungen, zB Pfandrechte)* ‖ **Last|au|to**
last but not least ['lɑːst bʌt 'nɒt 'liːst] → last, not least
las|ten: etwas *ist* schwer auf mir gelastet *(hat mich bedrückt)* ‖ **Las|ten|auf|zug** ‖ **Las|ten|aus|gleich** ‖ **las|ten|frei:** ein lastenfreies *(schuldenfreies)* Haus ‖ **Las|ten|stand** (Jus): *Höhe der Belastungen [eines Grundstücks, eines Unternehmens], zB durch Hypotheken* ‖ **Las|ten|stra|ße:** *frühere Bezeichnung für die → Zweierlinie in Wien* ‖ **Las|ter**[1] der, -s/-: *Last[kraft]wagen*
Las|ter[2] das, -s/-: *Untugend; Sünde* ‖ **las|ter|haft** ‖ **Las|ter|haf|tig|keit** die, - ‖ **Las|ter|le|ben** ‖ **läs|ter|lich** ‖ **Läs|ter|maul** (abw.): *jemand, der über alles abfällig spricht, Lästerzunge* ‖ **läs|tern** (geh.): Gott l. *(ihn schmähen)* | (ugs., abw.) über jemanden l. *(über jemanden abfällig sprechen)* ‖ **Läs|te|rung** die, -/-en ‖ **Läs|ter|zun|ge:** *Lästermaul*
Las|tex das = der, - (Wz.): *Gewebe, in das Gummifäden eingearbeitet sind*
Last|fah|rer: *Lkw-Fahrer* ‖ **Last|fah|re|rin** ‖ **-las|tig** (nur in Zusammensetzungen wie vorderlastig)
läs|tig: l. werden ‖ **läs|tig fal|len** = **läs|tig|fal|len:** jemandem l. f. *(ihn unangenehm stören)* ‖ **Läs|tig|keit** die, -/-en
Last|kahn ‖ **Last|kraft|wa|gen** (Lkw, LKW): *Lastwagen, Laster*
Last-Mi|nute-Flug [lɑːst'mɪnɪt-] ⟨engl.⟩: *kurzfristig angebotener günstiger Flug* ‖ **Last-Mi|nute-Rei|se** ‖ **last, not least** ['lɑːst nɒt 'liːst], *auch:* last but [bʌt] not least: *zuletzt [genannt], aber nicht minder wichtig*
Last|schiff ‖ **Last|schrift** (Bankw.): *Abbuchung vom Konto* ‖ **Last|schrift|an|zei|ge** (Bankw.): *Kontoauszug* ‖ **Last|schrift|ver|fah|ren** (Wirt.): *Form des bargeldlosen Zahlungsverkehrs* ‖ **Last|tier:** *Tragtier, zB Maultier* ‖ **Last|wa|gen:** *Lastkraftwagen* ‖ **Last|zug:** *Güterzug | Lastkraftwagen mit Anhänger*
La|sur die, -/-en ⟨pers.-arab.-lat.⟩: *durchsichtiger Farbüberzug;* → lasieren
las|ziv ⟨lat.⟩: *zweideutig, schlüpfrig;* ein lasziver *(verrucht-sinnlicher)* Blick ‖ **Las|zi|vi|tät** [-v-] die, -/-en
La|tein das, -s: *die lateinische Sprache;* mit seinem L. am Ende sein *(nicht mehr weiterwissen)* ‖ **La|tein|ame|ri|ka:** *Mittel- und Südamerika* ‖ **La|tein|ame|ri|ka|ner** ‖ **La|tein|ame|ri|ka|ne|rin** ‖ **la|tein|ame|ri|ka|nisch:** lateinamerikanische Tänze; → iberoamerikanisch ‖ **La|tei|ner** der, -s/-: *jemand, der Latein kann* ‖ **La|tei|ne|rin** die, -/-innen ‖ **la|tei|nisch:** lateinische Ziffern *(römische Zahlzeichen)* ‖ **La|tei|nisch** das, -[s] = **La|tei|ni|sche,** -n: *die lateinische Sprache, Latein* ‖ **La|tein|schrift** die, -: *Antiqua*
Late-Night-Show [leɪt'naitʃəʊ] ⟨engl.⟩: *eine spätabendliche [Talk-]show [im TV]*
la|tent ⟨lat.⟩: *vorhanden, aber verborgen;* eine latente *(noch nicht ausgebrochene)* Krankheit ‖ **La|tenz** die, -/-en: *Zeit scheinbarer Ruhe* | (Med.) *zeitweiliges Ausbleiben von Beschwerden bei Krankheiten; Inkubationszeit* ‖ **La|tenz|zeit** (Med.): *Zeitraum zwischen [Nerven]reiz und [Muskel]reaktion*
la|te|ral ⟨lat.⟩: *seitlich*
La|te|ran [auch: 'la-] der, -s: *ein Stadtteil von Rom | Lateranpalast* ‖ **La|te|ran|pa|last:** *Palast in Rom, früherer Amtssitz des Papstes*
La|ter|ne die, -/-n ⟨gr.-lat.⟩: *eine [Straßen]beleuchtung; Lampion* ‖ **La|ter|nen|pfahl**
La|tex der, - ⟨gr.-lat.⟩: *Naturgummi*
La|ti|fun|die [-iɛ] die, -/-en ⟨lat.⟩: *[altrömisches] Landgut*
la|ti|ni|sie|ren ⟨lat.⟩: ein latinisierter *(dem Latein angeglichener)* Name *(zB Curtius)* ‖ **La|ti|nis|mus** der, -/-en: *eine typisch lateinische sprachliche Eigenheit* ‖ **La|ti|ni|tät** die, -: *lateinische Kultur* ‖ **La|ti|no** der, -s/-s ⟨lat.-span.⟩: *lateinamerikanischer Einwanderer in den USA* ‖ **La|ti|num** das, -s ⟨lat.⟩: *eine Lateinprüfung an der Universität*
La|tri|ne die, -/-n ⟨lat.⟩: *behelfsmäßiger Abort im Gelände [beim Militär]*
Latsch [lɒːtʃ] der, -[en]/-[en] (ugs.): *gutmütiger [einfältiger] Mensch*
Lat|sche die, -/-n: *Legföhre, Krummholz*
lat|schen, du latsch[s]t (ugs.): *nachlässig gehen* ‖ **Lat|schen** der, -s/- (ugs.): *ausgetretener Schuh*
Lat|schen|holz ‖ **Lat|schen|kie|fer:** *Latsche*
Lat|te die, -/-n: *ein schmales Brett;* sich die L. (für den Sprung) hoch legen *(sich ein ehrgeiziges Ziel setzen)* | (ugs., Sport) *Ski;* die Latten anschnallen; Sprunglatten
Lat|te mac|chia|to [- -kjaː-] der, --[s]/- -[s] ⟨it.⟩: *heiße Milch mit einem Schuss Espresso;* → Macchiato; → Caffè Latte
Lat|ten|ge|stell ‖ **Lat|ten|köpf|ler** (Sport) ‖ **Lat|ten|kreuz** (Sport): *obere Torecke [beim Fußball]* ‖ **Lat|ten|rost:** *Gitter aus Latten [als Matratzenunterlage]* ‖ **Lat|ten|schuss** (Sport): *Schuss an die Querlatte des Tores [beim Fußball]* ‖ **Lat|ten|zaun**
Lat|tich der, -s/- ⟨lat.⟩: *eine Pflanzengattung, Salat;* Huflattich
Latz der, -es/-e [Lätze]: *Brustteil mit Trägern [an Hosen]* ‖ **Lätz|chen:** *Tuch mit Bändern, das Kleinkindern beim Essen um den Hals gebunden wird* ‖ **Latz|ho|se** ‖ **Latz|rock** ‖ **Latz|schür|ze**
lau: *lauwarm;* ein lauer *(milder)* Abend | (abw.) ein lauer *(gleichgültiger)* Christ
Laub das, -[e]s: L. rechen; → Laub tragend = laubtragend ‖ **Laub|baum** ‖ **Lau|be** die, -/-n: *Gestell für Kletterpflanzen* | ein Haus mit Lauben *(Bogengängen, Arkaden)* | (T, K) *Vorhaus* ‖ **Lau|ben|gang:** *überdachter, offener Gang* ‖ **Laub|fall** ‖ **Laub|frosch:** *ein Froschlurch* ‖ **Laub|heu|schre|cke** die, -/-n: *eine Heuschrecke mit langen Fühlern, zB Heupferd* ‖ **Laub|hüt|ten|fest:** *jüdisches Erntedankfest* ‖ **Laub|sä|ge:** *ein Werkzeug* ‖ **Laub|sän|ger:** *ein Singvogel* ‖ **Laub tra|gend** = **laub|tra|gend:** L. tragende Bäume ‖ **Laub|wald** ‖ **Laub|werk** das, -[e]s
Lauch der, -[e]s: *eine Pflanzengattung | Porree*
Lau|da|tio [-tsi̯o] die, -/-nes [-'oː-] ⟨lat.⟩: *Lobrede* ‖ **Lau|da|tor** der, -s/-en [-'toː-]: *Lobredner* ‖ **Lau|da|to|rin** die, -/-innen
Lau|er die, -: auf der L. *(im Hinterhalt)* liegen ‖ **lau|ern:** auf eine günstige Gelegenheit l. *(warten)* ‖ **Lau|er|stel|lung**

L

Lauf der, -[e]s/Läufe: *Entwicklung;* im Lauf[e] der Zeit | (Sport) der L. geht über 6 Runden | den L. *(Verlauf)* des Flusses entlanggehen | der L. *(das Rohr)* des Gewehrs | (Jägerspr.) *Bein [des Hasen, Hundes]* | (Mus.) *schnelle, stufenweise Tonfolge* || **Laufarbeit** (Sport): *erforderliches Laufpensum [beim Fußball]* || **Laufbahn:** *Rennbahn | berufliche Entwicklung; Karriere* || **Laufband** das, -[e]s/-bänder: *ein Förderband | ein Sportgerät* || **Laufbursche** (veraltet bzw. abw.): *männliche Person, die [nur] Botengänge erledigt;* er ist sein L. *(macht nur mindere Arbeiten für ihn)* || **laufen,** du läufst/lief/gelaufen: schnell gehen, aber nicht l.; den Hund l. lassen; → laufen lassen = laufenlassen*;* in ein Auto l. *(im Laufen dagegenstoßen);* sie ist mir über den Weg gelaufen *(unerwartet begegnet)* | der Motor läuft *(arbeitet)* ruhig | es lief ihm kalt über den Rücken | der Kredit läuft noch zwei Jahre *(hat noch zwei Jahre Gültigkeit)* | der Film läuft in ORF 2 | die Sache läuft wie geschmiert *(geht gut);* wie läuft's *(geht's)*? | dieser Kleiderstoff läuft 1,5 m breit | (D) die Nase läuft *(rinnt)* || **laufend:** am laufenden Band *(in ununterbrochener Reihe);* vor laufender Kamera; *aber:* auf dem (am) **L**aufenden sein *(informiert sein);* mit der Arbeit auf dem (am) Laufenden sein *(alles bisher Notwendige getan haben)* | (mit Abkürzung lfd.) am 2. laufenden *(dieses)* Monats (am 2. lfd. M.) || **laufen lassen** = **laufenlassen:** einen Dieb laufen lassen (= laufenlassen) *(freilassen);* eine Sache laufen lassen (= laufenlassen) *(sich nicht darum kümmern); aber nur:* den Hund laufen lassen || **Läufer** der, -s/-: *jemand, der aus sportlichen Gründen läuft | eine Schachfigur | ein schmaler Teppich* || **Lauferei** die, -/-en (oft Pl.): viele Laufereien *(Wege)* haben || **Läuferin** die, -/-innen || **läuferisch:** dieser Fußballspieler ist l. stark || **Lauffeuer:** die Schreckensnachricht verbreitete sich wie ein L. *(in Windeseile)* || **Laufhaus:** *Bordell mit Appartements* || **läufig:** eine läufige *(brünstige)* Hündin || **Läufigkeit** die, - || **Laufkäfer** || **Laufkraftwerk:** *ein Wasserkraftwerk* || **Laufkundschaft:** *Kundschaft, die in einem Geschäft nur gelegentlich oder zufällig einkauft* || **Laufmasche:** ihre Strumpfhose hat eine L. || **Laufmeter** (Lfm.): 3 L. Stoff *(eine Stoffbahn mit 3 m Länge)* || **Laufpass:** jemandem den L. geben *(mit jemandem brechen)* || **Laufrad** (Technik): *Schaufelrad der Turbine | nicht angetriebenes Rad* || **Laufruhe:** die L. *(der ruhige Betrieb)* [eines Motors] || **Laufschrift:** *bewegte Schrift [als Reklame]* || **Laufschritt:** im L. || **Laufschuh:** *ein Sportschuh* || **Laufsport** || **Laufsteg:** *bühnenartiger Steg [bei Modeschauen]* || **Laufwerk:** *Mechanismus [einer Maschine] | Vorrichtung zum Beschreiben und Lesen von Festplatten, DVDs uÄ* || **Laufzeit:** die L. eines Wechsels *(Zeitspanne, innerhalb der er zurückzuzahlen ist)* || **Laufzettel:** *Schreiben an alle Mitarbeiter zur Kenntnisnahme*

Lauge die, -/-n (Chem.): *alkalisch reagierende Lösung* || **Laugenbrezel:** *ein Salzgebäck* || **Laugenstangerl**

Lauheit die, -: die L. *(Unentschlossenheit)* seines Wesens

Laune die, -/-n: *bizarrer Einfall; momentane Stimmung;* guter L. sein || **launenhaft** || **Launenhaftigkeit** || **launig:** ein launiger *(witziger, unterhaltsamer)* Vortrag || **launisch:** *launenhaft, voller Launen*

Laura: *weibl. Vorname*

Laureat[1] der, -en/-en ⟨lat.⟩: *mit Preisen ausgezeichneter Künstler oder Wissenschaftler* | **Laureat**[2] das, -s/-e (SüdT) *Studienabschluss, akademischer Grad* || **Laureatin** die, -/-innen

Laurentius [-tsi̯-] = **Laurenz:** *männl. Vorname;* → Lenz || **Laurenzi:** zu L. *(am Laurenzitag)* || **Laurenzitag:** *Festtag des heiligen Laurentius (10. August)*

Laus die, -/Läuse: *ein Insekt* || **Lausbub:** *lebhafter, zu Streichen aufgelegter Bub, Spitzbub* || **Lausbubenstreich:** *ein Bosheitsakt* || **Lausbüberei** die, -/-en: *ein Bosheitsakt* || **lausbübisch**

Lauschangriff (Amtsspr.): *polizeilicher Einsatz von Abhörgeräten* || **lauschen,** du lausch[s]t: *aufmerksam zuhören* || **Lauscher** der, -s/-: *Horcher* | (Jägerspr.) *Ohr [des Rehs]* || **Lauscherin** die, -/-innen || **lauschig:** ein lauschiges *(trauliches, gemütliches)* Plätzchen

Läusebefall || **lausen,** du laust: *Läuse suchen* || **Lauser** der, -s/-: *Lausbub*

lausig (abw.): eine lausige *(miserable)* Arbeit

laut[1] (Adj.): eine laute Stimme; l. reden

laut[2]

(mit Abkürzung lt.)

Präposition mit Genitiv oder Dativ:

– laut ihres Bericht[e]s

– laut ihrem Bericht *(gemäß)*

Allein stehendes starkes Nomen im Singular bleibt undekliniert:

– laut Bericht/Gesetz

Im Plural nur mit Dativ, wenn Genitiv nicht erkennbar:

– laut Verträgen (*statt:* Verträge)

Laut der, -[e]s/-e: keinen L. von sich geben | (Jägerspr.) L. geben *(kurz bellen)* || **Lautbildung:** *Artikulation*

Laute die, -/-n: *ein Zupfinstrument*

lauten: das Urteil lautet auf Freispruch || **läuten:** an der Tür l. | die Glocken l.

Lautenist der, -en/-en: *Lautenspieler* || **Lautenistin** die, -/-innen || **Lautenspiel** || **Lautenspieler** || **Lautenspielerin**

lauter[1] (Adv.): l. *(nur, nichts als)* Steine || **lauter**[2] (Adj.) (geh.): eine lautere *(klare)* Suppe | die lautere *(reine)* Wahrheit sagen || **Lauterkeit** die, - (geh.) || **läutern** (geh.) || **Läuterung** die, - (geh.): *Sühne, innere Reinigung* || **Läuterzucker:** *Sirup aus aufgekochtem Wasser und Zucker* || **Lautgesetz** (Sprachwiss.): *geschichtliche Regelhaftigkeit der Veränderung eines Lautes in einer bestimmten Sprache oder Dialektgruppe* || **lautgeschichtlich** || **lautgetreu** || **lauthals:** l. *(aus voller Kehle)* singen; etwas l. *(großsprecherisch)* behaupten || **Lautlehre** (Sprachwiss.): *Phonetik* || **lautlich** || **lautlos:** l. den Raum verlassen || **Lautlosigkeit** die, - || **lautmalend** || **Lautmalerei:** *Nachahmung von Naturlauten durch Sprachlaute, zB in* rasseln, miauen, zirpen || **Lautschrift:** *phonetische Schreibweise, die die Aussprache eines Wortes wiedergeben soll* || **Lautsprecher** || **Lautsprecheran-**

la|ge ‖ **Laut|spre|cher|box** ‖ **laut|stark** ‖ **Laut|stär|ke** ‖ **Laut|stär|ken|reg|ler** ‖ **Lau|tung** die, -/-en ‖ **Laut|ver|schie|bung** (Sprachwiss.): *lautgesetzliche Veränderung von Konsonanten in der Entwicklung germanischer Sprachen* ‖ **Läut|werk:** das L. eines Weckers

lau|warm: lauwarmes Wasser

La|va [-v-] die, -/Laven ⟨it.⟩: *glühende Gesteinsmasse, die aus Vulkanen fließt*

La|vant [-f-, auch: -v-] die, -: *ein Nebenfluss der Drau* ‖ **La|vant|tal** das, -[e]s (K)

La|va|strom [-v-] ⟨it.⟩

La|ven|del [-v-] der, -s/- ⟨lat.-it.⟩: *eine Duftpflanze* ‖ **La|ven|del|duft** ‖ **La|ven|del|schmäh** (W, veraltet): *billiger Trick* ‖ **La|ven|del|weib:** *eine Alt-Wiener Type, Lavendelverkäuferin*

la|vie|ren[1] [-v-] ⟨lat.-it.⟩: *Farben auf einem Bild so auftragen, dass sie ineinander übergehen*

la|vie|ren[2] [-v-] ⟨niederl.⟩: *mit Geschick Schwierigkeiten entgehen, sich durch sie/zwischen ihnen durchwinden*

La|voir [-voaːr, auch: -'voːɐ] das, -s/-s ⟨fr.⟩ (veraltend): *Waschschüssel*

Law and Or|der ['lɔː ənd 'ɔːdə] ⟨engl.⟩ (wörtl.: Gesetz und Ordnung)

La|wi|ne die, -/-n ⟨rätorom.⟩: eine L. lostreten ‖ **La|wi|nen|ab|gang** ‖ **La|wi|nen|bahn** ‖ **La|wi|nen|be|richt** ‖ **La|wi|nen|ge|fahr** ‖ **la|wi|nen|ge|fähr|det** ‖ **La|wi|nen|hang** ‖ **La|wi|nen|hund:** *ein Suchhund* ‖ **La|wi|nen|ka|ta|st|ro|phe** [-f-] ‖ **La|wi|nen|ke|gel** ‖ **La|wi|nen|la|ge|be|richt:** *Lawinenbericht* ‖ **La|wi|nen|op|fer** ‖ **La|wi|nen|pieps** (Wz.): *ein Verschüttetensuchgerät* ‖ **La|wi|nen|piep|ser** ‖ **La|wi|nen|piep|serl** (ugs.) ‖ **La|wi|nen|schutz** ‖ **la|wi|nen|si|cher:** ein lawinensicherer Hang ‖ **La|wi|nen|son|de:** *Suchgerät für verschüttete Lawinenopfer* ‖ **La|wi|nen|spren|gung** ‖ **La|wi|nen|strich:** *Lawinenzone* ‖ **La|wi|nen|such|hund** ‖ **La|wi|nen|un|glück** ‖ **La|wi|nen|ver|bau|ung** ‖ **La|wi|nen|warn|dienst** ‖ **La|wi|nen|warn|stu|fe** ‖ **La|wi|nen|war|nung** ‖ **La|wi|nen|zo|ne:** *Bereich mit hoher Gefährdung durch Lawinenabgänge*

Law|ren|ci|um [lɔ'rentsi̯-] das, -s (Zeichen: Lr): *ein chemisches Element*

lax ⟨lat.⟩ (meist abw.): *nachlässig; faul* ‖ **Lax|heit** die, -/-en

Lay-out ['leɪaʊt, -'aʊt] = **Lay|out** das, -s/-s ⟨engl.⟩: *Gestaltung einer Druckseite mit Bild und Text* ‖ **Lay|ou|ter** ['leɪ-, -'aʊ-] der, -s/-: *Fachmann für das Layout* ‖ **Lay|ou|te|rin** die, -/-innen

La|za|rett das, -[e]s/-e ⟨it.-fr.⟩: *Militärspital (in Not-, Kriegszeiten)* ‖ **La|za|rist** der, -en/-en: *Angehöriger eines Ordens*

l. c.: loco citato

LCD [ɛl tse 'deː] das, -s/-s: **L**iquid **C**rystal **D**isplay *(Flüssigkristallanzeige bei einem [Laptop]bildschirm)*

LD [ɛl 'deː] die, -/-s: **L**aser**d**isc

LD-Ver|fah|ren [ɛl 'deː-] das, -s: **L**inz-**D**onawitz-Verfahren (zur Stahlerzeugung)

Lea: *weibl. Vorname*

Lea|der ['liːdə] der, -s/- ⟨engl.⟩ (Sport): *Tabellenführer [in einer Meisterschaft]* | *Bandleader* ‖ **Lea|de|rin** die, -/-innen ‖ **Lead|sän|ger:** *führende Stimme [einer Pop- oder Rockband]* ‖ **Lead|sän|ge|rin**

Lean Pro|duc|tion ['liːn -'dʌkʃən] die, -/-s ⟨engl.⟩ (Wirt.): *kostensparende Produktion*

lea|sen ['liːsn], du least ⟨engl.⟩ (Kaufmannsspr.) ‖ **Lea|sing** [-s-] das, -s/-s (Kaufmannsspr.): *Mietkauf; Vermietung [von Geräten, Autos] als Finanzierung eines späteren Erwerbs* ‖ **Lea|sing|ge|ber:** *das Leasingunternehmen* ‖ **Lea|sing|ge|sell|schaft** ‖ **Lea|sing|neh|mer** der, -s/- ‖ **Lea|sing|neh|me|rin** die, -/-innen ‖ **Lea|sing|ra|te** ‖ **Lea|sing|ver|trag**

Le|be|da|me: *Frau, die für Luxus und Genuss lebt* ‖ **Le|be|hoch** das, -s/-: ein L. der Jubilarin ‖ **Le|be|mann** → Lebedame ‖ **le|ben:** leb[e] wohl!; leben Sie wohl!; jemandem leb[e] wohl (= **Leb**[e] **wohl**) sagen; ein lebender Zaun *(Zaun aus Sträuchern oder Bäumen);* → lebend gebärend = lebendgebärend; → Lebewohl ‖ **Le|ben** das, -s/-: es geht auf L. und Tod; sie hat ihr L. lang schwer gearbeitet; → lebenslang; → Leben spendend = lebenspendend ‖ **le|bend ge|bä|rend** = **le|bend|ge|bä|rend:** l. gebärende Tiere ‖ **Le|bend|ge|bo|re|ne** das, -n/-n ‖ **Le|bend|ge|burt** ‖ **Le|bend|ge|wicht** das, -[e]s: *Gewicht des Viehs vor dem Schlachten* ‖ **le|ben|dig:** *lebend;* bei lebendigem Leib | *lebhaft* ‖ **Le|ben|dig|keit** die, - ‖ **Le|bend|vieh** ‖ **Le|bens|abend** der, -s (geh.): *die Zeit des Alters* ‖ **Le|bens|ab|schnitt** ‖ **Le|bens|ab|schnitts|part|ner,** *auch:* Lebensabschnittpartner ‖ **Le|bens|ab|schnitts|part|ne|rin,** *auch:* Lebensabschnittpartnerin ‖ **Le|bens|ader** (geh.): der Nil ist die L. *(Existenzgrundlage)* Ägyptens ‖ **Le|bens|al|ter** ‖ **Le|bens|angst** ‖ **Le|bens|ar|beits|zeit:** *Summe der gesamten Arbeitszeit eines Menschen* ‖ **Le|bens|art:** keine L. haben *(sich nicht gut benehmen);* österreichische L. ‖ **Le|bens|auf|ga|be** ‖ **Le|bens|baum:** *Thuje* | (Volksk.) *den Baum des Lebens darstellendes Symbol* ‖ **Le|bens|be|din|gun|gen** die (Pl.) ‖ **le|bens|be|dro|hend** ‖ **le|bens|be|ja|hend** ‖ **Le|bens|be|ra|tung** ‖ **Le|bens|be|reich** ‖ **Le|bens|be|schrei|bung:** *Biografie* ‖ **Le|bens|da|ten** die (Pl.) ‖ **Le|bens|dau|er** ‖ **le|bens|echt** ‖ **Le|bens|ele|ment:** Sport ist sein L. *(in seinem Leben von zentraler Bedeutung)* ‖ **Le|bens|eli|xier,** *auch:* Lebenselexier: *ein Zaubertrank zur Verlängerung des Lebens* ‖ **Le|bens|en|de** ‖ **Le|bens|er|fah|rung** ‖ **le|bens|er|hal|tend** ‖ **Le|bens|er|war|tung** die, -: *das durchschnittlich erreichbare Lebensalter* ‖ **le|bens|fä|hig** ‖ **le|bens|feind|lich** ‖ **le|bens|fern:** *lebensfremd* ‖ **Le|bens|form** ‖ **Le|bens|fra|ge** ‖ **le|bens|fremd:** *der Realität des Lebens fern* ‖ **Le|bens|freu|de** ‖ **le|bens|froh** ‖ **Le|bens|füh|rung** ‖ **Le|bens|funk|ti|on** [-tsi̯-] (Med.) ‖ **Le|bens|ge|fahr** ‖ **le|bens|ge|fähr|lich** ‖ **Le|bens|ge|fähr|te** ‖ **Le|bens|ge|fähr|tin** ‖ **Le|bens|ge|fühl** ‖ **Le|bens|geis|ter** die (Pl.): *Munterkeit, Frische;* die L. wecken *(zB bei Ohnmächtigen oder Unterkühlten)* ‖ **Le|bens|ge|mein|schaft:** *Zusammenleben von Lebenspartnern, zB Ehe* ‖ **Le|bens|ge|schich|te** ‖ **Le|bens|ge|wohn|heit** (meist Pl.) ‖ **le|bens|groß** ‖ **Le|bens|grö|ße** die, -: *natürliche Größe* ‖ **Le|bens|grund|la|ge:** *materielle Lebensvoraussetzung* ‖ **Le|bens|hal|tung** die, - ‖ **Le|bens|hal|tungs|kos|ten** die (Pl.) ‖ **Le|bens|hil|fe** ‖ **Le|bens|hun|ger** ‖ **Le|bens|in|halt** ‖ **Le|bens|jahr** ‖ **le|bens|klug** ‖ **Le|bens|kraft** ‖ **Le|bens|kri|se** ‖ **Le-**

L

benskünstler: *jemand, der das Angenehmste aus seinem Leben zu machen versteht* ‖ **Lebenskünstlerin** ‖ **Lebenslage** ‖ **lebenslang:** *ein Leben lang* ‖ **lebenslänglich:** eine lebenslängliche Haftstrafe ‖ **Lebenslängliche**[1] der, -n/-n, ein Lebenslänglicher (sal.): *zu lebenslanger Freiheitsstrafe Verurteilter* ‖ **Lebenslängliche**[2] die, -n/-n (sal.) ‖ **Lebenslauf** ‖ **Lebenslicht** das, -[e]s (geh.): jemandem das L. ausblasen *(jemanden töten)* ‖ **Lebenslüge:** *Selbsttäuschung, worauf jemand sein Leben gründet* ‖ **Lebenslust** ‖ **lebenslustig** ‖ **Lebensmensch:** *bes. nahestehende, prägende Person, Lebenspartner* ‖ **Lebensminimum** (SüdT): *Existenzminimum* ‖ **Lebensministerium:** *Bundesministerium für Land- und Forstwirtschaft, Umwelt und Wasserwirtschaft* ‖ **Lebensmittel** (meist Pl.) ‖ **Lebensmittelaufsichtsorgan** (Amtsspr.): *Lebensmittelinspektor/in* ‖ **Lebensmittelchemie** [-k-] ‖ **Lebensmittelforschung** ‖ **Lebensmittelgeschäft** ‖ **Lebensmittelgesetz** ‖ **Lebensmittelhandel:** im L. arbeiten ‖ **Lebensmittelhygiene** [-hy-, auch: -hi-] ‖ **Lebensmittelindustrie** ‖ **Lebensmittelinspektor** [-sp-, auch: -ʃp-] ‖ **Lebensmittelinspektorin** ‖ **Lebensmittelkennzeichnung** ‖ **Lebensmittelmotte:** *ein Schmetterling (Vorratsschädling)* ‖ **Lebensmittelpolizei:** *amtliche Untersuchungsanstalt für Hygiene und Qualität von Lebensmitteln* ‖ **Lebensmittelpunkt** ‖ **Lebensmittelvergiftung** ‖ **Lebensmittelversuchsanstalt:** *Beratungs- und Begutachtungsstelle für Lebensmittel* ‖ **Lebensmittelvorrat** ‖ **lebensmüde** ‖ **Lebensmut** ‖ **lebensnah** ‖ **Lebensnähe** ‖ **Lebensregel** ‖ **Lebensnerv:** den L. treffen *(das Lebenswichtige angreifen)* ‖ **lebensnotwendig** ‖ **Leben spendend** = **lebenspendend:** L. spendendes Wasser ‖ **Lebensphilosophie** [-f-f-] ‖ **Lebensplanung** ‖ **lebensprühend:** *voller Energie; aber:* vor Leben sprühend ‖ **Lebensqualität** ‖ **Lebensraum** ‖ **Lebensrecht:** *Grundrecht auf Leben* ‖ **lebensrettend:** lebensrettende Maßnahme ‖ **Lebensretter** ‖ **Lebensretterin** ‖ **Lebensrettung** ‖ **Lebensrhythmus** [-ry-] ‖ **Lebenssinn** ‖ **Lebensstandard** [-ʃt-, -st-]: einen hohen L. haben *(in guten Verhältnissen leben)* ‖ **Lebensstellung:** eine L. *(gesicherte berufliche Stellung)* haben ‖ **Lebensstil** ‖ **Lebenstraum** ‖ **lebenstüchtig** ‖ **Lebensüberdruss** ‖ **lebensüberdrüssig** ‖ **Lebensumstände** die (Pl.) ‖ **lebensunfähig** ‖ **Lebensunterhalt:** den L. verdienen ‖ **lebensuntüchtig** ‖ **Lebensverdienstsumme** (Wirt.): *Einkommen der gesamten Lebensarbeitszeit* ‖ **Lebensverhältnisse** die (Pl.) ‖ **Lebensversicherung:** *eine Personenversicherung* ‖ **lebenswahr:** eine lebenswahre *(dem Leben entsprechende)* Schilderung ‖ **Lebenswandel:** *[moralische] Lebensführung* ‖ **Lebensweg** ‖ **Lebensweise** ‖ **Lebensweisheit:** *im Leben erworbene Erfahrung, Erkenntnis;* → Schulweisheit ‖ **Lebenswerk:** das L. des Künstlers ‖ **lebenswert** ‖ **lebenswichtig** ‖ **Lebenswille** ‖ **Lebenswissenschaften** die (Pl.): *Forschungsrichtung der modernen Biologie, Gentechnologie, Medizin uÄ* ‖ **Lebenszeichen:** kein L. geben ‖ **Lebenszeit** die, -: zum Präsidenten auf L. gewählt werden ‖ **Lebensziel** ‖ **Lebenszweck** ‖ **Lebenszyklus** [-y(ː)-]

Leber die, -/-n: *ein Organ;* frisch/frei von der L. weg reden *(reden, ohne sich einen Zwang aufzuerlegen)* ‖ **Leberblümchen** ‖ **Leberfleck** der, -[e]s/-e[n]: *Pigmentfleck auf der Haut* ‖ **Leberkäse,** *auch:* Leberkäs: *eine Art Fleischpastete* ‖ **Leberkässemmel** = **Leberkässemmel** ‖ **Leberknödel** ‖ **Leberknödelsuppe** ‖ **leberkrank** ‖ **Leberleiden** (Med.) ‖ **Lebernockerl** (meist Pl.) ‖ **Leberpastete** ‖ **Leberreis:** *eine Suppeneinlage* ‖ **Leberreissuppe** ‖ **Leberschaden** ‖ **Leberschnitten** die (Pl.): *eine Suppeneinlage* ‖ **Leberschöberl:** *eine Suppeneinlage* ‖ **Lebertran:** *ein Öl zur Kräftigung* ‖ **Leberwert** (Med.) ‖ **Leberwurst:** *eine streichfähige Wurstsorte* | (ugs., scherzh.) sei keine beleidigte L.! *(nicht überempfindlich!)* ‖ **Leberzirrhose** (Med.): *eine Lebererkrankung*

Lebewesen: *Organismus; Mensch, Tier, Pflanze, Pilz, Mikroorganismus* ‖ **Lebewohl** das, -[e]s/-e [-s], *auch:* Lebwohl: jemandem ein herzliches L. sagen; → leben ‖ **lebhaft:** ein lebhaftes *(reges)* Interesse ‖ **Lebhaftigkeit** die, -

Lebkuchen: *Honigkuchen, Lebzelten* ‖ **Lebkuchengewürz** ‖ **Lebkuchenhaus** ‖ **Lebkuchenherz**

leblos: *tot* ‖ **Leblosigkeit** die, - ‖ **Lebtag:** ich denke mein L. *(zeitlebens)* daran ‖ **Lebwohl** → Lebewohl ‖ **Lebzeiten** (nur in der Wendung): zu meinen L.; bei L. meines Vaters

Lebzelten der, -s/-: *Lebkuchen* ‖ **Lebzelter** der, -s/-: *Lebkuchenbäcker; Lebkuchenhändler* ‖ **Lebzelterei** die, -/-en ‖ **Lebzelterin** die, -/-innen

Leca [-k-] das, -s (Art. selten) (Wz.): *ein Baumaterial aus Ton*

Lech der, -s: *ein Nebenfluss der Donau in Vorarlberg, Tirol, Deutschland* | L. am Arlberg (*Ort in Vorarlberg)*

lechzen, du lechzt (geh.): nach einem frischen Trunk l. *(begierig verlangen)*

Lecithin [-tsi-] = → Lezithin

leck: ein leckes *(undichtes)* Schiff ‖ **Leck** das, -[e]s/-s: *undichte Stelle* | → Geleck ‖ **Leckage** [-'aːʃ, -ʒɛ] die, -/-n: *Gewichtsverlust bei flüssigen Gütern*

Lecke die, -/-n: *Stelle, an der dem Wild Salz oder zusätzliches Futter gereicht wird* ‖ **lecken:** die Katze leckt sich ‖ **lecker:** *wohlschmeckend* ‖ **Leckerbissen** ‖ **Leckerei** die, -/-en ‖ **Leckerli** das, -s/-s (ugs.): *kleine Köstlichkeit [für Haustiere]* ‖ **Leckermaul:** *jemand, der gern Süßes isst*

leck schlagen = **leckschlagen:** *leck werden*

Leckwar → Lekvar

Lecturer [-ktʃərə] der, -s/- ⟨engl.⟩: *wissenschaftliche/r oder künstlerische/r Mitarbeiter/in [an Universitäten] mit Lehraufgaben;* Senior ['siːni̯ə] L.

LED [ɛl e 'deː] die, -/-[s] (Elektrot.): **L**ight **E**mitting **D**iode *(Leuchtdiode)* ‖ **LED-Anzeige** ‖ **LED-Lampe**

led.: ledig

Leder das, -s/-: L. zu Taschen verarbeiten; → Leder verarbeitend = lederverarbeitend | (bes. früher) vom L. ziehen *(die Waffe aus der Scheide ziehen; [verbal] angreifen)* ‖ **Le|der|ball** ‖ **Le|de|rer** der, -s/- (veraltend): *Gerber* ‖ **Le|der|fau|teuil** [-fotœı] ‖ **Le|der|gür|tel** ‖ **Le|der|hand|schuh** ‖ **Le|der|ho|se** ‖ **Le|de|rin** die, -/-innen (veraltend) ‖ **Le|der|ja|cke** ‖ **le|dern** (Adj.): *aus Leder* | (Verb) *mit einem Ledertuch abtrocknen;* das Auto l. ‖ **Le|der|ne** die, -n/-n: *Lederhose;* Hirschlederne ‖ **Le|der|op|tik** (Mode): *im Aussehen wie Leder* ‖ **Le|der|rie|men** ‖ **Le|der|schuh** ‖ **Le|der|soh|le** ‖ **Le|der|sprung:** *ein Brauch an der Montanuniversität;* → Arschleder ‖ **Le|der|ta|sche** ‖ **Le|der ver|ar|bei|tend** = **le|der|ver|ar|bei|tend:** L. verarbeitende Industrie ‖ **Le|der|wa|ren** die (Pl.)

le|dig (led.): *unverheiratet* | (veraltend) ein lediges *(uneheliches)* Kind | (geh.) aller Sorgen l. sein *(sie los sein)* ‖ **Le|dig|keit** die, - ‖ **le|dig|lich:** *nur, bloß*

led|rig: *lederartig*

Lee (Seemannsspr.): in L. *(an der dem Wind abgekehrten Seite eines Schiffes);* → G.: Luv

leer:

ein leerer Magen | leere Versprechungen *(Versprechungen, die nicht halten werden)*

Großschreibung bei Nominalisierung:
- ins **L**eere starren R→ S. 892, 2.2

Getrenntschreibung:
- leer ausgehen
- das Haus ist leer gestanden

Getrennt- und Zusammenschreibung mit Verben, die ein Resultat herbeiführen, und mit adjektivisch gebrauchten Partizipien:
- den Teller leer essen (= leeressen)
- leer stehende (= leerstehende) *(unbewohnte)* Häuser
- das Glas leer trinken (= leertrinken) R→ S. 900, 1.5.2 bzw. S. 903, 2.2.1

Zusammenschreibung bei übertragener Bedeutung:
- die Maschine ist leergelaufen *(sie ist in Betrieb gewesen, hat aber keine Arbeit verrichtet)*
- leerlaufende Motoren
- das Becken leerlaufen lassen *(auslaufen)* R→ S. 900, 1.5.1

Lee|re die, -: gähnende L. ‖ **lee|ren**[1]: *gießen, schütten;* Mist in den Kübel l. ‖ **lee|ren**[2] sich: *leer werden;* der Saal leerte sich allmählich ‖ **leer es|sen** = **leer|es|sen** ‖ **leer fi|schen** = **leer|fi|schen:** *überfischen* ‖ **Leer|for|mel** (abw.): *inhaltsleere, realitätsferne Aussage* ‖ **Leer|ge|bin|de:** *leere Fässer, Flaschen uÄ* ‖ **Leer|ge|wicht** ‖ **Leer|gut:** *[vorübergehend] leere Behälter* ‖ **Leer|heit** die, -: *Leere* ‖ **Leer|lauf:** der Motor läuft im L. *(er ist in Betrieb, verrichtet aber keine Arbeit)* | *unproduktive Arbeitszeit in Unternehmen* ‖ **leer|lau|fen:** die Maschine läuft leer; das Becken l. lassen; → leer ‖ **Leer|mel|dung** (Amtsspr.): *Fehlanzeige* ‖ **leer ste|hend** = **leer|ste|hend** ‖ **Leer|tas|te:** *Zwischenraumtaste auf Tastaturen* ‖ **leer trin|ken** = **leer|trin|ken** ‖ **Lee|rung** die, -/-en: die L. des Postkastens ‖ **Leer|ver|kauf** (Wirt.): *Verkauf von Aktien uÄ, die der Anbieter nicht besitzt* ‖ **Leer|zei|chen** (Druckwesen, EDV): *Blank*

Lee|sei|te (Seemannsspr.); → Lee; → G.: Luvseite ‖ **lee|wärts** (Seemannsspr.)

Lef|ze die, -/-n: *Lippe [des Hundes]*

le|gal ⟨lat.⟩: *gesetzlich;* → G.: illegal ‖ **Le|gal|de|fi|ni|ti|on** [-tsi̯-] (Jus): *Erläuterung eines Begriffes durch das Gesetz selbst* ‖ **Le|ga|li|sa|ti|on** [-tsi̯-] die, -/-en (Jus): *[diplomatische] Beglaubigung* ‖ **le|ga|li|sie|ren:** *rechtsgültig machen* ‖ **Le|ga|li|sie|rung** die, -/-en: *Beglaubigung* ‖ **Le|ga|li|tät** die, - ‖ **Le|ga|li|täts|prin|zip** (Jus): *verfassungsmäßiges Grundprinzip, wonach die gesamte staatliche Verwaltung und Gerichtsbarkeit nur auf der Grundlage der Gesetze ausgeübt werden darf*

Le|gas|the|nie die, -/-n ⟨gr.⟩ (Med., Psych.): *eine Lese- bzw. Rechtschreibschwäche* ‖ **Le|gas|the|ni|ker** der, -s/- (Med., Psych.) ‖ **Le|gas|the|ni|ke|rin** die, -/-innen (Med., Psych.) ‖ **le|gas|the|nisch** (Med., Psych.)

Le|gat[1] das, -[e]s/-e ⟨lat.⟩ (Jus): *Vermächtnis;* jemandem ein L. aussetzen *(aus dem Nachlass ein Vermögensstück vermachen)* ‖ **Le|gat**[2] der, -en/-en: *päpstlicher Gesandter* ‖ **Le|ga|tar** der, -s/-e (Jus): *Vermächtnisnehmer* ‖ **Le|ga|ta|rin** die, -/-innen (Jus) ‖ **Le|ga|ti|ons|rat** [-tsi̯-]: *ein Titel im diplomatischen Dienst* ‖ **Le|ga|ti|ons|rä|tin**

le|ga|to ⟨it.⟩ (Mus.): *die aufeinanderfolgenden Töne aneinanderbindend;* → G.: staccato

leg. cit. ['le:k 'tsit] ⟨lat.⟩: legis citatae [- -tɛ] *(„des zitierten Gesetzes")*

Le|ge|bat|te|rie: *Käfig für Legehennen* ‖ **Le|ge|hen|ne:** *zum Zweck des Eierlegens gehaltene Henne*

le|gen: eine elektrische Leitung l. | er hat sich zur Ruhe gelegt | Eier l. | (Kaufmannsspr.) Rechnung l. *(vorlegen)* | (ugs.) sie hat mich gelegt *(hineingelegt, grob getäuscht)*

le|gen|där ⟨lat.⟩: *legendenhaft* | *unwahrscheinlich, unverbürgt* | eine legendäre *(unübertroffene)* Aufführung ‖ **Le|gen|de** die, -/-n: *Erzählung aus dem Leben eines/einer Heiligen* | *Sage; Bericht über eine bemerkenswerte Person* | *Erklärung zu Bildern oder Landkarten* ‖ **Le|gen|den|bil|dung:** *Entstehen von Legenden* ‖ **le|gen|den|haft**

le|ger [-'ʒe:ɐ] ⟨fr.⟩: ein legeres *(ungezwungenes)* Benehmen | legere *(saloppe)* Kleidung

Le|ger der, -s/- (ugs.): *grobe Täuschung, Falle* ‖ **Le|ge|spiel:** *Spiel, bei dem bestimmte Teile zu legen sind*

Leg|föh|re: *Latsche*

Leg|gings = **Leg|gins** die (Pl.) ⟨engl.⟩: *eine eng anliegende lange [Damen]hose*

le|gie|ren ⟨lat.-it.⟩: Metalle l. *(miteinander verschmelzen)* | (Küchenspr.) eine legierte *([mit einem Ei] gebundene)* Suppe ‖ **Le|gie|rung** die, -/-en: *durch Verschmelzung entstandenes Metall, zB Messing aus Kupfer und Zink*

Le|gi|on die, -/-en ⟨lat.⟩: *Heeresabteilung im alten Rom* | *Freiwilligentruppe* | *große Zahl, Schar;* Legionen von Skifahrern | (geh.) ihre Zahl ist L. *(sehr groß)* ‖ **Le|gi|o|när** der, -s/-e: *römischer Soldat* | *jemand, der sich im Ausland [als Berufsfußballer] verdingt* ‖ **Le|gi|o|närs|krank|heit** (Med.): *eine Infektionskrankheit*

le|gis|la|tiv ⟨lat.⟩ ‖ **Le|gis|la|ti|ve** [-fɛ, -vɛ] die, -/-n: *gesetzgebende Versammlung; gesetzgebende Gewalt;* → Exekutive; → Judikative ‖ **Le|gis|la|tur** die, -/-en: *Gesetzgebung* ‖ **Le|gis|la|tur|pe|ri|o|de:** *Zeitraum, für den die gesetzge-*

L

bende Versammlung, zB der Nationalrat, gewählt ist ‖ **Le|gist** der, -en/-en: *jemand, der Gesetze, Erlässe verfasst* ‖ **Le|gis|tik** die, -: *Ausarbeitung von Gesetzen* ‖ **Le|gis|tin** die, -/-innen ‖ **le|gis|tisch:** *auf die Ausarbeitung von Gesetzen bezogen* ‖ **Le|gis|va|kanz** [-v-] die, -/- (Jus): *Zeitraum vom Beschluss bis zum Inkrafttreten eines Gesetzes* ‖ **le|gi|tim** ⟨lat.⟩: *gesetzlich; rechtmäßig;* → G.: illegitim ‖ **Le|gi|ti|ma|ti|on** [-tsi̯-] die, -/-en: *ein Personalausweis* | *Befugnis, Berechtigung* | (Jus) *Ehelicherklärung außerehelicher Kinder* ‖ **Le|gi|ti|ma|ti|ons|ur|kun|de** (Jus): *Vertretungsbefugnis für Rechtsanwaltsanwärter/innen* ‖ **le|gi|ti|mie|ren**[1]: *für gesetzlich erklären* ‖ **legi|ti|mie|ren**[2] sich: *sich ausweisen* ‖ **Le|gi|ti|mi|tät** die, -

Le|gu|an der, -s/-e ⟨indian.-span.-niederl.⟩: *eine tropische Echse*

Le|hen das, -s/- (im Mittelalter): *Leihgut an Grund und Boden, das zur Gefolgschaft verpflichtete;* → belehnen; → G.: Eigen ‖ **Le|hens|eid** (früher) ‖ **Le|hens|herr** (früher) ‖ **Le|hens|mann** der, -[e]s/-männer [-leute] (früher): *Empfänger eines Lehens* ‖ **Le|hens|pflicht** (früher) ‖ **Le|hens|we|sen** (früher): *System des Lehensstaates*

Lehm der, -[e]s/-e ‖ **Lehm|bo|den** ‖ **Lehm|hüt|te** ‖ **leh|mig**

Leh|ne die, -/-n: ein Sessel mit verstellbarer L. | *Abhang;* Berglehne ‖ **leh|nen:** sie *hat* sich an die Wand gelehnt; *aber:* der Besen *ist* an der Wand gelehnt ‖ **Lehn|stuhl:** *Fauteuil* ‖ **Lehn|wort** (Sprachwiss.): *schon früh eingedeutschtes Wort fremder Herkunft, zB* Fenster, Kirche, Ziegel; → Fremdwort

Lehr|ab|schluss ‖ **Lehr|ab|schluss|prü|fung:** *letzte Prüfung eines Lehrlings* ‖ **Lehr|ab|schluss|zeug|nis** ‖ **Lehr|amt** (Bildw.): *Berufsberechtigung der Lehrer/innen* | *Studium für den Lehrberuf* ‖ **Lehr|amts|kan|di|dat** (Bildw.) ‖ **Lehr|amts|kan|di|da|tin** (Bildw.) **Lehr|amts|prü|fung** (Bildw.) ‖ **Lehr|amts|stu|die|ren|de** [-ʃt-] ‖ **Lehr|amts|stu|di|um** ‖ **Lehr|ana|ly|se** [-lyː-]: *Psychoanalyse zu Ausbildungszwecken* ‖ **Lehr|an|stalt** (Bildw.): eine höhere technische L. besuchen; *aber:* die Höhere technische L. Imst ‖ **Lehr|auf|trag** (Bildw.): an einer Universität einen L. haben ‖ **Lehr|aus|bil|der,** *auch:* Lehrausbildner ‖ **Lehr|aus|bil|de|rin,** *auch:* Lehrausbildnerin ‖ **Lehr|aus|gang** (Bildw.): *Museumsbesuch oÄ einer Schulklasse* ‖ **Lehr|be|fä|hi|gung** (Bildw.) ‖ **Lehr|be|fug|nis** (Bildw.): *Erlaubnis, an einer Universität zu lehren* ‖ **Lehr|be|helf:** *Hilfsmittel für Unterrichtende* ‖ **Lehr|be|rech|ti|gte** ‖ **Lehr|be|ruf** der, -[e]s: *Tätigkeit als Lehrer/in* | (mit Pl. -e) *Beruf, der eine Lehre voraussetzt* ‖ **Lehr|be|rech|tig|te**[1] der, -n/-n, ein Lehrberechtigter: *Person, Firma oÄ mit der Berechtigung Lehrlinge auszubilden;* → Ausbild[n]er; → Lehrherr ‖ **Lehr|be|rech|tig|te**[2] die, -n/-n ‖ **Lehr|be|trieb** ‖ **Lehr|brief:** *Urkunde über die Lehrabschlussprüfung* ‖ **Lehr|bub:** *Lehrling* ‖ **Lehr|buch** ‖ **Lehr|buch|mei|nung:** *theoretische Ansicht, deren Richtigkeit bezweifelt wird* ‖ **Leh|re** die, -/-n: *Lehrlingsausbildung;* in die L. gehen | jemandem eine L. erteilen *(ihn belehren);* aus etwas eine L. ziehen | die christliche L. *(Aussagen und Gebote des Christentums)* | (Technik) *ein Gerät zur Überprüfung von Maßen;* Schublehre

> **leh|ren:**
>
> *unterrichten, beibringen;* → gelehrt
>
> **Verb mit doppeltem Akkusativobjekt:**
> – er lehrt seinen Sohn das Schwimmen
> – Wer hat dich das Lesen gelehrt?
>
> **Daneben ist auch der Dativ der Person üblich:**
> – er lehrt seinem Sohn das Schwimmen
> – Wer hat dir das Radfahren gelehrt?
>
> **Beistrich:**
> – Sie lehrt mich schwimmen.
> – Wir lehrten sie[,] den Computer [zu] benutzen.
> – Du lehrst mich[,] das Internet richtig und zielführend zu benutzen. R→ S. 913, 4.3
>
> Die Verwendung von → „lernen“ an Stelle von „lehren“ gilt nicht als korrekt.

Leh|rer der, -s/- ‖ **Leh|rer|aus|bil|dung** ‖ **Leh|rer|aus|ga|be:** *Schulbuchausgabe für Lehrer/innen* ‖ **Leh|rer|bil|dungs|an|stalt** ‖ **Leh|rer|fort|bil|dung** ‖ **Leh|re|rin** die, -/-innen ‖ **Leh|rer|kon|fe|renz** (Bildw.): *Dienstbesprechung der Lehrer/innen einer Schule* | *Gesamtheit ihrer Teilnehmer/innen* ‖ **Leh|rer|schaft** die, -: *Gesamtheit der Lehrer/innen* ‖ **leh|rer- und er|zie|her|bil|dend** (Amtsspr.): lehrer- und erzieherbildende (= Lehrer und Erzieher bildende) Schulen *(Bildungsanstalt für Kindergartenpädagogik ua.)* ‖ **Lehr|fach** ‖ **Lehr|gang:** *Kurs, Ausbildung* ‖ **Lehr|ge|gen|stand:** *Lehrfach* ‖ **Lehr|geld** das, -[e]s (früher): *Kosten für die Ausbildung eines Lehrlings bei einem Meister;* sie muss L. zahlen *(böse Erfahrungen machen);* er kann sich sein L. zurückgeben lassen *(er hat nichts gelernt)* ‖ **lehr|haft** ‖ **Lehr|herr** (bes. früher); → Ausbilder; → Lehrberechtigte ‖ **Lehr|jahr** ‖ **Lehr|kan|zel** (früher): *Planstelle und Abteilung eines Universitätsprofessors; Lehrstuhl;* → Ordinariat ‖ **Lehr|kör|per:** *alle Lehrer/innen einer Schule* ‖ **Lehr|kraft:** *Person, die unterrichtet* ‖ **Lehr|ling** der, -s/-e ‖ **Lehr|lings|aus|bil|der** (urspr. D); → Ausbild[n]er ‖ **Lehr|lings|aus|bil|de|rin** (urspr. D) ‖ **Lehr|lings|aus|bil|dung** ‖ **Lehr|lings|ent|schä|di|gung:** *Entlohnung des Lehrlings* ‖ **Lehr|lings|frei|fahrt** ‖ **Lehr|lings|prä|mie** [-i̯ɛ] ‖ **Lehr|lings|stel|le:** *Behörde, die Lehrverträge in einem Bundesland administriert* ‖ **Lehr|mäd|chen:** *Lehrling* ‖ **Lehr|ma|te|ri|al** ‖ **Lehr|mei|nung:** *innerhalb eines Faches anerkannte Meinung* ‖ **Lehr|meis|ter** ‖ **Lehr|meis|te|rin** ‖ **Lehr|me|tho|de** ‖ **Lehr|mit|tel** ‖ **Lehr|pfad:** *in der freien Natur angelegter Weg mit Anschauungsobjekten, Informationstafeln ua.* ‖ **Lehr|pflicht** ‖ **Lehr|plan** (Bildw.) ‖ **Lehr|re|dak|ti|on** [-tsi̯-]: *praktischer Einführungskurs in den Journalismus* ‖ **lehr|reich** ‖ **Lehr|satz:** der pythagoräische L. ‖ **Lehr|stel|le:** *Ausbildungsstelle für Lehrlinge* ‖ **Lehr|stuhl:** *Ordinariat; Lehrkanzel* ‖ **Lehr|tä|tig|keit** ‖ **Lehr|ver|an|stal|tung:** eine L. *(Seminar, Vorlesung an der Universität)* besuchen ‖ **Lehr|ver|hält|nis:** *ein Arbeitsverhältnis mit besonderem Ausbildungscharakter* ‖ **Lehr|ver|pflich|tung:** *ver-*

pflichtende Unterrichtszeit in Wochenstunden ‖ **Lehr|ver|trag:** *Vertrag, der ein Lehrverhältnis begründet und regelt* ‖ **Lehr|wart:** *für die Betreuung des Nachwuchses in einem Verein ausgebildeter Sportler* ‖ **Lehr|war|tin** ‖ **Lehr|werk|stät|te** ‖ **Lehr|zeit** ‖ **Lehr|zeug|nis:** *Zeugnis für einen Lehrling*

lei (reg., zB K, T, mda.): *nur, bloß;* → lei-lei

Leib der, -[e]s/-er: mit L. und Seele *(mit aller Kraft, aus voller Überzeugung);* einem Missstand zu Leibe rücken *(dagegen ankämpfen)* ‖ **Leib|arzt:** *persönlicher Arzt [eines Herrschers]* ‖ **Leib|ärz|tin** ‖ **Leib|chen** das, -s/-: *Unterhemd; T-Shirt; Sporttrikot* ‖ **leib|ei|gen** ‖ **Leib|ei|ge|ne**[1] der, -n/-n, ein Leibeigener (früher): *erblicher Knecht von Grundherren bzw. Adeligen* ‖ **Leib|ei|ge|ne**[2] die, -n/-n (früher) ‖ **Leib|ei|gen|schaft** die, - (früher) ‖ **Lei|berl** das, -s/-[n]: *Leibchen* | (sal.) kein Leiberl *(keinen Platz in der Mannschaft, keine Chance)* [mehr] haben/reißen ‖ **Lei|bes|er|zie|hung** die, - (früher) ‖ **Lei|bes|frucht** (geh.): *ungeborenes Kind, Embryo* ‖ **Lei|bes|fül|le** (geh.) ‖ **Lei|bes|kraft** (meist Pl.): aus Leibeskräften schreien ‖ **Lei|bes|übun|gen** die (Pl.) (früher): *der Unterrichtsgegenstand Bewegung und Sport* ‖ **Lei|bes|um|fang** ‖ **Lei|bes|vi|si|ta|ti|on** [-v-tsi̯-]: *eine [amtliche] Durchsuchung am ganzen Körper* ‖ **Leib|gar|de:** *Leibwache* | *Ehrengarde* ‖ **Leib|gar|dist** ‖ **Leib|ge|richt** (geh.): *Leibspeise* ‖ **leib|haf|tig:** *wirklich, in Fleisch und Blut* ‖ **Leib|haf|ti|ge** der, -n: *der Teufel* ‖ **Leib|kit|tel:** *Teil des Dirndls bzw. Trachtenkleides* ‖ **Leibl** das, -s/-[n] (ugs.): *Leibchen* ‖ **leib|lich:** ein leiblicher *(blutsverwandter, nicht angeheirateter)* Cousin | für das leibliche Wohl der Kinder sorgen

Leib|nitz (Kfz: LB): *Stadt in der Steiermark*

Leib|ren|te: *eine Rente auf Lebenszeit [als Kaufpreis für ein Haus]* ‖ **Leib|rie|men** (geh.): *Gürtel, Koppel* ‖ **Leib|schüs|sel:** *Schüssel für die Notdurft von Bettlägerigen* ‖ **Leib|spei|se:** *Lieblingsspeise* ‖ **Leib|stuhl:** *Sessel mit eingebauter Leibschüssel* ‖ **leibt** (veraltet) (nur in der Wendung): wie er l. und lebt *(wie er in Wirklichkeit ist)*

Lei|bung → Laibung

Leib|wa|che: *persönliche[r] Wächter* ‖ **Leib|wäch|ter** ‖ **Leib|wäch|te|rin** ‖ **Leib|wä|sche** die, - (veraltend): *Unterwäsche*

Leich die, -/-en (ugs.): *Leichenbegängnis;* eine schöne L. *(ein ehrenvolles Begräbnis)* ‖ **Lei|che** die, -/-n: *Leichnam* ‖ **Lei|chen|be|gäng|nis** das, -nisses/-nisse: *Begräbnis* ‖ **Lei|chen|be|schau|er** der, -s/-: *Arzt, der die Todesursache feststellt* ‖ **Lei|chen|be|schau|e|rin** die, -/-innen ‖ **Lei|chen|be|stat|ter** der, -s/-: *Angestellter eines Bestattungsunternehmens* ‖ **Lei|chen|be|stat|te|rin** die, -/-innen ‖ **Lei|chen|be|stat|tung:** *Beerdigung* | *Beerdigungsfirma* ‖ **Lei|chen|bit|ter** der, -s/- (veraltet): *jemand, der die Gäste zum Begräbnis einlädt;* → Hochzeitsbitter ‖ **Lei|chen|bit|te|rin** (veraltet) ‖ **Lei|chen|bit|ter|mie|ne** (scherzh.): mit L. *(mit sehr traurigem Gesicht)* ‖ **lei|chen|blass** ‖ **Lei|chen|bläs|se** ‖ **Lei|chen|fled|de|rer** der, -s/-: *jemand, der Leichen [be]raubt* ‖ **Lei|chen|fund** ‖ **Lei|chen|gift:** *ein Verwesungsprodukt* ‖ **Lei|chen|hal|le:** *Raum zur Aufbahrung der Toten* ‖ **Lei|chen|öff|nung:** *gerichtsmedizinische Sezierung, Obduktion* ‖ **Lei|chen|re|de** ‖ **Lei|chen|schän|dung** ‖ **Lei|chen|schmaus:** *Bewirtung der Trauergäste nach einem Begräbnis* ‖ **Lei|chen|star|re:** *Erstarrung der Muskeln im Tod; Totenstarre* ‖ **Lei|chen|tuch:** *Tuch, in das eine Leiche gehüllt wird* ‖ **Lei|chen|ver|bren|nung:** *Einäscherung* ‖ **Lei|chen|wa|gen** ‖ **Lei|chen|wä|scher** ‖ **Lei|chen|wä|sche|rin** ‖ **Lei|chen|zug:** *Trauerzug* ‖ **Leich|nam** der, -[e]s/-e: *Leiche*

leicht:

eine leichte Arbeit | (veraltend) leichtes *(leichtfertiges, leichtlebiges)* Mädchen | (ugs.) leicht *(mindestens)* 10 m hoch | (mda.) „Hast l. *(vielleicht, etwa)* Angst?"

Großschreibung bei Nominalisierung:
- es wäre mir ein **L**eichtes *(eine Leichtigkeit, es fiele mir leicht),* darauf zu verzichten R→ S. 892, 2.2

Getrenntschreibung:
- leicht lernen
- du hast leicht lachen *(dich betrifft es nicht)*
- etwas leicht machen können *(ohne Mühe)*

Zusammenschreibung bei übertragener Bedeutung:
- die Arbeit wird ihm leichtfallen *(sie wird ihn keine Mühe kosten)*
- eine Gefahr leichtnehmen *(unterschätzen)*
- du wirst dir/dich dabei leichttun R→ S. 900, 1.5.1

Getrennt- und Zusammenschreibung mit adjektivisch gebrauchten Partizipien und in Zweifelsfällen:
- leicht bewaffnet = leichtbewaffnet
- sich das Leben leicht machen (= leichtmachen)
- eine leicht verletzte (= leichtverletzte) Radfahrerin
- die leicht Verwundete = Leichtverwundete
- der leicht Verletzte = Leichtverletzte R→ S. 903, 2.2.1

Getrennt- und Zusammenschreibung, wenn „leicht" die Bedeutung des folgenden Adjektivs abstuft:
- leicht verdauliche (= leichtverdauliche) Speisen
- leicht verderblich = leichtverderblich
- leicht verständlich = leichtverständlich R→ S. 903, 2.2.2

L

Leicht|ath|let ‖ **Leicht|ath|le|tik** die, -: *Lauf, Sprung und Wurf* ‖ **Leicht|ath|le|tin** ‖ **leicht|ath|le|tisch** ‖ **Leicht|bau|wei|se:** das Haus in L. errichten ‖ **leicht be|waff|net = leicht|be|waff|net** ‖ **Leicht|bier** ‖ **leicht|blü|tig:** *sorglos, heiter, optimistisch* ‖ **leicht|fal|len:** *keine Mühe kosten;* → leicht ‖ **leicht|fer|tig:** er ist l. *(leichtsinnig)* geworden; *aber:* sie ist mit der Arbeit leicht *(mühelos)* fertig geworden ‖ **leicht|flüs|sig:** *schon bei geringer Temperatur schmelzend* ‖ **leicht|fü|ßig:** l. *(ohne Anstrengung)* laufen ‖ **leicht|gän|gig** ‖ **Leicht|ge|wicht** das, -[e]s (Sport): *eine Gewichtsklasse* ‖ **leicht|gläu|big** ‖ **leicht|her|zig** ‖ **leicht|hin:** etwas l. *(ohne sich viele Gedanken zu machen)* sagen ‖ **Leich|tig|keit** die, -: mit L. *(mühelos)* ‖ **Leicht|in|dus|t|rie** die, -: *Konsumgüterindustrie* ‖ **leicht|le|big** ‖ **Leicht|le|big|keit** die, -: *Leichtsinn, Lebenslust* ‖ **leicht ma|chen = leicht|ma-**

chen: sich das Leben leicht machen (= leichtmachen); *aber nur:* etwas leicht machen können *(ohne Mühe)* ‖ **Leichtmatrose** (Seemannsspr.): *noch nicht voll ausgebildeter Matrose;* → Vollmatrose ‖ **Leichtmetall:** *Aluminium ua.;* → G.: Schwermetall ‖ **Leichtmilch** ‖ **leichtnehmen:** *unterschätzen;* → leicht ‖ **Leichtöl:** *durch Destillation von Steinkohlenteer gewonnenes Öl* ‖ **Leichtsinn** der, -[e]s: *Sorglosigkeit* ‖ **leichtsinnig** ‖ **Leichtsinnigkeit** die, -/-en ‖ **leichttun** sich → leicht ‖ **leicht verdaulich** = **leichtverdaulich** ‖ **leicht verderblich** = **leichtverderblich** ‖ **leicht verletzt** = **leichtverletzt** ‖ **leicht Verletzte** = **Leichtverletzte** ‖ **leicht verständlich** = **leichtverständlich** ‖ **leicht Verwundete** = **Leichtverwundete**

leid: l. sein; es ist mir l. um dich; ich bin es l., länger zu warten; → Leid

Leideform (veraltet) (Gramm.):

Leid

das, -[e]s: großes Leid ertragen

Großschreibung des Nomens:
- Freud und Leid
- sich ein Leid antun; *aber zusammen:* → leidtun
- jemandem etwas zu Leid[e] (= zuleid, zuleide) tun R→ **S. 891, 1.2.3** bzw. **S. 901, 1.6.1**

Aber Zusammenschreibung:
- das wird dir leidtun; *klein in getrennter Stellung:* es tut mir leid
- es hat mir leidgetan
- die leidtragende Bevölkerung
- die Leidtragenden sind die Kinder R→ **S. 903, 2.2.1**

Kleinschreibung in Verbindung mit „sein“:
- leid sein; es ist mir leid um dich
- ich bin es leid, länger zu warten R→ **S. 891, 1.2.1**

Passiv ‖ **leiden,** litt/gelitten: an Krebs l.; sie leidet unter diesem Klima | Durst l.; Not l. | etwas nicht l. können *(es nicht mögen)* ‖ **Leiden** das, -s/- (geh.): ein schweres L. *(eine schwere Krankheit)* ‖ **leidend:** *kränklich* | *bedrückt, sorgenvoll;* mit leidender Miene ‖ **Leidenschaft** die, -/-en ‖ **leidenschaftlich** ‖ **leidenschaftslos:** eine Sache l. betrachten ‖ **leidensfähig** ‖ **Leidensfähigkeit** ‖ **Leidensgefährte** ‖ **Leidensgefährtin** ‖ **Leidensgenosse** ‖ **Leidensgenossin** ‖ **Leidensgeschichte:** die L. *(Passion)* Christi ‖ **Leidensmiene:** eine L. aufsetzen ‖ **Leidensweg** (geh.) ‖ **leider:** l. Gottes *(zu meinem Bedauern, Leidwesen)* ‖ **leiderfüllt** (geh.) ‖ **leidgebeugt** (geh.) ‖ **leidgeprüft** (geh.) ‖ **leidig:** eine leidige *(unangenehme, lästige)* Sache ‖ **leidlich:** es geht mir l. *(halbwegs gut)* ‖ **leidtragend** ‖ **Leidtragende**[1] der, -n/-n, ein Leidtragender; → Leid ‖ **Leidtragende**[2] die, -n/-n ‖ **leidtun:** es tut mir leid; → Leid ‖ **leidvoll:** leidvolle Erfahrungen ‖ **Leidwesen:** zu meinem L. *(zu meinem Bedauern, leider)* kann ich nicht kommen

Leier die, -/-n: *ein Saiteninstrument* | (abw.) jeden Tag dieselbe L. *(die gleichen Äußerungen, Klagen, Beschwerden)* hören ‖ **Leierkasten:** *Drehleier, Drehorgel* ‖ **leiern:** *eintönig sprechen*

Leihanstalt: *Pfandhaus* ‖ **Leiharbeit** (Wirt.) ‖ **Leiharbeiter** (Wirt.): *Arbeiter, der von seinem Arbeitgeber befristet an andere Unternehmen verliehen wird* ‖ **Leiharbeiterin** (Wirt.) ‖ **Leihauto** ‖ **Leihbibliothek** ‖ **leihen,** lieh/geliehen: jemandem ein Buch l.; sie hat sich mein Auto geliehen ‖ **Leihbücherei** ‖ **Leihgabe:** eine L. des Museums ‖ **Leihgebühr** ‖ **Leihmutter** (Med.): *Frau, die mit künstlicher Befruchtung das Kind einer anderen austrägt* ‖ **Leihmutterschaft** ‖ **Leihoma** (oft scherzh.): *ältere Frau, die Kinder betreut* ‖ **Leihopa** (oft scherzh.) ‖ **Leihvertrag** ‖ **Leihwagen** ‖ **leihweise**

lei-lei, *auch:* leilei (K): *Leitspruch des Villacher Faschings;* → lei ‖ **Lei-Lei** das, -s/-s, *auch:* Leilei: ein kräftiges L.

Leim der, -[e]s/-e: *ein Klebemittel;* aus dem L. gehen *(kaputtgehen)* | (sal.) jemandem auf den L. gehen *(sich von jemandem täuschen lassen)* ‖ **leimen** ‖ **Leimkraut:** *eine Pflanzengattung* ‖ **Leimsieder** der, -s/- (ugs., abw., veraltend): *langweilige Person*

Lein der, -[e]s: *eine Faser- und Ölpflanze*

Leine die, -/-n: den Hund an der L. führen | *Seil, Tau*

leinen: *aus Leinen;* leinene Bettwäsche ‖ **Leinen** das, -s/-: ein Hemd aus L.; Reinleinen ‖ **Leineneinband** ‖ **Leinengewebe** ‖ **Leinenjanker** ‖ **Leinkraut:** *eine Pflanzengattung* ‖ **Leinsamen:** *Samen von Flachs* ‖ **Leinsamenbrot** ‖ **Leintuch:** *Tuch, das über die Matratze gespannt wird* ‖ **leinwand** ['læːvɒnt], *auch:* leiwand (W, ugs., sal.): etwas ist l. *(sehr gut, super; in Ordnung); aber:* → Leinwand ‖ **Leinwand** die, -: *ein Gewebe* ‖ **Leinwandgröße** die, -: *populäre/r Filmschauspieler/in*

Leipzig: *Stadt in Deutschland*

leise: l. Zweifel haben; *aber:* → nicht im **L**eisesten *(überhaupt nicht)* zweifeln ‖ **leisetreten** (abw.): *ängstlich, übervorsichtig sein* ‖ **Leisetreter** der, -s/- (abw.): *immer unauffälliger, gefügiger Mensch* ‖ **Leisetreterin** die, -/-innen (abw.)

leistbar: die Miete ist kaum l.; → leisten[2]

Leiste die, -/-n: *schmale [Holz-]latte als [Rand]abdeckung* | *Teil des Körpers;* → Leistenbruch

leisten[1]: viel l.; jemandem Erste Hilfe l. ‖ **leisten**[2] sich: sich etwas l. *(sich viel gönnen, sich viel erlauben)*

Leisten der, -s/-: *Modell (für Schuhe) in Fußform;* alles über einen L. schlagen *(unangemessen gleich behandeln)*

Leistenbruch (Med.): *Vortreten eines Eingeweidesackes an der unteren seitlichen Bauchwand;* → Leiste ‖ **Leistengegend** ‖ **Leistenzerrung** (Med.)

Leistung die, -/-en: eine L. erbringen ‖ **Leistungsabfall** ‖ **Leistungsabzeichen** ‖ **Leistungsanforderung** ‖ **Leistungsanreiz** ‖ **Leistungsanstieg** ‖ **Leistungsbeurteilung** ‖ **Leistungsbilanz** (Wirt.): *der realwirtschaftliche Teil des Wirtschaftsverkehrs mit dem Ausland* ‖ **Leistungsdifferenzierung** ‖ **Leistungsdruck** der, -[e]s: *durch den Zwang zu hoher Leistung verursachter psychischer Druck* ‖ **leistungsfähig** ‖ **Leistungsfähigkeit** die, - ‖ **leistungsfördernd** ‖ **leistungsgerecht:** leistungsgerechte Bezahlung ‖ **Leistungsgesellschaft** (Soz.): *gesellschaftliche Ebene, in der die Leistung des Individuums maß-*

geblich ist ‖ **Leistungsgrenze** ‖ **Leistungsgruppe** die, -/-n: *Leistungsstufe in der Hauptschule* ‖ **Leistungskontrolle** ‖ **Leistungskraft** ‖ **Leistungsnachweis** ‖ **Leistungsniveau** [-voː] ‖ **leistungsorientiert** [-i̯ɛ-]: eine leistungsorientierte Gesellschaft ‖ **Leistungsprämie** [-i̯ɛ] ‖ **Leistungsprinzip** ‖ **Leistungsschau** ‖ **leistungsschwach** ‖ **Leistungsschwäche** ‖ **Leistungssport;** → G.: Breitensport ‖ **Leistungssportler** ‖ **Leistungssportlerin** ‖ **Leistungsstandard** [-ʃt-, -st-] ‖ **leistungsstark** ‖ **Leistungssteigerung** ‖ **Leistungsstörung** (Jus): *Verletzung einer Vertragspflicht [durch Erbringung einer mangelhaften Leistung]* ‖ **Leistungsstufe** ‖ **Leistungsträger** (bes. Sport): ein L. der Mannschaft *(ein wichtiger Spieler)* ‖ **Leistungsträgerin** ‖ **Leistungsvermögen** das, -s ‖ **Leistungsverweigerung** ‖ **Leistungswerber** (Amtsspr.): *Zahlungsempfänger für eine Sozialleistung* ‖ **Leistungswerberin** ‖ **Leistungswettbewerb** ‖ **Leistungszentrum:** *Sportanlage für Spitzensportler/innen*

Leitartikel: *[politischer] Aufsatz [auf der ersten Seite] in einer Zeitung* ‖ **Leitbild:** *Vorbild*

Leite die, -/-n: *Berghang, Berglehne [in Flurnamen];* → Leiten

leiten: sie leitete eine große Firma | Abwasser durch Rohre l. | (Phys.) Metalle l. Wärme

Leiten die, -/- (reg.): *Leite*

Leiter[1] die, -/-n: die L. des Erfolgs hinaufklettern

Leiter[2] der, -s/-: *eine Führungskraft* | (Phys.) *Stoff, der Energie leitet* ‖ **Leiterin** die, -/-innen ‖ **Leiterplatte:** *mit Kupfer beschichtete Kunststoffplatte für Schaltungen*

Leitersprosse ‖ **Leiterwagen**

Leitfaden: *ein kurz gefasstes Lehrbuch* ‖ **leitfähig** (Phys.): *Energie leitend* ‖ **Leitfähigkeit** die, - ‖ **Leitfigur:** *Vorbild* ‖ **Leitfossil:** *für einen Abschnitt der Erdgeschichte typische Versteinerung* ‖ **Leitgedanke**

Leitha die, -: *ein Nebenfluss der Donau in Niederösterreich, Burgenland* ‖ **Leithagebirge** (N, B)

Leithammel: *Leittier einer Schafherde* | (abw.) *jemand, dem viele, ohne zu denken, folgen* ‖ **Leitkultur:** *Kultur der Mehrheitsbevölkerung eines Landes (oft als Anspruch missverstanden)* ‖ **Leitlinie** [-i̯ɛ] ‖ **Leitmotiv:** *vorherrschender Beweggrund; immer wieder auftretendes charakterisierendes Motiv, zB in einem Musikwerk* ‖ **Leitplanke:** *Leitschiene* ‖ **Leitsatz:** *Grundsatz* ‖ **Leitschiene:** *Schutzplanke am Fahrbahnrand aus Metall oder Beton* ‖ **Leitspruch:** *Motto* ‖ **Leitstelle:** *Leitzentrale* ‖ **Leitsystem** [-zy-] (bes. Verk.): *Gesamtheit aller Markierungen, Schilder zur Orientierung* ‖ **Leittier:** *ranghöchstes Tier, das eine Herde anführt* ‖ **Leitung** die, -/-en: die L. des Unternehmens | eine L. *(Rohre für [Wasser, Gas])* legen | (ugs.) eine lange L. haben *(sehr langsam verstehen);* auf der L. stehen *(nicht gleich verstehen)* ‖ **Leitungsdraht** ‖ **Leitungsmast** ‖ **Leitungsnetz** ‖ **Leitungsrohr** ‖ **Leitungswasser** das, -s ‖ **Leitwährung** (Bankw., Wirt.): *international bedeutende Währung wie der Dollar oder der Euro* ‖ **Leitwerk:** *Vorrichtung zur Steuerung von Flugzeugen* ‖ **Leitwert** (Phys.): *Kehrwert des elektrischen Widerstands* ‖ **Leitwort** (Gramm.): *in einem Text wiederkehrendes Wort, das das Thema bestimmt* ‖ **Leitzinsen** (Bankw.): *Zinssatz der Zentral- und Nationalbanken für Kredite an Geldinstitute* ‖ **Leitzinsensenkung**

leiwand → leinwand

Lektion [-tsi̯-] die, -/-en ⟨lat.⟩: *Lernaufgabe, Lehrstunde* | jemandem eine L. erteilen *(einen Denkzettel geben, ihn zurechtweisen)* ‖ **Lẹktor** der, -s/-en [-'oː-]: *ein Universitätslehrer* | *Prüfer und Bearbeiter von Manuskripten in einem Verlag* | *Vorleser [in der Kirche]* ‖ **Lektorat** das, -[e]s/-e ‖ **lektorieren:** *als Lektor/in ein Manuskript prüfen und bearbeiten* ‖ **Lektorin** die, -/-innen ‖ **Lektüre** die, -/-n: *Lesestoff* | (ohne Pl.) bei der L. *(beim Lesen)*

Lẹkvar [-v-] der = das, -/-, *auch:* Leckwar ⟨lat.-ung.⟩ (B, mda.): *Marmelade*

Lẹmberg (ukr.: L'viv [lviu̯], poln.: Lwów [lvuf]): *Stadt in der Ukraine*

Lẹmma das, -s/-ta ⟨gr.⟩: *Stichwort in einem Wörterbuch, Lexikon*

Lẹmming der, -s/-e ⟨dänisch⟩: *eine Wühlmausart* ‖ **Lẹmmingszug:** *große Gruppe von Lemmingen, die sich bei Überpopulation ins Meer stürzt* | wie bei einem L. *(gedankenlos nachlaufen)*

Lemur der, -en/-en, *auch:* **Lemure,** -n/-n ⟨lat.⟩ (meist Pl.): *Totengeist, Gespenst* | *ein Halbaffe*

Lẹna[1]: *weibl. Vorname (Helena, Magdalena)*

Lẹna[2] die, -: *Strom in Russland (Sibirien)*

Lẹnd: *4. Bezirk von Graz*

Lẹnde die, -/-n: *Körpergegend um die Hüfte* ‖ **Lẹndengegend** ‖ **lẹndenlahm:** ein lendenlahmes *(kreuzlahmes)* Pferd | (abw.) eine lendenlahme *(schwache)* Ausrede | (ugs.) *potenzschwach* ‖ **Lẹndenschurz** ‖ **Lẹndensteak** [-steɪk] ‖ **Lẹndenwirbel**

Leni: *weibl. Vorname (Helene, Magdalena)*

Leningrad: *Sankt Petersburg zur Zeit der Sowjetunion* ‖ **Leninịsmus** der, -: *Lehre des sowjetischen politischen Führers Lenin* ‖ **leninịstisch**

Lenis die, -/Lenes ⟨lat.⟩ (Sprachwiss.): *weicher Verschluss- oder Reibelaut, zB* b, d, g, s; → G.: Fortis

Lẹnkachse [-ks-] ‖ **lẹnkbar:** ein lenkbares *(leicht erziehbares)* Kind ‖ **Lẹnkberechtigung** (Amtsspr.): *Führerschein* ‖ **lẹnken:** ein Fahrzeug l. | (geh.) die Geschicke vieler l. ‖ **Lẹnker** der, -s/-: *Fahrer* | *Lenkrad; Lenkstange* | (geh.) *Leiter* ‖ **Lẹnkerauskunft:** *Lenkererhebung* ‖ **Lẹnkerberechtigung** (ugs. oft für): → *Lenkberechtigung* ‖ **Lẹnkererhebung** (Amtsspr.): *Feststellung, wer [bei einem Unfall] der Lenker eines Kfz war* ‖ **Lẹnkerin** die, -/-innen ‖ **Lẹnkerprüfung** (Amtsspr.): *Führerscheinprüfung* ‖ **Lẹnkertest** (Amtsspr.): *Überprüfung der Fahrtüchtigkeit* ‖ **Lẹnkrad** ‖ **Lẹnkradschaltung** (Kfz) ‖ **Lẹnkstange:** *Lenker;* ein Moped mit verchromter L. ‖ **Lẹnkung** die, -/-en

lẹnto ⟨it.⟩ (Mus.): *langsam*

Lẹnz[1]: *männl. Vorname (Laurenz, Lorenz)*

Lẹnz[2] der, -es/-e (geh.): *Frühling*

lẹnzen (Seemannsspr.): *leer pumpen*

Lẹnzing: *Marktgemeinde in Oberösterreich*

Leo: *männl. Vorname* (auch Kurzform von: *Leonhard, Leopold*)

Leoben (Kfz: LE, LN): *Stadt in der Steiermark*

Leon: *männl. Vorname (Leonhard)*
Leonding [auch: 'le:-]: *Stadt in Oberösterreich*
Leonfelden → Bad Leonfelden
Leonhard: *männl. Vorname;* → Leo ‖ **Leonie** [auch: -'ni:]: *weibl. Vorname*
Leopard der, -en/-en ⟨lat.⟩: *eine Großkatze* ‖ **Leopardin** die, -/-innen
Leopold: *männl. Vorname;* → Poldi; → Leo ‖ **Leopoldi:** *Festtag (15. November) des hl. Leopold, des Landespatrons von Niederösterreich, Oberösterreich und Wien;* zu L. *(am Leopolditag)* ‖ **Leopoldine:** *weibl. Vorname;* → Poldi ‖ **Leopolditag:** am L. *(zu Leopoldi)* ‖ **Leopoldsberg:** *ein Hausberg von Wien* ‖ **Leopoldstadt** [auch: -'pɔ-] die, -: *2. Bezirk Wiens;* in der L.
Leporello das *(auch:* der), -s/-s: *Leporelloalbum* ‖ **Leporelloalbum:** *ein zickzackgefalteter Prospekt (nach einer Operngestalt)*
Lepra die, - ⟨gr.-lat.⟩: *eine ansteckende Krankheit, Aussatz* ‖ **Leprakranke** ‖ **lepros** = **lepr̲ös:** *aussätzig*
Leps der, - ⟨?⟩ (SüdT, ugs., abw.): *leichter [minderwertiger] Tischwein*
Lepschi ⟨tschech.⟩ (bes. W, ugs.) (nur in der Wendung): auf L. gehen *(sich vergnügen, sich herumtreiben)*
Lepton das, -s/-en [auch: -'o:-] ⟨gr.⟩ (Phys.): *leichtes Elementarteilchen, zB ein Elektron*
leptosom ⟨gr.⟩ (Med., Psych.): *schmalwüchsig, schlankwüchsig* ‖ **Leptosome**[1] der, -n/-n, ein Leptosomer ‖ **Leptosome**[2] die, -n/-n
Lerche die, -/-n: *ein Singvogel; aber:* → Lärche ‖ **Lerchensporn:** *eine Pflanzengattung* ‖ **Lercherl** das, -s/-[n] (ugs.): *Kleinigkeit;* das ist kein L. *(ist wichtig)*
lernbar ‖ **Lernbegierde** ‖ **lernbegierig:** eine lernbegierige Klasse ‖ **lernbehindert** ‖ **Lernbehinderte** ‖ **Lernbehinderung** ‖ **Lerneifer** ‖ **lerneifrig**

lernen:

sie lernt fleißig; ein gelernter Koch
Groß- und Kleinschreibung mit [nominalisiertem] Infinitiv:
– lesen (= Lesen) lernen
– ich habe schwimmen (= Schwimmen) gelernt
– Klavier spielen (= Klavierspielen) lernen
R→ S. 892, 2.1
Getrenntschreibung in Verbindung mit einem zweiten Infinitiv:
– lieben lernen
– schätzen lernen
– laufen lernen
– kennen lernen (= kennenlernen); du wirst mich noch kennen lernen (= kennenlernen)
R→ S. 901, 1.7
„lernen" an Stelle von → „lehren" gilt nicht als korrekt.

Lernerfolg ‖ **lernfähig** ‖ **Lernfähigkeit** ‖ **Lernhaus** (Bildw.): *eine Einrichtung für Lernschwache* ‖ **Lernhilfe** ‖ **Lernmittel:** *Hilfsmittel für Lernende* ‖ **Lernprogramm** ‖ **Lernprozess** ‖ **Lernstoff** ‖ **Lernziel** ‖ **lernzielorientiert**
Lesart: *eine von mehreren vorhandenen Fassungen einer Textstelle* | *Deutung in eine bestimmte Richtung* ‖ **lesbar:** ihre Schrift ist kaum l. ‖ **Lesbarkeit** die, -
Lesbe die, -/-n: *Kurzwort für Lesbierin* ‖ **Lesbierin** die, -/-innen: *Frau mit gleichgeschlechtlichen Neigungen (nach der griechischen Insel Lesbos)* ‖ **lesbisch** → schwul ‖ **lesbischwul:** *Sammelbezeichnung für lesbisch, bi und schwul*
Lese die, -/-n: *[Wein]ernte* ‖ **Lesebrille** ‖ **Lesebuch** ‖ **Lesegerät:** ein L. für Mikrofilme ‖ **Lesehunger** ‖ **Leselampe** ‖ **lesen,** ich lese, du liest/las/gelesen/lies!, lest!: l. lernen; die Messe l. *(halten);* an der Universität Innsbruck l. *(Vorlesungen halten)* | Gedanken l. *(erraten);* zwischen den Zeilen l. *(Mitgemeintes herauslesen);* ich lese aus deinen Zügen Angst *(vermute auf Grund der Mimik, dass du Angst hast)* | Trauben l. *(abnehmen, ernten)* ‖ **lesenswert** ‖ **Leseprobe** ‖ **Leser** der, -s/- ‖ **Leseranwaltschaft:** *eine Einrichtung zur Selbstkontrolle von Printmedien* ‖ **Leseratte** (scherzh.): *[junge] Person, die leidenschaftlich gerne liest* ‖ **Leserbrief:** *Brief eines Lesers [an eine Zeitung]* ‖ **Lese-Rechtschreib-Schwäche** (Med., Psych.): *Legasthenie* ‖ **Leserin** die, -/-innen ‖ **Leserkreis:** der L. einer Zeitschrift ‖ **leserlich:** l. schreiben ‖ **Leserschaft** die, -/-en ‖ **Leserstimme:** für eine Zeitung eine L. verfassen ‖ **Lesesaal:** *Saal in einer Bibliothek* ‖ **Leseschwäche** ‖ **Lesestift:** *Gerät zum maschinellen Einlesen [des EAN-Codes]* ‖ **Lesestoff** ‖ **Lesezeichen:** *Merkzeichen zum Einlegen ins Buch* ‖ **Lesung** die, -/-en: *Dichterlesung* | (Pol.) *Beratung einer Gesetzesvorlage im Parlament* | (Rel.) *Teil des Wortgottesdienstes, Epistel*
letal ⟨lat.⟩ (Med.): *tödlich*
Lethargie die, - ⟨gr.⟩: *Teilnahmslosigkeit, Interesselosigkeit* ‖ **lethargisch**
letschert (reg., ugs., abw.): *weich, kraftlos*
Letscho das, -s/-s ⟨ung.⟩: *Speise aus Paprika und Paradeisern*
Lette der, -n/-n: *Bewohner Lettlands*
letteln (auch Gast.): *schlammig schmecken* ‖ **Letten** der, -s = die, -: *feuchte, lehmige Erde*
Letter die, -/-n ⟨lat.⟩: *Metallbuchstabe, mit dem gedruckt wird; Druckbuchstabe*
lettig → letteln
Lettin die, -/-innen ‖ **lettisch** ‖ **Lettisch** das, -[s] = **Lettische,** -n ‖ **Lettland** (Kfz: LV): *ein Staat;* → Lette
letzeburgisch ‖ **Letzeburgisch** das, -[s] = **Letzeburgische,** -n: *zur Schriftsprache erhobener deutscher Dialekt in Luxemburg*
Letzt: zu guter L. *(schließlich)*

letzte:

die letzte Chance; zum letzten Mal
Großschreibung bei Nominalisierung:
– der/die/das **Letzte** *(in der Reihe bzw. dem Rang nach)*
– das **Letzte,** was ich sah
– den **Letzten** beißen die Hunde
– die **Letzten** werden die Ersten sein
– das Erste und [das] **Letzte** *(Anfang und Ende)*
– fürs **Letzte**
– bis ins **Letzte** *(genau)*
– bis zum **Letzten** *(sehr)*
– zum **Letzten** *(zuletzt)*
– am **Letzten** nächsten Monats
– als **Letztes** R→ S. 892, 2.2
Schreibung in Eigennamen und festen Verbindungen:

- das **L**etzte Gericht *(in der Bibel)*
- die **L**etzte Ölung (früher für: Krankensalbung)
- der letzte (*auch:* **L**etzte) Wille *(Testament)* R→ S. 895, 4.1 bzw. S. 896, 4.3

letztendlich: *zuletzt* ‖ **letztens** ‖ **letztere:** die l. Rechnung war falsch | (Großschreibung) der/die/das **L**etztere; **L**etzteres; der **E**rstere – der **L**etztere *(der eine – der andere, dieser – jener)* ‖ **Letztgeborene**[1] der, -n/-n, ein Letztgeborener ‖ **Letztgeborene**[2] die, -n/-n ‖ **letztgenannte:** l. Person; *aber:* der/die/das **L**etztgenannte ‖ **letzthin:** *unlängst* ‖ **letztjährig** ‖ **letztklassig** (abw.): die Aufführung war l. *(jämmerlich schlecht)* ‖ **letztlich:** *letzten Endes, schließlich* ‖ **letztmalig** ‖ **letztmöglich** ‖ **Letztplatzierte**[1] der, -n/-n, ein Letztplatzierter ‖ **Letztplatzierte**[2] die, -n/-n ‖ **Letztverbraucher:** *Endverbraucher* ‖ **Letztverbraucherin** ‖ **letztwillig:** eine letztwillige Verfügung *(ein Testament)*

Leu der, -en/-en ⟨gr.-lat.⟩ (geh., veraltet): *Löwe*

Leuchtdiode (Elektrot.): *Halbleiterdiode, die Licht abstrahlt;* → LED ‖ **Leuchte** die, -/-n: *Lampe* | (geh.) eine L. der Wissenschaft *(ein hervorragender Gelehrter)* ‖ **leuchten:** ein leuchtendes Vorbild; ein leuchtend roter Skianzug ‖ **Leuchter** der, -s/-: *Gestell für Kerzen oder kleine Lampen* ‖ **Leuchtfarbe** ‖ **Leuchtgas** ‖ **Leuchtkäfer:** *Glühwürmchen, Johanniskäfer* ‖ **Leuchtkörper** ‖ **Leuchtkraft** ‖ **Leuchtkugel:** *eine Signalrakete* ‖ **Leuchtmunition** [-tsi̯-] ‖ **Leuchtpistole:** *Pistole für Leuchtkugeln* ‖ **Leuchtrakete** ‖ **Leuchtreklame** ‖ **Leuchtröhre** ‖ **Leuchtschrift:** eine Reklame in L. ‖ **Leuchtsignal** ‖ **Leuchtstift** ‖ **Leuchtstoffröhre** ‖ **Leuchtturm** ‖ **Leuchtturmwärter** ‖ **Leuchtturmwärterin**

Leuenzahn: *eine Pflanzengattung*

leugnen: der Angeklagte leugnet *(bestreitet)* die Tat ‖ **Leugner** der, -s/- ‖ **Leugnerin** die, -/-innen ‖ **Leugnung** die, -/-en

Leukämie die, -/-n ⟨gr.⟩ (Med.): *krankhafte Vermehrung der weißen Blutkörperchen, Blutkrebs* ‖ **leukämisch** (Med.): *an Leukämie leidend* ‖ **Leukoplast** das, -[e]s/-e ⟨gr.⟩ (Wz.): *ein Heftpflaster* ‖ **Leukozyt** [-'y(:)t] der, -en/-en ⟨gr.⟩ (meist Pl.) (Med.): *weißes Blutkörperchen;* → Erythrozyt

Leumund der, -[e]s: einen guten L. *(Ruf)* haben; → beleumundet ‖ **Leumundszeugnis,** *auch:* **Leumundzeugnis:** *eine offizielle Bestätigung der Unbescholtenheit, behördliches Führungszeugnis; Strafregisterbescheinigung*

Leute die (Pl.): meine L. *(die zu mir Gehörenden, zB Verwandte; Mitarbeiter)* ‖ **leutescheu** → leutscheu ‖ **Leuteschinder** (abw.): *jemand, der ihm unterstellte Leute quält, schwer arbeiten lässt* ‖ **Leuteschinderin** (abw.)

Leutnant der, -s/-s [-e] ⟨fr.⟩: *ein militärischer Dienstgrad* ‖ **Leutnantsrang**

leutscheu, *auch:* leutescheu (ugs.): *menschenscheu, schüchtern* ‖ **leutselig** [-ze:-] (geh.): ein leutseliges *(umgängliches,* auch: *freundlich herablassendes)* Wesen

Levade [-v-] die, -/-n ⟨fr.⟩: *eine kunstvolle Figur in der Pferdedressur*

Levante [-v-] die, - ⟨it.⟩: *die östlichen Mittelmeerländer* ‖ **Levantiner** der, -s/- ‖ **Levantinerin** die, -/-innen ‖ **levantinisch:** levantinische Küche

Level [-vl] der = das, -s/-s ⟨lat.-engl.⟩: *Niveau, Rang, [Wissens-]stand*

Leviatan [-v-, auch: -'a:n, -'i:-] = **Leviathan** der, -s ⟨hebr.⟩: *ein biblisches Ungeheuer*

Levit [-v-] der, -en/-en ⟨hebr.-lat.⟩: *Angehöriger eines alttestamentlichen Stammes* | *Tempeldiener* | jemandem die Leviten lesen *(jemanden zurechtweisen)*

Levkoje [-f-] die, -/-n ⟨gr.⟩: *eine Zierpflanze*

Lexem das, -s/-e ⟨gr.⟩ (Sprachwiss.): *jedes einzelne Wort im Sprachwortschatz* ‖ **lexikal** = **lexikalisch:** *den Wortschatz betreffend; in der Art eines Lexikons* ‖ **lexikalisieren:** *als Lexem festlegen* ‖ **Lexikograf** = Lexikograph [-f] der, -en/-en: *Verfasser eines Wörterbuches oder Lexikons* ‖ **Lexikografin** = Lexikographin die, -/-innen ‖ **lexikografisch** = lexikographisch ‖ **Lexikon** das, -s/Lexika: *alphabetisch geordnetes Nachschlagwerk*

Lezithin = Lecithin [-tsi-] das, -s ⟨gr.⟩: *ein wichtiger Stoff der Körperzelle*

lfd.: laufend: am 3. lfd. M. (laufenden Monats = dieses Monats)

Lfm: Laufmeter

LG: Landesgericht

LGBl. [ɛl ge be 'ɛl] das, -[s]/-: **Landesgesetzblatt**

LH: Landeshauptfrau, Landeshauptmann

Li: Lithium

Liaison [liɛ'zõ:] die, -/-s [-en] [-'o:n-] ⟨fr.⟩ (geh.): *ein Liebesverhältnis*

Liane die, -/-n ⟨fr.⟩: *eine Schlingpflanze*

Libanon (meist: der, -[s]): *vorderasiatischer Staat* ‖ **Libanese** der, -n/-n ‖ **Libanesin** die, -/-innen ‖ **libanesisch**

Libelle die, -/-n ⟨lat.⟩: *ein Insekt* | *Zimmerantenne* | *Teil der Wasserwaage*

liberal ⟨lat.⟩: liberale *(freisinnige)* Ansichten; *aber:* das **L**iberale Forum *(eine Partei in Österreich)* (LIF); → illiberal ‖ **Liberale**[1] der, -n/-n, ein Liberaler: *liberal Gesinnter; Mitglied einer liberalen Partei* ‖ **Liberale**[2] die, -n/-n ‖ **liberalisieren:** *Beschränkungen aufheben* ‖ **Liberalisierung** die, -/-en ‖ **Liberalismus** der, -: *eine politische Strömung* ‖ **liberalistisch** ‖ **Liberalität** die, -: *Vorurteilslosigkeit, Großzügigkeit* ‖ **Libero** der, -s/-s ⟨lat.-it.⟩ (Sport): *ein Verteidiger im Fußball;* → Stopper ‖ **libertär** ⟨lat.-fr.⟩: *freizügig, anarchistisch* ‖ **Libertinage** [-'a:ʃ, -ʒɛ] die, -/-n (geh.): *Leichtfertigkeit; Zügellosigkeit*

Libido [auch: 'li(:)-] die, - ⟨lat.⟩ (Med., Psych.): *Geschlechtstrieb*

Librettist der, -en/-en ⟨lat.-it.⟩: *Textdichter von Librettos* ‖ **Librettistin** die, -/-innen ‖ **Libretto** das, -s/-s [Libretti]: *Text[buch] von Opern, Operetten uÄ*

Libyen ['li:by-, -bi-]:

Staat in Nordafrika

Richtige Aussprache!

Der Buchstabe y kann als [y] oder [i] gesprochen werden: 'li:byən oder 'li:biən. Falsch ist hingegen, wenn das *i* der ersten Silbe Li- als [y] gesprochen oder gar geschrieben wird.

Libyer der, -s/- ‖ **Libyerin** die, -/-innen ‖ **libysch**

licht: es wird l. *(hell)* | die lichte Weite eines Rohres *(sein innerer Durchmesser)* ‖ **Licht** das, -[e]s/-er: das L. der Welt erblicken *(geboren werden);* jemanden hinters L. führen *(täuschen);* etwas ans L. bringen *(publik machen);* grünes L. *(die Erlaubnis)* geben ‖ **lichtbeständig** ‖ **Lichtbild:** *Foto* ‖ **Lichtbildausweis:** *Ausweis mit Foto* ‖ **Lichtbildervortrag:** *Diavortrag* ‖ **lichtblau:** *hellblau* ‖ **Lichtblick:** *Trost, Hoffnung* ‖ **Lichtbogen** (Phys.): *eine bestimmte Lichterscheinung* ‖ **Lichtbrechung** ‖ **Lichtdecke:** *eine Art Zimmerdecke* ‖ **lichtdurchflutet** ‖ **lichtdurchlässig** ‖ **Lichteinfall** ‖ **Lichteinwirkung** ‖ **lichtempfindlich** ‖ **Lichtempfindlichkeit:** die L. eines Films ‖ **lichten**[1]: einen Wald l. *(ausholzen)* | der Himmel lichtet sich *(es wird hell)*

lichten[2]: den Anker l. *(ihn hochziehen; abfahren)*

L

Lichterbaum (geh.): *[beleuchteter] Weihnachtsbaum* ‖ **Lichterfest:** *jüdisches Fest im Dezember* ‖ **lichterfüllt** ‖ **Lichterglanz** ‖ **Lichterkette:** *eine Form friedlicher Demonstration* ‖ **lichterloh:** l. *(mit heller, hoher Flamme)* brennen ‖ **Lichtermeer:** das nächtliche L. einer Großstadt ‖ **Lichtgeschwindigkeit** die, -: *die höchstmögliche Geschwindigkeit, knapp 300 000 km/s* ‖ **Lichtgestalt** (geh.): *leuchtende Gestalt* ‖ **Lichthof:** *kleiner, von hohen Gebäuden eingeschlossener Hof* ‖ **Lichthupe:** *ein Lichtsignal* ‖ **Lichtinstallation** [-ʃta-tsi̯-, -sta-] (Kunstg.) ‖ **Lichtjahr:** *astronomische Längeneinheit* ‖ **Lichtkassier** (bes. W, früher): *Stromkassier* ‖ **Lichtkassierin** (bes. W, früher) ‖ **Lichtkegel:** im L. eines Scheinwerfers ‖ **Lichtleiter** der, -s/- (Phys.): *optische Vorrichtung aus Glasfaser[n]* ‖ **lichtlos** ‖ **Lichtmangel** ‖ **Lichtmaschine** (Kfz) ‖ **Lichtmast** ‖ **Lichtmess** die, -: Maria, Mariä L.; zu [Mariä] L. *(am 2. Februar)* ‖ **Lichtorgel:** *eine Lichtinstallation [in Diskotheken]* ‖ **Lichtpflicht** (Verk.): L. am Tag ‖ **Lichtquelle** ‖ **Lichtreklame:** *Leuchtreklame* ‖ **Lichtschacht** ‖ **Lichtschalter** ‖ **lichtscheu:** *lichtempfindlich* | (abw.) lichtscheues *(zwielichtiges, verbrecherisches)* Gesindel ‖ **Lichtschimmer** ‖ **Lichtschranke** = **Lichtschranken:** *Vorrichtung, die einen Vorgang durch Unterbrechung eines Lichtstrahls auslöst, zB Öffnen einer Tür* ‖ **Lichtschutz** ‖ **Lichtschutzfaktor:** *Wirkungsgrad eines Sonnenschutzmittels für die Haut* ‖ **lichtschwach** ‖ **Lichtseite:** Licht- und Schattenseiten ‖ **Lichtsignal** (Verk.) → G.: Formsignal ‖ **Lichtspieltheater** (Amtsspr.): *Kino* ‖ **Lichtstärke** ‖ **Lichtstrahl** ‖ **Lichttelefon:** *ein Notdienst* ‖ **lichtundurchlässig** ‖ **Lichtung** die, -/-en: *baumloser Platz im Wald* ‖ **Lichtverhältnisse** die (Pl.) ‖ **Lichtzeichenanlage**

Lid das, -[e]s/-er: *Augendeckel*

Lido der, -s/-s ⟨it.⟩: *Strand;* der L. *(eine Insel)* von Venedig

Lidsack: *Gesichtsteil unter dem Auge* ‖ **Lidschatten:** *ein Teil des Make-ups* ‖ **Lidschlag:** *unbewusstes kurzzeitiges Schließen der Lider*

lieb: ein liebes Kind; jemandem l. sein; l. werden; sich bei jemandem l. Kind machen *(einschmeicheln);* → Liebkind; → lieb behalten = liebbehalten; → lieb gewinnen = liebgewinnen; → lieb haben = liebhaben ‖ **liebäugeln** [auch: -ˈɔʏ-], ich liebäugle: mit dem Gedanken l. *(spielen),* ein Auto zu kaufen ‖ **Liebchen** das, -s/- (veraltet): *Geliebte* ‖ **lieb behalten** = **liebbehalten:** ich werde ihn immer l. b. ‖ **Liebe** die, -: mit L. kochen; *aber:* → zuliebe ‖ **liebebedürftig** ‖ **Liebedienerei** die, - (abw.): *unterwürfige Schmeichelei* ‖ **liebedienerisch** (abw.) ‖ **Liebelei** die, -/-en: *Flirt* ‖ **lieben:** *Zuneigung empfinden;* einen Menschen l. lernen | *Geschlechtsverkehr haben* | eine Autorin l. *(ihre Werke schätzen)*

Liebenau: *7. Bezirk von Graz*

Liebende[1] der, -n/-n, ein Liebender (geh.) ‖ **Liebende**[2] die, -n/-n (geh.) ‖ **liebenswert** ‖ **liebenswürdig:** *freundlich, entgegenkommend* ‖ **liebenswürdigerweise** ‖ **Liebenswürdigkeit** die, -/-en ‖ **lieber:** je länger, je l.; hört l. *(besser)* auf!; → gern ‖ **Liebesabenteuer** ‖ **Liebesaffäre** [-fɛːə, -ɛːrɛ] ‖ **Liebesbedürfnis** ‖ **Liebesbeweis** ‖ **Liebesbeziehung** ‖ **Liebesbrief** ‖ **Liebesdienst:** jemandem einen L. *(ein großes Entgegenkommen)* erweisen ‖ **Liebesentzug** (Psych.) ‖ **Liebeserklärung** ‖ **Liebeserlebnis** ‖ **liebesfähig** ‖ **Liebesfilm** ‖ **Liebesgeflüster** ‖ **Liebesgedicht** ‖ **Liebesgeschichte** ‖ **Liebesgott:** *Amor ua.* ‖ **Liebesgöttin:** *Venus ua.* ‖ **Liebesheirat** ‖ **Liebeskummer** ‖ **Liebesleben** ‖ **Liebeslied** ‖ **Liebesmüh** = **Liebesmühe** die, - (nur in der Wendung): das ist verlorene/vergebliche L. *(es ist vergeblich, ohne Aussicht auf Erfolg)* ‖ **Liebesnacht** ‖ **Liebesnest:** *[heimlicher] Treffpunkt zweier Verliebter* ‖ **Liebespaar** ‖ **Liebespärchen** ‖ **Liebesroman** ‖ **liebestoll** ‖ **Liebestöter** der, -s/- (ugs., scherzh.): *lange Unterhose* ‖ **Liebestrank:** *ein Zaubertrank* ‖ **liebestrunken** ‖ **liebesunfähig** ‖ **Liebesverhältnis** ‖ **Liebeswerben** das, -s ‖ **liebevoll** ‖ **lieb gewinnen** = **liebgewinnen:** er hat sie l. gewonnen ‖ **lieb haben** = **liebhaben:** ich habe ihn l. gehabt ‖ **Liebhaber** der, -s/-: *Geliebter* | *Sammler, Amateur;* ein L. von Oldtimern | (Theater) *ein Rollenfach;* jugendlicher L. ‖ **Liebhaberbühne:** *Laientheater, Amateurtheater* ‖ **Liebhaberei** die, -/-en: *Hobby* ‖ **Liebhaberin** die, -/-innen ‖ **Liebhaberorchester** [meist: -k-]: *Amateurorchester* ‖ **Liebhaberpreis:** *hoher Preis* ‖ **Liebhaberwert** ‖ **Liebkind:** die neue Ministerin ist das L. *(der Liebling)* der Presse; → lieb ‖ **liebkosen** (geh.): die Mutter hat ihr Kind liebkost *(gestreichelt, zärtlich umarmt)* ‖ **Liebkosung** die, -/-en (geh.) ‖ **lieblich** ‖ **Lieblichkeit** die, - ‖ **Liebling** der, -s/-e: sie ist der L. des Publikums ‖ **Lieblingsbeschäftigung** ‖ **Lieblingsfach** ‖ **Lieblingsfarbe:** *bevorzugte Farbe;* ihre L. ist Rot (= rot) ‖ **Lieblingsgegenstand:** *Lieblingsfach* ‖ **Lieblingsspeise** ‖ **Lieblingsthema** ‖ **lieblos:** jemanden l. *(roh)* behandeln ‖ **Lieblosigkeit** die, -/-en ‖ **Liebreiz** der, -[e]s (geh.): sie war von großem L. *(von großer Anmut)* ‖ **liebreizend** (geh.) ‖ **Liebschaft** die, -/-en: *Liebesverhältnis, Flirt* | (veraltend) *Geliebte[r]* ‖ **Liebste**[1] der, -n/-n, ein Liebster ‖ **Liebste**[2] die, -n/-n

Liebstöckel das, -s, *auch:* **Liebstöckl,** -s: *eine Gewürzpflanze,*

Maggikraut
Liech|ten|stein ['liç-] (Kfz: FL): *kleiner Staat zwischen Österreich und der Schweiz* | *ein Fürstengeschlecht* || **liech|ten|stei|nisch**
Lied das, -[e]s/-er (Mus.): *lyrisches Gedicht* || **Lied|be|glei|ter:** *Pianist, der den Sänger begleitet* || **Lied|be|glei|te|rin** || **Lie|der|abend:** *Konzertabend mit einem Liederprogramm* || **Lie|der|buch**
lie|der|lich (geh., abw.): *schlampig; leichtfertig; unanständig* || **Lie|der|lich|keit** die, - (geh., abw.)
Lie|der|ma|cher: *Texter und Komponist zeitgemäßer [kritischer] Lieder* || **Lie|der|ma|che|rin** die, -/-innen || **Lie|der|schrei|ber:** *Songwriter* || **Lie|der|schrei|be|rin** || **Lie|der|ta|fel:** *Gesangsverein* | *Veranstaltungen eines Gesangsvereins* || **Lie|der|zy|klus** [-tsy-] || **Lied|form** (Mus.): dreiteilige L. || **Lied|gut:** *die überlieferten Volkslieder* || **Liedl** das, -s/-[n] (ugs.): *Lied* || **Lied|sän|ger** || **Lied|sän|ge|rin**
lief → laufen
Lie|fe|rant der, -en/-en || **Lie|fe|ran|ten|ein|gang** || **Lie|fe|ran|tin** die, -/-innen || **lie|fer|bar** || **Lie|fer|be|din|gung** || **Lie|fer|fir|ma** || **Lie|fer|frist** || **lie|fern:** die bestellte Ware l. *(zustellen)* | sich einen Kampf l. *(einen Kampf austragen)* || **Lie|fer|schein** der, -[e]s/-e || **Lie|fer|stopp** || **Lie|fer|ter|min** || **Lie|fer|um|fang:** Batterien im L. enthalten || **Lie|fe|rung** die, -/-en: *Zustellung* || **Lie|fer|wa|gen** || **Lie|fer|zeit**
Lie|ge die, -/-n: *Möbel zum Liegen, zB Klappbett*

lie|gen,

lag/gelegen: er liegt in diesem Spital | dein Auto liegt gut in den Kurven | es liegt viel Schnee | ihr liegt viel an dir *(sie mag dich)* | die Gans liegt mir schwer im Magen *(ist schwer verdaulich)* | Wien liegt an der Donau | sie liegt in Führung *(ist im Wettkampf an erster Stelle)* | es liegt am Vergaser, dass das Auto nicht fährt | es liegt an dir, ihm zu helfen; das liegt mir nicht *(dafür bin ich nicht zu begeistern)*
Perfektbildung mit „sein":
– sie *ist* auf dem Boden gelegen (in Deutschland überwiegend: *hat* gelegen)
– an ihrer Meinung *ist* ihm viel gelegen
Getrenntschreibung bei wörtlicher Bedeutung:
– wach liegen
– oben liegen
– die Scherben liegen lassen *(nicht aufheben)*
– sie ist liegen geblieben *(nicht aufgestanden)*
Getrennt- und Zusammenschreibung der Verbindung von Infinitiv + „bleiben"/„lassen" bei übertragener Bedeutung:
– er hat den Schirm liegen [ge]lassen (= liegen[ge]lassen) *(er hat ihn vergessen)*
– sie hat ihn links liegen [ge]lassen (= liegen[ge]lassen) *(nicht beachtet, übergangen)*
– die Arbeit ist liegen geblieben (= liegengeblieben) *(nicht erledigt worden)* R→ S. 901, 1.7.2

lie|gen blei|ben = lie|gen|blei|ben: ein Schirm ist l. geblieben *(vergessen worden);* → liegen || **lie|gen las|sen = lie|gen|las|sen:** die Arbeit l. l. *(nicht erledigen);* → liegen || **Lie|gen|schaft** die, -/-en: *Grundbesitz; Grundstück* || **Lie|gen|schafts|exe|ku|ti|on** [-tsi̯-] (Jus): *Pfändung einer Realität* || **Lie|gen|schafts|steu|er** (SüdT): *Grundsteuer* || **Lie|gen|schafts|er|werb** || **Lie|gen|schafts|ver|kehr:** *An- und Verkauf von Immobilien* || **Lie|ge|sitz:** *Sitz mit nach hinten klappbaren Lehnen oder ausziehbaren Sitzflächen* || **Lie|ge|statt = Lie|ge|stät|te:** *Bett* || **Lie|ge|stuhl** || **Lie|ge|stütz** der, -es/-e: *eine Turnübung* || **Lie|ge|wa|gen:** *Zugwagon mit herunterklappbaren Liegen* || **Lie|ge|wie|se**
lieh → leihen
Li|enz (Kfz: LZ): *Stadt in Osttirol*
Lie|sa, *auch:* Lisa, Lisi: *weibl. Vorname (Elisabeth)* || **Lies|beth,** *auch:* Lisbeth: *weibl. Vorname (Elisabeth)* || **Lie|sel** = Liesl: *weibl. Vorname (Elisabeth)* | (Küchenspr.) besoffene (*auch:* Besoffene) L. *(eine Mehlspeise)* || **Lie|se|lot|te,** *auch:* Liselotte: *weibl. Vorname*
Lie|sing: *23. Bezirk Wiens* | *Fluss in Wien und Niederösterreich*
Liesl = → Liesel
ließ → lassen
liest → lesen
Lie|zen (Kfz: LI): *Stadt in der Steiermark*
LIF: Liberales **F**orum
Life Ball = Life|ball ['laɪf-, engl.: -bɔːl] ⟨engl.⟩: *ein Ball in Wien zur Unterstützung der Aidsbekämpfung* || **Life Scien|ces** [-'saɪənsɪz] = Lifesciences die (Pl.): *Lebenswissenschaften* || **Life|style** [-staɪl] der, -s/-s: *kultivierte modische Lebensart* || **Life|style|ma|ga|zin**
Lift der, -[e]s/-e [-s] ⟨engl.⟩: *Aufzug, Fahrstuhl* || **lif|ten:** das Gesicht l. *(kosmetisch operieren)* lassen || **Lift|haus** || **Lif|ting** das, -s/-s: *kosmetische Operation zur Hautstraffung* | (Sport) *eine Turnübung* || **Lift|stock:** Wohnung im 5. L.
Li|ga die, -/Ligen ⟨span.⟩: *Bund, Vereinigung;* die L. für Menschenrechte | *eine Spielklasse [im Fußball]*
Li|ga|tur die, -/-en ⟨lat.⟩: *Buchstabenverbindung im Druck, zB das Œ im Wort Œuvre*
light [laɪt] ⟨engl.⟩: *leicht, kalorienarm* || **Light|ge|tränk:** *Getränk mit weniger Nährwert* || **Light|ver|si|on** [-v-]: *reduzierte Version [einer Software]*
Li|gus|ter der, -s/- ⟨lat.⟩: *ein Wild- und Zierstrauch*
li|ie|ren ⟨fr.⟩: *eng verbinden;* sich mit einer Partei l. | sie ist liiert *(hat ein Liebesverhältnis);* sich mit jemandem l.
Li|kör der, -s/-e ⟨fr.⟩: *ein süßes alkoholisches Getränk* || **Li|kör|glas**

li|la

⟨Sanskrit-pers.-arab.-fr.⟩: *fliederfarben, blassviolett*
Das Farbadjektiv wird nicht dekliniert:
– ein lila Kostüm (*oder:* ein lilafarbenes Kostüm)
– lila Handschuhe

li|la|far|ben: *fliederfarben;* ein lilafarbenes Kleid
Lili → Lilli
Li|lie [-i̯ə] die, -/-n ⟨lat.⟩: *eine Pflanzengattung* || **Li|li|en|feld** (Kfz: LF): *Stadt (und Stift) in Niederösterreich* || **Li|li|en|ge|wächs** [-ks]
Li|li|put: *ein erdachtes Land* || **Li|li|pu|ta|ner** der, -s/- (auch abw.): *kleinwüchsiger Mensch* || **Li|li|pu|ta|ne|rin** die, -/-innen (auch abw.) || **Li|li|put|bahn:** *kleine Eisenbahn [in Vergnügungsparks]*
Li|lli = Li|lly [-i], *auch:* Lili: *weibl. Vorname (Elisabeth)*
Li|ma: *Hauptstadt von Peru*

Limerick der, -[s]/-s: *ein Scherzgedicht (nach einer irischen Stadt)*

Limes der, -/- ⟨lat.⟩: *Grenzwall des Römischen Reiches, zB am Südufer der Donau* | (Math.) *Grenzwert*

Limette die, -/-n ⟨pers.-arab.-fr.⟩: *eine Zitrusfrucht*

Limit das, -s/-s ⟨lat.-fr.-engl.⟩: *Begrenzung, äußerste Grenze* ‖ **Limitation** [-tsi̯-] die, -/-en: *Limitierung* ‖ **limitieren** ‖ **Limitierung** die, -/-en

Limnologie die, - ⟨gr.⟩ (Biol.): *Süßwasserkunde*

Limo die, -/-s ⟨pers.-arab.-it.⟩: *Kurzwort für Limonade* ‖ **Limonade** die, -/-n: *ein Erfrischungsgetränk (mit mindestens 3 % Fruchtanteil)* ‖ **Limone** die, -/-n: *eine Zitrusfrucht* | *Zitrone*

Limousine [-mu-] die, -/-n: *komfortables viertüriges Auto (nach einer französischen Landschaft)*

Lina: *weibl. Vorname (Karolina uÄ)*

lind (geh.): *mild* | (ugs.) *wenig gewürzt*

Linda = **Linde**[1]: *weibl. Vorname*

Linde[2] die, -/-n: *ein Laubbaum* | (ohne Pl.) *Holz der Linde*

linden (bes. K, mda.): *Mehl oder Käse über dem Feuer leicht anrösten;* → Gelundene

Lindenbaum ‖ **Lindenblütentee**

lindern: Schmerzen l. *(mildern)* ‖ **Linderung** die, -

Lindwurm: *ein Drache (in der Sage);* der Klagenfurter L.

Lineal das, -s/-e ⟨lat.⟩: *ein Zeichengerät* ‖ **linear:** *linienförmig, geradlinig* ‖ **Linearbeschleuniger** der, -s/- (Phys.): *Gerät zur Beschleunigung atomarer Teilchen* ‖ **Lineatur** die, -/-en: *Linienanordnung*

Liner [ˈlaɪnə] der, -s/- ⟨engl.⟩: *Linienflugzeug, -schiff*

Lingua franca [- -k-] die, - - ⟨lat.-it.⟩: *[eine] von Angehörigen verschiedener Sprachgemeinschaften benützte Verkehrssprache* ‖ **Linguist** [-ˈgvist, -gu̯-] der, -en/-en ⟨lat.⟩: *Sprachwissenschaftler* ‖ **Linguistik** die, - ‖ **Linguistin** die, -/-innen ‖ **linguistisch:** *sprachwissenschaftlich*

Linie [-i̯ɛ] die, -/-n ⟨lat.⟩: *gerader Strich* | (Sport) *Markierung auf dem Spielfeld* | die politische L. *(Richtung)* | die schlanke L. *(Figur)* | die L. 49 *(öffentliches Verkehrsmittel)* | in erster L. *(zuerst, hauptsächlich)* | (SüdT) *Telefonleitung;* „Bleiben Sie in der L.!" ‖ **Linienblatt:** *eine Schreibhilfe* ‖ **Linienblitz:** *Blitz mit einer zickzackförmigen Verlaufsform* ‖ **Linienbus:** *Bus im Linienverkehr* ‖ **Linienflug** → Charterflug ‖ **Linienflugzeug** ‖ **Linienführung** ‖ **Linienmaschine:** *Linienflugzeug* ‖ **Linienrichter** (Sport): *Helfer des Schiedsrichters, Schiedsrichterassistent;* der L. hob die Fahne ‖ **Linienrichterin** (Sport) ‖ **Linienschifffahrt** ‖ **Linienspektrum** [-sp-, auch: -ʃp-] (Phys.): *ein aus Spektrallinien bestehendes Spektrum* ‖ **Linienspiegel:** *Linienblatt* ‖ **Liniensystem** [-zy-] (Mus.): *das Fünfliniensystem der Notenschrift* ‖ **linientreu:** *der offiziellen Parteilinie folgend* ‖ **Linienverkehr:** *fahrplanmäßiger Verkehr* ‖ **linieren,** *auch:* liniieren: *Linien ziehen* ‖ **Linierung** die, -/-en, *auch:* Liniierung ‖ **liniieren** → linieren ‖ **Liniierung** → Linierung

Link der (*auch:* das), -s/-s ⟨engl.⟩ (Internet): *Verbindungselement zu verwandten Themen;* → Hyperlink

linke: die l. Seite; linker Hand *(links)* | (sal.) eine l. Tour *(ein übler Trick)* ‖ **Linke**[1] der, -n/-n, ein Linker (Pol.): *Angehöriger einer politisch links stehenden Gruppe oder Partei* ‖ **Linke**[2] die, -n/-n (Pol.): *Angehörige einer politisch links stehenden Gruppe oder Partei* | *die linke Hand* | (Pol.) die L. *(die [im Parlament] links sitzende[n] Partei[en])* | (im Boxsport) *Faustschlag mit der linken Hand;* eine gefährliche L. | jemandem zur Linken sitzen; zu seiner Linken *(links von jemandem)* sitzen | (ostöst., ugs., abw.) eine L. machen/drehen *(etwas Unrechtmäßiges tun)* ‖ **linken** (ugs.): *täuschen* ‖ **linkisch:** linkisches *(ungeschicktes, gehemmtes)* Benehmen ‖ **links** (l.) (Adv.): l. gehen; l. *(auf der Rückseite)* bügeln; jemanden l. liegen lassen (= liegenlassen) *(jemandem keine Beachtung schenken)* | (Pol.) l. stehen *(politisch zB den Sozialismus oder Kommunismus vertreten);* → links stehend = linksstehend | (sal.) mit l. *(ohne Schwierigkeit)* | (Präp. mit Gen.) l. des Weges *(l. vom Weg)* ‖ **Linksabbieger** der, -s/- (Verk.) ‖ **Linksabbiegerin** die, -/-innen (Verk.) ‖ **Linksaußen** der, -/- (Sport): er spielt L. (*auch:* links außen) *(als linker Flügelstürmer)* ‖ **linksbündig** (Druckw.): l. *(am linken Rand in einer Linie)* geschrieben, gedruckt ‖ **Linksdrall:** *Linksdrehung des Geschoßes* | *Tendenz nach links* ‖ **linksdrehend** (Phys.): *gegen den Uhrzeigersinn* ‖ **Linksdrehung** ‖ **linksextrem:** *politisch radikal links stehend* ‖ **Linksextremismus** der, - (Pol.) ‖ **Linksextremist** (Pol.) ‖ **Linksextremistin** (Pol.) ‖ **linksextremistisch** (Pol.) ‖ **linksgerichtet** ‖ **Linkshänder** der, -s/- ‖ **Linkshänderin** die, -/-innen ‖ **linkshändig** ‖ **Linkshändler** (ugs. oft für): *Linkshänder* ‖ **Linkshändlerin** (ugs.) ‖ **linksherum** ‖ **Linkskatholik:** *bestimmte progressive Meinungen vertretender Katholik* ‖ **Linkskatholikin** ‖ **Linkskurve** [-f-, auch: -v-] ‖ **linkslastig:** l. beladen | politisch l. ‖ **Linkslastigkeit** die, - ‖ **linksläufig:** *von rechts nach links zu lesen;* eine linksläufige Schrift *(zB die hebräische Schrift)* ‖ **linksorientiert** [-i̯ɛn-] (Pol.) ‖ **Linksorientierung** (Pol.) ‖ **Linkspartei** (Pol.) ‖ **Linkspopulismus** ‖ **linksradikal** (Pol.) ‖ **Linksruck** (Pol.) ‖ **Linksrutsch** (Pol.) ‖ **linksseitig:** das linksseitige Ufer ‖ **links stehend** = **linksstehend** (Pol.): eine l. stehende Politikerin ‖ **linksufrig,** *auch:* linksuferig: *flussabwärts gesehen für das linksseitige Flussufer* ‖ **linksum:** *ein militärisches Kommando;* l. machen ‖ **Linksverkehr:** *Linksfahren* ‖ **Linksvorrang** ‖ **Linkswalzer** ‖ **Linkswendung**

linnen (geh.): *leinen;* ein linnenes Tuch ‖ **Linnen** das, -s/- (geh.): *Leinen*

Linoleum [ugs. auch: -ˈeː-] das, -s ⟨lat.-engl.⟩: *ein Fußbodenbelag* ‖ **Linolsäure** (Biol., Chem.): *eine lebensnotwendige mehrfach ungesättigte Fettsäure* ‖ **Linolschnitt** der, -[e]s: *ein grafisches Verfahren* | (mit Pl. -e) einen L. erwerben

Linse die, -/-n: *eine Gemüsepflanze* | (Optik) *gekrümmter, durchsichtiger Körper mit lichtbrechender Wirkung;* Kontaktlinse ‖ **linsenförmig** ‖ **Linsengericht:** *Speise aus Linsen* | (geh.)

einen Vorteil um ein L. *(eine Kleinigkeit)* verkaufen ‖ **Linsensalat** ‖ **Linsensuppe** ‖ **Linsentrübung** (Med.)
Linux (Wz.): *ein Betriebssystem für Computer*
Linz (Kfz: L): *Landeshauptstadt von Oberösterreich, Europäische Kulturhauptstadt 2009* | (Kfz: LL) Linz-Land (= Linz Land) *(Linz-Umgebung)* ‖ **Linzer**[1] (Adj.): L. Autobahn ‖ **Linzer**[2] der, -s/- ‖ **Linzer Augen** = **Linzeraugen** die (Pl.): *eine Art von Keksen* ‖ **Linzerin** die, -/-innen ‖ **Linzer Kipferl** = **Linzerkipferl** ‖ **Linzer Schnitten** = **Linzerschnitten:** *eine Mehlspeise* ‖ **Linzer Torte** = **Linzertorte**
Lipgloss der, *auch:* das, -/- ⟨engl.⟩: *Make-up-Farbe für die Lippen*
Lipid das, -/-e ⟨gr.⟩ (Biol.): *Fett, fettähnliche Substanz*
Lipizzaner der, -s/-: *eine Pferderasse (nach einem Ort in Slowenien)* ‖ **Lipizzanerhengst** ‖ **Lipizzanerstute**
Lipoid das, -s/-e ⟨gr.⟩ (Biol.): *fettähnliche [Körper]substanz*
Lippe die, -/-n: jemandem etwas von den Lippen ablesen ‖ **Lippenbekenntnis** (abw.): ein L. ablegen *(etwas sagen, ohne wirklich daran zu glauben)* ‖ **Lippenblütler** der, -s/- (Bot.): *eine Pflanzenfamilie* ‖ **Lippenlaut** (Sprachwiss.): *Labial* ‖ **Lippenlesen** das, -s: *das Ablesen der Laute von den Lippenbewegungen* ‖ **Lippenpfeife:** *Orgelpfeife mit Tonerzeugung ähnlich der Blockflöte* ‖ **Lippenstift** ‖ **lippensynchron** [-zynk-]: der Ton ist nicht l. *(stimmt in Filmsynchronisationen nicht mit den Lippenbewegungen überein)*
Liptauer der, -s: *ein Brotaufstrich (nach einer slowakischen Stadt)* ‖ **Liptauerbrot**
liquid ⟨lat.-it.⟩: *zahlungsfähig;* → G.: illiquid ‖ **Liquidation** [-tsi̯-] die, -/-en ‖ **Liquidationserlös** ‖ **Liquidator** der, -s/-en [-ˈoː-] ‖ **Liquidatorin** die, -/-innen ‖ **liquidieren:** eine Firma l. *(auflösen)* | den Häftling l. *(beseitigen, umbringen)* ‖ **Liquidierung** die, -/-en ‖ **Liquidität** die, - (Wirt.): *Zahlungsfähigkeit* ‖ **Liquiditätsreserve** die, - (Wirt.)
Liquor der, -s ⟨lat.⟩ (bes. Med.): *Flüssigkeit*
Lira[1] die, -/Lire ⟨it.⟩ (früher): *Geldeinheit in Italien* ‖ **Lira**[2] die, -/-: *Geldeinheit in der Türkei, Türklira*
Lisa → Liesa ‖ **Lisbeth** → Liesbeth
lischt → löschen
Liselotte → Lieselotte
Lisene die, -/-n ⟨fr.⟩: *senkrechter Mauervorsprung*
Lisi → Liesa
lispeln, ich lisple: *beim Sprechen mit der Zunge an den Vorderzähnen anstoßen flüstern*
Lissabon (portugiesisch: Lisboa [-ʒb-]): *Hauptstadt Portugals*
List die, -/-en: etwas mit L. *(durch geschickte Täuschung)* erreichen; mit L. und Tücke
Liste die, -/-n: *ein Verzeichnis;* schwarze L. *(Verzeichnis verdächtiger Personen);* die Rote (*auch:* rote) L. *(Verzeichnis der vom Aussterben bedrohten Arten)* ‖ **Listenführer:** *Spitzenkandidat* ‖ **Listenführerin** ‖ **Listenplatz:** *Platz auf einer Wahlliste;* ein hinterer L. ‖ **Listenpreis:** *Preis laut Preisliste*
listenreich (geh.): *listig*
Listenwahl → G.: Persönlichkeitswahl
Listeria die, -/Listerien [-i̯ən] (meist Pl.): *ein krankheitserregendes Bakterium (nach einem englischen Chirurgen)*
listig: l. *(schlau, verschlagen)* wie ein Fuchs ‖ **Listigkeit** die, -/-en (Pl. selten)
lit.: Litera
Litanei die, -/-en ⟨gr.-lat.⟩: *Wechselgebet zwischen dem Vorbeter und der Gemeinde* | (abw.) *eintönige Aufzählung*
Litauen (Kfz: LT): *ein Staat* ‖ **Litauer** der, -s/- ‖ **Litauerin** die, -/-innen ‖ **litauisch** ‖ **Litauisch** das, -[s] = **Litauische,** -n: *die litauische Sprache*
Liter der = das, -s/- (l) ⟨gr.-lat.-fr.⟩ (als grundlegende Maßeinheit fachspr. nur mit Art. das): 1 dm^3; ein halber (halbes) L. (½ l)
Litera die, -/-s (Literae [-rɛ]) (lit.) ⟨lat.⟩: *Gliederungsbuchstabe, zB* a), b), c) *in Gesetzestexten* ‖ **literarhistorisch** ‖ **literarisch:** l. *(schriftstellerisch)* tätig sein ‖ **Literat** der, -en/-en: *Schriftsteller* ‖ **Literatin** die, -/-innen ‖ **Literatur** die, -/-en: *Schrifttum; Schriftwerke* ‖ **Literaturangabe:** *das Anführen der verwendeten Literatur* ‖ **Literaturgeschichte:** L. studieren | Handbuch der L. ‖ **literaturgeschichtlich** ‖ **Literaturhistoriker** ‖ **Literaturhistorikerin** ‖ **Literaturkritik** ‖ **Literaturkritiker** ‖ **Literaturkritikerin** ‖ **Literaturkunde:** *Literaturgeschichte im Schulunterricht* ‖ **Literaturlexikon** ‖ **Literaturpreis** ‖ **Literaturverzeichnis:** *Liste der verwendeten Werke* ‖ **Literaturwissenschaft** die, - ‖ **literaturwissenschaftlich**
Literflasche ‖ **literweise**
Litfaßsäule: *Plakatsäule (benannt nach Ernst Litfaß)*
Lithium [-ti-] das, -s ⟨gr.⟩ (Zeichen: Li): *ein chemisches Element*
Lithografie = Lithographie [-f-] die, - ⟨gr.⟩: *eine grafische Technik, Steindruck* | (mit Pl. -n) eine L. erwerben ‖ **lithografisch** = **lithographisch**
Litschau: *Stadt in Niederösterreich*
Litschi = Lychee [ˈli(ː)tʃi] die, -/-s ⟨chin.⟩: *ein Obst*
litt → leiden
Liturgie die, -/-n ⟨gr.-lat.⟩: *Gottesdienst der christlichen Kirchen* ‖ **liturgisch**
Litze die, -/-n: *eine Schnur; eine Borte* ‖ **Litzendraht**
live [laɪv] ⟨engl.⟩: eine Sportveranstaltung l. senden *(sie im Hörfunk bzw. Fernsehen direkt übertragen)* ‖ **Live-Act** [-ækt]: *Liveauftritt [in einer Show]* ‖ **Liveauftritt** ‖ **Livekonzert** ‖ **Livemitschnitt:** *Originalmitschnitt [eines Konzerts]* ‖ **Livesendung:** *Direktübertragung;* → G.: Aufzeichnung ‖ **Liveshow** [-ʃəʊ]
Livree [-v-] die, -/-n ⟨fr.⟩: *eine uniformartige Kleidung [für Portiere]* ‖ **livriert:** ein livrierter Diener
Liwanze die, -/-n ⟨tschech.⟩ (ostöst.): *eine Mehlspeise*
Lizenz die, -/-en ⟨lat.⟩: *[behördliche] Erlaubnis* ‖ **Lizenzausgabe:** ein Buch in L. *(von einem anderen Verlag mit Genehmigung übernommen)* ‖ **Lizenzgeber** ‖ **Lizenzgeberin** ‖ **Lizenzgebühr** ‖ **Lizenziat**[1] = Lizentiat [-tsi̯-] das, -[e]s/-e (CH, sonst veraltet): *ein akademischer Grad* ‖ **Lizenziat**[2] = Lizentiat [-tsi̯-] der, -[e]s/-e: *Inhaber eines Lizenziates* ‖ **Lizenziatin** = Lizentiatin die, -/-innen ‖ **lizenzieren:** *eine Lizenz erteilen* ‖ **Lizenznehmer** der, -s/- ‖ **Lizenznehmerin** die, -/-innen ‖ **Lizenzrecht** ‖ **Lizenzvertrag:** *Vertrag, wodurch je-*

L

mandem eine Lizenz eingeräumt wird

Lizitation [-tsi̯-] die, -/-en ⟨lat.⟩: *Versteigerung* ‖ **Lizitator** der, -s/-en [-'oː-]: *Leiter einer Versteigerung* ‖ **Lizitatorin** die, -/-innen ‖ **lizitieren:** sie lizitierte mit *(bot bei der Versteigerung mit);* hinauflizitieren

l. J.: **l**aufenden **J**ahres (dieses Jahres)

Ljubljana (slow.: [l(j)u'bl(j)aː-]): *Hauptstadt Sloweniens, Laibach*

LKH [ɛl ka 'haː] das, -[s]/-[s]: **L**andes**k**ranken**h**aus

Lkw [ɛl ka 'veː] = **LKW** der, -[s]/-[s]: **L**ast**k**raft**w**agen ‖ **Lkw-Überholverbot** = **LKW-Überholverbot**

LL.M. [ɛl ɛl 'ɛm], *auch:* LLM („Legum Magister/Magistra"): *ein akademischer Grad (Magister/in der Rechte, Master of Laws)*

lm: **L**u**m**en

l. M.: **l**aufenden **M**onats (dieses Monats)

Lob[1] das, -[e]s: *Anerkennung*

Lob[2] der, -[s]/-s: *hoch über den Gegner gespielter Ball [im Tennis]*

L

Lobau: *eine Aulandschaft an der Donau (in Wien und Niederösterreich)*

lobben → Lob[2]

Lobby [-i] die, -/-s ⟨engl.⟩: *Interessengruppe, die [Politiker/innen] zu beeinflussen versucht* ‖ **Lobbying** das, -s (Wirt.): *[wirtschaftspolitische] Beratung für große Firmen* ‖ **Lobbyist** der, -en/-en ‖ **Lobbyistin** die, -/-innen

Lobelie [-i̯ɛ] die, -/-n: *eine Zierpflanze (nach einem flämischen Botaniker)*

loben ‖ **lobenswert** ‖ **Lobeshymne** [-y-] ‖ **Lobgesang** ‖ **Lobhudelei** die, -/-en (abw.): *übertriebene Schmeichelei* ‖ **lobhudeln,** ich lobhudle, gelobhudelt (abw.) ‖ **Lobhudler** der, -s/- (abw.) ‖ **Lobhudlerin** die, -/-innen (abw.) ‖ **löblich:** eine löbliche *(gute)* Absicht ‖ **Loblied** ‖ **Lobpreis** der, -[e]s (geh.): zum L. Gottes ‖ **lobpreisen,** er lobpreiste, lobpries/gelobpreist [lobgepriesen] (geh.) ‖ **Lobrede** ‖ **lobsingen,** sie lobsang/lobgesungen (geh.) ‖ **Lobspruch**

Location [ləʊ'keɪʃən] die, -/-s ⟨engl.⟩: *Ort; Lokalität*

Loch das, -[e]s/Löcher: ein L. graben | (ugs.) jemandem ein L. in den Bauch reden *(lange auf jemanden einreden);* aus/auf dem letzten L. pfeifen *(finanziell, gesundheitlich am Ende sein)* | (ugs., abw.) er haust in einem L. *(einer kleinen, finsteren, unfreundlichen Wohnung)* | (ugs.) *Gefängnis* | (Astron.) schwarzes L. *(Endstadium eines Sterns, das keine Signale, zB Licht, nach außen dringen lässt)* | (Sport) *Ziel eines Golfplatzabschnittes;* 18-Loch-Platz ‖ **Locheisen:** *ein Werkzeug* ‖ **lochen** (bes. früher): eine Fahrkarte l. *(entwerten)* ‖ **Locher** der, -s/-: *Lochmaschine* ‖ **löcherig** → löchrig ‖ **Löcherl** das, -s/-[n]: *kleines Loch* | (W, ugs., veraltet) ja[,] beim Papst L. *(nie)* ‖ **löchern** (ugs.): *durch ständiges Fragen bedrängen* ‖ **Lochkarte:** *Karte, auf der Angaben für die elektronische Datenverarbeitung durch Lochung eingetragen werden* ‖ **Lochmaschine:** *Maschine zum Lochen von Papierblättern* ‖ **löchrig,** *auch:* löcherig ‖ **Lochstickerei** ‖ **Lochung** die, -/-en ‖ **Lochzange**

Lockangebot: *günstiges Kaufangebot*

Locke die, -/-n ‖ **locken**[1]: gelockte *(geringelte)* Haare

locken[2]: einen Vogel l. *(herbeirufen)* | es lockt *(reizt)* mich

löcken (geh., veraltet) (in der Wendung): wider den Stachel l. *(sich widersetzen, aufbegehren)*

Lockenkopf ‖ **Lockenstab** ‖ **Lockenwickler**

locker:

eine lockere *(lose)* Schraube; lockeres Erdreich | *freizügig, leichtlebig;* lockere Sitten

Getrenntschreibung:

– etwas locker sagen (ugs.: *leichthin*)
– etwas locker nehmen *(ohne Ernst)*
– das Seil locker lassen

Zusammenschreibung bei übertragener Bedeutung:

– in einer Sache nicht lockerlassen *(nicht nachgeben)*
– Geld lockermachen *(hergeben)*

R→ S. 900, 1.5.1

lockerlassen: in einer Sache nicht l. *(nicht nachgeben); aber:* das Seil locker lassen ‖ **lockermachen:** Geld l. *(zur Verfügung stellen); aber:* eine Schraube locker machen (= lockermachen) ‖ **lockern:** die Zügel l. ‖ **Lockerungsübung**

lockig: lockiges *(gelocktes)* Haar

Lockmittel ‖ **Lockruf:** der L. des Goldammers ‖ **Lockspitzel:** *Agent, der mit Provokation arbeitet, Agent Provocateur* ‖ **Lockung** die, -/-en (geh., meist Pl.): *Verlockung[en]* ‖ **Lockvogel:** *Person, die jemanden in eine Falle locken soll*

loco [-k-] ⟨lat.⟩: *am Ort* ‖ **loco citato** [-k- ts-] (l. c.): *an der angegebenen Stelle [eines Buches]*

Loden der, -s/-: *ein Wollstoff* ‖ **Lodenjanker** ‖ **Lodenkostüm** ‖ **Lodenmantel**

lodern: *hellauf brennen*

Loferl = **Loferln** die (Pl.): *Wadenstutzen ohne Fußteil*

Löffel der, -s/-: *ein Essgerät* | (Jägerspr.) *Ohr des Hasen* ‖ **Löffelbiskuit** [-kvit, auch: -kviː] (D): *Biskotte* ‖ **löffeln:** ich löffle die Suppe ‖ **Löffelstiel** ‖ **löffelweise** ‖ **Löffler** der, -s/-s: *ein Vogel*

Loft das, -s/-s ⟨engl.⟩: *eine große Einraumwohnung*

log[1] → lügen

log[2]: **Log**arithmus

Log das, *auch:* der, -s/-s ⟨engl.⟩: *Blog,* → *Weblog;* Tumblelog

logarithmisch ⟨gr.⟩ (Math.) ‖ **Logarithmus** der, -/Logarithmen (log) (Math.): *Exponent einer Basis, um eine bestimmte Zahl zu erreichen, zB* $2^x = 8$

Logbuch ⟨engl.⟩: *Schiffstagebuch*

Loge [loːʃ, -ʒɛ] die, -/-n ⟨fr.⟩: *abgesonderte Gruppe von Sitzen [im Theater]* | *Dienstraum für den Portier* | *Freimaurervereinigung* ‖ **Logenbruder:** *Angehöriger einer Freimaurerloge* ‖ **Logenplatz**

Logfile [-faɪl] ⟨engl.⟩: *Textdatei, in der ein Programm automatisch alle Prozesse mitschreibt*

Loggia ['lɔdʒa] die, -/Loggien [-dʒ(i̯ɛ)n] ⟨it.⟩: *einem Gebäude eingegliederter, nach außen offener Raum*

logieren [-ʒ-] ⟨fr.⟩: *vorübergehend wohnen;* → Logis ‖ **Logiergast**

Logik die, - ⟨gr.⟩: *Lehre von den Gesetzen des richtigen Denkens* ‖ **Logiker** der, -s/-: *Lehrer der Logik* ‖ **Logikerin** die, -/-innen

Log-in = **Login** das, -s/-s ⟨engl.⟩ (EDV): *das Einloggen, Netzwerkanmeldung;* → Log-off

Logis [-'ʒiː] das, -/- ⟨fr.⟩: *Unterkunft;* gegen Kost und L. arbeiten *(Unterbringung und Verpflegung*

beim Dienstgeber); → logieren
lo|gisch ⟨gr.⟩: l. *(folgerichtig)* denken; → G.: alogisch | (sal.) *klar!* ‖ **lo|gi|scher|wei|se** ‖ **Lo|gis|tik**[1] die, -: *mathematische Logik*
Lo|gis|tik[2] die, - ⟨gr.-fr.⟩ (Mil., Wirt.): *Nachschubwesen, Versorgung, Planung* ‖ **lo|gis|tisch**[1]: *das Versorgungswesen betreffend*
lo|gis|tisch[2] ⟨gr.⟩: *die mathematische Logik betreffend;* → Logistik[1]
lo|go ⟨gr.⟩ (sal.): *klar!* ‖ **Lo|go** das, -s/-s ⟨engl.⟩: *Signet, Emblem, grafisches Kennzeichen [einer Institution], Firmenzeichen*
Log-off = **Log|off** das, -s/-s ⟨engl.⟩ (EDV): *das Ausloggen, Netzwerkabmeldung;* → Log-in
Lo|go|pä|de der, -n/-n ⟨gr.⟩ ‖ **Lo|go|pä|die** die, -: *Sprechheilkunde* ‖ **Lo|go|pä|din** die, -/-innen ‖ **lo|go|pä|disch** ‖ **Lo|go|the|ra|pie:** *ein psychotherapeutisches Verfahren*
Log-out [-ˈaʊt] = **Log|out** das, -s/-s ⟨engl.⟩ (EDV): *Log-off*
Lo|he[1] die, -/-n: *zum Gerben verwendete Rinde*
Lo|he[2] die, -/-n (geh.): *Feuer, Flamme* ‖ **lo|hen** (geh.): lohende *(lodernde)* Flammen
Lohn der, -[e]s/Löhne ‖ **lohn|ab|hän|gig** ‖ **Lohn|ab|rech|nung** ‖ **Lohn|ab|zug** ‖ **Lohn|ar|beit:** *befristeter Produktionsauftrag einer Firma an eine andere Firma* | *Erwerbstätigkeit* ‖ **Lohn|aus|fall** ‖ **Lohn|aus|gleich** der, -[e]s: Arbeitszeitkürzung bei vollem L. *(ohne Lohnkürzung)* ‖ **Lohn|bü|ro** ‖ **Lohn|emp|fän|ger:** *Arbeitnehmer* ‖ **Lohn|emp|fän|ge|rin** ‖ **loh|nen:** es lohnt die (geh. auch: der) Mühe nicht; es lohnt sich nicht *(es ist nicht der Mühe wert);* lohnende Geschäfte ‖ **löh|nen:** *zahlen, bezahlen* ‖ **loh|nens|wert:** eine lohnenswerte Aufgabe ‖ **Loh|ner|hö|hung** ‖ **Lohn|exe|ku|ti|on** [-tsi̯-] (Jus): *Lohnpfändung* ‖ **Lohn|for|de|rung** ‖ **Lohn|fort|zah|lung:** *Weiterzahlung des Arbeitslohnes während einer Krankheit* ‖ **Lohn|fuhr|werk** (Amtsspr.): *Taxidienst [zur Krankenbeförderung]* ‖ **Lohn|kon|to** ‖ **Lohn|kos|ten** die (Pl.) ‖ **Lohn|kür|zung** ‖ **Lohn|kut|sche** (früher) ‖ **Lohn|ne|ben|kos|ten** die (Pl.) (Wirt.): *Kosten, die für Arbeitgeber/innen außer den Löhnen für jede/n Beschäftigte/n anfallen* ‖ **Lohn|ni|veau** [-voː] ‖ **Lohn|pfän|dung** (Jus): *Lohnexekution* ‖ **Lohn|po|li|tik** ‖ **Lohn-Preis-Spi|ra|le** die, - (Wirt.): *gegenseitiges Höherschaukeln von Lohn und Preis* ‖ **Lohn|run|de** (Wirt.): *jährliche Verhandlung über die Anpassung der Kollektivvertragslöhne* ‖ **Lohn|sa|ckerl:** sie hat viel im L. *(verdient viel)* ‖ **Lohn|steu|er:** L. zahlen ‖ **lohn|steu|er|pflich|tig** ‖ **Lohn|strei|fen:** *schriftliche Abrechnung des Lohns oder Gehalts* ‖ **Löh|nung** die, -/-en (veraltend) ‖ **Lohn|ver|hand|lung** ‖ **Lohn|ver|rech|ner:** *ein Beruf* ‖ **Lohn|ver|rech|ne|rin** ‖ **Lohn|ver|rech|nung** ‖ **Lohn|ver|zicht** ‖ **Lohn|zah|lung** ‖ **Lohn|zet|tel** ‖ **Lohn|zu|ckerl** (sal.): *Lohnversprechen*
Loibl der, -[s]: *ein Pass zwischen Österreich (K) und Slowenien* ‖ **Loibl|pass**
Loi|pe die, -/-n ⟨norw.⟩: *Langlaufstrecke im Skisport*
Loire [lo̯aːr] die, -: *ein Strom in Frankreich*
Lois: *männl. Vorname (Alois)*
Lok die, -/-s ⟨lat.-engl.⟩: *Kurzwort für Lokomotive*
lo|kal ⟨lat.⟩: lokale *(örtliche)* Regenfälle ‖ **Lo|kal** das, -[e]s/-e: *Gaststätte* | *Geschäftsraum* ‖ **Lo|kal|an|äs|the|sie** (Med.): *örtliche Schmerzbetäubung* ‖ **Lo|kal|au|gen|schein** der, -[e]s/-e (Amtsspr.): *amtliche Untersuchung am Tatort* ‖ **Lo|kal|bahn:** *regionale Bahn* ‖ **Lo|kal|blatt:** *kleine Zeitung, die nur regional beschränkt erhältlich ist* ‖ **Lo|kal|der|by** [-dɑːbi, -dɜː-] (Sport): *Spiel zweier Mannschaften aus dem gleichen Ort* ‖ **Lo|kal|fern|se|hen** ‖ **Lo|ka|li|sa|ti|on** [-tsi̯-] die, -/-en ‖ **lo|ka|li|sier|bar** ‖ **lo|ka|li|sie|ren:** einen Defekt l. *(feststellen, wo er sich befindet)* | einen Brand l. *(verhindern, dass er sich ausbreitet)* ‖ **Lo|ka|li|sie|rung** die, -/-en ‖ **Lo|ka|li|tät** die, -/-en: *Örtlichkeit; Raum* ‖ **Lo|kal|ko|lo|rit** das, -[e]s: *Milieu eines bestimmten Ortes; Schilderung dieses Milieus [in literarischen Werken]* ‖ **Lo|kal|ma|ta|dor:** *erfolgreicher Sportler einer Region* ‖ **Lo|kal|ma|ta|do|rin** ‖ **Lo|kal|nach|rich|ten** die (Pl.): *Ortsnachrichten, Regionalnachrichten* ‖ **Lo|kal|pa|tri|o|tis|mus:** *starke Verbundenheit mit der engeren Heimat* ‖ **Lo|kal|pres|se** die, -: *die Zeitungen einer bestimmten Region, Stadt* ‖ **Lo|kal|pro|gramm** ‖ **Lo|kal|ra|dio** ‖ **Lo|kal|re|dak|ti|on** [-tsi̯-] ‖ **Lo|kal|re|por|ter** ‖ **Lo|kal|re|por|te|rin** ‖ **Lo|kal|sen|der** ‖ **Lo|kal|teil:** der L. einer Zeitung ‖ **Lo|kal|ter|min** (D): *Lokalaugenschein* ‖ **Lo|kal|ver|bot:** *behördlich oder vom Gastwirt ausgesprochenes Verbot des Lokalbesuches* ‖ **Lo|kal|ver|kehr:** *Ortsverkehr, Nahverkehr* ‖ **Lo|kal|zeit:** *Ortszeit*
Lok|füh|rer ⟨lat.-engl.⟩: *Lokomotivführer* ‖ **Lok|füh|re|rin** ‖ **Lo|ko|mo|ti|ve** [-fɛ, -vɛ] die, -/-n ‖ **Lo|ko|mo|tiv|füh|rer** ‖ **Lo|ko|mo|tiv|füh|re|rin**
Lo|kus der, - [-kusses]/- [-kusse] ⟨lat.⟩ (veraltet bzw. scherzh.): *Abort*
Lol|li der, -s/-s ⟨engl.⟩: *Lutschzuckerl am Stiel*
Lol|lo ros|so der, - -s ⟨it.⟩: *eine Salatsorte*
Lom|bar|de der, -n/-n ‖ **Lom|bar|dei** die, -: *eine Landschaft in Norditalien* ‖ **Lom|bar|din** die, -/-innen ‖ **lom|bar|disch** ‖ **Lom|bard|kre|dit** (Bankw.): *Kredit gegen Verpfändung von Wertpapieren* ‖ **Lom|bard|satz** (Bankw.): *Zinssatz für Geld, das Banken bei der Nationalbank ausleihen;* → Diskontsatz; → Leitzinsen
Lon|don [ugs.: -dn, engl.: ˈlʌndən]: *Hauptstadt von England und dem Vereinigten Königreich von Großbritannien und Nordirland*
Long Drink = **Long|drink** der, -s/-s ⟨engl.⟩: *alkoholisches Getränk mit Mineralwasser, Fruchtsäften uÄ*
Lon|ge [lõːʃ, fr.: -ʒ] die, -/-n ⟨fr.⟩: *Dressurleine für Pferde* ‖ **lon|gie|ren** [-ʒ-]: *ein Pferd am Seil im Kreis herumführen*
Lon|gi|tu|di|nal|schwin|gung = **Lon|gi|tu|di|nal|wel|le** ⟨lat.⟩ (Phys.): *Längsschwingung;* → G.: Transversalschwingung
long|line [-laɪn] ⟨engl.⟩ (Sport): im Tennis einen Ball l. *(entlang der Seitenlinie)* spielen ‖ **Long|line** der, -s/-s (Sport): einen L. spielen ‖ **Long|play** [-pleɪ] das, -s (LP) (Elektrot.): *[Video]aufnahme mit langsamerer Geschwindigkeit* ‖ **Long|sel|ler** der, -s/-: *Buch oÄ, das sich lange Zeit gut verkauft;* → Bestseller
Look [lʊk] der, -s/-s ⟨engl.⟩: *Aussehen, Mode*
Loo|ping [ˈluːp-] der = das, -s/-s ⟨engl.⟩: *eine Kunstflugfigur, senkrechte Schleife mit Überschlag*

L

Loquat die, -/-s ⟨chin.⟩: *japanische Wollmispel*

Lorbeer der, -s/-en ⟨lat.⟩: *Lorbeerbaum, -blatt* | Lorbeeren ernten *(gelobt werden, Erfolg haben)* | (oft iron.) sich auf seinen Lorbeeren ausruhen *(sich mit seinen bisherigen Verdiensten begnügen)* || **Lorbeerbaum:** *ein immergrüner Baum* || **Lorbeerblatt:** *ein Gewürz* || **Lorbeerkranz:** *Sinnbild des Ruhmes*

Lord der, -s/-s ⟨engl.⟩: *ein englischer Adelstitel;* → Lady || **Lordschaft** die, -/-en: Eure L. *(Anrede für einen Lord);* Seine L.

Lore[1]: *weibl. Vorname (Eleonore, Hannelore)*

Lore[2] die, -/-n: *ein offener Güterwagen [mit Kippvorrichtung]*

Lorenz: *männl. Vorname;* → Lenz

Lorgnette [-r'njɛt(ɛ)] die, -/-n = **Lorgnon** [-r'njõ:] das, -s/-s ⟨fr.⟩: *Brille mit Stiel*

Lori[1] der, -s/-s ⟨fr.⟩: *ein Halbaffe*

Lori[2] der, -s/-s ⟨mal.-engl.⟩: *ein Papagei*

L

los:

los! *(schnell!)*

Getrenntschreibung in Verbindung mit „sein“:
- die Sorgen los sein
- was ist denn los gewesen?

R→ S. 901, 1.8

Zusammenschreibung mit allen anderen Verben, zB:
- losbekommen
- wann ist sie losgegangen?
- du sollst loslassen
- loslösen
- loswerden

R→ S. 899, 1.3

Los das, -es/-e: das L. soll entscheiden | (geh.) ein trauriges Los *(Schicksal)*

Los Angeles [- 'ændʒ-]: *Stadt in den Vereinigten Staaten*

losballern (ugs.): *zu schießen beginnen*

lösbar: eine lösbare Aufgabe

losbekommen || **losbinden** || **losbrechen**

Losbuch: *Traumbuch*

Löschangriff (Amtsspr.): *Löschaktion, Löschversuch der Feuerwehr* || **Löschblatt:** Löschpapier || **Löschdecke** || **Löscheinsatz** ||

löschen[1]: du lösch[s]t das Feuer | den Durst l. | alle Daten l. *(tilgen)* | die Tafel l.

löschen[2] (Seemannsspr.): Frachtgüter im Hafen l. *(ausladen)*

Löschfahrzeug || **Löschgerät** || **Löschhilfe:** erste L. *(alle Maßnahmen, die vor dem Eintreffen der Feuerwehr getroffen werden können)* || **Löschmannschaft** || **Löschpapier** || **Löschsand** || **Löschtaste** || **Löschteich** || **Löschwasser** das, -s || **Löschzug:** der L. der Feuerwehr

losdonnern || **losdrehen:** *lösen* || **losdrücken:** *abdrücken*

lose, *auch:* los: eine lose *(lockere)* Schraube | ein loses *(leichtfertiges, freches)* Mundwerk || **Loseblattsammlung:** *schriftliche Sammlung mit austauschbaren Blättern*

Lösegeld: *Geld, das für die Freilassung einer Geisel erpresst wird*

loseisen: sie eist sich von der Familie los *(macht sich von ihr frei)*

Lösemittel: *Lösungsmittel*

losen[1], du lost: *durch das Los entscheiden lassen*

losen[2] (mda.): *horchen*

lösen: ein Rätsel l. | du löst *(lockerst, beseitigst)* die Fesseln; die Tapete von der Wand l. | eine Fahrkarte l. *(kaufen)* | Kochsalz löst sich in/im Wasser | der Vertrag wurde gelöst *(aufgelöst)*

Losentscheid

Loser[1] der, -s/- (Jägerspr.): *Ohr [des Rehs]*

Loser[2] ['lu:-] der, -s/- ⟨engl.⟩: *Versager, Verlierer* || **Loserin** die, -/-innen

losfahren || **losfliegen** || **losgehen:** wann gehen wir los? | die Vorstellung geht um 20.00 Uhr los *(beginnt um 20.00 Uhr)* | ein Schuss ging los || **losheulen**

Löskaffee

loskaufen: *freikaufen* || **loskommen:** ich bin nicht eher losgekommen *(weggekommen)* | von einem Gedanken nicht l. *(immer wieder daran denken müssen)* || **loskriegen** || **loslachen:** *zu lachen beginnen* || **loslassen** || **loslaufen** || **loslegen** (ugs.): *sich ins Zeug legen, beginnen*

löslich: Salz ist in/im Wasser l. || **Löslichkeit** die, -

loslösen: *lösen* || **Loslösung** || **losmachen**

Losnummer

losreißen: sich vom Buch nicht l. können || **losrennen**

Löss = Löß

der, -es/-e: *feiner, sandig-kalkiger Lehm*

Für das Wort gibt es zwei Schreibweisen:
- Löss: Das *ö* wird kurz ausgesprochen – *ss.*
- Löß: Das *ö* wird lang ausgesprochen – *ß.*

Ebenso: Lössboden/Lößboden, Lössschicht/Lößschicht

lossagen sich (geh.): sich von jemandem l. *(mit jemandem nichts mehr zu tun haben wollen)*

Lössboden = Lößboden || **Lössschicht = Lößschicht**

losschicken || **losschimpfen** || **losschrauben** || **lossprechen:** jemanden von einer Schuld l. *(freisprechen);* von Sünden l. || **Lossprechung** die, -/-en || **lossteuern** || **losstürmen**

Lostag: *nach der Volksüberlieferung für einen längeren Zeitraum wetterbestimmender Tag im Kalender*

Lost and Found [- ənd 'faʊnd] = **Lost & Found** [- ənd -] das, - - - ⟨engl.⟩: *Fundbüro (zB auf Flughäfen)*

lostreten: eine Lawine l.

Losung[1] die, -/-en: *ein Wort als Erkennungszeichen, Losungswort*

Losung[2] die, -/-en (Jägerspr.): *Kot des Wildes*

Losung[3] die, -/-en: *Erlös, zB Tageseinnahme* || **Lösung** die, -/-en: die richtige L. der Aufgabe | die L. *(Loslösung)* von der Gemeinschaft | (Chem.) eine hoch konzentrierte L. || **Lösungsansatz** || **Lösungsmittel** || **lösungsmittelhältig,** *auch:* lösungsmittelhaltig || **Lösungsmöglichkeit** || **Lösungsversuch** || **Lösungsvorschlag** || **Lösungsweg:** *Methode zum Lösen einer Aufgabe* || **Losungswort** → Losung[1] || **Lösungswort** → Lösung

loswerden: lästigen Geruch l.; ich werde ihn los || **loswerfen** (Seemannsspr.): *ablegen* || **losziehen:** *sich auf den Weg machen*

Lot das, -[e]s/-e: *Senkblei [zum Messen der Wassertiefe];* die Mauer ist im Lot *(sie steht genau senkrecht)* || **loten:** die Wassertiefe l.

löten: *Metallstücke mit Hilfe eines leicht schmelzbaren Metalls verbinden*

Lothar: *männl. Vorname*

Lothringen (fr.: Lorraine [lɔ'rɛn]): *eine Landschaft in Frankreich;* Elsass-Lothringen

Lo|ti|on[1] [-tsi̯-] die, -/-en ⟨lat.⟩ = **Lo|tion**[2] [loːʃn, engl.: ləʊʃn] die, -/-s ⟨lat.-engl.⟩: *ein flüssiges Kosmetikmittel*

Löt|kol|ben: *Gerät zum Löten* ‖ **Löt|lam|pe** ‖ **Löt|me|tall** ‖ **Löt|pis|to|le**

Lo|tos der, -/- , *auch:* Lotus ⟨gr.-lat.⟩: *eine seerosenähnliche Wasserpflanze* ‖ **Lo|tos|blu|me,** *auch:* Lotusblume ‖ **Lo|tos|blü|te,** *auch:* Lotusblüte ‖ **Lo|tos|ef|fekt,** *auch:* Lotuseffekt (Phys.) (Wz.): *Selbstreinigung von wasserabweisenden Oberflächen [zB den Blättern des Lotos]* ‖ **Lo|tos|sitz,** *auch:* Lotussitz: *Haltung des meditierenden Buddhas*

lot|recht: *senkrecht, vertikal;* → G.: waagrecht, horizontal ‖ **Lot|rech|te** die, -n/-n: eine L. *(Senkrechte, Vertikale)* errichten | (auch mit Pl. -) zwei, alle Lotrechte[n]

Lot|se der, -n/-n ⟨engl.⟩: *jemand, der den Flugverkehr kontrolliert oder Schiffe in schwierigen Gewässern leitet* ‖ **lot|sen:** du lotst *(führst)* ein Schiff in den Hafen ‖ **Lot|sin** die, -/-innen

Löt|stel|le

Lot|te: *weibl. Vorname (Charlotte, Lieselotte);* → flott

Lot|ter|bett (veraltet): *ein Sitz- und Liegemöbel*

Lot|te|rie die, -/-n ⟨niederl.⟩: *ein Glücksspiel* ‖ **Lot|te|rie|los** ‖ **Lot|te|rie|spiel**

Lot|ter|le|ben das, -s: ein L. *(liederliches Leben)* führen

Lot|to das, -s/-s ⟨it.⟩: *ein Glücksspiel* ‖ **Lot|to|an|nah|me|stel|le** ‖ **Lot|to|fie|ber:** *erhöhte Spielfreudigkeit im Lotto* ‖ **Lot|to|ge|winn** ‖ **Lot|to|kol|lek|tur:** *Lottoannahmestelle* ‖ **Lot|to|run|de** ‖ **Lot|to|schein** ‖ **Lot|to|sech|ser:** *Höchstgewinn im Lotto* ‖ **Lot|to|wett|schein** ‖ **Lot|to|zahl** (meist Pl.): *Gewinnzahl*

Lo|tus der, -/- ⟨gr.-lat.⟩: → Lotos ‖ **Lo|tus|blu|me** → Lotosblume ‖ **Lo|tus|blü|te** → Lotosblüte ‖ **Lo|tus|ef|fekt** → Lotoseffekt ‖ **Lo|tus|sitz** → Lotossitz

Löt|zinn

Lounge [laʊndʒ] die, -/-s [-ɪz] ⟨engl.⟩: *Hotelhalle*

Loui|si|a|na [luiː-]: *Bundesstaat der USA*

Lo|ver ['lʌvə] der, -s/- ⟨engl.⟩: *Liebhaber/in* ‖ **Love|sto|ry** [-stɔri]: *[filmische] Liebesgeschichte*

Lö|we der, -n/-n ⟨gr.-lat.⟩: *eine Großkatze;* wie ein L. kämpfen | *ein Sternbild* | *ein Tierkreiszeichen* ‖ **Lö|wen|an|teil:** den L. *(den größten Anteil)* an einem Gewinn haben ‖ **Lö|wen|bän|di|ger:** *ein Dompteur* ‖ **Lö|wen|bän|di|ge|rin** ‖ **Lö|wen|gru|be:** *Ort höchster Gefahr (nach dem biblischen Propheten Daniel)* ‖ **Lö|wen|kä|fig** ‖ **Lö|wen|mäh|ne** ‖ **Lö|wen|maul:** *eine Pflanze* ‖ **Lö|wen|mut:** *großer Mut;* mit L. um etwas kämpfen ‖ **Lö|wen|zahn** der, -[e]s/-e: *eine Pflanze* ‖ **Lö|win** die, -/-innen

lo|yal [lo'jaːl, lo̯a-] ⟨fr.⟩: *ergeben;* sich l. *(pflichtgetreu, ehrenhaft)* verhalten; → G.: illoyal ‖ **Lo|ya|li|tät** die, -/-en

LP [ɛl 'piː, ɛl 'peː] die, -/-[s]: **L**ang**s**piel**p**latte | [ɛl 'peː] **L**ong**p**lay

Lr: **L**awrenciu**m**

LR: **L**andes**r**at/**L**andes**r**ätin

LSD [ɛl ɛs 'deː] das, -: *eine bewusstseinsverändernde Droge*

LSI[1] [ɛl ɛs 'iː] der, -[s]/-[s]: **L**andes**s**chul**i**nspektor ‖ **LSI**[2] die, -/-[s]: **L**andes**s**chul**i**nspektorin

LSR [ɛl ɛs 'ɛr]: **L**andes**s**chul**r**at

lt.: **l**au**t**

Lu: **Lu**tetium

Lu|ca [-k-]: *männl. Vorname (Lucas)* ‖ **Lu|cas** → Lukas

Luchs [-ks] der, -es/-e: *eine Wildkatze; aber:* → Lux ‖ **luch|sen:** *spähen*

Lu|cia [-ts-, it.: -'tʃiːa], *auch:* Luzia: *weibl. Vorname;* → Luzi

Lu|cke die, -/-n: *Durchgang, Lücke* | *Höhle* | *schmaler Gebirgspass;* → Luke ‖ **Lü|cke** die, -/-n: eine L. *(ein Loch)* schließen ‖ **Lü|cken|bü|ßer:** *jemand, der als Ersatz für einen anderen herhalten muss* ‖ **Lü|cken|bü|ße|rin** ‖ **lü|cken|haft** ‖ **lü|cken|los** ‖ **Lü|cken|test:** *Ergänzungsaufgabe* ‖ **lu|ckert** (ostöst., ugs.): *durchlöchert;* keinen luckerten Heller *(überhaupt nichts)* wert sein

lud → laden

lu|deln, ich ludle (Kinderspr.): *urinieren* | (reg., zB St) *jodeln;* → Ludler

Lu|der das, -s/-: *ein Schimpfwort* | (Jägerspr.) *Köder, Aas* ‖ **lu|dern** (veraltet): *ein Lotterleben führen*

Lud|ler der, -s/- (reg., zB St): *Jodler;* → ludeln

Lud|mil|la: *weibl. Vorname*

Lu|do|thek die, -/-en ⟨lat.+gr.⟩: *Spieleverleihstelle; Spielezentrum;* → Spielothek

Lud|wig: *männl. Vorname;* → Luis; → Vickerl

Lueg ['luək, auch: 'luːɛk] → Pass Lueg

Lu|es die, - ⟨lat.⟩ (Med.): *Syphilis* ‖ **lu|e|tisch** (Med.)

Luft die, -/Lüfte: gute L. atmen; die L. ist rein *(man ist unbeobachtet);* es herrscht dicke L. *(eine gespannte Atmosphäre, schlechte Stimmung);* tief L. holen *(atmen)* ‖ **Luft|ab|wehr** (Mil.) ‖ **Luft|an|griff** (Mil.) ‖ **Luft|auf|klä|rung** (Mil.) ‖ **Luft|auf|nah|me** ‖ **Luft|bal|lon** ‖ **Luft|be|feuch|ter** ‖ **Luft|bild:** *Aufnahme, die vom Flugzeug aus gemacht wird* ‖ **Luft|bla|se** ‖ **Luft-Bo|den-Ra|ke|te** (Mil.): *eine Flugzeugwaffe* ‖ **Luft|brem|se:** *Einrichtung an Flugzeugen zur Geschwindigkeitsreduktion durch Erhöhung des Luftwiderstands* ‖ **Luft|brü|cke:** *dichte Flugverbindung [zur Versorgung eines abgeschnittenen Gebietes];* eine L. errichten ‖ **luft|dicht** ‖ **Luft|dich|te** (Phys., Met.) ‖ **Luft|druck** der, -[e]s ‖ **Luft|druck|ge|wehr** ‖ **Luft|druck|mes|ser:** *Barometer* ‖ **Luft|druck|pis|to|le** ‖ **luft|durch|läs|sig** ‖ **Luft|elek|tri|zi|tät** (Phys.) ‖ **lüf|ten:** ein Zimmer l. | den Hut l. *(ihn zum Gruß ziehen)* | ein Geheimnis l. *(preisgeben)* ‖ **Lüf|ter** der, -s/-: *Ventilator* ‖ **Lüf|terl** das, -s/-[n]: *leichter Wind* ‖ **Luft|fahrt** die, - ‖ **Luft|fahr|zeug** ‖ **Luft|feuch|tig|keit** ‖ **Luft|fil|ter** ‖ **Luft|flot|te** (Mil.) ‖ **Luft|fracht** ‖ **luft|ge|kühlt** ‖ **luft|ge|schützt** ‖ **luft|ge|trock|net** ‖ **Luft|ge|wehr** (Sport): *eine Disziplin im Schießen* ‖ **Luft|hauch** ‖ **Luft|herr|schaft** (Mil.) ‖ **Luft|ho|heit** (Pol., Mil.) ‖ **Luft|ho|len** das, -s ‖ **Luft|hun|der|ter** (sal., Verk.): *Tempolimit 100 km/h bei Feinstaubbelastung* ‖ **luf|tig:** in luftiger Höhe *(hoch oben)* ‖ **Luf|ti|kus** der, -[-kusses]/-kusse (abw.): *oberflächlicher, leichtsinniger Mensch* ‖ **Luft|kampf** (Mil.) ‖ **Luft|kis|sen|fahr|zeug** ‖ **Luft|kor|ri|dor:** *Luftstraße beim Überfliegen eines fremden Landes* ‖ **Luft|krieg** (Mil.) ‖ **Luft|kur|ort** ‖ **Lüftl** das, -s/-[n] (ugs.): *Lüfterl* ‖ **luft|leer** ‖ **Luft|li|nie** [-i̯ɛ]: *kürzeste Verbindung zweier Orte* ‖ **Lüftl|ma|le|rei:** *dekorative Fassadenmalerei, ornamentale Fenster-, Eingangsumrandung* ‖ **Luft|loch:** *zur Lüftung dienendes Loch* | *Luftströmung, in der ein Flugzeug momentan absackt* ‖ **Luft-**

Luft-Ra|ke|te (Mil.): *eine Flugzeugwaffe* ‖ **Luft|man|gel** ‖ **Luft|ma|sche:** *eine Masche beim Häkeln* ‖ **Luft|mas|se** (meist Pl.) ‖ **Luft|ma|trat|ze** ‖ **Luft|pin|sel:** *Airbrush* ‖ **Luft|pi|rat:** *Flugzeugentführer* ‖ **Luft|pi|ra|tin** ‖ **Luft|pis|to|le** (Sport): *eine Disziplin im Schießen* ‖ **Luft|pols|ter|fo|lie** [-i̯ɛ]: *ein Verpackungsmaterial* ‖ **Luft|post:** *Flugpost* ‖ **Luft|pum|pe** ‖ **Luft|raum:** den L. überwachen ‖ **Luft|raum|über|wa|chung** (Mil.) ‖ **Luft|rein|hal|te|ge|setz** ‖ **Luft|röh|re** ‖ **Luft|schacht** ‖ **Luft|schad|stoff** (meist Pl.) ‖ **Luft|schicht** = **Luft|schich|te** ‖ **Luft|schiff:** *ein Luftfahrzeug, zB Zeppelin* ‖ **Luft|schiff|fahrt** ‖ **Luft|schleu|se** ‖ **Luft|schloss:** *Fantasiegebilde, Wunschvorstellung;* Luftschlösser bauen *(sich etwas Angenehmes, Ersehntes in Gedanken ausmalen)* ‖ **Luft|schutz:** *Schutzmaßnahmen gegen Luftangriffe* ‖ **Luft|schutz|bun|ker** ‖ **Luft|schutz|kel|ler** ‖ **Luft|sper|re** (Mil.) ‖ **Luft|sprung:** vor Freude einen L. machen ‖ **Luft|streit|kräf|te** die (Pl.) (Mil.) ‖ **Luft|strom** ‖ **Luft|stütz|punkt** (Mil.) ‖ **Luft|tem|pe|ra|tur** ‖ **Lüf|tung** die, -/-en ‖ **Lüf|tungs|klap|pe** ‖ **Lüf|tungs|schacht** ‖ **Luft|ver|kehr** ‖ **Luft|ver|schmut|zung** die, - ‖ **Luft|ver|tei|di|gung** (Mil.) ‖ **Luft|ver|un|rei|ni|gung** ‖ **Luft|waf|fe** (Mil.): *Luftstreitkräfte* ‖ **Luft|weg:** nur auf dem L. *(mit dem Flugzeug)* erreichbar ‖ **Luft|wur|zel** (Bot.) ‖ **Luft|zei|chen:** *die astrologischen Tierkreissymbole Zwillinge, Waage, Wassermann* ‖ **Luft|zu|fuhr** ‖ **Luft|zug**

Lü|ge die, -/-n: das ist eine glatte L.! | jemanden Lügen strafen *(behaupten, dass jemand gelogen hat)*

lu|gen (V, CH): *schauen* | *Ausschau halten*

lü|gen, log/gelogen: *die Unwahrheit sagen;* das Blaue vom Himmel l.; l. wie gedruckt; nach Strich und Faden l. | sich selber/selbst in den Sack lügen *(sich was vormachen)* ‖ **Lü|gen|bold** der, -[e]s/-e (abw.): *gewohnheitsmäßiger Lügner* ‖ **Lü|gen|de|tek|tor** der, -s/-en: *Gerät zur Messung des Wahrheitsgehalts von Aussagen* ‖ **Lü|gen|ge|spinst** ‖ **lü|gen|haft** ‖ **Lü|gen|kam|pa|gne** [-kampanjɛ, -kɑ̃panʲ] ‖ **Lü|gen|maul:** *ein Schimpfwort* ‖ **Lüg|ner** der, -s/- ‖ **Lüg|ne|rin** die, -/-innen ‖ **lüg|ne|risch** ‖ **Lug und Trug:** das ist lauter L. u. T. *(alles Schwindel)*

Luis [luis]: *männl. Vorname (Alois, Ludwig)* ‖ **Lu|i|se** [auch: -u'iː-]: *weibl. Vorname*

Lu|kas, *auch:* Lucas [-k-]: *männl. Vorname* ‖ **Lu|kas|evan|ge|li|um** [-v-, -f-]: *Evangelium nach dem Evangelisten Lukas*

Lu|ke die, -/-n: *eine Öffnung;* → Lucke

lu|kra|tiv ⟨lat.⟩: *Gewinn bringend, einträglich* ‖ **lu|kri|e|ren:** *gewinnen, einen Gewinn bei etwas machen* ‖ **Lu|kri|e|rung** die, - /-en

lu|kul|lisch: ein lukullisches *(üppiges, schwelgerisches)* Mahl *(nach dem römischen Feinschmecker Lukullus)*

Lu|latsch der, -[e]s/-e (ugs., scherzh.): langer L. *(großer, magerer Bursch)*

lul|len: *wiegen; einlullen;* in den Schlaf l. | (Kinderspr.) *urinieren* ‖ **Lul|ler** der, -s/- (ugs., veraltend): *Lutscher aus Gummi für Säuglinge*

Lu|lu das, -s (Kinderspr.): *Urin;* → Pipi

Lum|ber|jack ['lʌmbədʒæk] der, -s/-s ⟨engl.⟩: *eine sportliche Jacke*

Lu|men das, -s/- [Lumina] (lm) ⟨lat.⟩ (Phys.): *Einheit des Lichtstroms*

Lüm|mel der, -s/- (abw.): *ungezogener Mensch* ‖ **lüm|mel|haft** (abw.) ‖ **Lüm|mel|haf|tig|keit** die, -/-en (abw.) ‖ **lüm|meln,** ich lümmle: bei Tisch l. *(nachlässig, mit aufgestützten Armen sitzen)*

Lump der, -en/-en: *liederlicher, schlechter Mensch* ‖ **lum|pen** (ugs.): *sich ausgelassen vergnügen* | sich nicht l. lassen *(nicht geizig oder ärmlich erscheinen wollen)* ‖ **Lum|pen** der, -s/-: in L. *(Fetzen)* gehüllt ‖ **Lum|pen|pack** (abw.): *Gesindel* ‖ **Lum|pen|pro|le|ta|ri|at** (im Marxismus): *unterste Gesellschaftsschicht ohne proletarisches Klassenbewusstsein* ‖ **lum|pig** (abw.): *wenig;* ein paar lumpige Münzen

Lu|na|park ⟨lat.-engl.⟩ (reg. zB SüdT, sonst veraltet): *Vergnügungspark*

Lunch [lʌntʃ] der, -[es] [-s]/-e[s] [-ɪz] [-s] ⟨engl.⟩: *kleines Mittagessen (bes. in England);* → Brunch ‖ **lun|chen:** *mittagessen* ‖ **Lunch|pa|ket**

Lun|gau [-ŋg-] der, -s: *Landesteil von Salzburg*

Lun|ge die, -/-n ‖ **Lun|gen|at|mung** ‖ **Lun|gen|bra|ten** (Küchenspr.): *eine Fleischsorte, Filet, Lendenbraten* ‖ **Lun|gen|em|bo|lie** (Med.) ‖ **Lun|gen|ent|zün|dung** (Med.): *Pneumonie* ‖ **Lun|gen|fisch:** *Fisch mit Lungenatmung* ‖ **Lun|gen|flü|gel** ‖ **Lun|gen|in|farkt** (Med.) ‖ **lun|gen|krank** (bes. früher): *Tbc-krank* ‖ **Lun|gen|kraut:** *eine Pflanzengattung* ‖ **Lun|gen|krebs** (Med.) ‖ **Lun|gen|lei|den** ‖ **Lun|gen|ödem** (Med.) ‖ **Lun|gen|stru|del** (Küchenspr.): *Strudel mit faschierter Lunge ua.* ‖ **Lun|gen|stru|del|sup|pe** (Küchenspr.) ‖ **Lun|gen|tu|ber|ku|lo|se** (Med.) ‖ **Lun|gen|zug:** *tiefes Inhalieren des Rauchs* ‖ **Lün|gerl** das, -s/-[n] (bes. S, O) (Küchenspr.): *Beuschel*

lun|gern (selten): *herumlungern;* er *ist* gelungert

Lun|te die, -/-n: *Zündschnur;* L. riechen *(eine Gefahr wittern, ahnen)* | (Jägerspr.) *Schwanz des Fuchses*

Lu|pe die, -/-n ⟨fr.⟩: *ein Vergrößerungsglas* ‖ **lu|pen|rein:** *makellos, einwandfrei* ‖ **Lu|pen|rein|heit**

lüp|fen, *auch:* lupfen (mda.): einen Korbdeckel l. *(ihn ein wenig aufheben)*

Lu|pi|ne die, -/-n ⟨lat.⟩: *eine Nutzpflanze*

Lu|pus in fa|bu|la der, - - - ⟨lat.⟩ (wörtl.: der Wolf in der Fabel): *jemand, der kommt, wenn gerade über ihn gesprochen wird*

Lurch[1] der, -[e]s/-e: → *Amphibium*

Lurch[2] der, -[e]s: *Staubflocken [unter Möbeln]*

Lu|re die, -/- ⟨nordgerm.⟩: *ein bronzezeitliches Blasinstrument*

Lu|rex das, - (Wz.): *Gewebe mit Metallfäden* ‖ **Lu|rex|blu|se**

Lust die, -: ich habe keine L. dazu; nach L. und Laune *(wie es gerade gefällt)* | (mit Pl. Lüste) (geh.) *Laster* ‖ **Lust|bar|keit** die, -/-en (geh.): *Unterhaltung[sveranstaltung]* ‖ **Lust|bar|keits|ab|ga|be** (Amtsspr.): *eine Steuer* ‖ **lust|be|tont** ‖ **Lust|emp|fin|den**

Lus|te|nau: *Marktgemeinde in Vorarlberg*

Lus|ter der, -s/-: *ein Beleuchtungskörper* | (ugs.) brennen wie ein L. *(sehr viel bezahlen müssen);* → Lüster ‖ **Lüs|ter** der, -s/-: *ein glänzendes Gewebe* | (D) *Luster*

lüs|tern: *sexuell erregt, triebhaft* | (geh.) *begierig* ‖ **Lüs|tern|heit**

L

die, - ‖ **lụstfeindlich** ‖ **Lụstgarten** (früher): *parkähnlich angelegter Garten* ‖ **Lụstgewinn** ‖ **Lụstgreis** (ugs., abw.): *alter Lüstling* ‖ **Lụsthaus** (veraltet): *Gartenpavillon* ‖ **lụstig:** sich über jemanden l. machen | Schluss mit l. *(da hört der Spaß auf)* ‖ **Lụstigkeit** die, - ‖ **Lüstling** der, -s/-e (abw.): *lüsterner Mann* ‖ **lụstlos** ‖ **Lụstlosigkeit** die, - ‖ **Lụstmolch** (ugs., abw.): *Lüstling* ‖ **Lụstmord:** *Mord zur Befriedigung des Geschlechtstriebes* ‖ **Lụstmörder:** *ein Triebverbrecher* ‖ **Lụstmörderin** ‖ **Lụstobjekt:** *Ziel der ausschließlich geschlechtlichen Lust*

Lụstock [-ʃt-] der, -[e]s/- (mda., K, St) (Küchenspr.): *Liebstöckel*

Lụstschloss: *in schöner Gegend errichtetes kleineres Schloss* ‖ **Lụstspiel:** *ein heiteres Theaterstück; Komödie* ‖ **lụstvoll** ‖ **lụstwandeln** [auch: -'a-], ich lustwandle/bin gelustwandelt (geh., veraltet): *spazieren gehen*

Lutetium [-tsị-] das, -s ⟨lat.⟩ (Zeichen: Lu): *ein chemisches Element*

Lutheraner der, -s/-: *Anhänger der Lehre des Reformators Martin Luther* ‖ **Lutheranerin** die, -/-innen ‖ **Lụtherbibel** die, -: *die Bibelübersetzung Luthers* ‖ **lụtherisch:** die lutherische (= luthersche, Luther'sche) Glaubenslehre; die lutherische Bibelübersetzung *(Luthers Bibelübersetzung); aber:* die **L**utherische Kirche *(die evangelische Kirche Augsburgischen Bekenntnisses)* ‖ **Lụthertum** das, -s

lụtschen, du lutsch[s]t ‖ **Lụtscher** der, -s/-: *Schlecker*

Lutz[1]: *männl. Vorname (Ludwig)*

Lụtz[2] der, -/-: *ein Sprung im Eiskunstlauf (nach dem österreichischen Eiskunstläufer A. Lutz)*

Lụv (Seemannsspr.): *die dem Wind zugekehrte Seite eines Schiffes;* → G.: Lee ‖ **Luvseite** (Seemannsspr.): *Luv* ‖ **luvwärts** (Seemannsspr.) → G.: leewärts

Lụx das, -/- (lx): *Einheit der Beleuchtungsstärke; aber:* → Luchs

Luxation [-tsị-] die, -/-en ⟨lat.⟩ (Med.): *Verrenkung;* beim Sturz erlitt er eine L. der Schulter; → luxieren

Lụxemburg (Kfz: L): *europäischer Staat mit den Sprachen Französisch, Letzeburgisch und Deutsch | Hauptstadt von Luxemburg* ‖ **Lụxemburger** der, -s/- ‖ **Lụxemburgerin** die, -/-innen ‖ **lụxemburgisch**

luxieren ⟨lat.⟩ (Med.): *sich ein Gelenk verrenken;* → Luxation

luxuriös ⟨lat.⟩: *prunkvoll; verschwenderisch* ‖ **Lụxus** der, -: L. *(übermäßigen Aufwand)* treiben ‖ **Lụxusartikel** ‖ **Lụxusausführung:** ein Auto in L. ‖ **Lụxusdampfer** ‖ **Lụxusgeschöpf** (sal.): *verwöhnte Person mit überhöhten Ansprüchen* ‖ **Lụxushotel** ‖ **Lụxusjacht** = Luxusyacht [-j-] ‖ **Lụxusklasse** ‖ **Lụxussteuer:** *höchste Stufe der Mehrwertsteuer* ‖ **Lụxusvilla** [-v-] ‖ **Lụxuswagen** ‖ **Lụxusyacht** [-j-] = → Luxusjacht

Luzẹrn: *Schweizer Stadt und Kanton*

Luzẹrne die, -/-n ⟨fr.-lat.⟩: *eine Futterpflanze*

Lụzi = **Lụzia:** *weibl. Vorname;* → Lucia

luzid ⟨lat.⟩ (geh.): *klar, verständlich, geistvoll | hell; durchsichtig* ‖ **Luzidität** die, - (geh.) ‖ **Lụzifer:** *Name des obersten Teufels* ‖ **luziferisch:** *teuflisch*

LW [ɛl 've:]: *Langwelle*

lx: Lux

Lycée [li'se:] das, -s/Lycéen [-'e:(ɛ)n]: *französisches Gymnasium*

Lychee ['li(:)tʃi] = → Litschi

Lycra ['ly:k-, 'laɪ-] das, -s (Wz.): *eine elastische Kunstfaser*

Lydia ['ly:-, auch: 'li-]: *weibl. Vorname*

Lymphbahn ['lymf-] ⟨gr.⟩ (Med.) ‖ **Lymphdrainage** [-na:ʃ, -ʒɛ]: *eine spezielle Massage* ‖ **Lymphdrüse:** *Lymphknoten* ‖ **Lymphe** die, -/-n: *eine Gewebsflüssigkeit* ‖ **Lymphflüssigkeit** ‖ **Lymphgefäß** ‖ **Lymphknoten** ‖ **Lymphödem** (Med.): *[Schwellung durch] Stau des Lymphabflusses* ‖ **Lymphozyt** [-'y:t] der, -en/-en (meist Pl.): *besondere Form des weißen Blutkörperchens* ‖ **Lymphsystem** [-zy-] (Med.): *Abwehrsystem gegen Krankheitserreger*

lynchen ['lynç-, auch: 'lintʃ-], du lynchst: die Menge drohte ihn zu l. *(ohne Richterspruch hinzurichten; nach einem Familiennamen)* ‖ **Lynchjustiz:** *Bestrafung ohne gesetzliches Verfahren;* L. üben ‖ **Lynchmord:** einen L. begehen *(durch Lynchjustiz)*

Lyoner [ly-, li-] die, -/- (V, CH): *Extrawurst*

Lyra ['ly:-] die, -/Lyren ⟨gr.⟩: *ein antikes Zupfinstrument, Leier* ‖ **Lyrik** die, -: *eine Form der Dichtung* ‖ **Lyriker** der, -s/-: *lyrischer Dichter* ‖ **Lyrikerin** die, -/-innen ‖ **lyrisch:** ein lyrisches Gedicht | *gefühlvoll*

Lyzeum [ly'tse:um, li-] das, -s/Lyzeen [-'e:(ɛ)n] ⟨gr.-lat.⟩ (früher): *eine höhere Mädchenschule;* → Lycée

m M

m [ɛm] das, -/- (Kleinbuchstabe): das m im Wort *machen* | (Laut) der m-Laut | **Meter** | **Milli-** | **Mega-**
M [ɛm] das, -/- (Großbuchstabe): das M im Wort *Mühle* | 1 000 *(römisches Zahlzeichen)* | **medium** *(mittelgroß, bei Konfektionskleidung)*
M.: Monsieur; M. Maigret
m²: Quadratmeter ‖ **m³:** Kubikmeter
ma (ugs.): *ein Ausruf;* ma ist das toll!
MA¹ [ɛm 'aː] die, -/-[s]: **Magistratsabteilung**; MA 56
MA²: Mittelalter ‖ **ma.: mittelalterlich**
Mäander der, -s/- ⟨gr.⟩: *mehrfache enge Flusswindung* | *Verzierung in rechtwinkelig gebrochenen oder geschlängelten Linien*
Maat der, -[e]s/-e[n]: *Unteroffizier auf Schiffen*
Macadamia [-k-] die, -/-s, *auch:* Makadamia: *eine Nuss (nach dem Naturforscher Macadam)* ‖ **Macadamianuss**, *auch:* Makadamianuss
Macchia ['makia] die, -/Macchien [-kiɛn] = Macchie die, -/-n ⟨it.⟩: *immergrüner Buschwald des Mittelmeerraums*
Macchiato [ma'kiaː-] der, -[s]/-[s] [Macchiati] ⟨it.⟩: *Espresso mit geschäumter Milch;* → Caffè Latte
Macchie ['makiɛ] = → Macchia
Mach das, -[s]/-: *Maßeinheit für die Schallgeschwindigkeit (330 m/s);* mit M. 2 *(doppelter Schallgeschwindigkeit)* fliegen *(nach dem Physiker Ernst Mach)*
Machart: *Art der Fertigung* ‖ **machbar** ‖ **Machbarkeit** die, - ‖ **Machbarkeitsstudie** [-iɛ]
Mache die, - (D, sal., abw.): *gekonnte Routine, vorgetäuschtes Gehabe;* nur M.
Maché [-'ʃeː] = → Maschee
machen: Kleider m. *(herstellen);* eine Verbeugung m.; eine Pause m. | macht nichts! *(schon in Ordnung!);* mach dir nichts daraus! *(ärgere dich nicht!)* ‖ **Machenschaft** die, -/-en (meist Pl.) (abw.): *Quertreiberei, Ränkespiel* ‖ **Macher** der, -s/- (ugs., auch abw.): *jemand, der Angelegenheiten unbeirrt durchzieht* ‖ **Macherin** die, -/-innen (ugs., auch abw.) ‖ **Macherlohn:** *Preis für das Anfertigen von Kleidern uÄ*
Machete [span.: -'tʃɛ(ː)tɛ] die, -/-n ⟨span.⟩: *Buschmesser*
Machiavellismus [-kjav-] der, -: *gewissenlose Machtpolitik (nach dem italienischen Staatsmann Machiavelli)* ‖ **machiavellistisch**
Machination [-tsi̯-] die, -/-en (abw.): *Machenschaft*
Machismus [-'tʃi-] der, - ⟨span.⟩: *übertriebene Betonung der Männlichkeit;* → Macho ‖ **machistisch**
Machland das, -[e]s: *eine Landschaft an der Donau in Oberösterreich*
Macho [-tʃɔ] der, -[s]/-s ⟨span.⟩: *Vertreter betonter [brutaler] Männlichkeit;* → Chauvi; → Machismus ‖ **Machogehabe**, *auch:* **Machogehaben**
Macht die, -/Mächte: geheimnisvolle Mächte *(Kräfte)* | (ohne Pl.) sie tut, was in ihrer M. steht *(nutzt alle ihre Möglichkeiten)* ‖ **Machtanspruch** ‖ **Machtbefugnis** ‖ **Machtbereich** ‖ **machtbesessen** ‖ **Machtdemonstration** [-tsi̯-] ‖ **Machtentfaltung** ‖ **Machtergreifung** ‖ **Machterhalt:** auf M. *(das Behalten der Macht)* bedacht ‖ **Machtfaktor** ‖ **Machtfülle:** *große, geballte Macht* ‖ **machtgeil** (sal., meist abw.): *begierig nach Macht* ‖ **Machtgier** ‖ **Machthaber** der, -s/-: *jemand, der Macht über andere ausübt* | (Jus) *Bevollmächtigter, Stellvertreter* ‖ **Machthaberer** (meist Pl.) (sal., abw.): *Mitglied einer mächtigen Clique [von Machthabern], einflussreicher [politischer] Drahtzieher* ‖ **Machthaberin** die, -/-innen ‖ **machthungrig** ‖ **mächtig** ‖ **Mächtigkeit** die, -/-en: *Macht, Einfluss* | (Bergmannsspr.) *Dicke einer Gesteinsschicht* | (Math.) *Beschaffenheit einer Menge* ‖ **Machtinstrument** ‖ **Machtkampf** ‖ **machtlos** ‖ **Machtlosigkeit** die, - ‖ **Machtmensch** ‖ **Machtmissbrauch** ‖ **Machtmittel** ‖ **Machtpolitik** ‖ **Machtposition** [-tsi̯-] ‖ **Machtspiel** ‖ **Machtstreben** ‖ **Machtrausch:** *übersteigertes Machtempfinden* ‖ **Machtübernahme** ‖ **Machtverhältnis** (meist Pl.) ‖ **Machtverlust** ‖ **machtvoll** ‖ **Machtwechsel** [-ks-] ‖ **Machtwort:** sie hat ein M. gesprochen *(eine unwiderrufliche Entscheidung gefällt)*
Machwerk (abw.): *wertlose, schlechte Arbeit*
Macke die, -/-n ⟨hebr.-jidd.⟩ (nördl. D, sal.): *Tick, Verrücktheit; Fehler*
Madagaskar: *Insel und Staat im Indischen Ozean* ‖ **Madagasse** der, -n/-n ‖ **Madagassin** die, -/-innen ‖ **madagassisch**
Madame [-'am] (Mme.), Pl.: Mesdames [me'dam] (Mmes.) ⟨fr.⟩: *französische Anrede für eine Frau*
Mädchen das, -s/- ‖ **Mädchenchor** ‖ **mädchenhaft** ‖ **Mädchenhandel:** *Handel mit jungen Frauen [zwecks Prostitution]* ‖ **Mädchenname**, *auch:* **Mädchennamen:** *Name der Frau vor ihrer Verehelichung* ‖ **Mädchenschule** ‖ **Mädchenturnen**
Made die, -/-n: *beinlose, wurmförmige Insektenlarve (bes. von Fliegen)*
made in Austria [meɪd ɪn 'ɔːstriə] ⟨engl.⟩ (wörtl.: erzeugt in Österreich): *Beschriftung auf österreichischen Waren*
Mädel das, -s/-[n], *ugs. auch:* Madl: *Mädchen*
Mademoiselle [-dmu̯a'zɛl] (Mlle.), Pl.: Mesdemoiselles [medmu̯a'zɛl] (Mlles.) ⟨fr.⟩: *französische Anrede für eine junge unverheiratete Frau*
Mäderl das, -s/-[n]: *Mädchen*
Mädesüß das, -/-: *eine Arzneipflanze*
madig: *voll mit Maden;* madiges Fleisch
Madjar = Magyar [ma'djaːr] der, -en/-en ⟨ung.⟩: *Ungar* ‖ **Madjarin** = Magyarin die, -/-innen ‖ **madjarisch** = magyarisch
Madl das, -s/-n (ugs.): *Mädel*
Madonna die, - ⟨it.⟩: *die Muttergottes* | (mit Pl. Madonnen) *Marienbild, Marienstatue* ‖ **Madonnenbild** ‖ **Madonnenmaler**
Madrid: *Hauptstadt Spaniens*
Madrigal das, -s/-e ⟨it.⟩ (Mus.): *ein mehrstimmiges Gesangsstück*
maestoso ⟨it.⟩ (Mus.): *majestätisch;* allegro m. ‖ **Maestro** der, -s/-s [Maestri] (wörtl.: Meister) (geh.): *Bezeichnung, Anrede für Dirigenten und Komponisten*
Mäeutik die, -, *auch:* Maieutik ⟨gr.⟩: *Methode, durch Fragen dem*

Antwortenden zu neuen Einsichten zu verhelfen || **mäeutisch,** *auch:* maieutisch

Mafia [-fia]

die, -, *auch:* Maffia ⟨it.⟩: *Verbrecherorganisation*
Die eingedeutschte Schreibung von Mafia mit zwei f ist veraltet und selten, aber derzeit noch im amtlichen Regelwerk als korrekte Schreibvariante verzeichnet.

Mafiaboss, *auch:* Maffiaboss || **mafios,** *auch:* maffios || **Mafioso** der, -[s]/Mafiosi, *auch:* Maffioso: *Angehöriger der Mafia*
mag → mögen
Mag.: **Mag**ister/**Mag**istra/**Mag**isterin; Mag. phil.; Mag. jur.
Magazin das, -s/-e ⟨arab.-it.⟩: *Lagerraum; Lagerhaus* | *bebilderte Unterhaltungszeitschrift* | *Patronenkammer für Handfeuerwaffen* | *Radio-, Fernsehsendung zu aktuellen Themen* || **Magazineur** [-'nøːə] der, -s/-e: *Lagerverwalter* || **Magazineurin** die, -/-innen
Magd die, -/Mägde (früher): *eine Arbeitskraft;* Knechte und Mägde | (veraltet) *Jungfrau Maria*
Magda: *weibl. Vorname* || **Magdalena** = **Magdalene:** *weibl. Vorname;* → Leni
Magen der, -s/Mägen [Magen]: mir dreht sich der M. um *(ich finde etwas so abstoßend, dass mir beinahe schlecht wird)* || **Magenbeschwerden** die (Pl.) (Med.) || **Magenbitter** der, -s/-: *ein Likör* || **Magen-Darm-Katarr** = **Magen-Darm-Katarrh** (Med.) || **Magendurchbruch** (Med.) || **Magendrücken** das, -s || **magenfreundlich:** *magenschonend* || **Magengegend** || **Magengeschwür** (Med.) || **Magengrube** || **Magenknurren** das, -s || **Magenkrampf** (Med.) || **magenkrank** || **Magenkrebs** (Med.) || **Magenleiden** || **Magenlikör** || **Magenoperation** [-tsi̯-] (Med.) || **Magensäure** || **magenschonend** || **Magenstamperl** (ugs., derb): *Schlag in den Magen*
Magenta [auch: -'dʒɛ-] das, -[s]: *eine Farbe zwischen Rot und Violett (nach einem Ort in Italien)*
Magenübersäuerung (Med.) || **Magenverstimmung** (Med.) || **Magenzucker** (SüdT): *rote Zuckerwürfel aus Zucker, Glukose und Gewürzen*
mager, magerer/am magersten: eine magere Ausbeute || **Magerjogurt** = Magerjoghurt [-gu-] || **Magerkäse** || **Magerkeit** die, - **magerln** (ostöst., ugs.): etwas magerlt *(ärgert, kränkt, wurmt)* mich
Magermilch: *entrahmte Milch* || **Magersucht** (Med.): *eine Krankheit* || **Magertopfen** || **Magerwiese:** *nährstoffarme Wiese;* → G.: Fettwiese
Maggi das, -s (Wz.): *ein Würzmittel (nach einem Schweizer Unternehmer)* || **Maggikraut:** *Liebstöckl*
Maghreb der, -: *Tunesien, Algerien und Marokko*
Magie die, - ⟨pers.-gr.-lat.⟩: *Beschwörung geheimnisvoller Kräfte, Zauberei* | *Zaubertricks [im Varieté]* || **Magier** der, -s/-: *Zauberer* || **Magierin** die, -/-innen || **magisch:** eine magische *(zauberhafte)* Beleuchtung
Magister der, -s/- (Mag.) ⟨lat.⟩: *ein akademischer Grad;* Mag. phil. | *Anrede für einen Pharmazeuten [in einer Apotheke]* || **Magistergrad** || **Magisterin** die, -/-innen (ugs.): *Apothekerin* | *Magistra* || **Magisterium** das, -s/Magisterien [-i̯ən]: *Magistertitel* || **Magistra** die, -/Magistrae [-rɛ] (Mag.) || **Magistrat** der, -[e]s/-e: *eine städtische Verwaltungsbehörde;* M. der Stadt Wien || **magistratisch:** eine magistratische Verfügung; *aber:* das Magistratische Bezirksamt || **Magistratsabteilung** (MA) || **Magistratsbeamte** || **Magistratsbeamtin** || **Magistratsdirektion** [-tsi̯-]: *Leitung eines Magistrats* || **Magistratsdirektor** || **Magistratsdirektorin** || **Mag. iur.:** **magister iuris** *(Magister/Magistra der Rechtswissenschaften)*
Magma das, -s/Magmen ⟨gr.⟩: *glutflüssiges Gestein unter der Erdoberfläche* || **magmatisch**
Magna Charta [- k-] ⟨lat.⟩: *grundlegendes, Epoche machendes Dokument*
Magnat der, -en/-en ⟨lat.⟩ (früher): *hoher ungarischer bzw. polnischer Adeliger, Großgrundbesitzer* | (heute) *Großindustrieller, Unternehmer in einer Machtposition* || **Magnatin** die, -/-innen
Magnesit der, -s/-e ⟨gr.-lat.⟩: *ein Mineral* || **Magnesium** das, -s (Zeichen: Mg): *ein chemisches Element* || **Magnesiumsulfat:** *Bittersalz*
Magnet der, -[e]s [-en]/-e[n] ⟨gr.-lat.⟩: *[Eisen] anziehendes Eisen- oder Stahlstück* || **Magnetar** der, -s/-e (Astron.): *Magnetstern* || **Magnetband** (Elektrot., EDV): *ein Bild- und Tonträger* || **Magnetfeld** || **Magnetfeldtherapie** (Med.): *eine Behandlungsmethode* || **magnetisch** || **magnetisieren** || **Magnetismus** der, - (Phys.): *Lehre vom Verhalten der Materie im magnetischen Feld* || **Magnetnadel** || **Magnetofon** = **Magnetophon** [-f-] das, -s/-e (Wz.): *ein Tonbandgerät* || **Magnetresonanz** (MR) (Med.): *eine radiologische Untersuchungsmethode* || **Magnetresonanztomografie** = **Magnetresonanztomographie** [-f-] (MRT) (Med.) || **Magnetstern:** *sternförmige Magnetnadel*
Magnifikat = Magnificat [-k-] das, -s ⟨lat.⟩: *Lobgesang Marias in der Bibel* || **Magnifizenz** die, -/-en: „Eure/Euer (auch: Seine)/Ihre Magnifizenz!" *(Anrede für den Rektor/die Rektorin einer Universität)*
Magnolie [-i̯ɛ, auch: man'joː-] die, -/-n: *ein Zierstrauch, -baum (nach einem fr. Botaniker)*
Mag. pharm. ['mak 'farm]: **magister pharmaciae** [- -'tsiːɛ] *(Magister/Magistra der Pharmazie)* (auslaufend)
Mag. phil. ['mak 'fil]: **magister philosophiae** [- -fiɛ] *(Magister/Magistra der Philosophie)*
Magyar [ma'djaːr] = → Madjar || **Magyarin** = → Madjarin || **magyarisch** = → madjarisch
Mahagoni das, -[s] ⟨indian.-engl.⟩: *ein tropisches Edelholz* || **Mahagonimöbel**
Maharadscha der, -s/-s ⟨Sanskrit⟩: *ein indischer Fürst* || **Maharani** die, -/-s: *Frau eines Maharadschas*
Mahd[1] die, -/-en: *das Mähen;* die erste M. ist im Mai | *gemähtes Gras als Futter* || **Mahd**[2] das, -[e]s/Mähder (reg.): *mähbare Bergwiese* || **Mahder** = **Mähder** der, -s/- (reg.): *Mäher* || **Mahderin** = **Mähderin** die, -/-innen (reg.) || **Mähdrescher:** *eine landwirtschaftliche Maschine* || **mähen:** Gras m. || **Mäher** der, -s/- || **Mäherin** die, -/-innen
Mahl das, -[e]s/Mähler [-e] (geh.):

M

ein reichliches M. *(Essen)*

mahlen, mahlte/gemahlen: Korn m. *(durch Reiben zerkleinern);* gemahlener Kaffee; wer zuerst kommt, mahlt zuerst ‖ **Mahlwerk** ‖ **Mahlzahn**

Mahlzeit: M. sagen; „Mahlzeit!" *(als Grußformel gebräuchlich bzw. statt „Prost" beim Anstoßen mit Sturm)*

Mähmaschine

Mahnbescheid (bes. D): *Zahlungsaufforderung* ‖ **Mahnbrief**

Mähne die, -/-n: *lange Haare an Kopf und Hals [des Pferdes]* | *langes, dichtes, meist ungeordnetes Haar beim Menschen*

mahnen: einen Schuldner m. *(ihn an die Zahlungspflicht erinnern)* ‖ **Mahngebühr:** *eine Strafgebühr für ein Mahnschreiben* ‖ **Mahnmal** das, -[e]s/-mäler [-e]: *Denkmal, Erinnerungszeichen* ‖ **Mahnschreiben** ‖ **Mahnung** die, -/-en: *Mahnschreiben;* eine M. erhalten ‖ **Mahnwache:** *eine Form gewaltlosen öffentlichen Protests oder Gedenkens*

Mahonie [-iɛ] die, -/-n: *ein Zierstrauch (nach einem amerikanischen Botaniker)*

Mahr der, -[e]s/-e (veraltet): *Nachtgespenst, Alb;* Nachtmahr

Mähre die, -/-n (veraltend): *altes, ausgemergeltes Pferd; aber:* → Märe

Mähren: *östlicher historischer Teil der Tschechischen Republik;* Böhmen und M. ‖ **Mährer** der, -s/- ‖ **Mährerin** die, -/-innen ‖ **mährisch**

Mai der, -[s] [-es] [geh., veraltet: des Maien]/-e: *der fünfte Monat;* der Erste Mai *(Staatsfeiertag)* ‖ **Maiandacht** (kath.) ‖ **Maiaufmarsch:** *Aufmarsch zum Tag der Arbeit am 1. Mai* ‖ **Maibaum** ‖ **Maibaumaufstellen:** *ein Volksbrauch* ‖ **Maibaumklettern** = **Maibaumkraxeln** das, -s: *ein Volksbrauch* ‖ **Maibaumstehlen** das, -s: *ein Volksbrauch*

Maid die, -/-en (geh., veraltet): *Mädchen*

Maidult (O, S): *Jahrmarkt und Messe im Mai* ‖ **Maiensäß** → Maisäß

Maieutik → Mäeutik ‖ **maieutisch** → mäeutisch

Maifeier: *Brauchtumsfeier; Feier zum Tag der Arbeit am 1. Mai;* → Erste-Mai-Feier ‖ **Maiglöckchen** = **Maiglöckerl** ‖ **Maikäfer**

Mail [meɪl] das, -s/-s = die, -/-s ⟨engl.⟩ (EDV): *Kurzwort für E-Mail*

Mailand (it.: Milano): *Stadt in Norditalien*

Mailbox [meɪl-] ⟨engl.⟩ (EDV): *elektronischer Briefkasten, in dem an eine Person gerichtete E-Mails gesammelt werden* ‖ **mailen** (EDV): *ein E-Mail versenden* ‖ **Mailing** das, -s: *Versenden von Werbematerial durch die Post* ‖ **Mailinglist** die, -/-s = **Mailingliste:** *Verteilerliste* ‖ **Mailprovider** [-prəʊˌvaɪdə] (EDV)

Mailüfterl (ugs.): *Mailuft, Frühlingsluft*

Main der, -[e]s: *ein Nebenfluss des Rheins (D)*

Mainframe [ˈmeɪnfreɪm] ⟨engl.⟩ (EDV): *Großrechner* ‖ **Mainstream** [-striːm] der, -s (auch abw.): *dominierende [kulturelle] Richtung für ein Massenpublikum;* anspruchsvolle Filme abseits des Mainstreams

Mais der, -es: *ein Getreide, Kukuruz, Türken*

Maisäß der, -[es]/-e[r], *auch:* Maiensäß (V): *im Frühling und Herbst bewirtschaftete Voralpenweide;* → Vorsäß

Maische die, -/-n: *[für die Mostbereitung] zerquetschte Früchte* ‖ **maischen,** du maisch[s]t

Maischerl das, -s/-[n] (K) (Küchenspr.): *Maise* ‖ **Maise** die, -/-n: *in ein Schweinsnetz eingeschlagenes feingehacktes Fleisch; aber:* → Meise

Maisflitsche die, -/-n (meist Pl.) (ugs.): *Blatt um den Maiskolben* ‖ **Maisgrieß:** *Polenta* ‖ **Maiskeimöl** ‖ **Maiskolben** ‖ **Maiskorn**

Maisonette [mɛzoˈnɛt] die, -/-s [-n] = **Maisonnette,** -/-n ⟨fr.⟩: *zweigeschoßige Wohnung*

Maiß der, -es/-e: *Holzschlag; Jungwald*

Maissau: *Stadt in Niederösterreich*

Maisstriezel, *auch:* **Maisstritzel** (bes. St): *Maiskolben*

Maja: *weibl. Vorname*

Majestät die, -/-en ⟨lat.⟩: *Titel von Kaisern und Königen;* „Eure (Euer) M.!"; Seine/Ihre M. | (ohne Pl.) (geh.) *Würde, Erhabenheit* ‖ **majestätisch:** ein majestätischer *(erhabener, großartiger)* Anblick ‖ **Majestätsbeleidigung** (meist iron.): *Äußerung, Verhaltensweise, die eine höherrangige Person als Angriff und Beleidigung auffasst*

Majo = Mayo [-j-] die, -/-s ⟨fr.⟩ (sal.): *Kurzwort für Mayonnaise*

Majolika die, -/Majoliken ⟨span.⟩: *bunte, glasierte Tonware*

Majonäse = Mayonnaise [-jɔˈnɛːs, -zɛ] die, -/-n: *pikantes Gemisch aus Öl, Eiern, Gewürzen ua.*

Major der, -s/-e ⟨lat.-span.⟩: *ein militärischer Offiziersdienstgrad*

Majoran der, -s/-e ⟨lat.⟩: *eine Gewürzpflanze*

majorenn ⟨lat.⟩ (veraltet): *großjährig, mündig* ‖ **majorisieren:** *die Stimmenmehrheit bedenkenlos ausnützen;* Andersdenkende m. ‖ **Majorität** die, -/-en: *[Stimmen]mehrheit;* → G.: Minorität ‖ **Majoritätsprinzip** ‖ **Majuskel** die, -/-n: *Großbuchstabe;* → G.: Minuskel ‖ **Majuskel-I** das, -/-: → *Binnen-I* ‖ **Majuskelschrift**

makaber ⟨fr.⟩: *schaurig, gespenstisch;* makabre Scherze

Makadamia → Macadamia ‖ **Makadamianuss** → Macadamianuss

Makedonien (fachspr.): *Mazedonien* ‖ **Makedonier** der, -s/- (fachspr.): *Mazedonier* ‖ **Makedonierin** die, -/-innen (fachspr.) ‖ **makedonisch** (fachspr.)

Makel der, -s/- (geh.): ohne M. *(fehlerlos)* sein ‖ **makellos**

makeln: *zwischen verschiedenen Telefonanrufen hin- und herschalten*

Make-up [ˈmeɪkʌp] das, -s ⟨engl.⟩: *das Schminken des Gesichtes* | *kosmetisches Mittel*

Maki[1] das, -s/-s ⟨jap.⟩: *eine japanische Speise*

Maki[2] der, -s/-s ⟨afrik.-fr.⟩: *ein Halbaffe*

Makkaroni die (Pl.) ⟨it.⟩: *lange, röhrenförmige Nudeln*

Makler der, -s/-: *Geschäftsvermittler* ‖ **Maklerin** die, -/-innen ‖ **Maklerprovision** [-v-]

Makrele die, -/-n ⟨niederl.⟩: *ein Fisch*

Makro das = der, -s/-s ⟨gr.⟩: *Kurzwort für Makroaufnahme ua.;* → Mikro | (EDV) *Befehl, der mehrere Schritte zusammenfasst* ‖ **Makroaufnahme:** *Nahaufnahme im Makrobereich* ‖ **Makrobiotik** die, -: *auf natürlichen Produkten, bes. Gemüse und Getreide, basierende Ernährungsweise* ‖ **makrobiotisch** ‖ **Makrokosmos:** *das Weltall;* → G.: Mikrokosmos ‖ **Makromolekül** (Chem.)

Makrone die, -/-n ⟨it.-fr.⟩: *Gebäck aus Mandeln, Nüssen oder Kokos*

ua.
ma|kro|s|ko|pisch ⟨gr.⟩: *mit bloßem Auge erkennbar;* → G.: mikroskopisch ǁ **Ma|kro|struk|tur** [-st-, -ʃt-]
Ma|ku|la die, -s/-s ⟨lat.⟩ (Med.): *ein Fleck auf der Netzhaut (Stelle des schärfsten Sehens)* ǁ **Ma|ku|la|tur** die, -/-en: *Abfallpapier; Altpapier* ǁ **Ma|ku|la|tur|pa|pier** ǁ **ma|ku|lie|ren:** Papier, Bücher m. *(einstampfen)*
mal (Math.): fünf mal drei ist fünfzehn; → einmal | (bes. D, ugs.) *einmal;* schau bitte sofort mal her!

Mal

das, -[e]s/-e: von Mal zu Mal | (geh.) *Zeichen, Fleck;* Muttermal | (mit Pl. Mäler [*auch:* Male]) (geh., veraltet) *Denkmal*
Groß- und Getrenntschreibung:
- [ein] jedes Mal
- das einzige/erste/letzte Mal
- beim ersten/letzten Mal[e]
- die folgenden Male
- nächstes/voriges Mal
- mit einem Mal[e] *(plötzlich)*
- beide/einige/unzählige/etliche Mal[e]
- mehrere/ein oder mehrere Mal[e]
- ein für alle Mal
- das eine Mal, das andere Mal
- ein und das and[e]re Mal
- ein ums and[e]re Mal *(immer wieder)*
- ein and[e]res Mal; *aber zusammen:* ein andermal darüber reden
- beim soundsovielten Mal[e]
- wie viele Mal[e]
- viele dutzend (= Dutzend) Mal[e]; *aber zusammen:* etwas dutzendmal sagen müssen
- dieses Mal; *aber zusammen:* diesmal komme ich nicht
- manches Mal; *aber zusammen:* manchmal

Zusammenschreibung oder – bei besonderer Betonung – Getrennt- und Großschreibung von „Mal":
- ein[und]einhalbmal (*bei bes. Betonung auch:* ein[und]einhalb Mal)
- genausovielmal (*bei bes. Betonung auch:* genauso viel Mal)
- hundertmal (*bei bes. Betonung auch:* hundert Mal)
- keinmal (*bei bes. Betonung auch:* kein Mal)
- ein paarmal (*bei bes. Betonung auch:* ein paar Mal)
- soundsovielmal (*bei bes. Betonung auch:* soundso viel Mal)
- wievielmal ist 5 in 30 enthalten (*bei bes. Betonung auch:* wie viel Mal)

Schreibung mit Zahlen, Ziffern und Einzelbuchstaben:
- 3-mal läuten
- alles 10-mal sagen
- x-mal; *aber getrennt:* beim x-ten Mal[e]

R→ S. 906, 5.1

Ma|la|chit der, -s/-e ⟨gr.-lat.⟩: *ein Schmuckstein* ǁ **ma|la|chit|grün**
Ma|lai|se [-'lɛ:s, -z(ɛ)] = → Maläse
Ma|la|koff|tor|te: *eine Torte mit Biskotten*
Ma|la|ria die, - ⟨it.⟩ (Med.): *Wechsel-, Sumpffieber* ǁ **Ma|la|ria|mü|cke**
Ma|lä|se = Malaise [-'lɛ:s, -z(ɛ)] die, -/-n ⟨fr.⟩ (geh.): *moralisches oder politisches Unbehagen | üble Lage*
Mal|buch: *Buch zum Anmalen für Kinder*
Ma|le|fiz|kerl ⟨lat.⟩ (ugs.): *Draufgänger, Teufelskerl*
ma|len, malte/gemalt: ein Bild m. ǁ **Ma|ler** der, -s/-: M. und Anstreicher ǁ **Ma|le|rei** die, -/-en ǁ **Ma|ler|far|be** ǁ **Ma|le|rin** die, -/-innen ǁ **ma|le|risch:** eine malerische *(hübsche, reizende, pittoreske)* Gegend ǁ **Ma|ler|meis|ter:** *ein Handwerker* ǁ **Ma|ler|meis|te|rin** ǁ **Mal|far|be**
Mal|heur [-'lø:ɐ] das, -s/-e [-s] ⟨fr.⟩: *Unglücksfall; Missgeschick*
Ma|li[1]: *weibl. Vorname (Amalia)*
Ma|li[2]: *ein Staat in Afrika*
-ma|lig (nur in Zusammensetzungen wie achtmalig)
ma|li|gne ⟨lat.⟩ (Med.): ein maligner *(bösartiger)* Tumor ǁ **Ma|lig|ni|tät** die, - (Med.) ǁ **ma|li|zi|ös** ⟨lat.-fr.⟩ (geh.): eine maliziöse *(boshafte, hämische)* Bemerkung
Mal|kas|ten: *Farbkasten* ǁ **Mal|krei|de**
Mal|lor|ca [ma'(l)jɔrka]: *eine spanische Insel* ǁ **mal|lor|qui|nisch** [-'ki:-]
mal|neh|men: *multiplizieren, vervielfachen*
Ma|lo|che die, - ⟨hebr.-jidd.⟩ (D, ugs.): *harte Arbeit* ǁ **ma|lo|chen** (D, ugs.): *hart arbeiten* | (bes. V) *buckeln*
Mal|ta (Kfz: M): *ein Inselstaat;* → Maltese
Mal|ter der = das = die, -s/- (mda.): *Mörtel*
Mal|te|se der, -n/-n: *Einwohner von Malta;* → Malta ǁ **Mal|te|ser** der, -s/-: *Angehöriger des Malteserordens | Angehöriger eines Sanitätsdienstes | eine Hunderasse* ǁ **Mal|te|ser|kreuz:** *ein achtzackiges Kreuz, Abzeichen der Malteser und der Johanniter* ǁ **Mal|te|ser|or|den** ǁ **Mal|te|ser|rit|ter:** *Angehöriger des Malteserordens* ǁ **Mal|te|sin** die, -/-innen: *Bewohnerin Maltas* ǁ **mal|te|sisch** ǁ **Mal|te|sisch** das, -[s] = **Mal|te|si|sche,** -n = **Mal|ti,** -[s]: *Sprache der Einwohner von Malta*
Mal|to|se die, - ⟨lat.-fr.⟩: *Malzzucker*
mal|trä|tie|ren ⟨lat.-fr.⟩: *misshandeln, quälen*
Ma|lus der, - [-lusses]/- [-lusse] ⟨lat.⟩: *Prämienzuschlag nach Schadensfällen in der Kfz-Haftpflichtversicherung;* → G.: Bonus
Mal|va|sier [-v-] der, -s: *eine Reb- und Weinsorte (nach einer griechischen Stadt)*
Mal|ve [-v-] die, -/-n ⟨lat.-it.⟩: *eine Heilpflanze, Käspappel* ǁ **mal|ven|far|big,** *auch:* malvenfarbig: *purpurfärbig*
Mal|ver|sa|ti|on [-v-tsi̯-] die, -/-en (veraltend): *Unterschlagung, Veruntreuung*
Malz das, -es: *gekeimtes, gedörrtes Getreide* ǁ **Malz|bier**
Mal|zei|chen (·, *auch:* ×): *Multiplikationszeichen;* 2 · 2 = 4 (2 mal 2 ist 4)
mal|zig ǁ **Malz|kaf|fee** ǁ **Malz|zu|cker** ǁ **Malz|zu|ckerl**
Ma|ma [geh. auch: -'ma:] die, -/-s: *Mutter;* Hotel M. *(Leben und Versorgtwerden von erwachsenen Kindern in der elterlichen Wohnung)* ǁ **Ma|ma|tschi** die, -/-s: *Kosewort für Mutter, Mama*
Ma|mba die, -/-s ⟨afrik.⟩: *eine Giftschlange*
Mam|bo der, -s/-s ⟨span.⟩: *ein Tanz*
Ma|mi die, -/-s (Kinderspr.): *Mama*
Mam|mo|gra|fie = **Mam|mo|gra|phie** [-f-] die, -/-n ⟨gr.⟩ (Med.): *Durchleuchtung der weiblichen Brust*
Mam|mon der, -s ⟨aramäisch-gr.⟩: dem M. *(Reichtum, Geld)* verfallen sein
Mam|mut das, -[e]s/-e [-s] ⟨uralisch-russ.-fr.⟩: *eine ausgestorbene Elefantenart* ǁ **Mam|mut|baum** ǁ **Mam|mut|un|ter|neh-**

men: *Riesenunternehmen*
mampfen (ugs.): *mit vollem Mund essen*
Mamsch die, -/-en (reg., ugs.): *Mama*
Mamsell die, -/-en [-s] ⟨fr.⟩ (veraltet): *Fräulein* | (Gast.) die kalte M. *(Köchin für die kalte Küche)*
man: man sagt *(die Leute sagen);* → frau
Management [ˈmænɪdʒm-] das, -s/-s ⟨it.-engl.⟩: *Unternehmensführung, -organisation* ‖ **Management-Buy-in** [-baɪ-] = **Management-Buyin** (Wirt.): *Übernahme eines Unternehmens durch ein externes Management* ‖ **Management-Buy-out** [-baɪaʊt] = **Management-Buyout** (Wirt.): *Übernahme eines Unternehmens durch das eigene Management* ‖ **managen,** du managst: *organisieren, arrangieren, durchführen* ‖ **Manager** der, -s/- ‖ **Managerin** die, -/-innen ‖ **Managerkrankheit:** *auf Überarbeitung zurückzuführende Kreislauferkrankung*
manch (geh.): m. einer; m. schöne Stunde; wir haben m. Schönes erlebt ‖ **mancherorts** → mancherorts

M

mancher,

manche, manches: so mancher hatte sich verschätzt; die Aufgabe fiel manchen schwer
Großschreibung des nachfolgenden Adjektivs:
- manches **S**chöne
- manches **G**ute

Deklination:
- manch schöner Tag; manch lautes Geräusch; manch schöne Erlebnisse
- für manch[en] interessierten Schüler; für manch[e] fleißige Helferin
- für manche interessierte[n] Schüler; für manche fleißige[n] Helferinnen

mancherlei ‖ **mancherorten** (geh.) ‖ **mancherorts,** *auch:* manchenorts (geh.) ‖ **manchmal:** m. kommt sie zu spät; *aber:* manches Mal
Mandala das, -s/-s ⟨Sanskrit⟩: *indisch-tibetisches Meditationsbild*
Mandant der, -en/-en ⟨lat.⟩: *Auftraggeber, Klient eines Rechtsanwalts* ‖ **Mandantin** die, -/-innen
Mandarin[1] der, -s/-e ⟨Sanskrit-mal.-port.⟩ (früher): *hoher chinesischer Beamter* ‖ **Mandarin**[2] das, -[s]: *chinesische Beamtensprache, Grundlage des modernen Chinesisch* ‖ **Mandarine** die, -/-n: *eine Zitrusfrucht* ‖ **Mandarinente:** *ein Entenvogel*
Mandat das, -[e]s/-e ⟨lat.⟩: *Auftrag;* ein M. als Gemeinderat haben *(als Abgeordneter in den Gemeinderat gewählt sein)* ‖ **Mandatar** der, -s/-e: *gewählter [Volks]vertreter, Abgeordneter* ‖ **Mandatarin** die, -/-innen ‖ **Mandatsverteilung:** die M. im Gemeinderat *(seine parteipolitische Zusammensetzung)*
Mandel die, -/-n: *Frucht des Mandelbaumes* | *eine Halsdrüse* ‖ **mandeläugig** (geh.) ‖ **Mandelbaum** ‖ **Mandelentzündung** (Med.): *Angina* ‖ **mandelförmig** ‖ **Mandelkern**
Mander die (Pl.) (T, mda.): *Leute, Männer;* „M., 's ist Zeit!"; die schwarzen M. *(Statuen in der Innsbrucker Hofkirche)* ‖ **Manderl** das, -s/-[n] (ugs.): *kleiner, schmächtiger [alter] Mann, Männchen* | Manderln *(Umstände)* machen ‖ **Mandl** das, -s/-n (ugs.): *Manderl;* M. und Weibl *(die beiden Teile eines Druckknopfs, Stecker und Steckdose)* | *zum Trocknen aufgestellte Getreidegarben; Gestell zum Heutrocknen* ‖ **Mandlkalender** (reg.): *alter [steirischer] Bauernkalender*
Mandoline die, -/-n ⟨gr.-lat.-it.⟩: *ein Zupfinstrument*
Mandrill der, -s/-e ⟨engl.⟩: *ein Affe*
Mandy [ˈmændi]: *weibl. Vorname (Amanda)*
Manege [-ˈeːʃ, -ʒɛ] die, -/-n ⟨fr.⟩: *Reitbahn* | *Spielfläche im Zirkus*
Manen die (Pl.) ⟨lat.⟩: *gute Geister von Verstorbenen (im alten Rom)*
Manfred: *männl. Vorname;* → Fred
Manga das = der, -[s]/-[s] ⟨jap.⟩: *ein japanisches Comic*
Mangan das, -s ⟨gr.-lat.-fr.⟩ (Zeichen: Mn): *ein chemisches Element*
Mange die, -/-n (T): *Mangel*[1] ‖ **Mangel**[1] die, -/-n (D): *Wäscherolle, Bügelpresse;* jemanden in die M. nehmen *(in Bedrängnis bringen)*
Mangel[2] der, -s: M. *(Bedarf, Not)* an Facharbeitern | (mit Pl. Mängel) *Fehler* ‖ **Mangelernährung** ‖ **Mangelerscheinung** ‖ **mangelhaft:** nur m. über etwas Bescheid wissen ‖ **Mangelhaftigkeit** die, - ‖ **Mängelhaftung** (Jus): *Gewährleistung bzw. Garantie* ‖ **Mangelkrankheit** (Med.): *durch Mangel [an Vitaminzufuhr] auftretende Krankheit* ‖ **mangeln:** es mangelt *(fehlt)* ihm an Einsicht ‖ **Mängelrüge** (Jus)

mangels:

Präposition mit Genitiv:
- mangels eines Beweises

Allein stehendes starkes Nomen im Singular bleibt undekliniert:
- mangels Beweis

Im Plural mit Dativ, wenn Genitiv nicht erkennbar:
- mangels Beweisen (*statt:* Beweise)

Mangelware: *schwer zu bekommende Ware*
Mango die, -/-s ⟨Tamil-port.⟩: *ein tropisches Obst*
Mangold der, -[e]s/-e: *eine Spinatpflanze*
Manguste die, -/-n ⟨Marathi-port.-fr.⟩: *ein Raubtier, zB Mungo*
Manhartsberg: *ein Berg in Niederösterreich;* Viertel oberm M. *(Waldviertel);* Viertel unterm M. *(Weinviertel)*
Manie die, -/-n ⟨gr.-lat.⟩: *suchtartiger Hang zu bestimmten Tätigkeiten* | (Med., Psych.) *eine Geisteskrankheit;* → manisch
Manier die, -/-en (meist Pl.) ⟨lat.-fr.⟩: *Umgangsform;* gute Manieren haben | (ohne Pl.) *Eigenart, Stil eines Künstlers* ‖ **manieriert:** ein manieriertes *(gekünsteltes)* Benehmen ‖ **Manierismus** der, -/Manierismen: *eine künstlerische Richtung* ‖ **manieristisch** ‖ **manierlich:** *artig, wohlerzogen*
manifest ⟨lat.⟩: *offenkundig* ‖ **Manifest** das, -[e]s/-e: *öffentliche Erklärung* | *Programmschrift* ‖ **Manifestant** der, -en/-en (veraltend): *Demonstrant* ‖ **Manifestantin** die, -/-innen (veraltend) ‖ **Manifestation** [-tsi̯-] die, -/-en ‖ **manifestieren:** etwas manifestiert sich *(wird sichtbar, offenkundig)*
Maniküre [-ˈyːə, -ˈyːrɛ] die, - ⟨lat.-fr.⟩: *Hand- und Nagelpflege* | (mit Pl. -n) *Handpflegerin* ‖ **maniküren** ‖ **Manikürzeug**
Manila: *Hauptstadt der Philippi-*

nen

Ma|ni|ok [auch: 'ma-] der, -s/-s ⟨indian.-fr.⟩: *eine tropische Knollenfrucht*

Ma|ni|pu|lant der, -en/-en ⟨lat.⟩ (veraltend): *Hilfskraft* ‖ **Ma|ni|pu|lan|tin** die, -/-innen (veraltend) ‖ **Ma|ni|pu|la|ti|on** [-tsi̯-] die, -/-en (abw.): *Machenschaft* | *Beeinflussung* | *Kunstgriff* ‖ **Ma|ni|pu|la|ti|ons|ge|bühr** (Kaufmannsspr.): *Bearbeitungsgebühr [bei Reisebüros]* ‖ **ma|ni|pu|la|tiv** ‖ **ma|ni|pu|lier|bar** ‖ **Ma|ni|pu|lier|bar|keit** die, - ‖ **ma|ni|pu|lie|ren** (abw.): die öffentliche Meinung m. *(lenken, steuern)*

ma|nisch ⟨gr.-lat.⟩ (Med., Psych.): *tobsüchtig;* → Manie ‖ **ma|nisch-de|pres|siv** (Med., Psych.): *abwechselnd übertrieben hochgestimmt und schwermütig-bedrückt*

Ma|ni|tu der, -s ⟨indian.⟩: *der große Geist im indianischen Glauben*

Ma|ko das, -s/-s ⟨it.⟩: *fehlende Menge [bei einer Geldabrechnung]* | *Mangel;* er hat nur ein M. *(einen Nachteil)*

Mann der, -[e]s/Männer: seinen M. stehen/stellen *(die Sache gut machen);* etwas an den M. bringen *(verkaufen)* | (in Mengenangaben mit Pl. Mann) vier Mann hoch *(zu viert);* vier Mann Besatzung | (früher mit Pl. Mannen) *Gefolgsmann;* → Leute

Man|na das, -[s] ⟨hebr.⟩: *Himmelsbrot der Israeliten (in der Bibel)*

mann|bar (geh., veraltet): *heiratsfähig (von Mädchen)* | *zeugungsfähig (von Burschen)* ‖ **Mann|bar|keit** die, - (geh., veraltet) ‖ **Männ|chen** das, -s/-: *Männlein, Manderl* | *männliches Tier* | der Hund macht M. *(richtet sich auf den Hinterpfoten auf)* ‖ **mann|de|cken** (Sport) ‖ **Mann|de|cker** der, -s/- (Sport) ‖ **Mann|de|cke|rin** die, -/-innen (Sport) ‖ **Mann|de|ckung** (Sport): *konsequentes Deckungsspiel Mann gegen Mann*

Man|ne|quin [-'kɛ̃ː, auch: 'ma-] das (*auch:* der), -s/-s ⟨niederl.-fr.⟩: *Frau, die Modekollektionen vorführt*

Män|ner|be|kannt|schaft ‖ **Män|ner|be|ruf:** sie ergreift einen typischen M. ‖ **Män|ner|bund** ‖ **Män|ner|chor** [-k-] ‖ **män|ner|feind|lich** ‖ **Män|ner|ge|walt:** M. in der Familie ‖ **Män|ner|ma|ga|zin** ‖ **Män|ner|sa|che:** reine M. *(Angelegenheit von Männern)*

Män|ner|schnit|ten die (Pl.) (Wz.): *gefüllte Waffeln*

Män|ner|stim|me ‖ **Män|ner|treu** das, -s = die, -: *volkstümliche Bezeichnung für verschiedene Pflanzen* ‖ **Män|ner|welt** die, - ‖ **Man|nes|al|ter:** ins M. kommen; im besten M. ‖ **Man|nes|kraft** die, -: in voller M. *(Schaffenskraft)* | (geh.) *geschlechtliche Potenz* ‖ **mann|haft** (geh.): *aufrecht, tapfer*

man|nig|fach (geh.): *vielfach* ‖ **man|nig|fal|tig** (geh.): *vielfältig, verschiedenartig* ‖ **Man|nig|fal|tig|keit** die, - (geh.)

Männ|lein das, -s/-: *Männchen* | (scherzh.) M. und Weiblein *(die beiden Geschlechter);* ein altes M. ‖ **männ|lich** ‖ **Männ|lich|keit** die, - ‖ **Männ|lich|keits|wahn** (oft abw.) ‖ **Manns|bild** (ugs., oft abw.): *Mann;* ein gestandenes M. *(ein echter Mann);* → Weibsbild ‖ **Mann|schaft** die, -/-en: *Besatzung [eines Schiffes]* | (Sport) die auswärtige M. verlor 3:2 ‖ **mann|schaft|lich:** m. stark abschneiden ‖ **mann|schafts|dien|lich:** m. spielen ‖ **Mann|schafts|ren|nen** ‖ **Mann|schafts|spiel** (Sport) ‖ **Mann|schafts|sport** ‖ **Mann|schafts|wer|tung** ‖ **manns|hoch:** mannshohes Gebüsch ‖ **manns|toll:** *verrückt nach Männern* ‖ **Manns|treu** die, -/-, *auch:* der, das, -s/-: *eine stachelige Pflanzengattung* ‖ **Mann|weib** (abw.): *betont männlich auftretende oder aussehende Frau*

Ma|no|me|ter der = das, -s/- ⟨gr.-fr.⟩: *Gerät zum Messen des Gas- oder Flüssigkeitsdrucks*

ma non trop|po ⟨it.⟩ (wörtl.: aber nicht zu sehr) (Mus.): allegro [ma] non t.

Ma|nö|ver [-v-, -f-] das, -s/- ⟨fr.⟩: *Übung militärischer Verbände* | *geschickte Wendung [mit einem Fahrzeug]* | *Kunstgriff* ‖ **Ma|nö|ver|scha|den:** *[durch eine militärische Übung] verursachter Schaden* ‖ **ma|nö|v|rie|ren** [-v-]: geschickt m. *(lenken)* ‖ **ma|nö|v|rier|un|fä|hig**

Man|sar|de die, -/-n: *ausgebautes Dachgeschoß (nach einem französischen Baumeister)* ‖ **Man|sar|den|dach** ‖ **Man|sar|den|woh|nung**

Man|schet|te die, -/-n ⟨lat.-fr.⟩: *Ärmelaufschlag, Ärmelabschluss [von Hemden]* | *Verbindungsstück zweier zusammenstoßender Rohrteile* ‖ **Man|schet|ten|knopf**

Man|tel der, -s/Mäntel ‖ **Män|tel|chen** das, -s/- ‖ **Man|tel|fut|ter** ‖ **Man|tel|kleid** ‖ **Man|tel|sack** ‖ **Man|tel|ta|sche** ‖ **Man|tel-und-De|gen-Stück:** *Film oder Theaterstück mit Fechtszenen in historischen Kostümen*

Man|t|ra das, -[s]/-s ⟨Sanskrit⟩: *[indischer] magischer Spruch; buddhistische Formel*

Man|tua (it.: Mantova [-v-]): *Stadt in Norditalien*

Ma|nu|al das, -s/-e ⟨lat.⟩: *Tastenreihe [der Orgel]* ‖ **Ma|nu|duk|ti|ons|pflicht** [-tsi̯-] (Jus): *mündliche Rechtsbelehrung, Anleitungspflicht des Richters gegenüber anwaltlich nicht vertretenen Parteien*

Ma|nu|el: *männl. Vorname* ‖ **Ma|nu|e|la:** *weibl. Vorname*

ma|nu|ell ⟨lat.-fr.⟩: *händisch;* manuelle Arbeit

Ma|nu|fak|tur die, -/-en ⟨lat.-fr.⟩: *Betrieb mit Serienproduktion in Handarbeit*

ma|nu pro|p|ria (m. p.) ⟨lat.⟩: *eigenhändig*

Ma|nus das, -/- ⟨lat.⟩: *Kurzwort für Manuskript* ‖ **Ma|nu|skript** das, -[e]s/-e (Ms.): *hand- oder maschingeschriebene Vorlage [zum Druck oder für einen Vortrag];* → Manus

Ma|o|is|mus der, -: *politische Lehre des chinesischen politischen Führers Mao Tse-tung (Mao Zedong)* ‖ **Ma|o|ist** der, -en/-en ‖ **Ma|o|is|tin** die, -/-innen

Ma|o|ri[1] der, -[s]/-[s]: *Ureinwohner Neuseelands* ‖ **Ma|o|ri**[2] die, -/-[s] ‖ **Ma|o|ri**[3] das, -[s]: *die Sprache der Maoris*

Map|pe die, -/-n: Dokumente in einer M. aufbewahren

Mär die, -/-en, *auch:* Märe, -/-n (geh.): *Sage, Nachricht;* es geht die Mär *(man erzählt); aber:* → Mähre

Ma|ra|bu der, -s/-s ⟨arab.-port.-engl.⟩: *ein Vogel*

Ma|ra|cu|ja [-k-] die, -/-s ⟨indian.-port.⟩: *eine tropische Obstart, Passionsfrucht*

Ma|rand|jo|sef (ugs.): *Maria und Josef, ein Ausruf [des Erschreckens]* ‖ **Ma|ran|ta|na** (mda.): *Maria und Anna, ein Ausruf [des Erschreckens]*

Ma|ras|mus der, - ⟨gr.-lat.⟩ (Med.): *fortschreitender Verfall*

Ma|ra|thi das, -s: *eine Sprache in*

M

Indien
Ma|ra|thon der, -s/-s: *Kurzwort für Marathonlauf (nach einem griechischen Ort)* | *etwas sehr lange Dauerndes* || **Ma|ra|thon|lauf:** *ein Langstreckenlauf* || **Ma|ra|thon lau|fen = ma|ra|thon|lau|fen,** sie läuft Marathon, sie ist Marathon gelaufen/marathongelaufen || **Ma|ra|thon|sit|zung:** *endlose Sitzung* || **Ma|ra|thon|ver|an|stal|tung**
Mar|burg (Siedlungsname): M. an der Drau *(Stadt in Slowenien)* (slowen.: Maribor)
mar|ca|to [-k-] ⟨it.⟩ (Mus.): *betont*
Mar|cel [-s-]: *männl. Vorname (Markus)*
March die, -: *ein Nebenfluss der Donau in Tschechien, Niederösterreich, in der Slowakei* || **March|egg:** *Stadt in Niederösterreich*
Mär|chen das, -s/-: M. erzählen || **Mär|chen|buch** || **Mär|chen|er|zäh|ler** || **Mär|chen|er|zäh|le|rin** || **Mär|chen|ge|stalt** || **mär|chen|haft:** m. *(außergewöhnlich)* schön || **Mär|chen|land** || **Mär|chen|on|kel:** *Märchenerzähler* | *jemand, der erfundene Geschichten erzählt* || **Mär|chen|oper** || **Mär|chen|prinz** || **Mär|chen|prin|zes|sin** || **Mär|chen|tan|te:** *weibl. Form von Märchenonkel*
March|feld [auch: -'ɛ-]: *eine Ebene in Niederösterreich* || **March|feld|ka|nal** || **March|trenk:** *Marktgemeinde in Oberösterreich*
Mar|co [-k-]: *männl. Vorname (Markus)*
Mar|der der, -s/-: *ein Raubtier* || **Mar|der|fell** || **Mar|der|hund:** *ein Wildhund*
Mä|re → Mär
Ma|ren|de die, -/-n ⟨rom.⟩ (bes. SüdT): *Zwischenmahlzeit am Nachmittag* || **ma|ren|den** (bes. SüdT): *jausnen*
Mar|ga|re|te, *auch:* Margareta: *weibl. Vorname;* → Grete; → Margit; → Margot || **Mar|ga|re|ten:** *5. Bezirk Wiens*
Mar|ga|ri|ne die, -/-n ⟨gr.-fr.⟩: *Speisefett aus [überwiegend] pflanzlichen Bestandteilen*
Mar|ge [-ʃ, -ʒɛ] die, -/-n (bes. D): *Gewinnspanne*
Mar|ge|ri|te die, -/-n: *eine Blume*
mar|gi|nal ⟨lat.⟩: *am Rand befindlich; nebensächlich* || **Mar|gi|na|lie** [-i̯ɛ] die, -/-n: *Randbemerkung*
Mar|git = Mar|got: *weibl. Vorname (Margarete)* || **Mar|g|ret:** *weibl. Vorname (Margarete)*
Ma|ria = Marie: *weibl. Vorname;* → Mirl; → Mizzi || **Ma|ria Emp|fäng|nis = Ma|riä Emp|fäng|nis:** *Feiertag am 8. Dezember;* → unbefleckt || **Ma|ria|hilf:** *6. Bezirk Wiens* || **Ma|ria Him|mel|fahrt = Ma|riä Him|mel|fahrt:** *Feiertag am 15. August* || **Ma|ria Mus|ter|frau:** *weibl. Beispielname zu* → *Max Mustermann* || **ma|ri|a|nisch:** *auf die hl. Maria bezogen* || **Ma|ri|an|ne:** *weibl. Vorname* || **ma|ria-the|re|si|a|nisch:** *von Maria-Theresia (1740–1780) oder aus ihrer Zeit stammend;* maria-theresianische Briefe; *aber:* die Maria-Theresianische Zeit; → theresianisch || **Ma|ria-The|re|si|en-Or|den:** *bis 1919 höchster österreichischer und ungarischer Militärorden* || **Ma|ria-The|re|si|en-Rit|ter:** *Träger des Maria-Theresien-Ordens* || **Ma|ria|the|re|si|en|ta|ler:** *eine Silbermünze* || **Ma|ria|trost:** *11. Bezirk von Graz* || **Ma|ria|zell:** *Stadt und Wallfahrtsort in der Steiermark* || **Ma|ria|zel|ler** (Adj.): M. Magenlikör || **Ma|ria|zel|ler Bahn = Ma|ria|zel|ler|bahn:** *Regionallinie zwischen St. Pölten und Mariazell* || **Ma|rie** = → Maria || **Ma|ri|en|bild** [-'i:(ɛ)n-] || **Ma|ri|en|kä|fer = Ma|ri|en|kä|ferl** das, -s/-[n] || **Ma|ri|en|kir|che** || **Ma|ri|en|ver|eh|rung**
Ma|ri|hu|a|na [-'hu̯a(:)-, auch: '-xu̯a(:)-] das, -s ⟨mexikanisch-span.⟩: *eine aus der Hanfpflanze gewonnene Rauschdroge*
Ma|ril|le die, -/-n ⟨rom.⟩: *ein Steinobst;* → Aprikose | (ugs., derb) einen Schuss/Wurm in der M. haben *(leicht verrückt, dumm sein)* || **Ma|ril|le|ler** der, -s/- (reg., zB SüdT): *Marillenschnaps* || **Ma|ril|len|baum** || **Ma|ril|len|brand** || **Ma|ril|len|fleck** der, -[e]s/-: *eine Mehlspeise* || **Ma|ril|len|geist:** *Marillenschnaps* || **Ma|ril|len|koch** das, -[e]s || **Ma|ril|len|knö|del** || **Ma|ril|len|kom|pott** || **Ma|ril|len|ku|chen** || **Ma|ril|len|li|kör:** Wachauer M. || **Ma|ril|len|mar|me|la|de** || **Ma|ril|len|rös|ter** || **Ma|ril|len|schnaps** || **Ma|ril|len|spal|te** || **Ma|ril|len|stru|del**
ma|rin ⟨lat.⟩: *zum Meer gehörig;* marine Pflanzen || **Ma|ri|na|de** die, -/-n: *Gewürzsauce, Dressing* || **Ma|ri|ne** die, -/-n: *Seewesen, Seefahrt, Handelsflotte eines Staates; Kriegsmarine* || **ma|ri|ne:** *marineblau* || **ma|ri|ne|blau:** *dunkelblau* || **Ma|ri|ne|of|fi|zier** || **Ma|ri|ne|sol|dat** || **Ma|ri|ne|uni|form** || **Ma|ri|neur** [-'nø:ə] der, -s/-e (veraltet): *Seemann* || **ma|ri|nie|ren:** marinierte *(in Marinade eingelegte)* Heringe
Ma|rio: *männl. Vorname* || **Ma|ri|on:** *weibl. Vorname*
Ma|ri|o|net|te die, -/-n ⟨fr.⟩: *eine Puppe mit beweglichen Gliedern* | (abw.) *willenloser Mensch* || **ma|ri|o|net|ten|haft** || **Ma|ri|o|net|ten|re|gie|rung** (Pol.): *von einer Fremdmacht gesteuerte Regierung* || **Ma|ri|o|net|ten|staat** (Pol.) || **Ma|ri|o|net|ten|the|a|ter**
ma|ri|tim ⟨lat.⟩: *das Meer, die Seefahrt betreffend*
Mark[1]: *männl. Vorname (Markus)*
Mark[2] das, -[e]s: *[weiches] Gewebe eines Organs oder in Knochen;* der Schrei ging mir durch M. und Bein *(berührte mich bes. unangenehm)*
Mark[3] die, -/- (früher): *eine Geldeinheit, zB in der Bundesrepublik Deutschland*
Mark[4] die, -/-en: die grüne M. *(Steiermark)* | (früher) *Grenzland;* karolingische Marken; die M. Brandenburg
mar|kant ⟨germ.-fr.⟩: markante *(scharf ausgeprägte)* Gesichtszüge

Mar|ke

die, -/-n: Marken *(Briefmarken)* sammeln | *Hundemarke* | *Messpunkt* | (bes früher) (Wirt.) *Warenzeichen*
Marke ist die gesetzliche Bezeichnung für einen Markennamen, auch Warenmarke genannt oder Warenzeichen (WZ, Wz.), Fabriksname oder eingetragene („registrierte") Marke (internationale Abkürzung: ®) bzw. unregistrierte Trademark (internationale Abkürzung: ™).

Mär|ke die, -/-n (veraltet): *Markierungszeichen [auf der Wäsche]* || **mär|ken:** die Wäsche m. *(sie kennzeichnen); aber:* → merken || **Mar|ken|ar|ti|kel:** *Qualitätsware* || **Mar|ken|na|me,** *auch:* **Mar|ken|na|men:** *Warenzeichen* || **Mar|ken|pro|dukt** || **Mar|ken|recht:** *ausschließliches Recht zum Gebrauch einer registrierten Marke* || **Mar|ken|samm|ler:** *Briefmarkensammler* || **Mar|ken|samm|le|rin** || **Mar|ken|schutz** → Handelsmarke || **Markenware** || **Markenzeichen:** *Warenzeichen*

Marker der, -s/- (engl.): *Markierstift, Leuchtstift*

Markerl das, -s/-[n] (ugs.): *Marke* | *Dienstmarke, Erkennungsmarke*

markerschütternd: ein markerschütternder *(bes. unangenehmer, entsetzlicher)* Schrei

Marketender der, -s/- (lat.-it.) (früher): *Truppen begleitender Händler, Gastwirt* || **Marketenderin** die, -/-innen: *Schnaps anbietende Begleiterin einer Trachtenmusikkapelle* | (früher) *Händlerin, die Truppen begleitet*

Marketing das, -s (engl.) (Wirt.): *Orientierung eines Unternehmens nach den Absatzmöglichkeiten*

Markgraf (Gesch.): *Fürst einer Grenzmark* || **Markgrafschaft**

markieren (germ.-fr.): einen Weg m. *(ihn [durch Farben] kennzeichnen);* eine Fahrkarte m. *(entwerten)* | (ugs.) eine Krankheit m. *(vortäuschen)* | (Sport) einen Gegenspieler m. *(genau decken)* || **Markierung** die, -/-en || **Markierungslinie** [-iɛ] || **markig:** *kernig, kräftig;* markige Sprüche

märkisch: *brandenburgisch*

Markise die, -/-n (germ.-fr.): *ein aufrollbares Sonnenschutzdach; aber:* → Marquise

Markknochen || **Markknödel:** *eine Suppeneinlage*

Markomanne der, -n/-n (Gesch.): *Angehöriger eines germanischen Volksstammes* || **Markomannin** die, -/-innen (Gesch.)

Markör = Marqueur [-'køːə] der, -s/-e (germ.-fr.) (veraltet): *Zahlkellner in Cafés*

Markschöberl: *eine Suppeneinlage*

Markstein: *Grenzstein; Wendepunkt*

Markt der, -[e]s/Märkte: auf dem M. einkaufen | ein neues Produkt auf den M. bringen/*sal. auch:* werfen; den M. erobern | *größere Ortschaft, Marktgemeinde* || **Marktamt:** *Behörde für Lebensmittelkontrolle* || **Marktanalyse** [-lyː-]: *Analyse der Marktlage* || **Marktanteil:** der M. einer Firma, eines Produkts || **Marktaufsichtsorgan** (Amtsspr.) || **Marktbefragung** || **marktbeherrschend:** das Unternehmen ist m. *(es dominiert auf dem Markt)* || **Markteinschätzung** || **Markterhebung:** *Ernennung eines Ortes zum Markt* || **Marktfahrer:** *Wanderhändler* || **Marktfahrerin** || **Marktfierant** [-fir-, auch: -fiɛ-] (ostöst., veraltet): *Marktfahrer* || **Marktfierantin** || **Marktflecken:** *größere Ortschaft* || **Marktforschung:** *wissenschaftliche Untersuchung des Warenmarktes* || **Marktforschungsinstitut** [-st-] || **Marktführer:** *den Markt beherrschende Firma, beherrschendes Produkt* || **Marktführerin** || **Marktführerschaft** die, - || **Marktgemeinde:** *größere Ortschaft mit Marktrecht* || **marktgerecht** || **Markthalle** || **Marktkapitalisierung** (Wirt.): *Wert eines Unternehmens gemäß dem Kurs der Aktien* || **Marktkommissär:** *Marktaufsichtsorgan* || **Marktkommissärin** || **Marktlage** (Wirt.): *Wirtschaftslage* || **Marktleader** [-liːdə] (Wirt.): *Marktführer* || **Marktlücke:** *das Fehlen [eines Produkts] im Angebot* || **Marktnische** || **Marktordnung** (Wirt.): *Bestimmung über die Wettbewerbsbedingungen, zB Preis, Angebot* || **Marktplatz** || **Marktpreis:** *am freien Markt erzielbarer Preis* || **Marktrecht** || **Marktschreier** der, -s/- (abw.): *Markthändler, der laut und aufdringlich seine Waren anpreist* || **Marktschreierin** die, -/-innen (abw.) || **marktschreierisch:** etwas m. *(wie ein Jahrmarktsausrufer)* anpreisen || **Marktstand:** *Verkaufsstand* || **Markttag:** Donnerstag ist M. || **marktüblich** || **Marktversorgung** || **Marktwert:** *derzeitiger Wert einer Ware* || **Marktwirtschaft:** *nur von Angebot und Nachfrage bestimmte Wirtschaft;* freie M.; soziale M.; → Planwirtschaft || **marktwirtschaftlich**

Markus: *männl. Vorname;* → Mark || **Markusevangelium** [-v-, -f-]: *Evangelium nach dem Evangelisten Markus*

Märlein das, -s/- (veraltet): *Märchen*

Marlene: *weibl. Vorname* || **Marlies,** *auch:* Marlis: *weibl. Vorname*

Marmelade die, -/-n (gr.-lat.-port.): *süßes Mus aus eingekochtem Obst;* → Konfitüre || **Marmeladebrot** || **Marmeladeglas** || **Marmeladesemmel** || **Marmeladinger** der, -s/- (scherzh., veraltet): *Bezeichnung für einen [Nord]deutschen* || **Marmeladepalatschinke**

Marmor der, -s/-e (gr.-lat.): *ein Kalkgestein* || **Marmorbüste** || **Marmorgugelhupf** || **marmoriert:** *marmorartig gemustert* || **Marmorkuchen:** *marmorierter Kuchen* || **marmorn:** eine marmorne Wandverkleidung || **Marmorsaal**

marod (fr.) (veraltend): *leicht erkrankt* | ein marodes *(abgewirtschaftetes)* Unternehmen || **Marodeur** [-'døːə] der, -s/-e (veraltet): *plündernder Nachzügler einer Truppe* || **marodieren**

Marokkaner der, -s/- || **Marokkanerin** die, -/-innen || **Marokko:** *ein Staat in Afrika*

Maroni die, -/- (it.): *Frucht der Edelkastanie* || **Maronibrater** der, -s/- || **Maronibraterin** die, -/-innen

Marotte die, -/-n (fr.): *wunderliche Eigenheit*

Marqueur [-'køːə] = → Markör

Marquis [-'kiː] der, - [auch: -'kiːs]/- [-'kiːs] (germ.-fr.): *Markgraf* || **Marquise** [-s, -zɛ] die, -/-n: *ein Adelstitel; aber:* → Markise

Mars[1]: *römischer Gott des Krieges* || **Mars**[2] der, -: *ein Planet*

marsch: „Hinaus, marsch!" || **Marsch**[1] der, -[e]s/Märsche: ein weiter M. *(eine lange Fußwanderung)* | *ein Musikstück*

Marsch[2] die, -/-en: *[durch Deiche geschütztes] fruchtbares Schwemmland an der Nordsee;* → Geest

Marschall der, -s/-schälle: *höchster militärischer Dienstgrad* | (früher) *ein Hofwürdenträger* || **Marschallin** die, -/-innen: *Frau eines Marschalls*

Marschbefehl (Mil.) || **marschbereit** (Mil.) || **Marschflugkörper** (Mil.): *niedrig fliegende Boden-Boden-Rakete, Cruisemissile* || **Marschgepäck** (Mil.) || **marschieren** || **Marschierer** der, -s/- (ugs.): *Wanderer* | *Demonstrant* || **Marschiererin** die, -/-innen (ugs.) || **Marschkolonne** || **Marschmusik** || **Marschroute** [-ruːtɛ]: *Marschrichtung, Weg*

Marseillaise [-sɛ'jɛːz(ɛ)] die, -: *die französische Nationalhymne*

Marshallplan [-ʃ-] der, -[e]s: *amerikanisches Hilfsprogramm zum Wiederaufbau Westeuropas nach dem Zweiten Weltkrieg;* → ERP

M

Mars|mensch: *Außerirdischer* ‖ **Mars|mond** ‖ **Mars|son|de**
Mar|stall (früher): *fürstliche Pferdestallungen*
Mar|ter die, -/-n: *Qual, Folter* ‖ **Mar|terl** das, -s/-[n]: *Kreuz, Bildstock [zum Gedenken]* ‖ **mar|tern:** Sorgen m. *(quälen)* mich ‖ **Mar|ter|pfahl** ‖ **Mar|ter|tod**
Mar|tha, *auch:* Marthe: *weibl. Vorname*
mar|ti|a|lisch [-tsi-] ⟨lat.⟩ (geh.): *kriegerisch, Furcht einflößend*
Mar|tin: *männl. Vorname* ‖ **Mar|ti|na:** *weibl. Vorname* ‖ **Mar|ti|ni:** *Festtag (11. November) des hl. Martin, des Landespatrons des Burgenlandes;* zu M. *(am Martinitag)* ‖ **Mar|ti|ni|gans** = **Mar|ti|ni|gansl:** *Gans, die zu Martini gegessen wird* ‖ **Mar|ti|ni|lo|ben** das, -s: *ein burgenländischer Brauch (B, N)* ‖ **Mar|ti|ni|tag**
Mär|ty|rer [-ty-, -ti-] der, -s/- ⟨gr.-lat.⟩: *jemand, der für seine religiöse oder politische Überzeugung leidet; Blutzeuge* ‖ **Mär|ty|re|rin** die, -/-innen ‖ **Mär|ty|rer|tod** ‖ **Mar|ty|ri|um** das, -s/Martyrien: *Opfertod; langes, qualvolles Leiden*
Mar|xis|mus der, -: *eine sozialistische Gesellschaftstheorie (nach dem Philosophen Karl Marx)* ‖ **Mar|xis|mus-Le|ni|nis|mus:** *eine politische Richtung* ‖ **Mar|xist** der, -en/-en ‖ **Mar|xis|tin** die, -/-innen ‖ **mar|xis|tisch**
März der, -[es] [geh.: des Märzen]/-e ⟨lat.⟩: *der dritte Monat* ‖ **Mär|zen|be|cher:** *Bezeichnung für verschiedene Frühlingsblumen, zB Frühlingsknotenblume, Narzisse* ‖ **Mär|zen|bier:** *Bier einer besonderen Geschmacksrichtung* ‖ **Märzge|fal|le|ne** der, -n/-n, ein Märzgefallener (Gesch.): *Opfer der Revolution in Wien vom März 1848*
Mar|zi|pan der = das, -[e]s/-e ⟨it.⟩: *eine Mandelmasse* ‖ **Mar|zi|pan|figur**
März|re|vo|lu|ti|on [-v-tsi-] (Gesch.): *Revolutionen im März 1848 | erste Revolution in Russland 1917* ‖ **März|veil|chen** die (Pl.) (sal.) (Gesch.): *österreichische Opportunisten nach dem deutschen Einmarsch im März 1938*
MAS [ɛm a 'ɛs]: **M**aster of **A**dvanced **S**tudies *(ein akademischer Grad)*
Mas|ca|ra [-sk-] die, -/-s, *auch:* der, das, -s/-s ⟨it.⟩: *Wimperntusche*
Mas|ca|ri|no [-sk-] der, -[s]/-[s] [Mascarini] ⟨pseudoit.⟩ (Wz.): *in Österreich hergestellter, dem Mascarpone ähnlicher österreichischer Frischkäse* ‖ **Mas|car|po|ne** der, -[s]/-[s] [Mascarponi] ⟨it.⟩: *ein Frischkäse*
Ma|schans|ker = **Ma|schanz|ker** der, -s/- ⟨tschech.⟩: *eine Apfelsorte*
Ma|sche die, -/-n: *Schleife, Schlinge* | (ugs.) *[Geschäfts]trick*
Ma|schee = Maché [-'ʃeː] das, -s/-s ⟨fr.⟩: *Papiermaschee*
Ma|schek|sei|te = Maschikseite die, - ⟨ung.⟩ (W, ugs.): von der M. *(von der falschen, von der Rückseite, von hinten herum)* kommen
Ma|schen|draht: *Drahtgeflecht* ‖ **Ma|schen|draht|zaun**
Ma|scherl das, -s/-[n]: *kleine Masche | um den Hemdkragen gebundene Schleife*
Ma|schik|sei|te = → Maschekseite
Ma|schi|ne die, -/-n ⟨gr.-fr.⟩: von einer M. betrieben | *Flugzeug* | *Motorrad* | (veraltend) *Schreibmaschine;* schreib den Brief auf/mit der M.; M. schreiben = → maschinschreiben; ‖ **ma|schi|nell:** m. *(mit einer Maschine)* erzeugte Waren ‖ **Ma|schi|nen|bau** ‖ **Ma|schi|nen|ein|satz** ‖ **Ma|schi|nen|fa|brik** ‖ **Ma|schi|nen|ge|wehr** (MG) ‖ **Ma|schi|nen|hal|le** ‖ **Ma|schi|nen|öl** ‖ **Ma|schi|nen|park:** *die Maschinen eines Betriebes* ‖ **Ma|schi|nen|pis|to|le** (MP) ‖ **Ma|schi|nen|raum** ‖ **Ma|schi|nen|scha|den** ‖ **Ma|schi|nen|schlos|ser** ‖ **Ma|schi|nen|schlos|se|rin** ‖ **Ma|schi|nen|steu|er** ‖ **Ma|schi|nen|stür|mer** die (Pl.): *eine Bewegung im frühen 19. Jh.* ‖ **Ma|schi|nen|zeit|al|ter** ‖ **Ma|schi|ne|rie** die, -/-n: *zusammenarbeitende Maschinen; Räderwerk* ‖ **Ma|schi|nist** der, -en/-en: *Arbeiter, der Maschinen bedient und überwacht* ‖ **Ma|schi|nis|tin** die, -/-innen ‖ **ma|schin|nä|hen,** maschingenäht: *auf/mit der Maschine nähen* ‖ **ma|schin|schrei|ben** = Maschine schreiben/ich habe maschin[en]geschrieben (= Maschine geschrieben) (veraltend): ein maschin[en]geschriebener Brief; → Maschine ‖ **Ma|schin|schreib|kurs** ‖ **Ma|schin|schreib|sei|te** ‖ **Ma|schin|schrift** die, - ‖ **ma|schin|schrift|lich** ‖ **Ma|schin|sem|mel:** *mit der Maschine geformte Semmel;* → G.: Handsemmel ‖ **ma|schin|stri|cken,** maschingestrickt
Ma|sel das, -s = **Ma|sen** die, - ⟨jidd.⟩ (ugs.): ein M. *(Glück)* haben
Ma|ser ['meɪ-, 'maː-] der, -s/- (Phys.): *Gerät zur Erzeugung und Verstärkung von Mikrowellen*
Ma|sern die (Pl.): *eine ansteckende Krankheit*
Ma|se|rung die, -/-en: die M. *(Zeichnung)* des Holzes; → gemasert
Mas|ke die, -/-n ⟨it.-fr.⟩: sie trägt eine M. *(Gesichtslarve);* die M. fallen lassen *(sich nicht mehr verstellen)* | *das geschminkte Gesicht eines Schauspielers* ‖ **Mas|ken|ball** ‖ **Mas|ken|bild|ner** der, -s/-: *Schminkmeister bei Theater, Film usw.* ‖ **Mas|ken|bild|ne|rin** die, -/-innen ‖ **mas|ken|haft** ‖ **Mas|ke|ra|de** die, -/-n: *scherzhafte Verkleidung, Maskenfest* ‖ **mas|kie|ren:** *das Gesicht [mit einer Maske] verändern; kostümieren;* → G.: demaskieren ‖ **Mas|kie|rung** die, -/-en
Mas|kott|chen das, -s/- ⟨fr.⟩: *ein Glücksbringer*
mas|ku|lin [auch: -'iːn] ⟨lat.⟩: *männlich* ‖ **Mas|ku|li|num** das, -s (Gramm.): *männliches grammatisches Geschlecht* | (mit Pl. Maskulina) *Nomen, das diesem Geschlecht angehört*
Ma|so|chis|mus der, -: *Lust am Erdulden von Misshandlungen (nach dem österreichischen Schriftsteller Leopold von Sacher-Masoch);* → Sadismus ‖ **Ma|so|chist** der, -en/-en ‖ **Ma|so|chis|tin** die, -/-innen ‖ **ma|so|chis|tisch**
maß → messen
Maß[1] das, -es/-e: sie hat das rechte Maß gehalten; → Maß halten = maßhalten; ohne Maß und Ziel *(ohne zu überlegen);* in Maßen *(maßvoll)* essen | jemandem Maß nehmen *(die Körpermaße abmessen)* | über alle Maßen *(übermäßig)* enttäuscht sein ‖ **Maß**[2] die, -/- (reg.): *ein altes Hohlmaß;* drei Maß *(Liter)* Bier | *Maßkrug*
Mas|sa|chu|setts [mæ-'tʃuː-]: *Bundesstaat der USA*
Mas|sa|ge [-'aːʃ, -ʒɛ] die, -/-n ⟨arab.-fr.⟩: *das Massieren, eine Heilbehandlung;* → Masseur ‖ **Mas|sa|ge|sa|lon**
Mas|sa|ker das, -s/- ⟨fr.⟩: ein M. *(Gemetzel, Blutbad)* veranstalten

M

|| **massakrieren:** *brutal umbringen* || **Massakrierung** die, -/-en

Maßangabe || **Maßanzug** || **Maßarbeit:** der Anzug ist M. *(nach Maß gemacht);* G.: → Konfektion

Masse die, -/-n: eine klebrige M. | etwas in Massen *(in großer Menge)* erzeugen; in Massen *(sehr viel)* essen | (Phys.) *Eigenschaft, im Schwerefeld Gewicht anzunehmen* | (Küchenspr.) *Kurzwort für Teigmasse* | (Wirt.) *Kurzwort für Konkursmasse* | (Jus) *Kurzwort für Erbmasse* || **Masseforderung** (Wirt.): *bevorrechtete Forderung in der Insolvenz, bes. Kosten für Verfahren und Masseverwalter*

Maßeinheit: *Meter, Liter, Sekunde ua.*

Massel das, -s (D): → *Masel*

Massenabfertigung || **Massenandrang** || **Massenartikel:** *industriell hergestellte Ware* || **Massenbeförderungsmittel** || **Massenblatt** || **Massenerzeugung** || **Massenfabrikation** [-tsi̯-] || **Massenfertigung** || **Massenflucht** || **Massengesellschaft** (Soz.): *Gesellschaft, für die Anonymität und Nivellierung charakteristisch ist* || **Massengrab** || **Massengut** (Wirt.) || **Massenguttransport** || **massenhaft** || **Massenhinrichtung** || **Massenhysterie** [-hy-riː] || **Massenkarambolage** [-aːʃ, -ʒɛ]: *Massenzusammenstoß* || **Massenmedium:** *Fernsehen, Hörfunk, Presse uÄ* || **Massenmord** || **Massenmörder** || **Massenmörderin** || **Massenprotest** (meist Pl.) || **Massenpunkt** (Phys.): *hypothetischer Körper ohne Ausdehnung* || **Massenquartier** || **Massensendung:** *in hoher Stückzahl aufgegebene [Post]sendung* || **Massensport** || **Massensterben** || **Massentourismus** [-tu-] || **Massentierhaltung** || **Massenveranstaltung** || **Massenverkehrsmittel** || **Massenware** || **massenweise** || **Massenzahl** (Phys.): *Anzahl der Protonen und Neutronen in einem Atomkern*

Massette die, -/-n (veraltet) ⟨it.⟩: *Abreißblock [für Eintrittskarten]*

Masseur [-ˈsøːɐ̯] der, -s/-e ⟨arab.-fr.⟩: *jemand, der massiert;* → Massage || **Masseurin** die, -/-innen = **Masseuse** [-søːs, -zɛ], -/-n: Heilmasseuse

Massevermögen (Wirt.): *Vermögen der Konkursmasse oder des Nachlasses* || **Masseverwalter** (Jus): *vom Gericht im Konkursverfahren bestellter Verwalter der Konkursmasse* || **Masseverwalterin**

Maßgabe die, -: nach M. der vorhandenen Mittel; mit der M., dass ... || **maßgebend:** der maßgebende Sachverständige || **maßgeblich:** sein Urteil ist m. *(ausschlaggebend)* || **maßgefertigt** || **maßgerecht** || **maßgeschneidert:** ein maßgeschneiderter Anzug || **Maß halten** = **maßhalten,** ich hielt Maß/maß, sie hat Maß gehalten/maßgehalten: *sich mäßigen*

massieren[1] ⟨arab.-fr.⟩: sich m. *(die Muskeln fachgemäß kneten)* lassen; → Massage

massieren[2] ⟨lat.-fr.⟩ (Mil.): Truppen m. *(zusammenziehen)* || **Massierung** die, -/-en (Mil.)

massig: eine massige *(wuchtige)* Gestalt

mäßig: m. *(nicht zu viel)* essen; mäßige *(nicht zu hohe)* Preise || **mäßigen:** seinen Zorn m.; sich beim Essen m. *(zurückhalten, beherrschen)* || **Mäßigkeit** die, - || **Mäßigung** die, -/-en

massiv ⟨lat.-fr.⟩: ein massiver *(sehr wuchtiger)* Tisch; eine massive *(nicht hohle, sondern volle)* Eisenstange | ein massiver *(konzentrierter, heftiger)* Angriff || **Massiv** das, -s/-e [-fɛ, -vɛ]: *Gebirgsmassiv* || **Massivbau** der, -[e]s/-ten || **Massivbauweise** die, -: ein Haus in M. *(zB aus Beton oder Ziegelsteinen)* || **Massivholz**

Maßkrug: *1-l-Bierkrug;* → Maß[2] || **maßlos** || **Maßlosigkeit** die, - || **Maßnahme** die, -/-n: geeignete Maßnahmen ergreifen/treffen/setzen *(Entsprechendes veranlassen)* || **Maßnahmenbeschwerde** (Jus): *Beschwerde vor dem UVS gegen Maßnahmen der Polizei (ausgenommen Bescheide)* || **Maßnahmenbündel** || **Maßnahmenkatalog** || **Maßnahmenpaket** || **Maßregel:** *Maßnahme, Vorschrift* || **maßregeln,** gemaßregelt: *tadeln, rügen* || **Maßschneiderei** || **Maßstab** || **maßstabgetreu** || **maßstäblich:** eine maßstäbliche Darstellung || **Maßstabsleiste** || **Maßsystem** [-zy-] || **maßvoll** || **Maßwerk** das, -[e]s: *Verzierungen an gotischer Architektur*

Mast[1] der, -[e]s/-en [-e]: *senkrechte Befestigungsstange [aus Metall, Holz];* Schiffsmast; Fahnenmast

Mast[2] die, -/-en: *Mästung*

Mastbaum: *Schiffsmast*

Mastdarm: *letzter Teil des Darms*

mästen: ein Schwein m.

Master der, -s/- ⟨lat.-engl.⟩: *ein akademischer Grad* || **Masterin** die, -/-innen || **Mastermind** [-maɪnd] der, -s/-s: *führender Kopf, treibende Kraft [in einer Firma, Partei]* || **Masterplan:** *ausführliche Planung, Maßnahmenkatalog* || **Masterstudium** [-ʃt-]

Mastfutter

Mastix [-st-] der, -s ⟨gr.-lat.⟩: *aus einem mediterranen Strauch gewonnenes Harz*

Mastkorb: *am Schiffsmast angebrachter Aussichtsstand*

Mastochs [-ks] = **Mastochse** || **Mastschwein:** *gemästetes Schwein* || **Mästung** die, -/-en

Masturbation [-tsi̯-] die, -/-en ⟨lat.⟩ (Med.): → *Onanie* || **masturbieren**

Mastvieh

Masurka → Mazurka

Matador[1] das, -s (Wz.): *ein Holzbauspielzeug*

Matador[2] der, -s/-e ⟨span.⟩: *Stierkämpfer* || **Matadorin** die, -/-innen

Match [mɛtʃ, engl.: -æ-] das, -[s] [Matches]/-s [-e] ⟨engl.⟩: *ein sportliches Wettspiel* || **Matchball** (Sport): *entscheidender Ball [im Tennis]* || **Matchstrafe** (Sport) || **Matchuhr**

Mate der, -[s]/-[s] ⟨indian.⟩: *eine Pflanzenart* | *Kurzwort für Matestrauch, Mategetränk, Matetee uÄ*

material ⟨lat.⟩ (Phil.): *inhaltlich;* → formal || **Material** das, -s/-ien [-i̯ən]: *[Roh]stoff* | *Unterlagen, Daten;* wissenschaftliches M. || **Materialermüdung:** *Materialalterung* || **Materialfehler** || **materialgerecht** || **materialisieren** || **Materialismus** der, -: *das Streben nach Besitz* | *eine philosophische Richtung* || **Materialist** der, -en/-en || **Materialistin** die, -/-innen || **materialistisch** || **Materialkosten** die (Pl.) || **Materialschlacht:** *Schlacht oder sportlicher Wettkampf mit großem Materialeinsatz* || **Materialseil-**

bahn ‖ **Ma|te̱|rie** [-i̯ɛ] die, -/-n: *[Ur]stoff; Sachbereich* ‖ **ma|te|ri|e̱ll:** *stofflich;* → G.: immateriell | *auf Gewinn bedacht* | (Jus) materielles Recht *(auf den Inhalt der Rechtsordnung bezogenes, sachbezogenes Recht, zB Zivilrecht);* → G.: formelles Recht ‖ **ma|te|ri|e̱ll|recht|lich** (Jus)

Ma|ter|ni|tä̱t die, - ⟨lat.⟩ (Med.): *Mutterschaft*

Ma̱|te|strauch ⟨indian.+dt.⟩ ‖ **Ma̱|te|tee:** *koffeinhältiges Getränk aus Blättern des Matestrauchs;* → Mate

Ma̱|the ⟨gr.⟩ (ugs., Jug.): *Kurzwort für Mathematik* ‖ **Ma|the|ma̱|tik** die, -: *Wissenschaft von den Zahlen und Raumgrößen* ‖ **Ma|the|ma̱|ti|ker** der, -s/- ‖ **Ma|the|ma̱|ti|ke|rin** die, -/-innen ‖ **Ma|the|ma̱|tik|leh|rer** ‖ **Ma|the|ma̱|tik|leh|re|rin** ‖ **Ma|the|ma̱|tik|un|ter|richt** ‖ **ma|the|ma̱|tisch** ‖ **ma|the|ma|ti|si̱e̱|ren:** ein Problem m. *(in mathematische Form bringen)*

Ma|thi̱l|de: *weibl. Vorname*

Ma|ti|ne̱e̱ die, -/-n ⟨lat.-fr.⟩: *eine [künstlerische] Vormittagsveranstaltung*

Ma̱t|jes|he|ring ⟨niederl.⟩: *gesalzener junger Hering*

Ma|tra̱t|ze die, -/-n ⟨arab.-rom.⟩ ‖ **Ma|tra̱t|zen|la|ger:** *behelfsmäßige Schlafgelegenheit auf Matratzen*

Mä|tre̱s|se [-s(ɛ)] die, -/-n ⟨fr.⟩: *Geliebte [eines hochgestellten Mannes]*

ma|tri|ar|cha̱|lisch ⟨gr.-lat.⟩ ‖ **Ma|tri|ar|cha̱t** das, -[e]s/-e: *Mutterherrschaft, Mutterrecht;* → Patriarchat

Ma|tri̱k die, -/-en = **Ma|tri̱|kel,** -/-n ⟨lat.⟩ (Amtsspr.): *Personenstandsverzeichnis* ‖ **Ma|tri̱|ken|buch** (Amtsspr.): *vom Standesamt (früher: Pfarramt) geführtes Verzeichnis der Geburten, Heiraten und Sterbefälle*

ma|tri|mo|ni|a̱l ⟨lat.⟩: *zur Ehe gehörig*

Ma̱|trix die, -/Matri̱zen ⟨lat.⟩ (Math.): *eine rechteckige Anordnung von Zahlen* ‖ **Ma̱|trix|dru|cker** (EDV): *Nadeldrucker* ‖ **Ma|tri̱|ze** die, -/-n: *eine Hohlform zum Guss von Buchstaben* | (früher) *Wachsvorlage, von der Abzüge gemacht werden können*

Ma|tro̱|ne die, -/-n ⟨lat.⟩ (geh., veraltet): *ehrwürdige, ältere Frau*

Ma|tro̱|se der, -n/-n ⟨niederl.-fr.⟩: *Seemann* ‖ **Ma|tro̱|sen|an|zug** ‖ **Ma|tro̱|sen|müt|ze**

ma̱tsch (ugs.): *erschöpft* ‖ **Ma̱tsch** der, -[e]s: *breiiger [Straßen-]schmutz* | *wässriger Schnee* ‖ **ma̱t|schig**

Matsch|ker [auch: ˈmɒ-] der, -s/- (ostöst., mda.) ⟨tschech.⟩: *breiige Masse* ‖ **matsch|kern** (ostöst., mda.): *Tabak kauen* | *nörgeln, raunzen*

Ma̱tsch-und-Schne̱e̱-Rei|fen (M-und-S-Reifen) ‖ **Ma̱tsch|wet|ter**

ma̱tt: *müde, kraftlos* | *glanzlos* | *schachmatt;* den Gegner beim Schachspiel m. setzen (= mattsetzen) *(ihn besiegen); aber:* → mattsetzen ‖ **Ma̱tt** das, -[s]/-[s]: *Schachmatt*

Ma̱t|te[1] die, -/-n (bes. CH, geh.): *Wiese, Weide im Gebirge*

Ma̱t|te[2] die, -/-n: *Fußabstreifer, Unterlage* ‖ **Ma̱t|ten|schan|ze** (Sport) ‖ **Ma̱t|ten|sprin|gen**

Mat|te̱o: *männl. Vorname (Matthäus)*

Ma̱t|ters|burg (Kfz: MA): *Stadt im Burgenland*

Ma̱tt|glas ‖ **Ma̱tt|gold** ‖ **ma̱tt|gol|den:** eine mattgoldene Halskette

Mat|thä̱i (nur in der Wendung): bei jemandem ist M. am Letzten *(jemand ist [finanziell] am Ende)* ‖ **Mat|thä̱|us** [-ˈɛːu-]: *männl. Vorname* ‖ **Mat|thä̱|us|evan|ge|li|um** [-v-, -f-]: *Evangelium nach dem Evangelisten Matthäus* ‖ **Mat|thi̱|as:** *männl. Vorname;* → Hias

mat|ti̱e̱|ren: *matt, glanzlos machen;* mattiertes Gold ‖ **Mat|ti̱e̱|rung** die, -/-en ‖ **Ma̱t|tig|keit** die, -: *das Erschöpftsein* ‖ **Ma̱tt|schei|be:** *Glasscheibe zum Scharfeinstellen in der Kamera* | *Bildschirm des Fernsehapparates* | (ugs.) [eine] M. haben *(nicht begreifen; benommen sein)* ‖ **ma̱tt|set|zen:** den Konkurrenten m. *(handlungsunfähig machen); aber:* jemanden im Schachspiel matt setzen (= mattsetzen)

Ma|tu̱r die, -/Maturen ⟨lat.⟩ (CH): *Kurzwort für Maturitätsprüfung; Matura* ‖ **Ma|tu̱|ra** die, -/Maturen: *Reifeprüfung an höheren Schulen* ‖ **Ma|tu̱|ra|auf|ga|be** ‖ **Ma|tu̱|ra|ball** ‖ **Ma|tu̱|ra|di|plom** (SüdT, ugs.): *Reifeprüfungszeugnis* ‖ **Ma|tu̱|ra|fei|er** ‖ **Ma|tu̱|ra|jahr|gang** ‖ **Ma|tu̱|ra|ju|bi|lä|um** ‖ **Ma|tu̱|ra|klas|se** ‖ **Ma|tu̱|ra|kol|le|ge** ‖ **Ma|tu̱|ra|kol|le|gin** ‖ **Ma|tu̱|ra|ni|veau** [-ˌvoː] ‖ **Ma|tu|ra̱nt** der, -en/-en: *jemand, der die Matura ablegt oder abgelegt hat* ‖ **Ma|tu|ra̱n|tin** die, -/-innen ‖ **Ma|tu̱|ra|rei|se** ‖ **Ma|tu̱|ra|schu|le:** *private Kurse, die auf eine Reifeprüfung für Externisten vorbereiten* ‖ **Ma|tu|ra|ti|o̱n** [-tsi̯-] die, - (fachspr.): *Reifung, Reifeprozess;* die M. des Weines ‖ **Ma|tu̱|ra|tref|fen** ‖ **Ma|tu̱|ra|vor|be|rei|tung** ‖ **Ma|tu|ra|vor|schrift** ‖ **Ma|tu̱|ra|vor|sitz** ‖ **Ma|tu̱|ra|vor|sit|zen|de** ‖ **Ma|tu̱|ra|zeug|nis:** *Reifeprüfungszeugnis* ‖ **ma|tu|ri̱e̱|ren** ‖ **Ma|tu|ri|tä̱ts|prü|fung** (CH): *Reifeprüfung;* → Matur

Mä̱tz|chen das, -s/- (meist Pl.): M. machen *(Ausflüchte suchen, Geschichten machen)*

Ma̱t|ze die, -/-n = **Ma̱t|zen** der, -s/- ⟨hebr.-jidd.⟩: *Mazzes*

Ma̱u̱|er die, -/-n: eine M. aus Beton | (sal.) jemandem die M. machen *(jemanden gegen Anschuldigungen decken)* | (Sport) *Abwehrkette bei Freistößen* | (Geogr.) *Steilabfall* ‖ **Ma̱u̱|er|blüm|chen** (meist scherzh.): *Mädchen, das selten zum Tanz aufgefordert oder zu wenig beachtet wird* ‖ **Ma̱u̱|er|ei|dech|se** [-ks-]: *eine heimische Eidechsenart* ‖ **Ma̱u̱|er|ha|ken** ‖ **Ma̱u̱|er|kat|ze:** *Veitschi* ‖ **Ma̱u̱|er|kral|le:** *ein Werkzeug* ‖ **Ma̱u̱|er|kro|ne:** *Oberrand der Mauer [mit Zinnen]* | (im Wappen) *Symbol der Städte, Bürger* ‖ **ma̱u̱|ern:** *eine Mauer aufbauen* | (ugs.) *abwehren; jemanden gegen Anschuldigungen decken* ‖ **Ma̱u̱|er|prat|ze:** *ein Werkzeug, Mauerkralle* ‖ **Ma̱u̱|er|seg|ler:** *ein Vogel* ‖ **Ma̱u̱|er|vor|sprung** ‖ **Ma̱u̱|er|werk** ‖ **Ma̱u̱|er|zie|gel**

Ma̱u̱l das, -[e]s/Mäuler: *Mund bei Tieren* | (derb) *Mund* ‖ **Ma̱u̱l|af|fen** die (Pl.) (scherzh., veraltet) (nur in der Wendung): M. feilhalten *(mit offenem Mund herumstehen und gaffen)*

Ma̱u̱l|beer|baum: *ein Obstbaum* ‖ **Ma̱u̱l|bee|re:** *Frucht des Maulbeerbaums*

ma̱u̱|len (ugs.): *nörgeln, raunzen, widersprechen*

Ma̱u̱l|esel: *Kreuzung zwischen Pferdehengst und Eselstute;* → Maultier

ma̱u̱l|faul (ugs.): ein maulfauler *(redefauler)* Mensch ‖ **Ma̱u̱l|held** (abw.): *Großsprecher* ‖ **Ma̱u̱l|hel|din** (abw.) ‖ **Ma̱u̱l|korb:** *Beißkorb;* ohne M. *(unbehindert, ohne Zensur)* ‖ **Ma̱u̱l|korb|er|lass** (sal.):

Anweisung, sich über etwas nicht oder nur in bestimmtem Sinn zu äußern ‖ **Maul|sper|re** (ugs.): *Kiefersperre* ‖ **Maul|ta|sche:** *eine Speise*
Maul|tier: *Kreuzung zwischen Esel und Pferdestute, Muli;* → Maulesel
Maul|trom|mel: *ein Zupfinstrument* ‖ **Maul- und Klau|en|seu|che:** *eine Krankheit [der Rinder und Schweine]* ‖ **Maul|wurf:** *ein Insektenfresser* | (sal.) *Spion in einer Firma, einer Institution oder im Geheimdienst* ‖ **Maul|wurfs|hau|fen** = **Maul|wurfs|hü|gel**
Mau-Mau das, -s: *ein Kartenspiel*
maun|zen, du maunzt (reg.): *raunzen* | *miauen*
Mau|re der, -n/-n ⟨gr.-lat.⟩ (veraltet): *nordafrikanischer bzw. spanischer Araber;* → maurisch
Mau|rer der, -s/- ‖ **Mau|rer|fäus|tel,** *auch:* **Mau|rer|fäustl:** *ein Werkzeug* ‖ **Mau|rer|hand|werk** ‖ **Mau|re|rin** die, -/-innen
mau|re|risch: *freimaurerisch*
Mau|rer|kel|le: *ein Werkzeug* ‖ **Mau|rer|klamp|fe:** *Bauklammer* ‖ **Mau|rer|kla|vier** [-v-] (ugs.): *Ziehharmonika* ‖ **Mau|rer|meis|ter** ‖ **Mau|rer|meis|te|rin** ‖ **Mau|rer|par|tie** ‖ **Mau|rer|po|lier** ‖ **Mau|rer|po|lie|rin**
mau|risch: maurische Architektur; → Maure
Maus die, -/Mäuse: *ein Nagetier;* Mäuse fangen | (EDV) *ein Steuerungsgerät beim Computer* | (ugs., abw.) eine graue M. *(unscheinbare, unauffällige Person)*
Mau|schel|lei die, -/-en (ugs., abw.) ‖ **mau|scheln,** ich mauschle (ugs.): *mit jiddischem Tonfall reden* | (ugs., abw.) *etwas heimlich vereinbaren, packeln*
mäus|chen|still ‖ **Mäu|se|bus|sard:** *ein Greifvogel* ‖ **Mau|se|fal|le,** *auch:* Mausfalle ‖ **Mäu|se|fraß** ‖ **Mau|se|loch,** *auch:* Mausloch ‖ **Mäu|se|nest,** *auch:* Mausnest
Mau|ser die, -: *Federwechsel der Vögel*
Mäu|se|rich der, -s/-e: *männliche Maus* ‖ **Mau|serl** das, -s/-[n]: *Mäuschen*
mau|sern: *das Federkleid wechseln;* mausernde Vögel | er hat sich gemausert *(sich zu seinem Vorteil entwickelt)*
mau|se|tot, *auch:* maustot: *ganz und gar tot* ‖ **Maus|fal|le** → Mausefalle ‖ **maus|grau:** *grau wie eine Maus* | *unscheinbar* ‖ **Maus|klick** (EDV): *Drücken der Maustaste* ‖ **Maus|loch** → Mauseloch ‖ **Maus|nest** → Mäusenest
Mau|so|le|um das, -s/Mausoleen [-ˈleː(ɛ)n]: *prunkvolles Grabmal, Grabkapelle (nach dem kleinasiatischen König Mausolos)*
Maus|pad [-pæd] (EDV): *Unterlage für die Computermaus* ‖ **Maus|tas|te** (EDV): *Taste auf der Computermaus*
maus|tot → mausetot
Maut die, -/-en: *Gebühr für die Benützung einer Straße oder einer Brücke* | (bes. ostöst., ugs.) *Trinkgeld* ‖ **Maut|au|to|bahn** ‖ **Maut|ein|he|bung:** *Kassieren, Abrechnen der Maut* ‖ **Maut|ein|nah|me** (meist Pl.)
Mau|tern an der Do|nau: *Stadt in Niederösterreich*
Maut|flücht|ling ‖ **maut|frei** ‖ **Maut|ge|bühr** ‖ **Maut|hau|sen:** *Stadt in Oberösterreich; im Zweiten Weltkrieg Ort eines der nationalsozialistischen Konzentrationslager* ‖ **Maut|in|kas|so** ‖ **Maut|ner** der, -s/-: *Mautkassier* | (früher) *Zöllner* ‖ **Maut|ne|rin** die, -/-innen ‖ **Maut|pflicht** ‖ **maut|pflich|tig** ‖ **Maut|pi|ckerl:** *Mautvignette* ‖ **Maut|stel|le** ‖ **Maut|sün|der** ‖ **Maut|sün|de|rin** ‖ **Maut|stra|ße** ‖ **Maut|ta|rif** ‖ **Maut|vi|gnet|te** [-vinjɛtə]: *Pickerl für die Autobahnbenützung*
mauve [moːf] ⟨fr.⟩: *malvenfärbig;* ein mauve *(auch:* mauves [ˈmoːvəs]) Kleid ‖ **Mauve** das, -[s]/-: *eine Farbe*
Max: *männl. Vorname (Maximilian)*
ma|xi ⟨lat.⟩ (sal.): *knöchellang (bei Kleidung);* m. gehen; → G.: mini
Ma|xi: *weibl. Vorname (Maximiliane)* | *männl. Vorname (Max, Maximilian)*
ma|xi|mal ⟨lat.⟩: die maximale *(höchste, größtmögliche)* Geschwindigkeit; → G.: minimal ‖ **Ma|xi|mal|be|trag:** *Höchstbetrag* ‖ **Ma|xi|mal|kos|ten** die (Pl.) ‖ **Ma|xi|mal|leis|tung** ‖ **Ma|xi|me** die, -/-n: nach bestimmten Maximen *(Grundsätzen)* leben ‖ **ma|xi|mie|ren:** *aufs Höchste steigern;* → G.: minimieren ‖ **Ma|xi|mie|rung** die, -/-en ‖ **Ma|xi|mi|li|an:** *männl. Vorname;* → Max; → Maxi ‖ **Ma|xi|mi|li|a|ne:** *weibl. Vorname;* → Maxi ‖ **Ma|xi|mum** das, -s/Maxima ⟨lat.⟩: *das Größte, Größtmögliche, die obere Grenze;* → G.: Minimum
Maxl der, -s/-[n] (ugs.): *irgendjemand, x-beliebige Person* | *Figur, Strichmännchen;* einen M. zeichnen ‖ **Max Mus|ter|mann,** *auch nur:* Mustermann: *Beispielname, fiktive Person in Ausfüllhilfen, Formularen usw.;* → Otto Normalverbraucher; → Maria Musterfrau
Ma|ya[1] [-ja] der, -[s]/-[s]: *Angehöriger eines mittelamerikanischen Indianervolks* ‖ **Ma|ya**[2] die, -/-[s]
May|day [ˈmeɪdeɪ] ⟨fr.-engl.⟩: *internationaler Funknotruf*
Ma|yo [-j-] = → Majo ‖ **Ma|yon|nai|se** [-jɔˈnɛːs, -zə] = → Majonäse
MAZ die, - (Technol.): **M**agnet[band]**a**uf**z**eichnung (fürs Fernsehen)
Ma|ze|do|ni|en: *eine griechische Landschaft* | (Kfz: MK) *ein Staat;* → Makedonien ‖ **Ma|ze|do|ni|er** der, -s/- ‖ **Ma|ze|do|ni|e|rin** die, -/-innen ‖ **ma|ze|do|nisch**
Mä|zen der, -s/-e ⟨lat.⟩: *Gönner, Förderer [von Dichtern, Künstlern und Forschern]* ‖ **Mä|ze|na|ten|tum** das, -s ‖ **Mä|ze|nin** die, -/-innen
Ma|zur|ka [-z-] die, -/-s [Mazurken], *auch:* Masurka ⟨poln.⟩: *polnischer Nationaltanz*
Ma|zes die (Pl.) ⟨hebr.-jidd.⟩: *ungesäuertes Brot im jüdischen Ritus*
MB [ɛm ˈbeː]: **M**ega**b**yte
MBA [ɛm bɪː ˈeɪ]: **M**aster of **B**usiness **A**dministration *(ein akademischer Grad)*
mbar: **M**illi**bar**
m. b. H. [ɛm be ˈhaː] = **mbH:** **m**it **b**eschränkter **H**aftung; → Gesellschaft m. b. H.
MBL [ɛm be ˈɛl]: **M**aster of **B**usiness **L**aw *(ein akademischer Grad)*
MC [ɛm ˈtseː]: **M**usik**c**assette
McJob [mækˈdʒɔp, engl.: -ˈdʒɒb] der, -s/-s ⟨engl.⟩ (sal.) (Wirt.): *kurzzeitiger [schlecht bezahlter] Arbeitsplatz*
Md: **M**en**d**elevium
Md.: **M**illiar**d**e
MD [ɛm ˈdeː] die, -/-[s]: **M**ini**D**isc
MDA [ɛm de ˈaː] der, -[s]/-[s] (Wz.): **M**obile **D**igital **A**ssistant *(ein Smartphone)*
mda.: **m**un**da**rtlich
m. E.: **m**eines **E**rachtens
mea cul|pa [- k-] ⟨lat.⟩: *durch meine Schuld*
Me|cha|nik die, - ⟨gr.-lat.⟩: *Lehre*

M

von der Bewegung der Körper | (mit Pl. -en) (Mus.) *die tonerzeugende Apparatur [beim Klavier]* || **Mechaniker** der, -s/- || **Mechanikerin** die, -/-innen || **mechanisch:** eine Arbeit m. *(gewohnheitsmäßig, gedankenlos)* verrichten || **mechanisieren:** einen Handwerksbetrieb m. *(auf Maschinen umstellen)* || **Mechanisierung** die, -/-en || **Mechanismus** der, -/Mechanismen: *Triebwerk einer Maschine; mechanischer Ablauf* || **mechanistisch:** *nur auf mechanische Abläufe ausgerichtet* || **Mechatronik** die, -: *Wissenschaft vom Zusammenspiel mechanischer, elektrischer, elektronischer und informationstechnischer Komponenten*

Meche ['mɛʃ(ɛ)] = → Mesch || **mechen** = → meschen

Meckerei die, -/-en (abw.): *Gemecker* || **Meckerer** der, -s/- (abw.) || **Meckerin** die, -/-innen (abw.) || **meckern:** eine meckernde Ziege | (abw.) *nörgeln, ständig etwas aussetzen*

mecklenburg-vorpommerisch || **Mecklenburg-Vorpommern:** *ein deutsches Bundesland*

Medaille [-'ailje] die, -/-n ⟨gr.-lat.-fr.⟩: *Gedenkmünze* | *eine Auszeichnung* || **Medaillengewinner** || **Medaillengewinnerin** || || **Medaillenspiegel** (Sport): *länderweise Auflistung der errungenen Medaillen* || **medaillenverdächtig** (sal.) || **Medaillon** [-da(l)'jo:n, auch: -da'jõ:] das, -s/-s: *ein kleines rundes Bild; Bildkapsel* | (Küchenspr.) *bes. schönes Fleischfiletstück*

Mediaanalyse [-ly:-] ⟨lat.+gr.⟩: *eine jährliche Reichweitenuntersuchung [von Printmedien]* || **medial** ⟨lat.⟩: mediale *(einem Medium entsprechende)* Fähigkeiten | mediale Verbreitung *(Bekanntmachung in den Medien)* || **Mediathek** → Mediothek || **Mediation** [-tsi̯-] die, -/-en: *Vermittlung* | (Psych., Wirt.) *ein Konfliktlösungs- und Vermittlungsverfahren* || **Mediator** der, -s/-en [-'to:-] (Psych.): *Vermittler, Konfliktberater* || **Mediatorin** die, -/-innen (Psych.)

mediäval [-v-] ⟨lat.⟩: *mittelalterlich* || **Mediävist** der, -en/-en || **Mediävistik** die, -: *Wissenschaft vom Mittelalter* || **Mediävistin** die, -/-innen

Medien die (Pl. von → Medium) ⟨lat.⟩ || **Mediendesigner** [-di'zaɪn-]: *ein Beruf* || **Mediendesignerin** || **Medienereignis** || **mediengerecht** || **Mediengesetz:** *Vorschrift zur Regelung des Medienwesens* || **Medieninhaber:** *Eigentümer bzw. Verleger einer Zeitung, Zeitschrift oÄ* || **Medienjustiz** (abw.): *voreilige Verurteilung [in der Presse]* || **Medienkanal:** Informationen aus verschiedenen Medienkanälen erhalten || **Medienkoffer:** *Konvolut verschiedener [Lehr-]materialien zu einem bestimmten Gegenstand oder Thema* || **Medienkompetenz:** *Fähigkeit, Medien und ihre Inhalte zu nutzen* || **Medienlandschaft:** *Gesamtheit der [Massen]medien* || **Medienpädagogik** || **Medienpräsenz:** *Ausmaß des Vorkommens in den Medien;* eine Politikerin mit hoher M. || **Medienrecht** || **Medienspektakel** [-ʃp-, auch: -sp-]: *Großereignis, das von den Medien mitinszeniert wird* || **Medienwesen**

Medikament das, -[e]s/-e ⟨lat.⟩: *Heilmittel, Arznei* || **Medikamentenallergie** || **Medikamentenkonsum** || **Medikamentenmissbrauch** || **Medikamentenvergiftung** || **medikamentös:** eine medikamentöse Behandlung || **Medikation** [-tsi̯-] die, -/-en (Med.): *Verordnung eines Medikaments*

mediocker ⟨lat.⟩ (geh.): *mittelmäßig;* eine mediokre Leistung || **Mediokrität** die, - (geh.): *Mittelmäßigkeit*

Mediothek die, -/-en, *auch:* Mediathek ⟨lat.+gr.⟩: *Leihstelle für Bücher, Filme, Tonbänder uÄ*

Meditation [-tsi̯-] die, -/-en ⟨lat.⟩: *tiefes Nachdenken, inneres Betrachten;* → meditieren || **meditativ**

mediterran ⟨lat.⟩: *auf das Mittelmeer bezüglich, zum Mittelmeer gehörend;* mediterranes Klima

meditieren ⟨lat.⟩: *Meditation betreiben*

medium [auch: 'mi:diəm] (M) ⟨lat.-engl.⟩: *mittelgroß (bei Konfektionskleidung);* → small; → large | (Küchenspr.) *innen nicht ganz durchgebraten (bei Fleisch)*

Medium das, -s/Medien [-i̯ən] ⟨lat.⟩: *Kommunikationsmittel* | *Mittelsperson [im Spiritismus]* | (Phys., Chem.) *Stoff;* ein flüssiges, gasförmiges M.

Medizin die, - ⟨lat.⟩: M. *(Heilkunde)* studieren | (mit Pl. -en) *Heilmittel, Arzneimittel* || **medizinal:** *als Medikament verwendet* || **Medizinalrat:** *ein auszeichnender Berufstitel für Ärzte* || **Medizinalrätin** || **Medizinball:** *ein großer, schwerer Ball* || **Mediziner** der, -s/-: *Arzt; Student der Medizin* || **Medizinerin** die, -/-innen || **Medizinethik:** *sittliche Normen für das Gesundheitswesen* || **medizinisch** || **medizinisch-technisch:** medizinisch-technische Assistentin (MTA) || **Medizinmann:** *Zauberer, Heilkundiger, Priester (bei Naturvölkern)* || **Medizinstudium** || **Medizinuni** || **Medizinuniversität** [-v-]

Medley ['medli] das, -s/-s ⟨engl.⟩ (Mus.): *Potpourri*

Medusa = **Meduse**[1] die, -: *Ungeheuer der griechischen Sage* || **Meduse**[2] die, -/-n: *Qualle* || **Medusenhaupt:** *Kopf der Medusa*

Meer das, -[e]s/-e || **Meerbrasse** die, -/-n: *ein Fisch* || **Meerbusen:** *große Meeresbucht* || **Meerenge:** *enge Meeresstelle* || **Meeresbiologie** || **Meeresbucht** || **Meeresfisch:** *Seefisch;* → G.: Süßwasserfisch || **Meeresfrucht** (meist Pl.) (Küchenspr.): *Fische, Schalentiere ua.* || **Meeresgrund** || **Meereshöhe:** *Seehöhe* || **Meereskunde:** *Ozeanologie* || **Meeresluft** || **Meeressäuger** (Biol.): *im Meer lebendes Säugetier* || **Meeresschildkröte** || **Meeresspiegel** der, -s: 100 m über dem M. *(in 100 m Seehöhe)* || **Meeresstrand** || **Meeresströmung** || **Meeresverschmutzung** (Ökol.) || **Meerjungfrau:** *Nixe* || **Meerkatze:** *ein Affe* || **Meerrettich** (D): *Kren* || **Meersalz** das, -es: *aus dem Meerwasser gewonnenes Salz;* → Steinsalz || **Meerschaum** der, -[e]s: *ein poröses Mineral* || **Meerschaumpfeife:** *Pfeife aus Meerschaum* || **Meerschweinchen:** *ein Nagetier* || **Meerwasser** das, -s: *Salzwasser;* → G.: Süßwasser

Meeting ['mi:t-] das, -s/-s ⟨engl.⟩: *Treffen, Zusammenkunft* | (Sport) *Wettkampf*

mega ⟨gr.⟩ (ugs., Jug.): *super, großartig* || **Mega-** (M) (nur in Zusammensetzungen wie zB Megabyte) || **Megabit** (EDV): *eine Million Bit* || **Megabyte** [-baɪt] (MB) (EDV): *1 024 Kilo-*

M

byte; → Byte ‖ **Me|ga|ci|ty** [-sɪti]: → *Megalopolis* ‖ **Me|ga|fon** = Megaphon [-f-] das, -s/-e: *ein Schallverstärker; Sprachrohr* ‖ **me|ga|geil** (ugs., Jug.): der Song ist m. *(großartig)* ‖ **Me|ga|hertz** (MHz) (Phys.): *eine Million Hertz* ‖ **Me|ga|lith|bau** der, -[e]s/-ten: *prähistorischer Grab-, Kultbau aus riesigen Steinblöcken* ‖ **me|ga|li|thisch:** megalithische Kultstätte ‖ **Me|ga|lith|kul|tur** ‖ **Me|ga|lo|ma|nie** die, -/-n (Psych.): *Größenwahn* ‖ **Me|ga|lo|po|lis** die, -/Megalopolen: *Megastadt, Millionenstadt* ‖ **Me|ga|phon** [-f-] = → Megafon ‖ **Me|ga|pi|xel**

Me|gä|re die, -/-n ⟨gr.-lat.⟩ (geh.): *böse Frau*

Me|ga|stadt: → *Megalopolis* ‖ **Me|ga|store** [-stɔə, engl.: -stɔː] der, -s/-s ⟨gr.+engl.⟩: *bes. großes Geschäft* ‖ **Me|ga|ton|ne** (Mt): *1 000 000 Tonnen* ‖ **Me|ga|trend:** *Großtrend, globale Entwicklung* ‖ **Me|ga|watt:** *1 000 000 Watt*

Mehl das, -[e]s/-e: glattes *(feines)*, griffiges *(körniges)* M. ‖ **Mehl|beer|baum:** *eine Baumart* ‖ **Mehl|bee|re:** *Frucht des Mehlbeerbaums* ‖ **meh|lig:** mehlige Erdäpfel ‖ **Mehl|kä|fer:** *ein Vorratsschädling* ‖ **Mehl|mot|te:** *ein Schmetterling (Vorratsschädling)* ‖ **Mehl|no|ckerl** ‖ **Mehl|papp** (ugs., abw.): *allzu mehlhältige Speise, zB eingebrannte Fisolen* ‖ **Mehl|sack** ‖ **Mehl|schwal|be** ‖ **Mehl|schwit|ze** (bes. D): *Einbrenn* ‖ **Mehl|spei|se,** *auch:* Mehlspeis: *Süßspeise; Kuchen* ‖ **Mehl|speis|ga|bel** ‖ **Mehl|speis|koch:** *Koch, der nur für Mehlspeisen zuständig ist* ‖ **Mehl|speis|kö|chin** ‖ **Mehl|speis|ti|ger** (sal.): *jemand, der gern und oft Mehlspeisen isst* ‖ **Mehl|speis|ti|ge|rin** (sal.) ‖ **Mehl|tau:** *eine durch Pilze hervorgerufene Pflanzenkrankheit; aber:* → Meltau ‖ **Mehl|wurm:** *Larve des Mehlkäfers*

mehr: je m., desto besser; umso m.; m. oder minder/weniger; → meiste; → viel ‖ **Mehr** das, -: ein M. an Arbeit ‖ **Mehr|ar|beit** (Wirt.): *über die Normalarbeitszeit hinausgehendes, aber noch zuschlagsfreies Überstundenausmaß* ‖ **Mehr|auf|wand** ‖ **mehr|bän|dig:** ein mehrbändiger Roman ‖ **Mehr|be|darf** ‖ **Mehr|be|las|tung** ‖ **mehr|chö|rig** [-k-]: *für zwei oder mehr Vokal- oder Instrumentalchöre* ‖ **mehr|deu|tig:** ein mehrdeutiger *(nicht eindeutiger)* Ausspruch ‖ **Mehr|dienst|leis|tung** (Amtsspr.): *Überstunden* ‖ **mehr|di|men|si|o|nal** → G.: eindimensional ‖ **Mehr|ein|nah|me** ‖ **meh|ren** (geh.): den Besitz m.; die Unfälle mehrten sich *(sie wurden häufiger)* ‖ **meh|ren|teils** (geh.): *meist*

meh|re|re:

von mehreren weiß ich, dass ...; ich habe mehrere befragt; → viel; → meist
Deklination:
- für mehrere schöne Bilder
- für mehrere Abgeordnete
- die Reden mehrerer Abgeordneter (*auch:* Abgeordneten)

meh|rer|lei: in m. *(verschiedener)* Hinsicht ‖ **Mehr|er|lös** ‖ **Mehr|er|trag** ‖ **mehr|fach:** *öfters* ‖ **mehr|fach|be|hin|dert:** *an mehreren Behinderungen leidend, zB gelähmt und sehbehindert* ‖ **Mehr|fach|be|las|tung** ‖ **Mehr|fa|che** das, -n, ein Mehrfaches: um ein Mehrfaches größer ‖ **Mehr|fach|pen|si|on:** *Bezug von zwei oder mehreren Pensionen* ‖ **Mehr|fach|ver|die|ner** ‖ **Mehr|fach|ver|die|ne|rin** ‖ **mehr|fär|big,** *auch:* mehrfarbig: *bunt* ‖ **Mehr|fa|mi|li|en|haus** ‖ **Mehr|heit** die, -/-en ‖ **mehr|heit|lich:** ein m. *(von der Mehrheit)* gefasster Beschluss ‖ **Mehr|heits|be|schluss** ‖ **mehr|heits|fä|hig:** *mit Aussicht auf mehrheitliche Zustimmung* ‖ **Mehr|heits|frak|ti|on** [-tsi̯-] ‖ **Mehr|heits|par|tei** ‖ **Mehr|heits|wahl|recht:** *Regelung, wonach die Mehrheit der abgegebenen Stimmen für die Mandatsverteilung maßgeblich ist;* → G.: Verhältniswahlrecht ‖ **mehr|jäh|rig:** ein mehrjähriger Vertrag ‖ **Mehr|kampf** (Sport): *eine Sportdisziplin, zB Zehnkampf, Siebenkampf* ‖ **Mehr|kind|zu|schlag,** *auch:* Mehrkinderzuschlag (Amtsspr.): *eine Sozialleistung* ‖ **Mehr|kos|ten** die (Pl.) ‖ **Mehr|leis|tung** ‖ **mehr|ma|lig** ‖ **mehr|mals** ‖ **mehr|sei|tig** ‖ **mehr|sil|big** ‖ **mehr|spra|chig:** der Bericht ist m. *(in mehreren Sprachen)* abgefasst ‖ **Mehr|spra|chig|keit** die, - ‖ **mehr|stel|lig:** eine mehrstellige Zahl ‖ **mehr|stim|mig:** mehrstimmiger Gesang; → einstimmig ‖ **mehr|stö|ckig:** mehrstöckige Häuser ‖ **Mehr|stu|fe** (Gramm.): *Komparativ* ‖ **mehr|stu|fig** ‖ **mehr|stün|dig** ‖ **mehr|tä|gig:** ein mehrtägiger Ausflug ‖ **Mehr|tei|ler** der, -s/-: *Kleidungsstück* | *Film aus mehreren Teilen* ‖ **mehr|tei|lig** ‖ **Meh|rung** die, -/-en (Pl. selten) (geh.): *Vermehrung* ‖ **Mehr|völ|ker|staat** ‖ **Mehr|weg|fla|sche:** *Pfandflasche;* → G.: Einwegflasche ‖ **Mehr|weg|pa|ckung** → G.: Einwegpackung ‖ **Mehr|weg|sys|tem** [-zy-] → G.: Einwegsystem ‖ **Mehr|wert** der, -[e]s: *Wertschöpfung* ‖ **Mehr|wert|steu|er** (MWSt.): *Umsatzsteuer* ‖ **mehr|wö|chig** ‖ **Mehr|zahl** die, -: die M. der Menschen *(die meisten Menschen)* | (Gramm.) *Plural* ‖ **mehr|zei|lig** ‖ **Mehr|zweck|hal|le**

mei (ugs.): *ein Ausruf;* o mei!; ja mei!

mei|den, mied/gemieden: schlechte Gesellschaft m. *(sich von ihr fernhalten);* Alkohol m.

Meid|ling: *12. Bezirk Wiens*

Mei|er der, -s/- (veraltet): *Gutsverwalter, Pächter* ‖ **Mei|e|rei** die, -/-en ‖ **Mei|er|hof:** *Gutshof*

Mei|le die, -/-n: *ein Längenmaß* ‖ **mei|len|lang** ‖ **Mei|len|stein:** dieses Ereignis war ein M. *(ein entscheidender Punkt)* in der Entwicklung des Landes ‖ **mei|len|weit:** *sehr weit*

Mei|ler der, -s/-: *mit Erde bedeckter Holzstoß zur Erzeugung von Holzkohle*

mein:

mein Buch; meine Schwester
Großschreibung bei Nominalisierung:
- das **M**ein und Dein
- **M**ein und Dein verwechseln

R→ S. 894, 2.4

Groß- und Kleinschreibung:
- das meine (= **M**eine) *(mein Eigentum, meine Sache)*
- die meinen (= **M**einen) *(meine Angehörigen)*
- das meinige (= **M**einige) *(mein Eigentum, meine Sache)*
- die meinigen (= **M**einigen) *(meine Angehörigen)*

mei|ne = **Mei|ne** der, -n/-n: die meine (= Meine); → mein

Mein|eid: *falscher Eid* ‖ **mein|ei|dig**

mei|nen: *der Ansicht sein;* etwas m. *(es ausdrücken wollen)* | es

M

gut mit jemandem m. *(jemandem Gutes wollen)*
mei|ner|seits || **mei|nes|glei|chen** || **mei|nes|teils:** *meinerseits* || **mei|net|hal|ben** || **mei|net|we|gen** || **mei|net|wil|len:** um m. || **mei|ni|ge** = **Mei|ni|ge** der, -n/-n: die meinige (= Meinige) *(die meine);* → mein
Mei|nung die, -/-en: von jemandem eine gute M. haben; jemandem die M. sagen || **Mei|nungs|äu|ße|rung:** das Recht der freien M. || **Mei|nungs|aus|tausch** || **Mei|nungs|be|fra|gung** || **Mei|nungs|bild:** *Ergebnisdarstellung einer Meinungsbefragung* || **Mei|nungs|bild|ner** der, -s/-: *jemand, dessen Meinung in der Öffentlichkeit viel gilt, sodass sich ihr andere anschließen* || **Mei|nungs|bild|ne|rin** die, -/-innen || **Mei|nungs|bil|dung** || **Mei|nungs|bil|dungs|pro|zess** || **Mei|nungs|fin|dung** || **Mei|nungs|for|scher** || **Mei|nungs|for|sche|rin** || **Mei|nungs|for|schung** || **Mei|nungs|for|schungs|in|sti|tut** || **Mei|nungs|frei|heit:** *das Recht auf freie Meinungsäußerung* || **Mei|nungs|um|fra|ge** || **Mei|nungs|um|schwung** || **Mei|nungs|ver|schie|den|heit:** eine M. *(verschiedene Ansichten; eine Auseinandersetzung)* haben
Mei|se die, -/-n: *ein Singvogel;* Blaumeise; *aber:* → Maise
Mei|sel das, -s: *eine Rindfleischsorte*
Mei|ßel der, -s/-: *ein Werkzeug* || **mei|ßeln,** ich meißle

meist:

seine Antworten sind meist *(sehr oft)* richtig; am meisten wissen; das am meisten gelesene *(meistgelesene)* Buch
Wenn der nominale Gebrauch betont werden soll, ist auch Großschreibung möglich. Im Normalfall gilt Kleinschreibung:
- das meiste (*auch:* Meiste) ist fertig; → mehr; → viel
- die meisten (*auch:* Meisten) kamen R→ S. 894, 2.3.1

Meist|be|güns|ti|gung (Wirt.) || **Meist|be|güns|ti|gungs|klau|sel** (Wirt.): *Zugestehen von allen – auch anderen Ländern gewährten – wirtschaftlichen Außenhandelsvorteilen* || **meist|bie|tend** || **Meist|bie|ten|de**[1] der, -n/-n, ein Meistbietender: der M. bei einer Versteigerung || **Meist|bie|ten|de**[2] die, -n/-n || **Meist|bot** das, -[e]s/-e (Amtsspr.): *das höchste Anbot (der höchste Angebotspreis) bei einer Versteigerung* || **meis|tens:** *meist* || **meis|ten|teils**
Meis|ter der, -s/-: *Handwerker, der die Meisterprüfung abgelegt hat* | ein M. seines Fachs || **Meis|ter|be|trieb** || **Meis|ter|brief:** *Meisterdiplom* || **Meis|ter|ge|sang** der, -[e]s, *auch:* Meistersang (Lit.): *eine bürgerliche Kunstdichtung, bes. 15. Jh.;* → Meistersinger || **meis|ter|haft:** eine meisterhafte *(vollkommen gelungene)* Arbeit || **Meis|ter|hand:** ein Bild von M. || **Meis|te|rin** die, -/-innen || **Meis|ter|klas|se** (an Kunst-, Musikuniversitäten): *Unterricht durch anerkannte Künstler/innen* || **Meis|ter|leis|tung** || **meis|ter|lich** (geh.) || **meis|tern:** *bewältigen* || **Meis|ter|prü|fung:** *eine Prüfung für Handwerker* || **Meis|ter|sang** → Meistergesang || **Meis|ter|schaft** die, -/-en || **Meis|ter|schafts|spiel** (Sport) || **Meis|ter|sin|ger** der, -s/-: *Vertreter des Meistergesangs* || **Meis|ter|stück** || **Meis|ter|ti|tel** (Sport) || **Meis|ter|werk**
meist|ge|bräuch|lich || **meist|ge|kauft** || **meist|ge|le|sen** || **meist|ge|nannt** || **Meist|stu|fe** (Gramm.): *Superlativ*
Meit|ne|ri|um das, -s (Zeichen: Mt): *ein chemisches Element (nach der Physikerin Lise Meitner)*
Mek|ka[1]: *Stadt in Saudi-Arabien, heilige Stadt des Islams* || **Mek|ka**[2] das, -[s]: ein M. *(Anziehungspunkt)* für Skiläufer/innen
Me|lan|cho|lie [-ç-, -k-] die, -/-n ⟨gr.⟩: *[krankhaftes] Traurigsein* || **Me|lan|cho|li|ker** der, -s/- || **Me|lan|cho|li|ke|rin** die, -/-innen || **me|lan|cho|lisch**
Me|lan|ge [-ˈɑ̃:ʃ] die, -/-n ⟨lat.-fr.⟩: *Mischung* | *ein Milchkaffee*
Me|la|nie [auch: ˈme(:)-]: *weibl. Vorname*
Me|la|nin das, -s ⟨gr.-lat.⟩: *ein dunkler Farbstoff des Körpers* || **Me|la|nis|mus** der, -/Melanismen: *Dunkelfärbung der Haut* || **Me|la|nom** das, -s/-e (Med.): *bösartiger Tumor, bes. der Haut*
Me|lan|za|ni die, -/- [Melanzane] ⟨it.⟩: *ein Gemüse, Aubergine*
Me|las|se die, -/-n ⟨lat.-fr.⟩: *ein Nebenprodukt der Zuckergewinnung*
Mel|bourne [-bən, auch: -ɔ:n]: *Stadt in Australien*
Mel|de die, -/-n: *eine Pflanzengattung*
Mel|de|amt || **Mel|de|be|hör|de** || **Mel|de|frist** || **Mel|de|ge|setz** || **mel|den**[1]: einen Fund m. | dieser Hund meldet jeden Fremden *(bellt, wenn ein Fremder kommt)* || **mel|den**[2] sich: sich bei der Direktorin m. || **Mel|de|pflicht** || **Mel|de|re|gis|ter:** zentrales M. *(Verwaltungsregister, das Meldedaten erfasst)* || **Mel|de|schein** || **Mel|de|stel|le** || **Mel|de|we|sen** || **Mel|de|zet|tel:** *Anmeldeformular der zuständigen Meldebehörde* || **Mel|dung** die, -/-en: [eine] M. erstatten | *Wortmeldung, Äußerung*
me|liert ⟨lat.-fr.⟩: ein melierter *(gesprenkelter)* Stoff; meliertes *(zum Teil graues)* Haar; grau meliert (= graumeliert)
Me|li|o|ra|ti|on [-tsi̯-] die, -/-en ⟨lat.⟩: *Verbesserung [des Ackerbodens]* || **me|li|o|rie|ren**
Me|lis|se die, -/-n ⟨gr.-lat.⟩: *eine Arzneipflanze* || **Me|lis|sen|geist**
Melk (Kfz: ME): *Stadt und Stift in Niederösterreich*
Melk|ei|mer || **mel|ken,** molk [melkte]/gemolken: Kühe m. || **Mel|ker** der, -s/- || **Mel|ke|rin** die, -/-innen || **Mel|ker|mus** (S, T): *fetter Mehlschmarren* || **Melk|kuh:** *Person oder Sache, die finanziell ausgebeutet wird* || **Melk|ma|schi|ne** || **Melk|sech|ter** (reg.): *ein Gefäß zum Melken* || **Melk|sto|ckerl** || **Melk|stuhl**
Me|lo|di|ca [-k-] die, -/-s (Wz.): *ein Blas- und Tasteninstrument*
Me|lo|die die, -/-n ⟨gr.-lat.⟩: *harmonisch klingende Tonfolge;* eine M. summen || **me|lo|die|füh|rend:** die melodieführende Stimme || **Me|lo|dik** die, -: *[Lehre von der] Melodie, Melos* || **me|lo|di|ös:** *melodisch* || **me|lo|disch:** *harmonisch klingend* || **Me|lo|dram** das, -s/Melodramen (Mus.): *gesprochener Text mit begleitender Musik* | (auch abw.) *gefühlvolles, rührendes Musikwerk* || **Me|lo|dra|ma** das, -s/Melodramen: *Film, Theaterstück mit rührseligem Inhalt* | (Mus.) *Melodram* || **me|lo|dra|ma|tisch** (meist abw.): *gefühlvoll, pathetisch*
Me|lo|ne die, -/-n ⟨gr.-lat.-it.⟩: *eine Obstart;* Honigmelone | *ein stei-*

fer Herrenhut

Me|los das, - ⟨gr.⟩: *Melodik*

Mel|tau: *zuckerhältige Ausscheidung von Blattläusen, Honigtau; aber:* → Mehltau

Mem|bran die, -/-en = **Mem|bra|ne,** -/-n ⟨lat.⟩: *dünnes [durchlässiges] Häutchen oder Plättchen, zB im Telefonhörer* ‖ **Mem|bra|no|fon** = **Mem|bra|no|phon** [-f-] das, -s/-e: *Musikinstrument mit Tonerzeugung durch eine Membran, zB Trommel*

Me|men|to das, -s/-s ⟨lat.⟩ (geh.): *das Gedenken* ‖ **me|men|to mo|ri:** *„Denke daran, dass du sterben musst!“*

Mem|me die, -/-n (geh., abw., veraltet): *Feigling*

mem|meln, ich memmle (ugs.): hartes Brot m. *(mit zahnlosen Kiefern kauen)* | *murmeln, undeutlich sprechen*

mem|men|haft (geh., abw., veraltet): *feige*

Me|mo das, -s/-s ⟨lat.⟩: *kurze Mitteilung* ‖ **Me|moi|ren** [-'mo̯aːr-] die (Pl.) ⟨lat.-fr.⟩: *schriftlich niedergelegte Erinnerungen, Selbstbiografie* ‖ **Me|mo|ra|bi|li|en** die (Pl.) (geh.) ⟨lat.⟩: *Denkwürdigkeiten, Erinnerungen* ‖ **Me|mo|ran|dum** das, -s/Memoranden [Memoranda]: *Denkschrift* ‖ **Me|mo|ri|al** [mɪ'mɔːriəl] das, -s/-s ⟨lat.-engl.⟩: *Gedenkveranstaltung* ‖ **me|mo|rie|ren** ⟨lat.⟩: ein Gedicht m. *(auswendig lernen; auswendig hersagen)* ‖ **Me|mo|ry Stick** ['memərɪˌstɪk] = **Me|mo|ry|stick** ⟨engl.⟩ (Wz.): *ein Speichermedium;* → USB-Memory-Stick = USB-Memorystick

Me|na|ge [-'aːʃ, -ʒɛ] die, -/-n ⟨lat.-fr.⟩ (veraltet, Mil.): *Truppenverpflegung* ‖ **Me|na|ge|rie** [-ʒə'riː] die, -/-n: *Tierschau, Tiergarten* ‖ **me|na|gie|ren** (veraltet) (Mil.): *Essen fassen*

Men|de|le|vi|um [-v-] das, -s (Zeichen: Md): *ein chemisches Element (nach dem russischen Chemiker Mendelejew)*

Me|ne|te|kel das, -s/- ⟨aramäisch⟩: *geheimnisvolles Warnzeichen vor drohender Gefahr*

Men|ge die, -/-n: eine M. schöne/r Sachen ‖ **men|gen:** Zucker unter die Teigmasse m. ‖ **Men|gen|an|ga|be** ‖ **Men|gen|leh|re** die, - (Math.) ‖ **men|gen|mä|ßig:** ein m. günstiges Angebot ‖ **Men|gen|ra|batt:** *Preisnachlass beim Kauf einer größeren Menge der Ware* ‖ **Men|gen|vor|teil**

Men|hir [-'ɛ-, -'iː-] der, -s/-e ⟨bretonisch-fr.⟩: *vorgeschichtlicher [keltischer] Kultstein*

Me|nin|gi|tis die, - ⟨gr.⟩ (Med.): *Gehirnhautentzündung;* → FSME

Me|nis|kus der, -/Menisken ⟨gr.⟩: *halbmondförmige Knorpelscheibe, zB im Kniegelenk* ‖ **Me|nis|kus|ope|ra|ti|on** [-tsi̯-] (Med.) ‖ **Me|nis|kus|riss** (Med.)

Me|no|pau|se [auch: -'aʊ-] ⟨gr.⟩ (Med.): *Aufhören der Regelblutung in den Wechseljahren*

Me|no|ra die, -/-[s] ⟨hebr.⟩: *siebenarmiger Leuchter [als Symbol des Judentums]*

Me|no|sta|se die, -/-n ⟨gr.⟩ (Med.): *Ausbleiben der Regelblutung*

Men|sa die, -/-s [Mensen] ⟨lat.⟩: *Kantine für Studierende*

Mensch[1] der, -en/-en: sie ist ein ehrlicher M.; Menschen verachtend (= menschenverachtend) ‖ **Mensch**[2] das, -[s]/-er (reg., mda., sonst abw.): *Mädchen* ‖ **men|scheln** (ugs.): es menschelt *(man spürt menschliche Schwächen)* ‖ **Men|schen|af|fe** (Biol.): *Hominide* | (Zool.) *eine Primatenfamilie* ‖ **men|schen|ähn|lich** ‖ **Men|schen|al|ter:** *eine Generation;* ein M. lang *(etwa 30 Jahre)* ‖ **Men|schen|auf|lauf** ‖ **Men|schen|bild:** *Eindrücke bzw. Auffassung von Menschen* ‖ **Men|schen|feind:** *Misanthrop* ‖ **Men|schen|fres|ser** der, -s/- (abw.): *Kannibale* ‖ **Men|schen|fres|se|rin** die, -/-innen (abw.) ‖ **Men|schen|freund:** *Philanthrop* ‖ **Men|schen|freun|din** ‖ **men|schen|freund|lich** ‖ **Men|schen|ge|den|ken:** seit M. *(soweit sich Zeitgenossen zurückerinnern; seit eh und je)* ‖ **Men|schen|ge|schlecht** das, -[e]s: *die Menschheit* ‖ **Men|schen|ge|stalt** ‖ **Men|schen|hand:** von M. geschaffen ‖ **Men|schen|han|del** ‖ **Men|schen|hass** ‖ **Men|schen|has|ser** der, -s/-: *Misanthrop* ‖ **Men|schen|has|se|rin** die, -/-innen ‖ **Men|schen|hatz** ‖ **Men|schen|jagd** ‖ **Men|schen|ken|ner** ‖ **Men|schen|ken|ne|rin** ‖ **Men|schen|kennt|nis** ‖ **Men|schen|ket|te:** *eine Form gewaltlosen öffentlichen Protests oder Gedenkens* ‖ **Men|schen|kind** (geh.): *Kind; Mensch;* → Menschenskind ‖ **Men|schen|le|ben** ‖ **men|schen|leer:** alle Straßen waren m. ‖ **Men|schen|lie|be** ‖ **Men|schen|mas|se** ‖ **Men|schen|men|ge** ‖ **men|schen|mög|lich:** alles tun, was m. ist; *aber:* das Menschenmögliche *(alles, was nur überhaupt möglich ist)* tun ‖ **Men|schen|op|fer:** *Opferung von Menschen* | *Todesfall (zB durch Unfall, Krankheit)* ‖ **Men|schen|raub** ‖ **Men|schen|recht** (meist Pl.): *Grundrecht aller Menschen unabhängig von ihren Lebensumständen* ‖ **Men|schen|rechts|ak|ti|vist** [-v-] ‖ **Men|schen|rechts|ak|ti|vis|tin** ‖ **Men|schen|rechts|kom|mis|si|on** ‖ **Men|schen|rechts|kon|ven|ti|on** [-v-tsi̯-]: die Europäische M. ‖ **Men|schen|rechts|stadt:** *eine Auszeichnung;* Graz ist M. 2001 ‖ **Men|schen|rechts|ver|let|zung** ‖ **men|schen|scheu:** *die Menschen und ihre Gesellschaft meidend* ‖ **Men|schen|schmug|gel** ‖ **Men|schen|see|le:** keine M. *(niemand)* war da ‖ **Men|schens|kind** (ugs.): *eine [vorwurfsvolle] Anrede;* → Menschenkind ‖ **Men|schen|sohn** der, -[e]s: *Selbstbezeichnung Jesu* ‖ **men|schen|un|wür|dig** ‖ **Men|schen ver|ach|tend** = **men|schen|ver|ach|tend** ‖ **Men|schen|ver|ach|tung** ‖ **Men|schen|ver|stand:** der gesunde M. ‖ **Men|schen|welt:** die Tierwelt und die M. ‖ **Men|schen|wür|de:** die M. wahren ‖ **men|schen|wür|dig** ‖ **Men|scherl** das, -s/-[n] (reg., ugs.): *kleines Mädchen* ‖ **Mensch|heit** die, - ‖ **mensch|lich:** irren/Irren ist m. ‖ **Mensch|lich|keit** die, - ‖ **Mensch|wer|dung** die, -/-en

Men|ses die (Pl.) ⟨lat.⟩ (Med.): *Menstruation* ‖ **Mens|tru|a|ti|on** [-tsi̯-] die, -/-en: *monatliche Blutung der Frau, Regel, Menses* ‖ **mens|tru|ie|ren**

Men|sur die, -/-en ⟨lat.⟩: *Fechtkampf* | (Mus.) *Maßverhältnis an Instrumenten* ‖ **men|su|ra|bel**

men|tal ⟨lat.⟩: *geistig* ‖ **Men|tal|coa|ching** [-'kəʊtʃ-, engl.: 'mentl-] ⟨engl.⟩ (Psych.): *Mentaltraining* ‖ **Men|ta|li|tät** die, -: *Denkweise, Geisteshaltung* ‖ **Men|tal|re|ser|va|ti|on** [-v-tsi̯-] (Jus): *Gedankenvorbehalt* ‖ **Men|tal|trai|ner** [-treː-, engl.: -treɪ-]: *ein Beruf* ‖ **Men|tal|trai|ne|rin** ‖ **Men|tal|trai|ning** [-ˌtreː-, engl.: 'mentlˌtreɪ-] (Psych.): *gezieltes Willenstraining zum Erreichen bestimmter Ziele*

Men|thol das, -s ⟨lat.⟩: *stark rie-*

chender Bestandteil des Pfefferminzöls

Mentor der, -s/-en [-'to:-] (geh.): *Erzieher; Ratgeber (nach einer griechischen Sagengestalt)* ‖ **Mentorin** die, -/-innen (geh.) ‖ **Mentoring** das, -s/-s ⟨engl.⟩: *Wissensweitergabe an Berufs- oder Studienanfänger*

Menü das, -s/-s (frühere Schreibung: Menu [-'y:]) ⟨fr.⟩: *festgelegte Speisenfolge [im Gasthaus];* → G.: à la carte | (EDV) *Anzeige der zur Auswahl stehenden Programmfunktionen am Monitor*

Menuett das, -[e]s/-e ⟨fr.⟩: *ein Tanz | ein Musikstück*

Menüplan ⟨fr.⟩

Mephisto [-f-] der, -[s]/-s: *ein Teufel; boshafter, teuflischer Mensch* ‖ **Mephistopheles** [-fel-]: *der Teufel in Goethes „Faust"* ‖ **mephistophelisch**

Meran (it.: Merano): *Stadt in Südtirol*

Mercalliskala [-k-] die, -: *eine Skala zum Messen der Erdbebenstärke;* → Richterskala

Merchandising ['mɜ:tʃəndaɪz-] das, -s ⟨fr.-engl.⟩ (Wirt.): *Vermarktung eines Produkts*

merci [-'si] ⟨fr.⟩: *danke*

Mergel der, -s/-: *Ton-Kalk-Mischboden* ‖ **mergelig** = merglig

Merger ['mɜ:dʒə] der, -s/-[s] ⟨engl.⟩ (Wirt.): *Fusion*

merglig = → mergelig

Meridian der, -s/-e ⟨lat.⟩: *Längenkreis der Erde; Mittagslinie*

Merino das, -s/-s ⟨span.⟩: *eine Schafrasse* ‖ **Merinoschaf** ‖ **Merinowolle**

Meriten die (Pl.) ⟨lat.⟩ (geh.): M. *(Verdienste)* um etwas haben

meritorisch ⟨lat.⟩ (Amtsspr.): *sachlich, konkret* | (Jus) *inhaltlich;* eine meritorische Entscheidung *(in der Sache selbst)*

merkantil ⟨lat.⟩: *kaufmännisch* ‖ **Merkantilismus** der, -: *eine volkswirtschaftliche Theorie*

merkbar: ein merkbarer Unterschied ‖ **Merkblatt** ‖ **merken**[1]: nichts m. *(bemerken); aber:* → märken ‖ **merken**[2] sich: ich merke mir Namen gut ‖ **Merkfähigkeit** ‖ **Merkhilfe** ‖ **merklich:** es geht ihm m. *(deutlich)* besser ‖ **Merkmal** das, -[e]s/-e ‖ **Merksatz** ‖ **Merkzettel**

Merkur[1] [auch: 'mɛ-]: *römischer Götterbote, Gott des Handels* ‖ **Merkur**[2] der, -[s]: *ein Planet*

merkwürdig ‖ **merkwürdigerweise** ‖ **Merkwürdigkeit** die, -/-en

Merlin der, -s/-s ⟨germ.-fr.-engl.⟩: *ein Falkenvogel*

Merlot [-'lo:, auch: 'mɛrlɔt] der, -s/-s ⟨fr.⟩: *eine Reb- und Weinsorte*

Mesalliance [-'ɑ̃:s] die, -/-n ⟨fr.⟩ (veraltet): *nicht standesgemäße Ehe*

Mesch die, -/-en = **Mesche,** -/-n = **Meschen,** -/- = Meche ['mɛʃ, 'me:ʃɛ], -/-n ⟨fr.⟩: *kontrastierend eingefärbte Haarsträhne* ‖ **meschen** = mechen ['mɛʃn]: *andersfärbige Strähnen in eine Frisur machen*

meschugge ⟨hebr.-jidd.⟩ (sal.): *leicht verrückt*

Meskalin das, -s ⟨indian.-span.⟩: *ein Rauschgift*

Mesmer der, -s/- (V, CH, ugs.): *Mesner* ‖ **Mesmerin** die, -/-innen (V, CH, ugs.) ‖ **Mesner** der, -s/-: *Kirchendiener* ‖ **Mesnerin** die, -/-innen

Mesolithikum das, -s ⟨gr.⟩: *mittlere Steinzeit;* → Paläolithikum; → Neolithikum

Meson das, -s/-en [auch: -'o:-] ⟨gr.⟩ (Phys.): *mittelschweres Elementarteilchen*

Mesozoikum das, -s ⟨gr.⟩ (Geol.): *mittlerer Abschnitt der Erdgeschichte (mit Trias, Jura, Kreide)*

Message [-sɪdʒ] die, -/-s [-ɪz] ⟨fr.-engl.⟩: *Nachricht* | (sal.) *Botschaft; Anliegen;* die M. des Films ist nicht rübergekommen

Messband ‖ **messbar** ‖ **Messbarkeit** die, - ‖ **Messbecher** ‖ **Messbild** (Geogr.): *Luftaufnahme zur Erstellung von Raummodellen*

Messbuch (kath.): *Buch mit Gebeten und Messtexten* ‖ **Messdiener:** *Ministrant* ‖ **Messdienerin** ‖ **Messe** die, -/-n: *katholischer Gottesdienst;* die heilige M.; eine M. lesen lassen | (Mus.) eine M. komponieren | (Wirt.) *große Ausstellung von Waren und Warenmustern* ‖ **Messebesucher** ‖ **Messebesucherin** ‖ **Messegelände** ‖ **Messehalle**

messen[1], ich messe, du misst/maß/gemessen: mit dem Messband m.; Fieber m. ‖ **messen**[2] sich: sich mit jemandem m. *(vergleichen, mit jemandem wetteifern)*

Messeneuheit: *auf einer Messe erstmals vorgestellter Artikel*

Messenger [-dʒə] der, -s/- ⟨engl.⟩: *Programm, mit dem man im Internet in Echtzeit kommunizieren kann*

Messer das, -s/-: *ein Schneidegerät; Teil des Bestecks;* etwas steht auf [des] Messers Schneide *(eine Entscheidung in die eine oder andere Richtung steht knapp bevor)* ‖ **Messerattentat** ‖ **Messerheft** (fachspr.): *Messergriff* ‖ **Messerrücken** ‖ **messerrückendick:** den Teig m. auswalken ‖ **messerscharf:** ein messerscharfer *(scharfsinniger)* Verstand ‖ **Messerschmied** ‖ **Messerschmiedin** ‖ **Messerstecher** ‖ **Messerstecherei** die, -/-en ‖ **Messerstecherin** ‖ **Messerstich** ‖ **Messerwerfer** der, -s/-: *ein Artist* ‖ **Messerwerferin** die, -/-innen

Messestadt ‖ **Messestand:** *[Verkaufs]stand auf einer Warenmesse*

Messfehler ‖ **Messfühler:** der M. eines Thermostats ‖ **Messgerät:** *Gerät zum Messen*

Messgewand: *zur heiligen Messe getragene priesterliche Kleidung*

Messglas: *Glas zum Abmessen*

messianisch ⟨hebr.-gr.-lat.⟩ ‖ **Messias** der, -: *der Erlöser; Christus*

Messie[1] [-i] der, -s/-s ⟨engl.⟩: *jemand, der zwanghaft [Unnützes, Wertloses] sammelt* ‖ **Messie**[2] [-i] die, -/-s ‖ **Messiesyndrom** [-zy-] (Med.)

Messing das, -s: *Legierung aus Kupfer und Zink* ‖ **Messingdraht** ‖ **Messingschild**

Messinstrument: *Messgerät*

Messkelch: *Kelch für den Gottesdienst*

Messlatte: *Messstab für die Landvermessung*

Messner der, -s/- (bes. westöst.): *Mesner* ‖ **Messnerin** die, -/-innen (bes. westöst.): *Mesnerin* ‖ **Messopfer** (kath.): *die heilige Messe*

Messtechnik: Mess- und Regeltechnik ‖ **Messung** die, -/-en ‖ **Messverfahren** ‖ **Messwagen**

Messwein: *bei der hl. Messe verwendeter unverfälschter Wein*

Messwert

Mestize der, -n/-n ⟨lat.-span.⟩: *Mischling zwischen Weißen und Indianern* ‖ **Mestizin** die, -/-innen

MESZ: mitteleuropäische Sommerzeit; → MEZ

Met[1] der, -[e]s/-e: *aus vergorenem*

Honig hergestelltes Getränk
Met[2] die, -: *Kurzwort für Metropolitan Opera (in New York)*
Metabolismus der, - ⟨gr.⟩ (Biol., Med.): *Stoffwechsel*
Metall das, -s/-e ⟨gr.-lat.⟩: M. [zu Draht] verarbeiten; → Metall verarbeitend = metallverarbeitend ‖ **Metallarbeiter** ‖ **Metallarbeiterin** ‖ **metallen:** ein metallener Griff ‖ **Metaller** der, -s/- (sal.): *Metallarbeiter* ‖ **Metallerin** die, -/-innen (sal.) ‖ **Metallerlohnrunde** ‖ **Metallgießerei** ‖ **Metallguss** ‖ **metallhältig,** *auch:* metallhaltig ‖ **metallic** [-k] ⟨engl.⟩: *wie Metall schimmernd* ‖ **Metalliclackierung** ‖ **Metallindustrie** ⟨gr.-lat.⟩ ‖ **metallisch:** m. *(wie Metall)* glänzend ‖ **métallisé** ⟨fr.⟩: *mit einer widerstandsfähigen Schicht aus Metall überzogen* ‖ **metallisieren** ‖ **Metalllegierung** ‖ **Metallofon** = **Metallophon** [-f-] das, -s/-e: *ein aus Metallplatten bestehendes Stabspiel, Glockenspiel* ‖ **Metallplastik** (Kunstg.) ‖ **Metallurg** der, -en/-en ‖ **Metallurgie** die, -: *Wissenschaft von der Metallgewinnung und -verarbeitung* ‖ **Metallurgin** die, -/-innen ‖ **metallurgisch** ‖ **Metall verarbeitend = metallverarbeitend:** M. verarbeitende Industrie
Metamorphose [-f-] die, -/-n ⟨gr.⟩: *Gestaltwandel [in der Entwicklung des Frosches, der Insekten]*
Metapher [-f-] die, -/-n ⟨gr.⟩: *bildhafte Umschreibung, zB* Haupt der Verschwörung ‖ **Metaphorik** die, - ‖ **metaphorisch**
Metaphysik [-fy-] ⟨gr.⟩: *ein Teilgebiet der Philosophie* ‖ **metaphysisch**
Metastase die, -/-n ⟨gr.⟩ (Med.): *Tochtergeschwulst bei Krebserkrankungen* ‖ **Metastasenbildung** (Med.)
Metaxa der, -s/-s (Wz.): *ein griechischer Weinbrand*
Meteor der (*fachspr.:* das), -s/-e ⟨gr.⟩: *Leuchterscheinung, die beim Eindringen eines kosmischen Körpers in die Erdatmosphäre entsteht, Sternschnuppe* ‖ **meteorhaft** ‖ **Meteorit** der, -s [-en]/-e[n]: *kosmischer Körper aus Stein oder Metall, der beim Eindringen in die Erdatmosphäre verglüht; Reststück eines solchen Körpers* ‖ **Meteoriteneinschlag** ‖ **Meteorologe** der, -n/-n ‖ **Meteorologie** die, -: *Wetterkunde; aber:* → Metrologie ‖ **Meteorologin** die, -/-innen ‖ **meteorologisch**
Meter der = das, -s/- (m) (als grundlegende Maßeinheit fachsprachlich nur mit Art. das) ⟨gr.-lat.-fr.⟩: sechs M. hoch; *aber:* meterhoch; in einer Breite von drei Meter[n] ‖ **meterbreit** ‖ **Meterbrot:** *nach der Länge verkaufte lange Brotwecken* ‖ **meterdick** ‖ **meterhoch:** der Schnee liegt m. ‖ **Meter-Kilogramm-Sekunden-System** [-zy-] das, -s (MKS-System) → metrisch ‖ **meterlang:** ein meterlanger Streifen; *aber:* ein drei Meter langer Streifen ‖ **Metermaß** ‖ **Meterstab:** *Zollstab* ‖ **meterstark** ‖ **metertief** ‖ **Meterware:** *nach Metern gehandelte Ware, zB Stoffe* ‖ **meterweise** ‖ **meterweit** ‖ **Meterzentner** (früher): *Zentner (100 kg)*
Methadon das, -s ⟨gr.-engl.⟩ (Med.): *Suchtgiftersatz für Drogenabhängige*
Methan das, -s ⟨gr.⟩: *Sumpfgas; ein Heizgas* ‖ **Methanol** das, -s (Chem.): *ein Alkohol, der als Brennstoff eingesetzt wird; Methylalkohol*
Methode die, -/-n ⟨gr.⟩: *Verfahrensweise, Art des Vorgehens;* eine neue M. des Skilaufens ‖ **Methodik** die, - ‖ **methodisch:** m. *(planmäßig)* vorgehen ‖ **Methodist** der, -en/-en ⟨gr.-engl.⟩: *Angehöriger einer bestimmten christlichen Glaubensgemeinschaft* ‖ **Methodistenkirche** ‖ **Methodistin** die, -/-innen ‖ **Methodologie** die, -/-en ⟨gr.⟩: *Lehre von den wissenschaftlichen Methoden* ‖ **methodologisch**
Methusalem der, -[s]/-s [-e]: *sehr alter Mann (nach einer biblischen Gestalt)*
Methylalkohol [-'ty:-] ⟨gr.+arab.-fr.⟩ (Chem.): → *Methanol*
Metier [-'tje:] das, -s/-s ⟨fr.⟩: sein M. *(seinen Beruf, sein Handwerk)* verstehen
Metonymie [-ny-] die, -/-n ⟨gr.⟩: *Ersetzen eines Wortes durch einen verwandten Ausdruck, zB* Glas *statt* Wein
Metrik die, - ⟨gr.-lat.⟩: *Lehre vom Versmaß* | (Mus.) *Lehre vom Takt* ‖ **metrisch:** *das Versmaß betreffend; den Takt betreffend;* → Metrum | metrische Maße und Gewichte *(m², ha, l, kg ua.)*
metro ⟨gr.⟩: *Kurzwort für metrosexuell* ‖
Metro die, -/-s ⟨fr.⟩: *U-Bahn (in manchen Ländern)*
Metronom das, -s/-e ⟨gr.⟩ (Mus.): *Gerät zum Angeben von Tempo und Takt* ‖ **Metrologie** die, -: *Lehre von der Messung, den Maßen und den Gewichten; aber:* → Meteorologie
Metropole die, -/-n ⟨gr.⟩: *Hauptstadt, Weltstadt;* eine M. *(ein Zentrum, eine Hochburg)* der Musik ‖ **Metropolit** der, -en/-en: *Titel von Bischöfen der Ostkirchen* | (kath.) *Erzbischof* ‖ **Metropolitankirche:** *Sitz eines Metropoliten*
metrosexuell ⟨gr.+lat.⟩: *körperbewusst, modisch, gepflegt (beim Mann)* ‖ **Metrosexuelle** der, -n/-n, ein Metrosexueller
Metrum das, -s/Metren ⟨gr.-lat.⟩: *Versmaß* | (Mus.) *Takt;* → Metrik
Mette die, -/-n ⟨lat.⟩: *ein nächtlicher Gottesdienst*
Mettwurst: *eine Wurstsorte*
Metze die, -/-n (geh., abw., veraltet): *Dirne*
Metzelei die, -/-en: *Gemetzel* ‖ **metzeln,** ich metzle
Metzen der, -s/-: *altes Getreidemaß*
Metzger der, -s/- (westöst., D): *Fleischhauer* ‖ **Metzgerei** die, -/-en (westöst., D) ‖ **Metzgerin** die, -/-innen (westöst., D) ‖ **Metzgermeister** (westöst., D) ‖ **Metzgermeisterin** (westöst., D)
Meuchelmord (abw.) ‖ **Meuchelmörder** (abw.) ‖ **Meuchelmörderin** (abw.) ‖ **meucheln** (geh., abw.): *hinterhältig ermorden* ‖ **meuchlings** (geh., abw.): jemanden m. *(hinterrücks)* überfallen
Meute die, -/-n (Jägerspr.): *Gruppe von Jagdhunden* | (abw.) *aggressive Menschengruppe* ‖ **Meuterei** die, -/-en ‖ **Meuterer** der, -s/- ‖ **Meuterin** die, -/-innen ‖ **meutern:** *den Gehorsam verweigern, rebellieren, bes. auf Schiffen, beim Militär*
Mexikaner der, -s/- ‖ **Mexikanerin** die, -/-innen ‖ **mexikanisch** ‖ **Mexiko:** *ein Staat* | *auch:* Mexiko-Stadt, Mexiko Stadt, Mexico-City [-ko'sɪtɪ], Mexico City *(Hauptstadt von Mexiko)*
MEZ [ɛm e 'tsɛt]: **mitteleuropä-**

ische **Zeit;** → MESZ

Mezzanin der = das, -s/-e ⟨it.⟩: *Halbstock zwischen Parterre und erstem Stock* ‖ **Mezzaninwohnung**

Mezzie [-'iː(ɛ)] die, -/-n ⟨hebr.-jidd.⟩ (W): *vorteilhaftes Geschäft, Schnäppchen*

mezzoforte (mf) ⟨it.⟩ (Mus.): *mäßig stark;* → forte ‖ **mezzopiano** (mp) (Mus.): *halbleise;* → piano ‖ **Mezzosopran:** *Stimmlage zwischen Sopran und Alt; Sänger[in] mit dieser Stimmlage*

mf: mezzoforte

MfG: Mit freundlichen Grüßen *(Grußformel am Schluss von Briefen, Mails uÄ)*

mg: Milligramm

Mg: Magnesium

MG [ɛm 'geː] das, -[s]/-[s]: **Maschinengewehr**

mhd.: mittelhochdeutsch

MHz: Megahertz

Mia: *weibl. Vorname (Maria)*

miauen: die Katze hat miaut

mich: sie ruft m.

Michael: *männl. Vorname;* → Michel ‖ **Michaela:** *weibl. Vorname* ‖ **Michaeli:** *Festtag des hl. Michael;* zu M. *(am Michaelitag)* ‖ **Michel**[1]: *männl. Vorname (Michael)* ‖ **Michel**[2] der, -s/- (ugs.): ein g[e]rader M. *(jemand, der unverblümt seine Meinung sagt)* ‖ **Michelle** [-'ʃɛl]: *weibl. Vorname (Michaela)*

Michigan ['mɪʃɪgən]: *Bundesstaat der USA*

mickrig, *auch:* mickerig (bes. nördl. D, ugs., abw.): *kümmerlich* ‖ **Mickrigkeit** die, -/-en (bes. nördl. D, ugs., abw.)

Mickymaus [-ki-]: *eine Figur aus Zeichentrickfilmen und Comics*

Microblog ['maɪkrəʊ-], *auch:* Mikroblog ⟨engl.⟩: *bis zu 140 Zeichen langes Blog* ‖ **Microblogging,** *auch:* Mikroblogging ‖ **Microscooter** [-skuːtə] (Wz.): *ein Tretroller mit zwei Rädern, Miniscooter* ‖ **Microsoft** (Wz.): *ein Softwarehersteller* ‖ **Micro-USB-Stecker** [- u ɛs 'beː, engl.: - jʊ es 'biː -]: *ein Steckerformat für Daten- und Ladekabel* ‖ **Microvan** [-væn]: *bes. kompakter Van*

midi ⟨engl.⟩ (sal.): *dreiviertellang [von einem Kleid];* m. gehen ‖ **Midi,** *auch:* **MIDI** (Elektrot.): *ein System digitaler Übertragung zwischen Tonträgern*

Midlifecrisis ['mɪdlaɪf'kraɪsɪs] = **Midlife-Crisis** die, - ⟨engl.⟩: *Krise [von Männern] in der Lebensmitte*

mied → meiden

Mieder das, -s/-: *eng anliegendes, formgebendes, stützendes Oberteil* ‖ **Miederwaren**

Mief der, -s (ugs., abw.): *verbrauchte, übel riechende Luft*

Miene die, -/-n: eine heitere M. zeigen *(ein vergnügtes Gesicht machen); aber:* → Mine ‖ **Mienenspiel** das, -[e]s

Miere die, -/-n: *eine Pflanzengattung*

mies (ugs.): mir ist m. *(übel)* | (ugs., abw.) mieses *(schlechtes)* Wetter; → miesmachen

miesepetrig (ugs.): *schlecht gelaunt*

miesmachen: er wird das Projekt m. *(schlechtmachen)*

Miesmuschel: *eine essbare Muschel*

Mietauto ‖ **Miete**[1] die, -/-n: *Geldbetrag, der für die Benützung [einer Wohnung] zu bezahlen ist, Zins*

Miete[2] die, -/-n (nördl. D): *Erdgrube zum Überwintern von Erdäpfeln uÄ*

mieten: eine Wohnung m. ‖ **Mieter** der, -s/- ‖ **Mieterhöhung** ‖ **Mieterin** die, -/-innen ‖ **Mieterschutz** ‖ **Mieterschutzvereinigung** ‖ **Mietgarçonnière** [-sɔˌniɛːə] ‖ **Mietkauf:** *Leasing; Anmietung einer Sache mit Kaufoption* ‖ **Mietkaution** [-tsi̯-] ‖ **Mietpartei** ‖ **Mietrecht** ‖ **Mietrechtsgesetz** ‖ **Mietshaus** ‖ **Mietverhältnis** ‖ **Mietvertrag** ‖ **Mietwagen** ‖ **Mietwohnung** ‖ **Mietwucher:** *Wucher an Mietzinsen* ‖ **Mietzins:** *Miete* ‖ **Mietzinsbegrenzung** ‖ **Mietzinsbeihilfe:** M. erhalten ‖ **Mietzinsobergrenze** ‖ **Mietzinsreserve** [-v-]: *zur Renovierung des Hauses angesparte Mietzinseinnahmen*

Miez die, -/-en = **Mieze,** -/-n (sal.): *Katze* ‖ **Miezekatze** (sal.)

Mifegyne [-gyː-] die, - (Wz.): *Pille, die einen Schwangerschaftsabbruch bewirkt; Abtreibungspille*

Mignonschnitten [mi'ɲɔ̃-, 'miɲoːn-] die (Pl.) ⟨fr.⟩: *mit Schokolade überzogene Neapolitanerschnitten*

Migräne die, - ⟨gr.-lat.-fr.⟩: *meist einseitiger heftiger Kopfschmerz [mit Übelkeit]*

Migrant der, -en/-en ⟨lat.⟩: *Zu- oder Auswanderer;* → Emigrant; → Immigrant ‖ **Migrantin** die, -/-innen ‖ **Migration** [-tsi̯-] die, -/-en: *umständebedingter Wohnortwechsel; Auswanderung; Wanderung bei Mensch und Tier* ‖ **Migrationshintergrund** (Amtsspr., oft beschön.) ‖ **Migrationspolitik**

Mikado[1] das, -s/-s ⟨jap.⟩: *ein Geschicklichkeitsspiel mit Stäbchen* ‖ **Mikado**[2] der, -s/-s (veraltet): *japanischer Kaiser*

Mikro das, -s/-s ⟨gr.⟩: *Kurzwort für Mikrofon ua.* | (auch in Zusammensetzungen, zB Mikrokosmos) | (mit Abkürzung µ) (in Zusammensetzungen wie Mikrometer) ‖ **Mikroanalyse** [-lyː-] ‖ **Mikrobe** die, -/-n: *mikroskopisch kleines Lebewesen, zB Bakterie* ‖ **Mikrobiologie** ‖ **Mikroblog** → Microblog ‖ **Mikroblogging** → Microblogging ‖ **Mikrochemie** [-ke-] ‖ **Mikrochip** [-tʃɪp] ‖ **Mikroelektronik:** *Anwendung von Mikroprozessoren* ‖ **Mikrofaser:** *eine Textilfaser* ‖ **Mikrofiche** [-fiʃ] der = das, -s [-fiʃ]/-s [-fiʃ]: *Mikrofilm bestehend aus Mikrokopien* ‖ **Mikrofilm:** *Film mit Mikrokopien* ‖ **Mikrofon** = Mikrophon [-f-] das, -s/-e: *Gerät, das akustische Signale in elektrische umwandelt* ‖ **Mikrogramm:** *ein millionstel Gramm* ‖ **Mikroklima:** *kleinräumiges, bodennahes Klima* ‖ **Mikrokopie:** *stark verkleinerte Aufnahme [von Druckschriften]* ‖ **Mikrokosmos:** *die Welt der Kleinlebewesen; der Mensch und seine Umwelt;* → G.: Makrokosmos ‖ **Mikrokredit:** *Kleinstkredit (in Entwicklungsländern)* ‖ **Mikrometer:** *ein Feinmessgerät* | (mit Abkürzung µm) *ein millionstel Meter* (0,001 mm) ‖ **Mikroorganismus** ‖ **Mikrophon** → Mikrofon ‖ **Mikrophysik** [-fy-] ‖ **Mikroprozessor:** *Computerbestandteil für Rechen- und Steuerfunktion* ‖ **Mikroskop** das, -s/-e: *optisches Instrument zur Vergrößerung sehr kleiner Gegenstände* ‖ **Mikroskopierbesteck:** *Skalpell, Pinzette ua. zum Mikroskopieren* ‖ **mikroskopieren** ‖ **mikroskopisch** → makroskopisch ‖ **Mikrotechnologie** ‖ **Mikrowelle:** *eine elektromagnetische Welle* | *Mikrowellenherd* ‖ **Mikrowellenherd** ‖ **Mikrozensus:** *sta-*

tistische Untersuchung eines kleinen, aber repräsentativen Personenkreises

Milak = **MILAK** die, -: *Kurzwort für **Mili**tär**ak**ademie*

Milan [auch: -'aː-] der, -s/- ⟨lat.-fr.⟩: *ein Greifvogel*

Milbe die, -/-n: *ein kleines Spinnentier*

Milch die, -: M. trinken; saure M. ‖ **Milchaufschäumer** ‖ **Milchbar** ‖ **Milchbauer** ‖ **Milchbäuerin,** *auch:* **Milchbäurin** ‖ **Milchbitsche,** *auch:* Milchpitsche (mda.): *Milchkanne* ‖ **Milchbrei** ‖ **Milchbrot** ‖ **Milchdrüse** ‖ **Milcheiweiß** ‖ **Milchfrau** (veraltet): zur M. *(ins Milchgeschäft)* gehen ‖ **Milchgebiss:** *das erste Gebiss* ‖ **Milchgesicht** (abw.): *junger, unerfahrener Mensch* ‖ **Milchglas:** *ein undurchsichtiges Glas* ‖ **milchig:** eine milchige Flüssigkeit ‖ **Milchkaffee** ‖ **Milchkanne** ‖ **Milchkuh** ‖ **Milchmädchenrechnung** (oft abw.): *[allzu] einfache [und unter Umständen irrige] Schlussfolgerung* ‖ **Milchmixgetränk** ‖ **Milchner** der, -s/-: *männlicher Fisch, der Milch (Samen) enthält;* → Rogner ‖ **Milchpackerl:** *Milch im Tetra-Pack* ‖ **Milchpitsche** → Milchbitsche ‖ **Milchprodukt** ‖ **Milchpulver** [-f-] ‖ **Milchrahmstrudel:** *eine Mehlspeise;* → Millirahmstrudel ‖ **Milchreis** ‖ **Milchschokolade** ‖ **Milchspeise** ‖ **Milchstern:** *eine Pflanzengattung* ‖ **Milchstraße:** *breites Band von Fixsternen, unsere Galaxie* ‖ **milchweiß** ‖ **Milchwirtschaft** ‖ **Milchzahn:** *Zahn des ersten Gebisses* ‖ **Milchzucker**

mild: *sanft, gütig;* eine milde *(nicht strenge)* Strafe; ein milder Richter | milde *(laue)* Luft | eine milde *(schwach gewürzte)* Speise; milder *(schwach gerösteter)* Kaffee ‖ **Milde** die, - ‖ **mildern:** ein strenges Urteil m. *(das Strafausmaß herabsetzen);* mildernde Umstände ‖ **Milderung** die, -/-en ‖ **Milderungsgrund** ‖ **mildherzig** (geh.): *gutmütig, barmherzig* ‖ **mildtätig** (geh.): *wohltätig*

Milieu [-'li̯øː] das, -s/-s ⟨fr.⟩: *Umwelt; Lebensverhältnisse* | *Verbrechermilieu* ‖ **milieubedingt** ‖ **milieugeschädigt:** *durch das Milieu geschädigt* ‖ **Milieustudie** [-ʃtuːdi̯ə] ‖ **Milieuwechsel** [-ks-]

Milirahmstrudel → Millirahmstrudel

militant ⟨lat.⟩: militante *(kämpferisch ausgerichtete)* Gruppen ‖ **Militär**[1] der, -s/-s ⟨lat.-fr.⟩: *hoher Offizier* ‖ **Militär**[2] das, -s: beim M. sein *(Soldat sein);* M. *(Truppen)* einsetzen ‖ **Militärakademie** (Milak, MILAK): *Offiziersausbildungsstätte des österreichischen Bundesheeres in Wiener Neustadt;* Theresianische M. ‖ **Militärattaché** [-ʃeː] ‖ **Militärbischof** ‖ **Militärbischöfin** *(in der evangelischen Kirche)* ‖ **Militärdienst** ‖ **Militärdiktatur** ‖ **Militäreinsatz** ‖ **Militärflugzeug** ‖ **Militärgericht** ‖ **Militärgrenze** (Gesch.): *Ansiedlung von Wehrbauern entlang einer gefährdeten Grenze, zB im 16. bis 18. Jh. gegen die Türken* ‖ **Militaria** die (Pl.): *Bücher, Gegenstände zum Militärwesen* ‖ **militärisch** ‖ **militarisieren** ‖ **Militarismus** der, -: *Überbetonung des Militärischen in Politik und Gesellschaft* ‖ **Militarist** der, -en/-en ‖ **militaristisch** ‖ **Militärjunta** [-xu-]: *von Militärs gebildete [diktatorische] Regierung [nach einem Putsch]* ‖ **Militärmusik:** *Marsch- bzw. Blasmusik[kapelle]* ‖ **Militärkommando:** *höchste Stelle des Bundesheers in einem Bundesland* ‖ **Militärperson** (Amtsspr.): *dienstrechtliche Bezeichnung eines Soldaten bzw. einer Soldatin im österreichischen Bundesheer;* M. auf Zeit ‖ **Militärpfarrer** ‖ **Militärpfarrerin** (in der evangelischen Kirche) ‖ **Militärpolizei** → Militärstreife ‖ **Militärputsch** ‖ **Militärregierung** → Militärjunta ‖ **Militärregime** [-ʒiːm] ‖ **Militärschlag** (beschön.): *Kriegshandlung* ‖ **Militärspital** ‖ **Militärstreife:** M. und Militärpolizei *(ein Spezialverband des Österreichischen Bundesheers; Ordnungstruppe mit polizeilichen Befugnissen innerhalb des Heers, bei Verkehrsregelung auch außerhalb)* ‖ **Military** [-təri] die, -/-s ⟨engl.⟩ (Sport): *eine Disziplin im Reiten, Vielseitigkeitsprüfung* ‖ **Militarylook** [-lʊk]: *eine Moderichtung;* → Camouflagelook ‖ **Miliz** die, -/-en ⟨lat.⟩: *nicht ständige Streitkräfte als Ergänzung der Kampftruppe, Milizheer; Polizei mit militärähnlichem Charakter; Bürgerwehr* ‖ **Milizheer** ‖ **Milizstand** (Mil.): *ein Einsatzbereich für Wehrpflichtige;* → Präsenzstand; → Reservestand ‖ **Milizverband**

Mill.: **Million[en]** ‖ **Millennium** das, -s/Millennien [-i̯ɛn] ⟨lat.⟩: *Jahrtausend*

Milli: *weibl. Vorname (Emilie)*

Milli- ⟨lat.⟩ (m) (nur in Zusammensetzungen wie zB Millimeter) ‖ **Milliardär** der, -s/-e ‖ **Milliardärin** die, -/-innen ‖ **Milliarde** die, -/-n (Md., Mrd.): *1 000 Millionen, 10^9* ‖ **Milliardenbetrag** ‖ **Milliardendefizit** ‖ **Milliardenhöhe** ‖ **Milliardenverlust** ‖ **milliardstel:** ein m. Gramm (= Milliardstelgramm) ‖ **Milliardstel** das, -s/- ‖ **Milliardstelgramm** (= milliardstel Gramm) ‖ **Millibar** (mbar): *0,001 bar* ‖ **Milligramm** (mg): *0,001 g* ‖ **Milliliter** (ml): *0,001 l* ‖ **Millimeter** [auch: -'meː-] (mm): *0,001 m* ‖ **millimetergenau** ‖ **Millimeterpapier:** *Papier mit gedrucktem Millimeternetz* ‖ **Million** die, -/-en (Mill., Mio.): *1 000 000, 10^6;* 4 Millionen Mal ‖ **Millionär** der, -s/-e ‖ **Millionärin** die, -/-innen ‖ **Millionenbetrag** ‖ **Millionending** (ugs.): *Sache, bei der es um Millionen geht* ‖ **millionenfach** ‖ **Millionengeschäft** ‖ **Millionengewinn** ‖ **Millionenhöhe:** ein Schaden in M. ‖ **Millionenpublikum** ‖ **Millionenschaden** ‖ **millionenschwer:** *sehr reich* ‖ **Millionenstadt** ‖ **Millionenvermögen** ‖ **millionstel:** ein m. Gramm (= Millionstelgramm) ‖ **Millionstel** das, -s/- ‖ **millionstel Gramm** = **Millionstelgramm**

Millirahmstrudel, *auch:* Milirahmstrudel (Küchenspr.): *Milchrahmstrudel*

Millirem: *0,001 Rem*

Millstatt: *Marktgemeinde und Kloster in Kärnten* ‖ **Millstätter See** der, - -s (K)

Milz die, -/-en: *ein Körperorgan* ‖ **Milzbrand** (Med.): → *Anthrax* ‖ **Milzquetschung** ‖ **Milzschnitten** die (Pl.) (Küchenspr.): *eine Suppeneinlage* ‖ **Milzschnittensuppe** (Küchenspr.)

Mime der, -n/-n ⟨gr.-lat.⟩ (geh., veraltend): *Schauspieler* ‖ **mimen:** *darstellen, spielen* ‖ **Mimese** die, -/-n: *Nachahmung, Tarnung* ‖ **Mimik** die, -: *Mienen-*

spiel ‖ **Mimikry** [-i] die, - ⟨engl.⟩: *Nachahmung einer anderen Tierart als Selbstschutz* ‖ **Mimin** die, -/-innen ⟨gr.-lat.⟩ (geh., veraltend) ‖ **mimisch:** *schauspielerisch; mit Gebärden;* ein Gefühl, eine Empfindung m. darstellen

Mimose die, -/-n ⟨gr.-lat.⟩: *eine tropische Pflanze; blühende Akazienzweige* | (auch abw.) er ist eine M. *(ein überempfindlicher, übersensibler Mensch)* ‖ **mimosenhaft:** er reagiert m. *(überempfindlich)*

min: **Min**ute ‖ **Min.** (veraltet): **Min**ute

Minarett das, -[e]s/-e ⟨arab.-fr.⟩: *Turm einer Moschee* ‖ **Minarettverbot**

minder: zu m. *(zu schlecht)* sein; mehr oder m. *(mehr oder weniger)* ‖ **minderbegabt** ‖ **minderbemittelt** ‖ **Minderbemittelte**[1] der, -n/-n, ein Minderbemittelter ‖ **Minderbemittelte**[2] die, -n/-n ‖ **Minderbruder:** *Franziskaner* ‖ **Mindereinnahme:** *verringerte Einnahme* ‖ **Minderheit** die, -: in der M. *(geringer an Zahl)* sein | (mit Pl. -en) *sich von der Gesamtbevölkerung in irgendeiner Hinsicht abhebende, zahlenmäßig kleinere Gruppe;* religiöse M., ethnische M. *(Volksgruppe);* → Minorität ‖ **Minderheitenprogramm:** *[Radio]programm für eine kleine Zielgruppe* ‖ **Minderheitenrecht** (im Völkerrecht): *Recht ethnischer Minderheiten* | (im Gesellschaftsrecht) → *Minderheitsrecht* ‖ **Minderheitenschutz** ‖ **Minderheitenstatus** [-staː-, -ʃtaː-] ‖ **Minderheitsbericht** (Admin., Jus): *Stellungnahme einer Minderheit zu einem Mehrheitsbeschluss* ‖ **Minderheitsrecht** (Jus, Wirt.): *Recht eines Minderheitsgesellschafters* ‖ **Minderheitsregierung:** *Regierung, die über keine parlamentarische Mehrheit verfügt* ‖ **Minderheitssprache** ‖ **Minderheitsvotum** [-v-]: *bei Abstimmungen Meinung einer Minderheit* ‖ **minderjährig:** *bis zum 18. Lebensjahr; noch nicht volljährig* ‖ **Minderjährige**[1] der, -n/-n, ein Minderjähriger ‖ **Minderjährige**[2] die, -n/-n ‖ **Minderjährigkeit** die, -: *das Alter unter 18 Jahren;* → G.: Volljährigkeit ‖ **mindern** (geh.): *verringern;* geminderte *(reduzierte)* Arbeitsfähigkeit ‖ **Minderung** die, -: *Verminderung* ‖ **minderwertig:** ein minderwertiger *(qualitativ schlechter)* Baustoff ‖ **Minderwertigkeit** die, - ‖ **Minderwertigkeitskomplex** (Psych.): einen M. haben *(sich ständig unterlegen fühlen)* ‖ **Minderzahl** die, -: sie blieben in der M. *(zahlenmäßig darunter)* ‖ **Mindestabstand** ‖ **Mindestalter** ‖ **Mindestanforderung** ‖ **Mindestanteil** ‖ **Mindestausmaß** ‖ **Mindestausstattung** ‖ **Mindestbeitrag** ‖ **Mindestbestand** ‖ **Mindestbetrag**

mindeste:

der mindeste *(geringste)* Anteil
Groß- und Kleinschreibung bei Nominalisierung:
- nicht im mindesten (= **M**indesten)
- zum mindesten (= **M**indesten); *aber zusammen:* → zumindest
- das ist das mindeste (= **M**indeste) *(wenigste),* was man tun kann **R→ S. 894, 2.3**

mindestens: *wenigstens* ‖ **Mindestforderung** ‖ **Mindestgebot:** *niedrigstes Gebot bei Versteigerungen* ‖ **Mindestgröße** ‖ **Mindesthaltbarkeitsdatum:** *Ablaufdatum auf Lebensmitteln* ‖ **Mindestkosten** die (Pl.) ‖ **Mindestkultureinheit** (SüdT) (Landw.): *kleinste Nutzfläche für einen „geschlossenen Hof"* ‖ **Mindestlohn:** *gesetzlich festgelegte unterste Lohngrenze einer Berufsgruppe* ‖ **Mindestmaß** das, -es: ein M. an Höflichkeit ‖ **Mindestpension** ‖ **Mindestrente** ‖ **Mindestrentner** ‖ **Mindestrentnerin** ‖ **Mindestreserve** [-v-] (Bankw.): *bestimmter Geldbetrag, den Banken bei der Zentralbank anlegen müssen* ‖ **Mindestsicherung:** *Grundeinkommen ohne Arbeitsleistung, aber bei Arbeitsbereitschaft* ‖ **Mindeststrafe** ‖ **Mindeststudiendauer** [-stʃt-] ‖ **Mindeststudienzeit** ‖ **Mindesturlaub** ‖ **Mindestzeit**

Mindmapping ['maɪndmæp-] das, -s ⟨engl.⟩ (Psych.) (Wz.): *eine Merk- und Planungstechnik*

Mine die, -/-n ⟨kelt.-lat.-fr.⟩: *unterirdische Erzlagerstätte, Bergwerk* | *ein Sprengkörper; aber:* → Miene | *Farbmasse im Bleistift* | ein Kugelschreiber mit blauer M. ‖ **Minenarbeiter:** *Bergmann* ‖ **Minenarbeiterin** ‖ **Minenfeld** (Mil.): *verminte Gegend* ‖ **Minensuchgerät**

Mineral das, -s/-e [-ien] [-ie̯n] ⟨kelt.-lat.⟩: *Erze, Kohle, Edelsteine ua.* | *Kurzwort für Mineralwasser;* M.-Zitron ‖ **Mineraldünger** ‖ **Mineraliensammlung** [-ie̯n]: *Gesteinssammlung* ‖ **mineralisch** ‖ **mineralisieren:** *zum Mineral werden* ‖ **Mineraloge** der, -n/-n ‖ **Mineralogie** die, -: *die Wissenschaft von den Mineralen* ‖ **Mineralogin** die, -/-innen ‖ **mineralogisch** ‖ **Mineralöl:** *Erdöl [und aus ihm gewonnene Produkte]* ‖ **Mineralölindustrie** ‖ **Mineralölsteuer** ‖ **Mineralquelle** ‖ **Mineralstoff** (meist Pl.) (Biol., Chem.): *lebensnotwendiger Bestandteil der Nahrung, zB Kalium, Magnesium, Phosphor* ‖ **Mineralwasser** das, -s/-wässer ‖ **Mineral-Zitron** das, -[s]/-: *Mineralwasser mit Zitronensaft*

Minerva [-v-]: *römische Göttin des Handwerks, der Künste und der Weisheit;* → *Athene*

Minestra [-st-] die, -/Minestren ⟨it.⟩: *eine Gemüsesuppe* ‖ **Minestrone** die, -/-n: *Gemüsesuppe nach italienischer Art*

mini ⟨lat.-fr.-engl.⟩ (sal.): *sehr kurz, oberhalb der Knie endend [von einem Rock];* m. gehen; → G.: maxi ‖ **Miniatur** die, -/-en ⟨lat.-it.⟩: *[Bildnis]malerei in Kleinformat;* in M. *(im Kleinformat)* ‖ **Miniaturist** der, -en/-en ‖ **Miniaturistin** die, -/-innen ‖ **Miniaturmalerei** ‖ **Minibackofen** ‖ **MiniDisc** [-sk] die, -/-s, *auch:* Minidisc (MD) (Technol.) (Wz.): *ein Tonträger*

Miniermotte ⟨fr.⟩ (Biol.): *Motte, deren Larve in Pflanzenteilen Fraßgänge erzeugt*

Minigolf ⟨lat.-engl.+engl.⟩: *ein Spiel* ‖ **minimal:** ein minimaler *(unbedeutender)* Unterschied; → G.: maximal ‖ **Minimal Art** ['mɪnɪməl -] die, - ⟨engl.⟩: *eine Kunstrichtung* ‖ **Minimalaufwand** ‖ **Minimalbetrag** ‖ **Minimalforderung:** *Mindestforderung* ‖ **minimalinvasiv** [-v-] (Med.): *wenig verletzend;* minimalinvasive Chirurgie *(Knopflochchirurgie)* ‖ **minimalisieren:** *so klein wie möglich machen* ‖ **Minimalismus** der, -: *Bevorzugung des*

Geringstmöglichen ‖ **Minimalkonsens** (bes. Pol.) ‖ **Minimal Music** ['mɪnɪməl 'mju:zɪk] die, - ⟨engl.⟩: *ein zeitgenössischer Kompositionsstil* ‖ **Minimalprogramm** ‖ **Minimalwert** ‖ **minimieren:** die Risiken wurden minimiert *(auf das geringste Maß gesenkt);* → G.: maximieren ‖ **Minimierung** die, -/-en ‖ **Minimum** das, -s/Minima: *das Geringste, Kleinstmögliche* | *die untere Grenze;* → G.: Maximum ‖ **Minirock:** *sehr kurzer Damenrock* ‖ **Miniscooter** [-sku:tə] ⟨engl.⟩ (Wz.): *Microscooter*

Minister der, -s/- ⟨lat.⟩: *Regierungsmitglied, Leiter eines Ministeriums* ‖ **Ministeramt** ‖ **Ministerbüro:** *Amtsräume eines Ministers* ‖ **Ministerebene:** auf M. *(mit den Ministern)* verhandeln ‖ **ministerial** ‖ **Ministerialbeamte** ‖ **Ministerialbeamtin** ‖ **Ministerialrat:** *ein höherer Beamter* ‖ **Ministerialrätin** ‖ **ministeriell** ‖ **Ministerin** die, -/-innen ‖ **Ministerium** das, -s/Ministerien [-i̯ən]: *höchste staatliche Verwaltungsstelle, Zentralstelle* ‖ **Ministerpräsident:** *Regierungschef eines Staates (in Österreich: Bundeskanzler); Regierungschef eines deutschen Bundeslandes (in Österreich: Landeshauptmann/ Landeshauptfrau)* ‖ **Ministerpräsidentin** ‖ **Ministerrat:** *Gesamtheit der Regierungsmitglieder* ‖ **Ministerratsdienst** (Admin.): *Ansprechstelle im Bundeskanzleramt für das Parlament* ‖ **Ministerratssitzung** ‖ **Ministerratsvortrag** (Amtsspr.): *Antrag eines Ministers an die Bundesregierung* ‖ **ministrabel:** *für ein Ministeramt in Betracht kommend* ‖ **Ministrant** der, -en/-en: *Messdiener beim katholischen Gottesdienst* ‖ **Ministrantin** die, -/-innen ‖ **ministrieren**

Minium das, -s ⟨lat.⟩: *Rostschutzfarbe, Rostschutzanstrich*

Minivan [-væn] ⟨engl.⟩: *kompakter Van;* → Microvan

Minne die, -: *Verehrung, platonische Liebeswerbung, die Ritter und Minnesänger (im Mittelalter) adeligen Frauen entgegenbrachten* ‖ **Minnelied** ‖ **Minnesang** der, -[e]s: *höfische Liebeslyrik, bes. 12. bis 14. Jh.* ‖ **Minnesänger**

Minorit der, -en/-en ⟨lat.⟩: *Angehöriger eines Zweiges des Franziskanerordens* ‖ **Minorität** die, -/-en: *[Stimmen]minderheit, Minderzahl;* → G.: Majorität ‖ **Minoritätenschutz**

Minotaurus der, -: *eine griechische Sagengestalt, Mann mit Stierkopf*

Minsk: *Hauptstadt Weißrusslands*

mint ⟨gr.-lat.-engl.⟩: *pfefferminzfarben, hellgrün*

Minuend der, -en/-en ⟨lat.⟩: *Zahl, von der etwas subtrahiert (weggezählt) wird* ‖ **minus:** vier m. *(weniger)* zwei ist zwei; m. vier Grad = 4 Grad m. *(unter null);* → G.: plus ‖ **Minus** das, -/-: die Abrechnung ergab ein M. *(einen Fehlbetrag)* ‖ **Minusgrad** ‖ **Minuskel** die, -/-n: *Kleinbuchstabe;* → G.: Majuskel ‖ **Minuspol** (--Pol) ‖ **Minuspunkt:** *Schlechtpunkt* ‖ **Minusrekord** ‖ **Minuszeichen** (–): *Subtraktionszeichen*

Minute die, -/-n (min; *veraltet:* Min.) ⟨lat.⟩: *60 Sekunden* | (′) $^1/_{60}$ *(Winkel)grad* ‖ **minutenlang:** minutenlanger Beifall; *aber:* zehn Minuten lang ‖ **Minutenzeiger:** *Uhrzeiger, der die Minuten anzeigt* ‖ **-minütig,** *selten auch:* -minutig (nur in Zusammensetzungen wie achtminütig): eine achtminütige *(acht Minuten lange)* Pause; → minütlich ‖ **minutiös** [-tsi̯-] = → minuziös ‖ **minütlich:** *jede Minute;* → -minütig ‖ **minuziös** = minutiös [-tsi̯-] (geh.): etwas m. *(genauest)* planen

Minze die, -/-n ⟨gr.-lat.⟩: *eine Pflanze;* Pfefferminze

Mio.: Million[en]

Miozän das, -s ⟨gr.⟩ (Geol.): *ein Abschnitt der Erdgeschichte*

mir[1]: es tut mir leid; mir nichts, dir nichts *(ohne etwas zu sagen)* fortgehen

mir[2] (ugs.): *wir;* „mir san mir!" *(Ausdruck überheblicher Selbstüberschätzung und Abkapselung)*

Mirabell: *ein Schloss in Salzburg*

Mirabelle die, -/-n ⟨fr.⟩: *eine Pflaumensorte*

Mirakel das, -s/- ⟨lat.⟩: *Wunder, Geheimnis* ‖ **mirakelhaft** ‖ **mirakulös:** *unerklärlich*

Miriam = **Mirjam:** *weibl. Vorname (Maria)*

Mirl: *weibl. Vorname (Maria);* → Mizzi

Misandrie die, - ⟨gr.⟩ (Psych.): *Männerhass (von Frauen)*

Misanthrop der, -en/-en ⟨gr.⟩: *Menschenfeind;* → G.: Philanthrop ‖ **Misanthropie** die, -: *Menschenhass* ‖ **Misanthropin** die, -/-innen ‖ **misanthropisch**

mischbar ‖ **Mischbatterie:** *Armatur für Kalt- und Warmwasser* ‖ **Mischbrot:** *Brot aus Roggen- und Weizenmehl* ‖ **Mischehe:** *Ehe zwischen Menschen verschiedener Religion oder Ethnie* ‖ **mischeln** (reg., ugs.): *mischen;* ich mischle die Karten ‖ **mischen,** du misch[s]t: die Karten m.: → gemischt ‖ **mischerbig** (Biol.) ‖ **Mischform** ‖ **Mischfutter** ‖ **Mischgetränk** ‖ **Mischgewebe** ‖ **Mischkonzern** (Wirt.): *Konzern mit verschiedenen Sparten* ‖ **Mischkost** ‖ **Mischkulanz** die, -/-en (ugs.): *Gemisch, Mischung, Durcheinander* ‖ **Mischling** der, -s/-e: *Tier, dessen Eltern von verschiedener Rasse sind* | (oft abw.) *Mensch, dessen Eltern von verschiedener Hautfarbe sind* ‖ **Mischmasch** der, -[e]s/-e (ugs.): *Durcheinander* ‖ **Mischmaschine:** *Betonmischmaschine*

Mischpoche die, -/-n ⟨hebr.-jidd.⟩ (ugs., veraltet, abw.): *Verwandtschaft, Anhang*

Mischpult: *Gerät, mit dem [für den Hörfunk] Gesprochenes, Musik und Geräusche auf einem Tonband vereinigt werden* ‖ **Mischtechnik** (zB in der Malerei) ‖ **Mischung** die, -/-en: eine gute M. | (bes. St) *Gespritzter;* → Spritzer ‖ **Mischungsverhältnis** ‖ **Mischwald**

miserabel ⟨lat.-fr.⟩: eine miserable *(erbärmliche)* Leistung; sich m. *(elend)* fühlen ‖ **Misere** die, -/-n: *Notlage, Elend* ‖ **Miserere** das, -s/- (wörtl.: Erbarme dich!) (kath.): *ein Gebet; Formel in Gebeten*

Misogynie [-y-] die, - ⟨gr.⟩ (Psych.): *Frauenhass (von Männern)* | (geh.) *Frauenfeindlichkeit*

Misosuppe ⟨jap.+dt.⟩: *eine japanische Spezialität*

Mispel die, -/-n: *ein Obstbaum* | *eine Arzneipflanzengattung, Asperl*

Miss[1] ⟨engl.⟩: *[mit einem Personennamen verbundene] englische Anrede für eine [jüngere] unverheiratete Frau;* → Mrs; → Ms ‖ **Miss**[2] die, -/-es [-sɪz] [-ən]: M. Austria *(Schönheitskönigin von Österreich)*

Missa brevis [- -v-] die, - -/Mis-

M

sae breves [-sɛ -] ⟨lat.⟩ (Mus.): *kurze (kleine) Messe*
miss|ach|ten: eine Vorschrift m. *(nicht einhalten)* ‖ **Miss|ach|tung**
Mis|sa|le das, -s/-n (Missalien [-i̯ən]) ⟨lat.⟩: *Messbuch* ‖ **Mis|sa so|lem|nis** die, - -/Missae solemnes [-sɛ -] (Mus.): *feierliche Messe;* → solenn
miss|be|ha|gen (geh.): *missfallen* ‖ **Miss|be|ha|gen:** *Unbehagen* ‖ **Miss|bil|dung:** *krankhafte Verunstaltung* ‖ **miss|bil|li|gen:** er hat die Tat missbilligt *(abgelehnt)* ‖ **Miss|bil|li|gung** [auch: -'bi-] ‖ **Miss|brauch** ‖ **miss|brau|chen:** sie hat die Erlaubnis missbraucht *(sie hat sie zu einem anderen Zweck ausgenützt)* | ein Mädchen [sexuell] m. *(vergewaltigen)* ‖ **miss|bräuch|lich:** *unerlaubt, sittenwidrig;* eine missbräuchliche Rechtsausübung ‖ **Miss|brauchs|op|fer** ‖ **miss|deu|ten:** er hat die Bemerkung missdeutet *(falsch aufgefasst)* ‖ **Miss|deu|tung** ‖ **mis|sen** (geh.): *vermissen, entbehren;* du misst nur ungern deine Bequemlichkeit ‖ **Miss|er|folg:** ein unerwarteter M. ‖ **Miss|ern|te:** *schlechte Ernte* ‖ **Mis|se|tat** (geh.): *böse Tat* ‖ **Mis|se|tä|ter** (geh.) ‖ **Mis|se|tä|te|rin** (geh.) ‖ **miss|fal|len:** sein Benehmen hat mir m. *(nicht gefallen)* ‖ **Miss|fal|len** das, -s ‖ **Miss|fal|lens|äu|ße|rung** ‖ **miss|ge|bil|det:** *verunstaltet* ‖ **Miss|ge|burt:** *mit schweren Missbildungen geborenes Lebewesen* ‖ **miss|ge|launt** ‖ **Miss|ge|schick:** *Unglück, Pech* ‖ **Miss|ge|stalt** ‖ **miss|ge|stal|tet:** *missgebildet* ‖ **miss|ge|stimmt:** *schlecht gelaunt* ‖ **miss|glü|cken:** ein missglücktes *(nicht gelungenes)* Unternehmen ‖ **miss|gön|nen:** du hast ihm sein Glück missgönnt ‖ **Miss|griff:** *Fehler* ‖ **Miss|gunst** ‖ **miss|güns|tig:** *neidisch* ‖ **miss|han|deln:** er wurde misshandelt *(geschlagen und gequält)* ‖ **Miss|hand|lung** ‖ **Miss|hel|lig|keit** die, -/-en (meist Pl.) (geh.): *Unstimmigkeit*
Mis|sing Link das, - -s ⟨engl.⟩ (Biol.): *fehlende Übergangsform in der Stammesgeschichte*
Mis|sio ca|no|ni|ca [- k-k-] die, - - ⟨lat.⟩: *Befugnis, das katholische Glaubensgut zu lehren*
Mis|si|on die, - ⟨lat.⟩: *Verbreitung des [christlichen] Glaubens* | (mit Pl. -en) *Missionsstation* | *Auftrag, Sendung;* eine wichtige M. erfüllen *(einen wichtigen Auftrag ausführen)* | *Vertretungsbehörde;* diplomatische M. ‖ **Mis|si|o|nar** = **Mis|si|o|när** der, -s/-e: *Glaubensprediger* ‖ **Mis|si|o|na|rin** = **Mis|si|o|nä|rin** die, -/-innen ‖ **mis|si|o|na|risch** ‖ **mis|si|o|nie|ren** ‖ **Mis|si|ons|chef** [-ʃeːf]: *Botschafter ua.* ‖ **Mis|si|ons|che|fin** ‖ **Mis|si|ons|schwes|ter** ‖ **Mis|si|ons|sta|ti|on** [-tsi̯-]
Mis|sis|sip|pi der, -[s]: *ein Strom in den USA*
Miss|klang ‖ **Miss|kre|dit** der, -[e]s: in M. *(in nachteiligen Ruf)* geraten ‖ **miss|lang** → misslingen ‖ **miss|lau|nig:** *übel gelaunt* ‖ **miss|lich** (geh.): eine missliche *(unangenehme)* Sache ‖ **miss|lie|big** (geh.): *unbeliebt* ‖ **Miss|lie|big|keit** die, - (geh.) ‖ **miss|lin|gen,** misslang/misslungen: der Rekordversuch misslang *(glückte nicht);* eine misslungene Zeichnung ‖ **Miss|mut** ‖ **miss|mu|tig:** *schlechter Laune, verärgert*
Mis|sou|ri [-'suː-] der, -[s]: *Strom in den USA*
miss|ra|ten: die Torte ist m. *(nicht gelungen)* | (geh.) ein missratener *(auf Abwege geratener)* Sohn ‖ **Miss|stand:** Missstände *(üble Zustände)* beseitigen ‖ **Miss|stim|mung**
misst → messen
Miss|ton: einen M. *(schlechte Stimmung)* in die Unterhaltung bringen ‖ **miss|tö|nend** ‖ **miss|trau|en:** *nicht [ver]trauen* ‖ **Miss|trau|en** das, -s ‖ **Miss|trau|ens|an|trag:** *Antrag, durch den zB im Parlament die Regierung oder einzelne Regierungsmitglieder zum Rücktritt aufgefordert werden* ‖ **Miss|trau|ens|vo|tum** [-v-] (Pol.): *Beschluss, einem Misstrauensantrag stattzugeben* ‖ **miss|trau|isch** ‖ **miss|ver|gnügt:** *verdrossen* ‖ **Miss|ver|hält|nis** ‖ **miss|ver|ständ|lich** ‖ **Miss|ver|ständ|nis** das, -nisses/-nisse: ein M. aufklären ‖ **miss|ver|ste|hen:** das habe ich missverstanden *(falsch aufgefasst)* ‖ **Miss|wachs** [-ks] der, -es (Landw.): *zu geringes Gedeihen der Feldfrüchte;* → Misswuchs
Miss|wahl: *Wahl der Schönheitskönigin*
Miss|wirt|schaft ‖ **Miss|wuchs** [-ks] (Landw.): *Missbildung;* → Misswachs
Mist der, -[e]s: M. führen; das ist nicht auf meinem M. gewachsen *(stammt nicht von mir)* | *Abfall, Müll* | *wertloses Zeug* ‖ **Mist|beet** ‖ **Mist|bub:** *ein Schimpfwort* ‖ **Mist|ei|mer** (reg.): *Abfallkübel*
Mis|tel die, -/-n: *immergrüner, auf Bäumen schmarotzender Strauch*
Mis|tel|bach (Kfz: MI): *Stadt in Niederösterreich*
Mis|tel|zweig
mis|ten: ein Gemüsebeet m. *(mit Stallmist düngen)*
Mis|ter (Mr): *[mit einem Personennamen verbundene] englische Anrede für einen Mann*
Mist|ga|bel ‖ **Mist|gstät|ten** (ostöst., ugs., veraltend) ‖ **Mist|hau|fen** ‖ **Mist|kä|fer** ‖ **Mist|kerl** (ugs.): *ein Schimpfwort* ‖ **Mist|kü|bel:** *Abfalleimer* ‖ **Mist|küb|ler** der, -s/- (sal.): *Müllmann* ‖ **Mist|küb|le|rin** die, -/-innen (sal.) ‖ **Mist|platz:** *Müllablagerungsplatz*
Mis|tral der, -s/-e ⟨lat.-fr.⟩: *ein Sturmwind in Südfrankreich*
Mist|schau|fel ‖ **mist|stie|ren** = miststierln (ugs.): *in Abfällen herumstöbern* ‖ **Mist|stie|rer** = Miststierler der, -s/- (ugs.) ‖ **Mist|stie|re|rin** = **Mist|stier|le|rin** die, -/-innen (ugs.) ‖ **Mist|stück:** *ein derbes Schimpfwort* ‖ **Mist|te|le|fon:** *Beratung zur Beseitigung von Abfall, Schnee ua. (in Wien)* ‖ **Mist|viech** (ugs.) = **Mist|vieh** (ugs.): *ein derbes Schimpfwort*
mit (Präp. mit Dat.): mit dem Freund; mit Hilfe (= mithilfe) der Lehrerin | mit *(zum)* 1. Jänner | (Adv.) Täuschung war mit dabei; die anderen mit eingeschlossen; mit herüberkommen
Mit|an|ge|klag|te
mit an|se|hen [auch: 'mit-] = **mit|an|se|hen:** ich kann sein Faulenzen nicht m.
Mit|ar|beit ‖ **mit|ar|bei|ten:** immer fleißig m. ‖ **Mit|ar|bei|ter** ‖ **Mit|ar|bei|te|rin** ‖ **Mit|ar|bei|ter|stab** ‖ **Mit|ar|bei|ter|vor|sor|ge|kas|se,** *auch:* Mitarbeitervorsorgekassa (Admin.): *Einrichtung zur Veranlagung von Abfertigungen*
Mit|au|tor ‖ **Mit|au|to|rin**
Mit|be|grün|der ‖ **Mit|be|grün|de|rin**
mit|be|kom|men: *mitgegeben bekommen* | *aufschnappen, verstehen*
mit|be|nut|zen = **mit|be|nüt|zen**
mit be|rück|sich|ti|gen = **mit|be|rück|sich|ti|gen**
Mit|be|sit|zer ‖ **Mit|be|sit|ze|rin**
mit|be|stim|men ‖ **Mit|be|stim-**

M

mung ‖ **Mịtbestimmungsrecht**
Mịtbewerber: für die Stelle gab es acht M. ‖ **Mịtbewerberin**
Mịtbewohner ‖ **Mịtbewohnerin**
mịtbringen: etwas von einer Reise m. ‖ **Mịtbringsel** das, -s/-
Mịtbruder: die Mitbrüder des Männerklosters Admont
Mịtbürge: *jemand, der gemeinsam mit anderen die Bürgschaft für einen Schuldner übernimmt*
Mịtbürger ‖ **Mịtbürgerin**
Mịtbürgin
mịtdenken
mịtdürfen: *mitgehen, mitkommen dürfen*
Mịteigentum ‖ **Mịteigentümer** ‖ **Mịteigentümerin**
mịteinạnder: m. verkehren *(Kontakt haben);* m. spielen; m. reden
mịtempfinden
mịtentscheiden
Mịterbe ‖ **Mịterbin**
mịterleben
mịtessen ‖ **Mịtesser** der, -s/-: *eine Hautunreinheit*
mịtfahren ‖ **Mịtfahrer** ‖ **Mịtfahrerin** ‖ **Mịtfahrgelegenheit**
mịtfinanzieren
mịtfliegen
mịtfühlen: mit jemandem m. ‖ **mịtfühlend**
mịtführen: den Reisepass immer m. *(bei sich haben)*
mịtgeben
Mịtgefühl
mịtgehen: *begleiten* | (ugs.) etwas m. lassen *(es stehlen)*
mịtgenommen → mitnehmen
Mịtgift die, -/-en: *Heiratsgut, Ausstattung (der Braut)* ‖ **Mịtgiftjäger:** *Mann, der nur auf das Geld seiner Frau aus ist*
Mịtglied: er ist M. des Sportvereins ‖ **Mịtgliederschwund:** ein Verein mit großem M. ‖ **Mịtgliederversammlung** ‖ **Mịtgliederwerbung** ‖ **Mịtgliederzahl** ‖ **Mịtgliedsausweis** ‖ **Mịtgliedsbeitrag** ‖ **Mịtgliedskarte** ‖ **Mịtgliedsland** ‖ **Mịtgliedsnummer** ‖ **Mịtgliedstaat:** die Mitgliedstaaten der Vereinten Nationen
mịthaben: *bei sich haben*
Mịthäftling ‖ **Mịthaftung:** *gemeinsame Haftung*
mịthalten: mit jemandem m. können *(jemandem ebenbürtig sein)*
mịthelfen: im Haushalt m. ‖ **mit Hilfe** = **mithilfe:** es gelang mit H. (= mithilfe) der Kameraden ‖ **Mịthilfe** die, -
mithịn: *daher, darum, somit*
mịthören
Mịtinhaber ‖ **Mịtinhaberin**
mịtkämpfen
mịtklingen
mịtkochen
mịtkommen
mịtkönnen: beim Ausflug leider nicht m.
mịtkriegen
mịtlassen
mịtlaufen ‖ **Mịtläufer** (abw.): *jemand, der ohne persönliches Engagement an einer Sache teilnimmt* ‖ **Mịtläuferin** (abw.)
Mịtlaut (Sprachwiss.): *Konsonant*
Mịtleid: er will nur M. erregen; großes M. erregend; → Mitleid erregend = mitleiderregend ‖ **mịtleiden** ‖ **Mịtleidenschaft:** in M. ziehen *(beeinträchtigen)* ‖ **Mịtleid erregend** = **mịtleiderregend:** M. erregende Schilderungen; *aber nur:* etwas ist mitleiderregender, sehr mitleiderregend ‖ **mịtleidig:** *mitfühlend, teilnahmsvoll* ‖ **mịtleidslos** ‖ **mịtleidsvoll** (geh.)
mịtlesen
mịtmachen: eine Mode m. *(sich nach ihr richten)* | viel m. *(erdulden, erleiden)*
Mịtmensch ‖ **mịtmenschlich:** mitmenschliche Beziehungen
mịtmischen
Mịtnahme die, -: unter M. eines Ausweises ‖ **mịtnehmen:** den Schirm m. | der Umzug nimmt sie mit *(zehrt an ihren Kräften);* von den Strapazen mitgenommen *(erschöpft)* sein
mitnịchten (geh.): *ganz und gar nicht*
Mitose die, -/-n ⟨gr.-lat.⟩ (Biol.): *Zellkernteilung*
Mịtra die, -/Mitren ⟨gr.-lat.⟩: *Bischofsmütze*
mịtrauchen
mịtrechnen
mịtreden: nicht m. können
Mịtregent ‖ **Mịtregentin**
mịtreisen: im Auto m.
mịtreißen: die Lawine hat drei Urlauber mitgerissen | eine mitreißende *(schwungvolle, begeisternde)* Rede
mitsạmmen: *mitsamt;* m. *(miteinander)* gehen ‖ **mitsạmt** (Präp. mit Dat.): m. seinem Sohn
mịtschleifen
mịtschleppen
mịtschneiden: ein Konzert m. *(auf Tonband aufzeichnen)* ‖ **Mịtschnitt:** *Aufnahme, Aufzeichnung;* der M. eines Livekonzerts
mịtschreiben
Mịtschuld: M. haben ‖ **mịtschuldig** ‖ **Mịtschuldige**
Mịtschüler: *Schulkamerad* ‖ **Mịtschülerin**
Mịtschwester: die Mitschwestern eines Frauenklosters
mịtsingen
mịtspielen: *sich an einem Spiel beteiligen* | (geh.) jemandem übel m. *(sehr schaden)*
Mịtsprache die, - ‖ **Mịtspracherecht:** *Recht, bei einer Entscheidung mitzureden* ‖ **mịtsprechen**
Mịtstreiter der, -s/- (geh.): *Kampfgefährte* ‖ **Mịtstreiterin** die, -/-innen (geh.)
Mịttachtziger der, -s/-: *Mann von etwa 85 Jahren* ‖ **Mịttạchtzigerin** die, -/-innen

Mịttag:

Großschreibung:
- [um] zwölf Uhr Mittag
- zu Mittag essen; *aber zusammen:* → mittagessen
- Mittag machen *(Mittagspause machen)*
- heute Mittag, morgen Mittag, gestern Mittag; *aber zusammen:* → Dienstagmittag
- von Mittag her (geh.: *von Süden*)

Kleinschreibung von „mittags“:
- mittags lesen *(jeden Mittag, auch: zu Mittag)*
- [um] zwölf Uhr mittags
- sie kommen [am] Mittwoch mittags

R→ S. 891, 1.3

mịttagessen (nur Infinitiv und Partizip): früh m. gehen ‖ **Mịttagessen:** um 12:00 Uhr gibt es M. ‖ **mịttägig** (geh.): zu mittägiger Stunde ‖ **mịttäglich:** der Bote kommt m. *(jeden Mittag)* ‖ **Mịttagmahl** = Mittagsmahl ‖ **mịttags:** m. *(zu Mittag, jeden Mittag)* zu Hause sein; [um] zwölf Uhr m.; sie kommen Mittwoch m. (*auch:* mittwochmittags, mittwochs mittags); → Mittag; → Dienstag ‖ **Mịttagsbüffet** [-byfeː] = Mittagsbüfett [-feː, D: -fɛt] ‖ **Mịttagsglocken** die (Pl.) ‖ **Mịttagshitze** ‖ **Mịttagsmahl** = → Mittagmahl ‖ **Mịttagsnachrichten** ‖ **Mịttagspause:** in der M. auf die Bank gehen ‖ **Mịttagsruhe** ‖

M

Mit|tags|schläf|chen das, -s/- ‖ **Mit|tags|son|ne** ‖ **Mit|tags|sper|re:** *Mittagspause* ‖ **Mit|tags|stun|de** ‖ **Mit|tags|zeit** die, -

Mit|tä|ter ‖ **Mit|tä|te|rin** ‖ **Mit|tä|ter|schaft** die, -: der M. beschuldigt werden

Mitt|drei|ßi|ger der, -s/-: *Mann von etwa 35 Jahren* ‖ **Mitt|drei|ßi|ge|rin** die, -/-innen ‖ **Mit|te** die, -/-n: M. Februar; M. [der] fünfzig; M. der Fünfziger sein *(etwa 55 Jahre alt sein)* | (Pol.) *zwischen links und rechts stehende Partei[en]*

mit|tei|len: jemandem etwas m. ‖ **mit|tei|lens|wert** ‖ **mit|teil|sam** ‖ **Mit|tei|lung** die, -/-en ‖ **Mit|tei|lungs|be|dürf|nis**

Mit|tel das, -s/-: geringe M. *(wenig Geld)* besitzen; M. zum Zweck; ein M. gegen Kopfweh | sich bei einem Streit ins M. legen *(ihn zu schlichten versuchen)* | im M. *(im Durchschnitt)* ‖ **Mit|tel|ach|se** [-ks-]: *Symmetrieachse* ‖ **Mit|tel|al|ter** das, -s: *Zeitraum etwa zwischen 5. und 15. Jh. (in der europäischen Geschichte)* ‖ **Mit|tel|al|ter|ar|chäo|lo|gie** ‖ **mit|tel|al|ter|lich:** ein mittelalterliches Stadtbild ‖ **Mit|tel|ame|ri|ka** ‖ **Mit|tel|bahn|steig:** *via Über- oder Unterführung erreichbarer Zwischenbahnsteig* ‖ **mit|tel|bar:** *indirekt;* → G.: unmittelbar ‖ **Mit|tel|bau:** *Gruppe von Universitätslehrern, zB Assistenten* ‖ **Mit|tel|bau|ku|rie** [-i̯e]: *Vertreter/innen des Mittelbaus in universitären Gremien* ‖ **Mit|tel|be|trieb** (Wirt.) ‖ **Mit|tel|ding:** dieses Auto ist ein M. zwischen Pkw und Lkw ‖ **Mit|tel|eu|ro|pa:** *Länder im Zentrum Europas* | *die ehemalige österreichisch-ungarische Monarchie und ihr Umkreis* ‖ **Mit|tel|eu|ro|pä|er** ‖ **Mit|tel|eu|ro|pä|e|rin** ‖ **mit|tel|eu|ro|pä|isch:** ein mitteleuropäischer Staat; die mitteleuropäische Zeit (MEZ) ‖ **Mit|tel|feld** (bes. Sport) ‖ **Mit|tel|fin|ger** ‖ **mit|tel|fris|tig:** ein mittelfristiger *(auf eine mittlere Zeitdauer begrenzter)* Finanzplan ‖ **Mit|tel|fuß:** *mittlerer Teil des Fußes* ‖ **Mit|tel|fuß|kno|chen** ‖ **Mit|tel|ge|bir|ge:** *Gebirge unter 1 000 m Höhe* ‖ **Mit|tel|ge|wicht** das, -[e]s (Sport): *eine Gewichtsklasse* ‖ **mit|tel|groß** ‖ **Mit|tel|grund:** *Bereich zwischen Vorder- und Hintergrund* ‖ **Mit|tel|hand:** *mittlerer Teil der Hand* ‖ **Mit|tel|hand|kno|chen** ‖ **mit|tel|hoch|deutsch** (mhd.) ‖ **Mit|tel|hoch|deutsch** das, -[s] = **Mit|tel|hoch|deut|sche,** -n: *Deutsch vom 11. bis 15. Jh.* ‖ **Mit|tel|klas|se:** *Mittelschicht* | *mittlere Preisklasse* ‖ **Mit|tel|klas|se|ho|tel** ‖ **Mit|tel|klas|se|wa|gen** ‖ **Mit|tel|la|ge** ‖ **mit|tel|län|disch** (veraltet): eine mittelländische Pflanze; *aber:* das **Mittelländische** Meer *(Mittelmeer)* ‖ **Mit|tel|la|tein:** *Latein des Mittelalters* ‖ **mit|tel|los:** *ohne Einkommen bzw. mit einem Einkommen unter dem gesetzlichen Mindestmaß* ‖ **Mit|tel|lo|sig|keit** die, - ‖ **Mit|tel|lo|sig|keits|zeug|nis** (Amtsspr.) ‖ **Mit|tel|mäch|te** die (Pl.) (Gesch.): *Österreich-Ungarn, Deutschland und deren Verbündete im Ersten Weltkrieg* ‖ **Mit|tel|maß** ‖ **mit|tel|mä|ßig:** *nur durchschnittlich* ‖ **Mit|tel|mä|ßig|keit** die, -/-en ‖ **Mit|tel|meer** ‖ **Mit|tel|meer|län|der** die (Pl.) ‖ **Mit|tel|meer|raum** ‖ **Mit|tel|ohr|ent|zün|dung** (Med.) ‖ **mit|tel|präch|tig** (ugs., scherzh.): *mittelmäßig* ‖ **Mit|tel|punkt**

mit|tels:

Präposition mit Genitiv:
– mittels eines Drahtes *(mit einem Draht)*

Allein stehendes starkes Nomen im Singular bleibt undekliniert:
– mittels Draht

Im Plural mit Dativ, wenn Genitiv nicht erkennbar:
– mittels Drähten (*statt:* Drähte)

Mit|tel|schei|tel ‖ **Mit|tel|schicht** (Soz.): *Bevölkerungsschicht mit mittlerem Einkommen und durchschnittlicher Bildung* ‖ **Mit|tel|schu|le** (Bildw.): *eine Schulform* | (mit Abkürzung NMS) Neue M. *(eine gemeinsame Schule von 10- bis 14-Jährigen, Unterstufe AHS und Hauptschule in einer Schulform)* | (mit Abkürzung KMS) Kooperative M. *(ein Schultyp, der eng mit Hauptschule und AHS kooperiert)* | (bes. früher in Österreich) *allgemein bildende höhere Schule* | (SüdT) *Hauptschule* ‖ **Mit|tel|schü|ler** (in Österreich veraltet): *Schüler einer allgemein bildenden höheren Schule* | (SüdT) *Schüler einer Hauptschule* ‖ **Mit|tel|schü|le|rin** ‖ **Mit|tel|schul|leh|rer** (in Österreich veraltet): *Lehrer einer allgemein bildenden höheren Schule* | (SüdT) *Lehrer einer Hauptschule* ‖ **Mit|tel|schul|leh|re|rin** ‖ **Mit|tel|schul|pro|fes|sor** (veraltet): *AHS-Lehrer* ‖ **Mit|tel|schul|pro|fes|so|rin** (veraltet) ‖ **Mit|tels|mann:** *Unterhändler, Vermittler* ‖ **Mit|tels|per|son** ‖ **Mit|tel|stand** der, -[e]s: *breite Gesellschaftsschicht zwischen Arm und Reich* ‖ **mit|tel|stän|disch:** ein mittelständisches Unternehmen ‖ **Mit|tel|stei|er|mark:** *Landesteil der Steiermark* ‖ **Mit|tel|stim|me** (Mus.): *Alt und Tenor im gemischten Chor* ‖ **Mit|tel|stre|cke:** *Mittelstreckenflug* ‖ **Mit|tel|stre|cken|ra|ke|te** (Mil.) ‖ **Mit|tel|strei|fen** (Verk.): *Streifen zwischen den Gegenfahrbahnen [auf Autobahnen]* ‖ **Mit|tel|stück** ‖ **Mit|tel|stu|fe** (Bildw.): *die Hauptschule bzw. die ersten vier Jahre einer allgemein bildenden höheren Schule* ‖ **Mit|tel|stür|mer** (Sport) ‖ **Mit|tel|stür|me|rin** (Sport) ‖ **Mit|tel|teil** der, -[e]s/-e ‖ **Mit|tel|weg:** *Kompromiss* ‖ **Mit|tel|wel|le** (MW): *eine elektromagnetische Welle* ‖ **Mit|tel|wel|len|emp|fang** ‖ **Mit|tel|wel|len|sen|der** ‖ **Mit|tel|wert:** den M. berechnen ‖ **Mit|tel|wort** (Gramm.): *Partizip;* M. der Gegenwart *(Partizip I, 1. Partizip);* M. der Vergangenheit *(Partizip II, 2. Partizip)* ‖ **Mit|tel|wort|grup|pe** (Gramm.): *Partizipialgruppe* ‖ **mit|ten:** sich m. durch eine Menschenmenge drängen; m. im Winter ‖ **mit|ten|drein:** zornig m. fahren ‖ **mit|ten|drin** ‖ **mit|ten|drun|ter** ‖ **mit|ten|durch** ‖ **Mit|ter|nacht** die, -: um M.; → Abend | (geh.) *der Norden;* von M. her ‖ **mit|ter|nächt|lich:** zu mitternächtlicher Stunde ‖ **mit|ter|nachts** ‖ **Mit|ter|nachts|ein|la|ge:** *Darbietung in der Mitternachtspause auf Ballveranstaltungen* ‖ **Mit|ter|nachts|son|ne** die, -: *auch nachts nicht untergehende Sonne im hohen Norden* ‖ **Mitt|fas|ten** die (Pl.) (kath.): *4. Fastensonntag und die Woche vorher, bes. der Mittwoch* ‖ **Mitt|fünf|zi|ger** der, -s/-: *Mann von etwa 55 Jahren* ‖ **Mitt|fünf|zi|ge|rin** die, -/-innen ‖ **Mitt|ler** der, -s/- (geh.): *Vermittler, Mittelsmann* ‖ **mitt|le|re:** der m. von drei Brüdern; die m. Schule *(zB Fachschule, Handelsschule)* ‖ **Mitt|le|rin** die, -/-innen ‖ **Mitt|ler-**

M

rolle: *Vermittlerrolle* ‖ **mittlerweile:** *inzwischen* ‖ **mittschiffs** (Seemannsspr.): *in der Mitte des Schiffes* ‖ **Mittsechziger** der, -s/-: *Mann von etwa 65 Jahren* ‖ **Mittsechzigerin** die, -/-innen ‖ **Mittsiebziger** der, -s/-: *Mann von etwa 75 Jahren* ‖ **Mittsiebzigerin** die, -/-innen ‖ **Mittsommer:** *Sommersonnenwende*

mittun: *sich beteiligen, teilnehmen, mitmachen*

Mittvierziger der, -s/-: *Mann von etwa 45 Jahren* ‖ **Mittvierzigerin** die, -/-innen ‖ **Mittwinter:** *Wintersonnenwende* ‖ **Mittwoch** der, -[e]s/-e: wir kommen am M.; → Dienstag ‖ **Mittwochabend:** am M.; eines Mittwochabends; wir kommen M. ‖ **mittwochabends:** mittwochs abends ‖ **mittwöchig:** *am Mittwoch stattfindend* ‖ **mittwochs:** *jeden* (auch: *am*) *Mittwoch;* m. abends *(mittwochabends)* ‖ **Mittzwanziger** der, -s/-: *Mann von etwa 25 Jahren* ‖ **Mittzwanzigerin** die, -/-innen

mitunter: *manchmal*

mitverantwortlich ‖ **Mitverantwortung**

mitverdienen: ihr Mann muss m.

Mitvergangenheit (veraltet) (Gramm.): *Präteritum*

Mitverschulden: *Teilschuld;* es trifft sie ein M.

mitversichern: den Partner m. ‖ **Mitversicherung**

Mitwelt die, -: *die Zeitgenossen; die Umgebung*

mitwirken: bei einer Feier m. ‖ **Mitwirkende**[1] der, -n/-n, ein Mitwirkender ‖ **Mitwirkende**[2] die, -n/-n ‖ **Mitwirkung** ‖ **Mitwirkungsrecht**

Mitwisser der, -s/-: M. eines Verbrechens ‖ **Mitwisserin** die, -/-innen ‖ **Mitwisserschaft** die, -

mitzählen

Mitzi, *auch:* Mitzl, Mizzi: *weibl. Vorname (Maria);* → Mirl

mitziehen

Mix der, -/-e ⟨lat.-engl.⟩: *Mischung;* ein Mix aus Information und Unterhaltung ‖ **Mixbecher:** *Shaker;* einen Cocktail im M. machen ‖ **Mixed Pickles** ['mɪkst 'pɪklz] = **Mixedpickles** = Mixpickles die (Pl.): *in Essig eingelegte Gemüsestückchen* ‖ **mixen:** du mixt *(mischt)* Erfrischungsgetränke ‖ **Mixer** der, -s/-: *ein elektrisches Küchengerät* | *jemand, der Getränke mixt* ‖ **Mixerin** die, -/-innen ‖ **Mixgetränk** ‖ **Mixpickles** = → Mixed Pickles ‖ **Mixtur** die, -/-en ⟨lat.⟩: *Gemisch aus Flüssigkeiten, bes. aus Arzneimitteln*

Mizzi → Mitzi

MKS-System [ɛm ka 'ɛszy-] das, -s: **M**eter-**K**ilogramm-**S**ekunden-**System**

ml: Milliliter

Mlle.: Mademoiselle ‖ **Mlles.: Mesdemoiselles;** → Mademoiselle

mm: Millimeter

MM.: Messieurs; → Monsieur

mm²: Quadratmillimeter ‖ **mm³:** Kubikmillimeter

MMag.: Mag. Mag. *(zweifacher Magister/zweifache Magistra)*

Mme.: Madame ‖ **Mmes.: Mesdames:** → Madame

MMS[1] [ɛm ɛm 'ɛs] das, -: **M**ultimedia **M**essage **S**ervices *(ein Text- und Bildnachrichtensystem für Handys)* ‖ **MMS**[2] die, -/-: *eine Nachricht per MMS*[1] ‖ **MMSen** (sal.): *ein MMS verschicken*

Mn: Mangan

Mnemotechnik ⟨gr.⟩: *eine Methode zur Steigerung der Gedächtnisleistung* ‖ **mnemotechnisch:** mnemotechnische Hilfe *(Merkhilfe)*

Mo: Molybdän

Moar [moɐ] der, -s/-: *Anführer einer Moarschaft* ‖ **Moarschaft** die, -/-en: *Mannschaft beim Eisschießen*

Mob der, -s ⟨lat.-engl.⟩ (abw.): *Gesindel, Pöbel [in Aufruhr]* ‖ **mobben** ⟨engl.⟩: die Kollegin wurde gemobbt ‖ **Mobbing** das, -s: *Psychoterror am Arbeitsplatz mit dem Ziel, den Betroffenen aus dem Betrieb hinauszuekeln*

Möbel das, -s/- ⟨fr.⟩ ‖ **Möbelablöse** ‖ **Möbelerzeugung** ‖ **Möbelfirma** ‖ **Möbelhändler** ‖ **Möbelhändlerin** ‖ **Möbelhaus** ‖ **Möbellager** ‖ **Möbelpacker** der, -s/-: *Möbelträger, Möbeltransporteur* ‖ **Möbelpackerin** die, -/-innen ‖ **Möbelpolitur** ‖ **Möbelstück** ‖ **Möbeltischler** ‖ **Möbeltischlerin** ‖ **Möbelwagen**

mobil ⟨lat.-fr.⟩: eine mobile *(fahrbare)* Bücherei; → G.: immobil; → mobilmachen | mobiles Internet ‖ **Mobilbox:** *Anrufbeantwortereinrichtung für Handys* ‖ **Mobile** das, -[s]/-: *Gehänge aus beweglichen, sich ständig bewegenden Teilen, zB als Zimmerschmuck* ‖ **Mobilfunk:** *Funk bzw. Telefonie zwischen mobilen oder zwischen mobilen und festen Stationen; schnurlose Kommunikation;* → G.: Festnetz ‖ **Mobilfunkgesellschaft** ‖ **Mobilfunknetz** ‖ **Mobiliar** das, -s: *die Möbel; Einrichtungsgegenstände* ‖ **Mobilien** [-iən] die (Pl.): *bewegliche Güter;* → G.: Immobilien ‖ **mobilisieren:** alle verfügbaren Kräfte m. *(heranziehen)* | (Mil.) Truppen m. *(einsatzbereit machen);* → G.: demobilisieren ‖ **Mobilität** die, -: *Beweglichkeit;* berufliche M. ‖ **Mobilitätsliste** (SüdT) (Amtsspr.): *Liste der zeitweilig Erwerbslosen* ‖ **mobilmachen** (Mil.): *für einen Krieg mobilisieren* ‖ **Mobilmachung** die, -/-en (Mil.): *Kriegsbereitschaft der gesamten Streitkräfte* ‖ **Mobilnetz** ‖ **Mobilnetzbetreiber** ‖ **Mobiltelefon:** *schnurloses Telefon*

möblieren ⟨lat.⟩: ein möbliertes *(mit Möbeln eingerichtetes)* Zimmer ‖ **möbliert** ‖ **Möblierung** die, -/-en

Mocca [-k-] = → Mokka ‖ **Moccatasse** = → Mokkatasse

möchte → mögen ‖ **Möchtegern** der, -s/-s (ugs., abw.) ‖ **Möchtegernkünstler** (abw.) ‖ **Möchtegernkünstlerin** (abw.)

Mod [mɔd] der, -s/-s: *Angehöriger einer Jugendbewegung, bes. Mitte der 60er Jahre*

mod.: moderato

modal ⟨lat.⟩: *die Art und Weise bezeichnend* | (Mus.) *die Kirchentonarten oder ähnliche Skalen verwendend* ‖ **Modalität** die, -/-en: *Verfahrensweise;* die Modalitäten *(Umstände)* eines Kaufvertrages ‖ **Modalverb** [-v-] (Gramm.): *Verb, das die Aussage eines Vollverbs abstuft, zB* können, dürfen

Mode die, -/-n ⟨lat.-fr.⟩: mit der M. gehen ‖ **modebewusst** ‖ **Modedesigner** [-dɪzaɪnɐ]: *Entwerfer, Gestalter von Mode* ‖ **Modedesignerin** ‖ **Modefarbe** ‖ **Modefotograf** = Modephotograph [-f-f] ‖ **Modefotografin** = Modephotographin ‖ **Modegeschäft** ‖ **Modehaus,** *auch:* Modenhaus ‖ **Modejournal** [-ʒur-]: *Modezeitschrift*

Model[1] der, -s/- = die, -/-n ⟨lat.⟩: *eine Form, zB eine Backform* | *Stoffdruckmuster*

Model[2] das, -s/-s ⟨lat.-engl⟩: *Foto-*

modell, Mannequin
Mo|dell das, -s/-e ⟨lat.-it.⟩: *Muster, Nachbildung; Entwurf* | *Vorbild;* einer Malerin M. stehen ‖ **Mo|dell|bau** der, -[e]s: *Bau von [Eisenbahn-, Flugzeug]modellen* ‖ **Mo|dell|cha|rak|ter** [-k-] ‖ **Mo|dell|ei|sen|bahn:** *dem Original nachgebaute Spielzeugeisenbahn* ‖ **Mo|dell|flug|zeug** ‖ **mo|dell|haft:** *als Modell, Musterfall* ‖ **mo|del|lie|ren:** eine Vase aus Ton m. *(formen)* ‖ **Mo|del|lier|mas|se** ‖ **Mo|del|lie|rung** die, -/-en ‖ **Mo|dell|ver|such:** *Versuch mit einem Modell; Versuch, der ein Modell, Muster ergeben soll* ‖ **Mo|dell|zeich|nung**
mo|deln[1]: *formen, modellieren, [um]gestalten;* → ummodeln
mo|deln[2]: *als Model arbeiten*
Mo|dem das, -s/-s ⟨engl.⟩ (EDV): *Anschlussgerät zur Übertragung von Daten zwischen Computern über Telefon, Funk oder Kabel*
Mo|den|haus → Modehaus ‖ **Mo|den|schau** → Modeschau ‖ **Mo|de|pho|to|graph** [-f-f] → Modefotograf ‖ **Mo|de|pho|to|gra|phin** → Modefotografin
Mo|der der, -s: *Vermorschtes, Verfaultes;* → modern[1]
mo|de|rat ⟨lat.⟩: *maßvoll* ‖ **Mo|de|ra|ti|on** [-tsi̯-] die, -/-en: *Mäßigung* | *Tätigkeit eines Moderators* ‖ **mo|de|ra|to** (Mus.): *mäßig bewegt* ‖ **Mo|de|ra|tor** der, -s/-en [-'toː-]: *jemand, der eine Hörfunk- oder Fernsehsendung mit verbindenden Worten leitet; Diskussionsleiter* | (Phys.) *Bremsvorrichtung in Kernreaktoren* ‖ **Mo|de|ra|to|rin** die, -/-innen
Mo|der|ge|ruch
mo|de|rie|ren[1]: eine Fernsehsendung m. ‖ **mo|de|rie|ren**[2] sich (veraltet): *sich mäßigen, sich zurückhalten*
mo|de|rig → modrig ‖ **mo|dern**[1]: das Holz modert *(verfault);* → Moder
mo|dern[2] ⟨lat.-fr.⟩: *der Mode entsprechend; zeitgemäß* ‖ **Mo|der|ne** die, -: *eine Kunstströmung des 20. Jh.* ‖ **mo|der|ni|sie|ren:** einen Betrieb m. *(zeitgemäß umgestalten)* ‖ **Mo|der|ni|sie|rung** die, -/-en ‖ **Mo|der|nis|mus** der, -/Modernismen: *Vorliebe für Modernes* | *Kennzeichen des Modernen* ‖ **mo|der|nis|tisch** ‖ **Mo|dern Jazz** [- 'dʒæz] ⟨engl.⟩: *eine Stilrichtung im Jazz*
Mo|de|schau, *auch:* Modenschau ⟨lat.-fr.⟩ ‖ **Mo|de|schmuck:** *modischer Schmuck aus weniger wertvollen Materialien* ‖ **Mo|de|schöp|fer** ‖ **Mo|de|schöp|fe|rin** ‖ **Mo|de|tor|heit** ‖ **Mo|de|welt** ‖ **Mo|de|wort** ‖ **Mo|de|zar:** *berühmter Modemacher* ‖ **Mo|de|za|rin**
Mo|di|fi|ka|ti|on [-tsi̯-] die, -/-en ⟨lat.⟩ ‖ **mo|di|fi|zier|bar** ‖ **mo|di|fi|zie|ren:** *[ab]ändern;* einen Vertrag m. | (Gramm.) modifizierende Verben *(brauchen, hoffen ua.)*
mo|disch ⟨lat.-fr.⟩: *der Mode entsprechend* ‖ **Mo|dist** der, -en/-en: *Damenhutmacher* ‖ **Mo|dis|tin** die, -/-innen
Möd|ling (Kfz: MD): *Stadt in Niederösterreich*
mod|rig, *auch:* moderig: ein modriger Geruch
Mo|dul[1] das, -s/-e ⟨lat.-engl.⟩: *austauschbarer Teil [in der Elektronik]* ‖ **Mo|dul**[2] der, -s/-n ⟨lat.⟩: *Verhältniszahl, -größe [in der Architektur]* ‖ **mo|du|lar:** ein modularer Aufbau; modulare Oberstufe; → Modul[1] ‖ **Mo|du|la|ti|on** [-tsi̯-] die, -/-en (Phys.): *Veränderung einer Schwingung* | (Mus.) *Wechsel/Übergang der Tonart* ‖ **mo|du|lie|ren** ‖ **Mo|dul|sys|tem** [-zy-] ‖ **Mo|dus** der, -/Modi: *Maß, Regel* | (Gramm.) *Aussageweise des Verbs, zB Indikativ, Konjunktiv* ‖ **Mo|dus Pro|ce|den|di** [- -ts-] der, - -/Modi -: *Verfahrensweise* ‖ **Mo|dus Vi|ven|di** [- viv-] der, - -/Modi -: einen M. V. *(eine annehmbare Form des Zusammenlebens)* finden
Mo|fa das, -s/-s: *Kurzwort für Motorfahrrad* ‖ **Mo|fa|fah|rer** ‖ **Mo|fa|fah|re|rin** ‖ **Mo|fa|len|ker** ‖ **Mo|fa|len|ke|rin**
Mo|ge|lei die, -/-en ‖ **mo|geln,** ich mogle: *harmlos schwindeln, bes. im Spiel* ‖ **Mo|gel|pa|ckung** (sal.): *Verpackung, die mehr Inhalt vortäuscht*

mö|gen,

ich mag/mochte/gemocht bzw. mögen: magst du Fisch?; ich mag/möchte nicht ins Bett | du magst nicht abwaschen; das mag *(kann)* wohl so sein; ich möchte segeln lernen
Partizipbildung:
Steht „mögen" ohne ein weiteres Verb, lautet das 2. Partizip „gemocht":
– sie hat ihn nicht gemocht (ugs.: mögen)
Ist ein weiteres Verb vorhanden, so folgt auf den Infinitiv nicht das 2. Partizip, sondern „mögen":
– diesen Wettkampf hätte ich sehen mögen

Mog|ler der, -s/- → mogeln ‖ **Mog|le|rin** die, -/-innen

mög|lich:

so schnell wie (= als) möglich; etwas möglich machen
Großschreibung bei Nominalisierung:
– alles **M**ögliche tun *(allerlei; alles, was möglich ist)*
– sie hat alles [ihr] **M**ögliche *(Menschenmögliche)* getan
– das **M**öglichste tun
– im Rahmen des **M**öglichen
– an alles **M**ögliche und Unmögliche denken R→ S. 892, 2.2

mög|li|chen|falls ‖ **mög|li|cher|wei|se:** *vielleicht* ‖ **Mög|lich|keit** die, -/-en ‖ **Mög|lich|keits|form** (Gramm.): *Konjunktiv* ‖ **mög|lichst:** m. schnell laufen; *aber:* sie hat ihr **M**öglichstes getan
Mo|gul [auch: 'moː-] der, -s/-n ⟨pers.⟩ (früher): *ein orientalischer Herrscher* | (sal.) *Großunternehmer mit internationalem Einfluss, Tycoon*
Mo|hair [-'heə] = → Mohär
Mo|ham|me|da|ner der, -s/- (veraltend) (von Moslems abgelehnte Bezeichnung): *Moslem* ‖ **Mo|ham|me|da|ne|rin** die, -/-innen (veraltend) ‖ **mo|ham|me|da|nisch** (veraltend): *moslemisch*
Mo|här = Mohair [-'heə] der, -s ⟨arab.-it.-engl.⟩: *ein Stoff aus Angorawolle*
Mo|hi|ka|ner der, -s/-: *Angehöriger eines ausgestorbenen Indianerstammes* | (scherzh.) der letzte M. *(der einzig Übriggebliebene)* ‖ **Mo|hi|ka|ne|rin** die, -/-innen
Mohn der, -[e]s: *eine Pflanzengattung;* Schlafmohn; Klatschmohn ‖ **Mohn|beu|gel:** *Mohnkipferl* ‖ **Mohn|blu|me:** *Klatschmohn* ‖ **Mohn|buch|tel,** *auch:* Mohnwuchtel ‖ **Mohn|fles|serl** (bes. S, O): *Mohnstriezerl* ‖ **Mohn|fül|le** ‖ **Mohn|gu|gel|hupf** ‖ **Mohn|kip|fel** (westöst.) ‖ **Mohn|kip|ferl** ‖ **Mohn|knö|del** ‖ **Mohn|müh|le** ‖ **Mohn|nu|del** (meist Pl.): *eine Mehlspeise* ‖ **Mohn|pa|lat|schin-**

ke ‖ **Mohnreindling** = **Mohnreinling** (bes. K, St) ‖ **Mohnstriezerl,** *auch:* **Mohnstritzerl:** *ein Gebäck mit Mohn* ‖ **Mohnstrudel** ‖ **Mohntorte** ‖ **Mohnweckerl** ‖ **Mohnwuchtel** → Mohnbuchtel ‖ **Mohnzelten** (meist Pl.) (reg., zB N): *eine Mehlspeise;* Waldviertler M.
Mohr der, -en/-en (veraltet): *moslemischer Nordafrikaner, Maure; Schwarzer* | (Küchenspr.) M. im Hemd *(eine Mehlspeise)*
Möhre die, -/-n: *Gelbe Rübe* | (reg.) *Karotte*
Mohrenkopf (bes. D, CH): *Schwedenbombe* ‖ **Mohrin** die, -/-innen (veraltet) → Mohr
mokant ⟨fr.⟩ (geh.): *spöttisch*
Mokassin [auch: -ˈsiːn] der, -s/-s ⟨indian.-engl.⟩: *ein weicher Lederschuh*
mokieren sich ⟨fr.⟩: sich über jemanden m. *(sich abfällig-spöttisch über jemanden äußern)*
Mokka der, -s/-[s] = Mocca [-k-]: *starker schwarzer Bohnenkaffee (nach einem Hafen am Roten Meer)* ‖ **Mokkatasse** = Moccatasse: *kleine Kaffeetasse*
Molar der, -s/-e ⟨lat.⟩ (Med.): *Backenzahn*
Molasse die, - ⟨lat.-fr.⟩ (Geol.): *tertiäre Kalk- und Sandschichten im Alpenvorland*
Molch der, -[e]s/-e: *ein Schwanzlurch*
Moldau[1] die, - (tschech. Vltava [ˈv-va]): *ein Nebenfluss der Elbe in Tschechien* ‖ **Moldau**[2] die, -: *eine Landschaft in Rumänien* ‖ **Moldau**[3] (rum.: Moldova [-v-]) (Kfz: MOL): *ein Staat in Osteuropa, [Republik] Moldawien* ‖ **Moldawien** [-i̯ən] → Moldau[3]
Mole die, -/-n: *Hafendamm*
Molekül das, -s/-e ⟨lat.-fr.⟩ (Chem.): *kleinstes Teilchen einer chemischen Verbindung, das aus zumindest zwei Atomen besteht* ‖ **molekular** ‖ **Molekularbiologie** ‖ **Molekularchemie** [-ke-] ‖ **Molekularküche:** *Zubereitung von Speisen unter Einbeziehung physikalischer und [bio]chemischer Erkenntnisse* ‖ **Molekularphysik** [-fy-]
molestieren ⟨lat.⟩ (veraltet): *jemanden belästigen, verärgern, belasten; jemandem Mühe verursachen*
molk → melken ‖ **Molke** die, -/-n: *milchige Flüssigkeit, die bei der Erzeugung von Käse zurückbleibt* ‖ **Molkegetränk** ‖ **Molker** der, -s/-: *jemand, der in einer Molkerei arbeitet* ‖ **Molkerin** die, -/-innen ‖ **Molkerei** die, -/-en: *Milch verarbeitender Betrieb*
Moll das, - ⟨lat.⟩ (Mus.): *Molltonart;* in M.; in a-Moll; → Dur ‖ **Mollakkord** (Mus.) ‖ **Molldreiklang** (Mus.)
mollert (ostöst., ugs.): *mollig, rundlich* ‖ **mollig:** eine mollige *(rundliche)* Gestalt | ein molliger *(weicher, warmer)* Stoff
Molltonart ⟨lat.⟩ ‖ **Molltonleiter**
Molluske die, -/-n ⟨lat.⟩: *Weichtier*
Molo der, -s/Moli ⟨it.⟩ (veraltet): *Mole*
Moloch [auch: -ˈɔx] der, -s/-e ⟨hebr.-gr.⟩ (geh.): *Sinnbild für eine alles verschlingende Macht*
Molotowcocktail [-ɔfkɔkteːl]: *ein selbst gebastelter Spreng- und Brandkörper (nach dem sowjetischen Politiker)*
molto ⟨it.⟩ (Mus.): *sehr;* m. allegro
Molybdän [-y-] das, -s ⟨gr.⟩ (Zeichen: Mo): *ein chemisches Element*
Moment[1] das, -[e]s/-e ⟨lat.⟩: ein ausschlaggebendes M. *(ein entscheidender Umstand)* | (Phys.) *Produkt [zweier Kräfte]* ‖ **Moment**[2] der, -[e]s/-e ⟨lat.-fr.⟩: *Augenblick* ‖ **momentan:** sich m. *(sofort)* entscheiden müssen ‖ **Momentaufnahme** ‖ **Momenterl** das, -s/-[n] (ugs.): *kurzer Moment, Augenblick;* ein M., bitte!
Monaco [-k-] = **Monako** (Kfz: MC): *ein europäisches Fürstentum;* → Monegasse
Monarch der, -en/-en ⟨gr.⟩: *Herrscher, zB ein König* ‖ **Monarchie** die, -/-n: *Staat bzw. Staatsform mit einem Monarchen als Oberhaupt* ‖ **Monarchin** die, -/-innen ‖ **monarchisch** ‖ **Monarchist** der, -en/-en: *Anhänger der Monarchie* ‖ **Monarchistin** die, -/-innen ‖ **monarchistisch**
Monat der (*ugs. auch:* das), -[e]s/-e: alle fünf Monate ‖ **monatelang:** es hat m. nicht geregnet; *aber:* drei Monate lang ‖ **-monatig** (nur in Zusammensetzungen wie mehrmonatig): ein viermonatiger (4-monatiger) *(vier Monate dauernder)* Krankenurlaub ‖ **monatlich:** die monatlichen *(jeden Monat fälligen)* Beiträge zahlen; *aber:* → viermonatig ‖ **Monatsanfang** ‖ **Monatsbezug:** der M. *(Monatsgehalt)* eines Beamten; der 14. M. *(Urlaubszuschuss)* ‖ **Monatsbinde** (veraltend): *Damenbinde* ‖ **Monatsblutung** ‖ **Monatseinkommen** ‖ **Monatsende** ‖ **Monatserste** der, -n/-n ‖ **Monatsfrist:** binnen M. ‖ **Monatsgehalt** der = das, -[e]s/-hälter ‖ **Monatskarte:** *ein Fahrausweis* ‖ **Monatslohn** ‖ **Monatsmiete** ‖ **Monatspickerl** ‖ **Monatsrate** ‖ **Monatsschrift:** *monatlich erscheinende Zeitschrift* ‖ **Monatszins:** *Monatsmiete* | (Pl.) *Bankzinsen für einen Monat*
Mönch der, -[e]s/-e: *Angehöriger eines geistlichen Ordens, Klosterbruder, Pater* ‖ **mönchisch:** ein mönchisches Leben ‖ **Mönchsberg** der, -[e]s: *Berg in der Stadt Salzburg* ‖ **Mönchsgrasmücke:** *ein Singvogel* ‖ **Mönchskloster** ‖ **Mönchskutte** ‖ **Mönchsorden**
Mond der, -[e]s/-e: auf/hinter dem M. leben *(wirklichkeitsfremd sein)* | (geh., veraltet) *Monat*
mondän ⟨fr.⟩: *betont elegant, weltgewandt*
Mondaufgang ‖ **mondbeschienen** ‖ **Mondenschein** (geh.) ‖ **Mondesfinsternis** ‖ **Mondfinsternis,** *auch:* Mondesfinsternis: totale M. ‖ **Mondflug** ‖ **Mondgesicht** (scherzh.): *rundes Gesicht* ‖ **Mondgestein** ‖ **mondhell** ‖ **Mondkalender** ‖ **Mondkrater** ‖ **Mondlandefähre** ‖ **Mondlandschaft:** *trostlose, öde Gegend* ‖ **Mondlandung** ‖ **Mondlicht** ‖ **mondlos** ‖ **Mondnacht** ‖ **Mondoberfläche** ‖ **Mondorbit:** *Umlaufbahn um den Mond* ‖ **Mondphase** [-f-]: *sichtbare wechselnde Form des Mondes* ‖ **Mondschein** ‖ **Mondsee** der, -s: *ein See im Salzkammergut* | (ohne Art.) *Marktgemeinde in Oberösterreich* ‖ **Mondsichel** ‖ **mondsüchtig:** sie ist m. *(schlafwandelt)* ‖ **Mondumlauf** ‖ **Monduntergang** ‖ **Mondviole** [-v-]: *eine Pflanzengattung*
Monegasse der, -n/-n: *Einwohner von Monaco* ‖ **Monegassin** die, -/-innen ‖ **monegassisch**
monetär ⟨lat.⟩: *das Geld[wesen] betreffend* ‖ **Monetarismus** der, -: *eine Volkswirtschaftslehre* ‖ **Moneten** die (Pl.) (sal.): *Geld*
Mongole der, -n/-n ‖ **Mongolei** die, - ‖ **mongolid** (früher) (Anthropologie): die mongolide Menschenrasse; → mongoloid

M

‖ **Mongolide**[1] der, -n/-n, ein Mongolider (früher) (Anthropologie) ‖ **Mongolide**[2] die, -n/-n (früher) (Anthropologie) ‖ **Mongolin** die, -/-innen ‖ **mongolisch** ‖ **Mongolismus** der, - (Med., veraltet bzw. abw.): → *Downsyndrom* ‖ **mongoloid** (Med., veraltet bzw. abw.): *am Downsyndrom erkrankt* | (früher) (Anthropologie) mongoloide *(der mongolischen Rasse ähnliche)* Gesichtszüge; → mongolid

monieren ⟨lat.⟩: *beanstanden, mahnen, rügen*

Monika: *weibl. Vorname*

monitieren ⟨lat.-engl.⟩ (fachspr.): *überwachen* | (Med.) einen Patienten m. ‖ **Monitor** der, -s/-e[n] [-'to:-]: *[Kontroll]bildschirm* ‖ **Monitoring** das, -s/-s (fachspr.): *Kontrolle und Protokollierung von Vorgängen mittels technischer Geräte; Dauerbeobachtung eines bestimmten Systems, zB eines Biotops*

Monitum das, -s/Monita ⟨lat.⟩ (geh.): *Ermahnung, Rüge*

mono ⟨gr.⟩: *Kurzwort für Monophonie uÄ;* → G.: stereo ‖ **monochrom** [-k-]: *einfärbig* ‖ **monocolor** [-k-] = monokolor: *einfärbig;* eine monocolore *(aus nur einer Partei bestehende)* Regierung ‖ **Monofonie** = Monophonie [-f-] die, -: *akustische Wiedergabe ohne räumliche Klangwirkung;* → mono ‖ **monogam** ‖ **Monogamie** die, -: *Einehe;* → G.: Polygamie ‖ **Monografie** = Monographie [-f-] die, -/-n: *Abhandlung über einen einzelnen Gegenstand oder über eine Persönlichkeit* ‖ **Monogramm** das, -s/-e: *[miteinander verschlungene] Anfangsbuchstaben eines Namens* ‖ **Monographie** [-f-] = → Monografie ‖ **Monokel** das, -s/- ⟨gr.+lat.⟩: *Augenglas für nur ein Auge* ‖ **monokolor** = → monocolor ‖ **Monokratie** die, -/-n: *Alleinherrschaft einer Einzelperson, zB erbliche absolute Monarchie* ‖ **monokular** ⟨gr.+lat.⟩: ein monokulares Mikroskop *(Mikroskop für ein Auge);* → binokular ‖ **Monokultur** (Landw.): *Anbau stets nur einer Art von Kulturpflanzen* ‖ **Monolith** der, -s [-en]/-e[n]: *aus einem einzigen Steinblock geschaffene Architektur oder Skulptur* ‖ **monolithisch** ‖ **Monolog** der, -[e]s/-e: *Selbstgespräch, bes. im Schauspiel;* → G.: Dialog ‖ **monologisieren:** *mit sich selbst sprechen* ‖ **monoman** (Psych., Med.): *auf eine einzige Vorstellung/Idee fixiert* ‖ **Monomane** der, -n/-n, ein Monomaner (Psych., Med.): *von Monomanie Besessener* ‖ **Monomanie** die, -/-n (Psych., Med.) ‖ **Monomanin** die, -/-innen ‖ **monomanisch** ‖ **Monophonie** [-f-] = → Monofonie ‖ **Monophthong** [-f-] der, -[e]s/-e (Sprachwiss.): *einfacher Vokal, zB* a, e, ü; → G.: Diphthong ‖ **Monopol** das, -s/-e: *alleiniges Recht, etwas zu erzeugen bzw. zu verkaufen* ‖ **monopolisieren:** *zu einem Monopol machen* ‖ **Monopolstellung** ‖ **Monopoly** [-i] das, -[s] ⟨engl.⟩ (Wz.): *ein Gesellschaftsspiel* ‖ **Monoski** [-ʃi:] = Monoschi ⟨gr.+norweg.⟩ (Sport): *ein Sportgerät zum Alpinskifahren bzw. als Wasserski* ‖ **Monotheismus** ⟨gr.⟩: *Glaube an einen einzigen Gott;* → G.: Polytheismus ‖ **monotheistisch** ‖ **monoton:** *eintönig, abwechslungslos* ‖ **Monotonie** die, -/-n ‖ **Monotypie** [-ty-] die, -/-n: *ein grafisches Druckverfahren* ‖ **Monoxid** = **Monoxyd** [-y:t, -i:t] das, -s/-e: *Typus chemischer Verbindungen;* → Dioxid

Monsieur [mœ'sjø] (M.), Pl.: Messieurs [me'sjø] (MM.) ⟨fr.⟩: *französische Anrede für einen Mann*

Monsignore [-i'njo:-] der, -/Monsignori (Msgr.) ⟨it.⟩: *Titel höherer katholischer Geistlicher*

Monster das, -s/- ⟨lat.-engl.⟩: *Ungeheuer, Monstrum* ‖ **Monsterfilm:** *mit sehr großem Aufwand an Menschen und Material hergestellter [überlanger] Film* ‖ **Monsterprozess** ‖ **Monsterveranstaltung**

Monstranz die, -/-en ⟨lat.⟩ (kath.): *Schaugefäß für das Allerheiligste oder für Reliquien*

monströs ⟨lat.-fr.⟩: *ungeheuerlich, scheußlich* | *riesig, unförmig* ‖ **Monstrosität** die, -/-en ⟨lat.⟩ ‖ **Monstrum** das, -s/Monstren [Monstra]: *Missgeburt; Ungeheuer; Monster*

Monsun der, -s/-e ⟨arab.-port.-engl.⟩: *jahreszeitlich bedingter tropischer Wind [in Ostasien]* ‖ **Monsunregen**

Montafon das, -s: *ein Tal in Vorarlberg*

Montag: M. abends; → Dienstag ‖ **Montagabend:** am M.; eines Montagabends; wir kommen M. ‖ **montagabends:** *montags abends*

Montage [-'a:ʃ, -ʒɛ] die, -/-n ⟨fr.⟩: *Zusammenbau, Aufstellung, zB einer Maschine;* → G.: Demontage ‖ **Montageband** ‖ **Montagebau** der, -[e]s: *Bauweise mit Fertigteilen* | (mit Pl. -ten) *in Fertigteilbauweise errichtetes Gebäude* ‖ **Montagehalle** ‖ **Montagetechnik:** *ein Bauverfahren* | (Kunstg.) *ein künstlerisches Verfahren*

montägig: *am Montag stattfindend* ‖ **montags:** *jeden* (auch: *am) Montag;* m. abends *(montagabends)*

montan ⟨lat.⟩: *das Bergwerkswesen betreffend* ‖ **Montanist** der, -en/-en ‖ **Montanistin** die, -/-innen ‖ **montanistisch** ‖ **Montanunion** die, -: *Europäische Gemeinschaft für Kohle und Stahl (EGKS)* ‖ **Montanuni** ‖ **Montanuniversität** [-v-] die, -: *Universität für Bergbau, Hütten- und Erdölwesen in Leoben* (früher: Montanistische Hochschule)

Montblanc [mɔ̃'blɑ̃] der, -[s]: *Bergmassiv in den Westalpen (Frankreich, Italien), höchster Berg Europas*

Montenegriner der, -s/- ‖ **Montenegrinerin** die, -/-innen ‖ **montenegrinisch** ‖ **Montenegro:** *ein Staat in Südosteuropa*

Montessoripädagogik: *eine Richtung der Reformpädagogik (nach einer Ärztin)* ‖ **Montessorischule**

Monteur [-'tø:ɐ] der, -s/-e ⟨lat.-fr.⟩: *ein Facharbeiter* ‖ **Monteurin** die, -/-innen ‖ **montieren:** eine Maschine m. *(sie zusammenbauen, aufstellen);* → G.: demontieren

Montreal [auch: 'mɔ-, mɔ̃re'al]: *Stadt in Kanada*

Montur die, -/-en ⟨lat.-fr.⟩: *Dienstkleidung; Uniform; Arbeitsanzug; Ausrüstung* | (Küchenspr.) Erdäpfel in der M. *(ungeschält, noch in der Schale gekochte Erdäpfel)*

Monument das, -[e]s/-e ⟨lat.⟩: *Denkmal* ‖ **monumental:** ein monumentales *(wuchtiges; großartiges)* Gebäude ‖ **Monumentalbau** der, -[e]s/-ten ‖ **Monumentalität** die, -/-en ‖ **Monumentalwerk:** *riesiges Werk von*

entsprechender Bedeutung

Moonboot ['mu:nbu:t] der, -s/-s (meist Pl.) ⟨engl.⟩: *warmer Kunststoffstiefel*

Moor das, -[e]s/-e: *Sumpf;* → Moos ‖ **Moorbad** ‖ **moorig:** *sumpfig* ‖ **Moorleiche:** *im Moor erhalten gebliebener Leichnam* ‖ **Moorpackung:** *ein Heilmittel*

Moos das, -es/-e: *eine Sporenpflanze* | (auch mit Pl. Möser) (bes. in Namen) *[Hoch]moor* ‖ **moosbedeckt** ‖ **Moosbeere** (bes. westöst.): *Heidelbeere* ‖ **moosgrün** ‖ **moosig:** *mit Moos bewachsen* | *morastig, sumpfig* ‖ **Moospolster**

Moped das, -s/-s: *Motorfahrrad (gebildet aus Motor und Pedal)* ‖ **Mopedauto:** *ein Kleinstwagen, der mit Mopedführerschein gefahren werden darf* ‖ **Mopedfahrer** ‖ **Mopedfahrerin** ‖ **Mopedlenker** ‖ **Mopedlenkerin**

Mopp der, -s/-s ⟨engl.⟩: *Fransenbesen; Staubwischer*

Mops der, -es/Möpse: *eine Hunderasse* ‖ **mopsen** (bes. D, ugs., beschön.): *(eine Kleinigkeit) stehlen*

Moral die, - ⟨lat.-fr.⟩: *Sittlichkeit* | *Anständigkeit;* die M. *(Lehre)* einer Geschichte ‖ **Moralapostel** (abw.): *jemand, der sich als Hüter der Moral gebärdet* ‖ **Moralin** das, -s (abw. bzw. scherzh.): *aufdringlich vorgetragene Moral* ‖ **moralinsauer** (abw. bzw. scherzh.): *aufdringlich moralisierend* ‖ **moralisch** ‖ **moralisieren:** *sich mit der Moral beschäftigen* ‖ **Moralismus** der, - ‖ **Moralist** der, -en/-en: *Verfechter der Moral, zB als Autor* ‖ **Moralistin** die, -/-innen ‖ **Moralität** die, - ‖ **Moralphilosophie** [-f-f-] ‖ **Moralpredigt:** jemandem eine M. halten *(in belehrender Weise Vorhaltungen machen)* ‖ **Moraltheologe** ‖ **Moraltheologie** ‖ **Moraltheologin** ‖ **Moralvorstellung**

Moräne die, -/-n ⟨fr.⟩: *Gletscherablagerung aus Steinen und Sand*

Morast der, -[e]s/-e [Moräste] ⟨germ.-fr.⟩: *schlammiger, sumpfiger Boden* ‖ **morastig**

Moratorium das, -s/Moratorien [-iən] ⟨lat.⟩ (fachspr.): *[befristeter Zahlungs]aufschub*

morbid ⟨lat.⟩ (geh.): *kränklich* | *dekadent* | *brüchig* ‖ **Morbidität** die, - ‖ **Morbus** der, -/Morbi (Med.): *Krankheit;* M. Parkinson

Morchel die, -/-n: *ein Pilz*

Mord der, -[e]s/-e ‖ **Mordalarm** ‖ **Mordanklage** ‖ **Mordanschlag** ‖ **Morddrohung** ‖ **morden** ‖ **Mörder** der, -s/- ‖ **Mörderfoto** (sal.): *entstellendes Bild, zB in der Presse* ‖ **Mördergrube** die, - (geh.) (nur in der Wendung): aus seinem Herzen keine M. machen *(alles frei heraussagen)* ‖ **Mörderin** die, -/-innen ‖ **mörderisch:** eine mörderische *(unerträgliche)* Hitze ‖ **Mordfall** ‖ **mordgierig** ‖ **Mordkommission:** *eine Abteilung der Kriminalpolizei* ‖ **Mordlust** ‖ **Mordprozess** ‖ **Mordsdurst** (sal.): *Riesendurst* ‖ **Mordsgaudi** (sal.): *Riesengaudi* ‖ **Mordskerl** (sal.): *großer, starker Mensch, tüchtiger Bursch* ‖ **mordsmäßig** (sal.): einen mordsmäßigen *(gewaltigen)* Hunger haben ‖ **Mordstrumm** (sal.): *großes Stück* ‖ **Mordswut** (sal.): *große Wut* ‖ **Mordtat** ‖ **Mordverdacht:** unter M. stehen ‖ **Mordversuch** ‖ **Mordwaffe**

Mores (Pl., ohne Art.) ⟨lat.⟩ (scherzh.): „Ich will dich M. *(Sitten, Anstand)* lehren"

morgen: sie kommt m. zu mir; die Welt von m.

Morgen

der, -s/-: *eine Tageszeit* | (ohne Pl.) (geh., veraltet) *der Osten;* von Morgen her

Großschreibung der Tageszeitangabe:
- des/eines Morgens
- am Morgen
- [um] acht Uhr Morgen *([in der] Früh)*
- guten (= Guten) Morgen sagen
- heute/gestern Morgen *(Früh);* *aber zusammen:* Dienstagmorgen

Kleinschreibung des Adverbs „morgen":
- wir sehen uns morgen *(am nächsten Tag); aber groß:* an das Morgen denken
- etwas bis morgen erledigen
- die Welt von morgen
- morgen Abend/Früh/Mittag

Kleinschreibung des Adverbs „morgens":
- morgens lesen *(jeden Morgen,* auch: *am Morgen)*
- [um] acht Uhr morgens
- sie kommen [am] Mittwoch morgens

R→ S. 891, 1.3.1

Morgendämmerung ‖ **morgendlich:** ein morgendlicher Spaziergang ‖ **Morgenfrost** ‖ **Morgengrauen** ‖ **Morgengymnastik** [-gy-] ‖ **Morgenland** das, -[e]s: *der Orient* ‖ **Morgenluft** ‖ **Morgenmuffel** (sal.): *jemand, der morgens ungern aufsteht* ‖ **Morgenrot** das, -s = **Morgenröte** ‖ **morgens:** [um] acht Uhr m. *(früh);* → Morgen ‖ **Morgensonne** ‖ **Morgenstern** der, -[e]s: → *Abendstern* | (mit Pl. -e) *eine alte Hiebwaffe* ‖ **Morgenstunde** ‖ **morgige:** der m. Ausflug; → morgen

moribund ⟨lat.⟩ (Med.): ein moribunder *(sterbender)* Patient

Morillon [auch: -'lo:n, -i'jõ] der, -s/-s ⟨fr.⟩ (bes. St): *Chardonnay*

Moritat [auch: -'a:t] die, -/-en: *Bänkelsängerlied* ‖ **Moritatensänger:** *Bänkelsänger* ‖ **Moritatensängerin**

Moritz, *auch:* **Moriz:** *männl. Vorname*

Mormone der, -n/-n: *Angehöriger einer christlichen Glaubensgemeinschaft* ‖ **Mormonin** die, -/-innen ‖ **mormonisch**

M

Morphem [-f-] das, -s/-e ⟨gr.⟩ (Sprachwiss.): *kleinste bedeutungstragende Gestalteinheit in der Sprache* ‖ **Morphin** das, -s/-e (Med.): *Morphium, Schmerzlinderungsmittel* ‖ **Morphium** das, -s: *ein Mittel zur Schmerzlinderung; ein Rauschgift* ‖ **Morphologie** die, -: *Gestaltlehre* | (Sprachwiss.) *Formenlehre* ‖ **morphologisch**

morsch: morsches *(faulendes)* Holz ‖ **morschen:** *morsch werden* ‖ **Morschheit** die, -

Morsealphabet [-f-] das, -[e]s (früher): *in der Telegrafie verwendetes, aus Punkten und Strichen bestehendes Alphabet (nach dem Erfinder)* ‖ **morsen,** du morst: *Morsezeichen geben*

Mörser der, -s/-: *ein Küchengerät;* Zucker im M. zerstoßen | (Mil.) *eine Geschützart*

Morsezeichen

Mortadella die, - ⟨it.⟩: *eine Wurstsorte*

Mortalität die, - ⟨lat.⟩: *Sterblichkeit, Sterblichkeitsziffer*

Mörtel der, -s/-: *Gemisch aus Wasser, Sand, Zement ua.* ‖ **mörteln:** eine Mauer m. *(verputzen)*

Mosaik das, -s/-e[n] ⟨gr.-lat.-it.-fr.⟩: *[aus bunten Steinchen] zusammengesetztes Bildwerk* ‖

mo|sa|ik|ar|tig || **Mo|sa|ik|fuß|bo|den**
mo|sa|isch: die mosaische *(jüdische, israelitische)* Religion; → Moses
Mo|schee die, -/-n ⟨arab.-fr.⟩: *islamisches Gotteshaus*
Mo|schus der, - ⟨Sanskrit-pers.-gr.-lat.⟩: *Sekret des Moschustieres; ein Duftstoff* || **Mo|schus|och|se** [-ks-]: *ein Paarhufer* || **Mo|schus|tier:** *ein asiatischer Hirsch mit Duftdrüse*
Mo|ses, *auch:* Mose: *eine Hauptgestalt des Alten Testaments;* → mosaisch
Mos|kau (russ.: Moskwa [mas'kva:]): *Hauptstadt Russlands*
Mos|ki|to der, -s/-s ⟨span.⟩: *eine Stechmücke* || **Mos|ki|to|netz:** *ein Netz [über dem Bett] zum Schutz vor Moskitos*
Mos|lem der, -[s]/-s ⟨arab.⟩: *Anhänger des Islams, Muslim* || **Mos|le|min** die, -/-innen = Moslima, -/-s [Moslimen] = Moslime, -/-n: *Anhängerin des Islams, Muslimin* || **mos|le|misch** || **Mos|li|ma, Mos|li|me** → Moslemin
Most der, -[e]s/-e: *[vergorener] Obstsaft* | *unvergorener Traubensaft* || **Most|ge|wicht:** *Maß des natürlichen Zuckergehalts im frisch gepressten Most;* → Klosterneuburger Mostwaage || **Most|heu|ri|ge** || **Most|heu|ri|ge:** *Heuriger, wo Obstmost ausgeschenkt wird* || **Most|obst:** *minderwertige Äpfel und Birnen* || **Mos|to|thek** die, -/-en (reg.): *Mostverkostung, Mosthandlung* || **Most|pres|se** || **Most|schä|del:** *ein Schimpfwort [für Oberösterreicher]* || **Most|schank** = **Most|schän|ke** = **Most|schen|ke** (reg., bes. O): *Mostheuriger, Mostwirtshaus* || **Most|vier|tel:** *Landesteil von Niederösterreich* || **Most|viert|ler**[1] (Adj.) || **Most|viert|ler**[2] der, -s/-: *Bewohner des Mostviertels* || **Most|viert|le|rin** die, -/-innen || **Most|waa|ge** → Klosterneuburger Mostwaage || **Most|wirts|haus**
Mo|tel [auch: -'ɛl] das, -s/-s ⟨engl.⟩: *Rasthaus zum Übernachten für Autoreisende*
Mo|tet|te die, -/-n ⟨lat.-it.⟩ (Mus.): *mehrstimmiges geistliches Gesangsstück*
Mo|tiv das, -s/-e [-fɛ, -vɛ] ⟨lat.⟩: *Beweggrund;* das M. einer Tat | *Gegenstand einer Darstellung;* Fotomotiv | (Mus.) *kürzeste melodische und rhythmische Einheit* || **Mo|ti|va|ti|on** [-v-tsi̯-] die, -/-en: *Beweggrund* || **Mo|ti|va|ti|ons|schub** || **Mo|ti|va|ti|ons|trai|ning** [-'tre:-, engl.: -'eɪ-]: *Mentaltraining* || **mo|ti|vie|ren:** eine Handlung m. *(begründen, rechtfertigen)* | einen Schüler zur Mitarbeit m. *(ihn dafür gewinnen);* → G.: demotivieren || **Mo|ti|vie|rung** die, -/-en || **mo|ti|visch**
Mo|to|cross [-k-] = **Mo|to-Cross** das, - ⟨engl.⟩: *Motorradrennen im Gelände* || **Mo|to|drom** das, -s/-e ⟨lat.+gr.⟩: *Rennstrecke für Motorradrennen* || **Mo|tor** der, -s/-en [-'o:r-], *auch:* **Mo|tor,** -s/-e ⟨lat.⟩: den M. starten || **Mo|tor|boot** || **Mo|tor|brem|se** || **Mo|to|ren|ge|räusch** || **Mo|to|ren|lärm** || **Mo|tor|fahr|rad:** *Mofa; Moped* || **Mo|tor|hau|be** || **-mo|to|rig** (nur in Zusammensetzungen wie zweimotorig) || **Mo|to|rik** die, -: *die Bewegungen des Körpers* | (Mus.) *gleichmäßiger Rhythmus* || **mo|to|risch:** *durch einen Motor betrieben* | motorische *(bewegungsmäßige)* Begabung || **mo|to|ri|sie|ren:** *mit Maschinen oder Kraftfahrzeugen ausrüsten* || **Mo|to|ri|sie|rung** die, -/-en || **Mo|tor|leis|tung** || **Mo|tor|öl:** *ein Öl zur Schmierung* || **Mo|tor|rad** || **Mo|tor|rad|fah|rer** || **Mo|tor|rad|fah|re|rin** || **Mo|tor|raum** (Kfz) || **Mo|tor|rol|ler** || **Mo|tor|sä|ge** || **Mo|tor|scha|den** || **Mo|tor|schiff** (MS) || **Mo|tor|schlit|ten** || **Mo|tor|sport** || **Mo|tor|sport|ver|an|stal|tung** || **Mo|tor|zil|le**
Mot|te die, -/-n: *ein Schmetterling* || **mot|ten|fest:** *mottensicher* || **Mot|ten|kis|te:** etwas aus der M. holen *(etwas Überaltetes, Unmodernes aus der Versenkung hervorholen)* || **Mot|ten|ku|gel** || **Mot|ten|pul|ver** [-f-] || **mot|ten|si|cher** || **mot|ten|zer|fres|sen**
Mot|to das, -s/-s ⟨it.⟩: *Leitspruch, Wahlspruch*
mot|zen (bes. D, ugs.): *nörgeln, schmollen*
Moun|tain|bike ['maʊntɪnbaɪk] ⟨engl.⟩: *Fahrrad mit dicken Reifen [für Bergtouren]* || **Moun|tain|bi|ker** || **Moun|tain|bi|ke|rin**
Mount Eve|rest ['maʊnt 'ɛvə-] der, - -: *höchster Berg der Welt im Himalaya*
Mous|sa|ka ['mu-] = → Mussaka
Mousse [mus] die = das, -/-s [mus] ⟨fr.⟩ (Küchenspr.): *eine schaumige Creme* || **Mousse au Cho|co|lat** [- o ʃɔkɔ'la] die = das, - - -/-s - -: *eine Süßspeise* || **mous|sie|ren:** *schäumen, prickeln (bei Getränken)*
Mö|we die, -/-n: *ein Vogel* || **Mö|wen|ge|schrei**
Mo|zar|te|um das, -s: *Universität für Musik und darstellende Kunst in Salzburg* | *eine internationale Stiftung* || **Mo|zart|ku|gel** (Wz.): *eine Süßigkeit*
Moz|za|rel|la der, -s/-s, *auch:* die, -/-s ⟨it.⟩: *eine italienische Käsesorte*
mp: **m**ezzo**p**iano
MP [ɛm 'pi:] die, -/-[s]: **M**aschinen**p**istole
m. p.: **m**anu **p**ropria; → eh.
MP3 [ɛm pe 'draɪ] (EDV): *ein Komprimierverfahren für Audiodateien* || **MP3-Play|er** [-pleɪə] (Mus., Elektrot.): *Abspielgerät für MP3-Dateien*
Mr: **M**iste**r**; Mr Brown
MR [ɛm 'ɛr]: **M**agnet**r**esonanz
Mrd.: **M**illia**rd**e
Mrs ['mɪsɪz]: *[mit einem Personennamen verbundene] englische Anrede für eine verheiratete Frau;* Mrs Brown; → Miss; → Ms
MRT [ɛm ɛr 'te:]: **M**agnet**r**esonanz**t**omografie
Ms [mɪz]: *[mit einem Personennamen verbundene] englische Anrede für eine verheiratete oder ledige Frau;* Ms Brown; → Mrs; → Miss; → Mr
MS[1] [ɛm 'ɛs]: **M**otor**s**chiff
MS[2] [ɛm 'ɛs]: **m**ultiple **S**klerose
m/s: Meter pro Sekunde
Ms.: **M**anu**s**kript
M.Sc. [ɛm ɛs 'tse:]: **M**aster of **Sc**ience *(ein akademischer Grad)*
Msgr.: **M**on**s**i**g**no**r**e
Mt: **M**ega**t**onne | (Chem.) **M**ei**t**nerium
Mt.: **M**oun**t** [maʊnt] (in Bergnamen); Mt. Everest
MTA [ɛm te 'a]: **m**edizinisch-**t**echnische[r] **A**ssistent[in]
Mu|cke die, -/-n (meist Pl.) (ugs.): Mucken haben *(launenhaft sein)*
Mü|cke die, -/-n: *ein Zweiflügler* || **Mü|cken|schiss** der, -[es]/-e (ugs.): *Kleinigkeit* || **Mü|cken|stich**
Mu|ckis die (Pl.) (ugs., scherzh.): *Muskeln* || **Mucks** der, -es/-e: *Mucker* || **muck|sen** sich: du muckst dich nicht *(rührst dich nicht; bist ganz still)* || **Muck|ser** der, -s/-: keinen M. machen *(ganz still sein; nicht aufbegehren)* || **mucks|mäus|chen|still** (ugs.,

M

scherzh.): *ganz leise*
müd = **müde:** ich bin es m. *(habe es statt),* ständig auf dich zu warten ‖ **Müdigkeit** die, -
Mudschahed der, -[s]/-heddin ⟨arab.⟩: *islamischer Widerstandskämpfer*
Müesli [-'yə-] das, -[s]/- (CH): *Müsli*
Muezzin der, -s/-s ⟨arab.⟩: *islamischer Gebetsrufer*
Muff der, -[e]s/-e: *längliche [Pelz-]rolle zum Wärmen der Hände*
Muffe die, -/-n: *ein Verbindungsstück [zweier Rohre]*
Muffel der, -s/-: *verdrießlicher, abweisender Mensch*
muffeln (ugs.): *schimmlig riechen* ‖ **muffig**[1]: muffige *(dumpfe)* Kellerluft
muffig[2] (ugs.): ein muffiger *(unfreundlicher)* Kerl; → Muffel ‖ **Muffigkeit** die, - (ugs.)
Muffin ['mʌ-] das, -s/-s ⟨engl.⟩: *eine angloamerikanische Mehlspeise*
Mufflon [auch: -'oːn] das, -s/-s ⟨it.-fr.⟩: *ein Wildschaf*
Mufti der, -s/-s ⟨arab.⟩: *islamischer Gesetzeskundiger*
Mugel der, -s/-[n]: *Hügel* | (auch mit Art. die, das) (reg.) *großes Stück;* ein M. Brot ‖ **mugelig:** *hügelig* ‖ **Mugelpiste:** *Buckelpiste* ‖ **Mugerl** das, -s/-[n]: *kleiner Hügel*
Mühe die, -/-n: sich M. geben; mit Müh[e] und Not *(gerade noch)* davonkommen ‖ **mühelos** ‖ **Mühelosigkeit** die, -
muhen: die muhende Kuh
mühen sich (geh.) ‖ **mühevoll** ‖ **Mühewaltung** die, -/-en (Amtsspr.)
Muhkuh, *auch:* **Muhkuli** die, -/-[s] (Kinderspr.): *Kuh;* → Kuhlimuh = Kulimuh
Mühlbach ‖ **Mühle** die, -/-n: *eine durch Wind, Wasser oder Motoren betriebene Anlage zum Mahlen [von Getreide];* → Müller | (ohne Art. und Pl.) *Mühlespiel;* M. spielen ‖ **Mühlespiel** das, -[e]s: *ein Brettspiel* ‖ **Mühlfahren** das, -s (veraltet): *Mühlespiel* ‖ **Mühlkreis** (vor allem in Ortsnamen für): *Mühlviertel* ‖ **Mühlkreisautobahn** ‖ **Mühlrad** ‖ **Mühlstein** ‖ **Mühlviertel:** *Landesteil von Oberösterreich* ‖ **Mühlviertler**[1] (Adj.) ‖ **Mühlviertler**[2] der, -s/-: *Bewohner des Mühlviertels* ‖ **Mühlviertlerin** die, -/-innen ‖ **Mühlwerk**
Muhme die, -/-n (veraltet): *Tante* | *ältere Verwandte* | *Cousine*
Mühsal die, -/-e (geh.): jede M. *(Beschwerlichkeit)* ertragen ‖ **mühsam:** *anstrengend, beschwerlich* ‖ **mühselig:** eine mühselige *(sehr viel Sorgfalt erfordernde; langwierige)* Arbeit
mulatieren ⟨ung.⟩ (ostöst., veraltet): *ausgiebig feiern* ‖ **Mulatschag** der, -s/-s (ostöst.): *ein ausgelassenes Fest*
Mulatte der, -n/-n ⟨span.⟩: *Mischling zwischen Weißen und Schwarzen* ‖ **Mulattin** die, -/-innen
Mulch der, -[e]s/-e: *Bodenbedeckung [aus Rinde, Stroh]* ‖ **mulchen:** ein Beet m. *(mit Mulch bedecken)*
Mulde die, -/-n: *flache Vertiefung im Boden* | *großer Transportbehälter* ‖ **muldenförmig**
Muli das, -s/-[s]: *Maultier*
Mull[1] der, -s: *ein Verbandstoff*
Mull[2] der, -s/-e: *Bezeichnung für mehrere (unterirdisch lebende) Säugetierarten* | (ugs.) *Maulwurf*
Müll der, -s: *Abfälle verschiedener Art* ‖ **Müllabfuhr**
Mullah der, -s/-s ⟨arab.⟩: *ein islamischer Geistlicher*
Müllberg ‖ **Müllbeseitigung**
Mullbinde
Müllcontainer [-k-teː-] ‖ **Mülldeponie** ‖ **Mülleimer**
Müller der, -s/-: *ein Handwerker;* → Mühle ‖ **Müllerin** die, -/-innen
Müllfrau: *eine Bedienstete der Müllabfuhr* ‖ **Müllhalde** ‖ **Müllhüttl** (ugs.)
Müller-Thurgau der, -[e]s/-: *eine Reb- und Weinsorte*
Müllkübel: *Abfallkübel, Mülleimer* ‖ **Müllmann:** *ein Bediensteter der Müllabfuhr* ‖ **Müllproblem** ‖ **Müllsammelstelle** ‖ **Müllschlucker** ‖ **Müllsortieranlage** ‖ **Mülltonne** ‖ **Mülltrennung:** *Sortieren des Mülls zum Recyceln* ‖ **Müllverbrennung** ‖ **Müllverbrennungsanlage:** *Öfen, in denen Müll bei hohen Temperaturen verbrannt wird* ‖ **Müllvermeidung**
mulmig: *bedenklich;* mir war m. *(unbehaglich)* zu Mute
Multi der, -s/-s ⟨lat.⟩: *multinationales Unternehmen;* Ölmulti ‖ **multifunktional** [-tsi̯-]: *für viele Funktionen* ‖ **multikulti** (sal.): *Kurzwort für multikulturell* ‖ **multikulturell:** *mehrere Kulturen betreffend* ‖ **multilateral:** ein multilaterales *(mehrere Staaten betreffendes)* Abkommen; → G.: bilateral, unilateral ‖ **Multimedia** das, -s: *Integration verschiedener medialer Formen, zB Ton, Grafik, Animation* ‖ **Multimediahandy** [-'hɛndi]: *Mobiltelefon mit Funktionen wie Musikplayer, TV, Kamera, Internet* ‖ **multimedial:** *viele Medien umfassend, betreffend; aus vielen Medien bestehend* ‖ **Multimedia-PC** [-pe ˌtseː] ‖ **Multimediashow** [-ʃəʊ]: *multimediale Veranstaltung* ‖ **Multimillionär:** *mehrfacher Millionär* ‖ **Multimillionärin** ‖ **multinational** [-tsi̯-]: multinationale *(weltweite, miteinander verbundene)* Unternehmen ‖ **Multipack** der, -[e]s/-e: *mehrere Packungen in einer Einheit;* Tee im M. kaufen
Multiple-Choice-Test ['mʌltɪpl-ˌtʃɔɪs-] ⟨engl.⟩: *Test, bei dem von mehreren angegebenen Lösungen eine auszuwählen ist*
multiple Sklerose die, -n - (MS) ⟨lat.+gr.⟩ (Med.): *eine Nervenkrankheit* ‖ **Multiplex** das, -[es]/-e ⟨lat.-engl.⟩: *großes Kinocenter* ‖ **Multiplikand** der, -en/-en ⟨lat.⟩ (Math.): *Zahl, die vervielfacht wird* ‖ **Multiplikation** [-tsi̯-] die, -/-en (Math.): *das Vervielfachen* ‖ **Multiplikator** der, -s/-en [-'oː-]: *Verbreiter von Informationen* | (Math.) *Zahl, mit der vervielfacht wird* ‖ **multiplizieren** (Math.): *vervielfachen* ‖ **Multitalent** ‖ **Multitasking** das, -s ⟨engl.⟩ (EDV): *Fähigkeit eines Betriebssystems, mehrere Aufgaben parallel abzuarbeiten* ‖ **Multivitaminpräparat** [-v-] ‖ **Multivitaminsaft**
Mumbai: *Stadt in Indien (früher: Bombay)*
Mumie [-i̯ɛ] die, -/-n ⟨pers.-arab.-it.⟩: *vor Verwesung geschützter [vertrockneter] Leichnam* ‖ **Mumienschlafsack:** *der Körperform angepasster Schlafsack* ‖ **Mumifikation** [-tsi̯-] die, -/-en: *Mumifizierung* ‖ **mumifiziert** ‖ **Mumifizierung** die, -/-en
Mumm der, -s (ugs.): *Mut*
Mummelgreis (ugs., abw.): *alter Mann*
Mummenschanz der, -es (veraltet): *Maskerade, Maskenfest*
MUMOK das, -[s]: **Mu**seum **Mo**derner **K**unst Stiftung Ludwig Wien
Mumpitz der, -es (ugs.): *Unsinn*
Mumps der, -: *eine ansteckende*

M

Krankheit
München: *Hauptstadt Bayerns*
Münchhausen[1]: *Autor und Held aufschneiderischer Geschichten (nach einer literarisch-historischen Gestalt)* ‖ **Münchhausen**[2] der, -/-: *Aufschneider* ‖ **Münchhauseniade** die, -/-n: *fantasievolle Lügengeschichte*
Mund der, -[e]s/Münder: er kann seinen M. nicht halten *(nichts für sich behalten);* sich etwas vom M. absparen *(unter großen Entbehrungen ersparen)* | (ugs.) sie ist nicht auf den M. gefallen *(ist redegewandt);* jemandem über den M. fahren *(jemanden scharf zurechtweisen);* → Mundvoll = Mund voll ‖ **Mundart:** *Dialekt;* M. sprechen ‖ **Mundartdichter** ‖ **Mundartdichterin** ‖ **Mundartdichtung** ‖ **Mundartforschung** ‖ **Mundartkunde** ‖ **mundartlich** (mda.) ‖ **Mundartwörterbuch** ‖ **Munddusche:** *ein Mundpflegegerät*
Mündel das, -s/-: *Minderjährige[r] unter dem Schutz eines Vormundes* ‖ **mündelsicher** (Bankw.): Vermögen m. *(so sicher wie für eine Vormundschaft vorgeschrieben)* anlegen ‖ **Mündelsicherheit** (Bankw.): *besonderes Sicherheitskriterium für die Veranlagung der Vermögenswerte von unmündigen Personen*
munden (geh.): sich das Essen gut m. *(schmecken)* lassen ‖ **münden:** ins Meer m. *(fließen)* ‖ **mundfaul** (abw.): *aus Bequemlichkeit wortkarg* ‖ **Mundfäule** (Med.): *Entzündung der Mundschleimhaut* ‖ **Mundflora** (Med.): *die im Mund lebenden Bakterien und Pilze* ‖ **mundgeblasen:** mundgeblasene Gläser ‖ **mundgerecht:** ein mundgerechter Happen ‖ **Mundgeruch** ‖ **Mundharmonika** ‖ **Mundhöhle** ‖ **Mundhygiene** [-hy-, auch: hi-]
mündig: m. *(großjährig)* werden; der mündige *(selbstverantwortliche)* Staatsbürger ‖ **Mündigkeit** die, - ‖ **mündig sprechen** = **mündigsprechen:** jemanden m. s. *(für großjährig erklären)*
Mundl: *männl. Vorname;* → Raimund, Edmund
mündlich: eine mündliche Prüfung ‖ **Mündlichkeit** die, - ‖ **Mundpartie:** *Mundgegend* ‖ **Mundpflege** ‖ **Mundpropaganda:** *Werbung durch mündliche Weitergabe* ‖ **Mundraub** (früher, Jus): *Diebstahl oder Unterschlagung von Nahrungsmitteln in geringer Menge* ‖ **Mundschenk** der, -en/-en (früher): *für Getränke verantwortlicher Hofbeamter* ‖ **Mundschleimhaut** ‖ **Mundschutz:** bei Operationen einen M. tragen ‖ **Mundspülung**
M-und-S-Reifen [ɛm - ˈɛs-]: *Kurzwort für Matsch-und-Schnee-Reifen*
Mundstück: *ein Ansatzstück [von Blasinstrumenten]* ‖ **mundtot:** jemanden m. machen *(jemandem die Möglichkeit nehmen, sich zu äußern)* ‖ **Mündung** die, -/-en: die M. eines Flusses | die M. des Gewehrlaufes ‖ **Mündungsfeuer:** *Feuerstrahl, der beim Schießen an der Mündung einer Feuerwaffe entsteht* ‖ **Mündungsgebiet:** das M. eines Flusses ‖ **Mundvoll** der, -/- = **Mund voll:** zwei M. Fleisch; ein paar M. zu sich nehmen ‖ **Mundvorrat:** *Proviant* ‖ **Mundwerk** das, -[e]s: ein gutes/großes M. haben *(schlagfertig sein)* ‖ **Mundwinkel** ‖ **Mund-zu-Mund-Beatmung:** *eine lebensrettende Maßnahme*
Munggen [-ŋk-] die (Pl.), *auch:* Munken (K): *bäuerliche Fertignahrung aus gedörrtem Getreide und Bohnen*
Mungo der, -s/-s ⟨tamilisch-engl.⟩: *eine Manguste*
Munition [-tsi̯-] die, - ⟨lat.-fr.⟩: *Geschosse, Patronen uÄ* ‖ **munitionieren** [-tsi̯-] ‖ **Munitionsdepot** [-poː]
Munkelei die, -/-en: *Gemunkel* ‖ **munkeln:** man munkelt *(die Leute reden im Geheimen)*
Munken → Munggen
Münster das, -s/-: *Bezeichnung bestimmter Stiftskirchen, Dome;* das Straßburger M.
munter: *lebhaft; lustig; wach* ‖ **Munterkeit** die, - ‖ **Muntermacher** der, -s/- (ugs.): *etwas, das munter machen soll*
Münzamt: *Münzstätte, in der Münzen geprägt werden* ‖ **Münzautomat** ‖ **Münze** die, -/-n: *Geldstück aus Metall* | *Münzstätte;* die M. Österreich ‖ **Münzensammlung** ‖ **Münzkunde:** *Numismatik* ‖ **Münzprägung** ‖ **Münzrecht** ‖ **Münzsammlung** ‖ **Münzstätte:** *Münzamt* ‖ **Münztelefon** ‖ **Münzturm:** *Name historischer Bauwerke* ‖ **Münzwesen**
Mur die, -: *ein Nebenfluss der Drau (in Salzburg, der Steiermark, Slowenien, Ungarn)*
Muräne die, -/-n ⟨gr.-lat.⟩: *ein giftiger Meeresfisch*
Murau [auch: -ˈaʊ] (Kfz: MU): *Stadt in der Steiermark*
mürb = **mürbe:** mürbes *(weiches)* Fleisch ‖ **Mürbegebäck** → Mürbgebäck ‖ **mürbe klopfen** = **mürbeklopfen** = mürb klopfen = mürbklopfen: das Fleisch m. k. ‖ **mürbemachen** = mürbmachen: die Entführer m. *(durch wiederholtes Entgegentreten schwächen, zur Aufgabe zwingen)* ‖ **Mürbeteig** → Mürbteig ‖ **Mürbgebäck,** *auch:* Mürbegebäck ‖ **mürb klopfen** = **mürbklopfen** = → mürbe klopfen = mürbeklopfen ‖ **mürbmachen** = → mürbe machen ‖ **Mürbteig,** *auch:* Mürbeteig
Mure die, -/-n: *Schutt- und Schlammstrom nach einem Unwetter [im Gebirge]* ‖ **Murenabgang**
Murks der, - (bes. D, ugs., abw.): *misslungene, schlechte, schlampige Arbeit* ‖ **murksen,** du murkst (bes. D, ugs., abw.): → *herummurksen*
Murmel die, -/-n: *Spielkugel*
murmeln, ich murmle: *undeutlich und leise sprechen;* er murmelt etwas vor sich hin
Murmeltier: *ein Nagetier*
Mur-Mürz-Furche: *Flusstal, Industriegebiet in der Steiermark*
murren: *aus Unzufriedenheit leise, heimlich schimpfen* ‖ **mürrisch:** ein mürrischer *(verdrießlicher)* Mensch
Murtal: *eine Region (St);* das obere M. | (Kfz ab 1. Juli 2012: MT) *ein Verwaltungsbezirk (die früheren Bezirke Judenburg und Knittelfeld)*
Mürz die, -: *ein Nebenfluss der Mur in der Steiermark* ‖ **Mürzer** (Adj.): M. Oberland ‖ **Mürzzuschlag** (Kfz: MZ): *Stadt in der Steiermark*
Mus das, -es/-e: *Brei aus Obst ua.*
Muschel die, -/-n: *ein im Wasser lebendes Weichtier* | *Ohrmuschel* | *Waschbecken; WC-Becken;* Klomuschel ‖ **muschelförmig:** *wie eine Muschel geformt* ‖ **Muschelschale**
Muschi die, -/-s (ugs.): *Vulva*
Muse die, -/-n ⟨gr.⟩: *eine der neun*

griechischen Göttinnen der Künste und Wissenschaften

museal ⟨gr.-lat.⟩: *zum/ins Museum gehörend; altertümlich*

Muselman der, -en [-'a:-]/-en [-'a:-], *auch:* **Muselmane** der, -n/-n ⟨arab.-pers.-türk.-it.⟩ (veraltet): *Moslem* || **Muselmanin** die, -/-innen (veraltet) || **muselmanisch** [auch: -'a:-] (veraltet)

Musentempel ⟨gr.⟩ (veraltet bzw. scherzhaft): *Ort der schönen Künste*

Museum das, -s/Museen [-'e:(ɛ)n] ⟨gr.-lat.⟩: *Raum/Gebäude, in dem Sammlungen öffentlich zugänglich sind* || **Museumsbesucher** || **Museumsbesucherin** || **Museumsführer** || **Museumsführerin** || **Museumspädagogik** || **Museumsquartier:** *ein Museumskomplex in Wien* || **museumsreif** (auch scherzh. bzw. abw.): *sehr alt, veraltet* || **Museumsreplikat,** *auch:* Museumsreplik: *offiziell als Kopie eines Museumsstückes angefertigter Kunstgegenstand* || **Museumsshop** [-ʃ-]: *Verkaufsgeschäft eines Museums* || **Museumsstück** || **Museumswärter** || **Museumswärterin**

Musi die, -/-ken [-'i-] (mda. und in Namen von Volksmusik-Gruppen): *Musik; Musikkapelle* | (ugs.) ohne Geld ka *(keine)* M. *(ohne Bezahlung ist nichts zu bekommen)*

Musical ['mju:zɪk(ə)l] das, -s/-s ⟨engl.⟩: *moderne Form der Operette* || **Musicbox** ['mju:zɪk-] = → Musikbox

Musik [geh.: -'i:-] die, -/-en ⟨gr.-lat.⟩: klassische M.; M. lieben; → Musik liebend = musikliebend || **Musikalien** die (Pl.): *Notenwerke* || **Musikalienhandlung** || **musikalisch** || **Musikalität** die, - || **Musikant** der, -en/-en || **Musikantin** die, -/-innen || **musikantisch:** *musizierfreudig* || **Musikautomat:** *mechanisches Musikinstrument; Musicbox* || **Musikbox** = Musicbox ['mju:zɪk-] die, -/-es [-ɪz]: *automatisches Plattenspielgerät mit Münzeinwurf* || **Musikchef** [-ʃe:f]: *musikalischer Leiter, Programmverantwortlicher* || **Musikchefin** || **Musikdirektor:** *musikalischer Leiter* || **Musikdirektorin** || **Musiker** der, -s/- || **Musikerin** die, -/-innen || **Musikerzieher:** *Musiklehrer* || **Musikerzieherin** || **Musikerziehung** || **Musikethnologie:** *musikalische Völkerkunde* || **Musikfest** || **Musikfilm** || **Musikfreund** || **Musikfreundin** || **Musikgeschichte** || **Musikgymnasium** [-gy-]: *eine Sonderform der AHS* || **Musikhauptschule** || **Musikhochschule** (veraltet): *eine Universität für Musik* || **Musikinstrument** [-st-] || **Musikkapelle** || **Musikkassette** (MC) || **Musikkritik** || **Musikkritiker** || **Musikkritikerin** || **Musiklexikon** || **Musik liebend** = **musikliebend:** M. liebende Touristen || **Musikpädagogik** || **Musikplayer** [-pleɪə] || **Musikpsychologie** [-psy-] || **Musikschule** || **Musiksoziologie** || **Musikstück** || **Musiktheater:** *musikalisches Drama im weiteren Sinn, zB Oper, Ballett;* → Sprechtheater || **Musiktheorie** || **Musiktherapie** || **Musikunterricht** || **Musikus** der, -/Musizi (scherzh. bzw. veraltet): *Musikant* || **Musikverein:** der M. Lustenau lädt zum Herbstkonzert | *Konzertgebäude in Wien; Kurzbezeichnung für die Gesellschaft der Musikfreunde in Wien* || **Musikverlag** || **Musikvideo** [-v-] || **Musikwissenschaft** || **Musikzeitschrift**

musisch ⟨gr.-lat.⟩: ein musischer *(künstlerisch begabter bzw. interessierter)* Mensch; musische Unterrichtsgegenstände *(zB Musikerziehung, Bildnerische Erziehung)*

musizieren ⟨gr.-lat.⟩ || **musizierfreudig**

Muskat [auch: -'a(:)t] der, -[e]s/-e ⟨Sanskrit-pers.-gr.-lat.-fr.⟩: *Muskatnuss* | *Muskateller* || **Muskateller** der, -s/-, *auch:* Muskat: *eine Reb- und Weinsorte* || **Muskatnuss** [auch: -a(:)t-]: *ein Gewürz* || **Muskat-Ottonel** der, -s/-: *eine Reb- und Weinsorte*

Muskel der, -s/-n ⟨lat.⟩: harte Muskeln | die Muskeln spielen lassen *(drohen)* || **Muskelfaser** || **Muskelfaserriss** (Med.) || **Muskelgewebe** || **Muskelkater:** *ein Muskelschmerz nach körperlicher Anstrengung* || **Muskelkraft:** mit bloßer M. || **Muskelkrampf** || **Muskelmann** || **Muskelprotz** (abw.): *Kraftlackel* || **Muskelriss** (Med.) || **Muskelschwäche** || **Muskelschwund:** *eine Erkrankung* || **Muskeltraining** [-tre:n-, engl.: -treɪn-] || **Muskelverspannung** || **Muskelzerrung**

Muskete die, -/-n ⟨fr.⟩ (früher): *ein Gewehr* || **Musketier** der, -s/-e (früher): *ein Infanterist*

muskulär ⟨lat.⟩ (Med.): *die Muskeln betreffend* || **Muskulatur** die, -: *Gesamtheit der Muskeln* || **muskulös:** muskulöse Arme *(Arme mit starken Muskeln)*

Müsli das, -[s]/-s: *Speise aus Haferflocken, Rosinen, Obst, Milch ua.* → Müesli || **Müsliriegel**

Muslim [auch: -'i:-] der, -[s]/-e ⟨arab.⟩: *Moslem* || **Muslima** die, -/-s [Muslimen] = **Muslime** die, -/-n = **Muslimin** die, -/-innen: *Moslemin* || **muslimisch**

Muss das, -: das eiserne M. *(der unbedingte Zwang);* dieses Buch ist ein M.; → müssen

Mussaka = Moussaka ['mu-] das, -s/-s = die, -/-s ⟨gr.⟩: *eine griechische Speise*

Mussbestimmung: *zwingende Gesetzesbestimmung;* → G.: Kannbestimmung

Muße die, - (geh.): mit M. *(ohne Hast, bedächtig)* arbeiten; → müßig

Mussehe: *Heirat wegen einer Schwangerschaft*

Musselin [-s'li:n] der, -s/-e: *ein Gewebe (nach der Stadt Mossul im Irak)*

müssen,

ich muss, du musst/musste/gemusst bzw. müssen: ich muss auf die Toilette | du musst nicht laufen; sie muss jeden Monat kommen; muss das sein?; → Muss

Partizipbildung:
Steht „müssen" ohne ein weiteres Verb, lautet das 2. Partizip „gemusst":
– er hat nach Hause gemusst (ugs.: müssen)

Ist ein weiteres Verb vorhanden, so folgt auf den Infinitiv nicht das 2. Partizip, sondern „müssen":
– er hat weggehen müssen
– sie hat arbeiten müssen

Mußestunde (geh.): in den Mußestunden *(in der Freizeit)* gern lesen || **müßig** (geh.): *untätig, überflüssig;* es ist m. *(sinnlos),* darüber zu reden; *aber:* → müßiggehen; → Muße || **Müßiggang** der, -[e]s (geh.): *Untätigkeit, Nichtstun* || **Müßiggänger**

M

der, -s/- (geh.) ‖ **Mü|ßig|gän|ge|rin** die, -/-innen (geh.) ‖ **mü|ßig|ge|hen:** *untätig sein*

Must [mʌst] das, -s/-s ⟨engl.⟩ (sal.): ein M. *(Muss)* für alle Modebewussten

Mus|tang der, -s/-s ⟨span.-engl.⟩: *ein Präriepferd*

Mus|ter das, -s/-: das M. *(die Zeichnung, die Motive)* des Stoffes | etwas als M. *(Vorlage)* verwenden | ein M. *(Vorbild)* an Arbeitseifer | *Probe zur Ansicht;* ein M. anfordern ‖ **Mus|ter|bei|spiel** ‖ **Mus|ter|be|trieb:** *vorbildlich geführter Betrieb* ‖ **Mus|ter|frau:** *weibl. Form zu* → *Mustermann;* → Maria Musterfrau ‖ **mus|ter|gül|tig:** *vorbildlich, nachahmenswert* ‖ **mus|ter|haft** ‖ **Mus|ter|kna|be** (scherzh. bzw. abw.): *übertrieben vorbildlicher Mensch* ‖ **Mus|ter|kol|lek|ti|on** [-tsi̯-]: *Zusammenstellung von Warenmustern* ‖ **Mus|ter|mann:** → Max Mustermann; → Musterfrau ‖ **mus|tern:** *jemanden scharf, prüfend anschauen* | ein gemusterter Stoff | (Mil.) *auf die Wehrtauglichkeit hin untersuchen* ‖ **Mus|ter|pro|zess:** *Gerichtsprozess, der Beispielwirkung für ähnliche Prozesse haben soll* ‖ **Mus|ter|schü|ler:** *[übertrieben] vorbildlicher Schüler* ‖ **Mus|ter|schü|le|rin** ‖ **Mus|ter|sen|dung** ‖ **Mus|ter|stück** ‖ **Mus|te|rung** die, -/-en (Mil.): *Tauglichkeitsprüfung für den Militärdienst* ‖ **Mus|ter|zeich|nung:** *Entwurf*

Must|have [ˈmʌsthæv] das, -[s]/-[s] (sal.) ⟨engl.⟩: *etwas, das man unbedingt haben sollte, ein Muss*

Mut der, -[e]s: jemandem Mut machen; frohen Mut[e]s sein; → zu Mute (= zumute)

mu|ta|bel ⟨lat.⟩: *veränderlich* ‖ **Mu|ta|bi|li|tät** die, -: *Wandlungsfähigkeit* ‖ **Mu|tant** der, -en/-en: *Bub, der im Stimmbruch ist* | (Biol.) *durch Mutation verändertes Lebewesen* ‖ **Mu|tan|te** die, -/-n (Biol.) ‖ **Mu|ta|ti|on** [-tsi̯-] die, -/-en (Biol.): *sprunghafte Erbänderung* | (ohne Pl.) (Med.) *Stimmbruch, Stimmwechsel* ‖ **mu|ta|tis mu|tan|dis:** *nach Änderung der zu ändernden Details*

Müt|chen (nur in der Wendung) (geh.): an jemandem sein M. kühlen *(seine Launen an jemandem auslassen);* → Mut ‖ **mut|er|füllt** (geh.)

mu|tie|ren ⟨lat.⟩ (Biol.): *sich sprunghaft erblich verändern* | (Med.) *im Stimmbruch sein;* → Mutant

mu|tig: eine mutige Tat ‖ **mut|los** ‖ **Mut|lo|sig|keit** die, - ‖ **mut|ma|ßen,** du mutmaßt (geh.): sie hat etwas gemutmaßt *(vermutet)* ‖ **mut|maß|lich:** mutmaßliche *(voraussichtliche)* Kosten; der mutmaßliche *(vermutliche)* Täter ‖ **Mut|ma|ßung** die, -/-en (geh.): *Annahme, Vermutung* ‖ **Mut|pro|be**

Mut|ter[1] die, -/Mütter: eine werdende M. *(eine Schwangere)* ‖ **Mut|ter**[2] die, -/-n: *Teil einer Schraube* ‖ **Mut|ter|bin|dung** (Psych.) ‖ **Müt|ter|chen** das, -s/-: *Verkleinerungsform von Mutter* | *alte, gebrechliche Frau* ‖ **Mut|ter|freu|den** die (Pl.): M. entgegensehen *(schwanger sein)* ‖ **Mut|ter|ge|sell|schaft** (Wirt.): *Dachgesellschaft, Holdinggesellschaft;* → Tochtergesellschaft ‖ **Mut|ter|ge|stein** (Geol.): *Grundlage für die Bodenbildung* ‖ **Mut|ter|got|tes** die, - (Rel.): *Maria, die Mutter Jesu* ‖ **Mut|ter-Kind-Ab|teil:** *für Mütter und Kleinkinder reserviertes Bahnabteil* ‖ **Mut|ter-Kind-Pass** (Med.): *ein Dokument für ärztliche Untersuchungen* ‖ **Mut|ter|korn** das, -[e]s: *giftiger Pilzrückstand an Getreideähren* ‖ **Mut|ter|ku|chen:** *Plazenta* ‖ **Mut|ter|land:** *Ursprungsland* ‖ **Mut|ter|leib** ‖ **müt|ter|lich:** mütterliche Fürsorge ‖ **müt|ter|li|cher|seits:** *von der Mutter her* ‖ **Müt|ter|lich|keit** die, - ‖ **Mut|ter|mal** das, -[e]s/-e: *oft angeborener [brauner] Hautfleck* ‖ **Mut|ter|milch** ‖ **Mut|ter|mund** (Med.): *Geburtsöffnung* ‖ **Mut|ter|pla|ti|ne** die, -/-n (EDV): *Platte im Computer, auf der die wichtigsten Elemente untergebracht sind, Hauptplatine, Mainboard* ‖ **Mut|ter|schaft** die, - ‖ **Mut|ter|schafts|ur|laub** → Karenz ‖ **Mut|ter|schutz** → Schutzfrist ‖ **Mut|ter|schutz|ge|setz** (Jus) ‖ **mut|ter|see|len|al|lein:** *ganz allein* ‖ **Mut|ter|söhn|chen** das, -s/- (abw.): *verwöhnter Bub* ‖ **Mut|ter|spra|che** die, -: seine M. ist Deutsch ‖ **Mut|ter|sprach|ler** der, -s/- (sal.) ‖ **Mut|ter|sprach|le|rin** die, -/-innen (sal.) ‖ **mut|ter|sprach|lich** ‖ **Mut|ter|stel|le:** die M. übernehmen ‖ **Mut|ter|tag:** *Ehrentag der Mütter am 2. Sonntag im Mai* ‖ **Mut|ter|tier:** *weibl. Tier, das Junge wirft oder säugt* | (Landw.) *weibl. Zuchttier* ‖ **Mut|ter|witz** der, -es: *urwüchsiger, schlagfertiger Humor*

Mut|wil|le ‖ **Mut|wil|lens|stra|fe** (Jus): *eine Geldstrafe bei mutwilliger Einleitung oder Verzögerung des Verfahrens* ‖ **mut|wil|lig:** etwas m. *(absichtlich)* beschädigen ‖ **Mut|wil|lig|keit** die, -

Müt|ze die, -/-n: *Kappe, Haube*

MW [ɛm ˈveː]: **M**ittel**w**elle

m. W.: meines **W**issens

MWSt.: Mehr**w**ert**st**euer

My [myː] das, -[s]/-[s] ⟨gr.⟩ (μ, M): *griechischer Buchstabe, entspricht* m/M

My|al|gie [my-] die, -/-n ⟨gr.⟩ (Med.): *Muskelschmerz, Muskelverspannung*

Myan|mar [ˈmi̯a-]: *ein Staat in Südostasien;* → Burma

My|ko|lo|ge [my-] der, -n/-n ⟨gr.⟩ ‖ **My|ko|lo|gie** die, -: *Pilzkunde* ‖ **My|ko|lo|gin** die, -/-innen ‖ **My|ko|se** die, -/-n (Med.): *Pilzerkrankung* ‖ **my|ko|tisch**

My|la|dy [mɪˈleɪdi] ⟨engl.⟩: *englische Anrede an eine weibliche Adelige* ‖ **My|lord** [mɪˈlɔːd]: *englische Anrede an einen männlichen Adeligen*

My|o|kard|in|farkt [my-] ⟨gr.+lat.⟩ (Med.): *Herzinfarkt* ‖ **My|o|kard|scha|den** (Med.): *Herzmuskelschaden* ‖ **My|om** das, -s/-e (Med.): *gutartiger Tumor, der großteils aus Muskelfasern besteht*

My|ri|a|de [my-] die, -/-n ⟨gr.⟩ (geh.): *eine unvorstellbar große Zahl; unzählbare Menge*

Myr|re [ˈmy-] = **Myr|rhe** [-rɛ] die, -/-n ⟨sem.-gr.-lat.⟩: *ein kostbares, duftendes Harz*

Myr|te [my-] die, -/-n ⟨sem.-gr.-lat.⟩: *ein mediterraner Strauch* ‖ **Myr|ten|kranz:** *ein Brautschmuck*

My|Space [ˈmaɪspeɪs] das, - ⟨engl.⟩ (Wz.): *eine Internetplattform für ein soziales Netzwerk*

Mys|te|ri|en [my-] die (Pl.) ⟨gr.-lat.⟩: *Geheimnisse; Geheimkult* ‖ **Mys|te|ri|en|spiel** [my-, mi-]: *geistliches Schauspiel im Mittelalter* ‖ **mys|te|ri|ös:** ein mysteriöser *(geheimnisvoller, rätselhafter)* Vorfall ‖ **Mys|te|ri|um** [my-] das, -s/Mysterien [-i̯ən]: *[Glaubens]geheimnis* ‖ **Mys|ti|fi|ka|ti|on** [-tsi̯-] die, -/-en: *Irreführung, Täuschung* ‖ **mys|ti|fi|zie|ren:** *täuschen* ‖ **Mys|tik** die, -: *eine*

M

Form der meditativen Religiosität ‖ **Mys|ti|ker** der, -s/- ‖ **Mys|ti|ke|rin** die, -/-innen ‖ **mys|tisch:** *geheimnisvoll, rätselhaft; aber:* → mythisch

My|the ['my:-] die, -/-n ⟨gr.⟩: *Göttersage, Heldensage* ‖ **My|then|bil|dung** ‖ **my|then|haft** ‖ **my|thisch:** *sagenhaft; aber:* → mystisch ‖ **my|thi|sie|ren:** *mythologisieren* ‖ **My|tho|lo|gie** die, -/-n: *Wissenschaft von den Mythen; Gesamtheit der Mythen eines Volkes* ‖ **my|tho|lo|gisch** ‖ **my|tho|lo|gi|sie|ren:** *in mythische Form bringen, mythisieren* ‖ **My|thos** der, -/Mythen, *auch:* **My|thus:** *legendäre Vorstellung, zB eine historische Person betreffend;* → Mythe | *Person oder Sache, die verherrlicht, idealisiert wird;* die Schauspielerin wurde zum M.

My|zel [my-] das, -s/-ien [-i̯en], *auch:* **My|ze|li|um** ⟨gr.⟩ (Bot.): *Pilzgeflecht*

n N

n [ɛn] das, -/- (Kleinbuchstabe): das n im Wort *nagen* | (Laut) der n-Laut | (Math.) *Variable für eine unbekannte Zahl;* die n-te Potenz; n-fach | (Phys.) **N**ano-

N [ɛn] das, -/- (Großbuchstabe): das N im Wort *Nacht* | **N**ord[en] | (auslaufend auch Kfz) **N**iederösterreich | (Phys.) **N**ewton | (Chem.) **N**itrogenium | **N**ano-

na[1]: „Na, wie geht's?"; na ja

na[2] (ugs.): *nein*

Na: Natrium

Nabe die, -/-n: *Mittelteil des Rades, mit dem es auf der Achse steckt*

Nabel der, -s/Näbel [Nabel]: *Vertiefung im Bauch, Ansatz der Nabelschnur* | am N. *(Mittelpunkt)* der Welt ‖ **Nabelschau** die, - (scherzh.): *Selbstbetrachtung* ‖ **Nabelschnur:** *Gefäßstrang, der der Ernährung des Kindes im Mutterleib dient*

NAbg., *auch:* NRAbg.: **N**ationalrats**abg**eordnete/r

N

nach:

Präposition mit Dativ:
- nach dem Essen
- nach langem, schwerem Leiden
- nach Christi Geburt
- nach Linz fahren
- nach Hause = nachhause

In Zeitangaben (bes. westöst.):
- [ein] Viertel nach drei *(15:15 Uhr);* → viertel

Adverb:
- nach wie vor *(auch weiterhin)*
- nach und nach *(allmählich)*

nachäffen: *übertreibend nachahmen*

nachahmen: das Zwitschern eines Vogels n. *(möglichst ähnlich wiedergeben)* ‖ **nachahmenswert** ‖ **Nachahmer** der, -s/- ‖ **Nachahmerin** die, -/-innen ‖ **Nachahmung** die, -/-en ‖ **Nachahmungstäter** ‖ **Nachahmungstäterin** ‖ **Nachahmungstrieb** (Psych.)

Nachbar der, -n [-s]/-n: *jemand, der in unmittelbarer Nähe ist;* Sitznachbar ‖ **Nachbarhaus** ‖ **Nachbarin** die, -/-innen ‖ **Nachbarland** ‖ **nachbarlich** ‖ **Nachbarort** ‖ **Nachbarrecht** (Jus): *Rechtsnormen zur Regelung des Zusammenlebens von Nachbarn* ‖ **Nachbarschaft** die, - ‖ **Nachbarschaftshilfe** ‖ **Nachbarsleute** die (Pl.) ‖ **Nachbarstaat**

Nachbeben: *kleineres Erdbeben nach einem großen Beben*

nachbehandeln ‖ **Nachbehandlung:** *ergänzende Behandlung nach der Hauptbehandlung*

nachbekommen: *nachträglich, zusätzlich bekommen*

nachberechnen

nachbereiten: ein Seminar n.; → vorbereiten

nachbesetzen: eine Stelle n. *(nach dem Ausscheiden des Stelleninhabers wieder besetzen)*

nachbessern ‖ **Nachbesserung** die, -/-en

nachbestellen: Ware n. *(nachträglich, zusätzlich bestellen)* ‖ **Nachbestellung**

nachbeten (oft abw.): jemandem etwas n. *(es geradezu sklavisch nachsagen)*

Nachbild: *Weiterwirken eines optischen Eindrucks auf das Auge* ‖ **nachbilden** ‖ **Nachbildung:** eine originalgetreue N.

nachblicken: *nachschauen*

nachbluten (Med.): *[nach einem Eingriff] neuerlich bluten* ‖ **Nachblutung**

nachbohren: ständig n. *(weiterfragen)*

nachbringen: der Hoteldiener brachte das Gepäck nach

Nachbürge (Jus): *Ausfallsbürge*

nach Christi Geburt [- kr- -] (n. Chr. G.) → vor Christi Geburt ‖ **nachchristlich:** im 5. nachchristlichen Jahrhundert *(im 5. Jh. n. Chr.)* ‖ **nach Christus** (n. Chr.)

nachdatieren: → *zurückdatieren* ‖ **Nachdatierung**

nachdem (Adv.): je n. | (Konj. zur Angabe der Vorzeitigkeit) n. sie weggegangen war

nachdenken: ich habe über ein Problem nachgedacht ‖ **nachdenklich:** n. werden *(zu überlegen, zu zweifeln beginnen)* ‖ **Nachdenkpause**

Nachdichtung: *freie Übertragung eines [fremdsprachigen] literarischen Werkes*

nachdrängen: nachdrängende Besucher

nachdrehen: eine Szene für einen Film n. *(später, nochmals drehen)*

Nachdruck der, -[e]s/-e: der N. eines Buches | (ohne Pl.) etwas mit N. *(eindringlich)* fordern ‖ **nachdrucken:** dieses Buch wurde mehrere Male nachgedruckt *(unverändert abgedruckt)* ‖ **nachdrücklich:** n. *(eindringlich)* darauf hinweisen

nachdunkeln: das Haar ist nachgedunkelt *(es ist im Lauf der Zeit dunkler geworden)*

nacheifern: *nachstreben*

nacheilen: den Vorausgehenden rasch n.

nacheinander: n. sprechen; n. kommen

nacheiszeitlich: *nach der Eiszeit geschehen, aus der Zeit nach der Eiszeit stammend*

nachempfinden: sie konnte seinen Schmerz n. ‖ **Nachempfindung**

Nachen der, -s/- (geh.): *Boot*

Nacherbe (Jus): *Erbe, der erst bei Fortfall des ersteingesetzten Erben zum Zug kommt*

nacherleben: *ein früheres Geschehen noch einmal erleben, nachempfinden*

nacherzählen: sie hat eine Geschichte nacherzählt ‖ **Nacherzählung**

Nachfahr der, -en/-en = **Nachfahre,** -n/-n (meist Pl.) (geh.): *Nachkomme* ‖ **nachfahren:** einem Auto n.

nachfärben: das Haar n. *(ganz oder zum Teil nochmals färben)* ‖ **Nachfärbung**

nachfassen: Essen n. *(ein weiteres Mal davon nehmen)*

Nachfeier: *nachträgliche* (auch: *zusätzliche*) *Feier;* eine kleine N. veranstalten

nachfinanzieren: *die Finanzierung nachträglich genehmigen*

Nachfolge: die N. antreten ‖ **nachfolgen**

nachfolgend:

der nachfolgende Redner; → folgend

Großschreibung bei Nominalisierung:
- **N**achfolgendes beachten
- im **N**achfolgenden
- die **N**achfolgenden; ein **N**achfolgender R→ S. 892, 2.2

Nachfolger der, -s/- (bei Firmennamen auch mit Abk. Nchf.) ‖ **Nachfolgerin** die, -/-innen ‖ **Nachfolgestaat:** die Nachfolge-

staaten nach dem Zerfall Österreich-Ungarns (1918) *(bes. die neu entstandenen Einzelstaaten Österreich, Ungarn, Tschechoslowakei)*
nach|for|dern: *nachträglich anfordern* ‖ **Nach|for|de|rung**
nach|for|schen: *nachfragen; nachprüfen; ermitteln* ‖ **Nach|forschung:** Nachforschungen anstellen
Nach|fra|ge: *Erkundigung;* danke der N. *(Antwort auf die Frage „Wie geht's?")* | (ohne Pl.) (Kaufmannsspr.) nach dieser Ware herrscht große N. *(sie wird viel verlangt)* ‖ **nach|fra|gen:** *sich erkundigen*
Nach|frist (Amtsspr.): eine N. setzen *(eine letzte [Zahlungs]frist gewähren);* unter Setzung einer [angemessenen] N.
nach|füh|len: ich kann ihm seinen Ärger n.
Nach|füll|an|zei|ge: ein Luftbefeuchter mit N. *(Anzeige, dass Wasser nachgefüllt werden muss)* ‖ **nach|fül|len:** Wasser n. ‖ **Nach|füll|pa|ckung** ‖ **Nach|fül|lung**
nach|ge|ben: ein Pfeiler hat [dem Druck] nachgegeben *(ist eingestürzt);* den Forderungen n. *(sie erfüllen)* | (Wirt.) die Kurse/Preise geben nach *(sinken)*
nach|ge|bo|ren: er hinterließ eine nachgeborene *(nach seinem Tod geborene)* Tochter ‖ **Nach|ge|bo|re|ne**[1] der, -n/-n, ein Nachgeborener ‖ **Nach|ge|bo|re|ne**[2] die, -n/-n
Nach|ge|bühr: *nachträgliche zusätzliche Gebühr, zB für einen zu gering frankierten Brief*
Nach|ge|burt (Med.): *Mutterkuchen, der nach der Geburt ausgestoßen wird*
nach|ge|hen: den Eltern n. | einer Sache n. *(sie untersuchen)* | einer geregelten Arbeit n. *(berufstätig sein)*
nach|ge|nannt (Amtsspr.): *später im Text genannt*
nach|ge|ord|net (Amtsspr.): eine nachgeordnete *(untergeordnete)* Dienststelle
nach|ge|ra|de: es wurde mir n. *(allmählich; geradezu)* lästig
nach|ge|ra|ten: dieses Mädchen ist seiner Mutter n. *(im Wesen ähnlich)*
Nach|ge|schmack: ein bitterer N.
nach|ge|wie|se|ner|ma|ßen: *verlässlich bewiesen*
nach|gie|big: *bereit nachzugeben* ‖ **Nach|gie|big|keit** die, -
nach|gie|ßen ‖
nach|grü|beln
nach|ha|ken: *[bei einer Prüfung] genau nachfragen*
Nach|hall: *Hall, Nachklang, Echo* | seine Rede fand großen N. *(sie hatte große Nachwirkung)* ‖ **nach|hal|len**
nach|hal|tig: eine nachhaltige *(lange Zeit nachwirkende)* Heilkur | (Ökol., Wirt.) eine nachhaltige Veränderung *(ohne Beeinträchtigung künftiger Generationen)* ‖ **Nach|hal|tig|keit** die, - (Ökol., Wirt.)
Nach|hang (Amtsspr.): *Anhang, Nachtrag, Ergänzung;* im N. ‖ **nach|hän|gen:** seinen Gedanken n. *(in Gedanken versunken sein)*
nach Hau|se = nach|hau|se, *auch:* nach Haus, nachhaus: n. H. gehen
nach|hel|fen: sie hat ein bisschen nachgeholfen, damit es schneller geht
nach|her [auch: -'a:-] ‖ **nach|he|rig** (geh. bzw. veraltend): eine nachherige *(spätere)* Erkenntnis
Nach|hil|fe: *zusätzlicher privater Unterricht* ‖ **Nach|hil|fe|leh|rer** ‖ **Nach|hil|fe|leh|re|rin** ‖ **Nach|hil|fe|stun|de** ‖ **Nach|hil|fe|un|ter|richt**
Nach|hi|n|ein (nur in der Wendung): im N. *(hinterher)*
nach|hin|ken: der allgemeinen Entwicklung n.
Nach|hol|be|darf: es gibt großen N. in der Forschung ‖ **nach|ho|len:** den versäumten Lehrstoff n. *(nachträglich erarbeiten)* | Familienangehörige (in ein Asylland) n.
Nach|hut die, -/-en: *die Nachzügler* | (Mil.) *der Sicherungsverband im Rücken zurückgehender* (auch: *vorrückender) Truppen*
nach|ja|gen: einem Ball n. | dem Geld n. *(Geld als das Wichtigste anstreben)*
nach|jus|tie|ren: eine Antenne n. *(nachträglich anpassen);* eine Klausel in einem Vertrag n. *(nachträglich abändern)*
Nach|kauf: der N. von Versicherungszeiten *(Zahlung, die Versicherungszeiten ersetzt)* ‖ **nach|kau|fen**
Nach|klang ‖ **nach|klin|gen**
nach|ko|chen: *nach Anleitung, Rezept kochen*
Nach|kom|me[1] der, -n/-n: viele Nachkommen *(Kinder, Enkelkinder usw.)* haben ‖ **Nach|kom|me**[2] die, -/-n ‖ **nach|kom|men:** zur Party später n. | einem Wunsch n. *(ihn erfüllen)* ‖ **Nach|kom|men|schaft** die, -/-en: eine reiche N. ‖ **Nach|kömm|ling** der, -s/-e: *Nachfahre*
nach|kon|trol|lie|ren: eine Rechnung n.
Nach|kriegs|er|schei|nung: *etwas für die Nachkriegszeit Typisches* ‖ **Nach|kriegs|ge|ne|ra|tion** [-tsi̯-] ‖ **Nach|kriegs|zeit**
nach|la|den: die Waffe n.
Nach|lass der, -es/-lässe: bei einer Ware einen N. *(eine Preisermäßigung)* gewähren | der N. *(die Hinterlassenschaft)* eines Verstorbenen; → G.: Vorlass | (kath.) N. *(Vergebung)* der Sünden ‖ **nach|las|sen:** der Regen hat nachgelassen | etwas vom Preis n. *(ihn reduzieren)* | ein nachgelassenes Werk *(aus dem Nachlass zB einer Autorin)* ‖ **Nach|lass|gläu|bi|ger** (Jus) ‖ **Nach|lass|gläu|bi|ge|rin** (Jus) ‖ **nach|läs|sig:** *wenig sorgfältig, gewissenhaft, unachtsam* ‖ **Nach|läs|sig|keit** die, -/-en ‖ **Nach|lass|in|ven|tar** [-v-] ‖ **Nach|lass|schuld|ner** (Jus) ‖ **Nach|lass|schuld|ne|rin** (Jus) ‖ **Nach|lass|ver|bind|lich|keit** (Jus): *aus dem Nachlass zu bezahlende Schuld* ‖ **Nach|lass|ver|wal|ter** (Jus): *[gerichtlich bestellter] Verwalter einer Erbschaft* ‖ **Nach|lass|ver|wal|te|rin** (Jus)
Nach|lauf (Technik, Kfz): *leichte Abweichung nach außen statt Parallelstellung zweier Räder;* → Vorspur ‖ **nach|lau|fen:** dem Ball n.; *aber:* **Nach**laufen *(Fangen)* spielen
nach|le|ben: einem Vorbild n.
nach|le|gen: im Ofen Holz n.; noch ein Schäuferl n.
nach|ler|nen
Nach|le|se ‖ **nach|le|sen:** sie las die genauen Worte der Ministerin im Protokoll noch einmal nach | *nachernten*
nach|lie|fern ‖ **Nach|lie|fe|rung**
nach|lö|sen: eine Fahrkarte im Zug [mit Aufzahlung] n.
nachm.: nachmittags ‖ **Nachm.: Nach**mittag
nach|ma|chen: eine Tierstimme n. *(nachahmen);* jemandem etwas n.
nach|ma|lig (veraltet): der nachmalige *(spätere)* Direktor ‖ **nach|mals** (veraltet): *später*
nach|mes|sen: die Fahrtstrecke n.
Nach|mie|ter ‖ **Nach|mie|te|rin**

N

Nach|mit|tag

(Nachm., Nm.): am/diesen Nachmittag; des/eines Nachmittags; [um] vier Uhr Nachmittag; heute/morgen/gestern Nachmittag; *aber zusammen:* sie kommen [am] Dienstagnachmittag

Kleinschreibung von „nachmittags":
- [um] vier Uhr nachmittags
- sie kommen [am] Mittwoch nachmittags
- nachmittags jausnen *(jeden Nachmittag,* auch: *am Nachmittag)* R→ S. 891, 1.3.1

nach|mit|tä|gig ‖ **nach|mit|täg|lich** → täglich ‖ **nach|mit|tags** (nachm., nm.): *am Nachmittag; jeden Nachmittag;* [um] vier Uhr n.; sie kommen Mittwoch n. (*auch:* mittwochnachmittags, mittwochs nachmittags); → Nachmittag; → Dienstag ‖ **Nach|mit|tags|be|treu|ung:** N. an Schulen; → Halbinternat ‖ **Nach|mit|tags|schläf|chen** ‖ **Nach|mit|tags|un|ter|richt**
Nach|nah|me die, -/-n: *Bezahlung einer Ware (und des Portos) bei der Übernahme der Postsendung;* ein Paket per N. schicken/erhalten ‖ **Nach|nah|me|ge|bühr** ‖ **Nach|nah|me|sen|dung**
Nach|na|me, *auch:* **Nach|na|men:** *Familienname*
nach|neh|men: sich vom Pudding etwas n. *(noch einmal nehmen)*
Nach|ope|ra|ti|on [-tsi̯-]
nach|plap|pern (sal., abw.): *gedankenlos nachsprechen*
Nach|por|to: *Strafgebühr bei nicht ausreichend frankierten Postsendungen*
nach|prä|gen ‖ **Nach|prä|gung:** die N. einer antiken Münze
nach|prüf|bar ‖ **nach|prü|fen:** die Rechnung n. ‖ **Nach|prü|fung:** die N. der Daten | (missverständlich auch für) *Wiederholungsprüfung (am Beginn des nächsten Schuljahres);* → Nachtragsprüfung
Nach|rang (Verk.): *Verpflichtung, anderen den Vorrang zu geben;* → G.: Vorrang ‖ **nach|ran|gig** ‖ **Nach|rang|stra|ße** (Verk.) ‖ **Nach|rang|ta|fel**
nach|re|cher|chie|ren [-ʃɛrʃ-]: *nochmals genau überprüfen*
nach|rech|nen: rechne die Aufgabe nach
Nach|re|de die, -/-n: *Nachwort* | *schlechter Ruf; Tratsch;* eine üble N. ‖ **nach|re|den**
nach|rei|chen: die fehlenden Unterlagen n. *(nachbringen)* ‖ **Nach|rei|chung** die, -/-en
nach|rei|fen: *nach der Ernte ausreifen* ‖ **Nach|rei|fung** die, -/-en
nach|rei|sen: am Wochenende der Familie n.
nach|ren|nen: *nachlaufen*
Nach|richt die, -/-en: eine wichtige N. erhalten | (nur Pl.) *die aktuellen Kurzberichte [des Rundfunks]* ‖ **Nach|rich|ten|agen|tur:** *Stelle, die an [die Presse] usw. Informationen übermittelt* ‖ **Nach|rich|ten|dienst:** *Nachrichtenagentur* | *Geheimdienst* ‖ **nach|rich|ten|dienst|lich** ‖ **Nach|rich|ten|ma|ga|zin** ‖ **Nach|rich|ten|sa|tel|lit:** *ein Raumflugkörper zur Übermittlung zB von Fernsehsendungen* ‖ **Nach|rich|ten|sen|dung** ‖ **Nach|rich|ten|sper|re:** aus Sicherheitsgründen eine N. verhängen ‖ **Nach|rich|ten|spre|cher** ‖ **Nach|rich|ten|spre|che|rin** ‖ **Nach|rich|ten|tech|nik** ‖ **nach|richt|lich** (Amtsspr.): *zur Kenntnisnahme, zur Information*
nach|rü|cken: *nachfolgen;* auf einen höheren Posten n. ‖ **Nach|rü|ckung** die, -/-en
Nach|ruf: einem Verstorbenen einen N. *(eine Gedenkrede)* halten ‖ **nach|ru|fen:** jemandem ein Schimpfwort n.
Nach|ruhm (geh.): *Ruhm über den Tod hinaus* ‖ **nach|rüh|men:** *nachsagen;* jemandem umfassende Kenntnisse n.
nach|rüs|ten: *nachträglich, zusätzlich ausstatten;* → aufrüsten ‖ **Nach|rüs|tung** die, -/-en
nach|sa|gen: jemandem nichts n. können *(nichts Nachteiliges über jemanden sagen können)*
Nach|sai|son [-zɛzoːn, fr.: -sɛ,zɔ̃]
nach|sal|zen
Nach|satz: *Nachtrag; Postskriptum* | (Gramm.) *nachgestellter Satz*
Nach|schau die, -: N. halten ‖ **nach|schau|en:** sie konnten dem Ball nur mehr n. *(nachblicken)* | im Wörterbuch n. *(nachschlagen)*
nach|schen|ken: *[ein Getränk] nachgießen*
nach|schi|cken: ich lasse mir die Post an den Urlaubsort n.
nach|schie|ben
Nach|schlag: *zusätzliche Essensportion* ‖ **nach|schla|gen:** im Wörterbuch n. *(darin ein Wort suchen, nachschauen)* ‖ **Nach|schla|ge|werk** = **Nach|schlag|werk:** *Lexikon, Wörterbuch uÄ*
nach|schlei|chen
Nach|schlüs|sel: *ein nachgearbeiteter, zusätzlicher Schlüssel*
nach|schmei|ßen
nach|schrei|ben: *Versäumtes später schreiben*
nach|schrei|en
Nach|schrift (NS): *Nachtrag in einem Brief, Postskriptum* | *spätere schriftliche Aufzeichnung [eines Gesprächs]*
Nach|schub: *[ergänzende] Versorgung [kämpfender Truppen]* ‖ **Nach|schub|weg**
Nach|schu|lung: *nachträgliche bzw. zusätzliche Schulung*
Nach|schuss (Sport): *Torschuss nach einem bereits abgewehrten Schuss*
nach|schwin|gen
nach|se|hen: den Gästen noch lange n. *(nachschauen)* | im Wörterbuch n. *(nachschauen)* | jemandem eine Strafe n. *(erlassen)* ‖ **Nach|se|hen** das, -s: das N. haben *(etwas nicht bekommen, zu kurz kommen)*
Nach|sen|de|auf|trag: *Auftrag an die Post, Sendungen an eine andere Adresse weiterzuleiten;* einen N. einrichten ‖ **nach|sen|den** ‖ **Nach|sen|dung**
nach|set|zen: noch etwas n. *(anfügen, dazusagen)* | (geh.) dem Feind n. *(ihn verfolgen)*
Nach|sicht: in einer Sache N. üben *(sie mild beurteilen)* ‖ **nach|sich|tig:** mit kleinen Kindern n. sein ‖ **Nach|sich|tig|keit** die, -/-en
Nach|sil|be (Gramm.): → *Suffix*
nach|sin|gen: ein Lied n. *(singen, wie man es gehört hat)*
nach|sin|nen (geh.): lange über etwas n. *(grübeln, nachdenken)*
nach|sit|zen (früher): n. *(zur Strafe länger in der Schule sitzen bleiben)* müssen
Nach|som|mer: *Schönwetterperiode nach Sommerende*
Nach|sor|ge (Med.): *[ärztliche] Nachbetreuung*
Nach|spann der, -[e]s/-e: *Abschluss eines Films, Abspann;* → G.: Vorspann
Nach|spei|se: *Dessert*
Nach|spiel: das wird ein gerichtliches N. haben *(wird ein Gerichtsverfahren zur Folge haben)* | (Mus.) *Postludium* ‖ **nach|spie|len:** *nachmachen* | *ebenfalls spielen;* die Oper wird an großen

N

Bühnen nachgespielt ‖ **Nach|spiel|zeit:** *nach Ende der regulären Spielzeit*
nach|spi|o|nie|ren [-ʃp-]: sie spionierten ihm überall nach
nach|spre|chen: *Vorgesprochenes oder Vorgelesenes wiederholen;* die Eidesformel n.
nach|sprin|gen: dem Kind ins Wasser n.
nach|spü|len: die Haare nach dem Shampoonieren n. | (ugs.) schnell noch ein Bier n. *(trinken)* ‖ **Nach|spü|lung**
nach|spü|ren: dem Wild n. *(seine Spur verfolgen)*
nächst [-çst] (Präp. mit Dat.) (geh.): n. *(nach)* dem Vater bist du mir der Liebste ‖ **nächst|bes|te:** der n. Bewerber; *aber:* der Nächstbeste *(irgendjemand)* ‖ **nächst|dem** (geh., veraltet): *kurze Zeit später*

näch|s|te:

bei nächster Gelegenheit; das nächste Mal; nächsten Jahres (n. J.); nächsten Monats (n. M.); den nächsten Besten *(irgendeinen);* → nächstbeste
Großschreibung bei Nominalisierung:
- der **N**ächste *(der Reihe nach)*
- „Der **N**ächste, bitte!"
- was tun wir als **N**ächstes *(jetzt)?*
- als **N**ächstes *(zB als nächste Nummer im Programm)*
- fürs **N**ächste *(vorerst)*

R→ S. 892, 2.2

Näch|s|te der, -n/-n: *der Mitmensch;* dein Nächster; → nächste
nach|ste|hen: ich stand an Fleiß niemandem nach *(war ebenso fleißig)* ‖ **nach|ste|hend:** *wie folgt;* nachstehende Anmerkungen | (Großschreibung) **N**achstehendes; das **N**achstehende *(das Folgende)* ist wichtig; im **N**achstehenden *(im Folgenden)* wird erläutert
nach|stei|gen (ugs.): einem Mädchen n. *(mit ihm anbandeln wollen)*
nach|stel|len: die Uhr n. | die Szene im Gerichtsaal n. | (geh.) der Verdächtigen n. *(sie beobachten, verfolgen)* ‖ **Nach|stel|lung** (meist Pl.): *Verfolgung*
Näch|s|ten|lie|be: *Achtung und Mildtätigkeit für die Mitmenschen* ‖ **näch|s|tens:** in nächster Zeit ‖ **nächst|fol|gend:** nächstfolgende Termine | (Großschreibung) der **N**ächstfolgende; die **N**ächstfolgende; das **N**ächstfolgende ‖ **nächst|ge|le|gen:** das nächstgelegene Gehöft ‖ **nächst|hö|he|re:** der nächsthöhere Gipfel | (Großschreibung) die **N**ächsthöheren; ein **N**ächsthöherer ‖ **nächst|jäh|rig** ‖ **Nächst|lie|gen|de** das, -n: zuerst einmal das N. tun ‖ **nächst|mög|lich**
nach|sto|ßen
nach|stre|ben: einem Vorbild n.
nach|stür|zen: jemandem hastig n. *(nacheilen)*

Nacht

die, -/Nächte
Großschreibung:
- kalte Nächte
- in der/bei/diese Nacht
- bei Nacht und Nebel *(heimlich)*
- über Nacht *(plötzlich)*
- die Heilige Nacht *(24. auf 25. Dezember)*
- des Nachts *(bei Nacht)*
- eines Nachts; *aber klein:* **n**achts immer aufwachen
- jemandem gute (= Gute) Nacht sagen
- heute/morgen/gestern Nacht; *aber zusammen:* Dienstagnacht
- [um] elf Uhr Nacht *(nachts)*

Kleinschreibung von „nachts":
- nachts arbeiten *(jede Nacht,* auch: *in der Nacht, zur Nachtzeit)*
- [um] elf Uhr nachts
- sie kommen [am] Mittwoch nachts

R→ S. 891, 1.3.1

nacht|ak|tiv: nachtaktive Tiere; → G.: tagaktiv ‖ **Nacht|an|griff** ‖ **Nacht|ar|beit** ‖ **Nacht|ar|beits|ver|bot** ‖ **nacht|blind** ‖ **Nacht|blind|heit** ‖ **Nacht|club** [-k-] → Nachtklub ‖ **Nacht|cre|me** [-kreːm] = Nachtkrem = Nachtkreme; → G.: Tagescreme ‖ **Nacht|dienst**
Nach|teil der, -[e]s/-e: im N. sein; etwas ist von N. ‖ **nach|tei|lig:** nachteilige Folgen; *aber:* über ihn nichts **N**achteiliges *(Schlechtes)* sagen können
näch|te|lang: n. fortbleiben; *aber:* viele Nächte lang ‖ **nach|ten** (geh.): es nachtet gleich *(wird gleich Nacht)* ‖ **näch|tens** (veraltet): *zur Nachtzeit* ‖ **Nacht|es|sen** (V, CH, reg. in D): *Abendessen* ‖ **Nacht|fahr|ver|bot** ‖ **Nacht|fal|ter:** *Nachtschmetterling;* → G.: Tagfalter ‖ **Nacht|flug:** *Instrumentenflug* ‖ **Nacht|flug|ver|bot** ‖ **Nacht|frost** ‖ **Nacht|ge|schirr** (veraltet) ‖ **Nacht|ge|spenst** ‖ **Nacht|hemd:** im N. öffnen ‖ **Nacht|him|mel** ‖ **näch|tig** (geh.): *nächtlich* ‖ **Nach|ti|gall** die, -/-en: *ein Singvogel* ‖ **näch|ti|gen:** *übernachten* ‖ **Näch|ti|gung** die, -/-en ‖ **Näch|ti|gungs|geld** (Amtsspr.): *Entgelt für das Übernachten in einem Hotel* ‖ **Näch|ti|gungs|kos|ten** die (Pl.) ‖ **Näch|ti|gungs|mi|nus** ‖ **Näch|ti|gungs|plus** ‖ **Näch|ti|gungs|rück|gang** ‖ **Näch|ti|gungs|zahl:** *statistische Zahl der Übernächtigungen* ‖ **Näch|ti|gungs|zif|fer** ‖ **Näch|ti|gungs|zu|wachs** [-ks]
Nach|tisch: *Nachspeise*
Nacht|käst|chen das, -s/- ‖ **Nacht|kastl,** *auch:* Nachtkastel (ugs.) ‖ **Nacht|ker|ze:** *eine Pflanzengattung* ‖ **Nacht|klub,** *auch:* Nachtclub [-k-]: *Nachtlokal;* → Nightclub ‖ **Nacht|krem** = **Nacht|kre|me** = → Nachtcreme ‖ **Nacht|la|ger:** unter der Brücke schlugen wir unser N. auf ‖ **Nacht|le|ben:** *die nächtlichen Unterhaltungsmöglichkeiten [einer Stadt], Nachtlokale uÄ* ‖ **nächt|lich:** nächtliche Ruhestörung ‖ **nächt|li|cher|wei|le** (geh.): *nachts* ‖ **Nacht|lo|kal:** *ein Unterhaltungslokal; eine Bar* ‖ **Nacht|mahl:** *Abendessen* ‖ **nacht|mah|len,** ich nachtmahle: wir haben genachtmahlt ‖ **Nacht|mahr** (veraltet): *Alb, Nachtgespenst* ‖ **Nacht|mensch:** *jemand, der nachts am aktivsten ist* ‖ **Nacht|pfau|en|au|ge:** *ein Schmetterling* ‖ **Nacht|pis|te:** *[Ski]piste mit Flutlicht* ‖ **Nacht|por|tier**[1] [-tiːə] = **Nacht|por|ti|er**[2] [-tieː] ‖ **Nacht|por|tie|rin,** *auch:* Nachtportiere [-'tieːə, -rɛ] ‖ **Nacht|pro|gramm** ‖ **Nacht|quar|tier**
Nach|trag der, -[e]s/-träge: *spätere Ergänzung* ‖ **nach|tra|gen:** sie trug mir diese Bemerkung lange nach *(sie verzieh sie mir nicht)* ‖ **nach|trä|ge|risch:** nicht n. sein *(bereit sein, etwas zu verzeihen)* ‖ **nach|träg|lich:** *hinterher; später;* n. reklamieren ‖ **Nach|trags|bud|get** [-by,dʒeː] ‖ **Nach|trags|prü|fung:** *eine [wegen längerer Abwesenheit] am Beginn des nächsten Schuljahrs nachzuholende Prüfung;* → Nachprüfung ‖ **Nach|trags|spiel**

N

nach|trau|ern
Nacht|ru|he ‖ **nachts:** n. *(zur Nachtzeit; jede Nacht)* zu Hause sein; sie kommen Mittwoch n. (*auch:* mittwochnachts, mittwochs nachts); (um) elf Uhr n.; *aber:* des/eines **N**achts; → Nacht ‖ **Nacht|schat|ten** die (Pl.) (Bot.): *eine Pflanzengattung* ‖ **Nacht|schat|ten|ge|wäch|se** [-ks] die (Pl.): *eine Pflanzenfamilie* ‖ **Nacht|scher|ben,** *auch:* **Nacht|scherm** (ugs., abw., veraltet): *Nachttopf;* → Scherben ‖ **Nacht|schicht:** *die Schichtarbeit[er] zur Nachtzeit;* wir haben heute N.; → Spätschicht; → Frühschicht ‖ **nacht|schla|fend:** zu nachtschlafender Zeit *(tief in der Nacht)* ‖ **Nacht|schwär|mer:** *jemand, der nächtliche Vergnügungen liebt* | (Zool.) *nachtaktiver Schmetterling* ‖ **Nacht|schwär|me|rin** die, -/-**in**nen ‖ **Nacht|schweiß:** *ein mögliches Krankheitszeichen* ‖ **Nacht|schwes|ter:** *Krankenschwester im Nachtdienst* ‖ **Nacht|sei|te:** *die nicht von der Sonne beschienene Seite;* die N. der Erde | *die zwielichtige, negative Seite einer Sache oder Person* ‖ **Nacht|sicht|ge|rät** ‖ **Nacht|spei|cher|ofen** ‖ **Nacht|strom:** *während der Nacht verbrauchte [billigere] elektrische Energie;* mit N. heizen ‖ **Nacht|stück** (Kunstg.): *Gemälde, das eine nächtliche Szene oder Landschaft zeigt* | (Lit.) *unheimliche Erzählung* | (Mus.) → *Nocturne* ‖ **nachts|über** ‖ **Nacht|ta|rif:** *Tarif zB für Nachtstrom* ‖ **Nacht|tier:** *nachtaktives Tier* ‖ **Nacht|tisch:** *Nachtkästchen* ‖ **Nacht|tisch|lam|pe** ‖ **Nacht|topf** ‖ **Nacht|tre|sor:** eine Bank mit N.
nach|tun: *nachmachen*
Nacht-und-Ne|bel-Ak|ti|on [-tsi̯-]: *Unternehmung, die unauffällig, heimlich, schlagartig erfolgt* ‖ **Nacht|vi|o|le** [-v-]: *eine Pflanzengattung* ‖ **Nacht|vo|gel** (scherzhaft): *Nachtmensch* ‖ **Nacht|wa|che** ‖ **Nacht|wäch|ter** ‖ **Nacht|wäch|te|rin** ‖ **nacht|wan|deln:** *schlafwandeln;* sie ist/hat wieder genachtwandelt ‖ **Nacht|wand|ler** der, -s/- ‖ **Nacht|wand|le|rin** die, -/-**in**nen ‖ **nacht|wand|le|risch:** mit nachtwandlerischer *(instinktiver)* Sicherheit ‖ **Nacht|zeit** ‖ **Nacht|zug**
nach|un|ter|su|chen ‖ **Nach|un|ter|su|chung**
nach|ver|han|deln: *nachträglich [neu] verhandeln*
nach|voll|zieh|bar ‖ **nach|voll|zie|hen:** sie vollzieht die Überlegungen eines anderen nach ‖ **Nach|voll|zug**
nach|wach|sen [-ks-]
nach|wä|gen → nachwiegen
Nach|wahl: *ergänzende Wahl* ‖ **nach|wäh|len**
nach|was|sern (bes. ostöst., ugs.): *nochmals kontrollieren*
Nach|we|hen die (Pl.): *die Wehen nach der Geburt* | *[unangenehme] Folgeerscheinungen*
nach|wei|nen: jemandem keine Träne n. *(nicht nachtrauern)*
Nach|weis der, -es/-e: den N. der Staatsbürgerschaft erbringen ‖ **nach|weis|bar** ‖ **nach|wei|sen:** die Schuld wurde ihm nachgewiesen ‖ **nach|weis|lich:** *erwiesenermaßen*
nach|wei|ßeln = **nach|wei|ßen**
Nach|welt die, -: *die kommenden Geschlechter; die Menschen, die nach uns leben [werden]*
nach|wer|fen
nach|wie|gen, *auch:* nachwägen, ich wog nach/habe nachgewogen: eine Lieferung n. *(ihr Gewicht überprüfen)*
nach|win|ken: dem Zug n.
Nach|win|ter: *Wintereinbruch im Frühjahr* ‖ **nach|win|ter|lich**
nach|wir|ken ‖ **Nach|wir|kung:** die Nachwirkungen *(Folgen)* einer Krankheit
Nach|wort das, -[e]s/-e: das N. *(Schlusswort)* eines Buches
Nach|wuchs [-ks] der, -es: N. *(ein Kind, Junge)* bekommen | *Kurzwort für Nachwuchskräfte, zB Nachwuchssportler* ‖ **Nach|wuchs|kraft:** *jüngere Arbeitskraft* ‖ **Nach|wuchs|man|gel** ‖ **Nach|wuchs|sport|ler** ‖ **Nach|wuchs|sport|le|rin**
nach|wür|zen: *nochmals, stärker würzen*
nach|zah|len ‖ **nach|zäh|len** ‖ **Nach|zah|lung:** *ergänzende, nachträgliche Zahlung* ‖ **Nach|zäh|lung**
Nach|zapf (reg., ugs.): *Nachzipf*
nach|zeich|nen
Nach|zei|tig|keit die, - (Gramm.): *eine Form der Zeitenfolge in Gliedsätzen*
nach|zie|hen ‖ **Nach|zieh|ver|fah|ren**
Nach|zipf (ugs.): *Wiederholungsprüfung am Beginn des nächsten Schuljahres*
nach|zot|teln (ugs.): *schwerfällig hinterdreinlaufen*
Nach|zucht: *Nachkommen eines Zuchttieres* | *weitere Aufzucht*
Nach|züg|ler der, -s/-: *jemand, der verspätet kommt* ‖ **Nach|züg|le|rin** die, -/-**in**nen
Na|cke|dei der (*auch:* das), -s/-s (ugs., oft scherzh.): *[junger] nackter Mensch*
Na|cken der, -s/-: *Genick*
na|ckend (veraltet): *nackt*
Na|cken|star|re ‖ **Na|cken|stüt|ze** ‖ **Na|cken|wir|bel**
Na|cker|pat|zerl = **Na|cker|patzl** das, -s/-[n] (ugs., scherzh.): *nacktes Kind* ‖ **na|ckert** (ugs.): *nackt* ‖ **na|ckig** (bes. D, ugs.): *nackt* ‖ **nackt:** n. baden; → nackert | die nackte *(reine)* Angst ‖ **Nackt|ba|den** das, -s ‖ **Nackt|ba|de|strand** ‖ **Nackt|heit** die, - ‖ **Nackt|sa|mer** der, -s/- (Bot.): *Großgruppe innerhalb der Samenpflanzen;* → Bedecktsamer ‖ **Nackt|scan|ner** [-skæ-]: *Körperscanner* ‖ **Nackt|schne|cke**
Na|del die, -/-n: mit einer langen N. nähen; eine Spritze mit dünner N. ‖ **Na|del|baum:** die Tanne ist ein N. ‖ **Na|del|dru|cker** (EDV) (bes. früher) ‖ **na|del|fer|tig:** *zur Verarbeitung bereiter Stoff* ‖ **na|del|för|mig** ‖ **Na|del|höl|zer** die (Pl.): *Nadelbäume* ‖ **na|deln:** der Christbaum nadelt *(verliert Nadeln)* ‖ **Na|del|öhr** ‖ **Na|del|pols|ter** ‖ **Na|del|stich** ‖ **Na|del|streif:** *Stoff mit schmalen Längsstreifen* | *[eleganter] Anzug aus solchem Stoff* ‖ **Na|del|streif|an|zug** ‖ **Na|del|wald**
Na|de|rer der, -s/- (abw., veraltend): *Denunziant, Spitzel;* → vernadern
Na|dir der, -s ⟨arab.⟩ (Astron.): *der dem Zenit gegenüberliegende (nicht sichtbare) Punkt der Himmelskugel*
Nad|ja: *weibl. Vorname*
NAFTA die, -: **N**orth **A**merican **F**ree **T**rade **A**greement *(Nordamerikanische Freihandelszone, ein wirtschaftlicher Zusammenschluss der USA, Kanadas und Mexikos)*
Na|gel der, -s/Nägel: ein rostiger N.; den N. auf den Kopf treffen *(genau das Richtige treffen/behaupten);* etwas an den N. hängen *(etwas beenden; mit etwas aufhören);* unter/auf den Nägeln brennen *(von großer Dringlichkeit sein)* | Nägel mit Köpfen machen *(gründlich, sinnvoll arbei-*

ten) | (sal.) sich etwas unter den N. reißen *(auf nicht ganz gerechte Weise aneignen)* || **Nägelbeißen** das, -s || **Nagelbett:** *Stelle unter den Finger- bzw. Zehennägeln* || **Nagelclipser** [-k-] = Nagelklipser: *Nagelknipser*
Nageile das, -s/- (bes. westöst., K, ugs.): → *Näglein*
Nagelfeile || **Nagelhaut** || **Nagelkauen** das, -s || **Nagelklipser** = → Nagelclipser || **Nagelknipser** || **Nagellack** || **Nagellackentferner** der, -s/- || **nageln,** ich nagle: genagelte Schuhe || **nagelneu:** *ganz neu* || **Nagelpflege** || **Nagelprobe** (veraltet): *überzeugende Probe* || **Nagelschere** || **Nagelstudio** [-ʃt-] || **Nagelung** die, -/-en: das Nageln || **Nagelwurzel:** *Teil des Fingernagels* || **Nagelzange** || **Nagelzwicker:** *Nagelknipser*
nagen: an einem Knochen n. || **Nager** der, -s/-: *Nagetier*
Nagerl das, -s/-[n] (ugs., veraltet): → *Näglein*
Nagetier: *ein Säugetier* | (Pl.) (Zool.) *eine Säugetierordnung, zB Maus, Hörnchen, Bilch*
Näglein das, -s/- (reg., veraltet): *Nelke, Gewürznelke*
nah → nahe || **Nahaufnahme:** mit der Kamera auf N. gehen; → G.: Fernaufnahme || **nahbei:** → *nahebei* || **Nahbereich** || **Nahbrille:** *Lesebrille;* → G.: Fernbrille

nahe,

auch: nah, näher/am nächsten; → näher; → nächst
Adjektiv:
Kleinschreibung:
- ein naher Verwandter; *aber als Eigenname groß:* der **N**ahe Osten
- von nah und fern

R→ S. 895, 4.1

Groß- und Kleinschreibung:
- von nahem (= **N**ahem)

R→ S. 892, 2.2

Zusammenschreibung bei übertragener Bedeutung:
- jemandem etwas nahebringen *(jemanden damit vertraut machen)*
- es ist ihm nahegegangen *(zu Herzen gegangen)*
- im Gespräch einander nahekommen *(vertraut werden)*
- jemandem etwas nahelegen *(es jemandem anraten, es jemandem zu verstehen geben)*
- ein naheliegender *(zu erwartender)* Entschluss; *aber getrennt und zusammen:* nahe liegende (= naheliegende) Häuser
- einer politischen Partei nahestehen *(mit ihr sympathisieren)*
- jemandem nahetreten *(jemanden beleidigen, jemanden belästigen)* R→ S. 900, 1.5.1

Getrennt- und Zusammenschreibung mit adjektivisch gebrauchten Partizipien:
- nah verwandte (= nahverwandte) Personen R→ S. 903, 2.2.1

Präposition mit Dativ:
- nahe dem Dorf

Nähe die, -: aus der N. || **nahebei,** *auch:* nahbei: *in nächster Nähe* || **nahebringen:** jemandem etwas n. *(vertraut machen);* → nahe || **nahegehen** → nahe || **Naheinstellung:** ein Foto in N.; → Makroaufnahme || **nahekommen:** sich/einander n.; → nahe || **nahelegen:** jemandem etwas n.; → nahe || **naheliegen:** eine naheliegende *(erwartungsgemäße)* Entscheidung; *aber:* nahe liegende (= naheliegende) Häuser; → nahe || **nahen** (geh.): die Entscheidung naht *(nähert sich)*
nähen: eine Hose n. | die Wunde musste genäht werden

näher:

nähere *(genauere)* Angaben machen; → nah
Großschreibung bei Nominalisierung:
- das/alles **N**ähere später erfahren *(die Einzelheiten)*
- sich des **N**äher[e]n erkundigen *(näher, genauer)*

R→ S. 892, 2.2

Getrenntschreibung bei wörtlicher Bedeutung:
- nicht näher kommen dürfen
- wenn der Termin näher kommt *(heranrückt)*
- mit dem Sessel näher rücken

Zusammenschreibung bei übertragener Bedeutung:
- jemandem eine Meinung näherbringen *(sie jemand verständlich machen)*
- sich näherkommen *(vertraut werden); aber getrennt:* du darfst nicht näher kommen
- der Lösung eines Rätsels näherkommen *(bald draufkommen)*
- ich glaube, dass es näherliegt, zu bleiben, als zu gehen
- jemandem näherstehen *(mit jemandem vertraut sein)*
- einer Sache nähertreten *(darangehen, sich mit ihr auseinanderzusetzen)* R→ S. 900, 1.5.1

Näher der, -s/-
näherbringen: *verständlich machen;* → näher
Näherei die, -/-en
Naherholungsgebiet: das N. einer Großstadt
Näherin die, -/-innen
näherkommen: sich n. *(vertraut werden)* | einer Lösung n.; *aber:* nicht näher kommen dürfen || **näherliegen:** ich meine, dass es näherliegt *(mir erscheint es besser),* zu bleiben; → näher || **nähern** sich: das Gewitter nähert sich || **näherstehen:** die näherstehenden *(engeren)* Verwandten; → näher || **nähertreten:** *sich mit etwas näher auseinandersetzen;* → näher || **Näherung** die, -/-en: *Annäherung* | (Math.) *Näherungswert* || **Näherungswert** (Math.) || **nahestehen:** sie steht mir nahe *(ist mir verbunden);* → nahe || **nahetreten** → nahe || **Naheverhältnis,** *auch:* Nahverhältnis: *enges [verwandtschaftliches] Verhältnis, naher Bezug* || **nahe verwandt** = **naheverwandt** → nahe || **nahezu:** *beinahe, fast* || **Nahkampf** (Mil.): *Kampf Mann gegen Mann* || **Nahkontakt**
nahm → nehmen
Nähmaschine || **Nähnadel**
Nahost: in N. *(im Nahen Osten)* || **Nahostkonflikt** || **nahöstlich**
Nährboden || **nähren** (geh.): ein Kind n.; er nährte *(ernährte)* sich nur von Gemüse || **Nährgebiet:** *Entstehungsbereich eines Gletschers* || **nahrhaft** || **Nährlösung** || **Nährmittel:** *Nahrungsmittel [für Kleinkinder]* || **Nährstoff:** an Nährstoffen reiche Kost || **nährstoffarm** || **nährstoffreich** || **Nahrung** die, -: den Spekulationen neue N. geben *(sie fördern)* || **Nahrungsaufnahme** || **Nahrungskette** (Biol.): *verschiedene Arten von Organismen, die in bestimmter Reihenfolge aufeinander als Nahrung angewiesen sind* || **Nahrungsmangel** || **Nahrungsmittel** || **Nahrungsmittelallergie** || **Nahrungsmittelindustrie** || **Nahrungsmittelunverträglichkeit** || **Nahrungssorgen** die (Pl.): *Sorge um*

N

den täglichen Lebensunterhalt ‖ **Nah|rungs|su|che:** das Weibchen geht auf N. ‖ **Nah|rungs|ver|wei|ge|rung:** *Weigerung zu essen* ‖ **Nah|rungs|zu|fuhr** ‖ **Nähr|wert**
Näh|scha|tul|le ‖ **Näh|sei|de** ‖
Naht die, -/Nähte: Nähte auftrennen; die Schule platzte aus allen Nähten *(wurde zu klein)* ‖ **naht|los:** nahtlose Strümpfe; ein nahtloser *(glatter, unmerklicher)* Übergang ‖ **Naht|stel|le**
Nah|ver|hält|nis → Naheverhältnis ‖ **Nah|ver|kehr** → G.: Fernverkehr ‖ **Nah|ver|kehrs|ab|ga|be** (Wirt.): *eine Steuer* ‖ **Nah|ver|kehrs|kno|ten** (NVK) ‖ **Nah|ver|kehrs|zug** (bes. D) (Verk.): *Regionalzug* ‖ **Nah|ver|sor|ger:** *Lebensmittelhändler, Bäcker usw. in der näheren Wohnumgebung* ‖ **Nah|ver|sor|gung:** ein Bezirk mit funktionierender N. ‖ **nah ver|wandt** = **nah|ver|wandt** → nahe
Näh|zeug
Nah|ziel: *ein demnächst zu erreichendes Ziel;* → G.: Fernziel
Näh|zu|be|hör, *auch:* **Näh|zu|ge|hör:** *Knöpfe, Zwirn usw.*
na|iv [-f] ⟨fr.⟩: *kindlich; unbefangen* | *einfältig* ‖ **Na|i|ve** [-f-, -v-] die, -n/-n: *ein Rollenfach beim Theater* ‖ **Na|i|vi|tät** [-v-] die, - ‖ **Na|iv|ling** [-f-] der, -s/-e (ugs.)
Na|me der, -ns/-n, *auch:* **Na|men,** -s/-: ein Mädchen mit Namen Barbara; im Namen aller Mitarbeiter/innen sprechen ‖ **Na|men|for|schung:** *Namenkunde* ‖ **Na|men|ge|dächt|nis** ‖ **Na|men|kun|de** die, -: *Wissenschaft von den [Eigen]namen* ‖ **na|men|los:** namenlose Gräber | (geh.) namenloses *(überaus großes)* Leid ‖ **Na|men|lo|sig|keit** die, - ‖ **Na|men|re|gis|ter,** *auch:* Namensregister: *ein alphabetisches Verzeichnis* ‖ **na|mens** (Präp. mit Gen.): n. *(im Namen)* der Vorsitzenden | (Adv.) ein Mann n. *(mit Namen)* Berger ‖ **Na|mens|ak|tie** [-tsjɛ]: *Aktie mit Namensvermerk des Eigentümers* ‖ **Na|mens|än|de|rung** ‖ **Na|mens|fest** ‖ **Na|mens|füh|rung** (Jus): Untersagung der N. bei Ehescheidung ‖ **Na|mens|ge|bung** die, -/-en ‖ **Na|mens|nen|nung** ‖ **Na|mens|pa|t|ron:** *Heiliger, nach dem eine Person benannt ist* ‖ **Na|mens|pa|t|ro|nin** ‖ **Na|mens|re|gis|ter** → Namenregister ‖ **Na|mens|schild** das, -[e]s/-er: eine Tür mit N. ‖ **Na|mens|tag:** *Festtag des Namenspatrons, nach dem man benannt ist* ‖ **Na|mens|vet|ter:** *jemand, der denselben [Vor- und] Familiennamen hat, aber nicht verwandt ist* ‖ **Na|mens|zug:** *persönliche Unterschrift* ‖ **na|ment|lich:** die Kinder n. *(mit Namen)* aufrufen | manche Hunde, n. *(besonders)* Pudel, sind sehr gelehrig ‖ **Na|men|ver|zeich|nis** ‖ **Na|men|wort** (Gramm.): *Nomen* ‖ **nam|haft:** eine namhafte *(bedeutende)* Geldsumme | jemanden als Vertreter n. machen *(nominieren)* ‖ **Nam|haft|ma|chung** die, -/-en (Amtsspr.): *die Nennung, das Ausfindigmachen (von Personen)*
näm|lich: wir hatten Durst, es war n. heiß ‖ **näm|li|che:** der nämliche *(der genannte)* Grund; *aber:* er ist immer noch der **N**ämliche *(Gleiche),* der er war ‖ **Näm|lich|keit** die, - (Amtsspr.): *Identität*
Nandl = **Na|ni** (mda.): *weibl. Vorname (Anna);* → Nannerl
Nan|king der, -s/-e [-s]: *ein widerstandsfähiges Gewebe (nach einer Stadt in China)*
Nan|nerl = **Nan|ni:** *weibl. Vorname (Anna);* → Nandl
nann|te → nennen
Na|no- (n) ⟨gr.-lat.⟩ (nur in Zusammensetzungen wie zB Nanoampere): *Maßangabe für ein Milliardstel* (10^{-9}) ‖ **Na|no|am|pere** [-pɛːə] (nA) (Phys.): 10^{-9} *Ampere* ‖ **Na|no|tech|nik** = **Na|no|tech|no|lo|gie** (Phys.): *Wissenschaft vom Umgang mit den kleinsten Materialteilchen; Manipulation von Materie auf molekularer und atomarer Skala*
na|nu: *Ausruf der Überraschung*
Na|palm das, -s ⟨engl.⟩ (Wz.) ‖ **Na|palm|bom|be:** *eine Benzinbrandbombe*
Napf der, -[e]s/Näpfe: *kleiner Topf; Schüssel*
Naph|tha [-f-] das, -s ⟨gr.-russ.⟩: *Grundstoff für die petrochemische Industrie* ‖ **Naph|tha|lin** das, -s: *stark riechende Substanz [als Mottenschutz]*
na|po|le|o|nisch: *der Art Napoleons ähnlich oder aus seiner Zeit stammend;* napoleonischer Eroberungsdrang; die napoleonischen Kriege *(die Kriege Napoleons); aber:* das **N**apoleonische Zeitalter
Nap|pa|le|der ⟨engl.⟩: *ein feines Leder*
nap|pie|ren ⟨fr.⟩ (Küchenspr.): *[eine Speise] mit einer dicken Sauce übergießen*
Nap|serl das, -s/-[n] (reg., ugs., scherzh.): *Schläfchen, kurzer Schlaf, Schlaferl* ‖
Nar|be die, -/-n: nach der Operation blieb eine N. zurück | (Bot.) *Organ in der Blüte* ‖ **nar|big:** ein narbiges *(mit Narben bedecktes)* Gesicht ‖ **Nar|ben|bil|dung** ‖ **Nar|bung** die, -/-en: *für jede Lederart typische Zeichnung*
Nar|ko|se die, -/-n ⟨gr.⟩: *eine künstliche Betäubung [vor einer Operation]* ‖ **Nar|ko|se|arzt:** *Anästhesist* ‖ **Nar|ko|se|ärz|tin** ‖ **Nar|ko|se|ge|wehr** ‖ **Nar|ko|se|mas|ke** ‖ **Nar|ko|se|mit|tel** ‖ **Nar|ko|ti|kum** das, -s/Narkotika: *ein [schmerz-] betäubendes Mittel* ‖ **nar|ko|tisch:** *berauschend; betäubend* ‖ **Nar|ko|ti|seur** [-ˈzøːə] der, -s/-e: *jemand, bes. ein Arzt, der eine Narkose durchführt;* → Anästhesist ‖ **Nar|ko|ti|seu|rin** die, -/-innen ‖ **nar|ko|ti|sie|ren**
Narr der, -en/-en: jemanden zum Narren halten; sich zum Narren machen | (ugs.) einen Narren an jemandem gefressen haben *(jemanden auf übertriebene Weise gernhaben)*
nar|ra|tiv ⟨lat.⟩ (Sprachwiss., Lit.): *erzählend*
nar|ren (geh.): genarrt *(gefoppt)* werden ‖ **Nar|ren|frei|heit** die, -: N. genießen *(sich Freiheiten erlauben dürfen, weil man nicht ganz ernst genommen wird)* ‖ **Nar|ren|gil|de:** *Faschingsverein* ‖ **Nar|ren|haus** (veraltet bzw. abw.): *psychiatrisches Krankenhaus* ‖ **Nar|ren|kastl,** *auch:* Narrenkastel (ugs.) (nur in der Wendung): ins N. schauen *(gedankenlos vor sich hinstarren)* ‖ **nar|ren|si|cher** (ugs.): *so einfach, dass es jeder begreift;* → deppensicher ‖ **Nar|ren|streich** ‖ **Nar|re|tei** die, -/-en: eine N. *(Dummheit)* begehen ‖ **Narr|heit** die, -/-en: Narrheiten treiben ‖ **När|rin** die, -/-innen ‖ **nar|risch** (ugs.): *närrisch, verrückt* | n. *(sehr, außergewöhnlich)* gut ‖ **när|risch:** die närrische Zeit *(der Fasching)* | närrisches *(verrücktes)* Wetter
Nar|ziss der, - [-es]/-e ⟨gr.-lat.⟩ (Psych.): *jemand, der sich selbst bewundert* ‖ **Nar|zis|se** die, -/-n: *eine Blume* ‖ **Nar|ziss|mus** der, - (Psych.): *[krankhafte] Verliebt-*

N

heit in sich selbst ‖ **narzisstisch** (Psych.): *wie ein Narziss*
NASA die, -: **N**ational **A**eronautics and **S**pace **A**dministration *(Nationale Luft- und Raumfahrtbehörde [der USA])*
nasal ⟨lat.⟩: n. *(durch die Nase)* sprechen ‖ **Nasal** der, -s/-e (Sprachwiss.): *Nasallaut* ‖ **nasalieren:** ein nasaliertes *(nasal gesprochenes) o,* zB in „Fond“ [fõ:] ‖ **Nasalierung** die, -/-en ‖ **Nasallaut** (Sprachwiss.): *Nasenlaut (zB m, n)*
naschen, du nasch[s]t ‖ **Nascher** der, -s/- ‖ **Nascherei** die, -/-en, *auch:* **Näscherei** ‖ **Nascherin** die, -/-innen ‖ **naschhaft:** ein naschhaftes Kind *(Kind, das gern Süßigkeiten oÄ isst* ‖ **Naschkatze** (scherzh.): *jemand, der gern nascht* ‖ **Naschmarkt** der, -[e]s: *ein Lebensmittelmarkt in Wien* ‖ **Naschsucht** die, -
Nasdaq ['næsdæk] der, -s ⟨engl.⟩: *Index der New Yorker Technologiebörse*
Nase die, -/-n: *Teil des Gesichts;* über etwas die N. rümpfen *(es nicht gut genug finden);* jemanden an der N. herumführen *(zum Besten halten);* sich selber an der Nase nehmen *(den Grund bei sich und nicht bei anderen suchen)* | (ugs.) immer der N. nach *(immer geradeaus);* die U-Bahn ist ihm vor der N. *(kurz vor dem Einsteigen)* weggefahren; für etwas eine feine N. haben *(es ahnen);* die N. vorn haben *(der Konkurrenz voraus sein);* die N. vollhaben *(nichts mehr davon wissen wollen);* seine N. in alles stecken *(sich aus reiner Neugierde um alles kümmern)* | (Geogr.) *Bergvorsprung* ‖ **näseln,** ich näsle: *durch die Nase sprechen* ‖ **Nasenbär:** *ein Kleinbär* ‖ **Nasenbein** ‖ **Nasenbeinbruch** ‖ **Nasenbluten** das, -s: N. haben ‖ **nasenbohren** (nur Inf. und Part.): du sollst nicht n. ‖ **Nasenflügel** ‖ **Nasenhaar** ‖ **Nasenhaarschneider** ‖ **Nasenhöhle** ‖ **Nasenlänge:** um eine N. *(ganz knapp)* voraus sein ‖ **Nasenlaut:** → *Nasallaut* ‖ **Nasenloch** ‖ **Nasennebenhöhle:** → *Nebenhöhle* ‖ **Nasenrachenraum** ‖ **Nasenrücken** ‖ **Nasenscheidewand** ‖ **Nasenschleimhaut** ‖ **Nasenspitze** ‖ **Nasenspray** [-spreɪ, -ʃpre:] ‖ **Nasenstüber** der, -s/-: *leichter Stoß auf die Nase | Mahnung* ‖ **naserümpfend:** *die Nase in Falten ziehend | missbilligend* ‖ **naseweis:** ein naseweiser *(vorlauter)* Bub ‖ **Naseweis** der, -es/-e ‖ **Nashorn** das, -[e]s/-hörner: *ein Unpaarhufer*
Nasigoreng das, -[s]/-[s] ⟨mal./indonesisch⟩: *indonesisches Reisgericht*

> **nass,**
>
> nasser [nässer]/am nassesten [nässesten]: vom Regen nasse Kleider; nasse Füße
>
> **Getrenntschreibung bei wörtlicher Bedeutung:**
> – den Boden nass wischen
>
> **Getrennt- und Zusammenschreibung mit Verben, die ein Resultat herbeiführen, und mit adjektivisch gebrauchten Partizipien:**
> – du wirst dein T-Shirt nass schwitzen (= nassschwitzen)
> – nass geschwitzte (= nassgeschwitzte) T-Shirts
>
> R→ S. 900, 1.5.2

Nass das, -es (geh.): das kühle N. ‖ **Nässe** die, - ‖ **nässen,** du nässt: eine nässende Wunde; in die Windeln n. ‖ **nass geschwitzt** = **nassgeschwitzt** → nass ‖ **nasskalt:** nasskaltes Wetter ‖ **Nassrasierer:** *Rasierer mit Rasierklinge* ‖ **Nassschnee** ‖ **Nassschneelawine** ‖ **nass schwitzen** = **nassschwitzen** → nass ‖ **Nasszelle** (fachspr.): *Raum mit Wasseranschluss, zB Bad, WC*
Natalie [auch: -'a:liɛ], *auch:* Natalia: *weibl. Vorname*
Natascha: *weibl. Vorname*
Nation [-tsi-] die, -/-en ⟨lat.⟩: *eine [Groß]gemeinschaft von Menschen mit übereinstimmenden Merkmalen wie Kultur, Sprache, Abstammung und Geschichte;* die österreichische N. | die Vereinten Nationen | *alle Angehörigen eines Staates* ‖ **national:** *die Nation betreffend;* nationale Eigenheiten | *[einseitig] die Belange der eigenen Nation hervorhebend;* ein n. denkender Politiker; → patriotisch ‖ **Nationalbank** die, -/-en: die Oesterreichische N.; → OeNB ‖ **Nationalbewusstsein** ‖ **Nationalbibliothek:** die Österreichische N. in Wien; → ÖNB ‖ **Nationaldress:** *Trikot einer Nationalmannschaft* ‖ **Nationale** das, -s (Amtsspr.): das N. *(Namen, Geburtsdaten, Wohnsitz ua.)* einer Person aufnehmen ‖ **Nationalfeiertag:** N. in Österreich ist der 26. Oktober; → Staatsfeiertag ‖ **Nationalgericht:** *landestypische Speise* ‖ **Nationalheiligtum** ‖ **Nationalheld** ‖ **Nationalheldin** ‖ **Nationalhymne** [-hy-] ‖ **nationalisieren:** ein ausländisches Unternehmen n. *(ins Staatseigentum übernehmen)* ‖ **Nationalismus** der, -/Nationalismen (Pol., oft abw.): *übersteigertes Nationalgefühl oder Nationalbewusstsein* ‖ **Nationalist** der, -en/-en (Pol., oft abw.): *Anhänger des Nationalismus* ‖ **Nationalistin** die, -/-innen (Pol., oft abw.) ‖ **nationalistisch** (Pol., oft abw.): nationalistische *(den Nationalismus betreffende)* Ideen vertreten ‖ **Nationalität** die, -: *Volkszugehörigkeit; Staatsangehörigkeit* | (nur Pl. -en) *Volksgruppen* ‖ **Nationalitätenkonflikt** ‖ **Nationalitätenstaat:** *Staat, der in sich verschiedene Volksgruppen vereinigt, zB das frühere Jugoslawien;* → Nationalstaat ‖ **Nationalitätszeichen** (Kfz) ‖ **Nationalmannschaft** (Sport) ‖ **Nationalökonom:** *Volkswirt* ‖ **Nationalökonomie:** *Wissenschaft vom Wirtschaftsleben; Volkswirtschaftslehre* ‖ **Nationalökonomin** ‖ **Nationalpark:** *vom Staat unter Naturschutz gestelltes Gebiet;* N. Neusiedler See-Seewinkel ‖ **Nationalrat** der, -[e]s (in Österreich und der Schweiz): *die gewählte Volksvertretung;* Frau X. ist Abgeordnete zum N. | (mit Pl. -räte) (NR) er ist N. *(Abgeordneter)* ‖ **Nationalrätin:** *Abgeordnete zum Nationalrat* ‖ **Nationalratsabgeordnete** (NAbg., NRAbg.) ‖ **Nationalratspräsident** ‖ **Nationalratspräsidentin** ‖ **Nationalratswahl** ‖ **Nationalsozialismus** (Gesch., Pol.): *die deutsche Form des Faschismus; Diktatur Adolf Hitlers;* → Nazismus ‖ **Nationalsozialist** (Gesch., Pol.): *Anhänger des Nationalsozialismus | ehemaliges Mitglied der NSDAP;* → Nazi ‖ **Nationalsozialistin** (Gesch., Pol.) ‖ **nationalsozialistisch** ‖ **Nationalstaat:** *Staat, der hauptsächlich von nur einer Nation (von nur ei-*

N

nem Volk) gebildet wird, zB Portugal; → Nationalitätenstaat ‖ **Nationalteam** [-tiːm] (Sport): *Nationalmannschaft*

Native Speaker ['neɪtɪv 'spiːkə] = **Nativespeaker** der, -s/- ⟨engl.⟩: *Muttersprachler* ‖ **Native Speakerin** = **Nativespeakerin** die, -/-innen

NATO die, -: **N**orth **A**tlantic **T**reaty **O**rganization *(Nordatlantikpakt, das Verteidigungsbündnis europäischer und nordamerikanischer Staaten)* ‖ **Natojacke:** *eine sehr warme Jacke*

Natrium das, -s ⟨arab.-lat.⟩ (Zeichen: Na): *ein chemisches Element* ‖ **Natriumchlorid** [-k-] das, -s: *Kochsalz* ‖ **Natron** das, -s ⟨arab.⟩ ‖ **Natronlauge:** *eine ätzende Lauge*

Natter die, -/-n: *eine (meist nicht giftige) Schlange;* Ringelnatter ‖ **Natternkopf:** *eine Pflanzengattung*

Natur die, - ⟨lat.⟩: in der freien N. I (mit Pl. -en) die menschliche N. *(Wesensart);* von N. aus; in ihr existieren zwei Naturen *(Charaktere)* ‖ **Naturalherstellung** (Jus): *Herstellung des Zustandes einer Sache wie vorher* ‖ **Naturalien** die (Pl.): *Lebensmittel* I *Rohstoffe* I *Gegenstände einer naturgeschichtlichen Sammlung* ‖ **Naturalisation** [-tsi̯-] die, -/-en ‖ **naturalisieren:** ein naturalisierter Österreicher *(ein Ausländer, dem die österreichische Staatsbürgerschaft verliehen wurde)* ‖ **Naturalisierung** die, -/-en ‖ **Naturalismus** der, - (Lit., Kunstg.): *strenge Wirklichkeitsnähe anstrebende Stilrichtung um 1900* ‖ **naturalistisch** ‖ **Naturallohn:** *Entlohnung in Form von Nahrungsmitteln, Heizmaterial uÄ* ‖ **Naturalobligation** [-tsi̯-] (Jus): *gültige, aber nicht einklagbare Schuld* ‖ **Naturalteilung** (Jus): die N. einer Liegenschaft *(Teilung in Einzelgrundstücke);* → G.: Zivilteilung ‖ **Naturbahnrodeln** das, -s: *eine Sportdisziplin* ‖ **Naturbegabung:** *angeborenes Talent* ‖ **naturbelassen:** ein naturbelassener Wein ‖ **Naturbraten** (Küchenspr.): *im eigenen Saft gebratenes Fleisch* ‖ **Naturbursch:** *kräftiger, urwüchsiger [junger] Mann* ‖ **Naturdenkmal:** *geschütztes Naturgebilde, zB ein uralter Baum* ‖ **Naturdünger** ‖ **Naturell** das, -s/-e ⟨lat.-fr.⟩: ein lebhaftes N. *(Wesen)* haben ‖ **Naturfaser** ‖ **Naturforscher** ‖ **Naturforscherin** ‖ **naturgegeben** ‖ **naturgemäß** ‖ **Naturgeschichte** (früher): *das Unterrichtsfach Biologie und Umweltkunde bzw. Biologie und Erdwissenschaften* ‖ **Naturgesetz** ‖ **naturgetreu:** ein naturgetreues Bild ‖ **Naturgewalt** ‖ **Naturheilkunde** ‖ **Naturheilmittel** ‖ **Naturheilverfahren** ‖ **naturhistorisch:** naturhistorische Sammlungen; *aber:* das **N**aturhistorische Museum (in Wien) ‖ **Naturhorn** (Mus.): *Horn ohne Ventile, auf dem nur die Naturtöne hervorgebracht werden* ‖ **Naturkatastrophe** [-f-]: von einer N. *(zB Hochwasser)* heimgesucht werden ‖ **Naturkost** ‖ **Naturkraft** ‖ **Naturkunde** (früher): *das Unterrichtsfach Physik und Chemie* ‖ **Naturlandschaft:** *(vom Menschen) noch unberührte Landschaft;* → G.: Kulturlandschaft ‖ **Naturlehrpfad** ‖ **natürlich** (Adj.): ein natürliches *(ungezwungenes)* Wesen haben; natürliche Heilmittel I (Jus) natürliche Person; → G.: juristische Person I (Math.) natürliche Zahlen *(die Ziffer 0 und alle positiven Zahlen);* → ganze Zahlen; → rationale Zahlen I (veraltet) seine natürliche *(uneheliche)* Tochter I (Adv.) n. *(selbstverständlich)* hat sie Recht ‖ **natürlicherweise** ‖ **Natürlichkeit** die, - ‖ **Naturliebhaber** ‖ **Naturliebhaberin** ‖ **Naturlocke** (meist Pl.) ‖ **Naturmedizin** ‖ **naturnah** ‖ **Naturschönheit** (meist Pl.) ‖ **Naturparadies** ‖ **Naturpark** ‖ **Naturphänomen** [-f-] ‖ **Naturprodukt:** ein reines N. ‖ **Naturrecht:** *in Vernunft und Ethik begründetes Recht* ‖ **naturrein:** *ohne Konservierungsmittel oÄ, naturbelassen (bei Nahrungsmitteln)* ‖ **Naturreligion:** *Religion, in deren Mittelpunkt die Verehrung der Natur steht* ‖ **Naturreservat** [-v-] ‖ **Naturrodelbahn** ‖ **Natursaft** (Küchenspr.): *naturbelassener [Braten]saft* ‖ **Naturschauspiel:** *beeindruckende Naturerscheinung, zB ein Wasserfall* ‖ **Naturschnee** → G.: Kunstschnee ‖ **Naturschnitzel** (Küchenspr.): *nicht paniertes Schnitzel* ‖ **Naturschutz** ‖ **Naturschutzbiologie** ‖ **Naturschützer** ‖ **Naturschützerin** ‖ **Naturschutzgebiet** ‖ **Naturstein** → G.: Kunststein ‖ **Naturtalent:** *natürliche Begabung* ‖ **Naturton** (meist Pl.) (Mus.): → *Oberton* ‖ **Naturtreue:** *naturgetreue Wiedergabe* ‖ **naturtrüb:** dieser Apfelsaft ist n. *(nicht gefiltert)* ‖ **naturverbunden** ‖ **Naturvolk:** *auf niedriger Zivilisationsstufe lebendes Volk* ‖ **Naturwissenschaft** (meist Pl.) → G.: Geisteswissenschaft ‖ **Naturwissenschaftler,** *auch:* Naturwissenschafter ‖ **Naturwissenschaftlerin,** *auch:* Naturwissenschafterin ‖ **naturwissenschaftlich:** n. orientiert; naturwissenschaftliche Fächer; *aber:* das **N**aturwissenschaftliche Realgymnasium (früher: *eine Oberstufenform der AHS*) ‖ **Naturwunder** ‖ **Naturzustand** der, -(e)s

'nauf, *auch:* nauf (bes. südl. D, ugs.): *hinauf*

'naus, *auch:* naus (bes. südl. D, ugs.): *hinaus*

Nautik die, - ⟨gr.⟩: *Schifffahrtskunde* ‖ **nautisch:** nautische Instrumente

Navi [-v-] das, -s/-s ⟨lat.⟩: *Kurzwort für Navigationsgerät* ‖ **Navigation** [-tsi̯-] die, -: *Führung von Schiffen, Flugzeugen uÄ* ‖ **Navigationsfehler** ‖ **Navigationsgerät:** *Navigator;* → Navi ‖ **Navigationssystem** [-zy-] ‖ **Navigator** der, -s/-en [-'oː-]: *Mitglied der Schiffs- oder Flugzeugbesatzung, das für die Navigation verantwortlich ist* I *elektronisches Navigationsgerät auf GPS-Basis* ‖ **Navigatorin** die, -/-innen ‖ **navigatorisch** ‖ **navigieren:** ein Flugzeug n. I im Internet n. *(sich gezielt weiterbewegen)*

Naz = **Nazl:** *männl. Vorname (Ignaz)*

Nazarener der, -s: *Jesus Christus (aus Nazareth)* I (mit Pl. -) *Angehöriger einer Gruppe von Malern zu Beginn des 19. Jh.*

Nazi der, -s/-s ⟨lat.⟩: *Kurzwort für Nationalsozialist;* → Neonazi ‖ **Nazismus** der, -: *Nationalsozialismus* ‖ **nazistisch:** *nationalsozialistisch* ‖ **Nazizeit** (ugs.)

Nb: Niob

NB: notabene

n. Br.: nördlicher **Br**eite

Nchf.: Nachfolger

n. Chr.: nach **Chr**istus (**n**ach **Chris**-

to) ‖ **n. Chr. G.:** nach **Chr**isti **Ge**burt
Nd: Neodym
Ne: Neon
Neandertaler der, -s/- (Anthropologie): *ein altsteinzeitlicher Mensch*
Neapel (it.: Napoli): *Stadt in Italien* ‖ **Neapolitaner** die (Pl.): *Kurzwort für Neapolitaner Schnitten* ‖ **Neapolitaner Schnitten = Neapolitanerschnitten** die (Pl.): *gefüllte Waffeln (nach der Stadt Neapel in Italien),* → *Mannerschnitten*
nebbich ⟨jidd.⟩ (ugs., abw.): *was hat das schon zu bedeuten!;* „n. der Müller"; → Nebochant
Nebel der, -s/-: sich im dichten N. verirren ‖ **Nebelbank** die, -/-bänke: *meteorologisches Phänomen eines Bodennebels* ‖ **Nebeldecke** ‖ **Nebelfetzen** ‖ **nebelfeucht** ‖ **nebelfrei** ‖ **nebelhaft:** eine nebelhafte *(verschwommene)* Vorstellung ‖ **Nebelhaufen** (Phys.): *eine Ansammlung von Galaxien* ‖ **Nebelhorn:** *eine Schiffssirene* ‖ **nebelig** → neblig ‖ **Nebelkammer** (Phys.): *ein Gerät zur Sichtbarmachung von Teilchen* ‖ **Nebelkrähe:** *ein Rabenvogel;* → Aaskrähe ‖ **Nebelleuchte:** *zusätzlicher Scheinwerfer am Auto* ‖ **Nebelmeer** (geh.): *dichter Nebel* ‖ **Nebelreißen,** *auch:* Nebelreisen: *feiner Nebelregen* ‖ **Nebelscheinwerfer** (Kfz) ‖ **Nebelschlussleuchte = Nebelschlusslicht** (Kfz): *ein Rücklicht* ‖ **Nebelschwaden** (meist Pl.) ‖ **Nebelsuppe:** *dichter Nebel* ‖ **nebelverhangen:** die Berge sind n. ‖ **Nebelwand**
neben (Präp. mit Dat.): sie steht n. dem Baum *(wo?)* I (Präp. mit Akk.) einen Korb n. den Baum stellen *(wohin?)* ‖ **Nebenabrede** (Jus): *[meist mündliche] Zusatzvereinbarungen zu einem [schriftlichen] Vertrag* ‖ **Nebenabsicht** ‖ **nebenamtlich:** eine Funktion n. *(neben einem Hauptamt)* ausführen ‖ **nebenan** [auch: 'ne:-]: n. wohnen ‖ **Nebenarm:** der N. eines Flusses ‖ **Nebenausgang:** den N. benutzen ‖ **Nebenbahn** (Verk.): *weniger wichtige Bahnstrecke* ‖ **Nebenbedeutung:** eine Sache von N. *(geringerer Bedeutung)* ‖ **nebenbei** [auch: 'ne:-]: etwas n. bemerken ‖ **Nebenberuf:** sie arbeitet im N. als Lektorin ‖ **nebenberuflich:** n. als Kellner jobben ‖ **Nebenbeschäftigung:** *Nebenjob* ‖ **Nebenbuhler** der, -s/-: *Rivale, Mitbewerber, zB um die Gunst einer Frau* ‖ **Nebenbuhlerin** die, -/-innen ‖ **Nebeneffekt:** *Nebenwirkung*

nebeneinander:

Getrenntschreibung, wenn die Hauptbetonung auf dem Verb liegt:
- nebeneinander spazieren gehen
- nebeneinander einparken

Zusammenschreibung, wenn die Betonung auf „nebeneinander" liegt:
- zu zweit nebeneinanderlaufen
- eng nebeneinanderliegen
- nebeneinandersitzen
- die Bikes nebeneinanderstellen

R→ S. 899, 1.3

nebeneinanderlaufen → nebeneinander ‖ **nebeneinanderliegen** ‖ **nebeneinandersitzen** ‖ **nebeneinanderstellen**
Nebeneinkünfte die (Pl.) ‖ **Nebenerscheinung** ‖ **Nebenerwerb** ‖ **Nebenerwerbsbauer** ‖ **Nebenerwerbsbäuerin,** *auch:* **Nebenerwerbsbäurin** ‖ **Nebenerwerbslandwirt** ‖ **Nebenerwerbslandwirtin** ‖ **Nebenfahrbahn** ‖ **Nebenfluss:** der Inn ist ein N. der Donau ‖ **Nebenfrau:** *Konkubine* I *Nachbarin* ‖ **Nebengasse** ‖ **Nebengebäude** ‖ **Nebengebühr** (meist Pl.) (Amtsspr.): *zusätzliche Gehaltszahlung* ‖ **Nebengegenstand:** *Unterrichtsfach mit weniger Unterrichtseinheiten bzw. ohne Schularbeiten* ‖ **Nebengeräusch** ‖ **Nebengleis,** *veraltet auch:* Nebengeleise: der Zug steht auf einem N. I auf ein N. abgeschoben *(seines Einflusses beraubt)* werden; diese Tätigkeit vollzieht sich auf einem N. ‖ **Nebenhaus** ‖ **nebenher** [auch: 'ne:-]: sich n. *(nebenbei, daneben)* unterhalten; *aber zB:* → nebenherfahren ‖ **nebenherfahren:** auf dem Rad n. ‖ **nebenherlaufen** ‖ **nebenhin:** etwas n. *(beiläufig)* sagen ‖ **Nebenhöhle** (meist Pl.) (Med.): *Hohlraum bei der Nasenhöhle* ‖ **Nebenintervenient** [-v-] (Jus): *dem Verfahren beitretende Partei* ‖ **Nebenintervenientin** (Jus) ‖ **Nebenjob** [-dʒɔp] ‖ **Nebenkläger** (bes. D): *Privatbeteiligter* ‖ **Nebenklägerin** (bes. D) ‖ **Nebenkosten** die (Pl.) ‖ **Nebenkriegsschauplatz** ‖ **Nebenleistung** (Jus): die vertragliche N.; → G.: Hauptleistung ‖ **Nebenmann:** sich mit dem N. *(Nachbarn)* unterhalten ‖ **Nebenniere** (Med.) ‖ **nebenordnen:** *gleichrangig beiordnen* ‖ **Nebenpflichten** die (Pl.) (Jus): die N. aus einem Vertrag; → G.: Hauptpflichten ‖ **Nebenprodukt** ‖ **Nebenrolle:** *eine kleinere Rolle im [Theater]stück* I *eine unbedeutende Funktion, zB in der Politik* ‖ **Nebensache** ‖ **nebensächlich:** *nicht wichtig; bedeutungslos* ‖ **Nebensaison** [-zɛˌzo:n, fr.: -sɛˌzɔ̃] ‖ **Nebensatz** (Gramm.): *Gliedsatz* ‖ **nebenstehend:** die nebenstehende Anmerkung I (Großschreibung) im **N**ebenstehenden; **N**ebenstehendes beachten ‖ **Nebenstelle:** *Zweigstelle;* → Hauptstelle; → Außenstelle I *Durchwahlnummer, Klappe (beim Telefonanschluss)* ‖ **Nebenstraße** ‖ **Nebenstrecke** ‖ **Nebentrakt** ‖ **Nebenverdienst** ‖ **Nebenweg** ‖ **Nebenwirkung:** die Nebenwirkungen eines Medikaments ‖ **Nebenwohnsitz:** *Wohnsitz neben dem Hauptwohnsitz, Zweitwohnsitz* ‖ **Nebenzimmer** ‖ **Nebenzweck**
neblig, *auch:* nebelig: neblige Tage
Nebochant der, -en/-en ⟨jidd.+lat.⟩ (abw.): *unbedeutender, unfähiger Mensch, Ignorant;* → nebbich
nebst (veraltend) (Präp. mit Dat.): *mit, neben;* n. allem Zubehör ‖ **nebstbei** (veraltend): *nebenbei*
nebulos = nebulös ⟨lat.-fr.⟩: nebulose *(unklare)* Vorstellungen haben
Necessaire [-sɛ'sɛ:ə] → Nessessär
n-Eck [ɛn-] (Math.): *Vieleck mit n (unbestimmt vielen) Ecken*
necken: *foppen, aufziehen* ‖ **Neckerei** die, -/-en ‖ **neckisch:** *schelmisch* I *aufreizend, attraktiv*
Neffe der, -n/-n: *Sohn der Schwester/des Bruders;* → Nichte
Negation [-tsi̯-] die, -/-en ⟨lat.⟩ (Gramm.): *Verneinung[swort]* ‖ **negativ** [auch: -'i:f]: eine negative *(verneinende)* Antwort; eine negative *(ungenügende)* Leistung I (Med.) negativer *(keine Krank-*

N

heit feststellender) Befund; → G.: positiv ‖ **Negativ** das, -s/-e [-fɛ, -vɛ]: *fotografisches Bild, bei dem gegenüber dem Original Hell und Dunkel vertauscht sind;* → G.: Positiv ‖ **Negativbeispiel** ‖ **Negativbilanz** ‖ **Negativfilm** → G.: Umkehrfilm ‖ **Negativsteuer:** *Steuergutschrift bei niedrigem Einkommen* ‖ **Negativwachstum** [-ks-]: *negative Wirtschaftsentwicklung*

neger ⟨fr.⟩ (ostöst., ugs., veraltend): er ist n. *(hat kein Geld);* → Negerant ‖ **Neger** der, -s/- (oft diskriminierend): *Schwarzer; Schwarzafrikaner; Afroamerikaner* ‖ **Negerant** der, -en/-en (ostöst., ugs., veraltend): *jemand, der kein Geld hat;* → neger ‖ **Negerin** die, -/-innen (oft diskriminierend)

negieren ⟨lat.⟩: *verneinen, ablehnen* ‖ **Negierung** die, -/-en

Negligee [-'ʒeː] = Negligé [-'ʒeː] das, -s/-s ⟨fr.⟩: *Morgenkleid*

negrid ⟨fr./span.⟩ (Anthropologie): negride Rasse *(Bezeichnung für die schwarze Rasse)* ‖ **negroid** (Anthropologie): negroide *(der negriden Rasse ähnliche)* Gesichtszüge ‖ **Negrospiritual** ['niːgrəʊ'spɪrɪtjuəl] ⟨engl.⟩: *Spiritual*

nehmen, ich nehme, du nimmst/nahm/genommen/nimm!, nehmt!: Platz n.; Rücksicht n.; Urlaub n.; den Zug n. *(mit der Bahn fahren);* jemandem die Zuversicht n.; n. Sie Zucker?; jemanden an/bei der Hand n.; jemanden in den Arm n.; den Hut n. *(weggehen, kündigen);* etwas auf sich n. *(übernehmen);* das lasse ich mir nicht n. *(tue ich selbst)* | (ugs.) jemanden auf den Arm n. *(sich über jemanden lustig machen)* ‖ **Nehmerqualität** (meist Pl.): *Fähigkeit, viel auszuhalten, ohne nachzugeben oder entscheidend beeinträchtigt zu werden*

Neid der, -[e]s: N. erregen; vor N. erblassen ‖ **neiden:** jemandem etwas n. *(nicht gönnen)* ‖ **Neider** der, -s/- ‖ **Neiderin** die, -/-innen ‖ **neiderfüllt** ‖ **Neidgefühl** ‖ **Neidgenossenschaft** (Soz.): *Personengruppe mit ständigem Neid auf soziale Errungenschaften und ökonomische Vorteile anderer* ‖ **Neidhammel** (ugs.): *Schimpfwort für einen neidischen Menschen* ‖ **neidig:** *neidisch* | (ugs.) *geizig* ‖ **neidisch:** *missgünstig;* → neidig ‖ **neidlos** ‖ **neidvoll**

Neige die, -: der Tag geht zur N. *(zu Ende)* ‖ **neigen**[1]: den Kopf n. *(senken)* | zur Gewalttätigkeit n. ‖ **neigen**[2] sich: sich dem Ende zu n.; → geneigt ‖ **Neigung** die, -: eine Böschung von 25 Grad N. | (mit Pl. -en) eine N. zu etwas haben *(eine Vorliebe dafür, einen Hang dazu haben)* ‖ **Neigungsgruppe:** *ein Freigegenstand ohne Benotung, unverbindliche Übung;* N. Fußball ‖ **Neigungswinkel**

nein[1]: n. (= Nein) sagen; *aber:* [mit] Nein stimmen; → na; → jein; → ja

'nein, *auch:* nein[2] (bes. südl. D, ugs.): *hinein*

Nein das, -[s]/-: ein entschiedenes N.; das Ja und [das] N. ‖ **Neinsager** der, -s/- (meist abw.): *einer, der an allem etwas auszusetzen hat* ‖ **Neinsagerin** die, -/-innen (meist abw.) ‖ **Neinstimme:** bei der Abstimmung gab es 14 Neinstimmen

Nekrolog der, -[e]s/-e ⟨gr.⟩: *Nachruf, Würdigung eines Verstorbenen* ‖ **Nekropole** die, -/-n (wörtl.: Totenstadt): *vorzeitliche bzw. antike Begräbnisstätte* ‖ **Nekrose** die, -/-n (Med.): *das Absterben von Organen*

Nektar der, -s ⟨gr.⟩: *Göttertrank* | (Bot.) *der süße Blütensaft* | *verdünnter Fruchtsaft* ‖ **Nektarine** die, -/-n: *eine Pfirsichart*

Nelke die, -/-n: *eine Blume* | *Kurzwort für Gewürznelke* | (Pl.) (Bot.) *eine Pflanzengattung*

Nemesis die, - ⟨gr.⟩ (geh.): von der N. *(der strafenden Gerechtigkeit)* ereilt werden

nennen, nannte/genannt: ich nenne ihn einen Feigling; das nenne ich Mut!; n. Sie meinen Namen nicht ‖ **nennenswert:** keine nennenswerten *(nur geringfügige)* Verletzungen haben ‖ **Nenner** der, -s/-: verschiedene Wünsche auf einen [gemeinsamen] N. bringen | (Math.): *in einem Bruch die Zahl unter dem Bruchstrich;* → G.: Zähler ‖ **Nennform** (Gramm.): *Infinitiv* ‖ **Nennformgruppe** (Gramm.): *Infinitivgruppe* ‖ **Nennleistung** (Technik): die N. *(maximale Leistungsstärke)* einer Heiztherme ‖ **Nennliste:** *Liste der Teilnehmer/innen an einem Wettbewerb* ‖ **Nennonkel:** *Wahlonkel* ‖ **Nenntante** ‖ **Nennung** die, -/-en ‖ **Nennungsliste:** *Nennliste* ‖ **Nennwert** (Wirt.): eine Aktie zum N. *(Nominalwert)* von tausend Euro

Neodym [-'yːm] das, -s ⟨gr.⟩ (Zeichen: Nd): *ein chemisches Element*

neo- ⟨gr.⟩ (nur in Zusammensetzungen wie neolithisch) ‖ **Neofaschismus:** *faschistische Bestrebungen nach dem Zweiten Weltkrieg* ‖ **Neofaschist** ‖ **Neofaschistin** ‖ **neofaschistisch** ‖ **Neoklassizismus:** *eine Kunstrichtung* ‖ **neoklassizistisch** ‖ **Neokolonialismus:** *kolonialistische Bestrebungen nach dem Ende der Kolonialzeit* ‖ **Neoliberalismus:** *eine Gesellschafts- und Wirtschaftsform* ‖ **neolithisch** ‖ **Neolithikum** das, -s: *jüngere Steinzeit;* → Paläolithikum; → Mesolithikum ‖ **Neologismus** der, -/Neologismen (Sprachwiss.): *neu gebildetes Wort, das sich allgemein durchsetzt*

Neon das, -s ⟨gr.⟩ (Zeichen: Ne): *ein chemisches Element, ein Edelgas, zB für Leuchtröhren*

Neonatologe der, -n/-n ⟨gr.+ lat.⟩: *Facharzt für Frühgeburten* ‖ **Neonatologie** die, -: *Zweig der Medizin, der sich bes. mit der Physiologie und Pathologie Neugeborener befasst* | *eine Krankenhausabteilung* ‖ **Neonatologin** die, -/-innen ‖ **Neonazi** der: *Angehöriger einer Gruppe, die nationalsozialistisches Gedankengut vertritt (nach 1945);* → Nazi ‖ **Neonazismus** der (Pol.): *Bestrebungen, nationalsozialistisches Gedankengut wieder zu beleben;* → Wiederbetätigung ‖ **neonazistisch**

Neonlicht ⟨gr.⟩ ‖ **Neonreklame** ‖ **Neonröhre:** *eine Leuchtröhre*

Neophyt [-fy(ː)t] der, -en/-en ⟨gr.⟩ (Bot.): *nichtheimische Pflanze* ‖ **Neopositivismus** [-v-]: *eine philosophische Richtung* ‖ **Neozoon** das, -s/Neozoen [-oɛn] (Zool.): *nichtheimisches Tier*

Nepote der, -n/-n ⟨lat.⟩ (veraltet): *Cousin* | *Enkel* | *Neffe* | *Verwandter* ‖ **Nepotismus** der, - (geh.): *Begünstigung von Verwandten; Protektion [bei der Vergabe von Posten], Vetternwirtschaft;* → Freunderlwirtschaft

Nepp der, -s ⟨hebr.-Rotwelsch⟩

(abw.): das war reinster N. *(glatte Übervorteilung)* ‖ **nep|pen** (abw.): *übervorteilen, von jemandem überhöhte Preise verlangen* ‖ **Nep|pe|rei** die, -/-en (abw.)

Nep|tun[1] ⟨lat.⟩: *römischer Gott des Meeres* ‖ **Nep|tun**[2] der, -[s]: *ein Planet* ‖ **Nep|tu|ni|um** das, -s (Zeichen: Np): *ein chemisches Element*

Nerd [nɜːd] der, -s/-s ⟨engl.⟩ (sal.): *[Computer]fanatiker mit umfangreichem Spezialwissen*

Nerv der, -s/-en ⟨lat.⟩: sich einen N. einklemmen; die Nerven *(die Ruhe)* verlieren; jemandem auf die Nerven gehen *(lästig fallen)* ‖ **ner|ven** [-f-]: das nervt mich *(macht mich nervös)* ‖ **Ner|ven|an|span|nung** ‖ **Ner|ven|arzt:** *Neurologe, Psychiater* ‖ **Ner|ven|ärz|tin** ‖ **ner|ven|auf|rei|bend** ‖ **Ner|ven|bahn** ‖ **Ner|ven|be|las|tung** ‖ **ner|ven|be|ru|hi|gend** ‖ **Ner|ven|bin|kerl** (ugs.): *Nervenbündel* ‖ **Ner|ven|bün|del:** *ein überaus nervöser Mensch* ‖ **Ner|ven|en|de** (Biol.) ‖ **Ner|ven|ent|zün|dung** (Med.) ‖ **Ner|ven|gas:** *ein Giftgas* ‖ **Ner|ven|gift** ‖ **Ner|ven|heil|an|stalt:** *Nervenklinik* ‖ **Ner|ven|kit|zel:** *[lustvolle] Erregung durch etwas sehr Spannendes, Gefährliches* ‖ **Ner|ven|kli|nik:** *Klinik für Erkrankungen der Nerven* | *psychiatrisches Krankenhaus* ‖ **Ner|ven|krieg:** die Schachpartie war ein N. ‖ **Ner|ven|kri|se** (Med.) ‖ **Ner|ven|lei|den** (Med.) ‖ **Ner|ven|sa|che** ‖ **Ner|ven|sä|ge** (ugs., abw.): *Person, die einem auf die Nerven geht* ‖ **Ner|ven|schmerz** (Med.): *Neuralgie* ‖ **ner|ven|schwach** ‖ **Ner|ven|schwä|che** (Med.): → *Neurasthenie* ‖ **ner|ven|stark** ‖ **Ner|ven|sys|tem** [-zy-] ‖ **Ner|ven|zu|sam|men|bruch:** einen N. erleiden ‖ **Ner|verl** das, -s/-[n] (ugs.): *Nervenbündel, nervöser Mensch* ‖ **ner|vig** (veraltet): *sehnig, kraftvoll* | (ugs.) das ist n. *(lästig, unangenehm)* ‖ **nerv|lich:** n. überlastet sein ‖ **ner|vös** [-v-]: *leicht reizbar; nervenschwach;* ich lasse mich nicht n. machen ‖ **Ner|vo|si|tät** die, - ‖ **nerv|tö|tend** ‖ **Ner|vus Re|rum** der, - - ⟨lat.⟩: *das Geld als Hauptsache/Hauptantrieb*

Nerz der, -es/-e ⟨slaw.⟩: *eine Marderart* | *ein Pelz;* einen N. tragen ‖ **Nerz|man|tel**

Nes|ca|fé [-kafeː] der, -s/-s ⟨fr.⟩ (Wz.): *ein löslicher Kaffee*

Nes|sel die, -/-n: *eine Pflanzengattung;* Brennnessel; sich in die Nesseln setzen *(sich selbst in eine unangenehme Lage bringen)* ‖ **nes|seln:** *auf der Haut brennen* ‖ **Nes|sel|qual|le** ‖ **Nes|sel|tier** (Zool.): *Meerestier, das eine lähmend wirkende Flüssigkeit absondert*

Nes|ses|sär = Necessaire [-sɛˈsɛːɐ] das, -s/-s ⟨fr.⟩: *Behälter für kleine Gebrauchsgegenstände*

Nest das, -[e]s/-er: sich ein N. bauen; Vogelnest | (abw.) *kleiner [unbedeutender] Ort* ‖ **Nest|bau** der, -[e]s/-ten: die Nestbauten von Insekten ‖ **Nest|be|schmut|zer** der, -s/- (abw.): *jemand, der über die eigenen Leute, das eigene Land schlecht spricht* ‖ **Nest|be|schmut|ze|rin** die, -/-innen (abw.) ‖ **nes|teln:** ich nestle an der Krawatte *(fingere nervös an ihr herum)* ‖ **Nest|flüch|ter** der, -s/- (Zool.): *Vogel, der noch sehr jung selbständig wird* ‖ **Nest|hä|kchen** (scherzh. bzw. geh.): *das [verwöhnte] jüngste Kind* ‖ **Nest|ho|cker** der, -s/- (Zool.): *Vogel, der längerer Pflege bedarf* | *jemand, der sich lange nicht vom Elternhaus lösen kann* ‖ **Nest|ho|cke|rin** die, -/-innen ‖ **Nest|ling** der, -s/-e (Zool.): *noch nicht flugfähiger junger Vogel*

Nes|tor der, -s/-en [-ˈoː-] (geh.): *ältester, angesehener Vertreter eines Faches (nach einem sagenhaften griechischen König)*

nest|warm: ein nestwarmes Ei ‖ **Nest|wär|me:** *Geborgenheit, zB in der Familie* ‖ **Nest|wurz:** *eine Orchideengattung*

Net das, -s ⟨engl.⟩: *Kurzform für Internet* ‖ **Net|book** [-bʊk] das, -s/-s (Wz.): *kleines Notebook* ‖ **Net|chat** [-tʃæt]: *digitale Kommunikation via Internet;* → Chat; → Diskussionsforum ‖ **Ne|ti|quette** [-ˈkɛt] die, -, *auch:* Netikette [-tɛ] ⟨engl.+fr.⟩ (sal.): *das richtige Benehmen bei der Internetkommunikation*

nett: ein netter *(angenehmer)* Mensch; eine nette *(sauber ausgeführte)* Zeichnung ‖ **net|ter|wei|se** ‖ **Net|tig|keit** die, -/-en

net|to ⟨it.⟩ ‖ **Net|to|de|fi|zit** ‖ **Net|to|ein|kom|men** ‖ **Net|to|emp|fän|ger** (Wirt., Pol.): *Staat der EU, der mehr von der EU erhält, als er eingezahlt hat* ‖ **Net|to|er|trag:** *Reinertrag* ‖ **Net|to|ge|halt** der = das, -[e]s/-hälter ‖ **Net|to|ge|wicht:** *Gewicht der Ware ohne Verpackung;* → Bruttogewicht; → Tara ‖ **Net|to|lohn** ‖ **Net|to|preis** ‖ **Net|to|ver|dienst** der, -[e]s/-e ‖ **Net|to|zah|ler** der, -s/- (Wirt., Pol.): *Staat der EU, der mehr in die EU einzahlt, als er zurückbekommt*

Net|wor|king [-wɜːk-] das, -s ⟨engl.⟩: *Bilden von [sozialen, beruflichen] Netzwerken*

Netz das, -es/-e: *ein Behältnis aus Schnüren;* Einkaufsnetz; jemandem ins N. gehen *(gefangen, gefasst werden)* | *verzweigtes System;* Eisenbahnnetz | Stromnetz | (EDV) *Zusammenschluss verschiedener Rechner und Peripherie, Netzwerk* | *Kurzwort für Internet* ‖ **Netz|an|bie|ter:** *Provider von Internetanschlüssen* ‖ **Netz|an|schluss:** Anschluss an das Stromnetz ‖ **netz|ar|tig** ‖ **Netz|auf|tritt:** *Internetpräsenz* ‖ **Netz|au|ge:** *Facettenauge (der Insekten)* ‖ **Netz|ball** (Sport) ‖ **Netz|be|trei|ber:** *Anbieter eines Handynetzes* ‖ **Netz|bra|ten** (Küchenspr.): *faschierter Braten im Netz* ‖ **net|zen,** du netzt (geh.): *nass machen;* → benetzen ‖ **Net|zen** das, -s: *eine textile Technik* ‖ **Netz|flüg|ler** der, -s/-: *ein Insekt* | (Pl.) (Zool.) *eine Insektenordnung* ‖ **Netz|ge|bühr:** *Entgelt für die Benutzung eines Netzes, zB Stromnetz, EDV-Netz* ‖ **Netz|ge|rät:** *Gerät, das den Strom aus der Steckdose bestimmten elektrischen Geräten angleicht* ‖ **Netz|ge|wöl|be** (Kunstg.) ‖ **Netz|haut:** *lichtempfindliche Haut des Auges* ‖ **netz|in|tern** ‖ **Netz|kar|te:** *Fahrausweis für das gesamte Verkehrsnetz* ‖ **Netz|kul|tur** (Internet): → *Netikette* ‖ **Netz|rol|ler** (Sport) ‖ **Netz|ste|cker** ‖ **Netz|strumpf** ‖ **Netz|werk:** *netzartiges Geflecht [von verbundenen Leitungen]* | *Verbindung von Personen mit gleichen Zielen und Interessen, Beziehungsgeflecht;* soziales N. *(Internetportal für persönliche Präsentationen)* | (EDV) *Netz von Rechnern* ‖ **netz|wer|ken:** *Kontakte knüpfen, ein Netzwerk aufbauen* ‖ **Netz|wer|ker** der, -s/- (sal.): *jemand, der Beziehungen für seinen Vorteil ausnützt* ‖ **Netz|wer|ke|rin** die, -/-innen (sal.) ‖ **netz|werk|fä|hig** (EDV) ‖ **Netz|werk|fä|hig|keit** (EDV)

N

neu:

neue CDs; das neue Jahr; ein gutes neues Jahr wünschen; auf neu herrichten

Großschreibung bei Nominalisierung:

- etwas/nichts **N**eues
- **N**eues und Altes
- aufs **N**eue *(noch einmal)*
- auf das (= aufs) **N**eue *(auf Neuigkeiten)* gespannt sein (Frage *Worauf?*)
- „Auf ein **N**eues!" *(nochmals gutes Gelingen)*
- aus Alt **N**eu machen
- auf das (= aufs) **N**eue *(auf Neuigkeiten)* gespannt sein (Frage *Worauf?*) R→ S. 892, 2.2

Großschreibung in Eigennamen:

- die **N**eue Welt *(Amerika)*
- das **N**eue Testament *(in der Bibel)* R→ S. 895, 4.1

Groß- und Kleinschreibung:

- seit neuestem (= **N**euestem)
- von neuem (= **N**euem) *(wieder)* beginnen; *aber nur groß:* von **N**euem *(von Neuigkeiten)* berichten

Getrenntschreibung:

- neu aussehen
- neu ordnen
- neu streichen

Getrennt- und Zusammenschreibung mit adjektivisch gebrauchten Partizipien:

- eine neu bearbeitete (= neubearbeitete) Auflage
- neu geschaffene (= neugeschaffene) Zugänge
- ein neu vermähltes (= neuvermähltes) Paar *(wieder, erneut); aber zusammen:* ein neuvermähltes Pärchen *(erst seit Kurzem verheiratetes)*
- ein neu eröffnetes (= neueröffnetes) Geschäft R→ S. 903, 2.2.1

Neu|an|fer|ti|gung ‖ **Neu|an|fang** ‖ **Neu|an|kömm|ling** ‖ **Neu|an|schaf|fung** ‖ **neu|ar|tig** ‖ **Neu|ar|tig|keit** die, -/-en ‖ **Neu|auf|la|ge** ‖ **Neu|ba|rock:** *ein Kunststil im Historismus* ‖ **Neu|bau**[1] der, -[e]s/-ten: in einem N. wohnen ‖ **Neu|bau**[2]: *7. Bezirk Wiens;* am N. wohnen ‖ **Neu|bau|woh|nung** ‖ **neu be|ar|bei|tet** = **neu|be|ar|bei|tet** → neu ‖ **Neu|be|ginn** ‖ **Neu|be|sied|lung** ‖ **Neu|be|wer|tung** ‖ **Neu|bil|dung:** die N. der Regierung ‖ **Neu|bau|gar|çon|ni|ère** [-sɔ̃ˌniɛːə] ‖ **Neu|bur|ger** der, -s/-: *eine Reb- und Weinsorte* ‖ **Neu-De̲l|hi** → New Delhi ‖ **neu|deutsch** (oft abw.): eine neudeutsche *(an Modetrends angepasste, fremdwortlastige)* Werbesprache ‖ **Neu|deutsch** (oft abw.): auf N. ‖ **Neu|druck** der, -[e]s/-e ‖ **Neu|ein|stu|die|rung:** die N. eines Theaterstücks

Neu|en|burg (fr.: Neuchâtel [nøʃaˈtɛl]): *Schweizer Stadt und Kanton*

Neu|ent|de|ckung ‖ **Neu|ent|wick|lung** ‖ **neu|er|dings:** *in letzter Zeit; seit Kurzem* | *erneut* ‖ **Neu|e|rer** der, -s/-: *jemand, der für Neuerungen eintritt* ‖ **Neu|e|rin** die, -/-innen ‖ **neu|er|lich:** er ist n. *(wieder)* auf Urlaub ‖ **neu er|öff|net** = **neu|er|öff|net** → neu ‖ **Neu|er|öff|nung** ‖ **Neu|er|schei|nung:** *ein soeben erschienenes Buch oÄ* ‖ **Neu|e|rung** die, -/-en ‖ **Neu|e|rungs|ver|trag** (Jus): *Novation; Veränderung eines Vertrages wegen Ersetzung durch einen anderen Vertrag* ‖ **Neu|er|werb** = **Neu|er|wer|bung** ‖ **neu|es|tens:** *seit Kurzem* ‖ **Neu|fas|sung:** die N. eines Gesetzestextes ‖ **neu|ge|bo|ren:** neugeborene Kinder; ich fühle mich wie n. ‖ **Neu|ge|bo|re|ne** das, -n/-n ‖ **Neu|ge|burt** (geh.): *Erneuerung* ‖ **neu ge|schaf|fen** = **neu|ge|schaf|fen** → neu ‖ **Neu|ge|stal|tung** ‖ **Neu|ge|würz** das, -es: *ein Gewürz, Piment, Nelkenpfeffer* ‖ **Neu|gier** die, - = **Neu|gier|de,** - ‖ **neu|gie|rig:** n. fragen ‖ **Neu|go|tik:** *ein Kunststil im Historismus* ‖ **neu|go|tisch** ‖ **neu|grie|chisch** → altgriechisch ‖ **Neu|grie|chisch** das, -[s] = **Neu|grie|chi|sche,** -n: *die neugriechische Sprache* ‖ **Neu|grün|dung:** die N. einer Firma ‖ **Neu|he|brä|isch** das, -[s] = **Neu|he|brä|i|sche,** -n: *Iwrit, Staatssprache Israels* ‖ **Neu|heit** die, -/-en: *etwas Neues, Neuartiges* ‖ **neu|hoch|deutsch** (nhd.) ‖ **Neu|hoch|deutsch** das, -[s] = **Neu|hoch|deut|sche,** -n: *das Deutsche ab dem 15. Jh.* ‖ **Neu|ig|keit** die, -/-en: eine wichtige N. *(aktuelle Nachricht)* ‖ **Neu|in|sze|nie|rung:** die N. *(neue Einstudierung)* eines Theaterstücks ‖ **Neu|jahr** [ˈnɔy-, -ˈaː-]: zu N.; *aber:* das neue Jahr ‖ **Neu|jahrs|an|spra|che:** die N. des Bundespräsidenten ‖ **Neu|jahrs|kon|zert:** *traditionelles Konzert der Wiener Philharmoniker am Neujahrstag* ‖ **Neu|jahrs|tag** ‖ **Neu|jahrs|vor|satz** ‖ **Neu|jahrs|wunsch** ‖ **Neu|kon|s|t|ruk|ti|on** [-tsi̯-] ‖ **Neu|land** das, -[e]s: N. betreten *(bisher unbekannte Bereiche erforschen)* ‖ **Neu|la|tein:** *das Latein in der Neuzeit* ‖ **neu|lich:** *vor Kurzem* ‖ **Neu|ling** der, -s/-e: *neu Eingetretene[r], [unerfahrener] Anfänger* ‖ **neu|mo|disch** ‖ **Neu|mond**

neun (9): n. Euro; um n. [Uhr]; die neunte Stunde; → acht ‖ **Neun** die, -/-en (bes. D): *Neuner; die Ziffer/Zahl Neun (9)* | (mit Pl. -[e]) [beim Kegeln] alle neun[e] scheiben; → Neuner

Neu|ner

(9er) der, -s/-: *die Ziffer 9 (Neun);* → Neun

Die österreichischen Formen der nominalisierten Zahlwörter werden auf -er gebildet:

- einen Neuner hinschreiben (in Deutschland: eine Neun)

neu|ner|lei ‖ **Neu|nerln** das, -s (reg.): *ein Kartenspiel, Mau-Mau* ‖ **neu|nern** (T, mda.): *die Vormittagsjause einnehmen;* → dreiern ‖ **neun|fach** (9fach) ‖ **Neun|ki̲r|chen** (Kfz: NK): *Stadt in N* ‖ **neun|mal** (9-mal) (auch: neun Ma̲l) ‖ **neun|mal|ge|scheit** = **neun|mal|klug** (ugs., scherzh. bzw. iron.): *sich besonders gescheit vorkommend, besserwisserisch* ‖ **neunt:** zu n. ‖ **neun|te** (9.): die n. Zeile; *aber:* Beethovens **N**eunte *(9. Sinfonie);* → achte ‖ **neun|tel** → achtel ‖ **Neun|tel** das, -s/- → Achtel ‖ **neun|tens** (9.) ‖ **Neun|tö|ter** der, -s/-: *ein Singvogel* ‖ **neun|zig** (90) → achtzig ‖ **neun|zi|ger** (90er) → achtziger ‖ **Neun|zi|ger** der, -s/- (90er): seinen N. *(90. Geburtstag)* feiern; → Achtziger ‖ **neun|zi|ger Jahr** = **Neun|zi|ger|jahr** (= 90er Jahr, 90er-Jahr) → achtziger Jahr ‖ **neun|zigs|te** (90.): der n. Geburtstag

Neu|ord|nung ‖ **Neu|ori|en|tie|rung** ‖ **Neu|phi|lo|lo|ge** [-f-] ‖ **Neu|phi|lo|lo|gie:** *die Wissenschaften von den lebenden Sprachen (zB Englisch, Französisch)* ‖ **Neu|phi|lo|lo|gin** ‖ **Neu|prä|gung** (Sprachwiss.): → *Neologismus*

Neu|r|al|gie die, -/-n ⟨gr.⟩ (Med.): *Nervenschmerz* ‖ **neu|r|a̲l|gisch:** ein neuralgischer *(problematischer, kritischer)* Punkt ‖ **Neu-**

ra|the|ra|pie (Med.) ‖ **Neu|ras|the|nie** die, -/-n (Med.): *Nervenschwäche, Nervosität* ‖ **neu|ras|the|nisch** (Med.)

Neu|re|ge|lung ‖ **neu|reich** ‖ **Neu|rei|che**[1] der, -n/-n, ein Neureicher: *erst vor Kurzem zu Reichtum Gelangter* ‖ **Neu|rei|che**[2] die, -n/-n

Neu|ri|tis die, -/Neuritiden ⟨gr.⟩ (Med.): *Nervenentzündung* ‖ **Neu|ro|chi|rurg** [-ki-] ‖ **Neu|ro|chi|rur|gie** (Med.): *Spezialgebiet der Chirurgie, das alle operativen Eingriffe am Zentralnervensystem umfasst* ‖ **Neu|ro|chi|rur|gin** ‖ **Neu|ro|der|mi|tis** die, - (Med.): *eine Hautkrankheit* ‖ **Neu|ro|lo|ge** der, -n/-n: *Facharzt für Nervenkrankheiten* ‖ **Neu|ro|lo|gie** die, - (Med.): *Nervenheilkunde* ‖ **Neu|ro|lo|gin** die, -/-innen ‖ **neu|ro|lo|gisch** (Med.)

Neu|ro|ma|nik: *ein Kunststil im Historismus* ‖ **neu|ro|ma|nisch** ‖ **Neu|ro|man|tik:** *eine Kunstrichtung um 1900*

Neu|ron das, -s/-en [-'oː-] ⟨gr.⟩: *Nervenzelle* ‖ **neu|ro|nal:** *auf die Neuronen bezogen* ‖ **Neu|ro|se** die, -/-n (Med.): *eine seelische Störung* ‖ **Neu|ro|ti|ker** der, -s/- ‖ **Neu|ro|ti|ke|rin** die, -/-innen ‖ **neu|ro|tisch** ‖ **Neu|ro|trans|mit|ter** (Chem., Biol.): *biochemischer Stoff, der Informationen zwischen Nerven transportiert*

Neu|schnee: 10 cm N. ‖ **Neu|schöp|fung** ‖ **Neu|see|land:** *Doppelinsel und Staat im Pazifik* ‖ **Neu|siedl am See** (Kfz: ND): *Stadt im Burgenland* ‖ **Neu|sied|ler See** der, - -s: *See im Burgenland, Ungarn* ‖ **Neu|sil|ber:** *eine Metalllegierung* ‖ **neu|sprach|lich:** *lebende Fremdsprachen betreffend* ‖ **Neu|start** [-ʃt-, auch: -st-]: einen N. machen *(neu beginnen)* | (EDV) *Reset* ‖ **Neu|struk|tu|rie|rung** [-st-, -ʃt-]: die N. eines Betriebes ‖ **neu|tes|ta|ment|lich:** *zum Neuen Testament (der Bibel) gehörend*

Ne|u|t|ra ['ne(ː)u-] die (Pl. von → Neutrum) ⟨lat.⟩ ‖ **neu|t|ral** [nɔy-, auch: ne.u-]: in einem Streit n. *(unparteiisch)* bleiben ‖ **Neu|t|ra|li|sa|ti|on** [nɔy-tsi̯-] = Neutralisierung die, -/-en ‖ **neu|t|ra|li|sie|ren:** *die Wirkung von etwas aufheben, es unwirksam machen* ‖ **Neu|t|ra|li|sie|rung** = → Neutralisation ‖ **Neu|t|ra|li|tät** die, -: die immer während N. Österreichs ‖ **Neu|t|ra|li|täts|bruch** ‖ **Neu|t|ra|li|täts|er|klä|rung** ‖ **Neu|t|ra|li|täts|po|li|tik** ‖ **Neu|t|ra|li|täts|ver|let|zung** ‖ **Neu|t|ri|no** das, -s/-s (Phys.): *ein besonderes, masseloses Elementarteilchen* ‖ **Neu|t|ron** ['nɔy-, -'oːn] das, -s/-en [-'oː-] (Phys.): *elektrisch ungeladenes Teilchen des Atomkerns;* → Elektron; → Proton ‖ **Neu|t|ro|nen|bom|be** (Mil.): *eine Atombombe* ‖ **Neu|t|ro|nen|stern** (Astron.): *ein kleiner, nur aus Neutronen bestehender Stern* ‖ **Ne|u|t|rum** ['ne(ː)u-] das, -s (Gramm.): *sächliches (neutrales) grammatisches Geschlecht* | (mit Pl. Neutra) *sächliches Nomen (weder männlich noch weiblich);* → Genus | (sal.) *geschlechtsneutrales Wesen (ohne Ausstrahlung)*

neu|ver|mählt: ein neuvermähltes *(seit Kurzem, eben erst verheiratetes)* Paar; *aber:* ein neu *(wieder, erneut)* vermähltes (= neuvermähltes) Paar ‖ **Neu|ver|schul|dung** ‖ **Neu|wa|gen** → G.: Gebrauchtwagen ‖ **Neu|wahl:** vorgezogene Neuwahlen fordern ‖ **neu|wer|tig:** *so gut wie neu* ‖ **Neu|zeit** die, -: *Zeitraum etwa ab 1500* ‖ **neu|zeit|lich** ‖ **Neu|zu|gang:** Neuzugänge an Büchern ‖ **Neu|zu|las|sung** (Kfz)

New Age [njuː 'eɪdʒ] das, - ⟨engl.⟩ (wörtl.: neues Zeitalter): *Schlagwort einer alternativen Ideologie in den 1980er Jahren* ‖ **New|co|mer** ['njuːkʌmə] der, -[s]/-[s]: *ein Neuhinzugekommener* ‖ **New|co|me|rin** die, -/-innen ‖ **New De|lhi** [- -li], *auch:* Neu-Delhi: *Hauptstadt von Indien* ‖ **New Eco|no|my** [- ɪ'kɒnəmi] die, - -: *junge Unternehmen der Internet-, Medien-, Telekombranche;* → G.: Old Economy ‖ **New Jer|sey** [-'dʒɜːzi]: *Bundesstaat der USA* ‖ **New Look** [- 'lʊk]: *neuer Stil, neue Linie, zB in der Mode* ‖ **New-Or|leans-Jazz** [-'liːnzdʒæz]: *ein Jazzstil nordamerikanischer Schwarzer* ‖ **News** [njuːz] die (Pl.) (sal.): *Neuigkeiten* ‖ **News|group** [-gruːp] die, -/-s, *auch:* **News|grup|pe** (EDV): *Diskussionsgruppe, Sammlung von Beiträgen zu einem bestimmten Thema im Internet* ‖ **News|let|ter** der, -s/-: *regelmäßiger elektronischer Rundbrief mit aktuellen Informationen* ‖ **News|ti|cker** der, -s/-: *Box auf einer Internetseite, durch die eine Nachricht läuft*

New|ton ['njuːtn] das, -[s]/- (Zeichen: N) (Phys.): *Maßeinheit für die Kraft (nach dem englischen Physiker Newton)*

New York [ˌnjuː 'jɔːk, ugs.: nu 'jɔrk]: *Stadt in den Vereinigten Staaten* | *Bundesstaat der USA* | *Sitz der Vereinten Nationen* ‖ **New Yor|ker** der, - -s/- -, *auch:* **New-Yor|ker** ‖ **New Yor|ke|rin** die, - -/- -innen, *auch:* **New-Yor|ke|rin**

n-fach ['ɛn-] (Math.): *unbestimmt viele;* → n

NGO [en dʒi 'əʊ, auch: ɛn gɛ 'oː] die, -/-s: **N**on-**G**overnmental-**O**rganization *(nicht staatliche Organisation, zB das Rote Kreuz);* → NRO; → NPO

nhd.: **n**eu**h**och**d**eutsch

Ni: **Ni**ckel

Ni|be|lun|gen die (Pl.): *Gestalten der deutschen Heldensage* ‖ **Ni|be|lun|gen|gau:** *Teil des Donautals in Niederösterreich* ‖ **Ni|be|lun|gen|lied** das, -[e]s: *ein mittelhochdeutsches Heldenepos* ‖ **Ni|be|lun|gen|treue:** *unerschütterliche [Bündnis]treue (bis zum gemeinsamen Untergang)*

nicht:

nicht immer; das ist nicht einmal alles; das ist nicht entsprechend; nicht genügend; *aber:* → Nicht genügend; → Nicht zufrieden stellend

Getrennt- und Zusammenschreibung bei Verbindungen mit „nicht" + Adjektiv/Partizip, zB:

- eine nicht amtliche (= nichtamtliche) Mitteilung
- das nicht Zutreffende (= Nichtzutreffende)
- nicht öffentlich = nichtöffentlich

R→ S. 903, 2.2.3

Nicht|ach|tung ‖ **nicht amt|lich** = **nicht|amt|lich:** eine nicht amtliche (= nichtamtliche) *(inoffizielle)* Mitteilung; *aber nur:* nicht amtlich, sondern privat mit jemandem sprechen ‖ **Nicht|an|er|ken|nung** ‖ **Nicht|an|griffs|pakt** (Pol.): *ein Verzichtsvertrag zwischen Staaten* ‖ **Nicht|aus|übung:** die N. eines Rechtes ‖ **Nicht|be|fol|gung** die, - (Amtsspr.): die N. dieser Vorschrift ist strafbar ‖ **nicht be|rufs|tä|tig** = **nicht|be|rufs|tä|tig:** n. berufstätige) Mütter ‖ **Nicht|be|rufs|tä-**

N

tige ‖ Nichtbeschäftigte: „Nichtbeschäftigten [ist der] Zutritt verboten!" ‖ **Nichtchrist** [-kr-] ‖ **Nichtchristin** ‖ **nicht christlich = nichtchristlich:** n. christliche Religionen

Nichte die, -/-n: *Tochter des Bruders/der Schwester;* → Neffe

nicht ehelich = nichtehelich: *unehelich* ‖ **Nichteinbringungsfall** (Amtsspr., Jus): im N. *(bei Zahlungsunfähigkeit, im Fall der Insolvenz)* ‖ **Nichteinhaltung** die, - (Amtsspr., Jus): im N. *(bei Zahlungsunfähigkeit, im Fall der Insolvenz)*: die N. der Vorschriften ‖ **Nichteinmischung** ‖ **Nichterfüllung** (Jus): die N. einer Vertragspflicht ‖ **Nichterscheinen** das, -s (Amtsspr.) ‖ **Nichtfachfrau:** *Laiin* ‖ **Nichtfachmann** ‖ **Nichtgefallen** das, -s: bei N. gibt es ein Rückgaberecht ‖ **Nicht genügend** das, --[s]/-- (5) (Amtsspr.): *eine Beurteilungsstufe in der Schule;* die Note N. g.; ein N. g. bekommen; *aber:* eine **n**icht genügende (= nichtgenügende) Leistung ‖ **nichtig:** aus einem nichtigen *(ganz unbedeutenden)* Anlass streiten | (Jus) einen Vertrag für n. *(ungültig)* erklären; null und n. ‖ **Nichtigkeit** die, -/-en: *unbedeutender Anlass* | (Jus) *Unwirksamkeit von Beginn an;* Aufhebung eines Urteils wegen N. ‖ **Nichtigkeitsbeschwerde** (Jus): *ein Rechtsmittel;* eine N. einreichen ‖ **Nichtigkeitsgrund** (Jus) ‖ **Nichtigkeitsklage** (Jus) ‖ **Nichtinanspruchnahme** (Amtsspr.) ‖ **nicht leitend = nichtleitend** (Phys.) ‖ **Nichtmetall** (meist Pl.) (Chem.): *Schwefel, Kohlenstoff ua.* ‖ **Nichtmitglied** ‖ **nicht öffentlich = nichtöffentlich:** eine n. öffentliche *(der Öffentlichkeit nicht zugängliche, interne)* Sitzung ‖ **Nichtraucher:** nur für N. | *Eisenbahnwagon[abteil], in dem nicht geraucht werden darf* ‖ **Nichtraucherabteil** ‖ **Nichtraucherin** ‖ **Nichtraucherlokal** ‖ **Nichtraucherzone** ‖ **Nichtregierungsorganisation** [-tsi̯-] (NRO): → NGO ‖ **nicht rostend = nichtrostend:** n. rostender Stahl

nichts:

um/zu/für nichts; für nichts und wieder nichts *(umsonst, vergeblich)*; nichts für ungut *(bitte nicht übel nehmen!)*; aus nichts wird nichts; sich durch nichts abhalten lassen; nichts sagen

Großschreibung des nachfolgenden Adjektivs:
- nichts **B**esseres wissen
- nichts **B**esonderes leisten
- nichts **E**iligeres zu tun haben
- nichts **N**äheres erfahren *(Genaueres)*
- nichts **N**eues sehen; *aber klein:* nichts and[e]res *(nur bei Betonung des nominalen Gebrauchs auch: Anderes)*

Getrennt- und Zusammenschreibung mit adjektivisch gebrauchten Partizipien:
- nichts ahnend = nichtsahnend
- nichts sagend = nichtssagend

R→ S. 903, 2.2.1

Nichts das, -: vor dem N. stehen *(alles verloren haben);* sie kam aus dem N. *(man hat sie vorher nicht wahrgenommen)* ‖ **nichts ahnend = nichtsahnend:** *ahnungslos* ‖ **Nichtschuld** (Jus): Zahlung einer N. *(einer nicht gültig begründeten Schuld)* ‖ **Nichtschwimmer** ‖ **Nichtschwimmerbecken** → G.: Schwimmerbecken ‖ **Nichtschwimmerin** ‖ **nichtsdestotrotz:** *nichtsdestoweniger* ‖ **nichtsdestoweniger:** *trotzdem* ‖ **Nichtsesshafte**[1] der, -n/-n, ein Nichtsesshafter ‖ **Nichtsesshafte**[2] die, -n/-n ‖ **nicht selbständig = nichtselbständig = nicht selbstständig = nichtselbstständig** ‖ **Nichtskönner** ‖ **Nichtskönnerin** ‖ **Nichtsnutz** der, -es/-e (abw.) ‖ **nichtsnutzig** (abw.): ein nichtsnutziger Kerl ‖ **nichts sagend = nichtssagend:** n. sagende *(ausdruckslose)* Gesichtszüge ‖ **Nichtstuer** der, -s/- (abw.) ‖ **Nichtstuerin** die, -/-innen (abw.) ‖ **Nichtstun** ‖ **nichtswürdig** (abw.): ein nichtswürdiger *(gemeiner)* Kerl ‖ **Nichtswürdigkeit** die, - (abw.) ‖ **Nichttänzer** ‖ **Nichttänzerin** ‖ **Nichtwähler** ‖ **Nichtwählerin** ‖ **Nichtzulassung** ‖ **Nicht zufriedenstellend** das, --[s]/-- (Amtsspr.): *eine Verhaltensnote in der Schule; aber:* etwas ist **n**icht zufriedenstellend; → Zufriedenstellend ‖ **Nichtzustandekommen** das, -s: das N. eines Gesetzes ‖ **nicht Zutreffende** das, --n = **Nichtzutreffende** (Amtsspr.): „Das nicht Zutreffende *(das, was nicht in Betracht kommt)* ist zu streichen!"

Nickel[1] = Nigel der, -s/- (ugs.): *widerspenstiger Kerl;* → Bosnigl; → saunigeln; → schweinigeln

Nickel[2] das, -s (Zeichen: Ni): *ein chemisches Element* ‖ **Nickelallergie**

nicken: *als Zeichen der Zustimmung den Kopf heben und senken* ‖ **Nickerchen** das, -s/-: ein kleines N. machen *(ein bisschen schlafen)*

Nicki der, -[s]/-[s] (Wz.): *Stoff aus samtähnlichem Material* | *Kurzwort für Nickipullover* ‖ **Nickipullover** [-v-]

Nickname, *auch:* **Nicknamen:** *Name einer virtuellen Identität, Benutzername*

Nico [-k-]: *männl. Vorname (Nikolaus)* ‖ **Nicole** [-ˈkɔl]: *weibl. Vorname*

Nidwalden: *Schweizer Halbkanton;* → Unterwalden

nie: nie mehr; nie und nimmer

nieder: auf und n.; n. mit ihnen!; *aber:* **H**och und **N**ieder *(alle Gesellschaftsschichten);* → niedere; → niedrig ‖ **niederbeugen:** sich zu jemandem n. ‖ **niederbrechen** ‖ **niederbrennen** ‖ **niederdeutsch:** *plattdeutsch* ‖ **Niederdeutsch** das, -[s] = **Niederdeutsche,** -n: *die von der 2. (hochdeutschen) Lautverschiebung nicht erfasste Ausprägung der deutschen Sprache in Norddeutschland* ‖ **Niederdonau** (Gesch., Pol.): *Bezeichnung für Niederösterreich (mit dem nördlichen Burgenland und südmährischen Gebieten) während der NS-Herrschaft;* → Oberdonau ‖ **Niederdruck** der, -[e]s ‖ **niederdrücken:** einen Hebel n. | niederdrückende *(deprimierende)* Verhältnisse ‖ **Niederdruckwetter:** *Tiefdruckwetter*

niedere:

niedere *(niedrige)* Absätze *(aber nur:* die Absätze sind niedrig); das niedere Volk; niederer Adel; → nieder; → niedrig

Großschreibung in Eigennamen und bei Nominalisierung:
- die **N**iederen Tauern
- Hohe und **N**iedere *(Personen verschiedener Gesellschaftsschichten)*

R→ S. 892, 2.2 bzw. S. 895, 4.1

niederfahren (ugs.): *überfahren, niederführen* ‖ **niederfallen:** *hinfallen, stürzen* ‖ **Niederflurgarnitur** ‖ **Niederflurstraßenbahn:** *Straßenbahn mit niedriger Einstiegshöhe;* → ULF ‖ **Niederflurwagen:** *U-Bahn-Wagon, Bus ua. zum stufenlosen Einsteigen* ‖ **niederfrequent** (Phys.) → G.: hochfrequent ‖ **Niederfrequenz** (Phys.) ‖ **niederführen** (ugs.): *überfahren* ‖ **Niedergang** der, -[e]s: *Verfall; Rückschritt* ‖ **niedergehen:** ein Gewitter, Regenguss geht nieder | das Flugzeug geht nieder *(es setzt zur Landung an)* ‖ **niedergelassen** → niederlassen ‖ **niedergeschlagen:** sie schaut ziemlich n. *(traurig; matt);* → niederschlagen ‖ **Niedergeschlagenheit** die, - ‖ **niederhalten:** die Empörung n. *(unterdrücken)* ‖ **niederholen:** die Flagge n. *(einholen)* ‖ **Niederholz** das, -[e]s: *Unterholz* ‖ **niederknien** [-i:n, auch: -i:ən]: er ist vor ihr niedergekniet ‖ **niederknüppeln,** ich knüpple nieder ‖ **niederkommen** (geh., veraltet): mit einer Tochter n. *(sie zur Welt bringen)* ‖ **Niederkunft** die, -/-künfte (geh.): *Geburt* ‖ **Niederlage:** eine N. erleiden: *verlieren, Misserfolg haben* | (Kaufmannsspr.) eine N. *(Niederlassung, ein Zweiggeschäft)* einer Firma gründen ‖ **Niederlande** die (Pl.) (Kfz: NL): *ein Staat;* → Holland ‖ **Niederländer** der, -s/- ‖ **Niederländerin** die, -/-innen ‖ **niederländisch** → holländisch ‖ **Niederländisch** das, -[s] = **Niederländische,** -n: *germanische (dem Niederdeutschen nahe stehende) Sprache in den Niederlanden (→ Holländisch) und in Nordbelgien (→ Flämisch)* ‖ **niederlassen** sich: ein Arzt hat sich hier niedergelassen *(betreibt hier eine eigene Praxis)* ‖ **Niederlassung** die, -/-en: *Filiale | Ansiedlung* ‖ **Niederlassungsfreiheit** (Jus): *Recht der freien Niederlassung und der freien Berufsausbildung* ‖ **Niederlassungsrecht:** *Aufenthaltsrecht* ‖ **niederlegen:** das Heft n. | das Kind n. *(zu Bett bringen);* sich n. *(schlafen gehen)* | sein Amt n. *(zurücktreten)* | (ugs.) da legst [du] dich nieder! *(da bin ich aber überrascht!)* ‖ **Niederlegung** die, -/-en: die feierliche N. eines Kranzes ‖ **niedermachen:** *rücksichtslos, gefühlskalt töten* | er wurde von seiner Chefin niedergemacht *(erniedrigt, herabgesetzt)* ‖ **niedermetzeln,** ich metzle nieder: *brutal töten, abschlachten* ‖ **Niedermoor** ‖ **Niederösterreich** (NÖ, N): *ein österreichisches Bundesland* ‖ **Niederösterreicher** ‖ **Niederösterreicherin** ‖ **niederösterreichisch** (nö.): die niederösterreichischen Städte; *aber:* die **N**iederösterreichische Landesregierung ‖ **niederprasseln** ‖ **niederreißen:** die alten Häuser wurden niedergerissen ‖ **niederringen:** der Gegner wurde niedergerungen ‖ **Niedersachsen** [-ks-]: *deutsches Bundesland* ‖ **niedersächsisch** ‖ **niederschießen** ‖ **Niederschlag** *Bodensatz oÄ in Flüssigkeiten* | (Met.): *Regen, Schnee uÄ* | (im Boxsport) *Faustschlag, der den Gegner niederstreckt* ‖ **niederschlagen:** den Angreifer n.; einen Aufstand n. | (Jus) ein Verfahren n. *(einstellen)* | das schlägt sich auf deine Gesundheit nieder *(wirkt sich auf sie aus)* ‖ **niederschlagsarm:** ein niederschlagsarmes Gebiet ‖ **niederschlagsfrei** ‖ **Niederschlagsmenge** ‖ **niederschlagsreich** ‖ **Niederschlagung** die, -/-en: die N. eines Aufstandes ‖ **niederschmettern:** jemanden n. *(zu Boden schlagen)* | ein niederschmetterndes *(erschütterndes, deprimierendes)* Ergebnis ‖ **niederschreiben:** Beobachtungen n. *(aufschreiben)* ‖ **niederschreien** ‖ **Niederschrift** (Amtsspr.): *Protokoll;* eine N. der Ereignisse machen ‖ **niedersetzen** sich: setz dich nieder! | (ugs.) da setzt [du] dich nieder! *(da bin ich aber überrascht!)* ‖ **niedersinken:** ohnmächtig n. ‖ **Niederspannung** (Elektrot.) ‖ **niederstechen** ‖ **niederstimmen:** einen Antrag n. *(ihn durch eine Abstimmung zurückweisen)* ‖ **niederstoßen:** *zu Boden stoßen;* einen Fußgänger n. | (geh.) den Gegner [mit dem Degen] n. *(niederstechen)* ‖ **niederstrecken:** den Gegner durch einen Faustschlag n. ‖ **niederstürzen** ‖ **niedertourig** [-tu:-]: *mit niedriger Umdrehungszahl* ‖ **Niedertracht** die, - (geh.): *Gemeinheit* ‖ **niederträchtig** (geh.) ‖ **niedertrampeln** ‖ **niedertreten** ‖ **Niederung** die, -/-en: *tiefer gelegene Teile der Landschaft* ‖ **niederwalzen** ‖ **Niederwasser** das, -s/-: der Fluss führt N. *(wenig Wasser);* → G.: Hochwasser ‖ **niederwerfen** ‖ **Niederwerfung** die, -/-en: *Niederschlagung* ‖ **Niederwild** (Jägerspr.): *Fuchs, Hase, Rebhuhn ua.;* → G.: Hochwild ‖ **niederzwingen:** den Konkurrenten n. *(besiegen)*

niedlich: eine niedliche *(herzige, zierliche)* Puppe

niedrig:

niedrige *(niedere)* Absätze; niedriges Gras | niedrige *(üble)* Absichten; → nieder; → niedere

Großschreibung bei Nominalisierung:

– Hoch und **N**iedrig/Hohe und **N**iedrige *(jedermann)*

R→ S. 892, 2.2.2

Getrenntschreibung bei wörtlicher Bedeutung:

– niedrig bauen
– niedrig denken *(niedrig gesinnt sein)*
– die Kosten niedrig halten

Zusammenschreibung bei übertragener Bedeutung:

– ein Thema niedrighängen *(nicht wichtig nehmen)*

R→ S. 900, 1.5.1

Getrennt- und Zusammenschreibung mit Verben, die ein Resultat herbeiführen, und in Verbindung mit adjektivisch gebrauchten Partizipien:

– die Vorhänge niedrig hängen (= niedrighängen)
– niedrig gesinnt = niedriggesinnt
– niedrig stehend = niedrigstehend

R→ S. 900, 1.5.2 bzw. S. 903, 2.2.1

Niedrigenergiehaus ‖ **niedrig gesinnt** = **niedriggesinnt** ‖ **niedrighängen** (ugs.): ein Thema n. *(nicht wichtig nehmen); aber:* die Vorhänge niedrig hängen (= niedrighängen) ‖ **Niedrigkeit** die, -/-en ‖ **Niedriglohnland** (Wirt.): *ein Land, wo wegen niedriger Löhne billig produziert wird* ‖ **Niedrigpreisland** ‖ **niedrig stehend** = **niedrigstehend** ‖ **Niedrigwasser** das, -s/-: *Niederwasser* ‖ **Niedrigzinspolitik**

N

niemals: sag n. nie ‖ **niemand:** Gen.: niemand[e]s Feind sein; Dat.: niemand[em]; Akk.: niemand[en]; n. *(kein)* anderer (bei Betonung des nominalen Gebrauchs auch: Anderer); es ist n. Fremder im Haus; *aber:* er ist ein **N**iemand *(unbedeutend)* ‖ **Niemandsland** das, -[e]s: *nicht besiedelter Grenzstreifen* | (Mil.) *Gelände zwischen den Fronten*

Niere die, -/-n: *ein Körperorgan* ‖ **Nierenbeckenentzündung** (Med.) ‖ **Nierenbraten** (Küchenspr.) ‖ **Nierenentzündung** (Med.) ‖ **nierenförmig** ‖ **Nierenkolik** (Med.): *durch Nierenstein verursachter Anfall* ‖ **Nierenschutz:** der Motorradfahrer trägt einen N. ‖ **Nierenstein** (Med.) ‖ **Nierentransplantation** [-tsi̯-] (Med.) ‖ **Nierndl** [-i-] das, -s/-n (ugs.): *essbare Tierniere;* geröstete Nierndln

nieseln, es nieselt ‖ **Nieselregen:** *feiner Regen*

niesen [-z-, ugs. auch: -s-], du hast geniest ‖ **Nieswurz:** *eine Pflanzengattung* ‖ **Niesreiz**

Nießbrauch der, -[e]s (Jus): *Nutzungsrecht ohne Eigentumsrecht*

Niete[1] die, -/-n: *Los, das nicht gezogen wurde* | (abw.) *jemand, der nichts kann*

Niete[2] die, -/-n: *ein Verbindungsbolzen aus Metall* ‖ **nieten** ‖ **niet- und nagelfest:** *gut befestigt*

Nigel = → Nickel[1]

Nigele das, -s/-n (K, T, SüdT, mda.) (Küchenspr.): *in Fett herausgebackenes Germteigstück*

nigelnagelneu (ugs.): *funkelnagelneu*

Niger der, -s: *afrikanischer Staat* | *afrikanischer Strom* ‖ **Nigeria:** *afrikanischer Staat* ‖ **Nigerianer** der, -s/- ‖ **Nigerianerin** die, -/-innen ‖ **nigerianisch**

Nigger der, -s/- ⟨engl.⟩ (abw.): *Schwarzer (bes. in den USA);* → Neger

Nightclub ['naɪtklʌb] der, -s/-s ⟨engl.⟩: *Nachtklub* ‖ **Nightliner** [-laɪnə] der, -s/-: *Nachtbus* | *Nacht-U-Bahn*

Nihilismus der, - ⟨lat.⟩ (Phil.): *eine alle Ziele und Werte verneinende philosophische Richtung* ‖ **Nihilist** der, -en/-en ‖ **Nihilistin** der, -/-innen ‖ **nihilistisch**

Nikkeiindex [-ke̯i-] (Börse): *Index der Börse von Tokio*

Niklas: *männl. Vorname (Nikolaus)* ‖ **Nikolaus**[1]: *männl. Vorname* ‖ **Nikolaus**[2] der, -/-e = Nikolo ['ni-, auch: -'oː], -s/-s: *Tag des hl. Nikolaus (6. Dezember)* ‖ **Nikolausabend** = Nikoloabend: *der Abend am 5. Dezember* ‖ **Nikolausauffahrt** = Nikoloauffahrt: *festlicher Zug des Nikolaus* ‖ **Nikolausfeier** = Nikolofeier ‖ **Nikolaustag** = Nikolotag ‖ **Nikolo** ['ni-, auch: -'oː] = → Nikolaus ‖ **Nikoloabend** = → Nikolausabend ‖ **Nikoloauffahrt** = → Nikolausauffahrt ‖ **Nikolofeier** = → Nikolausfeier ‖ **Nikolotag** = → Nikolaustag

Nikosia: *Hauptstadt Zyperns*

Nikotin das, -s: *ein Suchtgift im Tabak* ‖ **nikotinarm:** eine nikotinarme Zigarette ‖ **Nikotingehalt** ‖ **Nikotinvergiftung** (Med.)

Nil der, -s: *ein Strom in Afrika* ‖ **Nildelta** ‖ **nilgrün** ‖ **Nilpferd:** *Flusspferd*

Nimbus der, -/Nimben ⟨lat.⟩: *Heiligenschein, zB auf Bildern* | (ohne Pl.) der N. *(Anschein, Glanz)* der Unbesiegbarkeit

nimmer (geh.): *niemals mehr;* der Ritter ward n. gesehen | (ugs.) *nie mehr, nie wieder;* der Nachbar kommt n. zu uns ‖ **Nimmerlein** → Sankt-Nimmerleins-Tag ‖ **nimmermehr:** *nie wieder, nimmer* ‖ **nimmermüde** (geh.) ‖ **Nimmersatt** der, -[e]s/-e: *jemand, der nie genug kriegt* ‖ **Nimmerwiedersehen:** „Auf Nimmerwiedersehen!"

nimmt → nehmen

Nimrod der, -s/-e (geh. bzw. veraltet): *[leidenschaftlicher] Jäger (nach einem biblischen König)*

Nina: *weibl. Vorname*

nine-eleven ['naɪni'levn] = **Nine-Eleven,** *auch:* **nine/eleven** = **Nine/Eleven** (9/11): *Datum als Symbol für den Terroranschlag auf das World Trade Center in New York am 11. September 2001*

Niob das, -s ⟨gr.⟩ (Zeichen: Nb): *ein chemisches Element*

Nipf der, -[e]s (reg., ugs.): jemandem den N. *(Mut)* nehmen

Nippel der, -s/-: *ein kurzes Verbindungsstück mit Gewinde an Rohren*

nippen: vom heißen Tee n. *(ganz wenig kosten, trinken)*

Nippes [-ps] die (Pl.) ⟨fr.⟩: *kleine [kitschige] Ziergegenstände* ‖ **Nippfigur** ‖ **Nippsachen** die (Pl.): *Nippes*

nirgendher, *auch:* nirgendsher ‖ **nirgendhin,** *auch:* nirgendshin ‖ **nirgends** ‖ **nirgendwo,** *auch:* nirgendswo ‖ **nirgendwoher,** *auch:* nirgendswoher ‖ **nirgendwohin,** *auch:* nirgendswohin

Nirosta der, -s (Wz.): *Kurzwort für nichtrostender Stahl*

Nirwana das, -[s] ⟨Sanskrit⟩: *die völlige innere Ruhe als Ziel des gläubigen Buddhisten* | *das Jenseits*

Nische die, -/-n ⟨fr.⟩: *Einbuchtung;* Kochnische ‖ **Nischenprodukt:** *Produkt für einen sehr begrenzten Käuferkreis*

Nisse die, -/-n: *Ei der Laus*

nisten: *ein Nest bauen und bewohnen* ‖ **Nisthöhle** ‖ **Nistkasten** ‖ **Nistzeit**

Nitrat das, -[e]s/-e ⟨gr.⟩ (Chem.): *Salz der Salpetersäure* ‖ **Nitrid** das, -[e]s/-e (Chem.): *Verbindung von Stickstoff mit Metall* ‖ **Nitrogenium** das, -s (Zeichen: N): *ein chemisches Element, Stickstoff* ‖ **Nitroglyzerin** [-ly-, -li-]: *ein Sprengstoff* ‖ **Nitrosamin** das, -s/-e (meist Pl.) (Chem.): *eine Stickstoffverbindung* ‖ **Nitroverdünnung** (Chem.)

Niveau [-'voː] das, -s/-s ⟨fr.⟩: auf gleichem N. *(auf gleicher Höhe)* | ein Film mit hohem N. *(von hohem künstlerischem Wert)* ‖ **niveaugleich** ‖ **niveaulos:** *ohne höheren Wert* ‖ **Niveauunterschied** ‖ **niveauvoll** ‖ **nivellieren:** *einebnen; gleichmachen* ‖ **Nivellierung** die, -/-en

nix (ugs.): *nichts*

Nixe die, -/-n: *ein weiblicher Wassergeist, halb Mensch, halb Fisch (in der Sage)* ‖ **nixenhaft**

n. J.: **n**ächsten **J**ahres

nm.: **n**ach**m**ittags ‖ **Nm.:** **N**ach**m**ittag

n. M.: **n**ächsten **M**onats

NMS [ɛn ɛm 'ɛs]: **N**eue **M**ittel**s**chule

N. N. [ɛn 'ɛn]: *Bezeichnung für jemanden, dessen Namen man nicht nennen kann oder will*

NNO: **N**ord**n**ord**o**st[en]

NNW: **N**ord**n**ord**w**est[en]

no → no na

No: **No**belium

NO: **N**ord**o**st[en]

No. (veraltet): **N**umer**o** *(Nummer)*

NÖ: **N**ieder**ö**sterreich ‖ **nö.:** **n**ieder**ö**sterreichisch

Noah: *männl. Vorname*

nobel ⟨lat.-fr.⟩: ein nobler *(vornehmer; freigebiger)* Mensch ‖ **Nobelball** (sal., auch iron.): *vor-*

N

nehmer Ball || **No|bel|ge|gend** || **No|bel|heu|ri|ge:** *restaurantartiger Heuriger* || **No|bel|ho|tel**

No|be|li|um das, -s (Zeichen: No): *ein chemisches Element (nach A. Nobel);* → Nobelpreis

No|bel|mar|ke ⟨lat.-fr.⟩: *vornehme Marke*

No|bel|preis: *nach dem schwedischen Chemiker Alfred Nobel benannter Preis;* Friedensnobelpreis; → Nobelium || **No|bel|preis|trä|ger** || **No|bel|preis|trä|ge|rin**

No|bi|li|tät die, - ⟨lat.-fr.⟩: *der Adel* || **no|bi|li|tie|ren:** *in den Adelsstand erheben* || **No|bi|li|tie|rung** die, -: *Verleihung des Adels* || **No|bles|se** [-ˈɛs] die, - ⟨fr.⟩ (geh.): *Vornehmheit, Edelmut* || **no|bles|se ob|lige** [- -ˈiːʒ] (wörtl.: Adel verpflichtet)

No|bo|dy [ˈnəʊbədi] der, -s/-s ⟨engl.⟩ (ugs.): *ein Niemand, ein völlig Unbekannter*

No|ce|bo|ef|fekt [-tseː-] ⟨lat.⟩: *durch Einbildung hervorgerufene negative (unbegründete) Nebenwirkung;* → G.: Placeboeffekt

noch: n. einmal || **noch mal** = **noch|mal** (D, ugs.): *noch einmal, nochmals* || **noch|ma|lig** || **noch|mals**

Nock der, -s/-e (K): *abgeflachte, hohe Bergkuppe* | (T) *felsige, grasbewachsene Erhebung*

Nöck der, -en/-en: *Wassermann, Wassergeist (in der nordischen Mythologie)*

No|cke die, -/-n = Nocken, -/- (reg.): *Nockerl* || **No|cken**[1] = → Nocke

No|cken[2] der, -s/- (Technik): *rundlicher Vorsprung* || **No|cken|wel|le:** *Welle zum Steuern von Motorventilen*

No|ckerl das, -s/-[n]: *eine Speise;* Eiernockerln; Salzburger Nockerln *(eine Süßspeise)* | (ugs., abw.) *kindisches, eingebildetes Mädchen* || **No|ckerl|aqua|ri|um** (ugs., Jug.): *Mädchen[privat-]schule* || **No|ckerl|sup|pe**

Nock|ge|biet (K)

Noc|turne [nɔkˈtyrn] das, -s/-s = die, -/-s ⟨fr.⟩ (Mus.): *träumerisches Stimmungsstück [für Klavier], Nachtstück, Notturno*

No-Fu|ture-Ge|ne|ra|ti|on [nəʊˈfjuːtʃə-tsi̯-, auch: -dʒenəˌreɪʃn] die, - ⟨engl.⟩: *junge Generation ohne Aussichten für die Zukunft*

No|go [ˈnəʊˈɡəʊ] das, -[s]/-[s]: *etwas, das man keinesfalls machen darf* || **No-go-Area** [-ˌɛəriə] die, -/-s: *Tabuzone*

no|lens vo|lens [- v-] ⟨lat.⟩: n. v. *(wohl oder übel)* zustimmen müssen

Nom.: **Nom**inativ

No|ma|de der, -n/-n ⟨gr.⟩: *Angehöriger eines Wandervolkes* || **no|ma|den|haft:** *umherziehend* || **No|ma|den|stamm** || **No|ma|den|volk** || **No|ma|den|zelt** || **No|ma|din** die, -/-innen || **no|ma|disch** || **no|ma|di|sie|ren:** *wie Nomaden umherziehen*

No|men das, -s/- [Nomina] ⟨lat.⟩ (Gramm.): *Hauptwort, Namenwort, Substantiv;* N. proprium *(Eigenname)* || **no|men est omen:** *im Namen liegt eine [Vor-]bedeutung* || **No|men|kla|tur** die, -/-en: *Gesamtheit der Fachausdrücke einer Wissenschaft* || **No|men|kla|tu|ra** die, - ⟨lat.-russ.⟩: *[Partei]bürokratie in kommunistischen Staaten* || **no|mi|nal** (Gramm.): *substantivisch;* nominales Attribut *(Apposition)* | (Wirt.) *nach dem Nennwert* || **No|mi|nal|be|trag:** *Nennbetrag* || **No|mi|na|le** das, -[s]/Nominalia (Wirt.): *Nominalwert, Nennwert [von Wertpapieren]* || **No|mi|na|li|sie|rung** die, -/-en (Gramm.): *Substantivierung* || **No|mi|na|lis|mus** der, - (Phil.): *Ansicht, dass Allgemeinbegriffen keine Realität entspricht* || **No|mi|nal|stil:** *ein sprachlicher Stil;* → G.: Verbalstil || **No|mi|nal|wert** (Wirt.): *der auf einer Münze, Banknote ua. angegebene Wert* || **No|mi|nal|zins** (Bankw.): *Zins, der in bestimmten Abständen zu leisten ist* || **No|mi|nal|zins|satz** (Bankw.) || **No|mi|na|tiv** der, -s/-e [-fɛ, -vɛ] (Nom.) (Gramm.): *1. Fall, Werfall* || **no|mi|nell:** *nur dem Namen nach; nicht wirklich* || **no|mi|nie|ren:** einen Stellvertreter n. *(nennen, bekannt geben)* || **No|mi|nie|rung** die, -/-en: *Nennung*

Non → None

no na, *auch:* no na net (ugs., sal., bes. W): *was sonst?, selbstverständlich!*

No-Name-Pro|dukt [nəʊˈneɪm-] ⟨engl.⟩: *Ware ohne Angabe des Namens der Erzeugerfirma*

no na net → no na

Non|cha|lance [nõʃaˈlɑ̃ːs] die, - ⟨fr.⟩ (geh.): die Gäste mit N. *(Ungezwungenheit; Nachlässigkeit)* begrüßen || **non|cha|lant** [-ˈlɑ̃ː, -ˈlant] (geh.)

No|ne die, -/-n, *auch:* Non, -/-en ⟨lat.⟩ (Mus.): *Intervall der 9. Tonstufe* || **No|nen|ak|kord** (Mus.): *Dreiklang plus None*

No|ni|us der, -/Nonien [-i̯ən] [Noniusse] ⟨lat.⟩ (Phys., Math.): *ein beweglicher Stab zum Ablesen von Zwischenwerten auf einer Skala;* → Schublehre

Non|kon|for|mis|mus der, - ⟨lat.⟩ || **Non|kon|for|mist:** *jemand, der mit den herrschenden Ansichten nicht übereinstimmt* || **Non|kon|for|mis|tin** || **non|kon|for|mis|tisch**

Non|ne die, -/-n ⟨lat.⟩: *Klosterfrau* | *ein Nachtfalter* || **Non|nen|klos|ter**

Non|plus|ul|t|ra das, -[s] ⟨lat.⟩: *etwas Unübertreffbares*

Non-Pro|fit-Or|ga|ni|sa|ti|on [-tsi̯-] ⟨engl.+gr.-lat.⟩ (→ NPO)

Non|sens der, - ⟨lat.⟩: *Unsinn*

non|stop [-st-] ⟨lat.-engl.⟩: *ohne Unterbrechung;* n. fliegen || **Non|stop|flug** = **Non|stop-Flug:** *Langstreckenflug ohne Zwischenlandung*

non|ver|bal [-v-] ⟨lat.⟩: *nicht in Worten, sondern zB in Körpersprache ausgedrückt*

Nop|pe die, -/-n: *Knoten in der Wolle* || **Nop|pen|stoff**

No|ra: *weibl. Vorname (Eleonore)*

Nor|bert: *männl. Vorname;* → Bertl

Nord[1] (Zeichen: N): *Himmelsrichtung;* in N. und Süd *(überall);* Graz-N. (= Graz N.) || **Nord**[2] der, -[e]s (geh.): *Nordwind;* ein kalter N. || **Nord|ame|ri|ka** || **nord|ame|ri|ka|nisch:** nordamerikanische Indianer; *aber:* **N**ordamerikanische Freihandelszone (NAFTA) || **Nord|at|lan|tik|pakt** (NATO) || **nord|deutsch** || **Nord|au|to|bahn:** *Weinviertelautobahn* || **Nord|deutsch|land** || **Nor|den** der, -s (Zeichen: N); → Nord; → Mitternacht || **nord|eu|ro|pä|isch** || **Nord|halb|ku|gel** || **Nord|hang:** der N. des Berges || **Nor|dic Wal|king** [-k ˈwɔː-]: *flottes Gehen mit Stöcken* || **Nord|ir|land:** *ein Teil von Großbritannien;* Vereinigtes Königreich von Großbritannien und N. || **nor|disch:** *nordeuropäisch* | (Sport) der nordische Skilauf; nordische Kombination; → alpin || **Nord|kap** || **Nord|ko|rea:** *ostasiatischer Staat* (amtlich: Demokratische Volksrepublik Korea) || **Nord|län|der** der, -s/-: *Einwohner eines Landes im Norden* || **Nord|län|de|rin** die, -/-innen || **nörd|lich:** n. des Flusses (=

N

n. vom Fluss); n. [von] der Stadt | (Großschreibung) die **N**ördlichen Kalkalpen; das **N**ördliche Eismeer ‖ **Nord\|licht:** *nördliches Polarlicht* ‖ **Nord\|nord\|ost** = **Nord\|nord\|os\|ten** (NNO) ‖ **Nord\|nord\|west** = **Nord\|nord\|wes\|ten** (NNW) ‖ **Nord\|ost** = **Nord\|os\|ten** (NO) ‖ **nord\|öst\|lich** ‖ **Nord\|pol** ‖ **Nord\|po\|lar\|meer** ‖ **Nord\|rand:** am N. der Alpen ‖ **Nord\|rhein-West\|fa\|len:** *ein deutsches Bundesland* ‖ **nord\|rhein-west\|fä\|lisch** ‖ **Nord\|see** ‖ **Nord\|sei\|te** ‖ **nord\|sei\|tig** ‖ **Nord\|staa\|ten** die (Pl.): *die nördlichen Bundesstaaten der USA* ‖ **Nord\|süd\|ge\|fäl\|le** das, -s ‖ **nord\|süd\|lich:** in nordsüdlicher Richtung ‖ **Nord\|ti\|rol:** *der größere der zwei zu Österreich gehörenden Landesteile Tirols;* → Osttirol; → Südtirol ‖ **nord\|wärts** ‖ **Nord\|west** = **Nord\|wes\|ten** (NW) ‖ **nord\|west\|lich** ‖ **Nord\|wind**

Nör\|ge\|lei die, -/-en, *auch:* Nörglerei ‖ **nör\|ge\|lig** ‖ **nör\|geln:** ich nörgle ständig *(bekrittle dauernd alles)*

Nörg\|ler der, -s/- ‖ **Nörg\|le\|rei** → Nörgelei ‖ **Nörg\|le\|rin** die, -/-innen

No\|ri\|cum [-k-], *auch:* Norikum ⟨kelt.-lat.⟩: *keltisches Königreich bzw. römische Provinz südlich der Donau vom Unterlauf des Inns bis zum Wiener Wald* ‖ **No\|ri\|ker** der, -s/-: *Angehöriger eines keltischen Volksstammes | eine Pferderasse* ‖ **No\|ri\|ke\|rin** die, -/-innen: *Bewohnerin Noricums* ‖ **No\|ri\|kum** → Noricum ‖ **no\|risch:** norisches Eisen | *ostalpin;* ein norisches Pferd; *aber:* die **N**orischen Alpen

Norm die, -/-en ⟨lat.⟩: *Regel, Gesetz, Richtschnur;* → ÖNORM ‖ **nor\|mal:** *regelrecht; gewohnt, üblich* | (Math.) *senkrecht* ‖ **Nor\|mal\|ar\|beits\|zeit** (Wirt.): *im Kollektivvertrag bzw. in Betriebsvereinbarungen festgelegte Arbeitszeit;* → Mehrarbeit ‖ **Nor\|mal\|ben\|zin** → Superbenzin ‖ **Nor\|mal\|bür\|ger** ‖ **Nor\|mal\|bür\|ge\|rin** ‖ **Nor\|ma\|le** die, -n/-n (Math.): *Senkrechte;* die Normalen; *aber:* zwei, alle Normalen *(auch:* Normale) ‖ **nor\|ma\|ler\|wei\|se** ‖ **Nor\|mal\|fall** ‖ **Nor\|mal\|form** ‖ **Nor\|mal\|ge\|wicht** ‖ **nor\|ma\|li\|sie\|ren:** die Lage normalisiert sich *(sie wird wieder normal)* ‖ **Nor\|ma\|li\|sie\|rung** die, -/-en ‖ **Nor\|ma\|li\|tät** die, - ‖ **Nor\|mal\|kraft** (Phys.): *die senkrecht zu einer Fläche wirkende Kraft* ‖ **Nor\|mal\|spur** die, -: *einheitliche Spurweite bei Eisenbahnschienen* ‖ **Nor\|mal\|sta\|tut** [-ʃ-] (SüdT): *Verfassung einer Region ohne primäre Gesetzgebungsbefugnis* ‖ **Nor\|mal\|stimm\|ton** der, -[e]s (Mus.): *a = 440 Hz* ‖ **Nor\|mal\|ver\|brau\|cher:** *durchschnittlicher Verbraucher;* → Otto Normalverbraucher ‖ **Nor\|mal\|ver\|brau\|che\|rin** ‖ **Nor\|mal\|zeit:** *die ortsübliche Zeit (zB die mitteleuropäische Zeit)* ‖ **Nor\|mal\|zu\|stand** ‖ **nor\|ma\|tiv:** *Normen aufstellend* ‖ **nor\|men:** *einheitlich regeln;* genormtes Gewicht ‖ **nor\|mie\|ren:** *[gesetzlich] regeln, normen* ‖ **Nor\|mie\|rung** die, -/-en: *Normung* ‖ **Norm\|ver\|brauchs\|ab\|ga\|be** (NoVA): *Steuer, die beim Neuwagenkauf zu entrichten ist* ‖ **Nor\|mung** die, -/-en: *Normierung* ‖ **Nor\|mungs\|ins\|ti\|tut** [-s-]: Österreichisches N. (→ ON)

Nor\|ne die, -/-n: *germanische Schicksalsgöttin*

North Ca\|ro\|li\|na ['nɔːθ kærə'laɪnə]: *Bundesstaat der USA*

Nor\|we\|gen [auch: -'veː-] (Kfz: N): *ein Staat* ‖ **Nor\|we\|ger** der, -s/- ‖ **Nor\|we\|ge\|rin** die, -/-innen ‖ **nor\|we\|gisch** ‖ **Nor\|we\|gisch** das, -[s] = **Nor\|we\|gi\|sche,** -n

No Smo\|king [nəʊ'sməʊ-] ⟨engl.⟩: *Rauchverbot (zB Hinweis auf Schildern)*

Nos\|t\|al\|gie die, -/-n ⟨gr.⟩: *Sehnsucht | Schwärmerei für Vergangenes* | (veraltet) *Heimweh* ‖ **Nos\|t\|al\|gie\|zug:** *Sonderzug aus alten Wagons* ‖ **Nos\|t\|al\|gi\|ker** der, -s/- ‖ **Nos\|t\|al\|gi\|ke\|rin** die, -/-innen ‖ **nos\|t\|al\|gisch**

Nos\|t\|ri\|fi\|ka\|ti\|on [-tsi̯-] die, -/-en ⟨lat.⟩ ‖ **nos\|t\|ri\|fi\|zie\|ren:** ein ausländisches Zeugnis n. *(staatlich anerkennen, gleichstellen)*

not (geh.): *nötig, notwendig;* not sein (Frage *Wie?*); *aber:* → Not

Not

die, -/Nöte: zur Not *(knapp)* mit dem Lohn auskommen; den Zug mit knapper Not *(gerade noch)* erreicht haben | (ugs.) der hat's Not *(nötig; der sollte das bleiben lassen);* → vonnöten

Getrenntschreibung:
- in Not/Nöten sein
- Not leiden
- Hilfe dringend Not *(nötig)* haben

Zusammenschreibung:
- das wird allen nottun
- es hat uns notgetan; *daher in getrennter Stellung klein:* es tut not *(es ist nötig)*

R→ S. 901, 1.6.1

Getrennt- und Zusammenschreibung mit adjektivisch gebrauchten Partizipien:
- die Not leidende (= notleidende) Bevölkerung; *aber nur zusammen:* äußerst notleidend
- Not lindernde (= notlindernde) Maßnahmen R→ S. 903, 2.2.1

Kleinschreibung in Verbindung mit „sein“:
- not sein
- eines ist not *(vonnöten); aber groß:* es ist Not am Mann *(jemand ist vonnöten)*

R→ S. 891, 1.2.1

No\|ta\|beln die (Pl.) ⟨lat.⟩ (veraltet): die N. *(die führenden Persönlichkeiten, die Oberschicht)* einer Stadt

no\|ta\|be\|ne (NB) ⟨lat.⟩: *wohlgemerkt!; übrigens*

Not\|an\|ker: *Reserveanker, Behelfsanker*

No\|tar der, -s/-e ⟨lat.⟩: *ein vom Staat bestellter Jurist, der zB beglaubigt* ‖ **No\|ta\|ri\|at** das, -[e]s/-e: *Amt eines Notars* ‖ **No\|ta\|ri\|ats\|akt** der, -[e]s/-en (Jus): *Vertrag, bei dessen Abschluss ein Notar mitwirkt, zB ein vom Notar aufgenommener Ehepakt* ‖ **No\|ta\|ri\|ats\|an\|wär\|ter** ‖ **No\|ta\|ri\|ats\|an\|wär\|te\|rin** ‖ **No\|ta\|ri\|ats\|kam\|mer** ‖ **No\|ta\|ri\|ats\|kanz\|lei** ‖ **No\|ta\|ri\|ats\|zwang:** *Verpflichtung, ein Geschäft durch den Notar errichten zu lassen (durch einen Notariatsakt)* ‖ **no\|ta\|ri\|ell:** n. *(durch den Notar)* beglaubigt ‖ **No\|ta\|rin** die, -/-innen

Not\|arzt ‖ **Not\|arzt\|hub\|schrau\|ber** ‖ **Not\|ärz\|tin** ‖ **Not\|arzt\|wa\|gen:** *ein Rettungswagen*

No\|ta\|ti\|on [-tsi̯-] die, -/-en ⟨lat.⟩ (Mus.): *Notenschrift*

Not\|auf\|nah\|me: *die Versorgung eines Notfalls im Spital | Spitalsambulanz für Notfälle* ‖ **Not\|aus\|gang** ‖ **Not\|aus\|stieg** ‖ **Not\|be\|helf** ‖ **Not\|be\|leuch\|tung:** die N. im Kino, Spital ‖ **Not\|bett** ‖ **Not\|brem\|se:** die N. im Zug ziehen ‖ **Not\|brem\|sung** ‖ **Not\|brü\|cke** ‖ **Not\|dienst** ‖ **Not\|durft** die, - (geh.): *das Nötigste zum Leben* | die N. verrichten *(Blase und/oder*

N

Darm entleeren) || **notdürftig:** *behelfsmäßig* || **Notdürftigste** das, -n: nur das N. zum Leben haben
Note die, -/-n: eine gute N. *(Beurteilung, Zensur)* im Zeugnis erhalten | *eine Anmerkung;* Fußnote | *Papiergeld;* Banknote | eine diplomatische N. *(ein offizielles Schreiben)* | (Mus.) *Zeichen für einen Ton;* nach Noten singen
Notebook ['nəʊtbʊk] das, -s/-s ⟨engl.⟩ (EDV): *ein kleiner Laptop*
Notenaustausch: diplomatischer N.; → Note || **Notenbank** die, -/-en: *Bank, die berechtigt ist, Banknoten neu in Umlauf zu bringen (zB die Oesterreichische Nationalbank)* || **Notenbankpräsident** || **Notenbankpräsidentin** || **Notenblatt:** *Blatt mit Notenlinien* || **Notendurchschnitt** || **Notengebung** || **Notenheft** || **Notenlinie** [-i̯ɛ] || **Notenpapier** || **Notenpult** || **Notenschlüssel:** *Symbol für die Kennzeichnung der Tonhöhe der Noten* || **Notenschrift:** *Notation* || **Notenständer** || **Notenwechsel** [-ks-]: *Austausch diplomatischer Schreiben zwischen Staaten*
Notepad ['nəʊtpæd] das = der, -s/-s ⟨engl.⟩ (EDV): *sehr kleiner PC mit Bildschirmeingabe*
Noterbe[1] das, -s (Jus): *Pflichtteil* || **Noterbe**[2] der, -n/-n (Jus): *Pflichtteilsberechtigter; naher Verwandter in der testamentarischen Erbfolge* || **Noterbin** || **Notfall:** im N. *(wenn nötig)* || **Notfallaufnahme** (Med.): *Anlaufstelle/Ambulanzbetrieb im Krankenhaus zur Versorung von Akutfällen, Notaufnahme* || **Notfallmedizin:** *Diagnostik und Therapie akuter Notfälle im Bereich sämtlicher medizinischen Fachgebiete* || **Notfallplan,** *auch:* Notfallsplan || **Notfallpsychologie** [-psy-] = Notfallspsychologie: *psychologische Krisenintervention* || **notfalls:** *nötigenfalls* || **Notfallsplan** → Notfallplan || **Notfallspsychologie** [-psy-] = → Notfallpsychologie || **Notfrequenz** || **notgedrungen:** *gezwungenermaßen* || **Notgrabung:** eine archäologische N. || **Notgroschen:** *[gespartes] Geld für Notzeiten* || **Nothelfer:** die vierzehn Nothelfer *(eine Gruppe von katholischen Heiligen)* || **Nothilfe**
notieren ⟨lat.⟩: sich etwas n. *(vormerken)* | (Börsenspr.) der Dollar notiert heute mit ... *(er hat den Wert von ...)* Euro || **Notierung** die, -/-en || **notifizieren:** *in einer diplomatischen Note mitteilen* || **Notifizierung** die, -/-en
notig (ugs., veraltet): *arm* | *geizig, schäbig*
nötig: etwas n. haben; diese Dinge sind am nötigsten *(bes. notwendig); aber:* es fehlt am **Nö**tigsten || **nötigen:** jemanden zum Essen n. *(drängen)* || **nötigenfalls** || **Nötigung** die, -/-en: *Zwang* | (Jus) *Zwang zu einer Handlung oder zur Unterlassung einer Tat (meist unter Androhung von Gewalt)*
notionieren [-tsi̯-] ⟨lat.⟩ (Amtsspr., veraltet): *einer Behörde mitteilen* || **Notiz** die, -/-en: *Vermerk;* von etwas N. nehmen *(etwas beachten)* || **Notizblock** || **Notizbuch** || **Notizzettel**
Notlage || **Notlager:** *provisorische Schlafstätte* || **notlanden:** das Flugzeug ist notgelandet || **Notlandung** || **Not leidend** = **notleidend** || **Not lindernd** = **notlindernd** || **Notlösung:** *behelfsmäßiger Ausweg* || **Notlüge:** *durch eine Situation oder Rücksichtnahme erzwungene Lüge* || **Notmaßnahme** || **Notnagel** der, -s (ugs.): *Lückenbüßer; Behelf* || **Notoperation** [-tsi̯-] || **Notopfer:** aus Solidarität ein N. bringen
notorisch ⟨lat.⟩: ein notorischer *(allgemein bekannter)* Nörgler
Notruf: *Telefonnummer für rasche Hilfe* || **Notrufnummer** || **Notschalter** || **notschlachten:** die verletzte Kuh wurde notgeschlachtet || **Notschlachtung** || **Notschlafstelle:** *eine Einrichtung für Obdachlose;* N. für Jugendliche || **Notsignal** || **Notsituation** [-tsi̯-] || **Notsitz:** *ein Reservesitz* || **Notstand** der, -[e]s: in einem Gebiet den N. ausrufen *(es zum Katastrophengebiet erklären)* | (Jus) *Begehung einer Tat unter dem Rechtfertigungsgrund des Notstandes* | (sal.) N. *(Notstandshilfe)* beziehen || **Notstandsgebiet** || **Notstandshilfe** (Amtsspr.): *Sozialleistung des Staates für Arbeitslose, die kein Arbeitslosengeld [mehr] beziehen* || **Notstandshilfebezieher** (Amtsspr.) || **Notstandshilfebezieherin** (Amtsspr.) || **Notstromaggregat** || **Nottaufe** (Rel.) || **nottaufen** (Rel.): ein Neugeborenes n. *(bei Lebensgefahr als Laie taufen)* || **nottun:** alles, was nottut *(nötig ist)*; es tut not; → Not
Notturno das, -s/-s [Notturni] ⟨it.⟩ (Mus.): → *Nocturne*
Notunterkunft || **Notversorgung** || **notwassern:** das Flugzeug hat [auf dem See] notgewassert *(ist notgelandet)* || **Notwegerecht** (Jus): *Durchfahrtsrecht ua.* || **Notwehr** die, -: jemanden in N. töten || **Notwehrüberschreitung** (Jus) || **notwendig** [auch: -'ɛ-]: etwas ist n. | (Großschreibung) sich auf das **N**otwendigste beschränken; es fehlt am **N**otwendigsten || **notwendigenfalls** || **notwendigerweise** || **Notwendigkeit** [auch: -'ɛ-] die, -/-en || **Notzucht** die, - (veraltet): *ein Sexualverbrechen, Vergewaltigung* || **notzüchtigen** (veraltet): *vergewaltigen;* sie wurde genotzüchtigt
Nougat ['nu:g-] = → Nugat
Nouvelle Cuisine [nu'vɛl kɥi'zin] die, - - ⟨fr.⟩ (wörtl.: neue Küche) (Gast.): *auf Unverfälschtheit und Naturprodukte Wert legende Küche*
Nova [-v-] die, -/Novä (Novae [-vɛ]) ⟨lat.⟩ (Astron.): *ein plötzlich hell aufleuchtender Stern*
NoVA [-f-, -v-] die, -: **N**orm**v**erbrauchs**a**bgabe
Novation [-vatsi̯-] die, -/-en ⟨lat.⟩ (Jus): *Neuerungsvertrag*
Novecento [-vetʃ-] das, -[s] ⟨it⟩: *das 20. Jh. und seine Kunst (in Italien)*
Novelle [-v-] die, -/-n ⟨lat.-it.⟩: *eine kurze Erzählung* | (bes. Jus) *Abänderung oder Ergänzung einer Rechtsnorm;* 14. Schulorganisationsgesetz-N. || **novellieren** (bes. Jus): *abändern (von Gesetzen)* || **Novellierung** die, -/-en (bes. Jus) || **Novellist** der, -en/-en: *Verfasser von Novellen* || **Novellistin** die, -/-innen || **novellistisch:** *novellenartig*
November [-v-, auch: -f-] der, -[s]/- ⟨lat.⟩: *der elfte Monat im Jahr* || **Novemberrevolution** [-tsi̯-] (Gesch.): *Revolution in Österreich bzw. in Deutschland im November 1918* || **Novemberpogrom** (Gesch.): *die Nacht vom 9. auf den 10. November 1938 mit nationalsozialistischen Pogromen gegen Juden in ganz Deutschland und Österreich und Zerstörung*

aller Synagogen; → Kristallnacht

No|ve|ne [-v-] die, -/-n ⟨lat.⟩ (kath.): *neuntägige Andacht*

No|vi|tät [-v-] die, -/-en ⟨lat.⟩: *Neuheit;* Novitäten auf der Rieder Messe ‖ **No|vi|ze** der, -n/-n: *Ordensangehöriger während der Probezeit* ‖ **No|vi|zi|at** das, -[e]s/-e: *Probezeit eines Novizen/einer Novizin* | *Institut für diese Zeit* ‖ **No|vi|zin** die, -/-innen ‖ **No|vum** das, -s/Nova (geh.): *neuer Gesichtspunkt, Neuerung*

Np: Neptunium

NPO [en pi 'əʊ] die, -/-s: **N**on-**P**rofit-**O**rganisation *(private, gemeinnützige, nicht auf Gewinn orientierte Organisation, zB Caritas);* → NRO; → NGO

NR: National**r**at

Nr.: Numme**r**

NRAbg. → NAbg.

NRO [ɛn ɛr 'o(ː)]: **N**ichtregierungs**o**rganisation; → NGO

NS[1] [ɛn 'ɛs] die, -/-: **N**ach**s**chrift (in einem Brief); → PS

NS[2] [ɛn 'ɛs]: **N**ational**s**ozialismus ‖ **NSDAP** [ɛn ɛs de a 'peː] die, -: **N**ational**s**ozialistische **D**eutsche **A**rbeiter**p**artei; → Nationalsozialismus ‖ **NS-Herr|schaft** [ɛn 'ɛs-] die, -: *Herrschaft der Nationalsozialisten* ‖ **NS-Ver|bre|chen** ‖ **NS-Zeit** die, -: *die Zeit der Herrschaft des Nationalsozialismus*

N. T.: Neues **T**estament *(in der Bibel)*

Nu: im Nu, in einem Nu *(blitzschnell)*

Nu|ance [ny'ɑ̃ːs] die, -/-n ⟨fr.⟩: *Abstufung; Tönung; feiner Unterschied;* Farbnuancen ‖ **nu|ancen|reich** ‖ **nu|an|cie|ren:** *fein abstufen*

'nü|ber, *auch:* nüber (bes. südl. D, ugs.): *hinüber*

nüch|tern: noch n. sein *(seit dem Erwachen noch nichts gegessen und getrunken haben)* | nicht mehr ganz n. sein *(schon leicht betrunken sein)* | ein nüchterner *(sachlicher,* auch: *fantasieloser)* Mensch ‖ **Nüch|tern|heit** die, -

Nu|ckel der, -s/-: *Schnuller* ‖ **nu|ckeln:** *lutschen, saugen* | *vorsichtig in kleinen Schlucken trinken*

Nu|del die, -/-n: *eine Teigware (als Suppeneinlage)* | *eine Speise;* Dampfnudel; Kasnudel ‖ **Nu|del|brett:** *Holzplatte zum Ausrollen des Teigs* ‖ **Nu|del|ge|richt** ‖ **nu|deln** (ugs.): *herzen, kosen* ‖ **Nu|del|sa|lat** ‖ **Nu|del|sup|pe:** *Suppe mit Nudeleinlage* | (ugs.) jemand kommt nicht auf der N. dahergeschwommen *(weiß Bescheid, worum es geht)* ‖ **Nu|del|ta|scherl** (Küchenspr.) ‖ **Nu|del|teig** ‖ **Nu|del|wal|ker:** *ein Küchengerät*

Nu|dis|mus der, - ⟨lat.⟩: → *Freikörperkultur* ‖ **Nu|dist** der, -en/-en: *Anhänger der Freikörperkultur* ‖ **Nu|dis|tin** die, -/-innen ‖ **Nu|di|tät** die, -/-en (geh.): *Nacktheit*

Nu|gat = Nougat ['nuːg-] das *(auch:* der), -s/-s ⟨fr.⟩: *feine Mischung aus Nüssen und Schokolade*

Nug|get ['nʌgɪt] das, -s/-s ⟨engl.⟩: *natürliches Klümpchen Gold*

Nug|gi der, -s/-s (V): *Schnuller*

nu|kle|ar ⟨lat.⟩: *den Atomkern betreffend* ‖ **Nu|kle|ar|me|di|zin:** *Teilgebiet der Medizin, das sich sich mit der Anwendung von radioaktiven Strahlen befasst* ‖ **Nu|kle|ar|waf|fen** die (Pl.) ‖ **Nu|kle|us** der, -/Nuklei [-e.i]: *Kern, Zellkern* ‖ **Nu|klid** das, -[e]s/-e (Phys.): *Atomkern*

null ⟨lat.⟩:

Kleinschreibung des Zahlworts:
- null Grad
- das Thermometer steht auf null
- [um] null Uhr *(24 Uhr)*
- die Stunde null *(Zeitpunkt eines Neubeginns)*
- das Ergebnis war gleich null
- eins zu null (1 : 0)
- einen Vertrag für null und nichtig *(ungültig)* erklären
- in null Komma nichts fertig sein (ugs.: *ganz schnell)*
- null Komma Josef (ugs.: *gar nichts)* R→ S. 894, 2.3.2

Großschreibung bei Nominalisierung der Grundzahl zur Bezeichnung einer Ziffer:
- die Ziffer **N**ull (0; *Nuller)*
- zwei **N**ullen schreiben R→ S. 894, 2.3.3

Null die, -/-en (0) ⟨lat.⟩: → *Nuller;* → null | (abw.) *bedeutungsloser Mensch* ‖ **null|acht|fünf|zehn** (08/15) (ugs., oft abw.): *ideenlos, gewöhnlich, normal;* das Angebot ist n. ‖ **Null|acht|fünf|zehn-lö|sung** (08/15-Lösung) (ugs., oft abw.): *naheliegendste Lösung ohne Individualität, Raffinesse* ‖ **Null|de|fi|zit:** *Budget ohne Defizit* ‖ **Null|di|ät:** *[fast] kalorienlose Diätkur* ‖ **nul|ler** (0er) → achtziger ‖ **Nul|ler** (0er) der, -s/-: *die Ziffer Null (0);* einen N. hinschreiben; → Null ‖ **nul|ler Jahr** = **Nul|ler|jahr** (ugs.): *ein Jahr des ersten Jahrzehnts, zB 09 (null neun) für 2009;* die Nullerjahre des 21. Jh.; → achtziger Jahr ‖ **Nul|lerl** das, -s/-[n] (ugs.): *jemand, der nicht beachtet wird* | *ein Ergebnis zu null;* ein N. kriegen ‖ **nul|li|fi|zie|ren:** *ungültig erklären, annullieren* ‖ **Nul|li|tät** die, -/-en (veraltet) (Jus): *Nichtigkeit* ‖ **Null|lei|ter:** *geerdete Leitung im elektrischen Stromnetz* ‖ **Null|li|nie** [-i̯ɛ]: die N. auf einer Skala ‖ **Null|lohn|run|de** (Wirt.): *Lohnrunde ohne Anhebung der Kollektivlöhne* ‖ **Null|lö|sung:** die N. eines Konflikts *(Beibehaltung des Bisherigen, des Gleichgewichts)* ‖ **Null|men|ge** (Math.): *Menge, die kein Element enthält* ‖ **Null|me|ri|di|an:** *geographische Länge von Greenwich* ‖ **Null|num|mer:** *Probenummer einer Zeitung oder Zeitschrift vor der ersten Ausgabe* ‖ **Null|punkt** ‖ **Null|sum|men|spiel:** *Vorgang mit ausgeglichenen Gewinnen und Verlusten* ‖ **Null|ta|rif:** *kostenlose Benützung öffentlicher Einrichtungen* ‖ **Null|ver|zin|sung** ‖ **Null|wachs|tum** [-ks-] (beschön.) (Wirt.): *Stillstand des Wachstums*

Nu|me|ra|le das, -s/Numeralien [-i̯ən] [-ralia] ⟨lat.⟩ (Gramm.): *Zahlwort* ‖ **nu|me|risch:** *zahlenmäßig* ‖ **Nu|me|ro** das, -s/-s = die, -/-s (No.) (veraltet): *Nummer, bes. Hausnummer;* auf N. Sicher (= sicher) gehen *(kein Risiko eingehen)* ‖ **Nu|me|rus** der, -/Numeri (wörtl.: Zahl) (Gramm.): *Bezeichnung für Singular und Plural* ‖ **Nu|me|rus clau|sus** [- k-] der, - -: *zahlenmäßig beschränkte Zulassung [zu einem Studium]*

nu|mi|nos (Rel.) ⟨lat.⟩: *göttlich; unbegreiflich*

Nu|mis|ma|tik die, - ⟨gr.-lat.⟩: *Münzkunde* ‖ **Nu|mis|ma|ti|ker** der, -s/- ‖ **Nu|mis|ma|ti|ke|rin** die, -/-innen

Num|mer

die, -/-n ⟨lat.-it.⟩ (Nr., *veraltet auch:* No.): *Ziffer, Zahl;* Gewinnnummer; → Numero | auf Nummer Sicher (= sicher) gehen *(kein Risiko eingehen)* | eine Nummer zu groß sein | (SüdT) grüne Nummer *(gebührenfreie Telefonauskunft)*

N

Nicht verwechseln!
Nummer – Numerus/Numerale
Die Schreibung mit einem *m* gilt für Wörter, die sich direkt vom lateinischen „numerus" (= Zahl, Anzahl) ableiten:
- Numerale
- Numerus [clausus]
- numerisch
- Numero

Die eingedeutschte Schreibung hingegen hat zwei *m*:
- Nummer
- nummerieren
- Nummerierung

num|me|rie|ren ⟨lat.-it.⟩: *fortlaufend beziffern;* die Kapitel n. ‖ **Num|me|rie|rung** die, -/-en ‖ **num|me|risch** (selten für): *numerisch* ‖ **Num|mern|schild** ‖ **Num|mern|schloss:** das Fahrrad mit einem N. versperren ‖ **Num|mern|ta|fel:** *Kfz-Kennzeichen* ‖ **Num|mern|zei|chen** (#): *Raute*[2]
nun: von nun an; nun und nimmer *(niemals)* ‖ **nun|mehr** (geh.): *jetzt* ‖ **nun|meh|rig:** *jetzig*
'nun|ter, *auch:* nunter (bes. südl. D, ugs.): *hinunter*
Nun|ti|a|tur [-tsi̯-] die, -/-en ⟨lat.⟩: *Sitz und Amt eines Nuntius* ‖ **Nun|ti|us** der, -/Nuntien [-i̯ən]: *päpstlicher Botschafter*
nur: nur Gutes tun; es sind nur mehr *(nur noch)* einige Leute da ‖ **Nur|haus|frau** (oft abw.) ‖ **Nur|haus|mann** (oft abw.)
Nürn|berg: *Stadt in Deutschland*
Nursch der, -[e]s/- (mda.): *[Futter-]trog*
Nurse [nɜːs] die, -/-s [-sɪz] [-n] ⟨engl.⟩ (veraltet): *Kinderfrau*
nu|scheln, ich nuschle: *undeutlich reden*
Nuss die, -/Nüsse: *Kurzwort für Walnuss, Haselnuss* | eine harte N. *(eine knifflige Aufgabe)* | (Küchenspr.) *ein bestimmtes Fleischstück* | (ohne Pl.) *Holz des Nussbaums* ‖ **Nuss|beu|gel:** *eine Mehlspeise* ‖ **nuss|braun** ‖ **Nus|se|ler** der, -s/- (SüdT): *Likör aus grünen Nüssen, Magenzucker und Gewürzen* ‖ **Nuss|fül|le** ‖ **Nuss|kip|fel** = **Nuss|kip|ferl** ‖ **Nuss|kna|cker** der, -s/- ‖ **Nüss|le|sa|lat** = **Nüss|li|sa|lat** (V, mda.): *Rapunzel*[1] ‖ **Nuss|pa|la|t|schin|ke** ‖ **Nuss|po|ti|t|ze** (K, St): *eine Mehlspeise* ‖ **Nuss|scha|le** ‖ **Nuss|schnit|te** ‖ **Nuss|scho|ko|la|de** ‖ **Nuss|stru|del** ‖ **Nuss|tor|te**
Nüs|ter die, -/-n (meist Pl.): *Nasenflügel [bes. des Pferdes]*
Nut die, -/-en = **Nu|te,** -/-n: eine *längliche Vertiefung [in einem Werkstück]*
Nu|t|ria[1] die, -/-s ⟨span.⟩: *ein Nagetier* ‖ **Nu|t|ria**[2] der, -[s]/-s: *ein Pelz*
nu|t|ri|tiv ⟨lat.⟩: *ernährend; auf die Ernährung bezogen*
Nut|te die, -/-n (bes. D, derb): *Prostituierte*
nutz: [zu] nichts n. sein ‖ **Nutz** (geh.): zu N. und Frommen *(zum Vorteil)* aller; → zu Nutze (= zunutze) machen ‖ **Nutz|an|wen|dung** ‖ **nutz|bar:** Ödland durch Bewässerung n. machen ‖ **Nutz|bar|keit** die, - ‖ **Nutz|bar|ma|chung** die, -/-en ‖ **nutz|brin|gend** ‖ **Nutz|ef|fekt** ‖ **nut|zen** = **nüt|zen,** du nutzt: dieser Wald wurde genutzt *(wirtschaftlich ausgewertet)* | es nutzt *(hilft)* keine Ermahnung ‖ **Nut|zen** der, -s: von N. *(vorteilhaft)* sein ‖ **Nutz|fahr|zeug** ‖ **Nutz|flä|che:** die N. eines Hauses, einer Wohnung ‖ **Nutz|grund:** *landwirtschaftliches Grundstück* ‖ **Nutz|last:** der Laster kann zehn Tonnen N. befördern ‖ **Nutz|leis|tung** (Technik) ‖ **nütz|lich:** sich n. machen ‖ **Nütz|lich|keit** die, -/-en ‖ **Nütz|lich|keits|den|ken** ‖ **Nütz|lich|keits|stand|punkt** ‖ **Nütz|ling** der, -s/-e: *Tier, das Schädlinge frisst* ‖ **nutz|los** ‖ **Nutz|lo|sig|keit** die, - ‖ **Nutz|nie|ßer** der, -s/-: *jemand, der von der betreffenden Sache den Nutzen hat* ‖ **Nutz|nie|ße|rin** die, -/-innen ‖ **Nutz|pflan|ze** ‖ **Nutz|tier** ‖ **Nut|zung** = **Nüt|zung** die, -: die N. eines Grundstückes ‖ **Nut|zungs|ent|gelt** (Amtsspr.): *Miete, Pacht uÄ* ‖ **Nut|zungs|recht** (Jus): sie hat das N. an dem Weingarten ‖ **Nut|zungs|ver|trag** (Jus) ‖ **Nutz|was|ser** das, -s/-: *für Gewerbe und Haushalt verwendetes, aber nicht als Trinkwasser geeignetes Wasser* ‖ **Nutz|was|ser|lei|tung** ‖ **Nutz|wert** (Jus): *Wert einer Eigentumswohnung, bezogen auf das gesamte Wohnhaus*
NVK: Nah**v**erkehrs**k**noten
NW: Nord**w**est[en]
Ny [nyː] das, -[s]/-[s] (v, N) ⟨gr.⟩: *griechischer Buchstabe, entspricht* n/N
Ny|lon ['naɪl-] das, -s ⟨engl.⟩ (Wz.): *eine Kunstfaser* ‖ **Ny|lons** die (Pl.): *Nylonstrümpfe* ‖ **Ny|lon|sack** = **Ny|lon|sa|ckerl** (veraltend): *Plastiksack* ‖ **Ny|lon|strumpf**
Nym|phe ['nymfə] die, -/-n ⟨gr.-lat.⟩: *eine Naturgottheit in der griechischen Mythologie* | (Zool.) *eine Larve von Insekten mit unvollkommener Verwandlung, zB Libellen, Wanzen* ‖ **nym|phen|haft** ‖ **Nym|phen|sit|tich:** *ein Vogel* ‖ **Nym|pho|ma|nie** die, - (Med., Psych.): *krankhaft gesteigerter Geschlechtstrieb der Frau;* → G.: Satyriasis ‖ **Nym|pho|ma|nin** die, -/-innen (Med., Psych.)

N

o O

o [o:] das, -/- (Kleinbuchstabe): das o im Wort *offen* | (Laut) der o-Laut | o ja! (= oh ja!); o nein! (= oh nein!); o komm (= oh komm); o weh (= oh weh = **O** weh = **O**h weh) schreien; → oh

O [o:] das, -/- (Großbuchstabe): das O im Wort *Ohr* | **O**st[en] | (auslaufend auch Kfz) **O**berösterreich | (Chem.) **O**xygenium

ö das, -/- (Kleinbuchstabe): das ö im Wort *öfter* || **Ö** das, -/- (Großbuchstabe): das Ö im Wort *Öhr*

ö.: **ö**sterreichisch; → öst.; → österr. || **Ö.:** **Ö**sterreich

Ö1 [ø 'aıns]: **Ö**sterreich **1** *(das erste Hörfunkprogramm des ORF)* || **Ö3** [ø 'draı]: *ein Rundfunksender* || **Ö-3-Ver|kehrs|funk**

OA: **O**ber**a**rzt/**O**berärztin || **OÄ:** **O**ber**ä**rztin

o. a.: **o**ben **a**ngeführt

o. Ä. = **oÄ:** **o**der **Ä**hnliche[s]

ÖAAB [ø a a 'be:] der, -: **Ö**sterreichischer **A**rbeitnehmerinnen- und **A**rbeitnehmer**b**und *(der ÖVP)* || **ÖAAB|ler** der, -s/- (sal.): *Mitglied des ÖAAB* || **ÖAAB|le|rin** die, -/-innen (sal.)

ÖAK [ø a 'ka:] die, - (Medienw.): **Ö**sterreichische **A**uflagen**k**ontrolle *(Institution zur Prüfung der Auflagenhöhe von Printmedien)*

ÖÄK [ø ɛ 'ka:] die,-: **Ö**sterreichische **Ä**rzte**k**ammer

ÖAMTC [ø a ɛm te 'tse:] der, -: **Ö**sterreichischer **A**utomobil-, **M**otorrad- und **T**ouring-**C**lub || **ÖAMTC|ler** der, -s/- (sal.): *Mitarbeiter/Pannenhelfer des ÖAMTC* || **ÖAMTC|le|rin** die, -/-innen (sal.)

Oa|se die, -/-n ⟨sem.-gr.-lat.⟩: *Wasserstelle, fruchtbarer Landstrich in der Wüste*

ÖAW [ø a 've:] die, -: **Ö**sterreichische **A**kademie der **W**issenschaften

ob (Konj.): ich weiß nicht, ob sie kommen wird; als ob *(als wenn, wie wenn);* → als | (Präp. mit Gen. und Dat.) (geh. bzw. veraltet) ob *(wegen)* dieses Zufalls | (Präp. mit Dat.) St. Georgen ob *(ober, oberhalb)* Murau; Österreich ob der Enns (früher für: *Oberösterreich)*

Ob der, -[s]: *Strom in Russland*

o. B. [o 'be:] (Med.): **o**hne **B**efund; die ärztliche Untersuchung ergab o. B. *(es konnte keine Erkrankung festgestellt werden)*

Ob|acht die, - (veraltend): O. geben *(aufpassen)*

ÖBB [ø be 'be:] die (Pl.): **Ö**sterreichische **B**undes**b**ahnen || **ÖBB-Leit|stel|le:** *Steuerungs- und Überwachungszentrum der ÖBB* || **ÖBB|ler** der, -s/- (sal.): *Bedienstete der Österreichischen Bundesbahnen* || **ÖBB|le|rin** die, -/-innen (sal.)

Ob|dach das, -[e]s || **ob|dach|los:** *ohne Unterkunft* || **Ob|dach|lo|se**[1] der, -n/-n, ein Obdachloser || **Ob|dach|lo|se**[2] die, -n/-n || **Ob|dach|lo|sen|asyl** [-y:l]: *Wohnheim für Obdachlose* || **Ob|dach|lo|sen|heim** || **Ob|dach|lo|sig|keit** die, -

Ob|duk|ti|on [-tsi̯-] die, -/-en ⟨lat.⟩: *Leichenöffnung zur Feststellung der Todesursache* || **Ob|duk|ti|ons|be|fund** || **ob|du|zie|ren**

O-Bei|ne die (Pl.) || **o-bei|nig** = **O-bei|nig**

Obe|lisk der, -en/-en ⟨gr.-lat.⟩: *vierkantige Spitzsäule*

Obe|lix: *eine Figur aus Comics und Zeichentrickfilmen;* → Asterix

oben:

oben stehen/liegen; von oben her; oben ohne *(ohne Bikinioberteil)*

Getrennt- und Zusammenschreibung mit adjektivisch gebrauchten Partizipien:

- die oben erwähnte (= obenerwähnte) Sache; *aber nur getrennt:* wie oben erwähnt wurde
- das oben Erwähnte (= Obenerwähnte)
- das oben Genannte (= Obengenannte)
- das oben genannte (= obengenannte) Problem
- das oben Stehende (= Obenstehende)

R→ S. 903, 2.2.1

oben|an: o. sitzen || **oben|auf** || **oben|drauf** || **oben|drein:** *außerdem* || **oben er|wähnt** = **oben|er|wähnt** || **oben Er|wähn|te** das, -n = **Oben|er|wähn|te,** -n || **oben ge|nannt** = **oben|ge|nannt** || **oben Ge|nann|te** das, - -n = **Oben|ge|nann|te,** -n || **oben|hin:** etwas o. *(flüchtig, nebenbei)* erwähnen; *aber:* etwas nach oben hin erweitern || **oben Ste|hen|de** das, - -n = **Oben|ste|hen|de,** -n

ober (Präp. mit Dat.): sie wohnt o. *(über)* uns; → obere || **Ober** der, -s/-: *Kellner; Oberkellner* || **Ober|amt|mann** (B): *Gemeindeamtsleiter/in* | (CH) *Titel eines Verwaltungsbeamten* || **Ober|arm** || **Ober|arzt** (OA): *Leiter einer Abteilung, Vertreter des Primarius im Krankenhaus* || **Ober|ärz|tin** (OA, OÄ) || **Ober|auf|sicht** || **Ober|bau** || **Ober|be|fehl** der, -[e]s (Mil.): den O. haben || **Ober|be|fehls|ha|ber** (Mil.) || **Ober|be|griff:** *umfassender, übergeordneter Begriff, zB* Rundfunk *für* Radio und Fernsehen || **Ober|be|klei|dung** die, - || **Ober|be|rei|ter:** *ein Amtstitel;* O. der Spanischen Reitschule || **Ober|deck** || **Ober|do|nau** (Gesch., Pol.): *Bezeichnung für Oberösterreich (mit dem steirischen Salzkammergut und südböhmischen Gebieten) während der NS-Herrschaft;* → Niederdonau || **obe|re:** die oberen Stockwerke || **Obe|re**[1] der, -n/-n, ein Oberer: *Vorgesetzter; Ordensoberer* || **Obe|re**[2] die, -n/-n || **ober|faul** (ugs.): die Sache ist o. *(äußerst verdächtig)* || **Ober|flä|che:** an der O. || **Ober|flä|chen|schutz** || **ober|fläch|lich:** ich kenne sie nur o. *(flüchtig);* ein oberflächlicher Mensch *(Mensch ohne geistigen Tiefgang)* || **Ober|fläch|lich|keit** die, -/-en || **ober|gä|rig:** *sich nach dem Gärprozess an der Flüssigkeitsoberfläche ablagernd (von Hefe);* obergäriges Bier; → G.: untergärig || **ober|ge|scheit,** *auch:* obergscheit (ugs.): *besserwisserisch* || **Ober|ge|schoß,** *auch:* **Ober|ge|schoss** || **Ober|gren|ze** || **ober|gscheit** → obergescheit || **ober|halb** (Präp. mit Gen.): o. des Knies; die Donau o. Wiens/von Wien || **Ober|hand** die, -: die O. *(Überlegenheit)* behalten/gewinnen || **Ober|haupt:** *jemand, der an der Spitze [einer Familie, Organisation] steht* || **Ober|haus** das, -es: *eine der beiden Kammern des britischen Parlaments;* → Unterhaus || **Ober|herr|schaft** || **Ober|hir|te** (geh.): *katholischer Bischof* || **Ober|hit|ze:** *von oben ausgehende Hitze im Backrohr;* → G.: Unterhitze || **Ober|ho|heit:** unter der O. der Vereinten Nationen || **Obe|rin** die, -/-innen: *Vorsteherin (eines Klosters)* | *Pflegedienstleiterin in einem Spital* || **ober|ir|disch:** *auf/über der Erdoberfläche* || **Ober|ita|li|en:** *Norditalien*

O

|| **Oberkante** || **Oberkärnten:** *Landesteil von Kärnten;* → Unterkärnten || **Oberkellner:** *Zahlkellner* || **Oberkellnerin** || **Oberkiefer** der = das, -s/- || **Oberkirchenrat:** *eine evangelische Kirchenbehörde* || **Oberklasse:** *Oberschicht* || **Oberkommandierende**[1] der, -n/-n, ein Oberkommandierender (Mil.) || **Oberkommandierende**[2] die, -n/-n (Mil.) || **Oberkommando** (Mil.) || **Oberkommissär:** *ein Amtstitel* || **Oberkommissärin** || **Oberkörper** || **Oberkrainer** die (Pl.): *eine Volksmusikgruppe (nach einer Region der Krain)* || **Oberland:** *das höher gelegene Gebiet;* → Unterland || **Oberländer** der, -s/- || **Oberländerin** die, -/-innen || **Oberlandler** die (Pl.): *ein steirischer Brauchtumsverein* || **Oberlandesgericht** (OLG): *zweitinstanzliches Gericht (in Wien, Linz, Graz und Innsbruck)* || **Oberlauf:** der O. *(der dem Quellgebiet nahe Teil)* eines Flusses || **Oberleder:** *oberer Teil eines Lederschuhs* || **Oberleitung:** *über der Fahrbahn geführte elektrische Leitung [für Straßenbahnen]* || **Oberleitungsomnibus:** *Obus* || **Oberleutnant:** *ein militärischer Dienstgrad* || **Oberlichte** die, -/-n: *oberster Flügel des Fensters; Fenster über der Tür* || **Oberliga** (Sport) || **Oberlippe** || **oberm:** *ober dem;* Viertel o. Manhartsberg || **Obermacher** (ugs., oft abw.): *jemand, der die eigentlichen Entscheidungen trifft* || **Obermacherin** (ugs., oft abw.) || **Obermedizinalrat** || **Obermedizinalrätin** || **Oberösterreich** (OÖ, O): *ein österreichisches Bundesland* || **Oberösterreicher** || **Oberösterreicherin** || **oberösterreichisch** (oö.): die oberösterreichische Landesregierung || **Oberpullendorf** (ung.: Felsőpulya ['fɛlʃøːpujɔ], kroat.: Gornja Pulja) (Kfz: OP): *Stadt im Burgenland* || **Oberrat:** *ein Beamtentitel* || **Oberrätin** || **Obers** das, - (bes. ostöst.): *süßer Rahm, Schlagobers, Kaffeeobers;* → Sahne || **Oberschenkel:** *oberer Teil des Beines* || **Oberschenkelhals:** *oberer Teil des Oberschenkelknochens* || **Oberschenkelhalsbruch** (Med.) || **Oberschicht** (Soz.): *Bevölkerungsschicht mit überdurchschnittlich hohem Einkommen, großem Ansehen und Einfluss* || **oberschlächtig:** ein oberschlächtiges *(von oben angetriebenes)* Wasserrad; → G.: unterschlächtig || **Oberschule** (SüdT) (Bildw.): *Oberstufenschule in Südtirol* || **Oberschulrat** (OSR): *ein auszeichnender Berufstitel* || **Oberschulrätin** (OSR) || **Oberschwester:** *Krankenschwester in leitender Position* || **Oberscreme** [-kreːm] = Oberskrem = Oberskreme || **Oberseite** || **Oberskren** (bes. ostöst.): *Gemisch aus Schlagobers und Kren* || **Oberssauce** [-zoːs(ɛ)] = **Oberssoß** = **Oberssoße** || **Oberst** der, -en [-s]/-en [-e]: *ein militärischer Dienstgrad* || **Oberstaatsanwalt** || **Oberstaatsanwältin** || **oberste:** das oberste Stockwerk; *aber:* der **O**berste Gerichtshof *(Höchstgericht)* || **Öberste**[1] der, -n/-n (ugs., scherzh.): *der Ranghöchste;* Gottsöberste || **Öberste**[2] die, -n/- (ugs., scherzh.) || **Obersteier** (geh.): *Obersteiermark* || **Obersteiermark:** *Landesteil der Steiermark* || **Oberstimme** (Mus.): *oberste Stimme im Tonsatz* || **Oberstleutnant** [auch: -'lɔʏ-]: *ein militärischer Dienstgrad* || **Oberstudienrat** (OStR): *ein auszeichnender Berufstitel für Lehrer an höheren Schulen* || **Oberstudienrätin** (OStR) || **Oberstufe** (Bildw.): *9. bis 12./13. Schulstufe* || **Oberstufenrealgymnasium** [-gy-]: *eine Form der allgemein bildenden höheren Schule* || **Oberteil** das = der, -[e]s/-e: *oberes [Bekleidungs]teil* || **Oberton** (meist Pl.) (Mus.): Obertöne *(mitschwingende höhere Frequenzen)* verstärken; *Aliquotton, Naturton* || **obertönig** (Mus.): *die Obertöne hervortreten lassend;* → grundtönig || **Oberwart** (ung.: Felsőőr ['fɛlʃøː,øːr], kroat.: Gornja Borta): Győr (Kfz: OW): *Stadt im Burgenland* || **Oberwasser** das, -s: O. bekommen *(in eine günstige Lage kommen)* || **Oberweite:** *Brustumfang* || **Oberwölz:** *Stadt in der Steiermark*

Obfrau: *Vorsitzende [eines Vereins]*

obgenannt (Amtsspr.): *oben genannt*

obgleich: *obwohl*

Obhut: ein Kind in [die] O. nehmen *(für es sorgen)*

Obi das, -s/-s (Wz.): *ein Apfelsaft;* Obi gespritzt

obige: die o. *(oben erwähnte)* Adresse

Objekt das, -[e]s/-e ⟨lat.⟩: *Gegenstand* | *Gebäude* | (Gramm.) *Fallergänzung* || **objektiv:** eine objektive *(rein sachliche)* Beurteilung; → G.: subjektiv || **Objektiv** das, -s/-e [-fɛ, -vɛ]: *die dem Objekt, Gegenstand zugewendete[n] Linse[n] [beim Fotoapparat];* → Okular || **objektivieren** [-v-]: ein Problem o. *(versachlichen)* || **Objektivierung** die, -/-en || **Objektivität** die, -: *Sachlichkeit, Vorurteilslosigkeit* || **Objektkunst:** *eine moderne Kunstrichtung* || **Objektschutz:** *[Polizei-]schutz für Gebäude uÄ*

Oblate[1] die, -/-n ⟨lat.⟩: *ein dünnes, flaches Backwerk* | *ungeweihte Hostie* || **Oblate**[2] der, -n/-n: *Angehöriger einer katholischen Kongregation;* die Oblaten des hl. Franz von Sales

Obleute die (Pl. von → Obmann)

obliegen (geh.): es obliegt mir *(ich habe die Aufgabe, Pflicht)* || **Obliegenheit** die, -/-en (geh.): *Pflicht, Verpflichtung*

obligat ⟨lat.⟩: obligate *(verpflichtende, verbindliche)* Unterrichtsgegenstände | (Mus.) Arie mit obligater *(unentbehrlicher)* Violine || **Obligation** [-tsi̯-] die, -/-en (Bankw.): *eine Schuldverschreibung; festverzinsliches Wertpapier* | (veraltet) *Verpflichtung, Verbindlichkeit* || **obligatorisch:** *verpflichtend;* → G.: fakultativ || **Obligo** das, -s/-s ⟨lat.-it.⟩ (Amtsspr.) (nur in der Wendung): [in einer Sache] außer O. *(nicht verantwortlich)* sein

oblong (veraltet): *länglich; rechteckig*

Obmann: *Vorsitzender [eines Vereins]*

Oboe ['oː-, -'oːɛ] die, -/-n ⟨fr.-it.⟩: *ein Holzblasinstrument* || **Oboist** der, -en/-en || **Oboistin** die, -/-innen

Obolus der, -/- [-lusse] ⟨gr.⟩: *eine kleine Münze im alten Griechenland* | seinen O. entrichten *(seinen Beitrag [an Geld] leisten)*

Obrigkeit die, -/-en: *die Behörde[n]; die politische/kirchliche Leitung* || **obrigkeitlich** || **obrigkeitshörig** || **Obrigkeitshörigkeit** || **Obrigkeitsstaat:** *autoritärer Staat*

Obrist der, -en/-en (früher) (Mil.): *Bezeichnung für Oberst* | (Pl.)

Militärregierung
obschon: *obwohl*
Observanz [-v-] die, -/-en ⟨lat.⟩: *Einhaltung von Regeln [eines Ordens];* strenge O. ‖ **Observatorium** das, -s/Observatorien [-i̯en]: *Sternwarte; Wetterwarte* ‖ **observieren:** einen Verdächtigen o. *(überwachen)*
Obsession die, -/-en ⟨lat.⟩: *Besessenheit [von einer Idee]* ‖ **obsessiv**
obsiegen (geh.): sie hat im Prozess ihrem (über ihren) Gegner obsiegt
obskur ⟨lat.⟩: eine obskure *(undurchsichtige, verdächtige)* Sache | (sal.) ein obskurer *(unbekannter, fragwürdiger)* Autor
obsolet ⟨lat.⟩ (geh.): *veraltet, überholt*
Obsorge die, - (Amtsspr.): *die elterlichen Rechte und Pflichten gegenüber Minderjährigen;* Kinder in O. haben ‖ **obsorgeberechtigt** (Amtsspr.) ‖ **Obsorgepflicht** (Jus): *Fürsorgepflicht [der Eltern, eines Elternteils]*
Obst das, -[e]s: O. ernten ‖ **Obstbau** der, -[e]s ‖ **Obstbaum** ‖ **Obstblüte** ‖ **Obstbrand:** *Obstler* ‖ **Obsternte** ‖ **Obstessig:** *Apfelessig ua.* ‖ **Obstgarten** ‖ **Obstgenossenschaft** ‖ **Obsthändler** ‖ **Obsthändlerin**
obstinat ⟨lat.⟩: *widerspenstig*
Obstipation [-tsi̯-] die, -/-en ⟨lat.⟩ (Med.): *Stuhlverstopfung*
Obstler der, -s/-: *aus Obst gebrannter Schnaps* ‖ **Obstmagazin** (SüdT): *Obstlager* ‖ **Obstmaische** ‖ **Obstmost**
obstruieren ⟨lat.⟩: *[eine Beschlussfassung] verzögern* ‖ **Obstruktion** [-tsi̯-] die, -/-en ‖ **obstruktiv**
Obstsaft ‖ **Obstsalat** ‖ **Obstschnitte:** *eine Mehlspeise* ‖ **Obstseuche:** *Feuerbrand* ‖ **Obstsorte** ‖ **Obststeige:** *Obstkiste* ‖ **Obsttag:** *Diättag nur mit Obst* ‖ **Obstwein:** *gegorener Obstsaft* ‖ **Obstwiese**
obszön ⟨lat.⟩: *unanständig, ordinär, schamlos* ‖ **Obszönität** die, -/-en
Obus: *Kurzwort für Oberleitungsomnibus*
Obwalden: *Schweizer Halbkanton;* → Unterwalden
obwalten (geh.): *gegeben, vorhanden;* unter den obwaltenden *(gegebenen)* Umständen
obwohl: sie behauptet es, o. sie nicht dabei war
obzitiert (Amtsspr.): *vorher im Text angeführt*
obzwar: *obwohl*
Ochs [-ks] der, -en/-en ‖ **Ochse** der, -n/-n (bes. D): *Ochs* ‖ **Ochsengespann** ‖ **Ochsenmaulsalat:** *in Essig und Gewürzen eingelegtes geselchtes Fleisch vom Rindermaul* ‖ **Ochsenschlepp** der, -[e]s/-e: *der Schwanz des Rindes als Speise* ‖ **Ochsenschleppsuppe** ‖ **Ochsenschwanz** → Ochsenschlepp ‖ **Ochsentour** [-tu:ə]: *schwere Arbeit, mühevoller Aufstieg* ‖ **Ochsenziemer** (früher): *ein Schlagstock*
Öchsle [-ks-] das, -s/-: *Maßeinheit zur Bestimmung des Mostgewichts;* → Klosterneuburger Mostwaage ‖ **Öchslegrad**
ocker: ein ocker *(gelbbraunes)* Kleid ‖ **Ocker** der = das, -s/-: *ein gelbbrauner Farbstoff;* ein Kleid in O. ‖ **ockergelb**
OCR [o tse 'ɛr] die, - (EDV): *Computerprogramm, das in Verbindung mit einem Scanner Schriften lesen und speichern kann*
öd → öde
od.: **od**er
Ode die, -/-n ⟨gr.-lat.⟩: *eine Gedichtform*
öde, *auch:* öd: *unwirtlich, eintönig* | *langweilig* ‖ **Öde** die, -/-n (geh.): *Einöde*
Odem der, -s (geh., veraltet): *Atem*
Ödem das, -s/-e ⟨gr.⟩ (Med.): *durch krankhafte Flüssigkeitsvermehrung im Körpergewebe verursachte Anschwellung*
Ödenburg (ung.: Sopron [ʃ-]): *Stadt in Ungarn*
Odeon das, -s/-s ⟨gr.-lat.-fr.⟩: *großer Saal, Bau [für kulturelle Veranstaltungen]*

oder

(od.): ich oder du; entweder – oder; hier gibt es kein Entweder-oder

Im Normalfall steht vor „oder" kein Beistrich:
– Ich komme entweder heute oder erst übermorgen.
– Wir fahren morgen zur Oma oder besuchen meine Schwester im Krankenhaus.

Zwischen Hauptsätzen kann man einen Beistrich setzen, um die Gliederung deutlich zu machen:
– Ich reise allein im Zug nach Venedig[,] oder ich fahre gemeinsam mit Eva im Auto.

R→ S. 911, 4.1.3

Oder die, - (tschech., poln.: Odra): *ein Strom in Tschechien, Polen, D*
Odermennig der, -[e]s/-e: *eine Arzneipflanze*
Odeur [o'dø:ə] das, -s/-s ⟨fr.⟩ (geh., oft abw.): *Duft; Gestank*
odios ⟨lat.⟩ (geh.): *hassenswert, abstoßend*
ödipal (Psych.): ödipale Bindungen haben ‖ **Ödipuskomplex** der, -es (Psych.): *übersteigerte Bindung des Kindes an den Elternteil des anderen Geschlechts (nach der griechischen Sagengestalt König Ödipus)*
Odium das, -s ⟨lat.⟩ (geh.): *Makel; Vorwurf*
Ödland das, -[e]s ‖ **Ödnis** die, -/-nisse (geh., veraltet): *Einöde*
Odyssee [-y'se:] die, -: *ein griechisches Heldenepos* | (mit Pl. -n) *[abenteuerliche] Irrfahrt*
OECD [o e tse 'de:] die, -: **O**rganization for **E**conomic **C**ooperation and **D**evelopment *(Organisation für wirtschaftliche Zusammenarbeit und Entwicklung)*
OEG [o e 'ge:] die, -/-s: **O**ffene **E**rwerbs**g**esellschaft
OeNB [ø ɛn 'be:] die, -: **Oe**sterreichische **N**ational**b**ank ‖ **Oesterreichische Nationalbank** ['ø:- -tsi̯-] (OeNB)
Œuvre ['œ:vr, 'ø:və] das, -/-s ['œ:vr, 'ø:və], *auch:* **Oeuvre** ⟨fr.⟩: *Gesamtwerk eines Künstlers*
OEZ [o e 'tsɛt]: **o**st**e**uropäische **Z**eit
Ofen der, -s/Öfen: im O. ein Feuer machen | (Geogr.) *zerklüfteter Fels, Höhle, in Eigennamen zB* Salzachöfen ‖ **Ofenbank** die, -/-bänke: *um einen [Kachel]ofen gebaute Bank* ‖ **ofenfrisch:** ofenfrische Semmeln ‖ **Ofenplattln** die (Pl.), *auch:* Ofenblattln: *eine Speise;* → Plattl ‖ **Ofenrohr:** *Teil des Ofens* | *Backrohr* ‖ **Ofenröhre** ‖ **Ofensetzer:** *ein Handwerker* ‖ **Ofensetzerin** ‖ **Ofentür** ‖ **ofenwarm**
off ⟨engl.⟩: *aus, ausgeschaltet [auf Schaltern]* ‖ **Off** das, -[s]: den Fernsehbericht aus dem Off *(von außerhalb des Bildes)* kommentieren

offen:

mit offenen Augen; Tag der

offenen Tür | ein offenes Wesen | *nicht abgepackt;* offener Wein | (Mil.) eine offene *(nicht verteidigte)* Stadt | (Sprachwiss.) ein offenes e (Aussprache wie zB in eckig [ɛ-])

Groß- und Kleinschreibung:
- **O**ffenes (*auch:* offenes) Lernen (Bildw.: *eine Unterrichtsform*)

R→ S. 896, 4.3

Getrenntschreibung bei wörtlicher Bedeutung und adverbialer Verwendung:
- die Geschäfte bis 19 Uhr offen halten
- eine Tür offen lassen
- diese Tür ist offen gestanden
- zu einer Tat offen stehen *(sich zu ihr bekennen)*
- das ist offen gesagt/offen gestanden eine Dummheit

Zusammenschreibung bei übertragener Bedeutung:
- diese Frage muss offenbleiben *(sie bleibt unentschieden, unerledigt);* eine offengebliebene Frage
- sich alle Optionen offenhalten
- der genaue Termin wurde offengelassen
- seine Einkommensverhältnisse offenlegen *(nicht verheimlichen)*

R→ S. 900, 1.5.1

of|fen|bar (Adv.): ihm ist o. *(sichtlich)* schlecht | (Adj.) *deutlich, offensichtlich;* ihre Kraft wurde o.; ein offenbarer Unsinn ‖ **of|fen|ba|ren:** Gott hat sich geoffenbart *(mitgeteilt)* | (geh.) ein Geheimnis o. *(enthüllen)* ‖ **Of|fen|ba|rung** [auch: 'ɔ-] die, -/-en: *enthüllende, klärende Darlegung* | (ohne Pl.) *ein Buch des Neuen Testaments;* die Geheime O. des Johannes *(die Apokalypse)* ‖ **Of|fen|ba|rungs|eid** (Jus): der Schuldner leistete den O. *(legte seine Vermögensverhältnisse unter Eid dar)* ‖ **of|fen|blei|ben:** *unentschieden, unerledigt bleiben;* → offen ‖ **of|fen|hal|ten** sich: sich alle Möglichkeiten o.; → offen ‖ **Of|fen|heit** die, -: *Ehrlichkeit, Aufrichtigkeit* ‖ **of|fen|her|zig:** ein offenherziges *(freimütiges)* Bekenntnis | (scherzh.) *tief dekolletiert* ‖ **Of|fen|her|zig|keit** die, -/-en ‖ **of|fen|kun|dig:** *offensichtlich* ‖ **of|fen|las|sen:** *unentschieden, unerledigt lassen; aber:* das Fenster offen lassen; → offen ‖ **of|fen|le|gen:** *nicht verheimlichen;* → offen ‖ **Of|fen|le|gung** die, -/-en: die O. *(Veröffentlichung)* der Bilanzen ‖ **of|fen|sicht|lich** [auch: -'zi-]: *klar erkennbar, deutlich;* ein offensichtlicher Unsinn ‖ **Of|fen|sicht|lich|keit** die, -

of|fen|siv ⟨lat.⟩: *angreifend; angriffslustig;* → G.: defensiv ‖ **Of|fen|siv|bünd|nis** ‖ **Of|fen|si|ve** [-fɛ, -vɛ] die, -/-n: *Angriff;* in die O. gehen

of|fen|ste|hen: *unentschieden, unerledigt bleiben; aber:* die Tür ist offen gestanden; → offen

öf|fent|lich: der ö. Bedienstete *(Beamter des Bundes, eines Bundeslandes oder einer Gemeinde);* die öffentliche Meinung *(Volksmeinung);* die öffentliche Hand *(Staat, Bundesland, Gemeinde als Geld- bzw. Auftraggeber);* öffentlicher Verkehr (→ G.: Individualverkehr); öffentliche Schule (→ G.: Privatschule); → nicht öffentlich = nichtöffentlich ‖ **Öf|fent|lich|keit** die, - ‖ **Öf|fent|lich|keits|ar|beit** die, -: → *Public Relations* ‖ **Öf|fent|lich|keits|recht** das, -[e]s: eine Privatschule mit Ö. *(Schule, die rechtlich einer öffentlichen gleichgestellt ist);* → Privatrecht ‖ **öf|fent|lich-recht|lich:** öffentlich-rechtliche Rundfunkanstalt

of|fe|rie|ren ⟨lat.-fr.⟩: jemandem etwas o. *(anbieten)* ‖ **Of|fert** das, -[e]s/-e: *schriftliches Anbot* ‖ **Of|fert|ab|ga|be** ‖ **Of|fer|te** die, -/-n (D): *Offert* ‖ **Of|fert|er|stel|lung** ‖ **Of|fert|le|gung** ‖ **Of|fer|to|ri|um** das, -s/Offertorien [-i̯ən] (kath.): *ein Teil des Propriums der heiligen Messe* ‖ **Of|fert|stel|ler** der, -s/- ‖ **Of|fert|stel|le|rin** die, -/-innen

Öf|fi das, -s/-s (meist Pl.) (sal.): *öffentliches Verkehrsmittel* ‖ **Öf|fi|be|nut|zer = Öf|fi|be|nüt|zer** ‖ **Öf|fi|be|nut|ze|rin = Öf|fi|be|nüt|ze|rin**

Of|fi|zi|al der, -s/-e ⟨lat.⟩: *ein Beamtentitel* ‖ **Of|fi|zi|al|de|likt** (Jus): *vom Staatsanwalt zu verfolgendes Delikt;* → G.: Privatanklagedelikt ‖ **Of|fi|zi|a|lin** die, -/-innen ‖ **Of|fi|zi|al|ver|fah|ren** (Jus): *ein von Amts wegen eingeleitetes Verfahren* ‖ **of|fi|zi|ell:** eine offizielle *(amtliche)* Mitteilung; G.: inoffiziell; → offiziös ‖ **Of|fi|zier** [auch: -s-] der, -s/-e ⟨lat.-fr.⟩ ‖ **Of|fi|zie|rin** die, -/-innen ‖ **Of|fi|ziers|korps** [-ko:ɐ] = Offizierscorps [-ko:ɐ]: *Gesamtheit der Offiziere* ‖ **Of|fi|ziers|rang** ‖ **Of|fi|zin** die, -/-en (veraltet): *Buchdruckerei | Werkstatt | Apotheke* ‖ **of|fi|zi|nal = of|fi|zi|nell:** *als Heilmittel verwendet* ‖ **of|fi|zi|ös:** eine offiziöse *(halbamtliche)* Mitteilung; → offiziell; → G.: inoffiziös

off|line [-laɪn, engl.: -'laɪn] ⟨engl.⟩: *ausgeschaltet;* der Drucker ist o. | *nicht mit dem Internet verbunden;* → G.: online

öff|nen: geöffnete Fenster | sich der Kollegin ö. *(sich ihr anvertrauen)* ‖ **Öff|ner** der, -s/-: *Gerät zum Öffnen [von Konservendosen]* ‖ **Öff|nung** die, -/-en ‖ **Öff|nungs|zeit** (meist Pl.)

Off|roa|der [-rəʊdə-] der, -s/- ⟨engl.⟩: *ein Geländefahrzeug*

Off|set|druck der, -[e]s ⟨engl.+dt.⟩: *ein Druckverfahren*

OFM = O. F. M.: Ordinis **F**ratrum **M**inorum (wörtl.: vom Orden der Minderen Brüder); → Franziskanerorden

o-för|mig = O-för|mig

oft, öfter, am öftesten: öfter als; *aber:* des **Öfter[e]n** ‖ **öf|ters,** *auch:* öfter: *oftmals, ziemlich oft* ‖ **oft|ma|lig** ‖ **oft|mals**

ÖGB [ø ge 'be:] der, -: **Ö**sterreichischer **G**ewerkschafts**b**und

OGH [o ge 'ha:]: **O**berster **G**erichts**h**of *(ein Höchstgericht)*

ÖGS [ø ge 'ɛs] die, -: **Ö**sterreichische **G**ebärden**s**prache *(eine visuell-gestische Amtssprache)*

oh: oh, das ist herrlich!; oh weh (= o weh); → o

ÖH [ø 'ha:] die, -: **Ö**sterreichische **H**ochschülerInnenschaft

oha = öha (ugs.): *ein Ausruf; Zuruf an Zugtiere, halt!*

Oheim der, -[e]s/-e (geh., veraltet): *Onkel*

OHG [o ha 'ge:] die, -/-s (Wirt.): **O**ffene **H**andels**g**esellschaft

oh, là, là = o, là, là ⟨fr.⟩: *Ausruf der Verwunderung*

Ohm[1] das, -[s]/- (Zeichen: Ω): *Maßeinheit des elektrischen Widerstandes;* drei Ohm; der Ohm'sche (= **o**hmsche) Widerstand

Ohm[2] der, -[e]s/-e (D, veraltet): *Onkel, Oheim*

oh|ne (Präp. mit Akk.): o. mich; o. die Kinder; o. Weiteres (= weiteres) *(ohneweiters);* oben o. *(ohne Bikinioberteil)* | (sal.) das war nicht o.! *(war kritisch, gefährlich)* | (ugs.) (nachgestellt) Scherz/Schmäh o. | (ugs., scherzh.) o. nix *(mit nichts)* | (Konj.) o. mit

O

der Wimper zu zucken ‖ **ohnedem** [auch: 'oː-] (veraltet): *ohnedies* ‖ **ohnedies:** *ohnehin* ‖ **ohneeinander:** o. auskommen ‖ **ohnegleichen** [auch: 'oː-]: eine Frechheit o. *(eine unbeschreibliche Frechheit)* ‖ **ohnehin** ‖ **ohneweiters:** *ohne Weiteres/weiteres*

Ohnmacht die, -/-en ‖ **ohnmächtig:** *bewusstlos* | einer Sache o. *(machtlos)* gegenüberstehen

oho: *ein Ausruf [des Erstaunens]*

Ohr das, -[e]s/-en: diese Nachricht ist mir zu Ohren gekommen *(ich habe davon gehört);* jemandem in den Ohren liegen *(jemanden ständig mit einer Angelegenheit belästigen);* jemanden übers Ohr hauen *(betrügen);* er ist bis über die Ohren *(schwer)* verliebt ‖ **Öhr** das, -[e]s/-e: *ein kleines Loch;* Nadelöhr ‖ **Ohrclip** [-kl-] = **Ohrclips** = Ohrklipp = Ohrklips: *ein Ohrschmuck* ‖ **ohrenbetäubend:** ohrenbetäubender Lärm ‖ **Ohrenfauteuil** [-fo,tœɪ] ‖ **Ohrenhaarschneider** →Ohrhaarschneider ‖ **Ohrensausen** das, -s ‖ **Ohrenschliefer** (ugs.): *Ohrenschlüpfer* ‖ **Ohrenschlüpfer** der, -s/-: *ein Insekt, Ohrwurm* ‖ **Ohrenschmaus** der, -es: diese Musik ist ein O. *(ist bes. schön anzuhören)* ‖ **Ohrenschützer** der, -s/-: *ein Schutz gegen Kälte* ‖ **ohrenzerreißend:** ohrenzerreißender Lärm ‖ **Ohrenzeuge:** ich war O. des Gesprächs *(habe es selbst gehört)* ‖ **Ohrfeige** ‖ **ohrfeigen,** du ohrfeigst, geohrfeigt werden ‖ **Ohrhaarschneider,** *auch:* Ohrenhaarschneider ‖ **Ohrhörer:** *ins Ohr zu steckender kleiner Kopfhörer* ‖ **Ohrklipp, Ohrklips** = → Ohrclip ‖ **Ohrläppchen** das, -s/- ‖ **Ohrlapperl** das, -s/-[n] (ugs.): *Ohrläppchen* ‖ **Ohrmarke:** *Kennzeichnungsmarke [bei Rindern]* ‖ **Ohrmuschel** ‖ **Ohropax** das, -/- (Wz.): *ein Gehörschutz* ‖ **Ohrring** ‖ **Ohrstecker:** *Schmuck, der im Ohr getragen wird* ‖ **Ohrwaschel** (ugs.): *Ohrmuschel* | (ugs.) (Verk.) *Gehsteigvorbau* ‖ **Ohrwurm** (ugs.): *Melodie, die nicht aus dem Kopf geht* | *ein Insekt*

Ohio [-'haɪ-, engl.: oʊ'haɪoʊ]: *Bundesstaat der USA*

ÖIAG [ø i a 'geː] die, -: **Ö**sterreichische **I**ndustrieholding **A**ktien**g**esellschaft; → Verstaatlichte

oje: *ein Ausruf* ‖ **ojemine:** *ein Ausruf des Schreckens*

o. k. [o'keː, engl.: əʊ'keɪ] = **O. K.:** okay

Okapi das, -s/-s ⟨afrik.⟩: *ein giraffenartiger Paarhufer*

Okarina die, -/-s [Okarinen] ⟨lat.-it.⟩: *ein Blasinstrument*

okay [o'keː, engl.: əʊ'keɪ] (o. k., O. K.) ⟨engl.⟩ (sal.): es ist alles o. *(in Ordnung)* ‖ **Okay** das, -[s]/-s

Okkasion die, -/-en ⟨lat.⟩: *Gelegenheitskauf* ‖ **okkasionell:** *gelegentlich* ‖ **Okkasionspreis**

Okklusion die, -/-en ⟨lat.⟩ (Med.): *Gebissstellung* | (Met.) *Aufeinandertreffen einer Warm- und Kaltfront* ‖ **Okklusionsverband** (Med.)

okkult ⟨lat.⟩: *verborgen, geheim; übersinnlich* ‖ **Okkultismus** der, -: *Lehre von den okkulten Vorgängen*

Okkupant der, -en/-en ⟨lat.⟩: *Besatzungsmacht* ‖ **Okkupation** [-tsi̯-] die, -/-en: *gewaltsame Besetzung eines fremden Landes;* → Annexion ‖ **Okkupationsgebiet** ‖ **Okkupator** der, -s/-en [-'toː-] ‖ **okkupieren** ‖ **Okkupierung** die, -/-en

öko ⟨gr.⟩ (sal.): *Kurzwort für ökologisch uÄ;* Ökoprodukt; → bio ‖ **Ökofonds** [-fõː]: *Fonds zur Unterstützung von Umweltvorhaben* ‖ **Ökologie** die, - ⟨gr.⟩: *Lehre von den Beziehungen der Lebewesen zu ihrer Umwelt* ‖ **ökologisch:** das ökologische Gleichgewicht ‖ **Ökomascherl** (sal.): *Kennzeichen für umweltbewusst erzeugte Produkte* ‖ **Ökonom** der, -en/-en: *Landwirt* ‖ **Ökonomat** das, -[e]s/-e (SüdT): *Materialverwaltungsstelle* ‖ **Ökonomatsamt** (SüdT) ‖ **Ökonomie** die, -/-n: *Wirtschaft, wirtschaftliche Bedingungen [eines Landes]* | *Wirtschaftlichkeit, Rentabilität* | *Wirtschaftswissenschaft* | (veraltend) *Landwirtschaft, Wirtschaftsbetrieb* | (ohne Pl.) *Sparsamkeit* ‖ **Ökonomierat:** *ein [auszeichnender Berufs]titel für Landwirte* ‖ **Ökonomierätin** ‖ **Ökonomin** die, -/-innen ‖ **ökonomisch:** *wirtschaftlich, sparsam* ‖ **ökonomisieren:** *wirtschaftlich machen* ‖ **Ökonomisierung** die, - ‖ **Ökonomismus** der, -: *Überbetonung der Wirtschaft* ‖ **Ökopickerl:** *Auszeichnung für umweltfreundliche Betriebe* ‖ **Ökoprodukt** ‖ **Ökopunkt** (meist Pl.): *Einheit für die Umweltverträglichkeit von LKWs im Transitverkehr* ‖ **Ökoschmäh** (sal.): *vorgetäuschte ökologische Begründung zwecks Verkaufsförderung* ‖ **ökosozial:** ökosoziale *(ökologische und soziale)* Marktwirtschaft ‖ **Ökosteuer** ‖ **Ökostrom:** *umweltschonend (mit erneuerbaren Rohstoffen) produzierte Elektrizität* ‖ **Ökosystem** [-zy-]: *ökologisches System*

Okra die, -/-s ⟨afrik.⟩: *eine Gemüsepflanze*

Oktaeder der *(auch:* das), -s/- ⟨gr.⟩ (Math.): *regelmäßiger achtflächiger Körper* ‖ **Oktan** das, -s/-e: *Kurzwort für Oktanzahl* ‖ **Oktant** der, -en/-en (Seemannsspr.): *ein Winkelmessgerät* ‖ **Oktanzahl** (OZ): Benzin mit hoher O. *(Klopffestigkeit)* ‖ **Oktav** die, -/-en = **Oktave,** -/-n [-vɛ, -fɛ] (Mus.): *8. Tonstufe; Zusammenklang oder Aufeinanderfolge zweier Töne, deren Schwingungszahlen sich wie 1:2 (2:1) verhalten;* die Männer singen eine O. tiefer mit | (kath.) *achttägige Nachfeier eines hohen katholischen Kirchenfestes* ‖ **oktavieren** (Mus.): *in der höheren bzw. tieferen Oktav singen bzw. spielen* ‖ **Oktett** das, -[e]s/-e (Mus.): *Musikstück für acht Gesangsstimmen oder Instrumente* | *die acht Ausführenden eines solchen Musikstücks* ‖ **Oktober** der, -[s]/-: *der zehnte Monat* ‖ **Oktoberdiplom** (Gesch., Pol.): *föderalistischer Verfassungsentwurf für das Habsburgerreich (1860)* ‖ **Oktoberfest:** das Münchner O. ‖ **Oktoberrevolution** [-v- -tsi̯-] (Gesch., Pol.): *russische bolschewistische Revolution von 1917* | *letzte Aufstände der Revolution in Österreich im Oktober 1848* ‖ **Oktogon** das, -s/-e: *Achteck* | (Arch.) *Bau mit achteckigem Grundriss* ‖ **oktogonal** ‖ **Oktopus** der, -/Oktopoden: *achtarmiger Krake*

oktroyieren [-o'iː-, -o̯a'jiː-] ⟨fr.⟩: eine oktroyierte *(von der Staatsführung verordnete)* Verfassung; → aufoktroyieren

Okular das, -s/-e ⟨lat.⟩: *die dem Auge zugewendete Linse [im Mikroskop, Fernglas];* → Objektiv ‖ **okulieren:** *eine Methode, Kulturpflanzen zu veredeln*

Ökumene die, - ⟨gr.⟩ (Rel.): *die gesamte Christenheit* ‖ **ökumenisch** (Rel.): die ökumenische Bewegung *(Einigungsbewegung der christlichen Kirchen);* das ökumenische Konzil *(allgemeine katholische Kirchenversammlung); aber:* → der **Ö**kumenische Rat der Kirchen *(eine Versammlung von Vertretern der christlichen Kirchen)*

Ok|zi|dent [auch: -'ɛ-] der, -s ⟨lat.⟩: *das Abendland; der Westen;* → G.: Orient ‖ **ok|zi|den|ta|lisch:** *abendländisch*

ok|zi|ta|nisch ⟨lat.-provenzalisch-fr.⟩ ‖ **Ok|zi|ta|nisch** das, -[s] = **Ok|zi|ta|ni|sche,** -n: *die (durch das Französische weithin verdrängte) romanische Sprache Südfrankreichs;* → Provenzalisch

ö. L.: östlicher **L**änge

Öl das, -[e]s/-e: in Öl frittieren; mit Öl heizen

Olaf: *männl. Vorname*

o, là, là = → oh, là, là

Öl|alarm: *Noteinsatz [der Feuerwehr] wegen ausfließenden Erdöls uÄ* ‖ **Öl|baum:** *Olivenbaum* ‖ **Öl|berg:** *Berg bei Jerusalem* ‖ **Öl|bild:** *mit Ölfarben gemaltes Gemälde*

Old Eco|no|my [əuld ɪ'kɒnəmi] die, - - ⟨engl.⟩ (Wirt.): *alle Unternehmen ausgenommen Internet-, Medien-, Telekombranche;* → G.: New Economy ‖ **Ol|die** [engl.: 'əʊ-] der, -s/-s: *alter Schlager* | (scherzh.) *älterer, aber noch flotter Mensch*

Öl|dis|tel: *Färberdistel*

Old|ti|mer ['əʊldtaımə] der, -s/- ⟨engl.⟩: *altes Automodell*

Ole|an|der der, -s/- ⟨lat.-it.⟩: *ein Zierstrauch, Zierbaum*

ölen: die Nähmaschine ö.

ol|fak|to|risch ⟨lat.⟩ (Med.): *den Geruchssinn betreffend*

Öl|far|be: *mit Öl gebundene Malfarbe* ‖ **Öl|film:** *Ölschicht [auf der Wasseroberfläche]* ‖ **Öl|frucht:** *Olive, Raps, Sonnenblume ua.*

OLG [o ɛl 'geː] das, -[s]/-[s]: **Ober|landes|gericht**

Ol|ga: *weibl. Vorname*

Öl|ge|mäl|de: *Ölbild* ‖ **Öl|hei|zung** ‖ **ölig:** ölige Flüssigkeiten

Oli|garch der, -en/-en ‖ **Oli|gar|chie** die, -/-n ⟨gr.⟩: *Staatsform, bei der eine kleine Gruppe alle Macht hat* ‖ **Oli|gar|chin** die, -/-innen

oliv ⟨gr.-lat.⟩: ein oliv *(auch:* olives) Kleid ‖ **Oliv** das, -s/-: Hosen in O. ‖ **Oli|ve** [-f-, -v-] die, -/-n : *Frucht des Ölbaums* ‖ **Oli|ven|baum** ‖ **Oli|ven|öl**

Oli|ver [-v-]: *männl. Vorname*

oliv|grün ⟨gr.-lat.⟩

Öl|kä|fer: *ein Käfer, der giftige Abwehrstoffe ausscheidet* ‖ **Öl|kri|se** ‖ **Öl|ku|chen:** *ein (mit Öl statt Butter oder Margarine hergestellter) Kuchen* | *Presskuchen* ‖ **Öl|kür|bis** ‖ **Öl|lam|pe** ‖ **Öl|lei|tung**

Olm der, -s/-e: *ein Amphibium*

Öl|ma|gnat: *reicher Erdölindustrieller* ‖ **Öl|ma|gna|tin** ‖ **Öl|mul|ti** (Wirt.): *multinationales Mineralölunternehmen*

Ol|mütz (tschech.: Olomouc ['ɔlɔmɔʊts]): *Stadt in Tschechien*

Öl|pal|me: *eine tropische Ölpflanze* ‖ **Öl|pest:** *Verschmutzung von Gewässern durch Öl* ‖ **Öl|preis** ‖ **Öl|sar|di|ne:** *ein konservierter Fisch;* wie die Ölsardinen *(ganz eng zusammengedrängt)* ‖ **Öl|scheich:** *arabischer Herrscher eines Erdöllandes* ‖ **Öl|tank** ‖ **Öl|tep|pich:** *Ölschicht, die sich auf der Wasseroberfläche ausbreitet* ‖ **Ölung** die, -/-en (kath.): die Letzte Ö. (veraltet für: *Sakrament der Krankensalbung)* ‖ **Öl|wech|sel** [-ks-] ‖ **Öl|wei|de:** *ein Zierbaum*

Olymp [-'y-] der, -s ⟨gr.⟩ *Gebirgsstock in Griechenland* | *[bei den alten Griechen] Göttersitz, -himmel* ‖ **Olym|pi|a|de** die, -/-n: *der Zeitraum von vier Jahren zwischen den Olympischen Spielen [im alten Griechenland]* | *die Olympischen Spiele* ‖ **Olym|pia|mann|schaft** ‖ **Olym|pia|qua|li|fi|ka|ti|on** [-tsi̯-] ‖ **Olym|pia|sie|ger** ‖ **Olym|pia|sie|ge|rin** ‖ **Olym|pia|sta|di|on** [-ʃt-] ‖ **Olym|pia|wer|ber:** *Land, das sich um Olympische Spiele bewirbt* ‖ **Olym|pi|o|ni|ke** der, -n/-n: *Olympiateilnehmer, -sieger* ‖ **Olym|pi|o|ni|kin** die, -/-innen ‖ **olym|pisch:** die olympischen Götter | das olympische Feuer; olympisches Dorf *(die Unterkünfte der Olympiakämpfer); aber:* die **O**lympischen Spiele; das Internationale **O**lympische Komitee

Öl|zeug (Seemannsspr.): *wasserdichte Überbekleidung* ‖ **Öl|zweig:** *Olivenzweig (als Friedenssymbol)*

Oma die, -/-s: *Großmutter* ‖ **Oma|ma** die, -/-s: *Großmutter*

Om|buds|frau ⟨schwed.⟩: *Vertrauensperson, die für die Rechte von Einzelnen eintritt* ‖ **Om|buds|mann** ‖ **Om|buds|stel|le**

Ome|ga das, -[s]/-[s] (ω, Ω) ⟨gr.⟩: *letzter Buchstabe des griechischen Alphabets, entspricht einem langen o/O;* → Alpha; → Omikron

Ome|lett das, -[e]s/-s = **Ome|let|te** [om'lɛt(ɛ)] die, -/-n ⟨fr.⟩: *eine Mehlspeise; eine Eierspeise*

Omen das, -s/- [Omina] ⟨lat.⟩: *Vorbedeutung, Vorzeichen;* ein gutes/schlechtes O.; → ominös

Omi die, -/-s (Kinderspr.): *Oma*

Omi|kron das, -[s]/-[s] (o, O) ⟨gr.⟩: *griechischer Buchstabe, entspricht kurzem o/O;* → Omega

omi|nös ⟨lat.⟩: eine ominöse *(bedenkliche, zweifelhafte)* Angelegenheit; → Omen

Om|ni|bus ⟨lat.⟩: *ein Autobus* ‖ **om|ni|po|tent** (geh.): *allmächtig* ‖ **Om|ni|po|tenz** die, - (geh.): *Allmacht* ‖ **om|ni|prä|sent** (geh.): *allgegenwärtig* ‖ **Om|ni|prä|senz**

OMV [o ɛm 'faʊ] die, -: **Ö**sterreichische **M**ineralöl**v**erwaltung AG

on ⟨engl.⟩: *ein, eingeschaltet [auf Schaltern]*

ON [o 'ɛn] das, -: **Ö**sterreichisches **N**ormungsinstitut *(Verein für die Ausarbeitung allgemeiner Richtlinien);* → ÖNORM

Ona|nie die, -: *geschlechtliche Selbstbefriedigung, Masturbation (nach der biblischen Gestalt Onan)* ‖ **ona|nie|ren**

ÖNB [ø ɛn 'beː] die, -: **Ö**sterreichische **N**ational**b**ibliothek

on De|mand: *auf Bestellung (je nach Bedarf)*

On|dit [õ'di(ː)] das, -[s]/-s ⟨fr.⟩ (geh.): *Gerücht*

on|du|lie|ren ⟨lat.-fr.⟩ (früher): *die Haare mit einer Brennschere in Wellen legen* ‖ **On|du|lie|rung** die, -/-en (früher)

One-Man-Show [ˌwʌn'mænʃəʊ] ⟨engl.⟩: *Show mit einem Alleinunterhalter* ‖ **One-Night-Stand** [-'naıtstænd] der, -s/-s: *sexuelle Affäre für nur eine Nacht* ‖ **One-Stop-Shop** [-'st-ʃ-] ⟨engl.⟩ (Wirt., Admin.): *Einrichtung, die die Erledigung aller [Amts]wege an einer Stelle ermöglicht* ‖ **One-Woman-Show** [-'wʊmənʃəʊ]

On|kel der, -s/-: *Bruder oder Schwager des Vaters oder der Mutter* | *befreundeter älterer Bekannter, Wahlonkel* | (ugs.) *vertrauliche Bezeichnung für einen [älteren] Mann, zB Pepi-Onkel;* → Bacsi ‖ **on|kel|haft** (oft abw.): *vertraulich; gönnerhaft*

On|ko|lo|ge der, -n/-n ⟨gr.⟩ ‖ **On|ko|lo|gie** die, - (Med.): *Lehre von*

O

den Geschwülsten, vom Krebs || **Onkologin** die, -/-innen

online [-laɪn, engl.: -ˈlaɪn] ⟨engl.⟩: *eingeschaltet; an ein Netz angebunden;* der Drucker ist o. | *mit dem Internet verbunden;* → G.: offline || **Onlinebank** die, -/-en: *Internetbank* || **Onlinebanking** [-bæ-] das, -s: *Abwicklung von Bankgeschäften über Internet* || **Onlinecommunity** [-k-ˌmjuː-i]: *Internetgemeinschaft* || **Onlinedienst** (EDV): *Dienst eines Internetserviceproviders uÄ, zB Nachrichten, Wetter* || **Onlineforum:** → *Diskussionsforum* || **Onlinekonto** || **Onlinenetzwerk:** *soziales Netzwerk im Internet* || **Onlineredakteur** [-tøːə]: *Redakteur für Internetmedien* || **Onlineredakteurin** || **Onlineservice** [-sɜːvɪs] || **Onlineshop** [-ʃ-] || **Onlineshopping:** *elektronisches Einkaufen, Internetkauf, E-Shopping* || **Onlineticket** || **Onlineübertragung**

ONO: **O**st**n**ord**o**st[en]

Önologie die, - ⟨gr.⟩: *Wein[bau-]kunde*

onomatopoetisch ⟨gr.⟩: *lautmalend, Naturlaute durch Sprachlaute nachahmend, zB in* rasseln, zirpen, brummen

ÖNORM die, -/-en: *Kurzwort für Österreichische Norm;* → ON

Önothek die, -/-en ⟨gr.⟩ (SüdT): *Weinhandlung*

on the rocks [- ðə -] ⟨engl.⟩: Whiskey on the r. *(mit Eiswürfeln)*

Ontogenese die, - ⟨gr.⟩ (Biol.): *Entwicklung des Einzelwesens;* → Phylogenese || **ontogenetisch** (Biol.) || **Ontologie** die, - (Phil.): *Lehre vom Sein, ein Teilbereich der Philosophie*

Onyx [-y-] der, -[es]/-e ⟨gr.⟩: *ein Schmuckstein*

OÖ: **O**ber**ö**sterreich || **oö.:** **o**ber**ö**sterreichisch

OP [o ˈpeː] der, -[s]/-[s]: **Op**erationssaal | → O. P.

op.: **Op**us

O. P., *auch:* OP, O. Pr.: **O**rdinis **P**raedicatorum *(vom Predigerorden);* → Dominikanerorden

Opa der, -s/-s: *Großvater*

opak ⟨lat.⟩: *undurchsichtig*

Opal der, -[e]s/-e ⟨Sanskrit-gr.-lat.⟩: *ein Schmuckstein* || **opalisieren:** *wie ein Opal schimmern*

Opapa der, -s/-s: *Opa*

Op-Art die, - ⟨engl.⟩: *eine Kunstrichtung*

OPEC [-k] die, -: *Organisation Erdöl exportierender Länder*

open air [ˌəʊ- ˈeə] ⟨engl.⟩: *unter freiem Himmel, im Freien* || **Open Air** das, -s/-s: *Kurzwort für Openairkonzert uÄ* || **Open-Air-Konzert** || **Open Doors** [- ˈdɔəz, engl.: -dɔːz] das, - -/- - (sal.): *Veranstaltung mit freiem Eintritt (Kurzwort für Open-Doors-Party uÄ)* || **Open-Doors-Party** [-i] || **open end:** *ohne zeitlich festgesetztes Ende* || **Open-End-Diskussion** || **Opener** der, -s/-: *Anfangsteil einer Veranstaltung; Künstler in einem Vorprogramm; Band einer Vorgruppe* || **Open Source** [-ˈsɔəs, engl.: -sɔːs] (EDV): *quelloffen* || **Open-Source-Software** [-weə] (EDV): *Software mit öffentlich zugänglichem Quellkode*

Oper die, -/-n ⟨lat.-it.⟩: *ein musikalisches Bühnenwerk* | (mit Pl. Opernhäuser) *Opernhaus;* in die O. gehen || **operabel** ⟨lat.-fr.⟩: eine operable *(operierbare, durch eine Operation zu beseitigende)* Geschwulst; → G.: inoperabel || **Opera buffa** die, - -/Opere buffe ⟨it.⟩: *komische Oper (im 18. Jh.)* || **Opera seria** die, - -/Opere serie: *ernste Oper (im 18. Jh.)* || **Operateur** [-ˈtøːə] der, -s/-e ⟨lat.-fr.⟩: *Chirurg* | (veraltend) *Filmvorführer* || **Operateurin** die, -/-innen || **Operation** [-tsi̯-] die, -/-en ⟨lat.⟩: *chirurgischer Eingriff* | *[militärische] Unternehmung* | (Math.) *Rechenoperation* || **operational:** *auf wissenschaftlichen Verfahren beruhend* | (Gramm.) operationales Verfahren *(eine Methode zur grammatikalischen Analyse eines Satzes)* || **operationalisieren** || **operationell:** die operationelle Ebene *(Führungsebene)* || **Operationssaal:** → OP; → OP-Saal || **Operationsteam** [-tiːm] || **operativ:** eine Geschwulst o. *(durch Operation)* entfernen | (Wirt.) operative *(bestimmende, das Tagesgeschäft betreffende)* Geschäftsführer || **Operator** der, -s/-en [-ˈtoː-] (Math., Phys.): *ein Mittel zur Durchführung einer Rechenoperation, zB eine Matrix* || **Operette** die, -/-n ⟨lat.-it.⟩: *ein heiteres musikalisches Bühnenwerk* || **Operettenkomponist** || **Operettenkomponistin** || **Operettenkonzert** || **Operettensänger** || **Operettensängerin** || **Operettenseligkeit** || **Operettenstaat** (abw.): *unbedeutender, lächerlicher Staat* || **operieren** ⟨lat.⟩: der Patient musste operiert werden | (Mil.) die Truppen operierten in Feindesland *(führten eine militärische Operation durch)* || **Opernarie** [-i̯ɛ] || **Opernaufführung** || **Opernball:** der O. in der Wiener Staatsoper || **Opernbühne** || **Operndirektor** || **Operndirektorin** || **Opernfestspiele** die (Pl.) || **Opernführer:** *ein Nachschlagewerk mit Inhaltsangaben* || **Operngala** || **Opernglas:** *kleines Fernglas für Oper und Theater* || **Operngucker** (ugs.): *Opernglas* || **Opernhaus:** *Oper* || **Opernkomponist** || **Opernkomponistin** || **Opernkonzert** || **Opernloge** [-loːʃ, -ʒɛ] || **Opernredoute** [-ˌdu(ː)t]: *eine [Ball]veranstaltung* || **Opernsänger** || **Opernsängerin** || **Operntext:** *Libretto*

Opfer das, -s/-: ein O. bringen | die Explosion forderte drei O. *(Menschenleben)* | der Baum ist einer breiteren Straße zum O. gefallen || **opferbereit** || **Opferfürsorge:** *eine Entschädigung für Opfer politischer Verfolgung im Nationalsozialismus und ihre Hinterbliebenen* || **Opfergabe** (Rel.) || **Opferlamm:** *jemand, der schuldlos [geduldig] leidet* || **Opfermut** (geh.) || **opfermütig** (geh.) || **opfern:** ein Lamm o. *(als Opfergabe darbringen)* | seine Zeit o. | sich für etwas o. || **Opfernotruf** || **Opferrolle:** er schlüpft stets in die O. *(verhält sich wie ein Opfer)* || **Opferschutz** (Jus): *Wahrung der Opferinteressen* || **Opfersinn** der, -[e]s (geh.): *Opferbereitschaft* || **Opferstock:** *Einwurfkasten für Geldspenden in Kirchen* || **Opferung** die, -/-en

Ophthalmologe [ɔf-] der, -n/-n ⟨gr.⟩ (Med.): *Facharzt der Augenheilkunde* || **Ophthalmologie** die, - (Med.): *Augenheilkunde* || **Ophthalmologin** die, -/-innen (Med.)

Opi der, -s/-s (Kinderspr.): *Opa*

Opiat das, -[e]s/-e ⟨gr.-lat.⟩: *Opium enthaltendes Medikament*

Opinio communis [- k-] die, - - ⟨lat.⟩: *allgemeine Meinung* || **Opinionleader** [əˈpɪnjən-liːdə] der, -s/- ⟨engl.⟩ (Soz.): *Meinungsbildner* || **Opinionleaderin** die, -/-innen (Soz.)

Opium das, -s ⟨gr.-lat.⟩: *ein Suchtgift; ein Arzneimittel* || **Opium-**

höhle (abw., veraltet): *Ort, wo man Opium raucht*

ÖPNV [ø pe ɛn ˈfaʊ] der, -[s] : **ö**ffentlicher **P**ersone**n**ah**v**erkehr

Opossum[1] [auch: ˈɔ-] das, -s/-s ⟨indian.-engl.⟩: *ein Beuteltier* ‖ **Opossum**[2] der, -s: *ein Pelz*

Opponent der, -en/-en ⟨lat.⟩: *Gegenspieler, Widersacher* ‖ **Opponentin** die, -/-innen ‖ **opponieren:** *sich widersetzen*

opportun ⟨lat.⟩: *zweckmäßig, vorteilhaft;* → G. inopportun ‖ **Opportunismus** der, -: *gesinnungslose Anpassung an die jeweilige Situation* ‖ **opportunistisch** ‖ **Opportunität** die, -/-en ‖ **Opportunitätsprinzip** (Jus): *Zweckmäßigkeitsgrundsatz*

Opposition [-tsi-] die, - ⟨lat.⟩: *Widerstand* | *Gegensatz* | *Gegenpartei [zur Regierung]* ‖ **oppositionell** ‖ **Oppositionsklage** (Jus): *Klage gegen die Exekutionsführung eines Gläubigers* ‖ **Oppositionspartei**

O. Pr. → O. P.

OP-Saal: *Operationssaal;* → OP

Optant der, -en/-en ⟨lat.⟩: *jemand, der für etwas optiert;* → Option | (SüdT) *Südtiroler, der sich im Jahr 1939 für die deutsche Staatsbürgerschaft entschied,* → *Dableiber* ‖ **Optantin** die, -/-innen ‖ **optieren** ⟨lat.⟩: für einen Staat o. *(sich für die betreffende Staatsbürgerschaft entscheiden)*

Optik die, - ⟨gr.-lat.⟩: *Lehre vom Licht* | (mit Pl. -en) *Gesamtheit der Linsen [eines Mikroskops, Fernrohrs]* | *der äußere (gute oder schlechte) Eindruck in der Öffentlichkeit;* eine schiefe O. ‖ **Optiker** der, -s/-: *Fachmann für optische Geräte, Brillen uÄ* ‖ **Optikerin** die, -/-innen

optimal ⟨lat.⟩: die optimale *(bestmögliche)* Leistung ‖ **optimieren:** *optimal gestalten* ‖ **Optimierung** die, -/-en ‖ **Optimismus** der, - ‖ **Optimist** der, -en/-en: *jemand, der meist Gutes erwartet;* → G.: Pessimist ‖ **Optimistin** die, -/-innen ‖ **optimistisch** ‖ **Optimum** das, -s/Optima: *das Günstigste, das Beste*

Option [-tsi-] die, -/-en ⟨lat.⟩: *[Wahl]möglichkeit;* sich alle Optionen offenlassen | *Wahl einer bestimmten Staatsbürgerschaft* | (Jus) *das Recht, eine vertragliche Vereinbarung in Wirksamkeit zu setzen;* → optieren ‖ **optional** ‖ **Optionsschein** (Bankw., Börse): *ein risikoreiches Wertpapier*

optisch ⟨gr.-lat.⟩: eine optische Täuschung *(Sehtäuschung);* optische Sonnenbrillen

opulent ⟨lat.⟩: eine opulente *(üppige)* Mahlzeit; → G.: frugal ‖ **Opulenz** die, -

Opuntie [-tsiɛ] die, -/-n ⟨gr.-lat.⟩: *Feigenkaktus* | *dessen essbare Früchte*

Opus das, -/Opera ⟨lat.⟩: *musikalisches, dichterisches, wissenschaftliches Werk;* das gesamte O. eines Dichters | (mit Abkürzung op.) (Mus.) *Einzelwerk aus dem Gesamtwerk eines Komponisten;* Beethovens Klaviersonate op. 13 ‖ **Opuszahl**

Orakel das, -s/- ⟨lat.⟩: *[mehrdeutige] Weissagung* ‖ **orakelhaft:** *rätselhaft* ‖ **orakeln:** *sich mit orakelhafter Unbestimmtheit äußern;* sie orakelt über den Wahlausgang ‖ **Orakelspruch**

oral ⟨lat.⟩ (Med.): ein Medikament o. *(durch den Mund)* einnehmen

orange [oˈrɑ̃ːʃ]

⟨pers.-arab.-fr.⟩: → Orange[1]

Das Farbadjektiv wird im Allgemeinen nicht dekliniert:

– ein orange Kleid (*oder:* orangefarbenes Kleid)
– ein orange Schal

Daneben ist folgende Deklination gebräuchlich:

– ein oranges [-ʒɛs] Kleid *(nicht korrekt ist jedoch:* ein orangenes Kleid)
– ein oranger Schal

Orange[1] [oˈrɑ̃ːʃ] das, -/-: *eine Farbe zwischen Rot und Gelb;* → orange ‖ **Orange**[2] [-ʒɛ, oˈranʒɛ] die, -/-n: *eine Zitrusfrucht* ‖ **Orangeade** [-ˈʒaːt, -dɛ] die, -/-n: *ein Erfrischungsgetränk* ‖ **Orangeat** [-ˈʒaːt] das, -s: *kandierte Orangenschalen, Aranzini* ‖ **orangefarben** ‖ **Orangenhaut** (Med.): → *Cellulitis* ‖ **Orangenjuice** [-dʒuːs] ‖ **Orangenschale** ‖ **Orangensaft** ‖ **Orangenspalte** ‖ **Orangerie** die, -/-n: *Gewächshaus barocker Schlösser* ‖ **orangerot**

Orang-Utan der, -s/-s ⟨mal.⟩: *ein Menschenaffe*

Oratorienaufführung ⟨lat.⟩ ‖ **Oratorium** das, -s/Oratorien [-iɛn]: *ein [geistliches] Musikwerk* | *ein Betraum [in der Kirche]*

Orbit der, -s/-s ⟨lat.-engl.⟩: *Umlaufbahn [eines Erdsatelliten]*

Orchester [meist: -ˈkɛ-] das, -s/- ⟨gr.-lat.⟩: *eine Musikkapelle* | *Raum für die Musiker [im Theater]* ‖ **Orchesterbegleitung** ‖ **Orchestergraben:** *Raum im Opernhaus für das Orchester zwischen Bühne und Zuschauerraum* ‖ **Orchesterklang** ‖ **Orchesterkonzert** ‖ **Orchestermitglied** ‖ **Orchestermusiker** ‖ **Orchestermusikerin** ‖ **Orchesterpartitur** ‖ **Orchestersitz:** *ein Sitz in den ersten Reihen [des Theaters]* ‖ **Orchesterwerk** ‖ **orchestral:** *für das Orchester typisch* ‖ **orchestrieren** (Mus.): eine Komposition o. *(für Orchester instrumentieren)* ‖ **Orchestrierung** die, -/-en (Mus.) ‖ **Orchestrion** das, -s/Orchestrien [-iɛn]: *ein großes mechanisches Musikinstrument*

Orchidee die, -/-n ⟨gr.-fr.⟩: *eine Pflanze (aus der Familie der Orchideen)* ‖ **Orchideenfach** (sal.): *hochspezialisierte Studienrichtung [mit geringen Berufsaussichten]* ‖ **Orchideenstudium** [-ʃt-] (sal.) ‖ **Orchis** die, -/-: *eine Orchideengattung, Knabenkraut*

Orden der, -s/- ⟨lat.⟩: *eine sichtbare Auszeichnung* | *eine geistliche Vereinigung;* einen O. gründen ‖ **Ordensbruder** ‖ **Ordensfrau** ‖ **Ordensgeistliche** der, -n/-n, ein Ordensgeistlicher: *Mönch;* → G.: der Weltgeistliche ‖ **Ordensgelübde** ‖ **Ordenskapitel:** *feierliche Versammlung eines geistlichen Ordens* ‖ **Ordensmann** ‖ **Ordenspriester** → G.: Weltpriester ‖ **Ordensprovinz** [-v-]: *Verwaltungsgebiet eines Ordens, dem ein Provinzial vorsteht* ‖ **Ordensregel** ‖ **Ordensschwester** ‖ **Ordenstracht** ‖ **Ordensverleihung** ‖ **ordentlich:** o. arbeiten; → G.: unordentlich | (veraltet) ordentlicher Wohnsitz *(→ Hauptwohnsitz); aber:* **O**rdentlicher Universitätsprofessor; → G.: außerordentlich | (Jus) ordentliche Gerichtsbarkeit *(Gericht für Zivilprozesse ua.);* → G.: außerordentliche Gerichtsbarkeit ‖ **Order** die, -/-s [-n] ⟨lat.-fr.⟩: *Auftrag, Weisung* | (geh.) gemessene O. *(den bestimmten Auftrag)* haben ‖ **ordern** (Kaufmannsspr.): *bestellen, kommen lassen* ‖ **Ordi-**

O

nalzahl ⟨lat.⟩: *Zahl, die die Position in einer Reihenfolge angibt, Ordnungszahl* ‖ **Ordinalzahlwort** (Gramm.): *Ordnungszahlwort, zB zweite[r]* ‖ **ordinär** ⟨lat.-fr.⟩: *gewöhnlich; gemein* ‖ **Ordinaria** die, -/Ordinariae [-i̯ɛ] ⟨lat.⟩ (früher): *Ordentliche Professorin an einer Hochschule oder Universität* ‖ **Ordinariat** das, -[e]s/-e: *eine kirchliche Behörde;* das bischöfliche O. | *Planstelle eines Ordentlichen Universitätsprofessors, Lehrstuhl; Lehrkanzel* ‖ **Ordinarium** das, -s/ Ordinarien [-i̯ɛn] (kath.): *die gleich bleibenden Teile der Messe; Gottesdienstordnung;* → Proprium ‖ **Ordinarius** der, -/Ordinarien [-i̯ɛn] (früher): *Ordentlicher Professor an einer Hochschule oder Universität* | (veraltet) *Klassenvorstand* ‖ **Ordinate** die, -/-n (Math.): *die parallel zur Ordinatenachse gemessene Koordinate* ‖ **Ordinatenachse** [-ks-]: *die senkrecht zur Abszissenachse (x-Achse) stehende Achse (y-Achse)* ‖ **Ordination** [-tsi̯-] die, -/-en: *ärztliche Sprechstunde* | *ein ärztlicher Untersuchungs- und Behandlungsraum* | *Einsetzung in ein geistliches Amt* ‖ **Ordinationshilfe:** *Sprechstundenhilfe des Arztes* ‖ **Ordinationsraum** ‖ **Ordinationszeit** ‖ **Ordinationszimmer** ‖ **ordinieren:** *Sprechstunde abhalten;* der Arzt ordiniert *(behandelt)* nur vormittags ‖ **ordnen:** Papiere o.; geordnete Verhältnisse; sich o. *(einordnen)* ‖ **Ordner** der, -s/-: *jemand, der für Ordnung sorgt, zB bei öffentlichen Veranstaltungen* | *Sammelmappe [für Dokumente]* ‖ **Ordnerin** die, -/-innen ‖ **Ordnung** die, -/-en: jemanden zur O. rufen | (Biol.) *Rangstufe im System der Organismen* ‖ **Ordnungsberater:** *Kontrollor für Wiener Gemeindebauten* ‖ **Ordnungsberaterin** ‖ **ordnungsgemäß** ‖ **ordnungshalber** → -halber² ‖ **ordnungsliebend** ‖ **Ordnungsruf:** *im Parlament Ermahnung zur Einhaltung der Ordnung; Zurechtweisung* ‖ **Ordnungsstrafe** (Jus) ‖ **ordnungswidrig** ‖ **Ordnungswidrigkeit** (Jus): *Verwaltungsstraftat* ‖ **Ordnungszahl:** *Ordinalzahl* | (Phys.) *die Zahl der Protonen im Atomkern* ‖ **Ordnungszahlwort** (Gramm.): *Ordinalzahlwort* ‖ **Ordonnanz** die, -/-en, *auch:* Ordonanz ⟨lat.-fr.⟩ (Mil.): *für bestimmte Aufgaben, zB zum Überbringen von Befehlen, abkommandierter Soldat*

Oregano = Origano der, -s ⟨gr.-lat.-it.⟩: *eine Gewürzpflanze, Dost*

ORF [o ɛr 'ɛf] der, -: **Ö**sterreichischer **R**und**f**unk; ORF eins *(das erste Fernsehprogramm des ORF);* ORF 2; ORF III

Orffinstrument (meist Pl.) (Mus.): *(von dem Komponisten Carl Orff entwickeltes) Schlag- und Rhythmusinstrument*

ORFler [o ɛr 'ɛf-] der, -s/- (sal.): *Mitarbeiter des ORF* ‖ **ORFlerin** die, -/-innen (sal.)

ORG [o ɛr 'geː] das, -/-: das **O**berstufen**r**eal**g**ymnasium

Organ das, -s/-e ⟨gr.-lat.⟩: *ein Körperteil;* ein lebenswichtiges O. *(Herz, Leber ua.)* | ein O. *(Beamter)* einer Behörde | ein lautes O. *(eine laute Stimme)* haben | das O. *(die Zeitung, Zeitschrift)* einer politischen Partei ‖ **Organbank** die, -/-en (Med.): *Depot von Organen für Transplantationen* ‖ **Organempfänger** (Med.) ‖ **Organempfängerin** (Med.) ‖ **Organfunktion** [-tsi̯-] ‖ **Organhaftpflicht** ‖ **Organhaftpflichtgesetz** (Jus) ‖ **Organhaftung** (Jus): *Haftung eines Beamten gegenüber seiner Behörde* ‖ **Organhandel:** *(illegaler) Handel mit menschlichen Organen* ‖ **Organigramm** das, -s/-e: *schematische Darstellung des Funktionierens einer Organisation* ‖ **Organisation** [-tsi̯-] die, -/-en: *Vereinigung* | (ohne Pl.) *planmäßige Einrichtung und Gestaltung;* → G.: Desorganisation ‖ **Organisationsform** ‖ **Organisationsplan** ‖ **Organisationspsychologie** [-psy-]: *Teilgebiet der Psychologie, das sich mit den Auswirkungen der beruflichen Umwelt beschäftigt* ‖ **Organisationstalent:** *Organisationsfähigkeit* | *bes. gute/r Organisator/in* ‖ **Organisator** der, -s/-en [-'toː-] ‖ **Organisatorin** die, -/-innen ‖ **organisatorisch** ‖ **organisch:** eine organische *(natürliche, gesetzmäßige)* Entwicklung | organisches *(körperlich bedingtes)* Leiden | organische Chemie; → G.: anorganisch ‖ **Organiser** ['ɔːgənaɪzə] → Organizer ‖ **organisieren:** ein Unternehmen o. *(aufbauen)* | sie ist gewerkschaftlich organisiert *(Mitglied einer Gewerkschaft)* ‖ **Organisierung** die, -/-en ‖ **Organismus** der, -/Organismen: *Lebewesen* | (ohne Pl.) *sinnvoll gegliedertes Ganzes* | *[menschlicher] Körper;* einen widerstandsfähigen O. haben ‖ **Organist** der, -en/-en: *Orgelspieler* ‖ **Organistin** die, -/-innen ‖ **Organizer** ['ɔːgənaɪzə], *auch:* Organiser der, -s/- ⟨engl.⟩: *Terminkalender* | *kleiner Computer zur Verwaltung von Terminen und Adressen;* → Palmtop ‖ **Organmandat:** *Organstrafmandat* ‖ **Organmandatsstrafe** ‖ **Organologie** die, - (Med.): *Wissenschaft von den Organen* ‖ **Organspende** (Med.) ‖ **Organspender** (Med.): *jemand, der [seine Niere] für eine Organverpflanzung zur Verfügung stellt* ‖ **Organspenderin** (Med.) ‖ **Organstrafmandat:** *Organstrafverfügung; Geldstrafe, die vom Polizisten verhängt und sofort eingehoben wird, Strafzettel* ‖ **Organstrafverfügung:** *Organstrafmandat* ‖ **Organtransplantation** [-tsi̯-] (Med.) ‖ **Organverpflanzung** (Med.) ‖ **Organversagen** (Med.) ‖ **Organverschulden** (Amtsspr.): *Verschulden einer Behörde* ‖ **Organwalter** der, -s/-: *Vertreter eines Organs, zB Beamter einer Behörde;* O. der staatlichen Verwaltung ‖ **Organwalterin** die, -/-innen

Orgasmus der, -/Orgasmen ⟨gr.-lat.⟩: *Höhepunkt der geschlechtlichen Erregung* ‖ **orgastisch:** *aber:* → orgiastisch

Orgel die, -/-n ⟨gr.-lat.⟩: *[großes] Tasteninstrument mit Pfeifen [in Kirchen];* elektronische O. ‖ **Orgelbauer** der, -s/- ‖ **Orgelbauerin** die, -/-innen ‖ **Orgelkomposition** [-tsi̯-] ‖ **Orgelmusik** ‖ **orgeln,** ich orgle: *Orgel spielen* ‖ **Orgelpedal** ‖ **Orgelpfeife** ‖ **Orgelspieler:** *Organist* ‖ **Orgelspielerin** ‖ **Orgelwerk:** *Orgel* | *Komposition für Orgel*

orgiastisch ⟨gr.-lat.⟩: *ausschweifend, zügellos; aber:* → orgastisch ‖ **Orgie** [-i̯ɛ] die, -/-n: *wüstes, [sexuell] ausschweifendes Gelage*

Orient [auch: -'ɛ-] der, -s ⟨lat.⟩: *das Morgenland, der Osten;* → G.: Okzident ‖ **Orientale** der, -n/-n ‖ **Orientalin** die, -/-innen ‖ **orientalisch** ‖ **Orientalist** der,

O

-en/-en ‖ **Ori|en|ta|lis|tik** die, -: *Wissenschaft vom Orient* ‖ **Ori|en|ta|lis|tin** die, -/-innen ‖ **ori|en|tie|ren:** ich kann mich nicht o. *(zurechtfinden);* bestens orientiert *(unterrichtet)* sein; → desorientiert ‖ **Ori|en|tie|rung** die, -: die O. verlieren ‖ **Ori|en|tie|rungs|hil|fe** ‖ **Ori|en|tie|rungs|lauf** (Sport) ‖ **ori|en|tie|rungs|los** ‖ **Ori|ent|tep|pich** [auch: -'ɛnt-]

Ori|ga|mi das, -[s] ⟨jap.⟩: *japanische Kunst des Papierfaltens*

Ori|ga|no = → Oregano

ori|gi|nal ⟨lat.⟩: *ursprünglich; echt; aber:* → originell ‖ **Ori|gi|nal** das, -s/-e: *ursprüngliches Erzeugnis; Originalbild | Markenware | Urschrift [eines Zeugnisses, Werks] | Mensch von besonderer Eigenart* ‖ **Ori|gi|nal|do|ku|ment** ‖ **ori|gi|nal|ge|treu:** *originalgetreue Wiedergabe* ‖ **Ori|gi|nal|in|s|tru|ment** [-st-] (Mus.): *der Zeit des Komponisten entstammendes bzw. entsprechendes Instrument* ‖ **Ori|gi|na|li|tät** die, -: *Echtheit* | die O. *(Eigenständigkeit, Neuartigkeit)* ihrer Einfälle ‖ **Ori|gi|nal|pa|ckung** ‖ **Ori|gi|nal|spra|che** ‖ **Ori|gi|nal|text** ‖ **Ori|gi|nal|ton:** *nicht veränderte Tonaufzeichnung;* → O-Ton ‖ **Ori|gi|nal|ver|si|on** [-v-] ‖ **ori|gi|när:** *ursprünglich | eigenständig*

ori|gi|nell ⟨lat.-fr.⟩:

Nicht verwechseln!
original – originell – originär
original bedeutet „ursprünglich, echt“:
– eine original[e] Wiener Mehlspeise
originell bedeutet „eigenartig, heiter-launig“:
– ein origineller Mensch
Weiters „neuartig, besonders“:
– ein origineller Einfall
originär bedeutet „grundlegend neu, eigenständig“:
– eine originäre Leistung

Ori|on der, -s: *ein Sternbild*

Or|kan der, -s/-e ⟨karibisch-span.-niederl.⟩: *außerordentlich heftiger Sturm* ‖ **or|kan|ar|tig**

Or|kus der, - ⟨lat.⟩: *Unterwelt, Totenreich (in der römischen Sage); Hölle*

Or|na|ment das, -[e]s/-e ⟨lat.⟩: *[künstlerische] Verzierung* ‖ **or|na|men|tal:** *reich geschmückt, geometrisch stilisiert* ‖ **or|na|ment|ar|tig** ‖ **or|na|men|tie|ren** ‖ **Or|na|men|tik** die, - ‖ **Or|nat** der, -[e]s/-e: *Festgewand [des Priesters]*

Or|ni|tho|lo|ge der, -n/-n ⟨gr.-lat.⟩: *Fachmann für Vogelkunde* ‖ **Or|ni|tho|lo|gie** die, -: *Vogelkunde* ‖ **Or|ni|tho|lo|gin** die, -/-innen

Oro|gra|fie = Orographie [-f-] die, -/-n ⟨gr.-lat.⟩ (Geogr.): *Beschreibung der Reliefformen eines Gebietes* ‖ **oro|gra|fisch** = orographisch (Geogr.)

ÖROK die, -: **Ö**sterreichische **R**aum**o**rdnungs**k**onferenz *(eine Einrichtung von Bund, Ländern und Gemeinden zur bundesweiten Raumordnung)*

Or|pheus [-f-]: *berühmter Sänger in der altgriechische Sage* ‖ **or|phisch** (geh.): *sagenumwoben, mystisch*

Ort[1] der, -[e]s/-e: *Ortschaft; Stelle* | höheren Ort[e]s *(bei einer höheren Dienststelle)* | (mit Pl. Örter) (Math.) die geometrischen Örter ‖ **Ort**[2] das, -[e]s/Örter (Bergmannsspr.): *vorderes Ende des Stollens* | etwas vor Ort *(an Ort und Stelle)* klären ‖ **Ört|chen** das, -s/- (sal.): *Toilette;* das stille Ö. ‖ **or|ten:** das Fahrzeug des flüchtigen Verbrechers o. *(den Standort bestimmen)*

or|tho|dox ⟨gr.⟩: *rechtgläubig; strenggläubig* | die orthodoxe Kirche *(mit Rom nicht vereinte Ostkirchen);* → griechisch-orthodox ‖ **Or|tho|do|xie** die, -: *Rechtgläubigkeit | die Strenggläubigen (jeder Religion und Weltanschauung)* ‖ **Or|tho|epie** die, -: *Lehre von der genormten Aussprache*

Or|tho|gra|fie = Orthographie [-f-]

die, -/-n ⟨gr.⟩: *der Norm entsprechende Schreibung, Rechtschreibung*
Für das Wort gibt es zwei Schreibweisen:
– Orthografie: die eingedeutschte Schreibung
– Orthographie: die fremdsprachige Schreibung
Der Wortbestandteil „-graf“ kann immer auch „-graph“ geschrieben werden: orthografisch/orthographisch, Geografie/Geographie, Paragraf/Paragraph ...

or|tho|gra|fisch = orthographisch ‖ **Or|tho|pä|de** der, -n/-n: *Facharzt für Knochengerüst bzw. Bewegungsorgane* ‖ **Or|tho|pä|die** die, - ‖ **Or|tho|pä|din** die, -/-innen ‖ **or|tho|pä|disch:** orthopädische Schuhe ‖ **Or|th|op|tik** die, - (Med.): *eine Behandlung des Schielens*

Ort|ler der, -s: *ein Berg in Südtirol* ‖ **Ort|ler|grup|pe** die, -: *eine Gebirgsgruppe in Südtirol*

ört|lich ‖ **Ört|lich|keit** die, -/-en: eine geeignete Ö. ‖ **Orts|ab|we|sen|heit** (Amtsspr.): den Nachweis der O. erbringen ‖ **orts|an|säs|sig** ‖ **Orts|au|gen|schein** (SüdT): *Lokalaugenschein* ‖ **Orts|bild** ‖ **Orts|bild|pfle|ge** ‖ **Ort|schaft** die, -/-en: *Dorf, größere Ansiedlung* ‖ **Orts|chef** [-ʃɛ:f] (sal.): *Bürgermeister* ‖ **Orts|che|fin** (sal.) ‖ **Orts|ein|fahrt** ‖ **Orts|en|de** ‖ **orts|fest:** *fest eingebaut, immobil* ‖ **orts|fremd** ‖ **Orts|ge|biet** ‖ **Orts|ge|dächt|nis** ‖ **Orts|kai|ser** (sal.): *wichtige lokale Persönlichkeit, Bürgermeister* ‖ **Orts|kennt|nis** ‖ **Orts|kenn|zahl:** *Vorwahl beim Telefon* ‖ **Orts|kern** ‖ **orts|kun|dig** ‖ **Orts|na|me,** *auch:* **Orts|na|men** ‖ **Orts|na|men|for|schung** ‖ **Orts|ta|fel** ‖ **Orts|ta|fel|streit** (Pol., Gesch.): *Auseinandersetzung um deutsche und slowenische Namen auf Kärntner Ortstafeln* ‖ **Orts|ta|rif:** *günstiger [Telefon]tarif* ‖ **Orts|teil** ‖ **orts|üb|lich** ‖ **Orts|um|fah|rung:** *eine Autostraße* ‖ **orts|un|kun|dig** ‖ **Orts|vor|ste|her** ‖ **Orts|vor|ste|he|rin** ‖ **Orts|wech|sel** [-ks-] ‖ **Orts|zeit:** *die dem Sonnenstand entsprechende (wahre) Zeit eines Ortes (zum Unterschied von der Normalzeit), Lokalzeit* | Landung in London um 20 Uhr O. *(gemäß der dort geltenden westeuropäischen Zeit)* ‖ **Or|tung** die, -/-en: *Standortbestimmung*

Os: Osmium

öS (früher): **ö**sterreichische **S**chilling; → ATS

O-Saft (sal.): *Orangensaft*

OSB: Ordinis **S**ancti **B**enedicti *(vom Benediktinerorden)*

Os|car[1] [-k-] → Oskar ‖ **Os|car**[2] der, -[s]/-s (Wz.): *ein amerikanischer Filmpreis | dessen Preisstatuette* ‖ **Os|car|no|mi|nie|rung** ‖ **Os|car|ver|lei|hung** ‖ **Os|car|preis|ver|lei|hung**

Öse die, -/-n: *Metallring zum Einfädeln oder Einhaken*

Ösi[1] der, -s/-s (bes. D, sal.): *Be-*

zeichnung für einen Österreicher || **Ösi**[2] die, -/-s (bes. D, sal.)
Oskar, *auch:* Oscar [-k-]: *männl. Vorname;* → Ossi
Oslo: *Hauptstadt Norwegens*
Osmane der, -n/-n: *Angehöriger der Oberschicht im Osmanischen Reich* | *Türke* || **Osmanin** die, -/-innen || **osmanisch:** osmanische Gesandte; *aber:* das **Osma**nische Reich *(14. Jh. bis 1923)*
Osmium das, -s ⟨gr.⟩ (Zeichen: Os): *ein chemisches Element*
Osmose die, - ⟨gr.⟩ (Chem., Biol.): *Durchdringen einer Membran durch eine Lösung* || **osmotisch**
OSO: Ost**s**üd**o**st[en]
OSR: Ober**s**chul**r**at, **O**ber**s**chul**r**ätin
Ossi[1]: *männl. Vorname (Oskar, Oswald)* || **Ossi**[2] der, -s/-s (bes. D, sal.): *Deutscher aus dem Gebiet der ehemaligen DDR;* → Wessi || **Ossi**[3] die, -/-s (bes. D, sal.)
Ossiacher See der, - -s (K)
Ost[1] (Zeichen: O): *Himmelsrichtung;* in Ost und West; Graz-Ost (= Graz Ost) || **Ost**[2] der, -[e]s (geh.): *Ostwind;* ein kalter Ost
öst.: österreichisch; → ö.; → österr.
Ostalpen die (Pl.): *östlicher Teil der Alpen*
Ostarrichi (Gesch.): *der Name Österreich in der ersten urkundlichen Erwähnung (996)*
Ostasien [auch: -'aː-] || **Ostautobahn** || **Ostblock** der, -[e]s (früher): *die Sowjetunion und die von ihr abhängigen Staaten* || **Osten** der, -s (O): der Ferne O. *(China, Japan ua.);* der Nahe O. *(Israel, Syrien ua.);* der Mittlere O. *(Indien ua.);* → Ost; → Morgen; → Orient || **ostdeutsch**
ostentativ ⟨lat.⟩: sich o. *(herausfordernd, absichtlich)* abwenden
Osteopathie die, - ⟨gr.⟩ (Med.): *eine ganzheitliche Diagnose- und Therapietechnik* || **Osteoporose** die, -/-n (Med.): *Knochenschwund*
Osterböller || **Osterbrauch** || **Osterdienstag** || **Osterei** || **Osterfeier** || **Osterferien** || **Osterfest** || **Osterglocke:** die Osterglocken läuten | (Bot.) *volkstümlicher Name für verschiedene Pflanzen, zB Gelbe Narzisse, Frühlingsknotenblume* || **Osterhase** || **Osterkerze** (kath.): *Kerze, die in der Osternacht geweiht wird* || **Osterlamm** || **österlich** || **Osterluzei** [-ˌtsaɪ] die, -/-en: *eine Pflanze* || **Ostermesse** || **Ostermontag:** *ein Feiertag*

Ostern

die (Pl.), *D auch:* das, -/- (Art. selten)
In Österreich ist „Ostern" mit Artikel oder vorangehendem Adjektiv ein Pluralwort:
– das waren schöne Ostern
– weiße Ostern hatten wir vor zwei Jahren
Steht „Ostern" alleine, ist es ein Singularwort:
– zu Ostern hat es geschneit (*reg. in D, CH:* an Ostern)
– Ostern ist ein bewegliches Fest
– Ostern ist (*auch:* die Ostern sind) vorbei

Osternacht: *Nacht von Karsamstag auf Ostersonntag* || **Osterpinze:** *ein Germgebäck*
österr.: österreichisch; → ö.; → öst. || **Österreich** (Ö.; → A; → AT; → AUT) (Kfz: A): die Republik Ö.; → Austria || **Österreich 1** → Ö 1 || **Österreicher** der, -s/-: Herr und Frau Ö. *(der/die durchschnittliche Österreicher/in);* ein gelernter Ö. *(jemand, der über die österreichischen Gegebenheiten und Gewohnheiten Bescheid weiß)* || **Österreicherin** die, -/-innen || **Österreichfenster:** *[Werbe]sendungen von deutschen Fernsehanstalten, die nur in Österreich ausgestrahlt werden* || **österreichisch** (ö., öst., österr.): die österreichische Nation | (Großschreibung) **Ö**sterreichische Akademie der Wissenschaften (ÖAW); **Ö**sterreichische Auflagenkontrolle (ÖAK); **Ö**sterreichische HochschülerInnenschaft (ÖH); die **Ö**sterreichische Nationalbibliothek (ÖNB); die **Ö**sterreichischen Bundesbahnen (ÖBB); das **Ö**sterreichische **N**ormungsinstitut (ON); **Ö**sterreichische Postsparkasse (PSK); **Ö**sterreichischer Arbeiter- und Angestelltenbund (ÖAAB); **Ö**sterreichischer Bauernbund; **Ö**sterreichischer Wirtschaftsbund; das **Ö**sterreichische Staatsarchiv; **Ö**sterreichisches Wörterbuch (ÖWB); die **Ö**sterreichische Volkspartei (ÖVP); → Oesterreichische Nationalbank (OeNB) || **österreichisch-ungarisch:** die österreichisch-ungarische Monarchie *(die Doppelmonarchie Österreich-Ungarn, 1867 bis 1918)* || **Österreich-Konvent** [-v-]: *hohes beratendes Gremium zur Erarbeitung eines neuen Verfassungsentwurfs* || **Österreich-Ungarn** (früher) || **österreichweit**
Osterschinken || **Ostersonntag** || **Osterstriezel**, *auch:* **Osterstritzel**
Osterweiterung: die O. der EU; → EU-Osterweiterung
Osterwoche: *Woche nach Ostern* | (irrig auch) *Woche vor Ostern, Karwoche*
Osteuropa || **osteuropäisch:** die osteuropäische Zeit (OEZ) || **Ostexport** || **Ostfront:** *Frontlinie im Ersten und im Zweiten Weltkrieg* || **Ostgeschäft**
Ostinato der = das, -s/-s [Ostinati] ⟨it.⟩ (Mus.): *Kurzform für Basso ostinato*
Ostkirchen die (Pl.): *die im Nahen Osten, in Südost- und Osteuropa entstandenen Kirchen (mit byzantinischem Ritus), zB die russisch-orthodoxe, die griechisch-unierte Kirche* || **Ostküste** || **östlich:** ö. des Flusses/vom Fluss; ö. [von] der Stadt || **Ostmark** die, - (Gesch.): *aus dem 19. Jh. stammende Bezeichnung für die österreichischen Kerngebiete bis zur frühen Babenbergerzeit* | (im Nationalsozialismus) *Bezeichnung für Österreich;* → Alpen- und Donaugaue || **Ostmärker** der, -s/- (im Nationalsozialismus): *Bezeichnung für Österreicher* || **Ostmärkerin** die, -/-innen (im Nationalsozialismus) || **ostmärkisch** (im Nationalsozialismus) || **Ostnordost = Ostnordosten** (ONO) || **Ostösterreich** || **ostösterreichisch**
OStR: Ober**st**udien**r**at, **O**ber**st**udien**r**ätin
Ostrand: der O. der Alpen
Ostrau [-s-] (tschech.: Ostrava ['ɔst-va]): *Stadt in Tschechien*
Östrogen das, -s/-e ⟨gr.⟩ (Med.): *weibliches Geschlechtshormon;* → Testosteron
oströmisch: → *byzantinisch; aber:* das **O**strömische Reich || **Ostsee** || **Ostseite** || **ostseitig** || **Oststaaten** die (Pl.): *die (früher kommunistischen) Staaten Ost[mittel]europas* || **Oststeiermark:** *Landesteil der Steiermark* || **Ostsüdost = Ostsüdosten** (OSO) || **Osttirol:** *Landesteil von Tirol* || **Ostung** die, -/-en: *Ausrichtung nach Osten [bei Kir-*

O

chenbauten] || **ostwärts** || **Ost-West-Konflikt**

ÖSV [ø ɛs ˈfaʊ] der, -: **Ö**sterreichischer **S**ki**v**erband

Oswald: *männl. Vorname;* → Ossi

OSZE [o ɛs tsɛt ˈeː] die, -: **O**rganisation für **S**icherheit und **Z**usammenarbeit in **E**uropa (früher: KSZE)

Oszillation [-tsi̯-] die, -/-en ⟨lat.⟩ (Phys.): *Schwingung* || **oszillieren:** *schwingen* || **Oszillograf** = **Oszillograph** [-f] der, -en/-en (Phys.): *Gerät zur Darstellung veränderlicher Vorgänge, zB von Schwingungen*

Othmar = **Otmar:** *männl. Vorname*

Otologe der, -n/-n ⟨gr.-lat.⟩ (Med.) || **Otologie** die, - (Med.): *Ohrenheilkunde* || **Otologin** die, -/-innen (Med.)

O-Ton: *Kurzwort für Originalton;* einen Film im O-Ton wiedergeben

Ottakring: *16. Bezirk Wiens*

Ottawa: *Hauptstadt Kanadas*

Otter[1] der, -s/-: *ein Marder*; Fischotter

Otter[2] die, -/-n: *eine Giftschlange;* Kreuzotter

Otto: *männl. Vorname;* → Otto Normalverbraucher || **Ottokar:** *männl. Vorname*

Ottoman der, -s/-e, *auch:* **Ottomane** die, -/-n ⟨türk.-fr.⟩ (veraltet): *ein Liegesofa*

Ottomotor: *ein Verbrennungsmotor (nach dem dt. Erfinder)* || **ottonisch** (Gesch.): *der Epoche Kaiser Ottos des Großen und seiner unmittelbaren Nachfolger angehörend (etwa 10. Jh.)* || **Otto Normalverbraucher** (veraltend): *Durchschnittsmensch in statistischen Auswertungen;* → Max Mustermann

Ötzi der, -s (Wz.): *Bezeichnung für den im Ötztaler Gletscher gefundenen Mann aus der Steinzeit* || **Ötztal:** *ein Tal in Tirol*

O. Univ.-Prof.: **O**rdentliche[r] **Univ**ersitäts**pro**fessor[in]

out [aʊt] ⟨engl.⟩ (Sport): *draußen* | (sal.) etwas ist out *(nicht [mehr] in Mode);* → G.: in[2] || **Out** das, -[s]/-[s] (Sport): der Ball ist im Out *(außerhalb des Spielfeldes)* || **Outback** [-bæk] das, -s (in Australien): *abgelegene Region* | (sal.) *weites Umland, Hinterland, Provinz* || **Outball** (Sport): *Ball, der im Out landet* || **outdoor** [-dɔə, engl.: -dɔː]: *im Freien;* → G.: indoor || **Outdoorschuh:** *Schuh für draußen* || **Outeinwurf** (Sport) || **outen:** der Fernsehstar hat sich geoutet *(sich öffentlich zu etwas nicht allgemein Anerkanntem bzw. etwas Herabsetzendem bekannt);* jemanden o.; → Outing || **Outfit** das, -s/-s: *Kleidung und sonstige Aufmachung* || **Outing** das, -s/-s (Soz.): *öffentliches Eingeständnis, Bekenntnis;* → outen || **Outlaw** [-lɔː] der, -[s]/-s: *geächtete Person* || **Outlet** das, -s/-s: → *Factoryoutlet* || **Outletcenter** [-se-] || **Outlinie** [-i̯ɛ] (Sport) || **Output** der, -s/-s (Wirt.): *gesamte Produktionsmenge* | (EDV) *alle Daten, die ein Computer liefert;* → G.: Input

outrieren [ut-] ⟨fr.⟩: *übertreiben [als Schauspieler/in]*

Outsider [ˈaʊtsaɪ-] ⟨engl.⟩ der, -s/-: *Außenseiter, Nichteingeweihter;* → G.: Insider || **Outsiderin** die, -/-innen || **outsourcen** [-sɔəsn] (Wirt.): *ausgliedern;* Teile der Produktion sind outgesourct || **Outsourcing** das, -s (Wirt.): *Vergabe [von Unternehmensdienstleistungen] nach außen; Ausgliederung diverser Unternehmensbereiche* || **Outwachler** (ugs., oft scherzh.): *Linienrichter (im Fußball)* || **Outwachlerin**

Ouvertüre [uvɛrˈtyːə, -ˈtyːrɛ] ⟨fr.⟩ die, -/-n (Mus.): *Einleitungsmusik; musikalisches Vorspiel [zu einer Oper bzw. Operette]*

Ouzo [ˈuːzɔ] der, -s/-s ⟨gr.⟩: *griechischer Anisschnaps*

oval [-v-] ⟨lat.⟩: *eiförmig, länglich rund* || **Oval** das, -s/-e: *ovale Fläche oÄ* || **Ovarium** das, -s/Ovarien (Med.): *Eierstock*

Ovation [ovatsi̯-] die, -/-en ⟨lat.⟩ (meist Pl.): *Beifallskundgebung; Huldigung;* stehende Ovationen *(Standing Ovations)*

ÖVE-Prüfzeichen [ø faʊ ˈeː-]: Prüfzeichen des **Ö**sterreichischen **V**erbandes für **E**lektrotechnik

Overall [ˈoːv-] der, -s/-s ⟨engl.⟩: *Schutz- bzw. Arbeitsanzug in einem Stück* || **overdressed** [ˈəʊvədrest]: *zu festlich gekleidet (für eine Veranstaltung);* → G.: underdressed || **Overhead** [-hed] der, -s (fachspr., zB Wirt.): *Mehraufwand* || **Overheadkosten** die (Pl.) (Wirt.): *Gemeinkosten* || **Overheadprojektor:** *Tageslichtprojektor für durchsichtige Folien* || **Overkill** der = das, -[s] (Mil., Pol.): *Besitz so vieler [Atom]waffen, dass der Gegner mehrmals vernichtet werden könnte* || **Overknees** [-niːz] die (Pl.): *Stümpfe bzw. Stiefel, die übers Knie reichen*

ÖVP [ø faʊ ˈpeː] die, -: **Ö**sterreichische **V**olks**p**artei || **ÖVP-Club** [-k-] = ÖVP-Klub (Pol.) || **ÖVPler** der, -s/- (sal.) || **ÖVPlerin** die, -/-innen (sal.)

Ovulation [-v-tsi̯-] die, -/-en ⟨lat.⟩ (Med.): *Eisprung* || **Ovulationshemmer** der, -s/-: *ein Medikament*

ÖWB [ø ve ˈbeː] das, -[s]/-[s]: **Ö**sterreichisches **W**örter**b**uch

Oxer der, -s/- ⟨engl.⟩: *Hindernis im Pferdesport*

Oxid = Oxyd [-ˈyːt] das, -[e]s/-e ⟨gr.⟩ (Chem.): *eine Sauerstoffverbindung* || **Oxidation** [-tsi̯-] = Oxydation die, - (Chem.) || **oxidieren** = oxydieren (Chem.): oxidiertes Eisen || **Oxidierung** = Oxydierung die, -/-en || **Oxyd** [-yːt] = → Oxid || **Oxydation** [-tsi̯-] = → Oxidation || **oxydieren** = → oxidieren || **Oxygenium** das, -s (Zeichen: O): *ein chemisches Element;* → Sauerstoff

OZ [o ˈtsɛt]: **O**ktan**z**ahl

Ozean der, -s/-e ⟨gr.-lat.⟩: der Atlantische O. || **Ozeandampfer** || **Ozeanien:** *die pazifische Inselwelt* || **ozeanisch:** ozeanisches Klima || **Ozeanologie** die, -: *Meereskunde*

Ozelot [auch: -ˈɔt] der, -s/-e ⟨indian.⟩: *eine Wildkatze* | *deren Fell*

Ozon das, -s ⟨gr.⟩: *eine besondere Form des Sauerstoffs* || **Ozonalarm** || **Ozonbelastung** || **ozonhältig,** *auch:* ozonhaltig || **Ozonloch** (Met.): *Bereich der Atmosphäre, dessen Ozonschicht zerstört ist* || **ozonreich** || **Ozonschicht** = **Ozonschichte** (Met.): *Schutzschicht gegen ultraviolette Strahlung;* die O. in der Atmosphäre || **Ozonvorwarnstufe** || **Ozonwarnstufe:** *Warnung bei Zunahme des erdnahen Ozons* || **Ozonwarnung** || **Ozonwert** (meist Pl.)

O

p P

p [peː] das, -/- (Kleinbuchstabe): das p im Wort *planen* | (Laut) der p-Laut | (Mus.) **p**iano | (Phys.) **P**ond

P [peː] das, -/- (Großbuchstabe): das P im Wort *Pause* | (Chem.) **P**hosphor

p.: **P**agina

P.: **P**ater | **P**astor

pa = p. a.: **p**er **a**nno/annum, **p**ro **a**nno *(pro Jahr);* → per

Pa: Pascal | **P**rotactinium

PA [pe 'aː] die, -/-[s] (früher): **P**ädagogische **A**kademie (jetzt: PH)

p. a. [pe 'aː] → pa

p. A. [pe 'aː]: **p**er **A**dresse; p. A. Familie Klein *(bei Familie Klein);* → c/o

paar:

Bedeutung: *einige wenige*

Es gilt ausnahmslos Kleinschreibung:
- ich habe viele benachrichtigt, gekommen sind aber nur ein paar *(einige wenige)*
- das kostet ein paar Euro *(einige)*
- ein paar dutzend (= Dutzend) Mal[e]
- diese paar Mal[e]; *aber zusammen:* etwas ein paarmal überprüfen

Paar

das, -[e]s/-e

Bedeutung: *zwei zusammengehörige Menschen, Dinge*

Es gilt ausnahmslos Großschreibung:
- das glückliche Paar *(Braut und Bräutigam)*
- ein Paar Schuhe *(zwei zusammengehörige Schuhe); aber klein:* ein paar Äpfel (einige)
- die Gegner zu Paaren treiben (geh.: *ihnen hart zusetzen*); → Pärchen

Deklination:
- drei Paar [Würstel] (*statt:* Paare)
- ein Paar neue (*auch:* neuer) Schuhe

Paar|bil|dung (Phys.): *Erzeugung von Teilchen und Antiteilchen aus Energie* || **paa|ren:** Wölfe p. sich einmal jährlich || **Paar|hof:** *Bauernhof mit getrenntem Wohn- und Wirtschaftsgebäude;* → G.: Einhof || **Paar|hu|fer** der, -s/-: *Huftier mit gerader Anzahl von Zehen bzw. Hufen, zB Schwein, Rind;* → Einhufer | (Pl.) (Zool.) *eine Säugetierordnung* || **paar|hu|fig** || **paa|rig:** die Erbinformationen liegen p. vor || **Paar|kurs:** *[Tanz]kurs für Partner* || **Paarl** das, -s/-[n] (SüdT): *zwei aneinandergebackene kleine rundliche Brote aus Roggenmehl* || **Paar|lauf:** *eine Form des Eiskunstlaufs* || **paar|lau|fen** (meist nur Inf. und Part.): er ging p. || **Paar|lau|fen** das, -s || **paar|mal** (bei bes. Betonung auch: paar Mal): ein p. nachschauen; *aber:* diese paar Mal[e] || **Paar|the|ra|pie** || **Paa|rung** die, -/-en: *Begattung* | (Sport) *zwei einander zugeordnete Personen* || **paa|rungs|be|reit** (Zool.) || **Paa|rungs|ver|hal|ten** (Zool.) || **Paa|rungs|zeit** (Zool.) || **Paar|ver|nich|tung** (Phys.): *Umwandlung von Teilchen und Antiteilchen in Energie* || **paar|wei|se:** p. gehen

Pacht die, -/-en: P. *(Pachtzins)* zahlen || **pach|ten:** ein Grundstück p. *(für seine Nutzung zahlen)* || **Päch|ter** der, -s/- || **Päch|te|rin** die, -/-innen || **Pacht|grund** || **Pacht|ver|trag** || **Pacht|zins**

Pack[1] der, -[e]s/-e: *großes Bündel; Stoß, Haufen;* mit Sack und P. *(mit allem, was man hat);* → Packen || **Pack**[2] das, -[e]s (abw.): *Gesindel*

Pack[3] die, -: *Kurzwort für Packalpe und Packsattel (St, K);* auf der P.

Pa|ckage ['pækɪdʒ] das, -[s]/- (engl.: -s [-ɪz]) ⟨engl.⟩: *kombinierte Verkaufseinheit; Pauschalangebot;* etwas im P. *(Gesamtpaket)* beziehen || **Pa|ckage|tour** [-tuə]: *Pauschalreise*

Pack|al|pe die, -: → *Pack*[3]

Pack|band || **Päck|chen** das, -s/- || **Pack|eis:** *übereinandergeschobene Eisschollen*

Pa|cke|lei die, -/-en, *auch:* Packlerei (ugs., abw.): *heimliche Abmachung* || **pa|ckeln,** ich packle (ugs., abw.): *paktieren;* mit jemandem p. *(mit jemandem etwas heimlich vereinbaren)*

Pa|ckeln die (Pl.) (ugs., veraltend): *Fußballschuhe*

pa|cken: jemanden beim Arm p. | einen Koffer p. | (abw.) pack dich! *(verschwinde!)* | (ugs.) *begreifen;* das pack ich nicht; *aber:* → backen; → Paket || **Pa|cken** der, -s/-: ein P. *(Pack, Stoß, Haufen)* Wäsche || **pa|ckend:** *spannend, mitreißend* || **Pa|cker** der, -s/-: *jemand, der Waren verpackt* | *Möbelpacker* || **Pa|cke|rin** die, -/-innen || **Pa|ckerl** das, -s/-[n]: *Päckchen* || **Pa|ckerl|sup|pe:** *ein Fertiggericht* || **Pack|esel:** *Lastesel* || **Packl** das, -s/-[n] (ugs.): *kleines Paket, Bündel;* sich auf ein P. hauen/schmeißen *(gemeinsame Sache machen)* || **Päck|le** das, -s/- (V, ugs.): *Päckchen*

Pack|ler der, -s/- (ugs., abw.): *jemand, der paktiert* || **Pack|le|rei** → Packelei || **Pack|le|rin** die, -/-innen (ugs., abw.)

Pack|pa|pier: *festes Papier zum Verpacken*

Pack|sat|tel: *ein spezieller Sattel* | → *Pack*[3]

Pa|ckung die, -/-en

Pad[1] [pæd] der = das, -s/-s ⟨engl.⟩: *Wattepad, Wattebausch* || **Pad**[2] das, -s/-s: *Mauspad*

Pä|d|a|go|ge der, -n/-n ⟨gr.⟩: *Erzieher; Lehrer* || **Pä|d|a|go|gik** die, -: *Erziehungs- und Bildungswissenschaft* || **Pä|d|a|go|gin** die, -/-innen || **pä|d|a|go|gisch:** pädagogische *(erzieherische)* Maßnahmen | (Großschreibung) (früher) die Pädagogische Akademie (PA) der Diözese Linz *(Ausbildungsstätte für Pflichtschullehrer/innen);* das Pädagogische Institut (PI) der Stadt Wien *(Einrichtung für die Lehrer/innen-Fortbildung)* (beides jetzt: Pädagogische Hochschule) || **Pä|d|ak** die, -/-[s] (PA) (früher): *Kurzwort für Pädagogische Akademie*

Pad|del das, -s/-: *zweiblättriges Ruder* || **Pad|del|boot** || **pad|deln,** ich paddle || **Padd|ler** der, -s/- || **Padd|le|rin** die, -/-innen

Pä|de|rast der, -en/-en ⟨gr.⟩: *Homosexueller, dessen sexuelle Neigung auf männliche Kinder und Jugendliche gerichtet ist* || **Pä|de|ras|tie** die, - || **Pä|d|i|a|ter** der, -s/- (Med.): *Facharzt für Kinderheilkunde* || **Pä|d|i|a|te|rin** die, -/-innen, *auch:* Pädiatrin (Med.) || **Pä|d|i|a|t|rie** die, - (Med.) || **pä|d|i|a|t|risch** (Med.) || **pä|do|phil** [-f-] (Med., Psych.) || **Pä|do|phi|le** der, -n/-n: *pädophiler Mensch* || **Pä|do|phi|lie** die, - (Med., Psych.): *sexuelle Neigung Erwachsener zu Kindern und Jugendlichen*

Pa|el|la [pa'e(l)ja] die, -/-s ⟨span.⟩: *eine spanische Speise*

Pa|fe|se die, -/-n, *auch:* Pofese ⟨it.⟩: *gefüllte Weißbrotschnitte (nach der italienischen Stadt Pavia)*
paff, *auch:* baff (ugs.): ich war p. *(verblüfft)*
paf|fen (ugs.): *qualmend [Zigaretten] rauchen*
pag.: Pagina
Pa|gat der, -[e]s/-e ⟨it.⟩: *eine Karte im Tarockspiel*
Pa|ge [-ʒɛ] der, -n/-n ⟨fr.⟩ (früher): *adeliger Knabe im Dienst eines Hofes* | *junger Hoteldiener* || **Pa|gen|fri|sur** || **Pa|gen|kopf**
Pa|ger ['peɪdʒə] der, -s/-: *Gerät, das einen Telefonanruf meldet*
Pa|gin [-ʒ-] die, -/-innen ⟨fr.⟩: *weibl. Form von Page*
Pa|gi|na die, -/-s (p., pag.) ⟨lat.⟩: *Buchseite;* p. 21 *(S. 21)* || **pa|gi|nie|ren:** Manuskripte p. *(mit Seitenzahlen versehen)*
Pa|go|de die, -/-n ⟨Sanskrit-port.⟩: *ein ostasiatischer Tempel* | *eine Götterfigur*
pah: *ein Ausruf*
Pail|let|te [pa'jɛ-] die, -/-n ⟨fr.⟩ (meist Pl.): *glitzerndes Schmuckplättchen, Flitter* || **pail|let|ten|be|setzt** || **Pail|let|ten|kleid**
Pair [pɛːɐ] der, -s/-s ⟨fr.⟩ (früher): *Angehöriger des französischen oder englischen Hochadels*
Pa|ket das, -[e]s/-e ⟨fr.⟩: ein P. verschicken | Fernsehen und Internet im P. *(als Pauschalangebot, im Package)* von einem Anbieter beziehen; Versicherungspaket; *aber:* → packen || **pa|ke|tie|ren:** *zu einem Paket verpacken* || **Pa|ket|post** || **Pa|ket|zu|stel|ler** || **Pa|ket|zu|stel|le|rin** || **Pa|ket|zu|stel|lung**
Pa|ki|s|tan: *ein Staat* || **Pa|ki|s|ta|ni**[1] der, -[s]/-[s]: *Einwohner Pakistans* || **Pa|ki|s|ta|ni**[2] die, -/-[s] || **pa|ki|s|ta|nisch**
Pakt der, -[e]s/-e ⟨lat.⟩: *Abmachung; Vertrag* || **pakt|fä|hig** || **pak|tie|ren** (meist abw.): *gemeinsame Sache machen* || **Pak|tie|rer** der, -s/- (abw.) || **Pak|tie|re|rin** die, -/-innen (abw.) || **pakt|treu**
Pa|la|din [auch: 'pa(ː)-] der, -s/-e ⟨it.-fr.⟩ (geh.): *vertrauter, mächtiger Gefolgsmann*
Pa|lais [-'lɛː] das, - [-'lɛːs]/- [-'lɛːs] ⟨fr.⟩: *Palast, Stadtschloss*
Pa|läo|graf = Paläograph [-f] der, -en/-en ⟨gr.⟩ || **Pa|läo|gra|fie** = Paläographie die, -: *Wissenschaft von alten Schriften* || **Pa|läo|gra|fin** = **Pa|läo|gra|phin** die, -/-innen || **Pa|läo|li|thi|kum** das, -s: *Altsteinzeit, die älteste Epoche der Menschheitsgeschichte;* → Neolithikum; → Mesolithikum || **Pa|läon|to|lo|ge** der, -n/-n || **Pa|lä|on|to|lo|gie** die, -: *Wissenschaft vom Leben früherer Erdzeitalter* || **Pa|lä|on|to|lo|gin** die, -/-innen || **pa|lä|on|to|lo|gisch** || **Pa|läo|zän** das, -s (Geol.): *ein Abschnitt der Erdgeschichte* || **Pa|läo|zo|i|kum** das, -s (Geol.): *Erdaltertum*
Pa|las der, -/-lasse ⟨fr.⟩: *Hauptgebäude einer Ritterburg* || **Pa|last** der, -[e]s/Paläste: *schlossartiges Gebäude*
Pa|läs|ti|na: *Landschaft im Vorderen Orient* | (Gesch., Rel.) *das Heilige Land* || **Pa|läs|ti|nen|ser** der, -s/-: *Araber aus Palästina* || **Pa|läs|ti|nen|se|rin** die, -/-innen
Pa|last|re|vo|lu|ti|on [-tsi̯-]: *Umsturz, der von der nächsten Umgebung des Machthabers aus betrieben wird* || **Pa|last|wa|che**
pa|la|tal ⟨lat.⟩: *den vorderen Gaumen betreffend* || **Pa|la|tal** der, -s/-e (Sprachwiss.): *Vordergaumenlaut;* → Velar || **pa|la|ta|li|sie|ren** (Sprachwiss.): *einen Konsonanten erweichen* || **Pa|la|tal|laut:** *Vordergaumenlaut, zB* g, k *vor* i
Pa|lat|schin|ke die, -/-n ⟨rum.-ung.-tschech.⟩: *eine Mehlspeise* || **Pa|lat|schin|ken|pfan|ne** || **Pa|lat|schin|ken|teig**
Pa|la|ver [-v-] das = der, -s/- ⟨port.-engl.⟩ (ugs., abw.): *endloses, überflüssiges Gerede; umständliches Verhandeln* || **pa|la|vern** (ugs., abw.)
Pa|laz|zo der, -s/Palazzi ⟨it.⟩: *italienischer Palast*
Pa|le|tot [-'toː, auch: 'pa-] der, -s/-s ⟨fr.⟩: *ein kurzer Mantel*
Pa|let|te die, -/-n ⟨fr.⟩: *Platte zum Mischen der Malfarben* | *Vielfalt, Auswahl* | *Transportuntersatz für Gabelstapler*
pa|let|ti ⟨Pseudoit.⟩ (sal.): alles p. *(in Ordnung)*
pa|let|tie|ren ⟨fr.⟩: *auf Paletten stapeln*
Pa|lin|drom das, -s/-e ⟨gr.⟩: *Wort oder Wortfolge, das bzw. die vorwärts- und rückwärtsgelesen einen Sinn ergibt, zB* GRAS – SARG
Pa|li|sa|de die, -/-n ⟨prov.-fr.⟩: *Befestigung aus oben zugespitzten Pfählen*
Pa|li|san|der der = das, -s/- ⟨indian.-fr.⟩: *ein Edelholz* || **Pa|li|san|der|holz**
Pal|la|di|um das, -s ⟨lat.⟩ (Zeichen: Pd): *ein chemisches Element*
Pal|las A|the|ne → Athene
Pal|la|watsch der, -, *auch:* Ballawatsch ⟨it.⟩ (ostöst., ugs.): *Durcheinander*
Pal|li|a|tiv [-f] das, -s/-e = **Pal|li|a|ti|vum** [-v-] das, -s/Palliativa ⟨lat.⟩ (Med.): *ein Schmerzlinderungsmittel* || **Pal|li|a|tiv|me|di|zin:** *Schmerztherapie Schwerstkranker und Sterbender*
Palm|blatt ⟨lat.⟩ || **Palm|bu|schen:** *Buschen aus blühenden Weidenzweigen für die Palmweihe* || **Pal|me** die, -/-n: *ein tropischer Baum* || **Pal|men|haus** || **Palm|kätz|chen** das, -s/- = **Palm|kat|zerl** das, -s/-[n]: *Blütenstand der Salweide* || **Palm|kätz|le** das, -s/- (V): *Palmkätzchen* || **Palm|li|lie** [-i̯ɛ]: *Yucca* || **Palm|öl:** *Pflanzenöl aus dem Fruchtfleisch der Ölpalme* || **Palm|pro|zes|si|on** || **Palm|sonn|tag:** *der Sonntag vor Ostern*
Palm|top ['pɑːm-] der, -s/-s ⟨engl.⟩ (EDV) (Wz.): *kleiner Laptop, der gerade auf eine Handfläche passt*
Palm|we|del ⟨lat.⟩: *großes, gefiedertes Palmblatt* || **Palm|wei|he:** *Segnung der Palmbuschen am Palmsonntag* || **Palm|wein** || **Palm|zweig**
Pam|pa die, -/-s ⟨indian.-span.⟩: *Grassteppe in Südamerika*
Pam|pel|mu|se die, -/-n ⟨niederl.⟩: *eine Zitrusfrucht*
Pam|per|letsch → Bamperletsch
pamp|fen, *auch:* bampfen (ugs.): *mit vollem Mund essen; das Essen in sich hineinstopfen*
Pam|phlet [-f-] das, -[e]s/-e ⟨gr.-lat.-fr.⟩: *Schmähschrift*
Pa|na|de die, -/-n ⟨provenzalisch-fr.⟩ (Küchenspr.): *Panier; Suppeneinlage aus Weißbrot; ein Bindemittel* || **Pa|na|del|sup|pe** (Küchenspr.): *eine Brotsuppe*
Pa|na|ma: *mittelamerikanischer Staat* || **Pa|na|ma|ka|nal:** *Kanal durch die Landenge von Panama, der Pazifik und Atlantik verbindet*
Pan|da der, -s/-s ⟨nepalesisch⟩: *eine Bärenart* || **Pan|da|bär**
Pan|dä|mo|ni|um das, -s/-dämonien [-i̯ən] ⟨gr.⟩: *Gesamtheit aller bösen Geister und Dämonen*
Pa|neel das, -s/-e ⟨fr.-niederl.⟩: *Täfelung; Füllung [in einer Tür]* || **Pa|nel** ['pænl] das, -s/-s ⟨fr.-engl.⟩ (Werb.): *ausgesuchte Personengruppe zur Meinungsbefragung und Informationsgewinnung*
Pan|eu|ro|pa-Be|we|gung die, - ⟨gr.⟩: *eine Bewegung zur Einigung*

P

Europas

Panflöte: *[antike] Hirtenflöte aus mehreren nebeneinanderliegenden Röhren*

Pangasius der, -s/- (Pangasien [-iɛn]) ⟨bengalisch-latinisiert⟩: *ein Speisefisch*

Panier[1] das, -s/-e ⟨germ.-fr.⟩ (geh., veraltet): *Banner, Fahne* | *Motto;* → Hasenpanier

Panier[2] die, - ⟨fr.⟩: *Backhülle aus Mehl, Ei und Semmelbröseln* ‖ **panieren:** ein paniertes Schnitzel | (sal.) (Sport) *hoch besiegen, deklassieren*

Panik die, -/-en ⟨gr.⟩: *Angstzustand; Schrecken, der unüberlegte Handlungen zur Folge hat; heillose Verwirrung* ‖ **panikartig** ‖ **Panikattacke:** *plötzliches unerwartetes Auftreten einer (körperlichen oder psychischen) Panikreaktion ohne äußeren Anlass* ‖ **Panikkauf:** *Angstkauf* ‖ **Panikmache** die, - (abw.): *gezieltes Auslösen von Panik* ‖ **Panikreaktion** [-tsi̯-] ‖ **Panikstimmung** ‖ **panisch:** panischer *(lähmender)* Schrecken

Pankreas das, - ⟨gr.⟩ (Med.): *Bauchspeicheldrüse*

Panne die, -/-n ⟨fr.⟩: *Störung; Missgeschick* ‖ **Pannendienst** ‖ **Pannendreieck:** *ein Warnzeichen* ‖ **Pannenhilfe** ‖ **Pannennotruf** ‖ **Pannenstreifen**

Pannobile der, -s/-: *jährlich ausgewählter Wein einer burgenländischen („pannonischen") Winzervereinigung* ‖ **Pannonien:** *römische Provinz zwischen Wienerwald, Donau und Save* ‖ **pannonisch:** pannonisches Klima; *aber:* die **P**annonische Tiefebene | *burgenländisch*

Panoptikum das, -s/Panoptiken ⟨gr.⟩: *Schaustellung von [eigentümlichen] Sehenswürdigkeiten; Kuriositätensammlung, Wachsfigurensammlung* ‖ **Panorama** das, -s/Panoramen: *Rundblick in die Landschaft* ‖ **Panoramaschwenk:** *Rundumschwenk der Kamera* ‖ **Panoramawagen**

Pansch der, -[e]s = Pantsch (ugs., abw.): *Gemisch, Gebräu, verfälschtes Getränk* ‖ **panschen** = pantschen, du pansch[s]t (ugs.): *mischen, verfälschen;* Wein p. ‖ **Panscherl** = Pantscherl das, -s/-[n] (bes. ostöst., ugs., sal.): *Liebelei, Verhältnis*

Pansen der, -s/-: *Magen der Wiederkäuer*

Panslawismus der, -, *auch:* Panslavismus [-v-] ⟨gr.+slaw.⟩: *das Streben nach Zusammenschluss aller slawischen Völker (vorwiegend im 19. Jh.)*

Panter = Panther der, -s/- ⟨gr.-lat.⟩: *eine Großkatze*

Pantheismus der, - ⟨gr.⟩: *philosophische Lehre von der Einheit Gottes und der Natur bzw. des Kosmos* ‖ **Pantheist** der, -en/-en ‖ **Pantheistin** die, -/-innen ‖ **pantheistisch** ‖ **Pantheon** das, -s: *ein Tempel [in Rom]* | *Gesamtheit der [griechischen] Götter*

Panther = → Panter

Pantine die, -/-n (meist Pl.) ⟨fr.-niederl.⟩ (bes. D): *Holzschuh*

Pantoffel der, -s/-[n] ⟨fr.⟩: *ein Hausschuh;* unter dem P. stehen *(als Ehemann der Frau gehorchen müssen)* ‖ **Pantoffelheld** (scherzh.): *Ehemann, der von seiner Frau beherrscht wird* ‖ **Pantoffeltierchen** das, -s/-

Pantomime[1] der, -n/-n ⟨gr.-lat.⟩: *Darsteller einer Pantomime* ‖ **Pantomime**[2] die, -/-n: *Gebärdenspiel; schauspielerische Darstellung einer Handlung nur durch Gebärden- und Mienenspiel* ‖ **Pantomimik** die, -/-en: *Kunst der Pantomime*[2] ‖ **Pantomimin** die, -/-innen ‖ **pantomimisch**

Pantsch = → Pansch ‖ **pantschen** = → panschen ‖ **Pantscherl** = → Panscherl

Panzer der, -s/-: *Rüstung, Harnisch* | (Mil.) *ein gepanzertes Kampffahrzeug [mit Raupenketten]* | *feste, schützende Hülle bei verschiedenen Tierarten* | *Schutzhülle [aus Stahl]* ‖ **Panzerabwehrrakete** (Mil.) ‖ **Panzerfaust** (Mil.): *eine Panzerabwehrrakete* ‖ **Panzerglas:** *schussfestes Sicherheitsglas* ‖ **Panzergrenadier** (Mil.): *Soldat der Infanterie, die die Panzer begleitet* | (nur Pl.) *eine Truppengattung* ‖ **Panzerkommunismus** (Gesch.) (abw.): *Praxis des Kommunismus, Volksaufstände militärisch niederzuschlagen* ‖ **panzern:** gepanzerte Fahrzeuge ‖ **Panzerplatte:** *dicke schwere Platte aus Stahl* ‖ **Panzerschrank:** *Tresor, eiserne Kassa* ‖ **Panzersperre** (Mil.): *Sperre gegen feindliche Panzer* ‖ **Panzerung** die, -/-en

Päonie [-i̯ɛ] die, -/-n ⟨gr.⟩: *Pfingstrose*

papa → baba

Papa [geh. auch: -ˈpaː] der, -s/-s: *Vater*

Papagallo der, -[s]/Papagalli [auch: -s] ⟨it.⟩: *Mann, bes. junger Italiener, der auf Liebesabenteuer mit Touristinnen aus ist*

Papagei [auch: ˈpa-] der, -en [-s]/-e[n] ⟨fr.⟩: *ein tropischer Vogel* ‖ **Papageitaucher:** *ein Meeresvogel*

Papamonat (ugs.): *[kurze] Karenzzeit für Väter*

Paparazzo der, -[s]/Paparazzi [auch: -s] ⟨it.⟩: *sensationslüsterner Pressefotograf*

papatschi → *babatschi* ‖ **Papatschi** der, -s/-s: *Kosewort für Vater, Papa*

Papaya [-ja] die, -/-s ⟨karibisch-span.⟩: *eine tropische Frucht*

Paperback [ˈpeɪpəbæk] das, -s/-s ⟨engl.⟩: *Taschenbuch*

Papeterie die, -/-n ⟨gr.-lat.-fr.⟩ (CH): *Papierhandlung* | *Papierwaren* ‖ **Papier** das, -s/-e ⟨ägypt-tisch-gr.-lat.⟩: das Gehörte zu P. bringen *(es niederschreiben);* P. verarbeiten; → Papier verarbeitend = papierverarbeitend | *Schriftstück, Dokument;* er hat alle seine Papiere verloren ‖ **Papierakt** der, -[e]s/-en: *Akt[enverkehr] mittels Papier;* → G.: ELAK ‖ **Papierdeutsch** (meist abw.): *stilistisch schwerfällige Ausdrucksweise (ähnlich der Amtssprache)* ‖ **Papiereinzug:** *Vorrichtung zum automatischen Einlegen von Papier [im Drucker]* ‖ **papieren:** ein papier[e]ner Lampenschirm ‖ **Papierfabrik** ‖ **Papierfachgeschäft** ‖ **Papierflieger** ‖ **Papierform** (Sport): *auf Grund zurückliegender Ergebnisse voraussehbare Leistungsstärke* ‖ **Papierführerschein:** *bis 2006 ausgestellter Führerschein („rosa Schein");* → G.: Scheckkartenführerschein ‖ **Papierfuzerl,** *auch:* Papierfutzerl ‖ **Papiergeld** das, -[e]s: *Banknoten* ‖ **Papierindustrie** ‖ **Papierkorb** ‖ **Papierkram** (abw.) ‖ **Papierkrieg** (abw.): *Zeit raubende Schreibarbeit [im Verkehr mit Behörden]* ‖ **Papierl** das, -s/-n (ugs.): *[wertloses] Stück Papier* ‖ **papierln** (ugs., ostöst.): sich nicht p. *(sich nicht nach Willkür behandeln, sich nicht zum Narren halten)* lassen ‖ **Papiermaschee** = Papiermaché [-ʃeː]: *eine formbare Papiermasse*

‖ **Papiersack** ‖ **Papiersackerl** ‖ **Papierschere** ‖ **Papierschnitzel** ‖ **Papierserviette** ‖ **Papiertaschentuch** ‖ **Papiertiger** (abw.): *nur scheinbar mächtige Person* ‖ **Papier verarbeitend** = **papierverarbeitend:** P. verarbeitende Industrie

Papismus der, - ⟨gr.-lat.⟩ (abw., veraltet): *strenge Papsttreue* ‖ **Papist** der, -en/-en (abw., veraltet): *Anhänger des Papsttums* ‖ **Papistin** die, -/-innen (abw., veraltet)

Papp der, -[e]s/-e (ugs.): *Kleister* | *Brei;* → päppeln ‖ **Pappbecher** ‖ **Pappe** die, -/-n: *Pappendeckel*

Pappel[1] die, -/-n: *Name verschiedener Malvengewächse;* Käspappel

Pappel[2] die, -/-n ⟨lat.⟩: *eine Laubbaumgattung* ‖ **Pappelallee**

päppeln: *füttern;* → aufpäppeln; → Papp

pappen: der Reis pappt *(ist pappig, klebrig)*

Pappen die, -/- (ugs., derb): *Mund;* halt die P.!

Pappendeckel: *eine Art Karton*

Pappenheimer der, -s/- (nur in der Wendung): ich kenne meine P. *(ich weiß, was ich von diesen Personen zu halten habe)*

Pappenstiel: nur einen P. *(sehr wenig)* kosten ‖ **Papperl** das, -[s]/-[n] (reg., ugs.): *Brei für Kleinkinder* | ein gutes P. *(Essen)* ‖ **papperlapapp** (ugs., veraltend): *[rede keinen] Unsinn!* ‖ **pappig:** pappiger *(klebriger)* Schnee ‖ **Pappmaschee** = Pappmaché [-ʃe:] (D): *Papiermaschee* ‖ **Pappteller**

Paprika der, -s/-[s] ⟨lat.-serb.-ung.⟩: *ein Gemüse* | (ugs. auch mit Art. die, -/-[s]) *Paprikaschote* | (ohne Pl.) *ein Gewürz* ‖ **Paprikahendl:** *eine ungarische Spezialität* ‖ **Paprikapulver:** *ein Gewürzpulver* ‖ **Paprikaschote** ‖ **paprizieren** (Küchenspr.): *mit Paprika würzen*

Papsch der, -/- (ugs. bzw. Kinderspr.): *Vater, Papa*

Papst der, -[e]s/Päpste ⟨gr.-lat.⟩: *Oberhaupt der römisch-katholischen Kirche* ‖ **Papstbesuch** ‖ **päpstlich** ‖ **Papstmesse** ‖ **Papsttum** das, -s ‖ **Papstwahl**

Papyrus [-'py:-, auch: 'pa-] der, -/Papyri ⟨ägyptisch-gr.-lat.⟩: *Schreibblatt, -rolle in der Antike (aus der Papyrusstaude hergestellt)* ‖ **Papyrusrolle**

Par das, -s/-s ⟨lat.-engl.⟩: *vorgesehene Schlagzahl im Golf für ein Loch bzw. eine Runde*; eins unter Par

para- ⟨gr.⟩ (nur in Zusammensetzungen wie zB parapsychologisch)

Parabel die, -/-n ⟨gr.-lat.⟩: *ein Gleichnis;* die P. vom verlorenen Sohn | (Math.) *eine Kurve* ‖ **Parabolantenne** (Technik): *eine Antenne [zum Empfang von Satellitenprogrammen]* ‖ **parabolisch** (Math.): *parabelförmig* ‖ **Parabolspiegel:** *ein Hohlspiegel*

Parade die, -/-n ⟨fr.⟩ (Mil.): *Truppenschau, Vorbeimarsch;* → paradieren | (Sport) *spektakuläre Tormannabwehr;* → parieren ‖ **Paradebeispiel:** *bes. schlagendes Beispiel*

Paradeiser der, -s/- ⟨pers.-gr.-lat.⟩ (bes. ostöst.): *Tomate* ‖ **Paradeisersalat** = Paradeissalat (bes. ostöst.) ‖ **Paradeismark** (bes. ostöst.) ‖ **Paradeispaprika** ‖ **Paradeissalat** = → Paradeisersalat (bes. ostöst.) ‖ **Paradeissauce** [-zo:s(ɛ)] = **Paradeissoß** = **Paradeissoße** (bes. ostöst.) ‖ **Paradeissuppe** (bes. ostöst.)

Paradentose = → Parodontose

Paradenummer ⟨fr.+dt.⟩: *Glanzstück, Hit* ‖ **Paradeunternehmen:** *Vorzeigeunternehmen* ‖ **paradieren** (Mil.): *an einer Truppenparade teilnehmen; vorbeimarschieren*

Paradies das, -es/-e ⟨pers.-gr.-lat.⟩ ‖ **paradiesisch:** eine paradiesische *(herrlich schöne, friedliche)* Gegend ‖ **Paradiesvogel:** *ein tropischer Singvogel* | (sal.) *auffallende, schillernde Persönlichkeit*

Paradigma das, -s/Paradigmen [Paradigmata] ⟨gr.⟩: *Musterbeispiel; Vorbild; Norm* | (Sprachwiss.) *Deklinations-, Konjugationsmuster* ‖ **paradigmatisch:** *ein Paradigma betreffend, beispielshaft* ‖ **Paradigmenwechsel** [-ks-]: *Veränderung des [wissenschaftlichen] Blickwinkels, Abkehr von einer Norm, völlig neuer Ansatzpunkt*

paradox ⟨gr.⟩: *[scheinbar] widersinnig* | (Med.) eine paradoxe *(unerwartete)* Reaktion ‖ **paradoxerweise** ‖ **Paradoxie** die, -/-n: *Paradoxon* ‖ **Paradoxon** das, -s/Paradoxa: *Widersprüchlichkeit, [scheinbare] Widersinnigkeit*

Paraffin das, -s/-e ⟨lat.⟩ (Chem.): *eine wachsähnliche Masse [zur Herstellung von Kerzen]* | (nur Pl.) (Chem.) *die gesättigten Kohlenwasserstoffe, zB Propan* ‖ **paraffinieren**

paragleiten (nur Inf. und Präsens) ‖ **Paragleiten** das, -s ⟨fr.-engl.⟩: *eine Sportart* ‖ **Paragleiter** der, -s/-: *ein fallschirmähnliches Sportgerät, Gleitsegler* ‖ **Paragliding** [-glaɪd-] das, -s

Paragraf = Paragraph [-f]

der, -[en] [-s]/-en ⟨gr.-lat.⟩ (Zeichen: §; Pl.: §§): *Gliederungsabsatz [in Gesetzen]*; § 37; §§ 37 bis 39

Für das Wort gibt es zwei Schreibweisen:
- Paragraf: die eingedeutschte Schreibung
- Paragraph: die fremdsprachige Schreibung

Der Wortbestandteil „-graf" kann immer auch „-graph" geschrieben werden: orthografisch/orthographisch, Geografie/Geographie ...

⟨fr.+engl.⟩: → *Paragleiten*

Paragrafendschungel = Paragraphendschungel [-f-]: *komplizierte Gesetzeslage* ‖ **Paragrafenreiter** = Paragraphenreiter (ugs., abw.): *jemand, der sich übertrieben an Vorschriften hält* ‖ **Paragrafenreiterin** = Paragraphenreiterin (ugs., abw.) ‖ **Paragrafierung** = Paragraphierung die, -/-en: *Gliederung in Paragraphen*

Paraguay [auch: 'pa-]: *südamerikanischer Staat*

Paralexie die, - ⟨gr.⟩ (Psych.): *eine Lesestörung*

Parallaxe die , -/-n ⟨gr.⟩ (Optik): *scheinbare Verschiebung eines Objekts von verschiedenen Beobachtungspunkten aus*

parallel ⟨gr.⟩: *gleichlaufend;* Linien, die p. laufen; → parallel laufend = parallellaufend | (EDV) parallele Schnittstelle ‖ **Parallele** die, -n/-n: die Parallelen zeichnen | (auch mit Pl. -) zwei, alle Parallele[n] ‖ **Parallelfall:** *gleich gelagerter Fall* ‖ **Parallelgesellschaft** (Soz.): *organisierte eigene gesellschaftliche Struktur [einer Minderheit], Subkultur* ‖ **parallelisieren** ‖ **Paralleli-**

tät die, -/-en ‖ **Pa|ral|lel|klas|se:** *Klasse desselben Jahrgangs an einer Schule* ‖ **pa|ral|lel lau|fend** = **pa|ral|lel|lau|fend:** p. laufende Linien ‖ **Pa|ral|le|lo|gramm** das, -s/-e (Math.): *Viereck mit je zwei parallelen Seiten* ‖ **Pa|ral|lel|schal|tung** (Techn.): *Schaltungen mit gleicher Spannung;* → G.: Serienschaltung ‖ **Pa|ral|lel|schwung:** *eine Technik beim Skifahren* ‖ **Pa|ral|lel|sla|lom:** *Slalom für zwei Läufer nebeneinander* ‖ **Pa|ral|lel|stra|ße**

Pa|ra|lo|gie die, -/-n ⟨gr.⟩ (Phil.): *Vernunftwidrigkeit* | (Psych.) *krankhaftes Vertauschen von Wörtern* ‖ **Pa|ra|lo|gis|mus** der, -/Paralogismen (Phil.): *durch Denkfehler verursachter Fehlschluss*

Pa|ra|lym|pics [-ˈlimpiks, auch: pærə-] die (Pl.) ⟨gr.-engl.⟩: *Olympische Spiele für Versehrten-, Behindertensportler/innen*

Pa|ra|ly|se [-ˈlyː-] die, -/-n ⟨gr.-lat.⟩ (Med.): *Lähmung* ‖ **pa|ra|ly|sie|ren:** *lähmen; schwächen* ‖ **Pa|ra|ly|ti|ker** der, -s/- (Med.): *an Paralyse Erkrankter* ‖ **Pa|ra|ly|ti|ke|rin** die, -/-innen (Med.) ‖ **pa|ra|ly|tisch** (Med.)

Pa|ra|ment das, -[e]s/-e ⟨lat.⟩: *liturgischer Gegenstand aus Stoff, zB Priestergewand*

Pa|ra|me|ter der, -s/-: *kennzeichnende Größe [in wirtschaftlichen Vorgängen]*

P

pa|ra|mi|li|tä|risch: paramilitärische *(halbmilitärische)* Verbände

Pa|ra|noia die, - ⟨gr.⟩ (Med.): *eine Geisteskrankheit* ‖ **pa|ra|no|id** (Med.): *der Paranoia ähnlich* ‖ **Pa|ra|no|i|ker** der, -s/- (Med.) ‖ **Pa|ra|no|i|ke|rin** die, -/-innen (Med.) ‖ **pa|ra|no|isch** (Med.): *an Paranoia erkrankt*

Pa|ra|nuss: *eine exotische Nuss (nach dem brasilianischen Bundesstaat Pará)*

Pa|ra|phe [-f-] die, -/-n ⟨gr.-lat.-fr.⟩: *Namenszug, -zeichen* ‖ **pa|ra|phie|ren:** das Abkommen wurde vom Minister paraphiert *(vorunterzeichnet)* ‖ **Pa|ra|phie|rung** die, -/-en

Pa|ra|phra|se [-f-] die, -/-n ⟨gr.⟩: *[verdeutlichende] Umschreibung; Variation* ‖ **pa|ra|phra|sie|ren**

Pa|ra|plu|ie [-ˈlyː] der = das, -s/-s ⟨fr.⟩ (veraltet): *Regenschirm*

pa|ra|psy|chisch [-psy-] ‖ **Pa|ra|psy|cho|lo|gie:** *Teilgebiet der Psychologie, das sich mit dem Übersinnlichen beschäftigt;* → PSI ‖ **pa|ra|psy|cho|lo|gisch**

Pa|ra|sit der, -en/-en ⟨gr.-lat.⟩: *Schmarotzer, Lebewesen, das sich von anderen ernährt* ‖ **pa|ra|si|tär** ‖ **pa|ra|si|tie|ren:** *als Parasit leben*

Pa|ra|sol der, -s/-e ⟨it.-fr.⟩: *ein essbarer Pilz*

Pa|ra|sym|pa|thi|kus [-zy-] der, - (Med.): *Teil des vegetativen Nervensystems;* → Sympathikus

pa|rat ⟨lat.⟩: wir sind p. *(bereit, vorbereitet)* ‖ **pa|rat ha|ben** = **pa|rat|ha|ben** ‖ **pa|rat ste|hen** = **pa|rat|ste|hen:** *bereitstehen, gehorchen*

pa|ra|tak|tisch ⟨gr.⟩ (Gramm.): *Sätze/Satzglieder nebeneinanderstellend;* → G.: hypotaktisch ‖ **Pa|ra|ta|xe** die, -/-n (Gramm.)

Pa|ra|ty|phus [-yf-] der, - (Med.): *eine typhusähnliche Infektionskrankheit*

Pa|ra|vent [-ˈvɑ̃ː, auch: ˈpa-] der, -s/-s ⟨fr.⟩: *Wand-, Ofenschirm*

par a|vion [- aˈvi̯ɔ̃] ⟨fr.⟩: *per Luftpost*

Pär|chen das, -s/-: *Paar;* Liebespärchen

Par|cours [-ˈkuːɔ]

der, -/-, *auch*: Parcour ⟨fr.⟩: *Hindernisbahn [im Reitsport]*
Schreibvariante: Bei diesem Wort (und seinem Kompositum Fitnessparcours) wird die Schreibung ohne s immer häufiger, also auch: *Parcour, Fitnessparcour.*

par|dauz (veraltet): *Ausruf, wenn zB jemand hinfällt*

par dis|tance [- -ˈtɑ̃ːs] ⟨fr.⟩ (geh.): *aus der Entfernung;* mit jemandem nur par d. *(unpersönlich)* verkehren

Par|don [auch: -ˈdõː] der, -s ⟨fr.⟩: *Verzeihung;* P.! *(Entschuldigen Sie bitte!);* P. sagen | *Gnade;* keinen P. kennen ‖ **par|do|nie|ren** (veraltet): *begnadigen*

Pa|ren|tel die, -/-en ⟨lat.⟩ (Jus): *Verwandtschaftsgrad in der gesetzlichen Erbfolge*

Pa|ren|the|se die, -/-n ⟨gr.-lat.⟩: *Zwischenbemerkung* | (Gramm.) *Redeteil, der außerhalb des Satzverbandes steht* ‖ **pa|ren|the|tisch:** *nebenbei bemerkt*

Pa|reo der, -s/-s, *auch:* das ⟨polynesisch⟩: *langes Hüfttuch*

Pa|re|re das, -[s]/-[s] ⟨lat.⟩: *[amts-]ärztliches Gutachten*

par ex|cel|lence [- ɛksɛˈlɑ̃ːs] ⟨fr.⟩ (geh.): er ist der Mozartsänger par e. *(wie kein anderer)*

Par|fait [-ˈfɛː] das, -s/-s ⟨fr.⟩ (Küchenspr.): *Fleisch-, Fischpastete* | *halbgefrorene Süßspeise*

Par|force|jagd [-rsj-] ⟨fr.⟩: *Hetzjagd mit Pferden und Hunden* ‖ **Par|force|ritt:** *Gewaltritt* | *Gewaltakt*

Par|fum [-ˈfœ̃ː] das, -s/-s ⟨it.-fr.⟩ ‖ **Par|füm** [-yː-] das, -s/-s [-e] (D): → *Parfum* ‖ **Par|fü|me|rie** die, -/-n ‖ **Par|fü|meur** [-ˈmːøə] der, -s/-e ‖ **Par|fü|meu|rin** die, -/-innen ‖ **Par|fum|fla|sche** [-ˈfœ̃ː-] ‖ **par|fü|mie|ren** [-y-]

pa|ri ⟨it.⟩: die Chancen stehen p. *(sind gleich)*

Pa|ria der, -s/-s ⟨Tamil-engl.⟩: *Angehöriger der niedrigsten Kaste in Indien* | *Rechtloser, Ausgestoßener*

pa|rie|ren[1] ⟨lat.⟩: einen Angriff p. *(abwehren);* → Parade

pa|rie|ren[2] ⟨lat.⟩ (ugs.): der Hund pariert *(gehorcht)*

Pa|ri|fi|ka|ti|on [-tsi̯-] die, -/-en ⟨lat.⟩ (Jus) ‖ **pa|ri|fi|zie|ren** (Jus): *das Verhältnis der Wohnungsanteile am Gesamtnutzwert berechnen;* ein Wohnhaus p. ‖ **Pa|ri|fi|zie|rung** die, -/-en (Jus)

Pa|ris (fr.: [-ˈri]): *Hauptstadt Frankreichs*

Pa|ris|ur|teil: *schwierige [verhängnisvolle] Entscheidung (nach der griechischen Sagengestalt Paris)*

Pa|ri|tät die, -/-en ⟨lat.⟩: *Gleichstellung, Gleichwertigkeit;* → G.: Imparität ‖ **pa|ri|tä|tisch** ‖ **Pa|ri|tä|ti|sche Kom|mis|si|on** die, -n -, *auch:* Paritätische die, -n: *Einrichtung der Sozialpartner zur Behandlung von Preis- und Lohnfragen*

Park der, -[e]s/-s [-e] ⟨lat.-fr.-engl.⟩: *Grünfläche mit Bäumen, Sträuchern ua.* | *Wagenpark*

Par|ka der, -[s]/-s ⟨Eskimospr.-russ.-engl.⟩: *eine Sportjacke mit Kapuze*

Park-and-ride [-əndˈraɪd] das, - - - ⟨engl.⟩ (Verk.): *eine Form der Anbindung der öffentlichen Verkehrsmittel an Parkplätze am Stadtrand* ‖ **Park-and-ride-System** [-zy-] (Verk.) ‖ **Park|bank** die, -/-bänke ‖ **Park|deck:** *Stockwerk eines Parkhauses* ‖ **par|ken:** das Auto im Hof p. *(abstellen)* | (sal.) Gelder p. *([in Stiftungen, im Ausland] veranlagen])*

Par|kett das, -[e]s/-e ⟨fr.⟩: *Parkettboden;* auf glattem P. *(unter riskanten Verhältnissen)* | *ein Teil* *des Zuschauerraumes [im Theater]* || **Parkettboden** || **Parkette** die, -/-n: *Brettchen des Parkettbodens;* Parketten legen || **parkettieren:** *einen Parkettboden verlegen* || **Parkettsitz:** *eine Sitzkategorie [im Theater]*

Parkgarage [-ˌaːʃ, -ʒɛ] || **Parkgebühr** || **Parkhaus:** *[mehrstöckige] Anlage zum Parken*

Parkinsonkrankheit = **parkinsonsche Krankheit** = **Parkinson'sche Krankheit** (Med.): *Schüttellähmung*

Parkleitsystem [-zy-] (Verk.) || **Parkleuchte** || **Parklücke** || **Parkometer** der, -/-: *Parkuhr* || **Parkometerabgabe** || **Parkpickerl:** *behördliche Parkgenehmigung [für Dauerparken]* || **Parkplatz** || **Parkraumbewirtschaftung** (Admin.) || **Parkscheibe:** *Parkuhr* || **Parkschein** || **Parksheriff** [-ʃ-] (ugs.): *Parkwächter* || **Parksünder:** *Falschparker* || **Parksünderin** || **Parkuhr** || **Parkverbot** || **Parkwächter:** *Aufseher eines Parks oder eines Parkplatzes* || **Parkwächterin**

Parlament das, -[e]s/-e ⟨fr.-engl.⟩: *die gewählte Volksvertretung; der Nationalrat* | *das Gebäude, in dem er tagt* || **Parlamentär** der, -s/-e: *Unterhändler* || **Parlamentarier** der, -s/-: *Mitglied der Volksvertretung* || **Parlamentarierin** die, -/-innen || **Parlamentärin** die, -/-innen || **parlamentarisch:** parlamentarische Anfragen || **Parlamentarismus** der, - (Pol.): *Demokratie, die auf ein starkes Parlament begründet ist* || **parlamentieren:** *verhandeln* || **Parlamentsausschuss** || **Parlamentsbeschluss** || **Parlamentsclub** [-k-] → Parlamentsklub || **Parlamentsdirektion** [-tsi̯-] (Admin.): *Service zur Unterstützung der parlamentarischen Aufgaben und zur Besorgung der Verwaltungsangelegenheiten* || **Parlamentsdirektor:** *ein Amtstitel* || **Parlamentsdirektorin** || **Parlamentsfraktion** [-tsi̯-] || **Parlamentsklub** = Parlamentsclub [-k-] (Pol.): *Zusammenschluss der Abgeordneten einer Parlamentspartei* || **Parlamentspräsident:** *Nationalratspräsident* || **Parlamentspräsidentin** || **Parlamentspräsidium** (Admin.): *Leitungsgremium des Parlaments* || **Parlamentsvorlage** (Pol.): *für die Diskussion im Parlament bestimmter Gesetzesentwurf*

parlando ⟨it.⟩ (Mus.): *im Sprechton, [schnelles] Sprechen nachahmend [in Opern]* || **parlieren** (sal.): *viel und angeregt Konversation machen* | (veraltend) *in einer Fremdsprache sprechen*

Parmesan der, -s/-e (Wz.): *[Reib-]käse (nach der italienischen Stadt Parma)*

Parnass der, -es: *Musenberg (nach einem Berg in Griechenland)* | *Reich der Dichtkunst*

Parodie die, -/-n ⟨gr.⟩: *komische, spöttische Nachahmung [einer ernsten Dichtung]* | (Mus.) *Verwendung einer Komposition für einen erheblich anderen Text, zB Liebeslied für Messgesang* || **parodieren** || **Parodist** der, -en/-en || **Parodistin** die, -/-innen || **parodistisch**

Parodontose = Paradentose die, -/-n ⟨gr.⟩ (Med.): *Zahnfleischschwund*

Parole die, -/-n ⟨fr.⟩: *Leit-, Wahlspruch [einer Partei]* | (Mil.) *Losungswort*

Paroli ⟨it.⟩ (nur in der Wendung): jemandem P. bieten *(jemandem gleichwertigen Widerstand entgegensetzen)*

Paroxysmus [-'ys-, -'is-] der, -/Paroxysmen ⟨gr.⟩ (Med.): *Krankheitsanfall*

Pars pro Toto das, - - - ⟨lat.⟩ (wörtl.: ein Teil [stellvertretend] fürs Ganze): *eine Redefigur, zB* sich sein Brot *(seinen Lebensunterhalt)* verdienen

Part der, -s/-e [-s] ⟨lat.-fr.⟩: *Anteil, Teil* | (Mus.) *Stimme, Rolle;* seinen P. gut spielen

Parte die, -/-n ⟨fr.⟩: *Todesanzeige;* → Partezettel

Partei die, -/-en ⟨fr.⟩: eine politische P. | *Wohnpartei* | (Amtsspr.) *jemand, der bei einer Behörde vorspricht; Beteiligte/r in Gerichts- oder Behördenverfahren* | für jemanden P. ergreifen *(sich auf jemandes Seite stellen)* || **Parteiapparat** || **Parteiausschluss** || **Parteibeschluss** || **Parteibuch** || **Parteibuchwirtschaft** (abw.): *die Vergabe [von Arbeitsstellen oder Funktionen] ausschließlich an Mitglieder der eigenen politischen Partei* || **Parteichef** [-ʃeːf] || **Parteichefin** || **Parteidisziplin:** *Befolgung der Parteibeschlüsse durch Parteimitglieder* || **Parteienfinanzierung** || **Parteienraum** (Amtsspr.): *Wartezimmer in Ämtern, Raum für Parteienverkehr* || **Parteienstellung,** *auch:* Parteistellung (Jus): *Status der zur Teilnahme am Gerichts- oder Verwaltungsverfahren berechtigten Personen (Parteien)* || **Parteienverkehr** (Amtsspr.): *Amtsstunden für persönliche Vorsprachen* || **Parteienvernehmung** (Amtsspr.): *Einvernahme der Partei* || **Parteienvertreter** (Jus): *zB Rechtsanwalt* || **Parteienvertreterin** (Jus) || **Parteifreund:** *Angehöriger derselben Partei* || **Parteifreundin** || **Parteifunktionär** [-tsi̯-] || **Parteifunktionärin** || **Parteigänger** der, -s/-: *Anhänger einer Person oder einer Gruppe* || **Parteigängerin** die, -/-innen || **Parteigrande** (meist Pl.) || **parteiintern** || **parteiisch:** p. *(einseitig, voreingenommen)* handeln || **parteilich:** p. handeln *(bewusst im Sinne einer [politischen] Partei handeln)* || **Parteilichkeit** die, - || **Parteilinie** [-i̯ɛ]: *der von der politischen Partei vertretene Kurs* || **Parteilokal** || **parteilos** || **Parteilose**[1] der, -n/-n, ein Parteiloser || **Parteilose**[2] die, -n/-n || **Parteilosigkeit** die, - || **Parteimitglied** || **Parteinahme:** ohne P. *(ohne für jemanden/etwas Partei zu ergreifen, einzutreten)* || **Parteiobfrau:** *Chefin einer politischen Partei* || **Parteiobmann** || **Parteipolitik** || **parteipolitisch** || **Parteipräsidium** || **Parteiprogramm** || **Parteisekretär** || **Parteisekretärin** || **Parteispende** || **Parteistatut** [-ʃt-] || **Parteistellung** → Parteienstellung || **Parteitag:** *regelmäßige Versammlung der von den Mitgliedern gewählten Delegierten einer politischen Partei* | *höchstes Beschlussorgan dieser Partei* || **Parteizentrale**

parterre [-'tɛr] ⟨fr.⟩: *ebenerdig;* p. wohnen | (ugs.) p. *(völlig erledigt, erschöpft)* sein || **Parterre** das, -s/- [-s]: *Erdgeschoß* | (im Theater) *eine Gruppe von Sitzreihen* || **Parterrewohnung**

Partezettel: *Todesanzeige, [Trauer]parte*

Parthenogenese die, -/-n ⟨gr.⟩ (Biol.): *eingeschlechtliche Fortpflanzung, Jungferngeburt, Jungfernzeugung* || **Parthenon** der, -s: *antiker Tempel auf der Akro-*

polis in Athen
Par|tie die, -/-n ⟨fr.⟩: *Teil, Anteil;* Gesichtspartie | *Opernrolle* | *Anzahl gleichartiger Waren;* eine P. Strümpfe | *Ausflug;* Landpartie | *einzelnes Spiel;* eine P. Schach spielen | *Trupp von Arbeitern* | (sal.) eine gute P. machen *(finanziell vorteilhaft heiraten)* || **Par|tie|füh|rer:** *Vorarbeiter* || **Par|tie|füh|re|rin**
par|ti|ell [-tsi̯-] ⟨lat.-fr.⟩: *teilweise;* eine partielle Mondesfinsternis; → G.: total
Par|ti|kel[1] die, -/-n ⟨lat.⟩ (Gramm.): *nicht flektierbares Wort, zB* jetzt, nach, doch, ja || **Par|ti|kel**[2] das, -s/- = die, -/-n: *kleinstes Teilchen* || **par|ti|ku|lar:** *einen Teil betreffend* || **Par|ti|ku|la|ris|mus** der, -: *Bestrebung, Gruppeninteressen gegenüber dem Ganzen durchzusetzen* || **par|ti|ku|la|ris|tisch** || **Par|ti|ku|lar|se|kre|tär** (SüdT): *persönlicher Referent eines politischen Amtsinhabers* || **Par|ti|ku|lar|se|kre|tä|rin** (SüdT)
Par|ti|san der, -s [-en]/-en ⟨it.-fr.⟩: *bewaffneter Widerstandskämpfer in einem besetzten Land* || **Par|ti|sa|nen|krieg** || **Par|ti|sa|nin** die, -/-innen
Par|ti|tur die, -/-en ⟨it.⟩ (Mus.): *Aufzeichnung aller Stimmen eines mehrstimmigen Musikstücks*
Par|ti|zip das, -s/-ien [-i̯ən] ⟨lat.⟩ (Gramm.): *Mittelwort;* 1. P./P. Präsens *(Mittelwort der Gegenwart);* 2. P./P. Perfekt *(Mittelwort der Vergangenheit)* || **Par|ti|zi|pa|ti|on** [-tsi̯-] die, -/-en: *Teilnahme, das Beteiligtsein* || **Par|ti|zi|pi|al|grup|pe** (Gramm.): *Mittelwortgruppe* || **par|ti|zi|pie|ren:** an einem Geschäft p. *(an seinem Erfolg beteiligt sein)*
Part|ner der, -s/- ⟨fr.-engl.⟩: ein verlässlicher P. | (in Sport, Film, Theater) *Mitspieler; Gegenspieler* | (Wirt.) *Geschäftspartner; Teilhaber* || **Part|ne|rin** die, -/-innen || **Part|ner|look** [-lʊk]: *Gleichheit der Kleidung von weiblichem und männlichem Partner* || **Part|ner|schaft** die, -/-en: in einer P. leben || **part|ner|schaft|lich:** *gemeinsam, gleichberechtigt* || **Part|ner|schafts|buch** (Admin.): *Personenstandsbuch für die eingetragene Partnerschaft* || **Part|ner|schafts|pfle|ge** || **Part|ner|stadt:** → Städtepartnerschaft || **Part|ner|wahl:** freie P.
Part-of-the-Game [-ðəgeɪm] der, - ⟨engl.⟩ (sal.): *ein Teil des [Zusammen]spiels, des Systems („das gehört dazu")*
par|tout [-'tu:] ⟨fr.⟩: *unbedingt, um jeden Preis*
Par|ty [-i] die, -/-s ⟨fr.-engl.⟩: *gesellige Veranstaltung* || **Par|ty|ser|vice** [-sɜ:vɪs]: *Firma, die Speisen und Getränke [mit Bedienung] ins Haus liefert, Catering* || **Par|ty|strah|ler:** *ein Heizgerät, Heizschwammerl* || **Par|ty|ti|ger** (sal.): *jemand, der gern und oft auf Partys geht* || **Par|ty|ti|ge|rin** (sal.)
Par|ve|nu [-ve'ny:, -vœ-] der, -s/-s ⟨fr.⟩ (meist abw.): *Emporkömmling*
Par|ze die, -/-n ⟨lat.⟩: *altrömische Schicksalsgöttin*
Par|zel|le die, -/-n ⟨lat.-fr.⟩: *im Grundbuch eingetragenes, vermessenes Grundstück* || **par|zel|lie|ren:** ein Grundstück p. *(es in Parzellen aufteilen)*
Pas|cal[1] [-k-]: *männl. Vorname* || **Pas|cal**[2] das, -[s]/- (Pa) (Phys.): *Maßeinheit für Druck und Spannung (nach dem französischen Physiker Pascal);* → Hektopascal
PASCAL [-k-] das, -s (EDV): *eine internationale Programmiersprache*
Pa|scha[1] [-sxa] ⟨gr.⟩ → Passah
Pa|scha[2] der, -s/-s ⟨pers.-türk.⟩ (früher): *Titel hoher türkischer Beamter und Offiziere* | (abw.) *verwöhnter Mann, der sich gern bedienen lässt* || **Pa|scha|al|lü|ren** die (Pl.) (abw.)
pa|schen, du pasch[s]t: *in die Hände klatschen* | *bossen* || **Pa|scher** der, -s/-: *Mitglied einer bestimmten Volksmusikgruppe* || **Pa|sche|rin** die, -/-innen
Pa|sching: *Ort in Oberösterreich*
Pas de deux [pad(œ)'dø] der, - - -/- - - ⟨fr.⟩: *Ballettnummer für zwei Solotänzer/innen*
Pa|so do|ble [-s- -] der, - -/- - ⟨span.⟩: *ein Tanz*
Pas|quill das, -s/-e ⟨it.⟩ (veraltend): *Schmähschrift*
Pass[1] der, -es/Pässe ⟨fr.⟩: *Übergang im Gebirge* | *amtlicher Ausweis [für Auslandsreisen]; Reisepass* | (auch mit Pl. Passes ['pɑ:sɪz]) ⟨fr.-engl.⟩ (Sport) *Zuspiel [im Fußball]* || **Pass**[2] die, -/-en (reg., bes. O) (Volksk.): *Burschenschaft eines Ortes*
pas|sa|bel ⟨lat.-fr.⟩: es geht mir ganz p. *(leidlich, erträglich);* eine passable Unterkunft || **Pas|sa|ge** [-'a:ʃ, -ʒɛ] die, -/-n: *ein überdachter Durchgang* | *Durchfahrt; Überfahrt* | *Abschnitt [eines Textes]* | (Mus.) *schnelle Tonfolge* || **pas|sa|ger** [-'ʒe:ə] (Med.): *vorübergehend* || **Pas|sa|gier** der, -s/-e: *Fahrgast, Schiffsreisender, Fluggast* || **Pas|sa|gier|flug|zeug** || **Pas|sa|gie|rin** die, -/-innen
Pa|ssah das, -s ⟨hebr.⟩, *auch:* Pascha [-sxa] ⟨gr.⟩ (Rel.): *ein jüdisches Fest (Osterfest)* || **Pas|sah|fest,** *auch:* Paschafest
Pas|sant der, -en/-en ⟨lat.-fr.⟩: *Fußgänger; Vorbeigehender* || **Pas|san|tin** die, -/-innen
Pas|sat der, -[e]s/-e ⟨niederl.⟩: *ein Tropenwind*
Pas|sau: *Stadt in Bayern*
Pass|bild: *Foto [für den Reisepass]* || **Pas|se** die, -/-n: *angesetzter Stoffteil, Besatz an einem Kleidungsstück*
pas|see = passé ⟨fr.⟩: das ist p. *(vorüber, nicht mehr zeitgemäß)*
Pas|sei|er das, -[s] = **Pas|sei|er|tal** (SüdT)
pas|sen, du passt: dieser Anzug passt *(er hat die richtigen Maße)* | das passt mir nicht *(es ist mir nicht recht)* | beim Kartenspiel p. *(eine Runde nicht mitspielen)* | (ugs.) auf jemanden p. *(auf jemanden warten, lauern)* | (sal.) passt! *(in Ordnung!)* | (Sport) *den Ball genau zuspielen*
Passe|par|tout [paspar'tu:] das, -s/-s ⟨fr.⟩: *Kartonumrahmung [eines Bildes]* || **Passe|poil** [pas'pŏal] das (*auch:* der), -s/-s: *schmaler Stoffstreifen, der in die Nähte [von Trachtenkleidern] eingefasst wird* || **passe|poi|lie|ren**
Pass|form: eine gute P. *(von Kleidung: passender Schnitt)* || **Pass|fo|to:** *Passbild* || **Pass|gang** der, -[e]s: *eine Gangart [des Kamels]* || **Pass|hö|he**
pas|sier|bar ⟨fr.⟩ || **pas|sie|ren:** die Grenze p. *(überschreiten)* | ein Unglück ist passiert *(geschehen)* | Paradeiser p. *(durch ein Sieb pressen)* || **Pas|sier|schein** || **Pas|sier|sieb**
pas|sim ⟨lat.⟩: *an verschiedenen Stellen (in einem Buch)*
Pas|si|on die, - ⟨lat.⟩: *Vorliebe; Leidenschaft* | (Rel.) *Leidensgeschichte Christi* | (mit Pl. -en) *künstlerische Darstellung der Passion Christi* || **pas|si|o|niert:** ein passionierter *(leidenschaftlicher)* Schachspieler || **Pas|si|ons|blu|me:** *eine tropische Pflanzengattung* || **Pas|si|ons|frucht:** *Ma-*

racuja ‖ **Passionsspiel:** *volkstümliches Spiel vom Leiden Christi*

passiv ['pa-, -'i:-] ⟨lat.⟩: sich p. *(untätig)* verhalten; passives Wahlrecht *(das Recht, gewählt zu werden);* passive Resistenz *(gewaltloser Widerstand);* → G.: aktiv ‖ **Passiv** das, -s (Gramm.): *Form des Verbs, bei der das Geschehen betont wird und die handelnde Person nicht genannt wird oder in den Hintergrund tritt, zB* die Straße wird gebaut; → G.: Aktiv ‖ **Passiva** [-v-, auch: 'pa-] = **Passiven** [-f-, -v-] die (Pl.): *Schulden;* → G.: die Aktiva ‖ **Passivhaus:** *ein Energiesparhaus* ‖ **passivisch** [-v-] (Gramm.): *das Passiv betreffend* ‖ **Passivität** die, -: *Untätigkeit, Teilnahmslosigkeit* ‖ **Passivrauchen** [auch: -'i:-] das, -s ‖ **Passivraucher** ‖ **Passivraucherin** ‖ **Passivrolle** ‖ **Passivseite** (Wirt.): *rechte Seite einer Bilanz, die den Unternehmenswert in eigenes und fremdes Kapital gliedert*

Passkontrolle ‖ **Pass Lueg** [-'luək, auch: - 'lu:ɛk] der, - - (S) ‖ **Passstraße** ‖ **Pass Strub** der, - - (S, T) ‖ **Pass Thurn** der, - -[s] (T, S) ‖ **Passus** der, -/-: *Abschnitt, Absatz [in einem Vertrag]* ‖ **Passwerber:** *Antragsteller für einen Pass* ‖ **Passwerberin** ‖ **Passwort:** *Losungswort* | (EDV) *Codewort, um bestimmte Computerprogramme benützen oder in eine Datenbank gelangen zu können* ‖ **Passwortschutz** (EDV)

Pasta[1] die, - ⟨gr.-it.⟩: *[italienische] Teigwaren* ‖ **Pasta**[2] die, -/Pasten = Paste, -/-n: *breiige, streichbare Masse* ‖ **Pasta asciutta** [- a'ʃu-] die, - -/Paste asciutte ⟨it.⟩: *Spaghetti mit Fleischsoße* ‖ **Paste** = → Pasta

Pastell das, -[e]s/-e ⟨gr.-it.-fr.⟩: *mit Pastellstiften gemaltes Bild* ‖ **Pastellfarbe** ‖ **pastellfarben:** *zart-, hellfärbig* ‖ **Pastellmalerei** ‖ **Pastellstift**

Pastete die, -/-n ⟨gr.-rom.⟩: *eine Speise;* Leberpastete

pasteurisieren [-stør-] ⟨fr.⟩: pasteurisierte *(durch Erhitzen keimfrei gemachte)* Milch ‖ **Pasteurisierung** die, -/-en

Pasticcio [-'itʃɔ] das, -s/-s [Pasticci] [-tʃi] ⟨it.⟩ (Mus.): *bunte Zusammenstellung*

Pastille die, -/-n ⟨lat.⟩: *kugelförmiges Lutschbonbon*

Pastinak der, -s/-e[n] = **Pastinake** die, -/-n ⟨lat.⟩: *ein Wurzelgemüse*

Pastor der, -s/-en [-'o:-] (P.) ⟨lat.⟩: *evangelischer Pfarrer, Seelsorger* ‖ **pastoral:** *seelsorgerisch* | *feierlich, salbungsvoll* | (veraltet) *ländlich-idyllisch* ‖ **Pastoralamt** (kath.): *Einrichtung einer Diözese für seelsorgliche Angelegenheiten* ‖ **Pastoralassistent:** *Pfarrhelfer* ‖ **Pastoralassistentin** ‖ **Pastorale** die, -/-n: *eine Hirtenmusik* ‖ **Pastoraltheologie:** *Lehre von der Seelsorge* ‖ **Pastorella** die, -/Pastorellen (Mus.): *weihnachtliche Pastorale* ‖ **Pastorin** die, -/-innen

pastos ⟨it.⟩: p. malen *(die Farbe dick auftragen)*

Patchwork ['pætʃwɜ:k] das, -s/-s ⟨engl.⟩: *aus kleinen Stoff- oder Lederresten verfertigtes Kleidungsstück, Tasche uÄ* ‖ **Patchworkfamilie:** *Familie mit Kindern aus anderen Verbindungen eines oder beider Elternteile*

Pate der, -n/-n ⟨lat.⟩: *Taufpate; Firmpate* | *Chef einer Mafiaorganisation*

Patene die, -/-n ⟨lat.⟩ (Rel.): *Teller für die Hostien bzw. das Brot beim Abendmahl*

Patenkind ⟨lat.+dt.⟩ ‖ **Patenonkel** ‖ **Patenschaft** die, -/-en

patent (ugs.) ⟨lat.⟩: ein patenter *(tüchtiger)* Kerl ‖ **Patent** das, -[e]s/-e: *Schutzrecht für eine Erfindung* | *Befähigungsnachweis* ‖ **Patentamt**

Patentante ⟨lat.+fr.⟩

Patentanwalt ⟨lat.+dt.⟩: *Anwalt, der zur Vertretung in Patentsachen vor Gericht zugelassen ist* ‖ **Patentanwältin** ‖ **patentieren:** eine patentierte *(gesetzlich geschützte)* Erfindung ‖ **Patentierung** die, -/-en ‖ **Patentlösung:** *großartige Lösung aller Probleme* ‖ **Patentrecht** ‖ **patentrechtlich** ‖ **Patentregister:** *Verzeichnis des Patentamtes über die registrierten Patente* ‖ **Patentrezept:** *Patentlösung*

Pater der, -s/Patres [Pater] (P.; Pl.: PP.) ⟨lat.⟩: *Ordensgeistlicher;* → Frater ‖ **Paternität** die, - (Jus): *Vaterschaft* ‖ **Paternoster**[1] das, -s/-: *das Vaterunser* ‖ **Paternoster**[2] der, -s/-: *ständig umlaufender Aufzug mit mehreren Kabinen*

pathetisch ⟨gr.⟩: *[übertrieben] feierlich, überschwänglich;* → Pathos ‖ **pathogen** (Med.): *Krankheiten auslösend* ‖ **Pathogenese** (Med.): *Darstellung der Entwicklung einer Krankheit* ‖ **Pathologe** der, -n/-n (Med.): *Spezialist für die Lehre von den Krankheiten* ‖ **Pathologie** die, - (Med.): *Lehre von den Krankheiten* | *pathologische Abteilung [einer Klinik]* ‖ **Pathologin** die, -/-innen (Med.) ‖ **pathologisch** (Med.): *die Pathologie betreffend* | *krankhaft* ‖ **Pathos** das, -: *Ausdruck feierlicher Ergriffenheit;* → pathetisch

Patience [pa'sjã:s] die, -/-n ⟨fr.⟩: *ein Kartenspiel;* eine P. legen ‖ **Patiencebäckerei:** *Kekse in Form von Figuren*

Patient [-tsi̯-]

der, -en/-en ⟨lat.⟩: *Kranker in ärztlicher Behandlung*

Deklination:
- die E-Card des Patienten
- mit dem Patienten (*nicht:* Patient)
- ohne den Patienten (*nicht:* Patient)

Patientenanwalt ‖ **Patientenanwältin** ‖ **Patientenanwaltschaft:** *Einrichtung zur Vertretung der Interessen und Wahrung der Rechte von Patienten und Patientinnen* ‖ **Patientenmonitoring** (Med.): *Überwachung eines Patienten mit Hilfe von Geräten* ‖ **Patientenverfügung:** *Einwilligung des Patienten zur Unterlassung bestimmter medizinischer Maßnahmen* ‖ **Patientenversorgung** ‖ **Patientin** die, -/-innen ‖ **PatientInnenanwalt** (Amtsspr.) ‖ **PatientInnenanwältin** (Amtsspr.)

Patin die, -/-innen ⟨lat.⟩: *Taufpatin; Firmpatin*

Patina die, - ⟨it.⟩: *durch Witterungseinfluss, Alter veränderte Oberfläche, zB von Kupfer; Edelrost*

Patisserie die, -/-n ⟨fr.⟩: *eine Konditorei; Konditorwaren*

Patriarch der, -en/-en ⟨gr.-lat.⟩: *ein hoher kirchlicher Würdenträger [der Ostkirche]* | (meist abw.) *autoritäres männliches Familienoberhaupt* ‖ **patriarchal:** *patriarchalisch* ‖ **patriarchalisch:** ein patriarchalisches *(Ehrfurcht und Gehorsam forderndes)* Verhalten ‖ **Patriarchat** das,

-[e]s/-e: *Herrschaft des Familienvaters;* → Matriarchat | *Amt und Amtsbereich eines kirchlichen Patriarchen*
Pa|tri|cia [-ts-] → Patrizia || **Pat|rick** [auch: 'pæ-]: *männl. Vorname*
Pa|tri|ot der, -en/-en ⟨gr.-lat.-fr.⟩: *jemand, der sein Vaterland bes. liebt* || **Pa|tri|o|tin** die, -/-innen || **pa|tri|o|tisch:** eine patriotische *(den Patriotismus betreffende)* Gesinnung; → national; → vaterländisch || **Pa|tri|o|tis|mus** der, -: *starke Vaterlandsliebe*
Pa|tri|zia, *auch:* Patricia [-ts-]: *weibl. Vorname*
Pa|tri|zi|at das, -[e]s/-e ⟨lat.⟩ (früher): *die angesehenen, reichen Bürgergeschlechter* || **Pa|tri|zi|er** der, -s/- (früher): *Angehöriger des Patriziats* || **Pa|tri|zi|e|rin** die, -/-innen (früher) || **pa|tri|zisch:** patrizische Familien
Pa|tron der, -[e]s/-e ⟨lat.⟩: *Schutzheiliger* | *Schutzherr* | *Chef; Gutsherr* | (abw.) ein unangenehmer P. *(Mensch)* || **Pa|tro|nanz** die, -/-en: *Ehrenschutz [bei einer Veranstaltung]* || **Pa|tro|nat** das, -[e]s/-e: *Schirmherrschaft, Patronanz* | *Patronatsherr einer Kirche* | (SüdT) *Sozialdienst bei Gewerkschaften und Verbänden* || **Pa|tro|nats|herr** || **Pa|tro|nats|her|rin** || **Pa|tro|ne** die, -/-n ⟨lat.-fr.⟩: *Geschoß samt Hülse mit Treibladung* | *Behälter für Tinte, Tusche oder Toner* || **Pa|tro|nen|gurt** || **Pa|tro|nen|hül|se** || **Pat|ro|nin** die, -/-innen ⟨lat.⟩
Pa|trouil|le [-'ru(l)jɛ] die, -/-n ⟨fr.⟩: *Polizeistreife; Spähtrupp* || **Pa|trouil|len|fahrt** || **Pa|trouil|len|gang** || **pa|trouil|lie|ren**
Pa|tro|zi|ni|um das, -s/Patrozinien [-i̯ɛn] ⟨lat.⟩: *Schutzherrschaft eines Heiligen über ein Gebiet oder eine Kirche; Fest eines Kirchenpatrons;* → Kirchweih
Patsch [-ɒː-] der, -/-en (ugs.): *gutmütiger, unbeholfener Mensch;* → patschert
Pat|sche die, -/-n: in der P. *(in großer Bedrängnis)* sein || **pat|schen** (ugs.): du patsch[s]t *(plumpst)* ins Wasser; auf das Wasser p. *(schlagen)*
Pat|schen ['pɒ(ː)-, 'pa(ː)-] der, -s/- (ugs.): *Hausschuh* | (ugs.) die P. strecken/aufstellen *(sterben)* | (ugs.) *Reifendefekt* || **Pat|schen|ki|no** (ugs., veraltet): *Fernsehen*
Pat|scher Ko|fel der, - -s = **Pat|scher|ko|fel,** -s: *ein Berg bei Innsbruck*
Pat|scherl[1] das, -s/-[n] (ugs.): *Babyschuh;* → Patschen
Pat|scherl[2] ['pɒ(ː)-] das, -s/-[n] (ugs.): *unbeholfener, hilfloser Mensch, meist Kind* || **pat|schert** (ugs.): *ungeschickt, unbeholfen;* → Patsch || **Patsch|hand** ['pa-]: *Hand eines kleinen Kindes* || **patsch|nass** (ugs.): *durch und durch nass*
Pat|schu|li [auch: 'pa-] das, -s ⟨Tamil-engl.⟩: *ein Duftstoff*
patt ⟨fr.⟩: p. sein *(im Schachspiel keinen Zug mehr machen können); aber:* → pattsetzen || **Patt** das, -s/-s: *Stellung im Schach, bei der ein Spieler nicht mehr ziehen kann* | *Lage, in der keiner von zwei Gegnern etwas unternehmen kann*
Pat|te die, -/-n: *Taschenklappe, Taschenbesatz* || **Pat|ten|ta|sche:** ein Sakko mit Pattentaschen
Pat|tern ['pæ-] das, -[s]/-s ⟨fr.-engl.⟩ (Soz.): *Verhaltensmuster* | (Sprachwiss.) *Satzbaumuster [im Fremdsprachenunterricht]*
patt|set|zen: den Konkurrenten p. *(ausschalten); aber im Schachspiel:* patt setzen (= pattsetzen) || **Patt|si|tu|a|ti|on** [-tsi̯-] ⟨fr.+lat.⟩ || **Patt|stel|lung**
pat|zen, du patzt: *[beim Schreiben, Essen] Kleckse machen* | *fehlerhaft arbeiten* || **Pat|zen** der, -s/-: *Klecks* | *Klumpen; aber:* → Batzen || **Pat|zer** der, -s/-: *Fehler* | (abw.) *Stümper* || **Pat|ze|rei** die, -/-en (ugs.) || **Pat|zerl** das, -s/-[n]: *kleiner Patzen* || **Pat|zerl|gu|gel|hupf** (ugs.): *Gugelhupf mit verschiedenen Füllungen* || **pat|zert** (sal.): *patzig* || **pat|zig:** *klebrig* | klumpig | (sal.) *frech, überheblich;* eine patzige Antwort geben || **patz|weich** (ugs., veraltend): *sehr weich, butterweich*
Pau|ke die, -/-n: *ein Schlaginstrument;* mit Pauken und Trompeten *(mit großem Aufwand)* empfangen werden; mit Pauken und Trompeten durchfallen || **pau|ken** (veraltend): *angestrengt lernen* || **Pau|ken|schlag:** *überraschendes, Aufsehen erregendes Ereignis* || **Pau|ken|wir|bel**
Paul: *männl. Vorname* || **Pau|la:** *weibl. Vorname* || **Pau|li|ne:** *weibl. Vorname* || **Pau|lus|brief:** *Brief des Apostels Paulus im Neuen Testament*
Paun|zen der = die, -/- (T): *ein Schmalzgebäck;* → Baunzerl
paus|ba|ckig: ein pausbackiges Kind *(Kind mit vollen, roten Wangen)*
pau|schal: etwas p. *(in seiner Gesamtheit)* verurteilen || **Pau|schal|be|trag** || **Pau|scha|le** das, -[s]/- (Pauschalien [-i̯ɛn]), *auch:* die, -/-n: *vereinbarter Gesamtbetrag für verschiedene Leistungen* || **pau|scha|lie|ren** || **Pau|scha|lie|rung** die, -/-en || **Pau|schal|preis** || **Pau|schal|rei|se:** *pauschal berechnetes Reisearrangement* || **Pau|schal|ur|teil:** *verallgemeinerte [negative] Beurteilung* || **Pau|schal|ver|gü|tung**
Pau|schen|pferd (Sport): *Seitpferd*
Pau|se[1] die, -/-n ⟨gr.-rom.⟩: eine kurze P. machen
Pau|se[2] die, -/-n ⟨fr.⟩: *Durchzeichnung* || **pau|sen:** *durchzeichnen*
Pau|sen|brot ⟨gr.-rom.⟩ || **Pau|sen|fül|ler:** *kurzer [Fernseh]beitrag, der den Zeitraum [zwischen zwei Sendungen] überbrücken soll* || **Pau|sen|hof:** *Schulhof* || **pau|sen|los:** *ohne Unterbrechung, Ruhepause* || **Pau|sen|stand** (Sport): *Spielstand eines Matches zur Pause* || **Pau|sen|zei|chen** (Mus.) || **pau|sie|ren:** *unterbrechen, eine Pause einschalten*
Paus|pa|pier ⟨fr.⟩
Pau|xerl → Bauxerl
Pa|vi|an [-v-] der, -s/-e ⟨fr.-niederl.⟩: *ein Affe*
Pa|vil|lon ['paviljoːn, -i'jõː] der, -s/-s ⟨fr.⟩: *Gartenhaus* | *Einzelgebäude [eines Krankenhauses]* | *Präsentationsbau auf einem Ausstellungsgelände*
Paw|lat|sche die, -/-n = **Paw|lat|schen,** -/- ⟨tschech.⟩ (ostöst.): *Bretterbühne* | *gangartiger Hofbalkon* || **Paw|lat|schen|büh|ne** (ostöst.): *Theater auf einer einfachen Bretterbühne* || **Paw|lat|schen|haus** || **Paw|lat|schen|the|a|ter** (ostöst.): *Pawlatschenbühne*
Pay-per-View ['peɪpə'vjuː] das, -s ⟨engl.⟩: *Zahlung für eine einzelne Sendung aus dem Pay-TV* || **Pay-TV** [-tiː'viː]: *TV-Programm, das nur über direkte Gebührenabgabe zu empfangen ist;* → G.: Free-TV
Pa|zi|fik der, -[s] ⟨lat.⟩: der Pazifische *(der Große, der Stille)* Ozean || **pa|zi|fisch:** pazifische Inseln; *aber:* der Pazifische Ozean || **Pa|zi|fis|mus** der, -: *Streben nach dem dauernden Weltfrieden* || **Pa|zi|fist** der, -en/-en: *überzeug-*

P

ter Kriegsgegner ‖ **Pa|zi|fis|tin** die, -/-innen ‖ **pa|zi|fis|tisch**

Paz|naun das, -[s]: *ein Tal in Tirol*

Pb: Blei

P. b. b. (früher): **P**ostgebühr **b**ar **b**ezahlt

PC[1] [piː 'siː] die, -: **P**olitical **C**orrectness

PC[2] [pe 'tseː] der, -[s]/-[s]: **P**ersonal **C**omputer ‖ **PC-un|ter|stützt:** PC-unterstützter Unterricht

Pd: Palla**d**ium

PDA [pe de 'a] der, -[s]/-[s] (EDV): **P**ersonal **D**igital **A**ssistant *(Taschencomputer, elektronischer Organizer)*

PDF [pe de 'ɛf]: **P**ortable **D**ocument **F**ormat *(Datenformat, das fest formatierte Dokumente liefert und unabhängig von einem Textprogramm ist)*

Peanuts ['piːnʌts] die (Pl.) (wörtl.: Erdnüsse) ⟨engl.⟩ (sal.): *Kleinigkeit; kleiner Geldbetrag* | *eine Comicserie bzw. Zeichentrickserie*

Pech das, -s/-e: *rohes Baumharz* | *aus Teer gewonnene Masse* | (ohne Pl.) *Missgeschick, Unglück* ‖ **Pech|blen|de:** *ein uranhältiges Mineral* ‖ **Pech|na|se** (früher): *Mauervorsprung an Burgen, durch den zu Verteidigungszwecken heißes Pech geschüttet wurde* ‖ **pech|schwarz** ‖ **Pech|sträh|ne:** *eine Zeit, in der alles misslingt* ‖ **Pech|vo|gel** (scherzhaft): *ein vom Missgeschick verfolgter Mensch*

pe|cken: Körner p. *(picken);* der Vogel peckt *(hackt)* mit dem Schnabel; → Eierpecken | (ugs.) er peckt ständig auf sie *(stichelt)* ‖ **Pe|cker** der, -s/- (ugs.): *Delle, Einschlag* | (sal.) einen P. haben *(verrückt sein)*

Pe|dal das, -s/-e ⟨lat.⟩: *Fußhebel, zB beim Auto, beim Klavier;* in die Pedale treten *(Rad fahren;* auch: *sich bemühen)* | *Fußtastatur der Orgel* ‖ **Pe|da|le** die, -/-n (reg. in D): *Pedal*

pe|dant ⟨gr.-lat.-fr.⟩: *pedantisch* ‖ **Pe|dant** der, -en/-en: *peinlich genauer, kleinlicher Mensch* ‖ **Pe|dan|te|rie** die, -/-n ‖ **Pe|dan|tin** die, -/-innen ‖ **pe|dan|tisch**

Pe|dig|rohr: *Holz, aus dem Korbmöbel geflochten werden, Rattan*

Pe|dell der, -s [-en]/-e[n] (früher): *ein Universitätsbediensteter*

Pe|di|keur [-'køːə] der, -s/-e ⟨fr.⟩: *Fußpfleger* ‖ **Pe|di|keu|rin** die, -/-innen ‖ **Pe|di|kü|re** [-'kyːə, -rɛ] die, -: *Fußpflege* | (mit Pl. -n) *Fußpflegerin* ‖ **pe|di|kü|ren:** sich p. [lassen]

Pee|ling ['piː-] das, -s/-s ⟨engl.⟩: *Hautschälkur*

Peep|show ['piːpʃəʊ] ⟨engl.⟩: *Betrachtung von Striptease uÄ durch ein Guckloch gegen Münzeinwurf*

Peer [pɪə] der, -s/-s ⟨engl.⟩: *Angehöriger des englischen Hochadels* ‖ **Peer|group** [-gruːp] die, -/-s (Soz.): *Gruppe einander unterstützender Menschen; Gruppe gleichaltriger Jugendlicher, die einander bei der Loslösung vom Elternhaus unterstützen*

Pe|ga|sus der, - ⟨gr.-lat.⟩: *geflügeltes Pferd der griechischen Sage* | (scherzh., veraltet) den P. besteigen *(dichten)*

Pe|gel der, -s/-: *ein Wasserstandsmesser [an Flüssen]* ‖ **Pe|gel|stand**

pei|len: *eine Richtung bzw. den Standort zu etwas bestimmen* | über den Daumen gepeilt *(geschätzt)* | *anpeilen* ‖ **Pei|ler** der, -s/-: *Peilfunkgerät* ‖ **Peil|ge|rät** ‖ **Pei|lung** die, -/-en

Pein die, - (geh.): *Schmerz, Qual* ‖ **pei|ni|gen** ‖ **Pei|ni|ger** der, -s/- ‖ **Pei|ni|ge|rin** die, -/-innen ‖ **Pei|ni|gung** die, -/-en ‖ **pein|lich:** das war ihm p. *(sehr unangenehm)* | peinliche *(genaueste)* Ordnung halten ‖ **Pein|lich|keit** die, -/-en ‖ **pein|voll** (geh.): *schmerzend*

Peit|sche die, -/-n ‖ **peit|schen,** du peitsch[s]t ‖ **Peit|schen|hieb** ‖ **Peit|schen|knall** ‖ **Peit|schen|schlag|syn|drom** [-zy-] (Med.)

pe|jo|ra|tiv ⟨lat.⟩ (Sprachwiss.): *mit einer negativen, abwertenden Bedeutung besetzt*

Pe|ki|ne|se der, -n/-n ⟨chin.⟩: *eine Hunderasse* ‖ **Pe|king,** *auch:* Beijing ['beiʤɪŋ]: *Hauptstadt der Volksrepublik China*

Pek|tin das, -s/-e ⟨gr.-lat.⟩: *Pflanzenstoff, der zum Gelieren verwendet wird*

pek|to|ral ⟨lat.⟩ (Med.): *die Brust betreffend*

pe|ku|ni|är ⟨lat.-fr.⟩: die pekuniären *(die finanziellen)* Verhältnisse

Pe|lar|go|nie [-iɛ] die, -/-n ⟨gr.-lat.⟩: → *Geranie*

Pe|la|ti die (Pl.) ⟨it.⟩: *geschälte Tomaten (in Dose oÄ)*

Pe|le|ri|ne die, -/-n ⟨lat.-fr.⟩: *ärmelloser [Regen]umhang*

Pe|li|kan der, -s/-e ⟨gr.-lat.⟩: *ein Schwimmvogel*

Pel|let das, -s/-s (meist Pl.) ⟨engl.⟩: *aus Sägemehl gepresstes zylindrisches Röllchen als Heizmaterial* ‖ **Pel|lets|hei|zung,** *auch:* Pelletheizung

Pell|kar|tof|fel (nördl. D): *gekochter, ungeschälter Kartoffel*

Pelz der, -es/-e: *Fell von Pelztieren* | *Kurzwort für Pelz[mantel]* | jemandem auf den P. rücken *(ihm zusetzen; ihn mit etwas bedrängen)* ‖ **pelz|be|setzt** ‖ **pelz|ge|füt|tert** ‖ **Pelz|händ|ler** ‖ **Pelz|händ|le|rin** ‖ **Pelz|hau|be**

pel|zen, du pelzt: *[einen Obstbaum] veredeln, pfropfen*

pel|zig ‖ **Pelz|kap|pe** ‖ **Pelz|kra|gen** ‖ **Pelz|man|tel** ‖ **Pelz|müt|ze** ‖ **Pelz|tier:** *Fuchs, Marder ua.* ‖ **Pelz|tier|zucht** ‖ **pelz|ver|brämt**

Pem|perl das, -s/-[n] (ugs.): *Pimperl* ‖ **pem|pern** (ugs.): *eine klopfende Arbeit verrichten* | (derb) *koitieren*

Pe|nal|ty [-i, auch: 'penəl-] der, -s/-s ⟨engl.⟩ (Sport): *ein Strafstoß [im Eishockey]*

P.E.N.-Club ['pɛnklʊp] der, -s, *auch:* PEN-Club ⟨engl.⟩: *eine internationale Vereinigung von Schriftstellern* (**p**oets, **e**ssayists, **n**ovelists) *mit nationalen Zentren*

Pen|dant [pɑ̃'dɑ̃ː] das, -s/-s ⟨fr.⟩: *Gegenstand, der einem anderen [in Größe und Form] entspricht, Gegenstück*

Pen|del das, -s/-: *regelmäßig hin- und herschwingender Gegenstand* ‖ **pen|deln,** ich pendle ‖ **Pen|del|schlag** ‖ **Pen|del|uhr** ‖ **Pen|del|ver|kehr** ‖ **pen|dent** (CH): *unerledigt* ‖ **Pen|denz** die, -/-en (CH): *unerledigte Sache* ‖ **Pend|ler** der, -s/-: *Berufstätiger, der regelmäßig zwischen Wohn- und Betriebsort über eine größere Entfernung hin- und zurückfährt* | *Verkehrsmittel im Pendelverkehr* ‖ **Pend|ler|bus** ‖ **Pend|ler|dienst** ‖ **Pend|le|rin** die, -/-innen ‖ **Pend|ler|pau|scha|le:** *Absetzbetrag für Fahrtkosten* ‖ **Pend|ler|zug**

pe|ne|trant ⟨lat.⟩: ein penetranter *(durchdringender)* Geruch; ein penetrantes *(aufdringliches)* Benehmen ‖ **Pe|ne|tranz** die, -/-en ‖ **Pe|ne|tra|ti|on** [-tsi̯-] die, -/-en: *Eindringen [des Penis in die Scheide], Durchdringen* | (Wirt.) *Marktdurchdringung* ‖ **pe|ne|trie|ren**

peng: *lautmalendes Wort für ei-*

P

nen Schuss aus einem Gewehr oder einer Pistole

penibel ⟨lat.-fr.⟩: ein penibler *(sehr genauer, sehr gewissenhafter)* Mensch ‖ **Penibilität** die, -

Penicillin = → Penizillin

Penis der, -/-nisse [Penes] ⟨lat.⟩: *männliches Glied*

Penizillin = Penicillin [-ts-] das, -s ⟨lat.⟩: *ein Heilmittel*

Pennal das, -[e]s/-e ⟨lat.⟩: *Etui für Bleistifte uÄ* ‖ **Pennäler** der, -s/- (D): *Schüler [einer höheren Schule]* ‖ **Pennälerin** die, -/-innen (D)

pennen (nördl. D, ugs.): *schlafen* ‖ **Penner** der, -s/- (nördl. D, abw.): *Sandler, untüchtiger Mensch* ‖ **Pennerin** die, -/-innen (nördl. D, abw.)

Pennsylvania [-sɪl'veɪniə] = **Pennsylvanien** [-zil'vaː-]: *Bundesstaat der USA*

Penny [-i] der, -s/Pence [pens] ⟨engl.⟩: *eine englische Geldeinheit* | (mit Pl. Pennys) *einzelnes Pennystück*

Pensenbuch ⟨lat.⟩ (Bildw.): *eine alternative Form der Leistungsbeurteilung*

Pension [pɛn-, veraltet und D: pɑ̃s-] die, -/-en ⟨lat.-fr.⟩: *Ruhegehalt* | *Fremdenheim* | (ohne Pl.) *Ruhestand;* in P. gehen/sein; die P. antreten ‖ **Pensionär** der, -s/-e: *Gast einer Fremdenpension* | (D) *Pensionist, Rentner* ‖ **Pensionärin** die, -/-innen ‖ **Pensionat** das, -[e]s/-e: *eine Schule mit Internat* ‖ **pensionieren** ‖ **Pensionierung** die, -/-en ‖ **Pensionist** der, -en/-en: *Bezieher eines Ruhegehaltes* ‖ **Pensionistenabsetzbetrag** (Amtsspr.) ‖ **Pensionistenausflug** ‖ **Pensionistenausweis** ‖ **Pensionistenehepaar** ‖ **Pensionistenheim** ‖ **Pensionistenverband** ‖ **Pensionistin** die, -/-innen ‖ **Pensionitis** die, - (ugs.): *Drang zur [frühzeitigen] Pensionierung* ‖ **Pensionopolis** die, - (veraltend, scherzh.): *Bezeichnung für einen Ort, wo man gern die Pension verbringt* ‖ **Pensionsabfindung** ‖ **Pensionsalter** ‖ **Pensionsamt** (SüdT) ‖ **Pensionsanpassung** ‖ **Pensionsanspruch** ‖ **Pensionsantrag** ‖ **Pensionsantrittsalter** ‖ **Pensionsbeitrag** ‖ **Pensionsberechnung** ‖ **pensionsberechtigt** ‖ **Pensionsberechtigte** ‖ **Pensionsbescheid** ‖ **Pensionsbezieher** ‖ **Pensionsbezieherin** ‖ **Pensionserhöhung** ‖ **Pensionsdynamik** [-dy-]: *gesetzlich gesicherte Anpassung der Pensionen an die Entwicklung der Preise und Löhne* ‖ **Pensionsempfänger** ‖ **Pensionsempfängerin** ‖ **Pensionsharmonisierung** (Pol.): *die Vereinheitlichung unterschiedlicher Pensionssysteme* ‖ **Pensionsinvestmentfonds** [-v-fõː]: *staatlich geförderter Wertpapierfonds für die Pensionsvorsorge* ‖ **Pensionskassa** = **Pensionskasse** ‖ **Pensionskonto** ‖ **Pensionskorridor:** *Zeitraum, in dem die Korridorpension angetreten werden kann* ‖ **Pensionskürzung** ‖ **Pensionslücke** ‖ **Pensionsordnung** (Amtsspr.): *Regelung der Pensionsbestimmungen* ‖ **Pensionsreform** ‖ **pensionsreif** ‖ **Pensionsschock** (Psych.): *Anpassungsschwierigkeiten beim Übergang in den Ruhestand* ‖ **Pensionssicherung** ‖ **Pensionsverrechner** der, -s/-: *ein Beruf* ‖ **Pensionsverrechnerin** die, -/-innen ‖ **Pensionsverrechnung** ‖ **pensionsversichert** ‖ **Pensionsversicherung** ‖ **Pensionsversicherungsanstalt** (PV, PVA) ‖ **Pensionsversicherungsträger** ‖ **Pensionsvorsorge:** *finanzielle Vorsorge für die Jahre im Ruhestand* ‖ **Pensionszulage**

Pensum das, -s/Pensen [Pensa] ⟨lat.⟩: sein P. *(die für einen bestimmten Zeitraum zugeteilte Arbeit)* erledigen

Pentagon [auch: -'ɔːn] das, -s/-e ⟨gr.⟩: *Fünfeck* | ['pɛn-] (ohne Pl.) *das Verteidigungsministerium der USA* ‖ **pentagonal:** *fünfeckig* ‖ **Pentagramm** das, -s/-e: *fünfzackiger Stern, der auch als magisches Zeichen gilt, Trutenfuß* ‖ **Pentameter** der, -s/- (Lit.): *ein fünffüßiger Vers* ‖ **Pentateuch** der, -[s] (Rel.): *die fünf Bücher des Moses in der Bibel* ‖ **Pentatonik** die, - (Mus.): *fünfstufige Tonleiter, meist ohne Halbtöne, zB* d, e, g, a, h ‖ **pentatonisch** (Mus.)

Penthouse ['penthaʊs] das, -/-s [-zɪz], *auch:* Penthaus ⟨engl.⟩: *Terrassenwohnung auf dem Dach eines Wohnhauses*

Pentium [-tsi̯-] der, -s/-s (EDV) (Wz.): *ein Mikroprozessor*

Penzing: *14. Bezirk Wiens*

Pep der, -s ⟨engl.⟩ (sal.): *Schwung, Pfiff*

Peperl = Pepperl: *weibl. und männl. Vorname (Josef, Josefine uÄ);* → Pepi

Peperoncino [-tʃ-] der, -s/Peperoncini ⟨it.⟩ (SüdT, CH): *kleine, scharfe Paprikaschote, Pfefferoni* ‖ **Peperone** der, -[s]/Peperoni ⟨lat.-it.⟩ (D): *Pfefferoni* ‖ **Peperoni** die, -/- (SüdT, CH): *Paprika, Paprikaschote* | (D) *Pfefferoni*

Pepi[1]: *weibl. und männl. Vorname (Josef, Josefine uÄ);* → Peperl

Pepi[2] der, -s/-s (ugs.): *künstlicher Haarteil, Perücke*

Pepita das (*auch:* der), -s/-s ⟨span.⟩: *klein kariertes, zweifärbiges Stoffmuster*

Pepperl = → Peperl

peppeln (Sport): *[einen Ball] wiederholt mit der flachen Hand aufschlagen;* → aufpeppeln

peppig ⟨engl.⟩ (sal.): *schwungvoll*

Pepsin das, -s/-e ⟨gr.-lat.⟩: *Bestandteil des Magensaftes*

per ⟨lat.⟩:

Präposition mit Akkusativ:
- per *(durch)* Eilboten
- per ersten Dezember *(zum 1. Dezember)*
- per Bahn *(mit der Bahn)*
- per Adresse (p. A.) Familie Klein *(bei Familie Klein)*
- per *(pro, je)* Stück
- mit jemandem per Du sein *(sich mit jemandem duzen)*

Vgl. auch → per pedes; → per procura; → per saldo; → per anno = per annum; → pro

per acclamationem [- akl-tsi̯-] ⟨lat.⟩: p. a. *(durch Zuruf, Beifall)* gewählt werden ‖ **per anno** ⟨it.⟩ = **per annum** ⟨lat.⟩ (pa, p. a.): *jährlich;* → pro anno

Percht die, - (Volksk.): *eine weibliche dämonische Sagengestalt* | (mit Pl. -en) *bestimmte traditionell maskierte [Faschings]gestalten* ‖ **Perchtenlauf** (Volksk.): *ein Volksbrauch* ‖ **Perchtenmaske**

Perchtoldsdorf: *Marktgemeinde in Niederösterreich*

Percussion [-'kʌʃn] die, -/-s ⟨engl.⟩: *Schlagzeug[gruppe] [im Jazz]; aber:* → Perkussion

per definitionem [- -tsi̯-] ⟨lat.⟩: *erklärtermaßen*

perdu [-'dyː] ⟨fr.⟩ (sal., veraltet): *verloren*

perennierend ⟨lat.⟩: perennierende *(mehrjährige, mehrmals überwinternde)* Pflanzen

Perestroika die, - ⟨russ.⟩ (Pol., Gesch.): *Umgestaltung in der sowjetischen Politik*

perfekt ⟨lat.⟩: ein perfekter *(sehr guter)* Ski; eine Fremdsprache p. *(vollkommen)* beherrschen | einen Vertrag p. machen *(ihn abschließen)* ‖ **Perfekt** ['pɛ-, -'fɛ-] das, -s/-e (Gramm.): *eine Zeitform des Verbs; 2. Vergangenheit, vollendete Gegenwart* ‖ **Perfektion** [-tsi̯-] die, -: bis zur P. *(Vollendung; vollkommenen Beherrschung)* | (veraltend) *Übungsveranstaltung [in der Tanzschule]* ‖ **perfektionieren:** *vervollkommnen* ‖ **Perfektionismus** der, -: *[übertriebenes] Streben nach Vervollkommnung* ‖ **Perfektionist** der, -en/-en ‖ **Perfektionistin** die, -/-innen

perfid ⟨lat.⟩ (geh.): *hinterhältig* ‖ **Perfidie** die, -/-n (geh.): *perfide Tat; Hinterlist, Heimtücke*

Perforation [-tsi̯-] die, -/-en ⟨lat.-fr.⟩ ‖ **perforieren:** *[in gleichmäßigen Abständen] durchlöchern*

Performance [-məns] die, -/-s [-ɪz] ⟨lat.-engl.⟩: *künstlerische Aktion, Happening* | (Wirt.) *Wertzuwachs bei Wertpapieren* ‖ **Performanz** die, - (Sprachwiss.): *Verwendung einer Sprache in einer gegebenen Situation* ‖ **performen** (sal.): *präsentieren, aufführen*

Perg (Kfz: PE): *Stadt in Oberösterreich*

Pergament das, -[e]s/-e (früher): *sehr haltbares Schreibblatt aus Tierhaut (nach der kleinasiatischen Stadt Pergamon)* ‖ **Pergamentpapier:** *fettundurchlässiges, festes Papier*

Pergel die, -/-n ⟨it.⟩ (SüdT): *mit Weinreben überspannter Laubengang* ‖ **Pergola** die, -/Pergolen: *Laubengang mit Kletterpflanzen*

perhorreszieren ⟨lat.⟩ (geh.): *verabscheuen*

Perihel das, -s/-ien [-i̯ən] ⟨gr.⟩ (Phys.): *der der Sonne am nächsten liegende Punkt auf der Bahn eines Himmelskörpers;* → G.: Aphel

perikleisch: ein perikleisches Zeitalter *(Epoche kultureller Blüte; nach dem altgriechischen Staatsmann Perikles)*

Perikope die, -/-n ⟨gr.-lat.⟩ (Rel.): *vorgesehener Bibelabschnitt im Gottesdienst*

Periode die, -/-n ⟨gr.⟩: *Zeitabschnitt* | *Menstruation* ‖ **Periodensystem** [-zy-]: *Anordnung der chemischen Elemente nach Eigenschaften, die sich periodisch wiederholen* ‖ **Periodikum** das, -s/Periodika (meist Pl.): *periodisch erscheinende Veröffentlichung* ‖ **periodisch:** *regelmäßig wiederkehrend* ‖ **periodisieren:** *in Perioden einteilen* ‖ **Periodizität** die, -: *regelmäßige Wiederkehr*

Peripetie die, -/-n ⟨gr.⟩: *ausschlaggebende Wendung*

peripher [-f-] ⟨gr.-lat⟩: periphere *(am Rande liegende, nicht so wichtige)* Probleme ‖ **Peripherie** die, -/-n: an der P. der Stadt *(am Stadtrand)* | (Math.) die P. *(Umfangslinie)* des Kreises | (EDV) *Rand-, Umgebungsgeräte zu einem Computer, zB Drucker, Maus, Monitor, Scanner, Peripheriegeräte* ‖ **Peripheriegerät** (meist Pl.) (EDV) ‖ **Peripherraum** (Geogr.)

Periskop das, -s/-e ⟨gr.⟩: *Sehrohr [des U-Bootes]*

Peristaltik die, - ⟨gr.⟩ (Med.): *Arbeitsbewegung der Verdauungsorgane* ‖ **peristaltisch** (Med.)

Perkussion die, -/-en ⟨lat.⟩ (Med.): *Abklopfen [der Lunge]* | (Mus.) *die Schlaginstrumente; aber:* → Percussion

perkutan ⟨lat.⟩ (Med.): *auf der Haut, über die Haut;* → subkutan

Perle die, -/-n ‖ **perlen:** perlendes Sodawasser ‖ **perlenbesetzt** ‖ **Perlencollier** [-k-] = → Perlenkollier ‖ **Perlenkette** ‖ **Perlenkollier** [-li̯eː] = Perlencollier [-k-]: *eine Perlenkette* ‖ **Perlenschnur** ‖ **Perlentaucher** ‖ **Perlentaucherin** ‖ **Perlhuhn:** *ein Hühnervogel* ‖ **Perlmutt** das, -s = **Perlmutter** die, - = das, -s: *schillernde Innenschichte bestimmter Muschelschalen* ‖ **perlmuttern:** perlmutterne Knöpfe

Perlon das, -s (Wz.): *eine Kunstfaser*

Perlustration [-tsi̯-] die, -/-en ⟨lat.⟩ (Amtsspr.) ‖ **perlustrieren** (Amtsspr.): einen Verdächtigen p. *(ihn zur Ausweisleistung anhalten und nötigenfalls auch durchsuchen)* ‖ **Perlustrierung** die, -/-en (Amtsspr.)

Perlwein: *Wein mit Kohlensäure* ‖ **Perlzwiebel:** *eine kleine Zwiebelart*

Perm das, -s (Geol.): *eine erdgeschichtliche Formation*

Permafrost ⟨lat.+dt.⟩: *Dauerfrost* ‖ **Permafrostboden** (Geogr., Geol.) ‖ **permanent:** *ununterbrochen, dauernd* ‖ **Permanenz** die, -: in P. tagen

permeabel ⟨lat.⟩: ein permeables *(durchdringbares, durchlässiges)* Gewebe ‖ **Permeabilität** die, -: *Durchlässigkeit*

permissiv ⟨lat.⟩ (Psych., Soz.): *[fast] alles zulassend*

permutabel ⟨lat.⟩: permutable *(austauschbare)* Elemente ‖ **Permutation** [-tsi̯-] die, -/-en: *verschiedene Anordnung gegebener Elemente* | (Sprachwiss.) *Umstellungsprobe* ‖ **permutieren**

perniziös ⟨lat.-fr.⟩ (Med.): *bösartig, schlimm*

Peronospora die, - ⟨gr.-lat.⟩: *eine Pilzerkrankung bei Pflanzen, falscher Mehltau*

peroral ⟨lat.⟩ (Med.): *durch den Mund*

Peroxid = **Peroxyd** [-yːt, -iːt] ⟨lat.+gr.⟩ (Chem.): *eine sauerstoffreiche Verbindung*

per pedes ⟨lat.⟩ (scherzh.): *zu Fuß*

Perpendikel der = das, -s/- ⟨lat.⟩: *Uhrpendel*

perpetuieren ⟨lat.⟩: *fortdauernd machen* ‖ **Perpetuum mobile** das, - -/- -[s]: *utopische Maschine, die ohne Energiezufuhr ständig arbeitet*

perplex ⟨lat.-fr.⟩ (ugs.): *verblüfft, verwirrt, ratlos* ‖ **Perplexität** die, -: *Verwirrung*

per procura [- -k-] (pp., p. p., ppa.) ⟨lat.-it.⟩ (Kaufmannsspr.): *in Vollmacht, mit Prokura*

Perron der, -s/-s ⟨fr.⟩ (veraltet): *Bahnsteig*

per saldo ⟨it.⟩: *im Gesamtergebnis;* → Saldo

per se ⟨lat.⟩: das ergibt sich per se *(von selbst);* die Sache per se *(an sich)* ist schwierig

Perser der, -s/-: *Einwohner des Irans* | *Perserteppich* ‖ **Perserin** die, -/-innen ‖ **Perserkatze** ‖ **Perserteppich**

perseverierend [-v-] ⟨lat.⟩: *beharrlich wiederholend*

Persianer der, -s/-: *ein Pelz aus Lammfellen* ‖ **Persien:** *alter Name des Irans*

Persiflage [-'aːʃ, -ʒɛ] die, -/-n ⟨fr.⟩: *nachahmende Verspottung* ‖ **persiflieren**

Persilschein der, -[e]s/-e (sal.): jemandem einen P. ausstellen *(Untadeligkeit, korrektes Verhalten*

P

bestätigen; nach einer Waschmittelmarke)

per|sisch: ein persischer Teppich; *aber:* der **P**ersische Golf

per|sis|tent ⟨lat.⟩: *anhaltend, beharrlich* ‖ **Per|sis|tenz** die, -

Per|son die, -/-en ⟨etruskisch-lat.⟩: in eigener P. *(selbst)* | (Gramm.) *Form des Verbs oder Pronomens* ‖ **Per|so|na gra|ta** die, - - ⟨lat.⟩: *Person in bevorzugter Stellung;* → Persona non grata ‖ **Per|so|nal** das, -s: *Gesamtheit der Arbeitnehmer eines Betriebes | Serviceteam, Hilfskräfte* ‖ **Per|so|nal|ab|bau** ‖ **Per|so|nal|akt** → Akt[2] ‖ **Per|so|nal|auf|nah|me** ‖ **Per|so|nal|auf|wand** ‖ **Per|so|nal|aus|weis** ‖ **Per|so|nal|chef** [-ʃeːf] ‖ **Per|so|nal|che|fin** ‖ **Per|so|nal Com|pu|ter** [ˈpɜːsənəl ˈk-pjuː-] der, - -[s]/- - ⟨engl.⟩ (PC): *Arbeitsplatzrechner* ‖ **Per|so|nal|da|ten** die (Pl.) ‖ **Per|so|na|le** die, -/-n: *Ausstellung des Gesamtwerks eines Künstlers* ‖ **Per|so|nal|ein|spa|rung** ‖ **Per|so|nal|form** (Gramm.): *finite Verbform* ‖ **Per|so|nal|ge|ba|rung** (Wirt.): *Planstellenvergabe und Budgetierung für den gesamten Personalbereich* ‖ **Per|so|na|li|en** die (Pl.): von jemandem die P. *(Namen, Geburtsdaten, Adresse uÄ)* aufnehmen ‖ **per|so|nal|in|ten|siv:** *viel Personal benötigend* ‖ **per|so|na|li|sie|ren:** *auf Personen beziehen* ‖ **Per|so|na|list** der, -en/-en: *Berater bzw. Entscheidungsträger im Personalbereich* ‖ **Per|so|na|lis|tin** die, -/-innen ‖ **Per|so|na|li|ty|show** [-ˈnælɪtiʃəʊ] ⟨engl.⟩: *Fernsehshow mit Prominenten und über Prominente* ‖ **Per|so|nal|kos|ten** die (Pl.) ‖ **Per|so|nal|lea|sing** [-ˌliːs-]: *Personalvermittlung* ‖ **Per|so|nal|ma|nage|ment** [-ˌmænɪdʒm-] ‖ **Per|so|nal|man|gel** ‖ **Per|so|nal|po|li|tik** ‖ **Per|so|nal|pro|no|men** (Gramm.): *persönliches Fürwort* ‖ **Per|so|nal|ro|cha|de** [-ʃaː-, auch: -xaː-]: *[überraschende, größere] personelle Umbesetzung* ‖ **Per|so|nal|stand** ‖ **Per|so|nal|uni|on** (Pol.): *Vereinigung von selbständigen Staaten unter einem gemeinsamen Oberhaupt* | zwei Ämter in P. innehaben *(eine Doppelfunktion ausüben)* ‖ **Per|so|nal|ver|mitt|lung** ‖ **Per|so|nal|ver|rech|nung** ‖ **Per|so|nal|ver|tre|tung** ‖ **Per|so|nal|we|sen** ‖ **Per|so|nal|wirt|schaft:** *Personalmanagement* ‖ **Per|so|na non gra|ta** die, - - - ⟨lat.⟩: *unerwünschte Person;* → Persona grata ‖ **Per|sön|chen** das, -s/-: *kleine, zierliche Frau; Kind* ‖ **per|so|nell:** *das Personal, die Person betreffend* ‖ **Per|so|nen|auf|zug** ‖ **Per|so|nen|bahn** → G.: Güterbahn ‖ **Per|so|nen|be|för|de|rung** ‖ **Per|so|nen|be|schrei|bung** = Personsbeschreibung (Amtsspr.) ‖ **per|so|nen|be|zo|gen** ‖ **per|so|nen|ge|bun|den** ‖ **Per|so|nen|ge|sell|schaft:** *Unternehmensform, bei der die Mitarbeit der Gesellschafter im Vordergrund steht* ‖ **Per|so|nen|grup|pe** ‖ **Per|so|nen|ko|mi|tee** ‖ **Per|so|nen|kraft|wa|gen** (Pkw, PKW) ‖ **Per|so|nen|kreis** ‖ **Per|so|nen|kult:** *Verehrung einzelner Personen* ‖ **Per|so|nen|na|me,** *auch:* **Per|so|nen|na|men** ‖ **Per|so|nen|recht** (Jus): *Normen, die den rechtlichen Status von Personen regeln* ‖ **Per|so|nen|scha|den** ‖ **Per|so|nen|schutz** ‖ **Per|so|nen|stand** ‖ **Per|so|nen|stands|buch** (Admin.): *standesamtliches Verzeichnis von Personenstandsurkunden* ‖ **Per|so|nen|stands|ur|kun|de:** *Dokument zur Beurkundung von Geburt, Eheschließung, Tod und Personenstand* ‖ **Per|so|nen|su|che** ‖ **Per|so|nen|trans|port** (Verk.) → G.: Gütertransport ‖ **Per|so|nen|ver|kehr** ‖ **Per|so|nen|waa|ge** ‖ **Per|so|nen|zug** (veraltet) (Verk.): *Regionalzug, Nahverkehrszug* ‖ **Per|so|ni|fi|ka|ti|on** [-tsi̯-] die, -/-en: die P. *(Verkörperung)* von Begriffen ‖ **per|so|ni|fi|zie|ren** ‖ **Per|so|ni|fi|zie|rung** die, -/-en ‖ **per|sön|lich:** p. *(selbst)* danken | (Gramm.) persönliches Fürwort *(Personalpronomen)* ‖ **Per|sön|lich|keit** die, -/-en ‖ **Per|sön|lich|keits|bild** ‖ **Per|sön|lich|keits|bil|dung** ‖ **Per|sön|lich|keits|ent|wick|lung** ‖ **Per|sön|lich|keits|kult** ‖ **Per|sön|lich|keits|recht** (Jus): *Recht auf Ehre, auf körperliche Unversehrtheit, auf Namensführung uÄ* ‖ **Per|sön|lich|keits|struk|tur** [-st-, -ʃt-] ‖ **Per|sön|lich|keits|wahl** → G.: Listenwahl ‖ **Per|sons|be|schrei|bung** = Personenbeschreibung

Per|spek|ti|ve [-sp-fɛ, -vɛ] die, -/-n ⟨lat.⟩: *bildnerische Darstellungsweise, die den Eindruck des Räumlichen hervorruft* | es eröffnen sich neue Perspektiven *(Ausblicke, Zukunftsaussichten, Möglichkeiten)* ‖ **Per|spek|ti|vis|mus** [-v-] der, - (Phil.) ‖ **per|spek|ti|visch** [-f-, -v-]

Per|sua|si|on [-zu̯a-] die, -/-en ⟨lat.⟩: *Überredung; Überzeugung* ‖ **per|sua|so|risch**

Per|ti|nenz die, -/-en ⟨lat.⟩: *zugehörige Sache* | (Jus) *Zugehör, Bestandteil einer Sache*

Pe|ru: *Staat in Südamerika* ‖ **Pe|ru|a|ner** der, -s/- ‖ **Pe|ru|a|ne|rin** die, -/-innen ‖ **pe|ru|a|nisch**

Pe|rü|cke die, -/-n ⟨fr.⟩: *[künstlicher] Kopfhaarersatz*

per|vers [-v-] ⟨lat.-fr.⟩: *[sexuell] widernatürlich, abartig* ‖ **Per|ver|se**[1] der, -s/-, ein Perverser ‖ **Per|ver|se**[2] die, -n/-n ‖ **Per|vers|ler** der, -s/- (sal.): *Person mit perversen Neigungen* ‖ **Per|vers|le|rin** die, -/-innen (sal.) ‖ **Per|ver|si|on** die, -/-en ‖ **Per|ver|si|tät** die, -/-en ‖ **per|ver|tiert:** *pervers, vom Normalen abweichend, entartet* ‖ **Per|ver|tie|rung** die, -/-en

Per|zent das, -[e]s/-e ⟨lat.⟩ (veraltet): *Prozent* ‖ **per|zen|tu|ell** (veraltet): *prozentuell*

Per|zep|ti|on [-tsi̯-] die, -/-en ⟨lat.⟩ (Med., Psych.): *das Empfangen von Sinneseindrücken* ‖ **per|zi|pie|ren** (Med., Psych.)

Pe|se|ta die, -/Peseten [Pesetas] ⟨span.⟩ (früher): *Geldeinheit in Spanien*

Pes|sar das, -s/-e ⟨gr.-lat.⟩ (Med.): *ringförmiges Verhütungsmittel;* → Intrauterinpessar

Pes|si|mis|mus der, - ⟨lat.⟩ ‖ **Pes|si|mist** der, -en/-en: *jemand, der [nur] Schlechtes erwartet; ein Schwarzseher;* → G.: Optimist ‖ **Pes|si|mis|tin** die, -/-innen ‖ **pes|si|mis|tisch**

Pest die, - ⟨lat.⟩: *eine epidemische Infektionskrankheit* ‖ **Pest|beu|le** (Med.): *Symptom der Beulenpest | Herd des Übels* ‖ **Pest|epi|de|mie** ‖ **Pest|ge|ruch** ‖ **Pes|ti|lenz** die, -/-en (veraltet): *Pest* ‖ **Pes|ti|zid** das, -s/-e: *chemisches Schädlingsbekämpfungsmittel* ‖ **pest|krank**

Pes|to das, -s/-s ⟨it.⟩: *italienische Sauce aus Basilikum, Olivenöl und Gewürzen*

Pest|säu|le ⟨lat.⟩: *eine Gedenksäule*

Pe|tent der, -en/-en ⟨lat.⟩ (Amtsspr.): *jemand, der ein Gesuch, eine Petition einreicht* ‖ **Pe|ten|tin** die, -/-innen (Amtsspr.)

Pe|ter: *männl. Vorname*

Pe|ter|gstamm [-ʃt-] das, -[e]s

P

(reg.): → *Aurikel*

Petersil der, -s = Petersilie [-i̯ɛ] ⟨gr.-lat.⟩: *eine Gewürzpflanze* || **Petersilerdäpfel** die (Pl.) || **Petersilie** [-i̯ɛ] die, - = → Petersil || **Petersilwurzel**

Petit Four [p(œ)ti 'fu:r] das, - -[s]/ -s -s [p(œ)ti 'fu:r] ⟨fr.⟩: *kleine Mehlspeise, Konfekt*

Petition [-tsi̯-] die, -/-en ⟨lat.⟩: *Bittschrift; Gesuch;* → Petent || **Petitionsrecht** [-tsi̯-] (Jus): *Recht, Bitten oder Forderungen an den Nationalrat vorzubringen*

Petra: *weibl. Vorname*

Petrefakt das, -[e]s/-e[n] ⟨gr.+ lat.⟩: *Versteinerung* || **Petri Heil:** *Anglergruß* || **Petrijünger** (scherzh.): *Angler, Fischer (nach dem Apostel Petrus)* || **Petrijüngerin** (scherzh.) || **Petrochemie** [-k-] ⟨gr.⟩: *ein Zweig der chemischen Technik bzw. Industrie* || **petrochemisch:** die petrochemische *(Erdöl verarbeitende)* Industrie || **Petrodollar** (sal.): *durch Erdölexport verdientes Geld* || **Petroleum** das, -s ⟨gr.+ lat.⟩: *Erdöl* | *aus Erdöl gewonnener Brennstoff* || **Petroleumlampe**

Petschaft das, -s/-e ⟨tschech.⟩: *[Metall]stempel zum Siegeln* || **petschiert** (W, ugs., veraltend): p. *(in einer misslichen Lage)* sein

Pettau (slowen.: Ptuj): *Stadt in Slowenien*

Petticoat ['petɪkaʊt] der, -s/-s ⟨engl.⟩: *steifer, weiter Unterrock*

Petting das, -s/-s ⟨engl.⟩: *Liebesspiel ohne Koitus*

Petunie [-i̯ɛ] die, -/-n ⟨indian.-port.-fr.⟩: *eine Zierpflanze*

Petz: *Name des Bären in der Fabel;* Meister P.

Petze die, -/-n (nördl. D, ugs.): *jemand, der andere denunziert, verpetzt* || **petzen** (nördl. D) || **Petzer** der, -s/- (nördl. D) || **Petzerin** die, -/-innen (nördl. D)

peu à peu [pø a 'pø] ⟨fr.⟩ (veraltet): *nach und nach, allmählich*

Pfad der, -[e]s/-e: *[schwer erkennbarer] schmaler Weg* || **Pfaderer** der, -s/- (ugs.): *Pfadfinder* || **Pfaderin** der, -/-innen (ugs.) || **Pfadfinder:** *Angehöriger einer internationalen Jugendbewegung* || **Pfadfinderin** die, -/-innen || **Pfadfinderlager** || **Pfadi** der, -[s]/-[s] (reg., zB T, V, CH) (ugs.): *Pfadfinder* || **Pfadi** die, -/-[s] (reg., zB T, V, CH) (ugs.)

Pfaffe der, -n/-n (abw.): *Geistlicher* || **Pfaffenhütchen:** *Spindelstrauch* || **Pfaffenkäppchen:** *Spindelstrauch*

Pfahl der, -[e]s/Pfähle: *zugespitzter Pfosten* || **Pfahlbau** der, -[e]s/ -ten || **pfählen:** *grausam mit einem Pfahl durchbohren und töten*

Pfalz die, -/-en: *kaiserliche (königliche) Hof-, Wohn- und Gerichtsstätte (im Mittelalter)* | *Gebiet, auch Burg des Pfalzgrafen (im Mittelalter)* | (ohne Pl.) *Teil des deutschen Bundeslandes Rheinland-Pfalz* || **Pfalzgraf** (früher) || **pfälzisch**

Pfand das, -[e]s/Pfänder: die goldene Uhr als P. hergeben || **pfändbar** || **Pfandbrief:** *ein Wertpapier* || **pfänden:** jemanden bis auf das Existenzminimum p.; jemandem die Möbel p. *(sie zur Abdeckung einer Schuld beschlagnahmen)*

Pfänder der, -s: *Hausberg von Bregenz (V)*

Pfänderspiel: *ein Gesellschaftsspiel* || **Pfandflasche:** *Mehrwegflasche;* → G.: Einwegflasche || **Pfandgläubiger** (Jus) || **Pfandgläubigerin** (Jus) || **Pfandl** das, -s/-n (ugs.): *kleine Pfanne* | (W, ugs., veraltend) *Pfandleihanstalt* || **Pfandleihanstalt** || **Pfandleihe** (D): *Pfandleihanstalt* || **Pfandleiher** der, -s/- || **Pfandleiherin** die, -/-innen || **Pfandrecht** (Jus) || **Pfandschein** || **Pfändung** die, -/ -en (Jus): *Exekution durch einen Gerichtsvollzieher* || **Pfändungsmarke:** *Siegel oder Aufkleber des Gerichtsvollziehers auf gepfändeten Gegenständen, Kuckuck* || **Pfandverwertung**

Pfanne die, -/-n: *ein Kochgeschirr* | *Kurzwort für Gelenkspfanne* || **Pfannenstiel** || **Pfannenwender** der, -s/- || **Pfannkuchen** (D): *Palatschinke*

Pfarfel → Farfel || **Pfarfelsuppe** → Farfelsuppe

Pfarramt || **Pfarrball** || **Pfarre** die, -/-n: *Pfarrbezirk* | *Pfarrhaus* || **Pfarrei** die, -/-en (westöst.): *Pfarre* || **Pfarrer** der, -s/-: *Geistlicher, der eine Pfarre leitet* | (ugs.) *Priester;* → Pastor || **Pfarrerin** die, -/-innen (in der evangelischen Kirche) || **Pfarrerkapperl:** *Spindelstrauch* || **Pfarrersköchin** || **Pfarrgemeinderat:** *gewählte Vertretung der Pfarrgemeinde* || **Pfarrhaus:** *Pfarrhof* || **Pfarrhelfer** || **Pfarrhelferin** || **Pfarrherr** (reg., bes. früher): *Pfarrer* || **Pfarrhof:** *Pfarrhaus* || **Pfarrkanzlei** || **Pfarrkindergarten** || **Pfarrkirche** || **Pfarrprovisor** [-v-]: *stellvertretender Leiter einer Pfarre* || **Pfarrverband** || **Pfarrverweser:** *Geistlicher, der eine Pfarre vorübergehend führt* || **Pfarrwidum** (westöst., veraltet): *Pfarrhof, Pfarrgut* || **Pfarrzentrum**

Pfau der, -[e]s [-en]/-e[n]: *ein Hühnervogel* | eitel wie ein P.

pfauchen = → fauchen

Pfauenauge: *ein Schmetterling* || **Pfauenfeder** || **Pfauenrad:** *Rad, das der männliche Pfau mit seinen Schwanzfedern bildet*

Pfeffer der, -s/- ⟨lat.⟩: *ein Gewürz* | (ugs.) jemanden hinschicken, wo der P. wächst *(weit weg)* | (Küchenspr.) *eine ragoutartige Speise;* Hasenpfeffer || **Pfefferkorn** das, -[e]s/-körner || **Pfefferminze:** *eine Heilpflanze* || **Pfefferminzgeschmack** || **Pfefferminzzuckerl** || **Pfeffermühle:** *Gerät, mit dem Pfefferkörner frisch gemahlen werden* || **pfeffern** || **Pfefferoni** der, -[s]/- ⟨lat.-it.⟩: *eine scharfe Paprikasorte* || **Pfefferspray** [-spreɪ, -ʃpre:]: *ein Spray zur Selbstverteidigung* || **Pfeffersteak** [-steɪk] || **pfeffrig**

Pfeid die, -/-en (Volksk., sonst veraltet): *Hemd*

Pfeife die, -/-n: P. rauchen | *kleine Flöte* || **pfeifen,** pfiff/gepfiffen: sie pfiff leise vor sich hin | der Schiedsrichter hat falsch gepfiffen | der Wind pfeift durch die Allee | (sal.) jemandem etwas p. *(nicht tun, was jemand möchte)* | (ugs.) er pfeift aus/auf dem letzten Loch *(ist am Ende)* || **Pfeifengras:** *eine Gräsergattung* || **Pfeifenkopf:** *Teil der Pfeife, in den der Tabak gestopft wird* || **Pfeifenraucher** || **Pfeifenraucherin** || **Pfeifentabak** || **Pfeifer** der, -s/-: *Musiker, der eine Pfeife spielt* | *jemand, der pfeift* || **Pfeiferei** die, -/-en || **Pfeiferin** die, -/-innen || **Pfeiferl** das, -s/-[n] (ugs.): *kleine Pfeife* || **Pfeifkonzert:** *eine Missfallenskundgebung* || **Pfeifton**

Pfeil der, -[e]s/-e: mit P. und Bogen

Pfeiler der, -s/-: *eine Stütze*

pfeilgerade, *auch:* pfeilgrad || **Pfeilkraut:** *eine Wasserpflanze* || **pfeilschnell**

pfelzen, du pfelzt (O, S): *pelzen*

Pfennig der, -s/-e (früher): *eine deutsche Geldeinheit;* etwas auf Heller und P. *(restlos, zur Gänze)* zurückzahlen | (in Mengenangaben mit Pl. Pfennig) fünf Pfennig; *aber:* 5 Pfennige *(fünf Einzelstücke)* ǁ **Pfennigfuchser** [-ks-] der, -s/- (ugs., abw.): *geldgieriger Mensch, Geizhals;* → Groschenklauber ǁ **Pfennigfuchserin** die, -/-innen (ugs., abw.) ǁ **Pfennigkraut:** *eine Kriechpflanze*

Pferch der, -[e]s/-e: *enges, umzäuntes Grundstück für das Weidevieh* ǁ **pferchen:** etwas in die Tasche p. *(zwängen)*

Pferd [geh. auch: -ˈeː-] das, -[e]s/-e: *ein Unpaarhufer;* das P. satteln | *ein Turngerät* ǁ **Pferdchen** das, -s/- ǁ **Pferdeapfel:** *Pferdekot* ǁ **Pferdedieb** ǁ **Pferdediebin** ǁ **Pferdefest:** *festliche Vorführung dressierter Pferde* ǁ **Pferdefleisch** ǁ **Pferdefuhrwerk** ǁ **Pferdefuß:** diese Sache hat einen P. *(sie hat einen Haken, etwas Bedenkliches an sich)* ǁ **Pferdegebiss** ǁ **Pferdegesicht** ǁ **Pferdeleberkäs** = **Pferdeleberkäse** ǁ **Pferderennen** ǁ **Pferdeschlitten** ǁ **Pferdeschwanz:** *Schweif eines Pferdes* | *eine Frisur* ǁ **Pferdesport** ǁ **Pferdestall** ǁ **Pferdestärke** (PS) (früher): *Maßeinheit der Leistung* ǁ **Pferdewette:** *Wette bei einem Pferderennen*

Pfette die, -/-n: *waagrechter Balken am Dachstuhl*

pfiat di [-iət -] = **pfiat di Gott** = **pfiat Gott** (mda.): *ein Abschiedsgruß;* pfiat di (= Pfiat di) sagen; → behüten

pfiff → pfeifen ǁ **Pfiff** der, -[e]s/-e: ein schriller P. | ein P. *(kleines Glas)* Bier | etwas mit P. *(Elan, Schwung)* erledigen; → Pep

Pfifferling der, -s/-e (westöst., CH, D): *Eierschwamm[erl]* | (ugs.) keinen P. *(nichts)* wert sein

pfiffig: *schlau, aufgeweckt* ǁ **Pfiffigkeit** die, - ǁ **Pfiffikus** der, -[-kusses]/-kusse (scherzh., ugs.) ⟨pseudolat.⟩: *schlauer Mensch*

Pfingstdienstag

Pfingsten

die (Pl.), *bes. D auch:* das, -/- (Art. selten)

In Österreich ist „Pfingsten" mit Artikel oder vorangehendem Adjektiv ein Pluralwort:

- das waren schöne Pfingsten
- warme Pfingsten hatten wir vor vier Jahren

Steht „Pfingsten" ganz alleine, ist es ein Singularwort:

- zu Pfingsten hat es geregnet (*reg. in D, CH:* an Pfingsten)
- Pfingsten ist ein bewegliches Fest
- Pfingsten ist (*auch:* die Pfingsten sind) vorbei

Pfingstfeier ǁ **Pfingstferien** ǁ **Pfingstfest:** *Pfingsten* ǁ **Pfingstmontag:** *ein Feiertag* ǁ **Pfingstrose:** *Päonie* ǁ **Pfingstsonntag:** *ein Feiertag* ǁ **Pfingstverkehr** ǁ **Pfingstwoche**

Pfirsich der, -[e]s/-e: *ein Steinobst* ǁ **Pfirsichblüte** ǁ **Pfirsichhaut:** *zartflaumige Haut [eines Kleinkindes]* ǁ **Pfirsichkern** ǁ **Pfirsichkompott**

pfitschen (mda.): *flitzen, schnell dahingleiten, rutschen* | *zischen, zwitschern, pfeifen* ǁ **Pfitschigogerln** das, -s, *auch:* Fitschigogerln (ugs., veraltet): *ein Kinderspiel* ǁ **Pfitschipfeil,** *auch:* Fitschipfeil (ugs., veraltet): *ein Kinderspielzeug*

Pflanz der, - (ugs.): *Fopperei, Schwindel* | *unangemessener, unechter Aufwand;* einen P. treiben ǁ **Pflanze** die, -/-n ǁ **pflanzen:** du pflanzt *(setzt)* Salat | (ugs.) jemanden p. *(zum Narren halten)* ǁ **Pflanzenbewuchs** [-ks] der, -es ǁ **Pflanzendecke:** *Pflanzenbewuchs* ǁ **Pflanzenfett** ǁ **Pflanzenfresser** (Zool.) ǁ **Pflanzengesellschaft** (Bot.): *Gemeinschaft verschiedener Pflanzenarten im selben Habitat* ǁ **Pflanzengift** ǁ **Pflanzenkunde:** *Botanik* ǁ **Pflanzenöl** ǁ **Pflanzenreich:** *Gesamtheit der Pflanzen* ǁ **Pflanzenschutz:** Bundesanstalt für P. ǁ **Pflanzenwelt:** *Flora, Vegetation* ǁ **Pflanzerei** die, -/-en (ugs.): *Fopperei* ǁ **pflanzlich:** pflanzliche Fette ǁ **Pflanztüchl** (reg., scherzh.): *Stecktuch am Herrenrock* ǁ **Pflanzung** die, -/-en: *Plantage*

Pflaster das, -s/-: *ein Straßenbelag* | *Heftpflaster* ǁ **Pflasterer** der, -s/-: *eine Berufsbezeichnung* ǁ **Pflasterin** die, -/-innen ǁ **pflastern:** eine Straße p. ǁ **Pflasterstein**

Pflaume die, -/-n: *ein Steinobst, zB Zwetschke* ǁ **Pflaumenkompott** ǁ **Pflaumenmus** ǁ **Pflaumenwein:** *eine chin. Spezialität*

Pflege die, -: ein Kind in P. nehmen; der Kranke befindet sich in häuslicher P. ǁ **Pflegeanstalt** ǁ **Pflegeanwaltschaft** (Med., Admin.): *Einrichtung zur Vertretung der Interessen und Wahrung der Rechte pflegebedürftiger Menschen* ǁ **pflegebedürftig** ǁ **Pflegebefohlene**[1] der, -n/-n, ein Pflegebefohlener: *jemand, der Pflege genießt, Pflegling* ǁ **Pflegebefohlene**[2] die, -n/-n ǁ **Pflegeberuf** ǁ **Pflegedienst** ǁ **Pflegeeltern** die (Pl.) ǁ **Pflegefall:** durch einen Unfall zum P. werden ǁ **Pflegefamilie** [-iɐ] ǁ **Pflegefreistellung** (Admin.): *Pflegeurlaub* ǁ **Pflegegeld:** *ein staatlicher Zuschuss* ǁ **Pflegeheim** ǁ **Pflegehelfer** ǁ **Pflegehelferin** ǁ **Pflegekind** ǁ **pflegeleicht:** dieser Stoff ist p. *(leicht zu pflegen)* ǁ **Pflegemutter:** *Ziehmutter* ǁ **pflegen,** pflegte/gepflegt: er hat die Kranke gepflegt | ich pflege mich regelmäßig *(halte meinen Körper gesund und sauber)* | (geh., veraltend) er pflegt nach dem Essen zu schlafen *(er hat die Gewohnheit, das zu tun)* | (EDV) Daten p. | (auch mit Präteritum pflog und Part. II gepflogen) (geh.) der Ruhe p. *(sich ausruhen);* → gepflegt ǁ **Pflegepatient** [-tsi̯-] ǁ **Pflegepatientin** ǁ **Pflegepersonal** ǁ **Pflegeplatz** ǁ **Pfleger** der, -s/-: *Krankenpfleger;* → Schwester ǁ **Pflegerin** die, -/-innen ǁ **pflegerisch:** *die Pflege betreffend* ǁ **Pflegestation** [-ʃtatsi̯-] ǁ **Pflegetelefon:** *Beratung für pflegende Angehörige* ǁ **Pflegestufe** ǁ **Pflegeurlaub:** *Pflegefreistellung für Familienangehörige* ǁ **Pflegevater:** *Ziehvater* ǁ **Pflegeversicherung** ǁ **pfleglich:** etwas p. *(sorgsam, schonend)* behandeln ǁ **Pflegling** der, -s/-e: *jemand, der sich in Heimpflege befindet* ǁ **Pflegschaft** die, -/-en (Jus): *Kuratel, Vormundschaft* ǁ **pflegschaftsbehördlich:** p. genehmigt ǁ **Pflegschaftsgericht**

Pflicht die, -/-en: seine P. erfüllen | (ohne Pl.) *[im Eislaufsport] Wettbewerb, bei dem vorgeschriebene Figuren gelaufen werden;* → G.: Kür ǁ **Pflichtbesuch** ǁ **pflichtbewusst:** p. handeln ǁ **Pflichtbewusstsein** ǁ **pflichteifrig** ǁ **Pflichtenheft:** *Beschreibung der Kundenanforderungen; Übereinkunft, wie ein Auftrag zu realisieren ist* ǁ **Pflichtenkollision:** *Zusammentreffen gegensätzlicher Pflichten* ǁ **Pflichterfül-**

P

lung ‖ **Pflicht|ex|em|plar:** *Druckwerk, das vom Verlag bestimmten Bibliotheken abzuliefern ist* ‖ **Pflicht|fach:** *obligate Lehrveranstaltung an Universitäten und Hochschulen;* → Freifach ‖ **Pflicht|ge|fühl** ‖ **Pflicht|ge|gen|stand:** *Pflichtfach im Schulunterricht* ‖ **pflicht|ge|mäß:** den Dienst, die Arbeit p. versehen ‖ **pflicht|ge|treu** ‖ **Pflicht|leis|tung** ‖ **Pflicht|lek|tü|re** ‖ **pflicht|mä|ßig** ‖ **Pflicht|mit|glied|schaft:** die P. bei der AK ‖ **Pflicht|schul|ab|schluss** ‖ **pflicht|schul|dig** ‖ **Pflicht|schu|le** (Bildw.): *Bezeichnung für Volksschule, Hauptschule uÄ* ‖ **Pflicht|schul|leh|rer:** *Lehrer an einer Pflichtschule, zB Volksschullehrer* ‖ **Pflicht|schul|leh|re|rin** ‖ **Pflicht|teil** der, -[e]s/-e (Jus): *gesetzlich vorgeschriebenes Mindesterbteil* ‖ **Pflicht|übung** ‖ **Pflicht|um|tausch** (in bestimmten Staaten): *zwangsweiser Eintausch von Geld in fremder Währung* ‖ **pflicht|ver|ges|sen** ‖ **Pflicht|ver|let|zung** ‖ **Pflicht|ver|si|che|rung** ‖ **Pflicht|ver|tei|di|ger:** *Verteidiger, der jedem Beschuldigten zusteht, wenn er sich keinen Verteidiger leisten kann;* → G.: Wahlverteidiger ‖ **Pflicht|ver|tei|di|ge|rin** ‖ **pflicht|wid|rig**

Pflock der, -[e]s/Pflöcke: *kleiner Pfahl oÄ*

pflog → pflegen

pflü|cken: Blumen p. ‖ **Pflü|cker** der, -s/- ‖ **Pflü|cke|rin** die, -/-in|nen

Pflug der, -[e]s/Pflüge ‖ **pflü|gen** ‖ **Pflug|schar:** *unterer, vorne spitzer Teil des Metallblattes am Pflug*

Pfor|te die, -/-n: *Eingangstür [eines Klosters]; [kleines] Tor* | (früher) die Hohe P. *(Hof des türkischen Sultans in Istanbul)* ‖ **Pfört|ner** der, -s/-: *jemand, der einen Eingang beaufsichtigt* ‖ **Pfört|ne|rin** die, -/-in|nen

Pfos|ten der, -s/-: *Holzbalken; ein bes. dickes Brett* | (derb) *ein Schimpfwort, Dummkopf*

Pfo|te die, -/-n: der Hund gibt P.

Pfriem der, -[e]s/-e: *ein Werkzeug, Ahle*

pfrop|fen[1]: *pelzen*

pfrop|fen[2]: *hineinstopfen; pressen* ‖ **Pfrop|fen** der, -s/-: *zylindrischer Gegenstand zum Verschließen, Stoppel*

Pfropf|mes|ser: *ein Gartenwerkzeug* ‖ **Pfropf|rei|be:** *ein Setzling zur Weinveredelung* ‖ **Pfrop|fung** die, -/-en: *Veredelung;* → pfropfen[1]

Pfrün|de die, -/-n: *Besitz einer Pfarre, der Erträgnisse abwirft* | fette P. *(gutes [Neben]einkommen)* | (veraltet) *eine Fürsorgerente*

Pfuhl der, -[e]s/-e (geh., abw.): *Tümpel, Sumpf* | *Abgrund;* Sündenpfuhl

Pfühl der = das, -[e]s/-e (geh., veraltet): *Polster*

pfui: p. (= Pfui) rufen; p. Teufel! *(Ausruf des Ekels)* ‖ **Pfui** das, -s/-s ‖ **pfui gack** = **pfui ga|cki** (Kinderspr.): *Ausruf des Abscheus* ‖ **Pfui|ruf**

Pfund das, -[e]s/-e (mit Pl. Pfund in Mengenangaben) | (D, CH) *eine Gewichtseinheit (½ kg);* 5 Pfund | (£) *eine Geldeinheit [in Großbritannien]* ‖ **pfun|dig** (veraltend): *großartig;* ein pfundiger Kerl ‖ **Pfund|no|te** ‖ **pfund|schwer** ‖ **Pfunds|kerl** (veraltet): *Mordskerl* ‖ **Pfund Ster|ling** [- st-] das, - -/- - (£): *eine Geldeinheit in Großbritannien;* → Pfund

Pfusch der, -[e]s (ugs.): *Schwarzarbeit, unbefugtes Arbeiten;* im P. ausmalen lassen | (ugs., abw.) *unsachgemäße Arbeit* ‖ **Pfusch|ar|beit** (ugs.) ‖ **pfu|schen,** du pfusch[s]t (ugs.) ‖ **Pfu|scher** der, -s/- (ugs.) ‖ **Pfu|sche|rei** die, -/-en (ugs.) ‖ **Pfu|sche|rin** die, -/-in|nen (ugs.) ‖ **Pfu|scher|par|tie** (ugs.): *Gruppe von Schwarzarbeitern*

pfutsch, *auch:* futsch (ugs.): das Geld ist p. *(weg)*

Pfüt|ze die, -/-n: *Lacke*

pH [pe ˈhaː] → pH-Wert

PH [pe ˈhaː] die, -/-[s]: **P**ädagogische **H**ochschule

Phä|a|ke [f-] der, -n/-n ⟨gr.⟩ (geh.): *sorgloser Genießer* ‖ **phä|a|ken|haft** (geh.)

Pha|lanx [f-] die, -/Phalangen ⟨gr.⟩: *geschlossene Kampfreihe*

phal|lisch [f-] ⟨gr.⟩ ‖ **Phal|lus** der, -/Phalli [Phallen]: *das [aufgerichtete] männliche Glied (als Sinnbild der Zeugungskraft)*

Phä|no|lo|gie [f-] die, - ⟨gr.⟩: *Lehre und Erforschung der jahreszeitlichen Erscheinungen bei den Lebewesen* ‖ **Phä|no|men** das, -s/-e: *[bemerkenswerte, unerklärliche] Erscheinung* ‖ **phä|no|me|nal:** *einzigartig, außergewöhnlich* ‖ **Phä|no|typ** [auch: -ˈty(ː)p] (Biol.): *durch Erbanlagen und Umwelt geprägtes Erscheinungsbild eines Organismus;* → Genotyp

Phan|ta|sie [f-] = → Fantasie ‖ **phan|ta|sie|arm** = → fantasiearm ‖ **phan|ta|sie|los** = → fantasielos ‖ **Phan|ta|sie|lo|sig|keit** = → Fantasielosigkeit ‖ **phan|ta|sie|ren** = → fantasieren ‖ **phan|ta|sie|voll** = → fantasievoll ‖ **Phan|tast** = → Fantast ‖ **Phan|tas|te|rei** = → Fantasterei ‖ **Phan|tas|tin** = → Fantastin ‖ **phan|tas|tisch** = → fantastisch; *aber:* der [Wiener] **Phantastische** Realismus *(Richtung der modernen Malerei und Grafik, die Elemente der Wirklichkeit mit Fantastischem verbindet)*

Phan|tom [f-] das, -s/-e ⟨gr.-lat.-fr.⟩: *Trugbild* ‖ **Phan|tom|bild:** *nach Zeugenaussagen angefertigtes Bild einer gesuchten Person* ‖ **Phan|tom|schmerz** (meist Pl.) (Med.): *Schmerzempfindung in amputierten Gliedmaßen*

Pha|rao [f-] der, -s/-nen [-ˈoː-] ⟨ägypt.-gr.⟩: *altägyptischer König* ‖ **Pha|ra|o|nen|grab**

Pha|ri|sä|er [f-] der, -s/- ⟨hebr.-gr.-lat.⟩: *Angehöriger einer altjüdischen religiös-politischen Partei* | (abw.) *Heuchler; Scheinheiliger* ‖ **Pha|ri|sä|er|tum** das, -s ‖ **pha|ri|sä|isch**

Phar|ma|fir|ma [f-] ⟨gr.⟩ ‖ **Phar|ma|in|dus|t|rie** ‖ **Phar|ma|ko|lo|gie** die, -: *Wissenschaft von den Arzneimitteln* ‖ **Phar|ma|kon|zern** ‖ **Phar|ma|zeut** der, -en/-en: *Student der Pharmazie; Apotheker* ‖ **Phar|ma|zeu|tin** die, -/-in|nen ‖ **phar|ma|zeu|tisch** ‖ **Phar|ma|zie** die, -: *Arzneimittelkunde*

Pha|se [f-] die, -/-n ⟨gr.⟩: *Entwicklungsstufe, -abschnitt* | (Astron.) *sichtbare Form eines Himmelskörpers;* Mondphase | (Phys.) *Schwingungszustand* ‖ **Pha|sen|raum** (Phys.): *abstrakter Raum zur Darstellung des Zustands eines Systems* ‖ **-pha|sig** (nur in Zusammensetzungen wie mehrphasig)

PhD [pi eɪtʃ ˈdiː]: *Doctor of Philosophy („**ph**ilosophiae **d**octor");* → Dr.

Phi [fiː] das, -[s]/-[s] (φ, Φ) ⟨gr.⟩: *griechischer Buchstabe, entspricht* f/F *(meist als ph wiedergegeben, zB* Philosophie*)*

Phil|an|throp [f-] der, -en/-en ⟨gr.⟩: *Menschenfreund;* → G.: Misanthrop ‖ **Phil|an|thro|pin** die, -/-in|nen ‖ **phil|an|thro|pisch:**

menschenfreundlich, wohltätig

Philatelie [f-] die, - ⟨gr.-fr.⟩: *Briefmarkenkunde* || **Philatelist** der, -en/-en: *Briefmarkensammler* || **Philatelistin** die, -/-innen || **philatelistisch**

Philharmonie [f-] die, -/-n ⟨gr.⟩ (Mus.): *ein philharmonisches Orchester* || **Philharmoniker** [auch: 'fi-] der, -s/-: *Mitglied eines philharmonischen Orchesters* | (nur Pl.) *Name berühmter Orchester;* die Wiener P. || **Philharmonikerin** die, -/-innen || **philharmonisch**

Philipp [f-], *auch:* Philip: *männl. Vorname* || **Philippika** [f-] die, -/Philippiken (geh.): *temperamentvolle Strafrede* || **Philippine:** *weibl. Vorname* || **Philippinen** die (Pl.): *Inselgruppe und Staat im westlichen Pazifik;* → Filipina

Philister [f-] der, -s/-: *Angehöriger eines Volkes in Palästina (im Altertum)* | (abw.) *engstirniger Mensch; Spießbürger* || **philisterhaft**

Philodendron [f-] der, -s/Philodendren ⟨gr.-lat.⟩: *eine Zimmerpflanze*

Philologe [f-] der, -n/-n ⟨gr.⟩: *Sprach- und Literaturwissenschaftler* || **Philologie** die, - || **Philologin** die, -/-innen || **philologisch**

Philosoph [f-f] der, -en/-en ⟨gr.⟩ || **Philosophie** die, -/-n: *Wissenschaft, die das Wesen und den Sinn der Welt zu ergründen sucht | Lebensweisheit | Leitsätze, Zielvorstellung [eines Unternehmens]* || **philosophieren** || **Philosophin** die, -/-innen || **philosophisch**

Phiole [f-] die, -/-n ⟨gr.⟩: *bauchiges Glasgefäß mit langem Hals*

Phishing ['fɪʃɪŋ] das, -s ⟨engl.⟩ (Internet): *Erschleichen von privaten Daten, zB Passwörtern*

Phlebitis [f-] die, -/Phlebitiden ⟨gr.⟩ (Med.): *Venenentzündung*

Phlegma [f-] das, -s ⟨gr.⟩: *Gleichgültigkeit, Geistesträgheit* || **Phlegmatiker** der, -s/-: *jemand, der sich nicht aus der Ruhe bringen lässt* || **Phlegmatikerin** die, -/-innen || **phlegmatisch**

Phlegmone [f-] die, -/-n ⟨gr.⟩ (Med.): *eitrige Zellgewebsentzündung*

Phlox [f-] der, -[es]/-e ⟨gr.⟩: *eine Zierpflanze*

pH-neutral [pe'ha:nɔy-, auch: -ne.u-]; → ph-Wert

Phobie [f-] die, -/-n ⟨gr.⟩ (Psych.): *krankhafte Angst*

Phon [f-] = → Fon:

Für das Wort bzw. den Wortbestandteil gibt es zwei Schreibweisen:
– Fon: die eingedeutschte Schreibung
– Phon: die fremdsprachige Schreibung

Ebenso: Fonem/Phonem, Fonetik/Phonetik, Diktafon/Diktaphon ...
Aber nur: Telefon

Phonem [f-] = → Fonem || **phonematisch** = → fonematisch || **Phonetik** = → Fonetik || **Phonetiker** = → Fonetiker || **Phonetikerin** = → Fonetikerin || **phonetisch** = → fonetisch

Phöniker [f-] = Phönikier → Phönizier || **Phönikerin** = Phönikierin → Phönizierin || **Phönikien** → Phönizien

Phönix [f-] der, -/-e ⟨gr.-lat.⟩: *Vogel der [altägyptischen] Sage; ein Sinnbild der Unsterblichkeit* | sich wie der P. aus der Asche erheben *(nach einer Niederlage wieder mit neuen Kräften zurückkehren)*

Phönizien [f-], *auch:* Phönikien: *historisches Land an der syrischen Küste* || **Phönizier** der, -s/-, *auch:* Phöniker, Phönikier || **Phönizierin** die, -/-innen, *auch:* Phönikerin, Phönikierin

Phonogramm [f-] = → Fonogramm || **Phonograph** [-f] = → Fonograf || **Phonologie** = → Fonologie || **phonologisch** = → fonologisch || **Phonometrie** = → Fonometrie || **Phonothek** = → Fonothek || **Phonotypie** [-y-] = → Fonotypie || **Phonotypist** = → Fonotypist || **Phonotypistin** = → Fonotypistin

Phosphat [f-f] das, -[e]s/-e ⟨gr.⟩: *Salz der Phosphorsäure* || **Phosphatdünger** || **phosphatfrei** || **phosphathältig,** *auch:* phosphathaltig || **Phosphor** der, -s (Zeichen: P): *ein chemisches Element* || **Phosphoreszenz** die, -: *das Nachleuchten nach vorangegangener Bestrahlung* || **phosphoreszieren**

Photoalbum [f-] = → Fotoalbum || **Photoapparat** = → Fotoapparat || **Photoarchiv** = → Fotoarchiv || **Photoatelier** [-lie:] = → Fotoatelier || **Photo-CD** [-tsede:] = → Foto-CD || **Photoelektrizität** = → Fotoelektrizität || **photogen** = → fotogen || **Photograph** [-f] = → Fotograf || **Photographie** = → Fotografie || **Photographin** = → Fotografin || **photographisch** = → fotografisch || **Photokauffrau** = → Fotokauffrau || **Photokaufmann** = → Fotokaufmann || **Photokopie** = → Fotokopie || **photokopieren** = → fotokopieren || **Photokopierer** = → Fotokopierer || **Photolabor** = → Fotolabor || **Photometrie** = → Fotometrie || **photometrisch** = → fotometrisch || **Photomodell** = → Fotomodell || **Photomontage** [-a:ʃ, -ʒɛ] = → Fotomontage || **Photon** [auch: -'o:n] das, -s/-en [-'to:-] (Phys.): *Feldquant der elektromagnetischen Strahlung; Lichtteilchen* || **Photorealismus** = → Fotorealismus || **Photosafari** = → Fotosafari || **Photosynthese** [-zy-] = → Fotosynthese || **Photovoltaik** [-v-] = → Fotovoltaik || **Photozelle** = → Fotozelle

Phrase [f-] die, -/-n ⟨gr.-lat.⟩: *Redewendung* | (Mus.) *Sinneinheit der Melodie* | (abw.) *nichts sagende Redensart;* Phrasen dreschen *(beim Reden viele Phrasen verwenden)* || **Phrasendrescher** (abw.) || **Phrasendrescherin** (abw.) || **phrasenhaft** (meist abw.) || **Phraseologie** die, -/-n (Sprachw.): *Darstellung der charakteristischen Wortverbindungen; Idiomatik* || **phrasieren** (Mus.): *die Stimmführung sinngemäß gliedern* || **Phrasierung** die, -/-en (Mus.)

Phrygisch ['fry:-] das, -[en] (Mus.): *eine der alten Kirchentonarten (nach einer kleinasiatischen Landschaft in der Antike)*

pH-Wert [pe 'ha:-] (Chem.): *Maß des sauren oder basischen Charakters*

Phylogenese [fy-] die, - ⟨gr.⟩ (Biol.): *stammesgeschichtliche Entwicklung von Lebewesen;* → Ontogenese || **phylogenetisch** (Biol.)

Physalis [fy:-] die, -/- ⟨gr.⟩: *eine Pflanzengattung | eine Obstpflanze, Kapstachelbeere*

Physik [fy-] die, - ⟨gr.-lat.⟩: *eine Naturwissenschaft* || **physikalisch** || **Physiker** der, -s/- || **Physikerin** die, -/-innen || **Physiklehrer** || **Physiklehrerin** || **Phy-**

sikotherapie (Med.): *Physiotherapie* ‖ **Physika** die, -/-[s]: *weibl. Form von Physikus* ‖ **Physikus** der, -/-kusse: *alte Bezeichnung für einen Arzt;* → Stadtphysikus ‖ **Physiognomie** die, -/-n: *äußere Erscheinung, zB Gesichtsausdruck* ‖ **Physiologie** die, -: *Wissenschaft von den Lebensvorgängen* ‖ **physiologisch** ‖ **Physiotherapeut** (Med.) ‖ **Physiotherapeutin** (Med.) ‖ **Physiotherapie** (Med.): *Heilbehandlung mit physischen oder physikalischen Mitteln* ‖ **Physis** die, -: *die Natur des Menschen;* → G.: Psyche ‖ **physisch:** *körperlich*

Phytoplankton [fy-] das, -s ⟨gr.⟩: *pflanzliches Plankton;* → Zooplankton ‖ **Phytotherapie** (Med.): *Behandlung mit pflanzlichen Heilmitteln*

Pi das, -[s]/-[s] (π, Π) ⟨gr.⟩: *griechischer Buchstabe, entspricht* p/P | (ohne Pl.) (Math.) *Zahl, die das Verhältnis eines Kreisumfangs zum Kreisdurchmesser ausdrückt (3,14...)* | (ugs.) Daumen mal Pi *(über den Daumen [gepeilt], ungefähr)*

PI [pe 'iː] das, -[s]/-[s] (früher): **P**ädagogisches **I**nstitut (jetzt: PH)

Pia: *weibl. Vorname*

Pianino das, -s/-s ⟨it.⟩: *kleines Klavier mit vertikalen Saiten (im Gegensatz zum Flügel)* ‖ **pianissimo** (pp) (Mus.): *sehr leise;* → G.: fortissimo ‖ **pianissimo piano** (ppp) (Mus.): *möglichst leise* ‖ **Pianist** der, -en/-en: *Klavierspieler* ‖ **Pianistin** die, -/-innen ‖ **piano** (p) (Mus.): *leise;* → G.: forte ‖ **Piano** das, -s/-s = **Pianoforte** das, -[s]/-[s]: *Klavier* ‖ **Pianola** das, -s/-s ⟨it.⟩: *ein automatisches Klavier*

Piarist der, -en/-en ⟨lat.⟩: *Angehöriger eines geistlichen Ordens*

Piccolo[1] [-k-] = → Pikkolo[1] ‖ **Piccolo**[2] [-k-] = → Pikkolo[2]

Pichl → Bichl

Pick der, -s/-s: *Klebstoff; aber:* → Pik

Picke die, -/-n (D): mit P. *(Krampen)* und Schaufel; *aber:* → Pike

Pickel[1] der, -s/-: *Wimmerl*

Pickel[2] der = das, -s/-: *eine Spitzhacke* ‖ **pickelhart:** *stahlhart;* eine pickelharte [Ski]piste | *unerbittlich*

picken[1]: *mit dem Schnabel hacken*

picken[2]: *kleben* | (ugs.) in einem Lokal p. bleiben *(nicht heimgehen);* auf jemandem p. *(ständig um jemanden herum sein)* | (ugs., derb) jemandem eine p. *(eine Ohrfeige geben)* ‖ **Pickerl** das, -s/-[n]: *Aufkleber | Klebeetikett, das die Fahrtüchtigkeit [eines Autos] bescheinigt, Begutachtungsplakette | Autobahnvignette* ‖ **Pickerlpflicht** ‖ **pickerlpflichtig** ‖ **Pickerlsünder** (sal.) ‖ **Pickerlsünderin** (sal.) ‖ **Pickerlüberprüfung**

pickig: pickige *(klebrige)* Finger haben

Picknick das, -s/-s ⟨fr.-engl.⟩: *ein Essen im Freien* ‖ **Picknickkorb**

picksüß (ugs.): *besonders süß* | (Mus.) das picksüße Hölzl *(Pikkoloklarinette in der Schrammelmusik)* ‖ **Pickzeug:** *Klebzeug [zum Reparieren eines Reifendefekts]*

picobello [-k-] ⟨Pseudoit.⟩: *besonders gut, besonders fein*

Piedestal [pie-] das, -s/-e ⟨it.-fr.⟩: *Ständer, Gestell*

Piefke der, -s/-[s] (scherzh. bzw. abw.): *Norddeutscher, Preuße* ‖ **Piefkeland** das, -[e]s (scherzh. bzw. abw.): *Deutschland* ‖ **Piefkinese** der, -n/-n = **Piefkineser** der, -s/- (scherzh. bzw. abw.): *Piefke* ‖ **Piefkineserin** = **Piefkinesin** die, -/-innen (scherzh. bzw. abw.) ‖ **piefkinesisch** (scherzh. bzw. abw.) ‖ **Piefkonien** (scherzh. bzw. abw.): *[Nord]deutschland* ‖ **piefkonisch** (scherzh. bzw. abw.): *piefkinesisch*

piekfein (D): *pikfein*

piep: der Vogel macht p. *(ein Geräusch)* ‖ **Pieper** der, -s/-: *ein Singvogel* ‖ **Pieps** der, -es/-e: *Piepser* ‖ **piepsen,** du piepst: piepsende junge Vögel ‖ **Piepser** der, -s/-: keinen P. *(Laut)* machen | *elektrisches Signalgerät* ‖ **Piepserl** das, -s/-[n]: *Piepser*

Pier der, -s/-e ⟨fr.-engl.⟩ (Seemannsspr.): *Landungsbrücke*

piercen [pɪəsn], du piercst, sie piercst, gepierct [-st] ⟨engl.⟩ ‖ **Piercing** das, -s/-s: *Durchbohren von Nase, Lippe ua. für das Anbringen von Schmuck | der durch Piercen angebrachte Schmuck;* ein P. haben

piesacken (ugs.): *sekkieren*

pieseln, *auch:* bieseln (ugs., veraltend): *urinieren*

Pieta [piɛ'ta(ː)] = **Pietà** die, -/-s ⟨it.⟩: *Darstellung Marias mit dem toten Jesus auf dem Schoß* ‖ **Pietät** die, -: *ehrfurchtsvolles Verhalten, Gedenken* ‖ **pietätlos** ‖ **Pietätlosigkeit** die, -/-en ‖ **Pietismus** der, -: *schwärmerische Frömmigkeit | eine Glaubensbewegung in der evangelischen Kirche des 18. Jh.* ‖ **Pietist** der, -en/-en ‖ **Pietistin** die, -/-innen ‖ **pietistisch**

Pigment das, -[e]s/-e ⟨lat.⟩: *Farbstoff in der Haut* ‖ **Pigmentation** [-tsi-] die, -/-en ‖ **pigmentieren** ‖ **Pigmentierung** die, -/-en

Pignolie [pɪ'njɔːliɛ] die, -/-n, *auch:* Pignoli, -/-s ⟨it.⟩: *essbarer Samen der Pinie*

Pik[1] der, -[s] ⟨fr.⟩ (ugs.): *Groll;* einen Pik auf jemanden haben; → pikiert; *aber:* → Pick

Pik[2] die, -/- = das, -[s]/- ⟨fr.⟩: *eine Farbe im Kartenspiel* ‖ **Pikass** ‖ **Pikdame** ‖ **Pikkönig**

pikant ⟨fr.⟩: *würzig | reizvoll | anzüglich* ‖ **Pikanterie** die, -/-n

Pike die, -/-n ⟨fr.⟩: *eine Lanze;* von der P. auf *(von unten auf)* dienen; *aber:* → Picke

Pikee der = das, -s/-s ⟨fr.⟩: *ein Baumwollgewebe*

pikfein (ugs.): *besonders fein*

pikieren ⟨fr.⟩: junge Pflanzen p. *(sie wiederholt umsetzen)*

pikiert ⟨fr.⟩: *beleidigt, verstimmt;* → Pik[1]

Pikkolo[1] = Piccolo [-k-] das, -s/-s ⟨it.⟩: *eine kleine Querflöte, Pikkoloflöte* ‖ **Pikkolo**[2] = Piccolo der, -s/-s: *Kellnerlehrling* ‖ **Pikkoloflöte** → Pikkolo[1] ‖ **Pikkoloklarinette** → picksüß

Piktogramm das, -s/-e ⟨lat.+gr.⟩: *bildliches Zeichen, zB für „WC", „Fluchtweg"*

Pilaster der, -s/- ⟨lat.-it.-fr.⟩ (Arch.): *ein Wandpfeiler*

Pilates das, -: *eine Gymnastikmethode (nach dem Begründer)*

Pilatus → Pontius

Pilger der, -s/-: *Wallfahrer* ‖ **Pilgerfahrt** ‖ **Pilgerin** die, -/-innen ‖ **pilgern:** *wallfahren* ‖ **Pilgerstätte:** *Ort, zu dem man pilgert, um Heilige bzw. Heiliges zu verehren, Wallfahrtsort* ‖ **Pilgrim** der, -s/-e (veraltet): *Pilger*

Pille die, -/-n: *kugelförmiges Medikament;* eine bittere P. schlucken *(mit etwas Unangenehmen fertigwerden)* müssen | *Antibabypille* ‖ **Pillendreher:** *ein Käfer, der eine Dungkugel rollt;* → Skarabäus ‖ **Pillenknick:** *Einbruch der Geburtenrate nach dem Aufkommen der Antibabypille*

Pilot[1] der, -en/-en ⟨fr.⟩: *Ramm-*

P

pfahl
Pilot[2] der, -en/-en ⟨it.-fr.-niederl.⟩: *Flugzeugführer* I *Rennfahrer* I (veraltet) *Lotse* ‖ **Pilotbetrieb:** *Pilotversuch*
Pilote die, -/-n ⟨fr.⟩ (bes. D): *Pilot*[1]
Pilotenschein ⟨it.-fr.-niederl.⟩: *Flugschein* ‖ **Pilotfilm:** *Einführungsfilm [einer Fernsehserie]* ‖ **pilotieren**[1]: *[einen Rennwagen] steuern* I *einen Pilotversuch durchführen*
pilotieren[2] ⟨fr.⟩: *Pfähle einrammen*
Pilotin die, -/-innen ⟨it.-fr.-niederl.⟩: *weibliche Form von Pilot*[2] ‖ **Pilotprojekt:** *Versuchsprojekt* ‖ **Pilotstudie** [-ʃt-ie] ‖ **Pilotversuch**
Pils das, -/- = Pilsener, -s/- = Pilsner: *eine Biersorte* ‖ **Pilsen** (tschech.: Plzeň ['plzenʲ]): *Stadt in Tschechien*
Pilz der, -es/-e: ein giftiger P. I (Med.) *Hautpilz* ‖ **Pilzerkrankung** (Med.) ‖ **Pilzgericht** ‖ **Pilzinfektion** [-tsi-] ‖ **Pilzkopf:** *eine Frisur* ‖ **Pilzkrankheit** ‖ **Pilzling** der, -s/-e (reg.): *Pilz, bes. Herrenpilz/Steinpilz* ‖ **Pilzvergiftung**
Piment das (*auch:* der), -[e]s/-e ⟨lat.-rom.⟩: *Neugewürz*
Pimmel der, -s/- (D, ugs.): *Penis*
pimpen (D) ⟨engl.⟩: *[Kraftfahrzeuge] aufmotzen, aufdonnern, verschönern;* → aufpimpen
Pimperl das, -s/-[n] (ugs.): *Penis* ‖ **Pimperlbahn** (ugs., abw.): *kleine, unbedeutende Bahn[linie]* ‖ **Pimperlzug**
Pimpf der, -(e)s/-e (ugs., oft abw.): *kleiner Bub* I (in der NS-Zeit) (ugs.) *Mitglied der Kinderorganisation der NSDAP für 10- bis 14-jährige Jungen*
PIN die, -/-s: **p**ersönliche **I**dentifikations**n**ummer *[bei Finanztransaktionen im Internet];* → TAN; → PIN-Kode = PIN-Code
pin.: pinxit
Piña Colada [-nja k-] die, - -/- -[s] ⟨span.⟩: *ein Getränk mit Rum, Kokos und Ananas*
Pinakothek die, -/-en ⟨gr.-lat.⟩: *Gemälde-, Bildersammlung*
PIN-Code [-ˌkoːt] = → PIN-Kode
pingelig (bes. D, ugs.): *pedantisch* ‖ **Pingeligkeit** die, - (bes. D, ugs.)
Pingpong [auch: 'pi-] das, -s ⟨engl.⟩: *Tischtennis;* P. spielen
Pinguin der, -s/-e ⟨engl.⟩: *ein Schwimmvogel*
Pinie [-ie] die, -/-n ⟨lat.⟩: *ein mediterraner Nadelbaum;* → Pignolie ‖ **Pinienkern** ‖ **Pinienwald** ‖ **Pinienzapfen**
pink ⟨engl.⟩: *rosa* ‖ **Pink** das, -s: *eine Farbe, intensives, purpurnes Rosa*
Pinkafeld: *Stadt im Burgenland*
pinkeln, ich pinkle (ugs.): *urinieren*
PIN-Kode [-ˌkoːt] = PIN-Code [engl.: -kəʊd, fr.: -kɔd]; → PIN
pinnen (nördl. D): *mit Stecknadeln befestigen* ‖ **Pinnwand:** *Stecktafel, zB Korkwand, für Notizzettel uÄ*
Pinot [-'noː] der, -[s]/-[s] ⟨fr.⟩: → *Burgunder;* P. Noir [- noar] *(Blauburgunder);* P. Gris [- gri(ː)] *(Grauburgunder);* P. Blanc [- blɑ̃(ː)] *(Weißburgunder)*
Pinsch der, -[e]s/-e (ugs.): *Fünfer, schlechteste Note* ‖ **Pinscher** der, -s/-: *eine Hunderasse*
Pinsel der, -s/-: *Werkzeug zum Auftragen von Farbe uÄ* I (abw.) *Einfaltspinsel* ‖ **pinseln,** ich pinsle ‖ **Pinselstrich** ‖ **Pinselung** die, -/-en (Med.): *Medikamentenanwendung durch Auftragen mittels Pinsel*
Pin-up-Girl [-'ʌpgɜːl] das, -s/-s ⟨engl.⟩: *Bild eines leicht bekleideten Mädchens zum Aufhängen [an der Wand]*
pinxit (pin.) ⟨lat.⟩: *gemalt von ... (auf Gemälden)*
Pinze die, -/-n ⟨it.⟩ (bes. ostöst.): *eine Mehlspeise*
Pinzette die, -/-n ⟨fr.⟩: *kleine federnde Zange*
Pinzgau der, -s: *Landesteil von Salzburg* ‖ **Pinzgauer** der, -s/-: *Bewohner des Pinzgaus* I *eine Pferde- bzw. Rinderrasse* ‖ **Pinzgauerin** die, -/-innen
Pionier der, -s/-e ⟨lat.-fr.⟩: *Vorkämpfer, Bahnbrecher* I (Mil.) *Soldat der technischen Truppe* ‖ **Pionierarbeit** ‖ **Pioniergeist** ‖ **Pionierin** die, -/-innen
Pipe die, -/-n ⟨rom.⟩: *Fasshahn; Wasserhahn* I *auch:* Pipen die, -/-: *ein derbes Schimpfwort*
Pipeline ['paɪplaɪn] die, -/-s ⟨engl.⟩: *Rohrleitung [für Erdöl]* I (sal.) etwas ist schon in der P. *(in Vorbereitung)*
Pipen → Pipe
Piperl das, -s/-[n] (mda.): *Kücken*
piperln, *auch:* biberln (ugs.): *gern alkoholische Getränke trinken*
Pipette die, -/-n ⟨lat.-fr.⟩: *Glasröhrchen zur Flüssigkeitsentnahme*
Pipi das, -s (urspr. D) (Kinderspr.): *Urin;* P. machen
Pipifax das = der, - (ugs.): *Unsinn, Gewäsch;* das ist alles P. I *Unwichtigkeit, Kleinigkeit* ‖ **pipifein** (ugs.): *ausgezeichnet, sehr gut*
Pippau der, -[e]s ⟨slaw.⟩: *eine Pflanzengattung*
Pippi Langstrumpf: *eine Figur eines Jugendbuches bzw. einer Fernsehserie*
Piranha [-nja] ⟨indian.-port.⟩ der, -s/-s: *ein tropischer Raubfisch*
Pirat der, -en/-en ⟨gr.-lat.-it.⟩: *Seeräuber* ‖ **Piratennest** ‖ **Piratenschiff** ‖ **Piratensender:** *illegaler Hörfunk- oder Fernsehsender* ‖ **Piraterie** die, -/-n ‖ **Piratin** die, -/-innen
Pirogge die, -/-n (meist Pl.) ⟨russ.⟩: *mit Fleisch, Fisch oder Kraut gefüllte strudelähnliche Speise*
Pirol der, -s/-e: *ein Singvogel*
Pirouette [-'ruɛt(ɛ)] die, -/-n ⟨fr.⟩: *schnelle Drehung am Platz beim Tanz, Eiskunstlauf* I *eine Figur im Dressurreiten*
Pirsch die, -: *vorsichtiges Begehen des Jagdreviers, um nah an das Wild heranzukommen* ‖ **pirschen,** du pirsch[s]t ‖ **Pirschgang**
PISA: Programme for **I**nternational **S**tudent **A**ssessment *(standardisierte Leistungsmessung der Schüler/innenleistungen von der OECD)* ‖ **PISA-Studie** [-ie]
pischen, du pisch[s]t ⟨it.⟩ (reg., ugs.): *urinieren, pinkeln* ‖ **Pisse** die, - (nördl. D): *Urin* ‖ **pissen,** du pisst (bes. D, ugs.): *urinieren, pischen* ‖ **Pissmuschel** ‖ **Pissoir** [-'soaːr] das, -s/-s [-e]: *Urinbecken für Männer* ‖ **Pissoirmuschel** ‖ **Pissstand**
Pistazie [-ie] die, -/-n ⟨pers.-gr.-lat.⟩: *ein Obstbaum* I *dessen Frucht* ‖ **Pistazieneis**
Piste die, -/-n ⟨lat.-fr.⟩: *Skilaufstrecke; Abfahrtshang* I *Rollbahn* ‖ **Pistenfloh** (ugs.): *Skilaufanfänger/in im Kindesalter* ‖ **Pistengaudi:** *Vergnügungen rund ums Skifahren* ‖ **Pistengerät** ‖ **Pistenpräparierung** ‖ **Pistenraupe:** *motorisiertes Gerät zum Präparieren von Skipisten, Schneeraupe* ‖ **Pistenrowdy** [-raudi] (abw.): *rücksichtsloser Skifahrer* ‖ **Pistentiger** (sal.): *jemand, der gerne und oft Ski fährt* ‖ **Pistentigerin** (sal.)

P

Pis|to|le die, -/-n ⟨tschech.⟩: *eine Faustfeuerwaffe* ‖ **Pis|to|len|half|ter** ‖ **Pis|to|len|ta|sche**
Pi|ta das, -s/-s = die, -/-s ⟨gr.-lat.-it.⟩: *ein Fladenbrot*
Pi|ta|val [-v-] der, -s/-s: *Sammlung merkwürdiger Gerichtsfälle (nach einem französischen Rechtsgelehrten)*
Pit|bull der, -s/-s ⟨engl.⟩: *eine Hunderasse*
Pit|sche → Bitsche
pit|schen, du pitsch[s]t (T, K): *Teigblätter zu kleinen Tascherln zusammenzwicken*
pit|to|resk ⟨lat.-it.-fr.⟩ (geh.): *malerisch; fantasievoll*
pit|zeln (reg., zB T, ugs.): *auf der Haut prickeln, stechen* | (ugs., abw.) *sich übergenau mit Kleinigkeiten befassen;* ich pitzle; *aber:* → bitzeln ‖ **Pitz|ler** der, -s/- (ugs., abw.): *Pedant* ‖ **Pitz|le|rin** die, -/-innen (ugs., abw.) ‖ **pitz|lig** (ugs.): eine pitzlige *(heikle, kritische)* Sache
più ⟨it.⟩ (Mus.): *mehr;* più allegro
Pi|xel das, -s/- ⟨engl.⟩ (meist Pl.) (Technik): *grafischer Bildpunkt auf dem Monitor* | *Einheit für die Angabe der Auflösung von Bildern [in digitalen Kameras]*
Pi|zza die, -/-s [Pizzen] ⟨it.⟩: *eine italienische Speise* ‖ **Pi|zza|brot** ‖ **Pi|zza|schnit|te** ‖ **Piz|ze|ri|a** die, -/-s (Pizzerien [-ˈiː(ɛ)n]): *Pizzalokal*
piz|zi|ka|to = pizzicato [-k-] ⟨it.⟩ (Mus.): p. spielen *(die Saiten eines Streichinstruments zupfen)* ‖ **Piz|zi|ka|to** = Pizzicato das, -s/-s
Pjöng|jang: *Hauptstadt Nordkoreas*
Pkw [pe ka ˈveː] der, -[s]/-[s], *auch:* PKW: **P**ersonen**k**raft**w**agen ‖ **Pkw-Len|ker,** *auch:* PKW-Lenker: *Autofahrer* ‖ **Pkw-Len|ke|rin,** *auch:* PKW-Lenkerin ‖ **Pkw-Pi|ckerl,** *auch:* PKW-Pickerl: *Prüfplakette*
Pl.: Plural
Pla|ce|bo [-ts-] das, -s/-s ⟨lat.⟩ (Med.): *Scheinmedikament (ohne Wirkstoff)* ‖ **Pla|ce|bo|ef|fekt** → G.: Noceboeffekt
Place|ment [-sˈmɑ̃ː] das, -s/-s ⟨fr.⟩: *Rangordnung* | (Wirt.) *Anlage, Unterbringung von Kapital;* → Platzierung
Pla|cet [-ts-] = → Plazet
Pla|che die, -/-n: *Schutzdecke, Plane* ‖ **Pla|chen|wa|gen**
pla|cie|ren [-s-] (frühere Schreibung): →platzieren

pla|cken sich (D, ugs.): *sich plagen* ‖ **Pla|cke|rei** die, -/-en (D, ugs.): *Plagerei*
plä|die|ren ⟨fr.⟩: für etwas p. *(sprechen, eintreten)* ‖ **Plä|do|yer** [-dọaˈjeː] das, -s/-s: ein P. auf etwas halten *(stark dafür eintreten)* | (Jus) *Schlussrede des Staatsanwaltes bzw. des Verteidigers vor dem Gerichtsurteil*
Pla|fond [-ˈfoːn, -ˈfõː] der, -s/-s ⟨fr.⟩: *Decke eines Raumes* | *obere Grenze [für Kosten]* ‖ **pla|fo|nie|ren** [-on-]: *die Kostengrenze festlegen*
Pla|ge die, -/-n: viele Mühen und Plagen erleiden ‖ **Pla|ge|geist:** *Quälgeist* ‖ **pla|gen**[1]: ihn plagt *(quält)* der Hunger ‖ **pla|gen**[2] sich: sich den ganzen Tag p. *(abmühen)* ‖ **Pla|ge|rei** die, -/-en
Pla|gi|at das, -[e]s/-e ⟨lat.⟩: *Diebstahl geistigen Eigentums* ‖ **Pla|gi|a|tor** der, -s/-en [-ˈoː-] ‖ **Pla|gi|a|to|rin** die, -/-innen ‖ **pla|gi|ie|ren**
Plaid [pleːt, engl.: plæd] das = der, -s/-s ⟨schottisch-engl.⟩: *[Reise-]decke; Umhängetuch*
Pla|kat das, -[e]s/-e ⟨niederl.-fr.⟩ ‖ **pla|ka|tie|ren** ‖ **Pla|ka|tie|rer** der, -s/- ‖ **Pla|ka|tie|re|rin** = **Pla|ka|tie|rin** die, -/-innen ‖ **pla|ka|tiv:** *in der Art eines Plakates* | *auffallend, einprägsam;* plakative Schlagworte ‖ **Pla|kat|stän|der** ‖ **Pla|kat|wand** ‖ **Pla|kat|wer|bung** ‖ **Pla|ket|te** die, -/-n: *Anstecker; Täfelchen*
plan ⟨lat.⟩: *eben, flach;* → plan schleifen = planschleifen; → planieren ‖ **Plan**[1] der, -[e]s/Pläne ⟨lat.-fr.⟩ (geh.): auf den P. *(in Aktion)* treten; das Urteil hat die Kritiker auf den P. gerufen *(zum Handeln veranlasst)*
Plan[2] der, -[e]s/Pläne ⟨lat.-fr.⟩: Pläne für eine Reise schmieden; P. B [ˈbeː] *(Ersatzplan)* | den P. *(Grundriss)* eines Hauses zeichnen | die Straße auf dem P. *(auf der [Land]karte)* nicht finden können ‖ **Plan|ab|fahrt:** *[Zug]abfahrt laut Fahrplan*
Pla|nai die, -: *ein Berggebiet bei Schladming*
Plan|an|kunft: *[Zug]ankunft laut Fahrplan* ‖ **plan|bar**
Pla|ne die, -/-n: *Plache*
pla|nen: *vorhaben; beabsichtigen; genau vorbereiten* ‖ **pla|ne|risch** ‖ **Plä|ne|schmied:** *jemand, der gerne und viel plant* ‖ **Plä|ne|schmie|din**
Pla|net der, -en/-en ⟨gr.-lat.⟩: *Wandelstern;* → G.: Fixstern ‖ **pla|ne|ta|risch:** *die Planeten betreffend* ‖ **Pla|ne|ta|ri|um** das, -s/Planetarien [-iən]: *Einrichtung zum Veranschaulichen der Bewegung der Gestirne* ‖ **Pla|ne|ten|bahn** ‖ **Pla|ne|ten|sys|tem** [-zy-] (Astron.) ‖ **Pla|ne|to|id** der, -en/-en (Astron.): *kleiner Planet, Asteroid*
plan|ge|mäß
pla|nie|ren ⟨lat.⟩: ein Grundstück p. *(einebnen);* → plan | einen Streit p. *(schlichten)* ‖ **Pla|nier|rau|pe:** *Raupenschlepper mit Planierschild* ‖ **Pla|nie|rung** die, -/-en
Plan|ke die, -/-n: *ein Brett* | *eine Bretterwand*
Plän|ke|lei die, -/-en: *kleines Wortgefecht, Geplänkel* ‖ **plän|keln,** ich plänkle
Plan|ken|zaun
Plan|king [-ˈæ-] das, -s/-s ⟨engl.⟩: *eine Aktion, bei der sich Personen [in der Öffentlichkeit] flach hinlegen und [fürs Internet] aufnehmen lassen*
Plank|ton das, -s ⟨gr.⟩: *im Wasser schwebende Kleinlebewesen*
plan|los ‖ **Plan|lo|sig|keit** die, - ‖ **plan|mä|ßig:** *der Absicht entsprechend;* p. vorgehen ‖ **Plan|pos|ten** (Wirt.): *Planstelle* ‖ **Plan|qua|d|rat:** *Quadrat eines Gitternetzes auf Plänen oder Karten* | *Gebiet, in dem eine bestimmte Aktion planmäßig durchgeführt wird, zB gezielte Verkehrskontrolle*
Plansch|be|cken = Plantschbecken: *Badebecken für Kinder* ‖ **plan|schen** = plantschen, du plansch[s]t: im Wasser p. *(herumspritzen)*
plan schlei|fen = **plan|schlei|fen:** den Estrich p. *(glatt)* schleifen
Plan|soll: *vorgeschriebene Arbeitsleistung* ‖ **Plan|spiel:** *übungsmäßiges Erproben* ‖ **Plan|stel|le:** *im Budget vorgesehener Posten für einen Beamten, zB Lehrer/innen, Richter/innen*
Plan|ta|ge [-ˈaːʃ, -ʒɛ] die, -/-n ⟨fr.⟩: *große Pflanzung [von Baumwolle, Kaffee, Tee]* ‖ **Plan|ta|gen|wirt|schaft**
Plantsch|be|cken = → Planschbecken ‖ **plant|schen** = → planschen
Pla|nung die, -/-en: die P. eines Hauses ‖ **Pla|nungs|ab|teil|ung** ‖ **Pla|nungs|sta|di|um** [-ʃt-] ‖ **plan|voll:** *wohl durchdacht* ‖ **Plan|wirt|schaft:** *Wirtschaftsform mit*

P

gelenkter Produktion und Verteilung; → Marktwirtschaft

Plappermaul (ugs., abw.): *jemand, der viel redet* || **plappern:** plappernde Kinder

Plaque [plak] die, -/-s ⟨fr.⟩ (Med.): *Zahnbelag*

plärren: *laut jammernd schreien* | (ugs.) *weinen*

Pläsier das, -s/-e ⟨fr.⟩ (geh., veraltet): *Vergnügen, Unterhaltung*

Plasma das, -s/Plasmen ⟨gr.⟩: *Bestandteil des Blutes* | *leuchtendes Gasgemisch* | *Protoplasma* || **Plasmabildschirm** || **Plasmafernseher**

Plastik[1] das, -s ⟨gr.-lat.⟩: *Kunststoff* || **Plastik**[2] die, -: *Bildhauerkunst* | (mit Pl. -en) *Werk eines Bildhauers* | (Med.) *operative Formung bzw. Ersatz von Gewebs- oder Organteilen* || **Plastikbecher** || **Plastikgebinde** || **Plastikeimer** || **Plastikgeld** (ugs.): *Scheckkartenzahlung uÄ* || **Plastikkarte:** *Bankomatkarte, Kundenkarte ua.* || **Plastikkübel** || **Plastiksack** || **Plastiksackerl** || **Plastiksprengstoff:** *formbarer Sprengstoff* || **Plastiktasche** || **Plastilin** das, -s/-e: *eine Modelliermasse* || **Plastinat** das, -s/-e: *anatomisches Schaupräparat* || **plastisch:** plastisches *(formbares)* Material | ein plastisches *(körperhaft wirkendes)* Bild | (Med.) plastische Chirurgie || **Plastizität** die, -: *Formbarkeit; Anschaulichkeit*

P

Plastron das, -s/-s ⟨gr.-lat.-fr.⟩: *auswechselbarer Ziereinsatz [an Blusen]*

Platane die, -/-n ⟨gr.⟩: *ein Laubbaum*

Plateau [-'to:] das, -s/-s ⟨gr.-lat.-fr.⟩: *Hochebene, Hochfläche;* Hochplateau || **Plateauschuh:** *Schuh mit Plateausohle* || **Plateausohle:** *dicke Schuhsohle* || **Plateauwagen**

Platin [bes. D auch: 'pla:-] das, -s ⟨span.⟩ (Zeichen: Pt): *ein chemisches Element* || **platinblond** || **Platine** die, -/-n (Elektrot.): *Plättchen zur Befestigung elektr[on]ischer Bauteile*

Platitude [-'ty:-] = → Plattitüde

platonisch: *von dem altgriechischen Philosophen Plato[n] herrührend;* platonische Schriften; platonische *(nur seelisch-geistige)* Liebe || **Platonismus** der, -

platsch: *lautmalendes Wort für das Aufklatschen auf einer Wasseroberfläche* || **platschen:** du platsch[s]t ins Wasser || **plätschern:** plätschernde Brunnen

Platschern die, -/-en (reg., zB St, K, mda.): *Tippel, Beule; verkrustete Wunde* | (scherzh.) *auffälliges Abzeichen;* → Bletschen

platt (abw.): *flach;* → platt drücken = plattdrücken; → plattmachen | *geistlos, banal* || **Plättchen** das, -s/- || **plattdeutsch** || **Plattdeutsch** das, -[s] = **Plattdeutsche** das, -n: *Niederdeutsch* || **platt drücken** = **plattdrücken:** den Teig p. d. || **Platte**[1] die, -/-n: *Schallplatte* | eine kalte P. *(Aufschnitt oÄ)* servieren | (Geogr.) *ebene Steinfläche* | (ugs., veraltet) eine berüchtigte P. *(Bande)* || **Platte**[2] der, -n/-n, ein Platter (bes. D): *Reifenpanne, Patschen* || **Plätte** die, -/-n: *flaches [Last]schiff* || **plätteln,** ich plattle (Volksk.): *Schuhplattler tanzen* | (ugs.) *einen flachen Stein übers Wasser hüpfen lassen, flitschen* **plätten** (nördl. D): *bügeln* || **Plattenbruder** (ugs., veraltet): *Bandenmitglied; lautstarker, aggressiver Kerl* || **Plattenhülle:** *Schutzhülle für Schallplatten*

Plattensee der, -s (ung.: Balaton ['bɒlɒ-]): *See in Ungarn*

Plattenspieler: *Gerät zum Abspielen von Schallplatten* || **Plattfisch:** *Fisch mit abgeplattetem Körper, zB Scholle* || **Plattform:** *ebene [Aussichts]fläche auf hohen Gebäuden* | (früher) *Ausbzw. Einstiegsfläche am vorderen und hinteren Ende von [Eisenbahn]wagons* | *breit angelegte planerische Initiative;* eine überparteiliche P. gegen Rassismus || **Plattfuß** (Med.) || **Plattheit** die, -/-en: *abgedroschene Redensart* || **plattieren:** *mit Metall überziehen* || **Plattierung** die, -/-en

Plattitüde = Platitude [-'ty:-]

die, -/-n ⟨fr.⟩ (geh.): *abgedroschene Redensart*

Für das Wort gibt es zwei Schreibweisen:
- Plattitüde: die eingedeutschte Schreibung (zu *Plattheit*)
- Platitude: die französische Schreibung

Nicht mehr korrekt ist die Schreibung „Platitüde" (nach der alten Rechtschreibung).

Plattl das, -s/-n, *auch:* Blattl (reg.): *flaches, herausgebackenes Laibchen* || **Plattler** der, -s/-: *Kurzwort für Schuhplattler* || **plattmachen:** *zerstören*

Platz der, -es/Plätze: P. nehmen; behalten Sie doch bitte P.! *(bleiben Sie doch bitte sitzen!)* | fehl am Platz[e] sein | P. greifen *(in merklichem Ausmaß auftreten);* P. machen | jemanden auf die Plätze verweisen *(besiegen);* sie belegte P. acht | P.! *(Kommando an den Hund)* | (veraltend) Enttäuschung griff P. *(kam auf)*

Platzangst

(ugs. bzw. Psych.)

Dieses Wort steht im Deutschen für zwei verschiedene Fachbegriffe der Psychologie:
- Agoraphobie: *Angst auf/vor weiten Plätzen bzw. Flächen*
- Klaustrophobie: *Angst in geschlossenen, beengten Räumen*

Platzanweiser der, -s/- || **Platzanweiserin** die, -/-innen

Plätzchen das, -s/- (D): *Keks*

platzen[1], du platzt: eine geplatzte Naht; → platzen lassen

platzen[2], du platzt (ostöst., ugs.): *laut weinen*

platzen lassen = **platzenlassen:** die Verhandlungen p. l. *(scheitern lassen)*

Platzerl das, -s/-[n]: *kleiner Platz; Stelle, Ort* || **Platzhalter:** *jemand, der eine Stelle für jemand anderen frei hält* || **Platzhalterin** || **Platzhirsch** (Jägerspr.): *der im Revier dominierende Hirsch* | (ugs.) *Person, die einen angestammten Herrschaftsbereich besetzt hält* || **platzieren** (frühere Schreibung: placieren [-s-]) ⟨fr.⟩: *an einen bestimmten Platz bringen* | (Sport) ich habe mich platziert *(bei einem Wettkampf einen der vorderen Plätze belegt);* → unplatziert || **Platzierte**[1] der, -n/-n, ein Platzierter: der am besten P. kommt in die nächste Runde || **Platzierte**[2] die, -n/-n || **Platzierung** (frühere Schreibung: Placierung [-s-]) die, -/-en: *Rang;* die beste P. bisher; → Placement || **Platzkarte** || **Platzkonzert:** *Konzert im Freien* || **Platzmangel**

Platzpatrone: *nicht scharfe Munition [für Filmszenen, Übungen]*

Platzregen || **Platzreife** (Sport):

nachgewiesene Beherrschung der Grundtechniken des Golfspiels ‖ **Platz|re|ser|vie|rung** [-v-] ‖ **Platz|sper|re** (Sport): *Verbot, ein Heimspiel auf dem eigenen Sportplatz auszutragen* ‖ **Platz|tausch** ‖ **Platz|tel|ler:** *großer dekorativer Teller unter dem Fleischteller eines Gedecks* ‖ **Platz|wart:** *Betreuer einer Sportanlage* ‖ **Platz|war|tin** ‖ **Platz|wech|sel** [-ks-]: einen P. vornehmen | *eine Tanzfigur*

Platz|wun|de

Plau|de|rei die, -/-en ‖ **plau|dern** ‖ **Plau|der|ta|sche** (ugs.): *schwatzhafte Person* ‖ **Plau|der|ton:** im P. sprechen *(sich ungezwungen unterhalten)*

Plausch der, -[e]s/-e: *Gespräch, Plauderei;* ein gemütlicher P. ‖ **plau|schen,** du plausch[s]t: *plaudern* | *ausplaudern* | (ugs.) *übertreiben* ‖ **Plau|scherl** das, -s/-[n] (ugs.): *Plausch*

plau|si|bel ⟨lat.-fr.⟩: ein plausibler *(überzeugender, einleuchtender)* Grund ‖ **Plau|si|bi|li|tät** die, -/-en

play ['pleɪ] ⟨engl.⟩ (wörtl.: spielen): *Bezeichnung der Wiedergabetaste [am Rekorder]* ‖ **Play-back** ['p-bæk, auch: -'æ-] = **Play|back** das, -[s]/-s: *nachträgliche Abstimmung zB der Bildaufnahme mit der Tonaufnahme* | *getrennte Tonaufnahme von Gesang und Begleitung* | *stummes Agieren zur Tonaufnahme* ‖ **Play|boy:** *dem Vergnügen nachgehender reicher Mann* ‖ **Play|er** der, -s/-: *ein Abspielgerät;* DVD-Player ‖ **Play|girl** [-gɜl]: *dem Vergnügen nachgehende, junge, leichtlebige Frau* ‖ **Play|mate** [-meɪt] das, -s/-s: *Fotomodell [in Männermagazinen]* ‖ **Play-off** = **Play|off** das, -s/-s: *System von Ausscheidungsspielen in bestimmten Sportarten* ‖ **Play-off-Run|de** = **Play|off|run|de** = **Play|off-Run|de:** *Endrunde eines sportlichen Wettbewerbes, in der jede/r gegen jede/n spielt* ‖ **Play|sta|tion** ['p-steɪʃn] die, -/-s = **Play|Sta|tion** (Wz.): *eine Spielkonsole*

Pla|zen|ta die, -/-s [Plazenten] ⟨lat.⟩ (Med.): *Mutterkuchen; Nachgeburt*

Pla|zet = Placet [-ts-] das, -s/-s ⟨lat.⟩ (geh.): sein P. *(seine Zustimmung)* geben

Ple|be|jer der, -s/- ⟨lat.⟩ (abw.): *gewöhnlicher, ungebildeter Mensch* ‖ **Ple|be|je|rin** die, -/-innen (abw.) ‖ **ple|be|jisch** (abw.): *ungehobelt, gewöhnlich* ‖ **Ple|bis|zit** das, -[e]s/-e: *Volksabstimmung* ‖ **Plebs** die, - (abw.): *gewöhnliches Volk*

ple|dern → bledern

Plein Pou|voir ['plɛ̃ pu'vu̯aːr] das, - -[s] ⟨fr.⟩ (geh.): *uneingeschränkte Vollmacht*

> **plei|te**
>
> (ugs.): *zahlungsunfähig, bankrott*
>
> **Kleinschreibung in Verbindung mit „sein" und „werden":**
> – pleite sein; der Betrieb ist pleite
> – pleite werden
> R→ S. 891, 1.2.1
>
> **Großschreibung:**
> – **P**leite machen
> – eine **P**leite erleben *(einen Misserfolg)*
>
> **Zusammenschreibung bei übertragener Bedeutung:**
> – die Firma wird pleitegehen; *daher klein in getrennter Stellung:* wenn du so weitermachst, gehst du pleite R→ S. 900, 1.5.1

Plei|te die, -/-n (ugs.): eine P. erleben; → pleite ‖ **plei|te|ge|hen:** die Firma geht pleite; → pleite ‖ **Plei|te|gei|er** (ugs.): *Symbol für eine Pleite;* der P. kreist über dem Betrieb ‖ **Plei|te|staat** (ugs., abw.) ‖ **Plei|ti|er** [-'ti̯eː] der, -s/-s: *jemand, der pleitegegangen ist*

Plek|tron das, -s/Plektra [Plektren] = **Plek|trum,** -s/Plektra ⟨gr.-lat.⟩: *Blättchen zum Zupfen der Saiten [der Mandoline]*

plem|plem (ugs.): *blöd, verrückt*

Ple|nar|de|bat|te ⟨lat.+fr.⟩: die P. im Nationalrat wird live übertragen ‖ **Ple|nar|saal:** *Sitzungssaal fürs Plenum* ‖ **Ple|nar|sit|zung:** *Plenum* ‖ **ple|no or|ga|no** ⟨lat.⟩ (Mus.): *mit vollem Orgelwerk* ‖ **ple|no ti|tu|lo** ⟨lat.⟩ → p. t.

Plen|ten der, -s, *auch:* die, - (K, T, mda.): *Polenta* | (SüdT) *Buchweizen*

Plen|te|rung die, - (Forstwirt.): *Schlägerung einzelner Baumstämme*

Ple|num das, Plena ⟨lat.⟩: *Vollversammlung [des Nationalrats] (im Gegensatz zu den Ausschüssen)*

Ple|o|nas|mus der, -/Pleonasmen ⟨gr.-lat.⟩ (Lit.): *Anhäufung sinnverwandter Ausdrücke, zB* runder Kreis

Pleu|el|stan|ge (Technik): *Schubstange, die eine hin- und hergehende Bewegung in eine drehende überführt*

Pleu|ri|tis die, -/Pleuritiden ⟨gr.⟩ (Med.): *Rippenfellentzündung*

Ple|xi|glas (Wz.): *glasartiger Kunststoff*

Pli|see das, -s/-s ⟨fr.⟩: ein Rock mit engem P. *(mit schmalen, gepressten Falten)* ‖ **pli|sie|ren**

Plö|cken der = die, -: *Plöckenpass* ‖ **Plö|cken|pass:** *ein Pass zwischen Österreich (K) und Italien*

plo|dern (ostöst., ugs.): *pludern*

Plom|be die, -/-n ⟨lat.-fr.⟩: *Bleisiegel, Bleiverschluss* | *Zahnfüllung* ‖ **plom|bie|ren** ‖ **Plom|bie|rung** die, -/-en

plopp: es macht p. *[ein Geräusch]* ‖ **plop|pen** (bes. D): *[leise] knallen;* der Sektkorken ploppt

Plot der = das, -s/-s ⟨engl.⟩: *Handlung [eines Films]*

Plot|ter der, -s/- ⟨engl.⟩: *Drucker für großformatige Grafiken oder technische Zeichnungen*

Plöt|ze die, -/-n ⟨westslaw.⟩ (Zool.): → *Rotauge*

plötz|lich ‖ **Plötz|lich|keit** die, -

Plu|der|ho|se: *weite, bauschige Hose* ‖ **plu|dern:** ein pludernder *(sich bauschender)* Ärmel

Plug-in ['plʌg-, -'ɪn] = **Plug|in** das, -s/-s ⟨engl.⟩ (EDV): *Erweiterung zu einem Computerprogramm; kleines Zusatzprogramm*

Plu|meau [ply'moː] das, -s/-s ⟨fr.⟩ (veraltet): *kurze Daunendecke, kleine Tuchent*

plump: *unförmig;* plumpe Bewegungen ‖ **Plump|heit** die, -/-en ‖ **plumps:** *Ausruf, wenn etwas hinunterfällt* ‖ **plump|sen,** du plumpst ‖ **Plumps|klo** = **Plumps|klo|sett** (ugs., veraltend): *Abort ohne Muschel und Spülung; Latrine*

Plum|pud|ding ['plʌm-] ⟨engl.⟩: *eine englische Süßspeise*

plump|ver|trau|lich, *auch:* **plump-ver|trau|lich:** er hat mich p. angesprochen

Plun|der der, -s: *wertloses Zeug* ‖ **Plün|de|rer** der, -s/-: *jemand, der plündert* ‖ **Plun|der|ge|bäck:** *ein Gebäck aus Plunderteig* ‖ **Plün|de|rin** die, -/-innen ‖ **Plun|der|kip|ferl** ‖ **plün|dern:** ein Geschäft p. *(es völlig ausrauben)* ‖ **Plun|der|teig** ‖ **Plün|de|rung** die, -/-en

Plu|ral der, -s/-e (Pl.) ⟨lat.⟩ (Gramm.): *Mehrzahl;* → G.: Singular ‖ **Plu|ra|le|tan|tum** das, -s/-[s] [Pluraliatantum]: *Mehrzahlwort, zB* Leute, Eltern; → G.: Sin-

P

gularetantum ‖ **pluralisch** ‖ **pluralisieren** ‖ **Pluralismus** der, -: *Vielfalt von gleichberechtigten [Meinungen, Gruppen]* ‖ **pluralistisch:** pluralistische Gesellschaft ‖ **Pluralität** die, -/-en: *Mehrzahl, Vielzahl*

plus ⟨lat.⟩: drei p. *(und)* vier *ist* sieben; p. 3 Grad = 3 Grad p. *(über null);* → G.: minus ‖ **Plus** das, -/-: die Abrechnung ergab ein P. *(einen Überschuss)*

Plüsch der, -[e]s/-e: *ein samtartiges Gewebe* ‖ **Plüschbär** ‖ **plüschig** ‖ **Plüschtier**

Plusgrad ⟨lat.⟩ ‖ **Pluspol** (+-Pol) ‖ **Plusquamperfekt** (Gramm.): *eine Zeitform des Verbs; 3. Vergangenheit, vollendete Vergangenheit, Vorvergangenheit* ‖ **Pluszeichen** (+): *Additionszeichen, Undzeichen*

Pluto[1] = Pluton: *griechischer Gott des Reichtums und der Unterwelt* ‖ **Pluto**[2] der, -[s]: *ein Zwergplanet* ‖ **Plutokratie** die, -/-n: *Herrschaft der Reichsten* ‖ **Pluton** = → Pluto[1] ‖ **Plutonium** das, -s (Zeichen: Pu): *ein chemisches Element*

Plutzer der, -s/-, *auch:* Blutzer (mda.): *Kürbis* | *ein Steingutgefäß* | (abw.) *Kopf*

PLZ: Postleitzahl

Pm: Promethium

p. m.: pro memoria

Pneu der, -s/-s ⟨gr.⟩ (veraltet): *luftgefüllter Reifen* ‖ **Pneumatik** die, -/-en (Phys.): *Kraftübertragung durch Druckluft* ‖ **pneumatisch:** eine pneumatische *(durch Druckluft betätigte)* Tür | (Phil., Rel.) *geistig* ‖ **Pneumonie** die, -/-n (Med.): *Lungenentzündung*

Po[1] der, -s: *ein Fluss in Italien*

Po[2] der, -s/-s: *Kurzwort für Popo*

Po[3]: **Polonium**

Pöbel der, -s ⟨fr.⟩ (abw.): *Gesindel* ‖ **Pöbelei** die, -/-en ‖ **pöbelhaft:** pöbelhaftes *(flegelhaftes)* Benehmen

pochen: das pochende *(klopfende)* Herz | auf sein Recht p. *(darauf bestehen)*

pochieren [-ʃ-] ⟨fr.⟩ (Küchenspr.): *in kochendem Wasser garen;* pochierter Fisch

Pöchlarn: *Stadt in Niederösterreich*

Pocke die, -/-n: *Blattermal; Impfnarbe* | (nur Pl.) *eine ansteckende Krankheit, Blattern* ‖ **pockennarbig** ‖ **Pockenschutzimpfung**

Pocketcomputer [-k-ˌpjuː-] (veraltend) ⟨engl.⟩: *Taschencomputer* ‖ **Pocketkamera:** *Taschenkamera* ‖ **Pocket-PC** [-pe ˌtseː] (veraltend)

pockig: *pockennarbig*

poco [ˈpɔːko] ⟨it.⟩ (Mus.): *ein wenig;* p. allegro

Podagra das, -[s] ⟨gr.-lat.⟩ (veraltet): *Gicht, bes. in den Füßen*

Podcast [-kaː-] das, -[s]/-s ⟨engl.⟩: *Audio- oder Videodatei im Internet* ‖ **podcasten** ‖ **Podcasting** das, -[s]: *Produzieren und Anbieten von Podcasts*

Podest das, -[e]s/-e ⟨gr.-lat.⟩: *podiumartiger Sockel*

Podex der, -/-e ⟨lat.⟩ (scherzh.): *Gesäß*

Podgorica [-tsa]: *Hauptstadt von Montenegro*

Podium das, -s/Podien [-i̯ɛn] ⟨gr.-lat.⟩: *Erhöhung des Fußbodens [für den Redner]* ‖ **Podiumsdiskussion:** *Diskussion zwischen vorher bestimmten Partnern vor einem Publikum*

Poem das, -s/-e ⟨gr.-lat.⟩ (geh.): *Dichtung* ‖ **Poesie** die, -/-n (geh.): *Dichtkunst* | *Schönheit, die das Gefühl anspricht;* die P. dieser Landschaft ‖ **Poet** der, -en/-en (geh.): *Dichter* ‖ **Poetik** die, -: *Lehre von der Dichtung* ‖ **Poetin** die, -/-innen (geh.) ‖ **poetisch:** *dichterisch*

Pofel[1] der, -s/-s (reg., bes. T, V, mda.): *dritter Grasschnitt*

Pofel[2] der, -s (ugs., abw.): *minderwertige Ware, Schund* ‖ **pofeln,** ich pofle (ugs., abw.): *stark rauchen*

Pofese → Pafese

Poganize die, -/-n (reg., zB St, K): *eine Mehlspeise*

Pogatsche die, -/-n ⟨rom.-slaw.⟩ (ostöst.): *eine [Grammel]bäckerei*

Pogrom das = der, -s/-e ⟨russ.⟩: *Ausschreitungen gegen eine unterdrückte Bevölkerungsgruppe* ‖ **Pogromnacht** (Gesch.): *Novemberpogrom*

Pointe [pɔ̯ɛ̃ːt, auch: ˈpɔɪntə] die, -/-n ⟨fr.⟩: *Höhepunkt, Schlusseffekt [eines Witzes]* ‖ **pointieren** ‖ **pointiert:** *treffend, betont geistreich formuliert* ‖ **Pointillismus** der, -: *eine impressionistische Stilrichtung der Malerei* ‖ **pointillistisch**

Pokal der, -s/-e ⟨gr.-lat.-it.⟩: *ein kelchartiges Gefäß [als Siegespreis]*

Pökelfleisch: *Surfleisch* ‖ **pökeln:** *einpökeln, suren* ‖ **Pökelsalz**

Pokémon das, -[s]/-[s] ⟨ jap.⟩ (Wz.): *Figur in [japanischen] Zeichentrickfilmen und Comics* | *ein Videospiel*

Poker das, -s ⟨engl.⟩: *ein Glücksspiel mit Karten* ‖ **Pokerface** [-feɪs] das, - (sal.): *unbewegtes Gesicht* ‖ **pokern:** *Poker spielen* | hoch p. *(risikoreich verhandeln; viel riskieren)*

pokulieren ⟨lat.⟩ (veraltet): *bechern, zechen*

Pol der, -s/-e ⟨gr.-lat.⟩: *Endpunkt der Erdachse, Nordpol, Südpol* | (Phys.) *Ein- bzw. Austrittspunkt eines elektrischen oder magnetischen Feldes;* Pluspol; → polar

Polack der, -en/-en ⟨poln.⟩ (abw., veraltend): *Pole* ‖ **Polackin** die, -/-innen (abw., veraltend)

polar ⟨gr.-lat.⟩: polare *(vom Nordpol her eindringende)* Kaltluft | p. *(genau)* entgegengesetzt ‖ **Polarexpedition** [-tsi̯-] ‖ **Polarforscher** ‖ **Polarforscherin** ‖ **Polargebiet** ‖ **Polarisation** [-tsi̯-] die, -/-en ‖ **Polarisationsebene** (Phys.): *Schwingungsebene einer polarisierten Welle* ‖ **polarisieren:** polarisiertes *(nur in einer Ebene schwingendes)* Licht | Meinungen p. sich *(konzentrieren sich in zwei entgegengesetzten Positionen)* ‖ **Polarisierung** die, -/-en ‖ **Polarität** die, -/-en: *Gegensätzlichkeit* ‖ **Polarkreis:** *Breitenkreis ca. 66,5° nördlicher bzw. südlicher Breite* ‖ **Polarlicht:** *nächtliches Leuchten in polaren Gebieten, zB Nordlicht* ‖ **Polarluft:** *sehr trockene Kaltluft aus der Polarregion* ‖ **Polarnacht**

Polaroid das, -s (Wz.): *ein Sofortbildsystem* | (mit Pl. -s) *Kurzwort für Polaroidfoto* ‖ **Polaroidfilm** (Wz.) ‖ **Polaroidfoto** (Wz.) ‖ **Polaroidkamera** (Wz.): *Sofortbildkamera*

Polarstern der, -[e]s

Polder der, -s/-: *durch Deiche der Nordsee abgewonnenes Land*

Poldi = **Poldl:** *weibl. und männl. Vorname (Leopold, Leopoldine uÄ)*

Pole der, -n/-n → polnisch

Polemik die, -/-en ⟨gr.-fr.⟩: *vor anderen, meist unsachlich ausgetragener Meinungsstreit* ‖ **polemisch:** *kämpferisch, streitsüchtig* ‖ **polemisieren**

Polen (Kfz: PL): *ein Staat;* → pol-

P

nisch

Po|len|ta die, -/-[s] [Polenten] = der, -s/-[s] [Polenten] ⟨lat.-it.⟩ (reg.): *Maisgrieß, Maismehl* | *Speise aus Maisgrieß*

Po|len|te die, - ⟨Rotwelsch-jidd.⟩ (ugs.): *Polizei*

Po|le|po|si|ti|on ['pəʊlpəzɪʃn] die, -/-s ⟨engl.⟩ (Sport): *vorderster Startplatz im Autorennen*

Po|li|ce [-sɛ] die, -/-n ⟨fr.⟩ (D): *Polizze*

Po|lier der, -s/-e ⟨lat.-fr.⟩: *Leiter einer [Fach]arbeitergruppe* ‖ **po|lie|ren:** *glatt machen, zB Marmor; zum Glänzen bringen, zB Gläser;* → politieren ‖ **Po|lie|rin** die, -/-innen: *weibl. Form von Polier* ‖ **Po|lier|mit|tel**

-po|lig ⟨gr.-lat.⟩ (nur in Zusammensetzungen wie zweipolig)

Po|li|kli|nik ⟨gr.+gr.-lat.⟩: *ein städtisches Krankenhaus*

Po|lin die, -/-innen

Po|lio die, - ⟨gr.⟩ (Med.): *Kurzwort für Poliomyelitis* ‖ **Po|lio|mye|li|tis** [-my-] die, -/Poliomyelitiden (Med.): *eine ansteckende Infektionskrankheit, Kinderlähmung*

Po|lit|bü|ro ⟨gr.-lat.-fr.-russ.⟩: *politisches Führungsgremium [in der ehemaligen UdSSR]*

Po|li|tes|se [-'ɛs] die, -/-n ⟨gr.-lat.-fr.⟩: *Polizistin für bestimmte Aufgabenbereiche*

Po|li|ti|cal Cor|rect|ness [-kl k-kt-] die, - - (PC) ⟨engl.⟩: *Vermeidung von Ausdrücken und Themen, die bestimmte Personengruppen verletzen könnten*

po|li|tie|ren ⟨lat.-fr.⟩ (bes. ostöst.): *polieren;* Möbel p. *(sie mit einer Politur glänzend machen)*

Po|li|tik die, - ⟨gr.-lat.-fr.⟩: *Staatskunst; Beschäftigung mit öffentlichen Angelegenheiten [des Staates]* ‖ **Po|li|ti|ker** der, -s/- ‖ **Po|li|ti|ke|rin** die, -/-innen ‖ **Po|li|ti|kum** das, -s/Politika (geh.): *Angelegenheit von öffentlichem oder parteipolitischem Interesse* ‖ **Po|li|tik|ver|dros|sen|heit:** *Enttäuschung über die Politik, Desinteresse an Politik* ‖ **Po|li|tik|wis|sen|schaft** die, -: *Politologie* ‖ **po|li|tisch:** ein politischer Auftrag; *aber:* Politische Bildung *(ein Unterrichtsgegenstand);* → G.: apolitisch ‖ **Po|li|ti|sche**[1] der, -n/-n, ein Politischer (ugs.): *politischer Häftling* ‖ **Po|li|ti|sche**[2] die, -n/-n (ugs.) ‖ **po|li|ti|sie|ren** (meist abw.): *öffentliche Angelegenheiten erörtern* ‖ **Po|li|ti|sie|rung** die, -/-en ‖ **Po|lit|jus|tiz** (Pol., abw.): *Einflussnahme durch Politiker auf Gerichtsverfahren (zB in einem Ermittlungsverfahren)* ‖ **Po|lit|land|schaft** ‖ **Po|lit|mord:** *[Auftrags]mord mit politischem Hintergrund* ‖ **Po|li|to|lo|ge** der, -n/-n ‖ **Po|li|to|lo|gie** die, -: *Politikwissenschaft* ‖ **Po|li|to|lo|gin** die, -/-innen ‖ **Po|lit|pen|si|on** (sal.): *[hohe] Politikerpension* ‖ **Po|lit|pro|mi|nenz** ‖ **Po|lit|show** [-ʃəʊ] (auch abw.): *öffentliche politische Veranstaltung [vor großem Publikum]* ‖ **Po|lit|skan|dal** ‖ **Po|lit|sze|ne**

Po|li|tur die, -/-en ⟨lat.-fr.⟩: *Flüssigkeit, die in Holz eingerieben wird; der glänzende Überzug, der dabei entsteht*

Po|li|zei die, - ⟨gr.-lat.⟩: *Teil der Exekutive für die innere Sicherheit;* → Gendarmerie ‖ **Po|li|zei|an|hal|te|zen|trum** (Amtsspr.) ‖ **Po|li|zei|be|am|te** ‖ **Po|li|zei|be|am|tin** ‖ **Po|li|zei|be|fug|nis|ge|setz** ‖ **Po|li|zei|di|rek|ti|on** [-tsi-] ‖ **Po|li|zei|ein|satz** ‖ **Po|li|zei|es|kor|te:** *Schutz-, Ehrengeleit durch Polizeifahrzeuge* ‖ ‖ **Po|li|zei|ge|fan|ge|nen|haus,** *amtsspr. auch:* **Po|li|zei|ge|fan|gen|haus** (Amtsspr.) ‖ **Po|li|zei|ge|walt** ‖ **Po|li|zei|griff:** *rasches Drehen der Arme [eines Festzunehmenden] auf den Rücken* ‖ **Po|li|zei|hund** ‖ **Po|li|zei|in|spek|ti|on** [-sp-, auch: -ʃp-] ‖ **Po|li|zei|in|spek|tor** ‖ **Po|li|zei|in|spek|to|rin** ‖ **Po|li|zei|jus|tiz** (Pol., abw.): *Einflussnahme durch die Polizei (zB in einem Ermittlungsverfahren)* ‖ **Po|li|zei|kom|man|do:** *Polizeidienststelle;* Landespolizeikommando | *Einsatztruppe der Polizei* ‖ **Po|li|zei|kom|mis|sar** ‖ **Po|li|zei|kom|mis|sär** (veraltet): *Polizeikommissar* ‖ **Po|li|zei|kom|mis|sa|ri|at:** *Polizeidienststelle, Polizeiposten* ‖ **Po|li|zei|kom|mis|sa|rin** ‖ **Po|li|zei|kom|mis|sä|rin** (veraltet) ‖ **Po|li|zei|kon|trol|le** ‖ **Po|li|zei|ko|ter** (veraltet): *Gefängnis* ‖ **po|li|zei|lich:** sich p. melden ‖ **Po|li|zei|not|ruf:** *die Telefonnummer 133 bzw. international 112* ‖ **Po|li|zei|pos|ten:** *Einsatzstelle der Polizei* ‖ **Po|li|zei|prä|si|dent** ‖ **Po|li|zei|prä|si|den|tin** ‖ **Po|li|zei|re|vier** [-v-]: *städtische Polizeidienststelle* ‖ **Po|li|zei|schutz** ‖ **Po|li|zei|staat:** *Staat, in dem öffentliches und privates Leben unter dem Druck der Polizei steht* ‖ **Po|li|zei|stun|de:** *Sperrstunde [für Lokale]* ‖ **Po|li|zei|wach|zim|mer** ‖ **Po|li|zist** der, -en/-en: *Wachebeamter* ‖ **Po|li|zis|tin** die, -/-innen

Po|liz|ze die, -/-n ⟨gr.-lat.-it.⟩: *Versicherungsurkunde*

Pol|ka die, -/-s ⟨poln.-tschech.⟩: *ein Musikstück* | *ein Tanz*

Pol|len der, -s/-: *Blütenstaub* ‖ **Pol|len|al|ler|gie** (Med.): *Heuschnupfen uÄ* ‖ **Pol|len|korn**

Pol|ler der, -s/-: *ein fester Pfosten [zum Festmachen von Booten]* | *eine [versenkbare] Abgrenzung auf Straßen, Gehsteigen uÄ*

Pol|lu|ti|on [-tsi-] die, -/-en ⟨lat.⟩ (Med.): *unwillkürlicher Samenerguss*

pol|nisch → Polen ‖ **Pol|nisch** das, -[s] = **Pol|ni|sche**[1], -n: *die polnische Sprache* ‖ **Pol|ni|sche**[2] die, -n: *eine Wurstsorte*

Po|lo das, -s ⟨engl.⟩: *ein Ballspiel [vom Pferd aus];* P. spielen

Po|lo|nä|se = Polonaise [-'nɛ:s, -zɛ] die, -/-n ⟨poln.-fr.⟩: *ein polnischer Tanz; ein Musikstück*

Po|lo|ni|um das, -s ⟨lat.⟩ (Zeichen: Po): *ein chemisches Element*

Po|lo|shirt [-ʃɜ:t] ⟨engl.⟩: *ein T-Shirt mit Kragen*

Pols|ter der = das, -s/Pölster [Polster]: *weiche [mit Federn] gefüllte [Kopf]unterlage* | *Spielraum, Reserve;* ein finanzieller P. ‖ **Pols|te|rer** der, -s/-: *Tapezierer für Polstermöbel* ‖ **Pols|ter|gar|ni|tur:** *mehrere zusammengehörige Polstermöbel* ‖ **Pols|te|rin** die, -/-innen ‖ **Pols|terl** das, -s/-[n]: *[kleiner] Polster* ‖ **Pols|ter|mö|bel** ‖ **pols|tern:** einen Sessel p. ‖ **Pols|ter|schlacht** ‖ **Pols|ter|ses|sel** ‖ **Pols|ter|über|zug** ‖ **Pols|te|rung** die, -/-en ‖ **Pols|ter|zie|che** (ugs., veraltend): *Polsterüberzug* ‖ **Pols|ter|zipf:** *Polsterzipfel* | (Küchenspr., reg.) *eine Mehlspeise*

Pöl|ten → Sankt Pölten

Pol|ter|abend: *Vorabend der Hochzeit* ‖ **Pol|te|rei** die, -/-en ‖ **Pol|ter|geist:** *Klopfgeist* | *harmloser Unruhestifter* ‖ **pol|tern:** *dröhnend lärmen* | *schimpfen*

poly- [-li-, -ly-] ⟨gr.⟩ (nur in Zusammensetzung wie zB polytechnisch) ‖ **Po|ly** das, -s/-s (ugs.): *Kurzwort für Polytechnische Schule* ‖ **Po|ly|ac|ryl** [-'kry:l]: *eine Synthetikfaser* ‖ **Po|ly|amid** das, -[e]s/-e (Chem.): *ein Kunststoff* ‖ **Po|ly|ar|thri|tis** die, -/Polyarthritiden (Med.): *Entzün-*

P

dung mehrerer Gelenke ‖ **Po|ly|äthy|len** [-ty-] das, -s/-e (Chem.): *ein Kunststoff* ‖ **po|ly|chrom** [-k-]: *mehrfärbig* ‖ **Po|ly|chro|mie** die, -: *Vielfarbigkeit* ‖ **Po|ly|eder** der (*auch:* das), -s/- (Math.): *regelmäßiger vielflächiger Körper* ‖ **Po|ly|es|ter** der, -s/-: *ein Kunststoff* ‖ **Po|ly|ethy|len** [-ty-] (fachspr.) → Polyäthylen ‖ **po|ly|fon** → polyphon ‖ **Po|ly|fo|nie** → Polyphonie ‖ **po|ly|gam:** *in mehrfacher Ehe- bzw. Geschlechtsgemeinschaft lebend* ‖ **Po|ly|ga|mie** die, -: *Vielehe;* → G.: Monogamie ‖ **Po|ly|ga|mist** der, -en/-en ‖ **Po|ly|ga|mis|tin** die, -/-innen ‖ **po|ly|glott:** *mehr-, vielsprachig* ‖ **Po|ly|gon** das, -s/-e: *Vieleck* ‖ **Po|ly|his|tor** der, -s/-en [-'to:-]: *Gelehrter in vielen Wissenschaften* ‖ **Po|ly|his|to|rin** die, -/-innen ‖ **Po|ly|me|ri|sa|ti|on** [-tsi̯-] die, -/-en (Chem.): *ein Verfahren zur Herstellung von Kunststoffen* ‖ **po|ly|me|ri|sie|ren** ‖ **Po|ly|ne|si|en:** *Inselgruppen im Pazifik* ‖ **Po|lyp** [-'yp, -'ip] der, -en/-en: *ein Nesseltier* | (ugs. auch für) *Tintenfisch, Krake* | (Med.) *eine Wucherung [im Nasen-Rachen-Raum, im Darm]* ‖ **po|ly|fon** [-i-, -y-] = polyphon [-f-] (Mus.): *mit mehreren gleichwertig geführten Stimmen;* → homofon; → heterofon ‖ **Po|ly|fo|nie** = **Po|ly|pho|nie** die, - (Mus.) ‖ **Po|ly|rhyth|mik** [-'ry-]: *Gleichzeitigkeit mehrerer Rhythmen* ‖ **Po|ly|se|mie** die, - (Sprachwiss.): *Existenz verschiedener Bedeutungen eines Wortes* ‖ **Po|ly|sty|rol** [-sty-] das, -s/-e (Chem.): *ein Kunststoff* ‖ **po|ly|tech|nisch:** p. orientierte Schulen; *aber:* die Polytechnische Schule (PTS) *(eine Schulart, die 9. Schulstufe der allgemein bildenden Pflichtschule)* ‖ **Po|ly|the|is|mus** der, -: *Glaube an mehrere Götter; Vielgötterei;* → G.: Monotheismus

pöl|zen: einen Stollen p. *(durch Pfosten stützen)* ‖ **Pöl|zung** die, -/-en

Po|ma|de die, -/-n ⟨it.-fr.⟩ (veraltet): *ein Haarfett [für Männer]* ‖ **po|ma|dig** (veraltet): pomadige Haare | (bes. D, ugs.) *träge, eingebildet* ‖ **po|ma|di|sie|ren** (veraltet)

po|ma|li ⟨slaw.⟩ (ostöst., ugs., sal.): *langsam, gemächlich*

Po|me|rant|sche die, -/-n ⟨pers.-lat.-it.⟩ (reg., veraltet): *Orange* | = Pomeranze (ugs., veraltend, reg.) *einfältige Frau* ‖ **Po|me|ran|ze** die, -/-n: *eine Zitrusfrucht* | = → Pomerantsche

Pom|mes die (Pl.) ⟨fr.⟩ (sal.): *Pommes frites* ‖ **Pom|mes frites** [pɔm 'frit] die (Pl.) ⟨fr.⟩: *in Fett gebackene Erdäpfelstäbchen*

Pomp der, -[e]s ⟨gr.-lat.-fr.⟩ (geh.): *[übertriebener] Prunk* ‖ **Pomp|fü|ne|be|rer** der, -s/- (W, ugs., veraltet, oft scherzh.): *feierlich gekleideter bzw. uniformierter Leichenbegleiter bei Begräbnissen*

Pom|pon [põ'põ:] der, -s/-s ⟨fr.⟩: *kugelähnliche Quaste an Kleidungstücken*

pom|pös ⟨gr.-lat.-fr.⟩: *[übertrieben] prunkvoll*

Pö|na|le das, -s/- (-lien [-i̯ɛn]) ⟨lat.⟩: *Geldbuße*

Pon|cho [-tʃɔ] der, -s/-s ⟨indian.-span.⟩: *ein ärmelloser Umhang*

Pond das, -s/- ⟨lat.⟩ (p): *(in Österreich nicht mehr gesetzliche) Maßeinheit für die Kraft, 0,0098 N*

Pon|gau [-ŋg-] der, -s: *Landesteil von Salzburg*

Pon|ti|fex ma|xi|mus der, - -/Pontifices [-ts-] maximi ⟨lat.⟩: *oberster Priester im alten Rom* | (kath.) *Ehrentitel des Papstes* ‖ **pon|ti|fi|kal:** *bischöflich* ‖ **Pon|ti|fi|kal|amt:** *von einem Geistlichen im Bischofsrang gehaltenes Hochamt* ‖ **Pon|ti|fi|kat** das = der, -[e]s/-e: *Amtszeit bzw. Würde des Papstes oder des Bischofs*

Pon|ti|us [-tsi̯-] (ugs.) (nur in der Wendung): von P. zu Pilatus *(von einer Stelle zur anderen)* geschickt werden *(nach dem römischen Statthalter Pontius Pilatus in der Bibel)*

Pon|ton der, -s/-s ⟨lat.-fr.⟩: *bootartiger Teil einer schwimmenden Brücke* ‖ **Pon|ton|brü|cke**

Po|ny[1] [-i] das, -s/-s ⟨schottisch-engl.⟩: *eine kleinwüchsige Pferderasse* ‖ **Po|ny**[2] der, -s/-s: *ein Haarschnitt* ‖ **Po|ny|fri|sur**

Pool [pu:l] der, -s/-s ⟨engl.⟩: *Swimmingpool* | *eine Interessengemeinschaft [von Firmen]; Zusammenschluss;* ein P. von Expertinnen ‖ **Pool|bil|lard** ['pu:lbi(l)ja:r]

Pop der, -s ⟨engl.⟩: *Kurzwort für Popmusik, Popkunst uÄ;* → Popper

Po|panz der, -es/-e ⟨slaw.⟩: *[ausgestopftes] Schreckgespenst* | *lächerliche Figur*

Pop-Art die, - ⟨engl.⟩: *eine Kunst- und Geschmacksrichtung des 20. Jh.;* → Pop

Pop|corn [-k-] das, -s ⟨engl.⟩: *geröstete Maiskörner*

Po|pe der, -n/-n ⟨gr.-russ.⟩: *ein Geistlicher der Ostkirchen*

Po|pe|lin [-'pli:n] der, -s/-e ⟨fr.⟩: *ein Baumwollgewebe*

Pop|grup|pe ⟨engl.+it.-fr.⟩ → Pop ‖ **Pop|kon|zert** ‖ **Pop|mu|sik:** *ein Musikstil, Popularmusik* ‖ **Pop|mu|si|ker** ‖ **Pop|mu|si|ke|rin**

Po|po der, -s/-s (sal.): *Gesäß, Po*

pop|pen (bes. D) (Jug., sal.): *koitieren*

Pop|per der, -s/- ⟨engl.⟩: *modisch gekleideter Jugendlicher (bes. in den 80er Jahren)* | *Popmusiker;* → Pop ‖ **Pop|pe|rin** die, -/-innen ‖ **pop|pig** (sal.): ein poppiges *(im Stil der Pop-Art gestaltetes)* Plakat; → Pop ‖ **Pop|star** [-st-] ‖ **po|pu|lär** ⟨lat.-fr.⟩: *volkstümlich; allgemein beliebt* | *gemeinverständlich;* ein Thema p. aufbereiten ‖ **Po|pu|lar|be|schwer|de:** *eine Beschwerde von Gebührenzahlern gegen den ORF* ‖ **po|pu|la|ri|sie|ren:** *volkstümlich darstellen* ‖ **Po|pu|la|ri|tät** die, - ‖ **Po|pu|lar|kla|ge** (Jus): *Klage eines Einzelnen ungeachtet seines persönlichen Bezugs zum Sachverhalt* ‖ **Po|pu|lar|mu|sik:** *volkstümliche Musik* ‖ **po|pu|lär|wis|sen|schaft|lich** ‖ **Po|pu|la|ti|on** [-tsi̯-] die, -/-en ⟨lat.⟩: *Bevölkerung* | (Biol.) *Gesamtheit der Individuen einer Art bzw. Rasse* ‖ **Po|pu|lis|mus** der, -/Populismen (Pol., oft abw.): *Politik, die nur bei der öffentlichen Meinung Zustimmung finden oder sie beeinflussen will* ‖ **po|pu|lis|tisch** (oft abw.): *nur auf die öffentliche Meinung bedacht*

Pop-up [-ʌp] das, -s/-s ⟨engl.⟩ (EDV): *Kurzwort für Pop-up-Fenster* ‖ **Pop-up-Fens|ter** (EDV): *ein sich am Bildschirm öffnendes Element* ‖ **Pop-up-Blo|cker** (EDV)

Po|re die, -/-n: *feine [Haut]öffnung* ‖ **po|ren|tief** ‖ **po|rig**

Por|no der, -s/-s ⟨gr.⟩: *Kurzwort für Porno[film]* ‖ **Por|no|film** ‖ **Por|no|gra|fie** = Pornographie [-f-] die, -/-n: *unzüchtige Darstellung von Sexualität in Wort und Bild* ‖ **por|no|gra|fisch** = **por|no|gra|phisch**

po|rös ⟨gr.-lat.-fr.⟩: *[wasser]durchlässig* | *undicht, löchrig* ‖ **Po|ro|si|tät** die, -

Por|phyr [-'fy:ə] der, -s/-e ⟨gr.⟩: *ein Gestein*

P

Por|ree [auch: 'pɔ-; mda.: 'buəre] der, -s/-s ⟨lat.-fr.⟩: *ein Gemüse, Lauch*
Por|ridge [-dʒ] der, -s ⟨engl.⟩: *englischer Haferbrei als Frühstück*
Port der, -s/-s ⟨fr.-engl.⟩ (EDV): *Schnittstelle* | (veraltend) *Hafen*
Por|ta|ble ['pɔːtəbl] der = das, -s/-s ⟨engl.⟩: *tragbares Radio-, Fernsehgerät uÄ*
Por|tal das, -s/-e ⟨lat.-fr.⟩: *großes, wirkungsvoll ausgeführtes Tor* | *Eingangsfront* | *Einstiegsseite ins Internet*
Porte|feuil|le [-t'fœı] das, -s/-s ⟨fr.⟩ (geh.): *Brieftasche* | (Pol.) *Amt eines Ministers;* eine Ministerin ohne P. *(ohne eigenes Ministerium)* || **Por|te|mon|naie** [-tmɔ'neː] = → Portmonee || **Por|te|pee** das, -s/-s (früher): *Quaste am Säbel oder Degen von Offizieren;* jemanden beim P. *(bei der Ehre)* packen
Port|fo|lio das, -s/-s ⟨it.⟩: *Mappe mit Kunstblättern* | *Bildband* | *Portefeuille; Geschäftsbereich* | (Bildw.) *Sammlung von Schülerarbeiten als eine Form der Leistungsfeststellung*
Por|tier[1] [-tiːə] der, -s/-e = **Por|ti|er**[2] [-'tjeː], -s/-s ⟨fr.⟩: *Hotelportier* | *Auskunfts- und Kontrollorgan beim Eingang von großen [Firmen]gebäuden* | (veraltet) *Hausbesorger* || **Por|ti|e|re** [-'tjeːɔ, 'tjeːrɛ] die, -/-n: *ein Türvorhang* | *Portierin* || **Por|tie|rin** die, -/-innen, *auch:* Portiere [-'tjeːə, 'tjeːrɛ] die, -/-n: *weibl. Form von Portier* || **Por|tier|lo|ge** [-loːʃ, -ʒɛ]: *Dienstraum des Portiers*
Por|ti|on [-tsi-] die, -/-en ⟨lat.⟩: eine P. Fleisch || **por|ti|o|nen|wei|se,** *auch:* portionsweise || **por|ti|o|nie|ren** || **Por|ti|o|nie|rung** die, -/-en || **por|ti|ons|wei|se** → portionenweise
Port|mo|nee = Portemonnaie [-tmɔ'neː] das, -s/-s ⟨fr.⟩ (veraltet): *Geldbörse*
Por|to das, -s/-s [Porti] ⟨it.⟩: *Gebühr für die Beförderung von Postsendungen* || **por|to|frei** || **Por|to|kas|se,** *auch:* Portokassa: aus der P. zahlen *(einen Bagatellbetrag)* || **por|to|pflich|tig**
Por|trät [-'rɛː] das, -s/-s ⟨fr.⟩ (frühere Schreibung: Portrait [-'rɛː]): *bildliche Darstellung einer Person; Bildnis* || **por|trä|tie|ren** || **Por|trät|ma|ler** || **Por|trät|ma|le|rin**
Por|tu|gal (Kfz: P): *ein europäischer Staat* || **Por|tu|gie|se** der, -n/-n || **Por|tu|gie|ser** der, -s/-: *Kurzwort für Blauer Portugieser* || **Por|tu|gie|sin** die, -/-innen || **por|tu|gie|sisch** || **Por|tu|gie|sisch** das, -[s] = **Por|tu|gie|si|sche,** -n: *die portugiesische Sprache*
Por|tu|lak der, -s ⟨lat.⟩: *eine Blume; ein Gemüse*
Port|wein: *ein portugiesischer Dessertwein*
Por|zel|lan das, -s/-e ⟨lat.-it.⟩: *ein Werkstoff* | *Porzellangeschirr* || **por|zel|la|nen:** eine porzellanene Vase || **Por|zel|lan|ma|nu|fak|tur:** *Porzellanfabrik*
Po|sa|ment das, -[e]s/-e ⟨lat.-fr.⟩: *Borten, Quasten uÄ als verzierender Besatz* || **Po|sa|men|te|rie** [-t(ə)'riː] die, -: *Posamenteriewaren*
Po|sau|ne die, -/-n ⟨lat.-fr.⟩: *ein Blechblasinstrument* || **po|sau|nen** || **Po|sau|nist** der, -en/-en: *Posaunenbläser* || **Po|sau|nis|tin** die, -/-innen
Po|se die, -/-n ⟨lat.-fr.⟩: *[gekünstelte] Körperhaltung;* → posieren
Po|sei|don [-'ɛı-, D: -'aı-]: *griechischer Gott des Meeres*
Po|seur [-'zøːə] der, -s/-e ⟨lat.-fr.⟩ (abw., veraltet): *selbstgefälliger Wichtigtuer* || **po|sie|ren:** für ein Foto p.; → Pose
Po|si|ti|on [-tsi-] die, -/-en ⟨lat.⟩: *Standort, Lage* | eine feste P. *(eine sichere Anstellung)* haben | *Standpunkt* || **po|si|ti|o|nie|ren:** *in die gewünschte Stellung bringen*
po|si|tiv [auch: -'iːf] ⟨lat.⟩: eine positive *(zustimmende)* Antwort | (Math.) positive Zahlen *(alle Zahlen über null)* | (Med.) positiver *(eine Krankheit feststellender)* Befund; → G.: negativ || **Po|si|tiv**[1] der, -s/-e [-fɛ, -vɛ] (Gramm.): *Grundstufe, 1. Vergleichsform des Adjektivs* || **Po|si|tiv**[2] das, -s/-e [-fɛ, -vɛ]: *Foto;* → G.: Negativ | *eine kleine [tragbare] Orgel* || **Po|si|ti|vis|mus** [-v-] der, -: *philosophische Richtung, die nur das durch äußere Erfahrung Bewiesene gelten lässt* || **po|si|ti|vis|tisch**
Po|si|tur die, -/-en ⟨lat.⟩: sich in P. werfen *(eine wirkungsvolle, beeindruckende Haltung einnehmen)*
Pos|se die, -/-n: *Theaterstück von derber Komik* || **Pos|sen** der, -s/- (veraltend): jemandem einen P. *(Streich)* spielen || **Pos|sen|rei|ßer** der, -s/- (veraltend, abw.): *Spaßmacher* || **Pos|sen|rei|ße|rin** die, -/-innen (veraltend, abw.)
Pos|ses|siv|pro|no|men ⟨lat.⟩ (Gramm.): *besitzanzeigendes, zuordnendes Fürwort, zB* dein
pos|sier|lich ⟨fr.⟩ (geh.): *drollig*
post- ⟨lat.⟩ (nur in Zusammensetzungen wie zB postoperativ)
Post die, - ⟨lat.-it.⟩: mit der P. schicken; keine P. bekommen; mit gleicher P. | *Postamt;* auf die P. gehen | elektronische P. *(E-Mail)* | jemandem P. *(Nachricht)* hinterlassen | *die österreichische Post AG, ein Dienstleister in der Postbeförderung* || **pos|ta|lisch:** p. *(auf dem Postweg)* versenden
Pos|ta|ment das, -[e]s/-e ⟨lat.⟩: *Sockel [für Statuen]*
Post|amt ⟨lat.-it.+dt.⟩: aufs/zum P. gehen || **Post|amts|lei|ter** || **Post|amts|lei|te|rin** || **Post|an|wei|sung:** *Geldüberweisung per Post* || **Post|ar|beit** (ugs., veraltend): *dringende Arbeit, Terminarbeit* || **Post|au|to** || **Post|au|to|bus** → Postbus || **Post|be|am|te** || **Post|be|am|tin** || **Post|bus,** *auch:* Postautobus: *ein Bundesbus* || **post|dienst|lich:** ein postdienstlicher Vermerk *(postlagernd ua.)* || **Post|di|rek|ti|on** [-tsi-] || **Post|ein|gangs|stel|le** (Amtsspr.): *Einlaufstelle in Ämtern* || **Post|ein|lauf** || **Post|ein|lauf|stel|le** (Amtsspr.)
pos|ten ['pəʊ-] ⟨engl.⟩: *im Internet eine Nachricht veröffentlichen;* → Posting
Pos|ten der, -s/- ⟨lat.-it.⟩: sich um einen P. *(eine Anstellung)* bewerben | der größte P. *(Teilbetrag)* einer Rechnung | *Stelle in Aufzählungen, Rechnungen; eine bestimmte Menge einer Ware* | *Polizeiposten* | *für einen bestimmten Zeitraum zugewiesene [Wach-]stelle;* vor der Botschaft P. beziehen || **Pos|ten|kom|man|dant** || **Pos|ten|kom|man|dan|tin** || **Pos|ten|kom|man|do** || **Pos|ten|scha|cher** (abw.): *unkorrekte [parteipolitische] Vergabe von Stellen*
Pos|ter [engl.: 'pəʊ-] der = das, -s/-[s] ⟨engl.⟩: *plakatartiges Bild*
poste res|tante ['pɔst -'tɑ̃ːt] ⟨fr.⟩ (veraltet): *postlagernd (Vermerk zB auf Briefen)* || **Post|fach:** *gemietetes Schließfach im Postamt*
post fes|tum ⟨lat.⟩: *im Nachhinein, zu spät*
Post|ge|bühr ⟨lat.-it.+dt.⟩: *Tarif für Postsendungen* | (früher) P.

bar bezahlt *(Aufdruck auf Postsendungen ohne Frankierung);* → P. b. b. ‖ **Post|ge|heim|nis** ‖ **post|ge|neh|migt:** ein postgenehmigter Anrufbeantworter

post|gla|zi|al ⟨lat.⟩: *nacheiszeitlich;* → G.: präglazial ‖ **post|gra|du|al:** ein postgraduales *(nach Abschluss eines Universitätsstudiums folgendes)* Studium ‖ **post|gra|du|iert:** p. sein *(einen postgradualen Studienabschluss besitzen)*

Post|hilfs|stel|le ⟨lat.-it.+dt.⟩ (früher) ‖ **Post|horn:** *ein altes Signalinstrument*

post|hum = postum ⟨lat.⟩: das Buch ist p. *(nach dem Tod des Verfassers)* erschienen

pos|tie|ren ⟨lat.⟩: *jemanden/etwas an einem bestimmten Ort aufstellen;* die Polizei postierte sich vor dem Parlament

Pos|til|le die, -/-n ⟨lat.⟩ (veraltet): *Erbauungs-, Predigtbuch* ‖ **Pos|til|li|on** = **Pos|til|lon** [-lio:n] der, -s/-e ⟨lat.-it.-fr.⟩ (früher): *Postkutscher*

Pos|ting ['pəʊ-] das, -s/-s ⟨engl.⟩: *Diskussionsbeitrag in einem Forum oder einer Newsgroup;* → posten

Post|kar|te ‖ **Post|kar|ten|wet|ter:** *bes. schönes Wetter* ‖ **Post|kas|ten** ‖ **Post|kastl,** *auch:* Postkastel (ugs.) ‖ **Post|kut|sche** (früher) ‖ **post|la|gernd:** eine postlagernde *(auf dem Postamt abzuholende)* Sendung ‖ **Post|leit|zahl** (PLZ): *Kennzahl eines zustellenden Postamtes, zB 5020 Salzburg* ‖ **Post|ler** der, -s/-: *Postbediensteter; Briefträger* ‖ **Post|le|rin** die, -/-innen

Pöst|ling|berg: *Hausberg von Linz*

Post|lu|di|um das, -s/Postludien [-iən] ⟨lat.⟩ (Mus.): *Nachspiel;* → Präludium ‖ **Post|mo|der|ne:** *eine Kunstströmung des 20. Jh.* ‖ **post|mor|tal** (Med.): *nach dem Tod auftretend* ‖ **post|na|tal** (Med.): *kurz nach der Geburt auftretend* ‖ **post|ope|ra|tiv** (Med.): postoperative Therapie *(Therapie unmittelbar nach einer Operation)*

Post|part|ner ⟨lat.-it.+fr.-engl.⟩: *Poststelle, die von einem Fremdunternehmen (zB einem Lebensmittelgeschäft) betrieben wird*

Post|script [-k-] das, -s (EDV) (Wz.) ⟨engl.⟩: *spezielle Befehlssprache für Computerdrucker* ‖ **post|script|fä|hig**

Post|sen|dung ⟨lat.-it.+dt.⟩

Post|skrip|tum das, -s/Postskripte [-skripta] ⟨lat.⟩ (PS): *Nachschrift, Nachtrag in einem Brief*

Post|spar|buch ⟨lat.-it.+dt.⟩ ‖ **Post|stel|le:** *Sammelstelle für eingehende Post in Ämtern und größeren Betrieben* | *[Ersatz-]postamt* ‖ **Post|stem|pel:** ein Brief mit P. von Montag ‖ **Post|ta|rif**

post|trau|ma|tisch ⟨gr.-lat.⟩ (Med., Psych.): eine posttraumatische *(nach einer Verletzung auftretende körperliche oder psychische)* Reaktion

Pos|tu|lant der, -en/-en ⟨lat.⟩ (kath.): *Aufnahmebewerber eines Ordens* ‖ **Pos|tu|lan|tin** die, -/-innen (kath.) ‖ **Pos|tu|lat** das, -[e]s/-e: *grundsätzliche Forderung* | *Annahme;* ein P. aufstellen ‖ **pos|tu|lie|ren:** *ein Postulat aufstellen*

pos|tum = → posthum

Post|weg ⟨lat.-it.+dt.⟩ ‖ **post|wen|dend:** p. *(umgehend)* antworten ‖ **Post|wert|zei|chen** (Amtsspr.): *Briefmarke bzw. aufgedruckter Wertstempel* ‖ **Post|wurf|sen|dung:** *[Werbe]zuschrift, die an jeden Haushalt geschickt wird*

po|tem|kinsch [pa'tjɔm-, auch: 'pɔtɛm-]: potemkinsche (= Potemkin'sche) Dörfer *(vorgetäuschte Leistung; nach einem russischen Fürsten)*

po|tent ⟨lat.⟩: *mächtig; leistungsfähig; vermögend, zahlungskräftig* | *erektions-, zeugungsfähig;* → G.: impotent ‖ **Po|ten|tat** der, -en/-en: *Herrscher, Machthaber* ‖ **Po|ten|ta|tin** die, -/-innen

Po|ten|ti|al [-tsi̯-] = → Potenzial ‖ **po|ten|ti|ell** = → potenziell ‖ **Po|tenz** die, -/-en: *Macht, Bedeutung* | *Fähigkeit des Mannes zum Geschlechtsverkehr;* → G.: Impotenz | (Math.) *Produkt aus gleichen Faktoren*

Po|ten|zi|al = Potential [-tsi̯-]

das, -s/-e ⟨lat.⟩: *Gesamtheit aller Möglichkeiten; Leistungsfähigkeit* | *Maß für die Stärke eines Kraftfeldes*

Für das Wort gibt es zwei Schreibweisen:
- Potenzial: die eingedeutschte Schreibung (nach *Potenz*)
- Potential: die fremdsprachige Schreibung

Ebenso: potenziell/potentiell

po|ten|zi|ell = potentiell [-i̯ɛl]: eine potenzielle *(mögliche)* Gefahr ‖ **po|ten|zie|ren:** *steigern* ‖ **Po|tenz|pil|le** (sal.): *potenzsteigernde Pille* ‖ **Po|tenz|schwä|che** ‖ **po|tenz|stei|gernd** ‖ **Po|tenz|stö|rung** (Med.)

Po|tit|ze die, -/-n ⟨slowen.⟩ (K, St): *eine Mehlspeise*

Pot|pour|ri [-pu-] das, -s/-s ⟨fr.⟩: *Musikstück mit Melodien aus verschiedenen Werken* | *buntes Allerlei*

Pott|asche: *aus Holzasche gewonnenes Kaliumkarbonat*

Pot|ter → Harry Potter

Pott|wal: *ein Zahnwal*

potz (nur in der Wendung): potz Blitz! *(ein Ausruf des Erstaunens)*

Pou|lard [pu'la:r] das, -s/-s ⟨fr.⟩: *junges Masthuhn*

pous|sie|ren [pu-] ⟨fr.⟩ (veraltet): *flirten*

Pou|voir [pu'vo̯a:r] das, -s/-s ⟨fr.⟩ (geh.): *Handlungs-, Verhandlungsvollmacht;* → Plein Pouvoir

pow|dern ['paud-] ⟨engl.⟩ (sal.): *Tiefschnee fahren*

Po|wer ['pauə] die, - (Art. selten) ⟨engl.⟩: *Kraft; Macht; Einfluss; Durchsetzungsvermögen* ‖ **Po|wer|frau** (sal.): *durchsetzungskräftige, energievolle Frau* ‖ **po|wern** (nördl. D, sal.): *sich voll einsetzen; Druck machen* ‖ **Po|wer|nap** [-næp] = **Po|wer|nap|ping** der, -s/-s: *kurzer erholsamer Schlaf zwischendurch* ‖ **Po|wer|play** [-plei] das, -[s]: *eine Angriffsvariante beim Eishockey*

po|widl ⟨tschech.⟩ (bes. ostöst., ugs.): das ist mir p. *(egal, wurst;* Frage *Wie?); aber:* → Powidl ‖ **Po|widl** der, -s/-: *Zwetschkenmus, eine Zwetschkenmarmelade* ‖ **Po|widl|fül|le** ‖ **Po|widl|ko|lat|sche,** *auch:* Powidlgolatsche (W, N) ‖ **Po|widl|pa|la|tschin|ke** ‖ **Po|widl|ta|scherl** (reg.) = **Po|widl|tatsch|kerl** (W, N): *eine Mehlspeise*

Poys|dorf: *Stadt in Niederösterreich*

pp: pianissimo

pp. = p. p. = ppa.: **per procura**

PP.: Patres; → Pater

p. p., ppa. → pp.

ppp: piano pianissimo *(dreifaches Piano)*

Pr: **Pr**aseodym

PR [pe 'ɛr, engl.: pi: 'ɑ:] die, -: **Pu**blic **R**elations

prä- ⟨lat.⟩ (nur in Zusammensetzungen wie zB prähistorisch)

Prä|am|bel die, -/-n ⟨lat.⟩: *formelle Einleitung [zu einem zwischenstaatlichen Vertrag]*
Prä|bichl der, -[s]: *ein Pass in der Steiermark*
Pracht die, -: in voller P. ‖ **Pracht|bau** der, -[e]s/-ten ‖ **Pracht|ex|em|plar:** *Prachtstück;* ein P. von Kürbis ‖ **präch|tig** ‖ **Pracht|kerl** ‖ **Pracht|mä|del** ‖ **Pracht|stra|ße** ‖ **Pracht|stück** ‖ **pracht|voll**
pra|cken (reg., ugs.): *schlagen* ‖ **Pra|cker** der, -s/- (reg.): *[Teppich-]klopfer* | (reg., ugs.) *Schlag*
Prä|des|ti|na|ti|on [-tsi̯-] die, -: *göttliche Vorherbestimmung* | *besondere Eignung [für einen Beruf]* ‖ **Prä|des|ti|na|ti|ons|glau|be** = **Prä|des|ti|na|ti|ons|glau|ben** ‖ **prä|des|ti|nie|ren:** für etwas prädestiniert *(bes. geeignet, geschaffen)* sein ‖ **Prä|des|ti|nie|rung** die, -/-en
Prä|di|kat das, -[e]s/-e ⟨lat.⟩: *Auszeichnung;* ein Film mit dem P. wertvoll | (Gramm.) *Satzaussage* ‖ **prä|di|ka|ti|sie|ren:** *mit einer guten Bewertung auszeichnen* ‖ **prä|di|ka|tiv** (Gramm.): *zum Prädikat gehörend* ‖ **Prä|di|kats|teil** der, -[e]s/-e (Gramm.): *Prädikat samt den zu ihm gehörigen Satzgliedern* ‖ **Prä|di|kats|wein:** *Bezeichnung für einen Wein besonderer Qualität, zB Auslese, Eiswein*
prä|dis|po|nie|ren ‖ **Prä|dis|po|si|ti|on** [-tsi̯-] (Med.): *Anlage, Empfänglichkeit für eine bestimmte Krankheit*
Prä|fa|ti|on [-tsi̯-] die, -/-en ⟨lat.⟩ (kath.): *Dankgebet in der heiligen Messe*
Prä|fekt der, -en/-en ⟨lat.⟩: *ein hoher Beamter* | *Erzieher [in einem Internat]* ‖ **Prä|fek|tin** die, -/-innen
prä|fe|ren|ti|ell [-tsi̯-] = präferenziell ‖ **Prä|fe|renz** die, -/-en ⟨lat.⟩: *Vorzug, Vorrang, Bevorzugung* ‖ **prä|fe|ren|zi|ell** = präferentiell ‖ **prä|fe|rie|ren**
Prä|fix das, -es/-e ⟨lat.⟩ (Gramm.): *Vorsilbe;* → Suffix
prä|for|mie|ren: *im Vorhinein festlegen*
Prag (tschech.: Praha): *Hauptstadt der Tschechischen Republik*
präg|bar ‖ **Prä|ge|druck** der, -s ‖ **Prä|ge|ei|sen** ‖ **Prä|ge|form** ‖ **prä|gen:** Münzen p. | neue Wörter p. *(schöpfen)* | Erziehung prägt den Menschen *(hat Einfluss auf seine charakterliche Eigenart)* ‖ **Prä|ge|sie|gel:** *ins Papier eingeprägtes Siegel [einer Urkunde]* ‖ **Prä|ge|stem|pel**
prä|gla|zi|al: *voreiszeitlich;* → postglazial
Prag|ma|tik die, - ⟨gr.-lat.⟩: *Sachbezogenheit* | (Amtsspr.) *Dienstpragmatik* | (Sprachwiss.) *Lehre, die sich mit dem Verhältnis von sprachlichem Zeichen und dem Benutzer beschäftigt* ‖ **Prag|ma|ti|ker** der, -s/- ‖ **Prag|ma|ti|ke|rin** die, -/-innen ‖ **prag|ma|tisch:** *sachlich, der Praxis entsprechend; aber:* die **P**ragmatische Sanktion *(Haus- und Grundgesetz der Habsburger von 1713)* ‖ **prag|ma|ti|sie|ren** (Amtsspr.): *auf Dauer und unkündbar als Beamten anstellen* ‖ **Prag|ma|ti|sie|rung** die, -/-en (Amtsspr.) ‖ **Prag|ma|tis|mus** der, -: *eine praxisorientierte Grundhaltung* | *eine philosophische Schule*
prä|gnant ⟨lat.-fr.⟩: ein prägnanter *(knapper und treffender)* Ausdruck ‖ **Prä|gnanz** die, -
Prä|gung die, -/-en
prä|his|to|risch: *urgeschichtlich*
prah|len: *großtun* ‖ **Prah|ler** der, -s/- ‖ **Prah|le|rei** die, -/-en ‖ **Prah|le|rin** die, -/-innen ‖ **Prahl|hans** der, -es/-hänse: *Prahler*
Prä|ju|diz das, -es/-e (Präjudizien [-i̯ən]) ⟨lat.⟩: *Vorwegnahme einer Entscheidung; eine für spätere Fälle maßgebende [richterliche] Entscheidung* ‖ **prä|ju|di|zie|ren:** eine Entscheidung p.
prä|ko|lum|bisch: *amerikanische Kulturen vor dem 16. Jh. betreffend*
Prak|tik die, -/-en ⟨gr.-lat.⟩: *Art der Handhabung* | (abw.) üble Praktiken *(Machenschaften)* ‖ **prak|ti|ka|bel:** praktikable *(gut brauchbare)* Vorschläge; → G.: impraktikabel ‖ **Prak|ti|ka|bi|li|tät** die, - ‖ **Prak|ti|kant** der, -en/-en: *in praktischer Ausbildung Stehender* ‖ **Prak|ti|kan|tin** die, -/-innen ‖ **Prak|ti|ker** der, -s/-: *jemand, der in der Berufspraxis tätig ist* | *praktischer Arzt* ‖ **Prak|ti|ke|rin** die, -/-innen ‖ **Prak|ti|kum** das, -s/Praktika: *[Universitäts]lehrgang zur praktischen Anwendung des Erlernten* ‖ **prak|tisch:** ein praktisches *(nützliches)* Gerät | eine praktische *(nicht spezialisierte)* Ärztin *(für Allgemeinmedizin)* | sie kann p. *(so gut wie)* alles ‖ **prak|ti|zie|ren:** *in einer [Arzt]praxis tätig sein; in der Praxis tätig sein* | eine Vorschrift p. *(in der Praxis anwenden)* | *ein Praktikum absolvieren*
Prä|lat der, -en/-en ⟨lat.⟩: *ein höherer katholischer Geistlicher* ‖ **Prä|la|ten|wein:** *Qualitätswein einer Klosterkellerei*
Prä|li|mi|na|ri|en die (Pl.) ⟨lat.⟩: *[diplomatische] Vorbereitungen, Vorverhandlungen* ‖ **prä|li|mi|nie|ren** (Amtsspr.): *vorsehen, vorläufig festlegen*
Pra|li|ne die, -/-n ⟨fr.⟩ (D): *Praliné* ‖ **Pra|li|né** = **Pra|li|nee** das, -s/-s: *ein Bonbon, ein Konfekt*
prall: ein praller *(voller, dicker)* Bauch; → prall füllen = prallfüllen | in der prallen Sonne liegen ‖ **pral|len:** der Ball prallte gegen die Wand ‖ **prall fül|len** = **prall|fül|len:** den Rucksack p. *(bis zum Bersten)* füllen ‖ **prall|voll**
prä|lu|die|ren ⟨lat.⟩ (Mus.): *frei gestaltend, improvisierend spielen* ‖ **Prä|lu|di|um** das, -s/Präludien [-i̯ən] (Mus.): *Vorspiel;* → Postludium
Prä|mie [-i̯ɛ] die, -/-n ⟨lat.⟩: *Belohnung, Preis* | *Versicherungsgebühr* ‖ **prä|mi|en|be|güns|tigt** ‖ **prä|mi|en|spa|ren** (nur Inf. und Part.): *nach einem Prämiensparsystem sparen;* sie hat prämiengespart ‖ **Prä|mi|en|spa|ren** das, -s ‖ **Prä|mi|en|vor|schrei|bung** ‖ **prä|mie|ren** = prämiieren: ein prämierter *(preisgekrönter)* Film ‖ **Prä|mie|rung** = Prämiierung die, -/-en: *Preiszuerkennung* ‖ **prä|mi|ie|ren** = → prämieren ‖ **Prä|mi|ie|rung** = → Prämierung
Prä|mis|se die, -/-n ⟨lat.⟩: *Voraussetzung [einer logischen Schlussfolgerung]*
Prä|mons|tra|ten|ser der, -s/- ⟨lat.⟩: *Angehöriger eines geistlichen Ordens (nach einem französischen Kloster)*
prä|mor|tal ⟨lat.⟩: *vor dem Tod;* → postmortal
prä|na|tal ⟨lat.⟩: *vor der Geburt;* → postnatal
Prä|no|ta|ti|on [-tsi̯-] die, -/-en (veraltet) ⟨lat.⟩: *Vormerkung [im Grundbuch]*
pran|gen (geh.): die Sterne p. *(leuchten in voller Schönheit)* am Himmel
Pran|gen|tag → Prangtag
Pran|ger der, -s/- (früher): *Schandpfahl* | jemanden an den P. stellen *(jemanden der Schande preisgeben)*
Pran|ger|schüt|zen die (Pl.) (reg.,

P

bes. S): *Schützen [zu Fronleichnam];* → Schütze[1] ‖ **Prangerstange** = **Prangstange** (S): *mit Blumengirlanden umwickelte lange Prozessionsstange* ‖ **Prangtag,** *auch:* Prangentag (reg., bes. S, St): *Fronleichnamstag*

Pranke die, -/-n: *Tatze großer Raubtiere*

präoperativ (Med.): *vor der Operation;* → postoperativ

Präparat das, -[e]s/-e ⟨lat.⟩: ein naturgeschichtliches P. *(ein präpariertes Tier oÄ)* | ein pharmazeutisches P. *(ein Medikament)* ‖ **Präparation** [-tsi̯-] die, -/-en: *das Herstellen von Präparaten* | *Vorbereitung* ‖ **Präparator** der, -s/-en [-ˈtoː-] ‖ **Präparatorin** die, -/-innen ‖ **präparieren:** *vorbereiten* | *Körper- oder Pflanzenteile haltbar machen;* einen Igel p. *(ausstopfen)*

Präposition [-tsi̯-] die, -/-en ⟨lat.⟩ (Gramm.): *Vorwort* ‖ **Präpositionalobjekt** [-tsi̯-] (Gramm.): *Präpositionalergänzung, Vorwortergänzung*

präpotent ⟨lat.⟩: ein präpotentes *(überhebliches, unverschämtes)* Auftreten ‖ **Präpotenz** die, -

Prärie die, -/-n: *Grassteppe in Nordamerika* ‖ **Präriehund:** *ein Nagetier*

Prärogative [-fɛ, -vɛ] die, -/-n ⟨lat.⟩: *Vorrecht, zB das Begnadigungsrecht des Bundespräsidenten*

Präsens das, -/Präsentia [-tsi̯a] [-sentien] [-i̯ɛn] ⟨lat.⟩ (Gramm.): *eine Zeitform des Verbs, Gegenwart*

präsent ⟨lat.⟩ (geh.): *anwesend, gegenwärtig* ‖ **Präsent** das, -[e]s/-e (geh.): *Geschenk* ‖ **präsentabel** (geh.): ein präsentabler *(zum Vorbringen geeigneter)* Vorschlag ‖ **Präsentation** [-tsi̯-] die, -/-en: die P. *(Vorstellung)* eines neuen Buches ‖ **Präsentator** der, -s/-en [-ˈoː-] ‖ **Präsentatorin** die, -/-innen ‖ **präsentieren:** *vorzeigen* | das Gewehr p. *(eine militärische Ehrenbezeigung erweisen)* ‖ **Präsentierteller:** etwas auf dem P. bringen *(bereitwillig und auffällig darbringen)* ‖ **Präsentierung** die, -/-en ‖ **Präsenz** die, -: *Anwesenheit; Geistesgegenwart;* → G.: Absenz ‖ **Präsenzbibliothek** ‖ **Präsenzdiener** (Mil.): *Grundwehrdiener* ‖ **Präsenzdienst:** *Wehrdienstleistung in Erfüllung der allgemeinen Wehrpflicht, Grundwehrdienst;* ordentlicher P.; außerordentlicher Präsenzdienst *(Einberufung im Einsatzfall)* ‖ **Präsenzliste:** *Anwesenheitsliste* ‖ **Präsenzstand** (Mil.): *ein Einsatzbereich für Wehrpflichtige;* → Milizstand; → Reservestand ‖ **Präsenzstärke:** *gegenwärtige Stärke [eines Bataillons]*

Praseodym [-ˈyːm] das, -s ⟨gr.⟩ (Zeichen: Pr): *ein chemisches Element*

Präservativ [-v-] das, -s/-e [-fɛ, -vɛ] ⟨lat.⟩: *Kondom*

Präses[1] der, -/Präsides [*auch:* Präsiden] ⟨lat.⟩: *Vorstand* ‖ **Präses**[2] die, -/Präsides [*auch:* Präsiden]: *Vorsteherin*

Präsident

der, -en/-en ⟨lat.-fr.⟩: *Staatsoberhaupt;* der Präsident der USA | *Vorsitzender;* der Präsident des Fußballvereins

Deklination:

- die Stimme des Präsidenten
- mit dem Präsidenten (*nicht:* Präsident)
- ohne den Präsidenten (*nicht:* Präsident)
- Herrn Präsident[en] Heinz Weber

Präsidentenwahl ‖ **Präsidentin** die, -/-innen ‖ **Präsidentschaft** die, -/-en ‖ **Präsidentschaftskandidat** ‖ **Präsidentschaftskandidatin** ‖ **Präsidentschaftskanzlei** die, -: *Amtssitz des Bundespräsidenten (in der Wiener Hofburg)* ‖ **Präsidiale** die, -[n]/-n (Pol.): die P. *(die drei Präsidenten)* des Nationalrats | *Beratung der drei Präsidenten* ‖ **Präsidialkanzlei** ‖ **Präsidialkonferenz:** *Beratung der Präsidiale* ‖ **präsidieren:** *den Vorsitz führen* ‖ **Präsidium** das, -s/Präsidien [-i̯ɛn]: *Vorsitz, Leitung*

präskriptiv ⟨lat.⟩: *Vorschriften machend, vorschreibend;* → deskriptiv

prasseln: der Regen prasselt ans Fenster | prasselndes Feuer

prassen, du prasst: *schwelgen, verschwenderisch leben* ‖ **Prasser** der, -s/- ‖ **Prasserei** die, -/-en ‖ **Prasserin** die, -/-innen

präsumptiv ⟨lat.⟩ (geh.): *präsumtiv* ‖ **präsumtiv** (geh.) (Phil., Jus): *vorauszusetzend; als wahrscheinlich angenommen*

Prätendent der, -en/-en ⟨lat.-fr.⟩: *jemand, der Ansprüche auf ein hohes Amt erhebt* ‖ **Prätendentin** die, -/-innen ‖ **prätentiös** [-tsi̯-] (geh.): *von sich eingenommen, anspruchsvoll*

Prater der, -s: *große Parklandschaft in Wien mit Vergnügungsgelände* ‖ **Praterstadion** [-ʃt-]: *Wiener Stadion, Ernst-Happel-Stadion*

Präteritum das, -s/Präterita ⟨lat.⟩ (Gramm.): *eine Zeitform des Verbs, 1. Vergangenheit*

Pratze die, -/-n: *Tatze, Pfote* | *große Hand* ‖ **Pratzl** das, -s/-n (mda.): *Pratze* | (Küchenspr.) *eine Rindfleischsorte*

Prävention [-v-tsi̯-] die, -/-en ⟨lat.⟩ ‖ **präventiv:** *vorbeugend, verhütend* ‖ **Präventivbehandlung** (Med.) ‖ **Präventivkrieg** (Mil.): *einem [vermuteten] feindlichen Angriff zuvorkommender Krieg* ‖ **Präventivmaßnahme** ‖ **Präventivmedizin** (Med.)

Praxis die, - ⟨gr.-lat.⟩: das ergibt sich aus der P. *(aus der Erfahrung);* → G.: Theorie | (mit Pl. Praxen) *ärztliche Ordination* ‖ **praxisbezogen** ‖ **Praxisgebühr:** *Zahlung eines selbst aufzubringenden Betrags beim Arztbesuch* ‖ **Praxisgemeinschaft** ‖ **Praxishauptschule** ‖ **Praxisnähe** ‖ **Praxisschule** (Bildw.): *zu einer Pädagogischen Hochschule gehörende Schule, an der Studierende ihre praktische Ausbildung erfahren* ‖ **Praxistauglichkeit** ‖ **Praxisvolksschule**

Präzedenzfall ⟨lat.⟩: *beispielgebender Musterfall*

präzis = **präzise** ⟨lat.-fr.⟩: eine präzise Auskunft; p. *(genau)* arbeiten ‖ **präzisieren:** *genau[er] angeben, bestimmen* ‖ **Präzision** die, -: *Genauigkeit* ‖ **Präzisionsarbeit**

predigen: der Pfarrer predigt jeden Sonntag | (ugs.) *ermahnen; auffordern; ins Gewissen reden* ‖ **Prediger** der, -s/- ‖ **Predigerin** die, -/-innen ‖ **Predigt** die, -/-en

preferanzen, du preferanzt ⟨lat.-fr.⟩ (ugs.): *Preference spielen* ‖ **Preference** [-ˈrɑ̃ːs] die, -/-n: *ein Kartenspiel*

Pregler der, -s/- (OstT): *Obstschnaps*

Preis der, -es/-e: etwas um jeden P. *(unbedingt)* haben wollen | einen P. gewinnen ‖ **Preisabsprache:**

P

Vereinbarung über den Preis zwischen Händlern oder Produzenten ‖ **Preis|an|ga|be** ‖ **Preis|auf|ga|be:** *Aufgabe, deren Lösung einen Preis einbringt* ‖ **Preis|aus|schrei|ben** ‖ **Preis|aus|zeich|nung:** die P. *(Preisangabe)* auf Lebensmitteln ‖ **preis|be|wusst:** p. *(auf die Preise achtend)* einkaufen ‖ **Preis|bil|dung** ‖ **Preis|bin|dung:** *Vorschreibung von Verkaufspreisen* ‖ **Preis|di|ckicht** ‖ **Preis|dschun|gel**

Prei|sel|bee|re ‖ **Prei|sel|beer|kom|pott**

Preis|emp|feh|lung

prei|sen, du preist/pries/gepriesen (geh.): sich glücklich p.; er preist *(lobt)* ihre Großzügigkeit

Preis|ent|wick|lung ‖ **Preis|fra|ge**

Preis|ga|be die, - (geh.) ‖ **preis|ge|ben** (geh.): ich habe das Geheimnis nicht preisgegeben *(habe es nicht verraten)*

preis|ge|bun|den ‖ **preis|ge|krönt** ‖ **Preis|geld:** *als Preis ausgesetzter Geldbetrag* ‖ **preis|ge|re|gelt** ‖ **Preis|ge|stal|tung** ‖ **preis|güns|tig** ‖ **Preis|in|dex** (Wirt.) ‖ **Preis|ja|sen** (V): *ein Kartenspiel-Wettbewerb* ‖ **Preis|kal|ku|la|ti|on** [-tsi̯-] ‖ **preis|ke|geln** (nur Inf. und Part.) ‖ **Preis|ke|geln:** *ein Wettbewerb* ‖ **Preis|klas|se:** *Preislage* ‖ **Preis|kom|mis|si|on:** *eine Prüfungsinstanz [in Ministerien]* ‖ **Preis|la|ge:** ein Hotel in mittlerer P. ‖ **Preis-Leis|tungs-Ver|hält|nis** ‖ **preis|lich:** *die Preise betreffend;* p. attraktiv ‖ **Preis|lis|te** ‖ **Preis-Lohn-Spi|ra|le** → Lohn-Preis-Spirale ‖ **Preis|min|de|rung** ‖ **Preis|nach|lass** ‖ **Preis|ni|veau** [-voː] ‖ **Preis|rät|sel** ‖ **Preis|re|ge|lung:** amtliche P. ‖ **Preis|rich|ter:** *Juror* ‖ **Preis|rich|te|rin** ‖ **Preis|rutsch** ‖ **preis|schie|ßen** (nur Inf. und Part.) ‖ **Preis|schie|ßen:** *ein Wettbewerb* ‖ **Preis|schla|ger** ‖ **preis|schnap|sen** (nur Inf. und Part.) ‖ **Preis|schnap|sen:** *ein Wettbewerb* ‖ **Preis|sen|kung** ‖ **preis|sta|bil** [-ʃt-, auch: -st-] ‖ **Preis|sta|bi|li|tät** ‖ **Preis|stei|ge|rung** ‖ **Preis|stopp:** *Verbot einer Preiserhöhung* ‖ **Preis|sturz:** *plötzliche Preissenkung* ‖ **Preis|trä|ger:** *Sieger in einem Wettbewerb oder Preisausschreiben* ‖ **Preis|trä|ge|rin** ‖ **preis|trei|bend** ‖ **Preis|trei|be|rei** die, -/-en (abw.): *ungerechtfertigtes Erhöhen bzw. künstliches Hinaufsetzen von Preisen*

Prei|sung die, -/-en (geh., veraltet): *Lobpreis, -rede*

preis|ver|däch|tig ‖ **Preis|ver|fall** ‖ **Preis|ver|gleich** ‖ **Preis|ver|lei|hung** ‖ **Preis|ver|tei|lung** ‖ **preis|wert** ‖ **preis|wür|dig:** ihre Arbeit wurde als p. *(ausgezeichnet, anerkennenswert)* empfunden | *preiswert* ‖ **Preis|zu|ckerl** (sal.): *günstiges Angebot*

pre|kär ⟨lat.-fr.⟩: in einer prekären *(schwierigen, heiklen)* Lage ‖ **Pre|ka|ri|um** das, -s/Prekaria ⟨lat.⟩ (Jus): *Bittleihe; Nutzungsüberlassung gegen jederzeitigen Widerruf*

Prell|bock: *Vorrichtung zum Aufhalten der Wagons am Ende eines Gleises* ‖ **prel|len:** bei einem Geschäft geprellt *(getäuscht, betrogen)* werden | sich die Hand p. *(durch Erschütterung verletzen)* ‖ **Prell|stein:** *Stein, der [bei Hauseinfahrten] die Mauerkante vor Rädern schützt* ‖ **Prel|lung** die, -/-en

Pre|mi|er [-ˈmi̯eː] der, -s/-s ⟨fr.⟩: *Kurzwort für Premierminister* ‖ **Pre|mi|e|re** [-ˈmi̯eːə, -rɛ] die, -/-n: *erste Aufführung eines Films, eines neu inszenierten Theaterstückes, einer Oper u. dgl.* ‖ **Pre|mi|e|ren|pu|bli|kum** ‖ **Pre|mi|er|mi|nis|ter** [-ˈmi̯eːm-] (in manchen Staaten): *Ministerpräsident* ‖ **Pre|mi|er|mi|nis|te|rin**

Pre|paid|card [ˈpriːpeɪdk-] = **Pre|paid|kar|te** ⟨engl.⟩: *Wertkarte*

Pres|by|ter [-by-] der, -s/- ⟨gr.-lat.⟩: *Mitglied des Presbyteriums* ‖ **pres|by|te|ri|al:** *das Presbyterium betreffend* ‖ **Pres|by|te|rin** die, -/-innen ‖ **Pres|by|te|ri|um** das, -s/Presbyerien [-i̯ən]: *Altarraum in Kirchen | gewählter Vorstand der Kirchengemeinde in der evangelischen Kirche | Priesterkollegium in der katholischen Kirche*

pre|schen, du presch[s]t: *wild rennen, jagen*

pres|sant ⟨lat.-fr.⟩: *eilig, dringend;* → pressieren

Press|burg: *deutscher Name von Bratislava*

Pres|se die, -/-n: *Maschine zum Pressen [von Obst] | Druckerpresse* | (ohne Pl.) in der P. *(in den Zeitungen, Zeitschriften)* veröffentlichen ‖ **Pres|se|agen|tur:** *Nachrichtenagentur* ‖ **Pres|se|aus|sen|dung:** *Mitteilung an die Presse* ‖ **Pres|se|be|richt** ‖ **Pres|se|club** [-k-], *auch:* Presseklub: *Vereinigung von Journalisten, Schriftstellern uÄ* ‖ **Pres|se|dienst** (Medienw.): *Nachrichtenagentur | ein Service mit Beobachtung und Sammlung bestimmter Nachrichten* ‖ **Pres|se|fo|to|graf** = Pressephotograph [-f-f] ‖ **Pres|se|fo|to|gra|fin** = Pressephotographin ‖ **Pres|se|fo|yer** [-fo̯aˌjeː]: *Pressekonferenz nach einem Ministerrat, nach Regierungssitzungen uÄ* ‖ **Pres|se|frei|heit** die, -: *Freiheit der Meinungsäußerung in allen Medien* ‖ **Pres|se|ge|spräch** ‖ **Pres|se|kam|pa|gne** [-kamˌpanjɛ, -kãˌpanj]: *größere [Werbe]aktion in der Presse* ‖ **Pres|se|klub** → Presseclub ‖ **Pres|se|kon|fe|renz:** *Stellungnahme [von Politikern] vor Journalisten* ‖ **Pres|se|mel|dung** ‖ **pres|sen,** du presst: Weintrauben p. | sich in kein Schema p. lassen *(keinem gängigen Muster entsprechen wollen)* ‖ **Pres|se|pho|to|graph** [-f-f] → Pressefotograf ‖ **Pres|se|pho|to|gra|phin** → Pressefotografin ‖ **Pres|se|re|fe|rent:** *für Öffentlichkeitsarbeit zuständige Person* ‖ **Pres|se|re|fe|ren|tin** ‖ **Pres|se|spre|cher:** *jemand, der [für eine Firma, eine/n Politiker/in] Informationen an die Presse weitergibt* ‖ **Pres|se|spre|che|rin** ‖ **Pres|se|stim|me** (meist Pl.): *Stellungnahme in der Presse* ‖ **Press|glas** ‖ **Press|haus:** *Haus, in dem die Weinpresse untergebracht ist/war (oft mit Heurigem oder Buschenschank)* ‖ **pres|sie|ren:** *dringend sein;* es pressiert [mir]; → pressant ‖ **Pres|si|on** die, -/-en: *Druck, Zwang* ‖ **Press|knö|del** (S): *Speise aus Erdäpfeln und Käse* ‖ **Press|kopf** der, -[e]s: *eine Wurstart* ‖ **Press|ku|chen:** *Pressrückstand von Ölfrüchten* ‖ **Press|luft** die, - (veraltend): *Druckluft* ‖ **Press|luft|boh|rer** ‖ **Press|schin|ken:** *aus Fleischstücken gepresster Schinken* ‖ **Press|schnee:** *stark verfestigter Schnee (durch Windeinwirkung oder bei Lawinenabgang)* ‖ **Press|span** der, -[e]s: *harte, glänzende Pappe*

Pres|sure|group [ˈprɛʃəgruːp] die, -/-s ⟨engl.⟩: *Interessengruppe, die [politischen] Druck ausübt*

Press|wurst: *Presskopf*

Pres|ti|ge [-ˈiːʃ] das, -s ⟨fr.⟩: *Ansehen, Geltung* ‖ **Pres|ti|ge|den|ken** ‖ **Pres|ti|ge|fra|ge:** *eine Sache des Ansehens* ‖ **Pres|ti|ge|ver|lust**

prestissimo ⟨it.⟩ (Mus.): *sehr schnell* ‖ **presto** (Mus.): *schnell*
Prêt-à-porter [prɛtapɔrˈteː] das, -s/-s ⟨fr.⟩: *Designerkleid für die Konfektion*
pretiös [-tsi̯-] = → preziös ‖ **Pretiosen** = → Preziosen
Preuß der, -en/-en (ugs., abw.): *Preuße* ‖ **Preuße** der, -n/-n (früher): *Bewohner Preußens* | *auch:* Preuß (abw.) *Norddeutscher* ‖ **Preußen** (früher): *ein Staat in Deutschland* ‖ **Preußin** die, -/-innen ‖ **preußisch**
Preview [ˈpriːvjuː] die, -/-s ⟨engl.⟩: *Vorschau; Vorpremiere*
preziös = pretiös [-tsi̯-] ⟨lat.-fr.⟩ (geh.): sich p. *(geziert)* ausdrücken ‖ **Preziosen** = Pretiosen die (Pl.): *Juwelen, kostbarer Schmuck*
PR-Gag [peˈɛrgæg] der, -s/-s ⟨engl.⟩: *Werbetrick, durch Werbung übertriebene Eigenschaft [eines Produkts]*
prickelig → pricklig ‖ **prickeln:** prickelndes Sodawasser | es prickelt *(reizt)* mich; es prickelt mir/mich in den Fingern ‖ **pricklig,** *auch:* prickelig
Priem der, -[e]s/-e: *Kautabak* ‖ **priemen:** *Tabak kauen*
pries → preisen
Priester der, -s/-: *geistlich-religiöser Würdenträger* | *katholischer Geistlicher, der die Priesterweihe empfangen hat* ‖ **Priesteramt** ‖ **Priesterin** die, -/-innen ‖ **Priesternachwuchs** [-ks] ‖ **Priesterschaft** die, - ‖ **Priesterseminar** (kath.): *Ausbildungsstätte für Priester* ‖ **Priestertum** das, -s ‖ **Priesterweihe**
Prim die, -/-en = Prime, -/-n ⟨lat./it.⟩ (Mus.): *1. Tonstufe, Einklang; Zusammenklang oder Aufeinanderfolge zweier gleich hoher Töne* ‖ **Prim.: Primar**[ius], Primaria ‖ **prima** ⟨lat.⟩: *erstklassig, vorzüglich;* eine p. Ware ‖ **Primaballerina** ⟨it.⟩: *erste Tänzerin eines Balletts* ‖ **Primadonna** die, -/Primadonnen: *erste Sängerin an einer Oper; berühmte Sängerin* ‖ **Primar** der, -s/-e ⟨lat.⟩: *Primarius* ‖ **primär** ⟨lat.-fr.⟩: *ursprünglich, an erster Stelle* ‖ **Primararzt:** *Primarius* ‖ **Primarärztin:** *Primaria* ‖ **Primärenergie:** *Energie von natürlichen Energieträgern, zB Erdgas* ‖ **Primaria** die, -/Primariae [-i̯ɛ] (Prim.): *Ärztin, die ein Krankenhaus bzw. eine Krankenhausabteilung leitet* ‖ **Primariat** das, -[e]s/-e : *Abteilungsleitung in einem Krankenhaus* ‖ **Primarius** der, -/Primarien [-i̯ɛn] [Primarii] [-i.i] (Prim.): *männl. Form zu Primaria* | (Mus.) *Primgeiger* ‖ **Primärliteratur** die, -: *Werke [eines Schriftstellers, Philosophen] als Gegenstand wissenschaftlicher Untersuchung;* → G.: Sekundärliteratur ‖ **Primarstufe** (D) (Bildw.): *1. bis 4. Schulstufe, Grundschule;* → Sekundarstufe ‖ **Primas** der, -/Primasse: *Ehrentitel bestimmter Erzbischöfe* | (mit Aussprache [-maʃ]) *leitender Geiger einer Zigeunerkapelle* ‖ **Primas Germaniae** [-s -i̯ɛ] ⟨lat.⟩ (wörtl.: Primas von Deutschland): *Titel des Salzburger Erzbischofs* ‖ **Primat**[1] der = das, -[e]s/-e: *Vorrang, Vormacht* | (kath.) *oberstes Kirchenamt des Papstes* ‖ **Primat**[2] der, -en/-en = **Primate,** -n/-n (meist Pl.): *Angehöriger der höchstentwickelten Ordnung der Säuger, Halbaffe, Affe und Mensch* ‖ **prima vista** [- v-] ⟨it.⟩ (wörtl.: auf den ersten Blick) ‖ **Prime** = → Prim ‖ **Primel** die, -/-n ⟨lat.⟩: *eine Pflanzengattung, Schlüsselblume*
Prime Time [ˈpraɪm taɪm] = **Primetime** die, -/-s ⟨engl.⟩: *die beste Sendezeit beim Fernsehen, Hauptabendsendezeit*
Primgeiger ⟨lat./it.⟩ (Mus.): *erster Geiger [eines Streichquartetts]* ‖ **primitiv** ⟨lat.⟩: *auf niedriger Entwicklungsstufe stehend* | *sehr einfach* ‖ **Primitivität** [-v-] die, -/-en ‖ **Primiz** die, -/-en: *erste heilige Messe, die ein neu geweihter katholischer Priester feiert* ‖ **Primiziant** der, -en/-en: *neu geweihter katholischer Priester* ‖ **Primus** der, -/Primusse (veraltet): *der Klassenbeste* ‖ **Primus inter Pares** der, - - -: *der Erste unter gleichrangigen Personen* ‖ **Primzahl** (Math.): *nur durch 1 und durch sich selbst teilbare natürliche Zahl größer als 1*
Print der, -s/-s ⟨engl.⟩: *Druck;* Reprint | *Abdruck; Spur;* Fingerprint ‖ **Printer** der, -s/-: *Drucker* ‖ **Printmedium** (meist Pl.): *[Massen]medium in gedruckter Form, zB Zeitung, Buch*
Prinz der, -en/-en: *Mitglied eines Herrscherhauses;* P. von Wales [- - weɪlz] *(Titel des britischen Thronfolgers)* ‖
Prinze = Prünse die, -/-n (reg., mda.): *Kruste an Speisen* | *Angebranntes an Kochtöpfen uÄ*
Prinzenpaar: *[Faschings]prinz und -prinzessin* ‖ **Prinzessin** die, -/-innen ‖ **Prinzgemahl:** *Ehemann einer regierenden Monarchin*
Prinzip das, -s/-ien [-i̯ɛn] [-e] ⟨lat.⟩: nicht von seinen/ihren Prinzipien *(Grundsätzen)* abgehen; im P. *(grundsätzlich)* einverstanden sein ‖ **Prinzipal**[1] das (*auch:* der), -s/-e (Mus.): *Hauptregister der Orgel* ‖ **Prinzipal**[2] der, -s/-e (veraltet): *Leiter eines Theaters* | *Lehrherr* ‖ **Prinzipalin** die, -/-innen (veraltet) ‖ **Prinzipat** das (*auch:* der), -[e]s/-e: *erste Phase des römischen Kaisertums unter Augustus und Nachfolgern* ‖ **prinzipiell:** eine prinzipielle *(grundsätzliche)* Frage ‖ **prinzipienfest** ‖ **Prinzipienfrage** ‖ **prinzipienlos** ‖ **prinzipientreu** ‖ **Prinzipientreue**
Prinzregent: *Mitglied der Herrscherfamilie als Stellvertreter des regierenden Fürsten*
Prior der, -s/-en [-ˈoː-] ⟨lat.⟩: *Vorsteher eines Mönchsklosters* ‖ **Priorat** das, -[e]s/-e ‖ **Priorin** die, -/-innen: *Vorsteherin eines Nonnenklosters* ‖ **Prioritaire** [-iˈtɛːr] ⟨lat.-fr.⟩ → Priority ‖ **prioritär:** *vorrangig* ‖ **Priorität** die, -/-en: *Vorrang, Vorzug* ‖ **Prioritätenkatalog** ‖ **Priority** [praɪˈɒrɪti] ⟨lat.-engl.⟩, *auch:* Prioritaire [priɔriˈtɛːr] ⟨lat.-fr.⟩: *Eilbeförderung [der Post];* → express
Prise die, -/-n ⟨fr.⟩: *kleine Menge;* eine P. Salz | (früher) *gekapertes Schiff und seine Ladung*
Prishtina [-ʃt-] ⟨albanisch⟩ = **Priština** [-ʃt-] ⟨serb.⟩: *Hauptstadt des Kosovo*
Prisma das, -s/Prismen ⟨gr.⟩: *ein geometrischer Körper* | (Optik) *Strahlenbrecher* ‖ **prismatisch** ‖ **prismenförmig** ‖ **Prismenglas:** *ein Feldstecher*
Pritsche die, -/-n: *Liegestatt aus Brettern* | *Ladefläche eines Lkws* | *ein Schlag- und Klappergerät*
pritscheln, ich pritschle: *planschen, plätschern*
pritschen (Sport): *den Ball [im Volleyball] mit den Fingern weiterbefördern*
Pritschenwagen
privat [-v-] ⟨lat.⟩: *persönlich* | *außerdienstlich; nicht amtlich, nicht offiziell* | *nicht staatlich;* sich p. versichern; → privat versichert = privatversichert; → der

privat Versicherte = Privatversicherte; an p. *(an einen privaten Kunden)* ‖ **Privatadresse** ‖ **Privatanklage** (Jus) ‖ **Privatanklagedelikt** (Jus): *Delikt, das auf Grund einer Privatklage verfolgt wird;* → G.: Offizialdelikt ‖ **Privatanleger** ‖ **Privatanlegerin** ‖ **Privatarzt:** *Wahlarzt* ‖ **Privatärztin** ‖ **Privataudienz** ‖ **Privatautonomie** (Jus): *Grundsatz, wonach der Einzelne seine Lebensverhältnisse im Rahmen der Gesetze selbst regeln kann* ‖ **Privatbahn** (meist Pl.) (Verk.): *nicht von den ÖBB betriebene Strecke des Eisenbahnnetzes* ‖ **Privatbank** die, -/-en: *Bank in Privatbesitz* ‖ **Privatbesitz** ‖ **Privatbeteiligte**[1] der, -n/-n, ein Privatbeteiligter: sich als [ein] Privatbeteiligter der Anklage anschließen ‖ **Privatbeteiligte**[2] die, -n/-n ‖ **Privatdetektiv** ‖ **Privatdetektivin** [-i:f-, -i:v-] ‖ **Privatdozent** (bes. CH, D): *habilitierter Universitätslehrer ohne eigenen Lehrstuhl* ‖ **Privatdozentin** (bes. CH, D) ‖ **Private**[1] der, -n/-n, ein Privater: *jemand, der ohne einen Beruf auszuüben nur von seinem Vermögen lebt* ‖ **Private**[2] die, -n/-n ‖ **Privateigentum** ‖ **Privatfernsehen** → G.: öffentlich-rechtliches Fernsehen ‖ **Privatgebrauch** ‖ **Privatgelehrte**[1] der, -n/-n (veraltend): *Forscher ohne wissenschaftliche Anstellung [an einer Universität]; freiberuflicher Forscher* ‖ **Privatgelehrte**[2] die, -n/-n ‖ **Privatgespräch** ‖ **Privatgrund** ‖ **Privathand** (geh.): eine Kunstsammlung in P. *(Privatbesitz)* ‖ **Privathauptschule** ‖ **Privathaus** ‖ **Privathaushalt** ‖ **Privatier** [-'tie:] der, -s/-s ⟨fr.⟩ (veraltet): *jemand, der keinem Brotberuf nachgehen muss, Privatmann* ‖ **Privatiere** [-'tie:ə, -rɛ] die, -/-n (veraltet): *weibl. Form zu Privatier* ‖ **privatim** (geh.): *vertraulich; unter vier Augen* ‖ **Privatinitiative** [-tsi-vɛ, -fɛ]: *das Tätigwerden aus eigenem Antrieb* ‖ **Privation** [-tsi-] die, -/-en (veraltet): *Beraubung* ‖ **privatisieren:** *als Private[r] leben* | (Wirt.) *[Staatsbesitz] in Privateigentum überführen* ‖ **Privatisierung** die, -/-en ‖ **Privatissimum** das, -s/Privatissima: *Vorlesung für einen ausgewählten Hörerkreis* ‖ **Privatist** der, -en/-en (veraltet): *Schüler, der privat unterrichtet wird und an der Schule nur die Prüfungen ablegt* ‖ **Privatistin** die, -/-innen (veraltet) ‖ **Privatjet** [-dʒ-] ‖ **Privatklinik** ‖ **Privatkonkurs** (Jus): *Konkurs einer Privatperson* ‖ **Privatkonto** (Bankw.): *Konto für Privatkunden* ‖ **Privatkrankenhaus** ‖ **Privatkredit:** *Kredit einer Privatperson für eine Privatperson (der Darlehensgeber agiert nicht gewerblich)* ‖ **Privatkunde** der, -n/-n (reg. auch: die, -/-n) ‖ **Privatkundin** ‖ **Privatleben** ‖ **Privatmann:** *Privatier* ‖ **Privatmensch:** als P. *(privat, außerhalb des Berufs)* ist er ganz nett ‖ **Privatmittel** die (Pl.): *Eigenmittel, privates Geld* ‖ **Privatpatient** [-tsi-] ‖ **Privatpatientin** ‖ **Privatpension:** *private Altersvorsorge* ‖ **Privatperson:** als P. *(nicht im Auftrag [einer Firma])* an der Feier teilnehmen ‖ **Privatquartier** ‖ **Privatradio** (Medienw.): *private Radioanstalt* ‖ **Privatrecht** (Jus): *Rechtsnormen zur Regelung der Rechtsbeziehungen der Bürger untereinander;* → Öffentlichkeitsrecht ‖ **Privatsache:** das ist meine P. *(meine persönliche Angelegenheit)* ‖ **Privatschule:** *Schule, deren Erhalter nicht Bund, Land oder Gemeinde, sondern zB eine Kirche oder ein Verein ist;* P. mit Öffentlichkeitsrecht ‖ **Privatsekretär** ‖ **Privatsekretärin** ‖ **Privatsphäre** [-sf-] ‖ **Privatstiftung** ‖ **Privatstraße** ‖ **Privatuni** ‖ **Privatuniversität** [-v-]: Katholisch-Theologische P. Linz ‖ **privat versichert** = **privatversichert:** p. versicherte Patientinnen ‖ **privat Versicherte** = **Privatversicherte** ‖ **Privatvolksschule** ‖ **Privatvorsorge:** *private [Pensions]vorsorge* ‖ **Privatweg** ‖ **Privatwirtschaft** die, -: *in Privatbesitz befindliche Unternehmen* ‖ **Privatwirtschaftsverwaltung** (Jus): *nicht hoheitliche Tätigkeit des Staates, zB Kauf eines Hauses, Betreiben einer Bank;* → G.: Hoheitsverwaltung ‖ **Privatzimmer:** *private Unterkunft*

Privileg [-v-] das, -[e]s/-ien [-iən] [-e] ⟨lat.⟩: *Sonder-, Vorrecht* ‖ **Privilegienabbau:** *Beseitigung unberechtigter Vorteile bestimmter Personen[gruppen]* ‖ **Privilegienritter** (abw.): *jemand, der Privilegien fördert und sie selbst beansprucht* ‖ **Privilegienritterin** (abw.) ‖ **Privilegienstadel** (sal., abw.): *Unternehmen mit vielen Privilegien [für Manager], Gruppe mit Freunderlwirtschaft* ‖ **privilegiert:** *bevorrechtet;* → unterprivilegiert

pro ⟨lat.⟩:

Präposition mit Akkusativ:
- pro *(per)* Stück *(für jedes Stück)*
- pro anwesende Frau
- pro anwesenden Mitarbeiter
- pro Patienten/Studenten
- pro Automaten

Großschreibung bei Nominalisierung:
- das **Pro** und [das] Kontra *(das Für und [das] Wider)*

Vgl. auch → pro domo; → pro forma; → pro memoria; → pro annum; → per

R→ S. 895, 2.5

proaktiv ⟨lat.⟩: *besonders aktiv, vorausschauend, initiativ, stark wirkend* ‖ **Proaktivität** [-v-]

pro anno ⟨lat.⟩ (pa, p. a.): *jährlich;* → per anno = per annum

Proband der, -en/-en ⟨lat.⟩: *jemand, der sich zu bewähren hat; Prüfling; Testperson* ‖ **Probandin** die, -/-innen ‖ **probat:** ein probates *(bewährtes)* Mittel ‖ **Probe** die, -/-n: jemanden auf die P. stellen *(jemanden prüfen);* P. fahren/singen; sie fuhr Probe/ist Probe gefahren | Proben ziehen *(Stichproben für Untersuchungen entnehmen)* | *Einüben, Vorbereiten einer [Theater]aufführung* ‖ **Probealarm** ‖ **Probebetrieb** ‖ **Probebohrung** ‖ **Probebühne** ‖ **Probeexemplar** ‖ **Probefahrt** ‖ **Probeführerschein** ‖ **Probegalopp** (ugs.): *Versuchsstadium, Probelauf* ‖ **probehalber** → -halber[2] ‖ **Probejahr** (veraltet): *Unterrichtspraktikum* ‖ **Probelauf:** *erster Versuch* ‖ **Probelehrer** (veraltet): *Unterrichtspraktikant* ‖ **Probelehrerin** (veraltet) ‖ **proben:** ein Schauspiel p. ‖ **Probenentnahme:** eine P. zur Kontrolle ‖ **Probepackung:** *Muster* ‖ **Proberöhrchen:** *Glasröhre für die Arbeit im Labor, Reagenzglas* ‖ **Probesackerl** ‖ **probeweise** ‖ **Probezeit:** *begrenzte Zeitspanne am Beginn eines Arbeitsverhältnisses* ‖ **probieren:** ein Kleid p.; p. (=

Probieren) geht über studieren (= Studieren) || **Probierglas**

Problem das, -s/-e ⟨gr.-lat.⟩: *eine schwierige Frage/Aufgabe;* das ist für mich kein P. *(ich habe kein Problem damit; es fällt mir nicht schwer)* || **Problematik** die, -/-en || **problematisch:** *fragwürdig; zweifelhaft* | *schwierig* || **problematisieren:** *zum Problem machen; als Problem erkennen* || **Problembereich** || **Problembewusstsein** || **Problemfeld** || **Problemkind** || **Problemkreis** || **problemlos** || **Problemlösung** || **Problemlösungsstrategie** [-st-, -ʃt-] || **problemorientiert** || **Problemregion** || **problemreich** || **Problemstellung** || **Problemstoff** (meist Pl.) (Ökol.): *Sondermüll* || **Problemstoffsammelstelle** || **Problemzone** (sal.): *unattraktive Körperstelle, Fettpolster*

Pröbstling der, -s/-e (reg., zB St): *[Ananas]erdbeere*

Procedere [-ts-] = → Prozedere

Prodekan: *Vertreter des Dekans* || **Prodekanin**

pro domo ⟨lat.⟩: *in eigener Sache, zum eigenen Nutzen* | *nur für den internen Kreis*

Producer [-ˈdjuːsə] der, -s/- ⟨engl.⟩: *Produzent* || **Productplacement** [-dʌkt,pleɪs-] das, -s/-s (Werb.): *gezielte Produktwerbung; scheinbar zufälliges Auftreten einer Markenware [in einem Spielfilm]*

Produkt das, -[e]s/-e ⟨lat.⟩: *Erzeugnis;* landwirtschaftliche Produkte | (Math.) *Ergebnis einer Multiplikation* || **Produktbeschreibung** || **Produktbezeichnung** || **Produktdeklaration** [-tsi̯-]: *Pflicht zur genauen Kennzeichnung [des Inhalts von Lebensmitteln]* || **Produktgestaltung:** *Design* || **Produkthaftung:** *Produkthaftpflicht* || **Produktinformation** [-tsi̯-] || **Produktion** [-tsi̯-] die, -/-en: *Erzeugung, Herstellung* || **Produktionsfaktor** || **Produktionskapazität** || **Produktionskosten** die (Pl.) || **Produktionsleistung** || **produktiv:** *ergiebig, ertragreich; fruchtbar;* → G.: kontraproduktiv || **Produktivität** [-v-] die, - || **Produktmanager** [-mænɪdʒə]: *jemand, der von der Entwicklung bis zum Verkauf ein Produkt betreut* || **Produktmanagerin** || **Produktionsmittel** (meist Pl.): *Grund und Boden, Fabriksanlagen, Kapital u. dgl.* || **Produktionsstätte** || **Produktionssteigerung** || **Produktpalette:** *Auswahl an Produkten* || **Produktpiraterie:** *Fälschung von [Marken]produkten* || **Produktrückruf** || **Produktvergleich** || **Produzent** der, -en/-en: *Erzeuger* || **Produzentin** die, -/-innen || **produzieren:** *erzeugen* | (oft abw.) er produziert sich vor den Gästen *(gebärdet sich auffällig, tut sich hervor)*

Prof.: **Prof**essor[in]

profan ⟨lat.⟩: *weltlich, nicht kirchlich* | *alltäglich, gewöhnlich* || **Profanbau:** *nicht kirchliches Bauwerk;* → G.: Sakralbau || **profanieren:** *entweihen* || **Profanität** die, -

Profess die, -/-e[n] ⟨lat.⟩: *Ablegung der Ordensgelübde* || **Profession** die, -/-en ⟨lat.-fr.⟩: *Beruf; Gewerbe* || **Professional** [-ʃənəl] der, -s/-s ⟨lat.-engl.⟩: *Berufssportler; Profi;* → G.: Amateur || **Professionalisierung** die, -/-en || **Professionalität** die, - || **professionell** ⟨lat.-fr.⟩: *berufsmäßig* || **Professionist** der, -en/-en: *gelernter, befugter Handwerker; Facharbeiter* || **Professionistin** die, -/-innen || **Professor** der, -s/-en [-ˈsoː-] (Prof.) ⟨lat.⟩: *höchster akademischer Titel;* Universitätsprofessor | „Herr/Frau P.!" *(übliche Anrede an Lehrer/innen höherer Schulen)* | *vom Bundespräsidenten verliehener Titel* || **professoral** (meist abw.): *würdevoll belehrend* || **Professorenkurie** [-i̯ɛ]: *Vertreter/innen des Oberbaus in universitären Gremien* || **Professorentitel** → Professortitel || **Professorin** die, -/-innen (Prof.) || **Professortitel,** *auch:* Professorentitel || **Professur** die, -/-en: *Lehramt an einer Universität*

Profi der, -s/-s ⟨lat.-engl.⟩: *Kurzwort für Professional* | (sal.) *Fachmann* || **Profiboxer** || **Profiboxerin**

Profil das, -s/-e ⟨it.-fr.⟩: ein Gesicht im P. *(von der Seite)* fotografieren | eine Politikerin mit P. *(mit ausgeprägter Persönlichkeit)* | *Einkerbungen eines [Auto]reifens, einer Schuhsohle* || **Profiler** [prəʊˈfaɪlə] der, -s/- ⟨engl.⟩: → Profiling || **Profilerin** die, -/-innen || **profilieren** sich: *sich in einem bestimmten Bereich durch gute Leistungen einen Namen machen* || **profiliert:** eine profilierte *(ausgeprägte)* Persönlichkeit || **Profilierung** die, -/-en || **Profiling** [prəʊˈfaɪl-] das, -s/-s ⟨engl.⟩ (Werb.): *Erstellen von Kundenprofilen* | (Psych.) *kriminalistische Täteranalyse* || **Profilliste:** *Verzeichnis aller gültigen Schulbücher* || **profillos** || **Profilneurose** (Psych.): *Angst, zu wenig zu gelten* || **Profilsohle:** *eine Schuhsohle mit Profil* || **Profiltiefe**

Profisport ⟨lat.-engl.⟩: *berufsmäßig ausgeübter Sport* || **Profisportler** → G.: Amateursportler || **Profisportlerin**

Profit der, -[e]s/-e ⟨lat.-fr.-niederl.⟩: *Nutzen; Gewinn; Vorteil;* etwas wird P. bringen; → Profit bringend = profitbringend || **profitabel:** ein profitables *(Gewinn bringendes)* Geschäft || **Profit bringend** = **profitbringend:** P. bringende Handelsbeziehungen || **Profitcenter** [-se-] ⟨engl.⟩ (Wirt.): *Unternehmensbereich, der sich auf wirtschaftlichen Erfolg konzentriert*

Profiterole [-ˈɔl] das (*auch:* der), -/-n [-s] [-ˈɔl(s)] (meist Pl.) ⟨fr.⟩: *kleines [gefülltes] Brandteigkrapferl, Suppeneinlage*

Profiteur [-ˈtøːə] der, -s/-e ⟨lat.-fr.⟩ (abw.): *Nutznießer* || **Profiteurin** die, -/-innen (abw.) || **Profitgier** || **profitieren:** *Nutzen haben, Gewinn ziehen* || **Profitstreben** das, -s (abw.)

Proform ⟨lat.⟩ (Gramm.): *Wort (meist Pronomen), das an Stelle eines anderen Wortes eingesetzt wird;* → Ersatzform || **pro forma:** etwas p. f. *(zum Schein, der Form halber)* tun

Profos = **Profoss** der, -es/-en ⟨lat.-fr.⟩ (früher): *[Scharf]richter beim Militär; Verwalter der Militärgerichtsbarkeit*

profund ⟨lat.-fr.⟩ (geh.): profunde *(gründliche)* Kenntnisse || **Profundität** die, -

Prognose die, -/-n ⟨gr.-lat.⟩: *[fundierte] Vorhersage [des Wetters, eines Krankheitsverlaufs]* || **Prognostik** die, -/-en || **prognostisch** || **prognostizieren**

Programm das, -s/-e ⟨gr.-lat.⟩: *Gesamtheit der Sendungen, Aufführungen [einer Fernsehanstalt, eines Theaters];* ein Theaterstück aus dem P. nehmen; *vorgesehener Ablauf einer Veranstaltung* | *Kurzwort für Programmheft* |

Grundsätze [einer Partei, eines Verlages] | (EDV) *Summe der Anweisungen an einen Computer, die eine bestimmte Anwendung ermöglicht* ‖ **Programmänderung** ‖ **Programmangebot** ‖ **Programmatik** die, -/-en: *Zielvorstellung* ‖ **programmatisch:** *richtungsweisend, grundsätzlich, zielgerichtet* ‖ **Programmdirektor** ‖ **Programmdirektorin** ‖ **programmgemäß:** alles läuft p. ‖ **Programmgestaltung** ‖ **programmgesteuert:** *mit programmierter, automatischer Steuerung* ‖ **Programmheft:** *Heft mit Informationen zu einer Veranstaltung* ‖ **Programmhinweis** ‖ **programmierbar** ‖ **programmieren:** *das Programm eines Theaters, Senders usw. für einen Zeitraum festsetzen; [eine Sendung] aufs Programm setzen* | (EDV) *ein Programm für einen Computer erstellen* ‖ **Programmierer** der, -s/- (EDV): *jemand, der Programme für Computer schreibt* ‖ **Programmiererin** die, -/-innen ‖ **Programmiersprache:** *Form der Befehle, die der Computer ausführt* ‖ **Programmierung** die, -/-en ‖ **Programmkino:** *Kino mit künstlerisch wertvollen Filmen* ‖ **programmmäßig** ‖ **Programmmusik:** *Komposition, die Außermusikalisches darstellt* ‖ **Programmpunkt** ‖ **Programmvorschau**

Progression die, -/-en ⟨lat.⟩: *Steigerung;* Steuerprogression ‖ **progressistisch** (abw.): *übertrieben fortschrittlich* ‖ **progressiv:** *fortschrittlich; sich entwickelnd, fortschreitend [bei Krankheiten]*

prohibieren ⟨lat.⟩ (veraltet): *verbieten* ‖ **Prohibition** [-tsi̯-] die, -: *Verbot von Alkoholherstellung und -abgabe* ‖ **Prohibitionist** der, -en/-en: *jemand, der für die Prohibition eintritt* ‖ **Prohibitionistin** die, -/-innen ‖ **prohibitiv**

Projekt das, -[e]s/-e ⟨lat.⟩: *Plan, Vorhaben, Entwurf* | (Bildw.) *[fächerübergreifende] Aufgabenstellung im Unterricht für eine Klasse oder eine Gruppe* ‖ **Projektant** der, -en/-en: *Planer* ‖ **Projektantin** die, -/-innen ‖ **Projektarbeit:** *eine moderne Unterrichtsform* ‖ **Projektgruppe:** *Arbeitsgruppe* ‖ **projektieren:** einen Bau p. *(planen)* ‖ **Projektierung** die, -/-en: *Planung* ‖ **Projektil** das, -s/-e ⟨lat.-fr.⟩: *Geschoß [eines Gewehres]* ‖ **Projektion** [-tsi̯-] die, -/-en ⟨lat.⟩: *Darstellung [eines geometrischen Körpers] auf einer Fläche* | *Vorführung mit einem Projektor* ‖ **Projektionsapparat** ‖ **Projektionsebene** (Math.) ‖ **Projektionsfläche** ‖ **Projektionswand** ‖ **Projektleiter** ‖ **Projektleiterin** ‖ **Projektmanagement** [-mænɪdʒm-] (Wirt.): *Projektorganisation* ‖ **Projektor** der, -s/-en [-ˈtoː-]: *Projektionsapparat* ‖ **Projektunterricht** (Bildw.) ‖ **Projektwoche** (Bildw.) ‖ **projizieren:** Dias an die Wand p. *(mit einem Projektor vergrößert wiedergeben)* ‖ **Projizierung** die, -/-en

Proklamation [-tsi̯-] die, -/-en ⟨lat.⟩: *Aufruf, öffentliche Bekanntmachung* ‖ **proklamieren:** jemanden zum Präsidenten p. *(ausrufen)* ‖ **Proklamierung** die, -/-en

Pro-Kopf-Verbrauch: der P. an Nahrungsmitteln *(Verbrauch pro Person)* stieg an

Prokrustesbett das, -[e]s: in ein P. *(ein zu enges Schema)* zwängen *(nach einer griechischen Sagengestalt)*

Prokura die, -/Prokuren ⟨lat.-it.⟩ (Kaufmannsspr.): *Handlungsvollmacht* ‖ **Prokurator** der, -s/-en [-ˈtoː-] ⟨lat.⟩: *Vermögensverwalter eines Klosters* | *Vertreter des Staates bei Gerichten und Verwaltungsbehörden* | (Gesch.) *Statthalter bestimmter römischer Provinzen* ‖ **Prokuratur** die, -/-en: *eine staatliche Behörde* ‖ **Prokuratorin** die, -/-innen ‖ **Prokurist** der, -en/-en: *leitender Angestellter mit Prokura* ‖ **Prokuristin** die, -/-innen

Prolet der, -en/-en ⟨lat.⟩ (abw.): *roher, ungebildeter Mensch* | (ugs.) *Proletarier* ‖ **Proletariat** das, -[e]s/-e: *Gesamtheit der Proletarier* ‖ **Proletarier** der, -s/-: *Angehöriger der besitzlosen Klasse (nach Karl Marx)* ‖ **Proletarierin** die, -/-innen ‖ **proletarisch** ‖ **proletarisieren:** *zu Proletariern werden lassen* ‖ **Proletarisierung** die, -/-en ‖ **proletenhaft** (abw.) ‖ **Proletin** die, -/-innen (abw.) ‖ **Prolo** der, -s/-s (abw.): *Kurzwort für Prolet*

Prolog der, -[e]s/-e ⟨gr.-lat.⟩: *Vorrede; Vorspiel*

Prolongation [-tsi̯-] die, -/-en ⟨lat.⟩: *Verlängerung* ‖ **prolongieren:** einen Film p. *(seine Spielzeit in diesem Kino verlängern);* einen Wechsel p. *(seine Laufzeit verlängern)* ‖ **Prolongierung** die, -/-en

pro memoria (p. m.) ⟨lat.⟩ (wörtl.: zur Erinnerung) ‖ **Promemoria** das, -s/Promemorien [-i̯ɛn]: *Denkschrift, Memorandum*

Promenade die, -/-n ⟨fr.⟩: *Spaziergang* | *ein gepflegter Spazierweg* ‖ **Promenadenkonzert:** *Konzert mit populärer E-Musik* ‖ **Promenadenmischung** (scherzh.): *Hundemischling* ‖ **promenieren:** *spazieren gehen*

Promesse die, -/-n ⟨lat.-fr.⟩ (Jus): *Schuldverschreibung, Schuldschein*

prometheisch: *titanenhaft (nach einer griechischen Sagengestalt)* ‖ **Promethium** das, -s (Zeichen: Pm): *ein chemisches Element*

Promi[1] der, -s/-s (sal.) ⟨lat.⟩: *Prominente;* B-Promi ‖ **Promi**[2] die, -/-s (sal.)

Promille [auch: -ˈil] das, -[s]/- (‰) ⟨lat.⟩: *Tausendstel;* 0,5 P. Alkohol im Blut ‖ **Promillegrenze**

prominent ⟨lat.⟩: ein prominenter *(sehr bekannter)* Künstler ‖ **Prominente**[1] der, -n/-n, ein Prominenter; → Promi ‖ **Prominente**[2] die, -n/-n ‖ **Prominentenanwalt** ‖ **Prominentenanwältin** ‖ **Prominenz** die, -: *Gesamtheit prominenter Personen*

Promiskuität die, - ⟨lat.⟩: *freizügiger Wechsel der Sexualpartner* ‖ **promiskuitiv**

promoten [auch: -ˈməʊt-] ⟨lat.-engl.⟩: *Werbung machen* ‖ **Promoter** der, -s/-: *Organisator von künstlerischen Veranstaltungen* | (Sport) *Veranstalter von Wettkämpfen* | (Wirt.) *Manager für Salespromotion;* → Promotor ‖ **Promoterin** die, -/-innen ‖ **Promotion**[1] [-tsi̯-] die, -/-en ⟨lat.⟩: *feierliche Verleihung des Doktorgrades;* eine P. sub auspiciis [praesidentis] *(eine P. unter dem Ehrenschutz des Bundespräsidenten als besondere Auszeichnung für hervorragende Leistungen)* ‖ **Promotion**[2] [-ˈməʊʃn] die, - ⟨lat.-engl.⟩: *Förderung durch Werbung* ‖ **Promotionsurkunde** ‖ **Promotor** [-ˈmoː-] der, -s/-en [-ˈtoː-] ⟨lat.⟩: *Professor, der bei einer Promotion assistiert* | *Manager, Förderer;* → Promoter ‖ **Promotorin** der, -/-innen ‖

P

pro|mo|vie|ren [-v-]: *den Doktorgrad erlangen bzw. verleihen*
prompt ⟨lat.-fr.⟩: *sofort, rasch*
Pro|no|men das, -s/- [-nomina] ⟨lat.⟩ (Gramm.): *Fürwort* ‖ **Pro|no|mi|nal|ad|verb** [-v-] (Gramm.): *Umstandsfürwort*
pro|non|ciert [-nõs-, -nɔns-] ⟨fr.⟩ (geh.): *betont, ausgeprägt*
Pro|pä|deu|tik die, -/-en ⟨gr.⟩: *Einführung in eine Wissenschaft;* philosophische P. ‖ **pro|pä|deu|tisch**
Pro|pa|gan|da die, - ⟨lat.⟩ (oft abw.): *organisierte Verbreitung von politischen Ideen und Programmen* | (veraltend) *Werbung für eine Ware oÄ* ‖ **Pro|pa|gan|da|feld|zug** ‖ **Pro|pa|gan|da|film** ‖ **Pro|pa|gan|da|ma|te|ri|al** ‖ **pro|pa|gan|da|wirk|sam** ‖ **Pro|pa|gan|dist** der, -en/-en: *jemand, der Propaganda macht* ‖ **Pro|pa|gan|dis|tin** die, -/-innen ‖ **Pro|pa|ga|tor** der, -s/-en [-ˈtoː-]: *jemand, der etwas propagiert* ‖ **Pro|pa|ga|to|rin** die, -/-innen ‖ **pro|pa|gie|ren:** *für etwas werben* ‖ **Pro|pa|gie|rung** die, -/-en
Pro|pan|gas das, -es ⟨gr.-lat.⟩: *ein Brennstoff, Treibstoff*
Pro|pel|ler der, -s/- ⟨lat.-engl.⟩: *Antriebsvorrichtung für Flugzeuge* | *Schiffsschraube* ‖ **Pro|pel|ler|flug|zeug** ‖ **Pro|pel|ler|ma|schi|ne**
pro|per ⟨lat.-fr.⟩ (veraltet): sich p. *(sauber, ordentlich)* kleiden; ein prop[e]res Äußeres

P

Pro|phet [-f-] der, -en/-en ⟨gr.-lat.⟩: *religiöser Mahner; Weissager; Zukunftsdeuter* | (Islam) *Mohammed* ‖ **Pro|phe|tie** die, -/-n: *Weissagung* ‖ **Pro|phe|tin** die, -/-innen ‖ **pro|phe|tisch** ‖ **pro|phe|zei|en:** *weissagen, voraussagen* ‖ **Pro|phe|zei|ung** die, -/-en
pro|phy|lak|tisch [-fy-] ⟨gr.⟩: ein prophylaktisches *(vorbeugendes)* Mittel gegen eine Krankheit ‖ **Pro|phy|la|xe** die, -/-n: *Vorbeugung; Krankheitsverhütung*
Pro|po|lis die, -, *auch:* das ⟨gr.⟩: *ein Bienenprodukt mit Heilwirkung*
Pro|po|nent der, -en/-en ⟨lat.⟩: *jemand, der öffentlich für etwas eintritt (zB einen Wahlkandidaten)* | (Amtsspr.) *Antragsteller;* die Proponenten eines zu gründenden Vereins ‖ **Pro|po|nen|ten|ko|mi|tee** ‖ **Pro|po|nen|tin** die, -/-innen ‖ **pro|po|nie|ren:** *werben, eintreten für etwas* | sich p. *(sich einsetzen)*
Pro|por|ti|on [-tsi̯-] die, -/-en ⟨lat.⟩: *Größenverhältnis; Gleichmaß* | (Math.) *Verhältnisgleichung* ‖ **pro|por|ti|o|nal:** *im gleichen Verhältnis;* → G.: disproportional ‖ **Pro|por|ti|o|na|li|tät** die, -/-en: *Verhältnismäßigkeit, Ausgewogenheit* ‖ ‖ **Pro|por|ti|o|nal|wahl:** *Proporzwahl* ‖ **pro|por|ti|o|nell:** *proportional* ‖ **pro|por|ti|o|niert:** gut p. *(wohlgebaut)* sein ‖ **Pro|por|ti|o|niert|heit** die, - ‖ **Pro|porz** der, -es/-e: *mengenmäßiges Verhältnis [zwischen Parteien];* Posten nach dem P. vergeben | (SüdT) *Besetzung von öffentlichen Stellen uÄ entsprechend dem ethnischen Zahlenverhältnis* ‖ **Pro|porz|wahl:** *Verhältniswahl*
Pro|po|si|ti|on [-tsi̯-] die, -/-en (Sprachwiss.): *Inhalt einer Aussage*
Pro|pri|um das, -s/Proprien [-i̯ɛn] ⟨lat.⟩ (kath.): *die wechselnden Teile der Messe;* → Ordinarium | (Psych.) *die persönlichen Eigenschaften eines Menschen*
Propst der, -[e]s/Pröpste: *ein kirchlicher Würdenträger* ‖ **Props|tei** die, -/-en
Pro|py|lä|en [-py-] die (Pl.) ⟨gr.⟩: *Vorhalle, Säulenhalle*
Pro|rek|tor: *Vertreter des Rektors* ‖ **Pro|rek|to|rin**
pro|ro|ga|tiv ⟨lat.⟩ (veraltet) (Amtsspr.): *aufschiebend, eine Frist verlängernd*
Pro|sa die, - ⟨lat.⟩: *Sprachform, die ungebunden (nicht versgebunden) ist* ‖ **Pro|sa|i|ker** der, -s/-: *Prosaschriftsteller* ‖ **Pro|sa|i|ke|rin** die, -/-innen ‖ **pro|sa|isch:** *in Prosa* | (oft abw.) *nüchtern, ohne Sinn für Höheres* ‖ **Pro|sa|text**
Pro|sciut|to [-ˈʃuto] der, -s/-s [Prosciutti] ⟨it.⟩ (Pl.selten): *ein italienischer Schinken*
Pro|sec|co [-ko] der, -s/-s [Prosecchi] [-ˈeki] ⟨it.⟩: *eine Rebsorte (g. g. A.)* | *ein italienischer Perlwein*
Pro|sek|tur die, -/-en ⟨lat.⟩: *Spitalsabteilung für das Untersuchen, Sezieren von Leichen*
Pro|se|lyt [-y(ː)t, -i(ː)t] der, -en/-en ⟨gr.-lat.⟩: *Neubekehrter* ‖ **Pro|se|ly|tin** die, -/-innen ‖ **Pro|se|lyten|ma|che|rei** die, - (geh., abw.): *Anwerben von Anhängern*
Pro|se|mi|nar: *Lehrveranstaltung mit Übungscharakter an der Universität*
pro|sit [auch: -ˈit] ⟨lat.⟩: p. Neujahr wünschen; → prost ‖ **Pro|sit** das, -s/-s: ein herzliches P. dem Gastgeber!
pro|skri|bie|ren ⟨lat.⟩ ‖ **Pro|skrip|ti|on** [-tsi̯-] die, -/-en: *Ächtung*
Pro|so|dik die, - ⟨gr.-lat.⟩: *Metrik* | (Sprachwiss.) *Lehre von Tonstärke, -länge, -höhe uÄ* ‖ **pro|so|disch**
Pro|spekt [-sp-] der = das, -[e]s/-e ⟨lat.⟩: *[illustrierte] Informations-, Werbeschrift* | *Bühnenhintergrund* | *Schauseite der Orgel* ‖ **pro|spek|tie|ren** (Bergmannsspr.): *nach Lagerstätten suchen* ‖ **Pro|spek|tie|rung** die, -/-en ‖ **pro|spek|tiv:** *auf die Zukunft gerichtet, vorausschauend*
pro|spe|rie|ren [-sp-] ⟨lat.-fr.⟩ ‖ **Pro|spe|ri|tät** die, -: *wirtschaftlicher Aufschwung, Wohlstand*
prost: *Zum Wohl! (beim Zutrinken);* → prosit
Pro|sta|ta die, -/Prostatae [-tɛ] ⟨gr.⟩ (Med.): *Vorsteherdrüse*
pro|sti|tu|ie|ren sich ⟨lat.-fr.⟩: *sich gegen Bezahlung [gewerbsmäßig] zum Geschlechtsverkehr anbieten* | (geh.) *seine Grundsätze preisgeben, sich verkaufen* ‖ **Pro|sti|tu|ier|te**[1] der, -n/-n, ein Prostituierter ‖ **Pro|sti|tu|ier|te**[2] die, -n/-n ‖ **Pro|sti|tu|ti|on** [-tsi̯-] die, -
Pro|sze|ni|um [-sts-] das, -s/Proszenien [-i̯ɛn] ⟨gr.-lat.⟩: *vorderster Teil der Bühne* ‖ **Pro|sze|ni|ums|lo|ge** [-loːʃ, -ʒɛ]
Prot|ac|ti|ni|um [-k-] das, -s ⟨gr.⟩ (Zeichen: Pa): *ein chemisches Element*
Pro|ta|go|nist der, -en/-en ⟨gr.⟩ (geh.): *Hauptdarsteller* | *Wortführer; Vorkämpfer* ‖ **Pro|ta|go|nis|tin** die, -/-innen (geh.)
Pro|te|gé [-ˈʒeː] der, -s/-s ⟨fr.⟩: *Schützling, Günstling* ‖ **pro|te|gie|ren** [-ˈʒiː-]: *begünstigen, fördern;* → Protektion
Pro|te|in das, -s/-e ⟨gr.⟩ (Chem.): *Eiweiß*
Pro|tek|ti|on [-tsi̯-] die, -/-en ⟨lat.⟩: *Bevorzugung, Begünstigung;* → protegieren ‖ **Pro|tek|ti|o|nis|mus** der, - (Wirt.): *Schutz der einheimischen Wirtschaft gegen ausländische Konkurrenz durch gesetzliche Bestimmungen* ‖ **Pro|tek|ti|o|nist** der, -en/-en (Wirt.) ‖ **Pro|tek|ti|o|nis|tin** die, -/-innen (Wirt.) ‖ **Pro|tek|ti|ons|kind** ‖ **Pro|tek|ti|ons|wirt|schaft** ‖ **Pro|tek|tor** der, -s/-en [-ˈtoː-]: *Förderer* | *Beschützer; Schirmherr* ‖ **Pro|tek|to|rat** das, -[e]s/-e: *Schutzherrschaft* | *unter fremder Schutzherrschaft stehendes Ge-*

biet ‖ **Pro|tek|to|rin** die, -/-innen
Pro|test der, -[e]s/-e ⟨lat.-it.⟩: P. *(Einspruch)* erheben ‖ **Pro|test|ak|ti|on** [-tsi̯-]
Pro|tes|tant der, -en/-en ⟨lat.⟩: *Angehöriger einer evangelischen Kirchengemeinschaft* ‖ **Pro|tes|tan|tin** die, -/-innen ‖ **pro|tes|tan|tisch** ‖ **Pro|tes|tan|tis|mus** der, -
Pro|test|be|we|gung ⟨lat.-it.⟩ ‖ **Pro|test|de|mons|tra|ti|on** [-tsi̯-] ‖ **Pro|test|hal|tung** ‖ **pro|tes|tie|ren:** *sich gegen etwas verwahren; Einspruch erheben* ‖ **Pro|test|kund|ge|bung** ‖ **Pro|test|marsch** ‖ **Pro|test|no|te:** *offizielles Protestschreiben* ‖ **Pro|test|schrei|ben** ‖ **Pro|test|song** ‖ **Pro|test|sturm** ‖ **Pro|test|ver|samm|lung** ‖ **Pro|test|wel|le**
Pro|the|se die, -/-n ⟨gr.⟩: *künstlicher Ersatz für einen Körperteil*
Pro|to|koll das, -s/-e ⟨gr.-lat.⟩: über einen Unfall ein P. aufnehmen *(alles Wichtige darüber aufschreiben)* | *die Normen des diplomatischen Umgangs* | (EDV) *geregelter Standard bei der Datenkommunikation* ‖ **pro|to|kol|la|risch:** etwas p. festhalten ‖ **Pro|to|koll|chef** [-ʃɛ:f] ‖ **Pro|to|koll|che|fin** ‖ **pro|to|kol|lie|ren** ‖ **Pro|to|kol|lie|rung** die, -/-en
Pro|ton ['pro:-, -'o:n] das, -s/-en [-'to:-] ⟨gr.⟩ (Phys.): *positiv geladenes Elementarteilchen;* → Elektron; → Neutron ‖ **Pro|to|plas|ma** (Biol.): *die lebende Zellsubstanz* ‖ **Pro|to|typ** [-'y(:)p, auch: 'pro(:)-]: der P. *(Inbegriff)* eines gewissenhaften Beamten sein | der P. *(die Musterausführung)* einer neuen Autoserie ‖ **pro|to|ty|pisch**
pro|tra|hie|ren ⟨lat.⟩ (Med.): *verzögern*
Pro|tu|be|ranz die, -/-en ⟨lat.⟩ (Astron.): *aus der Sonne aufschießende glühende Gasmasse*
Protz der, -en [-es]/-e[n] (sal.): *Protzer*
prot|zen: du protzt *(prahlst)* mit deinem Geld ‖ **Prot|zer** der, -s/- (ugs.) ‖ **Prot|ze|rei** die, -/-en (ugs.) ‖ **Prot|ze|rin** die, -/-innen (ugs.) ‖ **prot|zig** (ugs.): ein protziger *(angeberischer)* Sportwagen ‖ **Prot|zig|keit** die, - (ugs.)
Pro|vence [-'vɑ̃:s] die, -: *eine südfranzösische Landschaft;* Kräuter der P. *(eine Gewürzmischung)*
Pro|ve|ni|enz [-v-] die, -/-en ⟨lat.⟩: *Ursprung, Herkunft [einer Ware]*
Pro|ven|za|le [-v-] der, -n/-n: *Einwohner der Provence* ‖ **Pro|ven|za|lin** die, -/-innen ‖ **pro|ven|za|lisch** ‖ **Pro|ven|za|lisch** das, -[s] = **Pro|ven|za|li|sche,** -n: *ältere Bezeichnung für Okzitanisch*
Pro|vi|ant [-v-] der, -[e]s ⟨lat.-fr.⟩: P. *(Verpflegung)* für einen Ausflug mitnehmen ‖ **pro|vi|an|tie|ren** ‖ **Pro|vi|ant|korb**
Pro|vi|der [prə'vaɪdə] der, -s/- ⟨engl.⟩: *Anbieter von Internet, spezieller Software uÄ*
Pro|vinz [-v-] die, -/-en ⟨lat.⟩: *großer Verwaltungsbezirk* | *Landgebiet (im Gegensatz zur Hauptstadt)* | (SüdT) (Admin.) *Verwaltungseinheit, Teilgebiet einer Region;* autonome P. Bozen-Südtirol ‖ **pro|vinz|fremd** (SüdT): *nicht aus Bozen-Südtirol (von Betrieben)* ‖ **Pro|vinz|haupt|stadt** ‖ **Pro|vin|zi|al** der, -s/-e: *Vorsteher einer Ordensprovinz* ‖ **Pro|vin|zi|a|li|tät** die, - (abw.) ‖ **pro|vin|zi|ell:** *aus der Provinz, landschaftlich* | (abw.) *[kulturell] minder; nicht städtisch;* provinzielle Engstirnigkeit ‖ **Pro|vinz|kenn|zei|chen** (SüdT) (Kfz) ‖ **Pro|vinz|ler** der, -s/- (abw.): *Provinzbewohner* ‖ **Pro|vinz|le|rin** die, -/-innen (abw.) ‖ **pro|vinz|le|risch** (abw.) ‖ **Pro|vinz|stadt**
Pro|vi|si|on [-v-] die, -/-en ⟨lat.-it.⟩: *Bezahlung für die Vermittlung eines Kaufes; Vermittlungsgebühr* ‖ **Pro|vi|si|ons|ba|sis:** auf P. arbeiten ‖ **Pro|vi|sor** der, -s/-en [-'zo:-]: *stellvertretender Leiter einer Pfarre* ‖ **pro|vi|so|risch:** *vorläufig; widerruflich; probeweise;* eine provisorische Brücke *(eine Notbrücke);* p. angestellt sein ‖ **Pro|vi|so|ri|um** das, -s/Provisorien [-i̯ən]; → G.: Definitivum
pro|vo|kant [-v-] ⟨lat.⟩: *herausfordernd, aufreizend* ‖ **Pro|vo|ka|teur** [-'tø:ə] der, -s/-e: *Unruhestifter, Aufwiegler* ‖ **Pro|vo|ka|teu|rin** die, -/-innen ‖ **Pro|vo|ka|ti|on** [-tsi̯-] die, -/-en ‖ **pro|vo|ka|tiv:** *provokant* ‖ **pro|vo|ka|to|risch** ‖ **pro|vo|zie|ren:** sich leicht p. *(herausfordern)* lassen; eine Auseinandersetzung p. ‖ **Pro|vo|zie|rung** die, -/-en
Pro|ze|de|re = Procedere [-ts-] das, -s/- ⟨lat.⟩: *das weitere Vorgehen in einer Angelegenheit; Verfahrensordnung, Prozedur* ‖ **Pro|ze|dur** die, -/-en ⟨lat.⟩: eine lange P. *(ein umständliches Verfahren)*
Pro|zent das, -[e]s/-e ⟨lat.⟩ (%): *Hundertstel;* 10 %; *aber:* ein zehnprozentiger (10-prozentiger, 10%iger) Preisnachlass | (in Mengenangaben mit Pl. Prozent) fünf Prozent ‖ **Pro|zent|punkt:** der Stimmenanteil stieg um 3 Prozentpunkte *(zB von 12 auf 15 Prozent aller Stimmen)* ‖ **Pro|zent|rech|nung** ‖ **Pro|zent|satz** ‖ **pro|zen|tu|al** (veraltend): *prozentuell* ‖ **pro|zen|tu|ell:** an einem Unternehmen p. beteiligt sein *(einen in Prozenten festgelegten Anteil vom Reinertrag erhalten)*
Pro|zess der, -es/-e ⟨lat.⟩: *gerichtliches Verfahren;* jemandem den P. machen *(jemanden verklagen);* mit jemandem kurzen P. *(nicht viel Umstände)* machen | *Ablauf, Vorgang;* ein chemischer P. ‖ **pro|zess|fä|hig** ‖ **Pro|zess|fä|hig|keit** ‖ **Pro|zess|füh|rung** ‖ **Pro|zess|geg|ner** ‖ **Pro|zess|geg|ne|rin** ‖ **Pro|zess|hansl** (ugs., abw.): *gewohnheitsmäßiger Prozessierer* ‖ **pro|zes|sie|ren:** *einen Gerichtsprozess führen* ‖ **Pro|zes|si|on** die, -/-en: *ein feierlicher [kirchlicher] Umzug* ‖ **Pro|zes|si|ons|spin|ner:** *Schmetterling, dessen Raupen hintereinander wandern* ‖ **Pro|zess|kos|ten** die (Pl.) ‖ **Pro|zess|kos|ten|hil|fe** (Admin., Jus): *Verfahrenshilfe* ‖ **Pro|zes|sor** der, -s/-en [-'so:-] (EDV): *zentraler Baustein eines Computers;* → CPU ‖ **Pro|zess|rech|ner** (EDV): *Computer für industrielle Fertigungsabläufe* ‖ **pro|zes|su|al:** *auf einen Prozess bezogen* ‖ **Pro|zess|voll|macht**
prüd = **prü|de** ⟨fr.⟩: *zurückhaltend, was Sexuelles betrifft; übertrieben schamhaft* ‖ **Prü|de|rie** die, -
Prüf|auf|trag ‖ **prüf|bar** ‖ **Prüf|be|richt** ‖ **prü|fen** ‖ **Prü|fer** der, -s/- ‖ **Prü|fe|rin** die, -/-innen ‖ **Prüf|ex|em|plar:** *Ansichtsexemplar* ‖ **Prüf|ling** der, -s/-e ‖ **Prüf|pi|ckerl:** *Begutachtungsplakette* ‖ **Prüf|stand:** *Anlage zur Überprüfung [von Autos]* ‖ **Prüf|stein:** diese Aufgabe war ein P. *(eine Bewährungsprobe)* für seine Leistungsfähigkeit ‖ **Prüf|stel|le** ‖ **Prüf|stück** ‖ **Prü|fung** die, -/-en: eine wichtige P. bestehen ‖ **Prü|fungs|an|for|de|rung** (meist Pl.) ‖ **Prü|fungs|angst** ‖ **Prü|fungs|ar|beit** ‖ **Prü|fungs|be|helf:** *unterstützende Materialien für eine Prüfung* ‖ **Prü|fungs|er|geb|nis** ‖ **Prü|fungs|fach** ‖ **Prü|fungs|fra|ge** ‖ **Prü|fungs|kan|di|dat:** ein

P

nervöser P. ‖ **Prü|fungs|kan|di|da|tin** ‖ **Prü|fungs|kom|mis|si|on** ‖ **Prü|fungs|ter|min** ‖ **Prü|fungs|ver|fah|ren:** *Prüfverfahren* ‖ **Prü|fungs|vor|be|rei|tung** ‖ **Prü|fungs|wer|ber** (Amtsspr.): *Kandidat, Bewerber für eine Prüfung* ‖ **Prü|fungs|wer|be|rin** (Amtsspr.) ‖ **Prü|fungs|zeug|nis** ‖ **Prüf|ver|fah|ren:** ein chemisches, technisches P. ‖ **Prüf|ver|merk:** *Bestätigung einer Bilanz durch Wirtschaftsprüfer* ‖ **Prüf|zweck** (meist Pl.) (Amtsspr.): ein Paket zu Prüfzwecken durch die Post öffnen

Prü|gel der, -s/-: *großer Stock* | (nur Pl.) *Schläge* ‖ **Prü|ge|lei** die, -/-en, *auch:* Prüglerei ‖ **Prü|gel|kna|be:** *Sündenbock* ‖ **Prü|gel|krap|fen** (reg., zB T, SüdT): *ein bäuerlicher Baumkuchen* ‖ **prü|geln,** ich prügle ‖ **Prü|gel|stra|fe** ‖ **Prü|gel|sup|pe** (reg.): *eine süße Spezialität* ‖ **Prü|gel|tor|te** (T): *Baumkuchen* ‖ **Prüg|le|rei** → Prügelei

Prunk der, -[e]s: *Pracht* ‖ **Prunk|bau** der, -[e]s/-ten ‖ **prun|ken:** mit seinem Besitz p. *(prahlen)* ‖ **Prunk|ge|mach** ‖ **prunk|los** ‖ **Prunk|lo|sig|keit** die, - ‖ **Prunk|raum** ‖ **Prunk|stück** ‖ **Prunk|sucht** ‖ **prunk|voll**

Prün|se = → Prinze

prus|ten: *Luft schnaubend ausstoßen, schnaufen;* vor lachen p.

P

PS[1] [pe 'ɛs] das (*auch:* die), -/- (in Österreich keine gesetzliche Maßeinheit mehr): **P**ferde**s**tärke *(rund 735,5 W);* die Motorleistung in PS

PS[2] [pe 'ɛs] das, -/-: **P**ost**s**kriptum

Psalm der, -[e]s/-en ⟨gr.-lat.⟩: *ein geistliches Lied des Alten Testaments* ‖ **Psal|mist** der, -en/-en: *Dichter von Psalmen* ‖ **Psal|mo|die** die, -/-n (Rel., Mus.): *liturgischer Sprechgesang* ‖ **psal|mo|die|ren:** *Psalmen singen, rezitieren* ‖ **psal|mo|disch** ‖ **Psal|ter** der, -s (Rel.): *das biblische Buch der Psalmen;* → Psalterium ‖ **Psal|te|ri|um** das, -s/Psalterien [-i̯ɛn] (Mus.): *ein altes Saiteninstrument* | *auch:* Psalter (Rel.) *Sammlung von Psalmen und Wechselgesängen*

pseu|do ⟨gr.⟩ (bes. in Zusammensetzungen wie zB pseudowissenschaftlich): *scheinbar, nicht echt* ‖ **Pseu|do|krupp** ⟨gr.+engl.-fr.⟩ (Med.): *eine Krankheit* ‖ **Pseu|do|lo|gie** die, - ⟨gr.⟩ (Psych.): *krankhaftes Lügen* ‖ **pseu|do|lo|gisch** ‖ **pseu|do|nym** [-'y:m]: ein p. erschienenes Buch ‖ **Pseu|do|nym** das, -s/-e: *Deckname; Künstlername (ein angenommener Name)* ‖ **pseu|do|wis|sen|schaft|lich:** *schein-, unwissenschaftlich*

Psi das, -[s]/-[s] (ψ, Ψ) ⟨gr.⟩: *griechischer Buchstabe, entspricht* ps/Ps

PSI das, -[s]: *Kurzwort für Parapsychologie* | *Erscheinung, Vorgang in der Parapsychologie*

Pso|ri|a|sis die, - ⟨gr.⟩ (Med.): *eine Hautkrankheit, Schuppenflechte*

pst: *ein Ausruf;* pst *(leise)*!

Psy|che [-'y:-] die, -/-n ⟨gr.⟩: *Seele;* → G.: Physis | [auch: -'i:-] (veraltend) *Frisiertisch mit Spiegel* ‖ **psy|che|de|lisch** [-y-] ⟨gr.-engl.⟩: *auf einem, meist durch Drogen hervorgerufenen, rauschartigen Gemütszustand beruhend* ‖ **Psy|chi|a|ter** der, -s/-: *Facharzt für Psychiatrie* ‖ **Psy|chi|a|te|rin** die, -/-innen ‖ **Psy|chi|a|trie** die, -: *Wissenschaft von den Geisteskrankheiten und seelischen Störungen* | (mit Pl. -n) *psychiatrische Klinik/Abteilung* ‖ **psy|chi|a|tri|e|ren** (Med.): *jemanden auf seinen Geisteszustand bzw. auf seine Zurechnungsfähigkeit hin untersuchen* ‖ **Psy|chi|a|tri|e|rung** die, -/-en (Med.) ‖ **psy|chi|a|trisch** (Med.)

psy|chisch:

seelisch; → G.: organisch

Nicht verwechseln!

psychisch – psychologisch – physisch

psychisch bedeutet „die Seele, den Geist betreffend“:

- Stress ist eine enorme psychische Belastung.

psychologisch bezieht sich auf „die Wissenschaft von den seelischen Vorgängen und Fähigkeiten des Menschen“ und das Verständnis dafür:

- psychologische Tests
- ein Verbrechen psychologisch analysieren
- psychologisch vorgehen *(einfühlsam)*

physisch bedeutet „den Körper betreffend“:

- Das Heben schwerer Lasten ist eine große physische Belastung.

Psy|cho|ana|ly|se [-'ly:-] die, -: *eine Methode zur Erkennung und Behandlung seelischer Störungen (nach Sigmund Freud)* ‖ **Psy|cho|ana|ly|ti|ker** ‖ **Psy|cho|ana|ly|ti|ke|rin** ‖ **Psy|cho|dra|ma** (Psych.): *eine therapeutische Methode* ‖ **psy|cho|gen** (Med., Psych.): *psychisch (seelisch) verursacht* ‖ **Psy|cho|gramm** das, -s/-e (veraltend) (Psych.): *eine Persönlichkeitsstudie, -darstellung* ‖ **Psy|cho|hy|gi|e|ne** [-y-]: *Vorsorge für [psychische] Gesundheit* ‖ **Psy|cho|krieg:** *Auseinandersetzung mit psychischen Mitteln*

Psy|cho|lo|ge

der, -n/-n: *Fachmann für Psychologie*

Nicht verwechseln!

Psychologe – Psychiater – Psychotherapeut

Psychologe: Jemand, der eine akademische Fachausbildung in Psychologie hat. Die Psychologie ist die Wissenschaft von den seelischen Kräften und Fähigkeiten.

Psychiater: Arzt mit einer Fachausbildung in Psychiatrie (Wissenschaft von den Geisteskrankheiten und seelischen Störungen)

Psychotherapeut: Jemand, der eine Fachausbildung in einer der in Österreich anerkannten psychotherapeutischen Schulen hat. Die Psychotherapie beschäftigt sich mit der Behandlung psychischer Probleme mit Hilfe psychologischer Verfahren.

Psy|cho|lo|gie die, -: *Wissenschaft von den seelischen Kräften und Fähigkeiten* ‖ **Psy|cho|lo|gin** die, -/-innen ‖ **psy|cho|lo|gisch:** *die Psychologie betreffend* | *einfühlsam* ‖ **psy|cho|lo|gi|sie|ren** (meist abw.): *in übertriebener Weise psychologisch vorgehen* ‖ **Psy|cho|path** der, -en/-en (Med.) (veraltet): *Mensch mit abnormer Charakteranlage* ‖ **Psy|cho|pa|thin** die, -/-innen (Med.) (veraltet) ‖ **psy|cho|pa|thisch** (Med.) (veraltet) ‖ **Psy|cho|pa|tho|lo|gie** die, -/-n (Med.) ‖ **Psy|cho|phar|ma|kon** [-f-] das, -s/Psychopharmaka: *Arzneimittel, das auf die Psyche einwirkt* ‖ **psy|cho|phy|sisch** [-'fy:-]: *sowohl körperlich als auch seelisch* ‖ **Psy|cho|se** die, -/-n (Med.): *Geisteskrankheit* ‖ **Psy|cho|so|ma|tik** (Med.) ‖ **psy-**

cho|so|ma|tisch (Med.): p. bedingt *(die seelisch-körperlichen Wechselwirkungen betreffend)* || **psy|cho|so|zi|al:** psychosoziale *(seelische und soziale)* Probleme || **Psy|cho|ter|ror** (Psych., Soz.): *Einschüchterung, Bedrohung mit psychologischen Mitteln* || **Psy|cho|the|ra|peut** || **Psy|cho|the|ra|peu|tin** || **psy|cho|the|ra|peu|tisch** || **Psy|cho|the|ra|pie** die, -: *Heilbehandlung mit psychisch wirksamen Verfahren* || **Psy|cho|thril|ler** [-θr-]: *auf psychologischen Mitteln beruhender, reißerischer Film* || **psy|cho|tisch** (Med.); → Psychose

Pt: Platin

p. t. [ˈpeː ˈteː], *auch:* **P. T.: pleno titulo** ⟨lat.⟩ (wörtl.: mit vollem Titel) (in schriftlicher Anrede an nicht einzeln mit Namen und Titel genannte Personen): „Die p. t. Gäste werden gebeten ..."

pto|le|mä|isch: das ptolemäische Weltbild *(mit der Erde im Zentrum, nach dem altgriechischen Astronomen Ptolemaios);* → kopernikanisch

PTS [pe te ˈɛs] die, -/-: **P**oly**t**echnische **S**chule

Pu: Plutonium

Pub [pʌb] das, -s/-s ⟨engl.⟩: *[kleines] englisches Wirtshaus*

pu|ber|tär ⟨lat.⟩ || **Pu|ber|tät** die, -: *Zeit der Geschlechtsreifung* || **pu|ber|tie|ren**

Pu|bli|ci|ty [pʌbˈlɪsəti] die, - ⟨engl.⟩: *hoher Bekanntheitsgrad in der Öffentlichkeit; Werbung, um einen großen Bekanntheitsgrad zu erreichen* || **Pu|blic Re|la|tions** [-k riˈleɪʃnz] die (Pl.) (PR): *Öffentlichkeitsarbeit; Bemühungen [einer Firma] um das Vertrauen der Öffentlichkeit; Kontaktpflege* || **Pu|blic View|ing** [-ˈvjuːɪŋ] das, - -s/- -s: *Liveübertragung an öffentlichen Plätzen von [Sport]veranstaltungen*

pu|bli|k ⟨lat.-fr.⟩: ein Ereignis ist p. *(allgemein bekannt)* geworden; → publik machen = publikmachen || **Pu|bli|ka|ti|on** [-tsi̯-] die, -/-en: *Veröffentlichung [eines wissenschaftlichen Werkes]* | *im Druck erschienene Schrift* || **pu|blik ma|chen** = **pu|blik|ma|chen:** geheime Vereinbarungen p. m. || **Pu|bli|kum** das, -s ⟨lat.⟩: *Gesamtheit der Zuhörer/innen, Zuschauer/innen, Besucher/innen [einer Veranstaltung];* das breite P. *(die Öffentlichkeit)* || **Pu|bli|kums|er|folg:** *Erfolg [eines Buchs, Films] beim breiteren Publikum* || **Pu|bli|kums|ge|schmack** || **Pu|bli|kums|in|ter|es|se** || **Pu|bli|kums|jo|ker** [-ˌjoː-, engl.: -ˌdʒəʊ-]: *Publikumsbefragung im Rahmen einer Quizshow* || **Pu|bli|kums|lieb|ling** || **Pu|bli|kums|ma|g|net** || **Pu|bli|kums|rat** der, -[e]s: der P. *(die Hörer- und Sehervertretung)* des ORF || **pu|bli|kums|wirk|sam** || **pu|bli|zie|ren:** ein wissenschaftliches Werk p. *(veröffentlichen)* || **pu|bli|zier|freu|dig** || **Pu|bli|zist** der, -en/-en: *[politischer] Schriftsteller, Journalist* || **Pu|bli|zis|tik** die, -: *berufsmäßige Information der Öffentlichkeit durch die Massenmedien* | *Wissenschaft von den Massenmedien* || **Pu|bli|zis|tin** die, -/-innen || **pu|bli|zis|tisch** || **Pu|bli|zi|tät** die, -: *allgemeines Bekanntsein in der Öffentlichkeit*

Puck der, -s/-s ⟨engl.⟩ (Sport): *Hartgummischeibe beim Eishockey*

Pud|ding der, -s/-e [-s] ⟨fr.-engl.⟩: *eine Nachspeise* || **Pud|ding|pul|ver** [-f-]

Pu|del der, -s/-: *eine Hunderasse* || **Pu|del|hau|be:** *eine dicke Wollhaube* || **Pu|del|müt|ze** || **pu|del|nackt** (ugs.): *völlig nackt* || **pu|del|nass** (ugs.) || **Pu|del|sche|rer** der, -s/- (scherzh., veraltet): *[Herren]friseur* || **Pu|del|sche|re|rin** die, -/-innen (scherzh., veraltet) || **pu|del|wohl** (ugs.): sich p. fühlen

Pu|der der = das, -s/- ⟨fr.⟩: *feines Pulver [zur Hautpflege]* || **Pu|der|do|se** || **pu|dern:** sich das Gesicht p. | *auch:* budern (derb) *koitieren* || **Pu|der|zu|cker** (D): *feiner Zucker, Staubzucker*

Pu|e|b|lo der, -s/-s ⟨span.⟩: *Siedlung bzw. spezielles Wohnhaus einiger indianischer Völker* || **Pu|e|b|lo|in|di|a|ner** || **Pu|e|b|lo|in|di|a|ne|rin**

Puff[1] das, *auch: der,* -s/-s (ugs., derb): *Bordell*

Puff[2] der, -[e]s/Püffe: jemandem einen P. *(Stoß)* geben || **Puff|är|mel:** *gebauschter Ärmel* || **Puff|boh|ne:** *Saubohne* || **puf|fen:** *stoßen* || **Puf|fen** die, -/- (ugs.): *Schießwaffe* || **Puf|fer** der, -s/-: *federnder Stoßfänger [eines Eisenbahnwagons]* | *Stoß* || **Puf|fer|bat|te|rie:** *eine Überbrückungshilfe für Stromausfälle [in Elektrogeräten]* || **puf|fern:** *abfedern* || **Puf|fer|staat:** *zwischen rivalisierenden Staaten liegender kleiner Staat, der konfliktmindernd wirkt* || **Puf|fer|zo|ne:** *neutrale Zone*

Puff|mut|ter (ugs., derb): *Bordellchefin*

Puff|reis: *gerösteter Reis; Popcorn*

puh: puh, das war anstrengend!

Pül|cher [meist: ˈpyːçə] der, -s/- (ugs.): *Strolch, Gewalttäter*

Pulk der, -s/-s ⟨slaw.⟩: im P. *(im Hauptfeld des Rennens)* fahren

Pul|kau: *Stadt in Niederösterreich*

Pull-down-Me|nü [-ˈdaʊn-] ⟨engl.⟩ (EDV): *Menü, das durch Mausklick geöffnet wird*

Pul|le die, -/-n (D, ugs.) ⟨lat.⟩: *Flasche* | volle P. *(mit voller Kraft; Hochgeschwindigkeit)*

Pul|li der, -s/-s ⟨engl.⟩: *Kurzwort für Pullover*

Pull|man|kap|pe = **Pull|man|müt|ze** ⟨?+dt.⟩: *eine Kopfbedeckung, Baskenmütze* || **Pull|man|wa|gen** (früher): *Komfortwagon der Bahn (nach der Herstellerfirma)*

Pul|lo|ver [-v-] der, -s/- ⟨engl.⟩: *ein Kleidungsstück* || **Pul|lun|der** der, -s/-: *ein Pullover ohne Ärmel*

Puls der, -es/-e ⟨lat.⟩: den P. fühlen || **Puls|ader** || **Pul|sar** der, -s/-e (Phys., Astron.): *Radiostrahlung aussendender Neutronenstern* || **Pul|sa|ti|on** [-tsi̯-] die, -/-en || **Puls|fre|quenz** || **pul|sie|ren:** pulsierender *(lebhafter)* Verkehr || **Puls|schlag** || **Puls|wär|mer** der, -s/-

Pult das, -[e]s/-e: der Vortragende trat ans P.; *Notenpult; Dirigentenpult*

Pul|ver [-f-] das, -s/- ⟨lat.⟩: *fein gemahlener Stoff;* weißes P. rieselte heraus | *fein gemahlener Stoff in Form einer Tablette;* das P. in Wasser auflösen | *Schießpulver* || **Pul|ver|fass:** auf einem P. sitzen *(in einer gefährlichen Lage sein)* || **Pul|ver|form:** Milch in P. || **pul|ve|rig** → pulvrig || **pul|ve|ri|sie|ren** [auch: -v-]: *zu Pulver zerreiben oder zerstoßen* | (sal.) der Rekord wurde pulverisiert *(eingestellt, aufgelöst)* || **Pul|ve|ri|sie|rung** die, -/-en || **Pul|verl** [-f-] das, -s/-[n] (ugs.): *Medikament* || **pul|vern:** *schießen* | (abw.) Millionen in die Rüstungsindustrie p. *(viel Geld dafür verschwenden)* || **Pul|ver|schnee:** *feinkörniger Schnee* || **Pul|ver|turm** (früher): *Pulvermagazin* || **pul|vrig,** *auch:* pulverig: ein pulvriger Schnee

Pu|ma der, -s/-s ⟨indian.-engl.⟩: *eine Großkatze*

P

Pummel der, -s = **Pummelchen** das, -s/- (D, ugs.): *rundliches Kind, Mädchen* ‖ **pummelig,** *auch:* bummelig: *dicklich*
Pummerin die, -: *größte Glocke des Wiener Stephansdoms*
Pump der, -[e]s (ugs.): auf P. *(von geborgtem Geld)* leben ‖ **Pumpe** die, -/-n: eine elektrische Pumpe; Luftpumpe | (sal.) *Herz* ‖ **pumpen:** Wasser p. | (ugs.) sich Geld p. *(borgen)* ‖ **Pumpenhaus** ‖ **Pumpenschwengel** ‖
Pumperer der, -s/- (ugs.): *dumpfes Geräusch durch Schlag oder Fall*
pumperlgesund = **pumperlgsund** (scherzh., ugs.): *völlig gesund*
pumpern (ugs.): *stark klopfen* ‖ **Pumpernickel** der, -s/-: *ein dunkles Roggenbrot*
Pumpgun [ˈpʌmpgʌn] die, -/-s ⟨engl.⟩: *eine Schrotflinte*
Pumphose: *weite, unter dem Knie gebundene Hose in Bühnenkostümen, Trachten*
Pumps [-œ-, -ʌ-] der, -/- (meist Pl.) ⟨engl.⟩: *ein Damenschuh mit Absatz*
Pumpspeicher = **Pumpspeicherkraftwerk:** *Kraftwerk zur Erzeugung von Ökostrom aus Wasserkraft* ‖ **Pumpstation** [-tsi̯-] ‖ **Pumpwerk**
Pumuckl der, -s: *eine Kinderbuchfigur*
Punch [pʌntʃ] der, -s/-s ⟨engl.⟩: *Boxhieb, Schlag[kraft]* | (ohne Pl.) *Durchschlagskraft* ‖ **Punchingball:** *ein Übungsgerät für Boxer*
puncto [-k-] → in puncto
Punk [pʌ-] = **Punker** der, -s/-s ⟨engl.⟩: *Angehöriger einer Protestbewegung von Jugendlichen* | *Punkrock* ‖ **Punkerin** die, -/-innen
Punkerl das, -s/-[n], *auch:* Bunkerl (reg., mda.): *dickes Kind, dicke Person* | *abgepasstes Wurststück* | *kleine kürbisförmige Flasche* ‖ **punkert,** *auch:* bunkert (reg., mda.): *klein und dicklich*
Punkrock [pʌ-] ⟨engl.⟩: *eine Art der Rockmusik*
Punkt der, -[e]s/-e (.) ⟨lat.⟩: *ein [Satz]zeichen* | der springende P. *(das, worauf es ankommt, Kernpunkt)* | P. 5 der Tagesordnung | das ist ein dunkler P. *(etwas nicht Einwandfreies, Negatives)* in seiner Vergangenheit | (Sport) nach Punkten siegen *(Punktesieg)* | (ohne Pl.) P. *(Schlag, genau)* 8 Uhr ‖ **Punktation** [-tsi̯-] die, -/-en: *in Punkte, Abschnitte gegliederte, übersichtliche Zusammenstellung* ‖ **Punkteführerschein:** *Vormerksystem mit Maluspunkten* ‖ **Punktekampf** (Sport): *Meisterschaftsspiel [im Fußball]* ‖ **Punktelieferant** (sal., Sport) ‖ **Punktelieferantin** ‖ **punkten** (bes. Sport) ‖ **Punkterichter** (Sport) ‖ **Punkterichterin** (Sport) ‖ **Punktesieg** ‖ **Punktesystem** [-zy-]: *ein Bewertungssystem* ‖ **Punktewertung** ‖ **punktgenau** ‖ **punktieren:** *mit Punkten versehen;* eine punktierte Linie | (Med.) *mittels einer Hohlnadel Flüssigkeit aus einer Körperhöhle entnehmen* | (Mus.) eine punktierte *(durch einen nachgestellten Punkt um die Hälfte verlängerte)* Note ‖ **Punktierung** die, -/-en ‖ **Punktion** [-tsi̯-] die, -/-en (Med.): *[Gewebs]entnahme mittels Einstich* ‖ **Punktlandung** ‖ **pünktlich** ‖ **Pünktlichkeit** die, - ‖ **punkto:** *hinsichtlich;* p. Geld; → in puncto ‖ **punktschweißen,** punktgeschweißt (nur Inf. und Part.) ‖ **punktuell:** *Punkt für Punkt; einen bestimmten [Zeit]punkt betreffend* ‖ **Punktum:** und damit P. *(Schluss)*!
Punsch der, -[e]s/-e ⟨Hindi-engl.⟩: *alkoholhältiges Mischgetränk mit Rum* ‖ **Punschglasur:** *[Torten]glasur aus Punschmasse* ‖ **Punschhütte:** *Verkaufsstand, der [während der Weihnachtszeit] Punsch u Ä ausschenkt* ‖ **Punschkrapferl** das, -s/-[n]: *eine Mehlspeise* ‖ **Punschmasse:** *Masse aus Rum, Eiern, Biskuit ua.* ‖ **Punschschnitte:** *eine Mehlspeise*
Puntigam: *17. Bezirk von Graz*
Punze die, -/-n ⟨it.⟩: *eingestanztes offizielles Zeichen zur Angabe des Edelmetallgehalts* | *Stahlstab für Treib- und Ziselierarbeit* ‖ **punzieren** ‖ **Punzierung** die, -/-en
pupillar ⟨lat.⟩ (Med.): *die Pupille betreffend* ‖ **Pupille** die, -/-n: *Sehloch im Auge* ‖ **Pupillenerweiterung** (Med.)
Puppe die, -/-n: *ein Spielzeug; Schaufensterpuppe* | (Zool.) *ein Entwicklungsstadium von Insekten;* die P. eines Schmetterlings ‖ **Puppenbühne** ‖ **Puppenfilm:** *Trickfilm mit Puppen* ‖ **Puppengesicht** ‖ **puppenhaft** ‖ **Puppenhaus** ‖ **Puppenkleid** ‖ **Puppenspiel:** *Theaterspiel mit Puppen, zB Marionetten* ‖ **Puppenspieler** ‖ **Puppenspielerin** ‖ **Puppentheater:** *Handpuppen-, Marionettentheater* ‖ **Puppenwagen** ‖ **Pupperl** das, -s/-[n]: *kleine Puppe* | (ugs.) *herziges kleines Mädchen* | (sal., veraltet) *Freundin* ‖ **Pupperlhutschen** (ugs., veraltend): *Soziussitz*
pur ⟨lat.⟩: *rein, unvermischt;* pures Gold; aus purem Übermut
Püree das, -s/-s ⟨fr.⟩: *ein Brei;* → pürieren
Purgatorium das, -s ⟨lat.⟩: *Fegefeuer; Ort der Läuterung*
Purgiermittel ⟨lat.⟩ (Med.): *Abführmittel*
pürieren ⟨fr.⟩: *zu Püree machen*
Purim [auch: -ˈiːm] das, -s ⟨hebr.⟩: *ein jüdisches Fest*
Purismus der, - ⟨lat.⟩: *übertrieben strenge Anschauung, zB über die Reinhaltung der Sprache von Fremdwörtern* ‖ **puristisch** ‖ **Puritaner** der, -s/-: *Anhänger einer kirchlich-politischen Bewegung der Reformation (in England und Nordamerika)* | *übertrieben sittenstrenger Mensch* ‖ **Puritanerin** die, -/-innen ‖ **puritanisch** ‖ **Puritanismus** der, - ⟨lat.-engl.⟩
Purkersdorf: *Stadt in Niederösterreich*
Purpur der, -s ⟨gr.-lat.⟩: *eine Farbe zwischen Rot und Violett* | *das purpurfarbene Gewand [der Kardinäle]* ‖ **Purpurmantel** ‖ **purpurn:** eine purpurne Robe ‖ **Purpurreiher** ‖ **purpurrot**
Purzelbaum: einen P. *(einen Überschlag, eine Rolle)* machen ‖ **purzeln:** ich purzle über die Stiege
puschen = **pushen** [-ʃ-], du pusch[s]t (= push[s]t) ⟨engl.⟩ (sal.): *antreiben;* jemanden zum Erfolg p. ‖ **Push-up-BH** [-ʌp beha:]: *BH, der den Busen ausformt;* → Wonderbra
Puste die, - (bes. D, sal.): ihm geht die P. *(der Atem; die Kraft)* aus
Pustel die, -/-n ⟨lat.⟩: *Wimmerl, Eiterbläschen*
pusten (bes. D): *blasen*
Pustertal das, -[e]s (OstT, SüdT)
Puszta [-st-] die, -/Puszten ⟨ung.⟩: *Grassteppe in Ungarn, im Burgenland* ‖ **Pusztasalat:** *ein pikanter Gemüsesalat*
putativ ⟨lat.⟩ (Jus): *vermutet, vermeintlich* ‖ **Putativnotwehr** (Jus): *Abwehr einer vermeintlichen, aber nicht bestehenden Ge-*

fahr
Pu̲te die, -/-n: *Truthenne* ‖ **Pu̲tenfleisch** ‖ **Pu̲tenrolller:** *Rollbraten aus Putenfleisch* ‖ **Pu̲tenschinken** ‖ **Pu̲tenschnitzel** ‖ **Pu̲ter** der, -s/-: *Truthahn* ‖ **pu̲terrot:** vor Zorn, Scham p. werden
Pụtsch der, -[e]s/-e: *politischer Handstreich, Umsturz* ‖ **pụtschen,** du putsch[s]t ‖ **Putschịst** der, -en/-en: *ein Aufständischer* ‖ **Putschịstin** die, -/-innen ‖ **Pụtschversuch**
Pụtte die, -/-n = Putto der, -s/Putti [Putten] ⟨lat.-it.⟩: *kleine Engelsfigur; nackte Kinderfigur in der bildenden Kunst; aber:* → Butte
pụtten [engl.: ˈpʌ-] ⟨engl.⟩: *den Golfball mit einem Putter schlagen* ‖ **Pụtter** der, -s/-: *spezieller Golfschläger für das Green* ‖ **Pụttinggreen** [-griːn]: *Übungsplatz (Green) zum Putten*
Pụtto = → Putte
Pụtz der, -es/-e: *Maueranwurf aus Mörtel, Verputz;* auf den P. hauen *(ausgelassener Stimmung sein und dabei viel Geld ausgeben; prahlen)* | (ohne Pl.) *Schmuck, Aufmachung* ‖ **Pụtzbrigade** (sal.): *Reinigungstrupp* ‖ **Pụtze** die, -/-n (D, ugs.): *Putzfrau* ‖ **pụtzen,** du putzt: ein geputzter *(chemisch gereinigter)* Anzug ‖ **Pụtzer** der, -s/-: *jemand, der putzt* | (ugs.) *Verweis, Tadel* ‖ **Putzere̲i** die, -/-en: *Reinigungsanstalt [für Kleidung]* ‖ **Pụtzerin** die, -/-innen
Pụtzerl das, -s/-[n], *auch:* Butzerl (ugs.): *kleines Kind*
Pụtzfetzen: *Putztuch* ‖ **Pụtzfimmel** der, -s (ugs., abw.): *Neigung zu übertrieben häufigem oder gründlichem Reinigen* ‖ **Pụtzfrau**
pụtzig: ein putziges *(herziges)* Kind
Pụtzlappen ‖ **Pụtzmann** ‖ **Pụtzmittel**
pụtzmụnter: *hellwach*
Pụtzpartie: *Maurerteam für den Innen- und Außenputz* ‖ **pụtzsüchtig** ‖ **Pụtztuch**
puzzeln [pʌzln, auch: ˈputs-] ⟨engl.⟩ ‖ **Puzzle** [pʌzl] das, -s/-s: *ein Legespiel* ‖ **Puzzler** der, -s/- ‖ **Puzzlerin** die, -/-innen
PV [pe ˈfaʊ] = **PVA** [- - ˈaː] die, -/-[s]: **P**ensions**v**ersicherung[s**a**nstalt]
PVC [pe faʊ ˈtseː] das, -[s]: **P**oly**v**inyl**c**hlorid *(ein Kunststoff)* ‖ **PVC-Belag**
Pygmä̲e [py-ɛːɛ] der, -n/-n ⟨gr.⟩: *Angehöriger eines kleinwüchsigen Volkes in Afrika* ‖ **Pygmä̲in** die, -/-innen ‖ **pygmä̲isch:** *kleinwüchsig*
Pyhrn [py-, auch: pi-] der, -[s]: *Pyhrnpass in Oberösterreich, der Steiermark* ‖ **Pyhrnautobahn:** *Autobahn über den Pyhrnpass* ‖ **Pyhrnpass**
Pyja̲ma [pidʒ-, py-] der, -s/-s ⟨Hindi-engl.⟩: *Schlafanzug* ‖ **Pyja̲mahose**
Pyknịker [ˈpy-] der, -s/- ⟨gr.⟩ ‖ **Pyknịkerin** die, -/-innen ‖ **pyknisch:** *untersetzt, dickleibig*
Pylo̲n der, -en/-en = **Pylo̲ne** die, -/-n ⟨gr.⟩ (Arch.): *[antike] Toranlage* | (Verk.) → *Haberkornhütchen*
Pyrami̲de [py-, auch: pi-] die, -/-n ⟨ägypt.-gr.-lat.⟩: *ein geometrischer Körper* | *altägyptisches Königsgrabmal* ‖ **pyrami̲denförmig**
Pyrenä̲en [py-ɛː(ɛ)n] die (Pl.): *ein Gebirgszug in Spanien und Frankreich*
pyroklạstisch ⟨gr.⟩: pyroklastischer Strom *(Lawine aus Staub, heißen Gasen ua. bei Vulkanausbrüchen)* ‖ **Pyroma̲ne** [py-] der, -n/-n ‖ **Pyromani̲e** die, - (Med., Psych.): *krankhafter Trieb zur Brandstiftung* ‖ **Pyroma̲nin** die, -/-innen ‖ **Pyrotẹchnik** die, -: *Feuerwerkskunst*
Pyrrhussieg [py-]: *unter zu großen Opfern errungener Erfolg; Scheinerfolg (nach einem antiken König)*
pythagorä̲isch (Math.): der pythagoräische Lehrsatz *(nach dem Griechen Pythagoras)* ‖ **pythagore̲isch** (bes. D): *pythagoräisch*
Py̲thon [ˈpyː-] der, -s/-s (-en [-ˈoː-]) ⟨gr.⟩: *eine Riesenschlange (nach einem Ungeheuer der griechischen Sage)* ‖ **Py̲thonschlange**

q Q

q [kveː, Math. und D: kuː] das, -/- (Kleinbuchstabe): das q im Wort *quer* | Zentner

Q [kveː] das, -/- (Großbuchstabe): das Q im Wort *Quelle*

Qi [tʃi, tçi] = → Chi || **Qigong** [-ˈɡʊŋ] das, -[s] ⟨chin.⟩: *eine chinesische Heilmethode, Übungen für Geist und Körper*

qm (veraltet): **Q**uadrat**m**eter (m^2)

QM: **Q**ualitäts**m**anagement

QR-Kode [ku ˈɛrˌkoːt] = QR-Code engl.: kju ˈaːr kəʊd] ⟨engl.⟩ (Wz.): *optischer Code mit verschlüsselter Darstellung von Webadressen ua.*

Quacksalber der, -s/- (abw., veraltend): *jemand, der Kranke mit fragwürdigen Mitteln und Methoden behandelt; Kurpfuscher* || **Quacksalberei** die, -/-en (abw., veraltend) || **Quacksalberin** die, -/-innen (abw., veraltend) || **quacksalbern** (abw., veraltend)

Quad [kwɔd] das, -s/-s ⟨engl.⟩: *ein vierrädriges Motorrad*

Quaddel die, -/-n: *juckende Anschwellung der Haut [beim Berühren von Brennnesseln]* || **quaddeln** (Med.): *eine Serie von Injektionen unter die Haut setzen*

Quade der, -n/-n: *Angehöriger eines germanischen Volksstammes der Antike*

Quader der, -s/-[n] ⟨lat.⟩: *ein aus Rechtecken bestehender geometrischer Körper* | *rechtwinkelig behauener Steinblock*

Quadrant der, -en/-en ⟨lat.⟩: *Viertel eines Kreises* | (früher) *ein Messinstrument*

Quadrat das, -[e]s/-e ⟨lat.⟩: *gleichseitiges rechtwinkeliges Viereck* | *zweite Potenz einer Zahl* ($3^2 = 3 \cdot 3 = 9$) || **quadratisch** || **Quadratkilometer** der = das, -s/- (km^2) || **Quadratmeter** (m^2) || **Quadratmeterpreis:** ein hoher Q. || **Quadratur** die, -/-en (Math.): *Umwandlung in ein flächengleiches Quadrat* | die Q. des Kreises *(eine grundsätzlich unlösbare Aufgabe)* || **Quadratwurzel** ($\sqrt{\ }$): *zweite Wurzel aus einer Zahl;* $\sqrt{9} = 3$ || **quadrieren:** *eine Zahl mit sich selbst multiplizieren*

Quadriga die, -/Quadrigen ⟨lat.⟩: *antiker zweirädriger Wagen mit vier Pferden, Viergespann*

Quadrille [k-ˈil, fr.: -ˈij] die, -/-n ⟨span.-fr.⟩: *ein Tanz*

Quadrillion die, -/-en ⟨lat.-fr.⟩: *eine Million Trillionen*

Quadrofonie = **Quadrophonie** [-f-] die, - ⟨lat.+gr.⟩: *Stereophonie mit vier Tonkanälen;* → Monofonie

quaken: Frösche q. | (abw.) *ohne Sinn reden, [nasal] plappern* || **quäken** (abw.): *schrill tönen, jammern;* ein quäkendes Baby

Quäker der, -s/- ⟨engl.⟩: *Angehöriger einer bestimmten christlichen Glaubensgemeinschaft* || **Quäkerin** die, -/-innen || **Quäkertum** das, -s

Quakfrosch (Kinderspr.): *Frosch*

Qual die, -/-en: *Empfindung körperlichen oder seelischen Schmerzes, Leidens* || **quälen:** Tiere soll man nicht q. | sich im Fitnessstudio q. *(abplagen, sehr anstrengen)* || **Quälerei** die, -/-en || **Quälgeist:** *jemand, der andere stark beansprucht*

Quali die, -/-s ⟨lat.-fr.⟩ (sal.) (bes. Sport): *Kurzwort für Qualifikation* || **Qualifikation** [-tsi̯-] die, -/-en: ihm fehlt die nötige Q. *(Befähigung)* | (Sport) *Vorausscheidung, Wettkampf, der über die Teilnahme an einem weiteren Wettbewerb entscheidet* || **Qualifikationsspiel** (Sport) || **qualifizieren:** sein Talent qualifiziert *(befähigt)* ihn zu Höherem; eine qualifizierte *(geeignete, fachkundige)* Mitarbeiterin; → qualifiziert | sein Handeln als Angriff q. *(einstufen)* | (Sport) sich für einen sportlichen Wettbewerb q.; → G.: disqualifizieren || **qualifiziert:** qualifizierter Arbeiter *(Facharbeiter)* | etwas mit qualifizierter *(mit der dafür notwendigen)* Mehrheit *(zB Zweidrittelmehrheit)* beschließen; → qualifizieren || **Qualifying** [ˈkwɒlɪfaɪ-] das, -s/-s ⟨engl.⟩ (Sport): *Qualifikation [in der Formel 1]*

Qualität die, -/-en ⟨lat.⟩: ein Stoff von besonderer Q. *(Güte);* sie hat bemerkenswerte Qualitäten *(Vorzüge, Stärken)* || **qualitativ** [auch: ˈkva-]: *dem Wert, der Beschaffenheit nach* || **Qualitätsarbeit:** *gediegene Arbeit* || **qualitätsbewusst** || **Qualitätsbewusstsein** || **Qualitätsklasse:** Q. I *([römisch] eins)* || **Qualitätskontrolle** || **Qualitätsmanagement** [-ˌmænɪdʒm-] (QM): *alle organisierten Maßnahmen zur Verbesserung und Kontrolle der Qualität in Arbeits- und Unternehmensprozessen* || **Qualitätsminderung** || **Qualitätssicherung** || **Qualitätssiegel** || **Qualitätssteigerung** || **Qualitätsunterschied:** keinen Q. feststellen können || **Qualitätswein:** *Bezeichnung für einen Wein von besonderer Qualität*

Qualle die, -/-n: *ein gallertartiges Meerestier, Meduse*

Qualm der, -[e]s: *dichter Rauch* || **qualmen:** der Ofen qualmt | (abw.) *rauchen*

qualvoll

Quant das, -s/-en ⟨lat.⟩ (Phys.): *kleinste unteilbare Menge [der Strahlenenergie]*

Quäntchen das, -s/- ⟨lat.⟩ (geh., veraltet): *eine kleine Menge, ein bisschen;* ein Q. Zucker, ein Q. Glück || **quäntchenweise**

Quantencomputer [-k-ˌpjuː-] ⟨lat.+engl.⟩: *Computer, der bestimmte quantenmechanische Eigenschaften ausnutzt* || **Quantenelektronik:** *ein Teilgebiet der Physik* || **Quantenmechanik** (Phys.) || **Quantensprung** (Phys.); → Quant | *bedeutsamer Fortschritt* || **Quantentheorie** die, -: *eine atomphysikalische Theorie* || **quantifizieren:** *zahlenmäßig erfassen, in Zahlen oder Verhältnissen ausdrücken* || **Quantität** die, -/-en: *Menge, Anzahl, Ausmaß* || **quantitativ** [auch: ˈkva-]: *nach Menge, Anzahl, Ausmaß* || **Quantité négligeable** [kɑ̃tiˈte negliˈʒabl] die, - -/-s -s [-ˈte -ˈʒabl] ⟨fr.⟩: *geringfügige, daher belanglose Menge oder Größe* || **Quantum** das, -s/Quanten: *bestimmte Menge*

Quarantäne [k-n(ɛ), auch: kv-] die, -/-n ⟨lat.-fr.⟩: *Isolierung von vermutlich kranken Personen oder Tieren, um die Ansteckung anderer zu verhindern* || **Quarantänestation** [-ʃtatsi̯-]

Quargel[1] der (auch: das), -s/-, *auch:* die, -/-n: *ein stark riechender Käse* || **Quargel**[2] der, -s (ugs., abw.): *etwas Wertloses, Unsinniges* || **Quargelsturz:** *Käseglocke* | (sal.) *schützende Maßnahme, besonderer Schutz, Abschirmung*

Quark[1] der, -s/-e ⟨slaw.⟩ (D): *Topfen* | (reg., ugs.) *etwas Wertloses, Unsinniges*

Quark[2] [kwɔːk, -ɑːk] das, -s/-s

⟨engl.⟩ (Phys.): *ein nur indirekt nachweisbares Elementarteilchen, Bestandteil von zB Protonen und Neutronen*

Quart die, -/-en = Quarte, -/-n ⟨lat.⟩ (Mus.): *Intervall der 4. Tonstufe;* die Gitarre in Quarten stimmen ‖ **Quar|tal** das, -s/-e: *Vierteljahr* ‖ **Quar|tal|säu|fer** (abw. bzw. scherzh.): *periodisch Trunksüchtiger* ‖ **Quar|tal|säu|fe|rin** (abw. bzw. scherzh.) ‖ **quar|tals|wei|se** ‖ **Quar|tär** das, -s (Geol.): *letzter Abschnitt der Erdgeschichte (bis in die Gegenwart)* ‖ **Quar|te** = → Quart ‖ **Quar|tett** das, -[e]s/-e ⟨lat.-it.⟩: *Musikstück für vier Gesangsstimmen oder Instrumente* | *die vier Ausführenden eines solchen Musikstücks* | *ein Kartenspiel* ‖ **Quart|for|mat:** *ein Papierformat* ‖ **Quar|tier** das, -s/-e ⟨lat.-fr.⟩: *Unterkunft, Wohnung* | (veraltet) *Wohnviertel* ‖ **quar|tie|ren:** *einquartieren, unterbringen* ‖ **Quart|sext|ak|kord** (Mus.): *Umkehrung des Dreiklangs mit der Quint zuunterst*

Quarz der, -es/-e: *ein Mineral* ‖ **Quarz|glas** ‖ **quarz|häl|tig,** *auch:* quarzhaltig ‖ **Quar|zit** der, -s/-e: *ein Gestein* ‖ **Quarz|kris|tall** ‖ **Quarz|lam|pe** ‖ **Quarz|uhr**

Qua|sar der, -s/-e ⟨engl.⟩: *Stern [-system] mit starker elektromagnetischer Strahlung*

qua|si ⟨lat.⟩: *gleichsam, gewissermaßen;* sich q. überflüssig fühlen

Quas|te die, -/-n: eine Vorhangschnur mit Q. *(Büschel aus Fäden, Fransen)* ‖ **Quas|ten|flos|ser** der, -s/-: *ein urtümlicher Fisch*

Quäs|tur die, -/-en ⟨lat.⟩: *Kassa an einer Universität* | (SüdT) *Polizeidirektion*

Qua|tem|ber der, -s/- ⟨lat.⟩ (kath.): *ein Bußtag*

Quatsch der, -[e]s (ugs.): *wässriger Straßenkot; Schlamm* | (sal., abw.) *Unsinn, dummes Gerede* ‖ **quat|schen,** du quatsch[s]t: *sich unterhalten;* ein paar Worte mit jemandem q. | (abw.) *dumm daherreden* | (abw.) *tratschen* ‖ **Quat|sche|rei** die, -/-en (abw.)

Quat|tro|cen|to [kʊa-'tʃɛ-] das, -[s] ⟨it.⟩: *das 15. Jh. und seine Kunst in Italien*

Qué|bec [ke'bɛk, engl.: kwɪ'bek-]: *französischsprachige Provinz Kanadas*

Que|chua ['kɛtʃʊa] das, -[s] ⟨indian.⟩: *eine Indianersprache, zweite Amtssprache in Peru*

Que|cke die, -/-n: *ein Ackerbeikraut*

Queck|sil|ber das, -s (Zeichen: Hg): *ein chemisches Element, ein flüssiges, giftiges Schwermetall;* → Hydrargyrum ‖ **queck|sil|ber|häl|tig,** *auch:* quecksilberhaltig ‖ **queck|sil|be|rig** → quecksilbrig ‖ **queck|sil|bern** ‖ **Queck|sil|ber|säu|le:** die Q. *(und damit die Temperatur [im Thermometer])* sinkt ‖ **Queck|sil|ber|ver|gif|tung** (Med.) ‖ **queck|silb|rig,** *auch:* quecksilberig: *lebhaft*

Queen [kwiːn] die, -/-s ⟨engl.⟩: *Bezeichnung der englischen Königin*

Quell der, -[e]s/-e (geh.): *Quelle* ‖ **Quell|be|wöl|kung** ‖ **Quell|code** [engl.: -kəʊd] = → Quellkode ‖ **Quel|le** die, -/-n: eine sprudelnde Q. | Informationen aus verlässlicher Q. | die Quellen *(die für die Arbeit herangezogenen Texte)* zitieren ‖ **quel|len**[1], quoll/gequollen: *herausfließen, hervordringen;* Blut quillt aus seiner Wunde; vor Neugier quollen ihm fast die Augen aus dem Kopf; → quillen ‖ **quel|len**[2], quellte/gequellt: *zum Aufgehen bringen;* man quellt Bohnen im Wasser ‖ **Quel|len|an|ga|be:** *Herkunftsangabe einer Information, zB für eine Zeitungsmeldung* ‖ **Quel|len|ma|te|ri|al:** *Gesamtheit der Quellen einer [wissenschaftlichen] Arbeit* ‖ **Quel|len|steu|er** (Bankw., Wirt.): *Einkommensteuer, die an der Quelle eingehoben wird, zB Kapitalertragsteuer* ‖ **quell|frisch** ‖ **Quell|ge|biet** ‖ **Quell|kode** [-koːt] = Quellcode [engl.: -kəʊd, fr.: kɔd] (EDV): *Originalcode eines Programms* ‖ **quell|of|fen** (EDV): → *Open Source* ‖ **Quell|schutz|ge|biet** ‖ **Quell|text** (EDV): *Quellkode* ‖ **Quell|ver|kehr:** *aus einer Stadt herauskommender Verkehr;* Ziel- und Q. *(die betriebliche Lkw-Nutzung betreffend)* ‖ **Quell|was|ser** das, -s/- ‖ **Quell|wol|ke:** *Kumulus*

Quen|del der, -s/- (reg.): *Thymian*

quen|geln, ich quengle: *raunzen* ‖ **quen|ge|lig** = **queng|lig**

quer:

Getrenntschreibung, wenn die Hauptbetonung auf dem Verb liegt:
– kreuz und quer gehen
– sich im Bett quer legen; *aber zusammen:* sich bei einem Projekt querlegen
– den Kasten quer stellen

Zusammenschreibung, wenn die Betonung auf „quer" liegt:
– das Projekt wird quergehen *(missglücken)*
– sich bei einer Sache querlegen *(Widerstand leisten)*
– querschießen *(Schwierigkeiten bereiten)*
– sich querstellen *(Widerstand leisten)* R→ S. 899, 1.3

Getrennt- und Zusammenschreibung mit adjektivisch gebrauchten Partizipien:
– die Bluse ist quer gestreift (= quergestreift)
R→ S. 903, 2.2.1

Quer|ach|se [-ks-] ‖ **Quer|bal|ken** ‖ **Quer|den|ker:** *jemand, der unkonventionelle Ansichten vertritt* ‖ **Quer|den|ke|rin** ‖ **quer|durch** ‖ **Que|re** die, -: jemandem in die Q. kommen *(jemanden stören, behindern)* ‖ **Quer|ein|stei|ger** der, -s/-: der neue Minister ist ein Q. *(war vorher nicht Politiker)* ‖ **Quer|ein|stei|ge|rin** die, -/-innen

Que|re|le die, -/-n ⟨lat.⟩ (meist Pl.) (geh.): *Streit; Beschwerde, Klage*

que|ren: einen Hang q.; → quer ‖ **Quer|fal|te** ‖ **quer|feld|ein:** q. *(mitten durch die Felder und Wiesen)* gehen ‖ **Quer|feld|ein|lauf** (Sport): *Crosscountry* ‖ **Quer|flö|te:** *eine Flöte* ‖ **Quer|for|mat** → Hochformat ‖ **quer|ge|hen:** *missglücken;* → quer ‖ **quer ge|streift** = **quer|ge|streift** ‖ **Quer|holz:** *Balken in Querlage* ‖ **Quer|kopf** (abw.): *Dickschädel* ‖ **quer|köp|fig** ‖ **Quer|la|ge** (Med.): *eine Geburtslage* ‖ **Quer|lat|te** ‖ **quer|le|gen** sich: *Widerstand leisten; aber:* sich im Bett quer legen; → quer ‖ **Quer|li|nie** [-i̯ɛ] ‖ **Quer|pass** (Sport) ‖ **Quer|pfei|fe:** *eine Flöte, Schwegel* ‖ **quer|schie|ßen:** *Schwierigkeiten bereiten;* → quer ‖ **Quer|schiff** (Arch.): *Raumteil [eines Doms] quer zum Mittelschiff/zur Längsachse* ‖ **Quer|schlä|ger:** *Geschoß, das abprallend abgelenkt wird* ‖ **Quer|schnitt:** *charakteristische Auswahl;* ein repräsentativer Q. | ein Bauwerk im Q. darstellen; → Längsschnitt ‖ **quer|schnitt|ge|lähmt** = querschnittsgelähmt: *durch Verletzung des Rückenmarks gelähmt* ‖ **Quer|schnitt|läh|mung** ‖ **quer|schnitts|ge|lähmt** = → querschnittgelähmt ‖

Q

Quer|schnitts|ma|te|rie: *Thema, das mehrere Sachgebiete oder Kompetenzbereiche betrifft* ‖ **Quer|schuss:** *unerwarteter Störungsversuch* ‖ **Quer|sei|te** ‖ **quer|stel|len** sich: *Widerstand leisten; aber:* den Kasten quer stellen; → quer ‖ **Quer|stra|ße** ‖ **Quer|strich** ‖ **Quer|sum|me** (Math.): *Ziffernsumme einer mehrstelligen Zahl* (zB 315 = 9) ‖ **Quer|trei|ber** der, -s/- (abw.) ‖ **Quer|trei|be|rei** die, -/-en (abw.): *Versuch, die Absichten anderer zu durchkreuzen* ‖ **Quer|trei|be|rin** die, -/-innen (abw.)

Que|ru|lant der, -en/-en ⟨lat.⟩ (abw.): *jemand, der sich wegen jeder Kleinigkeit beschwert* ‖ **Que|ru|lan|ten|tum** das, -s (abw.) ‖ **Que|ru|lan|tin** die, -/-innen (abw.) ‖ **que|ru|lie|ren** (abw.)

Que|rung die, -/-en: *Kreuzung; Überquerung* ‖ **Quer|ver|bin|dung:** eine Q. *(eine Verbindung zwischen verschiedenen Wissensgebieten)* herstellen ‖ **Quer|ver|kehr** ‖ **Quer|ver|weis**

Quet|sche die, -/-n (ugs., abw.): *kleiner Betrieb, Ort oÄ* | (ugs., auch scherzh.) *Ziehharmonika, Akkordeon* ‖ **quet|schen,** du quetsch[s]t: sich einen Finger q. ‖ **Quetsch|fal|te:** *eine Falte [in der Rockmitte]* ‖ **Quet|schung** die, -/-en ‖ **Quetsch|wun|de**

Queue [kø:] der = das, -s/-s ⟨fr.⟩: *Billardstock*

Quiche [kiʃ] die, -/-s [kiʃ] ⟨fr.⟩: *ein runder mit Speck, Käse, Gemüse oÄ belegter Kuchen;* Q. Lorraine [- -'rɛn] *(Lothringer Speckkuchen)*

Qui|ckie ['kwiki] der, -s/-s ⟨engl.⟩ (sal.): *Schnellschuss* | *schneller Liebesakt*

quick|le|ben|dig: *sehr lebhaft*

Quick|stepp [kw-st-] der, -s/-s, *engl. auch:* Quickstep ⟨engl.⟩: *ein Tanz*

quie|ken: quiekende Schweine

qui|es|zie|ren ⟨lat.⟩ (Amtsspr., veraltet): *in den vorzeitigen Ruhestand versetzen* ‖ **Qui|es|zie|rung** die, -/-en (Amtsspr., veraltet) ‖ **Qui|e|tis|mus** der, - (Rel.): *mystische Strömung im 17. Jh.*

quiet|schen, du quietsch[s]t: eine quietschende Haustür ‖ **quietsch|fi|del** ‖ **quietsch|ver|gnügt:** *sehr vergnügt, unbeschwert heiter*

quil|len (geh., veraltet): → *quellen*[1]

Qui|noa ['ki-, auch: -'no:a] die, -, *auch:* der, -s ⟨indian.⟩: *ein Getreide aus den Anden*

Quint die, -/-en = **Quin|te,** -/-n ⟨lat.⟩ (Mus.): *Intervall der 5. Tonstufe;* die Violine in Quinten stimmen ‖ **Quint|es|senz:** *Hauptinhalt; Kern einer Sache* ‖ **Quin|tett** das, -[e]s/-e ⟨lat.-it.⟩: *Musikstück für fünf Gesangsstimmen oder Instrumente* | *die fünf Ausführenden eines solchen Musikstücks*

Qui|ri|nal der, -s = **Qui|ri|nals|pa|last** der, -[e]s: *Amtssitz des italienischen Staatspräsidenten in Rom*

Quirl der, -[e]s/-e: *Sprudler* ‖ **quir|len** ‖ **quir|lig:** *lebhaft, unruhig*

quitt: wird sind q. *(sind einander nichts mehr schuldig);* → quittieren

Quit|te [k-, reg. auch: kv-] die, -/-n: *ein Obstbaum* | *dessen Frucht* ‖ **Quit|ten|baum** ‖ **Quit|ten|ge|lee** [-ʒe,le:] ‖ **Quit|ten|kä|se,** *auch:* Quittenkäs: *schnittfestes Quittengelee* ‖ **Quit|ten|mar|me|la|de**

quit|tie|ren ⟨lat.-fr.⟩: eine Rechnung q. *(bestätigen);* → quitt | den Dienst q. *(aufgeben)* ‖ **Quit|tung** die, -/-en: *Empfangsbestätigung*

Quiz [-s, engl.: kwɪz] der = das, -/- ⟨engl.⟩: *ein Frage-und-Antwort-Spiel* ‖ **Quiz|fra|ge** ‖ **Quiz|mas|ter** [-ɑ:s-]: *Leiter einer Quizveranstaltung* ‖ **Quiz|mas|te|rin**

quod erat de|mons|t|ran|dum ⟨lat.⟩ (wörtl.: was zu beweisen war)

Quod|li|bet das, -s/-s ⟨lat.⟩ (wörtl.: was beliebt) (Mus.): *Scherzkomposition mit mehreren bekannten Melodien gleichzeitig*

quoll → quellen[1]

Quo|rum das, -s/Quoren ⟨lat.⟩ (bes. Jus): *für die Beschlussfähigkeit erforderliche Mindestzahl an Stimmberechtigten bzw. Stimmen insgesamt*

Quo|te die, -/-n ⟨lat.⟩: *Anteil [an einer gemeinsamen Zahlung, an Fernsehpublikum]* ‖ **Quo|ten|frau** (sal., meist abw.): sie ist eine Q. *(nur ausgewählt, damit ein Frauenanteil erreicht wird);* → Alibifrau ‖ **Quo|ten|re|ge|lung:** *[Ämter]zuteilung nach bestimmten Quoten*

Quo|ti|ent

[-tsi̯-] der, -en/-en: *das Ergebnis einer Division*

Deklination:
- die exakte Berechnung des Quotienten
- mit dem Quotienten (*nicht:* Quotient)
- ohne den Quotienten (*nicht:* Quotient)

quo va|dis [- v-] ⟨lat.⟩ (wörtl.: Wohin gehst du?)

r R

r [ɛr] das, -/- (Kleinbuchstabe): das r im Wort *richtig* | (Laut) der r-Laut; Zungen-r (= Zungen-R)
R [ɛr] das, -/- (Großbuchstabe): das R im Wort *Reise* | **R**eaumur | (Zeichen: ®): *als Warenzeichen eingetragene („registrierte") →* Marke
r.: rechts
Ra: Radium
RA: Rechts**a**nwalt, **R**echts**a**nwältin
Raab[1] die, - (ung.: Rába ['raːbɒ]): *ein Nebenfluss der Donau (St, B und Ungarn)* || **Raab**[2] (ung.: Győr [dʲøːr]): *Stadt in Ungarn* || **Raaberbahn:** *ein Eisenbahnunternehmen, das ua. die alte Ostbahnstrecke von Ebenfurth nach Raab (Győr) befährt*
Raabs an der Thaya: *Stadt in Niederösterreich*
Rabat: *Hauptstadt Marokkos*
Rabatt der, -[e]s/-e ⟨lat.-it.⟩: *Preisnachlass* || **Rabatte** die, -/-n: *schmales Gartenbeet* || **rabattieren** (Wirt.): *Rabatt gewähren*
Rabauke der, -n/-n ⟨niederl.⟩ (ugs.): *gewalttätige/r Jugendliche/r*
Rabbi der, -[s]/-s [Rabbinen] ⟨hebr.-lat.⟩: *Ehrentitel jüdischer Gesetzeslehrer;* → Rebbe || **Rabbiner** der, -s/-: *mosaischer Religionslehrer, Prediger und Seelsorger*
Rabe der, -n/-n: *ein Vogel;* Kolkrabe | (ugs.) *Krähe* | ein weißer R. *(eine große Ausnahme)* || **Rabeneltern** die (Pl.) (abw.): *lieblose, schlechte Eltern* || **Rabenkrähe:** *ein Rabenvogel;* → Aaskrähe || **Rabenmutter** (abw.) || **rabenschwarz** || **Rabenvater** (abw.) || **Rabenviech** = **Rabenvieh:** *ein Schimpfwort* || **Rabenvogel:** *ein Singvogel* | (Pl.) (Zool.) *eine Familie der Singvögel*
rabiat ⟨lat.⟩: *wütend, gewalttätig;* ein rabiater Kerl || **Rabiatperle** (reg., abw.): *minderwertiger Wein, Heckenklescher*
Rache die, -: *Genugtuung; persönliche Vergeltung für ein Unrecht;* an jemandem R. nehmen || **Racheakt** der, -[e]s/-e: *Rachehandlung* || **rachedurstig** || **Racheengel:** *strafende biblische Gestalt* || **Rachegelüste** die (Pl.)
Rachen der, -s/-: der R. *(Hals)* ist gerötet; jemandem etwas in den R. werfen *(es jemandem kampflos überlassen)* | (ugs.) jemandem den R. stopfen *(jemanden zum Schweigen bringen, indem man ihm etwas überlässt)*
rächen [geh.: -'ɛ-]: sich an jemandem r.
Rachenkatarr = **Rachenkatarrh** (Med.) || **Rachenraum**
Rächer [geh.: -'ɛ-] der, -s/- || **Rächerin** die, -/-innen || **Racheschwur** || **rachgierig**
Rachitis die, - ⟨gr.⟩: *Vitamin-D-Mangelkrankheit, die zu Knochenerweichung führt* || **rachitisch**
Rachsucht die, - || **rachsüchtig**
Rack ['ræk] das, -s/-s ⟨engl.⟩: *Gestell [für Stereoanlagen]*
Racker der, -s/- (ugs., veraltend): *temperamentvolles Kind* || **Rackerei** die, -/-en || **rackern:** *schwer arbeiten, sich plagen*
Racket ['ræk-] das, -s/-s ⟨engl.⟩: *Schläger für Tennis, Badminton, Squash ua.* || **Racketlon** das, -s (Sport): *Vierfachwettbewerb in Tennis, Tischtennis, Squash und Badminton*
Raclette [-'klɛt] das, -s/-s ⟨fr.⟩: *ein Käse[gericht]* | *Kurzwort für Raclettepfanne* || **Raclettepfanne**
Rad das, -[e]s/Räder: Rad fahren; ich fuhr Rad; sie ist Rad gefahren; *aber:* beim Radfahren; → radwandern | unter die Räder kommen *(scheitern; moralisch verkommen)* | ein Rad schlagen *(Handstützüberschlag seitwärts);* ich schlug Rad
Radar [auch: -'aːr] das, -s/-s (*auch:* -e) ⟨engl.⟩: *in der Funkmesstechnik verwendetes Verfahren bzw. Gerät zur Ortung von Objekten, zB Flugzeugen* || **Radarfalle:** *unangekündigte Geschwindigkeitskontrolle [von Autos] mit Radar* || **Radargerät** || **Radarkontrolle** || **Radarpeilung** || **Radarpistole:** *Handgerät zur Geschwindigkeitsmessung [von Autos]* || **Radarschirm** || **Radarüberwachung**
Radau der, -s: *Lärm, Unfug* || **Radaubruder** (abw.)
Radball der, -[e]s/-bälle: *spezieller Ball fürs Radballspiel* | (ugs. auch mit Art. das, ohne Pl.) *eine Sportdisziplin* || **Rädchen** das, -s/-: nur ein R. im Ganzen/im Getriebe sein *(als Teil eines Systems keine Entscheidungskompetenz haben)* || **Raddampfer:** *Dampfschiff mit Schaufelradantrieb*
radebrechen, du radebrechst/er radebrechte/hat geradebrecht: *eine Fremdsprache sehr mangelhaft sprechen*
radeln, sie *ist* geradelt, ich radle (ugs.): *Rad fahren* | (Küchenspr.) sie *hat* den Teig geradelt *(mit einem Rädchen ausgeschnitten)*
Rädelsführer (abw.): *Anstifter, Anführer* || **Rädelsführerin** (abw.)
Radenthein [auch: -'taın]: *Marktgemeinde in Kärnten*
rädern: sich [wie] gerädert fühlen *(völlig erschöpft sein)* | (früher) *mit einer bes. grausamen Methode hinrichten* || **Räderwerk:** *die [Zahn]räder in einer Maschine* | (abw.) *bürokratische Organisation*
Radetzkymarsch [-ki-] der, -[e]s: *berühmter Marsch von Johann Strauß Vater (nach dem österreichischen Feldherrn Radetzky)*
Radfahrbewilligung || **Radfahrer** || **Radfahrerin** || **Radfahrermentalität** (abw., veraltend): *die Haltung „Nach oben bücken, nach unten treten"* || **Radfahrführerschein** || **Radfahrstreifen:** *Radweg* || **Radfahrweg:** *Radweg* || **Radhelm**
Radi der, -[s]/-[s] (ugs.): *Rettich* | (ugs., sal.) einen R. kriegen *(gerügt werden)*
radial ⟨lat.⟩: *strahlenförmig* || **Radiallinie** [-iɛ] (Verk.): *von der Stadtmitte zum Stadtrand führende Straßenbahn- oder Autobuslinie* || **Radialstraße** (Verk.) || **Radiästhesie** die, -: *[Lehre von der] Erdstrahlenmessung mittels Wünschelrute oder Pendel* || **Radiation** [-tsi-] die, -/-en (Phys.): *Strahlung* || **Radiator** der, -s/-en [-'oː-]: *ein Heizkörper*
Radicchio [-'ikjo] der, -s/Radicchi [-ki] ⟨it.⟩: *eine Salatpflanze;* → Wegwarte
radieren ⟨lat.⟩ || **Radierer** der, -s/- (ugs.): *Radiergummi* || **Radiergummi** || **Radierung** die, -/-en: *Abdruck eines Bildes von einer Metallplatte, in die eine Zeichnung geätzt wurde* || **Radierwuzel** = **Radierwuzerl** (ugs.)
Radieschen das, -s/-: *eine Rettichsorte*
radikal ⟨lat.-fr.⟩: *gründlich, vollständig* | (bes. Pol.) *rücksichtslos;*

R

extremistisch ‖ **Ra|di|ka|lins|ki**[1] der, -s/-[s] (ugs.): *Radikalist* ‖ **Ra|di|ka|lins|ki**[2] die, -/-[s] (ugs.) ‖ **ra|di|ka|li|sie|ren:** eine Bestrebung r. *(sie rücksichtslos betreiben)* ‖ **Ra|di|ka|li|sie|rung** die, -/-en ‖ **Ra|di|ka|lis|mus** der, -/Radikalismen: *bis zum Äußersten gehende [politische] Richtung; unduldsame Verhaltensweise* ‖ **Ra|di|ka|list** der, -en/-en ‖ **Ra|di|ka|lis|tin** die, -/-innen ‖ **Ra|di|ka|li|tät** die, - ‖ **Ra|di|kal|kur** ‖ **Ra|di|kand** der, -en/-en (Math.): *Zahl, von der die Wurzel berechnet wird*

Ra|dio das, -s ⟨lat.-engl.⟩: *Rundfunk, Hörfunk* | (mit Pl. -s, auch mit Art. der) *Radioapparat, Rundfunkgerät* ‖ **ra|dio|ak|tiv:** radioaktive Strahlung *(Zerfall von Atomkernen unter Aussendung von Strahlen)* ‖ **Ra|dio|ak|ti|vi|tät** [-v-] die, - ‖ **Ra|dio|ap|pa|rat** ‖ **Ra|dio|kar|bon|me|tho|de** (fachspr.): *eine Datierungsmethode* ‖ **Ra|dio|kol|leg:** *eine Sendereihe in Ö1* ‖ **Ra|dio|ge|rät** ‖ **Ra|dio|lo|ge** der, -n/-n (Med.): *Facharzt für Röntgenstrahlen, die Strahlung radioaktiver Stoffe und Durchleuchtungen* ‖ **Ra|dio|lo|gie** die, - (Med.) ‖ **Ra|dio|lo|gin** die, -/-innen (Med.) ‖ **ra|dio|lo|gisch** ‖ **Ra|dio|pro|gramm** ‖ **Ra|dio|re|kor|der** = Radiorecorder [-k-]: *Kombination von Radio und Tonbandgerät* ‖ **Ra|dio|sen|der** ‖ **Ra|dio|son|de:** *Ballon mit Messgeräten zur Wetterforschung* ‖ **Ra|dio|we|cker** ‖ **Ra|dio|wer|bung**

Ra|di|sa|lat (ugs.): → Radi

Ra|ditsch der, -[es]/- ⟨friaulisch/slow.⟩ (K, ugs.): *Radicchio*

Ra|di|um das, -s ⟨lat.⟩ (Zeichen: Ra): *ein radioaktives chemisches Element* ‖ **ra|di|um|häl|tig,** *auch:* radiumhaltig ‖ **Ra|di|us** der, -/Radien [-i̯ɛn]: *kürzeste Entfernung vom Mittelpunkt zum Rand eines Kreises oder einer Kugel*

Ra|dix die, -/Radizes (*auch:* Radices [-ts-]) ⟨lat.⟩ (Med.): *Wurzel [von Nerven, Haaren]*

Rad|kap|pe: *Abdeckung auf der Nabe von [Auto]rädern*

Rad|kers|burg → Bad Radkersburg

Rad|klam|mer: *Gerät, mit dem Falschparker von der Polizei am Wegfahren gehindert werden* ‖ **Radl** das, -s/-n (ugs.): *[kleines] Rad* | *Fahrrad* | ein R. zu viel haben *(leicht verrückt sein)* | *eine Art von abwechselnder Dienstleistung;* im R. arbeiten | ein R. *(eine Scheibe)* Wurst ‖ **Radl|bock:** *alte Form des Schubkarrens* ‖ **Rad|ler** der, -s/-: *Radfahrer* | *Erfrischungsgetränk aus Bier und Limonade* ‖ **Rad|le|rin** die, -/-innen ‖ **Radl|fah|rer** (ugs.) ‖ **Radl|fah|re|rin** (ugs.) ‖

Ra|don [auch: -ˈoːn] das, -s ⟨lat.⟩ (Zeichen: Rn): *ein radioaktives chemisches Element*

Rad|ren|nen ‖ **-rä|drig** (nur in Zusammensetzungen wie zweirädrig) ‖ **Rad|sport**

Rad|stadt: *Stadt in Salzburg*

Rad|stand: *Abstand der Radachsen [bei einem Auto]* ‖ **Rad|stra|ße** ‖ **Rad|sturz** (Kfz, Technik): *Neigung der Vorderräder* ‖ **Rad|tour** [-tuːɐ̯] ‖ **rad|wan|dern** (nur Inf. und Part.) ‖ **Rad|wan|der|weg** ‖ **Rad|weg:** *Radfahrweg* ‖ **Rad|we|ge|netz,** *auch:* Radwegnetz

raf|feln: *raspeln* ‖ **raf|fen:** *an sich reißen; Geld anhäufen* | einen Text r. *(kürzen)* | einen Stoff r. *(ihn in Falten zusammenziehen)* ‖ **Raff|gier** ‖ **raff|gie|rig**

Raf|fi|na|de die, -/-n ⟨fr.⟩: *gereinigter, gemahlener Zucker* ‖ **Raf|fi|ne|ment** [-nˈmɑ̃ː] das, -s/-s: *Verfeinerung, Überfeinerung; Durchtriebenheit; Raffinesse* ‖ **Raf|fi|ne|rie** die, -/-n: *industrielle Reinigungsanlage* ‖ **Raf|fi|nes|se** [-ˈnɛs(ɛ)] die, -/-n: *Raffinement* ‖ **raf|fi|nie|ren:** *reinigen;* Zucker r. ‖ **raf|fi|niert:** eine raffinierte *(gekonnte, ausgeklügelte)* Problemlösung | (oft abw.) eine raffinierte *(schlaue, durchtriebene)* Person; → raffinieren

Raff|rol|lo: *Rollo, bei der sich der Stoff beim Öffnen faltet*

Raf|ting das, -[s] ⟨engl.⟩ (Sport): *Schlauchbootfahren in einer Gruppe auf einem Wildwasser oder auf Schnee und Eis*

Rag. (SüdT): **Rag**ioniere

Rage [raːʃ, -ʒɛ] die, - ⟨fr.⟩: in R. *(Wut)* kommen

ra|gen: zum Himmel ragende Berge

Ra|g|lan [auch: ˈra-] der, -s/-s: *ein Ärmelschnitt* | *ein Mantel* ‖ **Ra|g|lan|schnitt**

Ra|gio|ni|e|re [-dʒoˈnjɛː-] der, -[s]/Ragionieri ⟨it.⟩ (SüdT) (Rag.): *Buchhalter, Rechnungsprüfer*

Ra|gout [-ˈguː] das, -s/-s ⟨fr.⟩: *eine Speise*

Rag|time [ˈrægtaɪm] der, -[s] ⟨engl.⟩: *ein Jazzstil* | (mit Pl. -s) *Stück im Ragtimestil*

Ra|gu|sa: *italienischer Name von Dubrovnik*

Rag|weed [ˈrægwiːd] das, -s/-s ⟨engl.⟩: *Traubenkraut*

Rag|wurz: *eine Orchideengattung*

Rah die, -/-en = **Ra|he,** -/-n (Seemannsspr.): *Querstange am Mast zum Befestigen des Rahsegels*

Rahm der, -[e]s: *Obers;* saurer, süßer R.; den R. abschöpfen (auch: *sich das Beste sichern*); → rahmig ‖ **Rahm|dres|sing**

rah|men: ein Bild r. lassen ‖ **Rahmen** der, -s/-: *Einfassung [für Bilder, Fenster]* | etwas sprengt den R. *(geht über das Geplante hinaus);* aus dem R. fallen *(sich auffallend vom Üblichen unterscheiden)* ‖ **Rah|men|be|din|gung** (meist Pl.): *Voraussetzung, Eingrenzung* ‖ **Rah|men|be|stim|mung** (meist Pl.): *Rahmenbedingung* ‖ **Rah|men|er|zäh|lung:** *eine Erzählung mit einer Rahmenhandlung* ‖ **Rah|men|ge|setz:** *Gesetz mit nur allgemeinen Richtlinien* ‖ **Rah|men|hand|lung** (Lit.): *das Hauptgeschehen umrahmende Vorgänge* ‖ **Rah|men|pro|gramm:** *Unterhaltungsprogramm neben dem Hauptprogramm*

rah|mig: rahmiges Joghurt; → Rahm ‖ **Rahm|mus** (K, S, T): *eine typische Almkost, Schmarren aus Mehl, Eiern und Rahm* ‖ **Rahm|no|ckerl** = **Rahm|no|ckerln** die (Pl.) (Küchenspr.) ‖ **Rahm|sau|ce** [-zoːs(ɛ)] = Rahmsoß = Rahmsoße ‖ **Rahm|schnit|zel** ‖ **Rahm|sup|pe**

Rah|mung die, -/-en

Rah|ne die, -/-n (reg.): *Rote Rübe* ‖ **Rah|nen|sa|lat** (reg.)

Raif|fei|sen (Wz.): *eine genossenschaftliche Vereinigung;* → Lagerhaus

Rai|gras → Raygras

Rail-Jet [reɪldʒ-] ⟨engl.⟩ (Wz.): *ein Hochgeschwindigkeitszug [der ÖBB]*

Rai|mund: *männl. Vorname;* → Mundl

Rain|farn: *eine Giftpflanze*

Rain der, -[e]s/-e: *unbebauter Grenzstreifen zwischen Feldern; Wiesenhang*

Rai|ner: *männl. Vorname*

rä|keln sich = rekeln sich, ich räkle mich: *sich behaglich strecken*

Ra|ke|te die, -/-n ⟨germ.-it.⟩: *Feuerwerkskörper* | *ein Flugkörper* ‖ **Ra|ke|ten|ab|schuss|ram|pe** ‖ Ra-

R

ketenangriff (Mil.) ‖ **Raketenantrieb** ‖ **raketenbestückt** (Mil.) ‖ **Raketenstart** [-ʃt-, auch: -st-] ‖ **Raketenwerfer** (Mil.)

Raki der, -[s]/-s ⟨türk.⟩: *ein Schnaps*

Ralf → Ralph

Ralle die, -/-n: *ein Vogel*

Rallye [-li, 'ræ-] die, -/-s ⟨fr.-engl.⟩: *ein Wettbewerb im Autosport* ‖ **Rallyefahrer** ‖ **Rallyefahrerin**

Ralph [-f], *auch:* Ralf: *männl. Vorname*

RAM [auch: ræm] das, -[s]/-[s] (EDV): **R**andom **A**ccess **M**emory *(Schreib- und Lesespeicher des Computers)*

Ramadan der, -s ⟨arab.⟩: *islamischer Fastenmonat*

ramatama („räumen tun wir") (mda., bes. W): *Ausdruck für eine Sache, die gründlich und ohne Rücksichtnahme erledigt wird* ‖ **Ramatama** das, -s/-s (mda., bes. W): *Aufräumen; Großreinigung*

Rambazamba das, -s/-s (ugs.): *lustiges, ausgelassenes Treiben; Durcheinander, Wirbel*

Ramasuri die, -, *auch:* Remassuri ⟨rum.⟩ (ostöst., ugs.): *großes Durcheinander, Wirbel*

Rammbock (früher): *Belagerungsgerät, mit dem man Breschen in die Mauern stieß* ‖ **Ramme** die, -/-n: *ein Stampfgerät, Fallklotz* ‖ **rammeln** (Jägerspr.): *brünstig sein [von Hasen]; begatten;* → gerammelt ‖ **rammen:** einen Pfahl in die Erde r. *(treiben)* | ein Boot r. *(ihm in die Seite fahren)* ‖ **Rammler** der, -s/-: *Hasen-, Kaninchenmännchen* ‖ **Rammsporn** der, -[e]s/-e (früher): *Vorrichtung zum Rammen am Bug von Kriegsschiffen*

Rampe die, -/-n: *schräge Auffahrt* | (Theater) *vorderer erhöhter Bühnenrand* ‖ **Rampenlicht** das, -[e]s: *Beleuchtung von der Rampe aus* | im R. *(im Mittelpunkt, in der Öffentlichkeit)* stehen ‖ **Rampensau:** *Person, die gerne auf der Bühne oder in der Öffentlichkeit steht*

ramponieren ⟨germ.-it.⟩: ein ramponiertes *(stark beschädigtes)* Auto

Ramsch der, -[e]s (ugs.): *billige, minderwertige Ware;* → verramschen

ran, *auch:* 'ran (bes. D, ugs.): *heran*

Ranch [ræntʃ] die, -/-es [-tʃız] ⟨span.-engl.⟩: *nordamerikanische Viehwirtschaft, Farm* ‖ **Rancher** der, -s/-[s]: *Viehzüchter, Farmer* ‖ **Rancherin** die, -/-innen

Rand der, -[e]s/Ränder: außer R. und Band *(ausgelassen, übermütig);* → zu Rande (= zurande) kommen

Randale die, - (ugs., bes. D): *Aufruhr, Krach, Krawall, Protest;* R. machen ‖ **randalieren:** randalierende *(lärmende)* Betrunkene ‖ **Randalierer** der, -s/- ‖ **Randaliererin** die, -/-innen

Randbahnsteig ‖ **Randbemerkung:** *Bemerkung am Rand eines Textes* | *nebenbei geäußerte Anmerkung*

Randerl das, -s/-[n] (ugs.): *ein bisschen; ein Weilchen;* noch ein R. schlafen

rändern: *mit einem Rand versehen* ‖ **Randerscheinung:** *Nebensächliches* ‖ **Randfigur** ‖ **Randgruppe** (Soz.): *gesellschaftlich isolierte, benachteiligte Gruppe von Menschen*

Randig der, -s/- (V): *Rahne* ‖ **Randigsalat** (V): *Rahnensalat*

Randkluft (Geol.): *Spaltenbildung zwischen Fels und Gletscherrand* ‖ **Randlage** ‖ **Randphänomen** [-f-] ‖ **Randstein** ‖ **Randstreifen** ‖ **randvoll** ‖ **Randzone**

Ranft der, -[e]s/Ränfte (reg.): *Rand, Stück von etwas* ‖ **Ranftl** das, -s/-n (bes. ostöst., mda.): ein R. *(Stück)* Brot

rang → ringen

Rang der, -[e]s/Ränge: ein Gelehrter von R. *(von Bedeutung)* | ein Theater mit drei Rängen *(Stockwerken mit Zuschauersitzen)* | jemandem den R. ablaufen *(zuvorkommen, jemanden überflügeln)* ‖ **Rangabzeichen** ‖ **Rangältester**[1] der, -n/-n, ein Rangältester: *Dienstältester* ‖ **Rangälteste**[2] die, -n/-n

Range der, -n/-n (veraltet): *wildes, schlimmes Kind; Fratz* ‖ **Rangelei** die, -/-en ‖ **rangeln,** ich rangle (ugs.): *sich balgen, ringen;* → ranggeln

Ranger ['reındʒə] der, -s/-s ⟨fr.-engl.⟩: *bes. für Nah- und Einzelkampf ausgebildeter Soldat* | *Aufseher (zB in Naturschutzgebieten)*

Rangfolge

ranggeln, ich ranggle (reg.): *nach alpenländischer Art ringen;* → rangeln

ranggleich

Ranggler der, -s/- (reg.) → ranggeln

Ranghöchste[1] der, -n/-n, ein Ranghöchster ‖ **Ranghöchste**[2] die, -n/-n ‖ **Ranghöhere**[1] der, -n/-n, ein Ranghöherer ‖ **Ranghöhere**[2] die, -n/-n

Rangierbahnhof [ran'ʒiːə-, rɑ̃-] ⟨germ.-fr.⟩ ‖ **rangieren:** an erster Stelle r. *(den ersten Platz einnehmen)* | Eisenbahnwagons r. *(verschieben)* ‖ **Rangiergleis** ‖ **Rangiergeleise** (veraltet)

Rangliste ‖ **Rangloge** [-loːʃ, -ʒɛ] ‖ **Rangordnung:** R. *(hierarchische Ordnung)* in einer Herde | (Jus) *Rang grundbücherlicher Eintragungen* ‖ **Rangstreitigkeit** (meist Pl.) ‖ **Rangstufe** ‖ **Rangunterschied**

rank (geh.): *schlank und geschmeidig; groß gewachsen;* r. und schlank

Ranke die, -/-n: *biegsamer Pflanzenteil zum Stützen und Klettern*

Ränke die (Pl.) (geh.): R. schmieden *(etwas hinterlistig planen)*

ranken sich: der Efeu rankt *(windet, schlingt)* sich um den Baumstamm

Ranken → Renken

Ränkeschmied: *durchtriebener, hinterlistiger Mann;* → Ränke ‖ **Ränkeschmiedin** ‖ **Ränkespiel** (geh.): *Intrigen*

Ranking [-'æ-] das, -s/-s ⟨engl.⟩: *Bewertung mit Rangliste* | *Bonitätseinstufung*

Rankūne die, -/-n ⟨fr.⟩ (geh., veraltet): *Intrige*

Rankweil: *Marktgemeinde in Vorarlberg*

rann → rinnen

rannte → rennen

Ranunkel die, -/-n ⟨lat.⟩ (Bot.): *Hahnenfuß*

Ränzel das, -s/- (veraltet): *Ranzen;* sein R. schnüren *(zusammenpacken, um aufzubrechen)*

ranzeln (ugs.): *ranzig riechen;* die Butter ranzelt

Ranzen der, -s/- (veraltet): *auf dem Rücken getragene [Schul]tasche; Tornister*

ranzig: ranzige *(verdorbene)* Butter; ranziges Öl

Rap [ræp] der, -s/-s ⟨engl.⟩: *rhythmischer Sprechgesang in der Popmusik;* → rappen

Raphael [-f-]: *männl. Vorname* ‖ **Raphaela** [-f-]: *weibl. Vorname*

rapid, *auch:* rapide ⟨lat.-fr.⟩: r. *(sehr rasch)* steigendes Hochwasser ‖ **Rapid:** *Bezeichnung verschiedener Sport- und bes.*

R

Fußballvereine; R. Wien ‖ **Rapidität** die, -‖ **Rapidler** der, -s/-: *Spieler/Anhänger von Rapid Wien* ‖ **Rapidlerin** die, -/-innen ‖ **Rapidviertelstunde,** *auch:* **Rapid-Viertelstunde:** *die letzten 15 Minuten eines Fußballspiels von Rapid Wien, die traditionellerweise eingeklatscht werden [um zum Sieg anzufeuern]*

Rapier das, -s/-e ⟨germ.-fr.⟩ (früher): *eine degenartige Stichwaffe*

Rappe der, -n/-n: *schwarzes Pferd* | (scherzh., veraltend) auf Schusters Rappen *(zu Fuß)*

Rappel der, -s/- (ugs.): *Anfall von Zorn, von Verrücktheit* ‖ **Rappelkopf** (veraltend): *Wirrkopf* ‖ **rappeln,** ich rapple (ugs.): *sich verrückt gebärden, spinnen*

rappen ['ræpn] → Rap

Rappen der, -s/-: *schweizerische Münze (100 R. = 1 Franken);* → berappen

Rapper ['ræpə] der, -s/- → Rap ‖ **Rapperin** die, -/-innen

Rapport der, -[e]s/-e ⟨fr.⟩: *Bericht* | *[militärische] Meldung*

Raps der, -es/-e: *eine Ölpflanze* ‖ **Rapsdiesel:** *ein Biotreibstoff* ‖ **Rapsfeld** ‖ **Rapshonig** ‖ **Rapsöl**

Raptus der, -/- [-tusse] ⟨lat.⟩ (Med.): *überraschender Wutanfall*

Rapunzel[1] der, -s/- ⟨rom.⟩ (meist Pl.): *Vogerlsalat, Feldsalat, Nüsslesalat* ‖ **Rapunzel**[2]: *eine weibl. Märchenfigur* ‖ **Rapunzelsalat**

rar ⟨lat.-fr.⟩: *selten; aber:* → rarmachen ‖ **Rarissimum** das, -s/ Rarissima ⟨lat.⟩: *besondere Rarität; seltenes Buch* ‖ **Rarität** die, -/-en: *Seltenheit; etwas Besonderes, Wertvolles* ‖ **Raritätenkabinett:** *Sammlung von merkwürdigen Gegenständen, Kuriositäten* ‖ **rarmachen** sich: *selten kommen*

rasant ⟨lat.-fr.⟩: *sehr schnell, rasend* ‖ **Rasanz** die, -

rasch: Versäumtes r. *(schnell, sofort)* nachholen

rascheln, ich raschle: raschelndes Laub

raschest = **raschestens** ‖ **raschestmöglich:** *so bald als möglich* ‖ **Raschheit** die, -

rasen: mit dem Auto r. *(mit hoher Geschwindigkeit fahren)* | du rast vor Wut *(bist außer dir);* rasend *(wild, verrückt)* werden; etwas hat mich rasend *(wütend)* gemacht | rasende *(überaus heftige)* Zahnschmerzen

Rasen der, -s/-: *angelegte Grasfläche* ‖ **rasenbewachsen**

rasend → rasen

Rasenfläche ‖ **Rasenmäher** ‖ **Rasensprenger** der, -s/-: *automatischer Rasenspritzer*

Raser der, -s/- ‖ **Raserei** die, -/-en ‖ **Raserin** die, -/-innen

Rasierapparat ⟨fr.+lat.⟩: *Gerät zum Abscheren von Bart-, Körperhaaren; [Elektro]rasierer* ‖ **Rasiercreme** [-kre:m] = Rasierkrem = Rasierkreme ‖ **rasieren** ⟨fr.⟩: sich jeden Morgen r. | (Sport) einen Ball r. *(nicht voll treffen)* ‖ **Rasierer** der, -s/- (ugs.): *Rasierapparat* ‖ **Rasierhobel:** *Nassrasierer* ‖ **Rasierklinge** ‖ **Rasierkrem, Rasierkreme** = → Rasiercreme ‖ **Rasiermesser** ‖ **rasiermesserscharf** ‖ **Rasierwasser** das, -s/- [-wässer] ‖ **Rasierzeug**

Räson [auch: -'zõ:] die, - ⟨fr.⟩: jemanden zur R. *(zur Einsicht; zum Nachgeben)* bringen ‖ **räsonieren** [-zon-]: *nörgeln, besserwisserisch dagegenreden*

Raspel die, -/-n: *Feile zur Holzbearbeitung* ‖ **raspeln:** ich rasple *(zerkleinere)* Nüsse

rass (reg.): *scharf, beißend;* rasser Kren | *würzig, pikant;* rasser Speck | *ranzig* ‖ **räß** (V): *rass*

Rasse die, -/-n ⟨fr.⟩ (Biol., bes. Zool.): *Gruppe von Organismen, die sich von anderen derselben Art in bestimmten vererbbaren Merkmalen unterscheiden, mit diesen aber Nachwuchs haben können;* → reinrassig | (Anthropologie) *frühere Bezeichnung für [durch vererbbare Merkmale gekennzeichnete] Menschengruppen;* die weiße R.; → Rassismus; → Ethnie | (oft abw.) *ausgeprägter Menschentypus, ungewöhnlicher Menschenschlag;* sie sind eine eigene R. | R. haben *(anziehend, temperamentvoll sein);* → rassig ‖ **Rassehund**

Rassel die, -/-n: *ein Rhythmusinstrument* | *ein Spielzeug* ‖ **Rasselbande** (ugs., veraltend): *ausgelassene Kinderschar* ‖ **rasseln:** ich rassle mit einer Kette; Panzer r. *(bewegen sich lärmend fort)* | (ugs.) durch die Prüfung r. *(sie nicht bestehen, durchfallen)*

Rassendiskriminierung die, - (Pol.): *Benachteiligung aus rassischen Gründen* ‖ **Rassenhass** ‖ **Rassenmerkmal,** *auch:* Rassemerkmal ‖ **Rassentrennung** (Pol.): *Gesellschaftsordnung, in der Menschen auf Grund vererblicher äußerer Merkmale, zB Hautfarbe, nicht gleichgestellt werden;* → Apartheit ‖ **Rassenunruhe** (meist Pl.) ‖ **rassenrein,** *auch:* **rassenrein** (Biol.): *reinrassig* ‖ **rassig:** ein rassiges *(feuriges, temperamentvolles)* Pferd ‖ **rassisch:** *die Rasse betreffend* | (Jus) rassische Diskriminierung *(Benachteiligung anderer bes. auf Grund der Hautfarbe, der ethnischen oder kulturellen Zugehörigkeit);* → rassistisch ‖ **Rassismus** der, -: *Auffassung der Überlegenheit der eigenen Art und der Minderwertigkeit anderer mit deren Diskriminierung* ‖ **Rassist** der, -en/-en: *Anhänger des Rassismus* ‖ **Rassistin** die, -/-innen ‖ **rassistisch:** rassistische *(rassisch diskriminierende)* Bestrebungen

Räßkäse, *auch:* Räßkäs (V): *ein scharf-würziger Käse*

Rast die, -/-en: R. halten; ohne R. und Ruh

Rasta ⟨engl.⟩: *Kurzwort für Rastafari* ‖ **Rastafari:** *aus Jamaika stammende Glaubensrichtung* ‖ **Rastafrisur:** *Dreadlocks* ‖ **Rastazopf**

Raste die, -/-n: *Einkerbung, in die ein [Maschinen]teil einrastet*

Rastel das, -s/- (veraltend): *ein Drahtgeflecht, -gestell, Untersatz* ‖ **Rastelbinder** (früher): *umherziehender Kesselflicker; Siebmacher* ‖ **Rastelbinderin** (früher)

rasten: *Rast halten, ausruhen* | (Küchenspr.) den Teig r. lassen

Raster der = das, -s/- ⟨lat.⟩: *Linienetz* | *Ordnungsschema* | *in viele Punkte zerlegtes Bild [in Zeitungen, auf dem Fernsehbildschirm]* ‖ **Rasterfahndung:** *elektronischer Vergleich persönlicher Daten für kriminalpolizeiliche Ermittlung* ‖ **Rastermikroskop:** *eine Art Elektronenmikroskop* ‖ **Rasterung** die, -/-en: *Zerlegung eines Bildes in einzelne Punkte*

Rasthaus: *Gaststätte, bes. an Autobahnen* ‖ **rastlos** ‖ **Rastlosigkeit** die, - ‖ **Rastplatz** ‖ **Raststation** [-tsi-] ‖ **Raststätte:** *Gasthaus für Reisende [an Autobahnen]*

Rasur die, -/-en ⟨lat.⟩: *das Rasieren* | *Ergebnis des Rasierens*

Rat[1]

der, -[e]s: *Ratschlag;* jemanden um Rat fragen; jemandem mit Rat und Tat zur Seite stehen; ich weiß mir keinen Rat mehr; bei jemandem Rat suchen

Getrennt- und Zusammenschreibung:
- einen Arzt zu Rate (= zurate) ziehen
- sie hat sich Rat suchend (= ratsuchend) an mich gewandt
- die Rat Suchende = Ratsuchende

R→ S. 899, 1.1 bzw. S. 903, 2.2.1

Rat[2] der, -[e]s/Räte: *ein Amtstitel;* Herr Rat *(Anrede für einen Richter);* → Rätin | *ein Titel;* Geistlicher R. | *Ratsversammlung* | (oft Pl.) *direkt gewähltes Gremium, das die Macht ausüben soll;* → Räterepublik

Ratatouille [-'tu:i] die, -/-s = das, -s/-s ⟨fr.⟩: *ein französisches Gemüsegericht*

Rate die, -/-n: *Teil eines Geldbetrags, der regelmäßig zu zahlen ist, Teilzahlung* | *Verhältnisanteil;* die R. von Frauen liegt unter 20 %

raten, du rätst/riet/geraten: *einen Rat geben;* jemandem zur Vorsicht r. | Rätsel r.; du hast gut geraten

Ratenbrief: *Urkunde über ratenweise Kaufpreiszahlung* ‖ **Ratenkauf** ‖ **Ratenvereinbarung** ‖ **ratenweise:** etwas r. zahlen ‖ **Ratenzahlung**

Räter der, -s/-, *auch:* Rätier [-tsiə]: *Bewohner von Rätien;* → Rätoromane ‖ **Räterin** die, -/-innen, *auch:* Rätierin

Räteregierung (früher) ‖ **Räterepublik** (früher): *Staatsform, in der alle Macht von direkt gewählten Räten (Sowjets) ausgeübt wird;* → Rat[2]

Ratgeber ‖ **Ratgeberin**

Rathaus ‖ **Rathauskeller:** *Name von Lokalen im oder beim Rathaus* ‖ **Rathausmann:** *Ritterfigur auf dem Wiener Rathausturm* ‖ **Rathauspartei:** *im Rathaus vertretene [lokale, kommunale] Partei*

Rätien [-tsi-]: *römische Provinz (umfasste Vorarlberg, Teile Tirols, Süddeutschlands und der Schweiz)* ‖ **Rätier** → Räter ‖ **Rätierin** → Räterin

Ratifikation [-tsi-] die, -/-en ⟨lat.⟩: *Genehmigung [eines völkerrechtlichen Vertrages durch das Parlament]* ‖ **ratifizieren** ‖ **Ratifizierung** die, -/-en

Rätikon der, -s: *eine Gebirgsgruppe in Vorarlberg, Liechtenstein und der Schweiz*

Rätin die, -/-innen: *ein Titel;* → Rat[2]

Rating ['rei-] das, -s/-s ⟨engl.⟩ (Wirt.): *Bewertung von Kreditwürdigkeit und Bonität eines Unternehmens bzw. Bonität eines Wertpapiers* | (Psych.) *subjektives Verfahren zur Feststellung von Meinungen und Wertungen* ‖ **Ratingagentur** (Wirt.)

Ratio [-tsiɔ] die, - ⟨lat.⟩: *Vernunft, Grund, Absicht* | *logisches Denkvermögen* ‖ **Ration** die, -/-en ⟨lat.-fr.⟩: *zugeteilte Menge [an Verpflegung];* eiserne R. *(Proviant für den Notfall)* ‖ **rational** ⟨lat.⟩: *vernunftgemäß;* → G.: irrational | (Math.) rationale Zahlen *(Bruchzahlen);* → rationell ‖ **rationalisieren** ⟨lat.-fr.⟩: die Arbeit r. *(zweckmäßiger, ökonomischer gestalten)* ‖ **Rationalisierung** die, -/-en ‖ **Rationalisierungsmaßnahme** ‖ **Rationalismus** [-tsi-] der, - (Phil.): *Richtung, die nur das vernünftige Denken als Erkenntnisquelle zulässt;* → Empirismus; → G.: Irrationalismus ‖ **Rationalist** der, -en/-en ‖ **Rationalistin** die, -/-innen ‖ **rationalistisch** ‖ **Rationalität** die, -

rationell:

→ G.: irrationell

Nicht verwechseln!

rationell – rational

rationell bedeutet „zweckmäßig; wirtschaftlich":
- rationell arbeiten; rationell planen und bauen

rational bedeutet „vernunftgemäß, logisch, verstandesmäßig":
- rational denken

rationieren: *einteilen; sparsam zuteilen* ‖ **Rationierung** die, -/-en

rätisch: *Rätien betreffend*

ratlos: ich bin r. *(weiß mir keinen Rat, bin hilflos)* ‖ **Ratlosigkeit** die, -

Rätoromane [auch: -'a:-]: *Angehöriger der rätoromanischen Sprachengruppe (Friaulisch, Ladinisch, Rätoromanisch);* → Räter ‖ **Rätoromanin** ‖ **rätoromanisch** ‖ **Rätoromanisch** das, -[s] = **Rätoromanische,** -n: *die rätoromanische Sprachengruppe*

ratsam: *empfehlenswert, vorteilhaft*

Ratsche die, -/-n: *[hölzernes] Instrument, das knarrende Geräusche erzeugt* ‖ **Ratschen** die, -/- (ugs., abw.): *tratschsüchtige Person* ‖ **ratschen,** du ratsch[s]t: *die Ratsche betätigen* | (ugs., abw.) *[gedankenlos] viel, schnell und ausdruckslos reden* ‖ **Ratschenbub** (meist Pl.) (Volksk.) ‖ **Ratscherbub** (reg.)

Ratschlag: jemandem einen R. geben *(raten)* ‖ **ratschlagen** (geh.): sie ratschlagten *(berieten)* sich ‖ **Ratschluss** (geh.): nach Gottes R. *(Willen)*

Rätsel das, -s/-: R. raten ‖ **rätselhaft:** *unerklärlich* ‖ **Rätselhaftigkeit** die, - ‖ **rätseln,** ich rätsle ‖ **Rätselraten** das, -s

Ratsfrau (früher bzw. D) ‖ **Ratsherr** (früher bzw. D): *Mitglied eines Stadtrats* ‖ **Ratskammer** (früher): *beschließendes und urteilendes Richterkollegium* ‖ **Ratskeller:** *Rathauskeller* ‖ **Ratspräsident** ‖ **Ratspräsidentin** ‖ **Ratspräsidentschaft:** *Präsidentschaft des EU-Rats* ‖ **Rat suchend** = **ratsuchend:** Rat suchende Mütter ‖ **Rat Suchende[1]** der, - -n/- -n = **Ratsuchende[1]**, -n/-n, ein Rat Suchender ‖ **Rat Suchende[2]** die, - -n/- -n = **Ratsuchende[2]**, -n/-n

Rattan das, -s/-e: *Peddigrohr als Material für Korbwaren, Rohrmöbel uÄ*

Ratte die, -/-n: *ein Nagetier* | (ugs., abw.) *ein Schimpfwort*

Ratten: *Ort und Gemeinde in der Steiermark*

Rattenbekämpfung

Rattenberg: *Stadt in Tirol*

Rattenfänger der, -s/-: *eine Sagengestalt* | (abw.) *demagogischer Volksverführer* ‖ **Rattengift** ‖ **Rattenplage** ‖ **Rattenschwanz:** ein R. *(eine endlose Folge)* von Schwierigkeiten

rattern: der Wagen ratterte über das Pflaster

Rattler der, -s/-: *eine Hunderasse*

Ratz der, -en/-en (mda.): *Ratte* | (Jägerspr.) *Iltis* ‖ **ratzekahl** (ugs.): etwas r. *(ganz und gar)* auffressen; r. *(völlig kahl)* scheren ‖ **ratzeputz** (ugs.): etwas r. *(ganz und gar)* aufessen

R

rau: eine raue *(Unebenheiten aufweisende)* Oberfläche | ein raues *(überwiegend kaltes)* Klima | eine raue Stimme | raue *(rohe)* Sitten | in rauen *(großen)* Mengen

Raub der, -[e]s: *gewaltsamer Diebstahl | Beute* | (geh.) die Villa wurde ein R. der Flammen *(wurde durch Feuer völlig zerstört)* ‖ **Raub|bau** der, -[e]s: *übermäßige, bedenkenlose Nutzung [von Bodenschätzen]* | mit seiner Gesundheit R. treiben ‖ **Raub|druck** der, -[e]s/-e: *unerlaubter Nachdruck [eines Buches]*

Rau|bein (abw.): *Grobian* ‖ **rau|bei|nig**

rau|ben: *mit Gewalt entwenden* | jemandem den Verstand r. *(ihn so beeindrucken, dass er nicht mehr ordentlich denken kann)* ‖ **Räu|ber** der, -s/-: der R. konnte gefasst werden; er ist unter die R. gefallen *(wird schamlos ausgenützt)* ‖ **Räu|ber|ban|de** ‖ **Räu|ber|haupt|mann** (früher): *Anführer einer Räuberbande* ‖ **Räu|ber|höh|le** ‖ **Räu|be|rin** die, -/-innen ‖ **räu|be|risch** ‖ **räu|bern** ‖ **Räu|ber|zi|vil** [-v-] (sal., scherzh.): *unangemessen saloppe Kleidung* ‖ **Raub|fisch** ‖ **Raub|gier** ‖ **Raub|kat|ze:** *ein Raubtier* ‖ **Raub|ko|pie:** *unerlaubte Kopie [eines Programms, eines Videos]* ‖ **raub|ko|pie|ren:** eine raubkopierte CD ‖ **Raub|kunst:** *unrechtmäßig (bes. während des Nationalsozialismus) den Eigentümern weggenommene Kunstwerke* ‖ **Raub|mord:** *Raub und Mord in Tateinheit* ‖ **Raub|mör|der** ‖ **Raub|mör|de|rin** ‖ **Raub|rit|ter** (früher) ‖ **Raub|tier:** *Beutegreifer* | (Pl.) (Zool.) *eine Säugetierordnung, zB Wolf, Löwe, Bär* ‖ **Raub|tier|kä|fig** ‖ **Raub|über|fall** ‖ **Raub|vo|gel:** *Greifvogel* ‖ **Raub|zug**

Rauch der, -[e]s ‖ **Rauch|ab|zug** ‖ **Rauch|bom|be:** *Bombe, die ein Rauchsignal entwickelt* ‖ **rau|chen:** ich rauche nicht mehr ‖ **Rau|chen** das, -s: mit dem R. aufhören ‖ **Rauch|ent|wick|lung** ‖ **Rau|cher** der, -s/-: R. und Nichtraucher | *Eisenbahnwagon[abteil], in dem geraucht werden darf* ‖ **Rau|cher|ab|teil** ‖ **Rau|cher|bein** (Med.): *eine Gefäßverengung* ‖ **Räu|cher|fisch:** *durch Räuchern haltbar gemachter Fisch* ‖ **Räu|cher|fo|rel|le** ‖ **Räu|cher|ge|fäß:** *Gefäß, in dem Räuchermittel abgebrannt werden* ‖ **Rau|cher|ge|setz** ‖ **Rau|cher|hus|ten** ‖ **Rau|che|rin** die, -/-innen ‖ **Räu|cher|lachs** [-ks] ‖ **Rau|cher|lo|kal** ‖ **räu|chern:** Fleisch r. *(selchen)* | Haus und Hof r. *(mit Weihrauch segnen)* ‖ **Rau|cher|oa|se** (sal.) ‖ **Räu|cher|schin|ken** ‖ **Räu|cher|stäb|chen:** *ein Räuchermittel* ‖ **Rau|cher|te|le|fon:** *ein Notdienst* ‖ **Rau|cher|zim|mer** ‖ **Rau|cher|zo|ne** ‖ **Rauch|fah|ne** ‖ **Rauch|fang** der, -[e]s/-fänge (ostöst.): *Kamin, Rauchabzug* | (ugs.) wir können die Investitionen in den R. schreiben *(sie sind verloren)* ‖ **Rauch|fang|keh|rer** der, -s/- (ostöst.): *Kaminfeger* ‖ **Rauch|fang|keh|re|rin** die, -/-innen (ostöst.) ‖ **Rauch|fass:** *Metallgefäß zum Weihrauchverbrennen, Räuchergefäß* ‖ **rauch|frei:** rauchfreie Lokale ‖ **Rauch|gas** ‖ **Rauch|gas|ver|gif|tung** ‖ **rauch|ge|schwärzt** ‖ **Rauch|glas:** *rauchfarbenes Glas* ‖ **rauch|grau** ‖ **rau|chig:** eine rauchige Stimme ‖ **Rauch|in|halts|stoff** (meist Pl.) ‖ **Rauch|kü|che:** *Küche mit offener Feuerstelle* ‖ **Rauch|kuchl** (ugs.): *Rauchküche* ‖ **Rauch|mel|der** der, -s/-: *eine Alarmanlage* ‖ **Rauch|pau|se** ‖ **Rauch|säu|le** ‖ **Rauch|schwa|den:** *Rauchwolke* ‖ **Rauch|schwal|be:** *ein Singvogel* ‖ **Rauch|ta|bak** ‖ **Rauch|ver|bot** ‖ **Rauch|ver|gif|tung** ‖ **Rauch|wa|re** (meist Pl.) (fachspr.): *Rauware* | (nur Pl.) *Tabakwaren* ‖ **Rauch|wol|ke** ‖ **Rauch|zei|chen:** *mit einer Rauchwolke erzeugtes Signal*

Räu|de die, -/-n: *eine Hautkrankheit [bei Tieren]* ‖ **räu|dig:** ein räudiger *(krätziger; von Räude befallener)* Hund

rau|en: *aufrauen*

rauf (ugs.): *herauf | hinauf* ‖ **rauf|ar|bei|ten** (ugs.): *heraufarbeiten | hinaufarbeiten*

Rau|fa|ser|ta|pe|te

Rauf|bold der, -[e]s/-e (abw.): *Raufer*

Rau|fe die, -/-n: *Futtergestell mit Sprossen*

rau|fen: raufende Buben | sich aus Verzweiflung die Haare r. ‖ **Rau|fer** der, -s/- ‖ **Rau|fe|rei** die, -/-en ‖ **Rau|fe|rin** die, -/-innen ‖ **Rauf|han|del** der, -s/-händel ‖ **Rauf|hansl** der, -s/-n (ugs., abw.)

rauf|kom|men (ugs.): *heraufkommen | hinaufkommen*

Rauf|lust die, - ‖ **rauf|lus|tig**

rauf|schal|ten (ugs.): *hinaufschalten* ‖ **rauf|set|zen** (ugs.): *heraufsetzen | hinaufsetzen* ‖ **rauf|zie|hen** (ugs.): *heraufziehen | hinaufziehen*

Rau|graf (früher): *ein Titel*

Rau|haar|da|ckel ‖ **rau|haa|rig:** ein rauhaariges Fell ‖ **Rau|heit** die, -/-en

Rau|ke die, -/-n: *eine Kreuzblütlergattung*

Raum der, -[e]s/Räume: viel R. *(Platz)* einnehmen | im nächsten R. *(Zimmer)* | etwas steht im R. *(ist als Problem aufgeworfen, aber noch nicht gelöst)* | *Weltraum* ‖ **Raum|an|zug:** *Overall eines Weltraumfahrers* ‖ **Raum|aus|stat|ter:** *Geschäft für Inneneinrichtung* ‖ **räu|men:** den Saal r. ‖ **Raum|fäh|re:** *ein Raumfahrzeug* ‖ **Raum|fahrt** ‖ **Raum|fahr|zeug** ‖ **Raum|for|schung:** *Weltraumforschung* ‖ **Raum|ge|fühl** ‖ **raum|grei|fend:** *weit ausgreifend* ‖ **Raum|in|halt:** *Volumen* ‖ **Raum|in|s|tal|la|ti|on** [-ʃt-tsi̯-, -st-] (Kunstg.) ‖ **Raum|kap|sel:** *Raumschiffkapsel* ‖ **Raum|kli|ma** ‖ **Räum|kom|man|do** ‖ **räum|lich:** räumliches *(3-dimensionales)* Denken ‖ **Räum|lich|keit** die, -/-en: *Raum* | (ohne Pl.) *räumliche Wirkung* ‖ **Raum|maß:** *Hohlmaß* ‖ **Raum|me|ter** der = das, -s/- (rm): *1 m^3 geschichtetes Holz* ‖ **Raum|mie|te** ‖ **Raum|not** ‖ **Raum|ord|nung:** *Planung und Regelung der Nutzung von Grund und Boden* ‖ **Raum|ord|nungs|kon|fe|renz** → ÖROK ‖ **Raum|pfle|ger** ‖ **Raum|pfle|ge|rin** ‖ **Raum|pla|nung** ‖ **Raum|schiff:** *ein Raumfahrzeug* ‖ **Raum|son|de:** *unbemanntes Raumfahrzeug zur Erkundung* ‖ **Raum|sta|ti|on** [-tsi̯-]: *Weltraumstation* ‖ **Raum|tei|ler:** *Möbelstück, das den Raum in mehrere Bereiche gliedert* ‖ **Raum|tem|pe|ra|tur** ‖ **Räu|mung** die, -/-en: *Räumungsverkauf, Abverkauf* | (Jus) *Delogierung* ‖ **Räu|mungs|exe|ku|ti|on** [-tsi̯-] (Jus): *Delogierung* ‖ **Räu|mungs|kla|ge** (Jus) ‖ **Räu|mungs|ter|min** ‖ **Räu|mungs|ver|kauf:** *Ausverkauf* ‖ **Raum-Zeit-Kon|ti|nu|um** (Phys.): *mehrdimensionaler Raum der Relativitätstheorie* ‖ **raum|zeit|lich** (Phys.)

Rau|nacht: *eine der Nächte zwischen Weihnachten und dem Dreikönigstag mit besonderer Bedeutung im Brauchtum*

rau|nen: *flüstern*

Raung|gen die (Pl.) (reg., zB K):

eine Speise (Gebäck)
raunzen, du raunzt (abw.): *weinerlich klagen; nörgeln* ‖ **Raunzen** die, -/- (ugs., abw.): *Bezeichnung für eine nörgelnde, jammernde Frau* ‖ **Raunzer** der, -s/- (abw.) ‖ **Raunzerei** die, -/-en (abw.) ‖ **raunzig** (ugs., abw.)
Raupe die, -/-n: *eine Entwicklungsstufe (Larve) des Schmetterlings* ‖ **Raupenfahrzeug:** *Fahrzeug auf Raupenketten, zB Panzer, Pistenraupe* ‖ **Raupenfraß** ‖ **Raupenkette:** *Metallband um die Räder von Raupenfahrzeugen* ‖ **Raupenschlepper**
Rauputz: *rauer Verputz* ‖ **Raureif:** *Reif mit feinen Eiskristallen*
raus (ugs.): → *heraus* | → *hinaus* ‖ **rausbacken** (ugs.): → *herausbacken*
Rausch der, -[e]s/Räusche: einen R. haben ‖ **Rauschdroge:** *Droge mit trance- oder rauschähnlichem Wirkungsspektrum* ‖ **rauschen,** du rausch[s]t: der Bach rauscht; der rauschende Wald | rauschender *(starker)* Beifall; rauschende *(prächtige)* Feste ‖ **Rauschgift** ‖ **Rauschgifthandel** ‖ **Rauschgifthändler** ‖ **Rauschgifthändlerin** ‖ **rauschgiftsüchtig** ‖ **Rauschgiftsüchtige**[1] der, -n/-n, ein Rauschgiftsüchtiger ‖ **Rauschgiftsüchtige**[2] die, -n/-n ‖ **rauschig** (reg., ugs.): *betrunken* ‖ **Rauschtat** (Jus): *im Rauschzustand begangenes Delikt* ‖ **Rauschunterdrückung** (Elektrot.): *Reduzierung der störenden Geräusche [bei CD-Playern]* ‖ **Rauschzustand**
rausfinden (ugs.): *herausfinden* | *hinausfinden* ‖ **rausfordern** (ugs.): *herausfordern* ‖ **rausgeben** (ugs.): *herausgeben* ‖ **rausgehen** (ugs.): *herausgehen* | *hinausgehen* ‖ **raushalten** (ugs.): *heraushalten* ‖ **rausholen** (ugs.): *herausholen* ‖ **rauskommen** (ugs.): *herauskommen* | *hinauskommen* ‖ **rauskriegen** (ugs.): *herauskriegen* | *hinauskriegen* | *herausfinden*
räuspern sich
rausreden sich (ugs.): *herausreden* ‖ **rausrücken** (ugs.): *herausrücken* | *hinausrücken* ‖ **rausscheren** sich (derb): *sich hinausscheren* ‖ **rausschmeißen** (ugs.): *aus dem Betrieb entlassen; hinausschmeißen* | *herausschmeißen* ‖ **Rausschmeißer** der, -s/- (ugs.): *Person, die unerwünschte Gäste [aus dem Lokal] weist* ‖ **Rausschmiss** (ugs.): *Hinauswurf, zB Entlassung* ‖ **rausschmuggeln** (ugs.): *herausschmuggeln* | *hinausschmuggeln* ‖ **rausspringen** (ugs.): *herausspringen* | *hinausspringen* ‖ **rausstellen** (ugs.): *herausstellen* | *hinausstellen* ‖ **rauswerfen** (ugs.): *herauswerfen* | *hinauswerfen* ‖ **Rauswurf** ‖ **rauszögern** (ugs.): *hinauszögern*
Raut der, -[e]s/Räuter (T, K): *gerodeter Platz (häufig auch als Flurname)*
Raute[1] die, -/-n: *eine Pflanzengattung;* Weinraute
Raute[2] die, -/-n: *Rhombus* | (mit Zeichen #) *Nummernzeichen, Doppelkreuz;* → Kreuz ‖ **rautenförmig** ‖ **Rautetaste**
Rauware (meist Pl.): *Pelze, Felle;* → Rauchware
Rave [reɪv] das (*auch:* der), -s/-s ⟨engl.⟩: *Veranstaltung mit [Techno]musik und Tanz* ‖ **raven** ‖ **Raver** der, -s/- ‖ **Raverin** der, -/-innen
Ravioli [-v-] die (Pl.) ⟨it.⟩: *eine gefüllte italienische Teigware*
Rax die, -: *ein Berg in Niederösterreich und der Steiermark*
Raygras, *auch:* Raigras ⟨engl.⟩: *ein Futtergras*
Rayon [-ˈjoːn, rɛˈjõː] der, -s/-s (-e [-nɛ]) ⟨fr.⟩: *Warenhausabteilung* | *Dienstbereich [eines Polizisten]* ‖ **rayonieren:** *einem bestimmten Sprengel zuteilen* ‖ **Rayonsgrenze:** *Grenze eines Arbeitsbereichs* ‖ **Rayonsinspektor** [-sp-, auch: -ʃp-] ‖ **Rayonsinspektorin**
Razzia die, -/Razzien [-i̯ɛn] ⟨arab.-fr.⟩: *überraschender Streifzug [der Polizei]; Fahndungsstreife*
Rb: Rubidium
rd.: rund
Re: Rhenium
re- ⟨lat.⟩ (nur in Zusammensetzungen wie Regeneration, rediskontieren)
Reader [ˈriːdə] der, -s/- ⟨engl.⟩: *Buch mit Texten verschiedener Autor/innen zu einem Thema*
Reagenz das, -es/Reagenzien [-i̯ɛn], *auch:* Reagens das, -/Reagenzien [-i̯ɛn] ⟨lat.⟩ (Chem.): *Stoff, der chemisch reagiert* ‖ **Reagenzglas,** *auch:* Reagensglas: *Probierglas [für chemische Versuche]* ‖ **reagieren:** auf etwas r. *(darauf ansprechen)* | *eine chemische Reaktion auslösen;* die Lösung reagiert neutral ‖ **Reaktion** [-tsi̯-] die, -/-en ⟨lat.-fr.⟩: *Wirkung; Gegenwirkung* | eine chemische R. *(Vorgang, bei dem Stoffe ihre Eigenschaften ändern)* | (ohne Pl.) (abw.) *Rückschritt; fortschrittsfeindliche politische Kräfte* ‖ **reaktionär** (abw.): *nicht fortschrittlich* ‖ **Reaktionär** der, -s/-e (abw.) ‖ **Reaktionärin** die, -/-innen (abw.) ‖ **reaktionsfähig** ‖ **Reaktionsfähigkeit** ‖ **reaktionsschnell** ‖ **Reaktionsvermögen** ‖ **Reaktionszeit** ‖ **reaktivieren** [-v-]: *wieder in Tätigkeit setzen, in Gebrauch nehmen* ‖ **Reaktivierung** die, -/-en ‖ **Reaktor** der, -s/-en [-ˈtoː-] ⟨lat.⟩: *Anlage zur Umwandlung [von Atomkraft in Wärme]* ‖ **Reaktorblock:** *Teil einer Gruppe von Atomkraftwerken* ‖ **Reaktorunfall**
real ⟨lat.⟩: *wirklich; realitätsbezogen* | *sachlich;* das reale *(der Kaufkraft entsprechende)* Einkommen; → reell; → G.: irreal ‖ **Realakt** der, -[e]s/-e (Jus): *faktische Handlung mit Rechtsfolgen* ‖ **Realbesitz:** *Realitätenbesitz* ‖ **Realbesitzer** ‖ **Realbesitzerin** ‖ **Realbüro** = Realitätenbüro: *Immobilienvermittlungsbüro* ‖ **Realeinkommen:** *tatsächliche Kaufkraft des Einkommens* ‖ **Realenzyklopädie** [-tsy-, -tsi-]: *Sachlexikon, Sachwörterbuch* ‖ **Realgymnasium** [-gy-]: *eine Form der AHS* ‖ **Realien** die (Pl.): *Geschichte, Geographie und die naturwissenschaftlichen Unterrichtsfächer (in der Pflichtschule)* | *Geschichtskenntnisse, die dem Verständnis literarischer Werke dienen, zB in Latein* ‖ **Realisation** [-tsi̯-] die, -/-en: *Realisierung, Herstellung* ‖ **Realisator** der, -s/-en [-ˈoː-]: der R. eines Projekts ‖ **Realisatorin** die, -/-innen ‖ **realisierbar** ‖ **Realisierbarkeit** die, - ‖ **realisieren:** *verwirklichen* | (sal.) *erkennen, verstehen* ‖ **Realismus** der, -: *Wirklichkeitssinn* | *Kunst- und philosophische Richtung in der Mitte des 19. Jh.* ‖ **Realist** der, -en/-en ‖ **Realistin** die, -/-innen ‖ **realistisch:** die Lage r. einschätzen ‖ **Realität** die, -/-en: *Wirklichkeit* | (meist Pl.) *Liegenschaft, Haus, Grundstück* ‖ **Realitätenbesitzer** ‖ **Realitätenbesitzerin** ‖ **Realitätenbüro** = → Realbüro ‖ **Realitätenhändler** ‖ **Realitäten-**

R

händlerin ‖ **Realitätenmarkt** ‖ **Realitätenvermittler** ‖ **Realitätenvermittlerin** ‖ **Realitätenwesen** ‖ **realitätsbezogen** ‖ **realitätsfern** ‖ **Realitätssinn** ‖ **Realitätsverweigerer** der, -s/- (sal.): *jemand, der etwas ignoriert oder mental wegschiebt* ‖ **Realitätsverweigerin** die, -/-innen (sal.) ‖ **Realitätsverweigerung**

Reality-TV [ri'æliti te'fau, -ti'vi] ⟨engl.⟩: *bes. wirklichkeitsnahe Fernsehsendung* ‖ **Realityshow** [-ʃəu]

Realkanzlei ⟨lat.⟩: *Realbüro* ‖ **Realkatalog:** *Sachkatalog in Bibliotheken* ‖ **Realkontrakt** (Jus): *Vertrag, der durch die Erfüllung des Vertragsinhalts gültig wird* ‖ **Reallast** (Jus): *Belastung eines Grundstücks durch Rentenverpflichtungen* ‖ **Reallexikon:** *Sachlexikon* ‖ **Realo**[1] der, -s/-s (Pol.): *Anhänger der Realpolitik;* → G.: Fundi ‖ **Realo**[2] die, -/-s (Pol.) ‖ **Realpolitik:** *Politik, die sich an den Möglichkeiten des Machbaren orientiert* ‖ **Realschule** (früher): *in Österreich eine Form der allgemein bildenden höheren Schule* ‖ **Real Time** ['rɪəl taɪm] = **Realtime** die, -: *Echtzeit;* eine Animation läuft in R. *(in derselben Zeit)* ab

Reanimation [-tsi̯-] (Med.) ‖ **reanimieren** (Med.): *wiederbeleben* ‖ **Reanimierung** die, -/-en (Med.)

Reaumur ['re:omy:ɐ] (R): *Gradeinteilung zur Temperaturmessung (nach einem französischen Physiker);* 18° R; → Celsius; → Fahrenheit ‖ **Reaumurthermometer:** *Thermometer mit 80-teiliger Skala*

Rebbach = Reibach der, -s ⟨jidd.⟩ (sal.): *Gewinn, Nutzen*

Rebbe der, -[s]/-s ⟨jidd.⟩: *Rabbi*

Rebblatt ‖ **Rebe** die, -/-n: *Weinrebe*

Rebekka, *auch:* Rebecca [-k-]: *weibl. Vorname*

Rebell der, -en/-en ⟨lat.-fr.⟩: *Aufständischer* ‖ **rebellieren:** *sich auflehnen* ‖ **Rebellin** die, -/-innen ‖ **Rebellion** die, -/-en ‖ **rebellisch**

rebeln, ich reble: Trauben r. *(die Beeren vom Stängel entfernen)* | Kukuruz r. *(die Körner abreiben, abkörnen)*

Rebensaft (geh.): *Wein*

Rebhuhn: *ein Hühnervogel*

Reblaus: *ein Schädling des Weinstocks*

Rebound ['ri:baund] der, -s/-s ⟨engl.⟩ (Sport): *vom Korb oder Brett abspringender Ball (im Basketball)*

Rebschere: *spezielles Werkzeug für die Weingartenarbeit*

Rebschnur = Reepschnur: *eine feste Schnur*

Rebschule: *Betrieb, in dem Weinreben gepfropft und veredelt werden* ‖ **Rebsorte** ‖ **Rebsortenkunde** die, -: *Ampelographie* ‖ **Rebstecken**

Rebus der = das, -/-busse: *ein Bilderrätsel*

Rebzeile: *Abstand (Weg) zwischen den Weinstockreihen* | *lineare Anordnung der Weinstöcke im Weinberg*

Receiver [rɪ'si:və] der, -s/- ⟨engl.⟩ (Elektrot.): *Rundfunkempfänger mit Verstärker*

Reception [-ts-tsi̯-] → Rezeption ‖ **Receptionist** → Rezeptionist ‖ **Receptionistin** → Rezeptionistin

Rechaud [-'ʃo:] der = das, -s/-s ⟨fr.⟩: *Gaskocher; Warmhaltevorrichtung für Speisen; Stövchen*

rechen: Heu r. ‖ **Rechen** der, -s/-: *ein Wiesen- und Gartengerät* | *Gitter eines Wasserwehrs* | (veraltend) *Reihe von Kleiderhaken*

Rechenanlage: *elektronische Datenverarbeitungsanlage* ‖ **Rechenaufgabe** ‖ **Rechenexempel:** *Rechenbeispiel* ‖ **Rechenfehler** ‖ **Rechengerät** ‖ **Rechenmaschine** (bes. früher) ‖ **Rechenoperation** [-tsi̯-] ‖ **Rechenschaft** die, -: R. ablegen *(sich rechtfertigen);* jemanden zur R. *(Verantwortung)* ziehen ‖ **Rechenschaftsbericht** ‖ **Rechenschaftspflicht** ‖ **rechenschaftspflichtig** ‖ **Rechenschieber** (bes. früher): *eine mechanische Rechenhilfe* ‖ **Rechenstab** (früher): *Rechenschieber* ‖ **Rechenstift:** den R. ansetzen *(berechnen)* ‖ **Rechenzentrum:** *Einrichtung mit elektronischen Rechenanlagen*

Recherche [-'ʃɛrʃ] die, -/-n ⟨fr.⟩ (meist Pl.): *Nachforschung, Ermittlung* ‖ **recherchieren**

rechnen[1]: im Kopf r. | mit jemandem r. *(sich auf jemanden verlassen)* ‖ **rechnen**[2] sich (Kaufmannsspr.): etwas rechnet sich *(lohnt sich)* ‖ **Rechner** der, -s/-: *jemand, der rechnet* | *Computer* | *Taschenrechner* ‖ **Rechnerin** die, -/-innen: du bist eine gute R. ‖ **rechnerisch:** etwas r. überprüfen ‖ **Rechnung** die, -/-en: eine R. ausstellen; jemande/m die R. für etwas präsentieren; mit jemandem eine [alte] R. begleichen | den Umständen R. tragen *(sie berücksichtigen);* etwas in R. stellen | R. [ab]legen (geh.: *Rechenschaft geben)* ‖ **Rechnungsausschuss** (Wirt., Admin.): *Kommission zur Prüfung der Ausgaben* ‖ **Rechnungshof** der, -[e]s (Admin.) (RH): *Behörde zur Überprüfung der Finanzgebarung von Bund, Ländern und Gemeinden* ‖ **Rechnungshofausschuss** ‖ **Rechnungshofbericht** ‖ **Rechnungslegung** die, -/-en (Kaufmannsspr.) ‖ **Rechnungsprüfer** ‖ **Rechnungsprüferin** ‖ **Rechnungsprüfung** (Wirt.): *Kontrolle der Geschäftsgebarung [eines Vereins]* ‖ **Rechnungswesen**

recht:

Adverb: recht froh sein; das kann ich nicht recht glauben; jetzt erst recht

Kleinschreibung des Adjektivs:
- so ist es recht *(richtig;* Frage *Wie?)*
- das ist recht und billig *(gerecht)*
- es ist schon recht
- das ist mir [alles] recht
- man kann es ihm nicht recht machen *(er ist nie zufrieden)*
- Alles, was recht ist! *(Ausruf [der Entrüstung])*

Groß- und Kleinschreibung:
- ich habe recht (= **R**echt); recht (= **R**echt) haben
- recht (= **R**echt) behalten
- recht (= **R**echt) bekommen
- jemandem recht (= **R**echt) geben
- ihm ist recht (= **R**echt) geschehen R→ S. 891, 1.2.2

Recht

das, -[e]s/-e: *gesetzliche Norm;* Zivilrecht; → Jus | *Anspruch, Berechtigung*

Großschreibung des Nomens:
- im Recht sein
- mit [vollem] Recht
- dein Anspruch besteht zu Recht *(ist rechtmäßig)*
- Recht sprechen *(als Richter urteilen)*

R

- von Rechts wegen *(dem Recht entsprechend)*
- sein Recht *(die Anerkennung seiner gerechten Ansprüche)* suchen/finden
- mit Fug und Recht (geh.: *berechtigterweise*)
- totes *(praktisch nicht mehr anwendbares)* Recht

Mit Plural Rechte:
- die Rechte und Pflichten der Staatsbürger
- jemandem ein Recht verleihen
- ein Recht auf Urlaub haben
- Doktor der Rechte *(Rechtswissenschaften)* = Doctor iuris
- Vereinigung öffentlichen Rechts *(Körperschaft)*

rech|te: rechter Hand *(rechts);* die r. Hand des Chefs sein | (Math.) ein rechter Winkel *(90°)* | sie ist noch ein rechtes *(richtiges)* Kind | (Großschreibung) nichts **R**echtes *(Besonderes);* das **R**echte *(Richtige)* treffen; nach dem **R**echten sehen *(für Ordnung sorgen);* an den **R**echten/die **R**echte kommen *(auf die richtige Person stoßen)* | (scherzh.) du bist [mir] der **R**echte *(ein Schlingel)* || **Rech|te**[1] der, -n/-n, ein Rechter (Pol.): *Angehöriger einer politisch rechts stehenden Gruppe oder Partei* || **Rech|te**[2] die, -n/-n (Pol.): *weibliche Form von Rechte*[1] | die R. *(die [im Parlament] rechts sitzende[n] Partei[en])* | *rechte Hand* | (im Boxsport) eine gefährliche R. *(einen Schlag mit der rechten Faust)* schlagen | (geh.) jemandem zur Rechten, zu seiner/ihrer Rechten *(rechts von jemandem)* sitzen || **Recht|eck** das, -[e]s/-e || **recht|eckig**

rech|ten (geh.): mit jemandem r. *(mit jemandem streiten, sich mit ihm auseinandersetzen)* || **rech|tens:** *zu Recht; mit Recht; von Rechts wegen;* das ist r.; → recht; → Recht || **recht|fer|ti|gen:** sein Verhalten r. *(dartun, dass man im Recht ist);* sich wegen der Anschuldigungen r. *(sich verantworten, verteidigen)* || **Recht|fer|ti|gung** die, -/-en || **recht|gläu|big:** *des richtigen religiösen Glaubens (aus Sicht einer bestimmten Religionsgemeinschaft); orthodox* || **Recht|gläu|big|keit** die, - || **Recht|ha|ber** der, -s/- (abw.) || **Recht|ha|be|rin** die, -/-innen (abw.) || **recht|ha|be|risch** (abw.): r. sein *(immer seine Meinung durchsetzen wollen)* || **recht|lich:** eine rechtliche *(juristische, gesetzliche)* Entscheidung; rechtliche Schritte einleiten || **recht|los** || **Recht|lo|sig|keit** die, - || **recht|mä|ßig:** der rechtmäßige Besitzer || **Recht|mä|ßig|keit** die, -

rechts (r.):

Adverb:
Getrenntschreibung:
- rechts gehen/abbiegen
- rechts außen
- rechts stehen (Pol.: *wirtschaftliche und soziale Verhältnisse bewahrend sowie Werte wie Volkstum und Heimat betonend*)

Zusammen- und Getrenntschreibung mit adjektivisch gebrauchten Partizipien:
- politisch rechts stehend (= rechtsstehend)

R→ S. 903, 2.2.1

Präposition mit Genitiv:
- rechts des Weges (= rechts vom Weg)

Rechts|ab|bie|ger der, -s/- (Verk.) || **Rechts|ab|bie|ge|rin** die, -/-innen (Verk.)

Rechts|ab|tei|lung || **Rechts|an|ge|le|gen|heit** || **Rechts|an|schau|ung** || **Rechts|an|spruch:** ein R. *(ein gesetzliches Recht)* auf Entschädigung || **Rechts|an|walt** (RA) || **Rechts|an|wäl|tin** (RA) || **Rechts|an|walts|an|wär|ter:** *Anwärter in Ausbildung zum Rechtsanwaltsberuf* || **Rechts|an|walts|an|wär|te|rin** || **Rechts|an|walts|kam|mer** || **Rechts|an|walts|kon|zi|pi|ent:** *Rechtsanwaltsanwärter* || **Rechts|an|walts|kon|zi|pi|en|tin** || **Rechts|an|walts|kanz|lei** || **Rechts|auf|fas|sung** || **Rechts|aus|kunft:** *Auskunft in Rechtsangelegenheiten*

Rechts|au|ßen der, -/- (Sport): er spielt R. (= rechts außen) *(als rechter Flügelstürmer)*

Rechts|be|griff || **Rechts|bei|stand:** *rechtskundiger Helfer, Rechtsanwalt* | (ohne Pl.) *Rechtshilfe* || **Rechts|be|leh|rung** || **Rechts|be|ra|ter** || **Rechts|be|ra|te|rin** || **Rechts|be|ra|tung** || **Rechts|beu|gung** die, -/-en (Jus): *unrichtige Gesetzesanwendung durch Richter, Behörden ua.* || **Rechts|be|wusst|sein** || **Rechts|bre|cher** der, -s/-: *jemand, der gegen das Gesetz verstößt* | Anstalt für geistig/psychisch abnorme R. || **Rechts|bre|che|rin** die, -/-innen || **Rechts|bruch** || **recht|schaf|fen:** ein rechtschaffener *(anständiger)* Mensch | r. *(sehr)* müde sein || **Recht|schaf|fen|heit** die, - || **recht|schrei|ben:** nicht r. können *(viele Rechtschreibfehler machen); aber:* nicht recht schreiben können *(ungeschickt schreiben)* || **Recht|schrei|ben** das, -s: wir üben R. (= rechtschreiben) || **Recht|schreib|feh|ler** || **Recht|schreib|re|form** || **Recht|schrei|bung** die, -: *Orthografie*

Rechts|drall der, -[e]s: *Rechtsdrehung [des Geschoßes im Lauf]* | (Pol.) *Tendenz nach rechts* || **rechts|dre|hend** (Phys.): *im Uhrzeigersinn* || **Rechts|dre|hung**

Rechts|emp|fin|den

rechts|ex|t|rem (Pol.): *politisch radikal rechts stehend* || **Rechts|ex|t|re|me**[1] der, -n/-n, ein Rechtsextremer (Pol.): *Rechtsextremist* || **Rechts|ex|t|re|me**[2] die, -n/-n (Pol.) || **Rechts|ex|t|re|mis|mus** der, - (Pol.) || **Rechts|ex|t|re|mist** (Pol.) || **Rechts|ex|t|re|mis|tin** (Pol.) || **rechts|ex|t|re|mis|tisch** (Pol.)

rechts|fä|hig: jemand ist r. *(ihm kommen bestimmte gesetzliche Rechte zu)* || **Rechts|fä|hig|keit** (Jus): *Fähigkeit, Rechte und Pflichten wahrzunehmen* || **Rechts|fin|dung** die, - (Jus) || **Rechts|fol|ge** (Jus) || **Rechts|fra|ge** || **rechts|frei:** *nicht durch Gesetze geregelt;* im rechtsfreien Raum agieren || **Rechts|freund** (Jus): *Vertreter in Rechtsfällen* || **rechts|freund|lich** (Jus): jemanden r. vertreten || **Rechts|frie|de** = **Rechts|frie|den** (Jus): *Vereinbarung zur endgültigen gerichtlichen Streitbeilegung* || **rechts|ge|lehrt** || **Rechts|ge|lehr|te**

rechts|ge|rich|tet

Rechts|ge|schäft (Jus): *Vereinbarung (meist Vertrag), um Rechtsverhältnisse zu regeln* || **rechts|ge|schäft|lich** (Jus) || **Rechts|grund:** *gesetzlicher Grund* || **Rechts|grund|la|ge:** *Begründung (Rechtsnorm) für einen Rechtsanspruch* || **rechts|gül|tig** || **Rechts|gül|tig|keit** die, - || **Rechts|gut:** *vom Recht zu schützender Wert (Leben, Gesundheit, Freiheit, Eigentum, Ehre);* das höhere R. || **Rechts|gut|ach|ten**

Rechts|hän|der der, -s/- || **Rechts-**

R

hän|de|rin die, -/-innen ‖ **Rechts|händ|ler** (ugs. oft für): *Rechtshänder* ‖ **Rechts|händ|le|rin** (ugs.) ‖ **rechts|he|r|um**

Rechts|hil|fe ‖ **Rechts|hil|fe|ab|kom|men**

Rechts|ko|a|li|ti|on [-tsi-] (Pol.): *Regierung aus rechtsgerichteten Parteien*

Rechts|kraft: *Unanfechtbarkeit einer Entscheidung der Behörde* ‖ **rechts|kräf|tig:** ein rechtskräftiges Urteil ‖ **rechts|kun|dig:** rechtskundiger Dienst *(in Ministerien)*

Rechts|kur|ve [-fɛ, auch: -vɛ] ‖ **rechts|las|tig:** r. beladen | politisch r. ‖ **Rechts|las|tig|keit** die, -

Rechts|leh|re (Jus) ‖ **Rechts|mei|nung:** *Ansicht über die Anwendung und Auslegung gesetzlicher Vorschriften* ‖ **Rechts|miss|brauch** ‖ **Rechts|mit|tel** (Jus): *rechtliches Mittel, zB Berufung gegen eine gerichtliche Entscheidung* ‖ **Rechts|mit|tel|be|leh|rung** (Amtsspr., Jus): *Information über die Möglichkeit der Inanspruchnahme von Rechtsmitteln* ‖ **Rechts|nach|fol|ge** die, - (Jus): *Übergang von Rechten und Pflichten auf eine andere Person* ‖ **Rechts|nach|fol|ger** ‖ **Rechts|nach|fol|ge|rin** ‖ **Rechts|norm:** *[gesetzliche] Grundlage für Rechtsansprüche* ‖ **Rechts|ord|nung:** die R. des Staates

rechts|ori|en|tiert (Pol.): politisch r. ‖ **Rechts|ori|en|tie|rung** (Pol.) ‖ **Rechts|par|tei** (Pol.)

Rechts|per|sön|lich|keit, *auch:* Rechtsperson (Jus): *Person oder Institution, insofern sie Rechte und Pflichten hat, Rechtsträger* ‖ **Rechts|pfle|ge:** *Gerichtsbarkeit, Justiz* ‖ **Rechts|pfle|ger:** *richterlicher Hilfsbeamter mit bestimmten Aufgaben* ‖ **Rechts|pfle|ge|rin** ‖ **Rechts|po|pu|lis|mus** (abw.): *politische Richtung, die negative Emotionen im Volk, zB Fremdenfeindlichkeit, begünstigt* ‖ **Rechts|prak|ti|kant:** *Gerichtspraktikant* ‖ **Rechts|prak|ti|kan|tin** ‖ **Recht|spre|chung** die, - ‖ **Rechts|quel|le:** *Gesetz, Verordnung, Norm*

rechts|ra|di|kal (Pol.) ‖ **Rechts|ra|di|ka|lis|mus** (Pol.) ‖ **Rechts|ruck** (Pol.) ‖ **Rechts|rutsch** (Pol.)

Rechts|sa|che (Jus) ‖ **Rechts|satz:** *Rechtsnorm* ‖ **Rechts|schutz:** R. *(Rechtshilfe)* gewähren ‖ **Rechts|schutz|ver|si|che|rung**

rechts|sei|tig: das rechtsseitige Ufer; er blieb r. gelähmt

Rechts|si|cher|heit: *Sicherheit für rechtsstaatlich korrektes Behördenverhalten und Einheitlichkeit der Rechtssprechung; Sicherheit gesetzeskonformen Handelns staatlicher Verwaltung* ‖ **Rechts|spruch** ‖ **Rechts|staat:** *Staat, in dem Verwaltung und Rechtssprechung verfassungsgemäß nur auf Grundlage der Gesetze agieren* | *Staat, in dem die Einhaltung der Grundrechte (Menschenrechte) durch Verwaltung und Gerichtsbarkeit garantiert ist* ‖ **rechts|staat|lich** ‖ **Rechts|staat|lich|keit** die, -

rechts ste|hend = **rechts|ste|hend** (Pol.) → rechts

Rechts|streit ‖ **Rechts|sub|jekt** (Jus): *Rechtspersönlichkeit* ‖ **Rechts|ti|tel** (Jus): *Urteil, Anspruchsgrundlage* ‖ **Rechts|trä|ger** (Jus): *Rechtspersönlichkeit*

rechts|uf|rig, *auch:* rechtsuferig: *flussabwärts gesehen für das rechtsseitige Flussufer* ‖ **rechts|um:** *ein militärisches Kommando;* r. machen

Rechts|un|si|cher|heit: → G.: Rechtssichterheit ‖ **Rechts|ver|dre|her** der, -s/- (abw.) ‖ **Rechts|ver|dre|he|rin** die, -/-innen (abw.) ‖ **Rechts|ver|hält|nis:** *Vertrag oÄ*

Rechts|ver|kehr: *Verkehrsordnung, laut der auf der rechten Straßenseite gefahren wird*

Rechts|ver|let|zung ‖ **Rechts|ver|lust** ‖ **Rechts|ver|tre|ter** ‖ **Rechts|ver|tre|te|rin**

Rechts|vor|rang

Rechts|vor|schrift ‖ **Rechts|weg:** den R. beschreiten *(eine Klage bei Gericht einbringen)*

Rechts|wen|dung

rechts|wid|rig ‖ **Rechts|wid|rig|keit** die, - ‖ **rechts|wirk|sam** (Jus): *rechtsgültig* ‖ **Rechts|wir|kung** (Jus) ‖ **Rechts|wis|sen|schaft:** Rechtswissenschaften *(Jus)* studieren ‖ **rechts|wis|sen|schaft|lich:** *juridisch* ‖ **recht|win|ke|lig** = **recht|wink|lig** ‖ **recht|zei|tig:** *früh genug; zur rechten Zeit*

re|ci|pe [-ts-] (Rp.) ⟨lat.⟩: *„Nimm!“ (auf ärztlichen Rezepten als Anweisung für den Apotheker)*

Re|ci|tal = → Rezital

Reck das, -[e]s/-e: *ein Turngerät*

Re|cke der, -n/-n (veraltet) *Held, Krieger (in der Sage)*

re|cken: die Arme r. *(strecken);* sich in die Höhe r. | (ugs.) es reckt sie *(sie hat Brechreiz)*

Reck|tur|nen

Re|cor|der [-k-] = → Rekorder

re|cte [-k-] ⟨lat.⟩ (veraltet): *richtig [um in zitierten Texten ein Versehen richtigzustellen]*

re|cy|cel|bar [ri'saikl-] = recyclbar = recyclebar ⟨lat.+gr.-engl.⟩ (Ökol.): *wiederverwertbar*

re|cy|celn [ri'saikln]

= **re|cy|clen** = rezyklieren [retsy-] (Ökol.): *durch Recycling erneuern*

Bei aus dem Englischen übernommenen Wörtern ist die Wortbildung oft im Schwanken:

recyceln: wird wie einige deutsche Verben auf *-eln* gebildet (zB *wechseln*); recycelte Rohstoffe

recyclen: Endung *-en* wie die meisten deutschen Verben, nah an der englischen Form *to recycle*

ich recycel/recycle: Schwankungen auch bei der Konjugation

Re|cy|c|ling das, -s (Ökol.): *Wiederverwendung bereits einmal verarbeiteter Rohstoffe* ‖ **Re|cy|c|ling|glas** ‖ **Re|cy|c|ling|hof** (SüdT): *Sammelstelle für recycelbare Abfälle* ‖ **Re|cy|c|ling|pa|pier**

Re|dak|teur [-'tøːɐ] der, -s/-e ⟨lat.-fr.⟩: *jemand, der Beiträge [für Zeitungen] verfasst oder zusammenstellt und bearbeitet;* → redigieren ‖ **Re|dak|teu|rin** die, -/-innen ‖ **Re|dak|ti|on** [-tsi-] die, -/-en: *Tätigkeit des Redakteurs* | *Gesamtheit der Redakteure* | *Arbeitsräume der Redakteure* ‖ **re|dak|ti|o|nell:** *redaktionelle Änderungen* ‖ **Re|dak|ti|ons|schluss:** *Schlusstermin für die betreffende Ausgabe [der Zeitung]* ‖ **Re|dak|tor** der, -s/-en [-'oː-] (CH): *Redakteur, Bearbeiter* ‖ **Re|dak|to|rin** die, -/-innen (CH)

Re|de die, -/-n: eine R. halten | R. und Antwort stehen *(sich rechtfertigen);* jemanden zur R. stellen *(von jemandem Rechenschaft fordern);* davon kann keine R. sein; mir hat es die R. verschlagen; das ist nicht der R. wert ‖ **Re|de|du|ell:** *Diskussion über eine Meinungsverschiedenheit* ‖ **Re|de|fluss** ‖ **Re|de|frei|heit** die, - ‖ **re|de|ge|wandt** ‖ **Re|de|ge|wandt|heit**

Re|demp|to|rist der, -en/-en ⟨lat.⟩: *Angehöriger eines geistlichen Or-*

R

dens

re|den: von sich r. machen *(Aufsehen erregen);* gut r. haben *(etwas verharmlosen, weil es einen selbst nicht direkt betrifft);* mit sich r. lassen *(in gewissen Punkten nachgeben)* ‖ **Re|dens|art** ‖ **Re|de|rei** die, -/-en: *Tratsch, Gerede* ‖ **Re|de|schlacht:** im Parlament gab es eine hitzige R. *(lautstarke, heftige Diskussion)* ‖ **Re|de|schwall** (abw.) ‖ **Re|de|ver|bot** ‖ **Re|de|wen|dung** ‖ **Re|de|zeit:** die zulässige R. im Parlament überschreiten

re|di|gie|ren ⟨lat.-fr.⟩: einen Text r. *(für die Veröffentlichung bearbeiten);* → Redakteur

re|di|men|si|o|nie|ren: *neu einstellen, adjustieren | einsparen, kürzen*

Re|dis|fe|der: *eine Schreibfeder für Zierschriften*

Re|dis|kont (Bankw.) → Diskont ‖ **re|dis|kon|tie|ren** (Bankw.): *einen noch nicht fälligen Wechsel weiterverkaufen*

red|lich: ein redlicher *(ehrlicher)* Finder | sich r. *(sehr)* bemühen ‖ **Red|lich|keit** die, -

Red|ner der, -s/- ‖ **Red|ne|rin** die, -/-innen ‖ **red|ne|risch** ‖ **Red|ner|lis|te:** *Liste der Personen, die sich für einen Diskussionsbeitrag gemeldet haben* ‖ **Red|ner|pult**

Re|dou|te [-'du(:)t] die, -/-n ⟨fr.⟩: *ein festlicher [Masken]ball* ‖ **Re|dou|ten|saal:** *ein Festsaal in der Wiener Hofburg*

Re|dox|sys|tem [-zy-] (Chem.): *Gleichgewicht zwischen Oxidation und Reduktion*

red|se|lig: ein redseliger *(sehr gesprächiger)* Mensch ‖ **Red|se|lig|keit** die, -

Re|duk|ti|on [-tsi̯-] die, -/-en ⟨lat.⟩: *Verminderung, Einschränkung;* → reduzieren | (Chem.) *Entziehen von Sauerstoff* ‖ **Re|duk|ti|ons|di|ät:** *Abmagerungskur* ‖ **Re|duk|ti|ons|kost:** *eine Diätmaßnahme*

re|dun|dant ⟨lat.⟩: *mehr an Information enthaltend, als für das Verständnis nötig wäre | überflüssig* ‖ **Re|dun|danz** die, -/-en

re|du|zie|ren ⟨lat.⟩: reduzierte Preise; → Reduktion | (Küchenspr.) *eine Flüssigkeit durch Kochen bis zur gewünschten Konsistenz bringen* ‖ **Re|du|zie|rung** die, -/-en

Ree|de die, -/-n: *Ankerplatz von Schiffen* ‖ **Ree|der** der, -s/- ‖ **Ree|de|rei** die, -/-en: *ein Schifffahrtsunternehmen* ‖ **Ree|de|rin** die, -/-innen

re|ell ⟨lat.-fr.⟩:

Nicht verwechseln!
reell – real
reell bedeutet sowohl „ehrlich, anständig" als auch „wirklich, echt, tatsächlich":
– ein reeller Preis
– reelle Chancen haben
real bedeutet „wirklichkeitsbezogen, der Realität entsprechend":
– der Film zeigt das reale Leben

Reep|schnur = → Rebschnur

Re|fek|to|ri|um das, -s/Refektorien [-i̯ən] ⟨lat.⟩: *Speisesaal in einem Kloster*

Re|fe|rat das, -[e]s/-e ⟨lat.⟩: *Bericht;* ein R. *(einen Vortrag)* halten | *Sachbereich, Abteilung;* → referieren ‖ **Re|fe|rats|lei|ter** ‖ **Re|fe|rats|lei|te|rin**

Re|fe|ree [auch: 'rɛ-ri:] der, -s/-s ⟨engl.⟩ (Sport): *Schiedsrichter*

Re|fe|ren|dum das, -s/Referenda [Referenden] ⟨lat.⟩: *Volksabstimmung, Volksentscheid*

Re|fe|rent der, -en/-en ⟨lat.⟩: *Sachbearbeiter; Berichterstatter; Vortragender* ‖ **re|fe|ren|ti|ell** [-tsi̯-] = →referenziell ‖ **Re|fe|ren|tin** die, -/-innen ‖ **Re|fe|renz** die, -/-en: gute Referenzen *(Empfehlungen)* haben; *aber:* → Reverenz ‖ **re|fe|ren|zi|ell** = referentiell [-tsi̯-] (fachspr.): *Bezug nehmend, empfohlen* ‖ **re|fe|rie|ren:** *berichten, vortragen;* → Referat

ref|fen (Seemannsspr.): die Segel r. *(einziehen; zusammenbinden)*

re|flek|tie|ren ⟨lat.⟩: vom Spiegel reflektiertes *(zurückgeworfenes)* Licht | über ein Problem r. *(prüfend nachdenken)* | (ugs.) auf etwas r. *(es haben wollen)* ‖ **Re|flek|tor** der, -s/-en [-'o:-]: *Vorrichtung zum Reflektieren von Lichtstrahlen; Rückstrahler | Spiegelfernrohr* ‖ **Re|flek|tor|wes|te** ‖ **Re|flex** der, -es/-e: *Widerschein | unwillkürliche Reaktion auf einen Nervenreiz* ‖ **Re|flex|be|we|gung:** *unwillkürliche, ungewollte Bewegung* ‖ **Re|fle|xi|on** die, -/-en: *Rückstrahlung [von Licht] | prüfendes Nachdenken* ‖ **re|fle|xiv** (Gramm.): *rückbezüglich* ‖ **Re|fle|xiv|pro|no|men** (Gramm.): *rückbezügliches Fürwort* ‖ **Re|flex|zo|ne** (Med.): *Ort auf der Körperoberfläche, an dem sich durch Reflexe die Störung eines inneren Organs zeigt* ‖ **Re|flex|zo|nen|mas|sa|ge** [-'a:ʃ, -ʒɛ] (Med.)

Re|flux der, -es ⟨lat.⟩ (Med.): *Rückfluss von Magensäure in die Speiseröhre, Sodbrennen*

Re|form die, -/-en ⟨lat.-fr.⟩: *Um-, Neugestaltung, Verbesserung* ‖ **Re|for|ma|ti|on** [-tsi̯-] die, -: *christliche Glaubensbewegung des 16. Jh., die zur Bildung der evangelischen Kirchen führte* ‖ **Re|for|ma|ti|ons|fest:** *evangelischer Feiertag am 31. Oktober* ‖ **Re|for|ma|tor** der, -s/-en [-'to:-]: *Reformer | Begründer der Reformation* ‖ **Re|for|ma|to|rin** die, -/-innen ‖ **re|for|ma|to|risch** ‖ **re|form|be|dürf|tig** ‖ **Re|form|be|stre|bung** ‖ **Re|form|be|we|gung** ‖ **Re|for|mer** der, -s/-: *Erneuerer, Vertreter einer Reform* ‖ **Re|for|me|rin** die, -/-innen ‖ **Re|form|haus** (Wz.): *Fachgeschäft für Reformkost* ‖ **re|for|mie|ren:** *erneuern;* reformierte Kirche *(im Besonderen die evangelische Kirche Helvetischen Bekenntnisses)* ‖ **Re|for|mie|rung** die, -/-en ‖ **Re|form|kost:** *bes. gesunde und natürliche Kost* ‖ **Re|form|pä|da|go|gik:** *die Spontaneität und Kreativität der Kinder betonende pädagogische Richtung* ‖ **Re|form|pro|gramm**

Re|frain [-'rɛ̃:] der, -s/-s ⟨fr.⟩: *wiederkehrende[r] gleiche[r] Vers[e] im Gedicht, Lied; Kehrvers, Kehrreim*

Re|frak|tor der, -s/-en [-'o:-] ⟨lat.⟩: *großes Linsenfernrohr [in Sternwarten]* ‖ **Re|frak|to|me|ter** der = das, -s/-: *Gerät zum Messen des Zuckergehalts von Weintrauben*

Re|fu|gi|um das, -s/Refugien [-i̯ən] ⟨lat.⟩: *Zufluchtsort*

re|fun|die|ren ⟨lat.⟩: *rückvergüten, ersetzen;* Spesen refundiert bekommen ‖ **Re|fun|die|rung**

re|fü|sie|ren ⟨lat.-fr.⟩ (veraltet): *ablehnen, zurückweisen*

Re|gal[1] das, -s/-e ⟨?⟩: *Gestell für Bücher oder Waren; Stellage*

Re|gal[2] das, -s/-e ⟨fr.⟩: *ein Zungenregister der Orgel*

Re|gal[3] das, -s/-ien [-i̯ən] ⟨lat.⟩ (früher): *[wirtschaftlich nutzbares] Hoheitsrecht, zB Zoll-, Münzrecht*

Re|gal|be|treu|er ‖ **Re|gal|be|treu|e|rin**

Re|gat|ta die, -/Regatten ⟨it.-venezianisch⟩: *Bootswettkampf*

R

re|ge: *lebhaft, flink*

Re|gel die, -/-n: *Richtlinie, das Übliche;* in der R. *(normalerweise)* | *Regelblutung* || **re|gel|bar** || **Re|gel|blu|tung:** *Menstruation, Monatsblutung der Frau, Regel* || **Re|gel|fall:** im R. *(normalerweise)* || **Re|gel|gleis:** *Gleis einer zweigleisigen Bahnstrecke für die eine Fahrtrichtung* || **Re|gel|klas|se** (CH): *die ordentliche 1. Klasse der Primarschule* || **Re|gel|kreis:** *sich selbst regulierendes System, zB Kühlschrankautomatik* || **re|gel|los:** *willkürlich* || **Re|gel|lo|sig|keit** die, -/-en || **re|gel|mä|ßig:** regelmäßiger Puls; r. ins Konzert gehen; regelmäßige Gesichtszüge | (Gramm.) regelmäßige *(schwach konjugierte)* Verben || **Re|gel|mä|ßig|keit** die, -/-en || **re|geln:** der Polizist regelt den Verkehr; manches regelt *(erledigt)* sich von selbst; in geregelten *(ordentlichen)* Verhältnissen leben; einer geregelten Tätigkeit nachgehen || **re|gel|recht:** *gemäß den Regeln;* ein regelrechtes Spiel | es herrschte ein regelrechtes *(richtiges)* Chaos || **Re|gel|schu|le:** *regulärer Schultyp* || **Re|ge|lung** die, -/-en || **re|gel|wid|rig:** *gegen die Regel*

re|gen (geh.): *rühren, bewegen, tätig sein;* kein Lebewesen regte sich; Zweifel regten sich in mir

Re|gen der, -s/-: *Niederschlag in Form von Wassertropfen;* jemanden im R. stehen *(im Stich)* lassen; vom R. in die Traufe *(von einem Unglück in ein schlimmeres)* kommen | ein R. *(eine große Menge)* von Blumen/Vorwürfen prasselte auf ihn nieder || **re|gen|arm** || **Re|gen|bo|gen** || **Re|gen|bo|gen|fo|rel|le:** *eine Fischart* || **Re|gen|bo|gen|haut:** *Iris*[2] || **Re|gen|bo|gen|pres|se** (oft abw.): *Zeitschriften, die sich überwiegend mit dem Privatleben von Prominenten und mit Sensationsmeldungen beschäftigen* || **re|gen|dicht**

Re|ge|ne|ra|ti|on [-tsi-] die, -/-en ⟨lat.⟩: *Erneuerung* | (Biol.) *natürliche Neubildung verloren gegangener organischer Teile, zB bei der Wundheilung* || **re|ge|ne|ra|ti|ons|fä|hig** || **re|ge|ne|ra|tiv:** *die Regeneration betreffend* || **re|ge|ne|rie|ren:** *wiedergewinnen; erneuern;* sich am Wochenende r. *(erholen)*

Re|gen|fall || **Re|gen|guss** || **Re|gen|haut** (Wz.): *ein dünner Regenmantel* || **Re|gen|man|tel** || **re|gen|nass** || **Re|gen|pfei|fer:** *ein Vogel* || **Re|gen|pla|che** || **Re|gen|pla|ne** || **re|gen|reich**

Re|gens|burg: *Stadt in Deutschland*

Re|gen|schat|ten: *die regenarme Seite [eines Gebirges]* || **Re|gen|schau|er** || **Re|gen|schirm**

Re|gens Cho|ri [- k-] der, - -/Regentes Chori ⟨lat.⟩: *Leiter eines Kirchenchors, Chordirektor, Chorregent*

Re|gen|schutz

Re|gent der, -en/-en ⟨lat.⟩: *Herrscher, Statthalter* || **Re|gen|tin** die, -/-innen ⟨lat.⟩ || **Re|gent|schaft** die, -/-en

Re|gen|ton|ne || **Re|gen|trop|fen** || **Re|gen|wald:** tropischer R. || **Re|gen|wurm** || **Re|gen|zeit:** *niederschlagsreiche Jahreszeit in den Tropen und Subtropen*

Re|gest das, -[e]s/-en ⟨lat.⟩: *Zusammenfassung des Inhalts einer oder mehrerer Urkunde[n]*

Reg|gae ['regeɪ] der, -[s]/-[s] ⟨engl.⟩ (Mus.): *eine Musikrichtung im Rock* | (mit Pl. -s) *ein Musikstück in diesem Stil*

Re|gie [-'ʒiː] die, - ⟨fr.⟩: R. führen *(die künstlerische Leitung bei einem Schauspiel, einem Film uÄ haben);* → Regisseur | etwas in eigener R. *(selbständig, auf eigene Kosten)* machen | R. fahren *(bei der Eisenbahn als Betriebsangehöriger gratis bzw. ermäßigt fahren)* || **Re|gie|an|wei|sung:** *Hinweis zur Aufführung in einem Bühnenwerk* || **Re|gie|as|sis|tent** || **Re|gie|as|sis|ten|tin** || **Re|gie|fahr|kar|te** (veraltend): *ermäßigte Fahrkarte für Eisenbahner/innen* || **Re|gie|ge|mein|schaft:** *Partnerschaft von Kanzleien, Bürogemeinschaft* || **Re|gie|kar|te:** *ermäßigte Eintrittskarte für Angehörige* || **Re|gie|kos|ten** die (Pl.) = **Re|gi|en** [-ʒiː(ɛ)n] die (Pl.): *Unkosten, Verwaltungskosten, Spesen, Auslagen*

re|gier|bar ⟨lat.⟩ || **re|gie|ren:** *herrschen;* einen Staat r. *(lenken, verwalten)* | (Sprachwiss.) die Präposition *ohne* regiert den Akkusativ; → Rektion || **Re|gie|rung** die, -/-en || **Re|gie|rungs|an|tritt** || **Re|gie|rungs|ar|beit** || **Re|gie|rungs|auf|trag** || **Re|gie|rungs|bank** die, -/-bänke: *Sitze der Regierung im Parlament* || **Re|gie|rungs|be|auf|trag|te** || **Re|gie|rungs|be|tei|li|gung** || **Re|gie|rungs|bil|dung** || **Re|gie|rungs|chef** [-ʃeːf] || **Re|gie|rungs|che|fin** || **Re|gie|rungs|ebe|ne:** auf R. entscheiden; → Beamtenebene || **Re|gie|rungs|er|klä|rung:** *offizielle Erklärung der Regierung zum politischen Programm* || **re|gie|rungs|fä|hig:** eine regierungsfähige Mehrheit || **Re|gie|rungs|form** || **Re|gie|rungs|ge|schäf|te** die (Pl.) || **Re|gie|rungs|klau|sur** || **Re|gie|rungs|kom|mis|sär:** *zeitweilig eingesetzter Regierungsbeauftragter* | (SüdT) (Admin.) *oberster Vertreter der italienischen Regierung in Südtirol* || **Re|gie|rungs|kom|mis|sä|rin** || **Re|gie|rungs|kri|se** || **Re|gie|rungs|li|nie** [-iɛ] || **Re|gie|rungs|mann|schaft:** *die Mitglieder der Regierung* || **Re|gie|rungs|mehr|heit:** im Parlament die R. haben || **Re|gie|rungs|mit|glied** || **Re|gie|rungs|par|tei** || **Re|gie|rungs|pro|gramm** || **Re|gie|rungs|rat:** *ein auszeichnender Berufstitel* || **Re|gie|rungs|rä|tin** || **Re|gie|rungs|sei|te:** von R. || **Re|gie|rungs|um|bil|dung** || **Re|gie|rungs|vor|la|ge:** *Entwurf eines Gesetzes, den die Regierung dem Nationalrat vorlegt* || **Re|gie|rungs|wech|sel** [-ks-]

Re|gie|the|a|ter [-ʒiː-]: *Theaterform, in der die Auffassung des Regisseurs über Schauspieler und Werk dominiert*

Re|gime [-ʒiːm] das, -[s]/- [-mɛ] (-s [-ms]) ⟨fr.⟩ (meist abw.): *Herrschaftssystem; politische Führung* || **Re|gime|kri|ti|ker:** *Dissident* || **Re|gime|kri|ti|ke|rin** || **Re|gi|ment** [-gi-] das, -[e]s/-er: ein strenges R. führen *(ein strenger Vorgesetzter sein)* | (Mil.) *eine Truppeneinheit* || **Re|gime|wech|sel** [-ks-]

Re|gi|na = **Re|gi|ne:** *weibl. Vorname*

Re|gio|lekt der, -[e]s/-e ⟨lat.+gr.⟩ (Sprachwiss.): *Sprachvarietät einer bestimmten Region* || **Re|gi|on** die, -/-en ⟨lat.⟩: *Gebiet, Gegend* | (SüdT) (Admin.) *Teilgebiet des italienischen Staates mit beschränkter politischer Autonomie* || **re|gi|o|nal:** *ein bestimmtes Gebiet betreffend* || **Re|gi|o|nal|aus|schuss** (SüdT) (Admin.): *Regionalregierung* || **Re|gi|o|nal|au|to|no|mie** (SüdT) || **Re|gi|o|nal|bahn** (Verk.): *Nebenbahn* || **Re|gi|o|nal|be|ra|ter:** *Berater für die [wirt-*

R

schaftliche, touristische] Erschließung einer Region ‖ **Regionalberaterin** ‖ **Regionalbewerb** ‖ **Regionalexpress** = **Regional Express** (REX): *eine Zugsgattung* ‖ **Regionalfluglinie** [-i̯ɛ] ‖ **Regionalförderung** (Pol., Wirt.) ‖ **Regionalhaushalt** (SüdT) ‖ **Regionalismus** der, -/Regionalismen: *Besonderheit einer Region* | *Förderung der Regionen* ‖ **Regionalität** die, -: *Besonderheiten, Qualitätsmerkmale einer Region* ‖ **Regionalliga** (Sport): *eine Spielklasse [im Fußball]* ‖ **Regionalpolitik** ‖ **Regionalprogramm:** *Fernseh- oder Hörfunkprogramm für ein bestimmtes Gebiet, zB Bundesland* ‖ **Regionalrat** (SüdT) (Admin.): *Landtag* ‖ **Regionalwahlkreis** ‖ **Regionalzone** (Verk.) ‖ **Regionalzug** (Verk.): *Nahverkehrszug* ‖ **Regionenministerium** (SüdT) (Admin.)

Regisseur [-ʒiˈsøːɐ] der, -s/-e ⟨fr.⟩: *Spielleiter bei Theater, Film, Fernsehen, Hörfunk ua.;* → Regie ‖ **Regisseurin** die, -/-innen

Register das, -s/- ⟨lat.⟩: *alphabetisches Verzeichnis, zB Inhalts-, Sachverzeichnis* | *ein amtliches Verzeichnis* | (Mus.) *gleichartig klingende Pfeifenreihe der Orgel; die Schaltvorrichtung dazu* | alle R. ziehen *(alle Mittel einsetzen, um etwas zu erreichen)* ‖ **Registeramt** (SüdT): *Amt für die Registrierung von Erbschaften, Kaufverträgen ua.* ‖ **Registersteuer** (SüdT): *Steuer auf Miet- und Kaufverträge von Immobilien* ‖ **Registrant** der, -en/-en (Mus.): *ein Helfer des Organisten* ‖ **Registrantin** die, -/-innen (Mus.) ‖ **Registratur** die, -/-en: *Aufbewahrungsstelle für Akten uÄ* ‖ **registrieren:** *in ein Verzeichnis eintragen* | *selbsttätig aufzeichnen;* die Geräte r. Temperaturschwankungen | *bemerken, zur Kenntnis nehmen;* ihre Anwesenheit nicht r. | (Mus.) *die für ein Orgelstück geeigneten Register wählen* ‖ **Registrierkassa** = **Registrierkasse:** *Geschäftskassa, die die Zahlungsbeträge anzeigt und addiert*

Reglement [-l(œ)ˈmɑ̃ː] das, -s/-s ⟨fr.⟩: *[Dienst]vorschrift* ‖ **reglementieren** [-glɛmɛn-] (meist abw.): *durch Vorschriften regeln* ‖ **Regler** der, -s/-: *Vorrichtung an Geräten zum Einstellen von Temperatur, Lautstärke ua.*

reglos: *bewegungslos* ‖ **Reglosigkeit** die, -

regnen: es regnet in Strömen | es regnete *(es gab zahlreiche)* Proteste ‖ **regnerisch**

regredieren ⟨lat.⟩: *zurückbilden auf eine frühere Entwicklungsstufe* ‖ **Regress** der, -es/-e: *Ersatzanspruch* | (Jus) *Rückgriff auf einen ersatzweise haftenden Schuldner* ‖ **Regressanspruch** ‖ **regressieren** (Jus): *Regress nehmen* ‖ **Regression** die, -/-en: *Rückgang, Rückbildung* ‖ **regressiv:** *zurückgreifend, zurückschreitend* ‖ **Regresspflicht**

regsam: *rege, lebhaft*

regulär ⟨lat.⟩: *der Regel entsprechend, üblich;* → G.: irregulär ‖ **Regularität** die, -/-en: *Gesetzmäßigkeit, übliche Erscheinung;* → G.: Irregularität ‖ **Regulation** [-tsi̯-] die, -/-en ‖ **regulativ:** *regelnd, vorschreibend* ‖ **Regulativ** das, -s/-e [-fɛ, -vɛ]: *Leitgedanke; Vorschrift* | *regulierendes Element* ‖ **Regulator** der, -s/-en [-ˈoː-]: *Regler [bei Maschinen]* ‖ **regulierbar** ‖ **regulieren:** *ordnen, regeln; richtig einstellen;* der Druck reguliert sich von selbst | einen Fluss r. *(seinen Verlauf begradigen, seine Ufer befestigen)* ‖ **Regulierung** die, -/-en

Regung die, -/-en (geh.): eine R. des Mitleids ‖ **regungslos:** *bewegungslos*

Reh das, -[e]s/-e: *ein Paarhufer*

Reha = **Rehab** die, -/-s (Med.): *Kurzwort für Rehabilitation* ‖ **Rehabilitation** [-tsi̯-] die, -/-en ⟨lat.⟩: *Wiederherstellung der körperlichen Leistungsfähigkeit von gesundheitlich Geschädigten* | *Wiedereinsetzung in frühere Rechte; Ehrenrettung* ‖ **Rehabilitationszentrum:** *Genesungsanstalt* ‖ **rehabilitieren:** *jemandes Gesundheit, Arbeitsfähigkeit bzw. Ansehen wiederherstellen* ‖ **Rehabilitierung** die, -/-en: *Wiedereinsetzung in frühere Rechte; Ehrenrettung*

Rehbock ‖ **Rehgeiß** ‖ **Rehhäutl:** *Rehleder [zum Fensterputzen]* ‖ **Rehjunge** das, -n, ein Rehjunges (Küchenspr.): *Innereien des Rehs als Speise* ‖ **Rehkitz** ‖ **Rehkrickel** = **Rehkrickerl** ‖ **rehledern:** rehlederne Handschuhe ‖ **Rehpfeffer** (Küchenspr.): *Rehragout* ‖ **Rehrücken** (Küchenspr.): *eine Fleischspeise* | *eine Mehlspeise* ‖ **Rehschlegel,** *auch:* **Rehschlögel**

Reibach = → Rebbach

Reibbrett: *ein Werkzeug [für Maurer]* ‖ **Reibbürste** ‖ **Reibeisen** → Riebeisen ‖ **reiben**[1], rieb/gerieben: sich die Nase r.; sich hämisch die Hände r.; den Boden r. *(aufwischen);* sich den Schlaf aus den Augen r. | geriebener Käse; Kren r. *(reißen)* | sich die Knie wund r. (= wundreiben) | jemandem etwas unter die Nase r. *(deutlich, grob sagen)* | (ugs.) jemandem eine r. *(eine Ohrfeige geben)* ‖ **reiben**[2] sich, rieb/gerieben: sich an einem Problem r. *(Schwierigkeiten damit haben)* ‖ **Reiberei** die, -/-en (meist Pl.): *Meinungsverschiedenheit, kleinerer Streit* ‖ **Reiberknödel** (reg.) (Küchenspr.): *Kartoffelknödel* ‖ **Reibfetzen:** *Reibtuch* ‖ **Reibfläche** ‖ **Reibgerstl:** *eine Suppeneinlage* ‖ **Reibkäse** ‖ **Reibtuch:** *Tuch zum Aufwischen* ‖ **Reibung** die, -/-en ‖ **Reibungsfläche** ‖ **reibungslos** ‖ **Reibungswiderstand**

reich:

reiche Länder; reich an Ideen

Getrenntschreibung bei wörtlicher Bedeutung:

- reich sein/werden
- reich schmücken

R→ S. 900, 1.5.2

Getrennt- und Zusammenschreibung bei Verben, die ein Resultat herbeiführen, und mit adjektivisch gebrauchten Partizipien:

- ihre Erfindung hat sie reich gemacht (= reichgemacht)
- ein reich geschmückter (= reichgeschmückter) Christbaum
- reich verziert = reichverziert

R→ S. 903, 2.2.1

Großschreibung bei Nominalisierung:

- [für] Arm und **R**eich
- Arme und **R**eiche
- ein **R**eicher; eine **R**eiche
- die **R**eichen müssen mehr Steuern zahlen R→ S. 892, 2.2

Reich das, -[e]s/-e: das R. Alexanders des Großen; das [Heilige] Römische R. | *Kurzwort für das Deutsche Reich 1871–1945* | (geh.) das R. der Töne *(die Musik)*

reichen: sich die Hände r. | das muss r. *(genügen)* | der Vorhang

R

reicht bis zum Boden
Rei|chen|steu|er (sal.) ‖ **reich ge|schmückt** = **reich|ge|schmückt** ‖ **reich|hal|tig:** das Angebot ist r. *(groß und vielfältig)* ‖ **Reich|hal|tig|keit** die, - ‖ **reich|lich:** du hast noch r. *(genug)* Zeit | seine Rede war r. *(ziemlich)* langweilig ‖ **reich ma|chen** = **reich|ma|chen** → reich
Reichs|acht (früher): *Ächtung [eines Fürsten];* → ächten ‖ **Reichs|ap|fel:** *Teil der Reichsinsignien* ‖ **Reichs|deut|sche**[1] der, -n/-n, ein Reichsdeutscher (früher): *deutscher Staatsbürger von der Kaiserzeit bis zum Ende des Nationalsozialismus;* → Volksdeutsche ‖ **Reichs|deut|sche**[2] die, -n/-n (früher) ‖ **reichs|deutsch** (früher) ‖ **Reichs|fürst** (früher): *nur dem König bzw. Kaiser unterstellter Fürst; Reichsgraf* ‖ **Reichs|gau** (im Nationalsozialismus): R. Niederdonau ‖ **Reichs|graf** (früher) ‖ **Reichs|hälf|te** (früher): *eine Hälfte der österreichisch-ungarischen Monarchie* | (scherzh.) (bes. früher) die linke bzw. rechte R. *(SPÖ bzw. ÖVP)* ‖ **Reichs|in|si|gni|en** die (Pl.) (Gesch.): *die symbolischen Zeichen der Herrschaft der Kaiser des Heiligen Römischen Reiches (Krone, Szepter ua.)* ‖ **Reichs|klein|odi|en** [-i̯ən] die (Pl.): → *Reichsinsignien* ‖ **Reichs|kris|tall|nacht** → Kristallnacht ‖ **Reichs|mark:** *deutsche Währungseinheit 1924–1948* ‖ **Reichs|rat:** *Parlament der österreichischen Reichshälfte in der österreichisch-ungarischen Monarchie, bestehend aus Herrenhaus und Abgeordnetenhaus* ‖ **Reichs|rit|ter** (früher) ‖ **Reichs|stadt** (früher): *reichsunmittelbare Stadt* ‖ **Reichs|stän|de** die (Pl.) (früher): *die im Reichstag vertretenen weltlichen und geistlichen Stände, zB Kurfürsten und Erzbischöfe* ‖ **Reichs|tag:** *bis 1806 Versammlung der deutschen Reichsstände | bis 1933 deutsches Parlament | heute Name des Gebäudes in Berlin* ‖ **reichs|un|mit|tel|bar** (früher): *dem Kaiser direkt unterstellt* ‖ **Reichs|ver|we|ser** (Geschichte): *Vertreter des Herrschers*
Reich|tum der, -s/-tümer ‖ **reich ver|ziert** = **reich|ver|ziert**
Reich|wei|te: in R. sein
reif: reifes Obst
Reif[1] der, -[e]s: *gefrorener Tau*
Reif[2] der, -[e]s/-e (geh.): *Schmuckstück in Form eines Ringes; Armreif;* → Reifen
Rei|fe die, -: *das Reifwerden, das Reifsein* ‖ **Rei|fe|grad** ‖ **rei|fen**[1]: das Obst *ist* gereift; → gereift
rei|fen[2]: es *hat* gereift *(es hat sich Reif*[1] gebildet)
Rei|fen der, -s/-: die R. wechseln ‖ **Rei|fen|dienst** ‖ **Rei|fen|di|men|si|on** ‖ **Rei|fen|druck** der, -[e]s/-drücke ‖ **Rei|fen|kral|le:** *Gerät, das die Autoreifen [beim falschen Auffahren auf Autobahnen] zersticht* ‖ **Rei|fen|la|bel** [-ˌleɪ-] ‖ **Rei|fen|pan|ne** ‖ **Rei|fen|plat|zer** der, -s/- ‖ **Rei|fen|wech|sel** [-ks-]
Rei|fe|pro|zess ‖ **Rei|fe|prü|fung:** *Abschluss einer höheren Schule mit Universitätsberechtigung, Matura (D: Abitur, CH: Maturitätsprüfung);* standardisierte R.; → Matura ‖ **Rei|fe|prü|fungs|zeug|nis** ‖ **Rei|fe|zeug|nis:** *Reifeprüfungszeugnis* ‖ **reif|lich** (geh.): etwas r. *(gründlich)* überlegen
Reif|rock (früher): *ein Kleidungsstück für Frauen*
Rei|fung die, -: die R. *(Maturation)* der Weintrauben ‖ **Rei|fungs|pro|zess**
Rei|gen der, -s/-: einen R. tanzen
Rei|he die, -/-n: der R. nach; an der R. sein | in der 3. R. sitzen; in Reih und Glied *(in exakter Reihenfolge, Ordnung)* | eine R. von Problemen | (Mus.) *Zwölftonreihe;* → seriell ‖ **rei|hen:** Wörter alphabetisch r. ‖ **Rei|hen|fol|ge** ‖ **Rei|hen|haus** ‖ **rei|hen|wei|se**
Rei|her der, -s/-: *ein Vogel;* Silberreiher
-rei|hig (nur in Zusammensetzungen wie zweireihig) ‖ **reih|um:** *der Reihe nach herum* ‖ **Rei|hung** die, -/-en: *Einordnung;* die R. der Bewerber
Reim der, -[e]s/-e: *Gleichklang;* ein Gedicht in Reimen; sich einen R. auf etwas machen können *(die Schlussfolgerungen aus etwas ziehen können)* ‖ **rei|men:** *Reime bilden* | das reimt sich nicht *(da stimmt etwas nicht)* ‖ **reim|los** ‖ **Reim|sche|ma:** das R. eines Gedichtes ‖ **Reim|schmied** (scherzh. bzw. abw.): *Versemacher* ‖ **Reim|schmie|din** (scherzh. bzw. abw.) ‖ **Reim|stel|lung** ‖ **Reim|wort**

rein[1]:

reine *(saubere)* Hände | reiner Alkohol | reiner Wahnsinn | es war das reine Vergnügen;
Großschreibung bei Nominalisierung:
- etwas ins **R**eine bringen *(in Ordnung)*
- einen Text ins **R**eine schreiben *(die Reinschrift anfertigen)*
- ins **R**eine kommen *(sich klar werden)* R→ S. 892, 2.2

Getrennt- und Zusammenschreibung bei Verben, die ein Resultat herbeiführen:
- die Wäsche rein waschen (= reinwaschen) R→ S. 900, 1.5.2

Zusammenschreibung bei übertragener Bedeutung:
- er hat den Brief reingeschrieben *(ins Reine geschrieben)*
- sie konnte sich von dem Vorwurf reinwaschen *(ihre Unschuld beweisen)* R→ S. 900, 1.5.1

Zusammenschreibung, wenn „rein" die Bedeutung des folgenden Bestandteils verstärkt, zB:
- ein reingoldener Ohrring
- die Bluse ist reinseiden
- ein reinwollener Pullover *(ganz aus Wolle)* R→ S. 903, 2.1.6

Adverb:
- aus rein privaten Gründen *(ausschließlich)*
- rein gar nichts (ugs.: *überhaupt nichts*)

rein[2] (ugs.): → *herein* | → *hinein*
Rein die, -/-en: *flacher Kochtopf*
Rei|n|an|ke die, -/-n, *auch:* Renke, Renken: *ein Fisch, Felchen*
rein|bei|ßen (ugs.): → *hineinbeißen* ‖ **rein|but|tern** (ugs.): → *hineinbuttern*
Reindl das, -s/-n (ugs.): *kleine Rein* ‖ **Reind|ling** = Reinling der, -s/-e (reg., zB K, St) (Küchenspr.): *Germkuchen mit Fülle aus Rosinen, Zimt, Honig und Nüssen*
Rei|ne|clau|de [rɛnˈkloːt] = → Reneklode
Rei|ne|ke: *Name des Fuchses in der Fabel;* R. Fuchs; Meister R.
Rein|er|lös: *Ertrag nach Abzug der Spesen, Nettoertrag* ‖ **Rein|er|trag**
Rein|fall (ugs.): *Enttäuschung, Misserfolg; Täuschung* ‖ **rein|fal|len** (ugs.): ich fall nicht drauf rein *(lasse mich nicht davon täuschen)*
Rein|ge|wicht: *Nettogewicht* ‖ **Rein|ge|winn** ‖ **rein|gol|den:** eine reingoldene Kette ‖ **Rein|hal|tung** die, -

reinhängen (ugs.): → *hereinhängen* | → *hineinhängen*
Reinhard: *männl. Vorname*
Reinheit die, - ‖ **Reinheitsgebot:** das R. für die Biererzeugung
Reinhold: *männl. Vorname*
reinhören (ugs.): → *hineinhorchen*
reinigen: sich die Hände r. ‖ **Reiniger** der, -s/-: *Reinigungsmittel* ‖ **Reinigung** die, -/-en ‖ **Reinigungsanstalt:** *Putzerei* ‖ **Reinigungskraft** ‖ **Reinigungsmittel** ‖ **Reinigungspersonal**
Reinkarnation [-tsi̯-] die, -/-en: *Wiederverkörperung der Seele nach dem Tod, Wiedergeburt*
Reinkultur: *Zucht eines bestimmten Bakterienstammes* | Kitsch in R. *(ausgeprägter Kitsch)*
reinlegen (ugs.): → *hineinlegen* | → *hereinlegen*
reinleinen: reinleinene Bettwäsche *(aus 100 % Leinen)* ‖ **Reinleinen:** ein Kleid aus R. ‖ **reinlich** ‖ **Reinlichkeit** die, - ‖ **Reinlichkeitssinn**
Reinling = → Reindling
reinrassig: ein reinrassiger Hund ‖ **reinschreiben:** sie hat den Brief reingeschrieben *(ins Reine geschrieben)* ‖ **Reinschrift:** *Abschrift ohne Fehler* ‖ **Reinseide** die, - ‖ **reinseiden** ‖ **reinsilbern**
Reintegration [-tsi̯-]: *Wiedereingliederung*
reinvestieren [-inv-] (Wirt.): *erneut investieren* ‖ **Reinvestition** [-tsi̯-] (Wirt.)
reinwaschen: *die Unschuld beweisen; aber:* die Wäsche rein waschen (= reinwaschen)
reinwollen: ein reinwollener Pullover
reinziehen sich (ugs., Jug.): *etwas konsumieren, anschauen;* ich habe mir Videos reingezogen; → hineinziehen
Reis[1] das, -es/-er: *dünner Zweig; junger Pflanzentrieb*
Reis[2] der, -es: *eine Getreideart; ihre Frucht* ‖ **Reisauflauf**
Reisbesen: *Besen aus Reisig* ‖ **Reisbürste**
Reise die, -/-n: eine R. nach Italien antreten ‖ **Reiseachterl** (ugs., scherzh.): *Fluchtachterl* ‖ **Reiseanbieter** ‖ **Reiseandenken** ‖ **Reiseapotheke** ‖ **Reisebegleiter** ‖ **Reisebegleiterin** ‖ **Reisebekanntschaft** ‖ **Reisebüro** ‖ **Reisebus** ‖ **Reisedokument** ‖ **reisefertig** ‖ **Reisefieber:** *Aufgeregtheit vor einer Reise* ‖ **Reiseführer** ‖ **Reiseführerin** ‖ **Reisegepäck** ‖ **Reisegruppe** ‖ **Reisekosten** die (Pl.) ‖ **Reiseleiter** ‖ **Reiseleiterin** ‖ **reiselustig** ‖ **reisen,** du reist: ins Ausland r. ‖ **Reisende**[1] der, -n/-n, ein Reisender ‖ **Reisende**[2] die, -n/-n ‖ **Reisepass** ‖ **Reiseproviant** [-v-] ‖ **Reiseroute** [-ru:-] ‖ **Reiseschutz** (Versich.) ‖ **Reiseschutzpaket** (Vers.) ‖ **Reisespesen** die (Pl.) ‖ **Reisetasche** ‖ **Reiseveranstalter:** *Reisebüro* ‖ **Reiseverkehr** ‖ **Reisezeit** ‖ **Reiseziel** ‖ **Reisezug:** *Personenzug* ‖ **Reisezugwagen**
Reisfleisch: *eine Speise*
Reisig das, -s: *dünnes Zweigholz* ‖ **Reisigbündel**
Reisige der, -n/-n, ein Reisiger (früher): *bewaffneter Gefolgsmann, Söldner*
Reiskorn
Reißaus [auch: 'raɪs-] (nur in der Wendung): R. nehmen *(davonlaufen)* ‖ **Reißbrett:** *ein Zeichenbrett*
Reisschnaps
reißen[1], du reißt/riss/gerissen: sich die Kleider vom Leib r. *(sie rasch ausziehen);* einen Zahn r. *(ziehen)* | die Herrschaft an sich r. *(sich gewaltsam aneignen);* das Gespräch an sich r. | sich am Riemen r. *(sich Mühe geben)* | jemanden aus dem Schlaf r. *(aufwecken)* | gleich reißt mir die Geduld | der Fuchs hat das Huhn gerissen *(totgebissen)* | (Sport) das Gewicht r. *(stemmen)* | den Kren r. *(schaben, zerkleinern)* | (ugs.) sich etwas unter den Nagel r. *(ohne Berechtigung an sich nehmen)* | (ugs.) einen Stern r. *(beim Skilaufen, Radfahren stürzen)* | (ugs.) er hat beim Wettlauf nichts gerissen *(hatte keinen Erfolg)* | (ugs., derb) jemandem eine r. *(eine Ohrfeige geben)* | → hin- und hergerissen; → gerissen ‖ **reißen**[2] sich, du reißt/riss/gerissen: sich um etwas r. *(sich heftig darum bemühen)* ‖ **Reißen** das, -s (ugs.): *Rheumatismus uÄ* | (Sport) *eine Disziplin im Gewichtheben* ‖ **reißend:** ein reißender Fluss; | reißender Absatz *(rascher Verkauf)* einer Ware ‖ **Reißer** der, -s/- (ugs.): *reißerischer Roman oÄ* ‖ **reißerisch:** ein reißerischer *(auf Wirkung bedachter)* Film ‖ **Reißfeder:** *verstellbare Ausziehfeder* ‖ **reißfest** ‖ **Reißleine:** die R. eines Fallschirms | die R. ziehen *(im letzten Augenblick eine Gefahr abwenden)* ‖ **Reißnagel** ‖ **Reißschiene:** *Lineal mit einer Querleiste* ‖ **Reißteufel** (ugs.): *jemand, der seine Kleidung nicht schont* ‖ **Reißverschluss:** *Zippverschluss* ‖ **Reißwolf:** *Maschine zur Zerfaserung von Papier, Textilien ua.* ‖ **Reißzahn:** *ein Backenzahn der Raubtiere* ‖ **Reißzeug:** *Zeichenbesteck (Zirkel, Reißfeder ua.)*
Reiswaffel ‖ **Reiswein**
Reitbahn ‖ **Reitdress** ‖ **reiten,** ritt/geritten: sie *ist* täglich geritten; er *hat* ein Pony geritten ‖ **Reiter**[1] der, -s/-: ein guter R. | *auf eine Karteikarte aufgesetztes Kennzeichen als Suchhilfe* | *ein Kreuzgestell zum Trocknen [von Heu]*
Reiter[2] die, -/-n: *grobes Sieb [für Getreide]*
Reiterei die, -/-en: *berittene Truppe, Kavallerie* ‖ **Reitergefecht** ‖ **Reiterin** die, -/-innen ‖ **reiterlos**
reitern: *Sand, Getreide sieben*
Reiterregiment (Mil.) ‖ **Reitersmann** der, -[e]s/-leute (geh.): *Reiter* ‖ **Reiterstandbild** ‖ **Reitgerte**
Reitgras: *eine Gräsergattung*
Reithose ‖ **Reitlehrer** ‖ **Reitlehrerin** ‖ **Reitpeitsche** ‖ **Reitpferd** ‖ **Reitschule:** die Spanische R. *(Hofreitschule)* ‖ **Reitsitz** der, -es: *Sitzhaltung beim Reiten* ‖ **Reitsport:** *eine Sportdisziplin, bestehend aus Vielseitigkeit (Military), Dressur, Springreiten* ‖ **Reitstall** ‖ **Reitstiefel** ‖ **Reitturnier**
Reiz der, -es/-e: eine Landschaft von besonderem R.; der R. des Neuen | der R. löste einen Reflex aus ‖ **reizbar:** *leicht erregbar* ‖ **Reizbarkeit** die, - ‖ **reizen,** du reizt: zum Husten reizender Qualm | diese Aufgabe reizt mich *(klingt verlockend, interessiert mich)* ‖ **reizend:** ein reizendes *(nettes, hübsches)* Kind; der Abend war r. | (iron.) eine reizende *(unangenehme)* Überraschung ‖ **Reizhusten** (Med.)
Reizker der, -s/-: *ein Pilz*
reizlos ‖ **Reizschwelle:** *Grad, ab dem ein [akustischer] Reiz wahrgenommen wird* ‖ **Reizüberflutung** die, -: *Übermaß an Reizen, zB Lärm* ‖ **Reizung** die, -/-en ‖ **reizvoll** ‖ **Reizwäsche:** *Unter-*

R

wäsche, die sexy wirken soll || **Reizwort:** *bestimmte Assoziationen, Emotionen hervorrufendes Wort*

Rekapitulation [-tsi̯-]: *zusammenfassende Wiederholung* || **rekapitulieren**

rekeln sich = → räkeln

Reklamation [-tsi̯-] die, -/-en ⟨lat.⟩: *Beanstandung [einer verdorbenen oder mangelhaften Ware]* || **Reklamationsfrist** || **Reklame** [-m(ɛ)] die, -/-n: *Werbung; Anpreisung;* für etwas R. machen || **Reklamefläche:** *Plakatfläche* || **Reklametrommel:** die R. rühren *(heftig werben)* || **reklamieren:** *beanstanden;* etwas für sich r. *(beanspruchen)*

rekognoszieren ⟨lat.⟩ (veraltet): *auskundschaften*

rekombinant ⟨lat.⟩ (Biol.): *durch neue Genkombination [gentechnisch] entstanden* || **Rekombination** [-tsi̯-] (Phys.): *die Wiedervereinigung von elektrisch entgegengesetzt geladenen Teilchen*

Rekommandation [-tsi̯-] die, -/-en ⟨lat.⟩ (veraltet): *Empfehlung* || **Rekommandationsschreiben** (veraltet) || **rekommandieren** (veraltet): *empfehlen* | ein rekommandierter *(eingeschriebener)* Brief

Rekompensation [-tsi̯-] || **rekompensieren:** *entschädigen*

rekonstruierbar || **rekonstruieren:** *den ursprünglichen Zustand (zB eines zerstörten Bauwerks) wiederherstellen* | *den Ablauf eines Vorgangs wiedergeben* || **Rekonstruierung** die, -/-en || **Rekonstruktion** [-tsi̯-]

rekonvaleszent ⟨lat.⟩ || **Rekonvaleszent** [-v-] der, -en/-en, ein Rekonvaleszenter: *Genesender* || **Rekonvaleszentin** die, -/-innen || **Rekonvaleszenz** die, -: *Genesung[szeit]* || **rekonvaleszieren** (Med.): *genesen*

Rekord der, -[e]s/-e ⟨lat.-fr.-engl.⟩: *Höchstleistung, Bestleistung;* einen [neuen] R. aufstellen; einen R. verfehlen, einstellen *(ihn wiederholen),* brechen *(verbessern)* || **Rekordbesuch** || **Rekorder** = Recorder [-k-] der, -s/-: *ein Abspiel- und Aufnahmegerät* || **Rekordergebnis** || **Rekordernte** || **Rekordhoch** || **Rekordhöhe** || **Rekordjagd** || **Rekordjahr** || **Rekordmarke** || **Rekordmeister** || **Rekordmeisterin** || **Rekordtief** || **rekordverdächtig** || **Rekordversuch** || **Rekordzeit**

Rekreation [-tsi̯-] die, -/-en: *Erholung[spause], Ruhestunde* || **rekreieren:** *sich erfrischen*

Rekrut der, -en/-en ⟨lat.-fr.⟩ (Mil.): *Soldat in der ersten Ausbildungszeit; Grundwehrdiener* || **rekrutieren** (Mil.): *Soldaten ausheben, mustern* | *sich zusammensetzen;* die Kommission rekrutiert sich aus Vertreterinnen verschiedener Fachgebiete

rektal ⟨lat.⟩ (Med.): ein Zäpfchen r. *(in den Mastdarm)* einführen

Rektion [-tsi̯-] die, -/-en ⟨lat.⟩ (Gramm.): *Eigenschaft eines Wortes (Verb, Adjektiv, Präposition), den Kasus abhängiger Elemente zu bestimmen, zB* rufen *verlangt den Akkusativ;* → regieren || **Rektor** der, -s/-en [-'oː-] ⟨lat.⟩: *Leiter einer Universität oder Hochschule* || **Rektorat** das, -[e]s/-e: *Amt, Amtsräume, Amtsperiode eines Rektors* || **Rektorenkonferenz:** Österreichische R. || **Rektorin** die, -/-innen || **Rektoskopie** die, -/-n (Med.): *Enddarmspiegelung;* → rektal

rekurrieren ⟨lat.⟩ (Amtsspr.): *auf etwas Bezug nehmen* | (veraltet) gegen eine amtliche Verfügung r. *(Einspruch erheben)* || **Rekurs** (Jus): einen R. *(eine Berufung)* einbringen || **Rekursantrag** (Jus) || **Rekursbeantwortung** (Jus): *Entgegnung zum Rekurs im Gerichtsverfahren* || **Rekursgrund** (Jus) || **rekursiv:** *zurückgehend, zurückgreifend*

Relais [-'lɛː] das, - [auch: -'lɛːs]/- [-'lɛːs] ⟨fr.⟩: *elektrische Schaltereinrichtung* || **Relaisstation** [-ʃtatsi̯-]

Relation [-tsi̯-] die, -/-en ⟨lat.⟩: *Verhältnis, Beziehung, Zuordnung* || **relativ** [auch: 're(ː)-]: r. *(verhältnismäßig)* groß; die relative *(einfache)* Mehrheit; → G.: absolut || **relativieren** [-v-]: eine Entscheidung r. *(sie in ihrer Gültigkeit einschränken)* || **Relativierung** die, -/-en || **Relativismus** der, -/Relativismen: *Anschauung von der Bedingtheit menschlicher Erkenntnis* | *Verneinung der Möglichkeit allgemein gültiger Erkenntnisse und Sittlichkeitsnormen* || **Relativität** die, -/-en: *Bezogenheit, relative Gültigkeit* || **Relativitätstheorie** die, -: *eine physikalische Lehre (nach A. Einstein)* || **Relativpronomen** (Gramm.): *bezügliches Fürwort*

Relaunch [ri'lɔːntʃ] der = das, -[es]/-s (-es [-ɪz]) ⟨engl.⟩: *Neugestaltung eines existierenden Produkts;* der R. einer Zeitschrift || **relaunchen** (sal.): die Website wurde relauncht

relaxen [ri'lɛ-] ⟨engl.⟩ (sal.): *sich entspannen*

Relegation [-tsi̯-] die, -/-en ⟨lat.⟩: *Verweisung [von einer Schule oder Universität]* | (Sport) *Entscheidungsphase über den Klassenerhalt* || **Relegationsspiel:** *Entscheidungsspiel* || **relegieren:** *[von einer Schule oder Universität] verweisen*

relevant [-v-] ⟨lat.-fr.⟩: *wesentlich, erheblich;* → G.: irrelevant || **Relevanz** die, -/-en || **relevieren** (Amtsspr.): *geltend machen, argumentierend vorbringen*

reliabel ⟨lat.-fr.-engl.⟩: ein reliabler *(zuverlässiger)* Test || **Reliabilität** die, -

Relief das, -s/-s ⟨fr.⟩: *aus einer Fläche herausgearbeitetes Bildwerk* | *plastische Nachbildung eines Geländes* || **reliefartig** || **Reliefdruck** || **Reliefkarte**

Religion die, -/-en ⟨lat.⟩: sich zu einer R. bekennen || **Religionsbekenntnis** || **Religionsgemeinschaft** || **Religionsgesellschaft** || **Religionskrieg:** *Glaubenskrieg* || **Religionslehrer** || **Religionslehrerin** || **religionslos** || **Religionsunterricht** || **Religionsverhöhnung** (Jus): *Herabwürdigung religiöser Lehren* || **Religionswissenschaft** || **Religionszugehörigkeit** || **religiös** → G.: irreligiös, areligiös || **Religiosität** die, -

Relikt das, -[e]s/-e ⟨lat.⟩: *Restbestand; Überbleibsel*

Reling die, -/-s [-e] (Seemannsspr.): *Schiffsgeländer, -brüstung*

Reliquiar das, -s/-e ⟨lat.⟩: *Behälter für eine Reliquie* || **Reliquie** [-i̯ɛ] die, -/-n: *religiös verehrtes Andenken, zB Gebeine von Heiligen* || **Reliquienschrein**

Rem das, -[s]/-[s]: *Maß[einheit] für die Schädlichkeit einer Strahlung (in Österreich nicht mehr gesetzlich)*

Remake [riː'meɪk] das, -s/-s ⟨engl.⟩: *Wiederverfilmung*

Remassuri → Ramassuri

remastered [riː'maːstəd] ⟨engl.⟩: *digital überarbeitet und neu editiert (zB alte Tonaufnahmen)*

Remedur die, -/-en ⟨lat.⟩ (veral-

R

tet): R. *(Abhilfe)* schaffen
Remigrant: *Rückwanderer* ‖ **Remigrantin**
remilitarisieren: *wieder militarisieren*
Reminiszenz die, -/-en ⟨lat.⟩: *bedeutsame Erinnerung* | *Anspielung*
remis [-'miː] ⟨lat.-fr.⟩: das Schachspiel endete r. *(unentschieden)* ‖ **Remis** das, - [auch: -'iːs]/- [auch: -'iːs] ‖ **Remise** die, -/-n: *Wagenhalle [der Straßenbahn, U-Bahn]* ‖ **remisieren:** *remis spielen, unentschieden halten* ‖ **Remission** die, -/-en ‖ **remittieren:** *zurückschicken*
Remix ['riː-] der, *auch:* das, -[es]/-es [-ɪz] [-e] ⟨engl.⟩: *neu abgemischter Song* ‖ **remixen**
remobilisieren (Med.): *wieder beweglich machen*
Remoulade [remu-] die, -/-n ⟨fr.⟩: *eine gewürzte Majonäse* ‖ **Remouladensauce** [-zoːs(ɛ)] = **Remouladensoß** = **Remouladensoße**
Rempelei die, -/-en ‖ **rempeln,** ich remple: *mit dem Körper [absichtlich] stoßen*
REM-Phase [-f-] (Psych.): *Traumphase im Schlaf*
Repler der, -s/- (ugs.): jemandem einen R. *(Stoß)* geben
Remuneration [-tsi̯-] die, -/-en ⟨lat.⟩ (Amtsspr.): *Sonderzahlung; Vergütung für eine besondere Leistung* ‖ **remunerieren** (Amtsspr.): *vergüten*
Ren das, -s/-s [-e] ⟨schwed.⟩: *eine Hirschart; Rentier*
Renaissance [rœnɛ'sɑ̃ːs] die, -/-en ⟨fr.⟩: *Wiedergeburt [der Antike]* | (ohne Pl.) *eine historische Epoche und eine Kunstrichtung (14. bis 16. Jh.)* ‖ **Renaissancemusik**
Renate: *weibl. Vorname*
renaturieren ⟨lat.⟩: *den ursprünglichen Naturzustand wiederherstellen;* eine Landschaft r.; → denaturieren ‖ **Renaturierung** die, -/-en: *Wiederherstellung eines naturnahen Landschaftszustands*
Rencontre [rɑ̃'kõːtr] = Renkontre das, -s/-s ⟨fr.⟩ (veraltet): *Zusammenstoß, feindliche Begegnung*
Rendezvous [rɑ̃de'vuː] das, - [auch: -'uːs]/- [-'uːs] ⟨fr.⟩: *Verabredung, Stelldichein; Zusammentreffen*
Rendite [auch: rɑ̃'dit] die, -/-n ⟨lat.-it.⟩ (Börse, Bankw.): *Verzinsung, Ertrag aus Wertpapieren, zB Anleihen*
René: *männl. Vorname*
Renegat der, -en/-en ⟨lat.⟩: *[Glaubens]abtrünniger; Überläufer*
Reneklode = Reineclaude [rɛn-'kloːt] die, -/-n ⟨fr.⟩ (D): *Ringlotte*
renitent ⟨lat.⟩: *widerspenstig; widersetzlich* ‖ **Renitenz** die, -
Renke die, -/-n = **Renken**[1] der, -s/-: → *Reinanke*
Renken[2] [meist: 'rɛə-] der, -/-, *auch:* Ranken (mda.): *ein großes Stück Fleisch, Brot*
Renkontre [rɑ̃'kõːtr] → Rencontre
Rennanzug: *speziell angefertigte Sportbekleidung* ‖ **Rennauto** ‖ **Rennbahn** ‖ **Rennboot** ‖ **rennen,** rannte/gerannt: um die Wette r.; er rennt ständig zum Arzt; ins Unglück r. | (ugs.) für jemanden/etwas r. *(sich für jemanden/etwas einsetzen);* jemanden über den Haufen r. *(jemanden umwerfen)* ‖ **Rennen** das, -s/-: das R. machen *(siegen);* ein totes R. *(mit unentschiedenem Ausgang)* ‖ **Renner** der, -s/- (sal.) *Verkaufsschlager* ‖ **Rennerei** die, -/-en: Rennereien *(lästige Wege und Besorgungen)* haben ‖ **Rennfahrer** ‖ **Rennfahrerin** ‖ **Rennläufer** ‖ **Rennläuferin** ‖ **Rennpferd** ‖ **Rennrad** ‖ **Rennschlitten** ‖ **Rennsport** ‖ **Rennstall:** *die Rennpferde eines Besitzers* | der Formel-1-Fahrer wechselt den R. *(fährt künftig in der Mannschaft einer anderen Marke)* ‖ **Rennstrecke**
Renommee das, -s/-s ⟨fr.⟩: *guter Ruf, Ansehen* ‖ **renommieren:** *prahlen, aufschneiden* ‖ **renommiert:** ein renommierter *(angesehener)* Gasthof
renovieren [-v-] ⟨lat.⟩: ein Haus r. *(es neu herrichten)* ‖ **Renovierung** die, -/-en
rentabel ⟨lat.-fr.⟩: ein rentables *(Gewinn bringendes)* Geschäft ‖ **Rentabilität** die, - ‖ **Rente** die, -/-n: *regelmäßiges Einkommen auf Grund eines gesetzlichen Anspruchs, zB Versehrtenrente, oder aus einem Vermögen;* → Pension ‖ **Rentenempfänger** ‖ **Rentenempfängerin** ‖ **Rentenfonds** [-fõː] (Wirt.): *Fonds, der in festverzinsliche Wertpapiere investiert*
Rentier[1] ⟨schwed.⟩: → *Ren*
Rentier[2] [rɑ̃'ti̯eː] der, -s/-s ⟨fr.⟩ (veraltet): *jemand, der von den Erträgnissen seines Vermögens lebt* ‖ **rentieren** [rɛn-] sich: das rentiert *(lohnt)* sich nicht ‖ **Rentner** der, -s/-: *Bezieher einer Rente* ‖ **Rentnerin** die, -/-innen
Reorganisation [-tsi̯-]: *Neuordnung, Umgestaltung* ‖ **reorganisieren**
reparabel ⟨lat.⟩: *wiederherstellbar;* reparable Schäden; → G.: irreparabel ‖ **Reparationen** [-tsi̯-] die (Pl.): *Kriegsentschädigungszahlungen an einen Siegerstaat* ‖ **Reparationszahlung** ‖ **Reparatur** die, -/-en: *Ausbesserung* ‖ **reparaturanfällig** ‖ **reparaturbedürftig** ‖ **Reparaturkosten** die (Pl.) ‖ **Reparaturwerkstatt** = **Reparaturwerkstätte** ‖ **reparierbar** ‖ **reparieren**
repassieren ⟨lat.-fr.⟩ (veraltet): *Laufmaschen aufnehmen (reparieren) (bei einer Strumpfhose)*
repatriieren ⟨lat.⟩: *[Vertriebene] in die Heimat zurückbringen* ‖ **Repatriierung** die, -/-en
Repertoire [-'to̯aːr] das, -s/-s ⟨lat.-fr.⟩: *Gesamtheit der einstudierten Stücke, Werke ua. eines Theaters, einer Künstlerin, eines Künstlers;* im R. des Hauses stehen Werke vieler Komponisten ‖ **Repertoirestück** ‖ **Repertorium** [-'toːri-] das, -s/Repertorien [-i̯ɛn]: *Nachschlagewerk*
Repetent der, -en/-en ⟨lat.⟩: *Schüler, der eine Klasse wiederholt* ‖ **Repetentin** die, -/-innen ‖ **repetieren:** *wiederholen* | *beim Gewehr durchladen* ‖ **Repetiergewehr** ‖ **Repetition** [-tsi̯-] die, -/-en: *Wiederholung* ‖ **Repetitor** der, -s/-en [-'oː-]: *Akademiker, der Studierende bei der Wiederholung des Lehrstoffs betreut* ‖ **Repetitorin** die, -/-innen ‖ **Repetitorium** das, -s/Repetitorien [-i̯ɛn]: *Wiederholung eines bestimmten Lehrstoffes*
Replik die, -/-en ⟨lat.-fr.⟩: *Erwiderung, Entgegnung* | *Replikat* ‖ **Replikat** das, -[e]s/-e, *auch:* Replik (Kunstg.): *Nachbildung eines [Kunst]gegenstands;* → Duplikat ‖ **replizieren:** *erwidern*
Report der, -[e]s/-e ⟨lat.-fr.-engl.⟩: *Bericht* ‖ **Reportage** [-'aːʃ, -ʒɛ] die, -/-n ⟨lat.-fr.⟩: *Bericht[erstattung], zB über ein sportliches Ereignis* ‖ **Reporter** der, -s/-: *Berichterstatter bei Zeitung, Radio, Fernsehen uÄ* ‖ **Reporterin** die, -/-innen
repräsentabel ⟨lat.-fr.⟩: in re-

präsentablem *(sehenswertem)* Zustand || **Repräsentant** der, -en/-en ⟨lat.⟩: *Vertreter [einer Organisation, einer Gruppe]* || **Repräsentantenhaus** (in manchen Staaten): *Unterhaus, Teil des Parlaments* || **Repräsentantin** die, -/-innen || **Repräsentanz** die, -/-en: *[geschäftliche] Vertretung* || **Repräsentation** [-tsi̯-] die, -/-en: *standesgemäßes Auftreten* || **Repräsentationsaufwand** || **repräsentativ:** *ansehnlich* | *stellvertretend, typisch;* die Stichprobe der Befragung ist nicht r. | repräsentative Demokratie *(Staatsform mit gewählten Volksvertretern)* || **Repräsentativumfrage:** *Umfrage, durchgeführt an einem repräsentativen Querschnitt der Bevölkerung* || **repräsentieren:** eine Institution r. *(vertreten)* | *(der Position gemäß) wirkungsvoll in der Öffentlichkeit auftreten* | *typisch sein, darstellen*

Repressalie [-i̯ɛ] die, -/-n (meist Pl.) ⟨lat.⟩: *Vergeltung, Gegenmaßnahme* | *Druckmittel* || **Repression** die, -/-en (Pol.): *Unterdrückung* || **repressiv**

Reprint ⟨engl.⟩: *unveränderter Nachdruck [eines Buches]*

Reprise die, -/-n ⟨lat.-fr.⟩: *Wiederholung, Wiederaufführung [eines Films]*

reprivatisieren [-v-]: *wieder in Privatbesitz übergeben* || **Reprivatisierung**

Repro das, -[s]/-s ⟨lat.⟩: *Kurzwort für grafische Reproduktion*

reprobieren: bei einer Prüfung reprobiert werden *(durchfallen, aber wiederholen dürfen)*

Reproduktion [-tsi̯-]: *Nachbildung, Wiedergabe, Vervielfältigung [eines Gemäldes]* || **Reproduktionsmedizin:** *Fachgebiet für natürliche und künstliche Befruchtung* || **reproduzierbar** || **reproduzieren**

Reptil das, -s/-ien [-i̯ɛn] [-e] ⟨lat.-fr.⟩: *Kriechtier* | (Pl.) (Zool.) *eine Klasse der Wirbeltiere, zB Eidechse, Schlange, Krokodil*

Republik die, -/-en ⟨lat.-fr.⟩: *eine Staatsform;* parlamentarische R. || **Republikaner** der, -s/- || **Republikanerin** die, -/-innen || **republikanisch:** republikanische Grundsätze; *aber:* der **R**epublikanische Schutzbund; → Schutzbund

Reputation [-tsi̯-] die, - ⟨lat.⟩: *Ansehen, guter Ruf* || **reputierlich** (veraltet): *ordentlich, anständig*

Requiem das, -s/Requien [-i̯ɛn] ⟨lat.⟩: *feierliche Totenmesse* || **requiescat in pace** [-kvi'ɛsk- -tsɛ] (R. I. P.): *Er/Sie ruhe in Frieden! (auf Grabsteinen)*

requirieren ⟨lat.⟩: *[für das Militär] beschlagnahmen* || **Requisit** das, -[e]s/-e[n]: *Gerät, Behelf* | (meist Pl.) *Zubehör für eine Theateraufführung uÄ* || **Requisite** die, -/-n: *für Requisiten verantwortliche Stelle* || **Requisiteur** [-'tøːɐ] der, -s/-e || **Requisiteurin** die, -/-innen

resch: eine resche *(knusprige)* Semmel | ein rescher *(herber)* Wein | (ugs.) eine resche *(resolute)* Wirtin

Reschenpass der, -es: *ein Pass zwischen Nord- und Südtirol*

Reseda die, -/Reseden, *auch:* Resede ⟨lat.⟩: *eine Pflanzengattung, Wau* || **resedagrün**

Resektion [-tsi̯-] die, -/-en ⟨lat.⟩ (Med.): *Entfernung eines Organs oder Organteils*

Reservat [-v-] das, -[e]s/-e, *auch:* **Reservation** [-tsi̯-] die, -/-en ⟨lat.⟩: *Rechtsvorbehalt* | *einer Urbevölkerung, bes. den Indianern, zugewiesenes Siedlungsgebiet* | *Schutzgebiet für gefährdete Tierarten* || **Reserve** die, -/-n ⟨lat.-fr.⟩: *Vorrat; Ersatz; Rücklage* | *Gesamtheit der ausgebildeten, aber nicht aktiven Soldaten;* Leutnant der R. (d. R.) | (ohne Pl.) *Zurückhaltung;* seine R. aufgeben || **Reservebank** die, -/-bänke (Sport): *Bank für Reservespieler* || **Reservekanister** || **Reserveoffizier** || **Reserveoffizierin** || **Reserverad** || **Reservereifen** || **Reservespieler** (Sport) || **Reservespielerin** (Sport) || **Reservestand** (Mil.): *ein Einsatzbereich für Wehrpflichtige;* → Präsenzstand; → Milizstand || **reservieren:** jemandem einen Platz r. *(sichern)* || **reserviert:** *zurückhaltend, verschlossen* || **Reserviertheit** die, -: *Zurückhaltung* || **Reservierung** die, -/-en: die R. eines Tisches || **Reservist** der, -en/-en: *Soldat der Reserve* || **Reservistin** die, -/-innen || **Reservoir** [-vo̯aːr] das, -s/-e ⟨lat.-fr.⟩: *Sammelbecken, Behälter, [Wasser]speicher* | *Reservebestand*

Reset ['riː-] das, -s/-s ⟨engl.⟩ (EDV): *Neustart eines Computers, ohne die Stromzufuhr zu unterbrechen* || **resetten** (EDV): sie hat den Computer resettet

Resi: *weibl. Vorname (Theresia);* → Resl

Residenz die, -/-en ⟨lat.⟩: *Herrschersitz, Amtssitz* | *Residenzstadt* || **Residenzstadt** || **residieren**

Resignation [-tsi̯-] die, -/-en ⟨lat.⟩: *Entsagung; Verzicht* || **resignativ** || **resignieren:** *auf Grund von Misserfolgen aufgeben*

Résistance [-'tɑ̃ːs] die, - ⟨lat.-fr.⟩ (Gesch.): *französische Widerstandsbewegung im Zweiten Weltkrieg* || **resistent** ⟨lat.⟩: *widerstandsfähig [gegen Infektionen, Medikamente]* || **Resistenz** die, -/-en: *Widerstandsfähigkeit;* passive R. *(gewaltloser Widerstand)*

Resl: *weibl. Vorname (Theresia);* → Resi

resolut ⟨lat.⟩: ein resolutes *(sicheres, entschlossenes)* Auftreten || **Resolutheit** die, -/-en || **Resolution** [-tsi̯-] die, -/-en: *schriftliche Forderung, die von einer Versammlung oÄ aufgestellt wird*

resonant || **Resonanz** die, -/-en ⟨lat.⟩: *klangverstärkendes Mitschwingen [des Geigenkörpers]* | R. *(Anklang, Beachtung)* finden || **Resonanzboden** (Mus.) || **Resonanzkörper** (Mus.): der R. eines Streichinstruments

resorbieren ⟨lat.⟩ (Med., Biol.) || **Resorption** [-tsi̯-] die, -/-en (Med., Biol.): *Aufsaugung [bestimmter Stoffe in die Blutbahn]*

Resort [engl.: rɪ'zɔːt] das, -s/-s ⟨engl.⟩: *Urlaubsort, touristische Hotelanlage;* Spa-Resort; *aber:* → Ressort

Resowi das, -, *auch:* **RESOWI, ReSoWi:** *Gebäudekomplex der Uni Graz mit rechts-, sozial- und wirtschaftswissenschaftlichen Instituten;* R.-Zentrum

resozialisierbar ⟨lat.+dt.⟩ || **resozialisieren:** *wieder in die Gesellschaft eingliedern, zB einen entlassenen Häftling* || **Resozialisierung**

resp.: respektive || **Respekt** [-sp-, auch: -ʃp-] der, -[e]s ⟨lat.-fr.⟩: vor jemandem R. haben *(jemanden achten);* → Respekt einflößend = respekteinflößend || **respektabel:** *ansehnlich, beachtlich;* eine respektable Leistung || **Respekt einflößend** = **respekteinflößend:** eine R. einflößende Stimme || **respektieren:** die Meinung des anderen r. *(gelten lassen)* | Verkehrsvorschriften r. *(beachten)* ‖ **re|s|pek|ti|ve** [-fɛ, -vɛ] (resp.): *beziehungsweise, oder* ‖ **re|s|pekt|los** ‖ **Re|s|pekt|lo|sig|keit** die, -/-en ‖ **Re|s|pekts|per|son:** *Person, der besondere Achtung entgegengebracht wird* ‖ **re|s|pekt|voll**

Re|s|pi|ra|ti|on [-sp-tsi̯-] die, - ⟨lat.⟩ (Med.) ‖ **re|s|pi|rie|ren** (Med.): *atmen*

Re|s|pon|so|ri|um [-sp-] das, -s/Responsorien [-i̯ən] ⟨lat.⟩: *liturgischer Wechselgesang*

Res|sen|ti|ment [-sɑ̃ti'mɑ̃ː] das, -s/-s ⟨fr.⟩: *Abneigung, gefühlsmäßige Ablehnung*

Res|sort [-'soːə] das, -s/-s ⟨fr.⟩: *Wirkungsbereich, Amtsbereich* ‖ **Res|sort|chef** [-ʃɛːf] ‖ **Res|sort|che|fin** ‖ **Res|sort|mi|nis|ter** ‖ **Res|sort|mi|nis|te|rin** ‖ **res|sor|tie|ren** (Amtsspr.): *zu einem bestimmten Ressort gehören;* die Museen r. zum Bildungsministerium ‖ **Res|sort|ver|tei|lung** ‖ **res|sort|zu|stän|dig:** die ressortzuständige Ministerin

Res|sour|ce [-'surs] die, -/-n (meist Pl.) ⟨fr.⟩: *[finanzielle] Hilfsmittel, Hilfsquellen*

Rest der, -[e]s/-e: den R. des Tages arbeiten | (ugs.) jemandem den R. geben *(jemanden völlig zu Grunde richten)* ‖ **Rest|al|ko|hol:** *restlicher Blutalkohol im Körper*

Re|s|tau|rant [-to'rɑ̃ː] das, -s/-s ⟨fr.⟩: *[gehobene] Gaststätte* ‖ **Re|s|tau|rant|ket|te** ‖ **Re|s|tau|ra|teur** [-a'tøːə] der, -s/-e: *Inhaber eines Restaurants* ‖ **Re|s|tau|ra|teu|rin** die, -/-innen ‖ **Re|s|tau|ra|ti|on** [-taʊ-tsi̯-] die, -/-en ⟨lat.-fr.⟩: *Wiederherstellung eines Kunstwerkes* | *Wiederherstellung einer Gesellschaftsordnung* | (veraltet) [auch: -sto-] *Gastwirtschaft* ‖ **re|s|tau|ra|tiv** [-taʊ-] ‖ **Re|s|tau|ra|tor** der, -s/-en [-'toː-]: *Fachmann für die Wiederherstellung von Kunstwerken uÄ* ‖ **Re|s|tau|ra|to|rin** die, -/-innen ‖ **re|s|tau|rie|ren** ‖ **Re|s|tau|rie|rung** die, -/-en

Rest|be|stand ‖ **Rest|be|trag** ‖ **Rest|harn** (Med.): *in der Harnblase verbliebene Restmenge an Urin nach einer Entleerung* ‖ **Rest|in|halt**

re|s|ti|tu|ie|ren ⟨lat.⟩: *wiederherstellen, ersetzen* ‖ **Re|s|ti|tu|ti|on** [-tsi̯-] die, -/-en: *Wiedergutmachung, Wiederherstellung* | (Jus) *Nachsicht der Rechtsfolgen einer Verurteilung, eine Befugnis des Bundespräsidenten*

Restl das, -s/-n (ugs.): *[Speise]rest;* die Restln am nächsten Tag essen ‖ **rest|lich:** das r. Geld ‖ **rest|los:** r. *(ganz und gar)* zufrieden sein ‖ **Restl|ver|wer|tung** (ugs.) ‖ **Rest|man|dat:** *Reststimmenmandat* ‖ **Rest|müll** (Ökol.): *eine Müllkategorie* ‖ **Rest|platz:** *einer von wenigen freien Sitzplätzen [im Theater, im Flugzeug]* ‖ **Rest|pos|ten:** *Restmenge;* ein R. Skischuhe ‖ **Rest|po|ten|zi|al** = Restpotential [-tsi̯-] ‖

Re|s|t|rik|ti|on [-tsi̯-] die, -/-en ⟨lat.⟩: *Beschränkung, Einengung* ‖ **re|s|t|rik|tiv:** restriktive Maßnahmen ‖ **re|s|t|rin|gie|ren:** *beschränken, einengen*

Rest|ri|si|ko: *unvermeidliches Risiko* ‖ **Rest|stim|men|man|dat:** *Mandat, das erst nach der Aufteilung der Grundmandate ermittelt wird* ‖ **Rest|sü|ße:** *unvergorener Zuckeranteil beim Wein, Restzucker* ‖ **Rest|ur|laub:** *am Jahresende noch nicht in Anspruch genommener Urlaub* ‖ **Rest|wert** (Kaufmannsspr.): *Wert eines geleasten Produkts am Ende der Laufzeit* ‖ **Rest|zu|cker:** *Restsüße*

Re|sul|tan|te die, -/-n ⟨lat.-fr.⟩: *Summe verschieden gerichteter Kräfte* ‖ **Re|sul|tat** das, -[e]s/-e: *Ergebnis [einer Rechnung]* ‖ **re|sul|ta|tiv:** *ein Ergebnis bewirkend* ‖ **re|sul|tie|ren:** *sich herleiten, daraus folgen*

Re|sü|mee = Resumé [-zy'meː] das, -s/-s ⟨fr.⟩: *zusammenfassende Übersicht* ‖ **re|sü|mie|ren**

re|tar|die|ren ⟨lat.⟩: *verzögern*

Re|ti|na die, -/Retinae [-nɛ] ⟨lat.⟩ (Med.): *Netzhaut des Auges*

Re|tor|si|on die, -/-en ⟨lat.⟩: *nicht militärische Vergeltungsmaßnahme*

Re|tor|te die, -/-n ⟨lat.⟩: *Gefäß zum Destillieren* | aus der R. *(nicht natürlich, sondern künstlich hervorgebracht)* ‖ **Re|tor|ten|ba|by** [-'beːbi, engl.: -'beɪ-] (Med.): *durch künstliche Befruchtung erzeugtes Baby*

re|tour [-'tuːə] ⟨fr.⟩: *zurück* ‖ **Re|tou|re** [-rɛ] die, -/-n (Kaufmannsspr.): *Rücksendung [einer Ware]* ‖ **re|tour|fah|ren:** *zurückfahren, verkehrt fahren* ‖ **Re|tour|fahr|kar|te** ‖ **Re|tour|gang** (Kfz): *Rückwärtsgang* ‖ **re|tour|ge|ben** ‖ **Re|tour|geld:** *Wechselgeld* ‖ **Re|tour|kampf** (Sport): *Rückspiel* ‖ **Re|tour|kar|te:** *Rückfahrkarte* ‖ **Re|tour|kut|sche:** *Antwort [auf eine verletzende Bemerkung] in gleicher Art* ‖ **Re|tour|match** [-mɛtʃ, engl.: -æ-] (Sport): *Rückspiel* ‖ **re|tour|nie|ren:** *zurückgeben, -senden* | (Sport) *zurückspielen;* den Aufschlag r. ‖ **Re|tour|nie|rung** die, -/-en ‖ **Re|tour|por|to** ‖ **re|tour|schi|cken** ‖ **re|tour|sen|den** ‖ **Re|tour|sen|dung** ‖ **Re|tour|spiel** (Sport): *Rückspiel*

Re|trie|ver [ri'triːvə] der, -s/- ⟨engl.⟩: *eine Jagdhunderasse;* Golden R.

re|t|ro ⟨lat.⟩: *verkehrt, rückwärts gewandt* ‖ **re|t|ro|grad:** *rückläufig* ‖ **re|t|ro|s|pek|tiv:** *rückschauend* ‖ **Re|t|ro|s|pek|ti|ve** [-fɛ, -vɛ] die, -/-n: *Rückschau [auf das Lebenswerk eines Künstlers]*

Ret|si|na der, -s/-s ⟨lat.-gr.⟩: *geharzter griechischer Weißwein*

ret|ten: sie konnte sich r. ‖ **Ret|ter** der, -s/- ‖ **Ret|te|rin** die, -/-innen

Ret|tich der, -s/-e: *eine Wurzelgemüsepflanze;* → Radi

Ret|tung die, -/-en: R. aus höchster Not | *Rettungsdienst; Rettungswagen, Ambulanz* ‖ **Ret|tungs|an|ker** ‖ **Ret|tungs|arzt** ‖ **Ret|tungs|ärz|tin** ‖ **Ret|tungs|au|to** ‖ **Ret|tungs|boot** ‖ **Ret|tungs|dienst** ‖ **Ret|tungs|fall|schirm** ‖ **Ret|tungs|gas|se** (Verk.): *freie Spur für Einsatzfahrzeuge auf Autobahnen und Autostraßen bei Stau* ‖ **Ret|tungs|he|li|ko|p|ter** ‖ **Ret|tungs|hub|schrau|ber** ‖ **ret|tungs|los** ‖ **Ret|tungs|mann:** *Sanitäter* ‖ **Ret|tungs|mann|schaft** ‖ **Ret|tungs|plan** ‖ **Ret|tungs|ring:** *eine Schwimmhilfe* ‖ **Ret|tungs|schirm:** *Maßnahmen zur [finanziellen] Stabilisierung und Sanierung* ‖ **Ret|tungs|schlit|ten** ‖ **Ret|tungs|schwim|men** das, -s: eine Ausbildung in R. haben ‖ **Ret|tungs|schwim|mer:** ausgebildete R. ‖ **Ret|tungs|schwim|me|rin** ‖ **Ret|tungs|wa|gen** ‖ **Ret|tungs|zil|le**

Re|tu|sche [-ʃ(ɛ)] die, -/-n ⟨fr.⟩: *nachträgliche Ausbesserung, Überarbeitung [von Fotos]* ‖ **Re|tu|scheur** [-'ʃøːə] der, -s/-e ‖ **Re|tu|scheu|rin** die, -/-innen ‖ **re|tu|schie|ren**

Retz: *Stadt in Niederösterreich*

Reue die, -: voll R. *(Bedauern über die eigene Tat, Schuldbewusstsein)* | (Jus) tätige R. *(ein Milderungsgrund bei der Strafbemes-*

R

sung) ‖ **reue|los** ‖ **reu|en:** es reut mich *(es tut mir leid)* ‖ **reue|voll** ‖ **Reu|geld** (Jus, Kaufmannsspr.): *Geld, das beim Rücktritt von einem Vertrag zu bezahlen ist, Stornogebühr* ‖ **reu|ig:** r. zurückkehren ‖ **reu|mü|tig**

Reu|se die, -/-n: *korbartiges Gerät für den Fischfang*

re|üs|sie|ren ⟨lat.-fr.⟩ (geh.): *Erfolg haben*

Reut das, -[e]s/-er (veraltet): *gerodetes Land* ‖ **reu|ten** (veraltet): *roden*

Reut|te (Kfz: RE): *Marktgemeinde in Tirol*

Re|val [-v-]: *deutscher Name von Tallinn*

Re|van|che [-'vɑ̃:ʃ] die, -/-n ⟨fr.⟩: *Vergeltung [für eine Untat]* | (bes. Sport) jemandem R. geben *(jemandem Gelegenheit geben, eine Niederlage wettzumachen)* | als R. *(Gegenleistung)* dafür lade ich dich zum Essen ein ‖ **Re|van|che|spiel:** *Rückspiel* ‖ **re|van|chie|ren** sich: *sich erkenntlich zeigen* | *sich rächen* ‖ **Re|van|chis|mus** der, - (Pol.): *Politik, die die Folgen einer militärischen Niederlage, zB Gebietsverluste, rächen will* ‖ **re|van|chis|tisch** (Pol.)

Re|veille [-'vɛ:i̯] die, -/-n ⟨fr.⟩ (Mil.): *Weckruf*

Re|ve|rend [-v-] der, -s/-s ⟨lat.-engl.⟩: *in englischsprachigen Ländern Titel und Anrede von Geistlichen;* → Hochwürden

Re|ve|renz [-v-] die, -/-en ⟨lat.⟩ (geh.): jemandem seine R. *(seine Ehrerbietung)* erweisen; *aber:* → Referenz

Re|vers[1] [-'ve:ɐ] der (*auch:* das), -/- ⟨lat.-fr.⟩: *Aufschlag [an Sakkos]* ‖ **Re|vers**[2] [-'vɛrs] der, -es/-e ⟨lat.⟩: *eine schriftliche Verpflichtung;* gegen R. aus dem Spital entlassen werden ‖ **Re|vers**[3] [-'vɛrs, -'ve:ɐ] der, -[es]/-[e] ⟨lat.-fr.⟩: *Rückseite einer Münze;* → G.: Avers ‖ **re|ver|si|bel** [-v-]: ein reversibler *(umkehrbarer, rückgängig zu machender)* Vorgang; → G.: irreversibel ‖ **Re|ver|si|bi|li|tät** die, - ‖ **re|ver|sie|ren** [-v-] ⟨lat.⟩: *[das Auto] rückwärtsfahrend wenden* ‖ **Re|ver|si|on** die, -/-en: *Umkehrung*

Re|vi|dent [-v-] der, -en/-en ⟨lat.⟩ (früher): *ein Beamtentitel* ‖ **Re|vi|den|tin** die, -/-innen (früher) ‖ **re|vi|die|ren:** *überprüfen; ändern;* seine Meinung r.; → Revision

Re|vier [-v-] das, -s/-e ⟨lat.-fr.-niederl.⟩: *Gebiet, Bezirk* ‖ **Re|vier|förs|ter** ‖ **Re|vier|förs|te|rin** ‖ **Re|vier|in|s|pek|tor** [-sp-, auch: -ʃp-] ‖ **Re|vier|in|s|pek|to|rin**

Re|view [rɪ'vju:] das, -[s] ⟨engl.⟩ (Elektrot.): *schneller Rücklauf [bei Videorekordern]* | *[wissenschaftliche] Begutachtung, Rezension*

Re|vire|ment [-vir'mɑ̃:] das, -s/-s ⟨fr.⟩: *Umbesetzung hoher Posten;* → Virement

Re|vi|si|on [-v-] die, -/-en ⟨lat.⟩: *Überprüfung; Änderung* | (Jus) *Rechtsmittel an den OGH;* → revidieren ‖ **Re|vi|si|o|nis|mus** der, - (Pol.): *Bestreben, bestehende Verhältnisse oder ideologische Anschauungen zu verändern* | (Pol.) *Bestreben, das Gesamtbild vom Nationalsozialismus zu verharmlosen oder zu bestreiten* ‖ **Re|vi|si|o|nist** der, -en/-en ‖ **Re|vi|si|o|nis|tin** die, -/-innen ‖ **Re|vi|si|ons|be|ant|wor|tung** (Jus): *Erwiderung im Verfahren vor dem OGH* ‖ **Re|vi|si|ons|re|kurs** (Jus): *Anfechtung von Beschlüssen des Rekursgerichts* ‖ **Re|vi|sor** der, -s/-en [-'o:-]: *Prüfer, Kontrollor* | *Korrektor* ‖ **Re|vi|so|rin** die, -/-innen

re|vi|ta|li|sie|ren [-v-] ⟨lat.⟩: *erneuern, renovieren* ‖ **Re|vi|ta|li|sie|rung** die, -: *Wiedererlangung der früheren Lebenskraft* | die R. *(Renovierung)* alter Wohnviertel ‖ **Re|vi|val** [rɪ'vaɪvl] das, -s/-s ⟨lat.-engl.⟩: *Wiederaufleben;* die Musik der 80er-Jahre erlebt ein R.

Re|vol|te [-v-] die, -/-n ⟨lat.-it.-fr.⟩: *Aufruhr, Empörung* ‖ **re|vol|tie|ren** ‖ **Re|vo|lu|ti|on** [-tsi̯-] die, -/-en ⟨lat.-fr.⟩: *gewaltsamer Umsturz* | *Umwälzung* ‖ **re|vo|lu|ti|o|när:** eine revolutionäre *(bahnbrechende)* Erfindung ‖ **Re|vo|lu|ti|o|när** der, -s/-e ‖ **Re|vo|lu|ti|o|nä|rin** die, -/-innen ‖ **re|vo|lu|ti|o|nie|ren:** *grundlegend und rasch umgestalten;* eine neue Technologie revolutioniert die Medizin ‖ **Re|vo|lu|ti|ons|ge|richt** ‖ **Re|vo|luz|zer** der, -s/- ⟨lat.-it.⟩ (ugs., oft abw.): *Revolutionär; Umstürzler* ‖ **Re|vo|luz|ze|rin** die, -/-innen (ugs., oft abw.)

Re|vol|ver [-'vɔlf-, -'vɔlv-] der, -s/- ⟨lat.-engl.⟩: *eine Faustfeuerwaffe* ‖ **Re|vol|ver|blatt** (abw.): *reißerische Zeitung* ‖ **Re|vol|ver|held** (abw.) ‖ **Re|vol|ver|hel|din** (abw.)

re|vo|zie|ren [-v-] ⟨lat.⟩: ein Wort r. *(zurücknehmen)*

Re|vue [re'vy:, rœ-] die, -/-n ⟨fr.⟩: *Bühnenschau mit großer Ausstattung* | *eine Art von [bebilderten] Zeitschriften* | Erlebnisse R. passieren *(in der Erinnerung an sich vorbeiziehen)* lassen

Rex|glas (Wz.): *eine Art Einsiedeglas;* → einrexen ‖ **Rex|gum|mi** (Wz.): *Dichtungsring für Rexgläser*

Rey|kja|vik ['rɛi̯-v-]: *Hauptstadt Islands*

Re|zen|sent der, -en/-en ⟨lat.⟩ ‖ **Re|zen|sen|tin** die, -/-innen ‖ **re|zen|sie|ren:** ein Buch r. *(es [in einer Zeitung] kritisch besprechen)* ‖ **Re|zen|si|on** die, -/-en ‖ **Re|zen|si|ons|ex|em|p|lar:** *Besprechungsexemplar*

re|zent ⟨lat.⟩: *neu; gegenwärtig existierend;* rezente Tier- und Pflanzenarten

Re|zept das, -[e]s/-e ⟨lat.⟩: *ärztliche Verordnung eines Medikaments* | *Kochrezept* ‖ **re|zept|frei:** *in Apotheken ohne ärztliches Rezept erhältlich;* G.: → rezeptpflichtig ‖ **Re|zept|ge|bühr** ‖ **Re|zep|ti|on** [-tsi̯-] die, -/-en, *fachspr. auch:* Reception [-tse-]: *Empfangsbüro [im Hotel]* | (ohne Pl.) *Aufnahme [eines Kunstwerkes] durch das Publikum* ‖ **Re|zep|ti|o|nist** der, -en/-en, *fachspr. auch:* Receptionist: *jemand, der in einer Rezeption arbeitet* ‖ **Re|zep|ti|o|nis|tin** die, -/-innen, *fachspr. auch:* Receptionistin ‖ **Re|zep|tor** der, -s/-en [-'o:-] (Med.): *[Nerven]zelle, die Reize aufnimmt* ‖ **Re|zept|pflicht:** *Abgaberegelung von Medikamenten* ‖ **re|zept|pflich|tig:** rezeptpflichtige Medikamente *(nur auf Grund einer ärztlichen Verschreibung erhältlich);* → rezeptfrei ‖ **Re|zep|tur** die, -/-en: *Herstellung eines Arzneimittels nach Rezept*

Re|zes|si|on die, -/-en ⟨lat.⟩: *Abschwächung des Wirtschaftswachstums* ‖ **re|zes|siv:** *die Rezession betreffend* | (Biol.) *zurücktretendes, nicht immer erscheinendes Erbmerkmal;* → G.: dominant

re|zi|div ⟨lat.⟩ (Med.): ein r. *(rückfällig)* gewordener Kranker ‖ **Re|zi|div** das, -s/-e [-fɛ, -vɛ] (Med.): *Rückfall*

Re|zi|pi|ent der, -en/-en ⟨lat.⟩ ‖ **Re|zi|pi|en|tin** die, -/-innen ‖ **re|zi|pie|ren:** *aufnehmen, übernehmen;* die Werke des Bildhauers r. *(betrachten, analysieren)*

R

re|zi|p|rok (lat.): *wechselseitig, gegenseitig;* 3/2 ist der reziproke Wert *(der Kehrwert)* von 2/3 ‖ **Re|zi|p|ro|zi|tät** die, -

Re|zi|tal das, -s/-e = Recital [rɪ'saɪtl] das, -s/-s (lat.-engl.): *Soloabend eines Musikers* ‖ **Re|zi|ta|ti|on** [-tsi̯-] die, -/-en (lat.): *künstlerischer Vortrag [eines Gedichtes]* ‖ **Re|zi|ta|tiv** das, -s/-e [-fɛ, -vɛ] (Mus.): *dramatischer Sprechgesang* ‖ **Re|zi|ta|tor** der, -s/-en [-'toː-]: *Vortragskünstler, Sprecher* ‖ **Re|zi|ta|to|rin** die, -/-innen ‖ **re|zi|tie|ren**

re|zy|k|lie|ren [-yk-] (lat.+gr.) = → recyclen

Rf: Rutherfordium

Rg: Roentgenium

R-Ge|spräch ['ɛr-]: *Rückfrage-Telefongespräch, das der/die Angerufene bezahlt*

Rh: Rhodium

RH [ɛr 'haː] der, -[s]: Rechnungshof

Rha|bar|ber der, -s (gr.-lat.-it.): *eine Gemüsepflanze* ‖ **Rha|bar|ber|kom|pott**

Rhap|so|die die, -/-n (gr.): *ein Musikstück* ‖ **rhap|so|disch**

Rhein der, -[e]s: *ein Strom;* der R. fließt durch den Bodensee ‖ **Rheinland-Pfalz:** *deutsches Bundesland* ‖ **rhein|land-pfäl|zisch** ‖ **Rhein-Main-Donau-Kanal** ‖ **Rhein|ries|ling:** *eine Reb- und Weinsorte* ‖ **Rhein|tal** → Bodensee-Rheintal ‖ **Rhein|tal|auto|bahn** ‖ **Rhein|wein**

Rhe|ni|um das, -s (lat.) (Zeichen: Re): *ein chemisches Element*

Rhe|sus|fak|tor der, -s: *eine erbliche Eigenschaft der roten Blutkörperchen (nach einer Affenart);* R. negativ (rh), R. positiv (Rh)

Rhe|to|rik die, - (gr.-lat.): *Redekunst* ‖ **Rhe|to|ri|ker** der, -s/- ‖ **Rhe|to|ri|ke|rin** die, -/-innen ‖ **rhe|to|risch:** eine rhetorische *(nur der rednerischen Wirkung wegen gestellte)* Frage

Rheu|ma das, -s (gr.): *Kurzwort für Rheumatismus* ‖ **Rheu|ma|ti|ker** der, -s/- ‖ **Rheu|ma|ti|ke|rin** die, -/-innen ‖ **rheu|ma|tisch** ‖ **Rheu|ma|tis|mus** der, -/Rheumatismen: *eine Krankheit;* → Rheuma

Rhi|no|ze|ros das, - [-rosses]/-rosse (gr.-lat.): *Nashorn*

Rho das, -[s]/-[s] (ρ, Ρ) (gr.): *griechischer Buchstabe, entspricht* r/R

Rho|di|um das, -s (gr.) (Zeichen: Rh): *ein chemisches Element*

Rho|do|den|d|ron der, -s/Rhododendren (gr.): *ein Zierstrauch*

rhom|bisch (gr.-lat.): *rautenförmig* ‖ **Rhom|bo|id** das, -[e]s/-e: *schiefwinkeliges, ungleichseitiges Parallelogramm* ‖ **Rhom|bus** der, -/Rhomben: *schiefwinkeliges, gleichseitiges Parallelogramm, Raute*

Rhone [roːn] die, - (fr. Rhône): *Strom in Frankreich und der Schweiz*

Rhön|rad: *ein Sportgerät*

Rhyth|mik ['ry-] die, - (gr.-lat.): *[Anwendung des] Rhythmus* ‖ **rhyth|misch:** *aber:* Rhythmische Sportgymnastik *(eine Sportart)* ‖ **rhyth|mi|sie|ren:** *rhythmisch gestalten* ‖ **Rhyth|mus** der, -/Rhythmen: *regelmäßiger Wechsel, taktmäßige Gliederung;* → Arrhythmie

rib|beln, ich ribble (ugs.): *[trocken] reiben*

Ri|bi|sel die, -/-n (arab.-it.): *Johannisbeere* ‖ **Ri|bi|sel|he|cke** ‖ **Ri|bi|sel|ku|chen** ‖ **Ri|bi|sel|mar|me|la|de** ‖ **Ri|bi|sel|saft** ‖ **Ri|bi|sel|stau|de** ‖ **Ri|bi|sel|strauch** ‖ **Ri|bi|sel|wein**

Ri|bo|nu|k|le|in|säu|re (RNS) (Biol.)

Ri|car|da [-k-]: *weibl. Vorname*

Ri|cer|car [-tʃɛrk-] das, -s/-e (it.) (Mus.): *eine Art Präludium oder Fuge*

Ri|chard: *männl. Vorname*

Richt|an|ten|ne ‖ **Richt|beil** (früher): *eine Waffe des Scharfrichters* ‖ **Richt|blei:** *Lot* ‖ **rich|ten:** das Essen r. *(zubereiten)* | den Wecker r. *(reparieren)* | die Aufmerksamkeit richtet sich auf sie | sich nach etwas r. *(sich anpassen)* | (ugs.) es sich r. *(etwas zB durch Protektion erreichen)* | (geh.) über jemanden r. *(über jemanden urteilen)* ‖ **Rich|ter** der, -s/-: R. am Bezirksgericht sein | (ugs., sal.) wir werden keinen R. brauchen *(wir klären die Angelegenheit ohne äußere Einmischung)* ‖ **Rich|ter|amt** ‖ **Rich|ter|amts|an|wär|ter** ‖ **Rich|ter|amts|an|wär|te|rin** ‖ **Rich|ter|amts|prü|fung** ‖ **Rich|te|rin** die, -/-innen ‖ **rich|ter|lich:** eine richterliche *(durch einen Richter vorgenommene)* Vernehmung ‖ **Rich|ter|schaft** ‖ **Rich|ter|se|nat:** *Rechtsmittelinstanz aus mehreren Richtern, Kollegialorgan*

Rich|ter|ska|la die, -: *eine Skala zum Messen der Erdbebenstärke (nach dem amerikanischen Seismologen Richter);* → Mercalliskala

Rich|ter|spruch ‖ **Richt|fest** (bes. D): → *Dachgleiche*

rich|tig:

eine richtige Rechnung; richtig *(richtiggehend)* müde sein

Großschreibung bei Nominalisierung:
- das **R**ichtige getroffen haben
- es ist das **R**ichtige zu schweigen
- [zwischen] **R**ichtig und Falsch nicht unterscheiden können
- du bist [mir] der **R**ichtige (scherzh. bzw. abw.: *du bist ein Schlingel;* auch iron.: *völlig ungeeignet*) R→ S. 892, 2.2

Getrenntschreibung bei wörtlicher Bedeutung:
- eine Uhr, die richtig geht
- eine Sache richtig machen
- ein Wort richtig schreiben
- wenn ich das richtig sehe, holt sie uns ab

Getrennt- und Zusammenschreibung bei Verben, die ein Resultat herbeiführen:
- die Uhrzeiger richtig stellen (= richtigstellen)

Zusammenschreibung bei übertragener Bedeutung und adverbialem Gebrauch:
- in der Annahme richtiggehen *(den Tatsachen entsprechen)*
- eine richtiggehende Verschwörung *(tatsächliche)*
- er war richtiggehend entspannt *(wirklich)*
- einen Fehler richtigstellen *(berichtigen)*
- mit einer Vermutung richtigliegen R→ S. 900, 1.5.1

rich|tig|ge|hen: in der Annahme r.; *aber:* eine Uhr, die richtig geht ‖ **rich|tig|ge|hend** (Adv.): r. *(ausgesprochen)* müde sein | (Adj.) eine richtiggehende Verschwörung; *aber:* eine richtig gehende (= richtiggehende) Uhr ‖ **Rich|tig|keit** die, - ‖ **rich|tig|lie|gen:** mit seiner Meinung r.; → richtig ‖ **rich|tig|stel|len:** einen Fehler r.; *aber:* die Uhrzeiger richtig stellen (= richtigstellen) ‖ **Rich|tig|stel|lung** die, -/-en ‖ **Richt|li|nie** [-i̯ɛ]: Richtlinien *(Anweisungen)* geben ‖ **Richt|mi|k|ro|fon** = **Richt|mi|k|ro|phon** [-f-]: *ein Mikrofon* ‖ **Richt|platz** (früher): *Stätte für Hinrichtungen* ‖ **Richt|schnur:** *Regel, Leitsatz* ‖ **Richt-**

R

stätte (früher): *Richtplatz* ‖ **Richttag** (früher): *Tag, an dem Recht gesprochen wird;* R. halten ‖ **Richtung** die, -/-en ‖ **richtunggebend** = richtungsgebend ‖ **Richtungsänderung** ‖ **Richtungsfahrbahn** ‖ **richtungslos** ‖ **Richtungsstreit** ‖ **Richtungswechsel** [-ks-] ‖ **richtungsweisend** = **richtungweisend:** *maßgeblich* ‖ **Richtwert:** *vorgegebener Vergleichswert;* R. für Miete von Kategorie-A-Wohnungen ‖ **Richtwertzins** (Amtsspr.): *gesetzlich festgelegte Miethöhe für Normwohnungen je nach Bundesland und Ausstattung*

Ricke die, -/-n (Jägerspr.): *Rehgeiß*

Ricotta [-k-] der, -[s]/Ricotte ⟨it.⟩: *[italienischer] Frischkäse, Topfen*

rieb → reiben ‖ **Riebeisen** (ugs.): *Reibeisen*

Riebel der, -s/- (V): *eine Speise aus Weizen- oder Maisgrieß;* → Brösel[2] ‖ **Riebelpfanne** (V) ‖ **Riebler** der, -s/- (T, SüdT): *eine deftige Speise aus Weizen, Maisgrieß oder Kartoffeln* | (V) → *Riebel*

riechen, roch/gerochen: er riecht nach Schweiß | (ugs.) jemanden nicht r. können *(nicht leiden können);* das konnte ich nicht r. *(wissen)* ‖ **Riecher** der, -s (ugs.): einen guten R. *(das richtige Gespür)* haben

Ried[1] (bes. in Siedlungsnamen): R. im Innkreis *(Stadt in Oberösterreich, Kfz: RI)*

Ried[2] das, -[e]s/-e: *sumpfiges, meist schilfbewachsenes Gebiet*

Ried[3] die, -/-e[n], *auch:* Riede, -/-n (ostöst.): *Flur, bes. Weingartenflur* | *Weine aus den besten Rieden*

Riedeckel (reg.) (Küchenspr.): *eine Rindfleischsorte*

Riede → Ried[3]

Riedel der, -s/- (veraltet): *Büschel, Bündel; Falte* | (reg.) *Bodenerhebung zwischen zwei Tälern* ‖ **Riedellandschaft:** *hügelige Gegend*

Riedgras: *[auf Rieden wachsende] Pflanze, ein Sauergrasgewächs*

Riedhüfl das, -s/-n (bes. W): *eine Rindfleischsorte*

Riedname, *auch:* **Riednamen:** *Flurname*

rief → rufen

Riege die, -/-n: *Abteilung* | *[Turner]reihe*

Riegel der, -s/-: der Sache einen R. vorschieben *(sie verhindern)* | einen R. *(eine Rippe)* Schokolade essen | (Geogr.) *Anhöhe, Bergabsatz* | (ugs.) *großer, kräftiger Mensch* ‖ **Riegelkrapfen** (reg., zB N): *eine Mehlspeise*

Riemen[1] der, -s/-: der R. der Tasche ist gerissen | den R. enger schnallen *(sich einschränken);* sich am R. reißen *(sich beherrschen)*

Riemen[2] der, -s/- (Seemannsspr.): *Ruder;* sich in die R. legen *(kräftig rudern)*

Rienz die, -: *ein Nebenfluss des Eisacks in Südtirol*

Ries[1] das, -es/-: *ein altes Papiermaß, 1 000 Blatt*

Ries[2]: *10. Bezirk von Graz*

Riese[1] der, -n/-n: *übergroßes Wesen; bes. großer Mensch*

Riese[2] die, -/-n: *Gleitrinne zur Holzbeförderung im Gebirge*

rieseln: rieselnder Schnee

Riesenaufgebot ‖ **riesengroß** ‖ **Riesenerfolg** ‖ **riesenhaft** ‖ **Riesenrad:** das Wiener R. im Prater ‖ **Riesensauerei** (ugs.) ‖ **Riesenschlange** *eine große Schlange* | (Pl.) (Zool.) *eine Schlangenfamilie, zB Boa, Python* ‖ ‖ **Riesenschmarren** (ugs.): so ein R.! *(Blödsinn)* ‖ **Riesenschritt** ‖ **Riesenskandal** ‖ **Riesenslalom** (Sport): *eine Disziplin im alpinen Skisport, Riesentorlauf* ‖ **Riesentorlauf** (Sport): *Riesenslalom* ‖ **Riesentrumm** (ugs.): *sehr großes Stück* ‖ **Riesenwuchs** [-ks] ‖ **riesig** ‖ **Riesin** die, -/-innen

Riesling der, -s/-e: *Kurzwort für Rheinriesling und Welschriesling* ‖ **Riesling-Silvaner** = **Riesling-Sylvaner** [-zilv-] der, -s/- (früher bzw. CH): *eine Reb- und Weinsorte, Müller-Thurgau*

riet → raten

Riff[1] das, -[e]s/-e: *[Felsen]klippe*

Riff[2] der = das, -[e]s/-s ⟨engl.⟩: *sich wiederholende rhythmische Tonfolge;* einen R. spielen

Riffel die, -/-n = der, -s/-: *ein rechenartiges Gerät [zum Heidelbeerpflücken]; Flachskamm* | *zackenförmiger Berggrat* ‖ **riffeln,** ich riffle

Riga: *Hauptstadt Lettlands*

rigid = **rigide** ⟨lat.⟩ (geh.): *starr, streng* ‖ **Rigidität** die, -

rigolen, er hat rigolt ⟨niederl.-fr.⟩ (Landw.): *den Boden tief aufgraben [für den Weinbau]*

Rigorismus der, -/Rigorismen ⟨lat.⟩: *starres Festhalten an strengen Grundsätzen* ‖ **rigoristisch:** *im Sinn des Rigorismus* ‖ **rigoros:** *sehr streng, hart* ‖ **Rigorosität** die, - ‖ **Rigorosum** das, -s/Rigorosen (Bildw.): *mündliche Prüfung zur Erlangung des Doktorgrades*

Rijeka: *eine Hafenstadt in Kroatien;* → Fiume

Rikscha die, -/-s ⟨jap.-engl.⟩: *zweirädriger Wagen zur Personenbeförderung*

Rille die, -/-n: *kleine Rinne, Furche* ‖ **rillen:** gerilltes Glas

Rimesse die, -/-n ⟨lat.-it.⟩ (Kaufmannsspr.): *in Zahlung gegebener Wechsel*

Rind das, -[e]s/-er: *ein Paarhufer*

Rinde die, -/-n: *Schicht, die den [Baum]stamm umgibt* | *[harte] Außenschicht [von Brot]* | (Med.) *Schicht eines Organs;* die R. des Großhirns ‖ **Rindenmulch:** *Streu aus zerkleinerter Baumrinde*

Rinderbraten (bes. D): *Rindsbraten* ‖ **Rinderherde** ‖ **Rinderpest** ‖ **Rinderrasse** ‖ **Rinderwahnsinn** (BSE): *eine Krankheit bei Rindern* ‖ **Rinderzucht** ‖ **Rindfleisch** ‖ **Rindfleischtiger** (sal.): *jemand, der gern und oft Rindfleisch isst* ‖ **Rindfleischtigerin** (sal.)

> **Rindsbraten:**
>
> **Zusammensetzungen mit „Rind" werden in der österreichischen Küchensprache im Allgemeinen mit Fugen-s gebildet, zB:**
> - Rindsbraten (in Deutschland: Rinderbraten)
> - Rindsschnitzel
> - Rindsgulasch
>
> Ohne Fugen-s heißt es in Österreich nur „Rindfleisch", „Rindvieh", mit „-suppe" gibt es beide Formen.

Rindsfilet [-le:] ‖ **Rindsgulasch** ‖ **Rindsknochen** ‖ **Rindskotelett** [-tl-] ‖ **Rindsleber** ‖ **Rindsleder** ‖ **Rindslungenbraten** ‖ **Rindsroulade** [-ru-] ‖ **Rindsschnitzel** ‖ **Rindsuppe,** *auch:* Rindssuppe ‖ **Rindszunge** ‖ **Rindviech** (ugs.): *Rindvieh* | *ein Schimpfwort* ‖ **Rindvieh**

Ring der, -[e]s/-e: ein R. aus Gold | (nur Pl.) (Sport) *ein Sportgerät;* an den Ringen turnen | *Boxring* | (ohne Pl.) *[Wiener] Ringstraße* | *Vereinigung;* der R. der Wirtschaftstreibenden ‖ **Ringareia**

das, -s/- (Kinderspr.): *ein Sing- und Tanzspiel;* R. spielen ‖ **ringartig** ‖ **Ringbuch** ‖ **ringeln** sich: der Wurm ringelt sich ‖ **Ringelnatter:** *eine Schlange* ‖ **Ringelreihen** der, -s/-: R. tanzen ‖ **Ringelschwanz** ‖ **Ringelschwänzchen** ‖ **Ringelspiel:** *Karussell;* R. fahren ‖ **Ringelstechen** das, -s: *ein Volksbrauch* ‖ **Ringeltaube:** *ein Vogel* ‖ **ringen,** rang/gerungen: vor Verzweiflung die Hände r. | nach Atem r.; nach Worten r.; mit den Tränen r. *(sie mühsam zurückhalten)* | mit dem Tod r.; sie rang ihm die Fernbedienung aus der Hand ‖ **Ringer** der, -s/- (Sport): *Ringkämpfer* ‖ **Ringerin** die, -/-innen (Sport) ‖ **Ringerl** das, -s/-[n]: *[kleiner] Ring* ‖ **Ringfinger** ‖ **ringförmig** ‖ **Ringkampf**

Ringlo die, -/-[s] (reg.) ⟨fr.⟩: *Ringlotte* ‖ **Ringlotte** die, -/-n: *eine Pflaumensorte*

Ringnebel (Astron.): *ein planetarischer Nebel* ‖ **Ringrichter** (Sport) ‖ **Ringrichterin** ‖ **rings:** r. um den Platz ‖ **Ringschlüssel:** *ein Werkzeug* ‖ **ringsherum** ‖ **Ringstraße:** die R. *(eine Prunkstraße, der Ring)* in Wien ‖ **Ringstraßenstil** [-st-, auch: -ʃt-]: *ein repräsentativer Baustil nach historischen Vorbildern (2. Hälfte des 19. Jh.)* ‖ **ringsum** ‖ **ringsumher** ‖ **Ringvorlesung:** *Vorlesung mit wechselnden Referenten* ‖ **Ringwall:** *vorgeschichtlicher Befestigungsbau* ‖ **Ringwechsel** [-ks-]: der R. bei der Trauung

Rinne die, -/-n: *schmale Vertiefung im Boden [als Abfluss]* | *oben offenes Rohr als [Wasser]abfluss* ‖ **rinnen,** rann/geronnen: sie lässt das Wasser r.; das Geld rann ihm nur so durch die Finger *(er gab immer viel aus)* | die Vase rinnt *(ist undicht)* | rinnende Nasen ‖ **Rinnsal** das, -[e]s/-e: *schmaler Wasserlauf; dessen natürliches oder künstliches Bett* ‖ **Rinnstein**

Rio de Janeiro [- - ʒaˈnɛɪ-]: *Stadt in Brasilien*

R. I. P.: requiescat in pace

Rippchen das, -s/- ‖ **Rippe** die, -/-n: sich eine R. brechen | eine R. *(eine Würfelreihe)* Schokolade abbrechen ‖ **Rippenbruch** (Med.) ‖ **Rippenfellentzündung** (Med.): *Pleuritis* ‖ **Rippenstoß** ‖ **Ripperl** das, -s/-[n]: *gegrilltes oder geselchtes Rippenfleisch vom Schwein* ‖ **Ripperlfleisch**

Rips der, -es/-e: *ein geripptes Gewebe* ‖ **Ripsband**

RIS das, -s (Admin., Jus): **R**echts**i**nformations**s**ystem der Republik Österreich *(Rechtsdatenbank des Bundeskanzleramts mit Informationen und Rechtsvorschriften)*

Risalit der, -s/-e ⟨lat.-it.⟩: *ein vorspringender Teil an Bauwerken*

Risiko das, -s/Risken [Risiken] [-s] ⟨it.⟩: *Wagnis;* auf eigenes R. *(auf eigene Gefahr);* kalkuliertes R. ‖ **Risikobereitschaft** ‖ **Risikofaktor:** *riskanter Anteil* ‖ **risikofrei** ‖ **risikofreudig** ‖ **Risikogeburt:** *Geburt mit möglicher Gefährdung von Kind und/oder Mutter* ‖ **Risikogruppe:** *gefährdete Gruppe* ‖ **Risikokapital** (Wirt.): *Kapital für riskante Geschäfte oder Unternehmensgründungen, Venture Capital* ‖ **risikolos** ‖ **risikoreich** ‖ **Risikostreuung:** *Aufteilung des Risikos [beim Aktienkauf]* ‖ **Risikozuschlag**

Risipisi das, -[s]/-, *auch:* **Risi-Pisi** ⟨it.⟩: *eine Speise aus Reis und Erbsen*

riskant ⟨it.-fr.⟩: *gefährlich* ‖ **Risken** die (eine Pluralform von → Risiko) ‖ **riskieren:** *wagen, aufs Spiel setzen*

Risotto der = das, -[s]/-s ⟨it.⟩: *eine Speise aus Reis*

Rispe die, -/-n: *ein Blütenstandstyp* | *eine Gräsergattung*

riss → reiben ‖ **Riss** der, -es/-e: ein R. im Kleid | (ugs.) es gab ihr einen R. *(sie erschrak)* ‖ **rissfest** ‖ **rissig:** rissige *(aufgesprungene)* Haut ‖ **Rissquetschwunde**

Rist der, -[e]s/-e: *Fuß- bzw. Handrücken*

rit.: **rit**ardando

Rita: *weibl. Vorname*

ritardando = **ritenuto** (rit.) ⟨it.⟩ (Mus.): *langsamer werdend*

Ritornell das, -s/-e ⟨it.⟩ (Mus.): *wiederkehrender Abschnitt (in verschiedenen Formen)*

Ritscher der, -s = **Ritschert** das, -s (St, K): *Speise aus Rollgerste, Hülsenfrüchten und Fleisch*

ritsch, ratsch: *lautmalerisch für eine schnelle Hin- und Herbewegung*

ritt → reiten ‖ **Ritt** der, -[e]s/-e: ein R. *(das Reiten)* durch die Wälder

Rittberger der, -s/-: *ein Sprung im Eiskunstlauf*

Ritter der, -s/- (früher): zum R. schlagen ‖ **Ritterburg** (früher) ‖ **Ritteressen:** *Festessen in historischem Stil* ‖ **Ritterfest** ‖ **Rittergut** (früher): *Gutsbesitz eines Landadeligen* ‖ **Ritterkreuz:** *ein Orden, eine Auszeichnung* ‖ **ritterlich:** sich r. *(edel, anständig)* benehmen ‖ **Ritterlichkeit** die, - ‖ **rittern:** *sich mit jemandem messen, in einem Bewerb konkurrieren;* drei Kandidaten r. um die Nachfolge ‖ **Ritterorden** → Malteser ‖ **Ritterrüstung** ‖ **Ritterschaft** die, - ‖ **Ritterschlag** (früher): *feierliche Aufnahme in den Ritterstand* ‖ **Rittersmann** der, -[e]s/-leute (veraltet): *Ritter* ‖ **Rittersporn** der, -[e]s/-e: *eine Pflanzengattung* ‖ **Rittertum** das, -s (früher) ‖ **rittlings:** *im Reitersitz* ‖ **Rittmeister** (früher): *Offizier im Hauptmannsrang (bei der Kavallerie)*

Ritual das, -s/-e ⟨lat.⟩: *Kulthandlung, feierliches Zeremoniell* ‖ **ritualisieren** ‖ **Ritualisierung** die, -/-en ‖ **rituell:** *dem Ritual entsprechend* ‖ **Ritus** der, -/Riten: *vorgeschriebene Zeremonien [im Gottesdienst]*

Ritz der, -es/-e: *Vertiefung in der Oberfläche; Ritze* ‖ **Ritze** die, -/-n: *schmale Spalte*

Ritzel das, -s/-: *ein kleines Zahnrad [am Anlasser eines Motors]*

ritzen, du ritzt ‖ **Ritzer** der, -s/-: *feiner Kratzer*

Rivale [-v-] der, -n/-n ⟨lat.-fr.⟩: *Mitbewerber, Nebenbuhler, Gegenspieler* ‖ **Rivalin** die, -/-innen ‖ **rivalisieren:** *miteinander wetteifern* ‖ **Rivalität** die, -/-en: *Wettstreit, Gegnerschaft*

Rivaner [-v-] der, -s/-: *Müller-Thurgau*

Riviera [-vi̯eː-] die, -/Rivieren: *Küstenlandschaft(en) am Mittelmeer*

Rizinus [D auch: ˈri-] der, -/-[-nusse] ⟨lat.⟩: *eine Zier-, Öl- und Giftpflanze, Wunderbaum* ‖ **Rizinusöl:** *ein Heilmittel*

r.-k., *auch:* r. k., rk: **r**ömisch-**k**atholisch

rm: **R**aum**m**eter

Rn: **R**ado**n**

RNS [ɛr ɛn ˈɛs]: **R**ibo**n**uklein**s**äure

Roadmap [ˈrəʊdmæp] die, -/-s ⟨engl.⟩: *Plan, Vorgangsweise [im Projektmanagement]* ‖ **Roadmovie** [-muːvi] das, -s: *Spielfilm, dessen Handlung sich auf einer Autofahrt entwickelt* ‖ **Roadpricing** [-praɪs-] das, -s: *Mautsystem,*

R

bei dem nach gefahrenen Kilometern bezahlt wird ‖ **Road|show** [-ʃəʊ] (Werb.): *Veranstaltung, die hintereinander an verschiedenen Orten stattfindet*

Roa|ming ['rəʊm-] das, -s ⟨engl.⟩: *grenzüberschreitende [kostenpflichtige] Verwendung des Mobiltelefons* ‖ **Roa|ming|gebühr**

Roa|ring Twen|ties ['rɔːrɪŋ 'twentiz] die (Pl.) ⟨engl.⟩: *die durch wirtschaftlichen Aufschwung und wilde Lebensfreude gekennzeichneten Zwanzigerjahre [in den USA]*

Roast|beef ['rəʊstbiːf, auch: 'rɔː-] das, -s/-s ⟨engl.⟩: *ein zarter Rindsbraten*

Rob|be die, -/-n: *ein Meeressäugetier, zB Seehund* ‖ **rob|ben:** *sich kriechend fortbewegen*

Ro|be die, -/-n ⟨fr.⟩: *kostbares langes Damenkleid* | *Amtstracht [des Richters]*

Ro|bert: *männl. Vorname;* → Bertl

Ro|bi|nie [-i̯e] die, -/-n: *ein Laubbaum, Falsche Akazie (nach einem französischen Botaniker)*

Ro|bin|so|na|de die, -/-n: *abenteuerliches Leben auf einer einsamen Insel (nach dem Romanhelden Robinson Crusoe)*

Ro|bot die, -/-en = der, -[e]s/-e ⟨tschech.⟩ (früher): *Fronarbeit, die der Bauer für den Grundherrn leisten musste* ‖ **ro|bo|ten** (früher): *Fronarbeit leisten* | (reg.) *für die [Dorf]gemeinschaft unentgeltlich arbeiten* | (ugs.) *schwer arbeiten* ‖ **Ro|bo|ter** der, -s/- ⟨tschech.-engl.⟩: *Automat, der bestimmte Tätigkeiten (an Stelle eines Menschen) ausführt* ‖ **ro|bo|ter|haft** ‖ **Ro|bo|ter|sau|ger** ‖ **Ro|bo|ter|staub|sau|ger**

ro|bust ⟨lat.⟩: *kräftig, widerstandsfähig* ‖ **Ro|bust|heit** die, -

roch → riechen

Ro|cha|de [-'ʃaː-, auch: -'xaː-], die, -/-n ⟨pers.-arab.-span.-fr.⟩: *Stellungswechsel im Schach mit König und Turm in nur einem Zug* | *Umstellung;* Personalrochade; → rochieren

rö|cheln, ich röchle: *rasselnd atmen*

Ro|chen der, -s/-: *ein Knorpelfisch*

Ro|chett das, -s/-e ⟨germ.-fr.⟩: *langes Chorhemd der katholischen Geistlichen und Ministranten*

ro|chie|ren [-ʃ-, auch: -x-] ⟨pers.-arab.-span.-fr.⟩: *eine Rochade ausführen*

Rock[1] der, -[e]s/Röcke: *Kleidungsstück [für Frauen]* | *Sakko*

Rock[2] der, -[s] ⟨engl.⟩: *Rockmusik* | (mit Pl. -[s]) *Rock and Roll* ‖ **Rock and Roll** [- ənd rəʊl] der, - - -[s]/- - -[s], *auch:* Rock 'n' Roll ['rɒkn 'rəʊl]: *ein Tanz* | *eine Musikrichtung* ‖ **ro|cken**

Ro|cken der, -s/-: *Spinnrocken*

Ro|cker der, -s/- ⟨engl.⟩: *Angehöriger einer Gruppe von Jugendlichen* | *Rockmusiker* ‖ **Ro|cke|rin** die, -/-innen ‖ **Rock|fes|ti|val** [-val, -vəl] ‖ **Rock|grup|pe** ‖ **ro|ckig** ‖ **Rock|kon|zert** ‖ **Rock|musik** ‖ **Rock 'n' Roll** ['rɒkn'rəʊl]: *Rock and Roll*

Rock|saum ‖ **Rock|span|ner:** *ein Kleiderbügel*

Rock|star ⟨engl.⟩: *bes. populäre/r Rockmusiker/in*

Rock|ta|sche ‖ **Rock|zip|fel**

Ro|cky Moun|tains [-ki 'maʊntɪnz] die (Pl.): *Gebirgskette in Nordamerika*

Ro|del die, -/-n, *reg. auch:* der, -s/-: *ein Schlitten* | *ein Babyspielzeug, Rassel* | *Gerät zum Befördern von Lasten* ‖ **Ro|del|bahn** ‖ **Ro|del|hang** ‖ **ro|deln,** ich rodle ‖ **Ro|del|stra|ße:** *zum Rodeln [für Kinder] freigegebene Straße*

ro|den: einen Wald r. *(die Bäume fällen [und aus ihm Ackerland machen])*

Ro|deo der = das, -s/-s ⟨span.-engl.⟩: *ein Reiterwettkampf der Cowboys*

Ro|dung die, -/-en → roden

Roent|ge|ni|um [-œ-] (Zeichen: Rg): *ein chemisches Element;* →

Roes|ler [røːz-] der, -s/-: *eine Reb- und Weinsorte*

Ro|gen der, -s/-: *Fischeier*

Rog|gen der, -s: *eine Getreideart, Korn* ‖ **Rog|gen|brot** ‖ **Rog|gen|feld**

Rog|ner der, -s/-: *weiblicher Fisch, der Rogen enthält;* → Milchner

roh: ein rohes *(ungekochtes)* Ei | ein roher *(nicht bearbeiteter)* Stein | (abw.) ein roher *(grober, grausamer)* Mensch | (Großschreibung) der Entwurf ist im Rohen fertig; aus dem Rohen arbeiten ‖ **Roh|bau** der, -[e]s/-ten ‖ **Roh|be|richt:** *noch nicht offizieller Vorausbericht* ‖ **Roh|bi|lanz** ‖ **Roh|di|a|mant:** *Industriediamant* ‖ **Roh|ei|sen** ‖ **Roh|entwurf:** *Vorentwurf* ‖ **Roh|erz** ‖ **Roh|fas|sung:** *noch nicht endgültige Fassung [eines Berichts]* ‖ **Roh|ge|wicht:** *Gewicht der Ware samt der Verpackung, Bruttogewicht* ‖ **Roh|heit** die, -/-en (abw.) ‖ **Roh|kost:** *Speise aus rohem Gemüse, Obst uÄ* ‖ **Roh|köst|ler** der, -s/- ‖ **Roh|köst|le|rin** die, -/-innen ‖ **roh|lei|nen:** ein rohleinenes Kleid ‖ **Roh|lei|nen:** *ungebleichtes, grobes Leinen* ‖ **Roh|ling** der, -s/-e: *derber, grausamer Mensch* | *unbearbeitetes Werkstück* | *unbespielte CD, DVD* ‖ **Roh|ma|te|ri|al**

Roh|ne die, -/-n (reg., ugs.): *Rahne* ‖ **Roh|nen|sa|lat** (reg., ugs.): *Rahnensalat*

Roh|öl: *Erdöl* | *ungereinigtes Pflanzenöl* ‖ **Roh|öl|preis** ‖ **Roh|produkt**

Rohr das, -[e]s/-e: *zylindrischer Hohlkörper [zur Weiterleitung von Flüssigkeit]* | *Backrohr, Bratrohr* | *eine Pflanze, zB Schilf, Bambus; Sumpf, wo viel Schilf uÄ wächst, Röhricht* ‖ **Rohr|am|mer:** *ein Singvogel, Rohrspatz*

Rohr|bach (Siedlungsname): R. in Oberösterreich *(Stadt, Kfz: RO)*

Rohr|blatt (Mus.) ‖ **Rohr|blatt|in|st|ru|ment:** *Oboe, Klarinette ua.* ‖ **Rohr|bom|be:** *Sprengkörper aus einem Metallrohr* ‖ **Rohrbruch** ‖ **Rohr|dom|mel** die, -/-n: *ein reiherartiger Vogel* ‖ **Röh|re** die, -/-n: *ein zylindrischer Hohlkörper*

röh|ren: der röhrende *(brüllende)* Hirsch

Röh|ren|kno|chen ‖ **Röh|ren|pilz** ‖ **Röh|ren|stie|fel:** *Stiefel mit engem Schaft* ‖ **Rohr|ge|flecht** ‖ **Röh|richt** das, -s/-e: *Schilfdickicht* ‖ **Rohr|kol|ben:** *eine Pflanze* ‖ **Rohr|kre|pie|rer** der, -s/-: *Granate, die im Geschützrohr explodiert* ‖ **Röhrl** das, -s/-[n]: *[kleines] Rohr* | *Strohhalm;* Strohröhrl ‖ **Rohr|lei|tung** ‖ **Röhr|ling** der, -s/-e: *ein Pilz* ‖ **Röhrl|sa|lat** (K, St): *Löwenzahnblättersalat* ‖ **Rohr|nu|del** (reg., zB O, S): *Buchtel* ‖ **Rohr|post:** *Beförderung von Poststücken in Rohren* ‖ **Rohrsän|ger:** *ein Singvogel* ‖ **Rohrspatz:** *ein Vogel,* → *Rohrammer* | (ugs.) wie ein R. *(laut und heftig)* schimpfen ‖ **Rohr|stab** ‖ **Rohrsta|berl** ‖ **Rohr|stock** ‖ **Rohr|zucker:** *Zucker aus Zuckerrohr*

Roh|schin|ken: *ein luftgetrockneter Schinken* ‖ **Roh|sei|de:** *naturfarbene Seide* ‖ **roh|sei|den:** eine rohseidene Bluse ‖ **Roh|stahl** ‖ **Roh|stoff:** *Material, das weiterverarbeitet wird* ‖ **roh|stoff|arm** ‖ **Roh|stoff|man|gel** ‖ **Roh|stoffpreis** ‖ **roh|stoff|reich** ‖ **Roh-**

R

stoff|ver|sor|gung || **Roh|wurst** || **Roh|zu|cker:** *nicht raffinierter Zucker* || **Roh|zu|stand**
Ro|ko|ko [auch: 'rɔ-] das, -[s] ⟨fr.⟩: *Kunst- und Lebensstil im späten 18. Jh.*
Ro|land: *männl. Vorname*
Rolf: *männl. Vorname*
Rol|la|tor der, -s/-en [-'toː-] ⟨dt.+ lat.⟩: *eine Gehhilfe mit Rollen* || **Roll|bahn:** *Rollfeld* || **Roll|bal|ken:** *Rollladen;* den R. des Geschäftes herunterlassen || **Roll|bra|ten** || **Rol|le** die, -/-n: eine R. Papier | die R. des Schauspielers; keine R. spielen *(unwichtig sein);* aus der R. fallen *(sich unpassend benehmen)* || **rol|len:** eine rollende Kugel; rollende Landstraße *(Schwerverkehr auf Schienen); aber:* etwas ins **R**ollen *(in Gang)* bringen | der Donner rollt | (veraltet) Wäsche rollen *(glätten)* | (ostöst., ugs.) *necken, ärgern, hänseln* || **Rol|len|bild** (Psych.): *Vorstellung von der [sozialen, familiären] Rolle* || **Rol|len|fach:** *ein Fach in Film und Theater* || **Rol|len|kon|flikt** (Psych.): *aus den Widersprüchen der verschiedenen Rollen des Individuums entstehender innerer Konflikt* || **Rol|len|mo|dell** (Soz., Psych.): *Vorzeigeexemplar, [soziales] Vorbild* || **Rol|len|spiel** (bes. Psych., Didaktik): *spielerisches Nachahmen aus einer bestimmten Rolle heraus* || **Rol|len|tausch** || **Rol|len|ver|hal|ten** || **Rol|len|ver|tei|lung** || **Rol|len|wech|sel** [-ks-] || **Rol|ler** der, -s/-: *Motorroller, Tretroller* | *Rollbraten* || **Rol|ler|blade** [-bleɪd] der, -s/-s (meist Pl.) (Wz.): *ein spezieller Rollschuh, Inliner* || **Rol|ler|skate** [-skeɪt] der, -s/-s (meist Pl.): *Inliner* || **Roll|fäh|re:** *eine Überfuhr* || **Roll|feld:** *Start- und Landefläche für Flugzeuge* || **Roll|fuhr** die, -/-en: *Beförderung von Frachtgut zum und vom Bahnhof; das Frachtgut selbst* || **Roll|gers|te** = **Roll|gerstl:** *Gerstengraupen* || **Rol|li** der, -s/-s (sal.): *Rollkragenpullover* | *[Kinder]roller* | *Rollstuhl* || **rol|lie|ren:** *einen Stoff einrollen und umnähen* | *mit einer [Schotter]schicht drainagieren* | (Technik) *[ein Metallstück] zwischen sich drehenden Walzen glätten*
rol|lig: eine rollige *(brünstige)* Katze
Roll|kas|ten || **Roll|kom|man|do:** *motorisierter Einsatztrupp* || **Roll|kra|gen|pul|lo|ver** [-v-] || **Roll|la|den:** *Rollbalken* || **Roll|mops:** *gerollter marinierter Hering* || **Rol|lo** das, -s/-s = die, -/-s (frühere Schreibung: Rouleau): *aufrollbarer Vorhang; Rollbalken* || **Roll|schin|ken** || **Roll|schrank** || **Roll|schuh:** R. fahren || **Roll|splitt** || **Roll|stuhl** || **Roll|stuhl|fah|rer** || **Roll|stuhl|fah|re|rin** || **roll|stuhl|ge|recht:** *für Rollstuhlfahrer/innen zugänglich* || **Roll|stuhl|sport|ler** || **Roll|stuhl|sport|le|rin** || **Roll|trep|pe**
Rom[1] (it.: Roma): *Hauptstadt von Italien* | *Sitz des Papstes im Vatikanstaat*
Rom[2] der, -[s]/Roma [auch: -'aː] [Rom] ⟨indoarisch-Romanes⟩: *Angehöriger eines weltweit zerstreuten Volkes bzw. einer österreichischen Volksgruppe;* → Zigeuner; → Romni; → Roma und Sinti; → Romanes
ROM das, -[s]/-[s] (EDV): **R**ead **O**nly **M**emory *(Speicher, aus dem Daten nur gelesen werden können);* CD-ROM
Ro|ma die (Pl. von → Rom[2])
Ro|ma|dur der, -[s]/-[s] [-e] ⟨fr.⟩: *ein Käse*
Ro|man[1]**:** *männl. Vorname*
Ro|man[2] der, -[e]s/-e ⟨lat.-fr.⟩ (Lit.): *eine umfangreiche Prosaerzählung*
Ro|man[3] das, -[s] ⟨indoarisch-Romanes⟩: *das Romanes der Burgenland-Roma*
Ro|ma|na: *weibl. Vorname*
Ro|man|au|tor || **Ro|man|au|to|rin** || **Ro|man|ci|er** [-mɑ̃'sjeː] der, -s/-s (geh.): *Romanschriftsteller*
Ro|ma|ne der, -n/-n ⟨lat.⟩: *Angehöriger eines Volkes mit romanischer Sprache* | (CH) *Rätoromane*
Ro|ma|nes [auch: -'ɛs] das, - = Romani, -[s] ⟨indoarisch-Romanes⟩: *die Sprache der Roma und Sinti, Zigeunerisch;* → Roman[3]; → Rom[2]
Ro|man|fi|gur || **Ro|man|ge|stalt** || **Ro|man|held**
Ro|ma|ni = → Romanes
Ro|ma|nik die, - ⟨lat.⟩: *ein Kunststil des Mittelalters (10. bis 13. Jh.)* || **Ro|ma|nin** die, -/-innen || **ro|ma|nisch:** der romanische Stil | die romanischen Sprachen *(Italienisch, Französisch ua.)* | (CH) *rätoromanisch* || **Ro|ma|nisch** das, -[s] = **Ro|ma|ni|sche,** -n (CH): *das Schweizer Rätoromanische* || **ro|ma|ni|sie|ren:** *romanisch machen* | (Gesch.) *römisch machen* || **Ro|ma|nist** der, -en/-en: *Kenner (Lehrer) romanischer Sprachen und Literaturen* | *Kenner des römischen Rechts* || **Ro|ma|nis|tik** die, - || **Ro|ma|nis|tin** die, -/-innen || **ro|ma|nis|tisch**
Ro|man|li|te|ra|tur || **Ro|man|schrift|stel|ler** || **Ro|man|schrift|stel|le|rin:** eine bekannte R.
Ro|man|tik die, - ⟨lat.-fr.⟩: *eine europäische geistesgeschichtliche und literarische Bewegung (19. Jh.)* || **Ro|man|ti|ker** der, -s/- || **Ro|man|ti|ke|rin** die, -/-innen || **ro|man|tisch:** *der Romantik angehörend* | ein romantischer *(schwärmerischer)* Mensch; eine romantische *(malerische)* Gegend
Ro|man|ver|fil|mung
Ro|man|ze die, -/-n ⟨lat.-prov.-fr.⟩: *ein erzählendes Gedicht; ein Musikstück* | *ein romantisches Liebeserlebnis*
Ro|ma und Sin|ti die (Pl.) ⟨indoarisch-Romanes⟩: *ein weltweit zerstreutes Volk bzw. eine österreichische Volksgruppe;* → Rom[2]; → Roman[3]
Rö|mer der, -s/-: die alten *(antiken)* R. | *ein Weinglas* || **Rö|mer|topf** (Wz.): *ein Kochtopf aus Ton* || **Rö|mer|stein|bruch:** *Freilichttheater in St. Margarethen (B)* || **Rö|mer|stra|ße** || **Rö|mer|ther|me:** *Therme in Baden bei Wien* || **rö|misch:** römische Ziffern | (ugs.) einen römischen Einser bekommen *(bestens beurteilt werden); aber:* das **R**ömische Reich || **rö|misch-ka|tho|lisch** (r.-k., röm.-kath., *auch:* r. k., rk): die römisch-katholische Kirche || **röm.-kath.: rö**misch-**kath**olisch
Rom|mee = Rommé das, -s/-s ⟨fr.⟩ (bes. D): *Rummy*
Rom|ni die, -/-a ⟨indoarisch-Romanes⟩: *weibl. Form von Rom*[2]
Ron|deau [-'doː] das, -s/-s ⟨fr.⟩: *rundes Beet* | *runder Platz* || **Ron|dell** das, -s/-e: *kreisförmige [Garten]anlage* || **Ron|do** das, -s/-s ⟨it.⟩: *ein Musikstück* || **Ron|do|form** (Mus.)
rönt|gen: *mit Röntgenstrahlen durchleuchten, röntgenisieren (nach dem deutschen Physiker Röntgen);* die Hand musste geröntgt [-ŋkt, -nçt] werden || **Rönt|gen** das, -s/-: *Kurzwort für Röntgenbild, Röntgenuntersuchung;* → Roentgenium || **Rönt|gen|arzt:** *Röntgenologe* || **Rönt|gen|ärz|tin** || **Rönt|gen|auf|nah|me** || **Rönt-**

R

gen|be|fund: *Ergebnis einer Röntgenuntersuchung* ‖ **Rönt|gen|be|strah|lung** ‖ **Rönt|gen|bild** ‖ **Rönt|gen|ge|rät** ‖ **rönt|ge|ni|sie|ren:** *röntgen* ‖ **Rönt|ge|no|lo|ge** der, -n/-n: *Facharzt für die Anwendung von Röntgenstrahlen;* → Radiologe ‖ **Rönt|ge|no|lo|gin** die, -/-innen ‖ **Rönt|gen|strah|len** die (Pl.) ‖ **Rönt|gen|the|ra|pie**

Roo|kie ['ru:ki] der, -s/-s (sal.) ⟨engl.⟩: *Anfänger*

Roo|ming-in = **Roo|ming|in** ['ru:-] das, -s/-s ⟨engl.⟩: *Unterbringung von Kind und Mutter in einem Krankenhauszimmer*

Roque|fort [rɔk'fo:ɐ, 'rɔ-] der, -s/-s: *ein Käse (nach einem französischen Ort)*

Ro|ra|te die, -/-n ⟨lat.⟩ (kath.): *eine Messe im Advent* ‖ **Ro|ra|te|mes|se** (kath.)

ro|sa

⟨lat.⟩: *blassrot*

Das Farbadjektiv wird nicht dekliniert:

- ein rosa Kostüm (oder: ein rosafarbenes Kostüm)
- die rosa Bluse
- rosa Servietten
- der rosa Schein *(Papierführerschein)*

Ro|sa[1], *auch:* Rosi: *weibl. Vorname* ‖ **Ro|sa**[2] das, -[s]/-: *eine Farbe, Blassrot;* → Pink ‖ **ro|sa|far|ben** ‖ **Ro|sa|lia** = **Ro|sa|lie** [-iɛ]: *weibl. Vorname;* → Sali ‖ **Ro|sa|li|en|ge|bir|ge** (B, N) ‖ **Ro|sa|ri|um** das, -s/Rosarien [-iɛn]: *Rosengarten* ‖ **ro|sa|rot** ‖ **Rös|chen** das, -s/-: *kleine Rose, Röserl* ‖ **Ro|se** die, -/-n: *eine Blume;* Alpenrose | *eine Sträuchergattung* | *essbarer Teil des Karfiols* | (Küchenspr.) *eine Fleischsorte* ‖ **ro|sé** ⟨lat.-fr.⟩: *zartrosa, altrosa; rosig* ‖ **Ro|sé**[1] das, -[s]/-: *eine Farbe;* eine Bluse in R. ‖ **Ro|sé**[2] der, -s/-s: *blassroter Wein* ‖ **Ro|sen|busch** ‖ **Ro|sen|gar|ten:** *Teil der Dolomiten in Südtirol* | *Rosarium* ‖ **Ro|sen|he|cke** ‖ **Ro|sen|kä|fer:** *eine Käferart mit glänzenden Flügeldecken* ‖ **Ro|sen|kohl** (D): *Sprossenkohl;* → Kohlsprosse ‖ **Ro|sen|kranz** (kath.): *eine bestimmte Reihenfolge von Gebeten;* den R. beten | *eine Perlenkette mit Kreuz* ‖ **Ro|sen|krieg** (ugs.): *schwerer Ehekonflikt* | (nur Pl.) (Gesch.) *eine Periode in der englischen Geschichte* ‖ **Ro|sen|öl** ‖ **Ro|sen|quarz:** *ein Schmuckstein* ‖ **ro|sen|rot** ‖ **Ro|sen|stock** ‖ **Ro|sen|strauch** ‖ **Ro|sen|tal:** *Landschaft am Flusslauf der Drau in Unterkärnten* ‖ **Rö|serl** das, -s/-[n]: *Röschen;* Kohlröserl ‖ **Ro|set|te** die, -/-n: *rosenförmige Verzierung;* Blattrosette ‖ **Ro|sé|wein:** *Rosé* ‖ **Ro|si** → Rosa ‖ **ro|sig:** ein rosiges Gesicht; r. weiß | die Zukunft r. *(günstig)* sehen

Ro|si|ne die, -/-n ⟨lat.-fr.⟩: *eine getrocknete Weinbeere* ‖ **Ro|si|nen|brot**

Ros|ma|rin ['ro(:)-, -'i:n] der, -s ⟨lat.⟩: *eine immergrüne Gewürzpflanze*

Ross das, -es/Rösser (geh.: Rosse): *Pferd;* hoch zu R.; auf dem hohen R. sitzen *(eingebildet, hochmütig sein)* ‖ **Ross|ap|fel:** *Pferdekot* ‖ **Ross|brei|ten** die (Pl.): *windarme Zonen der subtropischen Meere* ‖ **Ros|se|bän|di|ger** (geh.) ‖ **Rös|sel** das, -s/-n: *[kleines] Ross* | *eine Schachfigur, Springer* ‖ **Rös|sel|sprung:** *ein Zug im Schachspiel* | *eine Rätselart* ‖ **Ross|haar** ‖ **Ross|haar|mat|rat|ze** ‖ **Ross|kas|ta|nie** [-iɛ]: *ein Laubbaum* | *dessen Frucht* ‖ **Ross|kot|zen** (reg.): *Pferdedecke* ‖ **Ross|kur** (ugs.): *Kur mit starken, außergewöhnlichen Mitteln* ‖ **Ross|na|tur** (ugs.): eine R. haben *(sehr robust sein)* ‖ **Ross|schwanz:** → *Pferdeschwanz* ‖ **Ross|schweif** ‖ **Ross|täu|scher** der, -s/- (abw.): *betrügerischer Händler; unredlicher Partner* ‖ **Ross|täu|sche|rei** die, -/-en (abw.) ‖ **Ross|täu|sche|rin** die, -/-innen (abw.)

Rost[1] der, -[e]s/-e: *ein Gitter [im Ofen]* ‖ **Rost**[2] der, -[e]s: *rotbraune Zersetzungsschichte auf Eisen* | *eine Pflanzenkrankheit* ‖ **rost|be|stän|dig**

Rost|bra|ten: *eine Rindfleischsorte* | *eine Speise*

rost|braun: *rostfärbig* ‖ **Rost|braun** das, -[s]/-: ein Schal in R. ‖ **ros|ten:** rostendes Eisen; → nicht rostend = nichtrostend

rös|ten: geröstete Leber ‖ **Rös|ter** der, -s/-: *Marmelade aus grob zerkleinertem Steinobst;* Zwetschkenröster; Beerenröster ‖ **Röst|erd|ap|fel**

Rost|fleck ‖ **rost|frei:** rostfreier Stahl

Rös|ti [-st-, auch: 'rø:ʃti] die (Pl.) (bes. CH): *geröstete Erdäpfel, Geröstete*

ros|tig: ein rostiger Nagel

Röst|kar|tof|feln die (Pl.): *geröstete Erdäpfel, Rösti*

Rost|kü|bel (ugs., scherzh.): *klappriges altes Auto* ‖ **Rost|schüs|sel** (ugs., scherzh.): *Rostkübel* ‖ **Rost|schutz|mit|tel** ‖ **Rost|um|wand|ler**

Ros|wi|tha: *weibl. Vorname*

rot,

röter [roter]/am rötesten [rotesten]: roter Wein; der rote Faden *(der Leitgedanke);* rote Blutkörperchen | (Wirt.) das Unternehmen ist in die roten Zahlen gekommen *(es arbeitet mit Verlusten, bilanziert negativ)*

Großschreibung bei Nominalisierung:

- ein **R**oter *(zB Anhänger der SPÖ)*
- mir steht **R**ot am besten (Frage *Welche Farbe?*)
- die Ampel steht auf/zeigt **R**ot
- bei **R**ot stehen bleiben
- ein Glas vom **R**oten trinken *(Rotwein)* R→ S. 892, 2.2

Klein- und Großschreibung:

- rot (= **R**ot) wählen (Frage *Wie?* oder *Was?*) (Pol.: *zB die SPÖ*) R→ S. 893, 2.2.3

Großschreibung in Eigennamen und in bestimmten fachsprachlichen Verbindungen:

- das **R**ote Meer
- das **R**ote Kreuz
- die **R**ote Rübe
- die **R**ote Armee (in der Sowjetunion)
- die **R**ote (*auch:* rote) Karte (zB im Fußball: *Zeichen für Ausschluss eines Spielers*)
- die **R**ote Liste *(Verzeichnis der vom Aussterben bedrohten Arten)* R→ S. 895, 4.1 bzw. S. 896, 4.3

Getrenntschreibung bei wörtlicher Bedeutung:

- rot werden *(vor Scham erröten)*
- rot leuchten

Zusammenschreibung bei übertragener Bedeutung:

- rotsehen (sal.: *wütend werden*) R→ S. 900, 1.5.1

Getrennt- und Zusammenschreibung mit adjektivisch gebrauchten Partizipien:

- ein rot glühender (= rotglühender) Sonnenuntergang
- rot geweinte (= rotgeweinte) Augen R→ S. 903, 2.2.1

Rot das, -[s]/-: er ist in Rot gekleidet; → rot ‖ **Rot|al|ge** (Bot.)

R

Rotang der, -s/-e ⟨mal.⟩: *Peddigrohr*

Rotarier der, -s/- ⟨lat.-engl.⟩: *Mitglied des Rotary Clubs* ‖ **Rotarierin** die, -/-innen

Rotarmist der, -en/-en (früher): *Soldat der Roten Armee (Sowjetunion)* ‖ **Rotarmistin** die, -/-innen (früher)

Rotary Club [-i k-, ˈrəʊtəri ˈklʌb] der, - -s ⟨engl.⟩: *internationale Organisation, die sich für humanitäre Hilfe und Wohltätigkeit einsetzt*

Rotation [-tsi̯-] die, -/-en ⟨lat.⟩: *Umdrehung, Umlauf;* → rotieren ‖ **Rotationsbewegung** ‖ **Rotationsfläche** (Math.) ‖ **Rotationskörper** (Math.): *zB Zylinder, Kegel* ‖ **Rotationsmaschine:** *eine Druckmaschine [zum Zeitungsdruck]* ‖ **Rotationsprinzip:** *regelmäßiger Wechsel in der Amtsausübung oder in einem Ausbildungsgang*

Rotauge: *ein Fisch, Plötze* ‖ **rotbackig:** *rotwangig* ‖ **Rotbarsch:** *ein Meeresfisch* ‖ **rotblond** ‖ **rotbraun** ‖ **Rotbuche** ‖ **Rote**[1] der, -n/-n, ein Roter (ugs.) (Pol.): *Anhänger einer sozialistisch geprägten politischen Richtung, zB der SPÖ* | *Kommunist;* → rot ‖ **Rote**[2] die, -n/-n ‖ **Rote**[3] das, -n ‖ **Röte** die, -: die Farbe verliert an R. ‖ **Rote Kreuz** das, -n -es: *eine internationale Hilfsorganisation* ‖ **Rote-Kreuz-Schwester** die, Rote[n]-Kreuz-Schwester/Rote[n]-Kreuz-Schwestern = Rotkreuzschwester ‖ **Rötel** der, -s/-: *eine rote Kreide; Rötelzeichnung* ‖ **Röteln** die (Pl.) (Med.) : *eine Infektionskrankheit* ‖ **Rote Meer** das, -n -[e]s ‖ **röten:** gerötete Augen; die Haut rötet sich ‖ **Rote Rübe** die, -n -/-n -n: *eine Gemüsepflanze;* → Bete ‖ **Rote-Rüben-Salat** der, Rote[n]-Rüben-Salat[e]s/Rote[n]-Rüben-Salate ‖ **Rotfeder:** *ein Fisch* ‖ **Rotfeuerfisch:** *ein (giftiger) Aquarienfisch* ‖ **Rotfilter:** mit einem R. fotografieren ‖ **rotgesperrt** (im Fußball): *nach einer roten Karte gesperrt* ‖ **rot gestreift** = **rotgestreift** ‖ **rot geweint** = **rotgeweint** → rot ‖ **Rotgipfler** der, -s/-: *eine Reb- und Weinsorte* ‖ **rot glühend** = **rotglühend:** ein rot glühender (= rotglühender) Sonnenuntergang; *aber fachspr. nur:* rotglühendes Eisen ‖ **Rotglut** ‖ **Rotgold** ‖ **Rotgrünblindheit** ‖ **rothaarig** ‖ **Rothaut** (veraltet bzw. abw.): *Indianer* ‖ **Rothirsch:** *eine Hirschart, Rotwild*

rotieren ⟨lat.⟩: *sich um eine Achse drehen;* → Rotation

Rotisserie die, -/-n ⟨fr.⟩: *Grillrestaurant*

Rotkäppchen das, -s: *eine Märchenfigur* ‖ **Rotkehlchen** das, -s/-: *ein Singvogel* ‖ **Rotkohl** (nördl. D): *Rotkraut* ‖ **Rotkraut:** *Blaukraut* ‖ **Rotkreuzschwester** = → Rote-Kreuz-Schwester ‖ **Rotlauf** der, -[e]s: *eine Infektionskrankheit [der Schweine]* ‖ **rötlich:** r. blau ‖ **Rotlicht:** bei R. über die Kreuzung fahren ‖ **Rotlichtbezirk:** *Gegend, in der Prostitution ausgeübt wird* ‖ **Rotlichtmilieu** [-li̯øː] ‖ **Rotlichtsünder** (sal.): *Lenker, der bei Rot über die Kreuzung fährt* ‖ **Rotlichtsünderin** (sal.) ‖ **Rotlichtszene:** *der Bereich von Prostitution und Zuhälterei* ‖ **Rotlichtviertel**

Rotor der, -s/-en [-ˈtoː-] ⟨lat.-engl.⟩: *sich drehender Teil einer elektrischen Maschine* | *Drehflügel des Hubschraubers*

Rotschwanz = **Rotschwänzchen** das, -s/-: *ein Singvogel* ‖ **rotsehen,** sah rot/hat rotgesehen (sal.): *wütend werden* ‖ **Rotstift:** *ein Farbstift;* den R. ansetzen *(einsparen, streichen, korrigieren)*

Rotte die, -/-n (abw.): *Schar; Bande* | (reg.) *abgelegener Teil einer Dorfgemeinde* | *Abteilung; Trupp*

Rottenmann: *Stadt in der Steiermark*

Rottweiler der, -s/-: *eine Hunderasse*

Rotunde die, -/-n ⟨lat.⟩: *ein Rundbau*

Rötung die, -/-en ‖ **Rotverschiebung** (Phys.): *die Verschiebung von Spektrallinien nach längeren Wellenlängen;* → G.: Blauverschiebung ‖ **rotwangig** ‖ **Rotwein** ‖ **rotweißrot** = **rot-weiß-rot:** die rotweißrote/rot-weiß-rote Fahne; *aber:* die Fahne Rotweißrot/Rot-Weiß-Rot ‖ **Rotweißrot** = **Rot-Weiß-Rot** ‖ **Rot-Weiß-Rot-Card** [-k-] (RWR-Card): *Berechtigung zur Niederlassung und Beschäftigung in Österreich);* → Blue Card

Rotwelsch das, -[s] = **Rotwelsche,** -n: *Gaunersprache*

Rotwild (Jägerspr.): *Rothirsch*

Rotz der, -es: *eine Tierkrankheit* | *Nasenschleim* | (ugs.) R. und Wasser heulen ‖ **Rotzbub:** *ein derbes Schimpfwort* ‖ **rotzen** (derb): *sich lautstark schnäuzen;* das Kind rotzt ‖ **Rotzgob** (V, mda.): *Rotzbub* ‖ **rotzig** (derb) ‖ **Rotzlöffel:** *ein derbes Schimpfwort* ‖ **Rotzmensch** das, -[s]/-er (reg., mda.): *ein derbes Schimpfwort* ‖ **Rotznase** (ugs., derb) ‖ **Rotznickel** = **Rotznigel** (reg.): *ein derbes Schimpfwort* ‖ **Rotzpipe,** *auch:* **Rotzpipen:** *ein derbes Schimpfwort*

Rouge [ruːʃ] das, -s/-s ⟨fr.⟩: *rote Schminke;* R. auflegen

Roulade [ru-] die, -/-n ⟨fr.⟩: *eine eingerollte Fleisch- oder Mehlspeise*

Roulett [ru-] das, -[e]s/-e [-s] = **Roulette** [-ˈlɛt], -s/-s ⟨fr.⟩: *ein Glücksspiel*

Round-Table-Konferenz [raʊnd-ˈteɪbl-] ⟨engl.+lat.⟩: *Beratung zwischen Gleichberechtigten [am runden Tisch]*

Route [ˈruː-] die, -/-n ⟨fr.⟩: *Marsch-, Reiseweg* ‖ **Routenplan:** *Streckeninformation für [Auto]reisende* ‖ **Routenplaner** ‖ **Router** der, -s/- ⟨fr.-engl.⟩ (EDV): *Gerät, das Daten von einem Netzwerk zu einem anderen leitet* ‖ **Routine** [-n(ɛ)] die, - ⟨fr.⟩: *besondere Geläufigkeit, Geschicklichkeit;* zur R. *(Gewohnheit)* werden ‖ **Routineangelegenheit** ‖ **Routinekontrolle** ‖ **routinemäßig** ‖ **Routinesache** ‖ **Routineuntersuchung:** *normale Untersuchung* ‖ **Routinier** [-ˈni̯eː] der, -s/-s: *erfahrener, geübter Mensch* ‖ **routiniert:** *gewandt, erfahren*

Rowdy [ˈraʊdi] der, -s/-s ⟨engl.⟩: *rücksichtsloser, gewalttätiger Mensch* ‖ **rowdyhaft** ‖ **Rowdytum** das, -s

royal [roˈjaːl, ro̯a-] ⟨fr.⟩: *königlich* ‖ **Royalismus** der, -: *Königstreue* ‖ **Royalist** der, -en/-en ‖ **Royalistin** die, -/-innen ‖ **Royals** [ˈrɔjəlz] die (Pl.) ⟨fr.-engl.⟩: *Angehörige des britischen Königshauses*

Rp.: recipe

RSa-Brief [ɛr ɛs ˈaː-]: *Brief, der einem Adressaten nur persönlich ausgehändigt wird, blauer Brief* ‖ **RSb-Brief** [ɛr ɛs ˈbeː-]: *Brief, der an jede erwachsene Person, die beim Empfänger wohnt, zugestellt werden kann, weißer Brief* ‖ **RS-Brief** [ɛr ˈɛs-]: **Rück**schein-

R

brief
RTF [ɛr te 'ɛf] (EDV): **R**ich **T**ext **F**ormat *(ein Datenformat für den Austausch elektronischer Textdokumente)*
Ru: Ruthenium
rubato ⟨it.⟩ (Mus.): *in Tempo und Ausdruck frei*
Rubbellos: *ein Lotterielos* ‖ **rubbeln,** ich rubble: *rippeln* ‖ **Rubbelspiel**
Rübe die, -/-n: Rote, Gelbe, Weiße R.
Rubel der, -s/- ⟨russ.⟩: *eine Geldeinheit in Russland*
Rübenkraut (reg., zB T): *mit weißen Rüben verschnittenes Sauerkraut* ‖ **Rübenvollernter** der, -s/- (Landw.): *eine Maschine* ‖ **Rübenzucker:** *Zucker aus Zuckerrüben*
Rübezahl der, -s: *eine Sagengestalt*
rüber (ugs.): *herüber* | *hinüber* ‖ **rüberbringen** (ugs.): etwas gut r. *(vermitteln); herüberbringen* | *hinüberbringen* ‖ **rüberfahren** (ugs.): *herüberfahren* | *hinüberfahren* ‖ **rübergeben** (ugs.): *herübergeben* | *hinübergeben* ‖ **rüberholen** (ugs.): *herüberholen* | *hinüberholen* ‖ **rüberklettern** (ugs.): *herüberklettern* | *hinüberklettern* ‖ **rüberkommen** (ugs.): *herüberkommen* | *hinüberkommen* ‖ **rüberspringen** (ugs.): *herüberspringen* | *hinüberspringen* ‖ **rüberwerfen** (ugs.): *herüberwerfen* | *hinüberwerfen*
Rubidium das, -s ⟨lat.⟩ (Zeichen: Rb): *ein chemisches Element*
Rubikon (in der Wendung): den R. überschreiten *(einen wichtigen, entscheidenden Schritt tun; nach einem römischen Grenzfluss)*
Rubin der, -s/-e ⟨lat.⟩: *ein Edelstein* ‖ **Rubinhochzeit:** *40-jähriges Hochzeitsjubiläum* ‖ **rubinrot**
Rubrik die, -/-en ⟨lat.⟩: *Spalte, Reihe [in einer Tabelle]* | (Jus) → *Halbschrift* ‖ **rubrizieren:** *einordnen*
ruchbar (geh.): ein Verbrechen wird r. *(bekannt);* r. machen ‖ **ruchlos** (geh.): eine ruchlose *(niederträchtige)* Tat ‖ **Ruchlosigkeit** die, -/-en (geh.)
Ruck der, -[e]s/-e: mit einem R. *(plötzlich);* sich einen R. geben *(sich überwinden)*
Rückansicht: *Ansicht der Rückseite;* → Vorderansicht
Rückantwort: *[schriftliche] Antwort*
ruckartig: ruckartige *(plötzliche, kurze)* Bewegungen
Rückbank die, -/-bänke
rückbauen (nur Inf. und Part.) (fachspr.): eine Straße r. *(sie verschmälern);* eine Flussregulierung r. *(teilweise beseitigen)* ‖ **Rückbesinnung** ‖ **rückbezüglich** (Gramm.): *reflexiv;* rückbezügliches Fürwort *(Reflexivpronomen)* ‖ **Rückbildung:** die R. des Tumors ‖ **Rückblende:** *ein Rückblick [im Film]* ‖ **Rückblick:** ein R. auf das vergangene Jahr ‖ **rückdatieren**
rücken: den Sessel in die Ecke r.
Rücken der, -s/-: jemandem den R. kehren *(sich von ihm abwenden);* jemandem den R. decken/freihalten *(jemanden vor Anschuldigungen schützen);* in den R. fallen *(jemanden überraschend angreifen);* sie macht alles hinter meinem R. *(ohne mein Wissen)* | (Sport) *Kurzwort für Rückenschwimmen* | (Geogr.) *Bergrücken* ‖ **Rückendeckung:** jemandem R. geben *(jemanden absichern)* ‖ **Rückendekolletee** [-l'teː] = Rückendekolleté ‖ **Rückenflosse:** die R. des Haifischs ‖ **rückenfrei:** ein rückenfreies Abendkleid ‖ **Rückenkraulen** (Sport): *ein Schwimmstil* ‖ **Rückenlage:** in R. schlafen ‖ **Rückenlehne** ‖ **Rückenmark** ‖ **Rückenschmerz** ‖ **Rücken schwimmen** = **rückenschwimmen** (meist nur Inf. und Part.): ich schwimme Rücken; sie ist 100 m R. geschwommen (= rückengeschwommen) ‖ **Rückenschwimmen** das, -s (Sport) ‖ **Rückenschwimmer** (Zool.): *eine Wasserwanze*
Rückentwicklung
Rückenwind: *Wind von hinten*
Rückerinnerung: *Erinnerung* ‖ **Rückeroberung** ‖ **rückerstatten:** *zurückgeben* ‖ **Rückerstattung** die, -/-en ‖ **Rückfahrkarte** ‖ **Rückfahrsummer:** *Warnsignal rückwärtsfahrender Lkws* ‖ **Rückfahrt** ‖ **Rückfall** ‖ **rückfällig:** nach dem Drogenentzug r. werden *(wieder in das gleiche Fehlverhalten verfallen)* ‖ **Rückfallquote** ‖ **Rückfalltäter** ‖ **Rückfalltäterin** ‖ **Rückflug** ‖ **Rückforderung** ‖ **Rückfrage** ‖ **rückfragen,** sie hat rückgefragt (nur Inf. und Part.) ‖ **Rückfront:** *Hinterseite eines Gebäudes, Hinterfront* ‖ **Rückfuß:** *Fußwurzel* ‖ **Rückgabe** ‖ **Rückgaberecht** ‖ **Rückgang:** ein R. *(Sinken)* der Temperatur ‖ **rückgängig:** eine Vereinbarung r. machen *(sie widerrufen)* ‖ **Rückgewinnung**
Rückgrat: *Wirbelsäule;* kein R. haben *(keinen festen Standpunkt haben);* R. zeigen *(zu seiner Meinung stehen)* ‖ **Rückgratverkrümmung** (Med.)
Rückgriff: ein R. auf frühere Ereignisse ‖ **Rückhand** (Sport): *Backhand* ‖ **Rückhalt** der, -[e]s: R. *(Hilfe, Unterstützung)* suchen ‖ **rückhaltlos** = **rückhaltslos:** r. *(offen, ohne Einschränkung)* für etwas eintreten ‖ **Rückholdienst:** das Auto mit dem R. zurückbringen ‖ **Rückkaufsrecht** ‖ **Rückkehr** die, - ‖ **rückkoppeln** ‖ **Rückkoppelung,** *auch:* **Rückkopplung:** *Steuerung eines Vorgangs durch Rückmeldung der Ergebnisse, zB Selbstverstärkung in der Funktechnik* ‖ **Rückkunft:** *Rückkehr*
Rücklage: beim Skifahren in R. geraten | eine R. *(Geldreserve)* schaffen | (Wirt.) steuerfreie Rücklagen *(nicht ausgeschüttete Gewinne)*
rückläufig: die Einnahmen sind r. *(gehen zurück)* ‖ **Rücklicht**
rücklings: *nach hinten; von hinten*
Rückmeldung: *Antwort* ‖ **Rückpass** (Sport) ‖ **Rückporto:** R. *(Postwertzeichen für die Antwort)* liegt bei ‖ **Rückreise** ‖ **Rückruf** ‖ **Rückrunde** (Sport) → Hinrunde
Rucksack ‖ **Rucksackprinzip** (Amtsspr.): *Bestimmung über die Mitnahme der Abfertigung unter bestimmten Voraussetzungen* **Rucksacktourist** [-tuː-] ‖ **Rucksacktouristin**
Rückschau die, -: *Rückblick;* R. halten | *Retrospektive* ‖ **Rückscheinbrief** (RS-Brief): *Brief mit Übernahmsbestätigung für den Absender;* → RSa-Brief; → RSb-Brief ‖ **Rückschlag:** einen R. erleiden *(im Fortkommen zurückfallen)* ‖ **Rückschluss:** *logische Folgerung* ‖ **Rückschritt:** *Rückkehr zu einem schlechteren Zustand* ‖ **rückschrittlich:** *den Fortschritt ablehnend* ‖ **Rückseite** ‖ **rückseitig** ‖ **Rücksendung** ‖ **Rücksicht:** mit/ohne R.; auf etwas R. nehmen ‖ **Rücksichtl** → Hinsichtl ‖ **Rücksicht-**

R

nahme die, - ‖ **rücksichtslos** ‖ **Rücksichtslosigkeit** die, -/-en ‖ **rücksichtsvoll** ‖ **Rücksitz** ‖ **Rückspiegel:** in den R. des Autos schauen ‖ **Rückspiel** (Sport): *Retourspiel;* → Hinspiel ‖ **Rücksprache:** etwas durch eine R. *(durch ein Gespräch)* klären ‖ **Rückstand:** mit Zahlungen im R. *(im Verzug)* sein, in R. kommen | Fleisch auf Rückstände *(Reste)* von Medikamenten untersuchen | (Sport) den R. nicht mehr aufholen können ‖ **Rückstandsausweis** (Jus): *Bescheid über ausstehende Zahlungen (ein Exekutionstitel)* ‖ **rückständig:** ein rückständiges *(in der Entwicklung zurückliegendes)* Land | *rückschrittlich* ‖ **Rückstau:** ein R. an der Stadteinfahrt ‖ **Rückstellung** (Wirt.): *ungewisse wirtschaftliche Verbindlichkeiten, die aber in der Buchhaltung berücksichtigt werden* ‖ **Rückstoß** (Phys.): *durch den Ausstoß von Masse ausgeübte Kraft; Antriebskraft einer Rakete* ‖ **Rückstrahler:** *Licht reflektierendes Warnzeichen [an Fahrzeugen]* ‖ **Rückstufung** die, -/-en: *Zurückstufung* ‖ **Rücktaste** ‖ **Rücktransport** ‖ **Rücktritt:** der R. einer Regierung | beim Radfahren mit dem R. bremsen ‖ **Rücktrittbremse** ‖ **Rücktrittsdrohung** ‖ **Rücktrittserklärung:** die R. des Ministers ‖ **Rücktrittsfrist** ‖ **Rücktrittsgesuch** ‖ **Rücktrittsrecht:** das R. von einem Vertrag ‖ **Rücktrittsversicherung:** *Stornoversicherung* ‖ **Rückübersetzung:** *Übersetzung in die Originalsprache* ‖ **Rückumschlag:** *Briefumschlag für die Antwort* ‖ **rückvergüten:** ich rückvergüte den Betrag; die Summe wurde nicht rückvergütet ‖ **Rückvergütung** ‖ **rückversichern:** du musst dich r. *(dich nach allen Seiten absichern)* ‖ **Rückversicherung** ‖ **Rückverweisung** ‖ **Rückwand:** *Hinterwand* ‖ **rückwärtige:** die r. *(die hintere)* Plattform | (Mil.) r. Verbindungen *(Nachschublinien)*

rückwärts:

nach hinten; mit der Rückseite voran

Getrenntschreibung, wenn die Hauptbetonung auf dem Verb liegt:
- rückwärts einparken
- rückwärts einsteigen (veraltend für: *hinten*)

Zusammenschreibung, wenn die Betonung auf „rückwärts" liegt:
- rückwärtsfahren
- rückwärtsgewandte Anschauungen *(die sich an der Vergangenheit orientieren)*
- wir sind drei Schritte rückwärtsgegangen

R→ S. 899, 1.3

Rückwärtsbewegung ‖ **rückwärtsfahren** ‖ **Rückwärtsgang:** der R. beim Auto ‖ **rückwärtsgehen** ‖ **rückwärtsgewandt** → rückwärts ‖ **Rückweg**
ruckweise: sich r. *(in Rucken)* fortbewegen
Rückwendung ‖ **rückwidmen:** Bauland wurde in Grünland rückgewidmet ‖ **Rückwidmung** ‖ **rückwirkend** ‖ **Rückwirkung** ‖ **rückzahlbar** ‖ **Rückzahlung** ‖ **Rückzieher** der, -s/-: einen R. machen *(einlenken, nachgeben, eine Zusage zurückziehen)*
ruck, zuck (ugs.): das geht r., z. *(sehr schnell)*
Rückzug: den Truppen den R. abschneiden ‖ **Rückzugsgebiet:** *abgelegene Gegend, wo sich Altertümliches erhalten hat;* R. für gefährdete Tierarten ‖ **Rückzugsgefecht**
Rucola [-k-] = Rukola der, -[s] = die, - ⟨it.⟩: *eine Salatpflanze, Senfrauke* ‖ **Rucolasalat** = Rukolasalat
Rud die, -/-en (O) (Volksk.): *eine Burschengemeinschaft*
rüd = **rüde:** ein rüdes *(rohes, grobes)* Benehmen
Rüde der, -n/-n: *männlicher Hund*
Rudel das, -s/-: ein R. *(eine Gruppe)* Hirsche ‖ **rudelweise**
Ruder das, -s/-: *Stange zum Fortbewegen in einem Boot | Steuerruder;* das R. herumreißen *(den eingeschlagenen Kurs wechseln);* ans R. *(an die Macht)* kommen
Ruderalfläche ⟨lat.⟩ (fachspr.): *von menschlicher Tätigkeit stark beeinflusste, aber nicht kultivierte Fläche, zB Industrie- und Verkehrsanlagen* ‖ **Ruderalpflanze:** *für Ruderalflächen typische Pflanze*
Ruderboot ‖ **Ruderer** der, -s/- ‖ **Ruderin** die, -/-innen ‖ **Ruderleibchen** = **Ruderleiberl:** *ein ärmelloses T-Shirt* ‖ **rudern:** er *ist* über den See gerudert; sie *hat* das Boot gerudert ‖ **Ruderregatta** ‖ **Rudersport**
Rudi: *männl. Vorname (Rudolf)*
Rüdiger: *männl. Vorname*
Rudiment das, -[e]s/-e ⟨lat.⟩: *Rest, Überbleibsel* | (Biol.) *rückgebildetes, verkümmertes Organ* ‖ **rudimentär**
Rudolf: *männl. Vorname;* → Rudi ‖ **Rudolfine:** *weibl. Vorname*
Rudolfsheim-Fünfhaus: *15. Bezirk Wiens*
Ruf der, -[e]s/-e: der R. des Kuckucks | einen guten R. haben *(allgemein geachtet sein)* | *Berufung [an eine Universität]* ‖ **Rufbereitschaft:** *Journaldienst am Telefon*
Rüfe die, -/-n (V, CH): *Erdrutsch, Mure*
rufen, rief/gerufen: bravo (= Bravo) r. | sie ruft nach dir | um Hilfe r.; du kommst [mir] wie gerufen | einen Verein ins Leben r. *(gründen)*
Rüffel der, -s/-: einen R. *(einen groben Verweis)* bekommen
Rufmord: *schwere Verleumdung* ‖ **Rufname,** *auch:* **Rufnamen:** *Vorname* ‖ **Rufnummer:** *Telefonnummer* ‖ **Rufnummernanzeige:** *Anzeige der anrufenden Telefonnummer auf einem Display* ‖ **Rufnummernmitnahme** ‖ **Rufnummernspeicher** ‖ **Rufpreis:** *Ausrufpreis* ‖ **Rufsatz** (veraltet): *Aufforderungssatz* ‖ **Rufschädigung** ‖ **Rufweite** ‖ **Rufzeichen** (!): *Ausruf[ungs]zeichen*
Rugby [ˈrʌgbi] das, -[s] ⟨engl.⟩: *ein Ballspiel;* R. spielen
Rüge die, -/-n (geh.): *Tadel* ‖ **rügen** (geh.)
Ruhe die, -: jemanden aus der R. bringen *(nervös machen)* | sich zur R. setzen *(aus dem Berufsleben ausscheiden)* | (geh.) der R. pflegen *(ausruhen);* die ewige R. *(der Tod)* ‖ **Ruhebezug:** *Pension* ‖ **Ruhegenuss** (Amtsspr.): *Beamtenpension* ‖ **Ruhegenussbemessungsgrundlage** (Amtssspr.) ‖ **ruhegenussfähig** (Amtsspr.): *für die Beamtenpension anrechenbar* ‖ **Ruhelage:** den Körper in R. bringen | ein Haus in R. *(ruhiger Wohnlage)* ‖ **ruhelos:** r. auf und ab gehen ‖ **ruhen:** die Toten r. lassen; → ruht ‖ **ruhen lassen** = **ruhenlassen:** ein Verfahren ruhen lassen *(nicht bearbeiten)* ‖ **Ruhensbestimmungen** die (Pl.):

R

gesetzliche Bestimmungen [über eine Pensionskürzung] ‖ **Ruhepause** ‖ **Ruhestand** der, -[e]s: ein Beamter im Ruhestand (i. R.) ‖ **Ruheständler** der, -s/- ‖ **Ruheständlerin** die, -/-innen ‖ **Ruhestandsversetzung** (Amtsspr.): *Pensionierung von Beamten* ‖ **Ruhestätte** (geh.): die letzte R. *(das Grab)* ‖ **Ruhestellung** ‖ **ruhestörend** ‖ **Ruhestörung** ‖ **Ruhetag:** das Gasthaus hat am Montag R. ‖ **ruhig:** r. bleiben ‖ **ruhigstellen:** den Tobenden r. *(durch Medikamente beruhigen);* den Konkurrenten r. *(seine Angriffe unterbinden); aber:* die verletzte Hand ruhig stellen (= ruhigstellen) ‖ **Ruhigstellung**

Ruhm der, -[e]s: unsterblichen R. erwerben ‖ **ruhmbedeckt** (geh.) ‖ **ruhmbegierig** (geh.) ‖ **rühmen:** sich eines Erfolges r. ‖ **rühmenswert** (geh.) ‖ **Ruhmesblatt** (geh.): das war kein R. *(es gab nichts Rühmenswertes)* ‖ **Ruhmestat** (geh.) ‖ **rühmlich:** eine rühmliche *(lobenswerte)* Ausnahme ‖ **ruhmlos** ‖ **ruhmreich** ‖ **ruhmvoll**

Ruhr die, -: *eine Infektionskrankheit des Darmtraktes*

Rührei (D): *Eierspeis* ‖ **rühren:** die Butter r.; glatt r. (= glattrühren) | sich nicht vom Platz r.; keinen Finger r. *(sich nicht für etwas einsetzen)* | (geh.) an alte Wunden r. *(an vergangenes Leid erinnern)* | das rührt ihn nicht *(es geht ihm nicht zu Herzen);* → gerührt | (geh.) die Unzufriedenheit rührt daher *(hat die Ursache darin),* dass ... ‖ **rührend:** eine rührende *(ergreifende)* Geschichte ‖ **rührig:** ein rühriger *(eifriger)* Helfer ‖ **Rührkuchen** (bes. D) ‖ **Rührmichnichtan** das, -[s]/-: *Springkraut* ‖ **rührselig** [-ze:-]: *übertrieben gefühlvoll* ‖ **Rührteig** ‖ **Rührung** die, -: *Ergriffenheit* ‖ **Rührwerk**

ruht! (Mil.): *ein Kommando;* → ruhen

Ruin der, -s ⟨lat.-fr.⟩: *[wirtschaftlicher] Zusammenbruch, Verderben* ‖ **Ruine** die, -/-n: *verfallen[d]es Bauwerk* ‖ **ruinieren:** *etwas unbrauchbar machen | jemanden zu Grunde richten;* sich gesundheitlich r. ‖ **ruinös:** *zum Ruin führend*

Rukola = → Rucola ‖ **Rukolasalat** = → Rucolasalat

Ruländer der, -s/-: → *Graubur*gunder

rülpsen, du rülpst: *hörbar aufstoßen* ‖ **Rülpser** der, -s/-

rum (ugs.): *herum*

Rum der, -s/-e ⟨engl.⟩: *ein Branntwein;* Tee mit R.

Rumäne der, -n/-n ‖ **Rumänien** (Kfz: RO): *ein Staat* ‖ **Rumänin** die, -/-innen ‖ **rumänisch** ‖ **Rumänisch** das, -[s] = **Rumänische,** -n: *die rumänische Sprache*

rumärgern sich (ugs.): *herumärgern*

Rumba der, -s/-s, *fachspr. auch:* die, -/-s ⟨span.⟩: *ein Tanz* ‖ **Rumbakugel** (meist Pl.) ⟨span.+dt.⟩: *ein Musikinstrument*

Rumflasche

rumkommandieren (ugs.): *herumkommandieren* ‖ **rumkriegen** (ugs., sal.): *herumkriegen*

Rumkugel: *Bonbon mit Rumfüllung*

rumliegen (ugs.): *herumliegen*

Rummel der, -s: *Trubel, Wirbel, Durcheinander*

Rummy ['rœmi, 'rʌ-] das, -s ⟨engl.⟩: *ein Kartenspiel;* R. spielen

rumoren ⟨lat.⟩: *lärmen; rumpeln;* in meinem Bauch hat es rumort

Rumpel die, -/-n: *ein altes Gerät zum Wäschewaschen*

Rumpelkammer: *Abstellraum für Gerümpel* ‖ **Rumpelkasten:** der Bus ist ein wahrer R. ‖ **rumpeln**[1], ich rumple: der Wagen rumpelt über die Brücke

rumpeln[2], ich rumple (veraltet): Wäsche r. *(reiben)*

Rumpelstilzchen das, -s: *eine Märchenfigur*

Rumpf der, -[e]s/Rümpfe: *Körper ohne Kopf und Gliedmaßen | Teil des Schiffes oder Flugzeuges ohne Aufbauten bzw. Tragflächen und Fahrgestell;* ein Leck im R. des Schiffes

rümpfen: die Nase r. *(sein Missfallen zeigen)*

Rumpler der, -s/- (ugs.): *polterndes Geräusch*

Rumpsteak ['rʌm(p)ste(ɪ)k] ⟨engl.⟩: *[gebratenes] Lendenstück vom Rind*

rumreden (ugs.): → *herumreden* ‖ **rumtollen** (ugs.): → *herumtollen*

Rumtopf: *eine Spezialität mit in Alkohol eingelegten Früchten*

rumtrödeln (ugs.): → *herumtrödeln*

Run [rʌn] der, -s/-s ⟨engl.⟩: *Ansturm;* der R. auf die Ausstellung hat eingesetzt

rund (rd.): runde Formen | r. um die Uhr *(24 Stunden hindurch, durchlaufend);* r. um die Welt | eine runde Summe von 100 Euro | *ungefähr;* r. acht Monate ‖ **Rund** das, -[e]s (geh.): im weiten R. *(Umkreis)* ‖ **Rundbau** der, -[e]s/-ten ‖ **Rundblick** ‖ **Rundbogen** (Arch.) ‖ **Rundbrief:** *Rundschreiben* ‖ **Runde** die, -/-n: die R. machen *(von einem zum anderen gehen)* | eine fröhliche R. *(Gesellschaft)* | (Sport) in die 3. R. aufsteigen | etwas über die Runden bringen *(gut hinter sich bringen)* ‖ **runden:** einen Betrag r. *(auf- oder abrunden)* ‖ **runderneuern:** runderneuerte *(mit einem neuen Profil versehene)* Reifen ‖ **Runderneuerung** ‖ **Rundfahrt** ‖ **Rundflug** ‖ **Rundfrage:** *Umfrage* ‖ **Rundfunk:** eine Übertragung im R. *(Radio)* ‖ **Rundfunkbewilligung** ‖ **Rundfunkgebühr** ‖ **Rundfunkmonopol** (früher) ‖ **Rundfunkprogramm** ‖ **Rundfunksender** ‖ **Rundfunksprecher** ‖ **Rundfunksprecherin** ‖ **Rundfunkteilnehmer:** *jemand, der ein Rundfunkgerät besitzt* ‖ **Rundfunkteilnehmerin** ‖ **Rundgang** ‖ **rundgehen** (ugs.): hier geht's rund *(ist was los)* ‖ **rundheraus:** etwas r. *(offen, ohne Scheu)* sagen ‖ **rundherum** ‖ **Rundholz:** *zylindrisches Holzstück* ‖ **Rundkornreis** → G.: Langkornreis ‖ **rundlich** ‖ **Rundreise** ‖ **Rundruf:** *telefonischer Ruf [an alle Polizeidienststellen]* ‖ **Rundschau:** *Rundblick | Titel von Zeitschriften* ‖ **Rundschreiben:** *gleiches Schreiben an mehrere Stellen* ‖ **Rundstrecke** ‖ **rundum** ‖ **Rundumerneuerung** ‖ **rundumher** ‖ **Rundumschlag:** *Schlag nach allen Seiten* ‖ **Rundumsicht** ‖ **Rundumverglasung** ‖ **Rundung** die, -/-en: *Wölbung* | (meist Pl.) *weibliche Formen* ‖ **Rundwanderweg** ‖ **rundweg:** jemandem eine Bitte r. *(kurzerhand)* abschlagen

Rune die, -/-n: *altgermanisches Schriftzeichen* ‖ **Runeninschrift**

Runkel die, -/-n = **Runkelrübe:** *eine Futterpflanze*

Runse die, -/-n: *Rinne, Bachbett an Berghängen*

runter (ugs.): *herunter | hinunter* ‖ **runterfallen** (ugs.): *herunterfallen | hinunterfallen* ‖ **runterfliegen** (ugs.): *hinunterfallen* ‖

R

run|ter|hau|en (ugs.): *herunterhauen;* jemandem eine r. ‖ **run|ter|ho|len** (ugs.): *herunterholen* ‖ **run|ter|kip|pen** (ugs.): *hinunterkippen* ‖ **run|ter|kom|men** (ugs.): *herunterkommen* ‖ **run|ter|las|sen** (ugs.): *herunterlassen* | die Hosen r.; *hinunterlassen* ‖ **run|ter|rut|schen:** *herunterrutschen; hinunterrutschen* | (ugs.) jemandem den Buckel r.; ‖ **run|ter|schlu|cken** (ugs.): *herunterschlucken* | *hinunterschlucken*
Run|zel die, -/-n: ein Gesicht voll Runzeln *(Falten)* ‖ **run|ze|lig** → runzlig ‖ **run|zeln:** ich runzle die Stirn ‖ **runz|lig,** *auch:* runzelig
Rü|pel der, -s/- (abw.): *grober Mensch, Lümmel* ‖ **rü|pel|haft** (abw.): ein rüpelhaftes Benehmen ‖ **Rü|pel|haf|tig|keit** die, -/-en (abw.)
Ru|pert, *auch:* Ruprecht: *männl. Vorname;* → Bertl ‖ **Ru|per|ti:** *Festtag (24. September) des hl. Rupert, des Landespatrons von Salzburg;* zu R. *(am Rupertitag)* ‖ **Ru|per|ti|kir|tag** (S) ‖ **Ru|per|ti|win|kel:** *ehemals zu Salzburg gehöriger Teil Bayerns*
rup|fen: eine Gans r. | (ugs.) *übervorteilen, jemandem [viel] Geld abnehmen* | (ugs.) mit jemandem ein Hühnchen zu r. haben *(sich mit jemandem auseinandersetzen müssen)* ‖ **Rup|fen** der, -s/- = die, -/-: *ein grobes [Leinen]gewebe*
rup|pig (abw.): *grob, unfreundlich* ‖ **Rup|pig|keit** die, -/-en (abw.)
Ru|precht (in der Wendung): Knecht R. *(Begleiter des Nikolaus oder Christkinds)* | → Rupert
Rü|sche die, -/-n: *ein Besatz [an Hemden]* ‖ **Rü|scherl** das, -s/-[n]: *Rüsche* | (reg., ugs.) *Cola mit Branntwein*
Rush|hour ['rʌʃaʊə] die, -/-s ⟨engl.⟩: *Stoßverkehr[szeit]*
Ruß der, -es, *auch:* Russ ‖ **ruß|bedeckt,** *auch:* russbedeckt
Rus|se der, -n/-n: *Angehöriger eines osteuropäischen Volkes* | (Küchenspr.) *marinierter Hering*
Rüs|sel der, -s/-: *ein Organ bei bestimmten Säugetieren und Insekten;* der R. des Elefanten ‖ **Rüs|sel|kä|fer:** *ein Käfer mit rüsselförmiger Mundpartie* ‖ **Rüs|sel|tier** (scherzh.): *Elefant*
ru|ßen, *auch:* russen: ein rußender Ofen
Rus|sen|kraut (Küchenspr.): *Pusztasalat*
ruß|ge|schwärzt, *auch:* russgeschwärzt ‖ **ru|ßig,** *auch:* russig
Rus|sin die, -/-innen ‖ **rus|sisch:** russischer Tee *(vom Teestrauch, schwarzer Tee); aber:* **R**ussische Föderation *(Russland)* ‖ **Rus|sisch** das, -[s] = **Rus|si|sche,** -n: *die russische Sprache;* → Deutsch ‖ **rus|sisch-or|tho|dox:** die russisch-orthodoxe Kirche ‖ **Rus|sis|tik** die, -: *Wissenschaft und Lehre von der russischen Sprache und Literatur* ‖ **Russ|land** (Kfz: RUS): *ein Staat, Russische Föderation* | (sal.) *die frühere UdSSR*
Rust: *Statutarstadt im Burgenland;* Freistadt R.
rüs|ten: sich zur Abreise r. *(vorbereiten)*
Rüs|ter die, -/-n: *Ulme*
rüs|tig: *frisch, gesund, tatkräftig*
rus|ti|kal ⟨lat.⟩: *ländlich, bäuerlich* ‖ **Rus|ti|ka|li|tät** die, -
Rüs|tung die, -/-en: *die Ausstattung mit Waffen;* atomare R. | ein Ritter in voller R. *(Panzer, Helm usw.)* ‖ **Rüs|tungs|be|trieb** ‖ **Rüs|tungs|in|dus|t|rie** ‖ **Rüs|tungs|kon|t|rol|le** ‖ **Rüs|tungs|po|ten|zi|al** = **Rüs|tungs|po|ten|ti|al** [-tsi̯-] ‖ **Rüst|wa|gen:** *Rüstfahrzeug, Gerätewagen [der Feuerwehr]* ‖ **Rüst|zeug** das, -[e]s: das nötige R. *(die nötigen Kenntnisse)* für etwas haben
Ru|te die, -/-n: *biegsamer Zweig* | *Rutenbündel zum Züchtigen;* jemandem die R. ins Fenster stellen *(drohen)* | (Jägerspr.) *Schwanz [des Fuchses]* ‖ **Ru|ten|be|sen:** *Besen aus Ruten* ‖ **Ru|ten|bün|del** ‖ **Ru|ten|gän|ger** der, -s/-: *Wünschelrutengänger* ‖ **Ru|ten|gän|ge|rin** die, -/-innen ‖ **Ru|ten|ge|hen** das, -s
Ruth: *weibl. Vorname*
Ru|the|ne der, -n/-n ⟨slaw.-lat.⟩: *(bes. in der österreichisch-ungarischen Monarchie für) Westukrainer, bes. im östlichen Galizien* ‖ **Ru|the|nin** die, -/-innen ‖ **Ru|the|nisch** das, -[s] = **Ru|the|ni|sche,** -n: *die ukrainische Sprache der Ruthenen*
Ru|the|ni|um das, -s ⟨slaw.-lat.⟩ (Zeichen: Ru): *ein chemisches Element*
Ru|ther|for|di|um [rʌðə-] das, -s (Zeichen: Rf): *ein chemisches Element (nach einem englischen Physiker)*
Rutsch der, -[e]s/-e: *Rutscher;* einen guten R. ins neue Jahr ‖ **Rutsch|bahn** ‖ **Rutsch|blatt** (Sport) ‖ **Rut|sche** die, -/-n ‖ **rut|schen,** du rutsch[s]t: *gleiten* ‖ **Rut|scher** der, -s/- (ugs.): *[kurzes] Ausrutschen* | einen R. *(einen kurzen Ausflug)* aufs Land machen ‖ **rutsch|fest:** *nicht rutschend* ‖ **Rutsch|ge|fahr** ‖ **rut|schig** ‖ **Rutsch|par|tie:** eine R. machen *([auf einer Rutschbahn] bergab rutschen)*
rüt|teln, ich rüttle: der Sturm rüttelte an den Fenstern; daran ist nicht zu r. *(das muss so bleiben)* | (geh.) ein gerüttelt Maß [an/von] Schuld *(sehr viel Schuld)* ‖ **Rütt|ler** der, -s/-: *Maschine zum Verdichten von Beton, Dispersion ua.*
RWR-Card [ɛr ve 'ɛrk-]: **R**ot-**W**eiß-**R**ot-Card

R

s S

s [ɛs] das, -/- (Kleinbuchstabe): das s im Wort *sauer;* das Doppel-s (ss); das scharfe s (ß) | (Laut) der s-Laut; das stimmhafte s | **S**ekunde *(Zeitmaß)* (früher auch: sec, sek, Sek.)

S [ɛs] das, -/- (Großbuchstabe): das S im Wort *Sand* | (früher) **S**chilling | **S**üd[en] | (auch Kfz) **S**alzburg | (Mus.) **S**opran | (Chem.) **S**chwefel | (Verk.) **S**chnellstraße; die S 33 *(Kremser Schnellstraße)* | **S**-Bahn, **S**chnellbahn | **s**mall *(klein bei Konfektionskleidung)* | ($) Dollar

s.: **s**iehe (bei Hinweisen in Texten), s. S. 10 *(siehe Seite 10)*

S.: **S**eite

's: *es;* wie geht's (auch: gehts)? – 's geht mir gut! | *das;* wenn 's (auch: wenns) Mailüfterl weht

S': *Sie;* „Kommen S' mit!"

SA [ɛs 'aː] die, - (im Nationalsozialismus): **S**turm**a**bteilung *(eine Formation der NSDAP);* → SS

Saal der, -[e]s/Säle: *großer Raum;* → Sälchen

Saal|fel|den am Stei|ner|nen Meer: *Stadt in Salzburg*

Saal|schlacht: *Schlägerei zwischen Versammlungsteilnehmern*

Saar|land: *ein deutsches Bundesland* ‖ **saar|län|disch**

Saat die, -/-en: die S. ist aufgegangen ‖ **Saat|feld** ‖ **Saat|ge|trei|de** ‖ **Saat|gut** das, -[e]s: *die zur Aussaat bestimmten Samen, Knollen usw.* ‖ **Saat|korn** ‖ **Saat|krä|he:** *ein Rabenvogel*

Sab|bat der, -s/-e, *auch:* Schabbat, Schabbes, -/- ⟨hebr.-gr.⟩: *der Ruhetag der Juden (von Freitagabend bis Samstagabend)*

Sab|ba|ti|cal [sə'bætɪkl] das, -s/-s ⟨engl.⟩: *Karenzjahr [bei Lehrpersonen]*

Sab|bat|ru|he

sab|bern (nördl. D, ugs.): *speicheln*

Sä|bel der, -s/-: *eine gekrümmte Hiebwaffe;* mit dem S. rasseln *(mit Krieg drohen)* | (Sport) *eine Disziplin im Fechtsport* ‖ **Sä|bel|bei|ne** die (Pl.) (veraltet): *O-Beine* ‖ **Sä|bel|fech|ten** das, -s (Sport): *eine Disziplin* ‖ **sä|bel|för|mig** ‖ **Sä|bel|ras|seln** das, -s: *Kriegsdrohung* ‖ **Sä|bel|schnäb|ler** der, -s/-: *ein Vogel*

Sa|bi|ne: *weibl. Vorname*

Sa|bot [-'boː] der, -[s]/-[s] ⟨fr.⟩: *ein hinten offener Freizeitschuh*

Sa|bo|ta|ge [-'aːʃ, -ʒɛ] die, -/-n ⟨fr.⟩: *vorsätzliche Beschädigung, [Betriebs]störung* ‖ **Sa|bo|ta|ge|akt** ‖ **Sa|bo|teur** [-'tøːɐ] der, -s/-e ‖ **Sa|bo|teu|rin** die, -/-innen ‖ **sa|bo|tie|ren**

Sa|cha|rin = Saccharin [zaxa-] das, -s ⟨Sanskrit-gr.-lat.⟩: *ein Süßstoff*

Sach|be|ar|bei|ter: *jemand, der ein bestimmtes Aufgabengebiet bearbeitet; Referent* ‖ **Sach|be|ar|bei|te|rin** ‖ **Sach|be|geg|nung** (Bildw.): *eine verbindliche Übung in der Vorschulstufe* ‖ **Sach|be|reich** ‖ **Sach|be|schä|di|gung** (Jus): *vorsätzliche Beschädigung fremden Eigentums* ‖ **Sach|be|zug:** *Bezug zu einer Sache* | (Jus) *Gehaltsbestandteil, der nicht in Geldform ausbezahlt wird, zB Dienstwohnung* ‖ **Sach|buch** → Sachliteratur ‖ **sach|dien|lich:** sachdienliche Angaben machen ‖ **Sa|che** die, -/-n: zur S. *(zum eigentlichen Thema)* kommen | (Pl.) *Gegenstände;* seine Sachen mitnehmen; warme Sachen *(Kleidungsstücke)* anziehen | *Angelegenheit;* das ist beschlossene S. *(fix);* eine Mitteilung in eigener S. *(die einen selbst betrifft);* sie ist sich ihrer S. sicher *(von ihrem richtigen Tun überzeugt)* ‖ **Sa|chen|recht** (Jus): *Normen, die Eigentum und Besitz von Sachgütern regeln* ‖ **Sach|er|klä|rung** ‖ **Sa|cherl** das, -s/-[n] (reg.): *kleiner Bauernhof*

Sa|cher|tor|te (Wz.): *eine Schokoladetorte* ‖ **Sa|cher|wür|stel** [meist: -ʃt-]: *besonders lange Frankfurter*

Sach|fra|ge (meist Pl.): *Frage, die auf die Sache selbst abzielt* ‖ **sach|fremd:** *dem Gegenstand nicht angemessen* ‖ **Sach|ge|biet:** *spezieller Aufgabenkreis* ‖ **sach|ge|mäß** ‖ **Sach|ka|ta|log:** *Schlagwortkatalog in der Bibliothek* ‖ **Sach|kennt|nis** ‖ **sach|kun|dig** ‖ **Sach|la|ge** die, -: *[augenblicklicher] Stand der Dinge* ‖ **Sach|le|xi|kon** ‖ **sach|lich:** s. *(sachbezogen, nicht gefühlsbetont)* urteilen | *schlicht, nüchtern* ‖ **säch|lich** (Gramm.): der sächliche Artikel *(das);* → Neutrum ‖ **Sach|lich|keit** die, - ‖ **Sach|li|te|ra|tur** die, -: *allgemein verständliche, der Wissensvermittlung dienende Literatur* ‖ **Sach|lö|sung** ‖ **Sach|re|gis|ter:** *alphabetisches Verzeichnis von Sachbegriffen* ‖ **Sach|scha|den:** durch den Brand entstand großer S.

Sach|se [-ks-] der, -n/-n ‖ **säch|seln,** ich sächsle: *mit sächsischem Einschlag reden* ‖ **Sach|sen:** *deutsches Bundesland* ‖ **Sach|sen-An|halt:** *deutsches Bundesland* ‖ **sach|sen-an|hal|ti|nisch** = **sach|sen-an|hal|tisch** ‖ **Säch|sin** die, -/-innen ‖ **säch|sisch**

Sach|spen|de: *Medikamente, Kleidung uÄ*

sacht = **sach|te:** *sanft, behutsam*

Sach|the|ma ‖ **Sach|ti|tel:** *Buchtitel ohne Verfasser* ‖ **Sach|un|ter|richt:** *der Realienunterricht in der Volksschule* ‖ **Sach|ver|halt** der, -[e]s/-e: *Lage, tatsächlicher Stand der Dinge* ‖ **Sach|ver|halts|dar|stel|lung:** *[persönliche] Beschreibung eines Vorfalls* ‖ **Sach|ver|mö|gen** ‖ **Sach|ver|stand:** *gründliche Kenntnisse auf einem bestimmten Gebiet* ‖ **sach|ver|stän|dig** ‖ **Sach|ver|stän|di|ge**[1] der, -n/-n, ein Sachverständiger: *[beauftragter, amtlich bestellter] Fachmann* ‖ **Sach|ver|stän|di|ge**[2] die, -n/-n ‖ **Sach|ver|stän|di|gen|gut|ach|ten** ‖ **Sach|wal|ter** der, -s/- (Jus): *vom Gericht bestellter Vertreter für geistig behinderte und psychisch kranke Erwachsene, Kurator* ‖ **Sach|wal|te|rin** die, -/-innen (Jus) ‖ **Sach|wal|ter|schaft** die, - (Jus) ‖ **Sach|wör|ter|buch:** *Reallexikon* ‖ **Sach|zwang** (meist Pl.): den wirtschaftlichen Sachzwängen *(Notwendigkeiten)* nachgeben

Sack der, -[e]s/Säcke: nicht die Katze im S. kaufen *(vorher alles genau prüfen);* mit S. und Pack *(mit allem);* jemanden in den S. stecken *(jemandem überlegen sein)* | die Hände in den S. *(in die [Hosen]tasche)* stecken | (geh.) in S. und Asche gehen *(Buße tun)* | (in Mengenangaben auch mit Pl. Sack) zwei Sack/Säcke Mehl | (abw.) *ein Schimpfwort;* ihr faulen Säcke! ‖ **Sä|ckel** der, -s/- (veraltet): *Geldbeutel, Barschaft* ‖ **Sä|ckel|meis|ter** (veraltet): *Kassenwart* ‖ **Sä|ckel|meis|te|rin** (veraltet) ‖ **sa|ckeln** sich (ugs.): *sich schön anziehen;* → einsackeln ‖ **Sä|ckel|wart** (veraltend): *Kassenwart* ‖ **Sä|ckel|war|tin** (veraltend) ‖ **Sa|ckerl** das, -s/-[n]: *kleiner Sack* ‖ **sä|cke|wei|se:**

sackweise ‖ **sackförmig** ‖ **Sackgasse:** *Straße, die nicht weiterführt* | in eine S. *(ausweglose Lage)* geraten ‖ **Sackgeld** (V, CH): *Taschengeld* ‖ **sackhüpfen** (nur Inf. und Part.) ‖ **Sackhüpfen** das, -s: *ein Spiel* ‖ **Sackkleid:** *sackförmiges Kleid* ‖ **Sackl** das, -s/-n: *Sackerl* | (ugs.) *Sakko* ‖ **Säckle** das, -s/-, *auch:* Säckli (V): *Sackerl* ‖ **Sackleinen** das, -s = **Sackleinwand** ‖ **Sackpfeife:** *Dudelsack* ‖ **Sackrodel:** *ein Transportgerät* ‖ **Sacktuch** (veraltend): *Taschentuch* ‖ **sackweise**

Sacré-Cœur [-kreˈkœːr] das, -s ⟨fr.⟩: *ein Frauenorden* | *von diesem Orden geführtes Kloster bzw. gegründete Schule*

Sadismus der, -: *sexuelle Befriedigung durch Quälen des Sexualpartners* | (Med.) *Lust am Zufügen von Misshandlungen (nach dem französischen Schriftsteller de Sade)* ‖ **Sadist** der, -en/-en ‖ **Sadistin** die, -/-innen ‖ **sadistisch** ‖ **Sadomasochismus** (SM): *Verbindung von Sadismus und Masochismus, Lust am Quälen und Gequältwerden* ‖ **Sadomasochist** ‖ **Sadomasochistin** ‖ **sadomasochistisch**

säen, sie säte/hat gesät: du säst Zwietracht; etwas ist dünn gesät *(wenig/selten vorhanden)*

Safaladi die, -/-[s] ⟨it.⟩ (reg., veraltet): *eine Wurstart, Zervelatwurst*

Safari die, -/-s ⟨arab.⟩: *Jagdreise, Abenteuerreise [in Afrika]*

Safe [seɪf] der = das, -s/-s ⟨fr.-engl.⟩: *Stahlbehälter zur sicheren Aufbewahrung von Wertsachen und von Geld; [Bank]schließfach* ‖ **Safer Sex** (wörtl.: sicherer Sex): *Geschlechtsverkehr mit Vorsichtsmaßnahmen gegen Ansteckung*

Saffian der, -s = **Saffianleder** das, -s ⟨pers.-türk.-slaw.⟩: *feines Ziegenleder*

Saflor der, -s/-e ⟨arab.-it.⟩: *Färberdistel*

Safran der, -s ⟨arab.-fr.⟩: *eine Gewürzpflanze* ‖ **safrangelb**

Saft der, -[e]s/Säfte: S. aus Orangen pressen | Würstel mit S. ‖ **Saftbraten** ‖ **Saftfleisch:** *eine Speise* ‖ **saftig:** eine saftige Birne; ein saftiges *(frisches, leuchtendes)* Grün | (ugs.) eine saftige *(hohe)* Geldstrafe ‖ **Saftladen** (ugs., abw.): *schlecht geführtes, mieses Geschäft* ‖ **saftlos** ‖ **Saftpackerl** ‖ **Saftpresse**

Saga die, -/-s ⟨altnord.⟩: *[altisländischer] geschichtlicher Bericht* | *Roman, Film in Form einer Familienchronik* ‖ **Sage** die, -/-n: Sagen aus Österreich; Heldensagen

Säge die, -/-n: *ein Schneidewerkzeug* | *Sägewerk* ‖ **Sägearbeiter** ‖ **Sägearbeiterin** ‖ **Sägeblatt** ‖ **Sägebock** ‖ **Sägemehl:** *feiner Abfall beim Holzsägen* ‖ **Sägemühle**

sagen: nein (= Nein) s.; ja (= Ja) s.; das kannst du laut s. *(da bin ich deiner Meinung);* das sagt sich leicht; sie lässt sich nichts s. *(nichts dreinreden);* will s. *(genauer gesagt);* lass dir das gesagt sein *(beherzige den Hinweis);* das hat nichts zu s. *(bedeutet nichts);* unter uns *(vertraulich)* gesagt; wie gesagt, ich komme! | (oft als Ausdruck der Überraschung) die Rechnung machte sage und schreibe 1 000 Euro aus; *aber:* das **S**agen haben *(die Entscheidungsgewalt innehaben)*

sägen: Holz s.

Sagengestalt ‖ **sagenhaft:** sie verdient s. *(unglaublich)* viel ‖ **sagenumwoben**

Sager der, -s/- (sal.): *pointierter Ausspruch; Wortmeldung*

Säger der, -s/- (ugs.): *Sägewerksunternehmer* ‖ **Sägerin** die, -/-innen (ugs.) ‖ **Sägeschliff:** eine Klinge mit S.; → Wellenschliff ‖ **Sägeschrecke** die, -/-n: *eine große Laubheuschrecke* ‖ **Sägespan** (meist Pl.): *grober Abfall beim Holzsägen* ‖ **Sägewerk** ‖ **Sägezahn:** ein Sägeblatt mit schräg gestellten Sägezähnen

Sago das, -s ⟨indonesisch-niederl.⟩: *ein feinkörniges Stärkeprodukt [als Suppeneinlage]* ‖ **Sagopalme:** *eine tropische Nutzpflanze*

sah → sehen

Sahara [auch: -ˈhaː-] die, - ⟨arab.⟩: *große nordafrikanische Wüste* ‖ **Sahelzone** [auch: ˈzaː-]: *Gebiet südlich der Sahara*

Sahib der, -s/-s ⟨arab.-Hindi⟩: *Bezeichnung, Anrede für einen Europäer in Indien und Pakistan* ‖ **Sahiba** die, -/-s

Sahne die, - (bes. D): *Schlagobers, süßer oder saurer Rahm* ‖ **Sahnetorte** (bes. D): *Oberstorte; Topfentorte*

Saibling der, -s/-e: *ein Fisch*

Saint Laurent [sɛ̃ lɔˈrɑ̃ː] der, - -[s]/- -[s]: → *Sankt Laurenz*

Saison [zɛˈzoːn, fr.: sɛˈzɔ̃] die, -/-en ⟨fr.⟩: *[jahreszeitlich bedingte] Hauptbetriebszeit;* etwas hat S. *(ist sehr gefragt)* | *Spielzeit;* Theatersaison ‖ **saisonabhängig** ‖ **saisonal** ‖ **Saisonarbeit** ‖ **Saisonarbeiter:** *Saisonnier* ‖ **Saisonarbeiterin** ‖ **Saisonauftakt** ‖ **saisonbedingt** ‖ **Saisonbeginn** ‖ **Saisonbeschäftigung** ‖ **Saisonbetrieb** ‖ **Saisonende** ‖ **Saisongemüse** ‖ **Saisonier** [-ˈnjeː] = Saisonnier der, -s/-s: *nur für eine Saison beschäftigte Arbeitskraft, Saisonarbeiter* ‖ **Saisoniere** [-ˈnjeːə, -rɛ] = Saisonniere die, -/-n ‖ **Saisonkarte** ‖ **Saisonnier** = → Saisonier ‖ **Saisonniere** [-ˈnjeːə, -rɛ] = → Saisoniere ‖ **Saisonschlussverkauf**

Saite die, -/-n: eine S. der Gitarre ist gerissen; andere Saiten aufziehen *(strenger vorgehen); aber:* → Seite ‖ **Saiteninstrument** [-st-]: *Chordophon* ‖ **Saitenspiel** (geh., veraltet): *Saiteninstrument, zB Harfe, Leier*

Sake der, -s/-[s] ⟨jap.⟩: *japanischer Reiswein*

Sakko das, -s/-s ⟨it.⟩: *Herrenrock*

sakra ⟨lat.⟩ (ugs.): *Ausruf [des Erstaunens]* ‖ **sakral:** *kirchlich, den Gottesdienst betreffend* ‖ **Sakralbau:** *kirchliches Bauwerk;* → G.: Profanbau ‖ **Sakrament** das, -[e]s/-e: *ein Gnadenmittel christlicher Kirchen;* das S. der Taufe ‖ **sakramental** ‖ **Sakrileg** das, -s/-e, *auch:* **Sakrilegium** das, -s/Sakrilegien [-i̯ən] (geh.): *Frevel gegen Heiliges, Verehrenswürdiges* ‖ **sakrisch** (ugs.): ein sakrischer *(verflixter)* Kerl ‖ **Sakristei** die, -/-en: *Nebenraum der Kirche für den Geistlichen und die gottesdienstlichen Geräte und Gewänder* ‖ **sakrosankt:** *hochheilig, unantastbar*

säkular, *auch:* **säkulär** ⟨lat.⟩: *weltlich (nicht geistlich)* | (geh.) ein säkulares *(bedeutsames)* Ereignis *(wie es nur einmal im Jahrhundert vorkommt)* ‖ **Säkularisation** [-tsi̯-] die, -/-en ‖ **säkularisieren:** *kirchliche Güter zu weltlichem Besitz machen; verweltlichen* ‖ **Säkularisierung** die, -/-en ‖ **Säkulum** das, -s/Säkula: *Jahrhundert*

Salamander der, -s/- ⟨gr.-lat.⟩: *ein Schwanzlurch*

S

Salami die, -/-[s] ⟨it.⟩: *eine Dauerwurst* ‖ **Salamitaktik** die, -: *Taktik, durch wiederholte kleine Zugeständnisse ein Ziel zu erreichen*
Salär das, -s/-e ⟨lat.-fr.⟩: *Entlohnung*
Salat der, -[e]s/-e ⟨it.⟩: *eine Gemüsepflanze, Lattich;* gemischter S. ‖ **Salatbesteck** ‖ **Salatblatt** ‖ **Salatbuffet** [-byfeː] = Salatbüfett [-feː, D: -fɛt] ‖ **Salater** der, -s/- (Gast.): *Koch für die Salatzubereitung* ‖ **Salaterin** die, -/-innen (Gast.) ‖ **Salathäuptel = Salathäuptl:** *Salatkopf* ‖ **Salatplatte** ‖ **Salatsauce** [-zoːs(ɛ)] = Salatsoß = Salatsoße: *Salatdressing* ‖ **Salatschüssel** ‖ **Salatsoß, Salatsoße** = → Salatsauce
Salbaderei die, -/-en (abw., veraltet) ⟨?⟩ ‖ **salbadern,** er hat salbadert (abw., veraltet): *salbungsvoll daherreden*
Salbe die, -/-n: die S. auf der Haut verreiben
Salbei der, -s: *eine Heilpflanze* ‖ **Salbeitee**
salben: er wurde zum König gesalbt ‖ **Salböl** ‖ **salbungsvoll** (abw.): s. *(übertrieben feierlich)* reden
Sälchen das, -s/-: *kleiner Saal*
saldieren ⟨it.⟩: *die Bezahlung einer Rechnung bestätigen* ‖ **Saldierung** die, -/-en (Kaufmannsspr.) ‖ **Saldo** der, -s/Salden [-s, Saldi] (Kaufmannsspr.): *Unterschied zwischen Einnahmen und Ausgaben [in einer geschäftlichen Abrechnung];* → per saldo
Sale [seɪl] der, -s/-s ⟨engl.⟩ (Werb.): *Ausverkauf, Abverkauf*
Salesianer der, -s/-: *Angehöriger eines geistlichen Ordens (nach dem hl. Franz v. Sales)* ‖ **Salesianerin** die, -/-innen
Salesmanager ['seɪlz'mænɪdʒə] ⟨engl.⟩ (Wirt.): *Verkaufsleiter* ‖ **Salesmanagerin** ‖ **Salespromotion** [-'məʊʃn] (Wirt.): *Verkaufsförderung*
Salettl das, -s/-n ⟨it.⟩ (ostöst., veraltend): *ein Gartenhäuschen*
Sali: *weibl. Vorname (Rosalia)*
Salicylsäure [-'tsyː-, -'tsiː-] = → Salizylsäure
Salige die, -n/-n, die Saligen: Salige Fräulein/Frauen *(sagenhafte, in der Wildnis lebende Frauengestalten)*
Saline die, -/-n ⟨lat.⟩: *Werk zur Salzgewinnung durch Verdunstung* ‖ **Salinensalz**
Salisburgense das, -[s]/Salisburgensia: *spezifische salzburgische Eigenart* | *spezifische Publikation zum Thema Salzburg*
Saliter der, -s ⟨lat.⟩: *Salz der Salpetersäure, Salpeter*
Salizylsäure [-'tsiː-, -'tsyː-] = Salicylsäure [-ts-] ⟨lat.+gr.⟩: *Säure, mit schmerzstillender und entzündungshemmender Wirkung*
Salm der, -[e]s/-e ⟨gall.-lat.⟩: *ein Fisch, Lachs*
Salmiak der, -s ⟨lat.⟩: *ein Salz* ‖ **Salmiakgeist:** *Ammoniaklösung; ein Reinigungsmittel*
Salmonellen die (Pl.): *Darmkrankheiten hervorrufende Bakterien (nach einem amerikanischen Wissenschaftler)*
salomonisch: ein salomonisches *(weises, unerwartetes)* Urteil *(nach dem biblischen König Salomon)* ‖ **Salomonssiegel:** *eine Pflanze*
Salon der, -s/-s ⟨germ.-fr.⟩: *eleganter Empfangsraum, Geschäftsraum* | *Zusammenkunft kunstinteressierter Menschen* | *Ausstellungsraum* ‖ **Salonbeuschel** (Küchenspr.): *bes. feines Beuschel* ‖ **Salondame:** *ein Rollenfach beim Theater* ‖ **salonfähig:** ein nicht salonfähiger *(ein zu derber)* Scherz ‖ **Salonlöwe** (meist abw.): *Mann, der bei gesellschaftlichen Veranstaltungen im Mittelpunkt steht* ‖ **Salonlöwin** (meist abw.) ‖ **Salonmusik** ‖ **Salonorchester** [meist: -kɛ-]: *eine Ensemblebesetzung der Unterhaltungsmusik* ‖ **Salonsteirer** (oft scherzh.): *eleganter Steireranzug* ‖ **Salonwagen** (früher)
Saloon [sə'luːn] der, -s/-s ⟨engl.⟩: *Lokal im Wildweststil*
salopp ⟨fr.⟩: *ungezwungen, nachlässig;* saloppe Kleidung | sich s. *(nicht förmlich, frei heraus)* ausdrücken
Salpeter der, -s/- ⟨lat.⟩: *ein mineralisches Salz* ‖ **Salpetersäure**
Salsa der, -s/-s, *fachspr. auch:* die, -/-s ⟨span.⟩: *ein südamerikanischer Tanz*
Salse die, -/-n ⟨lat.-it.⟩ (veraltet): *eine säuerliche hausgemachte Marmelade*
Saltimbocca [-k-] das, -s/-s ⟨it.⟩: *Kalbsschnitzel mit Prosciutto, Salbei ua.*
Saltner der, -s/- (SüdT, früher): *Weingartenaufseher* ‖ **Saltnerin** die, -/-innen (SüdT, früher)
Salto der, -s/-s [Salti] ⟨it.⟩: *Sprung mit Überschlag* ‖ **Salto mortale** der, - -/- - [Salti mortali] ⟨it.⟩ (wörtl.: Todessprung): *gefährlicher Salto [in der Zirkusakrobatik]*
Salurn (it.: Salorno): *Stadt in Südtirol*
Salut der, -[e]s/-e ⟨lat.⟩: *Ehrengruß [mit Kanonenschüssen]* ‖ **Salutogenese** (Med.): *Darstellung der Entstehungsfaktoren von Gesundheit* ‖ **salutieren:** *militärische Ehrenbezeigung leisten* ‖ **Salutschuss**
salvatorisch [-v-] ⟨lat.⟩ (Jus): salvatorische Klausel *(Vertragsbestimmung, wonach eine einzelne ungültige Vereinbarung nicht zur Ungültigkeit des Gesamtvertrags führt)*
salve [-v-] ⟨lat.⟩: *sei gegrüßt!, heil dir!* ‖ **Salve** [-v-] die, -/-n: *gleichzeitige Schüsse aus mehreren Gewehren oder Geschützen*
Salweide: *eine Weidenart;* → Palmkatzerl
Salz das, -es/-e: eine Prise S. nehmen ‖ **Salzach** die, -: *ein Nebenfluss des Inns (S, O, D)* ‖ **Salzamt** (scherzh.) (nur in der Wendung): sich beim S. beschweren *(eine aussichtslose Beschwerde einreichen)* ‖ **salzarm:** salzarme Diät ‖ **Salzbergbau** ‖ **Salzbergwerk** ‖ **Salzbrezel** ‖ **Salzburg** (Sbg., S): *ein österreichisches Bundesland* | (Kfz: S) *Landeshauptstadt des gleichnamigen Bundeslandes;* nach S. fahren | (Kfz: SL) Salzburg-Land = Salzburg Land *(Umgebung der Stadt Salzburg)* ‖ **Salzburger**[1] (Adj.): die Salzburger Landesregierung; die S. Erzbischöfe ‖ **Salzburger**[2] der, -s/-: *Einwohner von Salzburg* ‖ **Salzburger**[3] (Adj.): S. Trachten ‖ **Salzburger Festspiele** die (Pl.) ‖ **Salzburgerin** die, -/-innen ‖ **salzburgerisch** → salzburgisch ‖ **Salzburger Nockerl = Salzburger Nockerln** die (Pl.) (Küchenspr.): *eine Süßspeise* ‖ **Salzburger Schnürlregen** der, - -s: *starker, lang anhaltender Regen* ‖ **salzburgisch,** *auch:* salzburgerisch ‖ **salzen,** du salzt/gesalzen: die Suppe s. | (ugs.) gesalzene *(sehr hohe)* Preise ‖ **Salzfass** ‖ **salzfrei** ‖ **Salzgebäck** ‖ **Salzgehalt** der, -[e]s/-e ‖ **Salzgewinnung** ‖ **Salzgurke** ‖ **salzhältig,** *auch:* salzhaltig ‖ **salzig**

S

‖ **Salzkammergut:** *eine Landschaft in Oberösterreich, Salzburg und der Steiermark;* ins S. fahren ‖ **Salzkartoffel:** *geschälte Kartoffel, die in Salzwasser gekocht wird* ‖ **Salzlake:** *Salzlösung zum Einlegen von Fisch oder Fleisch* ‖ **Salzlecke:** *Stelle, an der für Wild und Weidetiere Salz ausgelegt ist* ‖ **salzlos** ‖ **Salzlösung** ‖ **Salzmandel:** geröstete Salzmandeln ‖ **Salzmonopol** (früher) ‖ **Salzsäule:** *eine Gesteinsbildung* | vor Schreck zur S. erstarren ‖ **Salzsäure** ‖ **Salzsee:** *See mit stark salzhältigem Wasser* ‖ **Salzsole** ‖ **Salzstängel** (V, CH): *Salzstangerl* ‖ **Salzstangerl** = **Salzstangl:** *ein Gebäck* ‖ **Salzstreuer** ‖ **Salzstreuung:** S. bei Glatteisgefahr ‖ **Salzstreuverbot** ‖ **Salzteig:** *Teig für plastische Knetarbeiten* ‖ **Salzwasser** das, -s-/-wässer: etwas in S. kochen | *Meerwasser;* → G.: Süßwasser ‖ **Salzweckerl** ‖ **Salzwüste** ‖ **Salzzille:** *Boot für den Salztransport*

SA-Mann [ɛs ˈaː-] → SA

Sämann der, -[e]s/-männer (veraltet bzw. geh.); → säen

Samariter der, -s/-: *Angehöriger eines antiken Volkes in Palästina* | *uneigennütziger Helfer, [Kranken]betreuer* ‖ **Samariterdienst:** *selbstlose Hilfe;* jemandem einen S. erweisen ‖ **Samariterin** die, -/-innen

Samarium das, -s (Zeichen: Sm): *ein chemisches Element (nach einem russischen Mineralogen)*

Sämaschine (Landw.)

Samba der, -s/-s, *fachspr. auch:* die, -/-s ⟨port.⟩: *ein Tanz*

Same[1] der, -n/-n: *Angehöriger einer nordeuropäischen Volksgruppe;* → Lappe; → samisch

Same[2] der, -ns/-n = **Samen,** -s/-: Samen aussäen | (Med., Zool.) *männliche Geschlechtszelle, Sperma* ‖ **Samenbank** die, -/-en: *Depot für konserviertes Sperma* ‖ **Samenerguss:** → *Ejakulation* ‖ **Samenfaden** ‖ **Samenflüssigkeit** ‖ **Samenhandlung** ‖ **Samenkapsel** ‖ **Samenkorn** ‖ **Samenpflanze:** *Blütenpflanze* ‖ **Samenspende** (Med.): *eine Möglichkeit für künstliche Befruchtung* ‖ **Samenspender** ‖ **Samenübertragung** ‖ **Samenzelle:** *Spermium* ‖ **Sämerei** die, -/-en (veraltet): *Samenhandlung* | (meist Pl.) *Pflanzensamen*

sämig: eine sämige *(dickflüssige)* Suppe ‖ **Sämigkeit** die, -

Samin die, -/-innen; → Same[1]; → Lappin ‖ **samisch** → samländisch

Sämischleder das, -s: *ein Rauleder*

Samland[1] das, -[e]s: *Landschaft in Russland*

Samland[2]: *neuere deutsche Bezeichnung für Lappland;* → Same[1] ‖ **samländisch**

Sämling der, -s/-e: *aus Samen gezogene junge Pflanze*

Sammelalbum ‖ **Sammelband:** *Band mit verschiedenen Texten/Autoren* ‖ **Sammelbecken:** ein S. verschiedenster Anschauungen ‖ **Sammelbegriff:** *Überbegriff* ‖ **Sammelbestellung** ‖ **Sammelbüchse** [-ks-] ‖ **Sammelcontainer** [-k-teːn-, engl.: -eɪ-] ‖ **Sammelgebiet** ‖ **Sammelkanal** ‖ **Sammelklage** (Jus): *von mehreren Klägern gemeinsam eingebrachte Klage* ‖ **Sammellager:** ein S. für Flüchtlinge errichten ‖ **Sammelleidenschaft** ‖ **Sammellinse:** *Vergrößerungsglas* ‖ **sammeln**[1]: ich sammle Briefmarken; Kräuter s.; Spenden, Unterschriften s.; Erfahrungen s. ‖ **sammeln**[2] sich: *sich konzentrieren;* → gesammelt ‖ **Sammelname,** *auch:* **Sammelnamen** (Gramm.): *Kollektivum, zB* Wald, Herde ‖ **Sammelplatz** ‖ **Sammelschiene:** *Hochspannungsleitung mit mehreren Zuleitungen* ‖ **Sammelstelle** ‖ **Sammelsurium** das, -s/Sammelsurien [-i̯ɛn] (abw.): *buntes Durcheinander, Mischmasch* ‖ **Sammeltaxi:** *Taxi, das mehrere Fahrgäste [mit verschiedenem Ziel] zugleich befördert* ‖ **Sammelverwahrung** die, -/-en (Jus): *bestimmte Verwahrung von Wertpapieren im Depot einer Bank* ‖ **Sammler** der, -s/-: er ist ein S. alter Radios ‖ **Sammlerin** die, -/-innen ‖ **Sammlerwert:** *Wert eines Gegenstandes für Sammler/innen, Liebhaber/innen* ‖ **Sammlung** die, -/-en: *das [Ein-]sammeln;* eine S. für Obdachlose; die getrennte S. von Biomüll | *thematisch zusammengehörige Gegenstände, Kunstwerke;* eine S. alter Radios | *Museum* | geistige S. *(Konzentration)*

Samnaun das, -s: *Grenzgemeinde der Schweiz gegen Österreich, Zollfreizone*

Samos der, -/- ⟨gr.⟩: *griechischer Dessertwein (von der Insel Samos)*

Samowar der, -s/-e ⟨russ.⟩: *russische Teemaschine; Wasserkessel zur Teezubereitung*

sampeln [ˈsæ-, auch: ˈsɑː-] ⟨engl.⟩ (Mus.): *analoge Klänge oder Daten aufarbeiten, um sie digital weiterzuverarbeiten* ‖ **Sample** [-pl] das, -s/-s: *repräsentative Stichprobe* ‖ **Sampler** der, -s/-: *elektronisches Gerät, das Teile von Musikstücken speichert und wiedergibt* | (Mus.) *eine CD mit einer Sammlung verschiedener Lieder*

Samstag: am nächsten S.; → Dienstag ‖ **Samstagabend:** am S.; eines Samstagabends; am S.; wir kommen [am] [nächsten] S. ‖ **samstagabends:** samstags abends ‖ **samstägig:** *am Samstag stattfindend* ‖ **samstags:** *jeden* (auch: *am*) *Samstag;* s. abends *(samstagabends)*

samt (Präp. mit Dat.): das Kapital s. *(mit)* [den] Zinsen | (Adv.) s. und sonders *(alle[s] ohne Ausnahme)*

Samt der, -[e]s/-e: *ein Gewebe;* sie sind in S. und Seide *(sehr festlich)* gekleidet ‖ **samtartig** ‖ **samten:** ein samtenes Band ‖ **Samthandschuh:** jemanden mit Samthandschuhen anfassen *(sehr vorsichtig behandeln);* → Glacéhandschuh ‖ **samtig:** eine samtige Haut

sämtlich:

sämtliche *(alle)* Schülerinnen

Deklination:

Das Wort „sämtlich" endet jeweils auf den Buchstaben, den der Artikel der/die/das hätte. Vor „sämtlich" steht kein Artikel:

- sämtlicher gefallene Schnee (vgl. der Schnee)
- mit sämtlicher persönlichen Erfahrung (vgl. mit der Erfahrung)
- für sämtliches lagerndes Material
- sämtliche Anwesenden
- sämtliche anwesenden Schülerinnen

Samtpfötchen = **Samtpfote:** *samtweiche Pfote [einer Katze]* ‖ **samtweich**

Samum der, -s/-s [-e] ⟨arab.⟩: *ein heißer Wüstenwind*

S

Samurai ['za(:)-, -'raɪ] der, -[s]/-[s] ⟨jap.⟩ (früher): *japanischer Ritter*
Sanatorium das, -s/Sanatorien [-i̯ən] ⟨lat.⟩: *eine Heilanstalt*
Sanctus [-k-] das, -/- ⟨lat.⟩: *ein Teil der heiligen Messe; aber:* → der Sanktus
Sand der, -[e]s/-e: jemandem S. in die Augen streuen *(jemanden täuschen);* etwas verläuft im S. *(es bleibt erfolglos);* wie S. am Meer *(im Überfluss);* es kommt S. ins Getriebe *(ein Hindernis tritt auf);* auf S. *(ohne feste Grundlagen)* bauen; [mit] S. spielen | (ugs.) am S. *(erschöpft, erledigt)* sein
Sandale die, -/-n ⟨gr.-lat.⟩: *ein leichter Schuh mit Riemen* || **Sandalette** die, -/-n
Sandbahn: *eine Rennstrecke* || **Sandbahnrennen:** *ein Motorradrennen* || **Sandbank** die, -/-bänke: *Sandaufschwemmung [in einem Fluss]* || **Sandboden** || **Sandburg** || **Sanddorn:** *ein Strauch*
Sandelholz: *ein wohlriechendes Holz*
sandeln (ugs., abw.): *untätig sein* | *als Sandler leben*
sandfarben: *beige* || **Sandgrube:** *Abbaustelle für Sand* || **Sandhose:** *Sand mitführender Wirbelwind* || **sandig:** ein sandiger Boden || **Sandkasten:** *Sandkiste* | (Mil.) *Übungsanlage [für taktische Manöver]* || **Sandkastenspiel** (meist Pl.): Sandkastenspiele betreiben *(in der Theorie stecken bleiben)* || **Sandkiste:** *eine Spielgelegenheit für Kinder* || **Sandkorn** || **Sandkuchen:** *eine Mehlspeise*
Sandler der, -s/-: *obdachloser, verwahrloster Mensch, Stadtstreicher* | (abw.) *arbeitsunwilliger Mensch* || **Sandlerin** die, -/-innen || **Sandlermilieu** [-ˌli̯øː]
Sandmann = **Sandmännchen:** *eine Märchenfigur* || **Sandpapier:** *ein Schleifpapier* || **Sandplatz:** auf [einem] S. Tennis spielen
Sandra: *weibl. Vorname*
Sandsack || **Sandstein:** *ein Gestein* || **sandstrahlen** (nur Inf. und Part.) || **Sandstrahlgebläse:** *eine Maschine zur Reinigung* || **Sandstrand** || **Sandsturm** || **Sandviper** [-v-, -f-]: *Hornotter*
sandte → senden
Sanduhr: *ein Zeitmesser*

Sandwich ['zɛndvɪtʃ, engl.: 'sændwɪtʃ] das (auch: der), -[s] [-es]/-[s] [-e] (-es [-ɪz]) ⟨engl.⟩: *[mit Wurst und Käse] belegte Scheibe Weißbrot; zwei zusammengelegte Scheiben* | (nur mit Art. der) *Kurzwort für Sandwichwecken (nach einem englischen Adeligen)* || **Sandwichkind** (Psych.): *mittleres Kind in der Geschwisterfolge* || **Sandwichwecken:** *langes, schmales Weißbrot*
Sandwüste
sanforisieren ⟨engl.⟩: *ein Gewebe schrumpffest machen*
San Francisco [- -'(t)siskɔ, engl.: ˌsæn fræn'sɪskəʊ]: *Stadt in den Vereinigten Staaten*
sanft: das Tier s. *(zart, behutsam)* streicheln | ein sanfter *(kaum spürbarer)* Luftzug | sanfter *(umweltschonender)* Tourismus; sanfte Geburt | ruhe s. *(friedlich) (als Grabinschrift)* || **Sänfte** die, -/-n: *ein Tragsessel* || **Sänftenträger** || **Sänftenträgerin** || **Sanftheit** die, - || **Sanftmut** die, - (geh.) || **sanftmütig** (geh.): *gutmütig; verträglich*
sang → singen || **Sang** der, -[e]s (geh.): mit S. und Klang *(mit Gesang und Musik)* || **sangbar:** *leicht und gut zu singen* || **Sänger** der, -s/-: die S. eines Chores | (geh.) *Dichter, Komponist* || **Sängerbund** || **Sängerfest** || **Sängerin** die, -/-innen || **Sängerknabe:** *Angehöriger bestimmter Knabenchöre, zB der Wiener Sängerknaben* || **Sängerschaft** die, -/-en || **Sangesbruder** (geh., veraltet) || **Sangesfreude** (geh.) || **sangesfreudig** (geh.) || **sangesfroh** (geh.) || **Sangesschwester** (geh., veraltet)
Sangria der, -s = die, - ⟨span.⟩: *ein spanischer Wein mit Früchten*
Sanguiniker [-g'viː-, -'gu̯iː-] der, -s/- ⟨lat.⟩: *heiterer, lebhafter Mensch* || **Sanguinikerin** die, -/-innen || **sanguinisch**
sang- und klanglos: *unbemerkt, ohne viel Aufhebens; ruhmlos*
Sani der, -s/-s ⟨lat.⟩ (bes. Mil.): *Kurzwort für Sanitäter* || **sanieren:** ein altes Haus s. *(in Stand setzen bzw. modernisieren)* | einen Betrieb s. *(seine Finanzen in Ordnung bringen)* | (Med.) ein saniertes Gebiss || **Sanierung** die, -/-en: die S. des Badezimmers | (SüdT) *nachträgliche Genehmigung von Dienststellen, Bauten uÄ* || **sanierungsbedürftig** ||

Sanierungsmaßnahme || **Sanierungsprogramm** || **sanitär:** sanitäre Anlagen *(Bad, WC, Kanalisation uÄ)* | (SüdT) *das Gesundheitswesen betreffend* || **Sanitäranlage** (meist Pl.) || **Sanitäreinrichtungen** die (Pl.) || **Sanitärraum** || **Sanitärzelle** || **Sanität** die, -: *militärisches Gesundheitswesen* | (selten) *Krankenwagen* | (SüdT) (Admin.) *Gesundheitswesen* || **Sanitäter** der, -s/-: *Angehöriger eines medizinischen Hilfsdienstes* || **Sanitäterin** die, -/-innen || **Sanitätsbehörde** (SüdT) || **Sanitätsbetrieb** (SüdT) || **Sanitätsdienst** || **Sanitätskraftwagen** (Amtsspr.): *Sanitätswagen* || **Sanitätspersonal** || **Sanitätspolizei:** *Gesundheitspolizei* || **sanitätspolizeilich:** *gesundheitspolizeilich* || **Sanitätsrat:** *ein Titel für [Amts]ärzte* | Oberster S. *(ein ministerielles Gremium)* || **Sanitätsrätin** || **Sanitätssprengel** (SüdT) (Admin.) || **Sanitätswagen** (Amtsspr.): *Krankenwagen* || **Sanitätswesen:** *Gesundheitswesen*
sank → sinken
Sankt (St.) ⟨lat.⟩: *„heilige", „heiliger" in Personen-, Kirchen- und Ortsnamen;* Sankt Anna (St. Anna); Sankt Stephan (St. Stephan); Sankt Pölten (St. Pölten) || **Sankt Andrä:** *Stadt in Kärnten* || **Sankt Florian:** *Marktgemeinde und Stift in Oberösterreich* || **Sankt Gallen:** *Markt in der Steiermark* | *Schweizer Stadt und Kanton* || **Sankt Hanappi** (ugs.): *Gerhard-Hanappi-Stadion von Rapid Wien (nach einem Fußballspieler)*
Sanktion [-tsi̯-] die, -/-en ⟨lat.⟩: *Bestätigung, Billigung* | (meist Pl.) *Strafandrohung; Zwangsmaßnahme* || **sanktionieren:** *bestätigen, billigen* | *bestrafen;* Verspätungen sollen sanktioniert werden || **Sanktionierung** die, -/-en || **Sanktissimum** das, -s (kath.): *das Allerheiligste als Altarsakrament*
Sankt Johann [auch: - -'oː-] (Siedlungsname): Sankt Johann im Pongau (Kfz: JO) (S); Sankt Johann in Tirol; Sankt Johann bei Herberstein (St) || **Sankt Laurenz** der, - -/- -, *auch:* Sankt Laurent, - -s/- -s, Saint Laurent [sɛ̃ lɔ'rɑ̃], - -[s]/- -[s]: *eine Reb- und Weinsorte* || **Sankt Leonhard:** *2.*

S

Bezirk von Graz | → Bad Sankt Leonhard im Lavanttal || **Sankt-Nim|mer|leins-Tag** (scherzh.): am S. *(nie)* || **Sankt Pe|ter:** *8. Bezirk von Graz* || **Sankt Pe|ters|burg:** *Stadt in Russland;* → Leningrad || **Sankt Pöl|ten** (Kfz: P, PL): *Landeshauptstadt von Niederösterreich* || **Sankt-Pölt|ner** der, -s/-, *auch:* Sankt-Pöltener, Sankt Pöltner, Sankt Pöltener || **Sankt-Pölt|ne|rin** die, -/-innen, *auch:* Sankt-Pöltenerin, Sankt Pöltnerin, Sankt Pöltenerin || **Sank|tus** der, - (ugs.): seinen S. *(seine Genehmigung)* dazu geben; *aber:* → das Sanctus || **Sankt Va|len|tin** [- v-]: *Stadt in Niederösterreich* || **Sankt Veit an der Glan** [- f- - - -] (Kfz: SV): *Stadt in Kärnten*

san-ma|ri|ne|sisch || **San Ma|ri|no** (Kfz: RSM): *ein Kleinstaat*

sann → sinnen

Sans|cu|lot|te [sɑ̃ky'lɔt(ɛ)] der, -n/-n ⟨fr.⟩ (wörtl.: ohne Kniebundhose [der Adeligen]): *Jakobiner (in der Französischen Revolution)* | *Radikaler*

Sans|krit [auch: -'a-] das, -s ⟨Sanskrit⟩: *altindische Literatursprache*

San|ta Claus [auch: ˌsæntə 'klɔːz] der, - -/- - ⟨engl.⟩: *amerikanische Bezeichnung für den Weihnachtsmann*

San|ti|a|go de Chi|le [- - 'tʃ-]: *Hauptstadt von Chile* || **San|ti|a|go de Com|pos|te|la** [- - k-]: *berühmter Wallfahrtsort in Spanien (Galicien)*

São Pau|lo ['sɑ̃ʊ 'paʊlo]: *Stadt in Brasilien*

Sa|phir [-f-] der, -s/-e ⟨sem.-gr.-lat.⟩: *ein Edelstein* | *Kurzwort für Saphirnadel* || **sa|phir|blau** || **Sa|phir|na|del:** *Nadel aus Saphir am Tonabnehmer des Plattenspielers, Saphir*

Sap|pel → Zappin

sap|per|lot = **sap|per|ment** ⟨lat.⟩: *ein Ausruf, sakra!*

Sap|pin → Zappin

Sa|ra = Sarah: *weibl. Vorname*

Sa|ra|ban|de [auch: -'bɑ̃ːd] die, -/-n ⟨pers.-arab.-span.-fr.⟩ (Mus.): *ein Tanz* | *Satz in der Suite*

Sa|rah → Sara

Sa|ra|je|vo [-v-, auch: -'eː-] (dt. auch: Sarajewo): *Hauptstadt von Bosnien und Herzegowina*

Sa|ra|ze|ne der, -n/-n ⟨arab.-lat.⟩ (veraltet): *Araber* || **Sa|ra|ze|nin** die, -/-innen (veraltet)

Sar|de der, -n/-n, *auch:* Sardinier, -s/-: *Bewohner von Sardinien*

Sar|del|le die, -/-n ⟨it.⟩: *ein Fisch* || **Sar|del|len|pas|te** || **Sar|del|len|rin|gerl** das, -s/-[n]: *eingerolltes Sardellenfilet [mit Kapern]*

Sar|din die, -/-innen, *auch:* Sardinierin: *Bewohnerin von Sardinien*

Sar|di|ne die, -/-n ⟨it.⟩: *ein Fisch* || **Sar|di|nen|büch|se** (bes. D): *Sardinendose* || **Sar|di|nen|do|se**

Sar|di|ni|en: *eine italienische Mittelmeerinsel;* → Sarde || **Sar|di|ni|er** → Sarde || **Sar|di|ni|e|rin** → Sardin || **sar|di|nisch** = **sar|disch**

sar|do|nisch ⟨gr.-lat.⟩ (geh.): s. *(krampfhaft, boshaft)* grinsen

Sarg der, -[e]s/Särge || **Sarg|de|ckel** || **Sarg|na|gel** (ugs., meist scherzh.): er ist mein S. *(er bereitet mir viel Kummer)* | (ugs., sal.) *Zigarette* || **Sarg|trä|ger** || **Sarg|trä|ge|rin** || **Sarg|tuch**

Sa|ri der, -[s]/-s ⟨Hindi⟩: *ein indisches Frauengewand*

Sar|kas|mus der, -/Sarkasmen ⟨gr.-lat.⟩: *beißender Spott; bissige Bemerkung* || **sar|kas|tisch** || **Sar|kom** das, -s/-e (Med.): *bösartige Geschwulst* || **Sar|ko|phag** [-f-] der, -[e]s/-e: *Stein-, Prunksarg*

Sar|ma das, -s/-[s] ⟨türk.⟩: *Krautroulade* || **Sar|ma|kraut**

SARS = **Sars** [auch: ɛs a ɛr 'ɛs] (aus: **s**chweres **a**kutes **r**espiratorisches **S**yndrom) (Med.): *eine Viruserkrankung*

Sa|sa|ka das, -s/- ⟨slow.⟩ (K, ugs.): *Verhackert*

Sa|scha: *männl. Vorname (Alexander)*

Sa|shi|mi [-'ʃi-] das, -s/-s ⟨jap.⟩: *japanische Speise aus rohem Fisch*

Sas|kia: *weibl. Vorname*

saß → sitzen

SAT: *Kurzwort für Satellit[en]*

Sa|tan der, -s/-e ⟨hebr.-gr.⟩: *(oberster) Teufel* || **sa|ta|nisch** (geh.): *teuflisch* || **Sa|ta|nis|mus** der, -: *Verehrung des Satans, Teufelsanbetung* || **Sa|ta|nist** der, -en/-en || **Sa|ta|nis|tin** die, -/-innen || **Sa|tans|bra|ten:** *ein Schimpfwort* || **Sa|tans|pilz:** *ein giftiger Pilz*

SAT-An|ten|ne

Sa|tay [engl.: 'sæteɪ] das, -s/-s, *auch:* **Sa|té** [-'te(ː)] ⟨indonesisch-chin.⟩: *ein (indonesisches) Grillgericht*

Sa|tel|lit der, -en/-en ⟨lat.⟩: *einen Planeten umkreisender Himmelskörper* | *Flugkörper zur Übermittlung von Daten;* Nachrichtensatellit; → SAT | *Anhänger, Gefolgsmann* || **Sa|tel|li|ten|an|ten|ne** || **Sa|tel|li|ten|bahn:** *Umlaufbahn* || **Sa|tel|li|ten|bild** || **Sa|tel|li|ten|emp|fän|ger** || **Sa|tel|li|ten|fern|se|hen** || **Sa|tel|li|ten|fo|to** || **Sa|tel|li|ten|funk** || **Sa|tel|li|ten|re|cei|ver** [-rɪˌsiːvə] || **Sa|tel|li|ten|schüs|sel:** *Parabolantenne zum Empfang von SAT-TV* || **Sa|tel|li|ten|staat:** *von den Weisungen eines anderen Staates abhängiger Staat* || **Sa|tel|li|ten|stadt:** *planmäßig angelegte geschlossene Großsiedlung am Rand einer Stadt* || **Sa|tel|li|ten|te|le|fon** || **Sa|tel|li|ten-TV** [- te faʊ] || **Sa|tel|li|ten|über|tra|gung:** *über einen Satelliten vermittelter Funkverkehr* || **SAT-Emp|fän|ger** || **SAT-Fern|se|hen:** *Satellitenfernsehen*

Sa|tin [-'tɛ̃ː] der, -s/-s ⟨arab.-fr.⟩: *ein glattes, glänzendes Gewebe* || **sa|ti|nie|ren** [-tin-]: *glätten;* satiniertes Papier

Sa|ti|re die, -/-n ⟨lat.⟩: *literarische Gattung, die mittels Spott und Ironie bestimmte Zustände kritisiert* | *Kunstwerk dieser Gattung* || **Sa|ti|ri|ker** der, -s/- || **Sa|ti|ri|ke|rin** die, -/-innen || **sa|ti|risch:** satirische *(spöttische, ironische)* Bemerkungen

Sa|tis|fak|ti|on [-tsi-] die, -/-en ⟨lat.⟩ (früher): *Genugtuung für eine Beleidigung [in Form eines Duells];* S. geben/fordern || **sa|tis|fak|ti|ons|fä|hig** (früher)

Sa|trap der, -en/-en ⟨pers.-gr.⟩: *altpersischer Statthalter* | *verweichlichter Despot*

SAT-Re|cei|ver [-rɪˌsiːvə]: *Satellitenreceiver* || **SAT-Schüs|sel:** *Satellitenschüssel*

Sat|su|ma [auch: 'sat-] die, -/-s ⟨jap.⟩: *eine Mandarine*

S

satt:

ein sattes *(kräftiges)* Grün

Getrenntschreibung in Verbindung mit „sein" und bei wörtlicher Bedeutung:
- sich satt essen
- ich bin satt geworden
- satt sein

R→ S. 901, 1.8

Zusammenschreibung bei übertragener Bedeutung:
- sich daran satthören
- sich an der Farbe sattsehen
- etwas satthaben *(es nicht mehr mögen)*

R→ S. 900, 1.5.1

Sattel der, -s/Sättel: die Reiterin wurde aus dem S. geworfen; in allen Sätteln gerecht sein *(sich auf allen Gebieten zu helfen wissen)*; fest im S. sitzen *(unangefochten sein)* | der S. *(Sitz)* des Fahrrads | ein S. *(Einschnitt, Übergang)* im Gebirge || **Sattelanhänger** || **Satteldach** (Arch.) || **Satteldecke**

SAT-Telefon: *Satellitentelefon*

sattelfest: in Geografie bin ich s. *(kenne ich mich gut aus)* || **satteln:** ich sattle das Pferd || **Sattelschlepper:** *eine Zugmaschine* || **Satteltasche:** die S. des Fahrrades || **Sattelzeug:** *Pferdesattel mit Zubehör, zB Steigbügel* || **Sattelzug:** *Sattelschlepper mit Anhänger*

sattgrün || **satthaben:** sein Jammern habe ich satt; → satt || **Sattheit** die, -: das Sattsein | die S. *(Intensität)* der Farben || **satthören** sich → satt || **sättigen:** jemandes Neugierde s. *(befriedigen)*; sich s. *(den Hunger stillen)* | (Chem.) eine gesättigte Salzlösung *(Lösung, die den maximalen Wert an aufgelöstem Salz enthält)* || **Sättigung** die, -/-en (Pl. selten) || **Sättigungsgefühl** || **Sättigungsgrad** || **Sättigungspunkt:** den S. erreichen

Sattler der, -s/-: *ein Handwerker der Lederverarbeitung* || **Sattlerei** die, -/-en || **Sattlerhandwerk** || **Sattlerin** die, -/-innen

sattsam (geh.): das ist s. *(hinlänglich, zur Genüge)* bekannt || **sattsehen** sich → satt

SAT-TV [- te fau]: *Satellitenfernsehen*

saturiert ⟨lat.⟩ (geh.): *gesättigt* | (abw.) *selbstzufrieden* || **Saturiertheit** die, - (abw.)

Saturn[1]: *römischer Gott der Fruchtbarkeit* || **Saturn**[2] der, -[s]: *ein Planet*

Satyr [-y-] der, -s [-n]/-e [-n]: *altgriechischer derb-lüsterner Waldgeist* || **satyrhaft** || **Satyriasis** die, - (Med., Psych.): *krankhaft übersteigerter Geschlechtstrieb beim Mann;* → G.: Nymphomanie || **Satyrspiel:** *derb-komisches Nachspiel zu einer Tragödie*

Satz der, -es/Sätze: kurze Sätze schreiben | der S. *(Lehrsatz)* des Pythagoras | mit einem S. über den Graben springen | (Druckw.) ein Manuskript ist im S. *(wird für den Druck gesetzt)* | (Gramm.) *grammatikalische Einheit* | (Mus.) eine Symphonie in vier Sätzen | (Mus.) ein dreistimmiger S. *(Tonsatz)* | *festgesetzter Betrag;* Zinssatz | *Bodensatz* | *zusammengehörige Gegenstände [unterschiedlicher Größe];* ein S. Briefmarken | (in Mengenangaben auch mit Pl. Satz) drei Satz/Sätze (auch:) Spiralbohrer | (Sport) *Spielabschnitt;* den ersten S. verlieren || **Satzaussage** (Gramm.): *Prädikat* || **Satzball** (Sport): *Ballwechsel, der zum Satzgewinn verhelfen kann* || **Satzbau** (Gramm.) || **Satzbauplan** (Gramm.): *grundlegende Muster von elementaren Sätzen* || **satzen** (ugs.): *rennen* || **Satzfehler** (Druckw.): *Fehler des Setzers beim Setzen eines Textes* || **Satzfetzen:** *unvollständiger Satz [durch akustische Störung]* || **Satzgefüge** (Gramm.): *aus Haupt- und Gliedsatz zusammengesetzter Satz* || **Satzgegenstand** (Gramm.): *Subjekt* || **Satzglied** (Gramm.): *kleinste grammatikalische Einheit eines Satzes* || **Satzgrammatik:** *Grammatik, die den Bau von Sätzen und ihre Beziehungen beschreibt* || **Satzkonstruktion** [-tsi̯-] (Gramm.) || **Satzlehre** (Gramm.): *Syntax* | (Mus.) *Harmonielehre und Kontrapunkt* || **Satzmelodie:** *Intonation, Sprechmelodie eines Satzes* || **Satzmuster** || **Satzreihe** (Gramm.): *Hauptsatzreihe* || **Satzspiegel** (Druckw.): *bedruckte Fläche einer Seite* || **Satzteil** (Gramm.) || **Satzung** die, -/-en: die S. *(die schriftlich niedergelegten Regeln, das Statut)* eines Vereins || **Satzungsänderung:** *Statutenänderung* || **satzungsgemäß** || **Satzvorlage:** *Manuskript* || **Satzzeichen:** *Interpunktionszeichen* || **Satzzusammenhang**

Sau die, -/Säue: *weibl. Hausschwein* | (mit Pl. Sauen) *weibl. Wildschwein* | (abw.) *ein derbes Schimpfwort* | (derb) jemanden zur S. machen *(heftig tadeln);* die S. herauslassen *(alle Hemmungen ablegen)* | (ohne Pl.) (sal.) S. *(Glück)* haben || **Saualpe:** *ein Gebirge in Kärnten* || **Saubär:** *männliches Zuchtschwein, Eber* || **Saubartl** der, -s/-n (ugs., derb): *unreinlicher Mensch*

sauber: saubere Hände; die Wohnung s. halten *(rein, in Ordnung halten);* → sauber machen = saubermachen | die 2-Jährige ist schon s. *(macht nicht mehr in die Windel)* | eine saubere *(anständige, einwandfreie)* Lösung | (iron.) *nicht anständig;* ein sauberes Pärchen *(zB Gaunerpärchen)* | (ugs.) ein sauberes *(hübsches)* Dirndl | (ugs.) *nicht mehr kriminell bzw. süchtig;* → clean | (ugs.) es hat ihn s. *(stark)* erwischt || **Sauberkeit** die, - || **Sauberkeitsfimmel** (ugs.): *übertriebener Hang zum Saubermachen* || **Sauberfrau** (bes. D): *weibl. Form zu Saubermann* || **säuberlich:** sie hat s. *(sorgfältig)* gearbeitet || **saubermachen** = **sauber machen:** *säubern* || **Saubermann** (oft iron.): *anständiger Mann* || **säubern:** *reinigen* || **Säuberung** die, -/-en: *Reinigung* | (beschön.) (Pol.) *Ausmerzung der politischen Gegner [in totalitären Staaten];* ethnische S. || **Säuberungswelle** (beschön.) (Pol.)

saublöd (ugs., abw.) || **Saubohne:** *eine Gemüsepflanzenart, Puffbohne*

Sauce [zoːs(ɛ)] die, -/-n = Soß, -/-en, Soße, -/-n ⟨fr.⟩: *dicker Saft* || **Sauciere** [soˈsi̯eːrə] die, -/-n: *Saucenschüssel*

Saudi-Arabien [auch: saˈuː- -]: *ein Staat*

saudumm (ugs., abw.): *sehr dumm*

sauer: eine saure *(feuchte, an säurehaltigen Stoffen reiche)* Wiese; saurer Regen; saure Wurst *(Wurst in Essig und Öl);* saure Milch; eine saure *(mit Sauerrahm zubereitete)* Suppe; saurer Käse *(Sauerkäse);* die Milch ist s. geworden | sich etwas s. *(mühsam)* verdienen | ein saures *(verdrießliches)* Gesicht machen | (sal.) *verdrossen, verärgert;* sie ist s. geworden *(war verärgert);* → sauer machen = sauermachen || **Sauerampfer:** *eine Wiesenpflanze* | (scherzh. bzw. abw.) *saurer Wein oder Most* || **Sauerbraten** (reg. in D): *eine Fleischspeise* || **Sauerdorn** der, -[e]s/-e: *Berberitze*

Sauerei die, -/-en (ugs., abw.): *arge Verschmutzung* | *grobe Unkorrektheit* | *Unanständigkeit*

Sauergras: *Pflanze aus der Familie der Riedgräser, Riedgras* || **Sauergrasgewächs** [-ks] (Bot.) || **Sauerkäse,** *auch:* Sauerkäs: *eine Vorarlberger Spezialität* || **Sauerkirsche:** *Weichsel* || **Sau-**

er|klee: *eine Pflanzengattung* || **Sau|er|kraut:** *vergorenes Weißkraut* || **säu|er|lich:** s. schmecken || **Säu|er|ling** der, -s/-e: *Sauerbrunn[en]* | *eine Alpenpflanze* || **sau|er|ma|chen** = **sau|er|ma|chen** (sal.): *jemanden verärgern* || **Sau|er|milch:** *durch Gärung dickflüssige, sauer schmeckende Milch* || **Sau|er|milch|kä|se:** *Käse aus saurer Milch, zB Quargel, Kochkäse* || **säu|ern** || **Sau|er|rahm:** *saurer Rahm* || **Sau|er|stoff** der, -[e]s (Zeichen: O): *ein chemisches Element;* → Oxygenium || **sau|er|stoff|arm** || **Sau|er|stoff|ar|mut** || **Sau|er|stoff|fla|sche** || **Sau|er|stoff|ge|rät** || **sau|er|stoff|häl|tig,** *auch:* sauerstoffhaltig || **Sau|er|stoff|man|gel** || **Sau|er|stoff|mas|ke** || **sau|er|stoff|reich** || **Sau|er|stoff|tank** || **Sau|er|stoff|ver|sor|gung** || **Sau|er|stoff|zelt** (Med.): *Vorrichtung zur Beatmung eines Patienten mit Sauerstoff* || **Sau|er|stoff|zu|fuhr** || **Sau|er|teig:** *Brotteigrest als Gärmittel* || **sau|er|töp|fisch** (nördl. D., geh.): *griesgrämig, grantig*

Sauf|bru|der (ugs., derb): *Säufer* || **sau|fen,** du säufst/soff/gesoffen: die Rinder s. *(trinken)* Wasser | (abw.) er säuft *(trinkt gewohnheitsmäßig Alkohol)* || **Säu|fer** der, -s/- (abw.): *Alkoholiker* || **Sau|fe|rei** die, -/-en (abw.) || **Säu|fe|rin** die, -/-innen (abw.) || **Säu|fer|le|ber** || **Säu|fer|wahn** (Med.) || **Sauf|ge|la|ge** (abw.) || **Sauf|kum|pan** (abw.) || **Sauf|kum|pa|nin** (abw.)

Sau|fraß (derb, abw.): *minderwertiges Essen*

Sauf|tour [-tu:ə] (ugs., abw.): eine S. unternehmen *([gemeinsam] mehrere Lokale besuchen)*

Sau|fut|ter: *Schweinefutter* | (derb, abw.) *minderwertiges Essen* || **Sau|füt|tern** (ugs., sal.) (in der Wendung): das haben wir zum S. *(im Überfluss)*

sau|gen, sog [saugte]/gesogen [gesaugt]: das Kind sog/saugte an der Flasche; Blut saugende (= blutsaugende) Insekten | Staub saugen = staubsaugen; er saugte den Teppich || **säu|gen:** das Junge s. || **Sau|ger** der, -s/-: *Lutscher, Schnuller am Babyflascherl* | (Jug.): *Streber* || **Säu|ger** der, -s/-: *Säugetier* || **Sau|ge|rin** die, -/-innen (Jug.): *Streberin* || **Säu|ge|tier** (Zool.): *Tier jener Klasse, bei dem die Mutter die Jungen säugt, Säuger* || **saug|fä|hig** || **Saug|fla|sche** || **Saug|kraft** || **Säug|ling** der, -s/-e || **Säug|lings|al|ter** || **Säug|lings|heim** || **Säug|lings|nah|rung** || **Säug|lings|pfle|ge** || **Säug|lings|schwes|ter** || **Säug|lings|sterb|lich|keit** || **Säug|lings|tur|nen** || **Saug|napf** (Zool.): *Organ bestimmter Tiere zum Festsaugen* || **Saug|pum|pe** || **Saug|re|flex** (Psych.): der S. von Neugeborenen

sau|grob (ugs., abw.): *sehr grob*

Saug|rohr || **Saug|wir|kung**

Sau|hau|fen (ugs., abw.): *arge Unordnung* || **Sau|hund** (ugs., derb, abw.): *Saukerl* || **säu|isch** (derb, abw.): *schweinisch* || **sau|kalt** (ugs.): *sehr kalt* || **Sau|kerl:** *ein derbes Schimpfwort*

Säu|le die, -/-n: marmorne Säulen | eine S. *(Stütze)* der Mannschaft | → Quecksilbersäule || **Säu|len|dia|gramm:** *eine grafische Vergleichsdarstellung* || **säu|len|för|mig** || **Säu|len|gang** (Arch.) || **Säu|len|hal|le** (Arch.) || **Säu|len|ka|pi|täl** = **Säu|len|ka|pi|tell** (Arch.) || **Säu|len|por|tal** (Arch.)

Sau|lus: von einem S. *(Gegner)* zum Paulus *(Anhänger)* werden *(nach dem ursprünglichen Namen des Apostels Paulus)*

Saum der, -[e]s/Säume: der S. eines Kleides | (geh.) am S. *(am Rand)* eines Waldes

Sau|ma|gen: *eine Speise* | (ugs., scherzh.) einen S. haben *(alles vertragen)* || **Sau|mai|se:** *Maise mit Fleisch und Innereien* || **sau|mä|ßig** (ugs.): *sehr*

säu|men[1]: *einen Saum nähen*

säu|men[2] (geh.): *zaudern, zögern* || **säu|mig:** ein säumiger *(nicht zahlender)* Schuldner || **Säu|mig|keit** die, - || **Säum|nis** die, -/-nisse, *auch:* das, -nisses/-nisse (Amtsspr. oder geh.): *Verzögerung, Aufschub* || **Säum|nis|be|schwer|de** (Jus): *Beschwerde an den Verwaltungsgerichtshof bei Untätigkeit einer obersten Verwaltungsbehörde* || **Säum|nis|ur|teil** (Jus): *Kurzwort für Versäumungsurteil* || **Säum|nis|zu|schlag** (Amtsspr.): *Strafgebühr bei Fristüberschreitung*

Saum|pfad: *schmaler Gebirgsweg für Saumtiere*

saum|se|lig [-ze:-] (geh.): *langsam, nachlässig* || **Saum|se|lig|keit** die, - (geh.)

Saum|tier: *Tragtier, zB Maultier, im Gebirge*

Sau|na die, -/-s [Saunen] ⟨finn.⟩: *ein Schwitzraum* || **Sau|na|bad** || **Sau|na|schin|ken:** *ein schonend gegarter Schinken* || **sau|nen:** *saunieren* || **sau|nie|ren:** *in der Sauna schwitzen*

sau|ni|geln, ich saunigle (reg., derb): *schweinigeln;* → Nigel

Säu|re die, -/-n: eine ätzende S. || **säu|re|arm** || **Säu|re|at|ten|tat** || **säu|re|be|stän|dig:** *säurefest* || **säu|re|fest** || **Säu|re|ge|halt** der, -[e]s/-e

Sau|re|gur|ken|zeit = **Sau|re-Gur|ken-Zeit** (scherzh.): *fade, ereignislose Zeit im [Hoch]sommer*

säu|re|häl|tig, *auch:* säurehaltig || **Säu|re|ver|gif|tung**

Sau|ri|er der, -s/- ⟨gr.⟩: *ausgestorbenes [großes] Reptil;* Dinosaurier

sau|schwer (ugs.): *sehr schwer*

säu|seln, ich säusle: ein säuselnder Wind || **sau|sen:** der Sturm s. durch das Fenster | ich sause *(laufe)* schnell zum Bäcker || **sau|sen las|sen** = **sau|sen|las|sen** (ugs.): die Party s. l. *(darauf verzichten)* || **Saus und Braus:** in S. u. B. *(verschwenderisch)* leben

Sau|stall: *Schweinestall* | (ugs., abw.) *Schweinerei, Chaos* || **Sau|tanz:** *Festessen nach dem Schweineschlachten* || **sau|teu|er** (ugs.): *sehr teuer*

sau|tie|ren [zot-] ⟨fr.⟩ (Küchenspr.): *kurz in Fett anbraten*

Sau|trank (Landw.): *Schweinefutter* || **Sau|trog** (Landw.): *Fresstrog für Schweine* | *Trog zum Schweineschlachten*

Sau|vi|gnon blanc [sovinjɔ̃ 'blɑ̃] der, - -/-s -s [-njɔ̃ 'blɑ̃] ⟨fr.⟩: *eine Reb- und Weinsorte*

Sau|wet|ter das, -s (sal., abw.): *bes. schlechtes Wetter* || **Sau|wirt|schaft** (ugs., derb, abw.) || **sau|wohl** (ugs.): sich s. *(sehr wohl)* fühlen

Sa|van|ne [-v-] die, -/-n ⟨indian.-span.⟩: *eine tropische Steppenlandschaft*

Sa|ve [-v-] die, - (slaw.: Sava [-v-]): *ein Nebenfluss der Donau (Slowenien, Kroatien, Bosnien, Serbien)*

Sa|voir-vi|vre [savoa:r'vi:vr] das, -[s] ⟨fr.⟩: *Lebenskunst, -genuss*

Sa|vo|yen [-v'ɔı(ɛ)n]: *historische Provinz im Südosten von Frankreich*

Sa|xo|fon = Saxophon [-f-] das, -s/-e: *ein Holzblasinstrument (nach dem belgischen Instrumenten-*

S

bauer Sax) ‖ **Sa|xo|fo|nist** = Saxophonist der, -en/-en ‖ **Sa|xo|fo|nis|tin** = Saxophonistin die, -/-innen
Sb: Stibium; → Antimon
SB: Selbstbedienung
S-Bahn ['ɛs-]: *Kurzwort für Schnellbahn, Stadtbahn* ‖ **S-Bahn-Sta|ti|on** [-ʃtatsi̯-]
Sbg.: Salzburg
Sc: Scandium
Sca|la [sk-] die, -⟨it.⟩: *Kurzwort für Teatro alla Scala, das Opernhaus in Mailand*
Scam|pi [sk-] die (Pl.) ⟨it.⟩: *eine Hummerart*
Scan|di|um [sk-] das, -s (Zeichen: Sc) ⟨lat.⟩: *ein chemisches Element*
scan|nen ['skæ-] ⟨engl.⟩ ‖ **Scan|ner** der, -s/-: *Gerät zum Erfassen einer Vorlage (Bilder und Schrift) im Computer*
Scart|ste|cker [sk-] ⟨fr.-engl.⟩ (Elektrot.): *Stecker mit 21-poligem Anschluss*
sch: *ein Ausruf;* sch, ich möchte kein Wort mehr hören!
Schab|bes → Sabbat
Scha|be die, -/-n: *ein Insekt* | (ugs.) *Motte* ‖ **scha|ben:** die Karotten s. *(putzen, abkratzen)* ‖ **Scha|ber** der, -s/-: *ein Werkzeug*
Scha|ber|nack der, -[e]s/-e: jemandem einen S. *(einen Streich)* spielen
schä|big (abw.): schäbige *(abgetragene)* Schuhe | (ugs., abw.) ein schäbiger *(knauseriger; gemeiner)* Kerl ‖ **Schä|big|keit** die, -/-en
Scha|blo|ne die, -/-n ⟨fr.-niederdt.⟩: *[ausgeschnittene] Vorlage, Muster* | (meist abw.) nach einer S. *(einem starren Schema)* arbeiten ‖ **Scha|blo|nen|druck** der, -[e]s/-e: *ein Druckverfahren* ‖ **scha|blo|nen|haft** ‖ **scha|blo|nie|ren**
Scha|bra|cke die, -/-n ⟨türk.-ung.⟩: *prächtige Pferdesatteldecke* | *quer verlaufender Vorhangteil*
Schach das, -s ⟨pers.-arab.⟩: S. spielen | [ein] S. [an]sagen; S. [dem König]!; → schachmatt; jemanden in S. halten *(jemanden nicht gefährlich werden lassen)* ‖ **Schach|brett** ‖ **schach|brett|ar|tig** ‖ **Schach|brett|mus|ter** ‖ **Schach|com|pu|ter** [-k-pju:-]
Scha|chen der, -s/- (reg.): *kleiner Wald (oft als Flur-, Eigennamen)*
Scha|cher der, -s (abw.): *Geschäftemacherei, Feilscherei*
Schä|cher der, -s/- (veraltet): *Räuber, Wegelagerer; Übeltäter*
Scha|che|rei die, -/-en (abw.): *Schacher* ‖ **scha|chern** (abw.): *feilschen, handeln*
Schach|fi|gur ‖ **Schach|groß|meis|ter** (Sport) ‖ **Schach|groß|meis|te|rin** (Sport) ‖ **schach|matt:** s. sein *(das Spiel verloren haben);* den Gegner [beim Schachspiel] s. setzen; → matt | (ugs.) *völlig erschöpft* ‖ **Schach|matt:** → Matt ‖ **Schach|meis|ter** ‖ **Schach|meis|te|rin** ‖ **Schach|meis|ter|schaft** ‖ **Schach|olym|pi|a|de** [-ly-] ‖ **Schach|par|tie** ‖ **Schach|spiel** ‖ **Schach|spie|ler** ‖ **Schach|spie|le|rin**
Schacht der, -[e]s/Schächte: einen 5 Meter tiefen S. *(schmalen Hohlraum)* ausheben
Schach|tel die, -/-n: etwas in einer S. verpacken | (ugs., abw.) eine alte S. *(Frau)* ‖ **Schach|tel|halm:** *ein Farnverwandter, Zinnkraut* ‖ **schach|teln,** ich schachtle: *ineinanderfügen, -schieben* ‖ **Schach|tel|satz** (Gramm.): *Satzgefüge mit eingeschobenen Gliedsätzen* ‖ **Schach|te|lung** die, -/-en
schäch|ten: *Tiere auf rituelle Weise schlachten (im Judentum, im Islam)* ‖ **Schäch|ter** der, -s/-
Schach|terl das, -s/-[n]: *kleine Schachtel*
Schäch|tung die, -/-en; → schächten
Schach|tur|nier ‖ **Schach|uhr:** *Spezialuhr für Schachwettkämpfe* ‖ **Schach|zug:** *Zug im Schachspiel* | ein geschickter S. *(kluges Vorgehen)*
scha|de: es ist s., dass ...; es ist s. um ihn; sich zu s. *(zu gut)* sein
Schä|del der, -s/-: *Skelett des Kopfes* | *Kopf* | (ugs.) einen dicken/harten S. haben *(dickköpfig sein)* | (ugs.) sich den S. einrennen *(unbelehrbar sein)* ‖ **Schä|del|ba|sis** ‖ **Schä|del|ba|sis|bruch** (Med.) ‖ **Schä|del|dach:** *Teil des Gehirnschädels* ‖ **Schä|del|de|cke** ‖ **Schä|del|frak|tur** (Med.): *Schädelbruch* ‖ **Schä|del-Hirn-Trau|ma** (Med.): *Verletzung des Gehirns und des Gehirnschädels* ‖ **Schä|del|kno|chen** ‖ **Schä|del|stät|te:** → *Golgatha* ‖ **Schä|del|trau|ma** (Med.) ‖ **Schä|del|ver|let|zung**
scha|den: niemandem s.; es kann nichts s. *(hilft vielleicht),* dieses Medikament zu nehmen ‖ **Scha|den** der, -s/Schäden: an etwas ernstlich S. nehmen *(geschädigt werden);* zu S. kommen *(sich verletzen, geschädigt werden)* | (ugs.) fort mit S.! *(weg damit!)* ‖ **Scha|den|er|satz:** S. fordern ‖ **Scha|den|er|satz|an|spruch** (Jus) ‖ **Scha|den|er|satz|for|de|rung** (Jus) ‖ **Scha|den|er|satz|kla|ge** (Jus): eine S. einreichen ‖ **Scha|den|er|satz|pflicht** (Jus) ‖ **Scha|den|freu|de** die, - ‖ **scha|den|froh** ‖ **Scha|dens|ab|wick|lung:** ein Unfall mit komplizierter S. ‖ **Scha|dens|be|gren|zung** die, - ‖ **Scha|dens|fall** (Jus) ‖ **Scha|dens|feu|er:** *Feuer, das sich unkontrolliert ausbreitet* ‖ **Scha|dens|gut|ma|chung** (Jus): *Leistung von Schadenersatz an den Geschädigten, außergerichtlicher Tatausgleich, Diversion* ‖ **Scha|dens|hö|he** ‖ **Scha|den|ver|hü|tung** ‖ **schad|haft** ‖ **Schad|haf|tig|keit** die, - ‖ **schä|di|gen:** *Schaden bewirken* ‖ **Schä|di|gung** die, -/-en ‖ **Schä|di|gungs|ab|sicht** (bes. Jus) ‖ **Schad|in|sekt** (fachspr.): *schädliches Insekt* ‖ **schäd|lich** ‖ **Schäd|lich|keit** die, - ‖ **Schäd|ling** der, -s/-e ‖ **Schäd|lings|be|fall** der, -[e]s ‖ **Schäd|lings|be|kämp|fung** ‖ **Schäd|lings|be|kämp|fungs|mit|tel** ‖ **schad|los:** jemanden s. halten *(jemandem den Schaden ersetzen);* sich an jemandem s. halten *(jemanden ausbeuten, um einen erlittenen Schaden wettzumachen)* | (Jus) jemanden schad- und klaglos halten ‖ **Schad|los|hal|tung** ‖ **Schad|stoff:** *schädlicher [chemischer] Stoff* ‖ **schad|stoff|arm** ‖ **Schad|stoff|be|las|tung** (Ökol.) ‖ **schad|stoff|frei:** schadstofffreie Lebensmittel ‖ **Schad|stoff|re|duk|ti|on** [-tsi̯-]
Schaf das, -[e]s/-e: Schafe hüten; ein schwarzes S. *(jemand, der negativ auffällt)* ‖ **Schaf|blat|tern** die (Pl.): *Feuchtblattern* ‖ **Schäf|chen** das, -s/-: sein S. im Trockenen haben *(seinen Besitz, seinen Vorteil gesichert wissen)* ‖ **Schäf|chen|wol|ken** die (Pl.) ‖ **Schä|fer** der, -s/-: *Schafhirt* | *Schäferhund* ‖ **Schä|fer|dich|tung** (Lit.): *idyllisierende Hirtendichtung (bes. Antike, Barock)* ‖ **Schä|fer|hund:** *Wolfshund* ‖ **Schä|fe|rin** die, -/-innen ‖ **Schä|fer|stünd|chen** das, -s/-: *zärtliches Beisammensein*
Schaff das, -[e]s/-e: *ein Behälter* | (in Mengenangaben mit Pl. Schaff) zwei Schaff Wasser ‖

S

Schaffel das, -s/-n (ugs.): *[kleines] Schaff;* es schüttet/regnet wie aus Schaffeln *(sehr stark)*

Schaffell: *Fell des Schafes*

schaffelweise, *auch:* schaffelweis (ugs.): s. *(in großen Mengen)* Wasser trinken

schaffen[1], schuf/geschaffen: *aus eigener Kraft, schöpferisch hervorbringen;* von Schubert geschaffene *(komponierte)* Lieder; sie ist zur Rednerin wie geschaffen *(dafür bes. geeignet)* | sie schuf (*auch:* schaffte) Ordnung; Abhilfe s. ‖ **schaffen**[2], schaffte/geschafft: *arbeiten; vollbringen; zu Stande bringen;* sich am Motor zu s. machen; das schaffst du nie *(damit kommst du nie zurecht);* etwas aus dem Weg s. *(es beseitigen);* sich etwas vom Hals s. *(sich davon befreien);* die Prüfung s. *(bestehen)* | (ugs.) er schafft mich *(treibt mich zur Verzweiflung)* | (veraltend) sich nichts s. *(befehlen, anordnen)* lassen ‖ **Schaffen** das, -s: das S. *(das Werk)* einer Künstlerin ‖ **Schaffensdrang** ‖ **Schaffensfreude** ‖ **schaffensfreudig** ‖ **Schaffenskraft**

Schaffer der, -s/- (veraltet): *Aufseher, Vorarbeiter [auf einem Gutshof]*

Schaffhausen: *Schweizer Stadt und Kanton*

Schaffner der, -s/-: *jemand, der [im Zug] Fahrkarten kontrolliert und verkauft* ‖ **Schaffnerin** die, -/-innen ‖ **schaffnerlos**

Schaffung die, -: die S. von Arbeitsplätzen

Schafgarbe: *eine Arzneipflanze* ‖ **Schafhalter:** *Schafhirt* ‖ **Schafhalterin** ‖ **Schafherde** ‖ **Schafkäse,** *auch:* Schafskäse ‖ **Schafmilch,** *auch:* Schafsmilch ‖ **Schafpelz** → Schafspelz

Schafott das, -[e]s/-e ⟨fr.-niederl.⟩ (früher): *Podium für Enthauptungen;* auf dem S. enden

Schafschur: *das Scheren der Schafe* ‖ **Schafskälte:** *Kälteeinbruch im Juni* ‖ **Schafskäse** → Schafkäse ‖ **Schafskopf** (abw.): *Dummkopf* ‖ **Schafsmilch** → Schafmilch ‖ **Schafspelz,** *auch:* Schafpelz: ein Wolf im S. *(ein Heuchler)* ‖ **Schafstelze:** *ein Singvogel*

Schaft der, -[e]s/Schäfte: *Teil an Handfeuerwaffen und Werkzeugen;* Gewehrschaft | *oberer Teil des Stiefels* ‖ **schäften** (fachspr.): *mit einem Schaft versehen* ‖ **Schaftstiefel**

Schafweide ‖ **Schafwolle** ‖ **Schafzucht**

Schah der, -[s]/-s ⟨pers.⟩ (früher): *Titel des iranischen Kaisers*

Schakal der, -s/-e ⟨Sanskrit-pers.-türk.⟩: *ein Wildhund*

Schäker der, -s/- ‖ **Schäkerin** die, -/-innen ‖ **schäkern:** *neckend plaudern, flirten*

schal: ein schales *(abgestandenes, fades)* Getränk

Schal der, -[e]s/-e [-s]: *ein längliches Halstuch*

Schälchen das, -s/-: *kleine Schale* ‖ **Schale** die, -/-n: das Fruchtfleisch/das Ei/die Muschel aus der S. lösen | *halbkugelförmiges, ovales Gefäß* | eine S. *(Tasse)* Kaffee trinken | (Gast.) eine S. Gold *(ein Milchkaffee)* | (ugs.) sich in S. werfen *(festlich kleiden)* ‖ **Schäleisen:** *ein Werkzeug [zum Entrinden von Baumstämmen]* ‖ **schalen** sich (ugs.): *sich festlich kleiden* ‖ **schälen:** Erdäpfel s.; die Haut schält sich nach dem Sonnenbrand | (Jägerspr.) von Rehen geschälte Baumrinde ‖ **Schalenbauweise:** in S. *(unter Verwendung tragender Betonteile)* gefertigt ‖ **schalenförmig** ‖ **Schalensitz:** *schalenförmiger Sitz [in Sportwagen]* ‖ **Schalenstein** (früher): *Stein mit wannenförmiger Vertiefung für kultische Zwecke* ‖ **Schalentier,** *auch:* Schaltier: *Schnecke, Muschel* ‖ **Schalenwild:** *Reh, Hirsch, Gämse, Wildschwein* ‖ **Schalerl** das, -s/-[n]: *Schälchen;* ein S. Kaffee

Schälhengst: *Zuchthengst*

Schalk der, -[e]s/-e: *Schelm, spitzbübischer Mensch;* den S. im Nacken haben *(zu Späßen aufgelegt sein)* ‖ **schalkhaft**

Schalkragen ‖ **Schalkrawatte:** *Halstuch im offenen Hemdkragen*

Schälkur (Med., Kosmetik)

Schall der, -[e]s/-e: *Geräusch, Ton, Klang;* etwas ist leerer S. *(ohne Bedeutung)* ‖ **Schallbecher:** *Endteil [der Klarinette]* ‖ **schalldämmend** ‖ **Schalldämmstoff** ‖ **Schalldämmung** ‖ **Schalldämpfer** ‖ **Schalldämpfung** ‖ **schalldicht** ‖ **schallen,** schallte [scholl]/geschallt: schallendes *(sehr lautes)* Gelächter

Schallerbach → Bad Schallerbach

schallgedämpft ‖ **Schallgeschwindigkeit** ‖ **Schallgrenze** ‖ **schallisoliert** ‖ **Schalllehre:** *Akustik* ‖ **Schallloch:** das S. der Gitarre ‖ **Schallmauer** die, -: das Flugzeug durchbricht die S. *(es überwindet den stark zunehmenden Luftwiderstand beim Erreichen der Schallgeschwindigkeit)* ‖ **Schallplatte** ‖ **Schallplattenalbum** ‖ **Schallquelle** ‖ **Schallröhre:** ein Blasinstrument mit S. ‖ **Schallschutz** ‖ **Schallschutzwand** ‖ **Schalltrichter** ‖ **Schallträger:** *Tonband, Schallplatte, Tonfilm, CD usw.* ‖ **Schallwelle** (Phys.)

Schalmei die, -/-en: *ein Holzblasinstrument* ‖ **Schalmeienklang** ‖ **Schalmeientöne** die (Pl.) (scherzh.): *Schmeicheleien*

Schalom ⟨hebr.⟩: *hebräischer Friedensgruß*

Schalotte die, -/-n ⟨fr.⟩: *eine kleine Speisezwiebel*

schalt → schelten

Schaltanlage ‖ **Schaltbrett:** *Schalttafel* ‖ **Schaltelement** (Elektrot.): *Bauteil einer Schaltung* ‖ **schalten:** nach Gutdünken s. und walten können | (ugs.) er hat rechtzeitig geschaltet/geschalten *(begriffen, reagiert)* | die Ampel schaltet auf Gelb | in den vierten Gang s. | eine Anzeige s. *(veröffentlichen)* ‖ **Schalter** der, -s/-: ein elektrischer S. | am S. die Fahrkarten kaufen ‖ **Schalterbeamte** ‖ **Schalterbeamtin** ‖ **Schalterdienst** ‖ **Schalterhalle** ‖ **Schalterraum** ‖ **Schalterstunden** die (Pl.) ‖ **Schalthebel:** sie sitzt an den Schalthebeln *(an der Macht, ist einflussreich)*

Schaltier → Schalentier

Schaltjahr: *Jahr mit 366 Tagen* ‖ **Schaltkasten** ‖ **Schaltknüppel:** *Schalthebel* ‖ **Schaltplan** (Elektrot.) ‖ **Schaltpult:** *Schalttafel* ‖ **Schaltstelle** ‖ **Schalttafel** (Elektrot.): *Schaltanlage [im E-Werk]* ‖ **Schalttag:** *im Schaltjahr der 29. Februar* ‖ **Schaltuhr:** *Uhr zum automatischen Aus- bzw. Einschalten* ‖ **Schaltung** die, -/-en: *Gangschaltung* | (Elektrot.) *[Funk]verbindung*

Schalung die, -/-en: *Form aus Brettern, in die Beton eingegossen wird*

Schaluppe die, -/-n ⟨fr.⟩: *ein Küstenschiff; ein Beiboot*

Scham die, -: *Beschämung;* vor S. rot werden | *Schamgefühl* | (geh.) *äußere weibliche Geschlechtsteile*

Schamane der, -n/-n ⟨Sprache ei-

S

nes sibirischen Volkes): *Magier, Medizinmann, Priester (bei Naturvölkern)* ‖ **Scha|ma|nin** die, -/-innen ‖ **Scha|ma|nis|mus** der, -

schä|men sich: *Scham empfinden* | *sich aus Scham scheuen, etwas zu tun*

Scha|merl das, -s/-[n] (mda.): *Schemel*

Scham|ge|fühl ‖ **Scham|haar** ‖ **scham|haft** ‖ **Scham|lip|pe** (meist Pl.): *ein Teil der äußeren weiblichen Geschlechtsorgane* ‖ **scham|los:** *unanständig; unverschämt; kein Schamgefühl empfindend* ‖ **Scham|lo|sig|keit** die, -/-en

Scha|mott der, -s ⟨it.⟩: *feuerfester Ton [zum Auskleiden von Öfen]* ‖ **scha|mot|tie|ren**

scham|po|nie|ren = → shampoonieren

Scham|pus der, - (ugs.): *Champagner, Sekt*

scham|rot ‖ **Scham|rö|te** ‖ **scham|voll:** *schamhaft*

schand|bar (veraltend): *schändlich* ‖ **Schan|de** die, -: seinem Namen keine S. machen; es ist eine S. *(ungeheuerlich, haarsträubend)*, dass ...; → zu Schanden (= zuschanden) ‖ **schän|den:** *entehren, entweihen* | *vergewaltigen* ‖ **schan|den|hal|ber** (veraltet): etwas s. *(anstandshalber)* tun müssen; → -halber[2] ‖ **Schand|fleck** der, -[e]s/-e[n]: *Schandmal* ‖ **schänd|lich:** eine schändliche *(ehrlose; gemeine)* Tat ‖ **Schand|mal** das, -[e]s/-e: *Zeichen der Schande; Schandfleck* ‖ **Schand|maul** (abw.): *jemand, der ständig lästert, ein loses Mundwerk hat* ‖ **Schand|tat:** eine S. begehen | (auch scherzh.) zu jeder S. *(zu allem)* bereit sein

Schang|hai = → Shanghai

Scha|ni[1] (ostöst., veraltend): *männl. Vorname (Johann)*; → Jean ‖ **Scha|ni**[2] der, -s/- (ugs.): nicht der S. *(Diener, Handlanger)* sein wollen | (ostöst., ugs.) *Schankbursch* ‖ **Scha|ni|gar|ten** (ostöst.): *vor einer Gaststätte aufgestellter kleiner Gastgarten*

Schank der, -s/-en = die, -/-en: *im Gasthaus der Raum, in dem die Getränke ausgeschenkt werden* ‖ **Schank|be|trieb** ‖ **Schank|bier** ‖ **Schank|bursch** ‖ **Schän|ke** = Schenke die, -/-n: *kleines Gasthaus, Beisel*

Schan|ker der, -s/- (Med.): *eine Geschlechtskrankheit*

Schank|gar|ten ‖ **Schank|mäd|chen** ‖ **Schank|stu|be:** *[Aus-]schank* ‖ **Schank|tisch** ‖ **Schank|wein** ‖ **Schank|wirt** ‖ **Schank|wir|tin**

Schan|tung|sei|de: *chinesische Seide bestimmter Webart (nach einer chinesischen Provinz)*

Schan|ze die, -/-n (früher) (Mil.): *zur Verteidigung aufgeworfener Erdwall* | (Sport) *Sprungschanze* ‖ **schan|zen,** du schanzt (Mil.) (früher) : *eine Schanze herstellen* ‖ **Schan|zen|re|kord** (Sport): einen neuen S. aufstellen ‖ **Schan|zen|tisch** (Sport): *Absprungfläche der Sprungschanze*

Schar[1] die, -/-en: eine S. Kinder/von Kindern

Schar[2] die, -/-en: *Pflugschar*

Scha|ra|de die, -/-n ⟨fr.⟩: *ein Worträtsel*

Schär|ding (Kfz: SD): *Stadt in Oberösterreich*

Schä|re die, -/-n (meist Pl.) ⟨schwed.⟩: *flache Felsinsel vor der Küste Skandinaviens*

scha|ren (geh.): die Freunde s. *(sammeln)* sich um ihn

Schä|ren|küs|te ⟨schwed.+dt.⟩

scha|ren|wei|se: *in Scharen;* → Schar[1]

scharf,

schärfer/am schärfsten: scharfes Gulasch; scharfe *(stark alkoholhältige)* Getränke | eine scharfe Kurve | scharfer Frost | ein scharfes Foto | scharfer Verstand | das scharfe s (ß) in *Straße* (in D: Eszett) | scharfe Munition *(Munition für den Ernstfall);* etwas aufs/auf das Schärfste (= schärfste; bei Frage *Wie?*) zurückweisen

Getrenntschreibung mit „sein" und bei wörtlicher Bedeutung:
- auf etwas scharf sein (ugs.: *es unbedingt haben wollen*)
- scharf schießen
- scharf sehen

R→ S. 901, 1.8

Zusammenschreibung bei übertragener Bedeutung:
- jemanden scharfmachen *(gegen jemanden aufhetzen)*
- den Hund scharfmachen *(bissig machen)*

R→ S. 900, 1.5.1

Getrennt- und Zusammenschreibung mit Verben, die ein Resultat herbeiführen:
- das Messer scharf machen (= scharfmachen) *(schärfen)*
- eine Bombe scharf machen (= scharfmachen) *(zum Einsatz bereit machen)*

R→ S. 900, 1.5.2

scharf|äu|gig ‖ **Scharf|blick** der, -[e]s ‖ **Schär|fe** die, -/-n ‖ **schär|fen:** *scharf machen* ‖ **Schär|fen|tie|fe:** *scharfer Bereich des Fotos;* → Tiefenschärfe ‖ **scharf|kan|tig** ‖ **scharf|ma|chen:** den Hund s.; jemanden s.; *aber:* die Sauce scharf machen (= scharfmachen); → scharf ‖ **Scharf|ma|cher** (abw.): *jemand, der für scharfes Vorgehen eintritt, andere aufhetzt* ‖ **Scharf|ma|che|rin** (abw.) ‖ **Scharf|rich|ter:** *Henker* ‖ **Scharf|schie|ßen** das, -s ‖ **Scharf|schüt|ze** ‖ **scharf|sich|tig** ‖ **Scharf|sinn** der, -[e]s ‖ **scharf|sin|nig** ‖ **Scharf|stel|len** das, -s: automatisches S. ‖ **scharf|zün|gig** (geh.): *mit scharfer Zunge;* eine scharfzüngige Rede *(mit scharfen, spitzen Äußerungen)*

Scha|ria die, - ⟨arab.⟩: *Gesetz des Islams*

Schar|lach[1] das, -s ⟨hebr.-pers.-lat.⟩: *eine Farbe* | *ein leuchtend roter Stoff* ‖ **Schar|lach**[2] der, -s: *eine Infektionskrankheit* ‖ **Schar|lach|fie|ber** ‖ **schar|lach|rot**

Schar|la|tan der, -s/-e ⟨it.-fr.⟩: *jemand, der sich hochstaplerisch [als Gelehrter, Arzt oder Künstler] ausgibt* ‖ **Schar|la|ta|ne|rie** die, -/-n ‖ **Schar|la|ta|nin** die, -/-innen

Scharm = → Charme ‖ **schar|mant** = → charmant

Schar|müt|zel das, -s/- ⟨it.⟩: *kleines Gefecht*

Schar|nier das, -s/-e = die, -/-e ⟨fr.⟩: *Drehgelenk [an Türen]* ‖ **Schar|nier|ge|lenk**

Schär|pe die, -/-n: *ein breites Band um Schulter oder Taille*

schar|ren: *kratzen;* im Erdreich scharrende Hühner

Schar|te die, -/-n: *Beschädigung, Einkerbung [an einem Messer];* eine S. auswetzen *(einen Fehler gutmachen)* | *Einschnitt im Gebirge* | (Bot.) *eine Korbblütlergattung* | (nur Pl.) (mda.) *Späne*

Schar|te|ke die, -/-n (veraltet, abw.): *altes Buch* | *alte Frau*

schar|tig: ein schartiges Messer; → Scharte

schar|wen|zeln, ich scharwenzle ⟨tschech.⟩ (ugs.): *herumscharwenzeln*

Schas der, -es/-e, *auch:* Schaß (ugs., derb): *Furz;* das geht dich einen S. *(überhaupt nichts)* an; S. mit Quasteln *(kompletter Unsinn)*

Schaschlik der = das, -s/-s ⟨tatarisch-russ.⟩: *eine Fleischspeise*

schassen → geschasst

Schaß → Schas

Schatten der, -s/-: 30° C im S.; → Schatten spendend = schattenspendend; S. *(Negatives)* der Vergangenheit; über den eigenen S. springen *(eine Handlung setzen, die große Überwindung kostet)*; in jemandes S. stehen *(seinetwegen nicht zur Geltung kommen)* ‖ **Schattenbild** ‖ **Schattenboxen:** → *Tai-Chi* ‖ **Schattendasein:** ein S. führen *(keine Beachtung finden)* ‖ **schattenhaft** ‖ **Schattenkabinett:** *potenzielle Regierungsmannschaft der Opposition* ‖ **Schattenpflanze:** *schattenbedürftige Pflanze* ‖ **schattenreich** ‖ **Schattenreich** (geh.): *Totenreich* ‖ **Schattenriss:** *Silhouette* ‖ **Schattenseite** → Schattseite | die S. *(die Nachteile)* einer Sache ‖ **schattenseitig** → schattseitig ‖ **Schatten spendend** = **schattenspendend:** S. spendende Bäume ‖ **Schattenspender** ‖ **Schattenspiel:** *Theaterform, in der nur die Schatten von Figuren oder Darstellern sichtbar sind* ‖ **Schattenwirtschaft:** *die offiziell nicht erfassten wirtschaftlichen Tätigkeiten, zB Schwarzarbeit* ‖ **schattieren:** eine Zeichnung s. *(mit Schatten versehen, helldunkel abtönen)* ‖ **Schattierung** die, -/-en: *Farbabstufung [eines Stoffes]* | alle politischen Schattierungen *(Richtungen)* ‖ **schattig:** einen schattigen Parkplatz suchen ‖ **Schattseite,** *auch:* Schattenseite ‖ **schattseitig,** *auch:* schattenseitig

Schatulle die, -/-n ⟨lat.-it.⟩: *ein Kästchen [für Geld oder Schmuck]*

Schatz der, -es/Schätze: einen S. heben *(entdecken)* | *Liebste[r], Schätzchen* ‖ **Schatzamt** (SüdT) (Admin.): *für die finanziellen Angelegenheiten einer Gemeinde oder Institution zuständiges Amt* ‖ **Schätzchen** das, -s/-: mein S. *(mein[e] Liebste[r])* ‖ **schatzen** (veraltet): *mit Abgaben belegen;* s. und plündern ‖ **schätzen,** du schätzt: ein Haus s. *(seinen Wert bestimmen)* | jemanden s. *(von jemandem eine hohe Meinung haben);* jemanden s. lernen *(eine hohe Meinung von jemandem gewinnen)* ‖ **schätzenswert** ‖ **Schatzgräber** der, -s/- ‖ **Schatzgräberin** die, -/-innen ‖ **Schatzhaus** ‖ **Schatzkammer** ‖ **Schatzkästchen** ‖ **Schatzmeister** ‖ **Schatzmeisterin** ‖ **schätzomativ** (ugs., scherzh.): *schätzungsweise* ‖ **Schätzpreis** ‖ **Schatzsuche** ‖ **Schatztruhe** ‖ **Schätzung** die, -/-en ‖ **schätzungsweise** ‖ **Schätzwert**

Schau die, -/-en: Kunstwerke zur S. stellen | eine böse Miene zur S. tragen | jemandem die S. stehlen *(jemanden um die erwartete Beachtung bringen, jemanden ausstechen);* → Show

Schaub der, -[e]s/Schäube (Landwirt.): *Getreidegarbe, Strohbund*

Schaubäckerei: *Bäckerei, in der man beim Backen zuschauen kann* ‖ **Schaubild:** *Diagramm* ‖ **Schaubude** (bes. früher): *Jahrmarktbude, in der Veranstaltungen durchgeführt werden* ‖ **Schaubühne** (geh.): *Theater*

Schauder der, -s/-: von S. *(Grauen; Ehrfurcht)* ergriffen werden; S. erregen; → Schauder erregend = schaudererregend ‖ **Schauder erregend** = **schaudererregend:** S. erregende Geschichten; *aber nur:* etwas ist schaudererregender, sehr schaudererregend ‖ **schauderhaft:** *scheußlich* ‖ **schaudern:** mir/mich schaudert ‖ **schaudervoll**

Schaueffekt: *Effekt, der Beachtung hervorruft* ‖ **schauen:** *blicken; sehen;* schau auf die Uhr!; schau her! | die Fenster s. zur Straße | auf Ordnung s. *(achten)* | sie soll der Mutter ähnlich s.; *aber:* → ähnlichschauen | aus der Tasche schaut *(ragt)* eine Zeitung | (ugs.) auf jemanden s. *(sich um jemanden kümmern)* | wir werden s., was wir tun können | schau, schau! *(ein Ausruf [der Genugtuung, der Verwunderung])*

Schauer der, -s/-: *Erzittern; Gruseln; ehrfürchtige Scheu, Schauder* | (Met.) *kurzer, heftiger Niederschlag;* Regenschauer ‖ **Schauergeschichte** ‖ **schauerlich:** *entsetzlich, gespenstig* ‖ **Schauermärchen:** S. erzählen *(erfundene Schreckensnachrichten verbreiten)* ‖ **schauern:** mir/mich schauert *(ich fühle einen Schauer)* | (reg.) es schauert *(es hagelt)* ‖ **Schauerroman**

Schaufel die, -/-n: eine S. voll Schotter | (ugs.) jemanden auf die S. nehmen *(hänseln)* | die Schaufeln *(der obere Teil)* des Geweihs [eines Damhirsches] ‖ **Schaufelbagger** ‖ **schaufelförmig** ‖ **Schaufellader** der, -s/- ‖ **schaufeln:** ich schaufle Schnee ‖ **Schaufelrad** ‖ **Schaufelraddampfer**

Schaufenster: *Auslage* ‖ **Schaufensterbummel** ‖ **Schaufensterdekoration** [-tsi̯-] ‖ **Schaufensterpuppe:** *Kleiderpuppe*

Schauferl das, -s/-[n] (ugs.): *kleine Schaufel* ‖ **Schäuferl** (ugs.) (nur in der Wendung): ein S. nachlegen *(einen Konflikt oÄ verschärfen)* ‖ **Schaufler** der, -s/-: *jemand, der [Schnee] schaufelt* ‖ **Schauflerin** die, -/-innen

Schaugepränge (geh.): *prunkvolle Schaustellung* ‖ **Schaugerüst** (geh.): *Bühne, Podium* ‖ **Schaukampf** ‖ **Schaukasten**

Schaukel die, -/-n: *Hutsche;* Hollywoodschaukel ‖ **Schaukelbewegung** ‖ **schaukeln,** ich schaukle: *hutschen* ‖ **Schaukelpferd:** *ein Kinderspielzeug, Hutschpferd* ‖ **Schaukelpolitik** (abw.): *schwankende Politik* ‖ **Schaukelstuhl**

Schauküche: *Küche, in der man beim Kochen zuschauen kann* ‖ **Schaulauf** (Sport): *Schaulaufen* ‖ **Schaulaufen** das, -s/- (Sport): *ein Bewerb im Eiskunstlaufen* ‖ **Schaulust** (oft abw.): *Gier, Sensationelles zu sehen* ‖ **schaulustig** (oft abw.): die schaulustige *(neugierige)* Menge ‖ **Schaulustige**[1] der, -n/-n, ein Schaulustiger (oft abw.) ‖ **Schaulustige**[2] die, -n/-n (oft abw.)

Schaum der, -[e]s/Schäume: der S. der Seife | (abw.) S. schlagen *(angeben, prahlen)* ‖ **Schaumbad** ‖ **schaumbedeckt** ‖ **schäumen:** *Schaum bilden;* vor Wut s. ‖ **Schaumgebäck:** *Windbäckerei* ‖ **schaumgebremst:** *mit wenig Schaum* | (sal.) *zurückhaltend, reduziert* ‖ **Schaumgummi:** *Schaumstoff* ‖ **schaumig** ‖ **Schaumkrone:** *Schaum auf dem Kamm einer [Meeres]welle* ‖ **Schaumlöffel:** *ein Küchengerät* ‖ **Schaumreiniger** der, -s/-: *ein Reinigungsmittel [für Textilien]* ‖ **Schaumrolle:** *eine Mehlspeise* ‖ **Schaumschläger** (abw.): *Prahler, Angeber* ‖ **Schaumschlägerei** (abw.): *übertriebenes Getue,*

S

Prahlerei ‖ **Schaum|schlä|ge|rin** (abw.) ‖ **Schaum|stoff:** *ein Kunststoff* ‖ **Schaum|tep|pich:** *aufgesprühte Schichte [für die Notlandung eines Flugzeugs]* ‖ **Schaumwein:** *Wein mit erhöhtem Kohlensäuregehalt*

Schau|platz: der S. der Handlung | (geh.) vom S. abtreten *(sich zur Ruhe setzen; sterben)* ‖ **Schauplatz|wech|sel** [-ks-] ‖ **Schau|prozess:** *ein öffentlicher Prozess zur Aburteilung politischer Gegner/-innen* ‖ **Schau|raum**

schau|rig: eine schaurige *(gruselige, unheimliche)* Geschichte ‖ **schau|rig-schön**

Schau|sei|te: *Fassade* ‖ **Schauspiel:** *Theaterstück* | (geh.) das S. des Sonnenuntergangs ‖ **Schauspie|ler** ‖ **Schau|spie|le|rei** die, - ‖ **Schau|spie|le|rin** ‖ **Schauspiel|füh|rer:** *Nachschlagewerk mit Inhaltsangaben von Theaterstücken* ‖ **Schau|spiel|haus:** *ein Theater* ‖ **Schau|spiel|kunst** ‖ **Schau|spiel|schu|le** ‖ **Schauspiel|schü|ler** ‖ **Schau|spielschü|le|rin** ‖ **Schau|spiel|un|terricht** ‖ **Schau|stel|ler** der, -s/-: *jemand, der [auf Jahrmärkten] etwas zur Schau stellt* ‖ **Schaustel|le|rin** die, -/-innen ‖ **Schautanz** = **Schau|tan|zen:** *Tanzvorführung* ‖ **Schau|vi|t|ri|ne** [-v-]

Scheck[1] der, -en/-en: *Schecke*

Scheck[2] = Check [ʃ-] der, -s/-s ⟨engl.⟩: *eine Zahlungsanweisung (an ein Geldinstitut);* einen S. ausstellen ‖ **Scheck|be|trag** = Checkbetrag ‖ **Scheck|buch** = Checkbuch

Sche|cke[1] der, -n/-n: *männliches Tier, meist Pferd oder Rind, mit geflecktem Fell, Scheck* ‖ **Schecke**[2] die, -/-n ‖ **Sche|ckerl** das, -s/-[n] (ugs.): *Schecke* ‖ **sche|ckig:** s. braun; → gescheckt

Scheck|kar|te = Checkkarte [ʃ-]: *eine Berechtigungskarte für Zahlungen* ‖ **Scheck|kar|ten|be|trag** = Checkkartenbetrag ‖ **Scheck|kar|ten|füh|rer|schein:** *seit 2006 ausgestellter Führerschein;* → G.: Papierführerschein

Scheck|vieh: *scheckige Rinderrasse*

scheel (geh.): jemanden s. *(schief; misstrauisch; feindselig)* anschauen; s. blicken ‖ **scheel bli|ckend** = **scheel|bli|ckend**

Schef|fel der, -s/-: *ein altes Hohlmaß;* sein Licht nicht unter den S. stellen *(seine Fähigkeiten nicht aus Bescheidenheit verbergen)* ‖ **schef|feln,** ich scheffle (ugs., oft abw.): Geld s. *(in großer Menge einnehmen)* ‖ **schef|fel|wei|se** (oft abw.)

Scheib|band (ostöst., veraltet): *Traggurt, Zuggurt*

Scheibbs (Kfz: SB): *Stadt in Niederösterreich*

Scheib|chen das, -s/- ‖ **scheibchen|wei|se:** *in kleinen Portionen, kleinen Schritten* ‖ **Schei|be** die, -/-n: [die] Wurst in Scheiben schneiden | *Fensterscheibe* | *Töpferscheibe* | *Zielscheibe*

schei|ben, schob/geschoben (ugs.): *rollen, schieben;* Kegel s.

Schei|ben|brem|se (meist Pl.) (Kfz) ‖ **schei|ben|för|mig** ‖ **Schei|ben|hei|zung** (Kfz): *Heckscheibenheizung beim Auto* ‖ **Schei|ben|schie|ßen** das, -s: *das Schießen auf eine Zielscheibe* ‖ **Schei|ben|wasch|an|la|ge** (Kfz) ‖ **schei|ben|wei|se** ‖ **Schei|ben|wischer** (Kfz) ‖ **Schei|berl** das, -s/-[n] (ugs., sal.): *verunglückter Schuss mit dem Fußball* ‖ **Scheibtru|he:** *Schubkarren*

Scheich der, -[e]s/-e [-s] ⟨arab.⟩: *Beduinenhäuptling* | *arabischer Fürst* ‖ **Scheich|tum** das, -s/-tümer: *arabisches Fürstentum;* → Emirat

Schei|de die, -/-n: *feste Hülle von Hieb- und Stichwaffen* | *Teil des weiblichen Geschlechtsorgans, Vagina* | *Grenze;* Wetterscheide ‖ **Schei|de|li|nie** [-iɛ]: *Grenze* ‖ **Schei|de|mün|ze:** *kleine Münze von geringem Wert;* → Feinmünze ‖ **schei|den,** schied/geschieden: sich s. lassen *(die Ehe gesetzlich auflösen)* | (geh.) sie *hat* die Spreu vom Weizen geschieden *(das Wertlose vom Wertvollen getrennt);* in diesem Punkt s. *(unterscheiden)* sich unsere Ansichten | (geh.) er *ist* schwer von daheim geschieden *(weggegangen);* aus dem Amt s. *(in Pension gehen);* aus dem Leben s. *(sterben)* ‖ **Schei|de|wand:** *Trennwand* ‖ **Schei|de|weg:** *Weggabelung;* am S. *(vor einer Entscheidung)* stehen ‖ **Schei|dung** die, -/-en: *gesetzliche Auflösung der Ehe, Ehescheidung* ‖ **Scheidungs|an|walt:** *auf Scheidungen spezialisierter Rechtsanwalt* ‖ **Schei|dungs|an|wäl|tin** ‖ **Scheidungs|grund** ‖ **Schei|dungs|prozess** ‖ **Schei|dungs|ra|te** ‖ **Scheidungs|rich|ter** ‖ **Schei|dungs|rich|te|rin** ‖ **Schei|dungs|ur|teil** (Jus) ‖ **Schei|dungs|wai|se:** *Kind eines geschiedenen Paares*

Schein der, -[e]s: beim S. der Lampe | etwas nur zum S. machen *(nur um zu täuschen);* den Schein wahren *(nur so tun als ob);* der S. trügt | (mit Pl. -e) *Banknote; Geldschein* | *Bescheinigung* | (sal.) der rosa S. *(Papierführerschein)* ‖ **Schein|an|griff:** *vorgetäuschter Angriff* ‖ **Schein|ar|chitek|tur:** *nur täuschend ähnlich gemalte Architektur* ‖ **Schein|argu|ment**

> **schein|bar:**
>
> **scheinbar – anscheinend**
>
> scheinbar bedeutet „dem Schein nach, doch nicht wirklich":
> – Die Sonne bewegt sich scheinbar um die Erde.
>
> anscheinend bedeutet hingegen „wie es scheint":
> – Anscheinend hat sie Recht *(alle Anzeichen sprechen für sie).*
>
> Häufig wird zwischen „anscheinend" und „scheinbar" nicht differenziert.

Schein|da|sein: *vorgetäuschte Existenz* ‖ **Schein|ehe:** *vorgetäuschte Ehe* ‖ **schei|nen,** schien/geschienen: der Mond scheint ins Zimmer | das scheint gut zu sein; mir scheint *(kommt vor),* du hast den Anruf vergessen ‖ **Schein|fir|ma** (Wirt.): *nur auf dem Papier existierende Firma; Briefkastenfirma* ‖ **Schein|geschäft** (Jus): *Geschäft, welches das eigentliche Geschäft verschleiern soll* ‖ **schein|hei|lig** (abw.): *heuchlerisch* ‖ **Schein|heilig|keit** (abw.) ‖ **Schein|lö|sung** ‖ **Schein|pro|b|lem:** *nur scheinbares, kein echtes Problem* ‖ **Scheintod** der, -[e]s (Med.) ‖ **schein|tot:** *nur scheinbar tot* ‖ **Schein|to|te**[1] der, -n/-n, ein Scheintoter ‖ **Schein|to|te**[2] die, -/-n ‖ **Scheinver|trag** (Jus) ‖ **Schein|wer|fer** der, -s/- ‖ **Schein|wer|fer|licht:** im S. *(in der Öffentlichkeit)* stehen

Scheiß der, - (ugs., derb, abw.): so ein S. *(Blödsinn, Unfug)* ‖ **Scheißdreck** (ugs., derb, abw.) ‖ **scheiße** (ugs., derb, abw.): das ist s. *(ganz schlecht)* ‖ **Schei|ße** die, - (ugs., derb): *Exkrement, menschlicher, tierischer Kot* | (ugs., derb, abw.) *missliche Lage;* in der S. sitzen | (derb, abw.) *wertloses*

S

Zeug; die Fernsehsendung war S. || **scheiß|egal** (ugs., derb, abw.) || **schei|ßen,** du scheißt; schiss/geschissen (ugs., derb): in die Hose s. *(Angst haben)* | auf etwas s. *(verzichten)* | sich um etwas/jemanden nicht[s] s. *(sich nicht darum/um ihn kümmern)* | geh s.! *(verschwinde!)* || **Schei|ßer** der, -s/- (ugs.): *ein Schimpfwort* || **Schei|ße|rei** die, - (ugs., derb): *Durchfall* || **Schei|ße|rin** die, -/-innen (ugs.) || **scheiß|freund|lich** (ugs., abw., iron.): *übertrieben freundlich* || **Scheiß|haus** (ugs., derb): *Toilette* || **Scheiß|häusl** (ugs., derb): *Scheißhaus* | *frei stehender Abort* || **Scheiß|kerl** (ugs.): *ein Schimpfwort*

Scheit das, -[e]s/-er [D: -e]: *Holzscheit;* → Scheitl

Schei|tel der, -s/-: einen S. kämmen; ein Ehrenmann vom S. bis zur Sohle *(durch und durch; von Kopf bis Fuß)* || **Schei|tel|hö|he:** *höchste erreichte Höhe [einer Straße]* || **schei|teln,** ich scheitle: das Haar gescheitelt tragen || **Schei|tel|punkt:** *höchster Punkt [einer Kurve]*

Schei|ter|hau|fen: *Stapel von Scheitern;* auf dem S. verbrennen | (Küchenspr.) *eine Mehlspeise* || **schei|tern:** *misslingen;* die Expedition scheiterte am/an Geldmangel; er ist eine gescheiterte Existenz | (veraltet) ein gescheitertes *(verunglücktes, zerschelltes)* Schiff || **Scheit|holz:** *gespaltene Holzstücke* || **Schei|tl** das, -s/-[n]: *Scheit;* zwei Scheitl Holz

Schelf der = das, -s/-e ⟨engl.⟩ (Geogr.): *Festlandsockel* || **Schelf|meer:** *das (flache) Meer über dem Schelf*

Schel|lack[1] der, -[e]s/-e ⟨niederl.⟩: *ein Harz* || **Schel|lack**[2] die, -/-s (meist Pl.): *Kurzwort für Schellackplatte* || **Schel|lack|plat|te** (früher): *eine Schallplatte aus Schellack*[1]

Schel|le[1] die, -/-n: *Befestigungs-, Haltering*

Schel|le[2] die, -/-n: *Glöckchen; Rassel* || **schel|len** (westöst., reg. in D): *klingeln, läuten* || **Schel|len|trom|mel**

Schell|fisch: *ein Meeresfisch*

Schelm der, -[e]s/-e: *Spaßvogel; Spitzbub* || **Schel|men|ro|man** (Lit.): *Roman, der aus der Sicht eines armen, machtlosen, aber schlauen Menschen erzählt wird* || **Schel|men|streich:** *listiger Streich* || **Schel|min** die, -/-innen || **schel|misch:** s. *(verschmitzt)* lächeln

Schel|te die, -/-n (geh.): *Tadel* || **schel|ten,** ich schelte, du schiltst/schalt/gescholten/schilt! (geh.): *jemanden ausschimpfen, tadeln* || **Schelt|wort** (geh.)

Sche|ma [auch: sç-] das, -s/-s [Schemata, auch: Schemen] ⟨gr.⟩: *Muster, Vorlage;* nach einem bestimmten S. *(Ordnungsprinzip)* vorgehen | (ugs., abw.) nach S. F *(nur nach der üblichen Schablone)* arbeiten || **sche|ma|tisch:** etwas s. *(nur in den Grundzügen)* darstellen || **sche|ma|ti|sie|ren** || **Sche|ma|tis|mus** der, -/Schematismen: *Vorgehen nach einem starren Schema* | *Verzeichnis von Geistlichen oder Amtspersonen*

Schem|bart (Volksk.): *eine Maske mit Bart* || **Schem|bart|lau|fen** das, -s (T) (Volksk.): *Schemenlaufen*

Sche|mel der, -s/-: *niedriger Hocker*

Sche|men[1] die (eine Pluralform von → Schema und Pl. von → Schemen[2])

Sche|men[2] das (auch: der), -s/- ⟨gr.⟩: *Schattenbild* | *Larve, Maske* || **sche|men|haft** (geh.): *undeutlich, nur in Umrissen* || **Sche|men|lau|fen** das, -s (T): *ein Faschingsbrauch, Schembartlaufen*

Schen|ge|ner Ab|kom|men das, -s (Pol.): *Vereinbarung über Grenzkontrollen und Strafverfolgung innerhalb der EU* || **Schen|gen|gren|ze** (Pol.): *Außengrenze der Staaten des Schengener Abkommens* || **Schen|gen|land** (sal.) (Pol.): *Bezeichnung für ein Land, das das Schengener Abkommen unterzeichnet hat* || **Schen|gen|raum** (Pol.): *zusammenfassende Bezeichnung für alle Schengenländer*

Schen|ke = → Schänke

Schen|kel der, -s/-: *Oberschenkel* || **Schen|kel|hals:** *Oberschenkelhalsknochen* || **Schen|kel|hals|bruch** (Med.) || **Schen|kel|kno|chen**

schen|ken: *zum Geschenk machen;* das ist ja fast geschenkt *(äußerst billig)* | (geh.) jemandem das Leben s. *(ihn begnadigen);* sie schenkte *(gebar)* ihm zwei Kinder | (ugs.) das kannst du dir s. *(ersparen);* sich nichts s. *(viel abverlangen, leisten)* || **Schen|kung** die, -/-en (Jus) || **Schen|kungs|steu|er** || **Schen|kungs|ur|kun|de** (Jus)

Schep|perl das, -s/-[n] (ugs.): *Kinderrassel* || **schep|pern:** *klappern; klirren*

Scher der, -[e]s/-e (mda.): *Maulwurf;* → Scherhaufen

Scher|be die, -/-n (nördl. D): *Scherben* || **Scher|ben** der, -s/-: *Bruchstück eines Gegenstandes aus Glas, Ton oÄ* | (ugs., abw., veraltet) *Topf; Nachttopf;* → Scherm | (ugs., sal.) den S. aufhaben *(in einer peinlichen, schlechten Lage sein)* | (fachspr.) *keramischer Werkstoff* || **Scher|ben|ge|richt:** *formlose und rasche Verurteilung (nach einer altgriechischen Gerichtsform)* || **Scher|ben|hau|fen:** einen S. *(Chaos, Zerstörung)* hinterlassen

Sche|re die, -/-n: *ein Schneidewerkzeug* | die S. *(das Auseinanderklaffen)* zwischen Löhnen und Preisen | (Zool.) die Scheren des Krebses || **sche|ren**[1], schor [scherte]/geschoren [geschert]: ein geschorenes Schaf; alles über einen Kamm s. *(nach demselben Schema behandeln)* || **sche|ren**[2] = scherren (ugs.): den Schmutz von der Platte s. *(kratzen);* Schnee s. *(räumen)*

sche|ren[3] sich, scherte/geschert (ugs.): er hat sich um nichts geschert *(gekümmert);* das schert mich wenig | „Scher dich weg!"

Sche|ren|git|ter: *zusammenschiebbares Schutzgitter* || **Sche|ren|schlei|fer** || **Sche|ren|schlei|fe|rin** || **Sche|ren|schnitt:** *aus [schwarzem] Papier geschnittene Silhouette* || **Sche|ren|sprung** (Sport) || **Sche|re|rei** die, -/-en (abw.): *Unannehmlichkeit; jemandem Scherereien machen*

Scherf|lein das, -s/- (geh.): *ein kleiner [finanzieller] Beitrag;* sein S. dazu beitragen

Scher|ge der, -n/-n (früher): *[bewaffneter] Gerichtsdiener; Häscher* | (abw.) *Handlanger*

Scher|hau|fen (mda.): *Maulwurfshaufen*

Scher|kopf: der S. des Rasierapparates

Scherm der, -s/- (ugs., abw., veraltet): *[Nacht]topf,* → *Scherben;* Nachtscherm

Scher|maus: *Wühlmaus* | (mda.) *Maulwurf*

Scher|mes|ser: *Messer [zur Schafschur]* | (veraltet) *Rasiermesser*

S

scher|ren → scheren[2] ‖ **Sche|rung** die, -/-en (Phys.): *durch bestimmte Kräfte bewirkte Verformung eines Körpers*

Scherz[1] der, -es/-e: *Spaß;* ein dummer S.; S. oder Ernst?; S. beiseite *(im Ernst)*

Scherz[2] der, -es/-e: *Brotanschnitt, Scherzl*

scher|zan|do [skɛ-] ⟨it.⟩ (Mus.): *scherzhaft*

Scherz|ar|ti|kel: *spaßiger Gegenstand* ‖ **Scherz|bold** der, -[e]s/-e: *Spaßmacher*

scher|zen, du scherzt: damit ist nicht zu s. *(das ist ernst zu nehmen)* ‖ **Scherz|fra|ge** ‖ **scherzhaft** ‖ **Scherz|keks** (bes. D, ugs.): du bist ein S. *(ein Spaßvogel, Witzbold)*

Scherzl das, -s/-[n] (ugs.): *[Brot-]anschnitt, [Brot]rest;* → Scherz[2] | (reg.) (Küchenspr.) *eine Rindfleischsorte* | (ugs., scherzh.) sein S. *(seinen Anteil an etwas, zB an einer Strafe)* bekommen | (ugs., scherzh.) *Hinterteil*

Scher|zo ['skɛ-] das, -s/-s [Scherzi] ⟨it.⟩: *ein heiteres Musikstück, ein Satz einer Sonate oder einer Sinfonie*

scheu: ein scheues Reh; scheue Blicke werfen; → scheu machen = scheumachen ‖ **Scheu** die, -: ohne jede S. *(Angst; Zurückhaltung)* ‖ **scheu|chen:** die Vögel von den Feldern s. *(verjagen)* ‖ **scheu|en:** keine Arbeit s.; ich scheue mich davor *(ich wage es nicht)* | ein scheuendes *(durchgehendes)* Pferd

Scheu|er die, -/-n (reg., bes. D, CH): *Scheune, Stadel*

Scheu|er|mit|tel (reg. in D): *Putzmittel* ‖ **scheu|ern:** dieses Rad scheuert *(wetzt)* am Wagen | (reg. in D) *gründlich reinigen, reibend putzen, ausreiben* ‖ **Scheu|ertuch** (reg. in D): *Putztuch*

Scheu|klap|pe (meist Pl.): *ein Teil des Pferdegeschirrs* | Scheuklappen haben *(sich den Tatsachen verschließen)* ‖ **scheu ma|chen** = **scheu|ma|chen:** die Pferde s. m. *(in Aufregung versetzen)*

Scheu|ne die, -/-n: das Stroh in die S. bringen ‖ **Scheu|nen|tor**

Scheu|sal das, -s/-e (abw.): *verabscheuenswerter Mensch; Ungeheuer* ‖ **scheuß|lich:** scheußliches *(abscheuliches)* Wetter ‖ **Scheuß|lich|keit** die, -/-en

Schi = → Ski

schiach [ʃiəx] → schiech ‖ **Schiach|percht** → Schiechpercht

Schi|ak|ro|ba|tik = → Skiakrobatik ‖ **Schi|an|zug** = → Skianzug

Schib|bo|leth [auch: -'oː-] das, -s/-s [-e] ⟨hebr.⟩: *Kennwort, Erkennungswort, Kennzeichen*

Schi|bin|dung = → Skibindung ‖ **Schi|bob** = → Skibob ‖ **Schi|brille** → Skibrille

Schicht[1] die, -/-en: *Zeitabschnitt in durchgehend arbeitenden Betrieben;* sie arbeitet in der S. am Abend | *Gesellschaftsschicht* ‖ **Schicht**[2] die, -/-en = Schichte, -/-n: eine dünne S. *(Lage)* Sand ‖ **Schicht|ar|beit** ‖ **Schicht|dienst** ‖ **Schich|te** = → Schicht[2] ‖ **schich|ten:** *in Schichten aufeinanderlegen* ‖ **schich|ten|spe|zifisch** [-sp-, -ʃp-] ‖ **schich|ten|weise** ‖ **Schicht|ge|stein** ‖ **-schichtig** (nur in Zusammensetzungen wie vielschichtig) ‖ **Schicht|li|nie** [-iɛ]: *Höhenlinie auf Landkarten* ‖ **Schich|tung** die, -/-en ‖ **Schichtwech|sel** [-ks-] ‖ **schicht|wei|se:** s. *(in Schichtarbeit)* arbeiten

schick ⟨fr.⟩: ein schicker *(fescher)* Hut; → chic ‖ **Schick** = Chic [ʃik] der, -[e]s: S. haben *(sich geschmackvoll zu kleiden wissen)*

schi|cken: ein Paket s. *(senden)* | sie schickte ihn um die Zeitung | das schickt *(gehört)* sich nicht | (geh.) sich in seine Lage s. *(fügen)*

Schi|cke|ria die, - ⟨it.⟩ (sal., oft abw.): *Gesellschaftsschicht, die sich mit extravagant-modischem Gehaben in Szene setzt* ‖ **Schi|ckimi|cki**[1] der, -s/-s (sal., oft abw.): *Angehöriger der Schickeria* ‖ **Schi|cki|mi|cki**[2] die, -/-s (sal., oft abw.) ‖ **schick|lich:** *richtig, artig*

Schick|sal das, -s/-e: sein S. geduldig ertragen; das menschliche S.; jemanden seinem S. überlassen *(sich nicht mehr um jemanden kümmern);* das S. *(Verhängnis)* nahm seinen Lauf ‖ **schick|salhaft** ‖ **Schick|sals|fra|ge** (geh.): *entscheidendes Problem* ‖ **Schick|sals|ge|fähr|te** ‖ **Schicksals|ge|fähr|tin** ‖ **Schick|sals|jahr** ‖ **Schick|sals|schlag:** *Unglück* ‖ **schick|sals|schwan|ger** (geh.) ‖ **Schick|sals|tag** ‖ **schick|salsträch|tig** (geh.): *schicksalhaft* ‖ **Schi|ckung** die, -/-en (geh.): *Fügung; Schicksal*

Schi|cross [-kr-] = → Skicross

Schie|be|dach: ein Auto mit S. ‖ **Schie|be|fens|ter** ‖ **Schie|belehre:** *Schublehre* ‖ **schie|ben,** schob/geschoben: den Sessel bitte heben, nicht s.!; das Motorrad s. | er schiebt die Schuld auf mich; jemandem etwas in die Schuhe s. *(die Schuld zuschreiben)* | ein Problem vor sich her s. | (ugs.) eine ruhige Kugel s. *(sich wenig anstrengen)* | *gesetzwidrigen Handel treiben* ‖ **Schie|ber** der, -s/-: *eine Absperrvorrichtung [an Toren, Kanälen]* | (abw.) *jemand, der unsaubere Geschäfte macht* ‖ **Schie|be|rin** die, -/-innen (abw.) ‖ **Schie|be|tru|he:** *Scheibtruhe* ‖ **Schie|be|tür** ‖ **Schiebung** die, -/-en: *ungerechtfertigte Begünstigung, Protektionismus*

schiech [meist: ʃiəx], *auch:* schiach (ugs.): *hässlich; wütend, zornig* ‖ **Schiech|percht,** *auch:* Schiachpercht (Volksk.)

schied → scheiden ‖ **Schieds|gericht** (Jus) ‖ **Schieds|ge|richts|bar|keit** (Jus) ‖ **Schieds|rich|ter** (bes. Sport) ‖ **Schieds|rich|ter|as|sis|tent** (Sport): *Linienrichter* ‖ **Schieds|rich|ter|as|sis|ten|tin** (Sport) ‖ **Schieds|rich|ter|be|leidi|gung** (bes. Sport) ‖ **Schiedsrich|ter|ent|schei|dung** (bes. Sport) ‖ **Schieds|rich|te|rin** (bes. Sport) ‖ **Schieds|rich|ter|stuhl** (Sport) ‖ **Schieds|spruch** (Jus): *Entscheidung eines Schiedsgerichts*

schief:

die Wand ist schief | schiefe *(nicht zutreffende)* Vergleiche; in ein schiefes Licht geraten *([zu Unrecht] schlecht beurteilt werden)* | (Phys.) die shiefe Ebene

Großschreibung in Eigennamen:
- der **S**chiefe Turm von Pisa

R→ S. 895, 4.1 bzw. S. 896, 4.3

Getrenntschreibung:
- schief stehen/sitzen/liegen *(nicht gerade)*
- jemanden schief anschauen *(scheel, ablehnend)*

Zusammenschreibung bei übertragener Bedeutung:
- schiefgehen *(misslingen)*
- schiefgewickelt (ugs.: *sie ist übel gelaunt; liegt völlig falsch*); *aber getrennt und zusammen:* der Verband ist schief gewickelt (= schiefgewickelt)
- sich schieflachen *(bes. viel lachen)*
- die Sache wird schieflaufen
- mit etwas schiefliegen *(sich irren)* R→ S. 900, 1.5.1

Schief|lage
Schie|fer der, -s/-: *ein geschichtetes Gestein* | *Holzsplitter, -span [in der Haut];* sich einen S. einziehen || **Schie|fer|dach:** *mit Schieferplatten gedecktes Dach* || **Schie|fer|ge|bir|ge** || **schie|fer|grau** || **Schie|fer|öl** || **Schie|fer|ta|fel** (früher): *eine Schreibtafel*
schief|ge|hen: *misslingen* || **schief|ge|wi|ckelt** (ugs.): sie ist heute s. *(sie ist übel gelaunt, liegt völlig falsch); aber:* der Verband ist schief gewickelt (= schiefgewickelt) || **schief|la|chen** sich: *viel lachen* || **schief|lau|fen:** *missglücken* || **schief|lie|gen:** *sich irren* || **schief|win|ke|lig** = **schief|wink|lig**
schie|len || **Schie|len** das, -s: *ein Augenfehler*
schien → scheinen
Schien|bein: *vorderer Knochen des Unterschenkels* || **Schien|bein|bruch** || **Schien|bein|schüt|zer** || **Schie|ne** die, -/-n: *Teil einer Gleisanlage;* S. und Straße | Güterverkehr auf [die] S. *(zum Zugtransport)* bringen/verlagern | (sal.) etwas auf S. *(gut in Gang)* bringen | *schmale Leiste* || **schie|nen:** einen gebrochenen Arm s. || **Schie|nen|bus:** *zweiachsiger Triebwagen für den regionalen Personennahverkehr* || **Schie|nen|er|satz|ver|kehr:** *Busverkehr bei Ausfall des Bahnbetriebs* || **Schie|nen|fahr|zeug** || **Schie|nen|maut** || **Schie|nen|netz** || **Schie|nen|strang:** *Gleis* || **Schie|nen|ver|kehr** || **Schie|nen|weg**
schier[1] (geh.): aus schierer *(reiner)* Bosheit
schier[2] (geh.): es ist s. *(fast)* unmöglich
Schi|er die (Pl. von → Schi)
Schier|ling [ˈʃi(ː)-] der, -s/-e: *eine Giftpflanze* || **Schier|lings|be|cher** (geh.): *Gifttrank*
Schieß|aus|bil|dung || **Schieß|be|fehl** || **Schieß|bu|de:** *eine Unterhaltung auf Jahrmärkten uÄ* || **Schieß|bu|den|fi|gur:** *Ziel in einer Schießbude* | (sal., abw.) *lächerliche Person* || **Schieß|ei|sen** (abw.): *Hand- und Faustfeuerwaffe* || **schie|ßen,** du schießt/schoss/geschossen: in die Luft s.; einen Hirsch s. | (sal.) er hat einen Bock geschossen *(einen Fehler/eine Dummheit begangen)* | (Sport) ein Tor s. | der Wagen schoss *(bog schnell)* um die Ecke; das Wasser schießt ins Tal | ein Gedanke schoss ihr durch den Kopf | ein Foto s. *(aufnehmen); aber:* das ist zum Schießen *(komisch, lachhaft)* | (veraltend) die Vorhänge sind geschossen *(verblichen)* || **Schie|ßen** das, -s: *eine Sportart* || **Schie|ße|rei** die, -/-en || **Schieß|ge|wehr** (veraltet): *Gewehr* || **Schieß|platz** || **Schieß|prü|gel** (abw.): *Gewehr* || **Schieß|pul|ver** [-f-]: *explosives Pulver, Schwarzpulver* || **Schieß|schar|te:** *eine Aussparung in Festungsmauern* || **Schieß|schei|be:** *Zielscheibe* || **Schieß|sport** || **Schieß|stand** || **Schieß|übung** || **Schieß|waf|fe:** *Schusswaffe* || **Schieß|wut** || **schieß|wü|tig**
Schi|fah|rer = → Skifahrer || **Schi|fah|re|rin** = → Skifahrerin || **Schi|fell** = → Skifell
Schiff das, -[e]s/-e: das S. verließ den Hafen | (Arch.) *Kirchenschiff* || **schiff|bar:** einen Fluss s. *(befahrbar)* machen || **Schiff|bau** → Schiffsbau || **Schiff|bruch:** S. erleiden *(bei stürmischer See untergehen);* sie hat bei all ihren Plänen S. erlitten *(ist gescheitert)* || **schiff|brü|chig** || **Schiff|brü|cke** → Schiffsbrücke || **Schiff|bug** → Schiffsbug || **schif|fen** (veraltend): über den Pazifik s. | (derb) *urinieren* || **Schif|fer** der, -s/-: *Schiffsführer* || **Schif|fe|rin** die, -/-innen || **Schif|fer|kla|vier** (ugs.): *Akkordeon* || **Schif|fer|kno|ten:** *Seemannsknoten* || **Schif|ferl** das, -s/-[n]: *Schiffchen* || **Schif|ferl|ver|sen|ken** das, -s (ugs.): *ein Spiel* || **Schiff|fahrt** die, -: *Schiffsverkehr; aber:* Schiffsfahrt || **Schiff|fahrts|ge|sell|schaft** || **Schiff|fahrts|li|nie** [-iɛ] || **Schiff|fahrts|stra|ße** || **Schiff|fahrts|weg** || **Schiffs|arzt** || **Schiffs|ärz|tin** || **Schiffs|bau** der, -[e]s, *auch:* Schiffbau || **Schiffs|brü|cke,** *auch:* Schiffbrücke: *Brücke auf Kähnen; beweglicher Landungssteg* || **Schiffs|bug,** *auch:* Schiffbug: *Schiffsvorderteil* || **Schiffs|deck** || **Schiff|schrau|be** → Schiffsschraube || **Schiffs|fahrt:** *Fahrt mit einem Schiff; aber:* Schifffahrt || **Schiffs|fracht** || **Schiffs|jun|ge:** *Schiffslehrling* || **Schiffs|koch** || **Schiffs|kö|chin** || **Schiffs|mo|dell** || **Schiffs|rei|se** || **Schiffs|rumpf** || **Schiffs|schrau|be,** *auch:* Schiffschraube || **Schiffs|tau|fe:** *Feier der Namengebung eines Schiffes vor dem Stapellauf* || **Schiffs|ver|kehr** || **Schiffs|werft**
Schi|flie|gen = → Skifliegen || **Schi|gym|na|si|um** [-gy-] = → Skigymnasium || **Schi|ha|serl** = → Skihaserl || **Schi|hüt|te** = → Skihütte || **Schi|hüt|ten|ro|man|tik** = → Skihüttenromantik
Schi|is|mus der, - ⟨arab.⟩: *islamische Glaubenslehre der Schiiten* || **Schi|it** der, -en/-en: *Angehöriger einer islamischen Glaubensrichtung;* → Sunnit || **Schi|i|tin** die, -/-innen || **schi|i|tisch**
Schi|jö|ring = → Skijöring
Schi|ka|ne die, -/-n ⟨fr.⟩: *kleinliche Bosheit* | (Sport) *eingebaute Schwierigkeit in einer [Auto-]rennstrecke* | ein Auto mit allen Schikanen *(Feinheiten)* ausstatten || **schi|ka|nie|ren:** *jemandem böswillig Schwierigkeiten bereiten, jemanden quälen* || **schi|ka|nös:** eine schikanöse Vorschrift
Schi|ka|rus|sell = → Skikarussell
Schi|ko|ree = Chicorée [ʃikoˈreː] der, -s/-s = die, -/-s ⟨fr.⟩: *eine Salatpflanze;* → Wegwarte
Schi|kurs = → Skikurs || **Schi|lang|lauf** = → Skilanglauf || **Schi|läu|fer** = → Skiläufer || **Schi|läu|fe|rin** = → Skiläuferin
Schil|cher der, -s/-: *roséfarbener bis dunkelroter steirischer Rotwein* || **Schil|cher|land** das, -[e]s: *eine steirische Weinregion*
Schild[1] das, -[e]s/-er: ein S. mit der Aufschrift HALT! || **Schild**[2] der, -[e]s/-e: *Schutzwaffe zB der Polizei;* Ritterschild | etwas im Schilde führen *(heimlich eine Aktion gegen jemanden planen)* | *Wappenschild* | *eine Schutzvorrichtung* || **Schild|bür|ger:** *törichter, närrischer Mann* || **Schild|bür|ger|streich** || **Schild|drü|se:** *eine Halsdrüse* || **Schild|drü|sen|über|funk|ti|on** [-tsi̯-] (Med.): *eine Fehlfunktion der Schilddrüse* || **Schild|drü|sen|un|ter|funk|ti|on** (Med.) || **Schil|der|haus** (bes. früher): *Unterstand für den Wachtposten* || **Schil|der|ma|ler** || **Schil|der|ma|le|rin** || **schil|dern:** ein Erlebnis s. *(anschaulich beschreiben)* || **Schil|de|rung** die, -/-en || **Schil|der|wald** (scherzh.): *Anhäufung von [Verkehrs]schildern* || **Schild|kap|pe:** *Schirmkappe* || **Schild|knap|pe** (früher): *Waffenträger eines Ritters, Knappe* || **Schild|krot** das, -[e]s: *Schildpatt* || **Schild|krö|te:** *ein Reptil mit Rücken- und Brustpanzer* || **Schild|laus:** *ein Pflanzenschädling* ||

Schildpatt das, -[e]s: Kämme aus S. *(aus den Hornplatten einer Seeschildkröte)* || **Schildwache** (früher): *Wachtposten [vor einer Kaserne]*

Schilehrer = → Skilehrer || **Schilehrerin** = → Skilehrerin

Schilf das, -[e]s/-e: *ein Ufer- und Sumpfgras, Schilfrohr*

SCHILF (Bildw.): **schul**interne **L**ehrer**f**ortbildung

Schilfdach: *mit Schilfrohr gedecktes Dach* || **Schilfgürtel:** der S. des Neusiedler Sees || **Schilfmatte** || **Schilfrohr:** → *Schilf*

Schilift = → Skilift

Schill der, -[e]s/-e: *Zander*

Schillerlocke: *ein geräuchertes Fischstück* | *eine Mehlspeise*

schillern: in vielen Farben s. *(glänzen)*

Schilling der, -s/-e (Zeichen: S, öS, ATS) (früher): *eine österreichische Geldeinheit (bis Februar 2002); Einschillingmünze;* sechs Schillinge *(Einschillingstücke)* | (in Angaben von Beträgen mit Pl. Schilling) eine Rechnung über 500 Schilling

schilt → schelten

Schimäre = Chimäre [ʃ-] die, -/-n ⟨gr.-fr.⟩: *Trugbild, Wahnidee (nach einem Ungeheuer der griechischen Sage)*

Schimmel der, -s/-: *weißes Pferd* | (ugs., veraltend) *Schablone, Schema* | (ohne Pl.) *Schimmelpilz* || **Schimmelbildung** || **schimmelig** = schimmlig || **Schimmelkäse:** *Käse mit einem essbaren Schimmelpilz* || **schimmeln:** schimmelndes Brot || **Schimmelpilz**

Schimmer der, -s/-: der S. *(das schwache Leuchten)* der Sterne | ein S. von *(ein bisschen)* Hoffnung; keinen blassen S. *(keine Ahnung)* haben || **schimmern**

schimmlig = → schimmelig

Schimpanse der, -n/-n ⟨afrik.⟩: *ein Menschenaffe*

Schimpf der, -[e]s/-e (Pl. selten): mit S. und Schande davongejagt werden | (veraltet) jemandem einen S. antun *(jemanden beleidigen)* || **schimpfen:** laut s.; jemanden einen Feigling s. *(nennen, heißen)* || **Schimpfer** der, -s/- (reg., ugs.): S. kriegen *(ausgescholten werden)* || **schimpflich** (geh.): s. *(schmachvoll)* behandelt werden || **Schimpfname,** *auch:* **Schimpfnamen** || **Schimpfwort**

Schimütze = → Skimütze

Schinakel das, -s/-[n] ⟨ung.⟩ (ostöst., ugs.): *ein [kleines] Boot;* S. fahren

Schindel die, -/-n: *kleine dünne Holzplatte* | (ugs.) es sind Schindeln auf dem Dach *(nicht weitersprechen, da anwesende Kinder es nicht hören sollen)* || **Schindeldach**

schinden[1], schindete [veraltet: schund]/geschunden: das Pferd s. *(quälen);* die geschundene Kreatur; jemanden s. *(schwer arbeiten lassen)* | (ugs.) er versucht bei ihr Eindruck zu s. *(machen);* Zeit s. *(gewinnen)* || **schinden**[2] sich: *[ab]plagen* || **Schinder** der, -s/- (abw.): *Peiniger, Antreiber* | (veraltet) *Tierkörperverwerter* || **Schinderei** die, -/-en (abw.): *Plage; Strapaze* || **Schinderin** die, -/-innen (abw.) || **Schindluder** (nur in der Wendung): mit jemandem/etwas S. treiben *(jemanden/etwas verächtlich, übel, schlecht behandeln)* || **Schindmähre** (geh., abw.): *abgezehrtes, verbrauchtes Pferd*

Schinken der, -s/-: geräucherter S. | (ugs., abw.) *umfangreicher, kitschiger Film, auch Buch, Gemälde uÄ* || **Schinkenbrot** || **Schinkenfleckerl** = **Schinkenfleckerln** die (Pl.): *eine Speise* || **Schinkenkäsetoast** [-to:st, engl.: -təʊst] || **Schinkenkipferl** || **Schinkenrolle** || **Schinkensemmel** || **Schinkenspeck** || **Schinkentoast** [-to:st, engl.: -təʊst] || **Schinkenwurst**

Schintoismus der, - ⟨jap.⟩: *einheimische Religion Japans* || **Schintoist** der, -en/-en || **Schintoistin** die, -/-innen || **schintoistisch**

Schiort = → Skiort || **Schipass** = → Skipass || **Schipiste** = → Skipiste || **Schirennen** = → Skirennen

Schiri der, -s/-s (ugs.): *Schiedsrichter*

Schirm der, -[e]s/-e: den S. aufspannen | *Lampenschirm* | *Fallschirm* | *Schild einer Kopfbedeckung* || **Schirmbar:** *mit einem Schirm überdachter [Getränke-]kiosk, Erfrischungspavillon* || **schirmen** (geh.): *schützen, beschirmen* || **schirmförmig** || **Schirmfrau** || **Schirmherr** || **Schirmherrin** || **Schirmherrschaft:** *Ehrenschutz; Schutzherrschaft* || **Schirmhülle:** *Hülle für den Regenschirm* || **Schirmkappe** || **Schirmmütze** || **Schirmständer**

Schirokko der, -s/-s ⟨arab.-it.⟩: *ein warmer Südwind im Mittelmeergebiet;* → Scirocco

Schischaukel = → Skischaukel || **Schischuh** = → Skischuh

Schisma [sç-, ʃ-] das, -s/-ta [Schismen] ⟨gr.⟩: *Kirchenspaltung* || **Schismatiker** der, -s/- || **Schismatikerin** die, -/-innen || **schismatisch**

Schispringen = → Skispringen || **Schispringer** = → Skispringer || **Schispringerin** = → Skispringerin

schiss → scheißen || **Schiss** der, -es/- (ugs., derb): S. *(Angst)* haben

Schistock = → Skistock || **Schitour** [-tu:ə] = → Skitour || **Schitourengehen** = → Skitourengehen || **Schiunfall** = → Skiunfall || **Schiunglück** = → Skiunglück || **Schiurlaub** = → Skiurlaub || **Schiwachs** [-ks] = → Skiwachs || **Schiwandern** = → Skiwandern || **Schizirkus** = → Skizirkus

schizoid [sç-, ʃ-] ⟨gr.⟩ (Med.): *schizophrenieähnlich;* schizoides Verhalten || **schizophren** [-f-] (Med.): *an Schizophrenie erkrankt* | das ist s. *(verrückt)* || **Schizophrenie** die, -/-n (Med.): *eine psychische Erkrankung;* → Katatonie || **schizothym** [-'y:m] (Med.): ein schizothymer *(zu seelischer Spaltung neigender)* Mensch

Schlacht die, -/-en: die S. bei Aspern 1809 || **Schlachtbank** die, -/-bänke: einen Ochsen zur S. führen || **schlachten** || **Schlachtenbummler** (ugs.): *Anhänger einer [Fußball]mannschaft, der auswärtige Spiele besucht* || **Schlachtenbummlerin** (ugs.) || **Schlachter** der, -s/- (nördl. D): *ein Beruf, Fleischhauer* || **Schlächter** der, -s/-: *ein Beruf, Facharbeiter im Schlachthof* | (geh., abw.) *Massenmörder, Tyrann* | (nördl. D) *Fleischhauer* || **Schlachterin** die, -/-innen (nördl. D) || **Schlächterin** die, -/-innen || **Schlachtfeld:** *Schauplatz einer Schlacht* || **Schlachthaus:** *Schlachthof* || **Schlachthof** || **Schlachtordnung** (Mil.): *Aufstellung eines Heeres* || **Schlachtpartie** (reg., bes. V) (Küchenspr.): *Schlachtplatte, Sautanz* || **Schlachtplatte** (bes. D) (Küchenspr.): *eine Speise* ||

S

schlạcht|reif ‖ **Schlạcht|ruf:** *Kampfruf, Kriegsgeschrei* ‖ **Schlạcht|schiff** (Mil.) ‖ **Schlạcht|tag** ‖ **Schlạcht|tier** ‖ **Schlạch|tung** die, -/-en ‖ **Schlạcht|vieh**

Schlạ|cke die, -/-n: *ein Verbrennungsrückstand* ‖ **Schlạ|cken|bahn** (Sport): *Aschenbahn*

schlạ|ckern (ugs.): *schlenkern;* mit den Ohren s. *(erstaunt sein)*

Schlad|ming: *Stadt in der Steiermark*

Schlaf der, -[e]s: keinen S. finden können; etwas im S. können *(außerordentlich gut beherrschen)* | (ugs.) einen S. haben *(schläfrig sein)* ‖ **Schlaf|an|zug:** *Pyjama* ‖ **Schlaf|ap|noe** [-noːɛ] die, - (Med.): *eine schwere Schlafstörung;* → Apnoe ‖ **Schlaf|be|dürf|nis** ‖ **Schläf|chen** das, -s/-: ein S. machen ‖ **Schlä|fe** die, -/-n: graue Schläfen haben ‖ **schla|fen,** du schläfst/schlief/geschlafen: s. gehen; sich/ein Kind s. legen | die Klasse schläft *(passt nicht auf)* | mit jemandem s. *(Geschlechtsverkehr haben)* ‖ **Schlä|fen|bein** ‖ **Schla|fens|zeit** ‖ **Schlä|fer** der, -s/-: *jemand, der schläft* | *Langschläfer* | (sal.) (Pol.) *politischer Aktivist, der [in einem fremden Land] unauffällig lebt und auf seinen [Terror]einsatz wartet* ‖ **Schlä|fe|rin** die, -/-innen ‖ **Schla|ferl** das, -s/-[n] (ugs.): *Schläfchen*

schlaff: *nicht gespannt, locker; abgespannt, kraftlos;* sich s. fühlen ‖ **Schlaff|heit** die, -

Schlaf|for|schung ‖ **Schlaf|ge|le|gen|heit:** *Unterkunft* ‖ **Schlaf|gemach** (geh.): *Schlafzimmer* ‖ **Schlaf|ge|wohn|heit** (meist Pl.) ‖ **Schlaf|hau|be:** eine S. aufsetzen | (ugs.) *jemand, der viel und lange schläft* | (ugs., oft abw.) eine S. *(verschlafen; träg)* sein

Schla|fit|tchen (scherzh.): jemanden am/beim S. *(Kragen, Rockzipfel)* packen, erwischen

Schlaf|krank|heit ‖ **Schlaf|la|bor** ‖ **Schlaf|lied:** dem Kind ein S. singen ‖ **schlaf|los** ‖ **Schlaf|lo|sig|keit** die, - ‖ **Schlaf|man|gel** ‖ **Schlaf|mit|tel** ‖ **Schlaf|mohn:** *eine Mohnart, Echter Mohn* ‖ **Schlaf|müt|ze:** *Schlafhaube* ‖ **Schlaf|raum** ‖ **schläf|rig** ‖ **Schläf|rig|keit** die, - ‖ **Schlaf|rock:** *Morgenrock* | (Küchenspr.) Würstel/Würstchen, Äpfel im S. *(im Teigmantel)* ‖ **Schlaf|saal** ‖ **Schlaf|sack:** *sackartige, warme Hülle zum Übernachten* ‖ **Schlaf|stät|te** ‖ **Schlaf|stel|le** ‖ **Schlaf|stel|lung** ‖ **Schlaf|stö|rung** ‖ **Schlaf|ta|blet|te** ‖ **Schlaf|trunk,** *auch:* Schlaftrank ‖ **schlaf|trun|ken:** *noch nicht ganz wach* ‖ **Schlaf-wạch-Rhyth|mus** [-ry-] ‖ **Schlaf|wa|gen:** sie sind mit dem S. nach Venedig gefahren ‖ **Schlaf|wa|gen|schaff|ner** ‖ **Schlaf|wa|gen|schaff|ne|rin** ‖ **schlaf|wan|deln,** ich schlafwandle: *nachtwandeln* ‖ **Schlaf|wand|ler** der, -s/- ‖ **Schlaf|wand|le|rin** die, -/-innen ‖ **schlaf|wand|le|risch:** mit schlafwandlerischer *(großer, unbeirrbarer)* Sicherheit ‖ **Schlaf|zim|mer** ‖ **Schlaf|zim|mer|blick** (scherzh.): *erotischer Blick einer Frau* ‖ **Schlaf|zim|mer|ein|rich|tung**

Schlag der, -[e]s/Schläge: S. auf S.; mit einem S. *(plötzlich);* ein S. ins Wasser *(ein Misserfolg);* ein schwerer S. *(ein großes Unglück);* ein S. unter die Gürtellinie *(verbotener, unehrenhafter Angriff);* ein S. ins Gesicht *(ein beleidigender Angriff)* | *Stromstoß* | *Waldstück, in dem Bäume gefällt werden;* der Holzfäller arbeitet im S.; Waldschlag | (ohne Pl.) der S. *(Gesang)* der Nachtigall; diese Uhr hat einen schönen S. *(Glockenklang);* S. *(Punkt, genau)* 8 Uhr | (ohne Pl.) *Menschenschlag* | (ohne Pl.) vom S. gerührt werden *(einen Schlaganfall erleiden);* wie vom S. getroffen *(fassungslos)* | (ohne Pl.) *Schlagobers, Schlagrahm;* Kaffee mit S. ‖ **Schlag|ab|tausch** der, -es: sich [beim Boxen] einen S. liefern | es kam zu einem S. *(einer heftigen Auseinandersetzung)* zwischen Regierung und Opposition ‖ **Schlag|ader:** *Arterie* ‖ **Schlag|an|fall** (Med.): *Gehirnschlag* ‖ **schlag|ar|tig:** *plötzlich, jäh* ‖ **Schlag|ball** der, -[e]s/-bälle: *spezieller Ball fürs Schlagballspiel* | (ugs. auch mit Art. das, ohne Pl.) *ein Ballspiel;* S. spielen ‖ **Schlag|ball|spiel** ‖ **schlag|bar** ‖ **Schlag|baum:** *Grenzschranken* ‖ **Schlag|boh|rer** ‖ **Schlag|bohr|ma|schi|ne** ‖ **Schlag|bol|zen:** *eine Vorrichtung bei einer Schusswaffe* ‖ **Schlag|dis|tanz** (bes. Sport): auf S. *(in Reichweite, Sichtweite)* bleiben ‖ **Schlä|gel** der, -s/-: *ein Werkzeug zum Schlagen; aber:* → Schlegel ‖ **schla|gen,** du schlägst/schlug/geschlagen: ihm/ihn auf die Schulter s.; Eiweiß zu Schnee s.; die Trommel s.; Regen schlägt gegen die Fensterscheiben; dein Herz schlägt wild | eine Brücke s. *(errichten)* | Alarm s. | den Gegner s. *(besiegen);* sie hat sich gut geschlagen *(hatte Erfolg);* er gibt sich geschlagen *(erklärt sich besiegt)* | Wahlen/einen Wahlkampf s. | eine geschlagene *(ganze)* Stunde | aus der Art s. *(anders sein [als die Eltern, Geschwister])* | schlag dir das aus dem Kopf! *(vergiss es!)* | der Streit hat sich ihm auf den Magen geschlagen *(quält ihn)* | sich die Nacht um die Ohren s. *(nicht schlafen gehen)* | über die Stränge s. *(übermütig sein)* | (geh.) ein geschlagener *(gebrochener)* Mann | (früher) sich mit jemandem s. *(duellieren)* ‖ **schla|gend:** ein schlagender *(überzeugender)* Beweis | (Bergmannsspr.) schlagende Wetter *(explosives Gas; Gasexplosion)* im Kohlenbergwerk | (Jus) eine Haftung wird s. *(wird in Anspruch genommen)* | eine schlagende [Studenten]verbindung ‖ **Schla|ger** der, -s/-: *populäres Lied* | (veraltet) *erfolgreiches, modisches Lied* | (sal.) *Ware, die reißenden Absatz findet, Hit; Einfall mit durchschlagendem Erfolg* ‖ **Schlä|ger** der, -s/-: *ein Sportgerät;* den S. neu bespannen | (abw.) ein gefährlicher S. *(Raufbruder)* ‖ **Schlä|ger|ban|de** ‖ **Schlä|ge|rei** die, -/-en (abw.) ‖ **Schla|ger|fes|ti|val** [-val, -vəl] ‖ **Schlä|ge|rin** die, -/-innen (abw.) ‖ **Schla|gerl** das, -s/-[n] (ugs.): *[leichter] Schlaganfall* ‖ **Schla|ger|mu|sik** ‖ **schlä|gern:** *Bäume fällen* ‖ **Schla|ger|sän|ger** ‖ **Schla|ger|sän|ge|rin** ‖ **Schla|ger|spiel** (Sport): *Match zwischen zwei führenden Mannschaften* ‖ **Schla|ger|star** [-st-] ‖ **Schla|ger|text** ‖ **Schlä|ger|trupp** ‖ **Schlä|ger|typ** [-y(ː)p] (abw.) ‖ **Schlä|ge|rung** die, -/-en: *das Schlägern [von Bäumen]* ‖ **Schlä|ge|rungs|un|ter|neh|men** ‖ **schlag|fer|tig:** *geistesgegenwärtig einer treffenden Antwort fähig* ‖ **Schlag|fer|tig|keit** die, - ‖ **schlag|fest:** *widerstandsfähig* ‖ **Schlag|in|s|tru|ment** [-st-] (Mus.): *Trommel, Pauke, Becken ua.* ‖ **Schlag|kraft:** die S. beim Werfen | die S. *(Überzeugswirkung)* des Arguments ‖ **schlag|kräf|tig** ‖ **Schlag|licht:** *in-*

S

tensives Licht; ein S. auf die Situation werfen *(sie scharf kennzeichnen)* ‖ **Schlag|loch:** *Loch im Straßenbelag* ‖ **Schlag|obers:** *süßer Rahm* ‖ **Schlag|obers|häub|chen** = **Schlag|obers|hau|be** ‖ **Schlag|rahm** (reg.): *süßer Rahm, Schlag[obers]* ‖ **Schlag|ring:** *eine verbotene Waffe für die Faust* ‖ **Schlag|sah|ne** (bes. D): *Schlagobers, Schlagrahm* ‖ **Schlag|schat|ten:** *Schatten, den ein Gegenstand/jemand wirft* ‖ **Schlag|sei|te:** dieses Schiff hat S. *(es liegt seitlich geneigt im Wasser)* ‖ **Schlag|stock:** *eine Polizeiwaffe* ‖ **Schlag|werk:** *Uhrmechanismus* | (Mus.) *Schlagzeug* ‖ **Schlag|wet|ter** die (Pl.) (Bergbau): *explosives Gas, schlagende Wetter* ‖ **Schlag|wort** das, -[e]s/-e [-wörter]: *Ausdruck, der den Hauptinhalt bzw. das Thema [eines Buches] wiedergibt* | (abw.) *inhaltsleere Redensart* ‖ **Schlag|wort|ka|ta|log:** *nach Schlagwörtern geordnetes [Bücher]verzeichnis;* → G.: Autorenkatalog ‖ **Schlag|zei|le:** *in großen Lettern gedruckte Überschrift [in Zeitungen], Headline;* Schlagzeilen machen *(öffentliches Aufsehen erregen)* ‖ **Schlag|zeug:** *ein Schlaginstrument* | *Schlagwerk* ‖ **Schlag|zeu|ger** der, -s/- ‖ **Schlag|zeu|ge|rin** die, -/-innen

schlak|sig: *hoch aufgeschossen und ungelenk*

Schla|mas|sel das, -s/- ⟨jidd.⟩: *missliche, verworrene Lage* ‖ **Schla|mas|tik** die, -/-en (ostöst., veraltend): *Schlamassel*

Schlamm der, -[e]s/-e: *feuchte, breiähnliche Ablagerung;* im S. versinken ‖ **Schlamm|bad** ‖ **schläm|men:** *von Schlamm reinigen* ‖ **schlam|mig** ‖ **Schlämm|krei|de:** *gereinigte Kreide* ‖ **Schlamm|la|wi|ne** ‖ **Schlamm|mas|se** (meist Pl.) ‖ **Schlamm|pa|ckung** (Med.): *eine Heilbehandlung* ‖ **Schlamm|schlacht** (abw.): *unwürdige gegenseitige öffentliche Verunglimpfung [politischer Gegner]*

Schlam|pen der, -s/-, *auch:* Schlampe die, -/-n (ugs., derb, abw.): *liederliche Frau* ‖ **Schlam|pe|rei** die, -/-en: *Nachlässigkeit; Unordnung* ‖ **schlam|pert** (ugs.): *schlampig;* ein schlampertes *(ungeklärtes, unmoralisches)* Verhältnis ‖ **Schlam|per|tatsch** der, -[e]s/-e (reg., ugs.): *schlampiger Mensch* ‖ **schlam|pig:** *unordentlich, nachlässig; schlampert* ‖ **Schlam|pig|keit** die, -/-en

schlang → schlingen

Schlan|ge die, -/-n: *ein Reptil* | (abw.) *hinterhältige, böse Person* | S. stehen *(in einer [langen] Reihe angestellt sein)*

Schlan|gel = Schlankel das, -s/-[n] (reg., bes. St, K, O): *eine Mehlspeise*

schlän|geln sich, ich schlängle mich: der Bach schlängelt sich durch die Wiese ‖ **schlan|gen|ar|tig** ‖ **Schlan|gen|be|schwö|rer** der, -s/- ‖ **Schlan|gen|be|schwö|re|rin** die, -/-innen ‖ **Schlan|gen|biss** ‖ **Schlan|gen|fraß** (abw.): *schlechtes Essen* ‖ **Schlan|gen|gift** ‖ **Schlan|gen|gru|be:** *gefährlicher Ort* ‖ **Schlan|gen|le|der** ‖ **Schlan|gen|li|nie** [-i̯ɛ] ‖ **Schlan|gen|mensch:** *überaus gelenkige/r Akrobat/in, der/die geschmeidigst Verrenkungen beherrscht*

schlank: schlanker werden; eine schlanke Figur; → schlank machen = schlankmachen

Schlan|kel[1] der, -s/-[n] (mda.): *Schlingel, Schelm*

Schlan|kel[2] = → Schlangel

Schlank|heit die, - ‖ **Schlank|heits|kur** ‖ **schlank ma|chen** = **schlank|ma|chen:** eine Diät, die s. macht ‖ **Schlank|ma|cher** (sal.): *Mittel zum Abnehmen* ‖ **schlank|weg:** etwas s. *(kurzerhand, rundweg)* ablehnen

Schlap|fen der, -[s]/- (ugs.): *ein Hausschuh, Pantoffel*

schlapp: *schlaff;* schlappe Muskeln | *müd;* sich s. fühlen ‖ **Schlap|pe** die, -/-n: eine S. *(eine Niederlage, einen Misserfolg)* erleiden ‖ **Schlapp|heit** die, - ‖ **Schlapp|hut:** *ein weicher Hut mit breiter Krempe* ‖ **schlapp|ma|chen** (bes. D, ugs.): *nicht durchhalten, vor Erschöpfung aufgeben* ‖ **Schlapp|ohr:** *Hängeohr [bei Hunden]* ‖ **Schlapp|schwanz** (bes. D, abw.): *willensschwacher, energieloser Mann*

Schla|raf|fen|land das, -[e]s: *ein Märchenland für Schlemmer und Müßiggänger*

Schlatz der, -es/-e (ugs.): *Schleim; Eiter* ‖ **schlat|zen** (ugs.): *Schleim absondern, schleimen; spucken* ‖ **schlat|zig** (ugs.): *schlüpfrig, schleimig, schlitzig; eitrig*

schlau: *klug, listig;* er ist ein schlauer Fuchs *(durchtriebener Mensch);* → schlaumachen ‖ **Schlau|ber|ger** der, -s/- (scherzhaft): *Schlaumeier*

Schlauch der, -[e]s/Schläuche: den S. aufpumpen ‖ **Schlauch|boot:** *aufblasbares Boot* ‖ **schlau|chen** (ugs.): ich bin völlig geschlaucht; der Trainer hat die Spieler geschlaucht *(bis zur Erschöpfung angestrengt)*

Schlau|cherl das, -s/-[n] (ugs., scherzh.): *listiger Mensch, Schlaumeier*

schlauch|los ‖ **Schlauch|rei|fen**

Schläue die, -: *Schlauheit* ‖ **schlau|er|wei|se**

Schlau|fe die, -/-n: *Schlinge, Schleife*

Schlau|fuchs [-ks]: *Schlaumeier* ‖ **Schlau|heit** die, - ‖ **Schlau|kopf:** *Schlaumeier* ‖ **schlau|ma|chen** sich: *sich informieren* ‖ **Schlau|mei|er** der, -s/-: *Schlaukopf;* so ein S.! *(so ein pfiffiger Mensch!)* ‖ **Schlau|mei|e|rin** die, -/-innen

Schla|wi|ner der, -s/- (bes. ostöst., ugs., abw.): *Schlingel, gerissener Kerl, Nichtsnutz* ‖ **Schla|wi|ne|rin** die, -/-innen (bes. ostöst., ugs., abw.)

schlecht:

mir wird schlecht *(übel)* | eine schlechte Presse haben *(nicht gut beurteilt werden)* | in schlechte Gesellschaft geraten | sich schlecht und recht *(mit Müh und Not)* durchs Leben schlagen | (ugs.) nicht schlecht staunen *(sehr staunen)*

Großschreibung bei Nominalisierung:
- im Guten wie im **S**chlechten
- nichts **S**chlechtes

R→ S. 892, 2.2

Getrenntschreibung bei wörtlicher Bedeutung:
- er ist schlecht beraten *(macht einen Fehler)*
- mit diesen Schuhen kann ich schlecht gehen
- die Hausübungen schlecht machen *(mangelhaft)*
- mir ist schlecht geworden

Zusammenschreibung bei übertragener Bedeutung:
- jemanden schlechtmachen *(herabsetzen, verleumden)*
- eine Sache schlechtreden

R→ S. 900, 1.5.1

Getrennt- und Zusammenschreibung in Zweifelsfällen und mit adjektivisch gebrauchten Partizipien:

– nach dem Unfall ist es ihr schlecht gegangen (= schlechtgegangen) *(ihr Zustand war Besorgnis erregend)*
– die Chancen sind schlecht gestanden (= schlechtgestanden)
– schlecht gelaunt = schlechtgelaunt

R→ S. 903, 2.2.1

schlech|ter|dings: *geradezu; ganz und gar* ‖ **Schlech|ter|stel|lung** ‖ **schlecht ge|hen = schlecht|gehen:** nach dem Unfall ist es ihr s. gegangen (= schlechtgegangen) *(ihr Zustand war Besorgnis erregend); aber nur:* mit diesen Schuhen kann ich schlecht gehen ‖ **schlecht ge|launt = schlecht|gelaunt** ‖ **schlecht|hin** ['ʃlɛ-, -'hi(ː)n]: *geradezu; ganz und gar;* das ist s. ein Unfug ‖ **Schlech|tig|keit** die, -/-en ‖ **schlecht|ma|chen:** *herabsetzen, verleumden; aber:* etwas schlecht *(mangelhaft)* machen ‖ **schlecht|re|den:** jemanden s. *(schlechtmachen, herabsetzen)* ‖ **schlecht ste|hen = schlecht|stehen:** um den Verletzten ist es lange s. gestanden; → schlecht ‖ **schlecht|weg** ['ʃlɛ-, -'vɛk]: *geradezu, schlechthin; ganz und gar* ‖ **Schlecht|wet|ter** das, -s: S. ist angesagt ‖ **Schlecht|wet|ter|front** ‖ **Schlecht|wet|ter|pe|ri|o|de** ‖ **Schlecht|wet|ter|pro|gramm**

schle|cken: *lecken;* Eis s. ‖ **Schle|cker** der, -s/-: *Lutscher* ‖ **Schle|cke|rei** die, -/-en: *Süßigkeit* ‖ **Schle|cker|maul:** *Leckermaul*

Schle|gel der, -s/-, *auch:* Schlögel: *Hinterschenkel [des Kalbs, Rehs, Lamms], Keule; aber:* → Schlägel

Schleh|dorn: *ein Strauch, Schlehe, Schwarzdorn* ‖ **Schle|he** die, -/-n: *Schlehdorn* | *Frucht des Schlehdorns*

Schleich der, -[e]s (ugs., veraltend): *Kurzwort für Schleichhandel;* im S. ‖ **schlei|chen**[1], schlich/geschlichen: [sich] zur Tür s.; das Auto vor mir schleicht wie eine Schnecke | eine schleichende *(sich langsam ausbreitende, verborgene)* Krankheit ‖ **schlei|chen**[2] sich (ugs.): *sich davonmachen* | (derb) schleich dich! *(verschwinde!);* schleichts euch! ‖ **Schleich|han|del** ‖ **Schleich|händ|ler:** *Mann, der in Notzeiten mit knapp gewordenen Waren unerlaubte Geschäfte macht* ‖ **Schleich|händ|le|rin** ‖ **Schleich|kat|ze** (Zool.): *eine Raubtierfamilie* ‖ **Schleich|weg:** *heimlicher Weg* ‖ **Schleich|wer|bung:** *scheinbar unbeabsichtigte, versteckte Werbung;* → Productplacement

Schleie die, -/-n: *ein Fisch*

Schlei|er der, -s/-: die Braut trug einen S.; den S. des Geheimnisses lüften | *Nebelschleier* | (geh.) den S. nehmen *(Nonne werden)* ‖ **Schlei|er|eu|le:** *ein Vogel* ‖ **schlei|er|haft:** das ist mir s. *(rätselhaft, unverständlich)* ‖ **Schlei|er|kraut:** *eine Zierpflanze*

Schleif|ap|pa|rat ‖ **Schleif|band** ‖ **Schlei|fe** die, -/-n: *Schlinge, Masche* | *[Umkehr]kurve;* eine S. fahren

schleifen:

Stammformen nicht verwechseln!
schleifen/schliff/geschliffen steht in folgenden Bedeutungen:
– Marmor wurde geschliffen *(geglättet)*
– dieses Messer wurde geschliffen *(geschärft)*
– eine geschliffene *(brillante)* Rede
– er schliff die Soldaten (Mil.: *quälte sie)*

schleifen/schleifte/geschleift steht in folgenden Bedeutungen:
– der Mantel schleifte am Boden
– sie hat ihren Ehemann ins Theater geschleift
– die Kupplung schleifen lassen *(nicht ganz einkuppeln)*
– das Bauwerk wurde geschleift *(niedergerissen)*

Schlei|fer der, -s/-: *jemand, der Scheren, Messer schleift* | (Mil.) *schikanierender Vorgesetzter, Ausbildner* ‖ **Schlei|fe|rin** die, -/-innen ‖ **Schleif|lack:** *ein Möbellack* ‖ **Schleif|ma|schi|ne** ‖ **Schleif|pa|pier** ‖ **Schleif|schei|be** ‖ **Schleif|spur** ‖ **Schleif|stein**

Schleim der, -[e]s/-e: *Brei* | S. absondern/bilden | (ugs., abw.) *Wut, Zorn;* einen S. auf jemanden bekommen ‖ **Schleim|beu|tel** (Med.) ‖ **Schleim|beu|tel|ent|zün|dung** (Med.) ‖ **schlei|men** (abw.): *auf widerwärtige Art schmeicheln* ‖ **Schlei|mer** der, -s/- (abw.): *Kriecher* ‖ **Schlei|me|rin** die, -/-innen (abw.) ‖ **Schleim|haut:** *feuchte Haut im Inneren von Hohlorganen* ‖ **schlei|mig:** schleimiger Auswurf | (abw.) *kriecherisch, widerlich freundlich* ‖ **schleim|lö|send** ‖ **Schleim|schei|ßer** der, -s/- (derb): *schleimiger Kerl* ‖ **Schleim|schei|ße|rin** die, -/-innen (derb)

schlei|ßen[1], du schleißt/schliss/geschlissen: *fadenscheinig werden; sich abnützen;* → verschleißen ‖ **schlei|ßen**[2], du schleißt/schleißte/geschleißt: die [Gänse-]federn s. *(den Flaum von den Kielen abziehen)* ‖ **schlei|ßig** (ugs.): ein schleißiger *(verschlissener, fadenscheiniger)* Rock | (reg.) *schlampig*

schlem|men: *üppig essen und trinken, prassen* ‖ **Schlem|mer** der, -s/- ‖ **Schlem|me|rei** die, -/-en ‖ **Schlem|me|rin** die, -/-innen ‖ **schlem|me|risch** ‖ **Schlem|mer|lo|kal:** *Restaurant für Feinschmecker*

schlen|dern: *gemächlich gehen* ‖ **Schlend|ri|an** der, -s (abw.): *Nachlässigkeit, die zur Gewohnheit geworden ist* | *säumiges Arbeiten*

schlen|kern: mit den Armen s. *(sie hin und her schwingen)*

schlen|zen, du schlenzt (ugs.) (Sport): den Ball s. *(aus dem Fußgelenk locker wegschlagen)*

Schlepp|bahn: *eine Güterbahn* ‖ **Schlepp|bü|gel:** *Teil des Schlepplifts* ‖ **Schlep|pe** die, -/-n: die S. am Brautkleid ‖ **schlep|pen**[1]: Koffer s. | jemanden zur Ärztin s. *(gegen seinen Willen dorthin bringen)* ‖ **schlep|pen**[2] sich: ich schleppe mich ins Büro *(bewege mich kraftlos, zB trotz Fieber, dorthin)* ‖ **schlep|pend:** *langsam* ‖ **Schlep|per** der, -s/-: *Schleppschiff* | *jemand, der zB einem Vergnügungslokal Gäste zuführt* | *jemand, der Flüchtlinge gegen Geld illegal über die Grenze bringt* ‖ **Schlep|per|ban|de** ‖ **Schlep|pe|rin** die, -/-innen ‖ **Schlep|per|un|we|sen** ‖ **Schlepp|kahn:** *Frachtkahn ohne eigenen Antrieb* ‖ **Schlepp|lift:** *Skilift, bei dem man auf den Skiern steht* ‖ **Schlepp|netz** ‖ **Schlepp|seil** ‖ **Schlepp|tau:** jemanden ins S. nehmen *(jemanden mitschleppen, jemandem behilflich sein)* ‖ **Schlepp|zug:** *Schlepper in der Flussschifffahrt*

Schlern der, -s: *ein Gebirgsstock in den Dolomiten (SüdT)*

Schle|si|en: *Land am Oberlauf der Oder, ehemals mit Österreich verbunden* ‖ **Schle|si|er** der, -s/- ‖ **Schle|si|e|rin** die, -/-innen

S

Schles|wig-Hol|stein: *deutsches Bundesland* ‖ **schles|wig-hol|stei|nisch**

Schleu|der die, -/-n: *Steinschleuder* | *Zentrifuge* ‖ **Schleu|der|ball** der, -[e]s/-bälle: *spezieller Ball fürs Schleuderballspiel* | (ugs. auch mit Art. das, ohne Pl.) *ein Ballspiel;* S. spielen ‖ **Schleu|der|gang:** *ein Waschvorgang bei der Waschmaschine* ‖ **Schleu|der|ge|fahr:** S. bei Straßenglätte ‖ **schleu|dern:** einen Stein s. | Honig s. *(aus den Waben gewinnen);* Wäsche s. | jemandem die Antwort ins Gesicht s. | das Auto schleuderte; *aber:* ins **S**chleudern kommen *(etwas nicht mehr unter Kontrolle haben)* ‖ **Schleu|der|preis:** Waren zu Schleuderpreisen *(billig)* verkaufen ‖ **Schleu|der|sitz:** *eine Rettungsvorrichtung [in Militärflugzeugen]* | *riskante [berufliche] Position*

schleu|nig: eine schleunige *(eilige)* Abreise ‖ **schleu|nigst:** s. *(sofort, schnellstens)* abreisen

Schleu|se die, -/-n: *Vorrichtung zum Überwinden von Niveauunterschieden bei Flüssen und Kanälen* | *abgeriegelter Raum [um Druckausgleich zu unterbinden]* | (geh.) der Himmel hat seine Schleusen geöffnet *(es regnet heftig)* ‖ **schleu|sen,** du schleust: Schmuggelware durch die Kontrollen s.

schlich → schleichen ‖ **Schlich** der, -[e]s/-e (meist Pl.): *Kniff, List;* sie kennt alle Schliche; jemandem auf die Schliche kommen *(jemanden durchschauen)*

schlicht: ein schlichter *(einfacher)* Mensch; sich s. kleiden | ein schlichtes *(einfaches)* Gemüt | schlichte *(reine)* Tatsachen | s. und einfach ‖ **schlich|ten:** Holz s. *(stapeln)* | einen Streit s. *(beilegen, durch Vermittlung beenden)* ‖ **Schlich|ter** der, -s/-: *Vermittler in Streitfällen* ‖ **Schlich|te|rin** die, -/-innen ‖ **Schlicht|heit** die, - ‖ **Schlich|tung** die, -/-en: die S. eines Streits ‖ **Schlich|tungs|kom|mis|si|on** ‖ **Schlich|tungs|stel|le:** *Vermittlungsstelle [für Mietstreitigkeiten]* ‖ **Schlich|tungs|ver|such** ‖ **schlicht|weg** ['ʃli-, -'vɛk]: *schlechtweg*

Schlick der, -[e]s/-e: *zäher Schlamm* ‖ **Schlick|ab|la|ge|rung** ‖ **Schlick|krap|ferl** (T, K): *mit Fleisch gefüllte Teigtäschchen als Suppeneinlage;* → Schlipfkrapfen

schlief → schlafen

schlief|bar (ugs.): *durchschlüpfbar, passierbar* ‖ **schlie|fen** [mda. auch: -'iə-], schloff/geschloffen: *[durch]schlüpfen, sich durchzwängen;* → Schluf ‖ **Schlie|ferl** das, -s/-[n] (reg., ugs., abw.): *kriecherischer Schmeichler*

schlie|fit|zen (bes. O, ugs.): *rutschen*

Schlier der, -s/-e: *eine Art Mergel* ‖ **Schlier|ba|cher** der, -s/-: *ein Käse (nach dem Stift Schlierbach in Oberösterreich)* ‖ **Schlie|re** die, -/-n: *streifenförmige Verunreinigung [im Glas]* ‖ **Schlier|sand:** *Schwemmsand*

schließ|bar ‖ **Schlie|ße** die, -/-n: *Vorrichtung zum Einhaken* ‖ **schlie|ßen,** du schließt/schloss/geschlossen: die Fenster s. *(zumachen)* | die Erzählung s. *(beenden)* | die Firma schließt *(wird aufgelöst)* | Freundschaft s. | das Schloss schließt *(sperrt)* nicht | der kalte Sommer lässt auf einen strengen Winter s. *(veranlasst zu der Annahme);* von sich auf andere s.; → geschlossen ‖ **Schließ|fach:** *verschließbares Fach, Depot [auf Bahnhöfen]* | *Postfach* ‖ **Schließ|ket|te:** *Sicherheitskette an der Tür* ‖ **schließ|lich:** *endlich; zuletzt;* s. und endlich ‖ **Schließ|mus|kel** ‖ **Schlie|ßung** die, -/-en

schliff → schleifen ‖ **Schliff** der, -[e]s/-e: ein Messer mit gutem S.; einer Sache den letzten S. *(die endgültige Form)* geben | es fehlt ihm jeder S. *(ihm fehlen Umgangsformen)*

Schli|go|witz → Sliwowitz

schlimm: schlimme Kinder | im schlimmsten *(schlechtesten)* Fall; halb so s. | (Großschreibung) es ist das **S**chlimmste, dass …; aufs/auf das **S**chlimmste (= schlimmste; mit Frage *Wie?*) zugerichtet werden; *aber nur:* aufs/auf das **S**chlimmste gefasst sein; es hatsich zum **S**chlimmen gewendet ‖ **schlimm ste|hen** = **schlimm|ste|hen:** um sie soll es s. stehen (= schlimmstehen) *(ihre Lage ist äußerst schlecht)* ‖ **schlimms|ten|falls**

Schlin|ge die, -/-n: den gebrochenen Arm in der S. tragen; sich/den Kopf aus der S. ziehen *(sich aus einer unangenehmen, gefährlichen Lage befreien)* ‖ **Schlin|gel** der, -s/-: *Spitzbub* ‖ **schlin|gen**[1], schlang/geschlungen: er schlang die Arme um sie; sich um etwas s. *(winden)* | ein Knopfloch s. *(ausnähen)*

schlin|gen[2], schlang/geschlungen: *hastig essen*

Schlin|gerl das, -s/-[n] (reg., ugs.): *Schlinge, Aufhänger;* den Mantel am S. aufhängen

schlin|gern: ein schlingerndes *(um die Längsachse schwankendes)* Schiff; *aber:* ins **S**chlingern geraten

Schling|nat|ter: *eine heimische Schlangenart, Glattnatter* ‖ **Schling|pflan|ze**

Schlipf|krap|fen (T): *Schlutzkrapfen*

Schlips der, -es/-e: *Krawatte;* sich auf den S. getreten fühlen *(beleidigt sein)*

schliss → schleißen

Schlit|ten der, -s/-: S. fahren; ich bin S. gefahren | (sal.) *großer, teurer Pkw* | (sal., abw.) mit jemandem S. fahren *(jemanden rücksichtslos behandeln)* ‖ **Schlit|ten|fah|ren** das, -s ‖ **Schlit|ten|fahrt** ‖ **Schlit|ten|hund** ‖ **Schlit|ten|par|tie** ‖ **Schlit|ten|pferd** ‖ **schlit|tern:** *rutschen;* ins Unglück s. ‖ **Schlitt|schuh:** S. laufen; ich bin S. gelaufen ‖ **Schlitt|schuh|lau|fen** das, -s: *Eislaufen* ‖ **Schlitt|schuh|läu|fer** ‖ **Schlitt|schuh|läu|fe|rin** ‖ **Schlitt|schuh|schritt** (Sport)

Schlitz der, -es/-e: *Spalt, schmale Öffnung, Ritze;* der S. des Briefkastens | *Hosenschlitz* ‖ **Schlitz|au|ge** (abw.): *Ostasiate, Ostasiatin* ‖ **schlitz|äu|gig** ‖ **schlit|zen,** du schlitzt ‖ **schlit|zig:** *glitschig;* ein schlitziger Fisch ‖ **Schlitz|ohr** (sal.): *gerissener Kerl*

Schlö|gel → Schlegel

schloh|weiß: er hat schlohweißes *(schneeweißes)* Haar

schloss → schließen ‖ **Schloss** das, -es/Schlösser: die Tür fiel ins S.; jemanden hinter S. und Riegel *(ins Gefängnis)* bringen | S. Schönbrunn ‖ **Schloss|berg** der, -[e]s: *ein Hausberg von Graz* ‖ **Schlöss|chen** das, -s/-

Schlo|ße die, -/-n: *Hagelkorn*

Schlos|ser der, -s/-: *ein Handwerker* ‖ **Schlos|ser|an|zug** ‖ **Schlos|ser|bu|ben** die (Pl.) (reg., zB W): *eine Mehlspeise* ‖ **Schlos|se|rei** die, -/-en ‖ **Schlos|ser|ge|wand** ‖ **Schlos|ser|hand|werk** ‖ **Schloss|gar|ten** ‖ **Schloss|herr** ‖ **Schloss|her|rin** ‖ **Schloss|hund** (sal.) (in

S

der Wendung): wie ein S. heulen *(laut weinen)* ‖ **Schlọss|ka|pel|le** ‖ **Schlọss|park** ‖ **Schlọss|ru|i|ne**
Schlot der, -[e]s/-e: *großer Rauchfang;* Fabriksschlot | (ugs.) er raucht wie ein S. *(sehr viel)*
schlọt|te|rig → schlottrig ‖ **schlọttern:** vor Kälte s. *(zittern)* | ein schlotternder *(zu weiter)* Anzug ‖ **schlọtt|rig,** *auch:* schlotterig
Schlụcht die, -/-en: in eine S. stürzen
schlụch|zen, du schluchzt: *stoßweise weinen* ‖ **Schlụch|zer** der, -s/-
Schlụck der, -[e]s/-e: in kleinen Schlucken trinken | (in Mengenangaben mit Pl. Schluck) zwei Schluck Wasser ‖ **Schlụck|auf** der, -s: *mehrmaliges, krampfhaftes, lautes Schlucken, Schnackerl;* S. haben ‖ **Schlụck|be|schwer|den** die (Pl.) ‖ **schlụ|cken:** eine Tablette s. | Kritik s. *(widerstrebend hinnehmen)* müssen ‖ **Schlụ|cker** der, -s/-: ein armer S. *(ein armer Kerl)* ‖ **Schlụck|imp|fung** ‖ **Schlụ|ckerl** das, -s/-[n]: *Schlückchen* ‖ **schlụck|wei|se:** s. trinken
schlu|de|rig → schludrig ‖ **schlu|dern** (ugs., abw.): *schlampig arbeiten* ‖ **Schlu|dri|an** der -s/-e (ugs., abw.): *schlampiger Mensch* | (ohne Pl.) schlampige Arbeitsweise ‖ **schlud|rig,** *auch:* schluderig (ugs., abw.): *schlampig* ‖ **Schlud|rig|keit** die, -/-en (ugs., abw.)
Schluf der, -[e]s/-e [Schlüfe] = **Schlụff** der, -[e]s/-e [Schlüffe]: *enger Durchlass, Gang;* → schliefen
schlug → schlagen
Schlụm|mer der, -s (geh.): *sanfter Schlaf* ‖ **Schlụm|mer|lied** (geh.): *Schlaflied* ‖ **schlụm|mern** (geh.)
Schlụmpf der, -[e]s/Schlümpfe: *eine Comicgestalt* | (abw.) du bist ein S. *(Witzbold)* ‖ **Schlumpf|fin|chen** das, -s/- = **Schlumpf|fi|ne** die, -/-n
Schlụnd der, -[e]s/Schlünde: *Rachen* | (geh.) *tiefe Öffnung;* der S. des Kraters
schlun|zen (reg., ugs.): *schlummern, dahindösen*
Schlụpf der, -[e]s/-e [Schlüpfe] (veraltend bzw. fachspr.): *Unterschlupf, Schlupfloch* ‖ **schlụp|fen** = **schlụ̈p|fen:** aus den Schuhen s. | aus dem Ei s. ‖ **Schlụ̈p|fer** der, -s/-: *ein Halbschuh* | *Unterhose* | *miederähnliche Unterwäsche zum Befestigen von Strümpfen* ‖ **Schlụpf|loch** ‖ **schlụ̈pf|rig:** ein schlüpfriger *(rutschiger)* Weg | (abw.) ein schlüpfriger *(anstößiger)* Witz ‖ **Schlụ̈pf|rig|keit** die, - ‖ **Schlụpf|stie|fel** ‖ **Schlụpf|wes|pe** (Zool.): *ein Hautflügler* ‖ **Schlụpf|win|kel:** *ein Versteck*
Schlụrf der, -[e]s/-e (ugs.) (früher): *ein außerhalb der gesellschaftlichen Konvention stehender, langhaariger, auffällig gekleideter Bursche* ‖ **schlụr|fen:** schlurfende *(schleppende, schleifende)* Schritte ‖ **schlụ̈r|fen:** die Suppe laut s.
Schlụss der, -es/Schlüsse: S. jetzt!; mit jemandem S. machen *(sich von jemandem trennen)* | aus etwas den S. ziehen *(folgern),* dass ... | (ugs.) S. mit lustig *(da hört der Spaß auf)* ‖ **Schlụss|ak|kord** (Mus.) ‖ **Schlụss|akt** der, -[e]s/-e ‖ **Schlụss|be|mer|kung** ‖ **Schlụss|be|richt** ‖ **Schlụss|be|spre|chung** ‖ **Schlụss|bra|ten:** *ein bestimmtes Fleischstück* ‖ **Schlụss|drit|tel** (Sport): *letztes Drittel*
Schlụ̈s|sel der, -s/-: der S. steckt [im Schloss] | der S. *(das Mittel)* zum Erfolg | den S. *(die Entschlüsselung)* zum Knacken des Codes | die Gehälter nach einem bestimmten S. *(Schema, Muster)* berechnen | (Mus.) *Notenschlüssel* ‖ **Schlụ̈s|sel|bart:** *Teil des Schlüssels, der in das Schloss gesteckt wird* ‖ **Schlụ̈s|sel|bein** ‖ **Schlụ̈s|sel|bein|bruch** ‖ **Schlụ̈s|sel|blu|me:** *Primel* ‖ **Schlụ̈s|sel|bund** der, -[e]s/-e ‖ **Schlụ̈s|sel|dienst:** *ein Aufsperrdienst* ‖ **Schlụ̈s|sel|er|leb|nis** (Psych.): *prägendes, maßgebendes Erlebnis* ‖ **schlụ̈s|sel|fer|tig:** das Haus s. *(bezugsfertig)* übergeben ‖ **Schlụ̈s|sel|fi|gur:** *jemand, der hinter dem ganzen Zusammenhang steht* ‖ **Schlụ̈s|sel|fra|ge:** *entscheidende Frage* ‖ **Schlụ̈s|sel|ge|walt** (Jus): *beschränkte Vollmacht des haushaltsführenden Ehepartners, für den anderen Verbindlichkeiten einzugehen; Vertretungsbefugnis* ‖ **Schlụ̈s|sel|in|dus|trie:** *wichtiger Industriezweig, von dem andere abhängen* ‖ **Schlụ̈s|sel|kind** (veraltend): *Kind berufstätiger Eltern mit eigenem Wohnungsschlüssel* ‖ **Schlụ̈s|sel|kom|pe|tenz** (Päd., Psych.): *grundlegende Fähigkeit, zB Kreativität, Lernbereitschaft* ‖ **Schlụ̈s|sel|loch** ‖ **Schlụ̈s|sel|loch|chi|rur|gie** [-ki-]: *Knopflochchirurgie* ‖ **Schlụ̈s|sel|po|si|ti|on** [-tsi̯-]: *Schlüsselstellung, einflussreiche Stellung* ‖ **Schlụ̈s|sel|res|sort** [-'soːə]: *einflussreiches Ressort* ‖ **Schlụ̈s|sel|rol|le:** *wichtige, bedeutende Position* ‖ **Schlụ̈s|sel|ro|man:** *Roman, der unter veränderten Namen reale Personen darstellt* ‖ **Schlụ̈s|sel|stel|le:** *bes. schwierige, wichtige Stelle [beim Bergsteigen]* ‖ **Schlụ̈s|sel|stel|lung:** *bedeutende Stellung* ‖ **Schlụ̈s|sel|sze|ne:** *entscheidende Szene [eines Romans, Films]* ‖ **Schlụ̈s|sel|über|ga|be:** *Überreichung der [Wohnungs]schlüssel an die Mieter oder Eigentümer* ‖ **Schlụ̈s|sel|wort:** *Wort von entscheidender Bedeutung*
schlụss|end|lich: *schließlich* ‖ **Schlụss|etap|pe** ‖ **Schlụss|fei|er** ‖ **schlụss|fol|gern** ‖ **Schlụss|fol|ge|rung:** *logische Konsequenz* ‖ **Schlụss|for|mel:** die S. in Briefen ‖ **schlụ̈s|sig:** ein schlüssiger *(folgerichtiger)* Beweis | sich nicht s. werden *(sich nicht entscheiden können)* ‖ **Schlụss|licht:** das S. am Fahrrad | (Sport) *Letzte/r im Klassement* ‖ **Schlụss|mi|nu|te** ‖ **Schlụss|pfiff** (Sport) ‖ **Schlụss|pha|se** [-f-] ‖ **Schlụss|punkt:** einen S. setzen ‖ **Schlụss|rech|nung** (Math.) ‖ **Schlụss|re|dak|ti|on** [-tsi̯-]: *letzter Arbeitsgang vor dem [Zeitungs]druck, Endredaktion* ‖ **Schlụss|run|de** ‖ **Schlụss|satz:** der S. eines Romans | (Mus.) *Finale* ‖ **Schlụss|si|gnal:** → *Zugschlusssignal* ‖ **Schlụss|stein:** *Abschluss* | (Arch.) *[bes. gestalteter] Stein im Mittelpunkt eines Gewölbes* ‖ **Schlụss|strich:** einen S. unter eine Angelegenheit ziehen *(sie endgültig abschließen)* ‖ **Schlụss|sze|ne** ‖ **Schlụss|ver|an|stal|tung** ‖ **Schlụss|ver|kauf:** *Ausverkauf* ‖ **Schlụss|wort:** sie macht das S. *(eine abschließende Zusammenfassung, Bemerkung)*
Schlụt|zer der, -s/- (SüdT): *Schlutzkrapfen* ‖ **schlụt|zig** (T, V, mda.): *schlitzig, schlüpfrig* ‖ **Schlụtz|krap|fen** (westöst., bes. T, K): *gefüllte Teigtasche, Schlipfkrapfen;* → Schlickkrapferl; → Kasnudel
Schmach die, - (geh.): *Schande, Demütigung;* mit S. und Schande ‖ **schmach|be|deckt** (geh.)
schmach|ten (geh.): in der Hitze

S

s.; im Kerker s. ‖ **Schmachtfetzen** (ugs., abw., veraltend): *rührseliges, kitschiges Lied, Lamourhatscher* ‖ **schmächtig:** ein schmächtiges *(zartes, schwaches)* Kind

schmachvoll (geh.): *demütigend*

schmackhaft: eine schmackhafte Speise; jemandem etwas s. machen *(es jemandem als erstrebenswert darstellen)*

schmafu ⟨fr.⟩ (ugs., veraltend): sich s. *(schäbig, schuftig)* benehmen ‖ **Schmafu** der, -s (ugs.): so ein S.! *(Blödsinn)*

Schmäh der, -s/-s: *billiger Trick, Schwindelei, Ausflucht, Unwahrheit;* der S. rennt; jemanden am S. halten *(jemanden zum Besten halten);* [einen] S. führen; → schmähführen | (reg., bes. W, ugs.) S. ohne *(ohne Scherz, tatsächlich);* → schmähstad ‖ **Schmähbruder** (ugs.): *Schmähführer*

schmähen (geh.): *beschimpfen, herabsetzen, beleidigen*

schmähführen (nur Inf. und Part.) (ugs.): *schmähtandeln; aber:* [einen] → Schmäh führen ‖ **Schmähführer** (ugs.): *jemand, der gerne Schmähs erzählt, Schmähtandler* ‖ **Schmähführerin** (ugs.) ‖ **schmähhalber** (ugs.): *nur zum Spaß;* → halber[2]

schmählich (geh.): jemanden s. *(schändlich)* im Stich lassen ‖ **Schmährede** (geh.) ‖ **Schmähschrift** (geh.)

schmähstad (ostöst., ugs., meist scherzh.): *mit seiner Weisheit am Ende; verblüfft;* → Schmäh ‖ **schmähtandeln,** ich schmähtandle (ugs.) ‖ **Schmähtandler** (ugs.): *jemand, der Lügengeschichten auftischt* ‖ **Schmähtandlerin** (ugs.)

Schmähung die, -/-en (geh.) ‖ **Schmähwort** (geh.): *Beschimpfung*

schmal, schmäler [schmaler]/am schmälsten [schmalsten]: ein schmaler *(enger)* Weg | schmale *(karge)* Kost ‖ **schmalbrüstig:** *körperlich schwach gebaut* ‖ **schmälern:** die Verdienste des Gegners nicht s. *(verkleinern)* ‖ **Schmälerung** die, -/-en (geh.) ‖ **Schmalfilm** ‖ **Schmalhans** (veraltet) (nur in der Wendung): bei ihm ist S. Küchenmeister *(er muss sehr sparen, hat wenig zu essen)* ‖ **schmalhüftig** ‖ **Schmalseite** ‖ **Schmalspur** die, -: *geringere Spurweite bei Eisenbahnen;* → Normalspur ‖ **Schmalspurakademiker** (ugs., abw.): *Absolvent eines nicht für vollwertig gehaltenen Studiums* ‖ **Schmalspurakademikerin** (ugs., abw.) ‖ **Schmalspurbahn** ‖ **schmalspurig** ‖ **Schmalspuringenieur** [-ʒeni̯øːɐ] (ugs., abw.): *Ingenieur ohne akademische Ausbildung* ‖ **Schmalspuringenieurin** (ugs., abw.) ‖ **Schmaltier** (Jägerspr.): *Reh ua. vor dem ersten Wurf* ‖ **schmalwüchsig** [-ks-]

Schmalz das, -es: S. in der Pfanne erhitzen; Schweinsschmalz | (ugs.) *Sentimentalität;* nur kein S.! | (W, ugs., sal.) *Gefängnisstrafe;* sein S. kriegen ‖ **Schmalzbrot** ‖ **schmalzen,** du schmalzt/geschmalzen [geschmalzt] (Küchenspr.): geschmalzene Nudeln | (ugs.) geschmalzene *(sehr hohe)* Preise ‖ **schmalzig** (ugs.): *rührselig, kitschig, sentimental* ‖ **Schmalzlocke** (sal.): *eine Haarmode*

Schmankerl das, -s/-[n]: *Leckerbissen* | (reg.) *eine Mehlspeise* ‖ **Schmankerltorte:** *eine oberösterreichische Spezialität*

schmarotzen, du schmarotzt (abw.): *auf Kosten anderer leben* ‖ **Schmarotzer** der, -s/- (abw.): *jemand, der auf Kosten anderer lebt* | (Biol.) *Parasit* ‖ **Schmarotzerin** die, -/-innen (abw.) ‖ **Schmarotzerpflanze** ‖ **Schmarotzertum** das, -s

Schmarren der, -s/-: *eine einfache Speise;* Erdäpfelschmarren; Kaiserschmarren | (ugs.) das geht dich einen S. *(nichts)* an! | (ugs., abw.) *wertloses Zeug* ‖ **Schmarrenschaufel:** *ein Küchengerät*

Schmattes der, -/- ⟨jidd.⟩ (bes. W, ugs.): *Trinkgeld*

Schmatz der, -es/-e: *[geräuschvoller] Kuss* ‖ **schmatzen,** du schmatzt: *geräuschvoll essen*

schmauchen: *behaglich rauchen* ‖ **Schmauchspur:** *Pulverreste eines Schusses*

Schmaus der, -es/Schmäuse (geh.): *ein gutes, reichliches Essen;* ein feiner S. ‖ **schmausen,** du schmaust

schmecken: ein ausgezeichnet schmeckendes Essen | (ugs.) jemanden nicht s. *(nicht leiden, ausstehen)* können | (mda.) *riechen* ‖ **schmecks** (ugs., derb): *eine abweisende, geringschätzige Antwort*

Schmeichelei die, -/-en ‖ **schmeichelhaft** ‖ **Schmeichelkätzchen** das, -s/- ‖ **schmeicheln,** ich schmeichle: jemandem s. *(jemandem schöntun);* dieses Kleid schmeichelt ihr *(lässt sie vorteilhaft erscheinen);* sich geschmeichelt fühlen ‖ **Schmeichler** der, -s/- ‖ **Schmeichlerin** die, -/-innen ‖ **schmeichlerisch**

schmeißen, du schmeißt/schmiss/geschmissen (ugs.): die Tasche in die Ecke s. *(werfen);* schmeiß dich in den Anzug! *(zieh ihn an!);* ich schmeiß mich ins Auto; *aber:* etwas ist zum Schmeißen *(unbrauchbar, kaputt, nutzlos)* | jemanden aus der Schule s.; sie schmeißt mit Geschenken um sich | eine Runde s. *(zahlen, ausgeben)* | das Studium s. *(aufgeben)* | den Laden s. *(erfolgreich führen)* | (Theater) die Vorstellung s. *(verderben)* ‖ **Schmeißfliege:** *eine Fliege, deren Maden sich in zersetzenden organischen Stoffen entwickeln;* → Geschmeiß

Schmelz der, -es/-e: *glasartiger Überzug, Glasur, Email* | *die äußere Zahnschichte* | *weicher Glanz [einer Stimme, der Wangen]* ‖ **schmelzbar** ‖ **Schmelzbarkeit** die, - ‖ **Schmelze** die, -/-n: *geschmolzenes Metall* | *Schneeschmelze*

schmelzen:

Stammformen nicht verwechseln!

In der Bedeutung „flüssig werden" wird „schmelzen" stark konjugiert: du schmilzt/schmolz/geschmolzen/schmilz!, schmelzt!
- das Eis schmilzt
- das Blei ist geschmolzen
- meine Zweifel schmolzen *(wurden weniger, verschwanden)*

In der Bedeutung „flüssig machen" ist neben der starken Konjugation selten auch die schwache üblich: du schmilzt oder schmelzt/schmolz oder schmelzte/geschmolzen oder geschmelzt/schmilz! oder schmelze!, schmelzt!
- du schmilzt (selten auch: schmelzt) Wachs
- sie schmolzen (*selten auch:* schmelzten) den Eisbrocken
- er hat [das] Blei geschmolzen (*selten auch:* geschmelzt)

Schmelzhütte ‖ **Schmelzkäse** ‖ **Schmelzofen** ‖ **Schmelzpunkt** ‖ **Schmelztiegel** ‖ **Schmelzwasser** das, -s-/- [-wässer]

Schmer das = der, -s: *rohes tierisches Fett; Schmalz* | *Bauchfilz vom Schwein* ‖ **Schmerbauch** (abw.): *großer Bauch*

Schmerz der, -es/-en: körperlicher, seelischer S. ‖ **Schmerzambulanz** ‖ **schmerzempfindlich** ‖ **Schmerzempfindung** ‖ **schmerzen:** *wehtun;* eine stark schmerzende Wunde; der Kopf schmerzte mich/mir | dein Verhalten schmerzt *(kränkt)* mich ‖ **Schmerzengeld** → Schmerzensgeld ‖ **schmerzenreich** → schmerzensreich ‖ **Schmerzensgeld,** *auch:* Schmerzengeld (Jus): S. bekommen *(eine Entschädigung für erlittene Schmerzen)* ‖ **Schmerzensmann** (kath.): *Andachtsbild von Christus mit den Wundmalen* ‖ **schmerzensreich,** *auch:* schmerzenreich (geh.) ‖ **Schmerzensschrei** ‖ **schmerzerfüllt** ‖ **Schmerzforschung** (Med.) ‖ **schmerzfrei** ‖ **Schmerzgrenze:** *Grad, ab dem ein Reiz als Schmerz empfunden wird* ‖ **schmerzhaft** ‖ **Schmerzhaftigkeit** die, - ‖ **schmerzlich:** einen schmerzlichen Verlust erleiden ‖ **schmerzlindernd** ‖ **Schmerzlinderung** ‖ **schmerzlos:** ein schmerzloser Eingriff ‖ **Schmerzlosigkeit** die, - ‖ **Schmerzmittel** ‖ **Schmerzpatient** [-ˌtsi̯ɛnt]: *chronisch schmerzkranker Mensch* ‖ **Schmerzpatientin** ‖ **schmerzstillend:** sie muss schmerzstillende Tabletten einnehmen ‖ **Schmerztablette** ‖ **Schmerztherapie** (Med.) ‖ **schmerzverzerrt**

Schmetten der, -[s] (reg.): *Obers* ‖ **Schmettenkäse** (reg.)

Schmetterball (Sport): *Smash*

Schmetterling der, -s/-e: *ein Insekt, Falter* | (Pl.) (Zool.) *eine Insektenordnung* | (nur Sing., ohne Art.) *Kurzwort für Schmetterlingsschwimmen* ‖ **Schmetterlingsblütler** der, -s/- (Bot.): *eine Pflanzenfamilie* ‖ **Schmetterlingseffekt** (Phys.): *durch eine kleine Störung bewirkte großräumige Veränderung eines Systems* ‖ **Schmetterlingsnetz:** *Kescher* ‖ **Schmetterlingsschwimmen** das, -s (Sport): *eine Schwimmart, Butterfly*

schmettern: die Trompeten s. | den Ball an die Wand s. | (ugs., meist scherzh.) sie schmettert *(schwindelt, lügt)* gern | (Sport) *smashen*

Schmied der, -[e]s/-e: *jemand, der Metall bearbeitet, eine Berufsbezeichnung* ‖ **schmiedbar** ‖ **Schmiede** die, -/-n ‖ **Schmiedearbeit** ‖ **Schmiedeeisen:** *schmiedbares Eisen* ‖ **schmiedeeisern** ‖ **Schmiedehammer** ‖ **Schmiedehandwerk** ‖ **Schmiedekunst** ‖ **schmieden:** Eisen s. | Pläne s. *(ausdenken, ersinnen)* ‖ **Schmiedin** die, -/-**innen**

schmiegen: den Kopf an die Lehne s.; das Kind schmiegte sich an die Mutter ‖ **schmiegsam:** ein schmiegsames *(weiches)* Leder ‖ **Schmiegsamkeit** die, -/-en

Schmierage [-ˈaːʃ, -ʒɛ] die, -/-n (ugs., abw.): *Schmiererei, Geschmier* ‖ **Schmiere**[1] die, -/-n: *Schmiermittel* | (abw.) *schlechte Wanderbühne*

Schmiere[2] die, - ⟨hebr.-jidd.⟩ (ugs.): bei einem Einbruch S. stehen *(Aufpasserdienste leisten)*

schmieren: die Türangel s. | (ugs.) Butter aufs Brot s. | (ugs., derb) jemandem eine s. *(jemanden ohrfeigen)* | (ugs., abw.) *schlampig schreiben oder zeichnen* | (ugs.) *jemanden bestechen* | (ugs.) alles klappte wie geschmiert *(ohne Probleme, wie geplant)* ‖ **Schmierenkomödiant** (abw.) ‖ **Schmierenkomödiantin** (abw.) ‖ **Schmierenkomödie** [-i̯ɛ] (abw.) ‖ **Schmierentheater** (abw.): *niveauloses Theater* | *unechtes, übertriebenes Getue* ‖ **Schmierer** der, -s/- (ugs., abw.): *jemand, der schlampig schreibt* | (ugs.) *unerlaubte Übersetzungshilfe in der Schule* ‖ **Schmiererei** die, - (ugs., abw.) ‖ **Schmiererin** die, -/-**innen** (ugs., abw.): sie ist eine S. *(schreibt schlampig)* ‖ **schmierfähig:** eine schmierfähige Pasta ‖ **Schmierfähigkeit** ‖ **Schmierfink** (ugs., abw.): *Schmutzfink* ‖ **Schmiergeld** (ugs.): *Bestechungsgeld;* S. [be-]zahlen ‖ **Schmierheft** (ugs.) ‖ **schmierig:** *klebrig, schmutzig* | (abw.) ein schmieriger *(kriecherisch freundlicher)* Kerl ‖ **Schmiermittel:** *Mittel, das Reibung verhindert;* ein S. für den Motor ‖ **Schmieröl** ‖ **Schmierpapier** (ugs.) ‖ **Schmierseife** ‖ **Schmierzettel** (ugs.): *Notizpapier*

schmilzt → schmelzen

Schminke die, -/-n: *kosmetisches Mittel zum Färben der Haut; Make-up* ‖ **schminken:** sich täglich s. ‖ **Schminktisch**

Schmirgel der, -s: *ein Schleifmittel* ‖ **schmirgeln,** ich schmirgle: *schleifen, putzen* ‖ **Schmirgelpapier**

schmiss → schmeißen ‖ **Schmiss** der, -es/Schmisse: *Säbelwunde, Narbe im Gesicht* | (ohne Pl.) diese Musik hat viel S. *(Schwung)* ‖ **schmissig:** *schwungvoll, flott;* eine schmissige *(kecke)* Antwort

Schmock der, -[e]s/-e [-s] (abw., veraltet): *unseriöser Journalist (nach einer Romanfigur)*

Schmöker der, -s/-: *dickes Buch* ‖ **schmökern:** *mit Behagen lesen*

Schmolle die, -/-n: *das Weiche, die Krume im Brot*

schmollen: *sich gekränkt zeigen* ‖ **Schmollmund** ‖ **Schmollwinkel** (scherzh.): im S. sein *(schmollen)*

schmolz → schmelzen

Schmonzes der, -/- (meist. Pl.) ⟨jidd.⟩ (bes. W, ugs., sal., abw.): *leeres Gerede; wertloses Zeug;* → G.: Tachles ‖ **Schmonzette** die, -/-n ⟨jidd.+pseudoit./pseudofr.⟩: *kitschig-rührseliges, banales Theaterstück, Lied oÄ*

schmoren (bes. D): Fleisch s. *(im eigenen Saft braten)* lassen; → schmoren lassen = schmorenlassen ‖ **schmoren lassen** = **schmorenlassen** (ugs.): *jemanden im Ungewissen lassen* ‖ **Schmorfleisch** (D)

schmuck: eine schmucke *(hübsche)* Tracht ‖ **Schmuck** der, -[e]s: sie trug auf dem Ball teuren S. ‖ **schmücken:** den Christbaum s. ‖ **Schmuckkästchen** das, -s/-: diese Wohnung ist ein S. *(musterhaft rein und nett gehalten)* ‖ **schmucklos** ‖ **Schmucksachen** die (Pl.) ‖ **Schmuckstein:** *Halbedelstein* ‖ **Schmuckstück** ‖ **schmuckvoll**

schmuddelig, *auch:* schmuddlig (D): *schmierig, schmutzig, unsauber*

Schmuggel der, -s ‖ **schmuggeln,** ich schmuggle: Waren s. *(unverzollt, heimlich über die Grenze bringen)* ‖ **Schmuggelware** ‖ **Schmuggler** der, -s/- ‖ **Schmugglerin** die, -/-**innen**

schmunzeln, ich schmunzle: *wohlgefällig, verschmitzt lächeln*

Schmus der, -es (ugs.): *Geschwätz,*

Schönrederei ‖ **Schmusekatze** ‖ **schmusen,** du schmust (ugs.): *Zärtlichkeiten austauschen, küssen* ‖ **Schmuser** der, -s/- (ugs.) ‖ **Schmuserei** die, -/-en (ugs.) ‖ **Schmuserin** die, -/-innen (ugs.)

Schmutz der, -es: etwas in den S. ziehen *(es schlechtmachen);* S. abweisend (= schmutzabweisend); S. und Schund *(schlechte Literatur)* ‖ **Schmutz abweisend** = **schmutzabweisend** ‖ **schmutzen:** helle Stoffe s. leicht ‖ **Schmutzfink:** *Schimpfwort für einen unsauberen* (auch: *unanständigen) Menschen* ‖ **Schmutzfleck** der, -[e]s/-e[n] ‖ **Schmutzgeier:** *ein Greifvogel, Aasgeier* ‖ **Schmutzian** der, -[e]s/-e (veraltend, abw.): *Geizhals* ‖ **schmutzig:** ein schmutziges Handtuch; s. grau; sich s. machen | schmutzige *(schlechte)* Gedanken | (reg., veraltet) *geizig* | (Mil.) schmutzige Bombe *(Bombe, die radioaktive Substanzen verbreitet)* ‖ **Schmutzkübelkampagne** [-anjɛ, fr.: -kɑ̃panʲ] ‖ **Schmutzschicht** = **Schmutzschichte** ‖ **Schmutztitel** (Druckw.): *Blatt in einem Buch vor dem eigentlichen Titelblatt* ‖ **Schmutzwäsche:** *schmutzige Wäsche;* die Hose zur S. geben | im Wahlkampf S. waschen *(durch unappetitliche Enthüllungen, Beschimpfungen des Gegners)* ‖ **Schmutzwasser** das, -s-/-wässer ‖ **Schmutzzulage:** *eine Lohn-, Gehaltszulage*

Schnabel der, -s/Schnäbel: reden, wie einem der S. gewachsen ist *(natürlich, ungeziert reden)* | (ugs.) *Mund;* halt den S.! | *spitzer Bug* ‖ **Schnabelhäferl,** *auch:* Schnabelhaferl, Schnabelheferl ‖ **Schnabelkanne** ‖ **Schnabelkerf:** *ein Insekt* | (Pl.) (Zool.) *eine Insektenordnung, zB Wanzen, Läuse, Zikaden* ‖ **schnäbeln,** ich schnäble: schnäbelnde *(einander mit den Schnäbeln liebkosende)* Tauben ‖ **Schnabelschuh** ‖ **Schnabeltasse** ‖ **Schnabeltier:** *ein Eier legendes Säugetier in Australien* ‖ **schnabulieren** (ugs., scherzh.): *mit Behagen essen*

schnackeln (ugs.): bei ihm hat's geschnackelt *(er hat es endlich begriffen)* ‖ **Schnackerl** der = das, -s (reg., ugs.): *Schluckauf* ‖ **Schnackerlfirma** (ugs., abw.): *kleine Firma, unbedeutendes Unternehmen* ‖ **Schnackerlstoßen** das, -s (ugs.): *Schluckauf* ‖ **Schnackler** der, -s/- (ugs.): *knackendes, schnalzendes Geräusch; Einschnappen* | (reg.) *Schluckauf*

schnackseln (ugs.): *koitieren*

Schnaderhüpfel = **Schnaderhüpfl** das, -s/-[n] (Volksk.): *[neckender] Vierzeiler, der gesungen wird, Gstanzl*

Schnake die, -/-n: *eine Mücke mit sehr langen Beinen* | (D) *Gelse, Stechmücke*

Schnall der, -[e]s/-e (V, ugs.): *Pumperer*

Schnalle die, -/-n: ein Gürtel mit silberner S. | *Klinke* | (reg., bes. D) *verkommenes Mädchen, Dirne* ‖ **schnallen:** den Gürtel enger s. *(sich zB beim Essen einschränken)* | (ugs.) jemandem eine s. *(eine Ohrfeige geben)* | (ugs.) etwas s. *(durchschauen, kapieren)* ‖ **Schnallenschuh**

schnalzen: du schnalzt mit der Peitsche ‖ **Schnalzer** der, -s/-: *schnalzender oder knackender Laut;* ein S. mit der Zunge ‖ **Schnalzlaut**

Schnäppchen das, -s/- (urspr. D): *günstige Einkaufsgelegenheit* ‖ **Schnäppchenjagd** ‖ **Schnäppchenjäger** ‖ **Schnäppchenjägerin** ‖ **schnappen:** nach Luft s. | die Tür schnappte ins Schloss *(sie schloss sich)* | der Täter wurde geschnappt *(gefasst)* ‖ **Schnapper** der, -s/-: *ein federnder Verschluss [an Türen]* | der Hund macht einen S. *(Biss)* ‖ **Schnappmesser:** *Klappmesser, Springmesser* ‖ **Schnappschuss:** *fotografische, besonders typische Momentaufnahme*

Schnaps der, -es/Schnäpse: *ein alkoholisches Getränk, Branntwein;* S. brennen ‖ **Schnapsbrenner** der, -s/- ‖ **Schnapsbrennerin** die, -/-innen ‖ **Schnapsbruder** (ugs., abw.): *gewohnheitsmäßiger Schnapstrinker* ‖ **Schnapsbude** (abw.): *Lokal, in dem vor allem Schnaps getrunken wird* ‖ **Schnäpschen** das, -s/- ‖ **schnapseln,** ich schnapsle (ugs.): *Schnaps trinken*

schnapsen, du schnapst; → ausschnapsen ‖ **Schnapsen** das, -s: *ein Kartenspiel* ‖ **Schnapser** der, -s/-: *eine Partie Schnapsen;* Bauernschnapser | *eine Ansage im Schnapsen*

Schnapserl das, -s/-[n]: ein S. *(ein Stamperl Schnaps)* trinken ‖ **Schnapsfahne:** *nach Schnaps riechender Atem* ‖ **Schnapsflasche** ‖ **Schnapsidee** (abw.): *verrückter Einfall*

Schnapskarten die (Pl.)

Schnapsl das, -s/-n (ugs.): *Schnapserl* ‖ **Schnapsstamperl**

schnarchen: beim Schlafen s. ‖ **Schnarcher** der, -s/- ‖ **Schnarcherin** die, -/-innen

schnarren: sie hat eine schnarrende Stimme

schnattern: schnatternde Gänse | (ugs., abw.) *über bedeutungslose Dinge plaudern*

schnauben, schnaubte [schnob]/geschnaubt [geschnoben]: *laut durch die Nase atmen;* schnaubende Pferde | vor Wut s.

schnaufen: *schwer atmen; keuchen* ‖ **Schnaufer** der, -s/- (ugs.): *Atemzug;* den letzten S. tun *(sterben)* ‖ **Schnauferl** das, -s/-[n] (ugs., veraltend): *langsames, altes Auto* ‖ **Schnaufpause** (veraltend): *Verschnaufpause*

Schnauzbart: *langer, buschiger Schnurrbart* ‖ **schnauzbärtig** ‖ **Schnauze** die, -/-n: ein Hund mit langer S. | (ugs.) die S. voll haben *(mit einer Sache nichts mehr zu tun haben wollen)* ‖ **schnäuzen:** *die Nase putzen;* [sich] die Nase s. | (ugs., scherzh.) geschnäuzt und gekampelt *(fein hergerichtet)* ‖ **Schnauzer** der, -s/-: *eine Hunderasse* ‖ **Schnäuztuch:** *Taschentuch, Sacktuch* ‖ **Schnäuztüchl** (ugs.)

Schneck der, -s/-en (ugs.): *Schnecke* | (ugs., veraltend) ein lieber S. *(ein herziges Kind)* ‖ **Schnecke** die, -/-n: *ein Weichtier* | (ugs.) jemanden zur S. machen *(heftig zurechtweisen)* | *innerer Teil des Ohres* | *oberster Teil des Halses von Saiteninstrumenten* | *sich drehender Teil einer Förderanlage* | *ein Gebäck* ‖ **Schneckenfraß:** ein Pflanzenschutzmittel gegen S. ‖ **Schneckengift** ‖ **Schneckenhaus** ‖ **Schneckentempo** das, -s (scherzh.): im S. *(bes. langsam)* fahren ‖ **Schneckerl** das, -s/-[n] (ugs.): *Ringellocke* | *Mensch mit lockigem Haar*

Schnee der, -s: S. schaufeln/räumen/schieben; weiß wie S. | (sal.) das war schon im Jahre S. *(vor sehr langer Zeit);* ein Gerät aus dem Jahre S. *(ein sehr altes Gerät)* | S. schlagen *(Eiweiß zu Schaum schlagen)* | (sal.) (Elektrot.) *Bildrauschen, Grieß* | (sal.)

Kokain ‖ **Schneeball:** S. werfen | (auch mit Pl. -ballen) *ein Zierstrauch; seine Blüte* ‖ **Schneeballschlacht** ‖ **Schneeballsystem** [-zy-]: *Verbreitung [einer Nachricht] durch Weitergabe aller, die davon erfahren haben* ‖ **schneebedeckt:** die Berge sind s. ‖ **Schneeberg:** *ein Berg in Niederösterreich* ‖ **Schneebesen:** *ein Küchengerät* ‖ **schneeblind** ‖ **Schneeblindheit:** *Sehstörung durch die Lichtreflexion [im Schnee]* ‖ **Schneebrett:** ein losgetretenes S. löste eine Lawine aus ‖ **Schneebrille** ‖ **Schneebruch:** *durch Schneemassen verursachte Schäden an [alten] Bäumen* ‖ **Schneebrunzer** (ugs., derb) der, -s/-: *unbedeutender [alter] Mensch* ‖ **Schneedecke** ‖ **Schneeerzeugung:** *Produktion von Kunstschnee* ‖ **Schneeeule:** *ein Vogel* ‖ **Schneefall** ‖ **Schneefallgrenze** ‖ **Schneefeld** ‖ **Schneeflankerl** ‖ **Schneeflocke** ‖ **Schneefräse:** *ein Gerät zur Schneeräumung* ‖ **schneefrei** ‖ **Schneegestöber** ‖ **schneeglatt:** eine schneeglatte Fahrbahn ‖ **Schneeglätte** ‖ **Schneeglöckchen** = **Schneeglöckerl:** *eine Frühlingsblume* ‖ **Schneegrenze** die, -: *Beginn des schneebedeckten Gebietes im Gebirge* ‖ **Schneegrieseln** das, -s: *graupelartiger Schneefall* ‖ **Schneehase** ‖ **Schneeheide:** → *Erika* ‖ **Schneehuhn:** *ein Hühnervogel* ‖ **schneeig:** *beschneit; weiß wie Schnee* ‖ **Schneekanone:** *Gerät zur Schneeerzeugung [für Pisten]* ‖ **Schneekessel:** *ein Küchengerät* ‖ **Schneekette** (meist Pl.): auf den Antriebsrädern Schneeketten anlegen ‖ **Schneekönig** (reg., veraltet): *Zaunkönig* | (sal.) sich wie ein S. *(sehr)* freuen ‖ **Schneekugel** (Wz.): *gefüllte kleine [Glas]kugel mit verschiedenen Motiven, in der es beim Schütteln schneit* ‖ **Schneelage:** bei extremer S. ‖ **Schneeleopard:** *eine Großkatze* ‖ **Schneemann:** die Kinder bauen einen S. ‖ **Schneematsch** ‖ **Schneemobil** das, -s/-e: *Geländefahrzeug mit Raupenantrieb* ‖ **Schneepatzen** ‖ **Schneepflug:** *ein Schneeräumgerät* ‖ **Schneeräumung** ‖ **Schneeraupe:** *Pistenraupe* ‖ **Schneeregen:** *Mischung aus Schnee und Regen* ‖ **schneereich** ‖ **Schneerose:** *eine Wild- und Zierpflanze* ‖ **Schneerute:** *ein Küchengerät, Schneebesen* ‖ **Schneeschauer:** *heftiger, kurzer Schneefall* ‖ **Schneeschaufel** ‖ **Schneeschaufler** ‖ **Schneeschauflerin** ‖ **Schneeschmelze:** Tauwetter brachte eine S. ‖ **Schneeschuh:** *Sportgerät zum Schneewandern* ‖ **schneesicher** ‖ **Schneestange:** *eine Fahrbahnrandmarkierung* ‖ **Schneesturm** ‖ **Schneetreiben** ‖ **Schneeverhältnisse** die (Pl.) ‖ **Schneeverwehung** ‖ **Schneewechte:** *angewehte überhängende Schneemassen* ‖ **schneeweiß** ‖ **Schneewittchen** das, -s: *eine Märchenfigur* ‖ **Schneezaun**

Schneid die, - (D: der, -s): *[Wage-]mut* | jemandem die S. abkaufen *(jemand Übermütigen unsicher machen)* | *Gebirgskamm* ‖ **Schneidbrenner:** *Schweißbrenner zum Zerschneiden von Metall* ‖ **Schneidbrett:** *ein Küchenbehelf* ‖ **Schneide** die, -/-n: die S. der Sichel; etwas steht auf des Messers S. *(vor ungewissem Ausgang)* ‖ **Schneidediamant** (Technik) ‖ **Schneidegerät** ‖ **schneiden**[1], schnitt/geschnitten: ich habe mich in die Hand geschnitten | die Hecken s.; sie hat sich die Haare s. lassen | eine Grimasse s. *(ziehen)* | eine klassisch geschnittene Jacke | das schneidet mir in die Seele *(betrübt mich);* schneidende Kälte | eine schneidende *(scharfe)* Stimme | einen Film s. *(Filmsequenzen montieren)* | eine Strecke s. *(durch-, überqueren)* | das Fahrzeug s. *(beim Überholen bedrängen)* | er schneidet sich ins eigene Fleisch *(schadet sich selbst)* | (ugs.) jemanden s. *(absichtlich übersehen)* | (Sport) den Ball s. *(dem Ball einen Drall geben); aber:* die Luft ist zum **S**chneiden *(sehr schlecht)* ‖ **schneiden**[2] sich (ugs.): *sich täuschen* ‖ **Schneider** der, -s/-: *ein Handwerker* | (ugs.) frieren wie ein S. *(stark frieren);* aus dem S. sein *(die Schwierigkeiten überstanden haben)* | *Schneidegerät;* Fliesenschneider ‖ **Schneiderei** die, -/-en: *Schneiderbetrieb* ‖ **Schneiderin** die, -/-innen ‖ **Schneiderkreide** ‖ **Schneidermeister** ‖ **Schneidermeisterin** ‖ **schneidern:** für die Kinder selbst s. ‖ **Schneiderpuppe:** *ein Hilfsmittel für Maßschneider* ‖ **Schneidersitz:** *eine Art Grätschsitz* ‖ **Schneidetisch:** *Tisch zum Schneiden von Film- und Tonaufnahmen* ‖ **Schneidezahn** ‖ **schneidig:** *mutig, draufgängerisch* | (in Zusammensetzungen) *zweischneidig*

schneien: es schneit ergiebig | jemandem ins Haus geschneit kommen *(überraschend besuchen, eintreffen)*

Schneise die, -/-n: *lang gestreckter Durchschlag im Wald*

schnell: zu s. fahren; ein schneller Entschluss; so s. wie möglich ‖ **Schnellbahn** (S-Bahn) ‖ **Schnellboot:** *ein kleines Kriegsschiff* ‖ **Schnellbremsung** ‖ **Schnelle** die, -/-n: *Stromschnelle* | (ugs.) auf die S. *(rasch)* ‖ **schnellen:** in die Höhe s. *(jäh aufspringen)* ‖ **Schnellentschlossene**[1] der, -n/-n, ein Schnellentschlossener: ein Angebot für S. ‖ **Schnellentschlossene**[2] die, -n/-n ‖ **Schnellfeuer** (Mil.) ‖ **Schnellfeuergewehr** (Mil.) ‖ **Schnellfeuerpistole** (Sport): *eine Disziplin im Schießen* ‖ **Schnellfeuerwaffe** (Mil.) ‖ **schnellfüßig** (geh.) ‖ **Schnellhefter:** *eine Heftmappe* ‖ **Schnelligkeit** die, -/-en (Pl. selten) ‖ **Schnellimbiss** ‖ **Schnellkochtopf:** *Dampfüberdrucktopf* ‖ **Schnellkurs:** einen S. absolvieren ‖ **schnelllebig** ‖ **Schnellschuss** (ugs.): *bes. dringende Arbeit, Postarbeit;* etwas im S. *(ganz schnell)* machen ‖ **Schnellsiedekurs** = **Schnellsiederkurs** (sal.): *Kurzlehrgang* ‖ **schnellstens** ‖ **schnellstmöglich** ‖ **Schnellstraße** (S): Kremser S. *(S 33)* ‖ **Schnellverband** (Med.) ‖ **Schnellverfahren:** etwas im S. abhandeln ‖ **Schnellverkehr** ‖ **schnellwüchsig** [-ks-] ‖ **Schnellzug** → EC; → IC

Schnepfe die, -/-n: *ein Vogel*

schnetzeln: *Fleisch in feine Stücke schneiden;* → das Geschnetzelte

Schnickschnack der, -[e]s (ugs., abw.): *wertloses Zeug, Gerede*

schniefen (bes. D): *durch die Nase hörbar aufziehen [bei Schnupfen oder Weinen]*

Schnipfer der, -s/- (reg., ugs., abw.): *Grünschnabel, Schelm*

Schnippchen das, -s/- (scherzh.): jemandem ein S. schlagen *(jemandes Absichten durchkreuzen, jemandem einen Streich spielen)* ‖ **schnippen** = schnipsen: mit

S

den Fingern s. *(schnalzen)* || **schnippisch** (abw.): eine schnippische *(kecke)* Antwort || **Schnipsel** das = der, -s/- || **schnipseln,** ich schnipsle: *[Papier] in kleine Stücke schneiden* || **schnipsen** = → schnippen

schnitt → schneiden || **Schnitt** der, -[e]s/-e: ein S. in den Finger; ein glatter S. | der S. *(das Schneiden)* des Getreides | *Längsschnitt, Querschnitt* | ein Anzug nach dem neuesten S. *(nach der neuesten Mode)* | im S. *(Durchschnitt)* sehe ich sie wöchentlich | der S. [des Films, Tonbandes] *(das Zusammenstellen der Teile [von Film-, Tonbandaufnahmen])* | (sal.) einen guten S. *(Gewinn)* machen || **Schnittblume** (meist Pl.) || **Schnittbohne:** *Fisole* || **Schnittbrot:** *in Scheiben abgepacktes Brot* || **Schnitte** die, -/-n: eine S. Brot | *eine Mehlspeise;* Topfenschnitte | *Waffel;* Mannerschnitten || **Schnitter** der, -s/- (veraltend): *Mäher* || **Schnitterin** die, -/-innen (veraltend) || **schnittfest** || **Schnittfläche** || **Schnittholz:** *Balken und Bretter* || **schnittig:** sie fährt ein schnittiges *(sportlich-elegantes)* Auto || **Schnittkäse** || **Schnittlauch** || **Schnittling** der, -[e]s (reg., veraltet): *Schnittlauch* || **Schnittmuster:** *Plan zum Zuschneiden von Kleidungsstücken* || **Schnittpunkt** || **schnittreif:** *schnittreifes Getreide* || **Schnittstelle** (EDV): *Anschlussstelle von Peripheriegeräten am Computer, Port;* parallele, serielle S. || **Schnittware:** *Bänder, Stoffe u. dgl., die im Kleinverkauf vom Stück abgeschnitten werden* || **Schnittwunde:** eine tiefe S. an der Hand

Schnitz (westöst.): *Obstscheibe, -spalte* || **Schnitzaltar:** *Altar mit geschnitzten Figuren* || **Schnitzbank** die, -/-bänke: *Heinzelbank* || **Schnitzel** das, -s/-: *kleines Stück Papier, Holz oÄ* | *eine Fleischspeise;* Wiener S. || **Schnitzeljagd:** *ein Rätselspiel im Gelände* || **Schnitzelklopfer:** *Fleischschlägel* || **schnitzeln,** ich schnitzle: *etwas in kleine Stücke schneiden, reißen* || **Schnitzelsemmel** || **Schnitzelwirt:** *Gasthaus, das auf Schnitzel spezialisiert ist* || **schnitzen:** du schnitzt eine Figur aus/in Holz || **Schnitzer** der, -s/-: *Holzschnitzer* | ein grober S. *(Fehler)* || **Schnitzerei** die, -/-en || **Schnitzerin** die, -/-innen || **Schnitzerl** das, -s/-[n]: ein gutes S. essen || **Schnitzfigur** || **Schnitzwerk**

schnöd = schnöde (abw.): jemanden s. *(kaltherzig)* verlassen; der schnöde Mammon *(das Geld)*

schnoddrig (nördl. D, ugs., abw.): *schroff, kurz angebunden; anmaßend* || **Schnoddrigkeit** die, -

schnöde = → schnöd || **Schnödigkeit** die, -/-en (geh., abw.)

Schnofel der, -s/- (ugs.): *beleidigtes Gesicht* || **schnofeln,** ich schnofle (ugs.): *schnüffeln; durch die Nase reden* || **Schnoferl** das, -s/-[n] (ostöst., ugs.): ein S. *(ein beleidigtes Gesicht)* machen/ziehen

Schnorchel der, -s/-: *ein Gerät zum Luftholen unter Wasser* || **schnorcheln,** ich schnorchle

Schnörkel der, -s/-: *eine gewundene Linie* | (oft abw.) *[überflüssige] Verzierung* || **schnörkelig** = schnörklig || **schnörkellos** || **schnörklig** = → schnörkelig || **Schnörksel** der, -s/- (reg.): *Schnörkel*

Schnorre die, -/-n (V, ugs.): *Maul*

schnorren (abw.): *[er]betteln; geizig sein; schmarotzen* || **Schnorrer** der, -s/- (abw.) || **Schnorrerei** die, -/-en (abw.) || **Schnorrerin** die, -/-innen (abw.)

Schnösel der, -s/- (bes. D, ugs., abw.): *eingebildeter junger Mann* || **schnöselig** (bes. D, ugs., abw.)

schnuckelig (bes. D, ugs.): ein schnuckeliges *(bes. nettes)* Kätzchen

Schnüffelei die, -/-en || **schnüffeln,** ich schnüffle: der Hund schnüffelte *(roch)* an der Tür | (abw.) *neugierig etwas auskundschaften* || **Schnüffler** der, -s/- (abw.): *neugieriger Mann, der fremde Angelegenheiten auskundschaftet* || **Schnüfflerin** die, -/-innen (abw.)

Schnuller der, -s/-: *Luller, Lutscher*

Schnulze die, -/-n (abw.): *rührseliges Lied; kitschiger, sentimentaler Film* || **Schnulzensänger** (abw.) || **Schnulzensängerin** (abw.) || **schnulzig** (abw.)

schnupfen: Tabak s. || **Schnupfen** der, -s: *eine Entzündung der Nasenschleimhäute;* [einen] S. haben || **Schnupftabak** || **Schnupftabakdose** || **Schnupftuch** (veraltet): *Taschentuch*

schnuppe (bes. D, ugs.) (nur in der Wendung): das ist mir s. *(wurst, gleichgültig)*

Schnupperkurs || **Schnupperlehre:** *kurzfristige Mitarbeit in einem Betrieb zur Erleichterung der Berufswahl* || **schnuppern:** der Hund schnupperte *(schnüffelte)* am Baum || **Schnupperstunde:** eine S. *(erste Stunde zum Kennenlernen)* im Italienischkurs

Schnur die, -/Schnüre: das Paket mit einer festen S. zusammenbinden | S. springen; ich bin S. gesprungen | *Stromkabel* | (ugs.) über die S. hauen *(über die Stränge schlagen, übermütig werden)* || **Schnürboden:** *der Raum über der Theaterbühne* || **Schnürchen** das, -s/-: *kleine Schnur* | (ugs.) das geht wie am S. *(sehr flott)* || **schnüren:** die Schuhe s. *(binden);* sein Bündel s. *(seine Habe zusammenpacken und weggehen)* || **Schnürer** der, -s/-: *Schnürschuh* || **schnurgerade:** eine s. Straße || **Schnürkrapfen:** *eine Art von Krapfen* || **Schnürl** das, -s/-n: *Schnürchen* | (ugs.) wie am S. *(wie geschmiert, problemlos)* || **schnürln,** ich schnürl[e] (ugs.): *schnüren* | *regnen* || **schnurlos** || **Schnurlostelefon:** *ein Mobiltelefon* || **Schnürlregen:** *feiner Dauerregen;* Salzburger S. || **Schnürlsamt:** *gerippter Samt, Cordsamt* || **Schnürlsamthose**

Schnurrbart: *Oberlippenbart* || **schnurrbärtig** || **Schnurre** die, -/-n: *eine kurze, lustige Geschichte* || **schnurren:** die schnurrende Katze

Schnürriemen: *Schuhband*

schnurrig: ein schnurriger Kauz *(ein wunderlicher, drolliger Mensch)*

Schnürschuh || **schnurspringen** (meist Inf. und Part.): *seilspringen;* sie ist früher täglich schnurgesprungen || **Schnurspringen** das, -s: *ein Spiel* || **Schnürstiefel** || **schnurstracks:** *geradewegs; sofort;* s. *(ohne Umschweife)* nach Hause gehen || **Schnürung** die, -/-en

schnurzegal, *auch:* schnurz (D, ugs.): *völlig egal*

Schoa = Shoah [ʃoˈa(ː)] die, - ⟨hebr.⟩: *Holocaust*

schob → schieben

Schober der, -s/-: *Heuhaufen* | (bes. in Bergnamen) (Geogr.) *eine Bergform, runde Kuppe;* Hochschober || **Schöberl** das, -s/

-[n]: *eine Suppeneinlage* ‖ **Scho|ber|pass** (St) ‖ **scho|bern,** *auch:* **schö|bern:** Stroh s. *(es zu Schobern aufschichten)*
Schock[1] das, -[e]s/-e (veraltend): *60 Stück* | (in Mengenangaben mit Pl. Schock) fünf Schock Eier; → schockweise
Schock[2] der, -[e]s/-s ⟨fr.-engl.⟩: *plötzliche, heftige seelische Erschütterung* | (Med.) *akutes Kreislaufversagen* ‖ **Schock|be|hand|lung** (Med.): *Schocktherapie* ‖ **scho|cken:** das hat mich geschockt *(erschüttert);* geschockt sein *(einen Schock erlitten haben)* ‖ **Scho|cker** der, -s/-: dieser Film ist ein S. ‖ **Schock|far|be:** *grelle Farbe* ‖ **schock|ge|fro|ren:** schockgefrorene *(schnell tiefgefrorene)* Lebensmittel ‖ **scho|ckie|ren** ⟨fr.⟩: *jemanden in Entrüstung versetzen, jemanden empören;* über etwas schockiert *(betroffen, entrüstet)* sein
Schöckl der, -s: *ein Hausberg von Graz*
Schock|the|ra|pie (Med.): *eine Heilbehandlung durch Elektroschock*
schock|wei|se: *in größeren Mengen;* → Schock[1]
Schock|wir|kung → Schock[2]
scho|fel = scho|fe|lig, *auch:* schoflig ⟨jidd.?⟩ (ostöst., ugs., veraltet): *geizig* | *schäbig* | *schändlich*
Schöf|fe der, -n/-n: *durch das Los bestimmter Laienrichter bei Verfahren erster Instanz* ‖ **Schöf|fen|ge|richt:** *aus Schöffen [und Berufsrichtern] zusammengesetztes Strafgericht* ‖ **Schöf|fen|se|nat** (Admin., Jus): *Schöffengericht* ‖ **Scho|far** [auch: -ˈaːr] der = das, -s/- [Schofaroth] ⟨hebr.⟩: *ein altes orientalisches Blasinstrumen* ‖ **Schöf|fin** die, -/-**innen**
schof|lig → schofel
SchOG [ʃɔk, auch: ʃe o ˈgeː] das, -: **Sch**ul**o**rganisations**g**esetz
Scho|ko die, -/-s ⟨indian.-span.-niederl.⟩: *Kurzwort für Schokolade* ‖ **Scho|ko|ba|na|ne** ‖ **Scho|ko|la|de** die, -/-n: eine Tafel S. | heiße S. *(Kakao)* trinken ‖ **scho|ko|la|de|braun** = schokoladenbraun ‖ **Scho|ko|la|de|eis** = Schokoladeneis ‖ **Scho|ko|la|de|gla|sur** = Schokoladenglasur ‖ **Scho|ko|la|de|guss** = Schokoladenguss ‖ **Scho|ko|la|de|ni|ko|laus** = Schokoladennikolaus ‖ **Scho|ko|la|de|ni|ko|lo** = Schokoladennikolo ‖ **Scho|ko|la|den|sei|te** = Schokoladeseite: *die schöne Seite eines Menschen/einer Sache* ‖ **Scho|ko|la|den|os|ter|ha|se** = Schokoladeosterhase ‖ **Scho|ko|la|den|pa|la|t|schin|ke** = Schokoladepalatschinke ‖ **Scho|ko|la|den|ta|fel** = Schokoladetafel ‖ **Scho|ko|la|den|tor|te** = Schokoladetorte ‖ **scho|ko|lie|ren** (Küchenspr.): *mit Schokolade überziehen;* schokolierte Früchte
Scho|lar [sk-, ʃ-] der, -en/-en ⟨gr.-lat.⟩: *Schüler, Student im Mittelalter* ‖ **Scho|las|tik** [sk-, ʃ-] die, -: *eine mittelalterliche philosophische und theologische Richtung* ‖ **scho|las|tisch**
Schol|le die, -/-n: *ein Plattfisch* | *Eisscholle* | *durch Pflügen entstandener Erdbrocken* | (ohne Pl.) (geh.) *die Heimat[erde]*
Schöll|kraut: *eine Arzneipflanze*
schon: s. lange; komm s.!; wir waren s. elf Jahre alt; s. die kleinste Anstrengung; und s. war sie weg; wenn s., denn s. | es wird s. gehen; s. gut!

schön:

ein schönes Bild; die schöne Literatur | das war nicht schön von dir | nichts als schöne *(leere)* Worte | eine schöne *(große)* Summe Geldes | das wäre ja noch schöner! *(das kommt sicher nicht in Frage!)* | komm schön *(brav)* her!; schön aufpassen!

Großschreibung bei Nominalisierung:
– etwas **S**chönes
– sich aufs/auf das **S**chönste (= schönste; mit der Frage *Wie?*) herausputzen

Getrenntschreibung bei wörtlicher Bedeutung und in Verbindung mit „sein":
– schön sein; es ist schön gewesen
– schön werden
– schön reden *(deutlich, gepflegt)*
– schön schreiben *(leserlich; kunstvoll)*

R→ S. 901, 1.8

Zusammenschreibung bei übertragener Bedeutung:
– schönfärben *(beschönigen)*
– das schlechte Ergebnis schönreden (beschönigen)
– schönschreiben *([in der Schule] in Schönschrift schreiben)*
– jemandem schöntun *(schmeicheln)*

R→ S. 900, 1.5.1

Getrennt- und Zusammenschreibung in Zweifelsfällen:
– sich zum Ausgehen schön machen (= schönmachen)

R→ S. 903, 2.2

Schon|be|zug: *Schutzüberzug [für Polstermöbel]*
Schön|brunn: *ein Schloss in Wien* ‖ **Schön|brun|ner** (Adj.): S. Gelb ‖ **schön|brun|ner|deutsch:** s. *(schönbrunnerisch)* reden ‖ **Schön|brun|ner Deutsch:** *altösterreichisches, genäseltes Deutsch, Ausspracheweise der ehemaligen ostösterreichischen Oberschicht (heute leicht komisch wirkend)* ‖ **schön|brun|ner|gelb:** s. gestrichene Häuser ‖ **Schön|brun|ner Gelb:** *beliebte Hausfarbe (angelehnt an das Schloss Schönbrunn in Wien)* ‖ **schön|brun|ne|risch:** s. *(schönbrunnerdeutsch)* reden ‖ **Schön|brun|ne|risch** das, -[s] = **Schön|brun|ne|ri|sche,** -n: *Schönbrunner Deutsch* ‖ **Schö|ne** die, -n/-n: *schöne Frau, schönes Mädchen*
scho|nen: die Kleider s. *(sie sorgsam behandeln);* jemandem eine schlechte Nachricht schonend *(rücksichtsvoll)* beibringen; ich muss mich noch s. *(darf mich nicht anstrengen)*
schö|nen: den Wein s. *(durch Zusatz bestimmter Stoffe klären)*
Scho|ner[1] der, -s/-: *eine Schutzhülle*
Scho|ner[2] der, -s/- ⟨engl.-niederl.⟩: *ein Segelschiff*
schön|fär|ben (abw.): *beschönigen* ‖ **Schön|fär|ber** (abw.) ‖ **Schön|fär|be|rei** (abw.): *beschönigende Darstellung* ‖ **Schön|fär|be|rin** (abw.)
Schon|frist: jemandem eine S. gewähren *(jemanden vorderhand noch schonen)* ‖ **Schon|gang:** *ein Programm der Waschmaschine*
Schön|geist (auch abw.) ‖ **schön|geis|tig:** *die schönen Künste liebend* ‖ **Schön|heit** die, -: in voller S. | (mit Pl. -en) *schöne Frau, schönes Mädchen* ‖ **Schön|heits|farm:** *Hotel oÄ mit dem Schwerpunkt Schönheitsspflege* ‖ **Schön|heits|feh|ler** (meist scherzh.): *unerheblicher, aber störender Mangel* ‖ **Schön|heits|ide|al** ‖ **Schön|heits|kö|ni|gin:** *Siegerin eines Schönheitswettbewerbs* ‖ **Schön|heits|ope|ra|ti|on** [-tsi̯-] (Med.) ‖ **Schön|heits|pfle|ge:** *Kosmetik* ‖ **Schön|heits|preis** ‖ **Schön|heits|sa|lon** ‖ **Schön|heits|sinn** der, -[e]s: *Sinn für*

S

Schönes ‖ **Schön|heits|wett|be|werb**

Schon|kaf|fee: *eine milde, koffeinarme Kaffeesorte* ‖ **Schon|kost:** *eine Krankenkost* (Diät)

Schön|ling der, -s/-e (meist abw.): *Mann, der allzu großen Wert auf sein Äußeres legt* ‖ **schön machen** = **schön|ma|chen:** sie hat sich zum Ausgehen schön gemacht ‖ **Schön|percht** (Volksk.) ‖ **schön|rech|nen** (nur Inf. und Part.) (ugs.): *[wirtschaftliche] Daten beschönigend darstellen, Zahlen frisieren* ‖ **schön|re|den:** *beschönigen; schmeicheln; aber:* schön *(gepflegt, deutlich)* reden ‖ **Schön|red|ner** ‖ **Schön|red|ne|rin** ‖ **schön|schrei|ben:** *in Schönschrift schreiben (in der Schule); aber:* wir werden jetzt schön *(leserlich)* schreiben ‖ **Schön|schrift:** *Kalligrafie, Zierschrift* ‖ **schöns|tens:** *aufs Schönste;* sie lässt dich s. grüßen ‖ **Schön|tu|e|rei** die, - ‖ **schön|tun:** *jemandem schmeicheln* ‖ **Scho|nung** die, -: der Kranke braucht S. ǀ (mit Pl. -en) *Neupflanzung des Waldes* ‖ **Schö|nung** die, -/-en: *Entfernung von bestimmten Stoffen [im Wein]* ‖ **scho|nungs|be|dürf|tig** ‖ **scho|nungs|los** ‖ **Scho|nungs|lo|sig|keit** die, - ‖ **scho|nungs|voll** ‖ **Schon|wasch|gang:** *Schongang*

Schön|wet|ter|la|ge ‖ **Schön|wet|ter|pe|ri|o|de** ‖ **Schön|wet|ter|wol|ke**

Schon|zeit: *Zeit, in der ein bestimmtes Wild nicht gejagt werden darf*

Schopf der, -[e]s/Schöpfe: *Haarschopf;* eine Gelegenheit beim S. packen *(sie ausnützen)* ǀ (V) *Anbau am Haus, kleines Häuschen*

Schöpf der, -[s]/-e (reg., ugs.): *schwere Arbeit, Schufterei;* → schöpfen

Schopf|bra|ten: *eine Schweinefleischsorte*

schöp|fen[1]: Wasser s.; Atem s.; Hoffnung s.

schöp|fen[2] (geh.): *[er]schaffen* ǀ (reg.) *schwer arbeiten;* → Schöpf

Schöp|fer[1] der, -s/-: *Schöpflöffel*

Schöp|fer[2] der, -s/-: *Erzeuger, Urheber; Gott* ǀ (reg.) *manuell schwer Arbeitender* ‖ **Schöp|fer|geist** der, -[e]s (geh.) ‖ **Schöp|fe|rin** die, -/-innen ‖ **schöp|fe|risch:** ein schöpferischer Mensch *(jemand, der bedeutendes Neues schafft, zB eine Erfinderin, ein Dichter)* ‖ **Schöp|fer|kraft** (geh.)

Schöpf|ge|fäß ‖ **Schöpf|kel|le** (bes. D): *großer Schöpfer* ‖ **Schöpf|löf|fel**

Schöp|fung die, -/-en: *Erschaffung der Welt durch Gott; das Geschaffene* ‖ **Schöp|fungs|akt** der, -[e]s/-e ‖ **Schöp|fungs|be|richt:** *eine Stelle im Alten Testament* ‖ **Schöp|fungs|ge|schich|te**

Schöpf|werk: *Anlage zur Wassergewinnung*

schop|pen: *überfüttern, mästen* ǀ (ugs.) der Ärmel schoppte *(bauschte)* sich

Schop|pen der, -s/-: *ein altes Flüssigkeitsmaß;* drei S. Bier ǀ → Frühschoppen

Schöps der, -es [-en]/-e[n] (reg., veraltend): *kastrierter Schafbock, Hammel* ‖ **Schöp|sen|schle|gel,** *auch:* **Schöp|sen|schlö|gel** (reg., veraltend) ‖ **Schöp|ser|ne** das, -n, Schöpsernes (reg., veraltend): *Schöpsenfleisch, Hammelfleisch*

schor → scheren

Schorf der, -[e]s/-e: *eine Kruste [auf der Haut]* ǀ (Bot.) *eine Pflanzenkrankheit* ‖ **schor|fig**

Schorn|stein (bes. nördl. D): *Rauchfang, Fabriksschlot;* etwas in den S. schreiben müssen *(als verloren ansehen)* ‖ **Schorn|stein|fe|ger** der, -s/- (nördl. D): *Rauchfangkehrer, Kaminfeger*

Schorsch = **Schor|schi:** *männl. Vorname, Georg*

schoss → schießen

Schoß[1] die, -/-en: *ein Damenrock;* Jacke und S. ‖ **Schoß**[2] der, -es/Schöße: das Kind saß auf dem S. der Mutter; die Hände in den S. legen *(nichts tun);* der Auftrag ist ihr in den S. gefallen *(ohne großes Bemühen zuteilgeworden)* ǀ (geh.) *Mutterleib* ǀ (geh.) *weibliche Geschlechtsteile* ǀ → Schößel

Schoss der, -es/-e: *ein junger Trieb, Zweig; Schössling*

Schö|ßel der = das, -s/-, *auch:* Schössel: *an der Taille eines Kleides angesetzter, gezogener Stoffstreifen* ǀ *zugespitzte Verlängerung am Rückenteil eines Fracks;* → Schoß

Schoß|hünd|chen das, -s/-

Schöss|ling der, -s/-e: *Schoss*

Schöt|chen das, -s/- (Bot.): *kurze Schote* ‖ **Scho|te** die, -/-n (Bot.): *ein Fruchttyp der Kreuzblütler;* Paprikaschote; Vanilleschote

Schott das, -[e]s/-en (Seemannsspr.): *wasserdichte, verschließbare Querwand in einem Schiff;* „Schotten dicht!"

Schot|te[1] der, -n/-n: *Bewohner Schottlands*

Schot|te[2] die, - (V): *Käsewasser, Molke* ‖ **Schot|ten** der, - (T, K, St, veraltet): *bröseliger Topfen*

Schot|ten|rock ‖ **Schot|ten|stoff:** *ein Stoff mit groß kariertem Muster*

Schot|ter der, -s/-: auf dem Weg liegt S. ǀ (ugs.) *Kleingeld* ‖ **Schot|ter|gru|be:** *Geländestelle, wo Schotter gewonnen wird* ‖ **schot|tern:** eine Straße s. ‖ **Schot|ter|stra|ße** ‖ **Schot|ter|teich:** *aus einer Schottergrube entstandener Teich* ‖ **Schot|ter|werk**

Schot|tin die, -/-innen ‖ **schot|tisch** ‖ **Schott|land:** *ein Teil von Großbritannien*

Schraf|fe die, -/-n (meist Pl.): *Strich einer Schraffur* ‖ **schraf|fie|ren:** *parallel strichlieren* ‖ **Schraf|fie|rung** die, -/-en: *Schraffur* ‖ **Schraf|fur** die, -/-en

schräg: *geneigt, schief;* s. liegen/stehen; → schräg laufend = schräglaufend; → schräg stellen = schrägstellen ǀ (ugs.) *eigenwillig, bizarr;* schräge Musik ‖ **Schrä|ge** die, -/-n: *Neigung* ‖ **Schra|gen** der, -s/-: *ein hölzernes Gestell [zum Holzsägen], Holzbock* ǀ *Bahre* ǀ (ugs., abw.) *große, magere Frauengestalt* ‖ **Schräg|la|ge** ‖ **schräg lau|fend** = **schräg|lau|fend:** s. laufende Streifen ‖ **Schräg|schrift:** *Kursivschrift* ‖ **schräg stel|len** = **schräg|stel|len:** den Tisch s. s. ‖ **Schräg|strich** (/)

schrak → schrecken[1]

Schram|me die, -/-n: *Kratzer; Riss in der Haut; Narbe*

Schram|mel|mu|sik ‖ **Schram|mel|mu|si|ker** ‖ **Schram|mel|mu|si|ke|rin** ‖ **Schram|meln** die (Pl.): *Wiener Volksmusikerquartett, bestehend aus zwei Geigen, Pikkoloklarinette oder Ziehharmonika und [Kontra]gitarre* ‖ **Schram|mel|quar|tett** (Mus.) ‖ **Schramm|ler** der, -s/- (sal.): *Schrammelmusiker* ‖ **Schramm|le|rin** die, -/-innen (sal.)

Schrank[1] der, -[e]s/Schränke: *Kasten* ‖ **Schrank**[2] der, -[e]s: *die Schrägstellung der Zähne einer Säge (abwechselnd nach links und nach rechts gebogen)* ‖ **Schrank|bett:** *ein Klappbett* ‖ **Schran|ke** die, -/-n: *Barriere; Grenze;* sich keine Schranken *(Hemmungen)* auferlegen; sich in

Schranken *(in Grenzen)* halten | (geh.) jemanden in die Schranken [ver]weisen *(jemanden mäßigen);* jemanden in die Schranken fordern *(eine Auseinandersetzung herausfordern)* || **Schranken** der, -s/-: *Bahnschranken* || **schränken:** *die Sägezähne abwechselnd nach rechts und nach links wegbiegen* || **schrankenlos** || **Schrankenlosigkeit** die, - || **Schrankenwärter** || **Schrankenwärterin** || **schrankfertig:** schrankfertige *(gewaschene und gebügelte)* Wäsche || **Schranktür:** *Kastentür* || **Schrankwand:** *[eingebaute] Kästen, die eine ganze Wand ausfüllen*

Schranne die, -/-n (S): *Markthalle, Markt* || **Schrannenmarkt** (S)

Schranze die, -/-n = der, -n/-n (früher, abw.): *Hofschranze*

Schrapnell das, -s/-s [-e] (früher): *Sprenggeschoß mit Kugelfüllung (nach einem englischen Offizier)*

Schrat = **Schratt** der, -[e]s/-e: *Kobold, Waldgeist*

Schrattenthal: *Stadt in Niederösterreich*

Schraubdeckel || **Schraube** die, -/-n: *eine Leiste mit Schrauben befestigen* | *Schiffsschraube* | (Sport) *ein Sprung* || **schrauben**[1]: den Haken in die Decke s. *(anschrauben)* || **schrauben**[2] sich: sich in die Höhe s. | (ugs.): *sich drücken* || **Schraubendreher:** *Schraubenzieher* || **Schraubengewinde** || **Schraubenmutter:** *Metallstück mit Innengewinde, das auf die Schraube gedreht wird* || **Schraubenschlüssel:** *ein Werkzeug* || **Schraubenzieher** der, -s/-: *ein Werkzeug* || **Schraubstock:** ein Werkstück in den S. einspannen || **Schraubverschluss** || **Schraubverschlussglas** || **Schraubzwinge** die, -/-n: *kleiner Schraubstock* || **Schraufen** der, -s/- (auch: die, -/-) (ugs.): *Schraube* | (Sport) *hohe Niederlage*

Schrebergarten: *ein Kleingarten (nach dem dt. Arzt Moritz Schreber)* || **Schrebergärtner** || **Schrebergärtnerin**

Schreck der, -[e]s/-e: starr vor S. sein; ein freudiger S.; → Schrecken || **Schreckbild** || **schrecken**[1], schreckt/schreckte/geschreckt: er *ist* aus dem Schlaf geschreckt *(aufgeschreckt)* | sie *hat* mich geschreckt *(mir Angst gemacht)* || **schrecken**[2] sich: *erschrecken;* sie schreckte *(fürchtete)* sich vor Schlangen || **Schrecken** der, -s/-: *Bestürzung, Angstgefühl, Schreck;* panischer S.; die S. des Krieges; mit dem bloßen S. davonkommen; S. erregen; heftigen S. erregend; → Schrecken erregend = schreckenerregend || **Schrecken erregend** = **schreckenerregend:** ein S. erregender Anblick; *aber nur:* etwas ist noch schreckenerregender als etwas anderes, sehr schreckenerregend || **Schreckensbild** || **schreckensbleich:** sie wurde plötzlich s. || **Schreckensmeldung** || **Schreckensnachricht** || **Schreckensherrschaft** || **Schreckenstat:** eine S. vollbringen || **Schreckgespenst:** das S. Krieg || **schreckhaft:** ein schreckhaftes *(ängstliches)* Kind || **schrecklich:** eine schreckliche Nachricht | ein schrecklicher Lärm; s. nervös; aufs/auf das **S**chrecklichste (= schrecklichste; mit Frage *Wie?*) zugerichtet werden || **Schreckschraube** (ugs., abw.): *schreckliche, lästige Frau* || **Schreckschuss:** die Polizei gab einen S. ab || **Schrecksekunde**

Schredder = Shredder der, -s/- ⟨engl.⟩: *Anlage zum Verschrotten von Autowracks* | (bes. D) *Maschine zum Zerkleinern von Holz*

Schrei der, -[e]s/-e: einen S. ausstoßen; der letzte S. *(die letzte Modeneuheit)*

Schreibarbeit || **Schreibbedarf** || **Schreibblock** || **schreiben,** schrieb/geschrieben: groß *(in großer Schrift)* s.; *aber:* → großschreiben; das kannst du in den Rauchfang s. *(vergessen, aufgeben);* schreib dir das hinter die Ohren! *(merk dir das!);* auf/mit der Maschine s.; Noten s.; sie schreibt sich mit „y“ *(ihr Name wird korrekt mit „y“ geschrieben)* | sie schreibt ein Buch; englisch *(in englischer Sprache)* s. | (geh.) wir s. das Jahr 2012 || **Schreiben** das, -s/-: *Brief, Schriftstück;* ein S. aufsetzen || **Schreiber** der, -s/-: der S. dieser Zeilen || **Schreiberei** die, -/-en (ugs., oft abw.) || **Schreiberin** die, -/-innen || **schreibfaul** || **Schreibfeder** || **Schreibfehler** || **Schreibgerät** || **schreibgeschützt** || **schreibgewandt** || **Schreibheft** || **Schreibkraft:** als S. arbeiten || **Schreibmarke** (EDV): *Cursor* || **Schreibmaschine** || **Schreibname,** *auch:* **Schreibnamen** (veraltend): *Familienname* || **Schreibpult** || **Schreibschrift** || **Schreibschutz** (EDV): *Sicherung von Speichermedien und Dateien vor unbeabsichtigtem Beschreiben* || **Schreibstube** (veraltet): *Büro* || **Schreibtelefon:** *ein Gerät für Gehörlose* || **Schreibtisch** || **Schreibtischlade** || **Schreibtischlampe** || **Schreibtischtäter:** *jemand, der vom Schreibtisch aus zu einem Verbrechen anstiftet* || **Schreibtischtäterin** || **Schreibung** die, -/-en: in früherer S. *(Schreibweise)* || **schreibunkundig** || **Schreibunterlage** || **Schreibutensilien** die (Pl.): *Bleistifte uÄ* || **Schreibvariante** [-v-] || **Schreibwaren** die (Pl.) || **Schreibwarengeschäft:** *Papierhandlung* || **Schreibweise:** *Schreibung eines Wortes* | *Stil* || **Schreibzeug:** *Schreibgeräte*

schreien, schrie/geschrien: sie schreit vor Schmerz; sie schrien mit uns; s. wie am Spieß *(sehr laut); aber:* seine Frisur ist zum **S**chreien *(komisch, lachhaft)* || **schreiend:** schreiende *(grelle)* Farben | ein schreiendes *(sehr schweres)* Unrecht || **Schreier** der, -s/- || **Schreierei** die, -/-en (abw.) || **Schreierin** die, -/-innen || **Schreihals** (abw.): *jemand, der ständig oder viel schreit* || **Schreikrampf** (Med.)

Schrein der, -[e]s/-e (geh.): *Kasten, Kästchen*

Schreiner der, -s/- (reg., bes. V, D): *Tischler* || **Schreinerei** die, -/-en (reg., bes. V, D) || **Schreinerin** die, -/-innen (reg., bes. V, D) || **schreinern** (reg., bes. V, D): *tischlern*

schreiten, schritt/geschritten (geh.): *ruhig, feierlich gehen;* sie schritt über den roten Teppich | zur Tat s. *(mit etwas beginnen);* zur Preisverleihung s.

Schrems: *Stadt in Niederösterreich*

schrie → schreien

schrieb → schreiben || **Schrieb** der, -s/-e (ugs., abw.): *Geschriebenes, Brief; Wisch* || **Schrift** die, -/-en: eine schöne S.; mit verstellter S. *(Handschrift)* | die lateinische S. | in alten Schriften *(Briefen, Urkunden usw.)* lesen; die Schriften *(Werke)* Luthers; die Heilige S. *(Bibel)* | nach der S. sprechen *(die Standardsprache gebrauchen)* || **Schriftart** ||

S

Schriftbild: *optischer Eindruck des Geschriebenen* ‖ **schriftdeutsch** ‖ **Schriftdeutsch** das, -[s] = **Schriftdeutsche,** -n: *die deutsche Schriftsprache;* → Schriftsprache ‖ **Schriftenreihe:** eine neue medizinische S. ‖ **Schriftform:** *Ausfertigung in schriftlicher Form [mit Unterschrift];* eine Kündigung bedarf der S. ‖ **Schriftführer:** der S. *(für Protokolle, Korrespondenzen uÄ zuständiges Vorstandsmitglied)* eines Vereins ‖ **Schriftführerin** ‖ **Schriftgelehrte,** ein Schriftgelehrter (Rel.): *Kenner und Ausleger der heiligen Schriften* ‖ **Schriftgrad** (Druckw.): *Schriftgröße* ‖ **Schriftleiter** (veraltend): *Redakteur* ‖ **Schriftleiterin** (veraltend) ‖ **Schriftleitung** (veraltend): *Redaktion* ‖ **schriftlich:** eine schriftliche Prüfung; ein schriftlicher Antrag; sich etwas s. geben lassen ‖ **Schriftlichkeit** die, - ‖ **Schriftsachverständige**[1] der, -n/-n, ein Schriftsachverständiger (Amtsspr.): *Gerichtsexperte für Handschriften* ‖ **Schriftsachverständige**[2] die, -n/-n (Amtsspr.) ‖ **Schriftsatz** (Amtsspr.): *schriftliche Eingabe an Behörden* ‖ **Schriftsprache** (Sprachwiss.): *die im schriftlichen Gebrauch hauptsächlich verwendete Sprachform einer Sprachgemeinschaft in ihrem gesamten Sprachraum;* → Standardsprache; → Schriftdeutsch ‖ **schriftsprachlich:** sich s. ausdrücken ‖ **Schriftsteller** der, -s/-: *Autor* ‖ **Schriftstellerin** die, -/-innen ‖ **schriftstellerisch** ‖ **schriftstellern** (sal.) ‖ **Schriftstück:** *Schreiben mit amtlichem Charakter* ‖ **Schrifttum** das, -s: *Literatur* ‖ **Schriftverkehr:** *Korrespondenz;* kaufmännischer S. ‖ **Schriftwechsel** [-ks-]: *Korrespondenz, Briefwechsel* ‖ **Schriftzeichen** ‖ **Schriftzug:** *charakteristischer Zug einer Handschrift*

schrill: ein schrilles *(durchdringendes)* Lachen, Pfeifen | *grell, auffällig;* ein schrilles Outfit ‖ **schrillen:** die Klingel schrillt

Schrimp = **Shrimp** [ʃ-] der, -s/-s (meist Pl.) ⟨engl.⟩: *Krabbe (als Speise)*

schritt → schreiten ‖ **Schritt** der, -[e]s/-e: ein paar Schritte gehen; S. für S.; [im] S. *(sehr langsam)* fahren; mit jemandem/etwas S. halten *(nicht zurückbleiben);* auf S. und Tritt *(überall);* den ersten S. tun *(den Anfang machen);* einen S. zu weit gehen *(das Zulässige überschreiten)* | *Maßnahme;* die nötigen Schritte *(das Nötige)* unternehmen | *Teil der Hose;* im S. ziemlich eng | (in Mengenangaben auch mit Pl. Schritt) fünf Schritt[e]; jemanden auf hundert Schritt erkennen ‖ **Schrittfolge:** ein Tanz mit komplizierter S. ‖ **Schrittlänge** ‖ **Schrittmacher:** *jemand, der das Tempo bestimmt; Vorkämpfer* | (Med.) *elektrisches Gerät zur Unterstützung der Herztätigkeit, Herzschrittmacher* | (Sport) *motorisierter Tempomacher für Radsteher* ‖ **Schrittmacherin** ‖ **Schrittmesser** ‖ **Schritttempo** das, -s: im S. fahren ‖ **schrittweise**

Schrofen der, -s/-, *auch:* Schroffen (westöst., geh.): *zerklüfteter Fels; Klippe* ‖ **schroff:** ein schroffer *(steiler)* Felsen | eine schroffe *(unfreundliche, barsche)* Antwort | ein schroffer *(krasser)* Gegensatz ‖ **Schroffen** → Schrofen ‖ **Schroffheit** die, -/-en ‖ **schrofig,** *auch:* schroffig (westöst.): *felsig*

schröpfen: *Blut entziehen* | Bäume s. *(ihnen Saft entziehen)* | (ugs.) *jemandem ungehörig viel Geld abnehmen* | (Küchenspr.) *Fleisch oder Fisch vor dem Braten mit Einschnitten versehen*

Schrot der = das, -[e]s/-e: *grob gemahlenes, ungesiebtes Getreide* | auf Hasen mit S. *(Bleikörnern)* schießen | sie ist von echtem S. und Korn *(rechtschaffen)* | *[mit Kerben verzierter] vorstehender Balken an Holzbauten, zB am Stadel; aber:* → Schrott ‖ **Schrotbrot** ‖ **schroten:** *Getreide oder Knochen grob zerkleinern;* ausschroten ‖ **Schrotflinte** ‖ **Schrotkugel** ‖ **Schrotladung** ‖ **Schrotmehl** ‖ **Schrotmühle** ‖ **Schrotpatrone**

Schrott der, -[e]s/-e: *Alteisen und anderes Altmaterial;* ein Auto zu S. *(schrottreif)* fahren; *aber:* → Schrot ‖ **Schrotthändler** ‖ **Schrotthändlerin** ‖ **Schrotthaufen** ‖ **Schrottprämie** [-iɛ] (ugs., früher): *Verschrottungsprämie* ‖ **Schrottpresse:** ein Autowrack in die S. geben ‖ **schrottreif:** ein Auto s. fahren ‖ **Schrotttransport** ‖ **Schrottwert**

Schrotwaage (veraltend): *Wasserwaage*

schrubben: *reiben;* den Boden s. *(ausreiben)* ‖ **Schrubber** der, -s/-: *Reibbürste mit Stiel*

Schrulle die, -/-n: Schrullen *(wunderliche Eigenheiten)* haben ‖ **schrullenhaft** ‖ **schrullig:** ein schrulliger Alter ‖ **Schrulligkeit** die, -/-en: *Laune, Tick, Wunderlichkeit*

schrumpelig → schrumplig ‖ **schrumpeln,** ich schrumple: *faltig werden, schrumpfen* ‖ **schrumpfen:** unser Vorrat schrumpft *(wird immer kleiner)* ‖ **Schrumpfleber** (Med.) ‖ **Schrumpfung** die, -/-en: die S. des Gewebes ‖ **Schrumpfungsprozess** ‖ **schrumplig,** *auch:* schrumpelig: *runzlig*

Schrund der, -[e]s/Schründe: *klaffender Spalt, Kluft in Felsen und Gletschern* ‖ **Schrunde** die, -/-n: *[kleine] Spalte, Riss [in der Haut]* ‖ **schrundig**

Schub der, -[e]s/Schübe: im Kegelspiel einen S. machen | ein neuerlicher S. *(eine weitere Phase)* der Krankheit | (veraltet) (Amtsspr.) *Abschiebung;* er wurde per S. *(zwangsweise)* an die Grenze gebracht; → Schubhaft | (Phys.) *Vortrieb [eines Raketentriebwerkes, eines Düsenflugzeugs]* ‖ **Schubabkommen** (Amtsspr., Jus): *Vereinbarung über Flüchtlingsabschiebung* ‖ **Schuber** der, -s/-: *ein Schutzkarton [für Bücher]* | *eine Absperrvorrichtung, Schieber*

Schubertiade die, -/-en: *musikalische Veranstaltung mit Werken Franz Schuberts*

Schubfach: eine Kommode mit Schubfächern ‖ **Schubgratten** (mda., T): *Schubkarren* ‖ **Schubhaft** (Amtsspr., Jus): *Haftverwahrung einer Person bis zu ihrer Abschiebung ins Ausland;* in S. sitzen; → Schub ‖ **Schubhaftanstalt** (Amtsspr.): *Polizeianhaltezentrum* ‖ **Schubhaftgefängnis** (Amtsspr.) ‖ **Schubhäftling:** *Person in Schubhaft;* → Schübling[1] ‖ **Schubkarren:** *Karren mit einem Rad* ‖ **Schubkraft:** *Kraft, die einen durch Rückstoß bewegten Gegenstand, zB eine Rakete, antreibt* ‖ **Schublade** ‖ **schubladisieren,** *auch:* schubladieren (oft scherzh.): einen Akt s. *(seine Erledigung auf unbestimmte Zeit aufschieben)* ‖ **Schubladisierung** die, -/-en, *auch:* Schubladie-

S

rung (oft scherzh.) ‖ **Schub|lad|kas|ten** (veraltet): *Kommode* ‖ **Schub|leh|re:** *ein Längenmessinstrument;* → Nonius ‖ **Schub|leis|tung:** *Schubkraft* ‖ **Schüblig** der, -s/-e (V, CH): → *Schübling*[2] ‖ **Schüb|ling**[1] der, -s/-e (sal.): *Schubhäftling* ‖ **Schüb|ling**[2] der, -s/-e: *eine geräucherte Wurst* ‖ **Schubs** = Schups der, -es/-e (ugs.): *leichter Stoß, Schubser;* jemandem einen S. geben ‖ **schub|sen** = schupsen, du schubst (ugs.) ‖ **Schub|ser** = Schupser der, -s/- (ugs.): Schups ‖ **Schub|stan|ge:** *Pleuelstange* ‖ **Schub|um|kehr:** *ein Bremssystem bei Flugzeugtriebwerken* ‖ **schub|wei|se:** *in Schüben*

schüch|tern: *ängstlich, scheu* ‖ **Schüch|tern|heit** die, -

schuf → schaffen

Schuft der, -[e]s/-e (abw.): *charakterlose, niederträchtige Person*

schuf|ten: *hart, schwer arbeiten* ‖ **Schuf|te|rei** die, -/-en

schuf|tig (abw.): *schäbig, gemein* ‖ **Schuf|tig|keit** die, -/-en (abw.)

SchUG [ʃuk, auch: ʃe u 'geː] das, -: **Sch**ul**u**nterrichts**g**esetz

Schuh der, -[e]s/-e: ein Paar Schuhe; jemandem etwas in die Schuhe schieben *(jemandem die Schuld geben);* „Wo drückt dich der Schuh?" *(„Was bedrückt dich?")* | (mit Pl. Schuh) *ein altes Längenmaß;* drei Schuh lang ‖ **Schuh|band** ‖ **Schuh|bandl** (ugs.) ‖ **Schuh|bürs|te** ‖ **Schuh|cre|me** [-kreːm] = Schuhkrem = Schuhkreme: *Schuhpasta* ‖ **Schuh|ein|la|ge** ‖ **Schuh|fa|brik** ‖ **Schuh|ge|schäft** ‖ **Schuh|grö|ße:** S. 38 ‖ **Schuh|krem, Schuh|kre|me** = → Schuhcreme ‖ **Schuh|leis|ten:** *Modell in Fußform* ‖ **Schuh|löf|fel** ‖ **Schuh|ma|cher:** *Schuster* ‖ **Schuh|ma|che|rin** ‖ **Schuh|num|mer:** S. *(Schuhgröße)* 42 ‖ **Schuh|pas|ta** = **Schuh|pas|te** ‖ **schuh|plat|teln,** ich schuhplattle, wir schuhplatteln/haben geschuhplattelt: *Schuhplattler tanzen* ‖ **Schuh|platt|ler:** *ein Volkstanz* ‖ **Schuh|put|zer** ‖ **Schuh|put|ze|rin** ‖ **Schuh|rie|men:** *Schuhband* ‖ **Schuh|schach|tel** ‖ **Schuh|soh|le** ‖ **Schuh|span|ner** ‖ **Schuh|stre|cker** ‖ **Schuh|werk:** *Schuhe*

Schu|ko|steck|do|se (Wz.) ‖ **Schu|ko|ste|cker** (Wz.): *Kurzwort für Schutzkontaktstecker*

Schul|ab|bre|cher der, -s/- ‖ **Schul|ab|bre|che|rin** die, -/-innen ‖ **Schul|ab|gän|ger** der, -s/- ‖ **Schul|ab|gän|ge|rin** die, -/-innen ‖ **Schul|ab|schluss** ‖ **Schul|ad|mi|nis|tra|tor:** *Verwaltungsleiter einer AHS* ‖ **Schul|ad|mi|nis|t|ra|to|rin** ‖ **Schul|amt** (SüdT) (Admin.): *oberste Behörde für die Schulverwaltung in Südtirol;* Deutsches S. ‖ **Schul|amts|lei|ter** (SüdT) ‖ **Schul|amts|lei|te|rin** (SüdT) ‖ **Schul|an|fang** ‖ **Schul|an|fän|ger** ‖ **Schul|an|fän|ge|rin** ‖ **Schul|angst** ‖ **Schul|ar|beit:** *schriftliche Prüfungsarbeit in der Schule;* S. haben | (D) *Arbeit für die Schule, zB Hausübung* ‖ **Schul|art:** *Volksschule, Hauptschule, allgemein bildende höhere Schule ua.* ‖ **Schul|arzt** ‖ **Schul|ärz|tin** ‖ **schul|ärzt|lich:** schulärztlicher Dienst ‖ **Schul|auf|sicht** (Bildw.): *Bezirks-, Landesschulinspektoren; Fachinspektoren für besondere Unterrichtsgegenstände, zB Religion, Musikerziehung* ‖ **Schul|aus|spei|sung** (Amtsspr.): *Mahlzeit für die Schüler/innen in der Schule* ‖ **schul|au|to|nom** (Bildw.): schulautonome Ferientage ‖ **Schul|au|to|no|mie** (Bildw.): *Entscheidungsfreiheit der Schulen in finanziellen, pädagogischen und administrativen Belangen* ‖ **Schul|bahn** (Amtsspr.): *Weg eines Schülers durch verschiedene Schularten* ‖ **Schul|bahn|be|ra|tung** (Bildw.) ‖ **Schul|bank** die, -/-bänke: eine hölzerne S. | (oft scherzh.) die S. drücken *(in die Schule gehen)* ‖ **Schul|be|ginn** ‖ **Schul|be|hör|de:** *Landesschulrat ua.* ‖ **Schul|bei|spiel:** *Musterbeispiel* ‖ **Schul|be|such** ‖ **schul|be|zo|gen:** eine schulbezogene Veranstaltung ‖ **Schul|bi|bli|o|thek** ‖ **Schul|bil|dung** ‖ **Schul|bub:** *Schüler* | (abw.) wie ein S. behandelt werden ‖ **Schul|buch** ‖ **Schul|buch|ak|ti|on** [-tsi̯-] (Bildw.): *kostengünstige Bereitstellung von Schulbüchern* ‖ **Schul|buch|pro|fil:** *Auflistung der Titel in der Schulbuchaktion* ‖ **Schul|buf|fet** [-byfeː], *auch:* **Schul|bü|fett** [-feː, D: -fɛt] ‖ **Schul|bus:** *Schülerautobus* ‖ **Schul|chor** [-k-]

schuld: an etwas s. sein ‖ **Schuld** die, -: jemandem S. geben; S. haben; die S. an etwas haben; dem anderen die S. geben; die S. auf sich nehmen; ich stehe in deiner S. *(ich schulde dir Dank);* sich keiner S. bewusst sein; sich nichts → zu Schulden (= zuschulden) kommen lassen | (mit Pl. -en) eine S. von hundert Euro; Schulden zahlen; bis über die Ohren in Schulden stecken ‖ **Schuld|an|er|kennt|nis** (Jus) ‖ **Schuld|be|kennt|nis:** *Eingeständnis* ‖ **schuld|be|la|den** (geh.) ‖ **Schuld|be|weis** ‖ **schuld|be|wusst:** s. den Blick senken ‖ **Schuld|be|wusst|sein** ‖ **Schuld|brief:** *Schuldurkunde, Darlehensquittung* ‖ **Schuld|ein|be|kennt|nis** ‖ **Schuld|ein|ge|ständ|nis** ‖ **schul|den:** jemandem Geld, Dank s. ‖ **Schul|den|ab|bau** der, -[e]s ‖ **Schul|den|berg** ‖ **Schul|den|brem|se** (Wirt.): *eine verfassungsmäßig verankerte Bestimmung* ‖ **Schul|den|er|lass:** *Nachlass, Nachsicht von Schulden* ‖ **Schul|den|fal|le:** *Überschuldung und Finanzmisere durch immer mehr nicht bezahlte Rechnungen, Kredite usw.* ‖ **schul|den|frei** ‖ **Schul|den|ge|ba|rung** (Amtssp.): *Schuldenverwaltung [der öffentlichen Hand]* ‖ **Schul|den|kri|se** ‖ **Schul|den|last** ‖ **Schul|den|schnitt** (Wirt.) ‖ **Schul|den|til|gung** ‖ **Schul|den|ver|wal|tung** ‖ **Schuld|fra|ge** ‖ **Schuld|ge|fäng|nis** (früher): *Gefängnis zur Verbüßung der Schuldhaft, Schuldturm* ‖ **Schuld|ge|fühl** ‖ **schuld|haft** ‖ **Schuld|haft** (früher): *Haft für nicht termingerecht zahlende Schuldner*

Schul|die|ner (veraltet): *Schulwart* ‖ **Schul|dienst** der, -[e]s: er ist im S. *(arbeitet als Lehrer)*

schul|dig:

die schuldige *(gebührende)* Achtung | (Jus) auf schuldig erkennen *(das Urteil „schuldig" fällen)*

Getrenntschreibung bei wörtlicher Bedeutung:

- jemandem Geld schuldig sein
- sich schuldig bekennen
- jemanden für schuldig erklären

Getrennt- und Zusammenschreibung in Zweifelsfällen:

- schuldig sprechen = schuldigsprechen (Jus: *jemanden verurteilen*)

R→ S. 903, 2.2

Zusammenschreibung bei übertragener Bedeutung:

- jemandem nichts schuldigbleiben (sal.: *scharf reagieren*)

R→ S. 900, 1.5.1

schuldigbleiben (sal.): jemandem nichts s. *(scharf reagieren); aber:* jemandem eine Antwort schuldig bleiben ‖ **Schuldige**[1] der, -n/-n, ein Schuldiger ‖ **Schuldige**[2] die, -n/-n ‖ **Schuldiger** der, -s/- (veraltet): *jemand, der schuldig geworden ist (im Vaterunser)* ‖ **Schuldigkeit** die, -: er hat seine S. *(Pflicht)* getan ‖ **schuldig sprechen** = **schuldigsprechen:** *verurteilen* ‖ **Schuldigsprechung** die, -/-en

Schuldirektion [-tsi̯-] ‖ **Schuldirektor** ‖ **Schuldirektorin**

Schuldkomplex (Psych.) ‖ **schuldlos** ‖ **Schuldlosigkeit** die, - ‖ **Schuldner** der, -s/-: *jemand, der jemandem [Geld] schuldig ist;* → G.: Gläubiger ‖ **Schuldnerberatung** ‖ **Schuldnerin** die, -/-innen ‖ **Schuldnerwechsel** [-ks-] (Jus) ‖ **Schuldrecht** (Jus): *sämtliche Normen über Verpflichtungen zwischen Privatpersonen untereinander* ‖ **Schuldschein** ‖ **Schuldspruch** (Jus) ‖ **schuldtragend** ‖ **Schuldturm** (früher): → *Schuldgefängnis* ‖ **Schuldverhältnis** (Jus): *Rechtsverhältnis zwischen Gläubiger und Schuldner* ‖ **Schuldverschreibung** (Bankw.): *ein Wertpapier* ‖ **Schuldzuweisung**

Schule die, -/-n: in die S. gehen *(Schüler/in sein)* | die harte S. des Lebens; aus der S. plaudern *(Vertrauliches ausplaudern)* | *Unterricht;* keine S. *(schulfrei)* haben; [die] S. schwänzen *(dem Unterricht unerlaubt fernbleiben)* | die Hohe (auch: hohe) S. des Reitens *(höhere Stufe des Dressurreitens)* | die Wiener Medizinische Schule *(eine wissenschaftliche Richtung);* dieser Unfug macht S. *(er wird nachgeahmt, verbreitet sich)* | ein Kavalier der alten S. *(ein Mann von vollendeter Höflichkeit)* | *Lehrbuch, Übungsbuch;* Klavierschule | (Bildw.) offene S. *(ganztägig geführte Schule mit getrenntem Unterrichts- und Betreuungsteil);* → Ganztagsschule ‖ **Schuleingangsphase** [-f-]: *die ersten zwei Jahre der Volksschule* ‖ **Schuleintritt** ‖ **Schuleintrittsalter** ‖ **schulen:** die Beamten durch Kurse s.; → geschult ‖ **Schulenglisch:** *Schulkenntnisse in Englisch* ‖ **Schulentwicklung:** *organisatorische und pädagogische Weiterentwicklung der Schule* ‖ **Schüler** der, -s/-: *Jugendlicher, der in die Schule geht* | (früher) ein fahrender S. *(Scholar)* | ein S. *(wissenschaftlicher Nachfolger)* Sigmund Freuds ‖ **Schüleranwalt** ‖ **Schüleranwältin** ‖ **Schülerarbeit** ‖ **Schülerausspeisung:** *Schulausspeisung* ‖ **Schüleraustausch:** im S. nach Frankreich kommen ‖ **Schülerausweis** ‖ **Schülerbeihilfe** ‖ **Schülerbeirat:** *Vertretung der Schüler/innen auf Landes- bzw. Bundesebene* ‖ **Schülerberater:** *Schüler- und Bildungsberater;* → Bildungsberater ‖ **Schülerberaterin** ‖ **Schülerbibliothek** ‖ **Schülerbus** ‖ **Schülercharta** [-k-] (SüdT): *Festschreibung der Rechte und Pflichten der Schüler/innen* ‖ **Schülerfreifahrt** ‖ **schülerhaft** (abw.): *unreif, unfertig* ‖ **Schulerhalter** (Amtsspr.): *Betreiber einer Schule (Bund, Land oder Private)* ‖ **Schülerin** die, -/-innen ‖ **Schülerkarte:** *Fahrausweis für Verkehrsmittel* ‖ **Schülerlade:** *an der Schule entlehnbare Schulbücher* ‖ **Schülerliga** (Sport) ‖ **Schülerlotse:** *Schüler, der Schüler/innen das gefahrlose Überschreiten der Straße ermöglicht* ‖ **Schülerlotsin** ‖ **Schülermitverwaltung** ‖ **Schülerschaft** die, -/-en ‖ **Schülerschwund** ‖ **Schülersprache** ‖ **Schülervertreter** ‖ **Schülervertreterin** ‖ **Schülervertretung** ‖ **Schülerzeitung:** *Zeitung von Schülern für Schüler* ‖ **Schulfach:** *Unterrichtsgegenstand* ‖ **Schulfall:** *Präzedenzfall* ‖ **Schulfeier** ‖ **Schulferien** ‖ **Schulfernsehen** → Schulfunk ‖ **schulfest** (Amtsspr.): die Lehrerin hat eine schulfeste Stelle *(ist an einer Schule unkündbar angestellt)* ‖ **Schulfest** ‖ **Schulform:** *besondere Form einer Schulart;* das Realgymnasium ist eine S. der AHS ‖ **Schulforum** (Amtsspr.): *Klassenlehrer/in, Direktor/in und gewählte Elternvertreter/innen einer Schule im Pflichtschulbereich* ‖ **schulfrei** ‖ **Schulfreund:** *[ehemaliger] Mitschüler* ‖ **Schulfreundin** ‖ **Schulfunk:** *Hörfunkprogramme mit schulbezogenen Inhalten* ‖ **Schulfürsorge** (SüdT): *Gesamtheit der behördlichen Maßnahmen zur Sicherung des Rechtes auf schulische Bildung* ‖ **Schulgebäude** ‖ **Schulgegenstand:** *Unterrichtsgegenstand* ‖ **Schulgeld:** *Gebühr für den Besuch bestimmter Schulen* ‖ **Schulgemeinde:** *Schulgemeinschaft* | *Gemeindeverband mit gemeinsamer Schule* ‖ **Schulgemeinschaft:** *Lehrer/innen, Eltern und Schüler/innen einer Schule* ‖ **Schulgemeinschaftsausschuss** (SGA): *Schulleiter/in und je drei gewählte Eltern-, Lehrer- und Schülervertreter/innen zB an den höheren Schulen* ‖ **Schulgesetz** (meist Pl.) ‖ **Schulgottesdienst** ‖ **Schulgrammatik** ‖ **Schulhaus** ‖ **Schulheft** ‖ **Schulhof** ‖ **Schulinspektor** [-sp-, auch: -ʃp-]: *Kurzwort für Landes- oder Bezirksschulinspektor, Fachinspektor* ‖ **Schulinspektorin** ‖ **schulisch:** schulische Erfolge ‖ **Schuljahr:** *das Unterrichtsjahr samt den folgenden Sommerferien* ‖ **Schuljunge** (nördl. D): *Schulbub, Schüler* ‖ **Schulkamerad** ‖ **Schulkameradin** ‖ **Schulkenntnisse** ‖ **Schulkennzahl:** *6-stellige Zahl, aus der Bundesland, Schulform, Gemeindebezirk und Schule abgelesen werden können* ‖ **Schulkind** ‖ **Schulkollege:** *[ehemaliger] Mitschüler* ‖ **Schulkollegin** ‖ **Schulklasse** ‖ **Schullandwoche:** *Projektwoche in ländlicher Umgebung* ‖ **Schullaufbahn** ‖ **Schullehrer** (veraltet): *Schulleiter, Schulmeister* ‖ **Schulleiter** ‖ **Schulleiterin** ‖ **Schulleitung** ‖ **Schulmädchen** ‖ **Schulmädel:** Schülerin ‖ **Schulmedizin:** die traditionell akademisch gelehrte Medizin ‖ **Schulmeister** (veraltet): *Volksschullehrer* ‖ **schulmeisterlich** (abw.) ‖ **schulmeistern** (abw.): *jemanden kleinlich belehren* ‖ **Schulmilch** ‖ **Schulmilchaktion** [-tsi̯-] ‖ **Schulmöbel** ‖ **Schulmodell** ‖ **Schulmusik** die, -: *von Schülern ausgeführte Musik* ‖ **Schulnachricht** (Bildw.): *Semesterzeugnis* ‖ **Schulnote** ‖ **Schulorchester** [meist: -kɛ-] ‖ **Schulorganisationsgesetz** [-tsi̯-] (SchOG)

Schulp der, -[e]s/-e (Zool.): *rudimentäre Schale [des Tintenfisches]*

Schulpartnerschaft: *Zusammenarbeit im Schulgemeinschaftsausschuss* | *Kooperation zwischen zwei oder mehreren Schulen verschiedener Länder* ‖ **Schulpflicht:** die S. beginnt in Österreich mit der Vollendung des sechsten Lebensjahres und dauert neun Jahre || **schulpflichtig** || **Schulpolitik** || **Schulpraktikant** || **Schulpraktikantin** || **Schulpraktikum:** *Teil des pädagogischen Begleitstudiums für Lehramtsstudenten, -studentinnen* || **Schulprofil:** *Konzept einer Schule zur Nutzung der schulautonomen Freiräume* || **Schulprogramm:** *konkrete Schritte zur Verwirklichung des Schulprofils* || **Schulpsychologe** [-psy-] || **Schulpsychologin** || **schulpsychologisch:** schulpsychologischer Dienst || **Schulranking** [-ræ-]: *Bewertungsliste von Schulen* || **Schulranzen** (veraltet): *Schultasche* || **Schulrat** (SR): *ein Titel* || **Schulrätin** (SR) || **Schulreichenzentrum** → Österreichisches S. || **Schulrecht** das, -[e]s || **Schulreform** || **schulreif** || **Schulreife** || **Schulsachen** die (Pl.): *Bücher, Hefte, Schreibzeug uÄ* || **Schulschiff** (Seemannsspr.): *Ausbildungsschiff* | *eine in einem Donauschiff untergebrachte Schule in Wien* || **Schulschikurs** → Schulskikurs || **Schulschluss** || **Schulschrift:** *in der Schule gelehrte Normschrift* || **Schulschwänzer** || **Schulschwänzerin** || **Schulservice** [-sɜːvɪs] (Admin., Bildw.): *eine Service-Einrichtung der Schulbehörden* || **Schulskikurs** [-ʃiː-] = Schulschikurs || **Schulsprecher:** *Bereichssprecher für die Schulpolitik einer Parlamentspartei* | *gewählter Schülervertreter einer Schule* || **Schulsprecherin** || **Schulsprengel:** *Bereich einer Pflichtschule* || **Schulstress** [-ʃt-, -st-] || **Schulstufe:** *ein Jahrgang der Schullaufbahn;* die 1. Klasse AHS entspricht der 5. S. || **Schulstunde** || **schulstürzen** (reg., veraltet): *die Schule schwänzen* || **Schulsystem** [-zy-] || **Schultag** || **Schultasche**

Schulter die, -/-n: S. an S. *(dicht gedrängt, treu verbunden);* etwas auf die leichte S. *(nicht ernst genug)* nehmen; jemandem die kalte S. zeigen *(jemanden abweisend behandeln);* jemanden über die S. anschauen | *eine Fleischsorte* || **Schulterblatt:** *ein Knochen* || **schulterfrei:** ein schulterfreies Kleid || **Schultergelenk** || **Schulterhalfter:** *ein Pistolenhalfter* || **schulterhoch** || **Schulterhöhe** || **schulterlang:** ihr Haar ist s. || **schultern:** einen Koffer s. *(ihn auf die Schulter nehmen)* || **Schulterpolster:** *Einsatz in Kleidungsstücken zur Verbreiterung der Schultern* || **Schulterscherzl:** *eine Rindfleischsorte* || **Schulterschluss:** *enges Nebeneinanderstehen* | *enges [Treue]verhältnis;* S. zwischen zwei Parteien || **Schulterwurf** (Sport): *ein Ringergriff*

Schultheater || **Schultüte:** *mit Süßigkeiten gefülltes Geschenk zum ersten Schultag* || **Schultyp** [-yp]: *inoffizieller Ausdruck für Schulform* || **Schulübertritt** || **Schulübung** || **Schulung** die, -/-en: *Vermittlung von Wissen [durch Kurse]* || **Schulungskurs** || **Schulungsleiter** || **Schulungsleiterin** || **Schulunterricht** || **Schulunterrichtsgesetz** (SchUG) || **Schulveranstaltung** || **Schulversagen** || **Schulversuch** (Bildw.): *Erprobung neuer Formen und Inhalte von Schule und Unterricht* || **Schulverwaltung** || **Schulwahl** || **Schulwart:** *Hausbesorger und/oder Verwalter einer Schule* || **Schulwartin** || **Schulwechsel** [-ks-] || **Schulweg** || **Schulwegsicherung** || **Schulweisheit** (oft abw.): *in der Schule erworbenes, aber praxisfernes Wissen* || **Schulwesen:** *Gesamtheit der schulischen Einrichtungen eines Staates* || **Schulwettbewerb** || **Schulwissen** || **Schulzeit** || **Schulzentrum** || **Schulzeugnis** || **Schulzugang**

Schummelei die, -/-en (ugs.) || **schummeln** (ugs.): ich schummle *(schwindle)* beim Kartenspielen || **Schummelzettel** (ugs.): *Spickzettel zum Schummeln [bei Schularbeiten]*

schummerig, *auch:* schummrig: *dämmerig, verschwommen* || **schummern** (fachspr.): eine Zeichnung s. *(schattieren)* || **Schummerung** die, -/-en (fachspr.): *bestimmte Art, auf Landkarten die Geländeform darzustellen*

Schummler der, -s/- (ugs.): *jemand, der schummelt* | *Schummelzettel* || **Schummlerin** die, -/-innen (ugs.)

schummrig → schummerig

Schund der, -[e]s (abw.): *Wertloses* || **Schundheft** (abw.) || **Schundliteratur** die, - (abw.) || **Schundroman** (abw.)

Schunkellied: *Lied, zu dem die Anwesenden schunkeln* || **schunkeln,** ich schunkle: *sich sitzend eingehängt zur Musik hin- und herwiegen*

Schupf der, -[e]s/-er (reg., ugs.): *Schupfer, Schubs* || **schupfen:** *einen Stoß geben;* den Ball s. *(spielerisch werfen);* Ziegel s. *(werfend weiterreichen)* | (sal.) den Haushalt s. *(organisieren, führen)*

Schupfen der, -s/- = die, -/-n: *Schuppen*

Schupfer der, -s/- (ugs.): *Stoß* || **Schupfnudel** (meist Pl.): *eine Speise*

Schuppe die, -/-n: die Schuppen des Fisches | ein Haarwasser gegen Schuppen *(Kopfschuppen);* mir fällt es wie Schuppen von den Augen *(wird plötzlich alles klar)*

Schüppel der, -s/- (ugs.): jemandem einen S. *(ein Büschel)* Haare ausreißen; ein S. *(Haufen)* Kinder || **schüppelweise** (ugs.): die Haare gehen s. aus

schuppen[1]: einen Karpfen s. *(seine Schuppen entfernen)* || **schuppen**[2] sich: die Haut schuppt sich

Schuppen der, -s/-: *Gebäude [aus Holz] zur Lagerung von Geräten, Holz, Maschinen ua., Schupfen*

Schuppenflechte die, - (Med.): → *Psoriasis* || **Schuppenpanzer** || **Schuppentier:** *ein Säugetier* || **Schuppenwurz:** *eine Schmarotzerpflanze* || **schuppig:** mit Schuppen bedeckt

Schups = → Schubs || **schupsen** = → schubsen || **Schupser** = → Schubser

Schur die, -/-en: *das Scheren;* Schafschur

schüren: das Feuer s. | die Eifersucht s. *(anfachen)*

schürfen: nach Erzen, Kohle s. *(graben)* || **Schürfrecht:** *Recht, nach Bodenschätzen zu graben* || **Schürfwunde:** *Hautabschürfung*

Schürhaken

schurigeln (ugs.): *schikanieren*

Schurke der, -n/-n (abw.): *Schuft* || **Schurkenstaat** (abw.) || **Schurkenstreich** (abw.) || **Schurkerei** die, -/-en (abw.) || **Schurkin** die, -/-innen (abw.) || **schurkisch** (abw.)

Schurl (reg.): *männl. Vorname (Georg)*

schurln, ich schurl[e] (mda., ostöst.): *geschäftig laufen, rennen*

Schurwolle: *Schafwolle, die von*

S

lebenden Tieren gewonnen wird

Schụrz der, -es/-e: *grobe Schürze für die Arbeit* ‖ **Schụ̈r|ze** die, -/-n: zum Kochen eine S. umbinden ‖ **schụ̈r|zen** (veraltet): das Kleid s. *(hochheben)* ‖ **Schụ̈r|zen|band** ‖ **Schụ̈r|zen|jä|ger** (abw. bzw. scherzh.): *jemand, der hinter den Frauen her ist* ‖ **Schụ̈r|zen|kleid**

Schụss der, -es/Schüsse: ein gezielter S. ins Tor | einen S. abfeuern; weit vom S. *(fern der Gefahr)* sein; der S. geht nach hinten los *(trifft den Urheber)*; ein S. vor den Bug *(eine deutliche Warnung)* | in S. *(Schwung)* kommen; im S. *(in Schussfahrt, sehr schnell)* den Hang hinunterfahren; S. fahren | (Küchenspr.) *kleine Menge Flüssigkeit;* ein S. Rotwein | etwas in S. *(in Ordnung, in Schwung)* bringen | (sal.) der goldene S. *(Injektion mit einer tödlichen Dosis einer Droge)* | (in Mengenangaben mit Pl. Schuss) hundert Schuss Munition; zwei Schuss Essig ‖ **Schụss|ab|ga|be** ‖ **Schụss|at|ten|tat** ‖ **schụss|be|reit**

Schụs|sel der, -s/-n: *schusseliger Mensch*

Schụ̈s|sel die, -/-n: *ein Behälter;* eine S. [voll] Suppe | (ugs.) jemandem auf/in der S. liegen *(zur Last fallen)* | *Kurzwort für Satellitenschüssel*

schụs|se|lig, *auch:* schusslig (ugs.): *unruhig, hastig, hektisch, fahrig* ‖ **Schụs|se|lig|keit** die, -/-en, *auch:* Schussligkeit (ugs.) ‖ **schụs|seln,** ich schussle (ugs.)

Schụss|fahrt: *schnelle Fahrt; Fahrt im Schuss* ‖ **Schụss|feld:** ins S. der Kritik geraten *(Angriffsfläche für Kritik sein)* ‖ **schụss|fest:** *kugelsicher* | (Jägerspr.) *auf Schussknall nicht schreckhafter Hund* ‖ **Schụss|fes|tig|keit** ‖ **Schụss|ka|nal:** *Projektilverlauf im getroffenen Objekt*

Schụss|ler der, -s/- (ugs.): *unruhige, hektische, fahrige männliche Person* ‖ **Schụss|le|rin** die, -/-innen (ugs.) ‖ **schụss|lig** → schusselig ‖ **Schụss|lig|keit** → Schusseligkeit

Schụss|li|nie [-iɛ]: *Richtung von der Mündung zum Ziel;* in die S. geraten *(der öffentlichen Kritik ausgesetzt sein)* ‖ **schụss|si|cher:** eine schusssichere Weste ‖ **Schụss|ver|let|zung** ‖ **Schụss|waf|fe** ‖ **Schụss|wech|sel** [-ks-]: in einen S. geraten ‖ **Schụss|wun|de**

Schụs|ter der, -s/-: *Schuhmacher;* S., bleib bei deinem Leisten *(mach das, wovon du etwas verstehst);* auf Schusters Rappen *(zu Fuß)* ‖ **Schụs|ter|ah|le:** *ein Werkzeug* ‖ **Schụs|ter|bub** (veraltet): *Schusterlehrling* | (scherzh., veraltet) es regnet Schusterbuben *(in Strömen)* ‖ **Schụs|ter|hand|werk** ‖ **Schụs|ter|kneip** der, -[e]s/-e: *ein Werkzeug zum Lederschneiden* ‖ **Schụs|ter|la|berl** (ostöst.): *Schusterlaibchen* ‖ **Schụs|ter|laib|chen:** *ein Gebäck* ‖ **schụs|tern:** *Schuhe machen* | (ugs., derb) *koitieren* ‖ **Schụs|ter|werk|statt**

Schụtt der, -[e]s: S. abladen; etwas in S. und Asche legen *(zerstören und niederbrennen)* ‖ **Schụtt|ab|la|de|platz** ‖ **Schụ̈tt|be|ton:** *Beton, der durch Abkippen in die Schalung eingebracht wird* ‖ **Schụ̈tt|bo|den** (Landw.): *Lagerraum für Getreide* ‖ **Schụ̈t|te** die, -/-n (Landw.): eine S. *(Schichte, Lage)* Stroh ‖ **Schụ̈t|tel|frost** (Med.): *heftiges Zittern am ganzen Körper bei hohem Fieber [und Kältegefühl]* ‖ **Schụ̈t|tel|läh|mung** (Med.): *parkinsonsche Krankheit* ‖ **schụ̈t|teln,** ich schüttle: vor Gebrauch s.; den Kopf s.; dem Gast die Hand s. ‖ **Schụ̈t|tel|brot** (SüdT): *hartes Roggenbrot aus dünnen Fladen* ‖ **Schụ̈t|tel|reim:** *Wortpaar mit vertauschten Vokalen oder Konsonanten, zB* M*eister*k*lasse –* K*leister*m*asse* ‖ **schụ̈t|ten:** Wasser in ein Gefäß s.; es schüttet *(es regnet in Strömen)*

schụ̈t|ter: schütteres *(wenig dichtes)* Haar

Schụtt|hal|de ‖ **Schụtt|hau|fen** ‖ **Schụtt|ke|gel** ‖ **Schụ̈t|tung** die, -/-en: die Straße erhält eine neue S. *(Schichte aus Kies oder Sand)*

Schụtz der, -es: S. bieten; S. suchen; im S. der Dunkelheit; jemanden in S. nehmen *(verteidigen)* ‖ **Schụ̈tz** das, -es/-e: *Sperrvorrichtung an Wehren uÄ* | (Technik) *ein elektromagnetischer Fernschalter* ‖ **Schụtz|al|ter** (Jus): *Alter, in dem geschlechtliche Beziehungen strafbar sind* | *Zeitraum, in dem Minderjährige den besonderen Schutz der Gesetze genießen* ‖ **Schụtz|an|strich** ‖ **Schụtz|an|zug** ‖ **Schụtz|be|dürf|nis** ‖ **Schụtz|be|dürf|tig|keit** ‖ **Schụtz|be|foh|le|ne**[1] der, -n/-n, ein Schutzbefohlener: *Schützling* ‖ **Schụtz|be|foh|le|ne**[2] die, -n/-n ‖ **Schụtz|be|haup|tung** (Jus): eine Aussage als S. erklären *(mit der sich die betroffene Person nur decken will)* ‖ **Schụtz|be|klei|dung** ‖ **Schụtz|blech** ‖ **Schụtz|brief** (Versich.) (in Öst. Wz.) ‖ **Schụtz|bril|le** ‖ **Schụtz|bund** (Gesch.): Republikanischer S. *(militärisch organisierte, bewaffnete Vereinigung der Sozialdemokratie in der Zwischenkriegszeit in Österreich);* → Heimwehr ‖ **Schụtz|dach** ‖ **Schụtz|damm**

Schụ̈t|ze[1] der, -n/-n: *jemand, der mit einer Schusswaffe schießt;* ein treffsicherer S. | *Mitglied eines Schützenvereins* | *ein Tierkreiszeichen*

Schụ̈t|ze[2] die, -/-n (reg.): *Schuber an Schleusen, Schütz* | *Weberschiffchen* ‖ **Schụtz|ein|rich|tung** ‖ **schụ̈t|zen,** du schützt: jemanden vor etwas s.; sich gegen Kälte s. | geschützte *(unter gesetzlichem Naturschutz stehende)* Pflanzen und Tiere | ein [gesetzlich] geschützter Markenname *(→ Marke)*

Schụ̈t|zen|bund: *Schützenverein* ‖ **Schụ̈t|zen|fest:** *ein Volksfest*

Schụtz|en|gel: sie hat einen S. gehabt *(ist einer Gefahr auf unglaubliche Weise entkommen)*

Schụ̈t|zen|gra|ben (Mil.): *eine Deckung im Infanteriekampf* ‖ **Schụ̈t|zen|hil|fe:** jemandem S. *(Beistand)* leisten ‖ **Schụ̈t|zen|kom|pa|nie** ‖ **Schụ̈t|zen|pan|zer** (Mil.): *ein Panzerfahrzeug* ‖ **Schụ̈t|zen|ver|ein:** *ein Traditionsverein*

Schụ̈t|zer der, -s/-: *Schutzvorrichtung;* Knieschützer | (geh.) *Beschützer* ‖ **Schụ̈t|ze|rin** die, -/-innen (geh.) ‖ **Schụtz|far|be** ‖ **Schụtz|film:** *dünne Schutzschicht* ‖ **Schụtz|frist** (Jus): *Zeit, in der jemand/etwas gesetzlich geschützt ist;* die S. für Schwangere; → Mutterschutz ‖ **Schụtz|ge|bühr:** *geringe Gebühr statt eines Kaufpreises, zB für eine Broschüre* ‖ **Schụtz|geld:** *[bei Geschäftsleuten] erpresste Geldsumme* ‖ **Schụtz|geld|er|pres|sung** ‖ **Schụtz|git|ter** ‖ **Schụtz|glas** ‖ **Schụtz|haft:** *Haft zur Sicherung gefährdeter Personen* | *(in Polizeistaaten) Vorwand für die Verhaftung missliebiger Personen* ‖ **Schụtz|hei|li|ge:** *Schutzpatron/in* ‖ **Schụtz|helm** ‖

Schutzherrschaft ‖ **Schutzhülle** ‖ **Schutzhund:** *Hund mit einer bestimmten Ausbildung* ‖ **Schutzhütte:** *Berghütte* ‖ **schutzimpfen** (nur Inf. und Part.) ‖ **Schutzimpfung**
Schützin die, -/-innen → Schütze[1]
Schutzkleidung ‖ **Schutzkontaktstecker** → Schukostecker ‖ **Schützling** der, -s/-e: *zum Schutz Anvertraute/r* ‖ **schutzlos:** jemandem s. ausgeliefert sein ‖ **Schutzlosigkeit** die, - ‖ **Schutzmacht** (Pol.): *Staat, der einen anderen in einem dritten Land vertritt* | *Staat, der einem anderen Schutz garantiert;* Österreich als S. Südtirols ‖ **Schutzmann** (D): *Polizist* ‖ **Schutzmantelmadonna** (Kunstg.) ‖ **Schutzmarke:** *Warenzeichen;* → WZ = Wz. ‖ **Schutzmaske** ‖ **Schutzmaßnahme** ‖ **Schutzpatron:** *Schutzheiliger* ‖ **Schutzpatronin** ‖ **Schutzraum:** *Luftschutzraum* ‖ **Schutzschalter** → FI-Schalter ‖ **Schutzschicht** = **Schutzschichte** ‖ **Schutzschild** der, -[e]s/-e ‖ **Schutztruppe** ‖ **Schutzumschlag:** *Buchumschlag* ‖ **Schutzverband:** *Verband zum Schutz einer Wunde* | *Interessenvereinigung* ‖ **Schutzvorrichtung** ‖ **Schutzwaffe:** *zB Schild, Helm, Panzer* ‖ **Schutzwald:** *Wald zum Schutz vor Lawinenabgängen u. dgl.* ‖ **Schutzwall** ‖ **Schutzweg:** *ein gekennzeichneter Fußgängerübergang, Zebrastreifen* ‖ **Schutzzoll** (Wirt.): *Einfuhrzoll, der die eigene Wirtschaft gegen Konkurrenz schützt* ‖ **Schutzzone:** eine S. *(Sicherheitszone)* der UNO
Schw.: **Schw**ester
schwabbelig, *auch:* **schwabblig:** ein schwabbeliger Pudding
Schwabe der, -n/-n: *Bewohner Schwabens (in Teilen von Baden-Württemberg und von Bayern)* ‖ **schwäbeln,** ich schwäble: *mit schwäbischem Einschlag sprechen* ‖ **Schwaben** ‖ **Schwäbin** die, -/-innen ‖ **schwäbisch:** schwäbische Trachten; *aber:* das **S**chwäbische Meer *(Bodensee)*

schwach,

schwächer/am schwächsten: *kraftlos* | ein schwaches *(dünnes)* Brett | ein schwaches *(schlechtes)* Gedächtnis haben | ein schwaches Argument | eine schwache *(nicht volle)* Stunde brauchen | in einer schwachen Stunde *(in einem Augenblick der Nachgiebigkeit)* zustimmen | (Gramm.) schwache *(schwach konjugierte)* Verben; schwache *(schwach deklinierte)* Nomen

Getrennt- und Zusammenschreibung:
- bei diesem Angebot bin ich schwachgeworden (= schwach geworden) *(habe ich nicht widerstehen können); aber nur getrennt:* die Patientin ist schwach geworden *(in Ohnmacht gefallen)*
- ein schwach begabter (= schwachbegabter) Schüler
- ein schwach bevölkertes (= schwachbevölkertes) Gebiet
- schwach betont = schwachbetont

R→ S. 903, 2.2

schwach begabt = **schwachbegabt** ‖ **schwach betont** = **schwachbetont** ‖ **schwach bevölkert** = **schwachbevölkert** ‖ **Schwäche** die, -/-n: Deutsch ist seine S. *(auf diesem Gebiet ist er schwach begabt)* | sie hat eine S. *(eine Vorliebe)* für schöne Bücher ‖ **Schwächeanfall** ‖ **Schwächegefühl** ‖ **schwächeln,** ich schwächle: *Schwächen zeigen* ‖ **schwächen:** *entkräften;* die Machtposition s. *(verringern)* ‖ **Schwächezustand** ‖ **Schwachheit** die, - ‖ **Schwachkopf** (abw.): *Dummkopf* ‖ **schwächlich:** *kraftlos, krank* ‖ **Schwächling** der, -s/-e (abw.): *Mensch mit wenig Körperkraft* | *Mensch mit wenig Durchsetzungskraft* ‖ **Schwachmatiker** der, -s/- = **Schwachmatikus,** -/-kusse (ugs., oft scherzh.): *schlechter Schüler* | *Schwächling* ‖ **Schwachpunkt:** *schwacher Punkt, Schwachstelle* ‖ **schwachsichtig:** *von schwacher Sehkraft* ‖ **Schwachsinn** (Med.): *geistige Unterentwicklung* | (ugs.) *Dummheit* ‖ **schwachsinnig** ‖ **Schwachsinnige**[1] der, -n/-n, ein Schwachsinniger ‖ **Schwachsinnige**[2] die, -n/-n ‖ **Schwachstelle:** *Schwachpunkt* ‖ **Schwachstrom** der, -[e]s (Elektrot.) ‖ **Schwachstromtechnik** ‖ **Schwächung** die, -/-en ‖ **schwach werden** = **schwachwerden:** *trotz Vorsatz nicht widerstehen können;* → schwach
Schwaden[1] der, -s/-: *dahinstreichender Dampf, Dunst oder Rauch*
Schwaden[2] der, -s/-: *eine Reihe gemähten Grases oder Getreides* ‖ **schwadenweise**
Schwadron die, -/-en ⟨it.⟩ (früher) (Mil.): *eine Einheit der Kavallerie* ‖ **Schwadroneur** [-ˈnøːə] der, -s/-e (abw.): *Schwätzer, Aufschneider* ‖ **Schwadroneurin** die, -/-innen (abw.) ‖ **schwadronieren** (abw.)
Schwafelei die, -/-en (ugs., abw.) ‖ **schwafeln,** *auch:* schwefeln, ich schwafle (ugs., abw.): *viel und gedankenlos reden* ‖ **Schwafler** der, -s/-, *auch:* Schwefler (ugs., abw.): *jemand, der gedankenlos und viel redet* ‖ **Schwaflerin,** die, -/-innen, *auch:* Schweflerin (ugs., abw.)
Schwager der, -s/Schwäger: *Ehemann der Schwester; Bruder der Gattin/des Gatten* | (früher) *Postillon* ‖ **Schwägerin** die, -/-innen: *Ehefrau des Bruders; Schwester der Gattin/des Gatten;* → verschwägert
Schwaige die, -/-n, *auch:* Schwaig, -/-en (reg.): *Sennhütte mit der dazugehörenden Alm; Viehhof* ‖ **schwaigen:** *eine Alm bewirtschaften* ‖ **Schwaiger** der, -s/- (reg.): *Senner* ‖ **Schwaigerin** die, -/-innen (reg.): *Sennerin* ‖ **Schwaighof** (früher): *ganzjährig bewirtschafteter Viehhof*
Schwalbe die, -/-n: *ein Singvogel;* eine S. macht noch keinen Sommer *(von einem Einzelfall darf nicht auf die Gesamtsituation geschlossen werden)* | (sal.) (Sport) *simuliertes Foul im Fußball, um einen Strafstoß zu provozieren* ‖ **Schwalbennest** ‖ **Schwalbenschwanz:** *ein Schmetterling* ‖ **schwalbenschwanzförmig:** *gabelig*
Schwall der, -[e]s/-e: ein S. *(Guss)* Wasser
schwamm → schwimmen
Schwamm der, -[e]s/Schwämme: *Pilz* | *ein wirbelloses Wassertier* | (ugs.) S. drüber! *(vergessen wir den Vorfall!)* ‖ **Schwammerl** das, -s/-[n]: *Pilz;* die Lokale schießen wie die S. *(zahlreich)* aus dem Boden | (ugs.) sie haben narrische S. gegessen *(gebärden sich wie verrückt)* ‖ **Schwammerlgulasch** ‖ **Schwammerlsauce** [-zoːs(ɛ)] = **Schwammerlsoß** = **Schwammerlsoße** ‖ **Schwammerlsucher** der, -s/- ‖ **Schwammerlsucherin** die, -/-innen ‖ **Schwammerlsuppe** ‖ **schwam-**

S

mig: *aufgedunsen* | eine schwammige *(unklare, nicht eindeutige)* Definition || **Schwämmle** das, -s/- (V, CH): *Schwammerl, Pilz* || **Schwammtuch:** *ein Reinigungstuch*

Schwan der, -[e]s/Schwäne: *ein Entenvogel*

schwand → schwinden

schwanen (geh.): mir schwant *(ich ahne)* nichts Gutes

Schwanengesang der, -[e]s (geh.): dieses Buch war sein S. *(sein letztes Werk)* || **Schwanenhals:** *langer, schmaler Hals*

Schwanenstadt: *Stadt in Oberösterreich*

schwang → schwingen || **Schwang** (nur in der Wendung): etwas ist im S. *(es ist allgemein üblich)*

schwanger: *ein Kind erwartend;* eine schwangere Frau; sie ist im vierten Monat s.; → schwangergehen || **Schwangere** die, -n/-n || **Schwangerengymnastik** [-gy-] || **schwangergehen** (geh.): mit etwas s. *(etwas planen)* || **schwängern:** *schwanger machen* | von Rauch geschwängerte Luft || **Schwangerschaft** die, -/-en || **Schwangerschaftsabbruch** || **Schwangerschaftsgymnastik** [-gym-] || **Schwangerschaftstest** || **Schwangerschaftsverhütung:** *Empfängnisverhütung* || **Schwängerung** die, -/-en

schwank (geh.): auf schwankem *(unsicherem)* Grund || **Schwank** der, -[e]s/Schwänke: *scherzhafte Erzählung; derb-lustiges Theaterstück* || **schwanken:** eine schwankende *(wackelnde)* Leiter; nach Hause s. | schwankende *(steigende und fallende)* Preise | noch s. *(sich noch nicht entschieden haben)* || **Schwankung** die, -/-en: leise Schwankungen spüren

S

Schwanz der, -es/Schwänze: der Hund wedelt mit dem S. | der S. eines Kometen | (sal.) den S. einziehen *(einen Rückzieher machen)* | (derb) *Penis* || **Schwänzchen** das, -s/- || **schwänzeln,** ich schwänzle: der Hund schwänzelt *(wedelt mit dem Schwanz)* | ein schwänzelnder Gang || **schwanzen** (reg., ugs.): es schwanzt *(ärgert)* ihn; du schwanzt dich || **schwänzen,** du schwänzt: die Schule/den Unterricht s. *(unentschuldigt fernbleiben)* || **Schwänzer** der, -s/- (ugs.): *Schulschwänzer* || **Schwänzerin** die, -/-innen (ugs.) || **Schwanzerl** das, -s/-[n]: *[kleiner] Schwanz* || **Schwanzfeder** || **Schwanzflosse** || **Schwanzl** das, -s/-[n] (ugs.): *Schwanzerl* || **Schwanzlurch:** *ein Amphibium* | (Pl.) (Zool.) *eine Amphibienordnung, zB Molch, Salamander* || **schwanzwedelnd**

schwappen: ein schwappendes Geräusch; → überschwappen

Schwäre die, -/-n (geh.): *ein Geschwür* || **schwären** (geh.): *eitern;* der Finger schwärt || **schwärig** (geh.)

Schwarm der, -[e]s/Schwärme: *große Zahl fliegender Vögel, Bienen oÄ;* ein S. Stare | (ugs.) Hans ist ihr neuer S. *(Angebeteter)* || **schwärmen:** schwärmende Bienen | für die Natur s. *(sich für sie begeistern)* || **Schwärmer** der, -s/-: *schwärmende Person* | (Zool.) *ein Schmetterling* || **Schwärmerei** die, -/-en || **Schwärmerin** die, -/-innen || **schwärmerisch**

Schwarte die, -/-n: *[dicke] Haut* | (ugs.) arbeiten, dass die S. kracht | *[altes] dickes Buch* || **schwartig** || **Schwartl** das, -s/-[n] (ugs.): *Schwarte* || **Schwartling** der, -s/-e: *seitlich nicht beschnittenes Brett*

schwarz,

schwärzer/am schwärzesten: er ist das schwarze Schaf *(der Versager)* in der Familie | etwas schwarz auf weiß bekommen *(schriftlich)* | schwarze Zahlen schreiben *(positiv bilanzieren);* → G.: rote Zahlen | auf dem schwarzen Markt kaufen *(ungesetzlich kaufen);* ein schwarzer *(unglücksreicher)* Tag

Klein- und Großschreibung:

- schwarz (= **S**chwarz) wählen (Frage *Wie?* oder *Was?*) (Pol.: *eine konservativ geprägte politische Partei*)

Großschreibung bei Nominalisierung:

- aus **S**chwarz **W**eiß machen *(die Tatsachen verdrehen)*
- ins **S**chwarze treffen *(mitten ins Ziel)*
- eine Bluse in **S**chwarz *(der Farbe Schwarz)* R→ S. 892, 2.2

Großschreibung in Eigennamen und in bestimmten fachsprachlichen Verbindungen:

- das **S**chwarze Meer
- der **S**chwarze Freitag
- **S**chwarzes (*auch:* schwarzes) Loch (Astron.: *ein nur indirekt nachweisbarer kollabierter Stern*) R→ S. 895, 4.1 bzw. S. 896, 4.3

Groß- und Kleinschreibung in festen Verbindungen mit einer neuen übertragenen Gesamtbedeutung:

- das schwarze (*auch:* **S**chwarze) Brett *(Anschlagtafel)*
- schwarzer (*auch:* **S**chwarzer) Peter *(ein Kartenspiel);* den schwarzen (*auch:* **S**chwarzen) Peter *(einen Nachteil)* haben
- die schwarze (*auch:* **S**chwarze) Kunst *(Zauberei; Buchdruckerkunst)*
- der schwarze (*auch:* **S**chwarze) Tod *(die Pest)*

Zusammenschreibung bei übertragener Bedeutung, zB:

- schwarzarbeiten *(im Pfusch arbeiten)*
- schwarzkopieren *(unerlaubt vervielfältigen)*
- schwarzsehen *(ohne Anmeldung fernsehen; pessimistisch sein)*
- schwarzmalen *(pessimistisch sein)* R→ S. 900, 1.5.1

Getrennt- und Zusammenschreibung mit adjektivisch gebrauchten Partizipien:

- schwarz gefärbte (= schwarzgefärbte) Haare
- schwarzweiß gestreift = schwarzweißgestreift
- schwarz gestreift = schwarzgestreift R→ S. 903, 2.2.1

Schwarz das, -[es]: eine Dame in S. (auch: *in Trauer*); → Schwarze || **Schwarzafrika:** *die von Schwarzen bewohnten Teile Afrikas* || **Schwarzarbeit:** *illegale Arbeit; Pfusch* || **schwarzarbeiten:** er hat schwarzgearbeitet *(im Pfusch gearbeitet)* || **Schwarzarbeiter** || **Schwarzarbeiterin** || **schwarzärgern** sich || **schwarzäugig:** das Baby ist s. || **Schwarzbeere** (reg., zB K, St, OstT): *Heidelbeere* || **Schwarzbeermarmelade** (reg.) || **Schwarzbeernocken** (reg.): *eine Süßspeise* || **schwarzbraun** || **schwarzbrennen:** *ohne eine Genehmigung Schnaps herstellen;* → schwarz || **Schwarzbrenner** || **Schwarzbrennerei:** *ungesetzliches Schnapsbrennen* || **Schwarzbrot:** *dunkles Brot aus Roggenmehl* || **Schwarzbuch:** *themati-*

sche Sammlung von Fakten und Dokumenten über Verbrechen, Korruption o. dgl.; das S. des Kommunismus ‖ **Schwarzdecker:** *ein Beruf (Flachdachbauer, Dachdecker)* ‖ **Schwarzdeckerin** ‖ **Schwarzdorn:** *Schlehdorn* ‖ **Schwarze**[1] das, -n: ins S. *(mitten ins Ziel)* treffen; → schwarz ‖ **Schwarze**[2] der, -n/-n, ein Schwarzer: *dunkelhäutiger Mensch, bes. Schwarzafrikaner* | (ugs.) (Pol.) *Anhänger einer konservativ geprägten politischen Richtung, zB der ÖVP* | *schwarzer Kaffee;* ein großer/kleiner Schwarzer ‖ **Schwarze**[3] die, -n/-n ‖ **Schwärze** die, -/-n: die S. der Nacht | *schwarzer Farbstoff* ‖ **schwärzen,** du schwärzt: vom Rauch geschwärzte Mauern ‖ **Schwärzer** der, -s/- (ugs., veraltet): *Schmuggler* ‖ **Schwärzerin** die, -/-innen (ugs., veraltet) ‖ **schwarzfahren:** *ohne gültigen Fahrausweis fahren* ‖ **Schwarzfahrer:** als S. erwischt werden ‖ **Schwarzfahrerin** ‖ **Schwarzfahrt:** *Fahrt ohne gültige Fahrkarte* ‖ **Schwarzfärbung** ‖ **schwarz gefärbt = schwarzgefärbt** ‖ **Schwarzgeld:** *ungesetzlich/unerlaubt erworbenes, unversteuertes Geld* ‖ **schwarz gestreift = schwarzgestreift** ‖ **schwarzhaarig** ‖ **Schwarzhandel:** *illegaler Handel* ‖ **Schwarzhändler** ‖ **Schwarzhändlerin** ‖ **schwarzhören:** *ohne Anmeldung Radio hören* ‖ **Schwarzhörer** ‖ **Schwarzhörerin** ‖ **Schwarzkappler** der, -s/- (reg., bes. W, ugs.): *Kontrollor in Straßenbahn, U-Bahn uÄ.* ‖ **Schwarzkapplerin** die, -/-innen (reg., bes. W, ugs.) ‖ **Schwarzkehlchen:** *ein Singvogel* ‖ **Schwarzkiefer** die, -/-n: *eine Föhrenart* ‖ **schwarzkopieren:** *unerlaubt vervielfältigen* ‖ **Schwarzkümmel:** *ein Gewürz* ‖ **Schwarzkünstler:** *ein Zauberkünstler, Magier* ‖ **Schwarzkünstlerin** ‖ **schwärzlich:** s. blau ‖ **schwarzmalen:** *pessimistisch sein* ‖ **Schwarzmaler:** *Pessimist* ‖ **Schwarzmalerin** ‖ **Schwarzmarkt** ‖ **Schwarzplenten** (K, T): *Polenta aus Buchweizen* ‖ **Schwarzpulver** [-f-]: *Schießpulver* ‖ **schwarzsehen:** *ohne Anmeldung fernsehen* | *pessimistisch sein* ‖ **Schwarzseher:** *jemand, der überall Schlechtes voraussieht; Pessimist* | *jemand, der ohne Anmeldung fernsieht* ‖ **Schwarzseherei** die, -/-en ‖ **Schwarzseherin** ‖ **Schwarzspecht** ‖ **Schwarzstorch** ‖ **Schwarztee:** *schwarzer (russischer) Tee* ‖ **Schwärzung** die, -/-en ‖ **Schwarzwald** der, -[e]s: *ein deutsches Mittelgebirge* ‖ **schwarzweiß:** s. malen *(etwas einseitig, undifferenziert darstellen);* schwarzweiß gestreift (= schwarzweißgestreift) ‖ **Schwarzweißaufnahme** ‖ **Schwarzweißfilm** ‖ **Schwarzweißfoto** ‖ **schwarzweiß gestreift = schwarzweißgestreift** ‖ **Schwarzweißmalerei:** *vereinfachende Darstellung in krassen Gegensätzen* ‖ **schwarz werden = schwarzwerden** (ugs.): warten, bis man s. wird *(endlos, umsonst warten)* ‖ **Schwarzwild** (Jägerspr.): *die Wildschweine* ‖ **Schwarzwurzel:** *eine Gemüsepflanze*

Schwatz der, -es/-e: *Plausch* ‖ **schwatzen,** du schwatzt: *plaudern, tratschen* ‖ **schwätzen:** du schwätzt *(tratschst)* mit dem Sitznachbarn; aus der Schule s. *(Geheimnisse ausplaudern)* | (V) *sich unterhalten* ‖ **Schwätzer** der, -s/- (abw.): *jemand, der viel und oberflächliches Zeug redet* ‖ **Schwätzerin** die, -/-innen (abw.) ‖ **schwatzhaft** (abw.) ‖ **Schwatzhaftigkeit** die, - (abw.)

Schwaz (Kfz: SZ): *Stadt in Tirol*

Schwebe die, -: etwas in S. *(unentschieden)* lassen ‖ **Schwebebahn:** *eine Seilbahn* ‖ **Schwebebalken:** *ein Turngerät* | (Sport) *eine Disziplin im Gerätekunstturnen* ‖ **Schwebebaum:** *ein Turngerät* ‖ **schweben:** der Ballon *ist* über dem Boden geschwebt *(hat sich frei in der Luft gehalten)* | in goßer Gefahr s. *(in Gefahr sein)* | (Jus) ein schwebendes *(noch nicht entschiedenes)* Verfahren ‖ **Schwebezustand:** *unentschiedene Lage* ‖ **Schwebfliege:** *eine Fliege (oft mit wespenähnlichem Aussehen)* ‖ **Schwebung** die, -/-en: *der schwankende Zusammenklang zweier fast gleich hoher Töne*

Schwechat (Kfz: SW): *Stadt in Niederösterreich;* Flughafen Wien-Schwechat

Schwede der, -n/-n ‖ **Schweden** (Kfz: S): *ein Staat* ‖ **Schwedenbombe** (Wz.): *eine Süßigkeit* ‖ **Schwedenreiter** (Landw.): *Vorrichtung zum Heutrocknen* ‖ **Schwedin** die, -/-innen ‖ **schwedisch** ‖ **Schwedisch** das, -[s] = **Schwedische,** -n: *die schwedische Sprache*

Schwefel der, -s (Zeichen: S): *ein chemisches Element* ‖ **Schwefelbad** (Med.) ‖ **Schwefeldioxid** = **Schwefeldioxyd** [-yd] (Chem.) ‖ **schwefelgelb** ‖ **schwefelhältig,** *auch:* schwefelhaltig ‖ **schwefelig** = schweflig: schwefeliger Geruch ‖ **schwefeln,** ich schwefle: Fässer s. *(mit Schwefel ausräuchern);* Rosinen s. | → schwafeln ‖ **Schwefelquelle:** *schwefelhältige Heilquelle* ‖ **Schwefelsäure** die, - (Chem.) ‖ **Schwefelwasserstoff** (Chem.): *ein giftiges Gas* ‖ **Schwefler** → Schwafler ‖ **Schweflerin** die, -/-innen → Schwaflerin ‖ **schweflig** = → schwefelig

Schwegel die, -/-n = der, -s/- = **Schwegelpfeife:** *ein volkstümliches Blasinstrument, Querpfeife* ‖ **Schwegler** der, -s/- ‖ **Schweglerin** die, -/-innen

Schweif der, -[e]s/-e: *buschiger Schwanz* ‖ **schweifen** (geh.): *wandern, spazieren;* durch Wald und Wiesen s.; in die Ferne s.; ‖ **Schweifstern** (veraltet): *Komet* ‖ **schweifwedelnd**

Schweigegeld: als Mitwisser S. *(Bestechungsgeld)* erpressen ‖ **Schweigemarsch:** *eine friedliche Form der Demonstration [zum Gedenken]* ‖ **Schweigeminute:** *Gedenkminute* ‖ **schweigen,** schwieg/geschwiegen: die Frau schwieg vor sich hin; die Waffen s. *(der Krieg ist unterbrochen oder zu Ende);* ich schweige wie ein Grab *(verrate nichts);* das Stück ist schlecht, ganz zu s. von der Inszenierung *(bes. die Inszenierung)* ‖ **Schweigen** das, -s: danach herrschte betroffenes S.; sie brach das S. *(beendete die Stille);* jemanden gewaltsam zum S. bringen (auch: *töten*); sich in S. hüllen *(nichts verraten)* ‖ **Schweigepflicht** die, -: die S. des Arztes ‖ **Schweiger** der, -s/-: *nicht mitteilsamer Mensch* ‖ **Schweigerin** die, -/-innen ‖ **schweigsam:** *wortkarg, ruhig* ‖ **Schweigsamkeit** die, -

Schwein das, -[e]s/-e: Schweine mästen | (sal.) kein S. *(niemand)* war da | (derb) wie ein S. *(sehr stark)* bluten | (derb, abw.) *ver-*

S

achtenswerter, unsauberer Mensch; dieses S. hat mich hintergangen | (ohne Pl.) (ugs.) S. *(Glück)* haben ‖ **Schweinchen** das, -s/- ‖ **Schweinderl** das, -s/-[n] = **Schweindl** das, -s/-n (ugs.): *Schweinchen* ‖ **Schweinebauch** (bes. D) (Küchenspr.): *Schweinsbauch* ‖ **Schweinebraten** (bes. D): *Schweinsbraten* ‖ **Schweinefett** = Schweinsfett ‖ **Schweinefilet** [-leː] (bes. D): *Schweinsfilet* ‖ **Schweinefleisch** ‖ **Schweinegeld** (ugs.): *[unangemessen] hohe Kosten* ‖ **Schweinegrippe:** *Erkrankung an einem bestimmten Grippevirus* ‖ **Schweinehund** (derb): *Lump* | (scherzh.) den inneren S. *(die eigene Bequemlichkeit)* besiegen ‖ **Schweineleber** = Schweinsleber ‖ **Schweinemast** ‖ **Schweinepest:** *eine Krankheit bei Schweinen* ‖ **Schweinerei** die, -/-en (derb): *arge Verschmutzung; grobe Unkorrektheit; Unanständigkeit* ‖ **Schweinerippchen** = **Schweinerippe** = **Schweineripperl** (bes. D) (Küchenspr.): *Schweinsrippchen (eine Speise)* ‖ **Schweinerne** das, -n: *Schweinefleisch;* mageres Schweinernes ‖ **Schweineschmalz** = Schweinsschmalz ‖ **Schweineschnitzel** (bes. D): *Schweinsschnitzel* ‖ **Schweinestall** ‖ **Schweinezucht** ‖ **schweinigeln,** ich schweinigle (ugs., sal.): *unanständige Reden führen;* → Nigel ‖ **schweinisch** (derb): *unanständig* ‖ **Schweinsbauch** (Küchenspr.): *Bauchfleisch;* gefüllter S. ‖ **Schweinsborste** ‖ **Schweinsbraten:** *eine Speise* ‖ **Schweinsfett** = → Schweinefett ‖ **Schweinsfilet** [-leː]: *Schweinslungenbraten* ‖ **Schweinsfischerl** (Küchenspr.) ‖ **Schweinsfischl** (reg., bes. K) (Küchenspr.): *Schweinsfischerl* ‖ **Schweinsgalopp** (ugs.): im S. *(hastig, ungenau)* ‖ **Schweinsgulasch** ‖ **Schweinshaxe** (südl. D): *Schweinshaxen* ‖ **Schweinshaxen:** *Schweinsstelze* ‖ **Schweinsjungfer** (Küchenspr.): *Schweinsjungfernbraten* ‖ **Schweinsjungfernbraten** (Küchenspr.) ‖ **Schweinskarree** ‖ **Schweinskotelett** [-kɔtlɛt]: paniertes S. ‖ **Schweinsleber** = → Schweineleber ‖ **Schweinsleder:** eine Tasche aus S. ‖ **schweinsledern** ‖ **Schweinslungenbraten** ‖ **Schweinsmedaillon** [-da(l)joːn, *auch:* -jõː] ‖ **Schweinsnetz** (Küchenspr.) ‖ **Schweinsrippchen** = **Schweinsrippe** = **Schweinsripperl** (Küchenspr.): *eine Speise* ‖ **Schweinsschlegel,** *auch:* **Schweinsschlögel** ‖ **Schweinsschmalz** = → Schweineschmalz ‖ **Schweinsschnitzel:** *eine Speise;* S. mit Salat ‖ **Schweinsschopf** (Küchenspr.): *Teil des Schweins* ‖ **Schweinsstelze** ‖ **Schweinssulz**

Schweiß der, -es: der kalte S.; in S. gebadet *(völlig verschwitzt);* das kostet S. *(viel Mühe)* | (geh.) im Schweiße seines Angesichts *(unter großer Anstrengung)* | (Jägerspr.) der S. *(das Blut)* des angeschossenen Wildes ‖ **Schweißausbruch** ‖ **Schweißband:** *Stoffband, das den Schweiß aufsaugen soll* ‖ **schweißbedeckt** ‖ **Schweißblatt:** *Stoffeinsatz gegen Achselschweiß* ‖ **Schweißbrenner:** *Teil des Schweißapparates* ‖ **Schweißdrüse** ‖ **schweißen,** du schweißt: Schienen s. *(aneinanderschmelzen)* | (Jägerspr.) *bluten (des Wildes)* ‖ **Schweißer** der, -s/-: *ein Facharbeiter* ‖ **Schweißerin** die, -/-innen ‖ **Schweißfährte** (Jägerspr.): *Blutspur eines angeschossenen oder verletzten Tiers* ‖ **Schweißfleck** ‖ **Schweißfuß** ‖ **schweißgebadet:** s. aufwachen ‖ **Schweißgeruch** ‖ **schweißig:** schweißige Hände ‖ **Schweißleder:** *Band im Hut* ‖ **Schweißnaht:** *Linie, an der zwei Teile zusammengeschweißt wurden* ‖ **schweißnass** ‖ **Schweißperle:** *Schweißtropfen* ‖ **schweißtreibend:** schweißtreibende Mittel ‖ **schweißtriefend:** *sehr stark schwitzend* ‖ **Schweißtropfen** ‖ **Schweißtuch** ‖ **schweißüberströmt** ‖ **schweißverklebt**

Schweiz die, - (Kfz: CH): *ein Staat* ‖ **Schweizer**[1] der, -s/-: *Einwohner der Schweiz* | (reg.) *Melker* | Mitglied der Schweizergarde ‖ **Schweizer**[2] (Adj.): Schweizer Käse ‖ **schweizerdeutsch:** schweizerdeutsche Mundarten; s. (*auch:* Schweizerdeutsch) reden ‖ **Schweizerdeutsch** das, -[s] = **Schweizerdeutsche,** -n, *auch:* Schwyzerdütsch [-'iː-dyːtʃ] das, -[s], Schwyzertütsch: *Dialekte der deutschsprachigen Schweiz* ‖ **Schweizergarde** die, -: *päpstliche Leibwache (im Vatikan)* ‖ **Schweizerin** die, -/-innen ‖ **schweizerisch:** s. reden; *aber:* die Schweizerische Eidgenossenschaft *(volle Form des Namens der Schweiz)* ‖ **Schweizerkracher:** *ein Knallkörper*

Schwelbrand ‖ **schwelen:** *glosen;* das Feuer schwelte noch lange unter der Asche

schwelgen: *üppig leben* | in Erinnerungen s.; im Glück s. *(es voll und ganz genießen)* ‖ **Schwelgerei** die, -/-en ‖ **schwelgerisch**

Schwelle die, -/-n: *Türstaffel;* den Fuß über diese S. setzen *(dieses Haus/diese Wohnung betreten);* | *Teil der Gleisanlage, Eisenbahnschwelle* | (geh.) an der S. *(am Anfang)* eines neuen Jahres

schwellen[1], schwillt/schwoll/geschwollen: *sich ausdehnen;* ein geschwollener Hals; die Knospe schwillt; ihm schwillt der Kamm *(er wird übermütig und frech);* → geschwollen ‖ **schwellen**[2], er schwellt/schwellte/geschwellt (geh.): *zum Schwellen bringen;* vom Wind geschwellte Segel

Schwellenangst: *Angst, eine neue Situation nicht bewältigen zu können* ‖ **Schwellenland:** *Entwicklungsland am Übergang zum Industrieland* ‖ **Schwellenwert:** *Ausmaß, von dem an Auswirkungen feststellbar sind*

Schwellkörper (Med.): der S. des Penis ‖ **Schwellung** die, -/-en

Schwemme die, -/-n: Pferde zum Waschen in die S. *(zu einer flachen Stelle an einem Fluss oÄ)* führen | (veraltend) *billige Abteilung eines Warenhauses* ‖ **schwemmen:** *[Wäsche] spülen* | Holz s. *(flößen)* | die Strömung schwemmte viele Muscheln an Land ‖ **Schwemmkanal:** *Wasserrinne zum Flößen von Hölzern* ‖ **Schwemmland** das, -[e]s: *fest angeschwemmter Boden* ‖ **Schwemmsand**

schwenden ‖ **Schwendtage** die (Pl.): *im Volksglauben Tage, die sich bes. zum Schwenden bzw. für bestimmte Tischlerarbeiten eignen* ‖ **Schwendung** die, -/-en: *Entfernung des Baum- bzw. Strauchbestands durch Roden der Wurzeln und Pflanzen*

Schwengel der, -s/-: *bewegliche Stange zum Pumpen, Brunnenschwengel* | *Klöppel, Glockenschwengel*

Schwenk der, -[e]s/-s [-e]: *Drehung, Wendung;* einen S. mit der Kamera machen ‖ **schwenkbar** ‖

S

schwenken: Fahnen s. *(hin und her schwingen)* | die Kamera s. | die Fisolen in Butter s. || **Schwenker** der, -s/-: *Schwenkglas [für Kognak]* || **Schwenkkran**

schwer:

drei Kilo schwer; schweres *(massives)* Gold; schweres Geschütz *(mit großem Kaliber)* | ein schweres *(heftiges)* Gewitter | eine schwere *(schwierige, schwer erlernbare)* Sprache | (ugs.) ein schwerer Bursche *([Schwer-] verbrecher)* | schwere *(ernste)* Musik; *aber:* Schweres durchgemacht haben; → schwerst

Getrenntschreibung bei wörtlicher Bedeutung:
- schwer arbeiten *(hart)*
- sich schwer verletzen

Zusammenschreibung bei übertragener Bedeutung:
- es wird ihm schwerfallen, das Gegenteil zu beweisen
- das Leben schwernehmen *(sehr ernst)*
- ich habe mir/mich schwergetan

Außerdem: schwerreich

R→ S. 900, 1.5.1

Getrennt- und Zusammenschreibung in Zweifelsfällen, mit adjektivisch gebrauchten Partizipien, und wenn „schwer" die Bedeutung des folgenden Adjektivs abstuft, zB:
- der Autofahrer hat mich schwer behindert (= schwerbehindert); *aber fachspr. nur zusammen:* schwerbehinderte Kinder
- schwer erziehbar = schwererziehbar
- schwer krank = schwerkrank
- jemandem das Leben schwer machen (= schwermachen)
- schwer verletzt = schwerverletzt
- der schwer Verletzte = Schwerverletzte
- schwer verständlich = schwerverständlich
- schwer wiegende (= schwerwiegende) Gründe *(sehr wichtige, gewichtige); aber nur getrennt bzw. zusammen:* schwerer wiegende, schwerwiegendere Argumente

R→ S. 903, 2.2 bzw. S. 903, 2.1.6

Schwerarbeit || **Schwerarbeiter** || **Schwerarbeiterin** || **Schwerarbeiterregelung** (Wirt.): *eine Pensionsregelung* || **Schwerathletik** (Sport): *Gewichtheben, Boxen, Ringen, Judo* || **schwerbehindert** (fachspr.): *durch gesundheitliche Beeinträchtigung nur bedingt erwerbsfähig; aber:* der Radfahrer hat mich schwer behindert (= schwerbehindert) || **Schwerbehinderte** || **schwer beschädigt = schwerbeschädigt:** ein s. beschädigtes Auto || **schwerblütig:** *schwermütig, bedächtig* || **Schwere** die, - || **schwerelos** || **Schwerelosigkeit** die, -: die S. im Weltraum || **Schwerenöter** der, -s/- (scherzhaft): *lebenslustiger Mann, der gern im Ruf eines Frauenhelden steht* || **schwer erziehbar = schwererziehbar** || **schwer Erziehbare**[1] = **Schwererziehbare**[1] der, - -n/- -n, ein schwer Erziehbarer = Schwererziehbarer || **schwer Erziehbare**[2] = **Schwererziehbare**[2] die, -n/-n || **Schwerfahrzeug:** *Sattelschlepper uÄ* || **schwerfallen:** die Aufgabe wird ihm s.; → schwer || **schwerfällig:** *ungeschickt, langsam,plump* || **Schwerfälligkeit** die, - || **schwerflüssig:** *zähflüssig* || **schwerfüßig** || **Schwergewicht** das, -[e]s (Sport): *eine Gewichtsklasse* || **schwergewichtig** || **schwerhörig** || **Schwerhörigkeit** die, - || **Schwerindustrie** die, -: *Bergbau sowie Eisen- und Stahlindustrie* || **Schwerkraft** die, - (Phys.): *Anziehungskraft [der Erde]* || **schwer krank = schwerkrank:** eine s. kranke Patientin || **schwer Kranke = Schwerkranke** || **schwerlich:** *kaum* || **schwer machen = schwermachen:** jemandem das Leben s. m. || **Schwermetall:** *Eisen ua.;* → G.: Leichtmetall || **Schwermut** die, - || **schwermütig:** ein schwermütiger Mensch *(jemand, der alles viel zu schwer nimmt)* || **schwernehmen:** das Leben s.; → schwer || **Schweröl:** *Öl, das bei der Verarbeitung von Rohöl entsteht, zB flüssiger Brennstoff* || **Schwerpunkt:** der S. *(das Hauptgewicht)* einer Aussage | (Phys.) *Zentrum der Masse eines Körpers* || **Schwerpunktkontrolle** || **Schwerpunktkrankenhaus:** *Krankenhaus für die Versorgung bestimmter Verletzungen und Erkrankungen* || **schwerpunktmäßig** || **Schwerpunktspital** || **schwerreich:** *sehr reich* || **schwerst** (ugs.): *sehr schwer;* das Mädchen war s. beeinträchtigt/behindert; → schwer || **Schwerstarbeit** || **schwerstbehindert** || **Schwerstbehinderte** || **Schwerstverletzte**

Schwert [geh.: -eː-] das, -[e]s/-er: *eine Hieb- und Stichwaffe;* das S. ziehen; ein zweischneidiges S. *(eine riskante Sache)* | (geh.) die Schwerter kreuzen *(kämpfen)* || **Schwertfisch** || **Schwertgriff** || **Schwertknauf** || **Schwertlilie** [-i̯ɛ] || **Schwertschlucker** der, -s/-: *ein Artist* || **Schwertschluckerin** die, -/-innen || **Schwertstreich** (geh.): eine Stadt ohne S. *(kampflos, ohne Blutvergießen)* einnehmen || **Schwerttanz** || **Schwertwal:** *ein Zahnwal*

schwertun sich: → schwer || **Schwerverbrecher** || **Schwerverbrecherin** || **schwer verdaulich = schwerverdaulich** || **Schwerverkehr:** *Lkw-Verkehr* || **Schwerverkehrsabgabe** || **schwer verletzt = schwerverletzt:** eine s. verletzte Frau || **schwer Verletzte = Schwerverletzte** || **schwer verständlich = schwerverständlich** || **schwer Verwundete = Schwerverwundete** || **schwer wiegend = schwerwiegend:** das ist s. wiegend (= schwerwiegend)*; aber nur:* am schwerwiegendsten; → schwer

Schwester die, -/-n: Bruder und S. | *Kurzwort für Krankenschwester;* → Pfleger | (mit Abk. Schw.) *Kurzwort für geistliche Schwester, Klosterschwester* (Anrede: Schwester Maria); die Barmherzigen Schwestern *(ein Krankenpflegeorden)* || **Schwesterbetrieb:** *Zweigbetrieb* || **Schwesterfirma:** *Zweigfirma* || **Schwesterherz** (scherzh.): *Schwester, Freundin* || **schwesterlich** || **Schwesterlok = Schwesterlokomotive** [-fɛ, -vɛ]: *baugleiches Modell* || **Schwesternheim** || **Schwesternschule:** *Schule für Krankenschwestern* || **Schwesterntracht** || **Schwesterpartei:** *Partei gleicher Richtung* || **Schwesterschiff**

Schwibbogen (Arch.): *ein Mauerbogen [zwischen zwei Häusern]*

schwieg → schweigen

Schwiegereltern die (Pl.): *Eltern des Ehemanns bzw. der Ehefrau* || **Schwiegermutter** || **Schwie-**

S

ger|sohn ‖ **Schwie|ger|toch|ter** ‖ **Schwie|ger|va|ter**
Schwie|le die, -/-n: *harte Hautstelle:* Schwielen bekommen ‖ **schwie|lig:** eine schwielige Hand
schwie|rig: *mühsam, schwer, kompliziert* ‖ **Schwie|rig|keit** die, -/-en: jemanden in Schwierigkeiten bringen ‖ **Schwie|rig|keits|grad**
schwillt → schwellen
Schwimm|an|zug: *Badeanzug* ‖ **Schwimm|bad** ‖ **Schwimm|bassin** [-sɛ̃ː]: *Schwimmbecken* ‖ **Schwimm|be|cken** ‖ **Schwimm|be|we|gung** ‖ **Schwimm|bla|se:** die S. der Fische ‖ **Schwimm|dis|zi|plin:** *Delphin, Brust ua.* ‖ **schwim|men,** schwamm/ ich *bin* geschwommen: gegen den Strom s. *(einen Trend nicht mitmachen)* | seine Augen s. *(sind mit Tränen gefüllt)* | (Küchenspr.) Schnitzel in Fett schwimmend herausbacken | sie schwimmt in *(hat viel)* Glück | (ugs.) mir schwimmt der Kopf *(meine Wahrnehmung ist getrübt)* | (ugs.) in Latein s. *(unsicher, schwach sein)* ‖ **Schwim|mer** der, -s/-: er ist kein guter S. | *Teil einer Absperrvorrichtung [im Spülkasten des Klosetts]* ‖ **Schwim|mer|be|cken** → G.: Nichtschwimmerbecken ‖ **Schwim|me|rin** die, -/-innen ‖ **Schwimm|flos|se:** *einer Flosse ähnlicher Schuh zum Schwimmen und Tauchen* ‖ **Schwimm|flü|gel** (meist Pl.): *eine Schwimmhilfe am Oberarm [für Kinder]* ‖ **Schwimm|gür|tel** ‖ **Schwimm|haut:** Schwimmvögel haben eine S. ‖ **Schwimm|hil|fe:** *Hilfsmittel zum Fortbewegen im Wasser* ‖ **Schwimm|leh|rer** ‖ **Schwimm|leh|re|rin** ‖ **Schwimm|meis|ter:** *Bademeister* ‖ **Schwimm|meis|te|rin** ‖ **Schwimm|rei|fen:** ein aufblasbarer S. | (ugs.) *[dicke] Fettschicht um den Bauch* ‖ **Schwimm|sport** ‖ **Schwimm|stil** [-st-, -ʃt-] ‖ **Schwimm|vo|gel** ‖ **Schwimm|wa|gen:** *Amphibienfahrzeug* ‖ **Schwimm|wes|te:** *ein Rettungsgerät [auf Schiffen, in Flugzeugen]*
Schwin|del der, -s/-: *Gleichgewichtsstörung;* → Schwindel erregend = schwindelerregend | (abw.) *Täuschung, Betrug* ‖ **Schwin|del|an|fall** ‖ **Schwin|de|lei** die, -/-en (abw.): *Täuschung, Betrug* ‖ **Schwin|del er|re|gend** = **schwin|del|er|re|gend:** ein S. erregender Abgrund ‖ **schwin|del|frei:** nicht s. sein ‖ **Schwin|del|ge|fühl** ‖ **schwin|deln,** ich schwindle: mir/mich schwindelt | beim Kartenspielen s. *(schummeln);* sich durch alle Kontrollen s. ‖ **Schwin|del|zettel**
schwin|den, schwand/geschwunden (geh.): die Hoffnung schwindet; der Schnee ist geschwunden; das Holz ist geschwunden *(geschrumpft)* | ihm schwanden die Sinne *(er verlor das Bewusstsein)*
Schwind|ler der, -s/-: *jemand, der schwindelt;* → schwindeln ‖ **Schwind|le|rin** die, -/-innen ‖ **schwind|lig:** vom Drehen s. werden
Schwind|sucht die, - (veraltet): *Lungentuberkulose* ‖ **schwind|süch|tig** (veraltet)
Schwin|ge die, -/-n (geh.): *Flügel [eines Vogels]* | (mda.) *ein Tragkorb, Schwingerl*
Schwin|gel der, -s/-: *eine Gräsergattung*
schwin|gen[1], schwang/geschwungen: Fahnen s. | in ihrer Stimme schwingt *(klingt)* Freude [mit] | (sal.) große Reden s. *(prahlen)* | (scherzh.) das Tanzbein s. *(tanzen)* ‖ **schwin|gen**[2] sich: sich in die Höhe s.; sich auf das Fahrrad s. ‖ **Schwin|ger** der, -s/-: *ein Boxhieb* ‖ **Schwin|gerl** das, -s/-[n] (mda.): *ein Tragkorb, Schwinge* ‖ **Schwing|kreis** (Phys.): *ein bestimmter elektrischer Stromkreis* ‖ **Schwing|tor:** *ein [Garagen]tor* ‖ **Schwing|tür:** *Tür, die nach außen und nach innen zu öffnen ist* ‖ **Schwin|gung** die, -/-en: elektromagnetische Schwingungen ‖ **Schwin|gungs|pe|ri|o|de**
Schwipp|schwa|ger (ugs.): *Schwager des Ehepartners* ‖ **Schwipp|schwä|ge|rin** (ugs.)
Schwips der, -es/-e (ugs.): *ein leichter Alkoholrausch;* → beschwipst
schwir|ren: schwirrende Maikäfer | Gerüchte s. durch die Stadt *(sie gehen von Mund zu Mund)*
Schwitz|bad: *Sauna, Dampfbad ua.* ‖ **schwit|zen,** du schwitzt: *Schweiß absondern* | die Fenster s. *(sind mit Kondenswasser beschlagen)* ‖ **Schwitz|kas|ten:** *ein Ringergriff* | (ugs.) jemanden in den S. nehmen *(jemanden auf besondere Art fest halten)* ‖ **Schwitz|kur**
schwoll → schwellen
schwö|ren, schwor [veraltet: schwur]/geschworen: *einen Eid ablegen;* bei Gott s.; auf die Bibel s. | auf etwas s. *(fest daran glauben, davon felsenfest überzeugt sein)* | ich könnte s. *(ich bin mir ganz sicher);* → geschworen
Schwuch|tel die, -/-n (abw.): *homosexueller Mann*
schwul: *homosexuell bei Männern;* → lesbisch
schwül: ein schwüler Tag; eine schwüle *(sinnliche)* Atmosphäre; → Schwüle
Schwu|le der, -n/-n: *Homosexueller;* → Lesbierin
Schwü|le die, -: *feuchte, drückende Wärme;* → schwül
Schwu|li|tät die, -/-en (meist Pl.) (ugs.): *Bedrängnis, heikle Lage;* in eine S. geraten ‖ **schwul|les|bisch:** *schwul bzw. lesbisch (bes. als Selbstbezeichnung)*
Schwulst der, -[e]s (abw.): barocker S. ‖ **schwuls|tig,** *auch:* **schwüls|tig** (abw.): ein schwulstiger *(üppiger, überladener, unsinnig gehobener)* Stil; s. reden
schwum|me|rig → schwummerlich ‖ **schwum|mer|lich,** *auch:* schwummerig, schwummrig (ugs.): mir wird s. *(mir wird ängstlich zu Mute, mir ist nicht ganz geheuer)*
Schwund der, -[e]s: *Verlust [an Menge, Ware]*
Schwung der, -[e]s/Schwünge: in S. *(Bewegung)* kommen; etwas in S. bringen *(funktionstüchtig machen)* | mit S. *(Begeisterung)* mittun | (ugs.) einen ganzen S. *(eine ganze Menge)* Arbeit erledigen ‖ **Schwung|fe|der:** *eine Feder am Vogelflügel* ‖ **schwung|haft:** ein schwunghafter Handel ‖ **Schwung|rad** (Technik) ‖ **schwung|voll:** eine schwungvolle *(mitreißende)* Rede
schwupp = schwupps (ugs.): *Ausruf für ein schnelles Geschehen* ‖ **schwupp|di|wupp** (ugs.): *ein Ausruf, schwupp* ‖ **schwupps** = → schwupp
Schwur der, -[e]s/Schwüre: *Eid;* die Hand zum S. heben; einen S. leisten ‖ **Schwur|ge|richt** = **Schwur|ge|richts|hof:** *die Berufsrichter/innen im Geschworenengericht* ‖ **Schwur|ge|richts|saal**
Schwyz [-iː-]: *Schweizer Stadt und Kanton* ‖ **Schwy|zer|dütsch** = **Schwy|zer|tütsch** → Schweizerdeutsch
Sci|ence|fic|tion [ˌsaɪənsˈfɪkʃn] =

S

Science-Fiction die, - (SF) ⟨engl.⟩: *Literatur- bzw. Filmgattung mit utopischem Inhalt* ‖ **Sciencefictionfilm** = **Science-Fiction-Film** = **Sciencefiction-Film** ‖ **Sciencefictionroman** = **Science-Fiction-Roman** = **Sciencefiction-Roman** ‖ **Scientist** der, -s/-s ⟨lat.-engl.⟩: *wissenschaftlicher Mitarbeiter/in [an Universitäten] mit Forschungsaufgaben;* Senior ['si:njə] S. ‖ **Scientology** [-'tɒlədʒi] die, - (Wz.): *eine als Religionsgemeinschaft auftretende Bewegung*

Scirocco [ʃi-ko] der, -s/-s ⟨arab.-it.⟩ (fachspr.): *Schirokko*

Scooter ['sku:tə] der, -s/- ⟨engl.⟩: *Tretroller, Microscooter, Miniscooter*

Score ['skɔ:(ə)] = Skore das, -s/-s ⟨engl.⟩ (Sport): *Spielstand* ‖ **scoren** = skoren: *ein Tor [im Fußball] erzielen*

Scotch [skɒtʃ] der, -s/-s: *schottischer Whisky* ‖ **Scotchterrier:** *eine Hunderasse* ‖ **Scotland Yard** ['skɒtlənd 'ja:d] der, - -: *die Londoner Kriminalpolizei*

Scout [skaʊt] der, -s/-s ⟨engl.⟩: *jemand, der Trends, Jobs oÄ aufspürt* | *Pfadfinder*

Scrabble [skræbl] das, -s/-s ⟨engl.⟩ (Wz.): *ein Spiel mit Buchstaben*

Screen [skri:n] der, -s/-s ⟨engl.⟩: *Bildschirm;* Touchscreen ‖ **screenen:** *mit technischen Geräten untersuchen, um Krankheitssymptome zu finden;* → scannen | *Geschriebenes schnellstmöglich nach bestimmten Elementen durchsuchen* ‖ **Screening** das, -s/-s ‖ **Screenshot** [-ʃɔt] der, -s/-s (EDV): *Abbildung der Darstellung auf dem Bildschirm*

scrollen ['skrəʊ-] ⟨engl.⟩: *[mittels Computermaus] den Bildschirmausschnitt waagrecht oder senkrecht bewegen*

SCS [ɛs tse 'ɛs] die, -: **S**hopping **C**ity **S**üd *(ein Einkaufszentrum bei Wien)* | **S**hopping **C**ity **S**eiersberg *(ein Einkaufszentrum bei Graz)*

s. d.: sieh[e] **d**ort

Se: Selen

Se.: Seine; Se. Exzellenz, der Botschafter

Seaborgium [si:b-] das, -s (Zeichen: Sg): *ein chemisches Element (nach einem amerikanischen Chemiker)*

Seal [si:l] der, -s/-s ⟨engl.⟩: *das Fell der Bärenrobbe* ‖ **Sealmantel**

Seance [se'ɑ̃:s] die, -/-n ⟨fr.⟩: *spiritistische Sitzung*

Sebastian: *männl. Vorname;* → Wastl

sec[1]: Sekunde *(Zeitmaß)* (gesetzliche Abk.: s)

sec[2] [sɛk]: *trocken [bei Champagner]*

Secession [-ts-], *auch:* Sezession die, - ⟨lat.⟩: *eine österreichische Kunstrichtung um 1900* | *deren Ausstellungsgebäude in Wien;* → Jugendstil; → Sezession

sechs [-ks] (6): s. Euro; → acht ‖ **Sechs** die, -/-en (bes. D): *Sechser;* die Ziffer S. ‖ **Sechsachteltakt** ($^{6}/_{8}$-Takt) (Mus.) ‖ **Sechseck** ‖ **sechseckig** (6-eckig) ‖ **sechseinhalb** ‖ **Sechser** (6er) der, -s/-: *die Ziffer Sechs (6);* einen S. hinschreiben | einen S. im Lotto tippen; Solosechser ‖ **sechserlei** ‖ **Sechserpack** der, -[e]s/-s [-e]: *Sechserpackung;* Waren im S. kaufen ‖ **Sechserpackung** ‖ **Sechsertragerl** (ugs.): *Traggestell für sechs Flaschen* ‖ **sechsfach** (6fach = 6-fach) ‖ **sechshundert** (600) ‖ **sechsjährig** (6-jährig); → achtjährig ‖ **sechskantig** (6-kantig) ‖ **sechsmal** (6-mal) (auch: sechs Mal) ‖ **sechssaitig** (6-saitig) ‖ **sechsseitig** (6-seitig) ‖ **sechsspännig** (6-spännig): s. *(mit sechs vorgespannten Pferden)* fahren ‖ **sechsstellig** (6-stellig) ‖ **sechsstöckig** (6-stöckig) ‖ **sechst:** zu s.; → sechste ‖ **sechste** (6.): → achte ‖ **Sechstagerennen** (6-Tage-Rennen): *ein Hallenrennen im Radsport* ‖ **Sechstagewoche** (6-Tage-Woche) ‖ **sechstägig** (6-tägig) ‖ **sechstausend** (6 000) ‖ **Sechstausender** (6 000er): *Berg, der zwischen 6 000 und 6 999 m hoch ist* ‖ **Sechste**[1] der, -n/-n, ein Sechster: jeder S.; der S. von rechts; → achte ‖ **Sechste**[2] die, -n/-n ‖ **Sechstel** das, -s/- ‖ **sechstens** (6.) ‖ **Sechszylindermotor** [-tsy-, -tsi-] (6-Zylinder-Motor)

Sechter der, -s/- (mda.): *ein [hölzernes] Gefäß*

sechzehn (16) ‖ **sechzehnjährig** (16-jährig) → achtjährig ‖ **Sechzehntelnote** (Mus.) ‖ **Sechzehntelpause** (Mus.) ‖ **sechzig** (60): Mitte der s.; → achtzig ‖ **sechziger** (60er) → achtziger ‖ **Sechziger** der, -s/- (60er), ein Sechziger: seinen S. *(60. Geburtstag)* feiern ‖ **sechziger Jahr** = **Sechzigerjahr** (= 60er Jahr, 60er-Jahr) → achtziger ‖ **sechzigjährig** (60-jährig) → achtjährig ‖ **sechzigste** (60.): der s. Geburtstag

secondhand [sekənd'hænd] ⟨engl.⟩: ein Kleid s. *(aus zweiter Hand, gebraucht)* kaufen ‖ **Secondhandshop** [-ʃ-]: *Geschäft für Gebrauchtwaren* ‖ **Second Life** [- 'laɪf] das, - - (Wz.): *virtueller Lebensraum im Internet*

Sectioncontrol ['sekʃənk-] die, - ⟨engl.⟩ (Verk.): *Überwachungssystem, das die Durchschnittsgeschwindigkeit in einem bestimmten Abschnitt misst*

Security[1] [-'kju:rɪtɪ] die, -/-s ⟨lat.-fr.-engl.⟩: *Schutz, Sicherheit* | *Wachpersonal* ‖ **Security**[2] der, -s/-s: *[privater] Sicherheitsmann*

sedativ ⟨lat.⟩ (Med.): *beruhigend [wirkend]* ‖ **Sedativ** das, -s/-e [-fɛ, -vɛ] = **Sedativum** [-v-], -s/Sedativa (Med.): *Beruhigungsmittel* ‖ **sedieren** (Med.): einen Patienten s.

Sediment das, -[e]s/-e ⟨lat.⟩: *Ablagerung, Schichte [am Meeresboden]* ‖ **Sedimentgestein:** *durch Ablagerung entstandenes Gestein*

See[1] der, -s/-n: *ein Binnengewässer;* der Attersee ‖ **See**[2] die, -: *das Meer;* die Nordsee; auf hoher S.; in S. gehen/stechen *(auslaufen);* zur S. *(auf dem Meer)* fahren; zur S. gehen *(Seemann werden)* | (mit Pl. -n) (Seemannsspr.) *Sturzsee;* schwere Seen *(hohe Wellen)* schlugen über Bord ‖ **Seeadler:** *ein Greifvogel* ‖ **Seebad:** *Badeort am Meer* ‖ **Seebär:** *eine Robbenart* | (scherzh.) *Seemann mit viel Erfahrung* ‖ **Seebeben:** *Erdbeben im Meeresboden* ‖ **Seeblick:** Zimmer mit S. ‖ **Seeblockade** (Mil.): *Sperre aller Seeverbindungen* ‖ **Seebühne:** *Freilichtbühne im See;* S. Bregenz ‖ **Seeelefant:** *eine Robbenart* ‖ **Seeende** ‖ **seeerfahren** ‖ **Seeerfahrung** ‖ **seefahrend** (früher): ein seefahrendes Volk ‖ **Seefahrer** ‖ **Seefahrerin** ‖ **Seefahrt** die, -: *Meeresschifffahrt* ‖ **seefest:** seetüchtig ‖ **Seefestspiele** die (Pl.): *Festspiele in Bregenz, Mörbisch, Klagenfurt* ‖ **Seefisch:** *Speisefisch aus dem Meer* ‖ **Seegang** der, -[e]s: hoher S. *(Wellengang)* ‖ **Seegefecht** (Mil.) ‖ **Seegras:** *eine Grasart* | *Füllmaterial [für Matratzen]* ‖ **Seehafen** ‖

S

See|han|del ‖ **See|ha|se:** *ein Fisch (liefert Kaviarersatz)* | *eine Meeresschnecke* ‖ **See|ha|sen|ro|gen:** *ein Kaviarersatz* ‖ **See|hecht:** *ein Meeresfisch* ‖ **See|herr|schaft** die, -: *Herrschaft über das Meer auf Grund einer überlegenen Kriegsflotte* ‖ **See|hö|he:** *Höhe eines Geländepunktes im Verhältnis zum Meeresspiegel* ‖ **See|hund:** *eine Robbenart* ‖ **See|igel:** *ein Stachelhäuter im Meer* ‖ **See|jung|frau:** *Nixe* ‖ **See|kar|te:** *geographische Karte für die Meeresschifffahrt* ‖ **see|klar:** *bereit zur Ausfahrt* ‖ **see|krank** ‖ **See|krank|heit** die, -: *Übelkeit durch Wellengang* ‖ **See|krieg** ‖ **See|kuh:** *ein Meeressäugetier* ‖ **See|lachs** [-ks]: *ein Speisefisch* ‖ **See|lö|we:** *eine Robbenart*

See|le die, -/-n: keine S. *(niemand)* war da; eine treue S.; eine S. von einem Menschen *(ein guter Mensch)* | *Psyche;* ein Herz und eine S. sein; aus tiefster S.; du sprichst mir aus der S.; mit Leib und S. *(mit großer Begeisterung);* sich etwas von der S. schreiben *(über eine große Belastung schreiben);* sich die S. aus dem Leib reden | (ugs.) „Meiner Seel!" *(Ausruf der Beteuerung, des Erstaunens, des Erschreckens)* ‖ **See|len|amt** (kath.): *Totenmesse, Requiem* ‖ **See|len|frie|de** = **See|len|frie|den:** *innere Ruhe* ‖ **See|len|grö|ße:** *hohe Gesinnung* ‖ **see|len|gut** = seelensgut: *herzensgut* ‖ **See|len|heil** (Rel.): *Erlösung von den Sünden* ‖ **See|len|kun|de** die, - (veraltet): *Psychologie* ‖ **See|len|le|ben** das, -s: *Psyche* ‖ **See|len|mes|se** (kath.): *Totenmesse* ‖ **See|len|qual** (geh.) ‖ **See|len|ru|he:** *Gemütsruhe* ‖ **see|len|ru|hig** ‖ **see|lens|gut** = → seelengut ‖ **see|len|ver|gnügt** (veraltet): *ganz vergnügt* ‖ **see|len|ver|wandt** ‖ **See|len|ver|wandt|schaft** ‖ **see|len|voll:** *gefühlvoll* ‖ **See|len|wan|de|rung:** *[Glaube an] Wiedergeburt* ‖ **See|len|zu|stand:** *psychische Verfassung* ‖ **see|lisch:** ein seelisches *(psychisches)* Leiden; s. krank sein ‖ **Seel|sor|ge** die, - (Rel.): *religiöse Betreuung* ‖ **Seel|sor|ger** der, -s/- (Rel.): *ein Geistlicher* ‖ **Seel|sor|ge|rin** die, -/-innen (Rel.) ‖ **seel|sor|ge|risch** = **seel|sor|ger|lich** = seelsorglich (Rel.): s. betreuen ‖ **Seel|sor|ge|spren|gel** (kath.) ‖ **See|luft** die, -: *Meeresluft* ‖ **See|macht:** *[Staat mit starken] Seestreitkräfte[n]* ‖ **See|mann** der, -[e]s/-leute [-männer] ‖ **see|män|nisch:** s. gekleidet ‖ **See|manns|garn** das, -[e]s: *erstaunliche, übertriebene See[manns]geschichten* ‖ **See|manns|grab** (geh.) (in der Wendung): ein S. finden *(auf See sterben)* ‖ **See|manns|kno|ten:** *Seilknoten, wie sie Seeleute machen* ‖ **See|manns|lied** ‖ **See|manns|spra|che:** *Fachsprache der Seeleute* ‖ **See|manns|tod:** *Ertrinken auf See* ‖ **See|mei|le** (sm): *Maßeinheit für Entfernungen auf dem Meer;* internationale S. *(1,852 km)* ‖ **See|mi|ne:** *schwimmender Sprengkörper* ‖ **Se|en|ge|biet** ‖ **Se|en|kun|de** die, - (Biol.): *Lehre von den Binnenseen und ihren Lebewesen, Limnologie* ‖ **See|not:** in S. geraten *(vom Untergehen bedroht sein)* ‖ **See|pferd|chen:** *ein Meeresfisch mit pferdeähnlichem Kopf* ‖ **See|pro|me|na|de** ‖ **See|raub:** *Piraterie* ‖ **See|räu|ber** ‖ **See|räu|be|rei** die, - ‖ **See|räu|be|rin** ‖ **See|räu|ber|schiff** ‖ **See|recht:** *Bestimmungen über Seefahrt und Fischerei* ‖ **See|ro|se:** *eine Wasserpflanzengattung* ‖ **See|sack:** *sackartige Tasche aus Segeltuch zum Umhängen* ‖ **See|schiff|fahrt** ‖ **See|schlacht** ‖ **See|schlan|ge:** *eine Giftschlange* | *sagenhaftes Ungeheuer* ‖ **See|sieg** ‖ **See|spin|ne:** *eine Krabbe* ‖ **See|stern:** *ein Meerestier* ‖ **See|stra|ße:** *Schifffahrtsroute* ‖ **See|streit|kräf|te** die (Pl.) (Mil.): *Marine* ‖ **See|stück** (Kunstg.): *Bild mit Meer, Küste, Schiffen* ‖ **See|sturm**

See|ta|ler Al|pen die (Pl.) (St)

See|tang: *eine Meerespflanze* ‖ **See|teu|fel:** *ein Meeresfisch* ‖ **see|tüch|tig:** das Schiff ist s. *(tauglich für Meeresfahrten)* ‖ **See|ufer:** *Ufer eines Sees* ‖ **See|vo|gel:** *Meeresvogel* ‖ **see|wärts** ‖ **See|was|ser** das, -s: *Meerwasser* | *Wasser eines Sees* ‖ **See|weg:** Güter auf dem S. *(über das Meer)* transportieren ‖ **See|win|kel:** *eine Landschaft im Burgenland* ‖ **See|zun|ge:** *ein Fisch*

Se|gel das, -s/-: die S. hissen/niederholen; mit vollen Segeln *(mit aller Kraft)* | (geh.) die S. streichen *(aufgeben, sich geschlagen geben)* ‖ **Se|gel|boot** ‖ **Se|gel|fal|ter:** *ein Schmetterling* ‖ **se|gel|flie|gen** (meist Inf. und Part.) ‖ **Se|gel|flie|ger** ‖ **Se|gel|flie|ge|rei** ‖ **Se|gel|flie|ge|rin** ‖ **Se|gel|flug** ‖ **Se|gel|flug|zeug** ‖ **Se|gel|jacht** = Segelyacht ‖ **se|geln,** ich segle: *mit Windkraft fahren;* sie *ist* ans Ufer gesegelt; er *hat* ein Boot gesegelt ‖ **Se|gel|oh|ren** die (Pl.) (ugs.): *abstehende Ohren* ‖ **Se|gel|re|gat|ta** ‖ **Se|gel|schiff** ‖ **Se|gel|schlit|ten** ‖ **Se|gel|sport** ‖ **Se|gel|sport|ler** ‖ **Se|gel|sport|le|rin** ‖ **Se|gel|törn** ‖ **Se|gel|tuch:** *fester [Leinen]stoff für Segel, Schuhe ua.* ‖ **Se|gel|yacht** [-j-] = → Segeljacht

Se|gen der, -s: der Priester gibt den S.; den S. sprechen; wir gehen zum S. *(zur Segensandacht)* | (geh.) ohne den S. der Kirche *(ohne kirchlich verheiratet zu sein)* | zum S. *(zum Wohl)* der Menschheit; das ist ein S. *(etwas Gutes, eine Wohltat)* ‖ **Se|gen brin|gend** = **se|gen|brin|gend:** eine S. bringende Tat ‖ **Se|gens|for|mel** ‖ **se|gens|reich**

Se|ge die, -/-n: *eine Sauergräsergattung*

Seg|ler der, -s/-: *Segelboot, -schiff* | *Segelsportler* ‖ **Seg|le|rin** die, -/-innen

Seg|ment das, -[e]s/-e: *Kreis-, Kugelabschnitt, Teil* ‖ **seg|men|tie|ren**

seg|nen: das Brot s. *(darüber das Kreuzzeichen machen);* der Priester segnet das Brautpaar; „Gesegnete Weihnachten!" | ein gesegneter *(gesunder)* Schlaf | (geh.) das Zeitliche s. *(sterben)* ‖ **Seg|nung** die, -/-en: die Segnungen *(Wohltaten)* des Fortschritts

Se|gre|ga|ti|on [-tsi̯-] die, -/-en ⟨lat.⟩ (fachspr.) *Entmischung* | (Soz.) *Trennung von Personen mit ungleichen sozialen Merkmalen* ‖ **se|gre|gie|ren** (fachspr.)

Seg|way [-weɪ] der, -s/-s ⟨engl.⟩ (Wz.): *einachsig-zweirädriger elektrischer Roller*

seh|be|hin|dert ‖ **se|hen,** ich sehe, du siehst/sah/gesehen/sieh[e]!, seht!: scharf s. | ich habe das Unglück kommen s. (auch: gesehen); sich bei jemandem s. lassen *(zu Besuch kommen);* → sehen lassen = sehenlassen; du bist hier gern gesehen *(willkommen);* ich kann ihn nicht mehr s. *(ich habe genug von ihm);* er sieht sich schon als Chef *(glaubt es bald zu sein)* | sie sieht *(findet)* ihre Hoffnungen erfüllt; *aber:* →

sattsehen | etwas/jemand hat schon bessere Zeiten gesehen *(war früher in besserer Verfassung)* | ich sehe in ihr *(betrachte sie als)* eine Konkurrentin | nach dem Rechten s. | siehst du! *(merkst du jetzt, dass ich Recht hatte!)* | (Großschreibung) es vergeht ihm Hören und **S**ehen; ich kenne sie vom **S**ehen || **se|hen las|sen = se|hen|las|sen:** das Ergebnis kann sich sehen lassen (= sehenlassen) *(ist sehr gut); aber nur:* sich bei jemandem sehen lassen *(zu Besuch kommen)* || **se|hens|wert = se|hens|wür|dig** || **Se|hens|wür|dig|keit** die, -/-en: die Sehenswürdigkeiten von Rom || **Se|her** der, -s/-: *Kurzwort für Fernsehzuseher* | (geh.) *Prophet, Wahrsager, Zukunftsdeuter* || **Se|her|blick** || **Se|he|rin** die, -/-innen || **se|he|risch** || **Se|her|ver|tre|tung** (früher): → *Publikumsrat* || **Seh|feh|ler** || **Seh|kraft** || **Seh|leis|tung:** *Sehvermögen des Auges*

Seh|ne die, -/-n: *Stützgewebe, das Muskel und Knochen verbindet* | die S. des Bogens spannen | (Math.) in einen Kreis eine S. einzeichnen

seh|nen sich: sich nach Ruhe s. || **Seh|nen** das, -s (geh.): *Sehnsucht*

Seh|nen|riss (Med.) || **Seh|nen|schei|den|ent|zün|dung** (Med.): *Entzündung des Sehnengleitgewebes* || **Seh|nen|zer|rung** (Med.)

Seh|nerv

seh|nig: ein sehniger Körper *(ein kräftiger Körper ohne Fettansatz)*

sehn|lich: mein sehnlichster Wunsch || **Sehn|sucht** || **sehn|süch|tig:** etwas s. erwarten || **sehn|suchts|voll**

sehr: s. viel; so s.; zu s.; allzu s.; diese Leistung ist s. gut | (Großschreibung) **S**ehr gut *(1, eine Beurteilungsstufe in der Schule);* **S**ehr zufriedenstellend *(eine Verhaltensnote in der Schule);* → Zufriedenstellend || **Sehr gut** das, - -[s]/- - (1) (Amtsspr.): *eine Leistungsnote in der Schule;* die Note **S**ehr gut; ein **S**ehr gut bekommen; *aber:* eine sehr gute Leistung

Seh|rohr: *Periskop [eines U-Bootes]* || **Seh|schär|fe** || **seh|schwach** || **Seh|schwä|che** (Med.) || **Seh|stö|rung** (Med.) || **Seh|test** || **Seh|ver|mö|gen** || **Seh|wei|se** || **Seh|win|kel:** *Blickwinkel*

Sei|cen|to [sɛɪtʃ-] das, -s ⟨it.⟩: *das 17. Jh. und seine Kunst in Italien*

Sei|che die, -/-n (westöst., mda.): *kleines Sieb, Seiher* || **Sei|cherl** das, -s/-[n] (ostöst., mda.): *kleines Sieb, Seiher* | (ostöst., mda., abw.) *Schwächling, Feigling*

seicht: seichtes *(wenig tiefes)* Wasser | (abw.) seichte *(oberflächliche, inhaltslose)* Reden || **Seicht|heit = Seich|tig|keit** die, -

seid: s. höflich!; → sein (Verb); *aber:* → seit

Sei|de die, -/-n: *Gewebe aus dem Faden des Kokons des Seidenspinners;* reine S.

Sei|del das, -s/-, *auch:* Seitel: *0,3 bis 0,35 l;* drei S. Bier

Sei|del|bast der, -[e]s: *eine Pflanzengattung*

Sei|del|glas, *auch:* Seitelglas

sei|den: eine seidene Krawatte || **Sei|den|fa|den** || **Sei|den|glanz** || **Sei|den|kleid** || **Sei|den|ma|le|rei** || **sei|den|matt** || **Sei|den|pa|pier** || **Sei|den|rau|pe:** *Raupe des Seidenspinners* || **Sei|den|schwanz:** *ein Singvogel* || **Sei|den|spin|ner:** *ein Schmetterling, dessen Raupe Seide erzeugt* || **Sei|den|stra|ße:** *eine historische Handelsroute in Asien* || **Sei|den|tuch** || **sei|den|weich** || **sei|dig:** s. weich || **sei|dig glän|zend = sei|dig|glän|zend**

Sei|fe die, -/-n: S. in die Augen bekommen | (ugs.) auf der S. stehen *(etwas nicht gleich kapieren);* auf die S. steigen *(ins Fettnäpfchen treten)* || **Sei|fen|bla|se** || **Sei|fen|lau|ge** || **Sei|fen|oper** (sal.): *anspruchslose Unterhaltungsserie im Fernsehen;* → Soapopera || **Sei|fen|schaum** || **Sei|fen|spen|der** || **Sei|fen|was|ser** das, -s || **sei|fig**

Sei|he die, -/-n (westöst., mda.): *kleines Sieb, Seiher* || **sei|hen:** die Milch s. *(sie durch ein Sieb/einen Filter laufen lassen)* || **Sei|her** der, -s/-: *Sieb* || **Sei|herl** das, -s/-[n]: *Seiher* || **Seih|tuch**

Seil das, -[e]s/-e: über das S. springen; auf dem S. tanzen || **Seil|bahn:** *auf einem Seil geführte Gondel* || **Sei|ler** der, -s/-: *Seilemacher* || **Sei|le|rei** die, -/-en || **Sei|le|rin** die, -/-innen || **seil|hüp|fen** (nur Inf. und Part.) || **Seil|hüp|fen** das, -s: *ein Spiel* || **Seil|schaft** die, -/-en: *Gruppe aneinander angeseilter Bergsteiger/innen* | *gegenseitige Unterstützung; Lobby* || **seil|sprin|gen** (nur Inf. und Part.) || **Seil|sprin|gen** das, -s: *ein Spiel* || **Seil|tanz** || **seil|tan|zen,** seilgetanzt (nur Inf. und Part.) || **Seil|tän|zer** || **Seil|tän|ze|rin** || **Seil|win|de** || **Seil|zug:** *eine Vorrichtung*

Seim der, -[e]s/-e (veraltet): *ein dicker, süßer Saft* || **sei|mig** (veraltet): *sämig*

sein[1] (Possessivpronomen): s. Eigentum; seine Mutter | (geh.) das ist s. *(gehört ihm);* → seine = Seine | (Großschreibung) **S**eine Majestät *(der Kaiser/König);* jedem das **S**eine

sein[2]

(Verb): es ist besser so; dem ist nicht so; wie dem auch sei *(egal, wie es sich verhält);* es sei denn, es passiert etwas *(nur dann, wenn etwas passiert);* das wär's *(das war alles);* es ist spät; ich bin es; das darf nicht wahr sein! *(Ausdruck des Erstaunens)* | die Fenster sind sofort zu öffnen *(müssen sofort geöffnet werden)* | (geh.) sei es morgen oder übermorgen *(entweder – oder);* sie ist nicht mehr *(ist tot)*

Konjugation und Stammformen:

- ich bin, du bist, sie ist, wir sind, ihr seid, sie sind
- sie war daheim/ihr war[e]t daheim/sie ist daheim gewesen
- sei ruhig!, seid ruhig!

Getrenntschreibung von Adjektiv/Adverb/Verb + „sein":

- sie wird da sein; *aber groß und zusammen:* das Dasein
- das Fenster muss zu sein
- vorbei gewesen
- zufrieden sein R→ S. 901, 1.8

Getrennt- und Zusammenschreibung der Verbindung von „sein" + „lassen" bei übertragener Bedeutung:

- du sollst das sein lassen (= seinlassen) *(bleiben lassen)*

R→ S. 901, 1.7.2

Sein das, -s: es geht um S. oder Nichtsein *(um Leben oder Tod)*

sei|ne = Sei|ne[1] der, -n/-n: die seine (= Seine); das seine (= Seine) *(sein Eigentum, seine Sache);* „Jedem das seine (= Seine)!"; die seinen (= Seinen) *(seine Angehörigen);* → sein[1]; → seinige = Seinige

Seine[2] [sɛːn] die, -: *Fluss, an dem Paris liegt*

sei|ner (Gen. von *er* und *es*) (geh.): ich gedachte s. || **sei|ner|seits:** er ist s. *(für seine Person)* zufrieden

S

ǁ **seinerzeit** (szt.): *früher, einst* | (veraltet) *künftig, dereinst* ǁ **seinerzeitig** ǁ **seinesgleichen:** dieser Anblick hat nicht s. *(es kommt ihm nichts gleich)* ǁ **seinethalben** ǁ **seinetwegen** ǁ **seinetwillen:** um s. ǁ **seinige** = **Seinige** der, -n/-n: die seinige (= Seinige); das seinige (= Seinige) *(sein Eigentum, das → seine);* die seinigen (= Seinigen) *(seine Angehörigen, die seinen);* → seine = Seine

sein lassen = **seinlassen:** *bleiben lassen;* → sein

Seismik die, - ⟨gr.⟩: *Wissenschaft von den Erdbeben* ǁ **seismisch:** *durch Erdbeben verursacht* ǁ **Seismograf** = **Seismograph** [-f] der, -en/-en: *Instrument, das Erdbeben aufzeichnet* ǁ **Seismologe** der, -n/-n ǁ **Seismologie** die, -: *Erdbebenkunde* ǁ **Seismologin** die, -/-innen ǁ **seismologisch** ǁ **Seismometer** das, -s/-

seit (Präp. mit Dat.): s. einem Jahr; s. kurzem (= **K**urzem); s. langem (= **L**angem); s. alters *(von alters her)* | (Konj.) es regnet, s. *(seitdem)* ich hier bin; *aber:* → seid

seitab: *abseits*

Seitan ['se(ː)i-] der = das, -[s] ⟨jap.⟩: *eine Speise aus Weizenmehl; Gluten*

seitdem [auch: 'zaı-] (Konj.): es regnet, s. *(seit)* ich hier bin | (Adv.) sie hat s. *(seither)* nichts mehr erfahren

Seite die, -/-n: die rechte, linke S.; zur S. treten; geh zur/auf die S. *(aus dem Weg);* etwas auf die S. schaffen *(für persönliche Zwecke wegnehmen);* S. an S. *(miteinander);* jemandem zur S. stehen *(beistehen);* weich mir nicht von der S.! *(entferne dich nicht!)* | (mit Abk. S.) die Seiten des Buches; die gelben Seiten *(das Branchenverzeichnis zum Telefonbuch)* | die andere S. der Medaille; alles hat zwei Seiten *(Vor- und Nachteile)* | Rechnen ist seine schwache S. | von mütterlicher S.; auf Seiten (= aufseiten) der Schwächeren; von Seiten (= vonseiten) der Regierung; zu Seiten (= zuseiten) des Festzuges; *aber:* → Saite

Seitel → Seidel

Seitenaltar → G.: Haupt-, Hochaltar ǁ **Seitenansicht** ǁ **Seitenaufprall** ǁ **Seitenaufprallschutz:** *eine Sicherheitseinrichtung [bei Kfz]* ǁ **Seitenausgang** ǁ **Seitenblick:** *rascher Blick zur Seite* ǁ **Seitenblickegesellschaft:** *Personen, die oft und gerne im TV-Magazin „Seitenblicke" vorkommen* ǁ **Seitendeckung** ǁ **Seiteneingang** ǁ **Seitenfach:** das S. einer Tasche ǁ **Seitenfläche** ǁ **Seitenflügel:** *seitlicher Teil eines Gebäudes* ǁ **Seitengasse** ǁ **Seitengewehr:** *Bajonett* ǁ **Seitenhieb:** *bissige, spöttische Anspielung* ǁ **Seitenlage** ǁ **seitenlang:** eine seitenlange Beschreibung; *aber:* dieser Bericht ist vier Seiten lang ǁ **Seitenout** [-aʊt] (Sport): der Ball war im S. *(außerhalb der Seitenlinie)* ǁ **Seitenruder:** *Seitensteuer des Flugzeuges* ǁ **seitens** (Präp. mit Gen.): s. *(von Seiten)* des Direktors *(vom/durch den Direktor)* ǁ **Seitenscheitel:** *eine Frisur* ǁ **Seitenschiff** (Arch.): *seitliches Kirchenschiff* ǁ **seitenschwimmen** (meist nur Inf. und Part.) ǁ **Seitenschwimmen** das, -s (Sport) ǁ **Seitensprung:** *Ehebruch* ǁ **Seitenstechen** das, -s: *Stechen in der Bauchgegend [beim Laufen];* S. haben ǁ **Seitenstraße** ǁ **Seitenstreifen:** *Streifen neben der Fahrbahn* ǁ **Seitental** ǁ **Seitentasche** ǁ **Seitenteil** der = das, -[e]s/-e ǁ **Seitentrakt** ǁ **seitenverkehrt:** *spiegelverkehrt, spiegelbildlich;* das Bild ist s. *(links und rechts sind vertauscht)* ǁ **seitenverwandt** (Jus): *verschwägert* ǁ **Seitenwahl** (Sport): *Wahl der Spielrichtung* ǁ **Seitenwechsel** [-ks-] (Sport) ǁ **Seitenweg** ǁ **seitenweise** ǁ **Seitenwind** ǁ **Seitenzahl:** die S. eines Buches

seither [auch: 'zaı-]: *seitdem*

-seitig (nur in Zusammensetzungen wie mehrseitig) ǁ **seitlich** (Präp. mit Gen.): s. des Weges | (Adj.) eine seitliche Öffnung ǁ **Seitpferd** (Sport): *ein Gerät und eine Disziplin im Turnen* ǁ **seitwärts:** ein Überschlag s. ǁ **Seitwärtsbewegung:** eine S. vollziehen | (Börse) die S. der Aktienkurse *(die Kurse verändern sich nicht)* ǁ **seitwärtstreten:** *zur Seite treten*

sek = **Sek.: Sek**unde *(Zeitmaß)* (gesetzliche Abk.: s)

Sekante die, -/-n ⟨lat.⟩ (Math.): *Gerade, die eine Kurve schneidet*

sekkant ⟨it.⟩ (abw.): ein sekkanter *(ständig nörgelnder)* Nachbar ǁ **Sekkatur** die, -/-en (abw., veraltet) ǁ **sekkieren** (abw.): *belästigen, quälen* | *hänseln* ǁ **Sekkiererei** die, -/-en (abw.)

Sekret das, -[e]s/-e ⟨lat.⟩ (Biol., Med.): *Absonderung [aus Drüsen oder Wunden]*

Sekretär der, -s/-e ⟨lat.⟩: *ein [leitender] Angestellter; Schriftführer* | *ein Möbelstück* ǁ **Sekretariat** das, -[e]s/-e: *eine Geschäftsstelle, Kanzlei* ǁ **Sekretärin** die, -/-innen

sekretieren ⟨lat.⟩ (Biol., Med.) ǁ **Sekretion** [-tsi̯-] die, -/-en (Biol., Med.): *das Absondern;* Drüsen mit innerer S.

Sekt der, -[e]s/-e ⟨fr.⟩: *Schaumwein*

Sekte die, -/-n ⟨lat.⟩: *kleine, abgespaltene religiöse Gruppe* | (abw.) *[religiöse] Gemeinschaft, deren Lehre und Praxis als problematisch empfunden wird* ǁ **Sektenwesen**

Sektflasche: eine S. öffnen ǁ **Sektflöte:** *ein Sektglas* ǁ **Sektfrühstück** ǁ **Sektglas**

Sektierer der, -s/- (oft abw.): *Anhänger einer Sekte* ǁ **Sektiererei** die, -/-en (oft abw.) ǁ **Sektiererin** die, -/-innen (oft abw.) ǁ **sektiererisch** (oft abw.) ǁ **Sektierertum** das, -s (oft abw.)

Sektion [-tsi̯-] die, -/-en ⟨lat.⟩: *Hauptabteilung eines Ministeriums; Zweig eines Vereins; Gruppe einer Partei* | (Med.) *das Sezieren einer Leiche* ǁ **Sektionschef** [-ʃeːf]: *Titel der höchsten Ministerialbeamten* ǁ **Sektionschefin**

Sektkelch: *ein Sektglas* ǁ **Sektkellerei** ǁ **Sektkorken** ǁ **Sektkübel** ǁ **Sektlaune**

Sektor der, -s/-en [-'toː-] ⟨lat.⟩: *Kreisausschnitt* | *Sachgebiet* | *Bezirk* | (Gesch.) *1945–1955 eines der vier Besatzungsgebiete in Wien* | (Wirt.) tertiärer S. *(Dienstleistung)*

Sekund die, -/-en = Sekunde, -/-n ⟨lat.⟩ (Mus.): *Intervall der 2. (nächsten) Tonstufe* ǁ **Sekundant** der, -en/-en: *Beistand in Zweikampf, Duell, Wettkampf;* → sekundieren ǁ **Sekundantin** die, -/-innen ǁ **sekundär:** *die zweite Stelle einnehmend, zweitrangig; nachträglich* ǁ **Sekundararzt:** *Arzt in einer Funktion unter dem Oberarzt* ǁ **Sekundarärztin** ǁ **Sekundärliteratur:** *Schriften über Werke [eines Schriftstellers];* → G.: Primärliteratur ǁ **Sekundarstufe**

(Bildw.): S. I *(5.–8. Schulstufe);* S. II *(9.–12. [13.] Schulstufe);* → Primarstufe ‖ **Se|kun|de** die, -/-n (s; früher auch: sec, sek, Sek.): *Maßeinheit der Zeit;* eine Minute hat 60 Sekunden | (″) $^1/_{3600}$ *Grad* | (Mus.) = → Sekund ‖ **Se|kun|den|kle|ber:** *ein Klebstoff* ‖ **se|kun|den|lang:** s. schweigen; *aber:* sechs Sekunden lang ‖ **Se|kun|den|schlaf** ‖ **se|kun|den|schnell** ‖ **Se|kun|den|schnel|le:** in S. ‖ **Se|kun|den|zei|ger** ‖ **Se|kun|derl** das, -s/-[n] (ugs.): *Augenblick, Moment* ‖ **Se|kund|gei|ger:** *Spieler der zweiten Violine* ‖ **Se|kund|gei|ge|rin** ‖ **se|kun|die|ren:** jemandem in der Diskussion s. *(beistehen);* → Sekundant

sel.: selig[e]

selb|an|der (veraltet): *zu zweit* ‖ **selb|dritt** (veraltet): *mit zwei anderen, zu dritt* ‖ **sel|be:** im selben Moment; *aber:* derselbe ‖ **sel|ber:** sie sagt es s. *(selbst)* ‖ **Sel|ber|ma|chen** das, -s ‖ **sel|big** (veraltend): zur selbigen *(selben)* Stunde

selbst:

die Ministerin selbst *(persönlich, selber)* hat sich darum gekümmert; das musst du selbst wissen *(ist deine persönliche Entscheidung);* sie blieb die Ruhe selbst | selbst *(auch)* wenn ich wollte, würde es sich nicht ausgehen

Getrenntschreibung:
- etwas selbst machen
- das Brot selbst backen

Getrennt- und Zusammenschreibung mit adjektivisch gebrauchten Partizipien, zB:
- selbst ernannte (= selbsternannte) Experten
- selbst gebackene (= selbstgebackene) Kekse
- selbst gemacht = selbstgemacht

R→ S. 903, 2.2.1

Zusammenschreibung, zB:
- selbstbewusst
- selbstfinanzierend
- selbstklebende Etiketten

R→ S. 902, 2.1.1

Selbst das, - (geh.): *das Ich* ‖ **Selbst|ab|ho|lung** die, -/-en: Möbel bei S. günstiger ‖ **Selbst|ach|tung:** *Achtung der eigenen Würde* ‖ **selb|stän|dig** = selbstständig: s. erwerbstätig (G.: unselbständig erwerbstätig, Arbeitnehmer/in) sein ‖ **Selb|stän|di|ge**[1] = Selbstständige[1] der, -n/-n, ein Selbständiger ‖ **Selb|stän|di|ge**[2] = Selbstständige[2] die, -n/-n ‖ **Selb|stän|dig|keit** = Selbstständigkeit die, - ‖ **Selbst|an|kla|ge** (geh.): *Vorwürfe gegen sich selbst* ‖ **Selbst|an|zei|ge** (Jus) ‖ **Selbst|auf|op|fe|rung:** die S. der Hilfsmannschaften ‖ **Selbst|aus|lö|ser:** eine Kamera mit S. ‖ **Selbst|bau|mö|bel** ‖ **Selbst|be|die|nung** (SB) ‖ **Selbst|be|die|nungs|la|den** ‖ **Selbst|be|die|nungs|res|tau|rant** [-torɑ̃ː] ‖ **Selbst|be|frei|ung** ‖ **Selbst|be|frie|di|gung:** *selbst herbeigeführte sexuelle Befriedigung, zB Onanie* ‖ **Selbst|be|halt** der, -[e]s/-e: *Kostenbeteiligung [bei Medikamenten, Schulbüchern]* ‖ **Selbst|be|haup|tung** die, -: die S. von Einzelnen in ihrer Umwelt ‖ **Selbst|be|herr|schung:** die S. verlieren ‖ **Selbst|be|mit|lei|dung** ‖ **Selbst|be|ob|ach|tung** ‖ **Selbst|be|schrän|kung** ‖ **Selbst|be|spie|ge|lung** ‖ **Selbst|be|stä|ti|gung** (Psych.) ‖ **selbst|be|stimmt:** *eigenverantwortlich;* selbstbestimmtes Lernen ‖ **Selbst|be|stim|mung** die, -: das Recht auf S. *(Unabhängigkeit)* ‖ **Selbst|be|stim|mungs|recht:** *Recht eines Volkes, über seine eigenen Angelegenheiten, wie Staatszugehörigkeit, zu entscheiden* ‖ **Selbst|be|tei|li|gung:** finanzielle S. ‖ **Selbst|be|trug** ‖ **Selbst|be|weih|räu|che|rung** die, -/-en ‖ **selbst|be|wusst:** *selbstsicher* ‖ **Selbst|be|wusst|sein** ‖ **Selbst|bild|nis:** *Selbstporträt* ‖ **Selbst|bin|der** (veraltet): *Krawatte* ‖ **Selbst|bio|gra|fie** = **Selbst|bio|gra|phie** [-f-]: *Autobiografie* ‖ **Selbst|dar|stel|lung** ‖ **Selbst|dis|zi|plin** ‖ **Selbst|ein|schät|zung** ‖ **Selbst|ent|lei|bung** ‖ **Selbst|ent|zün|dung:** Brandursache war S. von Heu ‖ **Selbst|er|fah|rung** die, - (Psych.) ‖ **Selbst|er|fah|rungs|grup|pe** (Psych.) ‖ **Selbst|er|hal|tung** ‖ **Selbst|er|hal|tungs|trieb** (Psych.) ‖ **Selbst|er|kennt|nis** die, - ‖ **selbst er|nannt** = **selbst|er|nannt** ‖ **Selbst|er|nied|ri|gung** (geh.) ‖ **Selbst|fah|rer:** *selbstfahrendes Gerät oder Fahrzeug, zB Rollstuhl mit Elektromotor* ‖ **Selbst|fah|re|rin** ‖ **selbst|fi|nan|zie|rend** ‖ **Selbst|fi|nan|zie|rung:** *Eigenfinanzierung* ‖ **Selbst|fin|dung** die, - (geh.): *das Zu-sich-selbst-Finden* ‖ **selbst ge|ba|cken** = **selbst|ge|ba|cken** ‖ **selbst|ge|fäl|lig** (abw.): *eitel* ‖ **Selbst|ge|fäl|lig|keit** die, - (abw.) ‖ **selbst ge|macht** = **selbst|ge|macht** ‖ **selbst|ge|recht** (abw.): *überheblich* ‖ **Selbst|ge|rech|tig|keit** (abw.) ‖ **Selbst|ge|spräch:** *Monolog* ‖ **selbst|haf|tend** ‖ **selbst|herr|lich** (abw.): *eigenmächtig* ‖ **Selbst|herr|lich|keit** (abw.) ‖ **Selbst|hil|fe:** zur S. greifen; Hilfe zur S. ‖ **Selbst|hil|fe|grup|pe:** *Personengruppe mit dem Ziel der Bewältigung der gleichen [gesundheitlichen] Probleme* ‖ **Selbst|in|sze|nie|rung** ‖ **Selbst|iro|nie:** *Ironie sich selbst gegenüber* ‖ **selbs|tisch** (geh.): *egoistisch* ‖ **Selbst|jus|tiz** (Jus): S. üben *(sich eigenmächtig [gewaltsam] sein Recht verschaffen)* ‖ **selbst|kle|bend** ‖ **Selbst|kon|trol|le** ‖ **Selbst|kos|ten** die (Pl.) ‖ **Selbst|kos|ten|preis:** zum S. *(ohne Gewinn)* verkaufen ‖ **Selbst|kri|tik** ‖ **selbst|kri|tisch:** *kritisch gegen sich selber* ‖ **Selbst|kün|di|gung:** die S. einer Arbeitnehmerin ‖ **Selbst|la|de|pis|to|le:** *automatische Pistole* ‖ **Selbst|laut** (Sprachwiss.): *Vokal* ‖ **Selbst|lob:** *Eigenlob* ‖ **selbst|los:** s. *(uneigennützig)* handeln ‖ **Selbst|lo|sig|keit** die, - ‖ **Selbst|mit|leid** (abw.) ‖ **Selbst|mord:** *Suizid;* jemanden in den S. treiben | (ugs.) das ist glatter S. *(ist äußerst riskant, waghalsig)* ‖ **Selbst|mord|ab|sicht** ‖ **Selbst|mord|an|schlag** ‖ **Selbst|mord|at|ten|tat** ‖ **Selbst|mord|dro|hung** ‖ **Selbst|mör|der** ‖ **Selbst|mör|de|rin** ‖ **selbst|mör|de|risch** ‖ **selbst|mord|ge|fähr|det** ‖ **Selbst|mord|kom|man|do:** *kriegerischer oder terroristischer Einsatz, bei dem auch der eigene Tod in Kauf genommen wird;* → Kamikaze ‖ **Selbst|mord|ra|te** ‖ **Selbst|mord|ver|such** ‖ **Selbst|or|ga|ni|sa|ti|on** [-tsi̯-] (Phys.): *grundlegendes Prinzip zur Bildung komplexer Strukturen* ‖ **Selbst|por|trät** [-rɛː]: *Selbstbildnis* ‖ **selbst|quä|le|risch** ‖ **selbst|re|dend:** *selbstverständlich* ‖ **selbst|re|fe|ren|ziell** = selbstreferentiell [-tsi̯-] (fachspr.): *auf sich selbst beziehend* ‖ **Selbst|schuss:** *Schussapparat mit automatischer Auslösung* ‖ **Selbst|schuss|an|la|ge** ‖ **Selbst|schutz** ‖ **selbst|si|cher** ‖ **Selbst|si|cher|heit** ‖ **selbst|stän|dig** = → selb-

S

ständig ‖ **Selbst|stän|di|ge** = → Selbständige ‖ **Selbst|stän|dig|keit** = → Selbständigkeit ‖ **Selbst|stu|di|um** [-ʃt-] das, -s: sich Wissen im S. *(autodidaktisch, ohne Lehrer/in, ohne Unterricht)* aneignen ‖ **Selbst|sucht** die, -: *Eigennutz* ‖ **selbst|süch|tig** ‖ **selbst|tä|tig:** *automatisch, von selbst* ‖ **Selbst|tä|tig|keit** ‖ **Selbst|täu|schung** ‖ **Selbst|test:** *Eigenversuch* ‖ **selbst|tra|gend:** selbsttragende Wände | *selbstfinanzierend* ‖ **Selbst|trä|ger:** *Direktträger* ‖ **Selbst|über|schät|zung** ‖ **Selbst|über|win|dung** ‖ **Selbst|ver|ach|tung** ‖ **selbst|ver|ant|wort|lich** ‖ **Selbst|ver|ant|wor|tung** die, -: S. für das eigene Handeln tragen ‖ **selbst ver|dient** = **selbst|ver|dient:** s. verdientes Geld ‖ **selbst|ver|ges|sen:** *in Gedanken versunken* ‖ **Selbst|ver|herr|li|chung** ‖ **Selbst|ver|lag:** *Publikation durch den Autor selbst (ohne Verlag)* ‖ **Selbst|ver|leug|nung:** *Aufopferung* ‖ **Selbst|ver|mark|ter** ‖ **Selbst|ver|mark|te|rin** ‖ **Selbst|ver|nich|tung** ‖ **Selbst|ver|pfle|gung** ‖ **Selbst|ver|schul|den** (Amtsspr.) ‖ **selbst|ver|schul|det** ‖ **Selbst|ver|sor|ger** ‖ **Selbst|ver|sor|ge|rin** ‖ **selbst|ver|ständ|lich:** *ohne Frage* ‖ **Selbst|ver|ständ|lich|keit** die, -/-en ‖ **Selbst|ver|ständ|nis:** *Charakterisierung von sich selbst, Leitbild;* das S. einer Partei ‖ **Selbst|ver|stüm|me|lung** ‖ **Selbst|ver|such:** *Experiment an sich selbst* ‖ **Selbst|ver|tei|di|gung** ‖ **Selbst|ver|trau|en:** das [eigene] S. stärken ‖ **Selbst|ver|wal|tung** die, - ‖ **Selbst|ver|wirk|li|chung** (Psych.) ‖ **Selbst|vor|wurf** ‖ **Selbst|wert|ge|fühl** ‖ **Selbst|zer|flei|schung:** *Selbstzerstörung durch Selbstkritik* ‖ **selbst|zer|stö|re|risch** ‖ **Selbst|zer|stö|rung** ‖ **Selbst|zeug|nis:** *autobiografische Aussage* ‖ **Selbst|zucht:** *Selbstdisziplin* ‖ **selbst|zu|frie|den** (oft abw.): ein selbstzufriedener Mensch *(jemand, der sein Tun für gut befindet und nicht kritisch hinterleuchtet)* ‖ **Selbst|zu|frie|den|heit** (oft abw.) ‖ **Selbst|zün|der:** *sich selbst entzündender Brennstoff* | (Kfz) *ein Dieselmotor* ‖ **Selbst|zweck:** etwas ist S. *(geschieht nur um seiner selbst willen)* ‖ **Selbst|zwei|fel:** *Zweifel an sich selbst;* von Selbstzweifeln gequält ‖ **selb|viert** (veraltet): *mit drei anderen, zu viert*

Sel|che die, -/-n, *auch:* Selch, -/-en: *Selchküche, Räucherkammer* ‖ **sel|chen:** *räuchern, zB Speck* ‖ **Sel|cher** der, -s/- ‖ **Sel|che|rei** die, -/-en ‖ **Sel|che|rin** die, -/-innen ‖ **Selch|fleisch:** *Geselchtes* ‖ **Selch|fleisch|knö|del** ‖ **Selch|kam|mer** ‖ **Selch|kar|ree:** *ein Geselchtes* ‖ **Selch|rol|ler:** *geschnürtes Geselchtes* ‖ **Selch|speck** ‖ **Selch|sup|pe:** *Suppe, in der geselchtes Fleisch gekocht wurde* ‖ **Selch|wurst**

se|lek|tie|ren ⟨lat.⟩ ‖ **Se|lek|ti|on** [-tsi̯-] die, -/-en: *das Auswählen, Auslesen* | (Biol.) *natürliche Auslese und Fortentwicklung der überlebenden Stärksten* ‖ **se|lek|tiv:** *auswählend*

Se|len das, -[s] ⟨gr.⟩ (Zeichen: Se): *ein chemisches Element* ‖ **Se|le|no|lo|gie** die, -: *Wissenschaft vom Mond* ‖ **Se|len|zel|le:** *eine Fotozelle*

Self|made|man [ˈselfmeɪdmæn] der, -[s]/Selfmademen [-men] ⟨engl.⟩: *jemand, der aus eigener Kraft ein einflussreicher [Geschäfts]mann geworden ist* ‖ **Self|made|wo|man** [-wʊmən] die, -/-women [-wɪmɪn] ‖ **Self|ser|vice** [-sɜːvɪs]: *Selbstbedienung*

se|lig:

glücklich | sein seliger *(verstorbener)* Vater | (kath. mit Abkürzung: sel. [in Verbindung mit Namen]) selige Schwester Maria Restituta

Getrenntschreibung bei wörtlicher Bedeutung:

– selig sein/werden

Zusammenschreibung bei übertragener Bedeutung:

– den Verstorbenen seligsprechen (kath.: *durch päpstliche Zeremonie zu lokaler Verehrungswürdigkeit erklären*)

– seligpreisen R→ S. 900, 1.5.1

Getrennt- und Zusammenschreibung mit Verben, die ein Resultat herbeiführen:

– das wird sie selig machen (= seligmachen) *(beglücken)* R→ S. 900, 1.5.2

Nicht verwechseln!

seelisch – selig

Das Wort „selig" ist nicht mit „Seele" verwandt. Es wird mit einem *e* geschrieben und geht auf das althochdeutsche Wort „salig" zurück, das „gut; glücklich; gesegnet" bedeutet.

Se|lig|keit die, -/-en ‖ **se|lig ma|chen** = **se|lig|ma|chen** ‖ **se|lig|prei|sen** ‖ **Se|lig|prei|sung** ‖ **se|lig|spre|chen** ‖ **Se|lig|spre|chung** die, -/-en (kath.); → selig, → Heiligsprechung

Se|li|na: *weibl. Vorname*

Sel|la die, -: *eine Gebirgsgruppe in Südtirol*

Sel|le|rie [auch: -ˈriː] der, -s = die, - ⟨it.⟩: *eine Gemüsepflanze;* → Zeller ‖ **Sel|le|rie|sa|lat**

sel|ten: ein seltener Gast; eine seltene *(außergewöhnliche)* Begabung; eine s. *(besonders)* gute Stimme ‖ **Sel|ten|heit** die, -/-en ‖ **Sel|ten|heits|wert**

Sel|ters das, -/- (D): *Selterswasser (nach einer Quelle)* ‖ **Sel|ters|was|ser** das, -s/-wässer (D): *ein Mineralwasser*

selt|sam: *sonderbar, wunderlich* ‖ **selt|sa|mer|wei|se** ‖ **Selt|sam|keit** die, -/-en

Se|man|tik die, - ⟨gr.⟩ (Sprachwiss.): *[Lehre von der] Bedeutung der Wörter, Sätze uÄ* ‖ **se|man|tisch** (Sprachwiss.) ‖ **Se|ma|phor** [-f-] der, -s/-e: *Mast mit Signal [bei der Eisenbahn]*

Se|mes|ter das, -s/- ⟨lat.⟩: *Schul-, Studienhalbjahr* | er ist ein älteres S. *(ein älterer Mensch)* ‖ **Se|mes|ter|aus|weis:** *Zeugnis (Schulnachricht) zum Halbjahr (ohne Rechtswirksamkeit)* ‖ **Se|mes|ter|fe|ri|en** die (Pl.) ‖ **Se|mes|ter|nach|richt:** *Notenbenachrichtigung zum Schulhalbjahr;* → Schulnachricht ‖ **Se|mes|ter|schluss** ‖ **Se|mes|ter|zeug|nis** (inoffiziell): *Schulnachricht*

Se|mi|fi|na|le ⟨lat.-it.⟩: *Halbfinale, Vorschlussrunde [im Fußball]* ‖ **Se|mi|ko|lon** (;) ⟨lat.+gr.⟩ (bes. D): *Strichpunkt*

Se|mi|nar das, -s/-e [-ien] [-i̯ɛn] ⟨lat.⟩: *eine Bildungsanstalt* | (nur mit Pl. -e) *eine Lehrveranstaltung [an einer Universität]* ‖ **Se|mi|nar|ar|beit** ‖ **Se|mi|na|rist** der, -en/-en ‖ **Se|mi|na|ris|tin** die, -/-innen

Se|mi|o|lo|ge der, -n/-n ⟨gr.⟩ ‖ **Se|mi|o|lo|gie** die, - ‖ **Se|mi|o|lo|gin** die, -/-innen ‖ **Se|mi|o|tik** die, - (Sprachwiss.): *Lehre von den Zeichensystemen* | (Med.) *Lehre von den Symptomen* ‖ **se|mi|o|tisch**

Se|mit der, -en/-en: *Angehöriger*

S

einer vorderasiatischen und nordafrikanischen Völker- bzw. Sprachengruppe, zB Araber, Israeli ‖ **Se|mi̱|tin** die, -/-innen ‖ **se|mi̱|tisch**

Sẹm|mel die, -/-n: *ein Gebäck;* weggehen wie warme Semmeln *(sich sehr gut verkaufen)* ‖ **sẹm|mel|blond** (veraltet) ‖ **Sẹm|mel|brö|ckerl** das, -s/-[n] (meist Pl.): *kleiner Brocken, Stückerl einer Semmel als Zutat [für Semmelknödel], Knödelbrot* ‖ **Sẹm|mel|brö|sel** (meist Pl.) ‖ **Sẹm|mel|knö|del** ‖ **Sẹm|mel|koch:** *eine Speise* ‖ **Sẹm|mel|kren:** *eine Beilage zu Fleischspeisen* ‖ **Sẹm|mel|schmar|ren:** *eine Mehlspeise* ‖ **Sẹm|mel|teig** ‖ **Sẹm|mel|we|cken:** *ein Weißbrot* ‖ **Sẹm|mel|wür|fel:** *Semmelbröckerl*

Sẹm|me|ring der, -s: *ein Pass in Niederösterreich und der Steiermark* ‖ **Sẹm|me|ring|bahn:** *die Zugstrecke der Südbahn über den Semmering* ‖ **Sẹm|me|ring|ba|sis|tun|nel** der, -s: *geplanter Bahntunnel durch den Semmering* ‖ **Sẹm|me|ring|tun|nel**

Sẹm|pe|rer der, -s/- (ugs., abw.): *Nörgler* ‖ **Sẹm|pe|rin** die, -/-innen (ugs., abw.) ‖ **sẹm|pern** (ugs., abw.): *etwas unaufhörlich verlangen*

sen.: senior; Karl Müller sen.

Se|na̱t der, -[e]s/-e ⟨lat.⟩: *Bezeichnung hoher Behörden | Gremium der Universität | Richterkollegium | eine der beiden Kammern des Parlaments, zB in den USA | Staatsrat im alten Rom* | (SüdT) (Admin.) *zweite Kammer des italienischen Parlaments;* → Abgeordnetenkammer ‖ **Se|na̱|tor** der, -s/-en [-'toː-] ‖ **Se|na|to̱|rin** die, -/-innen ‖ **Se|na̱ts|be|schluss** ‖ **Se|na̱ts|rat:** *Beamter eines Magistrats o. Ä.*

sẹn|den:

Stammformen nicht verwechseln! In der Bedeutung „schicken" wird das Verb stark oder schwach konjugiert: sandte oder sendete/gesandt oder gesendet
- sie sandte/sendete ein Paket mit der Post
- er hat mir ein E-Mail gesandt/gesendet

In der Bedeutung „im Fernsehen/Hörfunk ausstrahlen" wird das Verb nur schwach konjugiert: sendete/gesendet
- der ORF sendete eine Dokumentation
- im Radio wurde ein Hörspiel gesendet

Sẹn|de|an|la|ge ‖ **Sẹn|de|be|reich** ‖ **Sẹn|de|fol|ge:** *Reihenfolge der (Rundfunk)sendungen | Fortsetzungssendung* ‖ **Sẹn|de|mast:** *Antennenmast*

Sẹn|de|pau|se ‖ **Sẹn|de|platz:** *Sendetermin von Rundfunksendungen* ‖ **Sẹn|der** der, -s/-: *Sendeanlage [des Rundfunks]* ‖ **Sẹn|de|rei|he** ‖ **Sẹn|der|such|lauf:** *automatische Sendersuche [bei einem Autoradio]* ‖ **Sẹn|de|schluss** ‖ **Sẹn|de|ter|min** ‖ **Sẹn|de|zeit** ‖ **Sẹnd|schrei|ben** (früher): *an die Öffentlichkeit gerichteter offizieller Brief* ‖ **Sẹn|dung** die, -/-en: *Postsendung* | eine S. im Fernsehen verfolgen | (geh.) *höherer Auftrag; innere Berufung* ‖ **Sẹn|dungs|be|wusst|sein**

Se|ne|gal der, -[s]: *afrikanischer Staat | Strom in Westafrika* ‖ **Se|ne|ga|le̱|se** der, -n/-n ‖ **Se|ne|ga|le̱|sin** die, -/-innen ‖ **se|ne|ga|le̱|sisch**

Se|nes|zẹnz die, - ⟨lat.⟩ (Med.): *das Altern*

Sẹnf der, -[e]s/-e: *eine Speisewürze* | (ugs.) seinen S. dazugeben *(seine Meinung ungefragt äußern)* ‖ **Sẹnf|gur|ke** ‖ **Sẹnf|korn** ‖ **Sẹnf|pflas|ter** ‖ **Sẹnf|rau|ke** (Bot.): *Rucola* ‖ **Sẹnf|sau|ce** [-zoːs(ɛ)] = **Sẹnf|soß** = **Sẹnf|so|ße**

sẹn|gen: sengende *(glühende)* Hitze | *versengen* | (veraltet) s. und brennen *(das Land verwüsten)*

se|ni̱l ⟨lat.⟩ (abw.): *greisenhaft* ‖ **Se|ni|li|tä̱t** die, - (oft abw.) ‖ **se̱|ni|or** (sen.): Karl Müller s. *(Karl Müller der Ältere, zB der Vater);* → G.: junior ‖ **Se̱|ni|or** der, -s/-en [-'oː-]: *älterer Mann;* → G.: Junior | *Sportler höherer Altersklasse* | (ev. Kirche) *Stellvertreter eines Superintendenten* ‖ **Se̱|ni|or|chef** [-ʃeːf]: → G.: Juniorchef ‖ **Se̱|ni|or|che|fin** ‖ **Se|ni|o̱|ren|aus|weis** ‖ **Se|ni|o̱|ren|er|mä|ßi|gung** ‖ **Se|ni|o̱|ren|heim:** *Altersheim, Pensionistenheim* ‖ **Se|ni|o̱|ren|kar|te** ‖ **Se|ni|o̱|ren|rat:** *eine Interessenvertretung* ‖ **Se|ni|o̱|ren|re|si|denz:** *[komfortables] Seniorenwohnheim* ‖ **Se|ni|o̱|ren|stu|di|um** [-ʃt-] ‖ **Se|ni|o̱|ren|tel|ler:** *kleinere Portion* ‖ **Se|ni|o̱|ren|wohn|heim** ‖ **Se|ni|o̱|rin** die, -/-innen ‖ **Se̱|ni|or|stu|dent** ‖ **Se̱|ni|or|stu|den|tin**

Sẹnk|blei das, -[e]s/-e: *Vorrichtung zur Bestimmung der Lotrechten* ‖ **Sẹn|ke** die, -/-n: *eine Bodenvertiefung* ‖ **sẹn|ken:** die Schultern s.; mit gesenkter *(gedämpfter)* Stimme | die Preise s. *(heruntersetzen)* ‖ **Sẹnk|fuß** (Med.) ‖ **Sẹnk|gru|be:** *Jauchengrube, gemauerte Abwassergrube* ‖ **sẹnk|recht:** *lotrecht, vertikal;* → G.: waagrecht ‖ **Sẹnk|rech|te** die, -n/-n: eine S. errichten; die Senkrechten | (auch mit Pl. -) zwei, alle Senkrechte[n] ‖ **Sẹnk|recht|start** [-ʃt-, auch: -st-]: *Blitzstart* ‖ **Sẹnk|recht|star|ter:** *eine Flugzeugart | jemand, der eine steile Karriere macht* ‖ **Sẹnk|recht|star|te|rin** die, -/-innen ‖ **Sẹn|kung** die, -/-en: die S. der Preise | (Med.) *Blutsenkung* ‖ **Sẹnk|waa|ge:** → *Aräometer*

Sẹnn der, -en/-en = **Sẹn|ne,** -n/-n = Senner, -s/-: *Betreiber einer Almwirtschaft* ‖ **sẹn|nen:** *eine Alm bewirtschaften* ‖ **Sẹn|ner** = → Senn ‖ **Sẹn|ne|re̱i** die, -/-en: *Almwirtschaft* ‖ **Sẹn|ne|rin** = Sennin die, -/-innen ‖ **Sẹnn|hüt|te:** *Almhütte* ‖ **Sẹn|nin** = → Sennerin ‖ **Sẹnn|wirt|schaft**

Se|ñọr [se'ɲɔr] der, -s/-es ⟨span.⟩: *spanische Anrede und Bezeichnung eines Herrn* ‖ **Se|ñọ|ra** die, -/-s: *spanische Anrede und Bezeichnung einer Frau* ‖ **Se|ño|rị|ta** die, -/-s: *spanische Anrede und Bezeichnung eines Mädchens*

Sen|sa̱l der, -s/-e ⟨lat.-it.⟩: *Vermittler von Warenkäufen, zB bei Versteigerungen, Makler* ‖ **Sen|sa̱|lie** [-i̯ɛ] = Sensarie die, -/-n: *Maklergebühr* ‖ **Sen|sa̱|lin** die, -/-innen ‖ **Sen|sa̱|rie** [-i̯ɛ] = → Sensalie

Sen|sa|ti|o̱n [-tsi̯-] die, -/-en ⟨lat.⟩ ‖ **sen|sa|ti|o|nẹll:** ein sensationelles *(Aufsehen erregendes)* Ereignis ‖ **Sen|sa|ti|o̱ns|er|folg** ‖ **Sen|sa|ti|o̱ns|mel|dung** ‖ **Sen|sa|ti|o̱ns|pres|se** (abw.) ‖ **Sen|sa|ti|o̱ns|pro|zess** ‖ **Sen|sa|ti|o̱ns|sie|ger** ‖ **Sen|sa|ti|o̱ns|sie|ge|rin**

Sẹn|se die, -/-n: mit der S. mähen; die S. dengeln ‖ **Sẹn|sen|blatt** ‖ **Sẹn|sen|mann** der, -[e]s (geh.): *der Tod*

sen|si̱|bel ⟨lat.-fr.⟩: *feinfühlig, empfindsam;* ein sensibler Mensch | ein sensibles *(heikles)* Thema; → G.: insensibel ‖ **Sen|si̱|bel|chen** das, -s/- (oft iron.): *empfindsame Person* ‖ **sen|si|bi|li|sie̱|ren:** *jemanden für etwas*

S

feinfühlig machen || **Sen|si|bi|li|sie|rung** die, -/-en || **Sen|si|bi|li|tät** die, - || **sen|si|tiv:** *überempfindlich, reizbar* || **Sen|si|ti|vi|tät** die, - || **Sen|so|mo|to|rik** die, - (Psych., Biol.): *Zusammenwirken von Sinnesorganen und Muskeln* || **Sen|sor** der, -s/-en [-'oː-] (Technik): *Messfühler* || **Sen|sor|bild|schirm** || **sen|so|risch:** *die Sinnesorgane betreffend* || **Sen|so|ri|um** das, -s/Sensorien [-i̯ɛn]: *Wahrnehmungsvermögen aller Sinne;* ein S. *(Gespür)* entwickeln || **Sen|sor|tas|te:** *nur leicht zu berührende Taste bei elektronischen Geräten* || **sen|su|ell:** *sinnlich wahrnehmbar* || **Sen|sus com|mu|nis** [- k-] der, - - ⟨lat.⟩: *gesunder Menschenverstand*

Sen|ta: *weibl. Vorname*

Sen|tenz die, -/-en ⟨lat.⟩: *treffender, allgemein gültiger Ausspruch; Merkspruch* | *Urteilsspruch* || **sen|tenz|haft:** *kurz, treffend* || **sen|ten|zi|ös** (geh.)

Sen|ti|ment [sɑ̃-'mɑ̃(ː)] das, -s/-s ⟨lat.-fr.⟩ (geh.): *Gefühl* || **sen|ti|men|tal** [zɛn-mɛn-] ⟨lat.-fr.-engl.⟩: *empfindsam* | *rührselig, überschwänglich* || **Sen|ti|men|ta|li|tät** die, -/-en

Seoul [səʊl]: *Hauptstadt der Republik Korea (Südkorea)*

se|pa|rat ⟨lat.⟩: *gesondert, getrennt* || **Se|pa|rat|frie|de** = **Se|pa|rat|frie|den:** *Frieden mit nur einem von mehreren verbündeten Gegnern* || **Se|pa|ra|ti|on** [-tsi̯-] die, -/-en: *Trennung* || **Se|pa|ra|tis|mus** der, -/Separatismen: *Streben nach Absonderung (nach Gebietsabtrennung)* || **Se|pa|ra|tist** der, -en/-en || **Se|pa|ra|tis|tin** die, -/-innen || **se|pa|ra|tis|tisch** || **Se|pa|ra|tum** das, -s/Separata: *Exemplar eines Sonderdruckes* || **Se|pa|rat|ver|trag** || **Se|pa|ree** = **Sé|pa|rée** das, -s/-s: *abgesonderter Raum [in Nachtlokalen]* || **se|pa|rie|ren:** ein Zimmer mit separiertem *(eigenem)* Eingang

se|pia ⟨gr.-lat.⟩: *dunkelbraun* || **Se|pia** die, -: *ein Farbstoff* || **se|pia|braun**

Sepp = **Seppl:** *männl. Vorname (Josef)*

Sep|sis die, -/Sepsen ⟨gr.⟩ (Med.): *Blutvergiftung*

Sept ⟨lat.⟩ → Septim || **Sept|ak|kord** (Mus.): *Akkord aus Dreiklang plus Septim des Grundtons* || **Sep|tem|ber** der, -[s]/-: *der neunte Monat* || **Sep|tett** das, -[e]s/-e ⟨lat.-it.⟩ (Mus.): *Musikstück für sieben Gesangsstimmen oder Instrumente* | *die Ausführenden eines solchen* || **Sep|tim** die, -/-en = **Sep|ti|me,** -/-n, *auch:* Sept, -/-en ⟨lat.⟩ (Mus.): *Intervall der 7. Tonstufe*

sep|tisch ⟨gr.⟩ (Med.) → Sepsis

se|quen|ti|ell → sequenziell || **Se|quenz** die, -/-en ⟨lat.⟩: *Aufeinanderfolge* | *ein Kirchengesang* | (Mus.) *Wiederholung auf höherer oder niederer Tonstufe* | (Medienw.) *Gestaltungseinheit* || **se|quen|zi|ell** = sequentiell [-tsi̯-] || **Se|ques|ter** der, -s/- (Jus): *gerichtlich bestellter Verwahrer* || **Se|ques|to|rin** die, -/-innen (Jus) || **Se|ques|t|ra|ti|on** [-tsi̯-] die, -/-en (Jus): *Verwaltung durch einen amtlichen Treuhänder* || **se|ques|t|rie|ren** (Jus): *beschlagnahmen* || **se|ques|t|risch** (Jus)

Se|rail [-'aɪ(l)] das, -s/-s ⟨pers.-türk.-it.-fr.⟩: *Palast [des Sultans]; orientalisches Schloss*

Se|raph [-f] der, -s/-e [Seraphim] ⟨hebr.-lat.⟩ (Rel.): *biblischer Engel* || **se|ra|phisch**

Ser|be der, -n/-n: *Angehöriger eines südslawischen Volks* || **Ser|bi|en:** *ein Staat in Südosteuropa* (früher: *Teilstaat des Staatenbundes Serbien und Montenegro*) || **Ser|bin** die, -/-innen || **ser|bisch:** serbische Bohnensuppe || **Ser|bisch** das, -[s] = **Ser|bi|sche,** -n: *die serbische Sprache;* → Deutsch || **Ser|bo|kro|a|tisch** das, -[s] = **Ser|bo|kro|a|ti|sche,** -n (früher bzw. Sprachwiss.): *Bosnisch, Kroatisch und Serbisch*

Se|re|na|de die, -/-n ⟨lat.-it.-fr.⟩: *ein Musikstück* | *Konzertveranstaltung* | *Ständchen*

Se|re|nis|si|ma die, - (geh.) ⟨it.⟩: *die frühere Republik Venedig*

Ser|ge ['sɛrʃ] der, -/- [-ʒɛ] ⟨fr.⟩: *ein Gewebe, Futterstoff*

Ser|geant[1] [-'ʒant] der, -en/-en ⟨fr.⟩: *ein Unteroffizier [in Frankreich]* || **Ser|geant**[2] ['sɑːdʒənt] der, -s/-s ⟨engl.⟩: *ein Unteroffizier [in den USA]*

Se|rie [-i̯ɛ] die, -/-n ⟨lat.⟩: *Reihe, Folge;* eine S. Briefmarken; etwas in S. *(in großer Anzahl und gleicher Ausführung)* erzeugen; in S. gehen | eine 3-teilige S. *(Fernsehsendung, Veröffentlichung)* zum Thema Bildung | er musste eine S. von Niederlagen hinnehmen | (SüdT) *höchste Spielklasse in Fußball, Eishockey ua.* || **se|ri|ell:** *in Serie [gefertigt]* | (Mus.) serielle *(auf Grundlage von Tonreihen komponierte)* Musik *(eine Kompositionstechnik seit etwa 1950)* | (EDV) serielle Schnittstelle *(eine Anschlussstelle)* || **Se|ri|en|an|fer|ti|gung** || **Se|ri|en|ein|bre|cher** || **Se|ri|en|ein|bre|che|rin** || **Se|ri|en|fa|b|ri|ka|ti|on** [-tsi̯-] || **Se|ri|en|held:** *Held einer Fernseh-, Romanserie* || **Se|ri|en|hel|din** || **se|ri|en|mä|ßig:** Autos s. erzeugen || **Se|ri|en|pro|duk|ti|on** [-tsi̯-] || **Se|ri|en|rei|fe:** das neue Produkt hat S. erreicht *(kann nun in Serie produziert werden)* || **Se|ri|en|schal|tung** (Technik): *Schaltungen mit ungleicher Spannung;* → G.: Parallelschaltung || **Se|ri|en|tä|ter:** *jemand, der mehrere gleichartige Straftaten verübt* || **Se|ri|en|tä|te|rin** || **se|ri|en|wei|se**

se|ri|ös ⟨lat.-fr.⟩: *anständig, vertrauenswürdig, ernst gemeint;* → G.: unseriös || **Se|ri|o|si|tät** die, -

Ser|mon der, -s/-e ⟨lat.⟩ (geh.): *langweilige, feierliche Rede*

Se|ro|lo|ge der, -n/-n ⟨lat.+gr.⟩ (Med.) || **Se|ro|lo|gie** die, - (Med.): *ein Teilgebiet der Immunologie* || **Se|ro|lo|gin** die, -/-innen (Med.) || **se|ro|lo|gisch** (Med.): *die Blutbestandteile betreffend;* serologische Gutachten; → Serum || **Se|ro|to|nin** das, -s ⟨lat.⟩ (Chem., Biol.): *ein Gewebshormon*

Ser|pen|tin der, -s/-e ⟨lat.⟩: *ein grünes Gestein, burgenländische Jade* || **Ser|pen|ti|ne** die, -/-n: *Straßenwindung, schlangenförmig ansteigender Weg, Kehrschleife* || **Ser|pen|ti|nen|stra|ße** || **Ser|pen|ti|nen|weg**

Se|rum das, -s/Seren [Sera] ⟨lat.⟩: *Blutwasser* | *Impfstoff;* → serologisch || **Se|rum|spie|gel** (Med.): *Messwert einer Substanz im Blutserum*

Ser|val [-v-] der, -s/-s [-e] ⟨lat.-port.-fr.⟩: *eine afrikanische Wildkatze*

Ser|ver ['sɜːvə] der, -s/- ⟨engl.⟩ (EDV): *Hauptgerät in einem Netzwerk, das die anderen Computer bedient;* → Client || **Ser|vice**[1] [zɛr'viːs] das, - (-s [-sɛs])/- [-'viːsɛ] ⟨lat.-fr.⟩: *Tafelgeschirr* || **Ser|vice**[2] ['sɜːvɪs] der = das, - (-s [-sɛs])/- [-vɪsɛ] (-s [-sɪz]) ⟨lat.-fr.-engl.⟩: *Kundendienst* | *Bedienung* | *[Schnell]reparatur* | (Sport) *Aufschlag* || **Ser|vice|leis|tung** || **Ser|vice|num|mer** || **Ser|vice|point:**

S

Auskunfts-, Betreuungsstelle ‖ **Ser|vice|stel|le** ‖ **ser|vi|cie|ren** (fachspr.): *ein Kundenservice anbieten* ‖ **Ser|vice|zen|trum** ‖ **ser|vie|ren** [zɛrv-] ⟨lat.-fr.⟩: das Essen/Getränke s. *(auftragen)* | (Sport) einen Ball s. *(ins Spiel bringen; zuspielen)* ‖ **Ser|vie|rer** der, -s/- ‖ **Ser|vie|re|rin** die, -/-innen ‖ **Ser|vier|per|so|nal** ‖ **Ser|vier|tas|se** (veraltet): *Tablett* ‖ **Ser|vier|tisch** ‖ **Ser|vier|wa|gen** ‖ **Ser|vi|et|te** die, -/-n: sich mit der S. den Mund abwischen ‖ **Ser|vi|et|ten|knö|del:** *in einem Tuch gekochter Knödel* ‖ **Ser|vi|et|ten|ring:** *Ring für eine zusammengerollte Serviette* ‖ **ser|vil** ⟨lat.⟩ (geh.): *kriecherisch, unterwürfig* ‖ **Ser|vi|li|tät** die, -/-en (geh.) ‖ **Ser|vi|tut** das, -[e]s/-e, *CH und fachspr.:* die, -/-en (Jus): *Grunddienstbarkeit; Gebrauchsrecht an einem fremden Besitz, zB Holznutzung, Wegbenützung* ‖ **Ser|vo|brem|se** (Kfz): *Mechanismus, der das Bremsen erleichtert* ‖ **Ser|vo|len|kung** (Kfz) ‖ **Ser|vo|mo|tor** (Kfz): *Hilfsmotor* ‖ **ser|vus:** *ein vertraulicher Gruß;* s. (= **S**ervus) sagen ‖ **Ser|vus**[1] das, -/-: ohne [ein] S. fortgehen; S. (= **s**ervus) sagen ‖ **Ser|vus**[2] der, -/- (ugs., scherzh., veraltet): einen S. reißen *(betont [militärisch] grüßen)*

Se|sam der, -s/-s ⟨sem.-gr.-lat.⟩: *eine Ölpflanze; ihre Samenkörner* | (scherzh.) S., öffne dich! *(Spruch beim Versuch, etwas zu öffnen, nach einem orientalischen Zauberspruch)* ‖ **Se|sam|brot** ‖ **Se|sam|öl** ‖ **Se|sam|we|ckerl**

Ses|sel

der, -s/-: sich auf den Sessel setzen; vom Sessel fallen; jemandem den Sessel vor die Tür stellen *(jemanden aus dem Haus weisen; kündigen);* zwischen zwei Sesseln sitzen *(zwischen zwei Dingen hin und her schwanken)* | (ugs.) das reißt mich nicht vom Sessel *(beeindruckt mich nicht)*

In Deutschland wird für unser Wort „Sessel" meist „Stuhl" gesagt. „Sessel" bedeutet dort „[gepolstertes] Sitzmöbel mit Armlehnen, Polstersessel".

Ses|sel|bein ‖ **Ses|sel|kan|te** ‖ **Ses|sel|kle|ber** der, -s/- (sal.): *jemand, der nicht von seiner Stellung [in Beruf, Politik] weicht* ‖ **Ses|sel|kle|be|rin** die, -/-innen (sal.) ‖ **Ses|sel|leh|ne** ‖ **Ses|sel|leis|te:** *Abschlussleiste zwischen Fußboden und Wand* ‖ **Ses|sel|lift** ‖ **ses|sel|rei|ten:** *auf einem Sessel wippen* ‖ **Ses|sel|rü|cken:** *Geräusch der Sessel [beim Aufstehen]* | *größere Umbesetzung, Austausch von Führungskräften;* in der Chefetage gab es ein großes S. ‖ **sess|haft:** diese Nomaden sind s. *(an einem Ort dauernd ansässig)* geworden ‖ **Sess|haf|tig|keit** die, -

Ses|si|on die, -/-en ⟨lat.⟩: *Sitzung* | *Sitzungsperiode, Zeitabschnitt, in dem zB der Nationalrat seine Sitzungen abhält*

Set das (auch: der), -s/-s ⟨engl.⟩: *Satz, Serie, Reihe zusammengehöriger Gegenstände;* ein Set Kochtöpfe | (meist Pl.) *Unterlage für ein Gedeck* | *Filmdekoration; Drehort*

Set|te|cen|to [-tʃ-] das, -s ⟨it.⟩: *das 18. Jh. und seine Kunst in Italien*

Set|ter der, -s/- ⟨engl.⟩: *eine Hunderasse*

Set|ting das, -s/-s ⟨engl.⟩: *Schauplatz, Handlungsort;* → Set | (Psych.) *Rahmenbedingungen zB einer Therapie* ‖ **Set-up** [-ʌp] = **Set|up** das, -s/-s (EDV): *Installation von Software*

set|zen[1]: das Kind auf den Sessel s. | Salat s. *(pflanzen)* | über den Fluss s. *(ihn überqueren)* | ein Thema auf die Tagesordnung s.; Zahlen im Lotto s.; Maßnahmen s.; eine Frist s.; jemanden auf Diät s.; etwas in/außer Betrieb s.; Falschgeld in Umlauf s.; eine Oper in Szene s. *(inszenieren)* | (sal.) jemanden an die Luft s. *(jemanden hinauswerfen);* → gesetzt ‖ **set|zen**[2] sich: sich zu Tisch s.; Setzen Sie sich! | der Kaffee setzt sich *(der Sud sinkt zu Boden)* | sich zur Wehr s.; sich etwas in den Kopf s. *(es unbedingt erreichen wollen);* sich in Szene s. *(sich aufspielen)* ‖ **set|zen las|sen** = **set|zen|las|sen:** den Schaum der Flüssigkeit s. l. *(absinken, verflüssigen lassen)* ‖ **Set|zer** der, -s/-: *Schriftsetzer* ‖ **Set|ze|rei** die, -/-en ‖ **Set|ze|rin** die, -/-innen ‖ **Setz|feh|ler** ‖ **Setz|kas|ten** ‖ **Setz|ling** der, -s/-e: *junge Pflanze* | *junger Fisch, der zur Aufzucht in einem Teich ausgesetzt wird* ‖ **Setz|ma|schi|ne** (Druckw.): *Maschine zur Herstellung eines Schriftsatzes* ‖ **Set|zung** die, -/-en: die S. von Prioritäten | (Amtsspr.) die S. von Maßnahmen

Seu|che die, -/-n: → *Epidemie;* die S. breitete sich rasant aus ‖ **Seu|chen|alarm:** *offizielle Warnung der Gesundheitsbehörde* ‖ **Seu|chen|be|kämp|fung** die, -/-en ‖ **Seu|chen|ge|fahr** ‖ **Seu|chen|herd:** *Ausgangsgebiet einer Seuche*

seuf|zen: du seufzt vor Kummer; unter Repressalien s. *(leiden)* ‖ **Seuf|zer** der, -s/-: seinen letzten Seufzer tun *(sterben)*

Se|ve|rin ['ze:v-, -'i:n]: *männl. Vorname*

Sex der, -[es] ⟨lat.-engl.⟩: *das Geschlechtliche; Sexualität;* Sex and Crime [- ənd 'kraɪm] *(Sex und Verbrechen als Charakteristik [von Filmen]);* S. *(Geschlechtsverkehr)* haben ‖ **Sex|af|fä|re** [-a'fɛ:ə, -'ɛ:rɛ] ‖ **Sex|ap|peal** [-ə'pi:l] der, -s: *starke erotische Ausstrahlung* ‖ **Sex|ar|beit:** *Prostitution (ohne Zwang)* ‖ **Sex|ar|bei|ter** ‖ **Sex|ar|bei|te|rin** ‖ **Sex|bom|be:** *Frau mit starker sexueller Ausstrahlung* ‖ **Sex|film** ‖ **Sex|hot|line** [-laɪn]: *Rufnummer für Telefonsex* ‖ **Sex|idol** ‖ **Se|xis|mus** der, - ‖ **Se|xist** der, -en/-en ‖ **Se|xis|tin** die, -/-innen ‖ **se|xis|tisch** (abw.): *Personen, bes. Frauen, auf Grund ihres Geschlechts benachteiligend, zB im öffentlichen Leben, oder herabsetzend, zB in der Werbung, im Gespräch* ‖ **Sex|kof|fer** (ugs.): *Materialien zur Sexualerziehung im Unterricht* ‖ **Se|xo|lo|ge** der, -n/-n: *Sexualwissenschaftler* ‖ **Se|xo|lo|gin** die, -/-innen ‖ **Sex|per|te** der, -n/-n (sal., oft scherzhaft): *Sexualforscher* ‖ **Sex|per|tin** die, -/-innen (sal., oft scherzhaft) ‖ **Sex|shop** [-ʃ-]: *Geschäft für Sexartikel* ‖ **Sex|strolch** (abw.): *Sexualverbrecher* ‖ **Sex|sym|bol** [-zy-]

Sext die, -/-en = Sexte, -/-n ⟨lat.⟩ (Mus.): *Intervall der 6. Tonstufe* ‖ **Sext|ak|kord** (Mus.): *eine Umkehrung des Dreiklangs mit der Terz zuunterst* ‖ **Sex|tant** der, -en/-en: *Instrument zur Ortsbestimmung [auf See]* ‖ **Sex|te** = → Sext ‖ **Sex|tett** das, -[e]s/-e ⟨lat.-it.⟩: *Musikstück für sechs Gesangsstimmen oder Instrumente* | *die sechs Ausführenden eines solchen Musikstücks*

S

Sextourismus [-tu-] ⟨lat.-engl.+fr.⟩: *[Fern]reisen mit der Absicht auf Sexabenteuer* ‖ **sexual** ⟨lat.⟩: *sexuell* ‖ **Sexualassistenz:** *ein Beruf (Betreuung an behinderten Menschen), Surrogatpartnerschaft* ‖ **Sexualdelikt** ‖ **Sexualerziehung** ‖ **Sexualethik** ‖ **Sexualforscher** ‖ **Sexualforscherin** ‖ **Sexualhormon** ‖ **Sexualität** die, -: *Geschlechtlichkeit* ‖ **Sexualkunde** ‖ **Sexualleben** ‖ **Sexualmoral** ‖ **Sexualmord:** *Lustmord* ‖ **Sexualorgan:** *Geschlechtsorgan* ‖ **Sexualpädagogik** ‖ **Sexualpartner** ‖ **Sexualpartnerin** ‖ **Sexualsprache:** *Redeweise, die Wörter aus dem Sexualbereich verwendet* ‖ **Sexualstraftäter** ‖ **Sexualstraftäterdatei** ‖ **Sexualstraftäterin** ‖ **Sexualtäter** ‖ **Sexualtäterin** ‖ **Sexualtherapie** ‖ **Sexualtrieb** ‖ **Sexualverbrechen** ‖ **Sexualverbrecher** ‖ **Sexualverbrecherin** ‖ **Sexualwissenschaftler,** *auch:* Sexualwissenschafter ‖ **Sexualwissenschaftlerin,** *auch:* Sexualwissenschafterin ‖ **sexuell:** *geschlechtlich* ‖ **Sexus** der, -/-: *Geschlecht; Sexualität* ‖ **sexy** [-i] (sal.): *sexuell anziehend*

Seychellen [se'ʃɛl-] die (Pl.): *Inselgruppe und Staat im Indischen Ozean*

Sezession die, -/-en ⟨lat.⟩: *Trennung, Abspaltung* | (Kunstg.) → Secession ‖ **sezessionistisch** ‖ **Sezessionskrieg** der, -[e]s: *nordamerikanischer Bürgerkrieg (1861–1865)*

sezieren ⟨lat.⟩ (Med.): einen Leichnam s. *(ihn öffnen und zerlegen, um ihn zu untersuchen)* ‖ **Seziermesser**

sf: sforzando

SF: Science**f**iction

s-förmig ['ɛs-] = **S-förmig:** *wie ein S geformt*

sforzando = **sforzato** (sf, sfz) ⟨it.⟩ (Mus.): *verstärkt, akzentuiert*

Sg: Seabor**g**ium

S. g., *auch:* **Sg.** (veraltend): **S**ehr **g**eehrte[r] *(als Briefanrede)*

SGA [ɛs ge 'aː] der, -[s]/-[s]: **S**chul**g**emeinschafts**a**usschuss

Sgraffito das, -s/-s [Sgraffiti] ⟨it.⟩ (Kunstg.): *Wandbild, das in den noch weichen Verputz bis auf die andersfärbige Grundschichte gekratzt wird;* → Graffito

Shake [ʃeɪk] der, -s/-s ⟨engl.⟩: *Mixgetränk, bes. Milchshake* ‖ **Shakehands** [-'hændz] das, -s/-s (meist Pl.): *Händeschütteln;* S. machen ‖ **Shaker** der, -s/-: *Mixbecher [für Cocktails]*

Shampoo [ʃ-] = **Shampoon** das, -s/-s ⟨Hindi-engl.⟩: *ein Haarwaschmittel* ‖ **shamponieren** = schamponieren

Shanghai [ʃ-] = Schanghai: *Stadt in China*

Shaping ['ʃeɪ-] das, -s ⟨engl.⟩: *Gestalten, Formen;* Bodyshaping

Shareholder ['ʃeəhəʊldə] der, -s/- ⟨engl.⟩: *Aktieninhaber, Aktionär* ‖ **Shareholdervalue** [-vælju:] der, -s (Wirt.): *Kapitalanteil von Aktionären; Unternehmenswert* ‖ **Shareware** [-weə] die, -/-s (EDV): *kostengünstige [zeitlich begrenzte] Testversion einer Software* ‖ **Sharing** das, -s: *Teilen [von Diensten];* Jobsharing; Fotosharing

Sheriff [ʃ-] der, -s/-s ⟨engl.⟩: *in England oberster Grafschaftsbeamter; in den USA gewählter höchster Exekutivbeamter eines Verwaltungs-, Polizeibezirks* ‖ **Sheriffstern:** *Abzeichen eines amerikanischen Sheriffs*

Sherpa [ʃ-] der, -s/-s ⟨tibetisch-engl.⟩: *Angehöriger eines Volksstammes im Himalaja, bes. als Bergführer und Träger bekannt*

Sherry ['ʃeri] der, -s/-s ⟨span.-engl.⟩: *ein spanischer Süßwein; aber:* → Cherrybrandy

Shetland ['ʃetlənd] der, -s/-s: *eine Stoffart* ‖ **Shetlandpony** [-i]: *eine Ponyrasse* ‖ **Shetlandwolle:** *Wolle von Schafen der Shetlandinseln*

Shiatsu [ʃ-] das, -s ⟨jap.⟩: *eine japanische Massagemethode*

Shirt [ʃɜːt] das, -s/-s ⟨engl.⟩: *Leibchen, T-Shirt*

Shoah [ʃo'a(ː)] → Schoa

Shooting ['ʃuːt-] ⟨engl.⟩ das, -s/-s ⟨engl.⟩: *Kurzwort für Fotoshooting* ‖ **Shootingstar** [-st-]: *Jungstar [im Showgeschäft]; Senkrechtstarter/in*

Shop [ʃ-] der, -s/-s ⟨engl.⟩: *Geschäft* ‖ **shoppen:** s. gehen ‖ **Shopping** das, -s/-s: *Einkauf[sbummel]* ‖ **Shoppingcenter** [-s-] = **Shopping-Center:** *Einkaufszentrum*

Shortlist [ʃɔːt-] die, -/-s ⟨engl.⟩: *Auswahlliste [von Kandidaten]* ‖ **Shorts** [ʃ-] die (Pl.): *kurze Hose;* S. anziehen ‖ **Short Story** [-'stɔːri] = **Shortstory:** *Kurzgeschichte*

Show [ʃəʊ] die, -/-s ⟨engl.⟩: *große Unterhaltungsdarbietung [mit Musik und Tanz];* eine S. abziehen; jemandem die S. stehlen; → Schau ‖ **Showbiz** [-bɪz]: *Kurzwort für Showbusiness* ‖ **Showblock:** *Einlage [in einer TV-Sendung]* ‖ **Showbusiness** [-bɪznɪs]: *Showgeschäft* ‖ **Show-down** [-daʊn] = **Showdown** der = das, -[s]/-s: *Entscheidungskampf* ‖ **Showgeschäft:** *Unterhaltungsindustrie* ‖ **Showgirl** [-gɜːl] das, -s/-s ‖ **Showman** [-mæn] der, -s/-men ‖ **Showmaster** [-ɑːst-]: *Präsentator einer Show [im Fernsehen]* ‖ **Showmasterin** ‖ **Showview** [-vjuː] das, -s (Wz.): *ein Videorekorder-Programmierungssystem*

Shredder [ʃ-] → Schredder

Shrimp [ʃ-] = → Schrimp

Shuttle [ʃʌtl] der, -s/-s ⟨engl.⟩: *Kurzwort für Shuttledienst, -bus, -zug uÄ* | (auch mit Art. das) → *Spaceshuttle* ‖ **Shuttlebus** ‖ **Shuttledienst:** *Zubringerdienst, Pendlerdienst*

Si: Silicium

Siam: *früherer Name Thailands* ‖ **siamesisch:** siamesische *(zusammengewachsene)* Zwillinge ‖ **Siamkatze:** *eine Katzenrasse*

Sibirien: *eine Landschaft in Asien (Russland)* ‖ **sibirisch:** eine sibirische Kälte

Sibylle[1] [-'bi-, -'by-]: *weibl. Vorname* ‖ **Sibylle**[2] [-'bi-, -'by-] die, -/-n: *weissagende Frau* | (ohne Pl.) *altrömische Sagengestalt* ‖ **sibyllinisch:** *geheimnisvoll, schwer zu deuten*

sic [-k] ⟨lat.⟩: *genau so im Original (Zusatz bei ungewöhnlichen Stellen in Zitaten)*

sich: sie hat s. gefreut; s. (auch: *einander*) anlächeln/küssen; ihr Vorschlag hat etwas für s.; an [und für] s. nichts dagegen haben; etwas bei s. tragen; sie hat s. von s. aus *(aus eigener Motivation)* bei mir gemeldet; er ist wieder zu s. *(zu Bewusstsein)* gekommen; die Schuld auf s. nehmen

Sichel die, -/-n: *ein Gerät zum Schneiden [von Getreide]* | die S. des Mondes ‖ **sichelförmig** ‖ **sicheln:** Roggen s. *(mit der Sichel abschneiden)*

sicher:

ein sicherer Schulweg; seines Lebens nicht sicher sein;

sicher ist sicher *(besser mehr als weniger Vorsicht);* diese Lösung wäre am sichersten | ein sicherer *(zuverlässiger)* Hinweis | ein sicheres *(selbstbewusstes)* Auftreten haben

Großschreibung bei Nominalisierung:
- die Ernte im **S**icher[e]n *(geborgen)* haben
- es ist das **S**icherste, wenn du weggehst
- das **S**icherste, was man tun kann R→ S. 892, 2.2

Groß- und Kleinschreibung:
- auf Nummer sicher (= **S**icher) gehen (ugs.: *kein Risiko eingehen)*

Getrenntschreibung bei wörtlicher Bedeutung und in Verbindung mit „sein“:
- sicher kommen *(bestimmt)*
- sicher wirken
- du kannst dir sicher sein, dass etwas fehlt R→ S. 901, 1.8

Zusammenschreibung bei übertragener Bedeutung:
- ich will sichergehen, dass du kommst *(kein Risiko eingehen)*
- die finanziellen Mittel sicherstellen *(sichern, garantieren)*
- Diebsgut sicherstellen *(behördlich beschlagnahmen)* R→ S. 900, 1.5.1

Getrennt- und Zusammenschreibung mit adjektivisch gebrauchten Partizipien:
- ein sicher wirkendes (= sicherwirkendes) Medikament R→ S. 903, 2.2.1

sichergehen: *ganz sicher sein, kein Risiko eingehen; aber:* er kann über den Balken sicher *(ohne abzurutschen)* gehen ‖ **Sicherheit** die, -: die öffentliche S.; schau zur S. noch einmal nach; sich in S. wiegen *(sich scheinbar sicher fühlen)* | mit an S. grenzender Wahrscheinlichkeit | *Selbstbewusstsein* | (mit Pl. -en) für ein Darlehen Sicherheiten *(eine Sicherstellung, eine Bürgschaft)* fordern ‖ **Sicherheitsabstand** (Verk.): S. halten ‖ **Sicherheitsanforderung** ‖ **Sicherheitsbeauftragte** ‖ **Sicherheitsbehörde:** *Polizei uÄ* ‖ **Sicherheitsbestimmung** ‖ **Sicherheitsbindung:** die S. beim Ski einstellen ‖ **Sicherheitsbüro:** *Büro [der Polizei]* ‖ **Sicherheitsdenken** das, -s ‖ **Sicherheitsdirektion** [-tsi̯-]: *oberste Polizeibehörde eines Bundeslandes* ‖ **Sicherheitsdirektor:** *ein Amtstitel* ‖ **Sicherheitsdirektorin** ‖ **Sicherheitseinrichtung** ‖ **Sicherheitsexekutive** [-vɛ, -fɛ]: *Sicherheitspolizei* ‖ **Sicherheitsexperte** ‖ **Sicherheitsexpertin** ‖ **Sicherheitsfaden:** *ein Sicherheitsmerkmal von [Euro]banknoten* ‖ **Sicherheitsfrau:** *Angehörige eines [privaten] Sicherheitsdienstes* ‖ **Sicherheitsglas:** *Glas, das nicht splittert* ‖ **Sicherheitsgründe** die (Pl.): aus Sicherheitsgründen ‖ **Sicherheitsgurt** ‖ **sicherheitshalber** ‖ **Sicherheitskettchen** das, -s/- ‖ **Sicherheitskette:** eine S. an der Wohnungstür montieren ‖ **Sicherheitskontrolle** ‖ **Sicherheitskörper** (Amtsspr.): *staatliches oder privates Organ zur Wahrung der Sicherheit, Wachkörper;* private S. ‖ **Sicherheitslage** ‖ **Sicherheitsleistung** (Jus): *Kaution zur Abdeckung eines möglichen Schadens* ‖ **Sicherheitslücke:** eine S. in einem Computerprogramm schließen ‖ **Sicherheitsmangel** (meist Pl.) ‖ **Sicherheitsmann** ‖ **Sicherheitsmaßnahme** ‖ **Sicherheitsmerkmal:** die Sicherheitsmerkmale von Banknoten ‖ **Sicherheitsnadel** ‖ **Sicherheitsnetz** ‖ **Sicherheitsorgane** die (Pl.): *Sicherheitsbehörde* ‖ **Sicherheitspaket** ‖ **Sicherheitspickerl** ‖ **Sicherheitspolitik** ‖ **sicherheitspolitisch** ‖ **Sicherheitspolizei:** *Kriminalpolizei, Verkehrspolizei ua.* ‖ **Sicherheitspolizeigesetz** ‖ **sicherheitspolizeilich** ‖ **Sicherheitsrat** der, -[e]s: *Weltsicherheitsrat der UNO* ‖ **Sicherheitsrisiko** ‖ **Sicherheitsschloss:** *gesichertes Türschloss* ‖ **Sicherheitssprecher** (Pol.) ‖ **Sicherheitssprecherin** (Pol.) ‖ **Sicherheitsstufe:** S. 1 ‖ **Sicherheitstechnik** ‖ **Sicherheitstür,** *auch:* **Sicherheitstüre** ‖ **Sicherheitsventil** [-v-]: *Überdruckventil* ‖ **Sicherheitsvertrauensperson** (Amtsspr.): *für Arbeitsschutz zuständige Person in größeren Firmen* ‖ **Sicherheitsvorkehrung** (meist Pl.) ‖ **Sicherheitsvorschrift** ‖ **Sicherheitswache:** *Bezeichnung für Sicherheitsorgane wie zB Polizei* ‖ **Sicherheitswachebeamte** ‖ **Sicherheitswachebeamtin** ‖ **Sicherheitswesite** ‖ **Sicherheitszone:** eine S. *(Schutzzone)* der UNO ‖ **sicherlich:** *gewiss, aller Wahrscheinlichkeit nach, selbstverständlich* ‖ **sichern:** das Fahrrad gegen Diebstahl s. *(es absperren);* jemanden beim Bergsteigen durch ein Seil s.; Daten s. *(dauerhaft speichern)* | sich einen Platz s.; die Zukunft s. | (Jägerspr.) der sichernde *(nach Gefahren ausschauende)* Rehbock ‖ **sicherstellen:** *sichern, garantieren | behördlich beschlagnahmen;* → sicher ‖ **Sicherstellung:** *Beschlagnahme [von Schmuggelware]* | (bes. Jus) *Pfand, Bürgschaft; Sicherung von Gegenständen für bestimmte Zwecke* ‖ **Sicherung** die, -/-en: die S. der Arbeitsplätze | (Elektrot.) eine S. auswechseln; jemandem brennen die Sicherungen durch *(jemand verliert die Beherrschung)* ‖ **Sicherungsdienst** ‖ **Sicherungseigentum** (Jus): *Eigentum, das dem Gläubiger als Sicherheit für eine Schuld übergeben wird* ‖ **Sicherungskasten** (Elektrot.) ‖ **Sicherungskopie** (EDV) ‖ **Sicherungspflicht** ‖ **Sicherungstechnik** ‖ **sicher wirkend** = **sicherwirkend** → sicher

Sicht die, -/-en (Pl. selten): bei schlechter S.; Land in S.; in S. kommen *(sichtbar werden);* auf S. fahren *(so fahren, dass man rechtzeitig anhalten kann);* auf lange S. *(weit voraus)* planen ‖ **sichtbar:** sichtbare Fortschritte ‖ **Sichtbarkeit** die, - ‖ **Sichtbehinderung** ‖ **Sichtblende:** *Sichtschutz* ‖ **sichten:** ein Flugzeug s. *(wahrnehmen)* | seine Dokumente s. *(sie durchsehen [und Unnötiges ausscheiden])* ‖ **Sichtflug** ‖ **Sichtgrenze** ‖ **sichtig** (Seemannsspr.): sichtiges *(klares)* Wetter ‖ **sichtlich:** sie ist s. *(merklich)* erfreut ‖ **Sichtschutz** ‖ **Sichtung** die, -/-en: *das Sichten* ‖ **Sichtverhältnisse** die (Pl.) ‖ **Sichtvermerk:** *für Reisen in bestimmte Staaten notwendige Passeintragung, Visum* ‖ **Sichtweise:** *Betrachtungsweise* ‖ **Sichtweite:** außer S. sein

Sickergrube: *Grube für [Haus-]abwässer* ‖ **sickern:** Blut sickerte *(drang langsam)* durch den Verband ‖ **Sickerwasser** das, -s: *durchsickerndes Wasser*

S

sie:

Kleinschreibung als Pronomen in der 3. Person Singular und Plural:
– er und sie kamen zum Fest
– sie alle sind gekommen

Großschreibung bei Nominalisierung:
– ein Er oder eine **S**ie
R→ S. 894, 2.4

Als distanzierte Anrede an eine oder mehrere Personen immer groß:
– **S**ie zueinander sagen *(siezen)*
– mit jemandem per **S**ie sein
– „Bitte setzen **S**ie sich!“
– „Ich möchte **S**ie auf Folgendes hinweisen ...“ R→ S. 895, 3

Als veraltete Anrede an eine untergebene weibliche Person groß:
– will **S**ie mir drohen?; → er

Sieb das, -[e]s/-e: ein engmaschiges S. ‖ **Siebdruck** der, -[e]s: *ein Druckverfahren* | (mit Pl. -drucke) *im Siebdruck hergestellter Abzug* ‖ **sieben**[1]: Mehl s. | die Bewerber/innen s. *(aussuchen, selektieren)*

sieben[2] (7): wir waren s.; die sieben Sakramente; ein Buch mit sieben Siegeln *(etwas, das man nicht versteht);* sieben auf einen Streich; die sieben Weltwunder; → acht ‖ **Sieben** die, -/-en (bes. D): *Siebener, die Ziffer Sieben (7)* ‖ **Siebenbürgen:** *Landschaft in Rumänien, Transsilvanien* ‖ **siebeneinhalb** ‖ **Siebener** der, -s/- (7er): *die Zahl Sieben (7);* einen S. *(die Ziffer 7)* hinschreiben; → Sieben ‖ **siebenerlei:** auf s. Weise ‖ **siebenfach** (7fach = 7-fach) ‖ **siebengescheit** (ugs., abw.): *neunmalklug* ‖ **siebenhundert** (700) ‖ **siebenjährig** (7-jährig): ein siebenjähriges Kind; *aber:* der **S**iebenjährige Krieg (1756–1763) ‖ **Siebenkampf** (Sport): *ein Sportwettbewerb in sieben Einzeldisziplinen* ‖ **siebenmal** (7-mal) (auch: sieben Mal) ‖ **Siebenmeilenstiefel** die (Pl.) (in der Wendung): mit Siebenmeilenstiefeln *(mit großen Schritten, sehr schnell)* ‖ **Siebenmeter** (Sport) ‖ **Siebenmonatkind** = **Siebenmonatskind:** *ein schon nach sieben Monaten geborenes Kind* ‖ **Siebensachen** die (Pl.) (scherzh.): seine S. *(die Gegenstände für den täglichen Gebrauch, sein geringes Eigentum)* zusammenpacken ‖ **Siebenschläfer:** *ein Bilch* | (scherzhaft) *jemand, der gern lange schläft* ‖ **siebent:** zu s. ‖ **siebentägig** (7-tägig) ‖ **siebentausend** (7 000) ‖ **Siebentausender** (7 000er): *Berg, der zwischen 7 000 und 7 999 m hoch ist* ‖ **siebente** (7.): im siebenten Himmel sein *(sehr glücklich sein);* → siebte; → achte ‖ **Siebentel** das, -s/- ‖ **siebentens** (7.)

Siebschöpfer: *Schaumlöffel*

siebte (reg.) → siebente ‖ **siebzehn** (17) ‖ **siebzig** (70): → achtzig ‖ **siebziger** (70er): → achtziger ‖ **Siebziger** der, -s/-, ein Siebziger (70er): seinen S. *(70. Geburtstag)* feiern ‖ **siebziger Jahr** = **Siebzigerjahr** (70er Jahr): → achtziger Jahr = Achtzigerjahr ‖ **siebzigste** (70.): der s. Geburtstag

siech (geh., veraltet) ‖ **Siechtum** das, -s (geh.): *lange, schwere Krankheit*

Siedefleisch, *auch*: Siedfleisch: *Suppenfleisch*

siedeln, ich siedle: *Wohnstätten bauen; sich ansässig machen* | *übersiedeln, umziehen*

sieden, sott [siedete]/gesotten [gesiedet]: *kochen;* gesottenes Gemüse; gesottener Käse *(Mühlviertler Kochkäse);* siedende Hitze | ihm fiel siedend heiß ein, dass er mittags einen Termin gehabt hätte ‖ **Siedepunkt:** *Temperatur, bei der eine Flüssigkeit zu sieden beginnt* ‖ **Siedfleisch** → Siedefleisch

Siedler der, -s/-: *Kolonist* ‖ **Siedlerin** die, -/-innen ‖ **Siedlung** die, -/-en: *mehrere [gleichartige] Wohnhäuser;* Stadtrandsiedlung | Bewohner einer S. | eine prähistorische S. *(Niederlassung)* ‖ **Siedlungsbau** der, -[e]s/-ten ‖ **Siedlungsgebiet** ‖ **Siedlungsgenossenschaft** ‖ **Siedlungshaus** ‖ **Siedlungsname,** *auch:* **Siedlungsnamen:** *Ortsname* ‖ **Siedlungspolitik**

Sieg der, -[e]s/-e: *Erfolg;* einen S. erringen; der Vernunft zum S. verhelfen ‖ **Sieganwärter:** *Favorit* ‖ **Sieganwärterin**

Siegel das, -s/-: *Abdruck eines Zeichens/Motivs in einer wachsähnlichen Masse;* das S. auf einer Urkunde; etwas unter dem S. der Verschwiegenheit *(streng vertraulich)* mitteilen | *Stempel zum Siegeln von Dokumenten; aber:* → Sigel ‖ **Siegellack** ‖ **siegeln:** ich siegle eine Urkunde ‖ **Siegelring:** *Ring mit einem Siegelmotiv*

siegen: *einen Sieg erringen* ‖ **Sieger** der, -s/- ‖ **Siegerehrung** ‖ **Siegerin** die, -/-innen ‖ **Siegermacht** (Pol., Mil., Gesch.): *die Siegermächte des Zweiten Weltkriegs* ‖ **Siegermannschaft** ‖ **Siegerpodest** = Siegespodest ‖ **Siegerpokal** ‖ **Siegerstraße** ‖ **siegesbewusst** ‖ **Siegesbotschaft** ‖ **Siegesfeier** ‖ **Siegesfreude** ‖ **siegesgewiss** ‖ **Siegesgöttin** ‖ **Siegesjubel** ‖ **Siegeslauf** ‖ **Siegespalme** (geh.): *Siegeszeichen* ‖ **Siegespodest** = → Siegerpodest ‖ **Siegespreis** ‖ **Siegesserie** [-iɛ]: *Folge von Siegen* ‖ **siegessicher** ‖ **Siegestaumel** ‖ **Siegestor** (Sport) ‖ **Siegestreffer** ‖ **siegestrunken** (geh.) ‖ **Siegeszug** ‖ **Siegfried:** *männl. Vorname* ‖ **sieggewohnt** ‖ **sieghaft** (geh., veraltet) ‖ **sieglos** ‖ **Siegmund,** *auch:* Sigmund, Sigismund: *männl. Vorname;* → Sigi; → Mundl ‖ **siegreich**

sieh = **siehe:** s. da! | (bei Hinweisen in Texten ohne Rufzeichen, auch mit Abk. s.) s. Seite 25 (s. S. 25); s. oben (s. o.); s. unten (s. u.); s. dort (s. d.) ‖ **sieht** → sehen

Siemandl → Simandl

siena: *rotbraun* ‖ **Siena** das, -s: *eine Farbe (nach der italienischen Stadt Siena)*

Siering ['zir-]: *Marktgemeinde in Oberösterreich*

Siesta die, -/-s [Siesten] ⟨span.⟩: *Ruhepause zur Mittagszeit [in südlichen Ländern];* → *aber:* Fiesta

Sievert [-v-] das, -s (Zeichen: Sv) (Phys.): *Maßeinheit für die Schädlichkeit einer Strahlung (nach einem schwedischen Physiker)* (früher: Rem)

siezen, du siezt: *jemanden mit Sie anreden*

Sigel das, -s/-, *auch:* Sigle [-gl] die, -/-n ⟨lat.-fr.⟩: *Abkürzungszeichen, Kürzel [in der Kurzschrift]*

Sightseeing ['saɪtsiːɪŋ] das, -[s] ⟨engl.⟩: *Besichtigen von Sehenswürdigkeiten* ‖ **Sightseeingtour** [-tuːə]

Sigi: *männl. Vorname (Siegfried uÄ)* ‖ **Sigismund** → Siegmund

Sigle → Sigel

Sigma das, -[s]/-[s] (σ, ς, Σ) ⟨gr.⟩:

S

griechischer Buchstabe; entspricht s/S
Sig|mund → Siegmund
Si|g|nal das, -s/-e ⟨lat.-fr.⟩: dieses S. steht auf „Halt!"; sich durch Signale *(Zeichen oÄ)* verständigen; Signale *(Hinweise, Maßstäbe)* setzen ‖ **Si|g|nal|an|la|ge:** *Ampelanlage u. dgl.* ‖ **Si|g|na|le|ment** [sinjal'mɑ̃:] das, -s/-s (veraltet): *kurze Personsbeschreibung* ‖ **Si|g|nal|far|be** [zign-]: *leuchtende Farbe* ‖ **Si|g|nal|feu|er:** *weithin sichtbares Lichtsignal, Feuerzeichen* ‖ **Si|g|nal|horn** ‖ **si|g|na|li|sie|ren:** *anzeigen, ankündigen* ‖ **Si|g|nal|licht** ‖ **Si|g|nal|mast** ‖ **Si|g|nal|wir|kung** ‖ **Si|g|na|tar|macht** (Pol.) ‖ **Si|g|na|tar|staat** (Pol.): *der einen Vertrag unterzeichnende Staat* ‖ **Si|g|na|tion** [-'neɪʃn] die, -/-s ⟨engl.⟩: *Kennmelodie [im Rundfunk]* ‖ **Si|g|na|tur** die, -/-en ⟨lat.⟩: *Namenszug, Unterschrift;* Handysignatur | (Geogr.) *Kartenzeichen* | *Kennzeichen, zB Buchstaben, Nummern [auf Bibliotheksbüchern]* | (EDV) digitale S. *(elektronische Unterschrift zur Erhöhung der Sicherheit [im E-Business])* ‖ **Si|g|net** [zin'je:] das, -s/-s ⟨lat.-fr.⟩: das S. *(Kennbild, Logo)* des ORF ‖ **si|g|nie|ren** [-gn-]: *mit einer Signatur versehen;* ein vom Künstler signiertes *(mit seinem Namenszug versehenes)* Gemälde | Bücher s. ‖ **Si|g|nie|rung** die, -/-en ‖ **si|g|ni|fi|kant** ⟨lat.⟩: ein signifikanter *(kennzeichnender)* Unterschied; → G.: insignifikant ‖ **Si|g|ni|fi|kanz** die, -
Si|g|nor [si'njo:r] der, -s/-i ⟨it.⟩: *italienische Anrede eines Herrn* ‖ **Si|g|no|ra** die, -/-s [Signore]: *italienische Anrede und Bezeichnung einer Frau* ‖ **Si|g|no|re** der, -s/Signori: *italienische Anrede und Bezeichnung eines Herrn* ‖ **Si|g|no|ri|na** die, -/-s [Signorine]: *italienische Anrede und Bezeichnung eines Mädchens, einer jungen unverheirateten Frau*
Si|g|num das, -s/Signa ⟨lat.⟩: *Zeichen, Signatur* | *Symbol*
Sig|rid: *weibl. Vorname*
Si|la|ge [-'a:ʃ, -ʒɛ] die, - ⟨span.-fr.⟩: *Gärfutter aus dem Silo;* → silieren ‖ **Si|la|ge|bal|len**
Sil|be die, -/-n: keine S. *(nichts)* davon erwähnen | (Sprachwiss.) *Laut- bzw. Buchstabenfolge;* → syllabisch ‖ **Sil|ben|maß:** *Versmaß* ‖ **Sil|ben|rät|sel** ‖ **Sil|ben|schrift:** *Schrift mit Silbenzeichen (im Gegensatz zB zur Buchstabenschrift)* ‖ **Sil|ben|tren|nung:** *Worttrennung*
Sil|ber das, -s (Zeichen: Ag): *ein chemisches Element;* → Argentum | *silbernes Tafelgeschirr, Besteck* | *Silbermünze* | *Silberglanz* ‖ **Sil|ber|bar|ren** ‖ **Sil|ber|berg|werk** ‖ **Sil|ber|be|steck** ‖ **sil|ber|be|stickt** ‖ **Sil|ber|blech** ‖ **Sil|ber|blick:** *leichtes Schielen* ‖ **Sil|ber|draht** ‖ **Sil|ber|fa|den** ‖ **Sil|ber|fisch|chen:** *ein Insekt* ‖ **Sil|ber|fi|scherl** ‖ **Sil|ber|glanz** ‖ **sil|ber|glän|zend** ‖ **sil|ber|grau** ‖ **sil|ber|hell:** *hell tönend* ‖ **Sil|ber|hoch|zeit** ‖ **sil|be|rig** → silbrig ‖ **Sil|ber|ket|te** ‖ **Sil|ber|le|gie|rung** ‖ **Sil|ber|ling** der, -s/-e (früher): *eine Silbermünze* ‖ **Sil|ber|me|dail|le** [-'ailjɛ]: *Medaille für den zweiten Platz* ‖ **Sil|ber|mi|ne** ‖ **Sil|ber|mö|we** ‖ **Sil|ber|mün|ze** ‖ **sil|bern:** eine silberne Uhr; die silberne Hochzeit *(die Fünfundzwanzigjahrfeier der Eheschließung)* ‖ **Sil|ber|pap|pel:** *eine Pappelart* ‖ **Sil|ber|rei|her** ‖ **Sil|ber|schmied** ‖ **Sil|ber|streif** = **Sil|ber|strei|fen:** ein S. am Horizont *(ein Hoffnungszeichen)* ‖ **Sil|ber|ta|b|lett** ‖ **Sil|ber|tan|ne** ‖ **Sil|ber|wei|de:** *eine Weidenart* ‖ **sil|ber|weiß:** silberweißes Haar ‖ **Sil|ber|wurz:** *eine Alpenpflanze*
-sil|big (nur in Zusammensetzungen wie einsilbig) ‖ **sil|bisch** (Sprachw.): ein silbisches *(eine Silbe bildendes)* l oder r
sil|b|rig, *auch:* silberig: s. glänzen | (geh.) ein silbriger *(heller, reiner)* Klang
Si|len|ti|um [-tsi̯-] das, -s ⟨lat.⟩: *Stillschweigen, Ruhegebot*
Sil|hou|et|te [-'lu̯ɛtɛ] die, -/-n ⟨fr.⟩: *Schattenriss;* im Dunkeln die S. *(den Umriss)* eines Menschen erkennen
Si|li|cat [-k-] (fachspr.): *Silikat* ‖ **Si|li|ci|um** [-tsi̯-] = → Silizium ‖ **Si|li|con** [-k-] das, -s/-e (fachspr.): *Silikon*
si|lie|ren ⟨span.⟩: *in einem Silo aufbewahren;* einsilieren; → Silage
Si|li|kat das, -[e]s/-e ⟨lat.⟩ (Chem.): *Kieselsäuresalz* ‖ **Si|li|kon** das, -s/-e: *Dichtungs- und Kabelmaterial; ein Kunststoff [zur Brustvergrößerung]* ‖ **Si|li|kon|bu|sen** ‖ **Si|li|zi|um** = Silicium [-tsi̯-] das, -s ⟨lat.⟩ (Zeichen: Si): *ein chemisches Element*
Si|lo der, -s/-s ⟨span.⟩: *ein Getreidespeicher; ein Gärfutterbehälter;* → silieren ‖ **Si|lo|bal|len:** *zwecks Gärfuttererzeugung mit Plastikfolie umhülltes Mähgut, Silageballen*
Sil|va|ner [-v-] = Sylvaner [zi-] der, -s/- ⟨lat.⟩: *eine Reb- und Weinsorte;* → Müller-Thurgau
Sil|ves|ter [-v-] der, -s/-: *der 31. Dezember, Altjahrstag (nach dem hl. Papst Silvester I.);* S. feiern; zu S. ‖ **Sil|ves|ter|abend** ‖ **Sil|ves|ter|fei|er** ‖ **Sil|ves|ter|nacht** ‖ **Sil|ves|ter|pfad:** *Folge von Silvesterveranstaltungen im Freien entlang einer vorgesehenen Route, zB in Wien*
Sil|via [-v-], *auch:* Sylvia ['zi-]: *weibl. Vorname*
Sil|vret|ta [-f-, auch: -v-] die, -: *eine Gebirgsgruppe in Vorarlberg, Tirol und der Schweiz;* Silvretta-Hochalpenstraße
SIM: Subscriber **I**dentity **M**odule *(Speicher für Benutzerdaten, zB Rufnummer, Code, Adressbuch)* ‖ **SIM-Card** [-k-] = SIM-Karte: *eine Chipkarte für Handys*
Si|mandl das, -s/-n, *auch:* Siemandl (ostöst., mda., abw., veraltend): *Mann, der sich nichts zu sagen getraut; Pantoffelheld*
Si|mi|laun der, -[s]: *Berg in Nord- und Südtirol*
SIM-Kar|te = → SIM-Card [-k-]
Sim|me|ring: *11. Bezirk Wiens*
Si|mon: *männl. Vorname* ‖ **Si|mo|ne:** *weibl. Vorname*
sim|pel ⟨lat.-fr.⟩: *(sehr) einfach;* eine simple Aufgabe | (oft abw.) *primitiv* ‖ **Sim|pel** der, -s/- (mda.): *einfältiger Mensch*
Sim|perl das, -s/-[n] (mda.): *flaches Körbchen*
Sim|plex das, -/-e (Simplizia, Simplicia [-'i:tsi̯a]) ⟨lat.⟩ (Gramm.): *einfaches, nicht zusammengesetztes Wort;* → Kompositum ‖ **Sim|pli|fi|ka|ti|on** [-tsi̯-] die, -/-en ‖ **sim|pli|fi|zie|ren:** *[zu sehr] vereinfachen;* → versimplifizieren ‖ **Sim|pli|fi|zie|rung** die, -/-en ‖ **Sim|pli|zi|tät** die, -: *Schlichtheit*
Simp|sons [-sənz] die (Pl.): *Familie einer Zeichentrickserie*
Sims das (*auch:* der), -es/-e: *Gesims*
Sim|se die, -/-n (Bot.): *eine grasähnliche Pflanzengattung, Binse*
Si|mu|lant der, -en/-en ⟨lat.⟩: *jemand, der etwas vortäuscht, zB eine Krankheit* ‖ **Si|mu|lan|tin** die, -/-innen ‖ **Si|mu|la|ti|on** [-tsi̯-] die, -/-en: *Nachbildung* ‖ **Si|mu-**

S

la|tor der, -s/-en [-'oː-]: *Vorrichtung, die bestimmte Bedingungen, zB des Weltraums, wirklichkeitsnah nachbildet* || **si|mu|lie|ren:** *vortäuschen; sich verstellen* | eine Flugzeuglandung am Computer s. *(nachbilden)*
si|mul|tan ⟨lat.⟩: *gleichzeitig;* s. *(während der Text gesprochen wird)* dolmetschen || **Si|mul|tan|dol|met|scher** || **Si|mul|tan|dol|met|sche|rin** || **Si|mul|tan|hy|po|thek** [-hy-] (Bankw.): *Haftung mehrerer Grundstücke als Pfand für dieselbe Forderung* || **Si|mul|tan|par|tie:** *Schachspiel eines Spielers gleichzeitig gegen mehrere Gegner* || **Si|mul|tan|schach**
sin: Sinus
sind → sein
si|ne ira et stu|dio ⟨lat.⟩ (wörtl.: ohne Hass und [ohne] Vorliebe): *sachlich, objektiv* || **si|ne tem|po|re** (s. t.) (lat.): *pünktlich, ohne Hinausschieben der Beginnzeit;* → G.: cum tempore
Sin|fo|nie = Symphonie [zymf-] die, -/-n ⟨gr.-it.⟩: *ein großes Musikwerk für Orchester* || **Sin|fo|nie|or|ches|ter** [meist: -kɛ-] = Symphonieorchester || **Sin|fo|ni|ker** = Symphoniker der, -s/-: *Mitglied eines Symphonieorchesters* | *Komponist von Symphonien* | (nur Pl.) *Name bestimmter Orchester;* die Wiener Symphoniker || **Sin|fo|ni|ke|rin** = Symphonikerin die, -/-innen || **sin|fo|nisch** = symphonisch: die sinfonische Dichtung
Sing.: Singular
Sin|ga|pur: *Stadt und Staat in Südostasien*
sing|bar: die Melodie ist leicht s. || **Sing|dros|sel** || **sin|gen,** sang/gesungen: einen Kanon s. | (sal.) der verhaftete Bankräuber hat gesungen *(ausgesagt, seine Komplizen verraten)* | (geh., veraltet) von den Taten des Odysseus s. *(sie dichterisch darstellen)*
Sin|gha|le|se der, -n/-n: *Angehöriger des Mehrheitsvolkes von Sri Lanka* || **Sin|gha|le|sin** die, -/-innen || **sin|gha|le|sisch**
Sing|kreis: *kleiner [Laien]chor*
Sin|gle[1] ['sɪŋgl] das, -[s]/-[s] ⟨engl.⟩ (Sport): *Einzelspiel [im Tennis]* | *Einzelabteil im Schlafwagen* || **Sin|gle**[2] der, -[s]/-s: *alleinstehende Person* || **Sin|gle**[3] die, -/-[s]: *Schallplatte/CD mit kurzer Spieldauer;* → LP || **Sing|le|bör|se:** *ein Forum für Kontaktanbahnung* || **Sin|gle|par|ty** [-i] || **Sin|gle|rei|se**
Sing|sang der, -[e]s (abw.): *eintöniges Singen* || **Sing|spiel:** *[heitere] Oper mit gesprochenen Dialogen* || **Sing|stim|me:** ein Lied für S. *(Gesang)* und Klavier; eine gute S. haben
sin|gu|lär ⟨lat.⟩ (geh.): *einzigartig, vereinzelt* || **Sin|gu|lar** der, -s/-e (Sing.) (Gramm.): *Einzahl;* → G.: Plural || **Sin|gu|la|re|tan|tum** das, -s/-[s] [Singulariatantum] (Gramm.): *Einzahlwort, zB* Hunger; → G.: Pluraletantum || **Sin|gu|la|ri|tät** die, -: *Einzigartigkeit*
Sing|vo|gel || **Sing|zi|ka|de:** *Zikade, deren Männchen Geräusche produzieren*
si|nis|ter ⟨lat.⟩ (geh.): *unheilvoll*
sin|ken, sank/gesunken: ein sinkendes Schiff; ins Bett s.; in die Knie s.; in Ohnmacht s.; sie lässt den Telefonhörer s.; das Fieber sank endlich; sinkende Preise; er ist in meiner Gunst gesunken; wie tief seid ihr [moralisch] gesunken! || **Sink|flug** → G.: Steigflug
Sinn der, -[e]s/-e: sie hat ihre fünf Sinne beisammen *(sie ist bei klarem Verstand);* einen sechsten S. *(eine scheinbar übernatürliche Fähigkeit, besonderen Instinkt)* für etwas haben | (geh.) von Sinnen *(außer sich)* sein; bei Sinnen *(bei vollem Verstand)* sein | (ohne Pl.) S. *(Verständnis)* für etwas haben | der S. *(Ziel und Zweck)* des Lebens; ohne S. und Verstand *(ohne nachzudenken);* das ergibt keinen S.; im engeren/weiteren S. | der S. *(die Bedeutung)* eines Wortes | in ihrem S. *(wie sie es möchte)* handeln; etwas im S. haben *(planen);* jemanden im S. haben *(an jemanden denken);* in den S. kommen *(einfallen)* | (nur Pl.) (geh.) *Sinnenfreude;* etwas erregt die Sinne || **Sinn|bild:** die Taube als S. *(Symbol)* des Friedens || **sinn|bild|haft** || **sinn|bild|lich** || **sin|nen,** sann/gesonnen (geh.): auf neue Mittel und Wege s. *(über sie nachdenken);* er blickt ihr sinnend nach; gesonnen *(gewillt)* sein, etwas zu tun; *aber:* jemandem gutgesinnt/feindlich gesinnt sein || **Sin|nen|freu|de** (geh.): *Lebensfreude; Freude an sinnlichen, bes. erotischen, Erlebnissen* || **Sin|nen|rausch** der, -es (geh.): *leidenschaftliche Erregtheit der Sinne* || **sinn|ent|stel|lend:** eine sinnentstellende Formulierung || **sinn|er|fas|send:** sinnerfassendes Lesen || **Sin|nes|än|de|rung:** *Änderung der Gesinnung* || **Sin|nes|art** || **sin|nes|be|hin|dert** (Amtsspr., Päd.) || **Sin|nes|ein|druck** || **Sin|nes|er|fah|rung** || **Sin|nes|or|gan:** *Auge, Ohr ua.* || **Sin|nes|täu|schung** || **Sin|nes|ver|wir|rung** || **Sin|nes|wahr|neh|mung** || **Sin|nes|wan|del:** *Gesinnungsänderung* || **sinn|fäl|lig:** *augenfällig* || **Sinn|fäl|lig|keit** die, - || **Sinn|fra|ge:** *Frage nach dem Sinn [des Lebens]* || **Sinn|ge|bung** die, -/-en || **Sinn|ge|halt** der, -[e]s/-e || **sinn|ge|mäß:** *dem Sinn entsprechend* || **sinn|haft:** *sinnvoll* || **Sinn|haf|tig|keit** die, - || **sin|nie|ren:** *grübeln, nachdenken* || **Sin|nie|rer** der, -s/- || **Sin|nie|re|rin** die, -/-innen || **sin|nig:** ein sinniges *(sinnvolles, passendes)* Geschenk || **Sinn|kri|se:** *Zweifel an der Sinnhaftigkeit von etwas* || **sinn|lich:** etwas s. *(durch die Sinnesorgane)* wahrnehmen | ein sinnliches *(sexuelles)* Verlangen || **Sinn|lich|keit** die, - || **sinn|los:** ein sinnloser Satz; ein sinnloser *(nutzloser)* Versuch | er ist s. *(völlig, bis zur Unsinnigkeit)* betrunken || **Sinn|lo|sig|keit** die, -/-en || **sinn|reich:** ein sinnreicher *(kluger)* Einfall || **Sinn|spruch:** *Spruch, der zum Nachdenken anregt* || **sinn|stö|rend:** ein sinnstörender Druckfehler || **sinn|ver|wandt:** sinnverwandte Wörter, zB *sagen, reden, sprechen* || **sinn|voll:** *zweckmäßig, wohl durchdacht* || **sinn|wid|rig:** *dem Sinn einer Sache widersprechend* || **Sinn|zu|sam|men|hang:** *Kontext*
Si|no|lo|ge der, -n/-n ⟨gr.⟩ || **Si|no|lo|gie** die, -: *Chinakunde* || **Si|no|lo|gin** die, -/-innen
Sin|ter der, -s/-: *mineralische Ablagerung des Wassers* || **sin|tern:** *Sinter ablagern; durch Schmelzen verfestigen* || **Sin|te|rung** die, -
Sint|flut = Sündflut die, -: *(nach der Bibel) die große Überschwemmung der Erde;* nach/hinter mir die S. *(was nachher ist, kümmert mich nicht)* || **sint|flut|ar|tig** = sündflutartig: sintflutartige *(sehr starke)* Regenfälle
Sin|ti die (Pl. von → Sinto) ⟨Romanes⟩ || **Sin|ti|za** die, -/Sintize: *Angehörige eines weltweit zerstreuten Volkes;* → Zigeunerin; →

S

Romni ‖ **Sin|to** der, -[s]/Sinti: *männliche Form von Sintiza;* → Zigeuner; → Rom²; → Roma und Sinti

Si|nus der, -/- [-nusse] (sin) ⟨lat.⟩ (Math.): *eine Winkelfunktion* ‖ **Si|nus|kur|ve** ‖ **Si|nus|schwin|gung** ‖ **Si|nus|ton:** *physikalisch reiner Ton*

Si|phon [-f-] der, -s/-s ⟨gr.-lat.-fr.⟩: *Abflussrohr mit Geruchsverschluss [unter dem Waschbecken]* ‖ **Si|phon|fla|sche:** *Flasche mit Steigrohr und Spritzverschluss*

Sip|pe die, -/-n: *die näheren und entfernteren Verwandten; Großfamilie* ‖ **Sip|pen|for|schung:** *Genealogie* ‖ **Sip|pen|haf|tung** die, -: *Verantwortlichmachen und Bestrafen von unbeteiligten Verwandten* ‖ **Sip|pen|ver|band:** *Sippe* ‖ **Sipp|schaft** die, - (abw.): die ganze S. *(alle Verwandten)* | *Gesindel*

Sir [sɜːr] der, -s/-s ⟨engl.⟩: *englische Anrede für Herr (ohne Namen)* | *ein englischer Adelstitel (vor dem Vornamen);* Sir Alec [Guiness]

Sire [siːr] ⟨fr.⟩: *Anrede ohne Namensnennung an Herrscher im französischen Kulturkreis*

Si|re|ne die, -/-n ⟨gr.⟩: *verführerische weibliche Person; Fabelwesen* | *eine Signal- bzw. Alarmvorrichtung* ‖ **Si|re|nen|ge|heul** ‖ **Si|re|nen|ge|sang** (geh.): *verlockende, schöne Worte*

sir|ren: *sirrende Insekten*

Si|rup der, -s/-e ⟨arab.-lat.⟩: *ein dicker, zuckerhältiger Saft*

Si|sal der, -s = **Si|sal|hanf:** *Faser zur Herstellung von Säcken, Seilen uÄ (nach einer mexikanischen Hafenstadt)* ‖ **Si|sal|tep|pich**

Si|si = **Sis|si** = **Sis|sy** [-i]: *weibl. Vorname (Elisabeth)*

sis|tie|ren ⟨lat.⟩: ein Gerichtsverfahren s. *(vorläufig einstellen)* ‖ **Sis|tie|rung** die, -/-en

Si|sy|phus|ar|beit [-yf-, -if-]: *mühevolle [vergebliche] Arbeit (nach einer griechischen Sagengestalt)*

Si|tar die, -/-[s] ⟨pers.-Hindi⟩: *ein indisches Saiteninstrument*

Sit|com [-k-] die, -/-s ⟨engl.⟩ (Medienw.): *als Fernsehserie gezeigte Situationskomödie*

Site [saɪt] die, -/-s ⟨engl.⟩: *Kurzwort für Website* ‖ **Site|map** [-mæp] die, -/-s (Internet): *Struktur einer Website*

Sit-in = **Sit|in** das, -s/-s ⟨engl.⟩: *eine Demonstration durch Sitzstreik*

Sit|te die, -/-n: strenge Sitten *(Gebräuche);* gegen die guten Sitten verstoßen ‖ **Sit|ten|bild** (geh.): *Schilderung der Alltagskultur, Genrebild* ‖ **Sit|ten|ko|dex** = Sittencodex [-k-]: *sittliche und moralische Vorschriften einer Gemeinschaft* ‖ **Sit|ten|leh|re:** *Lehre vom sittlichen Verhalten, Ethik* ‖ **sit|ten|los** ‖ **Sit|ten|lo|sig|keit** die, - ‖ **Sit|ten|pre|di|ger** ‖ **Sit|ten|pre|di|ge|rin** ‖ **sit|ten|streng:** *moralisch* ‖ **Sit|ten|stren|ge** ‖ **Sit|ten|strolch** (abw.): *Mann, der Frauen oder Kinder in unsittlicher Weise belästigt* ‖ **sit|ten|wid|rig** ‖ **Sit|ten|wid|rig|keit** die, -

Sit|tich der, -s/-e: *ein Papagei*

sitt|lich: *die gute Sitte betreffend;* das sittliche Verhalten; die sittliche Reife ‖ **Sitt|lich|keit** die, -: *Moral* ‖ **Sitt|lich|keits|de|likt:** *Sexualstraftat* ‖ **Sitt|lich|keits|ver|bre|cher** ‖ **Sitt|lich|keits|ver|bre|che|rin** ‖ **sitt|sam:** *wohlerzogen, artig* ‖ **Sitt|sam|keit** die, -

Si|tu|a|ti|on [-tsi̯-] die, -/-en ⟨lat.⟩: in einer angenehmen S. *(Lage)* sein; eine verfahrene S. meistern; eine ausweglose S.; die politische S. ‖ **si|tu|a|ti|ons|be|dingt** ‖ **Si|tu|a|ti|ons|ko|mik** ‖ **Si|tu|a|ti|ons|ko|mö|die** [-i̯ɛ] (Lit.): *Bühnenstück, in dem mehr die Komik der Situationen als die Charaktere wichtig sind* ‖ **si|tu|a|tiv:** *situationsbedingt* ‖ **Si|tu|a|tiv** das, -s/-e [-fɛ, -vɛ] (Gramm.): *Adverb, mit dem eine Stellungnahme zum Inhalt der eigenen Äußerung ausgedrückt wird,* zB sie ist *natürlich* wieder die Schnellste ‖ **si|tu|iert:** gut s. *(wohlhabend)*

Sitz der, -es/-e: einen guten S. *(Sitzplatz)* im Theater haben | das Kleid hat einen schlechten S. *(eine schlechte Passform)* | der S. *(die Amtsstelle)* einer Behörde | S. und Stimme im Vorstand haben | (ugs.) die Schokolade auf einen S. *(auf einmal, ohne Unterbrechung)* essen ‖ **Sitz|auf|la|ge** ‖ **Sitz|bank** die, -/-bänke ‖ **Sitz|ecke:** *Eckbank*

sit|zen,

du sitzt/saß/gesessen, ich *bin* gesessen: sie sitzt am Steuer; du willst immer zu Hause sitzen *(sein);* er sitzt auf seinem Geld *(ist geizig)* | im Aufsichtsrat sitzen *(Mitglied sein)* | der Rock sitzt *(passt)* nicht richtig | der Schreck sitzt ihm noch in den Gliedern; die Antwort ist gesessen *(war treffend)* | (ugs.) *in Haft, im Gefängnis sein;* er ist (bes. D auch: hat) drei Jahre gesessen

Getrenntschreibung Verb + Verb:
- sitzen bleiben *(nicht aufstehen)*
- einen sitzen haben *(ugs.: alkoholisiert sein)*

Getrennt- und Zusammenschreibung der Verbindung von „sitzen" + „bleiben"/„lassen" bei übertragener Bedeutung:
- der Schüler ist sitzen geblieben (= sitzengeblieben) *(er muss die Klasse wiederholen)*
- jemanden sitzen lassen (= sitzenlassen) *(im Stich lassen)*

R→ S. 901, 1.7

sit|zen blei|ben = **sit|zen|blei|ben:** *nicht aufsteigen* | der Teig bleibt sitzen *(geht nicht auf)* | er bleibt auf seiner Ware sitzen *(kann sie nicht verkaufen); aber nur:* du sollst sitzen bleiben *(nicht aufstehen)* ‖ **Sit|zen|blei|ber** der, -s/- (ugs., abw.): *jemand, der die Klasse wiederholen muss, Repetent* ‖ **Sit|zen|blei|be|rin** die, -/-innen (ugs., abw.) ‖ **sit|zen las|sen** = **sit|zen|las|sen:** einen Vorwurf auf sich s. l. *(sich nicht dagegen wehren)* | *im Stich lassen;* → sitzen ‖ **Sit|zer** der, -s/-s (ugs.) (Sport): *große Chance (bes. Fußball);* einen S. auslassen ‖ **Sitz|flä|che** ‖ **Sitz|fleisch** (ugs.): kein S. haben *(unruhig sein, wenig Ausdauer haben)* ‖ **Sitz|gar|ni|tur:** *Sitzgruppe* ‖ **Sitz|ge|le|gen|heit** ‖ **Sitz|grup|pe:** *Garnitur von Sitzmöbeln* ‖ **Sitz|hal|tung** ‖ **-sit|zig** (nur in Zusammensetzungen wie zweisitzig) ‖ **Sitz|mö|bel** ‖ **Sitz|ord|nung** ‖ **Sitz|platz:** jemandem seinen S. anbieten; → G.: Stehplatz ‖ **Sitz|pols|ter** ‖ **Sitz|rei|he** ‖ **Sitz|streik:** *eine Form öffentlicher Demonstration* ‖ **Sit|zung** die, -/-en: sie hat die S. mit einer Rede eröffnet ‖ **Sit|zungs|ma|ra|thon:** *endlos lange [Folge von] Sitzungen* ‖ **Sit|zungs|pro|to|koll** ‖ **Sit|zungs|saal** ‖ **Sit|zungs|zim|mer**

Six|pack [-pæk] das = der, -s/-s (sal.) ⟨engl.⟩: *Sechserpack;* Mineral im S. | (sal.) *Waschbrettbauch*

Si|zi|li|a|ner der, -s/- ‖ **Si|zi|li|a|ne|rin** die, -/-innen ‖ **si|zi|li|a|nisch** ‖ **Si|zi|li|en:** *eine italienische Insel*

SJ [ɛs ˈjeː]: **S**ocietatis **J**esu (vom Jesuitenorden) | **S**ozialistische **J**ugend

Skabies die, - ⟨lat.⟩ (Med.): *eine ansteckende Hautkrankheit, Krätze* || **Skabiose** die, -/-n: *eine Pflanzengattung*

Skai das, -[s] (Wz.): *ein Kunstleder*

Skala die, -/Skalen ⟨lat.-it.⟩: die S. *(Gradeinteilung)* des Thermometers | (Mus.) Skalen *(Tonleitern)* am Klavier üben || **skalar** (Phys., Math.): eine skalare *(durch eine reelle Zahl bestimmte)* Größe || **Skalar** der, -s/-e (Phys., Math.)

Skalp der, -s/-e ⟨engl.⟩: *ein Stück abgezogene [behaarte] Kopfhaut*

Skalpell das, -s/-e ⟨lat.⟩: *chirurgisches Messer*

skalpieren ⟨engl.⟩: *den Skalp abziehen*

Skandal der, -s/-e ⟨gr.-lat.⟩: *Aufsehen erregendes, empörendes Geschehen; das Aufsehen, die Empörung darüber* | *Ärgernis* || **Skandalgeschichte** || **skandalisieren:** *zum Skandal hochspielen* || **skandalös:** ein skandalöses *(empörendes)* Benehmen || **Skandalpresse:** *Zeitschriften uÄ, in denen [private] Skandalmeldungen bevorzugt werden* || **Skandalrepublik** (sal.): *von heftigen Skandalen erschüttertes Land (vorwiegend auf Österreich bezogen)* || **skandalumwittert**

skandieren ⟨lat.⟩: *metrisch übertrieben betont sprechen*

Skandinavien [-vi̯en]: *große Halbinsel im Norden Europas* || **skandinavisch:** die skandinavischen Staaten; *aber:* die **S**kandinavische Halbinsel

Skarabäus der, -/Skarabäen ⟨gr.-lat.⟩ (Zool.): *Pillendreher (ein Käfer)* | (Kunstg.) *Plastik eines (im alten Ägypten heiligen) Skarabäuskäfers*

skartieren ⟨lat.-it.⟩ (Amtsspr.): *alte, nicht mehr benötigte Akten, Bücher u. dgl. ausscheiden und vernichten* || **Skartierung** die, -/-en (Amtsspr.) || **Skartierungspflicht** (Amtsspr.)

Skat der = das, -s/-s [-e]: *ein Kartenspiel*

Skateboard ['skeɪtbɔ:d] ⟨engl.⟩: *Sportgerät aus einem Brett und vier Rädern* || **skateboarden** || **Skateboarder** || **Skateboarderin** || **Skater** der, -s/-: *Skateboarder; Inlineskater* || **Skaterin** die, -/-innen || **Skating** das, -s (Sport): *eine Technik beim Skilanglauf*

Skeleton der, -s/-s ⟨gr.-lat.⟩: *ein Sportschlitten*

Skelett das, -[e]s/-e: *Knochengerüst, Gerippe* | *tragende Konstruktion* || **skelettieren:** ein skelettierter Leichnam

Skepsis die, - ⟨gr.⟩: *Zweifel* || **Skeptiker** der, -s/- || **Skeptikerin** die, -/-innen || **skeptisch:** *misstrauisch;* eine Nachricht s. *(ungläubig)* aufnehmen || **Skeptizismus** der, -: *Zweifel* | (Phil.) *Zweifel an der Möglichkeit der Erkenntnis*

Sketsch = Sketch [skɛtʃ] der, -[es]/-e[s] ⟨engl.⟩: *kurze, wirkungsvolle Szene [im Kabarett]*

Ski [ʃi:] = Schi der, -[s]/- [Skier] ⟨norweg.⟩: [ich gehe] Ski fahren; *aber:* das Skifahren; Ski laufen; *aber:* beim Skilaufen; Ski alpin/nordisch; auf Skiern wandern; Tourenski || **Skiakrobatik** = Schiakrobatik: *Trickskilauf* || **Skianzug** = Schianzug || **Skibindung** = Schibindung || **Skibob** = Schibob: *ein Sportgerät* | *eine Sportdisziplin* || **Skibrille** = Schibrille || **Skicross** [-kr-] = Schicross: *Skibewerb, bei dem mehrere Teilnehmer gleichzeitig starten* || **Skifahrer** = Schifahrer || **Skifahrerin** = Schifahrerin || **Skifell** = Schifell: *eine Aufstiegshilfe* || **Skifliegen** = Schifliegen das, -s || **Skigebiet** = Schigebiet || **Skigymnasium** [-gy-] = Schigymnasium: *eine Sonderform der AHS* || **Skihaserl** = Schihaserl das, -s/-[n] (sal.): *Skianfänger/in* | (sal., auch abw.) *hübsche Skifahrerin* || **Skihütte** = Schihütte || **Skihüttenromantik** = Schihüttenromantik || **Skijöring** = Schijöring das, -s/-s: *Skilauf mit Vorspann (Pferd oder Motorrad)* || **Skikarussell** = Schikarussell (SüdT): *Skischaukel* || **Skikurs** = Schikurs || **Skilanglauf** = Schilanglauf || **Skiläufer** = Schiläufer || **Skiläuferin** = Schiläuferin || **Skilehrer** = Schilehrer || **Skilehrerin** = Schilehrerin || **Skilift** = Schilift

Skill die, -/-s = der, -s/-s (meist Pl.) ⟨engl.⟩ (fachspr.): *Fähigkeit, Begabung;* Soft Skills || **Skilltraining** [-'tre:-, engl.: -'eɪ-]: mit S. die eigenen Kompetenzen steigern

Skimütze = Schimütze ⟨norweg.+ dt.⟩

Skinhead [-hed] der, -[s]/-s ⟨engl.⟩: *kahl geschorener, gewaltbereiter Angehöriger einer Gruppe von Jugendlichen*

Skiort ['ʃi:-] = Schiort ⟨norweg.+ dt.⟩ || **Skipass** = Schipass || **Skipiste** = Schipiste || **Skirennen** = Schirennen || **Skischuh** = Schischuh || **Skispringen** das, -s = Schispringen || **Skispringer** = Schispringer || **Skispringerin** = Schispringerin || **Skischaukel** = Schischaukel: *durch Liftanlagen verbundene größere Skigebiete* || **Skistock** = Schistock || **Skitour** [-tu:ə] = Schitour || **Skitourengehen** = Schitourengehen || **Skiunfall** = Schiunfall || **Skiunglück** = Schiunglück || **Skiurlaub** = Schiurlaub || **Skiwachs** [-ks] = Schiwachs || **Skiwandern** = Schiwandern das, -s || **Skizirkus** = Schizirkus: *die mit großen Skirennen verbundenen Veranstaltungen* | *touristisch erschlossene Wintersportregion*

Skizze die, -/-n ⟨it.⟩: *flüchtige Zeichnung; Entwurf* | *kurze, oft nur das Wesentliche andeutende Geschichte* || **Skizzenblock** || **Skizzenbuch** || **skizzenhaft** || **skizzieren:** *entwerfen*

Sklave [-vɛ, -fɛ] der, -n/-n ⟨gr.-lat.⟩: *unfreier, entrechteter Mensch;* Sklaven halten | der S. seiner Sucht; → G.: der Freie || **Sklavenarbeit** || **Sklavenhalter** || **Sklavenhalterin** || **Sklavenhandel** || **Sklavenhändler** || **Sklavenhändlerin** || **Sklavenmarkt** || **Sklaverei** die, - || **Sklavin** die, -/-innen || **sklavisch** (abw.): *willenlos;* sich s. unterordnen; sich s. *(starr, blind)* an ein Vorbild oder an einen Auftrag halten

Sklerose die, -/-n ⟨gr.⟩ (Med.): *Verhärtung von Organen oder Geweben;* multiple S. || **sklerotisch** (Med.)

Skolopender der, -s/- ⟨gr.-lat.⟩: *ein Hundertfüßler*

skontieren ⟨it.⟩: *Skonto gewähren* || **Skonto** der = das, -s/Skonti [Skontos]: *Preisnachlass bei Barzahlung* || **skontrieren** (Kaufmannsspr., Amtsspr.): *den Lagerbestand ermitteln*

Skooter ['sku:tə] der, -s/- ⟨engl.⟩: *kleines Elektroauto, zB im Autodrom*

Skopje: *Hauptstadt Mazedoniens*

Skorbut der, -[e]s ⟨lat.⟩: *eine durch Mangel an Vitamin C hervorgerufene Krankheit*

Skore ['sko:ə] = → Score || **skoren** = → scoren

S

Skorpion [auch: 'skɔ-] der, -s/-e ⟨gr.-lat.⟩: *ein Spinnentier mit großen Scheren und Giftstachel* | *ein Tierkreiszeichen* | *ein Sternbild*

Skribent ⟨lat.⟩ (geh., abw.): *Schreiberling* || **Skript** das, -[e]s/-s [-en]: *Drehbuch* || **Skriptgirl** [-gɜːl] das, -s/-s (Film): *Sekretärin des Regisseurs während der Dreharbeiten* || **Skriptum** das, -s/Skripten: *Mitschrift, Niederschrift; schriftliche Ausarbeitung, Manuskript*

Skrofel die, -/-n ⟨lat.⟩ (meist Pl.) (Med.): *Skrofulose* || **skrofulös** (Med.) || **Skrofulose** die, -/-n (Med.): *eine Kinderkrankheit mit Drüsenschwellungen am Hals;* → Skrofel

Skrupel der, -s/- (meist Pl.) ⟨lat.⟩: *Bedenken, Gewissensbisse;* keine S. kennen *(keine moralischen Bedenken haben)* || **skrupelhaft:** *Skrupel habend* || **skrupellos:** s. *(gewissenlos)* handeln || **Skrupellosigkeit** die, - || **skrupulös:** *überängstlich* | *peinlich genau* || **Skrupulosität** die, -/-en

Skubanki [ʃk-] die (Pl.), *auch:* Stubanki [ʃt-] ⟨tschech.⟩ (W): *Erdäpfelnockerln*

Skulptur die, -/-en ⟨lat.⟩: *Werk eines Bildhauers, Plastik* | (ohne Pl.) *Bildhauerei*

Skunk der, -s/-s ⟨indian.-engl.⟩: *ein Beutegreifer, Stinktier* | (meist Pl.) *Pelz des Stinktiers*

skurril ⟨etruskisch-lat.⟩: *ausgefallen, verschroben, sonderbar, eigenwillig;* skurrile Einfälle || **Skurrilität** die, -/-en

S-Kurve ['ɛskurfɛ, auch: -vɛ] || **S-Kurven-reich**

Sküs [sk-, ʃk-] der, -/- ⟨fr.⟩: *die höchste Karte im Tarockspiel*

Skyline ['skaılaın] die, -/-s ⟨engl.⟩: *Stadtsilhouette*

Skylla und Charybdis [-'y- - ka'ry-] = Szylla und Charybdis ⟨gr.⟩: zwischen S. und C. *(zwischen zwei gleich großen Übeln, in einer ausweglosen Lage)*

Skype [skaıp] das, -s ⟨engl.⟩ (Wz.): *eine Software zum [kostenlosen] Telefonieren über [Breitband]internet;* → VoIP || **skypen:** mit der Freundin in Italien s.

skysurfen ['skaısɜːf-] ⟨engl.⟩ || **Skysurfen:** *Fallschirmspringen mit Surfbrett*

slacken ['slæ-] = **slacklinen** [-laı-] || **Slacklinen** = **Slacklining** das, -s ⟨engl.⟩ (Sport): *Gehen und Balancieren auf einem Gurtband*

Slalom der, -s/-s ⟨norweg.⟩: *Torlauf* || **Slalomkurs:** *ausgeflaggte Slalomstrecke* || **Slalomläufer** || **Slalomläuferin**

Slang [-æ-] der, -s/-s ⟨engl.⟩: *nachlässige Umgangssprache von niedrigem Niveau; Jargon*

Slapstick ['slæpst-] der, -s/-s ⟨engl.⟩: *burlesker Gag, bes. im Stummfilm* || **Slapstickkomödie** [-iɛ]

Slash [slæʃ] der, -[s]/-s (/) ⟨engl.⟩ (Druckw.): *Schrägstrich*

Slave [-v-] der, -n/-n (fachspr.): *Slawe* || **Slavin** die, -/-innen (fachspr.): *Slawin* || **slavisch** (fachspr.): *slawisch* || **Slavist** der, -en/-en (fachspr.): *Slawist* || **Slavistik** die, - (fachspr.): *Slawistik* || **Slavistin** die, -/-innen (fachspr.): *Slawistin* || **Slawe** der, -n/-n: *Angehöriger eines Volkes mit slawischer Sprache* || **Slawin** die, -/-innen || **slawisch** || **Slawist** der, -en/-en: *Kenner [und Lehrer] slawischer Sprachen und Literaturen* || **Slawistik** die, - || **Slawistin** die, -/-innen || **Slawonien:** *eine Landschaft in Kroatien*

Slibowitz → Sliwowitz

Slice [slaıs] der, -/-s [-ız] ⟨engl.⟩ (Sport): *eine Technik [im Tennis]* || **slicen** (Sport)

Slip der, -s/-s ⟨engl.⟩: *Höschen* || **Slipanlage:** *Vorrichtung zum Wassern von Booten* || **Slipeinlage** || **Slipper** der, -s/-: *eine Schuhart, Schlüpfer*

Sliwowitz, *auch:* Slibowitz, Schligowitz der, -[es]/-[e] ⟨tschech./serb.-kroat.⟩: *Zwetschkenschnaps*

Slogan ['sləʊgən] der, -s/-s ⟨gälisch-engl.⟩: *einprägsames Schlagwort [in der Werbung und Politik]*

Slowake der, -n/-n: *Angehöriger eines westslawischen Volkes* || **Slowakei** die, - (Kfz: SK): *ein Staat;* → ČSSR || **Slowakin** die, -/-innen || **slowakisch:** *aber:* die Slowakische Republik || **Slowakisch** das, -[s] = **Slowakische,** -n: *die slowakische Sprache;* → Deutsch || **Slowene** der, -n/-n: *Angehöriger eines südslawischen Volkes* || **Slowenien** (Kfz: SLO): *ein Staat* || **Slowenin** die, -/-innen || **slowenisch** || **Slowenisch** das, -[s] = **Slowenische,** -n: *die slowenische Sprache;* → Deutsch

Slow Food ['sləʊ fuːd] = **Slowfood** das, -[s] ⟨engl.⟩: *gutes [traditionelles], ohne Hast eingenommenes Essen* | *gastronomische Qualitätsvereinigung bzw. Bewegung;* → G.: Fast Food = Fastfood || **Slowfox:**: *ein Tanz*

Slum [slʌm] das, -s/-s (meist Pl.) ⟨engl.⟩: *Elendsviertel [in Großstädten]*

sm: Seemeile

Sm: Samarium

SM: Sadomaso[chismus]

small [-ɔː-] ⟨engl.⟩ (Zeichen: S): *klein (als Größenangabe bei Kleidungsstücken)* || **Small Talk** ['smɔːl tɔːk] = **Smalltalk** der = das, -s/-s: *leichte Konversation, gepflegtes Geplauder*

Smaragd der, -[e]s/-e ⟨gr.⟩: *ein Edelstein* | *eine Weinkategorie* || **Smaragdeidechse** [-ks-]: *eine Eidechsenart* || **smaragdgrün**

smart ⟨engl.⟩: *elegant, gewandt, gerieben, geschäftstüchtig* | ein smartes *(hübsches, gefälliges)* Aussehen || **Smartphone** [-fəʊn], *auch:* Smart Phone das, -s/-s: *Mobiltelefon mit Eigenschaften eines Kleinstcomputers (PDA/MDA)*

Smash [smɛʃ, engl.: -æ-] der, -s/-s ⟨engl.⟩ (Sport): *Schmetterball, eine Schlagtechnik, zB im Badminton* || **smashen,** du smash[s]t (Sport): *einen Smash anbringen*

Smiley ['smaıli] das, -s/-s ⟨engl.⟩: *Symbol im Internet, zB lachendes Gesicht;* → Emoticon

Smog der, -s/-s ⟨engl.⟩: *dichte Dunst- und Abgasglocke über Industriestädten* || **Smogalarm**

Smoking der, -s/-s [-e] ⟨engl.⟩: *ein Anzug für festliche Gelegenheiten* || **Smokingjackett** [-ʒa kɛt]

Smoothie ['smuːði] der, -s/-s, *auch:* das ⟨engl.⟩: *begrenzt haltbarer Saft aus gemixtem Obst*

SMS[1] [ɛs ɛm 'ɛs] das, -: **S**hort **M**essage **S**ervice *(Textnachrichtensystem für Handys)* || **SMS**[2] die = das, -/-: *Textnachricht auf Handys, SMS-Nachricht;* ein[e] SMS verschicken || **smsen** = **SMSen** (sal.): *eine SMS versenden;* ich hab dir gerade gesmst || **SMS-Nachricht**

Sn: Stannum; → Zinn

Snack [snæk] der, -s/-s ⟨engl.⟩: *Imbiss* || **Snackbar:** *eine Imbissstube*

Snakeboard ['sneıkbɔːd] ⟨engl.⟩: *ein Sportgerät;* → Skateboard

Sneaker [sniːkə] der, -[s]/-[s] ⟨engl.⟩: *ein sportlicher Schuh* || *Sneakersocken* || **Sneakersocken:** *kurzes Söckchen*

S

Snob der, -s/-s ⟨engl.⟩ (abw.): *blasierter, vornehm tuender, eingebildeter Mensch mit extravagantem Verhalten; Geck* ‖ **Sno|bis|mus** der, -/Snobismen (abw.) ‖ **sno|bis|tisch** (abw.)
Snoo|py ['snu:pi]: *eine Figur aus Zeichentrickfilmen und Comics*
Snow|board ['snəʊbɔ:d] ⟨engl.⟩: *ein Wintersportgerät* ‖ **Snow|board-cross:** *eine Sportart* ‖ **snow-boar|den** ‖ **Snow|boar|der** ‖ **Snow|boar|de|rin** ‖ **Snow|ci|e|ty** [-'saɪəti] die, - (sal.): *die High Society in prominenten Wintersportorten* ‖ **Snow|ka|jak** ⟨engl.+ Inuit⟩: *eine Sportart* ‖ **Snow|mo-bile** [-ˌməʊbaɪl] = **Snow-Mo|bile** das, -s/-s ⟨engl.⟩: *Motorschlitten*

so:

Adverb:
so einer; so etwas; sie ist so groß wie ich; so gesehen/betrachtet; wenn ich so sagen darf; so ist es; so halt *(so ist es nun einmal);* so oder so *(in jedem Fall);* so ein Pech; so gegen Abend; so? *(wirklich?);* so kommt doch!
Getrennt- und Zusammenschreibung:
– eine so genannte (= sogenannte) Reform
– so dass = sodass
Getrenntschreibung, wenn „so" „derartig" bedeutet:
– melde dich so bald wie/als möglich; *aber als Konjunktion zusammen:* melde dich, sobald du Zeit hast
– nah und doch so fern; *aber zusammen:* sofern ich Zeit habe, helfe ich dir
– so lange wie möglich
– das wurde schon so oft gesagt
– so viel Stück wie vorgesehen
– sie ist so sehr beschäftigt, dass ...
– ich bin so weit fertig
– so wenig Fett wie möglich
Zusammenschreibung als Bestandteil von Konjunktionen:
– sobald sie kommt, hole ich dich
– sofern erwünscht, komme ich
– er ist unzufrieden, solange ich ihn kenne
– sooft ich sie sehe, trägt sie einen Hut

R→ S. 905, 4.1, 4.2

Ebenso: → sosehr; → soviel; → soweit; → sowenig; → sowie
Konjunktion:
– so Gott will (geh.: *wenn*)

SO: Süd**o**st[en]
s. o.: siehe **o**ben (bei Hinweisen in Texten)
Soap die, -/-s [səʊp] ⟨engl.⟩ (sal.): *Kurzwort für → Soapopera* ‖ **Soap|ope|ra** [-ˌɒpərə] die, -/-s (sal.): *Seifenoper* ‖ **Soap-TV** [-te ˌfaʊ, engl.: -ti:'vi:]: *ein Fernsehformat*
so|bald (Konj.): komm, s. *(gleich wenn)* du kannst; *aber:* so bald *(so früh)* wie/als möglich; → so
So|cer ['sɒkə] das (*auch:* der), -s ⟨engl.⟩: *amerikanische Bezeichnung für Fußball*
So|cial Me|dia [ˌsəʊʃl 'mi:di̯ə] die (Pl.) ⟨engl.⟩: *auf Kommunikation basierende Anwendung im Web, soziale Netzwerke*
Söck|chen das, -s/- ‖ **So|cke** die, -/-n (D): *Socken*
So|ckel der, -s/-: *Unterbau [eines Denkmals]; unterer [vorspringender] Teil einer Mauer* ‖ **So|ckel-be|trag:** *fixer Grundbetrag*
So|cken der, -s/-: dicke S. | (sal.) sich auf die S. machen *(aufbrechen);* → Socke ‖ **So|cken|hal|ter** der, -s/- (früher): *Gummiband für Männersocken* ‖ **So|ckerl** das, -s/-[n]: *Söckchen* ‖ **So|cket|te** die, -/-n (veraltet): *längerer Socken*
So|da[1] die, - = das, -s ⟨arab.-span.⟩: *ein Salz [als Waschmittel verwendet];* Soda-Zitron ‖ **So|da**[2] das, -s: *Sodawasser;* Himbeersaft mit S.
so|dann: *hierauf, nachher*
so dass = so|dass: die Straße war überschwemmt, s. man sie nicht befahren konnte
So|da|was|ser das, -s-/-wässer: *mit Kohlensäure versetztes Trinkwasser* ‖ **So|da-Zi|tron** das, -[s]/-: *Sodawasser mit Zitronensaft*
Sod|bren|nen das, -s: *ein brennendes Gefühl in der Speiseröhre;* S. haben
So|dom das, -: *biblische Stadt* | *Ort des Lasters;* S. und Gomorrha *(Lasterhaftigkeit, Unsittlichkeit)* ‖ **So|do|mie** die, -: *Unzucht, bes. Geschlechtsverkehr mit Tieren*
so|eben: *gerade jetzt, eben erst*
So|fa das, -s/-s ⟨arab.-türk.⟩: *ein gepolstertes Sitz- und Liegemöbel, Polsterbank*
so|fern (Konj.): s. *(wenn)* es wahr ist; *aber:* das Erlebnis liegt schon so fern *(so weit zurück),* dass ...
soff → saufen
Sof|fit|te die, -/-n ⟨it.⟩: *Beleuchtungskörper in Form eines Wandarms* | *Dekoration an der Bühnendecke*

So|fia: *Hauptstadt Bulgariens*
So|fie [auch: -'ɔ-] → Sophia
so|fort: s. *(augenblicklich, sogleich)* kommen; *aber:* das geht nicht immer so fort *(so weiter)* ‖ **So|fort|bild|ka|me|ra:** *Polaroidkamera* ‖ **So|fort|hil|fe** ‖ **so|for-tig:** mit sofortiger Wirkung ‖ **So-fort|maß|nah|me**
soft ⟨engl.⟩: *weich, sanft;* er wirkt s. ‖ **Soft|ball**[1] das, -s: *eine Variante von Baseball* ‖ **Soft|ball**[2]: *ein Freizeitsport mit Schlägern* ‖ **Soft|ball|schlä|ger** ‖ **Soft Drink** = **Soft|drink:** *alkoholfreies Getränk* ‖ **Sof|tie** der, -s/-s (sal., meist abw.): *sanfter, empfindsamer Mann* ‖ **Soft Rock** = **Soft|rock:** *sanfte Rockmusik* ‖ **Soft|shell** [-ʃ-] das, -s/-s: *ein wasserabweisendes, atmungsaktives Textil [für Sportbekleidung]* | (auch mit Art. der, die) *Kurzwort für Softshelljacke uÄ* ‖ **Soft|shell|ja|cke** ‖ **Soft Skills** = **Soft|skills** die (Pl.) (fachspr., bes. Wirt., Psych.,): *bes. Fähigkeiten wie Rhetorik, Präsentationsvermögen, soziale Kompetenz* ‖ **Soft|ware** [-weə] die, -/-s: *Filme, Tonbänder, EDV-Programme uÄ;* → G.: Hardware ‖ **Soft|ware-En|gi|neer** [-ˌendʒɪni:ə] der, -s/-s: *ein Beruf (Softwareentwickler)* ‖ **Soft|ware|ent|wick|ler** ‖ **Soft|ware|ent|wick|le|rin** ‖ **Soft-ware|ent|wick|lung** ‖ **Soft|ware-pi|ra|te|rie**
sog → saugte ‖ **Sog** der, -[e]s/-e: *Saugströmung [hinter einem fahrenden Schiff, Auto, Flugzeug]*
sog.: so genannt[e] (= **sog**enannt[e]); → so gen.
so|gar: s. *(selbst)* er lachte; *aber:* sie war so gar nicht *(überhaupt nicht)* zufrieden
so gen.: so genannt[e] ‖ **so genannt** = **so|ge|nannt** (sog., so gen.): die so genannte Umgangssprache
so|gleich: *sofort*
so|hin (Jus, sonst veraltet): *somit, also, daher, folglich; aber:* sie sprach das Wort nur so hin
Soh|le die, -/-n: *Fußsohle;* ein Kavalier vom Scheitel bis zur S.; auf leisen S. *(heimlich)* | *Schuhsohle* | *Talsohle; aber:* → Sole ‖ **soh|len** (bes. D): *Schuhe besohlen, doppeln* ‖ **Soh|len|le|der**
Sohn der, -[e]s/Söhne: der jüngste S.; der verlorene S. *(einer, der seine Eltern enttäuscht hat; einer, von dem es lange kein Lebenszeichen gab)* ‖ **Soh|ne|mann** der,

-[e]s/-männer (bes. D, ugs.): *Sohn* || **Sohnespflicht** (geh.)

soigniert [zoan'ji:ət] ⟨fr.⟩ (geh.): *gut aussehend, gepflegt, elegant*

Soiree [zoa're:] die, -/-n ⟨fr.⟩: *vornehme Abendveranstaltung, -gesellschaft*

Soja die, -/Sojen ⟨jap.-niederl.⟩: *Kurzwort für Sojabohne* || **Sojabohne:** *eine Nutzpflanze, Soja* || **Sojalaibchen** || **Sojamehl** || **Sojamilch** || **Sojaöl** || **Sojasauce** [-zo:s(ɛ)] = **Sojasoß** = **Sojasoße:** *würzige Sauce aus vergorenen Sojabohnen* || **Sojasprosse** (meist Pl.): *ein Gemüse* || **Sojasprossensalat**

Soko die, -/-s: **So**nder**ko**mmission *[der Polizei]*

sokratisch: sokratische Fragen, sokratische Methode *(durch gezieltes Fragen den Gesprächspartner zur Einsicht führen) (nach dem altgriechischen Philosophen Sokrates)*

solang = **solange** (Konj.): spazieren gehen, s. die Sonne scheint; *aber:* es regnet schon so lang[e]!; → so

Solaranlage ⟨lat.⟩ || **Solarauto:** *durch Sonnenenergie elektrisch angetriebenes Auto* || **Solarbatterie:** *durch Sonnenlicht aufgeladene Batterie* || **Solarenergie** || **Solarheizung** || **Solarium** das, -s/Solarien [-iən]: *Gerät für künstliche Sonnenbestrahlung* || **Solarkollektor** || **Solarkraftwerk** || **Solarrechner:** *Taschenrechner mit Solarzelle* || **Solartechnik** || **Solarzelle:** *Element, das Licht in Strom umwandelt*

Solbad: *Heilbad mit salzhältiger Quelle*

solch (geh.): s. ein Sturm! || **solcher,** solche, solches: ein s. Sturm wie gestern; genau solche Farben; die Handlung als solche *(an sich)* || **solcherart** (geh.): s. Gestein; *aber:* Gestein [von] solcher Art || **solcherlei** (geh.) || **solchermaßen** (geh.): *so*

Sold der, -[e]s/-e ⟨fr.-it.⟩ (geh., auch abw.): in jemandes S. stehen *(jemandem [zweifelhafte, anrüchige] Dienste leisten)* | (früher) *Löhnung des Soldaten*

Soldanelle die, -/-n ⟨it.⟩: *eine Alpenpflanzengattung, Alpenglöckchen*

Soldat der, -en/-en ⟨lat.-it.⟩: *Angehöriger des Militärs* || **Soldatenfriedhof:** *Ruhestätte für im Krieg gefallene Soldaten* || **Soldateska** die, -/Soldatesken (abw.): *brutale, zügellose Soldatenhorde* || **Soldatin** die, -/-innen || **soldatisch:** *einem Soldaten gemäß* || **Söldling** der, -s/-e (geh., abw.): *Diener einer [fremden] Macht* || **Söldner** der, -s/-: *jemand, der gegen Bezahlung [für ein fremdes Land] Kriegsdienst leistet* || **Söldnerführer** || **Söldnerheer**

Sole die, -/-n: *kochsalzhältiges Wasser; aber:* → Sohle || **Solequelle** → Solquelle

solenn ⟨lat.-it.⟩ (geh.): *feierlich;* → Missa solemnis

Soletti das, -[s]/-[s] (Wz.): *Salzgebäck in Form von Stäbchen*

Soli die (Pl. von → Solo)

solid ⟨lat.-fr.⟩: eine solide *(gediegene, haltbare)* Arbeit | s. *(vernünftig, maßvoll)* leben | solide *(gute)* Kenntnisse || **Solidarabgabe** (Wirt.) || **Solidarbeitrag** || **Solidargefühl** || **Solidarhaftung:** *Haftung mehrerer Schuldner für dieselbe Verbindlichkeit* || **solidarisch:** sich mit jemandem s. erklären *(sich zu jemandes Meinung, zu jemandes Handlungsweise bekennen);* sich s. verhalten || **solidarisieren** sich || **Solidarisierung** die, -/-en || **Solidarität** die, -: *Zusammengehörigkeitsbewusstsein; Gemeinschaftssinn* || **Solidaritätsbeitrag** (Wirt.) || **Solidaritätserklärung** || **Solidaritätsopfer:** *Einkommensverzicht zu Gunsten Ärmerer* || **Solidaritätszuschlag** (Admin.) || **Solidität** die, -: *Zuverlässigkeit* | *Gesetztheit* | *gute Beschaffenheit; Haltbarkeit [einer Ware]*

Solist der, -en/-en ⟨lat.-it.-fr.⟩: als S. auftreten *(allein oder zB vom Orchester begleitet singen bzw. spielen)* || **Solistenkonzert** || **Solistin** die, -/-innen || **solistisch**

Solitär der, -s/-e ⟨lat.-fr.⟩: *großer, einzeln gefasster Edelstein* | *einzeln stehender Baum*

Soll das, -[s]/-[s]: *die zu erbringende, festgesetzte Leistung* | (Wirt.) *Sollseite;* → G.: Haben || **Sollbestand:** *der geplante, errechnete Bestand;* → G.: Istbestand

sollen,

ich soll/sollte/gesollt bzw. sollen: sollte ich vergessen, erinnere mich, bitte; sie soll geheiratet haben *(hat angeblich geheiratet)* | sie sollte den Ort nie wieder sehen *(es kam nicht dazu)* | was soll's?; was soll das?

Partizipbildung:
Ist ein weiteres Verb vorhanden, so folgt auf den Infinitiv nicht das 2. Partizip, sondern „sollen":
– ich hätte kommen sollen
– ich hätte das tun sollen

Söller der, -s/-: *balkonartiger Vorbau* | *offener Außengang um ein Stockwerk* | (SüdT) *Holzbalkon [an Bauernhäusern]*

Sollseite (Wirt.): *die linke Seite (Aktivenseite) im Buchführungskonto;* → G.: Habenseite || **Sollstand:** *Sollbestand* || **Sollstärke:** *die geplante, errechnete Stärke* || **Soll und Haben** das, - - -s (Wirt.): *die Aktiven und die Passiven (in der Buchführung)* || **Sollwert:** *der geplante, errechnete Wert;* → G.: Istwert || **Sollzinsen** die (Pl.): *von der Bank geforderte Zinsen* || **Sollzustand:** *der gewünschte, angestrebte Zustand;* → G.: Istzustand

solo ⟨lat.-it.⟩ (sal.): *allein;* er ist s. *(ohne Partnerin);* s. singen | (Mus.) *einzeln; unbegleitet;* → G.: tutti || **Solo** das, -s/Soli [Solos]: *Einzelauftritt, Einzelspiel* | *Alleinspiel beim Kartenspielen* || **Soloinstrument** || **Solokarriere** || **Solonummer** || **Solopart** (Mus.): *Rolle, Stimme des Solisten* || **Solosechser** [-ks-]: *der einzige Sechser im Lotto;* einen S. haben || **Solospargel** (Küchenspr.): *ein qualitativ hochwertiger Spargel* || **Solostück** (Mus.) || **Solotanz** || **Solotänzer** || **Solotänzerin**

Solothurn: *Schweizer Stadt und Kanton*

Solquelle, *auch:* Solequelle: *salzhaltige Quelle*

Solstitium [-'sti(:)tsi̯-] das, -s/Solstitien [-tsi̯ən] ⟨lat.⟩ (Astron.): *Sonnenwende*

solvent [-v-] ⟨lat.-it.⟩: *zahlungsfähig;* → G.: insolvent || **Solvenz** die, -/-en

SOMA (Wz.): **So**zial**ma**rkt Österreich

somatisch ⟨gr.-lat.⟩ (Med., Psych.): *den menschlichen Körper betreffend;* → psychosomatisch || **somatogen** (Med., Psych.): *körperlich verursacht* || **Somatologie** die, -: *die Lehre vom menschlichen Körper*

Sombrero der, -s/-s ⟨span.⟩: *me-*

S

xikanischer Hut mit sehr breiter Krempe

so|mit: *also, daher, mithin, folglich;* der Fall ist s. erledigt; *aber:* ich ging nur so mit

Som|lo|er No|ckerl [ʃ- -] = **Som|lo|er No|ckerln** die (Pl.): *eine ungarische Mehlspeise*

Som|me|li|er [-ˈli̯e:] der, -s/-s ⟨fr.⟩ (Gast.): *Weinkellner* | *Kellermeister* ‖ **Som|me|li|e|re** [-ˈli̯e:ə] die, -/-n (Gast.)

Som|mer der, -s/-: den S. über ‖ **Som|mer|an|fang:** S. ist zwischen 20. und 23. Juni ‖ **Som|mer|are|na:** *Freilichttheater in Baden bei Wien* ‖ **Som|mer|but|ter:** *in der Grünfutterzeit hergestellte Butter* ‖ **Som|mer|fahr|plan:** der S. im Zugverkehr ‖ **Som|mer|fe|ri|en** die (Pl.) ‖ **Som|mer|fest** ‖ **Som|mer|fri|sche** die, -/-n (veraltend): *Erholungsaufenthalt* | *Urlaubsort* ‖ **Som|mer|frisch|ler** der, -s/- (veraltend) ‖ **Som|mer|frisch|le|rin** die, -/-innen (veraltend) ‖ **Som|mer|ge|spritz|te,** *auch:* Sommergspritzte, Sommerspritzer: *Gespritzter mit geringerem Alkoholgehalt* ‖ **Som|mer|ge|trei|de:** *im Frühling angebautes Getreide;* → Wintergetreide ‖ **Som|mer|grip|pe** (Med.) ‖ **Som|mer|gspritz|te** → Sommergespritzte ‖ **Som|mer|haus** ‖ **Som|mer|hit|ze** ‖ **Som|mer|kleid** ‖ **Som|mer|kol|lek|ti|on** [-tsi̯-]: *Sommermode* ‖ **som|mer|lich:** sommerliches Wetter ‖ **Som|mer|mär|chen:** *ein unerwartet schönes Ereignis im Sommer* ‖ **Som|mer|mo|de** ‖ **Som|mer|mo|nat** ‖ **söm|mern,** *auch:* sommern (bes. V): *das Vieh im Sommer auf einer Alm halten;* → almen ‖ **Som|mer|nacht** ‖ **Som|mer|olym|pi|a|de** [-ly-]: *die Olympischen Sommerspiele* ‖ **Som|mer|pau|se** ‖ **Som|mer|rei|fen** ‖ **Som|mer|re|si|denz** ‖ **som|mers:** s. und winters ‖ **Som|mer|sai|son** [-zɛz-, fr.: -sɛ,zɔ̃] ‖ **Som|mer|schi|ge|biet** = → Sommerskigebiet ‖ **Som|mer|schi|sprin|gen** = → Sommerskispringen ‖ **Som|mer|schluss|ver|kauf** ‖ **Som|mer|se|mes|ter:** im S. ‖ **Som|mer|sitz:** *Wohnsitz für den Sommer* ‖ **Som|mer|ski|ge|biet** [-ʃi:-] = Sommerschigebiet ‖ **Som|mer|ski|sprin|gen** = Sommerschispringen ‖ **Som|mer|son|nen|wen|de** (Astron.) ‖ **Som|mer|spie|le:** *Festspiele im Sommer* | die Olympischen Sommerspiele ‖ **Som|mer|sprit|zer:** → *Sommergespritzte* ‖ **Som|mer|spros|se** ‖ **som|mer|spros|sig:** ein sommersprossiges Gesicht ‖ **Som|mers|zeit,** *auch:* Sommerzeit: *sommerliche Jahreszeit;* zur S. *(im Sommer);* → Sommerzeit ‖ **Som|mer|tag** ‖ **Som|mer|the|a|ter:** *Theater im Sommer an besonderen Orten oder unter freiem Himmel* ‖ **Som|mer|tou|ris|mus** [-tu-] ‖ **Som|mer|ur|laub** ‖ **Som|mer|wurz:** *eine Schmarotzerpflanzengattung* ‖ **Som|mer|zeit** die, -: *vorverlegte Stundenzählung während der Sommermonate;* → G.: Winterzeit; → Sommerszeit

som|nam|bul ⟨lat.-fr.⟩: *schlafwandlerisch, mondsüchtig* ‖ **Som|nam|bu|le**[1] der, -n/-n, ein Somnambuler: *Schlafwandler* ‖ **Som|nam|bu|le**[2] die, -n/-n

so|nach [auch: ˈzo:-]: *folglich, also; aber:* es riecht so nach Gas

So|na|gramm das, -s/-e ⟨lat.+gr.⟩ (Phonetik): *grafische Schallaufnahme*

So|nar das, -s/-e ⟨engl.⟩ (Technik): *Gerät zur Ortung von Gegenständen mittels Schallimpulsen*

So|na|te die, -/-n ⟨it.⟩ (Mus.): *solistisches oder kammermusikalisches Instrumentalstück [in mehreren Sätzen]* ‖ **So|na|ten|form** (Mus.) ‖ **So|na|ten|haupt|satz** (Mus.): *erster Satz der Sonatenform* ‖ **So|na|ten|satz** (Mus.) ‖ **So|na|ti|ne** die, -/-n (Mus.): *kleinere Sonate*

Son|de die, -/-n ⟨fr.⟩: *Instrument zum Einführen in Körpergänge und -höhlen;* → sondieren | *unbemannter Flugkörper mit Messgeräten; Raumsonde* | *nicht sehr tiefe Probebohrung*

son|der (geh. bzw. veraltet) (Präp. mit Akk.): *ohne;* Sterne s. Zahl ‖ **Son|der|ab|fall** ‖ **Son|der|an|fer|ti|gung** ‖ **Son|der|an|ge|bot:** *preisgünstiges Angebot* ‖ **Son|der|auf|trag** ‖ **Son|der|aus|ga|be:** *Extranummer [einer Zeitung]* | *steuerlich zu berücksichtigende private Ausgabe im Steuerwesen* ‖ **Son|der|aus|stat|tung** ‖ **Son|der|aus|stel|lung** ‖ **son|der|bar** ‖ **son|der|ba|rer|wei|se** ‖ **Son|der|be|hand|lung:** keine S. *(Bevorzugung)* bekommen | (im Nationalsozialismus) *verhüllende Bezeichnung für die Ermordung Verfolgter in den Konzentrationslagern* ‖ **Son|der|be|richt|er|stat|ter** ‖ **Son|der|be|richt|er|stat|te|rin** ‖ **Son|der|be|trieb** (SüdT): *Betrieb der öffentlichen Verwaltung* ‖ **Son|der|bot|schaf|ter:** *eigens entsandter Diplomat* ‖ **Son|der|bot|schaf|te|rin** ‖ **Son|der|brief|mar|ke:** *Briefmarke zu einem speziellen Anlass* ‖ **Son|der|druck:** *Separatum, Exemplar eines einzelnen Beitrags aus einer Zeitschrift, einem Sammelband* ‖ **Son|der|er|laub|nis** ‖ **Son|der|fahrt** ‖ **Son|der|fall** ‖ **Son|der|form** ‖ **Son|der|ge|bühr** (meist Pl.) ‖ **Son|der|ge|neh|mi|gung** ‖ **Son|der|ge|richts|bar|keit** (Jus): *außerordentliche Gerichtsbarkeit* ‖ **son|der|glei|chen:** eine Frechheit s. *(ohnegleichen)* ‖ **Son|der|heit** die, - (geh. in der Wendung): in S. *(im Besonderen)* ‖ **Son|der|klas|se:** *besondere Qualität* ‖ **Son|der|kom|mis|si|on** (Soko): eine S. der Polizei ‖ **Son|der|kran|ken|haus:** S. für Alkohol- und Medikamentenabhängige ‖ **son|der|lich:** im Alter s. *(sonderbar, wunderlich)* werden | sie war nicht s. *(nicht sehr)* geschickt ‖ **Son|der|ling** der, -s/-e: *Mensch mit stark ausgeprägten Eigenheiten; Eigenbrötler* ‖ **Son|der|mar|ke:** *Sonderbriefmarke* ‖ **Son|der|müll** (Ökol.): *gefährlicher, giftiger Abfall* ‖ **Son|der|müll|be|sei|ti|gung** ‖ **Son|der|müll|de|po|nie** ‖ **son|dern**[1] (Verb): *voneinander trennen;* die Spreu vom Weizen s.; etwas gesondert *(getrennt, für sich)* behandeln ‖ **son|dern**[2] (Konj.): nicht ich, s. du ‖ **Son|der|num|mer:** die S. einer Zeitschrift ‖ **Son|der|pä|d|a|go|ge:** *Heilpädagoge* ‖ **Son|der|pä|d|a|go|gik** ‖ **Son|der|pä|d|a|go|gin** ‖ **Son|der|par|tei|tag** ‖ **Son|der|preis:** *bes. günstiger Kaufpreis* | *spezieller Preis in einem Wettbewerb* ‖ **Son|der|re|ge|lung** ‖ **Son|der|schicht** die, -/-en: *zusätzliche Schicht*[1]*;* eine S. einlegen ‖ **Son|der|schu|le** (Bildw.): *Schule zur Förderung körperlich oder geistig behinderter Kinder* ‖ **Son|der|schul|leh|rer** ‖ **Son|der|schul|leh|re|rin** ‖ **Son|der|schutz|ge|biet:** *ein Naturschutzgebiet* ‖ **Son|der|sen|dung:** *aus aktuellem Anlass eingeschobene Hörfunk-, Fernsehsendung* ‖ **Son|der|sit|zung:** parlamentarische S. ‖ **Son|der|sta|tus** [-ʃ-] ‖ **Son|der|sta|tut** (SüdT): *Verfassung einer Region mit primärer Gesetzgebungsbefugnis* ‖

S

Son|der|stel|lung: im Betrieb eine S. haben ‖ **Son|der|stem|pel** ‖ **Son|der|tran|sit:** *Bereich im Flughafen Wien-Schwechat für Personen, die ohne gültige Papiere ankommen* ‖ **Son|de|rung** die, -/-en (geh.): *Trennung* ‖ **Son|der|ur|laub** ‖ **Son|der|wa|gen:** *für besondere Zwecke eingeschobener Autobus uÄ* ‖ **Son|der|wunsch** ‖ **Son|der|zug:** *für besondere Zwecke eingeschobener Zug*

son|die|ren ⟨fr.⟩: *vorsichtig ausforschen;* sondierende Gespräche | (Med.) *mit der Sonde untersuchen* ‖ **Son|die|rung** die, -/-en ‖ **Son|die|rungs|ge|spräch:** ein S. führen *(zur Vorerkundung)*

So|nett das, -[e]s/-e ⟨it.⟩ (Lit.): *eine Gedichtform*

Song der, -s/-s ⟨engl.⟩: *Lied, Schlager* ‖ **Song|wri|ter** [-raɪtə] *Komponist von [Pop-, Rock]liedern* ‖ **Song|wri|te|rin**

So|nja: *weibl. Vorname*

Sonn|abend (nördl. D): *Samstag* ‖ **Sonn|blick:** *ein Berg in Salzburg* ‖ **sonn|durch|flu|tet** ‖ **Son|ne** die, -/-n: die S. lacht *(scheint bei blauem Himmel);* nichts Neues unter der S. *(auf der Welt)* | (geh.) unter südlicher S. *(im Süden)* | (Astron.) *zentraler Stern eines Sonnensystems* ‖ **son|nen** sich: sich auf der Terrasse s. *(bräunen lassen)* | sich im Ruhm s. *(den Ruhm genießen)* ‖ **Son|nen|al|ler|gie** ‖ **Son|nen|an|be|ter** (scherzh.): *jemand, der sich gern und oft sonnen lässt* ‖ **Son|nen|an|be|te|rin** (scherzh.) ‖ **Son|nen|auf|gang** ‖ **Son|nen|bad:** ein S. nehmen ‖ **son|nen|ba|den** (nur Inf. und Part.) ‖ **Son|nen|bahn** (Astron.): scheinbare S. ‖ **Son|nen|blen|de:** *ein Schutz gegen die Sonne* ‖ **Son|nen|blu|me:** *eine Nutz- und Zierpflanze* ‖ **Son|nen|blu|men|kern** ‖ **Son|nen|blu|men|öl** ‖ **Son|nen|blu|men|we|ckerl:** *ein Gebäck* ‖ **Son|nen|brand:** einen S. haben ‖ **Son|nen|bräu|ne** ‖ **Son|nen|bril|le:** *Brille mit dunklen Gläsern* ‖ **Son|nen|cre|me** [-kreːm] = Sonnenkrem = Sonnenkreme: *Sonnenschutzcreme* ‖ **Son|nen|dach** ‖ **Son|nen|deck** ‖ **son|nen|durch|flu|tet** ‖ **Son|nen|ein|strah|lung** ‖ **Son|nen|ener|gie:** *Solarenergie* ‖ **Son|nen|fer|ne** (Astron.): *Aphel* ‖ **Son|nen|fins|ter|nis:** totale, partielle S. ‖ **Son|nen|fleck** der, -[e]s/-e[n] (Astron.): *ein dunkler Bereich auf der Sonnenoberfläche* ‖ **son|nen|ge|bräunt** ‖ **son|nen|ge|reift:** sonnengereifte Nektarinen ‖ **son|nen|hung|rig** ‖ **Son|nen|hut:** *Hut mit breiter Krempe als Schutz vor der Sonne* | *eine Pflanze* ‖ **son|nen|klar:** das ist doch s. *(ohnehin einleuchtend)* ‖ **Son|nen|kol|lek|tor:** *Solarkollektor, Teil einer Solaranlage zur Absorbierung von Sonnenlicht (zur Stromerzeugung)* ‖ **Son|nen|kö|nig** der, -s: *Beiname König Ludwigs XIV. von Frankreich* | (scherzh.) *Beiname des früheren österreichischen Bundeskanzlers Bruno Kreisky* ‖ **Son|nen|krem, Son|nen|kre|me** = → Sonnencreme ‖ **Son|nen|kult** (Rel.): *Verehrung der Sonne als Gottheit* ‖ **Son|nen|licht** ‖ **Son|nen|lie|ge** ‖ **Son|nen|milch:** *Sonnenschutzmittel* ‖ **Son|nen|nä|he** (Astron.): *Perihel* ‖ **Son|nen|öl:** *Sonnenschutzöl* ‖ **Son|nen|pla|che** ‖ **Son|nen|rad:** *als Rad dargestellte Sonne* ‖ **Son|nen|schein** ‖ **Son|nen|schi|lauf** = → Sonnenskilauf ‖ **Son|nen|schirm** ‖ **Son|nen|schutz** ‖ **Son|nen|schutz|cre|me** [-kreːm] = Sonnenschutzkrem = Sonnenschutzkreme: *Sonnencreme* ‖ **Son|nen|schutz|fak|tor:** ein Sonnenschutzmittel mit S. 12 ‖ **Son|nen|schutz|mit|tel:** im Gesicht ein S. auftragen ‖ **Son|nen|sei|te** ‖ **son|nen|sei|tig** ‖ **Son|nen|ski|lauf** [-ʃiː-] = Sonnenschilauf ‖ **Son|nen|stand** ‖ **Son|nen|stich** (Med.): *Hirnhautreizung* ‖ **Son|nen|strahl** ‖ **Son|nen|sys|tem** [-zy-] (Astron.): *eine Sonne mit ihren Planeten* ‖ **Son|nen|tau:** *eine Hochmoorpflanze* ‖ **Son|nen|uhr** ‖ **Son|nen|un|ter|gang** ‖ **son|nen|ver|brannt** ‖ **Son|nen|wen|de** (Astron.): *Zeitpunkt des höchsten bzw. tiefsten Sonnenstandes, Solstitium;* Sommer-, Wintersonnenwende ‖ **sonn|ge|bräunt** ‖ **son|nig:** ein sonniger Platz | ein sonniges *(heiteres)* Gemüt ‖ **Sonn|lei|te:** *Südhang* ‖ **Sonn|sei|te** ‖ **sonn|sei|tig** ‖ **Sonn|tag:** S. abends; Weißer S. *(Sonntag nach Ostern);* → Dienstag ‖ **Sonn|tag|abend:** am S.; eines Sonntagabends; wir kommen S. ‖ **sonn|tag|abends:** *sonntags abends* ‖ **sonn|tä|gig:** bei einer sonntägigen *(an einem Sonntag stattfindenden)* Veranstaltung ‖ **sonn|täg|lich:** der sonntägliche *(jeden Sonntag stattfindende)* Gottesdienst | sonntägliche *(wie am Sonntag, festliche)* Stimmung ‖ **sonn|tags:** *jeden* (auch: *am*) *Sonntag;* sonn- und feiertags; s. abends *(sonntagabends)* ‖ **Sonn|tags|ar|beit** ‖ **Sonn|tags|aus|ga|be:** die S. einer Tageszeitung ‖ **Sonn|tags|bra|ten** ‖ **Sonn|tags|dienst:** S. haben ‖ **Sonn|tags|fah|rer** (abw.): *ungeübter Autofahrer* ‖ **Sonn|tags|fah|re|rin** (abw.) ‖ **Sonn|tags|fra|ge:** *eine Fragestellung in der Meinungsforschung zur Erstellung von Wahlprognosen* ‖ **Sonn|tags|ge|wand** (veraltend) ‖ **Sonn|tags|got|tes|dienst** ‖ **Sonn|tags|jä|ger** (abw.): *ungeübter Jäger* ‖ **Sonn|tags|jä|ge|rin** (abw.) ‖ **Sonn|tags|kind:** *Person, die an einem Sonntag zur Welt kam* | *Glückskind* ‖ **Sonn|tags|mes|se** ‖ **Sonn|tags|pre|digt** ‖ **Sonn|tags|ru|he** ‖ **Sonn|tags|zei|tung** ‖ **sonn|ver|brannt** ‖ **Sonn|wend** die, -/-en: *Sonnenwende* ‖ **Sonn|wend|fei|er** ‖ **Sonn|wend|feu|er:** *ein Brauchtum (bes. auf Bergen)*

Son|ny|boy [ˈsʌnibɔɪ, auch: ˈzɔ-] der, -s/-s ⟨engl.⟩: *sympathischer, fröhlicher junger Mann*

So|no|gra|fie = **So|no|gra|phie** [-f-] die, -/-n ⟨lat.+gr.⟩ (Med.): *eine Untersuchungsmethode* ‖ **so|nor** (geh.): eine sonore *(klangvolle)* Stimme

sonst (Adv.): alles ist wie s. *(wie gewöhnlich, wie immer);* willst du s. *(darüber hinaus)* noch etwas?; s. etwas; s. jemand; s. wer; s. wie; s. wo; s. wohin | (Konj.) ich beeile mich, s. werde ich nicht fertig ‖ **sons|ti|ge:** s. *(noch andere)* Geschenke; *aber:* alles Sonstige

so|oft (Konj.): er bewirtete mich, s. ich ihn besuchte; *aber:* etwas so oft wiederholen, bis es alle verstehen; → so

So|pherl [-f-]: *weibl. Vorname (Sophie)* | die kalte S. *(Sophie, ein Kalendertag nach den Eisheiligen)* ‖ **So|phia** = **So|phie** [auch: -ˈɔ-], *auch:* Sofie: *weibl. Vorname* | *Sopherl* ‖ **So|phis|mus** [-f-] der, -/Sophismen ⟨gr.⟩: *Scheinargument, Spitzfindigkeit* ‖ **So|phist** der, -en/-en ‖ **So|phis|tin** die, -/-innen ‖ **so|phis|tisch**

So|pran der, -s/-e (S) ⟨lat.-it.⟩ (Mus.): *hohe Frauen- oder Kinderstimme* | *Sänger[in] mit dieser Stimmlage* ‖ **So|pran|flö|te:** *eine hohe Flöte* ‖ **So|pra|nist** der, -en/

-en ‖ **So|pra|nis|tin** die, -/-innen ‖ **So|pran|so|lo** ‖ **So|pran|stim|me**
Sor|be der, -n/-n: *Angehöriger eines westslawischen Volkes (in Deutschland)* ‖ **Sor|bin** die, -/-innen
Sor|bet [-'beː] das, -s/-s = **Sor|bett,** -s/-s ⟨arab.-fr.⟩ (Küchenspr.): *ein gekühltes Getränk* | *ein halbgefrorenes Dessert*
Sor|bisch das, -[s] = **Sor|bi|sche,** -n: → Sorben
Sor|di|no der, -s/-s [Sordini], *auch:* Sordine die, -/-n ⟨it.⟩ (Mus.): *Dämpfer;* → con sordino
Sor|ge die, -/-n: Sorgen haben; jemandem Sorgen machen; [für etwas] S. tragen; in S. *(besorgt)* sein; private Sorgen haben; lass das meine S. sein | (ugs.) deine Sorgen möchte ich haben! *(sie erscheinen mir gering)* ‖ **sor|ge|be|rech|tigt** (Jus): zur Ausübung der elterlichen Rechte und Pflichten gegenüber einem Kind berechtigt ‖ **sor|gen**[1]: für jemanden s. *(zB jemandes Lebensunterhalt bestreiten);* dafür sorgen *(sich darum kümmern),* dass ...; für Unterhaltung ist gesorgt; ihr Interview sorgte für Aufregung ‖ **sor|gen**[2] sich: *sich Sorgen machen* ‖ **Sor|gen|fal|te:** eine S. im Gesicht ‖ **sor|gen|frei** ‖ **Sor|gen|kind:** *Kind, das den Eltern ständig Sorgen macht* ‖ **sor|gen|los:** *ohne Sorgen* ‖ **sor|gen|schwer** ‖ **Sor|gen|te|le|fon:** *eine Beratungseinrichtung* ‖ **sor|gen|voll** ‖ **Sor|ge|pflicht** (Jus): die S. der Eltern ‖ **sor|ge|pflich|tig** (Jus): *zur Ausübung der elterlichen Rechte und Pflichten gegenüber einem Kind verpflichtet* ‖ **Sor|ge|recht** (Jus) ‖ **Sorg|falt** die, -: *Gewissenhaftigkeit* ‖ **sorg|fäl|tig:** s. arbeiten ‖ **Sorg|falts|pflicht:** die S. bei der Ausübung bestimmter Berufe ‖ **sorg|lich** (veraltend): *sorgfältig* ‖ **sorg|los:** *unvorsichtig, leichtsinnig* ‖ **Sorg|lo|sig|keit** die, - ‖ **sorg|sam:** s. *(sorgfältig)* aufbewahren
Sor|te die, -/-n: *Art;* verschiedene Sorten Eis | (Bot., Biol.) *Kulturrasse;* Äpfelsorten | (Pl.) (Bankw.) *Devisen* ‖ **Sor|ter** der, -s/-: *Sortiermaschine* ‖ **Sor|tier|band** ‖ **sor|tie|ren:** gut sortierte (= gutsortierte) Ware ‖ **Sor|tie|rer** der, -s/- ‖ **Sor|tie|re|rin** die, -/-innen ‖ **Sor|tier|ma|schi|ne** ‖ **Sor|tie|rung** die, -/-en ‖ **Sor|ti|ment** das, -[e]s/-e: *Warenangebot, Warenauswahl [eines Geschäfts];* ein reiches S. ‖ **Sor|ti|ments|buch|hand|lung:** *Buchhandlung, die eine breite Palette von Büchern verschiedener Verlagen anbietet*
SOS [ɛs o 'ɛs] das, - (früher): *[Morsezeichen als] internationales [See]notsignal* (··· – – – ···)
so|sehr (Konj.): s. ich es bedaure, ...; *aber:* ich bin so sehr beschäftigt, dass ...; → so ‖ **so|so:** *Interjektion, die Zweifel, Gleichgültigkeit ausdrückt*
SOS-Ruf [ɛs o 'ɛs-]: *Hilferuf*
Soß, So|ße = → Sauce
sos|te|nu|to (sost.) ⟨it.⟩ (wörtl.: gehalten) (Mus.): Andante s. *(ruhiges Andante)*
sott → sieden
sot|to vo|ce [- 'voːtʃe] ⟨it.⟩ (Mus.): *gedämpft, zurückhaltend*
Sou|bret|te [zu'brɛt(ɛ), s-] die, -/-n ⟨prov.-fr.⟩: *eine Operettensängerin* | *heiteres Rollenfach für Sopran*
Souf|flee [zuf-, s-] = Soufflé das, -s/-s ⟨fr.⟩: *eine Speise, Auflauf* ‖ **Souf|fleur** [-'løːə] der, -s/-e: *Einsager, der Schauspielern während der Vorstellung den Text zuflüstert* ‖ **Souf|fleur|kas|ten:** *versteckter Platz am Vorderrand der Bühne* ‖ **Souf|fleu|se** [-'løːs, -'løːzɛ] die, -/-n: *weibl. Form zu Souffleur* ‖ **souf|flie|ren**
Soul [səʊl] der, -s ⟨engl.⟩ (Mus.): *eine Stilrichtung [im Jazz]*
Sound [saʊnd] der, -s/-s ⟨engl.⟩ (Mus.): *charakteristischer Klang, Klangwirkung* ‖ **Sound|check** [-tʃ-]: *Akustikprobe;* vor dem Konzert einen S. machen ‖ **Sound|kar|te** (EDV): *Steckkarte zum Erzeugen von qualitativ hochwertigen Tönen am Computer*
so|und|so: s. groß; s. oft; s. viel; *aber:* der [Herr] Soundso ‖ **so|und|so|viel|mal,** *bei bes. Betonung auch:* soundso viel Mal ‖ **so|und|so|viel|te:** zum soundsovielten Mal (Male); *aber:* am Soundsovielten eines Monats
Sound|track ['saʊndtræk] der, -s/-s ⟨engl.⟩: *Musikaufnahme eines Films [als CD]*
Sou|per [zu'peː, s-] das, -s/-s ⟨fr.⟩: *festliches Abendessen* ‖ **sou|pie|ren**
Sou|sa|fon [zu-] = **Sou|sa|phon** [-f-] das, -s/-e: *ein Blechblasinstrument (nach einem amerikanischen Komponisten)*
Sou|ta|ne [zu-] = Sutane die, -/-n ⟨lat.-fr.⟩: *Talar der katholischen Priester*
Sou|ter|rain [zutɛ'rɛ̃ː, s-] das, -s/-s ⟨fr.⟩: *Tiefparterre, Kellergeschoß* ‖ **Sou|ter|rain|woh|nung**
Sou|ve|nir [zuv-, s-] das, -s/-s ⟨fr.⟩: *Andenken, Erinnerungsgeschenk* ‖ **Sou|ve|nir|ge|schäft**
sou|ve|rän [zuv-] ⟨lat.-fr.⟩: ein souveräner *(unabhängiger, selbständiger)* Staat | (geh.) ein Wissensgebiet s. *(vollkommen, überlegen)* beherrschen; *aber:* der **S**ouveräne Malteser-Ritterorden ‖ **Sou|ve|rän** der, -s/-e: *Herrscher* ‖ **Sou|ve|rä|ni|tät** die, -: *Unabhängigkeit eines Staates* | *sichere Beherrschung, Überlegenheit*
so|viel (Konj.): s. ich weiß; *aber:* so viel wie [als] möglich; sie hat so viel gelernt, dass ...; → so
Sow|cho|se [zɔf'x-] die, -/-n ⟨russ.⟩ (früher): *großer staatlicher Landwirtschaftsbetrieb in der Sowjetunion;* → Kolchose
so|weit (Konj.): s. ich mich erinnere, ...; *aber:* es geht ihr so weit *(einigermaßen)* gut; er ist so weit gereist, dass ...
so|we|nig (Konj.): s. sie auch redet, ...; *aber:* so wenig wie/als möglich; er hat so wenig gelernt, dass ...; so wenige
Sowi die (Pl.), *auch:* **SoWi, SOWI** (sal.): **So**zial- und **Wi**rtschaftswissenschaften
so|wie: s. *(sobald)* ich nach Hause komme | sie s. *(und)* alle ihre Freunde; *aber:* er redet so *(ebenso)* wie ich
so|wie|so [auch: -'oː] (ugs.): das habe ich s. *(ohnedies)* nicht gesagt
So|wjet [auch: '-ɔ-] der, -s/-s ⟨russ.⟩ (früher): *Volksvertretung („Rat") in der Sowjetunion* | (früher) *Verwaltungsbehörde in der Sowjetunion;* Oberster S. | (Pl.) (früher) *die Regierung der UdSSR* ‖ **So|wjet|ar|mee** (früher) ‖ **So|wjet|bür|ger** (früher) ‖ **So|wjet|bür|ge|rin** (früher) ‖ **so|wje|tisch** (früher) ‖ **So|wjet|li|te|ra|tur** (früher) ‖ **So|wjet|re|pub|lik** (meist Pl.) (früher): *Republik der UdSSR* ‖ **So|wjet|russ|land** (früher): *Sowjetunion* ‖ **So|wjet|stern** (früher): *roter fünfzackiger Stern* ‖ **So|wjet|uni|on** die, - (früher): *Union der Sozialistischen Sowjetrepubliken (UdSSR)*

so|wohl:

sowohl – als/wie

S

- sowohl Frauen als/wie [auch] Männer

Vor „als/wie" steht kein Beistrich:
- Ich informierte sowohl die Eltern wie auch die Firma.
- Das Gerät soll sowohl präzise als auch leistungsstark als auch bedienungsfreundlich sein.

So|wohl-als-auch das, -s/-s
Sozak, *auch:* **SozAk, SOZAK: So**zialakademie ‖ **So|zi** der, -[s]/-[s] (lat.) (sal., oft abw.): *Sozialdemokrat, Sozialist* ‖ **So|zia** die, -/Soziae [-iɛ] (Sozien): *Beifahrerin auf einem Motorrad;* → Sozius ‖ **so|zi|al:** s. *(zum Wohl der Mitmenschen)* handeln; s. schwach; die sozialen *(gesellschaftlichen)* Verhältnisse; soziale Marktwirtschaft | soziale Treffsicherheit *(Bemühen um gezielte Armutsbekämpfung);* → G.: asozial; → G.: unsozial ‖ **So|zi|al|ab|bau:** *Verminderung staatlicher Sozialleistungen* ‖ **So|zi|al|ab|ga|be** (meist Pl.): *Lohnabzug, der für soziale Leistungen, zB der Krankenkasse, verwendet wird* ‖ **So|zi|al|aka|de|mie** (Sozak, SozAk, SOZAK) (Bildw.) ‖ **So|zi|al|amt** ‖ **So|zi|al|ar|beit:** Akademie für S. ‖ **So|zi|al|ar|bei|ter:** *geschulter Betreuer von bedürftigen und sozial gefährdeten Personen* ‖ **So|zi|al|ar|bei|te|rin** ‖ **So|zi|al|as|sis|tent** (SüdT): *Sozialarbeiter* ‖ **So|zi|al|as|sis|ten|tin** (SüdT) ‖ **So|zi|al|aus|ga|ben** die (Pl.): *Ausgaben eines Staates für soziale Belange* ‖ **So|zi|al|be|treu|ung** ‖ **So|zi|al|be|treu|ungs|be|ruf** ‖ **So|zi|al|de|mo|krat** ‖ **So|zi|al|de|mo|kra|tie:** *sozialdemokratische Bewegung* ‖ **So|zi|al|de|mo|kra|tin** ‖ **so|zi|al|de|mo|kra|tisch:** die sozialdemokratische Bewegung; *aber:* die Sozialdemokratische Partei Österreichs (SPÖ) ‖ **So|zi|al|dienst** ‖ **So|zi|al|fall:** *jemand, der auf Grund von Alkoholismus, Schulden o. dgl. Sozialhilfeempfänger ist* ‖ **So|zi|al|ge|nos|sen|schaft** (SüdT): *Genossenschaft, die die Integration von Kranken und Behinderten fördert* ‖ **So|zi|al|ge|schich|te** ‖ **So|zi|al|ge|setz|ge|bung** ‖ **So|zi|al|hil|fe** ‖ **So|zi|al|hil|fe|emp|fän|ger** ‖ **So|zi|al|hil|fe|emp|fän|ge|rin** ‖ **So|zi|al|hil|fe|ge|setz** ‖ **So|zi|a|li|sa|ti|on** [-tsi̯-] die, -: *Einordnung Heranwachsender in die Gesellschaft* ‖ **so|zi|a|li|sie|ren** (Wirt.): *aus Einzelbesitz in gemeinschaftlichen, staatlichen Besitz überführen* | (Psych.) *jemanden in die Gesellschaft einordnen* ‖ **So|zi|a|li|sie|rung** die, -/-en ‖ **So|zi|a|lis|mus** der, -: *eine politische und wirtschaftliche Lehre, Richtung und Bewegung* ‖ **So|zi|a|list** der, -en/-en ‖ **So|zi|a|lis|tin** die, -/-innen ‖ **so|zi|a|lis|tisch:** sozialistische Staaten *(die früheren Ostblockstaaten);* → sozialdemokratisch ‖ **So|zi|al|jahr** (Amtsspr.): freiwilliges S. *(eine Einrichtung im Sozialbereich)* ‖ **So|zi|al|kom|pe|tenz:** *Fähigkeit einer Person, sich in Gemeinschaft sozial zu verhalten* ‖ **So|zi|al|kri|tik:** *Gesellschaftskritik* ‖ **so|zi|al|kri|tisch** ‖ **So|zi|al|kun|de** die, -: Geschichte und S. *(ein Schulfach)* ‖ **So|zi|al|leis|tung** (meist Pl.): *staatliche und andere finanzielle Beiträge zur Verbesserung der sozialen Lage* ‖ **So|zi|al|markt** (SOMA): *Geschäft, in dem Personen mit niedrigem Einkommen billiger einkaufen können* ‖ **So|zi|al|me|di|zin:** *Fachbereich der Medizin, der bes. die Wechselwirkungen zwischen Gesundheit und sozialer Lage behandelt* ‖ **So|zi|al|mi|nis|ter** ‖ **So|zi|al|mi|nis|te|rin** ‖ **So|zi|al|mi|nis|te|ri|um:** *Bundesministerium für Arbeit, Soziales und Konsumentenschutz* ‖ **So|zi|al|netz:** *die sozialen staatlichen Fürsorgemaßnahmen;* durch das S. fallen ‖ **So|zi|al|öko|no|mie:** *Volkswirtschaftslehre* ‖ **So|zi|al|ord|nung** ‖ **So|zi|al|pä|da|go|ge** ‖ **So|zi|al|pä|da|go|gin** ‖ **So|zi|al|pakt** ‖ **So|zi|al|part|ner** (meist Pl.): *die Arbeitnehmer und die Arbeitgeber sowie deren Organisationen* ‖ **So|zi|al|part|ner|schaft** (Pol.): *Zusammenarbeit zwischen den Vertreterverbänden von Arbeitnehmern und -gebern* ‖ **So|zi|al|po|li|tik** ‖ **so|zi|al|po|li|tisch** ‖ **So|zi|al|pres|ti|ge** [-iːʃ]: *Ansehen auf Grund der gesellschaftlichen Position* ‖ **So|zi|al|pro|dukt:** *Gesamtwert der in einem Staat in einem bestimmten Zeitraum produzierten Güter und Dienstleistungen* ‖ **so|zi|al|psy|chi|a|trisch:** sozialpsychiatrischer [Not-]dienst ‖ **So|zi|al|psy|cho|lo|gie** [-psy-] ‖ **so|zi|al|re|vo|lu|ti|o|när** [-v-] ‖ **So|zi|al|ruf:** *eine Telefonhilfe für Familie, Wohnen, Pflege, Behinderung ua. (in Wien)* ‖ **So|zi|al|schma|rot|zer** (abw.): *jemand, der öffentliche Sozialleistungen [widerrechtlich] ausnützt* ‖ **So|zi|al|schma|rot|ze|rin** (abw.) ‖ **So|zi|al|spre|cher** (Pol.) ‖ **So|zi|al|spre|che|rin** ‖ **So|zi|al|spren|gel** (Amtsspr.): *Verwaltungsbereich der Fürsorge für soziale Dienste;* Sozial- und Gesundheitssprengel ‖ **So|zi|al|staat:** *Staat, der soziale Maßnahmen in demokratischer Weise fördert* ‖ **So|zi|al|struk|tur** [-st-, -ʃt-]: *Gesellschaftsstruktur* ‖ **So|zi|al|ta|rif** ‖ **So|zi|al|te|le|fon:** *eine Beratungseinrichtung* ‖ **So|zi|al|ver|si|che|rung** ‖ **So|zi|al|ver|si|che|rungs|an|stalt** (SVA): *Gebietskrankenkasse ua.* ‖ **So|zi|al|ver|si|che|rungs|bei|trag:** *eine Abgabe des Arbeitnehmers und des Arbeitgebers* ‖ **So|zi|al|ver|si|che|rungs|kar|te** ‖ **So|zi|al|ver|si|che|rungs|trä|ger** ‖ **so|zi|al ver|träg|lich = so|zi|al|ver|träg|lich:** sozial verträgliche Maßnahmen ‖ **So|zi|al|woh|nung:** *billige Wohnung aus Budgetmitteln; Gemeindebauwohnung* ‖ **So|zi|al|zu|ckerl** (sal.): *steuerliche Begünstigung* ‖ **So|zi|e|tät** die, -/-en (Soz.): *Personengruppe, die auf Grund von gleichen Interessen, Normen, Anschauungen uÄ ein Gemeinschaftsgefühl entwickelt hat* | (Verhaltensforschung) *Gemeinschaft bei Tieren* ‖ **so|zio|kul|tu|rell** ‖ **So|zi|o|lekt** der, -[e]s/-e (Sprachwiss.): *Sprachvarietät einer bestimmten sozialen Schicht* ‖ **So|zio|lin|gu|is|tik** (Sprachwiss.): *Wissenschaft vom Sprachgebrauch sozialer Schichten* ‖ **So|zio|lo|ge** der, -n/-n ‖ **So|zio|lo|gie** die, -: *Lehre von den Formen des menschlichen, sozialen Zusammenlebens, Gesellschaftswissenschaft* ‖ **So|zio|lo|gin** die, -/-innen ‖ **So|zio|me|t|rie** die, - (Soz.): *Methode zur Erfassung sozialer Beziehungen zwischen Gruppen mittels Diagrammen* ‖ **so|zio|öko|no|misch:** *Gesellschaft und Volkswirtschaft betreffend* ‖ **So|zi|us** der, -/Soziusse (Sozii [-tsi.i], Sozien [-i̯ɛn]) (Wirt.) *Teilhaber* | (Kfz) *Mitfahrer am Motorrad;* → Sozia ‖ **So|zi|us|sitz:** *der hintere Sitz auf dem Motorrad*
so|zu|sa|gen (sozus.): *gewissermaßen;* er hat s. gelogen
Sp.: Spalte (zB in Büchern); S. 865, Sp. 3
Spa [s-] das, -s/-s (engl.): *Kurort*

S

(nach einem belgischen Badeort) | (auch mit Art. der) *Gesundheitsanlage, Wellnesseinrichtung;* Spa-Resort

Space|lab ['speɪslæb] das, -s/-s ⟨engl.⟩: *Raumlabor der NASA* || **Space|shuttle** [-ʃʌtl] der (*auch:* das), -s/-s: *Raumpendler, Raumfähre [der NASA] (bis 2011);* → Shuttle

Spach|tel die, -/-n: *ein Werkzeug;* mit der S. eine Mauer abscheren || **Spach|tel|mas|se:** *Gips, Kitt uÄ* || **spach|teln,** ich spachtle

Spa|gat[1] der, -[e]s/-e ⟨it.⟩: *eine feste Schnur*

Spa|gat[2] der, -[e]s/-e ⟨it.⟩: *ein akrobatisches Kunststück;* einen S. machen

Spa|gat|krap|fen [mda.: 'ʃpɒgɒt-] (reg., bes. St): *eine Mehlspeise*

Spa|ghet|ti [spa'gɛ-, ʃp-] = Spagetti die (Pl.) ⟨it.⟩: *lange, dünne Nudeln* || **Spa|ghet|ti|trä|ger** = Spagettiträger: *schmaler Träger an Kleidern, Tops oÄ*

spä|hen: *[vorsichtig] Ausschau halten; genau beobachten* || **Spä|her** der, -s/-: *Kundschafter* || **Spä|he|rin** die, -/-innen || **Späh|trupp** (Mil.): *Erkundungspatrouille*

Spa|lett das, -[e]s/-[e]n ⟨gr.-lat.-it.⟩: *aus schmalen [beweglichen] Brettchen bestehender Fenster- und Türladen* || **Spa|lett|tür** || **Spa|lier** das, -s/-e: Pflanzen am S. *(an einem Gitter oÄ)* ziehen | die Schulkinder bildeten ein S. *(stellten sich links und rechts vom Straßenrand in einer Reihe auf)* || **Spa|lier|obst**

Spalt der, -[e]s/-e: *lange, schmale Öffnung, Ritze, Spalte;* das Fenster einen S. öffnen; → Spaltbreit = Spalt breit || **spalt|bar** (Phys.): spaltbares Material *(in der Kerntechnik)* || **spalt|breit:** die Tür s. *(einen Spalt breit)* öffnen || **Spalt|breit** der, - = **Spalt breit:** einen S. öffnen || **Spal|te** die, -/-n: *Spalt* | *keilförmiges Obststück;* Apfelspalte, Orangenspalte | (mit Abk. Sp.) jede Seite dieses Buches hat zwei Spalten *(ist zweispaltig);* siehe Seite 311, Spalte 2 (s. S. 311, Sp. 2) || **spal|ten,** gespalten (gespaltet): Holz s.; gespaltene Haarspitzen; eine Partei s. | (Phys.) Atomkerne s. || **spal|ten|lang** || **-spal|tig** (nur in Zusammensetzungen wie zweispaltig) || **Spalt|le|der** || **Spalt|pilz:** *Bakterie* || **Spal|tung** die, -/-en: die S. einer Partei | (Med.) die S. des Bewusstseins *(Schizophrenie)*

Spam [spæm] das, -s/-s ⟨engl.⟩: *unerwünschtes E-Mail mit Werbung* || **Spam|fil|ter** || **Spam|mail** [-'meɪl] || **spam|men** (sal.): *Spams im Internet versenden* || **Spam|mer** der, -s/- || **Spam|me|rin** die, -/-innen || **Spam|ming** das, -s

Span der, -[e]s/Späne: *durch Bearbeitung entstandenes [Holz-] stückchen*

Span|fer|kel: *junges Schwein, das noch vom Mutterschwein gesäugt wird;* gebratenes S.; → abspänen

Span|ge die, -/-n: die Haare mit einer S. hochstecken | *Zahnspange*

Spa|ni|el [ʃp-] der, -s/-s ⟨span.-engl.⟩: *eine Hunderasse*

Spa|ni|en (Kfz: E; → España): *ein Staat* || **Spa|ni|er** der, -s/- || **Spa|ni|e|rin** die, -/-innen || **spa|nisch:** eine spanische *(tragbare, bewegliche)* Wand | (ugs.) das kommt mir s. *(seltsam, unverständlich)* vor; *aber:* die **S**panische Reitschule *(Hofreitschule)* in Wien; die **S**panische Fliege *(eine giftige Käferart)* || **Spa|nisch** das, -[s] = **Spa|ni|sche,** -n: *die spanische Sprache;* → Deutsch

spann → spinnen || **Spann|be|ton:** *Beton mit gespannten Stahleinlagen* || **Spann|de|cke:** *eine Art Raumdecke* || **Span|ne** die, -/-n: eine kurze S. Zeit | *Handelsspanne* | *altes Längenmaß;* drei Spannen breit || **span|nen:** eine Schnur s. | Pferde vor den Wagen s. | die neue Hose spannt *(sie ist etwas zu eng)* | Holz in den Schraubstock s. | (mda.) *bemerken;* → gespannt || **span|nend:** eine spannende Erzählung || **Span|ner** der, -s/-: *ein Schmetterling* | *Schuhspanner* | (sal.) *Voyeur* || **Span|ne|rin** die, -/-innen (sal.) || **-spän|nig** (nur in Zusammensetzungen wie zweispännig) || **Spann|kraft:** die menschliche S. *(Leistungsfähigkeit, Energie)* - || **Spann|lein|tuch** || **Spann|sä|ge** || **Spann|tep|pich** || **Span|nung** die, -/-en: elektrischer Strom von 220 Volt S. | jemanden in S. *(gespannte Aufmerksamkeit)* versetzen | firmeninterne Spannungen *(Unstimmigkeiten)* | die S. der Saiten || **Span|nungs|feld** || **span|nungs|ge|la|den** || **Span|nungs|mes|ser:** *Voltmeter* || **Span|nungs|ver|hält|nis** || **Span|nungs|zu|stand** || **Spann|vor|rich|tung** || **Spann|wei|te:** eine Brücke mit einer S. von 100 Meter[n]

Span|plat|te: *gepresste Platte aus Holzspänen* || **Span|schach|tel:** *Schachtel aus sehr dünnem Holz*

Spant [ʃp-] das, -[e]s/-en: *Rippe eines Schiffes;* die Spanten *(das Gerippe)* eines Faltbootes

Spar|buch: ein S. anlegen/auflösen || **Spar|büch|se** [-ks-] || **Spar|buch|steu|er:** *Steuer auf Zinserträgnisse von Sparbüchern, KEST* || **Spar|bud|get** [-byˌdʒeː] || **Spa|re|froh** der, -s/-s (scherzh.): *sparfreudige Person* || **Spar|ein|la|ge:** *auf ein Sparbuch eingezahlter Geldbetrag* || **spa|ren:** *Geld zurücklegen, nicht sofort ausgeben* | nicht mit Lob s. | das hätten wir uns s. *(ersparen)* können || **Spa|rer** der, -s/-: die kleinen S. *(Personen mit nur kleinen gesparten Geldbeträgen)*

Spare|ribs ['speə-] die (Pl.) ⟨engl.⟩: *gebratene oder gegrillte Schweinsripperln [mit Dip]*

Spa|re|rin die, -/-innen

Spa-Re|sort ['s-, engl.: -rɪˌzɔːt] ⟨engl.⟩: *Wellnessanlage;* → Spa

Spar|flam|me: auf S. *(mit Einschränkungen, reduziert)* || **Spar|form**

Spar|gel der, -s/-: *eine Gemüsepflanze;* ein Bund grüner S.

Spar|geld (meist Pl.): *Spareinlage*

Spar|gel|es|sen || **Spar|gel|sup|pe**

Spar|ge|sin|nung || **Spar|gro|schen** || **Spar|gut|ha|ben** || **Spar|kas|se,** *auch:* Sparkassa: *ein Geldinstitut* | *Sparbüchse* || **Spar|kon|to** || **Spar|kurs:** auf S. *(geldknapp)* sein || **Spar|lam|pe:** *Kurzwort für Energiesparlampe* || **spär|lich:** *kümmerlich, dürftig* || **Spär|lich|keit** die, - || **Spar|maß|nah|me** (meist Pl.) || **Spar|pa|ket** (Pol.): *Maßnahmenbündel für die Reduzierung [des Staatshaushaltsdefizits]* || **Spar|plan** || **Spar|pro|gramm** (Pol.): *Sparmaßnahmen* | *Zeit und Energie sparendes Programm bei Haushaltsgeräten, zB der Waschmaschine*

Spar|ren der, -s/-: *schräger Dachbalken*

Spar|ring|part|ner [sp-, ʃp-] = Sparringspartner ⟨engl.⟩: *Trainingspartner [beim Boxen]* || **Spar|ring|part|ne|rin** = Sparringspartnerin

spar|sam: ein sparsamer *(wenig Geld verbrauchender)* Mensch; mit dem Vorhandenen s. umgehen; ein sparsames *(wenig Treibstoff verbrauchendes)* neues Auto

S

‖ **Spar|sam|keit** die, - ‖ **Spar|schwein:** *Sparbüchse* ‖ **Spar|schwein|derl** = **Spar|schweindl**
spar|ta|nisch [sp-, ʃp-]: eine spartanische *(harte, anspruchslose)* Lebensweise *(nach der altgriechischen Stadt Sparta)*
Spar|te [ʃp-, sp-] die, -/-n ⟨gr.-lat.⟩: *Abteilung, Gebiet, Art, zB in Wirtschaft, Wissenschaft, Sport*
Spar|ver|si|on [-v-]: ein Projekt nur in S. durchziehen ‖ **Spar|ziel** ‖ **Spar|zin|sen** die (Pl.)
spas|misch [sp-] ⟨gr.⟩ (Med.): *krampfartig, krampfhaft;* → spastisch ‖ **Spas|mus** der, -/ Spasmen (Med.): *langsames oder sich rhythmisch wiederholendes Zusammenziehen von Muskeln, Krampf*

Spaß

der, -es/Späße, *auch:* Spass, -es/ Spässe: *Scherz;* ein schlechter Spaß; Spaß beiseite! *(im Ernst!);* er versteht keinen Spaß; jemandem den Spaß verderben; sie hat nur Spaß gemacht *(hat es nicht ernst gemeint)* | ein teurer Spaß *(teures Vergnügen)*
Für das Wort gibt es zwei Schreibweisen:
– Spaß: Das *a* wird lang ausgesprochen.
– Spass: Das *a* wird kurz ausgesprochen (nach italienisch *spasso*).
Ebenso: spaßen/spassen, spaßhalber/spasshalber ...

Spaß|brem|se, *auch:* Spassbremse: *Spielverderber* ‖ **spa|ßen,** *auch:* spassen, du spaßt ‖ **spa|ßes|hal|ber,** *auch:* spasseshalber: *spaßhalber;* → -halber² ‖ **Spas|set|tln,** *auch:* Gspassettln (Pl.) (bes. W, ugs.): S. *(Witze, Scherze)* machen ‖ **Spaß|fak|tor,** *auch:* Spassfaktor (sal., Jug.): eine Sendung mit hohem S. ‖ **Spaß|ge|sell|schaft,** *auch:* Spassgesellschaft (Soz.): *auf Vergnügen ausgerichtete Gesellschaftsschicht, Fungeneration* ‖ **spaß|haft,** *auch:* spasshaft ‖ **spaß|hal|ber,** *auch:* spasshalber: *zum/im/aus Spaß;* → -halber² ‖ **spa|ßig,** *auch:* spassig ‖ **Spaß|ma|cher,** *auch:* Spassmacher ‖ **Spaß|ma|che|rin,** *auch:* Spassmacherin ‖ **Spaß|ver|der|ber,** *auch:* Spassverderber: sei kein S.! ‖ **Spaß|ver|der|be|rin,** *auch:* Spassverderberin ‖ **Spaß|vo|gel,** *auch:* Spassvogel: *Witzbold*
Spas|ti|ker [sp-] der, -s/- ⟨gr.-lat.⟩ (Med.) ‖ **Spas|ti|ke|rin** die, -/-innen (Med.) ‖ **spas|tisch** (Med.): *krampfartig;* spastische *(mit krampfartigen Spannungen der Muskeln verbundene)* Lähmungen; → spasmisch
Spat der, -[e]s/-e [Späte]: *ein Mineral;* Flussspat
spät: von früh bis s.; es wird s. werden; → spät geboren = spätgeboren; späte Reue; zu s. ‖ **spät|abends** ‖ **spät Be|ru|fe|ne**[1] = **Spät|be|ru|fe|ne**[1] der, -n/-n, ein spät Berufener (= Spätberufener): *jemand, der mit seiner Ausbildung erst spät beginnt, Spätstarter* ‖ **spät Be|ru|fe|ne**[2] = **Spät|be|ru|fe|ne**[2] die, -n/-n
Spa|tel der, -s/-: *ein medizinisches bzw. kosmetisches Instrument* ‖ **Spa|ten** der, -s/-: *eine Stichschaufel mit langem Stiel* ‖ **Spa|ten|stich:** der erste S. *(symbolische Handlung bei Baubeginn)*
Spät|ent|wick|ler: *psychisch bzw. physisch vorübergehend Zurückgebliebener;* → Spätzünder ‖ **Spät|ent|wick|le|rin** ‖ **spä|ter:** bis s.! ‖ **spä|ter|hin** (geh.): *später* ‖ **spä|tes|tens:** ich komme s. morgen ‖ **Spät|fol|ge:** an den Spätfolgen eines Unfalls sterben ‖ **spät ge|bo|ren** = **spät|ge|bo|ren:** eine s. geborene Tochter ‖ **Spät|heim|keh|rer:** *Kriegsgefangener, der erst lange nach Kriegsende entlassen wurde* ‖ **Spät|herbst**
Spa|ti|um ['spa(ː)tsi̯-, ʃp-] das, -s/ Spatien [-i̯ən] ⟨lat.⟩: *Zwischenraum [zwischen zwei gedruckten Wörtern]*
Spät|le|se: *Traubenernte nach der normalen Lesezeit* | *ein Prädikatswein* ‖ **Spät|ling** der, -s/-e ‖ **Spät|nach|mit|tag** ‖ **spät|nach|mit|tags** ‖ **Spät|nach|rich|ten** ‖ **Spät|pha|se** [-f-] ‖ **spät|rot:** spätroter Veltliner ‖ **Spät|rot** der, -en/-en = **Spät|ro|te** der, -n/-n: *Zierfandler* ‖ **Spät|rot-Rot|gipf|ler** der, -s/-: *eine Reb- und Weinsorte (Kreuzung aus Zierfandler und Rotgipfler)* ‖ **Spät|scha|den** (meist Pl.) ‖ **Spät|schicht:** *Schichtarbeit/Schichtarbeiter[in] am späten Abend;* S. haben; → Nachtschicht; → Frühschicht ‖ **Spät|som|mer** ‖ **Spät|sta|di|um** [-ʃt-]; → G.: Frühstadium ‖ **Spät|star|ter** [-ʃ-, -s-] *Spätberufener;* er ist im Golf ein typischer S. ‖ **Spät|star|te|rin** ‖ **Spät|werk:** *[künstlerisches] Alterswerk* ‖ **Spät|win|ter**
Spatz der, -en [-es]/-en: → *Sperling;* das pfeifen die Spatzen von den Dächern *(ist allgemein bekannt)* | *Kosewort [für Kinder]*
Spät|zeit: *Spätphase;* die S. eines Künstlers *(sein Spätwerk)*
Spat|zeln die (Pl.), *auch:* Spatzln (T): *Spätzle* ‖ **Spat|zen** die (Pl.): *Apfelspatzen* | (reg., zB St, ugs.) *Muskelkater;* S. haben
Spat|zen|hirn (abw.): *geringe Intelligenz* ‖ **Spat|zen|schreck** der, -[e]s/-e: *Vogelscheuche* ‖ **Spat|zerl** das, -s/-[n]: *kleiner Spatz* | *Kosewort für ein Kind; Liebling* | (Kinderspr.) *männliches Geschlechtsorgan, Penis* ‖ **Spatzl** das, -s/-[n]: *Spatzerl*
Spätz|le das, -s/- (meist Pl.): *kleines Nockerl; Käs[e]spätzle* ‖ **Spatz|len** die (Pl.) (SüdT): *Spätzle* ‖ **Spatzln** → Spatzeln
Spät|zün|der (sal.): *jemand, der langsam begreift* | *Spätentwickler* ‖ **Spät|zün|de|rin** (sal.) ‖ **Spät|zün|dung:** *Fehleinstellung beim Motor*
spa|zie|ren: s. gehen; ich bin gestern s. gegangen; s. fahren ‖ **Spa|zier|fahrt** ‖ **Spa|zier|gang** ‖ **Spa|zier|gän|ger** der, -s/- ‖ **Spa|zier|gän|ge|rin** die, -/-innen ‖ **Spa|zier|ge|her** ‖ **Spa|zier|ge|he|rin** ‖ **Spa|zier|stock**
Specht der, -[e]s/-e: *ein Vogel*
spech|teln, ich spechtle (ugs.): *spähen, spionieren* ‖ **Spech|tler** der, -s/- (ugs.): *Voyeur* ‖ **Specht|le|rin** die, -/-innen (ugs.)
Spe|cial Olym|pics ['speʃl əʊ'lɪmpɪks] die (Pl.) ⟨engl.⟩: *Olympische Spiele für geistig Behinderte*
Speck der, -[e]s/-e: *Fettschicht;* S. ansetzen *(dicker werden)* | *geräuchertes Schweinefleisch;* Selchspeck ‖ **Speck|brot** ‖ **Speck|gür|tel** (fachspr.): *Siedlungsgebiet Wohlhabender rund um Ballungsräume* ‖ **spe|ckig:** ein speckiger *(sitzen gebliebener, teigiger)* Kuchen | speckige Erdäpfel | ein speckiges *(schmieriges; abgegriffenes)* Buch ‖ **Speck|knö|del:** Tiroler S. ‖ **Speck|man|tel:** Ziegenkäse im S. ‖ **Speck|schei|be** ‖ **Speck|schwar|te** ‖ **Speck|sei|te:** *großes Stück Speck* ‖ **Speck|we|ckerl** ‖ **Speck|wurst** [-st, auch: -ʃt]: *eine Wurstsorte*
spe|die|ren [ʃp-] ⟨it.⟩: *befördern* ‖ **Spe|di|teur** [-'tøːə] der, -s/-e: *je-*

S

mand, der gewerbsmäßig Güter befördert ‖ **Spe|di|teu|rin** die, -/-innen ‖ **Spe|di|ti|on** [-tsi̯-] die, -/-en: *ein Transportunternehmen* ‖ **Spe|di|ti|ons|fir|ma** ‖ **Spe|di|ti|ons|ver|trag** (Jus): *Beförderungsvertrag*

Speed [spiːd] der, -s/-s ⟨engl.⟩: *Schwung, Drive* ‖ **Speed|da|ting** [-deɪ-]: *eine Methode, schnell in einer Gruppe Beziehungspartner/innen kennen zu lernen* ‖ **Speed|min|ton** [-tən] das, -: *ein Ballspiel* ‖ **Speed|way|ren|nen** [-weɪ-] = **Speed|way-Ren|nen:** *Motorradrennen auf einer [Aschen]bahn*

Speer der, -[e]s/-e: *ein Sportgerät;* S. werfen ǀ (bes. früher) *eine Wurfwaffe* ‖ **Speer|spit|ze:** eine bronzene S. ǀ *kämpferische Vorhut* ǀ die S. *(der Kopf, Anführer)* einer Bewegung ‖ **Speer|wer|fen** das, -s (Sport): *eine Sportart* ‖ **Speer|wer|fer** der, -s/- ‖ **Speer|wer|fe|rin** die, -/-innen ‖ **Speer|wurf**

spei|ben (ugs.): *sich übergeben, [er]brechen, speien;* er hat gespieben

Spei|che die, -/-n: *Teil des Rades;* dem Schicksal in die Speichen greifen *(versuchen, es aufzuhalten)* ǀ *ein Knochen des Unterarms*

Spei|chel der, -s: *Spucke* ‖ **Spei|chel|drü|se** ‖ **Spei|chel|le|cker** der, -s/- (abw.) ‖ **Spei|chel|le|cke|rei** die, -/-en (abw.): *kriecherisches Schmeicheln* ‖ **Spei|chel|le|cke|rin** die, -/-innen (abw.) ‖ **spei|cheln:** der Hund speichelt *(sondert Speichel ab)*

Spei|cher der, -s/-: *Vorratsraum* ǀ *Dachboden* ǀ (EDV) *Einrichtung am Computer zum Speichern von Informationen;* → RAM; → ROM ‖ **Spei|cher|be|cken** ‖ **Spei|cher|dich|te** (EDV) ‖ **Spei|cher|ka|pa|zi|tät** (EDV) ‖ **Spei|cher|kar|te** (EDV) ‖ **Spei|cher|kar|ten|le|ser** ‖ **Spei|cher|kraft|werk:** *Wasserkraftwerk mit Stauanlage[n]* ‖ **Spei|cher|me|di|um** (EDV): *CD-ROM, DVD ua.* ‖ **spei|chern:** in einem Stausee Wasser s. *(sammeln, aufbewahren)* ǀ (EDV) die Daten s. *(sichern)* ‖ **Spei|cher|platz** (EDV) ‖ **Spei|che|rung** die, -/-en

spei|en, spie/gespien: der Vulkan speit Feuer; Blut s. *(spucken)* ǀ (geh.) *[er]brechen;* → speiben

Speik der, -[e]s/-e: *Name einiger Alpenpflanzen; aber:* → Spike ‖ **Speik|sei|fe:** *mit der Wurzel des Echten Speiks aromatisierte Seife*

Speil der, -[e]s/-e: *Holzstäbchen, Splitter*

Speis die, -/-en (ugs.): *Kasten oder [kleiner] Raum zur Aufbewahrung von Lebensmitteln und Speisen, Speisekammer* ‖ **Spei|se** die, -/-n: Speisen und Getränke; für S. (auch: Speis) und Trank sorgen ǀ *flüssiges Metall zum Glockenguss* ‖ **Spei|se|eis** ‖ **Spei|se|fett** ‖ **Spei|se|fisch** ‖ **Spei|se|kam|mer,** *auch:* Speiskammer: *Raum zur Aufbewahrung von Lebensmitteln* ‖ **Spei|se|kar|te,** *auch:* Speiskarte: *Liste der erhältlichen Speisen und Getränke* ‖ **spei|sen,** du speist: *essen* ǀ *versorgen;* die Maschine wird durch einen Generator gespeist ‖ **Spei|sen|auf|zug** ‖ **Spei|sen|fol|ge** ‖ **Spei|sen|trä|ger** (Gast.): *ein Beruf* ‖ **Spei|sen|trä|ge|rin** (Gast.) ‖ **Spei|se|öl** ‖ **Spei|se|pilz** ‖ **Spei|se|plan** ‖ **Spei|se|rest** ‖ **Spei|se|röh|re** ‖ **Spei|se|saal** ‖ **Spei|se|salz:** *Kochsalz* ‖ **Spei|se|so|da:** *ein Arzneimittel, doppeltkohlensaures Natron* ‖ **Spei|se|top|fen** ‖ **Spei|se|wa|gen:** *Restaurantwagen in [Fern]zügen* ‖ **Spei|se|zim|mer,** *auch:* Speiszimmer: *Esszimmer* ‖ **Speis|git|ter** (veraltet): *Kommuniongitter in einer Kirche* ‖ **Speis|kam|mer** → Speisekammer ‖ **Speis|kar|te** → Speisekarte ‖ **Spei|sung** die, -/-en: *Ausspeisung* ‖ **Speis|zim|mer** → Speisezimmer

spei|übel: *zum Erbrechen übel*

Spek|ta|bi|li|tät [sp-] die, -/-en ⟨lat.⟩: „Eure/Euer Spektabilität!" *(Anrede für den Dekan einer Fakultät);* Seine S.

Spek|ta|kel[1] [ʃp-, auch: sp-] das, -s/- ⟨lat.⟩: *Schauspiel, [Groß]ereignis* ‖ **Spek|ta|kel**[2] [ʃp-] der, -s/- (ugs.): *Lärm, Aufregung;* [einen] großen S. machen ‖ **spek|ta|ku|lär** [ʃp-, auch: sp-]: *Aufsehen erregend*

Spek|tral|ana|ly|se [sp-lyː-, auch: ʃp-] ⟨lat.+gr.⟩ (Phys.) ‖ **Spek|tral|far|ben** die (Pl.) (Phys.): *die sieben reinen Farben im Spektrum* ‖ **Spek|tral|li|nie** [-i̯ɛ] (Phys.): *die von Atomen ausgestrahlte oder absorbierte Strahlung* ‖ **Spek|trum** das, -s/Spektren [Spektra] (Phys.): *die Farbenreihe, die bei der Brechung von weißem Licht entsteht* ǀ (Phys.) *Zusammensetzung eines Klanges aus Schwingungen* ǀ *Vielfalt, Buntheit;* das ganze S. der Möglichkeiten

Spe|ku|lant [ʃp-] der, -en/-en ⟨lat.⟩: *jemand, der waghalsige Geschäfte [an der Börse] macht* ‖ **Spe|ku|lan|tin** die, -/-innen ‖ **Spe|ku|la|ti|on** [-tsi̯-] die, -/-en: *Mutmaßung* ǀ (Wirt.) *waghalsiges Geschäft; Geschäft, das auf Grund von Preisschwankungen gewinnträchtig ist* ‖ **Spe|ku|la|ti|ons|ge|schäft** ‖ **Spe|ku|la|ti|us** [-tsi̯-] der, -/- (Wz.): *eine Kekssorte* ‖ **spe|ku|la|tiv:** *über den reinen Erfahrungsbereich hinaus denkend* ǀ *gewagt* ‖ **spe|ku|lie|ren:** *nachsinnen, grübeln* ǀ *schlau berechnen;* an der Börse s.; in Immobilien s. ǀ (ugs.) auf einen Gewinn s. *(ihn erhoffen)*

Spe|läo|lo|gie [sp-, auch: ʃp-] die, - ⟨gr.⟩: *Höhlenforschung*

Spel|te die, -/-n [ʃp-] (SüdT): *dünne Holzlatte* ‖ **Spel|ten|zaun** (SüdT)

Spe|lun|ke [ʃp-] die, -/-n ⟨lat.⟩ (abw.): *verrufenes Gasthaus, mieses Lokal*

Spelz der, -es/-e: *Hülse des Getreidekorns* ‖ **Spel|ze** die, -/-n (Bot.): *Hülse des Getreidekorns, Spelz* ǀ *Element des Blütenstands bei Gräsern*

spen|da|bel: spendable *(großzügige)* Chefs ‖ **Spen|de** die, -/-n: Spenden sammeln ‖ **spen|den:** jemandem Trost s.; Blut s. ‖ **Spen|den|ak|ti|on** [-tsi̯-] ‖ **Spen|den|auf|ruf** ‖ **Spen|den|geld** (meist Pl.) ‖ **Spen|den|gü|te|sie|gel:** *Kennzeichnung von Organisationen, die Spendengelder korrekt verwalten* ‖ **Spen|den|kon|to:** *Sammelkonto für einen guten Zweck* ‖ **Spen|der** der, -s/-: ein großzügiger S. ǀ *Kurzwort für Blutspender, Organspender uÄ* ǀ Seife im S. ‖ **Spen|der|herz** (Med.): *Herz eines Organspenders* ‖ **Spen|de|rin** die, -/-innen ‖ **spen|die|ren** (ugs.): *schenken;* sie hat uns ein Abendessen spendiert *(bezahlt)* ‖ **spen|dier|freu|dig** ‖ **Spen|dier|ho|se** (meist Pl.) (ugs., scherzh.): die Spendierhosen anhaben *(sehr großzügig sein)*

spen|geln, ich spengle ‖ **Speng|ler** der, -s/-: *ein Handwerker für Arbeiten mit Blech;* Autospengler ‖ **Speng|le|rei** die, -/-en ‖ **Speng|le|rin** die, -/-innen

Spen|na|del [ʃp-] (mda., veraltet): *Stecknadel*

Spen|zer [sp-, ʃp-] der, -s/-, *auch:* Spenser: *eine kurze Jacke (nach*

S

einem engl. Grafen)

Sperber der, -s/-: *ein Greifvogel*

Sperkas ['ʃp-] der, - (bes. S): *eine Art Topfenkäse*

Sperling der, -s/-e: *ein Singvogel, Spatz*

Sperma [sp-, ʃp-] das, -s/Spermen [Spermata] ⟨gr.⟩: *Samenzellen enthaltende Flüssigkeit* || **Spermium** das, -s/Spermien [-i̯ɛn]: *Samenfaden, männliche Keimzelle*

sperrangelweit: die Tür ist s. *(ganz weit)* offen || **Sperrbezirk:** *Sperrgebiet* || **Sperrdruck** der, -[e]s (Druckw.): *Text in Sperrschrift* || **Sperre** die, -/-n: eine S. *(Absperrung)* errichten | *schmaler Durchgang, an dem Eintrittskarten, Ausweise oÄ überprüft werden;* durch die S. gehen | *Sperrung, Schließung;* Mittagssperre | *Embargo;* Einfuhrsperre | (Sport) über einen Fußballspieler eine S. verhängen *(ihn sperren)* || **sperren**[1]: *zusperren, verschließen;* das Haustor s.; das Geschäft s. *(es [für immer] schließen);* die Straße s. *(den Durchgang, die Durchfahrt unmöglich machen)* | den Hamster in den Käfig s. *(einsperren)* | ein Konto s. *(die Verfügung darüber verwehren)* | (Sport) einen Fußballspieler s. *(ihm Spielverbot geben)* | (Druckw.) gesperrte Schrift *(Schrift mit größeren Abständen zwischen den Buchstaben)* || **sperren**[2] sich: sich gegen etwas s. *(sich sträuben, es zu tun)* || **Sperrfeuer** (Mil.): *plötzlicher starker Beschuss gegen einen Angriff* || **Sperrfläche** (Verk.): *eine Markierung [mit Fahrverbot]* || **Sperrfrist:** *Zeitspanne, in der [eine Nachricht] nicht veröffentlicht werden darf* || **Sperrgebiet** || **Sperrgeld** (Amtsspr., veraltet): *Entgelt an den Hausbesorger für das Öffnen des Tores in der Sperrzeit* || **Sperrgut:** *sorgfältig zu behandelndes oder sperriges Transportgut* || **Sperrholz:** *Holz aus mehreren übereinandergeleimten Schichten mit sich kreuzender Faserrichtung* || **Sperrholzplatte** || **sperrig:** sperrige *(durch ihre Ausmaße schwer zu handhabende)* Güter || **Sperrkette** || **Sperrklausel** (Jus): *Vertragsbestimmung, die etwas ausschließt oder einschränkt* || **Sperrklinke:** *Vorrichtung, die eine Drehung (zB eines Zahnrads) verhindert* || **Sperrkonto:** *gesperrtes Konto* || **Sperrlinie** [-i̯ɛ] (Verk.): *Straßenmarkierung, die nicht überfahren werden darf;* doppelte S. || **Sperrminorität:** *qualifizierte Minderheit an Stimmen mit besonderen Rechten* || **Sperrmüll:** *sperriger Abfall für die Mülldeponie* || **Sperrriegel** || **Sperrschrift** (Druckw.): *Schrift mit größeren Zwischenräumen (zur Hervorhebung)* || **Sperrschuh:** *eine Blockiervorrichtung zur Gleissperre* || **Sperrsitz** (veraltet): auf einem S. *(in einer bevorzugten Sitzreihe)* sitzen || **Sperrstunde:** *behördlich festgelegte Schließungszeit [für Gasthäuser]* || **Sperrung** die, -/-en: *Schließung* | *Sperrdruck* || **Sperrvorrichtung** || **Sperrzeit:** die S. für den Lebensmittelhandel || **Sperrzone:** *Sperrgebiet*

Spesen [ʃp-] die (Pl.) ⟨it.⟩: jemandem die S. *(Kosten, Auslagen)* ersetzen; S. machen || **Spesenabrechnung** || **spesenfrei** || **Spesenkonto** || **Spesenritter** (abw.): *jemand, der günstig auf Spesen leben möchte* || **Spesenritterin** (abw.) || **Spesenvergütung**

Spezerei [ʃp-] die, -/-en (meist Pl.) ⟨it.⟩ (veraltet): *[überseeische] Gewürze; Delikatessen*

Spezi[1] [ʃp-] das, -s/-[s] ⟨lat.⟩ (veraltend): *Mischung aus Cola und Limonade*

Spezi[2] [ʃp-] der, -s/-[s] ⟨lat.⟩ (ugs.): *ein bes. guter Freund* || **Spezialanfertigung** || **Spezialausbildung** || **Spezialbereich** || **Spezialdisziplin:** *Sonderbereich* || **Spezialfach:** *Spezialgebiet* || **Spezialfahrzeug** || **Spezialgebiet** || **spezialisieren** sich: *ein bestimmtes, abgegrenztes, engeres Arbeitsgebiet bes. pflegen* || **Spezialisierung** die, -/-en || **Spezialist** der, -en/-en: *Fachmann in einem eng begrenzten Arbeitsgebiet, zB Facharzt* || **Spezialistentum** das, -s || **Spezialistin** die, -/-innen || **Spezialität** die, -/-en: *Besonderheit;* Mathematik ist ihre S. *(Stärke)* | eine Tiroler S. *(typische Tiroler Speise)* || **Spezialtoast** [-to:st, engl.: -təʊst] || **speziell:** ein spezieller *(besonderer)* Wunsch; *aber:* im **S**peziellen *(im Besonderen, im Einzelnen)* || **Spezies** [sp-, ʃp-] die, -/-: *Einheit in der biologischen Systematik, bestimmte Art [von Organismen]* | *eine bestimmte Art Mensch* || **Spezifik** [ʃp-] die, -: *Besonderheit, Spezifikum* || **Spezifikation** [-tsi̯-] die, -/-en: *genaue Einzeldarstellung* || **Spezifikum** das, -s/Spezifika: *etwas Kennzeichnendes, Besonderes* || **spezifisch:** ihre spezifischen *(für sie typische)* Eigenschaften | (Phys.) das spezifische Gewicht *(Masse pro Volumseinheit); aber:* → speziell || **spezifizieren:** *einzeln anführen, zergliedern* || **Spezimen** [sp-, ʃp-] das, -s/Spezimina: *Muster* || **Spezl** [ʃp-] der, -s/-n (ugs.): *Spezi*[2]

Sphäre [sf-] die, -/-n ⟨gr.⟩: *Bereich;* die private S. | (scherzh.) in höheren Sphären schweben *(wirklichkeitsfremden Gedanken nachhängen)* || **Sphärenmusik:** *kosmische Musik, überirdische Klänge* || **sphärisch:** *die Himmelskugel betreffend*

Sphinx [sf-] die = der, -/-e [Sphingen] ⟨gr.⟩: *ein altägyptisches Denkmal mit Löwenleib und Männerkopf* | (nur mit Art. die) *ein griechisches Fabelwesen mit Löwenleib und Frauenkopf* | *ein rätselhafter, geheimnisvoller Mensch*

spicken: einen Braten s. *(ihn mit Speckstreifen durchziehen)* | eine gespickte *(dicke)* Brieftasche | das Diktat mit Schwierigkeiten s. || **Spicknadel** || **Spickzettel** (ugs.): *Notizblatt als Gedächtnishilfe*

spie → speien

Spiegel der, -s/-: schau dich in den S.!; jemandem den S. vorhalten *(jemanden auf seine Fehler aufmerksam machen)* | (Jägerspr.) der S. *(ein heller Fleck auf dem Hinterteil)* des Rehes | einen S. *(eine glänzende Stelle)* auf einem Rock haben | *Wasserspiegel; Wasserstand* | (Med.) *[Fett]gehalt im Blut* || **Spiegelbild** || **spiegelbildlich:** *spiegelverkehrt, seitenverkehrt* || **spiegelblank** || **Spiegelei:** *ein gebratenes Ei* || **Spiegelfechterei** die, -/-en (geh., abw.): *Täuschungsmanöver* || **Spiegelglas** || **spiegelglatt** || **spiegelgleich** (veraltend): *symmetrisch* || **Spiegelgleichheit** (veraltend): *Symmetrie* || **spiegeln,** ich spiegle: dieser Fußboden spiegelt *(ist blitzblank);* die Hose spiegelt *(glänzt auf Grund von Abnützung, Schmutz)* | die

S

Bäume spiegelten sich im See; in ihrer Miene spiegelte sich Sorge | (EDV) Daten s. *(sichern)* || **Spiegelreflexkamera:** *ein Fotoapparat* || **Spiegelsaal:** *festlicher Raum mit vielen Wandspiegeln [in Schlössern]* || **Spiegelschrank** || **Spiegelschrift:** *seitenverkehrte Schrift* || **Spiegelteleskop:** *ein Fernrohr* || **Spiegelung** die, -/-en: die S. des Lichts | (EDV) *eine Methode der Sicherung von Computerdaten* || **spiegelverkehrt:** *spiegelbildlich, seitenverkehrt*

Spiel das, -[e]s/-e: wie im S. *(ohne Anstrengung);* das königliche S. *(Schach)* | (Sport) die Olympischen Spiele; ein S. anpfeifen/abbrechen/austragen/unterbrechen | *Darbietung durch Schauspieler/innen oder Instrumentalisten* | ein [falsches] S. mit jemandem treiben *(es nicht ganz erst meinen, jemanden täuschen)* | jemanden aus dem S. lassen *(jemanden nicht in etwas hineinziehen);* alles aufs S. setzen *(alles wagen);* leichtes S. haben *(etwas mühelos schaffen);* deine Gesundheit steht auf dem S. *(ist in Gefahr);* etwas/jemanden ins S. bringen *(auf etwas/jemanden hinweisen)* || **Spielabbruch** (Sport) || **Spielalter:** das S. des Kindes || **Spielanlage** || **Spielart:** *Abart, etwas abweichende Form* || **Spielautomat:** *ein Glücksspiel* || **Spielball:** ein S. der Mächtigen sein *(ihnen ausgeliefert sein)* || **Spielbank** die, -/-en: *Kasino* || **spielbar:** ein spielbares Klavier || **Spielbedingung** (meist Pl.) || **Spielbeginn** (Sport) || **Spielbein:** *das nicht das volle Körpergewicht tragende Bein;* → G.: Standbein || **Spielbrett:** *Schachbrett oÄ* || **Spielcasino** [-k-] = Spielkasino || **Spieldose:** *ein kleiner Musikautomat* || **Spielekonsole,** *auch:* Spielkonsole: → *Playstation* || **spielen:** Blindekuh s.; [im] Sand s. | Geige s.; Werke von Franz Schubert s. | das spielt keine Rolle *(es ist belanglos, tut nichts zur Sache);* was wird hier gespielt? *(was geht hier vor?)* | der Film spielt in Osttirol | eine Rolle s. | mit dem Leben s. *(es riskieren)* | (ugs.) sich mit etwas s. *(es leicht bewältigen; dabei nicht den nötigen Ernst aufbringen);* das spielt es nicht *(das gibt es nicht, das geht nicht);* → spielen lassen = spielenlassen || **spielend:** mit der Arbeit s. *(leicht)* fertig werden || **spielen lassen = spielenlassen:** er lässt seine Beziehungen s. *(setzt sie ein)* | die Muskeln s. l. || **Spieler** der, -s/-: ein Spiel für fünf S. *(Mitspieler)* | *jemand, der an Spielsucht leidet* || **Spielerei** die, -/-en: *Spielzeug* | *leichte oder sinnlose Beschäftigung* || **Spielerin** die, -/-innen || **spielerisch:** *mühelos; absichtslos* | (Sport) das Match war s. großartig || **Spielfeld** || **Spielfilm:** *Film, bei dem ein Handlungsablauf im Vordergrund steht* || **Spielfläche** || **Spielfreude** || **Spielgefährte** || **Spielgefährtin** || **Spielgeld** || **Spielhölle** (abw.): *Lokalität, in der Glücksspiele stattfinden* || **Spielkamerad** || **Spielkameradin** || **Spielkarte** || **Spielkasino** = Spielcasino [-k-] || **Spielkonsole** → Spielekonsole || **Spielleidenschaft** || **Spielleiter:** *Regisseur* || **Spielleiterin** || **Spielleitung** || **Spielmacher** (Sport): *impulsgebende, treibende Spielerpersönlichkeit in einer Mannschaft* || **Spielmacherin** (Sport) || **Spielmann** der, -[e]s/-leute (früher): *wandernder Musikant und Sänger* || **Spielmannsdichtung** (Lit.) || **Spielminute** (Sport) || **Spielmusik:** *leicht spielbare Instrumentalmusik* | *ein Unterrichtsgegenstand* || **Spielothek** die, -/-en: *Spielesammlung* || **Spielplan:** ein Stück vom S. *(aus dem Programm)* streichen || **Spielplatz** || **Spielraum:** wenig S. *(Raum zur Bewegung, zur Betätigung)* haben | die Vorgaben lassen wenig S. *(geben kaum die Möglichkeit der freien Gestaltung)* || **Spielregel** || **Spielsachen** die (Pl.): *Spielzeug* || **Spielschuld:** *Schulden aus dem Glücksspiel* || **Spielstand** (Sport) || **spielstark** (Sport) || **Spielstärke** (Sport) || **Spieltheorie** (Math.): *Untersuchung von Entscheidungssituationen mit sich gegenseitig beeinflussenden Akteuren* || **Spieltherapie** (Psych.) || **Spieltisch:** *Tisch zum Spielen* | *Teil der Orgel, vor dem der Spieler sitzt* || **Spieluhr:** *Uhr mit eingebautem Musikwerk* || **Spielverbot** || **Spielverderber:** *Störenfried* || **Spielverderberin** || **Spielwaren** die (Pl.) || **Spielzeit:** *Saison eines Theaters* | *Zeit, in der ein Film oÄ gespielt wird* | *Zeitdauer eines Wettkampfes* || **Spielzeug** (meist Sing.) || **Spielzeugeisenbahn** || **Spielzeuggeschäft** || **Spielzimmer**

Spierstrauch: *ein Zierstrauch*

Spieß der, -es/-e: *eine alte Stichwaffe;* den S. umdrehen *(zum Gegenangriff übergehen)* | *ein zugespitztes Gerät;* Fleisch am S. braten | (ugs.) schreien wie am S. *(bes. laut schreien)* | (Jägerspr.) *unverzweigtes Geweih* | (ugs.) *dienstführender Unteroffizier einer Kompanie* || **Spießbürger** (abw.): *kleinlicher, engstirniger Mensch* || **Spießbürgerin** (abw.) || **spießbürgerlich** (abw.) || **Spießbürgertum** (abw.) || **Spießchen** das, -s/- (Küchenspr.): *eine Speise;* gegrillte S. || **spießen**[1]: *aufspießen* || **spießen**[2] sich: die Tischlade spießt sich *(sie lässt sich nicht bewegen)* | eine Sache spießt sich *(sie geht nicht gut weiter)* || **Spießer** der, -s/- (abw.): *Spießbürger* | (Jägerspr.) *Rehbock oder Hirsch im zweiten Jahr* || **spießerhaft** (abw.) || **Spießerin** die, -/-innen (abw.) || **spießerisch** (abw.) || **Spießgeselle** (geh., abw.): *Mittäter, Kumpan* || **spießig** (abw.): *spießbürgerlich; widerspenstig* || **Spießrutenlauf:** *Tätigkeit, bei der jemand von vielen Leuten kritisch und feindselig behandelt wird* || **Spießrutenlaufen** das, -s (früher): *eine schwere Bestrafung* | das war für ihn das reinste S. *(alle musterten ihn kritisch)*

Spike [spaɪk, auch: ʃp-] der, -s/-s (meist Pl.) ⟨engl.⟩: *Metallstift für Winterreifen und Rennschuhe* || **Spikepickerl** || **Spikereifen**

Spin [sp-] der, -s/-s ⟨engl.⟩: *Drehung [des Tennisballs]* | (Phys.) *der bei der Drehung um die eigene Achse auftretende Drehimpuls* || **Spindoktor:** *Berater [eines Politikers] für die Wirkung in der Öffentlichkeit* || **Spindoktorin**

Spina die, -/Spinae ['spiːnɛ] [Spinen] ⟨lat.⟩ (Med.): *dornförmiger Knochenfortsatz* || **spinal** (Med.): *zur Wirbelsäule gehörend*

Spinat der, -[e]s/-e: *eine Gemüsepflanze* || **Spinatknödel** || **Spinatstrudel**

Spind der, -[e]s/-e: *schmaler [Garderobe]kasten [in Kasernen]*

Spindel die, -/-n: *Stäbchen zum Aufwickeln des gesponnenen Fa-*

dens | (Technik) *Gewindewelle* || **spindeldürr** (ugs.): *sehr mager* || **Spindelstrauch** (Bot.): *Pfaffenhütchen, Pfaffenkäppchen, Pfarrerkapperl*

Spinett das, -[e]s/-e ⟨it.⟩: *ein kleines Cembalo*

Spinnaker der, -s/- ⟨engl.⟩ (Seemannsspr.): *ein großes Beisegel*

Spinne die, -/-n: *ein Spinnentier;* die S. spinnt ihr Netz || **spinnefeind:** jemandem s. *(besonders feindlich gesinnt)* sein || **spinnen,** spann/gesponnen: Garn s. | Lügen, Intrigen s. *(planen)* | (ugs.) *nicht ganz richtig im Kopf sein* || **Spinnenfaden** || **Spinnengewebe** || **Spinnennetz** || **Spinnentier** (Zool.): *ein Gliederfüßer, zB Skorpion, Zecke* || **Spinner** der, -s/-: *jemand, der Garn spinnt* | (abw.) *jemand, der leicht verrückt, sonderbar ist* | (Zool.) *ein Schmetterling* || **Spinnerei** die, -/-en || **Spinnerin** die, -/-innen: *weibl. Form von Spinner* | (ugs.) *Spinne* || **spinnert** (ugs., abw.): ein spinnerter *(bisschen verrückter)* Kerl

Spinning [sp-] das, -s ⟨engl.⟩ (Sport): *Gruppentraining [mit Musik] auf Standrädern*

Spinnmaschine || **Spinnrad** || **Spinnrocken:** *Stab, um den die Flachsfasern gewickelt sind* || **Spinnwebe** die, -/-n: *Spinnennetz*

spintisieren ⟨?⟩ (abw.) || **Spintisiererei** die, -/-en (abw.): *überspanntes Grübeln* || **Spintisierer** der, -s/- (abw.) || **Spintisiererin** die, -/-innen (abw.)

Spion der, -s/-e ⟨it.⟩: *jemand, der Spionage betreibt* | *Guckloch in der Wohnungstür* || **Spionage** [-'a:ʃ, -ʒɛ] die, -: *das Auskundschaften politischer, militärischer oder wirtschaftlicher Geheimnisse;* S. treiben || **Spionageabwehr** || **Spionageaffäre** [-a'fɛ:ə, -'ɛ:rɛ] || **spionieren** || **Spionin** die, -/-innen

Spirale die, -/-n ⟨gr.-lat.⟩: *Schraubenlinie* | *sich fortsetzende, steigernde Wirkung;* die S. der Gewalt durchbrechen | *ein Verhütungsmittel; Intrauterinpessar* || **Spiralbohrer** || **Spiralfeder** || **spiralförmig** || **Spiralheftung** die, -/-en: *Heftung [eines Buches] mit einer Draht- oder Kunststoffspirale* || **spiralig** || **Spiralnebel** (Astron.): *eine Galaxienform*

Spirant [sp-] der, -en/-en ⟨lat.⟩ (Sprachw.): *Reibelaut, Hauchlaut, zB* ch, f, h, j, s

Spiritismus [sp-] der, - ⟨lat.⟩: *Glaube an die Möglichkeit, mit den Geistern Verstorbener in Verbindung zu treten* || **spiritistisch:** spiritistische Sitzungen || **Spiritual**[1] der, -s/-e (kath.): *geistlicher Leiter einer katholischen Gemeinschaft, zB eines Priesterseminars* || **Spiritual**[2] [-tjuəl] das, -s/-s ⟨lat.-fr.-engl.⟩: *religiöses Lied nordamerikanischer Schwarzer, Negrospiritual* || **Spiritualität** die, - ⟨lat.⟩: *geistliche Gesinnung* || **spirituell:** *geistig; die Religion betreffend* || **Spirituosen** [ʃp-] die (Pl.): *stark alkoholhältige Getränke* || **Spiritus** der, -/-tusse: *Alkohol, Weingeist* | *Brennspiritus* || **Spiritusbrennerei** || **Spirituskocher** || **Spirituslampe** || **Spiritus Rector** [sp- -k-] der, - - ⟨lat.⟩ (geh.): *geistiger Leiter, Anreger, treibende Kraft*

Spirometrie [sp-] die, - ⟨lat.+gr.⟩ (Med.): *Atmungsmessung*

Spital das, -s/Spitäler ⟨lat.⟩: *Krankenhaus* || **Spitalsabteilung:** *Station in einem Krankenhaus* || **Spitalsarzt** || **Spitalsärztin** || **Spitalsaufenthalt** || **Spitalsbehandlung** || **Spitalsbelag** der, -[e]s: *Anzahl der Kranken in einem Spital* || **Spitalsbett:** kein freies S. *(keine Möglichkeit für die Aufnahme von Patienten)* || **Spitalskost** || **Spitalskosten** die (Pl.) || **Spitalspflege:** sich in S. begeben || **Spitalsschwester:** *Krankenschwester*

Spittal an der Drau (Kfz: SP): *Stadt in Kärnten*

spitz: ein spitzer Winkel; s. zulaufen | ein spitzes *(mageres)* Gesicht | eine spitze *(bissige)* Bemerkung; *aber zB:* → spitzkriegen || **Spitz** der, -es/-e (in Mengenangaben mit Pl. Spitz): *Spitze* | *Berggipfel* | *eine Hunderasse* | *Zigarettenspitz; Zigarrenspitz* | (ugs.) *leichter Rausch* | → Kornspitz; → Tafelspitz || **Spitzbart** || **spitzbärtig** || **Spitzbauch:** *stark vorstehender Bauch* || **spitzbekommen** (ugs.): *etwas durchschauen* || **Spitzbogen** (Arch.): der S. an gotischen Bauwerken || **Spitzbogenfenster** (Arch.) || **Spitzbub:** *Schelm* || **Spitzbube** (veraltet): *Spitzbub* || **spitzbübisch:** s. *(schelmisch)* lachen || **spitze** (ugs.): eine spitze *(tolle)* Party; das ist s. *(super)* || **Spitze** die, -/-n: die S. eines Nagels; die S. eines Berges; einer Sache die S. nehmen *(sie entschärfen);* die S. des Eisbergs *(nur ein kleiner Teil des gesamten Umfangs)* | an der S. *(am Anfang)* eines Aufmarsches | die Spitzen *(die obersten Vertreter)* der Behörden | *kleine Bosheit* | etwas auf die S. treiben *(zur Eskalation bringen)* | (meist Pl.) ein Kleid mit Spitzen

Spitzel der, -s/- (abw.): *Polizeiagent, getarnter Aufpasser, Aushorcher; Spion*

spitzen: du spitzt einen Bleistift | die Ohren s. *(scharf aufhorchen, gut aufpassen)* | (ugs.) auf etwas s. *(es gern haben wollen, darauf lauern)* || **Spitzenbeamte:** *hoher, leitender Beamter* || **Spitzenbeamtin** || **Spitzenbluse** || **Spitzenfeld:** statistisch im S. liegen | (Sport) im S. landen || **Spitzenfunktionär** [-tsi̯-] || **Spitzenfunktionärin** || **Spitzengeschwindigkeit** || **Spitzenjob** [-dʒɔp, engl.: -dʒɒb] || **Spitzenkandidat:** *der erstgereihte Kandidat für eine Wahl* || **Spitzenkandidatin** || **Spitzenklasse** || **Spitzenkraft:** *bes. gute Arbeitskraft* || **Spitzenkragen:** *mit einer Spitze besetzter oder aus einer Spitze bestehender Kragen* || **Spitzenleistung:** *Höchstleistung* || **Spitzenmanager** [-'mænɪdʒə] || **Spitzenplatz** || **Spitzenposition** [-tsi̯-] || **Spitzenprodukt:** *hervorragendes Erzeugnis* || **Spitzenqualität** || **Spitzenreiter** || **Spitzenreiterin** || **Spitzensignal:** → *Zugspitzensignal* || **Spitzenspiel** (Sport) || **Spitzensport:** *Leistungssport* || **Spitzensportler** || **Spitzensportlerin** || **Spitzenverdiener** || **Spitzenverdienerin** || **Spitzenzeit:** zur S. im Verkehr stecken || **Spitzer** der, -s/-: *Bleistiftspitzer* || **spitzfindig:** eine spitzfindige *(bes. ausgeklügelte)* Frage || **Spitzfindigkeit** die, -/-en || **Spitzhacke:** *Krampen* || **spitzig:** *spitz* || **spitzkriegen** (ugs.): *etwas durchschauen;* sie hat den Plan gleich spitzgekriegt || **Spitzmaus:** *ein mausähnlicher Insektenfresser* || **Spitzname,** *auch:* **Spitznamen:** *neckender Beiname, Spottname* || **Spitzwegerich:** *eine Pflanze* || **spitzwinkelig** = **spitzwinklig**

Spleen [spli:n, ugs. auch: ʃple:n]

S

der, -s/-e [-s] ⟨engl.⟩: *verrückte Eigenheit, fixe Idee, Marotte* ‖ **spleenig:** ein spleeniger *(sonderbarer, verschrobener, leicht verrückter)* Mensch

spl|ei|ßen, du spleißt/spliss [spleißte]/gesplissen [gespleißt] (Seemannsspr.): zwei Seilenden miteinander verflechten

splen|did [ʃp-, auch: sp-] ⟨lat.⟩: *freigebig*

Splint der, -[e]s/-e: *Vorsteckstift; Sicherungsstift [an einer Radachse]* ‖ **Splint|holz:** *weiche Holzschichte unter der Rinde*

spliss → spleißen

Splitt der, -[e]s/-e: *zerkleinerte Steinchen [für den Straßenbelag]*

split|ten [sp-] ⟨engl.⟩: *aufteilen;* → Splitting

Split|ter der, -s/-: die Scheibe zersprang in tausend S. ‖ **split|ter|fa|ser|nackt:** *ganz nackt* ‖ **split|ter|frei:** splitterfreies *(nicht splitterndes)* Glas *(Sicherheitsglas oÄ)* ‖ **Split|ter|grup|pe** (Pol.): *kleine [politisch orientierte] Gruppe* ‖ **split|tern:** splitterndes Flaschenglas ‖ **split|ter|nackt** (ugs.): *ganz nackt* ‖ **Split|ter|par|tei** (meist Pl.) (Pol.): *Kleinpartei; Splittergruppe* ‖ **split|ter|si|cher:** *sicher gegen Splitter* | *splitterfrei*

Split|ting [sp-] das, -s ⟨engl.⟩: *Aufteilung;* das S. von Pensionen; → splitten

SPÖ [ɛs pe ˈøː] die, -: **S**ozialdemokratische (früher: **S**ozialistische) **P**artei **Ö**sterreichs ‖ **SPÖ-Club** [-k-] = SPÖ-Klub (Pol.)

Spoi|ler [sp-] der, -s/- ⟨engl.⟩: *eine Windleitvorrichtung an [Sport-]autos* | *unerwünschte Information, die etwas vorwegnimmt (und damit die Spannung raubt)*

SPÖ-Klub [ɛs pe ˈøː-] = → SPÖ-Club [-k-] ‖ **SPÖ|ler** der, -s/- (sal.) ‖ **SPÖ|le|rin** die, -/-innen (sal.)

Spom|pa|nadln [ʃp-] die (Pl.), *auch:* Spompanadeln ⟨it.⟩ (reg., ugs.): *Dummheiten, Streiche* | *Ausflüchte, Umstände;* keine S. machen

spon|die|ren [sp-, ʃp-] ⟨lat.⟩: *den Magistergrad verliehen bekommen;* → Sponsion

Spon|dy|l|ar|th|ro|se [sp-y-] ⟨gr.⟩ (Med.): *eine Wirbelsäulenerkrankung*

Sponge|bob [spʌndʒ-] der, -[s]/-[s] ⟨engl.⟩ (Jug.) (Wz.): *eine Comicfigur*

spon|sern [ʃp-, sp-] ⟨lat.-engl.⟩: *[finanziell] fördern* ‖ **Spon|si|on** die, -/-en ⟨lat.⟩: *feierliche Verleihung des Magistergrades;* → spondieren ‖ **Spon|si|ons|fei|er** ‖ **Spon|si|ons|ur|kun|de** ‖ **Spon|sor** der, -s/-en [-ˈzoː-]: *finanzieller Förderer, Mäzen* ‖ **Spon|so|rin** die, -/-innen ‖ **Spon|so|ring** [sp-] das, -s = **Spon|sor|schaft** [ʃp-, sp-] die, -/-en

spon|tan [ʃp-, auch: sp-] ⟨lat.⟩: ein spontaner *(plötzlicher und einem inneren Antrieb folgender)* Entschluss ‖ **Spon|ta|ne|i|tät** die, -, *auch:* **Spon|ta|ni|tät**

spo|ra|disch [ʃp-, sp-] ⟨gr.-fr.⟩: ein nur s. *(hin und wieder, vereinzelt)* vorkommender Fehler | *bisweilen; selten*

Spo|re die, -/-n: *ein Pflanzenkeim;* → Sporen bildend = sporenbildend ‖ **Spo|ren|pflan|ze** ‖ **Sporen bil|dend** = **spo|ren|bil|dend:** S. bildende Pflanzen

Sporn der, -[e]s/Sporen [auch: Sporne]: der S. am Fuß des Hahnes | der S. am Reiterstiefel; sich die ersten Sporen verdienen *(erste Anerkennung, Erfolge erringen)* | (Med.) *Fersensporn* | (mit Pl. Sporne) (früher) *Vorrichtung zum Rammen am Bug eines Kriegsschiffes* ‖ **sporn|streichs** (veraltet): *sofort, schnurstracks*

Sport der, -[e]s ⟨engl.⟩: S. [be]treiben; → Sport treibend = sporttreibend ‖ **Sport|ab|zei|chen** ‖ **Sport|an|la|ge** ‖ **Sport|art** ‖ **Sport|ar|ti|kel** (meist Pl.): *Sportgerät; sportliches Kleidungsstück* ‖ **Sport|arzt** ‖ **Sport|ärz|tin** ‖ **sport|ärzt|lich:** sportärztliche Untersuchung ‖ **Sport|aus|rüs|tung** ‖ **sport|be|geis|tert** ‖ **Sport|be|richt** ‖ **Sport|be|richt|er|stat|ter** ‖ **Sport|be|richt|er|stat|te|rin** ‖ **Sport|club** [-k-] = → Sportklub ‖ **Sport|cou|pé** [-kupeː] = Sportkupee: *ein Pkw* ‖ **Sport|dis|zi|plin:** *Sportart* ‖ **Sport|dress** ‖ **spor|teln,** ich sportle (ugs.): *Sport betreiben* ‖ **Sport|fi|schen** das, -s ‖ **Sport|flug|zeug** ‖ **Sport|funk|ti|o|när** [-tsi̯-] ‖ **Sport|funk|ti|o|nä|rin** ‖ **Sport|geist** = Sportsgeist ‖ **Sport|ge|rät** ‖ **Sport|ge|schäft** ‖ **Sport|gym|na|si|um:** *eine Sonderform der AHS* ‖ **Sport|gym|nas|tik** [-gy-]: rhythmische S. *(eine Sportart)* ‖ **Sport|hal|le:** in der S. trainieren ‖ **Sport|hemd** ‖ **Sport|hil|fe:** *eine Fördereinrichtung für den Sport* ‖ **Sport|ho|se** ‖ **Sport|ho|tel** ‖ **spor|tiv** [ʃp-, sp-]: *sportlich* ‖ **Sport|jour|na|list** [ʃp-ʒu-] ‖ **Sport|jour|na|lis|tin** ‖ **Sport|ka|me|rad** ‖ **Sport|ka|me|ra|din** ‖ **Sport|ka|nal:** *ein Fernsehsender mit ganztägigem Sportprogramm* ‖ **Sport|ka|no|ne** = Sportskanone (ugs.): *erfolgreiche[r] Sportler[in]* ‖ **Sport|kap|pe** ‖ **Sport|klei|dung** die, - ‖ **Sport|klet|tern** das, -s ‖ **Sport|klub** = Sportclub [-k-] ‖ **Sport|ku|pee** = → Sportcoupé ‖ **Sport|leh|rer** ‖ **Sport|leh|re|rin** ‖ **Sport|ler** der, -s/- ‖ **Sport|ler|herz** (Med.): *durch Leistungssport vergrößertes Herz* ‖ **Sport|le|rin** die, -/-innen ‖ **sport|lich** ‖ **Sport|me|di|zin** ‖ **Sport|mel|dung** ‖ **Sport|mi|nis|ter** ‖ **Sport|mi|nis|te|rin** ‖ **Sport|nach|rich|ten** ‖ **Sport|platz** ‖ **Sport|psy|cho|lo|gie** [-psy-] ‖ **Sport|re|por|ter** ‖ **Sport|re|por|te|rin** ‖ **Sport|schuh** ‖ **Sport|sen|dung** ‖ **Sports|freund:** *Sportkamerad* | *Freund des Sports* ‖ **Sports|freun|din** ‖ **Sports|geist** = Sportgeist ‖ **Sports|ka|no|ne** = Sportkanone ‖ **Sports|mann** der, -[e]s/-männer [-leute]: *begeisterter oder vorbildlicher Sportler* ‖ **Sport|stät|te** ‖ **Sport|teil:** der S. einer Zeitung ‖ **Sport|to|to** ‖ **Sport trei|bend** = **sport|trei|bend:** S. treibende Jugendliche ‖ **Sport|un|fall** ‖ **Sport|un|ter|richt** ‖ **Sport|ver|band** ‖ **Sport|ver|ein** ‖ **Sport|ver|let|zung** ‖ **Sport|waf|fe:** *in einer Sportdisziplin verwendete Waffe* ‖ **Sport|wa|gen:** *leichter Kinderwagen* | *sportlicher Pkw* ‖ **Sport|wis|sen|schaft**

Spot [sp-] der, -s/-s ⟨engl.⟩: *kurz [im Fernsehen] eingeblendete Werbung; Werbespot* | *[Bühnen-]scheinwerfer* ‖ **Spot|ge|schäft** (Wirt.): *Sofortgeschäft* ‖ **Spot|light** [-laɪt] das, -s/-s: *Scheinwerferlicht [auf der Bühne]*

Spott der, -[e]s: zum Schaden noch den S. haben *(obendrein ausgelacht werden);* S. und Hohn; zum S. *(verspottet)* werden ‖ **spott|bil|lig:** *außergewöhnlich billig* ‖ **Spott|dros|sel:** *ein Singvogel* | (ugs.) *Lästermaul* ‖ **Spöt|te|lei** die, -/-en ‖ **spöt|teln,** ich spöttle: *leichthin spotten; witzeln* ‖ **spot|ten:** über jemanden s.; das spottet jeder Beschreibung *(ist unerhört)* ‖ **Spöt|ter** der, -s/- ‖ **Spöt|te|rin** die, -/-innen ‖ **Spott|ge|dicht** ‖ **Spott|geld** das, -[e]s: etwas um ein S. *(sehr billig)* kau-

S

fen ‖ **spöt|tisch:** ein spöttisches Lächeln ‖ **Spott|lied** ‖ **Spott|preis:** *außergewöhnlich günstiger Preis*

sprach → sprechen ‖ **Sprach|at|las:** *Landkartenwerk, das die geografische Verbreitung von sprachlichen Erscheinungen zeigt* ‖ **Sprach|bar|ri|e|re** [-ri̯eːɔ, -eːrɛ]: die S. *(Verständigungsschwierigkeiten)* abbauen ‖ **sprach|be|gabt** ‖ **Sprach|be|herr|schung:** vollkommene S. ‖ **sprach|be|hin|dert** ‖ **Sprach|di|dak|tik** ‖ **Sprach|di|p|lom:** *eine Sprachprüfung* ‖ **Spra|che** die, -/-n: die deutsche S.; eine S. lernen; die S. *(das Kommunikationssystem)* der Bienen | es verschlägt ihm die S. *(er ist [einen Augenblick] sprachlos)*; nicht mit der S. herausrücken *(nichts sagen wollen)*; etwas zur S. bringen *(thematisieren)*; heraus mit der S.! *(erzähl endlich, was du willst/weißt!)*; dieser Aspekt ist auch zur S. gekommen *(ist auch besprochen worden)*; eine deutliche S. sprechen *(klar und unmissverständlich seine Meinung kundtun)*; die gleiche S. sprechen *(die gleichen Ansichten vertreten und deshalb gut miteinander auskommen)*; die S. der Bienen; → sprechen ‖ **Sprach|emp|fin|den** das, -s: *Sprachgefühl* ‖ **Spra|chen|schutz:** europäischer S. *(in Südtirol Teil des Autonomiestatuts)* ‖ **Sprach|ent|wick|lung** ‖ **Sprach|er|ken|nung** (EDV): *elektronische Erfassung gesprochener Sprache* ‖ **Sprach|er|werb:** *Erlernen der Muttersprache* ‖ **Sprach|er|zie|hung:** *Sprachunterricht, -förderung u. dgl.* ‖ **Sprach|feh|ler:** *Sprachstörung, zB das s lispeln* ‖ **Sprach|for|scher** ‖ **Sprach|for|sche|rin** ‖ **Sprach|for|schung** ‖ **Sprach|ge|biet:** *geografischer Raum einer Sprache;* im gesamten deutschen S. ‖ **Sprach|ge|brauch:** *übliche Ausdrucksweise* ‖ **Sprach|ge|fühl** das, -[e]s: ein feines S. haben ‖ **Sprach|ge|mein|schaft** ‖ **Sprach|ge|schich|te** ‖ **sprach|ge|schicht|lich** ‖ **sprach|ge|stört** (Med., Psych.) ‖ **Sprach|ge|walt** die, -: die junge Schriftstellerin besticht durch ihre S. *(Beherrschung der sprachlichen Ausdrucksmittel)* ‖ **sprach|ge|wandt** ‖ **Sprach|ge|wandt|heit** ‖ **Sprach|gren|ze** ‖ **Sprach|grup|pen|zu|ge|hö|rig|keits|er|klä|rung** (SüdT) (Pol.): *bei der Volkszählung erhobene Zugehörigkeit zu einer bestimmten Sprachgruppe* ‖ **-spra|chig** (nur in Zusammensetzungen wie mehrsprachig) ‖ **Sprach|in|sel:** *in einen anderssprachigen Raum eingestreutes kleines Sprachgebiet, zB die deutschen Sprachinseln im Friaul* ‖ **Sprach|kennt|nis** (meist Pl.) ‖ **Sprach|kom|pe|tenz:** *sprachliche Fähigkeiten eines Individuums* ‖ **Sprach|kon|takt** ‖ **Sprach|kul|tur** die, - ‖ **sprach|kun|dig** ‖ **Sprach|kurs** ‖ **Sprach|la|bor:** *Sprachtrainingsanlage mit audiovisuellen Hilfsmitteln* ‖ **Sprach|leh|re:** *Grammatik* ‖ **Sprach|leh|rer** ‖ **Sprach|leh|re|rin** ‖ **sprach|lich** ‖ **sprach|los:** vor Schrecken s. *(stumm)* sein ‖ **Sprach|me|lo|die:** *Intonation, Sprechmelodie* ‖ **Sprach|norm** (Sprachwiss.) ‖ **Sprach|qua|li|tät:** eine schlechte S. bei einem Telefongespräch ‖ **Sprach|raum:** *Sprachgebiet* ‖ **Sprach|re|ge|lung:** *Anweisung für einheitliche Aussagen zu einem bestimmten Thema [in der Politik]* ‖ **Sprach|rei|se** ‖ **sprach|rich|tig** ‖ **Sprach|ro|bo|ter** ‖ **Sprach|rohr:** *trichterförmiger Verstärker der Stimme* | sie ist das S. *(die Sprecherin)* der Gruppe ‖ **sprach|schöp|fe|risch:** *s. begabt* ‖ **Sprach|schu|le:** *[private] Fremdsprachenschule* ‖ **Sprach|se|xis|mus:** *Geschlechtsdiskriminierung durch Sprache* ‖ **Sprach|sil|be** (Sprachwiss.): *bedeutungstragende Einheit eines Wortes, Morphem;* → Sprechsilbe ‖ **Sprach|so|zio|lo|gie** ‖ **Sprach|steu|e|rung** (EDV): *Steuerung elektronischer Geräte mittels Spracherkennung* ‖ **Sprach|stö|rung** (Med., Psych.): an einer S. leiden ‖ **sprach|üb|lich** ‖ **Sprach|übung** ‖ **Sprach|un|ter|richt** ‖ **Sprach|va|ri|e|tät** [-v-] → Varietät ‖ **Sprach|wan|del:** *geschichtliche Sprachentwicklung* ‖ **sprach|wid|rig:** der sprachwidrige *(unrichtige)* Gebrauch eines Wortes ‖ **Sprach|wis|sen|schaft:** *Linguistik* ‖ **sprach|wis|sen|schaft|lich:** *linguistisch* ‖ **Sprach|zen|trum:** *Teil des Großhirns*

sprang → springen

Spray [spreɪ, ʃpreː] der = das, -s/-s ⟨engl.⟩: *Sprüher, Zerstäuber; Sprühflüssigkeit* ‖ **Spray|do|se** ‖ **spray|en** ‖ **Spray|er** der, -s/- ‖ **Spray|e|rin** die, -/-innen

Sprech|an|la|ge: *elektrisches Gerät, das ein Kommunizieren [zwischen Haustor und Wohnung] möglich macht* ‖ **Sprech|aus|bil|dung** ‖ **Sprech|bla|se:** eine Bildgeschichte mit Sprechblasen ‖ **Sprech|büh|ne:** *Theater für gesprochene Stücke* ‖ **Sprech|chor** [-çk-] ‖ **spre|chen,** ich spreche, du sprichst/sprach/gesprochen/sprich!, sprecht!: deutsch *(Wie?)* (= Deutsch; *Welche Sprache?*) s.; sprechen (= Sprechen) lernen | gut über jemanden/etwas s.; nicht gut auf jemanden zu s. sein *(böse auf jemanden sein)*; ich spreche für meine Tochter *(an ihrer Stelle)*; dein Ehrgeiz spricht für dich *(wirkt sich günstig auf deine Beurteilung aus)*; die Beweise s. für sich *(benötigen keine Erklärung)*; was spricht dagegen? *(welchen Einwand gibt es?)* | aus ihm spricht nur der Neid *(er sagt das nur aus Neid)* | wir besitzen viele Kühe, sprich *(genauer gesagt)* Rinder | (geh.) „Ich gestehe", sprach *(sagte)* sie | → sprechen lassen = sprechenlassen; → Sprache ‖ **spre|chend:** ein [für sich] sprechendes Beispiel ‖ **spre|chen las|sen** = **spre|chen|las|sen:** Blumen s. l. *(zB seinen Dank auf diese Weise ausdrücken)* ‖ **Spre|cher** der, -s/-: *jemand, der eine ganze Gruppe öffentlich vertritt;* der S. der Kommission | *[Fernseh]ansager;* Nachrichtensprecher ‖ **Spre|che|rin** die, -/-innen ‖ **Sprech|er|zie|hung** ‖ **sprech|faul** ‖ **Sprech|feh|ler:** *Versprecher;* es passieren ihr viele S. *(sie verspricht sich oft)* ‖ **Sprech|funk** ‖ **Sprech|ge|sang:** *Gesangsform zwischen Sprechen und Singen* ‖ **Sprech|kon|takt** ‖ **Sprech|leh|rer** ‖ **Sprech|leh|re|rin** ‖ **Sprech|me|lo|die:** *Sprachmelodie* ‖ **Sprech|pau|se** ‖ **Sprech|rol|le:** *Rolle [in der Oper], die nur Sprechtext enthält* ‖ **Sprech|sil|be** (Sprachwiss.): *Einheit (eines Wortes), die sich beim Sprechen ergibt;* → Sprachsilbe ‖ **Sprech|stö|rung** ‖ **Sprech|stück:** *Bühnenwerk, Hörspiel, in dem nur gesprochen wird;* → Sprechtheater ‖ **Sprech|stun|de:** die Ärztin hat heute S.; in die S. gehen ‖ **Sprech|stun|den|hil|fe** ‖ **Sprech|tag:** ein S. in der Schule *(für die Eltern)* ‖ **Sprech|tech-**

S

nik ‖ **Sprech|the|a|ter:** *Bühne, auf der nur Sprechstücke gebracht werden* ‖ **Sprech|übung** ‖ **Sprech|ver|bot** ‖ **Sprech|werk|zeu|ge** die (Pl.): *Organe, die das Sprechen ermöglichen* ‖ **Sprech|zim|mer:** *Zimmer, in dem Sprechstunden abgehalten werden*

Sprei|ßel das, -s/-[n]: *kleines Holzstück, Span [zum Anheizen]* ‖ **Sprei|ßel|holz:** *Kleinholz [zum Anheizen]*

sprei|ten (geh., veraltet): *ausbreiten*

Sprei|ze die, -/-n: *eine Stange als Stütze [für einen Obstbaumast]* | *eine Turnübung* ‖ **sprei|zen**[1]: du spreizt die Arme ‖ **sprei|zen**[2] sich (ugs.): *sich zieren, Umstände machen;* → gespreizt ‖ **Spreiz|fuß** (Med.)

Spren|gel der, -s/-: *Gebiet, [Amts-]bereich, Dienstbereich, Amtsbezirk, Verwaltungseinheit* ‖ **Spren|gel|schu|le:** *Pflichtschule eines Schulsprengels* ‖ **Spren|gel|wahl|be|hör|de** ‖ **spren|gen:** Felsen s.; eine Tür s. *(gewaltsam aufbrechen);* die Fesseln s.; eine Demonstration s. *(gewaltsam auflösen)* | den Rasen s. *(spritzen)* | (geh.) *wild reiten;* die Horde sprengte durch die Stadt ‖ **Spreng|ge|schoß,** *auch:* Sprenggeschoss ‖ **Spreng|kom|man|do:** *Personengruppe für die Durchführung einer Sprengung* ‖ **Spreng|kopf:** der S. einer Bombe ‖ **Spreng|kör|per** ‖ **Spreng|kraft** ‖ **Spreng|la|dung** ‖ **Spreng|meis|ter:** *für eine Sprengung Verantwortlicher* ‖ **Spreng|meis|te|rin** ‖ **Spreng|mit|tel** ‖ **Spreng|satz:** *Sprengladung* ‖ **Spreng|stoff:** *Dynamit ua.* | ihr Interview enthielt politischen S. ‖ **Spreng|stoff|an|schlag** ‖ **Spren|gung** die, -/-en ‖ **Spreng|wa|gen** (reg.): *Spritzwagen* ‖ **Spreng|wir|kung**

spren|keln: ein gesprenkelter Frosch *(ein Frosch mit Farbtupfen)*

Spreu die, -: *Abfall beim Dreschen, Hülsen und Grannen;* die S. vom Weizen scheiden *(das Schlechte vom Guten trennen)*

sprich, spricht → sprechen ‖ **Sprich|wort** das, -[e]s/-wörter: *allgemein gültiger Satz mit praktischer Lebensweisheit, zB* Hunger ist der beste Koch ‖ **sprich|wört|lich:** sprichwörtliche Redensarten

Sprie|ße die, -/-n: *Sprosse, Querholz [eines Sessels, einer Leiter]* ‖ **Sprie|ßel** das, -s/-n (ugs.): *[kleine] Sprieße* | *Sitzstange in einem [Vogel]käfig* ‖ **sprie|ßen,** du sprießt/spross/gesprossen: das Gras sprießt *(wächst);* dem jungen Mann beginnt ein Bart zu s. *(wachsen)* | die Softwarefirmen s. nur so aus dem Boden *(vermehren sich stark)*

Spring|brun|nen: *Brunnen mit aufsteigendem Wasserstrahl* ‖ **sprin|gen,** sprang/gesprungen: über einen Graben s.; über Bord s.; aus dem Bett s. *(es rasch verlassen)* | wenn die Chefin ruft, s. die Mitarbeiter *(zeigen sie sich dienstbeflissen)* | die Ampel sprang *(schaltete)* auf Grün | → springen lassen = springenlassen | das Glas springt *(bekommt einen Sprung, zerspringt);* gesprungene *(aufgeplatzte)* Lippen | der springende *(entscheidende)* Punkt ‖ **Sprin|gen** das, -s/- (bes. Sport): *ein Bewerb;* Skispringen, Turmspringen ‖ **sprin|gen las|sen = sprin|gen|las|sen:** sie ließ etwas s. *(spendierte etwas)* ‖ **Sprin|ger** der, -s/-: Weitspringer | *jemand, der nach Bedarf für einen Arbeitskollegen einspringt, ihn vertritt* | *eine Schachfigur, Rössel* ‖ **Sprin|ge|rin** die, -/-innen ‖ **Spring|flut:** eine S. verwüstete das Küstengebiet ‖ **Spring|form:** *eine Backform* ‖ **Spring|frosch:** *ein Froschlurch* ‖ **Sprin|gin|kerl** das, -s/-[n] (ugs.): *unruhige Person* | *Springinsfeld* ‖ **Spring|ins|feld** der, -[e]s/-e (scherzh.): *leichtsinnige, lustige Person* ‖ **Spring|kraut:** *eine Pflanzengattung, Rührmichnichtan* ‖ **spring|le|ben|dig:** *sehr lebhaft und kerngesund* ‖ **Spring|mes|ser:** *Schnappmesser* ‖ **Spring|rei|ten** das, -s (Sport): *eine Disziplin im Reitsport* ‖ **Spring|schnur** ‖ **Spring|schwanz:** *ein Insekt* ‖ **Spring|tur|nier** (im Reitsport)

Sprink|ler|an|la|ge ⟨engl.⟩: *eine Feuerlöschanlage*

Sprint [sp-, ʃp-] der, -s/-s ⟨engl.⟩: *Kurzstreckenlauf, kurzer Wettlauf* ‖ **sprin|ten** ‖ **Sprin|ter** der, -s/-: *Kurzstreckenläufer* | *Bezeichnung eines ICE-Zuges* ‖ **Sprin|te|rin** die, -/-innen

Sprit [ʃp-] der, -[e]s/-e ⟨lat.-fr.⟩: *Treibstoff* | *Spiritus; Alkohol* ‖ **Sprit|preis** ‖ **Sprit|ver|brauch**

Spritz = Sprizz der, -/- ⟨dt.-it.⟩ (Gast.): *Spritzer;* Aperol S. ‖ **Spritz|dü|se** ‖ **Sprit|ze** die, -/-n: *Gerät zum Spritzen von Flüssigkeiten* | *Injektion;* die Ärztin gab ihm eine S. | *Löschgerät* ‖ **sprit|zen:** du spritzt *(bewässerst)* den Garten | es spritzt *(es regnet leicht)* | gespritztes *(mit Pestiziden behandeltes)* Gemüse | den Wein s. *(mit Wasser verdünnen);* → Gespritzte ‖ **Sprit|zen|wa|gen** (veraltet): *Löschwagen der Feuerwehr* ‖ **Sprit|zer** der, -s/-: ein paar S. der Farbe verwischen; einen S. *(einen Schuss, etwas)* Essig in den Salat geben; ein paar S. *(ein leichter Regenguss)* | *Gespritzter;* weißer S. *(Weißwein mit Sodawasser)* | (ugs.) einen S. *(einen kleinen Ausflug, eine Spritzfahrt)* aufs Land machen ‖ **sprit|zig:** *flott; prickelnd; geistreich;* ein spritziger Dialog ‖ **Spritz|krap|fen** (reg., zB St): *eine Mehlspeise, Strauben* ‖ **Spritz|krug** (reg., ugs.): *Gießkanne* ‖ **Spritz|la|ckie|rung** ‖ **Spritz|pis|to|le:** *ein Malergerät* | *ein Spielzeug, Wasserpistole* ‖ **Spritz|sack:** *ein Küchengerät, Dressiersack* ‖ **Spritz|tour** [-tuːə]: *kleiner Ausflug; Abstecher* ‖ **Spritz|wa|gen:** *Wagen zum Bespritzen der Straßen* ‖ **Sprizz** = → Spritz

spröd = **sprö|de:** *nicht elastisch, leicht brechend;* sprödes Metall | sprödes *(nicht geschmeidiges)* Haar | ein sprödes *(abweisendes)* Benehmen | eine spröde *(raue)* Stimme ‖ **Spröd|heit** die, - ‖ **Sprö|dig|keit** die, -

spross → sprießen ‖ **Spross** der, -es/-e[n]: *Pflanzentrieb* | (geh.) *Nachkomme;* der jüngste S. einer Familie | (Jägerspr.) *Zacke des Geweihs* ‖ **Spros|se** die, -/-n: *Sommersprosse* | die S. *(Querstange)* der Leiter | *Kohlsprosse* ‖ **spros|sen,** du sprosst: *sprießen, wachsen* ‖ **Spros|sen|fens|ter:** *unterteiltes Fenster* ‖ **Spros|sen|kohl:** *ein Gemüse (eine Kohlsorte);* → Rosenkohl; → Kohlsprosse ‖ **Spros|sen|wand:** *ein Turngerät* ‖ **Spröss|ling** der, -s/-e: *kleiner Spross* | *Kind, Nachkomme* ‖ **Spros|sung** die, -/-en: *eine ungeschlechtliche Fortpflanzung*

Sprot|te die, -/-n: *eine kleine Heringart*

Spruch der, -[e]s/Sprüche: *Satz, der eine Lebensweisheit enthält; Zitat; lehrhaftes Gedicht* | (Jus) *Urteilsspruch* | (abw.) große Sprüche machen/klopfen *(groß-*

S

sprecherisch reden, angeben, wichtigtun) | (sal., oft abw.) der hat [aber] einen [guten] S. [drauf]! *(eine drastische Ausdrucksweise)* || **Spruchband:** bei einer Demonstration Spruchbänder *(Transparente)* tragen || **Sprüchl** das, -s/-[n] (ugs.): *Sprüchlein;* sein S. aufsagen *(seinen [vorbereiteten] Beitrag loswerden)* || **Spruchpraxis** (Jus): *Urteilspraxis* || **spruchreif:** die Sache ist noch nicht s. *(noch nicht reif zur Entscheidung)* || **Spruchsenat** (früher): *eine Finanzstrafbehörde (jetzt: Unabhängiger Finanzsenat)* || **Spruchweisheit:** *Sinnspruch*

Sprudel der, -s/-: *Wasserwirbel, Strudel; aufwirbelnde Quelle* | (bes. D) *nicht alkoholisches kohlensäurehältiges Getränk* || **sprudeln:** die sprudelnde Quelle | ich sprudle *(quirle)* saure Milch | sprudelnd kochendes Wasser || **Sprudler** der, -s/-: *ein Küchengerät, Quirl* | (Pl.) (ugs., scherzh. bzw. abw.): *Beine*

Sprühdose: *Spraydose* || **sprühen:** Funken s. *(stieben, spritzen)* nach allen Seiten | (geh.) ein sprühender *(reger, an Einfällen reicher)* Geist || **Sprühflasche:** *Flasche mit einem Zerstäuber* || **Sprühregen:** *Nieselregen*

Sprung der, -[e]s/Sprünge: ein S. im Glas | der S. über einen Graben; ein S. ins kalte Wasser *(ein unvorbereiteter Beginn);* ich bin auf dem S. *(ich werde gleich gehen);* nur auf einen S. *(auf kurze Zeit)* herkommen; jemandem auf die Sprünge helfen *(weiterhelfen)* | keine großen Sprünge machen können *(sich nicht viel leisten können)* | ein qualitativer S. *(eine große Verbesserung)* || **Sprunganlage** (Sport) || **Sprungbecken** || **sprungbereit** || **Sprungbrett:** *ein Sportgerät* || **Sprungfeder:** *Spiralfeder [in Matratzen]* || **Sprunggelenk** || **Sprunggrube** (Sport) || **sprunghaft:** der Verkehr ist s. *(binnen kurzer Zeit und stark)* angestiegen | er arbeitet s. *(unstet, unregelmäßig)* || **Sprunghaftigkeit** die, - || **Sprungkraft** || **Sprunglatten** die (Pl.) (ugs.): *Sprungski;* → Latten || **Sprunglauf:** *eine Sportdisziplin, Skispringen in der nordischen Kombination* || **Sprungschanze:** *Schanze zum Skispringen* || **Sprungschi** = → Sprungschi || **Sprungschnur:** *Springschnur* || **Sprungski** [-ʃiː-] = Sprungschi || **Sprungtechnik** (Sport) || **Sprungtuch:** *ein Rettungsgerät* || **Sprungturm:** *Turm zum Turmspringen*

Spucke die, -: *Speichel* || **spucken:** *ausspucken* | (ugs.) der Ofen spuckt *(er gibt große Hitze)* | der Motor spuckt *(macht Probleme); aber:* → spuken || **Spuckerl** das, -s/-[n] (ostöst., ugs., scherzh.): *kleines Auto oÄ*

Spuk der, -[e]s: *gespensterhaftes Geschehen* | (abw.) *schrecklicher, ärgerlicher Vorfall;* die Polizei konnte den S. aufklären || **spuken:** es spukt *(geistert)* | der Glaube an UFOs spukt in seinem Kopf; *aber:* → spucken || **Spukgeschichte:** *Geistergeschichte* || **spukhaft** || **Spukschloss**

Spülbecken: eine Abwasch mit zwei S.

Spule die, -/-n: eine S. Zwirn | (Elektrot.) *Schaltelement* || **spulen:** das Tonband auf eine andere Kassette s.

spülen: den Mund s. | die Wellen spülten *(schwemmten)* Holz an Land || **Spüler** der, -s/-: *Geschirrspüler* | *Taste in einem WC zur Betätigung der Wasserspülung* || **Spülgang:** die Spülgänge der Waschmaschine || **Spülkasten:** *Wasserbehälter eines WCs* || **Spülmaschine:** *Geschirrspülmaschine* || **spülmaschinenfest** || **Spülmittel** || **Spülung** die, -/-en: *Wasserspülung;* die S. betätigen

Spulwurm: *ein im Darm als Parasit lebender Fadenwurm*

Spumante [sp-] der, -[s]/-[s] [Spumanti] ⟨it.⟩: *italienischer Schaumwein*

Spund der, -[e]s/Spünde: *ein Fassverschluss* | (mit Pl. Spunde) (sal.) ein junger S. *(ein unerfahrener Bursch)* || **Spundloch:** *runde Öffnung in einem Fass*

Spundus [ʃp-] der, - ⟨Pseudolat.⟩ (ugs., scherzh.): vor etwas, jemandem S. *(Angst/Furcht)* haben

Spur die, -/-en: die S. *(Fährte)* des Wildes; eine S. aufnehmen *(entdecken und ihr nachgehen);* eine S. im Schnee; die Polizei verfolgt eine heiße S. *(einen viel versprechenden Hinweis);* jemandem/einer Sache auf die S. kommen *(ein Geheimnis lüften; etwas verstehen);* auf jemandes Spuren *(Lebensspuren)* wandeln | (Verk.) auf die linke S. *(den linken Fahrstreifen)* wechseln | eine S. *(nur wenig)* besser; eine S. *(eine kleine Menge)* Essig fehlt noch; „Keine Spur!" *(überhaupt nicht)*

spürbar

spuren: *beim Skifahren die erste Spur legen* | (ugs.) *tüchtig arbeiten; gehorchen*

spüren: Hunger und Kälte s. *(empfinden)* | er ließ mich seinen Unmut s. *(fühlen)* | (Jägerspr.) der spürende *(die Wildfährte suchende)* Hund; → Gespür

Spurenanalyse [-lyː-] || **Spurenelement** (meist Pl.): *chemisches Element, das in sehr geringen Mengen jedes Lebewesen benötigt* || **Spurensicherung** || **Spurensuche**

Spürhund: *Jagdhund; Polizeihund; Suchhund*

-spurig (nur in Zusammensetzungen wie vierspurig) || **spurlos:** sie ist s. verschwunden

Spürnase: *bes. ausgeprägter Geruchssinn*

Spurrille (Verk.): *durch den Verkehr entstandene Vertiefungen auf Fahrbahnen* || **spursicher:** spursichere Reifen

Spürsinn der, -[e]s: *die Fähigkeit, etwas aufzuspüren;* einen feinen S. haben

Spurt [spɜːt, auch: ʃpurt] der, -[e]s/-s ⟨engl.⟩: *kurze Tempobeschleunigung bei einem Wettrennen* || **spurten**

Spurwechsel [-ks-]: einen S. mit dem Blinker anzeigen || **Spurweite:** *Abstand zwischen den beiden Schienen [der Eisenbahn] bzw. der Räder auf der Achse von Kraftfahrzeugen*

sputen sich [ʃp-]: *sich beeilen*

Sputnik [sp-] der, -[s]/-s ⟨russ.⟩: *erster sowjetischer Erdsatellit*

Sputum [sp-, ʃp-] das, -s/Sputa ⟨lat.⟩ (Med.): *Auswurf*

Squash [skwɒʃ] das, -[s] ⟨engl.⟩: *ein Ballspiel;* S. spielen

Squaw [skwɔː] die, -/-s ⟨indian.-engl.⟩: *Ehefrau (bei den nordamerikanischen Indianern)*

SR = **S**enats**r**at/**S**enats**r**ätin | = **S**chul**r**at/**S**chul**r**ätin | (D) = **St**udien**r**at/**St**udien**r**ätin

sr.: **s**enio**r**; Karl Müller sr.; → G.: jr.

Sr.: **S**eine**r**; die Ansprache Sr. Eminenz | (geistliche) **S**chweste**r**; Sr. Immaculata

Sri Lanka: *ein Staat in Asien (früher: Ceylon)*

SS [ɛs ˈɛs] die, - (im Nationalsozialismus): **S**chutz**s**taffel *(eine be-*

sonders aggressive Formation der NSDAP); → Waffen-SS; → SA
SSD [ɛs ɛs ˈdeː] die, -/-[s] (Elektrot., EDV): **S**olid **S**tate **D**rive *(ein Speichermedium)*
SS-Mann → SS
SSO: Süd**s**üd**o**st[en]
SSR: Stadt**s**chul**r**at
SSW: Süd**s**üd**w**est[en]
st: *ein Ausruf (pst!)*
St (auslaufend auch Kfz): **St**eiermark
St.: Sank**t** (in Orts-, Kirchen-, Heiligennamen); St. Pölten; St. Wolfgang; St. Anna
s. t. [ɛs ˈteː]: **s**ine **t**empore
Staat der, -[e]s/-en: ein souveräner S. | *in manchen Ländern Bezeichnung der Teilstaaten einer Union;* die Vereinigten Staaten von Amerika | (Zool.) → Staaten bildend = staatenbildend | (ohne Pl.) S. machen *(prunken);* mit jemandem keinen S. machen können *(nicht glänzen, imponieren können)* ‖ **Staa|ten bil|dend** = **staa|ten|bil|dend:** S. bildende Insekten ‖ **Staa|ten|bund:** *Konföderation* ‖ **Staa|ten|bünd|nis:** *Föderation* ‖ **Staa|ten|ge|mein|schaft:** *Bündnis souveräner Staaten, zB die EU | Gesamtheit oder überwiegende Mehrheit aller Staaten* ‖ **staa|ten|los:** *keine Staatsbürgerschaft besitzend* ‖ **Staa|ten|lo|se**[1] der, -n/-n, ein Staatenloser ‖ **Staa|ten|lo|se**[2] die, -n/-n ‖ **staat|lich:** staatliche Einrichtungen ‖ **Staats|ad|vo|ka|tur** [-v-] die, -/-en (SüdT) (Admin.): *Amt, das in allen zivil- und strafrechtlichen Verfahren die Staatsinteressen vertritt* ‖ **Staats|af|fä|re:** *wichtige, Aufsehen erregende, schwierige Angelegenheit* ‖ **Staats|akt** der, -[e]s/-e: *feierliche Veranstaltung des Staates* ‖ **Staats|an|ge|hö|ri|ge** ‖ **Staats|an|ge|hö|rig|keit** die, -/-en: die S. besitzen *(Staatsbürger/in des betreffenden Landes sein)* ‖ **Staats|an|lei|he** (Wirt.) ‖ **Staats|an|walt:** *der öffentliche Ankläger bei Gericht;* der Erste S. ‖ **Staats|an|wäl|tin** ‖ **Staats|an|walt|schaft** die, - ‖ **Staats|ap|pa|rat:** *Gesamtheit der staatlichen Einrichtungen und ihres Personals* ‖ **Staats|ar|chiv:** das Österreichische S.; → Haus-, Hof- und Staatsarchiv ‖ **Staats|aus|ga|be** (meist Pl.) ‖ **Staats|bahn:** *Bahn im Staatseigentum* ‖ **Staats|ban|krott** ‖ **Staats|be|am|te** ‖ **Staats|be|am|tin** ‖ **Staats|be|gräb|nis:** *staatlich angeordnetes feierliches Ehrenbegräbnis* ‖ **Staats|be|such** ‖ **Staats|be|trieb** ‖ **Staats|bür|ger:** *Staatsangehöriger* ‖ **Staats|bür|ge|rin** ‖ **staats|bür|ger|lich** ‖ **Staats|bür|ger|schaft** die, -/-en: die österreichische S. erwerben ‖ **Staats|bür|ger|schafts|nach|weis** ‖ **Staats|bür|ger|schafts|ver|band** (Admin.): *Verbund mehrerer Gemeinden bei staatsbürgergesetzlichen Aufgaben;* Standesamt- und Staatsbürgerschaftsverband ‖ **Staats|bür|ger|schafts|wer|ber** (Amtsspr.) ‖ **Staats|bür|ger|schafts|wer|be|rin** (Amtsspr.) ‖ **Staats|chef** [-ʃeːf] ‖ **Staats|che|fin** ‖ **Staats|die|ner** (geh., veraltet): *Beamter* ‖ **Staats|die|ne|rin** (geh., veraltet) ‖ **Staats|dienst** ‖ **Staats|dru|cke|rei** (früher): die Österreichische S. (jetzt: Print Media Austria) ‖ **staats|ei|gen** ‖ **Staats|ei|gen|tum** ‖ **Staats|fei|er|tag:** in Österreich ist der 1. Mai S.; → Nationalfeiertag ‖ **Staats|feind:** *Person, die die bestehende staatliche Ordnung bedroht* ‖ **Staats|fein|din** ‖ **staats|feind|lich** ‖ **Staats|fi|nan|zen** die (Pl.) ‖ **Staats|flag|ge:** *Nationalflagge* ‖ **Staats|form:** *Republik, Königreich ua.* ‖ **Staats|ge|biet** ‖ **staats|ge|fähr|dend** ‖ **Staats|ge|heim|nis:** die Angelegenheit aus Sicherheitsgründen zu einem S. erklären ‖ **Staats|geschäft** (meist Pl.): *alle Obliegenheiten der Regierung bzw. des Staatsoberhauptes* ‖ **Staats|ge|walt:** *Gesetzgebung, Rechtssprechung, Vollziehung/Exekutive ([Bundes]polizei);* Widerstand gegen die S. ‖ **Staats|gren|ze** ‖ **Staats|grund|ge|setz** (Gesch., Pol.): *Grundrechte garantierendes Bundesverfassungsgesetz* ‖ **Staats|grün|dung** ‖ **Staats|gut:** *Staatsvermögen* ‖ **Staats|haus|halt** (Admin.): *Aufstellung der Einnahmen und Ausgaben in Bund, Land, Gemeinde* ‖ **Staats|hil|fe** ‖ **Staats|ka|pi|tal** ‖ **Staats|kas|se** ‖ **Staats|kom|mis|sar** (D): *Staatskommissär* ‖ **Staats|kom|mis|sär:** *weisungsgebundenes [Prüf]organ einer öffentlich-rechtlichen Körperschaft (zB der Finanzmarktaufsicht)* ‖ **Staats|kom|mis|sa|rin** (D) ‖ **Staats|kom|mis|sä|rin** (D) ‖ **Staats|kos|ten** die (Pl.): auf S. ‖ **Staats|li|ga:** *oberste Spielklasse (zB im Tennis)* ‖ **Staats|kri|se** ‖ **Staats|macht** die, - ‖ **Staats|mann:** *führender Politiker eines Staates* ‖ **staats|män|nisch:** eine staatsmännische *(eines Staatsmannes würdige)* Haltung ‖ **Staats|meis|ter** (Sport) ‖ **Staats|meis|te|rin** (Sport) ‖ **Staats|mo|no|pol** → Monopol ‖ **Staats|ober|haupt:** in Österreich ist der Bundespräsident das S. ‖ **Staats|oper:** die Wiener S. ‖ **Staats|ope|ret|te** (abw. bzw. scherzh.): → *Operettenstaat* ‖ **Staats|pen|si|on:** *Volkspension* ‖ **Staats|po|li|zei** (Stapo): *Polizei zum Schutz der Staatssicherheit* ‖ **staats|po|li|zei|lich** ‖ **Staats|prä|si|dent** ‖ **Staats|prä|si|den|tin** ‖ **Staats|preis:** der Große österreichische S. für Literatur ‖ **Staats|prü|fung:** *zur Ausübung bestimmter Tätigkeiten vorgeschriebene staatliche Prüfung* ‖ **Staats|rä|son:** aus S. *(im Interesse des Staates)* handeln ‖ **Staats|rat** (SüdT) (Admin.): *Verwaltungsgerichtshof | ein Mitglied des Staatsrats* ‖ **Staats|rä|tin** (SüdT) ‖ **Staats|recht** ‖ **staats|recht|lich** ‖ **Staats|sä|ckel** (veraltet): *Staatskasse* ‖ **Staats|schatz:** *der Fiskus* ‖ **Staats|schiff** (geh.): *Symbol für den Staat;* das S. lenken ‖ **Staats|schuld** (meist Pl.) ‖ **Staats|se|kre|tär:** *(in Österreich) einem Bundesminister zur Unterstützung beigegebenes Organ, ein Regierungsmitglied* ‖ **Staats|se|kre|ta|ri|at** ‖ **Staats|se|kre|tä|rin** ‖ **Staats|si|cher|heit** ‖ **Staats|spra|che:** in Österreich ist Deutsch S.; → Amtssprache ‖ **Staats|stra|ße** (SüdT, CH): *Bundesstraße* ‖ **Staats|streich:** *Putsch* ‖ **staats|tra|gend:** eine staatstragende Partei ‖ **Staats|trau|er:** *staatlich festgelegte Trauer* ‖ **Staats|ver|bre|chen:** *Verbrechen gegen die Sicherheit des Staates* ‖ **Staats|ver|mö|gen** ‖ **Staats|ver|rech|nung:** *Gebarung des österreichischen Staatshaushalts* ‖ **Staats|ver|schul|dung** ‖ **Staats|ver|trag:** der österreichische S. wurde am 15. 5. 1955 unterzeichnet ‖ **Staats|volk** ‖ **Staats|wap|pen** ‖ **Staats|we|sen:** ein demokratisches S.
Stab der, -[e]s/Stäbe: *Stock [aus Holz, Metall];* der Löwe starrt durch die Stäbe des Gitters | (geh.) den S. *(Taktstock)* führen; über jemanden den S. brechen

S

(jemanden verurteilen) | der S. *(die persönlichen höheren Mitarbeiter/innen)* von Ministerinnen, Direktoren || **Stäbchen** das, -s/-: mit S. *(Essstäbchen)* essen | *eine Masche beim Häkeln* || **Staberl**[1] das, -s/-[n] (ugs.): *Stab, Stäbchen* || **Staberl**[2] der, -s: *eine Alt-Wiener Possenfigur* || **stabförmig** || **Stabführung:** *Leitung [als Dirigent]* || **Stabhochspringer** || **Stabhochspringerin** || **Stabhochsprung:** *eine Sportart*

stabil [ʃt-, st-] ⟨lat.⟩: stabile *(dauerhafte)* Möbel; s. machen | stabile *(gleich bleibende)* Preise; → G.: instabil || **Stabilisator** der, -s/-en [-'oː-] (Technik): *Gerät, das Schwankungen verringert oder konstant hält oder einseitige Belastungen ausgleicht* | (Chem.) *Stoff, der die chemische Eigenschaft von Substanzen gezielt beeinflusst* || **stabilisieren:** die Währung s. *(den Wert des Geldes festigen)* | (Med.) den Kreislauf s. || **Stabilisierung** die, -/-en || **Stabilität** die, -: *Beständigkeit, Dauerhaftigkeit* || **Stabilitätspakt** (Pol.): *Übereinkunft [zwischen Regierungen], eine Politik stabiler Währungen einzuhalten* || **Stabilitätspolitik**

Stabmixer || **Stabreim:** *Anlautreim, Alliteration, zB* Haus und *Hof,* Kind und *Kegel* || **stabreimen** (nur Inf. und Part.)

Stabsoffizier (Mil.): *Offizier des Generalstabs*

Stabspiel (Mus.): *Schlaginstrument mit Stäben aus Holz oder Metall, zB Xylophon* || **Stabwechsel** [-ks-] (Sport): *Übergabe des Staffelstabs im Staffellauf*

stacc.: staccato || **staccato** [stak-] (stacc.) ⟨it.⟩ (Mus.): *gestoßen, kurz (eine Art des Vortrags);* → Stakkato; → G.: legato

stach → stechen

Stachel der, -s/-n: die Stacheln des Kaktus; die Stacheln des Igels | (geh.) der S. *(der Antrieb)* der Eifersucht || **Stachelbeere** || **Stacheldraht:** hinter S. *(in einem Gefangenenlager)* || **Stacheldrahtverhau** || **stachelig** = stachlig: eine stach[e]lige Pflanze; ein stach[e]liger Bart || **Stachelschwein:** *ein Nagetier* || **stachlig** = → stachelig

stad [ʃt-] (ugs.): *still*

Stadel der, -s/-: *Scheune*

Stadion [ʃt-] das, -s/Stadien [-i̯ɛn] ⟨gr.⟩: *große Sportanlage mit mehreren Tribünen* || **Stadium** das, -s/Stadien [-i̯ɛn]: *Entwicklungsstufe;* die Krankheit ist in ein gefährliches S. getreten

Stadt die, -/Städte [-'ɛ-, geh.: -'ɛː-]: S. und Land; die S. Wien; in die S. ziehen; die Ewige Stadt *(Rom);* die Heilige S. *(Jerusalem);* die Goldene Stadt *(Prag)* || **Stadtamt** (Admin.): *Gemeindeamt [einer Statutarstadt]* || **Stadtamtsdirektor** || **Stadtamtsdirektorin** || **Stadtarchiv** || **stadtauswärts:** s. fahren || **Stadtautobahn** || **Stadtbahn:** *innerstädtische [Schnell]bahnlinie* || **stadtbekannt** || **Stadtbevölkerung** || **Stadtbewohner** || **Stadtbewohnerin** || **Stadtbezirk** || **Stadtbibliothek** || **Stadtbild** || **Stadtbummel** || **Stadtchef** [-ʃɛːf] (sal.): *Bürgermeister* || **Stadtchefin** (sal.) || **Städtchen** das, -s/- || **Städteband** das, -[e]s/-bänder: *Anreihung von [großen] Städten* || **Städtebau** der, -[e]s || **Städtebund** der, -[e]s/-bünde: *Interessenverband von Städten;* Österreichischer S. || **stadteinwärts:** s. fahren || **Städtepartnerschaft:** *Partnerschaft zwischen Städten verschiedener Staaten* || **Städter** der, -s/- || **Stadterhebung:** *Ernennung einer Marktgemeinde zur Stadt* || **Städterin** die, -/-innen || **Stadterneuerung** || **Stadterneuerungsfonds** [-fõː] || **Stadterweiterung** || **Städtetourismus** [-tu-] || **Stadtfest** || **Stadtflucht** die, -: *Tendenz von Städtern, sich auf dem Land anzusiedeln* || **Stadtgemeinde** || **Stadtgespräch:** das ist S. *(davon spricht die ganze Stadt)* || **Stadtgrenze** || **Stadt Haag** → Haag || **Stadthalle** || **Stadthauptfrau:** *ein Amtstitel* || **Stadthauptmann:** *ein Amtstitel* | *Leiter der Polizei eines Wiener Bezirks* || **städtisch:** sich s. *(wie eine Städterin)* kleiden | der städtische Angestellte *(Angestellter der Stadtgemeinde)* || **Stadtkaiser** (sal.) || **Stadtkern:** *[alter Teil der] Innenstadt* || **Stadtkind** || **Stadtklima** || **Stadtlicht** (Kfz): *Standlicht* || **Stadtmarathon** || **Stadtmauer** || **Stadtmensch** → G.: Landmensch || **Stadtmitte:** *Stadtzentrum* || **Stadtmundart** || **Stadtpark** || **Stadtpatron** || **Stadtpatronin** || **Stadtpfarrkirche** || **Stadtpfeifer** (früher): *Musiker im Dienst der Stadt* || **Stadtphysika** [-fyː-]: *oberste Amtsärztin (in manchen Städten)* || **Stadtphysikus** [-fyː-] || **Stadtplan** || **Stadtplanung** || **Stadtpolizeikommando** (Admin.): *eine Behörde der Polizei* || **Stadtrand** || **Stadtrandsiedlung** || **Stadtrat:** *Mitglied einer Stadtregierung;* der Amtsführende S. *(Leiter eines Sachbereiches in der Stadtverwaltung)* | (Pol., Admin.) *Stadtregierung* || **Stadträtin** || **Stadtrecht** || **Stadtrundfahrt** || **Stadtschreiber** (früher): *Sekretär einer Stadt* || **Stadtschulrat** der, -[e]s (SSR) (Admin.): *Schulbehörde;* der S. für Wien *(Bezeichnung des Wiener Landesschulrates)* || **Stadtschulratspräsident** || **Stadtschulratspräsidentin** || **Stadtsenat** (Pol., Admin.): *Gremium aus Bürgermeister und Stadträten* || **Stadtstaat:** *Stadt als eigenes Staatswesen* || **Stadtstreicher:** *Sandler;* → Landstreicher || **Stadtstreicherin** || **Stadtteil** der, -[e]s/-e || **Stadttheater:** *städtisches Theater* || **Stadttor:** *Tor in der Stadtmauer* || **Stadtturm** || **Stadtväter** die (Pl.) (oft scherzh.): *Bürgermeister, Stadträte und Gemeinderat* || **Stadtverwaltung** || **Stadtviertel** || **Stadtviertelrat** (SüdT): *Bezirksparlament, Bezirksrat, Stadtrat* | *ein Mitglied des Stadtviertelrats* || **Stadtviertelrätin** (SüdT) || **Stadtwappen** || **Stadtwerke** die (Pl.): *städtische Elektrizitäts-, Gaswerke;* Grazer S. || **Stadtzentrum:** *Innenstadt*

Stafel der, -s/Stäfel (V, CH): *Platz um die Almhütte*

Stafette [ʃt-] die, -/-n ⟨it.⟩ (veraltend) (Sport): *Staffel* || **Stafettenlauf** (veraltend) (Sport): *Staffellauf*

Staffage [st-aːʒɛ, -aːʃ, ʃt-] die, -/-n ⟨fr.⟩: *nebensächliches Beiwerk; Ausstattung;* → staffieren

Staffel[1] der, -s/- = die, -/-n: *[Holz-]stufe*

Staffel[2] die, -/-n: *Gruppe im Sport, deren Einzelleistungen gemeinsam bewertet werden* | *Gruppe von Flugzeugen* | (Sport) *[die Läufer eines] Staffellauf[s], Stafette;* 4 × 100-m-Staffel | *in einem Arbeitsgang gedrehte Folgen einer Fernsehserie* || **Staffelei** die, -/-en: *Arbeitsgestell zum Malen* || **Staffellauf** (Sport): *Lauf, bei*

S

dem sich die Läufer/innen ablösen ‖ **staf|feln,** ich staffle: nach dem Einkommen gestaffelte *(abgestufte)* Steuern ‖ **Staf|fel|stab** (Sport) ‖ **Staf|fe|lung** die, -/-en: die S. der Gebühren
staf|fie|ren [ʃt-] ⟨fr.-niederl.⟩: einen Hut s. *(ihn [mit Bändern] schmücken);* → Staffage
Stag|fla|ti|on [st-tsi̯-, ʃt-] die, - ⟨lat.-engl.⟩ (Wirt.): *Inflation mit gleichzeitiger Stagnation* ‖ **Sta|gna|ti|on** die, -/-en ⟨lat.⟩: *Stockung, Stillstand* ‖ **sta|gnie|ren:** stagnierende Geschäfte | ein stagnierendes *(stehendes, versumpfendes)* Gewässer
stahl → stehlen
Stahl der, -[e]s/Stähle: *gehärtetes Eisen, Eisenlegierung;* Edelstahl | Nerven aus S. *(gute Nerven)* | (geh.) blanke Waffe ‖ **Stahl|ar|bei|ter** ‖ **Stahl|ar|bei|te|rin** ‖ **Stahl|bau** der, -[e]s/-ten ‖ **Stahl|be|ton:** *mit Stahlteilen armierter (bewehrter) Beton* ‖ **Stahl|blech** ‖ **Stahl|draht** ‖ **stäh|len:** Eisen s. *(zu Stahl härten)* | (geh.) den Körper durch sportliche Betätigung s. *(abhärten, kräftigen)* ‖ **stäh|lern:** ein stählernes Brückentragwerk ‖ **Stahl|fe|der** ‖ **Stahl|fel|ge** ‖ **stahl|hart** ‖ **Stahl|helm:** *Schutzhelm der Soldaten* ‖ **Stahl|in|dus|t|rie:** Eisen- und S. ‖ **Stahl|kam|mer:** *Tresor [in Banken]* ‖ **Stahl|ko|cher** der, -s/- (meist Pl.): *Stahlarbeiter* | *Stahlindustrie* ‖ **Stahl|rohr|mö|bel** ‖ **Stahl|sai|te:** eine S. beim Klavier ersetzen ‖ **Stahl|stich** der, -[e]s: *eine grafische Technik* | (mit Pl. -e) *in dieser Technik hergestellter Abzug* ‖ **Stahl|werk** ‖ **Stahl|wol|le:** *Knäuel aus feinem Stahldraht [als Putzmittel]*
Stake|hol|der ['steɪkhəʊl-] der, -s/- (meist Pl.) ⟨engl.⟩: *[von einem Prozess] Betroffener, [an einem Projekt, am Gewinn] Beteiligter*
sta|ken [ʃt-]: *ein Boot mit einer langen Stange stoßend fortbewegen;* → stangeln ‖ **Sta|ke|te** die, -/-n = Stakett das, -[e]s/-e: *Holzlatte* ‖ **Sta|ke|ten|zaun** = Staketenzaun ‖ **Sta|ket|te** = → Stakete ‖ **Sta|ket|ten|zaun** = → Staketenzaun
Stak|ka|to [st-] das, -s/-s [Stakkati] ⟨it.⟩ (Mus.); → staccato
stak|sen [ʃt-] (nördl. D): *ungelenk gehen*
Sta|lag|mit [st-, auch: ʃt-] der, -s [-en]/-e[n] ⟨gr.-lat.⟩: *Tropfstein, der vom Boden in die Höhe ragt* ‖ **Sta|lak|tit** der, -s [-en]/-e[n]: *Tropfstein, der von der Decke herunterhängt*
Sta|lin|grad [st-] → Wolgograd ‖ **Sta|li|nis|mus** [st-, auch: ʃt-] der, - ‖ **Sta|li|nist** der, -en/-en: *Anhänger des politischen Systems Stalins* ‖ **Sta|li|nis|tin** die, -/-innen ‖ **sta|li|nis|tisch** ‖ **Sta|lin|or|gel** (Mil.): *sowjetischer Raketenwerfer (im Zweiten Weltkrieg)*
stal|ken ['stɔːk-] ⟨engl.⟩ ‖ **Stal|ker** der, -s/- ‖ **Stal|ke|rin** die, -/-innen ‖ **Stal|king** das, -s: *systematisches Nachstellen durch Verfolgung oder Bedrohungen bis hin zur Gewaltanwendung*
Stall der, -[e]s/Ställe: die Tiere in den S. bringen | *Rennstall* ‖ **Stall|bur|sche** ‖ **Stall|dirn** (veraltet) ‖ **Stall|dün|ger** ‖ **Stall|ge|bäu|de** ‖ **Stall|knecht** (veraltet) ‖ **Stall|la|ter|ne** ‖ **Stall|magd** (veraltet) ‖ **Stall|mist** ‖ **Stall|or|der** (Sport): *Anweisung für ein bestimmtes gemeinsames Verhalten [in einem Wettkampf]* ‖ **Stal|lung** die, -/-en: *großer Stall*
Stamm der, -[e]s/Stämme: *Baumstamm* | *Volksstamm* | (Sprachw.) *Wortstamm* ‖ **Stamm|ak|tie** [-tsi̯ə] (Bankw.): *normale Aktie;* → Vorzugsaktie ‖ **Stamm|baum:** *Ahnentafel [eines Rassehundes]* ‖ **Stamm|bei|sel** (reg., bes. ostöst.): *Stammlokal* ‖ **Stamm|beiz** (V, CH): *Stammlokal* ‖ **Stamm|buch:** *Andenkenbuch;* jemandem etwas ins S. schreiben *(jemanden nachdrücklich auf etwas hinweisen)* ‖ **Stamm|da|ten** die (Pl.): *dauernd gespeicherte Daten* ‖ **Stamm|ein|la|ge** (Wirt.): *Einlage in eine Gesellschaft; Anteil am Geschäftskapital*
stam|meln, ich stammle: vor Aufregung s. *(unzusammenhängende Wörter, Wortteile hervorstoßen; stottern)*
stam|men: aus Tirol s.; dieses Lied stammt *(ist)* von F. Schubert ‖ **Stam|mes|be|wusst|sein** ‖ **Stam|mes|füh|rer:** *Häuptling* ‖ **Stam|mes|füh|re|rin** ‖ **Stam|mes|ge|schich|te** (Biol.): *Entwicklungsgeschichte im Lauf der Erdgeschichte* ‖ **Stam|mes|zu|ge|hö|rig|keit** ‖ **Stamm|form** (Biol.): *ursprüngliche Entwicklungsstufe einer Tier- oder Pflanzenart* | (Gramm.) erste, zweite und dritte S. eines Verbs, zB *finden, fand, gefunden* ‖ **Stamm|gast:** *treuer, regelmäßig wiederkehrender Gast* ‖ **Stamm|hal|ter** der, -s/-: *[einziger, ältester] männlicher Nachkomme, der den Namen der Familie weiterführt* ‖ **Stamm|hal|te|rin** die, -/-innen: *Tochter, die den Namen der Familie weiterführt* ‖ **Stamm|haus:** *ursprünglicher, zentraler Sitz eines Betriebes* ‖ **Stamm|hirn:** *ein Teil des Gehirns* ‖ **stäm|mig:** ein stämmiger *(kräftiger, gedrungener)* Bursch ‖ **Stäm|mig|keit** die, - ‖ **Stamm|ka|pi|tal** (Wirt.): *Mindestkapital einer GmbH* ‖ **Stamm|kun|de:** *regelmäßiger, treuer Kunde* ‖ **Stamm|kun|din** ‖ **Stamm|kund|schaft:** *Kundschaft, die regelmäßig in einem Geschäft einkauft* ‖ **Stamm|lei|b|chen** (sal.): *Stammleiberl* ‖ **Stamm|lei|berl** (sal.): *Stammplatz in einer Mannschaft, Fixleiberl*
Stamm|ler der, -s/-: *Stotterer* ‖ **Stamm|le|rin** die, -/-innen
Stamm|lo|kal: *Lokal, das jemand regelmäßig besucht* ‖ **Stamm|mann|schaft** (Sport) ‖ **Stamm|mut|ter:** *Begründerin einer Sippe* ‖ **Stamm|per|so|nal:** *langjähriges Personal* ‖ **Stamm|platz:** *der gewohnte Platz* ‖ **Stamm|pu|bli|kum** ‖ **Stamm|rol|le** (SüdT): *Stellenplan, Planstellenverzeichnis in der öffentlichen Verwaltung* ‖ **Stamm|schrei|bung** (Sprachwiss.): *übereinstimmende Schreibweise in verwandten Wörtern, zB* Mittwoch (wegen Mitte) ‖ **Stamm|sil|be** (Sprachwiss.): *Wortteil, der die Grundbedeutung des betreffenden Wortes trägt* ‖ **Stamm|sitz:** der S. einer Familie, Firma ‖ **Stamm|stre|cke** ‖ **Stamm|tisch:** *Tisch in einem Gasthaus, der für die Stammgäste bestimmt ist* | *Stammgäste, die sich regelmäßig am Stammtisch treffen* ‖ **Stamm|tisch|po|li|tik** die, - (abw.): *Politik auf niedrigem Niveau* | *Politisieren am Stammtisch* ‖ **Stamm|va|ter:** *Begründer einer Sippe* ‖ **Stamm|wäh|ler:** *Wähler, der immer derselben Partei seine Stimme gibt;* → G·: Wechselwähler ‖ **Stamm|wäh|le|rin** ‖ **Stamm|wür|ze:** *Bestandteile in der unvergorenen Bierwürze* ‖ **Stamm|zel|le** (Med.): *Körperzelle, die für ihre Verwendung im Organismus noch nicht spezifiziert ist;* embryonale Stammzellen ‖ **Stamm|zel|len-**

S

forschung (Med.) || **Stammzellentherapie** (Med.)

Stamperl das, -s/-[n]: *Schnaps-, Likörglas*

stampern (ugs.): *wegjagen*

Stampfe die, -/-n: *Stampfer* || **stampfen:** mit dem Fuß s. *(fest auftreten);* den Takt s. | Pfosten in den Boden s. | (Seemannsspr.) das Schiff stampft *(es senkt sich abwechselnd vorn und hinten)* || **Stampfer** der, -s/-: *Gerät zum Stampfen, Stampfe*

Stampiglie [ʃt-'iːljɛ] die, -/-n ⟨it.⟩: *Gerät zum Stempeln | Stempelaufdruck*

stand → stehen || **Stand** der, -[e]s/Stände: *Gesellschaftsschicht; Familienstand; Berufsstand | Verkaufsstand* | auf der Leiter keinen sicheren S. haben; in der Fremde einen schweren S. haben *(dort unter schwierigen Verhältnissen leben)* | (ohne Pl.) der S. der Dinge; die Daten auf den letzten S. bringen; der S. der Sonne; außer Stand[e] = → außerstand[e]; im Stand[e] = → imstand[e] sein; in Stand (= → instand) setzen; etwas → zu Stande (= → zustande) bringen | (ohne Pl.) (geh.) in den S. der Ehe treten *(heiraten)* | (reg., ugs.) einen S. auf jemanden haben *(in ihn/sie verliebt sein)* | (nur Pl.) → Landstände

Standard [ʃt-, st-] der, -s/-s ⟨fr.-engl.⟩: *Norm, Richtschnur; Qualitäts-, Leistungsniveau;* ein hoher technischer S. | *Lebenshaltung* || **Standardausführung:** *normale Ausführung [eines Autos]* || **Standardausrüstung** || **standardisieren:** *vereinheitlichen, normen;* standardisierte Reifeprüfung || **Standardisierung** die, -/-en: *Vereinheitlichung* || **Standardlösung:** *routinemäßige Lösung eines Problems* || **Standardsprache** (Sprachwiss.): *überregional geregelte, allgemein verbindliche [mündliche] Sprachform (zum Unterschied von Umgangssprache und Mundart), Hochsprache; Schriftsprache* || **Standardtanz:** *eine Gruppe von Gesellschaftstänzen, zB Foxtrott, Walzer* || **Standardwerk:** *anerkanntes [Fach]buch oÄ*

Standarte [ʃt-, st-] die, -/-n ⟨fr.⟩: *eine [steife] Fahne [am Diplomatenauto]*

Standbein: *dasjenige Bein, welches das Hauptgewicht des Körpers trägt;* → G.: Spielbein || **Standbild:** *Statue, Denkmal | Standfoto*

Stand-by ['stændbaɪ] = **Standby** das, -[s]/-s ⟨engl.⟩: *Reiseplatzvergabe nach Warteliste* | (Elektrot.) *Betriebsbereitschaft, ohne schon eingeschaltet zu sein, zB beim Fernseher* || **Stand-by-Flug** = **Standby-Flug** = **Standbyflug** (Verk.): *Flug mit Warteliste für frei werdende Plätze*

Ständchen das, -s/-: jemandem ein S. bringen *(jemandem zu Ehren singen, musizieren)* || **Ständelwurz** (Bot.): *eine Orchideengattung* || **Ständer** der, -s/-: *Ablage [für Noten, Kleidung, Fahrräder]* | (derb) *erigierter Penis*

Standesamt: *Behörde zur Beurkundung von Geburten, Eheschließungen, Todesfällen oÄ* || **standesamtlich:** s. heiraten || **Standesamtsverband** (Admin.): *Verbund mehrerer Gemeinden bei standesamtlichen Aufgaben;* Standesamt- und Staatsbürgerschaftsverband || **Standesbeamte** || **Standesbeamtin** || **standesbewusst** || **Standesbewusstsein** || **Standesdünkel** (abw.): *Überheblichkeit gegenüber anderen Gesellschaftsschichten* || **Standesehre** || **standesgemäß** || **Standeskontrolle:** *Antreten einer [militärischen] Einheit zur Anwesenheitsüberprüfung, Appell* || **Standesrepräsentant** (V) || **Standesrepräsentantin** (V) || **Ständestaat** der, -[e]s (Gesch.): *undemokratische Staatsform in Österreich von 1933/34–1938;* → Austrofaschismus || **Standestracht:** die S. der Forstwirte || **Standesunterschied** || **Standesvertretung:** die S. der Zahnärzte || **standfest** || **Standgas:** der Motor läuft auf S.; → G.: Vollgas || **Standgericht:** *ein Kriegsgericht, das Standrecht ausübt* || **standhaft:** *beharrlich; unnachgiebig (in besonders brisanter Situation)* || **Standhaftigkeit** die, - || **standhalten:** der Damm hat dem Hochwasser standgehalten || **ständig:** *dauernd, häufig, regelmäßig;* ständiger Wohnsitz

Standing Ovations ['stæ- əʊ'veɪʃənz] die (Pl.) ⟨engl.⟩: *Applaus, bei dem das Publikum aufsteht*

ständisch: ständische *(berufsständische)* Interessen vertreten || **Standl** das, -s/-n: *Verkaufsstand [auf einem Markt]* || **Standleitung** (EDV): *permanente Datenverbindung über ein eigenes Kabel zwischen einem Computer und einem Provider* || **Standler** der, -s/-: *Betreiber eines Marktstandes* || **Standlerin** die, -/-innen || **Standlicht** (Kfz): *Stadtlicht* || **Standlmarkt** || **Standort:** *Ort, an dem man sich befindet;* der S. eines Unternehmens | (Ökol.) *Habitat, Lebensraum* || **Standortbestimmung** || **Standortfaktor** (Wirt.) || **Standortleiter:** *ein Beruf* || **Standortleiterin** || **Standpauke:** *Strafpredigt* || **Standplatz:** den S. wechseln || **Standpunkt:** das ist mein S. *(meine Meinung);* sie steht auf dem S., dass ...; jemandem seinen S. klarmachen || **Standrad:** *Ergometer* || **Standrecht** das, -[e]s (Jus): *verschärftes Strafrecht in Not- oder Katastrophenzeiten* || **standrechtlich:** jemanden s. erschießen || **Standschütze:** *Angehöriger eines traditionellen Tiroler Schützenverbandes* || **Standsicherheit** || **Standuhr:** *in einem Kasten eingebaute Uhr*

Stange die, -/-n: der Stürmer traf nur die S. *(Torstange);* jemandem die S. halten *(jemanden verteidigen, jemandem helfen);* jemanden bei der S. halten *(zum Weitermachen bewegen; sich warmhalten)* | eine S. Zigaretten | einen Anzug von der S. kaufen *(Konfektionsware kaufen)* || **Stängel** der, -s/-: eine Rose mit langem S. || **Stängelglas:** *[Wein-]glas mit dünnem Stiel* || **stangeln** (ostöst.): *ein Boot mit einer Stange fortbewegen;* → staken || **Stangenbohne** || **Stangenbrot:** *ein längliches Brot* || **Stangenselleriе** || **Stangerl** das, -s/-[n]: *[kleine] Stange | eine Mehlspeis- bzw. Gebäckform;* Salzstangerl || **Stangl** das, -s/-[n] (ugs.): *Stangerl* || **Stanglpass** (ugs.) (Sport): *Pass von der Flanke zur Mitte vors Tor (im Fußball)*

Stanislaus: *männl. Vorname*

Stanitzel das, -s/- ⟨it.⟩: *spitzes Papiersackerl* | (veraltend) *Eistüte*

Stanleymesser ['stænlɪ-]: *ein scharfes Messer mit einziehbarer Klinge (nach dem amerikanischen Erfinder)*

stank → stinken || **Stänkerei** die, -/-en (abw.) || **Stänkerer** der, -s/-

S

(abw.) ǁ **Stän|ke|rin** die, -/-innen (abw.) ǁ **stän|kern** (abw.): *provozieren, Streit suchen*

Stan|ni|ol [ʃt-, st-] das, -s/-e = **Stan|ni|ol|pa|pier** ⟨lat.⟩: *papierdünne Zinn- oder Aluminiumfolie [zum Verpacken]*

Stan|num das, -s ⟨lat.⟩ (Zeichen: Sn): *Zinn*

stan|te pe|de [st- -] (mda.: stantape [ʃt-]) ⟨lat.⟩ (wörtl.: stehenden Fußes): *sofort*

Stan|ze[1] die, -/-n ⟨it.⟩ (Lit.): *eine Strophenform*

Stan|ze[2] die, -/-n: *ein Ausschneidewerkzeug* ǁ **stan|zen,** du stanzt: *Formen [aus Leder oder Blech] herausschneiden bzw. -schlagen* | (reg., ugs.) *entlassen, hinausschmeißen*

Sta|pel der, -s/-: ein S. *(aufgeschichteter Stoß)* Bücher | *Gerüst, auf dem Schiffe gebaut werden;* ein Schiff vom S. [laufen] lassen | (scherzh.) eine Rede vom S. lassen ǁ **sta|pel|bar:** stapelbare Sessel ǁ **Sta|pel|box** ǁ **Sta|pel|holz:** *stapelbares [Brenn]holz von bestimmter Länge* ǁ **Sta|pel|lauf:** *das Hinabgleiten eines neu gebauten Schiffes vom Stapel ins Wasser* ǁ **sta|peln:** ich staple Bücher, Holz; Waren s. *(ein Warenlager anlegen);* die Arbeit stapelt sich *(wird immer mehr)* ǁ **Sta|pel|ses|sel:** *stapelbarer Sessel* ǁ **sta|pel|wei|se:** etwas s. schlichten

Stap|fe die, -/-n = Stapfen der, -s/- (meist Pl.): *Fußspur;* Fußstapfen ǁ **stap|fen:** *mit schweren Schritten gehen;* durch den Schnee s. ǁ **Stap|fen** = → Stapfe

Stap|ler der, -s/-: Gabelstapler; Hubstapler ǁ **Stap|ler|fah|rer** ǁ **Stap|ler|fah|re|rin**

S

Sta|po [ʃt-, st-] die, -: **Sta**ats**po**lizei

Star[1] [ʃt-] der, -[e]s/-e: *ein Singvogel*

Star[2] [ʃt-] der, -[e]s/-e: *eine Augenkrankheit;* der grüne S. *(Glaukom);* der graue S. *(Katarakt)*

Star[3] [st-] der, -s/-s ⟨engl.⟩: *berühmte/r Künstler/in;* Filmstar; → Starlet ǁ **Star|al|lü|ren** die (Pl.): *launenhaftes, übertrieben eigenwilliges Benehmen* ǁ **Star|an|walt:** *bekannt hervorragender Anwalt* ǁ **Star|an|wäl|tin** ǁ **Star|auf|ge|bot**

starb → sterben

Star|be|set|zung [st-] ⟨engl.+dt.⟩: ein Film mit S. ǁ **Star|chi|r|urg** [-ki-] ǁ **Star|chi|r|ur|gin** ǁ **Star|di|ri|gent** ǁ **Star|di|ri|gen|tin**

Sta|ren|bom|ber = **Sta|ren|flie|ger** = **Sta|ren|jä|ger** (B, scherzh.): *Kleinflugzeug zum Verjagen der Starenschwärme während der Weinlesezeit*

Star|gast [st-] ⟨engl.+dt.⟩

stark,

stärker/am stärksten: groß und stark | starker *(heftiger)* Regen | ein starker Kaffee; ein starker Raucher | der starke *(der mächtigste)* Mann im Unternehmen | das ist ein starkes Stück *(eine Zumutung)* | ihr neues Buch ist 332 Seiten stark; Kleider für stärkere *(dicke)* Herren | (Gramm.) ein starkes *(stark konjugiertes, unregelmäßiges)* Verb *(zB sprechen)* | (Jug.) das war echt stark *(großartig, beeindruckend)*

Getrenntschreibung bei wörtlicher Bedeutung und in Verbindung mit „sein“:
- stark salzen
- stark sein
- stark werden R→ S. 901, 1.8

Zusammenschreibung bei übertragener Bedeutung:
- sich für etwas starkmachen *(mit aller Kraft einsetzen)* R→ S. 900, 1.5.1

Getrennt- und Zusammenschreibung mit adjektivisch gebrauchten Partizipien:
- stark besiedelte (= starkbesiedelte) Regionen
- stark gesalzen = starkgesalzen R→ S. 903, 2.2.1

stark be|sie|delt = **stark|be|sie|delt** ǁ **Stark|bier:** *Bier mit über 16 % Stammwürze* ǁ **Stär|ke** die, -/-n: sie hat Stärken *(Begabungen),* aber auch Schwächen | die S. *(der Wirkungsgrad)* von Medikamenten | die S. *(Dicke, Festigkeit)* von Stoff | *Stärkemittel, zB Reisstärke* | (ohne Pl.) S. *(Körperkraft)* ist für diese schwere Arbeit wichtig ǁ **Stär|ke|mehl** ǁ **stär|ken:** die Muskeln s.; sich mit Speise und Trank s. | Wäsche s. *(steifen)* ǁ **stark ge|sal|zen** = **stark|ge|sal|zen** ǁ **stark|ma|chen:** *mit aller Kraft einsetzen;* → stark ǁ **Stark|re|gen** (Met.): *kurzer, heftiger Regen[guss]* ǁ **Stark|strom** (Elektrot.) ǁ **Stark|strom|lei|tung** ǁ **Stark|strom|tech|nik** ǁ **Stark|strom|tech|ni|ker** ǁ **Stark|strom|tech|ni|ke|rin**

Star|kult [st-] ⟨engl.+lat.⟩: *übertriebene Verehrung eines Stars;* → Star[3]

Stär|kung die, -/-en ǁ **Stär|kungs|mit|tel**

Star|let [st-] das, -s/-s ⟨engl.⟩: *junge [Nachwuchs]schauspielerin;* → Star[3]

Star|ope|ra|ti|on [ʃt-tsi̯-] → Star[2]

starr: starre *(steife, unbewegliche)* Finger; s. vor Schreck stehen bleiben | ein starres Prinzip *(Dogma)* ǁ **Star|re** die, - ǁ **starren:** ins Leere s. ǁ **Starr|kopf** (abw.) ǁ **starr|köp|fig** (abw.): *starrsinnig, stur* ǁ **Starr|krampf** (Med.): *Tetanus* ǁ **Starr|sinn** der, -[e]s (abw.) ǁ **starr|sin|nig** (abw.): *starrköpfig*

Star|rum|mel [st-] ⟨engl.+dt.⟩

Start [ʃt-, st-] der, -[e]s/-s [-e] ⟨engl.⟩: *Beginn [eines Wettlaufs]* | (Sport) an den S. *(Startplatz)* gehen | den S. *(den Abflug)* des Airbusses freigeben ǁ **Start|bahn** ǁ **start|be|reit** ǁ **star|ten:** das Moped s. | den Marathonlauf s. | eine große Kampagne s. ǁ **Starter** der, -s/-: *jemand, der das Zeichen zum Start gibt* | (Kfz) *Vorrichtung zum Anlassen eines Motors* ǁ **Star|te|rin** die, -/-innen ǁ **Start|er|laub|nis** ǁ **Star|ter|lis|te** ǁ **Start|lis|te** ǁ **Start|hil|fe** ǁ **Start|ka|pi|tal:** *Anfangskapital* ǁ **start|klar:** *startbereit* ǁ **Start|loch:** das S. für die Sprinter | in den Startlöchern *(abmarschbereit; bereit loszuschlagen)* ǁ **Start|num|mer** ǁ **Start|pa|ket:** *Zusammenstellung von grundlegender Ausrüstung für ungeübte Einsteiger, zB eine Computerausrüstung, ein Aktienpaket* ǁ **Start|ram|pe:** *eine Startvorrichtung für Raketen* ǁ **Start|schuss** ǁ **Start-und-Lande-Bahn:** *Piste für Landung und Abflug von Flugzeugen* ǁ **Start-up** ['st-ʌp] = **Start|up** das, -s/-s (Wirt.): *Unternehmensgründung* ǁ **Start|ver|bot** [ʃt-, st-] ǁ **Start|woh|nung:** *vom Staat zur Verfügung gestellte Sozialwohnung für Jungfamilien* ǁ **Start-Ziel-Sieg** (Sport) ǁ **Start|vor|teil**

Sta|si die, - (Pol.): **Sta**ats**si**cherheitsdienst (in der ehemaligen DDR)

State|ment ['steɪtmənt] das, -s/-s ⟨engl.⟩: *öffentliche Feststellung, Stellungnahme;* ein S. abgeben ǁ **State of the Art** [-ɔv ðɪ -] der, - - - -: *zurzeit höchster Stand der [technischen] Entwicklung*

sta|tie|ren [ʃt-] ⟨lat.⟩ (Theater): *als Statist/in arbeiten*
Sta|tik [st-, auch: ʃt-] die, - ⟨gr.⟩: *Lehre vom Gleichgewicht [von Bauwerken]* | *Ruhelage, Beharrung;* → statisch ‖ **Sta|ti|ker** der, -s/-: *ein Techniker* ‖ **Sta|ti|ke|rin** die, -/-**innen**
Sta|ti|on [ʃtatsi̯-] die, -/-en ⟨lat.⟩: *Bahnhof, Haltestelle;* die 14 Stationen des Kreuzwegs | *Halt, Rast[stätte];* S. machen *(eine Reise oÄ unterbrechen)* | volle freie S. *(Verpflegung und Unterkunft frei)* | *Krankenhausabteilung* | *Beobachtungseinrichtung;* Wetterstation ‖ **sta|ti|o|när:** *gleich bleibend* | s. *(mit Aufenthalt in einem Spital)* behandeln; → G.: ambulant ‖ **sta|ti|o|nie|ren:** dieser Truppenteil ist in Zeltweg stationiert ‖ **Sta|ti|o|nie|rung** die, -/-en ‖ **Sta|ti|ons|ge|bäu|de** ‖ **Sta|ti|ons|schwes|ter:** *leitende Krankenschwester* ‖ **Sta|ti|ons|spei|cher** (Elektrot.): *Speicher für Radiosender* ‖ **Sta|ti|ons|vor|stand:** *Bahnhofsvorstand*
sta|tisch [st-, auch: ʃt-] ⟨gr.⟩: *ruhend; unbewegt;* → Statik
Sta|tist [ʃt-, st-] der, -en/-en ⟨lat.⟩: *Darsteller stummer Rollen;* → statieren | (abw.) *unwichtige Person* ‖ **Sta|tis|tik** die, -/-en: *zahlenmäßige Darstellung [der Bevölkerungsdichte]* | (ohne Pl.) *Wissenschaft von der zahlenmäßigen Umsetzung von häufig auftretenden Gegebenheiten* | S. Austria (früher: [Bundesanstalt] S. Österreich, Österreichisches Statistisches Zentralamt) ‖ **Sta|tis|ti|ker** der, -s/- ‖ **Sta|tis|ti|ke|rin** die, -/-**innen** ‖ **Sta|tis|tin** die, -/-**innen** ‖ **sta|tis|tisch:** statistische Angaben ‖ **Sta|tiv** das, -s/-e [-fɛ, -vɛ]: *Ständer, Gestell;* Kamerastativ

statt → anstatt

Präposition mit Genitiv:
– statt des Vaters kam die Mutter
– statt meiner
– der Lehrer, statt dessen (geh.: *für den*) ich einsprang, war erkrankt; *aber als Adverb zusammen:* sie rief nicht an, stattdessen *(dafür)* kam sie
Der Dativ gilt als umgangssprachlich: statt dem Vater kommt die Mutter
Im Plural mit Dativ, wenn Genitiv nicht erkennbar:
– statt Büchern
Außerdem in den Wendungen:
an meiner statt *(für mich);* an Kindes statt annehmen *(adoptieren);* an Zahlungs statt
Konjunktion:
– statt *(anstatt)* zu fahren, ging er zu Fuß

statt|des|sen: sie rief nicht an, s. *(dafür)* kam sie; *aber:* → statt dessen ‖ **Stät|te** die, -/-n (geh.): eine S. *(ein Ort)* der Erinnerung ‖ **statt|fin|den:** die Feier findet heute Vormittag statt ‖ **statt|ge|ben** (Amtsspr.): einem Ansuchen s. *(es bewilligen)* ‖ **statt|ha|ben** (geh.): *stattfinden* ‖ **statt|haft** (geh.): *erlaubt; schicklich* ‖ **Statt|hal|ter** (früher): *Stellvertreter [eines Herrschers]* | (Admin.) → *Landesstatthalter* ‖ **Statt|hal|te|rin** ‖ **Statt|hal|te|rei** die, - (Gesch.): *eine österreichische Verwaltungsbehörde bis 1918* ‖ **statt|lich:** eine stattliche *(große, ansehnliche)* Frau; eine stattliche Summe ‖ **Statt|lich|keit** die, - ‖ **Statt|preis:** *bisheriger regulärer Verkaufspreis (ohne Reduzierung)*
Sta|tue [ʃt-ṷɛ] die, -/-n ⟨lat.⟩: *Standbild, Bildsäule* ‖ **Sta|tu|et|te** [ʃt-, st-] die, -/-n: *kleine Statue* ‖ **sta|tu|ie|ren** [ʃt-]: ein Exempel s. *(ein warnendes Beispiel aufstellen)* ‖ **Sta|tur** die, -/-en: ein Mann von kleiner S. *(Gestalt)* ‖ **Sta|tus** [st-, ʃt-] der, -/-: *Lage, Stellung* | (Jus) *Rechtsstellung* | (Med.) *Zustand* ‖ **Sta|tus Nas|cen|di** ['sta(ː)- -s'tsɛ-] der, - -: im S. N. *(im Zustand des Entstehens); aber:* in stat**u** nascendi ‖ **Sta|tus quo** [- 'kvoː] der, - -: *gegenwärtiger, bisheriger Zustand* ‖ **Sta|tus quo an|te** der, - - -: *Stand vor dem betreffenden Ereignis* ‖ **Sta|tus|sym|bol** [st-zy-, ʃt-]: *[vermeintliches] Kennzeichen für Ansehen und Wohlhabenheit* ‖ **Sta|tut** [ʃ-] das, -[e]s/-en: die Statuten *(die Satzung)* eines Vereins | *Stadtrecht* ‖ **Sta|tu|tar|ge|mein|de:** *[Stadt]gemeinde und politischer Bezirk mit eigenem Statut* ‖ **sta|tu|ta|risch:** *statutengemäß* ‖ **Sta|tu|tar|stadt:** *Gemeinde mit eigenem Statut, zB Krems* ‖ **sta|tu|ten|ge|mäß** ‖ **sta|tu|ten|wid|rig**
Stau der, -[e]s/-s [-e]: *Anhäufung [auf Grund von Behinderung] von fließendem Wasser, Verkehr oÄ;* im S. stehen ‖ **Stau|an|la|ge**
Staub der, -[e]s/(fachspr.) -e [Stäube]: S. wischen; sich aus dem S. machen *(heimlich davongehen);* viel S. aufwirbeln *(großes Aufsehen erregen);* → Staub abweisend = staubabweisend; → Staub saugen = staubsaugen ‖ **Staub ab|wei|send** = **staub|ab|wei|send** ‖ **staub|be|deckt** ‖ **Staub|beu|tel** (Bot.): *Pollen erzeugender Teil des Staubblattes* ‖ **Staub|blatt** (Bot.): *Staubgefäß*
Stau|be|cken: das S. des Wasserkraftwerkes
stau|ben: *Staub absondern, aufwirbeln;* es staubt | (ugs.) sonst staubt's *(sonst gibt es Ärger)* | (Küchenspr.) gestaubtes *(mit Mehl bestäubtes)* Brot; eine Sauce oder Suppe s. *(mit Mehl leicht verdicken)* ‖ **stäu|ben:** ein stäubender *(fein sprühender)* Wasserfall ‖ **Staub|ent|wick|lung** ‖ **Staub|fän|ger** der, -s/- (abw.): *nutzloser Ziergegenstand* ‖ **Staub|fet|zen** ‖ **Staub|flan|kerl** ‖ **staub|frei** ‖ **Staub|ge|fäß** (Bot.): *Teil der Blüte* ‖ **stau|big:** staubige *(mit Staub bedeckte)* Bücher ‖ **Stau|bi|ge** der, -n/-n: *schon fast vergorener, noch etwas trüber Traubensaft (zwischen Sturm und Wein);* → Gestaubte ‖ **Staub|kamm:** *Kamm mit vielen feinen Zinken* ‖ **Staub|korn:** *Staubteilchen, Staubpartikel* ‖ **Staub|körndl** ‖ **Staub|la|wi|ne:** *aus Pulverschnee bestehende Lawine* ‖ **Staub|lun|ge** (Med.): *eine Krankheit* ‖ **Staub|man|tel:** *ein leichter Mantel* ‖ **Staub|par|ti|kel** (meist Pl.) ‖ **Staub sau|gen** = **staub|sau|gen,** er saugte Staub [staubsaugte]/Staub gesaugt [gestaubsaugt] ‖ **Staub|sau|ger** der, -s/- ‖ **Staub|schicht** = **Staub|schich|te** ‖ **staub|tro|cken** (oft abw.): *äußerst trocken* ‖ **Staub|tuch:** *Tuch zum Abstauben* ‖ **Staub|we|del:** *Flederwisch* ‖ **Staub|wol|ke:** *aufgewirbelter Staub* | (ugs.) er ist eine S. *(schon weg)* ‖ **Staub|zu|cker** der, -s: *ein feiner Zucker*
stau|chen (ugs.): *zurechtweisen* | *niederdrücken, kleiner machen*
Stau|damm: *Damm zum Aufstauen von Wasser*
Stau|de die, -/-n: *mehrjährige, krautartige Pflanze* | *Strauch*
stau|en: einen Fluss s. *(zurückdämmen)* | vor dem Geschäft s. sich die Leute ‖ **Stau|mau|er**
stau|nen: *sich wundern;* man höre und staune ‖ **Stau|nen** das, -s:

S

ihr Plan hat S. hervorgerufen ‖ **Staunen erregend** = **staunenerregend:** S. erregende Leistungen ‖ **staunenswert**
Staupe die, -/-n: *eine Hundekrankheit*
stäupen (früher): *öffentlich auspeitschen*
Stauraum: *Abstell-, Lagerraum* | *Becken einer Stauanlage* ‖ **Stausee:** *See, der durch Stauen eines Flusses entsteht* ‖ **Staustufe:** S. Wien *(Donaukraftwerk Freudenau)* ‖ **Stauung** die, -/-en ‖ **Stauwerk** ‖ **Stauzone**
Std.: Stunde (h)
Steak [ste:k, engl.: steɪk] das, -s/-s ⟨engl.⟩: *kurz gebratene bzw. gegrillte [Rind]fleischschnitte* ‖ **Steakhaus:** *auf Steaks spezialisiertes Restaurant*
Stearin [st-, ʃt-] das, -s/-e ⟨gr.⟩: *ein Bestandteil von Fetten* ‖ **Stearinkerze**
Stechapfel: *eine Giftpflanze* ‖ **stechen,** ich steche, du stichst/stach/gestochen/stich!, stecht!: Löcher s.; sich in den Finger s.; mich hat eine Gelse gestochen | Spargel s. *(ernten)* | Schweine s. *(schlachten)* | die Sonne sticht *(brennt)* vom Himmel | es sticht ihn im Kreuz *(er hat Rückenschmerzen)* | ein stechender *(durchbohrender)* Blick | ein stechender *(scharfer, beißender)* Geruch | etwas sticht in die Augen *(es fällt bes. auf)* | (Kartenspiel) das Ass sticht den König | das Schiff sticht in See *(es läuft/fährt aus)*; → gestochen ‖ **Stechen** das, -s/-: ein S. *(ein stechender Schmerz)* im Rücken | *Stichwahl* ‖ **Stechfliege** ‖ **Stechkarren:** *eine Transportrodel* ‖ **Stechmücke** ‖ **Stechschritt** (Mil.): *preußischer Paradeschritt* ‖ **Stechuhr:** *eine Kontrolluhr [in Betrieben]* ‖ **Stechvieh:** *Kälber und Schweine* ‖ **Stechviehmarkt**
Steckbrief: *Personsbeschreibung eines Tatverdächtigen oder Verbrechers mit der Aufforderung, ihn festzunehmen* ‖ **steckbrieflich:** s. suchen ‖ **Steckdose:** *elektrischer Steckanschluss [in der Wand]* ‖ **stecken:** etwas in die Tasche s.; der Schlüssel steckte (veraltet: stak) im Schloss; er *ist* im Schloss gesteckt *(wo?)*; sie *hat* ihn ins Schloss gesteckt *(wohin?)*; den Schlüssel s. lassen | sie hat sich ein Ziel gesteckt | mit dem Auto im Schlamm s. bleiben; *aber:* → stecken bleiben = steckenbleiben | etwas in Brand s. *(anzünden)* | jemanden ins Gefängnis s. *(inhaftieren)* | du steckst hinter dem Betrug *(betreibst ihn)* | (ugs.) steck dir das an den Hut *(es interessiert mich nicht)* | ich möchte nicht in seiner Haut s. *(nicht in seiner Lage sein)* | sie steckt voller Überraschungen *(überrascht immer wieder)* | er steckt *(befindet sich)* in Urlaubsvorbereitungen | Geld in etwas s. *(investieren)* | (ugs.) jemandem etwas s. *(etwas heimlich mitteilen)*; jemandem Geld s. *(es jemandem heimlich geben, zustecken)*; → gesteckt ‖ **Stecken** der, -s/-: *Stock* ‖ **stecken bleiben** = **steckenbleiben:** die Friedensgespräche sind stecken geblieben (= steckengeblieben) *(kamen nicht weiter)*; sie blieb beim Referat stecken *(wusste nicht weiter)*; *aber nur:* im Schlamm stecken bleiben ‖ **Steckenpferd:** *ein Kinderspielzeug* | *Lieblingsbeschäftigung, Hobby* ‖ **Stecker** der, -s/-: ein elektrischer S. ‖ **Steckerl** das, -s/-[n] (ugs.): *Stöckchen* ‖ **Steckerlfisch:** *am Spieß gebratener Fisch* ‖ **Steckkarte** (EDV): *Zusatzteil für den Computer [zur Erzeugung von Grafiken, Tönen]* ‖ **Steckkontakt** (veraltet): *Stecker* ‖ **Steckling** der, -s/-e: *abgeschnittener Pflanzenteil, der eingesetzt wird, um sich zu einer vollständigen Pflanze zu entwickeln* ‖ **Stecknadel:** den Saum mit Stecknadeln befestigen; etwas wie eine S. *(intensiv und genau)* suchen; eine S. im Heuhaufen suchen *(etwas tun ohne Aussicht auf Erfolg)* ‖ **Stecknadelkopf** ‖ **stecknadelkopfgroß** ‖ **Steckschuss:** *Geschoß, das im Körper steckt* ‖ **Stecktafel:** *Pinnwand* ‖ **Stecktuch:** *ein Ziertuch*
Stefan, *auch:* Stephan [-f-]: *männl. Vorname;* → Steffi; → Steffl ‖ **Stefani,** *auch:* Stephani (ohne Art.): *Stefanitag;* zu S. ‖ **Stefanie** [auch: -'ɛ-], *auch:* Stephanie: *weibl. Vorname;* → Fanni; → Steffi ‖ **Stefanitag,** *auch:* Stephanitag: *der zweite Weihnachtsfeiertag (26. Dezember)*; am S. ‖ **Steffel** der, -s, *auch:* Steffl[1] (bes. W): *der Stephansdom, Wahrzeichen von Wien* ‖ **Steffi:** *weibl. Vorname (Stefanie)* ‖ **Steffl**[2]: *männl. Vorname (Stefan)* | *Steffel*
Steg der, -[e]s/-e: *schmale Brücke;* Bootssteg | *Teil von Saiteninstrumenten, der die Saiten trägt* ‖ **Steghose:** *eine [Damen]hose* ‖ **Stegreif:** aus dem S. *(ohne Vorbereitung)* spielen, sprechen usw. ‖ **Stegreifbühne** ‖ **Stegreifrede** ‖ **Stegreifspiel**
Stehachterl: *im Stehen eingenommener Wein* ‖ **Stehaufmanderl** = **Stehaufmandl** = **Stehaufmännchen** (ugs.): *ein Kinderspielzeug* | (scherzh.) *jemand, der sich nach Schicksalsschlägen stets wieder erholt* ‖ **Stehbeisel** (reg., bes. ostöst.): *Stehlokal* ‖ **Stehbierhalle:** *Lokal, in dem man Bier im Stehen trinkt* ‖ **Stehbuffet** [-byfe:] = Stehbüfett [-fe:, D: -fɛt] ‖ **Stehcafé** [k-]: *kleines Lokal, in dem man Kaffee im Stehen trinkt;* → Stehkaffee

stehen, stand/gestanden: am Boden stehen; er *ist* im Regen gestanden; etwas steht und fällt mit jemandem *(hängt von jemandem ab)* | (ugs.) die Sache steht mir bis zum Hals *(ich habe genug davon)* | die Brücke steht seit 70 Jahren | die Forellen stehen in der Strömung | das Kleid steht ihr gut | zu seinem Wort stehen *(halten, was man versprochen hat)*; ich stehe zu meiner Meinung *(bekenne mich zu ihr)* | sein Vater steht zwischen uns *(er ist gegen unsere Verbindung)* | die Ampel steht *(zeigt)* auf Grün | die Meldung steht in der Zeitung | der Vertrag steht *(ist ausgehandelt)* | ich stehe auf deiner Seite *(unterstütze dich)* | (ugs.) auf jemanden stehen *(jemanden gernhaben)*; auf etwas stehen *(es schätzen, besitzen wollen)* | (Sport) das Spiel steht 4:1; *aber:* den Zug zum Stehen bringen; → gestanden

Getrenntschreibung Verb + Verb:
– den Gast stehen lassen *(nicht niedersetzen lassen)*
– stehen bleiben *(nicht weitergehen; sich nicht setzen)*

Getrennt- und Zusammenschreibung der Verbindung von „stehen" + „bleiben"/„lassen" bei übertragener Bedeutung:
– die Uhr ist stehen geblieben (= stehengeblieben)

- das kann nicht so stehen bleiben (= stehenbleiben) *(muss korrigiert werden)*
- den Schirm stehen lassen (= stehenlassen) *(vergessen)*
- jemanden stehen lassen (= stehenlassen) *(nicht beachten, sich wegwenden; sich von jemandem trennen)*

R→ S. 901, 1.7

stehen bleiben = stehenbleiben: die Uhr ist stehen geblieben (= stehengeblieben); *aber nur:* du sollst stehen bleiben *(nicht weitergehen);* → stehen ‖ **stehen lassen = stehenlassen:** den Schirm stehen lassen (= stehenlassen) *(vergessen); aber nur:* den Gast stehen lassen *(nicht niedersetzen lassen);* → stehen ‖ **Steher** der, -s/-: *Stützpfosten [eines Zaunes]* | (ugs.) *jemand mit großem Stehvermögen* | (Sport) *eine Raddisziplin* ‖ **Steherin** die, -/-innen (ugs.): *Frau mit großem Stehvermögen* ‖ **Stehgeiger:** *Geiger, der stehend eine Instrumentalgruppe leitet* ‖ **Stehgeigerin** ‖ **Stehkaffee:** *im Stehen getrunkener Kaffee;* → Stehcafé ‖ **Stehkragen** ‖ **Stehlampe** ‖ **Stehleiter**

stehlen[1], ich stehle, du stiehlst/stahl/gestohlen/stiehl!, stehlt!: jemandem die Zeit s. *(jemanden belästigen und von der Arbeit abhalten)* | (ugs.) das kann mir gestohlen bleiben *(interessiert mich nicht)* ‖ **stehlen**[2] sich: sich aus dem Zimmer s. *(davonschleichen)*

Stehplatz → G.: Sitzplatz ‖ **Stehpräsidiale** (Pol.): *spontane Präsidiale während einer Plenarsitzung im Parlament* ‖ **Stehpult:** *ein Schreibpult* ‖ **Stehtisch** ‖ **Stehvermögen:** *Ausdauer, Widerstandsfähigkeit* ‖ **Stehweinhalle:** *ein Weinlokal*

Steier (geh.): *Steiermark* ‖ **Steiermark** die, - (St, Stmk.): *ein österreichisches Bundesland, die grüne Mark;* in der S. leben; in die S. fahren; → Steirer ‖ **steiermärkisch:** *die Steiermark betreffend, steirisch; aber:* die **S**teiermärkische Landesregierung

steif: vor Kälte steife Finger haben | steifes *(förmliches, nicht gelöstes)* Benehmen | fest und s. etwas behaupten *(nicht von seiner Behauptung abrücken);* → steif gefroren = steifgefroren; → steifhalten; → steif schlagen = steifschlagen ‖ **steifbeinig** ‖ **steif gefroren = steifgefroren:** die Finger waren s. g. ‖ **steifhalten** (sal.): die Ohren s. *(durchhalten)* ‖ **Steifheit** die, - ‖ **Steifigkeit** die, -: *Steifheit* ‖ **steif schlagen = steifschlagen:** Eiklar s. s.

Steig der, -[e]s/-e: *schmaler Fußweg;* Gehsteig ‖ **Steigbügel:** *Fußstütze als Teil des Sattels* | (abw.) jemandem den S. halten *(jemanden bei seiner Karriere unterstützen)* ‖ **Steigbügelhalter:** *jemand, der dem Reiter/der Reiterin beim Aufsitzen hilft* | (abw.) *Aufstiegshelfer* ‖ **Steigbügelhalterin** ‖ **Steige** die, -/-n: *Kistchen aus Latten* | *Käfig [für Hühner]* ‖ **Steigeisen:** *ein Ausrüstungsgegenstand fürs Bergsteigen* ‖ **steigen,** stieg/gestiegen: Drachen s. lassen; Rosenduft steigt mir in die Nase | die Preise s.; das Fieber steigt | ins Tal s.; auf die Bremse s. | (ugs.) morgen steigt ihr Fest *(findet es statt);* → steigen lassen = steigenlassen ‖ **steigen lassen = steigenlassen:** eine Party s. l. (= steigenlassen) *(stattfinden lassen); aber nur:* den Drachen steigen lassen ‖ **Steiger** der, -s/-: *Leiter einer Arbeitergruppe in einem Bergwerk* ‖ **Steigerin** die, -/-innen

steigern[1]: den Ernteertrag s. *(erhöhen)* | (Gramm.) ein Adjektiv s. *(die Vergleichsformen bilden)* ‖ **steigern**[2] sich: *die eigene [sportliche] Leistung verbessern* ‖ **Steigerung** die, -/-en: eine deutliche S. der Produktion | (veraltet) (Gramm.) *Vergleichsformen* ‖ **steigerungsfähig** ‖ **Steigerungsform** (veraltet) (Gramm.): *Vergleichsform* ‖ **Steigerungsrate**

Steigflug: → G.: Sinkflug ‖ **Steigleiter:** *[an einer Hauswand] senkrecht angebrachte Leiter* ‖ **Steigleitung:** *Rohr- bzw. Elektroleitung, die [im Haus] nach oben führt* ‖ **Steigung** die, -/-en: eine Straße mit 8 % S.; → G.: Gefälle ‖ **Steigungswinkel**

steil: steile Wege; steile Felsen | eine steile Karriere | (ugs., Jug.) eine steile *(beeindruckende, tolle)* Party ‖ **Steilabfahrt** ‖ **Steilhang** ‖ **Steilheit** die, - ‖ **Steilkurve** [-fɛ, auch: -vɛ] ‖ **Steilküste** ‖ **Steilpass** (Sport): *hohes Zuspiel über mehrere Gegner hinweg* ‖ **Steilufer** ‖ **Steilwand**

Stein der, -[e]s/-e: mir fällt ein S. vom Herzen *(ich bin von einer schweren Sorge befreit);* er ist ein S. des Anstoßes *(er erregt Ärgernis);* den S. ins Rollen bringen *(etwas in Gang bringen)* | (geh.) der S. der Weisen *(die Lösung aller Probleme)* | keinen S. auf dem anderen lassen *(alles zerstören)* | er hat bei seiner Chefin einen S. im Brett *(wird von ihr sehr geschätzt, bevorzugt)* | dir fällt kein S. aus der Krone, wenn ... | *Kern von Steinobst* | (Geogr.) *(in Bergnamen) Felsgipfel, zB der Dachstein* ‖ **Steinadler:** *ein Greifvogel* | *ein Wappentier* ‖ **steinalt:** *uralt*

Steinamanger (ung.: Szombathely ['sombɒthɛj]): *Stadt in Ungarn*

Steinblock ‖ **Steinbock:** *im Hochgebirge lebender Hornträger, ein Paarhufer* | *ein Tierkreiszeichen* | *ein Sternbild* ‖ **Steinboden** ‖ **Steinbohrer** ‖ **Steinbrech** der, -[e]s/-e: *eine Pflanzengattung* ‖ **Steinbrecher** der, -s/-: *eine Maschine zum Zerkleinern von Steinen* ‖ **Steinbrocken** ‖ **Steinbruch:** *Abbaustelle von Gestein* ‖ **Steindruck** der, -[e]s: *ein Druckverfahren, Lithographie* | (mit Pl. -e) einen S. herstellen ‖ **steinern:** *aus Stein* | ein steinernes *(hartes, mitleidsloses)* Herz; *aber:* das **S**teinerne Meer *(ein Gebirgszug in Salzburg und Bayern)* ‖ **Steinerweichen** (nur in der Wendung): er weinte zum S. *(Mitleid erregend)* ‖ **Steinfeder** der, -s, *auch:* die, -: *eine Weinkategorie* ‖ **Steinfeld** das, -[e]s: *eine Landschaft in Niederösterreich* ‖ **Steinfrucht:** *Steinobst* ‖ **Steinfußboden** ‖ **Steingarten:** *eine Art Garten* ‖ **Steingut** das, -[e]s/-e: *Material, aus dem Geschirr hergestellt wird; Geschirr aus diesem Material* ‖ **steinhart:** *sehr hart* ‖ **Steinhaufen** ‖ **steinig:** *mit Steinen bedeckt* | ein steiniger *(mühevoller)* Weg zum Ziel ‖ **steinigen:** *durch Steinwürfe töten* ‖ **Steinigung** die, -/-en ‖ **Steinkauz:** *eine Eule* ‖ **Steinklee:** *eine Pflanzengattung* ‖ **Steinkohle** ‖ **Steinkohlenbergbau** ‖ **Steinkohlenbergwerk** ‖ **Steinkohlenteer** ‖ **Steinkohlenzeit:** *Karbon* ‖ **Steinlawine** ‖ **Steinmandl** (Volksk.): *Wegzeichen aus Steinen im Hochgebirge* ‖ **Steinmar-**

S

der: *ein Raubtier* ‖ **Steinmetz** der, -en/-e[n]: *Handwerker, der Steine bearbeitet* ‖ **Steinmetzin** die, -/-innen ‖ **Steinobst:** *Kirschen, Zwetschken ua.* ‖ **Steinofen** ‖ **Steinofenpizza** ‖ **Steinpilz:** *ein essbarer Pilz, Herrenpilz* ‖ **steinreich:** *sehr reich* ‖ **Steinröserl:** *ein Zwergstrauch* ‖ **Steinsalz** das, -es: *mineralisches, im Bergbau gewonnenes Kochsalz;* → Meersalz ‖ **Steinschlag:** *Herabfallen von Steinen [im Gebirge]* ‖ **Steinschlaggefahr** ‖ **Steinschleuder:** *eine alte Waffe* ‖ **Steinschmätzer** der, -s/-: *ein Singvogel* ‖ **Steinwurf:** einen S. entfernt *(in unmittelbarer Nähe)* ‖ **Steinzeit:** *ein Abschnitt der Urgeschichte* ‖ **steinzeitlich** ‖ **Steinzeitmensch**

Steirer der, -s/-: *Bewohner der Steiermark* | *Kurzwort für Steireranzug* ‖ **Steireranzug:** *ein Trachtenanzug* ‖ **Steirerbua** (mda., oft scherzh.): *Steirer* ‖ **Steirergewand:** *Steireranzug* ‖ **Steirergoal** [-goːl, engl.: gəʊl] (ugs.) (Sport): *Steirertor* ‖ **Steirerhut:** *ein Trachtenhut* ‖ **Steirerin** die, -/-innen ‖ **Steirerjanker** ‖ **Steirerkas** = **Steirerkäs** = **Steirerkäse:** *ein scharf-würziger Graukäse* ‖ **Steirertor** (ugs.) (im Fußball): *Tor auf Grund unglücklicher Tormannabwehr, zB durch die Beine* ‖ **steirisch:** steirische Volkslieder; steirische [Zieh]harmonika *(die Steirische); aber:* der **S**teirische Herbst *(jährliche Kulturwochen in der Steiermark);* → steiermärkisch ‖ **Steirische** die, -n/-n: *ein Volksmusikinstrument, Knopfharmonika, steirische [Zieh]harmonika*

Steiß der, -es/-e: *Steißbein* ‖ **Steißbein:** *der unterste Teil der Wirbelsäule* ‖ **Steißgeburt** (Med.) ‖ **Steißlage** (Med.)

Stele [st-, auch: ʃt-] die, -/-n ⟨gr.⟩ (Kunstg.): *[Stein]platte als Grabmal [in der Antike];* Grabstele; *aber:* → Stelle

Stellage [ʃt-aːʃ, -ʒɛ] die, -/-n ⟨niederl.+fr.⟩: *Regal*

stellar [st-] ⟨lat.⟩ (Astron.): *die Fixsterne betreffend*

Stelldichein das, -[s]/-[s]: *Rendezvous*

Stelle die, -/-n: alles an Ort und S. *(auf den richtigen Platz)* bringen; an jemandes S. treten *(ihn vertreten, ihm nachfolgen);* auf der S. treten *(nicht weiterkommen);* zur S. sein *(da sein);* an S. (= anstelle) der Lehrerin *(an ihrer Stelle);* der Tod trat auf der S. *(sofort)* ein | an erster S. *(Position)* | eine S. *(Passage)* aus dem Buch vorlesen | die zuständige S. *(Dienststelle)* | eine S. *(einen Arbeitsplatz)* suchen; eine S. ausschreiben | (Math.) die ersten zwei Stellen hinter dem Komma; *aber:* → Stele

stellen[1]: eine Vase auf den Tisch s. | die Weichen für die Zukunft s. | jemandem ein Bein s. *(jemanden zu Fall bringen)* | jemanden zur Rede s.; jemanden vor eine Entscheidung s.; Bedingungen s.; eine Aufgabe s. | sich gegen einen Kollegen s. *(versuchen, ihn zu behindern);* sich hinter die Chefin s. *(sie unterstützen);* ich bin auf mich selbst gestellt *(ich muss ohne Hilfe, Unterstützung auskommen)* | Fallen s. *(aufstellen)* | den Wein kalt s. (= kaltstellen) | eine Diagnose s. *(erstellen)* | einen Bürgen s. *(ihn beibringen)* | eine Filmaufnahme s. *(die Personen usw. eigens anordnen);* eine gestellte Filmszene ‖ **stellen**[2] sich: sich krank s. | der Täter stellte sich der Polizei *(meldete sich bei ihr, ließ sich freiwillig verhaften)* ‖ **Stellenangebot** ‖ **Stellengesuch:** *schriftliche Bewerbung um eine Arbeitsstelle* ‖ **stellenlos:** *arbeitslos* ‖ **Stellensuche:** auf S. sein ‖ **Stellenvermittlung** ‖ **stellenweise:** s. *(an manchen Orten)* fiel Schnee ‖ **Stellenwert:** Genauigkeit hat bei ihr einen hohen S. *(ist von großer Bedeutung)* | (Math.) *Stellung einer Ziffer in einer Zahl* ‖ **stellig** (Amtsspr., veraltend): der Verdächtige wurde s. gemacht *(gestellt, festgenommen)* | (in Zusammensetzungen) zweistellig ‖ **Stelligmachung** die, -/-en (Amtsspr., veraltet) ‖ **Stellmacher** (nördl. D): *Wagenbauer, Wagner* ‖ **Stellmacherin** (nördl. D) ‖ **Stellplatz:** *Abstellplatz für ein Auto* ‖ **Stellprobe:** *Bühnenprobe für die Bewegungen der Schauspieler/innen* ‖ **Stellschraube:** *Schraube zur Regulierung* ‖ **Stellung** die, -/-en: in liegender S. | eine gute S. *(einen guten Arbeitsplatz)* haben | (ohne Pl.) in leitender S. *(Position)* | (ohne Pl.) zu etwas S. nehmen *(die eigene Meinung dazu sagen);* gegen/für jemanden/etwas S. nehmen; S. beziehen *(den eigenen Standpunkt darlegen)* | (Mil.) *kampfbereite Position einer Truppe;* Geschütze in S. bringen | (Amtsspr., Mil.) *Musterung* ‖ **Stellungnahme** die, -/-n: eine S. abgeben *(die eigene Ansicht kundtun)* ‖ **Stellungsbefehl** (früher): *Einberufungsbefehl* ‖ **Stellungshaus** (Amtsspr., Mil.): *Unterbringung der Stellungsstraße und der Stellungskommission* ‖ **Stellungskommission** (Amtsspr., Mil.): *Kollegialbehörde, die über die Tauglichkeit von Wehrpflichtigen entscheidet* ‖ **Stellungskrieg:** *Kampf von befestigten Stellungen aus* ‖ **Stellungskundmachung** (Amtsspr., Mil.): *amtliche Aufforderung zur Stellungsuntersuchung* ‖ **stellungslos:** *arbeitslos* ‖ **Stellungspflicht** (Amtsspr., Mil.) ‖ **stellungspflichtig** (Amtsspr., Mil.) ‖ **Stellungspflichtige** der, -n/-n, ein Stellungspflichtiger (Amtsspr., Mil.) ‖ **Stellungsstraße** (Amtsspr., Mil.): *Untersuchungsstationen bei der Stellung* ‖ **Stellungstermin** (Mil.) ‖ **stellungsuchend:** *Arbeit suchend* ‖ **Stellungsuntersuchung** (Mil.) ‖ **stellvertretend** ‖ **Stellvertreter** ‖ **Stellvertreterin** ‖ **Stellvertretung** ‖ **Stellwagen** (früher): *von Pferden gezogener Wagen zur Personenbeförderung* | (veraltend) jemandem mit dem S. ins Gesicht fahren *(jemanden mit groben Worten anfahren)* ‖ **Stellwerk:** *Anlage zum Stellen von Eisenbahnweichen und -signalen*

Stelze die, -/-n: auf Stelzen gehen | *Unterschenkel des Kalbs und des Schweins (als Speise)* ‖ **stelzen,** du stelzt: *steif und stolz schreiten* ‖ **Stelzenläufer:** *ein Vogel* ‖ **Stelzenwirt:** *Gasthaus, das Stelzen anbietet* ‖ **Stelzfuß** (veraltet): *Ersatzbein aus Holz*

Stemmbogen: *ein Schwung beim Skifahren* ‖ **Stemmeisen:** *ein meißelähnliches Werkzeug* ‖ **stemmen:** ein Loch s. | Gewicht s. | sich gegen eine Tür s.; die Arme in die Seiten s. *(stützen)* ‖ **Stemmer** der, -s/-: *ein Schwerathlet* ‖ **Stemmerin** die, -/-innen ‖ **Stemmmeißel**

Stempel der, -s/-: *kleines Druckgerät; Stampiglie* | *Kennzeichen, Prägung;* jemandem/etwas seinen S. aufdrücken | *ein Stütz-*

S

pfosten [in einem Bergwerksstollen] | (Bot.) *weibl. Organ der Blüte* || **Stem|pel|ge|bühr** (früher): *in Form von Stempelmarken an den Staat zu entrichtende Verwaltungsgebühr* || **Stem|pel|kis|sen** || **Stem|pel|mar|ke** (früher) || **stem|peln:** *mit einem Stempel versehen;* Briefmarken s. *(entwerten)* | jemanden zum Verräter s. *(jemanden als Verräter hinstellen)* | (ugs.) s. gehen *(Arbeitslosenunterstützung beziehen)* | (früher) ich stemple ein Gesuch *(versehe es mit Stempelmarken)* || **stem|pel|pflich|tig** (Amtsspr.) (früher): *stempelgebührenpflichtig*

Stem|pen der, -s/- (reg., mda.): *[Beton]pfeiler, Pfahl*

Ste|no[1] [ʃt-, st-] das, -s/-s ⟨gr.-engl.⟩: *Kurzwort für Stenogramm* || **Ste|no**[2] die, -: *Kurzwort für Stenografie* || **Ste|no|block** || **Ste|no|graf** = Stenograph [-f] der, -en/-en || **Ste|no|gra|fie** = Stenographie die, -/-n: *Schrift mit eigenen gekürzten Schriftzeichen, Kurzschrift* || **ste|no|gra|fie|ren** = stenographieren || **Ste|no|gra|fin** = Stenographin die, -/-innen || **ste|no|gra|fisch** = stenographisch || **Ste|no|gramm** das, -s/-e: *stenografische Niederschrift, Steno*[1] || **Ste|no|graph** [-f] = → Stenograf || **Ste|no|gra|phie** = → Stenografie || **ste|no|gra|phie|ren** = → stenografieren || **Ste|no|gra|phin** = → Stenografin || **ste|no|gra|phisch** = → stenografisch || **Ste|no|kar|die** [st-] die, -/-n (Med.): *eine Herzkrankheit* || **Ste|no|ty|pie** [ʃt-ty-, st-] die, - || **Ste|no|ty|pist** der, -en/-en: *ein Stenograf und Maschinschreiber* || **Ste|no|ty|pis|tin** die, -/-innen

Stent [st-] der, -s/-s ⟨engl.⟩: *ein Implantat zur dauerhaften Gefäßerweiterung, zB bei Herzinfarkt*

Sten|tor|stim|me [st-] (geh.): mit S. *(gebieterischer, mächtiger Stimme)* rufen *(nach einem altgriechischen Helden)*

Ste|phan [-f-] → Stefan || **Ste|pha|ni** [-f-] → *Stefani* || **Ste|pha|nie** [auch: -'ɛ-] → Stefanie || **Ste|pha|ni|tag** → Stefanitag || **Ste|phans|dom** der, -[e]s: *Wahrzeichen von Wien, Steffel, Steffl* || **Ste|phans|kro|ne:** *die ungarische Königskrone;* die Länder der S. (im alten Habsburgerreich) *(die ungarische Reichshälfte)*

Stepp [st-, ʃt-] der, -s/-s ⟨engl.⟩: *ein Tanz;* S. tanzen; → steppen

Stepp|de|cke: *eine abgesteppte Bettdecke*

Step|pe die, -/-n ⟨russ.⟩: *trockene Ebene [mit spärlichem Graswuchs]*

step|pen[1]: *[mit der Maschine] Stofflagen zusammennähen*

step|pen[2] [st-, ʃt-] ⟨engl.⟩: *Stepp tanzen*

Step|pen|be|woh|ner || **Step|pen|be|woh|ne|rin** || **Step|pen|brand** || **Step|pen|gras** || **Step|pen|see**

Step|per [st-, ʃt-] der, -s/- ⟨engl.⟩: *Stepptänzer* || **Step|pe|rin** die, -/-innen

Stepp|ja|cke || **Stepp|naht** || **Stepp|stich**

Stepp|tanz [st-, ʃt-] || **Stepp|tän|zer** || **Stepp|tän|ze|rin**

Ster|be|be|glei|tung: *psychologische, geistliche, ärztliche Fürsorge Todkranker (und ihrer Angehörigen)* || **Ster|be|bett:** auf dem S. *(im Sterben)* liegen || **Ster|be|bild** (reg., zB T, SüdT): *[Falt-]blatt mit wichtigen Daten einer/eines Verstorbenen zur Erinnerung für die Trauergemeinde, Totenzettel* || **Ster|be|buch:** *standesamtliches Verzeichnis der Verstorbenen, Sterbematrik* || **Ster|be|da|tum** || **Ster|be|fall** || **Ster|be|ge|bet** || **Ster|be|glo|cke** || **Ster|be|got|tes|dienst** (westöst.) || **Ster|be|haus** || **Ster|be|hil|fe:** *[ärztliche] Beihilfe zum Sterben unrettbar Kranker, Euthanasie* || **Ster|be|jahr:** *Todesjahr* || **Ster|be|ker|ze** || **Ster|be|la|ger** (geh.): *Sterbebett* || **Ster|be|ma|trik** = **Ster|be|ma|tri|kel** (Admin.): *Sterbebuch* || **ster|ben,** ich sterbe, du stirbst/starb/gestorben/stirb!, sterbt!: eines schnellen Todes s.; an Krebs s.; ich sterbe vor Neugier; er ist für mich gestorben *(existiert nicht mehr für mich); aber:* etwas ist zum **S**terben langweilig; → sterben lassen = sterbenlassen || **Ster|ben** das, -s: im S. liegen || **ster|ben las|sen** = **ster|ben|las|sen:** er ließ das Projekt sterben | (ugs.) jemanden dumm/blöd s. *(ihn nicht informieren)* || **Ster|bens|angst:** *sehr große Angst; Todesangst* || **ster|bens|elend** || **ster|bens|krank** || **ster|bens|lang|wei|lig** || **ster|bens|mü|de:** *sehr müde* || **Ster|bens|wört|chen** (nur in der Wendung): kein S. *(nicht ein Wort)* sprechen || **Ster|be|ra|te** || **Ster|be|sa|kra|men|te** die (Pl.) (veraltet) (kath.): *Krankenölung* || **Ster|be|stun|de:** *Todesstunde* || **Ster|be|tag** || **Ster|be|ur|kun|de** || **sterb|lich** (geh.): die sterblichen Überreste *(der Leichnam)* | (scherzh.) sich s. *(sehr)* verlieben || **Sterb|li|che**[1] der, -n/-n, ein Sterblicher (geh.): *[gewöhnlicher] Mensch* || **Sterb|li|che**[2] die, -n/-n (geh.) || **Sterb|lich|keit** die, -: die S. der Säuglinge hat stark abgenommen || **Sterb|lich|keits|ra|te:** *Quote der Todesfälle;* → G.: Geburtenrate || **Sterb|lich|keits|zif|fer:** *Zahl der Todesfälle (in der Statistik)*

ste|reo [st-, auch: ʃt-] ⟨gr.⟩: *Kurzwort für stereophon;* → G.: mono || **Ste|reo** das, -s/-s: *Kurzwort für Stereophonie;* eine Sendung in S. || **Ste|reo|an|la|ge** || **ste|reo|fon** = stereophon [-f-] || **Ste|reo|fo|nie** = Stereophonie die, -: *akustische Wiedergabe mit räumlicher Klangwirkung* || **Ste|reo|laut|spre|cher** || **Ste|reo|me|t|rie** die, - (Math.): *Raumlehre* || **ste|reo|phon** [-f-] = stereofon || **Ste|reo|pho|nie** = → Stereofonie || **Ste|reo|skop** das, -s/-e: *optisches Gerät, das Bilder plastisch erscheinen lässt* || **ste|reo|sko|pisch** || **ste|reo|typ** [-'y:p]: *feststehend; formelhaft;* eine stereotype *(starre, ständig gebrauchte)* Redensart || **Ste|reo|typ** das, -s/-e: *Klischee, Vorurteil*

ste|ril [st-, ʃt-] ⟨lat.-fr.⟩: ein steriler *(keimfreier)* Wundverband | *unfruchtbar* || **Ste|ri|li|sa|ti|on** [-tsi̯-] die, -/-en || **ste|ri|li|sie|ren:** *keimfrei machen* | *unfruchtbar machen* || **Ste|ri|li|sie|rung** die, -/-en || **Ste|ri|li|tät** die, -: *Keimfreiheit* | *Unfruchtbarkeit*

Ster|let der, -s/-s ⟨russ.⟩: *ein störartiger Süßwasserfisch*

Ster|ling ['stɜ:-, 'stɛr-] der, -s/-e ⟨engl.⟩: *eine Geldeinheit in Großbritannien* | (mit Pl. Sterling bei Angaben von Beträgen mit Pfund) über drei Pfund Sterling verfügen; → Pfund Sterling || **Ster|ling|sil|ber:** *hochprozentige Silberlegierung*

Stern der, -[e]s/-e: Sonne, Mond und Sterne; die Expedition stand unter keinem guten S. *(unter ungünstigen Vorzeichen);* die Sterne vom Himmel holen *(alles Menschenmögliche tun);* das steht noch in den Sternen *(ist noch ungewiss, unsicher)* | (geh.) nach den Sternen greifen *(Unerreich-*

S

bares anstreben) | ein fünfzackiger S.; ein Hotel mit fünf Sternen/5-Stern[e]-Hotel *(Hotel mit der höchstmöglichen Bewertung)* | (ugs.) einen S. reißen *(stürzen)* | *Filmstar* || **Stern|bild:** *als Figur gedeutete Sternengruppe* || **Stern|chen** das, -s/-: *kleiner Stern* | *Starlet* || **Stern|derl** das, -s/-[n] (ugs.): *kleiner Stern* || **Stern|deu|te|rei** die, -: Astrologie || **Sterndl** das, -s/-n (ugs.): *kleiner Stern* ||
Ster|nen|ban|ner: *die Fahne der USA* || **ster|nen|hell** → sternhell || **Ster|nen|him|mel** der, -s, *auch:* Sternhimmel || **ster|nen|klar** → sternklar || **Ster|nen|schein** || **Ster|nen|zelt** das, -[e]s (geh.): *Sternenhimmel* || **Stern|fahrt:** *[Wett]fahrt von verschiedenen Orten aus zu einem gemeinsamen Ziel* || **stern|för|mig** || **Stern|gu|cker** der, -s/- (scherzh., veraltet): *Astronom* || **Stern|gu|cke|rin** die, -/-innen (scherzh., veraltet) || **stern|ha|gel|voll** (scherzh.): *völlig betrunken* || **Stern|hau|fen** (Astron.): *eine Ansammlung von Sternen* || **stern|hell,** *auch:* sternenhell || **Stern|him|mel** → Sternenhimmel || **Stern|kar|te:** *Himmelskarte* || **stern|klar,** *auch:* sternenklar || **Stern|kun|de** die, -: *Astronomie* || **Stern|schnup|pe** die, -/-n: *kleiner Meteor* || **Stern|sin|gen** das, -s: *ein Volksbrauch zur Dreikönigszeit* || **Stern|sin|ger** der, -s/- || **Stern|sin|ge|rin** die, -/-innen || **Stern|sprit|zer:** *Wunderkerze* || **Stern|stun|de** (geh.): *bes. bedeutungsvoller, günstiger Augenblick* | *schicksalhafte Stunde* || **Stern|war|te** (Astron.): *Observatorium* || **Stern|zei|chen:** *Tierkreiszeichen*

S

Sterz der, -es/-e: *eine Speise* | (ugs., veraltet) wie's Mandl beim S. *(völlig ratlos, ahnungslos; verdutzt)*

Ster|zing (it.: Vipiteno [v-]): *Stadt in Südtirol*

Sterz|pfan|ne: *flaches Kochgeschirr für Sterz* || **Sterz|rein:** *Sterzpfanne*

stet (geh.): *ausdauernd, fortwährend;* „Steter Tropfen höhlt den Stein"; → stetig

Ste|tho|skop [st-] das, -s/-e ⟨gr.⟩ (Med.): *Hörgerät des Arztes*

ste|tig: *beständig;* → stet || **Ste|tig|keit** die, -/-en || **stets:** *immer*

Steu|er[1] das, -s/-: das S. des Schiffes; das S. herumreißen; das S. übernehmen; → Steuerung

Steu|er[2] die, -/-n: *genau festgelegter Teil von Lohn, Einkommen, Vermögen, der an den Staat abgegeben werden muss;* Steuern zahlen; etwas von der S. absetzen || **Steu|er|ab|setz|be|trag** || **Steu|er|ab|zug** || **Steu|er|am|nes|tie** || **Steu|er|amt:** das S. der Stadt Graz || **Steu|er|auf|kom|men:** *Gesamtheit der Steuereinnahmen eines Staates*

steu|er|bar: *lenkbar;* das Auto war auf Eis nicht mehr s.

Steu|er|be|frei|ung || **steu|er|be|güns|tigt:** s. sparen || **Steu|er|bei|stand** (SüdT): *Steuerberatung, Hilfe bei der Steuererklärung* || **Steu|er|be|las|tung** || **Steu|er|be|mes|sungs|grund|la|ge** || **Steu|er|be|ra|ter:** *Vertreter in Steuerangelegenheiten* || **Steu|er|be|ra|te|rin** || **Steu|er|be|ra|tung** || **Steu|er|be|scheid:** *ein Bescheid vom Finanzamt, zB der Einkommensteuerbescheid*

steu|er|bord (Seemannsspr.) || **Steu|er|bord** das, -[e]s/-e (Seemannsspr.): *rechte Schiffsseite (von hinten aus gesehen);* → G.: Backbord

Steu|er|ein|he|bung || **Steu|er|ent|las|tung** || **Steu|er|er|hö|hung** || **Steu|er|er|klä|rung:** *Angaben über die Vermögens-, Lohn-, Einkommensverhältnisse* || **Steu|er|er|mä|ßi|gung** || **Steu|er|fahn|der** || **Steu|er|fahn|de|rin** || **Steu|er|fahn|dung:** *eine staatliche Betriebsprüfung bei Verdacht* || **Steu|er|flucht:** *Umgehen der Steuerpflicht [durch Wechsel des Wohnortes ins Ausland]* || **Steu|er|flücht|ling**

Steu|er|frau (Sport): Frauenvierer ohne S.

steu|er|frei || **Steu|er|frei|be|trag** || **Steu|er|gel|der** die (Pl.) || **Steu|er|ge|schenk** || **Steu|er|hin|ter|zie|hung** die, -/-en || **Steu|er|klas|se**

Steu|er|knüp|pel

Steu|er|ko|dex (SüdT): *Steuernummer* || **Steu|er|last** || **steu|er|lich:** s. begünstigen

steu|er|los: *ohne Steuer; ohne Steuermann* || **Steu|er|mann** der, -[e]s/-männer [-leute]

Steu|er|mit|tel die (Pl.): etwas aus Steuermitteln finanzieren

steu|ern: ein Boot s.; eine Maschine s. | (geh.) dem Missbrauch s. *(entgegenwirken);* → Steuer[1]

Steu|er|oa|se || **Steu|er|pa|ra|dies:** *Staat mit niedrigen Steuern* || **Steu|er|pflicht** || **steu|er|pflich|tig** || **Steu|er|pflich|ti|ge**[1] der, -n/-n, ein Steuerpflichtiger || **Steu|er|pflich|ti|ge**[2] die, -n/-n || **Steu|er|pro|gres|si|on:** *ansteigende steuerliche Mehrbelastung von höheren Einkommen* || **Steu|er|prü|fer** || **Steu|er|prü|fe|rin** || **Steu|er|prü|fung:** *eine staatliche Überprüfung*

Steu|er|rad: *Rad des Steuerruders* | *Lenkrad*

Steu|er|recht || **Steu|er|re|form**

Steu|er|ru|der: *Vorrichtung zum Steuern an Schiffen*

Steu|er|satz || **steu|er|scho|nend** || **Steu|er|schuld** || **Steu|er|sen|kung** die, -/-en || **Steu|er|sün|der** || **Steu|er|sün|de|rin** || **Steu|er|ta|rif**

Steu|e|rung die, -/-en: automatische S. || **Steu|e|rungs|tech|nik** (Elektrot.): Steuerungs- und Regeltechnik

Steu|er|vor|schrei|bung: *Bescheid für die vorausberechnete Steuer des kommenden Jahres* || **Steu|er|vor|teil**

Steu|er|wa|gen: *Wagon ohne Antriebseinheit, aber mit Führerstand zur Fernsteuerung eines Triebfahrzeugs*

Steu|er|zah|ler der, -s/- || **Steu|er|zah|le|rin** die, -/-innen || **Steu|er|zu|ckerl** (sal.): *steuerliche Begünstigung*

Ste|ven [ʃteːvn] der, -s/- (Seemannsspr.): *Balken vorn und hinten am Schiffsende*

Ste|via[1] [st-v-] die, -/Stevien [-i̯en] ⟨span.-lat.⟩: *eine Pflanze mit hoher Süßkraft* || **Ste|via**[2] das, -[s]: *Süßstoff aus der Stevia*

Ste|ward ['stjuːəd] der, -s/-s ⟨engl.⟩: *Betreuer [auf Schiffen]; Flugbegleiter* || **Ste|war|dess** [-'dɛs, 'stjuː-] die, -/-en

Steyr ['ʃtaɪə] (Kfz: SE, SR): *Statutarstadt in Oberösterreich* || **Steyr** die, -: *Nebenfluss der Enns* || **Stey|regg:** *Stadt in Oberösterreich*

StGB [ɛs te ge 'beː] das, -: **Strafgesetzbuch;** → ABGB

sti|bit|zen [auch: -'bi-], du hast gestibitzt (stibitzt) (scherzh.): *stehlen*

Sti|bi|um [st-, ʃt-] das, -s ⟨gr.-lat.⟩ (Zeichen: Sb): *Antimon*

Stich der, -[e]s/-e: es gab mir einen S. ins Herz *(es schmerzte mich tief)* | etwas mit wenigen Stichen annähen | *Kupferstich* | (im Kartenspiel) einen S. machen | jemanden im S. lassen *(jemandem nicht helfen, jemanden verlassen)* | (ugs.) diese Milch hat schon einen S. *(sie beginnt sauer zu werden)* | das Kleid hat einen S. ins Blaue || **Stich|bahn:** *Flügelbahn* || **Sti|chel** der, -s/-: *ein Werkzeug* || **Sti|che|lei** die, -/-en: *stichelnde Anspielung, boshafte Bemerkung* || **sti|chel|haa|rig:** ein stichelhaariger Dackel || **sti|cheln,** ich stichle: *mit boshaften Bemerkungen reizen* || **stich|fest:** stichfeste Beweise; → hieb- und stichfest || **Stich|flam|me:** *plötzlich emporschießende Flamme* || **Stich|fra|ge:** *eine nachträgliche Entscheidungsfrage* || **Stich|gas|se:** *schmaler Verbindungsweg* | *Sackgasse* || **stich|häl|tig,** *auch:* stichhaltig: ein stichhältiger *(nicht widerlegbarer)* Beweis || **Stich|häl|tig|keit** die, - || **sti|chig** (ugs.): die Milch ist s. *(sie beginnt sauer zu werden)* || **Stich|kampf** (Sport): *Ausscheidungs-, Entscheidungskampf* || **Stich|ka|nal:** *Verbindung zwischen zwei Schifffahrtskanälen* | *Stoßrichtung bei Stichverletzungen [zur Rekonstruktion von Verbrechen]* || **Stich|ler** der, -s/- (ugs., abw.): *jemand, der stichelt* || **Stich|le|rin** die, -/-innen (ugs., abw.) || **Stich|ling** der, -s/-e: *ein Fisch* || **Stich|pro|be:** eine S. machen *(einen beliebig herausgegriffenen Teil überprüfen, um auf das Ganze schließen zu können)* || **stich|pro|ben|wei|se** || **Stich|sä|ge** || **Stich|stra|ße** (bes. D): *Sackstraße* || **Stich|stre|cke** (bes. D): *Flügelbahn* || **sticht** → stechen || **Stich|tag:** *der für bestimmte [statistische] Angaben maßgebende Tag, zB bei einer Volkszählung* || **Stich|ver|let|zung** || **Stich|waf|fe:** *Dolch ua.* || **Stich|wahl:** *Entscheidungswahl zwischen den zwei stimmenstärksten Kandidaten, von denen niemand die erforderliche Mehrheit erreicht hat* || **Stich|weg:** *schmale Verbindung zwischen zwei Straßen* || **Stich|wort** das, -[e]s/-e: *das jeweils letzte Wort in der Rolle eines Schauspielers, auf das hin ein anderer fortsetzt oder auftritt* | etwas in Stichworten *(nur kurz, auf das Wesentliche beschränkt)* notieren | (mit Pl. -wörter) *Lemma;* das Wörterbuch hat 90 000 Stichwörter || **stich|wort|ar|tig** || **Stich|wort|ver|zeich|nis** || **Stich|wun|de**

Stick [stɪk] der, -s/-s ⟨engl.⟩: *Stift, Stäbchen;* USB-Stick

Stick|ar|beit: *Stickerei*

sti|cken: eine Decke s. *(durch Stickarbeit verzieren)* || **Sti|cken** das, -s: *eine textile Technik* || **Sti|cker**[1] der, -s/-: *jemand, der Stickereien anfertigt*

Sti|cker[2] [st-] der, -s/- ⟨engl.⟩: *Aufkleber, Pickerl*

Sti|cke|rei die, -/-en || **Sti|cke|rin** die, -/-innen || **Stick|garn**

sti|ckig: stickige *(schlechte, verbrauchte)* Luft

Stick|mus|ter || **Stick|na|del**

Stick|oxid = **Stick|oxyd** [-y:t]: *Stickstoffoxid*

Stick|rah|men: *Rahmen, in den der zu bestickende Stoff eingespannt wird*

Stick|stoff der, -[e]s (Zeichen: N): *ein chemisches Element, Nitrogenium* || **Stick|stoff|dün|ger:** *ein Kunstdünger* || **stick|stoff|frei** || **stick|stoff|häl|tig,** *auch:* stickstoffhaltig

stie|ben, stob [stiebte]/gestoben [gestiebt]: die Funken stieben *(sprühen)* | die Masse stob auseinander; → Gestöber

Stief|bru|der: *Halbbruder*

Stie|fel der, -s/-: ein Paar S. | (ugs., sal.) einen S. *(Unsinn)* reden || **Stie|fel|ab|satz** || **Stie|fe|let|te** [-f'lɛ-] die, -/-n (meist Pl.): *Halbstiefel* || **Stie|fel|knecht:** *ein Gerät zum Stiefelausziehen* || **stie|feln:** ich stiefle *(stapfe, trotte)* durch den Schnee || **Stie|fel|schaft** der, -[e]s/-schäfte

Stief|el|tern die (Pl.): *nicht leibliche Eltern* || **Stief|ge|schwis|ter** die (Pl.): *Halbgeschwister* || **Stief|kind:** *leibliches Kind nur des einen Ehepartners* | *Benachteiligte[r], Zurückgesetzte[r]* || **Stief|mut|ter:** *nicht leibliche Mutter* || **Stief|müt|ter|chen** das, -s/-: *eine Blume* || **stief|müt|ter|lich:** jemanden s. behandeln *(jemanden zurücksetzen, benachteiligen)* || **Stief|schwes|ter:** *Halbschwester* || **Stief|sohn** → Stiefkind || **Stief|toch|ter** → Stiefkind || **Stief|va|ter:** *nicht leiblicher Vater*

stieg → steigen || **Stie|ge** die, -/-n: *Treppe;* Stiegen steigen; auf S. 5 *(Teil der Wohnhausanlage)* wohnen || **Stie|gen|ab|satz** || **Stie|gen|auf|gang** || **Stie|gen|ge|län|der** || **Stie|gen|haus:** *Treppenhaus*

Stieg|litz der, -es/-e ⟨tschech.⟩: *ein Singvogel, Distelfink*

stiehlt → stehlen

Stiel der, -[e]s/-e: der S. des Besens ist abgebrochen | Rosen mit einem langen S.; etwas mit Stumpf und S. *(ganz und gar)* ausrotten || **Stiel|au|ge:** *Auge mancher Krebstiere* | (ugs.) Stielaugen machen *(begierig oder verblüfft schauen)* || **Stiel|bürs|te** || **Stiel|glas:** *Glas mit einem Stiel* || **stiel|los:** *ohne Stiel; aber:* → stillos || **Stiel|pfan|ne** || **Stiel|stich:** *ein Zierstich*

stier: s. *(starr)* dreinschauen; → stieren | (ugs.) *ohne Geld*

Stier der, -[e]s/-e: *männliches Rind, Bulle;* wie ein S. brüllen; den S. bei den Hörnern packen *(in einer schwierigen Situation mutig handeln)* | *ein Tierkreiszeichen*

stie|ren: *starr schauen;* → stier | (ugs.) *herumstöbern;* in Abfällen s. | (ugs.) das stiert mich *(es ist mir zuwider, es ärgert mich)*

Stier|kalb || **Stier|kampf** || **Stier|kampf|are|na** || **Stier|kämp|fer:** *Torero*

stierln, ich stierl[e] (ugs.): *herumstochern und etwas suchen*

stier|na|ckig (oft abw.): *mit kräftigem Genick*

stieß → stoßen

Stift[1] der, -[e]s/-e: ein S. zum Zeichnen | (scherzh.) *Jüngster in einer Arbeitsgruppe*

Stift[2] das, -[e]s/-e: *auf eine Stiftung zurückgehendes größeres Kloster;* S. Melk || **stif|ten**[1]: einen Orden s. *(gründen)* | Geld s. *(einem guten Zweck widmen)* | Frieden s. *(schaffen);* Unheil s. *(verursachen)*

stif|ten[2] (ugs.): s. gehen *(sich aus dem Staub machen)*

Stif|ter der, -s/- || **Stif|te|rin** die, -/-innen

Stif|terl das, -s/-[n]: *eine kleine Flasche Wein oder Sekt*

Stifts|gym|na|si|um [-gy-] || **Stifts|kel|ler** || **Stifts|kir|che** || **Stifts|ta|ver|ne** || **Stif|tung** die, -/-en: *Schenkung [von Geld, Häusern für einen gemeinnützigen Zweck]* || **Stif|tungs|prü|fer** || **Stif|tungs|prü|fe|rin** || **Stif|tungs|rat:** *Aufsichtsrat einer Stiftung* || **Stif|tungs|ur|kun|de** || **Stif|tungs|vor|stand**

Stift|zahn: *ein künstlicher Zahn*

Stig|ma [st-] das, -s/-ta [Stigmen] ⟨gr.⟩: *[Wund]mal, Zeichen;* das S. des Verräters || **Stig|ma|ti|sa|ti|on** [-tsi̯-] die, -/-en: *Erscheinen der Wundmale Christi an Men-*

S

schen ‖ **stig|ma|ti|sie|ren:** *diskriminieren, brandmarken* ‖ **Stig|ma|ti|sier|te**[1] der, -n/-n, ein Stigmatisierter ‖ **Stig|ma|ti|sier|te**[2] die, -n/-n

Stil [st-, auch: ʃt-] der, -[e]s/-e ⟨lat.⟩: ein guter S. *(guter sprachlicher Ausdruck)* | *Baustil; Kunststil, zB Barock, Jugendstil* | (ohne Pl.) das ist nicht mein S. *(das ist nicht meine Art);* etwas im großen S. *(Ausmaß)* betreiben ‖ **stil|bil|dend:** *vorbildlich für einen Stil* ‖ **Stil|blü|te** (scherzh.): *komischer Ausdrucksfehler* ‖ **Stil|bruch:** *auffälliger Wechsel des Stils* ‖ **Stil|ebe|ne** (Sprachwiss.): *Ausdrucksebene* ‖ **stil|echt:** ein stilechter Kasten

Sti|lett [ʃt-, st-] das, -[e]s/-e ⟨it.-fr.⟩: *kurzer, schmaler Dolch*

Stil|ge|fühl [st-, auch: ʃt-] das, -[e]s ‖ **stil|ge|recht** ‖ **sti|li|sie|ren:** *auf besondere Weise ausformulieren* | eine Rose stilisiert *(künstlerisch vereinfacht)* zeichnen ‖ **Sti|li|sie|rung** die, -/-en ‖ **Sti|lis|tik** die, -/-en: *Stillehre, Stilkunde* ‖ **sti|lis|tisch** ‖ **Stil|kun|de**

still:

ruhig, lautlos; eine stille Nacht

Großschreibung bei Nominalisierung und in Eigennamen:
- sich im **S**tillen *(für sich)* freuen
- der **S**tille Ozean *(Pazifik)*

R→ S. 892, 2.2 bzw. S. 895, 4.1

Getrenntschreibung bei wörtlicher Bedeutung:
- du sollst still bleiben *(nicht zu reden beginnen)*
- den Kopf still halten *(ruhig halten)*
- ihr sollt still stehen *(ruhig stehen)*

Zusammenschreibung bei übertragener Bedeutung:
- stillhalten *(sich nicht bewegen, nichts tun)*
- im Leid stillhalten *(es geduldig ertragen)*
- einen Betrieb stilllegen *(ihn schließen)*
- die Fabriken werden stillliegen *(außer Betrieb sein)*
- trotz Drohungen stillschweigen
- die Zeit ist stillgestanden
- die Maschinen sind stillgestanden R→ S. 900, 1.5.1

Still-BH [-be ha:] der, -[s]/-[s]: *vorne zu schließender Büstenhalter für stillende Mütter* ‖ **Stil|le** die, -: in aller S. *(ohne Aufsehen)* ‖ **stil|len:** den Durst s. *(trinken)* | den Säugling s. *(ihm die Brust geben)* | eine Blutung s. ‖ **Still|hal|te|ab|kom|men:** *Übereinkommen, den gegenwärtigen Zustand zu belassen* ‖ **still|hal|ten:** *sich nicht bewegen, nichts tun* | im Leid s. *(es geduldig ertragen); aber:* die Hand still *(ruhig)* halten ‖ **Still|le|ben** [ʃt-]: *Bild mit künstlerisch angeordneten leblosen Gegenständen, zB Blumen, Früchten* ‖ **still|le|gen:** einen Betrieb s. *(ihn schließen)* ‖ **Still|le|gung** die, -/-en ‖ **still|lie|gen:** die Fabriken werden s. *(außer Betrieb sein); aber:* still *(ruhig)* liegen

stil|los [st-, auch: ʃt-]: *einem bestimmten Stil widersprechend* | *geschmacklos; aber:* → stiellos ‖ **Stil|lo|sig|keit** die, -

still|schwei|gen: trotz der Drohungen schwieg sie still ‖ **Still|schwei|gen:** S. bewahren ‖ **still|schwei|gend:** s. zustimmen ‖ **Still|stand** ‖ **still|ste|hen:** das Herz *ist* stillgestanden *(es hat aufgehört zu schlagen); aber:* ihr sollt still *(ruhig)* stehen ‖ **Stil|lung** die, -/-en: die Ärztin erreichte eine S. der Blutung ‖ **still|ver|gnügt** ‖ **Still|zeit** (Med.): *Zeit, in der ein Säugling an der Brust trinkt*

Stil|mit|tel [st-, auch: ʃt-]: sprachliche S. ‖ **Stil|mö|bel** ‖ **Stil|rich|tung:** in verschiedenen Stilrichtungen erbaut ‖ **stil|voll** ‖ **stil|wid|rig**

Stimm|ab|ga|be: eine ungültige S. bei einer Wahl ‖ **Stimm|band** (meist Pl.): *ein Teil des Kehlkopfs* ‖ **stimm|be|rech|tigt:** alle waren s. *(durften mitstimmen, mitwählen)* ‖ **Stimm|be|rech|tig|te**[1] der, -n/-n: ein Stimmberechtigter ‖ **Stimm|be|rech|tig|te**[2] die, -n/-n ‖ **Stimm|bil|dung** die, -: *Sprech-, Gesangsschulung* ‖ **Stimm|bruch** der, -[e]s: *Stimmwechsel, Übergang von der Knaben- zur Männerstimme, Mutation;* im S. sein ‖ **Stimm|chen** das, -s/- ‖ **Stim|me** die, -/-n: ihre S. versagte; er verstellte seine S.; nicht gut bei S. sein | der S. *(Mahnung)* des Gewissens folgen | (geh.) die S. erheben *(zu reden beginnen; eine Meinung, Warnung aussprechen)* | etwas mit nur einer S. Mehrheit beschließen; Sitz und S. im Aufsichtsrat haben | die S. *(Meinung)* des Volkes | (Mus.) die erste S. singen ‖ **stim|men:** für einen Antrag s. | die Richtung stimmt *(sie ist richtig)* | die Geige s. | jemanden lustig s. *(jemanden erheitern)* ‖ **Stim|men|an|teil** ‖ **Stim|men|aus|zäh|lung** ‖ **Stim|men|gleich|heit** ‖ **Stim|men|ein|hel|lig|keit:** S. *(Einstimmigkeit)* erzielen ‖ **Stim|men|fang** (sal.): auf S. gehen *(die Wähler/innen so beeinflussen, dass sie für einen stimmen)* ‖ **Stim|men|ge|winn** ‖ **Stim|men|ge|wirr:** *Durcheinanderreden* ‖ **Stim|men|gleich|heit** ‖ **Stim|men|mehr|heit** ‖ **Stimm|ent|hal|tung** die, -/-en: S. üben *(bei der Abstimmung keine Stimme abgeben)* ‖ **Stim|men|ver|hält|nis** ‖ **Stim|men|ver|lust** ‖ **Stim|men|zu|wachs** [-ks] ‖ **Stimm|fach:** *Einteilung der Opernrollen nach dem Stimmcharakter, zB lyrischer, dramatischer Sopran;* → Stimmgattung ‖ **Stimm|füh|rung** (Mus.): die kunstvolle S. in einer Fuge ‖ **Stimm|ga|bel:** *ein Gerät zur Angabe einer bestimmten Tonhöhe* ‖ **Stimm|gat|tung** (Mus.): *Lage (Sopran, Mezzosopran, Alt, Tenor, Bariton, Bass);* → Stimmfach ‖ **stimm|ge|wal|tig** ‖ **stimm|haft:** der stimmhafte sch-Laut [ʒ] im Wort *Journal* ‖ **stim|mig:** *übereinstimmend, harmonisch* | (in Zusammensetzungen) mehrstimmig ‖ **Stim|mig|keit** die, - ‖ **Stimm|kar|te** ‖ **Stimm|la|ge:** *Stimmgattung* ‖ **stimm|lich** ‖ **stimm|los:** das stimmlose sch [ʃ] im Wort *Schule* ‖ **Stimm|recht:** *das Recht abzustimmen, zu wählen* ‖ **Stimm|schlüs|sel:** *Gerät zum Stimmen der [Klavier]saiten* ‖ **Stimm|ton** (Mus.): *Normalstimmton* ‖ **Stim|mung** die, -/-en: in guter S. *(heiter)* sein; das Publikum in S. bringen | ein Film mit eindringlicher S. *(Atmosphäre)* | (Mus.) die S. der Gitarre[saiten] ist zu hoch ‖ **Stim|mungs|ba|ro|me|ter** ‖ **Stim|mungs|ka|no|ne** (ugs., sal.): *jemand, der alle gut unterhalten kann* ‖ **Stim|mungs|ma|che** die, - (abw.): *Beeinflussungsversuch* ‖ **Stim|mungs|ma|cher** ‖ **Stim|mungs|ma|che|rin** ‖ **Stim|mungs|mu|sik:** *Unterhaltungsmusik* ‖ **Stim|mungs|um|schwung** ‖ **stim|mungs|voll** ‖ **Stimm|wech|sel** [-ks-]: *Mutation, Stimmbruch* ‖ **Stimm|zet|tel:** bei der Wahl gab es 21 ungültige S.

S

Stimulans [st-, auch: ʃt-] das, -/ Stimulantia [-tsia] [Stimulanzien] [-iən] ⟨lat.⟩: *Anregungs-, Aufputschmittel* ‖ **Stimulation** [-tsi-] die, -/-en ‖ **stimulieren:** *anregen, anreizen* ‖ **Stimulierung** die, -/-en ‖ **Stimulus** der, -/ Stimuli: *Reiz, Antrieb*

Stinkefinger (ugs.): den S. zeigen *(eine obszöne Geste mit dem Mittelfinger machen)* ‖ **stinken,** stank/gestunken: das stinkt wie die Pest *(riecht abstoßend)* | (sal.) das stinkt nach Betrug *(lässt Betrug vermuten)* | (ugs.) er stinkt vor Faulheit *(ist sehr faul);* das stinkt mir *(ist mir zuwider, verdächtig)* ‖ **Stinkerl** das, -s/-[n] (reg., ugs.): *leichter Geschmack nach Schwefelsäure (beim Wein)* ‖ **stinkfad** (ugs.): *sehr fad* ‖ **stinkfaul** (ugs.) ‖ **Stinkkäse** (ugs.): *eine Käsesorte, Quargel* ‖ **stinklangweilig** (ugs.) ‖ **stinknormal** (ugs.): *völlig normal* ‖ **stinkreich** (ugs.): *sehr reich* ‖ **stinksauer** (ugs.): *sehr verärgert* ‖ **Stinktier:** → *Skunk* ‖ **Stinkwut** (ugs.): eine S. *(großen Zorn)* haben ‖ **stinkwütend** (ugs.): *sehr wütend*

Stipendiat [ʃt-, auch: st-] der, -en/-en ⟨lat.⟩: *Empfänger eines Stipendiums* ‖ **Stipendiatin** die, -/-innen ‖ **Stipendium** das, -s/Stipendien [-iən]: *Geldbeihilfe [für Studierende];* ein S. gewähren/erhalten

Stipfl der, -s/-[n] (mda.): *Stumpf; Baumstumpf; [Zaun]pflock*

Stippvisite [-vi-] (D): *kurzer Besuch*

Stipulation [st-tsi-, ʃt-] die, -/-en ⟨lat.⟩ (Jus): *vertragliche Verpflichtung* ‖ **stipulieren** (Jus): *vertraglich vereinbaren*

stirbt → sterben

Stirn die, -/-en, *auch:* Stirne, -/-n: eine hohe S.; die S. runzeln | (geh.) jemandem die S. bieten *(sich jemandem widersetzen);* die S. *(Unverschämtheit)* haben, so etwas zu sagen ‖ **Stirnband** ‖ **Stirne** → Stirn ‖ **Stirnfalte** ‖ **Stirnglatze** ‖ **Stirnhöhle** ‖ **Stirnhöhlenentzündung**

Stirnhöhleneiterung die, -/-en (Med.) ‖ **Stirnhöhlenkatarr** = **Stirnhöhlenkatarrh** (Med.): *eine Krankheit* ‖ **Stirnrunzeln** das, -s ‖ **stirnrunzelnd:** s. *(missfallend)* reagieren ‖ **Stirnseite:** *Vorderseite* ‖ **Stirnwand:** die S. *(Vorderwand)* eines Hauses

Stmk.: Steiermark

stob → stieben

stöbern: in einem Kasten s. *(darin herumsuchen)* | es stöbert *(es schneit bei starkem Wind)*

Stochastik [st-] die, - ⟨gr.⟩: *Teilgebiet der Statistik, das sich mit der Analyse zufallsabhängiger Ereignisse und deren Wert für statistische Untersuchungen befasst* ‖ **stochastisch:** *zufallsabhängig*

stochern: im Essen s.; mit einem Zahnstocher in den Zähnen s.; in der Ofenglut s.

Stock der, -[e]s/Stöcke: die alte Frau geht am S.; *Taktstock* | *Hackstock* | *Blumenstock* | *Baumstumpf;* über S. und Stein *(über alle Unebenheiten hinweg)* | *Bienenstock* | *Gebirgsstock* | *Grundstock; Grundlage* | *Stockwerk;* im ersten S. wohnen | (in Verbindung mit Zahlen mit Pl. Stock); ein zwei Stock hohes *(zweistöckiges)* Haus ‖ **stockbetrunken** (ugs.) ‖ **Stockbett:** *Gestell mit zwei übereinander befindlichen Betten* ‖ **stockblind** (ugs.): *völlig blind* ‖ **stockdumm** (ugs.): *sehr dumm* ‖ **stockdunkel** (ugs.): *völlig dunkel* ‖ **Stöckel** der, -s/-: *ein hoher [dünner] Schuhabsatz* ‖ **stöckeln:** *auf Stöckeln gehen* ‖ **Stöckelpflaster** (veraltet): *Kopfsteinpflaster* | *Pflaster aus Holzwürfeln* ‖ **Stöckelschuh:** *Damenschuh mit hohem [dünnem] Absatz* ‖ **stocken:** in der Rede s. *(stecken bleiben);* stockend *(zögernd)* antworten; mir stockte vor Schreck der Atem; der Verkehr stockte *(stand still)* | das Blut stockte *(gerann);* gestockte *(saure)* Milch ‖ **Stockente:** *ein Entenvogel*

Stockerau: *Stadt in Niederösterreich*

Stockerl das, -s/-[n]: *Sitzgelegenheit ohne Lehne, Hocker* | (Sport) *Siegespodest;* auf dem S. stehen *(unter die ersten drei kommen)* | (sal.) das haut mich vom S. *(das beeindruckt mich)* ‖ **Stockerlplatz** (Sport): *ein Platz auf dem Siegespodest* ‖ **stockfinster** (ugs.): *ganz finster* ‖ **Stockfisch:** *auf einem Holzgestell getrockneter Fisch;* steif wie ein S. ‖ **Stockfleck:** *durch Schimmel entstandener Fleck [auf Stoff oder Papier]* ‖ **stockfleckig** ‖ **Stockgleis** (veraltend): *Endgleis einer Bahnlinie* ‖ **Stockhaus:** *ein- oder mehrstöckiges Haus* ‖ **stockheiser** (ugs.): *ganz heiser* ‖ **stockhoch:** ein stockhohes *(einstöckiges)* Haus

Stockholm: *Hauptstadt Schwedens*

-stöckig (nur in Zusammensetzungen wie achtstöckig)

stockkonservativ (ugs.): *sehr konservativ* ‖ **Stöckl** das, -s/-[n]: *kleineres, meist einstöckiges Wohngebäude, zB das Nebengebäude eines Schlosses* | (ugs.) *kleiner Blumenstock* ‖ **Stöcklgebäude** ‖ **stocknüchtern** (ugs.) ‖ **Stockschießen** (Sport) ‖ **Stockschnupfen:** *ein hartnäckiger Schnupfen* ‖ **Stocksport** ‖ **stocksteif** (ugs.) ‖ **stocktaub** (ugs.) ‖ **Stockuhr** (veraltet): *Standuhr* ‖ **Stockung** die, -/-en: eine S. *(Stauung)* des Autoverkehrs; eine S. *(eine Unterbrechung)* im Arbeitsprozess | die S. *(Gerinnung)* des Blutes ‖ **Stockwerk:** im ersten S. *(Stock)* eines Hauses ‖ **Stockzahn:** *Backenzahn*

Stoff der, -[e]s/-e: drei Meter S. | *Substanz, Materie; Nährstoff* | *Lehrstoff; Gesprächsstoff;* der S. *(der Inhalt, die Handlung)* einer Erzählung | (sal.) *Rauschgift* ‖ **Stoffballen:** *aufgerollter Stoff* ‖ **Stofffarbe** ‖ **Stofffetzen** ‖ **Stofffleckerl** (ugs.) ‖ **Stofffülle:** *Fülle an Inhalt, Unterrichts-, Lehrstoff uÄ* ‖ **Stoffgebiet:** *Teil eines Wissensstoffes, Lehrstoffes* ‖ **stofflich:** die stofflichen *(materiellen)* Dinge ‖ **Stoffmuster** ‖ **Stoffname,** *auch:* **Stoffnamen** (Gramm.): *konkretes Nomen, das eine gleichartige Stoffmasse bezeichnet, zB* Wasser, Holz ‖ **Stoffrest** ‖ **Stoffsammlung:** *Material [für ein Buch]* ‖ **Stoffserviette** [-rv-] ‖ **Stofftier:** *ein Spielzeug; Plüschtier* ‖ **Stoffwechsel** [-ks-] der, -s: *Aufbau und Abbau von [Nähr]stoffen im Körper* ‖ **Stoffwechselprodukt**

stöhnen: vor Schmerzen/Lust s. | er stöhnt *(leidet)* unter der vielen Arbeit

Stoiker [st-] der, -s/- ⟨gr.-lat.⟩: *Anhänger einer philosophischen Richtung* ‖ **stoisch:** mit stoischer *(unerschütterlicher)* Ruhe ‖ **Stoizismus** der, -: *eine philosophische Richtung* | *unerschütterliche Gelassenheit*

Stola [st-] die, -/Stolen ⟨gr.-lat.⟩: *um den Nacken gelegter langer Stoffstreifen des katholischen Priesters bei Amtshandlungen* |

S

(in der Damenmode) ein schalartiger Umhang

Stollen der, -s/-: *ein Gebäck* | *unterirdischer Gang (in Bergwerken);* einen S. vortreiben | *in das Hufeisen geschraubter Eisenzapfen* | *Profil an der Sohle von Sportschuhen* || **Stollenbau** der, -[e]s

Stolperdraht: *ein Hindernis* || **stolpern:** über eine Baumwurzel s. | über ein Wort s. *(es nicht verstehen, sich versprechen)* || **Stolperstein:** *Hindernis am Weg* | eine Jugendsünde wurde ihr zum S. *(war der Grund für ihr Scheitern)*

stolz: ein stolzer Moment *(voller Freude); überheblich* | ein stolzer *(hoher)* Preis; ein stolzes *(beeindruckendes)* Unternehmen || **Stolz** der, -es: *Selbstwertgefühl;* ihr S. ist berechtigt; voller S. sein || **stolzgeschwellt** (geh.): mit stolzgeschwellter Brust || **stolzieren:** *[überheblich] einherschreiten*

stop [ʃt-, st-] ⟨engl.⟩: *halt! (nur auf Verkehrszeichen); aber:* → stopp; → stoppen

stopfen: alles in den Koffer s.; Pfeife s.; das Besprechungszimmer war gestopft voll | Strümpfe (die Löcher in den Strümpfen) s. | ein Budgetloch s. *(das Defizit beseitigen)* | eine stopfende *(Verstopfung verursachende)* Speise || **Stopfer** der, -s/- (V): *Schmarren* || **Stopfgarn** || **Stopfholz:** beim Strümpfestopfen ein S. verwenden || **Stopfleber:** *durch übertriebene Mästung einer Gans oder Ente hervorgerufene krankhafte Leberschwellung* | (Gast.) *eine kulinarische Spezialität (in Österreich verboten)* || **Stopfwolle**

stopp [ʃt-] (Interjektion): s., sofort anhalten!; *aber:* → stop || **Stopp** der, -s/-s: *das Anhalten; Unterbrechung* | (Sport) *Kurzwort für Stoppball;* einen S. spielen || **Stoppball** (Sport): *eine Schlagtechnik, Stopp*

Stoppel[1] der, -s/- (bes. ostöst.): *ein Flaschenverschluss, Stöpsel;* Korkstoppel

Stoppel[2] die, -/-n (meist Pl.): Bartstoppeln; Getreidestoppeln || **Stoppelbart:** *ein ganz kurzer Bart* || **stoppelbärtig** || **Stoppelfeld:** *abgeerntetes Getreidefeld* || **Stoppelfrisur** (ugs.)

Stoppelgeld (veraltend): *vom Wirt eingehobener Betrag für mitgebrachten Wein*

Stoppelglatze (ugs.) || **stoppelhaarig** || **stoppelig:** stoppeliges Kinn

stoppeln (ugs. bzw. fachspr.): *nach Korken riechen/schmecken* || **Stoppelrevolver** [-ˌvɔlf-, -ˌvɔlv-] (veraltend): *ein Spielzeug* || **Stoppelzieher** der, -s/- (bes. ostöst.): *Korkenzieher*

stoppen: ein Auto s. *(aufhalten)* | das Auto stoppte *(es blieb stehen)* | die Zeit s. *(messen);* → stop; → stopp || **Stopper** der, -s/-: *Autostopper* | *Türstopper* | (Sport) *hinterster Verteidiger im Fußball;* → Libero || **Stopperin** die, -/-innen (Sport) || **Stopplicht:** *ein Signallicht* || **Stoppsignal:** *Haltesignal* || **Stoppstraße** (D): *Straße mit Stopptafel am Ende* || **Stopptafel:** die S. beachten || **Stoppuhr**

Stopsel der, -s/- (ugs.): *Stöpsel* || **Stöpsel** der, -s/-: *Verschluss eines Abflusses* | (reg.) *ein Flaschenverschluss* | (ugs.) *kleiner Bub, Knirps* || **stöpseln,** ich stöpsle: *verstöpseln*

Stör[1] der, -[e]s/-e: *ein Fisch*

Stör[2] die, -/-en (früher): *Arbeit des Handwerkers, zB des Schneiders, im Hause des Kunden;* auf die S. (auch: in die S.) gehen; auf der S. arbeiten

Störaktion [-tsi̯-]: *Störmaßnahme* || **störanfällig:** ein störanfälliges Gerät || **Störanfälligkeit** die, -

Storch der, -[e]s/Störche: *ein Vogel* || **Storchennest** || **Storchenschnabel** → Storchschnabel || **Störchin** die, -/-innen || **Storchschnabel,** *auch:* Storchenschnabel: *eine Pflanzengattung* | *Gerät zum Vergrößern oder Verkleinern [von Plänen]*

Store ['stoə, engl.: stɔː] der, -s/-s ⟨it.-fr.⟩: *feiner, durchsichtiger Vorhang*

stören: jemanden bei der Arbeit s.; er will nicht gestört werden; sie fühlt sich durch die lauten Geräte gestört *(wird durch den Lärm belästigt);* lassen Sie sich nicht s.; störe ich sehr?; den Funkempfang s.; → gestört || **Störenfried** der, -[e]s/-e: *jemand, der ständig stört* || **Störfaktor:** *etwas, das den Ablauf stört* || **Störfall:** ein S. in einem Atomkraftwerk || **Störgeräusch** || **Störmanöver** [-v-, -f-]: *Störmaßnahme*

stornieren [ʃt-, st-] ⟨it.⟩: eine Warenbestellung s. *(sie rückgängig machen)* || **Stornierung** die, -/-en || **Storno** der = das, -[s]/Storni [Stornos] || **Stornogebühr** || **Stornoschutz** (Versich.) || **Stornoversicherung:** für die Reise eine S. abschließen

störrisch: ein störrisches *(widerspenstiges, trotziges)* Benehmen; ein störrischer Esel

Störung die, -/-en: entschuldigen Sie bitte die S.! | nervöse Störungen || **Störungsdienst** || **störungsfrei:** ein störungsfreier Radioempfang || **Störungsfront** (Met.) || **Störungsmeldung** || **Störungsquelle**

Story ['stɔ(ː)ri] die, -/-s ⟨fr.-engl.⟩: *[Kurz]geschichte; Shortstory* | *Handlung [eines Films]* | *Bericht, Reportage* || **Storyboard** [-bɔːd]: *Skizzierung der Szenenabfolge bei einem Film*

Storz der, -[e]s/-e (V, mda.): *Strunk, Stoppel*

Stoß der, -es/Stöße: jemandem einen S. geben | ein S. *(Pack)* Bücher; ein S. Wäsche | *ein Kartenspiel* | (Med.) *Medikament in hoher Dosis* || **Stoßbetrieb:** *Hauptbetrieb zu einer bestimmten Zeit* || **Stoßdämpfer** (Kfz) || **Stößel** der, -s/-: *Teil [des Mörsers] zum Zerstoßen, Zerreiben [von Gewürzen]* || **stoßempfindlich** || **stoßen**[1], du stößt/stieß/gestoßen: sie stößt ihn/ihm in die Seite | auf etwas s. *(es zufällig finden)* | ihr Vorhaben stößt auf Ablehnung | dieser Garten stößt *(grenzt)* an einen Wald | zu jemandem s. *(dazukommen)* | gestoßener *(zerkleinerter)* Pfeffer | ins Jagdhorn s. *(kurz und stark blasen)* || **stoßen**[2] sich: sich an etwas s. *(daran Anstoß nehmen)* || **Stoßen** das, -s (Sport): *eine Disziplin im Gewichtheben* || **stoßfest:** eine stoßfeste Uhr || **Stoßgebet** || **Stoßkraft:** *treibende Kraft* || **Stoßrichtung** || **Stoßseufzer:** *[unbewusster] tiefer Seufzer* | *schnell gesprochenes, kurzes Gebet* || **stoßsicher:** *stoßfest* || **Stoßspiel:** *ein verbotenes Glücksspiel* || **Stoßstange** (Kfz): *eine Sicherheitsvorrichtung [am Auto]*

Stoßsuppe → Stosuppe

Stoßtherapie (Med.): *intensiv einsetzende Heilbehandlung* || **Stoßtrupp** (Mil.): *kleine Soldatengruppe für besondere Kampf-*

S

einsätze ‖ **Stoß|ver|kehr:** *starker Straßenverkehr, zB nach Arbeitsschluss* ‖ **Stoß|waf|fe:** zB Degen ‖ **stoß|wei|se** ‖ **Stoß|zahn:** *stark ausgebildeter Oberkieferzahn, zB bei Elefanten* ‖ **Stoß|zeit:** *Zeit, in der der Straßenverkehr oder der Arbeitsanfall am stärksten ist, Rushhour*

Sto|sup|pe, *auch:* Stoßsuppe (reg.): *Suppe aus gestockter saurer Milch*

Stot|te|rer der, -s/-: *jemand, der stottert* ‖ **Stot|te|rin** die, -/-innen ‖ **stot|tern:** *eine Sprechstörung mit stockenden Wiederholungen* | eine Ausrede s. *(stammeln)*

Stö|vchen [-f-] das, -s/-: *kleine Wärmeplatte zum Warmhalten von Speisen und Getränken*

StPO [ɛs te pe 'oː] die, -: **S**traf**p**rozess**o**rdnung

stra|ban|zen → strawanzen ‖ **Stra|ban|zer** → Strawanzer ‖ **Stra|ban|ze|rin** → Strawanzerin

Strac|cia|tel|la [st-tʃa-] das, -s = **Strac|cia|tel|la|eis** ⟨it.⟩: *eine Eissorte*

stracks (veraltet): *schnurstracks*

Stra|di|va|ri [st-v-] die, -/-s: *dem italienischen Geigenbauer Antonio Stradivari zugeschriebenes Instrument*

Straf|ak|ti|on [-tsi̯-] ‖ **Straf|amt** (veraltet): *Strafbehörde* ‖ **Straf|an|dro|hung** (Jus) ‖ **Straf|an|stalt:** *Justizanstalt* ‖ **Straf|an|trag** (Jus): *Anklage* ‖ **Straf|an|zei|ge** (Jus): gegen jemanden S. erstatten *(jemanden wegen einer strafbaren Handlung anzeigen)* ‖ **Straf|ar|beit** ‖ **Straf|auf|ga|be** ‖ **Straf|auf|schub** (Jus) ‖ **Straf|aus|maß** (Jus) ‖ **Straf|bank** die, -/-bänke (Sport): *Bank für Spieler/innen, die vom Spielfeld verwiesen werden* ‖ **straf|bar:** *gesetzlich mit Strafe bedroht;* sich s. machen; eine strafbare Handlung ‖ **Straf|bar|keit** die, - ‖ **straf|be|glau|bi|gen** (Sport) ‖ **Straf|be|glau|bi|gung** (Sport): *Entscheidung eines Verbandsausschusses (Sportschiedsgerichts) bei schweren Regelverstößen* ‖ **Straf|be|hör|de** (Jus, Admin.): *für Verwaltungsstrafverfahren zuständige Behörde, Strafgericht* ‖ **Straf|be|scheid** (Jus): *Bescheid über eine Verwaltungsstrafe* ‖ **Stra|fe** die, -/-n: eine gerechte S.; jemandem eine S. androhen; eine S. verhängen; Rauchen ist bei S. verboten; eine S. *(Freiheitsstrafe)* antreten/absitzen/verbüßen; die S. zur Bewährung aussetzen ‖ **stra|fen:** *bestrafen;* jemanden mit Verachtung s. *(absichtlich übersehen);* ihm einen strafenden Blick zuwerfen; sie ist gestraft genug *(das Geschehene ist für sie schlimm genug);* mit etwas gestraft sein *(viel Kummer und Sorgen damit haben)* | jemanden Lügen s. *(jemandem eine Lüge nachweisen)* ‖ **Straf|ent|las|se|ne**[1] der, -n/-n, ein Strafentlassener ‖ **Straf|ent|las|se|ne**[2] die, -n/-n ‖ **Straf|er|kennt|nis** das, -nisses/-nisse (Jus): *Strafurteil im Strafverfahren* ‖ **straf|er|schwe|rend** ‖ **Straf|ex|pe|di|ti|on** [-tsi̯-]

straff: das Seil s. spannen | straffe *(strenge)* Ordnung; ein s. organisiertes Unternehmen

straf|fäl|lig (Jus): s. werden *(eine strafbare Handlung begehen)* ‖ **Straf|fäl|lig|keit** die, - (Jus)

straf|fen: ein Seil s. *(spannen);* ihre Gesichtszüge strafften sich; die Falten s. | eine Diskussion s. *(sie in feste Bahnen lenken und abkürzen)* ‖ **Straff|heit** die, -

straf|frei (Jus): er kam s. *(ohne Strafe)* davon ‖ **Straf|frei|heit** ‖ **Straf|ge|fan|ge|ne** ‖ **Straf|ge|richt:** ein S. des Himmels ‖ **Straf|ge|setz** (Jus) ‖ **Straf|ge|setz|buch** (StGB) (Jus) ‖ **Straf|ge|setz|ge|bung** (Jus) ‖ **Straf|hö|he** ‖ **Straf|jus|tiz** (Jus) ‖ **Straf|kam|mer** (D) (Jus): *eine Berufungsinstanz* ‖ **Straf|la|ger:** *ein Strafgefangenenlager* ‖ **Straf|lan|des|ge|richt:** *Landesgericht für Strafsachen* ‖ **sträf|lich:** sträflicher *(unverzeihlicher)* Leichtsinn ‖ **Sträf|ling** der, -s/-e: *Strafgefangener* ‖ **Sträf|lings|klei|dung** ‖ **straf|los:** *straffrei* ‖ **Straf|man|dat:** *die von einem Polizeiorgan verhängte, in der Regel sofort zahlbare Geldstrafe;* der Autofahrer bekam ein S.; → Strafverfügung ‖ **Straf|maß** (Jus): *Strafausmaß* ‖ **straf|mil|dernd** (Jus): strafmildernde Umstände ‖ **straf|mün|dig** (Jus) ‖ **Straf|mün|dig|keit** (Jus) ‖ **Straf|por|to:** *erhöhte Gebühr für zu gering frankierte Postsendungen* ‖ **Straf|pre|digt** (oft scherzh.): jemandem eine S. halten *(mit jemandem schimpfen)* ‖ **Straf|pro|zess** (Jus): *Gerichtsverfahren, das über das Vorliegen einer strafbaren Handlung entscheidet* ‖ **Straf|pro|zess|ord|nung** (Jus) ‖ **Straf|punkt:** *Minuspunkt* ‖ **Straf|rah|men** (Jus): *gesetzlicher Ermessensspielraum für das Strafausmaß* ‖ **Straf|raum** (Sport): *Teil der Spielfläche unmittelbar vor dem [Fußball]tor* ‖ **Straf|recht** das, -[e]s (Jus): *Rechtsordnung über die behördliche Strafbarkeit bestimmten widrigen Verhaltens* ‖ **straf|recht|lich** (Jus): jemanden/etwas s. verfolgen ‖ **Straf|rechts|sa|che** (Jus): *Gegenstand eines Strafprozesses* ‖ **Straf|re|gis|ter** (Jus, Admin.): *zentrales Verzeichnis aller Verurteilungen* ‖ **Straf|re|gis|ter|amt** (Admin.): *für die Führung des Strafregisters zuständige Stelle in den Bundespolizeidirektionen* ‖ **Straf|re|gis|ter|aus|kunft** ‖ **Straf|re|gis|ter|aus|zug** (Jus): *Leumundszeugnis* ‖ **Straf|re|gis|ter|be|schei|ni|gung** (Admin.): *Leumundszeugnis* ‖ **Straf|rich|ter** ‖ **Straf|rich|te|rin** ‖ **Straf|sa|che** (Jus): *Gegenstand eines Strafverfahrens* ‖ **Straf|se|nat** (Jus): *ein kollegiales Organ im Strafverfahren;* der S. der Bundesliga | (D) *Strafkammer* ‖ **Straf|stoß** (Sport): *Freistoß, Elfmeter, Penalty ua.* ‖ **Straf|tat** (Jus): *strafbare Handlung* ‖ **Straf|tä|ter** ‖ **Straf|tä|te|rin** ‖ **Straf|ver|fah|ren** (Jus): *Strafprozess* ‖ **Straf|ver|fol|gung** (Jus) ‖ **Straf|ver|fü|gung** (Amtsspr.): *von der Behörde erlassener Strafbescheid;* → Strafmandat ‖ **straf|ve|ri|fi|zie|ren** [-v-] (Sport) ‖ **Straf|ve|ri|fi|zie|rung** (Sport): *Strafbeglaubigung* ‖ **straf|ver|schär|fend** ‖ **Straf|ver|schär|fung** ‖ **straf|ver|set|zen:** *jemandem strafweise einen anderen, schlechteren Arbeitsplatz geben* ‖ **Straf|ver|set|zung** die, -/-en ‖ **Straf|ver|tei|di|ger:** *Rechtsanwalt im Strafprozess* ‖ **Straf|ver|tei|di|ge|rin** ‖ **Straf|voll|zug** (Jus): *Vollzug einer Freiheitsstrafe* ‖ **Straf|voll|zugs|an|stalt:** *Justizanstalt, Gefängnis* ‖ **straf|wei|se:** jemanden s. versetzen ‖ **straf|wür|dig:** ein strafwürdiges *(Strafe verdienendes)* Vergehen ‖ **Straf|zet|tel:** *Organstrafmandat*

Strahl der, -[e]s/-en: *Lichtschein;* Sonnenstrahl | Wasserstrahl | (Phys.) radioaktive Strahlen; elektromagnetische Strahlen ‖ **Strah|le|frau** (bes. D, ugs.): *bes. freundlich und überzeugend wirkende Frau* ‖ **Strah|le|mann** der, -[e]s/-männer (bes. D, ugs.) ‖

S

strahlen: ein strahlender Tag; vor Freude s.; strahlend hell

strählen: Pferde s. *(striegeln, kämmen)*

Strahlenbehandlung (Med.): *medizinische Behandlung mit [Röntgen]strahlen* ‖ **Strahlenbelastung** ‖ **Strahlendosis** ‖ **strahlenförmig** ‖ **Strahlenkranz** ‖ **Strahlenschutz:** *Schutz vor radioaktiver Strahlung* ‖ **Strahlentherapie** (Med.): *Strahlenbehandlung* ‖ **Strahler** der, -s/-: *Heizstrahler* ‖ **-strahlig** (nur in Zusammensetzungen wie zweistrahlig) ‖ **Strahlrohr:** *metallenes Endstück eines Wasserdruckschlauchs* ‖ **Strahltriebwerk:** *ein Flugzeug- bzw. Raketenantrieb; Düsentriebwerk* ‖ **Strahlung** die, -/-en: radioaktive S. ‖ **strahlungsarm** ‖ **Strahlungsenergie** (Phys.) ‖ **strahlungsfrei** ‖ **Strahlungszone**

Strähn der, -[e]s/-e: ein S. *(Strang)* Wolle ‖ **Strähne** die, -/-n: eine weiße S. im Haar ‖ **strähnig:** strähniges *(in Strähnen herabhängendes)* Haar

stramm: eine stramme *(aufrechte, straffe)* Haltung | der Rock sitzt [zu] s. *(zu eng)*; → stramm ziehen = strammziehen ‖ **strammstehen:** der Soldat ist strammgestanden ‖ **stramm ziehen** = **strammziehen:** sie zog den Gurt stramm

Strampelanzug: *Strampelhöschen* ‖ **Strampelhöschen** = **Strampelhose:** *ein Kleidungsstück für Säuglinge* ‖ **strampeln,** ich strample: *mit den Beinen zappeln* | (ugs.) *Rad fahren* | (ugs.) *sich anstrengen* ‖ **Stramperl** das, -s/-[n] (veraltend): *Strampelhose*

strampfen (ugs.): *stampfen*

Strampler der, -s/-: *Strampelanzug*

Strand der, -[e]s/Strände: *Ufer, Gestade* ‖ **Strandanzug** ‖ **Strandbad** ‖ **stranden:** ein gestrandetes *(an einer seichten Stelle festsitzendes)* Schiff | ein gestrandetes *(gescheitertes)* Unternehmen ‖ **Strandgut:** *angeschwemmte Gegenstände von gesunkenen Schiffen* ‖ **Strandhotel** ‖ **Strandkleid** ‖ **Strandläufer:** *ein Vogel* ‖ **Strandpromenade**

Strang der, -[e]s/Stränge: *Seil;* Tod durch den S. *(durch Erhängen);* am selben S. ziehen *(dasselbe Ziel verfolgen);* über die Stränge schlagen *(übermütig sein)* | ein S. Wolle; der untere S. der Muskeln; Schienenstrang

Strangulation [-tsi̯-] die, -/-en ⟨gr.-lat.⟩ ‖ **strangulieren:** *erdrosseln*

Strankerl das, -s/-[n] (meist Pl.) (reg., zB K, ugs.) (Küchenspr.): *Fisole*

Strapaz [ʃt-] die, -/-en, *auch:* **Strapaze,** -/-n ⟨it.⟩: *große Anstrengung* ‖ **strapazfähig** = strapazierfähig: strapazfähige Schuhe ‖ **Strapazfähigkeit** = Strapazierfähigkeit ‖ **Strapazhose** (veraltend) ‖ **strapazieren**[1]: *stark beanspruchen* ‖ **strapazieren**[2] sich: *sich abmühen* ‖ **strapazierfähig** = → strapazfähig ‖ **Strapazierfähigkeit** = → Strapazfähigkeit ‖ **strapaziös:** *anstrengend*

Straps der, -es/-e ⟨engl.⟩: *Strumpfgürtelhalter, Hüftgürtelhalter*

Strass der, -[es]/-e: *Edelsteinnachahmung; ein Schmuckstein aus Glas (nach einem französischen Juwelier)*

straßauf, straßab: *die Straße hinauf und hinunter*

Straßburg (fr.: Strasbourg [st-ˈbuːr]): *Stadt in Frankreich (Hauptstadt des Elsass, Sitz des Europarats)* | *Stadt in Kärnten*

Straße die, -/-n: eine ruhige S.; auf offener S. *(in der Öffentlichkeit)* ausgeraubt werden; der Druck der S. *(durch Demonstrationen uÄ);* auf der S. stehen *(obdachlos sein; ohne Arbeit sein);* auf die S. gehen *(demonstrieren);* jemanden auf die S. setzen *(entlassen, hinauswerfen)* | Verkauf über die S. *(zum Mitnehmen)* | die S. *(Meerenge)* von Gibraltar ‖ **Straßenanzug:** *Anzug für den Alltag* ‖ **Straßenarbeiter** ‖ **Straßenarbeiterin** ‖ **Straßenbahn:** *ein öffentliches Verkehrsmittel, Tramway* ‖ **Straßenbahner** der, -s/- ‖ **Straßenbahnerin** die, -/-innen ‖ **Straßenbahngarnitur** ‖ **Straßenbahnhaltestelle** ‖ **Straßenbahnremise** ‖ **Straßenbahnschiene** (meist Pl.) ‖ **Straßenbankett** ‖ **Straßenbau** der, -[e]s/-ten ‖ **Straßenbelag:** *Asphalt, Beton, Schotter ua.* ‖ **Straßenbeleuchtung** ‖ **Straßenbenutzer** = **Straßenbenützer** ‖ **Straßenbenutzerin** = **Straßenbenützerin** ‖ **Straßenböschung** ‖ **Straßenbub:** *männliches Straßenkind* ‖ **Straßendorf:** *lang gestrecktes, beiderseits einer Straße angelegtes Dorf* ‖ **Straßenerhalter** (Amtsspr.) ‖ **Straßenfeger:** *Veranstaltung oder Fernsehsendung, die so viele Leute anzieht, dass die Straßen wie ausgestorben sind* | (D) *Straßenkehrer* ‖ **Straßenglätte:** *Glätte, die durch Eis und Schnee hervorgerufen wird* ‖ **Straßengraben:** entlang der Straße läuft ein S. ‖ **Straßenhändler** ‖ **Straßenhändlerin** ‖ **Straßenjunge** (bes. D): *Straßenbub* ‖ **Straßenkampf** (meist Pl.) ‖ **Straßenkarte:** *Landkarte der Verkehrswege* ‖ **Straßenkehrer** der, -s/- ‖ **Straßenkehrerin** die, -/-innen ‖ **Straßenkind:** *Kind, das kein Zuhause hat und auf der Straße lebt (bes. in der Dritten Welt)* ‖ **Straßenkleidung:** *Alltagskleidung* ‖ **Straßenkreuzer** (scherzh.): *sehr großes [luxuriöses] Personenauto* ‖ **Straßenkreuzung** ‖ **Straßenlage:** ein Auto mit guter S. *(guten Fahreigenschaften)* ‖ **Straßenlampe** ‖ **Straßenlärm** ‖ **Straßenlaterne** ‖ **Straßenmädchen:** *weibliches Straßenkind* | (meist abw.) *junge Prostituierte* ‖ **Straßenmeister** ‖ **Straßenmeisterei** die, -/-en: *Dienststelle zur Betreuung und Erhaltung eines Teilbereiches des Straßennetzes* ‖ **Straßenmeisterin** ‖ **Straßenmusikant** ‖ **Straßenmusikantin** ‖ **Straßenname,** *auch:* **Straßennamen** ‖ **Straßennetz:** *Gesamtheit der Straßen* ‖ **Straßenniveau** [-voː] ‖ **Straßenpflaster** ‖ **Straßenrand** ‖ **Straßenraub:** *Raub auf offener Straße* ‖ **Straßenreinigung** ‖ **Straßenrennen** (Sport): *eine Disziplin im Radsport;* → G.: Bahnrennen ‖ **Straßensammlung:** *öffentliche Spendensammlung für karitative Zwecke* ‖ **Straßensänger** ‖ **Straßensängerin** ‖ **Straßenschild** das, -[e]s/-er ‖ **Straßenschlacht:** *Straßenkampf* ‖ **Straßenseite** ‖ **straßenseitig:** ein straßenseitiges *(zur Straße gelegenes)* Zimmer ‖ **Straßensperre:** eine S. errichten ‖ **Straßenstrich:** *Prostitution auf der Straße* ‖ **Straßentheater:** *auf Straßen und Plätzen veranstaltetes Theater* ‖ **Straßentunnel** ‖ **Straßenüberführung** ‖ **Straßenunterführung** ‖ **Straßenverbindung** ‖ **Straßenverhältnisse** die (Pl.) ‖ **Straßenver-**

S

kehr ‖ **Straßenverkehrsordnung** (StVO): *Verordnung, die das Verhalten auf öffentlichen Straßen regelt* ‖ **Straßenverkehrszeichen** ‖ **Straßenverzeichnis:** *alphabetisches Verzeichnis aller Straßennamen, zB als Teil eines Stadtplans* ‖ **Straßenwalze:** *eine Baumaschine* ‖ **Straßenzug:** *Straße mit Häuserreihe* ‖ **Straßgang:** *16. Bezirk von Graz*

Stratege [st-, ʃt-] der, -n/-n ⟨gr.⟩: *Feldherr* ‖ **Strategie** die, -/-n: *planvolles Vorgehen; geschickte Verhandlungstechnik* ‖ **Strategin** die, -/-innen ‖ **strategisch:** ein s. günstiger Ort | (Mil.) strategische Waffen *(Waffen von großer Sprengkraft bzw. Reichweite);* → G.: taktische Waffen

Stratigrafie [st-, auch: ʃt-] = **Stratigraphie** [-f-] die, - ⟨lat.+gr.⟩ (Geol.): *Beschreibung der Gesteinsschichten* ‖ **Stratosphäre** [-sf-] die, -: *Luftschichte, die in über 12 km Höhe liegt* ‖ **Stratuswolke:** *Schichtwolke*

Straube die, -/-n (reg., zB St): *eine Mehlspeise, Spritzkrapfen*

sträuben[1]: die Federn, das Fell s. *(aufstellen)* ‖ **sträuben**[2] sich: sich mit Händen und Füßen s. *(sich wehren)*

Strauch der, -[e]s/Sträucher: *Busch* ‖ **Strauchdieb** (veraltet): *Straßenräuber, Wegelagerer*

straucheln, ich strauchle (geh.): *stolpern* | mit diesem Vorhaben wird sie s. *(scheitern);* → Gestrauchelte

Strauken die, -s/-, *auch:* der, -/- (mda.): *Schnupfen*

Strauß[1] der, -es/Sträuße: ein S. Tulpen

Strauß[2] der, -es/Sträuße (veraltet): einen S. *(Streit)* ausfechten

Strauß[3] der, -es/-e: *ein Laufvogel*

Sträußchen das, -s/-: *Sträußerl*

Straußenei ‖ **Straußenfeder**

Sträußerl das, -s/-[n]: *kleiner Blumenstrauß*

strawanzen, *auch:* strabanzen, du strawanzt (ugs.): *sich [müßig] herumtreiben* ‖ **Strawanzer** der, -s/-, *auch:* Strabanzer (ugs.) ‖ **Strawanzerin** die, -/-innen, *auch:* Strabanzerin (ugs.)

Streamer [striːmə] der, -s/- ⟨engl.⟩ (EDV): *Magnetband- und Kassettenlaufwerk eines Computers, auf dem große Datenmengen gespeichert werden können* ‖ **Streaming** das, -s (EDV): *Datenübertragung mit kontinuierlicher Verarbeitung*

Strebe die, -/-n: *eine schräge Stütze* ‖ **Strebebogen** (Arch.)

streben: nach Glück s. *(sich darum bemühen)* | ins Freie s. *(sich mit Eifer hinausbewegen)* ‖ **Strebepfeiler** (Arch.): gotische S. ‖ **Streber** der, -s/- (ugs., abw.): *übertrieben strebsamer, übertrieben ehrgeiziger Mensch* ‖ **Streberei** die, - (ugs., abw.) ‖ **Streberin** die, -/-innen (ugs., abw.) ‖ **strebern** (ugs., abw.): für eine Prüfung s. *(eifrig lernen)* ‖ **strebsam:** *eifrig* ‖ **Strebsamkeit** die, -

Strecke die, -/-n: *Stück eines Weges, einer Route;* eine kurze S. sind wir gelaufen; er ist bei dem Machtkampf auf der S. geblieben *(hat sich nicht durchsetzen können, ist gescheitert); Abschnitt einer Bahnlinie;* die S. Innsbruck – Salzburg | (Jägerspr.) *das erlegte Wild;* Wild zur S. bringen *(es erlegen)* ‖ **strecken:** die Arme in die Höhe s.; die Hand durch eine Öffnung s.; in gestrecktem *(raschem)* Galopp davonreiten; sich recken und s. *(sich dehnen);* sich nach der Decke s. *(nach seinem Einkommen sparsam leben)* | der Schnitt der Hose streckt *(lässt den Träger der Hose größer und schlanker erscheinen)* | Schuhe s. *(ausdehnen)* lassen | (Küchenspr.) die Soße s. *(verdünnen)* ‖ **Streckenabschnitt** ‖ **Streckenarbeiter:** *Gleisarbeiter* ‖ **Streckenarbeiterin** ‖ **Streckenführung:** *Verlauf einer [Renn]strecke* ‖ **Streckenkarte:** *ein Fahrausweis* ‖ **Streckenmaut** ‖ **Streckennetz:** die Straßenbahn verfügt über ein ausgedehntes S. ‖ **Streckenstrich** (–) (Druckw.): *mittellanger Strich (ohne Zwischenraum);* die Strecke Graz – Bruck an der Mur – Klagenfurt; 15–6 = 9 (sprich: minus, veraltet auch: weniger) ‖ **Streckenwärter:** *ein Bahnbediensteter* ‖ **Streckenwärterin** ‖ **streckenweise:** *nur an bestimmten Stellen, in Abschnitten, gelegentlich* ‖ **Strecker** der, -s/-: *Schuhstrecker* | *Streckmuskel;* → G.: Beuger ‖ **Streckverband** (Med.)

Streetball [striːtbɔːl] der, -s ⟨engl.⟩: *eine Sportart* ‖ **Streetworker** [-wɜːkə] der, -s/-: *Sozialarbeiter [für jugendliche Drogenopfer]* ‖ **Streetworkerin** die, -/-innen

Streich der, -[e]s/-e: jemandem einen S. spielen *(jemanden hereinlegen)* | „Sieben auf einen S." *(Schlag)* ‖ **Streicheleinheit** (meist Pl.) (scherzh.): Streicheleinheiten *(aufmunternde Zuwendung)* brauchen ‖ **streicheln,** ich streichle: *sanft mit der Hand streichen* ‖ **Streichelzoo:** *Gehege, in dem die Tiere gestreichelt werden dürfen* ‖ **streichen,** strich/gestrichen: Butter aufs Brot s.; über die Haare s. | den Zaun s. *(anstreichen);* eine frisch gestrichene (= frischgestrichene) Bank | das Glas ist gestrichen *(bis zum Rand)* voll | eine Zeile s. *(wegstreichen);* jemandem die Überstundenzulage s. *(wegnehmen);* den Urlaub s. | der Wind streicht *(weht)* durch die Bäume | die Segel, die Flagge s. *(sie einziehen;* auch: *eine Sache aufgeben, zurückziehen)* ‖ **Streicher** der, -s/- (Mus.): *Musiker, der ein Streichinstrument spielt* | (Pl. auch) *die Streichinstrumente im Orchester* ‖ **Streicherin** die, -/-innen (Mus.) ‖ **streichfähig:** streichfähiger *(streichbarer)* Käse ‖ **streichfertig** ‖ **Streichholz:** *Zündholz* ‖ **Streichinstrument** (Mus.): *Chordophon, Instrument, dessen Saiten mit einem Bogen gestrichen werden* ‖ **Streichkäse** ‖ **Streichkonzert** ‖ **Streichorchester** [meist: -kɛ-] (Mus.) ‖ **Streichquartett** (Mus.): *1. und 2. Violine, Bratsche, Violoncello; eine Komposition für diese Besetzung; ihre Ausführenden* ‖ **Streichquintett** (Mus.) ‖ **Streichtrio** (Mus.) ‖ **Streichung** die, -/-en: *das Durchstreichen; Tilgung;* → Deleatur ‖ **Streichwurst:** *eine Wurstsorte*

Streif[1] die, -: *eine Skiabfahrt in Kitzbühel*

Streif[2] der, -[e]s/-e (geh.): *Streifen;* Nebelstreif ‖ **Streife** die, -/-n: *Patrouille;* die S. *(Polizeistreife)* durchsuchte die Gegend nach Vermissten ‖ **streifen:** ich *habe* ihn nur gestreift *(leicht berührt)* | ein Thema s. *(kurz erwähnen)* | den Ring vom Finger s. *(abziehen)* | ich *bin* durch den Wald gestreift ‖ **Streifen** der, -s/-: ein S. Papier; ein Hemd mit grünen S. | einen neuen S. *(Film)* vorführen ‖ **Streifendienst:** Polizisten im S. ‖ **streifenförmig** ‖ **Streifenwagen:** *Polizeiwagen, Funk-*

S

streife ‖ **strei|fig:** den Schinken s. *(in Streifen)* schneiden ‖ **Streif|licht** das, -[e]s/-er: *seitlich einfallendes Licht* | Streiflichter *(Facetten, Einblicke)* aus unserer Vergangenheit ‖ **Streif|schuss:** *Schuss, der den Körper nur streift* ‖ **Streif|zug:** einen S. durch ein bestimmtes Gebiet unternehmen

Streik der, -[e]s/-s ⟨engl.⟩: *Arbeitsniederlegung, um eine Forderung durchzusetzen;* ein wilder S. *(von der Gewerkschaft nicht gebilligter Streik)* ‖ **Streik|auf|ruf** ‖ **Streik|be|reit|schaft** ‖ **Streik|bre|cher** der, -s/-: *Arbeitnehmer, der sich dem Streik widersetzt* ‖ **Streik|bre|che|rin** die, -/-innen ‖ **streik|brü|chig** ‖ **Streik|dro|hung** ‖ **strei|ken:** streikende Hafenarbeiter | (scherzh.) diese Maschine streikt *(sie funktioniert nicht)* ‖ **Streik|ko|mi|tee** ‖ **Streik|pos|ten:** *Wachposten gegen Streikbrecher* ‖ **Streik|recht** ‖ **Streik|wel|le:** *sich ausbreitende Streiks*

Streit der, -[e]s/-e: *heftige Auseinandersetzung;* ein erbitterter S.; S. suchen; etwas außer S. stellen *(nicht in Frage stellen)* | (veraltet, geh.) *Kampf* ‖ **Streit|an|hän|gig|keit** (Jus): *laufendes Gerichtsverfahren* ‖ **Streit|axt:** *eine alte Waffe* ‖ **streit|bar** (geh.): *kampflustig, wehrhaft* ‖ **Streit|bei|le|gungs|er|klä|rung** (Pol.): *Erklärung Österreichs 1992 gegenüber der UNO zur Südtirolautonomie* ‖ **Streit|ein|las|sung** (Jus): *Dagegenhalten in einer gerichtlichen Auseinandersetzung* ‖ **strei|ten,** stritt/gestritten: er streitet [sich] mit seinem Bruder; über etwas s.; darüber lässt sich s. *(kann man verschiedener Ansicht sein)* | (geh.) sie streitet *(kämpft)* für das Recht ‖ **Strei|ter** der, -s/- (geh.): *Kämpfer* ‖ **Strei|te|rei** die, -/-en ‖ **Strei|te|rin** die, -/-innen ‖ **Streit|fall:** *umstrittene, problematische Frage* ‖ **Streit|fra|ge:** *umstrittenes Problem* ‖ **Streit|ge|gen|stand** (Jus): *Gegenstand des Gerichtsverfahrens im Zivilprozess* ‖ **Streit|ge|spräch:** *Diskussion* ‖ **Streit|hahn** = **Streit|ham|mel** = **Streit|hansl** (ugs.): *streitsüchtiger Mensch* ‖ **strei|tig:** jemandem etwas s. machen *(es für sich fordern)* ‖ **Strei|tig|keit** die, -/-en (meist Pl.): *Auseinandersetzung* ‖ **Streit|kräf|te** die (Pl.): *Truppen; Militärmacht eines Staates* ‖ **Streit|kul|tur:** *zivilisierte Art, Differenzen auszutragen* ‖ **Streit|lust** ‖ **streit|lus|tig** ‖ **Streit|macht** die, -: trotz überlegener S. verlieren ‖ **Streit|ob|jekt:** *Streitgegenstand* ‖ **Streit|par|tei** (meist Pl.) (Jus) ‖ **Streit|punkt** ‖ **Streit|sa|che** (Jus): *Rechtsstreitigkeit; das gerichtliche Verfahren in Streitsachen* ‖ **Streit|schrift:** *Pamphlet* ‖ **Streit|sucht** die, - ‖ **streit|süch|tig:** streitsüchtige Nachbarn ‖ **Streit|ver|hand|lung** (Jus): *mündliche Verhandlung vor Gericht* ‖ **Streit|wa|gen:** *Kriegswagen in der Antike* ‖ **Streit|wert** (Jus): *Bemessungsgrundlage im Zivilprozess, Wert des Streitgegenstandes*

Stre|lit|zie [-i̯ɐ] die, -/-n: *eine tropische Zierpflanze (nach einer deutschen Prinzessin)*

streng: eine strenge *(rigorose, bestimmende, unnachsichtige)* Chefin | strenge Vorschriften; sich s. *(genau)* an die Vorschriften halten; strengste *(die allerhöchsten)* Sicherheitsvorkehrungen treffen; s. bewachen; eine strenge Diät; s. *(genau; hart)* nehmen; s. genommen *(eigentlich)* ist das falsch | ein strenger *(sehr kalter)* Winter | s. *(ungut, schlecht)* riechen; *aber:* aufs (= auf das) **Strengste** (= strengste; mit Frage *Wie?*) bestrafen ‖ **Stren|ge** die, -: ein Gesetz mit äußerster S. *(Härte)* anwenden; drakonische S. ‖ **streng|gläu|big:** *kompromisslos den Glaubensvorschriften folgend* ‖ **Streng|gläu|big|keit**

Stre|se|mann der, -s: *ein klassischer Anzug (benannt nach einem deutschen Politiker)*

Stress [ʃt-, st-] der, -[es] ⟨lat.-engl.⟩: *körperliche, nervliche und seelische Überbeanspruchung;* sie ist im S.; unter S. stehen ‖ **stres|sen,** du stresst, ich bin gestresst ‖ **stres|sig** ‖ **Stress|si|tu|a|ti|on** [-tsi̯-] ‖ **Stress|test:** *Belastungsprobe;* ein S. für Banken

Stretch [ˈstretʃ] der, -[es] [-s]/-es [-ɪz] ⟨engl.⟩: *ein dehnbares, elastisches Gewebe* ‖ **Stret|ching** das, -s: *Dehnungsgymnastik* ‖ **Stretch|ho|se**

Stret|ta [st-] die, -/-s ⟨it.⟩ (Mus.): *effektvoller Abschluss einer Opernarie*

Streu die, -/-en (Pl. selten): *Stroh, Späne uÄ als Unterlage in der [Klein]tierhaltung;* Tierstreu | (Landw.) *Einstreu* | (Ökol., Biol.) → *Streuschicht* ‖ **Streu|be|sitz** (Wirt.): *auf viele, meist kleinere Anleger verteilter Aktienbesitz* | *in der Gegend zerstreuter Besitz* ‖ **Streu|bom|be** (Mil.): *Bombe mit einem großen Wirkungsradius* ‖ **Streu|do|se:** *[Zucker]streuer* ‖ **streu|en:** bei Glatteis Sand s.; Salz auf das Butterbrot s.; jemandem Sand in die Augen s. *(jemanden täuschen)* | die Daten sind gestreut *(weichen stark vom Durchschnittswert ab)* ‖ **Streu|er** der, -s/-: *Streudose für Zucker, Salz ua.* ‖ **Streu|fahr|zeug:** *Fahrzeug, das bei Glatteis Tausalz oder Splitt streut* ‖ **Streu|gut** das, -[e]s: *Streusalz, Streusand ua.*

streu|nen: *sich herumtreiben;* streunende Hunde ‖ **Streu|ner** der, -s/- (oft abw.) ‖ **Streu|ne|rin** die, -/-innen (oft abw.)

Streu|obst|wie|se (Landw.): *Wiese mit traditioneller Form des Obstbaus* ‖ **Streu|pflicht:** *Pflicht des Hauseigentümers zur Gehsteigstreuung bei Schnee und Glatteis* ‖ **Streu|salz** ‖ **Streu|sand** ‖ **Streu|sel** der (auch: das), -s/- (meist Pl.): *Masse aus Zucker, Butter ua. zum Bestreuen [von Kuchen]* ‖ **Streu|schicht** (Ökol., Biol.): *am Boden liegender Bestandsabfall der Vegetation, zB totes Laub im Wald* ‖ **Streu|sel|ku|chen** ‖ **Streu|sied|lung:** *Siedlung mit verstreut liegenden Häusern* ‖ **Streu|splitt** ‖ **Streu|ung** die, -/-en: eine breite S. *(weite Verbreitung, breit gefächerte Wirkung)* erreichen | *Salzstreuung* ‖ **Streu|wa|gen** ‖ **Streu|wie|se** (Landw.): *Wiese zur Gewinnung von Einstreu*

strich → streichen ‖ **Strich** der, -[e]s/-e: noch keinen S. *(noch nichts)* gemacht haben; einen S. unter eine Angelegenheit ziehen *(sie abschließen, nicht mehr davon sprechen);* jemandem einen S. durch die Rechnung machen *(jemandes Absichten durchkreuzen);* unter dem S. *(nach Berücksichtigung aller Faktoren)* hat das Gespräch nichts gebracht | der S. *(Zug)* der Schwalben | *Landstrich* | die Haare gegen den S. bürsten; das geht mir gegen den S. *(das ist mir unangenehm, kommt mir in die Quere)* | (ugs.) jemanden nach S. und Faden *(ständig, gehörig)* belügen | auf

S

den S. gehen *(der Prostitution nachgehen);* jemanden auf den S. schicken *(zur Prostitution zwingen)* | (zB in der Grafik) *Strichführung* | (–) (Druckw.) *Kurzwort für Streckenstrich und Bisezeichen, seltener auch für Gedankenstrich und Bindestrich;* Rapid–Austria (sprich: gegen) | (ohne Pl.) der S. *(die Bogenführung)* der Geigerin || **Strich|code** [-koːt, fr.: -kɔd, engl.: -kəʊd] = → Strichkode || **stri|cheln,** ich strichle: *strichlieren* || **Stri|cherl** das, -s/-[n]: *[kurzer] Strich* || **Stri|cherl|lis|te** (ugs.): *[Anwesenheits-] liste aus Strichen* || **Strich|jun|ge:** *Straßenprostituierter* || **Strich|kode** [-koːt] = Strichcode [-koːt, fr.: -kɔd, engl.: -kəʊd]: *verschlüsselte Daten auf Waren, die maschinell abgelesen werden können;* → EAN-Kode || **strich|lie|ren:** strichlierte Linien || **Strich|mäd|chen:** *Straßenprostituierte* || **Strich|man|derl** || **Strich|männ|chen:** *mit einfachen Strichen gezeichnete, gekritzelte Figur* || **Strich|punkt** (;): *Semikolon* || **Strich|re|gen:** *Regen, der nur strichweise fällt* || **strich|wei|se:** s. *(nur in einzelnen Gebieten)* auftretende Niederschläge || **Strich|zeich|nung:** *Umrisszeichnung*

Strick der, -[e]s/-e: *dicke Schnur; Seil;* wenn alle Stricke reißen *(im äußersten Fall);* er hat ihr daraus einen S. gedreht *(eine Unachtsamkeit ihrerseits böswillig gegen sie benutzt)* | (ugs.) *Schelm, Spitzbub* || **Strick|ar|beit** || **stri|cken:** einen Pullover s. || **Stri|cker** der, -s/- || **Stri|cke|rei** die, -/-en: *Strickarbeit* || **Stri|cke|rin** die, -/-innen || **Strick|garn** || **Strick|ja|cke** || **Strick|kleid** || **Strick|lei|ter:** *Leiter aus Stricken* || **Strick|ma|schi|ne** || **Strick|mo|de** || **Strick|mus|ter** || **Strick|na|del** || **Strick|wa|ren** die (Pl.) || **Strick|wes|te** || **Strick|zeug:** *Strickarbeit*

Strie|gel der, -s/-: *Gerät zum Reinigen der Stalltiere* || **strie|geln,** ich striegle: Pferde s.

Strie|men der, -s/-, *auch:* Strieme die, -/-n: *blutunterlaufener Streifen auf der Haut*

Strie|zel der, -s/-[n], *auch:* Stritzel: *ein Hefezopf | Maiskolben;* → Strutz || **Strie|zerl** das, -s/-[n], *auch:* **Strit|zerl:** *ein Gebäck, Flesserl*

strikt [st-, ʃt-], *auch:* strikte ⟨lat.⟩: ein strikter *(strenger)* Befehl; s. *(genau)* nach den Vorschriften handeln; das ist s. verboten

strin|gent [st-] ⟨lat.⟩: ein stringenter *(zwingender)* Beweis || **Strin|genz** die, -

String|tan|ga [-ŋga] ⟨engl.+indian.-port.⟩: *ein bes. knapper Slip*

Strip [st-] der, -s/-s ⟨engl.⟩: *Kurzwort für Striptease* || **strip|pen** (sal.) || **Strip|per** der, -s/- (sal.): *Stripteasetänzer* || **Strip|pe|rin** die, -/-innen (sal.) || **Strip|tease** [ˈstrɪptiːz] der = das, -: *Entkleidungsszene [in einem Nachtlokal], Strip* || **Strip|tease|lo|kal** || **Strip|tease|tän|zer** || **Strip|tease|tän|ze|rin**

stritt → streiten || **strit|tig:** ein strittiger *(zweifelhafter, umstrittener)* Fall

Strit|zel → Striezel

Strizzi [ʃt-] der, -s/-s ⟨tschech.⟩: *leichtsinniger, arbeitsscheuer Bursch | Zuhälter; Krimineller* || **Striz|zi|lied** (Mus.): *ein Wienerliedtypus*

Stro|bo|s|kop [st-] das, -s/-e ⟨gr.⟩ (Phys.): *ein Messgerät, das kurze Lichtblitze aussendet*

Stroh das, -[e]s: *getrocknete Getreidehalme ohne Körner;* ein Ballen S.; leeres S. dreschen *(Unwichtiges, Unnützes reden)* || **Stroh|bal|len** || **stroh|blond** || **Stroh|blu|me** || **Stroh|dris|te** → Strohtriste || **stroh|dumm:** *sehr dumm* || **stro|hern:** *aus Stroh* || **Stroh|feu|er:** *Begeisterung, die rasch verfliegt* || **stroh|ge|deckt:** strohgedeckte Dächer || **Stroh|halm:** *getrockneter Getreidehalm;* der Sturm hat den Mast wie einen S. geknickt; sich an einen S. klammern *(sich auf Grund eines winzigen Anhaltspunktes einer Hoffnung hingeben)* | *Trinkhalm* || **Stroh|hut** || **stro|hig:** *wie Stroh; trocken* || **Stroh|mann:** jemanden als S. verwenden *(jemanden als scheinbar Verantwortlichen vorschieben)* || **Stroh|röhrl** das, -s/-n (ugs.): *Trinkhalm* || **Stroh|sack** || **Stroh|scho|ber** || **Stroh|stern:** *ein Weihnachtsschmuck* || **Stroh|tris|te,** *auch:* Strohdriste: *um eine Stange angelegter Strohhaufen* || **stroh|tro|cken:** *sehr trocken | humorlos, nüchtern* || **Stroh|wein:** *Wein aus Beeren, die mindestens 3 Monate auf Stroh gelagert waren* || **Stroh|wit|we** (scherzh.): *Ehefrau, deren Mann vorübergehend abwesend ist* || **Stroh|wit|wer** (scherzh.): für eine Woche S. sein

Strolch der, -[e]s/-e (abw.): *Verwahrloster | Gewalttätiger* | (scherzh.) *Schlingel* || **strol|chen:** ein strolchender *(sich herumtreibender, streunender)* Hund

Strom der, -[e]s/Ströme: *großer Fluss;* Donaustrom; Ströme von Blut; es regnet in Strömen *(in großen Mengen);* ein S. *(eine große Zahl)* von Menschen drängte zum Ausgang | *Strömung;* gegen den S. schwimmen *(sich nicht anpassen)* | der elektrische S.; → Strom führend = stromführend; unter S. stehen || **Strom|ab|nah|me** || **Strom|ab|neh|mer** der, -s/- || **strom|ab|wärts** || **Strom|an|bie|ter** || **strom|auf|wärts** || **Strom|aus|fall** || **Strom|au|to|bahn** (ugs.): *[umweltbelastende] Hochspannungsleitung* || **Strom|be|darf** || **strö|men:** die Menge strömte in den Saal; strömender Regen || **Strom|er|zeu|ger** || **Strom|er|zeu|gung** || **Strom|fres|ser** (sal.): *Gerät mit hohem Stromverbrauch* || **Strom füh|rend** = **strom|füh|rend:** S. führende Leitungen || **Strom|ka|bel** || **Strom|kas|sier** (früher) || **Strom|ki|lo|me|ter:** die S. *(Kilometerzählung)* der Donau || **Strom|kos|ten** die (Pl.) || **Strom|kreis:** *elektrische Leitung mit einer Sicherung, an der mehrere Lampen, Steckdosen usw. hängen* || **Strom|lei|tung** || **Strom|li|ni|en|form:** *Bauform von Autos, Flugzeugen ua, die den Luftwiderstand verringert* || **strom|li|ni|en|för|mig** || **Strom|netz** || **Strom|preis** || **Strom|rech|nung** || **Strom|re|gu|lie|rung** || **Strom|schlag** || **Strom|schnel|le:** *reißende Stelle in einem Fluss* || **Strom|speicher** || **Strom|stär|ke** || **Strom|stoß** || **Strö|mung** die, -/-en: *Fließbewegung von Wasser, Luft;* in eine S. geraten | eine literarische S. *(Richtung)* || **Strö|mungs|ge|schwin|dig|keit** || **Strom|ver|brauch** || **Strom|ver|sor|gung** || **Strom|zäh|ler:** *Zähl- und Ablesegerät für den Stromverbrauch*

Stron|ti|um [st-tsi̯-] das, -s (Zeichen: Sr): *ein chemisches Element (nach einem schottischen Dorf)*

Stro|phe [ʃt-f-] die, -/-n ⟨gr.⟩: *Liedabschnitt; Gedichtabschnitt* ||

S

-strophig (nur in Zusammensetzungen wie achtstrophig) ‖ **strophisch:** s. *(in Strophen)* gliedern; *aber:* ein vierstrophiges Gedicht

strotten (ostöst.): *stochern, nach verwertbaren Abfällen suchen* ‖ **Strotter** der, -s/- (ostöst.): *Vagabund* ‖ **Strotterin** die, -/-innen (ostöst.)

strotzen: *voll sein;* sein Aufsatz strotzt vor/von Fehlern; du strotzt vor/von Gesundheit *(bist sichtbar gesund)*

strubbelig, *auch:* strubblig: *zerzaust;* strubbeliges Haar; → struppig ‖ **Strubbelkopf** ‖ **strubblig** → strubbelig

Strudel der, -s/-: *Wasserwirbel;* von einem S. erfasst werden | *eine [Mehl]speise;* Apfelstrudel; Blunzenstrudel ‖ **Strudelfülle** ‖ **strudeln,** ich strudle: *straucheln, stolpern* | ins Strudeln *(in Bedrängnis)* kommen ‖ **Strudelteig:** *eine Art Teig* | (ugs.) etwas zieht sich wie ein S. *(dauert ermüdend lang)*

Strudengau: *Engtal der Donau in Ober- und Niederösterreich*

Strudler der, -s/- (reg.): *Apfel, der für den Strudel sehr geeignet ist*

Struktur [st-, ʃt-] die, -/-en ⟨lat.⟩: *Aufbau; Gliederung;* die wirtschaftliche S. eines Landes | die S. *(das Gefüge)* des Gesteins, der Gesellschaft ‖ **Strukturalismus** der, -: *eine wissenschaftlich-philosophische, bes. auch sprachwissenschaftliche Richtung* ‖ **strukturalistisch** ‖ **Strukturanalyse** [-lyː-] ‖ **Strukturänderung** ‖ **strukturell** ‖ **Strukturformel** (Chem.): *grafische Darstellung des Aufbaus einer Verbindung;* → G.: Summenformel ‖ **strukturieren:** *mit einer Struktur versehen* ‖ **Strukturierung** die, -/-en ‖ **Strukturpolitik:** *Wirtschaftspolitik, die direkt oder indirekt die Wirtschaftsstruktur beeinflusst* ‖ **Strukturreform** ‖ **strukturschwach:** *wirtschaftlich rückständig, industriell schwach entwickelt* ‖ **Strukturschwäche** ‖ **Strukturverbesserung** ‖ **Strukturwandel**

Struma [st-] die, -/Strumen [Strumae] [-mɛ] ⟨lat.⟩ (Med.): *Kropf, eine angeschwollene Drüse*

Strumpf der, -[e]s/Strümpfe: ein S. aus Seide ‖ **Strumpfhalter** ‖ **Strumpfhose** ‖ **Strumpfmaske:** *[bei Banküberfällen] über den Kopf gezogener Strumpf*

Strunk der, -[e]s/Strünke: *Baumstumpf;* beim Kraut den S. *(den holzigen Teil)* entfernen

struppig: ein struppiges *(borstiges)* Fell; → strubbelig

Strutz der, -[e]s/-e = **Strutzen,** -s/- (reg, bes. K, St): *Brotwecken*

Struwwelkopf: *jemand mit buschigem, zerzaustem Haar* ‖ **Struwwelpeter** der, -s: *eine Kinderbuchgestalt* | *Kind mit struppigem Haar*

Strychnin [ʃtri-, auch: stry-] das, -s ⟨gr.-lat.⟩: *ein Gift*

Stubai [ʃt-] das, -[s]: *ein Tal in Tirol*

Stubanki [ʃt-] → Skubanki

Stubat, Stubati → Stubete ‖ **Stube** die, -/-n: *[gemütliches] Zimmer* | *gemeinsamer Schlafraum [in einer Kaserne]* ‖ **Stubenfliege** ‖ **Stubenhocker:** *jemand, der am liebsten zu Hause sitzt* ‖ **Stubenhockerin** die, -/-innen ‖ **Stubenkasten** ‖ **Stubenmädchen:** *Zimmermädchen [im Hotel]* ‖ **Stubenmusi** = **Stubenmusik** die, -: *Hausmusikgruppe, Volksmusikgruppe, bes. mit Saiteninstrumenten* ‖ **stubenrein:** ihr Hund ist s. | (scherzh.) der Witz ist nicht s. *(unanständig)* ‖ **Stüberl** das, -s/-[n]: *kleineres, gemütliches Zimmer [in Gasthöfen]* | (reg.) *Wohnung für das Ausgedinge* ‖ **Stubet** die, -, *auch:* **Stubete,** Stubat, Stubati (V) (Volksk.): *Zusammenkunft im Rahmen des Brauchtums* | *Besuch bei einem umworbenen Mädchen;* → fensterln ‖ **Stübl** das, -s/-n: *Stüberl* ‖ **Stüble** = **Stübli** das, -s/- (V): *Stüberl*

Stuck [ʃt-] der, -[e]s ⟨germ.-it.⟩: *Verzierung aus Gipsmörtel; Kunstmarmor;* → Stuckateur

Stück das, -[e]s/-e: in Stücke reißen; ein S. Torte; dein Vertrag ist nur ein S. Papier *(was daraufsteht, ist nichts wert);* sich ein S. abschneiden können *(etwas als Vorbild nehmen können);* sie ein S. des Weges begleiten; ein gutes S. weiterkommen; S. für S. *(der Reihe nach)* kontrollieren; große Stücke auf jemanden halten *(jemanden sehr schätzen)* | *Schandtat;* das ist ein starkes S. *(das ist sehr arg)* | etwas aus freien Stücken *(freiwillig)* tun | *Theaterstück; Musikstück* | (in Mengenangaben mit Pl. Stück) drei Stück Zucker

Stuckateur [ʃt-ˈtøːə] der, -s/-e (frühere Schreibung: Stukkateur) ⟨germ.-it.-fr.⟩: *Stuckarbeiter* ‖ **Stuckateurin** die, -/-innen ‖ **Stuckatur** die, -/-en (frühere Schreibung: Stukkatur): *Verzierung aus Gipsmörtel [an Saaldecken];* → Stuck ‖ **Stuckdecke**

stückeln, ich stückle: *aus Stücken zusammensetzen;* ein gestückeltes Leintuch ‖ **Stückelung** die, -/-en: die S. *(Gliederung)* von Eurobanknoten zu 5, 10, 20, 50 und 100 €

stucken (ugs., veraltend): *angestrengt lernen, büffeln*

Stückerl das, -s/-[n] (ugs.): *Stückchen;* etwas spielt alle Stückerln *(ist bes. technisch ausgefeilt, kann alles);* → Stückl ‖ **stückerlweise** = stücklweise, *auch:* stückerlweis, stücklweis (ugs.): *stückweise* ‖ **Stückeschreiber:** *Verfasser von [modernen] Theaterstücken* ‖ **Stückeschreiberin** ‖ **Stückgewicht** ‖ **Stückgut:** *Paket oÄ, das [von der Post] als Einzelstück befördert werden muss* ‖ **Stückl** das, -s/-[n] (ugs.): *Stückerl;* ein S. Zucker ‖ **Stückliste:** *Liste aller notwendigen Einzelteile* ‖ **Stücklohn** der, -[e]s: *Akkordlohn;* im S. *(für das einzelne Stück)* bezahlt werden; → G.: Zeitlohn ‖ **stücklweise,** *auch:* stücklweis = → stückerlweise ‖ **Stückpreis** ‖ **stückweise** ‖ **Stückwerk** das, -[e]s (geh., abw.): *unvollkommenes, unbefriedigendes Werk* ‖ **Stückzahl**

stud. ⟨lat.⟩: **studiosus, studiosa** [st-]; stud. med. = studiosus/studiosa medicinae *(Student/in der Medizin)* ‖ **Student** [ʃt-] der, -en/-en ‖ **Studentenausweis** ‖ **Studentenbewegung** ‖ **Studentenblume:** *Tagetes* ‖ **Studentenbude** (veraltend): *Zimmer, kleine, anspruchslose Wohnung für Studenten* ‖ **Studentenfutter:** *Snack aus Nüssen, Rosinen ua.* ‖ **Studentenheim** ‖ **Studentenlokal** ‖ **Studentenschaft** die, -/-en: die S. der Wirtschaftsuniversität ‖ **Studentenunruhen** die (Pl.) ‖ **Studentenverbindung:** *eine Vereinigung, Korporation* ‖ **Studentin** die, -/-innen ‖ **studentisch** ‖ **Studie** [-i̯ɛ] die, -/-n: eine S. *(eine wissenschaftliche Untersuchung)* zu ei-

S

nem Thema; eine S. *(ein Entwurf)* zu einem Gemälde ‖ **Stu|di|en|ab|bre|cher** ‖ **Stu|di|en|ab|bre|che|rin** ‖ **Stu|di|en|ab|bruch** ‖ **Stu|di|en|ab|schluss** ‖ **Stu|di|en|ab|schnitt** ‖ **Stu|di|en|auf|ent|halt** ‖ **Stu|di|en|aus|tausch|pro|gramm** ‖ **Stu|di|en|bei|hil|fe** ‖ **Stu|di|en|bei|trag:** *Studiengebühr* ‖ **Stu|dien|be|ra|tung** ‖ **Stu|di|en|be|rech|ti|gungs|prü|fung:** *Prüfung als Voraussetzung für die Zulassung zum Universitätsstudium ohne Reifeprüfung* ‖ **Stu|di|en|ein|gangs|pha|se** [-f-]: *erstes Semester an einer Universität* ‖ **Stu|di|en|ein|gangs|prü|fung:** *Prüfung am Beginn mancher Studien zwecks Selektion der Studierenden* ‖ **Stu|di|en|fach** ‖ **Stu|di|en|freund** ‖ **Stu|di|en|freun|din** ‖ **Stu|di|en|för|de|rung** ‖ **Stu|di|en|gang:** *Verlauf des Studiums* ‖ **Stu|di|en|ge|bühr** (meist Pl.) ‖ **Stu|di|en|ge|setz** ‖ **stu|di|en|hal|ber:** s. im Ausland sein ‖ **Stu|di|en|jahr** ‖ **Stu|di|en|kol|le|ge** ‖ **Stu|di|en|kol|le|gin** ‖ **Stu|di|en|kos|ten** die (Pl.) ‖ **Stu|di|en|ord|nung** ‖ **Stu|di|en|platz** ‖ **Stu|di|en|rat** (D): *Professor an einer höheren Schule;* → Oberstudienrat ‖ **Stu|di|en|rä|tin** (D) ‖ **Stu|di|en|rei|se** ‖ **Stu|di|en|rich|tung** ‖ **Stu|di|en|ti|tel** (SüdT): *Schulabschluss* ‖ **Stu|di|en|zeit** ‖ **Stu|di|en|zweig** ‖ **stu|die|ren:** an einer Universität, Fachhochschule, Akademie oÄ s.; Medizin s. I (ugs.) zwei studierte Schwestern *(mit Hochschulabschluss)* I die ländlichen Verhältnisse s.; sein Verhalten s. *(genau beobachten);* den Vertrag s. *(genau durchlesen)* I (ugs.) *nachdenken, überlegen* ‖ **Stu|die|ren|de**[1] der, -n/-n, ein Studierender ‖ **Stu|die|ren|de**[2] die, -n/-n ‖ **Stu|die|ren|den|aus|weis** (ugs.): *Studentenausweis* ‖ **Stu|die|ren|den|bei|trag:** *Beitrag an die ÖH* ‖ **Stu|dier|te**[1] der, -n/-n, ein Studierter (ugs.) ‖ **Stu|dier|te**[2] die, -n/-n (ugs.) ‖ **Stu|dier|zim|mer** (veraltend): *Arbeitszimmer* ‖ **Stu|dio** das, -s/-s ⟨lat.-it.⟩: *Aufnahme-, Senderaum [im Rundfunkgebäude]* I *Künstlerwerkstätte;* Fotostudio I *kleines Theater* ‖ **Stu|dio|büh|ne:** *experimentelle Bühne oder Probebühne* ‖ **Stu|di|o|sus** [ʃt-, auch: st-] der, -/Studiosi ⟨lat.⟩ (scherzh., veraltet): *Student* ‖ **Stu|di|um** [ʃt-] das, -s/Studien [-i̯ən]: *akademische Ausbildung an einer Universität, Fachhochschule, Akademie oÄ* I Studien betreiben *(etwas erforschen);* das S. *(das genaue Durchlesen)* des Protokolls I (geh.) seinen Studien nachgehen, obliegen ‖ **Stu|di|um ir|re|gu|la|re** [st- -] das, - - (Bildw.): *unkonventionell kombinierter Studiengang;* → irregulär ‖ **Stu|di|VZ** [-faʊ̯ˌtsɛt] das, - = **Stu|di|Ver|zeich|nis** (Wz.): *eine Internetplattform für ein soziales Netzwerk [für Studierende]*

Stu|fe die, -/-n: Stufen steigen I *Rang, [Alters]klasse;* mit ihm auf einer S. stehen *(gleichrangig sein)* I (Mus.) *Stelle eines Tons in der Tonleiter, zB Quint* ‖ **stu|fen:** *abstufen;* gestufte *(gestaffelte)* Eintrittspreise ‖ **Stu|fen|bar|ren** (Sport): *ein Sportgerät* I *eine Disziplin im Turnen* ‖ **stu|fen|för|mig** ‖ **Stu|fen|füh|rer|schein** ‖ **Stu|fen|heck:** ein Auto mit S. ‖ **Stu|fen|lei|ter:** *Hierarchie* ‖ **stu|fen|los:** *kontinuierlich* ‖ **Stu|fen|plan:** *Entwicklungsplan in mehreren Stufen* ‖ **stu|fen|wei|se:** *nach und nach* ‖ **stu|fig:** ein stufiger Haarschnitt I (in Zusammensetzungen) achtstufig ‖ **Stu|fung** die, -/-n

Stuhl der, -[e]s/Stühle: *ein Sitzmöbel;* zwischen zwei Stühlen sitzen *(zwischen zwei unangenehmen Möglichkeiten wählen müssen);* der elektrische S. *(für zum Tode Verurteilte)* I ein fester S. *(Stuhlgang)* I (ohne Pl.) (kath.) der Heilige Stuhl *(die päpstliche Regierung)* ‖ **Stuhl|drang** der, -[e]s ‖ **Stuhl|ent|lee|rung** ‖ **Stuhl|gang:** *menschlicher Kot* I *Ausscheidungsvorgang* ‖ **stuhl|rei|ten** (D): *sesselreiten* ‖ **Stuhl|träg|heit** (Med.) ‖ **Stuhl|un|ter|su|chung** (Med.)

Stul|pe die, -/-n: *umgelegter Teil [des Hosenbeins]* ‖ **stül|pen:** den Ärmelaufschlag nach innen s. *(kehren)*

stumm: er ist seit dem 5. Lebensjahr s. *(kann nicht mehr sprechen);* s. vor Schreck; eine stumme Rolle *(Theaterrolle ohne Sprechtext)* I der stumme Diener *(ein fahrbarer Serviertisch; ein Kleiderständer)* I (Sprachwiss.) das stumme h in *gehen* ‖ **Stum|me**[1] der, -n/-n, ein Stummer ‖ **Stum|me**[2] die, -n/-n

Stum|mel der, -s/-: *Rest; Endstück;* Zigarettenstummel ‖ **Stum|mel|schwanz**

Stum|merl das, -s/-[n] (ugs., veraltend, auch abw.): *stummer Mensch* ‖ **Stum|merl|spra|che** die, - (ugs., veraltend, auch abw.): *Taubstummen-, Zeichen-, Gebärdensprache* ‖ **Stumm|film:** → G.: Tonfilm

Stum|pen der, -s/-: *noch nicht geformter Filzhut* ‖ **Stüm|per** der, -s/- (abw.): *jemand, der in seinem Beruf/Fach untüchtig ist* ‖ **Stüm|pe|rei** die, -/-en (abw.) ‖ **stüm|per|haft** (abw.) ‖ **Stüm|pe|rin** die, -/-innen (abw.) ‖ **Stüm|perl** das, -s/- (ugs.): *Stumpf* ‖ **stüm|pern** (abw.): *stümperhaft arbeiten* ‖ **stumpf:** ein stumpfer Bleistift I (Math.) ein stumpfer Winkel *(Winkel zwischen 90 und 180 Grad)* I er ist geistig s. *(träg)* I stumpfes *(glanzloses)* Gold ‖ **Stumpf** der, -[e]s/Stümpfe: *verbliebener Rest [einer Kerze, eines Baumes];* etwas mit S. und Stiel *(ganz und gar)* ausrotten ‖ **Stumpf|heit** die, - ‖ **Stumpf|sinn** der, -[e]s: *Teilnahmslosigkeit;* in S. verfallen I *Unsinn* ‖ **stumpf|sin|nig** ‖ **stumpf|win|ke|lig,** *auch:* **stumpf|wink|lig**

Stünd|chen das, -s/-: ein S. schlafen; sein letztes S. hat geschlagen *(es geht mit ihm zu Ende)* ‖ **Stun|de** die, -/-n (Std., h): eine volle S.; eine geschlagene S. *(sechzig Minuten)* warten; der Bus verkehrt jede S.; eine viertel S. (= Viertelstunde); in drei viertel Stunden (= in drei Viertelstunden); von S. zu S. müder werden; ein Mann/eine Frau der ersten S. *(der/die von Anfang an dabei war);* seine letzte S. hat geschlagen *(es geht mit ihm zu Ende);* → Stündchen I schöne Stunden *(eine schöne Zeit)* mit ihr verbracht haben; die S. null *(Zeitpunkt, an dem etwas ganz von vorn beginnt)*; die Gunst der S. *(den günstigen Augenblick)* nutzen; zur Stunde *(derzeit)* weiß ich noch nichts Genaues; die S. der Wahrheit *(Zeitpunkt der Bewährung)* I fünf Stunden *(Unterrichtseinheiten, meist zu 50 Minuten)* Schule haben; Stunden *(Nachhilfeunterricht)* in Deutsch und Englisch geben ‖ **stun|den:** *einen Aufschub gewähren;* eine Zahlung s.; eine Prüfung s. ‖ **Stun|den|an|zahl** ‖ **Stun|den|aus|maß** ‖ **Stun|den|ge|bet** (kath.): *bestimmten Stun-*

S

den des Tages zugeordnetes Gebet ‖ **Stun|den|ge|schwin|dig|keit:** *Durchschnittsgeschwindigkeit innerhalb einer Stunde* ‖ **Stun|den|ho|tel:** *Hotel, in dem Paare Zimmer stundenweise zum Geschlechtsverkehr mieten* ‖ **Stun|den|ki|lo|me|ter** (meist Pl.) (km/h): *Kilometer je/pro Stunde* ‖ **stun|den|lang:** s. reden; *aber:* drei Stunden lang ‖ **Stun|den|lohn** ‖ **Stun|den|plan** ‖ **Stun|den|ta|fel:** *Stundenplan* ‖ **stun|den|wei|se:** s. *(nur einzelne Stunden hindurch)* arbeiten ‖ **stun|den|weit:** s. *(mehrere Stunden weit)* gehen ‖ **Stun|den|zahl** ‖ **Stun|den|zei|ger:** der S. der Armbanduhr ‖ **-stün|dig** (nur in Zusammensetzungen wie dreistündig); → stündlich ‖ **Stünd|lein** das, -s/- (geh.): *Stündchen* ‖ **stünd|lich:** eine Nachricht s. *(von Stunde zu Stunde)* erwarten; ein Medikament s. *(jede Stunde wieder)* nehmen; *aber:* ein zweistündiger *(zwei Stunden dauernder)* Vortrag; → -stündig ‖ **Stun|dung** die, -/-en: *Aufschub;* S. einer Zahlung

Stunk der, -s (bes. D, ugs.): S. *(Ärger)* machen/haben

Stunt [stʌnt] der, -s/-s ⟨engl.⟩: *gefährliche, schwierige Szene im Film* ‖ **Stunt|man** [-ˈʌ-mæn] der, -s/Stuntmen [-men]: *jemand, der im Film berufsmäßig in gefährlichen und schwierigen Szenen an die Stelle des Schauspielers tritt* ‖ **Stunt|wo|man** [-wʊmən] die, -/-women [-wɪmɪn]

stu|pend [ʃt-, st-] ⟨lat.⟩ (geh.): ein stupendes *(verblüffendes, erstaunliches)* Wissen

stup|fen (ugs.): *leicht stoßen, stupsen; stechen* ‖ **Stup|fer** der, -s/- (ugs.): *leichter Stoß* | *Ableger einer Pflanze*

stu|pid [ʃt-, st-] ⟨lat.-fr.⟩ (abw.): *dumm;* eine stupide *(geisttötende, stumpfsinnige)* Arbeit ‖ **Stu|pi|di|tät** die, -/-en (abw.)

Stupp das, -[e]s/-e (ugs., veraltend): *Puder* ‖ **stup|pen** (ugs., veraltend): einen Säugling s. *(ihn einpudern)*

Stups der, -es/-e: *leichter Stoß, Stupser* ‖ **stup|sen,** du stupst: *einen leichten Stoß geben* ‖ **Stup|ser** der, -s/-: *leichter Stoß, Stups* ‖ **Stups|na|se:** *aufgebogene, kurze Nase*

stur (abw.): *starrköpfig, unbeweglich;* ein sturer Kerl ‖ **Stur|heit** die, -/-en (abw.)

Sturm der, -[e]s/Stürme: *starker, heftiger Wind;* der S. tobt; bei S. und Regen; ein S. im Wasserglas *(eine Aufregung um nichts)* | ein S. *(Beifallssturm)* der Begeisterung | *Sturmangriff;* zum S. *(zum Angriff)* blasen; S. läuten *(heftig läuten, zB bei Ausbruch eines Brandes);* gegen etwas S. laufen *(dagegen ankämpfen)* | (ohne Pl.) *gärender Traubenmost* | → Sturm und Drang ‖ **Sturm|an|griff** (Mil.): *energischer Angriff* ‖ **Sturm|bö,** *auch:* **Sturm|böe** ‖ **stür|men:** es stürmt und schneit | eine Festung s. *(angreifen)* | ins Zimmer s. *(herein-, hineinstürzen)* ‖ **Stür|mer** der, -s/- (Sport): *Angreifer, zB beim Fußballspiel* ‖ **Stür|me|rin** die, -/-innen (Sport) ‖ **sturm|er|probt** (geh.): *kampferprobt* ‖ **sturm|fest** ‖ **Sturm|flut:** *durch Sturm hervorgerufene Wasserflut* ‖ **sturm|frei** (ugs.): eine sturmfreie Bude *(Quartier, wo man ungestört bleibt)* ‖ **Sturm|glo|cke** (früher): *Glocke, die bei drohender Gefahr geläutet wurde* ‖ **sturm|ge|peitscht** (geh.) ‖ **stür|misch:** stürmisches Wetter; stürmische See | stürmische *(überschwängliche)* Begeisterung; eine stürmische *(rasante)* Entwicklung ‖ **Sturm|la|ter|ne** ‖ **Sturm|läu|ten** das, -s (früher): → Sturmglocke ‖ **Sturm|lauf:** *heftiger Ansturm, Angriff* | *schneller Lauf* ‖ **sturm|reif:** *bereit für einen Sturmangriff;* die belagerte Stadt s. schießen ‖ **Sturm|scha|den** (meist Pl.) ‖ **Sturm|tief:** *Tiefdruckgebiet mit heftigem Wind* ‖ **Sturm und Drang** der, - - -[e]s (Lit.): die literarische Periode des S. u. D. (um 1770 bis 1780) ‖ **Sturm-und-Drang-Zeit** die, - (Lit.): *Periode des Sturm und Drangs* | (scherzh.) *Jugendzeit* ‖ **Sturm|war|nung:** S. anzeigen ‖ **Sturm|wind**

Stur|schä|del (ugs., abw.): *sturer, eigensinniger Mensch*

Sturz der, -es/Stürze: zu S. kommen; ein S. mit dem Fahrrad; ein Skirennen mit vielen Stürzen | der S. *(die Abwahl oder Absetzung)* der Regierung | *Glassturz* | *oberer Abschluss einer Maueröffnung;* Fenstersturz | (Kfz, Technik) *Radsturz* ‖ **Sturz|acker:** *grob umgepflügtes Feld* ‖ **Sturz|bach:** *zu Tal stürzende Wassermassen, zB nach einem Wolkenbruch* ‖ **Stür|ze** die, -/-n (Mus.): *Schalltrichter [der Posaune]* ‖ **stür|zen,** du stürzt: *in die Tiefe/zu Boden fallen;* mit dem Fahrrad s. | die Regierung s. *(zum Rücktritt zwingen)* | zum Fenster s. *(laufen)* | eine Kiste s. *(kippen);* den Gugelhupf s. *(aus der Form kippen);* Manschetten s. *(die eingestülpten Ränder zusammennähen)* | sich auf sein Opfer s.; sich in die Arbeit s. | (mda., veraltet) Schule s. *(schwänzen)* ‖ **Sturz|flug:** *steil nach unten gerichteter Flug* ‖ **Sturz|flut:** *[durch Stürme oder Erdbeben] hervorgerufene hohe Flut* ‖ **Sturz|glas:** *eine Glasform für Speisen, die man als Ganzes aus dem Glas stürzt, zB Pasteten, Kuchen* ‖ **Sturz|helm:** *ein Kopfschutz* ‖ **Sturz|helm|pflicht** ‖ **Sturz|see:** *bes. hohe Welle* ‖ **Sturz|trunk:** *große Alkoholaufnahme in kurzer Zeit [bei Gelagen]*

Stuss der, -es (sal.): *Unsinn*

Stu|te die, -/-n: *weibliches Pferd;* → Hengst ‖ **Stu|ten|bis|sig|keit** (abw.): *Aggression unter Frauen*

Stutt|gart: *Stadt in Deutschland*

Stütz|ap|pa|rat (Med.): *Skelett mit Gelenken und Bandverbindungen* | *ein schienenartiger Heilbehelf* ‖ **Stüt|ze** die, -/-n: jemandem eine S. *(Hilfe)* sein; die S. der Chefin | *Pfosten*

stut|zen: du stutzt deinen Bart *(schneidest ihn kürzer)* | *erstaunt sein, aufhorchen, misstrauisch werden;* das Pferd stutzte vor dem Hindernis ‖ **Stut|zen** der, -s/-: *kurzes Gewehr; kurzes Rohrstück* | *bis unters Knie reichender Strumpf* | *ein Trinkgefäß*

stüt|zen[1]: du stützt den Kopf in die Hände; junge Bäume s.; sich auf einen Stock s.; sich auf jemanden s. *(jemandes Hilfe in Anspruch nehmen)* | (Wirt.) gestützte *(durch Zuschüsse niedrig gehaltene)* Preise ‖ **stüt|zen**[2] sich: sich auf Beweise s. *(sie zur Grundlage haben)*

Stut|zer der, -s/- (veraltet, abw.): *Modegeck* | (veraltend) *kurzer [Winter]mantel*

Stüt|zerl das, -s/-[n] (ugs., veraltet): *[gestrickter] Wärmeschutz um das [Hand]gelenk*

Stutz|flü|gel (Mus.): *kurzer Flügel*

Stütz|ge|we|be

stut|zig: s. werden *(aufhorchen; auch: Verdacht schöpfen);* jemanden s. machen

stützig (veraltet): ein stütziges *(widerspenstiges, störrisches)* Pferd

Stützkorsett ‖ **Stützlehrer:** *Lehrer für lernschwache oder verhaltensauffällige Kinder* ‖ **Stützlehrerin** ‖ **Stützmauer:** *Mauer an einer Böschung* ‖ **Stützpunkt:** *Basis/Zentrum, von dem eine Tätigkeit ausgeht* ‖ **Stützrad:** *Hilfsrad [seitlich an Kinderfahrrädern]* ‖ **Stützstrumpf:** *elastischer Strumpf [gegen Blutstauungen]* ‖ **Stützung** die, -/-en ‖ **Stützungsmaßnahme** ‖ **Stützverband**

StVO [ɛs te faʊ 'oː] die, -: **St**raßen**v**erkehrs**o**rdnung

Style [staɪl] der, -s/-s ⟨lat.-engl.⟩: *Stil, Mode* ‖ **stylen:** die Haare perfekt s. ‖ **Styling** das, -s: *Stilisierung, Formgebung, Design, Gestaltung, zB bei Möbeln, Autos, Frisuren* ‖ **stylisch** = **stylish** [-ʃ] (sal., Jug.): *trendig, modisch* ‖ **Stylist** der, -en/-en: *Designer* ‖ **Stylistin** die, -/-innen

Styria ['styː-, 'stiː-]: *lateinischer Name der Steiermark* ‖ **Styriakum** das, -s/Styriaka = Styriacum [-k-]: *spezifische steirische Eigenart, Erscheinung* | *spezifische Publikation zum Thema Steiermark* ‖ **Styriarte** die, - ⟨lat.+it.⟩: *ein jährliches Musikfest in der Steiermark*

Styropor [sty-, ʃty-] das, -s ⟨gr.+lat.⟩ (Wz.): *ein Kunststoff*

Styx ['styks] der, - ⟨gr.⟩: *Fluss in der antiken Totenwelt*

s. u.: **s**iehe **u**nten (bei Hinweisen in Texten)

Suada [su-] die, -/Suaden ⟨lat.⟩: *Redeschwall; Beredsamkeit*

sub- ⟨lat.⟩ (nur in Zusammensetzungen wie subakut, Substandard)

subakut (Med.): *nicht heftig verlaufend*

subalpin (Geogr.): *Höhenstufe zwischen Waldgrenze und Baumgrenze*

subaltern ⟨lat.⟩ (geh.): *untergeordnet; unterwürfig, untertänig*

sub auspiciis praesidentis [- -tsi.is prɛ-] ⟨lat.⟩: *unter dem Ehrenschutz des Bundespräsidenten;* → Promotion

Subdiakon (früher): *Träger der untersten kirchlichen Weihe*

Subdominante (Mus.): *Dreiklang der 4. Stufe der Tonleiter*

subito ⟨it.⟩ (Mus.): *sofort*

Subjekt das, -[e]s/-e ⟨lat.⟩: *denkende, handelnde Person* | (abw.) *verkommener Mensch* | (Gramm.) *Satzgegenstand* ‖ **subjektiv** [auch: 'zu-]: eine subjektive *(persönliche, vom eigenen Gefühl, vom eigenen Standpunkt beeinflusste)* Meinung; → G.: objektiv ‖ **Subjektivismus** [-v-] der, -/Subjektivismen (Phil.) ‖ **Subjektivität** die, - ‖ **Subjektsteil** (Gramm.): *Subjekt samt den zu ihm gehörigen Attributen und Artikeln*

Subkontinent: *geographisch eigenständiger, großer Teil eines Kontinents, zB Vorderindien*

Subkultur: *abweichende Kultur- und Lebensformen bestimmter Gruppen der Gesellschaft*

subkutan ⟨lat.⟩ (Med.): *unter die Haut [bei Injektionen];* → perkutan

sublim ⟨lat.⟩ (geh.): *verfeinert; feinsinnig;* ein sublimes Empfinden ‖ **Sublimation** [-tsi̯-] die, -/-en (Chem.): *Übergehen vom festen in den gasförmigen Zustand* ‖ **sublimieren:** *eine Sublimation herbeiführen* | (Psych.) *vergeistigen; [unbefriedigte] Triebe in geistige Leistungen umsetzen* ‖ **Sublimierung** die, -/-en ‖ **subliminal** ⟨lat.-engl.⟩ (Psych.): *unterschwellig;* subliminale Wahrnehmung

Submission die, -/-en ⟨lat.⟩ (veraltend): *Unterwürfigkeit, das Sichunterwerfen* | (Wirt.) *öffentliche Ausschreibung* ‖ **Submissionsvergleich** (Jus): *Vergleich bei gänzlichem Nachgeben einer Prozesspartei* ‖ **submittieren** (Jus): *in einem Prozess aufgeben, sich dem Standpunkt des Prozessgegners unterwerfen*

suboptimal (sal.) ⟨lat.⟩: *nicht besonders gelungen, unbefriedigend*

Subordination [-tsi̯-] ⟨lat.⟩: *Unterordnung, Gehorsam;* → G.: Insubordination

subpolar ⟨lat.⟩ (Geogr.): *an die Polarzone anschließend*

Subprimes ['sʌbpraɪmz] die (Pl.) ⟨engl.⟩: *Hypothekarkredit[e] für Schuldner mit niedriger Bonität*

Subprior ⟨lat.⟩: *Stellvertreter des Priors im Kloster* ‖ **Subpriorin**

sub rosa ⟨lat.⟩: *unter dem Siegel der Verschwiegenheit*

subsidiär ⟨lat.-fr.⟩: *helfend, unterstützend* ‖ **Subsidiarität** die, - ‖ **Subsidiaritätsprinzip** das, -s (Pol.): *Prinzip der größtmöglichen Selbstverantwortung kleinerer Gemeinschaften, zB EU, Bund, Land, Gemeinde überlassen der jeweils nächstniedrigeren Ebene möglichst viel zu regeln*

Subsistenz die, -/-en ⟨lat.⟩ (geh.): *Lebensunterhalt*

Subskribent der, -en/-en ⟨lat.⟩ ‖ **Subskribentin** die, -/-innen ‖ **subskribieren** ‖ **Subskription** [-tsi̯-] die, -/-en: *Vorausbestellung [eines Buches]* ‖ **Subskriptionspreis:** *verbilligter Vorbestellungspreis*

Substandard: *unter dem gewohnten Niveau;* diese Wohnung ist S. ‖ **Substandardhaus** ‖ **Substandardwohnung:** *Wohnung ohne WC, Bad ua. Komfort*

substantiell [-tsi̯-] = → substanziell ‖ **substantiieren** [-tsi'iː-] = → substanziieren ‖ **Substantiv** das, -s/-e [-fɛ, -vɛ] ⟨lat.⟩ (Gramm.): *Nomen, Hauptwort* ‖ **substantivieren** [-v-] (Gramm.) ‖ **Substantivierung** die, -/-en (Gramm.): *Nominalisierung* ‖ **substantivisch** [auch: -'tiː-] (Gramm.): *nominal* ‖ **Substanz** die, -/-en: *das Wesen, das Bleibende* | *Stoff, Masse, Material;* etwas geht an die S. *(an den Grundbestand)* ‖ **substanziell** = substantiell [-tsi̯-] ⟨lat.-fr.⟩ (geh.): *wesentlich, gehaltvoll* | *nahrhaft* ‖ **substanziieren** = substantiieren (Jus): *deutlicher darlegen, konkretisieren*

Substitol das, -s ⟨lat.⟩ (Wz.): *ein Drogenersatzpräparat* ‖ **substituieren:** *etwas/jemanden an die Stelle eines anderen setzen* ‖ **Substituierung** die, -/-en ‖ **Substitut**[1] das, -[e]s/-e: *Ersatz, Surrogat* ‖ **Substitut**[2] der, -en/-en: *Ersatzperson, Aushilfskraft* | *junger Jurist in einer Kanzlei; Ersatzmann [für einen Pflichtverteidiger]* ‖ **Substitutin** die, -/-innen ‖ **Substitution** [-tsi̯-] die, -/-en: *Ersatz, Ergänzung* | *eine Therapieform für Drogenabhängige* | (Jus) *Vertretung eines Rechtsanwalts durch einen Berufskollegen* | (Jus) *Ersatzerbschaft, Nacherbschaft* | (Gramm.) *Ersatzform*

Substrat das, -[e]s/-e ⟨lat.⟩: *Grundlage; Basis; Unterlage* | (Biol.) *Nährboden* | (Sprachwiss.) *Spuren einer früheren Sprache in der nunmehrigen Sprache*

subsumieren ⟨lat.⟩: *einem allgemeinen Begriff unterordnen, ein-*

S

ordnen
Sub|text [engl.: 'sʌb-] ⟨lat.-engl.⟩ (Sprachwiss.): *hintergründige Bedeutung* | *ursprünglicher Bedeutungsinhalt*
sub|til ⟨lat.⟩ (geh.): *zart, feinsinnig; differenziert;* subtile Unterschiede
Sub|tra|hend der, -en/-en ⟨lat.⟩ (Math.): *Zahl, die weggezählt wird* ‖ **sub|tra|hie|ren** (Math.): *wegzählen, abziehen* ‖ **Sub|trak|ti|on** [-tsi̯-] die, -/-en (Math.)
Sub|tro|pen die (Pl.) ‖ **sub|tro|pisch** (Geogr.): subtropisches Klima *(Klima zwischen den Tropen und der gemäßigten Zone)*
Sub|un|ter|neh|mer: *Unternehmer, der für einen anderen einen Teilauftrag ausführt* ‖ **Sub|un|ter|neh|me|rin**
Sub|ven|ti|on [-v-tsi̯-] die, -/-en ⟨lat.⟩: *finanzielle Unterstützung aus öffentlichen Geldern, zB an Vereine* ‖ **sub|ven|ti|o|nie|ren** ‖ **Sub|ven|ti|ons|leh|rer:** *Bundeslehrer an einer Privatschule (lebende Subvention)* ‖ **Sub|ven|ti|ons|leh|re|rin** ‖ **Sub|ven|ti|ons|wer|ber** (Amtsspr.) ‖ **Sub|ven|ti|ons|wer|be|rin** (Amtsspr.)
Sub|ver|si|on [-v-] die, -/-en ⟨lat.⟩ ‖ **sub|ver|siv:** subversive *(umstürzlerische)* Tätigkeit
Sub|woo|fer ['sʌbwu:fə] der, -s/- ⟨engl.⟩ (Elektrot.): *Lautsprecher für niedrige Frequenzen*
Such|ak|ti|on [-tsi̯-]: eine groß angelegte S. starten ‖ **Such|an|zei|ge** ‖ **Such|dienst** ‖ **Su|che** die, -: auf die S. gehen; sich auf die S. machen ‖ **su|chen:** Schwammerln s.; das Weite s. *(weglaufen);* ihr Engagement sucht seinesgleichen *(ist unerreicht);* Sie haben hier nichts zu s. *(nichts verloren)*!; nach der Wahrheit s.; Lektor/in gesucht (in Stellenanzeigen) | jemandem zu helfen s. *(versuchen)* ‖ **Su|cher** der, -s/-: *Einrichtung an der Kamera* ‖ **Such|git|ter** ‖ **Such|hund:** *Lawinen-, Drogensuchhund* ‖ **Such|lauf:** *elektronische Einrichtung zum Suchen [der Rundfunksender]* ‖ **Such|mann|schaft** ‖ **Such|ma|schi|ne** (Internet): *spezielle Datenbank, mit der man Begriffe und Ausdrücke im Internet findet*
Sucht die, -/Süchte: *krankhaft starkes Verlangen, Gier;* die S., stets aufzufallen | *krankhafte Abhängigkeit von Alkohol, Drogen ua. Genuss- und Rauschmitteln* ‖ **Sucht|ge|fahr** ‖ **Sucht|gift:** *Rauschgift* ‖ **Sucht|gift|dea|ler** [-di:l-] ‖ **Sucht|gift|dea|le|rin** ‖ **Sucht|gift|fahn|der** ‖ **Sucht|gift|fahn|de|rin** ‖ **Sucht|gift|ge|setz** ‖ **Sucht|gift|händ|ler** ‖ **Sucht|gift|händ|le|rin** ‖ **Sucht|gift|kon|sum** ‖ **Sucht|gift|kri|mi|na|li|tät** ‖ **Sucht|gift|miss|brauch** ‖ **Sucht|gift|sze|ne** ‖ **Sucht|gift|ver|ord|nung** ‖ **süch|tig:** *einer Sucht verfallen;* rauschgiftsüchtig ‖ **Süch|ti|ge**[1] der, -n/-n, ein Süchtiger ‖ **Süch|ti|ge**[2] die, -n/-n ‖ **Süch|tig|keit** die, - ‖ **Sucht|kran|ke** ‖ **Sucht|mit|tel** ‖ **Sucht|prä|ven|ti|on** [-v-tsi̯-]
Such|trupp: *Personengruppe, die eine Suchaktion durchführt*
Sud der, -[e]s/-e: *Flüssigkeit, in der Kaffee, Kräuter oÄ [aus]gekocht wurden*
Süd[1] (Zeichen: S): *Himmelsrichtung;* in Nord und Süd; Graz-Süd (= Graz Süd); → Süden ‖ **Süd**[2] der, -[e]s (geh.): *Südwind;* ein warmer Süd ‖ **Süd|af|ri|ka** ‖ **süd|af|ri|ka|nisch** ‖ **Süd|ame|ri|ka** ‖ **süd|ame|ri|ka|nisch**
Su|dan der, -[s]: *afrikanischer Staat* ‖ **Su|da|ne|se** der, -n/-n ‖ **Su|da|ne|sin** die, -/-innen ‖ **su|da|ne|sisch**
Süd|au|to|bahn ‖ **Süd|bahn:** *Südbahnstrecke der Eisenbahn (Wien–Bruck an der Mur–Graz/Villach)* ‖ **Süd|bahn|hof:** der Wiener S. *(bis 2009; jetzt: Zentralbahnhof)* ‖ **Süd|bahn|stre|cke** ‖ **süd|deutsch** ‖ **Süd|deutsch|land**
su|deln, ich sudle: *[mit Schmutz] herumschmieren; [mit der Tinte] unsauber schreiben*
Sü|den der, -s (Zeichen: S): *Himmelsrichtung* | der sonnige S. *(Land[esteil] im Süden);* → Süd; → Mittag
Su|de|rer der, -s/- (W, ugs.) ‖ **Su|de|rin** die, -/-innen (W, ugs.) ‖ **su|dern** (W, ugs.): *jammern, lamentieren;* → Gesudere
Su|de|ten die (Pl.): *ein Gebirgszug (D, Tschechien, Polen)* ‖ **Su|de|ten|deut|sche:** *Deutschsprachige/r aus den Sudetenländern* ‖ **Su|de|ten|land** das, -[e]s (Gesch.): *die bis 1945 von Sudetendeutschen bewohnten Teile der Sudetenländer* ‖ **Su|de|ten|län|der** die (Pl.) (Gesch.): *Sammelbezeichnung für Böhmen, Mähren und das ehemalige Österreichisch-Schlesien*
Süd|eu|ro|pa ‖ **Süd|frucht** (meist Pl.): *Orange, Banane ua.* ‖ **Süd|halb|ku|gel** ‖ **Süd|hang**
Sud|haus: *Gebäude, in dem aus der Sole Kochsalz gewonnen wird* | *Gebäude, in dem Bierwürze gewonnen wird*
Süd|ko|rea: *ostasiatischer Staat* (amtlich: Republik Korea) ‖ **Süd|län|der** der, -s/-: *Einwohner eines Landes im Süden, eines Mittelmeerlandes* ‖ **Süd|län|de|rin** die, -/-innen ‖ **süd|län|disch:** ein südländisches Aussehen ‖ **süd|lich:** s. des Flusses/s. vom Fluss; s. [von] der Stadt; ein südliches Klima
Su|do|ku das, -s/-s ⟨jap.⟩: *ein Zahlenrätsel*
Süd|ost = Südosten (SO) ‖ **Süd|ost|asi|en** ‖ **Süd|ost|au|to|bahn** ‖ **Süd|os|ten** = → Südost ‖ **Süd|ost|eu|ro|pa** ‖ **süd|öst|lich** ‖ **Süd|ost|tan|gen|te:** *eine frequentierte Stadtautobahn in Wien* ‖ **Süd|pol** ‖ **Süd|po|lar|meer** ‖ **Süd|rand:** am S. der Alpen ‖ **Süd|see** die, - ‖ **Süd|sei|te** ‖ **süd|sei|tig** ‖ **Süd|staa|ten** die (Pl.): *südliche Bundesstaaten der USA* ‖ **Süd|stei|er|mark:** *Landesteil der Steiermark* ‖ **Süd|süd|ost** = **Süd|süd|os|ten** (SSO) ‖ **Süd|süd|west** = **Süd|süd|wes|ten** (SSW) ‖ **Süd|ti|rol** (it.: Alto Adige [- 'a:didʒe]): *1919 an Italien gefallener Teil Tirols; die Provinz Bozen (in Italien);* → Nordtirol; → Osttirol ‖ **Süd|ti|ro|ler**[1] (Adj.): die Südtiroler Landesregierung; S. Trachten ‖ **Süd|ti|ro|ler**[2] der, -s/-, ein Südtiroler ‖ **Süd|ti|ro|le|rin** die, -/-innen ‖ **Süd|ti|rol|pa|ket** (Gesch., Pol.): *Vereinbarung zwischen Österreich und Italien über die Maßnahmen zur Autonomieregelung Südtirols* ‖ **Süd|um|fah|rung** ‖ **süd|wärts** ‖ **Süd|west** = **Süd|wes|ten** (SW) ‖ **süd|west|lich** ‖ **Süd|wind**
Suff der, -[e]s (sal.): sich dem S. ergeben *(ein Säufer sein)* ‖ **süf|feln** (sal.): *genussvoll trinken* ‖ **süf|fig:** ein süffiger *(leichter, angenehm zu trinkender)* Wein
Süf|fi|san|ce [-'zɑ̃:s] = → Süffisanz ‖ **süf|fi|sant** ⟨lat.-fr.⟩ (geh.): ein süffisantes *(hochmütiges, spöttisches)* Lächeln ‖ **Süf|fi|sanz** = Süffisance [-'zɑ̃:s] die, -
Suf|fix das, -es/-e ⟨lat.⟩ (Gramm.): *Wortteil, der auf den Stamm eines Wortes folgt; Nachsilbe;* → Präfix

S

suf|fi|zi|ent ⟨lat.⟩ ‖ **Suf|fi|zi|enz** die, -/-en (Med.): *Funktionstüchtigkeit;* → G.: Insuffizienz
Suf|fra|get|te die, -/-n ⟨lat.-fr.-engl.⟩ (früher): *eine Frauen[wahl]rechtskämpferin*
sug|ge|rie|ren ⟨lat.⟩: jemandem etwas s. *(ihn in Richtung einer bestimmten Meinung oder Absicht beeinflussen);* die Bezeichnung suggeriert etwas Positives *(soll einen positiven Eindruck erwecken)* ‖ **Sug|ges|ti|on** die, -/-en: *starke seelische Beeinflussung; Willensübertragung* ‖ **sug|ges|tiv** ‖ **Sug|ges|tiv|fra|ge:** *Frage, die die gewünschte Antwort herbeiführen soll* ‖ **Sug|ges|to|pä|die** die, - ⟨lat.+gr.⟩: *eine ganzheitliche Lehr- und Lernmethode*
Su|go der = das, -s/-s ⟨it.⟩: *pikante Tomatensauce nach italienischer Art*
su|hlen sich: die Wildschweine s. sich *(wälzen sich)* im Schlamm
Süh|ne die, -/-n (geh.): *Wiedergutmachung; Buße (für ein Verschulden oder im Sinne einer historischen Verantwortung);* S. für etwas leisten ‖ **süh|nen** (geh.): ein Vergehen s. *(gutmachen; abbüßen)* ‖ **Süh|ne|op|fer** = Sühnopfer (Rel.): *Opfer zur Sühne* ‖ **Süh|ne|ver|such** (Jus): *Schlichtungsversuch im Ehescheidungsverfahren* ‖ **Sühn|op|fer** = → Sühneopfer
sui ge|ne|ris ⟨lat.⟩: ein Kunstwerk sui g. *(von besonderer, eigener Art)*
Sui|te ['sy̆i(ː)t] die, -/-n ⟨fr.⟩: *Instrumentalstück aus mehreren [Tanz]sätzen* | *zusammenhängende Zimmerreihe/-flucht, zB in einem Hotel*
Su|i|zid der = das, -[e]s/-e ⟨lat.⟩: *Selbstmord* ‖ **su|i|zid|ge|fähr|det**
Su|jet [sy'ʒeː] das, -s/-s ⟨fr.⟩: *Thema, Gegenstand [einer künstlerischen Darstellung]*
Suk|kurs der, -es/-e ⟨lat.⟩: *Hilfe, Unterstützung*
Suk|kus der, - ⟨lat.⟩ (geh.): *Ertrag, Zusammenfassung des Wesentlichen, Ergebnis*
Suk|zes|si|on die, -/-en ⟨lat.⟩: *Nachfolge; Thronfolge* ‖ **Suk|zes|si|ons|krieg:** *Erbfolgekrieg* ‖ **suk|zes|siv** = **suk|zes|si|ve** [-fɛ, -vɛ]: *nach und nach, allmählich:* sukzessive Gewichtszunahme
Sul|fat das, -[e]s/-e ⟨lat.⟩ (Chem.): *Salz der Schwefelsäure* ‖ **Sul|fid** das, -s/-e (Chem.): *eine Schwefelwasserstoffverbindung* ‖ **Sul|fit** das, -s/-e (Chem.): *Salz der schwefeligen Säure* ‖ **Sul|fo|na|mid** das, -[e]s/-e: *ein Medikament*
Sul|ky ['sʌlki] der, -s/-s ⟨engl.⟩: *leichter zweirädriger Wagen für Trabrennen*
Sul|tan der, -s/-e ⟨arab.⟩: *Titel islamischer Herrscher* ‖ **Sul|ta|nat** das, -[e]s/-e: *Herrschaftsgebiet eines Sultans* ‖ **Sul|ta|nin** die, -/-innen: *Gattin eines Sultans* ‖ **Sul|ta|ni|ne** die, -/-n (meist Pl.): *große, kernlose Rosine*
Sulz die, -/-en, *auch:* das, -es/-e: *Fleisch, Fisch oder Gemüse in Gelee* ‖ **sul|zen,** du sulzt: *Sulz bereiten* | eine sulzende *(gelierende)* Suppe ‖ **sul|zig:** sulziger *(aufgeweichter)* [Frühjahrs]schnee
sum|ma cum lau|de [- k- -] ⟨lat.⟩: *mit höchstem Lob* ‖ **Sum|mand** der, -en/-en (Math.): *Posten einer Addition* ‖ **sum|ma|risch:** *kurz zusammengefasst* ‖ **sum|ma sum|ma|rum** (lat.): *alles in allem* ‖ **Summ|chor** [-k-] (Mus.) ‖ **Sum|me** die, -/-n: *Ergebnis einer Addition* | eine S. *(ein Betrag)* von 1 000 €; das kostet in S. *(insgesamt)* 104 Euro
sum|men: ein Lied vor sich hin s.; es summt mir in den Ohren; die Bienen s.
Sum|men|for|mel (Chem.): *summarische Darstellung der Atome einer Verbindung, zB* H_2SO_4; → G.: Strukturformel
Sum|mer der, -s/-: *Vorrichtung, die ein summendes Geräusch erzeugt;* der S. des Türöffners ‖ **Sum|mer|ton** = Summton
sum|mie|ren ⟨lat.⟩: *zusammenzählen;* die Fehler s. *(häufen)* sich
Summ|ton = → Summerton
Sum|per der, -s/-, *auch:* **Sum|pe|rer** (mda.): *kleiner Korb als Brotform* | (ugs., abw.) *Mensch ohne höhere Interessen, Banause;* → versumpern
Sumpf der, -[e]s/Sümpfe: einen S. trockenlegen (ugs. auch: *Korruption und Missbrauch bekämpfen*) ‖ **Sumpf|blü|te** (ugs.): *korrupte, unmoralische Person* | *Auswuchs von Missbrauch* ‖ **Sumpf|ge|biet** ‖ **sump|fig** ‖ **Sumpf|pflan|ze** ‖ **Sumpf|schild|krö|te:** Europäische S. *(einzige heimische Schildkrötenart)*
sum|sen (reg., ugs.): *raunzen, ständig nörgeln,* | *schwätzen*
Sund der, -[e]s/-e: *Meerenge*
Sün|de die, -/-n: *Missachtung eines religiösen Gebots; Verstoß [gegen moralische Normen];* es ist eine S., dafür so viel Geld auszugeben ‖ **Sün|den|ba|bel** (geh., abw.): *Ort des Lasters* ‖ **Sün|den|be|kennt|nis** ‖ **Sün|den|bock:** der S. sein *(für andere büßen müssen)* ‖ **Sün|den|fall:** *das Sündigen (in der Bibel: von Adam und Eva)* ‖ **Sün|den|kon|to** (scherzh.) ‖ **sün|den|los** ‖ **Sün|den|pfuhl** (geh., abw.): *Ort der Verworfenheit* ‖ **Sün|den|re|gis|ter** (scherzh.): *Aufzählung aller Untaten* ‖ **Sün|den|ver|ge|bung** ‖ **Sün|der** der, -s/- ‖ **Sün|de|rin** die, -/-innen ‖ **Sünd|flut** = → Sintflut ‖ **sünd|flut|ar|tig** = → **sint|flut|ar|tig** ‖ **sünd|haft:** s. leben | (ugs.) s. *(übermäßig)* teuer ‖ **sün|dig** ‖ **sün|di|gen:** *eine Sünde begehen;* gegen den guten Geschmack s. ‖ **sünd|teu|er:** *übermäßig teuer*
Sun|nit der, -en/-en ⟨arab.-lat.⟩ (Rel.): *Angehöriger einer islamischen Glaubensrichtung;* → Schiit ‖ **Sun|ni|tin** die, -/-innen (Rel.)
su|per ⟨lat.⟩ (ugs., sal.): *hervorragend;* das ist s. ‖ **Su|per** der = das, -s: *Kurzwort für Superbenzin* ‖ **Su|per|al|ko|ho|li|ka** die (Pl.) (SüdT): *hochprozentige alkoholische Getränke, Spirituosen* ‖ **su|perb** [auch: zy-] (geh.): *vorzüglich, prächtig, köstlich* ‖ **Su|per|ben|zin:** *Benzin mit hoher Oktanzahl* ‖ **su|per|fein:** *bes. fein* ‖ **Su|per-G** [-dʒiː] der, -[s]/-[s] (engl.): *eine Disziplin im alpinen Skisport, Super-Riesenslalom* ‖ **Su|per-GAU:** *größter GAU* ‖ **Su|per|in|ten|dent** der, -en/-en: *geistliches Oberhaupt einer evangelischen Diözese* ‖ **Su|per|in|ten|den|tin** die, -/-innen ‖ **Su|per|in|ten|den|tur** die, -/-en ‖ **Su|pe|ri|or** der, -s/-en [-'oː-]: *Vorsteher bestimmter Mönchsorden, -klöster* ‖ **Su|pe|ri|o|rin** die, -/-innen ‖ **Su|per|kom|bi** (im Skisport): *Kombination aus Slalom und Super-G oder Abfahrt* ‖ **Su|per|la|tiv** der, -s/-e [-fɛ, -vɛ]: *Übersteigerung, Höchststufe;* eine Stadt der Superlative | (Gramm.) *Höchststufe, eine der Vergleichsformen des Adjektivs* ‖ **su|per|leicht:** *sehr leicht* ‖ **Su|per|macht:** *führende Großmacht* ‖ **Su|per|man** [engl.: 's(j)uːpəmæn] ⟨lat.-engl.⟩: *eine Figur aus Zeichentrickfilmen und Comics* ‖ **Su|per|markt:** *großes Kaufhaus mit vielfältigem Angebot und Selbstbedienung* ‖ **su-**

S

per|mo|dern: *übertrieben modern* || **Su|per|no|va** [-v-] (Astron.): *noch lichtstärkere Nova* || **Su|per|phos|phat** [-f-faːt] das, -[e]s: *ein Düngemittel* || **Su|per|preis:** *bes. niedriger Preis* || **Su|per-Rie|sen|sla|lom** → Super-G || **Su|per|star** [-st-]: *außergewöhnlicher Star*[3] || **Su|per|tan|ker** || **Su|per|vi|si|on** [-v-] (bes. Psych.): *Beobachtung und Beratung zur Optimierung des Berufsalltags, zB durch Qualitätskontrolle, Gesprächsanalyse* || **Su|per|vi|sor** [engl.: 's(j)uːpəvaɪzə] der, -s/-s ⟨lat.-engl.⟩: *Aufsichts-, Kontrollperson im Betrieb* | (Psych.) *jemand, der Supervision betreibt* | (Sport) *Oberschiedsrichter* || **Su|per|vi|so|rin** die, -/-innen || **su|pi** (Jug.): *super*

Süpp|chen das, -s/-: sein eigenes S. kochen *(nur seine eigenen Vorstellungen verfolgen)* || **Sup|pe** die, -/-n: ein Teller S.; eine saure *(mit Sauerrahm zubereitete)* S.; die S. auslöffeln müssen *(die Konsequenzen tragen müssen);* sich eine schöne S. einbrocken *(sich selbst Probleme schaffen) ;* die S. ist zu dünn *(für eine Anklage gibt es zu wenig Fakten)* || **Sup|pen|brü|he** || **Sup|pen|ein|la|ge:** *Frittaten ua.* || **Sup|pen|ex|trakt:** *Suppenwürfel oÄ* || **Sup|pen|fleisch:** *Rindfleisch zum Kochen* || **Sup|pen|ge|mü|se** || **Sup|pen|grün** das, -s, Suppengrünes: *Petersilie, Sellerie und anderes Grünzeug* || **Sup|pen|hendl:** *qualitativ minderwertiges Huhn* || **Sup|pen|huhn** || **Sup|pen|kas|per** der, -s/- (scherzh.): *jemand, der keine Suppe mag (nach einer Kinderbuchfigur)* || **Sup|pen|kno|chen** || **Sup|pen|löf|fel** || **Sup|pen|nu|deln** die (Pl.) || **Sup|pen|pa|ckerl** || **Sup|pen|schöp|fer** || **Sup|pen|schüs|sel** || **Sup|pen|tas|se:** *Suppenschale* || **Sup|pen|tel|ler** || **Sup|pen|ter|ri|ne:** *Suppenschüssel* || **Sup|pen|ti|ger** (sal.): *jemand, der gern und oft Suppen isst* || **Sup|pen|ti|ge|rin** (sal.) || **Sup|pen|topf** || **Sup|pen|wür|fel:** *ein Suppenextrakt* || **Sup|pen|wür|ze** || **sup|pig:** *flüssig, dünnbreiig*

Sup|ple|ment das, -[e]s/-e ⟨lat.⟩: *Ergänzungsband, -teil; Nachtrag* || **Sup|plent** der, -en/-en (SüdT, sonst veraltet): *Vertretungslehrer* || **Sup|plen|tin** die, -/-innen (SüdT, sonst veraltet) || **Sup|plenz** die, -/-en (SüdT): *Aushilfeunterricht* || **sup|plie|ren:** für eine andere Lehrerin s. *(sie im Unterricht vertreten)* || **Sup|plier|stun|de** || **Sup|plie|rung** die, -/-en

Sup|port [engl.: sə-] der, -s/-s ⟨lat.-engl.⟩: *Beratung; [technische] Unterstützung; Kundendienst* | (Mus.) *Kurzwort für Supportband* || **Sup|port|band** [-bæ-] die, -/-s (Mus.): *Vorgruppe*

Sup|po|si|ti|on [-tsi̯-] die, -/-en ⟨lat.⟩: *Vorannahme, Voraussetzung* || **Sup|po|si|to|ri|um** das, -s/ Suppositorien [-i̯ɛn] (Med.): *Zäpfchen (als Medikament)*

su|pra|lei|tend ⟨lat.⟩ (Phys.): *Strom ohne Widerstand leitend* || **Su|pra|lei|ter** (Phys.) || **Su|pra|lei|tung** (Phys.): *das Verschwinden des elektrischen Widerstands von bestimmten Metallen bei tiefen Temperaturen* || **su|p|ra|na|ti|o|nal** [-tsi̯-]: *überstaatlich*

Su|pre|mat der = das, -[e]s/-e ⟨lat.⟩: *Vorherrschaft, Obergewalt* || **Su|pre|ma|tie** die, -/-n: *Vorrang*

Sur die, -/-en: *ein gewürztes Salzwasser* || **Sur|bra|ten**

Su|re die, -/-n ⟨arab.⟩: *Kapitel des Korans*

su|ren: *einpökeln*

Surf|brett ['sœːf-] ⟨engl.⟩: *ein Wassersportgerät* || **sur|fen:** *mit einem Surfbrett segeln* | (EDV) *im Internet von einer Information zur nächsten gehen;* sie surft im Internet || **Sur|fen** das, -s, *auch:* Surfing, -s: *eine besondere Art des Segelsports; Wellenreiten auf einem Surfbrett* || **Sur|fer** der, -s/- || **Sur|fe|rin** die, -/-innen || **Sur|fing** → Surfen

Sur|fleisch: *in eine Sur (zum Haltbarmachen) eingelegtes Fleisch, Pökelfleisch*

Surm der, -[e]s/-e (reg., zB W, ugs.): *dummer Mensch, Einfaltspinsel* | *Schwarm, großer Haufen*

sur|re|al [auch: 'syr-] ⟨lat.-fr.⟩: *unwirklich* || **Sur|re|a|lis|mus:** *Strömung in Malerei und Literatur seit Beginn des 20. Jh., die auf die Verschmelzung von Wirklichkeit und Traumhaftem ausgerichtet ist* || **Sur|re|a|list** || **Sur|re|a|lis|tin** || **sur|re|a|lis|tisch**

sur|ren: surrende Räder

Sur|ro|gat das, -[e]s/-e ⟨lat.⟩: *Ersatz* | *Ersatzmittel, -stoff* || **Sur|ro|gat|part|ner|schaft** (Amtsspr.): → *Sexualassistenz*

Sur|rol|ler: *Rollbraten aus Surfleisch* || **Sur|schnit|zel**

Sur|vi|val|trai|ning [sə'vaɪvəltreɪn-] ⟨engl.⟩: *Überlebenstraining*

Su|san|na = **Su|san|ne:** *weibl. Vorname*

Su|ser der, -s/- (SüdT): *in Gärung übergegangener Traubensaft, Gestaubter*

Su|shi [-ʃi] das, -s/-s ⟨jap.⟩: *eine japanische Speise aus Reis und mariniertem rohem Fisch* || **Su|shi|lo|kal**

Su|si: *weibl. Vorname (Susanna, Susanne)*

sus|pekt: *verdächtig*

sus|pen|die|ren ⟨lat.⟩: *jemanden [zeitweilig] vom Dienst entheben;* eine Verfügung s. *(sie zeitweilig aufheben)* || **Sus|pen|die|rung** die, -/-en || **Sus|pen|si|on** die, -/-en (Chem.): *feinste Teilchen in einer Flüssigkeit*

süß: süßer *(nicht saurer)* Wein; ein süßer Duft | ein süßer *(angenehmer, betörender)* Gesang || **Sü|ße** die, -: *das Süßsein* || **sü|ßen:** du süßt eine Mehlspeise || **Süß|gras:** Getreide ist ein S. | (Pl.) (Bot.) *die Familie der Echten Gräser* || **Süß|holz:** aus S. Lakritze gewinnen | (scherzh.) S. raspeln *(übertrieben schmeicheln, schöntun)* || **Süß|holz|rasp|ler** || **Süß|holz|rasp|le|rin** || **Sü|ßig|keit** die, -/-en (meist Pl.): *Zuckerware* || **Süß|kar|tof|fel:** *eine Nutzpflanze, Batate* || **süß|lich:** ein süßlicher Geschmack | (abw.) ein süßliches *(kriecherisches, heuchlerisches)* Gehabe || **Süß|most** || **süß|sau|er:** süßsaure Gurkerln || **Süß|spei|se** || **Süß|stoff:** *künstliches Süßmittel* || **Süß|wa|ren** die (Pl.) || **Süß|was|ser** das, -s-/-: *Quellwasser, Flusswasser uÄ;* → G.: Salzwasser, Meerwasser || **Süß|was|ser|fisch** → G.: Seefisch, Meeresfisch || **Süß|was|ser|per|le** || **Süß|wein**

Su|ta|ne = → Soutane

Su|te die, -/-n (ostöst., ugs.): *Mulde im Gelände*

SUV [ɛs u 'faʊ, engl.: es ju 'viː] der = das, -/-: **S**port **U**tility **V**ehicle *(geländewagenähnliches Kfz)*

SVA [ɛs faʊ 'aː] die, -: **S**ozial**v**ersicherungs**a**nstalt

SVGA [ɛs faʊ ge 'aː] (EDV): *Farbdarstellungstechnik auf Computerbildschirmen;* → CGA; → EGA; → VGA || **SVGA-Gra|fik|kar|te** (EDV) = SVGA-Graphikkarte [-f-] || **SVGA-Kar|te** (EDV)

SW: **S**üd**w**est[en]

Swea|ter ['swetə] der, -s/- ⟨engl.⟩: *Sweatshirt* | (veraltend) *ein Woll-*

S

pullover ‖ **Sweatshirt** [-ʃɜːt] das, -s/-s: *ein Sportpullover*

Sweetheart ['swiːthɑːt] das, -/-s ⟨engl.⟩: *Liebling, Liebste[r]*

Swimmingpool ['swɪm-puːl] ⟨engl.⟩: *Schwimmbecken [im Garten]*

Swing der, -[s] ⟨engl.⟩: *eine Richtung im Jazz* | *ein Tanz* ‖ **swingen:** ein swingender Rhythmus | (Jargon) *ausgefallenen Sex praktizieren, bes. Partnertausch* ‖ **Swinger** der, -s/-: *unten weit geschnittener Damenmantel* | (Jargon) → swingen ‖ **Swingerin** die, -/-innen (Jargon) ‖ **Swingerklub** = Swingerclub [-k-] (Jargon): *Lokal für Swinger/innen*

switchen [-tʃ-] ⟨engl.⟩: *zappen*

Sydney ['sɪdni]: *Stadt in Australien*

syllabisch [zy-] ⟨gr.-lat.⟩: *silbenweise* | (Mus.) *silbenweise vertont*

Syllogismus [zy-] der, -/Syllogismen ⟨gr.-lat.⟩: *eine Art von Schlussfolgerung*

Sylvaner [zilv-] = → Silvaner

Sylvia ['zilv-] → Silvia

Symbiose [zy-] die, -/-n ⟨gr.⟩ (Biol.): *Zusammenleben zweier verschiedenartiger Lebewesen zu gegenseitigem Nutzen*

Symbol [zy-] das, -s/-e ⟨gr.⟩: *Sinnbild; Wahrzeichen* | *Zeichen;* ein mathematisches S. ‖ **Symbolcharakter** [-ka-]: etwas hat S. *(eine symbolhafte Bedeutung)* ‖ **Symbolfigur:** *Person als Inbegriff [einer Weltanschauung]* ‖ **Symbolfoto:** *Abbildung ohne Anspruch auf genaue Übereinstimmung* ‖ **symbolhaft** ‖ **Symbolik** die, -: *sinnbildliche Darstellung bzw. Bedeutung;* von tiefer S. ‖ **symbolisch:** *sinnbildlich* ‖ **symbolisieren** ‖ **Symbolismus** der, - (bes. Lit.): *eine Strömung des 19. und 20. Jh.* ‖ **Symbolkraft** ‖ **Symbolsprache** ‖ **symbolträchtig:** *voll Symbolik*

Symmetrale [zy-] die, -/-n ⟨gr.-lat.⟩ (Math.): *Symmetrieachse* ‖ **Symmetrie** die, -/-n ‖ **Symmetrieachse** [-ks-] (Math.): *Achse, durch die Linien, Flächen und Körper in zwei spiegelgleiche Teile geteilt werden* ‖ **Symmetrieebene** (Math.) ‖ **symmetrisch:** *spiegelgleich;* → G.: asymmetrisch

sympathetisch [zy-] ⟨gr.⟩: *auf rätselhafte Art wirkend*

Sympathie [zy-] die, -/-n ⟨gr.-lat.⟩: *Geneigtheit, Zuneigung, Mitgefühl;* → G.: Antipathie ‖ **Sympathiekundgebung** ‖ **Sympathiemittel:** *volkstümliches [Wunder]heilmittel* ‖ **Sympathieträger** ‖ **Sympathieträgerin** ‖ **Sympathikus** der, -: *Teil des vegetativen Nervensystems;* → Parasympathikus ‖ **Sympathisant** der, -en/-en: *jemand, der sympathisiert, unterstützt* ‖ **Sympathisantin** die, -/-innen ‖ **sympathisch** → G.: unsympathisch ‖ **sympathisieren:** mit jemandem s. *(übereinstimmen; liebäugeln)*

Symphonie [zymf-] = → Sinfonie ‖ **Symphonieorchester** [meist: -k-] = → Sinfonieorchester ‖ **Symphoniker** = → Sinfoniker: die Wiener Symphoniker ‖ **Symphonikerin** = → Sinfonikerin ‖ **symphonisch** = → sinfonisch

Symposion [zy-] das, -s/Symposien [-i̯ən] ⟨gr.⟩ = **Symposium,** -s/Symposien [-i̯ən] ⟨gr.-lat.⟩: *wissenschaftliche Tagung, Diskussionsveranstaltung*

Symptom [zy-] das, -s/-e ⟨gr.⟩: *typisches Kennzeichen;* Symptome einer Krankheit ‖ **Symptomatik** die, -: *Gesamtheit aller Symptome, Gesamtbild* ‖ **symptomatisch:** *kennzeichnend*

Synagoge [zy-] die, -/-n ⟨gr.⟩: *Tempel/Bethaus der jüdischen Religion*

Synapse [zy-] die, -/-n ⟨gr.⟩ (Med.): *Verbindung zwischen Nervenzellen bzw. Nervenzellen und Muskeln*

Synästhesie [zy-] die, -/-n ⟨gr.⟩: *Verbindung, Verschmelzung von Eindrücken verschiedener Sinne* ‖ **synästhetisch**

synchron [zynk-] ⟨gr.⟩: *gleichzeitig; zeitlich gleichlaufend;* → diachron; → asynchron ‖ **Synchronie** die, -: *Gleichzeitigkeit* ‖ **Synchronisation** [-tsi̯-] die, -/-en: *Synchronisierung* ‖ **synchronisieren:** einen fremdsprachigen Film s. *(ihn mit einem genau passend gesprochenen Text in einer anderen Sprache versehen)* ‖ **Synchronisierung** die, -/-en ‖ **Synchronschwimmen** das, -s (Sport): *eine Disziplin* ‖ **Synchronsprecher** ‖ **Synchronsprecherin** ‖ **Synchronspringen** (Sport): *eine Disziplin im Wasserspringen* ‖

Syndikat [zy-] das, -[e]s/-e ⟨gr.-lat.-fr.-engl.⟩: *eine Geschäftsorganisation; ein Verkaufskartell* | *getarnte Verbrecherorganisation* ‖ **Syndikus** der, -/-kusse [Syndizi] ⟨gr.-lat.⟩: *Rechtsbeistand, Anwalt [großer Firmen];* → Justitiar

Syndrom [zy-] das, -s/-e ⟨gr.⟩: *Gruppe zusammenhängender Merkmale* | (Med.) *Krankheitsbild aus einem Komplex von Symptomen*

synergetisch [zy-] ⟨gr.⟩: *zusammenwirkend* ‖ **Synergie** die, - (Psych.): *für ein Vorhaben vorhandene Energie* ‖ **Synergieeffekt** (bes. Wirt.): *Bündelung bzw. Zusammenwirken aller vorhandenen Kräfte zur Leistungsoptimierung* ‖ **Synergiepotenzial** = Synergiepotential [-tsi̯-] (bes. Wirt.)

Synkope [zy-] die, -/-n ⟨gr.-lat.⟩ (Mus.): *Betonung an einer normalerweise unbetonten Taktstelle* | (Sprachwiss.) *ausprachebedingter Ausfall eines Binnenvokals, zB* ewige → ew'ge ‖ **synkopieren** (Mus.): *rhythmisch verschieben* ‖ **synkopisch**

Synkretismus [zy-] der, - ⟨gr.⟩: *Vermischung von Religionen oder Philosophien* ‖ **synkretistisch**

synodal [zy-] ⟨gr.-lat.⟩: *die Synode betreffend* ‖ **Synode** die, -/-n: *eine regionale Kirchenversammlung aus Geistlichen [und Laien]*

synonym [zy-'yːm] ⟨gr.-lat.⟩: *gleichbedeutend, sinnverwandt;* synonyme Wörter *(zB sprechen, reden)* ‖ **Synonym** das, -s/-e (Sprachwiss.): *Wort mit gleicher oder ähnlicher Bedeutung wie ein anderes, zB Frühling – Lenz;* → G.: Antonym ‖ **Synonymie** die, -

Synopse [zy-] die, -/-n = **Synopsis,** -/Synopsen ⟨gr.-lat.⟩: *übersichtlich geordnete vergleichende Darstellung; Zusammenschau* ‖ **Synoptiker** die (Pl.): *die drei Evangelisten Matthäus, Markus und Lukas* ‖ **synoptisch:** eine synoptische Darstellung

Syntagma [-'ta-, 'zy-] das, -s/Syntagmen ⟨gr.⟩ (Gramm.): *Verbindung von Wörtern zu Wortgruppen* ‖ **syntaktisch** (Gramm.) ‖ **Syntax** [zy-] die, - (Gramm.): *Satzlehre, Satzbau*

Synthese [zy-] die, -/-n ⟨gr.-lat.⟩: *Zusammenfassung zur Einheit* | *künstliche Herstellung* | (Chem.) *Herstellung chemischer Verbin-*

S

dungen ‖ **Syn|the|si|zer** ['sɪnθəsaɪzə, ugs. auch: 'zynte-] der, -s/- ⟨gr.-lat.-engl.⟩ (Mus.): *ein elektronisches Tasteninstrument* ‖ **Syn|the|tics** [sɪn'θetɪks, zyn'teː-] die (Pl.): *[Gewebe aus] Kunstfasern* ‖ **syn|the|tisch** [zynt-] ⟨gr.-lat.⟩: synthetischer *(künstlich hergestellter)* Kautschuk ‖ **syn|the|ti|sie|ren** (Chem.): synthetisch *(aus einfacheren Stoffen)* herstellen

Sy|phi|lis ['zyf-, 'zi-] die, - (Med.): *eine Geschlechtskrankheit (nach einer literarischen Figur), Lues* ‖ **sy|phi|lis|krank** ‖ **Sy|phi|li|ti|ker** der, -s/-: *an Syphilis Leidender* ‖ **Sy|phi|li|ti|ke|rin** die, -/-innen ‖ **sy|phi|li|tisch**

Sy|rer ['zyː-] der, -s/- ‖ **Sy|re|rin** die, -/-innen ‖ **Sy|ri|en:** *südwestasiatischer Staat* ‖ **sy|risch**

Sys|tem [zy-] das, -s/-e ⟨gr.-lat.⟩: *wissenschaftliche Ordnung; einheitlich geordnetes Ganzes;* Pflanzensystem | *Regierungsform;* ein demokratisches S. | *Ordnungsprinzip;* nach einem S. vorgehen; dahinter steckt S. ‖ **Sys|tem|ad|mi|nis|t|ra|tor:** *Verwalter eines Computernetzwerkes* ‖ **Sys|tem|ad|mi|nis|t|ra|to|rin** ‖ **Sys|tem|ana|ly|se** [-y-]: *Analyse von Systemen [in Betrieben]* ‖ **Sys|tem|ana|ly|ti|ker** ‖ **Sys|tem|ana|ly|ti|ke|rin** ‖ **Sys|te|ma|tik** die, -/-en ‖ **sys|te|ma|tisch:** *nach einem bestimmten System;* eine systematische Untersuchung | *planmäßig und gründlich* ‖ **sys|te|ma|ti|sie|ren:** *systematisch behandeln; in ein System bringen* ‖ **sys|tem|be|dingt** ‖ **Sys|tem|feh|ler** (bes. EDV) ‖ **sys|tem|feind|lich** ‖ **sys|tem|im|ma|nent:** *im System enthalten, durch dieses bedingt;* systemimmanente Nachteile ‖ **sys|te|misch** (Med.): *auf den gesamten Körper wirkend* ‖ **sys|tem|kon|form:** *mit dem System übereinstimmend;* systemkonformes Verhalten ‖ **Sys|tem|kri|tik** ‖ **Sys|tem|kri|ti|ker:** *jemand, der ein [politisches] System bzw. eine Ideologie kritisiert* ‖ **Sys|tem|kri|ti|ke|rin** ‖ **sys|tem|los** ‖ **Sys|tems-En|gi|nee|ring** ['sɪ-endʒɪ'nɪər-] das, - -[s] ⟨engl.⟩: *Entwicklung und Realisierung komplexer technischer Systeme* ‖ **Sys|tem|vo|r|aus|set|zung** (meist Pl.) (EDV) ‖ **Sys|tem|zwang:** *Beeinträchtigung durch das System*

Sys|to|le ['zy-, auch: -'oː-] die, -/-n [-'oː-] ⟨gr.⟩ (Med.): *rhythmische Zusammenziehung des Herzmuskels;* → G.: Diastole ‖ **sys|to|lisch** (Med.): systolischer Blutdruck

Sze|ge|di|ner Gu|lasch ['sɛ- -] das, - -[es]/- -: *ungarisches Krautfleisch (nach einer ungarischen Stadt)*

Sze|na|rio [sts-] das, -s/-s ⟨gr.-lat.-it.⟩: *vorstellbare Abfolge angenommener Ereignisse, zB Folgen eines Atomkrieges* | *Filmentwurf* ‖ **Sze|na|ri|um** das, -s/Szenarien ⟨gr.-lat.⟩ (Theater): *Schauplatz; Übersicht für die Inszenierung* ‖ **Sze|ne** die, -/-n: *Bühne; Bühnenbild;* ein Bühnenwerk in S. setzen *(es inszenieren);* sich in S. setzen *(sich aufspielen)* | *Teil eines Aktes in einem Bühnenwerk* | *Schauplatz; Gesamtbild;* die S. beherrschen *(alle Aufmerksamkeit auf sich lenken)* | *Geschehen, Vorfall;* jemandem eine S. *(einen Skandal)* machen | *(oft negativ bewertetes) gesellschaftliches Milieu;* Drogenszene ‖ **Sze|ne|bei|sel** (reg., bes. ostöst.): *Lokal, das stark frequentiert wird* ‖ **Sze|ne|lo|kal** ‖ **Sze|nen|ap|plaus:** *Applaus während der Szene* ‖ **Sze|nen|fol|ge** ‖ **Sze|nen|wech|sel** [-ks-]: *Wechsel des Schauplatzes* ‖ **Sze|ne|rie** die, -/-n: *Bühnendekoration* | *Landschaftsbild* ‖ **sze|nisch** ‖ **Sze|no|gra|fie** = **Sze|no|gra|phie** [-f-] die, -/-n: *Gestaltung einer [Film]kulisse, Szenendekoration, Rauminstallation*

Szep|ter [sts-] = Zepter das, -s/- ⟨gr.-lat.⟩: *Herrscherstab; Sinnbild der höchsten Gewalt*

szi|en|ti|fisch [sts-] ⟨lat.⟩: *wissenschaftlich*

Szin|til|la|ti|on [stsi-tsi̯-] die, -/-en ⟨lat.⟩ (Astron.): *das Funkeln der Sterne* | (Phys.) *Lichtblitze auf einem Leuchtschirm* ‖ **szin|til|lie|ren** (Phys.)

szt.: seinerzeit

Szyl|la und Cha|ryb|dis ['stsy- - ka'ry-] → Skylla und Charybdis

S

t T

t [teː] das, -/- (Kleinbuchstabe): das t im Wort *treu* | (Laut) der t-Laut | **T**onne
T [teː] das, -/- (Großbuchstabe): das T im Wort *Tag* | (auslaufend auch Kfz) **T**irol | (Mus.) **T**enor | **T**era-
Ta: Tantal
Tab der, -s/-s ⟨lat.-engl.⟩: *Kurzwort für Tabulator* | *Suchhilfe an Karteikarten*
Ta|bak der, -[e]s/-e ⟨span.⟩: *eine Nutzpflanze* | *deren Produkt (ein Genussmittel);* T. anbauen ‖ **Ta|bak|do|se** ‖ **Ta|bak|mo|no|pol:** *das alleinige Recht [des Staates], Tabakwaren herstellen und verkaufen zu lassen* ‖ **Ta|bak|pfei|fe** ‖ **Ta|bak|pflan|ze** ‖ **Ta|bak|re|gie** [-ʒiː] (früher): *Austria Tabakwerke AG* ‖ **Ta|bak|tra|fik:** *Verkaufsstelle von Tabakwaren, Zeitungen, Briefmarken usw.;* → Trafik ‖ **Ta|bak|tra|fi|kant** ‖ **Ta|bak|tra|fi|kan|tin** ‖ **Ta|bak|ver|schleiß** (Amtsspr.): *Tabakverkauf* ‖ **Ta|bak|wa|ren** die (Pl.)
Ta|bas|co [-k-] der, -s/-s ⟨span.⟩ (Wz.): *eine Würzsauce*
Ta|ba|ti|e|re [-'ti̯eːrə] die, -/-n ⟨span.-fr.⟩ (veraltet): *Zigarettendose, Tabakdose*
ta|bel|la|risch ⟨lat.⟩: *in Form einer Tabelle* ‖ **ta|bel|la|ri|sie|ren** ‖ **Ta|bel|le** die, -/-n: *übersichtliche Zusammenstellung (Liste, Zahlentafel)* | (Sport) *Liste mit Rangfolge und Ergebnissen* ‖ **Ta|bel|len|en|de** ‖ **Ta|bel|len|füh|rer** (Sport) ‖ **Ta|bel|len|kal|ku|la|ti|on** [-tsi̯-] (EDV): *Computerprogramm zum Berechnen statistischer Werte in Tabellenform* ‖ **Ta|bel|len|platz** (Sport) ‖ **Ta|bel|len|spit|ze** ‖ **Ta|bel|len|stand** (Sport): der T. der Fußballmeisterschaft
Ta|ber|na|kel der (*auch:* das), -s/- ⟨lat.⟩ (Rel.): *Schränkchen zur Aufbewahrung des Altarsakraments in der Kirche*
Ta|bleau [-'bloː] das, -s/-s ⟨fr.⟩: *anschauliche [tabellarische] Darstellung, Schaubild* | (Theater) *personenreiches [Schluss]bild auf der Bühne* ‖ **Ta|blet** ['tæ-] der = das, -s/-s ⟨engl.⟩: *Kurzwort für Tablet-PC bzw. Tablet-Computer* ‖ **Ta|blet-Com|pu|ter** [-k-ˌpjuː-]: *flaches tragbares Gerät für den Konsum digitaler Medien* ‖ **Ta|blet-PC** [-pe ˌtseː]: *tragbarer PC mit Bildschirmeingabe, Touchscreen-PC* ‖ **Ta|blett** das, -[e]s/-s [-e] ⟨lat.-fr.⟩: *Trag-, Servierbrett, Tasse* ‖ **Ta|blet|te** die, -/-n: *eine Medikamentenform* ‖ **Ta|blet|ten|form:** ein Medikament in T. einnehmen ‖ **Ta|blet|ten|miss|brauch** ‖ **Ta|blet|ten|sucht** ‖ **ta|blet|ten|süch|tig**
ta|bu ⟨polynesisch⟩: *unantastbar; heilig; unverletzlich;* das ist t. *(man darf oder will nicht daran rühren, nicht darüber reden)* ‖ **Ta|bu** das, -s/-s: gegen ein T. verstoßen ‖ **ta|bu|ie|ren:** *tabuisieren* ‖ **ta|bu|i|sie|ren:** *zum Tabu erheben* ‖ **Ta|bu|i|sie|rung** die, -/-en
Ta|bu|la ra|sa ⟨lat.⟩ (wörtl.: reiner Tisch): T. r. *(Ordnung)* machen ‖ **Ta|bu|la|tor** der, -s/-en [-'toː-]: *Taste zum Erstellen von Kolonnen/Spalten;* → Tab ‖ **Ta|bu|la|tur** die, -/-en (früher) (Mus.): *eine Notierungsweise bes. für Tasteninstrumente oder Laute*
Ta|bu|zo|ne ⟨polynesisch+gr.⟩: *Tabubereich;* → tabu
ta|cet [-ts-] ⟨lat.⟩ (Mus.): *Hinweis auf ein längeres Pausieren*
Ta|che|les die (Pl.), *auch:* Tachles ⟨jidd.⟩ (W, ugs.): *Geschäfte;* T. reden *(zur Sache kommen)*
ta|chi|nie|ren ⟨?⟩ (ugs., abw.): *[während der Arbeit] faulenzen; sich einer Arbeit entziehen* ‖ **Ta|chi|nie|rer** der, -s/- (ugs., abw.): *jemand, der sich vom Arbeiten drückt* ‖ **Ta|chi|nie|re|rin** die, -/-innen (ugs., abw.) ‖ **Ta|chi|no|se** die, - (ugs., scherzh., veraltend): *Tachinieren, Faulheit*
Ta|chis|mus [-'ʃis-] der, - ⟨fr.⟩: *eine Richtung der abstrakten Malerei* ‖ **ta|chis|tisch**
Tach|les → Tacheles
Ta|cho der, -s/-s ⟨gr.⟩: *Kurzwort für Tachometer* ‖ **Ta|cho|me|ter** (Kfz): *Geschwindigkeitsmesser* ‖ **Ta|cho|me|ter|stand** (Kfz): *Kilometerstand*
Tach|tel [-'ɒ-] → Dachtel
Ta|chy|kar|die [-xy-] die, -/-n ⟨gr.⟩ (Med.): *beschleunigter Herzschlag*
Ta|cke → Dacke ‖ **Ta|ckerl** → Dackerl
Tack|ling ['tæk-] das, -s/-s ⟨engl.⟩ (Sport): *das Hineingrätschen in die Beine des Gegners [beim Fußball]*
Ta|co [-k-] die, -/-s ⟨span.⟩: *eine mexikanische Speise*
Ta|del der, -s/-: *Vorwurf, Maßregelung, Rüge* ‖ **ta|del|los** ‖ **ta|deln,** ich tadle: *rügen;* eine tadelnde Rede ‖ **ta|delns|wert** ‖ **Tad|ler** der, -s/- ‖ **Tad|le|rin** die, -/-innen
Ta|dschi|ke der, -n/-n: *Bewohner Tadschikistans* ‖ **Ta|dschi|kin** die, -/-innen ‖ **Ta|dschi|ki|s|tan:** *Staat in Zentralasien*
Tae|kwon|do [tɛk-] das, -s ⟨koreanisch⟩ (Sport): *eine Kampfsportart*
taff ⟨engl.⟩ (sal.): *zäh, durchsetzungsstark, hart*
Ta|fel die, -/-n: ein Wort an/auf die T. schreiben | eine T. Schokolade | (geh.) *für einen festlichen Anlass gedeckter Tisch;* die T. decken; die T. aufheben *(das Mahl beenden)* | *ganzseitige Illustration* ‖ **Ta|fel|be|steck:** *festliches, teures Essbesteck* ‖ **Ta|fel|bild:** *Gemälde [auf einer Holztafel]* ‖ **ta|fel|fer|tig:** *fertig zum Servieren* ‖ **Ta|fel|freu|den** die (Pl.) (geh.) ‖ **Ta|fel|ge|schirr:** *wertvolles Service* ‖ **Ta|fel|ma|le|rei** → Tafelbild ‖ **Ta|fel|mu|sik** (bes. früher): *Tischmusik* ‖ **ta|feln,** ich tafle (geh.): *in Gesellschaft gut und reichlich essen und trinken* ‖ **tä|feln,** ich täfle; → getäfelt; → vertäfeln ‖ **Ta|fel|obst:** *bes. schönes Obst* ‖ **Ta|fel|run|de** (geh.): *eine Tischgesellschaft* ‖ **Ta|fel|sil|ber:** *silbernes Tischbesteck* ‖ **Ta|fel|spitz:** *eine Rindfleischsorte* | *eine daraus zubereitete Speise* ‖ **Ta|fel|tuch:** *Tuch zum Löschen der Schultafel* | (geh.) *Tischtuch für gehobene Anlässe* ‖ **Tä|fe|lung** die, -/-en: *Holztäfelung* ‖ **Ta|fel|was|ser** das, -s/-wässer ‖ **Ta|fel|wein:** *eine Weinkategorie* | *leichter Tischwein* ‖ **Tä|fer** das, -s/- (V): *Getäfel* ‖ **Ta|ferl** das, -s/-[n]: *kleine Tafel* ‖ **Ta|ferl|klas|se** (oft scherzh.): *die erste Schulklasse* ‖ **Ta|ferl|klass|ler** der, -s/- (oft scherzh.): *Schulanfänger* ‖ **Ta|ferl|kläss|ler** der, -s/- (V, südl. D): *Taferlklassler* ‖ **Ta|ferl|klass|le|rin** die, -/-innen (oft scherzh.) ‖ **Ta|ferl|kläss|le|rin** die, -/-innen (V, südl. D) ‖ **Tä|fe|rung** die, -/-en (V): *Täfelung*
Taft der, -[e]s/-e ⟨pers.-türk.-it.⟩: *ein Seidengewebe* ‖ **Taft|kleid**

Tag

der, -[e]s/-e: am Tag[e]; bei Tag[e]; von Tag zu Tag; guten Tag (= Guten Tag) sagen; in acht

T

Tagen; Tag für Tag; Tag und Nacht; eines [schönen] Tag[e]s *(irgendwann)*; den Tag über *(untertags);* mit heutigem Tag[e] *(von heute an);* es ist noch nicht aller Tage Abend *(es kann noch anders werden)*; etwas an den Tag bringen *(ans Licht bringen, aufdecken)*; der Tag X *(noch unbestimmter entscheidender Tag)*; alle acht Tage *(wöchentlich)*; auf den Tag genau; von einem Tag auf den anderen *(plötzlich)*; ich habe sie erst dieser Tage *(neulich)* gesehen; Tag der offenen Tür *(für freie Besichtigung)*; die Tage sind gezählt *(es bleibt nicht lange so)*; in den Tag hinein *(sorgenfrei)* leben; → zu Tage (= zutage) treten/kommen | (Rel.) der Jüngste Tag *(der Weltuntergang; Tag des Jüngsten Gerichts)* | (Bergmannsspr.) ober/unter T. *(über/unter der Erdoberfläche)*; aber: → untertags; → Tagbau; → tags

Einige Zusammensetzungen mit „Tag" werden in Österreich im Allgemeinen ohne Fugen-e gebildet, zB Tagblatt, Tagbau, Taggeld, Taglöhner ... (Die in Deutschland üblichen Formen sind Tageblatt, Tagebau, Tagegeld, Tagelöhner ...)

tag|ak|tiv → G.: nachtaktiv || **tag|aus, tag|ein** = tagein, tagaus: *ständig, fortwährend* || **Tag|bau:** *Gewinnung von Erzen u. dgl. über der Erde (ober Tag);* → G.: Untertagbau || **Tag|blatt:** *Tageszeitung* || **Tag|dieb** → Tagedieb || **Ta|ge|buch** || **Ta|ge|dieb,** *auch:* Tagdieb (veraltet, abw.): *Nichtstuer* || **tag|ein, tag|aus** = → tagaus, tagein || **ta|ge|lang:** t. unterwegs sein; *aber:* drei Tage lang || **Ta|ge|löh|ner** → Taglöhner || **Ta|ge|löh|ne|rin** → Taglöhnerin || **ta|gen:** der Nationalrat tagt *(er hält Sitzungen ab)* | (geh.) es tagt *(es wird Tag)* || **Ta|ge|rei|se** = Tagesreise: drei Tagereisen von der Oase entfernt || **Ta|ges|ab|lauf** || **Ta|ges|an|bruch:** bei T. abreisen || **Ta|ges|aus|flug** || **Ta|ges|be|darf** || **Ta|ges|be|fehl** (Mil.) || **Ta|ges|be|treu|ung** || **Ta|ges|cre|me** [-kre:m] = Tageskrem = Tageskreme; → G.: Nachtcreme || **Ta|ges|do|sis:** *tägliche Einnahmemenge von Medikamenten* || **Ta|ges|ge|schäft:** *der übliche Arbeitsbetrieb* | (Wirt.) *Börsentätigkeit innerhalb eines Tages* || **Ta|ges|ge|sche|hen** || **Ta|ges|ge|spräch:** dieser Unfall ist T. *(er wird zurzeit [öffentlich] diskutiert)* || **Ta|ges|hälf|te** || **Ta|ges|heim** || **Ta|ges|heim|schu|le** (THS) (Bildw.) || **Ta|ges|höchst|tem|pe|ra|tur** [-çst-] || **Ta|ges|höchst|wert:** der T. im Monat || **Ta|ges|kar|te:** *Fahrkarte, die den ganzen Tag gilt* | *täglich aktuelle Speisekarte* || **Ta|ges|kas|sa** = **Ta|ges|kas|se:** *Kassa [eines Theaters] für den Kartenvorverkauf* || **Ta|ges|kli|nik:** *Einrichtung zur ambulanten medizinischen Versorgung* || **Ta|ges|krem** = **Ta|ges|kre|me** = → Tagescreme || **Ta|ges|kurs** (Wirt.): *Aktienkurs des entsprechenden Tages* || **Ta|ges|lauf:** *Tagesablauf* || **Ta|ges|licht:** bei T. wieder daheim sein; ans T. kommen *(bekannt werden)* || **Ta|ges|lo|sung:** *Einnahmen eines Tages* || **Ta|ges|marsch:** die Wasserfälle liegen einen T. entfernt || **Ta|ges|maut** || **Ta|ges|mit|tel:** *Mittelwert eines Tages* || **Ta|ges|mut|ter:** *Betreuerin für Kinder berufstätiger Eltern* || **Ta|ges|ord|nung:** *Arbeitsprogramm, vorgesehene Themenfolge einer Sitzung;* etwas auf die T. setzen; zur T. übergehen *(zum vorgesehenen Arbeitsablauf zurückkehren);* Raufereien sind an der T. *(gang und gäbe)* || **Ta|ges|ord|nungs|punkt** (TOP) || **Ta|ges|po|li|tik:** *Politik der aktuellen Fragen des Tages* || **Ta|ges|pres|se:** *die Tageszeitungen* || **Ta|ges|ra|ti|on** [-tsi̯-] || **Ta|ges|raum** → Tagraum || **Ta|ges|rei|se** = → Tagreise || **Ta|ges|satz** → Tagsatz || **Ta|ges|stät|te:** *Tagesheim* || **Ta|ges|stun|de:** du kannst mich zu jeder T. anrufen || **Ta|ges|um|satz** || **Ta|ges|ver|lauf:** im T. || **Ta|ges|zeit:** zu jeder Tages- und Nachtzeit *(immer)* erreichbar sein || **Ta|ges|zei|tung** || **Ta|ges|zen|t|rum:** geriatrisches T.

Ta|ge|tes die, -/- ⟨lat.⟩: *eine Zierpflanzengattung, Studentenblume*

ta|ge|wei|se, *auch:* tageweis, tagweise, tagweis || **Ta|ge|werk:** *auch:* Tagwerk: *tägliche Arbeit;* sein T. vollbringen || **Tag|fal|ter** → G.: Nachtfalter || **Tag|geld:** *eine Vergütung, Diäten* || **tag|hell** || **-tä|gig** (nur in Zusammensetzungen wie zweitägig)

täg|lich:

jeden Tag; täglich stattfindend

Nicht verwechseln!
-tägig – täglich
Die Zusammensetzung einer Zahl mit „-tägig" drückt eine Dauer aus:
– ein vierzehntägiger (*14-tägiger*) *(vierzehn Tage langer)* Urlaub
Die Zusammensetzung einer Zahl mit „-täglich" drückt die Wiederkehr eines Zeitpunkts aus:
– ein vierzehntägliches (14-tägliches) Treffen *(alle vierzehn Tage stattfindend)*

Tag|lohn: *täglich ausbezahlter Lohn* || **Tag|löh|ner** der, -s/-, *auch:* Tagelöhner || **Tag|löh|ne|rin** die, -/-innen, *auch:* Tagelöhnerin || **Tag|pfau|en|au|ge:** *ein Schmetterling* || **Tag|raum,** *auch:* Tagesraum: *gemeinsamer Aufenthaltsraum in Heimen, Spitälern uÄ* || **tags:** t. darauf; t. zuvor; → Tag || **Tag|satz,** *auch:* Tagessatz (Amtsspr.): *Tageseinheit für den Bezug von Arbeitslosengeld, Diäten uÄ* | (Jus) *nach dem Einkommen bemessene kleinste Einheit für Geldstrafen* || **Tag|sat|zung** (Jus, Amtsspr.): *Gerichtstermin* || **Tag|sat|zungs|er|stre|ckung** (Jus, Amtsspr.): *Verschiebung einer Tagsatzung* || **Tag|sat|zungs|ver|säum|nis** (Jus, Amtsspr.): *Versäumen eines Gerichtstermins* || **Tag|schicht:** *die Schicht bzw. deren Arbeiter/innen zur Tageszeit* || T. *(Schichtarbeit am Tag)* haben; → Nachtschicht || **tags|über** || **tag|täg|lich:** *jeden Tag* || **Tag|traum:** *Wachtraum* || **Tag|träu|mer** || **Tag|träu|me|rin** || **Tag|und|nacht|glei|che:** *Tag, an dem Tag und Nacht gleich lang sind, Äquinoktium;* Herbst-T. || **Ta|gung** die, -/-en: *Kongress* || **Ta|gungs|bü|ro** || **Ta|gungs|ort** || **Ta|gungs|teil|neh|mer** || **Ta|gungs|teil|neh|me|rin** || **Tag|wa|che** (Mil.): um sechs Uhr ist T. *(Zeit zum Aufstehen)* || **tag|wei|se,** tagweis → tageweise || **Tag|werk** → Tagewerk

Tai-Chi [-'tʃi:] das, -[s] ⟨chin.⟩: *eine chinesische Bewegungs- und Entspannungsübung, Schattenboxen*

Tai|fun der, -s/-e ⟨chin.-engl.⟩: *ein tropischer Wirbelsturm in Ostasien*

Tai|ga die, - ⟨russ.⟩: *[sumpfige] Waldgebiete Sibiriens*

Tail|le [-ljɛ] die, -/-n ⟨fr.⟩: *engste*

T

Körperstelle zwischen Hüfte und Brust ‖ **Tail|len|wei|te** ‖ **tail|lie|ren:** ein tailliertes Hemd

Ta|jo ['taxo] ⟨span.⟩ = Tejo ['təʒu] ⟨port.⟩ der, -[s]: *Fluss in Spanien und Portugal*

tak, *auch:* takt ⟨lat.⟩ (reg., ugs.): ein taker *(tüchtiger)* Bursch

Ta|ke|la|ge [-'aːʃ, -ʒɛ] die, -/-n ⟨niederl.-fr.⟩ (Seemannsspr.): *Segelausrüstung eines Schiffes, Takelung* ‖ **ta|keln,** ich takle (Seemannsspr.): *ein Schiff mit Segeln versehen;* → aufgetakelt ‖ **Ta|ke|lung** die, - (Seemannsspr.): *Takelage* ‖ **Ta|kel|werk:** *Takelage*

Ta|ke-off ['teɪkɒf] = **Ta|ke|off** der = das, -s/-s ⟨engl.⟩: *Flugzeugstart; Abheben eines Flugzeugs*

takt → tak

Takt der, -[e]s ⟨lat.⟩: jemanden mit T. *(Feingefühl)* behandeln | (mit Pl. -e) *regelmäßiger Zeitabschnitt [in der Musik, der Verslehre];* aus dem T. kommen; acht Takte spielen; im T. klatschen ‖ **Takt|art** (Mus.) ‖ **tak|ten:** *[in Arbeitsschritte] gliedern* | (sal.) *ordnen, abstimmen;* Veranstaltungen richtig t. ‖ **Takt|fahr|plan:** *Taktverkehr* ‖ **Takt|fre|quenz** (EDV): *Geschwindigkeit, mit der ein Prozessor arbeitet (gemessen in Megahertz)* ‖ **Takt|ge|fühl:** *Feingefühl* ‖ **tak|tie|ren**[1]: *den Takt angeben*

tak|tie|ren[2] ⟨gr.-fr.⟩: *klug, berechnend vorgehen* ‖ **Tak|tik** die, -/-en: *Kampfweise* | *[klug] berechnetes Verhalten;* die T. im Schachspiel ‖ **Tak|ti|ker** der, -s/- ‖ **Tak|ti|ke|rin** die, -/-innen

tak|til ⟨gr.⟩: *den Tastsinn betreffend*

tak|tisch ⟨gr.-fr.⟩: einen taktischen Fehler machen | (Mil.) taktische Waffen *(mit geringerer Wirkung);* → G.: strategische Waffen

takt|los ⟨lat.⟩: *ohne Feingefühl* ‖ **Takt|lo|sig|keit** die, -/-en ‖ **Takt|stock:** der T. der Dirigentin ‖ **Takt|strich** (Mus.) ‖ **Takt|ver|kehr:** *Zugsverkehr in regelmäßigen Zeitabständen* ‖ **takt|voll:** *rücksichtsvoll* ‖ **Takt|wech|sel** [-ks-] (Mus.): *Wechsel der Taktart innerhalb eines Musikstückes*

Tal das, -[e]s/Täler: Berg und Tal ‖ **tal|ab|wärts:** *talab, zum Tal* ‖ **tal|aus:** *talauswärts*

Ta|lar der, -[e]s/-e ⟨lat.-it.⟩: *langes Amtskleid von Richtern, Priestern und akademischen Würdenträgern*

tal|auf|wärts: *talauf* ‖ **tal|aus|wärts** ‖ **Tal|bo|den** ‖ **tal|ein:** *ins Tal hinein* ‖ **tal|ein|wärts** ‖ **Tal|en|ge**

Ta|lent das, -[e]s/-e ⟨gr.-lat.⟩: *Anlage, Begabung;* sie hat T. für Sprachen; ein junges T. *(junge begabte Person)* | (im Evangelium) *eine hohe Geldsumme* ‖ **ta|lent|frei** ‖ **ta|len|tiert:** *begabt* ‖ **ta|lent|los** ‖ **Ta|lent|pro|be:** *erster Auftritt und Beweis der künstlerischen Begabung* ‖ **Ta|lent|su|che**

Ta|ler der, -s/- (früher): *eine Silbermünze*

Tal|fahrt: *Fahrt bergab oder flussabwärts*

Talg der, -[e]s/-e: *ein Fett* ‖ **Talg|drü|se**

Tal|ge|mein|de ‖ **Tal|ge|mein|schaft** (SüdT): *Verwaltungseinheit für bestimmte öffentliche Aufgaben*

Ta|lis|man der, -s/-e ⟨arab.-gr.-it.⟩: *Glücksbringer; Erinnerungsstück*

Talk[1] der, -[e]s ⟨arab.-rom.⟩: *ein sehr weiches, glattes Mineral*

Talk[2] ['tɔːk] der, -s/-s ⟨engl.⟩: *öffentliche Unterhaltung [im TV]* ‖ **tal|ken** ['tɔːkn]: *in einer Talkshow etwas erzählen*

Tal|ken die (Pl.) ⟨slaw.⟩ (K, St): *eine alte bäuerliche Fertignahrung (zum Einrühren [in Milch]); aber:* → Dalken

Talk|mas|ter ['tɔːkmɑː-] der, -s/- ⟨engl.⟩: *Leiter einer Talkshow* ‖ **Talk|mas|te|rin** die, -/-innen

Talk|pu|der ['talk-]

Talk|show ['tɔːkʃəʊ] ⟨engl.⟩: *TV-Unterhaltungssendung unter der Leitung eines Talkmasters*

Tal|la|ge: Schnee bis in [die] Tallagen

Tal|linn (deutsch: Reval [-v-]): *Hauptstadt Estlands*

Tal|mi das, -s ⟨?⟩: *unechtes Zeug* ‖ **Tal|mi|schmuck**

Tal|mud der, -[e]s ⟨hebr.⟩: *Sammlung jüdischer religiöser Gesetze und Lehren* ‖ **tal|mu|dis|tisch:** *den Talmud betreffend* | (oft abw.) *spitzfindig; scharfsinnig*

Tal|mul|de (Geogr.): *Talsenke*

Ta|lon der, -s/-s ⟨fr.⟩: *die beim Geben übrig gebliebenen Spielkarten* | noch etwas im T. *(in Bereitschaft)* haben

Tal|schaft die, -/-en: *die Bewohner eines Tales* ‖ **Tal|schi** = → Talski ‖ **Tal|schluss** ‖ **Tal|sei|te** ‖ **tal|sei|tig** ‖ **Tal|sen|ke:** *Talmulde* ‖ **Tal|ski** [-ʃiː] = Talschi: *bei Schrägfahrt der untere Ski* ‖ **Tal|soh|le:** *der Talboden* ‖ **Tal|sper|re:** *großer Staudamm* ‖ **Tal|sta|ti|on** [-tsi̯-]: *die unterste Station einer Bergbahn* ‖ **tal|wärts**

Ta|ma|ra: *weibl. Vorname*

Ta|ma|rin|de die, -/-n ⟨arab.-lat.⟩: *ein tropischer [Nutz]baum*

Ta|ma|ris|ke die, -/-n ⟨lat.⟩: *ein Strauch*

Tam|bour [-'buːə, 'ta-] der, -s/-e ⟨pers.-arab.-fr.⟩: *Trommler* | (Arch.) *[zylindrischer] Zwischenteil einer Kuppel* ‖ **Tam|bour|ma|jor** (Mil.): *Unteroffizier, der die marschierende Musikkapelle anführt* ‖ **Tam|bur** der, -s/-e: *Stickrahmen* ‖ **tam|bu|rie|ren:** Wäsche t. *(einfassen)* | *Haare bei der Perückenherstellung einknoten* ‖ **Tam|bu|rin** das, -s/-e: *Handtrommel mit Schellen* | *Tambur* ‖ **Tam|bu|ri|za** die, -/-s (kroat.: Tamburica [-tsa]) ⟨pers.-türk.-kroat.⟩: *kroatisches [burgenländisches] volkstümliches Zupfinstrument*

Ta|mil das, -[s]: *Sprache der Tamilen* ‖ **Ta|mi|le** der, -n/-n: *Angehöriger eines Volkes in Südindien und Sri Lanka* ‖ **Ta|mi|lin** die, -/-innen ‖ **ta|mi|lisch**

Tam|pon der = das, -s/-s ⟨germ.-fr.⟩: *Bauschen oder Pfropfen aus Mull oder Watte [zum Aufsaugen der Regelblutung]* ‖ **tam|po|nie|ren:** *einen Tampon in eine Wundhöhle einführen, um Blutungen zu hemmen*

Tams|weg (Kfz: TA): *Marktgemeinde und Bezirk in Salzburg*

Tam|tam das (*auch:* der), -s/-s ⟨Hindi-engl.⟩ (Mus.): *großer Gong* | (ohne Pl.) (ugs.) großes T. *(großes Getue, aufdringliche Reklame)* machen

tan = tg: **Tan**gens

TAN die, -/-s (Bankw.): **T**ransaktions**n**ummer *(bei Finanztransaktionen im Internet);* → PIN

Tand der, -[e]s (geh.): *wertloses Zeug* ‖ **Tan|del|markt** (ostöst.): *Flohmarkt; Trödelmarkt;* → Tandler ‖ **tan|deln,** ich tandle (mda.): *mit Altwaren handeln, trödeln;* → schmähtandeln | → tändeln ‖ **tän|deln,** ich tändle (geh.): *sich unernst, spielerisch beschäftigen* | *flirten*

Tan|dem das, -s/-s ⟨lat.-engl.⟩: *Fahrrad mit zwei Sitzen und gesonderten Radantrieben hintereinander*

Tand|ler der, -s/- ⟨rom.⟩ (ostöst.): *Trödler, Altwarenhändler;* →

T

Tandelmarkt ‖ **Tandlerin** die, -/-innen (ostöst.)

Tang der, -[e]s/-e ⟨germ.⟩: *Name von verschiedenen Meerespflanzen, zB Braunalgen*

Tanga [-ŋga] der, -s/-s ⟨indian.-port.⟩: *knapper Slip*

Tangens [-ŋg-] der, -/- (tan, tg) ⟨lat.⟩ (Math.): *eine Winkelfunktion* ‖ **Tangenssatz** (Math.): *ein Lehrsatz* ‖ **Tangente** die, -/-n: *Berührungslinie* | *Umfahrungsstraße an der [Innen]stadtgrenze* ‖ **tangential** [-tsi̯-] ‖ **tangieren:** das tangiert mich nicht *(es berührt mich nicht, geht mich nichts an)*

Tango [-ŋgɔ] der, -s/-s ⟨span.⟩: *ein Tanz;* T. tanzen ‖ **Tango Argentino** [- arx-] der, -[s] -[s]/-s -s: *argentinischer Tango*

Tanja, *auch:* Tania: *weibl. Vorname (Tatjana)*

Tank der, -s/-s ⟨Hindi-port.-engl.⟩: *[großer] Behälter für Flüssigkeiten* | (veraltet) (Mil.) *Panzerwagen* ‖ **tanken:** Benzin t. *(einfüllen);* Sauerstoff, Frischluft t. ‖ **Tanker** der, -s/-: *Tankschiff, Öltransporter* ‖ **Tankerflotte:** *die Tanker einer Reederei* ‖ **Tankerunglück**

Tankini der, -s/-s ⟨engl.⟩: *Bikini mit langem Oberteil*

Tanksäule ⟨Hindi-port.-engl.⟩: *Zapfsäule* ‖ **Tankschiff** ‖ **Tankstelle:** *Verkaufsstelle, Ausgabestelle von Benzin, Öl uÄ* ‖ **Tankwagen** ‖ **Tankwart:** *Angestellter einer Tankstelle* | *Tankstellenpächter* ‖ **Tankwartin**

Tann der, -s (geh.): *Wald* ‖ **Tanne** die, -/-n: *ein Nadelbaum* | (ohne Pl.) *Holz der Tanne* ‖ **Tannenbaum:** *Tanne* | *Weihnachtsbaum* ‖ **Tannengrass** (mda.): *Tannenreisig* ‖ **Tannenhäher:** *ein Vogel* ‖ **Tannenmeise:** *ein Singvogel* ‖ **Tannennadel** ‖ **Tannenreisig** ‖ **Tannenzapfen** ‖ **Tannenzweig**

Tannin das, -s/-e ⟨fr.⟩: *eine chemische Verbindung* | (nur Pl.) *Gerbstoffe*

Tansania: *afrikanischer Staat*

Tantal das, -s (Zeichen: Ta): *ein chemisches Element* ‖ **Tantalusqualen** die (Pl.): *qualvolles Verlangen nach Unerreichbarem (nach einer griechischen Sagenfigur)*

Tante die, -/-n ⟨fr.⟩: *Schwester oder Schwägerin des Vaters oder der Mutter* | *befreundete ältere Bekannte;* Mitzi-Tant[e] | *Kindergartentante* ‖ **tantenhaft** (oft abw.): sich t. *(übervorsichtig, betulich, altmodisch)* verhalten

Tantieme [-'ti̯eː-, auch: tɑ̃'ti̯eː-] die, -/-n (meist Pl.) ⟨fr.⟩: *prozentmäßiger Anteil am Gewinn [eines Unternehmens]* | (nur Pl.) *der Anteil zB des Komponisten an den Einnahmen von Aufführungen seiner Werke*

Tantra das, -[s] ⟨Sanskrit⟩: *eine indische Erlösungslehre*

Tanz der, -es/Tänze: jemanden zum T. auffordern; ein T. auf dem Vulkan *(Ausgelassenheit in Gefahr)* | *Tanzmusik; Tanzveranstaltung* | (ugs.) *Streit;* einen T. machen ‖ **Tanzabend** ‖ **Tanzbär** (früher): *dressierter Bär* ‖ **Tanzbein** (scherzh.): das T. schwingen *(tanzen)* ‖ **Tanzboden:** *Tanzfläche [bei einem Volksfest]* ‖ **Tanzcafé** [-k-] ‖ **tänzeln,** ich tänzle: ein tänzelndes Pferd ‖ **tanzen,** du tanzt: sie *hat* Walzer getanzt; er *ist* aus der Reihe getanzt *(hat sich störend, anders als die anderen benommen);* tanzende *(schwärmende)* Mücken ‖ **Tänzer** der, -s/- ‖ **Tanzerei** die, -/-en (ugs., auch abw.): *Tanzveranstaltung* ‖ **Tänzerin** die, -/-innen ‖ **tänzerisch** ‖ **Tanzfläche** ‖ **Tanzgruppe** ‖ **Tanzkapelle** ‖ **Tanzkurs** ‖ **Tanzlehrer** ‖ **Tanzlehrerin** ‖ **Tanzmeister** (veraltet): *Tanzlehrer* ‖ **Tanzmeisterin** (veraltet) ‖ **Tanzmusik** ‖ **Tanzorchester** [meist: -kɛ-] ‖ **Tanzpartner** ‖ **Tanzpartnerin** ‖ **Tanzsaal** ‖ **Tanzschritt** ‖ **Tanzschuh** ‖ **Tanzschule** ‖ **Tanzsport** ‖ **Tanzstunde** ‖ **Tanztheater** ‖ **Tanzturnier** ‖ **Tanzunterricht** ‖ **Tanzveranstaltung**

Tao das, -s ⟨chin.⟩: *das vollkommene Sein als ein Prinzip in der chinesischen Philosophie* ‖ **Taoismus** der, -

Tape [teɪp] das, -s/-s ⟨engl.⟩ *Klebestreifen, Klebeband [als Verband]* | (Elektrot.) *Magnetband, Audioband, Videoband* ‖ **Tapedeck** das, -s/-s (Elektrot.): *Kassettenrekorder einer Stereoanlage*

Tapet [-'peːt]

⟨gr.-lat.⟩ (nur in den Wendungen): etwas aufs Tapet *(zur Sprache)* bringen; aufs Tapet kommen

Die korrekte Aussprache ist [ta'peːt]. Der Buchstabe *t* am Wortende ist nicht stumm, denn das Wort ist nicht französischer, sondern griechisch-lateinischer Herkunft.

Tapete ⟨gr.-lat.⟩ die, -/-n: *[gemusterte] Wandverkleidung (meist aus Papier)* ‖ **Tapetenmuster** ‖ **Tapetenwechsel** [-ks-]: *Wechsel der Umgebung* ‖ **tapezieren:** ein Zimmer t. | eine Sitzgarnitur frisch t. *(mit einem neuen Stoff überziehen)* lassen ‖ **Tapezierer** der, -s/- ‖ **Tapeziererin** die, -/-innen ‖ **Tapeziertisch:** *zusammenklappbarer Tisch*

tapfer: *mutig, kühn; furchtlos; beherrscht* ‖ **Tapferkeit** die, -

Tapir [auch: 'taː-] der, -s/-e ⟨indian.-port.-fr.⟩: *ein Unpaarhufer*

Tapisserie die, -/-n ⟨gr.-fr.⟩: *Wandteppich; eine Stickerei auf gitterartigem Gewebe* | *Verkaufsgeschäft für Handarbeiten*

tapp: t., t. *(gibt das Geräusch von Schritten wieder)* ‖ **tappen:** *schwerfällig, unsicher gehen;* in eine Falle t.; nach etwas im Dunkeln t. *(suchend greifen);* ich tappe im Dunkel[n] *(bin im Ungewissen)* ‖ **Tapperl** das, -s/-[n] (ugs.): *Klaps* ‖ **täppisch:** täppische *(unbeholfene, plumpe)* Bewegungen ‖ **tapsig** (ugs.): *täppisch*

Tara die, -/Taren ⟨arab.-it.⟩: *das Gewicht der Verpackung;* → tarieren

Tarantel die, -/-n ⟨it.⟩: *eine Spinne;* wie von einer T. gestochen *(wie besessen, jäh)* aufspringen ‖ **Tarantella** die, -/-s (Tarantellen): *ein italienischer Volkstanz*

Target [taːgɪt] das, -s/-s ⟨engl.⟩: *Ziel[zeichen] auf einem Radarbildschirm* | (Internet) *Fenster zu einer verlinkten Seite*

Tarhonya [-nja] die, -/- ⟨ung.⟩: *eine [ungarische] Teigware;* → Reibgerstel

tarieren ⟨it.⟩: *ausgleichen, ausbalancieren;* → austarieren ‖ **Tarierwaage:** *eine Feinwaage*

Tarif der, -[e]s/-e ⟨arab.-it.-fr.⟩: *festgesetzte Gebühr;* jemanden nach T. *(nach festgelegten Sätzen)* entlohnen ‖ **Tarifanbieter** ‖ **Tarifbestimmung** ‖ **Tariferhöhung** ‖ **tariflich** ‖ **Tariflohn** ‖ **Tarifpartner:** *Arbeitgeber oder Arbeitnehmer* ‖ **Tarifpolitik** ‖ **Tarifreform** ‖ **Tarifrunde:** *Tarifverhandlungen* ‖ **Tarifüber-**

ein|kom|men: *Vereinbarung über den Mindestlohntarif ua.* ‖ **Ta|rif|ver|bund** ‖ **Ta|rif|ver|hand|lung:** *Lohnrunde* ‖ **Ta|rif|ver|trag:** *Vertrag zwischen Arbeitgeber und Gewerkschaft über die Höhe der Gehälter*

Tarn|an|strich (Mil.) ‖ **Tarn|an|zug** (Mil.) ‖ **tar|nen:** ein Tun, eine Absicht t. *(verdecken, verschleiern);* sich im Gelände t. ‖ **Tarn|far|be** ‖ **Tarn|kap|pe** (in der Sage): *unsichtbar machende Kapuze* ‖ **Tar|nung** die, -/-en

Ta|ro der, -s/-s = die, -/-s ⟨polynesisch⟩: *ein tropisches Knollengemüse*

Ta|rock das, -s/-s ⟨it.⟩: *ein Kartenspiel* ‖ **ta|ro|ckie|ren** ‖ **Ta|rock|kar|te** ‖ **Ta|rot** [-ˈroː] das *(auch:* der), -s/-s ⟨it.-fr.⟩: *Wahrsage-Kartenspiel*

Tar|tan[1] der, -s/-s ⟨engl.⟩: *Stoff mit einem bestimmten Schottenmuster*

Tar|tan[2] der, -s (Wz.): *Kunststoffauflage auf Laufbahnen* ‖ **Tar|tan|bahn**

Tar|ta|rus der, -: *Unterwelt in der antiken Sage*

Tarte [fr.: tart] die, -/-n [-s] ⟨fr.⟩: *ein [Obst]kuchen*

Tar|vis [-v-] (it.: Tarvisio [-v-]): *Stadt in Italien*

Ta|sche die, -/-n: eine T. zum Umhängen; Aktentasche | mein Mantel hat zwei Taschen; etwas aus eigener T. *(aus eigenen Mitteln)* zahlen; jemandem auf der T. liegen *(finanziell zur Last fallen);* tief in die T. greifen *(viel bezahlen)* müssen; in die eigene T. arbeiten *(sich bereichern)* | (ugs.) jemanden in die T. stecken *(jemandem überlegen sein)* ‖ **Tä|schel|kraut:** *eine Pflanzengattung* ‖ **Ta|schen|buch** ‖ **Ta|schen|buch|aus|ga|be:** die T. eines Romans ‖ **Ta|schen|com|pu|ter** [-k-ˌpjuː-] (veraltend) ‖ **Ta|schen|dieb:** *Dieb, der Wertgegenstände aus den Taschen stiehlt* ‖ **Ta|schen|die|bin** ‖ **Ta|schen|dieb|stahl** ‖ **Ta|schen|fahr|plan** ‖ **Ta|schen|fei|tel** (ugs.): *einfaches Taschenmesser* ‖ **Ta|schen|for|mat** ‖ **Ta|schen|geld:** *kleiner [regelmäßiger] Geldbetrag, über den Kinder verfügen können* ‖ **Ta|schen|geld|pa|ra|graf** = **Ta|schen|geld|pa|ra|graph** [-f]: *Gesetzesbestimmung über die Geschäftsfähigkeit Minderjähriger in Höhe des Taschengelds* ‖ **Ta|schen|ka|len|der** ‖ **Ta|schen|kon|so|le** ‖ **Ta|schen|lam|pe:** *kleine [batteriebetriebene] Lampe* ‖ **Ta|schen|mes|ser** ‖ **Ta|schen|rech|ner** ‖ **Ta|schen|spie|ler** ‖ **Ta|schen|spie|le|rei:** *Anwendung von [üblen] Tricks* ‖ **Ta|schen|spie|le|rin** ‖ **Ta|schen|tuch** ‖ **Ta|schen|uhr** ‖ **Ta|scherl** das, -s/-[n]: *kleine Tasche* | *eine Mehlspeise; Teigtasche;* Topfentascherl ‖ **Taschl** das, -s/-n (ugs.): *Tasche* ‖ **Taschl|zie|her** der, -s/- (ugs.): *Taschendieb* ‖ **Taschl|zie|he|rin** die, -/-innen (ugs.) ‖ **Tasch|ner** der, -s/-: *Taschenmacher* ‖ **Tasch|ne|rin** die, -/-innen

Ta|ser [ˈteɪ-] der, -s/-s ⟨engl.⟩: *Elektroschocker, Schusswaffe, die Elektroschocks verursacht*

Task|force [-fɔːs] = **Task|Force** die, -/-s ⟨engl.⟩: *militärische Einsatztruppe*

Täss|chen das, -s/- ⟨arab.-it.⟩ ‖ **Tas|se** die, -/-n: *ein [Porzellan-]trinkgefäß, Schale;* drei Tassen Tee | *Untertasse* | (veraltet) *Tablett* | *Wanne einer Brause, Dusche* **Tas|serl** das, -s/-[n] ‖

Tas|ta|tur die, -/-en ⟨lat.-it.⟩: die T. *(alle Tasten)* des Klaviers/Computers ‖ **tast|bar** (bes. Med.) ‖ **Tas|te** die, -/-n: eine T. anschlagen; in die Tasten greifen ‖ **Tast|emp|fin|dung** ‖ **tas|ten:** sich im Dunkeln zum Ausgang t.; die Rippen t. können ‖ **Tas|ten|druck** ‖ **Tas|ten|in|s|t|ru|ment** [-st-]: *Orgel, Klavier, Keyboard ua.* ‖ **Tas|ten|kom|bi|na|ti|on** [-tsi̯-] ‖ **Tas|ten|te|le|fon:** *Telefon mit einer Tastatur* ‖ **Tast|or|gan** (Biol.): Insekten haben Tastorgane ‖ **Tast|sinn** der, -[e]s: *Fähigkeit, etwas durch Berühren wahrzunehmen*

tat → tun ‖ **Tat** die, -/-en: eine gute Tat; jemanden auf frischer Tat ertappen; einen Plan in die Tat umsetzen *(ihn verwirklichen);* jemandem mit Rat und Tat beistehen | in der Tat *(wirklich)*

Ta|ta|mi die, -/-s ⟨jap.⟩: *japanische Bodenmatte*

Ta|tar[1] der, -en/-en: *Angehöriger eines zentralasiatischen Volkes* ‖ **Ta|tar**[2] das, -s/-s (Küchenspr.): *rohes Rindfleisch als Speise* ‖ **Ta|ta|rin** die, -/-innen ‖ **Ta|ta|ren|nach|richt:** *eine [unverbürgte] Schreckensnachricht*

Tat|aus|gleich (Jus): außergerichtlicher T. *(→ Diversion)* ‖ **Tat|be|richt** ‖ **Tat|be|stand:** die Handlungsweise erfüllt den T. der Fahrerflucht *(weist alle Merkmale für diese Straftat auf)* ‖ **Tat|ein|heit** (Jus): zwei Delikte in T. begehen *(mit derselben strafbaren Handlung zwei Deliktstrafbestände erfüllen)* ‖ **Ta|ten|drang** ‖ **Ta|ten|durst** (geh.) ‖ **ta|ten|durs|tig** (geh.) ‖ **ta|ten|froh** ‖ **ta|ten|los:** einem Unglück t. zusehen müssen ‖ **Ta|ten|lo|sig|keit** die, -/-en ‖ **Tä|ter** der, -s/-: eine Spur vom T. ‖ **Tä|ter|be|schrei|bung** ‖ **Tä|te|rin** die, -/-innen ‖ **Tä|ter|schaft** die, - ‖ **Tä|ter|schutz** (Jus): *Wahrung der Täterinteressen* ‖ **Tat|her|gang** (Amtsspr.)

Ta|ti → Dati

tä|tig: in einem Geschäft t. sein *(arbeiten)* | ein tätiger *(aktiver)* Vulkan | (Amtsspr.) t. werden *(eingreifen)* | (Jus) tätige Reue *(rechtzeitige Tatabwendung bzw. Schadensbehebung, die zu Straffreiheit oder milderer Verurteilung führt)* ‖ **tä|ti|gen** (Kaufmannsspr.): einen Kauf t. *(etwas kaufen)* ‖ **Tä|tig|keit** die, -/-en: *Arbeit;* eine anspruchsvolle T. ‖ **Tä|tig|keits|be|reich** ‖ **Tä|tig|keits|be|richt** ‖ **Tä|tig|keits|form** (Gramm.): *Aktiv* ‖ **Tä|tig|keits|wort** (Gramm.): *Verb, das ein aktives Geschehen bezeichnet* ‖ **Tä|ti|gung** die, -/-en (Kaufmannsspr.): *das Tätigen*

Tat|ja|na: *weibl. Vorname;* → Tanja

Tat|kraft die, -: sich mit großer T. *(Energie, Motivation)* einem Projekt widmen ‖ **tat|kräf|tig:** eine tatkräftige *(energische)* Frau

Tatl → Datl

tät|lich: *handgreiflich, gewalttätig;* t. werden ‖ **Tät|lich|kei|ten** die (Pl.): es kam zu T. *(zu körperlicher Gewaltanwendung)* ‖ **Tat|mo|tiv:** *der Grund für die [verbrecherische] Tat* ‖ **Tat|ort:** *Ort, wo die [verbrecherische] Tat begangen wurde*

tä|to|wie|ren ⟨tahitisch-engl.⟩: *[färbige] Figuren oder Muster in die Haut ritzen bzw. stechen* ‖ **Tä|to|wie|rung** die, -/-en: → Tattoo[2]

Ta|t|ra die, -: *Gebirge in der Slowakei*

Tat|sa|che: das ist eine T. *(ein Faktum; das steht fest);* Vorspiegelung falscher Tatsachen; jemanden vor vollendete Tatsachen stellen; vor vollendeten Tatsachen stehen; den Tatsachen ins Auge sehen *(den Problemen nicht ausweichen)* ‖ **Tat|sa|chen|be|richt** ‖ **Tat|sa|chen|dar|stel|lung** (Jus) ‖ **Tat|sa|chen|ge|ständ|nis**

T

(Jus): *Eingestehen von (meist nachgewiesenen) Fakten ohne Schuldeinbekenntnis* ‖ **tat|säch|lich** [auch: -'ɛ-]: es ist t. *(wirklich)* so; sie ist es t. | der tatsächliche *(wahre)* Grund ihres Kommens

tät|scheln: *liebevoll leicht schlagen*

Tät|schen die, -/-, *auch:* Dätschen (ugs., derb): *Ohrfeige*

Tatsch|iker der, -s/- (reg., zB Ost-St): *Kröte* ‖ **Tatsch|kerl** das, -s/-[n] (W): *eine Mehlspeise, Tascherl* | (ugs.) jemandem ein T. *(einen leichten Schlag)* geben

Tat|ter|greis (ugs., abw.): *zittriger alter Mann, Tatterich* ‖ **Tat|ter|grei|sin** (ugs., abw.) ‖ **Tat|te|rich** der, -[e]s/-e (ugs, abw.): *Tattergreis* | (ohne Pl.) den T. haben *([krankhaft] zittern)*

Tat|ter|sall [engl.: 'tætəsɔːl] der, -s/-s: *Reithalle (nach einem englischen Pferdetrainer)*

Tat|too[1] [tæ'tuː] das, -s/-s ⟨engl.⟩ (Mil., Mus.): *Zapfenstreich*

Tat|too[2] [tæ'tuː] das, -s/-s ⟨tahitisch-engl.⟩: *Tätowierung*

Tat|um|stand (meist Pl.) (Amtsspr.) ‖ **Tat|ver|dacht** (Amtsspr.): ein dringender T. ‖ **tat|ver|däch|tig** (Amtsspr.): *im Verdacht einer Straftat stehend* ‖ **Tat|waf|fe**

Tat|ze die, -/-n: *Pranke;* Löwentatze

Tat|zel|wurm: *sagenhaftes Alpentier, Drache, Lindwurm*

Tat|zeu|ge ‖ **Tat|zeu|gin**

Tatz|manns|dorf → Bad Tatzmannsdorf

Tau[1] das, -[s]/-[s] ⟨gr.⟩ (τ, T): *griechischer Buchstabe, entspricht t/T*

Tau[2] das, -[e]s/-e: *starkes Seil*

Tau[3] der, -[e]s: *Niederschlag während der Nacht* | (ugs.) keinen Tau davon haben *(keine Ahnung)*

taub: *gehörlos;* sich t. stellen | eine taube *(leere)* Nuss | taube *(gefühllose)* Füße | taubes Gestein *(Gestein ohne Erzgehalt)* ‖ **taub|blind:** *taub und blind (mehrfach sinnesbehindert)* ‖ **Taub|blin|de**[1] der, -n/-n, ein Taubblinder ‖ **Taub|blin|de**[2] die, -n/-n ‖ **Tau|be**[1] der, -n/-n, ein Tauber: *Gehörloser* ‖ **Tau|be**[2] die, -n/-n: *Gehörlose*

Tau|be[3] die, -/-n: *ein Vogel;* Tauben züchten | (Pol.) *Vertreter/in einer gemäßigten Politik;* → G.: Falke

tau|be|deckt ‖ **tau|be|netzt** (geh.): taubenetzte Blätter

tau|ben|grau: *blaugrau* ‖ **Tau|ben|haus** = **Tau|ben|ko|bel** = **Tau|ben|schlag:** dieses Haus ist ein T. *(viele Menschen gehen ein und aus)* ‖ **Tau|ben|züch|ter** ‖ **Tau|ben|züch|te|rin**

Tau|ber[1] der, -s/- (reg.): *flaches Fischnetz an einer Stange*

Tau|ber[2] = **Täu|ber** der, -s/- = **Tau|be|rich** = **Täu|be|rich,** -s/-e: *männliche Taube*

Taub|heit die, -: *Gehörlosigkeit*

Täub|ling der, -s/-e: *ein Pilz*

Taub|nes|sel: *eine Pflanzengattung*

taub|stumm (ugs.): *gehörlos;* t. sein *(nicht hören und [daher] nicht sprechen können)* ‖ **Taub|stum|me**[1] der, -n/-n, ein Taubstummer (ugs.): *Gehörloser* ‖ **Taub|stum|me**[2] die, -n/-n (ugs.) ‖ **Taub|stum|men|spra|che** die, -: *Gehörlosensprache, eine Gebärdensprache*

tau|chen: lange t. *(unter Wasser bleiben)* können; an die Oberfläche t. | eine Hand ins Wasser t. | die Bühne in rotes Licht t. ‖ **Tau|cher** der, -s/-: *jemand, der taucht* | *ein Vogel* ‖ **Tau|cher|an|zug** ‖ **Tau|cher|bril|le** ‖ **Tau|che|rin** die, -/-innen ‖ **Tauch|fahrt:** die T. eines U-Bootes ‖ **Tauch|gang** ‖ **Tauch|sie|der** der, -s/-: *Elektrogerät zum Erhitzen von Flüssigkeiten* ‖ **Tauch|sport** ‖ **Tauch|sta|ti|on** [-tsi̯-]: *Taucherzentrum* | auf T. gehen *(U-Boot-Mannschaft auf den entsprechenden Posten;* scherzh. auch: *sich völlig zurückziehen)* ‖ **Tauch|wen|de** (Sport)

tau|en: es taut *(es ist Tauwetter; es fällt Tau)*

Tau|en|de (Seemannsspr.): *Stück von einem Seil*

Tau|ern[1] der, -/-: *Bezeichnung mehrerer Alpenübergänge;* der Radstädter T. ‖ **Tau|ern**[2] die (Pl.): die Hohen/Niederen T. *(große Gebirgszüge in den Ostalpen; OstT, S, K, St)* ‖ **Tau|ern|au|to|bahn** ‖ **Tau|ern|bahn:** *Gebirgsbahn in den Hohen Tauern* ‖ **Tau|ern|schleu|se:** *Autoverladung zwischen Mallnitz (K) und Böckstein (S) durch den Tauerntunnel* ‖ **Tau|ern|tun|nel** (S, K)

Tauf|be|cken: eine Kirche mit einem gotischen T. ‖ **Tauf|be|kennt|nis:** *Glaubensbekenntnis, das während der Taufe gesprochen wird* ‖ **Tauf|buch:** *Taufmatrikel* ‖ **Tau|fe** die, -/-n: *ein Sakrament;* etwas aus der T. heben *(ins Leben rufen)* | *feierliche Namensgebung;* Schiffstaufe ‖ **tau|fen:** ein Kind t. *(das Sakrament der Taufe vollziehen)* | wir werden den Hund Rex t. *(ihm diesen Namen geben);* ein Schiff t. *(ihm einen Namen geben und es feierlich zum Verkehr freigeben)* ‖ **Täu|fer** der, -s (im Evangelium): Johannes der T. ‖ **Tau|flie|ge** (Zool.): *eine Fliege;* → Drosophila ‖ **Tauf|for|mel** die, -: der Pfarrer spricht die T. ‖ **Tauf|göd,** *auch:* Taufgöt (ugs.): *Taufpate* ‖ **Tauf|go|den** (ugs.): *Taufpatin* ‖ **Tauf|godl,** *auch:* Taufgotl (ugs.): *Taufpatin* ‖ **Tauf|ka|pel|le** ‖ **Tauf|ker|ze** ‖ **Tauf|kleid** ‖ **Täuf|ling** der, -s/-e ‖ **Tauf|ma|trik** = **Tauf|ma|tri|kel** (Amtsspr.): *kirchliches Taufverzeichnis* ‖ **Tauf|na|me,** *auch:* **Tauf|na|men:** *Vorname* ‖ **Tauf|pa|te** ‖ **Tauf|pa|tin** ‖ **Tauf|re|gis|ter:** *Taufmatrikel*

tau|frisch (geh.): *ganz frisch*

Tauf|schein: *ein kirchliches Dokument* ‖ **Tauf|schein|christ** [-k-]: *Mitglied einer christlichen Religionsgemeinschaft, das die Religion nicht aktiv ausübt* ‖ **Tauf|schein|chris|tin** ‖ **Tauf|was|ser** das, -s

tau|gen: *brauchbar, geeignet sein;* das taugt nichts *(es ist zu nichts nutz)* | (ugs.) das taugt mir [unheimlich] *(es sagt mir zu)* ‖ **Tau|ge|nichts** der, -[es]/-e (abw.): *Nichtsnutz, zu nichts brauchbarer Kerl* ‖ **taug|lich:** *geeignet* | *wehrdiensttauglich* ‖ **Taug|lich|keit** die, -/-en

tau|ig (geh.): tauige *(mit Tau bedeckte)* Wiesen in der Früh

Tau|mel der, -s: *Schwindelgefühl; Zustand der Begeisterung, des Überschwangs* ‖ **tau|me|lig,** *auch:* taumlig ‖ **tau|meln,** ich taumle: *hin und her wanken* ‖ **taum|lig** → taumelig

tau|nass: taunasse Blätter

taupe [toːp] ⟨lat.-fr.⟩: *bräunlich grau;* ein taupe (*auch:* taupes [-pɛs]) Kleid ‖ **Tau|pe** das, -[s]/-: ein Kleid in T.

Tau|punkt: *vollständige Sättigung der Luft mit Wasserdampf* ‖ **Tau|salz:** *Streusalz, das die Eis- bzw. Schneeschmelze bewirkt*

Tausch der, -[e]s/-e: einen guten/schlechten T. machen ‖ **täu|scheln,** ich täuschle (reg., ugs.): *kleine Tauschgeschäfte machen* ‖ **tau|schen,** du tausch[s]t: die Plätze t.; ich möchte nicht mit ihm t. *(nicht an seiner Stelle*

T

sein); Blicke t. ‖ **täu|schen**[1], du täusch[s]t: *irreführen;* der Eindruck täuscht; jemandem täuschend *(zum Verwechseln)* ähnlich sehen ‖ **täu|schen**[2] sich: *sich irren;* sich in jemandem t. *(eine falsche Meinung von jemandem haben)* ‖ **Tausch|ge|schäft** ‖ **Tausch|han|del:** *[alte] Form des Handels, in der Ware gegen Ware getauscht wird*

tau|schie|ren ⟨arab.-it.-fr.⟩: *Edelmetall zur Verzierung in unedles Metall einlegen*

Tausch|ob|jekt: *Gegenstand eines Tausches* ‖ **Täu|schung** die, -/-en: eine optische T.; sich keiner T. hingeben *(sich keine falschen Hoffnungen machen);* einer T. erliegen; eine fromme *(gut gemeinte)* T. ‖ **Täu|schungs|ab|sicht** ‖ **Täu|schungs|ma|nö|ver** [-v-, -f-]: *Täuschungsversuch* ‖ **Täu|schungs|ver|such** ‖ **Tausch|weg:** etwas auf dem T. erwerben ‖ **Tausch|wert**

tau|send

(1 000): → hundert

Kleinschreibung als Grundzahl:
- tausend Euro (in Formularen auch: eintausend)
- bis tausend zählen
- drei von tausend [Menschen]

R→ S. 894, 2.3.2

Groß- und Kleinschreibung, wenn „tausend" eine unbestimmte Menge bezeichnet:
- einige tausend (= Tausend) Bäume
- [einige] tausende (= Tausende) [von] Menschen
- tausend[e] und abertausend[e] (= Tausend[e] und Abertausend[e]) hungrige[r] Vögel

R→ S. 891, 1.4 bzw. S. 894, 2.3.3

Großschreibung als Zahlnomen:
- ein halbes Tausend

Das Ordnungszahlwort „tausendste":
- das tausendste Mal
- zum tausendsten Mal; *aber groß:* vom Hundertsten ins Tausendste kommen; jeder Tausendste gewinnt

Zusammenschreibung:
- abertausend[e] (= Abertausend[e]) von Zuhörern *(viele tausende);* → acht; → hundert
- tausend[e]mal (1 000-mal)
- tausendfach (1 000fach = 1 000-fach); *aber groß:* das Tausendfache R→ S. 902, 2.1

Tau|send die, -/-en: *die Zahl 1 000;* → Acht; → Hundert ‖ **Tau|sen|der** (1 000er) der, -s/-: *eine Zahl mit vier Stellen* | (früher) *Tausendschillingschein* ‖ **tau|sen|der|lei** ‖ **tau|send|fach** (1 000fach = 1 000-fach) ‖ **Tau|send|füß|ler** der, -s/-, *auch:* Tausendfüßer: *ein Gliederfüßer* ‖ **Tau|send|gul|den|kraut:** *eine Arzneipflanze* ‖ **Tau|send|jahr|fei|er** (1 000-Jahr-Feier) ‖ **tau|send|jäh|rig** (1 000-jährig): eine tausendjährige Eiche; das tausendjährige Reich *(in der Bibel)* ‖ **Tau|send|künst|ler** (scherzh.): *jemand, der sich immer zu helfen weiß* ‖ **Tau|send|künst|le|rin** (scherzh.) ‖ **tau|send|mal** (1 000-mal) (bei bes. Betonung auch: tausend Mal) ‖ **Tau|send|sas|sa** der, -s/-[s]: *tüchtiger und vielseitiger Mensch* ‖ **Tau|send|schil|ling|no|te** (1 000-Schilling-Note) (früher): *Tausendschillingschein* ‖ **tau|send|s|te** (1 000.): die t. Besucherin | (Großschreibung) vom Hundertsten ins Tausendste kommen; jeder Tausendste gewinnt; → tausend ‖ **tau|sends|tel** (1 000stel): ein t. Meter (= Tausendstelmeter) *(ein Millimeter)* ‖ **Tau|sends|tel** (1 000stel) das, -s/- ‖ **tau|sends|tel Me|ter** = **Tau|sends|tel|me|ter** ‖ **tau|sends|tel Se|kun|de** = **Tau|sends|tel|se|kun|de** ‖ **tau|send|und|ein:** t. Euro; *aber:* das ist tausend und eins *(das sind zwei ganz ungleiche Dinge);* Tausendundeine Nacht *(orientalische Märchensammlung)*

Tau|to|lo|gie die, -/-n ⟨gr.-lat.⟩ (Lit.): *[unnötige] Bezeichnung mit mehreren Ausdrücken, die das Gleiche besagen, zB runder Kreis, alter Greis* ‖ **tau|to|lo|gisch** (Lit.)

Tau|trop|fen ‖ **Tau|was|ser** das, -s

Tau|werk das, -[e]s (Seemannsspr.): *alle Seile eines Schiffes*

Tau|wet|ter das, -s: *Warmwetterphase, in der es taut* | (Pol.) *Entspannung nach einer Konfliktphase* ‖ **Tau|wind**

Tau|zie|hen das, -s: *sportlicher Wettkampf* | *zähes Ringen um Entscheidungen*

Ta|ver|ne [-v-] die, -/-n ⟨it.⟩: *kleines Gasthaus, meist bei oder in Klöstern, Schlössern und Burgen;* Stiftstaverne

Ta|xa|me|ter ⟨griech.+lat.⟩: *Fahrpreisanzeiger [im Taxi]* ‖ **Ta|xa|ti|on** [-tsi-] die, -/-en: *das Taxieren* ‖ **ta|xa|tiv:** eine taxative *(erschöpfende, vollständige)* Aufzählung; → G.: demonstrativ

Ta|xe die, -/-n ⟨lat.-fr.⟩: *Gebühr;* Kurtaxe ‖ **ta|xeln,** ich taxle (ugs.) ⟨lat.-fr.-engl.⟩: *Taxi fahren* | *als Taxler/in arbeiten* ‖ **tax|frei:** *gebührenfrei* | (ugs., iron.) sie hat ihn t. *(ohne Berechtigung)* zum Professor gemacht ‖ **Ta|xi** das, -[s]/-[s]: *Mietauto mit Chauffeur/in* ‖ **ta|xie|ren:** *abschätzen, einschätzen* ‖ **Ta|xi|fah|rer** ‖ **Ta|xi|fah|re|rin** ‖ **Ta|xi|len|ker:** *Taxifahrer* ‖ **Ta|xi|len|ker|aus|weis** ‖ **Ta|xi|len|ke|rin** ‖ **Ta|xi|stand|platz** ‖ **Ta|xi|un|ter|neh|mer** ‖ **Ta|xi|un|ter|neh|me|rin** ‖ **Tax|ler** der, -s/- (ugs.): *Taxilenker* ‖ **Tax|le|rin** die, -/-innen (ugs.)

Ta|xo|no|mie die, - ⟨gr.⟩ (Bot.): *Wissenschaft von der verwandtschaftlichen Ordnung der Organismen* ‖ **ta|xo|no|misch**

Ta|xus der, *fachspr. auch:* die, -/- ⟨lat.⟩: *Eibe*

Ta|zze die, -/-n ⟨arab.-it.⟩ (veraltet): *Tasse* ‖ **Ta|zerl** das, -s/-[n] (veraltet): *Tässchen, Untersätzchen*

Tb[1]: **T**er**b**ium

Tb[2] [te 'beː] = → Tbc

TB [te 'beː]: **T**era**b**yte

Tbc [te be 'tseː] = Tb[2] die, -: **Tub**er**c**ulose ‖ **Tbc-krank** = Tb-krank: *tuberkulosekrank*

T-Bone-Steak ['tiːbəʊnsteɪk] ⟨engl.⟩ (Küchenspr.): *ein Rindssteak, T-förmiges Rückenstück*

Tc: Te**c**hnetium

TCP [ti si 'piː] (EDV): **T**ransmission **C**ontrol **P**rotocol *(Standard für das Versenden von Informationen im Internet);* → IP

Te: Tellur

Teach-in ['tiːtʃɪn] = **Teach|in** das, -[s]/-s ⟨engl.⟩: *[politische] Diskussionsveranstaltung*

Teak|holz ['tiːk-] das, -es ⟨Tamil-port.-engl.⟩: *ein tropisches Edelholz*

Team [tiːm] das, -s/-s ⟨engl.⟩: *Arbeitsgruppe; Sportmannschaft* ‖ **Team|ar|beit** die, -: *Zusammenarbeit, Gemeinschaftsarbeit, Teamwork* ‖ **Team|chef** [-ʃeːf] (Sport): *Nationaltrainer* ‖ **Team|che|fin** (Sport) ‖ **Team|fä|hig|keit** ‖ **Team|geist** der, -[e]s ‖ **Team|goa|lie** [-goːli, engl.: gəʊ-] (Sport) ‖ **Team|ka|pi|tän** ‖ **Team|ka|pi|tä|nin** ‖ **Team|kee|per** [-ˌkiːpə] ‖ **Team|kee|pe|rin** ‖ **Team|koch** ‖ **Team|kö|chin** ‖ **Team|lei|berl**

T

(Sport): *Trikot der Nationalmannschaft;* ein T. *(einen Platz im Nationalteam)* haben ‖ **Team|spie|ler** (Sport) ‖ **Team|spie|le|rin** (Sport) ‖ **Team|stür|mer** ‖ **Team|stür|me|rin** ‖ **Team|tea|ching** [-tiːtʃ-] das, -s: *gemeinsame Unterrichtsgestaltung durch mehrere Lehrkräfte* ‖ **Team|trai|ner** [-treː-, engl.: -treɪ-] (Sport) ‖ **Team|trai|ne|rin** (Sport) ‖ **Team|ver|ant|wort|li|che** ‖ **Team|work** [-wɜːk] das, -s: *Teamarbeit*

Tech|ne|ti|um [-tsi̯-] das, -s ⟨gr.-lat.⟩ (Zeichen: Tc): *ein chemisches Element* ‖ **Tech|ni|cum** [-k-] → *Technikum* ‖ **Tech|nik** die, - ⟨gr.-fr.⟩: *angewandte Naturwissenschaft;* mit dem neuesten Stand der T. ausgestattet | *Kurzwort für Technische Universität* | (mit Pl. -en) *Herstellungs- bzw. Verfahrensweise;* die T. des Skilaufs ‖ **Tech|ni|ker** der, -s/-: *jemand, der eine technische Lehranstalt absolviert hat* ‖ **Tech|ni|ke|rin** die, -/-innen ‖ **Tech|nik|fol|gen|ab|schät|zung:** *ein Forschungsgebiet* ‖ **Tech|ni|kum** das, -s/Technika [Techniken], *auch:* Technicum [-k-]: *technische Fach[hoch]schule* ‖ **tech|nisch:** eine Unterbrechung aus technischen Gründen *(wegen Stromausfalls oÄ);* die Höhere technische Lehranstalt (HTL) *(eine berufsbildende höhere Schule technisch-gewerblicher Richtung)* | (Großschreibung) die **T**echnische Universität (in Wien und Graz); → TU; das **T**echnische Museum (in Wien) ‖ **tech|ni|sie|ren:** einen Betrieb t. *(ihn auf maschinelle Arbeit umstellen)* ‖ **Tech|ni|sie|rung** die, -/-en ‖ **Tech|no** [-k-] der, -s ⟨gr.-engl.⟩: *eine Stilrichtung im Pop* ‖ **Tech|no|krat** [-ç-] der, -en/-en ⟨gr.⟩ (oft abw.): *Vertreter der Technokratie* ‖ **Tech|no|kra|tie** die, - (oft abw.): *die Vorherrschaft der Technik* ‖ **Tech|no|kra|tin** die, -/-innen (oft abw.) ‖ **tech|no|kra|tisch:** *die Erfordernisse der Technik, Wirtschaft, Verwaltung [zu sehr] betonend* ‖ **Tech|no|lo|ge** der, -n/-n: *Fachmann der Technologie* ‖ **Tech|no|lo|gie** die, -: *Lehre von technischen Produktionsverfahren* | *Zusammenfassung technischer Methoden und Verfahren auf einem bestimmten Gebiet* ‖ **Tech|no|lo|gie|trans|fer:** *Weitergabe neuer technologischer Kenntnisse* ‖ **Tech|no|lo|gie|zen|trum** ‖ **Tech|no|lo|gin** die, -/-innen ‖ **tech|no|lo|gisch:** *verfahrenstechnisch; aber:* das Technologische Gewerbemuseum (TGM) *(eine Höhere technische Bundes-Lehr- und Versuchsanstalt in Wien)*

Tech|tel|mech|tel das, -s/- ⟨?⟩ (ugs.): *Liebschaft; geheimes Einverständnis*

TED [tɛt] der, -s: **Te**le**d**ialog *(computerunterstützte Telefonbefragung);* TED-Umfrage

Ted|dy [-i] der, -s/-s = **Ted|dy|bär** ⟨engl.⟩: *Stoffbär*

Te|de|um das, -[s]/-s ⟨lat.⟩ (Rel.): *ein kirchlicher Lobgesang (Te Deum laudamus)*

TED-Um|fra|ge [ˈtɛt-] → TED

Tee[1] [tiː] das, -s/-s ⟨engl.⟩ (im Golf): *Abschlagplatz* | *kleiner Stift, von dem der Abschlag gespielt wird*

Tee[2] der, -s/-s ⟨chin.-engl.⟩: *aufbereitete junge Blätter des Teestrauchs;* schwarzer Tee; russischer Tee | *Aufguss aus Teeblättern; Aufguss aus getrockneten Heilpflanzen;* Tee trinken; verschiedene Tees *(Teesorten)* | jemanden zum Tee einladen ‖ **Tee|bä|cke|rei** die, -: *Teegebäck* ‖ **Tee|beu|tel** ‖ **Tee|but|ter:** *eine feine Butter* ‖ **Tee|ei:** *kleiner runder Behälter zur Teebereitung* ‖ **Tee|ern|te** ‖ **Tee|ge|bäck:** *Kleingebäck* ‖ **Tee|haus** ‖ **Tee|jau|se** ‖ **Tee|kan|ne** ‖ **Tee|kü|che:** *kleine Küche in Betrieben* ‖ **Tee|licht:** *spezielle Kerze zum Warmhalten des Tees* ‖ **Tee|löf|fel**

Teen [tiːn] der, -s/-s ⟨engl.⟩: *Kurzwort für Teenager* ‖ **Teen|ager** [ˈtiːneɪdʒə] der, -s/-: *Mädchen oder Bursch zwischen 11 und 19 Jahren* ‖ **Tee|nie** [-ni] der, -s/-s: *Kurzwort für Teenager*

Teer der, -[e]s/-e: *ein zähflüssiger Stoff* ‖ **tee|ren:** eine Straße t. ‖ **teer|häl|tig,** *auch:* teerhaltig: Zigaretten sind t. ‖ **Teer|pap|pe:** *Dachpappe*

Tee|scha|le ‖ **Tee|sei|her:** *Teesieb* ‖ **Tee|sei|herl:** *Teesieb* ‖ **Tee|ser|vice** [-viːs] ‖ **Tee|sor|te**

Te|flon das, -/-s (Wz.): *ein Kunststoff* ‖ **te|flon|be|schich|tet** ‖ **Te|flon|pfan|ne**

Te|gel der, -s: *kalkreicher Ton, Ziegellehm*

Te|he|ran: *Hauptstadt des Irans*

Teich der, -[e]s/-e: *kleines stehendes Gewässer* | (scherzh.) der Große T. *(der Atlantische Ozean)* **Teich|huhn:** *Teichralle* ‖ **Teich|molch:** *ein Schwanzlurch* ‖ **Teich|ral|le:** *ein Vogel, Teichhuhn* ‖ **Teich|wirt|schaft**

Teig der, -[e]s/-e: den T. [auf]gehen lassen ‖ **tei|gig** ‖ **Teig|kar|te:** *ein Küchengerät* ‖ **Teig|knet|ma|schi|ne** ‖ **Teig|man|tel** (Küchenspr.): Würstel im T. ‖ **Teig|mas|se** ‖ **Teig|rühr|ma|schi|ne** ‖ **Teig|scha|ber:** *Teigkarte* ‖ **Teig|wa|ren** die (Pl.): *Nudeln, Hörnchen uÄ*

Teil der = das, -[e]s/-e: ich für mein[en] T. *(ich persönlich)* verzichte darauf; er hat sein[en] T. dazu beigetragen; sie hat den besseren/das bessere T. gewählt; er hat sein[en] T. *(seine Strafe; seinen Anteil)* bekommen; sich sein[en] T. denken; jeden einzelnen/jedes einzelne T. *(Stück)* genau prüfen | (nur mit Art. der) der größte T. der Reise; der vordere T. des Hauses; der zweite T. des Buches; der klagende T. im Rechtsstreit; zum größten T.; zum Teil (z. T., zT) | (nur mit Art. das) es geht uns ein gut T. *(viel)* besser als früher ‖ **Teil|an|sicht** ‖ **Teil|as|pekt:** *Teilgesichtspunkt* ‖ **teil|bar** ‖ **Teil|bar|keit** die, - ‖ **teil|be|dingt** (Jus): nur teilbedingt verurteilt werden *(wenn eine Freiheitsstrafe nur zum Teil auf Bewährung verhängt wird)* ‖ **Teil|be|reich** ‖ **Teil|be|trag** ‖ **Teil|chen** das, -s/-: *kleiner Teil* | (Phys.) *ein [sehr] kleiner materieller Körper, zB ein Atomkern* ‖ **Teil|chen|be|schleu|ni|ger** der, -s/- (Phys.): *Gerät zur Beschleunigung elektrisch geladener Teilchen* ‖ **tei|len:** sein Brot mit den Armen t.; ehrlich t. | die Klasse teilte sich in zwei Gruppen | eine Meinung t. *(ihr zustimmen);* geteilter *(unterschiedlicher)* Meinung sein ‖ **Tei|ler** der, -s/- (Math.): *Divisor* ‖ **Teil|er|folg** ‖ **Teil|fa|bri|kat:** *Halbfabrikat* ‖ **Teil|ge|biet** ‖ **Teil|ge|ständ|nis** (Jus) ‖ **teil|ha|ben:** an etwas t. *(daran beteiligt sein);* sie hat daran teil; *aber:* sie hat kein[en] Teil daran ‖ **Teil|ha|ber** der, -s/-: *Mitbesitzer, Gesellschafter* ‖ **Teil|ha|be|rin** die, -/-innen ‖ **teil|haf|tig** [auch: -ˈa-] (geh.): der Gnade t. werden *(sie erlangen)* ‖ **-tei|lig** (nur in Zusammensetzungen wie mehrteilig) ‖ **Teil|kas|ko** = **Teil|kas|ko|ver|si|che|rung:** *Autoversicherung gegen bestimmte Arten von Schäden;* →

T

Vollkasko ‖ **Teilleistung** ‖ **Teilleistungsschwäche** (Päd.): *Leistungsminderung in bestimmten Bereichen, zB im Lesen* ‖ **Teillieferung** ‖ **Teilmenge** ‖ **Teilmobilmachung** (Mil.) → Generalmobilmachung ‖ **teilmöbliert:** eine teilmöblierte Wohnung ‖ **Teilnahme** die, -: *Beteiligung;* seine T. zusagen | seine T. *(sein Beileid)* aussprechen ‖ **teilnahmeberechtigt** ‖ **Teilnahmekarte** ‖ **teilnahmslos** ‖ **Teilnahmslosigkeit** die, - ‖ **teilnahmsvoll** ‖ **teilnehmen:** ich nehme am Spiel teil ‖ **Teilnehmer** der, -s/- ‖ **Teilnehmerin** die, -/-innen ‖ **Teilnehmerland** ‖ **Teilprivatisierung** [-v-] ‖ **Teilqualifizierungslehre** (Amtsspr.): *verlängerte Lehre für Jugendliche mit Lernschwierigkeiten und/oder Behinderung* ‖ **teilrechtsfähig** (Jus): *beschränkt zu Rechtsgeschäften berechtigt* ‖ **Teilrechtsfähigkeit** (Jus) ‖ **Teilrepublik** (Pol.): *föderale Einheit innerhalb eines Bundesstaates;* → Unionsrepublik ‖ **teils:** die Möbel waren t. alt, t. neu ‖ **Teilsame** das, -n, Teilsames (ostöst.): *Schulter bzw. Schlegel vom Schwein als Einzelstück geselcht* ‖ **Teilsatz** (Gramm.): *Teil eines Ganzsatzes, Haupt- oder Gliedsatz* ‖ **Teilstrecke** ‖ **Teilstück** ‖ **Teilung** die, -/-en ‖ **Teilverkauf** ‖ **teilweise** ‖ **teilzahlen** (nur Inf. und Part.) ‖ **Teilzahlung:** *Ratenzahlung* ‖ **Teilzeit** die, -: am liebsten würde er [in] T. arbeiten ‖ **Teilzeitarbeit** ‖ **teilzeitbeschäftigt** ‖ **Teilzeitbeschäftigte** ‖ **Teilzeitbeschäftigung:** *Beschäftigung mit reduzierter Arbeitszeit* ‖ **Teilzeitjob** [-dʒɔp] ‖ **Teilzeitkarenz:** *reduzierter (statt voller) Karenzurlaub*

Tein = Thein das, -s ⟨chin.-lat.⟩: *anregender Bestandteil des Tees*

Teint [tɛ̃ː] der, -s/-s ⟨fr.⟩: ein reiner T. *(eine Gesichtshaut ohne Unreinheiten)*

T-Eisen ['teː-]: *Eisen mit T-förmigem Querschnitt*

Tejo ['tɛʒu] → Tajo

Tektonik die, - ⟨gr.-lat.⟩ (Kunstg.): *Lehre vom inneren Aufbau und vom Zusammenfügen der Teile* | (Geol.) die T. *(der Aufbau, die Schichtung)* der Erdkruste ‖ **tektonisch**

Tel.: Telefon[nummer]

Tel Aviv [- a'vif, auch: - -v]: *Stadt in Israel*

Tele das, -s/-s ⟨gr.⟩ (sal.): *Kurzwort für Teleobjektiv* ‖ **Telearbeit:** *Heimarbeit mit PC-Verbindung zum Dienstnehmer, Teleworking* ‖ **Telebanking** [-bæ-] das, -[s] ⟨gr.+engl.⟩: *Abwicklung von Bankgeschäften zB von zu Hause oder vom Büro aus mittels Internet* ‖ **Teledialog** → TED ‖ **Telefax** → Fax ‖ **telefaxen** → faxen ‖ **Telefaxnummer** → Faxnummer ‖ **Telefon** [bes. D auch: 'te(ː)-] das, -s/-e (frühere Schreibung: Telephon): *Fernsprecher;* nicht ans T. gehen ‖ **Telefonanruf** ‖ **Telefonanrufbeantworter** ‖ **Telefonanschluss** ‖ **Telefonapparat** ‖ **Telefonat** das, -[e]s/-e: *Anruf, Ferngespräch* ‖ **Telefonbetreiber** ‖ **Telefonbuch** ‖ **Telefondienst:** *telefonisches Kundenservice* ‖ **Telefongebühr** ‖ **Telefongesellschaft** ‖ **Telefongespräch** ‖ **Telefonhilfe:** *Notruf, psychologische Beratung uÄ* ‖ **Telefonhörer** ‖ **Telefonhotline** [-laɪn] ‖ **Telefonhütte** (bes. früher) ‖ **Telefonhüttl** (bes. früher) ‖ **Telefonie** die, -: *Oberbegriff für Telefonieren und Telefondienste* ‖ **telefonieren:** mit jemandem t. ‖ **Telefoniererei** die, -/-en (meist abw.): *ständiges Telefonieren* ‖ **telefonisch** ‖ **Telefonist** der, -en/-en ‖ **Telefonistin** die, -/-innen ‖ **Telefonitis** die, - (scherzh.): *übertrieben häufiges und langes Telefonieren* ‖ **Telefonkabel** ‖ **Telefonlinie** [-i̯ɛ] (SüdT): *Telefonleitung* ‖ **Telefonmarketing** (Wirt.): *Werbung mittels persönlicher Telefonanrufe* ‖ **Telefonnetz** ‖ **Telefonnummer** (Tel.) ‖ **Telefonrechnung** ‖ **Telefonseelsorge:** *telefonische Beratung für Hilfe suchende Menschen* ‖ **Telefonservice** [-sɜːvɪs]: *Kundenbetreuung/Bestellung über Telefon* ‖ **Telefonsex:** *erotische Erregung durch [bezahlte] telefonische Kontakte* ‖ **Telefonterror** ‖ **Telefonüberwachung:** *Überwachung der Telefonate verdächtiger oder gefährdeter Personen* ‖ **Telefonverbindung** ‖ **Telefonverzeichnis** ‖ **Telefonwertkarte** ‖ **Telefonzelle:** *eine Kabine mit Telefon* ‖ **Telefonzentrale:** *Vermittlungsstelle* ‖ **telegen:** *für Fernsehaufnahmen gut geeignet* ‖ **Telegraf** = Telegraph [-f] (bes. früher): *Fernschreiber* ‖ **Telegrafenleitung** = Telegraphenleitung ‖ **Telegrafenmast** = Telegraphenmast ‖ **Telegrafie** = Telegraphie die, - (bes. früher) ‖ **telegrafieren** = telegraphieren: *ein Telegramm übermitteln* ‖ **telegrafisch** = telegraphisch ‖ **Telegrafist** = Telegraphist der, -en/-en (früher) ‖ **Telegrafistin** = Telegraphistin die, -/-innen (früher) ‖ **Telegramm** (früher): *telegrafische Nachricht* ‖ **Telegrammstil** [st-, auch: ʃt-]: im T. *(knapp formuliert)* ‖ **Telegraph** [-f] = → Telegraf ‖ **Telegraphenleitung** = → Telegrafenleitung ‖ **Telegraphenmast** = → Telegrafenmast ‖ **Telegraphie** = → Telegrafie ‖ **telegraphieren** = → telegrafieren ‖ **telegraphisch** = → telegrafisch ‖ **Telegraphist** = → Telegrafist ‖ **Telegraphistin** = → Telegrafistin ‖ **Telekabel** die, - (Wz.): *ein Anbieter für Fernsehen, Radio, Festnetz und Internet* ‖ **Telekommunikation** [-tsi̯-]: *Nachrichtenaustausch unter Verwendung moderner Technologien*

Telemark der, -s/-s (Sport): *eine alte Technik im Skilauf (nach einer norwegischen Landschaft)* | *eine Aufsprungtechnik im Skispringen*

Telemarketing ⟨gr.+engl.⟩: *Fernsehwerbung mit Direktbestellung* ‖ **Telematik** die, - ⟨gr.+lat.⟩: *Forschungsrichtung, die die Bereiche Telekommunikation und Informatik verbindet* ‖ **Telenovela** [-v-] die, -/-s ⟨gr.+lat.-span.⟩: *Fernsehserie in vielen Fortsetzungen, Fernsehroman* ‖ **Teleobjektiv:** *Objektiv für Fernaufnahmen [am Fotoapparat]* ‖ **Teleologie** die, - ⟨gr.⟩ (Phil.): *Lehre von einem sinnvollen Zweck aller Entwicklung* ‖ **teleologisch** (Phil.) ‖ **Telepathie** die, -: *geistige Verständigung ohne nachweisbaren Kontakt, zB Gedankenlesen* ‖ **telepathisch** ‖ **Teleportation** [-tsi̯-] die, -/-en ⟨gr.+lat.⟩ (Phys.): *Beamen* ‖ **Teleshopping** [-ʃ-]: *Einkaufen via Internet oder Telefon* ‖ **Teleskop** das, -s/-e: *Fernrohr* ‖ **teleskopisch:** teleskopische Metallrohre ‖ **Teletext:** *abrufbare schriftliche Informationen im Fernsehen* ‖ **Teletubby** [-tʌbi] der, -s/Teletubbies ⟨engl.⟩: *Puppe in einer*

T

Kinder-TV-Sendung ‖ **Television** [-v-] die, - (TV): *Fernsehen* ‖ **Teleworking** [-wɜːk-]: *Telearbeit* ‖ **Telex** das, -/-[e] (bes. früher): *Fernschreiben*

Telfs: *Marktgemeinde in Tirol*

Teller der, -s/-: ein flacher T.; einen T. Suppe essen ‖ **Tellereisen:** *eine tellerförmige Tierfalle* ‖ **Tellerfleisch:** *in der Suppe serviertes Fleisch* ‖ **tellerförmig** ‖ **Tellergericht:** *einfache Speise im Gasthaus, die auf nur einem Teller serviert wird* ‖ **Tellermine** (Mil.): *eine tellerförmige Landmine* ‖ **Tellerrand:** einen Blick über den eigenen T. werfen *(den eigenen, beschränkten Blickpunkt verlassen; den Horizont erweitern)* ‖ **Tellerreiben** das, -s: *ein Bewegungsspiel* ‖ **Tellerrost:** *Gestell zum Trocknen von Tellern* ‖ **Tellerwäscher:** *eine Berufsbezeichnung* ‖ **Tellerwäscherin**

Tellur das, -s ⟨lat.⟩ (Zeichen: Te): *ein chemisches Element* ‖ **tellurisch** (Geol.): *die Erde betreffend*

Tempel der, -s/- ⟨lat.⟩: *ein nichtchristliches Gotteshaus;* ein T. des Jupiter ‖ **Tempelbau** ‖ **Tempelherr:** *Mitglied des Templerordens, Templer* ‖ **tempelhüpfen,** *auch:* tempelhupfen (nur Inf. und Part.) ‖ **Tempelhüpfen** das, -s, *auch:* Tempelhupfen: *ein Kinderspiel* ‖ **Tempelritter:** *Templer*

Tempera die, -/-s ⟨lat.-it.⟩: *Temperafarbe* ‖ **Temperafarbe:** *eine wasserlösliche deckende Farbe* ‖ **Temperamalerei**

Temperament das, -[e]s/-e ⟨lat.⟩: *Gemütsart;* viel T. haben *(lebhaft sein)* ‖ **temperamentlos** ‖ **Temperamentsausbruch** ‖ **temperamentvoll** ‖ **Temperatur** die, -/-en: *Wärmezustand* | T. *(leichtes Fieber)* haben | (Mus.) *Stimmungssystem, Verhältnis der Töne zueinander* ‖ **temperaturabhängig** ‖ **Temperaturanstieg** ‖ **temperaturempfindlich** ‖ **Temperaturmittel:** *Temperaturdurchschnitt* ‖ **Temperaturregler:** *Thermostat* ‖ **Temperaturrückgang** ‖ **Temperaturschwankung** ‖ **Temperatursturz:** *plötzliches Fallen der Temperatur* ‖ **Temperaturumkehr:** *auf Bergen höhere Temperatur als im Tal* ‖ **Temperaturunterschied** ‖ **temperieren:** *mäßigen;* ein temperiertes *(schwach geheiztes, angenehm warmes)* Zimmer | (Mus.) temperierte Stimmung *(mit ausgeglichenen Intervallen)*

Tempi passati die (Pl.) ⟨it.⟩: *vergangene, unwiederbringliche Zeiten*

Templer der, -s/- ⟨lat.⟩: *Tempelherr* ‖ **Templerorden:** *ein mittelalterlicher Ritterorden*

Tempo das, -s ⟨it.⟩: *Geschwindigkeit;* in hohem T.; T. 30; T. machen *(antreiben)* | (ugs.) T., T.! *(Beeilung!)* | (mit Pl. -s [Tempi]) *Zeitmaß;* das T. eines Musikstücks *(zB Allegro)* | *Schwimmbewegung; Schwimmtempo* ‖ **Tempolimit:** *Geschwindigkeitsbegrenzung* ‖ **Tempomat** der, -s/-e (Kfz): *Geschwindigkeitsregler* ‖ **temporal** (Gramm.): eine temporale *(zeitliche)* Bestimmung ‖ **temporär:** *zeitweise; vorübergehend* ‖ **Temposünder:** *jemand, der das Tempolimit überschritten hat* ‖ **Temposünderin**

Tempura das, -s/-s ⟨jap.⟩: *eine japanische Speise*

Tempus das, -/Tempora ⟨lat.⟩ (Gramm.): *Zeitform des Verbs*

Tendenz die, -/-en ⟨lat.-fr.⟩: *[merkbare] Absicht; Neigung; Bestreben; Entwicklung* ‖ **tendenziell:** *in eine bestimmte Richtung neigend* ‖ **tendenziös** (abw.): *einseitig; in der Absicht, eine bestimmte Wirkung zu erzielen;* ein tendenziöser Film

Tender der, -s/- ⟨engl.⟩: *Anhänger einer Dampflokomotive (für Kohle, Wasser uÄ)*

tendieren ⟨lat.⟩: *streben; zu etwas neigen;* zu etwas t. *(eine Tendenz dazu haben); aber:* → tentieren

Teneriffa (span.: Tenerife): *die größte der Kanarischen Inseln*

Tenne die, -/-n: *Dreschboden [in einer Scheune]*

Tennengau der, -s: *Landesteil von Salzburg* ‖ **Tennengebirge** (S)

Tennis das, - ⟨fr.-engl.⟩: *ein Ballspiel;* T. spielen ‖ **Tennisarm** (Med.): *Entzündung des Ellbogens* ‖ **Tennisball** ‖ **Tenniscenter** [-s-] ‖ **Tenniscircuit** [-sɜːkɪt] → Circuit ‖ **Tennisclub** [-k-] = → Tennisklub ‖ **Tennisdress** ‖ **Tennishose** ‖ **Tennisklub** = Tennisclub [-k-] ‖ **Tennispartner** ‖ **Tennispartnerin** ‖ **Tennisplatz** ‖ **Tennisracket** [-ræk-] ‖ **Tennisrock** ‖ **Tennisschläger:** *Racket* ‖ **Tennisschuh** ‖ **Tennisspieler** ‖ **Tennisspielerin** ‖ **Tennisturnier**

Tenno der, -s/-s ⟨jap.⟩: *Titel des japanischen Kaisers*

Tenor[1] der, -s ⟨lat.⟩: der T. *(das Wesentliche, der Kern, die Botschaft)* einer Rede ‖ **Tenor**[2] der, -s/Tenöre ⟨lat.-it.⟩ (T) (Mus.): *die hohe Männerstimme;* ersten T. singen ‖ **Tenorlage** (Mus.): eine Stimme in T. ‖ **Tenorlied:** *beliebtes, charakteristisches Lied für Tenorsolo* ‖ **Tenorschlüssel** (𝄡): *C-Schlüssel auf der 4. Notenlinie von unten (= c1)* ‖ **Tenorsolo** ‖ **Tenorstimme**

Tensid das, -[s]/-e ⟨lat.⟩ (Chem.): *eine Substanz in Waschmitteln*

Tentakel der = das, -s/- ⟨lat.⟩: *Fangarm, Greifarm [des Polypen]*

tentativ (geh.) ⟨lat.-fr.⟩: *versuchsweise, zur Probe* ‖ **tentieren** ⟨lat.⟩ (ugs., veraltet): *beabsichtigen, versuchen, vorhaben; aber:* → tendieren

Tenuis die, -/Tenues ⟨lat.⟩ (Sprachwiss.): *stimmloser Verschlusslaut, zB p, t, k*

Tepp → Depp ‖ **teppensicher** → deppensicher ‖ **teppert** → deppert

Teppich der, -s/-e: T. saugen; ein roter T. *(für Staatsbesuche);* etwas unter den T. kehren *(verheimlichen, verschweigen)* ‖ **Teppichboden** ‖ **Teppichbürste** ‖ **Teppichklopfer:** *ein Haushaltsgerät*

tepschen → depschen ‖ **Tepscher** → Depscher

Tequila [-'ki-] der, -s: *ein mexikanischer Schnaps (nach einer mexikanischen Stadt)*

Tera- ⟨gr.⟩ (T) (nur in Zusammensetzungen wie zB Terabyte) ‖ **Terabyte** [-baɪt] (TB): *1 024 Gigabyte;* → Byte

Terbium das, -s (Zeichen: Tb): *ein chemisches Element (nach der schwedischen Ortschaft Ytterby)*

terisch → törisch

Term der, -s/-e ⟨lat.-fr.⟩ (Math.): *Glied einer Formel, einer Summe*

Termin der, -s/-e ⟨lat.⟩: *festgesetzte Zeit; Frist;* einen T. absagen/vereinbaren

Terminal ['tɜːmɪnəl] der = das, -s/-s ⟨lat.-engl.⟩: *Abfertigungshalle [im Flughafen]* | *Endstelle einer EDV-Anlage*

Termindruck der, -[e]s ‖ **Termineinlage** (Bankw.): *eine fristgebundene Spareinlage* ‖ **Terminerstreckung** (Amtsspr.): *Terminaufschub* ‖ **termingebunden** ‖ **Termingeld:** *befristete*

Geldeinlage ‖ **termingemäß** ‖ **termingerecht** ‖ **Termingeschäft** (Börse): *Geschäft, dessen Erfüllung zu einem späteren Zeitpunkt erfolgt* ‖ **terminieren** = **terminisieren:** *einen Zeitpunkt festlegen* | *befristen* ‖ **Terminkalender** ‖ **terminlich:** *einen Termin, Termine betreffend* ‖ **Terminologe** der, -n/-n ⟨lat.+gr.⟩: *eine Berufsbezeichnung* ‖ **Terminologie** die, -/-n: *die Fachausdrücke eines bestimmten Gebietes* ‖ **Terminologin** die, -/-innen ‖ **terminologisch:** sich t. richtig ausdrücken ‖ **Terminplan** ‖ **Terminplaner** ‖ **Terminus** der, -/Termini: → *Fachausdruck* ‖ **Terminus technicus** [- -k-] der, - -/Termini technici [- -tsi] (lat.): *Fachwort, Fachausdruck*

Termite die, -/-n ⟨lat.⟩: *ein Insekt* ‖ **Termitenhügel**

Ternitz: *Stadt in Niederösterreich*

Terno der, -s/-s ⟨it.⟩: *Lottotreffer mit drei Nummern;* → Ambo

Terpentin der = das, -s/-e ⟨gr.-lat.⟩: *ein flüssiges Harz* ‖ **Terpentinöl**

Terrain [-ˈrɛ̃ː] das, -s/-s ⟨fr.⟩: *Bodenform, Gelände;* hügeliges T. | das T. sondieren *(in einer Angelegenheit vorfühlen)*

Terra incognita [- -k-] die, - - ⟨lat.⟩: *unbekanntes, unerforschtes Gebiet*

terrakott ⟨it.⟩: *rostbraun, rostrot;* ein terrakott[es] Kleid ‖ **Terrakott** das, -[s]/-: ein Kleid in T. *(rostbrauner Farbe)* ‖ **Terrakotta** die, -/Terrakotten: *künstlerischer Gegenstand aus gebranntem Ton* | (ohne Pl.) *ein gebrannter Ton*

Terrarium das, -s/Terrarien [-i̯ɛn] ⟨lat.⟩: *[Glas]behälter für lebende Eidechsen, Schlangen uÄ;* → Aquarium

Terrasse die, -/-n ⟨lat.-fr.⟩: *Erdstufe, Geländestufe* | auf der sonnigen T. *(gepflasterten Fläche im Freien, Dachterrasse)* frühstücken ‖ **terrassenartig** ‖ **terrassenförmig:** ein t. *(stufenförmig)* angelegter Weinberg ‖ **terrassieren**

Terrazzo der, -s/Terrazzi ⟨lat.-it.⟩: *eine Kunststeinmasse [für Fußböden]*

terrestrisch ⟨lat.⟩ (Elektrot.): *erdgebunden;* terrestrische *(nicht via Satellit empfangene)* Programme

Terrier der, -s/- ⟨lat.-engl.⟩: *Bezeichnung für verschiedene Hunderassen*

Terrine die, -/-n ⟨lat.-fr.⟩: *Schüssel [mit Deckel];* Suppenterrine

territorial ⟨lat.-fr.⟩: territoriale Forderungen *(Gebietsansprüche)* ‖ **Territorialstaat** ‖ **Territorium** das, -s/Territorien [-i̯ɛn] ⟨lat.⟩: *Gebiet; Land; Hoheitsgebiet eines Staates*

Terror der, -s ⟨lat.⟩: *Schrecken;* T. *(Druck durch Gewaltanwendung)* ausüben | *Gewalt[herrschaft], Schreckensherrschaft* ‖ **Terrorakt** der, -[e]s/-e ‖ **Terroralarm** ‖ **Terroranschlag** ‖ **Terrorbekämpfung** ‖ **terrorisieren** (abw.): *durch Gewalt einschüchtern, in Angst und Schrecken versetzen* ‖ **Terrorisierung** die, -/-en (abw.) ‖ **Terrorismus** der, -: *Versuch [politische] Forderungen durch Terror zu erzwingen* ‖ **Terrorist** der, -en/-en (abw.) ‖ **Terroristin** die, -/-innen (abw.) ‖ **terroristisch** (abw.) ‖ **Terrororganisation** [-tsi̯-] ‖ **Terrorverdacht** ‖ **Terrorwelle:** *Häufung von Terroranschlägen* ‖ **Terrorzelle:** *Gruppe von Terroristen*

tertiär [-tsi̯-]: *die dritte Stelle einnehmend* | (Geol.) *das Tertiär betreffend* | tertiäres Bildungswesen *(Universitäten ua.)* ‖ **Tertiär** das, -s (Geol.): *vorletzter Abschnitt der Erdgeschichte* ‖ **Tertium Comparationis** [- k-tsi̯-] das, - -/-tia - ⟨lat.⟩: *das Gemeinsame, Vergleichbare zweier verschiedener Sachverhalte* ‖ **Terz** die, -/-en (Mus.): *Intervall der 3. (übernächsten) Tonstufe* ‖ **Terzett** das, -[e]s/-e ⟨lat.-it.⟩: *Musikstück für drei Gesangsstimmen oder Instrumente, Trio* | *die drei Ausführenden eines solchen Musikstücks, Trio*

Tesa der, -[s]/-[s], *auch:* das (Wz.): *Kurzwort für Tesafilm* ‖ **Tesafilm** der, -[s]/-[s], *auch:* das (Wz.): *ein Klebeband;* → Tixo

Teschek der, -s/-s ⟨ung.⟩ (W, ugs.): er ist immer der T. *(Benachteiligte, Ausgenützte)*

Tesla [-s-] das, -[s]/-[s] (Zeichen: T): *Einheit der magnetischen Induktion (nach einem kroatischen Physiker)*

Tessin das (*auch:* der), -s: *Schweizer Kanton*

Test der, -[e]s/-s [-e] ⟨lat.-fr.-engl.⟩: *Versuch, experimentelle Untersuchung; Verfahren zur Prüfung der Intelligenz, der Leistung, der Berufseignung, zur Materialprüfung uÄ*

Testament das, -[e]s/-e ⟨lat.⟩: *Vermächtnis;* ein T. errichten/machen *(Erben einsetzen);* ein T. anfechten; sein T. machen können *(auf Böses gefasst sein müssen)* | das Alte und das Neue T. *(Teile der Bibel)* ‖ **testamentarisch:** jemandem etwas t. *(im Testament)* vermachen ‖ **Testamentseröffnung** ‖ **Testamentserrichtung** ‖ **Testamentskundmachung** (Jus) ‖ **Testamentsvollstrecker** (Jus): *zur Durchsetzung des erblasserischen Willens eingesetzte Person* ‖ **Testamentsvollstreckerin** (Amtsspr.) ‖ **Testat** das, -[e]s/-e: *Bestätigung*

Testbatterie: *Gruppe von Tests* ‖ **Testbild:** *Bild zur Einstellung von Farbe, Schärfe ua. auf Bildschirmen* ‖ **testen:** *mit Hilfe von Tests prüfen; überprüfen* ‖ **Tester** der, -s/- ‖ **Testerin** die, -/-innen ‖ **Testfahrer** ‖ **Testfahrerin** ‖ **Testfahrt** ‖ **Testflug** ‖ **Testfrage**

testieren ⟨lat.⟩: *ein Testament errichten/machen; testamentarisch vermachen* | *bescheinigen, attestieren* ‖ **Testierfähigkeit** (Jus): *rechtliche Fähigkeit zur Errichtung eines Testamentes* ‖ **Testimonial** [-ˈməʊniəl] das, -s/-s ⟨lat.-engl.⟩ (Werb.): *prominente Produktempfehlung* ‖ **Testimonium** das, -s/-nien [-i̯ɛn] (Testimonia) ⟨lat.⟩ (geh.): *Zeugnis, Bestätigung*

Testmethode

Testosteron das, -s/-e ⟨lat.+gr.⟩ (Med.): *ein männliches [Sexual-] hormon;* → Östrogen

Testperson: sich als T. zur Verfügung stellen ‖ **Testphase** [-f-] ‖ **Testpilot** ‖ **Testpilotin** ‖ **Teststrecke** ‖ **Teststreifen** ‖ **Testung** die, -/-en: *das Testen* ‖ **Testverbrauch** (Kfz): *durchschnittlicher Kraftstoffverbrauch eines Fahrzeugs* ‖ **Testverfahren** ‖ **Testversion** [-v-]

Tetanus der, - ⟨gr.-lat.⟩ (Med.): *Wundstarrkrampf* ‖ **Tetanusschutzimpfung** (Med.) ‖ **Tetanusserum** (Med.)

Tete-a-tete [tɛtaˈtɛːt] = **Tête-à-tête** [tɛtaˈtɛːt] das, -/-s ⟨fr.⟩ (veraltend): *vertrauliches Beisammensein*

Tetraeder der (*auch:* das), -s/- ⟨gr.⟩ (Math.): *dreiseitige [gleichseitige] Pyramide* ‖ **tetragonal:**

T

viereckig ‖ **Te|t|ra|lo|gie** die, -/-n: *Werk aus vier selbständigen Teilen [in Literatur und Musik];* → Trilogie ‖ **Te|t|ra-Pak** = Tetrapak das (*auch:* der) -s/-s (Wz.): *eine [quaderförmige] Kartonverpackung für Getränke*

teu|er: etwas t. kaufen; das wird dich/dir t. zu stehen kommen *(das wirst du büßen);* etwas t. bezahlen | (geh.) ein teurer *(lieber)* Freund ‖ **Teu|e|rung** die, -/-en: *das Steigen der Preise* ‖ **Teu|e|rungs|ra|te** (Wirt.): die T. der Verbraucherpreise ‖ **Teu|e|rungs|wel|le** ‖ **Teu|e|rungs|zu|la|ge** (Amtsspr.)

Teu|fel der, -s/-: *Widersacher Gottes; das verkörperte Böse; Satan;* jemanden zum T. jagen *(davonjagen);* ein armer T. *(ein armer Mensch);* der T. steckt im Detail; „Pfui Teufel!"; den T. an die Wand malen *(ein Unglück herbeireden);* in Teufels Küche *(in eine heikle Situation)* kommen | (ugs.) auf T. komm raus *(unter allen Umständen);* der T. ist los *(es herrscht große Aufregung);* jemanden reitet der T. *(jemand handelt unüberlegt, übermütig);* hol dich der T.! *(Ausruf der Verdammung, Fluch);* weiß der T., wo sie steckt ‖ **Teu|fe|lei** die, -/-en: *tückisch ausgeklügelter Streich* ‖ **Teu|fe|lin** die, -/-innen ‖ **Teu|fels|an|be|tung:** *Satanismus* ‖ **Teu|fels|aus|trei|bung** die, -/-en: *Exorzismus* ‖ **Teu|fels|gei|ge** (Mus.): *ein Rhythmusinstrument der Volksmusik, Bumbass* ‖ **Teu|fels|glau|be** ‖ **Teu|fels|kerl:** *tüchtiger Mann* ‖ **Teu|fels|kreis:** *Circulus vitiosus;* in einen T. geraten ‖ **Teu|fels|kult** ‖ **Teu|fels|rol|ler** (Küchenspr.): *scharfer Rollmops* ‖ **Teu|fels|werk** ‖ **Teu|fels|zeug** (ugs.): *eine gefährliche, riskante Sache* ‖ **teuf|lisch:** teuflische Bosheit

T

Te|ur|nia: *römische Stadt (Ruinenstätte) in Kärnten*

Teu|ro der, -s (abw. bzw. scherzh.): *Bezeichnung für den Euro, weil er Preiserhöhungen zur Folge hatte*

Teu|to|ne der, -n/-n ‖ **Teu|to|nin** die, -/-innen ‖ **teu|to|nisch:** *den germanischen Stamm der Teutonen betreffend* | (oft scherzh.) *betont germanisch, erzdeutsch* ‖ **Teu|to|nis|mus** der, - (Sprachwiss.): *für Österreich und die Schweiz untypisches deutsches Wort;* → Germanismus

Te|xas: *Bundesstaat der USA*

Text der, -[e]s/-e ⟨lat.⟩: der T. *(die Worte)* eines Gesangsstückes; einen Redner aus dem T. bringen *(ihn verwirren)* | (Gramm.) *[größere, meist aus Sätzen bestehende] sprachliche Einheit* ‖ **Text|ana|ly|se** [-ly-] (Lit.) ‖ **Text|auf|ga|be** (Math.): *Aufgabenstellung in Textform* ‖ **tex|ten:** *einen Text verfassen;* einen Werbespruch t. ‖ **Tex|ter** der, -s/- ‖ **Text|er|fas|sung:** *Niederschrift des Textes auf Computer* ‖ **Tex|te|rin** die, -/-innen ‖ **Text|ge|stal|tung** ‖ **Text|gram|ma|tik:** *Grammatik, die die grammatischen Zusammenhänge ganzer Texte beschreibt*

tex|til ⟨lat.-fr.⟩: textile Techniken ‖ **Tex|til** das, -s: Mode und T. ‖ **Tex|til|ar|bei|ter** ‖ **Tex|til|ar|bei|te|rin** ‖ **Tex|til|druck** der, -[e]s/-e: *Aufdruck auf T-Shirts uÄ* ‖ **Tex|til|fa|brik** ‖ **Tex|til|fa|ser** ‖ **Tex|ti|li|en** die (Pl.): *Erzeugnisse der Spinnerei und Weberei* ‖ **Tex|til|in|dus|t|rie** ‖ **Tex|til|kunst** die, -: *ein Kunstgewerbe* ‖ **Tex|til|wa|ren**

Text|in|ter|pre|ta|ti|on [-tsi̯-] (Lit.) ‖ **Text|kri|tik** (Lit.): *ein philologisches Verfahren* ‖ **text|kri|tisch** (Lit.) ‖ **text|las|tig:** *zu viel Text enthaltend (im Vergleich zum Bildanteil)* ‖ **Text|pas|sa|ge** [-ˌaːʃ, -ʒɛ] ‖ **Text|pro|duk|ti|on** [-tsi̯-]: *Verfassen von Texten* ‖ **Text|sor|te:** *Textart, zB Roman, Ballade, Brief* ‖ **Text|stel|le** ‖ **Text|teil** ‖ **Text|ver|ar|bei|tung** ‖ **Text|ver|ar|bei|tungs|pro|gramm** (EDV): *Computerprogramm zum Schreiben und Bearbeiten von Texten* ‖ **Text|ver|gleich**

T-för|mig [ˈteː-]: *in Form eines T*

TFT [te ɛf ˈteː] das, -s/-s: **T**hin **F**ilm **T**ransistor *(eine Technik für färbige LCD-Anzeigen* ‖ **TFT-Bild|schirm** ‖ **TFT-Mo|ni|tor**

tg = tan: **T**an**g**ens

TGM [te ge ˈɛm] das, -: **T**echnologisches **G**ewerbe**m**useum

Th: Thorium

Thad|dädl der, -s/-n (ostöst., mda., abw.): *[alter] willensschwacher Kerl; Dummkopf (nach dem Namen Thaddäus)*

Thai[1] der, -[s]/-[s]: *Einwohner Thailands* ‖ **Thai**[2] die, -/-[s] ‖ **Thai|land:** *ein Staat in Südostasien*

Tha|la|mus der, -/Thalami ⟨gr.-lat.⟩: *Hauptteil des Zwischenhirns*

Thal|li|um das, -s ⟨gr.-lat.⟩ (Zeichen: Tl): *ein chemisches Element*

Thaya [ˈtaɪ.a] die, -: *ein Nebenfluss der March (N, Tschechien)*

Thea: *weibl. Vorname (Theodora uÄ)*

The|a|ter das, -s/- ⟨gr.⟩: *Theatergebäude; Zuschauerraum; Bühne; Ensemble* | (ohne Pl.) *darstellende Kunst;* T. spielen | ein T. *(großes Getue, Krach)* machen | (abw.) alles nur T.! *(alles unecht, nur inszeniert!)* ‖ **The|a|ter|abon|ne|ment** [-abɔnmɑ̃ː] ‖ **The|a|ter|auf|füh|rung** ‖ **The|a|ter|be|such** ‖ **The|a|ter|büh|ne** ‖ **The|a|ter|di|rek|tor:** *Intendant* ‖ **The|a|ter|di|rek|to|rin** ‖ **The|a|ter|don|ner:** *wirkungsloser, oft vorgetäuschter Zorn* ‖ **The|a|ter|ge|her:** *[begeisterter] Theaterbesucher* ‖ **The|a|ter|ge|he|rin** ‖ **The|a|ter|ge|schich|te** ‖ **The|a|ter|kar|te** ‖ **The|a|ter|kas|sa** = **The|a|ter|kas|se** ‖ **The|a|ter|kri|ti|ker** ‖ **The|a|ter|kri|ti|ke|rin** ‖ **The|a|ter|lo|ge** [-loːʃ, -ʒɛ] ‖ **The|a|ter|ma|cher:** *Theaterregisseur* ‖ **The|a|ter|ma|che|rin** ‖ **The|a|ter|pro|gramm** ‖ **The|a|ter|pu|b|li|kum** ‖ **The|a|ter|re|gis|seur** [-ʒiˌsøːɐ] ‖ **The|a|ter|re|gis|seu|rin** ‖ **The|a|ter|skan|dal** ‖ **The|a|ter|stück** ‖ **The|a|ter|vor|stel|lung** ‖ **The|a|ter|wis|sen|schaft** ‖ **The|a|t|ra|lik** die, - ‖ **the|a|t|ra|lisch:** sich t. *(übertrieben)* gebärden

The|in = → Tein

The|is|mus der, - ⟨gr.+lat.⟩: *Glaube an einen persönlichen Gott*

Theiß die, - (ung. Tisza [-sɒ]): *ein Nebenfluss der Donau in der Ukraine, Ungarn und Serbien*

The|ke die, -/-n ⟨gr.⟩: *Schanktisch, Tresen* ‖ **The|ker** der, -s/- (Gast.): *Kellner hinter der Theke, Barkeeper (bes. in Stellenangeboten)* ‖ **The|ke|rin** die, -/-innen (Gast.)

The|ma das, -s/Themen [Themata] ⟨gr.⟩: *Gegenstand, von dem man spricht;* das ist ein heikles T.; das ist für mich kein T. *(darüber wird nicht diskutiert);* das T. wechseln | *Aufgabenstellung bei einer Schularbeit (in einem Sprachfach)* | *Hauptgedanke eines Musikstückes* ‖ **The|ma|tik** die, -/-en: *Themenstellung; Themenkreis* ‖ **the|ma|tisch:** t. geordnet ‖ **the|ma|ti|sie|ren:** *zum Thema [einer Diskussion] machen* ‖ **The|ma|ti|sie|rung** die, -/-en ‖ **The|men|kreis** ‖ **The|men|stel|lung** ‖ **The|men|wech|sel**

[-ks-] ‖ **the|men|zen|t|riert:** *auf ein oder mehrere bestimmte Themen gerichtet*

Themse die, - (engl.: Thames [temz]): *Fluss, an dem London liegt*

Theo: *männl. Vorname (Theodor uÄ)*

The|o|di|zee die, -/-n [-ˈeː(ɛ)n] ⟨gr.⟩ (Phil., Rel.): *Rechtfertigung Gottes [wegen des Bösen in der Welt]*

The|o|do|lit der, -[e]s [-en]/-e[n] ⟨?⟩: *Winkelmessgerät [zur Vermessung]*

The|o|dor: *männl. Vorname;* → Turl ‖ **The|o|do|ra:** *weibl. Vorname;* → Doris

The|o|go|nie die, - ⟨gr.⟩: *Mythos von der Entstehung der Götter* ‖ **The|o|krat** der, -en/-en ‖ **The|o|kra|tie** die, -/-n: *primär religiös bestimmte Herrschaftsform, Gottesstaat, Gottesherrschaft* ‖ **The|o|kra|tin** die, -/-innen ‖ **the|o|kra|tisch** ‖ **Theo|lo|ge** der, -n/-n: *Lehrer oder Studierender der Theologie* ‖ **Theo|lo|gie** die, -/-n: *Gotteswissenschaft; Glaubenslehre;* katholische, evangelische T. ‖ **Theo|lo|gin** die, -/-innen ‖ **theo|lo|gisch**

The|o|rem das, -[e]s/-e ⟨gr.-lat.⟩: *Lehrsatz* ‖ **The|o|re|ti|ker** der, -s/-: *jemand, der sich vorrangig mit den theoretischen Grundlagen beschäftigt;* → G.: Praktiker ‖ **The|o|re|ti|ke|rin** die, -/-innen ‖ **the|o|re|tisch:** *rein wissenschaftlich | nur gedanklich* ‖ **the|o|re|ti|sie|ren:** *sich [nur] mit der Theorie beschäftigen* ‖ **The|o|rie** die, -/-n: *Versuch einer wissenschaftlichen Erklärung von Tatsachen, Erscheinungen und Vorgängen; Lehrmeinung; Lehre | Lehre von den Prinzipien eines Fachbereichs* | (ohne Pl.) *rein gedankliche, wirklichkeitsfremde Betrachtungsweise;* graue T.; → G.: Praxis ‖ **The|o|ri|en|streit**

The|o|soph [-f] der, -en/-en ⟨gr.⟩ ‖ **The|o|so|phie** die, -/-n: *eine Erlösungslehre* ‖ **The|o|so|phin** die, -/-innen ‖ **the|o|so|phisch**

The|ra|band das, -[e]s/-bänder ⟨gr.+dt.⟩ (Wz.): *ein Gymnastikband* ‖ **The|ra|peut** der, -en/-en (Med., Psych.) ‖ **The|ra|peu|tik** die, - (Med., Psych.): *Lehre von der Behandlung der Krankheiten* ‖ **The|ra|peu|ti|kum** das, -s/Therapeutika (Med., Psych.): *Heilmittel* ‖ **The|ra|peu|tin** die, -/-innen (Med., Psych.) ‖ **the|ra|peu|tisch** (Med., Psych.) ‖ **The|ra|pie** die, -/-n (Med., Psych.): *Heilbehandlung* ‖ **The|ra|pie|hund:** *Hund mit Spezialausbildung* ‖ **the|ra|pie|ren** (Med., Psych.)

The|re|sa = **The|re|se** = **The|re|sia:** *weibl. Vorname* ‖ **the|re|si|a|nisch:** → *maria-theresianisch;* theresianische Reformen | (Großschreibung) Theresianische Akademie *(Theresianum);* Theresianische Militärakademie *(in Wiener Neustadt)* ‖ **The|re|si|a|num** das, -s (in Wien): *eine AHS | Sitz der Diplomatischen Akademie*

Ther|mal|bad ⟨gr.-lat.⟩ ‖ **Ther|mal|quel|le** ‖ **Ther|me** die, -/-n: *warme [Heil]quelle | Gerät zur Warmwasserbereitung [und Heizung]* | (nur Pl.) *antike römische Badeanlage* ‖ **Ther|men|land:** *die Bäderregion in der Oststeiermark und im südlichen Burgenland* ‖ **Ther|men|li|nie** [-ɪ̯ɛ]: *Ostrand der Alpen südlich von Wien* ‖ **Ther|men|re|gi|on:** *eine Landschaft in Ostösterreich (St, N, B) mit zahlreichen Heilquellen, Thermenlinie und Thermenland* ‖ **Ther|mik** die, - (Met.): *aufsteigende Warmluft* ‖ **ther|misch:** eine thermisch-energetische Haussanierung ‖ **Ther|mo|dy|na|mik** [-dy-] (Phys.): *Wärmelehre* ‖ **Ther|mo|gra|fie** = **Ther|mo|gra|phie** [-f-]: *Wärmemessung mittels Fotografie* ‖ **Ther|mo|me|ter:** *Wärmegradmesser* ‖ **ther|mo|nuk|le|ar:** thermonukleare Waffen *(Kernwaffen)* ‖ **Ther|mo|phor** [-f-] der, -s/-e: *ein Wärmespeicher, Wärmflasche* ‖ **Ther|mos|fla|sche:** *eine Warm- bzw. Kühlhalteflasche* ‖ **Ther|mo|s|tat** [-st-] der, -[e]s [-en]/ -e[n]: *automatischer Temperaturregler*

The|se die, -/-n ⟨gr.⟩: *Behauptung; Leitsatz, Lehrsatz* ‖ **the|sen|ar|tig** ‖ **the|sen|haft**

The|ta das, -[s]/-[s] ⟨gr.⟩ (ϑ, θ, Θ): *griechischer Buchstabe, entspricht* th/Th

Thing das, -s/-s ⟨germ.⟩: *germanische Volksversammlung*

Tho|mas: *männl. Vorname;* ein ungläubiger T. *(zweiflerischer Mensch; nach dem Apostel Thomas)* ‖ **Tho|mas|mehl** das, -[e]s: *ein Düngemittel* ‖ **Tho|mas|nacht** (Volksk.): *eine der Raunächte*

Tho|net (Wz.): *eine alte Wiener Möbelfirma* ‖ **Tho|net|ses|sel** (Wz.): *Sessel aus gebogenem Holz (von der Firma Thonet)*

Tho|ra [auch: -ˈaː] die, - ⟨hebr.⟩: *die fünf Bücher des Moses in der Bibel* ‖ **Tho|ra|rol|le:** *eine rollenförmige Abschrift der Thora auf Pergament*

Tho|rax der, -[es]/-e ⟨gr.⟩ (Med.): *Brustkorb*

Tho|ri|um das, -s (Zeichen: Th): *ein chemisches Element (nach dem germanischen Gott Thor)*

Thril|ler [θ-] der, -s/- ⟨engl.⟩: *äußerst spannender [reißerischer] Film oder Roman*

Throm|bo|se die, -/-n ⟨gr.⟩ (Med.): *Blutgerinnsel, das ein Blutgefäß verstopft* ‖ **throm|bo|tisch** (Med.) ‖ **Throm|bo|zyt** [-ˈy(ː)t] der, -en/-en (Med.): *Blutplättchen*

Thron der, -[e]s/-e ⟨gr.⟩: *Prunksessel [von Herrschenden];* den T. besteigen *(das Herrscheramt antreten)* ‖ **Thron|an|wär|ter** ‖ **Thron|an|wär|te|rin** ‖ **Thron|be|stei|gung** ‖ **thro|nen** ‖ **Thron|fol|ge** die, -/-n: *Aufeinanderfolge von Herrschenden* ‖ **Thron|fol|ger** der, -s/- ‖ **Thron|fol|ge|rin** die, -/-innen ‖ **Thron|prä|ten|dent:** *Mann, der die Thronfolge beansprucht* ‖ **Thron|prä|ten|den|tin** ‖ **Thron|ses|sel**

THS [te ha ˈɛs]: **T**ages**h**eim**s**chule

Thu|ja die, -/Thujen ⟨gr.-lat.⟩ (bes. D): *Thuje* ‖ **Thu|je** die, -/-n: *ein immergrüner Baum, Lebensbaum*

Thu|li|um das, -s (Zeichen: Tm): *ein chemisches Element (nach der Insel Thule)*

Thun|fisch = → Tunfisch

Thur|gau der, -s: *Schweizer Kanton*

Thü|rin|gen: *deutsches Bundesland* ‖ **thü|rin|gisch**

Thurn → Pass T.

Thy|mi|an [ˈtyː-] der, -s/-e ⟨gr.-lat.⟩: *eine Gewürzpflanze*

Thymus [ˈtyː-] der, -/Thymi = **Thy|mus|drü|se** ⟨gr.-lat.⟩: *eine Körperdrüse, Wachstumsdrüse*

Ti: Titan

Ti|a|ra die, -/Tiaren ⟨pers.-gr.-lat.⟩ (früher): *die dreistufige Krone des Papstes*

Ti|ber der, -s (it. Tevere [-v-]): *Fluss, an dem Rom liegt*

Ti|bet [auch: -ˈbeːt]: *Hochland in Innerasien* ‖ **Ti|be|ta|ner** der, -s/- (veraltet): *Tibeter* ‖ **Ti|be|ta|ne|rin** die, -/-innen (veraltet) ‖ **ti|be|ta|nisch** (veraltet): *tibetisch* ‖ **Ti|be|ter** der, -s/- ‖ **Ti|be|te|rin** die, -/-innen ‖ **ti|be|tisch**

Tick der, -[e]s/-s: *Schrulle;* einen T.

T

haben | (Med.) *krankhaftes nervöses Zucken*
ti|cken: die tickende Uhr | (ugs.) du tickst nicht richtig *(bist nicht ganz bei Verstand)*
Ti|cket das, -s/-s ⟨engl.⟩: *Fahrkarte;* Flugticket | *Eintrittskarte*
Tick|tack[1] das (*auch:* der), -s: das T. der Uhr || **Tick|tack**[2] die, -/-s (Kinderspr.): *Uhr*
Tie|break ['taıbreık] = **Tie-Break** das (*auch:* der), -s/-s ⟨engl.⟩ (Sport): *satzentscheidendes Spiel in einem Tennismatch*

tief:

ein tiefer Brunnen; im tiefen Wald; tief unten; tiefe Temperaturen; tief ein- und ausatmen; ein tiefes Rot; eine tiefe Stimme
Großschreibung bei Nominalisierung:
- etwas aufs (auf das) **T**iefste (= tiefste; mit der Frage *Wie?*) bedauern R→ S. 892, 2.2

Schreibung mit Verben:
Getrenntschreibung bei wörtlicher Bedeutung:
- tief atmen
- tief empfinden
- wenn die Schwalben tief fliegen

Zusammenschreibung bei übertragener Bedeutung und in untrennbaren Zusammensetzungen:
- tieffliegen *(im Tiefflug)*
- tiefkühlen; tiefgekühlt
- tiefstapeln *(untertreiben)*
- tieftauchen *(ab 30 Metern Tiefe)*
- tiefgefrieren; tiefgefrorenes Gemüse R→ S. 900, 1.5.1

Schreibung mit Adjektiven/Partizipien:
Zusammenschreibung, wenn „tief" die Bedeutung des folgenden Adjektivs verstärkt:
- tiefblau
- tiefernst
- tiefsinnig
- tieftraurig R→ S. 903, 2.1.6

Getrennt- und Zusammenschreibung in Verbindung mit adjektivisch gebrauchten Partizipien:
- ein tief ausgeschnittenes (= tiefausgeschnittenes) Kleid
- tief betrauert = tiefbetrauert
- tief bewegt (= tiefbewegt) Abschied nehmen
- tief empfunden = tiefempfunden
- tief erschütterte (= tieferschütterte) Zuschauer
- jemandem das tief gefühlte (= tiefgefühlte) Beileid aussprechen
- ein tief gehender (= tiefgehender) Zwiespalt
- tief liegende (= tiefliegende) Augen
- tief schürfende (= tiefschürfende) Gedanken *(nicht oberflächliche)*
- tief verschneite (= tiefverschneite) Hänge
- die tief stehende (= tiefstehende) Sonne R→ S. 903, 2.2.1

Tief das, -s/-s (Met.): *Gebiet mit niedrigem Luftdruck* | sich in einem [seelischen] T. befinden; → G.: Hoch || **tief aus|ge|schnit|ten** = **tief|aus|ge|schnit|ten** || **Tief|bau** der, -[e]s: *Kanalbau, Straßenbau uÄ* || **tief be|trau|ert** = **tief|be|trau|ert** || **tief be|wegt** = **tief|be|wegt** || **tief|blau:** *dunkelblau* || **Tief|druck** der, -[e]s (Druckw.): *ein Druckverfahren* | (mit Pl. -e) *im T. hergestellter Abzug* | (Met.) *niedriger Luftdruck* || **Tief|druck|ge|biet** (Met.) || **Tief|druck|rin|ne** (Met.): *schmale, meist langgestreckte Zone niederen Luftdrucks* || **Tief|druck|wet|ter** das, -s: *Wettergebiet mit niedrigem Luftdruck* || **Tie|fe** die, -/-n: die T. eines Kanalschachts; die T. eines Kastens *(seine Ausdehnung nach hinten);* aus der T. des Waldes || **Tief|ebe|ne:** *tief gelegene Ebene;* → G.: Hochebene || **tief emp|fun|den** = **tief|emp|fun|den** || **Tie|fen|ge|stein** || **Tie|fen|mes|sung** || **Tie|fen|psy|cho|lo|gie** [-psy-]: *eine psychologische Richtung, die sich bes. mit dem Unbewussten befasst* || **Tie|fen|schär|fe:** *Schärfentiefe* || **Tie|fen|wir|kung:** *Wirkung in die Tiefe* | *Effekt räumlicher Tiefe* || **tief|ernst:** *sehr ernst* || **tief er|schüt|tert** = **tief|er|schüt|tert** || **tief|flie|gen:** *im Tiefflug fliegen* || **Tief|flie|ger** || **Tief|flug** || **Tief|gang:** *Eintauchtiefe [von Schiffen]* || **Tief|ga|ra|ge** [-aːʃ, -ʒɛ]: *unterirdische Garage* || **tief|ge|frie|ren:** *tiefkühlen;* tiefgefrorene Fertiggerichte || **tief ge|fühlt** = **tief|ge|fühlt** || **tief ge|hend** = **tief|ge|hend** || **tief|ge|kühlt** → tiefkühlen || **Tief|ge|schoß,** *auch:* **Tief|ge|schoss** || **tief|grün|dig:** eine tiefgründige *(tiefschürfende)* philosophische Studie || **tief|küh|len:** *tiefgefrieren* || **Tief|kühl|fach** || **Tief|kühl|schrank** || **Tief|kühl|tru|he** || **Tief|la|der** der, -s/-: *Fahrzeug mit tief liegender Ladefläche* || **Tief|land:** *niedrig gelegenes Flachland* || **tief lie|gend** = **tief|lie|gend** || **Tief|par|ter|re** [-tɛr] → Hochparterre || **Tief|punkt:** sich auf einem T. befinden *(niedergeschlagen, erfolglos sein)* || **Tief|schlaf** || **Tief|schlag** (im Boxkampf): *ein unerlaubter Schlag* || **Tief|schnee** || **Tief|schnee|fah|ren** das, -s || **tief schür|fend** = **tief|schür|fend** || **tief|schwarz** || **Tief|see:** *das Meer in mehr als 200 m Tiefe* || **Tief|see|fisch** || **Tief|see|for|schung** || **Tief|sinn** || **tief|sin|nig** (geh.): ein tiefsinniges *(gedankenreiches)* Gleichnis || **Tief|stand** der, -[e]s || **tief|sta|peln:** *untertreiben;* → G.: hochstapeln || **tief ste|hend** = **tief|ste|hend** || **Tiefst|preis** || **Tiefst|stand** || **tief|tau|chen** (nur Inf. und Part.) (Sport): *tauchen ab 30 Metern Tiefe; aber:* [mehrere Meter] tief tauchen || **Tief|tau|chen** das, -s (Sport) || **tief|trau|rig** || **tief ver|schneit** = **tief|ver|schneit**
Tie|gel der, -s/-: *flaches, rundes Gefäß;* Schmelztiegel
Tier das, -[e]s/-e: Tiere halten; er benimmt sich wie ein T. *(roh, triebhaft)* | (ugs.) ein großes/hohes T. *(eine prominente, hohe Persönlichkeit)* || **Tier|art** (Zool.) || **Tier|arzt:** *Veterinär* || **Tier|ärz|tin** || **tier|ärzt|lich:** das tierärztliche Studium || **Tier|bän|di|ger** der, -s/-: *Dompteur* || **Tier|bän|di|ge|rin** die, -/-innen: *Dompteuse* || **Tier|buch** || **Tier|fa|bel** || **Tier|fang** || **Tier|freund** || **Tier|freun|din** || **Tier|fried|hof** || **Tier|gar|ten:** *Zoo; Wildgehege* || **Tier|ge|schich|te** || **Tier|ge|stalt** || **tier|haft:** *animalisch* || **Tier|hal|ter:** *jemand, der ein Tier besitzt, hält* || **Tier|hal|te|rin** || **Tier|hal|tung:** artgerechte T. || **Tier|hand|lung** || **Tier|heil|kun|de:** *Tiermedizin* || **Tier|heim:** *Unterkunft bes. für [herrenlose] Hunde und Katzen* || **tie|risch:** tierische Fette | (sal.) *besonders groß, sehr;* mit tierischem Ernst || **Tier|kli|nik** || **Tier|koh|le:** *ein Heilmittel* || **Tier|kör|per|be|sei|ti|gung** || **Tier|kör|per|ver|wer|tung** || **Tier|kreis:** *die scheinbare Bahn der Sonne am Himmel, in der die zwölf Tierkreiszeichen liegen* || **Tier|kreis|zei|chen:** *Sternbild im Tierkreis, zB Stier, Zwillinge, Waage* || **Tier|kun|de:** *Zoologie* ||

T

tierlieb || **Tierliebe** || **tierliebend** || **Tiermedizin:** *Veterinärmedizin* || **Tiermehl:** *ein (in Österreich verbotener) Futterzusatz* || **Tiernahrung** || **Tierpark:** *Zoo* || **Tierpfleger** || **Tierpflegerin** || **Tierquäler** der, -s/- || **Tierquälerei** || **Tierquälerin** die, -/-innen || **Tierreich:** *Fauna, Tierwelt [eines Lebensraumes]* || **Tierrettung** || **Tierschutz:** *gesetzliche Bestimmungen zum Schutz von Tieren* || **Tierschützer** der, -s/- || **Tierschützerin** die, -/-innen || **Tierschutzheim** || **Tierschutzombudsstelle** || **Tierschutzorganisation** || **Tierschutzverein** || **Tierstimmenimitator:** *Nachahmer von Tierlauten* || **Tierstimmenimitatorin** || **Tierstreu:** *Einstreu für [Klein-]tierhaltung* || **Tiertransport** || **Tiertransportgesetz** || **Tierversuch** (Med.): *wissenschaftliches Experiment mit lebenden Tieren* || **Tierwärter** || **Tierwärterin** || **Tierwelt** die, -: *Fauna* || **Tierzucht** || **Tierzüchter** || **Tierzüchterin**

Tiflis (georgisch: Tbilissi): *Hauptstadt Georgiens*

Tiger

der, -s/-: *eine Großkatze*
Zur Wortbildung: Tiger dient als Grundwort für saloppe Bezeichnungen für eine Person, die das mit dem Bestimmungswort Bezeichnete entweder gern isst oder gern besucht, zB *Mehlspeistiger, Partytiger.*

Tigerin die, -/-innen || **Tigerauge:** *ein Schmuckstein* || **tigern** (ugs.): *marschieren, eilen;* → getigert

Tigris der, -: *Strom in Vorderasien (Türkei, Irak)*

Tilde die, -/-n ⟨span.⟩: *ein Aussprachezeichen, unter anderem für Nasalierung, zB ã* | *ein Wiederholungszeichen*

tilgen: *auslöschen;* eine Schuld t. *(sie zurückzahlen)*; eine Strafe t. *(sie aus den Akten streichen)* || **Tilgung** die, -/-en || **Tilgungszeichen:** *Deleatur*

Tilsiter der, -s/-: *ein Käse (nach der Stadt Tilsit)*

Tim: *männl. Vorname*

Timbre [tɛ̃:bə, -br] das, -s/-s ⟨fr.⟩: *Klangfarbe;* ein Tenor von hellem T. || **timbrieren:** *eine [andere] Klangfarbe geben*

Timelag ['taɪmlæg] der, -s/-s ⟨engl.⟩ (fachspr., zB Wirt.): *Verzögerungseffekt, Zeitverzögerung zwischen Aktion und Wirkung* || **timen:** *zeitlich richtig einteilen, planen* || **Time-out** [-aut] das, -s/-s (Sport): *Spielunterbrechung* || **Timesharing** [-ʃeər-]: *Kauf von befristetem Wohnrecht in Urlaubsquartieren* || **Timing** das, -s/-s: *die Festsetzung des [günstigen] Zeitpunktes bzw. Ablaufes*

Timmelsjoch: *ein Pass zwischen Süd- und Nordtirol*

Timothee das, -s ⟨engl.⟩: *ein Futtergras* || **Timotheegras**

Tina: *weibl. Vorname (Christina, Bettina, Martina uÄ)*

tingeln, ich tingle (abw.): *[als Künstler] von einem Ort zum anderen ziehen* || **Tingeltangel** das, -s/- (abw.): *Vergnügungsstätte mit minderwertigen Darbietungen*

Tinktur die, -/-en ⟨lat.⟩: *flüssiger [alkoholischer] Auszug aus pflanzlichen oder tierischen Stoffen;* Jodtinktur

Tinnef der, -s ⟨hebr.-jidd.⟩ (ostöst., veraltet, abw.): *wertloses Zeug;* einen T. *(nichts)* haben

Tinnitus [fachspr. auch: -'niː-] der, - ⟨lat.⟩ (Med.): *eine Ohrenerkrankung, bei der ständig Geräusche (ohne tatsächliche äußere Schallquelle) wahrgenommen werden*

Tinte die, -/-n: mit roter T. schreiben | (ugs.) in der T. sitzen *(in einer peinlichen Lage sein)* || **Tintenburg** (meist scherzh.): *großes Amtsgebäude, Bürogebäude* || **Tintenfass** || **Tintenfisch:** *ein Meerestier* || **Tintenfleck** der, -[e]s/-e[n] || **Tintenlöscher** || **Tintenkiller** || **Tintenpatrone** || **Tintenpatzen** (ugs.) || **Tintentod:** *Tintenlöscher*

Tipi das, -s/-s ⟨indian.⟩: *Zelt der amerikanischen Ureinwohner*

Tipp der, -s/-s ⟨engl.⟩: jemandem einen guten T. *(Wink, Rat)* geben | (Lotto, Toto) *vorhergesagtes Gewinnergebnis;* → tippen[1]

Tippel → Dippel || **Tippelbruder:** *Sandler, Landstreicher* || **tippeln,** ich tipple (reg.): *mühselig zu Fuß gehen*

tippen[1]: auf ein Pferd t. *(wetten);* → Tipp

tippen[2]: jemandem auf die Schulter t. *(klopfen)* | einen Brief t. *(mit der Schreibmaschine schreiben)* || **Tippfehler:** beim Schreiben auf dem Computer einen T. machen || **Tippkolonne:** *Zahlenreihe auf einem Wettschein*

Tippler der, -s/- (reg., ugs., veraltend): *Herumstreuner, Sandler* || **Tipplerin** die, -/-innen (reg., ugs., veraltend)

Tippschein || **Tippse** die, -/-n (D, ugs., abw.): *Schreibkraft*

tipptopp (ugs.) ⟨engl.⟩: *sehr fein; erstklassig; tadellos*

Tir.: Tirol

Tirade die, -/-n ⟨it.-fr.⟩ (geh.): *Wortschwall*

Tiramisu das, -s/-s ⟨it.⟩: *eine italienische Süßspeise aus Biskotten, Kaffee ua.*

Tirana: *Hauptstadt Albaniens*

tirilieren: die tirilierende *(singende, trillernde)* Lerche

Tirol (T, Tir.): *ein österreichisches Bundesland;* nach (reg. bzw. CH auch: ins) T. fahren; → Tyrolia || **Tirolense** das, -[s]/Tirolensia: *spezifische Tiroler Eigenart, Erscheinung* | *spezifische Publikation zum Thema Tirol* || **Tiroler**[1] (Adj.): die T. Landesregierung; T. Mundarten || **Tiroler**[2] der, -s/- || **Tiroler Gröstel = Tiroler Gröstl** || **Tirolerhut:** *ein Trachtenhut* || **Tirolerin** die, -/-innen || **tirolerisch** || **tirolisch** (veraltet): *tirolerisch*

Tirtl das, -s/-en, *auch:* Türtl (meist Pl.) (westöst., SüdT): *flaches, rundes Gebäck aus gefüllten Teigplättchen*

Tisch der, -[e]s/-e: am/beim T. sitzen; den T. decken; reinen T. machen *(nichts ungeklärt lassen);* das ist vom T. *(ist erledigt);* etwas am runden T. *(mit gleichberechtigten Personen)* klären; etwas am grünen T. *(ohne ausreichende Berücksichtigung der tatsächlichen Verhältnisse)* beschließen; zwei Konkurrenten an einen T. bringen *(zu gemeinsamen Gesprächen, Verhandlungen bewegen);* dieses Argument ist unter den T. gefallen *(nicht berücksichtigt worden);* von T. und Bett *(als Ehepaar)* getrennt | bei T. *(beim Essen)* sein; zu Tisch[e] *(zum Essen)* gehen; vor T. *(vor dem Essen);* zu Tisch[e] laden *(zum Essen einladen)* || **Tischbein** || **Tischdame:** *[rechte] Tischnachbarin eines Herrn* || **Tischdecke** || **Tischfuß** || **Tischgebet:** *Gebet vor bzw. nach dem Essen* || **Tischgesellschaft** || **Tischgespräch** ||

T

Tisch|herr → Tischdame ‖ **Tisch|kan|te** ‖ **Tisch|kärt|chen:** *Tischkarte* ‖ **Tisch|kar|te:** *bei festlichen Essen Namenskärtchen auf dem betreffenden Platz* ‖ **Tisch|kul|tur** ‖ **Tisch|la|de** ‖ **Tisch|lam|pe** ‖ **Tisch|läu|fer:** *längliche Zierdecke, die nur den mittleren Teil einer Tischplatte bedeckt* ‖ **Tisch|lein|deck|dich** das, -[s]: *Möglichkeit, mühelos in Saus und Braus leben zu können (wie im Märchen)* ‖ **Tisch|ler** der, -s/-: *ein Handwerker* ‖ **Tisch|le|rei** die, -/-en ‖ **Tisch|le|rin** die, -/-innen ‖ **tisch|lern** ‖ **Tisch|ler|werk|statt** ‖ **Tisch|ma|nie|ren** die (Pl.): *Tischkultur, Benehmen bei Tisch* ‖ **Tisch|nach|bar:** *Sitznachbar bei Tisch* ‖ **Tisch|nach|ba|rin** ‖ **Tisch|ord|nung:** *Sitzordnung* ‖ **Tisch|plat|te** ‖ **Tisch|re|chaud** [-ʃoː]: *kleines Gerät zum Warmhalten von Speisen oder Getränken* ‖ **Tisch|re|de** ‖ **Tisch|schmuck** ‖ **Tisch|sit|te** (meist Pl.): *Tischmanieren* ‖ **Tisch|ten|nis:** *eine Sportart, Pingpong;* T. spielen ‖ **Tisch|ten|nis|ball** ‖ **Tisch|ten|nis|schlä|ger** ‖ **Tisch|tuch** das, -[e]s/-tücher ‖ **Tisch|vor|la|ge** (bes. D): *Hand-out* ‖ **Tisch|wä|sche** ‖ **Tisch|wein:** *leichter Wein | Gratiswein [in einem Lokal]*

Ti|tan[1] der, -en/-en: *riesenhafter Gott der griechischen Mythologie | Mensch von ungeheurer Körper- oder Geisteskraft* ‖ **Ti|tan**[2] das, -s (Zeichen: Ti): *ein chemisches Element;* eine Brillenfassung aus T. ‖ **ti|ta|nen|haft** ‖ **ti|ta|nisch**

Ti|tel der, -s/- ⟨lat.⟩: *Bezeichnung für Rang, abgeschlossene Ausbildung, Stand, besondere Leistung uÄ* | der T. *(Name)* des Buchs | (Jus) *Urteil, Bescheid, Beschluss uÄ;* Rechtstitel ‖ **Ti|tel|an|wär|ter** (Sport): der vorjährige Meister ist wieder T. ‖ **Ti|tel|an|wär|te|rin** ‖ **Ti|tel|bild** ‖ **Ti|tel|blatt:** *Seite in einem Buch, die den Titel uÄ anführt* ‖ **Ti|tel|ge|schich|te:** *auf der Titelseite [einer Zeitung] angekündigter Beitrag* ‖ **Ti|tel|ge|stalt:** *Figur in einem Film oÄ, nach der auch das Werk benannt ist* ‖ **Ti|tel|held** ‖ **Ti|tel|hel|din** ‖ **Ti|tel|kampf** (Sport) ‖ **ti|tel|los:** *ohne Titel* | (Jus) etwas t. *(ohne Berechtigung, ohne Rechtsgrund)* besitzen/benutzen ‖ **ti|teln:** *als Schlagzeile führen* ‖ **Ti|tel|rol|le:** *Titelgestalt* ‖ **Ti|tel|sei|te:** *erste Seite einer Zeitung oÄ* ‖ **Ti|tel|song:** *Liedtitel, nach dem ein Album benannt ist* ‖ **Ti|tel|sucht** (abw.): *übertriebenes Sammeln von Titeln und Ämtern* ‖ **Ti|tel|trä|ger** ‖ **Ti|tel|trä|ge|rin** ‖ **Ti|tel|ver|tei|di|ger** (Sport) ‖ **Ti|tel|ver|tei|di|ge|rin** (Sport)

Ti|ter der, -s/- ⟨lat.-fr.⟩: *Maß- und Größeneinheit [in der Labortechnik] | Konzentrationsangabe [in der Medizin]* ‖ **Ti|ter|be|stim|mung** (Med.): *Ermittlung der noch vorhandenen Wirksamkeit eines Impfschutzes oÄ*

Ti|tu|lar|bi|schof ⟨lat.⟩ (kath.): *mit dem Bischofstitel ausgezeichneter Geistlicher, der aber kein Bischofsamt ausübt* ‖ **ti|tu|lie|ren:** jemanden richtig t. *(mit richtigem Titel anreden)*

tit|schen (mda., reg., bes. K, St): *tutschen*

Ti|tus: *männl. Vorname*

Ti|xo das, -s/-s (Wz.): *ein durchsichtiger Klebestreifen*

tja: *Ausruf der Unsicherheit, Nachdenklichkeit*

Tl: Thallium

Tm: Thulium

TNT [te ɛn ˈteː] das, -: **Tri**nitro**t**oluol

Toast [toːst, engl.: təʊst] der, -[e]s/-e [-s] ⟨engl.⟩: *geröstete Weißbrotschnitte | Trinkspruch* ‖ **Toast|brot:** *Weißbrot zum Toasten* ‖ **toas|ten:** *[Brot] rösten | einen Trinkspruch ausbringen* ‖ **Toas|ter** der, -s/-: *Gerät zum Toasten* ‖ **Toast|schin|ken**

To|bel der, -s/- (reg. bzw. Geogr.): *Waldschlucht*

to|ben: *rasen, wüten;* ein tobender Sturm | *herumtollen*

To|bi|as: *männl. Vorname*

Tob|sucht die, - ‖ **tob|süch|tig** ‖ **Tob|suchts|an|fall:** *unkontrollierter Wutausbruch*

Toc|ca|ta [-k-] = → Tokkata

Toch|ter die, -/Töchter: Sohn und T. haben; die leibliche T. | (veraltet) eine natürliche *(nicht eheliche)* T. | (geh.) Ihre Frau T. | *Kurzwort für Tochterfirma* ‖ **Toch|ter|fir|ma** (Wirt.): *Zweigfirma, Tochter* ‖ **Toch|ter|ge|sell|schaft** (Wirt.): *zur Muttergesellschaft gehörendes Unternehmen*

To|cke die, -/-n, *auch:* Docke (reg., bes. K, mda.): *Puppe*

To|cker → Docker

Tod

der, -[e]s/-e: *Aufhören des Lebens;* einen qualvollen Tod erleiden; der Tod trat um 23 Uhr ein; sie starb eines natürlichen (G.: gewaltsamen) Todes; zum Tode verurteilt sein; ein Wagnis mit dem Tod bezahlen müssen; den Tod finden *(sterben)*; er ist bei einem Skiunfall zu Tode gekommen; dem Tod ins Auge sehen *(in Lebensgefahr sein)*; mit dem Tod[e] ringen *(in Lebensgefahr schweben)*; zu Tode betrübt/erschrocken; der schwarze (auch: Schwarze) Tod *(die Pest)*; der weiße (auch: Weiße) Tod *(Tod durch Lawinen)*; → tot

Zusammensetzungen mit „tod-/tot-“:
Die Schreibung mit *d* (tod-/Tod-) geht auf das Bestimmungswort „Tod“ zurück, zB:
– todgeweiht *(dem Tod geweiht)*
– Todesangst
– todesmutig
In anderen Fällen wirkt „tod-“ bedeutungsverstärkend, zB:
– todblass
– todernst
– todkrank R→ S. 903, 2.1.6
Der Schreibung mit *-t* (tot-/Tot-) liegt als Bestimmungswort das Adjektiv „tot“ zu Grunde, zB:
– sich totärgern
– jemanden totschlagen; Totschlag
– tottrampeln

tod|blass ‖ **tod|bleich** ‖ **tod|brin|gend** (geh.) ‖ **tod|chic** [-ʃik] (sal.): *sehr fesch;* → chick ‖ **tod|elend** ‖ **tod|ernst** ‖ **To|des|ah|nung** ‖ **To|des|angst** ‖ **To|des|an|zei|ge:** *Parte* ‖ **To|des|da|tum** ‖ **To|des|er|klä|rung:** *amtliche Mitteilung, die einen Verschollenen für tot erklärt* ‖ **To|des|fall** ‖ **To|des|fol|ge** die, - (Jus): eine Straftat mit T. ‖ **To|des|furcht** ‖ **To|des|ge|fahr:** in T. schweben ‖ **To|des|jahr:** *Sterbejahr* ‖ **To|des|kampf:** *das Ringen mit dem Tod* ‖ **To|des|kan|di|dat:** *jemand, dessen Leben sehr gefährdet ist* ‖ **To|des|kan|di|da|tin** ‖ **To|des|la|ger:** *Vernichtungslager;* → KZ ‖ **To|des|marsch:** *[Häftlingen, Kriegsgefangenen] aufgezwungener Marsch, den kaum jemand überlebt* ‖ **To|des|mut** ‖ **to|des|mu|tig** ‖ **To|des|nach|richt** ‖ **To|des|op|fer** ‖ **To|des|ra|te:** die T. bei Aids ‖ **To|des|schrei** ‖ **To|des|schüt|ze:** *Mann, der jemanden erschossen hat* ‖ **To|des|schüt|zin** ‖ **To|des|schwa|d|ron:** *[militärische, poli-*

T

zeiähnliche] Terrororganisation [im Dienst eines Regimes] ‖ **Todessehnsucht** ‖ **Todesstoß:** jemandem den T. versetzen *(jemanden töten)* ‖ **Todesstrafe** ‖ **Todesstunde** ‖ **Todestag:** *Sterbetag* ‖ **Todesursache** ‖ **Todesurteil** ‖ **Todesverachtung:** *Unerschrockenheit gegenüber dem Tod;* etwas mit T. *(sehr ungern)* essen ‖ **Todeszeit** ‖ **Todeszelle:** *Zelle für zum Tod Verurteilte* ‖ **Todeszone** ‖ **Todfallsaufnahme** (Amtsspr.): *Aufnahme der Daten von Verstorbenen, Hinterbliebenen und Erben durch den Notar im Verlassenschaftsverfahren* ‖ **todfeind** (geh.): jemandem t. sein (Frage *Wie?*); *aber:* → Todfeind ‖ **Todfeind:** er war sein T.; *aber:* jemandem **t**odfeind sein ‖ **Todfeindin** ‖ **todgeweiht** ‖ **todkrank** ‖ **todlangweilig** ‖ **tödlich:** ein tödlicher Unfall | jemanden t. *(sehr, bes. stark)* beleidigen ‖ **todmüd** = **todmüde**

To-do [tə'du:] das, -s/-s (meist Pl.) ⟨engl.⟩: *noch zu erledigender Punkt [der Tagesordnung]* ‖ **To-do-Liste**

todschick (sal.): *sehr schick;* → chick ‖ **todsicher:** *ganz sicher, zweifellos* ‖ **Todsünde:** *schwere Sünde* ‖ **todtraurig** ‖ **todunglücklich**

Toeloop ['təulup, auch: 'tu:-] = **Toe-Loop** der, -s/-s ⟨engl.⟩ (Sport): *ein Sprung im Eiskunstlauf*

Töffler der, -s/-: *ein Holzpantoffel*

Tofu der, -s/-s ⟨jap.⟩: *ein Sojaprodukt, Bohnenkäse*

Toga die, -/Togen ⟨lat.⟩: *Obergewand der Männer im alten Rom*

to go [tə 'gəʊ] ⟨engl.⟩: *zum Mitnehmen;* Coffee (['kɔfi] *[heißer] Kaffee)* to go

Tohuwabohu das, -[s]/-s ⟨hebr.⟩: *Durcheinander, Wirrwarr, Chaos*

Toilette [tọa'lɛt(ɛ)]

die, -/-n ⟨fr.⟩: WC *[mit Waschgelegenheit]* | *festliche [Damen]kleidung;* Toilette machen *(sich festlich, schön kleiden)*

Zusammensetzungen mit „Toilette-“ werden in Österreich auch ohne Fugen-n gebildet (das e in der Fuge wird aber nicht gesprochen), zB *Toiletteartikel, Toilettepapier, Toilettetasche,* in Deutschland meist nur mit Fugen-n, zB *Toilettenpapier.*

Toiletteartikel [-lɛt.ar-] = Toilettenartikel ‖ **Toilettebürste** = Toilettenbürste ‖ **Toilettefrau** = Toilettenfrau: *Aufseherin in einer WC-Anlage* ‖ **Toilettenartikel** = Toiletteartikel ‖ **Toilettenbürste** = Toilettebürste ‖ **Toilettenfrau** = Toilettefrau ‖ **Toilettenpapier** = Toilettepapier: *Klosettpapier* ‖ **Toilettenseife** = Toiletteseife ‖ **Toilettentasche** = Toilettetasche ‖ **Toilettentisch** = Toilettetisch: *Tisch fürs Ankleiden und Frisieren*

toi, toi, toi: *Ausruf, der jemandem Glück bringen soll*

Tokaier [auch: -'o-] = **Tokajer** der, -s/- ⟨ung.⟩: *ein ungarischer [süßer] Wein*

Token ['təʊ-] das, -s/-[s] ⟨engl.⟩ (EDV): *Zeichen[folge] zur Identifizierung in einem Netzwerk* | *Schlüssel für den Zugriff auf Systemressourcen* | *Wort in seiner Vorkommenshäufigkeit*

Tokio, *auch:* Tokyo: *Hauptstadt von Japan*

Tokkata = Toccata [-k-] die, -/Tokkaten ⟨it.⟩: *ein Musikstück*

Tokyo → Tokio

Tolar der, -s/-s ⟨dt.-slowen.⟩: *frühere Geldeinheit in Slowenien*

tolerabel ⟨lat.⟩: ein tolerabler *(erträglicher)* Fehler; → G.: intolerabel ‖ **tolerant:** *nachsichtig; weitherzig; duldsam;* → G.: intolerant ‖ **Toleranz** die, -: *Duldung;* → G.: Intoleranz | *Duldsamkeit* | (Med.) *erträgliches Maß an einzunehmenden Medikamenten* | (mit Pl. -en) *zulässige Abweichung von der Norm [bei den Maßen von Maschinenteilen]* ‖ **Toleranzgrenze** ‖ **Toleranzsemester:** *über die Mindeststudiendauer reichender Spielraum für den Anspruch auf Studien- und Familienbeihilfe* ‖ **tolerieren:** *erlauben; nachsichtig dulden;* bestimmte Grenzwerte t. ‖ **Tolerierung** die, -/-en

toll: *ausgelassen, übermütig;* tolle Streiche; es t. treiben | (sal.) *großartig* | *an Tollwut erkrankt;* ein toller *(tollwütiger)* Hund | (veraltet) *geistesgestört* ‖ **tolldreist** (geh.): *übermütig, frech* ‖ **tollen:** tollende *(ausgelassen lärmende, wild herumlaufende)* Kinder ‖ **Tollerei** die, -/-en: aus Jux und T. *(willkürlich)* ‖ **Tollhaus** (veraltet): *Irrenhaus* ‖ **Tollheit** die, -/-en: *Narrheit* ‖ **Tollkirsche:** *eine Giftpflanze* ‖ **tollkühn:** *besonders wagemutig* ‖ **Tollkühnheit**

Tollpatsch der, -[e]s/-e ⟨ung.⟩: *ungeschickter Mensch* ‖ **tollpatschig**

Tollwut (Med.): *eine Krankheit* ‖ **tollwütig** (Med.): *an Tollwut erkrankt*

Tölpel der, -s/- (abw.): *plumper, ungeschickter Mensch; Dummkopf* | (Zool.) *ein Meeresvogel* ‖ **tölpelhaft** (abw.) ‖ **Tölpelhaftigkeit** die, - (abw.) ‖ **tölpisch** (abw.): *tölpelhaft*

Tom[1]: *männl. Vorname (Thomas)*

Tom[2] = Tomtom = Tom-Tom das, -s/-s ⟨singhalesisch-engl.⟩: *kleine Trommel*

Tomahawk [-ha:k, auch: -hɔ:k] der, -s/-s ⟨indian.-engl.⟩: *Streitaxt der Indianer*

Tomate die, -/-n ⟨indian.-span.⟩: *ein Gemüse, Paradeiser* ‖ **Tomatenketchup** [-tʃap] = **Tomatenketschup** [-tʃap] ‖ **Tomatenmark** ‖ **Tomatensaft**

Tombak der, -s ⟨Sanskrit-mal.-niederl.⟩: *eine Legierung aus Kupfer und Zink*

Tombola die, -/-s ⟨it.⟩: *ein Lotteriespiel; Verlosung von Gegenständen [bei Festen]*

Tommerl der (auch: das), -s/-[n] (St, K): *ein Pfannengericht;* Bluttommerl

Tomografie = **Tomographie** [-f-] die, - ⟨gr.⟩ (Med.): *radiologisches Verfahren mit Schichtaufnahmen;* Computertomografie (CT)

Tomtom = **Tom-Tom** = → Tom[2]

Ton[1] der, -[e]s/-e: *ein Gefäß aus Ton*

Ton[2] der, -[e]s/Töne ⟨gr.-lat.⟩: einen Ton rein singen; vor Ehrfurcht keinen Ton herausbringen; der Ton macht die Musik *(die Art, wie man spricht, ist ausschlaggebend);* sie gibt den Ton an *(bestimmt, was zu geschehen hat);* der Film wurde in den höchsten Tönen gelobt | der Ton seiner Begrüßungsrede war unfreundlich; einen anderen Ton anschlagen *(zur Strenge übergehen)* | Farbton; Ton in Ton *(in verschieden hellen Abstufungen einer Farbe)* gemustert | (ohne Pl.) der gute Ton *(das feine Benehmen)* ‖ **Tonabnehmer** der, -s/-: *Teil des Plattenspielers* ‖ **tonal** (Mus.): *auf eine Grundtonart [einen Grundton] bezogen;* → G.: atonal ‖ **Tonalität** die, - ‖ **ton-**

T

angebend: *maßgebend* ‖ **Tonart** (Mus.): die T. c-Moll | *Art, wie man etwas äußert* ‖ **Tonaufnahme** ‖ **Tonband:** eine Diskussion auf T. aufzeichnen ‖ **Tonbandaufnahme** ‖ **Tonbanddienst** ‖ **Tonbandgerät:** *Magnetophon* ‖ **Tonblende:** *Obertonregler* ‖ **Tondichter** (veraltet, geh.): *Komponist* ‖ **Tondichterin** (veraltet, geh.) ‖ **Tondichtung:** *sinfonische Dichtung* ‖ **Tondokument:** *historische Schallplattenaufnahme uÄ* ‖ **tönen:** eine tönende *(klingende)* Glocke | die Haare t. *(sie leicht [nach]färben)* ‖ **Toner** der, -s/- ⟨engl.⟩: *Farbpulver [für Fotokopiergeräte und Laserdrucker]*

Tonerde: essigsaure T. *(eine Lösung für Umschläge uÄ)* ‖ **tönern:** tönerne Gefäße

Tonfall der, -[e]s: mit singendem T. sprechen | *Art, wie man etwas äußert, Tonart* ‖ **Tonfilm** → G.: Stummfilm ‖ **Tongebung:** *Intonation*

Tongefäß: *Gefäß aus Ton* ‖ **tonhältig,** *auch:* tonhaltig: tonhältige Erde

Tonhöhe

Toni: *weibl. und männl. Vorname (Anton, Antonia, Antonie)*

Tonic [-k] das, -[s]/-s ⟨gr.-fr.-engl.⟩: *ein Erfrischungsgetränk*

tonig: das Bild ist t. *(wenig bunt, mit starken Hell-Dunkel-Kontrasten)* gemalt

Tonika die, -/Toniken ⟨gr.-lat.⟩ (Mus.): *Grundton einer Tonleiter* | *Dreiklang auf der ersten Stufe einer Tonleiter* ‖ **Tonikum** das, -s/Tonika (Med.): *ein Arzneimittel* ‖ **Tonkopf:** *Tonabnehmer*

Tonkrug

Tonkunst die, - (geh.): *Musik* ‖ **Tonkünstler** (veraltet): *Komponist, Musiker* | (Pl.) *Name von Orchestern;* die Niederösterreichischen T. ‖ **Tonkünstlerin** (veraltet) ‖ **Tonleiter:** *bestimmte Folge von Tönen* ‖ **tonlos:** *klanglos* ‖ **Tonmeister:** *maßgeblicher Tontechniker bei Rundfunkaufnahmen uÄ* ‖ **Tonmeisterin**

Tonnage [-'a:ʃ, -ʒɛ] die, -/-n ⟨lat.-fr.⟩: *Fassungsraum von Schiffen in Bruttoregistertonnen* ‖ **Tonne** die, -/-n: *großes zylindrisches Gefäß, Fass;* eine T. Benzin | (mit Abk. t) *eine Gewichtseinheit, 1 000 kg* ‖ **Tonnengewölbe** (Arch.): *halbzylinderförmiges Gewölbe* ‖ **Tonnenlast** ‖ **tonnenweise**

Tonqualität: die T. einer alten Aufnahme verbessern ‖ **Tonsatz** der, -es (Mus.): *die Kompositionstechnik* | (mit Pl. -sätze) *ein mehrstimmiges Musikstück* ‖ **Tonsetzer** (veraltet): *Komponist* ‖ **Tonsetzerin** (veraltet) ‖ **Tonspur:** *Streifen auf einem Film zur Tonaufzeichnung* ‖ **Tonstufe** (Mus.): *Stelle innerhalb der Tonleiter*

Tonsur die, -/-en ⟨lat.⟩ (früher): *ausrasierte Stelle auf dem Scheitel katholischer Mönche*

Tontafel: eine T. mit Schriftzeichen ‖ **Tontaube:** *Wurftaube, Wurfscheibe* ‖ **Tontaubenschießen** das, -s (Sport)

Tontechniker → Tonmeister ‖ **Tontechnikerin** ‖ **Tonträger:** *CD, Schallplatte, Tonband, Tonfilm, DVD uÄ* ‖ **Tonumfang:** eine Stimme mit großem T. ‖ **Tönung** die, -/-en: *Abstufung; Helligkeitsgrad von Farben*

Tonus der, - ⟨gr.-lat.⟩ (Med.): *Spannungszustand [der Muskeln]*

Tool [tu:l] das, -s/-s ⟨engl.⟩ (EDV): *Hilfsmittel, das die Arbeit am Computer unterstützt*

top ⟨engl.⟩ (sal.): *hervorragend;* eine top adaptierte Wohnung ‖ **Top** das, -s/-s: *ärmelloses Oberteil [in der Damenmode]* | (ohne Artikel) auf Top 14 *(auf Türnummer 14)* wohnen

TOP der, -/-: **T**ages**o**rdnungs**p**unkt; TOP 3

Topadresse ⟨engl.+fr.⟩

Topas [-'a:s, 'to:-] der, -[es]/-e ⟨gr.-lat.⟩: *ein Schmuckstein* ‖ **topasgelb**

Topf der, -[e]s/Töpfe: *Kochtopf* | *ein breites Gefäß;* Blumentopf; alles in einen T. werfen *(alles in gleicher Weise behandeln)* ‖ **Topfblume** ‖ **Töpfchen** das, -s/-: *kleiner Topf*

Topfeler der, -s/- (T): *eine Topfenspeise*

topfen: *[Pflanzen] eintopfen*

Topfen der, -s: *ein Milchprodukt* | (ugs., sal.) so ein T.! *(Blödsinn!);* → Quark ‖ **Topfenauflauf** ‖ **Topfenaufstrich** ‖ **Topfenblattln** → Topfenplattln ‖ **Topfencreme** [-kre:m] = Topfenkrem = Topfenkreme ‖ **Topfenfülle** ‖ **Topfengolatsche** → Topfenkolatsche ‖ **Topfenhaluschka** (ostöst.): *mit Topfen zubereitete Haluschka* ‖ **Topfenkas** (mda.): Topfenkäse ‖ **Topfenkäse:** *ein Brotaufstrich* ‖ **Topfenknödel** ‖ **Topfenkolatsche,** *auch:* Topfengolatsche (W, N) ‖ **Topfenkrem** = **Topfenkreme** = → Topfencreme ‖ **Topfenkuchen** ‖ **Topfenmasse** ‖ **Topfenneger** (ugs., scherzh., veraltend): *jemand, der ungebräunt [und deshalb blass] ist* ‖ **Topfennockerl** ‖ **Topfenoberstorte** ‖ **Topfenpalatschinke:** *mit Topfen gefüllte Palatschinke* ‖ **Topfenplattln** die (Pl.), *auch:* Topfenblattln: *eine Speise* ‖ **Topfenschnitte** ‖ **Topfenrahmstrudel** ‖ **Topfenstrudel:** *eine süße Mehlspeise* ‖ **Topfentascherl** (reg.) = **Topfentatschkerl** (W): *eine Mehlspeise* ‖ **Topfentorte** ‖ **Topfenumschlag:** *ein Hausmittel zB gegen Entzündungen* ‖ **Topfenwickel** (ugs.): *Topfenumschlag*

Töpfer der, -s/-: *Erzeuger von Töpfen ua. Tonwaren* ‖ **Töpferei** die, -/-en ‖ **Töpferhandwerk** ‖ **Töpferin** die, -/-innen ‖ **Töpferl** das, -s/-[n] (ugs.): *Nachtgeschirr [für Kinder]* ‖ **Töpferl** das, -s/-[n]: *kleiner Topf* ‖ **töpfern:** *Töpferarbeiten machen* ‖ **Töpferscheibe:** *Drehscheibe zur Herstellung von Töpferwaren* ‖ **Töpferware**

topfit ⟨engl.⟩ (Sport): *bes. fit; in bester körperlicher Verfassung*

Topflappen: *festes Tuch zum Angreifen heißen Kochgeschirrs*

Topform (bes. Sport): zur Olympiade in T. *(bester Form)* sein

Topfpflanze ‖ **Topfreiniger**

Topinambur der, -s/-s [-e] ⟨indian.-fr.⟩: *ein Knollengemüse und Wildfutter*

topisch ⟨gr.-lat.⟩ (Med.): *äußerlich*

topless ⟨engl.⟩: *ohne Oberteil, ohne BH* ‖ **Topmanagement** [-mænɪdʒm-]: *oberste Unternehmensführung* ‖ **Topmanager** ‖ **Topmanagerin**

Topografie = Topographie [-f-] die, -/-n ⟨gr.⟩ (Geogr.): *Ortskunde, Ortsbeschreibung* ‖ **topografisch** = **topographisch** ‖ **Topologie** die, - (Math.): *Lehre von den Eigenschaften und der Anordnung geometrischer Figuren* ‖ **topologisch** ‖ **Topos** der, -/Topoi: *ein allgemein anerkannter Begriff* | *[bereits abgegriffenes] Denk- und Ausdrucksschema*

topp ⟨?⟩: *einverstanden!; es gilt!*

toppen ⟨engl.⟩: *übertreffen;* das

T

kann kaum noch getoppt werden ‖ **Top|qua|li|tät** ‖ **top|se|c|ret:** *streng geheim* ‖ **Top|spin** [-sp-] (Sport): *eine Technik [im Tischtennis, Tennis]* ‖ **Top|star** [-st-] der, -s/-s: *bes. populärer, internationaler Star;* → Star[3] ‖ **Top Ten** die, -/-s: *die ersten zehn einer Hitparade, einer Rangliste uÄ;* → top

Tor[1] das, -[e]s/-e: *große Tür, Eingangsöffnung;* Stadttor | (Sport) im Tor stehen; ein Tor schießen | (V) *Felsendurchgang;* → Törl

Tor[2] der, -en/-en (geh.): *einfältiger Mann*

Tor|bo|gen ‖ **Tor|chan|ce** [-ʃɑ̃:s] (Sport) ‖ **Tor|dif|fe|renz** ‖ **Tor|einfahrt**

To|re|ro der, -s/-s ⟨span.⟩: *[spanischer] Stierkämpfer*

Torf der, -[e]s/-e: *in Mooren entstandene pflanzliche Substanz;* T. stechen *(Torfstücke aus dem Boden schneiden)* ‖ **tor|fig**

Tor|frau (Sport): *Torhüterin*

Torf|mull ‖ **Torf|stich** ‖ **Torf|streu**

Torg|gel [-k-] → Torkel ‖ **Törg|ge|le|kel|ler** → Torkelkeller ‖ **törggel|len** = törkelen ⟨lat.⟩ (SüdT, V): t. gehen *(zur Weinlesezeit wandern und dabei Weinkeller aufsuchen)* ‖ **Torg|gel|kel|ler** → Torkelkeller

Tor|heit die, -/-en (geh.): eine T. *(Dummheit)* begehen

Tor|hü|ter (Sport): *Tormann, Goalie* ‖ **Tor|hü|te|rin** (Sport)

tö|richt (geh.): *dumm* ‖ **Tö|rin** die, -/-innen (geh.): *weibliche Form zu Tor*[2]

tö|risch, *auch:* terisch (mda.): *schwerhörig, taub*

Tor|jä|ger (Sport): *erfolgreicher Torschütze* ‖ **Tor|jä|ge|rin**

Tor|kel die, -/-n, *auch:* Torggel [-k-] ⟨lat.⟩ (SüdT, V): *Weintraubenpresse* ‖ **tör|ke|len** = → törggelen ‖ **Tor|kel|kel|ler,** *auch:* Törggelekeller, Torggelkeller (SüdT, V): *Weinkeller [mit Presse]*

tor|ke|lig = torklig ‖ **tor|keln,** ich torkle: *unsicher gehen, taumeln* ‖ **tork|lig** = → torkelig

Törl das, -s/-[n]: *Felsendurchgang; Gebirgsübergang; [historischer] Grenzübergang*

Tor|lauf (Sport): *Rennstrecke mit Stangen oder Toren* ‖ **Tor|li|nie** [-iɛ] (Sport) ‖ **tor|los** (Sport): das Match blieb t. ‖ **Tor|mann** (Sport)

Törn der, -s/-s ⟨gr.-fr.-engl.⟩ (Seemannsspr., Sport): *Ausfahrt mit einem Segelboot*

Tor|na|do der, -s/-s ⟨span.-engl.⟩: *ein Wirbelsturm in Nordamerika | ein Segelboot*

Tor|nis|ter der, -s/- ⟨gr.-slaw.⟩: *[kantiger] Rucksack*

Tor|out [-aʊt] (Sport); im T. *(hinter der Torlinie)* ‖ **Tor|out|li|nie** [-iɛ] (Sport)

tor|pe|die|ren ⟨lat.⟩ (Mil.): *mit einem Torpedo beschießen* | ein Vorhaben t. *(es durchkreuzen)* ‖ **Tor|pe|die|rung** die, -/-en ‖ **Torpe|do** der = das, -s/-s (Mil.): *ein Unterwassergeschoß mit eigenem Antrieb* ‖ **Tor|pe|do|boot** (früher) (Mil.)

Tor|pfos|ten ‖ **Tor|raub** (Sport): *schweres Foul in aussichtsreicher Torsituation* ‖ **Tor|raum** (Sport) ‖ **Tor|schluss** der, -es: gerade noch vor T. *(in letzter Minute)* kommen ‖ **Tor|schluss|pa|nik:** *Angst, eine letzte Gelegenheit zu versäumen* ‖ **Tor|schüt|ze** (Sport): *Spieler, der ein Tor geschossen hat* ‖ **Tor|schüt|zin** (Sport) ‖ **Tor|stange**

Tor|si|on die, -/-en ⟨lat.⟩ (Med.): *Verdrehung, Verrenkung*

Tor|so der, -s/-s [Torsi] ⟨gr.-lat.-it.⟩: *unvollendete oder verstümmelte Statue, Rumpf ohne Kopf, ohne Gliedmaßen; unvollendetes Werk | Bruchstück*

Tort der, -[e]s ⟨it.-fr.⟩ (geh.): jemandem einen T. antun *(jemanden kränken, quälen)*

Tor|te die, -/-n ⟨it.⟩: zum Geburtstag eine Torte backen ‖ **Tor|te|lett** [-tl-] das, -s/-s = **Tor|te|let|te** [-t(ɛ)lɛt(ɛ)] die, -/-n ⟨it.-fr.⟩: *ein [kleines] Backwerk in Tortenform; Tortenboden* ‖ **Tor|tel|li|ni** die (Pl.) ⟨it.⟩: *eine italienische Teigware* ‖ **tor|ten** (ugs.): *jemanden mit einer Torte bewerfen [als Zeichen des Protests];* →Tortung ‖ **Tor|ten|bo|den:** *untere Schicht für eine Torte* ‖ **Tor|ten|diagramm:** *eine grafische Vergleichsdarstellung* ‖ **Tor|ten|heber:** *Tortenschaufel* ‖ **Tor|tenschach|tel** ‖ **Tor|ten|schau|fel** ‖ **Tor|til|la** [-'i(l)ja] die, -/-s ⟨span.⟩: *eine spanische Speise | ein Maisfladenbrot* ‖ **Tor|tung** die, -/-en (ugs.): die T. eines Politikers; → torten

Tor|tur die, -/-en ⟨lat.⟩: *Folter, Marter;* das war für mich eine T. *(eine Qual)*

Tor|wart (Sport): *Tormann* ‖ **Torwar|tin** (Sport) ‖ **Tor|wet|te:** *eine Sportwette*

to|sen: ein tosender *(stark, dumpf rauschender)* Wasserfall; tosender *(lauter, begeisterter)* Beifall

to|sisch: das tosische (= Tosi'sche) Schloss *(ein Sicherheitsschloss, benannt nach dem Schlosser Tosi)*

Tos|ka|na die, -: *eine Landschaft in Oberitalien*

tot:

ein toter Maulwurf; mehr tot als lebendig | halb tot (= halbtot) *(völlig erschöpft)* | tote *(glanzlose)* Farben | eine tote *(nicht mehr gesprochene)* Sprache; die tote Saison *(die geschäftsarme Zeit);* den toten Punkt *(Stillstand)* überwinden; eine tote *(wenig belebte)* Straße | ein toter Winkel *(nicht einsehbarer Bereich)* | (Med.) klinisch tot; → Tod

Großschreibung in Eigennamen:
- das **T**ote Gebirge (O)
- das **T**ote Meer R→ S. 895, 4.1

Getrenntschreibung:
- tot sein *(gestorben sein)*
- sich tot stellen
- tot umfallen

Zusammenschreibung bei übertragener Bedeutung, zB:
- sich totarbeiten
- sich totärgern
- sich totlachen
- sich totlaufen
- totsagen; totgesagt
- totschweigen R→ S. 900, 1.5.1

Bei „tot“ + Verb, das ein Resultat herbeiführt, gilt im Allgemeinen Zusammenschreibung, zB:
- totmachen
- totschießen
- totschlagen
- tottrampeln
- totfahren R→ S. 900, 1.5.2

Getrennt- und Zusammenschreibung mit adjektivisch gebrauchten Partizipien:
- tot geglaubt = totgeglaubt
- ein tot geborenes (= totgeborenes) Kind R→ S. 903, 2.2.1

to|tal ⟨lat.-fr.⟩: *gänzlich, völlig;* etwas t. vergessen; eine totale *(vollständige)* Mondesfinsternis | der totale *(absolute, totalitäre)* Staat | (sal.) das war t. *(sehr)* schön ‖ **To|tal|ab|ver|kauf** ‖ **Total|an|sicht:** *Gesamtansicht* ‖ **Total|aus|fall** ‖ **To|ta|le** die, -n/-n: *Kameraeinstellung, die den ganzen Schauplatz zeigt* | (auch mit Pl. -) zwei, alle Totale[n] ‖ **tota-**

T

litär (Pol.): *unbeschränkt Macht ausübend, gewaltsam reglementierend;* ein totalitärer Staat ‖ **Totalitarismus** der, - (Pol.) ‖ **Totalität** die, -: *Gesamtheit, Ganzheit* ‖ **Totalitätsanspruch** ‖ **Totalreflexion** (Phys.): *eine bestimmte Form der Reflexion* ‖ **Totalschaden**

totarbeiten sich (sal.) ‖ **totärgern** sich (sal.): *sich maßlos ärgern* ‖ **Tote**[1] der, -n/-n, ein Toter ‖ **Tote**[2] die, -n/-n

Totem das, -s/-s ⟨indian.-engl.⟩: *Ahnentier und Sippenzeichen bei Naturvölkern* ‖ **Totemismus** der, -: *Verehrung eines Totems* ‖ **totemistisch** ‖ **Totempfahl**

töten: du sollst nicht t. ‖ **Totenamt** (kath.): *Requiem, Seelenmesse* ‖ **Totenbahre:** *Bahre, auf der der Sarg während der Trauerfeier liegt* ‖ **Totenbeschau** die, -: *vorgeschriebene ärztliche Untersuchung einer Leiche* ‖ **Totenbeschauer** der, -s/- ‖ **Totenbeschauerin** die, -/-innen ‖ **Totenbett:** *Sterbebett* ‖ **totenblass** ‖ **Totenblässe** ‖ **totenbleich** ‖ **Totenbuch:** *Sterberegister* ‖ **Totenfeier** ‖ **Totengedenken** ‖ **Totenglocke:** die T. läutet *(zum Zeichen, dass jemand gestorben ist, eingesegnet oder begraben wird)* ‖ **Totengräber** der, -s/-: *ein Beruf* | (Zool.) *ein Käfer* ‖ **Totengräberin** die, -/-innen ‖ **Totenhemd** (früher): *Bekleidung für Sterbende oder Leichname* ‖ **Totenklage** ‖ **Totenkopf:** *Schädel eines Toten* | *Zeichen für Lebensgefahr, zB bei Gift* | (Zool.) *ein Schmetterling* ‖ **Totenkult:** *religiöse Verehrung der Toten* ‖ **Totenmahl:** *Leichenschmaus* ‖ **Totenmaske:** *[Gips]abguss vom Gesicht eines toten Menschen* ‖ **Totenmesse:** *Requiem* ‖ **Totenschädel** ‖ **Totenschein:** *Sterbeurkunde* ‖ **Totenstarre** (Med.): *Leichenstarre* ‖ **totenstill:** *absolut still* ‖ **Totenstille:** *tiefes Schweigen* ‖ **Totentanz** (Kunstg.): *eine allegorische Darstellung* ‖ **Totenwache** = **Totenwacht** die, -: *Wache bei einem aufgebahrten toten Menschen* ‖ **Totenwelt** (Rel.): *das Jenseits im Glauben vieler Völker* ‖ **Totenzettel** (reg.): *Sterbebild* ‖ **totfahren:** er hat die Passantin totgefahren ‖ **tot geboren** = **totgeboren** → tot ‖ **Totgeburt** ‖ **Totgeglaubte**[1] der, -n/-n, ein Totgeglaubter ‖ **Totgeglaubte**[2] die, -n/-n ‖ **Totholz** (Ökol.): *abgestorbenes Holz* ‖ **totlachen** sich (sal.): *sehr stark lachen* ‖ **totlaufen** sich: *langsam bedeutungslos werden, zu Ende gehen;* die Diskussion hat sich totgelaufen ‖ **totmachen** ‖ **Totmannschaltung** (Technik): *Sicherheitseinrichtung, bei der [vom Lokführer] regelmäßig ein Lebenszeichen gegeben werden muss*

Toto das, -s ⟨fr.⟩: *ein Wettspiel;* Sporttoto ‖ **Totoergebnis** ‖ **Totogewinn** ‖ **Totoschein** ‖ **Tototreffer**

totsagen: *das falsche Gerücht verbreiten, dass jemand tot sei;* er wurde totgesagt ‖ **totschießen** ‖ **Totschlag** der, -[e]s (Jus): *vorsätzliche Körperverletzung ohne Tötungsabsicht, aber mit tödlichem Ausgang;* Mord und T. (sal. auch für: *Streit*) ‖ **totschlagen:** das angreifende Tier t. | die Zeit t. *(sich die Zeit nutzlos oder mit Nichtstun vertreiben)* ‖ **Totschläger** ‖ **Totschlägerin** ‖ **totschweigen:** eine Sache t. *(mit Absicht nicht von ihr reden)* ‖ **tottrampeln:** in Panik wurden mehrere Personen totgetrampelt ‖ **Tötung** die, -/-en ‖ **Tötungsabsicht** ‖ **Tötungsvorsatz** (Jus): *Mordentschluss* ‖ **Totzeit** (Technik): *Zeit vom Einschalten [einer Maschine] bis zum Beginn des Arbeitsvorgangs*

Touch [tʌtʃ] der, -[e]s/-s ⟨fr.-engl.⟩: ein T. *(Hauch)* von Exotik ‖ **Touchdown** [-ˈdaʊn] der, -s/-s ⟨engl.⟩: *ein Punktegewinn im Football*

touchieren [tuʃ-] ⟨fr.⟩: *berühren, zusammenprallen*

Touchpad [ˈtʌtʃpæd] das, -s/-s ⟨engl.⟩ (EDV): *berührungsempfindliche Fläche [auf Laptops] zur Steuerung des Cursors auf dem Bildschirm* ‖ **Touchscreen** [-skriːn] (EDV): *Computerbildschirm, der auf Berührungen reagiert* ‖ **Touchscreencomputer** [-k-ˌpjuː-] ‖ **Touchscreen-PC** [-pe ˌtseː]

Toupet [tuˈpeː] das, -s/-s ⟨fr.⟩: *künstlicher Haarteil* ‖ **toupieren:** Haare t. *(die Frisur auflockern, um ihr ein volleres Aussehen zu geben)*

Tour [ˈtuːə] die, -/-en ⟨fr.⟩: eine T. *(Wanderung, Reise uÄ)* machen | in der Minute 3 000 Touren *(Umdrehungen);* auf Touren *(in Schwung)* bringen | etwas auf die sanfte T. *(Weise)* machen | (ugs.) krumme Touren *(Gaunereien);* in einer T. *(ununterbrochen)* ‖ **Tourengeher:** *jemand, der eine [geführte] Berg- oder Skiwanderung unternimmt* ‖ **Tourengeherin** ‖ **Tourenwagen** (Sport): *Serienwagen, mit dem Autorennen gefahren werden* ‖ **Tourenzahl:** *Umdrehungszahl* ‖ **Tourenzähler:** *Drehzahlmesser* ‖ **Tourismus** der, -: *Urlaubsreiseverkehr* ‖ **Tourismusland** ‖ **Tourismusverband** ‖ **Tourismusverein:** *Tourismus-, Fremdenverkehrsverband* ‖ **Tourist** der, -en/-en: *Urlaubsreisender* | (veraltend) *Ausflügler, Bergsteiger* ‖ **Touristenklasse** die, -: *preisgünstige Reiseklasse auf Schiffen und in Flugzeugen* ‖ **Touristik** die, -: *organisierter Fremdenverkehr* ‖ **Touristiker** der, -s/-: *Tourismusfachmann* ‖ **Touristikerin** die, -/-innen ‖ **Touristin** die, -/-innen ‖ **touristisch**

Tournedos [turn(œ)ˈdoː] das, -[-ˈdoː(s)]/- [-ˈdoː(s)] ⟨fr.⟩ (Küchenspr.): *als Steak gebratenes Rindsfilet*

Tournee [tu-] die, -/-n ⟨fr.⟩: *Gastspielreise [von Schauspielern, Musikern]* ‖ **tour-retour** [-ˈtuːə] ⟨fr.⟩ (veraltet): *hin und zurück*

Tower [ˈtaʊə] der, -s/- ⟨engl.⟩: *Kontrollturm des Flughafens* | (ohne Pl.) *ein Wahrzeichen von London* | (EDV) *Rechner in Turmform*

toxigen ⟨gr.-lat.⟩ (Med.): *Giftstoffe erzeugend; durch Vergiftung entstanden* ‖ **Toxikologie** die, -: *Lehre von den Giftstoffen* ‖ **Toxin** das, -s/-e: *Giftstoff* ‖ **toxisch** (Med.): *giftig* | (Wirt.) toxische *(hochriskante, gefährdete)* Wertpapiere ‖ **Toxizität** die, -

Trab der, -[e]s: *eine Gangart [des Pferdes];* im T. fahren | (ugs.) jemanden auf T. halten *(fortwährenden Einsatz fordern)*

Trabant der, -en/-en ⟨tschech.⟩ (Astron.): *Begleiter;* der Mond ist ein T. der Erde | (früher) *Leibwächter* ‖ **Trabantenstadt:** *Satellitenstadt*

traben: trabende Pferde ‖ **Traber** der, -s/-: *Trabrennpferd* ‖ **Trabrennbahn** ‖ **Trabrennen** ‖ **Trabrennplatz**

Trachee [-ˈeːɛ] die -/-n ⟨gr.-lat.⟩ (Zool.): *Atmungsorgan von Insekten*

Tracht die, -/-en: *Kleidung einer*

T

Gemeinschaft, einer bestimmten Zeit | (veraltet) *Traglast* | eine T. Prügel
trach|ten (geh.): *sich bemühen;* nach Erfolg t.; jemandem nach dem Leben t. *(jemanden töten wollen)*
Trach|ten|an|zug || **Trach|ten|fest** || **Trach|ten|grup|pe** || **Trach|tenhoch|zeit** || **Trach|ten|jan|ker** || **Trach|ten|ka|pel|le:** *Volksmusikkapelle in Tracht* || **Trach|ten|kostüm** || **Trach|ten|look** [-luk]: *trachtenähnliche Mode* || **Trach|tenmo|de** || **Trach|ten|schmuck** || **Trach|ten|ver|ein** || **trach|tig** (ugs.): *in Trachtenart*
träch|tig: eine trächtige *(ein Kalb tragende)* Kuh || **Träch|tig|keit** die, -
Tracht|ler der, -s/- (sal.): *Trachtenträger* || **Tracht|le|rin** die, -/-innen (sal.)
Tra|cking ['træk-] das, -s ⟨engl.⟩ (Elektrot.): *Einrichtung zur genaueren Videospurabtastung*
Trade|mark ['treɪdmɑːk] die, -/-s, *auch:* Trade Mark ⟨engl.⟩ (™): *unregistrierte → Marke*
Tra|des|kan|tie [-tsi̯ɛ] die, -/-n: *eine Zierpflanze (nach einem englischen Gärtner)*
tra|die|ren ⟨lat.⟩: *überliefern, [bestimmte Regeln] weitergeben* || **Tra|di|ti|on** [-tsi̯-] die, -/-en: aus T. *(nach dem Herkommen, nach alter Gewohnheit);* Traditionen pflegen || **Tra|di|ti|o|na|lis|mus** [-tsi̯-] der, -/Traditionalismen: *traditionsverhaftete Haltung* || **Tra|di|ti|o|na|list** der, -en/-en || **Tra|di|ti|o|na|lis|tin** die, -/-innen || **tra|di|ti|o|na|lis|tisch:** *traditionell, traditionsgebunden* || **tra|diti|o|nell:** *herkömmlich* || **tra|di|tions|be|wusst** || **tra|di|ti|ons|gemäß** || **tra|di|ti|ons|reich**
traf → treffen
Tra|fik die, -/-en ⟨it.-fr.⟩: *Geschäft mit Rauchwaren, Zeitschriften ua.* || **Tra|fi|kant** der, -en/-en: *Inhaber einer Trafik* || **Tra|fi|kan|tin** die, -/-innen
Tra|fo der, -s/-s ⟨lat.⟩: *Kurzwort für Transformator*
träg = träge: *langsam; faul*
Trag|bah|re: *Traggestell zum Tragen [von Verletzten]* || **Trag|balken** || **trag|bar:** ein tragbarer Fernseher | sein Benehmen ist nicht mehr t. *(tolerierbar, akzeptabel)* || **Tra|ge** die, -/-n: *Traggestell*
Tra|gant der, -[e]s/-e ⟨gr.-lat.⟩: *eine Schmetterlingsblütlergattung*
trä|ge = → träg
Tra|ge|ei|gen|schaft || **tra|gen,** du trägst/trug/getragen: Koffer t.; jemandem t. helfen | einen neuen Hut t.; eine Brille t.; [von jemand anderem vorher schon] getragene Schuhe | den Arm in Gips t. | einen Titel t. | den Kopf hoch t. *(stolz sein)* | sein Unglück mit Geduld t. *(ertragen)* | Früchte t. *(hervorbringen)* | diese Brücke trägt *(sie hält die Belastung aus);* eine tragende Wand *(mit stützender Funktion)* | eine tragende *(wichtige)* Rolle; eine tragende *(weithin hörbare)* Stimme | sich mit der Absicht t. *(die Absicht haben),* etwas Bestimmtes zu tun; Bedenken t. *(hegen);* Verlangen nach etwas t. *(es wollen); aber:* etwas kommt zum **Tragen** *(zur Anwendung, wird aktuell)* | die Kuh trägt *(ist trächtig)* || **Träger** der, -s/-: *jemand, der etwas trägt; Gepäcksträger* | der diesjährige T. des Staatspreises | *Haltevorrichtung;* Hosenträger | ein T. *(Baubestandteil)* aus Stahl | *Tragerl* || **Trä|ger|flug|zeug:** *Flugzeug auf einem Flugzeugträger* || **Trä|ge|rin** die, -/-innen || **Träger|kleid** || **Tra|gerl** das, -s/-[n] (ugs.): *Traggestell [für Flaschen], Träger* || **trä|ger|los:** ein trägerloses Kleid || **Trä|ger|ra|ke|te** || **Träger|schür|ze** || **Trä|ger|ver|ein:** *Verein, der eine Schule oÄ erhält* || **Tra|ge|zeit,** *auch:* Tragzeit: *Zeit der Trächtigkeit* || **trag|fä|hig:** eine tragfähige Brücke || **Trag|fähig|keit** die, -: die T. einer Brücke || **Trag|flä|che:** *seitlicher Teil am Rumpf eines Flugzeugs* || **Trag|flügel:** *Tragfläche* || **Trag|flü|gelboot** || **Trag|ge|stell** || **Trag|gurt**
Träg|heit die, -: *Faulheit* | *Langsamkeit* | (Phys.) *Beharrungsvermögen* || **Träg|heits|ge|setz** (Phys.) || **Träg|heits|mo|ment** das, -[e]s/-e (Phys.)
Trag|him|mel: *Baldachin [bei der Fronleichnamsprozession]*
Tra|gik die, - ⟨gr.⟩: *schicksalhaftes Leid* || **Tra|gi|ker** der, -s/-: *Tragödiendichter* || **Tra|gi|ko|mik** || **tragi|ko|misch:** eine tragikomische Situation || **Tra|gi|ko|mö|die** [-i̯ɛ]: *ein Schauspiel, teils tragisch, teils komisch* || **tra|gisch:** *erschütternd; traurig; unfassbar; verhängnisvoll;* das ist halb so t. *(nicht so schlimm)*
Trag|kraft die, -: die T. eines Kranes || **trag|kräf|tig** || **Trag|last**
Tra|gö|de der, -n/-n ⟨gr.⟩ (geh.): *Darsteller tragischer Rollen* || **Tra|gö|die** [-i̯ɛ] die, -/-n: *Trauerspiel* | *Unglück;* er macht aus allem eine T. *(macht alles viel schlimmer, als es in Wirklichkeit ist)* || **Tra|gö|di|en|dich|ter** || **Tragö|di|en|dich|te|rin** || **Tra|gö|din** die, -/-innen (geh.)
Trag|rie|men || **Trag|seil:** *die Last tragendes Seil [einer Seilbahn];* → G.: Zugseil || **Trag|ta|sche** || **Trag|tier:** *Lasttier, zB Maultier* || **Trag|wei|te:** die T. *(Schussweite)* eines Gewehrs | sich der T. *(der Folgen)* seines Handelns bewusst sein || **Trag|werk** (Technik) || **Trag|zeit** → Tragezeit
Traid = Troad das, -s (Volksk.): *Getreide* || **Traid|bo|den** = Troadboden (Volksk.): *Lagerfläche für Getreide im Bauernhaus* || **Traidkas|ten** = Troadkasten (Volksk.): *[vom Bauernhof getrennt errichteter] Getreidespeicher*
Trai|ler [treɪ-] der, -s/- ⟨engl.⟩: *Ausschnitt aus einem Film [als Vorschau]*
Train [treːn] der, -s/-s ⟨fr.⟩ (veraltet) (Mil.): *Fuhrwesen, Nachschubeinheiten des Heeres*
Trai|nee [treɪ'niː] der, -s/-s ⟨fr.-engl.⟩: *Absolvent [einer Universität], der eine praktische Ausbildung in einem Betrieb erhält* || **Trai|ner** [-'eː-, engl.: -'eɪ-] der, -s/-: *jemand, der [Sportler] trainiert* | *Trainingsanzug* || **Trai|ner|bank** die, -/-bänke (Sport): *Bank für die Trainer* || **Trai|ne|rin** die, -/-innen || **trai|nie|ren** [-e-]: *[ein]üben; [sich] auf Wettkämpfe vorbereiten;* ein trainierter Körper || **Training** [-'eː-, engl.: -'eɪ-] das, -s/-s ⟨engl.⟩ || **Trai|nings|an|zug** || **Trainings|be|helf** || **Trai|nings|camp** [-kɛ-] || **Trai|nings|ein|heit** (Sport) || **Trai|nings|ho|se** || **Trai|ningsja|cke** || **Trai|nings|la|ger** || **Trainings|part|ner** || **Trai|nings|partne|rin** || **Trai|nings|pro|gramm**
Trai|sen die, -: *ein Nebenfluss der Donau (N)*
Trais|kir|chen: *Stadt in Niederösterreich*
Trais|mau|er: *Stadt in Niederösterreich*
Trakt der, -[e]s/-e ⟨lat.⟩: *Gebäudeteil;* Hoftrakt || **Trak|tat** der = das, -[e]s/-e: *Abhandlung, [religiöse] Schrift* || **trak|tie|ren:** *quälen, schlecht behandeln* | (scherzh.) jemanden mit Leckerbissen t.

T

(jemandem übermäßig viel davon aufdrängen) ‖ **Trak|tie|rung** die, -/-en ‖ **Trak|ti|on** [-tsi̯-] die, -/-en (Technik): die T. *(Bodenhaftung)* der Reifen | (Eisenbahn) *Antrieb des Zuges, Zugförderung* ‖ **Trak|tor** der, -s/-en [-'o:-]: *eine Zugmaschine*

träl|lern: ein Liedchen t.

Tram[1] die, -/-s ⟨engl.⟩: *Kurzwort für Tramway*

Tram[2] der, -[e]s/-e [Träme]: *Holzbalken* ‖ **Tram|baum:** *Balken* ‖ **Tram|bo|den:** *Balkendecke* ‖ **Tram|de|cke:** *Balkendecke*

Tra|mez|zi|no das, -[s]/Tramezzini ⟨it.⟩: *ein [italienisches] gefülltes Sandwich*

tram|ha|pert (mda.): *verschlafen, verträumt*

Tra|mi|ner der, -s/-: *eine Reb- und Weinsorte (nach dem Südtiroler Ort Tramin)*

Tramp [-æ-] der, -s/-s ⟨engl.⟩: *Landstreicher/in*

Tram|pel der, -s/-[n] (ugs.): *derbes Schimpfwort für eine dumme, ungeschickte weibliche Person* ‖ **tram|peln,** ich trample: *schwerfällig gehen; aufstampfen* ‖ **Trampel|pfad:** *ausgetretener schmaler Weg* ‖ **Tram|pel|tier:** *zweihöckriges Kamel* | (abw.) *plumper, tollpatschiger Mensch*

tram|pen [-'ɛ-] ⟨engl.⟩ (ugs.): *herumziehen, Auto stoppen* ‖ **Tramper** der, -s/- ‖ **Tram|pe|rin** die, -/-innen

Tram|po|lin das, -s/-e ⟨it.⟩: *federndes Sprungbrett für Sportübungen* ‖ **Tram|po|lin|sprin|gen:** *eine Sportart* ‖ **Tram|po|lin|sprung**

Tram|way [-vaɪ] die, -/-s ⟨engl.⟩: *Straßenbahn* ‖ **Tram|way|re|mi|se**

Tran der, -[e]s/-e: *Fett verschiedener Meerestiere;* Lebertran

Tran|ce [trɑ̃:s] die, -/-n ⟨fr.⟩: *hypnotischer, schlafähnlicher Zustand; geistige Entrückung;* in T. fallen; jemanden in T. versetzen ‖ **Trance|zu|stand**

Tran|che [trɑ̃:ʃ] die, -/-n ⟨fr.⟩: *Teil[betrag];* den Neubau in zwei Tranchen finanzieren | *Fleischschnitte;* → transchieren ‖ **tranchie|ren** = → transchieren ‖ **Tran|chier|mes|ser** = → Transchiermesser

Trä|ne die, -/-: in Tränen ausbrechen; den Tränen nahe *(beinahe weinend);* Tränen lachen *(sich köstlich amüsieren);* ihm keine T. nachweinen *(nicht nachtrauern)* ‖ **trä|nen:** tränende Augen ‖ **Trä|nen|drü|se** (Med.) | (abw.) auf die T. drücken *(zu Tränen rühren)* ‖ **trä|nen|er|stickt:** mit tränenerstickter Stimme ‖ **Trä|nen|fluss** ‖ **Trä|nen|gas** das, -es ‖ **trä|nen|reich:** tränenreichen Abschied nehmen ‖ **Trä|nen|sack:** *Ausbuchtung unter den Augen* ‖ **trä|nen|über|strömt** (geh.)

tra|nig: t. *(nach Tran)* schmecken

trank → trinken ‖ **Trank** der, -[e]s/Tränke (geh.): *Getränk;* Speis[e] und T. ‖ **Trän|ke** die, -/-n: Vieh zur T. treiben ‖ **trän|ken:** Vieh t. *(ihm Wasser geben)* | Leder mit Öl t. ‖ **Trank|ler** der, -s/- (ostöst., ugs., derb): *Trinker, Alkoholiker* ‖ **Trank|le|rin** die, -s/-innen (ostöst., ugs., derb)

Tran|quil|li|zer ['træŋkwɪlaɪzə] der, -s/- ⟨lat.-engl.⟩ (Med., Psych.): *beruhigendes Medikament*

trans- ⟨lat.⟩ (nur in Zusammensetzungen wie transalpin, Transaktion)

Trans|ak|ti|on [-tsi̯-]: *großes Finanzgeschäft*

trans|al|pin: *jenseits der Alpen liegend; sie überquerend;* → G.: zisalpin

trans|at|lan|tisch: *jenseits des Atlantiks liegend; ihn überquerend*

tran|schie|ren = tranchieren [trɑ̃ʃ-] ⟨fr.⟩: Geflügel t. *(es sachgemäß in Stücke schneiden);* → Tranche ‖ **Tran|schier|mes|ser** = Tranchiermesser

Trans|da|nu|bi|en ⟨lat.⟩ (sal.): *die nördlich der Donau gelegenen [neuen] Stadtteile von Wien*

Tran|s|ekt der, -s/-e ⟨lat.-engl.⟩ (fachspr.): *schematischer Längsschnitt durch einen Geländeausschnitt* | *lineare Messstrecke im Gelände mit Beobachtungspunkten*

trans|eu|ro|pä|isch: das transeuropäische Eisenbahnnetz

Trans|fer [-'a-, -'e:-] der, -s/-s ⟨lat.-engl.⟩: *Überweisung von Geldern ins Ausland* | *Verkauf eines [Berufs]spielers an einen anderen Verein* | *Beförderung;* der T. zum Flughafen | *Anwendung erworbener Kenntnisse auf andere [Wissens]gebiete* ‖ **Trans|fer|bi|lanz** (Wirt., Sport) ‖ **Trans|fer|da|tenbank** (Admin.): *Datenbank, in der alle öffentlichen Förderleistungen festgehalten werden* ‖ **trans|fe|rie|ren** ⟨lat.⟩: Geld t. | jemanden t. *([an eine andere Dienststelle] versetzen)* ‖ **Transfe|rie|rung** die, -/-en: *Versetzung, Verlegung* ‖ **Trans|fer|kon|to** (Admin.): *Erfassung aller für eine Person geleisteten staatlichen Leistungen* ‖ **Trans|fer|leis|tung:** *staatliche Zahlungen wie Pensionen, Arbeitslosengeld usw.*

Trans|fett (meist P.) ⟨lat.+dt.⟩: *künstliches Fett (bes. in der Nahrungsmittelindustrie)*

Trans|for|ma|ti|on [-tsi̯-] die, -/-en: *Umformung, Umwandlung* ‖ **Trans|for|ma|tor** der, -s/-en [-'to:-]: *Umspanner von elektrischem Strom* ‖ **Trans|for|ma|toren|an|la|ge:** *Umspannwerk* ‖ **trans|for|mie|ren:** *umwandeln;* Wechselstrom t. *(zB seine Spannung von 220 V auf 8 V herabsetzen)*

Trans|fu|si|on (Med.): *[Blut]übertragung*

Tran|sis|tor der, -s/-en [-'o:-] ⟨lat.-engl.⟩: *Teil eines Verstärkers* | *Transistorradio* ‖ **Tran|sis|tor|ra|dio**

Tran|sit [auch: -'a-] der, -s/-e ⟨lat.-it.⟩: *Durchfuhr, Durchreise* ‖ **Tran|sit|ab|kom|men:** *Transitvertrag* ‖ **Tran|sit|ar|beits|platz** (Amtsspr.): *befristeter Arbeitsplatz zur Wiedereingliederung langzeitarbeitsloser Menschen* ‖ **Tran|sit|han|del** ‖ **tran|si|tiv** ⟨lat.⟩ (Gramm.): *mit Akkusativobjekt;* transitive *(zielende, bezügliche)* Verben; → intransitiv ‖ **Tran|sit|land** ‖ **tran|si|to|risch:** *vorübergehend* ‖ **Tran|sit|stra|ße** ‖ **Tran|sit|stre|cke:** *Durchzugsstrecke* ‖ **Tran|sit|ver|kehr:** *Durchzugsverkehr* ‖ **Tran|sit|ver|trag** (Wirt., Pol.): *internationale Vereinbarung über den Durchzugsverkehr auf österreichischen Straßen* ‖ **Tran|sit|vi|sum** [-v-]: *Durchreisebewilligung*

trans|kon|ti|nen|tal: *einen Erdteil durch-, überquerend*

tran|skri|bie|ren:

ein Wort in eine andere Schrift oder in Lautschrift transkribieren *(umschreiben, umschriften)* | (Mus.) *für eine andere Besetzung einrichten*

Nicht verwechseln!

transkribieren – transliterieren

Beim Transkribieren wird von einem Schriftsystem in ein anderes gewechselt:

– Tranquilizer = ['træŋkwɪlaɪzə] *(in der Internationalen Lautschrift)*

Beim Transliterieren wird buchstabengetreu aus einem Alphabet in ein anderes übertragen:
– griechisch δελτα = *delta*

Transkription [-tsi̯-] die, -/-en: *Umschrift* | (Mus.) *Aufzeichnung in einer anderen Notenschrift*
Transleithanien (früher): *die ungarische Reichshälfte der österreichisch-ungarischen Monarchie (nach dem Fluss Leitha);* → Zisleithanien; → k.; → k. u.
Transliteration [-tsi̯-] die, -/-en ‖ **transliterieren:** einen Namen aus dem kyrillischen Alphabet in die Lateinschrift t. *(buchstabengetreu übertragen);* → transkribieren
Transmission (Technik): *eine Vorrichtung zur Kraftübertragung* | (Jus) *Vererbung des Erbrechts* ‖ **Transmissionsriemen:** *Treibriemen* ‖ **Transmitter** der, -s/- (Med.): *Übertragungssubstanz*
transnational [-tsi̯-] (bes. Wirt.): *über die einzelnen Staaten hinausgehend, übernational*
Transnistrien: *autonom verwalteter Teil Moldawiens östlich des Flusses Dnjestr*
transozeanisch: *jenseits des Ozeans liegend; ihn überquerend*
transparent ⟨lat.⟩: transparentes *(durchscheinendes)* Papier; transparente *(durchschaubare)* Maßnahmen ‖ **Transparent** das, -[e]s/-e: *Spruchband* ‖ **Transparenz** die, -: *Durchsichtigkeit; Durchschaubarkeit*
Transpiration [-tsi̯-] die, - ⟨lat.⟩ ‖ **transpirieren:** *schwitzen*
Transplantat das, -[e]s/-e ⟨lat.⟩ (Med.): *das zu verpflanzende Organ* ‖ **Transplantation** [-tsi̯-] die, -/-en (Med.): *operative Verpflanzung von Gewebeteilen oder Organen;* Herztransplantation ‖ **Transplantationschirurgie** [-ki-]: *ein Fachgebiet der Allgemeinchirurgie* ‖ **transplantieren** (Med.)
transponieren ⟨lat.⟩ (Mus.): *[ein Musikstück] von einer Tonart in eine andere setzen*
Transport der, -[e]s/-e ⟨lat.-fr.⟩: *Beförderung;* Möbeltransport ‖ **transportabel:** ein transportabler *(tragbarer)* Herd ‖ **Transportarbeiter** ‖ **Transportarbeiterin** ‖ **Transportband:** *Förderband* ‖ **Transportbehälter:** *Container* ‖ **Transportbeton:** *Fertigbeton, der mit Fahrzeugen zur Baustelle angeliefert wird* ‖ **Transporter** der, -s/-: *Transportfahrzeug* ‖ **Transporteur** [-'tøːɐ] der, -s/-e: *jemand, der Lasten trägt oder Waren befördert* | *Fließband [an einer Maschine]* | (veraltet) *Winkelmesser* ‖ **Transporteurin** die, -/-innen ‖ **transportfähig:** nach einer Operation noch nicht t. sein ‖ **Transportflugzeug** ‖ **Transportgewerbe** ‖ **transportieren:** *befördern; verfrachten* ‖ **Transportkosten** die (Pl.) ‖ **Transportmittel** ‖ **Transportunternehmen** ‖ **Transportversicherung**
Transposition [-tsi̯-] die, -/-en → transponieren
transsexuell: *sich als Mann oder Frau dem jeweils anderen Geschlecht zugehörig empfindend*
Transsilvanien [-v-]: *Siebenbürgen*
Transsubstantiation [-tsi̯atsi̯-] die, - ⟨lat.⟩ (kath.): *Umwandlung von Brot und Wein in Fleisch und Blut Christi*
transversal [-v-] ⟨lat.⟩ ‖ **Transversalschwingung** (Phys.): *Querschwingung;* → G.: Longitudinalschwingung
Transvestit [-v-] der, -en/-en ⟨lat.⟩: *Mann mit der Neigung, sich durch entsprechende Kleidung als Frau auszugeben;* → Travestie ‖ **Transvestitin** die, -/-innen ‖ **transvestitisch**
transzendent ⟨lat.⟩: *übersinnlich, jenseitig* | *die Erfahrung überschreitend;* → G.: immanent ‖ **transzendental:** transzendentale Logik ‖ **Transzendenz** die, - ‖ **transzendieren**
Trapez das, -es/-e ⟨gr.-lat.⟩: *ein Viereck* | *ein Turngerät* ‖ **Trapezakt:** *artistisches Kunststück am Trapez* ‖ **trapezförmig** ‖ **Trapezkünstler:** *ein Artist* ‖ **Trapezkünstlerin**
Trappe die, -/-n: *ein Steppenvogel*
trappeln, ich trapple: *mit kleinen Schritten laufen* ‖ **trappen:** *mit schwerem Schritt geräuschvoll auftreten*
Trapper der, -s/- ⟨engl.⟩ (früher): *nordamerikanischer Pelztierjäger, Fallensteller*
Trappist der, -en/-en: *Angehöriger eines strengen Mönchsordens (nach der französischen Abtei La Trape)* ‖ **Trappistenkloster** ‖ **Trappistenorden** ‖ **Trappistin** die, -/-innen
trara: *ein Ausrufwort;* t., die Post ist da! ‖ **Trara** das, -s: *Trompetensignal* | (ugs.) *Aufsehen, Lärm;* mit großem T.
Trash [træʃ] der, -s ⟨engl.⟩ (sal.): *Mist, Gerümpel, Abfall* | *Blödsinn*
Trasse die, -/-n ⟨lat.-fr.⟩: *abgesteckte Strecke [beim Bahn- oder Straßenbau]; Straßen-, Bahndamm* ‖ **Trassenführung** ‖ **trassieren:** eine Straße t. *(abstecken, wo sie angelegt werden soll)* ‖ **Trassierung** die, -/-en
trat → treten
Trate die, -/-n, *auch:* Tratte (reg.): *Weideland*
Tratsch der, -[e]s (abw.): *Gerede, Klatsch; Plauderei* ‖ **tratschen,** du tratsch[s]t (abw.) ‖ **Tratscherei** die, -/-en (abw.) ‖ **tratschsüchtig** (abw.)
Tratte[1] die, -/-n ⟨it.⟩ (Bankw.): *gezogener Wechsel*
Tratte[2] → Trate
Trattoria die, -/Trattorien [-'iː(ɛ)n] ⟨it.⟩: *italienisches Gasthaus*
tratzen (mda.): *triezen* ‖ **Tratzerei** die, -/-en (mda.)
Traualtar (geh.): vor den T. treten *(heiraten)*
Traube die, -/-n: *Weintraube;* Trauben pressen | die Fans hingen in Trauben *(dicht gedrängt)* um den Star | (Biol.) *ein Blütenstandstyp* ‖ **traubenförmig** ‖ **Traubenkraut:** *eine allergene Pflanze, Ragweed* ‖ **Traubenkur** ‖ **Traubenmaische** ‖ **Traubenmost** ‖ **Traubensaft:** naturtrüber T. ‖ **Traubenzucker:** *Fruchtzucker, Glukose*
Traude, *auch:* **Traudel, Traudl:** *weibl. Vorname (Gertraud, Waltraud uÄ);* → Traute
trauen[1]: ihrem Versprechen nicht t. *(vertrauen)* | ein Brautpaar standesamtlich t. *(verheiraten)* ‖ **trauen**[2] sich: *wagen, etwas zu tun; sich getrauen*
Trauer die, -: die T. über den Tod eines Verwandten; voll[er] T.; in tiefer T. | in T. *(in Trauerkleidung)* gehen ‖ **Traueranzeige:** *Parte* ‖ **Trauerarbeit** (Psych.): *Bewältigung von Trauer* ‖ **Trauerfahne:** *schwarze Fahne; Fahne mit Trauerflor* ‖ **Trauerfall:** *Todesfall* ‖ **Trauerfamilie:** *hinterbliebene Verwandte* ‖ **Trauerfeier:** *Trauergottesdienst uÄ* ‖ **Trauerflor:** *schwarze Schleife [um den Ärmel]* ‖ **Trauergast:** *Gast einer Trauerfeier* ‖ **Trauergemeinde:** *die bei einer Trauer-*

T

feier, einem Begräbnis Versammelten ‖ **Trauergottesdienst** ‖ **Trauerkleidung:** *schwarze Kleidung* ‖ **Trauermantel** (Zool.): *ein Schmetterling* ‖ **Trauermarsch** (Mus.) ‖ **Trauermiene** ‖ **trauern:** um einen Freund t.; über einen Verlust t.; die trauernden Hinterbliebenen ‖ **Trauerparte:** *Todesanzeige, Parte[zettel]* ‖ **Trauerrand:** ein Briefpapier mit T. *(schwarzem Rand)* ‖ **Trauerspiel:** *Tragödie* | *Unglück; trauriges Geschehen* ‖ **Trauerweide:** *ein Baum* ‖ **Trauerzeit** ‖ **Trauerzug:** *Prozession der Trauergemeinde*

Traufe die, -/-n: *vorstehender Dachrand, Regenwasserabfluss;* vom Regen in die T. kommen *(von einem Übel in ein noch größeres geraten)* ‖ **träufeln,** ich träufle: Medizin auf einen Würfelzucker t. *(tropfen lassen)*

traulich: eine trauliche *(anheimelnde, gemütliche)* Zimmerecke ‖ **Traulichkeit** die, -/-en

Traum der, -[e]s/Träume: ein böser T.; einen T. analysieren/deuten; nicht [einmal] im T. *(auf keinen Fall)* hätte ich daran gedacht; ein T. von einem Kleid *(ein traumhaft schönes Kleid)*

Trauma das, -s/Traumen [Traumata] ⟨gr.⟩ (Med., Psych.): *[schwere] seelische Erschütterung* | (Med.) *Wunde durch Gewalteinwirkung* ‖ **traumatisch** ‖ **traumatisiert**

Traumberuf: *Wunschberuf; Idealberuf* ‖ **Traumbild:** *Fantasiebild* ‖ **Traumbuch:** *Wahrsagebuch, Losbuch mit Wettervoraussagen uÄ* ‖ **Traumbüchl** (ugs.): *Traumbuch* ‖ **Traumdeutung** ‖ **träumen:** ich träumte/mir träumte, ich sei ein Tier; das hätte ich mir nicht t. lassen *(das hätte ich nicht für möglich gehalten);* sie träumt wohl *(ist nicht ganz bei Sinnen)* ‖ **Träumer** der, -s/-: *jemand, der träumt* | *weltfremder Mann* ‖ **Träumerei** die, -/-en ‖ **Träumerin** die, -/-innen ‖ **träumerisch** ‖ **Traumfabrik** (oft abw.): *große Filmstudios [in Hollywood], die den Wünschen des breiten Publikums entsprechen* ‖ **Traumfrau** ‖ **Traumgesicht** das, -[e]s/-e (geh.): *Traumerscheinung, Traumbild* ‖ **traumhaft:** eine traumhafte Aussicht ‖ **Traumhaus:** *Wunschhaus*

Trauminet der, -[s]/-[s] (ugs., scherzh.) (wörtl.: Traumichnicht): *Zauderer, Feigling*

Traumland ‖ **Traummann:** den T. finden ‖ **Traumpaar** ‖ **Traumreise** ‖ **Traumtänzer** (abw.): *weltfremder Träumer* ‖ **Traumtänzerin** (abw.) ‖ **Traumurlaub** ‖ **traumverloren** ‖ **traumversunken** ‖ **traumwandlerisch:** mit traumwandlerischer Sicherheit ‖ **Traumwelt:** *eine Fantasiewelt* ‖ **Traumziel:** den Urlaub an einem T. verbringen

Traun die, -: *ein Nebenfluss der Donau (St, O)* ‖ **Traun:** *Stadt in Oberösterreich* ‖ **Trauner** der, -s/- (reg.): *ein flaches Lastschiff* ‖ **Traunsee** der, -s (auch: Gmundner See) (O) ‖ **Traunviertel:** *Landesteil von Oberösterreich* ‖ **Traunviertler**[1] (Adj.) ‖ **Traunviertler**[2] der, -s/-: *Bewohner des Traunviertels* ‖ **Traunviertlerin** die, -/-innen

traurig: *betrübt, freudlos;* jemanden t. ansehen; ein tauriges Kapitel der Geschichte | das Haus ist in einem traurigen *(schlechten, erbärmlichen)* Zustand ‖ **Traurigkeit** die, -: von großer T. erfüllt | (sal.) kein Kind von T. sein *(lebenslustig sein)*

Trauring: *Ehering* ‖ **Trauschein:** *Heiratsurkunde*

traut (geh., veraltet): ein trautes *(gemütliches)* Heim

Traute: *weibl. Vorname (Gertraut, Waltraut uÄ);* → Traude

Trauung die, -/-en: *Eheschließung;* die standesamtliche T. ‖ **Trauungsmatrik** = **Trauungsmatrikel** (Amtsspr.) ‖ **Trauungsregister** (SüdT): *Verzeichnis der Eheschließungen* ‖ **Trauzeuge** ‖ **Trauzeugin**

Travellerscheck ['trævlə-] = Travellercheck [-ʃ-] ⟨engl.⟩ (Bankw.): *Reisescheck*

travers [-v-] ⟨lat.-fr.⟩: *quer gestreift (in der Mode)* ‖ **Traverse** die, -/-n: *Träger [aus Stahl];* Traversen einziehen | *Querdamm* ‖ **traversieren:** eine Bergwand t. *(queren)*

Travestie [-v-] die, -/-n ⟨lat.-it.-fr.⟩: *scherzhafte [spöttische] Umgestaltung eines literarischen Werkes* | *Transvestitenshow* ‖ **travestieren** ‖ **Travestieshow** [-ʃəʊ]: *Transvestitenshow*

Trawler ['trɔːlə] der, -s/- ⟨engl.⟩: *ein Fischereifahrzeug*

Treatment ['triːt-] das, -s/-s ⟨engl.⟩: *Handlungsentwurf für einen Film oÄ*

Trebern die, *auch:* Treber (Pl.): → *Trestern* ‖ **Trebernschnaps:** *Tresternschnaps*

Trecento [-tʃ-] das, -[s] ⟨it.⟩: *das 14. Jh. und seine Kunst [in Italien]*

Treck der, -s/-s ⟨engl.⟩: *[Wagen-]zug; Auswanderung* ‖ **trecken:** durch Amerika t. *(ziehen)* | = trekken: *bergwandern* ‖ **Trecker** der, -s/- (nördl. D.): *Traktor* ‖ **Trecking** = Trekking das, -s: *organisiertes Bergwandern* ‖ **Treckingrad** = Trekkingrad

Treff[1] der, -s/-s: *Lokal;* Jugendtreff

Treff[2] die, -/-, *selten auch:* das, -[s]/- ⟨fr.⟩: *eine Farbe im Kartenspiel, Kreuz* ‖ **Treffass** ‖ **Treffdame**

treffen, ich treffe, du triffst/traf/getroffen/triff!, trefft!: [genau] ins Schwarze t. *(das Ziel, das Richtige t.)* | jemanden t. *(jemandem zufällig oder auf Grund einer Verabredung begegnen);* ich treffe mich heute mit ihr | die Schuld trifft ihn *(er ist schuld)* | Vorbereitungen t. *([sich] vorbereiten);* eine Entscheidung t. | er traf (stieß) bei ihr auf Ablehnung | die Nachricht trifft *(erschüttert)* ihn schwer | das trifft sich gut ‖ **Treffen** das, -s/-: *eine Zusammenkunft* | *Gefecht;* etwas ins T. führen *(als Argument angeben)* ‖ **treffend:** treffende *(passende)* Ausdrücke ‖ **Treffer** der, -s/-: einen T. erzielen; Bombentreffer | (Sport) dieser Schuss war ein T. *(Tor);* einen T. erzielen | ein T. *(Gewinn)* in der Lotterie ‖ **Trefferausbeute** ‖ **Trefferquote** ‖ **Trefferzahl**

Treffkönig: *eine Spielkarte*

trefflich (geh.): eine treffliche *(sehr gute)* Leistung; *aber:* aufs (auf das) Trefflichste (= trefflichste) ‖ **Treffpunkt** ‖ **treffsicher:** treffsichere Auswahlverfahren ‖ **Treffsicherheit:** soziale T.

Treibarbeit: *Formung dehnbarer Bleche durch Hämmern zu Gefäßen, Schmuck uÄ* ‖ **Treibeis:** *auf Gewässern schwimmendes Eis* ‖ **treiben,** trieb/getrieben: Vieh auf die Weide t.; die Preise in die Höhe t.; du treibst mich zur Verzweiflung | das Floß treibt auf den Wellen; er lässt sich t. *(verhält sich passiv, hat keine Selbstdisziplin);* → treiben lassen = treibenlassen | was hast du im Urlaub getrieben *(getan)?;* es arg

t. *(sehr ausgelassen sein);* er treibt es zu weit *(hat den Bogen überspannt)* | einen Pfosten in die Erde t. *(einschlagen)* | ein Handwerk t. *(ausüben)* | treibende *(knospende)* Bäume | (derb) es mit jemandem t. *(mit jemandem Geschlechtsverkehr haben)* || **Trei|ben** das, -s: das Leben und T. auf einem Bahnhof; dem T. *(zweifelhaften Tun)* ein Ende machen || **trei|ben las|sen** = **trei|ben|las|sen** sich: *sich passiv und ohne Selbstdisziplin verhalten* || **Trei|ber** der, -s/-: *Helfer bei der Treibjagd* | (EDV) *Programm, das die ordnungsgemäße Funktion von Peripheriegeräten an Computern steuert* || **Treib|gas:** Spraydosen mit T. || **treib|gas|frei** || **Treib|gut:** *Gegenstände, die auf der Wasseroberfläche [des Meeres] treiben* || **Treib|haus:** *heizbares Gewächshaus* || **Treib|haus|ef|fekt** (Ökol.): *Erwärmung der Erde durch Stau infraroter Strahlung in der Atmosphäre* || **Treib|haus|gas** || **Treib|holz:** *schwimmendes Holz* || **Treib|jagd** (Jägerspr.): *Jagd, bei der das Wild den Schützen [durch Treiber] zugetrieben wird* || **Treib|mit|tel:** *Mittel, das einen Teig aufgehen lässt, zB Germ oder Backpulver* | (Chem.) *ein Treibgas* || **Treib|netz** (bes. früher): *ein Netz für den Fischfang* || **Treib|rie|men:** *Transmissionsriemen* || **Treib|sand:** *[gefährliche] Sandmassen, die vom Wind getrieben werden* || **Treib|stoff:** *Kraftstoff, zB Benzin* || **Treib|stoff|ver|brauch** || **Treib|stoff|zu|satz**

trei|deln, ich treidle (veraltet): *ein Schiff vom Ufer aus stromaufwärts ziehen* || **Trei|del|weg:** *Treppelweg*

trek|ken = → trecken || **Trek|king** = → Trecking || **Trek|king|rad** = → Treckingrad

Tre|ma das, -s/-s [-ta] ⟨gr.⟩: *im Deutschen nur in manchen Eigennamen gebrauchtes Aussprachezeichen (¨) beim Zusammentreffen zweier getrennt auszusprechender Vokalbuchstaben, zB* Groër

tre|mo|lie|ren ⟨it.⟩ (Mus.): *zittern, mit der Stimme [absichtlich] beben* || **Tre|mo|lo** das, -s/-s [Tremoli] (Mus.): *Zitternlassen des Tons* || **Tre|mor** der, -s/-es [-'o:-] ⟨lat.⟩: *leichtes Erdbeben* | (Med.) *Zittern*

Trench|coat [-nʃko:t, engl.: -kəʊt] der, -[s]/-s ⟨engl.⟩: *ein Regenmantel*

Trend der, -s/-s ⟨engl.⟩: *Entwicklungsrichtung;* der T. *(die Richtung, die Entwicklung)* zum Sparen; im T. liegen || **tren|dig** (sal.): *dem Trend gemäß, im Trend liegend* || **Trend|scout** [-skaʊt]: *jemand, der neue Trends erkundet, aufspürt* || **Trend|set|ter** der, -s/-: *jemand, der einen neuen Trend propagiert* || **Trend|set|te|rin** die, -/-innen || **Trend|um|kehr** || **Trend|wech|sel** [-ks-] || **Trend|wen|de** || **tren|dy** [-i] (sal.): *trendig*

trenn|bar: trennbare Verben; → G.: untrennbar || **Trenn|bar|keit** die, - || **tren|nen:** die guten von den schlechten Erbsen t. | das Ehepaar hat sich getrennt *(seine Partnerschaft beendet);* getrennt wohnen; getrennt lebende (= getrenntlebende) Eheleute | Wörter getrennt schreiben || **Trenn|kost:** *eine Diät* || **Trenn|li|nie** [-i̯ɛ-] || **Trenn|schär|fe:** die T. eines Radios; mangelnde T. *(zu wenig exakte Unterscheidung)* || **Trenn|schei|be** || **Tren|nung** die, -/-en: die T. ist ihm schwergefallen | *das Abteilen;* die T. eines Wortes am Zeilenende || **Tren|nungs|prä|mie** [-i̯ɛ]: *Prämie beim Kauf eines umweltfreundlichen neuen Elektrogeräts* || **Tren|nungs|schmerz** || **Tren|nungs|schock** (Psych.) || **Tren|nungs|strich:** *Strich, der eine Worttrennung anzeigt* | einen T. ziehen *(die Abgrenzung betonen)* || **Trenn|wand**

Tren|se die, -/-n: *Teil des Zaumzeugs*

Tren|ti|no das, -s: *eine Landschaft in Norditalien;* → Welschtirol; → Trient

tren|zen, du trenzt (ugs.): ein trenzender *(speichelnder)* Hund | (mda.) *weinen*

trepp|auf, trepp|ab: t., t. laufen || **Trep|pe** die, -/-n: *Stiege;* Wendeltreppe

trep|peln, ich trepple: *mit den Skiern [seitlich] hinaufstapfen, staffeln, bretteln* | (früher) *ein Schiff ziehen* || **Trep|pel|weg:** *Weg am Ufer [eines Flusses] zum Stromaufwärtsschleppen von Schiffen, Treidelweg*

Trep|pen|ab|satz: *Stiegenabsatz* || **Trep|pen|be|leuch|tung** || **Trep|pen|haus:** *Stiegenhaus* || **Trep|pen|witz** (scherzh.): *Witz, der einem zu spät einfällt oder den man zu spät erfasst*

tre|schet|ten (reg., zB SüdT): *das italienische Kartenspiel Tressette spielen*

Tre|sen der, -s/- (D): *Ladentisch* | *Theke* || **Tre|sor** der, -s/-e: *Panzerschrank; eiserner Geldschrank; Stahlkammer, bes. in Banken und Sparkassen;* einen T. knacken || **Tre|sor|raum** || **Tre|sor|schlüs|sel**

Tres|pe die, -/-n: *eine Gräsergattung*

Tres|se die, -/-n ⟨fr.⟩: *Borte an Kleidungsstücken und Uniformen*

Tres|tern die, *auch:* Trester (Pl.) (reg.) *Pressrückstände von Weintrauben* || **Tres|tern|schnaps**

Tret|au|to: *durch Pedale bewegtes Auto* || **Tret|boot** || **tre|ten,** ich trete, du trittst/trat/getreten/tritt!, tretet!: ich bin ins Gras getreten; zur Seite t. *(Platz machen)*; an die Stelle einer anderen t. *(ihren Platz einnehmen);* du bist ihr zu nahe getreten *(hast ihre Privatsphäre verletzt)* | mit jemandem in Kontakt t.; außer Kraft t. *(ungültig werden);* in [den] Streik t. *(zu streiken beginnen)* | aufs Gas t. *(das Gaspedal betätigen, schnell fahren)*; die Mitarbeiter t. *(schlecht behandeln, antreiben)* || **Tre|ter** der, -s/- (ugs.): *bequemer [plumper, schäbiger] Schuh* || **Tret|mi|ne:** *eine Landmine* || **Tret|müh|le** (ugs., abw.): die T. *(das abstumpfende Einerlei)* des Alltags || **Tret|rol|ler,** *auch:* Trittroller: *ein Sportgerät;* → Scooter

treu: ein treuer Hund; mein treu[e]ster Freund; t. sein; sich selbst t. bleiben *(seine Grundsätze nicht leugnen);* zu treuen Handen *(vertrauensvoll);* → treu ergeben = treuergeben; treu gesinnt (= treugesinnt); treu sorgend (= treusorgend) || **Treu|bruch,** *auch:* Treuebruch || **treu|brü|chig** || **Treue** die, -: jemandem die T. halten; T. geloben; eheliche T.; auf Treu und Glauben *(ohne Überprüfung);* „Meiner Treu!" *(„Wahrhaftig!")* || **Treue|bruch** → Treubruch || **Treue|eid** → Treueid || **Treue|ge|löb|nis** || **Treu|eid,** *auch:* Treueeid || **Treue|pflicht** (Jus): *Verpflichtung des Dienstnehmers/des Ehegatten, des Gesellschafters, die gesetzlichen oder vertraglichen Vereinbarungen zu Treue und gegensei-*

T

tigem Beistand einzuhalten || **Treueprämie** [-i̯ɛ]: *Geldzuwendung, Geschenk oÄ für langjährige Dienste* || **treu ergeben** = **treuergeben:** ein t. ergebener Freund || **Treueschwur:** *Treueeid* || **Treueversprechen** || **treu gesinnt** = **treugesinnt** || **Treuhänder** der, -s/- (Jus): *Verwalter, zB einer Erbschaft* || **Treuhänderin** die, -/-innen (Jus) || **treuhänderisch** (bes. D, Jus): *treuhändig* || **Treuhandgebiet** (Pol.): *völkerrechtliches Mandatsgebiet* || **Treuhandgesellschaft** (Wirt., Jus) || **treuhändig** = **treuhändisch** (Jus): sein Vermögen wird t. *(von einem Treuhänder)* verwaltet || **Treuhandschaft:** *Verwaltung von Rechten durch eine bevollmächtigte Person* || **treuherzig:** jemanden t. *(offen, lieb)* anschauen || **Treuherzigkeit** die, - || **treulich** (geh., veraltet): *getreulich, treu, zuverlässig* || **treulos** || **Treulosigkeit** die, - || **treu sorgend** = **treusorgend**

Trevira [-v-] der = das, -[s] (Wz.): *eine Kunstfaser*

Triade die, -/-n ⟨gr.-engl.⟩: *Dreizahl; Dreiheit* | (nur Pl.) *chinesische Verbrecherorganisationen*

Trial and Error [ˌtraɪəl ənd ˈerə] ⟨engl.⟩ (wörtl.: Versuch und Irrtum) || **Trial-and-Error-Verfahren**

Triangel der = das, -s/- ⟨lat.⟩ (Mus.): *ein dreieckiges Schlaginstrument* || **triangulieren:** *vermessen* || **Triangulierungszeichen:** *Vermessungszeichen, zB eine hölzerne Pyramide auf einem erhöhten Geländepunkt*

Trias die, - ⟨gr.-lat.⟩: *Dreizahl* | (Geol.) *ein Abschnitt des Mesozoikums*

Triathlon der, -s/-s ⟨gr.⟩ (Sport): *meist aus den drei Disziplinen Schwimmen, Radfahren und Laufen bestehender Ausdauerwettkampf*

tribulieren ⟨lat.⟩ (ugs., veraltet): *bedrängen, quälen*

Tribun der, -s [-en]/-e[n] ⟨lat.⟩: *Volksführer, Volksvertreter* || **Tribunal** das, -s/-e (geh.): *[hoher] Gerichtshof* || **Tribüne** die, -/-n ⟨lat.-fr.⟩: *Podium;* Zuschauertribüne || **Tribut** der, -[e]s/-e ⟨lat.⟩ (früher): *eine Zwangsabgabe [eines besiegten Volkes];* T. entrichten | jemandem seinen T. zollen *(einen Beitrag zu dessen Ehrung leisten);* der Autoverkehr fordert einen hohen T. an Menschenleben || **Tributleistung** || **tributpflichtig**

Trichine die, -/-n ⟨gr.-lat.⟩: *ein Fadenwurm* || **trichinös:** trichinöses Fleisch || **Trichinose** die, -/-n (Med.): *Trichinenkrankheit*

Trichotomie die, -/-n ⟨gr.⟩: *Dreiteilung;* → Dichotomie

Trichter der, -s/-: *Gerät zum Abfüllen von Flüssigkeit* | *trichterförmige Mulde;* Bombentrichter || **Trichterbrust** (Med.): *eine Fehlbildung des Brustbeins* || **trichterförmig**

Trick der, -s/-s ⟨fr.-engl.⟩: hinter den T. *(Kunstgriff)* eines Zauberkünstlers kommen; ein billiger *(leicht durchschaubarer)* T. | *geschickte Methode zur Arbeitserleichterung, Vorteil, Kniff* || **Trickbetrug** || **Trickbetrüger** || **Trickbetrügerin** || **Trickdieb** || **Trickdiebin** || **Trickfilm:** *mit technischen Hilfsmitteln, zB Computeranimationen, produzierter Film* || **trickreich:** trickreiche Fußballer || **tricksen** (Sport): *trickreich Fußball spielen* || **Trickski** [-ʃiː] = Trickschi: *eine Sportdisziplin, Skiakrobatik*

tridentinisch: *auf das Konzil von Trient zurückgehend* || **Tridentinum** das, -[s] (Gesch., Rel.): *das Konzil von Trient (1545–1563)*

trieb → treiben || **Trieb** der, -[e]s/-e: *innerer [instinktgesteuerter] Antrieb;* Selbsterhaltungstrieb; Geschlechtstrieb | *Spross;* die Triebe des Obstbaums schneiden || **Triebbefriedigung** || **Triebfahrzeug** || **Triebfahrzeugführer** || **Triebfahrzeugführerin** || **Triebfeder:** die T. der Uhr | Ehrgeiz war die T. *(der Beweggrund)* ihres Handelns || **triebgestört** || **triebhaft** || **Triebhandlung** || **Triebkraft** || **Triebleben** || **Triebmörder:** *ein Triebtäter* || **Triebmörderin** || **Triebrad:** *Antriebsrad* || **Triebtäter:** *jemand, der aus sexuellem Antrieb ein Strafdelikt begeht* || **Triebtäterin** || **Triebverbrechen** || **Triebverbrecher** || **Triebverbrecherin** || **Triebwagen:** *Schienenfahrzeug mit eigenem Antrieb* || **Triebwagengarnitur** || **Triebwagenzug** || **Triebwerk** (Technik): *Maschine zum Antrieb [eines Flugzeugs]*

triefen, triefte (veraltet: troff)/getrieft (veraltet: getroffen): seine Stirn trieft von Schweiß; deine Nase trieft ständig; triefende *(völlig nasse)* Haare | seine Texte t. von/vor Sentimentalität || **triefnass:** *tropfnass*

Triel der, -[e]s/-e: *ein Vogel*

Triennium das, -s/Triennien [-i̯ɛn] ⟨lat.⟩: *Zeitraum von drei Jahren* | (SüdT) *die letzten drei Jahre der Südtiroler Oberschule;* → Biennium

Trient [auch: -ˈiːɛ-] (it. Trento): *Stadt in Norditalien*

Triest [auch: -ˈiːɛ-] (it. Trieste [-iˈɛs-]): *eine Hafenstadt in Nordostitalien*

triezen (bes. D, ugs.): *necken, ärgern, reizen, sekkieren, quälen;* → tratzen || **Triezerei** die, -/-en (bes. D, ugs.)

trifft → treffen

trifokal ⟨lat.⟩: *mit drei Brennpunkten;* → bifokal || **Trifokalglas:** *Brille für drei verschiedene Entfernungen*

Trift die, -/-en: *eine Viehweide* | → Drift || **triften:** *flößen* | = → *driften*

triftig: ein triftiger *(gewichtiger, beachtenswerter)* Grund

Triglyzerid [-gly-] das, -[e]s/-e ⟨gr.⟩ (Biol.): *ein Blutfett*

Trigonometrie die, - ⟨gr./lat.⟩ (Math.): *die Berechnung, Messung und Darstellung von Dreiecken* || **trigonometrisch** (Math.): trigonometrischer Punkt *(Vermessungspunkt);* trigonometrische Funktionen *(Winkelfunktionen)*

Trike [traɪk] das, -s/-s ⟨engl.⟩: *ein dreirädriges Fahrzeug*

trikolor ⟨lat.⟩: *dreifarbig* || **Trikolore** die, -/-n ⟨lat.-fr.⟩: *die (dreifärbige) Fahne Frankreichs bzw. Italiens*

Trikot [-ˈkoː] das, -s/-s ⟨fr.⟩: *ein eng anliegendes (meist gewirktes) Kleidungsstück* || **Trikotage** [-ˈtaːʃ, -ʒɛ] die, -/-n (meist Pl.): *Wirkware* || **Trikothemd** || **Trikotstoff**

Triller der, -s/- || **trillern:** eine trillernde Lerche || **Trillerpfeife**

Trilliarde die, -/-n ⟨lat.⟩: *1 000 Trillionen (10^{21})* || **Trillion** die, -/-en: *eine Million Billionen (10^{18})*

Trilogie die, -/-n ⟨gr.⟩: *Werk aus drei [selbständigen, aber zusammenhängenden] Teilen [in Literatur und Musik];* → Tetralogie

Trimester das, -s/- ⟨lat.⟩: *Zeitraum von drei Monaten* | (in Österreich früher) *Drittel eines Schul-, Studienjahres*

trim|men: einen Hund t. *(ihn der Mode entsprechend scheren)* | etwas auf antik t. *(zurechtmachen)* | sich durch Sport fit t. | ein Schiff t. *(auf die optimale Lage einstellen)*

Tri|ni|ta|ri|er der, -s/- ⟨lat.⟩: *Angehöriger eines geistlichen Ordens* || **tri|ni|ta|risch** || **Tri|ni|tät** die, -: *Dreifaltigkeit*

Tri|ni|tro|to|lu|ol das, -s ⟨gr./lat.⟩ (TNT): *ein Sprengstoff*

trink|bar || **Trink|be|cher** || **trin|ken,** trank/getrunken: *Flüssigkeit zu sich nehmen;* t. *(mögen)* Sie Bier?; er trinkt *(ist Alkoholiker);* auf unser Wohl t. || **Trin|ker** der, -s/-: *Alkoholiker, Säufer;* zum T. werden || **Trin|ker|heil|an|stalt** || **Trin|ker|heil|stät|te** || **Trin|ke|rin** die, -/-innen || **trink|fest:** t. sein *(viel Alkohol vertragen)* || **Trink|fes|tig|keit** || **Trink|fla|sche** || **trink|freu|dig** || **Trink|freu|dig|keit** die, - || **Trink|ge|la|ge** || **Trink|geld:** *Geld, das jemandem für eine Dienstleistung freiwillig gegeben wird;* der Kellnerin ein T. geben || **Trink|glas** || **Trink|hal|le:** eine T. in Kuranstalten || **Trink|halm** || **Trink|jog|hurt** = **Trink|jo|gurt** || **Trink|kur:** eine T. mit Heilwasser || **Trink|lied** (Mus.): *geselliges Lied [über den Wein]* || **Trink|milch** || **Trink|scho|ko|la|de:** *Kakao* || **Trink|spruch:** *Spruch beim Anstoßen/Erheben der Gläser, Toast* || **Trink|was|ser** das, -s: „kein T.!" || **Trink|was|ser|auf|be|rei|tung** || **Trink|was|ser|auf|be|rei|tungs|an|la|ge** || **Trink|was|ser|man|gel** || **Trink|was|ser|qua|li|tät** || **Trink|was|ser|re|ser|ve** [-v-] || **Trink|was|ser|ver|brauch** || **Trink|was|ser|ver|sor|gung** || **Trink|was|ser|vor|rat**

Tri|nom das, -s/-e ⟨lat.⟩ (Math.): *dreigliedriger Ausdruck* || **tri|no|misch**

Trio das, -s/-s ⟨lat.-it.⟩: *Musikstück für drei Gesangsstimmen oder Instrumente;* Streichtrio | *die drei Ausführenden eines solchen Musikstücks;* → Terzett | *Gruppe von drei Personen*

Tri|o|de die, -/-n ⟨gr.⟩ (Phys.): *eine Elektronenröhre mit drei Elektroden;* → Diode

Tri|o|le die, -/-n ⟨lat.⟩ (Mus.): *Drittelung statt Halbierung eines Notenwertes*

Trip der, -s/-s ⟨engl.⟩: *Ausflug, kurze Reise* | *Rauschzustand unter Einwirkung von Drogen;* auf dem LSD-Trip sein

Tri|pel das, -s/- ⟨lat.-fr.⟩: *Dreizahl* || **Tri|pel|al|li|anz:** *Bündnis dreier Staaten* || **Triple-A** [-'aː, engl.: -'eɪ] das, - ⟨engl.⟩ (Wirt., Bankw., Börse) (AAA): *höchste Einstufung eines Staates für seine Kreditwürdigkeit durch Ratingagenturen* || **Tri|pli|zi|tät** die, -: *Dreifachheit*

Tri|po|lis: *Hauptstadt Libyens*

trip|peln, ich tripple: *mit kleinen Schritten [rasch] gehen* || **Trip|pel|schritt**

Trip|per der, -s/- (Med.): *eine Geschlechtskrankheit, Gonorrhö*

Trip|ty|chon [-ty-] das, -s/Triptychen [Triptycha] ⟨gr.⟩: *dreiteiliges [Altar]bild;* → Diptychon

Tri|so|mie die, -/-n ⟨gr.⟩ (Med.): → *Downsyndrom*

trist ⟨lat.-fr.⟩: triste *(traurige, trostlose)* Verhältnisse

Tris|te die, -/-n, *auch:* Driste: *Heu- oder Strohhaufen, der um eine Stange aufgeschichtet ist*

Tri|ti|ca|le [-k-] = **Tri|ti|ka|le** die, -, *auch:* das, -s ⟨lat.⟩: *ein Getreide, Hybride zwischen Weizen und Roggen*

Tri|ton der, -s: *ein Meeresgott in der griechischen Mythologie* || **Tri|tons|horn:** *eine Meeresschnecke*

Tri|to|nus der, - ⟨gr.-lat.⟩ (Mus.): *Intervall aus drei Ganztönen*

tritt → treten || **Tritt** der, -[e]s/-e: jemandem einen T. geben; Fußtritt | *Trittbrett* | (ugs.) einen T. bekommen *(entlassen werden)* || **Tritt|brett:** *Ein- bzw. Aussteighilfe vor der Tür eines Fahrzeuges* || **Tritt|brett|fah|rer** (abw.): *jemand, der ohne besondere Anstrengung an Vorteilen teilnehmen will* || **Tritt|brett|fah|re|rin** (abw.) || **tritt|fest:** ein trittfester Bodenbelag || **Tritt|rol|ler:** *Tretroller* || **tritt|si|cher** || **Tritt|sie|gel:** *Trittspur, Abdruck einer Fährte im Boden*

Tri|umph [-f] der, -[e]s/-e ⟨lat.⟩: *großer Sieg; [Sieges]freude, Jubel;* einen T. feiern/erringen || **tri|um|phal:** ein triumphaler *(jubelnder, festlicher)* Empfang || **Tri|um|pha|tor** der, -s/-en [-'oː-]: *gefeierter Sieger* || **Tri|um|pha|to|rin** die, -/-innen || **Tri|umph|bo|gen** (Arch.): *Ehrenpforte* || **Tri|umph|ge|heul** || **tri|um|phie|ren:** *über einen Sieg große Freude empfinden;* über jemanden t. *(jemanden klar besiegen)* || **Tri|umph|wa|gen** (Gesch.): *Prunkwagen bei Triumphzügen* || **Tri|umph|zug**

Tri|um|vi|rat [-v-] das, -[e]s/-e ⟨lat.⟩: *Dreimännerbund, -herrschaft*

tri|vi|al [-v-] ⟨lat.-fr.⟩: *alltäglich, abgedroschen* || **Tri|vi|a|li|tät** die, -/-en || **Tri|vi|al|li|te|ra|tur:** *Unterhaltungsliteratur* || **Tri|vi|al|mu|sik** || **Tri|vi|al|na|me,** *auch:* **Tri|vi|al|na|men:** *deutsche oder volkstümliche Bezeichnung eines Tieres, einer Pflanze;* → Vulgoname || **Tri|vi|al Pur|suit** ['trɪvɪəl pə'sjuːt] das, - -s/- -s ⟨engl.⟩ (Wz.): *ein Gesellschaftsspiel* || **Tri|vi|al|ro|man**

Troad = → Traid || **Troad|bo|den** = → Traidboden || **Troad|kas|ten** = → Traidkasten

tro|chä|isch ⟨gr.-lat.⟩ (Lit.): trochäische Verse || **Tro|chä|us** der, -/Trochäen (Lit.): *ein zweisilbiger Versfuß, zB* lésen

tro|cken:

ist die Bluse schon trocken?; der Sommer war trocken *(es hat wenig geregnet);* trockenes Brot | ein trockener *(langweiliger, nüchterner)* Vortrag | trockener *(wenig Restzucker enthaltender)* Wein | ein trockener Husten | (ugs.) schon seit einem Jahr trocken *(nicht mehr alkoholsüchtig)* sein

Großschreibung bei Nominalisierung:

- sein Schäfchen ins **T**rockene bringen *(sich einen Gewinn, einen Vorteil sichern)*
- im **T**rockenen *(in Sicherheit; geborgen)* sein
- auf dem **T**rockenen sitzen *(nicht weiterkommen; nichts mehr haben)* R→ S. 892, 2.2

Getrenntschreibung bei wörtlicher Bedeutung:

- sich trocken rasieren *(elektrisch)*
- trocken reinigen
- trocken wischen *(Wie?, zB mit einem trockenen Tuch)*

Zusammenschreibung bei übertragener Bedeutung:

- ein Baby trockenlegen *(wickeln)*
- einen Sumpf trockenlegen *(entwässern)* R→ S. 900, 1.5.1

Getrennt- und Zusammenschreibung mit Verben, die ein Resultat herbeiführen, zB:

- nasse Fenster trocken reiben (= trockenreiben)
- den nassen Tisch trocken wischen (= trockenwischen)

T

– trocken schleudern = trockenschleudern R→ S. 900, 1.5.2

Trockenbeerenauslese: *ein Prädikatswein* ‖ **Trockenboden:** *Dachbodenraum zum Trocknen der Wäsche* ‖ **trocken bügeln** = **trockenbügeln** ‖ **Trockendock:** *Anlage, in der Schiffe gebaut oder repariert werden* ‖ **Trockeneis** (Chem.): *ein Kühlmittel aus Kohlendioxid* ‖ **Trockenfutter** (Landw.): *Heu uÄ;* → G.: Grünfutter ‖ **Trockengebiet** (Geogr.): *Wüste, Steppe uÄ* ‖ **Trockengestell** ‖ **Trockenhaube:** *Gerät zum Trocknen der Haare* ‖ **Trockenhefe** ‖ **Trockenheit** die, -: *das Trockensein; Periode mit geringem Niederschlag* ‖ **trockenlegen:** ein Baby t. *(wickeln);* einen Sumpf t. *(entwässern)* ‖ **Trockenmasse:** Fettgehalt in der T. *(ohne Wassergehalt),* zB beim Käse; 50 % Fett in der T. *(Abk.: F. i. Tr.)* ‖ **Trockenobst:** *Dörrzwetschken, Rosinen uÄ* ‖ **Trockenperiode:** *längere Zeit trockenen Wetters* ‖ **Trockenrasierer:** *[elektrischer] Rasierapparat* ‖ **Trockenraum:** *Raum zum Trocknen der Wäsche* ‖ **trocken reiben** = **trockenreiben** → trocken ‖ **Trockenreinigung** ‖ **trocken schleudern** = **trockenschleudern** ‖ **Trockenspiritus** [-ʃp-] ‖ **Trockentraining** [-ˈtreː-, engl.: -ˈeɪ-] ‖ **Trockenübung:** *Übung als Vorbereitung* ‖ **trocken wischen** = **trockenwischen** → trocken ‖ **Trockenzeit:** *die niederschlagsarme Jahreszeit in den Tropen und Subtropen* ‖ **trocknen:** es trocknet; die Wäsche im Freien t. | getrocknete Äpfel ‖ **Trockner** der, -s/-: *Wäschetrockner | Gerät mit Heißluftgebläse zum Trocknen der Hände* ‖ **Trocknung** die, -

Troddel die, -/-n (D): *kleine Quaste*

Trödel der, -s (ugs.): *Altwaren, Kram* ‖ **Trödelladen** = Trödlerladen ‖ **Trödelmarkt:** *Flohmarkt, Tandelmarkt* ‖ **trödeln,** ich trödle (ugs.): *langsam sein; Zeit verschwenden* ‖ **Trödler** der, -s/-: *Altwarenhändler, Tandler | jemand, der trödelt* ‖ **Trödlerin** die, -/-innen ‖ **Trödlerladen** = → Trödelladen

Trofaiach: *Stadt in der Steiermark*

troff → triefen

trog → trügen

Trog der, -[e]s/Tröge: *ein längliches Gefäß*

Troglodyt [-ˈy(ː)t] der, -en/-en ⟨gr.⟩ (fachspr.): *Höhlenbewohner* | (abw.) unmanierliche Person ‖ **Troglodytin** die, -/-innen

Troika die, -/-s ⟨russ.⟩: *[russisches] Pferdedreigespann | Triumvirat*

Trojaner der, -s/- (EDV): *Programm, das Daten zerstört bzw. verändert (nach der antiken Stadt Troja)* ‖ **trojanisch:** ein trojanisches Pferd *(eine gut getarnte Falle; ein verhängnisvolles Geschenk)* | (EDV) trojanisches Pferd *(Trojaner)* | (Großschreibung) das **T**rojanische Pferd; der **T**rojanische Krieg *(Krieg um Troja)*

Troll der, -[e]s/-e: *ein Sagenwesen | Provokateur in Internetforen* ‖ **Trollblume** ‖ **trollen** sich: *sich [ungern, zögernd] entfernen, weggehen*

Trolley [-li] der, -s/-s ⟨engl.⟩: *Rollenkoffer mit ausziehbarem Griff*

Trombe die, -/-n ⟨it.-fr.⟩ (Met.): *eng begrenzter Wirbelwind*

Trommel die, -/-n (Mus.): die T. schlagen (auch: *für etwas Werbung machen)* | (Technik) *Behälter in Zylinderform;* die T. der Waschmaschine; das Seil auf der T. aufwickeln ‖ **Trommelbremse** ‖ **Trommelfell:** *über eine Trommel gespanntes Fell | Teil des Gehörgangs* ‖ **Trommelfellentzündung** (Med.) ‖ **Trommelfeuer** (Mil.): *Dauerbeschuss* ‖ **trommeln:** ich trommle an die Tür | die Regentropfen t. an das Fenster ‖ **Trommelrevolver** [-vɔlf-, -vɔlv-] ‖ **Trommelschlag** ‖ **Trommelschlägel** ‖ **Trommelwirbel** ‖ **Trommler** der, -s/- ‖ **Trommlerin** die, -/-innen

Trompete die, -/-n ⟨germ.-fr.⟩: *ein Blechblasinstrument;* T. blasen ‖ **trompeten:** *Trompete blasen* | der Elefant hat wütend trompetet ‖ **Trompetengeschmetter** ‖ **Trompetensignal** ‖ **Trompeter** der, -s/- ‖ **Trompeterin** die, -/-innen

Trope die, -/-n = Tropus der, -/Tropen ⟨gr.-lat.⟩ (Lit.): *bildhafter Ausdruck [mit übertragener Bedeutung]* ‖ **Tropen** die (Pl.): *die Zone zwischen den Wendekreisen, die heiße Zone* ‖ **Tropenanzug:** *[beigefarbener] leichter Anzug* ‖ **Tropenfieber** ‖ **Tropenhelm** ‖ **Tropenholz:** *Edelholz tropischer Baumarten* ‖ **Tropenklima** ‖ **Tropenkrankheit:** *Malaria, Gelbfieber ua.* ‖ **Tropenmedizin:** *Fachgebiet der Medizin, das sich mit Tropenerkrankungen und deren Behandlung beschäftigt* ‖ **Tropenpflanze**

Tropf[1] der, -[e]s/Tröpfe (abw.): *einfältiger Mensch;* ein armer T. ‖ **Tropf**[2] der, -[e]s/-e (Med.): am T. hängen *(eine Infusion bekommen)* ‖ **Tröpfcheninfektion** [-tsi̯-] (Med.): *Infektion, bei der die Ansteckung durch Schleimtröpfchen erfolgt, zB Grippe* ‖ **tröpfeln:** ich tröpfle *(träufle)* Medizin ins Glas | es tröpfelt *(es regnet leicht)* ‖ **tropfen:** es tropft von den Bäumen; der Wasserhahn tropft ‖ **Tropfen** der, -s/-: keinen T. Wasser haben; ein T. auf den heißen Stein *(viel zu wenig)* | ein guter T. *(guter Wein)* | *Medikament in Tropfenform;* Augentropfen ‖ **Tropfenfänger** der, -s/-: *eine Vorrichtung zum Auffangen von Tropfen* ‖ **Tropfenform** ‖ **tropfenförmig** ‖ **tropfenweise** ‖ **Tröpferl** das, -s/-[n] (ugs.): *Tropfen* | ein gutes T. *(ein guter Wein)* ‖ **Tröpferlbad** (W, ugs., bes. früher): *öffentliches Brausebad* ‖ **tröpferlweise:** *tropfenweise* ‖ **tropfnass** ‖ **Tropfrein** (ugs.): *Passiersieb* ‖ **Tropfstein:** *eine Kalkabsonderung;* → Stalagmit; → Stalaktit ‖ **Tropfsteinhöhle** ‖ **Tropftasse:** Abwaschbecken mit T. ‖ **Tropfteig:** *spezieller Teig für Suppeneinlagen*

Trophäe [-ˈfɛːɛ] die, -/-n ⟨gr.-fr.⟩: *Siegeszeichen | Jagdbeutestück, zB Geweih*

Tropical [-k(ə)l] der, -s/-s ⟨gr.-lat.-engl.⟩: *ein leichter Stoff | Anzug daraus, Tropenanzug* ‖ **tropisch** ⟨gr.-lat.⟩: tropische *(sehr große)* Hitze; tropische Pflanzen *(Pflanzen der heißen Zone);* tropischer Regenwald ‖ **Tropismus** der, -/Tropismen (Biol.): *Bewegung von Pflanzen zu einer Reizquelle oder von ihr weg, zB Fototropismus (zum Licht hin)* ‖ **Troposphäre** [-sf-]: *Luftschicht, in der sich die Wettervorgänge ereignen*

tropp → hopp

Tropus → Trope

Tross der, -es/-e ⟨fr.⟩: *Gefolge* | (Mil.) *Train*

Trosse die, -/-n ⟨fr.⟩: *starkes Tau, Drahtseil [zum Befestigen von Schiffen]*

Trost der, -[e]s: jemandem T. zu-

T

sprechen; das ist ein schwacher T. *(ist keine wirkliche Aufmunterung);* nicht ganz bei T. *(bei Sinnen)* sein; → Trost bringend = trostbringend; → Trost spendend = trostspendend ‖ **trost|be|dürf|tig** ‖ **Trost brin|gend** = **trost|brin|gend:** ein T. bringender Rat ‖ **trös|ten:** jemanden in seinem Leid t.; sich über einen Verlust t. ‖ **Trös|ter** der, -s/- ‖ **Trös|te|rin** die, -/-innen ‖ **tröst|lich** (geh.): tröstliche *(tröstende)* Worte ‖ **trost|los:** *deprimierend;* t. *(verzweifelt)* vor sich hin starren; eine trostlose *(öde, reizlose)* Gegend ‖ **Trost|lo|sig|keit** die, - ‖ **Trost|pflas|ter** (scherzh.): *kleine Gegenleistung für einen Nachteil;* jemandem etwas als T. geben ‖ **Trost|preis:** *Anerkennung für jemand, der keinen Preis gewonnen hat* ‖ **trost|reich** (geh.): *tröstlich* ‖ **Trost|run|de** (Sport): *eigener Durchgang für Verlierer der vorangegangenen Runde* ‖ **Trost spen|dend** = **trost|spen|dend** ‖ **Trös|tung** die, -/-en ‖ **trost|voll** (geh.)

Trö|te die, -/-n: *eine [Spielzeug]hupe zum Blasen* ‖ **trö|ten**

Trott der, -[e]s/-e: *langsame Gangweise [von Pferden]* | *eintöniger [Tages]ablauf;* im altgewohnten T. dahinarbeiten

Trot|tel der, -s/-[n] (derb): *Dummkopf* ‖ **Trot|te|lei** die, -/-en (derb) ‖ **trot|tel|haft** (derb) ‖ **trot|tel|si|cher** (derb)

trot|ten: *langsam, ermüdet, schwerfällig gehen* ‖ **Trot|toir** [-'to̤a:r] das, -s/-e [-s] ⟨fr.⟩ (veraltet): *Gehsteig*

trotz:

Präposition mit Genitiv und Dativ:
- trotz des Verbotes/trotz [dem] Verbot *(ohne Rücksicht drauf)*
- trotz allem/alledem
- trotz [des] starken Schneefalls/trotz starkem Schneefall/trotz dem starken Schneefall

Allein stehendes starkes Nomen im Singular bleibt undekliniert:
- trotz Urlaub

Im Plural nur mit Dativ, wenn Genitiv nicht erkennbar:
- trotz Verboten (statt: Verbote)

Trotz der, -es: etwas aus T. *(aus Widersetzlichkeit)* tun; allen Warnungen zum T. | (geh.) jemandem T. bieten *(Widerstand leisten)* ‖ **Trotz|al|ter** das, -s (Psych.): *Trotzphase der kindlichen Entwicklung* ‖ **Trotz|bin|kerl** (ugs., sal.): *trotziges Kind* ‖ **trotz|dem:** sie ist krank, t. *(dennoch)* kommt sie | [auch: -'de:m] *obwohl;* t. er krank ist, kommt er ‖ **trot|zen:** *Trotz bieten, Widerstand leisten;* du trotzt dem Wetter | *starrköpfig sein; schmollen* ‖ **trot|zig:** *eigensinnig; widerspenstig*

Trotz|kist der, -en/-en (Pol.): *Anhänger einer radikalen Form des russischen Kommunismus (nach dem Revolutionär Leo Trotzki)* ‖ **Trotz|kis|tin** die, -/-innen ‖ **trotz|kis|tisch**

Trotz|kopf: *eigensinniges Kind* ‖ **Trotz|pha|se** [-f-] (Psych.): *ein Entwicklungsstadium des Kindes; Trotzalter* ‖ **Trotz|re|ak|ti|on** [-tsi̯-]

Trou|ba|dour [truba'du:ə] der, -s/-e [-s] ⟨prov.-fr.⟩: *mittelalterlicher südfranzösischer, provenzalischer Minnesänger;* → Trouvère

Trouble ['trʌbl] der, -s/-s ⟨fr.-engl.⟩ (sal.): Trouble[s] *(Probleme, Ärger)* haben ‖ **Trouble|shoo|ter** [-ʃu:tə] der, -s/-: *jemand, der Probleme löst oder zwischen Streitparteien vermittelt* ‖ **Trouble|shoo|te|rin** die, -/-innen

Trou|vère [tru'vɛ:r] der, -s/-s ⟨fr.⟩: *mittelalterlicher nordfranzösischer Minnesänger;* → Troubadour

trüb = **trü|be:** trübes Wasser; ein trüber *(bedeckter, dunkler)* Tag | trübe *(schlechte)* Zukunftsaussichten; trübe *(traurige)* Gedanken; *aber:* im **T**rüben fischen *(aus einer unklaren Lage Vorteile ziehen)* ‖ **Trü|be** die, - (geh.)

Tru|bel der, -s: ein großer T. *(großer Wirbel, großes Durcheinander)*

trü|ben: kein Wölkchen trübte den Himmel; das Wasser trübte sich | seine spitzen Bemerkungen trübten die Stimmung | ein getrübtes *(nicht klares)* Bewusstsein ‖ **Trüb|sal** die, -/-e (geh.): *Leid, Betrübnis* | (scherzh.) T. blasen *(traurig, bedrückt sein)* ‖ **trüb|se|lig** [-ze:-]: *bekümmert, sehr traurig* | ein trübseliges *(trostloses)* Wetter ‖ **Trüb|se|lig|keit** die, - ‖ **Trüb|sinn** der, -[e]s: *tiefe Niedergeschlagenheit, Trübseligkeit* ‖ **trüb|sin|nig** ‖ **Trü|bung** die, -/-en: die T. der Augen verstärkt sich

Truch|sess der, -es (-en)/-e[n] (im Mittelalter): *ein Hofbeamter*

Truck [-ʌ-] der, -s/-s ⟨engl.⟩: *schwerer Lastwagenzug* ‖ **Tru|cker** der, -s/-: *Lastwagenfahrer* ‖ **Tru|cke|rin** die, -/-innen

Trud die, -/-en, *auch:* Drud: *Albdruck; Traumgespenst, das Albdruck hervorruft*

tru|deln, ich trudle: das Flugzeug trudelte *(es drehte sich im Fallen um seine Achse)*

Tru|den|fuß, *auch:* Drudenfuß: *ein Zauberzeichen, Pentagramm*

Trüf|fel die, -/-n = der, -s/- ⟨fr.⟩: *ein exquisiter Speisepilz* ‖ **trüf|feln,** ich trüffle (Küchenspr.): *mit Trüffeln füllen oder würzen* ‖ **Trüf|fel|hund:** *auf Trüffelsuche abgerichteter Hund* ‖ **Trüf|fel|pas|te|te:** *getrüffelte Leberpastete* ‖ **Trüf|fel|scho|ko|la|de** ‖ **Trüf|fel|schwein:** *auf Trüffelsuche abgerichtetes Schwein*

trug → tragen

Trug der, -[e]s (geh.): *Täuschung, Betrug;* Lug und T. ‖ **Trug|bild:** *Sinnestäuschung, trügerische Hoffnung* ‖ **trü|gen,** trog/getrogen: der Schein trügt *(täuscht)* ‖ **trü|ge|risch:** trügerische Sicherheit; die Versprechungen waren t. ‖ **Trug|schluss:** *naheliegende, aber falsche Folgerung*

Tru|he die, -/-n: *ein Möbelstück*

Trumm das, -[e]s/Trümmer (ugs.): *großes Stück;* ein T. Brot; ein T. von einem Mann ‖ **Trüm|mer** die (Pl.): *Bruchstücke;* Schutt und T.; etwas in T. schlagen; in Trümmern liegen *(zerstört sein);* → Trumm ‖ **Trüm|mer|bruch** (Med.): *Knochenbruch mit Splittern* ‖ **Trüm|merl** das, -s/-[n]: *kleines Stück;* Hundstrümmerl ‖ **Trüm|mer|feld** ‖ **Trüm|mer|frak|tur** (Med.): *Trümmerbruch* ‖ **Trüm|mer|frau** (meist Pl.): *Frau, die nach Zerstörungen des Zweiten Weltkriegs Wiederaufbauarbeit leistete* ‖ **Trüm|mer|hau|fen** ‖ **Trüm|mer|land|schaft** ‖ **Trüm|mer|li|te|ra|tur:** *deutsche Literatur der Nachkriegsjahre*

Trumpf der, -[e]s/Trümpfe: *Farbe im Kartenspiel, die sticht;* einen T. ausspielen | *etwas, das zum Erfolg führt;* alle Trümpfe *(Vorteile)* in der Hand haben; einen T. aus dem Ärmel ziehen ‖ **Trumpf|ass** ‖ **Trumpf|kar|te**

Trunk der, -[e]s/Trünke (geh.): *Getränk;* ein kühler T.; sich dem T.

T

(dem Alkohol) ergeben ‖ **trunken** (geh.): *betrunken* | vor Freude t. *(glückselig; berauscht)* sein ‖ **Trunkenbold** der, -[e]s/-e (abw.): *Säufer* ‖ **Trunkenheit** die, -: *Rausch, Betrunkenheit;* T. am Steuer

Trunkierung [auch: trʌ-] die, -/-en ⟨engl.⟩ (EDV): *Platzhalter für die Suche in Datenbanken und in Suchmaschinen im Internet*

Trunksucht die, -: *Alkoholismus* ‖ **trunksüchtig**

Trupp der, -s/-s: ein T. *(eine Schar)* Jugendlicher ‖ **Truppe** die, -/-n: *Gruppe gemeinsam auftretender Schauspieler* | (Mil.) *ein Heeresteil;* feindliche Truppen ‖ **Truppenabbau** (Mil.): *Reduzierung der militärischen Verbände* ‖ **Truppenbetreuung** (Mil.) ‖ **Truppenbewegung** (meist Pl.) (Mil.) ‖ **Truppenkontingent** (Mil.) ‖ **Truppenkonzentration** [-tsi̯-] (Mil.) ‖ **Truppenkörper** (Mil.) ‖ **Truppenparade** (Mil.) ‖ **Truppenpräsenz** ‖ **Truppenstärke** (Mil.) ‖ **Truppentransport** (Mil.) ‖ **Truppenübung** (Mil.) ‖ **Truppenübungsplatz** (Mil.) ‖ **truppweise:** t. *(in kleinen Gruppen)* beisammenstehen

Trust [-ʌ-] der, -[es] [-s]/-s [-e] ⟨engl.⟩: *Gemeinschaft von gleichartigen Unternehmungen unter einer Dachgesellschaft* ‖ **Trustbildung**

Truthahn: *ein Hühnervogel, Indian, Puter* ‖ **Truthenne**

Trutsche die, -/-n, *auch:* **Trutschen** -/- (bes. W, ugs., abw.): *Schimpfwort für eine Frau* ‖ **Trutscherl** das, -s/-[n] (bes. W, ugs., abw.): *einfältiges Mädchen*

Trutz der, -es (veraltet): *Abwehr, Widerstand;* zu Schutz und T. ‖ **trutzen,** du trutzt (veraltet): *trotzen; eigensinig sein, schmollen* ‖ **trutzig** (veraltet): eine trutzige *(wehrhafte)* Burg

Tsatsiki = → Zaziki

Tschador der, -s/-s: *Kopfschleier [iranischer Frauen]*

Tschako der, -s/-s ⟨ung.⟩: *eine [militärische] Kopfbedeckung* | (scherzh.) *Hut*

tschali ⟨jidd.⟩ (W, mda.): *tschari*

Tschapperl [auch: -'ɒ-] das, -s/-[n] (ugs., oft abw.): *Kind; unbeholfener, schutzbedürftiger Mensch*

tschari ⟨tschech.⟩ (ostöst., mda.): mein letzter Euro ist t. [ge]gangen *(er ist weg)*

tschau = → ciao

Tscheche der, -n/-n: *Angehöriger eines westslawischen Volkes* ‖ **Tschechei** die, - (früher, oft als abw. empfunden): *Tschechien*

Tschecherant der, -en/-en ⟨jidd.-Rotwelsch⟩ (reg., ugs., abw.): *Trinker* ‖ **Tschecherantin** die, -/-innen (reg., ugs., abw.) ‖ **Tschecherl** das, -s/-[n], *auch:* Tschocherl, Tschoch (W, ugs., abw.): *kleines Kaffeehaus, Lokal* ‖ **tschechern** (reg., ugs., abw.): *[Alkohol] trinken*

Tschechien (Kfz: CZ): *ein Staat (*amtlich: *Tschechische Republik);* → ČSSR ‖ **Tschechin** die, -/-innen ‖ **tschechisch:** die tschechische Küche; *aber:* die **T**schechische Republik ‖ **Tschechisch** das, -[s] = **Tschechische,** -n: *die tschechische Sprache;* → Deutsch ‖ **Tschechoslowakei** (1918–1939 und 1945–1993): → Tschechien; → Slowakei ‖ **tschechoslowakisch** (früher)

tschentschen, du tschentsch[s]t (K, ugs.): *nörgeln, raunzen, [weinerlich] jammern* ‖ **Tschentscherei** die, - (K, ugs.)

Tschernobyl [-i-]: *eine Stadt in der Ukraine (Ort der Atomkatastrophe 1986)*

Tschetschene der, -n/-n: *Bewohner Tschetscheniens* ‖ **Tschetschenien:** *autonome Republik der Russischen Föderation* ‖ **Tschetschenin** die, -/-innen

Tschibuk der, -s/-s ⟨türk.⟩: *eine [türkische] Tabakspfeife*

Tschick der, -[s]/-[s] ⟨it.⟩ (ugs.): *Zigarettenstummel; Zigarette* ‖ **tschicken** (ugs.)

tschilpen: die Spatzen t. *(zwitschern)* laut

Tschinelle die, -/-n (meist Pl.) ⟨it.⟩ (Mus.): *ein Schlaginstrument, Becken*

Tschoch[1] der, -s ⟨jidd.-Rotwelsch⟩ (reg., ugs., abw.): *große Mühe, Anstrengung*

Tschoch[2], das, -s/s = **Tschocherl,** -s/-[n]: → Tschecherl

Tschockel der, -s/- ⟨it.⟩ (reg., zB T, ugs.): *Holzpantoffel, Zockel, Töffler*

Tschurtsche die, -/-n (meist Pl.), *auch:* Tschurtschen, -/- (reg., zB T, K, ugs.): *Nadelbaumzapfen, bes. von Föhren* ‖ **Tschurtschengeist:** *ein Schnaps*

tschüs, *auch:* tschüss ⟨rom.⟩ (sal.): *ein vertraulicher Abschiedsgruß, servus, adieu;* t. (= **T**schüs) sagen ‖ **Tschüs** das, -/-, *auch:* Tschüss (sal.): T. (= **t**schüs) sagen

Tschusch der, -en/-en ⟨?⟩ (ugs., abw.): *Bezeichnung für einen Angehörigen eines südosteuropäischen (oder eines orientalischen) Volkes* ‖ **Tschuschin** die, -/-innen (ugs., abw.)

tschüss → tschüs ‖ **Tschüs** → Tschüs

Tsetsefliege ⟨afrik.⟩: *eine afrikanische Stechfliege (überträgt die Schlafkrankheit)*

T-Shirt ['ti:ʃɜ:t] das, -s/-s ⟨engl.⟩: *Leibchen*

Tsunami der, -[s]/-[s], *fachspr. auch:* die, -/-[s] ⟨jap.⟩: *riesige [durch Seebeben verursachte] Welle* ‖ **Tsunamiwarnung**

T-Träger ['te:-]: *Stahlträger in Form eines T*

TU [te 'u:] die, -/-[s]: **T**echnische **U**niversität

Tuba die, -/Tuben ⟨lat.⟩: *ein Blechblasinstrument* | (auch: Tube) (Med.) *röhrenförmige Verbindung zwischen dem Ohr und dem Rachen* | (auch: Tube) (Med.) *Eileiter* ‖ **Tube** die, -/-n: *ein Behältnis [für Zahnpasta], dessen Inhalt herausgedrückt wird* | (Med.) → Tuba ‖ **Tuben** die (Pl. von → Tuba, → Tube und → Tubus)

Tuberkel der, -s/- = die, -/-n ⟨lat.⟩ (Med.): *für Tuberkulose charakteristisches Knötchen* ‖ **Tuberkelbazillus** (Med.): *Tuberkelbakterium* ‖ **tuberkulös,** *auch:* tuberkulos (Med.) ‖ **Tuberkulose** die, -/-n (Tb, Tbc) (Med.): *eine Infektionskrankheit, zB der Lungen und Knochen, Schwindsucht* ‖ **tuberkulosekrank** (Tbc-krank, Tb-krank) (Med.)

Tubus der, -/Tuben [Tubusse] ⟨lat.⟩ (Med.): *medizinische Röhre, Kanüle;* → Intubation | *optisches Rohr; Fernrohr*

Tuch das, -[e]s/-e: *ein Gewebe [für Anzüge];* ein Ballen T. | (mit Pl. Tücher) *[viereckiges] Stoffstück zur Bedeckung;* ein T. um Kopf und Schultern tragen; ein rotes T. für jemanden sein *(Missfallen, Ärger auslösen)*

Tuchent die, -/-en ⟨tschech.⟩: *mit Daunen gefüllte Bettdecke;* etwas unter der T. *(im Geheimen)* tun ‖ **Tuchentüberzug** ‖ **Tuchentzieche** (veraltend): *Tuchentüberzug* ‖ **Tuchentzipf** = **Tuchentzipfel**

Tuchfabrik ‖ **Tuchfühlung** die, -: mit jemandem T. *(unmittelbaren*

T

Kontakt) haben/halten; auf T. sein ‖ **Tüchl** das, -s/-[n] (ugs.): *[kleines] Tuch;* Schnäuztüchl ‖ **Tuchmacher** ‖ **Tuchmacherin**

tüchtig: ein tüchtiger *(fleißiger und fähiger)* Angestellter | *sehr, viel;* mit jemandem t. *(ordentlich)* schimpfen ‖ **Tüchtigkeit** die, -

Tücke die, -/-n (geh.): *Bosheit; Hinterlist; Heimtücke;* die T. des Objekts

tuckern: der Motor tuckert *(knattert)*

tückisch (geh.): eine tückische *(schwere und im Verlauf unberechenbare)* Krankheit

Tuff der, -s/-e ⟨it.⟩: *ein Gestein* ‖ **Tuffstein**

Tüftelei die, -/-en, *auch:* Tüftlerei ‖ **tüfteln,** ich tüftle: *genau überlegen | kleinlich sein* ‖ **Tüftler** der, -s/- ‖ **Tüftlerei** → Tüftelei ‖ **Tüftlerin** die, -/-innen

Tugend die, -/-en: *Tugendhaftigkeit | sittlich einwandfreie Eigenschaft;* die T. der Bescheidenheit; weibliche Tugenden ‖ **Tugendbold** der, -[e]s/-e (scherzh.): *jemand, der bes. tugendhaft tut* ‖ **tugendhaft** ‖ **Tugendhaftigkeit** die, - (geh.) ‖ **tugendsam** (veraltet) ‖ **Tugendwächter** (abw.): *Sittenrichter* ‖ **Tugendwächterin** (abw.)

Tukan [auch: -'a:n] der, -s/-e ⟨indian.-span.⟩: *ein südamerikanischer Vogel*

Tüll der, -s/-e: *ein spitzenartiges Gewebe (nach der französischen Stadt Tulle)*

Tulle = → Dulle

tulli (W, ugs., veraltet): *bes. gut, ansprechend*

Tulln (Kfz: TU): *Stadt in Niederösterreich* ‖ **Tullner Becken:** *eine Ebene in Niederösterreich* ‖ **Tullner Feld** = **Tullnerfeld:** *Teil des Tullner Beckens*

Tüllschleier

Tulpe die, -/-n ⟨pers.-türk.-it.⟩: *eine Blume; eine Pflanzengattung* ‖ **Tulpenbaum:** *eine exotische Baumart* ‖ **Tulpenblüte** ‖ **Tulpenglas:** *Trinkglas in Tulpenform* ‖ **Tulpenzwiebel**

tumb (geh., veraltet): *töricht-naiv*

Tumba die, -/Tumben ⟨gr.-lat.⟩: *sargähnliches Grabmal mit Bildnis*

tummeln[1] (meist geh.): ich tummle die Pferde *(verschaffe ihnen Bewegung)* | [sich] auf dem Spielplatz t. *(dort umherlaufen)* ‖ **tummeln**[2] sich: *sich beeilen* ‖ **Tummelplatz**

Tümmler der, -s/-: *ein Delfin*

Tumor [auch: -'o:-] der, -s/-e[n] [-'o:-] ⟨lat.⟩ (Med.): *eine Geschwulst;* ein bösartiger T. *(eine Krebsgeschwulst)* ‖ **Tumorgewebe** ‖ **Tumormarker** der, -s/- (Med.): *Körpersubstanz [im Blut], die auf einen Tumor schließen lässt* ‖ **Tumorzelle**

Tümpel der, -s/-: *kleines stehendes Gewässer* ‖ **tümpeln,** ich tümple (ugs.): *aus einem Gewässer Lebendfutter [fürs Aquarium] sammeln, grundeln | untertauchen, unter Wasser dahinschwimmen*

Tumult der, -[e]s/-e ⟨lat.⟩: *Lärm, Getümmel; Durcheinander;* die Demonstration endete mit Tumulten ‖ **tumultartig** ‖ **tumultuarisch** = **tumultuös** (geh.): *tumultartig*

Tumulus der, -/Tumuli ⟨lat.⟩: *[vorgeschichtlicher] Grabhügel*

tun, ich tu[e]/tat/getan: das Richtige tun; so etwas tut man nicht *(gehört sich nicht);* was kann ich für Sie tun? *(wie kann ich Ihnen helfen?);* er tut etwas für seine Figur *(bemüht sich abzunehmen);* Dienst tun; viel zu tun *(viel Arbeit)* haben | endlich tut sich *(passiert)* etwas | das billigere Handy tut es *(genügt)* auch | mit jemandem nichts mehr zu tun haben *(jemanden nicht mehr sehen)* wollen; mit dem Kreislauf zu tun haben *(an Kreislaufproblemen leiden);* du bekommst es mit mir zu tun *(bekommst Schwierigkeiten mit mir);* das hat nichts mit dir zu tun *(berührt dich nicht)* | geheimnisvoll tun *(sich geheimnisvoll geben)* | es war um ihn getan *(er war verloren)* | (stellvertretend für ein anderes Verb) sie wollte weggehen und tat es dann auch; → leidtun; → nottun ‖ **Tun** das, -s: ein nützliches Tun | (geh.); das Tun und Treiben

Tünche die, -/-n (reg. in D): *ein [Mauer]anstrich* | (ohne Pl.) seine Bildung ist nur T. *(ist oberflächlich)* ‖ **tünchen** (reg. in D): *kalken, weißigen*

Tundra die, -/Tundren ⟨fin.-russ.⟩: *[sumpfige] Steppe in der arktischen Zone*

Tunell das, -s/-e ⟨fr.-engl.⟩: *Tunnel*

tunen ['tju:-] ⟨engl.⟩: einen Radioempfänger t. *(abstimmen)* | ein Motorrad t. *(durch technische Änderungen verstärken);* → Tuning ‖ **Tuner** der, -s/- (Technik): *Empfänger- und Verstärkerteil [bei einem Radio]*

Tunesien: *ein Staat;* → Tunis

Tunfisch = Thunfisch ⟨gr.-lat.⟩: *ein Meeresfisch*

Tunichtgut der, -[e]s/-e: *Taugenichts, Schlingel*

Tunika die, -/Tuniken ⟨lat.⟩: *ein altrömisches Gewand | ein Doppelrock am Damenkleid*

Tuning ['tju:-] das, -s/-s ⟨engl.⟩: *Erhöhung der Leistung eines Motors;* → tunen

Tunis: *Hauptstadt von Tunesien*

Tunke die, -/-n (D): *Sauce* ‖ **tunken:** *tauchen, eintauchen;* das Kipferl in den Kaffee t. ‖ **Tunkteig** (SüdT): *dickflüssiger Teig, in den Speisen getunkt und dann überbacken werden*

tunlich: etwas nicht für t. *(ratsam)* halten ‖ **Tunlichkeit** die, - (nur in der Wendung): nach T. *(so weit wie möglich)* Rücksicht nehmen ‖ **tunlichst:** t. *(möglichst)* bald

Tunnel

der, -s/-[s] ⟨fr.-engl.⟩: *unterirdischer Verkehrsweg;* Semmeringtunnel

Nicht verwechseln!

der Tunnel – das Tunell

In Schreibung und Aussprache erkennt man noch den Weg, den dieses Wort genommen hat:

- näher am Englischen: der Tunnel (*u* kurz und betont)
- näher am Französischen: das Tunell (*e* kurz und betont)

Die ursprünglich in Österreich häufigere Form „das Tunell" ist auf dem Rückzug.

In Zusammensetzungen wird fast nur noch „der Tunnel" verwendet, zB Brennerbasistunnel, Arlbergtunnel, Karawankentunnel.

Tunnelbau der, -[e]s ‖ **tunnelieren:** *einen Tunnel durchbrechen* ‖ **Tunnelierung** die, -/-en ‖ **Tunnelmaut** ‖ **Tunnelröhre**

Tunte die, -/-n (nördl. D, auch abw.): *Homosexueller* ‖ **Tuntenball** ‖ **tuntenhaft** (nördl. D, auch abw.)

Tupf der, -[e]s/-e: *Tupfen; Fleck* ‖ **Tüpfel** das, -s/- ‖ **Tüpfelchen** das, -s/- (bes. D): *Tüpferl;* i-Tüpfelchen ‖ **tüpfeln,** ich tüpfle: *kleine Tupfen, Punkte machen* ‖

T

tupfen: den Schweiß von der Stirn t.; jemandem auf die Schulter t. | eine getupfte Bluse || **Tupfen** der, -s/-: *kleiner [runder] Fleck; Punkt* || **Tupfer** der, -s/-: *leichte Berührung* | *Wattebausch* | *ein Weinheber* || **Tüpferl** das, -s/-[n]: *kleiner Tupfen;* das T. auf dem i *(entscheidende Feinheit, Gipfelpunkt);* i-Tüpferl

Tür die, -/-en, *auch:* Türe: die Tür schließen; leise an die Tür klopfen; jemandem die Tür weisen *(jemanden hinausweisen);* verschlossene Türen finden *(auf Ablehnung stoßen);* mit der Tür ins Haus fallen *(ohne Einleitung mit etwas [Unangenehmem] herausplatzen);* jemandem die Tür einrennen *(jemanden dauernd belästigen);* offene Türen einrennen *(eifrig ein Anliegen vortragen, das ohnehin gutgeheißen wird);* die Regierungsverhandlungen finden hinter verschlossenen Türen *(unter Ausschluss der Öffentlichkeit)* statt; jemandem etwas zwischen Tür und Angel *(unter großem Zeitdruck)* mitteilen; vor der eigenen Tür kehren *(sich um die eigenen Angelegenheiten kümmern);* der Winter steht vor der Tür *(ist nah)* || **Türangel** || **türaus, türein** = türein, türaus: ständig t., t. laufen

Turban der, -s/-e ⟨pers.-türk.-rom.⟩: *eine Kopfbedeckung*

Turbine die, -/-n ⟨lat.-fr.⟩: *Maschine, die Dampfkraft, Wasserkraft oÄ in drehende Bewegung umsetzt* || **Turbinenantrieb** || **Turbinenflugzeug** → Turbo-Prop || **turbinengetrieben**

Turbo der, -s/-s ⟨lat.⟩: *Kurzwort für Turboantrieb, Turbolader, Turbomotor* || **Turboantrieb** || **Turbodiesel:** *Dieselmotor mit Turboantrieb* || **Turbokapitalismus** (abw.): *Kapitalismus mit erhöhtem Produktions- und Gewinnziel* || **Turbolader** der, -s/-: *Gerät, das die Geschwindigkeit des Autos steigert* || **Turbomotor** || **Turbo-Prop** die, -: *Kurzwort für Turbinen-Propeller* || **Turbopropellermaschine** || **Turbo-Prop-Flugzeug** || **Turbo-Prop-Maschine**

turbulent ⟨lat.⟩: eine turbulente *(stürmische)* Szene || **Turbulenz** die, -/-en: *große Unruhe, wirbelndes Durcheinander* | *Strömungswirbel*

Türdacke || **Türe** → Tür || **türein, türaus** = → türaus, türein

Turf [auch: tɜːf] der, -s ⟨engl.⟩: *Pferderennbahn; Galopprennsport*

Türflügel || **Türglocke** || **Türgriff** || **Türhüter** (veraltet): *Portier* | (früher) *Torwächter* || **Türhüterin** (veraltet)

Türke der, -n/-n || **Türkei** die, - (Kfz: TR): *ein Staat* || **türken** (ugs., abw.): *fälschen* || **Türken** der, -s/- (T, K, St): *Mais[kolben]* || **Türkenbelagerung:** die erste T. Wiens (1529); die zweite T. (1683) || **Türkenbund** der, -[e]s/-e: *eine geschützte Pflanze* || **Türkengrieß** (T, K, St): *Maisgrieß* || **Türkenkoch** das, -[e]s (westöst.): *Türkenmus* || **Türkenmehl** (T, K, St): *Maismehl* || **Türkenmus** (westöst.): *Maisbrei* || **Türkenriebel** (V): *eine Speise aus Mais* || **Türkensäbel:** *krummer Säbel* || **Türkensitz:** *Schneidersitz* || **Türkensterz** (reg., bes. St): *Speise aus Maismehl, Polenta* || **Türkentaube:** *eine Taubenart* || **Türkentommerl** (K, St): *Tommerl mit Mais* || **Türkin** die, -/-innen || **türkis:** *grünlich blau;* ein türkis[es] Kleid || **Türkis**[1] das, -/-: *eine Farbe;* ein Kleid in T. || **Türkis**[2] der, -es/-e: *ein Schmuckstein* || **türkisch:** türkischer Honig; türkischer Kaffee; türkische Musik *(Janitscharenmusik)* | (reg.) türkischer Sterz *(Türken)* || **Türkisch** das, -[s] = **Türkische**[1], -n: *die türkische Sprache;* → Deutsch || **Türkische**[2] der, -n/-n, ein Türkischer: *türkischer Kaffee*

Türklinke: *Türschnalle* || **Türklopfer**

Turkmene der, -n/-n: *Bewohner Turkmenistans* || **Turkmenien** → Turkmenistan || **Turkmenin** die, -/-innen || **turkmenisch** || **Turkmenistan,** *auch:* Turkmenien: *ein Staat der GUS* || **Turkologe** der, -n/-n || **Turkologie** die, -: *Wissenschaft von der Sprache und Kultur der Turkvölker* || **Turkologin** die, -/-innen || **Turksprache** || **Turkvolk:** *Volk einer südosteuropäischen und asiatischen Sprachengruppe, zB Türken, Usbeken*

Turl (bes. W): *männl. Vorname (Theodor, Artur, Arthur)*

Türl das, -s/-n (ugs.): *[kleine] Tür;* Hintertürl || **Türlsteher** (ugs.): *Türsteher* || **Türlsteherin** (ugs.)

Turm der, -[e]s/Türme: *ein Bauwerk* | *Sprungturm* | *eine Schachfigur* | *frei stehender Fels*

Turmalin der, -s/-e ⟨singhalesisch-fr.⟩: *ein Edelstein*

Turmbau || **Turmblasen** das, -s: *das Spiel von Blasinstrumenten von einem [Kirch]turm aus (zB in der Christnacht)* || **Turmbläser** || **Turmbläserin** || **türmen**[1]: der Schnee türmt sich an den Straßenrändern

türmen[2] (bes. D, sal.): *fliehen, ausreißen*

Türmer der, -s/- (früher): *Turmwächter* || **Türmerin** die, -/-innen (früher) || **Turmfalke:** *ein Greifvogel* || **Turmhelm:** *Dach [eines Zwiebelturms]* || **turmhoch:** jemandem t. überlegen sein || **Turmspringen** (Sport): *eine Disziplin im Wasserspringen* || **Turmuhr** || **Turmwächter** (früher)

Turn [tɜːn] der, -s/-s ⟨lat.-fr.-engl.⟩: *Kurve* | (ugs.) *Drogenrausch*

Türnachbar || **Türnachbarin**

Turnaround [ˈtɜːnəraʊnd] der, -s/-s ⟨engl.⟩ (Wirt.): *positive Trendumkehr im Geschäftsleben*

Turnbeutel: *Sackerl für die Turnsachen* || **turnen:** Reck t.; Barren t. || **Turnen** das, -s: vom T. *(vom Pflichtgegenstand Bewegung und Sport)* befreit sein || **Turner** der, -s/- || **Turnerin** die, -/-innen || **turnerisch:** eine turnerische Spitzenleistung || **Turnerschaft** die, -/-en || **Turngerät** || **Turnhalle** || **Turnhose**

Turnier das, -s/-e ⟨fr.⟩: *ein Kampfspiel der Ritterzeit* | *Wettkampf mit mehreren Teilnehmern;* ein Schachturnier austragen || **Turnierreiter** (Sport) || **Turnierreiterin** (Sport) || **Turniertanz** (Sport) || **Turniertänzer** (Sport) || **Turniertänzerin** (Sport)

Turnkleidung || **Turnlehrer** || **Turnlehrerin** || **Turnleibchen** || **Turnleiberl** || **Turnpatschen** [-ˌpɒ(ː)tʃ-, -ˌpa(ː)tʃ-]: *Turnschuh* || **Turnsaal** || **Turnsachen** die (Pl.): *Turnkleidung* || **Turnsackerl:** *Turnbeutel* || **Turnschuh** || **Turnstunde** || **Turnübung** || **Turnunterricht**

Turnus der, - [-nusses]/-nusse ⟨gr.-lat.⟩: *eine regelmäßige Aufeinanderfolge; regelmäßiger Wechsel* | *Arbeitsschicht* | *mehrjährige Spitalspraxis in der Ärzteausbildung* || **Turnusarzt:** *promovierter Mediziner in der Turnusausbildung* || **Turnusärztin** || **turnusmäßig** || **Turnusplatz:** *Arbeitsstelle für einen Turnusarzt* ||

T

tur|nus|wei|se
Turn|ver|ein
Tür|öff|ner: *eine elektrische Anlage* ‖ **Tür|öff|nung** ‖ **Tür|pfos|ten** ‖ **Tür|rah|men** ‖ **Tür|rie|gel** ‖ **Tür|schild** das, -[e]s/-er ‖ **Tür|schloss:** das T. einer Sicherheitstüre ‖ **Tür|schnal|le:** *Türklinke* ‖ **Tür|schnap|per:** *Schnappschloss an einer Tür* ‖ **Tür|schwel|le** ‖ **Tür|spalt** ‖ **Tür|staf|fel:** *erhöhte Türschwelle* ‖ **Tür|ste|her:** *Portier* ‖ **Tür|ste|he|rin** ‖ **Tür|stock:** *[Holz-]einfassung der Türöffnung, Türrahmen* ‖ **Tür|stop|per** ‖ **Tür|sturz:** *oberer Abschluss einer Tür*
tur|teln, ich turtle: turtelnde Tauben | (scherzh.) miteinander t. *(zärtlich sein, flirten)* ‖ **Tur|tel|tau|be**
Türtl → Tirtl
turt|schen (K, mda.): *tutschen*
Tusch der, -[e]s/-e: *kurzes festliches musikalisches Signal*
Tu|sche die, -/-n: *radierfeste [schwarze] Flüssigkeit zum Zeichnen | Wimperntusche*
Tu|sche|lei die, -/-en (oft abw.) ‖ **tu|scheln,** ich tuschle: über jemanden t. *(heimlich reden, flüstern)*
tu|schen[1]: du tusch[s]t die Wimpern *(trägst Wimperntusche auf)*
tu|schen[2] (ugs.): *heftig regnen | krachen;* es tuscht; wir lassen es einmal richtig t. *(kommen voll in Fahrt)* | (ugs.) jemandem eine t. *(eine Ohrfeige geben)* ‖ **Tu|scher** der, -s/- (ugs.): *Knall*
Tusch|far|be ‖ **Tusch|ma|le|rei** ‖ **Tusch|zeich|nung**
Tu|si die, -/-s (bes. D, abw.): *alberne, unsympathische Frau*
Tu|te die, -/-n (ugs.): *Signalhorn, Tröte;* → tuten
Tü|te die, -/-n (urspr. D): eine T. Eis; → Stanitzel | *spitzer [Papier]sack, Behälter | [Plastik]sackerl*
tu|ten: das Schiff tutet im Nebel; → Tute | (ugs.) vom **Tu**ten und Blasen keine Ahnung haben *(überhaupt nichts verstehen)*
tü|ten|för|mig
Tu|tor der, -s/-en [-'oː-] ⟨lat.⟩: *ein Studentenbetreuer* ‖ **Tu|to|rin** die, -/-**in**nen ‖ **Tu|to|ri|um** das, -s/Tutorien [-i̯ən]: *von einem Tutor geleitete Übung an der Universität*
tut|schen (reg., zB St, mda.): *stoßen, pecken;* Eier t.; → turtschen; → titschen
Tut|te die, -/-n, *auch:* Dutte (ugs.): *Euterzitze* | (ugs., derb) *Brust-[warze]* ‖ **Tut|tel** die, -/-n (ugs., derb): *weibliche Brust* ‖ **Tut|ter** der, -s/- (reg., ugs., abw.): ein junger T. *(unreifer Bursch)*
tut|ti ⟨it.⟩ (Mus.): *alle;* → G.: solo ‖ **Tut|ti** das, -[s]/-[s] (Mus.): das T. *(das Zusammenspiel)* des vollen Orchesters ‖ **Tut|ti|frut|ti** das, -[s]/-[s] (wörtl.: alle Früchte): *Allerlei, zB gemischte gezuckerte Früchte*
Tu|tu [ty'tyː] das, -s/-s ⟨fr.⟩: *kurzes Ballettröckchen*
TÜV [tyf](Wz.): **T**echnischer **Ü**berwachungs-**V**erein
TV [te 'fau̯] das, -[s]: **T**ele**v**ision ‖ **TV-Du|ell:** *gemeinsamer Fernsehauftritt zweier [politischer] Konkurrenten* ‖ **TV-Kon|fron|ta|ti|on** [-tsi̯-]: *TV-Duell*
Tweed [twiːd] der, -s/-s [-e]: *ein Wollgewebe (nach einem Fluss in Schottland)* ‖ **Tweed|ja|cke**
Twen der, -s/-s ⟨engl.⟩ (veraltend): *junger Mensch zwischen 20 und 29 Jahren*
Twin-Ci|ty-Li|ner [-ˌsɪtilaɪnə] der, -s/- ⟨engl.⟩ (Wz.): *Tragflügellinienboot Wien – Bratislava*
Twin|set das, -s/-s ⟨engl.⟩: *Strickweste und -pullover aus gleichem Material [und gleicher Farbe]*
Twin-Tip der, -s/-s ⟨engl.⟩: *ein spezieller Ski mit beidseits aufgebogenen Enden*
Twist[1] der, -[e]s/-e ⟨engl.⟩: *ein Baumwollgarn*
Twist[2] der, -s/-s ⟨engl.⟩: *ein Tanz* ‖ **twis|ten:** *Twist tanzen*
Twit|ter das, -s ⟨engl.⟩ (Wz.): *ein soziales Netzwerk für Microblogs* ‖ **twit|tern:** *mit Microblogs per Twitter von sich berichten*
Ty|coon [taɪ'kuːn] der, -s/-s [-e] ⟨chin.-jap.-engl.⟩: *mächtiger Geschäftsmann;* → Mogul
Tym|pa|non ['ty-] das, -s/Tympana [-s] ⟨gr.⟩ (Arch.): *[reich verziertes] Giebelfeld [bei antiken Tempeln]*
Typ [-y(ː)-] der, -s/-en ⟨gr.-lat.⟩: *Urbild, Grundform | Gattung | Bauart, Modell;* ein Auto vom Typ Minivan | er ist ein dunkler Typ; das ist nicht mein Typ *(Ideal, Geschmack)* | (sal., auch abw.) *Kerl, männliche Person* | (sal.) dein Typ wird verlangt *(du wirst verlangt)* ‖ **Ty|pe** die, -/-n: *Bauart, Form, Typus | Druckletter* | er ist eine T. *(eine komische, originelle Figur)* ‖ **Ty|pen|druck** der, -[e]s/-e (Druckw.) ‖ **Ty|pen|rad:** eine Schreibmaschine mit T. ‖ **Ty|pen|schein:** *Herstellungsurkunde mit Betriebserlaubnis, zB eines Autos*
Ty|phon ['tyf-, 'ti-] der = das, -s/-e ⟨gr.⟩: *Sirene [zur Sturmwarnung]*
Ty|phus ['ty(ː)f-] der, - ⟨gr.-lat.⟩ (Med.): *eine Infektionskrankheit* ‖ **Ty|phus|epi|de|mie** (Med.)
ty|pisch ['ty(ː)-] ⟨gr.-lat.⟩: *kennzeichnend, charakteristisch;* eine typische Vorarlbergerin; → G.: atypisch ‖ **ty|pi|sie|ren:** *den Typ feststellen;* typisierte *(in ihrer Bauart festgelegte und vereinheitlichte)* Geräte ‖ **Ty|pi|sie|rung** die, -/-en: *Einteilung nach Typen | behördliche normengerechte technische Überprüfung* ‖ **Ty|po|graf** = Typograph [-f] der, -en/-en: *Schriftsetzer* ‖ **Ty|po|gra|fie** = Typographie die, -: *Buchdruckerkunst* ‖ **Ty|po|gra|fin** = Typographin die, -/-**in**nen ‖ **ty|po|gra|fisch** = **ty|po|gra|phisch** ‖ **Ty|po|lo|gie** die, -/-n (Psych.): *Einteilung nach Typen | Lehre von den Charakteren* ‖ **Ty|po|skript:** *maschinelle/elektronische Textvorlage* ‖ **Ty|pus** der, -/Typen: *Typ; Urbild;* der T. eines Gelehrten; verschiedene Menschentypen
Ty|rann [-y-] der, -en/-en ⟨gr.-lat.⟩: *Gewaltherrscher, Unterdrücker* ‖ **Ty|ran|nei** die, -/-en: *Gewaltherrschaft* ‖ **Ty|ran|nen|herr|schaft** ‖ **Ty|ran|nen|mord** ‖ **Ty|ran|nin** die, -/-**in**nen ‖ **Ty|ran|nis** die, -: *Tyrannenherrschaft* ‖ **ty|ran|nisch:** *gewaltsam, herrschsüchtig;* ein tyrannischer Chef ‖ **ty|ran|ni|sie|ren:** *jemandem rücksichtslos und mit Willkür den eigenen Willen aufzwingen, jemanden unterdrücken*
Tyr|nau ['ti-] (slowak.: Trnava ['tr̩nava]): *Stadt in der Slowakei*
Ty|rol [-i-] (früher): *Tirol* ‖ **Ty|ro|le|an Air|ways** [-'rəʊliən ˌεəweɪz] die (Pl.) ⟨engl.⟩ (bes. früher): *eine österreichische Fluglinie der AUA-Gruppe* ‖ **Ty|ro|lia** [-'oː-]: *lateinischer Name Tirols*

T

u U

u [uː] das, -/- (Kleinbuchstabe): das u im Wort *unser* | (Laut) der u-Laut

U [uː] das, -/- (Großbuchstabe): das U im Wort *Uhr* | **U**-Bahn; U 1 (in Wien) | (Sport) das U-18-Team *(Mannschaft aus unter 18-Jährigen)* | (Chem.) **U**ran

ü das, -/- (Kleinbuchstabe): das ü im Wort *übel*

Ü das, -/- (Großbuchstabe): das Ü im Wort *Übung*

u.: **u**nd

ua. = **u. a.:** **u**nd **a**nd[e]re, **u**nd **a**nd[e]res | **u**nter **a**nd[e]rem, **u**nter **a**nd[e]ren

uÄ = **u. Ä.:** **u**nd **Ä**hnliche[s]

uam. = **u. a. m.:** **u**nd **a**nd[e]re **m**ehr, **u**nd **a**nd[e]res **m**ehr

U-Ausschuss: *Kurzwort für Untersuchungsausschuss*

u. A. w. g. = **U. A. w. g.:** **u**m/**U**m **A**ntwort **w**ird **g**ebeten *(Abkürzung auf Einladungen)*

U-Bahn (Verk.): *Kurzwort für Untergrundbahn* || **U-Bahn-Netz** (Verk.) || **U-Bahn-Schacht** || **U-Bahn-Station** [-tsi̯-] || **U-Bahn-Steuer** (ugs.): *eine Dienstgeberabgabe (in Wien)*

übel:

schlecht; gar nicht übel; übel *(schlimm)* dran sein; ein übler Kerl; eine üble Laune haben; *aber:* er hat mir **Ü**bles angetan | (bes. Jus) üble Nachrede

Getrenntschreibung:

- übel sein/werden; mir ist/wird übel
- jemandem übel mitspielen *(böse, schlimm)*
- übel riechen; das Parfum riecht nicht übel

Zusammenschreibung bei übertragener Bedeutung:

- jemandem übelwollen *(feindlich gesinnt sein)*

R→ S. 900, 1.5.1

Getrennt- und Zusammenschreibung:

- jemandem etwas übel nehmen (= übelnehmen)

Getrennt- und Zusammenschreibung mit adjektivisch gebrauchten Partizipien:

- ein übel gelaunter (= übelgelaunter) Mensch
- übel gesinnt = übelgesinnt
- übel riechend = übelriechend

R→ S. 903, 2.2.1

Übel das, -s/-: das kleinere Ü. wählen; ein notwendiges Ü. || **Übelkeit** die, -: *Unwohlsein, Brechreiz* || **übel gelaunt** = **übelgelaunt** → übel || **übel gesinnt** = **übelgesinnt** || **übellaunig** || **Übellaunigkeit** die, - || **übel nehmen** = **übelnehmen** → übel || **übel riechend** = **übelriechend** || **Übelsein** das, -s: *Übelkeit, Unwohlsein* || **Übelstand:** einen Ü. *(Fehler, Missstand)* abstellen || **Übeltat** (geh.) || **Übeltäter** (geh.): *Bösewicht, Missetäter* || **Übeltäterin** (geh.) || **übelwollen** → übel || **Übelwollen** das, -s (geh.): *böse Gesinnung*

üben: *sich aneignen; trainieren;* Klavier ü.; Klavier spielen/Klavierspielen ü. | sich im Lesen ü. | (geh.) Barmherzigkeit ü. *(ausüben);* Kritik ü. *(kritisieren);* Verrat ü. *(verraten)*

über (Präp. mit Dat. und Akk.): dieses Bild hängt ü. dem Klavier *(wo?);* das Bild ü. das Klavier hängen *(wohin?);* ü. die Straße gehen; ü. die Mauer klettern; bis ü. die Knie im Wasser stehen; jemanden ü. Gebühr *(übertrieben)* loben; der Zug fährt von Innsbruck ü. Kufstein nach Salzburg; Wein ü. die Gasse verkaufen; den Vermissten ü. den Rundfunk *(mit dessen Hilfe)* suchen; die Arbeit ü. Nacht *(in einer Nacht)* fertig stellen; heute ü. acht Tage *(in acht Tagen);* Hals ü. Kopf *(in höchster Eile)* davonlaufen; ein Vortrag ü. Grillparzer; sich ü. etwas ärgern; die Nacht ü. aufbleiben | (Amtsspr.) ü. *(auf)* Antrag; ü. Wunsch | (reg., zB O, S) [ein] Viertel ü. drei *(viertel nach drei, viertel vier)* | (Adv.) ü. und ü. beschmutzt; Fehler ü. Fehler; ü. *(mehr als)* 10 m; die ü. Zwölfjährigen; ü. 20 Grad | (ugs.) das ist mir schon ü. *(zuwider);* es sind noch Keks ü. *(übrig geblieben);* er ist mir ü. *(überlegen)*

überaktiv || **Überaktivität** [-v-]

überall [auch: -'al]: sie ist ü. bekannt || **überallher:** von ü. kamen die Zuschauer || **überallhin:** sich ü. wenden

überaltert, *auch:* überaltet: eine überalterte *(zu alte)* Maschinenanlage; eine überalterte Bevölkerung *(mit zu geringem Anteil an jungen Menschen)* || **Überalterung** die, - || **überaltet** → überaltert

Überangebot: ein Ü. an Waren

überängstlich: *allzu ängstlich*

überanstrengen: sich überanstrengt haben || **Überanstrengung**

überantworten (geh.): *übergeben, überlassen;* der Verbrecher wurde dem Gericht überantwortet || **Überantwortung** die, - (geh.)

überarbeiten[1]: einen Text ü. *(ihn nach seiner Fertigstellung noch verbessern, vervollkommnen, optimieren)* || **überarbeiten**[2] sich: *sich bei der Arbeit zu sehr anstrengen;* völlig überarbeitet sein || **Überarbeitung** die, -/-en: eine Ü. der Norm | (Amtsspr.) in Ü. stehen *(derzeit bearbeitet werden)*

überaus: *sehr, ungemein*

überbacken: die Melanzani werden noch kurz im Rohr ü.

Überbau der, -[e]s/-ten [-e] (Arch.): einen Ü. *(einen vorragenden Oberbau, ein Schutzdach)* errichten || **überbauen:** die Bushaltestelle wurde mit einem Schutzdach überbaut || **Überbauung** die, -/-en

überbeanspruchen: *zu sehr beanspruchen;* der Lift wurde überbeansprucht || **Überbeanspruchung**

überbehalten (ugs.): *übrig behalten*

Überbein das, -[e]s/-e (Med.): *eine verhärtete Geschwulst [am Handgelenk]*

überbekommen (ugs.): ich habe das ü. *(bin seiner überdrüssig geworden)*

Überbelag der, -[e]s (Amtsspr.): *Überbelegung*

überbelasten: ein Fahrzeug ü. *(zu sehr belasten)* || **Überbelastung**

überbelegen: das Quartier ist überbelegt *(von zu vielen Leuten bewohnt)* || **Überbelegung** die, -/-en

überbelichten: ein überbelichteter Film || **Überbelichtung**

Überbeschäftigung (Wirt.): *das Angebot an offenen Stellen ist größer als die Zahl der Arbeitssuchenden*

überbetonen: *zu stark hervorheben* || **Überbetonung**

überbetrieblich: über den [eigenen] Betrieb hinaus

U

über|be|völ|kert: *zu dicht bevölkert* ‖ **Über|be|völ|ke|rung**
über|be|wer|ten: seine Leistung wurde überbewertet *(zu hoch bewertet)* ‖ **Über|be|wer|tung**
über|be|zah|len: *zu hoch bezahlen;* ein überbezahlter Manager ‖ **Über|be|zah|lung**
über|bie|ten: jemanden bei der Auktion ü. *(mehr bieten)* | seine Leistung wurde überboten *(übertroffen)* ‖ **Über|bie|tung** die, -
über|bla|sen (Mus.): *auf Blasinstrumenten [eine Oktave] höher blasen*
über|blät|tern: sie hat einige Seiten des Buches überblättert
über|blei|ben (ugs.): *übrig bleiben;* nichts ist übergeblieben; mir ist nichts anderes übergeblieben ‖ **Über|bleib|sel** das, -s/-: *Übergebliebenes, Rest*
über|blen|den[1]: schnell wurde auf die nächste Szene übergeblendet *(übergeleitet)* ‖ **über|blen|den**[2]: ein Bild wird durch ein anderes langsam überblendet *(überstrahlt)* ‖ **Über|blen|dung**
Über|blick: einen guten Ü. haben; sich [einen] Ü. *(Übersicht)* verschaffen ‖ **über|bli|cken:** sie hat die Lage sofort überblickt *(erkannt, richtig eingeschätzt)*
über|bor|den ['y:-, -'ɔ-] (geh.): überbordende *(überquellende)* Gefühle
Über|bot das, -[e]s/-e (Amtsspr.): ein höheres Anbot *(Gebot)* im Versteigerungsverfahren
über|bra|ten (Küchenspr.): *kurz abbraten;* Fleisch rasch ü.
über|breit: *besonders breit* ‖ **Über|brei|te**
über|brin|gen: sie hat uns eine Nachricht überbracht ‖ **Über|brin|ger** der, -s/-: das Sparbuch lautet auf den Ü. ‖ **Über|brin|ge|rin** die, -/-innen ‖ **Über|brin|gung** die, -/-en
über|brü|cken: ein überbrückter Fluss | Gegensätze ü. *(ausgleichen)* | eine finanzielle Notlage ü. ‖ **über|brück|bar:** kaum überbrückbare Gegensätze ‖ **Über|brü|ckung** die, -/-en ‖ **Über|brü|ckungs|hil|fe:** *Geldzuwendung bei besonderer Notlage* ‖ **Über|brü|ckungs|kre|dit** ‖ **Über|brü|ckungs|maß|nah|me**
über|bu|chen: ein Hotel ü.; der Flug war überbucht ‖ **Über|bu|chung**
über|bür|den (geh.): er ist mit Arbeit überbürdet *(überlastet)* ‖ **Über|bür|dung** die, -/-en
Über|dach ‖ **über|da|chen:** ein überdachter Gang ‖ **Über|da|chung** die, -/-en
über|dau|ern: sie haben die Kriegszeiten in großer Not überdauert *(überstanden, überlebt)*
Über|de|cke: *Schutzdecke* ‖ **über|de|cken:** einen Fleck mit Farbe ü. ‖ **Über|de|ckung**
über|deh|nen: ein beim Aufwärmen überdehnter *(zu stark gedehnter)* Muskel ‖ **Über|deh|nung**
über|den|ken: wir haben das genau überdacht
über|deut|lich: *übertrieben deutlich*
über|dies: *außerdem*
über|di|men|si|o|nal: *über das normale Maß hinausgehend* ‖ **über|di|men|si|o|nie|ren:** eine überdimensionierte *(übergroße)* Anlage
über|do|sie|ren: ein überdosiertes Medikament ‖ **Über|do|sie|rung** ‖ **Über|do|sis:** *zu hohe Einnahmemenge [Tabletten, Drogen]*
über|dre|hen: ein überdrehter Wasserhahn ‖ **über|dreht:** *überaktiv; überspannt*
über|drü|ber (sal.): *hervorragend, einzigartig;* ihre Leistung war ü.
Über|druck[1] der, -[e]s/-drucke: *Druck einer größeren Menge als benötigt* ‖ **Über|druck**[2] der, -[e]s/-drücke (Phys.): *über dem normalen Luftdruck liegender Druck* ‖ **über|dru|cken:** die Briefmarken wurden mit einer Aufschrift überdruckt ‖ **Über|druck|ka|bi|ne:** die Ü. in Flugzeugen ‖ **Über|druck|ven|til** [-v-]
Über|druss der, -es: bis zum Ü. *(bis man nicht mehr kann oder nicht mehr will)* ‖ **über|drüs|sig:** ich bin seiner ü.; des Wartens ü. sein
über|dün|gen: *zu stark düngen* ‖ **Über|dün|gung**
über|durch|schnitt|lich: ein ü. begabtes Kind
über|eck: *übers Eck;* den Tisch ü. *(quer über eine Zimmerecke)* stellen
Über|ei|fer ‖ **über|eif|rig:** *allzu eifrig*
über|eig|nen (geh.): jemandem eine Sache übereignet *(als Eigentum übertragen)* haben ‖ **Über|eig|nung** die, -/-en (geh.)
Über|ei|le ‖ **über|ei|len:** eine Sache ü. *(sie zu rasch, unbedacht ausführen);* eine übereilte *(überstürzte)* Abreise ‖ **Über|ei|lung** die, -/-en

über|ei|n|an|der:

Getrenntschreibung, wenn die Hauptbetonung auf dem Verb liegt:
- sich übereinander ärgern
- übereinander lachen
- übereinander reden

Zusammenschreibung, wenn die Betonung auf „übereinander“ liegt:
- die Hände übereinanderlegen
- übereinanderliegende Hefte
- die Kleider übereinanderwerfen
- sie hat die Beine übereinandergeschlagen R→ S. 899, 1.3

über|ei|n|an|der|le|gen: die Kleider ü. ‖ **über|ei|n|an|der|lie|gen** ‖ **über|ei|n|an|der|schla|gen:** die Beine ü. ‖ **über|ei|n|an|der|wer|fen**
über|ein|kom|men: *vereinbaren;* wir sind mit ihnen übereingekommen, dass … ‖ **Über|ein|kom|men** das, -s/-: *Vereinbarung, Abkommen* ‖ **Über|ein|kunft** die, -/-künfte: nach Ü. *(gemäß der Abmachung)*
über|ein|stim|men: die Abschrift hat mit dem Original nicht übereingestimmt ‖ **Über|ein|stim|mung:** diesbezüglich herrscht volle Ü.
über|emp|find|lich: *übermäßig empfindlich* ‖ **Über|emp|find|lich|keit** die, - (Med.): *Allergie*
über|er|fül|len: die Bedingung ü. *(mehr tun, als gefordert ist);* der Plan ist übererfüllt ‖ **Über|er|fül|lung**
Über|er|näh|rung: *übermäßige Ernährung*
über|er|reg|bar: *zu leicht erregbar* ‖ **Über|er|reg|bar|keit**
über|es|sen sich: sich überessen haben
über|fah|ren[1]: wir sind übergefahren *(über den Fluss gefahren)* ‖ **über|fah|ren**[2]: das Kind ist überfahren worden | *überrumpeln* ‖ **Über|fahrt:** eine stürmische Ü. nach England

Über|fall:

Zusammensetzungen mit „Überfall“ werden in Österreich im Allgemeinen mit Fugen-s gebildet, zB:
- überfallsartig (in Deutschland: überfallartig)
- Überfallskommando

U

über|fal|len: er ist aus dem Hinterhalt überfallen worden; die Reporter ü. die Politikerin mit Fragen | (scherzh.) tut mir leid, dass ich dich überfalle *(unangemeldet besuche)* ‖ **über|fäl|lig:** das Flugzeug ist ü. *(es sollte längst da sein)* | ein überfälliger *(längst fälliger, nicht eingelöster)* Wechsel ‖ **über|falls|ar|tig,** *auch:* überfallartig ‖ **Über|falls|kom|man|do,** *auch:* Überfallkommando: *eine schnelle Eingreiftruppe der Polizei*

über|fein: *bes. fein* ‖ **über|fei|nert:** ein überfeinerter *(sehr fein ausgebildeter)* Geschmack ‖ **Über|fei|ne|rung** die, -/-en

über|fi|schen: einen See ü. *(durch zu starkes Abfischen den Fischbestand gefährlich minimieren)* ‖ **Über|fi|schung** die, -

über|flei|ßig: *übermäßig fleißig*

über|flie|gen: das Flugzeug hat die Alpen überflogen | einen Brief ü. *(ihn [vorerst] nur flüchtig lesen)* ‖ **Über|flie|ger** (sal.): *überragend begabte Person | erfolgreicher Skispringer* ‖ **Über|flie|ge|rin**

über|flie|ßen[1]: das Wasser ist übergeflossen | die Chefin fließt über vor Freundlichkeit | Blau und Grau fließen ineinander über ‖ **über|flie|ßen**[2]: vom Bach überflossene Steine

Über|flug ‖ **über|flü|geln:** ich überflügle *(übertreffe)* bald meinen Bruder; überflügelt werden ‖ **Über|flü|ge|lung** = Überflüglung die, - ‖ **Über|flug|ge|neh|mi|gung** = **Über|flugs|ge|neh|mi|gung**

Über|fluss der, -es: Geld im Ü. haben; im Ü. leben; zu allem Ü. *(außerdem, noch dazu)* hat sie sich jetzt auch noch das Bein gebrochen ‖ **über|flüs|sig:** *unnötig, entbehrlich* ‖ **über|flüs|si|ger|wei|se**

über|flu|ten: der Strom hat die Ufer überflutet ‖ **Über|flu|tung** die, -/-en

über|for|dern: der Schüler ist überfordert *(kann nicht so viel leisten, wie von ihm verlangt wird)* ‖ **Über|for|de|rung**

Über|form (Sport): in Ü. *(in Bestform, Höchstform)* sein

über|frach|ten: *zu stark beladen* | der Text ist mit Fremdwörtern überfrachtet ‖ **Über|frach|tung** die, -/-en

über|fra|gen ‖ **über|fragt:** ich bin ü. *(kann auf eine Frage keine Antwort geben)*

über|frem|den ‖ **Über|frem|dung** die, - (meist abw.): die Ü. der deutschen Sprache durch Anglizismen

über|fres|sen sich: *zu viel fressen (bei Tieren)* | (derb) *sich überessen*

Über|fuhr: *Fähre;* mit der Ü. ans andere Ufer fahren | (sal.) die Ü. *(letzte Gelegenheit)* verpassen/versäumen ‖ **über|füh|ren**[1]: jemanden eines Verbrechens überführt haben *(es jemandem nachgewiesen haben);* der Leichnam wurde in die alte Heimat überführt ‖ **über|füh|ren**[2]: ans andere Ufer übergeführt werden ‖ **Über|füh|rung:** *Brücke als Verkehrswegkreuzung ungleicher Wege (Straße/Schiene)* | die Ü. des Leichnams in die Heimat | die Ü. eines Angeklagten

Über|fül|le: *sehr große Menge, reiche Auswahl* ‖ **über|fül|len:** die U-Bahn war überfüllt ‖ **Über|fül|lung** die, -; wegen Ü geschlossen

Über|funk|ti|on [-tsi̯-]: *zu starke Tätigkeit [der Schilddrüse]*

über|füt|tern: *übermäßig füttern* ‖ **Über|füt|te|rung**

Über|ga|be: die Ü. eines Bauernhofs *(Übertragung an die Erben)* ‖ **Über|ga|be|ver|trag** = **Über|gabs|ver|trag:** *Vertrag, der die Übergabe eines bäuerlichen Anwesens und die Versorgung der Altbauern regelt*

Über|gang: der Ü. über die Straße | der Ü. vom Frühjahr zum Sommer ‖ **Über|gangs|be|stim|mung:** *[gesetzliche] Regelung für eine Übergangszeit* ‖ **Über|gangs|er|schei|nung** ‖ **Über|gangs|frist** ‖ **über|gangs|los** ‖ **Über|gangs|lö|sung:** dieser Job ist nur eine Ü. ‖ **Über|gangs|man|tel:** *Frühjahrs-, Herbstmantel* ‖ **Über|gangs|pe|ri|o|de** ‖ **Über|gangs|pha|se** [-f-] ‖ **Über|gangs|zeit:** *bestimmte Zeit im Frühling und Herbst* | die Ü. zwischen Schilling und Euro

über|ge|ben: ich habe ihr das Buch ü. *(gegeben, anvertraut);* den Betrieb der ältesten Tochter ü. *(ihr als Eigentum übertragen)* | eine Brücke dem Verkehr ü. | (geh.) sich ü. *(erbrechen)* | (geh.) den Flammen ü. *(verbrennen)*

Über|ge|bühr: Ü. *(eine höhere Gebühr als normal)* zahlen

über|ge|hen[1]: das Grundstück geht in ihren Besitz über | die Milch ist beim Kochen übergegangen | zur Tagesordnung ü. ‖ **über|ge|hen**[2]: er wurde bei den Beförderungen übergangen *(nicht berücksichtigt);* sie übergeht den Schlaf *(unterdrückt ihr Schlafbedürfnis)*

über|ge|nau: *übertrieben genau*

über|ge|nug: *mehr als genug*

Über|ge|nuss der, -es (Amtsspr.): in einen Ü. gelangen *([durch Irrtum] zu hohe Bezüge erhalten)*

über|ge|ord|net: *vorgesetzt;* eine übergeordnete Stelle | *umfassend; von größerer Bedeutung*

Über|ge|päck: *[Flug]gepäck mit Übergewicht*

Über|ge|wicht das, -[e]s: *zu hohes Gewicht* | [das] Ü. bekommen *(das Gleichgewicht verlieren)* ‖ **über|ge|wich|tig**

über|gie|ßen: eine mit Schokolade übergossene Torte

über|glück|lich: *sehr glücklich*

über|gol|den: *vergolden*

über|grei|fen: *[beim Klavierspiel] mit der einen Hand über die andere greifen* | das Feuer hat aufs Nachbarhaus übergegriffen ‖ **über|grei|fend:** übergreifende *(mehrere Bereiche umfassende)* Projekte ‖ **Über|griff:** *unberechtigte Handlung*

Über|grö|ße: *Größe [bei Schuhen, Kleidungsstücken], die über der Norm liegt*

Über|guss (Küchenspr.): *eine Art Glasur;* Zuckerüberguss

über|ha|ben: sie hat die Bibliothek übergehabt *(war mit ihr betraut)* | (ugs.) eine Sache ü. *(ihrer überdrüssig sein);* für jemanden nichts ü. *(übrighaben, jemanden nicht leiden können)*

über|hal|ten (veraltet): *beim Kauf übervorteilen;* sie hat ihn überhalten

Über|ham|mer (sal.): das ist der Ü. *(ganz unglaublich, toll)*

über|hand|neh|men: der Straßenlärm hat überhandgenommen *(er ist übermäßig stark, unerträglich geworden)*

Über|hang: *Vorsprung [eines Felsens] | ein Zuviel [an Waren]* ‖ **über|hän|gen**[1], übergehangen: überhängende Schneewechten ‖ **über|hän|gen**[2]: er hängte sich das Sakko über; → hängen[2] ‖ **Über|hangs|recht:** *Recht, überhängende Pflanzenteile vom Nachbargrundstück zu schneiden und die Früchte zu behalten*

über|happs = **über|haps** (mda.):

U

überstürzt; oberflächlich; die Entscheidung wurde ü. getroffen
über|hart: *sehr hart*
über|has|ten: *übereilen*
über|häu|fen: mit Arbeit überhäuft sein *(zu viel zu tun haben)*
über|haupt [auch: 'y:-]: ü. nicht *(gar nicht);* er neigt ü. *(allgemein)* zu Wutausbrüchen
über|he|ben sich, überhoben: *sich beim Heben von etwas Schwerem einen gesundheitlichen Schaden zufügen* | (geh.) *sich hochmütig zeigen* || **über|he|b|lich:** *hochmütig; eingebildet* || **Über|he|b|lich|keit** die, -/-en
Über|he|ge, *auch:* Überhegung die, -/-en: *übermäßige Hege des Wildes zum Schaden für Forst- bzw. Landwirtschaft* || **über|he|gen** || **Über|he|gung** → Überhege
über|hei|zen: ein überheiztes Zimmer
über|hit|zen: überhitzter Dampf || **Über|hit|zung** die, -/-en
über|hö|hen: *übermäßig erhöhen;* überhöhte Preise; mit überhöhter *(zu hoher)* Geschwindigkeit fahren || **Über|hö|hung** die, -/-en
über|ho|len[1] (veraltet): „Fährmann, hol über!" || **über|ho|len**[2]: von einem Bus überholt werden | die Konkurrenten ü. *(übertreffen)* | die Maschine ist überholt *(überprüft und wieder in Stand gesetzt)* worden; → überholt || **Über|hol|ma|nö|ver** [-v-, -f-]: *Überholvorgang* || **Über|hol|spur:** *Fahrstreifen zum Überholen* || **über|holt:** das Modell ist [inzwischen] ü. *(schon veraltet);* → überholen || **Über|ho|lung** die, -/-en: *Überprüfung und Wiederinstandsetzung* || **über|ho|lungs|be|dürf|tig:** *reparaturbedürftig* || **Über|hol|ver|bot** || **Über|hol|versuch** || **Über|hol|vor|gang**
über|hö|ren: sie hat die Warnung überhört *(nicht gehört, nicht beachtet)*
Über|ich das, -[s], *auch:* **Über-Ich** (Psych.): *das Gewissen als Kontrollinstanz*
über|in|di|vi|du|ell [-v-]: *über die Individuen hinausgehend, allgemein*
Über|in|ter|pre|ta|ti|on [-tsi̯-]: *zu weit gehende Interpretation* || **über|in|ter|pre|tie|ren**
über|ir|disch: *der Erde entrückt*
über|kan|di|delt [-ˌdi:-] ⟨lat.⟩ (ugs.): *überspannt, leicht verrückt, übertrieben*
Über|ka|pa|zi|tät (meist Pl.): *zu viel Kapazität*
über|kip|pen: die Vase ist übergekippt *(ist umgefallen)*
über|kle|ben: die alte Aufschrift mit Etiketten ü.
Über|kleid (veraltet): *über der normalen Kleidung getragenes Kleid* || **Über|klei|dung** (veraltend)
über|knö|cheln (ugs.): ein überknöchelter *(verstauchter, verrenkter)* Fuß; ich überknöchle mich beim Laufen
über|ko|chen[1]: die Milch ist übergekocht *(übergegangen)* || **über|ko|chen**[2]: die Marmelade wurde überkocht *(noch einmal gekocht)*
über|kom|men: es überkommt *(befällt)* mich ein Gefühl der Angst | ein überkommener *(überlieferter, vererbter)* Brauch
Über|kom|pen|sa|ti|on [-tsi̯-] || **über|kom|pen|sie|ren:** *zu stark kompensieren, mehr als ausgleichen*
über|kon|fes|si|o|nell: die Veranstaltung war ü. *(an keine bestimmte Konfession gebunden)*
über|kopf [auch: 'y:-]: einen Ball ü. treffen | die Tafel ist ü. angebracht || **Über|kopf|an|zeige** (Verk.): *Information per Überkopfwegweiser* || **Über|kopf|an|zei|ger** (Verk.) || **Über|kopf|weg|wei|ser** (Verk.): *Informationsschilder auf einer über alle Fahrspuren [einer Autobahn] reichenden Konstruktion*
über|kreu|zen: mit überkreuzten Beinen | die Wege ü. *(überschneiden)* sich
über|kro|nen: den schlechten Zahn ü. *(mit einer Zahnkrone versehen)*
über|krus|ten (Küchenspr.): *gratinieren*
über|küh|len (Küchenspr..): die Suppe ü. *(ein wenig abkühlen)* lassen
über|la|den: der Lkw ist ü. *(hat zu viel Ladung)* | die Schauspielerin ist mit Schmuck ü.
über|la|gern: der Empfang der Radiosendung ist von Störsendern überlagert; die Termine ü. sich || **Über|la|ge|rung**
Über|land|fahrt || **Über|land|flug** || **Über|land|lei|tung** || **Über|land|par|tie** (veraltet): *Ausflugsfahrt aufs Land* || **Über|land|ver|kehr** || **Über|land|zen|tra|le:** *großes E-Werk zur Beförderung von Strom über weite Strecken*
über|lang || **Über|län|ge:** *mehr als normale Länge*
über|lap|pen: *teilweise überdecken;* die Termine haben sich überlappt || **Über|lap|pung** die, -/-en
über|las|sen[1] (ugs.): *übrig lassen;* er hat nichts übergelassen || **über|las|sen**[2]: dem alten Mann den Sitzplatz ü. *(abtreten)* | es bleibt ihr überlassen *(freigestellt),* ob sie kommen will oder nicht || **Über|las|sung** die, -/-en
über|las|ten: mit Arbeit überlastet sein || **Über|las|tung** die, -/-en
über|lau|ern (ugs.): *durchschauen*
Über|lauf: *Abfluss [für überschüssiges Wasser]* || **Über|lauf|be|cken:** *Vorrichtung, um überlaufendes Wasser abfließen zu lassen* || **über|lau|fen**[1]: das Wasser läuft über; es ist übergelaufen | sie sind zum Gegner übergelaufen *(zu ihm übergegangen, kämpfen von nun an für ihn)* || **über|lau|fen**[2]: das neu eröffnete Geschäft ist ü. *(es wird sehr stark besucht)* | es überläuft mich kalt *(mich fröstelt; es gruselt mir)* || **Über|läu|fer:** *jemand, der zum Gegner übergeht* || **Über|läu|fe|rin** || **Über|lauf|schutz:** der Ü. bei einer Waschmaschine
über|laut: *allzu laut* || **Über|lau|tung** die, -/-en: *überdeutliche Aussprache, zB im Funksprechverkehr*
über|le|ben: seinen Freund überlebt haben *(länger gelebt haben als er); aber:* es geht ums Überleben | überlebte *(überholte, veraltete)* Ansichten || **Über|le|ben|de**[1] der, -n/-n, ein Überlebender: ein Unfall ohne Ü. || **Über|le|ben|de**[2] die, -n/-n || **Über|le|bens|chan|ce** [-ʃɑ̃:s] || **über|le|bens|groß:** *größer als in Wirklichkeit* || **Über|le|bens|grö|ße** die, -: eine Statue in Ü. || **Über|le|bens|kampf** || **Über|le|bens|künst|ler** (sal.) || **Über|le|bens|künst|le|rin** (sal.) || **Über|le|bens|stra|te|gie** [-ʃt-, -st-] || **Über|le|bens|trai|ning** [-tre:n-, engl.: -treın-]: *eine Ausbildung für Notsituationen*
über|le|gen[1] (Verb): sie überlegt es sich noch; hin und her ü. | eine überlegte *(wohl durchdachte)* Antwort; überlegtes Handeln || **über|le|gen**[2] (Verb): er hat sich eine Decke übergelegt || **über|le|gen**[3] (Adj.): ein überlegener Sieg; sie ist ihm ü. *(sie ist stärker, leistet mehr als er)* || **Über|le|gen|heit** die, - || **Über|le|gen|heits|ge|fühl** || **über|le|gens|wert** || **Über-**

leger der, -s/-: *waagrechter tragender Bauteil, Träger* ‖ **Überlegung** die, -/-en: mit Ü. *(mit Vorbedacht)* handeln ‖ **Überlegungsfrist:** *Frist für die Annahme eines Angebotes oder Vorschlages*
überleiten: sie hat mit einem Beispiel zu einem anderen Thema übergeleitet ‖ **Überleitung**
überlesen: sie überlas *(überflog)* den Brief nur flüchtig | er hat einen Schreibfehler ü. *(übersehen)*
überliefern: sie wird dem Gericht überliefert | ein überlieferter *(von den Vorfahren stammender)* Brauch ‖ **Überlieferung**
überlisten: die Feinde wurden überlistet ‖ **Überlistung** die, -/-en
überm: *über dem;* ü. Haus
übermachen (veraltet): jemandem etwas ü. *(testamentarisch vermachen)*
Übermacht die, -: die Ü. *(Überzahl)* der Angreifer war zu groß | *Überlegenheit* ‖ **übermächtig**
übermalen: ein übermaltes Bild ‖ **Übermalung** die, -/-en
übermangansauer (Chem.): übermangansaures Kali *(ein Desinfektionsmittel)*
übermannen (geh.): der Schlaf hat ihn übermannt *(überwältigt)* ‖ **übermannshoch:** die Sträucher waren ü.
Übermaß das, -es: ein Ü. an Entbehrungen *(zu viele Entbehrungen)* ‖ **übermäßig:** ü. teuer
Übermensch: *eine allen Menschen überlegene Person* ‖ **übermenschlich:** eine übermenschliche Leistung
übermitteln: Grüße ü. *(überbringen, bestellen)* ‖ **Übermittlung** die, -/-en ‖ **Übermittlungsfehler**
übermorgen: sie kommt ü. Früh *(in zwei Tagen in der Früh);* → morgen
übermüden: übermüdet sein ‖ **Übermüdung** die, -
Übermut: *ausgelassene, leichtsinnige Stimmung* ‖ **übermütig:** ü. werden
übern (ugs.): *über den;* ü. Weg laufen
übernächste: am übernächsten Tag; *aber:* als Übernächste drankommen; → nächste
übernachten: im Freien ü. *(dort eine Schlafgelegenheit haben)* ‖ **übernächtig:** *nicht ausgeschlafen* ‖ **übernächtigt** (bes. D): *übernächtig* ‖ **Übernachtung** die, -/-en

Übernahme

die, -/-n: die Übernahme eines Geschäftes | die Übernahme *(Annahme)* eines Pakets
Zusammensetzungen mit „Übernahme" wurden früher in Österreich im Allgemeinen mit Fugen-s gebildet, zB:
– Übernahmsauftrag
– Übernahmsberechtigung
In jüngerer Zeit sind aber die in Deutschland üblichen Formen (zB Übernahmebestätigung, Übernahmeberechtigung usw.) gebräuchlicher geworden.

Übernahmeauftrag, *auch:* Übernahmsauftrag (Jus): *gerichtlicher Auftrag zur Rücknahme [einer Wohnung]* ‖ **Übernahmeberechtigung,** *auch:* Übernahmsberechtigung ‖ **Übernahmebestätigung,** *auch:* Übernahmsbestätigung ‖ **Übernahmestelle,** *auch:* Übernahmsstelle: *Annahmestelle* ‖ **Übernahmsauftrag** → Übernahmeauftrag ‖ **Übernahmsberechtigung** → Übernahmeberechtigung ‖ **Übernahmsbestätigung** → Übernahmebestätigung ‖ **Übernahmsstelle** → Übernahmestelle ‖ **Übernahmswerber** (Jus): *Ausbildungsstufe vor der Ernennung zum Richteramtsanwärter* ‖ **Übernahmswerberin** (Jus)
Übername, *auch:* **Übernamen:** *Spitzname, Beiname;* → Vulgoname
übernasern (ugs.): *durchschauen, überlauern*
übernational [-tsi̯-]: *über die einzelnen Staaten hinausgehend*
übernatürlich: übernatürliche *(übersinnliche)* Fähigkeiten, Phänomene
übernehmen: ein Geschäft ü.; die Haftung übernommen haben; ein Paket ü. | sie hat sich übernommen *(sie hat sich zu viel zugetraut)* | *übervorteilen*
überordnen: eine übergeordnete *(vorgesetzte)* Behörde ‖ **Überordnung** die, -/-en
Überorganisation [-tsi̯-]: *übertriebene Organisation* ‖ **überorganisieren**
überparteilich: *über den [politischen] Parteien stehend, von ihnen unabhängig*
überpflanzen ‖ **Überpflanzung:** *Bepflanzung* | (Med.) *Transplantation*
überpinseln: *übermalen*
Überpreis: *zu hoher Preis*
Überproduktion [-tsi̯-]: *Erzeugung, die den Bedarf überschreitet*
überproportional [-tsi̯-]: *unverhältnismäßig viel*
überprüfbar ‖ **überprüfen:** eine überprüfte *(nachgeprüfte)* Rechnung ‖ **Überprüfung**
überpurzeln sich (ugs.): die Ereignisse haben sich überpurzelt *(überschlagen)*
Überqualifikation [-tsi̯-]: *zu hohe Qualifikation* ‖ **überqualifiziert**
überquellen, übergequollen: *überfließen;* den überquellenden *(übervollen)* Papierkorb leeren
überquer: Hölzer zum Trocknen ü. *(kreuzweise)* legen | (ugs.) wir sind ü. gekommen *(uneins geworden)* ‖ **überqueren:** bei Grün die Straße ü.; mit dem Fahrrad die Alpen ü. ‖ **Überquerung**
überragen[1]: ein überragender *(überhängender)* Felsen ‖ **überragen**[2]: er hat alle um einen Kopf überragt | eine Gelehrte von überragender Bedeutung
überraschen, du überrasch[s]t: sein rasches Reagieren hat mich sehr überrascht *(erstaunt);* wir haben sie mit einem Geschenk überrascht; von einem Gewitter überrascht *(erwischt)* werden ‖ **überraschend:** ü. *(unerwartet)* schnell ‖ **überraschenderweise** ‖ **Überraschung** die, -/-en: zu meiner Ü.; eine kleine Ü. ‖ **Überraschungseffekt** ‖ **Überraschungsmoment** das, -[e]s/-e: *überraschende Wirkung, unerwarteter Gesichtspunkt* ‖ **Überraschungssieger** ‖ **Überraschungssiegerin**
überreagieren: *zu stark reagieren*
überrechnen: *[genau] nachrechnen; flüchtig durchrechnen;* sie hat den Betrag überrechnet
überreden: sie hat mich zum Dableiben überredet ‖ **Überredung** die, -/-en ‖ **Überredungskunst**
überregional: *nicht an ein bestimmtes Gebiet gebunden*
überreich: jemanden ü. *(sehr reich)* beschenken

U

über|rei|chen: das Zeugnis wurde ihr feierlich überreicht
über|reich|lich: ü. vorhandene Lebensmittel
Über|rei|chung die, -/-en: *feierliche Übergabe*
über|reif: überreifes Obst ‖ **Über|rei|fe**
über|rei|ßen (Sport): einen Ball ü. *(mit extremem Drall versehen)* | (ugs.) *begreifen, durchschauen;* er überreißt *(merkt)* auch gar nichts
über|rei|zen: durch Stress überreizt sein ‖ **Über|reizt|heit** die, - ‖ **Über|rei|zung** die, -/-en
über|ren|nen: ein Hindernis ü. *(umrennen)* | (Sport) die Verteidiger wurden überrannt *(überspielt)*
Über|re|prä|sen|ta|ti|on [-tsi̯-] ‖ **über|re|prä|sen|tiert:** *überdurchschnittlich stark vertreten*
Über|rest: alle Überreste beseitigen | (geh.) die sterblichen Überreste *(der Leichnam)*
über|rie|seln: es überrieselt *(überläuft)* mich kalt
Über|rock (veraltet): *ein [kurzer] [Herren]mantel, Überzieher*
über|rol|len: *überfahren* | von einer neuen Entwicklung überrollt werden
über|rum|peln: der Wächter wurde überrumpelt *(überrascht und überwältigt);* die Chefin ü. *(vor vollendete Tatsachen stellen)* ‖ **Über|rum|pe|lung** = **Über|rump|lung** die, -/-en
über|run|den (Sport): *eine Runde Vorsprung gewinnen* | überrundet *(übertroffen)* werden ‖ **Über|run|dung** die, -/-en
übers: *über das;* ü. ganze Dach; ü. Jahr *(heute in einem Jahr);* ü. Eck *(diagonal)* zusammenrollen
über|sä|en (geh.): der mit Sternen übersäte Himmel
über|satt: *mehr als satt* ‖ **über|sät|ti|gen:** den Körper mit Protein ü. *(ihm mehr zuführen als erforderlich)* ‖ **Über|sät|ti|gung**
über|säu|ern: ein übersäuerter Magen *(mit zu hohem Säureanteil)* ‖ **Über|säu|e|rung** die, -/-en
Über|schall|ge|schwin|dig|keit: mit Ü. *(schneller als der Schall, mit mehr als 330 m/s)* fliegen
über|schat|ten: das Fest wurde durch einen Unfall überschattet *(beeinträchtigt)* ‖ **Über|schat|tung** die, -/-en
über|schät|zen: er hat seine Kräfte überschätzt *(sich zu viel zugemutet)* ‖ **Über|schät|zung** die, -/-en
Über|schau die, -: *Übersicht* ‖ **über|schau|bar** ‖ **Über|schau|bar|keit** die, - ‖ **über|schau|en:** *überblicken;* vom Gipfel haben sie das ganze Tal überschaut
über|schäu|men: das Bier ist übergeschäumt *(der Schaum ist übergeflossen)* | überschäumende *(außergewöhnliche, begeisternde)* Freude
über|schla|fen: den Vorschlag erst noch ü. *(sich erst später entscheiden)*
Über|schlag: *eine Turnübung* | sie macht nur einen Ü. *(eine ungefähre Berechnung)* ‖ **über|schla|gen**[1] (Verb): mit übergeschlagenen Beinen sitzen | überschlagende Funken | mit überschlagender *(umkippender)* Stimme ‖ **über|schla|gen**[2] (Verb): das Auto hat sich ü. | einige Seiten des Buches ü. *(sie beim Lesen auslassen)* | die Kosten ü. *(schätzen)* | seine Stimme überschlug sich ‖ **über|schla|gen**[3] (Adj.) (reg.): überschlagenes *(lauwarmes)* Wasser ‖ **über|schlags|mä|ßig:** die Kosten ü. *(beiläufig, ungefähr)* berechnen ‖ **Über|schlags|rech|nung:** *nur ungefähre Rechnung, Schätzung* ‖ **über|schlags|wei|se:** *überschlagsmäßig*
Über|schmäh (ugs., sal.): *bes. gelungener, origineller Schmäh*
über|schnap|pen (ugs.): *verrückt werden*
über|schnei|den: die Veranstaltungen haben sich zeitlich überschnitten; diese zwei Linien ü. sich ‖ **Über|schnei|dung** die, -/-en
über|schnell: *zu schnell*
über|schrei|ben: einen Bericht ü. *(mit einer Überschrift versehen)* | eine alte Datei mit der neuen Version ü. *(löschen und ersetzen)* | dieses Haus wurde auf die älteste Tochter überschrieben *(wurde ihr grundbücherlich übergeben)* ‖ **Über|schrei|bung**
über|schrei|en: die anderen ü. *(noch lauter schreien als sie)*
über|schreit|bar ‖ **über|schrei|ten:** die Grenze ü. *(passieren)* | die Frist überschritten haben ‖ **Über|schrei|ten** das, -s: „Das Überschreiten der Gleise ist verboten!" ‖ **Über|schrei|tung** die, -/-en: Ü. der zulässigen Höchstgeschwindigkeit
Über|schrift: eine passende Ü. für den Text finden
Über|schuh: *großer übergezogener zweiter Schuh als Schutz vor Kälte und Nässe*
über|schul|det: die Firma ist ü. *(hat zu viele Schulden)* ‖ **Über|schul|dung** die, -/-en
Über|schuss: einen Ü. *(einen Gewinn)* erzielen ‖ **über|schüs|sig:** er hat noch überschüssige *(zu viele)* Kräfte
über|schüt|ten[1]: mit Beifall überschüttet werden ‖ **über|schüt|ten**[2]: er hat sich Rotwein übergeschüttet
Über|schwang der, -[e]s: im Ü. [der Gefühle] *(in übergroßer Begeisterung)* ‖ **über|schwäng|lich:** jemanden ü. *(übermäßig begeistert)* loben ‖ **Über|schwäng|lich|keit** die, -/-en
über|schwap|pen: das Wasser ist übergeschwappt
über|schwem|men: völlig überschwemmte Uferstraßen ‖ **Über|schwem|mung** die, -/-en ‖ **Über|schwem|mungs|ge|biet** ‖ **Über|schwem|mungs|ka|ta|s|tro|phe** [-f-]
über|schwer: *sehr schwer*
Über|schwung (fachspr.): *[Uniform]gürtel*
Über|see (ohne Art.) (veraltend): Waren aus Ü. *(aus Ländern jenseits des Ozeans);* Verwandte in Ü. haben; nach Ü. ‖ **Über|see|damp|fer** (veraltet): *Ozeanschiff* ‖ **Über|see|han|del** (veraltend) ‖ **über|see|isch** (veraltend): überseeische Besitzungen *(Kolonien auf anderen Kontinenten)*
über|seh|bar: *überschaubar* | *einschätzbar* ‖ **über|se|hen:** *überschauen;* vom Gipfel das ganze Tal ü. | *irrtümlich oder absichtlich nicht sehen;* eine Warntafel ü.; wir haben die Zeit ü.
über|sen|den: mit der Post übersendete *(übersandte, zugeschickte)* Waren ‖ **Über|sen|dung**
über|sen|si|bel: *überempfindlich;* ü. reagieren
über|setz|bar: *in eine andere Sprache übertragbar* ‖ **Über|setz|bar|keit** die, - ‖ **über|set|zen**[1]: die Flüchtenden werden eilig in Booten übergesetzt ‖ **über|set|zen**[2]: *aus einer Sprache in eine andere [schriftlich oder mündlich] übertragen;* dieses Buch wurde in mehrere Sprachen übersetzt ‖ **Über|set|zer** der, -s/- ‖ **Über|set|ze|rin** die, -/-innen ‖ **Über|set|zung** die, -/-en: eine gu-

U

te Ü. aus dem Englischen | *Kraftübertragung beim Fahrrad* || **Übersetzungsbüro** || **Übersetzungsfehler**

Übersicht die, -: die Ü. *(den Überblick)* behalten | (mit Pl. -en) *[tabellarische] Zusammenstellung;* eine Ü. über das vergangene Jahr geben || **übersichtig:** *weitsichtig* || **übersichtlich:** eine übersichtliche Anordnung || **Übersichtlichkeit** die, - || **Übersichtskarte** || **Übersichtsplan**

übersiedeln: sie ist aufs Land übersiedelt || **Übersiedlung,** *auch:* Übersiedelung

übersinnlich: *mit den Sinnesorganen nicht mehr wahrnehmbar; übernatürlich*

überspannen: *zu stark spannen;* er hat den Bogen überspannt *(die Sache zu weit getrieben)* || **überspannt:** ein überspanntes *(unnatürliches, geziertes)* Benehmen || **Überspanntheit** die, -/-en || **Überspannung**[1] (Elektrot.): *zu hohe elektrische Spannung* || **Überspannung**[2]: *zu starke Bespannung [eines Tennisschlägers]* || **Überspannungsschutz** (Elektrot.)

überspielen: der Stürmer hat den Verteidiger überspielt | seine Angst ü. *(sie sich nicht anmerken lassen)* | von einer CD-ROM auf Kassette ü. | (veraltet) ein überspieltes *(gebrauchtes, abgenütztes)* Klavier || **Überspielung** die, -/-en

überspitzen: eine überspitzte *(übertriebene)* Behauptung

überspringen[1]: der elektrische Funke ist übergesprungen || **überspringen**[2]: das Pferd hat das Hindernis übersprungen; beim Lesen eine Zeile ü.

übersprudeln: übersprudelnde *(ausgelassene)* Heiterkeit

übersprühen[1]: sie sind vor Freude übergesprüht || **übersprühen**[2]: sie haben die Haare mit Spray übersprüht

überspülen: die Wellen ü. die Sandburgen am Strand

überstaatlich: *international;* das Rote Kreuz ist eine überstaatliche Vereinigung

überständig: das Getreide ist ü. *(es hätte schon geerntet werden sollen)*

überstark: *außerordentlich stark*

überstechen: *[im Kartenspiel] den Stich eines anderen übertreffen*

überstehen[1]: ein weit überstehender Balken || **überstehen**[2]: eine Krankheit glücklich überstanden haben | (ugs.) es überstanden haben *(gestorben sein)*

übersteigen[1]: ich habe das Hindernis überstiegen; das übersteigt *(geht über)* meine Kraft || **übersteigen**[2]: sie ist ins Boot übergestiegen

übersteigern: ein übersteigertes *(über das normale Maß hinausgehendes)* Geltungsbedürfnis; übersteigerte Preise || **Übersteigerung**

überstellen (Amtsspr.): der Häftling wurde dem Gericht überstellt *(übergeben)* || **Überstellung**

übersteuern (Elektrot.): eine Bandaufnahme ü. *(verzerren)* | (Kfz.) das Auto übersteuert *(es zeigt zu starke Wirkung der Lenkung);* → untersteuern

überstimmen: der Antragsteller wurde überstimmt *(sein Antrag wurde mit Stimmenmehrheit abgelehnt)* || **Überstimmung**

überstrahlen: von der Sonne überstrahlte Berghänge | Freude überstrahlte ihr Gesicht

überstrapazieren: *zu sehr strapazieren*

überstreichen: die Aufschrift wurde überstrichen

überstreifen, übergestreift: sich ein Kleid ü. *(es anziehen)*

überstreuen: die Torte mit Schokostreusel ü.

überströmen[1]: das Wasser ist übergeströmt; überströmende Freude || **überströmen**[2]: der Fluss hat die Wiesen überströmt *(überflutet)*

überstülpen: eine Kapuze ü. *(über den Kopf ziehen)*

Überstunde: *Mehrdienstleistung;* Überstunden machen || **Überstundenzuschlag**

überstürzen: nichts ü. *(nichts übereilen);* die Ereignisse haben sich danach überstürzt

übertariflich: ü. entlohnt werden *(mehr Geld als üblich bekommen)*

übertäuben: den Lärm ü. *(übertönen)*

übertauchen: eine übertauchte *(ohne Behandlung überstandene)* Krankheit

übertölpeln, ich übertölple, übertölpelt: *jemanden plump übervorteilen* || **Übertölpelung** die, -/-en

übertönen: durch den Straßenlärm übertönte Hilferufe

Übertopf: äußerer *(meist schön gestalteter)* Blumentopf

Übertrag der, -[e]s/-träge: *Summe, die [in einem Kassabuch] vom Ende der einen Seite auf den Beginn der nächsten Seite überschrieben wird* || **übertragbar:** eine übertragbare *(ansteckende)* Krankheit || **Übertragbarkeit** die, - || **übertragen**[1] (Verb): das Konzert wird im Radio live ü. | einen Text ü. *(übersetzen)* | eine Krankheit ü. | jemandem eine Aufgabe ü. | die erhobenen Zahlen in eine Liste ü. | in übertragener Bedeutung *(nicht im eigentlichen Wortsinn)* || **übertragen**[2] (Adj.): übertragene *(gebrauchte, schon von anderen getragene)* Kleider; etwas ü. kaufen || **Überträger** (Med.): *Lebewesen, das eine Krankheit überträgt* || **Überträgerin** (Med.) || **Übertragung** die, -/-en: eine Ü. im Fernsehen | *Übersetzung* | die Übertragung *(das Übertragen) von Funktionen* | die Ü. einer Krankheit || **Übertragungsgeschwindigkeit** || **Übertragungsrate** (EDV): *Kurzwort für Datenübertragungsrate* || **Übertragungswagen:** *Wagen [des Fernsehens] mit eingebauten technischen Anlagen;* → Ü-Wagen

übertrainiert [-tren-]: der Sportler war ü. *(er hatte zu viel trainiert)*

übertreffen: an Fleiß von niemandem übertroffen werden

übertreiben: *etwas aufbauschen, dramatisieren;* nicht ü. *(Maß halten)* | übertriebene *(zu hohe)* Ansprüche || **Übertreibung** die, -/-en

übertreten[1]: sie ist in eine Fachschule übergetreten | der Bach ist nach dem Regenguss übergetreten *(über das Ufer gestiegen)* | zum Islam ü. || **übertreten**[2]: ein Gesetz ü. *(dagegen verstoßen)* | sich den Fuß ü. *(leicht verstauchen)* || **Übertretung** die, -/-en: eine Ü. begehen *(die Höchstgeschwindigkeit überschreiten oÄ)* || **Übertretungsfall** (Amtsspr.): im Ü. ist eine hohe Strafe zu zahlen

übertrieben: übertriebene *(zu hohe)* Ansprüche stellen; → übertreiben || **Übertriebenheit** die, -/-en

Übertritt: der Ü. in eine andere

U

Schule

übertrocknen: *[flüchtig] trocknen; halbwegs trocken werden*

übertrumpfen: übertrumpft *(übertroffen)* werden

übertünchen: *flüchtig [nicht deckend] überstreichen*

überübermorgen: *am Tag nach übermorgen*

überversichern: eine überversicherte *(zu hoch versicherte)* Wohnung; → unterversichern ‖ **Überversicherung**

übervölkert: ein übervölkertes *(zu dicht besiedeltes)* Gebiet ‖ **Übervölkerung** die, -

übervoll: *zu voll;* eine übervolle *(überfüllte)* U-Bahn

übervorsichtig: *übertrieben vorsichtig*

übervorteilen: *überlisten;* bei einem Kauf übervorteilt *(übertölpelt)* werden ‖ **Übervorteilung**

überwach: *hellwach*

überwachen: überwacht *(kontrolliert, beaufsichtigt)* werden

überwachsen [-ks-]: ein von Efeu überwachsenes Grabkreuz

Überwachung die, -/-en ‖ **Überwachungsdienst** ‖ **Überwachungskamera**

überwältigen: überwältigt *(bezwungen)* werden | überwältigt *(beeindruckt)* sein ‖ **überwältigend:** ein überwältigender *(herrlicher)* Anblick | mit überwältigender *(sehr großer)* Mehrheit ‖ **Überwältigung** die, -/-en

überwälzen: die Verantwortung auf andere ü. *(abschieben);* eine überwälzte Schuld

überwechseln [-ks-]: der Spieler ist zu einem anderen Verein übergewechselt

Überweg (SüdT): *Fußgängerübergang*

überweiden: *als Weide überbeanspruchen*

überweisen ‖ **Überweisung:** die Ü. zu einer Fachärztin | (Bankw.) *bargeldloser Vorgang, bei dem ein Geldbetrag von einem Konto auf ein anderes gelangt* | (Jus) die Ü. einer Rechtssache an ein anderes Gericht ‖ **Überweisungsauftrag** (Bankw.) ‖ **Überweisungsschein:** *Formular, mit dem ein Patient an einen Facharzt überwiesen wird*

Überweite: genügend Ü. *(Spielraum)* im Kleid

überwerfen[1]: den Mantel übergeworfen haben ‖ **überwerfen**[2] sich: wir haben uns überworfen *(zerstritten)*

überwertig: *von unangemessen hohem Wert* ‖ **Überwertigkeit** die, -

überwiegen: in unserer Schule überwogen die Mädchen *(es gab mehr Mädchen als Knaben);* der überwiegende Teil der Österreicher/innen ‖ **überwiegend:** Österreich ist ü. *(größerenteils)* Gebirgsland

überwindeln, überwindelt: ich überwindle *(übernähe)* die Schnittkanten eines Stoffes

überwinden: etliche Schwierigkeiten überwunden *(bewältigt)* haben | (geh.) *besiegen* ‖ **Überwindung:** das kostet mich große Ü. *(ich mache es nur [sehr] ungern)*

überwintern: der Dachs hat in seinem Bau überwintert | Erdäpfel im Keller ü. ‖ **Überwinterung** die, -/-en

überwölben: ein überwölbter Raum ‖ **Überwölbung**

überwuchern: ein von Unkraut überwuchertes Grab

Überwurf: *Zierdecke [für ein Sofa]* | *Umhang*

überwuzelt (reg., bes. W., ugs., scherzh.): *nicht mehr jung und unverbraucht*

Überzahl die, -: wir waren in der Ü. *(zahlreicher)* ‖ **überzahlen:** wir haben die Ware überzahlt *(zu teuer gekauft)* ‖ **überzählig:** *überflüssig*

überzeichnen: einen Vorfall ü. *(übertrieben darstellen)* | (Wirt.) eine Anleihe wird überzeichnet *(die Nachfrage nach ihr ist größer als das Angebot)* ‖ **Überzeichnung**

überzeitlich (geh.): *die Zeiten überdauernd, nicht modisch, nicht zeitgebunden*

überzeugen: jemanden von der Sinnhaftigkeit eines Plans ü.; von sich überzeugt sein *(an sich glauben);* sie ist eine überzeugte Anhängerin ihrer Idee ‖ **überzeugend:** etwas ü. *(glaubwürdig)* darstellen; das sind überzeugende Beweise ‖ **Überzeugung:** das ist meine volle Ü. ‖ **Überzeugungsarbeit:** Ü. leisten *(zu überzeugen versuchen)* ‖ **Überzeugungskraft**

überziehen[1]: sie hat einen Mantel übergezogen ‖ **überziehen**[2]: die Sendezeit ü. *(überschreiten)* | ein frisch überzogenes Bett | (Bankw.) das Konto ü. *(das Guthaben überschreiten)* | (ugs.) *begreifen;* er überzieht das bestimmt nicht ‖ **Überzieher** der, -s/-: *ein leichter [Übergangs-]mantel, Überrock* ‖ **Überziehungsrahmen** (Bankw.): *Betrag, bis zu dem ein Konto überzogen werden darf*

überzüchtet: eine überzüchtete *(durch übertriebene Zucht geschädigte)* Hunderasse

überzuckern: der Strudel ist überzuckert | die Berge sind [weiß] überzuckert *(durch leichten Schneefall weiß)* | (ugs.) *draufkommen, durchschauen*

Überzug: *Hülle für Polster, Tuchent uÄ*

Ubikation [-tsi-] die, -/-en ⟨lat.⟩ (veraltet): *militärische Unterkunft*

üblich: das ist nicht ü. *(nicht gebräuchlich);* zur üblichen *(gewohnten)* Stunde ‖ **üblicherweise**

U-Boot: *Kurzwort für Unterseeboot* | *jemand, der [zum Schutz vor Verfolgung] untergetaucht lebt, sich versteckt hält* ‖ **U-Boot-Besatzung**

übrig:

die übrigen Anwesenden; übriges *(überschüssiges)* Geld

Großschreibung bei Nominalisierung:
- die Übrigen
- das/alles Übrige *(das andere)*
- alles Übrige *(andere)*
- im Übrigen *(außerdem)*
- ein Übriges tun *(mehr als nötig)*

R→ S. 892, 2.2

Getrenntschreibung bei wörtlicher Bedeutung:
- übrig sein
- übrig behalten
- 3 Stück sind übrig geblieben
- noch etwas Geld übrig haben
- Essen übrig lassen

Zusammenschreibung bei übertragener Bedeutung:
- viel für Musik übrighaben *(für sie viel Sinn, viel Interesse haben)*
- für jemanden nichts übrighaben *(jemanden nicht leiden können)*

R→ S. 900, 1.5.1

Getrennt- und Zusammenschreibung:
- es ist mir nichts übrig geblieben (= übriggeblieben) *(es ist kein anderer Ausweg geblieben)*
- seine Leistung hat zu wünschen übrig gelassen (= übriggelassen)

U

(hat den Erwartungen nicht entsprochen); aber nur getrennt: keinen Bissen übrig lassen

übrig behalten || **übrig bleiben** = **übrigbleiben:** es ist mir nichts übrig geblieben (= übriggeblieben) *(kein anderer Ausweg geblieben); aber:* es ist noch etwas Geld übrig geblieben; → übrig || **übrigens:** *außerdem; nebenbei bemerkt; schließlich und endlich* || **übrighaben** → übrig || **übrig lassen** = **übriglassen:** nichts zu wünschen übrig lassen (= übriglassen); *aber:* er hat keinen Bissen übrig gelassen; → übrig

Übung die, -/-en: Ü. macht den Meister; aus der Ü. kommen; eine Ü. der Feuerwehr | *Übungsaufgabe;* Hausübung | (Jus) nach der Ü. des redlichen Verkehrs *(nach dem Gewohnheitsrecht)* || **Übungsaufgabe:** eine schwere Ü. lösen || **Übungsfirma:** *Modell eines realen Unternehmens für eine praxisorientierte Ausbildung* || **übungshalber:** etwas ü. *(zu Übungszwecken)* tun; → -halber² || **Übungshauptschule** → Praxishauptschule || **übungsmäßig:** *übungshalber* || **Übungsplatz** (Mil.): *Truppenübungsplatz* || **Übungssache:** das ist reine Ü. || **Übungsschule** → Praxisschule || **Übungsstunde** || **Übungsvolksschule** → Praxisvolksschule

u. dgl.: **u**nd **dergl**eichen || **u. dgl. m.:** **u**nd **dergl**eichen **m**ehr

Udine: *Stadt in Nordostitalien*

u. d. M.: **u**nter **d**em **M**eeresspiegel *(Abkürzung bei Höhenangaben/Tiefenangaben)* || **ü. d. M.:** **ü**ber **d**em **M**eeresspiegel *(Abkürzung bei Höhenangaben)*

Udo: *männl. Vorname*

UdSSR [u de ɛs ɛs 'ɛr] die, - (früher): **U**nion **d**er **S**ozialistischen **S**owjet**r**epubliken *(Sowjetunion);* in der UdSSR; → GUS

u. e = **u. E.:** **u**nter **e**inem/**E**inem

UEFA die, -: **U**nion of **E**uropean **F**ootball **A**ssociations *(Europäischer Fußballverband)* || **UEFA-Cup** [-kʌp]: *früherer Name der → Europa League*

U-Eisen: *Eisenstück mit U-förmigem Querschnitt*

Ufer das, -s/-: am U. des Flusses; über die U. treten || **Uferbefestigung** || **Uferböschung** || **Uferlandschaft:** *Flusslandschaft* || **uferlos:** ein uferloses *(endloses)* Gerede | (Großschreibung) ins **U**ferlose *(allzu weit)* gehen; sich ins **U**ferlose *(ins Endlose)* verlieren || **Uferpromenade** || **Uferschnepfe:** *ein Vogel* || **Uferschwalbe:** *ein Singvogel* || **Uferstraße** || **Uferweg**

uff: *ein Ausruf;* uff, das war anstrengend!

UFO das, -s/-s, *auch:* Ufo: **u**nbekanntes **F**lug**o**bjekt

u-förmig = **U-förmig**

UFS [u ɛf 'ɛs] der, -[s]: **U**nabhängiger **F**inanz**s**enat

Uganda: *afrikanischer Staat*

UGB [u ge 'beː] das, -[s]: **U**nternehmens**g**esetz**b**uch

U-Haft: *Kurzwort für Untersuchungshaft*

U-Haken: *u-förmig gebogener Metallstift mit zwei Spitzen* || **U-Hakerl**

UHBP (sal., scherzh.): **U**nser **H**err **B**undes**p**räsident

Uhr die, -/-en: die Uhr aufziehen; auf die Uhr schauen; sich auf die innere Uhr *(das Zeitgefühl)* verlassen; rund um die Uhr *(Tag und Nacht)* | (mit Abk. h, meist hochgestellt) um 5ʰ *(um 5 Uhr);* um 8:10 (auch: 8.10) Uhr (sprich: acht Uhr zehn) || **Uhrenindustrie** || **Uhrkette:** *Kette für eine Taschenuhr* || **Uhrmacher** || **Uhrmacherin** || **Uhrwerk** || **Uhrzeiger** || **Uhrzeigersinn** der, -[e]s: sich im U. drehen; gegen den U. || **Uhrzeit**

Uhu der, -s/-s (Zool.): *eine Eulenart* | (auch mit Art. das) (Wz.) *ein Klebstoff (Produktname)*

Uhudler der, -s/-: *Bezeichnung für mehrere nicht veredelte Reb- und Weinsorten im Südburgenland und in der Oststeiermark*

ui: *ein Ausruf* || **ui je** = **ui jegerl** (ugs.): *Ausruf des Bedauerns oder des Erschreckens*

UK [selten: u 'kaː, juː 'keɪ] das, -[s]: **U**nited **K**ingdom *(Vereinigtes Königreich von Großbritannien und Nordirland)*

Ukas der, -/Ukasse ⟨russ.⟩ (abw.): *Weisung [der Obrigkeit]*

UKH [u ka 'haː]: **U**nfall**k**ranken**h**aus

Ukraine [auch: -'aɪ-] die, - (Kfz: UA): *ein Staat* || **Ukrainer** der, -s/- || **Ukrainerin** die, -/-innen || **ukrainisch** || **Ukrainisch** das, -[s] = **Ukrainische,** -n: *die ukrainische (eine ostslawische) Sprache;* → Deutsch

Ukulele die, -/-n ⟨hawaiianisch⟩: *kleine viersaitige Gitarre*

UKW [u ka 'veː] (ohne Art.): **U**ltra**k**urz**w**elle || **UKW-Empfänger** || **UKW-Sender**

Ulan der, -en/-en ⟨türk.-poln.⟩ (Mil.) (früher): *Lanzenreiter*

Ulema der, -s/-s ⟨arab.-türk.⟩: *Rechts- und Religionsgelehrter im Islam*

Ulf: *männl. Vorname*

ULF der, -[s]/-[s] (-e), *auch:* die, -/-[s] (-e) (sal.): **U**ltra **L**ow **F**loor *(eine Niederflurstraßenbahn [in Wien])*

Uli, *auch:* Ulli: *weibl. und männl. Vorname;* → Ulrike, Ulrich

Ulk der, -[e]s/-e (bes. D): *Scherz, Spaß, Streich* || **ulkig** (bes. D): *lustig, komisch* || **Ulknudel** (bes. D, ugs.): *bes. spaßige, komische Person*

Ulkus das (*auch:* der), -/Ulzera ⟨lat.⟩ (Med.): *Entzündung der [Schleim]haut; Geschwür*

Ulli → Uli

Ulme die, -/-n: *eine Laubbaumgattung, Rüster*

Ulrich: *männl. Vorname;* → Uli || **Ulrike:** *weibl. Vorname;* → Uli

Ulster ['ul-, engl.: 'ʌl-] der, -s/-: *ein klassischer weiter [Herren]mantel (nach der nordirischen Provinz Ulster)*

Ultima Ratio [- -tsi̯-] die, - - ⟨lat.⟩: *letzter Beweisgrund; äußerstes Mittel* || **ultimat** (geh.): *endgültig, unüberbietbar;* die ultimate Biografie der Beatles || **ultimativ:** *in Form eines Ultimatums* | (sal.) das ultimative *(nicht mehr überbietbare)* Kochbuch || **Ultimatum** das, -s/Ultimaten: *letzte [befristete] Aufforderung;* das U. läuft ab; ich habe ihm ein U. gestellt || **Ultimo** der, -s/-s (Kaufmannsspr.): *der letzte Tag des Monats, besonders als Zahltag;* heute ist U.

ultra- ⟨lat.⟩ (nur in Zusammensetzungen wie Ultraschall) || **Ultra**¹ der, -s/-s ⟨lat.⟩: *[politischer] Extremist* || **Ultra**² die, -/-s || **Ultrakurzwelle** (UKW): das Hörfunkprogramm auf U. empfangen || **Ultrakurzwellenempfänger** || **Ultrakurzwellentherapie** (Med.) || **ultralinks:** *politisch radikal links [stehend]* || **ultramarin:** *tiefblau* || **Ultramarin** das, -s || **ultrarechts:** *politisch radikal rechts [stehend]* || **Ultraschall** der, -[e]s (Phys.): *Schallschwingungen oberhalb*

U

der Hörbarkeitsgrenze ‖ **Ultraschallbehandlung** (Med.) ‖ **Ultraschalluntersuchung** (Med.) ‖ **Ultraschallwelle** (Phys.) ‖ **ultraviolett** [-v-] (UV) (Phys.): ultraviolette Strahlen *(elektromagnetische Schwingungen noch größerer Wellenlänge als violettes Licht;* → G.: infrarot ‖ **Ultraviolett** (Phys.)

Ulzera die (Pl. von → Ulkus)

um:

Präposition mit Akkusativ:
- rund um den Wolfgangsee
- um sich blicken
- aus Sorge um dich
- sie schickt ihn um Semmeln
- wir treffen uns um 19 Uhr 30 *(Punkt 19:30)*
- um 1930 *(etwa um das Jahr 1930)*
- einen Tag um den anderen verstreichen lassen
- ein Buch um zehn Euro; wir wetten um 5 €

Adverb:
- um sein; deine Zeit ist um *(abgelaufen)*
- es ist um und um nichts zu sehen *(weit und breit); aber:* das **Um** und Auf *(das Wesentliche)*

Konjunktion – Beistrichsetzung: Ist eine Infinitivgruppe mit „um zu" eingeleitet, so muss ein Beistrich stehen:
- Ich komme, um zu helfen.
- Sie fuhr aufs Land, um sich endlich zu erholen.

R→ S. 913, 4.3

umackern: das frisch umgeackerte Feld

umadressieren: *die Anschrift ändern*

umami ⟨jap.⟩ (nur prädikativ): *auf Glutamat zurückgehender, fünfter Geschmack neben süß, sauer, bitter, salzig* ‖ **Umami** das, -[s] ‖ **Umamigeschmack**

umändern: ein umgeändertes *(umgearbeitetes)* Kleid ‖ **Umänderung**

umarbeiten: ein umgearbeitetes *(im Aussehen verändertes, umgestaltetes)* Kleid ‖ **Umarbeitung** die, -/-en

umarmen: einander herzlich u. ‖ **Umarmung** die, -/-en

Umbau der, -[e]s/-ten: der U. eines Hauses ‖ **umbauen**[1]: *baulich verändern;* ein umgebautes Haus ‖ **umbauen**[2]: ein [mit Häusern] umbauter See

umbehalten: das Halstuch u.

umbenennen: die Straße wurde umbenannt ‖ **Umbenennung**

umbesetzen: ihre Rolle wurde umbesetzt *(einer anderen Schauspielerin gegeben)* ‖ **Umbesetzung**

umbestellen: *die Bestellung ändern*

umbetten: die Kranke wurde umgebettet ‖ **Umbettung** die, -/-en

umbiegen: ein umgebogener Draht

umbilden: *umgestalten* ‖ **Umbildung:** die Umbildung der Regierung

umbinden: eine umgebundene Schürze

umblasen: das Kartenhaus u. *(durch Blasen zum Umstürzen bringen)*

umblatteln (ugs.): *umblättern* ‖ **umblättern:** *die Seite eines Buchs, einer Zeitung oÄ wenden*

Umblick: *Übersicht, Umschau* ‖ **umblicken**

Umbra die, - = das, -[s] ⟨lat.⟩: *eine braune Farbe*

umbranden (geh.): vom Meer umbrandete Felsen

umbrausen (geh.): von tosendem Beifall umbraust

umbrechen[1]: *abbrechen, knicken* | umgebrochene *(umgepflügte)* Äcker ‖ **umbrechen**[2] (Druckw.): die Seiten [für ein Buch] u. *(einteilen);* → Umbruch

umbringen: *töten;* er hat einen Menschen umgebracht; sich u. *(Selbstmord begehen)* | (ugs.) diese Lederhose ist nicht umzubringen *(sie ist unverwüstlich)*

Umbruch: *grundlegende [politische] Änderung* | (Druckw.) *der bereits nach Seiten eingeteilte Drucksatz*

umbuchen: eine Summe auf ein anderes Konto u. | sie hat den Flug umgebucht *(auf ein anderes Flugzeug)* ‖ **Umbuchung**

umdatieren: *anders datieren* ‖ **Umdatierung**

umdenken, umgedacht: *anders zu denken beginnen* ‖ **Umdenkprozess**

umdeuten: eine Frage u. *(anders deuten)*

umdirigieren: die Firma hat die Lieferung umdirigiert *(sie anderswohin geleitet)*

umdisponieren: wir haben umdisponiert *(anders entschieden, den Plan geändert)* ‖ **Umdisponierung** die, -/-en

umdrängen: die Menschenmassen umdrängten die Rednertribüne

umdrehen: *umwenden;* alle haben sich umgedreht ‖ **Umdrehung** [auch: -'e:-]: 2 500 Umdrehungen in der Minute [eines Motors] ‖ **Umdrehungsgeschwindigkeit:** die U. eines Motors ‖ **Umdrehungszahl**

umeinander:

Getrenntschreibung, wenn die Hauptbetonung auf dem Verb liegt:
- sich umeinander kümmern
- sich umeinander sorgen

Zusammenschreibung, wenn die Betonung auf „umeinander" liegt:
- umeinanderlaufen (mda. für: *herumlaufen)*
- umeinanderstehen (mda. für: *herumstehen)*

R→ S. 899, 1.3

umeinanderlaufen (mda.): *herumlaufen* ‖ **umeinanderstehen** (mda.): *herumstehen*

umerziehen: *anders erziehen* | (Pol.) Dissidenten u. *(sie [gewaltsam] zu einer anderen [politischen] Denkweise bringen)* ‖ **Umerziehung**

umfahren[1] (ugs.): sie hat ihn umgefahren *(niedergefahren)* ‖ **umfahren**[2]: ich habe das Hindernis u. ‖ **Umfahrung** die, -/-en (Verk.): *Umleitung des Straßenverkehrs* | *Umfahrungsstraße* ‖ **Umfahrungsstraße** (Verk.): *Durchzugsstraße, die ein Orts-, Stadtzentrum umfährt*

Umfall (sal., abw.): *Umfaller, Rückzieher* ‖ **umfallen:** vor Erschöpfung u. | (abw.) der Zeuge ist umgefallen *(er hat seine Aussage geändert, widerrufen)* | (ugs.) um seine Belohnung u. *(sie nicht bekommen)* ‖ **Umfaller** der, -s/- (abw.): *plötzlicher Gesinnungswandel;* das war ein U. | *jemand, der oft seine Haltung ändert* ‖ **Umfallerin** die, -/-innen (abw.)

Umfang der, -[e]s/-fänge: den U. des Rechtecks berechnen | der volle U. *(das volle Ausmaß)* seiner Tat ‖ **umfangen** (geh.): der Vater hielt sein Kind zärtlich u. *(umarmt)* ‖ **umfänglich:** umfängliche Vorbereitungen ‖ **umfangmäßig,** *auch:* umfangsmä-

U

ßig || **um|fang|reich:** ein umfangreiches Kapitel || **um|fangs|mäßig** → umfangmäßig
um|fär|ben: *anders färben*
um|fas|sen[1]: die Rubine wurden umgefasst *(neu gefasst)* || **um|fas|sen**[2]: sie hat den Baum [mit den Armen] umfasst | das Festprogramm umfasste *(enthielt)* ernste und heitere Darbietungen || **um|fas|send:** umfassende *(weit reichende)* Kenntnisse || **Um|fas|sung:** *Einfassung* || **Um|fas|sungs|mau|er**
um|fe|h|det (geh.): *umkämpft;* → Fehde
Um|feld: *Umgebung* | *Zusammenhang*
um|flie|gen[1] (ugs.): die Vase ist umgeflogen *(umgefallen)* || **um|flie|gen**[2]: die Schwalben umflogen den Turm
um|flie|ßen: das Schloss wird von einem Bach umflossen
um|flort (geh.): mit umflortem *(trübem, tränenfeuchtem)* Blick
um|for|men: *die Form verändern* | eine Gleichung u. || **Um|for|mer** der, -s/- (Elektrot.): *Vorrichtung zur Umwandlung von Gleichstrom in Wechselstrom oder umgekehrt* || **um|for|mu|lie|ren:** *mit anderen Worten ausdrücken* || **Um|for|mung**
Um|fra|ge: *Befragung [vieler Personen zur Meinungsforschung]; Rundfrage* | U. halten *(sich nach etwas oder über jemanden erkundigen)* || **Um|fra|ge|er|geb|nis** || **Um|fra|ge|hoch:** im U. liegen || **Um|fra|ge|tief:** dieser Politiker liegt im U.
um|frie|den (geh.): *umzäunen;* ein umfriedeter Garten || **Um|frie|dung** die, -/-en (geh.)
um|füh|ren (ugs.): *mit einem Fahrzeug umstoßen;* sie hat die Stange umgeführt
um|fül|len: sie hat den Wein aus der Flasche in eine Karaffe umgefüllt || **Um|fül|lung**
um|funk|ti|o|nie|ren [-tsi̯-]: die Räume wurden umfunktioniert *(einem anderen Zweck dienlich gemacht)*
Um|gang der, -[e]s: wenig U. haben *(nur mit wenigen Menschen verkehren);* er ist kein guter U. *(keine gute Gesellschaft)* für dich | der Turm hat einen U. *(Gang, in dem man rundherum gehen kann)* | (mit Pl. -gänge) *[kirchliche] Prozession;* der U. zu Fronleichnam || **um|gäng|lich:** *verträglich, freundlich* || **Um|gangs|form** (meist Pl.): gute Umgangsformen *(Manieren)* haben || **Um|gangs|spra|che** (Sprachwiss.): *Sprachform mit landschaftlichen Eigenheiten zwischen der Mundart und der Standardsprache;* dieses Wort ist [in] U. || **um|gangs|sprach|lich** (Sprachwiss.) || **Um|gangs|ton:** *Art des Umgangs, des Sprechens mit anderen;* ein rauer U.
um|gar|nen: *beeinflussen; bezaubern;* sie hat ihn umgarnt || **Um|gar|nung** die, -/-en
um|gau|keln (geh.): von Schmetterlingen umgaukelte *(umflatterte)* Blumen
um|ge|ben[1] (ugs.): ich habe ihm den Mantel umgegeben *(umgehängt)* || **um|ge|ben**[2]: diese Stadt ist von/mit einer Mauer u. || **Um|ge|bung** die, -/-en: *umgebende Örtlichkeiten;* die nähere U. | sie fühlte sich in der neuen U. *(im fremden Milieu)* nicht wohl | (zB auf Autokennzeichen) Graz-Umgebung = Graz Umgebung (Kfz: GU)
um|ge|hen[1]: die Reiterin ist mit dem Pferd gut umgegangen *(hat es gut behandelt);* er kann mit Geld nicht u. | die Grippe geht um *(grassiert)* || **um|ge|hen**[2]: *herumgehen;* ein Gebäude u. | eine Operation lässt sich nicht u. *(vermeiden);* er hat die Gesetze umgangen *(nicht befolgt, ohne sich strafbar zu machen)* || **um|ge|hend:** einen Brief u. *(sofort)* beantworten || **Um|ge|hung** die, -/-en: unter U. der Vorschriften | (D) *Umfahrung* || **Um|ge|hungs|ge|schäft** (Jus): *Geschäft, das den wahren Geschäftswillen der Vertragsparteien verschleiern soll* || **Um|ge|hungs|stra|ße** (D) (Verk.): *Umfahrungsstraße*
um|ge|kehrt: es verhält sich u. *(gegenteilig)*
um|ge|stal|ten: *umformen;* das Büro wurde zu einer Wohnung umgestaltet
um|gie|ßen: die Milch in ein Kännchen u.
Um|git|te|rung die, -/-en
um|gra|ben: die Erde u.; sie hat das Beet umgegraben
um|grei|fen: *umfassen;* sie umgriff das Steuer
um|gren|zen: das Grundstück mit einem Zaun u. *(abgrenzen)* || **Um|gren|zung** die, -/-en
um|grup|pie|ren: die Marschierenden sind umgruppiert *(anders gruppiert)* worden || **Um|grup|pie|rung**
um|gür|ten (geh.): eine mit Mauern umgürtete *(umgrenzte, befestigte)* Stadt
um|ha|ben (ugs.): er hat ein Sakko umgehabt *(um die Schultern getragen);* ein Armband u.
um|ha|cken: der morsche Baum wurde umgehackt
um|hä|keln: *einen Rand häkeln*
um|hal|sen: er hat sie umhalst *(ist ihr um den Hals gefallen)*
Um|hang: *ein Kleidungsstück, Cape, Pelerine* || **um|hän|gen:** ich habe den Mantel umgehängt || **Um|hän|ge|ta|sche** = **Um|häng|ta|sche**
um|hau|en: ein umgehauener Baum | (ugs.) dieses Ergebnis hat alle umgehaut *(war umwerfend)*
um|hau|sen: *einhausen, umbauen, ummanteln* || **Um|hau|sung**
um|he|gen: sie wurde fürsorglich umhegt *(betreut)*
um|her: *ringsum; herum* || **um|her|bli|cken:** Trost suchend u. || **um|her|fah|ren:** sie ist in der Gegend umhergefahren || **um|her|ge|hen:** im Wald u. *(herumgehen, kreuz und quer durch den Wald gehen)* || **um|her|ir|ren** || **um|her|lau|fen** || **um|her|lie|gen:** die Spielsachen lagen im Zimmer umher *(sie waren im Zimmer verstreut)* || **um|her|schau|en** || **um|her|schlei|chen** || **um|her|stol|zie|ren** || **um|her|strei|fen** || **um|her|tra|gen**
um|hin|kön|nen (geh.): ich konnte nicht umhin, ihr das zu sagen *(ich musste es ihr sagen);* ich habe nicht umhinkönnen/umhingekonnt
um|hol|zen: *abholzen, fällen*
um|hö|ren sich: *durch Mithören und Fragen etwas in Erfahrung bringen*
um|hül|len: *mit einer Hülle versehen* || **Um|hül|lung** die, -/-en
um|in|ter|pre|tie|ren: *anders interpretieren*
um|ju|beln: die Sängerin wurde umjubelt
um|kämp|fen: die Stellung war hart umkämpft
Um|kehr die, -: *Wende; Rückzug; Neubeginn* || **um|kehr|bar:** deine Schlussfolgerungen sind auch u. *(lassen sich auch umkehren)* || **um|keh|ren:** *umdrehen, nach oben oder auf die Seite drehen;* sie hat sich nach ihm umgekehrt

U

| eine umgekehrte *(gegenteilige)* Entwicklung | *umdrehen und zurückkehren;* kurz vor dem Ziel u. || **Ụm|kehr|film:** *Film, der unmittelbar Positivbilder ergibt;* → G.: Negativfilm || **Ụm|kehr|platz** || **Ụm|kehr|schlei|fe** || **Ụm|kehr|schluss** (Jus): *Grundsatz, dass was im Gesetz nicht verboten ist, erlaubt ist* || **Ụm|keh|rung** die, -/-en: *Umdrehung* | (Mus.) *Veränderung durch Vertauschen der Intervallrichtung*

ụm|kip|pen: ein umgekipptes *(gekentertes)* Boot | die öffentliche Meinung ist umgekippt *(hat sich plötzlich ins Gegenteil gewendet)* | (Ökol.) der See droht umzukippen *(biologisch abzusterben)*

um|klạm|mern: den Gegner umklammert halten || **Um|klạm|me|rung** die, -/-en

ụm|klapp|bar: die Lehne ist u. || **ụm|klap|pen:** umgeklappte Sitze

Ụm|klei|de die, -/-n (sal.): *Umkleidekabine, -raum* || **Ụm|klei|de|ka|bi|ne** || **ụm|klei|den**[1] sich: sie hat sich nach der Arbeit umgekleidet *(umgezogen)* || **um|klei|den**[2] (geh.): *umhüllen;* die Säule wurde mit Tüchern umkleidet *(verhängt)* || **Ụm|klei|de|raum**

ụm|kni|cken: die Blumen wurden beim Tragen umgeknickt

ụm|kom|men: *elend zu Grunde gehen, sterben;* ich bin in der Hitze fast umgekommen *(habe sie kaum ausgehalten)*

um|krạ̈n|zen: ein umkränztes Bild

Ụm|kreis: *Bereich rund um eine bestimmte Stelle;* 3 km im U.; im U. der Präsidentin || **um|krei|sen:** Krähen haben den Turm umkreist || **Um|krei|sung** die, -/-en

ụm|krem|peln, ich kremple um: alles wurde umgekrempelt *(von Grund auf geändert)*

ụm|la|den: die Kisten wurden umgeladen; die Fracht auf Lastwagen u.

Ụm|la|ge: *eine Steuer*

ụm|la|gern[1]: umgelagerte Vorräte || **um|la|gern**[2]: die Künstlerin wurde von Autogrammjägern umlagert || **Um|la|ge|rung**

Ụm|land das, -[e]s: die Stadt und ihr U. *(ihre nähere Umgebung)* || **Ụm|land|ge|biet** || **Ụm|land|ge|mein|de**

ụm|las|sen: den Schal u.

um|lau|ern: die Hyänen u. die Beute

Ụm|lauf: der U. *(die Umdrehung, Rotation)* eines Rades | Geld in U. *(in den Verkehr)* bringen || **Ụm|lauf|bahn:** die U. eines Satelliten || **ụm|lau|fen**[1]: ein Hindernis u. *(umstoßen)* | *rotieren* | ein umlaufendes *(den ganzen Raum entlang verlaufendes)* Gelände || **um|lau|fen**[2]: den Platz u. *(außen um ihn herumlaufen)* | (geh.) die Erde umläuft *(umkreist)* die Sonne || **Ụm|lauf|ge|schwin|dig|keit** || **Ụm|lauf|pum|pe:** *Pumpe für den Wasserumlauf [einer Zentralheizung]* || **Ụm|lauf|ver|mö|gen** (Wirt.): *nicht veranlagtes [Firmen]vermögen* || **Ụm|lauf|zeit**

Ụm|laut (Sprachwiss.): *ä, ö, ü, äu;* ein Vokal und sein U.; Umlaut-a *(ä)* || **ụm|lau|ten** (Sprachwiss.): o wird in ö umgelautet/lautet in ö um *(zB oft – öfter)*

ụm|lee|ren: *in einen anderen Behälter geben;* das Fett in einen Topf u. *(gießen)* | Koffer u. *(umschichten)*

ụm|le|gen: den Kragen u. *(umschlagen)* | *auf andere Bereiche anwenden, auf Vergleichbares übertragen* | umgelegte *(verlegte)* Telefonleitungen | (ugs., derb) jemanden u. *(umbringen)*

ụm|lei|ten: umgeleiteter Verkehr || **Ụm|lei|tung** || **Ụm|lei|tungs|schild**

ụm|ler|nen: sie hat im Alter noch umgelernt *(einen anderen Beruf erlernt)*

ụm|lie|gend: die umliegenden *(benachbarten)* Ortschaften

Ụm|luft: Klimaanlagen sorgen für U.; [den Backherd] auf U. schalten

um|mạn|teln: *mit einer Hülle umgeben* || **Um|mạn|te|lung** die, -/-en

um|mau|ern: ein ummauerter *(mit einer Mauer umgebener)* Friedhof || **Um|mau|e|rung** die, -/-en

ụm|mel|den: *anders, woanders anmelden* || **Ụm|mel|dung** die, -/-en

ụm|mo|deln (ugs.): *umformen, ändern;* das Gasthaus wurde zum Hotel umgemodelt

ụm|mün|zen, umgemünzt: *umdeuten, umfunktionieren*

um|nạch|tet (geh.): *geisteskrank;* geistig u. sein || **Um|nạch|tung** die, -/-en

um|ne|beln: Rauchschwaden u. die Häuser | sie waren von Alkohol umnebelt

ụm|neh|men: sie hat ein Tuch umgenommen

Ụm|or|ga|ni|sa|ti|on [-tsi̯-] || **ụm|or|ga|ni|sie|ren:** *umgestalten;* der Betrieb wurde umorganisiert

ụm|pa|cken: sie hat den Koffer umgepackt *(anders gepackt)*

ụm|pflan|zen[1]: ein frisch umgepflanztes junges Bäumchen || **um|pflạn|zen**[2]: ein mit Rosen umpflanzter Platz

ụm|pflü|gen: das Feld u.

ụm|po|len (Elektrot.): *Plus- und Minuspol vertauschen* | (sal.) sie wurden durch die Propaganda politisch umgepolt || **Ụm|po|lung** die, -/-en (Elektrot.)

ụm|pro|gram|mie|ren: *neu planen;* das Festival musste umprogrammiert werden | (EDV) *eine bestehende Programmierung ändern* || **Ụm|pro|gram|mie|rung**

ụm|pum|pen: die Benzinladung u.

ụm|quar|tie|ren: er wurde umquartiert *(er erhielt ein anderes Quartier)* || **Ụm|quar|tie|rung** die, -/-en

ụm|rah|men[1]: das Bild wurde umgerahmt *(neu eingerahmt)* || **um|rah|men**[2]: ein von Bergen umrahmter *(umgebener)* Ort || **Um|rah|mung**

um|rạn|den: eine schön umrandete Zeichnung || **um|rän|dert:** er hatte vom Weinen rot umränderte Augen || **Um|rạn|dung** die, -/-en

ụm|ran|gie|ren [-ranʒi:-, -rɑ̃-]: Eisenbahnwagons u. *(verschieben)*

um|rạn|ken: ein von wildem Wein umranktes Fenster

ụm|räu|men: die Bücher u.

ụm|rech|nen: einen Geldbetrag in eine andere Währung u. || **Ụm|rech|nung** || **Ụm|rech|nungs|fak|tor:** *Zahl, mit der beim Umrechnen multipliziert wird* || **Ụm|rech|nungs|kurs:** der U. für den Dollar ist gestiegen || **Ụm|rech|nungs|schlüs|sel:** der U. für Schweizer Franken und Euro || **Ụm|rech|nungs|ta|bel|le**

ụm|rei|hen: die Programmpunkte u. *(die Reihenfolge ändern)* || **Ụm|rei|hung**

ụm|rei|ßen[1]: diese Mauer wurde umgerissen || **um|rei|ßen**[2]: *kurz beschreiben, festsetzen;* eine klar umrissene *(genau bezeichnete)* Aufgabe

ụm|ren|nen, umgerannt: *umstoßen*

um|rịn|gen: die Fremde wurde von Neugierigen umringt

Ụm|riss: in groben Umrissen *(nur das Wesentliche)* berichten; den

U

U. des Berges erkennen ǁ **um|ris|sen** → umreißen[2] ǁ **Um|riss|zeich|nung**
Um|ritt: *Aufmarsch zu Pferd*
um|rüh|ren: sie hat den Teig umgerührt
um|run|den: der Satellit hat die Erde umrundet ǁ **Um|run|dung**
um|rüs|ten: *anders ausrüsten;* den PC u. ǁ **Um|rüs|tung**
ums: *um das;* ums Haus herum; es geht ums Ganze; ein Jahr ums andere *(ein Jahr nach dem anderen)* verstreicht | (ugs.) sie ist ums Kennen *(gerade noch merkbar)* kleiner
um|sä|gen: ein umgesägter Baum
um|sat|teln: sie hat umgesattelt *(einen anderen Beruf ergriffen, das Studium gewechselt)*
Um|satz: großen U. machen *(viel verkaufen);* der U. steigt ǁ **Um|satz|be|tei|li|gung** (Wirt.) ǁ **Um|satz|brin|ger** (Wirt.) ǁ **Um|satz|plus** (Wirt.) ǁ **Um|satz|pro|vi|si|on** [-v-] (Wirt.) ǁ **Um|satz|rück|gang** (Wirt.) ǁ **Um|satz|stei|ge|rung** (Wirt.) ǁ **um|satz|stark** ǁ **Um|satz|steu|er** (USt.): *Mehrwertsteuer* ǁ **Um|satz|zu|wachs** [-ks-] (Wirt.)
um|säu|men: *einen Saum nähen* | (geh.) der Ort ist von Bergen umsäumt
um|schal|ten: ich habe auf einen anderen Sender umgeschaltet; die Ampel schaltet auf Grün um ǁ **Um|schal|ter** ǁ **Um|schalt|he|bel** ǁ **Um|schal|tung**
um|schat|tet (geh.): seine Augen waren von Kummer u.
Um|schau die, -: [nach etwas] U. halten ǁ **um|schau|en** sich: *sich umsehen;* sie hat sich nach einem besseren Job umgeschaut *(sich um einen solchen bemüht)*
um|schei|ben (ugs.): *umstoßen, überfahren*
um|schich|ten: umgeschichtet ǁ **um|schich|tig:** u. *(wechselweise)* arbeiten ǁ **Um|schich|tung** ǁ **Um|schich|tungs|pro|zess**
um|schif|fen[1]: die in ein anderes Schiff umgeschiffte *(verladene)* Fracht ǁ **um|schif|fen**[2]: umschiffte *(umfahrene)* Klippen
Um|schlag: *Heftumschlag* | jemandem einen kalten U. machen | der U. *(die Umstülpung, Stulpe)* an der Hose | der U. *(die plötzliche Änderung)* des Wetters | *das Umladen von Gütern* ǁ **Um|schlag|bahn|hof** ǁ **um|schla|gen:** die Ärmel des Hemdes u. | einen Baum u. *(fällen)* | das Wetter schlägt um | *Güter umladen* ǁ **Um|schlag|ent|wurf** ǁ **Um|schlag|ha|fen** ǁ **Um|schlag|platz:** *Handelsplatz, an dem Güter umgeladen werden, zB Hafen, Bahnhof* ǁ **Um|schlag|zeich|nung**
um|schlei|ert (geh.): ein umschleierter *(getrübter)* Blick
um|schlich|ten: *neu ordnen, umschichten*
um|schlie|ßen: ein von Mauern umschlossener *(umgebener)* Park ǁ **Um|schlie|ßung**
um|schlin|gen[1]: ein Seil umgeschlungen haben ǁ **um|schlin|gen**[2]: das Kind hielt den Vater umschlungen *(umarmt)* ǁ **Um|schlin|gung** die, -/-en
um|schmei|cheln: umschmeichelte Stars
um|schmei|ßen: *umwerfen;* er hat vor Wut die Vase umgeschmissen | (ugs.) das schmeißt einen um
um|schmel|zen: ein Metall u. ǁ **Um|schmel|zung** die, -/-en
um|schnal|len: sie hat einen Gurt umgeschnallt
um|schnü|ren: ein fest umschnürtes Paket ǁ **Um|schnü|rung**
um|schrei|ben[1]: ein umgeschriebener *(geänderter, neu geschriebener)* Brief | ein Haus u. *(im Grundbuch den Namen der neuen Besitzer eintragen)* lassen ǁ **um|schrei|ben**[2]: sie hat ihre Aufgaben genau umschrieben *(festgelegt und abgegrenzt)* | einen Ausdruck u. *(ihn mit anderen Worten wiedergeben)*
um|schrei|ten (geh.): die Prozession umschritt den Platz
Um|schrift: die U. am Rand einer Münze | → *Transkription* ǁ **um|schrif|ten:** → *transkribieren*
um|schul|den (Wirt.): *auf günstigere Schuldbedingungen umstellen* ǁ **Um|schul|dung** die, -/-en
um|schu|len: ein umgeschulter *(einer anderen Schule zugewiesener)* Schüler | die Arbeitslosen wurde umgeschult *(für einen anderen Beruf ausgebildet)* ǁ **Um|schu|lung** ǁ **Um|schu|lungs|kurs**
um|schüt|ten: Wasser aus einem Glas in ein anderes u. *(umfüllen)* | er hat ein Glas Wasser umgeschüttet *(umgeworfen und den Inhalt verschüttet)*
um|schwär|men: eine von allen umschwärmte Sängerin
Um|schweif der, -[e]s/-e (meist Pl.) (geh.): ein Anliegen ohne Umschweife *(freimütig, ohne zu zögern)* vorbringen
um|schwen|ken, umgeschwenkt: *eine andere Richtung einschlagen*
um|schwir|ren: von Insekten umschwirrt
Um|schwung: *plötzliche Änderung;* Wetterumschwung; ein wirtschaftlicher U.
um|se|geln: diese Insel wurde umsegelt ǁ **Um|se|g|lung** die, -/-en, *auch:* Umsegelung
um|se|hen sich: *sich umschauen;* sie hat sich nach ihm umgesehen *(hat zu ihm zurückgeschaut)* | sich nach einer Arbeit u. *(sich bemühen, eine zu bekommen)*
um|sei|tig: Gebrauchsanweisung u. *(auf der Rückseite)*
um|setz|bar: der Plan ist u. *(lässt sich verwirklichen)* ǁ **um|set|zen:** ein umgesetzter *(an einen anderen Platz gesetzter)* Baum | viele Waren u. *(verkaufen)* | sein Wissen in die Praxis u. *(anwenden)* ǁ **Um|set|zung** die, -/-en
Um|sicht die, -: mit U. *(klug, mit Bedacht)* ans Werk gehen ǁ **um|sich|tig:** u. *(überlegt)* handeln ǁ **Um|sich|tig|keit** die, -
um|sie|deln: *den Wohnort verlegen;* sie sind im Krieg zwangsweise umgesiedelt worden ǁ **Um|sied|ler** ǁ **Um|sied|le|rin** ǁ **Um|sied|lung**
um|sin|ken: er ist vor Müdigkeit umgesunken *(umgefallen)*
um|so: u. besser; u. eher; u. größer; u. lieber; u. mehr; u. weniger

um|sonst:

etwas umsonst *(unentgeltlich, gratis)* tun | sich umsonst *(vergebens, vergeblich)* plagen | nicht umsonst *(nicht ohne Grund)* besorgt sein

Nicht verwechseln!
umsonst: Das Adverb „umsonst" hat drei Bedeutungen, der Satz „Nichts ist umsonst" ist also mehrdeutig.
vergebens: Das Adverb „vergebens" hat nur eine der drei Bedeutungen von „umsonst", der Satz „Nichts ist vergebens" ist daher eindeutig.

um|sor|gen, umsorgt: jemanden u. *(betreuen)*
um|span|nen[1]: die Pferde wurden umgespannt | ein auf 220 V umgespannter elektrischer Strom ǁ

um|span|nen[2]: die Säule mit beiden Armen u. *(umfassen)* | der Roman umspannt *(umfasst)* viele Jahre || **Um|spann|werk**
um|spie|len[1]: die Aufnahme ist auf einen anderen [Ton]träger umgespielt worden || **um|spie|len**[2] (Sport): der Stürmer hat den Tormann umspielt | (geh.) ein Lächeln hat seine Lippen umspielt
um|spin|nen: mit Seide umsponnener Draht
um|sprin|gen[1]: der Wind ist umgesprungen *(kommt plötzlich aus einer anderen Richtung)* | sie ist mit ihm arg umgesprungen *(hat ihn rücksichtslos, schlecht behandelt)* || **um|sprin|gen**[2]: die Hunde haben den Jäger aufgeregt umsprungen
um|spu|len, umgespult: den Film u. *(auf eine andere Spule überspielen)*
um|spü|len: vom Meer umspülte Felsen
Um|spu|lung die, -/-en
Um|stand: unter diesen Umständen *(Verhältnissen)*; unter Umständen (u. U.) *(vielleicht)*; besonderer Umstände halber ist dieses Haus zu verkaufen | in anderen Umständen *(schwanger)* sein | mach keine Umstände! *(betreib keinen unnötigen Aufwand)* | (Jus) mildernde Umstände bekommen || **um|stän|de|hal|ber**: etwas u. verkaufen; *aber mit Art.*: der Umstände halber; → -halber[2] || **um|ständ|lich**: eine umständliche *(schwerfällige, langsame)* Person | das ist mir zu u. *(zu kompliziert, zu zeitraubend)* || **Um|ständ|lich|keit** die, -/-en || **Um|stands|er|gän|zung** (Gramm.): *Ergänzung/adverbiale Bestimmung eines im Satz genannten Umstandes* || **Um|stands|für|wort** (Gramm.): *Pronominaladverb, zB* dafür, davon || **um|stands|hal|ber**: *umständehalber;* → -halber[2] || **Um|stands|klau|sel** (Jus): *Klausel, wonach Vertragsbestimmungen an geänderte Umstände anzupassen sind* || **Um|stands|kleid**: *Kleid für eine schwangere Frau* || **Um|stands|krä|mer** (veraltet): *Umstandsmeier* || **Um|stands|krä|me|rin** (veraltet) || **Um|stands|mei|er** der, -s/- (ugs., abw.): *umständlicher, unentschlossener, geistig schwerfälliger, zu pedantischer Mensch* || **Um|stands|wort** (Gramm.): *Adverb*
um|ste|chen: ein umgestochenes Beet
um|ste|cken: ein Kabel u. | (ugs.) sie hat umgesteckt *(plötzlich ihr Verhalten geändert)*
um|ste|hen: viele Leute haben das Auto umstanden || **um|ste|hend**: *auf der nächsten Seite [eines Buches]* || **Um|ste|hen|den** die (Pl.): *die in der Nähe Stehenden*
Um|steig|an|schluss: *Anschlusszug beim Umsteigen* || **um|stei|gen**: sie ist in Salzburg in den Zug nach München umgestiegen | auf eine andere Automarke u. *(wechseln)* || **Um|stei|ger** der, -s/-: *jemand, der den Beruf wechselt* || **Um|stei|ge|rin** die, -/-innen || **Um|steig|mög|lich|keit** || **Um|steig|schwung**: *ein Schwung beim Skifahren*
um|stel|len[1]: umgestellte Möbel | sich u. *(umgewöhnen)* müssen || **um|stel|len**[2]: die Polizei hat das Haus umstellt || **Um|stell|pro|be** (Gramm.): *Verschiebeprobe* || **Um|stel|lung**[1]: die U. der Möbel || **Um|stel|lung**[2]: die Polizei hat eine U. des Hauses angeordnet || **Um|stel|lungs|pro|zess**
Um|stieg der, -(e)s/-e: *Wechsel;* der U. auf ein neues Medikament; der U. auf eine andere Marke
um|stim|men: durch Bitten umgestimmt werden | die Gitarre u. *(anders stimmen)* || **Um|stim|mung** die, -/-en
um|sto|ßen: eine Vase u. | der Plan wurde umgestoßen
um|stri|cken[1]: eine umgestrickte *(aufgetrennte und neu gestrickte)* Jacke || **um|stri|cken**[2]: *umgarnen, betören;* von Schmeicheleien umstrickt werden
um|strit|ten: eine umstrittene *(nicht allgemein anerkannte)* Meinung | (geh., veraltet) (in der österreichischen Bundeshymne): *umkämpft*
um|strö|men: das Gebirge wird von den Luftmassen umströmt
um|struk|tu|rie|ren [-st-, -ʃt-]: ein umstrukturierter *(grundlegend umorganisierter)* Betrieb || **Um|struk|tu|rie|rung**
um|stu|fen: *neu einstufen, neu klassifizieren, neu bewerten*
um|stül|pen: ein umgestülpter Ärmel
Um|sturz: ein (militärischer) politischer U. *(Putsch)* || **um|stür|zen**: ein umgestürzter Baum || **Um|stürz|ler** der, -s/- (meist abw.): *Revoluzzer, Revolutionär* || **Um|stürz|le|rin** die, -/-innen || **um|stürz|le|risch**: umstürzlerische Ideen || **Um|sturz|ver|such**: *Putschversuch*
um|tan|zen: den Maibaum u.; sie haben den Saal umtanzt
um|tau|fen: *umbenennen;* die Firma hat sich umgetauft
Um|tausch: *Austausch* || **um|tau|schen**: Geld u. | sie hat das Geschenk umgetauscht || **Um|tausch|recht** || **Um|tausch|vor|be|halt** (Jus): *Recht des Käufers, die erworbene Ware gegen eine andere umtauschen zu können*
um|top|fen: die Zimmerpflanzen wurden umgetopft *(in andere Töpfe umgesetzt)*
um|to|sen (geh.): von Stürmen umtost *(umbraust)*
Um|trie|be die (Pl.) (abw.): *Quertreibereien, versteckte Machenschaften, Intrigen, gefährliche Aktivitäten* || **um|trie|big**: *geschäftig, rege*
Um|trunk: einen U. halten *(in geselliger Runde trinken)*
UMTS [u ɛm te ˈɛs] das, -: **U**niversal **M**obile **T**elecommunication **S**ystem *(eine Mobilfunktechnologie)*
um|tun[1]: sie hat ein Tuch umgetan *(umgenommen)* || **um|tun**[2] sich (geh.): *sich um etwas bemühen*
Um und Auf das, - - -: *das Wesentliche;* → um
Um|ur|ke die, -/-n = **Um|ur|ken**, -/- (reg., bes. ostöst., mda.) ⟨slaw.⟩: *Gurke* | (abw.) *dummes Mädchen*
U-Mu|sik die, -: *Kurzwort für Unterhaltungsmusik;* → G.: E-Musik
um|ver|tei|len: Einkommen u. *(anders verteilen)* || **Um|ver|tei|lung**
um|vol|ken (nur Inf. und Part.) || **Um|vol|kung** die, -/-en: *Veränderung der Bevölkerung zB durch Sprach- und Kulturwechsel, Zuwanderung oder Vertreibung und Mord (ua. in der Zeit des Nationalsozialismus)*
um|wach|sen [-ks-]: ein von Efeu umwachsener Grabstein
Um|wälz|an|la|ge: mit einer U. das Wasser eines Schwimmbades reinigen || **um|wäl|zen**: einen Baumstamm u. | eine umwälzende *(bahnbrechende)* Erfindung | das Wasser wird durch die Pumpe mehrmals umgewälzt *(zur Qualitätsverbesserung)* || **Um|wäl|zung** die, -/-en: tiefgreifende politische Umwäl-

U

zungen *(Veränderungen)*

ụm|wan|deln[1]: sie ist wie umgewandelt *(sie ist ganz verändert, wie ausgewechselt)* ‖ **um|wạn|deln**[2] (geh.): den Platz u. *(umschreiten)* ‖ **Ụm|wand|lung:** die U. von Stärke in Zucker ‖ **Ụm|wand|lungs|pro|zess**

ụm|wech|seln [-ks-]: in Hartgeld umgewechselte Banknoten ‖ **Ụm|wechs|lung** die, -/-en

Ụm|weg: einen U. machen ‖ **Ụm|weg|ren|ta|bi|li|tät:** *Gewinn auf Umwegen* ‖ **Ụm|weg|tran|sit:** *[Lkw-]Verkehr auf einer längeren, aber billigeren Route*

ụm|we|hen[1]: der Gartenschirm wurde umgeweht ‖ **um|we̲|hen**[2] (geh.): vom Wind umwehte Hügel

Ụm|welt die, -: *alles, was uns umgibt und auf uns einwirkt, Milieu* ‖ **Ụm|welt|ab|ga|be** (Ökol.) ‖ **Ụm|welt|alarm** ‖ **Ụm|welt|an|walt** ‖ **Ụm|welt|an|wäl|tin** ‖ **Ụm|welt|an|walt|schaft** ‖ **Ụm|welt|be|auf|trag|te:** *Ökologieberater/in für Betriebe und Gemeinden* ‖ **ụm|welt|be|dingt** ‖ **Ụm|welt|be|din|gung** (meist Pl.) ‖ **ụm|welt|be|dro|hend** ‖ **Ụm|welt|be|las|tung** ‖ **Ụm|welt|be|ra|tung** ‖ **Ụm|welt|be|ra|tungs|stel|le** ‖ **Ụm|welt|be|stim|mung** (meist Pl.) (Pol., Ökol.) ‖ **ụm|welt|be|wusst** ‖ **Ụm|welt|be|wusst|sein** ‖ **Ụm|welt|ein|fluss** (meist Pl.) ‖ **Ụm|welt|fak|tor** ‖ **ụm|welt|feind|lich** ‖ **Ụm|welt|flücht|ling** (Ökol.): *jemand, der durch den Klimawandel vertrieben wird* ‖ **Ụm|welt|for|schung** ‖ **ụm|welt|freund|lich:** *die Umwelt schonend* ‖ **ụm|welt|ge|recht** ‖ **Ụm|welt|haf|tung** ‖ **Ụm|welt|ka|tas|tro|phe** [-f-] ‖ **Ụm|welt|kun|de** die, -: Biologie und U. *(ein Unterrichtsgegenstand)* ‖ **Ụm|welt|mi|nis|ter** ‖ **Ụm|welt|mi|nis|te|rin** ‖ **Ụm|welt|mi|nis|te|ri|um:** *Bundesministerium für Land- und Forstwirtschaft, Umwelt und Wasserwirtschaft* ‖ **Ụm|welt|pa|pier:** *umweltschonend hergestelltes Papier* ‖ **Ụm|welt|pi|ckerl** ‖ **Ụm|welt|prä|mie** [-i̯e] ‖ **Ụm|welt|pro|ble|ma|tik** ‖ **Ụm|welt|qua|li|tät** die, - ‖ **Ụm|welt|schä|den** die (Pl.) ‖ **ụm|welt|scho|nend** ‖ **Ụm|welt|schutz** ‖ **Ụm|welt|schutz|be|auf|trag|te** ‖ **Ụm|welt|schüt|zer** ‖ **Ụm|welt|schüt|ze|rin** ‖ **Ụm|welt|schutz|or|ga|ni|sa|ti|on** [-tsi̯-] ‖ **Ụm|welt|schutz|pa|pier:** *Umweltpapier* ‖ **Ụm|welt|skan|dal** ‖ **Ụm|welt|sün|der** ‖ **Ụm|welt|sün|de|rin** ‖ **Ụm|welt|tech|nik:** *dem Umweltschutz dienende Technik* ‖ **Ụm|welt|ver|schmut|zung:** *Verschmutzung durch Abfallprodukte, Abgase, Feinstaub usw.* | akustische U. *(durch Lärm)* ‖ **ụm|welt|ver|träg|lich** ‖ **Ụm|welt|ver|träg|lich|keit** ‖ **Ụm|welt|ver|träg|lich|keits|prü|fung** (Amtsspr., Ökol.) (UVP): *Prüfung zur Feststellung der Auswirkungen eines [Bau]vorhabens auf die Umwelt* ‖ **Ụm|welt|zei|chen:** das Österreichische U. *(ein Qualitätsgütesiegel für umweltfreundliche Produkte)* ‖ **Ụm|welt|zo|ne** (Ökol.): *Gebiet, in dem die Feinstaubbelastung reduziert werden soll*

ụm|wen|den: sie hat sich umgewendet *(umgedreht)* ‖ **Ụm|wen|dung**

um|wẹr|ben: eine viel umworbene Künstlerin ‖ **Um|wẹr|bung**

ụm|wer|fen: der Sessel wurde umgeworfen | (ugs.) ihre Aussage hat mich umgeworfen *(hat mich sehr erstaunt)* ‖ **ụm|wer|fend:** umwerfende *(überwältigende, außergewöhnliche)* Komik

ụm|wer|ten: *anders bewerten* ‖ **Ụm|wer|tung**

ụm|wi|ckeln[1]: das Baby wird wieder umgewickelt *(neu gewickelt)* ‖ **um|wị|ckeln**[2]: die Drähte werden mit Isolierband umwickelt

ụm|wid|men: ein umgewidmetes *(für eine andere Bestimmung vorgesehenes)* Grundstück ‖ **Ụm|wid|mung**

um – wil|len (Präp. mit Gen.): um Gottes willen! *(ein Ausruf);* um des Friedens willen

ụm|win|den[1]: sich einen Schal u. *(umwickeln)* ‖ **um|wịn|den**[2]: ein mit Bändern umwundener Maibaum

um|wịt|tert (geh.): ihre Herkunft ist von Geheimnissen u.; von Gefahren u. *(bedroht)* sein

um|wo̲|ben (geh.): von Legenden umwobene Landschaften

Ụm|woh|ner die (Pl.): *die im Umkreis Wohnenden*

um|wöl|ken: ein umwölkter Himmel

um|wụ|chern: Unkraut umwuchert die Sträucher

ụm|wüh|len: die Wildschweine haben die Wiese umgewühlt

um|zäu|nen: ein umzäunter Garten ‖ **Um|zäu|nung** die, -/-en

ụm|zeich|nen: einen Plan u. *(anders zeichnen)*

ụm|zie|hen[1]: wir sind umgezogen *(übersiedelt)* | sie hat sich umgezogen *(umgekleidet)* ‖ **um|zie̲|hen**[2] (veraltend): ein umzogener *(mit Wolken bedeckter)* Himmel

um|zịn|geln, ich umzingle: das Haus ist von der Polizei umzingelt ‖ **Um|zịn|ge|lung** die, -/-en

Ụm|zug: *Aufmarsch, Festzug* | *Übersiedlung* ‖ **Ụm|zugs|kos|ten** die (Pl.)

um|zün|geln: von Flammen umzüngelt

UN [u ˈɛn] die (Pl.): **U**nited **N**ations *(Vereinte Nationen);* → UNO

ụn|ab|än|der|lich: ein unabänderlicher *(endgültiger)* Entschluss ‖ **Ụn|ab|än|der|lich|keit** die, -

ụn|ab|ding|bar (geh.): ein unabdingbares *(auf keinen Fall preiszugebendes)* Recht; → G.: abdingbar ‖ **ụn|ab|ding|lich**

ụn|ab|hän|gig: wirtschaftlich u. sein; *aber:* der **U**nabhängige Verwaltungssenat ‖ **Ụn|ab|hän|gig|keit**

ụn|ab|kömm|lich: sie ist u. *(sie kann wegen [dienstlicher, privater] Verpflichtungen nicht kommen);* → G.: abkömmlich ‖ **Ụn|ab|kömm|lich|keit** die, -

ụn|ab|läs|sig: es regnet u. *(ununterbrochen)*

ụn|ab|seh|bar: eine unabsehbare *(nicht überblickbare)* Menschenmenge | die Entscheidung hat unabsehbare Folgen

ụn|ab|setz|bar: *nicht aus einem Amt abzuberufen* ‖ **Ụn|ab|setz|bar|keit**

ụn|ab|sicht|lich

ụn|ab|weis|bar = ụn|ab|weis|lich: etwas als u. *(unumgänglich, zwingend)* geltend machen

ụn|ab|wend|bar: diese Entwicklung ist u. *(lässt sich nicht abwenden)* ‖ **Ụn|ab|wend|bar|keit** die, -

ụn|acht|sam ‖ **Ụn|acht|sam|keit**

ụn|ähn|lich

ụn|an|fecht|bar: *unwiderleglich*

ụn|an|ge|bracht: eine unangebrachte *(unpassende)* Bemerkung

ụn|an|ge|foch|ten: u. an der Spitze liegen

ụn|an|ge|mel|det: u. zu Besuch kommen

ụn|an|ge|mes|sen: eine unangemessene *(übertriebene)* Forderung ‖ **Ụn|an|ge|mes|sen|heit**

ụn|an|ge|nehm: eine unangeneh-

U

me Situation
un|an|ge|passt: unangepasstes Verhalten
un|an|ge|tas|tet: ihr Eigentum blieb u. *(wurde nicht angegriffen)*
un|an|greif|bar ǁ Un|an|greif|bar|keit die, -
un|an|nehm|bar: ein unannehmbarer Vorschlag ǁ **Un|an|nehm|bar|keit** die, - ǁ **Un|an|nehm|lich|keit** (meist Pl.): viele Unannehmlichkeiten *(lästige Mühen, Verdrießlichkeiten)* haben
un|an|sehn|lich: *unscheinbar, unbedeutend* ǁ **Un|an|sehn|lich|keit** die, -
un|an|stän|dig ǁ Un|an|stän|dig|keit
un|an|tast|bar: unantastbare Menschenrechte ǁ **Un|an|tast|bar|keit** die, -
un|ap|pe|tit|lich: ein unappetitlicher Anblick ǁ **Un|ap|pe|tit|lich|keit** die, -/-en
Un|art: *schlechte Angewohnheit, schlechtes Benehmen* ǁ **un|ar|tig:** ein unartiges Kind
un|ar|ti|ku|liert: ein unartikulierter Schrei
un|äs|the|tisch
un|auf|dring|lich
un|auf|fäl|lig
un|auf|find|bar
un|auf|ge|for|dert
un|auf|halt|bar = un|auf|halt|sam: das Wasser stieg u.
un|auf|hör|lich: es schneite u.
un|auf|lös|bar = un|auf|lös|lich
un|auf|merk|sam ǁ Un|auf|merk|sam|keit
un|auf|rich|tig ǁ Un|auf|rich|tig|keit
un|auf|schieb|bar = un|auf|schieb|lich
un|aus|bleib|lich: *unabwendbar;* unausbleibliche Folgen
un|aus|denk|bar: die Folgen wären u. *(nicht vorstellbar)*
un|aus|führ|bar
un|aus|ge|gli|chen ǁ Un|aus|ge|gli|chen|heit
un|aus|ge|go|ren: ein unausgegorener *(unüberlegter, zu wenig durchdachter)* Plan
un|aus|ge|schla|fen
un|aus|ge|setzt: u. *(ununterbrochen)* reden
un|aus|ge|spro|chen: ein unausgesprochener Vorwurf
un|aus|lösch|lich: u. im Gedächtnis bleiben
un|aus|rott|bar: ein unausrottbarer Irrglaube
un|aus|sprech|bar: unaussprechbare Namen ǁ **un|aus|sprech|lich** (geh.): u. *(unsagbar)* glücklich sein ǁ **Un|aus|sprech|li|che** die, -n/-n (scherzh., veraltet): *lange [Damen]unterhose*
un|aus|steh|lich: ein unausstehlicher *(lästiger, widerlicher, unangenehmer)* Mensch
un|aus|tilg|bar: ein unaustilgbares Merkmal
un|aus|weich|lich: *unvermeidlich* ǁ **Un|aus|weich|lich|keit** die, -
Un|band der, -[e]s (veraltet): *ungebärdiges, wildes Kind* ǁ **un|bän|dig:** sich u. *(über alle Maßen, außerordentlich)* freuen
un|barm|her|zig ǁ Un|barm|her|zig|keit
un|be|ab|sich|tigt
un|be|ach|tet: ihre Warnung blieb unbeachtet *(wurde ignoriert)*
un|be|an|stan|det: u. *(ohne dass jemand einen Einwand macht)* arbeiten können
un|be|ant|wor|tet: ein unbeantwortetes E-Mail
un|be|baut: *unbebaute Grundstücke*
un|be|dacht: u. *(ohne nachzudenken)* handeln
un|be|dankt (geh.): eine unbedankte Arbeit
un|be|darft: *naiv, einfältig* ǁ **Un|be|darft|heit** die, -
un|be|deckt
un|be|denk|lich: *keinen Anlass zu Besorgnis gebend;* unbedenkliche Lebensmittel für Kinder | *ohne Bedenken zu haben, bedenkenlos* ǁ **Un|be|denk|lich|keit**
un|be|deu|tend: ein unbedeutender Vorfall
un|be|dingt: *unter allen Umständen* | (Jus) er wurde zu zwei Jahren u. verurteilt *(ohne Bewährung)* | (Amtsspr.) eine unbedingte *(absolute)* Mehrheit
un|be|ein|druckt
un|be|ein|flusst
un|be|fan|gen: *unbeeinflusst, vorurteilslos | ungezwungen* ǁ **Un|be|fan|gen|heit**
un|be|fleckt: *fleckenlos | mit makelloser Ehre; aber (kath.):* die **U**nbefleckte Empfängnis *(Erbsündelosigkeit)* Marias
un|be|frie|di|gend: eine unbefriedigende Arbeit ǁ **un|be|frie|digt:** ihr Wissensdurst blieb u.
un|be|fris|tet: eine unbefristete Hauptmiete
un|be|fugt: *ohne Erlaubnis, ohne Zuständigkeit* ǁ **Un|be|fug|te**[1] der, -n/-n, ein Unbefugter: „Unbefugten ist der Eintritt verboten!" ǁ **Un|be|fug|te**[2] die, -n/-n
un|be|gabt
un|be|gli|chen: eine unbeglichene Rechnung
un|be|greif|lich: *unverständlich* ǁ **un|be|greif|li|cher|wei|se**
un|be|grenzt ǁ Un|be|grenzt|heit
un|be|grün|det: ein unbegründeter Verdacht
un|be|haart
Un|be|ha|gen das, -s: *unangenehmes Gefühl* ǁ **un|be|hag|lich:** *ungemütlich*
un|be|han|delt: die Schale einer unbehandelten Zitrone | die Erkältung blieb lange u. *(ohne ärztliche Behandlung)*
un|be|haust (geh.): *ohne Zuhause*
un|be|hel|ligt: *unbelästigt*
un|be|herrscht: u. schreien ǁ **Un|be|herrscht|heit** die, -/-en
un|be|hin|dert
un|be|hol|fen: er wirkt u. *(plump, schwerfällig)* ǁ **Un|be|hol|fen|heit** die, -

un|be|kannt:

ein unbekannter Künstler | (Amtsspr.) Anzeige gegen unbekannt erstatten; sie ist [nach] unbekannt verzogen

Großschreibung bei Nominalisierung und in Eigennamen:
- eine Gleichung mit mehreren **U**nbekannten
- der große **U**nbekannte
- das Denkmal des **U**nbekannten Soldaten

R→ S. 892, 2.2 bzw. S. 895, 4.1

un|be|irr|bar ǁ Un|be|irr|bar|keit die, - ǁ **un|be|irrt:** u. ein Ziel verfolgen
Un|be|kann|te[1] der, -n/-n, ein Unbekannter ǁ **Un|be|kann|te**[2] die, -n/-n: bei der Feier erschien eine U. | (Math.) eine Gleichung mit mehreren Unbekannten *(Variablen, zB x, y, z)* | (auch mit Pl. -) zwei, alle Unbekannte[n] ǁ **un|be|kann|ter|wei|se**
un|be|klei|det: *nackt*
un|be|kömm|lich: *schwer verträglich, ungenießbar;* eine unbekömmliche Speise
un|be|küm|mert: *sorglos;* u. reden ǁ **Un|be|küm|mert|heit** die, -
un|be|las|tet
un|be|leckt (ugs.): von der Zivilisation u. *(unberührt; ohne Kenntnis davon)*
un|be|lehr|bar ǁ Un|be|lehr|bar-

U

keit die, -
ụn|be|leuch|tet
ụn|be|lich|tet: ein unbelichteter Film
ụn|be|liebt ‖ **Ụn|be|liebt|heit**
ụn|be|mannt: ein unbemanntes Raumschiff
ụn|be|merkt: sich u. entfernen
ụn|be|mit|telt: nicht u. *(nicht arm)* sein
ụn|be|nom|men (geh.): es bleibt ihr u. *(es steht ihr frei)* fortzugehen
ụn|be|nutz|bar = **ụn|be|nütz|bar** ‖ **ụn|be|nutzt** = **ụn|be|nützt:** ein unbenutztes Handtuch
ụn|be|ob|ach|tet: in einem unbeobachteten Augenblick
ụn|be|quem ‖ **Ụn|be|quem|lich|keit**
ụn|be|re|chen|bar: er ist ein oft unberechenbarer *(launenhafter; gefährlicher)* Kerl ‖ **Ụn|be|re|chen|bar|keit** die, -
ụn|be|rech|tigt ‖ **ụn|be|rech|tig|ter|wei|se**
ụn|be|rück|sich|tigt
ụn|be|ru|fen: da waren unberufene *(unbefugte, ungeeignete)* Hände am Werk | „Unberufen!“ *(nicht zu viel davon reden, damit hoffentlich alles in Ordnung geht)*
ụn|be|rührt: unberührte Natur | sie blieb von den Problemen u. ‖ **Ụn|be|rührt|heit** die, -
ụn|be|scha|det (Präp. mit Gen.) (Amtsspr.): u. der gesetzlichen Bestimmungen *(ohne diese zu berühren, zu verändern)* | (Adv.) den Unfall u. *(ohne Schaden)* überstehen
ụn|be|schä|digt
ụn|be|schei|den ‖ **Ụn|be|schei|den|heit**
ụn|be|schol|ten: *noch niemals gerichtlich bestraft worden; nicht vorbestraft* ‖ **Ụn|be|schol|ten|heit** die, -
ụn|be|schrankt: ein unbeschrankter Bahnübergang ‖ **ụn|be|schränkt:** unbeschränkte *(unbegrenzte)* Redefreiheit
ụn|be|schreib|lich: ein u. *(überaus)* schöner Anblick
ụn|be|schrie|ben: sie ist kein unbeschriebenes Blatt *(sie ist schon bekannt, aufgefallen, meist im nachteiligen Sinn)*
ụn|be|schuht (geh.): *ohne Schuhe; aber:* die **U**nbeschuhten Karmeliter *(ein geistlicher Orden)*
ụn|be|schwert: ein unbeschwertes *(sorgenfreies)* Leben ‖ **Ụn|be|schwert|heit** die, -
ụn|be|seelt: *keine Seele besitzend; leblos;* die unbeseelte Natur
ụn|be|se|hen: etwas u. *(ohne es zu prüfen)* kaufen
ụn|be|sieg|bar ‖ **ụn|be|sieg|lich** (selten): *unbesiegbar* ‖ **ụn|be|siegt**
ụn|be|son|nen: *unüberlegt* ‖ **Ụn|be|son|nen|heit**
ụn|be|sorgt: sei u. *(mach dir keine Sorgen)*
ụn|be|spielt: eine unbespielte CD, DVD
ụn|be|stän|dig: *launenhaft, ohne Ausdauer;* unbeständiges Wetter ‖ **Ụn|be|stän|dig|keit**
ụn|be|stä|tigt: unbestätigten Meldungen zufolge
ụn|be|stech|lich: unbestechliche Beamte ‖ **Ụn|be|stech|lich|keit**
ụn|be|stimm|bar: ein unbestimmbarer Geruch ‖ **Ụn|be|stimm|bar|keit** die, - ‖ **ụn|be|stimmt:** ein unbestimmtes Gefühl verspüren | (Gramm.) unbestimmtes Fürwort *(Indefinitpronomen)*
ụn|be|streit|bar: das ist u. *(zweifellos)* richtig ‖ **ụn|be|strit|ten:** *zweifellos;* unbestrittene *(nicht angezweifelte)* Fakten
ụn|be|tamt [-a:-] (W, ugs., veraltend) ⟨jidd.⟩: *ungeschickt, unerfahren, unfein;* → Untam
ụn|be|tei|ligt: sie war am Unfall u.; unbeteiligte Zuseher
ụn|be|tont: eine unbetonte Silbe
ụn|be|trächt|lich: das Aufsehen war nicht u.
ụn|beug|bar (Gramm.): *nicht flektierbar* ‖ **ụn|beug|sam:** u. zu seiner Meinung stehen *(nicht nachgeben)* ‖ **Ụn|beug|sam|keit** die, -
ụn|be|wacht
ụn|be|waff|net
ụn|be|wäl|tigt: die unbewältigte *(nicht bewältigte, nicht aufgearbeitete)* Vergangenheit
ụn|be|weg|lich: *ungelenkig; statisch; schwerfällig* | (Jus) unbewegliche Sachen *(Liegenschaften, Grundstücke, Wohnungen);* → G.: bewegliche Sachen ‖ **Ụn|be|weg|lich|keit** die, - ‖ **ụn|be|wegt:** mit unbewegter Miene zuhören
ụn|be|weibt (veraltet bzw. scherzh.): *ohne Ehefrau, unverheiratet*
ụn|be|wie|sen
ụn|be|wirt|schaf|tet
ụn|be|wohn|bar ‖ **Ụn|be|wohn|bar|keit** die, - ‖ **ụn|be|wohnt:** eine unbewohnte Insel
ụn|be|wusst: *unwissentlich, gefühlsmäßig, instinktiv* ‖ **Ụn|be|wuss|te** das, -n (Psych.): *Inhalte und Vorgänge des Seelenlebens, die uns beeinflussen und bestimmen, ohne dass es uns bewusst wird*
ụn|be|zahl|bar: ein unbezahlbares *(unersetzbares)* Kunstwerk | ein unbezahlbarer *(außerordentlich wertvoller)* Ratschlag ‖ **ụn|be|zahlt:** sich unbezahlten Urlaub nehmen
ụn|be|zähm|bar: unbezähmbaren Durst verspüren ‖ **Ụn|be|zähm|bar|keit** die, -
ụn|be|zwei|fel|bar: das Ergebnis ist u. *(nicht zu bezweifeln)*
ụn|be|zwing|bar ‖ **ụn|be|zwing|lich**
Ụn|bil|den die (Pl.) (geh.): den U. *(unangenehmen Einwirkungen; Schädigungen)* der Witterung ausgesetzt sein ‖ **Ụn|bill** die, - (geh.): viel U. *(Unrecht)* erdulden müssen ‖ **ụn|bil|lig** (geh.): ein unbilliges *(unzumutbares, ungebührliches)* Verlangen
ụn|blu|tig: eine unblutige Revolution
ụn|bot|mä|ßig (geh.): *ungehorsam, widersetzlich* ‖ **Ụn|bot|mä|ßig|keit** die, - (geh.)
ụn|brauch|bar ‖ **Ụn|brauch|bar|keit**
ụn|bunt: *nicht bunt, farblos* | *langweilig*
ụn|bü|ro|kra|tisch: etwas ganz u. *(ohne formale Schwierigkeiten zu machen; einfach und zügig)* erledigen
Uncle Sam [ˌʌŋkl ˈsæm] ⟨engl.⟩ (scherzh.): *US-Amerika*
ụn|cool [-ku:l] (sal.): *unmodern, unangebracht, unpassend, nicht aktuell*

ụnd (u.):

Vater und Mutter; und Ähnliche[s] (u. Ä., uÄ); und and[e]re, und and[e]res (u. a., ua.); und and[e]re mehr, und and[e]res mehr (u. a. m., uam.); und so fort (usf.); und so weiter (usw.); und viele and[e]re (u. v. a.); und viele and[e]re mehr (u. v. a. m.); und zwar (u. zw.); und dergleichen (u. dgl.); und dergleichen mehr (u. dgl. m.) | (Undzeichen, Pluszeichen, Additionszeichen: +) (Druckw.) 4 + 3 | (Et-Zeichen: &) (Druckw., bei Firmennamen) Firma Gollinger & Co.; *aber:* → At-Zeichen

Beistrichsetzung vor „und“: Kein Beistrich steht bei gleichrangigen Nebensätzen, Wortgruppen und Wörtern:
- Eltern und Kinder und alle Verwandten
- Sie klingelten und kamen gleich herein.
- Sie fragte, wie spät es sei und ob sie noch kommen dürfe.

Ein Beistrich kann stehen, wenn „und“ gleichrangige Hauptsätze verbindet:
- Die Musik wird leiser[,] und der Vorhang hebt sich.

Ein Beistrich muss stehen, wenn eine nähere Bestimmung folgt:
- Er kam, und zwar allein.

R→ S. 911, 4.1.3

Ụndank: U. ist der Welt Lohn *(es gibt letztlich keine Dankbarkeit)* ‖ **ụndankbar:** eine undankbare Aufgabe ‖ **Ụndankbarkeit**
ụndatiert: *ohne Datum;* ein undatiertes Schreiben
ụndefinierbar: *unbestimmbar, unerklärbar*
ụndeklinierbar (Gramm.)
ụndemokratisch
ụndenkbar: *nicht vorstellbar, unmöglich* ‖ **ụndenklich** (geh.): vor undenklichen *(unvorstellbar weit zurückliegenden)* Zeiten
Underdog ['ʌndədɒg] der, -s/-s ⟨engl.⟩ (sal.): *unterlegener, benachteiliger Mensch*
underdressed ['ʌndədrest] ⟨engl.⟩: *zu wenig festlich gekleidet [für eine Feier];* → G.: overdressed
Underground ['ʌndəgraʊnd] der, -s ⟨engl.⟩ : eine im U. *(abseits der Öffentlichkeit, im Untergrund)* tätige Gruppe | *Musik- oder Kunstrichtung als Gegenströmung zur etablierten Kunst bzw. zum Mainstream*
Underscore ['ʌndəskɔː] der, -s/-s (Druckw.) ⟨engl.⟩ : *Unterstrich*
Understatement [ʌndə'steɪtm-] das, -s/-s ⟨engl.⟩: *das Unterspielen, Untertreibung*
ụndeutlich: u. schreiben ‖ **Ụndeutlichkeit**
ụndicht: das Dach ist u. | eine undichte Stelle *(zB ein Mitarbeiter, der Geheimes weitergibt)*
ụndifferenziert: *ohne Unterschiede, ohne Abstufungen;* undifferenzierte Kritik ‖ **Ụndifferenziertheit**
Ụnding: *Unsinn, Dummheit; Unmöglichkeit*
ụndiplomatisch: u. *(unklug, taktisch ungeschickt)* antworten
ụndiskutabel (abw.): *indiskutabel*
ụndiszipliniert ‖ **Ụndiszipliniertheit**
ụndramatisch: die Diskussionsrunde verlief u. *(ohne Aufregung, Spannung)*
ụnduldsam: *rechthaberisch, intolerant* ‖ **Ụnduldsamkeit**
ụndurchdringbar ‖ **ụndurchdringlich:** ein undurchdringliches Dickicht
ụndurchführbar: eine undurchführbare Aufgabe ‖ **Ụndurchführbarkeit**
ụndurchlässig ‖ **Ụndurchlässigkeit**
ụndurchschaubar ‖ **Ụndurchschaubarkeit** die, -
ụndurchsichtig ‖ **Ụndurchsichtigkeit** die, -
Ụnd-Zeichen (+): *Pluszeichen, Additionszeichen;* 4 + 3 | (Druckw.) → Et-Zeichen (&)
ụneben: unebenes Gelände | (ugs.) der Vorschlag ist nicht u. *(nicht ungünstig, diskutabel)* ‖ **Ụnebenheit** die, -/-en
ụnecht: *falsch, gefälscht;* unechter Schmuck *(Modeschmuck)* | unechte *(unbeständige)* Farben ‖ **Ụnechtheit**
ụnehelich: ein uneheliches Kind *(Kind einer unverheirateten Mutter)*
Ụnehre ‖ **ụnehrenhaft** ‖ **Ụnehrenhaftigkeit** die, -
ụnehrlich ‖ **Ụnehrlichkeit**
ụneigennützig: *selbstlos* ‖ **Ụneigennützigkeit** die, -
ụneinbringlich: eine uneinbringliche *(nicht mehr aufzuholende)* Zugsverspätung | (Kaufmannsspr.) uneinbringliche Geldforderungen
ụneingeschränkt: zu jemandem uneingeschränktes Vertrauen haben
ụneingestanden: uneingestandene *(nicht ausgesprochene, unbewusste)* Wünsche
ụneinig: *uneins; nicht einer Meinung* ‖ **Ụneinigkeit**
ụneinnehmbar: eine uneinnehmbare *(nicht zu erobernde)* Festung
ụneins (geh.): *uneinig;* u. sein
ụneinsichtig ‖ **Ụneinsichtigkeit** die, -
ụnempfänglich: für Musik u. sein
ụnempfindlich: durch eine Injektion gegen Schmerzen u. machen ‖ **Ụnempfindlichkeit**
ụnendlich: *unbegrenzt, ewig; aber:* bis ins **Unendliche** ‖ **Ụnendlichkeit:** *Grenzenlosigkeit; Ewigkeit*
ụnentbehrlich ‖ **Ụnentbehrlichkeit**
ụnentgeltlich: *ohne Entgelt, kostenlos, umsonst, gratis* ‖ **Ụnentgeltlichkeit**
ụnentrinnbar (geh.): *unabwendbar*
ụnentschieden: die weitere Vorgangsweise ist noch u. | (Sport) das Spiel endete u. *(ohne Sieger und Verlierer)* ‖ **Ụnentschieden** das, -s/- (Sport): das Spiel endete mit einem U. ‖ **Ụnentschiedenheit**
ụnentschlossen: u. sein *(sich [noch] nicht entschließen können)* ‖ **Ụnentschlossenheit**
ụnentschuldbar: ein unentschuldbares Vorgehen ‖ **ụnentschuldigt:** u. fernbleiben
ụnentwegt: u. *(beharrlich)* sein Ziel verfolgen
ụnentwirrbar
ụnerachtet (Präp. mit Gen.) (geh., veraltet): u. *(trotz, ungeachtet)* aller Einwände
ụnerbittlich: *hart, erbarmungslos* ‖ **Ụnerbittlichkeit** die, -
ụnerfahren ‖ **Ụnerfahrenheit**
ụnerfindlich: aus unerfindlichen *(gänzlich unbekannten, unerklärlichen)* Gründen
ụnerforschlich (geh.): die unerforschlichen *(unerklärbaren, unbegreiflichen)* Entscheidungen Gottes ‖ **Ụnerforschlichkeit** die, - (geh.)
ụnerfreulich: *unangenehm; nachteilig*
ụnerfüllbar: dieser Wunsch ist leider u.
ụnergiebig: die Diskussion war u. *(brachte kein Ergebnis)* ‖ **Ụnergiebigkeit**
ụnergründbar (geh.): *unergründlich* ‖ **Ụnergründbarkeit** die, - (geh.) ‖ **ụnergründlich** (geh.): *unergründbar;* ein unergründliches *(unbegreifliches)* Schicksal ‖ **Ụnergründlichkeit** die, - (geh.)
ụnerheblich: ein unerheblicher *(unbedeutender)* Schaden ‖ **Ụnerheblichkeit** die, -
ụnerhört[1]: seine Bitte blieb u. *(unerfüllt)* ‖ **ụnerhört**[2] [auch: -'øː-]: eine unerhörte *(gewaltige)* Leistung | „Das ist unerhört!“

(das ist noch nicht vorgekommen, ist unglaublich, empörend!)
un|er|kannt: der Täter ist u. entwischt
un|er|klär|bar ‖ **un|er|klär|lich:** ein unerklärlicher Vorfall ‖ **Un|er|klär|lich|keit** die, -
un|er|läss|lich: eine unerlässliche *(notwendige)* Operation ‖ **Un|er|läss|lich|keit** die, -
un|er|laubt: u. fernbleiben
un|er|mess|lich: *riesig; unzählbar; grenzenlos; aber:* sich ins **U**nermessliche verlieren ‖ **Un|er|mess|lich|keit** die, -
un|er|müd|lich: u. *(rastlos)* arbeiten ‖ **Un|er|müd|lich|keit** die, -
un|er|quick|lich: eine unerquickliche *(unangenehme, peinliche)* Auseinandersetzung
un|er|reich|bar ‖ **Un|er|reich|bar|keit** ‖ **un|er|reicht:** ein unerreichtes Vorbild
un|er|sätt|lich: unersättliche *(unstillbare)* Habgier ‖ **Un|er|sätt|lich|keit** die, -
un|er|schöpf|lich: über scheinbar unerschöpfliche *(überaus große)* Vorräte verfügen ‖ **Un|er|schöpf|lich|keit** die, -
un|er|schro|cken (geh.): u. *(ohne jede Furcht)* handeln ‖ **Un|er|schro|cken|heit**
un|er|schüt|ter|lich: u. *(fest, unbeirrbar)* bei seiner Überzeugung bleiben ‖ **Un|er|schüt|ter|lich|keit** die, -
un|er|schwing|lich: *zu teuer, nicht leistbar* ‖ **Un|er|schwing|lich|keit** die, -
un|er|setz|bar ‖ **un|er|setz|lich:** ein unersetzlicher Verlust ‖ **Un|er|setz|lich|keit** die, -
un|er|sprieß|lich (geh.): *unerfreulich, unangenehm; nutzlos*
un|er|träg|lich ‖ **Un|er|träg|lich|keit** die, -
un|er|wähnt: die vielen Mitarbeiter/innen u. *(ungenannt)* lassen
un|er|war|tet: das kam u. *(überraschend)*
un|er|wi|dert: seine Zuneigung blieb u.
un|er|wünscht: seine Anwesenheit war u.
un|er|zwun|gen (Sport): ein unerzwungener Fehler *(Eigenfehler)*
UNESCO [-skɔ] die, -: **U**nited **N**ations **E**ducational, **S**cientific and **C**ultural **O**rganization *(Organisation der Vereinten Nationen für Erziehung, Wissenschaft und Kultur);* → UNESCO-Welterbe
un|fä|hig ‖ **Un|fä|hig|keit** die, -
un|fair [-fɛːə]: u. *(unehrlich; unfein; regelwidrig)* spielen/handeln
Un|fall: einen U. verursachen; in einen U. verwickelt sein; ein U. ereignet sich | (ugs.) einen U. bauen ‖ **Un|fall|arzt** ‖ **Un|fall|ärz|tin** ‖ **Un|fall|au|to** ‖ **Un|fall|be|tei|lig|te** ‖ **Un|fall|bi|lanz** ‖ **Un|fall|chi|r|ur|gie** [-ki-] (Med.) ‖ **Un|fall|end|la|ge** (Amtsspr.): *Zustand bei Ende des Unfalls* ‖ **Un|fall|fahr|zeug** ‖ **un|fall|frei** ‖ **Un|fall|ge|fahr** ‖ **Un|fall|häu|fig|keit** ‖ **Un|fall|heil|be|hand|lung** (Med.): *gesamter erforderlicher Aufwand für die Behandlung eines Unfallopfers* ‖ **Un|fall|her|gang** ‖ **Un|fall|kli|nik** ‖ **Un|fall|kom|man|do:** auf Unfälle spezialisierte Abteilung der Polizei ‖ **Un|fall|kran|ken|haus** (UKH) ‖ **Un|fall|len|ker:** *der Lenker eines Unfallfahrzeuges* ‖ **Un|fall|len|ke|rin** ‖ **Un|fall|op|fer** ‖ **Un|fall|ort** ‖ **Un|fall|ren|te** ‖ **Un|fall|ren|ten|be|steu|e|rung** (Amtsspr.) ‖ **Un|fall|ri|si|ko** ‖ **Un|fall|sta|ti|on** [-tsi̯-]: *Unfallklinik* ‖ **Un|fall|sta|tis|tik** [-ʃt-, -st-] ‖ **Un|fall|tod** ‖ **un|fall|träch|tig:** dieser Autobahnabschnitt ist u. *(auf ihm passieren viele Unfälle)* ‖ **Un|fall|ver|hü|tung** die, - ‖ **Un|fall|ver|si|che|rung**
un|fass|bar: eine unfassbare *(unbegreifliche; erschütternde)* Nachricht ‖ **un|fass|lich:** *unfassbar*
un|fehl|bar: nicht u. sein *([sich] auch irren können);* → G.: fehlbar ‖ **Un|fehl|bar|keit** die, -
un|fein: er war bekannt für sein unfeines Benehmen
un|fern (Präp. mit Gen.) (geh.): u. des Gipfels/u. vom Gipfel *(nahe dem Gipfel)*
un|fer|tig: unfertige Kleider
Un|flat der, -[e]s (geh., veraltet): *Schmutz* ‖ **un|flä|tig** (geh., veraltet): *schmutzig; unanständig;* jemanden u. *(grob)* beschimpfen ‖ **Un|flä|tig|keit** die, -/-en (geh., veraltet)
un|flek|tiert (Gramm.)
un|folg|sam ‖ **Un|folg|sam|keit** die, -
un|för|mig: *plump, formlos* ‖ **Un|för|mig|keit** die, -/-en ‖ **un|förm|lich** (selten): eine unförmliche *(ungezwungene, formlose)* Einladung
un|fran|kiert: *unfrei, ohne [Post-]porto*
un|frei: *nicht frei* | *unfrankiert* ‖ **Un|freie**[1] der, -n/-n, ein Unfreier (früher): *Sklave, Höriger, Leibeigener* ‖ **Un|freie**[2] die, -n/-n (früher) ‖ **un|frei|wil|lig**
un|freund|lich ‖ **Un|freund|lich|keit**
Un|frie|de = **Un|frie|den:** U. *(Zwietracht, Feindschaft)* stiften
un|fri|siert
un|frucht|bar: unfruchtbares Land | eine unfruchtbare *(nicht produktive)* Diskussion | (Med., Biol.) *fortpflanzungsunfähig* ‖ **Un|frucht|bar|keit**
Un|fug der, -[e]s: U. treiben *(Unsinn, Ungehöriges machen)*
un|ga|lant
Un|gar [-ŋg-] der, -n/-n ‖ **Un|ga|rin** die, -/-innen ‖ **un|ga|risch** ‖ **Un|ga|risch** das, -[s] = **Un|ga|ri|sche,** -n: *die ungarische Sprache;* → Deutsch ‖ **Un|garn** (Kfz: H): *ein Staat*
un|gast|lich: ein ungastliches *(unfreundliches)* Haus ‖ **Un|gast|lich|keit**
un|ge|ach|tet (Präp. mit Gen.): ungeachtet *(trotz)* des schlechten Wetters; ungeachtet dessen, dass ...; des[sen] u. *(trotzdem)*
un|ge|ahn|det (geh.): das Verbrechen blieb u. *(unbestraft)*
un|ge|ahnt: ungeahnte *(unerwartete)* Schwierigkeiten
un|ge|bär|dig (geh.): ein ungebärdiges *(wildes)* junges Pferd ‖ **Un|ge|bär|dig|keit** die, - (geh.)
un|ge|be|ten: ein ungebetener *(unerwünschter)* Gast
un|ge|beugt: u. *(ohne den Mut zu verlieren, gegen alle Widerstände)* daran festhalten | (Gramm.) *unflektiert*
un|ge|bil|det (oft abw.)
un|ge|bo|ren: das ungeborene Leben
un|ge|bräuch|lich: *unüblich* ‖ **un|ge|braucht:** ein ungebrauchtes *(frisches)* Handtuch
un|ge|bremst: u. in die Absperrung rasen
un|ge|bro|chen: unser Mut ist u.
un|ge|bühr|lich (geh.): ein ungebührliches *(unpassendes)* Benehmen; ein u. *(übermäßig)* hoher Preis ‖ **Un|ge|bühr|lich|keit** die, -/-en (geh.)
un|ge|bun|den: ein ungebundenes *(freies)* Leben führen | ungebundene Bücher *(ohne Einband)* | (Küchenspr.) *nicht verdickt;* → binden ‖ **Un|ge|bun|den|heit** die, -
un|ge|deckt: ein noch ungedeckter Tisch | ein ungedeckter

U

(durch kein Guthaben gedeckter) Scheck

ụn|ge|druckt: sein Roman blieb u. *(wurde nicht veröffentlicht)*

Ụn|ge|duld ‖ ụn|ge|dul|dig

ụn|ge|eig|net

ụn|ge|fähr: u. *(etwa)* drei Stunden; der ungefähre *(annähernde)* Bedarf; von u. *(zufällig)* ‖ **ụn|ge|fähr|det:** *sicher, gefahrlos* ‖ **ụn|ge|fähr|lich ‖ Ụn|ge|fähr|lich|keit**

ụn|ge|fäl|lig: *unfreundlich, unhöflich* ‖ **Ụn|ge|fäl|lig|keit**

ụn|ge|färbt

ụn|ge|formt

ụn|ge|fragt: u. sprechen

ụn|ge|fü|ge, *auch:* ungefüg (geh.): *unförmig, massig, schwerfällig;* ungefüges *(plumpes; nicht angebrachtes)* Verhalten

ụn|ge|gen|ständ|lich: *nicht gegenständlich, abstrakt*

ụn|ge|glie|dert: ein völlig ungegliederter Text

ụn|ge|hal|ten: *unwillig, missgestimmt, verärgert;* sei nicht u. ‖ **Ụn|ge|hal|ten|heit** die, -

ụn|ge|hei|ßen (geh.): u. *(ohne dazu aufgefordert worden zu sein)* mitreden

ụn|ge|heizt: ein ungeheiztes Zimmer

ụn|ge|hemmt: *ohne Hemmungen*

ụn|ge|heu|er: u. tief; ungeheure Schneemassen; *aber:* ins **U**ngeheure steigern ‖ **Ụn|ge|heu|er** das, -s/-: *riesenhaftes, Furcht erregendes [Fabel]tier* | (abw.) *grausamer, bösartiger Mensch* ‖ **ụn|ge|heu|er|lich:** das ist u. *(unfassbar, empörend)* ‖ **Ụn|ge|heu|er|lich|keit** die, -/-en

ụn|ge|hin|dert: u. *(ohne aufgehalten zu werden)* die Kontrollen passieren

ụn|ge|ho|belt: ein ungehobeltes Brett | (abw.) *rüpelhaft*

ụn|ge|hö|rig: ein ungehöriges *(unpassendes)* Benehmen ‖ **Ụn|ge|hö|rig|keit** die, -/-en

ụn|ge|hor|sam: u. sein ‖ **Ụn|ge|hor|sam**

ụn|ge|hört: die Rufe blieben u.

Ụn|geist (geh.): *abartige, verwerfliche Geisteshaltung;* der U. des Rassismus

ụn|ge|klärt: ein ungeklärtes Problem

ụn|ge|krönt: die ungekrönte Königin *(die beste)* der Leichtathletinnen

ụn|ge|küns|telt: ihre Bescheidenheit war u. *(echt)*

ụn|ge|kürzt: der Film wurde u. gezeigt

ụn|ge|le|gen: zu ungelegener *(unerwünschter)* Zeit kommen ‖ **Ụn|ge|le|gen|heit** (meist Pl.): jemandem Ungelegenheiten *(Unannehmlichkeiten)* bereiten

ụn|ge|leh|rig: ein ungelehriger *(lernunwilliger, unbegabter)* Schüler

ụn|ge|lenk: *ungeschickt, schwerfällig* ‖ **ụn|ge|len|kig ‖ Ụn|ge|len|kig|keit**

ụn|ge|lernt: ein ungelernter *(nicht fachlich ausgebildeter, nur angelernter)* Arbeiter

ụn|ge|liebt: eine ungeliebte Arbeit

ụn|ge|lo|gen: u. *(ohne zu übertreiben),* sie war die Beste

ụn|ge|löst: das Problem blieb u.

Ụn|ge|mach das, -[e]s (geh., veraltet): viel U. *(Leid)* erdulden müssen

ụn|ge|mäß: *unpassend, nicht zustehend*

ụn|ge|mein: u. *(außerordentlich)* begabt sein

ụn|ge|mes|sen (geh.): ungemessene *(ungeheure)* Schätze; *aber:* diese Forderungen gehen ins **U**ngemessene *(sie kennen kein Maß)*

ụn|ge|min|dert: *unvermindert*

ụn|ge|müt|lich: eine ungemütliche Gesellschaft ‖ **Ụn|ge|müt|lich|keit**

ụn|ge|nannt: eine ungenannte *(anonyme)* Wohltäterin

ụn|ge|nau: sich nur u. ausdrücken ‖ **Ụn|ge|nau|ig|keit**

ụn|ge|niert [-ʒe-]: *zwanglos, ungehemmt;* seine Meinung u. *(ohne Scheu)* sagen ‖ **Ụn|ge|niert|heit** die, -/-en

ụn|ge|nieß|bar: ein ungenießbarer Pilz ‖ **Ụn|ge|nieß|bar|keit**

Ụn|ge|nü|gen das, -s (geh.): *Unvollkommenheit; Unzufriedenheit* ‖ **ụn|ge|nü|gend:** eine ungenügende Leistung; → Nicht genügend

ụn|ge|nutzt = ụn|ge|nützt: einen Acker u. *(unbebaut)* lassen; die Zeit u. *(ohne sie zu nützen)* verstreichen lassen

ụn|ge|ord|net

ụn|ge|pflegt ‖ Ụn|ge|pflegt|heit

ụn|ge|rad (ugs.): *ungrade* ‖ **ụn|ge|ra|de:** u. Zahlen

ụn|ge|ra|ten: ein ungeratenes *(missratenes)* Kind

ụn|ge|rech|net: *nicht [mit]gezählt*

ụn|ge|recht: u. behandelt werden ‖ **ụn|ge|rech|ter|wei|se ‖ ụn|ge|recht|fer|tigt:** *unberechtigt, unbegründet* ‖ **ụn|ge|recht|fer|tig|ter|wei|se:** u. gerügt werden ‖ **Ụn|ge|rech|tig|keit**

ụn|ge|re|gelt: eine ungeregelte Straßenkreuzung *(Kreuzung ohne Ampel und Verkehrszeichen)*

ụn|ge|reimt: ungereimtes *(sinnloses)* Zeug reden ‖ **Ụn|ge|reimt|heit** die, -/-en

ụn|gern: etwas u. tun

ụn|ge|rührt: *unbeeindruckt* ‖ **Ụn|ge|rührt|heit** die, -

ụn|ge|sagt: Wichtiges blieb u.

ụn|ge|sal|zen: die Suppe ist u.

ụn|ge|sat|telt: das Pferd war u.

ụn|ge|sät|tigt (Chem.): mehrfach ungesättigte Fettsäuren

ụn|ge|säu|ert: ungesäuertes Brot

ụn|ge|säumt[1]: der Rock ist u. *(ohne Saum)*

ụn|ge|säumt[2] (geh., veraltet): u. *(ohne zu zögern, sofort)* kommen

ụn|ge|schält: ungeschälte Äpfel

ụn|ge|sche|hen: etwas nicht mehr u. *(rückgängig)* machen können

ụn|ge|schaut (ugs.): *ohne zu schauen, unbesehen, ungeprüft;* → ungschaut

ụn|ge|scheut (geh.): u. *(ohne Scheu, furchtlos)* die Wahrheit sagen

Ụn|ge|schick das, -[e]s: *Ungeschicklichkeit* ‖ **ụn|ge|schick|lich ‖ Ụn|ge|schick|lich|keit ‖ ụn|ge|schickt**

ụn|ge|schlacht (geh.): ein ungeschlachter *(derber, plumper)* Mensch

ụn|ge|schlif|fen: ein ungeschliffener *(roher, unbearbeiteter)* Diamant | ein ungeschliffenes *(unmanierliches)* Benehmen

ụn|ge|schmä|lert (geh.): das ungeschmälerte *(volle)* Einkommen

ụn|ge|schminkt: jemandem u. *(offen)* die Wahrheit sagen

ụn|ge|scho|ren: jemanden u. *(in Ruhe, in Frieden)* lassen

ụn|ge|schrie|ben: ein ungeschriebenes *(rechtlich nicht festgelegtes)* Gesetz

ụn|ge|schult: eine ungeschulte *(nicht ausgebildete)* Stimme

ụn|ge|schützt: *ohne Schutz;* u. *(ohne Sonnenschutz)* am Strand liegen; ungeschützter Geschlechtsverkehr *(ohne Kondom)*

ụn|ge|se|hen: u. *(unbeobachtet)* fliehen

ụn|ge|sel|lig: ein ungeselliger *(die Gesellschaft anderer meidender)* Mensch ‖ **Ụn|ge|sel|lig|keit**

ụn|ge|setz|lich: *in den Gesetzen nicht vorgesehen bzw. nach ihnen*

nicht erlaubt || **Ụn|ge|setz|lich|keit**
ụn|ge|spritzt: ungespritztes *(nicht mit Pflanzenschutzmitteln behandeltes)* Obst
ụn|ge|stalt (geh.): *plump, unschön*
ụn|ge|stem|pelt: ungestempelte Briefmarken
ụn|ge|stillt (geh.): ungestillte Sehnsucht
ụn|ge|stört: u. arbeiten können || **Ụn|ge|stört|heit** die, -
ụn|ge|straft: nicht u. andere gefährden dürfen
ụn|ge|stüm (geh.): ungestüme *(lebhafte, laute)* Freude || **Ụn|ge|stüm** das (*auch:* der), -[e]s (geh.): mit jugendlichem U. *(Eifer)* an eine Sache herangehen
ụn|ge|sühnt (geh.): der Mord ist u. geblieben
ụn|ge|sund: eine ungesunde Lebensweise
ụn|ge|süßt: sie bevorzugt ungesüßten Kaffee
ụn|ge|teilt: die Freude war u. *(außerordentlich, durch keinerlei Umstände getrübt)*
ụn|ge|treu (geh.): *untreu*
ụn|ge|trübt: ungetrübte Freude
Ụn|ge|tüm das, -[e]s/-e: *Ungeheuer, Koloss*
ụn|ge|übt: ein ungeübter Spieler
ụn|ge|wa|schen

ụn|ge|wiss:

seine Absicht bleibt ungewiss; ein ungewisser Ausgang; ungewisse Aussichten
Großschreibung bei Nominalisierung:
- Angst vor dem **U**ngewissen
- im **U**ngewissen sein/lassen/leben/bleiben
- ins **U**ngewisse fahren/eine Fahrt ins **U**ngewisse

R→ S. 892, 2.2

U

Ụn|ge|wiss|heit
Ụn|ge|wit|ter (geh.): *Unwetter*
ụn|ge|wöhn|lich: das Ergebnis ist u. || **ụn|ge|wohnt**
ụn|ge|wollt: jemanden u. verletzen
ụn|ge|zählt: ungezählte *(sehr viele)* Stunden warten; *aber:* es kamen **U**ngezählte
Ụn|ge|zie|fer das, -s: U. *(schädliche Insekten)* vertilgen
ụn|ge|zie|mend (geh.): ein ungeziemendes *(ungebührliches, ungehöriges)* Verhalten
ụn|ge|zo|gen: *unartig, lümmelhaft, taktlos* || **Ụn|ge|zo|gen|heit** die, -/-en
ụn|ge|zu|ckert: den Kaffee u. trinken
ụn|ge|zü|gelt: von ungezügelter *(hemmungsloser)* Wildheit
ụn|ge|zwun|gen: *zwanglos, natürlich* || **Ụn|ge|zwun|gen|heit**
ụn|gif|tig
Ụn|glau|be = **Ụn|glau|ben** || **ụn|glaub|haft:** eine unglaubhafte *(nicht glaubwürdige)* Ausrede || **ụn|gläu|big:** *ohne Glauben* | *zweifelnd;* ein ungläubiger Thomas *(jemand, der an allem zweifelt; nach einem Apostel)* || **Ụn|gläu|bi|ge**[1] der, -n/-n, ein Ungläubiger || **Ụn|gläu|bi|ge**[2] die, -n/-n || **un|glaub|lich:** das ist u. *(unerhört)* || **ụn|glaub|wür|dig** || **Ụn|glaub|wür|dig|keit**
ụn|gleich: ein ungleiches *(sehr verschiedenes)* Paar | so ist es u. *(viel)* besser || **ụn|gleich|ar|tig** || **Ụn|gleich|be|hand|lung** || **Ụn|gleich|heit** || **ụn|gleich|mä|ßig** || **Ụn|glei|chung** (Math.): *Verknüpfung zweier Terme, die nicht gleich sind, zB x > y (x ist größer als y)*
Ụn|glück: jemanden ins U. stürzen/bringen; zu allem U. verlor sie auch noch die Schlüssel; ins eigene U. rennen || **ụn|glück|lich** || **ụn|glück|li|cher|wei|se** || **Ụn|glücks|bot|schaft** || **ụn|glück|se|lig:** eine Verkettung unglückseliger *(tragischer, verhängnisvoller)* Umstände || **Ụn|glücks|fall** || **Ụn|glücks|len|ker:** *Lenker, der einen Verkehrsunfall verursacht* || **Ụn|glücks|len|ke|rin** || **Ụn|glücks|nach|richt** || **Ụn|glücks|ort** || **Ụn|glücks|ra|be** (scherzh.): *Pechvogel* || **Ụn|glücks|stel|le** || **Ụn|glücks|zei|chen**
Ụn|gna|de die, -: in U. fallen *(die Gunst verlieren)* || **ụn|gnä|dig:** *verdrossen, übel gelaunt*
ụn|grad, ụn|gra|de (ugs.): *ungerade*
ụn|gra|zi|ös
ụn|gschaut, *auch:* **ụn|gschau|ter** (ugs.): etwas u. *(ohne zu schauen, ungeprüft; sofort)* kaufen
ụn|gül|tig: ein ungültiger Fahrschein || **Ụn|gül|tig|keit**
Ụn|gunst: unter der U. der Verhältnisse leiden; zu meinen Ungunsten; → zu Ungunsten (= zuungunsten) || **ụn|güns|tig**
ụn|gus|ti|ös [-st-]: *unappetitlich* || **Ụn|gustl** der, -s/-n (ostöst., ugs., abw.): *abstoßende Person*
ụn|gut: *schlecht, unangenehm;* eine ungute Sache; ein ungutes *(unbehagliches)* Gefühl | „Nichts für ungut!" *(„Bitte nicht übel nehmen!")*
ụn|halt|bar: der Zustand war u. *(auf die Dauer nicht aufrechtzuerhalten)* | (Sport) ein unhaltbarer *(nicht abzuwehrender)* Schuss
ụn|har|mo|nisch
UNHCR [u ɛn ha tse 'ɛr] die, -: **U**nited **N**ations **H**igh **C**ommissioner for **R**efugees *(Hochkommissariat der UNO für Flüchtlinge)*

Ụn|heil:

großes Unheil *(Unglück)* droht
Getrenntschreibung:
- Unheil bringen
- Unheil stiften
- Unheil verkünden

Getrennt- und Zusammenschreibung mit adjektivisch gebrauchten Partizipien:
- Unheil bringende (= unheilbringende) Wetter
- Unheil verkündende (= unheilverkündende) Worte; *aber nur zusammen:* unheildrohend

R→ S. 903, 2.2.1

Zusammenschreibung bei Steigerung oder näherer Bestimmung der ganzen Fügung:
- [noch] unheilverkündendere Nachrichten
- äußerst unheilverkündende Worte

ụn|heil|bar: eine unheilbare Krankheit || **Ụn|heil brin|gend** = **ụn|heil|brin|gend** (geh.) || **ụn|heil|dro|hend** (geh.) || **Ụn|heil|stif|ter** (geh.) || **Ụn|heil|stif|te|rin** (geh.) || **Ụn|heil ver|kün|dend** = **ụn|heil|ver|kün|dend** (geh.) || **ụn|heil|voll**
ụn|heim|lich: mir war u. [zu Mute] *(ich bekam Angst)* | (ugs.) das Eis schmeckt u. *(sehr)* gut
ụn|höf|lich || **Ụn|höf|lich|keit**
Ụn|hold der, -[e]s/-e: *Bösewicht*
ụn|hör|bar
ụn|hy|gi|e|nisch [-hy-]: *unsauber, nicht der Hygiene entsprechend*
uni [y-] ⟨fr.⟩: ein uni *(einfärbiges)* Kleid
Ụni die, -/-s ⟨lat.⟩: *Kurzwort für Universität* || **Ụni|bi|bli|o|thek:** *Universitätsbibliothek* || **Ụni|cam|pus** [-k-]
UNICEF [-ts-] die, -: **U**nited **N**ations **I**nternational **C**hildren's **E**mergency **F**und *(Internationaler*

Kinderhilfsfonds der Vereinten Nationen)
Unicode ['ju:nikəʊd] der, -s ⟨engl.⟩: *internationaler Zeichensatz für Computer;* → ASCII
UNIDO die, -: **U**nited **N**ations **I**ndustrial **D**evelopment **O**rganization *(Organisation der Vereinten Nationen für industrielle Entwicklung mit Sitz in Wien)*
uniert ⟨lat.⟩: *[wieder]vereinigt;* die griechisch-unierte *(mit der katholischen vereinigte)* Kirche
Unifikation [-tsi̯-] die, -/-en ⟨lat.⟩ (fachspr.): *Vereinheitlichung* ‖ **unifizieren**
uniform ⟨lat.-fr.⟩: *gleichförmig* ‖ **Uniform** [bes. D auch: -'ɔ-]: *einheitliche Dienstkleidung* ‖ **uniformieren:** uniformierte Polizisten | (oft abw.) *gleichförmig machen* ‖ **Uniformität** die, -: *Gleichförmigkeit* ‖ **Uniformkappe** [bes. D auch: -'ɔ-]
unikal ⟨lat.⟩: *einmalig* ‖ **Unikat** das, -[e]s/-e: nur als U. *(in einer einzigen Ausführung)* vorhanden ‖ **Unikum** das, -s/Unika: *etwas Einmaliges, Einzigartiges*
unilateral ⟨lat.⟩ (bes. Pol.): eine unilaterale *(einseitige)* Verpflichtung; → G.: bilateral, multilateral
Unilehrgang ⟨lat.+dt.⟩
uninformiert: *nicht informiert* ‖ **Uninformiertheit**
uninteressant ‖ **uninteressiert:** *nicht interessiert* ‖ **Uninteressiertheit** die, -
Union die, -/-en ⟨lat.⟩: *Vereinigung, Verband;* Europäische U.
Union Jack ['ju:njən 'dʒæk] der, -s/- -s ⟨engl.⟩: *Staatsflagge Großbritanniens*
Unionsbürger ⟨lat.+dt.⟩: *Staatsangehöriger eines Mitgliedstaates der EU* ‖ **Unionsbürgerin** ‖ **Unionsbürgerschaft**
Uniprofessor ⟨lat.⟩ ‖ **Uniprofessorin**
unirdisch (geh.): *überirdisch*
unisex ⟨lat.-engl.⟩: *eingeschlechtig* | *geschlechtsneutral;* Schuhe u. ‖ **Unisex** der, -: *Angleichung der äußeren Erscheinung der Geschlechter* ‖ **Unisexkleidung** ‖ **Unisextarif**
unison = **unisono** [auch: -'i(:)zono] ⟨lat.-it.⟩ (Mus.): *einstimmig, alle zusammen* ‖ **Unisono** das, -s/-s [Unisoni] (Mus.)
Unistadt ⟨lat.+dt.⟩
UniStG: **Uni**versitäts**st**udien**g**esetz ‖ **universal** [-v-] ⟨lat.⟩: *umfassend* ‖ **Universalbildung** ‖ **Universalerbe:** *Alleinerbe* ‖ **Universalerbin** ‖ **Universalfernbedienung** ‖ **Universalheilmittel:** *Mittel, mit dem man alles heilen könnte* ‖ **Universalie** [-i̯ɛ] die, -/-n (Phil.): *Allgemeinbegriff* ‖ **Universalität** die, -: die U. *(das Allumfassende)* der Wissenschaft ‖ **Universalmesser** ‖ **Universalmuseum:** *Museum mit Sammlungen zu verschiedenen grundlegenden Themen;* U. Joanneum in Graz ‖ **universell** ⟨lat.-fr.⟩: *universal* ‖ **Universiade** die, -/-n ⟨lat.+gr.⟩: *internationale [zweijährliche] Studentenwettkämpfe* ‖ **universitär** ⟨lat.⟩: eine universitäre Ausbildung ‖ **Universität** die, -/-en: *wissenschaftliche oder künstlerische Hochschule;* U. für angewandte Kunst *(in Wien);* U. für Bodenkultur Wien; Medizinische U. Graz; U. für künstlerische und industrielle Gestaltung *(Kunstuniversität in Linz);* Universität für Musik und darstellende Kunst ‖ **Universitätsassistent** ‖ **Universitätsassistentin** ‖ **Universitätsausbildung** ‖ **Universitätsautonomie** → Hochschulautonomie ‖ **Universitätsbibliothek** ‖ **Universitätsbuchhandlung:** *wissenschaftlich ausgerichtete Buchhandlung* ‖ **Universitätscampus** [-k-] ‖ **Universitätsdirektor** (früher) (Admin., Bildw.): *Leiter einer Universitätsverwaltung* ‖ **Universitätsdirektorin** (früher) ‖ **Universitätsdozent** ‖ **Universitätsdozentin** ‖ **Universitätsinstitut** [-st-] ‖ **Universitätsklinik:** *Krankenhaus, das auch der Ausbildung von Ärzten und der Forschung dient* ‖ **Universitätslaufbahn** ‖ **Universitätslehrer** ‖ **Universitätslehrerin** ‖ **Universitätslehrgang** ‖ **Universitätslektor** ‖ **Universitätslektorin** ‖ **Universitätsorganisationsgesetz** [-tsi̯-] (UOG) ‖ **Universitätsprofessor** (Univ.-Prof., UnivProf) ‖ **Universitätsprofessorin** (Univ.-Prof., UnivProf) ‖ **Universitätsrat:** *eines der obersten Leitungsorgane einer Universität* ‖ **Universitätssenat** ‖ **Universitätsstadt** ‖ **Universitätsstudiengesetz** [-ʃt-] das, -[e]s (UniStG) ‖ **Universum** das, -s/Universen: *Weltall, Kosmos* ‖ **Univ.-Prof.,** *auch:* UnivProf: **Univ**ersitäts**prof**essor/in
Unix ['ju:nɪks] = **UNIX** das, - (Wz.) (EDV): *ein Betriebssystem für Computer und Großrechner*
unkameradschaftlich
unkaputtbar (sal. bzw. Werb.): *unzerstörbar, unzerbrechlich;* → G.: kaputtbar
Unke die, -/-n: *ein Froschlurch* ‖ **unken:** *wie eine Unke rufen* | er unkt schon wieder *(äußert sich pessimistisch)*
unkenntlich: sich u. *(unerkennbar)* machen ‖ **Unkenntlichkeit** die, -: bis zur U. verbrannt ‖ **Unkenntnis:** „Unkenntnis des Gesetzes schützt nicht vor Strafe"
unkeusch (geh.): *unzüchtig* ‖ **Unkeuschheit** (geh.)
unklagbar (Jus): *gerichtlich nicht durchsetzbar;* unklagbare Verbindlichkeit
unklar: unklare Aussichten; *aber:* im **Unklaren** *(Ungewissen)* sein/bleiben ‖ **Unklarheit**
unklug: unkluges Verhalten ‖ **Unklugheit**
unkollegial
unkompliziert
unkontrollierbar ‖ **unkontrolliert**
unkonventionell [-v-tsi̯-]: *vom Üblichen abweichend*
unkonzentriert ‖ **Unkonzentriertheit**
unkoordiniert: unkoordinierte *(unregelmäßige)* Herzmuskeltätigkeit; unkoordinierte *(nicht übereingestimmte)* nationale Regelungen; → inkoordiniert
unkörperlich: *immateriell* | (Jus) unkörperliche Sache *(Recht, Forderungen)*
unkorrekt: *nicht ordnungsgemäß;* → inkorrekt ‖ **Unkorrektheit**
Unkosten die (Pl.): *Spesen;* sich in U. stürzen *(hohe Ausgaben haben)* ‖ **Unkostenbeitrag:** einen U. leisten
Unkraut: *Beikraut;* U. jäten ‖ **Unkrautvernichtungsmittel** ‖ **Unkrautvertilgungsmittel**
unkritisch
unkultiviert [-v-]: der Boden ist u. *(nicht bearbeitet)* | (abw.) ein unkultivierter *(kulturloser; ungebildeter; unfeiner)* Mensch
unkündbar: ein unkündbarer Vertrag ‖ **Unkündbarkeit**
unkundig: des Lesens u. sein *(nicht lesen können)*
unlängst: *vor Kurzem*

U

un|lau|ter (geh.): ein unlauterer *(unehrlicher; unanständiger)* Vorschlag | (Jus, Wirt.) unlauterer Wettbewerb *(Wettbewerb mit unehrlichen, unerlaubten Mitteln)*
un|leid|lich: *unerträglich, unfreundlich* || **Un|leid|lich|keit** die, -/-en
un|le|ser|lich: u. schreiben || **Un|le|ser|lich|keit**
un|leug|bar: *unbestreitbar*
un|lieb: diese Entscheidung ist mir nicht u. *(willkommen)* || **un|lie|bens|wür|dig** || **un|lieb|sam:** ein unliebsamer *(unangenehmer)* Vorfall
un|li|niert, *auch:* **un|li|ni|iert**
un|lo|gisch
un|lös|bar: eine unlösbare Aufgabe || **Un|lös|bar|keit** die, - || **un|lös|lich:** ein in Wasser unlöslicher Stoff
Un|lust: etwas mit U. *(nur widerwillig)* tun || **Un|lust|ge|fühl**
un|ma|nier|lich: *von schlechten Manieren, unschicklich*
un|männ|lich (auch abw.)
Un|maß das, -es: *Übermaß*
Un|mas|se: *bes. große Menge*
un|maß|geb|lich: *nicht entscheidend* || **un|mä|ßig:** *maßlos* || **Un|mä|ßig|keit** die, -
Un|men|ge: *große Menge*
Un|mensch: *sehr roher, grausamer Mensch* || **un|mensch|lich:** *bes. grausam, inhuman;* unmenschliches *(unvorstellbares)* Leid erdulden || **Un|mensch|lich|keit**
un|merk|lich: die Gewichtszunahme war u. *(kaum feststellbar)*
un|mess|bar: u. gering
un|miss|ver|ständ|lich: *eindeutig*
un|mit|tel|bar: *direkt;* → G.: mittelbar || **Un|mit|tel|bar|keit** die, -
un|mö|b|liert: ein unmöbliertes Zimmer
un|mo|dern
un|mög|lich ['un-, -'mø:-]: unmögliche *(nicht machbare, umsetzbare)* technische Änderungen wünschen; das ist ganz und gar u.! *(das kommt nicht in Frage!)* | er hat sich durch seine Aussagen vor allen u. gemacht *(sich bloßgestellt); aber:* Mögliches und **U**nmögliches; nichts **U**nmögliches fordern || **Un|mög|lich|keit**
Un|mo|ral || **un|mo|ra|lisch**
un|mo|ti|viert [-v-]: *grundlos, unbegründet*
un|mün|dig: *noch nicht volljährig* | (Jus) eine unmündige Person *(Person unter 14 Jahren)* || **Un|mün|dig|keit**
un|mu|si|ka|lisch: *ohne Verständnis für Musik*
Un|mut (geh.): *Ärger, Missmut* || **un|mu|tig** (geh.): *verärgert, entrüstet*
un|nach|ahm|lich: *unerreichbar*
un|nach|gie|big: *hart, beharrlich* || **Un|nach|gie|big|keit**
un|nach|sich|tig: *streng* || **Un|nach|sich|tig|keit**
un|nah|bar: ein unnahbarer *(unzugänglicher, zurückhaltender, abweisender)* Mensch || **Un|nah|bar|keit** die, -
Un|na|tur (geh.): *unnatürlicher Mensch* | *Unnatürlichkeit* || **un|na|tür|lich** || **Un|na|tür|lich|keit**
un|nenn|bar (geh.): unnennbares *(unsagbares, sehr großes)* Leid
un|nö|tig: *überflüssig* || **un|nö|ti|ger|wei|se**
un|nütz: unnütze Ausgaben
UNO die, -: **U**nited **N**ations **O**rganization *(Organisation der Vereinten Nationen; Vereinte Nationen);* → UN || **UNO-Be|ob|ach|ter:** U. in einem Krisengebiet || **UNO-Be|ob|ach|te|rin** || **UNO-Char|ta** [-k-]: *Satzung der Vereinten Nationen* || **UNO-Ci|ty** [-sɪti]: *ein Bürohauskomplex der UNO in Wien* || **UNO-Ge|ne|ral|se|k|re|tär** || **UNO-Ge|ne|ral|se|k|re|tä|rin** || **UNO-Ge|ne|ral|ver|samm|lung** || **UNO-Man|dat**
un|or|dent|lich: sich u. benehmen || **Un|or|dent|lich|keit** die, - || **Un|ord|nung** die, -
un|or|tho|dox: *vom Üblichen abweichend, unkonventionell*
UNO-Si|cher|heits|rat: *Weltsicherheitsrat der Vereinten Nationen (mit Sitz in New York)* || **UNO-Sol|dat** || **UNO-Sol|da|tin** || **UNO-Voll|ver|samm|lung**
Un|paar|hu|fer: *Huftier mit nur einer oder drei ausgebildeten Zehen, zB Pferd, Nashorn* | (Pl.) (Zool.) *eine Säugetierordnung* || **un|paa|rig:** *in ungerader Zahl*
un|pä|d|a|go|gisch
un|par|tei|isch: *an keine der beteiligten Seiten gebunden; neutral* || **Un|par|tei|i|sche**[1] der, -n/-n, ein Unparteiischer (Sport): *Schiedsrichter* || **Un|par|tei|i|sche**[2] die, -n/-n || **un|par|tei|lich:** *unparteiisch* || **Un|par|tei|lich|keit**
un|pas|send: eine unpassende Bemerkung
un|pas|sier|bar: die Straße ist u. || **Un|pas|sier|bar|keit** die, -
un|päss|lich (geh.): *etwas unwohl, ein bisschen krank* || **Un|päss|lich|keit** die, -/-en (geh.)
un|pa|the|tisch
Un|per|son: *Person, die in der Öffentlichkeit nicht mehr genannt werden darf;* früher einflussreich, jetzt zur U. geworden || **un|per|sön|lich:** die Begrüßung war u. *(kühl, formell)*
un|plat|ziert (bes. Sport): ein unplatzierter *(ungenauer)* Schuss; → platzieren
un|plugged ['ʌnplʌgd] ⟨engl.⟩ (Mus.): *ohne Verstärker (bes. bei Rock-, Popmusik)*
un|po|li|tisch
un|po|pu|lär
un|prak|tisch
un|prä|zis = **un|prä|zi|se**
un|pro|b|le|ma|tisch: sein Vorhaben ist nicht u. *(könnte Probleme bereiten)*
un|pro|duk|tiv
un|pro|por|ti|o|niert [-tsi̯-]
un|pünkt|lich || **Un|pünkt|lich|keit**
un|qua|li|fi|zier|bar: unqualifizierbare *(unerhörte)* Äußerungen || **un|qua|li|fi|ziert:** ein unqualifizierter *(den Voraussetzungen nicht entsprechender)* Bewerber
un|ra|siert
Un|rast die, - (geh.): voll U. *(rastlos, unruhig)* sein
Un|rat der, -[e]s (geh.): *Schmutz, Kot*
un|ra|ti|o|nell [-tsi̯-]
un|re|a|lis|tisch: *der Wirklichkeit nicht entsprechend*

un|recht:

falsch, unrichtig; unpassend; eine unrechte Handlung; am unrechten Platz

Kleinschreibung des Adjektivs:
- das ist unrecht (Frage *Wie?*)
- sich unrecht aufführen

Groß- und Kleinschreibung:
- unrecht (= **U**nrecht) behalten/bekommen/haben
- jemand[em] unrecht (= **U**nrecht) geben/tun
- es geschieht ihr unrecht (= **U**nrecht) R→ S. 891, 1.2.2

Un|recht das, -[e]s:

Großschreibung des Nomens:
- im Unrecht sein
- etwas zu Unrecht behaupten *(ohne genügenden Grund)*
- sich ins Unrecht setzen *(sich kompromittieren)*

– [ein] Unrecht [er]leiden
– mir geschah ein großes Unrecht;
→ unrecht

Ụn|rech|te[1] der, -n/-n, ein Unrechter: an den Unrechten kommen *(an jemanden, der sich nichts gefallen lässt)* ‖ **Ụn|rech|te**[2] die, -n/-n ‖ **ụn|recht|mä|ßig:** unrechtmäßiger *(nicht rechtmäßig erworbener)* Besitz ‖ **ụn|recht|mä|ßi|ger|weise:** sich etwas u. aneignen ‖ **Ụn|recht|mä|ßig|keit** ‖ **Ụn|rechts|akt** der, -[e]s/-e: *Ungerechtigkeit, rechtswidriges Verhalten* ‖ **Ụn|rechts|be|wusst|sein** ‖ **Ụn|rechts|ge|halt** der, -[e]s (Jus): den U. eines Deliktes bewusst machen
ụn|red|lich: *unehrenhaft* | (Jus) gegen Treu und Glauben handelnd *(bösgläubig)* ‖ **Ụn|red|lich|keit:** einen Besitz durch U. *(Unredlichsein)* erwerben
ụn|re|ell: ein unreeller *(nicht seriöser, nicht vertrauenswürdiger)* Geschäftsmann
ụn|re|flek|tiert: *unüberlegt, nicht durch[ge]dacht*
ụn|re|gel|mä|ßig ‖ **Ụn|re|gel|mä|ßig|keit:** es wurden Unregelmäßigkeiten *(Unkorrektheiten, Fälschungen)* in der Buchhaltung festgestellt
ụn|re|gier|bar
ụn|reif: unreifes Obst ‖ **Ụn|rei|fe**
ụn|rein: unreine Haut; *aber:* etwas ins **Unreine** *(im noch nicht endgültigen Zustand)* schreiben ‖ **Ụn|rein|heit** ‖ **ụn|rein|lich** ‖ **Ụn|rein|lich|keit**
ụn|ren|ta|bel ‖ **Ụn|ren|ta|bi|li|tät**
ụn|rett|bar: u. verloren sein
ụn|rich|tig: unrichtige Angaben ‖ **ụn|rich|ti|ger|wei|se** ‖ **Ụn|rich|tig|keit** die, -/-en
Ụn|ruh die, -/-en = **Ụn|ru|he**[1], -/-n: *ein Teil des Uhrwerkes* ‖ **Ụn|ru|he**[2] die, -: die U. *(der Lärm)* auf der Straße | eine innere U. *(Erregung)* | (mit Pl. -n) politische Unruhen ‖ **Ụn|ru|he|herd** (Pol.): *Krisenzentrum* ‖ **Ụn|ru|he|stand** (oft scherzh.): *bes. aktiver Ruhestand* ‖ **Ụn|ru|he|stif|ter,** *auch:* Unruhstifter ‖ **Ụn|ru|he|stif|te|rin,** *auch:* Unruhstifterin ‖ **ụn|ru|hig**
ụn|rühm|lich: eine unrühmliche *(traurige)* Ausnahme
Ụn|ruh|nacht (Volksk.): *Nacht von Pfingstsonntag auf Pfingstmontag* ‖ **Ụn|ruh|stif|ter** → Unruhestifter ‖ **Ụn|ruh|stif|te|rin** → Unruhestifterin
ụn|rund: der Motor läuft u. *(ungleichmäßig)* | (ugs.) sich u. *(unwohl, nicht ganz fit)* fühlen
ụns: die Eltern rufen uns; wir waren unter uns; unter uns gesagt; wir lieben uns *(einander)* | (vertraulich) Na, wie geht es uns *(dir/Ihnen)*?; → wir
ụn|sach|ge|mäß: eine Maschine u. handhaben ‖ **ụn|sach|lich:** *nicht objektiv, nicht mit den Tatsachen übereinstimmend; zu sehr gefühlsbestimmt;* u. argumentieren ‖ **Ụn|sach|lich|keit**
ụn|sag|bar = **ụn|säg|lich** (geh.): unsagbares *(unsägliches)* Leid
ụn|sanft: eine unsanfte Landung
ụn|sau|ber: unsaubere Geldgeschäfte
ụn|schäd|lich: unschädliche Insekten | jemanden u. machen *(ausschalten, zB durch Verhaftung)* ‖ **Ụn|schäd|lich|keit** ‖ **Ụn|schäd|lich|ma|chung** die, -
ụn|scharf: eine unscharfe Aufnahme ‖ **Ụn|schär|fe**
ụn|schätz|bar: jemandem unschätzbare *(außerordentlich wertvolle)* Dienste leisten
ụn|schein|bar: ein unscheinbarer *(unansehnlicher, bescheiden aussehender)* Mensch ‖ **Ụn|schein|bar|keit** die, -
ụn|schick|lich: sein Benehmen ist u. *(unanständig, unpassend)*
ụn|schlag|bar: *unbesiegbar* ‖ **Ụn|schlag|bar|keit** die, -
Ụn|schlitt das (*auch:* der), -[e]s/-e (früher): *Talg* ‖ **Ụn|schlitt|ker|ze** (früher)
ụn|schlüs|sig: *unentschlossen*
ụn|schön: unschöne Worte
Ụn|schuld: seine U. beweisen, beteuern; seine Hände in U. waschen *(die Schuld von sich weisen)* | (veraltet) die U. verloren haben *(bereits geschlechtlich verkehrt haben)* | *Reinheit* | (oft abw.) die U. *(ein naives, vertrauensseliges Mädchen)* vom Lande ‖ **ụn|schul|dig:** an etwas u. sein | ein unschuldiges *(harmloses)* Vergnügen ‖ **Ụn|schulds|be|teu|e|rung** ‖ **Ụn|schulds|en|gel** (meist abw. bzw. iron.): *jemand, der nur so tut, als wäre er nicht schuld* ‖ **Ụn|schulds|mie|ne** (scherzh.) ‖ **Ụn|schulds|ver|mu|tung** (Jus): *Grundsatz, dass ein Angeklagter bis zur rechtskräftigen Verurteilung als unschuldig gilt* ‖ **ụn|schulds|voll** (geh.): *arglos, herzensrein*
ụn|schwer: das ist u. *(einfach)* zu beweisen
ụn|selb|stän|dig = **ụn|selbst|stän|dig:** u. *(als Arbeitnehmer/in)* erwerbstätig sein | *unbeholfen, hilflos* ‖ **Ụn|selb|stän|dig|keit** = **Ụn|selbst|stän|dig|keit**
ụn|se|lig [-ze:-]: *unglückselig; Unheil bringend*
ụn|sen|si|bel
ụn|sen|ti|men|tal
ụn|ser: u. Garten, uns[e]re Eltern | wir waren u. drei; „Herr, erbarme dich unser!"; → wir ‖ **ụn|se|re** der, -n/-n, *auch:* unsre = **Ụn|se|re,** *auch:* Unsre: die uns[e]re (= Unsere, Unsre); das uns[e]re (= Unsere, Unsre) *(unser Eigentum, unsere Sache)* | (kath., veraltet) Unsere liebe Frau *(die hl. Maria)* ‖ **ụn|ser|ei|ner** = **ụn|ser|eins:** *jemand wie wir, einer wie ich* ‖ **ụn|se|ren** die (Pl.), *auch:* unsern, unsren = **Ụn|se|ren,** *auch:* Unsern, Unsren: *unsere Angehörigen* ‖ **ụn|se|rer|seits,** *auch:* unserseits, unsrerseits: u. *(von uns aus)* besteht kein Einwand ‖ **ụn|se|res|gl*ei*chen,** *auch:* unsersgleichen, unsresgleichen: *jemand von uns, jemand wie wir* ‖ **ụn|se|ret|hal|ben,** *auch:* unserthalben, unsrethalben ‖ **ụn|se|ret|we|gen,** *auch:* unsertwegen, unsretwegen ‖ **ụn|se|ret|wil|len,** *auch:* unsertwillen, unsretwillen: tut das um u. *(für uns)*
ụn|se|ri|ös: unseriöse Geschäfte machen
ụn|sern die (Pl.) → unseren = Unseren ‖ **ụn|ser|seits** → unsererseits ‖ **ụn|sers|gleichen** → unseresgleichen ‖ **ụn|sert|hal|ben** → unserethalben ‖ **ụn|sert|we|gen** → unseretwegen ‖ **ụn|sert|wil|len** → unseretwillen
ụn|se|xy (sal. bzw. Jug.): *nicht oder kaum [sexuell] anziehend*
ụn|si|cher: alles ist u.; die Gegend u. machen; *aber:* jemanden im **Unsichern** lassen ‖ **Ụn|si|cher|heit** ‖ **Ụn|si|cher|heits|fak|tor**
ụn|sicht|bar ‖ **Ụn|sicht|bar|keit** die, -
ụn|sink|bar ‖ **Ụn|sink|bar|keit** die, -
Ụn|sinn: *Dummheit; Unrichtigkeit* ‖ **ụn|sin|nig:** ein unsinniges *(dummes)* Gerede | unsinnige *(unbändige)* Freude; *aber:* der **Unsinnige** Montag, Dienstag *(reg., zB T, V, für Faschingmontag, Faschingdienstag)* ‖ **ụn|sin|ni|ger|wei|se** ‖ **Ụn|sin|nig|keit** die, -/-en
ụn|sinn|lich: *nicht sinnenbezogen*

U

Unsitte: *schlechte Gewohnheit; Untugend* ‖ **unsittlich:** *unanständig, sittenwidrig*
unsolide
unsozial: unsoziales *(gegen die Gemeinschaftsinteressen gerichtetes)* Verhalten; → asozial; → G.: sozial
unspezifisch [-sp-, -ʃp-]: *allgemein, nicht auf etwas Besonderes gerichtet*
unspielbar: das Drama galt bisher als u.
unsportlich: ihr Freund ist u. *(treibt keinen Sport)* | *unfair* ‖ **Unsportlichkeit** die, -/-en: *unsportliches Verhalten*
unsre = **Unsre** → unsere = Unsere ‖ **unsren** → unseren = Unseren ‖ **unsrerseits** → unsererseits ‖ **unsresgleichen** → unseresgleichen ‖ **unsrethalben** → unserethalben ‖ **unsretwegen** → unseretwegen ‖ **unsretwillen** → unseretwillen ‖ **unsrige** = **Unsrige** der, -n/-n: die/das unsrige (= Unsrige); die unsrigen (= Unsrigen) *(die unseren)*
unstabil [-ʃt-, -st-]
unstatthaft (Amtsspr.): *nicht erlaubt, unzulässig, verboten*
unsterblich [auch: -'ɛ-]: unsterbliche *(unvergängliche)* Meisterwerke | sich u. *(unermesslich, unsäglich)* verlieben ‖ **Unsterbliche**[1] der, -n/-n, ein Unsterblicher ‖ **Unsterbliche**[2] die, -n/-n ‖ **Unsterblichkeit**
Unstern der, -[e]s (geh.): *Missgeschick;* über diesem Unternehmen waltet ein U. *(es wird vom Unglück verfolgt)*
unstet [-ʃt-] (geh.): ein unsteter *(unruhiger)* Blick; er ist unsteten *(wechselnden, unsicheren)* Aufenthalts ‖ **unstetig** (veraltet bzw. fachspr.)
unstillbar (geh.): ein unstillbares Verlangen
Unstimmigkeit die, -/-en: Unstimmigkeiten *(Meinungsverschiedenheiten)* unter den Beschäftigten | *Unklarheiten;* Unstimmigkeiten in der Kassa
unsträflich (geh., veraltet): *tadellos*
unstreitig (geh.): u. *(zweifellos, unwiderleglich)* Recht haben ‖ **unstrittig** (geh.): *unstreitig*
unsühnbar (geh.): eine unsühnbare *(nicht wiedergutzumachende)* Schuld
Unsumme: dieser Bau verschlang Unsummen *(er kostete außerordentlich viel)*
unsymmetrisch [-zy-]
Unsympath [-zy-] der, -s/-e (bes. D, ugs., abw.): *Unsympathler* ‖ **unsympathisch:** *unangenehm, abstoßend, widerlich* ‖ **Unsympathler** der, -s/- (ugs., abw.): *unsympathischer Kerl* ‖ **Unsympathlerin** die, -/-innen (ugs., abw.)
unsystematisch [-zy-]
untadelig (geh.): ein untadeliges *(einwandfreies)* Benehmen
untalentiert
Untam [-aː-] der, -s/-e (W, ugs., veraltend) ⟨jidd.⟩: *unbeholfene Person, Tollpatsch, Dummkopf;* → unbetamt
Untat (geh.): *entsetzliche Tat; Verbrechen* ‖ **untätig:** u. *(ohne zu arbeiten)* herumstehen; die Polizei blieb u. *(unternahm nichts)* ‖ **Untätigkeit**
untauglich: *ungeeignet* ‖ **Untauglichkeit**
unteilbar ‖ **Unteilbarkeit** die, - (Jus): die U. einer Leistung *(sie muss als Ganzes und nicht in Teilen erfüllt werden)*

unten:

weiter unten; nach unten; von unten [her]; unten bleiben/stehen/erwähnen | (ugs.) unten im Süden

Getrennt- und Zusammenschreibung mit adjektivisch gebrauchten Partizipien:

- die unten erwähnte (= untenerwähnte) Sache
- das unten Erwähnte (= Untenerwähnte)
- das unten Stehende (= Untenstehende) *(das Folgende)*

R→ S. 903, 2.2.1

unten erwähnt = **untenerwähnt** ‖ **unten Erwähnte** = **Untenerwähnte** das, -n ‖ **unten stehend** = **untenstehend:** *weiter unten, im folgenden Text* ‖ **unten Stehende** = **Untenstehende** das, -n: *das Folgende*
unter (Präp. mit Dat. und Akk.): der Ball liegt u. dem Tisch *(wo?);* er rollte u. den Tisch *(wohin?);* u. *(zwischen)* Freundinnen; u. *(bei)* Blitz und Donner; 3° u. null; die Bergleute arbeiten u. Tag *(im Stollen)* | (mit Abk. u. a., ua.): unter and[e]rem, unter and[e]ren; etwas u. der Hand *(privat; bei einer sich zufällig bietenden Gelegenheit)* erfahren; u. lautem Beifall; u. ihrer *(auf ihre)* Verantwortung | (Amtsspr.) (mit Abk. u. e./u. E.) u. einem/Einem *(zugleich)* auch das Finanzamt verständigen | (ugs.) u. *(während)* der Woche | (Adv.) u. *(weniger als)* 3° minus; er wiegt u. 100 kg; → unterm
Unterabteilung
Unterarm
Unterart (Biol.): *Unterabteilung einer Art*
Unterausschuss
Unterbau: der U. der Straße | *Basis;* der theoretische U.
Unterbauch: *Bauchregion unterhalb des Nabels*
unterbauen: das Fundament u.
Unterbekleidung: *Unterwäsche*
unterbelegt: das Hotel war u. *(es waren noch Zimmer frei)*
unterbelichtet: ein unterbelichtetes Foto | (sal., abw.) geistig u. *(dumm)* sein ‖ **Unterbelichtung**
unterbeschäftigt: *nicht ausgelastet* ‖ **Unterbeschäftigung**
unterbesetzt: *mit zu wenig Arbeitskräften, Teilnehmenden besetzt*
unterbewerten ‖ **Unterbewertung**
unterbewusst: *nicht [voll] bewusst* ‖ **Unterbewusstsein** (Psych.): *die unbewussten seelischen Vorgänge;* sie nahm den Vorfall nur im U. wahr
unterbezahlt: *zu gering bezahlt, entlohnt* ‖ **Unterbezahlung**
unterbieten: der Preis wurde unterboten *(die Ware wurde billiger angeboten als in anderen Geschäften)*
unterbinden: etwas u. *(verbieten)* | der unterbundene *(unterbrochene)* Blutkreislauf ‖ **Unterbindung:** die U. des Verkehrs
unterbleiben: der Besuch ist unterblieben *(er wurde nicht gemacht)*
Unterboden: *Fußboden [unter dem Belag]* | *Unterseite [eines Autos]* ‖ **Unterbodenheizung** ‖ **Unterbodenschutz**
unterbrechen: eine unterbrochene Kinovorstellung ‖ **Unterbrecher** (Elektrot.): *Vorrichtung, die den elektrischen Strom regelmäßig aus- und einschaltet* ‖ **Unterbrechung**
unterbreiten[1]: eine Decke wurde untergebreitet ‖ **unterbreiten**[2] (geh.): dieser Wunsch wurde der

U

Direktorin unterbreitet *(vorgetragen)* ‖ **Unterbreitung** die, -/-en (geh.)
unterbringen: der Koffer ist gut untergebracht *(verstaut)* | (ugs.) die Tochter u. *(ihr einen Posten verschaffen)* ‖ **Unterbringung** die, -/-en
Unterbruch (CH): *Unterbrechung*
unterbudgetiert [-bydʒe-]: *mit zu geringem Budget geplant*
unterdes = unterdessen: *währenddessen, während dieser Zeit; indessen*
Unterdruck der, -[e]s/-drücke (Phys., Med.): *zu geringer Druck* ‖ **unterdrücken:** sie unterdrückte einen Aufschrei; ein unterdrücktes *(unterjochtes)* Volk ‖ **Unterdrückung** die, -
unterdurchschnittlich: *unter dem Durchschnitt liegend*
untere: die u. Stufe | *in der Hierarchie weit unten;* die unteren Gesellschaftsschichten

untereinander:

Getrenntschreibung, wenn die Hauptbetonung auf dem Verb liegt:
- etwas untereinander ausmachen
- untereinander besprechen *(gemeinsam)*
- untereinander teilen

Zusammenschreibung, wenn die Betonung auf „untereinander" liegt:
- untereinanderlegen
- Zahlen untereinanderschreiben
- untereinandersetzen
- die Wörter sollen untereinanderstehen R→ S. 899, 1.3

untereinanderlegen ‖ **untereinanderschreiben:** Zahlen u. ‖ **untereinandersetzen** ‖ **untereinanderstehen**
unterentwickelt: *nicht voll entwickelt; zurückgeblieben* ‖ **Unterentwicklung**
unterernährt: *nicht genügend ernährt* ‖ **Unterernährung**
Unterfahrung die, -/-en: *Unterführung;* eine U. der Autobahn
unterfangen: das Fundament eines Bauwerkes u. *(verstärken)* | (geh.) er hat sich unterfangen *(hat es gewagt)* uns bestechen zu wollen ‖ **Unterfangen** das, -s/- (geh.): *kühnes Unternehmen; Wagnis*
unterfertigen (Amtsspr.): *unterschreiben, unterzeichnen;* ein unterfertigter Vertrag; → fertigen ‖ **Unterfertigung** (Amtsspr.): *Unterschrift*
unterfordern: *an jemand zu geringe Anforderungen stellen* ‖ **Unterforderung**
unterführen, unterführt: eine Straße u. *(sie zB unter einer Eisenbahnstrecke hindurchführen)* ‖ **Unterführung:** *Unterfahrung* ‖ **Unterführungszeichen** (Zeichen: „) (Druckw.)
Unterfunktion [-tsi̯-]: *zu geringe Tätigkeit [der Schilddrüse]*
Unterfutter: *Futter zwischen Stoff und weiterem Futter*
Untergang: der Untergang der Sonne | der U. *(das Versinken)* des Schiffes | *Ruin;* der U. *(Niedergang)* der Monarchie
untergärig: untergäriges *(mit untergäriger Hefe vergorenes)* Bier; → G.: obergärig
Untergatte die, -/-n (ostöst., ugs., veraltet): *lange Männerunterhose*
untergeben: er war ihm u. *(ihm in seiner Position [beruflich] unterstellt)* ‖ **Untergebene**[1] der, -n/-n, ein Untergebener: *Untergeordneter* ‖ **Untergebene**[2] die, -n/-n
untergehen: die untergehende Sonne | ein untergegangenes Schiff | untergehende Kulturen
untergeordnet
Untergeschoß, *auch:* Untergeschoss: *unteres Geschoß* | *Souterrain; Kellergeschoß*
Untergestell: das U. eines Wagens
Untergewicht das, -[e]s: U. *(zu wenig Gewicht)* haben ‖ **untergewichtig**
untergliedern: den Text in Absätze u. *(gliedern)* ‖ **Untergliederung**
untergraben: eine untergrabene *(geschwächte)* Gesundheit; sie untergräbt seine Autorität *(zerstört sie langsam)*
Untergrenze
Untergriff (meist Pl.) (abw.): Untergriffe und Polemik kennzeichnen den Wahlkampf ‖ **untergriffig** (abw.): untergriffige *(beleidigende, nicht sachliche)* Bemerkungen
Untergrund der, -[e]s: *Bodenschicht unter der Oberfläche* | in den U. gehen *(untertauchen)* ‖ **Untergrundbahn:** *eine [unterirdische] Bahn, U-Bahn* ‖ **untergründig:** *im Inneren, unter der Oberfläche gehaltvoll* ‖ **Untergrundorganisation** [-tsi̯-]: *verbotene politische Organisation; Geheimorganisation*
unterhalb (Präp. mit Gen.): u. des Knies; die Donau u. Wiens/u. von Wien
Unterhalt der, -[e]s: *Lebensunterhalt, Alimentation* | für den U. *(die Erhaltung und Ausbildung)* eines Kindes sorgen | *Unterhaltsbeitrag, Alimente* ‖ **unterhalten**[1]: ein Gefäß untergehalten haben ‖ **unterhalten**[2]: das Feuer u. *(es nicht ausgehen lassen)* | die Gäste u.; wir haben uns gut u. ‖ **Unterhalter** der, -s/-: *Entertainer* ‖ **Unterhalterin** die, -/-innen ‖ **Unterhaltsabsetzbetrag:** *Freibetrag für Unterhaltsleistungen für Kinder, die nicht im selben Haushalt wohnen* ‖ **unterhaltsam:** ein unterhaltsames Gespräch führen ‖ **Unterhaltsanspruch** ‖ **Unterhaltsbeitrag:** *Alimente* ‖ **Unterhaltsberechtigte** ‖ **Unterhaltsklage** (Jus) ‖ **Unterhaltsleistung** ‖ **Unterhaltspflicht** (Jus) ‖ **unterhaltspflichtig:** *verpflichtet, für jemandes Lebensunterhalt zu sorgen* ‖ **Unterhaltsvorschuss:** *staatliche Bevorschussung des gesetzlichen Unterhaltes* ‖ **Unterhaltszahlung** ‖ **Unterhaltung** die, -/-en ‖ **Unterhaltungselektronik:** *Sammelname für Fernseh-, Video-, Radio-, Hi-Fi-Geräte, Player und Rekorder, Computerspiele uÄ* ‖ **Unterhaltungsindustrie** [-dust-] ‖ **Unterhaltungsliteratur** ‖ **Unterhaltungsmusik** (U-Musik) ‖ **Unterhaltungsprogramm** ‖ **Unterhaltungssendung** ‖ **Unterhaltungssteuer** (SüdT): *Vergnügungssteuer*
unterhandeln: *[bei militärischen Auseinandersetzungen] verhandeln;* es wurde lange über den Grenzverlauf unterhandelt ‖ **Unterhändler:** *jemand, der im Auftrag anderer Besprechungen oder Verhandlungen durchführt* ‖ **Unterhändlerin** ‖ **Unterhandlung:** *Verhandlung*
Unterhaus das, -es: *eine der beiden Kammern des britischen Parlaments;* → Oberhaus
unterheben (Küchenspr.): *unterziehen, einrühren;* der Eischnee wird in die Masse untergehoben
Unterhemd: *Unterleibchen*

Un|ter|hit|ze: im Backrohr die U. einschalten; → G.: Oberhitze
un|ter|höh|len: das Wasser hat den Damm unterhöhlt
Un|ter|holz das, -es: *Buschwerk im Wald*
Un|ter|ho|se: *ein Wäschestück*
un|ter|ir|disch: *unter der Erde gelegen*
un|ter|jo|chen (geh.): ein unterjochtes *(unterdrücktes, geknechtetes)* Volk ‖ **Un|ter|jo|chung** die, - (geh.)
un|ter|ju|beln [auch: -'ju:-] (ugs., scherzh.): er hat ihr etwas unter[ge]jubelt *(unterschoben, unauffällig zugeschanzt)*
Un|ter|kärn|ten: *Landesteil von Kärnten;* → Oberkärnten
un|ter|kel|lern: ein unterkellertes Haus ‖ **Un|ter|kel|le|rung** die, -/-en
Un|ter|kie|fer der = das, -s/-
Un|ter|kir|che: *Krypta*
Un|ter|kleid ‖ **Un|ter|klei|dung:** *Unterwäsche*
un|ter|kom|men: wir sind in diesem Gasthof gut untergekommen *(gut untergebracht worden);* sie ist bei dieser Firma untergekommen *(hat dort Arbeit bekommen)* | (ugs.) es kommt einem allerhand unter *(es widerfährt einem allerhand);* das ist mir noch nicht untergekommen
un|ter|krie|chen: in einer Hütte u. *(Schutz suchen)*
un|ter|krie|gen: sie hat sich nicht u. lassen *(hat sich behauptet);* er hat sie nicht untergekriegt
un|ter|krin|geln: *unterwellen;* ich unterkringle ein Wort rot
un|ter|küh|len (Med.): *unter Körpertemperatur abkühlen* ‖ **un|ter|kühlt** (Med.): durch das eisige Wasser stark u. | (scherzh.) *distanziert, unpersönlich* ‖ **Un|ter|küh|lung** (Med.)
Un|ter|kunft die, -/-künfte: *Obdach, Quartier* ‖ **Un|ter|kunft|ver|zeich|nis** (Tour.): *Auflistung der Hotels, Gasthöfe, Pensionen und Privatquartiere [eines Ortes, einer Region]*
Un|ter|la|ge: eine rutschfeste U. zum Turnen | Unterlagen *(Informationen, Angaben)* für ein Referat
Un|ter|land: *das tiefer gelegene Gebiet;* → Oberland | (K, ugs.) *gemischtsprachiges Gebiet der Bezirke Klagenfurt-Land und Völkermarkt* ‖ **Un|ter|län|der** der, -s/- ‖ **Un|ter|län|de|rin** die, -/-innen ‖ **Un|ter|land|ler** der, -s/- (SüdT): *Bewohner des Südtiroler Unterlandes* ‖ **Un|ter|land|le|rin** die, -/-innen (SüdT)
Un|ter|län|ge (Druckw.): *unterer Teil mancher Buchstaben, zB* g, p, y
Un|ter|lass (nur in der Wendung): ohne U. *(unaufhörlich)* ‖ **un|ter|las|sen:** sie hat es unterlassen *(verabsäumt),* sich zu entschuldigen; u. Sie das! *(hören Sie damit auf!)* ‖ **Un|ter|las|sung** die, -/-en ‖ **Un|ter|las|sungs|kla|ge** (Jus): *Klage, dass jemand eine Handlung in Zukunft unterlassen soll* ‖ **Un|ter|las|sungs|sün|de** (Rel.): *Unterlassung von etwas, was man hätte tun sollen*
Un|ter|lauf: der U. *(der Mündung nähere Teil)* eines Flusses ‖ **Un|ter|läu|fel** der, -s/-[n] (ugs., abw.): *Person in untergeordneter Stellung* ‖ **un|ter|lau|fen:** ihr ist ein Fehler unterlaufen *(sie hat ihn versehentlich gemacht)* | er hat den Angriff u. *(er hat ihn durch Ausweichen abgewehrt)*
un|ter|le|gen[1]: der Henne wurden Eier zum Brüten untergelegt ‖ **un|ter|le|gen**[2]: die Zeile ist grau unterlegt *(hat einen grauen Hintergrund)* | → unterliegen ‖ **Un|ter|le|ge|ne**[1] der, -n/-n, ein Unterlegener ‖ **Un|ter|le|ge|ne**[2] die, -n/-n ‖ **Un|ter|le|gen|heit** die, -: *Schwäche*
Un|ter|leib: *unterer Teil des Rumpfes* ‖ **Un|ter|leib|chen** = **Un|ter|lei|berl:** *ein Wäschestück, Unterhemd* ‖ **Un|ter|leibs|lei|den** (Med.): *Erkrankung des Unterleibs, zB Frauenleiden* ‖ **Un|ter|leibs|ope|ra|ti|on** [-tsi̯-] (Med.) ‖ **Un|ter|leibs|schmerz** (meist Pl.)
un|ter|lie|gen: es unterliegt keinem Zweifel *(es ist nicht zweifelhaft)* | das unterlegene *(besiegte)* Team
Un|ter|li|ga (Sport)
Un|ter|lip|pe
un|term: *unter dem;* u. Christbaum | (ugs.) *während;* u. Essen; u. Jahr | Viertel u. Manhartsberg *(Weinviertel);* Viertel u. Wienerwald *(Waldviertel)*
un|ter|ma|len: ein mit Musik untermalter Filmdialog ‖ **Un|ter|ma|lung** die, -
un|ter|mau|ern, untermauert: eine Behauptung mit Beweisen u. ‖ **Un|ter|mau|e|rung** die, -/-en
un|ter|men|gen[1]: *hineinmischen* ‖ **un|ter|men|gen**[2]: *vermischen;* Wasser, untermengt mit Alkohol
Un|ter|mensch (abw.): *jemand, dessen Verhalten als nicht menschenwürdig angesehen wird* | (im Nationalsozialismus) *jemand, der nicht auf der Stufe der anderen Menschen steht*
Un|ter|mie|te: *von einem Hauptmieter eingeräumtes Wohnrecht;* in U. wohnen; → Hauptmiete ‖ **Un|ter|mie|ter** ‖ **Un|ter|mie|te|rin** ‖ **Un|ter|miet|zim|mer** ‖ **Un|ter|miet|zins**
un|ter|mi|nie|ren: *verminen* | eine von Bisamratten unterminierte *(unterhöhlte)* Böschung ‖ **Un|ter|mi|nie|rung** die, -/-en
un|tern (Akk. Sing.): *unter den;* u. Tisch schauen; u. Teppich kehren
un|ter|neh|men: wir haben einen Spaziergang unternommen *(gemacht)* | du musst etwas dagegen u. *(tun, eingreifen)* ‖ **Un|ter|neh|men** das, -s/-: ein gewagtes U. *(ein kühner, riskanter Versuch)* | *Firma;* in einem großen U. *(Betrieb)* angestellt sein ‖ **un|ter|neh|mend:** *schaffenslustig; wagemutig* ‖ **Un|ter|neh|mens|be|ra|ter** ‖ **Un|ter|neh|mens|be|ra|te|rin** ‖ **Un|ter|neh|mens|be|ra|tung** ‖ **Un|ter|neh|mens|form** ‖ **Un|ter|neh|mens|füh|rung** ‖ **Un|ter|neh|mens|ge|gen|stand** (Wirt.): *Art der Tätigkeit und Leistung eines Unternehmens* ‖ **Un|ter|neh|mens|ge|setz|buch** (UGB) (Jus): *die für Unternehmer (Kaufleute) geltenden Regelungen (früher: Handelsgesetzbuch)* ‖ **Un|ter|neh|mens|grün|dung** ‖ **Un|ter|neh|mens|phi|lo|so|phie** [-f-f-]: *Leitgedanken, Ziele eines Unternehmens* ‖ **Un|ter|neh|mer** der, -s/-: *Eigentümer eines Betriebs;* Bauunternehmer ‖ **Un|ter|neh|mer|frei|heit:** *Entscheidungsfreiheit eines Unternehmers* ‖ **Un|ter|neh|mer|füh|rer|schein:** *von der WKO angebotene wirtschaftskundliche Zusatzausbildung für Schüler/innen* ‖ **Un|ter|neh|mer|geist:** *Unternehmertum, Entrepreneurship* ‖ **Un|ter|neh|me|rin** die, -/-innen ‖ **Un|ter|neh|mer|prü|fung:** *Nachweis der erforderlichen unternehmerischen Kenntnisse für ein Gewerbe oder ein Handwerk* ‖ **Un|ter|neh|mer|ver|tre|ter:** *Interessenvertreter der Unternehmer/innen* ‖ **Un|ter|neh|mer|ver|tre|te|rin** ‖ **Un|ter|neh|mung** die, -/-en: *Vorha-*

U

ben; eine gewagte U. ‖ **Un|ter|neh|mungs|geist** ‖ **un|ter|neh|mungs|lus|tig**
Un|ter|of|fi|zier (Mil.) ‖ **Un|ter|of|fi|zie|rin** (Mil.)
un|ter|ord|nen: jemandem untergeordnet sein *(unterstehen);* sich u. *(sich [ein]fügen)* ‖ **Un|ter|ord|nung**
Un|ter|pfand (geh.): ein Ring als U. *(Zeichen)* der Liebe
un|ter|pflü|gen: das Stroh u. *(in die Erde pflügen)*
un|ter|pri|vi|le|giert [-v-]: *benachteiligt* ‖ **Un|ter|pri|vi|le|gier|te**[1] der, -n/-n, ein Unterprivilegierter ‖ **Un|ter|pri|vi|le|gier|te**[2] die, -n/-n ‖ **Un|ter|pri|vi|le|giert|heit**
Un|ter|punkt: Punkt 3 des Entwurfs ist in sieben Unterpunkte gegliedert
un|ter|que|ren: die Autobahn unterquert haben
un|ter|re|den sich (geh.): sich mit jemandem u. *(mit jemandem etwas besprechen)* ‖ **Un|ter|re|dung** die, -/-en: *Besprechung*
un|ter|re|prä|sen|tiert: *nicht ausreichend vertreten*
Un|ter|richt der, -[e]s/-e: U. haben/geben/nehmen ‖ **un|ter|rich|ten:** Physik u. | gut unterrichtet (= gutunterrichtet) *(genau informiert)* sein ‖ **Un|ter|richts|be|helf:** *Unterrichtshilfsmittel* ‖ **Un|ter|richts|brief** ‖ **Un|ter|richts|ein|heit** ‖ **Un|ter|richts|ent|fall** ‖ **Un|ter|richts|fach** ‖ **un|ter|richts|frei** ‖ **Un|ter|richts|gegen|stand** ‖ **Un|ter|richts|jahr** ‖ **Un|ter|richts|leh|re:** *Didaktik* ‖ **Un|ter|richts|ma|te|ri|al** ‖ **Un|ter|richts|mi|nis|ter** ‖ **Un|ter|richts|mi|nis|te|rin** ‖ **Un|ter|richts|mi|nis|te|ri|um** (sal.): *Bundesministerium für Unterricht, Kunst und Kultur* ‖ **Un|ter|richts|mit|tel:** *Lehrmittel* ‖ **Un|ter|richts|prak|ti|kant:** *Junglehrer, der nach dem Studium das Unterrichtspraktikum absolviert* ‖ **Un|ter|richts|prak|ti|kan|tin** ‖ **Un|ter|richts|prak|ti|kum:** *Einführungsjahr für Junglehrer/innen an höheren Schulen* ‖ **Un|ter|richts|prin|zip:** *ein fächerübergreifender Lehrplangrundsatz, zB Leseerziehung* ‖ **Un|ter|richts|spra|che:** *Sprache, in der in einer Schule der Unterricht grundsätzlich abgehalten wird;* eine Schule mit französischer U. ‖ **Un|ter|richts|stun|de** ‖ **Un|ter|richts|tech|no|lo|gie** ‖ **Un|ter|richts|we|sen** ‖ **Un|ter|richts|ziel** ‖ **Un|ter|rich|tung**
Un|ter|rock: *ein Damenwäschestück*
un|ter|rüh|ren: zum Schluss die gemahlenen Nüsse u. *(untermengen)*
un|ters: *unter das;* u. Bett schauen
un|ter|sa|gen: das Rauchen ist untersagt *(verboten)* ‖ **Un|ter|sa|gung** die, -/-en
Un|ter|satz: den Blumentopf auf einen U. stellen
un|ter|schät|zen: eine Gefahr unterschätzt haben ‖ **Un|ter|schät|zung**
un|ter|scheid|bar ‖ **un|ter|schei|den**[1]: Gegenstände im Dunkeln nicht mehr u. *(erkennen)* können ‖ **un|ter|schei|den**[2] sich: sich in den Farben u. ‖ **Un|ter|schei|dung** ‖ **Un|ter|schei|dungs|kenn|zei|chen** (Kfz): *Unterscheidungszeichen* ‖ **Un|ter|schei|dungs|merk|mal** ‖ **Un|ter|schei|dungs|ver|mö|gen:** *die Fähigkeit unterscheiden zu können* ‖ **Un|ter|schei|dungs|zei|chen:** internationales U. *(Länderzeichen für KFZ, zB A für Österreich, SLO für Slowenien)*
Un|ter|schen|kel: *Bein vom Knie bis zum Fuß*
Un|ter|schicht (Soz.): *Bevölkerungsschicht mit niedrigem Einkommen und geringer Bildung*
un|ter|schie|ben[1]: dem Kranken wurde ein Polster untergeschoben ‖ **un|ter|schie|ben**[2]: ihm wurde eine böse Absicht unterschoben *(fälschlich zugeschrieben)* ‖ **Un|ter|schie|bung:** *Unterstellung*
Un|ter|schied der, -[e]s/-e: keinen U. machen; ohne U. des Geschlechts; der kleine U. ‖ **un|ter|schied|lich:** *verschieden* ‖ **un|ter|schieds|los:** *gleichartig*
un|ter|schläch|tig: ein unterschlächtiges Wasserrad *(das Wasser schlägt von unten an das Mühlrad);* → G.: oberschlächtig
un|ter|schla|gen[1]: sie saß mit untergeschlagenen Beinen auf dem Boden ‖ **un|ter|schla|gen**[2]: das Geld wurde u. *(veruntreut)* | eine wichtige Nachricht u. *(verschweigen)* ‖ **Un|ter|schla|gung** die, -/-en
Un|ter|schleif der, -[e]s/-e (Amtsspr.): *Unterschlagung, Unredlichkeit*
un|ter|schlie|fen (ugs): *unterschlüpfen*
Un|ter|schlupf der, -[e]s/-e: *Obdach; Schlupfwinkel, Versteck;* jemandem U. gewähren ‖ **un|ter|schlup|fen** = **un|ter|schlüp|fen:** beim Gewitter in einer Hütte untergeschlupft sein
un|ter|schrei|ben: einen Vertrag unterschrieben haben; mit vollem Namen u.
un|ter|schrei|ten: ein unterschrittener Preis; die vorgesehenen Ausgaben u. *(sie nicht ganz verbrauchen)*
Un|ter|schrift: *der eigenhändig geschriebene Name;* eine U. leisten; eine U. fälschen; elektronische U. *(Signatur)* ‖ **Un|ter|schrif|ten|ak|ti|on** [-tsi̯-] ‖ **Un|ter|schrift|leis|tung** (Amtsspr.): die U. verweigern ‖ **un|ter|schrifts|reif:** den Vertrag u. machen
un|ter|schwel|lig: jemanden u. *(ohne dass es jemandem selbst bewusst wird)* beeinflussen
Un|ter|see|boot: *Tauchboot;* → U-Boot ‖ **un|ter|see|isch:** ein unterseeischer *(unter dem Meeresspiegel befindlicher)* Vulkan
Un|ter|sei|te
un|ter|set|zen: ein Tablett u. ‖ **Un|ter|set|zer** der, -s/-: *Untertasse;* Blumenuntersetzer ‖ **un|ter|setzt:** ein untersetzter *(mittelgroßer und gedrungener)* Mann
Un|ter|sicht die, -: ein Auto in U. *(von unten gesehen)* zeichnen
un|ter|spickt (bes. Küchenspr.): unterspicktes *(mit Fett durchzogenes)* Fleisch
un|ter|spie|len, unterspielt: eine Sache u. *(als nicht wichtig erscheinen lassen)*
un|ter|spü|len: der Bahndamm wurde vom Wasser unterspült ‖ **Un|ter|spü|lung**
Un|ter|stand: einen U. *(ein Obdach, einen Unterschlupf, ein Quartier)* suchen ‖ **Un|ter|stands|ge|ber** ‖ **Un|ter|stands|ge|be|rin** ‖ **un|ter|stands|los:** *obdachlos, ohne Unterkunft* ‖ **Un|ter|stands|lo|se**[1] der, -n/-n, ein Unterstandsloser: *Obdachlose* ‖ **Un|ter|stands|lo|se**[2] die, -n/-n

un|ters|te:

die unterste Klasse; auf der untersten Stufe
Großschreibung bei Nominalisierung:
- das **U**nterste zuoberst kehren
- die **U**ntersten kommen nach oben

R→ S. 892, 2.2

U

unterstehen[1]: während des Regens sind wir untergestanden ‖ **unterstehen[2]:** dem Ministerium u. *(unterstellt sein)* | er hat sich unterstanden *(hat es gewagt),* ohne Erlaubnis fortzugehen; „Untersteh dich!" *(„Wehe, wenn du es wagst!")*

Untersteier die, - (geh., früher): *Untersteiermark* ‖ **Untersteiermark** (früher): *heute ein Teil Sloweniens*

unterstellen[1]: ein Gefäß u.; wir haben uns während des Gewitters untergestellt ‖ **unterstellen[2]:** der obersten Chefin unmittelbar unterstellt *(nur ihr verantwortlich)* sein | jemandem eine unlautere Absicht u. *(zuschreiben)* ‖ **Unterstellung:** *[falsche, unbewiesene] Behauptung*

untersteuern: das Auto untersteuert *(es zeigt zu wenig Wirkung der Lenkung);* → übersteuern

Unterstimme (Mus.): *die jeweils tiefste Stimme im Tonsatz*

unterstreichen: ein unterstrichenes Wort | Folgendes möchte ich u. *(hervorheben)* ‖ **Unterstreichung** ‖ **Unterstrich** (_) (Druckw.): *Strich auf Linie, Underscore, bes. in Internet- und E-Mail-Adressen, zB* johanna_muster

Unterstufe (Bildw.): *die 1. bis 4. Klasse der allgemein bildenden höheren Schule*

unterstützen: die Kinder finanziell unterstützen ‖ **Unterstützung:** eine finanzielle U. bekommen; Arbeitslosenunterstützung ‖ **unterstützungsbedürftig**

untersuchen: der Kranke wurde gründlich untersucht ‖ **Untersuchung** die, -/-en ‖ **Untersuchungsambulanz** ‖ **Untersuchungsausschuss** (U-Ausschuss): ein U. des Parlaments ‖ **Untersuchungsergebnis** ‖ **Untersuchungsgericht** (früher) ‖ **Untersuchungsgrundsatz** (Jus): *Verfahrensnorm, wonach die Wahrheitserforschung von Amts wegen erfolgt;* → G.: Verhandlungsgrundsatz ‖ **Untersuchungshaft** (Jus) ‖ **Untersuchungskommission** ‖ **Untersuchungsrichter** (früher) ‖ **Untersuchungsrichterin** (früher)

Untertagbau: Kohle im U. *(unterirdisch)* abbauen; → G.: Tagbau ‖ **untertags:** u. *(tagsüber)* im Büro sein

untertan (geh., veraltet): *untergeordnet;* ein dem König untertaner *(untergebener)* Fürst; sich das Land u. machen *(es unterwerfen, beherrschen)* | (geh.) jemandem u. *(untergeben)* sein ‖ **Untertan** der, -s [-en]/-en (früher): die Untertanen der Königin | (geh.) jemandes U. sein ‖ **Untertanengeist:** *Unterwürfigkeit* ‖ **untertänig:** *ergeben, unterwürfig;* jemandem u. sein; jemanden u. grüßen ‖ **Untertanin** die, -/-innen

Untertasse: *Untersatz einer [Kaffee]schale* | eine fliegende U. *(ein Flugkörper ungeklärter Herkunft, UFO)*

untertauchen[1]: *unter Wasser drücken* | der Verbrecher ist untergetaucht *(verschwunden)* ‖ **untertauchen[2]:** die Robbe hat die Eisdecke untertaucht *(ist darunter durchgetaucht)*

Unterteil der = das, -[e]s/-e ‖ **unterteilen:** der Roman ist in Kapitel unterteilt ‖ **Unterteilung** die, -/-en: eine U. in mehrere Abschnitte vornehmen

Untertemperatur: *Temperatur unter der normalen Körpertemperatur*

Unterteller: *Untertasse* | *Platzteller*

Untertitel: der U. eines Buches | ein englischer Film im Original-ton mit deutschen Untertiteln

Unterton: mit drohendem U. sprechen

untertreiben ‖ **Untertreibung** die, -/-en: *Understatement;* → G.: Übertreibung

untertunneln: einen Berg u. ‖ **Untertunnelung** die, -/-en: → Tunnel

untervermieten: wir haben die Wohnung untervermietet ‖ **Untervermietung:** *Einräumung nur eines Untermietrechts*

unterversichern: eine unterversicherte *(zu gering versicherte)* Wohnung; → überversichern ‖ **Unterversicherung**

Unterversorgung: *nicht ausreichende Versorgung*

Unterwalden: *Oberbegriff für die Schweizer Halbkantone Nidwalden und Obwalden*

unterwandern: die Staatspolizei ist von Parteispitzeln unterwandert *(allmählich durchsetzt)* worden ‖ **Unterwanderung**

Unterwäsche: *direkt auf der Haut getragene Wäsche* ‖ **unterwaschen:** die Ufermauern wurden von den Wellen unterwaschen

Unterwasseraufnahme ‖ **Unterwasserforschung** ‖ **Unterwassergymnastik** [-gy-] ‖ **Unterwasserkamera** ‖ **Unterwassermassage** [-aːʃ, -ʒɛ]: *eine Heilbehandlung*

unterwegs: der Zug ist u. *(auf dem Wege)* | bei den Nachbarn ist wieder ein Kind u. *(sie erwarten erneut ein Baby)*

unterweisen (geh.): im Nähen unterwiesen *(unterrichtet)* werden ‖ **Unterweisung**

unterwellen: *in Wellenlinien unterstreichen;* ich unterwelle ein Wort rot

Unterwelt die, -: *das Totenreich [in der griechischen Sage]* | *Verbrecherwelt* ‖ **Unterweltfehde** ‖ **unterweltlich** (abw.)

unterwerfen: ein unterworfenes *(besiegtes und dann beherrschtes)* Land | sich einem Schiedsspruch u. *(fügen)* ‖ **Unterwerfung** die, -/-en

unterwinden (geh., veraltet): sich einer Arbeit u. *(sich dazu überwinden; sich daran wagen)*

unterwühlen: die Wiese ist von Maulwürfen unterwühlt

unterwürfig: sich u. *(allzu ergeben)* benehmen ‖ **Unterwürfigkeit** die, -/-en

unterzeichnen: *unterschreiben* ‖ **Unterzeichner** ‖ **Unterzeichnerin** ‖ **Unterzeichnete[1]** der, -n/-n, ein Unterzeichneter ‖ **Unterzeichnete[2]** die, -n/-n ‖ **Unterzeichnung:** die U. des Staatsvertrages

Unterzeug das, -[e]s (ugs., selten): *die Unterwäsche, Unterkleidung*

unterziehen[1]: sie haben warme Wäsche untergezogen | (Küchenspr.) *unterheben* ‖ **unterziehen[2]** sich: sie hat sich einer Operation unterzogen *(operieren lassen)* ‖ **Unterzieh-T-Shirt** [-ˌtiːʃɜːt]

Unterzucker = **Unterzuckerung** die, - (Med.): *zu niedriger Blutzuckerspiegel*

unterzünden: *anheizen;* sie hat mit Kleinholz untergezündet

Untiefe: *seichte Stelle in einem Gewässer* | (geh.) *sehr große Tiefe, Abgrund*

Untier: *Ungetüm, Ungeheuer, Bestie*

untilgbar: untilgbare *(nicht wie-*

U

dergutzumachende) Schmach
Un|to|te[1] der, -n/-n, ein Untoter: *Vampir, Zombie, lebender Leichnam* ‖ **Un|to|te**[2] die, -n/-n
un|trag|bar: untragbare *(unvorteilhafte, unschöne)* Mode | untragbare *(nicht zu verantwortende)* Risiken ablehnen
un|trenn|bar: eine untrennbare Einheit bilden | (Gramm.) untrennbare Verben *([mit Vorsilben] zusammengesetzte Verben, die bei der Verwendung im Satz nicht getrennt werden, zB* zerstören, zerstört*)* ‖ **Un|trenn|bar|keit**
un|treu ‖ **Un|treue**
un|tröst|lich: die Hinterbliebenen waren u.
un|trüg|lich: untrügliche *(sichere)* Anzeichen
un|tüch|tig ‖ **Un|tüch|tig|keit**
Un|tu|gend: *schlechte Gewohnheit; Unsitte*
un|tun|lich (geh.): *unangebracht, nicht am Platz*
un|ty|pisch [-ty-]
un|über|biet|bar: *unübertrefflich*
un|über|brück|bar: unüberbrückbare *(nicht abzubauende)* Gegensätze
un|über|hör|bar
un|über|legt
un|über|schau|bar: *nicht überblickbar*
un|über|seh|bar: ein unübersehbarer *(offensichtlicher)* Fehler | eine unübersehbare *(unzählbar große)* Menge
un|über|setz|bar
un|über|sicht|lich ‖ **Un|über|sicht|lich|keit**
un|über|steig|lich: *unübersteigbar*
un|über|trag|bar
un|über|treff|lich: eine unübertreffliche *(einzigartige)* Köchin ‖ **un|über|trof|fen:** eine bis heute unübertroffene *(noch nicht besser gelungene)* Aufführung
un|über|wind|bar = **un|über|wind|lich:** ein unüberwindbarer Gegner
un|üb|lich: unübliche Bedingungen
un|um|gäng|lich: u. *(unbedingt)* notwendig ‖ **Un|um|gäng|lich|keit** die, -
un|um|schränkt: eine unumschränkte *(unbegrenzte)* Macht
un|um|stöß|lich [auch: -'ø-]: eine unumstößliche *(unwiderlegbare)* Tatsache ‖ **Un|um|stöß|lich|keit** die, -/-en
un|um|strit|ten: *allgemein anerkannt*
un|um|wun|den: seine Meinung u. *(offen)* sagen
un|un|ter|bro|chen: *fortwährend*
un|ver|än|der|lich ‖ **un|ver|än|dert**
un|ver|ant|wort|lich: unverantwortliches *(verantwortungsloses)* Handeln
un|ver|äu|ßer|lich: ein unveräußerlicher *(nicht verkäuflicher)* Besitz | (geh.) ein unveräußerliches *(unverzichtbares)* Recht
un|ver|bes|ser|lich: eine unverbesserliche *(unbelehrbare)* Naschkatze
un|ver|bil|det: *natürlich, naturbelassen*
un|ver|bind|lich: eine unverbindliche *(nichts festlegende)* Antwort | (Bildw.) unverbindliche Übung *(nicht verpflichtender Unterricht zur Vertiefung und Ergänzung der Lehrplaninhalte)* ‖ **Un|ver|bind|lich|keit**
un|ver|blümt: jemandem u. *(offen, unbeschönigt)* die Wahrheit sagen
un|ver|braucht: u. *(jung, nicht verlebt)* aussehen
un|ver|brüch|lich (geh.): eine unverbrüchliche *(durch nichts zu erschütternde)* Treue
un|ver|bürgt: die Nachricht ist u. *(nicht sicher)*
un|ver|dau|lich
un|ver|dient ‖ **un|ver|dien|ter|ma|ßen** ‖ **un|ver|dien|ter|wei|se**
un|ver|dor|ben: *anständig, natürlich, unschuldig;* ihr unverdorbenes *(unschuldiges)* Wesen | unverdorbene *(genießbare)* Speisen ‖ **Un|ver|dor|ben|heit**
un|ver|dros|sen: u. arbeiten
un|ver|dünnt: unverdünnter Essig
un|ver|ehe|licht: *unverheiratet, ledig*
un|ver|ein|bar: unsere Vorstellungen sind u. *(schließen einen Kompromiss aus)* ‖ **Un|ver|ein|bar|keit** die, -/-en ‖ **Un|ver|ein|bar|keits|aus|schuss** (Admin.): *[parlamentarisches] Gremium, das die Vereinbarkeit von bestimmten wirtschaftlichen und politischen Tätigkeiten prüft*
un|ver|fälscht
un|ver|fäng|lich: eine unverfängliche *(harmlose, ohne Hintergedanken gestellte)* Frage
un|ver|fro|ren: etwas u. *(ohne Bedenken; keck)* behaupten ‖ **Un|ver|fro|ren|heit** die, -/-en
un|ver|gäng|lich: unvergängliche Werte ‖ **Un|ver|gäng|lich|keit**
un|ver|ges|sen: für immer u. bleiben ‖ **un|ver|gess|lich:** unvergessliche Eindrücke
un|ver|gleich|bar: die Bedingungen sind u. *(kann man nicht miteinander vergleichen)* ‖ **un|ver|gleich|lich:** die zweite Arbeit war u. besser als die erste
un|ver|go|ren: unvergorener Süßmost
un|ver|hält|nis|mä|ßig ‖ **Un|ver|hält|nis|mä|ßig|keit:** die U. *(Unangemessenheit)* einer Strafe
un|ver|hei|ra|tet: *nicht verheiratet, ledig*
un|ver|hofft: ein unverhofftes *(nicht erwartetes)* Wiedersehen
un|ver|hoh|len (geh.): u. *(ohne Hehl, offen)* seine Freude äußern
un|ver|hüllt: unverhüllter Neid
un|ver|käuf|lich
un|ver|kenn|bar: eine unverkennbare *(deutlich sichtbare)* Ähnlichkeit
un|ver|läss|lich ‖ **Un|ver|läss|lich|keit**
un|ver|letz|bar: *unverwundbar* ‖ **un|ver|letz|lich:** *unantastbar* ‖ **Un|ver|letz|lich|keit:** *Immunität*
un|ver|lier|bar (geh.): unverlierbare *(beständige)* Werte
un|ver|mählt (geh.): *unverheiratet*
un|ver|meid|bar = **un|ver|meid|lich:** unvermeidbare Auswirkungen
un|ver|merkt (geh.): *ohne bemerkt zu werden; ohne es zu bemerken*
un|ver|min|dert: mit unverminderter *(gleich hoher)* Geschwindigkeit
un|ver|mit|telt: ein Gespräch u. *(plötzlich)* abbrechen
Un|ver|mö|gen: *Mangel an Kraft, an Fähigkeit* ‖ **un|ver|mö|gend:** nicht u. sein *(einigermaßen begütert sein)*
un|ver|mu|tet: *überraschend, unerwartet*
Un|ver|nunft: *Dummheit* ‖ **un|ver|nünf|tig**
un|ver|öf|fent|licht: unveröffentlichte Gedichte
un|ver|pfänd|bar: *unpfändbar*
un|ver|rich|tet: unverrichteter Dinge *(erfolglos; ohne etwas erreicht zu haben)* zurückkommen
un|ver|rück|bar: u. an einer Meinung festhalten
un|ver|schämt: *frech, rücksichtslos* | (scherzh.) unverschämtes *(unverdientes)* Glück ‖ **Un|ver|schämt|heit** die, -/-en
un|ver|schul|det: u. *(unschuldig)* ins Unglück geraten ‖ **un|ver|schul|de|ter|ma|ßen** ‖ **un|ver|schul|de|ter|wei|se**

U

unversehens (geh.): *überraschend, plötzlich*
unversehrt: *nicht verletzt, nicht beschädigt, unangetastet*
unversiegbar = unversieglich (geh.): eine unversiegliche *(nicht versiegende)* Quelle
unversöhnlich: die Streitenden blieben u.
unversorgt: die Verunglückte hinterließ zwei unversorgte Kinder
Unverstand: *Nichtwissen, Dummheit* ‖ **unverstanden** ‖ **unverständig:** *unklug* ‖ **unverständlich:** *nicht zu verstehen, unbegreiflich* ‖ **Unverständlichkeit** ‖ **Unverständnis:** auf U. stoßen
unversteuert: unversteuerte Trinkgelder
unversucht: nichts u. lassen
unverträglich: *streitsüchtig* | unverträgliche Speisen | unverträgliche Gegensätze ‖ **Unverträglichkeit**
unvertretbar: *nicht gutzuheißen*
unverwandt (geh.): sie blickte ihr u. *(ohne den Blick abzuwenden)* in die Augen
unverwechselbar [-ks-]
unverwehrt: das bleibt ihr u. *(es ist ihr erlaubt)*
unverweilt (geh., veraltet): *unverzüglich*
unverwindbar (geh.): der Verlust war für ihn u. *(unüberwindlich, er kam nicht darüber hinweg)*
unverwischbar: unverwischbare Farben
unverwundbar
unverwüstlich: eine unverwüstliche *(unzerstörbare)* Gesundheit
unverzagt (geh.): *mutig, unerschrocken*
unverzeihbar = unverzeihlich: der Fehler ist u.
unverzichtbar: ein unverzichtbares Recht *(eines, auf das man weder verzichten kann noch darf)*
unverzinslich: ein unverzinsliches *(zinsenfreies)* Darlehen
unverzollt: unverzollte Waren
unverzüglich: *ohne Verzug, sofort*
unvollendet ‖ **unvollkommen** ‖ **Unvollkommenheit** ‖ **unvollständig:** ein unvollständiger Satz ‖ **Unvollständigkeit**
unvorbereitet
unvordenklich (geh., veraltend): seit unvordenklichen *(unvorstellbar lang zurückliegenden)* Zeiten
unvoreingenommen: ohne vorgefasste Meinung ‖ **Unvoreingenommenheit**
unvorgreiflich (Amtsspr.): u. einer gesetzlichen Entscheidung *(ohne diese vorwegzunehmen)*
unvorhergesehen: ein unvorhergesehenes *(unerwartet eingetretenes)* Ereignis ‖ **unvorhersehbar**
unvorschriftsmäßig: u. *(gegen die Vorschrift)* handeln
unvorsichtig ‖ **unvorsichtigerweise** ‖ **Unvorsichtigkeit**
unvorstellbar: Schäden von unvorstellbarem Ausmaß
unvorteilhaft: ein unvorteilhaftes Kleid
unwägbar: ein unwägbarer *(ganz feiner)* Unterschied
unwahr: diese Behauptung ist u. ‖ **Unwahrheit:** die U. sagen ‖ **unwahrscheinlich** ‖ **Unwahrscheinlichkeit**
unwandelbar (geh.): *nicht veränderbar*
unwegsam: ein unwegsames *(wegloses, unzugängliches)* Gelände
unweiblich (auch abw.): *ohne typisch weibliche [Verhaltens-]merkmale*
unweigerlich: *jedenfalls, gewiss*
unweit (Präp. mit Gen.) (veraltend): *nicht weit;* u. des Dorfes/vom Dorf
Unwesen das, -s: eine Bande trieb in dieser Gegend ihr U. *(sie machte sie unsicher)* ‖ **unwesentlich:** *unwichtig*
Unwetter: *verheerendes Gewitter, Orkan* ‖ **Unwetterwarnung**
unwichtig
unwiderlegbar ‖ **unwiderleglich**
unwiderruflich: *endgültig*
unwidersprochen: ihre Meinung blieb u.
unwiderstehlich: ein unwiderstehliches *(übermächtiges)* Verlangen bekommen ‖ **Unwiderstehlichkeit** die, -
unwiederbringlich: u. verloren
unwiederholbar
Unwille = Unwillen: sich den Unwillen der Kolleginnen zuziehen | mit Unwillen *(Unlust)* essen ‖ **unwillig:** *ungehalten; widerwillig* ‖ **unwillkommen** ‖ **unwillkürlich:** eine unwillkürliche *(unabsichtliche)* Bewegung machen
unwirklich: in diesem Licht erschien die Landschaft u. *(wie im Traum)* ‖ **unwirksam:** unwirksame *(wirkungslose, vergebliche)* Maßnahmen ‖ **Unwirksamkeit:** *Wirkungslosigkeit* | (Jus) *Nichtigkeit*
unwirsch: eine unwirsche *(unfreundliche, mürrische)* Antwort
unwirtlich: eine unwirtliche *(öde, wüste; raue)* Gegend ‖ **unwirtschaftlich:** ein u. gewordenes *(Verlust bringendes)* Unternehmen
unwissend: sich u. stellen ‖ **Unwissenheit** die, -: *Unkenntnis; Unerfahrenheit* ‖ **unwissenschaftlich** ‖ **unwissentlich** (geh.): *ohne es zu wissen, ohne Absicht*
unwohl: er fühlt sich u.; ihr ist u. (veraltet auch: *sie hat die Monatsblutung*) ‖ **Unwohlsein** das, -s (geh.): *Unpässlichkeit;* leichtes U.
unwohnlich: *ungemütlich*
Unwort: *unschönes, beschönigendes, verhüllendes Wort;* das U. des Jahres
Unwucht die, -/-en: *ungleich verteilte Masse an einem Rad*
unwürdig ‖ **Unwürdigkeit** die, -
Unzahl die, -: eine U. *(sehr große Menge)* von Büchern ‖ **unzählbar:** die Menge der geraden Zahlen ist u. *(nicht abzählbar)*

unzählig:

unzählig viele Menschen *(außerordentlich viele);* unzählige Schwierigkeiten *(äußerst viele);* unzählige Mal[e]

Großschreibung bei Nominalisierung:
- **U**nzählige waren gekommen
- die Ersparnisse **U**nzähliger wurden vergeudet

R→ S. 892, 2.2

unzähmbar
Unze die, -/-n ⟨lat.⟩: *ein Gewichtsmaß, zB in Großbritannien (etwa 30 g)*
Unzeit: zur U. *(zu unpassender Zeit)* kommen ‖ **unzeitgemäß** ‖ **unzeitig:** unzeitiges *(noch unreifes)* Obst
unzensuriert, *auch:* unzensiert
unzerbrechlich ‖ **Unzerbrechlichkeit**
unzerkaut: die Tablette u. schlucken
unzerreißbar
unzerstörbar ‖ **unzerstört**
unzertrennbar: *untrennbar* ‖

U

unzertrennlich: unzertrennliche Freunde
Unziale die, -/-n ⟨lat.⟩ (Druckw.): *eine Schriftart*
unziemlich (geh.): *ungehörig, unpassend*
unzivilisiert [-v-]: sich u. benehmen
Unzucht die, -: *Unsittlichkeit, unsittliche Handlung* ‖ **unzüchtig** ‖ **Unzüchtigkeit** die, -/-en
unzufrieden ‖ **Unzufriedenheit**
unzugänglich: ein unzugängliches *(nicht betretbares, benützbares)* Archiv; ein unzugänglicher *(nicht erreichbarer)* Felsen | ein unzugänglicher *(verschlossener, nicht kontaktfreudiger)* Mensch
unzukömmlich: die Nahrung war u. *(nicht ausreichend, nicht gut)* ‖ **Unzukömmlichkeit** die, -/-en (meist Pl.) (Amtsspr.): *Missstände, Ungehörigkeiten*
unzulänglich: u. *(nicht ausreichend)* gesichert sein ‖ **Unzulänglichkeit** die, -/-en
unzulässig: *verboten*
unzumutbar ‖ **Unzumutbarkeit** die, -/-en
unzurechnungsfähig (Psych.): *aus psychischen Gründen für die eigenen Handlungen nicht verantwortlich* ‖ **Unzurechnungsfähigkeit** die, - (Psych.)
unzureichend: eine unzureichende *(mangelhafte)* Versorgung
unzusammenhängend
unzuständig ‖ **Unzuständigkeit**
unzustellbar: dieser Brief war u. *(er konnte nicht zugestellt werden)* ‖ **Unzustellbarkeit:** Brief bei U. zurück an den Absender
unzuträglich (geh.): *unbekömmlich*
unzutreffend
unzuverlässig
unzweckmäßig: unzweckmäßige *(ungeeignete)* Ausstattung
unzweideutig: eine unzweideutige *(klare, unmissverständliche)* Antwort
unzweifelhaft: sie hat u. *(zweifelsohne, sicher)* Recht
UOG [u o ˈgeː] das, -[s]: **U**niversitäts**o**rganisations**g**esetz
Update [ˈʌpdeɪt] das, -s/-s ⟨engl.⟩ (EDV): *neue Version eines Computerprogramms* ‖ **updaten,** du updatest/sie hat upgedatet (EDV) ‖ **Updating** das, -s/-s (EDV) ‖ **Upgrade** [-greɪd] das, -s/-s (EDV): *neue Version eines Computerprogramms mit verbesserter Leistung* ‖ **upgraden,** du upgradest/er hat upgegradet: *aufwerten, verbessern* | (EDV) *ein Upgrade machen* ‖ **Upgrading** das, -s/-s ‖ **Upload** [-ˈləʊd] der, -s/-s (EDV): *das Hochladen;* → Download ‖ **uploaden,** du uploadest/er hat Fotos ins Internet upgeloadet (EDV): *hochladen (vom eigenen Computer auf einen anderen übertragen);* → downloaden ‖ **Uploading** das, -s/-s (EDV)
Uppercut [ˈʌpəkʌt] der, -s/-s ⟨engl.⟩ (Sport): *Schlag von unten [gegen das Kinn]*
üppig: ein üppiger *(starker)* Haarwuchs; eine üppige Vegetation | (sal.) ü. *(übermütig, vorlaut)* werden
up to date [ʌp tə ˈdeɪt] ⟨engl.⟩ (sal.): in seinem Fach up to date *(auf dem Laufenden)* sein
Ur der, -[e]s/-e: *Auerochs*
Urabstimmung: *direkte (schriftliche) Befragung aller Stimmberechtigten*
Uradel: *ältester Adel*
Urahn der, -[e]s [-en]/-en = **Urahne**[1], -n/-n: *früher Vorfahre, zB der Urgroßvater* ‖ **Urahne**[2] die, -/-n ‖ **Urahnl** ‖ **Urähnl**
Ural der, -[s]: *ein Gebirgszug in Russland* ‖ **uralisch:** *aus dem Uralgebiet stammend;* die uralische Sprachfamilie *(zB Finnougrisch)*
uralt: *sehr alt*
Uran das, -s ⟨gr.-lat.⟩ (Zeichen: U): *ein [radioaktives] chemisches Element* ‖ **Uranaufbereitungsanlage** ‖ **Uranbergwerk** ‖ **Uranerz**
Uranfang (geh.): *Ursprung* ‖ **uranfänglich** (geh.)
Urangst (Psych.): *tief eingewurzelte Angst*
Uranus[1] ⟨gr.-lat.⟩: *griechisch-römischer Himmelsgott* ‖ **Uranus**[2] der, -: *ein Planet*
urassen, du urasst (ugs.): *verschwenden;* sie haben mit den Vorräten geurasst
uraufführen: dieser Film wurde vorige Woche uraufgeführt *(zum ersten Mal öffentlich aufgeführt, gespielt)* ‖ **Uraufführung:** die U. eines neuen Stückes; → Erstaufführung
urban ⟨lat.⟩: *städtisch;* urbanes Leben | urbane *(weltgewandte, geschliffene)* Umgangsformen ‖ **urbanisieren:** *städtisch machen* ‖ **Urbanisierung** die, -/-en ‖ **Urbanistik** die, - (SüdT): *Stadtplanung, Städteplanung* ‖ **urbanistisch** (SüdT): *die Städteplanung betreffend* ‖ **Urbanität** die, -: *Bildung und Benehmen von feiner Art*
urbar: ein Stück Land u. *(zum Anbau geeignet)* machen ‖ **Urbar** das, -s/-e ⟨latinisiert⟩: *historisches Grund- und Zinsbuch* ‖ **Urbarialgemeinde** (B, veraltet): *politische Gemeinde mit gemeinsam bewirtschafteter Fläche* ‖ **Urbarmachung** die, -/-en
Urbedeutung: *ursprüngliche Bedeutung*
Urbevölkerung: *ursprüngliche Bevölkerung*
Urbewohner (meist Pl.): *Ureinwohner* ‖ **Urbewohnerin**
urbi et orbi ⟨lat.⟩: der Papst spendete seinen Segen urbi et orbi *(der Stadt Rom und dem ganzen Erdkreis)*
Urbild: *Vorbild, Inbegriff*
Urchristentum [-kr-]: *Christentum der Anfangszeit* ‖ **urchristlich**
urcool [-ˈkuːl] (sal.) (Jug.): *sehr lässig; besonders großartig*
ureigen: deine ureigensten *(persönlichsten)* Interessen
Ureinwohner (meist Pl.): die U. *(die ursprünglichen Bewohner/innen)* eines Landes ‖ **Ureinwohnerin**
Ureltern (geh.): *Stammeltern* | *Adam und Eva*
Urenkel: *Sohn eines Enkelkindes* ‖ **Urenkelin**
urewig: *ewig lange*
Urfahr: *der nördl. der Donau gelegene Stadtteil von Linz (O)* | (Kfz: UU) Urfahr-Umgebung (= Urfahr Umgebung) ‖ **Urfahraner** der, -s/- ‖ **Urfahranerin** die, -/-innen
Urfassung: *ursprüngliche Fassung [einer Dichtung, Komposition]*
Urfehde (früher): U. schwören *(sich zum Frieden verpflichten)*
Urform: *ursprüngliche Form*
Urgemeinde: *die urchristliche Gemeinde*
urgemütlich: *sehr gemütlich*
Urgenz die, -/-en ⟨lat.⟩: *Mahnung, Hinweis auf die Dringlichkeit;* → urgieren
Urgeschichte: *Geschichte der Frühzeit der Erde bzw. des Men-*

U

schen ‖ **ur|ge|schicht|lich:** urgeschichtliche Funde
Ur|ge|sell|schaft: *die [vermeintlich] ursprüngliche Form der menschlichen Gesellschaft*
Ur|ge|stalt: *ursprüngliche Form*
Ur|ge|stein das, -[e]s: *Gestein vulkanischen Ursprungs, zB Granit*
Ur|ge|walt (geh.): die U. des Orkans
ur|gie|ren ⟨lat.⟩: die Erledigung eines Gesuches u. *(wegen der Erledigung nachfragen, um diese dringend ersuchen);* → Urgenz
Ur|groß|el|tern die (Pl.): *die Eltern der Großeltern* ‖ **Ur|groß|mut|ter** ‖ **Ur|groß|va|ter**
Ur|grund (geh.): *tiefster Grund*
Ur|he|ber der, -s/-: *Schöpfer eines Werkes; Anstifter* ‖ **Ur|he|be|rin** die, -/-innen ‖ **Ur|he|ber|recht:** *das Recht zB einer Autorin an ihrem Werk;* → Copyright ‖ **ur|he|ber|recht|lich** ‖ **Ur|he|ber|rechts|ge|setz** das, -es (UrhG) ‖ **Ur|he|ber|rechts|schutz** ‖ **Ur|he|ber|schaft** die, -: die U. an einem Gerücht feststellen
Ur|hei|mat: die U. eines Volkes
UrhG [u ɛr ha 'ge:] das, -[s]: **Urhe**berrechts**g**esetz
Uri: *Schweizer Kanton*
Uri|as|brief: *Brief, der für den nichts ahnenden Überbringer Tod oder Unheil bedeutet (nach einer biblischen Gestalt)*
urig: ein uriger *(komischer, urwüchsiger)* Kauz
Urin der, -s/-e ⟨lat.⟩: *von den Nieren abgesonderte Körperflüssigkeit, Harn* ‖ **Uri|nal** das, -s/-e: *Uringefäß, Pissbecken* ‖ **uri|nie|ren:** *Harn lassen*
Ur|in|s|tinkt [-st-]
Urin|un|ter|su|chung (Med.)
Ur|kir|che (kath.): *die urchristliche Kirche, das Urchristentum*
Ur|knall (Phys., Astron.): *der [hypothetische] Anfang des Universums*
ur|ko|misch: *sehr komisch*
Ur|kraft
Ur|kun|de: *Dokument, zB Geburtsurkunde* ‖ **Ur|kun|den|fäl|schung** ‖ **ur|kund|lich:** etwas u. belegen
Url[1] der, -[s]/-[s] (ugs., Kinderspr.): *Urgroßvater;* → Urli[1] ‖ **Url**[2] die, -/-[s] (ugs., Kinderspr.): *Urgroßmutter*
URL [auch: 'u ɛr ɛl, ɜ:l] der, -s/-s = die, -/-s: **U**niform **R**esource **L**ocator *(standardisierte Adressangabe für Internetseiten)*
Ur|land|schaft
Ur|laub der, -[e]s/-e: ich bin auf/im/in U.; U. haben/machen/nehmen; auf U. fahren ‖ **Ur|lau|ber** der, -s/- ‖ **Ur|lau|be|rin** die, -/-innen ‖ **Ur|laubs|ab|fin|dung:** *finanzielle Urlaubsabgeltung im aliquoten Ausmaß am Ende eines Dienstverhältnisses* ‖ **Ur|laubs|ab|gel|tung:** *Urlaubsabfindung* ‖ **Ur|laubs|ab|lö|se:** *[verbotene] finanzielle Abgeltung für nicht konsumierten Urlaub während eines aufrechten Dienstverhältnisses* ‖ **Ur|laubs|ad|res|se** ‖ **Ur|laubs|an|spruch** ‖ **Ur|laubs|an|tritt** ‖ **Ur|laubs|bei|hil|fe:** *Urlaubszuschuss* ‖ **Ur|laubs|be|kannt|schaft** ‖ **Ur|laubs|ent|gelt:** *Geld, das man erhält, während man auf Urlaub ist* ‖ **Ur|laubs|ent|schä|di|gung:** *gesamter Urlaubsanspruch bei Beendigung des Dienstverhältnisses* ‖ **Ur|laubs|flirt** [-flœrt, engl.: -flɜ:t] ‖ **Ur|laubs|gast** ‖ **Ur|laubs|geld** (ugs.): *Urlaubsbeihilfe bzw. Urlaubszuschuss, 14. Monatsgehalt;* → Weihnachtsgeld ‖ **Ur|laubs|ort** ‖ **ur|laubs|reif** (oft scherzh.) ‖ **Ur|laubs|rei|se** ‖ **Ur|laubs|sper|re:** *befristete Untersagung aller Urlaube [aus dienstlichen, betrieblichen Gründen] | [Betriebs]sperre wegen Urlaubs;* U. von 1. bis 15. August ‖ **Ur|laubs|tag** ‖ **Ur|laubs|ver|tre|tung** ‖ **Ur|laubs|zeit** ‖ **Ur|laubs|zu|schuss:** *13. Monatsgehalt (Höhe laut Kollektivvertrag)*
Ur|li[1] der, -/-s (ugs., Kinderspr.): *Urgroßvater;* → Url[1] ‖ **Ur|li**[2] die, -/-s (ugs., Kinderspr.): *Urgroßmutter* ‖ **Ur|li-Oma** (ugs., Kinderspr.) ‖ **Ur|li-Opa** (ugs., Kinderspr.) ‖ **Url-Oma** (ugs., Kinderspr.) ‖ **Url-Opa** (ugs., Kinderspr.)
Ur|mensch (Anthropologie): *Mensch frühester Entwicklungsstufe*
Ur|ne die, -/-n: *Behälter, in den bei Wahlen die Stimmzettel gegeben werden | Gefäß zur Beisetzung der Asche verbrannter Leichen* ‖ **Ur|nen|bei|set|zung** ‖ **Ur|nen|be|stat|tung** ‖ **Ur|nen|feld:** *vor-, frühgeschichtliches Urnengräberfeld* ‖ **Ur|nen|fried|hof** ‖ **Ur|nen|gang** (geh.): *Wahlgang* ‖ **Ur|nen|grab:** *Urnenbestattung* ‖ **Ur|nen|hain** (geh.): *Urnenfriedhof*
uro|ge|ni|tal ⟨lat.⟩ ‖ **Uro|ge|ni|tal|trakt:** *Teil des Unterleibs, Harn- und Geschlechtsorgane* ‖ **Uro|lo|ge** der, -n/-n ⟨lat.+gr.⟩: *Facharzt für die Harnwegsorgane* ‖ **Uro|lo|gie** die, - ‖ **Uro|lo|gin** die, -/-innen ‖ **uro|lo|gisch**
Ur|oma: *Urgroßmutter*
Ur|opa: *Urgroßvater*
ur|plötz|lich: *ganz plötzlich*
Ur|pro|dukt ‖ **Ur|pro|duk|ti|on** [-tsi̯-] (Wirt.): *Gewinnung von Naturprodukten, zB von Feldfrüchten oder Bodenschätzen*
Ur|quell (geh.): *Ursprung*
Ur|sa|che: die U. *(der Grund)* des Unfalls ist nicht bekannt; das Gesetz von U. und Wirkung ‖ **Ur|sa|chen|for|schung** ‖ **ur|säch|lich:** in ursächlichem *(kausalem)* Zusammenhang stehen
Ur|schel die, -/-n (mda., abw.): *dumme Frau*
Ur|schrift: *die erste Niederschrift; das Original* ‖ **ur|schrift|lich** (Amtsspr.): ein Ansuchen u. *(im Original)* weiterleiten
Ur|sel: *weibl. Vorname (Ursula)*
Ur|sen|dung: *Uraufführung im Fernsehen oder im Hörfunk*
Ur|spra|che: *eine hypothetische ursprüngliche [gemeinsame] Sprache | Originalsprache*
Ur|sprung: der U. eines Flusses; Gesteine vulkanischen Ursprungs ‖ **ur|sprüng|lich:** der ursprüngliche *(erste)* Plan | ein ursprünglicher *(natürlicher, unverbildeter)* Mensch ‖ **Ur|sprüng|lich|keit** die, - ‖ **Ur|sprungs|be|zeich|nung** (Amtsspr.): *qualifizierte Herkunftsangabe (in der EU)* ‖ **Ur|sprungs|ge|biet** ‖ **Ur|sprungs|land** ‖ **Ur|sprungs|nach|weis** = **Ur|sprungs|zeug|nis** (Wirt.): *Herkunftsnachweis*
Ur|ständ (nur in der Wendung): fröhliche U. feiern *(auferstehen, wieder aktuell werden)*
Ur|stoff: *[chemisches] Element | Materie*
Ur|strumpf|tan|te (ugs., scherzh., veraltet): *ältere, schrullige Tante, Frau;* das kannst du der U. *(der Urgroßmutter, irgendwem)* erzählen *(es glaubt dir doch keiner)*
Ur|su|la: *weibl. Vorname;* → Ursel; → Uschi ‖ **Ur|su|li|ne** die, -/-n = **Ur|su|li|ne|rin,** -/-innen: *Angehörige eines Nonnenordens*
Ur|teil: ein gerechtes U. fällen; ein U. anfechten/aufheben/verkünden | sich über etwas ein U. *(eine Meinung)* bilden ‖ **ur|tei|len:** gerecht u. ‖ **Ur|teils|be|grün|dung** (Jus) ‖ **ur|teils|fä|hig** ‖ **Ur|teils|fä|hig|keit** ‖ **Ur|teils|fin|dung** ‖ **Ur|teils|kraft** ‖ **Ur|teils|schrift** ‖ **Ur-**

U

teilsspruch ‖ **Urteilsverkündung** ‖ **Urteilsvermerk** (Jus): *Urteilsspruch ohne ausführliche Begründung (anstatt einer Urteilsausfertigung)* ‖ **Urteilsvermögen** ‖ **Urteilsvollstreckung**
Urtext: *der ursprüngliche, unverfälschte originale Wortlaut* ‖ **Urtextausgabe:** eine U. der Sonaten Haydns
Urtierchen das, -s/-: *ein einzelliges tierisches Lebewesen*
Urtrieb: *tief [im Menschen] verwurzelter Trieb*
urtümlich: *ursprünglich, natürlich; primitiv* ‖ **Urtümlichkeit** die, -/-en
Urtyp [-yp]: *Urform, Vorbild, Inbegriff*
Uruguay [auch: 'u-]: *südamerikanischer Staat*
Urenkel: *Enkel der Enkel* ‖ **Urenkelin** ‖ **Ururgroßeltern** die (Pl.): *die Eltern der Urgroßeltern* ‖ **Ururgroßmutter** ‖ **Ururgroßvater** ‖ **Ururoma** ‖ **Ururopa**
Urväterzeit (geh.): *Vorzeit*
Urvertrauen (Psych.): *grundlegendes Vertrauen des Menschen*
urverwandt: *ursprünglich verwandt;* die indogermanischen Sprachen sind u.
Urviech (ugs., scherzh.): *komischer, urwüchsiger Kerl*
Urwald: *noch ursprünglicher Wald*
urweltlich
urwüchsig [-ks-]: ein urwüchsiger *(unverbildeter, natürlicher)* Bauernbub ‖ **Urwüchsigkeit** die, -/-en
Urzeit: seit Urzeiten *(seit undenklichen Zeiten)* ‖ **urzeitlich**
Urzeugung (Biol.): *Entstehung lebender Zellen aus unbelebter Materie*
Urzustand: *der ursprüngliche Zustand*
USA [u ɛs 'a:] die (Pl.): **U**nited **S**tates of **A**merica *(Vereinigte Staaten von Amerika);* in den USA leben
Usability [ju:zə-ti] die, - ⟨engl.⟩ (EDV, Internet): *Benutzbarkeit; Bedienerfreundlichkeit*
Usambaraveilchen: *eine Pflanze (nach einem Gebirge in Afrika)*
US-Amerikaner [u 'ɛs-] ‖ **US-Amerikanerin** ‖ **US-amerikanisch:** *auf die USA bezogen; von ihnen herrührend*
Usance [y'zɑ̃:s] die, -/-n ⟨fr.⟩: *Gepflogenheit, zB im Amts- und Geschäftsbereich;* → Usus
USB [u ɛs 'be:, engl.: jʊ es 'bi:] (EDV): **U**niversal **S**erial **B**us *(serielle Schnittstelle an Computern, zB für Drucker, Maus, Tastatur)* ‖ **USB-Adapter**
Usbeke der, -n/-n: *Bewohner Usbekistans* ‖ **Usbekin** die, -/-innen ‖ **usbekisch** ‖ **Usbekistan:** *ein Staat der GUS*
USB-Hub [u ɛs be:'hʌb, engl.: jʊ es bi:'hʌb] ⟨engl.⟩ (EDV): *Gerät zur Verteilung von USB-Schnittstellen;* → USB ‖ **USB-Memory-Stick** [u ɛs be:'memərɪˌstɪk, engl.: jʊ es bi:-] = **USB-Memorystick** (EDV): → *USB-Stick* ‖ **USB-Schnittstelle** [u ɛs 'be:-, engl.: jʊ es 'bi:-] (EDV) ‖ **USB-Stecker:** *ein Steckerformat für Daten- und Ladekabel;* Micro-USB-Stecker ‖ **USB-Stick** [-st-]: *ein Speichermedium zum Anschluss an die USB-Schnittstelle;* → Memory Stick = Memorystick
Uschi: *weibl. Vorname (Ursula)*
US-Dollar [u 'ɛs-] ($)
Usenet ['ju:sn-] ⟨engl.⟩: *eine Kommunikationsplattform im Internet* ‖ **User** ['ju:z-] der, -s/- ⟨engl.⟩: *Anwender, Benutzer eines Computers* | *Kurzwort für Username* ‖ **Userin** die, -/-innen ‖ **Username:** *Benutzername*
usf.: **u**nd **s**o **f**ort
Uso der, -s ⟨lat.-it.⟩ (Wirt.): *Handelsbrauch*
USP [ju: es 'pi:] die, -/-s (Werb.): **U**nique **S**elling **P**roposition *(einzigartiger, der Konkurrenz überlegener Verkaufsvorteil eines Produkts)*
USt.: **U**msatz**st**euer
usuell ⟨lat.-fr.⟩: *gebräuchlich;* → Usus
Usurpation [-tsi̯-] die, -/-en ⟨lat.⟩: *gesetzwidrige Machtergreifung; Thronraub* ‖ **Usurpator** der, -s/-en [-'o:-] ‖ **Usurpatorin** die, -/-innen ‖ **usurpieren**
Usus der, - ⟨lat.⟩: das ist U. *(Gepflogenheit, Brauch);* → usuell; → Usance
usw.: **u**nd **s**o **w**eiter
Ute, *auch:* Uta: *weibl. Vorname*
Utensil das, -s/-ien [-i̯ən] ⟨lat.⟩ (meist Pl.): *ein Behelf;* Schreibutensilien
Uterus der, -/Uteri [-russe] ⟨lat.⟩: *Gebärmutter*
Utilitarismus der, - ⟨lat.⟩: *[bloßer] Nützlichkeitsstandpunkt* ‖ **Utilitarist** der, -en/-en ‖ **Utilitaristin** die, -/-innen ‖ **utilitaristisch** ‖ **Utility** [ju:-i] die, -/-s ⟨lat.-engl.⟩ (EDV): *nützliches Hilfsprogramm für den Computer [zur Datenrettung, zur Reparatur von Disketten]*
Utopie die, -/-n ⟨gr.-fr.⟩: *Zukunftsfantasie; unerreichbarer Idealzustand* ‖ **utopisch:** das ist u. *(es ist [derzeit] nicht zu verwirklichen)* ‖ **Utopist** der, -en/-en: *Schwärmer* ‖ **Utopistin** die, -/-innen
u. U.: **u**nter **U**mständen
UV [u 'faʊ]: **u**ltra**v**iolett, **U**ltra**v**iolett
u. v. a.: **u**nd **v**iele[s] **a**ndere ‖ **u. v. a. m.:** **u**nd **v**iele[s] **a**ndere **m**ehr
UV-bestrahlt [u 'faʊ-] ‖ **UV-Filter:** *Filter für ultraviolette Strahlung [bei Sonnenbrillen]*
UVP [u faʊ 'pe:]: **U**mwelt**v**erträglichkeits**p**rüfung
UVS [u faʊ 'ɛs]: **U**nabhängiger **V**erwaltungs**s**enat
UV-Strahlung: **u**ltra**v**iolette Strahlung *(Höhenstrahlung)* ‖ **UV-Strahlen-gefährdet**
Uvula [-v-] die, -/Uvulae [-lɛ] ⟨lat.⟩ (Med.): *Gaumenzäpfchen* ‖ **uvular** (Sprachwiss.): uvulares r *(Gaumen-r)* ‖ **Uvular** der, -s/-e (Sprachwiss.): *Laut, der mit dem Gaumenzäpfchen gebildet wird, zB* [x] *in* ach
Ü-Wagen: *Kurzwort für Übertragungswagen*
Uwe: *männl. Vorname*
u. zw.: **u**nd **zw**ar

U

v V

v [faʊ] das, -/- (Kleinbuchstabe): das v im Wort *von*
V [faʊ] das, -/- (Großbuchstabe): das V im Wort *Vater* | 5 *(römisches Zahlzeichen)* | (auslaufend auch Kfz) **V**orarlberg | (Phys.) **V**olt | (Chem.) **V**anadium
v.: von, **v**om | **v**ide
V.: Vers
VA: Volt**a**mpere
v. a.: vor **a**llem
Vabanque [va'bɑ̃:k], *auch:* va banque ⟨fr.⟩ (nur in der Wendung): V. spielen *(alles aufs Spiel setzen)* ‖ **Vabanquespiel**
Vademekum [v-] = Vademecum [-k-] das, -s/-s ⟨lat.⟩: *Leitfaden, Handbuch*
Vadium [v-] das, -s/Vadien [-ɛn] ⟨lat.⟩ (Jus): *Sicherstellung eines Bieteranbots bei Versteigerungen [von Realitäten]*
Vaduz [f-, auch: v-]: *Hauptstadt Liechtensteins*
vag [v-] = vage ⟨lat.-fr.⟩: eine vage *(unbestimmte, nicht stichhältige)* Behauptung ‖ **Vagabondage** [-'a:ʃ, -ʒɛ] die, -: *die Landstreicherei* ‖ **Vagabund** der, -en/-en: *Landstreicher; Taugenichts* ‖ **vagabundieren** ‖ **Vagabundin** die, -/-innen ‖ **Vagant** der, -en/-en ⟨lat.⟩: *herumziehender Student im Mittelalter* ‖ **Vagantendichtung** (Lit.) ‖ **vage** = → vag ‖ **Vagheit** die, -/-en ⟨lat.-fr.⟩: *Unklarheit, Unsicherheit*
Vagina [v-, auch: 'va:-] die, -/Vaginen ⟨lat.⟩ (Med.): *Scheide der Frau* ‖ **vaginal** (Med.)
vakant [v-] ⟨lat.⟩: eine vakante *(unbesetzte, offene)* Stelle ‖ **Vakanz** die, -/-en: *freie Stelle* ‖ **Vakuum** [-u.um] das, -s/Vakua [Vakuen] [-uɛn]: *luftleerer Raum* | *Leere* ‖ **Vakuumbremse** ‖ **Vakuumpumpe** ‖ **Vakuumtoilette** [-toa,lɛt(ɛ)] ‖ **vakuumverpackt** ‖ **Vakuumverpackung**
Vakzin [v-] das, -s/-e = **Vakzine** die, -/-n ⟨lat.⟩ (Med.): *ein Impfstoff*
Valentin [v-, reg. auch: f-]: *männl. Vorname* ‖ **Valentina** = **Valentine:** *weibl. Vorname* ‖ **Valentinstag:** zum V. *(14. Februar)* Blumen schenken
Valenz [v-] die, -/-en ⟨lat.⟩: *Wertigkeit*
Valerie [v-, auch: -'e:riɛ], *auch:* Valeria: *weibl. Vorname;* → Walli
Valeurs [va'lø:əs] die (Pl.) ⟨fr.⟩: *Farb-, Lichtwerte [in der Malerei]* ‖ **valid:** *gültig, zuverlässig* ‖ **validieren:** einen Test v. *(seine Zuverlässigkeit, Aussagekraft bestimmen)* ‖ **Validierung** die, -/-en ‖ **Validität** die, -: *Güte, Wertigkeit*
Valletta [v-]: *Hauptstadt Maltas (früher auch: La Valetta)*
Valor [v-] der, -s/-en [-'o:-] (meist Pl.) ⟨lat.⟩: *Wert, Wertsachen, -papiere* ‖ **Valorisation** [-tsi̯-] die, -/-en ‖ **valorisieren:** Gehälter v. *(sie an den jeweiligen Geldwert angleichen, sie aufwerten)* ‖ **Valorisierung** die, -/-en ‖ **Valuta** die, -/Valuten (Bankw.): *[ausländische] Währung;* in fremder V. zahlen | *Datum einer Buchung auf dem Konto, Wertstellung*
Vamp [væmp] der, -s/-s ⟨serb.-engl.⟩: *berechnend verführerische Frau* ‖ **Vampir** [va-] der, -s/-e ⟨serb.⟩: *eine Blut saugende Sagengestalt* | (Zool.) *eine Blut saugende Fledermaus*

> **van** [f-, auch: v-] ⟨niederl.⟩:
>
> Das „van“ (= von) in niederländischen Namen bezeichnet nur die Herkunft, ist jedoch keine Adelsbezeichnung: Ludwig van Beethoven; Vermeer [f-] van Delft; Vincent van Gogh; → von

Van [væn] der, -s/-s ⟨engl.⟩: *Pkw mit viel Innen- und Laderaum*
Vanadium [v-] das, -s, *auch:* Vanadin ⟨lat.⟩ (Zeichen: V): *ein chemisches Element*
Vancouver [væŋ'ku:və]: *Stadt in Kanada*
Vandale [v-] = → Wandale ‖ **Vandalenakt** = → Wandalenakt ‖ **Vandalin** = → Wandalin ‖ **vandalisch** = → wandalisch ‖ **Vandalismus** = → Wandalismus
Vanessa [v-]: *weibl. Vorname*
Vanille [v-] die, - ⟨span.-fr.⟩: *ein Gewürz* ‖ **Vanilleeis** ‖ **Vanillekipferl** ‖ **Vanillepudding** ‖ **Vanillerostbraten:** *mit Knoblauch zubereiteter Rostbraten* ‖ **Vanillesauce** [-zo:s(ɛ)] = Vanillesoß = Vanillesoße ‖ **Vanilleschote** ‖ **Vanillezucker** ‖ **Vanillin** das, -s: *natürlicher Würzstoff der Vanille* | *nach Vanille riechender Geschmacksverstärker* ‖ **Vanillinzucker**
Varia [v-] die (Pl.) ⟨lat.⟩: *Verschiedenartiges, Allerlei* ‖ **variabel:** *veränderlich;* variable Kosten; → G.: invariabel; → G.: konstant ‖ **Variabilität** die, -: *Veränderbarkeit, Veränderlichkeit* ‖ **Variable** die, -n/-n: *veränderliche [mathematische] Größe, Unbekannte;* mit Variablen rechnen | (auch mit Pl. -) zwei, mehrere Variable[n]; → G.: Konstante ‖ **variant** ‖ **Variante** die, -/-n: *abweichende Form, Farbe* oÄ ‖ **Variantenfahren:** *Kurzwort für Variantenskifahren, Ski- bzw. Snowboardfahren auf Pisten und im freien Gelände;* → Freeriden ‖ **variantenreich** ‖ **Variantenschifahren** = **Variantenskifahren** [-ʃi:-]: *Variantenfahren* ‖ **Varianz** die, -/-en (Math.): *Abweichung vom Mittelwert;* → Invarianz ‖ **Variation** [-tsi̯-] die, -/-en: *Abwechslung; Veränderung* | (Mus.) Thema und V. ‖ **Variationsbreite:** *Bandbreite der Veränderung* ‖ **variationsfähig** ‖ **Variationsmöglichkeit** ‖ **Varietät** [-i̯e-] die, -/-en: *Variation, Abwandlung* | (Biol.) *Rasse, Abart innerhalb einer Art* | (Sprachwiss.) *besondere Ausprägung innerhalb einer größeren Sprachlandschaft;* das österreichische Deutsch ist eine V. des Deutschen ‖ **Varietee** = Varieté das, -s/-s ⟨lat.-fr.⟩: *eine Vergnügungsstätte mit verschiedenartigen Darbietungen* ‖ **Varieteetheater** = **Varietétheater** ‖ **variieren** [-i'i:-]: *abändern;* die Temperatur variierte *(schwankte)* erheblich
Varix [v-] = **Varize** die, -/Varizen ⟨lat.⟩ (Med.): *Krampfader*
Vasall [v-] der, -en/-en ⟨kelt.-rom.⟩ (früher): *Lehensmann, Gefolgsmann* ‖ **Vasallenstaat:** *ein von einem anderen Staat abhängiger Staat, Satellitenstaat* ‖ **Vasallentum** das, -s ‖ **Vasallin** die, -/-innen
Vase [v-] die, -/-n ⟨lat.-fr.⟩: Blumen in eine V. stellen
Vaselin [v-] das, -s = **Vaseline** die, - (Wz.): *eine Fettsalbe*
vaskulär ⟨lat.⟩ (Med.): *die Blutgefäße betreffend*
Vater der, -s/Väter: ein guter V. sein | er ist der V. dieses Gedankens *(er hatte als Erster die Idee)* | der Heilige V. *(der Papst)* | Gott[vater]; der V. im Himmel | (geh.) der Glaube der Väter *(Ah-*

nen) ‖ **Vaterbild** ‖ **Vaterbindung** ‖ **Väterchen** das, -s/- ‖ **Vaterfigur:** *Mann, der für andere Menschen Ansehen und Einfluss eines Vaters hat* ‖ **Vaterfreuden** die (Pl.): V. entgegensehen *(Vater werden)* ‖ **Vaterhaus** ‖ **Väterkarenz:** *Karenzurlaub, den Väter in Anspruch nehmen können* ‖ **Väter-Karenzgesetz** ‖ **Vaterland** (oft geh.): *Land, in dem man geboren wurde, dem man sich zugehörig fühlt* ‖ **vaterländisch** (oft geh.): *das Vaterland betreffend* | (veraltend) (Pol.) *mit [übertriebenem] Stolz und Eifer die Interessen des eigenen Vaterlandes vertretend;* → patriotisch; → national | (Gesch.) die **V**aterländische Front *(Name der offiziellen Organisation des Ständestaates)* ‖ **Vaterlandsliebe:** *Patriotismus* ‖ **vaterlandsliebend** ‖ **vaterlandslos** (abw.) (Pol.): *Haltung, die sich [scheinbar] nicht an den Interessen des Vaterlands orientiert* ‖ **Vaterlandsverräter** (abw.): *jemand, der dem eigenen Land bewusst schadet* ‖ **Vaterlandsverräterin** (abw.) ‖ **väterlich** ‖ **väterlicherseits:** *vom Vater her* ‖ **vaterlos** ‖ **Vatermonat:** → *Papamonat* ‖ **Vatermörder:** *jemand, der seinen Vater getötet hat* | *eine Kragenform an Herrenhemden* ‖ **Vatermörderin** ‖ **Vaterschaft** die, - ‖ **Vaterschaftsklage** (Jus): *Klage zur Feststellung der Vaterschaft* ‖ **Vaterschaftstest** (Med.) ‖ **Vaterstadt** ‖ **Vaterstelle** die, -: an Kindern V. vertreten *(wie ein Vater für sie sorgen)* ‖ **Vatertag:** *Ehrentag der Väter am 2. Sonntag im Juni* ‖ **Vaterunser** das, -s/-: *ein Gebet;* → Paternoster[1] ‖ **Vati** der, -[s]/-[s] (Kinderspr.): *Vater*

Vaticanum [v-k-] das, -s ⟨lat.⟩: *Vatikanisches Konzil;* das 2. V. *(1962–1965)* ‖ **Vatikan** ['va-, -'a:n] der, -s: *Palast und Residenz des Papstes* | *die oberste Behörde der katholischen Kirche* | (Kfz: V) *der Kirchenstaat* ‖ **vatikanisch** ‖ **Vatikanstaat** ['va-, -'a:n-] der, -[e]s = **Vatikanstadt** die, -: *das päpstliche Staatsgebiet in Rom*

V-Ausschnitt ['faʊ-]: ein Pullover mit V.

vazieren [f-] ⟨lat.⟩ (veraltet): *[Arbeit suchend] herumziehen;* vazierende Händler *(Wanderhändler)*

Vbg.: **V**orarl**b**er**g**

v. Chr.: **v**or **Chr**istus, **v**or **Chr**isto ‖ **v. Chr. G.:** **v**or **Chr**isti **G**eburt

VCÖ [fau tse 'ø:]: **V**erkehrs**c**lub **Ö**sterreich

Veda [v-] = → Weda

Vedute [v-] die, -/-n ⟨lat.-it.⟩ (in der Malerei und Grafik): *naturgetreue Darstellung einer Stadt oder Landschaft*

vegan [v-] ⟨lat.-engl.⟩: *streng vegetarisch* ‖ **Veganer** der, -s/- ‖ **Veganerin** die, -/-innen ‖ **vegetabil** ⟨lat.⟩: *pflanzlich* ‖ **Vegetabilien** die (Pl.): *pflanzliche Nahrungsmittel* ‖ **vegetabilisch:** *vegetabil* ‖ **Vegetarier** der, -s/-: *jemand, der von Pflanzenkost lebt;* → Veganer ‖ **Vegetarierin** die, -/-innen ‖ **vegetarisch:** vegetarische Speisen ‖ **Vegetation** [-tsi̯-] die, -/-en ⟨lat.⟩: *Pflanzendecke* ‖ **Vegetationsgürtel** ‖ **vegetationslos** ‖ **Vegetationsperiode** ‖ **vegetativ** (Biol., Med.): *nervlich bedingt;* vegetatives Nervensystem *(die dem Bewusstsein nicht unterliegenden Nerven)* ‖ **vegetieren** (meist abw.): *kümmerlich dahinleben* ‖ **Veggie** ['vɛgi, engl.: 'vedʒi] der, -s/-s: *Kurzwort für Veggieburger* | (scherzh.) *Vegetarier* ‖ **Veggieburger** ['vedʒibɜ:gə], *auch:* **Vegieburger** (Wz.): *vegetarischer Burger*

vehement [v-] ⟨lat.⟩: *heftig, ungestüm* ‖ **Vehemenz** die, -: mit V. *(mit Ungestüm)* ‖ **Vehikel** das, -s/- (auch abw. bzw. scherzh.): *[schlechtes, veraltetes] Fahrzeug*

Veigerl das, -s/-n (ugs.): *Veilchen* ‖ **Veilchen** das, -s/-: *eine Pflanzengattung; eine Blume* | (ugs., scherzh.) *blaues Auge* | (Pl.) (Sport) *Austrianer* ‖ **veilchenblau** ‖ **Veilchenduft**

Veit = **Veitl:** *männl. Vorname (Vitus)* | (ugs.) dann will ich V. heißen *(so unwahrscheinlich ist das)*

Veitschi der, -[s]/-[s]: *eine Kletterpflanze, Mauerkatze*

Veitstanz: *eine Krankheit*

Vektor [v-] der, -s/-en [-'o:-] ⟨lat.⟩: *eine physikalische oder mathematische Größe* ‖ **vektoriell** (Math., Phys.) ‖ **Vektorrechnung** (Math.)

velar ⟨lat.⟩ (Sprachwiss.): ein velarer Laut ‖ **Velar** [v-] der, -s/-e (Sprachwiss.): *Laut, der am hinteren Gaumen gebildet wird, zB* [g, k]; → Palatal

Velour → Velours ‖ **Velours** [və'lu:ə, fr.: vœ'lu:r] der, -s/-s, *auch:* Velour [-'lu:ə], -/- ⟨fr.⟩: *ein Samt* | (mit Art. das) *Velourleder* ‖ **Veloursleder,** *auch:* Velourleder ‖ **Veloursteppich,** *auch:* Velourteppich

Veltlin [f-, auch: v-] das, -s (it. Valtellina [v-]): *eine Landschaft in Norditalien* ‖ **Veltliner** [f-, v-]: *Name mehrerer Rebsorten;* Grüner V.

Vendetta [v-] die, -/Vendetten ⟨it.⟩: *Blutrache*

Vene [v-] die, -/-n ⟨lat.⟩: *zum Herzen führende Blutader*

Venedig [v-] (it. Venezia): *Stadt in Nordostitalien;* → Venetien

Venenentzündung [v-] (Med.)

venerisch [v-] ⟨lat.⟩ (Med.): die venerischen Krankheiten *(Geschlechtskrankheiten);* → Venus

Venetien [v-tsi̯ɛn]: *eine Landschaft in Nordostitalien* ‖ **venetisch** ‖ **Venezianer** der, -s/-: *Einwohner Venedigs* ‖ **Venezianerin** die, -/-innen ‖ **venezianisch:** venezianisches Glas *(Glas aus Venedig bzw. Murano)*

venezolanisch [v-] ‖ **Venezuela:** *Staat in Südamerika*

venös [v-] ⟨lat.-fr.⟩ (Med.): *auf die Venen bezogen*

Ventil [v-] das, -s/-e ⟨lat.⟩: *bewegliche Absperrvorrichtung;* ein V. schließen ‖ **Ventilation** [-tsi̯-] die, -/-en: *Lüftung* ‖ **Ventilator** der, -s/-en [-'o:-]: *Lüftungsvorrichtung;* den V. laufen lassen ‖ **ventilieren:** *[mit einem Ventilator] lüften* | *in Betracht ziehen, erwägen, erkunden*

Venture Capital ['ventʃə ˌkæ-tl] das, - -s ⟨engl.⟩ (Wirt.): *Risikokapital*

Venus [v-] ⟨lat.⟩: *römische Göttin der Liebe und der Schönheit;* → Aphrodite; → venerisch ‖ **Venus** die, -: *ein Planet*

Vera [v-]: *weibl. Vorname*

verabfolgen (veraltend): *geben, verabreichen;* dem Patienten eine Injektion v. ‖ **Verabfolgung** die, -/-en (veraltend)

verabreden: etwas mit jemandem verabredet *(vereinbart)* haben; sich mit jemandem v. ‖ **Verabredung** die, -/-en

verabreichen: Medikamente v. ‖ **Verabreichung** die, -/-en

verabsäumen: *versäumen, unterlassen, vergessen*

verabscheuen: *verachten* ‖ **verabscheuenswert** ‖ **verabscheuenswürdig** ‖ **Verab-**

V

scheuung die, -/-en

verabschieden: wir müssen uns v. *(müssen gehen);* die Ministerin am Flughafen v. | ein Gesetz v. *(beschließen)* || **Verabschiedung** die, -/-en

verabsolutieren: den eigenen Standpunkt v. *(als allgemein gültig ansehen)* || **Verabsolutierung** die, -/-en

verachten: *als schlecht ablehnen;* das ist nicht zu v. *(ist erstrebenswert)* || **verachtenswert** || **verachtenswürdig** || **Verächter** der, -s/- || **Verächterin** die, -/-innen || **verächtlich:** v. lachen; etwas v. machen *(als verachtenswert hinstellen)* || **Verächtlichkeit** die, - || **Verächtlichmachung** die, -/-en || **Verachtung** || **verachtungsvoll** || **verachtungswürdig**

veralbern (nördl. D, ugs.): *verspotten, zum Besten halten*

verallgemeinern: *von einem Einzelfall [zu Unrecht] auf die Gesamtheit schließen* || **Verallgemeinerung** die, -/-en

veralten: ein veraltetes *(nicht mehr gebräuchliches)* Wort

Veranda [v-] die, -/Veranden ⟨port.-engl.⟩: *überdachter Vorbau an einem Haus*

veränderbar || **veränderlich:** veränderliches Wetter || **Veränderlichkeit** die, -/-en || **verändern**[1]: etwas zu seinem Vorteil v. || **verändern**[2] sich: *die Erscheinung ändern* | *den Beruf, die Stellung wechseln* || **Veränderung**

verängstigen: ein verängstigtes *(verschüchtertes, angstvolles)* Mädchen || **Verängstigung** die, -/-en

verankern: ein Schiff v. | der Mast eines Senders wurde verankert *(im Boden gut befestigt)* | gesetzlich verankerte *(festgelegte)* Rechte || **Verankerung** die, -/-en

veranlagen: *schätzen, festsetzen* | *investieren, anlegen;* Kapital v. || **veranlagt:** *begabt, befähigt* | v. *(vom Finanzamt steuerlich erfasst)* werden || **Veranlagung** die, -/-en: *erbliche Bestimmung* | *Geldanlage*

veranlassen: jemanden zu etwas v. *(dazu bringen, dazu bewegen)* | nichts v. *(keine Maßnahme treffen)* || **Veranlasser** der, -s/- || **Veranlasserin** die, -/-innen || **Veranlassung** die, -/-en: es besteht keine V. *(kein Grund)* | nötige Veranlassungen *(Maßnahmen)* treffen

veranschaulichen: *durch Bilder, Beispiele uÄ klarmachen, verdeutlichen* || **Veranschaulichung** die, -/-en

veranschlagen: Kosten v. *(vorausberechnen)* || **Veranschlagung** die, -/-en

veranstalten: ein Fest v. || **Veranstalter** der, -s/- || **Veranstalterin** die, -/-innen || **Veranstaltung** die, -/-en || **Veranstaltungskalender:** *eine Übersicht der kommenden Veranstaltungen*

verantworten[1]: seine Tat v. *(für sie eintreten)* || **verantworten**[2] sich: sich v. *(sich rechtfertigen)* müssen; sich wegen Mordes v. müssen *(unter Mordanklage stehen)* || **verantwortlich:** ich bin für etwas v.; dem Volk v. sein || **Verantwortliche**[1] der, -n/-n, ein Verantwortlicher || **Verantwortliche**[2] die, -n/-n || **Verantwortlichkeit** die, -/-en || **Verantwortung** die, -/-en: auf eigene V. || **verantwortungsbewusst:** v. handeln || **Verantwortungsbewusstsein** || **Verantwortungsgefühl** || **verantwortungslos** || **Verantwortungslosigkeit** die, - || **verantwortungsvoll**

verarbeiten: Eisen zu Stahl v. || **Verarbeitung** die, -/-en

verargen (geh.): jemandem etwas nicht v. *(nicht übel nehmen)*

verärgern: verärgert *(missmutig, verstimmt)* reagieren || **Verärgerung** die, -/-en

verarmen: *arm werden* || **Verarmung** die, -

verarschen (ugs., derb): *verspotten, verhöhnen* || **Verarschung** die, -/-en (ugs., derb)

verarzten: *ärztlich behandeln* || **Verarztung** die, -/-en

veraschen (Chem.): *zu Asche machen*

verästeln sich: der Baum verästelt sich || **Verästelung** die, -/-en

verätzen: *durch ätzende Stoffe verletzen, beschädigen* || **Verätzung** die, -/-en

verausgaben: er hat alle Kräfte/alles Geld verausgabt *(zur Gänze verbraucht);* sich völlig v. *(bis zur Erschöpfung einsetzen)* || **Verausgabung** die, -/-en

verauslagen: Geld v. *(ausgeben, auslegen)* || **Verauslagung** die, -/-en

veräußerlich: *käuflich* || **veräußerlichen:** eine Angelegenheit v. *(ihr den tieferen Sinn nehmen)* || **veräußern:** *verkaufen* || **Veräußerung** || **Veräußerungsverbot**

Verb [v-] das, -s/-en, *auch:* Verbum, -s/Verben [Verba] ⟨lat.⟩ (Gramm.): *Zeitwort;* → verbal

verbacken: *beim Backen verarbeiten*

verbal [v-] ⟨lat.⟩: etwas v. *(in Worten, mündlich)* darstellen; → verbis | (Gramm.) v. *(als Verb)* gebrauchen; verbale Klammer („Ich *bin* in den Wald *gegangen*") | (Bildw.) verbale Beurteilung || **Verbalinjurie** [-iɛ] (meist Pl.) (Amtsspr.): *Beleidigung durch Worte* || **verbalisieren:** *in Worten ausdrücken* || **verbaliter** (geh.): *wörtlich*

verballern (ugs.): sinnlos die Munition v. *(verschießen)*

verballhornen: *einen sprachlichen Ausdruck durch vermeintliche Verbesserung[en] entstellen* || **Verballhornung** die, -/-en

Verbalnote [v-]: *eine schriftliche diplomatische Mitteilung* || **Verbalstil** [-st-, -ʃt-] (Sprachwiss.): *ein sprachlicher Stil;* → G.: Nominalstil

Verband

der, -[e]s/-bände: einem Verletzten einen Verband anlegen | *Bund, Zusammenschluss von Vereinen uÄ;* der Verband der Hundezüchter | (Mil.) *motorisierte [Truppen]verbände;* im Verband *(als Gruppe)* fliegen

Zusammensetzungen mit „Verband" werden in der Bedeutung „Bund, Zusammenschluss von Vereinen uÄ" nur mit Fugen-s gebildet, in den übrigen Bedeutungen sowohl mit als auch ohne Fugen-s, also zB:

– Verbandkasten = Verbandskasten; *aber nur:* Verbandskassier

verbandelt (ugs.): die beiden sind miteinander v. *(eng verbunden)*

Verbandkasten = Verbandskasten: *Behälter mit Behelfen für erste Hilfe* || **Verbandmaterial** = Verbandsmaterial || **Verbandmull** = Verbandsmull || **Verbandpäckchen** = Verbandspäckchen || **Verbandsausschuss** || **Verbandsflug:** *[militärischer] Formationsflug* || **Verbandskassier** || **Verbandskassierin** || **Verbandskasten** = → Verbandkas-

V

ten || **Ver|bands|ma|te|ri|al** = → Verbandmaterial || **Ver|bands|mull** = → Verbandmull || **Ver|bands|ob|frau** || **Ver|bands|ob|mann** || **Ver|bands|päck|chen** = → Verbandpäckchen || **Ver|bands|wat|te** = → Verbandwatte || **Ver|bands|zeug** = →Verbandzeug || **Ver|band|wat|te** = → Verbandswatte

ver|ban|nen: *strafweise des Landes verweisen* || **Ver|bann|te**[1] der, -n/-n, ein Verbannter || **Ver|bann|te**[2] die, -n/-n || **Ver|ban|nung** die, -/-en: in der V. *(zwangsweise in der Fremde, im Exil)* leben || **Ver|ban|nungs|ort**

ver|bar|ri|ka|die|ren: *verschanzen, mit Barrikaden unpassierbar machen;* sich in einem leer stehenden Haus v. || **Ver|bar|ri|ka|die|rung** die, -/-en

Ver|bau der, -[e]s/-e: *Verbauung;* Wandverbau || **ver|bau|en:** ein verbautes Grundstück | Millionen verbauen *(beim Bauen aufwenden)* | ein völlig verbautes *(verplantes)* Haus | sich die Zukunft v. *(sich unnötige Hindernisse schaffen)*

ver|bau|ern (ugs., abw.): *zu einem ungebildeten Menschen werden, versumpern*

Ver|bau|ung die, -/-en: die V. des Wienerwaldes || **Ver|bau|ungs|dich|te:** die V. *(Höchstmaß an erlaubter Verbauung)* eines Grundstücks

ver|bei|ßen: den Schmerz v. *(ihn nicht zeigen)* | der Fuchs hatte sich in seine Beute verbissen *(festgebissen);* sich in eine Arbeit v. *(sich durch nichts von ihr abbringen lassen)*

ver|bel|len (Jägerspr.): der Hund verbellte das angeschossene Reh *(er führte den Jäger durch Bellen zu dem Wild)*

ver|ber|gen: *verstecken, verheimlichen;* nichts zu v. haben; → verborgen

ver|bes|sern[1]: *besser machen* | Schularbeiten v. *(korrigieren)* || **ver|bes|sern**[2] sich: *sich ausbessern* | [es] sich v. *(eine bessere Lage erreichen)* || **Ver|bes|se|ung** || **Ver|bes|se|rungs|auf|trag** (Amtsspr.): *Aufforderung, einen Antrag oder eine Eingabe an eine Behörde nachzubessern* || **ver|bes|se|rungs|be|dürf|tig** || **ver|bes|se|rungs|fä|hig** || **Ver|bes|se|rungs|vor|schlag**

ver|beu|gen sich: der Dirigent verbeugt sich *(zum Dank für den Beifall)* || **Ver|beu|gung**

ver|beu|len: ein verbeulter Kotflügel

ver|bie|gen: ein verbogenes Geländer || **Ver|bie|gung**

ver|bie|ten[1]: Alkohol v. | „Durchgang verboten!"; *aber:* → verbitten || **ver|bie|ten**[2] sich: *unmöglich sein;* die Annahme eines solchen Vorschlags verbietet sich von selbst; *aber:* → verbitten

ver|bil|den: ein verbildeter *(falsch geformter)* Geschmack

ver|bild|li|chen: *bildlich darstellen* || **Ver|bild|li|chung** die, -/-en

ver|bil|li|gen || **Ver|bil|li|gung** die, -/-en: *Preissenkung*

ver|bin|den: eine Wunde v.; zwei Drähte miteinander v. | beim Telefonieren falsch verbunden sein | verbindende Worte; Freundschaft verbindet | mit einem Begriff etwas v. *(assoziieren, zB eine Erinnerung);* → verbunden || **ver|bind|lich:** verbindliche *(höfliche)* Worte | eine verbindliche *(verpflichtende)* Zusage | (Bildw.) verbindliche Übung *(verpflichtender Unterricht, jedoch ohne Beurteilung)* || **Ver|bind|lich|keit** die, -/-en: seine Verbindlichkeiten erfüllen *(seine Schulden zahlen)* | (meist Sing.) *Höflichkeit* || **Ver|bin|dung:** beim Telefonieren keine V. bekommen | in V. *(gemeinsam)* mit | eine chemische V. | die kürzeste V. Bregenz–Bozen | *Verein, Bündnis* | sich mit jemandem in V. setzen *(jemanden kontaktieren)* | gute Verbindungen *(Beziehungen)* haben || **Ver|bin|dungs|da|ten** die (Pl.): → *Verkehrsdaten* || **Ver|bin|dungs|mann:** *Mittelsmann, Kontaktperson* || **Ver|bin|dungs|of|fi|zier** || **Ver|bin|dungs|stra|ße** || **Ver|bin|dungs|stück** || **Ver|bin|dungs|tür**

ver|bis [v-] ⟨lat.⟩: *in Worten;* 100 (verbis: hundert) Euro; → verbal

Ver|biss: *Beschädigung von Pflanzen durch Wild* || **ver|bis|sen:** ein verbissener *(hartnäckiger)* Gegner | sie arbeitet v. *(eifrig, unermüdlich);* → verbeißen || **Ver|bis|sen|heit** die, -

> **ver|bit|ten sich:**
>
> **Nicht verwechseln!**
> verbitten – verbieten
> **„verbitten" (verbat/verbeten) drückt eine dringliche Bitte nach Unterlassung aus:**
> – „Ich verbitte mir das!" *(möchte nicht, dass so etwas nochmals vorkommt)*
> – sich eine solche Antwort verbeten haben
> **„verbieten" (verbot/verboten) drückt ein Verbot aus:**
> – „Ich verbiete das!" *(erlaube das nicht mehr)*

ver|bit|tern: jemandem das Leben v. *(sehr unangenehm machen, vergällen)* || **ver|bit|tert:** *verärgert, vergrämt* || **Ver|bit|te|rung** die, -

ver|bla|sen[1] (Adj.) (ugs., abw.): *unklar, verwaschen;* eine verblasene Formulierung || **ver|bla|sen**[2] (Verb) (Jägerspr.): einen [erlegten] Hirsch v. *(ein bestimmtes Jagdhornsignal blasen)*

ver|blas|sen: verblasste Farben; verblasste Erinnerungen

ver|blät|tern: eine Buchseite v.

ver|bläu|en (ugs.): *verprügeln*

Ver|bleib der, -[e]s: wir wissen nichts über ihren V. *(Aufenthaltsort)* || **ver|blei|ben:** wir sind so verblieben *(haben vereinbart),* dass ... | (geh.) *bleiben;* in der Heimat verblieben sein

ver|blei|chen (geh.): die Farben v.; → verblichen

ver|blei|en: *mit Blei überziehen* | (bes. früher) *mit Blei versetzen;* verbleites Benzin || **Ver|blei|ung** die, - (bes. früher)

ver|blen|den: eine Mauer mit besserem Baustoff v. *(verkleiden)* | verblendet *(einsichtslos)* sein || **Ver|blen|dung** die, -/-en

ver|bli|chen: *ausgebleicht* | (geh.) *gestorben* || **Ver|bli|che|ne**[1] der, -n/-n, ein Verblichener (geh.): *[vor kurzer Zeit] Verstorbener* || **Ver|bli|che|ne**[2] die, -n/-n (geh.)

ver|blö|den: *verdummen* || **Ver|blö|dung** die, -

ver|blüf|fen: *zum Staunen bringen;* eine verblüffende Ähnlichkeit || **Ver|blüf|fung** die, -

ver|blü|hen

ver|blümt: eine Bitte v. *(nur angedeutet)* äußern

ver|blu|ten: an einer Wunde v. | (sal.) bei diesem Geschäft hat er sich verblutet *(hat er alles verloren)*

ver|boh|ren sich: er hat sich völlig in seine Idee verbohrt || **verbohrt:** *eigensinnig; starrköpfig* || **Ver|bohrt|heit** die, -

ver|bor|gen[1]: ein Video v. *(herleihen)*

V

ver|bor|gen[2]: v. bleiben | (Großschreibung) sich im **V**erborgenen *(in einem Versteck)* aufhalten; im **V**erborgenen *(unbemerkt)* bleiben; → verbergen || **Ver|bor|gen|heit** die, -

Ver|bot das, -[e]s/-e: ein V. missachten || **ver|bo|ten:** verbotene Bücher || **ver|bo|te|ner|wei|se** || **Ver|bots|ge|setz** (Jus): *das gesetzliche Verbot der nationalsozialistischen Wiederbetätigung* || **Ver|bots|schild** das, -[e]s/-er || **Ver|bots|ta|fel** || **ver|bots|wid|rig** || **Ver|bots|zei|chen**

ver|brä|men: ein mit Pelz verbrämter *(eingefasster, am Rand verzierter)* Mantel | eine geschickt verbrämte *(verschleierte)* Aussage || **Ver|brä|mung** die, -/-en

ver|bra|ten: *zum Braten verwenden* | *zu lange braten* | (ugs.) *unangemessen verwenden;* einen guten Einfall v.

Ver|brauch der, -[e]s: der V. an Seife; zum alsbaldigen V. bestimmt || **ver|brau|chen:** sie haben viel Geld verbraucht | verbraucht *(abgenützt)* sein || **Ver|brau|cher** der, -s/-: *Konsument* || **Ver|brau|cher|be|ra|tung** || **Ver|brau|che|rin** die, -/-innen || **Ver|brau|cher|markt** || **Ver|brau|cher|preis** (meist. Pl.) (Wirt.) || **Ver|brau|cher|preis|in|dex** (VPI) (Wirt.): *statistischer Anzeiger für die Feststellung der allgemeinen Lebenshaltungskosten* || **Ver|brau|cher|schutz** (bes. SüdT, D): *Konsumentenschutz* || **Ver|brau|cher|zen|t|ra|le** (bes. SüdT, D) || **Ver|brauchs|gü|ter** die (Pl.): *Lebensmittel, Kleider u. dgl.* || **Ver|brauchs|steu|er**

ver|bre|chen: nichts verbrochen haben || **Ver|bre|chen** das, -s/-: ein V. *(eine schwere Untat, Straftat)* begehen || **Ver|bre|chens|auf|klä|rung** || **Ver|bre|chens|be|kämp|fung** || **Ver|bre|chens|op|fer** || **Ver|bre|cher** der, -s/- || **Ver|bre|cher|ban|de** || **Ver|bre|che|rin** die, -/-innen || **ver|bre|che|risch** || **Ver|bre|cher|jagd** || **Ver|bre|cher|kar|tei:** die V. der Polizei || **Ver|bre|cher|syn|di|kat** [-zy-]: *Verbrecherorganisation* || **Ver|bre|cher|tum** das, -s || **Ver|bre|cher|welt** die, -: *Unterwelt*

ver|brei|ten: eine Nachricht v.; das Gerücht hat sich rasch verbreitet *(ausgebreitet)* || **ver|brei|tern:** eine Straße v. *(breiter machen)* || **Ver|brei|te|rung** die, -/-en || **Ver|brei|tung** die, -/-en || **Ver|brei|tungs|ge|biet**

ver|brenn|bar || **ver|bren|nen:** Reisig v. | (sal.) er hat sich den Mund verbrannt *(sich durch [aufrichtiges oder unbedachtes] Reden geschadet)* || **Ver|bren|nung** die, -/-en: Verbrennungen verschiedenen Grades || **Ver|bren|nungs|mo|tor**

ver|brieft (geh.): ein verbrieftes *(durch Gesetz oder Urkunde gesichertes)* Recht

ver|brin|gen: den Sonntag im Freien verbracht haben | (Amtsspr.) den Häftling an einen anderen Ort v. *(bringen)* || **Ver|brin|gung** die, -/-en (Amtsspr.): *Überstellung*

ver|bro|deln: die Zeit v. *(vertun, verschleppen)*

ver|brö|seln[1]: *zerbröseln* || **ver|brö|seln**[2] sich (ugs.): das Geld verbröselt sich *(es zerrinnt unter den Händen)* | (ugs.) *sich [unauffällig] entfernen*

ver|brü|dern sich: *sich eng befreunden;* → verschwestern | *Einigkeit bekunden* || **Ver|brü|de|rung** die, -/-en

ver|brü|hen: sich mit heißem Wasser v. *(verbrennen)* || **Ver|brü|hung** die, -/-en

ver|brut|zeln: das Schnitzel v. *(zu lange braten)*

ver|bu|chen: die Einnahmen und Ausgaben v. *(in die Geschäftsbücher eintragen)* | einen großen Erfolg v. *(erzielen)* || **ver|bü|chern** (Jus): *im Grundbuch eintragen, grundbücherlich einverleiben* || **Ver|bü|che|rung** die, -/-en (Jus) || **Ver|bu|chung**

Ver|bum [v-] → Verb

ver|bum|meln (ugs.): seine Zeit v. *(vertun);* ich habe mich dabei verbummelt; ein verbummelter Student

Ver|bund der, -[e]s/-e: *Zusammenarbeit; Zusammenschluss, Verbindung* | V. AG *(größter Stromproduzent und Stromnetzbetreiber Österreichs)* || **ver|bun|den** (geh.): jemandem sehr verbunden *(dankbar)* sein; → verbinden || **ver|bün|den** sich: die Staaten haben sich verbündet || **Ver|bun|den|heit** die, -: *Zusammengehörigkeit* || **Ver|bün|de|te**[1] der, -n/-n, ein Verbündeter || **Ver|bün|de|te**[2] die, -n/-n || **Ver|bund|glas:** *ein nicht splitterndes [Sicherheits]glas* || **Ver|bund|netz:** *die miteinander verbundenen Hochspannungsleitungen* || **Ver|bund|sys|tem** [-zy-]: *ein modernes Wirtschaftssystem*

ver|bür|gen: *garantieren;* eine verbürgte *(aus sicherer Quelle stammende)* Nachricht; sich für etwas v. *(dafür garantieren, haften)*

ver|bür|ger|li|chen (oft abw.): *zum [angeblich typischen] Bürger werden; in bürgerliche Verhältnisse übertragen*

ver|bü|ßen: eine Kerkerstrafe v. *(absitzen)* || **Ver|bü|ßung** die, -/-en

ver|christ|li|chen [-kr-]

ver|chro|men [-kr-]: verchromte Armaturen || **Ver|chro|mung** die, -/-en

Ver|dacht der, -[e]s/-e: der V. fiel auf ihn; V. schöpfen *(misstrauisch werden);* auf bloßen V. hin; unter V. stehen; V. auf Herzinfarkt; V. erregen; → Verdacht erregend = verdachterregend | (geh.) über jeden V. erhaben || **Ver|dacht er|re|gend** = **ver|dacht|er|re|gend:** ein V. erregendes Zeichen || **ver|däch|tig:** sich v. machen || **Ver|däch|ti|ge**[1] der, -en/-en, ein Verdächtiger || **Ver|däch|ti|ge**[2] die, -en/-en || **ver|däch|ti|gen:** er wird der Tat verdächtigt || **Ver|däch|ti|gung** die, -/-en: ungerechtfertigte Verdächtigungen äußern || **Ver|dachts|grund:** *Verdachtsmoment* || **Ver|dachts|mo|ment** das, -[e]s/-e: *Indiz*

ver|dam|men: *missbilligen, verurteilen;* → verdammt || **ver|dam|mens|wert** (geh.): eine verdammenswerte *(verwerfliche)* Tat || **Ver|damm|nis** die, - (Rel.): ewige V. *(Hölle)* || **ver|dammt:** er ist zur Untätigkeit v. *(gezwungen);* ein Unternehmen ist zum Scheitern v. | (ugs.) eine verdammte *(sehr unangenehme)* Geschichte; „Das ist verdammt *(sehr)* schwer!“; → verdammen || **Ver|damm|te**[1] der, -n/-n, ein Verdammter || **Ver|damm|te**[2] die, -n/-n || **Ver|dam|mung** die, -/-en: *Verurteilung, Verfluchung* || **ver|dam|mungs|wür|dig** (geh.)

ver|damp|fen: das Wasser ist verdampft || **Ver|damp|fer** der, -s/-: *Gerät zum Verdampfen [von Wasser]* || **Ver|damp|fung** die, -

ver|dan|ken: jemandem sehr viel v. | (V, CH) etwas v. *(jemandem dafür Dank abstatten)*

ver|darb → verderben

V

ver|dat|tert: *bestürzt, verwirrt;* ganz v. dreinschauen
ver|dau|en: üppige Speisen schwer v. | Eindrücke v. *(geistig verarbeiten)* ‖ **ver|dau|lich:** leicht verdauliche (= leichtverdauliche) Speisen ‖ **Ver|dau|lich|keit** die, - ‖ **Ver|dau|ung** die, - ‖ **Ver|dau|ungs|ap|pa|rat:** *die Verdauungsorgane* ‖ **Ver|dau|ungs|be|schwer|den** die (Pl.) ‖ **ver|dau|ungs|för|dernd** ‖ **Ver|dau|ungs|pro|zess** ‖ **Ver|dau|ungs|spa|zier|gang** ‖ **Ver|dau|ungs|stö|rung** ‖ **Ver|dau|ungs|trakt** (Med.): *Verdauungsapparat*
Ver|deck das, -[e]s/-e: *abnehmbares oder zurückklappbares Dach eines Autos;* das V. zurückschlagen | *oberstes Deck eines Schiffes*
ver|den|ken (geh.): man kann ihr das nicht v. *(übel nehmen)*
ver|dep|schen, *auch:* vertepschen, du verdepsch[s]t (ugs.): ein verdepschter *(verbeulter, zerdrückter)* Hut
Ver|derb der, -[e]s: Lebensmittel vor dem V. schützen | auf Gedeih und V. *(bedingungslos)* zusammenhalten ‖ **ver|der|ben,** ich verderbe, du verdirbst/verdarb/verdorben/verdirb!, verderbt!: die Lebensmittel sind verdorben *(schlecht geworden)* | jemandem die Freude v. | sich den Magen v.; du wirst dir noch die Augen v. *(dir ein Augenleiden holen)* | es sich mit jemandem nicht v. *(verscherzen)* wollen; → verdorben; → verderbt ‖ **Ver|der|ben** das, -s: ins V. *(Unglück)* rennen; → V. bringend = verderbenbringend ‖ **Ver|der|ben brin|gend = ver|der|ben|brin|gend:** Verderben bringende (= verderbenbringende) Beben; *aber:* äußerst verderbenbringend ‖ **Ver|der|ber** der, -s/-: ein V. der guten Laune; Spielverderber ‖ **Ver|der|be|rin** die, -/-innen ‖ **ver|derb|lich:** der Inhalt des Paketes ist v.; leicht verderbliche (= leichtverderbliche) Speisen ‖ **Ver|derb|lich|keit** die, - ‖ **Ver|derb|nis** die, -/-nisse: *Verderben* ‖ **ver|derbt** (geh.): ein verderbter *(schlechter, böser)* Mensch | ein verderbter *(zB durch falsches Abschreiben entstellter)* Text; → verderben ‖ **Ver|derbt|heit** die, - (geh.)
ver|deut|li|chen: *anschaulich, deutlich machen, klarmachen* ‖ **Ver|deut|li|chung** die, -/-en
ver|deut|schen, du verdeutsch[s]t: *ins Deutsche übertragen; leicht fassbar erklären, ausdeutschen* ‖ **Ver|deut|schung** die, -/-en
ver|dich|ten: das Straßennetz v. *(dichter machen);* der Nebel verdichtete sich *(wurde dichter)* | der Verdacht verdichtet *(verstärkt)* sich | *komprimieren* ‖ **Ver|dich|tung**
ver|di|cken: *dicker machen/werden;* Säfte v. | die Geschwulst verdickt sich ‖ **Ver|di|ckung** die, -/-en
ver|die|nen: Geld v. | Anerkennung v. ‖ **Ver|die|ner:** *jemand, der Geld verdient* ‖ **Ver|die|ne|rin** ‖ **Ver|dienst**[1] das, -[e]s/-e: sich große Verdienste erwerben *(Hervorragendes leisten);* Ehrenzeichen für Verdienste um die Republik Österreich ‖ **Ver|dienst**[2] der, -[e]s/-e: *Einkommen, Erwerb, Lohn, Gewinn* ‖ **Ver|dienst|ein|bu|ße** ‖ **Ver|dienst|ent|gang:** *Einbuße an Einkommen* ‖ **Ver|dienst|kreuz:** *ein Orden [für Verdienste um die Republik Österreich]* ‖ **ver|dienst|lich:** eine verdienstliche *(verdienstvolle, anerkennenswerte)* Tat ‖ **Ver|dienst|me|dail|le** [-lje] ‖ **Ver|dienst|mög|lich|keit:** *Gelegenheit zum Verdienen* ‖ **Ver|dienst|span|ne** (Wirt.): *Gewinnspanne* ‖ **ver|dienst|voll:** *anerkennenswert* ‖ **ver|dient:** sich um etwas v. machen *(viel dafür tun);* ein verdienter Mensch *(jemand, der [für etwas] viel und Wertvolles geleistet hat)* ‖ **ver|dien|ter|ma|ßen** ‖ **ver|dien|ter|wei|se**
Ver|dikt [v-] das, -[e]s/-e ⟨lat.-engl.⟩ (geh.) (Jus): *Urteilsspruch* | *Wahrspruch des Gerichts*
ver|din|gen sich (veraltet): *Arbeit annehmen* ‖ **ver|ding|li|chen:** *als Ding [konkret] darstellen* ‖ **Ver|ding|li|chung** die, -/-en: die V. *(Konkretisierung)* eines abstrakten Begriffs
ver|dirbt → verderben
ver|dol|met|schen: *[mündlich] übersetzen* | *ausdeutschen, erklären*
ver|don|nern (ugs., sal.): jemanden zu einer Strafe v. *(verurteilen)*
ver|dop|peln: den Einsatz v. ‖ **Ver|dop|pe|lung** die, -/-en, *auch:* **Ver|dopp|lung**
ver|dor|ben: ein verdorbener *(böser, schlechter)* Mensch; → verderben ‖ **Ver|dor|ben|heit** die, -: *Schlechtigkeit, Verkommenheit*
ver|dor|ren: *dürr werden, austrocknen*
ver|dö|sen: die Zeit v. *(unnütz verbringen)*
ver|drah|ten: *mit Drähten, Leitungen verbinden*
ver|drän|gen: jemanden von seinem Platz v. | (Psych.) ein unangenehmes Erlebnis [aus seinem Bewusstsein] v. ‖ **Ver|drän|gung** die, -/-en: die V. von Schwächeren | (Psych.) *Unterdrückung von Wünschen, Aggressionen ua.* ‖ **Ver|drän|gungs|angst** (Psych.) ‖ **Ver|drän|gungs|me|cha|nis|mus** (Psych.) ‖ **Ver|drän|gungs|wett|be|werb** (Wirt.)
ver|dre|cken (ugs.): eine verdreckte *(sehr schmutzige)* Wohnung
ver|dre|hen: die Augen v. | die Tatsachen v. *(sie unrichtig wiedergeben)* | jemandem den Kopf v. *(jemandem etwas einreden; ihn in Verwirrung bringen; verliebt machen)* ‖ **ver|dreht** ‖ **Ver|dreht|heit** die, -/-en ‖ **Ver|dre|hung**
ver|drei|fa|chen
ver|dre|schen: *verprügeln*
ver|drie|ßen, verdross/verdrossen: es hat mich sehr verdrossen *(verärgert);* es sich nicht v. lassen; → Verdruss ‖ **ver|drieß|lich:** eine verdrießliche *(unangenehme, ärgerliche)* Angelegenheit; ein verdrießliches *(mürrisches, missmutiges)* Gesicht machen ‖ **Ver|drieß|lich|keit** die, -/-en: viele Verdrießlichkeiten *(Unannehmlichkeiten)* haben
ver|dril|len: *[Drähte] zusammendrehen, verdrehen*
ver|dross → verdrießen ‖ **ver|dros|sen:** *missmutig, verärgert* ‖ **Ver|dros|sen|heit** die, -/-en
ver|dru|cken: das ganze Papier v. *(beim Drucken verbrauchen)* | *fehlerhaft drucken*
ver|drü|cken[1]: das Kleid v. *(zerknittern)* | (ugs..) *aufessen* ‖ **ver|drü|cken**[2] sich (sal.): *[unauffällig] verschwinden*
Ver|druss der, -es/-e: *Ärger;* keinen V. haben; → verdrießen
ver|duf|ten (sal.): *verschwinden, flüchten*
ver|dum|men: *dumm werden* | *jemanden durch gezielte Irreführung dumm machen* ‖ **Ver|dum|mung** die, -/-en
ver|dun|keln: ich verdunkle den Raum | der Himmel verdunkelt sich *(wird dunkel)* | einen Tatbestand v. *(verschleiern, unklar machen)* ‖ **Ver|dun|ke|lung** =

V

Verdunklung die, -/-en ‖ **Ver|dun|ke|lungs|ge|fahr** = Verdunklungsgefahr: den Verdächtigen wegen V. *(Gefahr der Verschleierung von Tatsachen)* in Haft nehmen ‖ **Ver|dunk|lung** = → Verdunkelung ‖ **Ver|dunk|lungs|ge|fahr** = → Verdunkelungsgefahr
ver|dün|nen: *dünnflüssig, weniger konzentriert machen* ‖ **Ver|dün|ner** der, -s/-: *Mittel zum Verdünnen* ‖ **Ver|dün|nung** die, -/-en: die V. des Blutes | *Verdünner* ‖ **Ver|dün|nungs|mit|tel**
ver|duns|ten ‖ **Ver|duns|tung** die, -: die V. des Wassers ‖ **Ver|duns|tungs|käl|te** → Verdunstungswärme ‖ **Ver|duns|tungs|mes|ser:** *ein Messgerät* ‖ **Ver|duns|tungs|wär|me:** *beim Verdunsten entzogene Wärme (Ergebnis: Verdunstungskälte)*
ver|durs|ten: vor Hitze v.
ver|düs|tern: Wolken verdüsterten den Himmel | ihre Miene verdüsterte *(verfinsterte)* sich
ver|dut|zen: *verwundern;* ein verdutztes Gesicht; verdutzt *(betroffen, überrascht)* dreinschauen ‖ **Ver|dutzt|heit** die, -
ver|eb|ben: der Lärm verebbte *(nahm allmählich ab)*
ver|edeln: *vervollkommnen; verfeinern* | ich veredle Obstbäume ‖ **Ver|ede|lung** = **Ver|ed|lung** die, -/-en
ver|ehe|li|chen sich (geh.): *heiraten, sich verheiraten;* Karoline Greiner(,) verehelichte Pichler(,) starb 1843 ‖ **Ver|ehe|li|chung** die,-/-en (geh.)
ver|eh|ren: *sehr hoch schätzen;* ein Mädchen v. *(umwerben);* verehrte Festgäste! | jemandem etwas v. *(schenken, widmen)* ‖ **Ver|eh|rer** der, -s/- ‖ **Ver|eh|re|rin** die, -/-innen ‖ **Ver|eh|rung** die, -: die V. der Muttergottes | (veraltend) „Meine Verehrung!" *(ein Gruß)* ‖ **ver|eh|rungs|voll** ‖ **ver|eh|rungs|wür|dig**
ver|ei|di|gen: einen Zeugen v. *(ihn einen Eid leisten lassen)* ‖ **Ver|ei|di|gung** die, -/-en
Ver|ein [meist: fɐ'raɪn] der, -[e]s/-e: in einem V. Tennis spielen; Gesangsverein | [fɐ.'aɪn] (ohne Pl.) im V. mit ... *(gemeinsam mit ...)* ‖ **ver|ein|bar:** das ist nicht mit ihren Grundsätzen v. ‖ **ver|ein|ba|ren:** *beschließen, verabreden, ausmachen;* ein Treffen v. | das lässt sich mit seinem Gewissen nicht v. *(nicht in Einklang bringen)* ‖ **Ver|ein|ba|rung** die, -/-en: eine V. *(ein Übereinkommen)* treffen ‖ **ver|ein|ba|rungs|ge|mäß:** der Käufer hat v. das Geld überwiesen ‖ **ver|ei|nen:** wieder vereint *(beisammen)* sein; sich [mit Gleichgesinnten] v.; mit vereinten Kräften
ver|ein|fa|chen: *einfacher machen* ‖ **Ver|ein|fa|chung** die, -/-en
ver|ein|heit|li|chen ‖ **Ver|ein|heit|li|chung** die, -/-en: die V. von Vorschriften

ver|ei|ni|gen:

die meisten Stimmen auf sich vereinigen; bei Passau vereinigen sich Inn und Donau; vereinigte Unternehmungen
Großschreibung in Eigennamen:
– die **V**ereinigten Staaten [von Amerika]
– das **V**ereinigte Königreich [von Großbritannien und Nordirland]

R→ S. 895, 4.1

Ver|ei|ni|gung die, -/-en: auf V. hoffen | V. *(Organisation, Zusammenschluss)* österreichischer Künstler
ver|ein|nah|men (Kaufmannsspr.): vereinnahmte *(eingenommene, einkassierte)* Gelder
ver|ein|sa|men: *einsam werden;* vereinsamte alte Menschen ‖ **Ver|ein|sa|mung** die, -
Ver|eins|be|hör|de: *für Vereine zuständiges Amt* ‖ **Ver|eins|bei|trag:** *Mitgliedsbeitrag* ‖ **Ver|eins|funk|ti|o|när** [-tsi̯-] ‖ **Ver|eins|funk|ti|o|nä|rin** ‖ **Ver|eins|kas|sier** ‖ **Ver|eins|kas|sie|rin** ‖ **Ver|eins|lo|kal** ‖ **Ver|eins|mei|er** der, -s/- (ugs., abw.): *jemand, der sich im Vereinswesen übertrieben betätigt* ‖ **Ver|eins|mei|e|rei** die, - (ugs., abw.) ‖ **Ver|eins|mit|glied** ‖ **Ver|eins|re|gis|ter** ‖ **Ver|eins|sta|tut** [-st-, -ʃt-] ‖ **Ver|eins|wech|sel** [-ks-] (Sport) ‖ **Ver|ein|ten Na|ti|o|nen** [- -tsi̯-] die (Pl.): → UN; → UNO
ver|ein|zeln, ich vereinzle: Pflanzen v. *(die Zahl zu dicht stehender junger Pflanzen reduzieren)* ‖ **ver|ein|zelt:** *gelegentlich; hie und da; selten; aber:* es kamen nur Vereinzelte ‖ **Ver|ein|ze|lung** die, -/-en
ver|ei|sen: die Straßen sind vereist | (Med.) *schmerzunempfindlich machen*; du vereist die Operationsstelle
ver|ei|teln, ich vereitle: einen Plan v. *(durchkreuzen, zunichte machen)* ‖ **Ver|ei|te|lung** die, -/-en, *auch:* Vereitlung
ver|ei|tert: ein vereiterter Zahn ‖ **Ver|ei|te|rung**
Ver|eit|lung → Vereitelung
ver|ekeln: jemandem den schönen Abend v. *(verleiden)*
ver|elen|den: *verarmen;* durch den Krieg sind viele Menschen verelendet ‖ **Ver|elen|dung** die, -
Ve|re|na [v-]: *weibl. Vorname;* → Vreni
ver|en|den: verendende *(sterbende)* Tiere; ein verendetes Reh
ver|en|gen = **ver|en|gern:** *enger machen;* das Tal vereng[er]te sich *(es wurde enger)* ‖ **Ver|en|gung** die, -/-en
ver|erb|bar: vererbbare Eigenschaften ‖ **ver|er|ben:** einem Kind die Eigentumswohnung v. *(hinterlassen)* | eine vererbte Begabung ‖ **ver|erb|lich** ‖ **Ver|erb|lich|keit** die, - ‖ **Ver|er|bung** die, -/-en ‖ **Ver|er|bungs|leh|re** (Biol.): *Genetik*
ver|es|tern (Chem.): *in Ester umwandeln* ‖ **Ver|es|te|rung** die, -/-en (Chem.)
ver|ewi|gen (geh.): *unsterblich machen* | (scherzh.) sich im Gästebuch v. *(eintragen)* ‖ **Ver|ewig|te**[1] der, -n/-n, ein Verewigter (geh.): *Verstorbener* ‖ **Ver|ewig|te**[2] die, -n/-n (geh.)
ver|fah|ren[1] (Verb): *umgehen;* mit jemandem rücksichtsvoll v. ‖ **ver|fah|ren**[2] sich (Verb): sich mit dem Auto v. *(eine falsche Richtung einschlagen)* ‖ **ver|fah|ren**[2] (Adj.): eine verfahrene *(missglückte, ausweglose)* Angelegenheit ‖ **Ver|fah|ren** das, -s/-: *Art und Weise der Herstellung, der Ausführung* | (Jus) *Prozess;* außerstreitiges V. ‖ **Ver|fah|rens|fra|ge:** *Problem der Verfahrensweise* ‖ **Ver|fah|rens|ge|setz:** *Regelung für den Ablauf [eines Prozesses]* ‖ **Ver|fah|rens|hel|fer** (Jus): *kostenlos beigegebener Rechtsanwalt im Rahmen der Verfahrenshilfe* ‖ **Ver|fah|rens|hel|fe|rin** (Jus) ‖ **Ver|fah|rens|hil|fe** (Jus): *unentgeltliche Prozesskostenhilfe für bedürftige Prozessparteien* ‖ **Ver|fah|rens|hil|fe|an|walt** (Jus): *Verfahrenshelfer* ‖ **Ver|fah|rens|hil|fe|an|wäl|tin** (Jus) ‖ **Ver|fah|rens|hil|fe|ver|tei|di|ger** (Jus): *Verfahrenshelfer* ‖ **Ver|fah|rens|hil|fe|ver-**

V

teidigerin (Jus) || **Verfahrensvertreter** (Jus): *(zulässiger) Vertreter einer Verfahrenspartei, zB Beistand in Sachwalterschaftsangelegenheiten* || **Verfahrensvertreterin** (Jus) || **Verfahrensregel** || **Verfahrenstechnik:** *Herstellungstechnik* || **Verfahrensweise**

Verfall der, -[e]s: der V. eines Bauwerkes; Kräfteverfall | (Amtsspr., Jus) *gerichtliche Einziehung* || **verfallen:** der Kranke verfällt zusehends *(sein Zustand verschlechtert sich merklich);* ein verfallenes *(baufälliges)* Haus | der Trunksucht v. | verfallene *(ungültig gewordene)* Theaterkarten | auf eine Ausrede v. *(kommen)* || **Verfallsdatum:** *Ablaufdatum [auf Lebensmitteln]* || **Verfallserscheinung:** *Zeichen von Verfall* || **Verfallstag** || **Verfallstermin**

verfälschen: einen Sachverhalt v. *(falsch darstellen)* | Lebensmittel v. *(qualitätsmindernd verändern)* || **Verfälschung**

verfangen: das Tier hat sich im Netz v. | bei ihm verfängt *(nützt)* kein gutes Wort || **verfänglich:** eine verfängliche *(heikle, peinliche)* Frage, Situation || **Verfänglichkeit** die, -/-en

verfärben sich: *die Farbe wechseln;* sein Gesicht verfärbte sich || **Verfärbung**

verfassen: sie hat einen Text/Artikel/Roman verfasst *(geschrieben)* || **Verfasser** der, -s/-: der V. *(Urheber, Autor)* dieser Erzählung || **Verfasserin** die, -/-innen || **Verfasserschaft** die, - || **Verfassung:** die V. *(gesetzliche Grundordnung)* eines Staates | (ohne Pl.) in schlechter V. *(in schlechtem Zustand)* || **Verfassungsänderung** || **Verfassungsbruch** || **Verfassungsdienst** (Admin.): *Sektion im Bundeskanzleramt für rechtliche Grundsatzfragen* || **verfassungsgebend:** eine verfassungsgebende Versammlung || **verfassungsgemäß** || **Verfassungsgerichtshof** (VfGH): *ein Höchstgericht* || **Verfassungsgesetz:** *in der Verfassung verankertes Gesetz* || **verfassungsgesetzlich** (Jus): eine verfassungsgesetzliche Norm; → G.: einfachgesetzliche Norm || **verfassungskonform** || **verfassungsmäßig** || **Verfassungsmäßigkeit** || **Verfassungsmehrheit** (Pol.): *Zweidrittelmehrheit im Nationalrat zum Einführen und Ändern von Verfassungsbestimmungen* || **Verfassungsrang** || **Verfassungsrecht** || **verfassungsrechtlich** || **Verfassungsrichter** || **Verfassungsrichterin** || **verfassungswidrig**

verfaulen: verfaultes Holz

verfechten: eine Meinung v. *(sie vertreten, sich für sie einsetzen)* || **Verfechter** der, -s/- || **Verfechterin** die, -/-innen

verfehlen: das Ziel v. *(nicht treffen);* eine verfehlte Politik || **Verfehlung** die, -/-en: *Pflichtverletzung; Vergehen*

verfeinden: sich mit jemandem v.; verfeindete Geschwister

verfeinern: verfeinerte Sitten || **Verfeinerung** die, -/-en

verfemen (geh.): *ächten;* → Feme || **Verfemte**[1] der, -n/-n, ein Verfemter (geh.) || **Verfemte**[2] die, -n/-n (geh.) || **Verfemung** die, -/-en (geh.)

verfertigen: *machen, anfertigen, erzeugen* || **Verfertigung** die, -

verfestigen: *fest[er] machen;* der Gips verfestigt sich *(wird fest[er])* || **Verfestigung**

verfetten: *fett werden* || **Verfettung** die, -/-en

verfeuern: Holz v. *(verbrennen, verheizen)* | Munition v. *(verschießen)*

verfilmen: einen Roman v. || **Verfilmung** die, -/-en

verfilzen: verfilzte Haare; die Wolle verfilzt sich || **Verfilzung** die, -/-en

verfinstern: dunkle Wolken verfinsterten den Himmel | ihre Miene verfinsterte sich

verflachen: die Diskussion verflachte *(wurde inhaltsarm)* || **Verflachung** die, -/-en

verflechten: Zweige miteinander v. || **Verflechtung** die, -/-en

verfliegen[1]: die Zeit verfliegt rasch || **verfliegen**[2] sich: der Pilot hat sich verflogen

verfliesen [-z-, auch: -s-], du verfliest: das Badezimmer ist verfliest *(mit Fliesen ausgelegt)*

verfließen: die Tage v.; verfließende *(ineinander übergehende)* Farben; → verflossen

verflixt (ugs.): eine verflixte *(ärgerliche)* Geschichte | ein verflixter *(tüchtiger, schlauer, verwegener)* Kerl

Verflochtenheit die, -/-en: *Verflechtung*

verflossen: im verflossenen *(vergangenen)* Jahr; → verfließen || **Verflossene**[1] der, -n/-n, ein Verflossener (sal.): *ehemaliger Liebhaber, Partner* || **Verflossene**[2] die, -n/-n (sal.)

verfluchen: sich vor Ärger selbst v. || **verflucht:** ein verfluchter *(verdammter)* Kerl (ugs. auch: *ein toller Bursch*); v. *(verdammt)* noch [ein]mal! *(ein Fluch)*

verflüchtigen sich: *sich davonmachen;* Benzin verflüchtigt sich *(verdunstet, verdampft)* leicht

Verfluchung die, -/-en

verflüssigen: verflüssigte Luft || **Verflüssigung** die, -/-en

verfolgen: Flüchtende v. | jemanden mit etwas v. *(damit nicht in Ruhe lassen)* | jemanden mit Blicken v.; vom Pech verfolgt sein | ein Ziel v. *(anstreben)* | eine Dokumentation v. *(interessiert anschauen)* | (Jus) ein Verbrechen von Gesetzes wegen v. || **Verfolger** der, -s/- || **Verfolgerin** die, -/-innen || **Verfolgte**[1] der, -n/-n, ein Verfolgter || **Verfolgte**[2] die, -n/-n || **Verfolgung** die, -/-en || **Verfolgungsjagd** || **Verfolgungsrecht** (Jus): das V. des Staatsanwaltes im Strafprozess || **Verfolgungsrennen** (Sport): *eine Raddisziplin* || **Verfolgungswahn** (Psych.): an V. leiden *(sich ständig bedroht glauben)*

verformbar || **Verformbarkeit** die, - || **verformen** || **Verformung** die, -/-en

verfrachten: Waren v. *(verladen, verschicken)* || **Verfrachtung** die, -/-en

verfremden: *durch Veränderung fremd, unvertraut erscheinen lassen* || **Verfremdung** die, -/-en || **Verfremdungseffekt**

verfressen (ugs.): *gefräßig* || **Verfressenheit** die, -/-en (ugs.)

verfroren: der Skiläufer sah ganz v. aus *(fror sehr);* → unverfroren

verfrühen sich: sie verfrühte sich um 20 Minuten; etwas für verfrüht *(zu früh)* halten || **Verfrühung** die, -

verfügbar: alle verfügbaren Reserven einsetzen || **Verfügbarkeit** die, -/-en

verfugen: *die Fugen ausfüllen;* Fliesen v.

verfügen: *anordnen, bestimmen;* über viel Geld v. *(viel Geld ausgeben können)* | (geh.) die Kom-

V

mission verfügte *(begab)* sich an den Unfallsort
Ver|fu|gung: eine frostbeständige V. der Fliesen
Ver|fü|gung: sich jemandem zur V. stellen *(jemandem seine Hilfe anbieten);* etwas zur V. stellen *(es zur Verwendung überlassen)* | (Jus) das Gericht hat eine [einstweilige] V. erlassen | letztwillige V. *(Testament, Vermächtnis)* || **ver|fü|gungs|be|rech|tigt** || **Ver|fü|gungs|ge|walt**
ver|füh|ren: jemanden zu etwas v. *(verleiten)* || **Ver|füh|rer** || **Ver|füh|re|rin** || **ver|füh|re|risch:** ein verführerischer *(verlockender)* Anblick || **Ver|füh|rung**
ver|fül|len (fachspr.): *beladen, vollladen, vollfüllen;* Risse v.
ver|füt|tern: Körner an Vögel v.
Ver|ga|be (Amtsspr.): die V. *(Zuteilung)* von öffentlichen Aufträgen || **Ver|ga|be|recht** (Jus, Admin.): *Recht zur Regelung des Beschaffungswesens von Körperschaften und Rechtsträgern der öffentlichen Hand* || **Ver|ga|be|richt|li|nie** [-i̯ɛ] (meist Pl.)
ver|gaf|fen sich (ugs.): er hat sich in sie vergafft *(verschaut, verliebt)*
ver|gäl|len: jemandem die Freude an einer Sache v. *(verderben)* || **Ver|gäl|lung** die, -/-en
ver|ga|lop|pie|ren sich (ugs.): *sich durch Unbedachtheit irren*
ver|gam|meln (ugs.): *verderben;* die Nahrungsmittel sind inzwischen vergammelt | die Zeit v. *(vertrödeln)* || **ver|gam|melt** (ugs.): *heruntergekommen, verwahrlost;* → gammeln
ver|gan|gen → vergehen || **Ver|gan|gen|heit** die, -: eine Person mit [bewegter] V.; ein Land mit großer V. *(Geschichte);* mit seiner V. brechen *(sich von ihr lossagen)* | (Gramm.) *eine Zeitstufe* || **Ver|gan|gen|heits|be|wäl|ti|gung:** *Auseinandersetzung mit, Verarbeitung der Vergangenheit* || **ver|gäng|lich:** alles ist v. *(begrenzt, vom Tod bedroht)* || **Ver|gäng|lich|keit** die, -
ver|gan|ten (veraltend): *öffentlich versteigern;* → Gant
ver|gä|ren, vergärte/vergärt: *[etwas] zum Gären bringen;* Traubensaft wurde vergärt | (mit Präteritum vergor und Part. II vergoren) *gären; in Gärung übergehen;* Traubensaft ist zu Wein vergoren || **Ver|gä|rung** die, -/-en

ver|ga|sen, du vergast: *[einen festen oder flüssigen Brennstoff] in Gas umwandeln* | *mit giftigem Gas töten, bes. in den Gaskammern der KZs im Nationalsozialismus* || **Ver|ga|ser** der, -s/-: *ein Teil des Verbrennungsmotors* || **Ver|ga|ser|mo|tor**
ver|gaß → vergessen
Ver|ga|sung die, -/-en: *Behandlung mit Giftgas* | (bes. im Nationalsozialismus) *Tötung mit Giftgas* | (abw.) bis zur V. *(bis zum Überdruss, endlos);* → vergasen
ver|gat|tern (Mil.): die Untergebenen v. *(sie [zum Befehlsempfang] zusammenrufen)* | (ugs.) jemanden zum Putzen v. *(einteilen)* || **Ver|gat|te|rung** die, -/-en (Mil.)
ver|ge|ben: eine Arbeit/Wohnung an jemanden v. *(sie jemandem zuteilen)* | alle Chancen v. | (oft geh.) *verzeihen* | sich nichts dabei v. *(seinem Ansehen nicht schaden)* | sich beim Kartenspiel v. *(sich beim Ausspielen/Austeilen der Karten irren)* || **ver|ge|bens:** sich v. *(vergeblich, ohne Erfolg)* bemühen; → umsonst || **ver|geb|lich:** ein vergebliches *(nutzloses, erfolgloses)* Bemühen || **Ver|geb|lich|keit** die, -
ver|ge|büh|ren: *Gebühren verlangen* | *die vorgeschriebenen Gebühren bezahlen;* der Vertrag muss noch vergebührt werden
Ver|ge|bung die, -/-en: die V. *(Vergabe)* von Aufträgen | (ohne Pl.) um V. *(Verzeihung)* bitten | (Rel.) V. der Sünden
ver|ge|gen|ständ|li|chen: *deutlich machen, veranschaulichen* || **Ver|ge|gen|ständ|li|chung** die, -/-en
ver|ge|gen|wär|ti|gen: sich die Folgen einer Handlung v. *(vor Augen führen)* || **Ver|ge|gen|wär|ti|gung** die, -/-en
ver|ge|hen[1]: die Zeit vergeht; vergangene Zeiten | vor Durst v. *(verschmachten)* || **ver|ge|hen**[2] sich: sich im Wald v. *(verirren)* | sich gegen die Gesetze v. *(gegen sie verstoßen);* sich an jemandem vergangen haben *(ein [Sittlichkeits]verbrechen an jemandem verübt haben)* || **Ver|ge|hen** das, -s/-: *Verstoß gegen das Gesetz, strafbare Handlung*
ver|geis|tigt (geh.): *von Geist erfüllt, durchgeistigt;* ein vergeistigter Gesichtsausdruck
ver|gel|ten: Hass mit Liebe v.; „Vergelt's Gott!"; Gleiches mit Gleichem v. || **Ver|gelts|gott** das, -/-: V. sagen || **Ver|gel|tung:** *Rache;* V. üben | *Gegenleistung* || **Ver|gel|tungs|maß|nah|me** || **Ver|gel|tungs|schlag** (Mil.)

ver|ge|sell|schaf|ten || **Ver|ge|sell|schaf|tung** die, -/-en: *das Zusammenleben verschiedener Pflanzen- und/oder Tierarten* | *Überführung privater Produktionsmittel in Gemeinbesitz*
ver|ges|sen[1], ich vergesse, du vergisst/vergaß/vergessen/vergiss!, vergesst!: die Geldbörse v.; etwas/jemanden nicht v. können; [auf] den Geburtstag v.; nicht zu zahlen v.; mich kannst du v.! *(ich mache nicht mit)* || **ver|ges|sen**[2] sich: *die Beherrschung verlieren* || **Ver|ges|sen|heit** die, -: in V. geraten *(vergessen werden);* etwas der V. entreißen || **ver|gess|lich:** er ist sehr v. *(er hat ein schlechtes Gedächtnis)* || **Ver|gess|lich|keit** die, -
ver|geu|den: *verschwenden* || **Ver|geu|dung** die, -/-en: die V. öffentlicher Gelder
ver|ge|wal|ti|gen: *durch Gewalt[androhung] zum Geschlechtsverkehr zwingen* | (sal.) *unterdrücken, zu etwas zwingen* || **Ver|ge|wal|ti|ger** der, -s/- || **Ver|ge|wal|ti|ge|rin** die, -/-innen || **Ver|ge|wal|ti|gung** die, -/-en
ver|ge|wis|sern sich: ich vergewiss[e]re *(überzeuge)* mich persönlich, ob ... || **Ver|ge|wis|se|rung** die, -/-en
ver|gie|ßen: Tränen v.; die Diktatur hat viel Blut vergossen *(Menschen getötet)*
ver|gif|ten: Ratten v.; sich mit verdorbenem Essen v. || **Ver|gif|tung** die, -/-en || **Ver|gif|tungs|er|schei|nung:** *Zeichen von Vergiftung* || **Ver|gif|tungs|in|for|ma|ti|ons|zen|tra|le** [-tsi̯-]: *ein Notruf*
ver|gil|ben: ein vergilbtes *(im Lauf der Zeit gelb gewordenes)* Blatt Papier
ver|gip|sen: Löcher in der Wand v. *(mit Gips aus-, verschmieren)*
Ver|giss|mein|nicht das, -[e]s/-[e]: *eine Pflanzengattung; eine Blume* || **ver|gisst** → vergessen
ver|git|schen (reg., ugs., sal.): *[Waren] billig verkaufen, verschleudern*
ver|git|tern: die Fenster v. lassen
ver|gla|sen: du verglast den Balkon || **Ver|gla|sung** die, -/-en
Ver|gleich der, -[e]s/-e: treffende Vergleiche anstellen | (Jus) einen V. *(eine gütliche Einigung)* schlie-

V

ßen ‖ **vergleichbar** ‖ **Vergleichbarkeit** die, - ‖ **vergleichen**[1]: zwei Schriftstücke miteinander v.; er kann sich mit dir nicht v.; vergleichende Literaturwissenschaft; → vgl. | (Gramm.) *[Adjektive] steigern* ‖ **vergleichen**[2] sich (Jus): die beiden streitenden Parteien haben sich verglichen *(gütlich geeinigt)* ‖ **Vergleichsformen** die (Pl.) (Gramm.): *Komparation, Steigerung* ‖ **Vergleichskampf:** *interner Wettkampf [zwischen zwei Mannschaften]* ‖ **Vergleichsmaßstab** ‖ **Vergleichsmöglichkeit** ‖ **Vergleichsmonat** ‖ **vergleichsweise** ‖ **Vergleichswert** ‖ **Vergleichszeitraum:** im V. des Vorjahrs

vergletschern: die Alpen sind stark vergletschert ‖ **Vergletscherung** die, -/-en

verglimmen: eine verglimmende Zigarette

verglühen: die Rakete verglühte in der Atmosphäre

vergnügen: sich auf der Party v. *(amüsieren);* es vergnügt ihn, sie zu necken ‖ **Vergnügen** das, -s/-: es war uns ein V.!; viel V.!; ein zweifelhaftes *(nicht erfreuliches)* V. ‖ **vergnüglich:** ein vergnüglicher Abend ‖ **vergnügt:** *fröhlich, zufrieden* ‖ **Vergnügungen** die (Pl.): er geht nur seinen V. nach ‖ **Vergnügungsindustrie:** *Unterhaltungsindustrie* ‖ **Vergnügungspark** ‖ **Vergnügungsreise** ‖ **Vergnügungssteuer** ‖ **Vergnügungssucht** ‖ **vergnügungssüchtig** ‖ **Vergnügungsviertel**

vergolden: ein vergoldeter Bilderrahmen ‖ **Vergolder** der, -s/-: *ein Handwerker* ‖ **Vergolderin** die, -/-innen ‖ **Vergoldung** die, -/-en

vergönnen: *gönnen, zugestehen; gewähren*

vergöttern: eine Künstlerin v. *(sie überschwänglich verehren)* ‖ **Vergötterung** die, -/-en ‖ **vergöttlichen:** *zum Gott machen/werden;* → Apotheose

vergraben[1]: einen Knochen v.; das Gesicht in die Hände v. *(in den Händen verbergen)* ‖ **vergraben**[2] sich: sich in die Arbeit v. *(vertiefen)*

vergrämen: *verärgern* | (Jägerspr.) *das Wild verscheuchen;* → verprellen ‖ **vergrämt:** *sorgenvoll, verbittert*

vergraulen (ugs.): *vergrämen*

vergreifen sich: *das Unrichtige nehmen; danebengreifen* | sich im Ton v. *(sich in unpassender Weise äußern)* | sich an fremdem Eigentum v. *(es unrechtmäßig an sich nehmen)* | sich an jemandem v. *(jemanden tätlich angreifen)*

vergreist: *[vorzeitig] gealtert* ‖ **Vergreisung** die, -: *Überalterung*

vergriffen: dieses Buch ist v. *(ausverkauft, nicht mehr lieferbar)*

vergröbert: etwas stark v. darstellen

vergrößern: den Betrieb v. ‖ **Vergrößerung** die, -/-en: die V. eines Fotos ‖ **Vergrößerungsglas:** *Lupe uÄ* ‖ **Vergrößerungsspiegel**

Vergünstigung die, -/-en: Vergünstigungen *(Vorteile, Erleichterungen)* erhalten

vergüten: jemandem einen Schaden v. *(jemanden dafür [mit Geld] entschädigen)* | *qualitativ verbessern* ‖ **Vergütung** die, -/-en

verh.: verheiratet

verhabern sich (W, ugs., sal.): sich mit jemandem v. *(verbünden)* ‖ **Verhaberung** die, -/-en (W, ugs., sal.): *Packelei*

Verhackert das, -s = Verhackerte das, -n, ein Verhackert[e]s (reg., bes. St, K): *Brotaufstrich aus [fein] gehacktem Speck* ‖ **Verhackertbrot** ‖ **Verhackerte** = → Verhackert

verhaften: der Einbrecher wurde verhaftet *(festgenommen)* ‖ **verhaftet** (geh.): mit etwas eng v. *(verbunden)* sein; der Tradition v. sein *(sich ihr verbunden fühlen)* ‖ **Verhaftete**[1] der, -n/-n, ein Verhafteter ‖ **Verhaftete**[2] die, -n/-n ‖ **Verhaftung** ‖ **Verhaftungswelle:** *größere Zahl von Verhaftungen in kurzer Zeit*

verhaken: *einhaken;* sich v. *(hängen bleiben)*

verhallen: das Echo verhallte allmählich | die Stimme bei der Tonaufnahme v. *(sie mit künstlichem Nachhall versehen)*

verhalten: das Lachen v. *(zurückhalten);* mit verhaltener *(gedämpfter)* Stimme | sich ruhig v. *(still sein);* das verhält sich so *(das ist so)* | (Amtsspr.) jemanden zu etwas v. *(veranlassen)* ‖ **Verhalten** das, -s: ihr V. ist beispielhaft ‖ **Verhaltenheit** die, - ‖ **verhaltensauffällig** (Psych., Päd.): verhaltensauffällige Kinder ‖ **Verhaltensforscher** ‖ **Verhaltensforscherin** ‖ **Verhaltensforschung** die, -: *Wissenschaft vom tierischen bzw. menschlichen Verhalten, Ethologie* ‖ **verhaltensgestört** (Psych., Päd.): schwer v. ‖ **verhaltenskreativ** (beschön. bzw. fachspr.): *verhaltensauffällig* ‖ **Verhaltensmaßregel:** *Verhaltensregel, -vorschrift* ‖ **Verhaltensmuster** (Psych.): *typische Verhaltensweise* ‖ **Verhaltensnote** (Bildw.): *Betragensnote, eine Beurteilung in Schulzeugnissen* ‖ **Verhaltensregel** ‖ **Verhaltensstörung** (Psych., Päd.) ‖ **Verhaltenstherapie** (Psych.) ‖ **Verhaltensweise**

Verhältnis das, -nisses/-nisse: das V. der Menschen *(ihre Beziehung, ihr Verhalten)* zueinander | in guten Verhältnissen leben *(wohlhabend sein);* unter diesen Verhältnissen *(Umständen)* | ein V. *(Liebesverhältnis)* haben ‖ **Verhältnisgleichung** (Math.): *Proportion* ‖ **verhältnismäßig** ‖ **Verhältnismäßigkeit:** *Angemessenheit* ‖ **Verhältniswahl** ‖ **Verhältniswahlrecht:** *Regelung, wonach das Verhältnis der abgegebenen Stimmen für die Verteilung der Mandate auf die Parteien entscheidend ist;* → G.: Mehrheitswahlrecht ‖ **Verhältniswort** (Gramm.) (veraltet): *Präposition* ‖ **Verhältniszahl:** *Zahl, die den Wert eines Verhältnisses angibt (meist als Quotient dargestellt), zB 1:5*

Verhaltungsmaßregel: *Verhaltensmaßregel, Vorschrift*

verhandelbar ‖ **verhandeln:** mit jemandem über etwas v.; einen Streitfall vor Gericht v. ‖ **Verhandler** der, -s/- ‖ **Verhandlerin** die, -/-innen ‖ **Verhandlung:** Verhandlungen führen ‖ **Verhandlungsbasis:** eine V. *(Verhandlungsgrundlage)* schaffen ‖ **verhandlungsbereit** ‖ **Verhandlungsbereitschaft** ‖ **Verhandlungsergebnis** ‖ **verhandlungsfähig:** ein verhandlungsfähiger Vorschlag ‖ **verhandlungsfrei** (Jus): verhandlungsfreie Zeit ‖ **Verhandlungsgegenstand** ‖ **Verhandlungsgrundlage:** *Verhandlungsbasis* ‖ **Verhandlungsgrundsatz** (Jus): *Verfahrensnorm, wonach nur das von den Parteien Vorge-*

V

tragene Entscheidungsgrundlage wird; → G.: Untersuchungsgrundsatz ‖ **Ver|hand|lungs|part|ner** ‖ **Ver|hand|lungs|part|ne|rin** ‖ **Ver|hand|lungs|run|de** ‖ **Ver|hand|lungs|sa|che** ‖ **Ver|hand|lungs|tisch:** am V. eine Lösung suchen ‖ **Ver|hand|lungs|weg:** einen Konflikt auf dem V. lösen

ver|han|gen: der Himmel ist v. *(trüb, von Wolken verdeckt);* wolkenverhangen

ver|hän|gen: die Fenster v. | (Amtsspr.) über jemanden eine Strafe v. *(jemanden dazu verurteilen)* ‖ **Ver|häng|nis** das, -nis|ses/-nis|se: *Verderben, Missgeschick, Unglück* ‖ **ver|häng|nis|voll:** ein verhängnisvoller Irrtum ‖ **Ver|hän|gung** die, - (Amtsspr.): die V. einer Strafe

ver|harm|lo|sen: *bagatellisieren;* du verharmlost ein Übel *(stellst es als harmlos hin)* ‖ **Ver|harm|lo|sung** die, -/-en

ver|härmt: *abgehärmt, vergrämt*

ver|har|ren: in unbewegter Stellung v.

ver|har|schen: verharschter *(an der Oberfläche vereister)* Schnee

ver|här|ten: *hart werden;* eine verhärtete Geschwulst; ein verhärtetes Gemüt; die Fronten v. sich ‖ **Ver|här|tung** die, -/-en

ver|has|peln sich: ich verhasple mich beim Reden *(verspreche mich)*

ver|hasst: ein verhasster Gegner

ver|hät|scheln: ein verhätscheltes *(verzärteltes)* Kind ‖ **Ver|hät|sche|lung** die, -/-en

ver|hat|schen (ugs.): verhatschte *(stark ausgetretene)* Schuhe | ein verhatschter *(schlechter, unpassender)* Vergleich

Ver|hau der, -[e]s/-e: *ein künstlich aus vielen Teilen errichtetes Hindernis;* Drahtverhau

ver|hau|chen (geh.): *aushauchen, verlöschen*

V

ver|hau|en

(ugs.): *verprügeln* | *etwas schlecht oder fehlerhaft machen, zum Scheitern bringen* | *sich vertun*

Das zweite Partizip lautet in Österreich (wie im Bairischen) nur „verhaut":

- der neue Schüler wurde verhaut *(verprügelt)*
- eine verhaute Schularbeit *(misslungene)*
- sie hat sich in ihrem Plan total verhaut *(geirrt)*

ver|hed|dern sich: *hängen bleiben* | (bes. D, ugs.) *sich verhaspeln*

ver|hee|ren: *verwüsten* ‖ **ver|hee|rend:** ein verheerendes Unwetter ‖ **Ver|hee|rung** die, -/-en: das Unwetter hat große Verheerungen angerichtet

ver|heh|len (geh.): *verheimlichen, verschweigen*

ver|hei|len: die Wunde ist schlecht verheilt

ver|heim|li|chen ‖ **Ver|heim|li|chung** die, -/-en: V. eines Fundgegenstands

ver|hei|ra|ten: *verehelichen;* die Kinder gut v.; sich zum zweiten Mal v. *(heiraten)* ‖ **ver|hei|ra|tet** (verh.): Karoline Greiner[,] verheiratete (verh.) Pichler[,] starb 1843 ‖ **Ver|hei|ra|te|te**[1] der, -n/-n, ein Verheirateter ‖ **Ver|hei|ra|te|te**[2] die, -n/-n ‖ **Ver|hei|ra|tung** die, -/-en

ver|hei|ßen (geh.): *versprechen, voraussagen;* das hat nichts Gutes v. ‖ **Ver|hei|ßung** die, -/-en (geh.) ‖ **ver|hei|ßungs|voll:** ein verheißungsvolles *(viel versprechendes)* Talent

ver|hei|zen: Brennmaterial v. | (abw.) *für eine aussichtslose Sache einsetzen, opfern* | die Soldaten wurden verheizt *(rücksichtslos eingesetzt)* ‖ **Ver|hei|zung**

ver|hel|fen: er hat ihr zu einer Stelle verholfen

ver|herr|li|chen (geh.): *preisen* ‖ **Ver|herr|li|chung** die, -/-en (geh.): die V. Gottes

ver|het|zen: *aufreizen, aufwiegeln* ‖ **Ver|het|zung** die, -/-en

ver|heult: ganz v. *(verweint)* sein

ver|he|xen: es ist heute wie verhext *(heute gelingt nichts)*

ver|hin|dern: den Diebstahl v. *(vereiteln, abwehren);* beruflich verhindert ‖ **Ver|hin|de|rung** ‖ **Ver|hin|de|rungs|fall** (Amtsspr.): im V. ‖ **Ver|hin|de|rungs|ka|renz:** *Karenz, die von einem Elternteil in Anspruch genommen werden kann, wenn der betreuende Elternteil ausfällt*

ver|hoh|len (geh.): mit kaum verhohlener *(verborgener)* Neugier

ver|höh|nen: *[arg] verspotten* ‖ **Ver|höh|nung** die, -/-en

ver|hö|kern (D, ugs.): *verkaufen*

ver|hol|zen: die verholzten Stauden ausreißen ‖ **Ver|hol|zung** die, -/-en

Ver|hör das, -[e]s/-e: *Einvernahme;* ein polizeiliches, gerichtliches V. ‖ **ver|hö|ren**[1]: die Richterin verhörte den Angeklagten *(befragte ihn)* ‖ **ver|hö|ren**[2] sich: *sich beim Hören irren*

ver|hor|nen: verhornte Haut *(Hornhaut)*

ver|hu|deln (ugs.): die Zeichnung v. *(durch Hudelei verderben)*

ver|hül|len: *verdecken, verbergen;* eine kaum verhüllte *(versteckte)* Drohung ‖ **Ver|hül|lung** die, -/-en

ver|hun|dert|fa|chen

ver|hun|gern

ver|hun|zen (ugs., abw.): *entstellen, verderben* ‖ **Ver|hun|zung** die, -/-en

ver|hu|ren (ugs., derb): ein verhurter *(total verkommener)* Kerl

ver|hü|ten: ein Unglück v.; eine Schwangerschaft v. ‖ **Ver|hü|ter|li** das, -s/-[s] (scherzh.): *Kondom*

Ver|hüt|te|lung die, - (Ökol.): *Entstellung der Landschaft durch [planloses] Siedeln*

ver|hüt|ten: Erze v. *(aus ihnen Metalle gewinnen)* ‖ **Ver|hüt|tung** die, -/-en: die V. der Eisenerze

Ver|hü|tung die, -/-en: zur V. von Unfällen beitragen ‖ **Ver|hü|tungs|kof|fer** (sal.): *Sexkoffer* ‖ **Ver|hü|tungs|me|tho|de:** *Maßnahme zur Empfängnisverhütung* ‖ **Ver|hü|tungs|mit|tel** ‖ **Ver|hü|tungs|pflas|ter:** *eine Verhütungsmethode*

ver|hut|zelt: *eingeschrumpft, faltig*

Ve|ri|fi|ka|ti|on [v-tsi̯-] die, -/-en ⟨lat.⟩: *Richtigkeitsnachweis;* → G.: Falsifikation ‖ **ve|ri|fi|zier|bar** ‖ **ve|ri|fi|zie|ren:** eine Vermutung, ein Protokoll v. *(die Richtigkeit bestätigen)* ‖ **Ve|ri|fi|zie|rung** die, -/-en

ver|in|ner|li|chen: ein verinnerlichter *(äußeren Dingen abgewandter, introvertierter)* Mensch

ver|ir|ren sich: *die Orientierung verlieren* ‖ **Ver|ir|rung** die, -/-en: *Fehler, Vergehen*

Ve|ris|mo [v-] der, - ⟨it.⟩ (Mus.): *eine Stilrichtung der Oper* ‖ **Ve|ris|mus** der, - ⟨lat.⟩: *eine stark wirklichkeitsgetreue Darstellung in der Kunst*

ve|ri|ta|bel [v-] ⟨lat.-fr.⟩: eine veritable *(echte, beachtliche)* Leistung

ver|ja|gen: die Fliegen v. *(vertreiben)*

ver|jäh|ren: ein verjährter *(verfallener)* Anspruch; die Schuld ist verjährt *(sie muss nicht mehr beglichen werden)* ‖ **Verjährung** die, -/-en (Jus): *Rechtsverlust durch Zeitablauf* ‖ **Verjährungsfrist** (Jus): *Klagefrist*

verjankern (reg., ugs.): er hat die Uhr verjankert *(verschachert; verlegt)*

verjazzen [-dʒæzn, -dʒɛsn] (Mus.): *im Jazzstil verarbeiten*

verjubeln (ugs.): sein Geld v. *(es leichtsinnig für Vergnügungen und Luxus ausgeben)*

verjüngen: sich verjüngt haben *(jünger aussehen, frischer und leistungsfähiger geworden sein)* | die Säule verjüngt sich nach oben *(wird nach oben hin schlanker)* ‖ **Verjüngungskur**

verjuxen, du verjuxt (ugs.): *vergeuden, verwirtschaften;* → Jux

verkabeln: *durch Kabel miteinander verbinden;* verkabelt *(zB an das Kabelfernsehnetz angeschlossen)* sein ‖ **Verkabelung** die, -/-en

verkacheln: *mit Kacheln verkleiden*

verkalben (reg.): die Kuh hat verkalbt *(ein totes Kalb geboren)*

verkalken: die Waschmaschine ist verkalkt | er ist schon stark verkalkt *(durch Arterienverkalkung senil geworden)*

verkalkulieren sich: *sich verrechnen, die Kosten falsch berechnen*

Verkalkung die, -/-en: die V. der Gefäße/der Waschmaschine

verkannt: ein verkanntes Genie; → verkennen

verkanten: er hat [beim Skifahren] verkantet *(die Kanten falsch eingesetzt)*

verkappt: ein verkappter *(getarnter)* Terrorist

verkapseln sich, ich verkapsle mich: *sich verschließen, sich einkapseln* ‖ **Verkapselung** die, -/-en

verkarsten: eine verkarstete *(wasserlos, öde, steinig, unfruchtbar gewordene)* Gegend; → Karst ‖ **Verkarstung** die, -/-en (Geol.): *[zunehmende] unterirdische Entwässerung*

verkäsen: *zu Käse werden/machen* ‖ **Verkäsung** die, -/-en

verkatert (ugs.): sich v. fühlen *(Katzenjammer haben)*

Verkauf: im V. *(in der Verkaufsabteilung)* arbeiten ‖ **verkaufen:** das Auto v.; ihn für dumm v. *(ihm etwas vormachen)* wollen; der Film verkauft sich gut; den Lesern eine unwahre Geschichte v. ‖ **Verkäufer:** *Verkaufsberater* ‖ **Verkäuferin** ‖ **verkäuflich:** diese Gegenstände sind nicht v. ‖ **Verkaufsabteilung** ‖ **Verkaufsausstellung** ‖ **Verkaufsberater:** *Verkäufer* ‖ **Verkaufsberaterin** ‖ **Verkaufsfahrer:** *ein Beruf (Lieferant, der auch einkassiert)* ‖ **Verkaufsfahrerin** ‖ **Verkaufsfläche:** die gesamte V. eines Geschäftes ‖ **verkaufsfördernd** ‖ **Verkaufsgespräch** ‖ **Verkaufspreis** ‖ **Verkaufsschlager** ‖ **Verkaufsstand** ‖ **Verkaufsstandl** ‖ **Verkaufstrick** ‖ **Verkaufszeit**

Verkehr der, -s (fachspr. auch mit Pl. -e): reger V. | ein bestimmtes Modell aus dem V. ziehen *(zurückbeordern und die Produktion einstellen)* | ein Auto in V. setzen *(zulassen);* ein Gerücht in V. setzen *(in Umlauf bringen)* | diplomatischer V. | *Geschlechtsverkehr* ‖ **verkehren:** täglich verkehrten *(fuhren)* drei Züge | mit jemandem brieflich v. *(Briefkontakt pflegen)* | mit jemandem geschlechtlich v. | etwas ins Gegenteil v. ‖ **Verkehrsabsetzbetrag:** *eine Steuergutschrift* ‖ **Verkehrsader:** *eine wichtige Verkehrsstraße* ‖ **Verkehrsampel** ‖ **Verkehrsamt:** *Führerscheinbehörde in Wien (sonst BH bzw. Magistrat)* ‖ **Verkehrsaufkommen:** *Verkehrsdichte* ‖ **verkehrsberuhigt:** eine verkehrsberuhigte Zone *(mit wenig Durchzugsverkehr)* ‖ **Verkehrsberuhigung** ‖ **Verkehrsbeschränkung** (Jus): *staatlicher Eingriff, der zB den freien Grundverkehr begrenzt* ‖ **Verkehrsbetrieb:** Grazer Verkehrsbetriebe *(öffentliche Verkehrsmittel)* ‖ **Verkehrschaos** [-k-] ‖ **Verkehrsclub Österreich** [-k- -] der, -s - (VCÖ): *eine Kraftfahrerorganisation* ‖ **Verkehrsdaten** die (Pl.): *alle Daten, die für eine Telekommunikationsverbindung anfallen, zB Zeit, Nummern, Datenmenge* ‖ **Verkehrsdelikt:** *Verstoß gegen die Verkehrsvorschriften* ‖ **Verkehrsdichte** ‖ **Verkehrsdisziplin** ‖ **Verkehrsdrehscheibe** ‖ **Verkehrsdurchsage** ‖ **Verkehrsentwicklung** ‖ **Verkehrserziehung** ‖ **Verkehrsfläche** ‖ **Verkehrsflugzeug** ‖ **verkehrsfrei** ‖ **Verkehrsfunk:** *Verkehrsmeldungen [im Radio]* ‖ **Verkehrsgewühl** ‖ **verkehrsgünstig** ‖ **Verkehrshindernis** ‖ **Verkehrsinfarkt:** *Zusammenbruch des Straßenverkehrs* ‖ **Verkehrsinfo** ‖ **Verkehrsinformation** [-tsi̯-]: die V. im Radio anhören ‖ **Verkehrsinsel:** *ein geschützter Fahrbahnbereich* ‖ **Verkehrsknoten** ‖ **Verkehrsknotenpunkt** ‖ **Verkehrskollaps** ‖ **Verkehrskontrolle** ‖ **Verkehrslage** ‖ **Verkehrslärm** ‖ **Verkehrsleitzentrale** (VLZ) ‖ **Verkehrsminister** ‖ **Verkehrsministerin** ‖ **Verkehrsministerium:** *Bundesministerium für Verkehr, Innovation und Technologie* ‖ **Verkehrsmittel:** öffentliche V. ‖ **Verkehrsmundart** (Sprachwiss.): *Mundart mit weitem Verbreitungsgebiet* ‖ **Verkehrsnetz** ‖ **Verkehrsopfer:** *im Straßenverkehr Getötete/r* ‖ **Verkehrsplaner:** *ein Beruf* ‖ **Verkehrsplanerin** ‖ **Verkehrsplanung** ‖ **Verkehrspolizei:** *Aufsichtsorgan zur Überwachung des Straßenverkehrs* ‖ **Verkehrsposten** ‖ **Verkehrsproblem** ‖ **Verkehrsrecht** ‖ **verkehrsreich** ‖ **Verkehrsschild** das, -[e]s/-er ‖ **Verkehrsschrift:** *erste Stufe der Kurzschrift;* → Eilschrift ‖ **Verkehrssicherheit** ‖ **Verkehrssicherung** ‖ **Verkehrssitte** (Jus): *die unter den Beteiligten allgemein gebräuchlichen Gewohnheiten | unter Kaufleuten geltender Handelsbrauch* ‖ **Verkehrssituation** [-tsi̯-] ‖ **Verkehrsspinne:** *schematischer Straßenplan* ‖ **Verkehrssprache:** *gemeinsame Sprache zwischen Angehörigen verschiedener Sprachen* ‖ **Verkehrssprecher** (Pol.): *ein* → *Bereichssprecher* ‖ **Verkehrssprecherin** (Pol.) ‖ **Verkehrsstatistik** [-ʃt-, -st-] ‖ **Verkehrsstau** ‖ **Verkehrsstörung** ‖ **Verkehrsstrafe** ‖ **Verkehrssünder** ‖ **Verkehrssünderin** ‖ **Verkehrstafel:** *Verkehrszeichen* ‖ **Verkehrstauglichkeit** ‖ **Verkehrsteilnehmer** ‖ **Verkehrsteilnehmerin** ‖ **Verkehrstote** ‖ **Verkehrsüberwachung** ‖ **Verkehrsunfall** ‖ **Verkehrsverbindung** ‖ **Verkehrsverbund:** *Verbundsystem verschiedener Verkehrsmittel in einem Gebiet* ‖ **Verkehrsverhältnisse** die (Pl.) ‖ **Verkehrsvorschrift** ‖ **Verkehrsweg** ‖ **Verkehrswert**

V

(Wirt.): *realistischer [Markt]wert [eines Hauses]* ‖ **ver|kehrs|wid|rig:** ein verkehrswidriges Verhalten ‖ **Ver|kehrs|zei|chen** ‖ **ver|kehrt:** alles v. *(unrichtig)* machen ‖ **Ver|kehrt|heit** die, -/-en
ver|kei|len: *mit Keilen festmachen* | [bei einem Zugsunglück] ineinander verkeilte Wagons; die Wagons haben sich [ineinander] verkeilt
ver|ken|nen: verkannt *(nicht richtig erkannt; unrichtig beurteilt)* werden; ein verkanntes Genie; → verkannt
ver|ket|ten ‖ **Ver|ket|tung** die, -/-en: eine V. *(ein Zusammenwirken)* widriger Umstände
ver|ket|zern (abw.): *als ketzerisch, verwerflich darstellen, verteufeln* ‖ **Ver|ket|ze|rung** die, -/-en (abw.)
ver|kie|feln (ugs.): jemanden nicht v. *(nicht leiden, nicht ertragen)* können
ver|kit|schen, du verkitsch[s]t: *kitschig darstellen;* → Kitsch
ver|kit|ten: Fensterscheiben v.
ver|kla|gen: jemanden bei Gericht auf Schadenersatz v.
ver|klam|mern: *mit Klammern miteinander verbinden*
ver|klä|ren: ein verklärtes *(seliges)* Lächeln ‖ **Ver|klä|rung** die, -/-en
ver|klau|sen (V) ‖ **ver|klau|su|lie|ren,** *auch:* verklauseln: *durch Klauseln (Bestimmungen) einschränken;* etwas verklausuliert *(schwer verständlich, kompliziert)* ausdrücken ‖ **Ver|klau|su|lie|rung** die, -/-en ‖ **Ver|klau|sung** die, - (V): *Verschüttung, Versperrung einer Straße, eines Flusses*
ver|kle|ben: verklebte Haare
ver|klei|den: Zimmerwände mit Holz v. | sich im Fasching v. ‖ **Ver|klei|dung**
ver|klei|nern: kleiner *(in verkleinertem Maßstab)* darstellen; sein Anteil verkleinert sich *(wird geringer)* ‖ **Ver|klei|ne|rung** die, -/-en ‖ **Ver|klei|ne|rungs|form** (Sprachwiss.): *Diminutiv* ‖ **Ver|klei|ne|rungs|sil|be**
ver|klem|men: der Zippverschluss hat sich wieder verklemmt ‖ **ver|klemmt:** *verkrampft, gehemmt* ‖ **Ver|klemmt|heit** die, -
ver|klin|gen: ein verklungener Ton
ver|klop|fen (ugs.): *verkaufen;* das Handy v.
ver|klum|pen: *Klumpen bilden*
ver|knack|sen (ugs.): sich den Fuß v. *(verstauchen);* ein verknackster Finger
ver|knal|len[1] (ugs.): das ganze Magazin der Pistole v. *(verschießen)* ‖ **ver|knal|len**[2] sich (ugs.): *sich Hals über Kopf verlieben*
ver|knap|pen: die Vorräte v. sich ‖ **Ver|knap|pung** die, -
ver|knäu|eln = **ver|knäu|len:** *zu einem Knäuel verknoten;* der Faden hat sich verknäuelt *(verwickelt)*
ver|knaut|schen: dieser Stoff verknautscht *(verdrückt sich)* leicht
ver|knei|fen: den Schmerz v. *(verbeißen);* sich das Lachen v. ‖ **ver|knif|fen:** verkniffene *(harte, verbitterte)* Gesichtszüge
ver|knit|tern: verknitterte Seide
ver|knö|chert: verknöcherte *(veraltete, erstarrte)* Ansichten ‖ **Ver|knö|che|rung** die, -/-en
ver|kno|feln (ugs., veraltet): *verschreien;* → knofeln
ver|knor|peln: *knorpelig werden*
ver|kno|ten: *verknüpfen* ‖ **Ver|kno|tung** die, -/-en
ver|knüp|fen: uns v. *(verbinden)* enge Bande der Freundschaft ‖ **Ver|knüp|fung** die, -/-en: *das Verknüpfen* | (Math.) die V. von Funktionen
ver|ko|chen: viele Eier v. *(verwenden)* | das Wasser ist ganz verkocht *(verdampft)*
ver|koh|len: verkohltes Holz ‖ **Ver|koh|lung** die, -/-en
ver|ko|ken: *Kohle in Koks umwandeln* ‖ **Ver|ko|kung** die, -
ver|kom|men: *verwahrlosen, allmählich zu Grunde gehen;* ein verkommener *(heruntergekommener, verdorbener)* Mensch | (ugs.) *verschwinden, verloren gehen* ‖ **Ver|kom|men|heit** die, -
ver|kom|pli|zie|ren: *zu kompliziert machen*
ver|kop|peln: *verbinden, aneinander befestigen* ‖ **Ver|kop|pe|lung,** *auch:* **Ver|kopp|lung**
ver|kor|ken: Flaschen [maschinell] v. *(zustöpseln)* ‖ **ver|korkst** (ugs.): *verpfuscht, misslungen*
ver|kör|pern: die Schauspielerin verkörpert die Rolle der Titelheldin in diesem Film ‖ **Ver|kör|pe|rung** die, -/-en
ver|kos|ten: die Suppe v. *(kosten)* | (fachspr.) Wein v. *(verschiedene Weine ausprobieren)* ‖ **Ver|kos|ter** der, -s/- ‖ **Ver|kos|te|rin** die, -/-innen ‖ **ver|kös|ti|gen:** wir wurden im Gasthof verköstigt *(verpflegt)* ‖ **Ver|kös|ti|gung** die, -/-en ‖ **Ver|kos|tung** die, -/-en: eine V. der neuen Weine
ver|kra|chen sich (ugs.): miteinander verkracht *(entzweit, zerstritten)* sein | ein verkrachter *(gescheiterter)* Student
ver|kraf|ten: etwas nicht v. können *(es [seelisch] nicht bewältigen)*
ver|kral|len sich: sich in den Haaren v.
ver|kramp|fen: verkrampfte *(im Krampf zusammengezogene)* Finger; sich vor Aufregung v. ‖ **Ver|krampft|heit** die, - ‖ **Ver|kramp|fung** die, -/-en
ver|krebst [auch: -'e:-] (sal.): *von Krebs befallen*
ver|krie|chen sich: der Hund hat sich unter den/dem Tisch verkrochen
ver|krü|meln sich (bes. D): *verschwinden*
ver|krüm|men: eine verkrümmte Wirbelsäule; der Finger hat sich verkrümmt ‖ **Ver|krüm|mung**
ver|krüp|pelt: verkrüppelte Eichen
ver|krus|ten: die Wunde hat sich verkrustet
ver|küh|len sich: *sich erkälten* ‖ **Ver|küh|lung** die, -/-en
ver|küm|mern: eine verkümmerte *(im Wachstum zurückgebliebene)* Pflanze
ver|kün|den = verkündigen (geh.): *[öffentlich] bekannt geben* ‖ **Ver|kün|der** = Verkündiger der, -s/- (geh.) ‖ **Ver|kün|de|rin** = Verkündigerin die, -/-innen (geh.) ‖ **ver|kün|di|gen** = → verkünden ‖ **Ver|kün|di|ger** = → Verkünder ‖ **Ver|kün|di|ge|rin** = → Verkünderin ‖ **Ver|kün|di|gung** = Verkündung die, -/-en: die V. eines Urteils | *das Aufgebot eines Brautpaares* | das Fest Maria/Mariä V. *(25. März)*
ver|kup|fern: *mit Kupfer überziehen*
ver|kup|peln: Eisenbahnwagons v. | (auch scherzh.) *eine Beziehung zwischen zwei Personen herstellen;* ein Paar *(zum Zweck der Heirat)* v.
ver|kür|zen: sich die Zeit v.; die Arbeitszeit v.
ver|kut|zen sich, du verkutzt dich (ugs.): *sich [beim Essen, Husten] verschlucken*
ver|la|chen (geh.): *auslachen*
Ver|la|de|bahn|hof ‖ **Ver|la|de|kran** ‖ **ver|la|den:** Waren v. ‖ **Ver|la|de|ram|pe**
Ver|lag der, -[e]s/-e: *ein Unternehmen, das Bücher, Zeitungen, Musikalien uÄ herstellen lässt und*

V

in den Handel bringt
ver|la|gern: Waren v. *(anderswo unterbringen);* das Schwergewicht verlagerte *(verschob)* sich ‖ **Ver|la|ge|rung**
Ver|lags|haus ‖ **Ver|lags|ka|ta|log** ‖ **Ver|lags|post|amt:** *Postamt, wo zB Drucksachen oder Massensendungen aufgegeben werden* ‖ **Ver|lags|pro|s|pekt** ‖ **Ver|lags|recht**
ver|lan|den: ein verlandender *(langsam austrocknender)* See
ver|lan|gen: eine Entschuldigung v. *(fordern);* ist das zu viel verlangt? | [am Telefon] verlangt werden | er verlangt nach der Ärztin ‖ **Ver|lan|gen** das, -s: auf V. *(auf Wunsch, Antrag)*
ver|län|gern: ein verlängertes Wochenende | ein verlängerter Kaffee ‖ **Ver|län|ger|te** der, -n/-n, ein Verlängerter: *mit mehr Wasser zubereiteter Kaffee* ‖ **Ver|län|ge|rung** die, -/-en ‖ **Ver|län|ge|rungs|ka|bel**
ver|lang|sa|men: *langsamer werden;* die Fahrt v. *(langsamer fahren)* ‖ **Ver|lang|sa|mung** die, -/-en
ver|läp|pern (ugs.): *kleinweise vertun, vertändeln;* die Zeit v. *(vertrödeln);* das Geld verläppert sich
Ver|lass der, -es: es ist kein V. auf ihn ‖ **ver|las|sen**[1] (Verb): das Zimmer v. *(hinausgehen);* die Kranke konnte das Bett v. | sich auf jemanden v. *(jemandem vertrauen)* | (geh.) die Welt v. *(sterben)* ‖ **ver|las|sen**[2] (Adj.): eine verlassene *(einsame, unbewohnte)* Gegend | sich v. *(einsam, hilflos)* fühlen ‖ **Ver|las|sen|heit** die, - ‖ **Ver|las|sen|schaft** die, -/-en: *Nachlass, Erbe* ‖ **Ver|las|sen|schafts|ab|hand|lung** (Amtsspr.): *Erbschaftsverhandlung* ‖ **Ver|las|sen|schafts|ge|richt** ‖ **Ver|las|sen|schafts|gläu|bi|ger** ‖ **Ver|las|sen|schafts|gläu|bi|ge|rin** ‖ **Ver|las|sen|schafts|ku|ra|tor:** *vom Gericht bestellter Verwalter eines unvertretenen Nachlasses* ‖ **Ver|las|sen|schafts|ku|ra|to|rin** ‖ **Ver|las|sen|schafts|sa|che:** *Nachlass* ‖ **Ver|las|sen|schafts|ver|fah|ren** ‖ **ver|läss|lich:** *pünktlich, gewissenhaft, zuverlässig;* eine verlässliche Mitarbeiterin ‖ **Ver|läss|lich|keit** die, -
Ver|laub (veraltet bzw. geh.): mit V. *(mit deiner, eu[e]rer, Ihrer Erlaubnis)*
Ver|lauf: die Krankheit nahm einen guten V. | im V. *(während)* eines Jahres ‖ **ver|lau|fen**[1]: diese Straße verläuft schnurgerade | in verlaufenden *(ineinander übergehenden)* Farben | im Sand v. *(zu nichts führen)* ‖ **ver|lau|fen**[2] sich: dieser Hund hat sich v. *(verirrt)* | die Menge verlief sich rasch *(ging rasch auseinander)*
ver|laut|ba|ren: das Ergebnis der Untersuchung wurde verlautbart *(veröffentlicht, bekannt gegeben)* | (Jus) ein Gesetz wieder v. *(erneut kundmachen)* ‖ **Ver|laut|ba|rung** die, -/-en: *Kundmachung* ‖ **ver|lau|ten:** kein Wort davon v. lassen *(nichts darüber reden);* wie verlautet *(wie es heißt, wie berichtet wird)*
ver|le|ben: frohe Stunden v. ‖ **ver|le|ben|di|gen:** *lebendig gestalten, veranschaulichen* ‖ **ver|lebt:** v. *(verbraucht, vorzeitig gealtert)* aussehen
ver|le|gen[1] (Verb): die Schlüssel verlegt haben *(nicht mehr wissen, wo man sie hingelegt hat)* | Rohre v. *(legen);* einen Spannteppich v. | Patienten auf eine andere Station v. | einen Termin v. *(verschieben)* | jemandem den Weg v. *(blockieren)* | Bücher v. *(sie herausbringen, drucken lassen)* ‖ **ver|le|gen**[2] sich (Verb): *sich einer bestimmten Sache widmen;* sich aufs Bitten v. ‖ **ver|le|gen**[3] (Adj.): v. *(befangen, verwirrt)* schweigen | um eine Antwort nicht v. sein *([immer] eine Antwort wissen)* ‖ **Ver|le|gen|heit** die, -/-en: seine V. *(Verwirrtheit, Befangenheit)* zu verbergen suchen; in großer V. *(in einer unangenehmen Lage)* sein ‖ **Ver|le|gen|heits|lö|sung** ‖ **Ver|le|ger** der, -s/-: *jemand, der Bücher verlegt; Leiter, Inhaber eines Verlages* ‖ **Ver|le|ge|rin** die, -/-innen ‖ **Ver|le|gung** die, -/-en
ver|lei|den: der Regen hat uns den Urlaub verleidet *(er hat uns die Freude daran genommen)*
Ver|leih der, -[e]s/-e: der V. von Fahrrädern ‖ **ver|lei|hen:** Bücher v. *(herleihen)* | jemandem einen Titel, Orden v. *(jemanden damit auszeichnen)* | einer Sache Nachdruck v. *(geben, verschaffen)* ‖ **Ver|lei|her** der, -s/- ‖ **Ver|lei|he|rin** die, -/-innen ‖ **Ver|lei|hung** die, -/-en
ver|lei|men
ver|lei|ten: sich zu einem unüberlegten Streich v. *(überreden, anstiften)* lassen
ver|ler|nen: *bereits Gelerntes wieder vergessen*
ver|le|sen[1]: die Namen der Anwesenden v. *(vorlesen)* ‖ **ver|le|sen**[2] sich: *sich beim Lesen irren* ‖ **ver|le|sen**[3]: Rosinen v. *(auslesen, ausklauben)* ‖ **Ver|le|sung**
ver|letz|bar: leicht v. sein ‖ **ver|let|zen,** du verletzt: *körperlich verwunden;* sich das Bein v.; eine leicht verletzte (= leichtverletzte) Sportlerin | die Pflicht v. | die Grenzen eines Staates v. | *kränken* ‖ **ver|let|zend:** ein verletzendes Benehmen ‖ **ver|letz|lich:** *leicht beleidigt, sehr empfindlich, sensibel* ‖ **Ver|letz|lich|keit** die, - ‖ **Ver|letz|te**[1] der, -n/-n, ein Verletzter: der schwer V. (= Schwerverletzte) ‖ **Ver|letz|te**[2] die, -n/-n ‖ **Ver|let|zung** die, -/-en ‖ **ver|let|zungs|an|fäl|lig** ‖ **Ver|let|zungs|er|folg** (Jus): *Schadenseintritt bzw. Schadensausmaß bei Delikten* ‖ **Ver|let|zungs|ge|fahr** ‖ **Ver|let|zungs|ri|si|ko**
ver|leug|nen: *behaupten, jemanden nicht zu kennen;* sich v. lassen *(vorgeben, nicht anwesend zu sein);* er kann seine Herkunft nicht v. *(sie ist leicht erkennbar)*
ver|leum|den: *zu Unrecht beschuldigen, diffamieren* ‖ **Ver|leum|der** der, -s/- ‖ **Ver|leum|de|rin** die, -/-innen ‖ **ver|leum|de|risch:** verleumderische Behauptungen ‖ **Ver|leum|dung** die, -/-en
ver|lie|ben sich ‖ **ver|liebt:** in jemanden/etwas v. sein ‖ **Ver|lieb|te**[1] der, -n/-n, ein Verliebter ‖ **Ver|lieb|te**[2] die, -n/-n ‖ **Ver|liebt|heit** die, -
ver|lie|ren[1], verlor/verloren: einen Gegenstand v. | den Kopf v. *(mutlos, kopflos werden)* | das Bewusstsein v. *(ohnmächtig werden)* | keine Zeit v. | das Spiel v.; ich habe nichts zu v. *(meine Situation kann nicht schlimmer werden)* | du hast hier nichts verloren *(bist unerwünscht)* | an ihr ist eine Politikerin verloren gegangen *(sie wäre eine gute Politikerin geworden);* → verloren; → verloren gehen = verlorengehen ‖ **ver|lie|ren**[2] sich: die Spur verlor sich beim Bach *(sie hörte dort auf)* | (geh.) sich an eine Aufgabe v. *(ganz in ihr aufgehen)* ‖ **Ver|lie|rer** der, -s/- ‖ **Ver|lie|re|rin** die, -/-innen
Ver|lies das, -es/-e: *[unterirdisches] Gefängnis [einer Burg]*
ver|lin|ken → Link
ver|lischt → verlöschen

V

ver|lo|ben: sich heimlich v. *(einander die Heirat versprechen)* ‖ **Ver|löb|nis** das, -nisses/-nisse: *Verlobung* ‖ **Ver|lob|te**[1] der, -n/-n, ein Verlobter ‖ **Ver|lob|te**[2] die, -n/-n ‖ **Ver|lo|bung** die, -/-en ‖ **Ver|lo|bungs|an|zei|ge**

ver|lo|cken: jemanden zu etwas v. *(verleiten, verführen)* ‖ **ver|lo|ckend:** ein verlockendes Angebot ‖ **Ver|lo|ckung** die, -/-en

ver|lo|gen: *zum Lügen neigend;* ein verlogener Mensch ‖ **Ver|lo|gen|heit** die, -

ver|loh|nen sich (veraltend): *sich lohnen;* es verlohnt sich nicht *(ist nicht der Mühe wert)*

ver|lor → verlieren

ver|lo|ren:

verlorene *(nutzlose)* Mühe | auf verlorenem *(aussichtslosem)* Posten stehen | dieser Kranke ist verloren *(er wird nicht mehr gesunden)* | diese alte Frau ist schon ganz verloren *(sie vergisst alles)* | (Küchenspr.) verlorene (auch: Verlorene) Eier *(in heißes Wasser geschlagene Eier);* → verlieren

Getrennt- und Zusammenschreibung:
- das Spiel verloren geben (= verlorengeben)
- eine verloren gegebene (= verlorengegebene) Schachpartie
- der Ring ist verloren gegangen (= verlorengegangen)
- verloren gegangenes (= verlorengegangenes) Wissen

R→ S. 900, 1.5

ver|lo|ren ge|ben = **ver|lo|ren|ge|ben** → verloren ‖ **ver|lo|ren ge|hen** = **ver|lo|ren|ge|hen** → verloren

ver|losch → verlöschen ‖ **ver|lö|schen,** verlosch/verloschen: das Licht verlischt; sein Ruhm ist verloschen | (mit Präteritum verlöschte und Part. II verlöscht) sie verlöschte die Kerzen

ver|lo|sen: den Hauptgewinn v. *(auslosen)* ‖ **Ver|lo|sung**

ver|lö|ten: zwei Drahtenden miteinander v.

ver|lot|tern (abw.): *sich vernachlässigen, verkommen lassen;* ein verlotterter *(verwahrloster, heruntergekommener)* Mann

ver|lu|dern (derb, abw.): er lässt seinen Hof v. *(verwahrlosen, verkommen)*

Ver|lust der, -[e]s/-e: in V. geraten *(verloren gehen);* ohne Rücksicht auf Verluste *(rücksichtslos, zielstrebig)* ‖ **Ver|lust|an|zei|ge** ‖ **Ver|lust|aus|gleich** ‖ **Ver|lust|ge|schäft:** *Handel, der Verlust bringt*

ver|lus|tie|ren sich (scherzh.): *sich vergnügen*

ver|lus|tig (geh.): eines Rechtes v. gehen *(es verlieren)* ‖ **ver|lust|reich:** verlustreiche Schlachten ‖ **Ver|lust|trä|ger** (Amtsspr.): *jemand, der etwas verloren hat* ‖ **Ver|lust|trä|ge|rin** (Amtsspr.) ‖ **Ver|lust|vor|trag** (Wirt.): *die Möglichkeit, Verluste aus der Vergangenheit anzuschreiben* ‖ **Ver|lust|zo|ne** (Wirt.): das Unternehmen geriet in die V. *(machte Verluste)*

ver|ma|chen: jemandem etwas testamentarisch v. *(als Erbe bestimmen)* | (ugs.) das zerbrochene Fenster mit Pappendeckel v. ‖ **Ver|mächt|nis** das, -nisses/-nisse

ver|mah|len: vermahlenes Korn

ver|mäh|len (geh.): sich heimlich v. *(heiraten)* ‖ **Ver|mähl|te**[1] der, -n/-n, ein Vermählter (geh.) ‖ **Ver|mähl|te**[2] die , -n/-n (geh.) ‖ **Ver|mäh|lung** die, -/-en (geh.): *Hochzeit* ‖ **Ver|mäh|lungs|an|zei|ge** (geh.)

ver|mah|nen (Amtsspr.): *jemanden [strafend] ermahnen, zur Ordnung rufen*

ver|ma|le|deit (veraltet): *verwünscht, verflucht*

ver|man|schen, du vermansch[s]t (ugs.): Dinge v. *(durcheinanderbringen)*

ver|mark|ten: ein Produkt v. *(in den Handel bringen; marktgerecht zubereiten)* ‖ **Ver|mark|ter** der, -s/- ‖ **Ver|mark|te|rin** die, -/-innen

ver|mas|seln, ich vermassle (ugs.): er hat das Geschäft vermasselt *(verdorben, verhindert);* → Masel

Ver|mas|sung die, -: *das Aufgehen des Einzelmenschen in der Masse*

ver|mau|ern: ein Fenster v. *(zumauern)*

ver|meh|ren: sein Vermögen v. *(vergrößern);* das Ungeziefer vermehrt sich rasch ‖ **Ver|meh|rung**

ver|meid|bar ‖ **ver|mei|den:** sie hat den Fehler vermieden ‖ **Ver|mei|dung** die, -/-en

ver|mei|nen (geh.): ich vermeinte *(glaubte)* ihn zu kennen | das war mir vermeint *(zugedacht)* ‖ **ver|meint|lich:** ein vermeintlicher *(irrtümlich angenommener)* Fehler

ver|mel|den (veraltend): nichts zu v. *(zu sagen)* haben

ver|men|gen: *vermischen*

ver|mensch|li|chen: *menschlich[er] machen*

Ver|merk der, -[e]s/-e: *Anmerkung, Bemerkung;* im Pass einen V. anbringen ‖ **ver|mer|ken:** alle haben es ihm übel vermerkt *(übel genommen)*

ver|mes|sen[1] (Verb): einen Bauplatz v. *(ausmessen)* ‖ **ver|mes|sen**[2] sich (Verb): *sich beim Messen irren* | (geh.) sich v. *(sich unterstehen),* das zu tun ‖ **ver|mes|sen**[3] (Adj.) (geh.): eine vermessene *(allzu kühne)* Behauptung ‖ **Ver|mes|sen|heit** die, - (geh.): *Tollkühnheit; Unverschämtheit* ‖ **ver|mes|sent|lich** (geh.): etwas v. *(vermessenerweise)* behaupten ‖ **Ver|mes|sung:** *Ausmessung* ‖ **Ver|mes|sungs|tech|ni|ker:** *ein Beruf* ‖ **Ver|mes|sungs|tech|ni|ke|rin** ‖ **Ver|mes|sungs|we|sen:** Zivilingenieur für V.

ver|mie|sen, du vermiest (ugs.): jemandem etwas v. *(verleiden);* → mies

ver|mie|ten: eine Wohnung v. ‖ **Ver|mie|ter** ‖ **Ver|mie|te|rin** ‖ **Ver|mie|tung** die, -/-en

ver|min|dern: die Fahrgeschwindigkeit v. *(herabsetzen)* ‖ **Ver|min|de|rung**

ver|mi|nen: diese Grenze ist vermint *(es sind Minen ausgelegt)* ‖ **Ver|mi|nung** die, -/-en

ver|mi|schen

ver|mis|sen: du vermisst etwas *(es geht dir ab)* ‖ **ver|mis|sen las|sen** = **ver|mis|sen|las|sen:** das Feingefühl v. l. ‖ **Ver|miss|te**[1] der, -n/-n, ein Vermisster ‖ **Ver|miss|te**[2] die, -n/-n ‖ **Ver|miss|ten|an|zei|ge:** eine V. machen

ver|mit|teln: ein Geschäft v. *(anbahnen);* ich vermittle zwischen zwei Streitenden *(versuche eine Einigung herbeizuführen)* | den Lehrstoff gut v. *(darstellen, erklären)* können; seine Wohnung vermittelt ein Bild seines Charakters ‖ **ver|mit|tels** (Präp. mit Gen.) (veraltet): v. eines Boten *(mit einem/durch einen Boten)* | (auch mit unflektiertem Nomen) v. Draht | (im Pl. mit Dat., wenn Gen. nicht erkennbar) v. Drähten ‖ **Ver|mitt|ler** der, -s/- ‖ **Ver|mitt|le|rin** die, -/-innen ‖ **Ver|mitt|ler|rol|le:** eine V. spielen ‖ **Ver|mitt-**

lung die, -/-en: die V. von Personal | *Telefonvermittlung* || **Vermittlungsgebühr** || **Vermittlungsprovision** [-v-]: *Honorar für eine Geschäftsvermittlung* || **Vermittlungsversuch**

vermodern: vermodertes *(verfaultes)* Holz

vermöge (Präp. mit Gen.) (geh.): v. seines sicheren Auftretens *(durch sein sicheres Auftreten)* || **vermögen** (geh.): er vermag *(kann, erreicht)* viel; sie vermochte nichts; ich habe es nicht zu tun vermocht || **Vermögen** das, -s/-: ein großes V. besitzen *(sehr reich sein)*; das kostet ja ein V.! | (ohne Pl.) sie werden nach V. *(nach Möglichkeit)* gefördert || **vermögend:** *reich* || **Vermögensbekenntnis** (Jus): *Vermögenserklärung* || **Vermögensberater:** *Anlageberater* || **Vermögensberaterin** || **Vermögenserklärung** (Jus): *Angabe der Aktiva und Passiva eines Nachlasses durch den Erben* || **vermögenslos** || **Vermögensnachweis** || **Vermögensteuer** = **Vermögenssteuer** || **Vermögensstrafe** (Jus): *Geldstrafe* || **Vermögensstreitigkeit** (meist Pl.) || **Vermögensverschleuderung** (Jus): *Verkauf weit unter dem Marktwert, vorsätzliche Verschwendung* || **Vermögensverwalter** || **Vermögensverwalterin** || **Vermögenszuwachs** [-ks] || **Vermögenszuwachssteuer** [-ks-] (Wirt.)

vermorschen: vermorschtes *(verfaultes)* Holz

Vermouth ['v-mut] der, -s/-s ⟨?⟩: *ein mit Kräutern versetzter Wein;* → Wermut

vermudeln, ich vermudle (mda.): ein vermudelter *(zerknitterter, vernudelter)* Anzug

vermummen: die Räuber haben sich vermummt *(unkenntlich gemacht)* | sich beim Skilaufen v. *(wegen der Kälte [den Kopf] einhüllen)* || **Vermummung** die, -/-en || **Vermummungsverbot** (Jus): *Verbot, bei Demonstrationen das Gesicht zu verhüllen*

vermuren: der Wildbach vermurte eine Straße *(er überschwemmte sie mit Schlamm und Geröll)*

vermurksen (ugs.): *durch Ungeschicklichkeit verderben, falsch machen*

Vermurung die, -/-en

vermuten: *etwas für wahrscheinlich halten* || **vermutlich:** *mutmaßlich, wahrscheinlich* || **Vermutung** die, -/-en: eine V. äußern || **vermutungsweise**

vernachlässigbar || **vernachlässigen:** Pflichten v. *(außer Acht lassen)* || **Vernachlässigung** die, -

Vernaderer der, -s/- (ugs., abw.) || **Vernaderin** die, -/-innen (ugs., abw.) || **vernadern** (ugs., abw.): *anzeigen, verraten;* → Naderer || **Vernaderung** die, -/-en (ugs., abw.) || **Vernaderungsjournalismus** [-ʒur-] (sal., abw.): *Berichterstattung, in der Personen denunziert werden*

vernageln: ein Loch im Zaun v. || **vernagelt** (ugs.): bei einer Prüfung wie v. sein *(nichts Gescheites herausbringen können)*

vernähen: eine Wunde v.

vernarben: eine vernarbte Wunde || **Vernarbung** die, -/-en

vernarren sich: in etwas vernarrt *(versessen)* sein | sich in jemanden vernarren *(töricht verlieben)*

vernaschen: das Taschengeld v. | (ugs., abw., veraltend) ein Mädchen v. *(mit ihm nur ein flüchtiges Abenteuer haben)*

vernebeln: mit künstlichem Nebel erfüllen | ich verneble *(verschleiere)* Tatsachen || **Vernebelung** = **Vernebllung** die, -/-en

vernehmbar: mit gut vernehmbarer Stimme sprechen || **vernehmen** (geh.): eine Nachricht mit Freude vernommen *(aufgenommen, gehört)* haben | *[gerichtlich] befragen, einvernehmen* || **Vernehmen** das, -s (geh.): dem V. nach *(wie man hört, wie es heißt)* || **vernehmlich:** laut und v. antworten || **Vernehmung** die, -/-en: die V. *(Einvernahme)* der Zeugen || **vernehmungsfähig:** der Angeklagte war nicht v.

verneigen sich: *sich verbeugen* || **Verneigung**

verneinen: eine Frage v. | Gewalt v. *(ablehnen)* || **Verneinung** die, -/-en

vernetzen: ein vernetztes *(in seinen Teilen vielfach verbundenes)* System; zwei Systeme v. *(verbinden)* || **Vernetzung** die, -/-en

vernichten: *[völlig] zerstören;* ein vernichtendes *(negatives)* Urteil; eine vernichtende Niederlage || **Vernichtung** die, - || **Vernichtungsfeldzug** || **Vernichtungslager:** *Lager, das der massenhaften und systematischen Ermordung politisch, religiös oder rassisch Verfolgter dient (bes. im Nationalsozialismus);* → Konzentrationslager || **Vernichtungswerk**

vernickeln, ich vernickle || **Vernickelung** = **Vernicklung** die, -/-en

verniedlichen: eine Sache v. *(verharmlosen)* || **Verniedlichung** die, -/-en

vernieten: *mit Nieten verbinden*

Vernissage [v-'saːʃ, -ʒə] die, -/-n ⟨fr.⟩: *Ausstellungseröffnung; eine Kunstausstellung*

vernudeln (reg., ugs.): *zerknittern* | eine tolle Chance v. *(vertun, verhauen)*

Vernunft die, -: *Fähigkeit zur Einsicht, Besonnenheit;* ohne V. handeln; V. annehmen; zur V. kommen; jemanden zur V. bringen || **vernunftbegabt** || **Vernunftehe:** *zweckmäßige Gemeinschaft* || **vernunftgemäß** || **Vernunftheirat:** *Vernunftehe* || **vernünftig:** v. *(einsichtig, besonnen)* handeln | (ugs.) ein vernünftiges *(gutes, zweckmäßiges)* Auto || **vernünftigerweise** || **Vernunftmensch** || **vernunftwidrig**

veröden: eine verödete *(nicht mehr bebaute/bewohnte)* Gegend | (Med.) Krampfadern v. *(stilllegen)* || **Verödung** die, -/-en

veröffentlichen: *publizieren* || **Veröffentlichung** die, -/-en: *Publikation*

Verona [v-]: *Stadt in Italien*

Veronika [v-]: *weibl. Vorname;* → Vroni

verordnen: *anordnen;* dem Kranken eine Kur v. *(verschreiben)* || **Verordnung:** eine V. der Landesregierung kundmachen

verpachten: einen Acker v. *(in Pacht geben)* || **Verpächter** || **Verpächterin** || **Verpachtung** die, -/-en

verpacken: Glaswaren gut v. || **Verpackung** || **Verpackungsmaterial**

verparken: verparkte Plätze

verpartnern (Amtsspr.) || **Verpartnerung** die, -/-en (Amtsspr.): *eingetragene eheähnliche Verbindung gleichgeschlechtlicher Paare*

verpassen: eine Gelegenheit v. *(übersehen);* den Zug v. *(versäumen)* | jemandem einen Denkzettel v. *(geben)*

ver|pạt|zen: eine Zeichnung v. *(verderben)*
ver|pẹs|ten: durch Abgase verpestete Luft ‖ **Ver|pẹs|tung** die, -/-en
ver|pfän|den: ein verpfändetes Schmuckstück; → Pfand | (geh.) jemandem sein Wort v. *(ein Versprechen geben)* ‖ **Ver|pfän|dung** die, -/-en
ver|pfei|fen (ugs.): *[einen Komplizen] verraten, anzeigen;* die Kameraden haben ihn verpfiffen
ver|pflạn|zen: verpflanzte *(umgesetzte)* Bäume | (Med.) Organe v. *(transplantieren)* ‖ **Ver|pflạn|zung**
ver|pfle|gen: *ernähren* ‖ **Ver|pflegs|geld** (Amtsspr.) ‖ **Ver|pfle|gung** die, -/-en: kalte V.
ver|pflịch|ten: ich bin dir zu Dank verpflichtet *(schulde dir Dank);* jemanden zu Dank[barkeit] v. | eine Schauspielerin v. *(fix engagieren)* | sich vertraglich v. | (Jus) verpflichtende Kenntnisnahme ‖ **Ver|pflịch|te|te**[1] der, -n/-n, ein Verpflichteter (Amtsspr., Jus): *Schuldner im Exekutionsverfahren* ‖ **Ver|pflịch|te|te**[2] die, -n/-n ‖ **Ver|pflịch|tung** die, -/-en: eine V. übernehmen
ver|pfu|schen: ein verpfuschter *(schlecht gemachter)* Anzug; ein verpfuschtes *(verfehltes)* Leben
ver|pị|chen (fachspr.): ein Fass v. *(seine Fugen [mit Pech] abdichten)*
ver|pị|cken: *verkleben* | sich mit Süßigkeiten den Magen v.
ver|pla|nen: *falsch planen* | das ganze Areal v. *(in eine Planung einbeziehen)*
ver|plap|pern sich (ugs.): *etwas ungewollt ausplaudern*
ver|plau|dern: ich habe mich verplaudert *(mich durch eine Plauderei verspätet; habe etwas ausgeplaudert, ungewollt verraten)*
ver|plau|schen sich (sal.): *sich durch einen Plausch verspäten*
ver|plẹm|pern (ugs.): *vertun, vergeuden;* Zeit und Geld v.
ver|plom|ben: *mit einer Plombe versehen*
Ver|po|li|ti|sie|rung
ver|pönt: eine verpönte *(missbilligte)* Handlung
ver|prạs|sen: sein ganzes Geld v. *(genusssüchtig verschwenden)*
ver|prel|len: *verärgern* | (Jägerspr.) *das Wild verscheuchen;* → vergrämen
ver|pro|vi|an|tie|ren [-v-]: *mit Lebensmitteln versehen;* sich für den Ausflug v.
ver|prü|geln: *verhauen*
ver|pụf|fen: die Energien v. nutzlos | seine Bemühungen verpufften *(zeigten keinerlei Wirkung)*
ver|pụl|vern [-f-]: Geld v. *(vergeuden, unnütz ausgeben)*
ver|pụp|pen sich (Zool.): die Raupe verpuppte sich
Ver|pụtz: *Mörtelanwurf [an Mauern]* ‖ **ver|pụt|zen:** eine Wand v. | (ugs.) sein Geld v. *(vergeuden);* er hat das Schnitzel schon verputzt *(rasch gegessen)*
ver|qual|men: *verrauchen;* eine verqualmte Wohnung
ver|quer: *quer, schief;* etwas liegt v. | *schrullig, seltsam;* verquere Ideen
ver|qui|cken: zwei Fragen miteinander v. *(kombinieren; durcheinanderbringen)* ‖ **Ver|qui|ckung** die, -/-en
ver|quir|len: *versprudeln*
ver|quọl|len: verquollenes *(durch Feuchtigkeit aufgequollenes)* Holz
ver|rạm|meln, ich verrammle: eine Tür v. *(sie durch schwere Hindernisse blockieren)*
ver|rạm|schen, du verramsch[s]t (ugs.): Bücher v. *(zu niedrigen Preisen verschleudern);* → Ramsch
ver|rạnnt: in etwas v. *(vernarrt, verbohrt)* sein; → verrennen
Ver|rat der, -[e]s: an jemandem/einer Sache V. begehen/üben; V. geheimer Forschungsergebnisse ‖ **ver|ra|ten:** ein Geheimnis v. *(preisgeben);* v. und verkauft *(ohne jede Hilfe);* sich durch das Verhalten v.; diese Zeichnung verrät *(zeigt)* Talent ‖ **Ver|rä|ter** der, -s/- ‖ **Ver|rä|te|rin** die, -/-innen ‖ **ver|rä|te|risch**
ver|rat|schen sich (reg.) (ugs., abw.): *sich verplaudern, vertratschen*
ver|rau|chen: ein verrauchtes *(verräuchertes)* Zimmer | verrauchter *(vergangener)* Zorn
ver|räu|men: *wegräumen; verlegen; verstecken*
ver|rau|schen: der Regen verrauscht *(das Geräusch lässt nach)*
ver|rẹch|nen[1]: eine Arbeitsleistung v. ‖ **ver|rẹch|nen**[2] sich: sie hat sich bei der Budgetplanung verrechnet *(geirrt)* ‖ **Ver|rẹch|nung** ‖ **Ver|rẹch|nungs|scheck** = Verrechnungscheck [-ʃ-]: *Scheck, bei dem keine Barauszahlung erfolgt;* → G.: Barscheck
ver|rẹ|cken (derb): *[elend] sterben* | ums **Verrecken** *(absolut)* nicht wollen
ver|re|den sich: sich verredet *(versprochen; verplappert)* haben | ein Thema v. *(zerreden)*
ver|reg|nen: ein verregneter Tag
ver|rei|ben: eine Salbe auf der Haut v.
ver|rei|sen: *wegfahren*
ver|rei|ßen: das Lenkrad, den Wagen v. | einen Film v. *(ihn scharf und spöttisch kritisieren);* → Verriss
ver|rẹn|ken: sich den Fuß v. ‖ **Ver|rẹn|kung** die, -/-en
ver|rẹn|nen sich: sich in eine Idee v. *(eigensinnig an ihr festhalten);* → verrannt
ver|rịch|ten: eine Arbeit v. *(machen, ausführen; erledigen)* | (verhüllend) sein kleines/großes Geschäft *(seine Notdurft)* v. ‖ **Ver|rịch|tung** die, -/-en
ver|rie|geln: ich verriegle die Tür ‖ **Ver|rie|ge|lung** = **Ver|rieg|lung** die, -/-en
ver|rịn|gern: das Gewicht v. *(es kleiner machen);* die Kosten verringerten sich *(sie wurden geringer)* ‖ **Ver|rịn|ge|rung** die, -/-en
ver|rịn|nen: die Zeit verrinnt *(vergeht)*
Ver|rịss: *scharfe, spöttische Kritik;* → verreißen
ver|rö|cheln (geh.): *röchelnd sterben*
ver|ro|hen: ein verrohter *(brutaler)* Kerl
ver|roh|ren: *[beim Bau] die Rohrleitungen legen* ‖ **Ver|roh|rung** die, -/-en
Ver|ro|hung die, -/-en: sittliche V.
ver|rọl|len: der Donner verrollte *(verhallte)*
ver|rọs|ten: ein verrosteter Nagel
ver|rọt|ten: den Kompost v. *(zu Humus verfallen)* lassen | (abw.) eine verrottete *(schlecht geführte)* Wirtschaft ‖ **Ver|rọt|tung** die, -
ver|rucht (geh.): eine verruchte *(ruchlose, schändliche)* Tat ‖ **Ver|rucht|heit** die, - (geh.)
ver|rü|cken: *verschieben;* den Kasten v.; → verrückt

ver|rụckt:

geistesgestört; verrückt vor Angst | sie arbeitet wie verrückt | *närrisch, überspannt, ausgefallen;* er ist verrückt nach ihr

Getrenntschreibung bei wörtlicher Bedeutung:
- auf/nach etwas verrückt sein *(darauf versessen sein)*
- verrückt werden; ich werd' verrückt
- sich verrückt stellen

Zusammenschreibung bei übertragener Bedeutung:
- verrücktspielen; das Wetter hat verrücktgespielt

R→ S. 900, 1.5.1

Ver|rück|te[1] der, -n/-n, ein Verrückter ‖ **Ver|rück|te**[2] die, -n/-n ‖ **Ver|rückt|heit** die, -/-en ‖ **ver|rückt|spie|len:** der Computer spielt verrückt ‖ **Ver|rückt|werden** das, -s (meist in der Wendung): etwas ist zum V.
Ver|ruf der, -[e]s: in V. *(in schlechten Ruf)* kommen; jemanden in V. bringen ‖ **ver|ru|fen:** eine verrufene *(unheimliche, unsichere, berüchtigte)* Gegend
ver|rüh|ren: zwei Dotter mit Zucker v.
ver|run|zelt: ein verrunzeltes Gesicht
ver|ru|ßen, *auch:* verrussen: ein verrußter Kamin
ver|rut|schen: seine Krawatte ist ständig verrutscht
Vers [v-, f-] der, -es/-e ⟨lat.⟩ (V.) (Lit.): *Zeile eines Gedichts* | *Versfuß; Versmaß* | *Strophe; kleines Gedicht* | *Absatz in Bibeltexten*
ver|sach|li|chen: das Gespräch v. *(frei von Gefühlswerten auf das Sachliche beschränken)* ‖ **Ver|sach|li|chung** die, -/-en
ver|sa|cken: *versinken, absinken, absacken*
ver|sa|gen: bei der Prüfung v. *(sie nicht bestehen)* | der Motor versagte *(lief nicht);* seine Nerven versagten | (geh.) jemandem eine Bitte v. *(abschlagen)* ‖ **Ver|sa|gen** das, -s: menschliches **V**ersagen ‖ **Ver|sa|ger** der, -s/-: *jemand, der die in ihn gesetzten Erwartungen nicht erfüllt* | *Fehlschlag* ‖ **Ver|sa|ge|rin** die, -/-innen
Ver|sal [v-] der, -s/-ien [-iən] (meist Pl.): etwas in VERSALIEN *(Großbuchstaben)* drucken
ver|sal|zen: eine versalzene Suppe | (ugs.) jemandem etwas v. *(verderben)*
ver|sam|meln: die Leute im Saal v.; sie versammelten sich ‖ **Ver|samm|lung** ‖ **Ver|samm|lungs|frei|heit** ‖ **Ver|samm|lungs|lo|kal**
Ver|sand der, -[e]s: der V. *(das Versenden)* von Waren | *Versandhaus* | *Versandkosten* ‖ **Ver|sand|ab|tei|lung** ‖ **ver|sand|be|reit**
ver|san|deln (ugs.): *herunterkommen, verwahrlosen* | *untätig hinauszögern; vergeuden*
ver|san|den: eine versandete Flussmündung | eine Debatte versandet *(bleibt ergebnislos)*
ver|sand|fer|tig ‖ **Ver|sand|han|del** ‖ **Ver|sand|haus** ‖ **Ver|sand|haus|ka|ta|log** ‖ **Ver|sand|kos|ten** die (Pl.)
Ver|satz|amt (Amtsspr.): *Pfandleihanstalt* ‖ **Ver|satz|stück:** *Pfandstück* | *bewegliches Dekorationsstück auf der Bühne*
ver|sau|en (ugs.): *beschmutzen, ruinieren*
ver|sau|ern: *[geistig] verkümmern, abgestumpft werden*
ver|sau|fen (derb): den Lohn gleich wieder v.
ver|säu|men: einen Zug v. | seine Pflicht v. ‖ **Ver|säum|nis** das, -nisses/-nisse = die, -/-nisse (Amtsspr. bzw. geh.): ein V. *(eine Unterlassung)* der Politik ‖ **Ver|säum|nis|ur|teil** (D): *Versäumungsurteil* ‖ **Ver|säu|mungs|ur|teil** (Jus): *Urteil zB bei Nichterscheinen einer Partei*
ver|scha|chern (abw.): *verkaufen, für Gewinn preisgeben*
ver|schach|telt: die Eisenbahnwagons waren nach dem Unfall ineinander v. *(wie Schachteln ineinandergeschoben)*
ver|schaf|fen: jemandem einen Vorteil v.; sich Nahrung v.; „Was verschafft mir die Ehre [Ihres Besuches]?"
ver|scha|len: eine Wand mit Holz v. ‖ **Ver|scha|lung**
ver|schämt: *schüchtern, zaghaft, befangen* ‖ **Ver|schämt|heit** die, -
ver|schan|deln, ich verschandle: *verunstalten* ‖ **Ver|schan|de|lung** = **Ver|schand|lung** die, -/-en
ver|schan|zen sich: sich hinter einer Ausrede v.
ver|schär|fen: verschärfte *(größer gewordene)* Gegensätze; die Lage verschärfte sich *(sie wurde ärger)* ‖ **Ver|schär|fung** die, -
ver|schar|ren: *einscharren, [hastig] eingraben*
ver|schät|zen sich: sich in der Entfernung v.
ver|schau|en sich (ugs.): sich verschaut *(geirrt)* haben | (ugs., meist scherzh.) sich in jemanden v. *(verlieben)*
ver|schei|den (geh.): *sterben;* er ist verschieden *(gestorben);* → Verschiedene
ver|schei|ßern (ugs.): *zum Besten halten*
ver|schen|ken: ein Buch v. | einen Vorteil v. *(nicht nutzen)*
ver|schep|pern (ugs., sal.): *verkaufen, verschleudern*
ver|scher|beln, ich verscherble (ugs., abw.): *billig verkaufen*
ver|scher|zen sich: sich einen Vorteil v. *(ihn durch Leichtsinn verlieren)* | es sich mit jemandem v. *(jemandes Gunst verlieren)*
ver|scheu|chen: Spatzen v. *(vertreiben)*
ver|schi|cken: Einladungen v. *(aussenden)*
Ver|schie|be|bahn|hof: *Verschubbahnhof, Rangierbahnhof* ‖ **ver|schie|ben:** Eisenbahnwagons v. | eine Arbeit [auf später] v. *(sie später machen wollen)* | Devisen [ins Ausland] v. *(sie illegal transferieren)* ‖ **Ver|schie|be|pro|be** (Gramm.): *ein Verfahren zum Feststellen der Satzglieder, Umstellprobe* ‖ **Ver|schie|ber:** *Mitarbeiter im Verschub, Verschubbediensteter* ‖ **Ver|schie|be|rin** ‖ **Ver|schie|bung**

ver|schie|den:

verschiedene Farben; verschiedene Mal[e]; → verscheiden

Großschreibung bei Nominalisierung:
- **V**erschiedenes einkaufen *(allerlei)*
- in der Ausstellung war sehr **V**erschiedenes zu sehen *(Verschiedenartiges)*
- **V**erschiedenste kamen zur Party

ver|schie|den|ar|tig: verschiedenartige Medien; *aber:* **V**erschiedenartiges ‖ **Ver|schie|den|ar|tig|keit** die, -/-en ‖ **Ver|schie|de|ne**[1] der, -n/-n, ein Verschiedener (geh.): *Toter;* → verscheiden ‖ **Ver|schie|de|ne**[2] die, -n/-n (geh.) ‖ **ver|schie|de|ner|lei:** v. zur Auswahl haben ‖ **ver|schie|den|fär|big,** *auch:* verschiedenfarbig ‖ **ver|schie|den|ge|schlecht|lich:** verschiedengeschlechtliche Zwillinge *(Zwillinge unterschiedlichen Geschlechts)* ‖ **ver|schie|den|ge|stal|tig** ‖ **Ver|schie|den|heit** die, -/-en ‖ **ver|schie|dent|lich** (geh.): das kommt v. *(manchmal, öfters)* vor
ver|schie|ßen: die ganze Munition

V

war verschossen | das ganze Pulver v. *(alle [Lösungs]möglichkeiten erfolglos erproben);* → verschossen

ver|schif|fen: Waren v. *(mit einem Schiff versenden)* ‖ **Ver|schif|fung** die, -/-en

ver|schil|fen: ein verschilftes Seeufer

ver|schim|meln: verschimmeltes Brot

Ver|schiss (bes. D, derb) (nur in der Wendung): in V. geraten *(den guten Ruf verlieren)*

ver|schla|cken: ein verschlackter Ofen

ver|schla|fen[1] (Verb): den Sonnenaufgang v.; sich öfter v. *(zu spät aufwachen)* ‖ **ver|schla|fen**[2] (Adj.): einen verschlafenen *(schlaftrunkenen, schwerfälligen)* Eindruck machen

Ver|schlag: *ein durch Bretter[wände] abgetrennter Raum* ‖ **ver|schla|gen**[1] (Verb): eine Öffnung mit Brettern v. *(verschließen)* | der Rauch verschlägt *(nimmt)* mir den Atem | auf eine Insel v. werden *(ungewollt hingelangen)* | (geh.) es verschlägt *(macht)* nichts ‖ **ver|schla|gen**[2] (Adj.): *schlau, hinterlistig* ‖ **Ver|schla|gen|heit** die, -

ver|schlam|men: ein stark verschlammter Graben

ver|schlam|pen (ugs., abw.): ein verschlampter *(heruntergekommener, verlotterter)* Betrieb | (ugs.) den Schlüssel verschlampt *(verloren)* haben

Ver|schlan|kung die, -/-en: *Reduzierung*

ver|schlech|tern: seine Lage v. *(schlimmer machen);* sein Befinden hat sich verschlechtert ‖ **Ver|schlech|te|rung** die, -/-en

ver|schlei|ern: das Gesicht v. *(mit einem Schleier bedecken)* | eine peinliche Nachricht v. *(sie nicht offen sagen)* | ein verschleierter *(getrübter)* Blick ‖ **Ver|schlei|e|rung** die, -/-en ‖ **Ver|schlei|e|rungs|tak|tik** ‖ **Ver|schlei|e|rungs|ver|such:** der V. schlug fehl

ver|schleimt: stark v. sein ‖ **Ver|schlei|mung** die, -

Ver|schleiß der, -es/-e: ein großer V. *(eine starke Abnützung)* an Kleidern | (Amtsspr.) *Kleinverkauf;* Tabakverschleiß ‖ **ver|schlei|ßen**[1], du verschleißt/verschliss/verschlissen: *abnützen;* ein verschlissener *(fadenscheiniger)* Rock ‖ **ver|schlei|ßen**[2], du verschleißt/verschleißte/verschleißt (Amtsspr.): *verkaufen, vertreiben;* Waren v. ‖ **Ver|schlei|ßer** der, -s/- (Amtsspr.): *Kleinhändler;* Zeitungsverschleißer ‖ **Ver|schlei|ße|rin** die, -/-innen (Amtsspr.) ‖ **Ver|schleiß|preis** (Amtsspr.) ‖ **Ver|schleiß|stel|le** (Amtsspr.)

ver|schlep|pen: eine verschleppte *(nicht rechtzeitig behandelte)* Krankheit | der Bau der Straße verschleppte *(verzögerte)* sich | verschleppte *(entführte)* Frauen befreien ‖ **Ver|schlep|pung** die, -/-en

ver|schleu|dern: den Rest einer Ware v. *(sehr billig verkaufen)* ‖ **Ver|schleu|de|rung** die,-/-en

ver|schlie|fen [mda.: -ˈiə-] sich (ugs.): *sich verkriechen*

ver|schließ|bar: eine verschließbare Tasche ‖ **ver|schlie|ßen:** *versperren;* sich gegenüber fremden Einflüssen v.; vor verschlossener Tür stehen; → verschlossen

ver|schlimm|bes|sern (scherzh.): eine Arbeit verschlimmbessert *(sie im Bemühen um Verbesserung verschlechtert)* haben ‖ **ver|schlim|mern:** die Krankheit verschlimmerte sich ‖ **Ver|schlim|me|rung** die, -

ver|schlin|gen[1]: der Hund verschlang das Fleisch *(er fraß es hastig)* | dieses Unternehmen verschlingt *(kostet, erfordert)* viel Geld; ein Buch v. *(gierig lesen)* ‖ **ver|schlin|gen**[2]: verschlungene Weinranken ‖ **Ver|schlin|gung** die, -/-en

ver|schlis|sen → verschleißen

ver|schlos|sen: ein verschlossener *(schweigsamer, ungeselliger)* Mensch; → verschließen ‖ **Ver|schlos|sen|heit** die, -

ver|schlu|cken: einen Kern v.; sich beim Essen v. | Silben v. *(undeutlich reden)*

Ver|schluss: Reißverschluss | etwas unter V. halten *(gesichert aufbewahren)* ‖ **Ver|schluss|akt** der, -[e]s/-en (Amtsspr.): *Akt, der aus Sicherheitsgründen unter Verschluss zu halten ist* ‖ **ver|schlüs|seln,** ich verschlüssle: *chiffrieren;* ein verschlüsselter Text *(in Geheimschrift oder -sprache)* ‖ **Ver|schlüs|se|lung** die, -/-en ‖ **Ver|schluss|laut** (Sprachwiss.): *Gruppe von Lauten ([p], [b], [t], [d], [k], [g])* ‖ **Ver|schluss|sa|che** (Amtsspr.): *Akt, Gegenstand oÄ, der aus Sicherheitsgründen unter Verschluss zu halten ist*

ver|schmach|ten: *[vor Durst] vergehen*

ver|schmä|hen (geh.): *[stolz] ablehnen, zurückweisen* ‖ **Ver|schmä|hung**

ver|schmä|lern: die Straße verschmälert sich ‖ **Ver|schmä|le|rung** die, -/-en

ver|schmel|zen: verschmelzende *(ineinander übergehende)* Farben ‖ **Ver|schmel|zung** die,-/-en

ver|schmer|zen: einen Verlust v. *(darüber hinwegkommen)*

ver|schmie|ren: ein Loch in der Mauer mit Gips v. | eine verschmierte *(verschmutzte)* Zeichnung

ver|schmitzt: *schlau, pfiffig* ‖ **Ver|schmitzt|heit** die, -

ver|schmust (ugs.): ein verschmuster *(gern schmusender)* Kater

ver|schmut|zen: du verschmutzt jedes Kleid ‖ **Ver|schmut|zung** die, -/-en

ver|schnau|fen: *Atem holen; ausruhen, sich erholen;* sie muss [sich] kurz v. ‖ **Ver|schnauf|pau|se**

ver|schnei|den: einen Kleiderstoff v. *(schlecht zuschneiden)* | ein Stierkalb v. *(kastrieren)* | Wein v. *(mit einer anderen Sorte vermischen)*

ver|schneit: verschneite Berge

Ver|schnitt: *Abfall beim Zuschneiden* | → Cuvée ‖ **Ver|schnit|te|ne** der, -n/-n, ein Verschnittener: *Kastrat, Kastrierter, Eunuch*

ver|schnör|kelt: ein verschnörkeltes *(reich verziertes)* Gitter ‖ **ver|schnör|kselt** (reg.): *verschnörkelt*

ver|schnupft: *Schnupfen habend* | (sal.) *beleidigt, verärgert*

ver|schnü|ren: ein Paket v. *(zusammenbinden)* ‖ **Ver|schnü|rung** die, -/-en

ver|schol|len: ein verschollener *(vermisster)* Forschungsreisender

ver|scho|nen: dieses Haus blieb von den Flammen verschont; „Verschone mich damit!" *(„Ich will davon nichts hören!")*

ver|schö|nen: *verschönern;* ihre Anwesenheit verschönte die Feier ‖ **ver|schö|nern:** *schöner machen;* sich den Alltag v. ‖ **Ver|schö|ne|rung** die, -/-en ‖ **Ver|schö|ne|rungs|ver|ein** (Tour.) ‖

Ver|schö|nung die, -/-en: *Verschönerung*
ver|schor|fen: eine schon verschorfte *(mit einer Kruste bedeckte)* Wunde ‖ **Ver|schor|fung** die, -/-en
ver|schos|sen: verschossene Munition | eine verschossene *(verblasste)* Farbe | (ugs.) in jemanden/etwas v. *(vernarrt)* sein; → verschießen
ver|schram|men: *zerkratzen*
ver|schrän|ken: die Arme v.
ver|schrau|ben: *mit Schrauben befestigen*
ver|schre|cken: ein verschrecktes *(verängstigtes)* Kind
ver|schrei|ben[1]: jemandem ein Haus v. *(testamentarisch vermachen)* | sich der Kunst v. *(ganz widmen)* | dem Kranken ein Medikament v. *(verordnen)* ‖ **verschrei|ben**[2]: einen ganzen Notizblock v. ‖ **ver|schrei|ben**[3] sich: *sich beim Schreiben irren* ‖ **Verschrei|bung** ‖ **ver|schrei|bungspflich|tig:** *rezeptpflichtig*
ver|schrei|en (ugs.): *über etwas unvorsichtig reden und es dadurch vermeintlich beeinflussen* | verschrien sein *(in schlechtem Ruf stehen)*
ver|schrif|ten: *verschriftlichen* ‖ **ver|schrift|li|chen:** *schriftlich darstellen* ‖ **Ver|schrift|li|chung** die, -/-en ‖ **Ver|schrif|tung** die, -/-en
ver|schro|ben: *seltsam, verworren, wunderlich* ‖ **Ver|schro|ben|heit** die, -/-en
ver|schro|ten: Getreidekörner v. *(zu Schrot verarbeiten)*
ver|schrot|ten: Alteisen, Fahrzeuge uÄ für die Wiedergewinnung der Metalle v. *(zu Schrott verarbeiten)* ‖ **Ver|schrot|tung** die, - ‖ **Ver|schrot|tungs|prä|mie** [-i̯ɛ] (früher)
ver|schrum|peln: *schrumpelig, faltig werden*
Ver|schub: *das Verschieben, Rangieren;* der V. der Wagons ‖ **Verschub|bahn|hof** ‖ **Ver|schub|garni|tur** ‖ **Ver|schub|lok** ‖ **Verschub|lo|ko|mo|ti|ve** [-fɛ, -vɛ]
ver|schüch|tern: ein verschüchtertes *(verzagtes, verschrecktes)* Kind
ver|schul|den[1]: er hat das Unglück verschuldet *(er ist schuld daran)* ‖ **ver|schul|den**[2] sich: *Schulden machen;* sie hat sich stark verschuldet ‖ **Ver|schul|den** das, -s: durch sein V. *(durch seine eigene Schuld)* ‖ **Ver|schul|dens|grad** (Jus): *leichte oder grobe Fahrlässigkeit oÄ* ‖ **Ver|schul|dens|tei|lung** (Jus): *Teilung der Schuld [bei Mitverschulden des Geschädigten]* ‖ **ver|schul|det:** er ist schwer v. *(hat hohe Schulden);* ein verschuldetes Geschäft ‖ **Ver|schul|dung** die, -
ver|schu|len (oft abw.): *der Schule ähnlich machen;* den Kindergarten/die Universität v.
ver|schus|seln (ugs.): *etwas [aus Schusseligkeit] verlegen, verlieren*
ver|schus|tern (ugs.): *verschwenden, verbrauchen*
ver|schüt|ten: durch eine Lawine verschüttet werden ‖ **Ver|schüt|te|ten|such|ge|rät:** *Lawinenpieps* ‖ **ver|schütt|ge|hen** (bes. D, ugs.): *verloren gehen*
ver|schwä|gert: *durch Heirat verwandt;* weder verwandt noch v.; → Schwager ‖ **Ver|schwä|gerung** die, -/-en
ver|schwei|gen[1]: jemandem eine Nachricht v. *(verheimlichen)* ‖ **ver|schwei|gen**[2] sich (Amtsspr.): *keine Stellungnahme abgeben*
ver|schwei|ßen: *zusammenschweißen*
ver|schwen|den: Geld v. *(es bedenkenlos ausgeben);* Worte v. *(wirkungslos bleiben)* ‖ **Ver|schwender** der, -s/- ‖ **Ver|schwen|de|rin** die, -/-innen ‖ **ver|schwen|derisch** ‖ **Ver|schwen|dung** die, - ‖ **Ver|schwen|dungs|sucht** die, - ‖ **ver|schwen|dungs|süch|tig**
ver|schwes|tern sich: *sich eng befreunden;* → verbrüdern; → verschwistert
ver|schwie|gen: v. sein *(nichts ausplaudern)* | ein verschwiegenes *(einsames, ruhiges)* Plätzchen ‖ **Ver|schwie|gen|heit** die, - ‖ **Ver|schwie|gen|heits|pflicht:** *Verpflichtung von Ärzten, Rechtsanwälten, Amtspersonen usw., über Tatsachen zu schweigen, die sie auf Grund ihrer Berufstätigkeit erfahren*
ver|schwim|men: die Buchstaben v. vor ihren Augen
ver|schwin|den: *rasch oder heimlich weggehen* | *unsichtbar werden;* verschwindend wenig | Sachen v. lassen *(stehlen, unterschlagen)*
ver|schwis|tert: verschwisterte *(nahe verwandte)* Begriffe; → verschwestern
ver|schwit|zen: ganz verschwitzte Haare | (ugs.) eine Verabredung v. *(vergessen)*
ver|schwol|len: ein verschwollenes Gesicht
ver|schwom|men: verschwommene *(undeutliche)* Konturen
ver|schwo|ren: eine verschworene *(auf Gedeih und Verderb verbundene)* Gemeinschaft ‖ **verschwö|ren** sich: alles hat sich gegen ihn verschworen *(nichts will ihm gelingen)* ‖ **Ver|schwo|re|ne**[1] der, -n/-n, ein Verschworener: *Verschwörer* ‖ **Ver|schwo|re|ne**[2] die, -n/-n ‖ **Ver|schwö|rer** der, -s/- ‖ **Ver|schwö|re|rin** die, -/-innen ‖ **Ver|schwö|rung** die, -/-en: eine V. zum Sturz des Diktators ‖ **Ver|schwö|rungs|the|o|rie:** *Erklärung eines Geschehens durch manipulative Einflussnahme von Gegnern*
Vers|dra|ma [v-, f-]: *Drama in Versen*
ver|se|hen[1]: seinen Dienst v. *(machen, erfüllen)* | (kath.) die Schwerkranke v. *(ihr die Krankenölung spenden)* ‖ **ver|se|hen**[2] sich: *sich irren;* ehe man sich versieht *(unerwartet rasch)* | sich mit Proviant v. *(versorgen)* ‖ **Verse|hen** das, -s/-: *Irrtum;* aus V. *(versehentlich)* ‖ **ver|se|hent|lich:** *irrtümlich*
ver|sehrt: *beschädigt, verletzt* ‖ **Ver|sehr|te**[1] der, -n/-n, ein Versehrter ‖ **Ver|sehr|te**[2] die, -n/-n ‖ **Ver|sehr|ten|ren|te** ‖ **Ver|sehrten|sport:** *Behindertensport*
ver|selb|stän|di|gen = verselbstständigen: der Geschäftsbereich hat sich verselbständigt *(hat sich selbständig gemacht)* ‖ **Verselb|stän|di|gung** = **Ver|selbststän|di|gung** die, -
Ver|se|ma|cher [v-, f-] (scherzh. bzw. abw.): *Dichter* ‖ **Ver|se|macherin** die, -/-innen
ver|sen|den: versendete/versandte Zeitungen ‖ **Ver|sendung**
ver|sen|gen: sie hat beim Bügeln die Wäsche versengt *(an der Oberfläche leicht verbrannt)*
ver|senk|bar: elektrisch versenkbare Scheiben ‖ **ver|sen|ken:** ein Schiff v. *(zum Sinken bringen)* | sich in ein Buch v. *(vertiefen)* | versenkte Schrauben ‖ **Ver|senkung:** die V. eines Schiffes | *Bühnenversenkung;* aus der V. auftauchen; in der V. verschwinden *(in Vergessenheit geraten)*
Vers|epos [v-, f-] (Lit.): *umfangrei-*

V

che erzählende Dichtung in Versen

versessen: auf etwas v. sein *(darauf erpicht sein, es heftig begehren)* ‖ **Versessenheit** die, -/-en

versetzen: Bäume v. *(verpflanzen);* einen Beamten v. *(an einem anderen Arbeitsplatz einsetzen);* Berge v. *(unmöglich Erscheinendes ausführen)* | sich in jemandes Situation v. *(hineindenken)* | Schmuckstücke v. *(im Versatzamt zu Geld machen)* | jemandem einen Schlag v. | jemanden in Angst und Schrecken v. | Wein mit Kräutern v. | (sal.) sie hat mich heute versetzt *(vergeblich warten lassen)* | (geh.) *erwidern, antworten* ‖ **Versetzung** die, -/-en: ihre V. *(ihr Arbeitsplatzwechsel)* ins Ministerium steht bevor ‖ **Versetzungswerber** (Amtsspr.): *jemand, der um Versetzung ansucht* ‖ **Versetzungswerberin** (Amtsspr.) ‖ **Versetzungszeichen** (Mus.): *Vorzeichen*

verseuchen: stark verseuchtes *(Krankheitskeime enthaltendes)* Brunnenwasser ‖ **Verseuchung** die, -/-en

Versform [v-, f-] (Lit.) ‖ **Versfuß** (Lit.): *Verstakt, zB Jambus*

versichern: ein Haus gegen Einbruch v. lassen | (geh.) ich versichere *dich (Sie)* meiner Treue; ich versichere *dir (Ihnen),* dass dies richtig ist ‖ **Versicherte**[1] der, -n/-n, ein Versicherter ‖ **Versicherte**[2] die, -n/-n ‖ **Versicherung:** *Zusicherung* | eine V. abschließen; Unfallversicherung ‖ **Versicherungsagent:** *Versicherungsmakler* ‖ **Versicherungsagentin** ‖ **Versicherungsanstalt:** *Versicherung* ‖ **Versicherungsbeitrag** ‖ **Versicherungsberater** ‖ **Versicherungsberaterin** ‖ **Versicherungsbetrug** ‖ **Versicherungsbüro** ‖ **Versicherungsfall:** *Fall für das Eintreten der Versicherung* ‖ **Versicherungskarte** ‖ **Versicherungskauffrau** ‖ **Versicherungskaufmann** ‖ **Versicherungsleistung** ‖ **Versicherungsmakler:** *Versicherungsvermittler* ‖ **Versicherungsmaklerin** ‖ **Versicherungsmathematiker:** *ein Beruf* ‖ **Versicherungsmathematikerin** ‖ **Versicherungsmonat** ‖ **Versicherungspaket** ‖ **Versicherungspflicht** ‖ **versicherungspflichtig** ‖ **Versicherungspolizze** ‖ **Versicherungsprämie** [-i̯e] ‖ **Versicherungsschutz** ‖ **Versicherungssumme** ‖ **Versicherungsträger:** *Versicherungsanstalt* ‖ **Versicherungsvertrag** ‖ **Versicherungsvertreter** ‖ **Versicherungsvertreterin** ‖ **Versicherungswert** ‖ **Versicherungszeit**

versickern: versickertes Wasser ‖ **Versickerung** die, -/-en

versiegeln: ein Paket v. *(mit einem Siegel verschließen)* | den Fußboden v. *(ihn mit farblosem Lack streichen)* ‖ **Versiegelung** die -/-en, *auch:* Versieglung

versiegen: ein versiegter *(ausgetrockneter)* Brunnen | das Gespräch versiegte

Versieglung → Versiegelung

versiert [v-]: eine versierte *(sehr erfahrene)* Steuerberaterin ‖ **Versiertheit** die, -

versilbern: *mit Silber überziehen* | (sal.) *verkaufen*

versimpeln, ich versimple (ugs.): *simplifizieren* | (abw.) *geistig abstumpfen;* → simpel ‖ **versimplifizieren** (abw.): *unzulässig vereinfachen;* → simplifizieren

versinken: im Wasser v. *(untergehen)* | in Gedanken versunken *(vertieft)* sein

versinnbildlichen: *etwas bildlich darstellen, zB die Liebe durch ein Herz* ‖ **Versinnbildlichung** die, -/-en

Version [v-] die, -/-en (lat.): *Fassung, Lesart;* eine andere V. einer Sage; ein Song in deutscher V.

versippt: *verwandt*

versitzen: die Ferien zu Hause v. | eine Hose v. *(verdrücken)* | einer Kollegin den Platz, der ihr gebühren würde, v. *(wegnehmen)* | die Zeit v. *(nutzlos herumsitzen)*

versklaven [-v-, -f-]: *jemanden seiner Freiheit berauben;* versklavte *(unterdrückte)* Bevölkerungsgruppen ‖ **Versklavung** die, -/-en

Verslehre [v-, f-] die, - (Lit.): *Metrik* ‖ **Versmaß** (Lit.): *Metrum*

verslumen [-ˈslʌ-]: *zum Elendsviertel werden;* → Slums ‖ **Verslumung** die, -/-en

versnobt (meist abw.): *mit übertriebenem Hang zum Auffälligen, Gesuchten*

versoffen (derb): ein versoffenes Individuum

versohlen (ugs.): *verprügeln*

versöhnen: sich mit jemandem v. *(wieder vertragen)* ‖ **versöhnlich:** v. gestimmt *(zur Versöhnung bereit)* sein ‖ **Versöhnung** die, -/-en ‖ **Versöhnungsbereitschaft** ‖ **Versöhnungsfest:** *das jüdische Fest Jom Kippur* ‖ **Versöhnungsversuch:** der V. im Ehescheidungsverfahren

versonnen (geh.): *in sich gekehrt; in Gedanken versunken* ‖ **Versonnenheit** die, - (geh.)

versorgen: jemanden mit Lebensmitteln v.; sich mit Nahrung v.; versorgte *(vom Elternhaus wirtschaftlich unabhängig gewordene)* Kinder ‖ **Versorger** der, -s/- ‖ **Versorgerin** die, -/-innen ‖ **Versorgung** die, -: V. auf dem Luftweg ‖ **Versorgungsanspruch** ‖ **Versorgungsarbeit** (Amtsspr.): partnerschaftliche Teilung der V. *(Arbeit im Haushalt, in der Familie)* ‖ **versorgungsberechtigt** ‖ **Versorgungseinrichtung** ‖ **Versorgungsengpass:** *vorübergehende Versorgungsschwierigkeiten* ‖ **Versorgungsgenuss** (Amtsspr.): *Versorgungsrente* ‖ **Versorgungsgrad** ‖ **Versorgungshaus** (veraltet): *Pensionistenheim, Altersheim* ‖ **Versorgungskrise** ‖ **Versorgungslage:** die V. der Bevölkerung ist kritisch ‖ **Versorgungsposten** (sal.): *Arbeitsplatz für jemanden, der gut untergebracht werden soll* ‖ **Versorgungsrente:** *Waisenpension, Witwenpension* ‖ **Versorgungsschwierigkeiten** die (Pl.)

versotten: ein versottener *(durch Rauchrückstände verlegter)* Kamin

verspachteln: Mauerrisse v. *(sie mit der Spachtel verputzen)*

verspannen: verspannte Muskeln ‖ **Verspannung**

verspäten sich: *zu spät kommen* ‖ **Verspätung** die, -/-en: eine Stunde V. haben

verspeisen: *aufessen*

verspekulieren: sich bei einem Kauf v. *(verrechnen)*

versperren: eine Tür v. *(verschließen)* | jemandem den Weg v. *(verstellen)* ‖ **Versperrung** die, -/-en

verspielen: *beim Spiel verlieren* | er hat bei ihr verspielt *(ihre Gunst verloren)* ‖ **verspielt:** ein verspieltes *(nur ans Spielen denkendes)* Kind ‖ **Verspieltheit** die, -

V

ver|spon|nen: in seine eigene Welt v. sein *(sich nur damit beschäftigen)*
ver|spot|ten: *ausspotten, verhöhnen* ‖ **Ver|spot|tung** die, -/-en
ver|spre|chen[1]: *geloben, garantieren* | der Sommer verspricht heiß zu werden *(wird vermutlich heiß werden)* ‖ **ver|spre|chen**[2] sich: *beim Sprechen einen Fehler machen* ‖ **Ver|spre|chen** das, -s/- ‖ **Ver|spre|cher:** *ein Sprechfehler* ‖ **Ver|spre|chung** die, -/-en (meist Pl.): jemandem viele Versprechungen machen
ver|sprei|zen
ver|spren|gen (Mil.): versprengte *(von der Truppe abgekommene)* Soldaten
ver|sprit|zen: *versprühen*
ver|spro|chen: v. und gehalten | (veraltet) einander v. *(miteinander verlobt)* sein
ver|spru|deln: Mehl in Milch v. *(verquirlen)*
ver|sprü|hen: Parfum v. *(zerstäuben)* | Optimismus v. *(verbreiten)*
ver|spü|ren: Hunger v. *(fühlen)*
ver|staat|li|chen: *zu staatlichem Eigentum machen;* ein verstaatlichtes Unternehmen; verstaatlichte Industrie ‖ **Ver|staat|lich|te** die, -n: *Kurzwort für verstaatlichte Industrie* ‖ **Ver|staat|li|chung** die, -/-en
ver|städ|tern: die Menschen v. immer mehr *(ihre Lebensformen nehmen städtischen Charakter an)* ‖ **Ver|städ|te|rung** die, -/-en
Vers|takt [v-, f-] (Lit.): *Versfuß, zB Jambus*
Ver|stand der, -[e]s: *Denkfähigkeit;* jemand/etwas raubt ihr den V. *(ist ihr unbegreiflich, verwirrt sie);* das geht über meinen V. *(begreife ich nicht);* hast du den V. verloren? *(bist du wahnsinnig?)* ‖ **ver|stan|des|mä|ßig** ‖ **Ver|stan|des|mensch**

ver|stän|dig:

Nicht verwechseln!
verständig – verständlich
„verständig“ (zu Verstand) heißt wörtlich „mit Verstand begabt“, „klug“, aber auch „einsichtsvoll“:
– die Lehrerin zeigte sich verständig *(einsichtig)*
„verständlich“ (zu verstehen) heißt wörtlich „gut zu verstehen“:
– das Interview war verständlich *(gut hörbar; leicht erfassbar)*

ver|stän|di|gen[1]: *benachrichtigen* ‖ **ver|stän|di|gen**[2] sich: *sich einigen | sich verständlich machen, kommunizieren* ‖ **Ver|stän|di|gung** die, -/-en: *Nachricht | Einigung* ‖ **ver|stän|di|gungs|be|reit** ‖ **Ver|stän|di|gungs|be|reit|schaft** die, - ‖ **Ver|stän|di|gungs|schwie|rig|kei|ten** die (Pl.) ‖ **ver|ständ|lich:** *begreiflich;* ihr Unmut war v. | v. *(klar und deutlich)* sprechen | der Text ist v. geschrieben; leicht v. (= leichtverständlich); *aber:* → verständig ‖ **ver|ständ|li|cher|wei|se:** *begreiflicherweise* ‖ **Ver|ständ|nis** das, -nisses; V. *(Sinn)* für Musik haben ‖ **ver|ständ|nis|in|nig** (geh.): v. *(verstehend, im Einverständnis)* lächeln ‖ **ver|ständ|nis|los:** einer Sache v. gegenüberstehen ‖ **Ver|ständ|nis|lo|sig|keit** die, -/-en ‖ **ver|ständ|nis|voll**
ver|stär|ken: durch Lautsprecher verstärkte Klänge; verstärkte Nachfrage ‖ **Ver|stär|ker** der, -s/- (Elektrot.): *Gerät zum Verstärken von Leistungen und Klängen* ‖ **Ver|stär|kung**
ver|stau|ben: verstaubte *(mit Staub bedeckte)* Bücher; verstaubte *(veraltete)* Ansichten ‖ **ver|stäu|ben:** Insektenspray v.
ver|stau|chen: ein verstauchter Fuß; ich habe mir einen Finger verstaucht ‖ **Ver|stau|chung** die, -/-en
ver|stau|en: das Gepäck gut v. *(unterbringen)*
Ver|steck das, -[e]s/-e ‖ **ver|ste|cken:** *verbergen;* sich unter dem Tisch v.; sie brauchen sich nicht vor uns zu v.; *aber:* Verstecken spielen ‖ **Ver|ste|cken|spiel** ‖ **Ver|ste|ckerl** das, -s/- (ostöst., ugs.): V. spielen ‖ **Ver|ste|ckerl|spiel** (ostöst., ugs.) ‖ **Ver|steck|spiel**
ver|ste|hen[1]: den Redner gut v. *(hören können)* | von einer Sache viel v. *(sich auskennen)* ‖ **ver|ste|hen**[2] sich: das versteht sich von selbst *(ist selbstverständlich)* | sich mit jemandem gut v. | sich auf etwas gut v. *(es gut können)*
ver|stei|fen[1]: einen Buchrücken v. *(verstärken)* ‖ **ver|stei|fen**[2] sich: sich auf etwas v. *(hartnäckig darauf bestehen)* ‖ **Ver|stei|fung** die, -/-en: die V. eines Gelenks
ver|stei|gen sich: sich in einer Felswand v. *(verirren)* | sich in seinen Forderungen v. *(zu viel fordern)*
Ver|stei|ge|rer der, -s/-: *Auktionator* ‖ **Ver|stei|ge|rin** die, -/-innen ‖ **ver|stei|gern:** *etwas [öffentlich] dem Meistbietenden unter den Anwesenden verkaufen* ‖ **Ver|stei|ge|rung** ‖ **Ver|stei|ge|rungs|edikt** (Amtsspr.): *Kundmachung einer Versteigerung* ‖ **Ver|stei|ge|rungs|ter|min**
ver|stei|nern: versteinerte *(zu Stein gewordene)* Muscheln | wie versteinert *(starr)* dastehen ‖ **Ver|stei|ne|rung** die, -/-en: *Fossil* ‖ **Ver|stei|ne|rungs|the|o|rie** (Jus): *Rechtsprinzip, nach dem Verfassungsbegriffe in jenem Sinn zu interpretieren sind, den sie zur Zeit ihres Inkrafttretens hatten*
ver|stell|bar: ein verstellbares Notenpult ‖ **ver|stel|len**[1]: einen Kasten v. *(anderswohin stellen)* | ein Buch v. *(wegräumen und es dann nicht finden)* | jemandem den Weg v. *(versperren)* | die Stimme v. ‖ **ver|stel|len**[2] sich: *sich anders zeigen, als man ist* ‖ **Ver|stel|lung**
ver|step|pen: *[durch Wassermangel] zur Steppe werden* ‖ **Ver|step|pung** die, -
ver|ster|ben (geh.): *sterben;* → verstorben
ver|steu|ern: das Einkommen v. *(davon Steuer zahlen)* ‖ **Ver|steu|e|rung**
ver|stie|gen: verstiegene *(überspannte)* Ansichten
ver|stim|men: *jemanden verärgern* | ein verstimmter *(verdorbener)* Magen | ein verstimmtes Klavier ‖ **Ver|stimmt|heit** die, - ‖ **Ver|stim|mung**
ver|stockt (abw.): ein verstockter *(hartnäckiger, unverbesserlicher, chronischer)* Lügner ‖ **Ver|stockt|heit** die, - (abw.)
ver|stoh|len: v. *(heimlich)* lachen
ver|stop|fen: ein verstopfter Abfluss ‖ **Ver|stop|fung** die, -/-en: an V. *(Darmträgheit)* leiden
ver|stop|peln: *verstöpseln* ‖ **ver|stöp|seln:** eine verstöpselte *(mit einem Stöpsel verschlossene)* Flasche
ver|stor|ben: die verstorbene Tante; → versterben ‖ **Ver|stor|be|ne**[1] der, -n/-n, ein Verstorbener ‖ **Ver|stor|be|ne**[2] die, -n/-n
ver|stö|ren: *verängstigt, verwirrt* ‖ **Ver|stö|rung** die, -/-en
Ver|stoß: ein grober V.; ein V. *(Vergehen)* gegen die guten Sitten | (Amtsspr., veraltend) ein Akt ist

V

in V. geraten *(er ist unauffindbar)* ‖ **ver|sto|ßen:** ein verstoßenes *(aus der Familie ausgeschlossenes)* Kind | gegen ein Gesetz v. ‖ **Ver|sto|ßung** die, -/-en

ver|strah|len: verstrahlte *(durch radioaktive Strahlung verseuchte)* Lebensmittel ‖ **Ver|strah|lung**

ver|stre|ben: *mit Streben versehen* ‖ **Ver|stre|bung** die, -/-en: eine Mauer durch Verstrebungen stützen

ver|strei|chen: eine Farbe gut v. | die Zeit verstreicht *(vergeht)*

ver|streu|en: *ausstreuen;* verstreute *(einzeln stehende)* Häuser

ver|stri|cken[1]: 3 Knäuel Wolle v. *(verbrauchen);* sich mehrmals v. *(beim Stricken einen Fehler machen)* ‖ **ver|stri|cken**[2] sich: du verstrickst *(verwickelst)* dich in Widersprüche ‖ **Ver|stri|ckung** die, -/-en

ver|strö|men (geh.): *ausströmen*

ver|stüm|meln, ich verstümmle: eine verstümmelte Hand | ein verstümmeltes *(lückenhaftes, unverständliches)* Fax ‖ **Ver|stüm|me|lung** die, -/-en, *auch:* Verstümmlung

ver|stum|men: *stumm (still) werden*

Ver|stümm|lung → Verstümmelung

Ver|such der, -[e]s/-e: einen letzten V. machen; gescheiterte Versuche *(Experimente)* ‖ **ver|su|chen:** *ausprobieren;* sie versucht zu gewinnen; v., ob das Auto anspringt | es noch einmal mit jemandem v. *(jemandem noch eine Chance geben)* | er versucht sich im Eislaufen | (Rel.) *jemanden vom rechten Weg abbringen wollen* ‖ **Ver|su|cher** der, -s/- (geh.): *jemand, der in Versuchung führt* ‖ **Ver|su|che|rin** die, -/-innen (geh.) ‖ **Ver|suchs|an|la|ge** ‖ **Ver|suchs|an|ord|nung** ‖ **Ver|suchs|an|stalt:** *eine Forschungsanstalt* ‖ **Ver|suchs|bal|lon** ‖ **Ver|suchs|ge|län|de** ‖ **Ver|suchs|ka|nin|chen** (ugs., abw.): *zu Versuchszwecken missbrauchte Person* ‖ **Ver|suchs|lei|ter** ‖ **Ver|suchs|lei|te|rin** ‖ **Ver|suchs|ob|jekt** ‖ **Ver|suchs|per|son** ‖ **Ver|suchs|sta|di|um** [-ʃt-] ‖ **Ver|suchs|stre|cke** ‖ **Ver|suchs|tier** ‖ **ver|suchs|wei|se:** *probeweise* ‖ **Ver|su|chung** die, -/-en: *Verlockung;* jemanden in V. führen

ver|sum|pern (ugs., abw.): *geistig abstumpfen;* → Sumper

ver|sump|fen: eine versumpfte Wiese | (ugs., abw.) im Wirtshaus v. ‖ **Ver|sump|fung** die, -/-en

ver|sün|di|gen sich: er hat sich an seinen Kindern versündigt *(ein Unrecht an ihnen begangen)* ‖ **Ver|sün|di|gung** die, -/-en

ver|sun|ken: in Gedanken v. *(vertieft)* ‖ **Ver|sun|ken|heit** die, -

ver|sus [v-] ⟨lat.⟩ (vs.) (Amtsspr.): Prozess Müller vs. *(gegen)* Hofer

ver|sü|ßen: sich das Leben v. *(angenehmer machen)*

ver|tä|feln, ich vertäfle: eine Wand v. *(mit Holztafeln verkleiden)* ‖ **Ver|tä|fe|lung** = **Ver|täf|lung**

ver|ta|gen: eine Versammlung v. *(sie auf einen neuen Termin verschieben);* das Gericht hat sich vertagt ‖ **Ver|ta|gung**

ver|tan|deln (mda.): *vertändeln* ‖ **ver|tän|deln:** Zeit v. *(vertrödeln)*

ver|täu|en: ein Schiff v. *(mit Tauen festmachen)*

ver|tausch|bar ‖ **Ver|tausch|bar|keit** die, - ‖ **ver|tau|schen:** *austauschen* ‖ **Ver|tau|schung** die, -/-en

ver|tau|send|fa|chen

Ver|täu|ung die, -/-en (Seemannsspr.)

ver|te|bral [v-] ⟨lat.⟩ (Med.): *zur Wirbelsäule gehörend*

ver|tech|ni|sie|ren (abw.): *übertrieben technisch gestalten*

ver|tei|di|gen: *Angriffe abwehren;* sich gegen Unterstellungen v. *(sich wehren, sich rechtfertigen)* | jemanden (vor Gericht) v. *(vertreten)* ‖ **Ver|tei|di|ger** der, -s/-: *Anwalt bei Gericht* | (Sport) *Abwehrspieler* ‖ **Ver|tei|di|ge|rin** die, -/-innen ‖ **Ver|tei|di|gung** die, -/-en ‖ **ver|tei|di|gungs|be|reit** ‖ **Ver|tei|di|gungs|bünd|nis** ‖ **Ver|tei|di|gungs|dok|trin** ‖ **Ver|tei|di|gungs|krieg** (Mil.) ‖ **Ver|tei|di|gungs|li|nie** [-iɛ] ‖ **Ver|tei|di|gungs|mi|nis|ter** ‖ **Ver|tei|di|gungs|mi|nis|te|rin** ‖ **Ver|tei|di|gungs|mi|nis|te|ri|um:** *Bundesministerium für Landesverteidigung und Sport* ‖ **Ver|tei|di|gungs|pakt** ‖ **Ver|tei|di|gungs|re|de**

ver|tei|len: Zettel v. *(austeilen);* mit verteilten Rollen | das Gewicht gleichmäßig v. ‖ **Ver|tei|ler** der, -s/-: *jemand, der Prospekte uÄ verteilt* | *Liste von Adressaten für Aussendungen* | (Elektrot.) *Teil der Zündung* ‖ **Ver|tei|le|rin** die, -/-innen ‖ **Ver|tei|ler|kas|ten** (Elektrot.) ‖ **Ver|tei|ler|kreis:** V. Favoriten *(ein wichtiger Verkehrsknoten in Wien)* ‖ **Ver|tei|ler|ste|cker** ‖ **Ver|tei|lung** ‖ **Ver|tei|lungs|schlüs|sel:** *Aufteilungsschlüssel*

ver|te|le|fo|nie|ren: *viel Zeit und Geld für Telefongespräche aufwenden*

ver|tep|schen → verdepschen

ver|teu|ern: *teurer machen;* die Ware hat sich verteuert *(ist teurer geworden)* ‖ **Ver|teu|e|rung**

ver|teu|feln, ich verteufle (abw.): eine Person, Sache v. *(als gefährlich hinstellen)* ‖ **ver|teu|felt** (ugs.): ein v. *(unerhört)* geschickter Kerl | eine verteufelte *(böse)* Lage ‖ **Ver|teu|fe|lung** die, -/-en

ver|tie|fen[1]: einen Graben v. *(tiefer machen)* | sein Wissen v. ‖ **ver|tie|fen**[2] sich: sie hat sich in ein Buch vertieft *(es sehr aufmerksam gelesen)* ‖ **Ver|tie|fung** die, -/-en

ver|tiert: *verroht, entmenscht*

ver|ti|kal [v-] ⟨lat.⟩: eine v. *(lotrecht, senkrecht)* abstürzende Felswand; → G.: horizontal, waagrecht ‖ **Ver|ti|ka|le** die, -n/-n: *Senkrechte* | (auch mit Pl. -) zwei, alle Vertikale[n] ‖ **ver|ti|ku|tie|ren** ⟨lat.-fr.⟩: *den Rasenboden mit einem Gerät zum Auflockern lüften* ‖ **Ver|ti|ku|tie|rer** der, -s/-

ver|til|gen: Ungeziefer v. *(vernichten, ausrotten)* ‖ **Ver|til|gung** ‖ **Ver|til|gungs|mit|tel**

ver|tip|pen: sich ständig v. *(unrichtig tippen; auf der Tastatur eine falsche Taste anschlagen)*

ver|to|nen: ein Gedicht v. *(ein Gesangsstück daraus machen);* einen Film v. *(mit Text und Musik versehen)* ‖ **Ver|to|nung** die, -/-en

ver|trackt (ugs.): eine ziemlich vertrackte *(verwickelte, verworrene; heikle)* Angelegenheit ‖ **Ver|trackt|heit** die, -/-en (ugs.)

Ver|trag der, -[e]s/-träge: einen V. *(ein Übereinkommen)* schließen; Künstler unter V. haben ‖ **ver|tra|gen**[1]: Hitze gut v. *(aushalten)* ‖ **ver|tra|gen**[2] sich: *miteinander gut auskommen* ‖ **ver|trag|lich:** etwas v. *(durch einen Vertrag)* festlegen ‖ **ver|träg|lich:** *friedfertig;* gut verträgliches *(bekömmliches)* Essen ‖ **Ver|träg|lich|keit** die, - ‖ **ver|trag|los** = vertragslos: ein vertragloser Zustand ‖ **Ver|trags|ab|schluss** ‖ **Ver|trags-**

V

aus|le|gung ‖ **ver|trags|be|diens|tet** (Amtsspr.) ‖ **Ver|trags|be|diens|te|te**[1] der, -n/-n, ein Vertragsbediensteter (Amtsspr.): *im öffentlichen Dienst angestellte Person ohne Beamtenstatus;* → Pragmatisierung ‖ **Ver|trags|be|diens|te|te**[2] die, -n/-n (Amtsspr.) ‖ **Ver|trags|be|stand|teil** der, -[e]s/-e ‖ **Ver|trags|be|stim|mung** ‖ **Ver|trags|bin|dung** ‖ **Ver|trags|bruch** ‖ **ver|trags|brü|chig** ‖ **ver|trag|schlie|ßend:** die vertragschließenden Parteien ‖ **Ver|trags|ent|wurf** ‖ **Ver|trags|frei|heit** (Jus): *die Freiheit, ob und mit wem man Verträge eingeht* ‖ **ver|trags|ge|bun|den** ‖ **ver|trags|ge|mäß** ‖ **Ver|trags|klau|sel** ‖ **ver|trags|kon|form:** *vertragsgemäß* ‖ **Ver|trags|leh|rer:** *nicht pragmatisierter Lehrer* ‖ **Ver|trags|leh|re|rin** ‖ **ver|trags|los** = vertraglos ‖ **Ver|trags|par|tei** ‖ **Ver|trags|part|ner** ‖ **Ver|trags|part|ne|rin** ‖ **Ver|trags|stra|fe** (Jus): *Konventionalstrafe* ‖ **Ver|trags|text** ‖ **Ver|trags|ver|let|zung** ‖ **Ver|trags|werk** ‖ **ver|trags|wid|rig**

ver|trat|schen[1] (abw.): einen Mitschüler bei der Lehrerin v. *(denunzieren)* ‖ **ver|trat|schen**[2] sich: *sich verplaudern*

ver|trau|en: *sich auf jemanden verlassen;* auf Gott v.

Ver|trau|en

das, -s: jemandem Vertrauen schenken; jemanden ins Vertrauen ziehen

Zusammenschreibung, zB:
- vertrauensbildende Maßnahmen
- vertrauenswürdig

Getrennt- und Zusammenschreibung mit adjektivisch gebrauchten Partizipien:
- Vertrauen erweckende (= vertrauenerweckende) Gespräche; *aber nur getrennt bzw. zusammen:* großes Vertrauen erweckend; äußerst vertrauenerweckend

R→ S. 903, 2.2.1

Ver|trau|en er|we|ckend = **ver|trau|en|er|we|ckend** → Vertrauen ‖ **Ver|trau|ens|arzt:** den V. einer Krankenkassa konsultieren ‖ **Ver|trau|ens|ärz|tin** ‖ **Ver|trau|ens|ba|sis** ‖ **Ver|trau|ens|be|weis** ‖ **ver|trau|ens|bil|dend:** vertrauensbildende Maßnahmen *(zB zwischen Staaten)* ‖ **Ver|trau|ens|bruch** ‖ **Ver|trau|ens|fra|ge:** *Misstrauensvotum zur Überprüfung der Mehrheit;* die Regierung stellt im Parlament die V. ‖ **Ver|trau|ens|frau:** *gewählte Vertreterin einer Gemeinschaft* ‖ **Ver|trau|ens|grund|la|ge:** eine gute V. ‖ **Ver|trau|ens|grund|satz** (Jus): *Annahme, dass sich jede/r an die Regeln und Vorschriften im Straßenverkehr hält* ‖ **Ver|trau|ens|kri|se** ‖ **Ver|trau|ens|leh|rer** (Bildw.): *inoffizielle Lehrerfunktion an manchen Schulen, zB als spezieller Ansprechpartner für Schüler* ‖ **Ver|trau|ens|leh|re|rin** ‖ **Ver|trau|ens|leu|te** die (Pl.) ‖ **Ver|trau|ens|mann** der, -[e]s/-männer [-leute]: *gewählter Vertreter einer Gemeinschaft* ‖ **Ver|trau|ens|per|son** ‖ **Ver|trau|ens|sa|che** ‖ **ver|trau|ens|se|lig:** *anderen blind vertrauend* ‖ **Ver|trau|ens|stel|lung:** eine V. missbrauchen ‖ **Ver|trau|ens|ver|hält|nis** ‖ **Ver|trau|ens|ver|lust** ‖ **ver|trau|ens|voll** ‖ **Ver|trau|ens|vor|schuss** ‖ **ver|trau|ens|wür|dig** ‖ **ver|trau|lich:** eine vertrauliche *(nicht zur Weitergabe bestimmte)* Mitteilung; streng v. ‖ **Ver|trau|lich|keit** die, -/-en

ver|träumt: ein verträumter *(nachdenklicher, fantasievoller; wirklichkeitsfremder)* Mensch | ein verträumter *(stiller)* See ‖ **Ver|träumt|heit** die, -

ver|traut: ein vertrauter Freund; mit einem Werkzeug v. sein *(es richtig, geschickt gebrauchen können);* sich mit etwas v. machen ‖ **Ver|traut|heit** die, -/-en

ver|trei|ben: Menschen aus ihrer Heimat v.; eine Fliege v. *(wegjagen)* | sich die Zeit v. *(sich beschäftigen)* | Zeitschriften v. *(verkaufen)* ‖ **Ver|trei|bung** die, -/-en

ver|tret|bar: ein vertretbarer Vorschlag ‖ **ver|tre|ten:** die Schuhabsätze v. *(schief treten)* | sich den Fuß v. *(verstauchen)* | sich die Füße v. *(ein wenig herumgehen)* | eine Kollegin v. *(deren Arbeit verrichten)* | eine Firma v. *(ihre Waren anbieten)* | eine Meinung v. *(für sie eintreten)* ‖ **Ver|tre|ter** der, -s/-: *Stellvertreter* | Handelsvertreter ‖ **Ver|tre|ter|be|such** ‖ **Ver|tre|te|rin** die, -/-innen ‖ **Ver|tre|tung** die, -/-en: in V. des Chefs; in Vertretung (i. V.) unterschreiben | die [diplomatische] V. der USA ‖ **Ver|tre|tungs|be|hör|de:** eine diplomatische V. im Ausland *(Botschaft, Konsulat uÄ)* ‖ **Ver|tre|tungs|kör|per** (Amtsspr., Admin.): allgemeine V. *(gesetzlich eingerichtete Körperschaften des öffentlichen Rechts wie Nationalrat, Bundesrat, Landtage, Gemeinderäte, Bezirksvertretungen)* ‖ **Ver|tre|tungs|macht:** *eine Vollmacht;* die V. eines Bevollmächtigten | (Pol.) *Interessenvertretung eines anderen Staates gegenüber Dritten* ‖ **ver|tre|tungs|wei|se**

Ver|trieb: *Verkauf* ‖ **Ver|trie|be|ne**[1] der, -n/-n, ein Vertriebener: *Flüchtling;* Heimatvertriebener ‖ **Ver|trie|be|ne**[2] die, -n/-n ‖ **Ver|triebs|ab|tei|lung** ‖ **Ver|triebs|lei|ter:** *Verkaufsleiter* ‖ **Ver|triebs|lei|te|rin** ‖ **Ver|triebs|netz**

ver|trin|ken: das ganze Geld v.

ver|trock|nen: *austrocknen*

ver|trö|deln (abw.): die Zeit v. *(sie nicht zweckmäßig nützen)*

ver|trös|ten: jemanden auf die Zukunft v. *(jemandem bessere Zeiten in Aussicht stellen)* ‖ **Ver|trös|tung**

ver|trot|teln, ich vertrottle (derb): *verblöden;* ein vertrottelter Alter

ver|tschüs|sen sich (ugs.): *sich verabschieden, weggehen;* → tschüss

ver|tun[1]: die Zeit v. *(vertrödeln)* ‖ **ver|tun**[2] sich (ugs.): *sich irren*

ver|tu|schen, du vertusch[s]t: einen Skandal v. *(ihn nicht bekannt werden lassen)* ‖ **Ver|tu|schung** die, -/-en

ver|übeln, ich verüble: *übel auslegen, verargen, übel nehmen*

ver|üben: ein Verbrechen v. *(ausführen)*

ver|ul|ken (bes. D): *verspotten* ‖ **Ver|ul|kung** die, -/-en (bes. D)

ver|un|eh|ren (geh.): das Ansehen des Vereins v. *(schädigen)*

Ver|un|fall|te[1] der, -n/-n, ein Verunfallter (Amtsspr.): *Unfallopfer* ‖ **Ver|un|fall|te**[2] die, -n/-n (Amtsspr.)

ver|un|glimp|fen (geh.): *schmähen, beleidigen* ‖ **Ver|un|glimp|fung** die, -/-en

ver|un|glü|cken: *einen Unfall erleiden;* tödlich v. ‖ **Ver|un|glück|te**[1] der, -n/-n, ein Verunglückter ‖ **Ver|un|glück|te**[2] die, -n/-n

ver|un|mög|li|chen (ugs.): *unmöglich machen, verhindern* ‖ **Ver|un|mög|li|chung** die, - (ugs.)

ver|un|rei|ni|gen: *schmutzig machen* ‖ **Ver|un|rei|ni|gung**

V

verunsichern: *unsicher machen* ‖ **Verunsicherung** die, -/-en

verunstalten: *hässlich machen, entstellen* ‖ **Verunstaltung** die, -/-en

veruntreuen: *unterschlagen, widerrechtlich für sich behalten* ‖ **Veruntreuung** die, -/-en

verunzieren (geh.): *hässlich machen, entstellen* ‖ **Verunzierung** die, -/-en (geh.)

verursachen: Schaden v.; große Schmerzen v. *(bereiten)* ‖ **Verursacher** der, -s/- ‖ **Verursacherin** die, -/-innen ‖ **Verursacherprinzip** (bes. Jus): *Grundsatz, für einen Schaden den unmittelbaren Verursacher haftbar zu machen* ‖ **Verursachung** die, -/-en

verurteilen: *missbilligen, ablehnen;* gerichtlich, rechtskräftig verurteilt werden ‖ **Verurteilte**[1] der, -n/-n, ein Verurteilter ‖ **Verurteilte**[2] die, -n/-n ‖ **Verurteilung** die, -/-en

Verve [vɛrf, fr.: -v] die, - ⟨fr.⟩ (geh.): *Schwung, Begeisterung;* mit gewohnter V.

vervielfachen: *multiplizieren* | *stark vermehren* ‖ **Vervielfachung** die, -/-en ‖ **vervielfältigen:** *vervielfachen;* ein Schriftstück v. *(es in vielen Exemplaren herstellen, kopieren)* ‖ **Vervielfältigung** die, -/-en

vervierfachen

vervollkommnen: sich in einem Fach v. ‖ **Vervollkommnung** die, -/-en

vervollständigen: eine Sammlung v. *(ergänzen)* ‖ **Vervollständigung** die, -/-en

verw.: verwitwet

verwachseln [-ks-] = **verwachsen**[1] [-ks-]: *[die Skier] mit falschem Wachs behandeln*

verwachsen[2] [-ks-]: mit seinem Beruf v. *(eng verbunden)* sein | ein verwachsener *(missgestalteter)* Baum ‖ **Verwachsung** die, -/-en

verwackeln: eine verwackelte Fotografie

verwählen sich: er verwählte sich beim Telefonieren

verwahren[1]: *sicher aufbewahren* ‖ **verwahren**[2] sich: sich gegen etwas v. *(dagegen Einspruch erheben); aber:* → verwehren

verwahrlosen: ein verwahrloster *(ungepflegter; heruntergekommener)* Mensch ‖ **Verwahrloste**[1] der, -n/-n, ein Verwahrloster ‖ **Verwahrloste**[2] die, -n/-n ‖ **Verwahrlosung** die, -

Verwahrnis das, -nisses/-nisse (Amtsspr.): *verwahrter Gegenstand* ‖ **Verwahrung** die, -: etwas in V. nehmen *(sicher aufbewahren)* | gegen ungerechte Behandlung V. *(Einspruch)* einlegen ‖ **Verwahrungsgebühr** ‖ **Verwahrungshaft** (Jus)

verwaisen, du verwaist: *die Eltern verlieren; aber:* → verweisen ‖ **verwaist:** *elternlos* | *einsam, verlassen*

Verwall[1] [f-] das, -s, *auch:* Ferwall: *ein Tal in Tirol* ‖ **Verwall**[2] der, -s, *auch:* Ferwall: *eine Gebirgsgruppe in Tirol und Vorarlberg*

verwalten: ein Spital v.; ein Amt v. ‖ **Verwalter** der, -s/-: der V. des Vermögens ‖ **Verwalterin** die, -/-innen ‖ **Verwaltung** die, -/-en: *Administration* ‖ **Verwaltungsabgabe** ‖ **Verwaltungsakademie:** *eine Bildungseinrichtung des Bundes* ‖ **Verwaltungsakt** der, -[e]s/-en (Jus): *ein Bescheid oÄ* ‖ **Verwaltungsbehörde** ‖ **Verwaltungsbezirk:** *politischer Bezirk, Verwaltungseinheit zwischen Land und Gemeinde* ‖ **Verwaltungsgebäude** ‖ **Verwaltungsgericht** (D) → Verwaltungsgerichtshof ‖ **Verwaltungsgerichtshof** (VwGH): *ein Höchstgericht* ‖ **Verwaltungshilfe:** *Amtshilfe* ‖ **Verwaltungsjahr** ‖ **Verwaltungskosten** die (Pl.) ‖ **Verwaltungsreform** ‖ **Verwaltungssenat:** *Berufungsinstanz im Verwaltungs[straf]verfahren;* der Unabhängige V. (UVS) ‖ **Verwaltungssprengel** ‖ **Verwaltungsstrafe** (Jus) ‖ **Verwaltungsübertretung** (Amtsspr.): eine V. begehen ‖ **Verwaltungsverfahren** ‖ **Verwaltungszentrum**

verwandeln: *umändern, umformen* | (Sport) einen Elfmeter v. *(ins Tor schießen)* ‖ **Verwandlung** ‖ **Verwandlungskünstler** ‖ **Verwandlungskünstlerin**

verwandt: mit jemandem weitläufig/nah v. sein; weder v. *(blutsverwandt)* noch verschwägert | verwandte *(ähnliche)* Begriffe ‖ **Verwandte**[1] der, -n/-n, ein Verwandter ‖ **Verwandte**[2] die, -n/-n ‖ **Verwandtenkreis:** die Feier fand nur im V. statt ‖ **Verwandtschaft** die, -: die V. zur Hochzeit einladen | eine V. *(Ähnlichkeit)* zwischen zwei Kunststilen ‖ **verwandtschaftlich** ‖ **Verwandtschaftsgrad** ‖ **Verwandtschaftsverhältnis**

verwanzen (sal.): *mit Abhörgeräten versehen*

verwarnen: *rügen, Konsequenzen in Aussicht stellen* ‖ **Verwarnung:** jemandem eine V. erteilen

verwaschen: vom Regen verwaschene Inschriften | verwaschene *(schlecht bzw. oft gewaschene)* Leintücher | eine verwaschene *(verschwommene, ungenaue)* Ausdrucksweise

verwässern: die Milch, den Wein v. | ein verwässerter *(ungenauer, abgeschwächter)* Bericht ‖ **Verwässerung** die, -/-en

verweben: Garn v. | (geh.) Beruf und Alltag miteinander v. *(verbinden)*

verwechselbar [-ks-] ‖ **verwechseln:** *jemanden irrtümlich für einen anderen halten; aber:* sich zum **V**erwechseln *(sehr)* ähnlich sehen ‖ **Verwechslung** die, -/-en

verwegen: *kühn, draufgängerisch* ‖ **Verwegenheit** die, -

verwehen: vom Wind verweht *(davongetragen);* vom Schnee verweht *(zugeweht)* ‖ **Verwehung** die, -/-en: *Schneeverwehung*

verwehren:

Nicht verwechseln!
verwehren – sich verwahren
verwehren bedeutet „nicht erlauben“, „nicht geben“:
- jemandem etwas (zB einen Zugang) verwehren *(nicht gewähren)*

sich verwahren bedeutet hingegen „sich heftig dagegen wehren“, „protestieren“:
- sich gegen etwas (zB eine Anschuldigung) verwahren

verweichlichen (oft abw.): *verwöhnen, verzärteln* ‖ **Verweichlichung** die, - (oft abw.)

Verweigerer der, -s/- ‖ **Verweigerin** die, -/-innen ‖ **verweigern:** den Gehorsam v.; die Aussage v. ‖ **Verweigerung** ‖ **Verweigerungsfall** (Jus): im V.

Verweildauer (geh.): *Zeit, die man an einem bestimmten Ort bleibt* ‖ **verweilen** (geh.): an einem Ort v. *(sich dort aufhalten)*

verweint: verweinte Augen

Verweis der, -es/-e: einen V. erhalten *(gerügt, getadelt werden);* einen V. erteilen | ein V. *(Hinweis)* auf eine bestimmte Stelle im Buch | (Gramm.) *Wörter oder Wortgruppen, die sich auf im Text zurückliegende oder folgende Textteile beziehen* ‖ **verweisen:** auf etwas v. *(darauf aufmerksam machen)* | jemanden des Landes v. *(jemanden ausweisen, verbannen); aber:* → verwaisen ‖ **Verweisung**

verwelken: die Blumen sind verwelkt

verweltlichen ‖ **Verweltlichung** die, -: die V. *(Lockerung der Strenge)* der Klöster im Mittelalter

verwendbar: *nützlich; brauchbar* ‖ **Verwendbarkeit** die, - ‖ **verwenden:** *benützen, gebrauchen* | (geh.) sie hat sich für ihn verwendet/verwandt *(eingesetzt)* ‖ **Verwendung:** keine V. für etwas haben *(es nicht brauchen können);* in V. *(Gebrauch)* nehmen; in V. stehen; V. finden ‖ **Verwendungsbereich** ‖ **Verwendungsbezeichnung** (Amtsspr.): *Amtstitel* ‖ **verwendungsfähig** ‖ **Verwendungsgruppe** (Amtsspr.): *Einstufungsgruppe im öffentlichen Dienst* ‖ **Verwendungsmöglichkeit** ‖ **Verwendungsweise** ‖ **Verwendungszulage** (Amtsspr.): *eine Gehaltszulage für Beamte* ‖ **Verwendungszweck**

verwerfen: sein Vorschlag wurde verworfen *(abgelehnt, für ungeeignet gehalten)* | der Rahmen hat sich verworfen *(verzogen)* ‖ **verwerflich:** *schlecht, verdammenswert* ‖ **Verwerflichkeit** die, - ‖ **Verwerfung** die, -: *Ablehnung, Verdammung* | (Geol.) (mit Pl. -en) *eine Auffaltung von Gesteinsschichten*

verwertbar: *brauchbar, nützlich* ‖ **verwerten:** Reste v. ‖ **Verwertung** die, -/-en

verwesen[1]: *verfaulen, in Verwesung übergehen*

verwesen[2], du verwest (veraltet): *als Stellvertreter [eine Pfarre] verwalten* ‖ **Verweser** der, -s/- (veraltet): *Verwalter;* Pfarrverweser; Reichsverweser

verwestlichen: *an die abendländische Zivilisation anpassen*

Verwesung die, -: in V. *(Fäulnis)* übergehen ‖ **Verwesungsgeruch**

verwetten: sein Geld v. *(durch Wetten aufs Spiel setzen, verlieren)*

verwickeln: Garn v. *(durcheinanderbringen)* | eine verwickelte *(schwierige)* Aufgabe | in eine böse Sache verwickelt *(hineingeraten)* sein | sich in Widersprüche v. ‖ **Verwicklung,** *auch:* Verwickelung: diplomatische Verwicklungen *(Schwierigkeiten)*

verwienern, *auch:* verwienerischen: *typische Wiener Eigenschaften annehmen, zum Wiener werden*

verwildern: ein verwilderter *(ungepflegter)* Garten; etwas v. *(verwahrlosen)* lassen ‖ **Verwilderung** die, -

verwinden[1]: sie hat die Kränkung noch nicht verwunden *(überwunden, verschmerzt)*

verwinden[2] (Technik): *einen Metallstab oÄ in der Längsachse verdrehen, um einen Bohrer herzustellen*

verwinkelt: eng verwinkelte Gassen

verwirken (geh.): ein Recht v. *(durch eigene Schuld verlieren)* ‖ **verwirklichen:** einen Plan v. *(ausführen)* ‖ **Verwirklichung** die, -/-en ‖ **Verwirkung** (Jus): *Verlust eines Rechtes [wegen verspäteter Geltendmachung]*

verwirren: *aus der Fassung bringen* | die Fäden v. *(durcheinanderbringen)* ‖ **Verwirrspiel** ‖ **verwirrt:** *kopflos, zerfahren* ‖ **Verwirrtheit** die, - ‖ **Verwirrung** die, -/-en

verwirtschaften: ein Erbe v. *(es vergeuden, durchbringen)*

verwischen: eine Spur v. *(sie unkenntlich machen)*

verwissenschaftlichen: *auf wissenschaftliche Grundlage stellen, [zu sehr] wissenschaftlich gestalten*

verwittern: der Fels verwittert *(seine Oberfläche zerfällt durch Witterungseinflüsse)* ‖ **Verwitterung** die, -

verwitwet (verw.): *den Gatten/die Gattin durch den Tod verloren habend;* Anna Müller[,] verwitwete (verw.) Meier[,] hat ... ‖ **Verwitwete**[1] der, -n/-n, ein Verwitweter ‖ **Verwitwete**[2] die, -n/-n

verwoben: mit etwas eng v. *(verknüpft)* sein

verwöhnen: ein verwöhntes *(verzärteltes)* Kind

verwordagelt = verwordakelt (ostöst., mda.): *verunstaltet, aus der Form gebracht*

verworfen (geh.): ein verworfener *(verkommener, lasterhafter)* Mensch ‖ **Verworfenheit** die, - (geh.)

verworren: *unklar; verwickelt; zerfahren* ‖ **Verworrenheit** die, -/-en

verwundbar: leicht v. *(verletzlich)* sein ‖ **Verwundbarkeit** die, - ‖ **verwunden**[1]: verwundete Soldaten

verwunden[2] → verwinden[1]

verwunderlich: *ungewöhnlich, erstaunlich* ‖ **verwundern:** *staunen;* sich über ihre Frage v.; es ist nicht zu v. *(verwunderlich)* ‖ **Verwunderung** die, -

Verwundete[1] der, -n/-n, ein Verwundeter: der leicht V. (= Leichtverwundete) ‖ **Verwundete**[2] die, -n/-n ‖ **Verwundung** die, -/-en

verwunschen: ein verwunschenes *(verzaubertes)* Schloss ‖ **verwünschen:** *verfluchen* | ein verwünschter *(unangenehmer, peinlicher)* Zufall ‖ **Verwünschung** die, -/-en

verwursteln [meist: -ʃt-] (ugs.): etwas verwurstelt *(in Unordnung gebracht; vertan; verlegt)* haben ‖ **verwursten** [-st-, auch: -ʃt-]: *in die Wurstmasse mischen*

verwurzelt: in der Heimat v. *(mit ihr innig verbunden)* sein ‖ **Verwurzelung** die, -/-en

verwüsten: *zerstören, verheeren* | *[durch Wassermangel] zur Wüste werden;* → Desertifikation ‖ **Verwüstung** die, -/-en: der Sturm richtete große Verwüstungen an

verwuzeln (ugs.): *zerknittern; zerknüllen*

verzagen: *den Mut verlieren* ‖ **Verzagtheit** die, -: *Mutlosigkeit*

verzählen[1] sich: *sich beim Zählen irren*

verzählen[2] (mda.): eine Geschichte v. *(erzählen)*

verzahnen: Bretter v. *(sie durch Zapfen miteinander verbinden)* | mit etwas eng verzahnt *(verbunden, verflochten)* sein ‖ **Verzahnung** die, -/-en: die V. der Räder in einem Getriebe

verzahren [-ˈtsa:(r)n], *auch:* verzarren (reg., ugs.): *entführen;* Kinder v. *(verschleppen [und sexuell missbrauchen])* ‖ **Verzahrer** der, -s/-, *auch:* Verzarrer (reg., ugs.): *Verführer, Entführer;* Kinderverzahrer ‖ **Verzahrerin** die, -/-innen, *auch:* Verzarrerin (reg., ugs.)

verzapfen: *durch Zapfen verbin-*

V

den; der Stuhl ist verzapft | (ugs., abw.) *mitteilen;* Unsinn v. *(reden)*

ver|zar|ren [-ˈtsa:(r)n] → verzahren ‖ **Ver|zar|rer** → Verzahrer ‖ **Ver|zar|re|rin** → Verzahrerin

ver|zär|teln: ich verzärtle *(verweichliche, verwöhne)* ein Kind ‖ **Ver|zär|te|lung** die, -

ver|zau|bern: eine verzauberte Prinzessin | verzaubert *(der Wirklichkeit entrückt)* sein ‖ **Ver|zau|be|rung** die, -/-en

ver|zäu|nen: *mit einem Zaun umgeben*

ver|zehn|fa|chen

Ver|zehr der, -s: *Verbrauch [an Lebensmitteln]* | zum V. *(Genuss)* geeignet ‖ **ver|zeh|ren:** sein Mittagessen v. | (geh.) sich vor Kummer v. *(vor Kummer krank werden)*

ver|zeich|nen: *falsch zeichnen; verzerrt darstellen* | *aufschreiben, festhalten; vermerken;* in der Wirtschaft ist ein Fortgang zu v. ‖ **Ver|zeich|nis** das, -nisses/-nisse: ein V. *(eine Auflistung)* der Personen | (EDV) Dateien und Dokumente in einem V. zusammenstellen

ver|zei|hen: *vergeben;* „Verzeihen Sie!" ‖ **ver|zeih|lich:** *entschuldbar* ‖ **Ver|zei|hung** die, -: *Vergebung;* Verzeihung! *(Entschuldigung!)*

ver|zẹr|ren: das Gesicht v. | eine verzerrte *(unrichtige, entstellte)* Wiedergabe des Gehörten ‖ **Ver|zẹr|rung**

ver|zẹt|teln: ich verzettle meine Kräfte *(verschwende sie für Unwichtiges);* verzettle dich nicht ‖ **Ver|zẹt|te|lung** = **Ver|zẹtt|lung** die, -/-en

Ver|zịcht der, -[e]s/-e: auf etwas V. leisten *(darauf verzichten)* ‖ **ver|zịcht|bar** ‖ **ver|zịch|ten:** auf Gewalt[anwendung] v.; auf alle Ansprüche v. ‖ **Ver|zịchts|er|klä|rung,** *auch:* Verzichterklärung

ver|zie|hen: den Mund v. | die Kinder v. *(schlecht erziehen; verzärteln)* | das Gewitter verzog sich *(ging vorüber);* → verzogen

ver|zie|ren: *[aus]schmücken;* die Zeichnungen mit einem schönen Rand v. ‖ **Ver|zie|rung** die, -/-en

ver|zịn|ken: *mit Zink überziehen* ‖ **Ver|zịn|kung** die, -/-en

ver|zịn|nen: *mit Zinn überziehen;* verzinntes Kupfer

ver|zịn|sen: Geld mit 3 % v.; die Spareinlage verzinst sich gut *(sie bringt hohe Zinsen)* ‖ **ver|zịns|lich:** verzinsliches Darlehen ‖ **Ver|zịn|sung** die, -/-en

ver|zọ|cken (ugs.): *verspekulieren, verspielen*

ver|zọ|gen: ein verzogenes *(verwöhntes, schlecht erzogenes)* Kind | ein verzogener Rahmen | „Empfänger verzogen" (als Postvermerk: *er wohnt nicht mehr hier*); → verziehen

ver|zö|gern: *verlangsamen;* die Fertigstellung verzögert sich noch ein wenig ‖ **Ver|zö|ge|rung** die, -/-en ‖ **Ver|zö|ge|rungs|ma|nö|ver** [-v-, -f-] ‖ **Ver|zö|ge|rungs|tak|tik:** *planmäßiges Verzögern*

ver|zọl|len: eine Ware v. *(Zoll für sie zahlen)* ‖ **Ver|zọl|lung** die, -/-en

ver|zopft (abw.): *rückständig, altmodisch, spießbürgerlich*

ver|zu|ckern: flüssiger Honig verzuckert *(kristallisiert, kandiert, wird fest)*

ver|zụckt: *begeistert, tief beglückt, außer sich* ‖ **Ver|zụckt|heit** die, - ‖ **Ver|zụ|ckung** die, -/-en: in V. geraten

Ver|zug der, -[e]s: ohne V. *(unverzüglich, sofort);* im V. *(im Rückstand)* sein; mit der Lieferung in V. kommen; bei Gefahr im V. *(bei unmittelbarer, akuter Gefahr)* ‖ **Ver|zugs|zin|sen** die (Pl.) (Bankw.): *zusätzliche Zinsen bei verspäteter Zahlung*

ver|zup|fen sich (bes. ostöst., ugs.): *sich davonschleichen, verschwinden; sich [von der Arbeit] drücken*

ver|zwei|feln: *jede Hoffnung aufgeben;* an etwas/jemandem v.; *aber:* es ist zum **V**erzweifeln ‖ **ver|zwei|felt:** *hoffnungslos* | v. *(mit äußerster Anstrengung)* um etwas kämpfen; eine v. ernste Lage ‖ **Ver|zweif|lung** die, -: jemanden zur V. bringen ‖ **Ver|zweif|lungs|tat**

ver|zwei|gen sich: die Baumkrone verzweigt sich in viele Äste | ein verzweigtes Netz von Straßen und Wegen ‖ **Ver|zwei|gung** die, -/-en

ver|zwị|cken (ugs.): eine Wurstsemmel v. *(aufessen)* ‖ **ver|zwịckt** (ugs.): eine verzwickte *(schwierige, verwickelte, knifflige)* Angelegenheit ‖ **Ver|zwịckt|heit** die, -

Vẹs|per [v-, auch: f-] die, -/-n ⟨lat.⟩: *Andacht am Nachmittag; Teil des Stundengebets* | (auch: das, -s/-) (bes. südl. D) *Jause [am Nachmittag]* ‖ **Vẹs|per|bild** (Kunstg.): *Pietà* ‖ **Vẹs|per|brot** das, -[e]s (bes. südl. D) ‖ **Vẹs|per|läu|ten** das, -s ‖ **vẹs|pern** (bes. südl. D): *jausnen* ‖ **Vẹs|per|pau|se** ‖ **Vẹs|per|zeit** (bes. südl. D)

Ves|ta|lin [v-] die, -/-innen ⟨lat.⟩: *eine altrömische [jungfräuliche] Priesterin*

Vẹs|te [f-] die, -/-n (veraltet): *Festung;* die V. Hohensalzburg; → Feste

Ves|ti|bül [v-] das, -s/-e ⟨lat.-fr.⟩: *Vorhalle, Stiegenhalle [in einem Theater]*

Ve|suv [veˈzu:f] der, -s: *Vulkan bei Neapel*

Ve|te|ran [v-, auch: f-] der, -en/-en ⟨lat.⟩: *ausgedienter Soldat, ehemaliger Kriegsteilnehmer; jemand, der lange gedient hat* ‖ **Ve|te|ra|nin** die, -/-innen

ve|te|ri|när [v-] ⟨lat.-fr.⟩: *tierärztlich; aber:* **V**eterinärmedizinische Universität Wien ‖ **Ve|te|ri|när** der, -s/-e: *Tierarzt* ‖ **Ve|te|ri|när|amt** ‖ **Ve|te|ri|nä|rin** die, -/-innen ‖ **Ve|te|ri|när|me|di|zin:** *Tierheilkunde;* → G.: Humanmedizin ‖ **Ve|te|ri|när|me|di|zi|ni|sche Uni|ver|si|tät** [- -v-] die, -n - (in Wien) ‖ **Ve|te|ri|när|rat:** *ein Berufstitel* ‖ **Ve|te|ri|när|rä|tin**

Vẹ|to [v-] das, -s/-s ⟨lat.⟩: *Einspruch;* ein V. gegen einen Beschluss einlegen *(ihn damit blockieren)* ‖ **Vẹ|to|recht:** *Einspruchsrecht*

Vẹt|tel [f-] die, -/-n ⟨lat.⟩ (derb, abw., veraltet): *verwahrloste alte Frau*

Vẹt|ter [f-] der, -s/-n: → *Cousin* | (reg., veraltet) *vertrauter Freund einer Familie, Onkel* ‖ **Vẹt|tern|wirt|schaft** (abw.): *Begünstigung von Verwandten; Protektion [bei der Vergabe von Posten], Nepotismus;* → Freunderlwirtschaft

Ve|xier|bild [v-] ⟨lat.⟩: *Scherzzeichnung, in die ein Bild versteckt hineingezeichnet ist* ‖ **Ve|xier|spie|gel:** *Spiegel, der ein verzerrtes Bild wiedergibt*

VfGH: Verfassungsgerichtshof

v-för|mig [ˈfaʊ-] = **V-för|mig:** *wie ein V geformt*

VGA [faʊ ge ˈa:] (EDV): **V**ideo **G**raphics **A**rray *(eine Farbdarstellungstechnik auf Bildschirmen);* → CGA; → EGA; → SVGA ‖ **VGA-Bild|schirm** (EDV) ‖ **VGA-Gra|fik|kar|te** = **VGA-Gra|phik|kar|te** [-f-] (EDV) ‖ **VGA-Kar|te** (EDV)

vgl.: ver**gl**eiche; vgl. S. 9 *(vergleiche Seite 9)*

vH = **v. H.: v**om **H**undert *(Prozent);*

3 v. H *(3 %)*
VHS [faʊ ha 'ɛs]: **V**olks**h**och**s**chule | (Wz.) (Elektrot.) **V**ideo **H**ome **S**ystem *(eine Fernseh- und Videonorm)*
via [v-] ⟨lat.⟩: *auf dem Wege über; mittels;* via Frankfurt nach Wien fliegen ‖ **Viadukt** das = der, -[e]s/-e: *über ein Tal gebaute Brücke für einen Verkehrsweg;* Eisenbahnviadukt
Viagra [v-] das, -s/-s (Wz.): *eine Pille zur Steigerung der Potenz*
Vibrafon = **Vibraphon** [v-f-] das, -s/-e ⟨lat.+gr.⟩ (Mus.): *ein Schlaginstrument* ‖ **Vibration** [-tsi̯-] die, -/-en ⟨lat.⟩: *Schwingung* ‖ **Vibrato** das, -[s]/-s [Vibrati] ⟨lat.-it.⟩ (Mus.): *ausdrucksvolles Bebenlassen des Tons* ‖ **Vibrator** der, -s/-en [-'oː-]: *Massagestab* ‖ **vibrieren:** ein vibrierender *(schwingender, zitternder, rüttelnder)* Motor
VIC [vik, viː aɪ 'siː] das, -: **V**ienna **I**nternational **C**entre
vice versa ['vitse v-] ⟨lat.⟩: *umgekehrt*
Vickerl [v-, auch: f-]: *männl. Vorname (Viktor, Ludwig)* ‖ **Vicki,** *auch:* Vicky [-i], Viki: *weibl. und männl. Vorname (Viktoria, Viktor)* ‖ **Victor** [-k-] → Viktor ‖ **Victoria** → Viktoria ‖ **Victoriasee:** *See in Ostafrika*
vide [v-] ⟨lat.⟩ (v.): *sieh[e]*
Video [v-] das, -s/-s ⟨lat.⟩: *Kurzwort für Videofilm uÄ;* eine Fernsehsendung auf V. *(mit dem Videorekorder)* aufzeichnen ‖ **Videoband** ‖ **Videoblogging** ‖ **Videoclip** [-k-] ⟨lat.+engl.⟩: *kurzer Videofilm;* → Clip ‖ **Videokamera** ‖ **Videokassette** ‖ **Videokonferenz:** *Zusammenschaltung verschiedener Teilnehmer per Bildschirm* ‖ **Videomaut:** *Mauteinhebung, bei der die Fahrzeuge über Video erfasst werden* ‖ **Videoportal** (Internet): *auf Videos spezialisierte Website, zB YouTube* ‖ **Videorekorder** = Videorecorder [-k-] ‖ **Videotechnik** ‖ **Videotext:** *Bildschirmtext [im Fernsehen]* ‖ **Videothek** die, -/-en: *Sammlung von Filmen und Videos* | *Videoverleih* ‖ **Videoübertragung** ‖ **videoüberwachen:** die Einfahrt ist/wird videoüberwacht ‖ **Videoüberwachung:** ein Haus mit V. ‖ **Videowall** [-wɔːl] die, -/-s ⟨engl.⟩: *Videowand* ‖ **Videowand:** *Großbildleinwand*

vidimieren [v-] → vidieren ‖ **Vidimierung** → Vidierung ‖ **vidieren,** *auch:* vidimieren ⟨lat.⟩ (Amtsspr.): *eine Kopie oder Abschrift notariell beglaubigen* | ein Schriftstück vom Chef v. *(abzeichnen, zur Kenntnis nehmen)* lassen | (Med.) *einen Röntgenbefund fertigstellen und elektronisch freigeben* ‖ **Vidierung** die, -/-en, *auch:* Vidimierung (Amtsspr. bzw. Med.): *Beglaubigung, Beurkundung*
Viech das, -[e]s/-er (ugs.): *Tier, Vieh* | (ugs., sal.) ein hohes/großes V. *(eine wichtige Persönlichkeit)* ‖ **Viecherei** die, -/-en (ugs., sal.): *Schinderarbeit* | *Gemeinheit; Blödsinn* ‖ **Viecherl** das, -s/-[n] (ugs.): *Viech;* ein liebes V. ‖ **Viechsarbeit** die, - (ugs.): *sehr schwere, lästige Arbeit* ‖ **Viechskerl** (derb, abw.): *brutaler Mann* ‖ **Viechswut** (ugs., sal.): *große Wut* ‖ **Vieh** das, -[e]s: *landwirtschaftliche Nutztiere* | (derb, abw.) *brutaler Rohling* ‖ **Viehabtrieb** ‖ **Viehauftrieb** ‖ **Viehbestand** ‖ **Viehfutter** ‖ **Viehhändler** ‖ **Viehhändlerin** ‖ **Viehherde** ‖ **viehisch** (abw.): eine viehische *(unmenschliche)* Tat ‖ **Viehmarkt** ‖ **Viehsalz** das, -es: *Lecksalz für Wild und Vieh* ‖ **Viehseuche** ‖ **Viehtränke** ‖ **Viehtransport** ‖ **Viehtrieb** ‖ **Viehwaggon** = Viehwaggon: *ein Güterwagen* ‖ **Viehwirtschaft** ‖ **Viehzucht** ‖ **Viehzüchter** ‖ **Viehzüchterin**

viel,

mehr/am meisten: viel besser; viel zu wenig; viel Gutes; vieles Gute; das viele Geld; viele Kinder (*ugs. auch:* viel Kinder); die vielen Kinder; → vielmal; → vielmals; → mehr

Im Normalfall gilt Kleinschreibung:
- viel[es] bringen
- um vieles billiger
- in vielem ähnlich
- viele tun das
- die vielen, die da waren

Wenn der nominale Gebrauch betont werden soll, ist auch Großschreibung möglich:
- das **V**iele, das auf uns zukommt
- das Verhältnis der Wenigen zu den **V**ielen R→ S. 894, 2.3.1

Getrenntschreibung:
- so viel Geld haben; *aber als Konjunktion zusammen:* soviel ich weiß, kommt sie morgen
- wie viel kostet das?
- wie viele Menschen waren da?; *aber zusammen:* der wievielte Teilnehmer
- ich bekomme gleich viel
- zu viel; viel zu viel; [viel] zu viele Leute
- allzu viel
- soundso viel; *aber zusammen:* am soundsovielten Juni

Getrennt- und Zusammenschreibung mit adjektivisch gebrauchten Partizipien, zB:
- viel beschäftigte (= vielbeschäftigte) Grafiker
- eine viel gereiste (= vielgereiste) Ingenieurin
- viel sagend = vielsagend
- viel versprechende (= vielversprechende) Vorschläge *(verheißungsvolle); aber nur zusammen:* ein äußerst vielversprechender Vorschlag, sehr vielversprechend R→ S. 903, 2.2.1

vielartig ‖ **vielbändig** ‖ **viel beschäftigt** = **vielbeschäftigt** ‖ **vieldeutig:** ein vieldeutiger Ausspruch *(ein Ausspruch, der viele Deutungen zulässt)* ‖ **Vieleck:** *Polygon* ‖ **Vielehe:** *Ehe mit mehr als einem Partner;* → Polygamie; → G.: Einehe ‖ **vielenorts** ‖ **vielerlei:** v. Wünsche ‖ **vielerorts** (geh.) ‖ **vielfach:** auf vielfachen Wunsch; *aber:* um ein Vielfaches größer ‖ **Vielfache** das, -n: das kleinste gemeinsame V. ‖ **Vielfalt** die, -: *Verschiedenartigkeit, Vielfältigkeit* ‖ **vielfältig:** *häufig, verschiedenartig, mannigfaltig* ‖ **Vielfältigkeit** die, - ‖ **vielfärbig,** *auch:* vielfarbig ‖ **Vielfraß** der, -es/-e: *eine Marderart* | (scherzh. bzw. abw.) *jemand, der übermäßig viel isst* ‖ **viel gebraucht** = **vielgebraucht** ‖ **viel genannt** = **vielgenannt** ‖ **viel gereist** = **vielgereist** ‖ **vielgestaltig** ‖ **Vielgötterei** die, -: *Glaube an mehrere Götter, Polytheismus* ‖ **Vielheit** die, -: *große Anzahl, Fülle* ‖ **vielköpfig:** eine vielköpfige *(viele Menschen umfassende)* Menge ‖ **vielleicht:** v. in hundert Jahren | das war v. eine Aufregung! ‖ **vielmal** (veraltend): *vielmals;* → wievielmal ‖ **vielmals:** sich v. bedanken; ich bitte v. um Entschuldigung; *aber:* viele Mal[e] ‖ **vielmehr** (geh.): ich

V

meine v. *(im Gegenteil, aber, dagegen)*, dass …; *aber:* du hast viel mehr als ich ‖ **viel sagend** = **vielsagend:** sich v. sagende (= vielsagende) Blicke zuwerfen; *aber nur:* ein sehr vielsagender Blick ‖ **vielschichtig** ‖ **Vielschreiber** (oft abw.) ‖ **Vielschreiberin** (oft abw.) ‖ **vielseitig:** eine vielseitige Begabung ‖ **Vielseitigkeit** die, -: ihre V. ist bewundernswert | (Sport) *Kurzwort für Vielseitigkeitsreiten* ‖ **Vielseitigkeitsprüfung:** *eine Disziplin im Reitsport (Military)* ‖ **Vielseitigkeitsreiten** (Sport) ‖ **vielsprachig** ‖ **vielstimmig** ‖ **vieltausendmal:** ich hab das schon v. gesagt; *aber:* viele tausend (*auch:* Tausend) Mal[e] ‖ **viel versprechend** = **vielversprechend** → viel ‖ **Vielvölkerstaat:** *Staat, in dem mehrere Völker leben, zB Österreich vor 1918* ‖ **Vielweiberei** die, -: *Polygamie* ‖ **Vielwisser** der, -s/- ‖ **Vielwisserin** die, -/-innen ‖ **Vielzahl** die, -: eine V. von Fragen

Vienna [viˈɛ-]: *latinisierender (heute internationaler) Name für Wien;* V. International Airport [- -ˈnæʃənəl ˈeə-] *(Internationaler Flughafen Wien);* V. International Centre [- -ˈs-] *(UNO-City in Wien);* V. International School [- - ˈskuːl] *(in Wien);* → VIC ‖ **Viennense** das, -s/Viennensia: *spezifische Wiener Eigenart, Erscheinung | spezifische Publikation zum Thema Wien*

vier (4): die v. Jahreszeiten; in seinen v. Wänden *(zu Hause)* bleiben; etwas unter v. Augen *(nur zu zweit)* besprechen | (ugs., scherzh.) auf seine v. Buchstaben *(auf den Popo)* fallen; alle viere von sich strecken; auf allen vieren gehen; zu vieren; → viert; → vierte; → acht ‖ **Vier** die, -/-en (bes. D): *Vierer; die Ziffer Vier (4);* die Note V.; → Vierer | (Gesch.) die V. im Jeep *(Patrouille in der Wiener Innenstadt mit Soldaten der vier Besatzungsmächte nach dem 2. Weltkrieg)* ‖ **Vierachser** [-ks-] ‖ **vierachsig** [-ks-] (4-achsig) ‖ **Vierakter** der, -s/-: *Bühnenwerk in vier Akten* ‖ **Vieraugengespräch:** *Gespräch zu zweit* ‖ **Vierbeiner** der, -s/-: *Tier mit vier Beinen;* → Zweibeiner ‖ **vierbeinig** (4-beinig) ‖ **vierbändig** (4-bändig) ‖ **vierblätterig** = **vierblättrig:** ein vierblätt[e]riges Kleeblatt *(Glückssymbol)* finden ‖ **Viereck:** *Fläche mit vier Seiten, zB Rechteck* ‖ **viereckig** (4-eckig) ‖ **viereinhalb**

> **Vierer** (4er)
>
> der, -s/-: *die Ziffer Vier* (4) | (Sport) *Boot für vier Ruderer*
>
> **Die österreichischen Formen der nominalisierten Zahlwörter werden auf -er gebildet:**
> - einen Vierer hinschreiben (bes. in Deutschland: eine Vier)
> - als Note einen Vierer *(ein Genügend)* bekommen (bes. in Deutschland: eine Vier)

Viererkette (Sport): *ein Verteidigungssystem im Fußball* ‖ **viererlei** ‖ **Viererreihe** ‖ **Viererschnapsen:** *ein Kartenspiel, Bauernschnapsen* ‖ **Viererteam** [-tiːm] ‖ **vierfach** (4fach, 4-fach) ‖ **Vierfarbendruck** ‖ **vierfüßig** ‖ **Vierfüßler** der, -s/- (Zool.) ‖ **Viergespann:** *Wagen mit vier Pferden* ‖ **vierhändig:** v. *(zu zweit auf einem Klavier)* spielen ‖ **vierhundert** (400) ‖ **vierjährig** (4-jährig) ‖ **Vierkant** der, -[e]s/-e: *ein vierkantiges Metallstück | ein Steckschlüssel* ‖ **Vierkanter** der, -s/- = **Vierkanthof:** *Vierseithof* ‖ **vierkantig** (4-kantig) ‖ **Vierkantschlüssel** ‖ **Vierling** der, -s/-e: Vierlinge zur Welt bringen; → Zwilling ‖ **viermal** (4-mal) (bei bes. Betonung auch: vier Mal) ‖ **viermotorig** ‖ **Vierradantrieb:** *Allradantrieb* ‖ **vierrädrig,** *auch:* vierräderig ‖ **vierschrötig:** *stämmig, kräftig, gedrungen* ‖ **Vierseiter** der, -s/- = **Vierseithof:** *eine Bauernhofform* ‖ **vierseitig** (4-seitig) ‖ **Viersitzer** der, -s/-: *Fahrzeug mit vier Sitzen* ‖ **viersitzig** ‖ **Vierspänner** der, -s/-: *Wagen mit vier Pferden* ‖ **vierspännig:** v. fahren ‖ **vierspurig** (4-spurig): eine vierspurige Autobahn ‖ **vierstellig** ‖ **Viersternehotel** ‖ **vierstimmig** ‖ **vierstöckig** ‖ **vierstrahlig:** eine vierstrahlige Düsenmaschine ‖ **vierstündig** ‖ **viert** [firt]: zu v. gehen ‖ **Viertagewoche** ‖ **viertägig** ‖ **Viertakter** der, -s/- = **Viertaktmotor** ‖ **viertausend** (4 000) ‖ **Viertausender** (4 000er): *Berg, der zwischen 4 000 und 4 999 m hoch ist* ‖ **vierte** [ˈfir-] (4.): die v. Zeile | (Großschreibung) der **Vierte** von links; der **Vierte** (4.) des Monats; Rudolf der **Vierte** (Rudolf IV.); → vier ‖ **vierteilen:** *in vier Stücke zerteilen, vierteln;* er hat das Brot gevierteilt ‖ **vierteilig**

> **viertel** [ˈfir-]
>
> (4tel, ¼): die Flasche ist drei viertel leer; *aber:* drei und ein Viertel | (ostöst.) viertel acht (westöst.: *Viertel nach sieben;* reg.: *Viertel über sieben, 7:15/19:15 Uhr*); es schlägt drei viertel vier (reg., zB westöst.: *Viertel vor vier*)
>
> **Kleinschreibung in Uhrzeitangaben unmittelbar vor Zahlen:**
> - um viertel fünf
> - gegen drei viertel acht; *aber groß:* um **Viertel** vor acht
>
> R→ S. 894, 2.3
>
> **Getrennt- und Zusammenschreibung mit Maßangaben:**
> - ein viertel Liter = Viertelliter
> - eine viertel Million = Viertelmillion
> - eine viertel Stunde = Viertelstunde
>
> R→ S. 904, 3.1.1

Viertel das, -s/- (4tel, ¼): drei und ein V.; das erste V. [des Mondes]; ein V. Brot; das akademische V.; → c. t. | es ist [ein] V. vor vier; → viertel | in einem vornehmen V. *(Stadtteil)* wohnen | V. unterm Manhartsberg *(Weinviertel)* ‖ **Vierteldrehung** ‖ **Viertelfinale** (Sport) ‖ **Vierteljahr** ‖ **vierteljährig:** *ein Kurs von vierteljähriger Dauer* ‖ **vierteljährlich:** vierteljährliche *(in jedem Vierteljahr fällige)* Zahlungen ‖ **Vierteljahrsschrift:** eine vierteljährlich erscheinende Zeitschrift ‖ **Viertelkreis** ‖ **viertel Liter** = **Viertelliter** (¼ Liter, ¼-Liter) ‖ **viertel Million** = **Viertelmillion** (¼ Million, ¼-Million) ‖ **vierteln,** ich viertle: *in Viertel teilen, vierteilen* ‖ **Viertelnote** (♩) (Mus.) ‖ **Viertelpause** (𝄽) (Mus.) ‖ **viertel Stunde** = **Viertelstunde** (¼ Stunde, ¼-Stunde): ich komme in einer v. S.; in drei v. Stunden ‖ **viertelstündig:** *eine Viertelstunde dauernd* ‖ **viertelstündlich:** *jede Viertelstunde* ‖ **Viertelton** (Mus.): *ein halber Halbton* ‖ **viertens** [ˈfir-] (4.) ‖ **vierter:** v. werden; → vierte ‖ **Viertklassler** der, -s/-: *Schüler der vierten Klasse* ‖ **Viertklässler** der, -s/-

V

(V, südl. D): *Viertklassler* ‖ **Viertklasslerin** die, -/-innen ‖ **Viertklässlerin** die, -/-innen (V, südl. D) ‖ **viertürig:** ein viertüriges Auto ‖ **Vierung** die, -/-en (Arch.): *Teil des Kirchenraums, in dem Längs- und Querschiff sich kreuzen* ‖ **Vierungskuppel** (Arch.) ‖ **Viervierteltakt** [-'firt-] ($^4/_4$-Takt, C-Takt) (Mus.) ‖ **vierwertig** ‖ **vierwöchig** ‖ **vierzehn** ['fir-] (14) ‖ **vierzehnhundert** (1 400) ‖ **vierzehnjährig** (14-jährig) ‖ **vierzehntägig** (14-tägig): *zwei Wochen dauernd* ‖ **vierzehntäglich** (14-täglich): *alle zwei Wochen* ‖ **Vierzehnte** ['fir-] der, -n/-n, *auch:* das (sal. auch für): *14. Monatsgehalt (Urlaubsgeld)* ‖ **Vierzeiler** der, -s/-: *eine vierzeilige Strophe mit meist scherzhaftem Inhalt, Gstanzl* ‖ **vierzig** ['fir-] (40): v. Euro; → achtzig ‖ **vierziger** (40er) → achtziger ‖ **Vierziger** (40er) der, -s/-: *die [Zahl] Vierzig* | seinen V. *(40. Geburtstag)* feiern | *eine Spielansage im Schnapsen* ‖ **Vierzigerin** die, -/--/-innen (40erin) ‖ **vierziger Jahr** = **Vierzigerjahr** (40er Jahr, 40er-Jahr): in den vierziger Jahren (= Vierzigerjahren) des 20. Jh.; → achtziger ‖ **vierzigjährig** (40-jährig) ‖ **vierzigste** (40.): der v. Geburtstag ‖ **Vierzigstundenwoche** (40-Stunden-Woche) ‖ **Vierzimmerwohnung** (4-Zimmer-Wohnung) ‖ **Vierzylinder** [-tsy-, -tsi-] (4-Zylinder): *ein Auto mit einem Vierzylindermotor* ‖ **vierzylindrig**

Vietnam [viɛ-]: *Staat in Südostasien*

vif [v-] ⟨lat.-fr.⟩: *lebhaft, aufgeweckt* ‖ **Vifzack** der, -s/-s (sal.): *jemand, der besonders vif und auf Zack ist*

Vigil [v-] die, -/-ien [-i̯ən] ⟨lat.⟩ (Rel.): *Vorabendfeier eines hohen katholischen Feiertages*

Vignette [vi'njɛtɛ] die, -/-n ⟨lat.-fr.⟩: *Aufkleber, Etikett, Pickerl* | *Zeichnung oder kleines Bild als [Rand]verzierung, zB in Büchern* ‖ **Vignettenflüchtling** (sal.): *Lenker/in, der/die vignettenpflichtige Straßen meidet* ‖ **Vignettenpflicht** (Verk.): *vorgeschriebener Kauf einer Vignette für die Benützung von Autobahnen* ‖ **vignettenpflichtig** ‖ **Vignettensünder** (sal.): *jemand, der ohne gültige Vignette im Mautbereich fährt* ‖ **Vignettensünderin** (sal.)

Vikar [v-] der, -s/-e ⟨lat.⟩: *Stellvertreter [des Pfarrers];* Bischofsvikar ‖ **Vikarin** die, -/-innen

Viki [v-]: *weibl. Vorname;* → Vicki ‖ **Viktor** [auch: f-], *auch:* Victor [-k-]: *männl. Vorname;* → Vickerl ‖ **Viktoria,** *auch:* Victoria: *römische Siegesgöttin* | *weibl. Vorname;* → Vicki ‖ **viktorianisch:** *dem Geist der Epoche der englischen Königin Victoria (1837–1901) entsprechend oder aus ihrer Zeit stammend;* viktorianische Anschauungen; *aber:* die **V**iktorianische Zeit

Viktualien [v-] die (Pl.) ⟨lat.⟩ (veraltet): *Lebensmittel* ‖ **Viktualienhandlung** (veraltet)

Villa [v-] die, -/Villen ⟨lat.⟩: *vornehmes Einzelwohnhaus*

Villach [f-] (Kfz: VI): *Statutarstadt in Kärnten* | (Kfz: VL) Villach-Land (= Villach Land) *(Villach-Umgebung)* ‖ **Villacher** (Adj.): V. Fasching ‖ **Villacher Alpe:** → *Dobratsch*

villenartig [v-]: *ein villenartiges Gebäude* ‖ **Villenviertel:** *aus Villen bestehender Stadtteil;* → Cottage

Vilnius [v-] (dt.: Wilna): *Hauptstadt Litauens*

Vils [f-]: *Stadt in Tirol*

Vinaigrette [vinɛ'grɛt(ɛ)] die, -/-n ⟨lat.-fr.⟩ (Küchenspr.): *ein Salatdressing*

Vindikation [v-tsi̯-] die, -/-en ⟨lat.⟩ (Jus): *Eigentumsklage*

Vindobona [v-, auch: -'boː-] ⟨kelt.-lat.⟩: *römische Vorgängerstadt Wiens*

Vinifikation [v-tsi̯-] die, - ⟨lat.⟩: *Weinbereitung; Kellereitechnik* ‖ **vinifizieren:** *Wein herstellen*

vinkulieren [v-] ⟨lat.⟩ (Jus): *an die Zustimmung eines anderen binden* ‖ **Vinkulierung** die, -/-en (Jus): *die Bindung eines Rechtes, zB auf Auszahlung der Versicherungssumme, an die Zustimmung eines Dritten*

Vinothek [v-] die, -/-en ⟨lat.+gr.⟩: *Sammlung von Weinen* | *Weinhandlung*

Vinschgau [f-] der, -[e]s, *auch:* Vintschgau: *ein Tal in Südtirol* ‖ **Vinschgerl** das, -s/-[n], *auch:* Vintschgerl, Vinschger, Vintschger: *ein dunkles Brotlaibchen*

Vintage ['v-tɪdʒ] die, -/-s [-ɪz] ⟨engl.⟩: *Altbestand* | *selektive Auswahl, Sammlung besonderer Gegenstände* | *erlesener Jahrgangswein*

Vintschgau → Vinschgau ‖ **Vintschgerl,** Vintschger → Vinschgerl

Vinzenz[1] [v-, auch: f-]: *männl. Vorname* ‖ **Vinzenz**[2] der, -/-: *Polizistenattrappe [aus Blech]*

Viola [v-] die, -/Violen ⟨prov.-it.⟩: *ein Streichinstrument, Bratsche;* V. d'Amore; V. da Gamba *(Gambe)* ‖ **Violaspieler** ‖ **Violaspielerin**

Viole [v-] die, -/-n ⟨lat.⟩: *Veilchen;* Nachtviole ‖ **violett** ⟨lat.-fr.⟩: *veilchenfarben;* v. färben ‖ **Violett** das, -[s]/-: *eine Farbe zwischen Rot und Blau;* eine Bluse in V. ‖ **Violette** der, -n/-n (meist Pl.) (Sport): *Austrianer*

Violine [v-] die, -/-n ⟨it.⟩: *Geige* ‖ **Violinkonzert** ‖ **Violinschlüssel** (𝄞) ‖ **Violinspieler** ‖ **Violinspielerin** ‖ **Violoncello** [-tʃ-]: *ein Streichinstrument, Cello* ‖ **Violone** der, -[s]/-[n] [Violoni] (Mus.): *Kontrabass*

VIP [vip] = **V. I. P.** [vi aɪ 'piː] die, -/-s ⟨engl.⟩: **v**ery **i**mportant **p**erson *(sehr wichtige, prominente Person)*

Viper [v-, f-] die, -/-n ⟨lat.⟩: *eine Giftschlange*

Virement [vir'mɑ̃ː] das, -s/-s ⟨fr.⟩ (Wirt.): *Austausch von Beträgen im Budget;* → Revirement ‖ **virementfähig**

Viren [v-] die (Pl. von → Virus)

Virgental [f-] das, -[e]s (OstT)

Virginia[1] [vir'dʒiː-] die, -/-s ⟨engl.⟩: *eine Zigarrensorte* ‖ **Virginia**[2] [auch: və'dʒɪnɪə]: *Bundesstaat der USA*

viribus unitis [v- -] ⟨lat.⟩: *mit vereinten Kräften*

viril [v-] ⟨lat.⟩ (geh.): *betont männlich* ‖ **Virilist** der, -en/-en: *Experte mit Mitspracherecht beim Österreich-Konvent* ‖ **Virilistin** die, -/-innen

Virologe [v-] der, -n/-n ⟨lat.+gr.⟩: *Virusforscher* ‖ **Virologie** die, - ‖ **Virologin** die, -/-innen ‖ **Virose** die, -/-n (Med.): *Viruserkrankung*

Virtualität [v-] die, -/-en ⟨lat.⟩ ‖ **Virtual Reality** ['vɜːtjuəl ri'ælɪti] die, - - ⟨engl.⟩ (Technol., EDV): *künstliche Wirklichkeit, vom Computer simulierte Welt;* → Cyberspace ‖ **virtuell** [vi-] ⟨lat.-fr.-engl.⟩: *nicht wirklich, nicht real, der Möglichkeit nach* | (Wirt., Ökol.) *virtuelles Wasser (die bei einem Produktionspro-*

V

zess verwendete Wassermenge) ‖ **virtuos** ⟨lat.-it.⟩: ein virtuoses *(meisterhaftes)* Spiel; eine virtuose Geigerin ‖ **Virtuose** der, -n/-n: ein V. auf der Violine *(Geigenkünstler)* ‖ **Virtuosin** die, -/-innen ‖ **Virtuosität** die, -: ein schwieriges Musikstück mit großer V. *(Kunstfertigkeit, Meisterschaft)* vortragen

virulent [v-] ⟨lat.⟩: virulente *(ansteckende)* Krankheitskeime | v. werdende *(gefährlich werdende, zum Ausbruch kommende)* Gefahren ‖ **Virulenz** die, -

Virunum [v-]: *römische Stadt, Ruinenstätte bei Klagenfurt (K)*

Virus [v-] das = der, -/Viren ⟨lat.⟩ (Med.): *kleinster Erreger von Infektionskrankheiten;* Grippevirus | (EDV) *Computerprogramm, das andere zerstört* ‖ **Viruserkrankung** (Med.) ‖ **Virusgrippe** ‖ **Virusinfektion** [-tsi̯-] (Med.)

Visa [v-] die (Pl. von → Visum)

Visage [vi'za:ʃ, -ʒɛ] die, -/-n ⟨lat.-fr.⟩ (ugs., abw.): *Gesicht;* eine brutale V. ‖ **Visagist** [-'ʒist] der, -en/-en: *Spezialist für Gesichtskosmetik, Maskenbildner* ‖ **Visagistin** die, -/-innen

vis-a-vis [viza'vi:] = **vis-à-vis** ⟨fr.⟩ (Präp. mit Dat.): v. dem Rathaus = v. vom Rathaus = dem Rathaus v. *(gegenüber dem Rathaus)* | (Adv.) er wohnt v. *(gegenüber)* ‖ **Visavis** das, - [-vi:(s)]/- [-vi:(s)]: *das Gegenüber*

Visier [v-] das, -s/-e ⟨lat.-fr.⟩: *die Zielvorrichtung [des Gewehrs];* jemanden/etwas ins V. nehmen *(genau beobachten)* | *beweglicher Teil des Helms, der das Gesicht schützt;* mit offenem V. *(offen und ehrlich)* kämpfen ‖ **visieren:** *auf etwas/jemanden zielen* | *ausmessen* ‖ **Visierfernrohr** ‖ **Vision** die, -/-en ⟨lat.⟩: eine V. *(eine Erscheinung, ein Traumgesicht)* haben | *Zielvorstellung für eine bessere Zukunft* ‖ **visionär:** *traumhaft* | *seherisch* ‖ **Visitation** [-tsi̯-] die, -/-en: *Besichtigung; Überprüfung; Durchsuchung* ‖ **Visitator** der, -s/-en: *Prüfungsbeauftragter* | (kath.) *ein Amtsträger* ‖ **Visitatorin** die, -/-innen ‖ **Visite** [-t(ɛ)] die, -/-n ⟨lat.-fr.⟩: *ärztlicher Hausbesuch; täglicher ärztlicher Kontrollbesuch bei den Kranken [im Spital]* ‖ **Visitenkarte,** *auch:* Visitkarte: *Namenskarte* ‖ **visitieren:** *durchsuchen; besichtigen* ‖ **Visitkarte** → Visitenkarte

Viskose [v-] die, - ⟨lat.⟩: *eine Zelluloseverbindung, die zur Herstellung einer Kunstfaser dient* ‖ **Viskosität** die, -: die V. *(Zähflüssigkeit)* des Schmieröls

Vis major [v- -] die, - - ⟨lat.⟩: *höhere, unbeeinflussbare Gewalt*

visualisieren [v-] ⟨lat.-engl.⟩: *sichtbar machen, veranschaulichen* ‖ **Visualisierung** die, -/-en ‖ **visuell:** visuelle *(durch das Auge aufgenommene)* Eindrücke; ein visueller Typ *(jemand, der Gesehenes leicht im Gedächtnis behält)* ‖ **Visum** das, -s/Visa [Visen] ⟨lat.⟩: *für Reisen in bestimmte Staaten notwendige Passeintragung, Sichtvermerk* ‖ **Visumgebühr** ‖ **Visumzwang:** *verpflichtendes Visum bei der Einreise in bestimmte Staaten*

Vita [v-] die, -/Viten (Vitae [-tɛ]) ⟨lat.⟩: *Lebensbeschreibung [eines Heiligen], Lebenslauf* ‖ **vital:** *lebenskräftig, energievoll; lebenswichtig* ‖ **Vitalfunktion** [-tsi̯-]: *lebenswichtige Funktion, zB Atmung* ‖ **vitalisieren:** *beleben* ‖ **Vitalität** die, -: *Lebenskraft* ‖ **Vitalstoff:** *lebensnotwendiger, in Nahrungsmitteln enthaltener Wirkstoff, zB Vitamin* ‖ **Vitamin** das, -s/-e: *ein lebenswichtiger Wirkstoff;* V. C | (scherzh.) Vitamin B *(Beziehungen)* = Vitamin P *(Protektion)* ‖ **Vitamin-B-hältig** [-'be:-], *auch:* Vitamin-B-haltig ‖ **Vitamingehalt** der, -[e]s/-e ‖ **vitaminhältig,** *auch:* vitaminhaltig ‖ **Vitaminmangel** ‖ **Vitaminpräparat** ‖ **vitaminreich:** vitaminreiche Kost ‖ **Vitaminstoß:** *Zufuhr einer größeren Menge eines oder mehrerer Vitamine*

Vitrine [v-] die, -/-n ⟨lat.-fr.⟩: *Glaskasten, Schaukasten*

Vitriol [v-] das, -s/-e ⟨lat.⟩ (Chem., veraltet): *ein Schwermetallsulfat*

Vitus [v-, auch: f-]: *männl. Vorname;* → Veit

vivace [vi'va:tʃɛ] ⟨it.⟩ (Mus.): *lebhaft, munter* ‖ **Vivace** das, -/- (Mus.) ‖ **vivat** ⟨lat.⟩: er/sie lebe hoch!; v. (= Vivat) rufen ‖ **Vivat** das, -s/-s: auf jemanden ein V. *(einen Hochruf)* ausbringen; V. (= vivat) rufen ‖ **Vivatruf** ‖ **Vivisektion** [-tsi̯-]: *operativer Eingriff an einem lebenden Tier zu Forschungszwecken* ‖ **vivisezieren**

Vize[1] [v-, f-] der, -s/-s ⟨lat.⟩ (sal.): *Kurzwort für Vizepräsident, Vizedirektor uÄ* ‖ **Vize**[2] die, -/-s (sal.) ‖ **Vizebürgermeister** ‖ **Vizebürgermeisterin** ‖ **Vizekanzler:** *Stellvertreter des Bundeskanzlers, ein Bundesminister* ‖ **Vizekanzlerin** ‖ **Vizepräsident:** *Stellvertreter des Präsidenten; zweiter Präsident* ‖ **Vizepräsidentin** ‖ **Vizerektor** ‖ **Vizerektorin** ‖ **Vizeweltmeister** ‖ **Vizeweltmeisterin**

v. J.: vorigen **J**ahres

VKI [fau ka 'i:] der, -: **V**erein für **K**onsumenten**i**nformation

vlg.: vu**lg**o

Vlies das, -es/-e: *ein bestimmter weicher Stoff; aber:* → Fleece | *Schaffell;* der Orden vom Goldenen V. ‖ **Vlieseline** die, - (Wz.): *ein aufbügelbarer Stoff*

Vlog [v-] das, -s/-s ⟨engl.⟩ (Internet): *Website mit vorwiegend Videos*

VLZ: Verkehrs**l**eit**z**entrale

vm.: vor**m**ittags ‖ **Vm.: V**or**m**ittag

v. M.: vorigen **M**onats

v. o.: von **o**ben (bei Verweisen in Büchern); 5. Zeile v. o.

Vöcklabruck [f-] (Kfz: VB): *Stadt und Bezirk in Oberösterreich*

VOEST-ALPINE ['fø:st-] die, -, *auch:* VOEST (früher): *ein Eisen und Stahl erzeugender Betrieb in Linz*

Vogel der, -s/Vögel: ein zwitschernder V.; der V. ist ausgeflogen *(die gesuchte Person ist nicht anzutreffen);* sie schießt den V. ab *(übertrifft mit einer Leistung alle anderen)* | (ugs.) er hat einen V. *(er ist verrückt);* jemandem den V. zeigen *(an die Stirn tippen, um zu zeigen, dass man jemanden für verrückt hält)* | (sal.) ein bunter/schräger V. *(eine schillernde, unkonventionelle Persönlichkeit)* ‖ **Vogelbeerbaum:** *ein Laubbaum, Eberesche* ‖ **Vogelbeerschnaps** ‖ **Vogelfänger** ‖ **Vogelfängerin** ‖ **vogelfrei:** *rechtlos; geächtet* | *ungebunden* ‖ **Vogelfutter** ‖ **Vogelgezwitscher** ‖ **Vogelgrippe:** *eine Tierseuche, Geflügelpest* ‖ **Vogelhaus:** *Vogelkäfig, Voliere* ‖ **Vogelhäuschen** ‖ **Vogelkäfig** ‖ **Vogelkirsche:** *wilde Kirsche* ‖ **Vogelkunde:** *Ornithologie* ‖ **vögeln** (derb): *koitieren* ‖ **Vogelnest** ‖ **Vogelperspektive** [-fɛ, -vɛ] die, -: *Vogelschau* ‖ **Vogelruf** ‖ **Vogelschar** ‖ **Vogelschau** die,

V

-: eine Ansicht aus der V. *(zB aus dem Flugzeug)* ‖ **Vo|gel|scheu|che** die, -/-n: *mit Fetzen behängtes menschenähnliches Gestell, das die Vögel abschrecken soll* ‖ **Vo|gel|schutz|ge|biet** ‖ **Vo|gel|schwarm** ‖ **Vo|gel|spin|ne:** *eine große Spinne* ‖ **Vo|gel|stei|ge** (reg.): *Vogelkäfig* ‖ **Vo|gel|stim|me** ‖ **Vo|gel-Strauß-Po|li|tik:** V. betreiben *(den Kopf in den Sand stecken, eine Gefahr nicht zur Kenntnis nehmen)* ‖ **Vo|gel-V** [-'faʊ] das, -/- (veraltet): das Wort *Vase* schreibt man mit Vogel-V ‖ **Vo|gel|war|te:** *ein Institut für Vogelkunde, bes. zur Beobachtung von Zugvögeln* ‖ **Vo|gel|würs|tel** [meist: -ʃt-] (ugs.): *Fruchtstand des Breitwegerichs* ‖ **Vo|gel|zug:** *Flug der Zugvögel* ‖ **Vo|gerl** das, -s/-[n]: *kleiner Vogel* | (ugs.) das Glück ist ein V. *(flüchtig, scheu, unstet, vergänglich)*

Vö|gerl das, -s/-[n] (Küchenspr.): *Teil der Wade des Kalbs;* Kalbsvögerl

Vo|gerl|sa|lat der, -[e]s: *Rapunzel*[1]

Vogt der, -[e]s/Vögte (früher): *Schutzherr; Richter; Verwalter* ‖ **Vog|tei** die, -/-en: *Amtsbezirk, Sitz eines Vogtes*

Voice|box ['vɔɪsb-] die, -/-es [-ɪz] ⟨engl.⟩: *Mailbox für Sprachnachrichten, Anrufbeantworter* ‖ **Voice|mail** [-meɪl]: *Sprachnachricht[ensystem]*

voi|là [vo̯a'la] ⟨fr.⟩: *Da ist es/Da sind sie!*

VoIP [faʊ o i 'peː] ⟨engl.⟩: **V**oice **o**ver **I**nternet **P**rotocoll *(Telefonie über Internet);* → Skype ‖ **voi|pen** [v-] (bes. D)

Voits|berg [f-] (Kfz: VO): *Stadt und Bezirk in der Steiermark*

Voj|vo|di|na [v-v-, auch: -'iː-, -'voː-] die, -: → Woiwodina

Vo|ka|bel [v-] das, -s/- = die, -/-n ⟨lat.⟩: *Wort aus einer fremden Sprache* ‖ **Vo|ka|bel|heft** ‖ **Vo|ka|bu|lar** das, -s/-e [-ien] [-ɪ̯ən]: *Wörterverzeichnis; Wortschatz* ‖ **vo|kal** (Mus.): *für Singstimme[n];* → instrumental ‖ **Vo|kal** der, -s/-e (Sprachwiss.): *Selbstlaut (a, e, i, o, u; ä, ö, ü);* → Konsonant ‖ **vo|ka|lisch:** Wörter mit vokalischem Anlaut ‖ **Vo|ka|li|se** die, -/-n ⟨lat.-fr.⟩: *auf Vokalen (ohne Worte) gesungenes Musikstück [als Gesangsübung]* ‖ **vo|ka|li|sie|ren** (Sprachwiss.): *einen Konsonanten vokalisch aussprechen* ‖ **Vo|ka|li|sie|rung** die, -/-en (Sprachwiss.) ‖ **Vo|kal|mu|sik:** *Musik für Singstimme[n];* → G.: Instrumentalmusik ‖ **Vo|ka|tiv** der, -s/-e (Gramm., Sprachwiss.): *Fall der Anrede (zB im Lateinischen)*

Vo|lant [vɔ'lɑ̃ː] der, -s/-s ⟨fr.⟩: *[gezogener] Besatz an Frauenkleidern, Vorhängen uÄ* | (auch mit Art. das) (veraltend) *Lenkrad*

vo|la|til [v-] ⟨lat.⟩ (Wirt.): *schwankend* ‖ **Vo|la|ti|li|tät** die, - (Wirt.): *Schwankung von Preisen, Aktienkursen, Märkten usw.*

Vo|li|e|re [vo'li̯eːɐ, -rɛ] die, -/-n ⟨fr.⟩: *Flugkäfig [im Tiergarten, Vogelhaus]*

Volk das, -[e]s/Völker: *eine große Gemeinschaft von Menschen mit gleicher Kultur, Geschichte, Sprache und anderen verbindenden Merkmalen;* die europäischen Völker | *die Bevölkerung eines Staates; Staatsvolk* | (geh.) das auserwählte Volk *(das jüdische Volk [in der Bibel])* | Leute aus dem V. *(aus der einfachen Bevölkerung)* | *Gruppe mit gleichen Merkmalen;* Bienenvolk ‖ **Vol|ker:** *männl. Vorname* ‖ **Völ|ker|ball** der (*ugs. auch:* das), -[e]s: *ein Ballspiel;* V. spielen ‖ **Völ|ker|bund** der, -[e]s (Pol.): *eine internationale Staatenvereinigung zur Sicherung des Friedens (von 1920 bis 1946)* ‖ **Völ|ker|kun|de** die, -: *Wissenschaft von den fremden [außereuropäischen] Völkern, Ethnologie* ‖ **Völ|ker|markt** (Kfz: VK): *Stadt und Bezirk in Kärnten* ‖ **Völ|ker|mord:** *Vernichtung eines Volks, Ermordung einer Volksgruppe, Genozid* ‖ **Völ|ker|recht** das, -[e]s (Pol., Jus): *internationales Recht, das die Beziehungen zwischen den Staaten regelt* ‖ **Völ|ker ver|bin|dend** = **völ|ker|ver|bin|dend** ‖ **Völ|ker|ver|stän|di|gung** ‖ **Völ|ker|wan|de|rung** (Gesch.): *eine Epoche zwischen Antike und Mittelalter* ‖ **völ|kisch** (im Nationalsozialismus): *das Volk betreffend, national, auf das Volkstum bezogen* ‖ **volk|reich** (veraltet): *stark bevölkert* ‖ **Volks|ab|stim|mung:** *demokratischer Willensentscheid der Wahlberechtigten eines Staates* ‖ **Volks|al|tar** (kath.): *dem Volk zugewendeter Altar* ‖ **Volks|an|walt** ‖ **Volks|an|wäl|tin** ‖ **Volks|an|walt|schaft** die, -: *eine staatliche Einrichtung für Beschwerden gegen die öffentliche Verwaltung* ‖ **Volks|auf|klä|rung** (beschön., zB im Nationalsozialismus): *Propaganda* ‖ **Volks|auf|lauf:** *Zusammenlauf* ‖ **Volks|auf|stand** ‖ **Volks|be|fra|gung** (Pol.): *Befragung der Bürger/innen zu wichtigen Entscheidungen in Form einer Abstimmung* ‖ **Volks|be|geh|ren:** *durch eine bestimmte Mindestanzahl von Bürgern eingebrachter Gesetzeswunsch* ‖ **Volks|be|geh|rer** der, -s/- (sal.): *jemand, der ein Volksbegehren beantragt* ‖ **Volks|be|geh|re|rin** die, -/-innen (sal.) ‖ **Volks|bil|dung:** *Erwachsenenbildung* ‖ **Volks|brauch** ‖ **Volks|de|mo|kra|tie:** *eine Staatsform kommunistisch regierter Staaten* ‖ **volks|deutsch** ‖ **Volks|deut|sche**[1] der, -n/-n, ein Volksdeutscher (bes. im Nationalsozialismus): *Bezeichnung für eine Person deutscher Volkszugehörigkeit und nichtdeutscher Staatsbürgerschaft, zB aus Osteuropa* ‖ **Volks|deut|sche**[2] die, -n/-n ‖ **Volks|dich|ter:** *Autor volkstümlicher Werke* ‖ **Volks|dich|te|rin** ‖ **Volks|ein|kom|men** ‖ **Volks|emp|fän|ger** (früher): *weit verbreitetes Radiogerät in der NS-Zeit* ‖ **Volks|emp|fin|den** (oft abw.): *Meinung der breiten Mehrheit* | das gesunde V. *(Rechtsbegriff im Nationalsozialismus, der es erlaubte, willkürliche Schuldsprüche zu verhängen)* ‖ **Volks|ety|mo|lo|gie** [-ty-] (Sprachwiss.): *volkstümliche [irrige] Erklärung der Herkunft bzw. Bedeutung von Wörtern und Namen auf Grund ihrer Lautung* ‖ **Volks|feind** (abw.): *in Diktaturen Bezeichnung für politisch Andersdenkende* ‖ **Volks|fein|din** (abw.) ‖ **Volks|fest** ‖ **Volks|fröm|mig|keit** ‖ **Volks|front** (früher): *ein Bündnis linker Parteien* ‖ **Volks|ga|ra|ge** [-'aːʃ, -ʒɛ]: *preisgünstige städtische Garage (in Wien)* ‖ **Volks|ge|mein|schaft** (veraltet) (Pol., bes. im Nationalsozialismus): *identitätsstiftend empfundene gemeinsame Gesellschaftsordnung eines Volkes* ‖ **Volks|ge|richts|hof:** *ein Gericht, zB im Nationalsozialismus, für politische Straftaten* ‖ **Volks|ge|sang** (Rel.): *Gesang der Gemeinde in der Kirche* ‖ **Volks|glau|be** = **Volks|glau|ben** ‖ **Volks|grup|pe:** *ethnische Minderheit* ‖ **Volks|grup|pen|bei|rat** (Pol.): *ein beratendes Gremium*

V

zur Wahrung der Interessen der Volksgruppen ‖ **Vo̲lks|grup|pen|ge|setz** ‖ **Vo̲lks|haus** (reg.): *Gemeindehaus* ‖ **Vo̲lks|held:** *Nationalheld* ‖ **Vo̲lks|hel|din** ‖ **Vo̲lks|hoch|schu|le** (VHS): *eine Einrichtung der Erwachsenenbildung* ‖ **Vo̲lks|in|s|t|ru|ment** [-st-]: *Instrument der Volksmusik* ‖ **Vo̲lks|krank|heit:** Rheuma ist eine V. ‖ **Vo̲lks|kul|tur** ‖ **Vo̲lks|kun|de** die, -: *Teil der Ethnologie, Wissenschaft von Brauchtum, Sitte usw. des eigenen Volkes (der europäischen Völker)* ‖ **Vo̲lks|kund|ler** der, -s/-: *Volkskundeforscher* ‖ **Vo̲lks|kund|le|rin** die, -/-innen ‖ **Vo̲lks|kunst** die, -: *traditionelle volkstümliche Kunst* ‖ **Vo̲lks|lied:** *traditionelles volkstümliches Lied* ‖ **Vo̲lks|mär|chen:** *Märchen, das auf mündlicher Überlieferung beruht;* → Kunstmärchen ‖ **Vo̲lks|me|di|zin:** *traditionelle volkstümliche Heilkunde* ‖ **Vo̲lks|men|ge** ‖ **Vo̲lks|mund** der, -[e]s: *volkstümlicher Sprachgebrauch* ‖ **Vo̲lks|mu|sik:** *überlieferte Musik von regionaler Eigenart; aber:* → volkstümliche Musik; → Popularmusik; → Volxmusik ‖ **Vo̲lks|oper:** die V. in Wien ‖ **Vo̲lks|par|tei** → ÖVP ‖ **Vo̲lks|pen|si|on:** *einheitliche Grundpension für alle* ‖ **Vo̲lks|re|pu|b|lik:** *volksdemokratisch geführte Republik* ‖ **Vo̲lks|sa|ge** ‖ **Vo̲lks|sän|ger** ‖ **Vo̲lks|sän|ge|rin** ‖ **Vo̲lks|schäd|ling** (abw.): *nationalsozialistische Bezeichnung für jemanden, der aus der Gesellschaft ausgeschlossen werden sollte* ‖ **Vo̲lks|schau|spie|ler:** *anerkannter Darsteller volkstümlicher Rollen* ‖ **Vo̲lks|schau|spie|le|rin** ‖ **Vo̲lks|schicht** (Soz.) ‖ **Vo̲lks|schul|bil|dung** ‖ **Vo̲lks|schu|le** (VS): *eine Pflichtschule, Grundschule* ‖ **Vo̲lks|schü|ler** ‖ **Vo̲lks|schü|le|rin** ‖ **Vo̲lks|schul|leh|rer** ‖ **Vo̲lks|schul|leh|re|rin** ‖ **Volks|schul|o̲ber|stu|fe** (bes. früher): *5. bis 8. Schulstufe der Volksschule* ‖ **Vo̲lks|sou|ve|rä|ni|tät** [-zuv-]: *Selbstbestimmung des Volkes, Grundsatz demokratischer Staatsverfassung* ‖ **Vo̲lks|sport:** *verbreitete Sportart* ‖ **Vo̲lks|spra|che** ‖ **Vo̲lks|stück:** *volkstümliches [heiteres] Bühnenstück* ‖ **Vo̲lks|sturm** (im Nationalsozialismus): *Organisation aus Buben und alten Männern zur Unterstützung der Wehrmacht zu Kriegsende 1945* ‖ **Vo̲lks|tanz** ‖ **Vo̲lks|tanz|grup|pe** ‖ **Vo̲lks|tracht:** *volkstümliche regionale Tracht* ‖ **Vo̲lks|tum** das, -s (veraltend): *Summe der Eigenschaften und gesellschaftlichen Werte eines Volkes* ‖ **Volks|tü|me|le̲i** die, -/-en (abw.): *bewusste, unechte Volkstümlichkeit* ‖ **vo̲lks|tü|melnd** (abw.): *Volkstümliches nur nachahmend* ‖ **vo̲lks|tüm|lich:** eine volkstümliche *(allgemein verständliche)* Rede | (Mus.) volkstümliche Musik *(Popularmusik, oft kommerzialisierte, populäre Musik im Gegensatz zur überlieferten Volksmusik)* ‖ **Vo̲lks|ty|pe** [-ty-]: *für die einheimische Bevölkerung typischer Mensch; Original* ‖ **Vo̲lks|ver|bun|den|heit** ‖ **Vo̲lks|ver|het|zung** ‖ **Vo̲lks|ver|samm|lung** ‖ **Vo̲lks|ver|tre|ter:** *Abgeordneter* ‖ **Vo̲lks|ver|tre|te|rin** ‖ **Vo̲lks|ver|tre|tung:** *Parlament* ‖ **Vo̲lks|wirt:** *Nationalökonom* ‖ **Vo̲lks|wir|tin** ‖ **Vo̲lks|wirt|schaft:** *Gesamtheit aller in einem Wirtschaftsraum (zumeist Staat oder Staatenbund) verbundenen Akteure (Haushalte, Unternehmen und der Staat)* ‖ **vo̲lks|wirt|schaft|lich** ‖ **Vo̲lks|wirt|schafts|leh|re** die, - (VWL): *Nationalökonomie* ‖ **Vo̲lks|zäh|lung:** *amtliche Erhebung der Bevölkerungszahl* ‖ **Vo̲lks|zu|ge|hö|rig|keit**

vo̲ll:

ein Zimmer voll[er] Menschen; ein Herz voll[er] Liebe; ein volles Jahr warten; voll und ganz zufrieden; ein Koffer voll[er] neuer Kleider (= voll mit neuen Kleidern); → Armvoll = Arm voll; → Handvoll = Hand voll; → Mundvoll = Mund voll

Schreibung mit Verben:

Großschreibung bei Nominalisierung:

- aus dem **V**ollen schöpfen
- im **V**ollen leben
- ins **V**olle greifen
- in die **V**ollen gehen *(beim Kegeln alle neune scheiben)*

Getrenntschreibung:

- voll sein
- jemanden nicht für voll nehmen *(nicht ernst nehmen)*
- den Mund nicht so voll nehmen (aufschneiden, prahlen)

Zusammenschreibung, zB:

- vollbringen
- vollenden
- sich vollessen
- vollfressen; vollgefressen
- sich volllaufen lassen *(sich betrinken)*
- sich den Bauch vollschlagen
- eine Handlung vollziehen

Bei „voll" + Verb, das ein Resultat herbeiführt, gilt im Allgemeinen Zusammenschreibung, zB:

- ein Glas vollfüllen
- den Transportwagen vollladen
- das Glas volllaufen lassen
- volltanken R→ S. 900, 1.5.2

Schreibung mit Adjektiven/Partizipien:

Zusammenschreibung, wenn „voll" der Bedeutungsverstärkung dient, zB:

- vollautomatisch
- vollbeschäftigt
- vollelektronisch
- vollfetter Käse
- vollgültig R→ S. 903, 2.1.6

Getrennt- und Zusammenschreibung mit adjektivisch gebrauchten Partizipien, zB:

- voll automatisiert = vollautomatisiert
- ein voll besetzter (= vollbesetzter) Bus R→ S. 903, 2.2.1

Vo̲ll|aka|de|mi|ker: *jemand, der ein Studium abgeschlossen hat* ‖ **Vo̲ll|aka|de|mi|ke|rin** ‖ **vo̲ll|auf** [auch: -ˈauf]: v. zufrieden sein; v. beschäftigt sein ‖ **vo̲ll|au|to|ma|tisch:** eine vollautomatische Kaffeemaschine ‖ **vo̲ll au|to|ma|ti|siert** = **vo̲ll|au|to|ma|ti|siert** ‖ **Vo̲ll|bad:** ein V. nehmen ‖ **Vo̲ll|bart** ‖ **vo̲ll|bär|tig** ‖ **vo̲ll|be|rech|tigt** ‖ **vo̲ll|be|schäf|tigt** ‖ **vo̲ll be|setzt** = **vo̲ll|be|setzt** ‖ **Vo̲ll|be|schäf|ti|gung** die, -: *Beschäftigung aller Arbeitskräfte [eines Landes]* ‖ **Vo̲ll|be|sitz:** im V. seiner Kräfte ‖ **Vo̲ll|blut** das, -[e]s = **Vo̲ll|blü|ter** der, -s/-: *Vollblutpferd* ‖ **vo̲ll|blü|tig:** ein vollblütiges *(aus reinrassiger Zucht stammendes)* Rennpferd | *voller Lebenskraft* ‖ **Vo̲ll|blut|mu|si|ker:** er ist ein V. *(er geht ganz in der Musik auf)* ‖ **Vo̲ll|blut|mu|si|ke|rin** ‖ **Vo̲ll|blut|pferd:** *ein reinrassiges Pferd* ‖ **Vo̲ll|brand:** der Stall stand in V. ‖ **Vo̲ll|brem|sung** ‖ **voll|bri̲n|gen** (geh.): ein großes Werk vollbracht haben ‖ **vo̲ll|bu|sig:** *mit üppigem Busen* ‖ **Vo̲ll|dampf:** „V. voraus!" *(ein Kommando, zB auf Dampfschiffen)* | sich mit V. *(mit voller Kraft)* da-

V

hintersetzen ‖ **Völle** die, - ‖ **Völlegefühl** das, -[e]s: ein V. *(einen überladenen Magen)* haben ‖ **vollelektronisch** ‖ **vollenden:** die Künstlerin hat ein großes Werk vollendet *(ausgeführt, zum Abschluss gebracht)* | (Gramm.) vollendete Gegenwart *(Perfekt);* vollendete Vergangenheit *(Plusquamperfekt)* ‖ **vollendet:** ein Kunstwerk von vollendeter Schönheit ‖ **vollends** (geh.): das ist v. *(ganz und gar; erst recht)* unmöglich ‖ **Vollendung** die, -: *Meisterschaft; [erfolgreicher] Abschluss* ‖ **voll entwickelt** = **vollentwickelt** ‖ **voller:** ein Bus v. Kinder; ein Leben v. Sorgen; → voll ‖ **Völlerei** die, -/-en: *Unmäßigkeit beim Essen und Trinken* ‖ **Vollerwerbsbauer** ‖ **Vollerwerbsbäuerin,** *auch:* **Vollerwerbsbäurin** ‖ **Vollerwerbslandwirt** ‖ **Vollerwerbslandwirtin** ‖ **vollessen** sich

volley ['vɔli, engl.: vɒ-]

⟨lat.-fr.-engl.⟩ (Sport): den Ball volley spielen *(aus der Luft übernehmend weiterspielen);* → vollieren

Die originale englische Aussprache ist am Anfang betont, umgangssprachlich wird dieses Wort aber häufig auch französisch als [vɔ'leː] ausgesprochen.

Volley der, -s/-s (Sport): *direkt gespielter Ball, Flugball* ‖ **Volleyball** der, -[e]s/-bälle: *ein spezieller Ball fürs Volleyballspiel* | (ugs. auch mit Art. das) (ohne Pl.) *ein Ballspiel;* V. spielen

vollfett ‖ **vollführen:** Kunststücke v. *(ausführen)* ‖ **vollfüllen** → voll ‖ **Vollgarantie:** auf das Gerät gibt es drei Jahre V. ‖ **Vollgas:** V. geben; mit V. fahren; → G.: Standgas ‖ **Vollgatter:** *eine mechanische [Bretter]säge* ‖ **vollgefressen** (derb) ‖ **Vollgefühl** das, -[e]s: im V. des Sieges ‖ **vollgepumpt** ‖ **vollgültig** ‖ **Vollgummi** ‖ **Vollgummireifen** ‖ **vollhaben:** den Kopf v. *(zu viel zu tun haben)* ‖ **Vollidiot** (ugs., abw.): *ein Schimpfwort* ‖ **Vollidiotin** (ugs., abw.)

vollieren [v-] (Sport): *den Ball volley spielen*

völlig: völlige *(vollkommene)* Windstille ‖ **vollinhaltlich:** dem Vorschlag v. *(hinsichtlich des gesamten Inhalts)* zustimmen ‖ **vollinvalid** [v-] ‖ **Vollinvalide** ‖ **Vollinvalidin** ‖ **volljährig:** *großjährig* ‖ **Volljährigkeit** die, -: *Alter ab Vollendung des 18. Lebensjahres;* → G.: Minderjährigkeit ‖ **Vollkarenz:** *ungeteilte, nicht aufgeschobene Karenzzeit* ‖ **Vollkasko** = **Vollkaskoversicherung:** *Versicherung gegen alle Arten von Schäden an einem Kraftfahrzeug;* → Teilkasko ‖ **voll klimatisiert** = **vollklimatisiert:** die Räume sind v. k. *(haben eine automatische Klimaanlage)* ‖ **Vollkoffer** (reg.): *ein Schimpfwort;* → Koffer² ‖ **vollkommen** [auch: -'kɔ-]: eine vollkommene *(mustergültige)* Arbeit; es herrschte vollkommene *(völlige)* Finsternis ‖ **Vollkommenheit** die, - ‖ **Vollkornbrot** ‖ **Vollkornmehl** ‖ **Vollkornprodukt** ‖ **Vollkornschnitte** ‖ **vollladen** → voll ‖ **volllaufen** → voll ‖ **vollleibig** ‖ **Vollmacht** die, -/-en: *Recht, im Namen eines anderen zu handeln* | *die Urkunde, die dazu berechtigt* ‖ **Vollmatrose** (Seemannsspr.): *voll ausgebildeter Matrose;* → Leichtmatrose ‖ **Vollmilch:** *Milch mit vollem Fettgehalt* ‖ **Vollmitglied** ‖ **Vollmitgliedschaft** ‖ **Vollmond:** bei V. ‖ **vollmundig:** ein vollmundiger Geschmack ‖ **Vollnarkose** (Med.) ‖ **Vollpension** die, -: *Unterkunft mit voller Verpflegung;* → Halbpension ‖ **Vollpfosten** (derb): *ein Schimpfwort, Dummkopf* ‖ **vollpfropfen** → voll ‖ **vollpumpen** → voll ‖ **vollrechtsfähig** (Jus) ‖ **Vollrechtsfähigkeit** (Jus): *volle Rechtsfähigkeit* ‖ **vollreif:** vollreife Äpfel ‖ **Vollreife** ‖ **vollschenken** → voll ‖ **vollschlagen** (ugs.): sich den Bauch v. ‖ **vollschlank:** *leicht mollig* ‖ **Vollspur** → G.: Schmalspur ‖ **vollständig:** *ganz, völlig* ‖ **Vollständigkeit** die, -: der V. halber ‖ **vollstopfen** → voll ‖ **vollstreckbar** ‖ **Vollstreckbarkeit** die, - (Jus): *gerichtliche Exekutierbarkeit eines Urteils* ‖ **vollstrecken:** ein vollstrecktes *(vollzogenes)* Urteil ‖ **Vollstrecker** der, -s/-: *Gerichtsvollzieher, Exekutor* ‖ **Vollstreckerin** die, -/-innen ‖ **Vollstreckung** die, -/-en: die V. des Urteils ‖ **Vollstreckungsvertrag** (Jus): *Übereinkommen zur Vollziehung ausländischer Urteile* ‖ **vollsynthetisch** [-y-] ‖ **volltanken** → voll ‖ **volltönend:** mit volltönender Stimme ‖ **Volltreffer:** *Treffer genau in die Mitte* ‖ **volltrunken** ‖ **Volltrunkenheit** ‖ **Vollverb** [-v-] (Gramm.): *Verb, das allein das Prädikat bilden kann* ‖ **Vollversammlung:** *Generalversammlung* ‖ **Vollwaise:** *elternloses Kind;* → Halbwaise ‖ **Vollwaschmittel:** *universell einsetzbares Waschmittel* ‖ **vollwertig:** *ein vollwertiger Ersatz* ‖ **Vollwertkost:** *Nahrung aus naturbelassenen Lebensmitteln* ‖ **vollzählig:** v. versammelt ‖ **Vollzähligkeit** die, - ‖ **Vollzeit:** [in] V. arbeiten ‖ **vollzeitbeschäftigt** ‖ **Vollzeitbeschäftigung:** *Beschäftigung mit 30 oder mehr normalen Arbeitsstunden* ‖ **vollziehbar** ‖ **vollziehen:** eine Handlung vollzogen *(ausgeführt)* haben; die vollziehende Gewalt *(Exekutive)* ‖ **Vollziehung** die, - ‖ **Vollzug** der, -[e]s (Amtsspr.): der V. eines Urteils ‖ **Vollzugsanstalt** (Amtsspr.): *Gefängnis* ‖ **Vollzugsausschuss** (SüdT): *beschlussfassendes Gremium an einer Schule oder in einem Unternehmen* ‖ **Vollzugsklausel** (Admin.): *Bestimmung am Ende eines [Bundes]gesetzes über die mit dem Vollzug betrauten Organe* ‖ **Vollzugsmeldung**

Volontär [v-] der, -s/-e ⟨lat.-fr.⟩: *jemand, der [unentgeltlich] zur Ausbildung in einem Betrieb praktiziert* ‖ **Volontariat** [v-] das, -s/-e: *Berufspraktikum* ‖ **Volontärin** die, -/-innen ‖ **volontieren**

Volt [v-] das, -[s]/- (Phys.) (Zeichen: V): *Maßeinheit der elektrischen Spannung (nach dem italienischen Physiker Volta)* ‖ **Voltampere** [-peːɐ] (Phys.) (VA): *Einheit der elektrischen Leistung*

voltigieren [v-'ʒiː-] ⟨lat.-fr.⟩: *Kunstübungen auf dem galoppierenden Pferd ausführen*

Voltmeter [v-] das, -s/- (Phys.): *Spannungsmesser* ‖ **Voltsekunde** (Phys.) (Vs): *Einheit des magnetischen Flusses*

Volumen [v-] das, -s/- [Volumina] ⟨lat.⟩: *Rauminhalt* ‖ **voluminös:** ein voluminöses *(umfangreiches)* Paket ‖ **Volumsprozent:** *in Prozent ausgedrückter Anteil des Volumens eines Stoffes am Gesamtvolumen*

Voluntarismus der, - ⟨lat.⟩: *phi-*

losophische Lehre vom Willen als Grundprinzip

Volx|mu|sik: *neue Form der alpenländischen →* *Volksmusik mit Jazz-, Folklore- ua. Elementen*

vom:

von dem; vom 3. bis [zum] 7. Mai

Großschreibung des nachfolgenden Infinitivs und Adjektivs:
- vom **S**chreiben und vom **L**esen
- vom **K**lavierspielen ermüdet
- vom **B**esten auswählen
- etwas vom **F**einsten

von (Präp. mit Dat.): von ihm/ihr; der Kauf von Büchern; von allem etwas; von dorther; von etwas anderem reden; von früh bis spät; von jeher *(schon immer);* von klein auf; von nah und fern; von rechts nach links; von vornherein; von neuem (= Neuem) *(nochmals);* von weitem (= Weiten); von Amts wegen; es ist von Belang; von Grund auf; von Haus aus; von [ganzem] Herzen; von Nutzen sein; von Rechts wegen; von [geringem] Wert; ein Genie von Maler; von mir aus *(meinetwegen)* | (geh.) von alters her; von Sinnen *(vorübergehend unzurechnungsfähig)* sein; er kam von ungefähr *(zufällig)* | (veraltet) von dannen *(von dort weg);* von hinnen *(von hier weg)* | (Adelsprädikat) Hugo von Hofmannsthal | → vonnöten; → vonstatten; → von Seiten = vonseiten; → von – wegen

von|ei|n|an|der:

voneinander Abschied nehmen; weit entfernt voneinander

Getrenntschreibung, wenn die Hauptbetonung auf dem Verb liegt:
- voneinander abschreiben
- voneinander lernen

Zusammenschreibung, wenn die Betonung auf „voneinander" liegt:
- voneinandergehen (geh.: *sich trennen*)
- wir müssen voneinanderscheiden (geh.: *uns trennen*); *aber getrennt:* Ungleiches voneinander scheiden *(trennen, ausscheiden)*

R→ S. 899, 1.3

von|ei|n|an|der|ge|hen (geh.): *sich trennen* ‖ **von|ei|n|an|der|schei|den** (geh.): *sich trennen;* → voneinander

von|nö|ten: das ist dringend v. *(notwendig);* → Not

von Sei|ten = **von|sei|ten** (Präp. mit Gen.): von S. des Ministeriums; → Seite

von|stat|ten|ge|hen: *stattfinden; vorwärtsgehen;* diese Arbeit geht gut vonstatten

von – we|gen (Präp mit Gen.): von Amts w.; von Rechts w. | (ugs.) von wegen! *(keinesfalls)*

Voo|doo ['vu:du, auch: -'du:] das, -s, *auch:* der, *auch:* Wudu, Wodu ⟨kreolisch⟩: *ein heidnisch-christlicher magischer Geheimkult [auf Haiti]*

vor (Präp. mit Dat. und Akk.): vor dem Eingang stehen *(wo?);* vor den Eingang fahren *(wohin?);* vor allem *(besonders)* das Notwendige tun; vor Gericht; vor Zeugen; vor Angst zittern | vor kurzem (= Kurzem); vor langem (= Langem); vor längerem (= Längerem) | vor sich hin starren; → vor Christi Geburt | (V, T, CH, reg. in D) [ein] Viertel vor vier *(drei viertel vier)*

vo|r|ab: etwas schon v. *(im Vorhinein)* klären

Vor|ab|druck der, -[e]s/-e: der V. eines Romans

Vor|abend: am V. des Festes ‖ **Vor|abend|mes|se** (Rel.): *Gottesdienst am Samstagabend* ‖ **Vor|abend|pro|gramm:** *die Fernsehsendungen vor dem Hauptabendprogramm*

Vor|ah|nung: eine böse V. haben

Vor|akt der, -[e]s/-en (Amtsspr.): *vorhergehender Akt, Vorläufer*

Vor|al|pe (Landwirt.): *Vorsäß, Maisäß* ‖ **Vor|al|pen** die (Pl.) ‖ **Vor|al|pen|ge|biet** ‖ **Vor|al|pen|land:** *Voralpengebiet;* → Alpenvorland ‖ **Vor|al|pen|raum**

vo|r|an ‖ **vo|r|an|brin|gen:** *weiterbringen* ‖ **vo|r|an|ge|hen:** mit gutem Beispiel v. | die Arbeit geht zügig v. *(weiter); aber:* im **V**orangehenden *(weiter oben)* ‖ **vo|r|an|kom|men:** *weiterkommen*

Vor|an|kün|di|gung

vo|r|an|lie|gen: *voraus sein*

vor|an|mel|den: sich bei der Ärztin v. ‖ **Vor|an|mel|dung:** Ordination nur nach V. ‖ **Vor|an|schlag:** *vorläufige Kostenberechnung, Überschlag*

vo|r|an|schrei|ten (geh.): *weitergehen* ‖ **vo|r|an|stel|len** ‖ **vo|r|an|tra|gen** ‖ **vo|r|an|trei|ben:** *beschleunigen*

Vor|an|zei|ge: *Ankündigung*

Vor|ar|beit: V. leisten *(Vorbereitungen treffen)* ‖ **Vor|ar|bei|ter:** *Leiter einer Partie von Arbeitern* ‖ **Vor|ar|bei|te|rin**

Vor|arl|berg

[auch: 'fo:-] (V, Vbg.): *ein österreichisches Bundesland;* nach Vorarlberg fahren

Zur Betonung: In Vorarlberg selbst wird das Wort auf der zweiten Silbe betont, außerhalb Vorarlbergs liegt die Betonung aber meist auf der ersten Silbe.

Vor|arl|ber|ger (Adj.): die Vorarlberger Landesregierung ‖ **Vor|arl|ber|ger** der, -s/- ‖ **Vor|arl|ber|ge|rin** die, -/-innen ‖ **vor|arl|ber|gisch,** *auch:* vorarlbergerisch

Vor|auf|füh|rung: *Vorstellung vor der offiziellen Premiere*

vo|r|auf|ge|hen (geh.): dem Vulkanausbruch waren heftige Erdstöße voraufgegangen *(vorausgegangen)*

vo|r|aus: allen v. sein *(der/die Beste sein)* | (Seemannsspr.) volle Kraft v.! *(voran!); aber:* „Besten Dank im **V**oraus!" ‖ **vo|r|aus|be|rech|nen** ‖ **vo|r|aus|be|stim|men** ‖ **Vo|r|aus|be|zah|lung** ‖ **vo|r|aus|da|tie|ren,** *auch:* vordatieren: einen Brief v. *(darauf ein nach dem tatsächlichen Zeitpunkt liegendes Datum angeben);* → G.: zurückdatieren ‖ **vo|r|aus|ei|len:** *vorauslaufen* | (meist abw.) in vorauseilendem Gehorsam *(noch vor einem offiziellen Auftrag)* handeln ‖ **Vo|r|aus|emp|fang** (Amtsspr.): → *Vorlass* ‖ **vo|r|aus|fah|ren** ‖ **vo|r|aus|ge|hen:** dem Beschluss sind viele Verhandlungen vorausgegangen; *aber:* im **V**orausgehenden ‖ **vo|r|aus|ge|setzt:** v. *(unter der Bedingung),* dass ... ‖ **vo|r|aus|ha|ben:** jemandem etwas v. *(gegenüber jemandem im Vorteil sein)* ‖ **Vo|r|aus|in|for|ma|ti|on** [-tsi̯-]: *Information im Vorhinein* ‖ **Vo|r|aus|kas|sa** = **Vo|r|aus|kas|se** (Kaufmannsspr.): *Vorkassa* ‖ **vo|r|aus|pla|nen** ‖ **Vo|r|aus|sa|ge** ‖ **vo|r|aus|sa|gen:** *vorhersagen* ‖ **vo|r|aus|schau|end**

Vor|aus|schei|dung (Sport): *Qualifikation*

vo|r|aus|schi|cken: einen Koffer mit der Bahn v. | dem Bericht eine Bemerkung v. ‖ **voraussehen:** die Folgen nicht v. ‖ **voraussetzen:** nichts v. *(nichts erwarten)* ‖ **Voraussetzung:** unter der V. *(Bedingung; in der Annahme)*, dass ... ‖ **Voraussicht:** aller V. nach *(voraussichtlich)* ‖ **voraussichtlich** [auch: 'foː-]

Vorauswahl

vorauswissen ‖ **vorauszahlen** ‖ **Vorauszahlung**

Vorband [-bæ-] die, -/-s (Mus.): *Vorgruppe*

Vorbau der, -[e]s/-ten ‖ **vorbauen:** ein vorgebautes *(aus der Baulinie vorspringendes)* Haus | einem Unglück v. *(vorsorgen, dass es nicht eintritt)*

Vorbedacht (geh.): mit V. *(mit Überlegung; in bestimmter Absicht)* handeln ‖ **vorbedenken:** *im Voraus bedenken;* alles wurde vorbedacht

Vorbedeutung

Vorbedingung: *Voraussetzung, Bedingung*

Vorbehalt: eine Ware mit V. *(noch nicht endgültig)* kaufen ‖ **vorbehalten:** „Alle Rechte vorbehalten" *(Formel in Büchern, zB das Recht der Übersetzung, der Verfilmung);* sich eine Änderung v. ‖ **vorbehaltlich** (Präp. mit Gen.): v. Ihres Einverständnisses ‖ **vorbehaltlos** = **vorbehaltslos:** v. *(ohne Einschränkung)* zustimmen

vorbei: am Haus v.; das Gewitter war schon v. *(vorüber);* mit der Ruhe ist es nun v. ‖ **vorbeigehen:** *vorübergehen* | *danebengehen;* die Kugel ging knapp am Kopf vorbei ‖ **vorbeikommen:** auf einen Sprung v. *(jemanden kurz besuchen)* ‖ **Vorbeimarsch:** der V. an der Tribüne ‖ **vorbeireden:** am Wesentlichen v.; aneinander v. ‖ **vorbeischauen:** an jemandem v. | *einen kurzen Besuch machen;* ich schau nachher noch bei dir vorbei ‖ **vorbeischrammen:** knapp an der Mauer v. ‖ **vorbeiziehen:** das Gewitter zog vorbei

vorbelastet: erblich v. sein

Vorbemerkung: einleitende Vorbemerkungen

vorbereiten: jemanden auf eine schlimme Nachricht v.; sich auf eine Prüfung v.; → nachbereiten ‖ **Vorbereitung** die, -/-en: Vorbereitungen treffen ‖ **Vorbereitungslehrgang** (Bildw.): ein zweisemestriger V. ‖ **Vorbereitungszeit**

Vorbericht

Vorbesitzer ‖ **Vorbesitzerin**

Vorbesprechung

vorbestellen: Eintrittskarten v.

Vorbestimmung: *Vorherbestimmung, Schicksal*

vorbestraft: *schon gerichtlich bestraft* ‖ **Vorbestrafte**[1] der, -n/-n, ein Vorbestrafter ‖ **Vorbestrafte**[2] die, -n/-n

vorbeten: beim Gottesdienst v. ‖ **Vorbeter** ‖ **Vorbeterin**

Vorbeugemedizin: → *Vorsorgemedizin* ‖ **vorbeugen:** den Kopf v.; sich v., um besser zu sehen | einer Krankheit v. *(sie zu verhüten versuchen)* ‖ **Vorbeugung:** alle Möglichkeiten zur V. gegen Erkrankungen nutzen ‖ **Vorbeugungsmaßnahme** (meist Pl.)

Vorbild: *Muster, Beispiel* ‖ **vorbildlich:** *mustergültig* ‖ **Vorbildung:** ohne genügende V. ‖ **Vorbildwirkung**

vorbinden: sich eine Schürze v.

vorblatteln (ugs.): *vorblättern*

vorbohren: die Löcher für die Schrauben v.

Vorbote: *Anzeichen;* Vorboten des Frühlings

vorbringen: eine Bitte v. ‖ **Vorbringen** das, -s/- (Amtsspr.): *Antrag, Beschwerde uÄ*

Vorchdorf [f-]: *Marktgemeinde in Oberösterreich*

vor Christi Geburt (v. Chr. G.): → nach Christi Geburt ‖ **vorchristlich:** im 5. vorchristlichen Jahrhundert *(im 5. Jh. v. Chr.)* ‖ **vor Christus** (v. Chr.)

Vordach: *vorspringendes Dach*

vordatieren → *vorausdatieren*

vordem (geh.): *früher, einstens*

Vordenker: *jemand, der künftige Entwicklungen vorausbedenkt* ‖ **Vordenkerin**

Vorderachse [-ks-] ‖ **Vorderansicht** → G.: Rückansicht ‖ **Vorderasien:** *südwestliches Asien* ‖ **Vorderbein** das, -[e]s/-e: das V. einer Kuh ‖ **Vorderdeck** (Seemannsspr.): *vorderer Teil des Schiffdecks;* → G.: Hinterdeck; → Achterdeck ‖ **vordere:** die v. Reihe; *aber:* der **V**ordere Orient ‖ **Vordere**[1] der, -n/-n, ein Vorderer: die Vorderen zuerst ‖ **Vordere**[2] die, -n/-n ‖ **Vordere**[3] das, -n, Vorderes (Küchenspr.): *eine Fleischsorte* ‖ **Vordereingang** ‖ **Vorderfrau:** *die Vordere* ‖ **Vorderfront:** die V. eines Gebäudes ‖ **Vorderfuß** ‖ **Vordergrund** der, -[e]s: im V. stehen; etwas in den V. stellen ‖ **vordergründig:** vordergründige *(an der Oberfläche bleibende)* Argumente ‖ **vorderhand:** *zunächst, vorläufig* ‖ **Vorderhaus:** *vorderer Teil eines Hauses* ‖ **Vorderhuf** ‖ **Vorderindien** ‖ **Vorderlader** der, -s/-: *eine Art von Feuerwaffe;* → G.: Hinterlader ‖ **vorderlastig:** der Lkw ist v. *(vorne zu stark belastet)* ‖ **Vordermann:** *der Vordere* ‖ **Vorderösterreich** (früher): *die habsburgischen Länder westlich von Tirol, die Vorlande;* → Innerösterreich ‖ **Vorderpfote** ‖ **Vorderrad** ‖ **Vorderradantrieb** (Kfz) ‖ **Vorderreifen** ‖ **Vorderseite** ‖ **Vordersitz** ‖ **vorderste:** die v. Läuferin; *aber:* die **V**orderste von allen; → vordere ‖ **Vorderteil** das *(auch:* der), -[e]s/-e ‖ **Vordertür**

Vordienstzeiten die (Pl.): *für Gehalts- und Pensionsberechnung anrechenbare Dienstzeiten*

vordrängen sich

vordringen: *vorstoßen* ‖ **vordringlich:** *bes. wichtig, dringend;* die vordringlichste Frage

Vordruck der, -[e]s/-e: *Formular;* ein V. für Stickereien ‖ **vordrucken:** Grußworte v.

vorehelich: voreheliche Beziehungen *(Sex vor der Eheschließung)*

voreilig: *unüberlegt, zu schnell*

> **voreinander:**
>
> voreinander keine Geheimnisse haben
>
> **Getrenntschreibung, wenn die Hauptbetonung auf dem Verb liegt:**
>
> – voreinander fliehen
> – sich voreinander hinstellen
> – sich voreinander schämen
>
> **Zusammenschreibung, wenn die Betonung auf „voreinander" liegt:**
>
> – voreinandergehen
> – voreinanderliegen
>
> R→ S. 899, 1.3

voreinandergehen → voreinander ‖ **voreinanderliegen**

voreingenommen: *befangen sein, eine vorgefasste Meinung habend* ‖ **Voreingenommenheit** die, -

Voreltern die (Pl.) (geh.): *die Ahnen*

Vorempfang (Amtsspr.): → *Vor-*

V

lass
vorenthalten: jemandem seinen Anteil v. *(nicht geben)*
Vorentscheidung: *vorläufige Entscheidung*
Vorentwurf
Vorerhebung (Amtsspr.): gerichtliche Vorerhebungen einleiten *(Ermittlungen durchführen, ob ein Strafverfahren einzuleiten ist);* → Voruntersuchung
vorerst: *zuerst, zunächst, vor allem*
vorerwähnt: die vorerwähnten *(vorher erwähnten, oben erwähnten)* Tatsachen
vorexerzieren: *an einem Beispiel zeigen, vormachen*
vorfabrizieren: *vorfertigen;* vorfabrizierte Teile
Vorfahr der, -en/-en = **Vorfahre,** -n/-n (geh.): unsere Vorfahren *(Ahnen)* || **vorfahren:** *weiter nach vorn fahren* | *vorausfahren; vors Haus fahren, zB mit dem Taxi* || **Vorfahrin** die, -/-innen || **Vorfahrt** (bes. D) (Verk.): *Vorrang*
Vorfall: *Ereignis* || **vorfallen:** es ist nichts vorgefallen *(geschehen)*
Vorfeld das, -[e]s: im V. der internationalen Konferenz; im V. einer politischen Partei || **Vorfeldorganisation** [-tsi̯-]: die V. einer Partei
vorfertigen → vorgefertigt
vorfinanzieren: *die Kosten vorläufig aufbringen, vorstrecken* || **Vorfinanzierung**
vorfinden: alles in bester Ordnung v. *(antreffen)*
vorflunkern (ugs.): *vortäuschen*
Vorform: *frühere Form* || **vorformulieren:** *den Wortlaut im Voraus bestimmen*
Vorfrau: *Vorarbeiterin*
Vorfreude
Vorfrühling: *frühlingshafte Tage noch im Winter* | (Bot.) *Jahreszeit zwischen Winter und Laubausbruch*

vorfühlen: *behutsam erkunden*
Vorführdame (veraltet): *Model* || **vorführen:** Kleider v.; einen Film v. | (Amtsspr.) dem Richter den Angeklagten v. || **Vorführmodell** || **Vorführung** || **Vorführwagen**
Vorfuß: *Fuß (von den Zehen bis zum Sprunggelenk)*
Vorgabe (Sport): mit 10 m V. *(Vorsprung)* starten
Vorgang: *die Art des Geschehens, Vorsichgehens;* ein merkwürdiger V. || **Vorgänger** der, -s/-: sein V. hat den Job gewechselt || **Vorgängerin** die, -/-innen || **Vorgangsweise:** *Art des Vorgehens*
Vorgarten: ein Haus mit einem kleinen V.
vorgaukeln: jemandem etwas v. *(vorspiegeln)*
vorgeben: die Ziele v. | (Sport) beim Wettlauf 10 m v. | sie gab vor *(täuschte vor, behauptete),* das nicht gewusst zu haben | bei Tisch die Speisen v. *(vorlegen, austeilen)*
vorgebildet: *im Voraus geschult*
Vorgebirge: *Berge vor einem Gebirge* | *Kap*
vorgeblich (geh.): *angeblich;* sein vorgebliches Können
vorgeburtlich: *pränatal*
vorgefasst: eine vorgefasste Meinung *(ein Vorurteil)*
vorgefertigt: vorgefertigte Bestandteile
Vorgefühl: das V. eines kommenden Unheils
vorgehen: „Bitte vorgehen!" | die Uhr geht vor *(sie geht zu schnell, sie geht voraus)* | Sicherheit geht vor *(hat Vorrang)* | gegen jemanden streng v. *(jemanden streng behandeln);* gerichtlich v. *(einen Prozess einleiten)* | Entscheidendes ist vorgegangen *(geschehen)* || **Vorgehen** das, -s: *Handlung[sweise];* ein gemeinsames V.; ein rücksichtsloses V. || **Vorgehensweise:** *Vorgangsweise*
vorgelagert: vorgelagerte Inseln
vorgenannt (Amtsspr.): der vorgenannte *(bereits genannte)* Zeuge; *aber:* der **V**orgenannte
Vorgeplänkel: *Vorausgefecht*
Vorgeschichte: die V. dieses Ereignisses | *Prähistorie* || **Vorgeschichtsforschung**
Vorgeschmack der, -[e]s: einen V. *(einen ersten Eindruck)* von etwas bekommen
vorgeschritten: in vorgeschrittenem *(höherem)* Alter
Vorgesetzte[1] der, -n/-n, ein Vorgesetzter: *Übergeordneter* || **Vorgesetzte**[2] die, -n/-n
Vorgespräch: es fand schon ein V. statt

vorgestern:

eine Semmel von vorgestern; seit vorgestern
Großschreibung der nachfolgenden Tageszeitangabe:
– vorgestern Abend
– vorgestern Früh
– vorgestern Nachmittag

R→ S. 891, 1.3

vorgestrig
vorglühen (Technik): *ein Werkstück vor weiterer Bearbeitung glühend machen* | (Kfz) vor dem Starten v. *(die Zündkerzen vor dem Starten glühen lassen)* | (sal. bzw. Jug.) *vor einer Veranstaltung [alkoholisch] vorfeiern*
vorgreifen: der Entscheidung der Chefin nicht v. || **Vorgriff:** ein V. auf künftige Einnahmen
Vorgruppe: *Musikband, die bei einem Konzert vor den eigentlich angekündigten Musikern spielt, Vorband*
vorhaben: *tun wollen, beabsichtigen* || **Vorhaben** das, -s: *Absicht, Plan, Unternehmen*
Vorhalle
vorhalten: beim Husten die Hand v. | jemandem seine Fehler v. *(vorwerfen)* || **Vorhaltung** (meist Pl.): jemandem Vorhaltungen *(ernste Ermahnungen, Vorwürfe)* machen
Vorhand die, - (beim Kartenspiel): die V. haben *(die erste Karte bekommen)* | (Sport) → Forehand || **vorhanden:** *existierend; vorrätig;* v. sein || **Vorhandensein** das, -s
Vorhang: den V. vorziehen; es gab [im Theater] drei Vorhänge *(die Schauspieler mussten sich dreimal vor dem Vorhang beim Publikum bedanken);* → eisern || **vorhängen:** eine Sicherheitskette v. || **Vorhängeschloss** = **Vorhängschloss** || **Vorhangstange:** *Karniese* || **Vorhangstoff**
Vorhaus: *Hauseinfahrt, Hausflur*
Vorhaut: *Hautfalte, die das männliche Glied an der Eichel vorn umhüllt*
vorheizen
vorher: man muss das v. gründlich überlegen; zwei Tage v. *(früher)* || **vorherberechnen** || **vorherbestimmen:** etwas ist [schicksalhaft] vorherbestimmt; *aber:* etwas wird vorher bestimmt *(festgelegt)* || **Vorherbestimmung** || **vorhergehend:** am vorhergehenden Tag; *aber:* das **V**orhergehende *(die erwähnten Umstände)* berücksichtigen; im **V**orhergehenden *(vorher)* wurde bereits angeführt, dass ... || **Vorhergesagte** das, -n: *das*

Vorausgesagte; aber: das vorher *(früher)* Gesagte ‖ **vor|he|ri|ge:** v. Bezahlung; v. Absprache

Vor|herr|schaft: nach der V. *(Vorrangstellung)* streben ‖ **vor|herr|schen:** die vorherrschende Meinung

Vor|her|sa|ge die, -/-n: die V. des Wetters ‖ **vor|her|sa|gen:** *im Voraus ankündigen; aber:* etwas vorher sagen; ‖ **vor|her|seh|bar** ‖ **vor|her|se|hen:** *voraussehen; aber:* vorher *(früher)* sehen

vor|hin [auch: -'i(:)-]: *erst vor Kurzem* ‖ **Vor|hi|nein** (nur in der Wendung): im V. *(im Voraus)*

Vor|hof: im V. des Schlosses

Vor|höl|le die, - (kath.): *Vorhof zur Hölle*

Vor|hut die, -/-en (Mil.): *zur Sicherung vorausgeschickter Teil der Truppe*

vo|ri|ge: voriges Jahr; vorigen Jahres (v. J.); vorigen Monats (v. M.) | (Großschreibung) das **V**orige *(die vorigen Ausführungen);* im **V**origen *(weiter vorher);* die **V**origen *(die bereits vorkommenden Personen, zB in Schauspieltexten)*

Vor|in|for|ma|ti|on [-tsi̯-]: *Vorausinformation | Vorwissen*

Vor|jahr ‖ **Vor|jah|res|sie|ger,** *auch:* Vorjahrssieger ‖ **Vor|jah|res|sie|ge|rin,** *auch:* Vorjahrssiegerin ‖ **Vor|jah|res|er|geb|nis,** *auch:* Vorjahrsergebnis ‖ **vor|jäh|rig:** *vom vorigen Jahr;* die vorjährigen Urlaubsfotos

vor|jam|mern: dem Chef etwas v. *(ihn anjammern, sich bei ihm beklagen)*

Vor|kam|mer: die linke V. des Herzens

Vor|kämp|fer: V. für eine gute Sache sein ‖ **Vor|kämp|fe|rin**

Vor|kas|se, *auch:* Vorkassa (Kaufmannsspr.): *Vorauskasse*

vor|kau|en (ugs.): jemandem alles v. *(lange und breit erklären, nicht selbständig erarbeiten lassen)* müssen

Vor|kaufs|recht: das V. haben *(bei einem Verkauf als erster Käufer in Betracht kommen)*

vor|keh|ren: Sicherheitsmaßnahmen v. *(vorbereiten)* ‖ **Vor|keh|rung** die, -/-en (meist Pl.): rechtzeitig Vorkehrungen *(vorbereitende Maßnahmen)* treffen

Vor|kennt|nis (meist Pl.): in Englisch gute Vorkenntnisse haben

vor|knöp|fen (ugs.): sich den Übeltäter v. *(ihn zur Rede stellen bzw. ihn zurechtweisen)*

vor|ko|chen: für drei Tage v.

vor|kom|men: jemand kommt einem bekannt vor; so was kann v.; eine Pflanze, die nur in den Alpen vorkommt ‖ **Vor|kom|men** das, -s/-: *Vorhandensein [von Bodenschätzen];* Erdölvorkommen ‖ **Vor|komm|nis** das, -nisses/-nisse: *Ereignis, Vorfall*

Vor|kost (reg.): *Vorspeise* ‖ **vor|kos|ten:** eine Speise v. *(im Voraus probieren)* ‖ **Vor|kos|ter** der, -s/- ‖ **Vor|kos|te|rin** die, -/-innen

Vor|kriegs|zeit: *Periode vor einem Krieg, zB die Jahre vor 1914*

vor|la|den: von der Polizei vorgeladen werden ‖ **Vor|la|dung**

Vor|la|ge: sich an die V. *(an das Muster)* halten | (Jus) *Gesetzentwurf, der zur Beratung bzw. Entscheidung vorliegt, Gesetzesvorlage* | (ohne Pl.) „Eintritt nur bei Vorlage eines Ausweises" | (beim Skifahren) eine gute V. haben *(den Oberkörper richtig vorbeugen)*

vor|la|men|tie|ren (ugs.): *vorjammern*

Vor|land das, -[e]s/-länder: das V. im Osten; Alpenvorland ‖ **Vor|lan|de** die (Pl.) (früher): *Vorderösterreich*

Vor|lass der, -es/-lässe (Jus): *schon zu Lebzeiten übertragenes Erbe (zB von Schriftstellern), Vor[aus]empfang;* → G.: Nachlass ‖ **vor|las|sen:** *den Vortritt lassen; Zutritt gewähren* | (geh.) *[als Gast] empfangen*

Vor|lauf: der schnelle V. des Videobandes | (Sport) *Ausscheidungslauf* ‖ **Vor|läu|fer:** *Vorgänger | Vorstufe* | (Sport) in der Abfahrt gab es drei V. ‖ **Vor|läu|fe|rin** ‖ **vor|läu|fig:** *nicht endgültig, provisorisch; zunächst, einstweilen;* eine vorläufige Entscheidung; ich werde v. nichts unternehmen | (Jus) vorläufige Verwahrung *(Festnahme);* eine vorläufige [gerichtliche] Verfügung

vor|laut: ein vorlautes *(vorwitziges, keckes)* Kind

vor|le|ben: *durch sein Leben ein Beispiel geben* ‖ **Vor|le|ben** das, -s: *bisherige Lebensführung;* ein bewegtes V.

Vor|le|ge|be|steck ‖ **vor|le|gen:** jemandem bei Tisch die Speisen v. *(von den Platten und Schüsseln auf den Teller geben)* | sich Kleiderstoffe zur Auswahl v. lassen | einen Entwurf zur Diskussion v. | die Türkette v. ‖ **Vor|le|ger** der, -s/-: *kleiner Teppich [vor dem Bett]*

vor|leh|nen: eine Platte v. | sich weit v. *(vorbeugen)*

Vor|leis|tung: *Vorausleistung;* erbrachte Vorleistungen

vor|le|sen: laut v. ‖ **Vor|le|sung:** *eine regelmäßige Lehrveranstaltung (mit Vortragscharakter) an einer Universität* ‖ **Vor|le|sungs|ver|zeich|nis**

vor|letz|te: der v. Tag des Monats; *aber:* der **V**orletzte des Monats

vor|lieb|neh|men ['fo:-, -'i:-] (geh.): mit Wenig[em] v. *(sich mit Wenig[em] begnügen);* → fürliebnehmen ‖ **Vor|lie|be** die, -/-n: eine V. für Musik haben

vor|lie|gen: Baupläne liegen bereits vor | gegen sie liegt nichts vor *(es ist nichts Nachteiliges über sie bekannt)* | (Großschreibung) **V**orliegendes; im **V**orliegenden

vor|lü|gen: jemandem etwas v.

vorm: *vor dem;* v. Haus

vorm.: vormals | **vorm**ittags ‖ **Vorm.: Vorm**ittag

vor|ma|chen: *zeigen, wie etwas gemacht werden soll* | jemandem etwas v. *(vorspiegeln; jemanden täuschen)*

Vor|macht ‖ **Vor|macht|stel|lung:** eine V. *(eine beherrschende Stellung)* einnehmen

vor|ma|lig: der vormalige Besitzer ‖ **vor|mals:** *früher, vorher, ehemals* | (mit Abkürzung vorm.) (in Firmennamen) Josef Greiner vorm. Karl Burkhart

Vor|mann: *Vorarbeiter, Anführer* | (Jus) *vorheriger Rechtsbesitzer, Voreigentümer*

Vor|marsch (Mil.): *Vorrücken, Vordringen*

Vor|märz der, -: *die Zeit zwischen dem Wiener Kongress (1815) und der Märzrevolution (1848)* ‖ **vor|märz|lich**

vor|mel|den (fachspr.): *voranmelden;* eine Zugsverspätung v. *(damit der Anschluss abwartet)*

Vor|merk|de|likt (Jus): *Delikt, das im Führerscheinregister gespeichert wird* ‖ **vor|mer|ken:** eine Bestellung v.; sich v. lassen ‖ **Vor|merk|ka|len|der** ‖ **Vor|merk|sys|tem** [-zy-]: *Regelung von Verkehrsvergehen im Führerscheinregister* ‖ **Vor|mer|kung** die, -/-en

Vor|mie|ter: *früherer Mieter* ‖ **Vor|mie|te|rin**

vor|mi|li|tä|risch: vormilitärische Ausbildung

Vor|mit|tag (Vorm., Vm.):

Großschreibung:
- am/diesen Vormittag
- des/eines Vormittags
- [um] zehn Uhr Vormittag
- heute/morgen/gestern Vormittag; *aber zusammen:* sie kommen [am] Dienstagvormittag

Kleinschreibung von „vormittags":
- vormittags jausnen (*jeden Vormittag,* auch: *am Vormittag*)
- [um] zehn Uhr vormittags
- sie kommen [am] Dienstag vormittags

R→ S. 891, 1.3.1

vor|mit|tä|gig: der vormittägige Unterricht ‖ **vor|mit|tags** (vorm., vm.): v. *(am Vormittag; jeden Vormittag)* zu Hause sein; [um] zehn Uhr v.; sie kommen Dienstag v. (*auch:* dienstagvormittags, dienstags vormittags); → Vormittag ‖ **Vor|mit|tags|stun|de** ‖ **Vor|mit|tags|un|ter|richt**

Vor|mo|nat

Vor|mund der, -[e]s/-e [-münder]: *gesetzlicher Vertreter eines Minderjährigen;* → Mündel ‖ **Vor|mund|schaft** die, -/-en ‖ **Vor|mund|schafts|ge|richt**

vorn, *auch:* vorne: von v. beginnen; v. sitzen

Vor|nah|me: die V. *(Durchführung)* einer Operation

Vor|na|me, *auch:* **Vor|na|men:** *Taufname, Rufname, zB* Anna, Karl

vor|ne → vorn

vor|nehm: eine vornehme *(edle)* Gesinnung | eine vornehme *(schön und erlesen eingerichtete)* Wohnung ‖ **vor|neh|men:** eine Amtshandlung v. *(durchführen)* | sich etwas v. *(es auszuführen beabsichtigen)* | eine Patientin v. *(vorziehen)* ‖ **Vor|nehm|heit** die, - ‖ **vor|nehm|lich** (geh.): *vor allem, überwiegend* ‖ **Vor|nehm|tu|e|rei** die, - (abw.)

vor|nei|gen: sich v., um besser zu sehen

vor|ne|weg [auch: ˈfɔ-]: *vorweg*

vorn|he|rein: von v. *(von allem Anfang an)*

vorn|über: v. hinfallen ‖ **vorn|über|beu|gen** ‖ **vorn|über|fal|len**

Vor|ort: *kleinerer Ort im Randbereich einer Stadt* ‖ **Vor|or|te|li|nie** [-i̯ɛ]: *Schnellbahnlinie in westlichen Außenbezirken Wiens*

vor|ös|ter|lich

Vor|pos|ten (Mil.): *vorgeschobener Posten*

vor|prei|schen: *vorstürmen*

Vor|pro|gramm: *Darbietung vor dem Hauptprogramm* ‖ **vor|pro|gram|mie|ren:** *genau vorausplanen*

Vor|rang der, -[e]s: dieses Projekt hat V. vor allen anderen *(ist am wichtigsten)* | (Verk.) ich habe V. *(Vorfahrt);* V. geben ‖ **vor|ran|gig:** *besonders wichtig* ‖ **Vor|rang|re|gel** (Verk.) ‖ **Vor|rangs|ein|räu|mung** (Amtsspr.): *die Gewährung eines vorangehenden Rechtes* ‖ **Vor|rang|stel|lung:** eine V. einnehmen ‖ **Vor|rang|stra|ße** (Verk.) ‖ **Vor|rang|ta|fel** (Verk.): *ein Verkehrszeichen* ‖ **Vor|rang|ver|let|zung** (Verk.)

Vor|rat: einen V. an Lebensmitteln anlegen; etwas in/auf V. haben/kaufen ‖ **vor|rä|tig:** eine Ware ist v. *(sie ist lagernd)* ‖ **Vor|rats|da|ten|spei|che|rung:** *Vorabaufzeichnung von Kommunikationsdaten (zB Telefonate, E-Mails) [zur Ausforschung von Strafdaten]* ‖ **Vor|rats|hal|tung** ‖ **Vor|rats|kam|mer:** *Raum für Lebensmittel uÄ*

Vor|raum: *Vorzimmer*

vor|rech|nen

Vor|recht: *Vergünstigung, Sonderrecht, Privileg*

Vor|re|de: *Vorwort in einem Buch* ‖ **Vor|red|ner:** *der vorhergehende Redner* ‖ **Vor|red|ne|rin**

vor|rei|ni|gen

Vor|rei|ter: *Vorkämpfer, Pionier* ‖ **Vor|rei|te|rin** ‖ **Vor|rei|ter|rol|le**

vor|rich|ten: *vorbereiten, herrichten* ‖ **Vor|rich|tung:** eine praktische V.

vor|rü|cken: den Sessel etwas v. | in eine höhere Gehaltsstufe v.; in einen höheren Rang v. | zu vorgerückter *(später)* Stunde ‖ **Vor|rü|ckung** die, -/-en (Amtsspr.): *Aufstieg in die nächsthöhere Gehaltsstufe* ‖ **Vor|rü|ckungs|stich|tag** (Amtsspr.)

Vor|run|de (Sport): *erste Ausscheidungskämpfe*

vors: *vor das;* Blumen v. Fenster stellen

Vor|saal

vor|sa|gen: jemandem etwas deutlich v. *(vorsprechen);* sich selber etwas v.

Vor|sai|son [-zɛzoːn, fr.: -sɛzɔ̃]: in der V. günstige Hotelpreise bieten

Vor|säß das, -[es]/-e[r] (V): *im Juni bzw. September bewirtschaftete Voralpen;* → Maisäß

Vor|satz: einen V. fassen *(sich etwas vornehmen)* ‖ **Vor|satz|blatt:** *Blatt zwischen Einband und Titelblatt [in Büchern]* ‖ **Vor|satz|de|likt:** *absichtliche Straftat;* → G.: Fahrlässigkeitsdelikt ‖ **vor|sätz|lich:** *absichtlich*

Vor|schau: *Programmvorschau*

Vor|schein (nur in der Wendung): zum V. kommen/bringen

vor|schie|ben: den Riegel v. | einen Strohmann v. *(als Tarnung benützen)*

vor|schie|ßen: jemandem Geld v. *(leihen; für eine Leistung vorauszahlen);* → Vorschuss

Vor|schiff: *vorderer Teil eines Schiffes*

Vor|schlag: jemandem einen V. *(ein Angebot)* machen; ein V. zur Güte *(Vermittlungsvorschlag)* ‖ **vor|schla|gen:** jemanden für ein Amt v. *(empfehlen)* ‖ **Vor|schlag|brot** (SüdT): *dünnes, rundes, weiches Schwarzbrot* ‖ **Vor|schlag|ham|mer:** *ein schwerer Hammer* ‖ **Vor|schlags|recht**

Vor|schluss|run|de (Sport): *Spielserie vor der Endrunde, Halbfinale*

vor|schme|cken: ein vorschmeckendes *(den Gesamtgeschmack übertönendes)* Gewürz

vor|schnei|den: Kindern das Essen v.

vor|schnell: v. *(übereilt, unbesonnen)* handeln

vor|schnel|len: der Kopf der Schlange schnellte vor

vor|schrei|ben: Buchstaben v. | jemandem etwas v. *(befehlen, anordnen)* ‖ **Vor|schrei|bung:** die V. *(der Steuerbescheid)* vom Finanzamt ‖ **Vor|schrift:** *Anordnung, Anweisung* | (ugs.) V. ist V. *(man muss sich dran halten, auch wenn es sinnlos ist);* → Vurschrift ‖ **vor|schrifts|mä|ßig:** v. fahren ‖ **vor|schrifts|wid|rig**

Vor|schub (veraltend): jemandem V. leisten *(bei einer unerlaubten Tat helfen)* ‖ **Vor|schub|leis|tung** (Jus): wegen V. bestraft werden

Vor|schul|al|ter: ein Kind im V. ‖ **Vor|schu|le** ‖ **Vor|schul|er|zie|hung:** *der ersten Schulstufe vorangehende Form schulischer Erziehung, Vorschulstufe* ‖ **Vor|schul|jahr** ‖ **vor|schul|pflich|tig:** *noch nicht schulpflichtig* ‖ **Vor|schul|stu|fe:** *Vorschulerziehung*

vor|schum|meln: etwas v. *(vortäuschen)* | sich v. *(vordrängen)*

V

Vor|schuss: einen V. *(für eine Leistung Geld im Voraus)* verlangen ‖ **Vor|schuss|lor|bee|ren** die (Pl.): *im Voraus gespendetes Lob* ‖ **Vor|schuss|mehl:** *noch nicht ganz fein ausgemahlenes Mehl* ‖ **vor|schuss|wei|se** ‖ **Vor|schuss|zah|lung** ‖ **Vor|schuss|zin|sen** die (Pl.) (Bankw.): *Verringerung von Zinsen für Spareinlagen bei vorzeitiger Abhebung*

vor|schüt|zen: eine Krankheit v. *(sie als Ausrede gebrauchen)*

vor|schwär|men: jemandem etwas v.

vor|schwe|ben: mir schwebt etwas vor *(ich stelle es mir vor, ich beabsichtige es)*

vor|schwin|deln: sich [beim Anstellen] v.; jemandem etwas v.

vor|se|hen: es ist alles vorgesehen *(vorbereitet)* | (geh.) „Sieh dich vor!" *(„Gib Acht!")* ‖ **Vor|se|hung** die, -: auf die göttliche V. vertrauen

vor|set|zen: einen Fuß v. *(nach vorn stellen);* jemandem das Essen v.

Vor|sicht: „Vorsicht, Hochspannung!"; diese Information ist mit V. zu genießen *(ist zweifelhaft);* die Chefin ist heute nur mit V. zu genießen *(ist schlecht gelaunt)* ‖ **vor|sich|tig** ‖ **vor|sichts|hal|ber** ‖ **Vor|sichts|maß|nah|me**

Vor|si|gnal

Vor|sil|be (Gramm.): *Präfix*

vor|sin|gen

vor|sint|flut|lich = vorsündflutlich (oft scherzh.): ein vorsintflutliches *(ganz veraltetes)* Fahrzeug

Vor|sitz: in einer Versammlung den V. führen *(sie leiten);* unter ihrem V. ‖ **Vor|sit|zen|de**[1] der, -n/-n, ein Vorsitzender: der V. *(Leiter, Präsident)* eines Vereins/einer Kommission ‖ **Vor|sit|zen|de**[2] die, -n/-n

Vor|sor|ge die, -: für den Notfall V. treffen ‖ **Vor|sor|ge|kas|se,** *auch:* Vorsorgekassa: *Einrichtung zur Vorsorge und Veranlagung von Abfertigungen;* Mitarbeitervorsorgekasse ‖ **Vor|sor|ge|me|di|zin:** *ärztliche Maßnahmen zur Früherkennung von Krankheiten* ‖ **vor|sor|gen:** für schlechte Zeiten v. ‖ **Vor|sor|ge|un|ter|su|chung** (Med.) ‖ **Vor|sor|ge|voll|macht** (Jus): *Ermächtigung eines nahen Angehörigen zur Entscheidung im Vorsorgefall* ‖ **vor|sorg|lich:** *vorsichtshalber, vorausschauend*

Vor|spann der, -[e]s/-e: *dem eigentlichen Beginn vorausgestellter Teil eines [Spiel]films, eines Tonbands;* → G.: Nachspann | *bei journalistischen Texten größer gedruckter Einstieg mit den wichtigsten Fakten* ‖ **vor|span|nen:** ein Pferd v. ‖ **Vor|spann|lo|ko|mo|ti|ve** [-fɛ, -vɛ] ‖ **Vor|spann|pferd**

Vor|spei|se

vor|spie|geln: *vortäuschen* ‖ **Vor|spie|ge|lung** die, -/-en: unter V. falscher Tatsachen

Vor|spiel: das V. zu einer Oper *(die musikalische Einleitung, die Ouvertüre);* die Rauferei hatte ein V. *(es gab vorher [einen] Streit)* | *erotische Stimulierung vor dem Geschlechtsakt* ‖ **vor|spie|len:** jemandem etwas v. *(vorführen; vortäuschen)*

Vor|spra|che: eine V. beim Bürgermeister ‖ **vor|spre|chen:** etwas laut v. | bei jemandem v. *(mit einer Bitte oder Beschwerde kommen)*

vor|sprin|gen: beim Skispringen v. *(als Vorspringer)* ‖ **vor|sprin|gend:** ein vorspringender Felsen ‖ **Vor|sprin|ger** (Sport): als V. *(noch vor der eigentlichen Konkurrenz)* springen ‖ **Vor|sprin|ge|rin** (Sport)

Vor|spruch: *kurze Einleitung, Vorrede*

Vor|sprung: einen V. im Wettlauf erzielen | Felsvorsprung

Vor|spur die, - (Technik, Kfz): *leichte Abweichung nach innen statt Parallelstellung zweier Räder;* → Nachlauf

Vor|sta|di|um [-ʃt-]: *Vorstufe*

Vor|stadt: *noch nicht zur eigentlichen Stadt gezählter Außenbezirk;* → Vorort

Vor|stand der, -[e]s/-stände: *Leiter/in [eines Amtes, Instituts];* Stationsvorstand | (Wirt.) *Leiter/in bzw. Leitung einer AG;* Firmenvorstand | *leitender Ausschuss;* Vereinsvorstand ‖ **Vor|stän|din** die, -/-innen ‖ **Vor|stands|mit|glied** ‖ **Vor|stands|sit|zung** ‖ **Vor|stands|vor|sit|zen|de**

Vor|steck|ring: *Schmuckring über dem Ehering*

vor|ste|hen: einem Verein v. *(ihn leiten)* ‖ **vor|ste|hend:** vorstehende Zähne; *aber* (bes. Amtsspr.): im **V**orstehenden (in einem Bericht, Erlass u. dgl.: *vorher, weiter oben)* ‖ **Vor|ste|her** der, -s/- ‖ **Vor|ste|her|drü|se:** *Prostata* ‖ **Vor|ste|he|rin** die, -/-innen ‖ **Vor|steh|hund:** *ein Jagdhund* ‖ **Vor|ste|hung** die, -/-en (Amtsspr.): *Leitung; Bezirksvorstehung*

vor|stell|bar: kaum v. *(kaum zu glauben)* ‖ **vor|stel|len:** *bekannt machen;* ihn dem Gast v.; sich den Gästen v. *(seinen Namen nennen)* | die Uhr v. *(die Zeiger vorrücken)* | ich kann mir das nicht v. *(ich kann das nicht glauben)* | (veraltet) [auf der Bühne] den König v. *(darstellen)* ‖ **vor|stel|lig** (Amtsspr.): v. werden *(vorsprechen, um eine Bitte oder Beschwerde vorzubringen)* ‖ **Vor|stel|lung:** *Aufführung eines Theaterstücks, einer Oper, eines Films uÄ* | eine klare V. *(ein genaues geistiges Bild)* von etwas haben | (Amtsspr.) V. erheben *(eine Bitte oder Beschwerde vorbringen)* ‖ **Vor|stel|lungs|ge|spräch:** ein V. bei der Geschäftsführung ‖ **Vor|stel|lungs|ver|mö|gen**

Vor|steu|er (Wirt.): *bei der Umsatzbesteuerung abziehbare Steuerbeträge* ‖ **Vor|steu|er|ab|zug** (Wirt.) ‖ **vor|steu|er|pflich|tig** (Wirt.)

Vor|stop|per (Sport): *ein Verteidiger im Fußball* ‖ **Vor|stop|pe|rin** (Sport)

Vor|stoß: einen V. unternehmen *(etwas Besonderes wagen)* | ein V. *(Besatzstreifen)* an einem Kleid ‖ **vor|sto|ßen**

Vor|stra|fe: *frühere, noch nicht getilgte Strafe;* → vorbestraft

vor|stre|cken: den Kopf v. | jemandem Geld v. *(leihen)*

Vor|stu|die [-ʃt-iɛ]

Vor|stu|fe: eine V. zum Erfolg

vor|stür|men

vor|sünd|flut|lich = → vorsintflutlich

Vor|tag: am V. *(am Tag davor)*

vor|tan|zen ‖ **Vor|tän|zer** ‖ **Vor|tän|ze|rin**

vor|tas|ten sich: sich vorsichtig im Dunkeln v.

vor|täu|schen: *vorspiegeln, vorgaukeln*

Vor|teig (Küchenspr.): *Hefe- oder Sauerteigansatz als Treibmittel, Dampfl*

Vor|teil der, -[e]s/-e: einen V. haben; das ist hier von V. *(vorteilhaft, günstig);* sich einen V. verschaffen; im V. *(voraus, überlegen)* sein; einen V. *(Kunstgriff)* anwenden | *ein Spielstand im Tennis* ‖ **vor|teil|haft** ‖ **Vor|teils-**

V

card [-k-]: *ein Ermäßigungsausweis [der ÖBB]* ‖ **Vorteilskarte** ‖ **Vorteilsticket:** mit einem V. *(zB einer ermäßigten Fahrkarte der ÖBB)* reisen
Vortest
Vortrag der, -[e]s/-träge: einen V. halten | (Amtsspr.) *Antrag eines Bundesministers (einer Bundesministerin) an den Ministerrat* | (Wirt.) *Übertrag* ‖ **vortragen:** ein Gedicht v. ‖ **Vortragende**[1] der, -n/-n, ein Vortragender ‖ **Vortragende**[2] die, -n/-n ‖ **Vortragsbezeichnung** (Mus.): *Angabe über Tempo und Ausdruck, zB allegro, forte, legato* ‖ **Vortragssaal** ‖ **Vortragsweise**
vortrefflich [auch: -ˈɛ-] (geh.): eine vortreffliche *(ausgezeichnete)* Leistung
vortreiben: einen Tunnel v.; einen Stollen v.
vortreten: vortretende Backenknochen ‖ **Vortritt** der, -[e]s: jemandem [beim Eintreten] den V. lassen
Vorturner ‖ **Vorturnerin**
vorüber: *vorbei;* am Teich v.; v. sein; das Gewitter ist v. ‖ **vorübergehen** ‖ **vorübergehend:** *für kurze Zeit;* „Vorübergehend geschlossen" ‖ **vorüberziehen**
Vorübung
Voruntersuchung (Jus): *Untersuchung mit dem Ergebnis der Verfahrenseinstellung oder der Anklageerhebung gegen eine bestimmte Person;* → Vorerhebung
Vorurteil: *vorgefasste, [meist] unbegründete Meinung* ‖ **vorurteilsfrei:** *unbefangen* ‖ **vorurteilslos**
Vorväter die (Pl.) (geh.): *die Ahnen*
Vorverfahren
Vorvergangenheit (Gramm.): *Plusquamperfekt*
Vorverhandlung: *vorbereitende Verhandlung*
Vorverkauf: Eintrittskarten im V./per Internet besorgen ‖ **Vorverkaufskarte** ‖ **Vorverkaufsschein**
vorverlegen: einen Termin v. *(früher als geplant ansetzen)* ‖ **Vorverlegung**
vorverschieben: *vorverlegen*
Vorversuch
Vorvertrag: *die Vereinbarung über den künftigen Abschluss eines bestimmten Vertrages*
vorverurteilen: *schon vor dem Beweis einer Schuld als schuldig behandeln*
Vorvordern die (Pl.) (geh., veraltet): *Vorfahren;* → Altvordern
vorvorgestern: *am Tag vor vorgestern*
vorvorige: v. Woche
vorwagen sich
Vorwahl: *Vorwahlnummer beim Telefonieren [nach auswärts und zu Mobilnetzen]* | *Vorauswahl* ‖ **vorwählen** ‖ **Vorwahlnummer**
Vorwand der, -[e]s/-wände: *Ausflucht;* unter dem V. *(vorgetäuschten Grund),* krank zu sein, daheimbleiben
vorwärmen: das Essen v.
Vorwarnstufe ‖ **Vorwarnung**

vorwärts:

nach vorn; los, vorwärts!; vorwärts marsch!/marsch vorwärts! *(ein Kommando)*
Zusammenschreibung, wenn die Betonung auf „vorwärts" liegt:
- vorwärtsblicken; vorwärtsblickend
- etwas vorwärtsbringen *(damit weiterkommen)*
- vorwärtsgehen *(nach vor gehen; besser werden)*
- mit einer Arbeit rasch vorwärtskommen

R→ S. 899, 1.3

vorwärtsblicken ‖ **vorwärtsbringen** ‖ **Vorwärtseinparker** (sal., abw.): *Weichling, Warmduscher* ‖ **Vorwärtseinparkerin** (sal., abw.) ‖ **Vorwärtsgang:** den V. einlegen ‖ **vorwärtsgehen** ‖ **vorwärtskommen** → vorwärts
Vorwäsche ‖ **vorwaschen** ‖ **Vorwaschgang**
vorwassern (ugs.): *vorplanen;* ich habe schon etwas vorgewassert; → G.: nachwassern
vorweg: *voraus;* v. sein; etwas v. abklären ‖ **Vorwegnahme** die, - ‖ **vorwegnehmen:** Einwände v. *(im Vorhinein berücksichtigen)*
vorweihnachtlich: vorweihnachtliche Stimmung ‖ **Vorweihnachtszeit**
vorweisen: an der Grenze den Pass v. *(herzeigen)*
Vorwelt die, -: vorgeschichtlicher Erdzeitraum ‖ **vorweltlich**
vorwerfen: dem Löwen Futter v. | jemandem Unaufrichtigkeit v. *(vorhalten)*
vorwiegen: bei der Modeschau wogen helle Farben vor ‖ **vorwiegend:** v. *(meist)* heiteres Wetter
Vorwinter
Vorwissen: zum Verständnis des Buchs fehlt mir das V. | (Amtsspr.) mit V. *(nach Information)* des Chefs
Vorwitz der, -es (geh.): *Neugier; vorlautes Benehmen,* Fürwitz ‖ **vorwitzig** (geh.): *vorlaut, keck;* → fürwitzig
Vorwoche ‖ **vorwöchig:** das vorwöchige Programm
Vorwort das, -[e]s/-e: *Einleitung zu einem Buch* | (mit Pl. -wörter) (Gramm.) *Präposition* ‖ **Vorwortergänzung** (Gramm.): *Präpositionalobjekt*
Vorwurf: jemandem Vorwürfe machen ‖ **vorwurfsvoll:** vorwurfsvolle Blicke zuwerfen
vorzaubern: *vortäuschen* | *Zaubertricks zeigen*
Vorzeichen: ein böses V. *(Zeichen für ein zukünftiges Geschehen)* | (Math.) positives V. (+); negatives V. (–) | (Mus.) *Zeichen in der Notenschrift für die Erhöhung bzw. Erniedrigung von Tönen, zB* ♯, ♭ ‖ **vorzeichnen:** ein Muster v.; ein vorgezeichnetes Kreuz *(Versetzungszeichen)*
vorzeigbar ‖ **vorzeigen:** *herzeigen* ‖ **Vorzeigeunternehmen**
Vorzeit die, -: *Urzeit, Urgeschichte* | (mit Pl. -en) *vergangene Zeit* ‖ **vorzeiten** (geh.): *in früherer Zeit; aber:* vor langen Zeiten ‖ **vorzeitig:** ein vorzeitiger *(verfrühter)* Wintereinbruch ‖ **Vorzeitigkeit** die, - (Gramm.): *eine Form der Zeitenfolge in Gliedsätzen* ‖ **vorzeitlich:** vorzeitliche *(vorgeschichtliche)* Funde
vorziehen: den Vorhang v. | etwas anderen Dingen v. *(es lieber haben)* | Wahlen v. *(vorverlegen)*
Vorzimmer: *Vorraum, Diele* ‖ **Vorzimmerkasten** ‖ **Vorzimmerschrank** ‖ **Vorzimmerwand:** *ein Möbel zur Kleiderablage, Garderobenwand*
Vorzug: *Vorrecht; Vorrang* | *gute Eigenschaft* | *Vorteil* | (veraltend) *Auszeichnung im Schulzeugnis* ‖ **vorzüglich** [auch: -ˈyː-] ‖ **Vorzugsaktie** [-tsi̯ə] (Bankw.): *Aktie, die gegenüber Stammaktien besondere Vorrechte gewährt* ‖ **Vorzugspreis:** etwas zu einem V. verkaufen ‖ **Vorzugsschüler** (veraltend): *Schüler mit „ausgezeichnetem Erfolg"* ‖ **Vorzugs-**

V

schü|le|rin (veraltend) ‖ **Vor|zugs|stel|lung** ‖ **Vor|zugs|stim|me:** einer Kandidatin bei einer Landtagswahl die V. geben ‖ **vor|zugs|wei|se:** *besonders, am liebsten* ‖ **Vor|zugs|zeug|nis** (veraltend): *[Jahres- oder Reife]zeugnis mit „ausgezeichnetem Erfolg"*; → Vorzug
Vor|zu|kunft (Gramm.): *Futur II*
Vös|lau [f-] → Bad Vöslau
vo|ten [v-, engl.: vəʊ-] ⟨lat.-engl.⟩: *abstimmen, votieren* ‖ **Vo|ting** das, -s/-s: *Abstimmung* ‖ **vo|tie|ren** ⟨lat.⟩: für einen Antrag v. *(für ihn stimmen, sich für ihn aussprechen)*; → Votum ‖ **Vo|tiv|bild** [-f-]: *zum Dank gestiftetes Bild [in Kirchen]* ‖ **Vo|tiv|ker|ze** ‖ **Vo|tiv|ta|fel:** *zum Dank gestiftete [kleine] Tafel mit Inschrift* ‖ **Vo|tum** das, -s/Voten [Vota]: *Stimme, Urteil, Entscheidung;* sein V. abgeben; → votieren
Vou|cher [ˈvaʊtʃə] der, -s/-[s] ⟨engl.⟩ (Tour.): *Bestätigung für eine vorausbezahlte Leistung, [Hotel]gutschein*
Vo|yeur [vo̯aˈjøːə] der, -s/-s [-e] ⟨fr.⟩: *[heimlicher] Zuschauer bei sexuell erregendem Geschehen, Spanner* ‖ **Vo|yeu|rin** die, -/-innen
VPI [faʊ pe ˈiː]: **V**erbraucher**p**reis**i**ndex
VPS [faʊ pe ˈɛs] das, - (Elektrot.): **V**ideo[rekorder]-**P**rogramm[ierungs]-**S**ystem
Vre|ni [f-]: *weibl. Vorname (Verena)*
Vro|ni [f-]: *weibl. Vorname (Veronika)*
Vs: **V**olt**s**ekunde
VS: **V**olks**s**chule
vs.: **v**er**s**us
V-Stil [ˈfaʊst-, -ʃt-] (Sport): *eine Technik beim Skispringen*
vT = v. T.: **v**om **T**ausend *(Promille)*
v. u.: **v**on **u**nten *(in Verweisen auf Textstellen);* 5. Zeile v. u.
Vul|ca|no [v-k-] der, -s: *Kurzwort für Vulcanoschinken* ‖ **Vul|ca|no|schin|ken:** *eine Spezialität aus dem → Vulkanland*
vul|gär [v-] ⟨lat.-fr.⟩: *gewöhnlich, ordinär | allgemein* ‖ **Vul|gär|la|tein:** *spätere lateinische Volkssprache, Grundlage der romanischen Sprachen* ‖ **vul|go** (vlg.): *allgemein (volkstümlich) genannt;* Leopold Rotter(,) vulgo Eder(,) liegt hier begraben ‖ **Vul|go|na|me,** *auch:* **Vul|go|na|men:** *Hofname, Übername*
Vul|kan [v-] der, -s/-e ⟨lat.⟩: *Feuer speiender Berg;* tätige, erloschene Vulkane ‖ **Vul|kan|aus|bruch** ‖ **Vul|ka|ni|sa|ti|on** [-tsi̯-] die, -/-en ‖ **vul|ka|nisch:** vulkanische Gesteine ‖ **vul|ka|ni|sie|ren:** Kautschuk v. *(fest und geschmeidig bzw. hart machen)* ‖ **Vul|ka|nis|mus** der, -/Vulkanismen (Geol.): *Gesamtheit vulkanischer Erscheinungen* ‖ **Vul|kan|land:** *eine Region in der Südoststeiermark;* → Vulcano
Vul|va [v-va] die, -/Vulven ⟨lat.⟩: *die äußeren Geschlechtsteile der Frau*
Vu|vu|ze|la [v-v-z-] die, -/-s: *eine Tröte aus Metall oder Plastik*
VwGH: **V**er**w**altungs**g**erichts**h**of
VWL [faʊ ve ˈɛl] die, -: **V**olks**w**irtschafts**l**ehre

V

w W

w [veː] das, -/- (Kleinbuchstabe): das w im Wort *weit* | (Laut) der w-Laut

W [veː] das, -/- (Großbuchstabe): das W im Wort *Wein* | **W**est[en] | (auch Kfz) **W**ien | (Phys.) **W**att | (Chem.) **W**olfram

Waadt die, - = **Waadt|land** das, -[e]s: *ein Schweizer Kanton*

Waa|ge die, -/-n: *Gerät zur Bestimmung des Gewichts;* Vor- und Nachteile halten einander die W. | *ein Tierkreiszeichen* ‖ **Waa|ge|bal|ken** ‖ **waag|recht:** *horizontal;* → G.: senkrecht ‖ **Waag|rech|te** die, -n/-n: *Horizontale* | (auch mit Pl. -) zwei, alle Waagrechte[n] ‖ **Waag|scha|le:** du darfst nicht jedes Wort auf die W. legen *(zu genau nehmen)*

Waal der, -[e]s/-e (SüdT): *künstlich angelegter Bewässerungskanal* ‖ **Waa|ler** der, -s/- (SüdT): *Betreuer von Waalen* ‖ **Waa|le|rin** die, -/-innen (SüdT) ‖ **Waa|weg** (SüdT)

Wa|be die, -/-n: *der aus Wachs bestehende Zellbau der Bienen* ‖ **Wa|ben|ho|nig**

wach:

nicht schlafend, ausgeschlafen | ihr wacher Geist *(Scharfsinn);* ein waches *(kluges)* Kind

Getrenntschreibung bei wörtlicher Bedeutung:
- wach sein; sie ist wach *(schläft nicht)*
- wach bleiben/werden
- sich wach halten *(nicht einschlafen)*

Zusammenschreibung bei übertragener Bedeutung:
- die Erinnerung an sie wachhalten/wachrufen
- die Erinnerung an sie wird wachbleiben

R→ S. 900, 1.5.1

Getrennt- und Zusammenschreibung in Zweifelsfällen und mit Verben, die ein Resultat herbeiführen:
- wach liegen = wachliegen *(nicht einschlafen können)*
- wach rütteln = wachrütteln
- Erinnerungen sind wach geworden (= wachgeworden)

R→ S. 900, 1.5.2

Wach|ab|lö|se = **Wach|ab|lö|sung:** auf die W. warten

Wa|ch|au die, -: *ein Engtal der Donau in Niederösterreich* ‖ **Wa|ch|au|er**[1] (Adj.): W. Weine; W. Marillen; W. Marillenlikör; W. Haube ‖ **Wa|ch|au|er**[2] das, -s/-: *Wachauer Laibchen* ‖ **Wa|ch|au|er Laib|chen** = **Wa|ch|au|er Lai|berl,** *auch:* Wachauer Laberl (bes. ostöst.): *ein Gebäck*

Wach|ba|tail|lon [-aljoːn, auch: -ajoːn] ‖ **wach|blei|ben:** Erinnerungen, die w.; → wach ‖ **Wach|dienst** ‖ **Wa|che** die, -/-n: W. halten; W. stehen; → Wache stehend = wachestehend | *Wachposten* | *Wachlokal* ‖ **Wa|che|be|am|te:** *Polizist oÄ* ‖ **Wa|che|be|am|tin**

wa|cheln, ich wachle (ugs.): *[mit einer Fahne] winken; fächeln; wehen;* → Wachler

wa|chen: über etwas/jemanden w. *(auf etwas/jemanden aufpassen)* | (meist geh.) *wach sein* ‖ **Wa|che|or|gan** → Wachorgan ‖ **Wa|che ste|hend** = **wa|che|ste|hend:** W. stehende Soldaten ‖ **Wach|frau:** *weibl. Form von Wachmann* ‖ **Wach|ha|ben|de**[1] der, -n/-n, ein Wachhabender (Amtsspr.) ‖ **Wach|ha|ben|de**[2] die, -n/-n (Amtsspr.) ‖ **wach|hal|ten:** die Erinnerung an einen lieben Verstorbenen w.; *aber:* sich kaum wach halten können ‖ **Wach|heit** die, -: die volle W. sagen ‖ **Wach|hund** = Wachthund ‖ **Wach|ko|ma** (Med.) ‖ **Wach|kom|pa|nie** ‖ **Wach|kör|per** (Amtsspr.): *eine Sicherheitseinheit (Polizei)*

Wach|ler der, -s/- (ugs., oft scherzhaft): *jemand, der eine Fahne oÄ schwenkt;* Outwachler; → wacheln ‖ **Wach|le|rin** die, -/-innen (ugs., oft scherzh.)

wach lie|gen = **wach|lie|gen** ‖ **Wach|lo|kal:** *Wachzimmer oÄ* ‖ **Wach|mann** der, -[e]s/-leute [-männer]: *Polizist im Wach- oder Streifendienst* | *Angehöriger eines [privaten] Wachdienstes, Security* ‖ **Wach|mann|schaft**

Wa|chol|der der, -s/-: *ein Nadelholz, Kranewit* | *ein Schnaps, Kranewitter, Gin* ‖ **Wa|chol|der|bee|re:** *ein Gewürz* ‖ **Wa|chol|der|schnaps:** *Kranewitter*

Wach|or|gan, *auch:* Wacheorgan (Amtsspr.): *Aufsichtsperson in Parks, im Forst, bei Veranstaltungen etc.* ‖ **Wach|pos|ten** = Wachtposten ‖ **wach|ru|fen:** die Erinnerung an ein schönes Erlebnis w. ‖ **wach rüt|teln** = **wach|rüt|teln:** *wecken*

Wachs [-ks] das, -es/-e: das W. der Kerze schmilzt; er ist W. in ihren Händen *(er macht, was sie will);* → wachseln | die Ski mit W. präparieren ‖ **Wachs|ab|druck**

wach|sam: ein wachsamer Hund; ein wachsames Auge auf den Verkehr haben ‖ **Wach|sam|keit** die, -

wach|seln [-ks-] = wachsen[2], ich wachsle [wachse], du wachselst [wachst]/sie wachselten [wachsten]: *mit Wachs einlassen;* die Ski w.; den Boden w.

wach|sen[1] [-ks-], du wächst/wuchs/gewachsen: er lässt sich die Haare w.; → hochgewachsen | die Lärmbelästigung wächst ständig; stark wachsende *(steigende)* Ausgaben; → gewachsen; → Wuchs

wach|sen[2] [-ks-] = → wachseln ‖ **wäch|sern:** *aus Wachs* | (geh.) *bleich wie Wachs* ‖ **Wachs|fi|gur** ‖ **Wachs|fi|gu|ren|ka|bi|nett:** *Ausstellung von lebensgroßen Wachsfiguren bekannter Persönlichkeiten* ‖ **Wachs|ker|ze** ‖ **Wachs|lein|wand:** *Wichsleinwand* ‖ **Wachs|mal|krei|de** ‖ **Wachs|mo|del:** *plastisches Wachsbild* | *dessen Gussform* ‖ **Wachs|mo|dell:** *Modell, Entwurf [für eine Plastik]* ‖ **Wachs|stock:** *lange, dünne, schraubenförmig gewickelte Kerze*

Wach|stu|be: *Dienstzimmer der Polizei, kleine Polizeistation, Wachzimmer*

Wachs|tuch [-ks-]: *Wichsleinwand*

Wachs|tum [-ks-] das, -s: schnelles W.; Bevölkerungswachstum ‖ **Wachs|tums|bran|che** [-brãːʃ] ‖ **wachs|tums|för|dernd** ‖ **wachs|tums|hem|mend** ‖ **Wachs|tums|hil|fe** ‖ **Wachs|tums|hor|mon** ‖ **Wachs|tums|po|ten|ti|al** [-tsi̯-] = **Wachs|tums|po|ten|zi|al** ‖ **Wachs|tums|pro|zess:** *der Vorgang des Wachsens* ‖ **Wachs|tums|ra|te** ‖ **Wachs|tums|schub** ‖ **Wachs|tums|stö|rung**

wachs|weich [-ks-] ‖ **Wachs|zie|her** der, -s/-: *Erzeuger von Wachskerzen uÄ* ‖ **Wachs|zie|he|rin** die, -/-innen

Wacht die, -/-en: auf der W. *(Hut)* sein; am Bett eines Schwerkranken W. halten

Wach|tel die, -/-n: *ein Hühnervogel*

‖ **Wachtelei** ‖ **Wachtelkönig:** *eine Ralle* ‖ **Wachtelschlag:** *Ruf der Wachtel* ‖ **Wachtelweizen:** *eine Pflanzengattung*

Wächter der, -s/-: ‖ **Wächterin** die, -/-innen ‖ **Wachthund** = Wachhund ‖ **Wachtmeister:** *ein militärischer Dienstgrad, Unteroffizier* ‖ **Wachtposten** = Wachposten ‖ **Wachtraum:** *Träumerei, Tagtraum* ‖ **Wachtturm** = **Wachturm** ‖ **wach werden** = **wachwerden:** der alte Verdacht ist wach geworden (= wachgeworden); *aber:* wach werden *(aufwachen)* ‖ **Wachzimmer:** *Dienstzimmer der Polizei, Wachstube* ‖ **Wachzustand:** *Wachsein*

wackelig, *auch:* wacklig: ein wackeliger Tisch ‖ **Wackelkontakt** ‖ **wackeln,** ich wackle ‖ **Wackelpudding** ‖ **Wackelstein:** *riesiger Felsbrocken, der sich leicht bewegen lässt*

wacker (veraltet): ein wackerer *(mutiger; tüchtiger; rechtschaffener)* Mann ‖ **Wacker:** *Name verschiedener Sportvereine;* W. Innsbruck

Wackerstein (veraltet): *ein Gesteinsbrocken*

wacklig → wackelig

Wade die, -/-n: *Hinterseite des Unterschenkels* ‖ **Wadenkrampf:** *schmerzhafter Krampf der Wadenmuskeln* ‖ **Wadenstutzen,** *auch:* Wadlstutzen: *ein Trachtenkniestrumpf ohne Fußteil* ‖ **Wadenwickel** (Med.): *ein Fieber senkender Umschlag*

Wadi das, -s/-s ⟨arab.⟩: *ausgetrocknetes Flussbett in der Wüste*

Wadl das, -s/-n (ugs.): *Wade;* dicke Wadln ‖ **wadlbeißen** (ugs., abw.) ‖ **Wadlbeißer** (ugs., abw.) ‖ **Wadlbeißerei** die, -/-en (ugs., abw.): *kleinliche boshafte Sticheleien* ‖ **Wadlbeißerin** die, -/-innen (ugs., abw.) ‖ **Wadlstutzen** → Wadenstutzen ‖ **Wadschinken,** *auch:* **Wadschunken** (ostöst.): *eine [Rind]fleischsorte*

Waffe die, -/-n: atomare Waffen; die Waffen strecken *(sich ergeben);* die Waffen sprechen lassen *(kämpfen);* Waffen tragen; → Waffen tragend = waffentragend

Waffel die, -/-n: *ein kleines, flaches Backwerk* ‖ **Waffeleisen:** *Backform für Waffeln* ‖ **Waffeltüte** (bes. D)

Waffenarsenal: *Waffenlager* ‖ **Waffenbesitz:** unerlaubter W. ‖ **Waffenbruder** (geh.): *Mitkämpfer* ‖ **Waffenexport** ‖ **waffenfähig** (veraltet): *alle waffenfähigen* (wehrhaften) Männer ‖ **Waffengang** (geh.): *Krieg, Kampf* ‖ **Waffengattung** (Mil.): *Truppengattung* ‖ **Waffengebrauch** ‖ **Waffengesetz** ‖ **Waffengewalt** die, -: mit W. vorgehen ‖ **Waffenhandel** ‖ **Waffenhändler** ‖ **Waffenhändlerin** ‖ **Waffenkunde** die, - ‖ **Waffenlager** ‖ **waffenlos:** *unbewaffnet* ‖ **Waffennarr** ‖ **Waffennärrin** ‖ **Waffenpass:** *Waffenschein für Faustfeuerwaffen* ‖ **Waffenrad** (veraltet) (Wz.): *robustes Fahrrad der Waffenfabrik Steyr* ‖ **Waffenrock** (veraltet): *Uniformrock* ‖ **Waffenruhe:** *vorübergehender Waffenstillstand* ‖ **Waffensammlung** ‖ **Waffenschein:** *Erlaubnisschein für Schusswaffenbesitz* ‖ **Waffenschmuggel** ‖ **Waffen-SS** [-ɛs ɛs] (im Nationalsozialismus): *heeresartige Formation der SS* ‖ **waffenstarrend** (geh.): *bedrohlich gerüstet* ‖ **Waffenstillstand:** einen W. schließen; → Waffenruhe ‖ **Waffenstillstandsabkommen** ‖ **Waffentechnik** ‖ **Waffen tragend** = **waffentragend:** W. tragende Verbände ‖ **Waffenübung** (Mil.): *zeitlich begrenzte Truppenübung für Soldaten mit abgeleistetem Präsenzdienst* ‖ **waffnen** sich (geh.): *sich wappnen, sich bewaffnen, sich rüsten*

Wägele das, -s/- (V): *kleiner Wagen*

Wagemut ‖ **wagemutig:** *mutig, unerschrocken* ‖ **wagen:** viel w. *(viel aufs Spiel setzen, sich viel getrauen)* | sich nicht mehr aus dem Haus w. *(getrauen);* → gewagt

Wagen der, -s/- [Wägen]: die Pferde vor den W. spannen | den W. *(das Auto)* in der Garage parken | *Kinderwagen* | der letzte W. *(Wagon)* wird abgehängt | der Große W. *(der Große Bär, ein Sternbild)*

wägen, du wägst/wog/gewogen (veraltend): *das Gewicht bestimmen, wiegen*[2]; einen Sack Mehl w. *(abwiegen)* | (geh.) seine Worte genau w. *(abwägen, erwägen)*

Wagenbauer der, -s/-: *Wagner* ‖ **Wagenbauerin** die, -/-innen ‖ **Wagenburg:** *Museum mit historischen Prunkwagen im Schloss Schönbrunn* | (früher) *zur Verteidigung angeordnete [Tross]fahrzeuge* ‖ **Wagendach** ‖ **Wagenheber:** *Vorrichtung zum Heben eines Autos* ‖ **Wagenkolonne** ‖ **Wagenladung:** eine W. Sand ‖ **Wagenpark:** *Gesamtheit der Fahrzeuge, zB einer Firma* ‖ **Wagenplache** ‖ **Wagenplane** ‖ **Wagenrad** ‖ **Wagenschlag** (veraltend): *Tür eines Wagens* ‖ **Wagenschmiere:** *Fett zum Schmieren der Wagenachsen* ‖ **Wagenstandsanzeiger:** *Anzeige [am Bahnsteig] der Reihung der Wagons* ‖ **Wagentyp** [-y-] ‖ **Wagerl** das, -s/-[n]: *kleiner Wagen;* Einkaufswagerl ‖ **Wagon** = → Wagon ‖ **Wagonladung** = → Wagonladung ‖ **wagonweise** = → wagonweise

waghalsig: ein waghalsiger *(tollkühner, mutiger)* Mensch ‖ **Waghalsigkeit** die, -/-en

Wagner der, -s/-: *ein Handwerker, Wagenbauer* ‖ **Wagnerin** die, -/-innen

Wagnis das, -nisses/-nisse: kein [großes] W. *(Risiko)* eingehen

Wagon = Waggon der, -s/-s [-e] ⟨niederl.-engl.⟩: *Eisenbahnwagen* | (in Mengenangaben mit Pl. Wagon) zwei Wagon Koks ‖ **Wagonladung** = Waggonladung ‖ **Wagon-Lits** [-ˌgõ 'li(ː)] die, - ⟨fr.⟩ (Wz.): *eine europäische Schlafwagengesellschaft* ‖ **wagonweise** = waggonweise

Wagram der, -s: *Geländestufe, zB im Marchfeld* | (ohne Art.) (Siedlungsname) Kirchberg am W. *(Marktgemeinde in Niederösterreich)*

Wahl die, -/-en: Wahlen ausschreiben, abhalten; eine W. auf Landesebene | eine gute W. treffen; du hast die W. *(kannst dich entscheiden)* zwischen …; in die engere W. *(Auswahl)* kommen/ziehen; Porzellan zweiter W. *(mit kleinen Fehlern, aber billiger)* ‖ **Wahlalter:** *Mindestalter für die Ausübung des Wahlrechts* ‖ **Wahlamt** ‖ **Wählamt** (veraltet): *Telefonzentrale* ‖ **Wahlarithmetik:** *Berechnungen zur Aufteilung der Wahlstimmen* ‖ **Wahlarzt:** *niedergelassener Arzt mit Praxis ohne Vertrag mit einer Krankenkasse* ‖ **Wahlärztin** ‖ **wahlärztlich** ‖ **Wahlaufruf** ‖ **Wahlausgang** ‖ **Wahlausschuss** ‖ **wählbar:** *berechtigt, zu kandidieren* | diese Politikerin ist für mich nicht wählbar *(ich wähle ihn aus bestimmten Gründen nicht)*

W

‖ **Wahlbehörde** (Amtsspr.) ‖ **Wahlbenachrichtigung** ‖ **Wahlbeobachter** ‖ **Wahlbeobachterin** ‖ **wahlberechtigt:** *berechtigt, an einer Wahl teilzunehmen* ‖ **Wahlberechtigte**[1] der, -n/-n, ein Wahlberechtigter ‖ **Wahlberechtigte**[2] die, -n/-n ‖ **Wahlbeteiligung** ‖ **Wahlbezirk** ‖ **Wahldebakel** ‖ **Wahleltern** die (Pl.) (Amtsspr.): *Adoptiv-, Zieheltern* ‖ **Wahlempfehlung:** die Organisation gab eine W. ab ‖ **wählen:** aus der Speisekarte w. | eine Telefonnummer w. | eine Partei w.; → gewählt ‖ **Wähler** der, -s/-: *Wahlberechtigter* ‖ **Wählerbewegung** ‖ **Wählerevidenz** [-v-]: *Wählerverzeichnis, Wählerliste* ‖ **Wahlerfolg** ‖ **Wahlergebnis** ‖ **Wählerin** die, -/-innen ‖ **wählerisch:** *anspruchsvoll, heikel;* ein wählerischer Kunde ‖ **Wählerliste:** *Verzeichnis der Wahlberechtigten* ‖ **Wählerschaft** die, -/-en ‖ **Wählerschicht** ‖ **Wählerstimme** ‖ **Wählerstromanalyse** [-ly:-]: *Berechnung, welche Partei im Vergleich zur vorigen Wahl Stimmen von einer anderen gewonnen bzw. an diese verloren hat* ‖ **Wählerverzeichnis** ‖ **Wählervolk:** *Wahlvolk* ‖ **Wählerwille** ‖ **Wahlfach** (Bildw.): *frei gewähltes Prüfungsfach;* → Wahlpflichtgegenstand ‖ **Wahlfrau** (meist Pl.): *Wahlberechtigte in einem indirekten Wahlverfahren;* → Wahlmann ‖ **Wahlgang:** die Entscheidung fiel erst im zweiten W. ‖ **Wahlgeheimnis** das, -nisses: *Grundsatz, dass die Entscheidung der einzelnen Person geheim bleiben muss* ‖ **Wahlheimat:** Wien war die W. Beethovens ‖ **Wahlhelfer** ‖ **Wahlhelferin** ‖ **Wahljahr:** *Jahr, in dem eine Wahl stattfindet* ‖ **Wahlkabine:** *kleiner, abgeschirmter Platz im Wahllokal zum Ausfüllen der Stimmzettel* ‖ **Wahlkampagne** [-anjɛ, fr.: -kɑ̃panʲ] = **Wahlkampf** ‖ **wahlkämpfen** (nur Inf. und Part.): *einen Wahlkampf führen* ‖ **Wahlkampfleiter** ‖ **Wahlkampfleiterin** ‖ **Wahlkampfmunition** [-tsi̯-] ‖ **Wahlkandidat** ‖ **Wahlkandidatin** ‖ **Wahlkarte:** *Berechtigung für die Wahl außerhalb des ordentlichen Wohnsitzes* ‖ **Wahlkartenstimme** ‖ **Wahlkartenwähler** ‖ **Wahlkartenwählerin** ‖ **Wahlkind** (Amtsspr.): *Adoptivkind* ‖ **Wahlkomitee** ‖ **Wahlkommission** ‖ **Wahlkreis:** *regionale Gliederung eines Staates, Landes im Hinblick auf die Wahl der Volksvertreter* ‖ **Wahlkuvert** [-ˌveːə, D: -ˌvɛrt] ‖ **Wahlleiter** ‖ **Wahlleiterin** ‖ **Wahlliste:** *Liste der Wahlkandidaten* ‖ **Wahllokal** ‖ **Wahllokomotive** [-fɛ, -vɛ] (oft scherzh.): sie war die W. *(eine besonders zugkräftige Wahlkandidatin)* ihrer Partei ‖ **wahllos:** w. *(ohne Überlegung)* einkaufen ‖ **Wahlmann** der, -[e]s/-männer (meist Pl.) → Wahlfrau ‖ **Wahlmodus:** *Art der Durchführung einer Wahl* ‖ **Wahlmöglichkeit** ‖ **Wahlmutter** (Amtsspr.): *Adoptiv-, Ziehmutter* ‖ **Wahlnacht** ‖ **Wahlniederlage** ‖ **Wahlonkel:** *befreundeter älterer Bekannter* ‖ **Wahlperiode:** *Dauer der Amtszeit bei gewählten Funktionären, Gremien etc.; Legislaturperiode* ‖ **Wahlpflicht** die, - ‖ **Wahlpflichtgegenstand** (Bildw.): *Unterrichtsgegenstand, der aus einem Angebot von alternativen Pflichtgegenständen gewählt werden muss;* → Wahlfach; → Freifach ‖ **Wahlplakat** ‖ **Wahlplattform:** *Wahlprogramm, auf das sich verschiedene Gruppen einigen* ‖ **Wahlprogramm:** *Grundsätze und Ziele einer Partei für eine Wahl* ‖ **Wahlpropaganda** ‖ **Wahlrecht** das, -[e]s: das aktive und das passive W. besitzen *(wählen dürfen und gewählt werden können)* ‖ **Wahlschlacht:** *[emotional und untergriffig geführter] Wahlkampf* ‖ **Wahlschlappe** ‖ **Wahlschuld** (Jus): *eine vom Schuldner auswählbare Leistungserbringung* ‖ **Wahlsieg** ‖ **Wahlsonntag** ‖ **Wahlsprengel:** *Wahlbereich mit einem Wahllokal* ‖ **Wahlspruch:** *Motto;* „Ich diene" ist der W. des Jugendrotkreuzes ‖ **Wahltag** ‖ **wahltaktisch** ‖ **Wahltante:** *befreundete ältere Bekannte* ‖ **Wahlumfrage** ‖ **Wahlurne:** *Behälter zur Aufnahme der Stimmzettel* ‖ **Wahlvater** (Amtsspr.): *Adoptivvater, Ziehvater* ‖ **Wahlveranstaltung** ‖ **Wahlverhalten** ‖ **Wahlversammlung** ‖ **Wahlversprechen:** *im Wahlkampf gegebenes Versprechen* ‖ **Wahlverteidiger** (Jus): *vom Angeklagten selbst gewählter Verteidiger;* → G.: Pflichtverteidiger ‖ **Wahlverteidigerin** (Jus) ‖ **wahlverwandt** (geh.): sich jemandem w. *(verbunden, seelisch verwandt)* fühlen ‖ **Wahlverwandtschaft** (geh.) ‖ **Wahlvolk:** *die Wähler und Wählerinnen* ‖ **wahlweise:** man kann w. *(nach Wunsch)* Kaffee, Tee oder Kakao trinken ‖ **wahlwerbend:** wahlwerbende *(bei einer Wahl antretende)* Kandidaten ‖ **Wahlwerber** (Amtsspr.): *Wahlkandidat* ‖ **Wahlwerberin** (Amtsspr.) ‖ **Wahlwerbung:** *Wahlpropaganda* ‖ **Wahlwiener:** *jemand, dessen Wahlheimat Wien ist* ‖ **Wahlwienerin** ‖ **Wahlzelle:** *Wahlkabine* ‖ **Wahlzettel:** *Stimmzettel* ‖ **Wahlziel:** die Partei hat ihr W. nicht erreicht ‖ **Wahlzuckerl** (sal.): *[populistisches] Wahlversprechen*

Wahn der, -[e]s (geh.): *Irrglaube; Einbildung; falsche Meinung* | (Med.) *Denkstörung mit Realitätsverlust* ‖ **Wahnbild** ‖ **wähnen** (geh.): er wähnte *(glaubte, hatte das Gefühl)* zu fliegen ‖ **wahnhaft** ‖ **Wahnidee** ‖ **Wahnsinn** der, -[e]s ‖ **wahnsinnig** ‖ **Wahnsinnige**[1] der, -n/-n, ein Wahnsinniger ‖ **Wahnsinnige**[2] die, -n/-n ‖ **Wahnsinnstat:** *bei geistiger Verwirrtheit begangene Tat* ‖ **Wahnvorstellung** (meist Pl.) ‖ **Wahnwitz** der, -es: der W. *(die Unsinnigkeit)* des Krieges ‖ **wahnwitzig:** *irrsinnig; von gefährlicher Bedenkenlosigkeit*

wahr: eine wahre Begebenheit; w. sein/werden; etwas für w. halten; du kommst, nicht w.?; weil's w. ist! | ein wahrer *(echter)* Freund; *aber:* → war; → wahr machen = wahrmachen

wahren (geh.): seine Unabhängigkeit w. *(bewahren, verteidigen)*

währen (geh.): nichts währt *(dauert)* ewig; die immer währende (= immerwährende) Neutralität Österreichs ‖ **während** (Präp. mit Gen., ugs. auch mit Dat.): w. des Winters (ugs.: w. dem Winter) | (im Pl. mit Dat., wenn Gen. nicht erkennbar) w. zehn Monaten | (Konj.) w. es regnete, las er ihr vor; w. dessen *(des Betreffenden, zB seiner)* Ausführungen; → währenddessen ‖ **währenddem** (ugs.): *währenddessen* ‖ **währenddessen:** w. wurde es finster; → während

wahrhaben: etwas nicht w. *(nicht*

W

glauben; nicht gelten lassen) wollen ‖ **wahrhaft** (geh.): *wirklich* ‖ **wahrhaftig** [auch: 'va:-] (geh.): *tatsächlich* ‖ **Wahrhaftigkeit** die, - (geh.): *Aufrichtigkeit* ‖ **Wahrheit** die, -/-en: die volle W. sagen ‖ **Wahrheitsbeweis:** den W. antreten ‖ **Wahrheitsfindung** die, - (bes. Jus): zur W. beitragen ‖ **Wahrheitsgehalt** der, -[e]s/-e: der W. einer Zeugenaussage ‖ **wahrheitsgemäß** ‖ **wahrheitsgetreu** ‖ **Wahrheitsliebe** ‖ **wahrheitsliebend** ‖ **Wahrheitspflicht** (Jus): die W. des Zeugen ‖ **wahrheitswidrig**

Währing: *18. Bezirk Wiens*

wahrlich (geh.): „Das ist w. *(wirklich)* ein Glück!" ‖ **wahr machen** = **wahrmachen:** das Versprechen w. m. ‖ **wahrnehmbar:** kaum w. ‖ **Wahrnehmbarkeit** die, -/-en ‖ **wahrnehmen:** ich nehme meinen Vorteil wahr *(ich bin auf ihn bedacht);* ich nahm meine Rechte wahr *(machte von ihnen Gebrauch)* | sie hat im Nebel die Bergspitze kaum wahrgenommen *(sehen können)* ‖ **Wahrnehmung** die, -/-en ‖ **Wahrnehmungsfähigkeit** ‖ **Wahrnehmungsvermögen** ‖ **wahrsagen,** sie wahrsagte [sagte wahr]/ hat gewahrsagt [wahrgesagt]: *prophezeien;* sie hat jemandem wahrgesagt (= gewahrsagt) ‖ **Wahrsager** der, -s/- ‖ **Wahrsagerei** die, -/-en ‖ **Wahrsagerin** die, -/-innen ‖ **Wahrsagung** die, -/-en ‖ **wahrscheinlich:** es ist w. *(anzunehmen),* dass ...; höchstwahrscheinlich ‖ **Wahrscheinlichkeit** die, -/-en: aller W. nach ‖ **Wahrscheinlichkeitsrechnung** (Math.) ‖ **Wahrscheinlichkeitstheorie** (Phil., Math.) ‖ **Wahrspruch** (Amtsspr.): der W. *(Urteilsspruch)* der Geschworenen

Wahrung die, -: die W. *(Sicherung)* aller unserer Interessen

Währung die, -/-en: *das in einem Staat geltende Zahlungsmittel, Geldsystem*

Währungsbeschwerde (Jus): *Beschwerde an den OGH wegen Verletzung oder Nichteinhaltung eines Gesetzes im Strafverfahren*

Währungseinheit ‖ **Währungsfonds** [-fõ:]: der Internationale W.; → international ‖ **Währungskommissar:** *Kommissar für Wirtschaft und Währung der Europäischen Kommission* ‖ **Währungskrise** ‖ **Währungskurs** ‖ **Währungsreform** ‖ **Währungsreserve** (meist Pl.) (Wirt.): *Mittel einer Notenbank zum Ausgleich eines Außenhandelsdefizits ua.* ‖ **Währungssymbol** [-zy-] ‖ **Währungssystem** [-zy-] ‖ **Währungsunion** (Pol., Wirt.): → EWU; → EWWU

Wahrzeichen: der Lindwurm (Lindwurmbrunnen) ist das W. Klagenfurts

Waid der, -[e]s/-e: → *Färberwaid* ‖ **waidgerecht** → weidgerecht

Waidhofen (Siedlungsname): W. an der Thaya (Kfz: WT) *(Stadt in Niederösterreich)* | W. an der Ybbs (Kfz: WY) *(Statutarstadt in Niederösterreich)*

Waidmann → Weidmann ‖ **waidmännisch** → weidmännisch ‖ **Waidmannsdank** → Weidmannsdank ‖ **Waidmannsheil** → Weidmannsheil ‖ **Waidwerk** → Weidwerk ‖ **waidwund** → weidwund

Waise die, -/-n: *elternloses Kind, Vollwaise; mutter- oder vaterloses Kind, Halbwaise; aber:* → Weise ‖ **Waisenhaus** ‖ **Waisenkind** ‖ **Waisenknabe:** gegen jemanden der reinste W. sein *(an jemandes Fähigkeiten, Gerissenheit nicht heranreichen)* ‖ **Waisenmädchen** ‖ **Waisenrente**

Wal der, -[e]s/-e: *ein Meeressäugetier*

Walachei die, -: *eine Landschaft in Rumänien*

Walburg: *Walburga* ‖ **Walburga,** *auch:* Walpurga, Walburg: *weibl. Vorname;* → Burgl; → Wally

Wald der, -[e]s/Wälder: den W. vor lauter Bäumen nicht sehen *(auf Grund von vielen Details den Blick auf das Gesamte verlieren);* ein W. *(eine große Zahl)* von Dachantennen ‖ **Waldarbeiter** ‖ **Waldarbeiterin** ‖ **waldarm** ‖ **Waldaufseher** ‖ **Waldaufseherin** ‖ **Waldbahn:** *Eisenbahn für forstwirtschaftliche Zwecke* ‖ **Waldbeere** ‖ **Waldbesitz** ‖ **Waldbestand** ‖ **Waldblöße** (fachspr.): *baumlose Stelle im Wald* ‖ **Waldboden** ‖ **Waldbrand** ‖ **Wäldchen** das, -s/- ‖ **Walddurchschlag:** *Schneise* ‖ **Waldeidechse** [-ks-] (bes. D): *Bergeidechse* ‖ **Waldeinsamkeit** (geh.)

Waldemar: *männl. Vorname*

Wälder der, -s/- (V): *Kurzwort für Bregenzerwälder* ‖ **Walderdbeere** ‖ **Wälderhaus:** *typisches Bauernhaus im Bregenzer Wald* ‖ **Wälderin** die, -/-innen (V): *Bregenzerwälderin* ‖ **Waldesrand** (geh.): *Waldrand* ‖ **Waldesrauschen** (geh.) ‖ **Waldfrevel** [-f-]: *mutwillige Beschädigung von Bäumen; Holzdiebstahl* ‖ **Waldgrenze:** *Höhe im Gebirge, bis zu der der geschlossene Wald reicht;* → Baumgrenze ‖ **Waldhonig** ‖ **Waldhorn:** *Horn, ein Blechblasinstrument* ‖ **waldig:** ein waldiges *(bewaldetes)* Gelände ‖ **Waldkauz:** *eine Eule* ‖ **Waldland** ‖ **Waldlauf** ‖ **Waldlichtung:** *[größere] ausgeholzte Stelle im Wald* ‖ **Waldmeister** der, -s: *eine Arzneipflanze* ‖ **Waldmeisterbowle** [-bo:lɛ, engl.: -bəʊl] ‖ **Waldmensch** (ugs..): *jemand, der versteckt vor der Zivilisation in der Wildnis lebt* ‖ **Waldnutzungsrecht** ‖ **Waldohreule**

Waldorfpädagogik: *eine Richtung der Reformpädagogik* ‖ **Waldorfsalat** ‖ **Waldorfschule**

Waldrand ‖ **Waldrebe:** *Klematis* ‖ **waldreich** ‖ **Waldschlag** → Schlag ‖ **Waldschneise** ‖ **Waldschnepfe:** *ein Vogel* ‖ **Waldschrat** = **Waldschratt:** *eine Sagengestalt, Waldgeist* ‖ **Waldsterben** ‖ **Waldstück**

Waldtraud → Waltraud

Wald-und-Wiesen-Thema (oft abw.): *sehr allgemein gehaltenes, abgedroschenes Thema* ‖ **Waldung** die, -/-en: *Waldbereich;* ausgedehnte Waldungen besitzen ‖ **Waldviertel:** *Landesteil von Niederösterreich (auch: Viertel oberm Manhartsberg)* ‖ **Waldviertler**[1] (Adj.): W. Mohnzelten; ‖ **Waldviertler**[2] der, -s/-: *Bewohner des Waldviertels* ‖ **Waldviertler**[3] die, -/-: *eine Wurstsorte* ‖ **Waldviertlerin** die, -/-innen: *Bewohnerin des Waldviertels* ‖ **Waldvöglein,** *auch:* Waldvögelein (Bot.): *eine Orchideengattung* ‖ **Waldweg** ‖ **Waldwirtschaft:** *Forstwirtschaft*

Wales [weɪlz]: *ein Teil von Großbritannien* | Prinz von W. *(Titel des britischen Thronfolgers);* → Waliser

Walfang ‖ **Walfänger** der, -s/-: *Walfangschiff* ‖ **Walfisch** (veraltet): *Wal*

Walhall [auch: -'al] die, - = **Walhalla** [auch: 'va(:)-] die, - = das, -[s] ⟨nordgerm.⟩: *in der nordi-*

W

schen Sage der Aufenthaltsort der ruhmvoll Gefallenen

Wa|li|ser der, -s/-: *Einwohner von Wales; aber:* → Walliser ‖ **Wa|li|se|rin** die, -/-innen ‖ **wa|li|sisch** ‖ **Wa|li|sisch** das, -[s] = **Wa|li|si|sche,** -n: *eine keltische Sprache*

Wal|ke die, -/-n: *Walkmühle für Loden* ‖ **wal|ken:** einen Teig w. *(auswalken, ihn mit dem Walker flach drücken und ausweiten)* | Loden w. *(die Schafwolle zu Loden zusammenpressen)* ‖ **Wal|ker** der, -s/-: *Nudelwalker* | *Walkjanker*

Wal|kie-Tal|kie [ˌwɔːkiˈtɔːki] das, -s/-s ⟨engl.⟩: *ein kleines Sprechfunkgerät* ‖ **Wal|king** [ˈwɔːk-] das, -s: *eine Sportart, flottes Gehen;* Nordic W.

Walk|jan|ker: *Lodenjoppe, Walker*

Walk|man [ˈwɔːkmən] der, -s/-s [Walkmen] ⟨engl.⟩ (Wz.): *tragbarer kleiner Kassettenrekorder*

Wal|kü|re die, -/-n ⟨nordgerm.⟩: *germanische Kampfgöttin* ‖ **Wal|kü|ren|ge|stalt:** *große, stattliche Frauengestalt* ‖ **wal|kü|ren|haft**

Wall der, -[e]s/Wälle: W. und Graben einer Burg

Wal|lach der, -[e]s [-en]/-e[n]: *kastrierter Hengst*

wal|len: wallendes *(kochendes, sprudelndes)* Wasser | wallende Locken | (veraltet bzw. geh.) durch die Lande w. *(ziehen, pilgern);* → Wallfahrt

Wal|ler[1] der, -s/-: *Wels*[2]

Wal|ler[2] der, -s/- (veraltet bzw. geh.): *Pilger, Wallfahrer* ‖ **wall|fah|ren,** wallfahrte/gewallfahrt: *zu einer Gnadenstätte pilgern* ‖ **Wall|fah|rer** ‖ **Wall|fah|re|rin** ‖ **Wall|fahrt:** eine W. nach Mariazell machen; → wallen ‖ **wall|fahr|ten,** wallfahrtete/gewallfahrtet: *wallfahren* ‖ **Wall|fahrts|ba|si|li|ka** ‖ **Wall|fahrts|kir|che** ‖ **Wall|fahrts|ort:** *Gnadenort*

Wal|li → Wally

Wal|lis das, -: *ein Schweizer Kanton* ‖ **Wal|li|ser** der, -s/-, *auch:* Walser: *Einwohner des Wallis; aber:* → Waliser ‖ **Wal|li|se|rin** die, -/-innen, *auch:* Walserin

Wal|lo|ne der, -n/-n: *Angehöriger eines in Belgien lebenden französischsprachigen Volkes* ‖ **Wal|lo|nin** die, -/-innen ‖ **wal|lo|nisch**

Wall|street [ˈwɔːlstriːt] die, -, *auch:* **Wall Street** ⟨engl.⟩: *New Yorker Bankenzentrum* | *die US-amerikanische Hochfinanz*

Wal|lung die, -/-en: jemand[es Blut] gerät in W. *(jemand ist aufgebracht)* | (Med.) (meist Pl.) *Blutandrang;* Hitzewallung

Wal|ly [-i], *auch:* Walli: *weibl. Vorname (Walburga, Valentine, Valerie)*

Walm der, -[e]s/-e: *abgeschrägter Dachgiebel* ‖ **Walm|dach**

Wal|nuss: *Nuss* ‖ **Wal|nuss|baum:** *Nussbaum*

Wal|pur|ga → Walburga ‖ **Wal|pur|gis|nacht:** *die Nacht vor Walpurga (vor dem 1. Mai); Hexennacht*

Wal|ross: *ein Meeressäugetier, eine Robbe mit Stoßzähnen*

walsch (oft abw.): *italienisch;* → welsch ‖ **Wal|sche**[1] der, -n/-n, ein Walscher (westöst., SüdT, oft abw.): *Italiener;* → Welsche ‖ **Wal|sche**[2] die, -n/-n (westöst., SüdT, oft abw.)

Wal|ser der, -s/-: *Bewohner eines ursprünglich von (Deutsch-)Wallisern besiedelten Gebiets, zB in Vorarlberg* | → Walliser ‖ **Wal|se|rin** → Walliserin ‖ **Wal|ser|tal:** Großes W., Kleines W. *(Täler in Vorarlberg)*

Wal|statt die, - (veraltet bzw. geh.): *Kampfplatz, Schlachtfeld*

wal|ten (geh.): schalten und w. *(bestimmen, befehlen);* in der Natur w. *(herrschen, gelten)* strenge Gesetze; Milde w. lassen

Wal|ten|dorf: *9. Bezirk von Graz*

Wal|ter, *auch:* **Wal|ther:** *männl. Vorname* ‖ **Wal|traud** = **Wal|traut** = **Wal|trud,** *auch:* Waldtraud: *weibl. Vorname*

Walz die, - (früher): auf die W. gehen *(als Handwerksgeselle auf die Wanderschaft gehen)* | (ugs., veraltend) den ganzen Tag auf der W. *(unterwegs)* sein

Wal|ze die, -/-n: *ein Gerät zum Planieren/Glätten* | die alte W. *(die altbekannte Art)* ‖ **wal|zen,** du walzt: eine Straße w.; Eisen w. *(flach pressen)* | (reg.) (Jus) walzendes *(persönliches)* Anteilsrecht ‖ **wäl|zen:** du wälzt dich im Gras; sie wälzt sich vor Lachen *(lacht sehr)* | Lexika w. *(darin nachschlagen)* ‖ **wal|zen|för|mig** ‖ **Wal|zer** der, -s/-: *ein Musikstück; ein Tanz;* W. tanzen; Wiener W. | „Alles W.!" *(bei Balleröffnungen)* ‖ **Wäl|zer** der, -s/- (meist abw.): *dickes, unhandliches Buch* ‖ **Wal|zer|me|lo|die** ‖ **Wal|zer|schritt** ‖ **wal|zer|se|lig:** *in fröhlich-schwebender Stimmung, ganz der Walzermusik hingegeben* ‖ **Wal|zer|se|lig|keit** ‖ **Wal|zer|stadt** (geh.): *Wien* ‖ **Wal|zer|takt:** *3/4-Takt* ‖ **Walz|werk:** *Betrieb, in dem Metall zu Blech gewalzt wird*

Wam|me die, -/-n: *herabhängende faltige Haut [am Hals der Rinder]* ‖ **Wam|merl** das, -s/-[n]: *eine Fleischsorte* | (reg., ugs.) *Bauchtasche; kleiner Rucksack;* → Wimmerl ‖ **Wam|pe** die, -/-n = **Wam|pen** der, -/- (ugs., abw., derb): *dicker Bauch* ‖ **wam|pert** (ugs., abw., derb): *dickbäuchig*

Wams das, -es/Wämser (veraltet): *ein Männerrock, kurze Jacke*

wand → winden

Wand die, -/Wände: eine tragende W. *(Mauer);* gegen eine W. reden *(keine Reaktion erhalten);* die eigenen vier Wände *(das Zuhause);* jemanden an die W. drücken *(verdrängen);* jemanden an die W. spielen *(überflügeln);* jemanden an die W. stellen *(erschießen)* | (veraltend) spanische W. *(Wandschirm)* | *Felswand*

Wan|da|le = Vandale der, -n/-n ⟨germ.-fr.⟩: *Angehöriger eines germanischen Volksstammes* | (abw.) *jemand, der alles sinnlos beschädigt, zerstört)* ‖ **Wan|da|len|akt** = Vandalenakt ‖ **Wan|da|lin** = Vandalin die, -/-innen ‖ **wan|da|lisch** = vandalisch ‖ **Wan|da|lis|mus** = Vandalismus der, -: *blinde Zerstörungswut (einseitigerweise den Wandalen nachgesagt)*

Wand|arm: *Wandleuchter* ‖ **Wand|be|hang** ‖ **Wand|be|span|nung**

Wan|del[1] das, -s/-, *auch:* Wandl (Küchenspr.): *ein [wannenförmiges] Kochgeschirr, Terrine* | *in einem Wandel zubereitete Speise*

Wan|del[2] der, -s: ein großer W. *(eine große Veränderung)* ist eingetreten; W. schaffen *(Missstände beseitigen)* | (geh.) einen einwandfreien W. *(Lebenswandel)* führen ‖ **Wan|del|an|lei|he** (Bankw.): *Geldschuld, die in Aktien umgewandelt werden kann* ‖ **wan|del|bar** (geh.): *veränderlich, unbeständig* ‖ **Wan|del|gang** ‖ **Wan|del|hal|le:** *gedeckter Raum zum Promenieren* ‖ **wan|deln**[1], ich wandle (geh.): *spazieren, promenieren;* sie ist ein wandelndes Lexikon *(weiß sehr viel)* | die Krankheit hat sie gewandelt *(verändert);* ihre Meinung hat sich gewandelt *(sich geändert)* ‖ **wan|deln**[2] (Sport): *mit einer Ku-*

gel, Scheibe oder einem Ball an der Wand bzw. Bande anstoßen ‖ **Wan|del|stern** (veraltet): *Planet*
Wan|der|aus|stel|lung: *Ausstellung, die abwechselnd an verschiedenen Orten gezeigt wird* ‖ **wan|der|bar** (sal.): *wanderfreundlich;* wanderbares Österreich ‖ **Wan|der|be|klei|dung** ‖ **Wan|der|büh|ne:** *Schauspielertruppe, die von Ort zu Ort zieht* ‖ **Wan|der|bursch** (früher): *wandernder Handwerksgeselle* ‖ **Wan|der|dü|ne:** *Düne, die sich im Wind verlagert* ‖ **Wan|de|rer** der, -s/-, *auch:* Wandrer ‖ **Wan|der|fal|ke:** *ein Greifvogel* ‖ **wan|der|freund|lich:** *wanderbar* ‖ **Wan|der|ge|wer|be:** *Schaustellerei ua.* ‖ **Wan|der|han|del:** *Handel von Haus zu Haus, ortsunabhängiges Gewerbe* ‖ **Wan|der|händ|ler:** *Einzelhändler, der im Umherziehen seine Waren feilbietet* ‖ **Wan|der|händ|le|rin** ‖ **Wan|der|heu|schre|cke:** *eine (oft in riesigen Schwärmen auftretende) Feldheuschrecke* ‖ **Wan|de|rin** die, -/-innen, *auch:* Wandrerin ‖ **Wan|der|kar|te:** *Landkarte für Wanderer* ‖ **Wan|der|le|ben:** ein W. *(unstetes Leben)* führen ‖ **Wan|der|lied** ‖ **Wan|der|lust** ‖ **wan|dern:** sie wandert mit Zelt und Rucksack | *[ziellos] gehen;* er wandert durch verlassene Gassen | (ugs.) in den Papierkorb w. *(weggeworfen werden)* | (sal.) er wandert *(kommt)* ins Gefängnis ‖ **Wan|der|nie|re** (Med.): *Senkung der Niere* ‖ **Wan|der|po|kal** (bes. Sport): → *Wanderpreis* ‖ **Wan|der|preis** (Sport): *Siegespreis, um den jedes Mal wieder gekämpft wird und der an den jeweiligen Sieger übergeht* ‖ **Wan|der|rat|te:** *im 18. Jh. in Europa eingewanderte Ratte* ‖ **Wan|der|schaft** die, - ‖ **Wan|ders|frau** (geh.): *Wanderin* ‖ **Wan|der|schuh** ‖ **Wan|ders|mann** der, -[e]s/-leute (geh.): *Wanderer* ‖ **Wan|der|stab** ‖ **Wan|der|stock** ‖ **Wan|der|tag:** *eine Schulveranstaltung* ‖ **Wan|der|trieb** ‖ **Wan|de|rung** die, -/-en ‖ **Wan|de|rungs|bi|lanz:** *Veränderung der Wohnbevölkerung durch Ab- und Zuwanderung* ‖ **Wan|der|vo|gel** der, -s: *eine deutsche Jugendbewegung (ab 1900)* | (mit Pl. -vögel) *ein Mitglied davon* ‖ **Wan|der|weg** ‖ **Wan|der|wet|ter** ‖ **Wan|der|zir|kus**
Wand|ge|mäl|de: *an die Wand gemaltes Bild, zB Fresko* ‖ **Wand|ka|len|der** ‖ **Wand|kar|te:** *eine Landkarte oÄ*
Wandl → Wandel[1]
Wand|lung die, -/-en: *Veränderung* | (kath.) *Teil der heiligen Messe* | (Jus) *Rückgängigmachung eines Vertrages* ‖ **wand|lungs|fä|hig:** ein wandlungsfähiger Schauspieler ‖ **Wand|lungs|pro|zess:** einen W. durchlaufen
Wand|ma|le|rei ‖ **Wand|pfei|ler**
Wand|rer → Wanderer ‖ **Wand|re|rin** → Wanderin
Wand|schirm: *Paravent, spanische Wand* ‖ **Wand|schrank** ‖ **Wand|spie|gel** ‖ **Wand|ta|fel**
wand|te → wenden
Wand|tel|ler: *ein Ziergegenstand* ‖ **Wand|tep|pich** ‖ **Wand|uhr** ‖ **Wand|ver|bau** ‖ **Wand|ver|klei|dung:** *[schmückende] Verdeckung einer Wand, zB mit Holz*
Wan|ge die, -/-n: *Backe* ‖ **Wan|gen|kno|chen** ‖ **Wan|gen|rö|te**
Wan|kel|mo|tor: *Motor mit rotierendem Kolben (nach dem Erfinder)*
Wan|kel|mut (geh.): *Unbeständigkeit, Unentschlossenheit* ‖ **wan|kel|mü|tig** (geh.) ‖ **wan|ken:** *nicht fest stehen, zu schwanken beginnen* | (geh.) *unsicher werden*
wann: dann und w.; w. [auch] immer | (ugs.) w. *(wenn)* ich mehr weiß, melde ich mich
Wan|ne die, -/-n: *großer Behälter, Badewanne* ‖ **Wan|nen|bad**
Wanst der, -[e]s/Wänste (geh., abw.): *dicker Bauch* | *Dickwanst*
Want die, -/-en (Seemannsspr.): *Stütztau für den Mast*
Wan|ze die, -/-n: *ein Blut saugendes Insekt mit Saugrüssel* | *versteckt angebrachtes Abhörgerät*
WAP[1] [auch: wɔp] das, -s: **W**ireless **A**pplication **P**rotocol *(Internet am Handy)* ‖ **WAP**[2] der, -s/-s (Elektrot.): **W**ireless **A**ccess **P**oint *(Adapter, der als Schnittstelle zu kabellosen Endgeräten fungiert)* ‖ **WAP-Ban|king** [-bæ-] das, -s (Bankw.): *Abwicklung von Bankgeschäften via Handy* ‖ **WAP-Han|dy** [-hɛndi]: *Handy mit Internetzugang*
Wap|pen das, -s/-: *bildliches Kennzeichen von symbolischer Bedeutung;* Familienwappen ‖ **Wap|pen|kun|de** die, -: *Heraldik* ‖ **Wap|pen|saal:** *mit Wappen geschmückter Raum in Schlössern uÄ* ‖ **Wap|pen|schild** der, -[e]s/-e: *schildförmiger Teil in der Mitte eines Wappens* ‖ **Wap|pen|tier**
Wap|pler der, -s/- (reg., ugs., abw.): *jemand, der ungeschickt, untüchtig, unbrauchbar ist* ‖ **Wapp|le|rin** die, -/-innen (reg., ugs., abw.)
wapp|nen: sich gegen einen Angriff w. *(sich auf ihn vorbereiten);* sich mit Geduld w. *(sich vornehmen, geduldig zu sein)*
war, ihr war[e]t: ich war auf dem Land; → sein[2]; *aber:* → wahr
Wa|ran der, -s/-e ⟨arab.⟩: *eine tropische Echse*
warb → werben
War|dri|ving [ˈwɔːdraɪv-] das, -s ⟨engl.⟩ (Internet): *Aufspüren von WLANS*
Wa|re die, -/-n ‖ **Wa|ren|an|ge|bot** ‖ **Wa|ren|an|nah|me** ‖ **Wa|ren|aus|fuhr** ‖ **Wa|ren|be|wirt|schaf|tungs|sys|tem:** *Steuerung der Materialbewegungen innerhalb eines Unternehmens* ‖ **Wa|ren|bör|se:** *Börse für Rohstoff-, Getreidehandel uÄ* ‖ **Wa|ren|ein|fuhr** ‖ **Wa|ren|ein|gang** ‖ **Wa|ren|ex|port** ‖ **Wa|ren|han|del** ‖ **Wa|ren|haus** ‖ **Wa|ren|im|port** ‖ **Wa|ren|korb** (Wirt.): *Bezeichnung für die Warengruppe, die den Verbraucherpreisindex mitbestimmt* ‖ **Wa|ren|kun|de** die, -: *ein Unterrichtsgegenstand* ‖ **Wa|ren|la|ger** ‖ **Wa|ren|mar|ke:** *Warenzeichen;* gesetzlich geschützte W. ‖ **Wa|ren|pro|be** ‖ **Wa|ren|tren|ner** = **Wa|ren|trenn|stab:** *Kundentrennstab* ‖ **Wa|ren|ver|kehr** (Wirt.): freier W. *(zollfreier, grenzüberschreitender Warenaustausch in der EU)* ‖ **Wa|ren|ver|kehrs|bi|lanz** (Wirt.): *Handelsbilanz* ‖ **Wa|ren|zei|chen** (WZ, Wz.): → *Marke*
wa|ret, ihr war[e]t; → sein[2]
War|lord [ˈwɔːl-] der, -s/-s ⟨engl.⟩: → *Kriegsherr*
warf → werfen

warm,

wärmer/am wärmsten: auf kalt und warm reagieren; warme Kleider; warme Küche *(mit warmen Speisen);* → wärmstens | (ugs., abw.) *homosexuell (bei Männern), schwul*

Getrenntschreibung:
- warm sein; das Wetter ist warm gewesen
- es ist warm geworden
- das Essen warm halten

W

– den Motor warm laufen lassen
– sich vor dem Wettkampf warm laufen *(sich zum Aufwärmen einlaufen)*
– sich warm machen *(aufwärmen)*

Zusammenschreibung bei übertragener Bedeutung:
– sich jemanden warmhalten *(sich jemandes Zuneigung erhalten)*

R→ S. 900, 1.5.1

Getrennt- und Zusammenschreibung mit Verben, die ein Resultat herbeiführen, und in Zweifelsfällen:
– das Essen warm machen (= warmmachen)
– Speisen warm stellen (= warmstellen)
– mit jemandem warm werden (= warmwerden)

R→ S. 900, 1.5.2

Warmblut: *eine Pferderasse* ‖ **Warmblüter** der, -s/- (Zool.): *Tier mit konstanter Körperwärme* ‖ **Warmblutpferd** ‖ **Warmduscher** der, -s/- (bes. D, sal.): *Weichling* ‖ **Warmduscherin** die, -/-innen (bes D, sal.) ‖ **Warme** der, -n/-n (ugs., abw.): *Homosexueller, Schwuler* ‖ **Wärme** die, -: von der Kälte in die W. | menschliche W. *(Mitgefühl, Liebenswürdigkeit)* ‖ **Wärmeausdehnung** ‖ **Wärmeaustausch** ‖ **Wärmebehandlung** ‖ **wärmebeständig** ‖ **Wärmebild:** → *Thermografie* ‖ **Wärmebildkamera** (Phys.): *Gerät zur Messung und Darstellung von Infrarotstrahlen* ‖ **Wärmedämmung:** *Wärmeisolierung* ‖ **Wärmeeinheit** (Phys.): *Kalorie, Joule ua.* ‖ **Wärmeentwicklung:** die W. im Motorraum ‖ **Wärmeflasche** → Wärmflasche ‖ **Wärmegewitter** ‖ **wärmeisolierend** ‖ **Wärmekraftwerk** ‖ **Wärmelehre** die, -: *ein Teilgebiet der Physik* ‖ **Wärmeleiter** (Phys.): Metall ist ein guter W. ‖ **wärmen:** sich am Kachelofen w. ‖ **Wärmeperiode** ‖ **Wärmepumpe:** *ein Gerät zum Wärmeaustausch* ‖ **Wärmequelle** ‖ **Wärmestau** (Med.) ‖ **Wärmestrahlung** ‖ **Wärmetechnik** ‖ **Wärmetherapie** ‖ **Wärmetod** (Phys.): *Folge des thermodynamischen Gleichgewichts in einem abgeschlossenen System* ‖ **Wärmflasche,** *auch:* Wärmeflasche: *Thermophor* ‖ **Warmfront** (Met.): *die vordere Grenze heranströmender Warmluft* ‖ **warmhalten** sich: sich jemanden w. *(sich jemandes Gunst erhalten); aber:* das Essen warm halten; → warm ‖ **Warmhalteplatte** (Küchenspr.) ‖ **warmherzig:** ein warmherziger *(mitfühlender)* Mensch ‖ **Warmluft** ‖ **Warmlufteinbruch:** *ein meteorologisches Phänomen (bes. im Winter bei Föhnlage)* ‖ **Warmluftheizung** ‖ **Warmluftzufuhr** ‖ **warm machen** = **warmmachen** → warm ‖ **Warmstart** [ʃt-, st-] (EDV): *Neustart eines Computers, ohne die Stromzufuhr abzuschalten;* → Kaltstart ‖ **warm stellen** = **warmstellen** → warm ‖ **wärmstens:** ich kann die Bewerberin w. *(sehr)* empfehlen ‖ **Warm-up** [ˈwɔːmʌp] das, -s/-s: *Aufwärmen [von Motoren]* | *Einstimmung* ‖ **Warmwasser** das, -s: W. bereiten ‖ **Warmwasserheizung** ‖ **Warmwasserspeicher** ‖ **Warmwasserversorgung** ‖ **warm werden** = **warmwerden:** mit ihr wurde ich schnell w. *(vertraut); aber:* es ist warm geworden; → warm

Warnanlage ‖ **Warnblinkanlage:** die W. des Autos einschalten ‖ **Warndreieck:** *Pannendreieck [für Autos]* ‖ **warnen:** vor einer Gefahr w. ‖ **Warnlampe** ‖ **Warnleuchte** ‖ **Warnlicht** ‖ **Warnmeldung** ‖ **Warnruf** ‖ **Warnschuss:** einen W. *(Schuss in die Luft)* abgeben ‖ **Warnsignal** ‖ **Warnstreik** ‖ **Warnstufe:** W. 1 *(eine Alarmstufe)* ‖ **Warnsystem** [-zy-] ‖ **Warnung** die, -/-en ‖ **Warnweste:** *bei einer Panne auf der Autobahn die W. anziehen*

Warschau (polnisch: Warszawa [-rʃ-]): *Hauptstadt Polens* ‖ **Warschauer Pakt** (Pol.) (1955–1991): *Verteidigungsbündnis der Ostblockstaaten, die Warschauer-Pakt-Staaten*

wart, ihr war[e]t; → sein[2]

Wart der, -[e]s/-e: *jemand, der für etwas verantwortlich ist bzw. die Aufsicht über etwas hat;* Schulwart; Tankwart | (veraltet) *Verwalter, Wärter*

Warte die, -/-n: *Aussichtsplattform auf einem höher gelegenen Ort* | von meiner W. *(Sicht)* aus ‖ **Wartefrist** ‖ **Wartehäuschen** ‖ **Warteliste:** jemanden auf die W. setzen ‖ **warten:** auf den Zug w. | den Motor w. *(kontrollieren und in Stand halten)* ‖ **Warteposition** [-tsi̯-] ‖ **Wärter** der, -s/-: *Aufsichtsperson; Pfleger;* Krankenwärter ‖ **Warteraum:** im W. des Bahnhofs lesen ‖ **Warterei** die, - (ugs.) ‖ **Wärterin** die, -/-innen ‖ **Wartesaal** ‖ **Warteschlange:** vor dem Schalter in der W. stehen ‖ **Warteschleife:** sich in der W. befinden *([beim Telefonieren in der besetzten Leitung] warten müssen)* ‖ **Wartestand** (SüdT): *vorübergehende Freistellung von einem Dienstverhältnis* ‖ **Wartezeit** ‖ **Wartezimmer**

Wartin die, -/-innen: *weibl. Form von Wart*

Wartung die, -/-en: die W. *(Instandhaltung)* des Motors ‖ **Wartungsarbeit** ‖ **wartungsfrei:** dieses Gerät ist w. *(es braucht nicht gewartet zu werden)* ‖ **wartungsfreundlich:** *leicht zu warten* ‖ **Wartungsvertrag**

warum: w. nicht?

Warze die, -/-n: *eine Hautwucherung* ‖ **Warzenschwein:** *ein afrikanisches Wildschwein*

was: was und wie?; was für ein *(welcher);* für was *(wofür);* um was *(worum);* zu was *(wozu);* was *(warum)* schreist du so? | alles, was recht ist | ist was *(etwas)* los?; so was! *(so etwas!)*; *aber:* das Was und Wie *(die genaueren Umstände)* einer Sache

Wasabi der, -[s]/-[s] ⟨jap.⟩: *japanischer Kren [zum Würzen]*

Waschanlage: mit dem Auto in die W. fahren ‖ **Waschanleitung:** *Anleitung für das Waschen von Textilien* ‖ **Waschautomat:** *Waschmaschine* ‖ **waschbar:** w. bis 60 Grad ‖ **Waschbär:** *ein nordamerikanischer Kleinbär* | *ein Pelz daraus* ‖ **Waschbecken:** *Waschmuschel* ‖ **Waschbenzin** ‖ **Waschbeton:** *eine besonders behandelte Betonfläche* ‖ **Waschbrett** (bes. früher): *Waschrumpel* ‖ **Waschbrettbauch** (sal.): ein Mann mit W. *(ohne Fett am Bauch, mit durchtrainiertem Oberkörper)* ‖ **Wäsche** die, -: W. *(Schmutzwäsche)* einweichen | die W. *(bes. Unterwäsche)* wechseln | (ugs., sal.) volle W. *(in voller Stärke, volle Kraft voraus)* ‖ **waschecht:** ein waschechter *(farbechter, nicht abfärbender)* Stoff | (scherzh.) ein waschechter *(typischer)* Tiroler ‖ **Wäschegarnitur** ‖ **Wäschekasten** ‖ **Wäscheklam-**

W

mer ‖ **Wäschekluppe** (reg.) ‖ **Wäschekorb** ‖ **Waschel**[1] der, -s/-[n] (ugs.): *[Draht]fetzen oder -schwamm zum Reinigen [von Geschirr]* | (ugs., oft abw.) *Badewaschel* | (ugs., abw.) *[großer] ungeschickter, dummer Mensch* ‖ **Waschel**[2] das, -s/-[n] (ugs.): *Ohrwaschel* ‖ **Wäscheleine** ‖ **waschelnass** (ugs.): *durch und durch nass* ‖ **waschen,** du wäsch[s]t/wusch/gewaschen: Wäsche w.; sich die Hände w.; frisch gewaschene (= frischgewaschene) Hemden; schmutzige Wäsche waschen (auch: *öffentlich unangenehme private Dinge ausbreiten*) | (sal.) eine Strafe, die sich gewaschen hat *(eine ausgiebige Strafe);* jemandem den Kopf w. *(jemanden zurechtweisen)* | illegales Geld w. *(durch Umwege über verschiedene Konten legalisieren)* ‖ **Wäscher** der, -s/- ‖ **Wäscherei** die, -/-en ‖ **Wäscherin** die, -/-innen ‖ **Wäschermädel:** *Alt-Wiener Type, Wäscherin* ‖ **Wäscherolle:** *eine Vorrichtung zum Bügeln* ‖ **Wäscheschnur** ‖ **Wäschestrick** ‖ **Wäschestück** ‖ **Wäschetrockner:** *ein Heißlufttrockner;* → Waschtrockner | *Gestell zum Trocknen der Wäsche* ‖ **Waschfleck** der, -[e]s/-e[n] ‖ **Waschfrau** (früher) ‖ **Waschgang:** *Abschnitt eines Waschmaschinenprogramms* ‖ **Waschgelegenheit:** *Waschbecken, Brunnen uÄ* ‖ **Waschkorb** (reg.): *Wäschekorb* ‖ **Waschkraft:** die W. eines Waschmittels ‖ **Waschküche:** *Raum zum Wäschewaschen* ‖ **Waschlappen:** *kleines Tuch zum Waschen [des Gesichts]* | (ugs., abw.) *willensschwacher Mensch* ‖ **Waschlauge:** *Mittel zum Wäschewaschen* ‖ **Waschmaschine** ‖ **waschmaschinenfest** ‖ **Waschmittel** ‖ **Waschmuschel:** *Waschbecken* ‖ **Waschprogramm:** das W. endet mit Schleudern ‖ **Waschpulver** [-f-] ‖ **Waschraum** ‖ **Waschrumpel** (bes. früher): *Waschbrett* ‖ **Waschsalon:** *Geschäft, wo man in Selbstbedienung Waschmaschinen benützt* ‖ **Waschschüssel:** *Schüssel auf einem Waschtisch* ‖ **Waschstraße:** *eine Autowaschanlage* ‖ **Waschtag** ‖ **Waschtisch** (früher): *Tisch mit einer Waschschüssel* ‖ **Waschtrockner:** *Waschmaschine und Trockner in einem* ‖ **Waschtrog** ‖ **Waschung** die, -/-en ‖ **Waschwasser** das, -s ‖ **Waschweib** (ugs., abw.): *geschwätzige Person* ‖ **Waschzettel** (fachspr.): *Werbetext für ein Buch [auf dem Schutzumschlag]* ‖ **Waschzuber:** *Waschtrog* ‖ **Waschzwang** (Psych.)

Wasen der, -s/- (mda., sonst veraltet): *Rasen[schicht], oberste Humusschicht* ‖ **Wasenmeister** (veraltet): *Tierkörperverwerter, Abdecker, Schinder*

Waserl das, -s/-[n] (bes. ostöst., ugs.): *hilfloser, harmloser, furchtsamer [junger] Mensch*

Washington [ˈwɒʃiŋtən]: *Hauptstadt der Vereinigten Staaten;* W. D. C. *(im **D**istrict of **C**olumbia)* | *ein Bundesstaat der USA*

Wasser das, -s: ein Glas W.; sich kaum über W. halten können *(kaum genug zum Überleben haben);* ein Schiff zu W. lassen; unter W. stehen; W. treten *(Tretbewegungen machen, um sich an der Oberfläche zu halten oder als Heilanwendung);* zu W. und zu Lande reisen; jemandem nicht das W. reichen können *(nicht so fähig sein);* W. auf jemandes Mühle sein *(jemandem Vorteil bringen);* jemandem das W. abgraben *(jemanden seiner Möglichkeiten berauben);* virtuelles W.; → Wasser abweisend = wasserabweisend | (sal.) das Konzert fiel ins W. *(fand nicht statt)* | (geh.) ein Patriot reinsten Wassers *(überzeugter Patriot)* | (mit Pl. Wässer) *Flüssigkeit;* Mineralwässer; Abwässer | (mit Pl. Wasser) *Gewässer;* ein Haus direkt am W.; sie ist mit allen Wassern gewaschen *(gegen alles gewappnet);* sie ist ein stilles W. *(schwer zu durchschauen)* | (geh.) die W. rauschen | (geh., veraltend) W. lassen/[sein] W. abschlagen *(urinieren, bes. von Männern)* ‖ **Wasser abweisend** = **wasserabweisend:** W. abweisende Materialien ‖ **Wasserader:** *unterirdischer Wasserlauf* ‖ **wasserarm** ‖ **Wasseraufbereitung** ‖ **Wasserbad** ‖ **Wasserball** der, -[e]s/-bälle: *ein aufblasbarer Ball; spezieller Ball fürs Wasserballspiel* | (ugs. auch mit Art. das, ohne Pl.) *ein Ballspiel;* W. spielen ‖ **Wasserbau** der, -[e]s: *Flussregulierung uÄ* ‖ **Wasserbett:** *Bett, dessen Matratze mit Wasser gefüllt ist* ‖ **Wasserbombe** (Mil.): *Waffe zur U-Boot-Bekämpfung* ‖ **Wasserbuch** (Admin.): *Verzeichnis der Wassernutzungsrechte* ‖ **Wasserbüffel:** *ein asiatischer Büffel* ‖ **Wasserburg:** *von einem Wassergraben umgebene Burg* ‖ **Wässerchen** das, -s/-: ein köstliches W. *(Getränk);* kein W. trüben können *(harmlos sein)* ‖ **Wasserdampf** ‖ **wasserdicht** ‖ **Wasserdruck** der, -[e]s/-e [-drücke] ‖ **wasserdurchlässig** ‖ **Wassereimer** ‖ **Wassereinbruch** ‖ **Wasserer** der, -s/-: *Alt-Wiener Type, Wasserträger für Fiakerpferde* ‖ **Wasserfahrzeug** ‖ **Wasserfall** ‖ **Wasserfarbe** (meist Pl.): *wasserlösliche Farbe* ‖ **wasserfest** ‖ **Wasserfläche** ‖ **Wasserflasche** ‖ **Wasserfloh:** *ein Krebstier* ‖ **Wasserflugzeug:** *Flugzeug, das auf Wasserflächen startet und landet* ‖ **Wasserflut** ‖ **Wasserfrosch:** *ein Froschlurch* ‖ **Wassergebühr** ‖ **Wassergehalt** der, -[e]s/-e: der W. in Lebensmitteln ‖ **wassergekühlt:** ein wassergekühlter Motor ‖ **Wasserglas:** ein volles W. | (ohne Pl.) (früher) *Flüssigkeit, die auch zum Eierkonservieren verwendet wird* ‖ **Wassergraben** ‖ **Wassergüte** ‖ **Wassergymnastik** [-gy-] ‖ **Wasserhahn:** den W. aufdrehen ‖ **Wasserhaushalt:** *Reserven und Bewirtschaftung des Wassers in der Natur* | (Biol.) der W. des menschlichen Körpers ‖ **Wasserheilverfahren** ‖ **Wasserhose:** *Meer- oder Seewasser mitführender Wirbelsturm* ‖ **wässerig** → wässrig ‖ **Wässerigkeit** → Wässrigkeit ‖ **Wasserjungfer:** *eine Libelle* ‖ **Wasserkanister** ‖ **Wasserkasten:** *Wasserbehälter [in technischen Anlagen]* ‖ **Wasserkessel** ‖ **Wasserklosett** (WC) ‖ **Wasserkraft** ‖ **Wasserkraftwerk** ‖ **Wasserkrug** ‖ **Wasserlache** (D) ‖ **Wasserlacke** ‖ **Wasserlassen** das, -s (veraltend, geh.): *Urinieren* ‖ **Wasserlauf:** *Verlauf eines Gewässers* ‖ **Wasserläufer:** *eine Wanze* ‖ **wasserlebend** (Biol.): die Larven sind w. ‖ **Wasserleiche:** *aus dem Wasser geborgener Leichnam einer/eines Ertrunkenen* ‖ **Wasserleitung** ‖ **Wasserleitungsinstallateur** [-ʃt-ˈtøːə, -st-]: *Fachkraft für Wasserinstallationen* ‖ **Wasserleitungsins-**

W

tal|la|teu|rin ‖ **Wạs|ser|lei|tungs-rohr** ‖ **Wạs|ser|lin|se:** *eine Wasserpflanze* ‖ **Wạs|ser|loch:** *Erdloch mit Wasseransammlung* ‖ **wạs|ser|lös|lich** ‖ **Wạs|ser|man|gel** ‖ **Wạs|ser|mann:** *eine Sagengestalt* | *ein Tierkreiszeichen* ‖ **Wạs|ser|mas|se** ‖ **Wạs|ser|me|lo|ne:** *ein Obst* ‖ **Wạs|ser|men|ge** ‖ **wạs|sern,** ich wass[e]re: das Wasserflugzeug wasserte *(es ging auf dem Wasser nieder)* ‖ **wạ̈s|sern,** ich wäss[e]re: Wein w. *(mit Wasser verdünnen)* | mir wässert der Mund nach dieser Speise *(ich möchte sie gern essen)* ‖ **Wạs|ser|ni|xe:** *eine Sagengestalt* ‖ **Wạs|ser|not** die, -: *Wassermangel; aber:* → Wassersnot ‖ **Wạs|ser|ober|flä|che** ‖ **Wạs|ser|pest:** *eine Wasserpflanze* ‖ **Wạs|ser|pflan|ze** ‖ **Wạs|ser|pum|pe** ‖ **Wạs|ser|rad:** *Mühlrad, Schaufelrad zur Energiegewinnung* ‖ **Wạs|ser|rat|te:** *eine Wühlmaus* | (ugs.) *begeisterter Schwimmer* ‖ **Wạs|ser|recht:** *Gesetze zur Gewässernutzung* ‖ **wạs|ser|reich** ‖ **Wạs|ser|reich|tum** ‖ **Wạs|ser|re|ser|voir** [-voa:r]: *ein Wasserspeicher* ‖ **Wạs|ser|rohr** ‖ **Wạs|ser|rohr|bruch** ‖ **Wạs|ser|säu|le:** *eine Maßeinheit für Druck bzw. für die [Wasser]dichtigkeit von technischen Geweben und Uhren* ‖ **Wạs|ser|scha|den:** *Schaden durch Eindringen von Wasser* ‖ **Wạs|ser|schaff** ‖ **Wạs|ser|schaf|fel** (ugs.): *Wasserschaff* ‖ **Wạs|ser|schei|de:** *Grenze zwischen den Einzugsgebieten benachbarter Flüsse* ‖ **wạs|ser|scheu** ‖ **Wạs|ser|schi** → Wasserski ‖ **Wạs|ser|schlauch** ‖ **Wạs|ser|schloss:** *von Wasser[gräben] umgebenes Schloss* ‖ **Wạs|ser|schutz|ge|biet** ‖ **Wạs|ser|ski** [-ʃi:], *auch:* Wasserschi: *ein Sportgerät;* W. fahren | (mit Art. das und ohne Pl.) *eine Sportart* ‖ **Wạs|ser|skor|pi|on:** *eine Wanze* ‖ **Wạs|sers|not** (geh.): *Überschwemmung; aber:* → Wassernot ‖ **Wạs|ser|spat|zen** die (Pl.) (Küchenspr.): *eine Art von Nockerln* ‖ **Wạs|ser|spei|er** der, -s/-: *Dachrinnenfigur [an gotischen Kirchen]* ‖ **Wạs|ser|spie|gel:** *die Wasseroberfläche;* der W. ist gestiegen ‖ **Wạs|ser|spiel** (meist Pl.): ein Springbrunnen mit Wasserspielen *(Fontänen, Sprudeln)* ‖ **Wạs|ser|sport** ‖ **Wạs|ser|sport|ler** ‖ **Wạs|ser|sport|le|rin** ‖ **Wạs|ser|sprin|gen** das, -s: *eine Sportart* ‖ **Wạs|ser|spü|lung** ‖ **Wạs|ser|stand:** der W. der Donau ist gestiegen ‖ **Wạs|ser|stands|mel|dung** ‖ **Wạs|ser|stel|le:** eine W. in der Wüste ‖ **Wạs|ser|stoff** der, -[e]s (Zeichen: H): *ein chemisches Element* ‖ **wạs|ser|stoff|blond:** *mit Wasserstoffperoxid blond gefärbt* ‖ **Wạs|ser|stoff|bom|be** (Mil.): *eine Atombombe, H-Bombe* ‖ **Wạs|ser|stoff|pẹr|oxid,** *auch:* **Wạs|ser|stoff|pẹr|oxyd** [-y:t, -i:t] (Chem.): *ein Desinfektionsmittel* ‖ **Wạs|ser|stoff|sụ|per|oxid,** *auch:* **Wạs|ser|stoff|sụ|per|oxyd** [-y:t, -i:t] (veraltend) (Chem.): *Wasserstoffperoxid* ‖ **Wạs|ser|strahl** ‖ **Wạs|ser|stra|ße:** *Verkehrsweg der Binnenschifffahrt* ‖ **Wạs|ser|sucht** die, - (Med.): *eine Krankheit* ‖ **Wạs|ser|sup|pe** (oft abw.): *eine [allzu] dünne Suppe* ‖ **Wạs|ser|tank** ‖ **Wạs|ser|tem|pe|ra|tur** ‖ **Wạs|ser|tier** ‖ **Wạs|ser|trop|fen** ‖ **Wạs|ser|turm:** *Turm mit einem Wasserreservoir* ‖ **Wạs|se|rung** die, -/-n → wassern ‖ **Wạ̈s|se|rung** die, -/-n → wässern ‖ **Wạs|ser|ver|brauch** ‖ **Wạs|ser|ver|drän|gung:** die W. eines Schiffes (in Tonnen) ‖ **Wạs|ser|ver|schmut|zung** ‖ **Wạs|ser|ver|seu|chung** ‖ **Wạs|ser|ver|sor|gung** ‖ **Wạs|ser|vo|gel** ‖ **Wạs|ser|waa|ge:** *[Handwerks]gerät zur Bestimmung der Waagrechten bzw. der Senkrechten* ‖ **Wạs|ser|weg:** Güter auf dem W. transportieren ‖ **Wạs|ser|wel|le** (veraltend): *eine künstliche Haarwelle* ‖ **Wạs|ser|wer|fer** der, -s/-: die Polizei setzte gegen die Demonstranten einen W. ein ‖ **Wạs|ser|werk** ‖ **Wạs|ser|wirt|schaft** die, - ‖ **Wạs|ser|wirt|schafts|fonds** [-fõ:] ‖ **Wạs|ser|zäh|ler** ‖ **Wạs|ser|zei|chen:** *durchscheinendes Zeichen in Banknoten, Briefmarken usw., um Fälschungen zu erschweren* | *die astrologischen Tierkreissymbole Krebs, Skorpion, Fische* ‖ **Wạs|ser|zu|ber** ‖ **wạ̈ss|rig,** *auch:* wässerig: eine wäss[e]rige Lösung; wäss[e]riger Schnee ‖ **Wạ̈ss|rig|keit** die, -, *auch:* Wässerigkeit

Waste|wat|cher = Waste-Wat|cher ['weɪstwɔtʃə] der, -s/- (meist Pl.) ⟨engl.⟩: *Kontrollor/in für die Sauberkeit, Mistpolizist (in Wien)*

Wastl: *männl. Vorname (Sebastian)*

wa|ten: er ist durch den Bach gewatet

Wat|sche die, -/-n, *auch:* Watschen (ugs.): *Ohrfeige*

wat|scheln, ich watschle: watschelnde Enten

wat|schen, du watsch[s]t (ugs.): *ohrfeigen;* sie hat ihn gewatscht ‖ **Wat|schen|baum** (reg., ugs.): gleich fällt der W. um *(gleich gibt es eine Ohrfeige);* am W. rütteln ‖ **wat|schen|ein|fach** (ugs.): *sehr einfach, babyleicht* ‖ **Wat|schen|ge|sicht** (ugs., abw.): *Gesicht, das zu einer Ohrfeige provoziert* ‖ **Wat|schen|mann:** *Apparat in Menschengestalt zum Kraftmessen, bekannte Figur im Wiener Prater* | (ugs.) *Prügelknabe* ‖ **Wat|schen|tanz** (Volksk.): *eine Art des Schuhplattlers mit vorgetäuschten Ohrfeigen* | (ugs.) *heftige Auseinandersetzung*

Watt[1] das, -[s]/- (Zeichen: W) (Phys.): *Maßeinheit für die [elektrische] Leistung (nach einem englischen Ingenieur);* 40 W

Watt[2] das, -[e]s/-en: *die bei Ebbe trocken liegende Fläche von der [Nordsee]küste bis zu den vorgelagerten Inseln, Wattenmeer*

Wat|te die, -/-n: *weiches, flauschiges Material zum Reinigen oder zum Verbinden;* die Wunde mit W. abtupfen ‖ **Wat|te|bausch** ‖ **Wat|te|lin** das, -s/-e: *ein [wärmendes] Zwischenfutter*

wat|ten (reg., zB T): *Watten spielen* ‖ **Wat|ten** das, -s (reg., zB T): *ein Kartenspiel*

Wat|ten|meer → Watt[2]

Wat|tens: *Marktgemeinde in Tirol*

Wat|te|pad [-pæd]: *Wattebausch* ‖ **Wat|te|stäb|chen** ‖ **wat|tie|ren:** einen Mantel w. *(mit Wattelin füttern)* ‖ **Wat|tie|rung** die, -/-en

Watt|se|kun|de (Ws): *1 Joule* ‖ **Watt|stun|de** (Wh): 3 600 Joule

wau (ugs.): *Ausruf des Staunens;* → wow

Wau der, -s/-e ⟨niederl.⟩: *eine Färbepflanze, Reseda*

wau|wau: *Wiedergabe von Hundegebell* ‖ **Wau|wau** der, -s/-s [-e] (ugs.): *ein Schreckgespenst;* den W. *(Bösen)* spielen | (Kinderspr.) *Hund*

WC [ve 'tse:] das, -[s]/-[s] (Abk. von engl. **w**ater **c**losed): *Klosett mit Wasserspülung* ‖ **WC-Be|sen** = **WC-Bürs|te** ‖ **WC-Mu|schel** ‖ **WC-Rei|ni|ger**

Wea|ner Ba|zi (mda., scherzh. bzw. abw.): *[typischer] überheblicher Wiener*

W

Wẹb [w-] das, -s ⟨engl.⟩: *Kurzwort für World Wide Web, Internet* | Web 2.0 [- tsvaɪ 'nul] *Bezeichnung für die neue Sicht des weiterentwickelten Internets mit aktiver Mitgestaltung, zB Social Media, Wikis, Foren* || **Wẹb|ad|res|se** || **Wẹb|an|wen|dung** || **Wẹb|ap|pli|ka|ti|on** [-tsi̯-]: *Webanwendung*

Web|ar|beit

Wẹb|ban|king [w-bæ-] das, -s ⟨engl.⟩ (Bankw.): *Onlinebanking* || **Wẹb|brow|ser** [-braʊzə] (EDV) || **Wẹb|cam** [-kæm] die, -/-s (Elektrot.): *Kamera, die live via Internet überträgt* || **Wẹb|de|sign** [-dɪˌzaɪn]: *Gestaltung von Internetseiten* || **Wẹb|de|si|gner** || **Wẹb|de|si|gne|rin**

We|be die, -/-n: *Gewebe, bes. für Bettzeug* || **we|ben,** webte [geh.: wob]/gewebt [geh.: gewoben]: Teppiche w. | (geh.) Sagen woben sich um diese Ruine || **We|ber** der, -s/- || **We|be|rei** die, -/-en || **We|be|rin** die, -/-innen || **We|ber|knecht** (Zool.): *Spinnentier mit besonders langen Beinen* || **We|ber|schiff|chen:** *eine Vorrichtung am Webstuhl*

Wẹb|hil|fe [w-] ⟨engl.+dt.⟩: *aus dem Internet abrufbare unterstützende Information* || **Wẹb|hos|ting** [-həʊs-]: *Anbieten von Internetdiensten durch Provider* || **Wẹb|log:** *Internet-Tagebuch;* → Blog || **Wẹb|mas|ter:** *Gestalter bzw. Verwalter von Internetseiten* || **Wẹb|mas|te|rin**

Web|pelz: *ein Kunstpelz*

Wẹb|por|tal [w-] ⟨engl.+lat.-fr.⟩: *Einstieg zu zusammengehörenden Websites* || **Wẹb|sei|te:** *ein Dokument im Internet; aber:* → Website || **Wẹb|ser|ver** [-sɜːvə]: *Server im Internet* || **Wẹb|site** [-saɪt] die, -: *Gruppe mehrerer zusammengehöriger Dokumente im WWW; aber:* → Webseite || **Wẹb|space** [-speɪs] der, - (EDV): *Speicherplatz auf einem Server für eine Homepage* || **Wẹb|spei|cher:** *Internetspeicher für Webhosting*

Web|stuhl: *Vorrichtung zum Weben*

wẹb|weit [w-] ⟨engl.+dt.⟩: *überall im WWW*

Wẹch|sel [-ks-] der, -s/-: der W. von Tag und Nacht; fliegender W. *(wie zB beim Staffellauf)* | der W. *(Weg)* des Wildes | der W. *(die Weiche)* in Schienenanlagen | im W. *(in den Wechseljahren)* sein | (Bankw.) einen W. *(eine Urkunde mit einer Zahlungsverpflichtung)* unterschreiben | (Geogr.) *Gebirge in Niederösterreich und der Steiermark* || **Wẹch|sel|bad** (Med.): *abwechselnd warmes und kaltes Wasser* | im W. der Gefühle *(hin- und hergerissen)* sein || **Wẹch|sel|balg** der, -[e]s/-bälge[r] (abw.): *hässliches, missratenes Kind* || **Wẹch|sel|be|zie|hung:** diese Vorgänge stehen in W. *(gegenseitiger Abhängigkeit)* || **Wẹch|sel|fäl|le** die (Pl.): *verschiedene Stationen im Lauf des Lebens;* die W. des Schicksals || **Wẹch|sel|fie|ber** (Med.): *Malaria* || **Wẹch|sel|ge|biet** das, -[e]s: *Landschaft um den Wechsel (N, St)* || **Wẹch|sel|geld:** *Kleingeld zum Wechseln;* eine Menge W. zurückbekommen || **Wẹch|sel|ge|sang** (Mus.): *Wechsel zwischen Vorsänger und Chor uÄ* || **Wẹch|sel|ge|schäft** (Bankw.): *Geschäft, das mit einem Wechsel abgewickelt wird* || **wẹch|sel|haft** || **Wẹch|sel|jah|re** die (Pl.): → *Klimakterium* || **Wẹch|sel|krö|te:** *ein Froschlurch* || **Wẹch|sel|kurs** (Bankw.): *Umrechnungskurs für Währungen;* einen Betrag zum heutigen W. in Dollar umwechseln || **wẹch|seln:** ich wechsle die Schule; er wechselt seine Ansichten wie die Hemden *(sehr oft)* | können Sie einen Zehner [auf Kleingeld] w.?; ungarisches Geld w. *(umtauschen)* || **Wẹch|sel|ob|jek|tiv** || **Wẹch|sel|rah|men:** ein W. für Fotos || **Wẹch|sel|re|de:** *Dialog* || **Wẹch|sel|schal|ter:** *Lichtschalter zum wechselseitigen Ein- und Ausschalten* | (Bankw.) am W. Geld wechseln || **Wẹch|sel|schritt:** *ein Tanzschritt* || **Wẹch|sel|schuld** (Bankw.): *Verpflichtung aus einem Wechsel* || **wẹch|sel|sei|tig:** sich w. *(gegenseitig)* unterstützen || **Wẹch|sel|spiel:** ein W. der politischen Kräfte || **Wẹch|sel|strom** (Technik): *Strom von wechselnder Stärke und Richtung* || **Wẹch|sel|stu|be:** *Geschäft, wo man ausländische Währungen wechseln kann* || **Wẹch|sel|ver|kehr:** *Verkehr mit abwechselnder Fahrtrichtung* | *Ein- und Ausreiseverkehr in das jeweilige Nachbarland* || **wẹch|sel|voll:** eine wechselvolle Laufbahn || **Wẹch|sel|wäh|ler:** *Wähler, der bald die eine, bald eine andere politische Partei wählt;* → G·: Wechselwähler || **Wẹch|sel|wäh|le|rin** || **wẹch|sel|wei|se:** *abwechselnd* || **Wẹch|sel|wir|kung:** *gegenseitige Wirkung*

Wẹch|te die, -/-n: *zusammengewehter, überhängender Schnee;* → Wehe

We|ck|amin [auch: 'vɛ-] das, -s/-e (Med.): *Belebungsmittel* || **wẹ|cken:** *wach machen, aufwecken; aber:* um 6 Uhr ist **W**ecken

Wẹ|cken der, -s/-: *ca. 1 kg schweres längliches Brot* | (reg.) *Weckerl*

Wẹ|cker der, -s/-: den W. auf 6:30 Uhr stellen | (ugs.) sein Jammern geht/fällt mir auf den W. *(geht mir auf die Nerven)*

Wẹ|ckerl das, -s/-[n] (reg.): *ein kleines längliches Gebäck*

Wẹck|ruf

We|da = Veda [v-] der, -[s]/Weden [-s] ⟨Sanskrit⟩ (meist Pl.): *älteste altindische religiöse Schrift*

We|del der, -s/-: *Staubwedel* | *Palmwedel* | (mit Pl. -n) (ostöst., ugs., abw.) *unbedeutender Mensch; jemand, der sich ausnützen lässt* || **we|deln,** ich wedle: *mit parallel geführten Skiern kurze Schwünge machen* | der Hund wedelte mit dem Schwanz

we|der – nọch: weder warm noch kalt; *aber:* das **W**eder-noch

Week|end ['wiːk-, 'v-] das, -[s]/-s ⟨engl.⟩: *Wochenende* || **Week|end|haus:** *Wochenendhaus*

wẹg: geh weg!; nichts wie weg!; jemanden vom Fleck weg engagieren | (ugs.) ganz weg *(völlig überrascht, überwältigt; unansprechbar; bewusstlos)* sein

Weg der, -[e]s/-e: schneebedeckte Wege; auf dem Weg *(unterwegs)*; am Weg *(Wegrand)* warten; niemand[em] im Weg[e] stehen; seines Weges gehen; auf halbem Weg[e]; jemandem nicht über den Weg trauen *(misstrauen)*; sich auf den Weg machen *(fortgehen)*; seiner Wege gehen; vom rechten Weg abkommen; krumme Wege gehen *(unehrlich handeln)*; dem steht nichts im Wege *(es gibt keinen Hinderungsgrund)*; jemandem nichts in den Weg legen *(ihn nicht behindern)*; jemandem den Weg ebnen *(Hindernisse für sein Fortkommen aus dem Weg schaffen, ihn unterstützen)*; seinen Weg machen; jemandem aus dem Weg gehen; etwas in die Wege leiten *(veranlassen)*; etwas zu Wege (= zuwege) bringen

wẹg|be|ge|ben sich (geh.): *wegge-*

hen, wegfahren ‖ **wegbeißen** ‖ **wegbekommen:** einen Fleck nicht mehr w. *(entfernen können)*
Wegbereiter (geh.): *Vorkämpfer; Bahnbrecher* ‖ **Wegbereiterin** (geh.) ‖ **Wegbiegung**
wegblasen: der Schmerz war wie weggeblasen *(er war plötzlich verschwunden)* ‖ **wegbleiben:** *fortbleiben* ‖ **wegbringen** ‖ **wegdiskutieren** ‖ **wegdrängen** ‖ **wegdrücken** ‖ **wegdürfen**
Wegebau der, -[e]s: Straßen- und Wegebau ‖ **Wegelagerer** der, -s/- (bes. früher): *Straßenräuber* ‖ **Wegelagerei** die, -/-en (bes. früher) ‖ **Wegelagerin** die, -/-innen (bes. früher) ‖ **Wegeleitsystem** [-zy-], *auch:* Wegleitsystem

wegen:

Präposition mit Genitiv:
- wegen des Wetters
- von Amts wegen *(behördlicherseits)*
- von Rechts wegen

Der Dativ gilt als umgangssprachlich: wegen dem Wetter; wegen ihm *(seinetwegen);* wegen mir *(meinetwegen)*

Allein stehendes starkes Nomen im Singular bleibt undekliniert:
- wegen Urlaub geschlossen

Im Plural nur mit Dativ, wenn Genitiv nicht erkennbar:
- wegen Unfällen bleibt die Straße gesperrt

Wegenetz ‖ **Wegerecht** (Jus): *Recht, einen Weg auf fremdem Grundstück zu benutzen*
Wegerich der, -[e]s/-e: *eine Pflanzengattung;* Spitzwegerich
Wegesrand (geh.): *Wegrand*
wegessen: sie hat ihm alles weggegessen ‖ **wegfahren** ‖ **Wegfahrsperre:** ein Auto mit W. *(eine Sicherheitseinrichtung)* ‖ **wegfallen** ‖ **wegfegen:** *wegkehren* | *[gewaltsam] entfernen, hinwegfegen* ‖ **wegfliegen**
Wegfreiheit (Jus): W. im Bergland *(freier Zugang [zum Wald] zu Erholungszwecken)*
wegfressen
Weggabelung, *auch:* **Weggablung**
weggeben: *auf die Seite legen, fortgeben* | *wegnehmen, entfernen*
Weggefährte ‖ **Weggefährtin**
weggehen: *fortgehen;* der Fleck geht nicht mehr weg
Weggen der, -s/- (CH): *[süßes] Weckerl*
Weggenosse (geh.): *Weggefährte* ‖ **Weggenossenschaft:** *agrarische Nutzungsgemeinschaft* ‖ **Weggenossin** (geh.)
Weggli das, -[s]/-[s] (CH): *[Milch-]weckerl*
weghaben: jemanden w. wollen ‖ **weghalten** ‖ **weghängen** ‖ **wegholen** ‖ **weghören** ‖ **wegjagen** ‖ **wegkehren** ‖ **wegkippen** ‖ **wegklicken** ‖ **wegkommen:** *fort-, davonkommen* | (ugs.) *abhandenkommen;* Geld ist weggekommen ‖ **wegkönnen:** ich konnte nicht weg
Wegkreuz: *Marterl* ‖ **Wegkreuzung** ‖ **wegkundig**
weglassen: jemanden nicht w. *(nicht gehen lassen);* einen Satz w. ‖ **Weglassprobe** (Gramm.): *Abstrichverfahren* ‖ **weglaufen** ‖ **weglegen**
Wegleitsystem [-zy-] → Wegeleitsystem
wegleugnen: etwas nicht w. können ‖ **wegloben** (beschön.): jemanden w. *(in eine höhere Position bringen, um ihn loszuwerden)* ‖ **weglocken** ‖ **wegmachen** (sal.): Flecken w. *(entfernen)* | (derb) ein Kind w. *(abtreiben)* ‖ **wegmähen** ‖ **wegmüssen** ‖ **Wegnahme** die, -/-n ‖ **wegnehmen** ‖ **wegpacken** ‖ **wegputzen** ‖ **wegradieren**
Wegrand
wegrationalisieren [-tsi̯-]: *Arbeitsplätze durch Rationalisierung einsparen* ‖ **wegräumen** ‖ **wegreißen** ‖ **wegrennen** ‖ **wegrollen** ‖ **wegsacken** ‖ **wegsaufen** ‖ **wegschaffen** ‖ **wegschauen** ‖ **wegschaufeln**
Wegscheid die, -/-en = **Wegscheide:** *Straßengabelung;* → Gscheid
wegscheren sich (ugs., derb): scher dich weg! *(verschwinde!)* ‖ **wegscheuchen** ‖ **wegschicken** ‖ **wegschieben** ‖ **wegschleichen** sich ‖ **wegschleifen** ‖ **wegschleppen** ‖ **wegschleudern** ‖ **wegschließen:** *versperren, unter Verschluss sichern;* die Wertsachen w. ‖ **wegschmeißen** ‖ **wegschmelzen:** der Schnee ist weggeschmolzen ‖ **wegschnappen** ‖ **wegschneiden** ‖ **wegschütten** ‖ **wegsehen** ‖ **wegsetzen:** *[von einem anderen] getrennt setzen* ‖ **wegsperren** ‖ **wegsprengen** ‖ **wegspringen** ‖ **wegspritzen** ‖ **wegstecken:** den Brief w. | Vorwürfe w. *(nicht beachten)* ‖ **wegstehen:** wegstehende Äste ‖ **wegstellen** ‖ **wegsterben** ‖ **wegstoßen**
Wegstrecke ‖ **Wegstunde**
wegtragen ‖ **wegtreten** ‖ **wegtrinken**
Wegunfall (Amtsspr.): *Arbeitswegunfall* ‖ **Wegwarte:** *ein Korbblütler (Kulturformen: Zichorie, Schikoree, Radicchio)*
wegwaschen
wegweisen: *abweisen, fortschicken*
wegweisend: wegweisende *(richtungsweisende)* Erfindungen ‖ **Wegweiser** der, -s/-
Wegweisung (Jus): *behördlicher Auftrag [an einen gewalttätigen Ehepartner], die gemeinsame Wohnung auf bestimmte Dauer zu verlassen* ‖ **wegwenden:** sich von jemandem w. ‖ **wegwerfen:** *zum Müll geben* | den Ball nach vorne w. *(schießen)* ‖ **wegwerfend:** eine wegwerfende *(abfällige)* Bemerkung ‖ **Wegwerfflasche:** *Einwegflasche* ‖ **Wegwerfgesellschaft** (abw.) ‖ **Wegwerfwindel** ‖ **wegwischen** ‖ **wegwollen** ‖ **wegwünschen** ‖ **wegzählen:** *abrechnen, subtrahieren* ‖ **wegzaubern**
Wegzehrung die, -/-en (geh.): *[Reise]proviant* ‖ **Wegzeit:** *der Zeitaufwand für das Zurücklegen eines bestimmten Weges*
wegzerren ‖ **wegziehen**
weh: weh (= wehe) dir!; au weh! (= auweh!); o weh! (= oweh!); ach und weh (= Ach und **Weh**) schreien; weh sein; *aber:* → weh tun = wehtun | (ugs.) ein weher Finger ‖ **Weh** das, -[e]s = Wehe, -s (geh.): *Kummer, Schmerz;* das Wohl und Weh einer Familie | (scherzh.) mit Ach und Weh *(mit knapper Not);* Ach und Weh (= ach und **weh**) schreien ‖ **wehe:** w. (= weh) dir! ‖ **Wehe**[1] → Weh ‖ **Wehe**[2] die, -/-n (meist Pl.): *krampfartiger Schmerz, Kontraktion beim Gebären*
Wehe[3] die, -/-n: *zusammengewehte Schneemasse;* → Wechte ‖ **wehen:** wehende Fahnen
Wehgeschrei ‖ **Wehklage** (geh.) ‖ **wehklagen** (geh.): *jammern* ‖ **Wehlaut** (geh.): *Klagelaut* ‖ **wehleidig:** *sehr empfindlich,*

angerührt ‖ **Wehleidigkeit** die, - ‖ **Wehmut** die, - (geh.): des Verstorbenen mit W. *(mit Bedauern, in stiller Trauer)* gedenken ‖ **wehmütig** ‖ **Wehmütigkeit** die, - ‖ **wehmutsvoll** (geh.)

Wehr[1] das, -[e]s/-e: *Anlage zum Aufstauen und Regulieren eines Gewässers*

Wehr[2] die, -: sich zur W. setzen *(sich verteidigen)* | (mit Pl. -en) (früher) *Rüstung;* W. und Waffen ‖ **Wehrbau** der, -[e]s/-ten ‖ **Wehrbauer** der, -n [-s]/-n (meist Pl.) (Gesch.): *Bauer, der ständig für den Kriegseinsatz gerüstet war* ‖ **Wehrdiener** (Amtsspr.): *Soldat* ‖ **Wehrdienst** der, -[e]s: *Militärdienst* ‖ **Wehrdienstbuch** ‖ **Wehrdienstkarte:** *Ausweis der Präsenzdiener* ‖ **wehrdiensttauglich** ‖ **Wehrdienstverweigerer** der, -s/-: *jemand, der sich aus religiösen oder ethischen Gründen weigert, den Wehrdienst abzuleisten* ‖ **Wehrdienstverweigerung** ‖ **wehren**[1] sich: sich gegen die Anschuldigungen w. *(sich verteidigen)* ‖ **wehren**[2] (geh.): dem Missbrauch w. *(ihn bekämpfen)* ‖ **Wehrersatzdiener** (Amtsspr.): *Zivildiener* ‖ **Wehrersatzdienst** (Admin.): *Zivildienst* ‖ **wehrfähig:** im wehrfähigen Alter ‖ **Wehrgang** (früher) (Arch.) ‖ **wehrhaft:** *im Stande, sich zu wehren* ‖ **Wehrhaftigkeit** die, - ‖ **Wehrkirche** (früher): *befestigte Kirche* ‖ **wehrlos:** ein wehrloses Kind ‖ **Wehrlosigkeit** die, - ‖ **Wehrmacht** die, - (früher): *Militär;* die deutsche W. *(die Streitkräfte)* in der Zeit des Nationalsozialismus ‖ **Wehrmann:** *Soldat* ‖ **Wehrpflicht** die, -: die allgemeine W. ‖ **wehrpflichtig** ‖ **Wehrpflichtige** der, -n/-n, ein Wehrpflichtiger (Mil.) ‖ **Wehrsport:** *manöverähnliches Kampftraining [militanter Gruppen]* ‖ **Wehrsprecher** (Pol.): *Abgeordneter, der die Anliegen seiner Partei in Fragen der Landesverteidigung vertritt* ‖ **Wehrsprecherin** (Pol.) ‖ **Wehrstein** (SüdT, CH): *Prellstein, Randstein* ‖ **Wehrübung** (Mil.): *Übung nach Ableistung des Präsenzdienstes*

weh tun = wehtun: *schmerzen;* du wirst dir weh tun; → weh ‖ **Wehweh** das, -s/-s (Kinderspr.) ‖ **Wehwehchen** das, -s/- (ugs.): *unbedeutender Schmerz*

Weib das, -[e]s/-er (meist abw.): *Frau, weibliche Person* | (veraltet, geh.) *Gattin;* für W. und Kind *(die ganze Familie)* sorgen ‖ **Weibchen** das, -s/-: *weibliches Tier* | (abw.) *verwöhnte Frau* ‖ **Weiberer** der, -s/- (ugs., derb): *Frauenheld, Weiberheld* ‖ **Weibergeschichte** (meist Pl.) (ugs., abw.): *kurzes [sexuelles] Verhältnis eines Mannes* ‖ **Weiberheld** (abw.): *Schürzenjäger, Don Juan* ‖ **Weiberl** das, -s/-[n] (ugs., auch scherzh.): *Weibchen, [alte] Frau* | *Weiblein;* ein altes W. ‖ **Weiberleut** das, -/- (meist Pl.) (mda., oft abw.): *Frau* ‖ **Weiberroas** [-roɔs] die, -/-en (Volksk.): *eine Faschingsveranstaltung für Frauen* ‖ **Weiberwirtschaft** die, - (ugs., abw.): *von Frauen dominierter Einflussbereich* ‖ **weibisch** (geh., abw.): *weichlich, unmännlich* ‖ **Weibl** das, -s/-n (ugs.): *Weiberl;* Mandl und W. *(die beiden Teile eines Druckknopfs, Stecker und Steckdose)* ‖ **Weiblein** das, -s/-: ein altes W. | (scherzh.) Männlein und W. *(die beiden Geschlechter)* ‖ **weiblich:** das weibliche Geschlecht *(die Frauen)* | (Gramm.) der weibliche Artikel ‖ **Weibsbild** (ugs., meist abw.): *Frau;* → Mannsbild ‖ **Weibsen** die, -/- (ugs., abw. bzw. scherzh., veraltend): *Frau* ‖ **Weibsstück** das, -[e]s (veraltend, abw.): *bösartige, liederliche Frau* ‖ **Weibsteufel** (abw.): *Frau, die einen verhängnisvollen Einfluss [auf einen Mann] ausübt*

weich:

ein weiches Bett | weiches Wasser *(weniger als 12 Härtegrade)* | eine weiche *(sanfte)* Stimme | er hat ein weiches *(mitfühlendes)* Herz | er hat weiche Knie *(Angst)* | ein weiches Ei | ein weiches b, d *(Lenis)*

Getrenntschreibung bei wörtlicher Bedeutung:
- weich sein
- weich werden

Getrennt- und Zusammenschreibung, zB:
- das Schnitzel weich klopfen (= weichklopfen)
- weich gekochte (= weichgekochte) Eier
- die Wäsche weich spülen (= weichspülen)
- er ist weich geworden (= weichgeworden) *(hat nachgegeben)*

Zusammenschreibung bei übertragener Bedeutung:
- jemanden weichklopfen *(gefügig machen)*
- jemanden weichmachen *(zum Nachgeben bringen)*

R→ S. 900, 1.5

Weichbild (geh.): *der Siedlungsbereich [eines Ortes]*

Weiche[1] die, -/-n: *bewegliches Gleisstück zum Überwechseln auf ein anderes Gleis* | für jemanden die Weichen stellen *(Vorkehrungen für ihn treffen)*

Weiche[2] die, -/-n: *Seite, Flanke [von Pferden]* ‖ **Weichei** (bes. D, sal., abw.): *weichlicher Mann, Schwächling, Softie*

weichen[1], wich/gewichen: *nachgeben; sich zurückziehen;* dem internationalen Druck w. | zur Seite w. | die Nervosität war endlich gewichen ‖ **weichen**[2], weichte/geweicht: Semmeln in der Milch w. *(weich werden)* lassen ‖ **Weichensteller** der, -s/- ‖ **Weichenstellerin** die, -/-innen ‖ **Weichenstellung:** eine W. am Bahngleis | (bes. Pol.) *Festlegung der zukünftigen [Entwicklungs-]richtung* ‖ **Weichenwärter** ‖ **Weichenwärterin**

weich gekocht = weichgekocht: w. gekochte Eier ‖ **Weichheit** die, -/-en ‖ **weichherzig:** *[zu] gutherzig* ‖ **Weichherzigkeit** die, -/-en ‖ **Weichholz** ‖ **Weichkäse** ‖ **weich kauen = weichkauen** ‖ **weichklopfen:** *gefügig machen; aber:* das Schnitzel weich klopfen (= weichklopfen) ‖ **weich kochen = weichkochen:** Fleisch w. k. ‖ **weichlich** (oft abw.): ein weichlicher Mensch *(Mensch ohne innere Festigkeit)* ‖ **Weichlichkeit** die, - ‖ **Weichling** der, -s/-e (abw.) ‖ **weichmachen:** *zum Nachgeben bringen* ‖ **Weichmacher** (Chem.): *Zusatzstoff beim Wäschewaschen*

Weichsel[1] [-ks-] die, - (polnisch: Wisła [-sua]): *ein Strom in Polen*

Weichsel[2] [-ks-] die, -/-n: *Sauerkirsche* ‖ **Weichselbaum** ‖ **Weichselkompott**

weich spülen = weichspülen ‖ **Weichspüler:** *ein Spülmittel für Wäsche* ‖ **Weichteile** die (Pl.) (geh.): *Körperteile ohne Knochen, zB Bauch* ‖ **weich werden = weichwerden:** *nachgeben; aber nur:* das Fleisch muss erst weich

W

werden ‖ **Weichzeichner:** *Kameraoptik, die etwas unscharfe Konturen ergibt*

Weide[1] die, -/-n: *eine Pflanzengattung;* Salweide

Weide[2] die, -/-n: *Weideland* ‖ **Weideland** ‖ **weiden:** weidendes *(grasendes)* Vieh; die Schafe w. | (geh.) sich an einem Anblick w. *(sich daran erfreuen, ihn genießen)*

Weidenbaum ‖ **Weidengerte** ‖ **Weidenkätzchen** das, -s/-: *Palmkatzerl* ‖ **Weidenkorb:** *Korb aus Weidenruten* ‖ **Weidenrute** ‖ **Weidenzweig**

Weideplatz ‖ **Weiderich** der, -s/-e: *Bestandteil verschiedener Pflanzennamen;* Blutweiderich ‖ **Weiderind** ‖ **Weidevieh** ‖ **Weidewirtschaft** ‖ **weidgerecht,** *auch:* waidgerecht (Jägerspr.): *den Jagdregeln gemäß* ‖ **weidlich** (geh.): eine Gelegenheit w. *(gehörig, gründlich)* ausnützen

Weidling → Weitling

Weidmann, *auch:* Waidmann (Jägerspr.): *Jäger* ‖ **weidmännisch,** *auch:* waidmännisch (Jägerspr.) ‖ **Weidmannsdank,** *auch:* Waidmannsdank (Jägerspr.): *Antwort auf den Gruß „Waidmannsheil"* ‖ **Weidmannsheil,** *auch:* Waidmannsheil (Jägerspr.): *Jägergruß* ‖ **Weidwerk** das, -[e]s, *auch:* Waidwerk (Jägerspr.): *die Jägerei* ‖ **weidwund,** *auch:* waidwund (Jägerspr.): ein weidwundes *(angeschossenes)* Wild

weigern sich: wir w. uns *(lehnen es ab),* das zu tun ‖ **Weigerung** die, -/-en ‖ **Weigerungsfall** (Amtsspr.): im W. mit Anzeige drohen

Weih → Weihe[2]

Weihbischof (kath.): *Bischof, der den Diözesanbischof unterstützt und vertritt* ‖ **Weihbrunn** der, -s/-en (mda., veraltend): *Weihwasserkessel* ‖ **Weihbrunnkessel** (veraltend) ‖ **Weihe**[1] die, -/-n: *rituelle Handlung durch Handauflegung bzw. durch Segnung* | (geh.) die W. *(Feierlichkeit, Ergriffenheit)* des Augenblicks

Weihe[2] die, -/-n, *auch:* der Weih, -[e]s/-e: *ein Greifvogel*

Weihegabe → Weihgabe ‖ **weihen:** eine neue Kapelle w.; der Dom ist dem hl. Stefan geweiht | (geh.) das Schiff war dem Untergang geweiht *(preisgegeben)* | (geh.) seine Dienste dem Land w.

Weiher der, -s/-: *Teich*

Weihestätte (geh.): *geheiligte Stätte* ‖ **Weihestunde** (geh.): *Feierstunde* ‖ **weihevoll** (geh.): *sehr feierlich* ‖ **Weihgabe,** *auch:* Weihegabe (bes. kath.) ‖ **Weihkessel** (kath.): *Weihwasserkessel* ‖ **Weihnacht** die, - (geh.): *Weihnachten* ‖ **weihnachten** (geh.): es weihnachtet ‖ **Weihnachten** die (Pl.), *bes. D auch:* das, -/- (Art. selten): *Fest am 24. bis 26. Dezember, Fest der Geburt Christi;* zu W. (reg. in D, CH: an W.); W. kommt bald; [die] W. sind vorbei; letzte W.; weiße *(verschneite)* W. ‖ **weihnachtlich:** eine weihnachtliche Stimmung ‖ **Weihnachtsabend:** *Heiliger Abend, 24. Dezember* ‖ **Weihnachtsbäckerei** die, - ‖ **Weihnachtsbasar** ‖ **Weihnachtsbaum:** *Christbaum* ‖ **Weihnachtsbescherung** ‖ **Weihnachtseinkauf** (meist Pl.) ‖ **Weihnachtsfeier** ‖ **Weihnachtsferien** [-i̯ən] die (Pl.): in den W. Skiurlaub machen ‖ **Weihnachtsfest** ‖ **Weihnachtsgans** ‖ **Weihnachtsgeld:** → *Weihnachtsremuneration* ‖ **Weihnachtsgeschäft:** *Umsatz in der Weihnachtszeit* ‖ **Weihnachtsgeschenk:** ein W. besorgen ‖ **Weihnachtskaktus:** *eine Zierpflanze* ‖ **Weihnachtskarpfen** ‖ **Weihnachtslied** ‖ **Weihnachtsmann:** der W. kommt ‖ **Weihnachtsmarkt:** *Christkindlmarkt* ‖ **Weihnachtspackerl** ‖ **Weihnachtsremuneration** [-tsi̯-] (Amtsspr.): *Weihnachtsgeld, 13. Monatsgehalt* ‖ **Weihnachtsstandl:** *Stand auf einem Christkindlmarkt* ‖ **Weihnachtsstern** ‖ **Weihnachtsstimmung** ‖ **Weihnachtsstollen** ‖ **Weihnachtstag:** der erste W. *(25. Dezember)* ‖ **Weihnachtszeit** die, - ‖ **Weihrauch:** *ein Harz bzw. der Rauch dieses Harzes* ‖ **Weihwasser** das, -s (kath.): *geweihtes Wasser* ‖ **Weihwasserbecken** (kath.) ‖ **Weihwasserkessel** (kath.)

weil: sie geht, w. es spät ist

weiland (veraltet bzw. scherzh.): wie w. *(früher, zu Zeiten)* Maria Theresia

Weilchen das, -s/-

Weile die, -: eine kleine W. *(kurze Zeit)* ‖ **weilen** (geh.): *sich [an einem Ort] aufhalten;* nicht mehr unter den Lebenden w. *(gestorben sein)*

Weiler der, -s/-: *abgelegene Häusergruppe einer Ortschaft*

Weimar: *Stadt in Deutschland*

Weimberl das, -s/-[n] (W, mda., veraltet): → *Weinbeerl;* → einweimberln

Wein der, -[e]s/-e: reinen W. einschenken *(ungeschminkt die Wahrheit sagen)* ‖ **Weinacker** (SüdT): *Weinberg* ‖ **Weinansprache:** *Beschreibung von Weinen mit Fachausdrücken* ‖ **Weinbau** der, -[e]s ‖ **Weinbauer:** *Winzer, Weinhauer* ‖ **Weinbäuerin** die, -/-innen, *auch:* Weinbäurin ‖ **Weinbaugebiet** ‖ **Weinbauschule** ‖ **Weinbeere:** *Weintraube* | *Rosine* ‖ **Weinbeergeiß** (Volksk.): *Brauchtumsfigur bei der Weinlese* ‖ **Weinbeerl** das, -s/-[n] (mda.): *Weinbeere, Rosine* | (W, mda., abw., veraltet) *Protektionskind, Schmeichler;* → einweinberln ‖ **Weinbegleitung:** Feinschmeckermenü mit W. ‖ **Weinbeißer:** *ein Lebkuchen* | (ugs.) *Weinkenner, -genießer* ‖ **Weinbeißerin** (ugs.) ‖ **Weinberg** ‖ **Weinbergschnecke** ‖ **Weinbergterrasse** ‖ **Weinbrand:** *ein alkoholisches Getränk* ‖ **Weinbruderschaft:** *Vereinigung zur Pflege der Weinkultur* ‖ **Weinchaudeau** [-ʃodoː]: *Chaudeau* ‖ **Weinderl** das, -s/-[n] (bes. W, emotional): *Wein*

weinen: bitterlich w.; um jemanden w.; *aber:* dem Weinen nahe sein ‖ **weinerlich:** eine weinerliche Stimme ‖ **Weinerlichkeit** die, -

Weinernte ‖ **Weinessig** ‖ **Weinfass** ‖ **Weinflasche** ‖ **Weingarten** ‖ **Weingegend** ‖ **Weingeist** der, -[e]s/-e: *ein Alkohol, Äthylalkohol* ‖ **Weingeistessig:** *Essig aus Branntwein* ‖ **Weinglas** ‖ **Weingut** ‖ **Weinhändler** ‖ **Weinhändlerin** ‖ **Weinhandlung** ‖ **Weinhauer:** *Winzer* ‖ **Weinhauerin** ‖ **Weinheber:** *Gerät zur Weinentnahme aus Fässern* ‖ **Weinkarte:** *spezielle Getränkekarte [in Restaurants]* ‖ **Weinkeller** ‖ **Weinkellner** (Gast.): *Sommelier* ‖ **Weinkellnerin** (Gast.) ‖ **Weinkenner** ‖ **Weinkennerin** ‖ **Weinkost** die, -/-en: *Weinverkostung, Weinprüfung [vor dem Kauf]*

Weinkrampf: *krampfhaftes Weinen*

Weinkühler ‖ **Weinland** ‖ **Weinlaune** die, -: in W. sein *(Gusto auf Wein verspüren)* | *Zustand*

W

nach dem Genuss von Wein ‖ **Wein|le|se:** *Traubenernte* ‖ **Wein|nu|deln** die (Pl.): *eine Speise* ‖ **Wein|lo|kal** ‖ **Wein|pan|scher** = Weinpantscher der, -s/-: *jemand, der Wein [mit Wasser] verfälscht* ‖ **Wein|pan|sche|rin** = **Wein|pant|sche|rin** die, -/-innen ‖ **Wein|pres|se** ‖ **Wein|rau|te:** *eine Arzneipflanze* ‖ **Wein|re|be:** *Rebe* ‖ **wein|rot** ‖ **Wein|säu|re** ‖ **Wein|scharl** der = das, -s/-n (ugs.): *Frucht des Sauerdorns* | *ein Zuckerl* ‖ **wein|se|lig** [-zeː-] ‖ **Wein|se|mi|nar** ‖ **Wein|sen|sal** [-ˌaː-]: *Vermittler für Weinkauf und -verkauf* ‖ **Wein|sen|sa|lin** ‖ **Wein|ste|cken:** *Stock zum Anbinden der Reben* ‖ **Wein|stein** der, -[e]s: *ein Salz der Weinsäure* | *Kristallbildung im Wein* ‖ **Wein|stock** ‖ **Wein|stra|ße:** *landschaftstypische Straße durch ein Weinanbaugebiet;* Schilcher-Weinstraße *(in der Weststeiermark)* ‖ **Wein|stu|be** ‖ **Wein|tipp|ler** (W, ugs., veraltend): *gewohnheitsmäßiger Weintrinker* ‖ **Wein|tipp|le|rin** (W, ugs., veraltend) ‖ **Wein|trau|be:** reife Weintrauben ‖ **Wein|trin|ker** ‖ **Wein|trin|ke|rin** ‖ **Wein|vier|tel:** *Landesteil von Niederösterreich* (auch: *Viertel unterm Manhartsberg*) ‖ **Wein|vier|tel|au|to|bahn:** *Nordautobahn* ‖ **Wein|viert|ler**[1] (Adj.): W. Hügelland ‖ **Wein|viert|ler**[2] der, -s/-: *Bewohner des Weinviertels* ‖ **Wein|viert|le|rin** die, -/-innen ‖ **Wein|zierl** der, -s/-n (reg., veraltet): *Weinbauer, Weinhauer*

Weis (ugs.) (nur in der Wendung): aus der W. *(ohne Maß und Ziel, nicht mehr auszuhalten, ungewöhnlich)*

wei|se: *klug; gescheit; erfahren* ‖ **Wei|se**[1] der, -n/-n, ein Weiser; *aber:* → Waise ‖ **Wei|se**[2] die, -/-n

Wei|se[3] die, -/-n: auf diese W. *(Art)* | (geh.) eine bekannte W. *(Melodie)*

Wei|sel[1] der, -s/-: *Bienenkönigin*

Wei|sel[2] (reg., ugs.) (nur in der Wendung): jemandem den W. geben *(den Laufpass, eine Abfuhr geben, jemanden wegschicken)*

wei|sen, du weist/wies/gewiesen: jemandem den Weg w. *(zeigen);* die Verantwortung von sich w. *(sie zurückweisen, ablehnen)* | (geh.) das wird sich w. *(zeigen, erweisen)*

Wei|sen|be|richt: *Stellungnahme von Experten [in internationalen Fragen]* ‖ **Wei|sen|rat** (bes. Pol.): *eigens eingesetztes beratendes Gremium angesehener Persönlichkeiten* ‖ **Weis|heit** die, -: sie ist mit ihrer W. am Ende *(hat schon alles versucht)* | (ugs.) er hat die W. mit Löffeln gefressen *(glaubt, er sei bes. gescheit)* ‖ **Weis|heits|zahn:** *hinterster Backenzahn* ‖ **weis|ma|chen:** er hat ihr etwas weisgemacht *(vorgegaukelt, eingeredet)*

weiß[1] (Verb): ich w.; → wissen; → weiß Gott

weiß[2] **(Adj.):**

etwas schwarz auf weiß *(schriftlich)* haben; eine weiße Weste haben *(unbescholten sein);* er ist ein weißer Rabe *(eine erfreuliche Ausnahme);* ein weißer Fleck auf der Landkarte *(unerforschtes Gebiet);* weiße Weihnachten/Ostern *(verschneite)* | (Mil.) die weiße Fahne hissen *(sich ergeben; Zeichen, dass die Maturanten dieser Schule bestanden haben)*

Großschreibung bei Nominalisierung, in Eigennamen und besonderen Kalendertagen:
- das **W**eiße vom/im Ei
- aus Schwarz **W**eiß machen
- das **W**eiße Haus *(Amtssitz des Präsidenten der USA)*
- das **W**eiße Meer
- der **W**eiße Ring *(eine Einrichtung zur Hilfe für Verbrechensopfer)*
- der **W**eiße Burgunder *(Weißburgunder)*
- der **W**eiße Sonntag *(Sonntag nach Ostern)*

R→ S. 895, 4.1 bzw. S. 896, 4.3

Groß- und Kleinschreibung:
- der weiße (auch: **W**eiße) Tod *(Lawinentod)*
- der weiße (auch: **W**eiße) Sport *(Tennis)*

Getrenntschreibung:
- weiß sein; er ist früh weiß geworden
- weiß blühen
- sich weiß kleiden

Zusammenschreibung bei übertragener Bedeutung:
- weißnähen *(Wäsche nähen)*
- jemanden weißwaschen *(von einem Verdacht befreien)*

R→ S. 900, 1.5.1

Getrennt- und Zusammenschreibung mit Verben, die ein Resultat herbeiführen, und mit adjektivisch gebrauchten Partizipien:
- weiß kalken = weißkalken
- weiß streichen = weißstreichen
- ein weiß gekleidetes (= weißgekleidetes) Kind

R→ S. 900, 1.5.2 bzw. S. 903, 2.2.1

Weiß das, -/-: in W. [gekleidet]; aus Schwarz W. machen *(die Tatsachen verdrehen)*

weis|sa|gen, sie weissagte: *voraussagen, wahrsagen;* etwas geweissagt bekommen ‖ **Weis|sa|ger** der, -s/- ‖ **Weis|sa|ge|rin** die, -/-innen ‖ **Weis|sa|gung** die, -/-en

Weiß|bier: *Weizenbier* ‖ **Weiß|bin|der** (reg., veraltet): *Fassbinder* ‖ **Weiß|bin|de|rin** (reg., veraltet) ‖ **Weiß|blech:** *verzinntes Eisenblech* ‖ **weiß|blond:** *hellblond, platinblond* ‖ **Weiß|blu|ten** (nur in der Wendung): bis zum W. *(bis zum Äußersten)* ‖ **Weiß|brot** ‖ **Weiß|buch:** *offizielle Dokumentensammlung zu einem bestimmten Thema* ‖ **Weiß|bu|che:** *eine Buchenart* ‖ **Weiß|bur|gun|der:** *eine Reb- und Weinsorte, Weißer Burgunder, Pinot Blanc* ‖ **Weiß|dorn** der, -[e]s/-e: *ein Strauch bzw. Baum* ‖ **Wei|ße**[1] der, -n/-n, ein Weißer: *Mensch mit heller Hautfarbe* ‖ **Wei|ße**[2] die, -n/-n ‖ **Wei|ße Bur|gun|der** der, -n -s/-n -, *auch:* Weißburgunder, -s/-: ‖ **wei|ßeln:** *weißen* ‖ **wei|ßen,** du weißt: eine Küche w. *(weiß ausmalen)*

Wei|ßen|see der, -s (K)

Weiß|fisch: *ein Süßwasserfisch* ‖ **Weiß|ge|bäck** ‖ **weiß ge|klei|det** = **weiß|ge|klei|det:** ein weiß gekleidetes Kind ‖ **Weiß|ger|ber** (früher): *Handwerker, der feines Leder herstellt* ‖ **Weiß|ger|be|rin** (früher) ‖ **Weiß|glas:** Container für W.; → Buntglas ‖ **Weiß|glut** die, -: jemanden bis zur W. bringen *(zornig machen)* ‖ **Weiß|gold:** ein Ring aus W.

weiß Gott: ich kann w. G. *(bei Gott, wahrhaftig)* nichts dafür

weiß|haa|rig ‖ **wei|ßi|gen** (ugs.): *weißen* ‖ **weiß kal|ken** = **weiß|kal|ken** ‖ **Weiß|kraut** das, -[e]s: *eine Krautsorte* ‖ **weiß|lich:** *hell* ‖ **Weiß|ling** der, -s/-e: *ein Schmetterling;* Kohlweißling ‖ **Weiß|ma|cher:** *aufhellende Substanz in Waschmitteln* ‖ **weiß|nä|hen:** *Wäsche nähen* ‖ **Weiß|nä|her** ‖

W

Weißnäherin || **Weißpappel:** *Silberpappel* || **Weißrusse** || **Weißrussin** || **weißrussisch** || **Weißrussland** (Kfz: BY) (amtlich: Belarus): *ein Staat* || **Weißstorch** || **weiß streichen** = **weißstreichen** || **Weißtanne:** *ein Baum* || **Weißwal:** → *Beluga* || **Weißwaren** die (Pl.): *ungefärbte Baumwoll- und Leinenstoffe* || **weißwaschen:** jemanden/sich w. *(von einem Verdacht befreien)* || **Weißwein** || **Weißwurst** [-st, auch: -ʃt]: *eine bayerische Spezialität*

Weisung die, -/-en: *Anordnung, Auftrag;* auf/über W. des Ministers || **Weisungsbefugnis** || **weisungsbefugt** || **weisungsberechtigt** || **weisungsfrei** || **weisungsgebunden:** als Beamter w. sein || **weisungsgemäß** || **Weisungsrecht** (Jus)

weit:

eine weite Strecke; 10 m weit; in der weiten Welt *(weltweit)*; das geht zu weit *(über das Zumutbare hinaus);* weit und breit; weit hinaus; zu weit; von weit her kommen *(aus großer Ferne);* aber: → weither; → weiter

Großschreibung bei Nominalisierung:
- ins **W**eite blicken
- das **W**eite suchen *(sich schnell davonmachen)* R→ S. 892, 2.2

Groß- und Kleinschreibung:
- von/bei weitem (= **W**eitem)

Getrenntschreibung bei wörtlicher Bedeutung:
- weit gehen
- weit laufen müssen
- Hunde können bis zu 4 m weit springen
- sie wird es weit bringen

Zusammenschreibung bei übertragener Bedeutung:
- gut weitspringen (= Weitspringen) können R→ S. 900, 1.5.1

Getrennt- und Zusammenschreibung, zB:
- weit blickend = weitblickend *(vorausdenkend)*
- ein weit entfernter (= weitentfernter) Verwandter
- weit gehende (= weitgehende) Folgen; *aber bei adverbialem Gebrauch nur zusammen:* der Fall ist weitgehend gelöst
- weit verbreitet = weitverbreitet
- weit reichende (= weitreichende) Folgen R→ S. 903, 2.2

weitab: w. von den anderen || **weitaus:** *bei Weitem* || **Weitblick:** mit W. || **weit blickend** = **weitblickend:** *vorausdenkend* || **Weite** die, -/-n || **weiten**[1]: *weit machen* || **weiten**[2] sich: das Tal weitet sich *(wird breiter)* || **weit entfernt** = **weitentfernt** → weit

weiter (Adv.):

vorwärts, voran; und so weiter (usw.); weiter als alle; nicht weiter von Bedeutung | (Adj.) keine weiteren Fragen

Großschreibung bei Nominalisierung:
- alles **W**eitere
- das **W**eitere (= **W**eiteres) wird sich finden
- des **W**eiter[e]n *(außerdem)*
- wie im **W**eiteren ausgeführt

R→ S. 892, 2.2

Groß- und Kleinschreibung:
- bis auf weiteres (= **W**eiteres)
- ohne weiteres (= **W**eiteres) *(ohneweiters)*

Getrenntschreibung in der Bedeutung „weiter als“:
- weiter werfen als alle anderen
- weiter gehende Forderungen

Zusammenschreibung, wenn „weiter“ „vorwärts, voran“ bedeutet und betont ist, zB:
- in Ruhe weiterarbeiten
- [sich] weiterentwickeln
- wir werden dir gleich weiterhelfen; *aber getrennt:* sie hat mich weiter unterstützt *(weiterhin)*

weiterarbeiten: am Projekt w.; *aber:* in den nächsten Jahren weiter *(weiterhin)* arbeiten || **weiterbefördern** || **Weiterbestand** || **weiter bestehen** = **weiterbestehen:** *fortbestehen* || **weiterbilden:** *fortbilden;* sich beruflich w. || **Weiterbildung** || **Weiterbildungsgeld** (Amtsspr.): *eine Sozialleistung des Arbeitsmarktservices* || **weiterbringen:** nichts w. *(voranbringen)* || **weiterempfehlen:** ein Lokal w. || **weiterentwickeln**[1]: eine Erfindung w. || **weiterentwickeln**[2] sich: sich künstlerisch w. || **Weiterentwicklung** || **weitererzählen:** Neuigkeiten w. || **weiterfahren** || **Weiterfahrt** || **weiterfliegen** || **Weiterflug** || **weiterführen:** ein Werk w. *(fortsetzen)* || **Weitergabe** || **Weitergaberecht** (Jus): *Recht des Mieters auf Weitergabe seines Mietrechts an Dritte* || **weitergeben:** die Schüssel w. || **weitergehen:** es wird alles so w. *(so bleiben);* im Unterricht w. *(fortfahren); aber:* nicht weiter gehen als bis ...; weiter gehende (= weitgehendere) Äußerungen || **weiterhelfen:** ich kann dir nicht w. || **weiterhin:** auch w. *(in Zukunft)* mitarbeiten; dazu möchte ich w. *(außerdem)* sagen ... || **weiterkämpfen** || **weiterkommen:** gut w. *(vorankommen)* || **weiterkönnen** || **weiterlaufen** || **weiterleben** || **weiterleiten:** eine Beschwerde w. || **weitermachen** || **weitermarschieren** || **weitermüssen** || **weiterreden** || **weiterreichen** || **Weiterreise** || **weiters:** *weiterhin, ferner* || **weitersagen** || **weiterschicken** || **weiterschlafen** || **weiterschleppen** || **weiterspielen** || **weiterspinnen:** einen Traum w. *(fantasierend ausweiten)* || **weitersprechen** || **weitertragen:** eine Lüge w. *(weitererzählen)* || **weitertreiben** || **Weiterung** die, -/-en (meist Pl.) (geh.): es ergaben sich ungeahnte Weiterungen *(Ausweitungen, Folgen)* || **weiterverarbeiten** || **Weiterverarbeitung** || **weiterverbreiten** || **Weiterverbreitung** || **weiterverfolgen** || **weiterverkaufen** || **Weitervermietung** || **weitervermitteln** || **Weiterversicherung** || **Weiterverweisung** (Amtsspr.) || **weiterverwenden** || **Weiterverwendung** || **weiterwissen** || **weiterwursteln** [meist: -ʃt-] (ugs.): *fortwursteln* || **weiterzahlen** || **weiterziehen** || **weitestgehend:** weitestgehende (= weitgehendste) Einschränkungen || **weitgehend:** der Fall wurde w. *(nahezu völlig)* gelöst; *aber:* das hat weit gehende (= weitgehende) *(schwere)* Folgen || **weit gereist** = **weitgereist** || **weither:** die Erklärungen sind w. geholt || **weitherzig:** *großzügig* || **weithin:** der Gesang war w. zu hören || **weitläufig:** ein weitläufiges *(ausgedehntes)* Gebäude

Weitling der, -s/-e, *auch:* Weidling: *weites, schüsselartiges Küchengeschirr*

weitmaschig: ein weitmaschiges Netz

Weitra: *Stadt in Niederösterreich*

weiträumig: ein weiträumiges Gelände || **weit reichend** = **weit-**

reichend → weit ‖ **weitschichtig:** w. *(entfernt)* verwandt ‖ **Weitschuss** ‖ **weitschweifig:** etwas w. *(zu ausführlich)* erzählen ‖ **Weitsicht:** *Weitblick* ‖ **weitsichtig:** w. *(mit großem Überblick)* handeln | *an Weitsichtigkeit leidend;* → G.: kurzsichtig ‖ **Weitsichtigkeit** die, -: *Sehkraftschwäche, bei der man in der Nähe nicht scharf sieht* ‖ **weitspringen** (Sport): gut w. können; *aber:* [mehrere Meter] weit springen ‖ **Weitspringen** das, -s (Sport) ‖ **Weitspringer** (Sport) ‖ **Weitspringerin** (Sport) ‖ **Weitsprung** (Sport): *eine Sportart* ‖ **Weitstrahler:** *eine Art Scheinwerfer, Fernlicht bei Fahrzeugen ua.* ‖ **weit tragend** = **weittragend:** ein Entschluss von w. tragender *(folgenreicher)* Bedeutung ‖ **weitum:** *weithin* ‖ **weit verbreitet** = **weitverbreitet** ‖ **weit verzweigt** = **weitverzweigt** ‖ **Weitwanderweg** ‖ **Weitwinkelobjektiv:** *ein [Zusatz]objektiv zu Kameras* ‖ **weitzeilig:** *mit großem Zeilenabstand*

Weiz (Kfz: WZ): *Stadt in der Steiermark*

weizen: *aus Weizenmehl;* weizenes Mehl ‖ **Weizen** der, -s: *eine Getreideart* ‖ **Weizenbier:** *Weißbier* ‖ **Weizenbrot** ‖ **Weizenernte** ‖ **Weizenkeimöl** ‖ **Weizenkorn** das, -[e]s/-körner ‖ **Weizenmehl** ‖ **Weizenschrot**

welch (geh.): w. liebliche Melodie ‖ **welcher,** welche, welches: welcher ist es?; welche Melodie? ‖ **welcherart:** w. *(was für ein)* Interesse hat er?; *aber:* welcher Art ist sein Interesse?

Weli der, -[s]/-[s] (reg.): *eine Spielkarte*

welk: welkes Laub ‖ **welken:** welkende Blätter; seine Haut welkt *(altert)* früh

Wellblech: *gewelltes Blech* ‖ **Wellblechdach** ‖ **Wellblechhütte** ‖ **Welle** die, -/-n: in den Wellen versinken; die Wellen [der Aufregung] gehen hoch; die Wellen glätten *(beruhigen)* sich; grüne W. *(bei einer bestimmten Geschwindigkeit zeigen die Ampeln jeweils grün)* | *Kurbelwelle* | eine W. von Beifall *(bes. starker Beifall)* | (Elektrot.) elektromagnetische Wellen ‖ **wellenartig** ‖ **Wellenbad** ‖ **Wellenbereich:** ein Radio mit mehreren Wellenbereichen ‖ **Wellenberg:** *oberer Teil einer Welle* ‖ **Wellenbewegung** ‖ **Wellenbrecher:** *Uferdamm oÄ* ‖ **wellenförmig** ‖ **Wellengang:** starker W. ‖ **Wellenlänge:** bei einem Bestrahlungsgerät die richtige W. einstellen; die gleiche W. haben *(übereinstimmen, sich gut verstehen)* ‖ **Wellenlinie** [-iɛ]: *gewellte Linie* ‖ **Wellenreiten** das, -s: *eine Wassersportart* ‖ **Wellenschliff:** ein Elektromesser mit W. ‖ **Wellensittich:** *ein Papagei (ein Heimtier)* ‖ **Wellental:** *unterster Punkt zwischen zwei Wellen* ‖ **wellig:** *wellenförmig, gewellt*

Wellness [w-] die, - ⟨pseudoengl.⟩: *Wohlbefinden (als Lebens- und Gesundheitsprinzip)* ‖ **Wellnessanlage** ‖ **Wellnessfarm** ‖ **Wellnesshotel** ‖ **Wellnesstourismus** [-tu-] ‖ **Wellnessurlaub**

Wellpappe ‖ **Wellrad:** *eine einfache Maschine; ein Maschinenbestandteil*

Welpe der, -n/-n: *junger Fuchs, Wolf oder Hund*

Wels[1] (Kfz: WE): *Statutarstadt in Oberösterreich* | (Kfz: WL) Wels-Land = Wels Land *(Umgebung der Stadt Wels)*

Wels[2] der, -es/-e: *ein Fisch, Waller*

welsch (veraltend bzw. abw.): *romanisch, vor allem italienisch;* → walsch ‖ **Welsche**[1] der, -n/-n, ein Welscher (veraltend bzw. abw.) ‖ **Welsche**[2] die, -n/-n (veraltend bzw. abw.) ‖ **Welschland** das, -[e]s (veraltend bzw. abw.): *bes. Italien* | (CH) *die französische Schweiz, Welschschweiz* ‖ **Welschriesling:** *eine Reb- und Weinsorte* ‖ **Welschschweiz** die, -: *französischsprachiger Teil der Schweiz* ‖ **Welschtirol** (früher): *Trentino*

Welser (Adj.): W. Autobahn; → Wels[1]

Welt die, -/-en: auf die W. kommen *(geboren werden);* ein Kind zur W. bringen; ein Kind in die W. setzen *(ein Kind zeugen);* zwischen uns liegen *(uns trennen)* Welten; aus aller W. *(von überall);* nicht aus der W. *(durchaus erreichbar)* sein; ein Mann von W. *(mit gewandtem Auftreten);* alle W. *(jeder);* etwas aus der W. schaffen *(beseitigen);* ein Gerücht in die W. setzen *(verbreiten);* die Dritte W. *(die Entwicklungsländer);* die Vierte W. *(die ärmsten Länder);* die Alte W. *(Europa);* die Neue W. *(Amerika)* ‖ **Weltabgeschiedenheit:** *Einsamkeit* ‖ **weltabgewandt** ‖ **Weltall:** *Weltraum, Kosmos, Universum;* → All ‖ **weltanschaulich** ‖ **Weltanschauung:** *Auffassung vom Wesen der Welt und von der Stellung des Menschen in ihr und zu Gott* ‖ **Weltatlas** ‖ **Weltausstellung:** *Expo* ‖ **Weltbank** die, -: *eine Institution der UNO* ‖ **weltbekannt** ‖ **weltberühmt** ‖ **Weltbestleistung** ‖ **Weltbestzeit** ‖ **Weltbevölkerung** ‖ **weltbewegend** ‖ **Weltbild:** das W. der modernen Physik ‖ **Weltbürger:** *jemand, der sich nicht [nur] als Bürger seines Landes, sondern [auch] der ganzen Welt fühlt* ‖ **Weltbürgerin** ‖ **Weltcup** [-kʌp]: *ein Sportbewerb [im Fußball], Worldcup* ‖ **Weltcupsieger** ‖ **Weltcupsiegerin** ‖ **Weltempfänger:** *Radio zum Empfang von Sendern aus aller Welt* ‖ **Weltenbummler:** *Weltreisender* ‖ **Weltenbummlerin** ‖ **Weltende:** *Untergang der Welt* ‖ **Weltenraum** (geh.): *Weltraum* ‖ **weltentrückt** (geh.): *von äußeren/weltlichen Dingen abgewandt* ‖ **Welterbe** (Kunstg.): *Weltkulturerbe* ‖ **Welterfolg**

Weltergewicht das, -[e]s ⟨engl.⟩ (Sport): *eine Gewichtsklasse [beim Boxen]*

welterschütternd ‖ **weltfern** ‖ **Weltflucht:** *Abkehr von den irdischen Dingen* ‖ **Weltfrauentag:** *der Internationale Frauentag am 8. März* ‖ **weltfremd:** ein weltfremder *(lebensfremder, unpraktischer)* Mensch ‖ **Weltfremdheit** die, - ‖ **Weltfriede** = **Weltfrieden** ‖ **Weltgeist** (Phil.): *die Weltgeschichte lenkender Geist, Gott* ‖ **Weltgeistliche:** *Weltpriester* ‖ **Weltgeltung** die, -: eine Erfindung von W. ‖ **Weltgericht** das, -[e]s (Rel.): *Jüngstes Gericht* ‖ **Weltgeschehen** ‖ **Weltgeschichte** die, - ‖ **weltgeschichtlich:** *welthistorisch* ‖ **Weltgesundheitsorganisation** [-tsi̯-] die, - (WHO) ‖ **weltgewandt:** *welterfahren* ‖ **Welthandel:** der W. wird durch die Abkommen der WTO geregelt; Hochschule für W. (früher für: *Wirtschaftsuniversität*) ‖ **Welthandelsorganisation** [-tsi̯-] (WTO) ‖ **Weltherrschaft** ‖ **welthistorisch:** *weltgeschichtlich*

W

‖ **Welt|jah|res|best|leis|tung** (Sport) ‖ **Welt|kar|te:** *Karte der ganzen Erde* ‖ **Welt|klas|se:** die Leistung war W. ‖ **Welt|klas|se|spie|ler** ‖ **Welt|klas|se|spie|le|rin** ‖ **Welt|kli|ma** ‖ **Welt|kli|ma|rat** (Ökol., Pol.) ‖ **welt|klug** (geh.): *lebenserfahren* ‖ **Welt|kon|zern** ‖ **Welt|krieg:** der Erste W. (1914–1918); der Zweite W. (1939–1945) ‖ **Welt|ku|gel:** *Erdkugel* ‖ **Welt|kul|tur|er|be** (Kunstg.): *von der UNESCO verliehene Auszeichnung für ein einzigartiges Kultur- oder Naturdenkmal* ‖ **Welt|la|ge** (Pol.) ‖ **Welt|leit|wäh|rung:** derzeit ist der Dollar die W. ‖ **welt|lich:** weltliche und kirchliche Bauten ‖ **Welt|li|te|ra|tur:** *Literatur aller Völker bzw. höchsten Ranges* ‖ **Welt|macht:** *Großmacht* ‖ **Welt|mann** ‖ **welt|män|nisch:** ein weltmännisches *(gewandtes)* Auftreten ‖ **Welt|mar|ke:** *auf dem Weltmarkt bekannte Firmenmarke* ‖ **Welt|markt** der, -[e]s ‖ **Welt|meer** das, -[e]s: *die [zusammenhängende] Wassermasse aller Ozeane* ‖ **Welt|meis|ter:** *der Beste in einer Sportart* ‖ **Welt|meis|te|rin** ‖ **Welt|meis|ter|schaft** ‖ **Welt|nach|rich|ten:** *Nachrichten von der ganzen Welt* ‖ **Welt|neu|heit** ‖ **welt|of|fen:** *allem gegenüber aufgeschlossen* ‖ **Welt|öf|fent|lich|keit** ‖ **Welt|po|li|tik** ‖ **welt|po|li|tisch** ‖ **Welt|pres|se** die, -: *bedeutende Zeitungen aus aller Welt* ‖ **Welt|pries|ter:** *katholischer Geistlicher, der keinem Orden angehört;* → G.: Ordenspriester ‖ **Welt|rang** der, -[e]s: eine Musikerin von W. ‖ **Welt|rang|lis|te** (Sport): die W. im Tennis anführen ‖ **Welt|raum** der, -[e]s ‖ **Welt|raum|be|hör|de** ‖ **Welt|raum|fahrt** ‖ **Welt|raum|for|schung** ‖ **Welt|raum|or|ga|ni|sa|ti|on** [-tsi̯-] ‖ **Welt|raum|son|de** ‖ **Welt|raum|sta|ti|on** [-ʃtatsi̯-]: *Raumstation* ‖ **Welt|reich:** *Imperium;* das römische W. ‖ **Welt|rei|se** ‖ **Welt|rei|sen|de** ‖ **Welt|re|kord** (bes. Sport) ‖ **Welt|re|li|gi|on:** *weit verbreitete Religion* ‖ **Welt|ruf** der, -[e]s: ein Künstler von W. *(ein weltberühmter Künstler)* ‖ **Welt|ruhm** ‖ **Welt|schmerz** der, -es (geh.): *wehmütiges Gefühl umfassenden Enttäuschtseins* ‖ **Welt|schöp|fer** ‖ **Welt|sen|sa|ti|on** [-tsi̯-] ‖ **Welt|si|cher|heits|rat** der, -[e]s (Pol.): *der Sicherheitsrat der Vereinten Nationen* ‖ **Welt|spar|tag** ‖ **Welt|spra|che:** Englisch ist eine der Weltsprachen ‖ **Welt|stadt:** *bevölkerungsreiche Stadt mit internationalem Charakter* ‖ **welt|städ|tisch** ‖ **Welt|star** [-st-] ‖ **Welt|teil:** *Erdteil* ‖ **Welt|um|seg|lung,** *auch:* Weltumsegelung ‖ **welt|um|span|nend** ‖ **Welt|un|ter|gang** ‖ **Welt|un|ter|gangs|stim|mung** ‖ **Welt|ver|bes|se|rer** der, -s/- (abw.) ‖ **Welt|ver|bes|se|rin** die, -/-innen (abw.) ‖ **welt|ver|lo|ren** (geh.): *weltfremd | einsam* ‖ **welt|weit:** weltweites Aufsehen erregen ‖ **Welt|wirt|schaft** ‖ **welt|wirt|schaft|lich** ‖ **Welt|wirt|schafts|fo|rum:** *jährliches internationales Expertentreffen* ‖ **Welt|wirt|schafts|kri|se** ‖ **Welt|wun|der:** *etwas, das von der ganzen Welt bewundert wird, zB ein Bauwerk;* die sieben W. der Antike

wem: wem sagst du das? ‖ **Wem|fall** (Gramm.): *Dativ* ‖ **wen:** wen wirst du treffen?

Wen|de die, -/-n: *Drehung | Wandel, Änderung* | an der W. zweier Jahrtausende ‖ **Wen|de|hals:** *ein Vogel* | (abw.) *jemand, der sich schnell politischen Veränderungen anpasst* ‖ **Wen|de|ja|cke:** *auf beiden Seiten tragbare Jacke* ‖ **Wen|de|kreis:** *nördlicher bzw. südlicher Breitenkreis, über dem die Sonne zu Sommer- bzw. Winteranfang steht | engster Kreis, den ein Fahrzeug beschreiben kann* ‖ **Wen|del** die, -/-n: *schraubenförmige Linie; schraubenförmig gewundener Draht, zB in elektrischen Heizkörpern*

Wen|de|lin: *männl. Vorname*

Wen|del|trep|pe ‖ **Wen|de|ma|nö|ver** [-v-, -f-]: das W. eines Schiffs ‖ **wen|den**[1]: sie wendete mit dem Auto *(änderte die Richtung)* | bitte w. *(umblättern)* ‖ **wen|den**[2], wendete (wandte)/hat gewendet (gewandt): keinen Blick von ihr w.; sich an jemanden w. *(Hilfe bei jemandem suchen);* der Film wendet sich an *(ist gemacht für)* Jugendliche ‖ **Wen|de|punkt:** an einem W. der Entwicklung ‖ **Wen|de|zug:** *Reisezug, der von beiden Zugspitzen aus gesteuert werden kann* ‖ **wen|dig:** *flink, beweglich; geistig regsam* ‖ **Wen|dig|keit** die, - ‖ **Wen|dung** die, -/-en: eine W. um 180° machen; ihr Leben nahm eine neue W. *(Richtung)* | *Redewendung*

Wen|fall (Gramm.): *Akkusativ*

wen|gerl (ostöst., mda.) (in der Wendung): ein w. *(ein wenig, ein bisschen)*

we|nig:

wenig lesen/wissen; ein klein wenig; ich möchte nur ein wenig *(ein bisschen);* umso weniger; sie hat am wenigsten; [viel] zu wenig; aber: → Wenig zufriedenstellend

Großschreibung des nachfolgenden Adjektivs:
- sie hat wenig **S**chönes gesehen
- er berichtete wenig **E**rfreuliches

Im Normalfall gilt Kleinschreibung:
- nur wenige haben gefehlt
- die wenigen, die zu spät kamen
- einiges wenige; einige wenige *(nur einige)*

Wenn der nominale Gebrauch betont werden soll, ist auch Großschreibung möglich:
- das Verhältnis der wenigen (= Wenigen) zu den vielen (= Vielen); → viel
- das ist das wenigste (= Wenigste) R→ S. 894, 2.3.1

Getrennt- und Zusammenschreibung mit adjektivisch gebrauchten Partizipien:
- wenig befahren = wenigbefahren
- ein wenig gelesener (= weniggelesener) Roman

R→ S. 903, 2.2.1

we|nig be|fah|ren = we|nig|be|fah|ren ‖ **we|nig ge|le|sen = we|nig|ge|le|sen** → wenig ‖ **We|nig|keit** die, - (meist scherzh.): von meiner W. *(von mir)* will ich nicht reden ‖ **we|nigs|tens:** *mindestens* ‖ **We|nig|ver|die|ner** ‖ **We|nig|ver|die|ne|rin** ‖ **We|nig zu|frie|den|stel|lend** das, - -[s]/- - (Amtsspr.): *eine Verhaltensnote in der Schule;* ein W. z. bekommen; *aber:* eine **w**enig zufriedenstellende Leistung; → Zufriedenstellend

wenn: *falls, sobald;* w. auch ungern, stimmte sie zu; [immer] w. Zeit ist | wie w. *(als ob, als wenn);* → als | (Großschreibung) „Wenn das **W**enn nicht wär'!"; ohne **W**enn und Aber *(ohne Bedingungen);* alle **W**enn und Aber *(alle Umstände; alle Einwände)* bedenken ‖ **wenn|gleich** (geh.): *wenn auch, obwohl* ‖ **wenn-**

W

schon: w., dennschon *(wenn es überhaupt sein muss, dann ordentlich)*
Wen|zel: *männl. Vorname* ‖ **Wen|zels|kro|ne** die, -: *die böhmische Königskrone;* die Länder der W. *(in der Habsburgermonarchie: Böhmen, Mähren und Schlesien)*
wer: wer weiß das? | (ugs.) es kommt wer *(jemand)*
Wer|be|ab|tei|lung ‖ **Wer|be|agen|tur:** *ein Werbeunternehmen* ‖ **Wer|be|ak|ti|on** [-tsi̯-] ‖ **Wer|be|ban|ner** [auch mit Aussprache -ˌbæ-] ‖ **Wer|be|bei|ra|ter** ‖ **Wer|be|bei|ra|te|rin** ‖ **Wer|be|ein|schal|tung** ‖ **Wer|be|fach|frau** ‖ **Wer|be|fach|mann** ‖ **Wer|be|feld|zug** ‖ **Wer|be|fens|ter** ‖ **Wer|be|fern|se|hen** ‖ **Wer|be|film** ‖ **Wer|be|flä|che:** *Fläche, die für Plakate, Inserate oÄ zur Verfügung steht* ‖ **Wer|be|gag** [-gæg] ‖ **Wer|be|ge|schenk** ‖ **Wer|be|gra|fik** = **Wer|be|gra|phik** [-f-] ‖ **Wer|be|kam|pa|gne** [-anjɛ, fr.: -kɑ̃panʲ]: *Werbefeldzug* ‖ **wer|be|kräf|tig** ‖ **Wer|be|li|nie** [-i̯ɛ] ‖ **Wer|be|mit|tel** (meist Pl.): *Inserat, Plakat, TV-Spot uÄ* ‖ **wer|ben,** ich werbe, du wirbst/warb/geworben/wirb!, werbt!: er wirbt für Zahnpasta; um jemanden w. *(sich um jemanden bemühen)* ‖ **Wer|be|num|mer:** *Gratisnummer [einer Zeitschrift]* ‖ **Wer|be|pla|kat** ‖ **Wer|ber** der, -s/-: *jemand, der Werbung macht, Werbefachmann* | (Amtsspr.) *Bewerber;* Asylwerber ‖ **Wer|be|rin** die, -/-innen ‖ **Wer|be|schmäh:** *nur in der Werbung angepriesener, aber nicht existierender Kaufvorteil* ‖ **Wer|be|sen|dung** ‖ **Wer|be|slo|gan** [-sləʊgən]: *wirksamer Werbespruch* ‖ **Wer|be|spot** [-sp-]: im Radio und im Fernsehen einen W. schalten ‖ **Wer|be|spruch** ‖ **Wer|be|text** ‖ **Wer|be|tex|ter** ‖ **Wer|be|tex|te|rin** ‖ **Wer|be|trä|ger:** *Medium, mit dem Werbung verbreitet werden kann, zB Presse | jemand, der auf Grund seiner Bekanntheit bes. werbewirksam ist* ‖ **Wer|be|trä|ge|rin** ‖ **Wer|be|trom|mel:** die W. rühren *(eifrig werben)* ‖ **wer|be|wirk|sam** ‖ **Wer|be|wirk|sam|keit** ‖ **Wer|be|wirt|schaft** ‖ **Wer|bung** die, -/-en ‖ **Wer|bungs|kos|ten** die (Pl.): *bestimmte Steuerabsetzbeträge*
Werd: der, -[e]s/-e[r] (oft in Siedlungsnamen): → *Werder*
Wer|de|gang [geh.: 'veːə-]: *Entwicklung* ‖ **wer|den,** ich werde, du wirst/wurde (geh.: ward)/geworden (als Hilfsverb: worden): es wird Abend; es wird nichts aus deinem Vorhaben; es wird Zeit; er wird Vater; eine werdende Mutter; wird's bald? | sie w. bald kommen | sie ist gesehen worden | ich würde dir gerne helfen, aber ... | (ugs.) das wird schon wieder *(kommt wieder in Ordnung);* das wird nicht mehr | (geh.) *entstehen, geschaffen werden*
Wer|der der, -s/- (selten auch mit Art. das) (veraltend): *[Au]insel, [Fluss]insel*
Wer|fall (Gramm.): *Nominativ*
wer|fen, ich werfe, du wirfst/warf/geworfen/wirf!, werft!: den Ball w.; er wirft nur so um sich mit Geld *(gibt viel Geld aus);* ein neues Produkt auf den Markt w.; sich auf den Boden w. | lange Schatten w.; der Teppich wirft sich *(macht Falten)* | die Hündin wirft *(gebärt)* Junge; → Wurf | das Holz wirft *(verformt)* sich
Werft die, -/-en: *Anlage zum Bau und zum Ausbessern von Schiffen* ‖ **Werft|ar|bei|ter** ‖ **Werft|ar|bei|te|rin**
Werg das, -s: *Abfall von Flachs oder Hanf; Dichtungsmaterial*
Werk das, -[e]s/-e: zu Werke gehen; sich ans W. machen *(mit etwas beginnen)* | ein gutes W. tun | Grillparzers Werke *(Texte)* | *Kunstwerk* | das W. *(den Mechanismus)* der Uhr reparieren | *Fabrik;* das W. schließen | (früher) *Befestigungsanlage, Fort* ‖ **Werk|an|ge|hö|ri|ge** (bes. D): *Werksangehörige* ‖ **Werk|bank** die, -/-bänke ‖ **Wer|kel** das, -s/-: *Drehorgel* | (ugs.) das W. läuft *(die Maschine oÄ funktioniert)* ‖ **Wer|kel|frau:** *Drehorgelspielerin* ‖ **Wer|kel|mann:** *Alt-Wiener Type, Straßenmusikant mit Drehorgel* ‖ **wer|keln,** ich werkle (ugs.): *unentwegt einer [eintönigen] Arbeit nachgehen* ‖ **wer|ken:** *arbeiten; basteln; herumhantieren* ‖ **Werken** das, -s: Technisches, Textiles W. *(Unterrichtsgegenstände)* ‖ **Werk|er|zie|hung:** *ein Unterrichtsgegenstand* ‖ **Wer|ke|ver|zeich|nis** → Werkverzeichnis ‖ **Werk|fah|rer** (bes. D): *Werksfahrer* ‖ **Werk|fah|re|rin** (bes. D): *Werksfahrerin* ‖ **werk|ge|treu:** eine werkgetreue *(originalgetreue)* Aufführung ‖ **Werk|hal|le** (bes. D): *Werkshalle* ‖ **werk|im|ma|nent** (bes. Lit.): eine werkimmanente *(nur auf das Werk direkt bezogene)* Deutung ‖ **Werk|leh|rer** ‖ **Werk|leh|re|rin** ‖ **Werk|lei|tung** (bes. D): *Werksleitung* ‖ **Werk|lie|fe|rungs|ver|trag** ‖ **Werk|meis|ter:** *leitender Facharbeiter* ‖ **Werk|meis|te|rin** ‖ **Werk|nut|zungs|recht** (Jus) ‖ **Werks|an|ge|hö|ri|ge** ‖ **Werks|an|la|ge** ‖ **Werks|bahn** ‖ **Werks|bus** ‖ **Werk|schul|heim** (Bildw.): *eine Sonderform der AHS* ‖ **Werk|schutz:** *Sicherheitsorgane eines [Groß]betriebs* ‖ **werks|ei|gen** ‖ **werk|sei|tig** (bes. D): *werksseitig* ‖ **Werks|fah|rer** ‖ **Werks|fah|re|rin** ‖ **Werks|ge|län|de** ‖ **Werks|hal|le** ‖ **Werks|kü|che** ‖ **Werks|lei|tung** ‖ **Werk|spi|o|na|ge** [-aːʃ, -ʒɛ], *auch:* Werksspionage: *Ausspionieren von Betriebsgeheimnissen* ‖ **werks|sei|tig:** *von Seiten des Betriebs* ‖ **Werk|statt** die, -/-stätten = Werkstätte ‖ **Werk|statt|büh|ne:** *Probebühne* ‖ **Werk|stät|te** = → Werkstatt ‖ **Werk|stoff** ‖ **Werk|stoff|prü|fung** ‖ **Werk|stück:** *Arbeitsstück* ‖ **Werk|stu|dent** (veraltend): *Student, der sich die Mittel zum Studium durch Arbeit erwirbt* ‖ **Werk|stu|den|tin** (veraltend) ‖ **Werks|ver|kauf,** *auch:* Werkverkauf: *Verkauf ab Lager, Fabriksverkauf* ‖ **Werks|ver|kehr:** *Gütertransport mit werkseigenen Fahrzeugen* ‖ **Werks|wohnung** ‖ **Werk|tag:** *Wochentag (im Gegensatz zu Sonntag, Feiertag)* ‖ **werk|tags:** *an Werktagen* ‖ **werk|tä|tig:** *berufstätig* ‖ **Werk|tä|ti|ge**[1] der, -n/-n, ein Werktätiger ‖ **Werk|tä|ti|ge**[2] die, -n/-n ‖ **Werk|treue:** die W. *(Originaltreue)* dieser Aufführung ‖ **Werk|ver|kauf** → *Werksverkauf* ‖ **Werk|ver|trag** (Jus): *Vertrag über ein befristetes Arbeitsverhältnis* ‖ **Werk|ver|zeich|nis,** *auch:* Werkeverzeichnis: das W. Mozarts ‖ **Werk|zeug** ‖ **Werk|zeug|kas|ten** ‖ **Werk|zeug|ma|cher** ‖ **Werk|zeug|ma|che|rin** ‖ **Werk|zeug|ma|schi|ne**
Wer|mut der, -s/-e (?): *eine Heilpflanze | ein mit Kräutern versetzter Wein;* → Vermouth; → Absinth ‖ **Wer|muts|trop|fen:** *ein betrüblicher Umstand*
Wer|ner: *männl. Vorname*
Wer|re die, -/-n: *Maulwurfsgrille | Gerstenkorn*
Werst die, -/-en: *ein altes russi-*

W

sches Längenmaß, ungefähr 1 km) | (in Maßangaben mit Pl. Werst) 10 Werst

wert [geh. auch: -e:-]: das ist nicht der Mühe w. *(das lohnt sich nicht);* dieser Gegenstand ist 30 € w.; etwas für w. halten; *aber:* → werthalten | (veraltend) werter Herr! ‖ **Wert** der, -[e]s/-e: von geringem W. sein | künstlerischer, praktischer W.; bleibende Werte; auf etwas W. legen | *Zahl, die bei einer Untersuchung, Messung berechnet bzw. abgelesen wird* ‖ **Wert|an|ga|be** ‖ **Wert|ar|beit:** *Qualitätsarbeit* ‖ **Wertausgleich** ‖ **wert|be|stän|dig:** *seinen Wert behaltend* ‖ **Wert|be|stän|dig|keit** ‖ **Wer|te|ge|mein|schaft** ‖ **Wert|ein|heit** ‖ **wer|ten:** *[ein-]schätzen* ‖ **Wer|te|wan|del:** *Veränderung von Wertvorstellungen* ‖ **wert|frei:** etwas w. *(mit Verzicht auf eine Bewertung)* beschreiben ‖ **Wert|ge|gen|stand** ‖ **Wert|gren|ze** ‖ **wert|hal|ten:** ihr Andenken w. *(hoch schätzen)* ‖ **-wer|tig** (nur in Zusammensetzungen wie zweiwertig, neuwertig) ‖ **Wer|tig|keit** die, -/-en (Chem.): *Bindungsfähigkeit eines chemischen Elements* | (Gramm.) *Eigenschaft des Verbs, eine bestimmte Anzahl von Sinnergänzungen zu fordern, damit ein grammatisch richtiger Satz entsteht, Valenz* ‖ **Wert|kar|te:** *Kurzwort für Telefonwertkarte* ‖ **Wert|kar|ten|han|dy** [-ˌhɛndi] ‖ **Wert|kar|ten|te|le|fon** ‖ **wert|los** ‖ **Wert|lo|sig|keit** die, -/-en ‖ **wert|mä|ßig** ‖ **Wert|maß|stab:** Geld als W. zum Vergleich von Gütern ‖ **Wert|min|de|rung** ‖ **Wert|ord|nung:** *Wertsystem* ‖ **Wert|pa|pier:** *Aktie, Anleihe uÄ* ‖ **Wert|pa|pier|bör|se** (Wirt., Bankw.) ‖ **Wert|pa|pier|ge|schäft** (Bankw.) ‖ **Wert|sa|che** (meist Pl.): *Kunstwerke, Schmuck uÄ* ‖ **wert|schät|zen:** ihre Arbeit sehr w. ‖ **Wert|schät|zung:** *Hochachtung, Anerkennung* ‖ **Wert|schöp|fung** (Wirt.) ‖ **Wert|schöp|fungs|ab|ga|be** (Wirt.): *politischer Vorschlag zur Stützung von Klein- und Mittelbetrieben unter Berücksichtigung des Faktors Arbeit* ‖ **Wert|schöp|fungs|steu|er** (SüdT): *regionale Steuer auf den Ertrag von Gewerbebetrieben* ‖ **Wert|si|che|rung** (Jus): *Bindung einer vertraglich geschuldeten Leistung an einen veränderlichen Index* (meist: *Verbraucherpreisindex*) ‖ **Wert|si|che|rungs|klau|sel** ‖ **Wert|ska|la:** *Wertordnung* ‖ **Wert|stei|ge|rung** ‖ **Wert|stel|lung** (Bankw.): *Valuta* ‖ **Wert|sys|tem** [-zy-]: *Wertordnung* ‖ **Wer|tung** die, -/-en: keine W. abgeben ‖ **Wert|ur|teil:** ein W. *(eine Bewertung)* abgeben ‖ **wert|voll** ‖ **Wert|vor|stel|lung** (meist Pl.): *Meinung darüber, was [für den Betreffenden] als mehr oder weniger wertvoll und erstrebenswert gilt* ‖ **Wert|zei|chen:** *Briefmarke oÄ* ‖ **Wert|zu|stän|dig|keit** (Jus): *Zuständigkeit eines Gerichts nach dem Geldwert der Streitsache* ‖ **Wert|zu|wachs** [-ks]

Wer|wolf: *Wolfsmensch (in der Sage)*

wes (veraltet bzw. geh.): *wessen;* man sieht, wes Geistes Kind er ist

We|sen das, -s/-: *Geschöpf, Lebewesen* | (ohne Pl.) das W. *(die Eigenart)* eines Menschen; sie hat ein angenehmes W. | das W. *(Wesentliche)* der Sache | (geh.) nicht viel Wesens *(Aufhebens, Umstände)* von/um etwas machen ‖ **we|sen|haft** (geh.): *das Wesen[tliche] ausmachend* ‖ **we|sen|los** (geh.): ein wesenloser *(körperlos wirkender)* Klang ‖ **We|sens|art:** *Charakter, Eigentümlichkeit* ‖ **we|sens|ei|gen** ‖ **we|sens|fremd** ‖ **we|sens|gleich** ‖ **we|sens|not|wen|dig** ‖ **We|sens|zug:** *Charakterzug* ‖ **we|sent|lich:** wesentliche Eigenschaften | (Großschreibung) das ist im **W**esentlichen richtig; das **W**esentliche *(das Wichtige)* vom Unwesentlichen unterscheiden

Wes|fall (Gramm.): *Genitiv*

wes|halb: *warum*

We|sir der, -s/-e ⟨arab.-türk.⟩ (veraltet): *Minister in islamischen Staaten*

Wes|pe die, -/-n: *ein Insekt* ‖ **Wes|pen|bus|sard:** *ein Greifvogel* ‖ **Wes|pen|nest:** ein W. ausräuchern; in ein W. stechen *(eine brisante Angelegenheit aufwerfen)* ‖ **Wes|pen|stich** ‖ **Wes|pen|tail|le** [-ljɛ] (scherzh.): *sehr schmale [geschnürte] Taille*

wes|sent|we|gen (veraltet bzw. geh.): *warum* ‖ **wes|sent|wil|len** (veraltet bzw. geh.): um w. *(wem zuliebe)* machst du das?

Wes|si[1] der, -s/-s (bes. D): *[scherzhafte] Bezeichnung für einen Westdeutschen (aus der früheren BRD);* → Ossi ‖ **Wes|si**[2] die, -/-s (bes. D)

West[1] (Zeichen: W): *Westen;* in Ost und W.; Graz-West (= Graz West) ‖ **West**[2] der, -[e]s (geh.): *Westwind;* ein milder W. ‖ **West|al|pen** die (Pl.): *westlicher Teil der Alpen* ‖ **West|au|to|bahn** (A 1) ‖ **West|bahn** (Verk.) *Westbahnstrecke der Eisenbahn (Wien – Salzburg – Bregenz)* | *ein Eisenbahnunternehmen* ‖ **West|bahn|hof:** *ein Bahnhof in Wien* ‖ **West|bahn|stre|cke** ‖ **West|bank** [w-bæŋk] die, - ⟨engl.⟩: → *Westjordanland* ‖ **west|deutsch** ‖ **West|deutsch|land** (früher): *die BRD im Gegensatz zur DDR* ‖ **West|deut|sche** (früher)

Wes|te die, -/-n: *ein Kleidungsstück;* eine weiße/saubere W. *(sich nichts vorzuwerfen)* haben

Wes|ten der, -s (Zeichen: W): *eine Himmelsrichtung;* die Sonne steht im W.; → West | der Wilde W. *(frühere Bezeichnung für Gebiete im Westen Nordamerikas);* → *Wildwest* | (Pol., Wirt.) *die marktwirtschaftlich orientierten Staaten Europas und Nordamerikas* | (Pol.) (früher) *Bezeichnung für die dem ehemaligen Ostblock gegenüberstehenden Staaten*

Wes|ten|ta|sche: etwas [so genau] kennen wie seine [eigene] W. *(sehr gut kennen)* ‖ **Wes|ten|ta|schen|for|mat:** *ein Kleinformat*

Wes|tern der, -[s]/- ⟨engl.⟩: *[Abenteuer]film, der im Wilden Westen spielt* ‖ **West|eu|ro|pa** ‖ **west|eu|ro|pä|isch:** die westeuropäische Zeit (WEZ); *aber:* die **W**esteuropäische Union (WEU) ‖ **West|fa|len** → Nordrhein-Westfalen ‖ **west|fä|lisch** ‖ **West|in|di|en:** *die Inselgruppen der Karibik* ‖ **West|jor|dan|land:** *Palästinensergebiet nordwestlich vom Toten Meer* ‖ **West|küs|te** ‖ **west|lich:** w. des Flusses (w. vom Fluss); w. [von] der Stadt ‖ **West|mäch|te** die (Pl.) (Pol.) (veraltend): *Großbritannien, Frankreich und die USA* ‖ **West|nord|west** = **West|nord|wes|ten** (WNW) ‖ **West|ös|ter|reich** ‖ **west|ös|ter|rei|chisch** ‖ **west|öst|lich:** *in westöstlicher Richtung* ‖ **West|rand** ‖ **West|sei|te** ‖ **west|sei|tig** ‖ **West|stei|er|mark:** *Landesteil der Steiermark* ‖ **West|süd|west** = **West|süd|wes|ten** (WSW) ‖ **West|teil** ‖ **west|wärts** ‖ **West|wind**

wes|we|gen: *weshalb*

W

Wẹtt|an|nah|me ‖ **Wẹtt|be|werb:** den W. gewinnen | (Jus) unlauterer W. | (SüdT) *öffentliche [Stellen]ausschreibung und -bewerbung* ‖ **Wẹtt|be|werbs|druck** der, -[e]s ‖ **wẹtt|be|werbs|fä|hig** ‖ **Wẹtt|be|werbs|fä|hig|keit** ‖ **Wẹtt|be|werbs|teil|neh|mer** ‖ **Wẹtt|be|werbs|teil|neh|me|rin** ‖ **Wẹtt|be|werbs|ver|zer|rung** ‖ **wẹtt|be|werbs|wid|rig:** *die Wettbewerbsregeln missachtend* ‖ **Wẹtt|bü|ro** ‖ **Wẹtt|ca|fé** [-k-] ‖ **Wẹt|te** die, -/-n: eine W. eingehen; um die W. laufen ‖ **Wẹtt|ei|fer** ‖ **wẹtt|ei|fern,** ich wetteifere: er hat mit ihr gewetteifert ‖ **Wẹtt|ein|satz** ‖ **wẹt|ten:** *eine Wette abschließen, dafür einsetzen;* ich möchte w., dass ...

Wẹt|ter das, -s/-: ein schweres W. *(Gewitter)* zieht auf; Schönwetter | (Bergmannsspr.) schlagende W. *([Gas]explosionen im Kohlenbergwerk)* | (ohne Pl.) *Wetterverhältnisse, Witterung;* das W. voraussagen ‖ **Wẹt|ter|an|sa|ge** ‖ **Wẹt|ter|aus|sicht** (meist Pl.) ‖ **Wẹt|ter|bal|lon** ‖ **Wẹt|ter|be|richt:** auf den W. hören ‖ **Wẹt|ter|be|ru|hi|gung** ‖ **Wẹt|ter|bes|se|rung** ‖ **wẹt|ter|be|stän|dig** ‖ **wẹt|ter|be|stim|mend** ‖ **Wẹt|ter|dienst:** *Einrichtung zur Wetterbeobachtung und Erstellung regelmäßiger Vorhersagen* ‖ **Wẹt|ter|dis|tel** ‖ **wẹt|ter|emp|find|lich** ‖ **Wẹt|ter|fah|ne:** auf der Turmspitze dreht sich die W. *(Windfahne)* ‖ **wẹt|ter|fest:** wetterfeste Kleidung ‖ **Wẹt|ter|fleck** der, -[e]s/-e: *ein Kleidungsstück [aus Loden], Regenschutz* ‖ **Wẹt|ter|frosch** (scherzh.): *Meteorologe* ‖ **wẹt|ter|füh|lig:** *empfindlich für Wetterveränderungen* ‖ **Wẹt|ter|füh|lig|keit** die, -: *subjektive körperliche Empfindsamkeit bei Wetterwechsel* ‖ **Wẹt|ter|ge|sche|hen** ‖ **Wẹt|ter|gott:** der W. in der Mythologie | (scherzh.) wenn der W. mitspielt *(bei gutem Wetter)* ‖ **Wẹt|ter|hahn:** *eine Wetterfahne* ‖ **Wẹt|ter|he|xe** (ugs.): *Regenschutz [für den Kopf] | Schimpfwort für eine [alte] Frau* ‖ **Wẹt|ter|hüt|te:** *geschützter Aufstellungsort für meteorologische Messinstrumente* ‖ **Wẹt|ter|kar|te:** *Darstellung der wichtigsten zum selben Zeitpunkt beobachteten Wetterelemente* ‖ **Wẹt|ter|kra|gen** (veraltet): *ein [Loden]umhang* ‖ **Wẹt|ter|kun|de** die, -: *Meteorologie* ‖ **Wẹt|ter|la|ge:** *Wetterverhältnisse* ‖ **Wẹt|ter|läu|ten** das, -s (bes. Volksk.): *Glockenläuten gegen Unwetter* ‖ **wẹt|ter|leuch|ten,** es wetterleuchtet, hat stark gewetterleuchtet (*auch:* wettergeleuchtet) ‖ **Wẹt|ter|leuch|ten** das, -s: *fernes Blitzen* ‖ **Wẹt|ter|man|tel:** *ein wetterfester Mantel* ‖ **wẹt|tern:** es wettert *(ein Gewitter geht nieder)* | er wettert *(schimpft heftig)* dagegen ‖ **Wẹt|ter|pro|gno|se:** *Wettervorhersage* ‖ **Wẹt|ter|re|dak|ti|on** [-tsi̯-]: die W. des ORF ‖ **Wẹt|ter|sa|tel|lit** ‖ **Wẹt|ter|schei|de:** *Gebirge oder Gewässer, die verschiedene Wetterzonen trennen* ‖ **Wẹt|ter|schutz** ‖ **Wẹt|ter|schutz|mit|tel** ‖ **Wẹt|ter|se|gen** (Rel.): *eine kirchliche Andacht* ‖ **Wẹt|ter|sei|te:** *dem vorherrschenden Wind ausgesetzte Seite eines Gebäudes* ‖ **Wẹt|ter|sta|ti|on** [-tsi̯-]: *meteorologische Wetterwarte* ‖ **Wẹt|ter|stein** der, -[e]s: *eine Gebirgsgruppe in Tirol und Deutschland* ‖ **Wẹt|ter|sturz:** *eine plötzliche Wetterverschlechterung* ‖ **Wẹt|ter|um|schlag** ‖ **Wẹt|ter|um|schwung** ‖ **Wẹt|ter|ver|hält|nis|se** die (Pl.) ‖ **Wẹt|ter|ver|schlech|te|rung** ‖ **Wẹt|ter|vor|aus|sa|ge** ‖ **Wẹt|ter|vor|her|sa|ge** ‖ **Wẹt|ter|war|nung** ‖ **Wẹt|ter|wart** ‖ **Wẹt|ter|war|te** ‖ **Wẹt|ter|war|tin** ‖ **Wẹt|ter|wech|sel** [-ks-] ‖ **wẹt|ter|wen|disch:** *launenhaft*

Wẹt|tex das, -/- (Wz.): *ein Schwammtuch [für die Küche]*

Wẹtt|fahrt: *Bootswettfahrt*

Wẹt|ti: *weibl. Vorname (Barbara)*

Wẹtt|kampf ‖ **Wẹtt|kämp|fer** ‖ **Wẹtt|kämp|fe|rin** ‖ **Wẹtt|lauf** ‖ **wẹtt|lau|fen:** *um die Wette laufen, wettrennen; aber:* das Wettlaufen ‖ **Wẹtt|läu|fer** ‖ **Wẹtt|läu|fe|rin** ‖ **Wẹtt|lo|kal** ‖ **wẹtt|ma|chen:** das macht den Verlust wieder wett; ein Fehler wurde wettgemacht *(ausgeglichen, gutgemacht)* ‖ **wẹtt|ren|nen:** *wettlaufen* ‖ **Wẹtt|rüs|ten** das, -s (Pol., Mil.) ‖ **Wẹtt|spiel** ‖ **Wẹtt|streit**

Wẹt|zels|dorf: *15. Bezirk von Graz*

wẹt|zen, du wetzt ‖ **Wẹtz|stein:** *ein Schleifstein*

WEU [ve e ˈuː] die, -: **W**esteuropäische **U**nion

WEZ: **w**est**e**uropäische **Z**eit

Wh: Wattstunde

Whirl|pool [ˈwɜːlpuːl] ⟨engl.⟩ (Wz.): *Badebecken mit Wasserwirbel;* → Jacuzzi

Whis|key [ˈwɪski, vi-] = **Whis|ky** [-ki] der, -s/-s ⟨kelt.-engl.⟩: *ein Edelbrand aus Getreide*

White|board [ˈwaɪtbɔːd] ⟨engl.⟩ (wörtl.: weiße Tafel): *ein interaktives [Präsentations]gerät*

WHO [ve ha ˈoː] die, -: **W**orld **H**ealth **O**rganization *(Weltgesundheitsorganisation der Vereinten Nationen)*

Who's who [huːz ˈhuː] das, - -[s] ⟨engl.⟩ (wörtl.: Wer ist wer): *Lexikon prominenter Persönlichkeiten*

wịch → weichen

Wịchs[1] [-ks] die, -/-en (*in D auch:* der, -es/-e): *Festkleidung von Studenten, die einer Korporation angehören* | (ugs., scherzh.) in voller W. *(sorgfältig und festlich gekleidet)*

Wịchs[2] [-ks] → *Wichse* ‖ **Wịch|se** die, -/-n, *auch:* Wichs[2], -/-en: *eine Paste zum Putzen von Schuhen ua.* | (ugs., veraltend) Wichse[n] *(Schläge)* bekommen ‖ **wịch|sen,** du wichst: Schuhe w. *(sie mit Wichse polieren)* | (ugs.) *schlagen* | (ugs., derb) *onanieren* ‖ **Wịchs|lein|wand** [-ks-]: *mit einer wachsartigen, wasserdichten Schichte überzogenes Gewebe, Wachstuch*

Wịcht der, -[e]s/-e: *Zwerg; kleiner Kerl;* ein armer W. | (geh., abw.) *Bösewicht* ‖ **Wịch|tel|männ|chen:** *Heinzelmännchen*

wịch|tig:

ihr Hinweis war sehr wichtig; halb so wichtig!

Großschreibung bei Nominalisierung:
- das **W**ichtigste ist jetzt, dass ...
- etwas **W**ichtiges zu tun haben
- das **W**ichtigste nicht vergessen

R→ S. 892, 2.2

Getrenntschreibung in Verbindung mit „sein" und bei wörtlicher Bedeutung:
- wichtig sein; alles, was wichtig ist
- etwas für wichtig halten
- etwas/sich wichtig nehmen

R→ S. 901, 1.8

Zusammenschreibung bei übertragener Bedeutung:
- sich wichtigmachen *(sich in Szene setzen)*
- wichtigtun; wichtigtuend; wichtigtuerisch

R→ S. 900, 1.5.1

Wichtigkeit die, - ‖ **wichtigmachen** sich ‖ **Wichtigmacher** (abw.): *Wichtigtuer;* → Gschaftlhuber ‖ **Wichtigmacherei** die, - ‖ **Wichtigmacherin** (abw.) ‖ **wichtigtuend:** wichtigtuende Personen ‖ **Wichtigtuer** der, -s/- (abw.) ‖ **Wichtigtuerei** die, - (abw.) ‖ **Wichtigtuerin** die, -/-innen (abw.) ‖ **wichtigtuerisch** (abw.) ‖ **wichtigtun:** *sich aufspielen, sich in Szene setzen*

Wicke die, -/-n: *eine Pflanzengattung*

Wickel der, -s/-: dem Fiebernden einen W. geben *(ihn in feuchte Tücher hüllen)* | (ugs.) einen W. *(Schwierigkeiten)* haben ‖ **Wickelgamasche** (früher): *Wadenbekleidung aus Stoff zu knielanger Hose* ‖ **Wickelkind** ‖ **wickeln,** ich wickle: einen Faden auf die Spule w.; jemanden um den Finger w. *(charmant beeinflussen)* | er wickelt das Baby; → schief gewickelt = schiefgewickelt ‖ **Wickelpolster** ‖ **Wickelraum** ‖ **Wickelrock:** *um die Hüften gewickelter [Damen]rock* ‖ **Wickeltisch** ‖ **Wickelung** → Wicklung

Wickerl[1] → Vickerl

Wickerl[2] das, -s/-[n] (W, mda.): *Wuckerl*

Wickler der, -s/- (Zool.): *eine Art der Schmetterlinge* | *Lockenwickler* ‖ **Wicklung** die, -/-en, *auch:* Wickelung: *das Wickeln* | *etwas Gewickeltes*

Widder der, -s/-: *männliches Schaf, Schafbock* | *ein Tierkreiszeichen* ‖ **Widderchen** das, -s/- (Zool.): *ein Schmetterling*

Widem → Widum

wider (Präp. mit Akk.) (oft geh.): *gegen;* w. Willen *(unfreiwillig);* das geht mir w. den Strich; *aber:* das Für und **W**ider bedenken; *aber:* → wieder

widerborstig: *widerspenstig*

widereinander (geh.): *gegeneinander;* w. arbeiten; w. kämpfen ‖ **widereinanderstoßen** (geh.): *ineinanderstoßen, gegeneinanderstoßen*

widerfahren (geh.): ihm ist Böses w. *(zugestoßen)*

Widerhaken: *ein Haken mit zurückgebogener Spitze*

Widerhall der, -[e]s/-e: *Echo;* W. *(Zustimmung)* finden ‖ **widerhallen** [auch: -'a-]: die Straße hat von seinen Schritten widergehallt (= widerhallt)

Widerhalt der, -[e]s: *Widerstand*

Widerklage (Jus): *Gegenklage des Beklagten* ‖ **Widerkläger** (Jus) ‖ **Widerklägerin** (Jus)

Widerlager: *Stützteil [in Bauwerken]*

widerlegbar ‖ **widerlegen:** sie widerlegt eine Behauptung *(beweist ihre Unrichtigkeit)* ‖ **Widerlegung** die, -/-en

widerlich (abw.): ein widerlicher *(äußerst unangenehmer, ekelhafter)* Geschmack ‖ **Widerlichkeit** die, -/-en (abw.) ‖ **Widerling** der, -s/-e (ugs., abw.): *widerlicher Mensch*

widernatürlich: *gegen die Natur*

Widerpart der, -[e]s/-e (geh.): *Gegner [im Spiel];* jemandem W. bieten *(sich jemandem entgegenstellen)*

widerraten, er widerriet, hat widerraten (geh.): einem Vorschlag w. *(davon abraten)*

widerrechtlich: *zu Unrecht; ungesetzlich* ‖ **Widerrechtlichkeit**

Widerrede: ohne W. gehorchen; keine W.!

Widerrist: *höchster Teil des Rückens [beim Pferd]*

Widerruf: „Bis auf W. *(bis zur Rücknahme der Erlaubnis)* gestatteter Durchgang" ‖ **widerrufen:** ein Geständnis w. *(es zurücknehmen);* sie widerrief, hat w. ‖ **widerruflich** → G.: unwiderruflich

Widersacher der, -s/- (geh.): *Gegner* | *der Teufel* ‖ **Widersacherin** die, -/-innen (geh.)

widersagen (geh.): ich widersage dem Bösen *(ich sage mich davon los)*

widerschallen (geh.): *widerhallen*

Widerschein: ein W. *(Abglanz)* der Sonne

widersetzen sich: *Widerstand leisten;* ich habe mich widersetzt ‖ **widersetzlich** [auch: -'zɛ-] ‖ **Widersetzlichkeit** die, -/-en

Widersinn ‖ **widersinnig:** *unsinnig* ‖ **Widersinnigkeit** die, -/-en

widerspenstig: *widerstrebend, widerborstig* ‖ **Widerspenstigkeit** die, -

widerspiegeln: die Umrisse haben sich im Wasser widergespiegelt | ihre Verfassung spiegelt die schlechte Versorgung wider

Widerspiel das, -[e]s (geh.): *das Gegeneinanderwirken*

widersprechen: *dagegenreden;* sie hat ihm widersprochen ‖ **Widerspruch** der, -s: W. erheben *(widersprechen);* keinen W. dulden | (mit Pl. -sprüche) sie verwickelten sich in Widersprüche *(widersprechen sich);* ein W. in sich ‖ **widersprüchlich:** ein widersprüchlicher *(in sich widerspruchsvoller)* Bericht ‖ **Widerspruchsgeist** ‖ **widerspruchslos** ‖ **widerspruchsvoll**

Widerstand: W. leisten *(sich wehren);* auf W. stoßen; passiver W. *(ohne Gewaltanwendung)* | (Jus) W. gegen die Staatsgewalt *(das Sichwehren gegen die Festnahme durch die Polizei)* | *Kurzwort für Widerstandsbewegung* | (ohne Pl.) (Elektrot.) elektrischer W. ‖ **Widerstandsbewegung:** die österreichische W. (1938 bis 1945) ‖ **widerstandsfähig** ‖ **Widerstandsfähigkeit** ‖ **Widerstandskämpfer** ‖ **Widerstandskämpferin** ‖ **Widerstandskraft** ‖ **Widerstandslinie** [-iɛ] ‖ **widerstandslos:** sie ließen sich w. festnehmen ‖ **Widerstandsrecht** ‖ **widerstehen:** sie hat der Verlockung widerstanden *(ist standhaft geblieben)* | es widersteht mir *(ekelt mich)*

widerstreben: es widerstrebt mir zu lügen ‖ **widerstrebend** [auch: 'viː-]: nur w. *(ungern; zögernd, widerwillig)* gehorchen

Widerstreit der, -[e]s (geh.): im W. der Meinungen ‖ **widerstreiten** (geh.): widerstreitende *(gegensätzliche)* Interessen

widerwärtig: ein widerwärtiger *(Ekel erregender)* Geruch ‖ **Widerwärtigkeit** die, -/-en ‖ **Widerwille** = **Widerwillen:** großen Widerwillen *(starke Abneigung)* gegen etwas haben ‖ **widerwillig:** *ungern, widerstrebend* ‖ **Widerwilligkeit** die, -

Widescreen ['waɪdskriːn] ⟨engl.⟩: *breiter Bildschirm*

Widget ['wɪdʒ-] das, -s/-s ⟨engl.⟩ (EDV): *ein kleines Computerprogramm als Teil einer grafischen Benutzeroberfläche*

widmen: jemandem ein Buch w. *(zueignen, verehren);* einen Betrag für einen wohltätigen Zweck w. *(spenden, stiften)* | sich den Kindern w. *(sich mit ihnen beschäftigen)* | das Grundstück als Bauland w. ‖ **Widmung** die, -/-en: eine W. ins Buch schreiben | *Festlegung für einen bestimm-*

W

ten Zweck ‖ **wid|mungs|ge|mäß** ‖ **Wid|mungs|plan:** *Flächenwidmungsplan* ‖ **Wid|mungs|trä|ger** ‖ **Wid|mungs|trä|ge|rin** ‖ **wid|mungs|wid|rig**

wid|rig (geh.): ein widriger *(unangenehmer)* Geschmack | widrige *(behindernde, hemmende)* Umstände ‖ **wid|ri|gen|falls** (Amtsspr.): das Bußgeld zahlen, w. *(sonst)* wird Anzeige erstattet ‖ **Wid|rig|keit** die, -/-en (meist Pl.): mit Widrigkeiten zu kämpfen haben

Wi|dum der (auch: das), -s/-e = Widem (westöst., K) (veraltend): *Pfarrhof, Pfarrgut*

wie: wie lang[e]; wie wenig; wie oben (w. o.); wie fühlst du dich?; wie oft; wie sehr hast du dich verändert!; wie viel hast du dafür bezahlt?; wie viel ist 3 mal 2?; wie viel er auch redete, es wurde ihm nicht geglaubt; wie viele Kinder waren hier?; *aber:* → wievielte, → wievielmal; wir wissen, wie vielerlei *(wie viele verschiedenartige)* Aufgaben vor uns liegen; wie weit ist es noch bis ...?; *aber:* → wieweit *(inwieweit)* er Recht hat, weiß ich nicht | Eltern wie *(sowie, und)* Kinder | Obst wie Birne[n], Zwetschke[n], Pfirsich[e]; wie [auch] immer *(auf jede mögliche Weise, in jedem Fall)* | wie wenn *(als ob, als wenn)*; →als | ich kann gar nicht sagen, wie wohl mir zu Mute ist; *aber:* wiewohl *(obwohl)* ich dir das erklärt habe, machst du es falsch | sie ist so groß wie du; so bald wie (= als) möglich; *aber:* er ist größer als (ugs. auch: wie) du; → als | (ugs.) wie sie uns gesehen hat *(sobald sie uns sah)*, ...

Wie|de|hopf der, -[e]s/-e: *ein Vogel*

Wie|den die, -: *4. Bezirk Wiens;* auf der W.

wie|der:

nochmals, erneut; immer wieder; hin und wieder *(hie und da, manchmal)*; für nichts und wieder nichts *(vergeblich, umsonst)* | da hast du auch wieder recht (= Recht); aber: → wider

Getrenntschreibung als selbständiges Adverb (mit der Bedeutung „nochmals", „erneut"), zB:
- etwas wieder aufheben
- das Match wieder anpfeifen
- wieder tun

Zusammenschreibung, wenn „wieder" betont ist und „zurück" bedeutet, zB:
- wiederbekommen *(zurückbekommen); aber getrennt:* wieder *(erneut)* bekommen
- wiederbringen *(zurückbringen)*
- wiedererhalten
- wiederkehren (zurückkommen)
- nach einigen Minuten ist er wiedergekommen *(zurückgekommen); aber getrennt:* er ist schon wieder *(erneut)* gekommen

Zusammenschreibung, wenn „wieder" die Wiederherstellung eines früheren Zustands ausdrückt, zB:
- Brennelemente wiederaufbereiten
- den Bewusstlosen wiederbeleben
- Altpapier wiederverwerten

Getrennt- und Zusammenschreibung, zB:
- wieder aufnehmen = wiederaufnehmen
- wieder eröffnen = wiedereröffnen

R→ S. 899, 1.3

Wie|der|auf|bau [auch: -'auf-] der, -[e]s ‖ **wie|der|auf|bau|en:** die Kirche im alten Stil w.; *aber:* den abgebrannten Stall wieder aufbauen

wie|der|auf|be|rei|ten: Brennstäbe w. ‖ **Wie|der|auf|be|rei|tung:** *Bearbeitung [verbrauchter Kernbrennstäbe] zum Zweck des Wiederverwendens;* ‖ **Wie|der|auf|be|rei|tungs|an|la|ge**

wie|der auf|füh|ren = **wie|der|auf|füh|ren** ‖ **Wie|der|auf|füh|rung**

wie|der|auf|lad|bar: wiederaufladbare Batterien

Wie|der|auf|nah|me (Jus): die W. eines rechtskräftig abgeschlossenen Strafprozesses ‖ **wie|der auf|neh|men** = **wie|der|auf|neh|men**

Wie|der|auf|rüs|tung

wie|der|auf|tau|chen: Verlorenes ist wiederaufgetaucht; *aber:* Luft holend wieder auftauchen

wie|der|be|geg|nen: einer Idee in einem Buch w.; *aber:* ich bin ihr schon wieder begegnet

Wie|der|be|ginn: W. ist nach der Sommerpause

wie|der|be|kom|men: sein Eigentum w. *(es zurückbekommen); aber:* das gleiche Geschenk wieder *(noch einmal)* bekommen

wie|der|be|le|ben: die Verunglückte w.; *aber:* die Wirtschaft wieder beleben ‖ **Wie|der|be|le|bung** die, - ‖ **Wie|der|be|le|bungs|ver|such:** an einem Verunglückten Wiederbelebungsversuche machen

wie|der|be|schaf|fen: etwas Gestohlenes w.; *aber:* Nachschub wieder beschaffen *(erneut)* ‖ **Wie|der|be|schaf|fung**

wie|der|be|tä|ti|gen (Jus, Pol.) ‖ **Wie|der|be|tä|ti|ger** der, -s/- (Jus, Pol.) ‖ **Wie|der|be|tä|ti|ge|rin** die, -/-innen (Jus, Pol.) ‖ **Wie|der|be|tä|ti|gung** (Jus, Pol.): nationalsozialistische W. *(eine strafbare Handlung [nach dem Verbotsgesetz])* ‖ **Wie|der|be|tä|ti|gungs|ge|setz:** *Verbotsgesetz*

wie|der|brin|gen: einen Gegenstand w. *(zurückbringen); aber:* etwas wieder *(nochmals)* bringen

wie|der ein|füh|ren = **wie|der|ein|füh|ren**

wie|der ein|glie|dern = **wie|der|ein|glie|dern** ‖ **Wie|der|ein|glie|de|rung** [auch: -'aın-]

wie|der ein|set|zen = **wie|der|ein|set|zen** ‖ **Wie|der|ein|set|zung** die, -/-en: die W. in ein Amt | (Jus) *die Zurückversetzung eines Prozesses in ein früheres Verfahrensstadium*

Wie|der|ein|stei|ger der, -s/-: *jemand, der nach einer Pause seinen Beruf, eine Tätigkeit oÄ wieder aufnimmt* ‖ **Wie|der|ein|stei|ge|rin** die, -/-innen

wie|der ein|stel|len = **wie|der|ein|stel|len** ‖ **Wie|der|ein|stel|lung:** die W. von Angestellten

Wie|der|ein|stieg: der W. ins Berufsleben

Wie|der|ein|tritt

wie|der|ent|de|cken

wie|der|er|hal|ten: alte Rechte w. *(zurückerhalten)*

wie|der|er|ken|nen

wie|der|er|lan|gen: seine Gesundheit w.

wie|der|er|o|bern: *zurückerobern; aber:* eine Stadt wieder *(nochmals)* erobern

wie|der er|öff|nen = **wie|der|er|öff|nen:** ein Geschäft nach der Renovierung w. e.

wie|der er|star|ken = **wie|der|er|star|ken**

wie|der|er|stat|ten: ihm den Betrag w. *(zurückgeben, ersetzen); aber:* den Betrag wieder *(nochmals)* erstatten *(geben)*

wie|der|er|we|cken ‖ **Wie|der-**

W

er|we|ckung: die W. von klinisch Toten

wie|der|fin|den: er hat das Verlorene wiedergefunden *(gefunden)*

wie|der|for|dern: *zurückfordern; aber:* etwas wieder *(nochmals)* fordern

Wie|der|ga|be: die W. eines Konzerts auf CD ‖ **wie|der|ge|ben:** ein Gedicht gut w. *(vortragen)* | ihm das Buch w. *(zurückgeben); aber:* das Buch wieder *(erneut)* geben

wie|der|ge|bo|ren ‖ **Wie|der|ge|burt**

wie|der|ge|win|nen: *zurückgewinnen; aber:* wieder *(nochmals)* gewinnen ‖ **Wie|der|ge|win|nung**

wie|der|gut|ma|chen: den Schaden w. *(beheben)* ‖ **Wie|der|gut|ma|chung** die, -/-en

wie|der|ha|ben: ich möchte die CD bald w. *(zurückhaben); aber:* ich möchte die CD morgen wieder haben *(nochmals haben)*

wie|der|her|stel|len: der Verletzte war bald wiederhergestellt; *aber:* nach langer Pause diese Waren wieder herstellen *(produzieren)* ‖ **Wie|der|her|stel|lung** [auch: 'vi:-]: *Erneuerung, Genesung, Reparatur;* die W. einer Datei

wie|der|hol|bar ‖ **wie|der|ho|len**[1]: eine Frage oft w. *(sie immer wieder stellen)* ‖ **wie|der|ho|len**[2]: sich etwas w. *(zurückholen); aber:* etwas wieder *(nochmals)* holen ‖ **wie|der|holt:** *mehrmals* ‖ **Wie|der|ho|lung** die, -/-en: die W. der Vorstellung ‖ **Wie|der|ho|lungs|fall** ‖ **Wie|der|ho|lungs|ge|fahr** ‖ **Wie|der|ho|lungs|prü|fung:** *Prüfung [in der Sekundarstufe] über den Stoff eines im Jahreszeugnis mit Nicht genügend beurteilten Unterrichtsgegenstandes* ‖ **Wie|der|ho|lungs|tä|ter** (Jus) ‖ **Wie|der|ho|lungs|tä|te|rin** (Jus) ‖ **Wie|der|ho|lungs|zei|chen** (𝄇) (Mus.)

Wie|der|hö|ren: beim Telefonieren oder im Rundfunk auf (= Auf) W. sagen

Wie|der|in|be|sitz|nah|me: die W. einer vermieteten Wohnung

Wie|der|in|stand|set|zung [auch: 'vi:-]

wie|der|käu|en: *schon geschluckte Nahrung nochmals kauen* | (abw.) alte Phrasen w. ‖ **Wie|der|käu|er** der, -s/- (meist Pl.) (Zool.): *eine Unterordnung der Paarhufer, zB Rind, Schaf*

Wie|der|kauf ‖ **Wie|der|kaufs|recht:** *das Recht, eine verkaufte Sache zurückkaufen zu können*

Wie|der|kehr die, - ‖ **wie|der|keh|ren:** *zurückkommen* ‖ **wie|der|keh|rend:** *wiederholt auftretend*

wie|der|kom|men: *zurückkommen; aber:* schon wieder kommen

wie|der|krie|gen: *zurückkriegen;* das Entliehene w.

Wie|der|kunft die, - (geh.): *Wiederkehr*

Wie|der|schau|en: jemandem auf (= Auf) W. *(Wiedersehen)* sagen

wie|der|se|hen: wir werden uns bald w.; *aber:* nach einer Augenoperation wieder sehen können ‖ **Wie|der|se|hen** das, -s/-: es gab kein W.; jemandem auf (= Auf) W. sagen ‖ **Wie|der|se|hens|freu|de:** die W. war groß

Wie|der|täu|fer der, -s/- (Rel.): *Angehöriger einer evangelischen Bewegung im 16. Jh.*

wie|de|rum: *andererseits, dagegen; wieder*

wie|der|ver|ei|ni|gen: ein Land w. ‖ **Wie|der|ver|ei|ni|gung**

wie|der ver|hei|ra|ten = **wie|der|ver|hei|ra|ten** ‖ **Wie|der|ver|hei|ra|tung**

Wie|der|ver|käu|fer: *Einzelhändler*

wie|der|ver|laut|ba|ren (Amtsspr.) ‖ **Wie|der|ver|laut|ba|rung** (Amtsspr.): *Bekanntmachung eines Gesetzes in aktualisierter Form*

Wie|der|ver|stei|ge|rung

wie|der|ver|wen|den: Altstoffe w.; *aber:* das Sackerl wieder verwenden ‖ **Wie|der|ver|wen|dung:** die W. von Leergut

wie|der|ver|wer|ten: recyclen

Wie|der|wahl ‖ **wie|der|wäh|len:** den Bundespräsidenten w. *(im Amt bestätigen); aber:* wieder wählen gehen

Wie|ge die, -/-n: von der W. bis zur Bahre *(zeitlebens)* ‖ **Wie|ge|mes|ser:** *ein Küchenmesser mit einer bogenförmigen Schneide* ‖ **wie|gen**[1]: sie wiegte das Kind *(schaukelte es sanft);* sich [in den Hüften] w.

wie|gen[2],

wog/gewogen: *Gewicht haben;* sie wiegt 60 kg | ihr Wort wiegt viel bei uns (ist uns wichtig) | *abwiegen, das Gewicht feststellen;* → wägen

Nicht verwechseln!

Die Wörter „wiegen" und „wägen" werden wegen zum Teil gleich lautender Formen oft verwechselt. Die Hauptverwendungen sind:

wiegen – wog – gewogen: *das Gewicht auf der Waage feststellen;* sie wog den Sack Äpfel; dieses Argument hat am schwersten gewogen

wiegen – wiegte – gewiegt: *in eine Schaukelbewegung bringen;* sie wiegte das Kind in der Wiege

wägen – wog – gewogen: *genau prüfen und überlegen; abwägen;* → wägen

Die schwache Konjugation (wägte/hat gewägt) ist selten. Häufiger in dieser Bedeutung ist „abwägen", hier ist auch die schwache Konjugation (wog/wägte ab, hat abgewogen/abgewägt) gebräuchlich.

Wie|gen|druck der, -[e]s/-e: *ein vor 1500 hergestelltes Druckwerk, Inkunabel* ‖ **Wie|gen|fest** (geh. bzw. scherzh.): *Geburtstag* ‖ **Wie|gen|lied:** *Schlummerlied*

wie|hern: das wiehernde Pferd; vor Lachen w.

Wien ((Kfz: W)): *österreichische Bundeshauptstadt; zugleich ein österreichisches Bundesland;* → Vienna | (Kfz: WU) Wien-Umgebung (= Wien Umgebung) ‖ **Wie|ner**[1] (Adj., Abkürzung: Wr.): W. Neustadt; die W. Landesregierung; ein W. Schnitzel; der W. Walzer; W. Staatsoper; die W. Philharmoniker, Symphoniker; die W. Klassik *(der reife Stil bes. Haydns, Mozarts, Beethovens);* W. Zeitung *(amtliche Zeitung der Republik Österreich);* → *Weaner Bazi* ‖ **Wie|ner**[2] der, -s/-: *Bewohner Wiens* ‖ **Wie|ner**[3] die, -/-: *eine Wurstsorte* ‖ **Wie|ne|rin** die, -/-innen ‖ **wie|ne|risch** ‖ **Wie|ner|lied:** *eine Liedgattung* ‖ **Wie|ner Neu|stadt** (Kfz: WN): *Statutarstadt in Niederösterreich)* | (Kfz: WB) W. N. Bezirk ‖ **Wie|ner Neu|städ|ter** der, -s/-, *auch:* Wiener-Neustädter ‖ **Wie|ner Neu|städ|te|rin** die, -/-innen, *auch:* Wiener-Neustädterin ‖ **Wie|ner|stadt** die, -: *volkstümliche Bezeichnung für Wien* ‖ **Wie|ner Wald** = **Wie|ner|wald:** *ein Bergland in Niederösterreich und Wien*

wies → weisen

Wies|baum: *Stange zum Niederbinden einer Ladung Heu uÄ* ‖ **Wie|se** die, -/-n: satte Wiesen;

W

eine gemähte Wiese (ugs. auch für: *etwas mühelos Erreichbares;* mda: gmahte Wiesen)

wie|scherln → wischerln

wie|sehr (Konj.): *wie, sosehr, obwohl;* w. er sich auch bemühte, der Erfolg blieb aus; *aber:* spüren, wie sehr es schmerzt

Wie|sel das, -s/-: *eine Marderart* ‖ **wie|sel|flink:** sehr flink

Wie|sen|blu|me ‖ **Wie|sen|grund** (geh.): *Wiese* ‖ **Wie|sen|hang** ‖ **Wie|sen|ot|ter:** *eine heimische Giftschlange*

Wie|ser Bahn = **Wie|ser|bahn:** *die Bahnstrecke von Lieboch nach Wies (St)*

wie|so: w. gerade ich?; *aber:* wie so oft ‖ **wie|viel|mal:** w. (bei bes. Betonung auch: wie viel Mal) ist 5 in 30 enthalten?; → wie; → vielmal ‖ **wie|viel|te** [auch: 'vi:-]: zum wievielten Mal sage ich dir das schon?; *aber:* den **W**ievielten *(welches Datum)* haben wir heute? ‖ **wie|weit** (Konj.): w. *(inwieweit)* er Recht hat, wird sich erst zeigen; *aber:* wie weit ist es bis zum nächsten Ort? ‖ **wie|wohl** (Konj.) (geh.): w. *(obwohl, obgleich)* es schon spät ist, bleiben wir noch; *aber:* man sieht, wie wohl er sich fühlt

WIFI ['vi(:)fi] das, -[s]: **Wi**rtschafts**f**örderungs**i**nstitut ‖ **WIFO** das, -[s]: Österreichisches Institut für **Wi**rtschafts**fo**rschung

Wigl|wagl [-'vɒ:gl] der, -s/- (W, ugs.): im W. *(unentschlossen)* sein

Wig|wam der = das, -s/-s ⟨indian.-engl.⟩: *Hütte bzw. Zelt der nordamerikanischen Indianer*

Wi|kin|ger der, -s/-, *auch:* Wiking, -s/-e[r] ⟨nordgermanisch⟩: *skandinavischer Seefahrer des Mittelalters* ‖ **Wi|kin|ger|schiff**

Wi|ki das, -[s]/-[s] ⟨hawaiianisch⟩ (Internet): *Website, deren Seiten für jeden einfach mitgestaltbar sind* | *Kurzwort für Wikipedia* ‖ **Wi|ki|pe|dia** [engl.: w-'pi:diə] die, - ⟨hawaiianisch+gr.-engl.⟩: *ein Internetlexikon*

wild:

wilde *(nicht domestizierte)* Tiere; der wilde Wein; halb so wild *(nicht so arg)* | (Pol.) ein wilder Abgeordneter *(keiner Partei mehr angehörender Abgeordneter);* ein wilder *(von den Gewerkschaften nicht getragener)* Streik

Großschreibung bei Nominalisierung und in Eigennamen:
- wie ein **W**ilder
- der **W**ilde Westen
- die **W**ilde Jagd *(eine Geisterschar)* R→ S. 892, 2.2

Zusammenschreibung, wenn „wild" die Bedeutung des folgenden Bestandteils verstärkt:
- ein wildfremder Mann
- wildromantisch R→ S. 903, 2.1.6

Getrenntschreibung:
- wild sein; sie ist darauf ganz wild gewesen (gierig)
- wild werden
- wild wachsen
- wild entschlossen abreisen

Getrennt- und Zusammenschreibung mit Verben, die ein Resultat herbeiführen, und mit adjektivisch gebrauchten Partizipien:
- jemanden wild machen (= wildmachen) *(zornig machen)*
- wild wachsend = wildwachsend
- wild gewordene (= wildgewordene) Stiere R→ S. 900, 1.5.2 bzw. S. 903, 2.2.1

Wild das, -[e]s: das W. im Wald | gern W. *(Reh oÄ)* essen ‖ **Wild|bach** ‖ **Wild|ba|cher:** Blauer W. *(eine Reb- und Weinsorte);* → Schilcher ‖ **Wild|bach|ver|bau|ung** ‖ **Wild|bahn:** Tiere in freier W. ‖ **Wild|be|stand** ‖ **Wild|bie|ne** ‖ **Wild|bret** das, -s: *das Fleisch vom Wild* ‖ **Wild|bret|wo|che** (Gast.)

Wild|card ['waɪldk-] ⟨engl.⟩ (Sport) (Wz.): *Teilnahmeberechtigung ohne Qualifikation an einem [Tennis]turnier*

Wild|dieb: *Wilderer* ‖ **Wild|die|bin** ‖ **Wil|de**[1] der, -n/-n, ein Wilder: wie ein Wilder ‖ **Wil|de**[2] die, -n/-n ‖ **wil|deln** (ugs.): wildelndes *(nach lange abgehangenem Wild riechendes und schmeckendes)* Fleisch | (ugs.) *wild fahren; wild sein;* wildelnde Kinder ‖ **Wild|en|te** ‖ **Wil|de|rei** die, - ‖ **Wil|de|rer** der, -s/-: *Wilddieb* ‖ **Wil|de|rin** die, -/-innen ‖ **wil|dern:** *unerlaubt jagen;* ein wildernder Hund ‖ **Wild|fang** der, -[e]s/-fänge: *lebhaftes, ungebärdiges Kind* ‖ **wild|fremd:** *vollkommen unbekannt* ‖ **Wild|füt|te|rung** ‖ **Wild|gans** ‖ **Wild|ge|mü|se:** *essbare wildwachsende Pflanze* ‖ **wild ge|wor|den** = **wild|ge|wor|den** → wild ‖ **Wild|heit** die, - ‖ **Wild|hü|ter** ‖ **Wild|hü|te|rin** ‖ **Wild|ka|nin|chen:** *ein hasenartiges Säugetier* ‖ ‖ **Wild|kat|ze** ‖ **Wild|kraut** (meist Pl.) ‖ **Wild|le|der** ‖ **wild le|bend** = **wild|le|bend:** w. lebende Katzen ‖ **Wild|ling** der, -s/-e: *wild wachsende Pflanze, die veredelt werden kann* | (ugs.) *Wildfang* ‖ **wild ma|chen** = **wild|ma|chen:** sie wurden wild gemacht (= wildgemacht); → wild ‖ **Wild|nis** die, -/-nisse ‖ **Wild|park** ‖ **Wild|pferd:** *Vorfahre des Hauspferdes* | *verwildertes Pferd, zB Mustang* ‖ **wild|reich** ‖ **Wild|reis** ‖ **wild|ro|man|tisch:** eine wildromantische *(abenteuerliche und bezaubernde)* Landschaft ‖ **Wild|ro|se:** *eine wildwachsende Rosenart* ‖ **Wild|sau** die, -/-en: *[weibliches] Wildschwein* | (mit Pl. -säue) *ein derbes Schimpfwort;* wie eine W. fahren ‖ **Wild|scha|den:** *durch Wild verursachter Schaden* ‖ **Wild|schütz** der, -en/-en: *Wilddieb* ‖ **Wild|schwein** ‖ **Wild|tier:** *nicht domestiziertes Tier* ‖ **Wild|ver|biss:** *von Jagdwild verursachte Pflanzenschäden* ‖ **wild wach|send** = **wild|wach|send:** wild wachsender Wein ‖ **Wild|was|ser** das, -s ‖ **Wild|was|ser|fah|ren:** → *Rafting* ‖ **Wild|wech|sel** [-ks-]: *vom Wild begangener Weg* ‖ **Wild|west** (ohne Art., ohne Pl.): wie in W. *(im Wilden Westen)* ‖ **Wild|west|film:** *Western* ‖ **Wild|wuchs** [-ks] der, -es: *[vom Menschen] nicht beeinflusstes Wachstum [von Pflanzen]* ‖ **wild|wüch|sig**

Wil|fried: *männl. Vorname* ‖ **Wil|helm:** *männl. Vorname;* → Willi ‖ **Wil|hel|mi|ne,** *auch:* Wilhelmina: *weibl. Vorname* ‖ **wil|hel|mi|nisch:** *vom deutschen Kaiser Wilhelm II. (1888–1918) oder aus seiner Zeit stammend;* wilhelminische Bauten; *aber:* die **W**ilhelminische Zeit *(die Epoche Wilhelms II.)* ‖ **Wil|helms|burg** [auch: -'bu-]: *Stadt in Niederösterreich*

will → wollen ‖ **Wil|le** der, -ns/-n = **Wil|len,** -s/-: etwas wider Willen *(widerwillig, gegen seine Neigung)* tun; seinen guten Willen zeigen; kein böser W.; mein freier W.; der letzte (auch: Letzte) W. *(das Testament)* | (geh.) jemandem zu Willen sein *(jemandes Willen befolgen)* ‖ **wil|len** → um – willen ‖ **wil|len|los** ‖ **Wil|len-**

W

losigkeit die, - ‖ **willens** (geh.): w. *(gesonnen)* sein, etwas zu tun ‖ **Willensakt** der -[e]s/-e: *Tat, Handlung* ‖ **Willensäußerung:** *Willenskundgebung, Willenserklärung* ‖ **Willensbildung:** durch Information und Diskussion demokratische W. ermöglichen ‖ **Willenserklärung** (Jus): *Willensäußerung* ‖ **Willensfreiheit** ‖ **Willenskraft** die, -: *Willensstärke* ‖ **Willenskundgebung:** *Willensäußerung* ‖ **Willensmangel** (Jus): *Irrtum, Zwang oÄ bei Abschluss eines Vertrages* ‖ **willensschwach** ‖ **Willensschwäche** die, - ‖ **willensstark** ‖ **Willensstärke** die, - ‖ **willentlich** (geh.): *absichtlich* ‖ **willfahren,** du willfahrst (geh.): sie hat seinem Wunsch willfahrt *(ihm den Wunsch erfüllt)* ‖ **willfährig** (geh.): *willig, dienstfertig*

Willi, *auch:* Willy [-i]: *männl. Vorname (Wilhelm, Willibald)* ‖ **Willibald:** *männl. Vorname;* → Willi

willig: ein williges *(folgsames)* Kind ‖ **willigen** (geh.): *einwilligen;* in etwas w. *(seine Zustimmung dazu geben)* ‖ **Willkomm** der, -s/-e (geh.): *Willkommen;* ein freundlicher W. *(eine freundliche Begrüßung)* ‖ **willkommen:** herzlich w.!; eine willkommene *(erwünschte)* Abwechslung; die Gäste w. heißen ‖ **Willkommen** das, -s/-: jemandem ein herzliches W. zurufen ‖ **Willkommensgruß,** *auch:* Willkommgruß ‖ **Willkommenstrunk** ‖ **Willkür** die, -: das ist reine W. *(eine rücksichtslose Entscheidung, Handlung)* ‖ **Willkürakt** der, -[e]s/-e: *Willkürhandlung* ‖ **willkürlich:** in willkürlicher *(beliebiger, grundloser)* Reihenfolge; w. *(ohne Berechtigung; eigenmächtig)* handeln ‖ **Willkürmaßnahme**

Willy [-i] → Willi

Wilna: *deutscher Name von Vilnius*

wimmeln: es wimmelt von Ameisen

wimmen (SüdT, CH): *die Weinlese halten*

Wimmerl das, -s/-[n] (ugs.): *Eiterbläschen, Pickel* | (ugs.) *Bauchtasche; kleiner Rucksack;* → Wammerl

wimmern: *leise weinen; jammern*

Wimpel der, -s/-: *kleine [dreieckige] Fahne oder Flagge*

Wimper die, -/-n: *Haar am Augenlid;* ohne mit der W. zu zucken *(unbeirrt)* ‖ **Wimperntusche**

Wind der, -[e]s/-e: *Luftbewegung;* leichter W.; bei W. und Wetter *(bei jeder Witterung);* in alle Winde *(Richtungen)* verstreut; den W. im Rücken; schnell wie der W.; vor dem W. segeln; jemandem den W. aus den Segeln nehmen *(den Grund für seinen Eifer nehmen);* etwas in den W. schlagen *(einen guten Rat ausschlagen);* von einer Sache W. bekommen *(etwas, ein Geheimnis erfahren);* wissen, woher der W. weht *(wissen, was dahintersteckt);* frischer W. *(neue Energie);* ein anderer W. *(eine andere [schärfere] Art, Vorgehensweise)* | *Blähung, Darmwind* ‖ **Windbäckerei:** *Schaumgebäck aus Eischnee und Zucker* ‖ **Windbeutel** (abw.): *oberflächlicher, leichtfertiger Mensch* ‖ **Windbö** = **Windböe** ‖ **Windbruch:** *durch starken Wind verursachter Schaden an Bäumen* ‖ **Windbusserl:** *eine kleine Windbäckerei*

Winde die, -/-n: *Vorrichtung zum Aufziehen von Lasten* | *eine Schlingpflanze* ‖ **Windel** die -/-n: dem Säugling frische Windeln geben | das neue Verfahren ist noch in den Windeln *(in früher Kindheit, unausgereift)* ‖ **Windelhöschen** ‖ **Windelhose** ‖ **windelweich:** jemanden w. *(sehr arg)* prügeln ‖ **winden**[1], wand/gewunden: einen Kranz w. *(flechten)* | ich wand ihm das Messer aus der Hand *(nahm es ihm gewaltsam weg)* ‖ **winden**[2] sich: sich vor Schmerzen w. *(krümmen)* | sich um eine Antwort w.

Windenergie die, -: *Windkraft* ‖ **Windeseile:** mit/in W. *(sehr schnell)* ‖ **Windfahne:** *Wetterfahne* ‖ **Windfang** der, -[e]s/-fänge: *Vorbau vor der Haustür; zweite Tür als Windschutz* ‖ **windgeschützt** ‖ **Windgeschwindigkeit** ‖ **Windhauch** ‖ **Windhose** (Met.): *ein Wirbelwind* ‖ **Windhund:** *eine Hunderasse;* schnell wie ein W. | (abw.) *leichtlebiger Mann* ‖ **windig:** windiges Wetter | (abw.) windige *(wenig glaubwürdige)* Ausflüchte

windisch (oft abw.): *slowenisch* ‖ **Windisch** das, -[s] = **Windische**[1], -n (früher): *slowenische Mundarten Kärntens* | (oft abw.) *das Slowenische [in Kärnten]* ‖ **Windische**[2] der, -n/-n, ein Windischer: *Kärntner mit slowenischer Muttersprache, der das Slowenische nur in mundartlicher Form verwendet* | (oft abw.) *Slowene [in Kärnten]* ‖ **Windische**[3] die, -n/-n

Windjacke: *eine leichte Jacke* ‖ **Windjammer** der, -s/- (Seemannsspr.): *ein großes Segelschiff* ‖ **Windkanal:** *Prüf- und Messanlage für [Flugzeug]modelle* ‖ **Windkraft:** *Windenergie* ‖ **Windkraftwerk:** *eine Anlage zur Gewinnung von Windenergie* ‖ **Windlicht:** *gegen Luftzug geschützte Kerze* ‖ **Windmasse** (Küchenspr.): *Windbäckerei* ‖ **Windmesser** ‖ **Windmühle:** *vom Wind angetriebene Mühle;* gegen Windmühlen *(etwas Eingebildetes oder etwas Unveränderbares)* kämpfen ‖ **Windpark:** *Anlage zur Gewinnung von Windenergie*

Windows ['wɪndəʊz] (Wz.): *ein Betriebssystem für Computer*

Windpocken die (Pl.): *Feuchtblattern* ‖ **Windrad** ‖ **Windradl** (ugs.) ‖ **Windrichtung** ‖ **Windröschen:** *Anemone* ‖ **Windrose:** *Scheibe am Kompass mit Angabe der Himmelsrichtungen* ‖ **Windsack:** *Richtung und Stärke des Windes anzeigender Sack* ‖ **Windsbraut** die, - (geh.): *Sturm* ‖ **Windschatten** der, -s: *windgeschützte Seite;* im W. eines anderen Fahrzeugs fahren ‖ **windschief:** *ganz schief, verdreht* | (Math.) windschiefe *(sich nicht schneidende und nicht parallele)* Geraden im Raum ‖ **windschlüpfig,** *auch:* **windschlüpfrig:** ein windschlüpfiges *(dem Wind wenig Widerstand bietendes, zB stromlinienförmiges)* Auto ‖ **Windschutzscheibe** ‖ **Windspiel** (veraltet): *ein Windhund* ‖ **Windstärke:** *Skala der Stärke des Windes;* W. 12 ‖ **windstill** ‖ **Windstille** ‖ **Windstoß** ‖ **windsurfen** [-sɜːf-]: ich gehe w. ‖ **Windsurfen,** *auch:* Windsurfing: *ein Wassersport*

Windung die, -/-en: *Wendung, Biegung, Wicklung*

Windwurf der, -[e]s: durch W. wurde der Schutzwald zerstört

Winfried: *männl. Vorname*

Wink der, -[e]s/-e: jemandem einen W. *(ihm ein Zeichen, einen Hinweis)* geben | (oft scherzh.)

ein W. mit dem Zaunpfahl *(ein überdeutlicher Hinweis)* ‖ **winke** (Kinderspr.) (nur in der Verbindung): w., w. machen *(winken)*

Winkel der, -s/-: *Ecke;* in einem stillen W. | *Ort, Gebiet;* ein entlegener W. | im toten W. *(Winkel, zB beim Seitenspiegel im Auto, wo man etwas nicht sehen kann)* | (Math.) rechter W. ‖ **Winkeladvokat** [-v-] (abw.): *nichtbefugter* (auch: *unbedeutender) Anwalt* ‖ **Winkeladvokatin** (abw.) ‖ **Winkeleisen** ‖ **Winkelfunktion** [-tsi̯-] (Math.) ‖ **winkelig** = winklig: ein wink[e]liges altes Haus ‖ **Winkelmesser** der, -s/- (Math.) ‖ **winkeln** (ugs., veraltet): *unbefugt Parteien gegen Entgelt vertreten* ‖ **Winkelschleifer** der, -s/-: *ein elektrisches Schleifgerät* ‖ **Winkelschreiber** (Jus, bes. früher): *Person, die unbefugt Rechtsberatung gibt* ‖ **Winkelschreiberei** (Jus, bes. früher) ‖ **Winkelschreiberin** (Jus, bes. früher) ‖ **Winkelwerk:** *enge, winkelige Gassen, Gänge* ‖ **Winkelzug:** *Kniff, listiger Ausweg*

winken,

winkte/gewinkt [auch: gewunken]: er winkt von Weitem | dem Gewinner winkt ein Auto

Das 2. Partizip lautet „gewinkt". Das starke Partizip „gewunken" hat sich als Neubildung in manchen Dialekten und in der Umgangssprache entwickelt und geht allmählich in die Standardsprache ein.

Winkerl das, -s/-[n] (ugs.): *[hinterste] Ecke;* zur Strafe im W. stehen müssen ‖ **winklig** = → winkelig

Winner der, -s/- (Sport): *Gewinnschlag [im Tennis]*

winnig (reg., ugs.): wie ein winniger *(liebestoller)* Hund

winseln, ich winsle: um Gnade w.; der Hund winselte kläglich

Winter der, -s/-: ein strenger W. ‖ **Winteranfang** ‖ **Winterapfel:** *Apfelsorte, die über den Winter hält* ‖ **Winteraustreiben** das, -s: *ein Volksbrauch* ‖ **Wintereinbruch** ‖ **Winterfahrplan** ‖ **Winterfell:** das W. der Pelztiere ‖ **Winterfenster** (bes. früher): *abmontierbares Fenster für die kalte Jahreszeit [an alten Häusern]* ‖ **Winterferien** ‖ **winterfest:** *für den Winter geeignet* | *winterhart* ‖ **Wintergarten:** *Glasveranda, Gewächshaus zur Pflege von Pflanzen auch im Winter* ‖ **Wintergetreide:** *schon im Herbst gesätes Getreide* ‖ **Winterhafen:** *eisfreier Hafen* ‖ **Winterhalbjahr** ‖ **winterhart** (Bot.): diese Pflanze ist w. *(überdauert unbeschadet den Winter im Freien)* ‖ **Winterkleidung** ‖ **Winterkollektion** [-tsi̯-]: die neue W. *(Wintermode)* vorstellen ‖ **Winterkönig** (Sport): *Führender einer Liga über die Winterpause, Herbstmeister* ‖ **Winterlandschaft** ‖ **winterlich** ‖ **Winterling** der, -s/-e: *eine Zierpflanze* ‖ **Wintermantel** ‖ **Wintermode** ‖ **Wintermonat** ‖ **wintern:** es wintert *(es wird Winter)* ‖ **Winterobst** ‖ **Winterolympiade** [-ly-]: *die Olympischen Winterspiele* ‖ **Winterpause** ‖ **Winterquartier** ‖ **Winterreifen** ‖ **Winterreifenpflicht** ‖ **Winterruhe** ‖ **winters:** sommers und w. ‖ **Wintersaat** ‖ **Wintersaison** [-zɛz-] ‖ **Winterschlaf:** die Bären halten W. ‖ **Winterschlussverkauf** ‖ **Wintersemester** ‖ **Wintersonnenwende** ‖ **Wintersperre** ‖ **Wintersport** ‖ **Wintersportler** ‖ **Wintersportlerin** ‖ **Winterszeit** die, -, *auch:* Winterzeit: zur W. *(im Winter)* ‖ **wintertauglich:** *winterfest;* w. ausgerüstet ‖ **Wintertourismus** [-tu-] ‖ **Winterurlaub** ‖ **Winterwetter** das, -s ‖ **Winterzeit:** *Winterszeit* | (irrtümlich für) *Normalzeit;* → G.: Sommerzeit

Winzer der, -s/-: *Weinbauer, Weinhauer* ‖ **Winzergenossenschaft** ‖ **Winzerin** die, -/-innen ‖ **Winzerjause:** *kleine kalte Mahlzeit, Hauerjause* ‖ **Winzerkönigin** ‖ **Winzersekt:** *vom Winzer selbst erzeugter Sekt*

winzig: w. klein *(sehr klein)* ‖ **Winzigkeit** die, -/-en ‖ **Winzling** der, -s/-e (ugs.): *jemand Winziger, etwas Winziges*

Wipfel der, -s/-: *Baumspitze* ‖ **wipfeln:** ich wipfle die Weinstöcke *(schneide ihre Wipfel ab)*

Wippe die, -/-n: *eine Schaukel [auf Kinderspielplätzen]* ‖ **wippen:** auf Zehenspitzen w.

Wipptal das, -[e]s (NordT, SüdT)

wir: wir alle; wir anderen; wir beide; wir Erwachsene[n]; wir freuen uns; → unser; *aber:* Wir *(ich),* Leopold, römischer Kaiser | (vertraulich) na, sind wir *(bist du)* ausgeschlafen?

Wirbel der, -s/-: *kreisförmige Strömung in Wasser, Wind ua.;* Luftwirbel; → Strudel | *Haarwirbel* | *ein Knochen des Rückgrats* | (Mus.) *Trommelwirbel* | (Mus.) *Stift, um den die Saite gewickelt ist* | (ugs.) einen W. *(Lärm, ein Durcheinander)* machen ‖ **wirbelig,** *auch:* wirblig: das macht mich ganz w. *(verwirrt; schwindlig)* ‖ **Wirbelknochen** ‖ **wirbellos:** wirbellose Tiere ‖ **wirbeln,** ich wirble: *wild drehen;* das Laub wirbelt *(treibt drehend)* im Wind ‖ **Wirbelsäule:** *Rückgrat* ‖ **Wirbelsäulenverkrümmung** (Med.) ‖ **Wirbelstrom** (Phys.): *wirbelförmig verlaufender elektrischer Strom in einem Leiter* ‖ **Wirbelsturm** ‖ **Wirbeltier:** *Tier mit Wirbelsäule* | (Pl.) (Zool.) *Stamm des Tierreichs: Fisch, Amphibie, Reptil, Vogel, Säugetier* ‖ **Wirbelwind** ‖ **wirblig** → wirbelig

wirbt → werben

wird → werden

wireless [ˈwai̯ələs] ‹engl.›: *per Funk, drahtlos* ‖ **Wireless** das, - (EDV): *draht-/kabellose Übertragung* ‖ **Wireless LAN** [- læːn], *auch:* **Wireless-LAN, WLAN** [auch: ˈveː laːn], **W-LAN** (EDV): *ein Standard für drahtlose Datenübertragung in kleineren Netzen;* → LAN

wirft → werfen

wirken: er wirkt verstört *(erweckt diesen Eindruck)* | gewirkte Stoffe | die Arznei wirkt beruhigend | (geh.) Wunder w. *(vollbringen, bewirken)* | (geh.) jahrelang als Arzt w. *(tätig sein)* ‖ **Wirken** das, -s: *eine textile Technik* ‖ **Wirker** der, -s/-: *eine Berufsbezeichnung* ‖ **Wirkerin** die, -/-innen ‖ **wirkkräftig** (bes. D): *wirksam, nachhaltig* ‖ **wirklich:** *tatsächlich;* eine wirkliche *(nicht nur eingebildete)* Krankheit; *aber:* der Wirkliche Hofrat (früher: *ein Beamtenrang)* ‖ **Wirklichkeit** die, -/-en ‖ **wirklichkeitsfern** ‖ **Wirklichkeitsform** (Gramm.): *Indikativ* ‖ **wirklichkeitsfremd:** *lebensfremd, unrealistisch* ‖ **wirklichkeitsgetreu** ‖ **wirklichkeitsnah** ‖ **Wirklichkeitssinn** der, -[e]s ‖ **wirksam** ‖ **Wirksamkeit** die, -: die Gehaltserhöhung tritt mit W. vom 1. Juli in

W

Kraft ‖ **Wirk|stoff:** *[Sammelbezeichnung für] Hormone, Vitamine und Enzyme* ‖ **Wirk|tep|pich** ‖ **Wir|kung** die, -/-en: W. zeigen ‖ **Wir|kungs|be|reich:** *Wirkungskreis* ‖ **Wir|kungs|ge|schich|te** (bes. Lit.): *[Geschichte der] Rezeption eines Werkes* ‖ **Wir|kungs|grad:** der W. einer Maschine ‖ **Wir|kungs|kreis:** *Wirkungsbereich* ‖ **wir|kungs|los** ‖ **Wir|kungs|quan|tum** (Phys.): *eine fundamentale Konstante in der Quantentheorie* ‖ **Wir|kungs|stät|te** ‖ **wir|kungs|voll** ‖ **Wir|kungs|wei|se** ‖ **Wirk|wa|ren** die (Pl.): *Wirk- und Strickwaren*

wirr: wirres *(zerzaustes)* Haar; w. *(unklar, ungeordnet)* reden ‖ **Wir|ren** die (Pl.): in den W. *(in der Unsicherheit, in den Unruhen)* jener Zeit ‖ **Wirr|kopf** (abw.): *Person mit wirren Ideen* ‖ **Wirr|nis** die, -/-nisse (geh.): *Durcheinander, Verworrenheit* ‖ **Wirr|sal** das, -[e]s/-e (geh.): *Verwirrung; Gewirr* ‖ **Wirr|warr** das (auch: der), -s: *Unordnung; Durcheinander*

wirsch (reg., selten): *unfreundlich, abweisend, verärgert; aber:* → unwirsch

Wir|sing der, -s = **Wir|sing|kohl** (D): *[Gemüse]kohl*

wirst → werden

Wirt der, -[e]s/-e: *Gastwirt* | *Vermieter [von Zimmern]* | (Biol.) *Lebewesen, das Parasiten als Lebensraum dient* ‖ **Wir|tin** die, -/-innen ‖ **wirt|lich:** ein wirtliches *(gastliches)* Haus ‖ **Wirt|schaft** die, -: die W. ankurbeln | jemandem die W. *(den Haushalt)* führen | (ugs., abw.) eine W. *(Unordnung)* machen | (mit Pl. -en) *landwirtschaftlicher Betrieb* | *Gastwirtschaft* ‖ **wirt|schaf|ten:** auf einem Bauernhof gut w. *(ihn gut führen)* ‖ **Wirt|schaf|ter** der, -s/-: *Verwalter* | → *Wirtschaftler* ‖ **Wirt|schaf|te|rin** die, -/-innen: *Haushälterin* | *Wirtschaftlerin* ‖ **Wirt|schaft|ler** der, -s/-, *auch:* Wirtschafter: *Wirtschaftsforscher; Wirtschaftsfachmann, -wissenschaftler* ‖ **Wirt|schaft|le|rin** die, -/-innen, *auch:* Wirtschafterin ‖ **wirt|schaft|lich:** *die Wirtschaft betreffend* | *kostendeckend, Gewinn bringend; sparsam* ‖ **Wirt|schaft|lich|keit** die, -: die W. eines Autos ‖ **Wirt|schafts|ab|kom|men:** *ein staatliches Abkommen* ‖ **Wirt|schafts|ab|schwung** ‖ **Wirt|schafts|an|walt** ‖ **Wirt|schafts|an|wäl|tin** ‖ **Wirt|schafts|auf|schwung** ‖ **Wirt|schafts|be|trieb** ‖ **Wirt|schafts|be|zie|hung** (meist Pl.) ‖ **Wirt|schafts|bla|se** (Wirt., sal.): *Überhitzung der Wirtschaft bzw. einer Branche, bes. am Finanzmarkt* ‖ **Wirt|schafts|boy|kott** (Pol.) ‖ **Wirt|schafts|bund** der, -[e]s: *Teilorganisation der ÖVP* ‖ **Wirt|schafts|coach** [-kəʊtʃ] ‖ **Wirt|schafts|coa|chin** ‖ **Wirt|schafts|em|bar|go** (Pol.) ‖ **Wirt|schafts|fak|tor** ‖ **Wirt|schafts|flücht|ling** ‖ **Wirt|schafts|för|de|rung** die, - ‖ **Wirt|schafts|för|de|rungs|in|s|ti|tut** [-st-] das, -[e]s (WIFI): *Einrichtung der gewerblichen Wirtschaft zur beruflichen Weiterbildung* ‖ **Wirt|schafts|for|schung** ‖ **Wirt|schafts|for|schungs|in|s|ti|tut** [-st-]: → WIFO ‖ **Wirt|schafts|ge|bäu|de:** *Scheune, Stall* ‖ **Wirt|schafts|geld:** *Haushaltsgeld* ‖ **Wirt|schafts|ge|mein|schaft** ‖ **Wirt|schafts|geo|gra|fie** = **Wirt|schafts|geo|gra|phie** [-f-] ‖ **Wirt|schafts|ge|schich|te** ‖ **Wirt|schafts|gip|fel:** *Gipfeltreffen führender Wirtschaftsnationen* ‖ **Wirt|schafts|hil|fe:** W. bekommen ‖ **Wirt|schafts|im|pe|ri|um** ‖ **Wirt|schafts|jahr:** *Zeitraum von höchstens 12 Monaten, in dem ein Unternehmen seine geschäftlichen Tätigkeiten zusammenfasst, Geschäftsjahr* ‖ **Wirt|schafts|kam|mer** (WK): *Kammer der gewerblichen Wirtschaft;* W. Österreich ‖ **Wirt|schafts|kam|mer|um|la|ge:** *Zuschlag zum Dienstgeberbeitrag* ‖ **Wirt|schafts|ka|pi|tän** (veraltend) ‖ **Wirt|schafts|kom|mis|si|on** ‖ **Wirt|schafts|kör|per:** *[selbständige] wirtschaftliche Einheit* ‖ **Wirt|schafts|kri|mi|na|li|tät** ‖ **Wirt|schafts|kri|se:** *Zeit wirtschaftlicher Not* ‖ **Wirt|schafts|kun|de** die, -: Geographie und W. *(ein Unterrichtsgegenstand)* ‖ **wirt|schafts|kund|lich:** wirtschaftskundliche Fächer; *aber:* das Wirtschaftskundliche Realgymnasium ‖ **Wirt|schafts|la|ge** die, - ‖ **Wirt|schafts|mi|nis|ter** ‖ **Wirt|schafts|mi|nis|te|rin** ‖ **Wirt|schafts|mi|nis|te|ri|um:** *Bundesministerium für Wirtschaft, Familie und Jugend* ‖ **Wirt|schafts|pä|d|a|go|gik:** *Integrationswissenschaft aus Wirtschaft und Pädagogik* ‖ **Wirt|schafts|po|li|tik** ‖ **wirt|schafts|po|li|tisch** ‖ **Wirt|schafts|po|li|zei** ‖ **Wirt|schafts|prü|fer** ‖ **Wirt|schafts|prü|fe|rin** ‖ **Wirt|schafts|prü|fung** ‖ **Wirt|schafts|psy|cho|lo|gie** [-psy-] ‖ **Wirt|schafts|raum** → Europäische W. ‖ **Wirt|schafts|sek|tor** ‖ **Wirt|schafts|spi|o|na|ge** [-a:ʃ, -ʒɛ] ‖ **Wirt|schafts|stand|ort** ‖ **Wirt|schafts|sys|tem** [-zy-]: *Organisation der Wirtschaft in einer Gesellschaft, zB die Marktwirtschaft* ‖ **wirt|schafts|the|o|re|tisch** ‖ **Wirt|schafts|the|o|rie** ‖ **Wirt|schafts|trei|ben|de**[1] der, -n/-n, ein Wirtschaftstreibender: *selbständiger Unternehmer in Industrie, Handel, Gewerbe* ‖ **Wirt|schafts|trei|ben|de**[2] die, -n/-n ‖ **Wirt|schafts|treu|hän|der** ‖ **Wirt|schafts|treu|hän|de|rin** ‖ **Wirt|schafts|treu|hand|kanz|lei** ‖ **Wirt|schafts|uni** ‖ **Wirt|schafts|uni|ver|si|tät** [-v-] die, - (WU): die W. in Wien ‖ **Wirt|schafts|wachs|tum** [-ks-] ‖ **Wirt|schafts|wis|sen|schaft** ‖ **Wirt|schafts|wun|der:** *überraschender Wirtschaftsaufschwung [in den Fünfzigerjahren]* ‖ **Wirt|schafts|zen|t|rum** ‖ **Wirt|schafts|zweig** ‖ **Wirts|haus:** *Gasthaus* ‖ **Wirts|leu|te** die (Pl.): *die Wirtsfamilie* | *die Gastgeber* ‖ **Wirts|pflan|ze** (Biol.): *Pflanze, die als Wirt dient* ‖ **Wirts|stu|be** ‖ **Wirts|tier** (Biol.)

WISBI (Sport): „**Wi**e **s**chnell **bi**n ich?“ *(bei Amateurrennstrecken mit Zeitmessung)*

Wisch der, -[e]s/-e: *Bündel [aus Stroh, Federn]* | (abw.) *Schriftstück* ‖ **wi|schen:** sich den Schweiß von der Stirn w.; du wisch[s]t Staub ‖ **Wi|scher** der, -s/-: *Scheibenwischer*

wi|scherln, *auch:* wiescherln (ostöst., mda.): *urinieren*

Wi|schi|wa|schi [auch: 'vi-] das, -s (ugs.): *dummes Gerede, Unsinn*

Wi|sent der, -s/-e: *eine wild lebende Rinderart*

Wis|mut → Bismut

WiSo die (Pl.), *auch:* **WISO** (sal.): **Wi**rtschafts- und **So**zialwissenschaften

wis|peln, ich wisple: *wispern* | (reg.) *pfeifen* ‖ **wis|pern:** *undeutlich [leise] reden; flüstern*

Wiss|be|gier = **Wiss|be|gier|de** die, - ‖ **wiss|be|gie|rig** ‖ **wis|sen,** ich weiß, du weißt/wusste/gewusst: weißt du schon?; Bescheid w.; von etwas/jemandem nichts w. wollen *(damit/mit ihm* *nichts zu tun haben wollen);* sich in Sicherheit w.; ein wissender Blick; → wissen lassen = wissenlassen | um jemandes Ängste w. *(informiert sein)* | ich weiß *(kenne)* ein schönes Plätzchen | er weiß sich zu helfen | (sal.) gewusst wie *(auf das Wissen, die geschickte Arbeitsweise kommt es an);* → weiß Gott ‖ **Wis|sen** das, -s: ein großes W. haben; meines Wissens (m. W.) *(soviel ich weiß);* nach bestem W. und Gewissen; ohne mein W.; wider/gegen besseres W. ‖ **wis|sen las|sen = wis|sen|las|sen:** jemanden etwas w. l. *(davon informieren)* ‖ **Wis|sen|schaft** die, -/-en: *Forschung in einem bestimmten Bereich, um das Wissen darüber zu vergrößern* ‖ **Wis|sen|schaf|ter** → Wissenschaftler ‖ **Wis|sen|schaf|te|rin** → Wissenschaftlerin

Wis|sen|schaft|ler

der, -s/-, *auch:* Wissenschafter: *Gelehrter; Forscher*
Personenbezeichnungen werden von Nomen häufig mit der Nachsilbe „-ler" abgeleitet, zB Kunst – Künstler, Sport – Sportler, andere mit „-er", zB Botschaft – Botschafter. Aus der Meinung, „-ler" wäre abwertend, entstand in Österreich und der Schweiz die Form *Wissenschafter* (seltener neben *Wissenschaftler*). „-ler" ist aber nicht abwertend, es wirkt nur manchmal so, weil es auch in umgangssprachlichen Wörtern vorkommt wie zB Postler, Giftler, Grantler.

Wis|sen|schaft|le|rin die, -/-innen, *auch:* Wissenschafterin ‖ **wis|sen|schaft|lich:** w. arbeiten ‖ **wis|sen|schaft|lich-tech|nisch** ‖ **Wis|sen|schafts|fonds** [-fõ:]: → FWF ‖ **wis|sen|schafts|gläu|big** (auch abw.) ‖ **Wis|sen|schafts|jour|na|list** [-ʒur-] ‖ **Wis|sen|schafts|jour|na|lis|tin** ‖ **Wis|sen|schafts|mi|nis|ter** ‖ **Wis|sen|schafts|mi|nis|te|rin** ‖ **Wis|sen|schafts|mi|nis|te|ri|um:** *Bundesministerium für Wissenschaft und Forschung* ‖ **Wis|sen|schafts|rat:** *beratendes Gremium im Universitäts- und Wissenschaftsbereich* ‖ **Wis|sen|schafts|the|o|rie** (Phil.): *Untersuchung der theoretischen Voraussetzungen und Möglichkeiten von Wissenschaft* ‖ **Wis|sens|drang** ‖ **Wis|sens|durst** ‖ **wis|sens|durs|tig** ‖ **Wis|sens|ge|biet** ‖ **Wis|sens|gut** ‖ **Wis|sens|lü|cke** ‖ **Wis|sens|stand:** nach heutigem W. ‖ **Wis|sens|stoff** der, -[e]s ‖ **Wis|sens|vor|sprung** ‖ **wis|sens|wert** ‖ **wis|sent|lich** (geh.): w. *(bewusst)* die Unwahrheit sagen

Wit|frau (veraltet): *Witwe* ‖ **Wi|tib** → Wittib ‖ **Wi|ti|ber** → Wittiber

wit|tern: der Hund wittert die Fährte des Wildes ‖ **Wit|te|rung** die, -/-en: der Hund nahm die W. *(den Geruch)* des Wildes auf | eine günstige W. *(gutes Wetter)* ‖ **wit|te|rungs|be|dingt** ‖ **wit|te|rungs|be|stän|dig** ‖ **Wit|te|rungs|ein|fluss** ‖ **Wit|te|rungs|um|schlag:** *[jäher] Wetterwechsel* ‖ **Wit|te|rungs|ver|hält|nis|se** die (Pl.): ungünstige W.

Wit|tib die, -/-e, *auch:* Witib (veraltet): *Witwe* ‖ **Wit|ti|ber** der, -s/-, *auch:* Witiber (veraltet): *Witwer* ‖ **Wit|we** die, -/-n (Wwe.) ‖ **Wit|wen|pen|si|on** ‖ **Wit|wen|ren|te** ‖ **Wit|wen|ver|bren|nung** (bes. früher): *eine hinduistische Sitte in Indien* ‖ **Wit|wen|ver|sor|gung** ‖ **Wit|wer** der, -s/- ‖ **Wit|wer|pen|si|on**

Witz der, -es/-e: einen W. *(Spaß)* machen; jemandem einen W. erzählen; ein schlechter W. | (ugs.) das hat keinen W. *(keinen Sinn)* ‖ **Witz|blatt|fi|gur:** eine W. erfinden | (abw.) *lächerlicher Mensch* ‖ **Witz|bold** der, -[e]s/-e: *Spaßmacher, Spaßvogel* ‖ **Wit|ze|lei** die, -/-en ‖ **wit|zeln,** ich witzle: über etwas w. *(sich darüber lustig machen)* ‖ **Witz|fi|gur** (abw.) ‖ **wit|zig:** eine witzige *(spaßhafte, geistvolle)* Bemerkung machen ‖ **Wit|zig|keit** die, - ‖ **witz|los** (ugs.): *sinnlos*

WK die, -: **W**irtschafts**k**ammer ‖ **WKO** die, -: **W**irtschafts**k**ammer **Ö**sterreich

w. L.: **w**estlicher **L**änge

Wla|di|wos|tok: *russische Hafenstadt in Ostasien*

WLAN ['ve: la:n] = **W-LAN** (EDV): → *Wireless LAN*

WNW: **W**est**n**ord**w**est[en]

wo: wo ist das?; wo [auch] immer *(überall)* | aber wo *(aber nein, überhaupt nicht)* | (ugs., meist scherzh.) das Beste, wo gibt | (geh., veraltet) *wofern*

w. o.[1]: **w**ie **o**ben

w. o.[2] [ve 'o:] (Sport): **w**alk **o**ver; w. o. geben *(kampflos aufgeben)*

wo|an|ders: *anderswo;* etwas w. hinlegen; *aber:* wo anders könnte es sein als hier? ‖ **wo|an|ders|hin:** sie gingen w.

wo|bei: w. ist das passiert?

Wo|che die, -/-n: eine W. lang | in die Wochen kommen *(der Entbindung nahe sein)* ‖ **Wo|chen|ar|beits|zeit** ‖ **Wo|chen|be|ginn:** W. ist Montag (kirchlich: Sonntag) ‖ **Wo|chen|bett** das, -[e]s: *Zeit der Bettlägerigkeit der Frau nach der Entbindung;* im W. liegen ‖ **Wo|chen|bett|fie|ber** (Med.): *eine Infektionskrankheit* ‖ **Wo|chen|end|aus|ga|be** ‖ **Wo|chen|en|de:** *Samstag und Sonntag* ‖ **Wo|chen|end|fahr|ver|bot** (Verk.): W. für Lkw ‖ **Wo|chen|end|haus** ‖ **Wo|chen|end|pfusch** ‖ **wo|chen|ends** (ugs.): *am Wochenende, an Wochenenden* ‖ **Wo|chen|geld** (Admin.): *eine Weiterzahlung für Gehalt bzw. Lohn während der Mutterschutzzeit* ‖ **Wo|chen|geld|be|zie|her** (Amtsspr.) ‖ **Wo|chen|geld|be|zie|he|rin** (Amtsspr.) ‖ **Wo|chen|kar|te:** *Fahrausweis, der für eine Woche gilt* ‖ **wo|chen|lang:** eine wochenlange Ungewissheit; *aber:* drei Wochen lang ‖ **Wo|chen|lohn** ‖ **Wo|chen|markt:** *wöchentlicher Markttag* ‖ **Wo|chen|pi|ckerl** ‖ **Wo|chen|schau:** *eine Informationssendung im Fernsehen* (früher: *im Kino*) ‖ **Wo|chen|tag:** *Werktag* ‖ **wo|chen|tags:** *an Wochentagen* ‖ **wö|chent|lich:** den Lohn w. *(jede Woche)* auszahlen; achtwöchentlich (8-wöchentlich) *(alle acht Wochen);* → achtwöchig ‖ **Wo|chen|vi|gnet|te** [-vinjɛtə] ‖ **wo|chen|wei|se:** w. arbeiten ‖ **Wo|chen|zeit|schrift** ‖ **Wo|chen|zei|tung** ‖ **-wö|chig** (nur in Zusammensetzungen wie achtwöchig) ‖ **Wöch|ne|rin** die, -/-innen: *Frau im Wochenbett*

Wod|ka der, -s/-s ⟨poln.-russ.⟩: *ein Branntwein*

Wo|du [auch: -'du:] → Voodoo

wo|durch ‖ **wo|fern** (geh.): w. *(wenn)* du es erlaubst ‖ **wo|für**

wog → wiegen

Wo|ge die, -/-n: *große Welle* | (geh.) eine W. des Beifalls

wo|ge|gen

wo|gen: *hin- und herschwingen;* im Wind wogende Ähren

wo|her: w. kommst du? | [aber] w. denn? *(keineswegs)* ‖ **wo|hin** ‖ **wo|hin|auf** [auch: 'vo:-] ‖ **wo|hi|naus** ‖ **wo|hi|nein** ‖ **wo|hi|nun|ter**

W

wohl:

gut, angenehm; wohl oder übel *(ob man will oder nicht)* | wohl *(vermutlich, wahrscheinlich)* tausend €; das kann man wohl sagen

Getrenntschreibung:
- nicht wohl sein *(nicht ganz gesund sein);* mir ist nicht recht wohl bei dieser Sache
- wohl wissend

Zusammenschreibung mit Verben bei übertragener Bedeutung:
- das wird mir wohltun; wohltuend; wohlgetan
- wohlwollen R→ S. 900, 1.5.1

Zusammenschreibung, wenn „wohl" die Bedeutung des folgenden Bestandteils verstärkt, zB:
- wohlanständig
- wohlbehalten

Außerdem zusammen:
- wohlgesinnt
- wohlhabend
- wohlwollend R→ S. 903, 2.1.6

Getrennt- und Zusammenschreibung in Zweifelsfällen und mit adjektivisch gebrauchten Partizipien, zB:
- wohl erzogen = wohlerzogen
- sich wohl fühlen = wohlfühlen R→ S. 903, 2.2

Wohl das, -[e]s: für das W. anderer sorgen; „Zum Wohl!" *(ein Trinkspruch);* das leibliche W. *(Essen und Trinken);* das W. und Wehe *(das weitere Schicksal)*

wohl|an (veraltet, geh.): *nun gut;* „Wohlan, so sei es!"

wohl|an|stän|dig (veraltend): *gesittet, schicklich*

wohl|auf: *gesund, munter*

wohl be|dacht = wohl|be|dacht: eine w. bedachte *(gut überlegte)* Antwort

Wohl|be|fin|den: um jemandes W. besorgt sein

wohl be|grün|det = wohl|be|grün|det: eine w. begründete Kritik

Wohl|be|ha|gen: die Einrichtung sorgt für W.

wohl|be|hal|ten: *unversehrt, gesund*

wohl be|hü|tet = wohl|be|hü|tet

wohl be|ra|ten = wohl|be|ra|ten: *vernünftigerweise*

wohl|be|stallt (geh.): ein wohlbestallter *(in guter Stellung befindlicher)* Beamter; → Bestallung

wohl durch|dacht = wohl|durch|dacht

wohl er|ge|hen = wohl|er|ge|hen ‖ **Wohl|er|ge|hen** das, -s: *gutes [körperliches] Befinden*

wohl er|wor|ben = wohl|er|wor|ben: w. erworbene *(ordnungsgemäß erworbene)* Rechte

wohl er|zo|gen = wohl|er|zo|gen: *gut erzogen*

Wohl|fahrt die, - (Amtsspr., veraltend): *staatliche Fürsorge* ‖ **Wohl|fahrts|amt** (früher): *Fürsorgeamt* ‖ **Wohl|fahrts|staat** (Pol.): *Sozialstaat*

wohl|feil (veraltet): *billig, preiswert*

wohl füh|len = wohl|füh|len sich ‖ **Wohl|fühl|fak|tor** ‖ **Wohl|fühl|oa|se**

Wohl|ge|bo|ren (veraltet): „Euer Wohlgeboren!" *(eine Anrede [in Briefen])*

Wohl|ge|fal|len das, -s (geh.): *Sympathie, Wohlwollen;* etwas mit W. betrachten; sich in W. auflösen *(gut ausgehen)* ‖ **wohl|ge|fäl|lig** (geh.): etwas Schönes w. betrachten

wohl ge|formt = wohl|ge|formt

Wohl|ge|fühl

wohl|ge|lit|ten (geh.): sie ist überall w. *(gern gesehen)*

wohl ge|meint = wohl|ge|meint: ein w. gemeinter Ratschlag

wohl|ge|merkt: er wurde, w. *(das sei betont),* vorher gewarnt

wohl|ge|mut (geh.): *gut aufgelegt, fröhlich*

wohl ge|nährt = wohl|ge|nährt (meist iron.): *vollschlank, dick*

wohl ge|ord|net = wohl|ge|ord|net

wohl ge|ra|ten = wohl|ge|ra|ten

Wohl|ge|ruch (geh.)

Wohl|ge|schmack (geh.)

wohl ge|setzt = wohl|ge|setzt (geh.): in w. gesetzten *(gewählten)* Worten begrüßen

wohl|ge|sinnt: *freundlich gesinnt;* wohlgesinnte Lehrer

wohl|ge|stalt (geh.): *wohl gestaltet, von guter Gestalt;* ein wohlgestalter Jüngling ‖ **wohl ge|stal|tet = wohl|ge|stal|tet** (geh.): eine w. gestaltete Skulptur

wohl|ge|tan (geh.): das war w. *(richtig gehandelt)*

wohl|ha|bend: *in guten finanziellen Verhältnissen lebend* ‖ **Wohl|ha|ben|heit** die, -

woh|lig: wohlige *(angenehme)* Wärme

Wohl|klang der, -[e]s (geh.): *Wohllaut* ‖ **wohl klin|gend = wohl|klin|gend** (geh.)

Wohl|laut der, -[e]s (geh.): *Wohlklang* ‖ **wohl lau|tend = wohl|lau|tend** (geh.): eine w. lautende *(angenehm klingende)* Stimme

Wohl|le|ben das, -s (geh.): ein W. *(behagliches, luxuriöses Leben)* führen

wohl|mei|nend: einen wohlmeinenden *(wohlwollenden)* Ratschlag erteilen ‖ **Wohl|mei|nung** (Amtsspr.): die W. *(die Ansichten)* der zuständigen Interessenvertreter einholen

wohl rie|chend = wohl|rie|chend

wohl schme|ckend = wohl|schme|ckend

Wohl|sein: „Zum Wohlsein *(Wohl)*!"

wohl si|tu|iert = wohl|si|tu|iert: *in guten finanziellen Verhältnissen [lebend]*

Wohl|stand der, -[e]s: *gute Lebensverhältnisse;* in/im W. leben ‖ **Wohl|stands|ge|sell|schaft** die, - (Soz.) ‖ **Wohl|stands|kri|mi|na|li|tät** (Jus) ‖ **Wohl|stands|müll** ‖ **wohl|stands|ver|wahr|lost** ‖ **Wohl|stands|ver|wahr|lo|sung:** *durch den Wohlstand bedingte Verwahrlosung*

Wohl|tat: jemandem eine W. erweisen | (ohne Pl.) es war eine W. *(bes. angenehm),* ihr zuzuhören ‖ **Wohl|tä|ter:** *Förderer, Helfer* ‖ **Wohl|tä|te|rin** ‖ **wohl|tä|tig:** *karitativ* ‖ **Wohl|tä|tig|keit** die, -: *soziale Hilfe* ‖ **Wohl|tä|tig|keits|ver|an|stal|tung:** *Veranstaltung, deren Ertrag wohltätigen Zwecken zufließt*

wohl tem|pe|riert = wohl|tem|pe|riert: ein wohl *(angenehm)* temperiertes Zimmer | (Mus.) ein Stimmungssystem ist w. t.

wohl|tun: das hat mir wohlgetan; wohltuende *(angenehme)* Ruhe

wohl über|legt = wohl|über|legt: eine w. überlegte Antwort

wohl un|ter|rich|tet = wohl|un|ter|rich|tet: *gut informiert*

wohl|ver|dient: der wohlverdiente Ruhestand

Wohl|ver|hal|ten (bes. Amtsspr.): *einwandfreies Verhalten*

wohl ver|sorgt = wohl|ver|sorgt: sie ist mit Proviant w. v.

wohl ver|stan|den = wohl|ver|stan|den (geh.): *wohlgemerkt* | in seinem wohlverstandenen *(wirklichen)* Interesse

wohl|weis|lich: etwas w. *(mit gutem Grund)* verschweigen

W

wohl|wol|len (geh.): jemandem w. *(gutgesinnt sein)* ‖ **Wohl|wol|len** das, -s: *Güte, Zuneigung;* jemandem sein W. schenken ‖ **wohl|wol|lend:** jemandem eine wohlwollende *(freundliche)* Behandlung zuteilwerden lassen
Wohn|an|hän|ger: *Wohnwagen* ‖ **Wohn|an|la|ge** ‖ **Wohn|bau** der, -[e]s/-ten: *Wohnhaus[anlage]* | (ohne Pl.) den W. *(Wohnungsbau)* staatlich fördern ‖ **Wohn|bau|an|la|ge** ‖ **Wohn|bau|för|de|rung** (Wirt.): *staatliches Darlehen oÄ* ‖ **Wohn|bau|ge|nos|sen|schaft** ‖ **Wohn|bau|ge|sell|schaft** ‖ **Wohn|bau|in|sti|tut** (SüdT): *Institution, die günstigen Wohnraum [für Familien] schafft* ‖ **Wohn|bei|hil|fe** ‖ **Wohn|be|reich** ‖ **Wohn|be|zirk** ‖ **Wohn|block** der, -[e]s/-s ‖ **wo|h|nen:** auf dem Land w. ‖ **Wohn|flä|che:** das Haus hat 100 m^2 W. ‖ **Wohn|ge|bäu|de** ‖ **Wohn|ge|biet** ‖ **Wohn|ge|mein|schaft:** *Personengruppe als gemeinsamer Haushalt* ‖ **wohn|haft** (Amtsspr.): in Wels w. sein *(wohnen)* ‖ **Wohn|haus** ‖ **Wohn|haus|an|la|ge** ‖ **Wohn|haus|sa|nie|rung** ‖ **Wohn|heim** ‖ **Wohn|ku|ba|tur** (SüdT): *Rauminhalt eines zum Wohnen bestimmten Gebäudes* ‖ **Wohn|kü|che** ‖ **Wohn|kul|tur** ‖ **Wohn|la|ge:** *Lage, Umgebung einer Wohnung* ‖ **Wohn|land|schaft** ‖ **wohn|lich:** ein wohnliches *(behagliches, gemütliches)* Zimmer ‖ **Wohn|mo|bil:** *großes Auto, das innen wie ein Wohnwagen ausgestattet ist* ‖ **Wohn|nutz|flä|che:** *Wohnfläche* ‖ **Wohn|ob|jekt:** *Wohngebäude* ‖ **Wohn|ort** ‖ **Wohn|part|ner** (ohne Art.): *ein Nachbarschaftsservice [im Wiener Gemeindebau]* ‖ **Wohn|qua|li|tät** ‖ **Wohn|raum** ‖ **Wohn|recht** (Jus): *Recht, in einem bestimmten Haus unentgeltlich zu wohnen* ‖ **Wohn|sa|lon** ‖ **Wohn|schlaf|zim|mer:** *ein gemeinsamer Raum für Wohnen und Schlafen* ‖ **Wohn|ser|vice** [-sɜːvɪs]: *eine Beratungseinrichtung* ‖ **Wohn|sitz:** *Ort, an dem man wohnt* | (veraltet) ordentlicher W. (→ *Hauptwohnsitz*) ‖ **Wohn|sitz|fi|nanz|amt:** *Finanzamt, das gemäß dem Hauptwohnsitz zuständig ist* ‖ **Wohn|stät|te** ‖ **Woh|nung** die, -/-en ‖ **Woh|nungs|ab|lö|se** ‖ **Woh|nungs|amt** ‖ **Woh|nungs|bau** der, -[e]s ‖ **Woh|nungs|be|wer|ber** ‖ **Woh|nungs|be|wer|be|rin** ‖ **Woh|nungs|brand** ‖ **Woh|nungs|ei|gen|tum** ‖ **Woh|nungs|ein|rich|tung** ‖ **Woh|nungs|ge|nos|sen|schaft:** eine gemeinnützige W. ‖ **Woh|nungs|in|ha|ber** ‖ **Woh|nungs|in|ha|be|rin** ‖ **Woh|nungs|in|ven|tar** [-v-] ‖ **Woh|nungs|markt:** *der Handel mit Wohnungen* ‖ **Woh|nungs|mie|te** ‖ **Woh|nungs|not:** die W. lindern ‖ **Woh|nungs|pros|ti|tu|ti|on** [-tsi̯-] ‖ **Woh|nungs|schlüs|sel** ‖ **woh|nungs|su|chend,** *auch:* wohnungsuchend: junge wohnungsuchende Ehepaare ‖ **Woh|nungs|su|chen|de**[1] der, -n/-n, *auch:* Wohnungsuchende ‖ **Woh|nungs|su|chen|de**[2] die, -n/-n, *auch:* Wohnungsuchende ‖ **Woh|nungs|tausch** ‖ **Woh|nungs|tür** ‖ **woh|nung|su|chend** = → wohnungssuchend ‖ **Woh|nung|su|chen|de** = → Wohnungssuchende ‖ **Woh|nungs|wer|ber** (Amtsspr.): *Wohnungsbewerber* ‖ **Woh|nungs|wer|be|rin** (Amtsspr.): *Wohnungsbewerberin* ‖ **Wohn|vier|tel** ‖ **Wohn|wa|gen:** *Anhänger, der wie eine Wohnung ausgestattet ist* ‖ **Wohn|wand** ‖ **Wohn|zim|mer**
Woi|wod der, -s/-en = **Woi|wo|de,** -n/-n ⟨poln.⟩: *polnischer Bezirksvorsteher* | (früher) *Fürst einer Woiwodschaft* ‖ **Woi|wod|schaft** die, - ‖ **Woi|wo|di|na** die, -, *auch:* Vojvodina [v-v-]: *Teil von Serbien*
Wok der, -s/-s ⟨chin.⟩: *eine [chinesische] Kochpfanne*
wöl|ben: der Himmel wölbt sich über uns ‖ **Wöl|bung** die, -/-en: *Krümmung einer Fläche*
Wolf[1] der, -[e]s/Wölfe: *ein Raubtier;* ein Rudel Wölfe; ein W. im Schafspelz *(gefährliche Person, die sich harmlos gibt);* mit den Wölfen heulen *(sich [gegen bessere Überzeugung] der vorherrschenden Meinung anschließen)* ‖ **Wolf**[2]: *männl. Vorname;* → Wolfgang, Wolfram ‖ **Wolf|gang:** *männl. Vorname;* → Wolf[2] ‖ **Wolf|gang|see:** *See in Oberösterreich, Salzburg* (selten auch: *Abersee*) ‖ **Wöl|fin** die, -/-innen ‖ **wöl|fisch** (geh.): wölfische Gier ‖ **Wolf|ram**[1]: *männl. Vorname;* → Wolf[2] ‖ **Wolf|ram**[2] das, -s (Zeichen: W): *ein chemisches Element* ‖ **Wolfs|barsch:** *ein Meeresfisch* ‖ **Wolfs|berg** (Kfz: WO): *Stadt in Kärnten* ‖ **Wolfs|hund:** *Schäferhund* ‖ **Wolfs|hun|ger** (sal.): einen W. *(großen Hunger, Heißhunger)* haben ‖ **Wolfs|milch:** *eine Pflanzengattung* ‖ **Wolfs|ra|chen:** *angeborener gespaltener Gaumen* ‖ **Wolfs|ru|del**
Wol|ga die, -: *ein Strom in Russland* ‖ **Wol|go|grad** (früher: Stalingrad): *Stadt in Südrussland, im Zweiten Weltkrieg Ort einer entscheidenden Schlacht*
Wol|ke die, -/-n: über den Wolken; aus allen Wolken fallen *(völlig überrascht sein)* ‖ **Wol|ken|band** ‖ **Wol|ken|bank** die, -/-bänke (Met.) ‖ **Wol|ken|bruch:** *kurzer, sehr starker Regen* ‖ **wol|ken|bruch|ar|tig** ‖ **Wol|ken|de|cke** die, -: *[fast] geschlossene Bewölkung* ‖ **Wol|ken|feld:** ein ausgedehntes W. ‖ **Wol|ken|krat|zer:** *Hochhaus* ‖ **Wol|ken|ku|ckucks|heim** (geh.): *Fantasiewelt, Hirngespinst* ‖ **wol|ken|los** ‖ **wol|ken|ver|han|gen** ‖ **Wol|ken|wand** ‖ **wol|kig:** *bewölkt*
Woll|de|cke ‖ **Wol|le** die, -/-n: ein Knäuel W. ‖ **wol|len**[1]: *aus Wolle;* eine wollene Decke

wol|len[2],

ich will/wollte/gewollt bzw. wollen: der Applaus wollte nicht enden; w. Sie bitte kommen?; → gewollt
Partizipbildung:
Steht „wollen" ohne ein weiteres Verb, lautet das 2. Partizip „gewollt":
– du hast es nicht anders gewollt (ugs.: wollen)
Ist ein weiteres Verb vorhanden, so folgt auf den Infinitiv nicht das 2. Partizip, sondern „wollen":
– ich habe dich nicht kränken wollen

Woll|fa|den ‖ **Woll|hau|be** ‖ **wol|lig:** ein wolliges Fell ‖ **Woll|knäu|el** ‖ **Woll|lap|pen** ‖ **Woll|mis|pel:** *ein Obstbaum, Loquat* ‖ **Woll|schal** ‖ **Woll|schwe|ber** (Zool.): *eine Fliege* ‖ **Woll|sie|gel:** *ein Gütezeichen* ‖ **Woll|stoff** ‖ **Woll|strumpf|ho|se**
Wol|lust (geh.): *sexuelle, sinnliche Lust* | (veraltet) *Wonne* ‖ **wol|lüs|tig** (geh.)
wo|mit: „Womit kann ich dienen?" ‖ **wo|mög|lich:** *falls es möglich ist; vielleicht (oft Ausdruck der Befürchtung);* w. regnet es ‖ **wo|nach:** wissen, w. man sich rich-

W

ten soll

Won|der|bra ['wʌ-] der, -s/-s ⟨engl.⟩ (Wz.): *formbetonender BH, Push-up-BH*

Wọn|ne die, -/-n (geh.): *tiefe Freude; großes Vergnügen* | (ugs., scherzh.) W. und Waschtrog *(in völliger Harmonie)* sein ‖ **Wọn|ne|mo|nat** (veraltet): *der Mai* ‖ **wọn|ne|trun|ken** (geh.): *von Freude berauscht* ‖ **wọn|ne|voll** (geh.) ‖ **wọn|nig** = **wọn|nig|lich** (geh.)

wo|ran: ich weiß nicht, w. ich bin ‖ **wo|rauf** ‖ **wo|rauf|hin** ‖ **wo|raus**

Wọrb der, -[e]s/-e (veraltet): *Sensenstiel*

Worces|ter|sau|ce ['wʊstəzo:s(ɛ)] = **Worces|ter|soß** = **Worces|ter|so|ße:** *eine Würzsauce*

wo|rein (geh., veraltet): der Korb, w. sie das Brot legte

wọr|feln, ich worfle (früher): gedroschenes Getreide w. *(zur Reinigung gegen den Wind werfen)*

Wörgl: *Stadt in Tirol*

wo|rin: w. unterscheiden sie sich? | das Buch, w. ich immer schmökere

Work|a|ho|lic [wɜ:kə'hɒlɪk] der, -s/-s ⟨engl.⟩: *[krankhaft] Arbeitssüchtige[r], Workoholiker/in* ‖ **Work|flow** ['wɜ:-əʊ] der, -s/-s (Wirt.): *Organisationsablauf von Geschäftsprozessen* ‖ **Wor|king Poor** [- 'pʊə] die, - (Soz., Wirt.): *Armut trotz Erwerbstätigkeit, Erwerbsarmut* ‖ **Wor|ko|họ|li|ker** der, -s/-: *Workaholic* ‖ **Wor|ko|họ|li|ke|rin** die, -/-innen ‖ **Work|shop** ['wɜ:kʃ-] der, -s/-s: *[praxisbezogene] Arbeitsgruppe, Werkstatt* ‖ **Work|sta|tion** [-steɪʃn] die, -/-s (EDV): *Einzelarbeitsplatz in einem Netzwerk*

World|cup ['wɜ:ldkʌp] ⟨engl.⟩: *Weltcup* ‖ **World Wide Fund for Na|ture** [- waɪd fʌnd - 'neɪtʃə] der, - - [s] - - (WWF): *eine internationale Naturschutzorganisation* ‖ **World Wide Wẹb** [- waɪd 'web] das, - - -[s]; → WWW ‖ **World Wild|life Fund** [- 'waɪldlaɪf -] der, - -[s] (WWF) (früher): → *World Wide Fund for Nature*

Wọrt das, -[e]s/Wörter: Wörter mit Umlaut; W. für W. nachsprechen; einzelne Wörter besonders betonen | (mit Pl. Worte) *inhaltlich zusammenhängende Wörter; Äußerung;* ich verstehe kein W.; mir fehlen die Worte; die Worte der Mutter *(das, was sie sagt)* beherzigen; Englisch in W. und Schrift *(mündlich und schriftlich)* beherrschen; mit W. und Tat; aufs W. *(sofort)* folgen; ein offenes/ernstes W. sprechen; nicht viele Worte machen; mit Worten streiten; das letzte W. haben *(entscheiden);* sie muss immer das letzte W. haben *(sie ist rechthaberisch);* ums W. bitten; sich zu W. melden; am W. sein *(zum Reden an der Reihe sein);* das W. haben/ergreifen; sich zu W. melden; [nicht] zu W. kommen; jemandem das W. erteilen, entziehen; jemandem ins W. fallen *(jemanden unterbrechen);* das ist mein letztes W. *(endgültig);* das große W. führen *(angeben, aufschneiden);* jemandem das W. im Mund umdrehen *(verfälschen);* jemandem das W. reden *(sich für ihn einsetzen);* für jemanden ein gutes W. einlegen; jemandem das W. aus dem Mund nehmen *(beim Reden zuvorkommen);* kein W. über etwas verlieren *(nicht darüber sprechen)* | in W. *(Text)* und Bild | geflügeltes W. *(beliebtes Zitat)* | (ohne Pl.) *Versicherung, Versprechen;* sein W. geben/halten/brechen; ihn beim W. nehmen *(seine Äußerungen wörtlich nehmen, ihn an sein Versprechen erinnern);* jemandem im W. bleiben *(eine Zusage, ein Versprechen aufrechterhalten)* | (ohne Pl.) (Rel.) das W. Gottes *(das Evangelium)* ‖ **Wọrt|art** (Gramm.): *Nomen, Verb ua.* ‖ **Wọrt|bau|stein** (bes. in der Volksschule): *Morphem* ‖ **Wọrt|be|deu|tung** ‖ **Wọrt|bil|dung** (Gramm.) ‖ **Wọrt|bruch** ‖ **wọrt|brü|chig:** w. werden *(sein Versprechen nicht halten)* ‖ **Wọ̈rt|chen** das, -s/-: das W. *und* | (ugs.) ein W. mit dem Kollegen zu reden haben *(ihm die Meinung sagen, ihn zurechtweisen)* ‖ **Wọ̈r|ter|buch:** französisch-deutsches W.; etymologisches W. ‖ **Wọrt|fa|mi|lie** [-iɛ] (Gramm.): *Wörter, die einen gemeinsamen Wortstamm haben* ‖ **Wọrt|feld** (Gramm.): *Gruppe von Wörtern, die ihrer Bedeutung nach zusammengehören* ‖ **Wọrt|fet|zen** die (Pl.): *zusammenhanglose Wörter und Sätze* ‖ **Wọrt|form** (Gramm.): *grammatisch realisierte Form eines Wortes, zB* getan *(Form von* tun*),* uns *(Form von* wir*)* ‖ **Wọrt|füh|rer:** *jemand, der für die anderen spricht* ‖ **Wọrt|füh|re|rin** ‖ **Wọrt|ge|brauch** (Sprachwiss.): *Verwendungsweise eines Wortes* ‖ **Wọrt|ge|fecht:** *Auseinandersetzung mit Worten* ‖ **Wọrt|ge|plän|kel** ‖ **Wọrt|ge|schich|te** (Sprachwiss.) ‖ **wọrt|ge|treu:** etwas w. *(wortwörtlich, mit dem genauen Wortlaut)* wiedergeben ‖ **wọrt|ge|wal|tig** (geh.) ‖ **wọrt|ge|wandt** ‖ **Wọrt|got|tes|dienst:** *Lesung, Evangelium und Predigt oÄ* ‖ **Wọrt|gram|ma|tik:** *Grammatik, die die Verwendung bzw. die Formen einzelner Wörter beschreibt* ‖ **Wọrt|grup|pe** (Gramm.)

Wọ̈r|ther See, *auch:* **Wọ̈r|ther|see** (K)

Wọrt|hül|se (abw.): *abgebrauchtes, sinnentleertes Wort* ‖ **wọrt|ident:** *[sogar] im Wortlaut identisch* ‖ **wọrt|karg:** *nur wenig redend* ‖ **Wort|klau|be|rei** die, -/-en (abw.): *pedantisches Festhalten am Wortlaut* ‖ **Wọrt|laut** der, -[e]s: der genaue W. *(wörtliche Inhalt)* des Textes ‖ **wọ̈rt|lich:** etwas w. nehmen ‖ **wọrt|los:** *ohne etwas zu sagen* ‖ **Wọrt|mel|dung:** eine W. in der Diskussion ‖ **Wọrt|prä|gung** ‖ **Wọrt|re|gis|ter** ‖ **wọrt|reich** ‖ **Wọrt|schatz:** das Kind hat schon einen großen W. *(es kann viele Wörter verstehen bzw. anwenden)* ‖ **Wọrt|schöp|fung:** *neu geprägtes Wort; Neologismus* ‖ **Wọrt|schwall** (meist abw.) ‖ **Wọrt|sinn** ‖ **Wọrt|spen|de:** darf ich um Ihre W. *(Meinungsäußerung)* bitten? ‖ **Wọrt|spiel:** *Spiel mit gleich oder ähnlich klingenden oder mehrdeutigen Wörtern* ‖ **Wọrt|stamm** (Gramm.): *wesentlichster Teil des Wortes, an den andere Bestandteile (Vor-, Nachsilben uÄ) angehängt werden* ‖ **wọrt|stark** ‖ **Wọrt|stel|lung** (Gramm.) ‖ **Wọrt|tren|nung:** *Silbentrennung* ‖ **Wọrt|ver|dre|hung** ‖ **Wọrt|wahl** die, -: auf die passende W. achten ‖ **Wọrt|wech|sel** [-ks-]: *Streit* ‖ **Wọrt|witz** ‖ **wọrt|wọ̈rt|lich:** *Wort für Wort genau;* etwas w. wiederholen

wo|rü|ber: w. *(über welche Sache)* habt ihr geredet? ‖ **wo|rum:** feststellen, w. *(um welche Dinge)* es sich handelt ‖ **wo|run|ter** ‖ **wo|von** ‖ **wo|vor** ‖ **wo|zu**

wow [waʊ] ⟨engl.⟩: *wau*

Wr.: **Wiener** (Adj.); Wr. Neustadt

Wrạck das, -[e]s/-s [auch: -e]: *unbrauchbares oder schadhaftes Fahrzeug;* das W. verschrotten |

W

ein menschliches W. *(körperlich und seelisch schwer angeschlagener Mensch)*
wrang → wringen
Wrestling ['rɛsliŋ] das, -s ⟨engl.⟩ (Sport): *[bes. auf Show ausgerichtetes] Catchen*
wringen, wrang/gewrungen (bes. nördl. D): Wäsche w. *(auswinden);* nicht w.! (Hinweis auf Wäschestücken: *tropfnass aufhängen)*
Writer ['raɪtə] der, -s/- ⟨engl.⟩: *Verfasser, Schreiber, Komponist;* Songwriter | *Brenner*[1] ‖ **Writerin** die, -/-innen
Wruke die, -/-n (bes. D): → *Kohlrübe*
Ws: Wattsekunde
WSW: Westsüd**west**[en]
WTO [ve te 'o:] die, -: **W**orld **T**rade **O**rganization *(Welthandelsorganisation)*
WU [ve 'u:] die, -: **W**irtschafts**u**niversität ‖ **WU-Abschluss**
Wucher der, -s (abw.): *übermäßig hoher [ungesetzlicher] Gewinn; Ausbeutung;* W. treiben ‖ **Wucherer** der, -s/- (abw.) ‖ **Wucherin** die, -/-innen (abw.) ‖ **wuchern:** *üppig wachsen;* die Pflanzen sind/haben im Garten gewuchert; wucherndes Unkraut | (abw.) *Wucher treiben* ‖ **Wucherpreis** (abw.) ‖ **Wucherung** die, -/-en (Med.): *krankhafte Gewebeneubildung, Geschwulst* ‖ **Wucherzinsen** die (Pl.) (abw.)
wuchs [-ks] → wachsen ‖ **Wuchs** der, -es/Wüchse: ein Baum von schönem W. ‖ **-wüchsig** (nur in Zusammensetzungen wie hochwüchsig) ‖ **Wuchsstoff** (meist Pl.): *für das Wachstum wichtiger Stoff, zB Hormon*
Wucht die, -: die W. des herabstürzenden Wassers | unter der W. *(dem Druck)* der Zeugenaussagen gestehen
Wuchtel die, -/-n (ugs., scherzh.): *[Fuß]ball* | (Küchenspr.) → Buchtel | (sal.) *launiger [Aus]spruch; Gag* | (ugs.) eine lustige W. *(Person)* ‖ **Wuchtelkicker** (ugs., scherzh.): *Fußballer* ‖ **Wuchtelkickerin** (ugs., scherzh.)
wuchten: einen Steinblock in die Höhe w. *(mit großer Kraftanstrengung heben)* | [Auto]räder w. *(durch Gewichtsausgleich für gleichmäßigen Rundlauf sorgen)* ‖ **wuchtig:** *schwer, massig;* ein wuchtiger Schlag ‖ **Wuchtigkeit** die, -/-en

Wuckerl das, -s/-[n] (W, mda.): *Locke*
Wudu [auch: -'du:] → Voodoo
Wühlarbeit (abw.): *geheime [politische] Agitation* ‖ **wühlen:** der Maulwurf wühlt *(gräbt)* in der Erde | in einer Lade w. *(wild herumkramen)* ‖ **Wühlkiste:** *Kiste mit preisreduzierten Waren bes. in Kaufhäusern* ‖ **Wühlmaus:** *ein Nagetier* ‖ **Wühltisch:** *Verkaufstisch für verbilligte Waren*
Wulfenia die, -/Wulfenien [-i̯ɛn]: *in Kärnten beheimatete, geschützte Bergblume*
Wulst der, -[e]s/Wülste: *längliche oder rundliche verdickte Stelle* ‖ **wulstig:** wulstige Lippen
wund: wunde Füße; w. sein; w. werden; *aber zB* → wund liegen = wundliegen; → wund reden = wundreden ‖ **Wundarzt** (früher): *Chirurg* ‖ **Wundbehandlung** ‖ **Wundbrand** der, -[e]s (Med.): *Entzündung einer Wunde* ‖ **Wunde** die, -/-n: *offene Verletzung;* alte Wunden aufreißen, in alten Wunden wühlen *(schon vergessenes Leid ansprechen und damit erneut weh tun)*
Wunder das, -s/-: W. wirken; ein W. an Ausdauer; kein W.! | was W.? *(das ist nicht erstaunlich);* sich W. was *(sehr viel)* einbilden; seine blauen W. *(Erstaunliches, Unerhörtes, Unangenehmes)* erleben; → wunders; → wundernehmen ‖ **wunderbar** ‖ **wunderbarerweise** ‖ **Wunderbaum:** *Rizinus* ‖ **Wunderding** ‖ **Wunderdoktor** ‖ **Wunderdoktorin** ‖ **wundergläubig** ‖ **Wunderheiler:** *jemand, an dessen übernatürliche Heilerfolge man glaubt* ‖ **Wunderheilerin** ‖ **Wunderheilung** ‖ **wunderhübsch** ‖ **Wunderkerze:** *ein Funken sprühender Christbaumschmuck* ‖ **Wunderkind:** *überragend begabtes Kind* ‖ **Wunderkraft** ‖ **Wunderland:** *ein Fantasieland* ‖ **wunderlich:** ein wunderlicher *(sonderbarer, schrulliger)* Mensch ‖ **Wunderlichkeit** die, -/-en ‖ **Wundermittel** ‖ **wundern:** es wundert mich; sich über etwas w. ‖ **wundernehmen** (geh.): es nimmt mich wunder *(es wundert mich)* ‖ **wunders:** sich w. *(Wunder)* was einbilden ‖ **wundersam** (geh.): *seltsam; übernatürlich* ‖ **wunderschön** ‖ **wundertätig:** *Wunder vollbringend* ‖ **wundervoll** ‖ **Wunderwerk:** diese Maschine ist ein wahres W. der Technik ‖ **Wunderwuzi = Wunderwuzzi** (ugs.): *Wunderdoktor* | *Alleskönner, Problemlöser*
Wundfieber (Med.) ‖ **Wundinfektion** [-tsi̯-] (Med.) ‖ **wundlaufen = wund laufen:** sich die Füße [nach etwas] w. l. ‖ **wundliegen = wund liegen** sich: sie hat sich bis auf die Knochen w. gelegen *(aufgelegen)* ‖ **Wundmal** das, -[e]s/-e: *unvernarbte Wunde;* die Wundmale Christi ‖ **Wundpflaster** ‖ **wund reden = wundreden:** sich den Mund w. r. ‖ **Wundreinigung** ‖ **Wundsalbe** ‖ **wund schreiben = wundschreiben** sich: sich die Finger w. s. ‖ **Wundstarrkrampf** der, -[e]s (Med.): *Tetanus* ‖ **Wundverband** ‖ **Wundversorgung**
Wunsch der, -es/Wünsche: auf W.; sich alle Wünsche erfüllen; einen W. äußern; es verlief alles nach W.; das bleibt ein frommer W. *(unerfüllbar)* ‖ **Wunschbild:** *höchstes Ziel, Ideal* ‖ **Wunschdenken** das, -s: einem W. verfallen *(die Wirklichkeit so sehen, wie man sie haben möchte)* ‖ **Wünschelrute:** *gegabelter Zweig oÄ, der zum Aufsuchen unterirdischer Wasser- oder Erzadern dient;* → Radiästhesie ‖ **Wünschelrutengänger** der, -s/-: *jemand, der mit der Wünschelrute Erz- oder Wasseradern sucht* ‖ **Wünschelrutengängerin** die, -/-innen ‖ **Wünschelrutengeher** ‖ **Wünschelrutengeherin**

wünschen,

du wünsch[s]t: es kam alles wie gewünscht; was wünschen Sie?; jemandem alles Gute, ein frohes Fest wünschen; sich etwas zum Geburtstag wünschen; deine Mitarbeit lässt zu wünschen übrig *(ist unzulänglich);* ich wünsche *(fordere)* Ruhe; wir wünschen zu gehen

Im Süden des deutschen Sprachraums war „wünschen" ein starkes Verb, daher lautete das 2. Partizip „gewunschen". Dies ist in manchen Dialekten (zB Tirol, Bayern) und in älteren Texten erhalten geblieben (zB ein verwunschenes Schloss). In der Standardsprache lautet es aber immer „gewünscht".

W

wün|schens|wert ‖ **wunsch|ge|mäß:** sie hat die Arbeit w. ausgeführt ‖ **Wunsch|kan|di|dat:** *erwünschter Kanditat* ‖ **Wunsch|kan|di|da|tin** ‖ **Wunsch|kenn|zei|chen** (Kfz): *Kennzeichen mit selbst gewähltem Text* ‖ **Wunsch|kind:** *ein von den Eltern beabsichtigtes Kind* ‖ **Wunsch|kon|zert:** *[Rundfunk]konzert, dessen Programm aus Publikums- oder Hörerwünschen gestaltet wird* ‖ **Wunsch|kost** ‖ **Wunsch|lis|te** ‖ **wunsch|los:** wir waren w. glücklich ‖ **Wunsch|satz** (Gramm.) ‖ **Wunsch|traum:** *Traum von der Erfüllung eines Wunsches* | *große Sehnsucht* ‖ **Wunsch|vor|stel|lung:** etwas existiert nur in der W. ‖ **Wunsch|zet|tel**

wurde → werden

Wür|de die, -/-n: die menschliche W.; das ist unter meiner W. *(eine Zumutung)* | *Amt/Stellung mit hoher Geltung und einem Titel;* akademische Würden; zu hohen Würden gelangen ‖ **wür|de|los** ‖ **Wür|den|trä|ger:** *Inhaber eines hohen Amtes, zB in Staat oder Kirche* ‖ **Wür|den|trä|ge|rin** ‖ **wür|de|voll** ‖ **wür|dig:** eine würdige *(Achtung gebietende)* alte Dame; einer Auszeichnung w. sein *(sie verdienen)* ‖ **wür|di|gen:** die Verdienste eines Menschen w. *(sie anerkennen, schätzen);* jemanden keiner Antwort w. ‖ **Wür|di|gung** die, -/-en: jemandem in W. seiner Verdienste einen Orden verleihen

Wurf der, -[e]s/Würfe: *das Werfen mit einem Ball oÄ;* ein weiter W. | ihm ist ein [großer] W. *(Erfolg, eine geniale Tat)* gelungen | ein W. junger Hunde ‖ **Wurf|bahn:** die W. eines Speers ‖ **Wür|fel** der, -s/-: W. spielen; die W. sind gefallen *(es ist entschieden)* | *Kubus* ‖ **Wür|fel|be|cher** ‖ **wür|fel|för|mig** ‖ **wür|fe|lig,** *auch:* würflig: Erdäpfel w. *(würfelförmig)* schneiden ‖ **wür|feln,** ich würfle: *Würfel spielen* | ein gewürfeltes *(kariertes)* Stoffmuster ‖ **Wür|fel|nat|ter** ‖ **Wür|fel|spiel** ‖ **Wür|fel|sup|pe:** *mit Suppenwürfeln hergestellte Suppe* ‖ **Wür|fel|zu|cker** ‖ **Wurf|ge|schoß,** *auch:* Wurfgeschoss: *ein Stein, Speer uÄ* ‖ **würf|lig** → würfelig ‖ **Wurf|pfeil:** mit Wurfpfeilen schießen ‖ **Wurf|schau|fel:** *eine Schaufelart* ‖ **Wurf|schei|be:** *Diskus* ‖ **Wurf|tau|be:** *Wurfscheibe zum Tontaubenschießen*

Wür|ge|griff ‖ **Wür|ge|mal** das, -[e]s/-e [-mäler]: *Würgespur am Hals* ‖ **wür|gen:** der Täter würgte sein Opfer *(drückte ihm die Kehle zu)* | es würgt mich im Hals *(ich muss erbrechen; ich verspüre Beklemmung, Angst)* | an einem großen Bissen w. ‖ **Wür|ger** der, -s/-: *ein [berüchtigter] Mörder* | (Zool.) *ein Singvogel* ‖ **Wür|ge|rin** die, -/-innen

wur|len (ugs.): es wurlt *(wimmelt)* von Ameisen ‖ **wur|lert** (ugs.): *aufgeregt* | *schwindlig;* mir ist schon ganz w. | *[sexuell] erregt*

Wurm der, -[e]s/Würmer: in der Zwetschke ist ein W. | (ugs.) in dieser Abrechnung sitzt der W. drin *(steckt ein Fehler);* jemandem die Würmer aus der Nase ziehen *(jemanden drängend aushorchen)* | (EDV) *Programm, das über ein Netzwerk Programme auf anderen Computern beschädigt, eine Art Computervirus* ‖ **wur|men** (ugs.): das hat mich schon sehr gewurmt *(geärgert)* ‖ **Wurm|farn:** *eine Farngattung* ‖ **Wurm|fort|satz:** wurmartiger Fortsatz *(Appendix)* des Blinddarms ‖ **Wurm|fraß:** der W. im Holz ‖ **wur|mig:** wurmiges Obst ‖ **wurm|sti|chig:** wurmstichiges *(von Insektenbohrgängen durchzogenes)* Holz

wurscht = **wurst** [meist: -ʃt] (ugs.): mir ist alles w. *(gleichgültig, egal;* Frage *Wie?); aber:* → Wurst ‖ **Wurst** [-st, auch: -ʃt] die, -/Würste: saure W. *(eine Speise, Wurst in Essig und Öl)* | jetzt geht es um die W. *(entscheidet es sich)* ‖ **Wurst|brat** = **Wurst|brät:** *Wurstfülle* ‖ **Wurst|brot** ‖ **Wurs|tel** [meist: -ʃt-] der, -s/-[n]: *Hanswurst, Kasperl* ‖ **Würs|tel** das, -s/-[n]: *Wurst;* Frankfurter Würstel[n]; W. im Schlafrock *(im Teigmantel)* | (ugs.) ein armes W. *(bemitleidenswerter, hilfsbedürftiger, benachteiligter Mensch)* | (ugs., sal.) da gibt's keine Würstel[n] *(keine Rücksicht)* ‖ **Würs|tel|fin|ger** die (Pl.) (abw.): *dicke, kurze, ungeschickte Finger* ‖ **Würs|tel|frau:** *Würstelstandlerin* ‖ **Würs|tel|mann** ‖ **wurs|teln,** ich wurstle (ugs.): *sich ohne Plan und Überlegung [erfolglos] abmühen* ‖ **Wurs|tel|pra|ter:** *ein Vergnügungspark im Wiener Prater* ‖ **Würs|tel|stand** ‖ **Würs|tel|stand|ler** ‖ **Würs|tel|stand|le|rin** ‖ **Würs|tel|sup|pe** ‖ **wurs|ten** [-st-, auch: -ʃt-]: *Würste erzeugen* ‖ **Wurst|fle|ckerl** = **Wurst|fle|ckerln** die (Pl.): *eine Speise* ‖ **Wurst|fül|le** (Küchenspr.): W. für Fleischknödel ‖ **Wurst|haut** ‖ **wurs|tig** [meist: -ʃt-] (ugs.): *gleichgültig* ‖ **Wurs|tig|keit** die, -(ugs.) ‖ **Wurs|tig|keits|sprit|ze** (ugs., scherzh.): *Beruhigungsinjektion* ‖ **Wurst|knö|del** [-st-, auch: -ʃt-] ‖ **Wurst|kranz** ‖ **Wurst|le|rei** [meist: -ʃt-] die, -(ugs.): *Mühsal; unbefriedigendes Arbeiten, Vorgehen* ‖ **Wurst|radl** [-st-, auch: -ʃt-] (ugs.): *Wurstscheibe* ‖ **Wurst|sa|lat** ‖ **Wurst|schei|be** ‖ **Wurst|sem|mel** ‖ **Wurst|ver|gif|tung** ‖ **Wurst|wa|ren** die (Pl.) ‖ **Wurst|zip|fel**

Würt|tem|berg → Baden-Württemberg ‖ **würt|tem|ber|gisch** → baden-württembergisch

Wurz die, -/-en (veraltet): *Wurzel; Gemüsepflanze* | → *Wurzen*

Wür|ze die, -/-n: die Fleischsauce mit W. abschmecken | die W. des Lebens

Wur|zel die, -/-n: *unter der Erde befindliche Teile einer Planze;* Wurzeln schlagen (auch: *heimisch werden*); → Wurz; → Wurzen | (Pl.) (Küchenspr.) *Wurzelgemüse, Wurzelwerk* | *Zahnwurzel* | die W. *(Ursache)* des/allen Übels | (Math.) aus einer Zahl die W. ziehen ($\sqrt{9} = 3$) | die W. *(erschlossene Urform)* eines Worts ‖ **Wur|zel|bal|len** (Bot.) ‖ **Wur|zel|be|hand|lung** (Med.): *ärztliche Behandlung der Zahnwurzel* ‖ **Wur|zel|bürs|te:** *Bürste mit harten Borsten [aus Reisig]* ‖ **Wur|zel|fa|ser** ‖ **Wur|zel|fleisch** (Küchenspr.): *eine Fleischspeise mit Wurzelwerk und Kren;* steirisches W. ‖ **Wur|zel|ge|mü|se** ‖ **Wur|zel|karp|fen:** *mit Wurzelwerk [und anderen Gemüsen] zubereiteter Karpfen* ‖ **wur|zel|los:** ich fühle mich w. *(entwurzelt)* ‖ **Wur|zel|knol|le** (Bot.) ‖ **wur|zeln,** ich wurzle: tief in der Erde w. ‖ **Wur|zel|sepp** der, -[en]/-en (bes. früher): *Wurzelklauber* | (ugs.) *urwüchsiger Mensch* ‖ **Wur|zel|stock** (Bot.) ‖ **Wur|zel|werk** das, -[e]s (Küchenspr.): *Petersilwurzeln, Sellerie, Karotten und gelbe Rüben [für Suppen und Fleischspeisen]* ‖ **Wur|zel|zei|chen** ($\sqrt{\ }$) (Math.) ‖ **Wur|zel|zie|hen** das, -s (Math.): *das Berechnen der [Quadrat]wurzel einer Zahl* | (Med.)

das Extrahieren/Ziehen einer Zahnwurzel

wur|zen, du wurzt (ugs.): *übervorteilen; überhöhte Preise verlangen* ‖ **Wur|zen** die, -/- (ugs.): *Wurzel, Wurz;* Krenwurzen | (ugs., sal.) *jemand, der sich ausnützen lässt*

wür|zen, du würzt: Speisen mit Salz und Kräutern w. | einen Bericht mit Anekdoten w.

Wur|ze|rei die, -/-en (ugs.): *Preistreiberei;* eine W. *(finanzielle Übervorteilung)* der Kunden

wür|zig: w. duftende Kräuter

wusch (ugs.): *ein Ausruf [des Staunens]*

wu|sche|lig: wuscheliges *(dichtes, gelocktes)* Haar ‖ **Wu|schel|kopf**

wu|seln: *wimmeln* | *geschäftig, hektisch herumlaufen;* jemand wuselt hin und her

wusste → wissen

Wust der, -[e]s: ein W. *(ein ungeordnetes Durcheinander)* von Sachen

wüst: eine wüste *(wilde, öde)* Gegend | (abw.) eine wüste *(heftige, wilde)* Auseinandersetzung ‖ **Wüs|te** die, -/-n: *Gebiet mit extremer Trockenheit oder Kälte;* die W. Sahara; eine W. aus Eis und Schnee; jemanden in die W. schicken *(für immer wegschicken, entlassen)* ‖ **wüs|ten** (mda.): *verschwenden, vergeuden;* mit Nahrungsmitteln w. ‖ **Wüs|te|nei** die, -/-en (geh.): *öde Gegend* ‖ **Wüs|ten|fuchs** [-ks]: → *Fennek* ‖ **Wüs|ten|kli|ma** ‖ **Wüs|ten|sand** ‖ **Wüs|ten|schiff** (scherzh.): *Kamel* ‖ **Wüst|ling** der, -s/-e (abw.): *Mensch, der ein ausschweifendes Leben führt; grober Mensch* ‖ **Wüs|tung** die, -/-en (fachspr.): *verlassene Siedlung*

Wut die, -: an jemandem seine Wut auslassen; vor Wut schäumend ‖ **Wut|an|fall** ‖ **Wut|aus|bruch** ‖ **Wut|bür|ger** (bes. D): *über politische Entscheidungen empörter Bürger* ‖ **Wut|bür|ge|rin** (bes. D) ‖ **wü|ten:** *vor Zorn rasen; Verwüstungen anrichten;* wütende Schneestürme ‖ **wü|tend:** *sehr zornig* ‖ **wut|ent|brannt:** w. *(voll Wut)* weglaufen ‖ **Wü|te|rich** der, -[e]s/-e (abw.): *zu Zorn und Grausamkeit neigender Mensch* ‖ **Wut|ge|heul** ‖ **wut|schäu|mend** = **wut|schnau|bend:** *äußerst wütend* ‖ **Wut|schrei** ‖ **wut|ver|zerrt:** mit wutverzerrtem Gesicht

Wu|zel der, -s/-[n] (ugs.): *etwas Zusammengedrehtes; Wulst* | (ugs., abw.) ein dicker W. *(eine dicke Person)* ‖ **wu|zeldick** = wuzerldick (ugs., scherzh.): *dick;* ein wuzeldickes Kind ‖ **wu|zeln** (ugs.): *etwas zwischen den Fingern drehen, reiben;* gewuzelte Erdäpfelnudeln; ich wuzle [mir] eine Zigarette; sich durch die Menge w. *(drängen, hindurchwinden)* | (ugs.) *Tischfußball spielen* ‖ **Wu|zel|tisch** (ugs.): *Tischfußballtisch* ‖ **Wu|zerl** das, -s/-[n] (ugs.): *Knöllchen aus Wolle, Haut ua.* | (ugs., scherzh. bzw. abw.) *dickes Kind* ‖ **wu|zerl|dick** = → wuzeldick ‖ **wu|zi|klein** (ugs.): *kleinwinzig*

Wu|zi = Wuzzi der, -s/-s ⟨?⟩ (sal.): *Kerl;* Wunderwuzi

Wuz|ler der, -s/- (ugs.): *Tischfußballspieler* ‖ **Wuz|le|rin** die, -/-innen (ugs.)

Wuz|zi = → Wuzi

Wwe.: Witwe (in Firmennamen): L. Steiningers Wwe.

WWF [ve ve 'ɛf] der, -: **W**orld **W**ide **F**und for Nature

WWU [ve ve 'u:] die, -: **W**irtschafts- und **W**ährungs**u**nion (in der EU)

WWW [ve ve 've:] das, - (EDV): **W**orld **W**ide **W**eb *(Dienst des Internets, der die Möglichkeit bietet, auf dessen Ressourcen zuzugreifen)*

WYSIWYG ['wɪziwɪg] (EDV): **W**hat **Y**ou **S**ee **I**s **W**hat **Y**ou **G**et *(Bildschirmdarstellung und Ausdruck auf dem Papier stimmen überein)*

WZ = **Wz.: W**aren**z**eichen; → Marke

W

x X

x [iks] das, -/- (Kleinbuchstabe): das x im Wort *x-beliebig;* das x in *x-beinig* | (Math.) *eine Variable (von mehreren die erste); eine unbekannte Größe* | (ugs.) ich habe x *(viele)* Leute getroffen

X [iks] das, -/- (Großbuchstabe): das X im Wort *Xerokopie;* jemand[em] ein X für ein U vormachen *(jemanden täuschen)* | auf X *(unentschieden)* wetten/tippen | *10 (in römischen Zahlen)*

x-Ach|se ['iks.aksɛ] (Math.): *erste, meist horizontale Achse im Koordinatensystem, Abszissenachse;* → y-Achse

Xandl: *männl. Vorname (Alexander)*

Xan|thip|pe die, -/-n (abw.): *eine streitsüchtige, bösartige Frau (nach einer altgriechischen Frauengestalt)*

Xa|ver [-v-, -f-]: *männl. Vorname*

X-Bei|ne ['iks-] die (Pl.): *Beine, die ein leichtes X bilden* ‖ **x-bei|nig** = **X-bei|nig:** ein x-beiniger Bub; *aber nur:* der **X-B**einige

x-be|lie|big ['iks-]: eine x-beliebige *(irgendeine)* Zahl; *aber:* ein x-**B**eliebiger

X-Chro|mo|som ['iksk-] (Biol.): *geschlechtsbestimmendes Chromosom;* → Y-Chromosom

Xe: Xenon ‖ **Xe|non** das, -s (Zeichen: Xe) ⟨gr.⟩: *ein chemisches Element* ‖ **Xe|non|licht:** *bes. leuchtstarkes [Scheinwerfer]licht*

xe|no|phil [-f-] ⟨gr.⟩: *fremdenfreundlich* ‖ **Xe|no|phi|lie** die, - ‖ **xe|no|phob:** *fremdenfeindlich* ‖ **Xe|no|pho|bie** die, -: *Fremdenfeindlichkeit* | (Psych.) *Furcht vor Fremdem*

Xe|ro|gra|fie = **Xe|ro|gra|phie** [-f-] die, - ⟨gr.-engl.⟩: *ein Vervielfältigungsverfahren* ‖ **Xe|ro|ko|pie:** *in Xerographie hergestellte Kopie* ‖ **xe|ro|ko|pie|ren**

x-fach ['iks-] ‖ **x-fa|che** = **x-Fa|che** das, -n

x-för|mig ['iks-] = **X-för|mig**

X-Ha|ken ['iks-]: *ein Bilderhaken*

X-Ha|xen ['iks-] die (Pl.) (ugs.): *X-Beine*

Xi das, -[s]/-[s] (ξ, Ξ) ⟨gr.⟩: *griechischer Buchstabe, entspricht* x/X

XING[chin.: çiŋ] das, -[s] ⟨chin./engl.⟩ (Wz.): *Internetplattform für ein [Wirtschafts]netzwerk*

XL ['ɛks 'lɑːdʒ, auch: 'iks 'ɛl]: **X-**large ‖ **X-large** ['ɛks 'lɑːdʒ] (XL): *extra groß (bei Konfektionskleidung)*

x-mal ['iks-]: jemandem etwas x-mal *(oft und oft)* sagen müssen

XML [iks ɛm 'ɛl, auch: ɛks - -] (EDV): E**x**tensible **M**arkup **L**anguage *(erweiterbare Auszeichnungssprache zur Erstellung von Dokumenten im Web)*

X-Strah|len ['iks-] die (Pl.) (veraltet): *Röntgenstrahlen*

x-te ['iks-]: der x-te Versuch; das x-te Mal; etwas zum x-ten Mal sagen

XXL ['eks 'eks 'lɑːdʒ, auch: 'iks 'iks 'ɛl]: **XX-l**arge ‖ **XX-large** ['eks 'eks 'lɑːdʒ] (XXL): *besonders/extrem groß (bei Konfektionskleidung)*

Xy|lo|graf [-y-] = Xylograph [-f] der, -en/-en ⟨gr.⟩: *Holzschneider* ‖ **Xy|lo|gra|fie** = Xylographie die, -: *Holzschneidekunst* | mit (Pl. -n) *Holzschnitt* ‖ **Xy|lo|gra|fin** = Xylographin die, -/-**innen** ‖ **xy|lo|gra|fisch** = xylographisch ‖ **Xy|lo|fon** = **Xy|lo|phon** [-f-] das, -s/-e (Mus.): *ein Schlaginstrument* ‖ **Xy|lo|thek** die, -/-en: *Sammlung von Holzarten*

X

y Y

y ['ypsilon, auch: -'si:-] das, -/- (Kleinbuchstabe): das y im Wort *Xylophon* | (Math., meist mit Aussprache [-'si:-]) *eine Variable (von mehreren die zweite); eine unbekannte Größe*
Y ['ypsilon, auch: -'si:-] das, -/- (Großbuchstabe): das Y im Wort *Ybbs* [ips] | (Chem.) **Y**ttrium
y.: Yard
y-Achse ['ypsilon.akse, auch: -'si:-] (Math.): *die zweite, meist vertikale Achse im Koordinatensystem, Ordinatenachse;* → x-Achse
Yacht [j-] = → Jacht ‖ **Yachthafen** = → Jachthafen
Yahoo [ja'hu:] das, -[s] ⟨engl.⟩ (Wz.): *ein Internetportal mit Suchmaschine und Mailprovider (nach Gestalten in einem Roman von Jonathan Swift)*
Yamswurzel [j-], *auch:* Jamswurzel ⟨afrik.-port.-engl.⟩: *eine Gemüsepflanze*
Yang [j-] das, -s ⟨chin.⟩: *das männliche Prinzip in der chinesischen Philosophie;* Yin und Y.
Yak [j-] = → Jak
Yankee ['jæŋki] der, -s/-s ⟨engl.⟩ (auch abw.): *Spitzname für den US-Amerikaner* | *Bewohner der amerikanischen Nordstaaten*
Yard [jɑ:d] das, -s/-s (y., yd.; Pl.: yds.) ⟨engl.⟩ (früher): *ein englisches Längenmaß, 0,91 m* | (in Maßangaben auch mit Pl. Yard) 7 Yard[s] lang
Yb: **Y**tterbium
Ybbs[1] [ips]: *Stadt in Niederösterreich* ‖ **Ybbs**[2] die, -: *ein Nebenfluss der Donau in Niederösterreich*
Y-Chromosom ['ypsilonk-, auch: -'si:-] (Biol.): *geschlechtsbestimmendes Chromosom;* → X-Chromosom
yd.: **Yard** ‖ **yds.:** **Yards**
Yellow Press ['jɛloʊ -] die, - ⟨engl.⟩ (abw.): *Sensationspresse*
Yen [j-] der, -[s]/-[s] ⟨jap.⟩: *eine Geldeinheit in Japan*
Yeti [j-] der, -[s]/-[s] ⟨tibetisch⟩: *legendärer Schneemensch im Himalaya*
Yin [j-] das, -s ⟨chin.⟩: *das weibliche Prinzip in der chinesischen Philosophie;* Yin und Yang
Yoga [j-] = → Joga ‖ **Yogaübung** = → Jogaübung ‖ **Yogi** = → Jogi
Youngster ['jʌŋ(k)s-] der, -s/- ⟨engl.⟩: *Neuling [in einer Gruppe]; Anfänger [in einem Betrieb]*
YouTube [ju 't(j)u:b] das, -[s] ⟨engl.⟩ (Wz.): *eine Internetplattform für Videos*
Yo-Yo [jo'jo:] = → Jo-Jo ‖ **Yo-Yo-Effekt** = → Jo-Jo-Effekt
Ypsilon ['y-, auch: -'si:-] das, -[s]/-[s] ⟨gr.⟩ (υ, Υ): *griechischer Buchstabe, entspricht in griechischen Wörtern dem ü/Ü* | (y, Y) *vorletzter Buchstabe des Alphabets;* → y, Y
Ysop ['i:-, 'y:-] der, -s/-s ⟨sem.-gr.-lat.⟩: *eine Arzneipflanze*
Ytong ['y:-, 'i:-] der, -s/-s (Wz.): *ein Leichtbaustoff, Beton mit Poren*
Ytterbium [y-] das, -s (Zeichen: Yb): *ein chemisches Element (nach dem Ort Ytterby in Schweden)* ‖ **Yttrium** das, -s (Zeichen: Y): *ein chemisches Element*
Yuan [jyən] der, -[s]/-[s] ⟨chin.⟩: *eine Geldeinheit in China*
Yucca ['juka] die, -/-s ⟨indian.-span.⟩: *eine Zierpflanze, Palmlilie*
Yuppie ['ju-, auch: 'jʌ-] der, -s/-s ⟨engl.⟩ (oft abw.): *aufstrebender, karrierebewusster, meist jüngerer [Groß]stadtmensch*
Yvonne [i'vɔn]: *weibl. Vorname*

z Z

z [tsɛt] das, -/- (Kleinbuchstabe): das z im Wort *zart* | (Math.) *eine Variable; eine unbekannte Größe*

Z [tsɛt] das, -/- (Großbuchstabe): das Z im Wort *Zahl;* von A bis Z *(vom Anfang bis zum Ende)*

Z.: Ziffer *(für Textgliederungen oÄ);* Abs. 2, Z. 1 | **Z**ahl *(Geschäftszahl)*

zach (mda.): *zäh;* das geht z. *(nur langsam, mühsam)*

Zacharias: *männl. Vorname*

Zack (ugs.) (nur in der Wendung): auf Z. *(vif, gewappnet)* sein; → Vifzack

Zacke die, -/-n = **Zacken** der, -s/-: eine Tischdecke mit Zacken ‖ **zackig:** *gezackt;* ein zackiger Gebirgskamm | *stramm, schneidig* ‖ **Zackigkeit** die, -

zag (geh.): *furchtsam, schüchtern* ‖ **zagen** (geh.): *[furchtsam] zögern; aber:* mit Zittern und **Z**agen ‖ **zaghaft:** etwas z. *(ängstlich, zögernd)* beginnen ‖ **Zaghaftigkeit** die, - ‖ **Zagheit** die, - (geh.)

Zagreb [z-] (dt.: Agram): *Hauptstadt Kroatiens*

zäh: zähes Fleisch | ein zähes *(mühsames)* Leben | z. *(hartnäckig, beharrlich)* an seiner Meinung festhalten ‖ **zähflüssig:** *dickflüssig* ‖ **Zähflüssigkeit** die, - ‖ **Zähheit** die, - ‖ **Zähigkeit** die, -: *Widerstandsfähigkeit, Beharrlichkeit, Hartnäckigkeit*

Zahl die, -/-en: sieben gilt als heilige Z.; römische Zahlen *(Zahlzeichen, Ziffern)* | (Math.) gerade, ungerade Zahlen; eine Z. aus vier Ziffern | (ohne Pl.) *Anzahl;* nur in geringer Z. | (mit Abkürzung Zl., Z.) *[Geschäfts]zahl* | (Wirt.) rote Zahlen schreiben *(negativ bilanzieren);* schwarze Zahlen schreiben *(positiv bilanzieren)* | (Gramm.) *Numerus;* → Ziffer ‖ **Zahladjektiv** (Gramm.): *Eigenschaftswort, das bestimmte oder unbestimmte Mengen ausdrückt, zB* vierte, wenig ‖ **zahlbar:** *zu zahlen* ‖ **zählbar:** die Menge ist nicht z. ‖ **Zahlbarkeit** die, - ‖ **Zählbarkeit** die, -

zählebig: ein zählebiges *(kaum ausrottbares)* Vorurteil

zahlen: Schulden z.; Lehrgeld z. *(durch Unerfahrenheit einen Schaden erleiden);* Strafe z.; bitte z.! ‖ **zählen:** Geld z. | das zählt nicht *(gilt nicht)* | Innsbruck zählt rund 120 000 Einwohner | auf Hilfe z. *(damit rechnen);* → gezählt ‖ **Zahlenangabe** ‖ **Zahlenfolge** ‖ **Zahlengedächtnis** ‖ **Zahlenkombination** [-tsi̯-]: *Zahlenfolge* ‖ **Zahlenlotto:** *ein Glücksspiel* ‖ **zahlenmäßig:** etwas z. *(der Zahl nach)* erfassen; der Anteil ist z. gering ‖ **Zahlenmaterial:** *statistisch verfügbare Daten uÄ* ‖ **Zahlenmystik** [-my-]: *Glaube an eine geheime Bedeutung von Zahlen* ‖ **Zahlenrätsel:** *mathematisches Rätsel* ‖ **Zahlenreihe** ‖ **Zahlenschloss:** *Schloss mit Zahlenkombination* ‖ **Zahlensymbolik** [-zy-] ‖ **Zahlensystem** [-zy-]: *das Dezimalsystem ua.* ‖ **Zahlenverhältnis** ‖ **Zahler** der, -s/-: ein säumiger Z. *(jemand, der mit dem Zahlen im Rückstand ist)* ‖ **Zähler** der, -s/- (Math.): *in einem Bruch die Zahl über dem Bruchstrich;* → G.: Nenner | *Gerät mit Zählwerk, zB zum Messen des Stromverbrauchs* ‖ **Zahlerin** die, -/-innen ‖ **Zählkarte** ‖ **Zahlkellner:** *Kellner, der kassiert* ‖ **Zahlkellnerin** ‖ **zahllos:** zahllose Menschen; *aber:* es sind **Z**ahllose gekommen ‖ **Zahlmeister** (bes. früher): *Verwalter von Geldern* ‖ **Zahlmeisterin** (bes. früher) ‖ **Zahlnomen,** *auch:* Zahlsubstantiv (Gramm.): *Nomen, das bestimmte Mengen oder Zahlen ausdrückt, zB* ein Dutzend ‖ **zahlreich:** eine zahlreiche Verwandtschaft haben; *aber:* es sind **Z**ahlreiche gekommen ‖ **Zahlschein** (Bankw.): *Zahlungsauftrag* ‖ **Zahlscheingebühr** ‖ **Zahlsubstantiv:** *Zahlnomen* ‖ **Zahltag:** *Tag, an dem Lohn o. dgl. ausgezahlt wird* | *Tag der Vergeltung* ‖ **Zahlung** die, -/-en: eine Z. leisten *(zahlen);* an Zahlungs statt *(an Stelle einer Z.);* das alte Auto in Z. *(als Anzahlung)* geben ‖ **Zählung** die, -/-en: die Z. *(Auszählung)* der Stimmen abwarten ‖ **Zahlungsanweisung** (Bankw.) ‖ **Zahlungsaufforderung** ‖ **Zahlungsaufschub:** Z. erwirken ‖ **Zahlungsauftrag** (Bankw.) ‖ **Zahlungsbedingung** (meist Pl.) ‖ **Zahlungsbefehl** (Jus): *gerichtliche Zahlungsaufforderung auf Grund einer Mahnklage* ‖ **Zahlungsbeleg** (Bankw.): *Quittung* ‖ **Zahlungsbilanz** (Wirt.): *Erfassung des Wirtschaftsverkehrs mit dem Ausland;* → Leistungsbilanz; → Kapitalbilanz ‖ **Zahlungserinnerung** ‖ **Zahlungserleichterung:** *Ratenzahlung oÄ* ‖ **zahlungsfähig** ‖ **Zahlungsfrist** ‖ **zahlungskräftig:** zahlungskräftige Kunden ‖ **Zahlungsmittel** (meist Pl.): *Geld, Wertpapiere uÄ;* gesetzliche Z. ‖ **Zahlungsmodalität** (meist Pl.) ‖ **Zahlungsmoral** ‖ **Zahlungstermin** ‖ **zahlungsunfähig** ‖ **zahlungsunwillig** ‖ **Zahlungsverkehr** ‖ **Zahlungsverpflichtung** ‖ **Zahlungsverzug** ‖ **zahlungswillig** ‖ **Zahlungsziel:** *letztmöglicher Zeitpunkt einer Zahlungsfrist* ‖ **Zahlungszweck:** *Vermerk [auf Überweisungen]* ‖ **Zählwerk** ‖ **Zahlwort** (Gramm.): *Numerale* ‖ **Zahlzeichen:** *Zeichen für eine Zahl, zB* 3, IV, π, x

zahm: zahme Tiere | er war ganz z. *(fügsam, gesittet)* ‖ **zähmen:** [wilde] Tiere z. *(bändigen, an den Menschen gewöhnen)* | sie zähmt *(zügelt)* ihren Appetit ‖ **Zahmheit** die, - ‖ **Zähmung** die, -

Zahn der, -[e]s/Zähne: Zähne putzen; die dritten Zähne *(ein künstliches Gebiss);* er ist bis an die Zähne *(schwer)* bewaffnet; jemandem die Zähne zeigen *(drohen);* sich an etwas die Zähne ausbeißen *(es trotz großer Anstrengung nicht bewältigen);* die Zähne zusammenbeißen *(gegen Widerstand, Schmerz ankämpfen);* jemandem auf den Z. fühlen *(jemanden gründlich prüfen);* der Z. der Zeit *(Abnutzung)* | *Zacke von einer Säge, einem Kamm o. dgl.* | (ugs.) einen Z. zulegen *(schneller werden)* ‖ **Zahnarzt:** *Facharzt für Zahn- und Kieferheilkunde* ‖ **Zahnarztassistent** ‖ **Zahnarztassistentin** ‖ **Zahnärztekammer** ‖ **Zahnärztenotdienst** ‖ **Zahnärztin** ‖ **zahnärztlich:** die zahnärztliche Praxis ‖ **Zahnbehandlung** ‖ **Zahnbehandlungsschein** (reg. bzw. früher): *Sonderform des Krankenscheins* ‖ **Zahnbelag:** *Plaque* ‖ **Zahnbürste** ‖ **Zahncreme** [-k-] = Zahnkrem = Zahnkreme: *Zahnpasta* ‖ **Zahnderl** das, -s/-[n] (bes. Kinderspr.): *[Kinder-]*

zahn; die ersten Z. || **zäh|ne|flet|schend:** der Hund knurrte z. || **zäh|ne|klap|pernd** || **zäh|ne|knir|schend:** z. *(mit verhaltener Wut)* nachgeben || **zah|nen:** zahnende Kinder *(Kinder, die Zähne bekommen)* || **zäh|nen:** gezähnte Briefmarken || **Zahn|er|satz** (Med.): *künstliche Zähne* || **Zahn|fäu|le** (Med.) die, -: *Karies* || **Zahn|fleisch:** das Z. massieren | (ugs.) am Z. gehen/kriechen *(ohne Kraft, erschöpft sein)* || **Zahn|fleisch|blu|ten** das, -s (Med.) || **Zahn|fleisch|ta|sche** (Med.): *vom Zahnhals abgelöstes Zahnfleisch* || **Zahn|fleisch|schwund** (Med.): *Parodontose* || **Zahn|fül|lung:** *Plombe* || **Zahn|heil|kun|de:** *Zahnmedizin* || **Zahn|im|plan|tat** (Med.) || **Zahn|ka|ri|es** || **Zahn|kli|nik** || **Zahn|krem** = **Zahn|kre|me** = → Zahncreme || **Zahn|kro|ne** (Med.): *ein Zahnaufsatz* || **Zahn|laut** (Sprachwiss.): → *Dental* || **zahn|los** || **Zahn|lü|cke** || **Zahn|me|di|zin** || **Zahn|nerv** || **Zahn|pas|ta** = Zahnpaste: *Zahncreme* || **Zahn|pas|ta|lä|cheln** (sal.): *strahlendes Lächeln* || **Zahn|pas|te** = → Zahnpasta || **Zahn|pfle|ge** || **Zahn|pro|the|se** (Med.): *ein Zahnersatz* || **Zahn|putz|be|cher** || **Zahn|rad** || **Zahn|rad|bahn:** *eine Bergbahn* || **Zahn|re|gu|lie|rung** (Med.) || **Zahn|schein** (reg.): *Zahnbehandlungsschein* || **Zahn|schmelz:** *äußere Schicht der Zähne* || **Zahn|schmerz** (meist Pl.) || **Zahn|sei|de:** *[Seiden]faden zur Reinigung der Zahnzwischenräume* || **Zahn|span|ge** (Med.): *Vorrichtung zur Zahnregulierung* || **Zahn|stan|ge:** *gezähnte Stange, in die ein Zahnrad eingreift* || **Zahn|stein** der, -[e]s (Med.): *Ablagerung am Zahnschmelz* || **Zahn|sto|cher** der, -s/- || **Zahn|ta|sche** (Med.): *Zahnfleischtasche* || **Zahn|tech|nik:** *Anfertigung von Zahnersatz* || **Zahn|tech|ni|ker** || **Zahn|tech|ni|ke|rin** || **Zäh|nung** die, -/-en: die Z. der Briefmarke || **Zahn|wal:** *ein Fleisch fressender Wal* | (Pl.) (Zool.) *eine Unterordnung der Wale* || **Zahn|weh** || **Zahn|wur|zel** || **Zahn|ze|ment**

Zäh|re die, -/-n (geh., veraltet): *Träne*

Za|i|re [za'iːr-]: *früherer Name der Demokratischen Republik Kongo*

ZAMG: Zentral**a**nstalt für **M**eteorologie und **G**eodynamik (in Wien)

Zam|pa|no der, -s/-s ⟨it.⟩ (oft abw.): der große Z. *(Alleskönner, nach einer Filmgestalt)*

Zan|der der, -s/-: *ein Fisch, Fogosch, Schill*

Zan|ge die, -/-n: *ein Werkzeug;* jemanden in die Z. nehmen *(sich jemanden vornehmen, jemanden bedrängen)* || **zan|gen|för|mig** || **Zan|gen|ge|burt** (Med.) || **Zan|gen|griff:** *zangenförmiger Griff*

Zank der, -[e]s: *Streit* || **Zank|ap|fel:** *Gegenstand eines Streites* || **zan|ken:** die Schwestern z. sich um den besten Platz || **Zän|ke|rei** die, -/-en || **zän|kisch:** eine zänkische *(streitsüchtige)* Person || **zank|süch|tig**

Zapf der, -[e]s/-e (Jug., veraltend): *mündliche Prüfung* || **Zäpf|chen** das, -s/-: *kleiner Zapfen* | *Gaumenfortsatz* | *eine Medikamentenform, Suppositorium* || **Zäpf|chen-r** [-ɛr] = **Zäpf|chen-R** das, -/- (Sprachwiss.) || **zap|fen:** Bier z. *(dem Fass entnehmen)* | (Jug., veraltend) *prüfen* || **Zap|fen** der, -s/-: *Fassverschluss* | *Verbindungsglied [bei Kanthölzern]* | *zapfenförmiges Ding, zB Tannenzapfen, Eiszapfen* || **zap|fen|för|mig** || **Zap|fen|streich** (Mil.): *abendliches Signal [zur Heimkehr in die Kaserne]* || **Zapf|hahn:** ein Fass mit Z. || **Zapf|säu|le:** *Tankstelle für Treibstoff*

Zap|pel → Zappin || **zap|pe|lig,** *auch:* zapplig: ein zappeliges *(unruhiges; nervöses)* Kind || **zap|peln:** ich zapple ständig mit den Beinen || **zap|peln las|sen** = **zap|peln|las|sen:** jemanden z. l. *(mit einer Entscheidung hinhalten, im Ungewissen lassen)* || **Zap|pel|phi|lipp** [-fi-] der, -s/-e (ugs., scherzh.): *Kind, das nicht ruhig sitzen kann*

zap|pen [auch: 'zæ-]: *[ständiges] Hin-und-her-Schalten in [TV-]Programmen*

Zap|pin der, -s/-e, *auch:* Sappin, Sappel, -s/-, Zappel ⟨it.-friaulisch⟩ (reg.): *Spitzhacke zum Ziehen von gefällten Bäumen*

zapp|lig → zappelig

Zar der, -en/-en ⟨russ.⟩ (früher): *ein Titel slawischer Herrscher, bes. der russischen Kaiser;* → zaristisch || **Za|ren|reich** (Gesch.) || **Za|re|witsch** der, -[es]/-e (früher): *Zarensohn, Kronprinz*

Zar|ge die, -/-n: *Einfassung von Tür-, Fenster-, Brunnenöffnungen* | *Seitenwand [von Saiteninstrumenten]*

Za|rin die, -/-innen (früher) || **Za|ris|mus** der, - (Gesch.) || **za|ris|tisch:** das zaristische Russland *(Russland bis 1917);* → Zar

zart: eine zarte *(feine)* Haut | jemanden z. berühren | eine zarte *(liebliche)* Melodie | ein zarter *(taktvoller)* Wink | (scherzh.) das zarte Geschlecht *(die Frauen)* || **zart be|sai|tet** = **zart|be|sai|tet:** *feinfühlig, empfindsam;* → besaiten || **zart|blau** || **zart füh|lend** = **zart|füh|lend:** *taktvoll, rücksichtsvoll* || **Zart|ge|fühl** das, -[e]s: *Taktgefühl* || **Zart|heit** die, - || **zärt|lich:** *liebevoll, gefühlvoll, sanft* || **Zärt|lich|keit** die, -/-en: Zärtlichkeiten *(Liebkosungen)* austauschen

Zas|ter der, -s (bes. D, sal.): *Geld*

Zä|sur die, -/-en ⟨lat.⟩: *Einschnitt; Pause [in einem Vers]*

Zau|ber der, -s/-: fauler Z. *(Täuschung, Schwindel)* | (ohne Pl.) *Unerklärliches, Wunderbares; fesselnder Reiz;* der Z. der Natur || **Zau|be|rei** die, -/-en || **Zau|be|rer** der, -s/- || **Zau|ber|for|mel** || **zau|ber|haft:** ein zauberhafter *(herrlicher)* Anblick || **Zau|ber|hand:** wie von Z. *(auf unerklärliche Weise)* || **Zau|be|rin** die, -/-innen || **zau|be|risch** (veraltet): *betörend* || **Zau|ber|kunst** || **Zau|ber|künst|ler:** *Magier* || **Zau|ber|künst|le|rin** || **zau|bern:** z. lernen | (ugs.) ich kann nicht z. *(ich kann das nicht schneller machen)* || **Zau|ber|spruch** || **Zau|ber|stab** || **Zau|ber|trank** || **Zau|ber|trick** || **Zau|ber|wort**

Zau|de|rer der, -s/- || **Zau|de|rin** die, -/-innen || **zau|dern:** *zögern, unentschlossen sein*

Zaum der, -[e]s/Zäume: *Riemenzeug für den Kopf von Reit- und Zugtieren;* sich im Z. halten *(in der Gewalt haben)* || **zäu|men:** das Pferd z. *(ihm das Zaumzeug anlegen)* || **Zaum|zeug:** *Zaum*

Zaun der, -[e]s/Zäune: ein lebender Z. *(Hecke);* einen Streit vom Z. brechen *(provozieren)* || **zaun|dürr** (ugs.): *sehr mager* || **Zaun|ei|dech|se** [-ks-] || **Zaun|gast:** *jemand, der von draußen zuschaut* || **Zaun|kö|nig:** *ein Singvogel* || **Zaun|pfahl:** einen Z. ersetzen | jemandem einen Wink mit dem Z. geben *(sehr deutlich werden)*

zau|sen, du zaust: der Sturm zaust die Wipfel der Bäume || **zau|sig** (ugs.): zausige *(zerraufte, zer-*

Z

zauste) Haare

Zaziki = Tsatsiki das (*auch:* der), -s/-s ⟨türk.-gr.⟩: *eine griechische Joghurtspeise*

zB = **z. B.:** **z**um **B**eispiel

Zebra das, -s/-s ⟨span.⟩: *ein gestreiftes Wildpferd* ‖ **Zebrastreifen:** *durch Bodenstreifen gekennzeichneter Fußgängerübergang*

Zebu das = der, -s/-s ⟨tibet.-fr.⟩: *Buckelrind*

Zeche die, -/-n: *Bergwerksgesellschaft, -betrieb;* in die Z. *(in das Bergwerk)* einfahren | *genossene Speisen und Getränke im Gasthaus;* eine große Z. *(Gasthausrechnung)* bezahlen müssen; die Z. zahlen *(den Schaden tragen)* müssen | (Volksk.) (bes. O) *eine Burschenvereinigung* ‖ **zechen:** *[viel] Alkohol trinken;* sie zechten bis zum Morgen ‖ **Zecher** der, -s/- ‖ **Zecherin** die, -/-innen: *jemand, der gerne zecht* ‖ **Zechgelage** ‖ **Zechgenosse** ‖ **Zechgenossin** ‖ **Zechkumpan** ‖ **Zechkumpanin** ‖ **Zechmeister** (Volksk.) (bes. O): *Leiter eine Zeche* ‖ **Zechpreller** der, -s/-: *jemand, der seine Zeche nicht bezahlt* ‖ **Zechprellerei** die, -/-en ‖ **Zechprellerin** die, -/-innen ‖ **Zechpropst** (reg., zB S, O, veraltet): *Mann, der während des Gottesdienstes Geldspenden einsammelt* ‖ **Zechtour** [-'tu:ə]

Zeck der, -[e]s [-en]/-en (ugs.): *Zecke* ‖ **Zecke** die, -/-n: *ein blutsaugendes Spinnentier, Holzbock* ‖ **Zeckenbiss:** *Stich durch eine blutsaugende Milbenart* ‖ **Zeckenschutzimpfung**

Zeder die, -/-n ⟨gr.-lat.⟩: *eine Nadelbaumgattung* ‖ **Zedernholz**

zedieren ⟨lat.⟩ (Jus): eine Forderung z. *(sie an einen anderen abtreten);* → Zession

Zeger → Zöger

Zeh der, -s/-en (bes. D): *Zehe* ‖ **Zehe** die, -/-n: die große Z.; jemandem auf die Zehen steigen/treten *(Druck machen, ihn empfindlich treffen)* | *Knoblauchzehe* ‖ **Zehennagel** ‖ **Zehenspitze:** sich auf den Zehenspitzen ins Haus schleichen

Zehent der, -s (früher): *eine Abgabe, der zehnte Teil [der Feldfrüchte]*

Zeherl [auch: -ç-] das, -s/-[n]: *Zehe [von Kindern]*

zehn (10): z. Euro; *aber:* die **Z**ehn Gebote [Gottes]; der zehnte Teil; → acht ‖ **Zehn** die, -/-en (bes. D): *Zehner, die Zahl Zehn (10)* ‖ **Zehneck** (Math.) ‖ **zehneckig** (10-eckig) ‖ **zehneinhalb** ‖ **zehner** (10er) → achtziger

Zehner (10er)

der, -s/-: *die Zahl Zehn (10);* → Achter; → Achtziger | einen Zehner im Toto machen | *Zehneuroschein*

Die österreichischen Formen der nominalisierten Zahlwörter werden auf -er gebildet:
- einen Zehner ausgeben (bes. in Deutschland: eine Zehn)
- einen Zehner im Lotto gewinnen

zehner Jahr = **Zehnerjahr** (10er Jahr, 10er-Jahr) (ugs.): die zehner Jahre des 21. Jahrhunderts; → achtziger ‖ **Zehnerjause** (veraltend): *eine Zwischenmahlzeit* ‖ **Zehnerl** das, -s/-[n] (ugs.): *Zehncentstück* | (früher) *Zehngroschenstück* ‖ **zehnerlei** ‖ **Zehnerpackung** ‖ **Zehnerpotenz** (Math.) ‖ **Zehnerreihe** ‖ **Zehneurobanknote** (10-Euro-Banknote) ‖ **Zehneuroschein** (10-Euro-Schein) ‖ **zehnfach** (10fach = 10-fach) ‖ **Zehnfingersystem** [-zy-]: im Z. maschinschreiben ‖ **zehnjährig** (10-jährig) ‖ **Zehnkampf:** *ein Sportwettbewerb in zehn Einzeldisziplinen* ‖ **zehnmal** (10-mal) → achtmal ‖ **zehnt:** zu z. ‖ **zehnte** (10.): der z. Teil; das z. Bundesland *(die Auslandsösterreicher/innen);* → achte ‖ **zehntausend** (10 000): z. Euro; die oberen z. (= Zehntausend) *(die oberste bzw. vermögendste Gesellschaftsschicht)* ‖ **Zehnte** der, -n/-n (veraltet): *Zehent* ‖ **zehnteilig** (10-teilig): *dezimal* ‖ **zehntel:** → zehntel Gramm = Zehntelgramm; → achtel ‖ **Zehntel** das, -s/-: mit einem Z. Vorsprung gewinnen ‖ **zehntel Gramm** = **Zehntelgramm:** *Dezigramm* ‖ **zehntel Liter** = **Zehntelliter:** *Deziliter* ‖ **zehntel Sekunde** = **Zehntelsekunde** ‖ **zehntens** (10.) ‖ **Zehntonner** (10-Tonner): *Lastwagen von 10 t* ‖ **Zehnuhrjause**

zehren: von den Vorräten z. *(leben)* | die Krankheit zehrt an seinen Kräften ‖ **Zehrgebiet:** *Abschmelzbereich eines Gletschers* ‖ **Zehrgeld** (veraltet): *eine Art Taggeld* ‖ **Zehrpfennig** (veraltet): *Spargeld für den äußersten Notfall; Notgroschen* ‖ **Zehrung** die, -/-en (reg., bes. D): *Leichenschmaus* | (geh., veraltet) *Verpflegung*

Zeichen das, -s/-: sich durch Z. verständigen; ein Z. setzen *(etwas wegweisend Neues tun)* | (geh.) *Vorzeichen, Anzeichen;* es geschehen noch Z. und Wunder *(da bin ich aber überrascht);* die Z. der Zeit; im Z. des Fortschritts | (veraltend) Hans Sachs war seines Zeichens *(von Beruf)* Schuster ‖ **Zeichenbehelf:** *Hilfsmittel zum Zeichnen* ‖ **Zeichenblock** der, -[e]s/-blöcke [-blocks] ‖ **Zeichenbrett** ‖ **Zeichendeuter** der, -s/- (veraltet): *Deuter von [schicksalhaften] Vorzeichen und Anzeichen* ‖ **Zeichendeuterin** die, -/-innen (veraltet) ‖ **Zeichenerklärung** ‖ **zeichenhaft** (geh.): *symbolisch* ‖ **Zeichenlehrer** (veraltend): *Lehrer für Bildnerische Erziehung* ‖ **Zeichenlehrerin** (veraltend) ‖ **Zeichenpapier** ‖ **Zeichensaal:** *Unterrichtsraum für Bildnerische Erziehung* ‖ **Zeichensetzung** die, -: *die Verwendung von Satzzeichen, Interpunktion* ‖ **Zeichensprache:** *Verständigung durch Zeichen; Sprache [der Gehörlosen]; Gebärdensprache* ‖ **Zeichentrickfilm:** *aus Serien von Zeichnungen zusammengestellter Trickfilm* ‖ **Zeichenunterricht** (veraltend) ‖ **zeichnen:** Figuren z. | die Wäsche mit dem Namen oder dessen Anfangsbuchstaben z. *(markieren)* | vom Tode gezeichnet | (bes. Bankw.) *unterschreiben;* eine Anleihe z. *(sich zur Abnahme von Anleihescheinen verpflichten)* | verantwortlich z. ‖ **Zeichner** der, -s/- ‖ **Zeichnerin** die, -/-innen ‖ **zeichnerisch:** sie ist z. begabt ‖ **Zeichnung** die, -/-en ‖ **zeichnungsberechtigt:** für dieses Konto sind zwei Personen z. *(unterschriftsberechtigt)* ‖ **Zeichnungsfrist** (Bankw., Börse): *Zeitraum, in dem ein neues Wertpapier geordert werden kann*

zeideln, ich zeidle (veraltet): *aus den Waben Honig und Wachs gewinnen* ‖ **Zeidler** der, -s/- (veraltet): *Bienenzüchter* ‖ **Zeidlerei** die, -/-en (veraltet): *Bienenzucht*

Zeigefinger ‖ **zeigen:** jemandem den Weg z. | mit erhobenem

Finger z.; das Thermometer zeigt 30 Grad | es jemandem z. *(jemanden scharf zurechtweisen; jemandem beweisen, was man kann)* | sie zeigte *(bewies)* Mut | es zeigt sich *(wird offenbar)*, dass ...; sich erkenntlich z. *(sich dankbar erweisen)* || **Zeiger** der, -s/-: der Z. steht auf fünf || **Zeigerstand** der, -[e]s || **Zeigestab** || **Zeigestock**

zeihen, zieh/geziehen (geh.): jemanden der Lüge z. *(bezichtigen, beschuldigen)*

Zeile die, -/-n: einige Zeilen *(eine kurze Nachricht)* schreiben; keine Z. *(keinerlei schriftliche Mitteilung)* hinterlassen; zwischen den Zeilen lesen *(aus Andeutungen die Wahrheit erraten)* | *Reihe von aneinander anschließenden Bauten* || **Zeilenabstand** (Druckw.) || **Zeilenhonorar:** *Honorierung pro Zeile, zB für einen Zeitungsbeitrag* || **Zeilenlänge** || **zeilenweise** || **-zeilig** (nur in Zusammensetzungen wie achtzeilig)

Zeiselwagen = Zeiserlwagen (W, früher): *eine Art Leiterwagen zur Personenbeförderung*

Zeiserl das, -s/-[n] (mda.): *Zeisig*

Zeiserlwagen = → Zeiselwagen

Zeisig der, -s/-e: *ein Singvogel*

zeit (Präp. mit Gen.): zeit seines Lebens; *aber:* zeitlebens

Zeit

die, -/-en: das hat Zeit *(eilt nicht)*; es ist höchste Zeit; von Zeit zu Zeit *(ab und zu)*; mit der Zeit *(allmählich)*; mit der Zeit *(mit der Entwicklung)* gehen; auf Zeit *(für begrenzte Zeit)*; du bist die längste Zeit mein Freund gewesen *(bist es nicht mehr)*; zu meiner Zeit; sich die Zeit vertreiben; zu jeder Zeit; *aber:* → jederzeit | alle heiligen Zeiten [einmal] *(sehr selten)*; ich bin [völlig] aus der Zeit *(der Zeitplan ist mir völlig durcheinandergeraten, ich komme zeitlich nicht zurecht)* | (geh.) zu nachtschlafender Zeit *(nachts)* | (Sport) auf Zeit spielen *(das Spiel verzögern)*; Zeit schinden *(das Spiel verzögern)* | (mit Abkürzung: z. Z., z. Zt.) zur Zeit

Getrennt- und Zusammenschreibung:

- eine Zeit lang (= Zeitlang) nur zusehen
- Zeit raubende (= zeitraubende) Vorkehrungen; *aber nur:* sehr zeitraubend, am zeitraubendsten
- eine Zeit sparende (= zeitsparende) Maßnahme

R→ S. 902, 2.1

Getrenntschreibung:

- zur Zeit Mozarts; *aber zusammen:* zurzeit *(derzeit)* habe ich viel zu tun
- zu Zeiten Maria Theresias; *aber zusammen:* zuzeiten beschäftigt sie sich damit (geh.: *zeitweise*)

Kleinschreibung der Präposition:

- zeit ihres Lebens half sie Kranken; *aber zusammen:* zeitlebens half sie Kranken

zeitabhängig || **Zeitablauf** || **Zeitabschnitt** || **Zeitalter:** im Z. der Technik; das goldene (auch: Goldene) Z. *(Blütezeit)* || **Zeitangabe:** eine falsche Z. || **Zeitansage:** die Uhr nach der Z. im Radio stellen || **Zeitarbeiter:** *Leiharbeiter* || **Zeitarbeiterin** || **Zeitaufwand** || **zeitaufwändig** = **zeitaufwendig** || **Zeitausgleich:** *[für Überstundenleistung] gewährte Freizeit* || **zeitbedingt** || **Zeitbegriff:** *Vorstellung über die Zeit* || **Zeitbestimmung** || **Zeitbombe:** *Bombe mit Zeitzünder* | *Gefahrenquelle, die jederzeit hervorbrechen kann* || **Zeitdauer** || **Zeitdehnung** die, - (Phys.): → *Dilatation* | (veraltet) *Zeitlupe* || **Zeitdokument** || **Zeitdruck** der, -[e]s: unter Z. arbeiten *(wenig Zeit für seine Arbeit haben)* || **Zeiteinteilung** || **Zeitenfolge** die, - (Gramm.): *Abhängigkeit der Zeitformen in Gliedsätzen* || **Zeitenwende,** *auch:* Zeitwende: *Beginn einer neuen Epoche;* vor/nach der Z. *(vor/nach Christi Geburt)* || **Zeiterscheinung:** *Erscheinung, die für eine bestimmte Zeit typisch ist* || **Zeitersparnis** || **Zeitfaktor** || **Zeitfenster:** *zeitlicher Rahmen* || **Zeitform** (Gramm.): einfache Zeitformen *(Präsens, Präteritum);* zusammengesetzte Zeitformen *(Perfekt, Plusquamperfekt, Futur)* || **Zeitfrage:** das ist nur eine Z. || **zeitgebunden:** zeitgebundene *(durch die Zeitverhältnisse bedingte)* Anschauungen || **Zeitgefühl:** er hat kein Z. *(kann Zeitdauer oder Uhrzeit nicht einschätzen)* || **Zeitgeist:** *geistige Haltung der Menschen in einem bestimmten Zeitalter* || **zeitgemäß** || **Zeitgenosse:** *jemand, der zur gleichen Zeit lebt oder gelebt hat* || **Zeitgenossin** || **zeitgenössisch:** zeitgenössische Musik *(heutige Musik; Musik der betreffenden Zeit)* || **zeitgerecht:** zeitgerechte *(der Auffassung, dem Stand, dem Geschmack der Zeit entsprechende)* Methoden | z. *(rechtzeitig)* kommen || **Zeitgeschäft** (Wirt.): *Termingeschäft* || **Zeitgeschehen** || **Zeitgeschichte:** *Geschichte der neuesten Zeit* || **zeitgeschichtlich** || **Zeitgeschmack** || **Zeitgewinn** || **zeitgleich:** *gleichzeitig;* die Veranstaltungen finden z. statt || **Zeitgründe** die (Pl.): aus Zeitgründen absagen || **zeitig:** z. *(früh)* aufstehen; *aber:* → zeitlich | (ugs.) zeitige *(reife)* Äpfel || **zeitigen** (geh.): unsere Mühe hat Erfolg gezeitigt *(gebracht);* sein Entschluss wird schwere Folgen z. *(nach sich ziehen)* || **Zeitkritik** || **zeitkritisch:** *die Verhältnisse der eigenen Zeit kritisch betrachtend* || **Zeit lang** = **Zeitlang** (in der Wendung): eine Z. l. || **Zeitläufte** die (Pl.), *auch:* Zeitläufe (geh.): *Folge der Geschehnisse, Ereignisse;* diese Z. überdauern || **zeitlebens** [auch: -'le:-]: *während des ganzen Lebens; aber:* zeit seines Lebens || **zeitlich:** z. und räumlich; *aber:* → zeitig | (geh.) *irdisch; aber:* das **Z**eitliche segnen *(sterben)* || **Zeitlohn** (Wirt.): *auf Grund der Arbeitszeit berechneter Lohn;* → G.: Stücklohn || **zeitlos:** *nicht der Mode unterworfen, unvergänglich;* z. gültig; z. schön || **Zeitlosigkeit** || **Zeitlupe:** *Zeitdehnung [im Film], verlangsamte Darstellung eines Ablaufs;* → G.: Zeitraffer || **Zeitlupenaufnahme** || **Zeitlupentempo** || **Zeitmangel** || **Zeitmaschine:** *utopische Maschine für Zeitreisen [in der Sciencefiction]* || **Zeitmaß** || **Zeitmessung** || **zeitnah,** *auch:* **zeitnahe:** *gegenwartsnah, zeitgemäß* || **Zeitnähe** || **Zeitnehmer** der, -s/- (Sport): *jemand, der bei Wettkämpfen die erzielten Zeiten feststellt* || **Zeitnehmerin** die, -/-innen (Sport) || **Zeitnehmung** die, -/-en || **Zeitnot** die, -: *Zeitmangel* || **Zeitplan** || **Zeitpolster** (sal.): ein Z. einbauen || **Zeit-**

punkt: zum richtigen Z. *(im richtigen Moment)* kommen ‖ **Zeitraffer:** *Zeitbeschleunigung [im Film];* → G.: Zeitlupe ‖ **Zeitrafferaufnahme** ‖ **Zeit raubend** = **zeitraubend:** eine Z. raubende Arbeit ‖ **Zeitraum:** *Zeitabschnitt* ‖ **Zeitrechnung:** im Jahr 976 unserer Z. *(der Zeitrechnung nach Christi Geburt)* ‖ **Zeitreise:** *utopische Reise durch verschiedene Zeitepochen* ‖ **Zeitschaltuhr** ‖ **Zeitschrift** ‖ **Zeitsinn:** keinen Z. haben *(die Zeitdauer nicht abschätzen können)* ‖ **Zeitsoldat** (Mil.): *freiwillig auf bestimmte Zeit verpflichteter Berufssoldat* ‖ **Zeitspanne:** *[kurzer] Zeitraum* ‖ **Zeit sparend** = **zeitsparend** ‖ **Zeitsprung** ‖ **Zeitstufe** (Gramm.): die drei Zeitstufen *(Gegenwärtiges, Vergangenes, Zukünftiges)* ‖ **Zeittafel** ‖ **Zeitumstände** die (Pl.) ‖ **Zeitung** die, -/-en ‖ **Zeitungsabonnement** [-abɔnmɑ̃:] ‖ **Zeitungsannonce** [-anõ:s(ɛ)] ‖ **Zeitungsartikel** ‖ **Zeitungsausschnitt** ‖ **Zeitungsausträger:** *Zeitungszusteller* ‖ **Zeitungsausträgerin** ‖ **Zeitungsente:** *falsche, irreführende Meldung in der Zeitung* ‖ **Zeitungsinserat** ‖ **Zeitungskiosk** ‖ **Zeitungskolporteur** [-'tø:ɐ] ‖ **Zeitungskolporteurin** ‖ **Zeitungsleser** ‖ **Zeitungsleserin** ‖ **Zeitungsmeldung** ‖ **Zeitungsnotiz:** *Vermerk in einer Zeitung* ‖ **Zeitungspapier** ‖ **Zeitungsverkäufer:** *Kolporteur* ‖ **Zeitungsverkäuferin** ‖ **Zeitungsverlag** ‖ **Zeitungsverschleiß** (Amtsspr.) ‖ **Zeitungsverschleißer** (Amtsspr.): *Kleinhändler mit Zeitungen, zB Trafikant* ‖ **Zeitungsverschleißerin** (Amtsspr.) ‖ **Zeitungsvertrieb** ‖ **Zeitunterschied** ‖ **Zeitvergeudung** ‖ **Zeitverlust** ‖ **zeitverpflichtet** (Mil.): zeitverpflichteter Soldat (zvS) ‖ **Zeitverschiebung:** *Zeitunterschied bei Reisen auf Grund der Zeitzonen* ‖ **Zeitverschwendung** ‖ **zeitversetzt:** das Konzert eine halbe Stunde z. übertragen ‖ **Zeitvertrag:** *befristeter [Arbeits]vertrag* ‖ **Zeitvertreib** der, -[e]s/-e: zum Z. malen ‖ **Zeitverzögerung** ‖ **Zeitvorsprung** ‖ **Zeit-Wege-Diagramm:** → *Bildfahrplan* ‖ **zeitweilig:** *vorübergehend, eine Zeit lang* | *gelegentlich* ‖ **zeitweise:** *zuweilen* | *vorübergehend* ‖ **Zeitwende** → Zeitenwende ‖ **Zeitwert:** den Z. *(derzeitigen Wert)* eines Autos angeben ‖ **Zeitwort** (Gramm.): *Verb* ‖ **Zeitzählung:** *Zeitrechnung* ‖ **Zeitzeichen:** *akustisches Zeichen, bei dessen Ertönen die angesagte Zeit erreicht ist, zB im Hörfunk* ‖ **Zeitzeuge:** *Zeitgenosse als Geschichtsquelle* ‖ **Zeitzeugin** ‖ **Zeitzone:** *Zone, innerhalb der an allen Orten dieselbe Uhrzeit gilt;* es gibt 24 Zeitzonen ‖ **Zeitzünder:** *auf eine bestimmte Zeit einstellbare Zündvorrichtung*

Zelebrant der, -en/-en ⟨lat.⟩: *Priester, der die Messe liest* ‖ **Zelebration** [-tsi̯-] die, -/-en ‖ **zelebrieren:** eine Messe z. *(feiern)* | (scherzh.) *etwas feierlich* (auch: *umständlich) vollziehen* ‖ **Zelebrität** die, -/-en (geh.): *berühmte Persönlichkeit*

Zell (Siedlungsname): Z. am See *(Stadt in Salzburg, Kfz: ZE)*

Zellatmung (Biol.) ‖ **Zelle** die, -/-n: *ein kleiner Raum;* Telefonzelle | (Biol.) *kleinste lebende Einheit [von Pflanzen und Tieren]* | (meist scherzh.) die kleinen grauen Zellen *(Großhirnrindenzellen, Denkfähigkeit, Gedächtnis)* ‖ **Zellengewebe** (Biol.): *Zellgewebe*

Zeller der, -s/- (reg., ugs.): *Sellerie* ‖ **Zellersalat** (reg., ugs.)

Zeller See: *See in Salzburg* | *auch:* Irrsee: *See in Oberösterreich*

Zellgewebe (Biol.) ‖ **Zellglas** das, -es: *ein Kunststoff* ‖ **-zellig** (nur in Zusammensetzungen wie mehrzellig) ‖ **Zellkern** (Biol.) ‖ **Zellmembran** (Biol.) ‖ **Zellophan** [-f-] = Cellophan [ts-] das, -s (Wz.): *eine glasklare Kunststofffolie* ‖ **Zellplasma** (Biol.) ‖ **Zellstoff** der, -[e]s: *technisch hergestellte Zellulose* ‖ **Zellstoffwechsel** [-ks-] (Biol.) ‖ **Zellstofffabrik** ‖ **Zellteilung** (Biol.) ‖ **Zellulitis** = Cellulitis = Cellulite ['seljʊlaɪt] die, - (Med.): *eine Schwächung des Bindegewebes, Orangenhaut* ‖ **Zelluloid** [-'lo̯it, auch: -lo'i:t] = Celluloid [ts-] das, -[e]s ⟨lat.-engl.⟩: *ein durchsichtiger Kunststoff* ‖ **Zellulose** = Cellulose die, - ⟨lat.⟩: *Hauptbestandteil der pflanzlichen Zellwände* ‖ **Zellwolle** die, - (veraltend): *eine Kunstfaser*

Zelot der, -en/-en ⟨gr.-lat.⟩: *Glaubenseiferer, Fanatiker* ‖ **Zelotin** die, -/-innen

Zelt das, -[e]s/-e: in einem Z. übernachten; die Zelte abbrechen *(weiterziehen, den Aufenthaltsort ändern)* ‖ **Zeltbahn:** *Zeltblatt* ‖ **Zeltblatt:** *Stoffteil für den Zeltbau*

zelteln = **zelten:** *ein Zelt aufschlagen, in einem Zelt wohnen, campen*

Zelten der, -s/- (reg.): *Früchtebrot, Lebkuchen;* Mohnzelten

Zelter der, -s/- (veraltet): *ein Damenreitpferd*

Zeltlager ‖ **Zeltler** der, -s/-: *jemand, der zeltet* ‖ **Zeltlerin** die, -/-innen ‖ **Zeltpflock:** *Hering* ‖ **Zeltplache** ‖ **Zeltplane** ‖ **Zeltplatz**

Zeltweg: *Stadt in der Steiermark*

Zement der (*auch:* das), -[e]s/-e ⟨lat.-fr.⟩: *ein Baustoff* | *eine Zahnfüllung* ‖ **Zementboden** ‖ **zementieren:** *mit Zement ausfüllen, verputzen* | einen Standpunkt z. *(ihn nachdrücklich, unverrückbar festlegen)* ‖ **Zementierung** die, -/-en ‖ **Zementmörtel** ‖ **Zementsack**

Zen [z-, auch: ts-] das, -[s] ⟨Sanskrit-chin.-jap.⟩: *eine [buddhistische] philosophische Richtung* ‖ **Zenbuddhismus**

Zenit der, -[e]s ⟨arab.⟩: *Scheitelpunkt [des scheinbaren Himmelsgewölbes];* im Z. *(auf dem Höhepunkt)* seines Schaffens

zensieren ⟨lat.⟩: *zensurieren* | *beurteilen* ‖ **Zensierung** die, -/-en ‖ **Zensor** der, -s/-en [-'o:-]: *Zensurbeamter* ‖ **Zensorin** die, -/-innen ‖ **Zensur** die, -: die Meldung ist der Z. *(der amtlichen Kontrolle)* zum Opfer gefallen | (mit Pl. -en) (D) *Beurteilung; Zeugnisnote[n]* ‖ **zensurieren,** *auch:* zensieren: Nachrichten, Bücher, Briefe z. *(amtlich auf verbotene Inhalte prüfen)* ‖ **Zensus** der, -/-: *Volkszählung*

Zentaur = → Kentaur

Zentenarfeier ⟨lat.+dt.⟩: *Zentenarium* ‖ **Zentenarium** das, -s/ Zentenarien [-i̯ɛn] ⟨lat.⟩: *Hundertjahrfeier* ‖ **Zenti-** ⟨lat.⟩ (c) (nur in Zusammensetzungen wie zB Zentimeter) ‖ **Zentigramm** (cg): *0,01 g* ‖ **Zentiliter** (cl): *0,01 l* ‖ **Zentimeter** [auch: 'tsen-] (cm): *0,01 m* ‖ **Zentimeter-Gramm-Sekunden-System** [-zy-] das, -s (CGS-System) ‖ **Zentimetermaß:** *ein Maßband* ‖ **Zentner** der -s/- (q) (in Öster-

Z

reich keine gesetzliche Maßeinheit mehr): *100 kg* | (veraltet) *50 kg* (= Wiener Zentner) ‖ **Zentnerlast:** eine Z. fällt mir vom Herzen *(ich bin erleichtert)* ‖ **zentnerschwer:** *sehr schwer* ‖ **zentnerweise**

zentral ⟨gr.-lat.⟩: ein z. *(in der Ortsmitte)* gelegenes Kaufhaus ‖ **Zentralafrika** ‖ **Zentralalpen** die (Pl.): *zentraler Teil der Ostalpen* ‖ **Zentralamerika** ‖ **Zentralamt:** Österreichisches Statistisches Z. *(früher für Statistik Austria)* ‖ **Zentralanstalt** → ZAMG ‖ **Zentralarbeitsinspektorat** [-sp-, auch: -ʃp-] ‖ **Zentralasien** ‖ **Zentralausschuss** ‖ **Zentralbahnhof:** *Hauptbahnhof;* der Wiener Z. *(in Bau; früher: Südbahnhof)* ‖ **Zentralbank** → Europäische Zentralbank ‖ **Zentralbau** der, -[e]s/-ten (Arch.): *um einen Mittelteil, zB um einen Raum mit Kuppel, angelegtes Bauwerk* ‖ **Zentralbesoldungsamt** (früher): *Bundesrechenzentrum* ‖ **Zentralbetriebsrat** ‖ **Zentralbüro** ‖ **Zentrale** die, -/-n: *Hauptstelle; Hauptgeschäft* | *Telefonzentrale* ‖ **Zentraleinheit** (EDV): *Hauptkomponente eines Computers, CPU, Prozessor* ‖ **Zentraleuropa** ‖ **Zentralfigur:** *Hauptgestalt* ‖ **Zentralfriedhof** ‖ **zentralgeheizt** ‖ **Zentralgewalt** (Gesch.): *von einer übergeordneten, zentral organisierten Stelle ausgeübte Macht* ‖ **Zentralheizung:** *Heizung, die ein ganzes Haus von einer zentralen Stelle aus beheizt* | *Radiator* ‖ **zentralisieren:** *an einem Punkt zusammenziehen, vereinigen;* → G.: dezentralisieren ‖ **Zentralisierung** die, -/-en ‖ **Zentralismus** der, -: *das Bestreben, Gesetzgebung und Verwaltung für den gesamten Staat von einer Stelle aus einheitlich zu gestalten;* → G.: Föderalismus ‖ **zentralistisch:** zentralistische *(auf Zusammenziehung, auf den Zentralismus hinzielende)* Bestrebungen ‖ **Zentralkomitee** (ZK): *[politischer] Führungsausschuss [in kommunistischen Parteien]* ‖ **Zentrallager** ‖ **Zentralmatura:** *standardisierte schriftliche Reifeprüfung (mit zentraler Aufgabenstellung) (ab 2013 für AHS bzw. 2014 für BHS)* ‖ **Zentralnervensystem** [-f-zy-] (Biol.) ‖ **Zentralperspektive** [-fɛ-, -vɛ] (bes. Kunstg.) ‖ **Zentralraum:** *die Wirtschaftsentwicklung im oberösterreichischen Z.* ‖ **Zentralstelle:** *die Zentralstellen des Bundes, zB die Bundesministerien* ‖ **Zentralthema** ‖ **Zentralverriegelung:** ein Auto mit Z. ‖ **Zentralverwaltung** ‖ **zentrieren:** ein Rad z. *(es so einrichten, dass sein Schwerpunkt genau in der Mitte liegt)* | Überschriften z. *(in die Mitte der Seite setzen)* ‖ **zentrifugal:** *vom Mittelpunkt wegstrebend;* → G.: zentripetal ‖ **Zentrifugalkraft:** *Fliehkraft* ‖ **Zentrifuge:** *Schleudermaschine; Schwungmaschine* ‖ **zentrifugieren:** die Wäsche z. *(schleudern)* ‖ **zentripetal:** *zum Mittelpunkt [hin]strebend;* → G.: zentrifugal ‖ **Zentripetalkraft** ‖ **zentrisch:** *im Mittelpunkt befindlich* ‖ **Zentrum** das, -s/Zentren: *Mittelpunkt;* im Z. *(in der Innenstadt)* wohnen

Zenzi: *weibl. Vorname (Crescentia, Innocentia uÄ)*

Zephir [-f-] = Zephyr [-yr] der, -s ⟨gr.-lat.⟩: *ein sanfter Wind, bes. aus Südwesten* | (mit Pl. Zephire) *ein Baumwollgewebe*

Zeppelin der, -s/-e: *mit Gas gefülltes Luftschiff (nach dem Konstrukteur)*

zeppeln, ich zepple (reg., ugs., veraltend): *trippeln*

Zepter = → Szepter

zerbeißen

zerbersten

Zerberus = Cerberus [ts-] der, -/-russe ⟨gr.-lat.⟩: *Höllenhund (in der griechischen Sage)* | (meist scherzh.) *grimmiger Wächter*

zerbeulen

zerbomben: *durch Bomben zerstören*

zerbrechen: ein Glas z.; sich den Kopf über etwas z. *(darüber angestrengt nachdenken)* | er ist an seinem Kummer zerbrochen *(verzweifelt)* ‖ **zerbrechlich:** ein zerbrechliches Porzellan ‖ **Zerbrechlichkeit** die, -

zerbröckeln

zerbröseln

zerdepschen, *auch:* zertepschen (ugs.): du zerdepsch[s]t *(zerdrückst, zerschlägst)* ein Ei

zerdrücken: Erdäpfel z. | ein zerdrücktes *(zerknittertes)* Kleid

Zerealien [-iən] die (Pl.) ⟨lat.⟩: *Getreide[produkte]*

zerebral = cerebral [ts-] ⟨lat.⟩ (Med.) *das Gehirn betreffend, vom Gehirn ausgehend*

Zereisen das, -s (Chem.): *eine Legierung für Feuersteine;* → Cer

Zeremonie [-iɛ] die, -/-n ⟨lat.⟩: *feierliche Handlung in genau festgelegter Form, zB beim Gottesdienst* ‖ **zeremoniell** ‖ **Zeremoniell** das, -s/-e: *Vorschriften bei feierlichen [festlichen] Anlässen* ‖ **Zeremonienmeister** (früher): *ein Hofbeamter* ‖ **zeremoniös:** eine zeremoniöse *(förmliche, steife)* Begrüßung

zerfahren[1] (Verb): eine zerfahrene *(durch Fahrzeuge zerstörte)* Wiese ‖ **zerfahren**[2] (Adj.): ein zerfahrener *(verwirrter, zerstreuter)* Mensch ‖ **Zerfahrenheit** die, -

Zerfall der, -[e]s: radioaktiver Z. ‖ **zerfallen:** *auseinanderfallen* | (geh.) er ist mit allen Freunden z. *(zerstritten)* ‖ **Zerfallserscheinung** ‖ **Zerfallsprodukt** (Phys.)

zerfasern

zerfetzen: das Sprengstück zerfetzte *(zerriss)* ihm den Arm

zerflattern: das Gespräch begann zu z. *(begann sich zu verlieren, vom eigentlichen Thema abzuweichen)*

zerfleddert: *abgenützt, zerlesen*

zerfitzeln (ugs.): *zerkleinern, zerschnipseln*

zerfleischen: von Wölfen zerfleischte *(zerrissene)* Schafe | du zerfleisch[s]t *(quälst)* dich

zerfließen: auf Papier zerflossene Tinte | vor Mitleid z.

zerfransen: eine zerfranste Hose | (ugs.) sich für jemanden z. *(übereifrig anstrengen)*

zerfressen: von Rost zerfressenes Eisen | von Ehrgeiz z.

zerfurchen: ein von Sorgen zerfurchtes *(faltiges)* Gesicht

zergehen: Fett z. lassen; zergehender *(schmelzender)* Schnee

zergliedern: etwas z. *(es in seine Bestandteile zerlegen, bis ins Einzelne erklären, analysieren)*

zerhacken ‖ **Zerhacker** der, -s/-: *Gerät zur Unterbrechung von elektrischer Spannung, zB für Lichteffekte* | (ugs., oft scherzh.) *starker Schnaps [zur Verdauung]*

zerhauen: *zerschlagen*

zerkauen: *im Mund zerkleinern; zerbeißen*

zerkleinern: Holz z.

zerklüftet: zerklüftete Felsen

zerknautschen: ein zerknautsch-

ter *(zerknitterter)* Mantel
zer|knirscht: *reumütig; niedergedrückt* || **Zer|knirscht|heit** die, - || **Zer|knir|schung** die, -
zer|knit|tern: zerknitterte Seide
zer|knül|len: Papier z. *(mit der Hand zusammenballen)*
zer|ko|chen: die Erdäpfel sind/haben sich zerkocht
zer|kra|chen: sich mit jemandem z. *(überwerfen)*
zer|krat|zen
zer|krie|gen sich (ugs.): sich mit jemandem z. *(zerstreiten)*
zer|ku|geln sich (ugs.): sich vor Lachen z. *(nicht halten können)*
zer|las|sen: zerlassene *(geschmolzene)* Butter
zer|lau|fen: *zerfließen*
zer|leg|bar || **zer|le|gen:** das Handy z. *(auseinandernehmen)* | ein Huhn z. *(tranchieren)*
zer|lem|pert (mda.): *zerrissen; beschädigt; angeschlagen; zerlumpt*
zer|le|sen: ein zerlesenes *(durch vieles Lesen abgenütztes)* Buch
zer|lö|chert
zer|lumpt: z. *(abgerissen)* daherkommen
zer|mah|len
zer|mal|men: *zerquetschen, [z]erdrücken*
zer|man|schen, du zermansch[s]t (ugs.): *[etwas Weiches] zerdrücken*
zer|mar|tern sich: sich das Hirn z. *(angestrengt nachdenken)*
zer|mür|ben: er ist durch Kummer und Sorgen zermürbt *(mutlos, hoffnungslos)* || **zer|mür|bend**
zer|na|gen
zer|nepft (ostöst., ugs.): *zerzaust, verwahrlost, in Unordnung geraten*
zer|nie|ren (Mil.): *umschließen; [durch Truppen] umzingeln*
Ze|ro [z-] das, -s/-s = die, -/-s ⟨arab.-it.-fr.⟩: *Null [beim Roulett]*
zer|pe|cken sich (ugs.): *sich vor Lachen nicht halten können, sich zerkugeln*
zer|pflü|cken: *auseinanderzupfen;* eine Rede z. *(sie Punkt für Punkt [missgünstig] kritisieren)*
zer|plat|zen: der Luftballon ist zerplatzt
zer|quet|schen: zerquetschte Beeren
zer|rau|fen: zerraufte *(zerzauste)* Haare
Zerr|bild: *Spottbild, Karikatur*
zer|re|den: einen guten Gedanken z. *(ihn durch zu vieles Reden zunichtemachen)*
zer|rei|ben: etwas zwischen den Fingern z.
zer|reiß|bar: schwer z. || **zer|rei|ßen:** eine zerrissene Hose | (ugs.) sich für jemanden z. *(übertrieben bemühen)* || **Zer|reiß|pro|be:** ein Werkstück einer Z. unterziehen | eine Z. für die Regierung
zer|ren: der Hund zerrte *(zog)* an der Leine | jemanden in den Dreck z. *(über jemanden schlecht reden)* | (Med.) sich einen Muskel z. *(überdehnen)*
zer|rin|nen: *schmelzen, zerfließen*
Zer|ris|sen|heit die, -
Zerr|spie|gel: etwas im Z. *(verzerrt)* darstellen
Zer|rung die, -/-en (Med.): *Überdehnung*
zer|rup|fen: *zerzausen*
zer|rüt|ten: zerrüttete *(stark strapazierte, verwirrte)* Nerven | zerrüttete *(heruntergekommene)* Finanzen; eine zerrüttete Ehe || **Zer|rüt|tung** die, -
zer|sä|gen
zer|schel|len: das Boot zerschellte *(zerbrach)* an den Klippen
zer|schie|ßen: zerschossene Dörfer
zer|schla|gen[1] (Verb): einen Stein z. | die Polizei hat einen Drogenring z. | das Vorhaben hat sich zerschlagen *(es ist nicht zu Stande gekommen)* || **zer|schla|gen**[2] (Adj.): sich z. *(außerordentlich müde)* fühlen || **Zer|schla|gen|heit** die, -: die Z. am ganzen Körper fühlen || **Zer|schla|gung** die, -/-en: die Z. des Widerstands
zer|schlei|ßen: zerschlissene *(fadenscheinige, zerrissene)* Wäsche
zer|schmei|ßen (ugs.): *zerschmettern*
zer|schmet|tern: *zerschlagen, zertrümmern*
zer|schnei|den
zer|schnip|seln
zer|schun|den: zerschundene *(abgeschürfte)* Knie
zer|set|zen: das Medikament zersetzt sich *(einzelne Bestandteile sondern sich ab)* || **Zer|set|zung** die, -/-en || **Zer|set|zungs|pro|dukt** || **Zer|set|zungs|pro|zess**
zer|sie|deln: *das Landschaftsbild durch [planlose] Besiedelung zerstören* || **Zer|sie|de|lung** = **Zer|sied|lung**
zer|sin|gen: ein Lied z. *(durch ungenaue mündliche Überlieferung verändern)*
zer|spal|ten || **Zer|spal|tung** die, -/-en
zer|split|tern: zersplittertes Holz | sich in der Arbeit z. *(sich mit zu vielen Dingen befassen)* || **Zer|split|te|rung** die, -/-en
zer|spra|geln sich (W, ugs.): sich für jemanden z. *(übertrieben bemühen, aufopfernd einsetzen)*
zer|spren|gen
zer|sprin|gen: ein zersprungenes Glas
zer|stamp|fen
zer|stäu|ben || **Zer|stäu|ber** der, -s/-: *Vorrichtung zum Versprühen von Flüssigkeiten*
zer|ste|chen: sie ist von den Gelsen ganz zerstochen
zer|stie|ben (geh.): die Funken zerstoben *(sie sprühten nach allen Seiten)*
zer|stör|bar || **zer|stö|ren:** *vernichten* || **Zer|stö|rer** der, -s/- (Mil.): *ein Kriegsschiff* | (veraltet) (Mil.) *ein Kampfflugzeug* || **zer|stö|rerisch** || **Zer|stö|rung** || **Zer|stö|rungs|trieb** || **Zer|stö|rungs|wut**
zer|sto|ßen: *zerstampfen, zerkleinern*
zer|strah|len (Phys.)
zer|strei|ten sich: sie haben sich zerstritten *(sie sind in Streit geraten)*
zer|streu|en: die Menge zerstreute sich | einen Verdacht z. *(darlegen, dass er unbegründet ist)* | sich mit einem Buch z. *(sich ablenken, sich erholen)* || **zer|streut:** *an etwas anderes denkend, als im Augenblick geboten ist; vergesslich* || **Zer|streut|heit** die, -: *Vergesslichkeit* || **Zer|streu|ung:** *Unterhaltung, Entspannung*
zer|stü|ckeln: *[gewaltsam] zerteilen*
zer|tei|len || **Zer|tei|lung**
zer|tep|schen → zerdepschen
Zer|ti|fi|kat das, -[e]s/-e ⟨lat.⟩: *[amtliche] Bescheinigung; Bestätigung; Zeugnis* || **zer|ti|fi|zie|ren** (Amtsspr.)
zer|tram|peln: *zertreten*
zer|tren|nen: ein altes Kleid z.
zer|tre|ten
zer|trüm|mern: einen Felsblock *(zur Schottergewinnung)* z. || **Zer|trüm|me|rung** die, -/-en
Zer|ve|lat|wurst [-ve-st, auch: -ʃt] ⟨lat.-it.⟩: *eine Wurstart;* → Safaladi
zer|wer|fen sich (geh.): sich mit jemandem z. *(überwerfen, entzweien)*
zer|wir|ken (Jägerspr.): *dem erlegten Wild die Haut abziehen, es zerlegen*

Z

zer|wüh|len: ein von Mäusen zerwühltes Gemüsebeet
Zer|würf|nis das, -nisses/-nisse (geh.): *Entzweiung*
zer|wu|zeln[1] (ugs.): etwas mit den Fingern z. *(zerreiben)* ‖ **zer|wu|zeln**[2] sich: *sich vor Lachen nicht halten können*
zer|zau|sen: vom Sturm zerzauste Bäume
zer|zup|fen: zerzupfte Haare
Ze|serl|kraut (bes. S, ugs.): *Sauerkraut; eingesäuerte, gehobelte Rüben*
Zes|si|on die, -/-en ⟨lat.⟩ (Jus): *Abtretung, Überlassung einer Forderung;* → zedieren ‖ **Zes|si|o|nar** der, -s/-e (Jus): *Gläubiger, an den eine Forderung abgetreten wird* ‖ **Zes|si|ons|ur|kun|de** (Jus) ‖ **Zes|si|ons|ver|trag** (Jus)
ZEST die, -, *auch:* ZESt, Zest (Bankw.): **Z**insertrags**st**euer
Zes|te die, -/-n (Küchenspr.): *hauchdünne Streifen aus der äußersten Schale von Zitrusfrüchten oder Gemüse*
Ze|ta das, -[s]/-[s] (ζ, Z) ⟨gr.⟩: *griechischer Buchstabe, entspricht* z/Z
Ze|ter (geh.) (nur in der Wendung): Z. und Mordio schreien *(laut schreiend und jammernd um Hilfe rufen)* ‖ **Ze|ter|ge|schrei** (geh.) ‖ **ze|ter|mor|dio** (veraltet): z. (= Zetermordio) schreien *(lauthals jammern)* ‖ **Ze|ter|mor|dio** das, -s (veraltet): Z. (= zetermordio) schreien ‖ **ze|tern** (geh.): *schreien, jammern, schimpfen*
Zett das, -[s]/-[s]: *der Buchstabe z/Z;* von A bis Z.
Zet|tel der, -s/- ‖ **Zet|tel|box** ‖ **Zet|tel|kar|tei** ‖ **Zet|tel|kas|ten** ‖ **Zet|tel|ka|ta|log:** *ein Verzeichnis auf losen Blättern oder Karten, zB in Büchereien* ‖ **Zet|tel|kraut** (reg.): *Sauerkraut* ‖ **Zet|tel|wirt|schaft** (ugs.) ‖ **Zet|terl** das, -s/-[n]: *[Notiz]zettel*
Zeug das, -[e]s/-e: *eine Gewebeart; Kleider und Wäsche verschiedener Art;* Bettzeug; jemand[em] etwas am Z. flicken *(über jemanden schlecht reden, jemanden kritisieren)* | (ohne Pl.) (oft abw.) minderwertiges Z.; sein Z. *(seine Sachen)* in Ordnung halten; → Zeugs; das Z. *(die Begabung)* zum Studium haben | *Geschirr für Zugtiere, Zaumzeug;* sich für jemanden/etwas ins Z. legen *(einsetzen)* | (ugs.) was das Z. hält *(mit aller Kraft)* ‖ **Zeug|druck** der, -[e]s: *Bedrucken von Stoffen mit färbigen Mustern*
Zeu|ge der, -n/-n: er wurde Z. eines Überfalls
zeu|gen: ein Kind z. | seine Arbeit zeugt von hohem Können *(sie beweist hohes Können);* ihre Aufrichtigkeit zeugt *(spricht)* für sie | bei Gericht gegen/für jemanden z. *(Zeugnis ablegen)*
Zeu|gen|aus|sa|ge ‖ **Zeu|gen|ein|ver|nah|me:** *Zeugenvernehmung* ‖ **Zeu|gen Je|ho|vas** [- -v-] die (Pl.): *eine [christliche] Religionsgemeinschaft* ‖ **Zeu|gen|pflicht** (Jus) ‖ **Zeu|gen|schaft** die, -/-en (Jus) ‖ **Zeu|gen|schutz** (Jus) ‖ **Zeu|gen|schutz|pro|gramm** (Jus) ‖ **Zeu|gen|stand** der, -[e]s (Jus): in den Z. gerufen werden ‖ **Zeu|gen|ver|neh|mung** (Jus): *Zeugeneinvernahme*
Zeug|haus: *Gerätehaus [der Feuerwehr]* | (früher) *Waffenarsenal*
Zeu|gin die, -/-innen
Zeugl das, -s/-n (W): *Gespann eines Kutschers/Fiakers*
Zeug|nis das, -nisses/-nisse: *Jahreszeugnis [in der Schule];* ärztliches Z. *(Bestätigung des Gesundheitszustandes)* | die Maßnahmen sind Z. *(Beweis)* der ernsten Lage | (geh.) von etwas Z. ablegen *(wahrheitsgetreu davon berichten)* ‖ **Zeug|nis|be|frei|ung** (Jus): *Entschlagungsrecht bei der Zeugenaussage in bestimmten Fällen* ‖ **Zeug|nis|ver|tei|lung** ‖ **Zeug|nis|ver|wei|ge|rungs|recht** (Jus): *Recht, sich [vor Gericht] in bestimmten Fällen der Aussage zu entschlagen*
Zeugs das, - (ugs., abw.): *[minderwertiges] Zeug* ‖ **Zeug|stät|te:** *Lagerstätte für die Geräte der Feuerwehr, Zeughaus*
Zeu|gung die, -/-en ‖ **Zeu|gungs|akt** der, -[e]s/-e ‖ **zeu|gungs|fä|hig:** *im Stande sein, Nachkommen zu zeugen* ‖ **zeu|gungs|un|fä|hig**
Zeug|wart: *für die gesamte Ausrüstung eines Sportklubs Verantwortlicher* ‖ **Zeug|war|tin**
Zeus: *höchster griechischer Gott* ‖ **Zeus|tem|pel**
zH = z. H.: **z**u **H**anden; → zuhanden
ZiB [tsip] die, -/-[s]: **Z**eit **i**m **B**ild *(Nachrichtensendung im ORF);* ZiB 1
Zi|be|be die, -/-n ⟨arab.-it.⟩ (veraltend): *eine [große] getrocknete Weinbeere, Rosine*
Zi|bo|ri|um das, -s/Ziborien [-i̯ɛn] ⟨gr.-lat.⟩ (kath.): *Hostiengefäß*
Zi|cho|rie [-i̯ɛ] die, -/-n ⟨gr.-lat.-it.⟩: *Wegwarte;* → Chicorée ‖ **Zi|cho|ri|en|kaf|fee**
Zi|cke die, -/-n: *weibliche Ziege, Geiß* | (D, ugs., abw.) *zickige Frau* ‖ **zi|cken** (ostöst., mda.): *sauer werden* ‖ **Zi|cken** die (Pl.) (abw.) (nur in der Wendung): Z. machen *(widerborstig sein, Schwierigkeiten machen)* ‖ **Zi|cken|alarm** (abw.): *Warnung vor Streit unter Frauen* ‖ **Zi|cken|krieg** (abw.): *Aggression unter Frauen* ‖ **zi|ckig** (ostöst., mda.): zickige *(säuerliche)* Milch | (bes. D, ugs., abw.): *zimperlich, überspannt* ‖ **Zick|lein** das, -s/-: *junge Ziege*
zick|zack: z. laufen ‖ **Zick|zack** der, -[e]s/-e: im Z. laufen ‖ **Zick|zack|kurs:** einen Z. steuern ‖ **Zick|zack|li|nie** [-i̯ɛ]
Zi|der der, -s ⟨hebr.-gr.-lat.-fr.⟩: → *Cidre*
Zie|che die, -/-n (ugs., veraltend): *Tuchent-, Polsterüberzug*
Zie|ge die, -/-n: *ein Paarhufer;* Ziegen hüten | *derbes Schimpfwort für eine Frau*
Zie|gel der, -s/-: Z. schupfen *(werfend weitergeben);* Z. brennen ‖ **Zie|gel|bau** der, -[e]s/-ten ‖ **Zie|gel|böhm** (früher): *aus Böhmen oder Mähren stammender Ziegelarbeiter [in Wien-Favoriten]* ‖ **Zie|gel|bren|ne|rei:** *Ziegelei* ‖ **Zie|gel|dach** ‖ **Zie|gel|de|cker** der, -s/- (reg.): *Dachdecker* ‖ **Zie|gel|de|cke|rin** die, -/-innen (reg.) ‖ **Zie|ge|lei** die, -/-en ‖ **Zie|gel|ofen** ‖ **zie|gel|rot** ‖ **Zie|gel|stein:** *Ziegel* ‖ **Zie|gel|teich:** *aus einer Lehmgrube entstandener Teich*
Zie|gen|bock ‖ **Zie|gen|kä|se,** *auch:* Ziegenkäs ‖ **Zie|gen|le|der** ‖ **Zie|gen|mel|ker:** *ein Vogel* ‖ **Zie|gen|milch** ‖ **Zie|gen|pe|ter** der, -s (bes. D, ugs.): *Mumps*
Zie|ger der, -s/- (westöst.), *CH auch:* Ziger: *gewürzter Topfen* ‖ **Zie|ger|kä|se** (westöst.), *CH auch:* Zigerkäse
zieh → zeihen ‖ **Zieh|brun|nen:** *Brunnen, aus dem das Wasser mit einem Gefäß heraufgezogen wird* ‖ **Zieh|el|tern** die (Pl.) ‖ **zie|hen**[1], zog/gezogen: ein Boot an Land z.; den Hut z.; die Mütze ins Gesicht z. | einen Zahn z. *(reißen, entfernen)* | den Revolver z. *(zücken)* | aus dem Geschäft viel Nutzen z. *(viel Gewinn daraus schöpfen)* | (Bot.) Pflanzen

Z

aus Samen z. *(anbauen);* → züchten | einen Strich z. *(zeichnen)* | einen Schluss aus etwas z. *(folgern);* jemanden zur Verantwortung z. | aufs Land z. *(übersiedeln)* | es zieht mich *(ich will)* ans Meer | beim Schachspiel z. *(mit einer Figur einen Zug auf ein anderes Feld machen)* | den Tee z. lassen *(die Blätter im heißen Wasser belassen)* | es zieht *(es herrscht Zugluft)* | er zog ein Gesicht *(zeigte seinen Unwillen)* | ziehende Schmerzen | (ugs.) das Theaterstück zieht *(lockt viele Besucher an)* | jemanden/etwas aus dem Verkehr z. *(aus seiner Position entfernen)* | ein Los z. ‖ **ziehen**[2] sich: die Spur zieht sich quer durch den Wald | (ugs.) dieser Weg zieht sich *(er erscheint lang)* ‖ **Ziehharmonika:** *ein Musikinstrument, zB Akkordeon* ‖ **Ziehkind:** *ein [zur Erziehung] angenommenes [fremdes] Kind* ‖ **Ziehmutter** ‖ **Ziehorgel** (reg.): *Akkordeon* ‖ **Ziehsohn** ‖ **Ziehtochter** ‖ **Ziehung** die, -/-en: die heutige Z. der Klassenlotterie ‖ **Ziehungsliste** ‖ **Ziehvater**

Ziel das, -[e]s/-e: ins Z. treffen; über das Z. hinausschießen *(zu viel tun, das vernünftige Maß überschreiten)* | ein Z. vor Augen haben *(etwas Bestimmtes erreichen wollen);* ans Z. *(ans erstrebte Ende)* kommen; zum Z. führen; ohne Maß und Z. *(schrankenlos)* | (Kaufmannsspr.) drei Monate Z. *(Zahlungsfrist)* ‖ **Zielbahnhof** ‖ **zielbewusst:** z. handeln ‖ **zielen:** genau z. *(anvisieren)* | gezielte *(genau durchdachte)* Fragen stellen; die Kritik zielt auf Verbesserung ‖ **Zielfernrohr:** *ein Visiergerät [am Gewehr]* ‖ **Zielflughafen** ‖ **Zielfoto** (Sport): *Foto, das im Ziel aufgenommen wird, zur Ermittlung der Reihenfolge* ‖ **zielführend:** *zweckmäßig, erfolgreich* ‖ **Zielgebiet** (Mil.) ‖ **zielgenau** ‖ **Zielgerade** (Sport): in die Z. *(ins letzte, gerade Bahnstück vor dem Ziel)* einlaufen, einfahren ‖ **zielgerichtet** ‖ **Zielgruppe:** *Bevölkerungsgruppe, auf die eine Werbung, ein Produkt oÄ abgestimmt ist* ‖ **Ziellinie** [-iɛ] ‖ **ziellos** ‖ **Ziellosigkeit** die, - ‖ **Zielparagraf** = **Zielparagraph** [-f] (veraltend) (Bildw.): *der § 2 des SchOG 1962, der die Aufgabe der österreichischen Schule definiert* ‖ **Zielpublikum** ‖ **Zielscheibe:** mit dem Pfeil die Z. treffen | Z. der Kritik sein ‖ **Zielsetzung** die, -/-en ‖ **zielsicher** ‖ **Zielsicherheit** ‖ **Zielsprache:** *Sprache, in die übersetzt wird;* → Ausgangssprache ‖ **Zielsprint** [-sp-, -ʃp-] ‖ **zielstrebig** ‖ **Zielvereinbarung** ‖ **Zielverkehr:** *in eine Stadt hineinführender Verkehr;* Quell- und Zielverkehr *(die betriebliche Lkw-Nutzung betreffend)* ‖ **Zielvorstellung** ‖ **Zielwasser** das, -s/-wässer (scherzh.): *Schnaps*

ziemen (geh.): es ziemt mir nicht *(es schickt sich für mich nicht);* es ziemt *(schickt, gehört)* sich

Ziemer der, -s/- (bes. Jägerspr.): *Rehrücken, Hirschrücken*

ziemlich: ein z. *(fast)* voller Saal

Zier die, -: *Zierde* ‖ **Zierde** die, -/-n: *Verzierung, Schmuck* ‖ **zieren**[1]: das Heim mit Blumen z. *(verschönern, schmücken)* ‖ **zieren**[2] sich: die Umworbene zierte sich anfänglich *(sträubte sich scheinbar)* ‖ **Ziererei** die, -/-en: *[ständiges] Sichzieren*

Zierfandler der, -s/-: *eine Reb- und Weinsorte (Spätroter)*

Zierfisch ‖ **Ziergras** ‖ **zierlich:** eine zierliche *(feine, zarte)* Gestalt ‖ **Zierpflanze** ‖ **Zierpolster** ‖ **Zierrat** der, -[e]s/-e (geh.): *Verzierung* ‖ **Zierschrift** ‖ **Zierstrauch** ‖ **Ziervogel**

Ziesel das, -s/- = **Zieselmaus:** *ein Nagetier*

Ziest der, -[e]s/-e ⟨slaw.⟩: *eine Pflanzengattung*

Ziff.: Ziffer

Ziffer die, -/-n (Ziff.): *Zahlzeichen;* eine Zahl mit vier Ziffern; die römischen Ziffern *(Zahlen),* die arabischen Ziffern *(Zahlen);* die Z. Null | (mit Abkürzung Z.): *Gliederungsziffer, zB in Gesetzestexten* ‖ **Zifferblatt** = **Ziffernblatt** ‖ **ziffernmäßig:** das Ergebnis z. *(in Ziffern)* festhalten

zig (ugs.): es waren zig *(sehr viele)* Leute da; → zigfach

Zigarette die, -/-n ⟨span.-fr.⟩ ‖ **Zigarettenasche** ‖ **Zigarettenautomat** ‖ **Zigarettenetui** [-tўiː] ‖ **Zigarettenpackerl** ‖ **Zigarettenpause** ‖ **Zigarettenraucher** ‖ **Zigarettenraucherin** ‖ **Zigarettenschachtel** ‖ **Zigarettensorte** ‖ **Zigarettenspitz:** ein Z. aus Horn ‖ **Zigarettenstummel** ‖ **Zigaretterl** das, -s/-[n] (ugs., oft scherzh.): *Zigarette* ‖ **Zigarillo** [auch: -ljɔ] der = das, -s/-s = die, -/-s ⟨span.⟩: *kleine, dünne Zigarre* ‖ **Zigarre** die, -/-n ⟨span.-fr.⟩ ‖ **zigarrenförmig** ‖ **Zigarrenspitz:** ein Z. aus Horn

Ziger → Zieger ‖ **Zigerkäse** → Ziegerkäse

Zigeuner der, -s/- (oft diskriminierend): → *Rom*[2]; → *Sinto* ‖ **Zigeunerin** die, -/-innen (oft als abw. und diskriminierend empfunden): → *Romni;* → *Sintiza* ‖ **Zigeunerisch** das, -[s] = **Zigeunerische,** -n: *die Zigeunersprache;* → Romanes ‖ **Zigeunerlager** ‖ **Zigeunermusik** ‖ **Zigeunerprimas** [-ʃ]: *leitender Geiger einer Zigeunerkapelle* ‖ **Zigeunersprache:** *Zigeunerisch;* → Romanes

zigfach (ugs.): *mehrfach, vielfach;* → zig ‖ **Zigfache** das, -n (ugs.) ‖ **zigmal** (ugs.): *oft;* etwas z. versuchen ‖ **zigtausend** = **Zigtausend:** zigtausend[e] (= Zigtausend[e]) von Zuhörern

Zikade die, -/-n ⟨lat.⟩: *ein [an] Pflanzen saugendes Insekt*

Zilliarde die, -/-en (oft scherzh.): *sehr hohe [An]zahl, Unzahl* ‖ **Zillion** die, -/-en (oft scherzh.): *eine sehr hohe [An]zahl, Unzahl*

Zille die, -/-n: *ein flaches Boot*

Zilpzalp der, -s/-s ⟨lautmalend⟩: *ein Singvogel*

Zimbal das, -s/-s [-e] ⟨gr.⟩ (Mus.): *ungarisches Hackbrett*

Ziment das, -[e]s/-e ⟨lat.-fr.⟩ (veraltet): *metallenes, zylindrisches Hohlmaß mit Henkel* | *ein Trinkgefäß*

Zimmer das, -s/-: ein möbliertes Z. ‖ **Zimmerantenne:** *Innenantenne* ‖ **Zimmerarrest** ‖ **Zimmerbrand:** *Brand im Zimmer* ‖ **Zimmerbrunnen:** *ein Ziergegenstand [zur Luftbefeuchtung]* ‖ **Zimmereinrichtung** ‖ **Zimmerer** der, -s/-: *Zimmermann* ‖ **Zimmerflucht:** *zusammenhängende Folge von Zimmern* ‖ **Zimmerfrau:** *Zimmervermieterin* ‖ **Zimmergeselle** ‖ **Zimmergesellin** ‖ **Zimmerherr** (früher): *Untermieter* ‖ **Zimmerin** die, -/-innen (westöst.): *Stuben-, Zimmermädchen* ‖ **Zimmerkellner** ‖ **Zimmerkellnerin** ‖ **Zimmerlautstärke** die, -: das Radio auf Z. stellen ‖ **Zimmermädchen:** *Hotelangestellte, die ua. Zimmer putzt* ‖ **Zimmermann** der, -[e]s/-leute: *ein Handwerker* ‖ **Zim-**

Z

mer|meis|ter || **Zim|mer|meis|te|rin** || **zim|mern:** eine Hütte aus Holz z. || **Zim|mer|num|mer** || **Zim|mer|pflan|ze** || **zim|mer|rein:** *stubenrein* || **Zim|mer|stun|de:** *Ruhepause für das Hotelpersonal* || **Zim|mer|tem|pe|ra|tur** || **Zim|mer|ti|ger** (scherzh.): *Hauskatze* || **Zim|me|rung** die, -/-en: *hölzernes Stützwerk [in Bergwerken]* || **Zim|mer|ver|mie|ter** || **Zim|mer|ver|mie|te|rin** || **Zim|mer|ver|mie|tung**

zim|per|lich: *weichlich; überempfindlich* | *heikel* || **Zim|per|lich|keit** die, -/-en

Zimt der (*auch:* das), -[e]s/-e: *ein Gewürz* || **zimt|far|ben** = **zimt|fär|big,** *auch:* zimtfarbig || **Zimt|rin|de** || **Zimt|schne|cke:** *eine Mehlspeise* || **Zimt|stan|ge:** *ein Stück Zimtrinde*

Zin|gu|lum das, -s/Zingula ⟨lat.⟩ (kath.): *Schärpe, die bei einer Soutane wie ein Gürtel getragen wird; Strick zum Schürzen der Alba*

Zink[1] das, -[e]s (Zeichen: Zn): *ein chemisches Element* || **Zink**[2] der, -en/-en: *ein altes Blasinstrument* || **Zink|blech** || **Zin|ke** die, -/-n = Zinken der, -s/-: *ein zahnartiger, spitzer Vorsprung; Zacke;* die Zinken *(Zähne, Spieße)* einer Gabel, eines Rechens | *ein Holzzapfen bei Tischlerarbeiten* | *Geheimzeichen* || **zin|ken:** die Spielkarten z. *(in betrügerischer Absicht mit geheimen Erkennungszeichen versehen)* | gezinkte *(ineinandergefügte)* Kastenbretter || **Zin|ken** → Zinke

Zinn das, -[e]s (Zeichen: Sn): *ein chemisches Element, Stannum (nach dem deutschen Botaniker Zinn)* | altes Z. *(Zinngeschirr oÄ)* sammeln || **Zinn|be|cher**

Zin|ne die, -/-n: *zahnartiger Aufbau auf alten Burg- oder Stadtmauern* | *Zacke*

zin|nen = **zin|nern:** *aus Zinn* || **Zinn|fi|gur** || **Zinn|fo|lie** [-iɛ] || **Zinn|ge|schirr** || **Zinn|gie|ßer:** *eine Berufsbezeichnung* || **Zinn|gie|ße|rin** || **Zinn|guss**

Zin|nie [-iɛ] die, -/-n: *eine Zierpflanze (nach einem deutschen Arzt und Botaniker)*

Zinn|kraut: *eine Pflanzengattung, Schachtelhalm*

Zin|no|ber[1] der, -s/- ⟨gr.-lat.-fr.⟩: *ein Mineral* | (ugs., abw.) *Unsinn, Unfug;* „red keinen Z.!" | (ugs.) Z. *(großes Aufheben)* machen || **Zin|no|ber**[2] das, -s: *karminrote Farbe* || **zin|no|ber|rot**

Zinn|sol|dat: *aus Metall gegossene, bemalte kleine Soldatenfigur* || **Zinn|tel|ler**

Zins[1] der, -es/-e: *Mietzins* || **Zins**[2] der, -es/-en (meist Pl.): *für geliehenes Geld zu zahlender Betrag;* jemandem etwas mit Z. und Zinseszins zurückzahlen *(vollständig, mit Zinsen zurückzahlen, auch: es jemandem heimzahlen);* → Zinsen || **Zin|sen** die (Pl.): *Vergütung für geliehenes Geld;* Z. zahlen, bekommen; → Zins[2] || **Zin|sen|dienst** (Bankw.): *Belastung durch zu zahlende Zinsen* || **zin|sen|frei:** ein zinsenfreies Darlehen *(Darlehen, für das keine Zinsen zu zahlen sind)* || **Zin|sen|last** || **zin|sen|los:** *zinsenfrei;* zinsenlose Kredite || **Zins|er|trag** || **Zins|er|trags|steu|er** (ZEST, ZESt, Zest) (Bankw.): *eine Steuer auf Zinserträge* || **Zin|ses|zin|sen** die (Pl.): *Zinsen für die Zinsen;* → Zins[2] || **zins|frei:** eine zinsfreie Wohnung *(Wohnung, für die kein Zins zu zahlen ist)* || **Zins|fuß:** *Prozentsatz der zu zahlenden Zinsen* || **zins|güns|tig** || **Zins|haus:** *Mietshaus* || **Zins|ka|ser|ne:** *große Wohnanlage mit Mietwohnungen (bes. aus der Gründerzeit)* || **zins|los** (D): *zinsenlos* || **Zins|ni|veau** [-ˌvoː] || **zins|pflich|tig** (früher): *abgabe-, tributpflichtig* || **Zins|rück|stand:** *Mietrückstand* || **Zins|satz:** *Zinsfuß* || **Zins|sen|kung** || **Zins|vo|r|aus|zah|lung** || **Zins|woh|nung:** *Mietwohnung* || **Zins|wu|cher** || **Zins|zah|lung**

Zi|on: *ein Berg in Jerusalem* | (geh.) *Jerusalem* || **Zi|o|nis|mus** der, - (früher): *Bewegung für einen jüdischen Nationalstaat in Palästina* | (heute) *eine politische Bewegung zur Stärkung der Unabhängigkeit Israels* || **Zi|o|nist** der, -en/-en || **Zi|o|nis|tin** die, -/-innen

Zip [auch: z-] das, -[s] ⟨engl.⟩ (EDV): *ein Speichermodus mit Datenkomprimierung;* → zippen; *aber:* → Zipp

Zipf der, -[e]s/-e: *Zipfel* | (sal.) *Nachzipf* | (ugs., abw.) ein fader Z. *(Mensch)* | (zB T) *Brotanschnitt, Scherzel* || **Zip|fel** der, -s/-: der Z. des Taschentuchs | (ugs.) *Penis, Zipferl* || **Zip|fel|hau|be** || **Zip|fel|müt|ze** || **zip|feln,** ich zipfle (ugs.): *knausern* | *auslosen* || **zip|fen** (ugs.): das Kleid zipft || **Zip|ferl** das, -s/-[n] (ugs., Kinderspr.): *Penis;* → Zipfel

Zipp der, -s/-s ⟨engl.⟩ (Wz.): *Kurzwort für Zippverschluss; aber:* → Zip

zip|pen [auch: z-] ⟨engl.⟩ (EDV): *Daten mit dem Speichermodus Zip komprimieren*

Zip|per|lein das, -s (scherzh., veraltend): *Gicht, Gliederreißen*

Zipp|ver|schluss ⟨engl.⟩ (Wz.): *Reißverschluss, Zipp*

Zips die, - (slowak.: Spiš [spiʃ]): *eine deutsche Sprachinsel in der Slowakei*

Zir|be die, -/-n, *auch:* **Zir|bel:** *Zirbelkiefer* || **Zir|bel|drü|se:** *zapfenförmige Drüse am Gehirn* || **Zir|bel|holz** → Zirbenholz || **Zir|bel|kie|fer:** *ein Nadelbaum* || **Zir|ben|geist:** *ein Schnaps* || **Zir|ben|holz,** *auch:* Zirbelholz: *eine wertvolle Holzart*

Zir|co|ni|um [-k-] = → Zirkonium

zir|ka = circa ['tsirka] ⟨lat.⟩ (ca.): *ungefähr, rund, etwa* || **Zir|kel** der, -s/- ⟨gr.-lat.⟩: *ein Zeichengerät* | *eine Gruppe von Menschen, die sich zu einem bestimmten Zweck zusammenfinden, zB Klub, Kränzchen, Runde* || **Zir|kel|schluss:** *Schlussfolgerung, die das voraussetzt, was bewiesen werden soll*

Zir|kon der, -s/-e ⟨lat.⟩: *ein Schmuckstein* || **Zir|ko|ni|um** = Zirconium [-k-] das, -s (Zeichen: Zr): *ein chemisches Element*

Zir|ku|lar das, -[e]s/-e ⟨lat.⟩: *Rundschreiben* || **Zir|ku|lar|scheck** (SüdT): *Scheck, der zur bargeldlosen Zahlung verwendet werden kann* || **Zir|ku|la|ti|on** [-tsi̯-] die, -/-en: Z. der Luft; die Z. *(der Kreislauf)* des Blutes || **zir|ku|lie|ren:** das Schriftstück zirkulierte *(es ging von Hand zu Hand);* es ist (*auch:* hat) zirkuliert || **Zir|kum|flex** der, -es/-e (ˆ, ˜): *ein Akzent-, Dehnungszeichen, zB in französisch* tête-à-tête, *in mittelhochdeutsch* hûs *(Haus), in altgriechisch* δῆμος ['dɛːmos] *(Volk)* || **zir|kum|po|lar:** *rund um den [Nord- bzw. Süd-]Pol herum* || **Zir|kum|zi|si|on** die, -/-en (Med.): *Beschneidung [der Penisvorhaut]* || **Zir|kus** = Circus [ts-] der, - [-kusses]/-kusse ⟨gr.-lat.⟩: im Z. als Clown auftreten | (ohne Pl.) (ugs.) so ein Z.! *(Durcheinander)* || **Zir|kus|pferd** = Circuspferd || **Zir|kus|zelt** = Circuszelt

Zirm die, -/- (SüdT): *Zirbelkiefer*

Zirpe die, -/-n: *ein Insekt, Zikade, Grille* ‖ **zirpen:** zirpende Grillen

Zirrhose die, -/-n ⟨gr.-lat.⟩ (Med.): *eine Erkrankung [der Leber]*

Zirrus der, -/- [Zirren] = **Zirruswolke** ⟨lat.⟩ (Met.): *Federwolke*

zirzensisch ⟨gr.-lat.⟩: zirzensische Spiele *([altrömische] Zirkusspiele)*

zisalpin ⟨lat.⟩: *diesseits der Alpen;* → G.: transalpin

zischeln, ich zischle: *flüstern; tuscheln; wispern* ‖ **zischen,** du zisch[s]t: der Dampf zischte *(stieß hörbar)* aus der Lokomotive ‖ **Zischlaut** (Sprachwiss.): *zischender Laut, zB* s, ss, sch

Ziseleur [-'løːə] der, -s/-e, *auch:* Ziselierer, -s/- ⟨lat.-fr.⟩: *Metallstecher* ‖ **Ziseleurin** die, -/-innen, *auch:* Ziselierin ‖ **ziselieren:** *eine Metallfläche mit dem Stichel und anderen Werkzeugen [künstlerisch] bearbeiten* ‖ **Ziselierer** → Ziseleur ‖ **Ziselierin** → Ziseleurin ‖ **Ziselierung** die, -/-en

Zisleithanien [-iən], *auch:* Cisleithanien [ts-] ⟨lat.⟩ (früher): *die österreichische Reichshälfte der österreichisch-ungarischen Monarchie (nach dem Grenzfluss Leitha);* → Transleithanien; → k.

Zisterne die, -/-n ⟨lat.⟩: *[gemauerter] Behälter zum Auffangen von Regenwasser*

Zistersdorf: *Stadt in Niederösterreich*

Zisterzienser der, -s/-: *Angehöriger eines Mönchsordens (nach einem Kloster in Frankreich)* ‖ **Zisterzienserin** die, -/-innen ‖ **Zisterzienserorden** der, -s

Zistrose: *eine Pflanzengattung*

Zita: *weibl. Vorname*

Zitadelle die, -/-n ⟨lat.-it.-fr.⟩: *Kernstück einer Befestigungsanlage oder befestigten Stadt*

Zitat das, -[e]s/-e ⟨lat.⟩: *aus einem Schriftwerk oder einer mündlichen Äußerung wörtlich angeführte Stelle* ‖ **Zitatenlexikon** ‖ **Zitatenschatz**

Zither die, -/-n ⟨gr.-lat.⟩: *ein Zupfinstrument;* Z. spielen (geh., reg.: Z. schlagen) ‖ **Zitherspieler** ‖ **Zitherspielerin**

zitieren ⟨lat.⟩: einen Ausspruch z. *(wörtlich anführen);* ein Buch z. *(seinen genauen Titel anführen)* | jemanden vor Gericht z. *(laden)* ‖ **Zitierregel:** *allgemein übliche Zitierweise von Quellen, Fundstellen* ‖ **Zitierung** die, -/-en

Zitrin der, -s/-e, *fachspr.:* Citrin [ts-] ⟨lat.-it.⟩: *ein Schmuckstein* ‖ **Zitronade** die, -/-n: *eine Zitronenlimonade* ‖ **Zitronat** das, -[e]s/-e: *mit Zucker haltbar gemachte Schalen der Zitronatzitrone* ‖ **Zitronatzitrone:** *eine Zitrusfrucht* ‖ **Zitrone** die, -/-n: *eine Südfrucht;* jemanden wie eine Z. ausquetschen *(aufdringlich ausfragen)* ‖ **Zitronenbaum** ‖ **Zitronenfalter:** *ein Schmetterling* ‖ **zitronengelb** ‖ **Zitronengras:** *ein Gewürz* ‖ **Zitronenlimonade** ‖ **Zitronenmelisse:** *eine Gewürzpflanze* ‖ **Zitronenpresse** ‖ **Zitronensaft** ‖ **Zitronensäure** die, - (Chem.) ‖ **Zitronenschale** ‖ **Zitronenspalte**

Zitrus:

→ Citrus [ts-]

Zur Schreibung:
Zusammensetzungen mit „Zitrus-“ für Zitruspflanzen und Zitrusfrüchte und Ableitungen wie zB Zitrone gehen auf das lateinische Wort Citrus zurück. Die Schreibung mit c ist aber heute nur noch fachsprachlich.

Zitrusfrucht (meist Pl.): *Zitrone, Orange Grapefruit ua.;* → Citrus

Zitterer der, -s/- (ugs.): *krankheitsbedingtes Zittern, Tremor;* er hat den Z. | *Mensch mit diesem Leiden* ‖ **Zittergras:** *ein Wiesengras* ‖ **zitterig** → zittrig ‖ **zittern:** zitternde Hände; vor Erregung z.; *aber:* mit **Z**ittern und **Z**agen *(voll Angst)* ‖ **Zitterpappel:** *Espe* ‖ **Zitterpartie** (sal.): *Vorhaben mit ungewissem Ausgang* ‖ **zittrig,** *auch:* zitterig

Zitze die, -/-n: *Saugwarze weiblicher Säugetiere*

Zivi[1] [-v-] der, -[s]/-[s] ⟨lat.-fr.⟩: *Kurzwort für Zivildiener* ‖ **Zivi**[2] der, -[s] (sal.): *Kurzwort für Zivildienst* ‖ **zivil** [-v-]: das zivile *(bürgerliche)* Recht | *nicht militärisch;* zivile Opfer | (veraltet) *gemäßigt;* zivile *(mäßige)* Preise ‖ **Zivil** das, -s: in Z. *(nicht in Uniform)* gehen ‖ **Zivilberuf** ‖ **Zivilbevölkerung** ‖ **Zivilcourage** [-kuraːʃ, -ʒɛ]: *Mut, für seine Meinung auch Nachteile zu riskieren* ‖ **Zivildiener:** *jemand, der seinen Zivildienst ableistet* ‖ **Zivildienst:** *Wehrersatzdienst* ‖ **Zivilehe:** *nur standesamtlich geschlossene Ehe* ‖ **Zivilfahnder** ‖ **Zivilfahnderin** ‖ **Zivilgericht:** *Gericht für Zivilrechtssachen* ‖ **zivilgerichtlich:** das zivilgerichtliche Verfahren ‖ **Zivilgesellschaft** (Soz.): *aktive Bürger/innen, die sich in bewusster Eigenverantwortung an der Gestaltung des öffentlichen Lebens beteiligen;* → Bürgerinitiative ‖ **Zivilgesetzbuch** (SüdT, CH): *Sammlung von Grundsätzen des Zivilrechts* ‖ **Zivilingenieur** [-ʒeniøːə]: *ein Ziviltechniker* ‖ **Zivilingenieurin** ‖ **Zivilisation** [-tsi̯-] die, -/-en: *Gesamtheit der [technischen] Errungenschaften, die das Leben bequemer und angenehmer machen* ‖ **Zivilisationskrankheit** ‖ **zivilisatorisch:** *die Zivilisation fördernd* ‖ **zivilisieren:** *der [abendländischen] Zivilisation angleichen* ‖ **zivilisiert:** sich z. *(gesittet, wohl erzogen)* benehmen ‖ **Zivilist** der, -en/-en: *nicht dem Militär Angehörende(r)* ‖ **Zivilistin** die, -/-innen ‖ **Zivilkleidung** ‖ **Zivilluftfahrt** ‖ **Zivilperson** ‖ **Zivilprozess** (Jus): *ein Erbschaftsprozess oÄ;* → Strafprozess; → Kriminalprozess ‖ **Zivilrecht** (Jus): *das bürgerliche Recht;* → G.: Strafrecht ‖ **zivilrechtlich** (Jus) ‖ **Zivilrechtssache** (Jus): *Rechtsstreitigkeit, die vor ein Zivilgericht gehört;* → G.: Strafrechtssache ‖ **Zivilschutz:** *Schutzmaßnahmen der Zivilbevölkerung [im Krieg]* ‖ **Zivilstreife** ‖ **Ziviltechniker:** *Unternehmer, der befugt ist, technische Aufgaben verantwortlich zu bearbeiten, zB Zivilingenieur* ‖ **Ziviltechnikerin** ‖ **Zivilteilung** (Jus): *Teilung des Erlöses aus dem Verkauf einer im Miteigentum stehenden Sache;* → G.: Naturalteilung ‖ **Zivilverfahren** (Jus): *Gerichtsverfahren zur Regelung bzw. Entscheidung zivilrechtlicher Ansprüche;* → G.: Strafverfahren

zizerlweis = **zizerlweise** (ugs.): *kleinweise, nach und nach;* z. mit der Wahrheit herausrücken

Zizibe [-ˌbeː] die, -/-s (ugs.): *Meise* | (veraltet) Fräulein Z. *(kapriziöses Mädchen, affektierte Frau)*

ZK [tsɛt 'kaː] das, -[s] (Pol.): **Z**entral**k**omitee

Zl.: Zahl

Zloty ['zlɔti] der, -s/-s (Zl, Zł) ⟨poln.⟩ (poln.: Złoty ['zu̯ɔtɨ]):

Währungseinheit in Polen; 10 Złoty

ZMR [tsɛt ɛm ˈɛr] das, -: **Z**entrales **M**elde**r**egister *(eine Datenbank des BMI)*

Zn: Zink

Znaim (tschech.: Znojmo [ˈznɔɪ-]): *Stadt in Tschechien*

Zni|achterl [-ˈiɔx-] das, -s/-[n] (bes. W, mda.): *, schmächtiger, unscheinbarer Mensch*

Znüne der = das, -n/-n (V): *Vormittagsjause* ‖ **Znü|ne|pau|se** (V)

Zo|bel der, -s/-: *ein Marder* | *ein Pelz*

Zọ|ckel der, -s/- ⟨it.⟩ (reg., zB T, ugs.): → *Tschockel* ‖ **zọ|ckeln,** ich zockle nach Hause (reg., ugs.): → *zuckeln;* dahinzockeln

zọ|cken (reg., bes. D): *[illegal] Glücksspiele betreiben;* → abzocken ‖ **Zọ|cker** der, -s/- (reg., bes. D) ‖ **Zọ|cke|rin** die, -/-innen (reg., bes. D)

Zo|fe die, -/-n: *eine herrschaftliche Bedienstete*

Zọff der, -s ⟨hebr.-jidd.⟩ (bes. D, ugs.): *Streit, Ärger;* sie hat/sucht ständig Z.

zog → ziehen

Zö|ger der, -s/-, *auch:* Zeger (reg., veraltend): *große Tragtasche [aus Schilf- oder Korbgeflecht]* | *Tragkorb aus Drahtgeflecht*

Zö|ge|rer der, -s/-: *Zauderer* ‖ **Zö|ge|rin** die, -/-innen ‖ **zö|ger|lich:** *zögernd* ‖ **zö|gern:** *zaudern, zuwarten*

Zög|ling der, -s/-e (veraltet): *Schüler bestimmter Anstalten/Internate* | *Kind oder Jugendlicher in Heimpflege*

Zö|li|a|kie die, - ⟨gr.⟩ (Med.): *Glutenunverträglichkeit*

Zö|li|bat der = das, -[e]s ⟨lat.⟩ (kath.): *gesetzliche Ehelosigkeit des Klerus* ‖ **zö|li|ba|tär**

Zọll[1] der, -[e]s/Zölle: *eine Abgabe bei der Ein- oder Ausfuhr von Waren*

Zọll[2] der, -[e]s/-e: *ein altes Längenmaß, 2,6 cm* | (in Mengenangaben mit Pl. Zoll) ein zwei Zoll dickes *(zweizölliges)* Brett | (veraltet) jeder Z. *(durch und durch)* ein Gentleman

Zọll|ab|fer|ti|gung ‖ **Zọll|ab|kom|men** ‖ **Zọll|agen|den** die (Pl.) (Amtsspr.): *Zollangelegenheiten, -obliegenheiten* ‖ **Zọll|amt** ‖ **Zọll|be|am|te** ‖ **Zọll|be|am|tin** ‖ **Zọll|be|hör|de**

zọll|breit: eine zollbreite Leiste; *aber:* die Leiste ist einen Zoll breit ‖ **Zọll|breit = Zọll breit** der, -: keinen Z. des Landes abtreten

Zọll|de|kla|ra|ti|on [-tsi̯-]: *[schriftliche] Erklärung über zu verzollende Waren* ‖ **zọl|len** (geh.): jemandem [seine] Anerkennung z. *(ausdrücken);* seinen Tribut z. *(seinen Beitrag, seinen Teil leisten)* ‖ **Zọll|ein|he|bung** ‖ **Zọll|er|klä|rung** (Wirt.) ‖ **Zọll|fahn|dung**

Zọll|feld: *ein Gebiet in Kärnten*

zọll|frei: Waren z. einführen ‖ **Zọll|frei|gren|ze** (Amtsspr.): *Geldwert, bis zu dem Waren aus dem Ausland zollfrei eingeführt werden können* ‖ **Zọll|frei|zo|ne** ‖ **Zọll|grenz|be|zirk** ‖ **Zöll|ner** der, -s/-: *Zollbeamter* | (früher) *Steuereinnehmer* ‖ **Zöll|ne|rin** die, -/-innen ‖ **Zọll|or|gan** ‖ **zọll|pflich|tig** ‖ **Zọll|re|vi|si|on** [-v-]: *Zollüberprüfung*

Zọll|stab: *zusammenlegbarer Maßstab mit Zoll- und Zentimetereinteilung, Zollstock*

Zọll|stel|lung (Amtsspr.): *das Deklarieren einer zollpflichtigen Ware*

Zọll|stock: *Zollstab*

Zọll|ta|rif ‖ **Zọll|uni|on** ‖ **Zọll|wa|che** (Kfz: ZW): *Behörde für Grenzformalitäten* ‖ **Zọll|wa|che|be|am|te** ‖ **Zọll|wa|che|be|am|tin**

Zọm|bie [auch: z-] der, -s/-s ⟨kreolisch-engl.⟩: *wiederbelebter Leichnam* | *willenloses* (auch: *grauenvolles, scheußliches) Wesen*

Zo|ne die, -/-n ⟨gr.⟩: *abgegrenztes Gebiet;* die nördliche gemäßigte Z. *(eine Klimazone);* die blaue Z. *(Kurzparkzone)* | (Mil.) *Besatzungszone* ‖ **Zo|nen|ta|rif:** *Tarif mit nach Entfernungen gestaffelten Preisen bzw. Gebühren, zB bei der Bahn*

Zoo der, -s/-s ⟨gr.⟩: *Kurzwort für zoologischer Garten; Tiergarten* ‖ **Zoo|hand|lung:** *Tierhandlung* ‖ **Zoo|lo|ge** [tso.o-] der, -n/-n: *Wissenschaftler auf dem Gebiet der Zoologie* ‖ **Zoo|lo|gie** die, -: *Tierkunde* ‖ **Zoo|lo|gin** die, -/-innen ‖ **zoo|lo|gisch:** ein zoologischer Garten *(Tiergarten, Zoo, Menagerie)*

Zoom [zuːm, auch: tsuːm, tsoːm] das, -s ⟨engl.⟩: *stufenlos veränderbare Brennweiteneinstellung an einem Objektiv* | (mit Pl. -s) *Zoomobjektiv* ‖ **zoo|men:** mit der Kamera z. *(den Gegenstand des Bildes optisch näher bzw. ferner rücken)* ‖ **Zoom|ob|jek|tiv** [-f]

Zoo|plank|ton [tso.o-] ⟨gr.⟩ (Biol.): *tierisches Plankton;* → Phytoplankton ‖ **Zoo|tier**

Zọpf der, -[e]s/Zöpfe: Zöpfe flechten | (Küchenspr.) *ein geflochtener Striezel* | (früher) *Zopfperücke;* ein alter Z. *(eine hinlänglich bekannte Sache);* → verzopft ‖ **Zọpf|brot** (V): *ein geflochtener Striezel* ‖ **Zọpf|pe|rü|cke**

Zo|res die (Pl.) ⟨hebr.-jidd.⟩ (ugs.): Z. *(Ärger, Schwierigkeiten)* haben

Zọrn der, -[e]s: *Wut, Unwille* ‖ **Zọrn|aus|bruch** ‖ **Zọrn|bin|kel** = **Zọrn|bin|kerl** (ugs.): *aufbrausender, jähzorniger Mensch* ‖ **zọrn|ent|brannt** (geh.): *zornig, wütend* ‖ **Zọr|nes|rö|te** ‖ **zọr|nig**

Zo|te die, -/-n: *grob unanständiger Witz* ‖ **Zo|ten|rei|ßer** der, -s/-: *jemand, der Zoten erzählt* ‖ **Zo|ten|rei|ße|rin** die, -/-innen ‖ **zo|tig**

Zọt|te die, -/-n (meist Pl.): *Haarbüschel, herabhängende Haarsträhne* ‖ **Zọt|tel** die, -/-n (meist Pl.) (abw.): *ungepflegtes, ungeordnetes Haar* ‖ **Zọt|tel|bär** ‖ **zọt|te|lig** = zottlig = zottig: *struppig;* ein zotteliges Fell | *wirr;* zottelige Haare ‖ **zọt|teln** (ugs.): ich zottle *(gehe langsam, schwerfällig)* durch die Straßen ‖ **zọt|tig** = → zottelig ‖ **zọtt|lig** = → zottelig

Zr: Zirconium

zT = z. T.: zum Teil

zu:

Präposition mit Dativ:

- zu dem Haus; → zum
- zu Mittag; zu Ostern
- von Haus zu Haus; von Zeit zu Zeit
- zu dreien/zu dritt musizieren *(in einer Dreiergruppe)*
- zu eigen machen; zu Dank verpflichtet
- zu Diensten stehen; zu Ende gehen
- zu Fleiß; zu Hilfe rufen
- zu guter Letzt; zu Tode betrübt
- zu Recht *(dem Recht, Gesetz nach)* bestehen; *aber:* er kommt damit nicht zurecht
- zu Werke gehen; zu Willen sein
- zu Buche schlagen *(ins Gewicht fallen)*
- zu Zeiten *(zur Zeit)* Maria Theresias; *aber zusammen:* zuzeiten *(bisweilen)*
- [geboren] *zu (in)* Wien (geh.)

Getrennt- und Zusammenschreibung, zB:

- zu Grunde (= zugrunde) gehen

– zu Handen = zuhanden
– zu Hause = zuhause
– hier zu Lande = hierzulande
– zu Leid[e] (= zuleid[e]) tun
– zu Nutze (= zunutze) sein
– zu Rate (= zurate) ziehen
– zu Schanden (= zuschanden) werden
– zu Stande (= zustande) bringen

R→ S. 905, 4.1

Adverb:
– ab und zu *(manchmal)*
– Augen zu, Mund zu, Ohren zu!
– zu spät; zu weit; zu viel reden; viel zu wenig
– der Stadt zu gehen *(stadtwärts)*
– zu sein; das Geschäft ist zu gewesen; *aber:* → zuhaben

Konjunktion:
– nichts zu lesen
– noch viel zu erledigende Arbeit

zu|al|ler|erst → allererste ‖ **zu|al|ler|letzt** ‖ **zu|al|ler|meist** ‖ **zu|al|ler|oberst** ‖ **zu|al|ler|un|terst**
zu|ar|bei|ten: *jemandem bei der Arbeit [vorbereitend] helfen*
Zu|bau der, -[e]s/-ten: einen Z. am Hauptgebäude errichten ‖ **zu|bau|en**
Zu|be|hör das, -s/-e, *auch:* Zugehör: *Bestandteile, Ersatzteile;* ein Aquarium mit Z. | *Nähzubehör*
zu|bei|ßen: der Hund hat zugebissen *(zugeschnappt)*
zu|be|kom|men: das Schloss nicht z. *(es nicht zumachen, nicht schließen können)*
zu|be|nannt (veraltet): Herzog Rudolf IV., z. der Stifter
Zu|ber der, -s/-: *ein großes Gefäß [mit zwei Traggriffen]*
zu|be|rei|ten: die Mahlzeit ist gut zubereitet ‖ **Zu|be|rei|tung**
zu|be|to|nie|ren
Zu|bett|ge|hen das, -
zu|bil|li|gen: jemandem den guten Glauben z. *(annehmen, dass jemand nach bestem Wissen und Gewissen gehandelt hat)* ‖ **Zu|bil|li|gung**
zu|bin|den: *verschnüren*
zu|blei|ben: *geschlossen bleiben*
zu|blin|zeln: jemandem heimlich z. *(zuzwinkern)*
zu|brin|gen: Nächte im Freien z. | den Koffer nicht z. ‖ **Zu|brin|ger** der, -s/-: *Vorrichtung [bei Maschinen], die etwas heranbringt* | *Zufahrtsstraße;* Autobahnzubringer ‖ **Zu|brin|ger|dienst** ‖ **Zu|brin|ger|li|nie** [-iɛ] ‖ **Zu|brin|ger|stra|ße** ‖ **Zu|brin|ger|ver|kehr** ‖ **Zu|brin|gung** die, -/-en: *Transport* | (Forstwirt.) → *Bringung*
Zu|brot (bes. D): *Nebenverdienst;* sich ein Z. verdienen
Zu|bu|ße (veraltet): *über das Normale hinaus gewährter Zuschuss an Speisen, Geld uÄ*
Zuc|chi|ni [-ˈkiː-] die, -/-, *auch:* **Zuc|chi|no** der, -s/Zucchini ⟨it.⟩: *eine kleine [Speise]kürbissorte*
Zucht die, -/-en: sich der Z. von Pferden widmen | (ohne Pl.) (geh.) auf Z. und Ordnung *(Disziplin)* sehen ‖ **züch|ten:** Rinder z.; Rosen z. | (zB Bot.) *genetisch verändern;* → ziehen ‖ **Züch|ter** der, -s/- ‖ **Zucht|er|folg** ‖ **Züch|te|rin** die, -/-in|nen ‖ **züch|te|risch** ‖ **Zucht|haus** (veraltend): *eine Gefängnisanstalt* ‖ **Zucht|häus|ler** (abw., veraltend) ‖ **Zucht|häus|le|rin** (abw., veraltend) ‖ **Zucht|hengst** ‖ **züch|tig** (geh.): *sittsam* ‖ **züch|ti|gen** (geh.): *[körperlich] strafen* ‖ **Züch|ti|gung** die, -/-en (geh.) ‖ **zucht|los** (geh.): *zügellos* ‖ **Zucht|lo|sig|keit** die, - (geh.) ‖ **Zucht|meis|ter** (veraltet): *[strenger] Lehrer, Erzieher* ‖ **Zucht|per|le:** *gezüchtete Perle* ‖ **Zucht|stier** ‖ **Züch|tung** die, -/-en ‖ **Zucht|vieh** ‖ **Zucht|wahl** (Biol.): *Selektion*
zu|ckeln, ich zuckle (reg., ugs.): *trotten, wackelig/schwerfällig gehen, langsam fahren, zockeln;* dahinzuckeln ‖ **zu|cken:** die Achseln z.; mit den Achseln z.; mit keiner Wimper z. *(vollkommen ruhig bleiben)* | zuckende Blitze ‖ **Zu|cken** das, -s
zü|cken: das Messer z. *(drohend bereithalten);* mit gezückter Waffe | (scherzh.) die Geldbörse z. *(herausnehmen)*
Zu|cker[1] der, -s/- (ugs.): *Zucken, Zuckung;* ein kurzer Z. ging durch ihren Körper
Zu|cker[2] der, -s/-: gesponnener Z. *(Zuckerwatte)* | (ugs.) *Zuckerkrankheit* ‖ **Zu|cker|ahorn:** *eine Zuckersirup liefernde Ahornart* ‖ **Zu|cker|aus|tausch|stoff:** *natürlicher oder chemischer [kalorienfreier] Süßstoff [als Ersatz für Zucker]* ‖ **Zu|cker|bä|cker:** *Konditor* ‖ **Zu|cker|bä|cke|rei:** *Konditorei* ‖ **Zu|cker|bä|cke|rin** ‖ **Zu|cker|bä|cker|meis|ter** ‖ **Zu|cker|bä|cker|meis|te|rin** ‖ **Zu|cker|brot** (nur in der Wendung): mit Z. und Peitsche *(abwechselnd mit Belohnung und Strafe)* ‖ **Zu|cker|do|se** ‖ **Zu|cker|erb|se** ‖ **Zu|cker|fa|brik** ‖ **Zu|cker|gla|sur** ‖ **Zu|cker|go|scherl** (ostöst., ugs., scherzhaft): *jemand, der gern Süßigkeiten isst* ‖ **Zu|cker|guss:** *Zuckerglasur* ‖ **zu|cker|häl|tig,** *auch:* zuckerhaltig ‖ **Zu|cker|kam|pa|gne** [-anjɛ, fr.: -kɑ̃panj]: *Zeit der Ernte, Anlieferung und Verarbeitung von Zuckerrüben* ‖ **Zu|cker|kan|dis** der, -, *auch:* **Zu|cker|kandl** (veraltet): *Kandiszucker* ‖ **zu|cker|krank** (Med.) ‖ **Zu|cker|krank|heit** die, - (Med.): *eine Stoffwechselkrankheit, Diabetes* ‖ **Zu|ckerl** das, -s/-[n]: *Bonbon* | ein Z. *(etwas Außergewöhnliches, Besonderes)* für die Zuschauer ‖ **Zu|cker|le** das, -s/-n (westöst.): *Zuckerl* ‖ **Zu|cker|le|cken** → Zuckerschlecken ‖ **Zu|ckerl|far|be** (meist Pl.) (oft abw.): *süßlich-bunte Farbe* ‖ **Zu|ckerl|ge|schäft** ‖ **zu|ckerl|ro|sa** (oft abw.): *auffällig rosa, pink* ‖ **Zu|ckerl|ro|sa:** ein Kleid in Z. ‖ **Zu|ckerl|stand** ‖ **Zu|ckerl|standl** ‖ **Zu|cker|me|lo|ne** ‖ **zu|ckern:** den Tee z. ‖ **Zu|cker|pup|pe:** *herziges Mädchen* ‖ **Zu|cker|rohr:** *ein Zucker lieferndes Gras* | *Rohrzucker* ‖ **Zu|cker|rü|be** ‖ **Zu|cker|schle|cken,** *auch:* Zuckerlecken (nur in der Wendung): kein Z. *(nichts Angenehmes)* sein; → Honiglecken ‖ **Zu|cker|streu|er** ‖ **zu|cker|süß** ‖ **Zu|cker|wat|te** ‖ **Zu|cker|zan|ge:** *Gerät zum Greifen von Würfelzucker*
Zu|ckung die, -/-en (Med.): *unwillkürliche ruckartige Bewegungen*
zu|de|cken: sie hat das frierende Kind zugedeckt
zu|dem (geh.): *außerdem, überdies*
zu|den|ken (geh.) (meist im Part. II): dieses Geschenk war dir zugedacht *(für dich bestimmt)*
zu|dre|hen: den Wasserhahn z. *(abdrehen)*
zu|dring|lich: *hartnäckig aufdringlich; herausfordernd; anmaßend* ‖ **Zu|dring|lich|keit** die, -/-en
zu|drü|cken: ein Auge z. *(nachsichtig sein)*
zu|eig|nen (geh.): jemandem ein Buch z. *(widmen); aber:* zu eigen machen ‖ **Zu|eig|nung** die, -/-en (geh.)
zu|ei|len: auf jemanden z.
zu|ein|an|der: z. sprechen ‖ **zu|ei|nan|der fin|den** = **zu|ein|an|der|fin|den** ‖ **zu|ein|an|der pas|sen** = **zu|ein|an|der|pas|sen** ‖ **zu|ein|an|der ste|hen** = **zu|ein|an|der|ste|hen**

Z

zu|er|ken|nen: jemandem einen Preis z. ‖ **Zu|er|ken|nung** die, -/-en
zu|erst: z. *(als Erstes)* essen; z. *(zu Beginn)* hatten sie noch Probleme
Zu|er|werb: *Nebenverdienst*
zu|fä|cheln: jemandem Luft z.
zu|fah|ren: zum Haus z. können ‖ **Zu|fahrt:** „Zufahrt gestattet!" ‖ **Zu|fahrts|ram|pe** ‖ **Zu|fahrts|stra|ße** ‖ **Zu|fahrts|weg**
Zu|fall: *unerwarteter Umstand* ‖ **zu|fal|len:** die Tür ist zugefallen | das Erbe fiel ihm zu *(er erbte, wurde Erbe)* ‖ **zu|fäl|lig** ‖ **zu|fäl|li|ger|wei|se** ‖ **Zu|fäl|lig|keit** die, -/-en ‖ **Zu|falls|aus|wahl** ‖ **Zu|falls|be|kannt|schaft** ‖ **Zu|falls|er|geb|nis** ‖ **Zu|falls|fund** ‖ **Zu|falls|ge|ne|ra|tor** ‖ **Zu|falls|prin|zip:** Versuchspersonen nach dem Z. auswählen ‖ **Zu|falls|tref|fer**
zu|fas|sen (bes. D): *zupacken*
zu Fleiß → Fleiß
zu|flie|gen: es ist mir einfach so zugeflogen *(kam wie von selbst)*
zu|flie|ßen: *zuteilwerden;* der Reinertrag fließt wohltätigen Zwecken zu
Zu|flucht: bei einem Freund Z. *(Hilfe, Unterschlupf)* suchen müssen ‖ **Zu|fluchts|ort** ‖ **Zu|fluchts|stät|te**
Zu|fluss: ein See mit mehreren Zuflüssen
zu|flüs|tern: jemandem ein Geheimnis z.
zu|fol|ge (Präp., vor dem Nomen mit Gen., nach dem Nomen mit Dat.): z. *(auf Grund)* des Auftrages; dem Auftrag z. *(entsprechend)*

zu|frie|den:

Getrenntschreibung:
- zufrieden sein
- zufrieden machen

Zusammenschreibung bei übertragener Bedeutung:
- sich damit nicht zufriedengeben *(sich damit nicht begnügen, mehr wollen)*
- du sollst mich zufriedenlassen *(in Ruhe lassen)*

Getrennt- und Zusammenschreibung:
- den Kunden zufrieden stellen (= zufriedenstellen)
- eine zufrieden stellende (= zufriedenstellende) Leistung

R→ S. 900, 1.5

Zu|frie|den|heit die, - ‖ **zu|frie|den|ge|ben** → zufrieden ‖ **zu|frie|den|las|sen** → zufrieden ‖ **zu|frie|den stel|len** = **zu|frie|den|stel|len** ‖ **Zu|frie|den|stel|lend** das, -[s]/- (Amtsspr.): *eine Verhaltensnote in der Schule; aber:* eine **z**ufrieden stellende (= zufriedenstellende) Leistung
zu|frie|ren: ein zugefrorener Teich
zu|fü|gen: jemandem ein Leid z. ‖ **Zu|fü|gung**
Zu|fuhr die, -: *Versorgung, Herbeischaffung;* die Z. *(der Nachschub)* von Nahrungsmitteln ist unterbunden; die Z. von Warmluft ‖ **zu|füh|ren:** jemanden seiner gerechten Strafe z.
Zug[1] der, -[e]s/Züge: den Zug *(die Eisenbahn)* benützen | (ugs.) im falschen Zug sitzen *(sich falsch entschieden haben)* | der Zug der Wolken; ein Zug *(eine Schar)* Vögel | ein schöner Zug *(eine nette Geste, eine schöne Charaktereigenschaft)* | *Schluck;* auf einen/in einem Zug austrinken; das Leben in vollen Zügen genießen; etwas in einem Zug *(ohne Unterbrechung)* erledigen; in den letzten Zügen liegen *(im Sterben liegen)* | in tiefen Zügen atmen | *Gebirgszug* | *Glockenzug* | *Schriftzug;* in großen/groben Zügen *(grob umrissen)* | *Gesichtszug* | *Fortbewegung einer Figur bei Brettspielen;* ich bin am Zug *(an der Reihe);* zum Zug kommen; die Reform Zug um Zug *(schrittweise, konsequent, zügig)* vorantreiben | (ohne Pl.) ein Ofen mit gutem Zug *(Luftzug, Abzug);* im Zug *(in der Zugluft)* stehen | *Vertiefung im Gewinde, bes. im Gewehrlauf*
Zug[2]: *Schweizer Stadt und Kanton*
Zu|ga|be: *Draufgabe*
Zug|ab|teil = Zugsabteil: *Wagonabteil*
Zu|gang: Z. versperrt | Z. *(Zunahme)* an Urlaubern ‖ **zu|gäng|lich:** eine schwer zugängliche Stelle | ein zugänglicher *(freundlicher, offener, verständnisvoller)* Mensch ‖ **Zu|gäng|lich|keit** die, - ‖ **Zu|gangs|be|schrän|kung** ‖ **Zu|gangs|re|ge|lung**
Zug|aus|kunft, *auch:* Zugsauskunft ‖ **Zug|be|glei|ter,** *auch:* Zugsbegleiter: *Schaffner* | *Faltfahrplan für bestimmte Bahnstrecken bzw. Züge* ‖ **Zug|be|glei|te|rin,** *auch:* Zugsbegleiterin: *Schaffnerin* ‖ **Zug|bil|dung** ‖ **Zug|brü|cke:** *Brücke [bei Burgen], die hochgezogen werden kann*
zu|ge|ben: einen Irrtum z. *(eingestehen)* | einige Zentimeter Stoff z. *(größer zuschneiden);* beim Kochen etwas Milch z. *(dazugeben)*
zu|ge|ge|be|ner|ma|ßen: er hat sich z. geirrt
zu|ge|gen (geh.): sie war bei der Feier z. *(anwesend)*
zu|ge|hen: diese Tür geht leicht zu *(sie schließt leicht)* | der Polizeihund geht Fremden nicht zu | der Turm geht nach oben spitz zu *(er verjüngt sich)* | hier geht's lustig zu | eine gute Nachricht ging ihm zu *(wurde ihm bekannt)* | aufeinander z. *(sich [auch persönlich] näherkommen)* ‖ **Zu|ge|he|rin** (bes. westöst.): *Bedienerin* ‖ **Zu|geh|frau** (bes. westöst.): *Putzfrau, Haushaltshilfe, Bedienerin*
Zu|ge|hör → *Zubehör* ‖ **zu|ge|hö|rig** ‖ **Zu|ge|hö|rig|keit** ‖ **Zu|ge|hö|rig|keits|ge|fühl**
zu|ge|knöpft: ein zugeknöpfter *(zurückhaltender, unzugänglicher, verschlossener; geiziger)* Mensch; → zuknöpfen
Zü|gel der, -s/-: *Riemen zum Lenken von Pferden;* die Z. straff [an-] ziehen *(streng sein, strenger werden);* die Z. schleifen/schießen lassen *(lockerer, nicht mehr so streng sein);* die Z. fest in der Hand *(alles im Griff)* haben ‖ **zü|gel|los:** *unbeherrscht* ‖ **Zü|gel|lo|sig|keit** die, - ‖ **zü|geln,** ich zügle: *die Zügel anziehen;* das Pferd z. | (geh.) seine Leidenschaften z. *(beherrschen, im Zaum halten)* | (CH, V) *umziehen, übersiedeln* ‖ **Zü|ge|lung** die, -
Zug|end|bahn|hof (Amtsspr.): *Endstation*
Zü|gen|glö|ckerl = **Zü|gen|glöck|lein** (veraltend): *Sterbeglocke*
Zu|ge|reis|te[1] der, -n/-n, ein Zugereister: *Zugezogener und nicht als einheimisch Empfundener* ‖ **Zu|ge|reis|te**[2] die, -n/-n
zu|ge|sel|len: sich einer Gruppe z. *(anschließen)*
zu|ge|stan|den: z. *(zugegeben),* ich habe darauf vergessen ‖ **zu|ge|stan|de|ner|ma|ßen** ‖ **Zu|ge|ständ|nis:** jemandem Zugeständnisse machen *(teilweise nachgeben)* ‖ **zu|ge|ste|hen:** ich habe ihr das zugestanden *(zugebilligt, zuteilwerden lassen)*

zu|ge|tan (geh.): ihr z. sein *(sie gernhaben, ihr freundlich gesinnt sein)*
Zu|ge|wan|der|te[1] der, -n/-n, ein Zugewanderter: *Zugereiste* ‖ **Zu|ge|wan|der|te**[2] die, -n/-n
zu|ge|wandt → zuwenden
Zu|ge|winn (bes. D): *zusätzlicher Gewinn*
Zug|fe|der (Technik): *eine Stahlfeder* ‖ **Zug|fes|tig|keit** ‖ **Zug|för|de|rung:** *Traktion, Antrieb des Zugs* | *Zugförderungsstelle* ‖ **Zug|för|de|rungs|stel|le:** *Sammelstelle und Werkstätte für Triebfahrzeuge* ‖ **Zug|füh|rer** (Mil.): *ein Unteroffizier* | (auch: Zugsführer) *Bahnschaffner, Zugbegleiter* ‖ **Zug|füh|re|rin,** *auch:* Zugsführerin ‖ **Zug|gar|ni|tur:** *Wagensatz ohne Lokomotive* ‖ **Zug|hal|te|stel|le,** *auch:* Zugshaltestelle
zu|gie|ßen: Wasser z. *(dazugeben)*
zu|gig: ein zugiger *(windiger)* Hausflur ‖ **zü|gig:** *in einem Zug;* eine zügige *(flotte, geübte)* Handschrift ‖ **Zü|gig|keit** die, -
zu|gip|sen: den Spalt z.
Zug|kraft ‖ **zug|kräf|tig:** ein zugkräftiger *(publikumswirksamer)* Film ‖ **Zug|last:** *Last, die zu ziehen ist*
zu|gleich: *gleichzeitig; gleichermaßen*
Zug|luft die, -: sich vor Z. schützen ‖ **Zug|ma|schi|ne:** *Kraftfahrzeug zum Ziehen von Anhängern* ‖ **Zug|num|mer:** *beste, wirksamste Nummer [in einem Programm]* | (auch: Zugsnummer) *Nummer eines Zuges im Fahrplan* ‖ **Zug|per|so|nal** = Zugspersonal ‖ **Zug|pferd:** *Pferd zum Ziehen von Lasten* | sie ist unser Z. *(sie reißt uns mit, ist unser Vorbild)* ‖ **Zug|plas|ter** (Med.): *hautreizendes Heilpflaster* ‖ **Zug|po|sau|ne:** *ein Blechblasinstrument*
zu|grei|fen: bei der Arbeit fest z. *(tüchtig arbeiten);* er hat beim Essen tüchtig zugegriffen
Zug|re|s|tau|rant [-torã:]
Zu|griff ‖ **Zu|griffs|zeit** (EDV): *Ladezeit von Daten eines Computers*
zu Grun|de = **zu|grun|de:** zu G. liegen/legen; zu G. gehen *(untergehen, zerstört werden);* jemanden zu G. richten *(vernichten)* ‖ **Zu|grun|de|le|gung** die, -/-en
Zugs|ab|teil = → Zugabteil ‖ **Zugs|aus|kunft** → Zugauskunft ‖ **Zugs|be|glei|ter** → Zugbegleiter ‖ **Zugs|be|glei|te|rin** → Zugbegleiterin ‖ **Zug|sal|be** (Med.): *eine durchblutungsfördernde Heilsalbe;* → Zugpflaster ‖ **Zug|schluss** ‖ **Zug|schluss|si|g|nal:** *rote [Reflektor]lampe am letzten Waggon* ‖ **Zug|seil:** *[Stahl]seil zum Ziehen von Lasten;* → G.: Tragseil ‖ **Zugs|füh|rer** → Zugführer ‖ **Zugs|füh|re|rin** → Zugführerin ‖ **Zugs|hal|te|stel|le** → Zughaltestelle ‖ **Zugs|num|mer** → Zugnummer ‖ **Zugs|per|so|nal** = → Zugpersonal ‖ **Zug|spit|ze**[1]: der Speisewagen befindet sich an der Z. ‖ **Zug|spit|ze**[2]: *höchster Berg Deutschlands* ‖ **Zug|spit|zen|si|g|nal:** *drei Lampen in Form eines auf der Basis stehenden Dreiecks* ‖ **Zug|stück:** *beliebtes, gängiges, oft gespieltes Theaterstück uÄ* ‖ **Zugs|un|glück** = Zugunglück ‖ **Zugs|ver|bin|dung** = Zugverbindung ‖ **Zugs|ver|kehr** = Zugverkehr ‖ **Zugs|ver|spä|tung** → Zugverspätung ‖ **Zug|te|le|fon** ‖ **Zug|tier:** *Pferd, Esel ua.* ‖ **Zug|un|fall,** *auch:* Zugsunfall ‖ **Zug|un|glück** = → Zugsunglück
zu Guns|ten = **zu|guns|ten** (Präp., vor dem Nomen mit Gen., nach dem Nomen mit Dat.): eine Veranstaltung zu G. des Roten Kreuzes; seinem Freund zu G. hat er verzichtet; zu ihren Gunsten; → G.: zu Ungunsten; → Gunst
zu|gu|te|hal|ten: jemandem seine Müdigkeit z. *(sie als Entschuldigung gelten lassen)* ‖ **zu|gu|te|kom|men:** die neue Anschaffung wird allen z. ‖ **zu|gu|te|tun:** er kann sich auf seine Bildung viel z. *(sehr stolz auf sie sein)* ‖ **zu gu|ter Letzt:** *schließlich*
Zug|ver|bin|dung = → Zugsverbindung ‖ **Zug|ver|kehr** = → Zugsverkehr ‖ **Zug|vo|gel:** *Vogel, der für den Winter in wärmere Länder fliegt* ‖ **Zug|ver|spä|tung,** *auch:* Zugsverspätung ‖ **Zug|zwang:** unter Z. stehen *(zum Handeln, zu einer Entscheidung gezwungen sein)*
zu|ha|ben: das Geschäft hat zu *(geschlossen); aber:* → zu sein
zu|hal|ten: die Tür z. ‖ **Zu|häl|ter** der, -s/-: *jemand, der von den Einkünften von Prostituierten lebt* ‖ **Zu|häl|te|rei** die, -
zu Han|den = **zu|han|den:** zu H. sein; ein Wörterbuch zu H. haben | zu Handen (z. H., zH) [von] Herrn Meier ‖ **zu Hän|den** (bes. D): *zu Handen*
zu|hauf (geh.): sie kamen z. *(in Scharen)*
Zu|haus (reg.): *kleines [Wohn]haus (neben einem Bauernhof), Stöckl* ‖ **zu Hau|se** = **zu|hau|se,** *auch:* zu Haus, zuhaus: zu H. sein ‖ **Zu|hau|se** das, -s, *auch:* Zuhaus: kein Z. *(kein Heim)* haben ‖ **Zu|häusl** (reg.): *Zuhaus*
zu|hei|len: die Wunde heilt zu
Zu|hil|fe|nah|me die, -: unter Z. *(mit Hilfe)* eines Krans
zu|hin|terst: *ganz hinten*
zu|höchst [-çst]: *ganz hoch oben*
zu|hor|chen: horch zu!
zu|hö|ren: der Rednerin z. ‖ **Zu|hö|rer** ‖ **Zu|hö|re|rin** ‖ **Zu|hö|rer|schaft** die, -
zu|in|nerst: *ganz innen*
zu|ju|beln: dem Sieger z.
zu|kau|fen: *zur eigenen Produktion dazukaufen;* Futter z.
zu|keh|ren: jemandem das Gesicht z. *(zuwenden)* | (veraltend) unterwegs z. *(einen Besuch machen; in einem Gasthaus einkehren)*
zu|klap|pen: ein Buch z.
zu|kle|ben: einen Brief z.
zu|knal|len: die Autotür z. *(heftig zuschlagen)*
zu|knöp|feln = **zu|knöp|fen:** den Mantel z.; → zugeknöpft
zu|kno|ten (bes. D): *zubinden, zuknüpfen*
zu|kom|men: etwas kommt auf uns zu *(wir werden etwas [Unangenehmes] erleben)* | jemandem eine Unterstützung z. *(zuteilwerden)* lassen | dieser Idee wird große Bedeutung z.
zu|kor|ken (bes. D): *verkorken, zustöpseln*
Zu|kost (reg.): *zusätzliche Nahrung; Beikost*
zu|krie|gen (ugs.): *zubekommen;* den Hemdkragen nicht z. *(schließen können)*
Zu|kunft die, -: die Z. voraussagen; für alle Z. *(für immer);* in Z. *(ab jetzt);* ihre Erfindung hat Z. | (Gramm.) *Futur* ‖ **zu|künf|tig** ‖ **Zu|künf|ti|ge**[1] der, -n/-n: mein Zukünftiger *(künftiger Ehemann)* ‖ **Zu|künf|ti|ge**[2] die, -n/-n ‖ **Zu|kunfts|aus|sicht** (meist Pl.) ‖ **Zu|kunfts|for|schung** ‖ **zu|kunfts|freu|dig** ‖ **zu|kunfts|ge|rich|tet** ‖ **zu|kunfts|gläu|big** ‖ **Zu|kunfts|hoff|nung** ‖ **Zu|kunfts|kom|mis|si|on** (Admin.): *Kommission für Entwicklungen im*

Z

Bildungsbereich || **Zu|kunfts|markt** || **Zu|kunfts|mu|sik** die, -: das ist noch Z. *(das wird sich erst in ferner Zukunft verwirklichen lassen)* || **zu|kunfts|ori|en|tiert** || **Zu|kunfts|per|spek|ti|ve** [-fɛ, -vɛ] || **Zu|kunfts|plä|ne** die (Pl.) || **zu|kunfts|reich** || **Zu|kunfts|ro|man:** *utopischer Roman, Sciencefictionroman* || **zu|kunfts|träch|tig:** *aussichtsreich, viel versprechend* || **Zu|kunfts|vor|sor|ge** || **zu|kunfts|wei|send:** *bahnbrechend* || **Zu|kunfts|werk|statt:** *eine Methode, Wunschvorstellungen oder Szenarien für die Zukunft zu entwickeln*

zu|lä|cheln: jemandem freundlich z. || **zu|la|chen**

zu|la|den: *noch dazu [auf]laden* || **Zu|la|dung**

Zu|la|ge: *etwas Zusätzliches, bes. ein Geldbetrag*

zu Lan|de → Land

zu|lan|gen: *zugreifen* || **zu|läng|lich:** *ausreichend;* → G.: unzulänglich

zu|las|sen: die Tasche z. *(geschlossen halten)* | das kann ich nicht z. *(erlauben)* | jemanden zur Prüfung z.; ein Auto [für den Verkehr] z. | an der Universität zugelassen *(aufgenommen)* werden || **zu|läs|sig:** *erlaubt, gestattet* || **Zu|las|sung** die, -/-en: die Z. zu einer Prüfung | (Bildw.) *Immatrikulation* | *Kurzwort für Zulassungsbescheinigung* || **Zu|las|sungs|be|schei|ni|gung** (Amtsspr.): *Dokument, das ua. alle Fahrzeugdaten enthält* || **Zu|las|sungs|be|sit|zer** (Versich.): *Person, auf die ein Kfz zugelassen ist* || **Zu|las|sungs|be|sit|ze|rin** || **zu|las|sungs|pflich|tig** || **Zu|las|sungs|schein** (veraltet): *Zulassungsbescheinigung* || **Zu|las|sungs|ver|fah|ren**

zu Las|ten = **zu|las|ten:** zu L. des Verbrauchers *(zu seinen Lasten)*

Zu|lauf: ein großer Z. *(Andrang)* im neuen Geschäft | *Zufluss* || **zu|lau|fen:** ein zugelaufener Hund

zu|le|gen: sich ein Auto z. *(anschaffen)* | Tempo z. *(schneller fahren)*

zu Leid = **zu|leid** = **zu Lei|de** = **zu|lei|de:** er tut keinem etwas zu Leid[e]; *aber:* es tut mir **leid**

zu|lei|ten: Wasser z. || **Zu|lei|tung:** die Z. von Wasser

zu|letzt: es gelang nicht z. *(besonders, vor allem)* durch ihre Hilfe

zu|lie|be, *auch:* zulieb: sie macht das nur dir z.

Zu|lie|fe|rer der, -s/-: *Lieferant von [Halbfertig]produkten* || **Zu|lie|fer|fir|ma** || **Zu|lie|fe|rin** die, -/-innen || **Zu|lie|fer|in|dus|t|rie** [-dus-] || **zu|lie|fern:** Informationen z. || **Zu|lie|fe|rung**

Zu|luft (Technik): *zugeleitete Luft*

zum: *zu dem;* zum anderen (*auch:* Anderen) *(weiters);* nicht zum Arbeiten kommen; zum Beispiel (z. B., zB); zum Ersten/zum Zweiten *(erstens/zweitens);* zum Mindesten (= mindesten) *(zumindest);* zum Voraus *(zunächst);* zum Teil (z. T., zT) *(teilweise);* Abgeordneter zum Nationalrat; *aber:* im Gasthof „**Z**um Weißen Schwan"

zu|ma|chen: die Tür ganz leise z. *(schließen);* die Augen nicht z. *(nicht einschlafen)* können | die Augen für immer z. *(sterben)*

zu|mal (geh.): *vor allem weil, besonders weil*

zu|mau|ern: die Tür ganz z.

Zum|ba der, -[s]/-[s] (Wz.): *ein [Fitness]tanz mit lateinamerikanischen Elementen*

zu|meist: *meistens*

zu|mes|sen: jedem seinen Teil z. *(zuweisen)*

zu|mie|ten: einen Raum z. || **Zu|mie|tung** die, -/-en

zu|min|dest: *wenigstens, zum Mindesten*

Zumpf der, -es/Zumpfen = **Zump|ferl** das, -s/-[n] (mda., meist scherzh.): *Penis*

zu|mül|len (sal.): *mit [geistigem] Abfall zuschütten*

zu|mut|bar: das ist ihm nicht z. *(das kann man nicht von ihm verlangen, erwarten)* || **Zu|mut|bar|keit** die, -/-en || **Zu|mut|bar|keits|be|stim|mung** (Amtsspr.): *eine Regelung in der Arbeitslosenversicherung* || **zu Mu|te** = **zu|mu|te:** es ist ihr nicht wohl zu M. *(nicht behaglich)* || **zu|mu|ten:** jemandem eine schwere Arbeit z. *(sie von jemandem verlangen)* || **Zu|mu|tung** die, -/-en: eine starke Z. *(ein unangemessenes Ansinnen)*

zu|nächst [-çst] (Adv.): z. *(zuerst)* kommen die Kinder dran | (Präp. mit Dat.) (geh.) ihm z. *(in seiner unmittelbaren Nähe)* stehen

zu|na|geln: eine Kiste z.

zu|nä|hen: das Loch z.

Zu|nah|me die, -/-n: eine starke Z. der Arbeitslosigkeit

Zu|na|me, *auch:* **Zu|na|men:** *Familienname*

zün|deln: ich zündle *(spiele)* mit dem Feuer || **zün|den:** vom Blitz gezündet *(in Brand gesetzt)* || **zün|dend:** eine zündende *(mitreißende)* Rede || **Zun|der** der, -s/-: *filzige Zündmasse;* wie Z. brennen || **Zün|der** der, -s/-: *Zündvorrichtung in Sprengkörpern* | (nur Pl.) *Streichhölzer* || **Zünd|flam|me** || **Zünd|fun|ke** = **Zünd|fun|ken** || **Zünd|holz:** *Streichholz* || **Zünd|hölz|chen** || **Zünd|hölzl** || **Zünd|holz|schach|tel** || **Zünd|hüt|chen:** *eine Sprengkapsel* || **Zünd|ker|ze:** *Zündvorrichtung in Verbrennungsmotoren* || **Zünd|ler** der, -s/-: *jemand, der zündelt* || **Zünd|le|rin** die, -/-innen || **Zünd|schloss** (Kfz): *Schloss für den Zündschlüssel* || **Zünd|schlüs|sel** (Kfz): *Schlüssel zum Anlassen des Motors* || **Zünd|schnur:** *Schnur zum Zünden eines Sprengkörpers* || **Zünd|stoff:** *leicht brennbarer Sprengstoff* | *Anlass für Auseinandersetzungen* || **Zün|dung** die, -/-en: die Z. eines Motors

zu|neh|men: 5 Kilo z.; an Gewicht z.; der Tag nimmt zu *(er wird länger);* der zunehmende Mond; zunehmende Gewitterhäufigkeit

zu|nei|gen: einer Meinung z. || **Zu|nei|gung** die, -: *Wohlwollen, Sympathie*

Zunft die, -/Zünfte (im Mittelalter): *Vereinigung von Handwerkern; Innung; Genossenschaft* || **zünf|tig:** *urig, ländlich-deftig, volkstümlich; ausgiebig; tüchtig* | *fachmännisch* || **Zunft|zei|chen**

Zun|ge die, -/-n: eine belegte Z.; ihr Name liegt mir auf der Z. *(fällt mir gerade nicht ein);* er hat eine spitze Z. *(ist oft boshaft);* böse Zungen *(Menschen)* behaupten ...; eine böse Z. haben *(von anderen schlecht reden);* seine Z. im Zaum halten *(aufpassen, was man sagt);* etwas zergeht auf der Z. *(ist besonders weich und schmackhaft);* mit hängender Z. *(atemlos)* | (geh.) Menschen deutscher Z. *(Sprache)* | *Lasche bei Schnürschuhen* | (Mus.) *schwingendes Rohr- oder Metallblatt zur Tonerzeugung, zB bei Klarinette, Harmonika* || **zün|geln,** ich züngle: züngelnde Flammen || **Zun|gen|bre|cher** (scherzh.): *schwierig auszusprechendes Wort* || **zun|gen|fer|tig:** *redegewandt* || **Zun|gen|fer|tig-**

keit ‖ **zungenförmig** ‖ **Zungenkuss** ‖ **Zungen-r** [-ɛr] = **Zungen-R** ‖ **Zungenschlag** ‖ **Zungenspitze** ‖ **Zungenwurst** ‖ **Zünglein** das -s/-: das Z. an der Waage sein *(den Ausschlag geben)*

zunichte: z. sein ‖ **zunichtemachen:** *vereiteln, zerstören* ‖ **zunichtewerden:** mein Plan wurde zunichte *(er ließ sich nicht mehr durchführen)*

zunicken: dem Nachbarn freundlich z.

zu Nutze = **zunutze:** sich die Situation zu N. machen *(sie ausnützen)*

zuoberst: etwas z. *(obenauf)* legen

zuordnen: sie lässt sich keiner Partei z. ‖ **Zuordnung**

zupacken: *zugreifen, helfen*

zuparken: *verparken*

zupasskommen (geh.): der Vorschlag ist mir sehr zupassgekommen *(gelegen gekommen)*

zupfen: am Rock z. *(ziehen)* | (bes. ostöst., ugs.) sich z. *(verschwinden, sich davonmachen, sich → verzupfen)* ‖ **Zupfinstrument:** *Gitarre ua.*

zupicken: das Kuvert z. *(zukleben)*

zupressen: den Mund krampfhaft z.

zuprosten: *zutrinken*

zur: *zu der;* zur Arbeit gehen; sich zur Ruhe begeben *(schlafen gehen);* das Brot reicht zur Not *(gerade noch);* zur Zeit (auch mit Abkürzung: z. Z., z. Zt.) Maria Theresias; *aber:* → zurzeit nicht anwesend sein; jemandem zur Rechten/Linken sitzen; *aber:* Gasthof „Zur Alten Post“

zu Rande = **zurande:** mit jemandem/etwas nicht zu R. kommen *(nicht zurechtkommen)*

zu Rate = **zurate:** jemanden zu R. ziehen ‖ **zuraten:** ich kann dir weder zu- noch abraten

zuraunen: *zuflüstern*

Züricher der, -s/-, *auch:* Züricher: *Einwohner von Zürich* ‖ **Züricherin** die, -/-innen, *auch:* Züricherin

zurechenbar ‖ **Zurechenbarkeit** die, - ‖ **zurechnen:** das ist ihr zuzurechnen *(zuzuschreiben)* ‖ **zurechnungsfähig:** jemanden [für seine Handlungen] für z. *(verantwortlich)* erklären; → unzurechnungsfähig ‖ **Zurechnungsfähigkeit**

zurechtbasteln ‖ **zurechtbiegen** ‖ **zurechtfinden** sich: *sich orientieren können, sich auskennen* ‖ **zurechtkommen:** er kam zum Zug noch zurecht *(hat ihn noch erreicht)* | mit einer Arbeit z. *(sich damit auskennen, damit fertig werden)* ‖ **zurechtlegen:** sich eine Rede z. *(sie vorbereiten)* ‖ **zurechtmachen:** das Bett z. | sich [zum Fortgehen] z. *(sich [dazu] vorbereiten)* ‖ **zurechtrücken:** den Hut z. | jemandem den Kopf z. *(ihn zur Vernunft bringen)* ‖ **zurechtstutzen** ‖ **zurechtweisen:** *ermahnen; tadeln* ‖ **Zurechtweisung**

zureden: dem Kind gut z.

zureichen (veraltend): dem Maurer z. *(an die Hand gehen)* | *ausreichen;* vier Stück müssen z. ‖ **zureichend:** zureichende *(genügende)* Nahrung ‖ **Zureicher** der, -s/- (veraltend): *Hilfsarbeiter, Handlanger* ‖ **Zureicherin** die, -/-innen (veraltend)

zureiten: ein Pferd z. *(es als Reitpferd abrichten)*

zur Gänze → Gänze

Zürich [CH: -'y-]: *Schweizer Stadt und Kanton* ‖ **Züricher** → Zürcher ‖ **Züricherin** → Zürcherin

zurichten: *für den Gebrauch vorbereiten* | sie hat sich bei dem Sturz übel zugerichtet *(verletzt)* ‖ **Zurichtung**

zuriegeln: ich riegle die Tür zu *(verriegle sie)*

zürnen (geh.): sie zürnt ihrem Gatten *(ist auf ihn bös)*

zurren (Seemannsspr.): *festbinden*

Zurschaustellung die, -: die Z. des nackten Körpers

zurück: einen Schritt z. *(nach hinten)* machen; bald z. sein; der Bote ist noch nicht z. ‖ **Zurück** das, -s: da gibt es kein Z. mehr

zurückbefördern

zurückbegeben sich

zurückbehalten: Geld z.

zurückbekommen

zurückbeordern: *zurückberufen*

zurückberufen: die Botschafterin wurde z. *(abberufen)*

zurückbeugen: sich z., um etwas aufzuheben

zurückbewegen: sich rhythmisch vor- und z.

zurückbiegen

zurückbilden sich: die Geschwulst bildet sich zurück ‖ **Zurückbildung:** *Rückbildung*

zurückblättern (ugs.): *zurückblättern*

zurückbleiben: wir blieben bei den Verletzten zurück, bis Hilfe kam | (Psych.) das Kind ist geistig zurückgeblieben *(hat sich nur langsam entwickelt)* | nach der dritten Runde blieb er zurück *(konnte dem Tempo der anderen Läufer nicht folgen)*

zurückblenden: *im Film eine Rückblende zeigen*

zurückblicken: auf eine erfolgreiche Tätigkeit z. können

zurückbringen

zurückdämmen: die Seuche z.

zurückdatieren: einen Brief z. *(rückdatieren, nachdatieren, darauf ein vor dem tatsächlichen Zeitpunkt liegendes Datum angeben);* → G.: vorausdatieren | die Funde datieren bis ins 4. Jh. zurück *(sie stammen aus dieser oder auch einer späteren Zeit)*

zurückdenken: *sich erinnern;* soweit man z. kann, ...

zurückdrängen ‖ **Zurückdrängung** die, -

zurückdrehen: das Rad der Geschichte nicht z. können

zurückdürfen: wieder in die alte Klasse z.

zurückerhalten: *zurückbekommen*

zurückerinnern sich: sich an die Kindheit z.

zurückerobern: Marktanteile z. ‖ **Zurückeroberung:** *Rückeroberung*

zurückerstatten: *zurückgeben, rückerstatten*

zurückfahren: du kannst noch drei Meter z. | erschrocken z. *(zurückweichen)*

zurückfallen: in alte Fehler z. | *langsamer werden, in der Leistung nachlassen;* die Läuferin ist zurückgefallen | deine Fehler fallen auf mich zurück *(werden mir angelastet)*

zurückfinden: auf den richtigen Weg z.

zurückfliegen: nach Salzburg z.

zurückfließen

zurückfordern: einen irrtümlich bezahlten Betrag z.

zurückführen: es führt kein anderer Weg zurück | die Feuerwehr führte den Brand auf Kurzschluss zurück

zurückgeben

zurückgeblieben → zurückbleiben

zurückgehen: *umkehren* | bestellte Ware z. lassen *(zurückschicken)* | das Fieber geht zu-

Z

rück *(sinkt);* die Temperatur geht zurück *(es wird kälter);* das Geschäft geht zurück *(der Umsatz wird geringer)* | dieser Hausname geht auf den Urgroßvater zurück *(er stammt von ihm bzw. aus seiner Zeit)*
zu|rụ̈ck|ge|win|nen: sie hat ihr Selbstvertrauen wieder zurückgewonnen
zu|rụ̈ck|ge|zo|gen: z. *(einsam)* leben || **Zu|rụ̈ck|ge|zo|gen|heit** die, -
zu|rụ̈ck|grei|fen: auf die Ersparnisse z.
zu|rụ̈ck|hal|ten[1]: Waren z. *(nicht verkaufen)* | jemanden von einer unüberlegten Tat z. *(abhalten)* || **zu|rụ̈ck|hal|ten**[2] sich: sich beim Essen z. *(sich beherrschen, sich bezwingen)* || **zu|rụ̈ck|hal|tend:** *abwartend, vorsichtig im Reden und im Handeln* || **Zu|rụ̈ck|hal|tung** die, -: sich Z. auferlegen
zu|rụ̈ck|ho|len: eine gelöschte Datei wieder z.
zu|rụ̈ck|käm|men: sich das Haar z.
zu|rụ̈ck|kau|fen: ein Gemälde z.
zu|rụ̈ck|keh|ren
zu|rụ̈ck|klap|pen: das Verdeck z.
zu|rụ̈ck|kom|men: *zurückkehren* | auf etwas [schon Gesagtes] z. *(wieder zu sprechen kommen, erneut hinweisen)*
zu|rụ̈ck|kön|nen: nicht mehr z.
zu|rụ̈ck|las|sen: eine Nachricht z. *(hinterlegen)*
zu|rụ̈ck|le|gen: Geld für eine Reise z. *(sparen);* → Rücklage | einen weiten Weg z. *(gehen);* er hat das 50. Lebensjahr zurückgelegt *(vollendet)* | den Vorsitz z. *(niederlegen)*
zu|rụ̈ck|leh|nen: sich bequem z.
zu|rụ̈ck|lie|gen: das Fest liegt Jahre zurück
zu|rụ̈ck|mel|den: sich vom Urlaub wieder z.
Zu|rụ̈ck|nah|me die, - || **zu|rụ̈ck|neh|men:** er hat sein Versprechen zurückgenommen *(rückgängig gemacht);* eine Beleidigung z.
zu|rụ̈ck|pfei|fen: den Hund z. | (sal.) *jemandem die Weisung zum Aufhören geben*
zu|rụ̈ck|pral|len: der Ball prallte von der Wand zurück | sie prallte bei dem Anblick zurück *(wich vor Schreck zurück)*
zu|rụ̈ck|rei|chen: bis ins Mittelalter z.
zu|rụ̈ck|ru|fen: *auffordern zurückzukommen* | sich eine Begebenheit ins Gedächtnis z. *(sich an sie erinnern)* | (beim Telefonieren) „Ich rufe [dich/Sie] später zurück!"
zu|rụ̈ck|schal|ten: *[beim Autofahren] in einen niedrigeren Gang schalten* | mit der Fernbedienung wieder auf ORF 1 z.
zu|rụ̈ck|schau|dern: sie schauderte *(schreckte)* zurück
zu|rụ̈ck|schau|en: *nach hinten schauen;* sie konnte auf erfolgreiche Jahre z.
zu|rụ̈ck|scheu|en: vor nichts z.
zu|rụ̈ck|schi|cken
zu|rụ̈ck|schie|ben: den Haarreifen z. | er schob den Wagen zurück *(fuhr rückwärts)*
zu|rụ̈ck|schla|gen: den Angriff z.
zu|rụ̈ck|schrau|ben: seine Erwartungen z. *(sie herabsetzen)*
zu|rụ̈ck|schre|cken: er schreckte/schrak auch vor dem Äußersten nicht zurück; → schrecken[1]
zu|rụ̈ck|seh|nen sich: sich nach der Heimat, zu seiner Frau z.
zu|rụ̈ck|sen|den, zurückgesandt/zurückgesendet
zu|rụ̈ck|set|zen: sich zurückgesetzt *(benachteiligt)* fühlen | das Auto ein Stück z. *(rückwärtsfahren)* || **Zu|rụ̈ck|set|zung** die, -/-en
zu|rụ̈ck|sprin|gen: vor dem Steinschlag z. | ein Teil der Fassade springt zurück *(ist nach hinten versetzt)*
zu|rụ̈ck|ste|cken: sie musste ihre Ansprüche z. *(sie musste bescheidener werden)*
zu|rụ̈ck|ste|hen: zu Gunsten eines anderen z. *(verzichten)*
zu|rụ̈ck|stel|len: Bücher z. *(sie [ins Regal] zurückgeben)* | einen Wehrpflichtigen z. *(noch nicht einziehen)* || **Zu|rụ̈ck|stel|lung:** *Rückstellung*
zu|rụ̈ck|sto|ßen: jemanden brutal z. | zwei Meter z. *(mit dem Auto rückwärtsfahren)*
Zu|rụ̈ck|strah|lung: *Rückstrahlung*
zu|rụ̈ck|stu|fen: *auf einen niedrigeren Rang stellen* || **Zu|rụ̈ck|stu|fung** die, -/-en: *Rückstufung*
zu|rụ̈ck|stut|zen: die Hecke z. | Erwartungen z. *(herabsetzen)*
zu|rụ̈ck|trei|ben: die Herde z.
zu|rụ̈ck|tre|ten: zwei Schritte z. | die Bürgermeisterin ist zurückgetreten *(sie hat ihr Amt niedergelegt, hat demissioniert)*
zu|rụ̈ck|ver|fol|gen: die Familiengeschichte z.
zu|rụ̈ck|ver|lan|gen: das hergeborgte Video z.
zu|rụ̈ck|ver|set|zen: sich in alte Zeiten z. || **Zu|rụ̈ck|ver|set|zung:** Z. in den vorigen Stand
zu|rụ̈ck|ver|wei|sen: auf ein altes Gutachten z.
zu|rụ̈ck|wei|chen
zu|rụ̈ck|wei|sen: den Vorwurf z. || **Zu|rụ̈ck|wei|sung**
zu|rụ̈ck|wen|den: sich nach der Verabschiedung noch einmal z.
zu|rụ̈ck|wer|fen: den Feind z. *(zurückdrängen)* | die Verletzung hat die Sportlerin zurückgeworfen *(sie ist in ihrer Form zurückgefallen)*
zu|rụ̈ck|wol|len: seine Sachen wieder z.
zu|rụ̈ck|wün|schen: [sich] die Jugend z.
zu|rụ̈ck|zah|len: einen erhaltenen Betrag z. | (ugs.) das werde ich dir z. *(heimzahlen)*
zu|rụ̈ck|zie|hen[1]: sein Gesuch z. *(zurücknehmen)* || **zu|rụ̈ck|zie|hen**[2] sich: sich ins Privatleben z. | das Gericht zieht sich zur Beratung zurück
zu|rụ̈ck|zu|cken: beim Gedanken an die Prüfung zuckte sie zurück
Zu̲|ruf: durch Z. *(Akklamation)* abstimmen || **zu̲|ru|fen**
zur|ze̲it (zz., zzt.): *derzeit, jetzt; aber:* zur Zeit (z. Z., z. Zt.) Schuberts
Zu̲|sa|ge: eine Z. machen *(etwas zusagen)* || **zu̲|sa|gen:** etwas z. *(versprechen)* | diese Speise sagt mir zu *(schmeckt mir)*

zu|sạm|men:

zusammen *(gemeinsam)* mit den anderen

Getrenntschreibung in Verbindung mit „sein" und bei adverbialem Gebrauch (in der Bedeutung „gemeinsam"):
- zusammen sein; sie sind zusammen gewesen
- zusammen *(gemeinsam)* tragen; *aber zusammen:* zusammentragen *(sammeln)*

R→ S. 901, 1.8

Zusammenschreibung, zB:
- die Fäuste zusạmmenballen
- alles zusạmmenessen
- zusạmmenfügen

Zu|sạm|men|ar|beit die, - || **zu|sạm|men|ar|bei|ten:** die beiden Firmen wollen z. *(kooperieren); aber:* mit jemandem zusammen *(zB gemeinsam in einem Büro)* arbeiten

Z

zu|sạm|men|bal|len: zusammengeballter *(zusammengedrückter)* Schnee ‖ **Zu|sạm|men|ballung**
Zu|sạm|men|bau der, -[e]s/-e: *Montage* ‖ **zu|sạm|men|bau|en:** den Motor z.; *aber:* das Haus zusammen *(gemeinsam)* bauen
zu|sạm|men|bei|ßen: die Zähne z. *(Leiden ertragen)*
zu|sạm|men|be|kom|men: wir haben tausend Euro an Spenden z.
zu|sạm|men|bin|den
zu|sạm|men|blei|ben: wir wollen für immer z.
zu|sạm|men|brau|en: ein Gewitter braut sich zusammen *(entwickelt sich)*
zu|sạm|men|bre|chen: er ist erschöpft zusammengebrochen
zu|sạm|men|brin|gen: die beiden z. *(miteinander bekannt machen)* | viele Spenden z. | die Aufgabe z. *(lösen können)*
Zu|sạm|men|bruch: *ein körperlicher Schwächeanfall* | der Z. eines Regimes
zu|sạm|men|drän|gen
zu|sạm|men|drü|cken
zu|sạm|men|es|sen (ugs.): *aufessen; aber:* zusammen *(gemeinsam)* essen
zu|sạm|men|fah|ren: *erschrecken* | die beiden Autos sind zusammengefahren *(zusammengestoßen); aber:* zusammen *(gemeinsam)* fahren
Zu|sạm|men|fall der, -[e]s: der Z. zweier Feste auf einen Tag ‖ **zu|sạm|men|fal|len:** *zusammensinken* | *zusammenbrechen, kollabieren* | die beiden Ereignisse sind zusammengefallen *(gleichzeitig eingetreten)*
zu|sạm|men|fal|ten
zu|sạm|men|fas|sen: das Gehörte kurz z. *(kurz wiedergeben)* ‖ **Zu|sạm|men|fas|sung**
zu|sạm|men|fin|den: sich nach Jahren wieder z. *(treffen);* die beiden haben wieder zusammengefunden *(vertragen sich wieder); aber:* die Lösung zusammen *(gemeinsam)* finden
zu|sạm|men|fli|cken
zu|sạm|men|flie|ßen ‖ **Zu|sạm|men|fluss:** der Z. von Inn und Donau
zu|sạm|men|fü|gen: alles hat sich gut zusammengefügt
zu|sạm|men|füh|ren: die Verwandten wieder z. *(vereinigen)* | (ugs.) die Hühner mit dem Auto z. *(überfahren); aber:* den Verein zusammen *(gemeinsam)* führen
zu|sạm|men|ge|hö|ren ‖ **zu|sạm|men|ge|hö|rig** ‖ **Zu|sạm|men|ge|hö|rig|keit** die, - ‖ **Zu|sạm|men|ge|hö|rig|keits|ge|fühl**
zu|sạm|men|ge|setzt: ein zusammengesetztes Wort *(Kompositum)*
Zu|sạm|men|halt der, -[e]s ‖ **zu|sạm|men|hal|ten:** *einander helfen, füreinander einstehen* | sein Geld z. *(sparsam sein); aber:* die Leiter zusammen *(gemeinsam)* halten
Zu|sạm|men|hang: mit dem Wetter im/in Z. stehen ‖ **zu|sạm|men|hän|gen** ‖ **zu|sạm|men|hang|los** ‖ **zu|sạm|men|hangs|los** (bes. D): *zusammenhanglos*
zu|sạm|men|hau|en (ugs.): *zerschlagen*
zu|sạm|men|hef|ten
zu|sạm|men|hel|fen (ugs.): wir müssen alle z. *(einander helfen)*
zu|sạm|men|kau|fen: alte Schallplatten z.
zu|sạm|men|keh|ren: Abfälle z.
zu|sạm|men|klapp|bar ‖ **zu|sạm|men|klap|pen:** das Taschenmesser z. | (ugs.) er ist zusammengeklappt *(zusammengebrochen, kollabiert)*
zu|sạm|men|klau|ben: Kastanien z. *(sammeln)*
zu|sạm|men|kle|ben: die zwei Hälften z.
zu|sạm|men|kom|men: sich treffen; *aber:* zusammen *(gemeinsam)* kommen | (ugs.) schau, dass du zusammenkommst *(alles [rechtzeitig] schaffst)*
zu|sạm|men|kra|chen: zwei Autos sind zusammengekracht | (sal.) mit einer Kollegin z. *(in Streit geraten)*
zu|sạm|men|krat|zen: das letzte Geld z.
zu|sạm|men|krüm|men: sich vor Schmerzen z.
Zu|sạm|men|kunft die, -/-künfte
zu|sạm|men|läp|pern sich (ugs.): das läppert sich zusammen *(es sammelt sich an)*
zu|sạm|men|lau|fen: in Villach laufen viele Bahnlinien zusammen; *aber:* zusammen *(miteinander)* laufen
zu|sạm|men|le|ben: ohne Trauschein z. ‖ **Zu|sạm|men|le|ben** das, -s
zu|sạm|men|leg|bar ‖ **zu|sạm|men|le|gen:** das Tischtuch z. | Grundstücke z. *(vereinigen)* | Geld z. *(sparen)* ‖ **Zu|sạm|men|leg|spiel** ‖ **Zu|sạm|men|le|gung** die, -/-en: die Z. von Wohnungen; die Z. *(Kommassierung)* einzelner Grundstücke
zu|sạm|men|nä|hen: die geplatzte Naht z.
zu|sạm|men|neh|men: sie haben sich sehr zusammengenommen *(sich beherrscht; Acht gegeben; sich sehr angestrengt)*
zu|sạm|men|pa|cken: die Schulsachen z.; *aber:* den Koffer zusammen *(gemeinsam)* packen
zu|sạm|men|pas|sen: die Teile passen nicht mehr zusammen
zu|sạm|men|pfer|chen: die Menschen stehen zusammengepfercht *(dicht gedrängt)*
zu|sạm|men|pi|cken: ein zerrissenes Blatt z. *(zusammenkleben)*
Zu|sạm|men|prall der, -[e]s/-e: *Zusammenstoß* ‖ **zu|sạm|men|pral|len**
zu|sạm|men|pres|sen
zu|sạm|men|raf|fen: ein Vermögen z. *(gierig anhäufen)*
zu|sạm|men|rau|fen sich (ugs.): *sich trotz Schwierigkeiten einigen*
zu|sạm|men|räu|men: *aufräumen, Ordnung machen*
zu|sạm|men|re|chen: das Laub z.
zu|sạm|men|rech|nen: alle Zahlen z. *(addieren)*
zu|sạm|men|re|den[1] sich: *durch ein Gespräch zu einer Einigung kommen* ‖ **zu|sạm|men|re|den**[2] (ugs., abw.): viel Blödsinn z. *(daherreden)*
zu|sạm|men|rei|men: wie reimt sich das zusammen? *(wie passt das zusammen, wie ist das zu verstehen?)*
zu|sạm|men|rei|ßen sich: *sich zusammennehmen, sich aufraffen*
zu|sạm|men|rich|ten (ugs.): *herrichten;* sich z. *(zurechtmachen)*
zu|sạm|men|rin|nen (ugs.): die Milch ist zusammengeronnen *(beim Kochen geronnen)*
zu|sạm|men|rol|len: ein Poster z. *(einrollen);* die Katze rollt sich ganz zusammen
zu|sạm|men|rot|ten sich: *sich in großer Zahl versammeln* ‖ **Zu|sạm|men|rot|tung** die, -/-en
zu|sạm|men|rü|cken: näher z. *(näher beisammensitzen; solidarisch sein)*
zu|sạm|men|ru|fen: alle Anwesenden z.
zu|sạm|men|sa|cken: *zusammensinken, zusammenbrechen*
zu|sạm|men|scha|ren sich: *sich in Scharen versammeln*
zu|sạm|men|schar|ren: *zusam-*

Z

menkratzen
Zu|sạm|men|schau die, -: eine Z. aller einzelnen Forschungsergebnisse versuchen
zu|sạm|men|schei|ben (ugs.): *niederfahren;* jemanden z.
zu|sạm|men|schie|ben: den Taschenschirm z.
zu|sạm|men|schimp|fen (ugs.): jemanden z. *(mit jemanden schimpfen)*
zu|sạm|men|schla|gen: die Wellen schlugen über ihr zusammen | *niederschlagen, schwer misshandeln* | *zerschlagen;* die Möbel z.
zu|sạm|men|schlie|ßen: sich zu einem Verein z. ‖ **Zu|sạm|men|schluss:** der Z. von Staaten zu einem Wirtschaftsbündnis
zu|sạm|men|schmel|zen: zwei Metalle z. | das Vermögen ist zusammengeschmolzen *(ist [stark] geschrumpft)*
zu|sạm|men|schnei|den: *in Stücke schneiden* | einen Film z. *(durch Schneiden verkürzen)*
zu|sạm|men|schnü|ren: die Aufregung hat ihm die Kehle zusammengeschnürt
zu|sạm|men|schrau|ben
zu|sạm|men|schre|cken: *zusammenzucken;* sie schreckte/schrak bei jedem Geräusch zusammen; → schrecken[1]
zu|sạm|men|schrei|ben: die Notizen z. | (ugs., abw.) allerhand Unsinn z. *(schreiben); aber:* wir werden die Übung zusammen *(gemeinsam)* schreiben ‖ **Zu|sạm|men|schrei|bung:** Getrennt- und Zusammenschreibung
zu|sạm|men|schrump|fen: unsere Essensvorräte schrumpfen zusammen
zu|sạm|men|schus|tern (ugs., abw.): *etwas schlampig machen*
zu|sạm|men|schwei|ßen: die Schienen z. | die Schwestern wurden durch das gemeinsame Schicksal zusammengeschweißt
Zu|sạm|men|sein: *Beisammensein;* ein geselliges Z.; *aber:* mit jemandem zusammen *(ein Paar)* sein; → zusammen
zu|sạm|men|set|zen[1]: das Modellauto z. *(seine Teile zusammenfügen);* zusammengesetzte Nomen ‖ **zu|sạm|men|set|zen**[2] sich: der Vorstand setzt sich aus acht Personen zusammen | sich mit Freunden z. ‖ **Zu|sạm|men|set|zung:** eine bunt gemischte Z. | (Gramm.): *Kompositum*
zu|sạm|men|sin|ken: bei der Nachricht z.
zu|sạm|men|sit|zen: bis in die Nacht z.
Zu|sạm|men|spiel das, -[e]s ‖ **zu|sạm|men|spie|len:** man könnte nicht besser z. *(aufeinander abgestimmt sein); aber:* die Kinder dürfen zusammen *(miteinander)* spielen
zu|sạm|men|stau|chen: *zusammendrücken, ineinanderschieben* | (ugs.) *[einen Untergebenen] in erniedrigender Weise tadeln*
zu|sạm|men|ste|cken: ein Kleid zur Probe mit Nadeln z. | die Köpfe z. *(über etwas heimlich reden);* die beiden stecken immer zusammen *(sie sind unzertrennlich)*
zu|sạm|men|ste|hen: stets z. *(zusammenhalten)*
zu|sạm|men|stei|gen (ugs.): das Gras z. *(niedertreten)*
zu|sạm|men|stel|len: die Sessel z. | die Daten z. *(übersichtlich darstellen)* ‖ **Zu|sạm|men|stel|lung**
zu|sạm|men|stim|men: *zusammenpassen*
zu|sạm|men|stop|peln (ugs.): ein zusammengestoppelter *(aus verschiedenen Quellen, nicht zusammengehörenden Teilen bestehender)* Aufsatz
Zu|sạm|men|stoß: *Streit* | *Aufprall* ‖ **zu|sạm|men|sto|ßen**
zu|sạm|men|strö|men: die Leute strömten zusammen
zu|sạm|men|stür|zen: *einstürzen, zusammenfallen*
zu|sạm|men|su|chen: seine Sachen von überall her z.; *aber:* Schwammerln zusammen *(gemeinsam)* suchen
zu|sạm|men|te|le|fo|nie|ren sich (ugs.): *sich telefonisch verabreden, einen Termin vereinbaren*
zu|sạm|men|tra|gen: *sammeln; aber:* die Koffer zusammen *(gemeinsam)* tragen
zu|sạm|men|tref|fen: mit Freunden z. ‖ **Zu|sạm|men|tref|fen**
zu|sạm|men|trei|ben: das Vieh z.
zu|sạm|men|tre|ten: das Gras z. *(niedertreten)* | zu einer Abstimmung z.
zu|sạm|men|trom|meln: Freiwillige z.
zu|sạm|men|tun[1] (ugs.): die Sachen z. *(vereinigen)* ‖ **zu|sạm|men|tun**[2] sich (ugs.): *zusammenschließen*
zu|sạm|men|wach|sen [-ks-]
zu|sạm|men|wi|ckeln: ein paar Sachen z.
zu|sạm|men|wir|ken: verschiedene Maßnahmen wirkten zusammen ‖ **Zu|sạm|men|wir|ken** das, -s: im Z. *(in Zusammenarbeit)* mit …
zu|sạm|men|wür|feln: eine [bunt] zusammengewürfelte Gesellschaft
zu|sạm|men|zäh|len: *addieren*
zu|sạm|men|zie|hen[1]: Truppen z. *(vereinigen, sammeln)* | *in eine gemeinsame Wohnung ziehen* ‖ **zu|sạm|men|zie|hen**[2] sich: *sich verengen, sich schließen;* die Wunde zieht sich zusammen | ein Gewitter zieht *(braut)* sich über den Bergen zusammen ‖ **Zu|sạm|men|zie|hung**
zu|sạm|men|zu|cken
zu|sạmt (Präp. mit Dat.) (veraltet): z. *(mit)* seinen Freunden
Zu|satz: *Beigabe* | ein Z. *(ergänzender Text)* zu einem Vertrag | (Bildw.) *zusätzliche Prüfung auf Grund einer negativ beurteilten Klausur im Rahmen der Reifeprüfung* ‖ **Zu|satz|ab|kom|men** ‖ **Zu|satz|ge|rät** ‖ **Zu|satz|klau|sel:** *Zusatzbestimmung* ‖ **zu|sätz|lich** ‖ **Zu|satz|pen|si|on** ‖ **Zu|satz|prü|fung** ‖ **Zu|satz|ren|te:** Schwerversehrten gebührt eine Z. ‖ **Zu|satz|stoff** ‖ **Zu|satz|ver|si|che|rung:** *freiwillige zusätzliche Versicherung* ‖ **Zu|satz|zahl:** die Z. im Lotto
zu Schạn|den = zu|schạn|den: zu S. machen/werden; ein Pferd zu S. reiten *(es bis zur totalen Erschöpfung reiten)*
zu|schan|zen (meist abw.): jemandem einen Posten z. *(zukommen lassen)*
zu|schar|ren: die Grube z.
zu|schau|en: *zusehen* ‖ **Zu|schau|er** der, -s/- ‖ **Zu|schau|e|rin** die, -/-innen ‖ **Zu|schau|er|raum** ‖ **Zu|schau|er|tri|bü|ne**
zu|schau|feln: eine Grube z.
zu|schi|cken: *zusenden*
zu|schie|ben: die Schuld wurde ihm zugeschoben
zu|schie|ßen: Geld z. *(beisteuern)* | der Falke schoss auf die Beute zu
Zu|schlag: auf Grund des besten Angebotes den Z. erteilen *(den Auftrag geben);* bei einer Versteigerung den Z. erhalten | *zusätzlich zu bezahlender Geldbetrag;* der Z. für ein Einzelzimmer beträgt 20 Euro ‖ **zu|schla|gen:** eine Tür z. | die Möbel bei der Versteigerung dem Meistbietenden z. *(verkaufen)* | Steinplatten

Z

passend z. | die Kriminalpolizei schlug zu *(nahm die Täter fest)* ‖ **zuschlagsfrei,** *auch:* zuschlagfrei ‖ **zuschlagspflichtig,** *auch:* zuschlagpflichtig

zuschließen: *verschließen, zusperren*

zuschnallen: [sich] die Skischuhe vor der Abfahrt z.

zuschnappen: der Hund wollte z. *(beißen)* | ein zugeschnapptes Schloss

zuschneiden: den Kleiderstoff z. ‖ **Zuschneider** ‖ **Zuschneiderin**

zuschneien: das Auto war ganz zugeschneit

Zuschnitt

zuschnüren

zuschrauben

zuschreiben: jemandem die Schuld an einem Unfall z. *(geben)* ‖ **Zuschrift:** eine Z. *(ein Schreiben)* erhalten

zu Schulden = **zuschulden:** sich nichts zu S. kommen lassen

Zuschuss: *Geldbetrag, der jemandem unter bestimmten Bedingungen zur Verfügung gestellt wird* ‖ **Zuschusspension:** *mit dem Arbeitgeber vereinbarte zusätzliche Versorgungsleistung* ‖ **Zuschussrente**

zuschütten: das Loch mit Erde z.

zusehen: *zuschauen* | einem Unfall hilflos z. *(ihn mitansehen)* müssen ‖ **zusehends:** der Kranke wurde z. *(merkbar, sichtlich)* kräftiger ‖ **Zuseher:** *Zuschauer* ‖ **Zuseherin**

zu Seiten = **zuseiten** (Präp. mit Gen.): zu S. des Freundes *(zu seinen Seiten);* → Seite

zusenden: *zuschicken* ‖ **Zusendung**

zusetzen: dem Salz Jod z. | alle Geldmittel z. *(aufbrauchen)* | dem Gegner sehr z. *(ihn heftig bedrängen)*

zusichern: jemandem einen Posten z. *(fest versprechen)* ‖ **Zusicherung**

zuspammen [-spæ-] (sal.): *mit unerwünschten Werbemails überhäufen*

Zuspätkommen das, -s: er entschuldigt sich für sein Z. ‖ **zu spät Kommende**[1] = **Zuspätkommende**[1] der, -n/-n, ein zu spät Kommender (= ein Zuspätkommender) ‖ **zu spät Kommende**[2] = **Zuspätkommende**[2] die, -n/-n

Zuspeise: *Gemüse, Nudeln oÄ als Beilage*

zusperren: *[ab]schließen;* die Tür z. | eine Firma z. *(schließen)*

Zuspiel das, -[e]s (Sport) ‖ **zuspielen** (Sport): ihr den Ball z.

zuspitzen: die Lage hat sich gefährlich zugespitzt *(verschärft)* ‖ **Zuspitzung** die, -/-en

zusprechen: jemandem Trost z. *(jemanden trösten)* | jemandem ein Recht z. *(zuerkennen)* | (geh.) dem Essen z. *(es sich schmecken lassen)*

zuspringen: der Hund sprang auf mich zu

Zuspruch der, -[e]s: das Geschäft erfreut sich regen Zuspruchs *(es wird von vielen aufgesucht);* viel Z. haben

Zussel die, -/-n (reg.): *Zutzel* | (K, T) *Fetzen* | (reg., ugs., abw.) *schlampige Frau*

Zustand: *Beschaffenheit;* in gutem Z.; der Z. der Verletzten ist kritisch | *Situation;* ein unhaltbarer Z. | (ugs.) Zustände kriegen *(sich sehr ärgern)* ‖ **zu Stande** = **zustande:** etwas zu S. bringen *(leisten);* zu S. kommen (= zustande kommen) | (Amtsspr.) das Diebsgut wieder zu S. bringen (= zustande bringen) *(herbeischaffen)* ‖ **Zustandebringen** das, -s ‖ **Zustandebringung** die, - (Amtsspr.) ‖ **Zustandekommen** das, -s ‖ **zuständig:** das für diesen Fall zuständige Bezirksgericht | (früher) nach Imst z. *(dort heimatberechtigt)* ‖ **Zuständigkeit** die, - ‖ **Zuständigkeitsbereich:** der Z. des Gerichts ‖ **zuständigkeitshalber** ‖ **Zustandsänderung**

zustattenkommen: *zugutekommen, gelegen kommen*

zustechen

zustecken: jemandem etwas z. *(heimlich geben)* | den Riss mit Sicherheitsnadeln z.

zustehen: dieser Lohn steht ihr zu *(gebührt ihr)*

zusteigen: in den überfüllten Zug z.

Zustellausweis: *Zustellnachweis* ‖ **Zustellbasis:** → *Briefzentrum der Post* ‖ **Zustelldienst** ‖ **zustellen:** das Fleisch z. *(auf den Herd stellen)* | Waren ins Haus z. *(liefern)* ‖ **Zusteller** der, -s/-: *Briefträger* ‖ **Zustellerin** die, -/-innen ‖ **Zustellgebühr:** *Gebühr für Warenzustellung* ‖ **Zustellnachweis** (Amtsspr.): den Z. für die Übernahme eines Rückscheinbriefs unterschreiben ‖ **Zustellschein:** *Zustellnachweis* ‖ **Zustellung:** Z. von Paketen ‖ **Zustellvermerk:** *Benachrichtigung auf einer unzustellbaren Postsendung*

zusteuern: auf ein Ziel z. *(zustreben)*

zustimmen: *einwilligen* ‖ **Zustimmung:** die Z. erteilen *(geben)*

zustopfen: ein Loch z.

zustoppeln = **zustöpseln:** eine Flasche z. *(mit einem Stoppel verschließen)*

zustoßen: eine Tür z. | es ist ihm ein Unfall zugestoßen *(widerfahren)*

zustreben: einem Ziel z.

Zustrom der, -[e]s: der Z. zu einer Demonstration | *Zufluss* ‖ **zuströmen**

zustürzen: alle stürzten auf den Star zu

zustutzen: Sträucher z.

zu Tage = **zutage:** zu T. fördern/kommen/liegen; weitere Beweise zu T. bringen; die Quelle tritt am Fuße des Berges zu T.

Zutat: *Speisezutaten, zB Gewürze*

zuteilen: jemandem eine Arbeit z. *(zuweisen)* ‖ **Zuteilung** ‖ **zuteilwerden** (geh.): uns ist Hilfe zuteilgeworden *(wir haben sie bekommen)*

zutiefst: z. *(ganz unten)* im Bergwerk | er ist z. *(aufs Tiefste, sehr)* gerührt

zutragen: jemandem etwas z. *(heimlich mitteilen)* | ein Unfall hat sich zugetragen *(ereignet)* ‖ **Zuträger** (abw.): *jemand, der andere ausrichtet, anschwärzt* ‖ **Zuträgerei** die, -/-en (abw.) ‖ **Zuträgerin** (abw.) ‖ **zuträglich:** zuträgliche *(leicht verdauliche; bekömmliche)* Kost

zutrauen: jemandem etwas z. *(jemanden dazu fähig halten)* ‖ **Zutrauen** das, -s: das Z. *(Vertrauen)* zu jemandem verlieren ‖ **zutraulich:** ein zutrauliches Kind ‖ **Zutraulichkeit** die, -

zutreffen: *richtig sein, passen* ‖ **zutreffend:** eine zutreffende Bemerkung ‖ **Zutreffende** das, -n: Zutreffendes ankreuzen ‖ **zutreffendenfalls:** *wenn es zutrifft, falls es eintrifft*

zutreiben: auf die Küste z.

zutreten: auf jemanden z.

zutrinken: *zuprosten*

Zutritt der, -[e]s: *das Betreten;*

Z

„Zutritt verboten!"
zu|tun: kein Auge z. *(schließen)* ‖ **Zu|tun:** ohne ihr Z. *(ohne ihre Mitwirkung, Unterstützung)* ‖ **zu|tun|lich:** *zutraulich*
Zutz der, -/- = **Zut|zel,** -s/-[n], *auch:* Zuzel (ugs.): *Luller, Schnuller | Lutscher* ‖ **Zut|zel|fleck** der, -[e]s/-e[n], *auch:* Zuzelfleck (ugs.): *Knutschfleck* ‖ **zut|zeln,** *auch:* zuzeln, ich zutzle (ugs.): *saugen, lutschen | beim Sprechen mit der Zunge anstoßen, lispeln*
zu Un|guns|ten = zu|un|guns|ten (Präp., vor dem Nomen mit Gen., nach dem Nomen mit Dat.): zu U. des Beschuldigten *(zu seinen Ungunsten);* dem Käufer zu U. die Lieferung verzögern
zu|un|terst: *ganz unten*
Zu|ver|dienst der, -[e]s/-e: *Nebenverdienst* ‖ **Zu|ver|dienst|gren|ze** (Amtsspr.): *Einkommensgrenze für den Bezug einer Sozialleistung (zB Kinderbetreuungsgeld)*
zu|ver|läs|sig: sie ist z. *(verlässlich)* ‖ **Zu|ver|läs|sig|keit** die, - ‖ **zu|ver|läss|lich** (ugs. auch für): *zuverlässig* ‖ **Zu|ver|läss|lich|keit** die, - (ugs.)
Zu|ver|sicht: mit Z. *(festem Vertrauen)* in die Zukunft blicken ‖ **zu|ver|sicht|lich**
Zu|viel das, -s: ein Z. an Gewürzen; *aber:* zu viel des Guten
zu|vor: *vorher; vorhin* ‖ **zu|vor|derst:** *ganz vorn* ‖ **zu|vör|derst** (geh., veraltet): *in erster Linie, vor allem* ‖ **zu|vor|kom|men:** die Konkurrenz kam unserem Plan zuvor *(war schneller)* ‖ **zu|vor|kom|mend:** *freundlich, höflich, liebenswürdig* ‖ **Zu|vor|kom|men|heit** die, - ‖ **zu|vor|tun:** es den anderen z. *(sie übertreffen)*
Zu|waa|ge: *das Zugewogene;* Fleisch mit Z. *(Knochenbeigabe)*
zu|wa|cheln (ugs.): sich kühle Luft z. *(zufächeln)*
Zu|wachs [-ks] der, -es/-wächse: der Z. *(die Vermehrung)* der Bevölkerung ‖ **zu|wach|sen:** der Weg ist zugewachsen | (geh.) neue Arbeit wächst ihr zu ‖ **Zu|wachs|ra|te:** *Ausmaß, Anteil des Zuwachses*
zu|wan|dern: *von auswärts zuziehen* ‖ **Zu|wan|de|rer** ‖ **Zu|wan|de|rin,** *auch:* Zuwandrerin ‖ **Zu|wan|de|rung** ‖ **Zu|wan|de|rungs|quo|te**
zu|war|ten: mit der Entscheidung noch z. *(zurückhalten)*
zu We|ge = zu|we|ge: etwas zu W. bringen; zu W. kommen *(etwas fertigbringen;* reg. auch: *des Weges kommen, daherkommen)*
zu|we|hen: zugewehte Spuren im Schnee
zu|wei|len (geh.): *manchmal*
zu|wei|sen: jemandem eine Arbeit/eine Stelle/eine Wohnung z. ‖ **Zu|wei|sung**
zu|wen|den: sich der Landwirtschaft z. *(widmen; Landwirt/in werden)* | sich dem Publikum z. | (geh.) allem Schönen zugewandt sein ‖ **Zu|wen|dung:** eine finanzielle Z. | kaum menschliche Z. bekommen | (Jus) eine unentgeltliche Z. *(Schenkung)*
Zu|we|nig das, -s: ein Z. ist oft besser als ein Zuviel; *aber:* zu wenig Zeit haben
zu|wer|fen: jemandem den Ball z. *(zuspielen)* | jemandem einen Blick z.
zu|wi|der (Präp. mit Dat.): dem Verbot z. *(entgegen)* | (Adv.) es ist mir z. *(widerwärtig);* → zwider ‖ **zu|wi|der|han|deln** (Amtsspr.): sie handelte dem Gesetz zuwider; den Verkehrsvorschriften z. *(gegen sie verstoßen, sie verletzen)* ‖ **Zu|wi|der|han|deln|de**[1] der, -n/-n, ein Zuwiderhandelnder (Amtsspr.): Z. werden bestraft ‖ **Zu|wi|der|han|deln|de**[2] die, -n/-n (Amtsspr.) ‖ **Zu|wi|der|hand|lung** (Amtsspr.) ‖ **zu|wi|der|lau|fen:** den Interessen z.
zu|win|ken
zu|zäh|len: dieses Buch ist ihren Erfolgen zuzuzählen
zu|zei|ten (geh.): *zeitweise, bisweilen; aber:* zu Zeiten *(zur Zeit)* Maria Theresias
Zu|zel → Zutzel ‖ **Zu|zel|fleck** → Zutzelfleck ‖ **zu|zeln** → zutzeln
zu|zie|hen: den Vorhang z. | zur Begutachtung einen Sachverständigen z. *(beiziehen)* | sich eine Erkältung z. *(sich erkälten)* ‖ **Zu|zie|hung:** *Beiziehung* ‖ **Zu|zug:** *Zusiedlung, Zuwanderung* ‖ **Zu|züg|ler** der, -s/- ‖ **Zu|züg|le|rin** die, -/-innen

zu|züg|lich:

Präposition mit Genitiv:
– zuzüglich eines Trinkgeldes *(samt einem Trinkgeld)*
Allein stehendes starkes Nomen im Singular bleibt undekliniert:
– zuzüglich Trinkgeld
Im Plural mit Dativ, wenn Genitiv nicht erkennbar:
– zuzüglich Trinkgeldern *(statt:* Trinkgelder)

zu|zwin|kern: dem Mädchen z.
zvS [tsɛt faʊ ˈɛs] (Mil.): **z**eit**v**erpflichteter **S**oldat
ZW (Kfz): **Z**oll**w**ache
zwa|cken (ugs., scherzh.): *zwicken;* es zwickt und zwackt mich überall *(alles tut mir weh)*
zwang → zwingen ‖ **Zwang** der, -[e]s/Zwänge: keinen Z. ausüben *(frei handeln lassen);* sich keinen Z. auferlegen *(ungezwungen handeln)* ‖ **zwän|gen:** sich durch einen engen Spalt z. ‖ **zwang|haft** ‖ **zwang|los:** *ungezwungen, locker, frei* ‖ **Zwang|lo|sig|keit** die, -/-en ‖ **Zwangs|ab|schie|bung** ‖ **Zwangs|ar|beit:** *eine Freiheitsstrafe | Arbeit, zu der Menschen menschenrechtswidrig gezwungen werden, zB in der NS-Zeit* ‖ **Zwangs|ar|bei|ter** ‖ **Zwangs|ar|bei|te|rin** ‖ **Zwangs|aus|gleich** (Jus): *der Ausgleich im Konkursverfahren* ‖ **zwangs|be|glü|cken:** *jemandem wohlmeinend gegen dessen Wunsch etwas aufdrängen* ‖ **Zwangs|be|glü|ckung** ‖ **Zwangs|be|schrän|kung** ‖ **Zwangs|ehe:** *eine erzwungene Heirat* ‖ **Zwangs|hand|lung** (Psych.): *neurotisch bedingte Handlung* ‖ **Zwangs|hei|rat** ‖ **Zwangs|herr|schaft** ‖ **Zwangs|ja|cke:** der Tobsüchtige wurde in eine Z. gesteckt ‖ **Zwangs|la|ge:** in einer Z. sein *([fast] keine Wahl mehr haben)* ‖ **zwangs|läu|fig:** so etwas führt z. *(unabwendbar)* ins Verderben ‖ **Zwangs|läu|fig|keit** die, -/-en ‖ **Zwangs|maß|nah|me** (meist Pl.) ‖ **Zwangs|mit|glied|schaft** ‖ **Zwangs|mit|tel** ‖ **Zwangs|neu|ro|se** (Psych.): *Neurose mit Zwangsvorstellungen* ‖ **Zwangs|pau|se** ‖ **Zwangs|räu|mung** ‖ **Zwangs|ver|kauf** ‖ **Zwangs|ver|schi|ckung:** *Deportation* ‖ **Zwangs|ver|stei|ge|rung** ‖ **Zwangs|ver|wal|ter** ‖ **Zwangs|ver|wal|te|rin** ‖ **Zwangs|ver|wal|tung** (Jus): *gerichtlich verfügte Verwaltung [einer Liegenschaft] im Exekutionsverfahren* ‖ **Zwangs|voll|stre|ckung** (Jus): *Exekution [durch Gericht, Verwaltungsbehörde]* ‖ **Zwangs|vor|füh|rung** (Amtsspr.) ‖ **Zwangs|vor|stel|lung** (Psych.): an einer Z. leiden ‖ **zwangs|wei|se**
Zwanz|ger|haus = Zwanzigerhaus: *frühere Bezeichnung des zum*

Belvedere gehörenden Museums für Kunst des 20. Jh. in Wien (jetzt: 21er Haus) ‖ **zwanzig** (20): z. Euro; → achtzig ‖ **Zwanzig** die, -/-en (bes. D) (20): *Zwanziger; die Zahl 20 (Zwanzig)* ‖ **zwanziger** (20er) → achtziger ‖ **Zwanziger** (20er) der, -s/-: seinen Z. *(20. Geburtstag)* feiern | *Zwanzigeuroschein | eine Spielansage im Schnapsen* ‖ **Zwanzigerhaus** = → Zwanzgerhaus ‖ **zwanziger Jahr** = **Zwanzigerjahr** (20er-Jahr, 20er Jahr) → achtziger Jahr = Achtzigerjahr ‖ **Zwanzigeurobanknote** (20-Euro-Banknote) ‖ **Zwanzigeuroschein** (20-Euro-Schein) ‖ **zwanzigjährig** (20-jährig) ‖ **zwanzigste** (20.): der z. Geburtstag

zwar: ich war z. *(allerdings, wohl)* dort, aber ...; heute, und z. um vier

Zweck der, -[e]s/-e: Geld für einen guten Z. sammeln; der Z. heiligt die Mittel | das hat keinen Z. *(Sinn)* ‖ **Zweckbau** der, -[e]s/-ten: die Fabrikshalle ist ein reiner Z. ‖ **zweckbedingt** ‖ **Zweckbestimmung** ‖ **zweckbinden** ‖ **Zweckbindung** ‖ **zweckdienlich:** zweckdienliche Hinweise ‖ **Zweckehe** ‖ **zweckentfremdet** ‖ **Zweckentfremdung** ‖ **zweckentsprechend** ‖ **zweckfrei** ‖ **zweckfremd** ‖ **zweckgebunden:** zweckgebundene *(nur für einen besonderen Zweck bestimmte)* Geldmittel ‖ **Zweckgebundenheit** die, - ‖ **zwecklos** ‖ **Zwecklosigkeit** die, -/-en ‖ **zweckmäßig** ‖ **zweckmäßigerweise** ‖ **Zweckmäßigkeit** die, -/-en ‖ **Zweckoptimismus:** *absichtsvoll gezeigter Optimismus* ‖ **zwecks** (Präp. mit Gen.): z. besseren Verständnisses | (im Pl. auch mit Dat.) z. Einkäufe[n] ‖ **Zwecksatz** (Gramm.): *Finalsatz* ‖ **zweckvoll** ‖ **zweckwidmen:** *[Gelder] einem bestimmten Zweck zuführen* ‖ **Zweckwidmung** ‖ **zweckwidrig**

zwei (2): z. Euro; die z. *(die beiden);* das Urteil zweier Sachverständiger (Sachverständigen); mit z., drei Worten *(kurz ausgedrückt);* er isst für z. *(zu viel);* z. glatt, z. verkehrt *(ein einfaches Strickmuster;* abw. auch: *routinemäßig, primitiv);* zu zweien *(zu zweit)* gehen; → zweite; → acht ‖ **Zwei** die, -/-en (bes. D): *Zweier; die Ziffer Zwei (2);* die Note Z. ‖ **zweiachsig** [-ks-] (2-achsig): ein zweiachsiger Wagen ‖ **zweiarmig** (2-armig) ‖ **zweibändig** (2-bändig) ‖ **Zweibeiner** der, -s/- (auch scherzh.): *Mensch;* → Vierbeiner ‖ **zweibeinig** (2-beinig) ‖ **Zweibettzimmer** (2-Bett-Zimmer): ein Z. reservieren ‖ **zweideutig** (2-deutig): *doppelsinnig* ‖ **Zweideutigkeit** die, -/-en ‖ **zweidimensional** (2-dimensional): eine Fläche ist z. ‖ **Zweidrittelgesellschaft** (⅔-Gesellschaft) (Wirt., Soz.): *Bevölkerung, in der ein Drittel arm ist* ‖ **Zweidrittelmehrheit** (⅔-Mehrheit): *Mehrheit von mindestens zwei Dritteln der Stimmen, qualifizierte Mehrheit* ‖ **zweieiig** (2-eiig): zweieiige Zwillinge *(Zwillinge, die zwei befruchteten Eiern entstammen);* → G.: eineiig ‖ **zweieinhalb**

Zweier (2er)

der, -s/-: *die Ziffer Zwei (2);* einen Zweier hinschreiben; als Note einen Zweier *(die Note Gut)* bekommen; → Zwei

Die österreichischen Formen der nominalisierten Zahlwörter werden auf -er gebildet:
- einen Zweier hinschreiben (bes. in Deutschland: eine Zwei)
- den Zweier nehmen *(die Linie 2)*

zweierlei: z. Farben; z. Maß anlegen *(ungerecht beurteilen)* ‖ **Zweierbeziehung** ‖ **Zweierlinie** [-i̯ɛ] (ugs.): *eine Parallelstraße zur Wiener Ringstraße und ehemalige Straßenbahnstrecke,* → *Lastenstraße* ‖ **Zweierpack** der, -[e]s/-s [-e]: *Packung, die zwei einzelne Stücke enthält* ‖ **Zweierreihe** ‖ **zweifach** (2fach = 2-fach) ‖ **Zweifachbelastung** ‖ **Zweifache** (2fache = 2-Fache) das, -n ‖ **Zweifamilienhaus** ‖ **Zweifarbendruck** der, -[e]s/-drucke ‖ **zweifärbig,** *auch:* zweifarbig (2-färbig, *auch:* 2-farbig)

Zweifel der, -s/-: im Z. *(im Ungewissen)* sein; über jeden Z. erhaben; etwas in Z. ziehen; das steht außer Z. ‖ **zweifelhaft:** zweifelhaftes *(unsicheres)* Wetter; ein zweifelhaftes *(fragwürdiges)* Vergnügen ‖ **zweifellos** ‖ **zweifeln:** *etwas bezweifeln;* ich zweifle an der Richtigkeit der Aussage ‖ **Zweifelsfall** ‖ **Zweifelsfrage** ‖ **zweifelsfrei** ‖ **zweifelsohne:** *zweifellos*

zweifenstrig: ein zweifenstriges Zimmer

Zweifler der, -s/- ‖ **Zweiflerin** die, -/-innen

zweiflügelig → zweiflüglig ‖ **Zweiflügler** der, -s/-: *ein Insekt* | (Pl.) (Zool.) *eine Insektenordnung, zB Fliegen, Mücken* ‖ **zweiflüglig** (2-flüglig), *auch:* zweiflügelig (2-flügelig): eine zweiflüglige Tür

Zweig der, -[e]s/-e: auf keinen grünen Z. kommen *(nichts erreichen)* ‖ **Zweiganstalt:** *Filiale*

Zweigelt der, -s/-: *eine Reb- und Weinsorte*

zweigeschlechtig (Bot.): *mit beiden Geschlechtern;* zweigeschlechtige *(zwittrige)* Blüten ‖ **zweigeschlechtlich** (2-geschlechtlich): *bisexuell* ‖ **zweigeschoßig,** *auch:* zweigeschossig (2-geschoßig, *auch:* 2-geschossig) ‖ **Zweigespann:** *Gespann, das von zwei [Pferden] gezogen wird | 2-Personen-Team* ‖ **zweigestrichen** (2-gestrichen) (Mus.): das zweigestrichene c (c", c^2) singen ‖ **zweigeteilt**

Zweiggeschäft: *Nebengeschäft, Filiale*

zweigleisig, *auch:* zweigeleisig (2-gleisig, *auch:* 2-geleisig) ‖ **zweigliedrig** (2-gliedrig)

Zweigniederlassung: *Filiale* ‖ **Zweigstelle**

zweihändig (2-händig) ‖ **Zweiheit** die, -: → *Dualismus* ‖ **zweihenklig,** *auch:* zweihenkelig (2-henklig, *auch:* 2-henkelig): ein zweihenkeliger Krug ‖ **zweihöckrig,** *auch:* zweihöckerig (2-höckrig, *auch:* 2-höckerig): ein zweihöckriges Kamel *(Trampeltier)* ‖ **zweihundert** (200) ‖ **Zweihunderteurobanknote** (200-Euro-Banknote) ‖ **Zweihunderteuroschein** (200-Euro-Schein) ‖ **zweijährig** (2-jährig) ‖ **Zweikampf:** *bewaffneter Kampf zwischen zwei Personen, Duell* | (Sport) *Wettkampf zwischen zwei Gegnern/Mannschaften* ‖ **Zweikanalton:** *beim Fernsehen wahlweise verschiedene Sprachen* ‖ **zweiköpfig** (2-köpfig): ein zweiköpfiger Adler *(Doppeladler als Wappentier)* ‖ **Zweiliterflasche** (2-Liter-Flasche) ‖ **zweimal** (2-mal) (bei Betonung auch: zwei Mal) ‖ **zweimalig**

(2-malig) ‖ **Zweimaster** (Seemannsspr.): *Segelschiff mit zwei Masten* ‖ **zweimonatig** (2-monatig): *zwei Monate dauernd;* eine zweimonatige Weltreise ‖ **zweimonatlich** (2-monatlich): *alle zwei Monate* ‖ **Zweimonatsschrift:** *Zeitschrift, die nur alle zwei Monate erscheint* ‖ **zweimotorig** (2-motorig) ‖ **zweiphasig** [-f-] (2-phasig) ‖ **zweipolig** (2-polig) ‖ **Zweirad** ‖ **zweirädrig,** *auch:* zweiräderig (2-rädrig, *auch:* 2-räderig) ‖ **Zweireiher** der, -s/-: *Sakko/Mantel mit zwei Knopfreihen* ‖ **zweireihig** (2-reihig): ein zweireihiges Sakko ‖ **zweisam** (scherzh.): *zu zweit* ‖ **Zweisamkeit** die, - (scherzh.) ‖ **zweischneidig** (2-schneidig): ein zweischneidiges Messer *(beidseitig geschliffenes Messer)* | das ist [für sie] ein zweischneidiges Schwert (*das hat seine guten, aber auch seine schlechten Seiten)* ‖ **zweiseitig** (2-seitig) ‖ **zweisilbig** (2-silbig): ein zweisilbiges Wort ‖ **Zweisitzer** der, -s/-: *Fahrzeug mit zwei Sitzen* ‖ **zweisitzig** (2-sitzig) ‖ **zweispaltig** (2-spaltig): z. gedruckt ‖ **zweispännig** (2-spännig): *mit zwei Pferden bespannt* ‖ **Zweispitz** (früher): *ein Hut* ‖ **zweisprachig** (2-sprachig): eine zweisprachige Ortstafel ‖ **Zweisprachigkeit** die, - (SüdT): *die für viele öffentliche Anstellungen vorgeschriebene Beherrschung von Deutsch und Italienisch* ‖ **Zweisprachigkeitskommission** (SüdT) ‖ **Zweisprachigkeitsnachweis** (SüdT) ‖ **zweispurig** (2-spurig): zweispurige Fahrzeuge; eine zweispurige Straße/Bahnstrecke ‖ **zweistellig** (2-stellig): eine zweistellige Zahl ‖ **zweistimmig** (2-stimmig) (Mus.) ‖ **zweistöckig** (2-stöckig) ‖ **zweistrahlig** (2-strahlig): eine zweistrahlige Düsenmaschine ‖ **zweistufig** (2-stufig): eine zweistufige Rakete ‖ **zweistündig** (2-stündig): eine zweistündige *(zwei Stunden dauernde)* Sitzung ‖ **zweistündlich** (2-stündlich): diese Medizin ist z. *(alle zwei Stunden)* einzunehmen ‖ **zweit:** zu zweit *(zu zweien);* → zweite ‖ **zweitägig** (2-tägig): eine zweitägige Veranstaltung ‖ **Zweitakter** der, -s/-: *Zweitaktmotor* ‖ **Zweitaktmotor** ‖ **zweitälteste:** sie ist die z. Tochter ‖ **Zweitälteste**[1] der, -n/-n, ein Zweitältester ‖ **Zweitälteste**[2] die, -n/-n ‖ **Zweitausfertigung:** *Duplikat* ‖ **zweitausend** (2 000) ‖ **Zweitausender** (2 000er): *Berg, der zwischen 2 000 und 2 999 m hoch ist* ‖ **Zweitauto** ‖ **Zweitberuf** ‖ **Zweitbesitzer** ‖ **Zweitbesitzerin** ‖ **Zweitbeste**[1] der, -n/-n, ein Zweitbester ‖ **Zweitbeste**[2] die, -n/-n

zweite:

der zweite Platz; Verbrennungen zweiten Grades; der zweite Bildungsweg; zum zweiten Mal[e]; → zweit; → achte

Großschreibung bei Nominalisierung:
- der Erste und der **Z**weite *(die ersten beiden)*
- das **Z**weite, was ich sah
- jeder **Z**weite
- wie kein **Z**weiter *(anderer)* laufen können

R→ S. 894, 2.3

Großschreibung in Eigennamen:
- [Kaiser] Joseph der **Z**weite *(Joseph II.)*
- die **Z**weite Republik *(die Republik Österreich seit 1945)*
- der **Z**weite Weltkrieg

R→ S. 895, 4.1

Zweite[1] der, -n/-n, ein Zweiter: → zweite ‖ **Zweite**[2] die, -n/-n ‖ **Zweiteiler** der, -s/-: *ein zweiteiliges Damenkleid* | *ein zweiteiliger Film* ‖ **zweiteilig** (2-teilig): ein zweiteiliges Kostüm; eine zweiteilige Fernsehsendung ‖ **Zweiteilung** ‖ **Zweite-Klasse-Abteil,** *auch:* Zweiter-Klasse-Abteil: *ein Abteil in der Bahn* ‖ **zweitens** (2.) ‖ **zweiter:** z. werden; → zweite ‖ **zweitere:** die z. *(letztere)* Variante | (Großschreibung) der/die/das **Z**weitere; der Erstere, der **Z**weitere *(der eine – der andere, dieser – jener)* ‖ **Zweitgerät:** *ein zweiter Fernseher oÄ* ‖ **zweitgereiht** ‖ **Zweitgrößte**[1] der, -n/-n, ein Zweitgrößter ‖ **Zweitgrößte**[2] die, -n/-n ‖ **zweitinstanzlich** (Jus): *in zweiter Instanz* ‖ **zweitklassig:** *nicht von erster Qualität;* der Film ist z. ‖ **Zweitklassler** der, -s/-: *Schüler der zweiten Klasse* ‖ **Zweitklässler** der, -s/- (V, südl. D): *Zweitklassler* ‖ **Zweitklasslerin** die, -/-innen ‖ **Zweitklässlerin** die, -/-innen (V, südl. D) ‖ **Zweitmeinung:** eine Z. *(Beurteilung durch einen anderen Experten, ein Gegengutachten)* einholen ‖ **Zweitplatzierte**[1] der, -n/-n, ein Zweitplatzierter ‖ **Zweitplatzierte**[2] die, -n/-n ‖ **zweitrangig:** *weniger wichtig;* das ist jetzt z. ‖ **Zweitschlüssel** ‖ **Zweitschrift:** *nochmalige Ausfertigung eines Dokuments; Duplikat* ‖ **Zweitsprache:** *Sprache, die (fast) wie die Muttersprache neben dieser gesprochen wird* | (SüdT) *die jeweils andere Landessprache in Südtirol* ‖ **Zweitsprachunterricht** (SüdT) ‖ **Zweitwagen:** *zweites Auto* ‖ **Zweitwohnsitz:** *Nebenwohnsitz* ‖ **Zweitwohnung:** *zweiter Wohnsitz, meist außerhalb der Stadt* ‖ **Zweiunddreißigstelnote** (Mus.) ‖ **Zweivierteltakt** [-'fir-] (Mus.) ‖ **zweiwertig** (2-wertig) (Phys.): ein zweiwertiges Atom | (Gramm.) ein zweiwertiges Verb ‖ **Zweizahl** (Gramm.): *Dual* ‖ **Zweizeiler** der, -s/-: *zweizeilige Strophe* ‖ **zweizeilig** (2-zeilig): das Manuskript ist z. *(mit je einer Zeile Zwischenraum)* geschrieben ‖ **Zweizimmerwohnung** (2-Zimmer-Wohnung) ‖ **Zweizylindermotor** [-tsy-, -tsi-]

zwerch (veraltet): *quer* ‖ **Zwerchfell:** *Scheidewand zwischen Brusthöhle und Bauchhöhle* ‖ **Zwerchfellatmung** ‖ **zwerchfellerschütternd:** zwerchfellerschütterndes *(heftiges)* Lachen

Zwerg der, -[e]s/-e: *eine Märchen- und Sagenfigur* | (oft abw.) *kleinwüchsiger Mensch* ‖ **Zwergbaum** ‖ **Zwergdackel** ‖ **zwerghaft** ‖ **Zwergholunder** ‖ **Zwergin** die, -/-innen ‖ **Zwergkiefer** die, -/-n ‖ **Zwergplanet:** *eine Klasse von Himmelskörpern, zB der Pluto* ‖ **Zwergpudel** ‖ **Zwergstern** (Astron.) ‖ **Zwergstaat:** *sehr kleiner Staat, Kleinstaat* ‖ **Zwergstrauch** ‖ **Zwergtaucher:** *ein Wasservogel* ‖ **Zwergwuchs** [-ks] (Biol.) ‖ **zwergwüchsig** (Biol.): zwergwüchsige Bäume

Zwetsche die, -/-n (nördl. D): *Zwetschke* ‖ **Zwetschge** die, -/-n (südl. D, CH): *Zwetschke* ‖ **Zwetschke** die, -/-n: *ein Steinobst* | (ugs., scherzh.) seine sieben Zwetschken zusammenpacken/einpacken *(seine Sachen nehmen und gehen)* ‖ **Zwetsch|ken|baum** ‖ **Zwetsch|ken|fleck** der, -[e]s/-: *eine Mehlspeise* ‖ **Zwetsch|ken|knö|del** ‖ **Zwetsch|ken|kom|pott:** zum Nachtisch Z. servieren ‖ **Zwetsch|ken|kram|pus:** *Figur aus Dörrzwetschken ua.* ‖ **Zwetsch|ken|mar|me|la|de** ‖ **Zwetsch|ken|pa|fe|se,** *auch:* Zwetschkenpofese: *eine Mehlspeise* ‖ **Zwetsch|ken|pfef|fer:** *Mus aus Dörrpflaumen, Gewürzen ua.* ‖ **Zwetsch|ken|po|fe|se** → Zwetschkenpafese ‖ **Zwetsch|ken|rös|ter:** *Zwetschkenmus (zB als Beilage zum Kaiserschmarren)* ‖ **Zwetsch|ken|schnaps** ‖ **Zwetsch|ken|stru|del** ‖ **Zwetsch|ker|ne** [-kənɛ] der, -n/-n, ein Zwetschkerner: *Zwetschkenschnaps* ‖ **Zwetsch|kerl** [-kəl] das, -s/-[n] (ugs.): *[kleine] Zwetschke* | *[liebes, hilfloses] Kind* | *etwas [zu] klein Geratenes*

Zwettl (Kfz: ZT): *Stadt (und Stift) in Niederösterreich*

Zwi|ckel der, -s/-: in die Hose einen Z. *(ein keilförmiges Stoffstück)* einsetzen | *Zwickelbier* ‖ **Zwi|ckel|bier:** *eine Biersorte* ‖ **Zwi|ckel|tag:** *Tag zwischen zwei [arbeits-, schul]freien Tagen, Fenstertag* ‖ **zwi|cken:** *drücken, kneifen;* es zwickt mich | *lochen;* Fahrscheine z. | (ugs.) was gibt's zu z. *(zu essen)*? ‖ **Zwi|cker** der, -s/-: *eine Brille ohne Bügel* ‖ **Zwi|cker|bus|serl,** *auch:* Zwickerbussl, Zwickerbussi (ugs., scherzh.): einem Kind ein Z. geben *(es beim Küssen zärtlich in die Wangen zwicken)* ‖ **Zwick|müh|le** (geh.): in der/einer Z. *(in einer Zwangslage, einem Dilemma)* sein ‖ **Zwick|zan|ge:** *ein Werkzeug*

zwi|der (ugs.): *zuwider, widerlich;* sie ist keine zwidere *(eine ziemlich hübsche; eine angenehme)* Person; → zuwider ‖ **Zwi|der|wur|zen** (ugs., abw.): *stets mürrische, unfreundliche Person*

Zwie|back der, -s/-e: *durch Rösten haltbar gemachte Weißbrotscheibe*

Zwie|bel die, -/-n: *eine Gemüsepflanze, Küchenzwiebel* | (Bot.) *unterirdischer fleischiger Spross der Zwiebelpflanzen, zB der Tulpen* ‖ **zwie|bel|far|ben:** ein zwiebelfarbener Schilcher ‖ **zwie|bel|för|mig** ‖ **Zwie|bel|häup|tel** = **Zwie|bel|häuptl:** *Zwiebelknolle* ‖ **Zwie|bel|ring** ‖ **Zwie|bel|rost|bra|ten:** *eine Fleischspeise* ‖ **Zwie|bel|scha|le** ‖ **Zwie|bel|senf** ‖ **Zwie|bel|sup|pe** ‖ **Zwie|bel|turm:** *[Kirch]turm mit zwiebelförmigem Dach*

zwie|fach (veraltet): *zweifach* ‖ **Zwie|fa|che** der, -n/-n, ein Zwiefacher (Mus.): *ein Volkstanz mit Taktwechsel (zB ¾ – ⅔)*

Zwie|ge|spräch: *Dialog;* ein Z. führen ‖ **Zwie|laut** (Sprachwiss.): *Diphthong* ‖ **Zwie|licht** das, -[e]s: *Dämmerlicht* | *Gemisch von schwachem Tageslicht und künstlichem Licht* ‖ **zwie|lich|tig:** eine zwielichtige *(undurchschaubare; zweifelhafte, verdächtige)* Person ‖ **Zwie|sel** die, -/-n = der = das, -s/- (reg.): *Gabelung; Astgabel* | *Wegteilung* | *das in einer Flussgabelung gelegene Gebiet (in Siedlungsnamen)* ‖ **zwie|seln** sich (reg.): die Wege z. *(spalten, gabeln)* sich ‖ **Zwie|spalt** der, -[e]s/-e [auch: -spälte] (Pl. selten): *Uneinigkeit;* mit sich im Z. sein ‖ **zwie|späl|tig:** ein zwiespältiger *(widersprüchlicher, unausgeglichener)* Charakter ‖ **Zwie|späl|tig|keit** die, - ‖ **Zwie|spra|che** (geh.): mit jemandem Z. *(ein Gespräch zu zweit)* halten ‖ **Zwie|tracht** die, - (geh.): in Z. *(Uneinigkeit)* leben ‖ **zwie|träch|tig** (geh.)

Zwilch = **Zwil|lich** der, -[e]s/-e: *Gewebe aus zweifachem Faden;* → Drillich

Zwil|ling der, -s/-e: Zwillinge *(gleichzeitig zwei Kinder)* zur Welt bringen; eineiige, zweieiige Zwillinge; siamesische Zwillinge *(Zwillinge, die miteinander verwachsen sind)* | *ein Tierkreiszeichen* ‖ **Zwil|lings|bru|der** ‖ **Zwil|lings|ge|burt** ‖ **Zwil|lings|ge|schütz** (Mil.) ‖ **Zwil|lings|jack|pot** [-ˌdʒæk-]: *Doppeljackpot* ‖ **Zwil|lings|paar:** *[verschiedengeschlechtliche] Zwillinge* ‖ **Zwil|lings|rei|fen:** *doppelte Autoreifen* ‖ **Zwil|lings|schwes|ter**

Zwing|burg (früher): *Burg, von der aus das umliegende Land [gewaltsam] beherrscht wurde* ‖ **Zwin|ge** die, -/-n: *Vorrichtung zum Zusammenpressen [von geleimten Holzstücken]* ‖ **zwin|gen,** zwang/gezwungen: jemanden zum Rücktritt z.; sich zum Essen z.; ich sehe mich gezwungen, Sie zu verklagen; zwingende *(unumgängliche)* Gründe | (Jus) zwingendes Recht *(auch durch Parteienvereinbarung nicht abänderbare Rechtsnormen)* ‖ **Zwin|ger** der, -s/-: *umschlossener Raum zur Tierhaltung* | (früher) *Raum zwischen äußerer und innerer Burg- oder Stadtmauer; Burggraben* ‖ **Zwing|herr|schaft** (geh.): *Unterdrückung, Tyrannei*

zwin|kern: mit den Augen z. *(zucken, blinzeln)* ‖ **zwin|zeln,** ich zwinzle (reg., ugs.): *blinzeln, zwinkern*

zwir|beln: ich zwirble den Bart *(drehe ihn zwischen den Fingern)*

Zwirn der, -[e]s/-e: *ein reißfestes [Näh]garn* ‖ **zwir|nen:** *Zwirn erzeugen* ‖ **Zwirn|knäu|el** ‖ **Zwirns|fa|den**

zwi|schen (Präp. mit Dat. und Akk.): z. dem Bach und dem Weg stehen *(wo?);* sich z. den Bach und den Weg stellen *(wohin?);* z. den Streitenden vermitteln; sich z. die Streitenden stellen ‖ **Zwi|schen|ab|la|ge** (EDV): *ein Bild in der Z. speichern* ‖ **Zwi|schen|ab|rech|nung** ‖ **Zwi|schen|akt|mu|sik:** *Musikstück für die Pause zwischen zwei Akten eines Bühnenwerkes* ‖ **Zwi|schen|ap|plaus:** *Beifall während einer Darbietung oder Rede* ‖ **Zwi|schen|auf|ent|halt** ‖ **Zwi|schen|bahn|steig:** *zwischen zwei Gleisen gelegener Bahnsteig;* → Mittelbahnsteig ‖ **Zwi|schen|be|mer|kung** ‖ **Zwi|schen|be|richt** ‖ **Zwi|schen|be|scheid** (Amtsspr.) ‖ **Zwi|schen|bi|lanz** ‖ **Zwi|schen|deck:** *billiges Quartier auf Passagierschiffen* ‖ **Zwi|schen|de|cke:** eine Z. *(zusätzliche Decke)* in einem Raum einziehen ‖ **Zwi|schen|ding:** dieses Auto ist ein Z. *(Mittelding)* zwischen Pkw und Lkw ‖ **zwi|schen|drein:** ein Blatt z. *(wohin?)* legen ‖ **zwi|schen|drin:** das Lesezeichen lag z. *(wo?)* ‖ **zwi|schen|durch** ‖ **Zwi|schen|eis|zeit** (Geol.): *eine erdgeschichtliche Periode* ‖ **Zwi|schen|er|geb|nis** ‖ **Zwi|schen|fall:** *unvorhergesehenes, störendes Ereignis* | *Auseinandersetzung* ‖ **zwi|schen|fi|nan|zie|ren** (Bankw.): einen Kredit z. ‖ **Zwi|schen|fi|nan|zie|rung** (Bankw.): *ein Kredit zur Überbrückung* ‖ **Zwi|schen|fra|ge** ‖ **Zwi|schen|ge|schoß,** *auch:* Zwischengeschoss ‖ **Zwi|schen|glied:** *Verbindungsstück* ‖ **Zwi|schen|han|del** ‖ **Zwi|schen|händ|ler** ‖ **Zwi|schen|händ|le|rin**

Z

‖ **Zwischenhirn:** *ein Teil des Gehirns* ‖ **Zwischenhoch** (Met.): *kurzfristiges Hochdruckwetter* ‖ **Zwischenkriegszeit** die, -: *die Zeit zwischen den beiden Weltkriegen (1918–1939)* ‖ **Zwischenlager** ‖ **Zwischenlagerung** ‖ **zwischenlanden:** wir sind auf dem Flug von Wien nach New York in Frankfurt zwischengelandet ‖ **Zwischenlandung** ‖ **Zwischenlösung:** *vorläufige Lösung* ‖ **Zwischenmahlzeit:** *Jause* ‖ **zwischenmenschlich:** zwischenmenschliche Beziehungen ‖ **Zwischenprodukt:** *ein Halbfertigprodukt* ‖ **Zwischenraum:** *Abstand; Intervall* ‖ **Zwischenrechnung** ‖ **Zwischenresultat** ‖ **Zwischenruf:** den Redner durch einen Z. unterbrechen ‖ **Zwischenrufer** der, -s/- ‖ **Zwischenruferin** die, -/-innen ‖ **Zwischensaison** [-zɛz-]: *Zeit zwischen den Hauptsaisonen* ‖ **zwischenschalten:** *dazwischenschalten* ‖ **Zwischenspeicher** (EDV) ‖ **zwischenspeichern** (EDV): Dokumente automatisch z. ‖ **Zwischenspiel:** der Waffenstillstand war nur ein kurzes Z. *(dauerte nur kurz an)* | (Mus.) *instrumentale Überleitung* ‖ **zwischenstaatlich:** eine zwischenstaatliche *(zwischen zwei oder mehreren Staaten abgeschlossene)* Vereinbarung ‖ **Zwischenstadium** [-ʃt-] ‖ **Zwischenstand:** *Zwischenergebnis* ‖ **Zwischenstation** [-ʃtatsi̯-]: auf einer Reise eine Z. einlegen ‖ **Zwischenstock:** *Zwischengeschoß* ‖ **Zwischenstopp** [-ʃt-] ‖ **Zwischenstück:** *Verbindungsstück* ‖ **Zwischenstufe** ‖ **Zwischentext:** *verbindender Text* ‖ **Zwischenträger** (abw.): *jemand, der Tratsch uÄ weitergibt* ‖ **Zwischenträgerin** (abw.) ‖ **Zwischenwand** ‖ **Zwischenzeit:** in der Z. *(unterdessen)* ‖ **zwischenzeitlich:** *inzwischen*

Zwist der, -[e]s/-e (geh.): *Entzweiung, Streit* ‖ **Zwistigkeit** die, -/-en (geh.): *Streit*

zwitschern: zwitschernde Schwalben

Zwitter der, -s/-: *Lebewesen, das sowohl weibliche wie männliche Organe hat* ‖ **Zwitterblüte** (Bot.): *Blüte mit weiblichen und männlichen Organen* ‖ **Zwitterform** ‖ **zwitterhaft** ‖ **Zwitterhaftigkeit** die, - ‖ **zwitterig** → zwittrig ‖ **Zwitterstellung:** *Zwischenstellung* ‖ **Zwitterwesen** ‖ **zwittrig,** *auch:* zwitterig

zwo: *zwei (beim Telefonieren, Diktieren)*

zwölf (12): fünf vor z. *(im letzten Augenblick);* z. Stück *(ein Dutzend);* die z. Monate; *aber:* die Zwölf Nächte *(die Raunächte, die im Volksglauben für dämonisch gehaltenen Nächte zwischen Weihnachten und dem Dreikönigstag);* → acht ‖ **Zwölf** die, -/-en (bes. D): *Zwölfer, die Zahl Zwölf (12)* ‖ **Zwölfeck** (Math.) ‖ **zwölfeckig** (12-eckig) ‖ **Zwölfender** der, -s/- (Jägerspr.): *Hirsch, dessen Geweih zwölf Enden hat*

Zwölfer

der, -s/-: *die Zahl Zwölf (12)* | einen Zwölfer im Toto machen; → Zwölf

Die österreichischen Formen der nominalisierten Zahlwörter werden auf -er gebildet:

- einen Zwölfer hinschreiben (bes. in Deutschland: eine Zwölf)
- den Zwölfer nehmen *(die Linie 12)*

zwölffach (12fach = 12-fach) ‖ **Zwölffingerdarm:** *Darmteil beim Magenausgang* ‖ **zwölfhundert** (1 200) ‖ **zwölfjährig** (12-jährig) ‖ **Zwölfkampf** (Sport): *eine Disziplin im Geräteturnen für Männer* ‖ **zwölfmal** (12-mal) (bei Betonung auch: zwölf Mal) ‖ **zwölft:** zu z. ‖ **zwölfte** (12.): → achte ‖ **Zwölftel** das, -s/- ‖ **zwölftens** (12.) ‖ **Zwölftonmusik** die, -: *Kompositionstechnik mit den zwölf gleichwertigen chromatischen Tonstufen* ‖ **Zwölfzylindermotor** [-tsy-, -tsi-]

Zwutschkerl [-kəl] das, -s/-[n] (reg., ugs.): *auffallend kleine Person* | *[zu] klein geratene Sache*

Zyan [tsy-] → Cyan ‖ **Zyane** die, -/-n ⟨gr.-lat.⟩: *Kornblume*

Zyankali [tsy-, tsi-] das, -s ⟨gr.-lat.+arab.⟩: *ein Gift*

Zygote [tsy-] die, -/-n ⟨gr.⟩ (Biol.): *befruchtete Eizelle*

Zyklame [tsy-, tsi-] die, -/-n ⟨gr.-lat.⟩: *Pflanzengattung, Alpenveilchen* ‖ **Zyklen** ['tsy(ː)-] die (Pl. von → Zyklus) ‖ **zyklisch:** *[in einem Kreislauf] immer wiederkehrend* | *in zusammenhängender Folge;* eine zyklische Aufführung der Dramen Grillparzers ‖ **Zyklon** der, -s/-e ⟨gr.-engl.⟩: *ein Wirbelsturm* ‖ **Zyklone** die, -/-n: *Tiefdruckgebiet; das Tief* ‖ **Zyklop** der, -en/-en ⟨gr.-lat.⟩: *ein einäugiger Riese (in der griechischen Sage)* ‖ **zyklopisch:** eine zyklopische *(aus riesigen Steinblöcken ohne Bindemittel aufgeführte)* Mauer ‖ **zyklothym** [-'yːm] (Psych.): ein zyklothymer *(in seinen Stimmungen schwankender, jedoch aufgeschlossener, umgänglicher)* Mensch ‖ **Zyklus** der, -/Zyklen ⟨gr.-lat.⟩: *Kreis; Kreislauf* | *regelmäßig wiederkehrende Abfolge;* ein Z. *(eine zusammenhängende Folge)* von Konzerten

Zylinder [tsy-, tsi-] der, -s/- ⟨gr.-lat.⟩: *ein geometrischer Körper* | *ein Herrenhut* | *zylinderförmiges Glas einer [Petroleum]lampe* | (Technik) ein Motor mit vier Zylindern ‖ **Zylinderhut** ‖ **Zylinderkopf** (Technik): *oberster Teil des Zylinders* ‖ **Zylinderschloss:** *ein Sicherheitsschloss* ‖ **zylindrisch:** ein zylindrischer *(walzenförmiger)* Körper

Zyniker ['tsyː-] der, -s/- ⟨gr.-lat.⟩: *ein zynischer Mensch* ‖ **Zynikerin** die, -/-innen ‖ **zynisch:** eine zynische *(freche, höhnische, schamlose)* Bemerkung ‖ **Zynismus** der, -/Zynismen

Zypergras ['tsyː-] ⟨gr.⟩: *ein Sauergras*

Zypern ['tsyː-]: *ein [Insel]staat* ‖ **Zyprer** der, -s/-, *veraltend auch:* Zypriot, -en/-en = Zypriote, -n/-n: *[griechischer] Bewohner Zyperns;* → zypriotisch = zyprisch ‖ **Zyprerin** die, -/-innen, *veraltend auch:* Zypriotin, -/-innen

Zypresse [tsy-, tsi-] die, -/-n ⟨gr.-lat.⟩: *ein Nadelbaum* ‖ **Zypressenhain**

Zypriot [tsy-] = **Zypriote** → Zyprer ‖ **Zypriotin** → Zyprerin ‖ **zypriotisch** = **zyprisch**

zyrillisch [tsy-, tsi-] = → kyrillisch

Zyste ['tsy-, 'tsi-] die, -/-n ⟨gr.-lat.⟩ (Med.): *mit Flüssigkeit gefüllte Geschwulst im Körpergewebe*

zz., *auch:* zzt.: **zurzeit** ‖ **z. Z.,** *auch:* z. Zt.: **zur Zeit;** z. Z. (z. Zt.) Maria Theresias; → zurzeit

Z

Anhang

Alle Anregungen und Vorschläge zum Österreichischen Wörterbuch bitte an eine der folgenden Adressen senden:

Österreichischer Bundesverlag Schulbuch GmbH & Co. KG
Redaktion Österreichisches Wörterbuch
Frankgasse 4
1090 Wien

E-Mail: oewb@oebv.at

Zur deutschen Sprache in Österreich

1 Sprachschichten

Sprachschichten betreffen das soziologische und regionale Umfeld, in dem ein Wort verwendet wird. Das System der Sprachschichten geht in seiner etwas vereinfachten Form von den Großschichten Standardsprache, regionale Standardsprache, Umgangssprache und Dialekt aus, die regional und situativ in sehr unterschiedlicher Wechselwirkung zueinander stehen.

1.1 Standardsprache

Die Standardsprache (Hochsprache, Schriftsprache) ist die in der Öffentlichkeit allgemein gültige, offiziell anerkannte und weitgehend genormte Sprachform. Sie wird im ganzen deutschen Sprachraum verstanden und angewandt. Abweichungen von den Normen werden im Allgemeinen in irgendeiner Form geahndet, entweder durch Wertung als Fehler oder durch Nachteile in Beruf oder gesellschaftlichem Status. Die Standardsprache wird vor allem im schriftlichen Bereich verwendet und als die mündliche Sprachform in den Medien sowie in formellen Situationen wie öffentlicher Rede, Vortrag, Predigt, künstlerischer Darbietung, wissenschaftlicher oder politischer Diskussion.

1.2 Regionaler Standard

Unter regionalem Standard versteht man sprachliche Ausprägungen, die zwar der Standardsprache angehören, aber in der Verbreitung begrenzt sind, entweder nach Staatsgrenzen (Österreich, Schweiz, Deutschland) oder nach meist größeren Sprachregionen (zB Norddeutschland, Ostösterreich, Westösterreich, Bayern, Südtirol).

1.3 Umgangssprache

Die Umgangssprache ist eine Sprachform, die zwar auf dem System der Standardsprache beruht, dieses aber nur ungenau einhält und auch viele Dialektelemente aufnimmt. Sie verfügt über kein festes Normensystem. Daher nähert sie sich einmal stärker dem Dialekt und ist in anderen Kommunikationssituationen wieder mehr vom Standard geprägt. Die Bandbreite ihrer Verwendung ist individuell, nach Regionen oder Sozialschichten höchst unterschiedlich. Die Umgangssprache weist regionale Eigenheiten auf, allerdings in wesentlich großräumigerer Verbreitung als der Dialekt. Sie wird vor allem in der mündlichen Sprache angewandt, schlägt sich aber immer mehr auch schriftlich nieder, vor allem in den Medien.

1.4 Dialekt

Der Dialekt (die Mundart) ist eine Sprachform, die auf der ursprünglichen sprachlichen Entwicklung einer Region beruht, meist kleinräumig verbreitet ist und vor allem mündlich verwendet wird. Der Dialekt hat eine andere Norm als die Standardsprache, daher kann eine Form im Dialekt richtig sein, die im Standard als falsch gilt, zB *der Butter* (Dialekt) gegenüber *die Butter* (Standard). Dialekt wurde früher vor allem von der ländlichen bäuerlichen und handwerklichen Bevölkerung, die in der Regel geringe Mobilität aufweist, gesprochen. Heute gelten diese klaren Abgrenzungen nicht mehr, zumal auch in ländlichen Gegenden nur noch ein kleiner Teil der Bevölkerung ausschließlich in der Landwirtschaft tätig ist bzw. die Bauern und Bäuerinnen auch in ihrem Arbeitsbereich eine höhere Bildung aufweisen als früher. Die Verwendung des Dialekts ist in Österreich sehr unterschiedlich. Auf der einen Seite müssen ursprüngliche Dialekte im Einzugsgebiet großer Städte der Umgangssprache oder Standardsprache weichen, etwa im Umkreis von Wien. In anderen Regionen dagegen wird heute auch von Berufsgruppen mit höherer Bildung, die in ihrer Heimat bleiben, der ursprüngliche Dialekt beibehalten. Die klare Abgrenzung zwischen gebildeten Standardsprecherinnen und -sprechern und manuell arbeitenden Dialektsprecherinnen und -sprechern ist weitgehend aufgehoben bzw. in verschiedenen Regionen unterschiedlich ausgeprägt.

Dialektgeografisch gesehen gehört der größte Teil Österreichs zum bairischen Dialektraum (gemeinsam mit Altbayern und Südtirol), nur Vorarlberg gehört (wie die Schweiz und Südwestdeutschland) zum alemannischen

Dialektraum. Innerhalb dieser Großräume sind die Unterschiede – etwa zwischen dem mittelbairischen Donauraum und dem südbairischen Alpenraum – sehr groß. Besonders in den alpinen Gebieten sind die Dialekte – zum Teil geografisch bedingt – sehr kleinräumig. Wien hat auf Grund seiner besonderen historischen Rolle und soziologischen Entwicklung einen ausgeprägten Stadtdialekt entwickelt, und in den Bundesländern mit sprachlichen Minderheiten ist auch der slowenische, kroatische oder magyarische Einfluss spürbar.

1.5 Das Verhältnis zwischen den Sprachschichten

Das Verhältnis der Sprachschichten zueinander ist sehr komplex und auch regional unterschiedlich. Der größte Teil der österreichischen Bevölkerung kennt einen Dialekt oder eine Umgangssprache, nur ein kleiner Teil, besonders in den Städten, spricht nur Standard, der allerdings regional gefärbt ist. Der manchmal fast übergangslose Wechsel von einer Sprachschicht zur anderen ist für Österreich typisch. Die Abgrenzung zwischen dem Dialekt und dem Standard ist im Westen deutlicher als in dem von Wien dominierten Osten, wo die Tendenz besteht, Umgangssprachliches in bestimmten Sprechsituationen in den Standard zu übernehmen.

Die Verwendung der verschiedenen Sprachschichten hängt auch von der Situation ab. Noch immer ist in hohem Maß Dialekt bzw. Umgangssprache die Sprache des vertrauten privaten Umgangs, Standard die Sprache der Öffentlichkeit, wenn auch mit unterschiedlichsten Schattierungen und Nuancen.

2 Ausdrucksformen von Sprache

Neben den Sprachschichten gibt es eine Reihe weiterer Faktoren, die für die Sprache und somit die Darstellung eine Rolle spielen.

2.1 Fachsprachen und Sondersprachen

Fachsprachen sind Sprachformen, die auf ein bestimmtes Fachgebiet beschränkt sind und der eindeutigen Benennung in einem wissenschaftlichen und technischen Bereich dienen. Daher müssen sie – im Gegensatz zu möglicher Mehrdeutigkeit bei gemeinsprachlichen Wörtern – eindeutig sein. Manche Fachsprachen sind sehr umfangreich und werden in Spezialwörterbüchern dargestellt. In allgemeinen Wörterbüchern werden vor allem jene Fachbereiche verzeichnet, die für eine breite Schicht der Bevölkerung von Bedeutung sind, zB Rechtswesen, Schulwesen, Informatik, Sport sowie die in den Schulfächern vorkommenden Fachsprachen.

Unter Sondersprachen sind die speziellen Ausdrucksformen einer bestimmten gesellschaftlichen Gruppe, zB eines Vereins, eines Betriebs, ganz allgemein von Menschen ähnlicher Interessen, zu rechnen. Auch der Jargon einer bestimmten politisch-ideologischen Gruppe oder historisch gewachsene Formen wie die Gaunersprache gehören dazu. Durch die Verwendung sondersprachlicher Formen bekennen sich Menschen einer Gruppe oder Ideologie zugehörig, sondersprachliche Formen können aber auch zur Geheimhaltung und Absonderung dienen.

2.2 Altersschichten

Neuprägungen sind Wörter oder Wendungen, deren Entstehung in den Medien oder in gesellschaftlichen Gruppen noch nachvollziehbar ist und die oft noch nicht von allen Menschen verstanden werden, zB *Blaulichtsteuer, chatten, Briefing.*

Als **veraltend** werden Wörter bezeichnet, die noch allgemein bekannt sind, aber nur noch von einer älteren Generation aktiv gebraucht werden.

Als **veraltet** gelten Wörter, die nicht im Gebrauch sind, aber wegen ihres Vorkommens in wichtigen älteren Texten und in der Literatur erklärt werden müssen, zB *Beinkleid, von dannen, darob, honett.*

Daneben gibt es den so genannten *historischen* Wortschatz, der eine Sache bezeichnet, die nicht mehr in Gebrauch ist, etwa Bezeichnungen einer Ritterrüstung oder eines **früher** verwendeten Werkzeugs, zB *Leibeigener, Mundschenk.*

2.3 Wertungen durch Sprache: Stilschichten

Gehoben sind Wörter, die nur in einem feierlichen Zusammenhang gebraucht werden, bei anderen Anlässen als unangebracht hochgestochen empfunden werden, zB *Aar, sich erkühnen, immerdar*. Veraltete Wörter werden ebenfalls oft als gehoben empfunden. Den Gegensatz bilden als **derb** gekennzeichnete Wörter. Darunter ist eine Ausdrucksweise zu verstehen, bei der sich die Sprecher/innen durch ihre Wortwahl bewusst von Normen des gesellschaftlichen Zusammenlebens absetzen und oft verletzen wollen, zB *kotzen, Rotz, Arschloch*. Derbe, als obszön empfundene u. ä. Wörter müssen in Wörterbüchern ebenfalls verzeichnet werden. Die entsprechende Kennzeichnung informiert über stilistischen Zusammenhang und stellt somit die Verwendung in die Verantwortung der Sprachbenützer/innen. Das gilt im Besonderen auch für den Sexualwortschatz: Hier ist die Hinführung zu sachlicher Ausdrucksweise durch Worterklärung und Stilangabe Ziel des Wörterbuchs.

Als **beschönigend** bezeichnet man Ausdrücke, die etwas Negatives nicht in voller Schärfe nennen sollen. Dazu gehören gehobene Wörter für den Sinnbereich Tod, zB *der Verblichene, heimgehen*, Wörter für Arbeitslosigkeit, Krieg oder den sexuellen Bereich und Körperfunktionen.

Als **aufwertend** bezeichnet man Wörter, mit denen man einen Sachverhalt besser darstellt, als er ist. Mit **abwertend** ist ein negatives Werturteil mit dem Wort selbst verbunden, zB *Spelunke, Firlefanz, Lobhudelei*.

Weitere häufig verwendete stilistische Angaben, die sich aus der Bezeichnung selbst verstehen, sind **ironisch** (es wird eine Aussage nicht ernst genommen oder das Gegenteil des Gemeinten genannt), **salopp** (die Aussage wird in einer wenig kontrollierten und emotionalen Weise gemacht, zB *flunkern, Kautschukparagraf, Schnapsidee, verteufelt*) oder **scherzhaft**, zB *Blitzgneißer, Einkehrschwung, Beamtenburg, benamsen*.

2.4 Gesellschaftlich-politische Relevanz von Wörtern und Formen

Wörter können auch in besonderen politischen oder gesellschaftlichen Zusammenhängen eine spezielle Bedeutung erlangen, die aus dem Wort selbst noch nicht ablesbar wäre, etwa bei Ausdrücken im Zusammenhang mit Nationalsozialismus, Rassendiskriminierung, bei deren Verwendung man heute gegen politische Korrektheit verstößt (zB *Endlösung, Neger*). Hier ist aber klar zu unterscheiden, ob ein Wort zB in einer anderen Altersschicht völlig wertfrei verwendet wird oder in der Geschichtswissenschaft vielleicht zum Terminus geworden ist (zB *Reichskristallnacht*). Ein Wörterbuch kann auf die Problematik bei der Verwendung eines Wortes zwar hinweisen, nicht aber die Sprachbenützer/innen von der Verantwortung der Verwendung von Wörtern entbinden.

In allen diesen stilistischen Zuordnungen kann man sich nicht auf klare linguistische und lexikografische Kriterien berufen, die Aussagen sind vielmehr zu einem gewissen Grad subjektiv und zeitabhängig.

3 Standardsprache in Österreich

3.1 Die Rolle der Standardsprache in Österreich

Das österreichische Standarddeutsch ist eine Varietät im Rahmen des Deutschen. Sie fügt sich in dieses Gesamtsystem in Wortschatz, Aussprache und Grammatik ein, hat aber in vielen Bereichen eigene Ausprägungen entwickelt. Die Standardsprache erfüllt auch in Österreich die oben genannten Aufgaben einer genormten Standardsprache.

Das österreichische Standarddeutsch ist das Ergebnis verschiedener sprachgeografischer und historischer Ursachen.

3.2 Die Wurzeln des österreichischen Deutsch

Österreich gehört zum süddeutschen Sprachraum, der seit der Reformation und durch die habsburgische Verwaltungssprache vielfach andere Wege beschritten hat als Mittel- und Norddeutschland (zB *Samstag/Sonnabend*). Österreich gehört innerhalb des süddeutschen Sprachraums außerdem zum bairischen Dialektraum, aus dem viele Merkmale in die Standardsprache gelangt sind (zB *Fasching, Maut, Rauchfang, selchen*); für das alemannische Vorarlberg gilt Entsprechendes für die Ausprägungen dieses Bundeslandes (zB *Fergger, Nüsslesalat*).

Schließlich haben sich Merkmale innerhalb des österreichischen Staatsgebietes herausgebildet, vor allem im Gebiet der österreichisch-ungarischen Monarchie im 19. Jahrhundert. Der Sprachgebrauch der staatlichen Behörden hat sich auf die Sprache in hohem Maß ausgewirkt, da Elemente der Verwaltungssprache an vielen Stellen in die Gemeinsprache eingegangen sind (zB *Drucksache, Erlagschein, Obsorge, Verlassenschaft*). Auch heute wirkt sich der Einfluss der gesamtstaatlichen Verwaltung in dieser Weise aus, so in den Bezeichnungen aus dem Schulwesen (zB *Unterrichtspraktikantin, Schuleingangsphase*) oder dem Verkehrswesen (zB *Vorrang, Autobahnknoten*), die über das ganze Bundesgebiet verbreitet sind.

3.3 Regionale Verhältnisse innerhalb Österreichs

Zum österreichischen Deutsch gehören auch Standardwörter, die auf einzelne Bundesländer oder kleinere Gebiete beschränkt sind. Innerhalb Österreichs gibt es einige mehr oder weniger deutlich abgegrenzte Regionen, die sich im Allgemeinen nicht mit Bundesländergrenzen decken: Ostösterreich (Niederösterreich, Burgenland, Oststeiermark und als Mittelpunkt Wien), der Südosten (mit Kärnten und Teilen der Steiermark), eine mittlere Zone (Oberösterreich, Salzburg und weiter südlich Teile der Steiermark und Kärntens), Westösterreich (mit Tirol und Vorarlberg).

Beispiele für standardsprachliche und umgangssprachliche Wörter aus verschiedenen österreichischen Bundesländern:

Kärnten: *Frigga, tschentschen, Reindling*

Kärnten und Tirol: *Tschurtschen, Türken, Widum*

Wien und Ostösterreich: *Bartwisch, Pallawatsch, Paradeiser, Greißler, Strotter, Bassena, Bim, Brimsen, Coloniakübel*

Steiermark: *Klapotetz, Tommerl, Verhackert, Röhrlsalat*

Salzburg, Oberösterreich: *Flesserl, Schranne, Dult*

Westösterreich: *Hauser, Häuserin, Fasnacht, aufhausen, Zugehfrau*

Vorarlberg: *Alp, Fasnat, Gob, Maisäß, Rüfe, Täfer*

3.4 Das Verhältnis zu den Nachbarregionen

Die Geschichte Österreichs hat durch viele Fremdworteinflüsse in der Sprache ihre Spuren hinterlassen, so aus dem Italienischen *(Fisole, Melanzani, Biskotte, Krida),* aus dem Ungarischen *(Schinakel, Fogosch,* über ungarische Vermittlung auch das rumänische *Palatschinke)* oder Tschechischen *(Buchtel, Powidl, Kolatsche, petschiert).* Die lateinische Verwaltungssprache, die in Österreich länger gültig war als in Deutschland, zeigt sich in Wörtern wie *Aviso, Ferial(praktikant), Remuneration, Evidenz.*

Über die Medien und die Verwaltung strahlt Wien über ganz Österreich aus, was sich im Vordringen mancher Wiener Ausdrücke bis in den Westen zeigt, zB im Vordringen von *Fleischhauer* ins westösterreichische Gebiet, wo das Wort *Metzger* ursprünglich beheimatet ist. Kleinräumige Merkmale sind vor allem in der Küchensprache vertreten. Da kulinarische Spezialitäten häufig über die Landesgrenzen verbreitet werden, tritt ein reger sprachlicher Austausch und Wandel ein.

Auch mit den Nachbarregionen in Bayern und der Schweiz gibt es unterschiedliche Beziehungen. Einerseits bedingt das gemeinsame Dialektgebiet viele Gemeinsamkeiten, andererseits lassen sich in anderen Merkmalen die Staatsgrenzen deutlich erkennen. So kennt das gesamte bairische Dialektgebiet das Verb *picken* (kleben), die Ableitung *Pickerl* (Vignette, Aufkleber) ist aber spezifisch österreichisch, wie auch das verdumpfte „a" in Bayern deutlich anders gesprochen wird als das verdumpfte „a" in Österreich. Die schweizerische Verkleinerungssilbe „-li" tritt in Vorarlberg meist als „-le" auf (zB *Flädlisuppe/Flädlesuppe*).

Zum Schweizer Standarddeutsch gibt es (abgesehen von Vorarlberg und abgesehen von gesamtoberdeutschen Merkmalen) verhältnismäßig wenige Beziehungen, wohl aber steht Österreich ständig in regem Kontakt zum Standarddeutsch in Deutschland, das vor allem durch das Nord- und Mitteldeutsche repräsentiert wird. Durch die Wirkung der Medien, den Tourismus und die engen Wirtschaftsbeziehungen unterliegt Österreich stark den Einflüssen aus Deutschland.

Die Wanderungen von Austriazismen nach Deutschland sind im Vergleich gering, aber es gibt sie durchaus (zB *halt, eh, Maut, Strudel und viele Speisenbezeichnungen*). Die Grenzen zwischen dem österreichischen und dem (nord)deutschen Deutsch sind im Einzelfall schwer zu ziehen, zumal Deutschland selbst sprachlich sehr heterogen ist.

Österreichisches Deutsch unterliegt selbst einem starken Wandel. Viele typische Austriazismen sind im Veralten begriffen oder halten sich nur noch in Ostösterreich. Auf der anderen Seite aber regeneriert sich das österreichische Deutsch durch Übernahmen aus dem Dialekt, die oft – besonders aus Wien – über die Mediensprache Eingang in den überregionalen Standard finden (zB *Haberer, Verhaberung, Häfen, Häfenurlaub, verbandelt, vernadern, Naderer, packeln, Packelei, Körberlgeld*).

In den in Deutschland erscheinenden Wörterbüchern gilt das „deutsche" Deutsch als nicht gekennzeichneter Normalfall, die österreichischen und schweizerischen Ausprägungen werden je nach Umfang mehr oder weniger ausführlich dargestellt und als solche gekennzeichnet. Das „Österreichische Wörterbuch" (ÖWB) verzeichnet einen Querschnitt durch den gesamten deutschen Wortschatz; die Benützer/innen, besonders auch Schüler/innen, müssen ja über alle Spracherscheinungen informiert werden.

Das ÖWB ist aber auch ein spezifisch österreichisches Wörterbuch, das auf die nationalen Ausprägungen ausführlich eingeht. Allerdings sind die österreichischen Wörter, Formen oder Bedeutungen in diesem Fall der ungekennzeichnete Normalfall, während Abweichungen in Deutschland und der Schweiz bzw. in Bayern, Süddeutschland oder Norddeutschland gekennzeichnet sind.

4 Merkmale des österreichischen Deutsch

Einige kurze Hinweise sollen die Vielfalt der österreichischen Ausprägung, die Österreicherinnen und Österreichern selbst naturgemäß nicht immer bewusst sind, verdeutlichen. Sie zeigen zugleich auch die Aufgaben, die ein Wörterbuch in diesem Bereich hat.

4.1 Wortschatz und Wortbedeutung

Am auffälligsten ist das Österreichische durch seinen spezifischen Wortschatz: *Jänner* (Januar), *Topfen* (Quark), *Exekution* (Pfändung), *Parte* (Todesanzeige), *Pickerl* (Aufkleber), *Palatschinke* (Omelett, Pfannkuchen), *Marille* (Aprikose), *Haubenrestaurant.*

Eine große Zahl von Wörtern kommt im gesamten deutschsprachigen Gebiet vor, hat aber in Österreich eine andere oder eine zusätzliche Bedeutung: *Pfusch* (schlechte Arbeit, in Österreich auch Schwarzarbeit), *Fuß* (Körperteil von der Ferse zu den Zehen, in Österreich von der Hüfte bis zu den Zehen), *Schnalle* (Verschluss an Gürteln oder Schuhen, in Österreich auch für Klinke).

4.2 Wortbildung

In vielen Fällen werden zwar dieselben gemeindeutschen Wortbestandteile wie in gemeindeutschen Wörtern verwendet, aber in anderer Bildungsweise. Besonders auffällig ist dabei das Fugen-s: *Zugsverkehr* (Zugverkehr), *Gelenksentzündung* (Gelenkentzündung), *überfallsartig* (überfallartig); außerdem: *Toilettepapier* (Toilettenpapier), *röntgenisieren* (röntgen), *Verbauung* (Bebauung). Manche Bildungen richten sich nach anderen fremdsprachlichen Mustern, zB *Molo* (Mole), *Kassa* (Kasse), *Aviso* (Avis), *Austro-* (österreichisch, zB *Austropop*). Die Neigung zu Umlauten sieht man zB in *-hältig* (-haltig), *färbig* (farbig). Ein wichtiges Merkmal ist die Verkleinerungssilbe -erl: *Tischerl* (Tischchen); in manchen Wörtern ist die Silbe zu einer Wortbildungssilbe ohne verkleinernde Bedeutung geworden, zB *Pickerl, Zuckerl* (Bonbon), *Stockerl.*

4.3 Phraseologie

Beispiele für österreichische Redewendungen, die eine breite Palette von Stilmerkmalen zum Ausdruck bringen: *etwas ist jemand(em) powidl* (etwas ist jemandem gleichgültig), *seinen Sanktus zu etwas geben* (seine Zustimmung geben), *ein Schäuferl nachlegen* (einen Konflikt anheizen), *Schmäh führen* (Sprüche klopfen, Witze machen), *anno/im Jahre Schnee* (vor langer Zeit), *unter der Tuchent* (im Verborgenen), *jemand(en) auf die Schaufel nehmen* (hänseln, in Deutschland: auf die Schippe nehmen), *keinen Tau von etwas haben* (keine Ahnung haben). Spezifisch österreichische Funktionsverbgefüge sind zB *zur Besetzung gelangen, in Verwendung nehmen/stehen, eine Aktion setzen, in Krankenstand gehen/sein.*

Unterschiede zu Deutschland liegen auch in der Pragmatik, der Sprachverwendung in bestimmten Situationen, wie im Umgang mit Grußformen und Titeln, zB wird der akademische Grad *Magister/Magistra* in Österreich auch als Anrede und Bestandteil des Namens geführt.

4.4 Aussprache

Ein allgemeines Merkmal nicht nur des Österreichischen, sondern auch des Süddeutschen ist das Fehlen von stimmhafter Aussprache bei weichen Konsonanten. Statt des Gegensatzes stimmhafte Lenis (weicher Laut) und stimmlose Fortis (scharfer Laut), wie es in der deutschen Aussprachenorm vorgesehen ist, also d/t, b/p, g/k, werden in Österreich (und Süddeutschland) alle Laute stimmlos gesprochen; der Unterschied zwischen *baden* und *baten* liegt in der Druckstärke. Das gilt nicht für geschulte Sprecher/innen und Schauspieler/innen.

Ein weiteres generelles Aussprachemerkmal ist das Fehlen des harten Stimmeinsatzes bei Wörtern, die mit einem Vokal beginnen, was einen weicheren Klang der Sprache vermittelt. Statt des Schwa-Lautes (Murmellautes) wird in Österreich ein schwach betonter Vokal gesprochen. Die Nebensilbe (zweite Silbe) in *geh<u>en</u>* lautet daher (nord)deutsch [ən], in Österreich [en], also der volle Vokal e, allerdings mit sehr schwacher Betonung. Das bewirkt einen stärkeren Wechsel zwischen betonten und unbetonten Silben, der für den Klang der Sprache in Österreich charakteristisch ist.

Entgegen der (nord)deutschen Aussprachenorm werden Wörter wie *Schwert, Erde, Art, Geburt* mit kurzem Vokal gesprochen, dagegen Wörter wie *Vorteil, rächen* mit langem Vokal. Französische Fremdwörter werden im Österreichischen meist ohne „e“ zwischen den Silben oder am Wortende gesprochen: *Abonnement, Boulevard, Bronze, Brosche, Chance.* Das Wort *Chef* wird in Österreich [ʃeːf] (mit langem geschlossenem e), in Deutschland und der Schweiz [ʃɛf] (mit kurzem offenem e) gesprochen. Eine der Schreibung entsprechende eingedeutschte Aussprache finden wir in *Pension, Beton, Email.* Anlautendes „Ch-“ in *China, Chirurg* usw. wird wie [k] gesprochen, in Deutschland meist wie [ç].

4.5 Betonung

Charakteristisch für das österreichische Deutsch ist die Betonung auf der ersten Silbe in Wörtern wie *Calvin, Kolleg, Leguan, Vatikan, die Oblate* sowie in Zusammensetzungen mit „Anti-“ *(Antialkoholiker)*, „Makro-“ *(Makrokosmos)*, „un-“ *(unbegreiflich).*

Dagegen werden Wörter wie *Kaffee, Telefon, Platin, Sakko, Tabak* auf der letzten Silbe betont. Typisch ist auch die Betonung von *Mathematik* nach dem Muster von *Grammatik.*

4.6 Grammatik

Das österreichische Deutsch richtet sich nach dem grammatischen System der deutschen Standardsprache, es weicht aber in einigen Punkten davon ab. In der Formenbildung ist die Neigung zu umgelauteten Pluralformen charakteristisch: *die Kästen, die Pölster*, eine besondere Pluralbildung weist auch *Risiko* auf: *die Risken.* Ein anderes Genus haben zB *die Abwasch* (als Möbelstück, gegenüber in Deutschland *der Abwasch*: das abzuwaschende Geschirr, das Abwaschen), *das Brezel, das Cola.*

Präpositionen werden in vielen Fällen anders verwendet als in Deutschland: *am* (auf dem) Land, *über* (auf) Antrag (in der Amtssprache), ein Buch *um* (für) 20 Euro, *bei* (an) der Kassa.

Das Perfekt wird in Österreich bei allen Verben, die eine Körperhaltung ausdrücken, mit *sein* gebildet: *ich bin/war gelegen, gesessen, gestanden, gesteckt, gekniet, geschwebt, gehangen, gehockt, gebaumelt.*

4.7 Orthografie

Durch die Neuregelung der deutschen Rechtschreibung von 1996 gibt es nur geringe orthografische Unterschiede. Im Wörterverzeichnis des Regelwerkes sind als besondere österreichische Schreibungen verzeichnet: *Kücken, Buffet, Kaprize, Koreferat, Maroni, maschinschreiben, Mocca* (neben *Mokka*), *ohneweiters, Szepter, Zieger*, auf Grund der unterschiedlichen Wortverwendung schreibt man in Österreich *früh* in Zeitangaben groß: *heute Früh, morgen Früh.*

Die eigenständige Prägung des österreichischen Deutsch entsteht aus dem Zusammenwirken von Wortschatz, Intonation, Betonung und Aussprache.

Die wichtigsten verwendeten grammatischen Ausdrücke

Verwendete Terminologie	Alternative Ausdrücke	Beispiele
Adjektiv	Eigenschaftswort	*schön, blau, hart*
Adverb	Umstandswort	*daheim, dorthin, morgens, gern, am liebsten*
Akkusativ	4. Fall	Ich schenke meinem Opa *einen Schal.*
Attribut	Beifügung	das *dicke* Buch
Dativ	3. Fall	Ich schenke *meinem Opa* einen Schal.
Deklination	Beugung des Nomens, Adjektivs, Pronomens	*das dicke Buch, des dicken Buches ...*
Flexion	Oberbegriff für Deklination und Konjugation	*den leuchtenden Augen* *ich denke, du denkst, sie denkt ...*
Genitiv	2. Fall	die Schwester *des Mädchens*
Gliedsatz	Nebensatz	Ich melde mich wieder, *wenn ich gesund bin.*
Infinitiv	Nennform	*gehen, holen, tun*
Interjektion	Ausrufwort	*au!, oh!*
Kardinalzahl	Grundzahl	*zwei, vierzehn*
Komparativ	Höherstufe, Mehrstufe, 2. Vergleichsform des Adjektivs (und bestimmter Adverbien)	*besser, größer, glücklicher, härter, mehr*
Konjugation	Abwandlung des Verbs	*ich lese, du liest, sie liest ...*
Konjunktion	Bindewort	*und, weil, wenn, dass*
Konsonant	Mitlaut	*g, d, h, k, s*
Nomen	Substantiv, Hauptwort	das *Haus*, die *Freude*, die *Erfahrung*
Nominalisierung	Gebrauch als Substantiv, Hauptwort	das *Autofahren*, im *Allgemeinen*, der *Nächste*
Nominativ	1. Fall	*Meine Schwester* geht ins Ausland.
Partikel	meist zusammenfassende Bezeichnung für Adverbien, Präpositionen	*auf, entlang, heran, wieder, zurück*
Partizip	Mittelwort	*lesend* (Partizip I), *gelesen* (Partizip II)
Plural	Mehrzahl	*die kleinen Äpfel, wir kommen*
Prädikat	Satzaussage; Satzglied, das vom Verb gebildet wird	Ich *habe* noch nie einen Dachs *gesehen.*
Präposition	Vorwort	*auf, über, gegen, statt*
Pronomen	Fürwort	*wir, dein, manche, wer*
Singular	Einzahl	*der kleine Apfel, sie kommt*
Subjekt	Satzgegenstand; Satzglied im Nominativ	*Die Wissenschaftlerin* gewann einen Preis.
Superlativ	Höchststufe, Meiststufe, 3. Vergleichsform des Adjektivs (und bestimmter Adverbien)	die *beste* Arbeit, der *größte* Erfolg; *am besten, am größten, am härtesten*
Verb	Zeitwort	*arbeiten, gehst, war*
Vokal	Selbstlaut	*a, e, i, o, u, ä, ö, ü (y)*

Deklinationen

1 Deklination der Nomen

1.1 Deklination ohne Umlaut

	Fall	Maskulinum	Neutrum	Femininum
Singular	*Nominativ*	der Löffel	das Messer	die Gabel
	Genitiv	des Löffel**s**	des Messer**s**	der Gabel
	Dativ	dem Löffel	dem Messer	der Gabel
	Akkusativ	den Löffel	das Messer	die Gabel
Plural	*Nominativ*	die Löffel	die Messer	die Gabel**n**
	Genitiv	der Löffel	der Messer	der Gabel**n**
	Dativ	den Löffel**n**	den Messer**n**	den Gabel**n**
	Akkusativ	die Löffel	die Messer	die Gabel**n**

1.2 Mit Umlaut im Plural, mit oder ohne -er

	Fall	Maskulinum	Neutrum	Femininum
Singular	*Nominativ*	der Stuhl	das Haus	die Hand
	Genitiv	des Stuhl**(e)s**	des Haus**es**	der Hand
	Dativ	dem Stuhl	dem Haus	der Hand
	Akkusativ	den Stuhl	das Haus	die Hand
Plural	*Nominativ*	die St**ü**hl**e**	die H**ä**us**er**	die H**ä**nd**e**
	Genitiv	der St**ü**hl**e**	der H**ä**us**er**	der H**ä**nd**e**
	Dativ	den St**ü**hl**en**	den H**ä**us**ern**	den H**ä**nd**en**
	Akkusativ	die St**ü**hl**e**	die H**ä**us**er**	die H**ä**nd**e**

1.3 Fremdwörter

	Fall	Maskulinum	Neutrum	Femininum
Singular	*Nominativ*	der Student	das Auto	die Maschine
	Genitiv	des Student**en**	des Auto**s**	der Maschine
	Dativ	dem Student**en**	dem Auto	der Maschine
	Akkusativ	den Student**en**	das Auto	die Maschine
Plural	*Nominativ*	die Student**en**	die Auto**s**	die Maschine**n**
	Genitiv	der Student**en**	der Auto**s**	der Maschine**n**
	Dativ	den Student**en**	den Auto**s**	den Maschine**n**
	Akkusativ	die Student**en**	die Auto**s**	die Maschine**n**

	Fall	Maskulinum	Neutrum	Femininum
Singular	*Nominativ*	der Pianist	das Thema	die Klinik
	Genitiv	des Pianist**en**	des Thema**s**	der Klinik
	Dativ	dem Pianist**en**	dem Thema	der Klinik
	Akkusativ	den Pianist**en**	das Thema	die Klinik
Plural	*Nominativ*	die Pianist**en**	die The**men**	die Klinik**en**
	Genitiv	der Pianist**en**	der The**men**	der Klinik**en**
	Dativ	den Pianist**en**	den The**men**	den Klinik**en**
	Akkusativ	die Pianist**en**	die The**men**	die Klinik**en**

2 Deklination der Adjektive

2.1 Schwache Deklination

Mit bestimmtem Artikel und vor Pronomen (*dieser, jener;* im Plural nach *beide, alle, sämtliche*):

	Fall	Maskulinum	Neutrum	Femininum
Singular	***Nominativ***	der blaue Anzug	das blaue Hemd	die blaue Bluse
	Genitiv	des blauen Anzug(e)s	des blauen Hemd(e)s	der blauen Bluse
	Dativ	dem blauen Anzug	dem blauen Hemd	der blauen Bluse
	Akkusativ	den blauen Anzug	das blaue Hemd	die blaue Bluse
Plural	***Nominativ***	die blauen Anzüge/Hemden/Blusen		
	Genitiv	der blauen Anzüge/Hemden/Blusen		
	Dativ	den blauen Anzügen/Hemden/Blusen		
	Akkusativ	die blauen Anzüge/Hemden/Blusen		

2.2 Starke Deklination

Ohne Artikel, jedoch im Plural nach *andere, einige, etliche, mehrere, viele, wenige* als Begleiter:

	Fall	Maskulinum	Neutrum	Femininum
Singular	***Nominativ***	grüner Garten	grünes Beet	grüne Wiese
	Genitiv	grünen Gartens	grünen Beet(e)s	grüner Wiese
	Dativ	grünem Garten	grünem Beet	grüner Wiese
	Akkusativ	grünen Garten	grünes Beet	grüne Wiese
Plural	***Nominativ***	grüne Gärten/Beete/Wiesen		
	Genitiv	grüner Gärten/Beete/Wiesen		
	Dativ	grünen Gärten/Beeten/Wiesen		
	Akkusativ	grüne Gärten/Beete/Wiesen		

2.3 Gemischte Deklination

Nach *ein, kein, mein, dein, sein, ihr, unser, euer:*

	Fall	Maskulinum	Neutrum	Femininum
Singular	***Nominativ***	ein blau**er** Anzug	ein blau**es** Hemd	eine blau**e** Bluse
	Genitiv	eines blau**en** Anzug(e)s	eines blau**en** Hemd(e)s	einer blau**en** Bluse
	Dativ	einem blau**en** Anzug	einem blau**en** Hemd	einer blau**en** Bluse
	Akkusativ	einen blau**en** Anzug	ein blau**es** Hemd	eine blau**e** Bluse
Plural	***Nominativ***	keine blau**en** Röcke/Hemden/Blusen		
	Genitiv	keiner blau**en** Röcke/Hemden/Blusen		
	Dativ	keinen blau**en** Röcken/Hemden/Blusen		
	Akkusativ	keine blau**en** Röcke/Hemden/Blusen		

Nach *mancher/manche/manches* schwach, im Plural stark oder schwach:

	Fall	Maskulinum	Neutrum	Femininum
Singular	***Nominativ***	mancher alt**e** Bau	manches alt**e** Haus	manche alt**e** Burg
	Genitiv	manchen alt**en** Bau(e)s	manchen alt**en** Hauses	mancher alt**en** Burg
	Dativ	manchem alt**en** Bau	manchem alt**en** Haus	mancher alt**en** Burg
	Akkusativ	manchen alt**en** Bau	manches alt**e** Haus	manche alt**e** Burg
Plural	***Nominativ***	manche alt**e(n)** Bauten/Häuser/Burgen		
	Genitiv	mancher alt**er**/alt**en** Bauten/Häuser/Burgen		
	Dativ	manchen alt**en** Bauten/Häusern/Burgen		
	Akkusativ	manche alt**e(n)** Bauten/Häuser/Burgen		

Zur starken Deklination nach *manch, solch, viel* (ohne Beugungsendung), beispielsweise *solch alt**er** Bau, viel alt**es** Gemäuer, manch alt**e** Burg,* vgl. S. 877, 2.2.

Konjugation der Verben (Zeitwörter)

1 Zu Gebrauch und Schreibung einiger Formen der Verben

1.1 Die Formen des Präsens

Beispiele für schwache, starke und unregelmäßige Verben:

ich	lebe	fahre	stoße	helfe	bin
du	lebst	fährst	stößt	hilfst	bist
er/sie/es	lebt	fährt	stößt	hilft	ist
wir	leben	fahren	stoßen	helfen	sind
ihr	lebt	fahrt	stoßt	helft	seid
sie	leben	fahren	stoßen	helfen	sind

In der 1. Person Singular fällt das auslautende *-e* auch oft weg (besonders in der gesprochenen Sprache): *ich komme* oder *ich komm.*

1.2 Imperativ

Der Imperativ Singular kann bei vielen Verben sowohl mit der Endung *-e* als auch ohne diese gebildet werden, zB *bind!, binde!* Verben auf *-eln* und *-ern* bilden den Imperativ auf *-e*: *bügle!, änd(e)re!* Ebenso zB *öffne!, rechne!, atme!*

Starke Verben, in deren Präsensstamm ein Wechsel zwischen *e* und *i* bzw. *ie* stattfindet, wie zB *ich helfe – du hilfst, ich esse – du isst, ich lese – du liest*, bilden den Imperativ nur mit dem Stammvokal *i (ie)* und ohne Endung: *hilf!, iss!, lies!*

Im Imperativ ist am Wortende kein Apostroph zu setzen.

Zum Imperativ Plural vgl. S. 881, 1.4.1.

1.3 Konjunktiv

1.3.1 Man unterscheidet der Form nach den Konjunktiv I (zB *ich sei, er komme, sie gehe*) und den Konjunktiv II (zB *ich wäre, er käme, sie ginge*). Der Konjunktiv I tritt vornehmlich in Anweisungen, in verwirklichbaren Wünschen und in indirekter Rede auf: *Man nehme ... – Man lache nicht! – Gehen wir! – Seien Sie so gut ... – Er behauptet, ich sei unaufmerksam und sie komme immer zu spät. – Dein Reich komme.* Hauptanwendungsgebiete des Konjunktivs II sind Bedingungssätze und unverwirklichte Wünsche: *Wenn sie käme, wäre ich froh. – Wenn sie nur käme!*

1.3.2 Die Formen des Konjunktivs I:

ich	sei	(habe)	(werde)	(frage)	(spreche)
du	sei(e)st	habest	werdest	fragest	sprechest
er/sie/es	sei	habe	werde	frage	spreche
wir	seien	(haben)	(werden)	(fragen)	(sprechen)
ihr	seiet	habet	(werdet)	fraget	sprechet
sie	seien	(haben)	(werden)	(fragen)	(sprechen)

Deutlich erkennbare, charakteristische Formen hat der Konjunktiv I im Allgemeinen nur in der 2. und der 3. Person Singular; schon weniger deutlich ist die 2. Person Plural gekennzeichnet. Die oben eingeklammerten Formen sind mit den entsprechenden Formen des Präsens Indikativ gleich lautend. Um in solchen Fällen dennoch den Konjunktiv erkennen zu lassen, kann man zwei Mittel anwenden:

a) Ersatz der nicht oder nur unzureichend als solche erkennbaren Konjunktiv-I-Formen durch die entsprechenden Formen des Konjunktivs II (vgl. unten, 1.3.3), zB:

ich	hätte	würde	fragte	spräche
du	habest	werdest	fragest	sprechest
er/sie/es	habe	werde	frage	spreche
wir	hätten	würden	fragten	sprächen
ihr	hättet	würdet	fragtet	sprächet
sie	hätten	würden	fragten	sprächen

b) Umschreibung des Konjunktivs I durch Verbindung eines Hilfs- oder Modalverbs mit dem Infinitiv des betreffenden Vollverbs, zB *Er behauptet, ich würde zu laut sprechen. – Man soll (möge) nicht lachen.*

1.3.3 Die Formen des Konjunktivs II sind bei schwachen Verben mit den Formen des Präteritums Indikativ gleich lautend, zB: *ich fragte, du fragtest, er fragte, wir fragten, ihr fragtet, sie fragten.*

Bei den starken und bei fast allen unregelmäßigen Verben sind die Formen des Konjunktivs II von den Formen des Präteritums Indikativ abgeleitet und meist deutlich erkennbar, zB:

	Präteritum Indikativ	Konjunktiv II	Präteritum Indikativ	Konjunktiv II	Präteritum Indikativ	Konjunktiv II
ich	hatte	hätte	sprach	spräche	blieb	bliebe
du	hattest	hättest	sprachst	spräch(e)st	bliebst	bliebest
er/sie/es	hatte	hätte	sprach	spräche	blieb	bliebe
wir	hatten	hätten	sprachen	sprächen	blieben	blieben
ihr	hattet	hättet	spracht	sprächet	bliebt	bliebet
sie	hatten	hätten	sprachen	sprächen	blieben	blieben

Die Formen des Konjunktivs II werden oft durch Verbindung von *ich würde, du würdest* ... und dem Infinitiv des betreffenden Vollverbs umschrieben, also zB statt *ich spräche, ich schriebe – ich würde sprechen, ich würde schreiben.* Derartiges gilt insbesondere dann,

a) wenn die Konjunktiv-II-Form, weil mit dem Präteritum Indikativ gleich lautend, nicht hinreichend als solche erkennbar ist (zB statt *ich fragte – ich würde fragen*);

b) wenn die Konjunktiv-II-Form wenig gebräuchlich (veraltet) ist (zB statt *ich wüsche – ich würde waschen*);

c) wenn eine Voraussetzung oder Bedingung als unerfüllbar besonders betont werden soll: Ich *würde* ja gerne kommen, wenn ich nur Zeit hätte.

Anmerkung:

Die oft zitierte Regel, wonach in einem mit *wenn* eingeleiteten Gliedsatz kein *würde* stehen dürfe („Wennsätze sind würde-los"), lässt sich in dieser Form nicht halten bzw. ist meist missverstanden worden. Es kann sich dabei nur um eine Empfehlung handeln,

a) nicht zu einer Umschreibung mit *würde* zu greifen, wenn die betreffende Konjunktiv-II-Form ohnehin allgemein gebräuchlich ist (zB *sie käme* – besser als *sie würde kommen*);

b) die Aufeinanderfolge von zwei *würde* zu vermeiden (zB statt *Wenn ich ihn fragen würde, würde er antworten* – besser: *Wenn ich ihn fragte, würde* ... oder *Würde ich ihn fragen, so würde er antworten*).

1.4 Stammauslaut

1.4.1 Schwache Verben, deren Stamm auf *d* oder *t* endet, wie zB *reden, retten,* bilden die Endungen der 2. und 3. Person Singular und des Plurals im Präsens und Präteritum sowie den Imperativ Plural und das Partizip Perfekt mit *-e-*: *du redest, sie rettet.* Gleiches gilt für Verben, deren Stamm auf *m* oder *n* nach einem anderen Konsonanten (außer *l, r*) endet, wie zB *widmen, rechnen, öffnen, ordnen: ihr widmet, rechnet!, sie öffneten, geordnet.*

1.4.2 Verben, deren Stamm auf unbetontes *el* endet, wie zB *wechseln, zweifeln,* lassen in einigen Formen das *e* dieser Buchstaben- bzw. Lautfolge ausfallen: *ich wechsle* (daneben umgangssprachlich auch: *wechsel*; in Österreich ungebräuchlich ist *wechsele*). Konjunktiv I: *er zweifle;* Imperativ: *zweifle nicht!*

1.4.3 Verben, deren Stamm auf *s, ß, ss, x, z, tz* endet, bilden die 2. Person Singular Indikativ auf bloßes *t* (nicht auf *st*): *du reist, du reißt, du lässt, du hext, du heizt, du sitzt.*

(Vgl. aber auch unten, 1.5.1.)

1.4.4 Verben, deren Stamm auf *sch* endet, bilden die 2. Person Singular Indikativ entweder auf bloßes *t* (also *scht*) oder auf *st* (also *schst*): *du wäscht* oder *du wäschst, du wünscht* oder *du wünschst.* Im Wörterverzeichnis ist bei den betreffenden Stichwörtern (im Simplex) das *s* eingeklammert.

1.5 Formen in gehobener Ausdrucksweise und in der Umgangssprache

1.5.1 In gehobener Ausdrucksweise finden sich mitunter Endungen mit einem zusätzlichen *-e-*:

a) In der 2. Person Plural Präsens und Präteritum Indikativ sowie im Imperativ: *ihr habet, ihr gehet, ihr kommet, ihr ginget, ihr kamet, esset!, trinket!*

b) Bei Verben, deren Stamm auf einen Zischlaut endet, in der 2. Person Singular Präsens Indikativ: *du sitzest, du lässest, du löschest.*
(Solche Formen sind in der Stammformentabelle nicht eigens angeführt.)

1.5.2 In umgangssprachlichem oder dichterischem Gebrauch kann die Endung *-e* der 1. Person Singular im Präsens Indikativ wegfallen: *ich hör, ich nehm, ich sprech, ich hab.* Es ist nicht erforderlich, an die Stelle des ausgefallenen *e* einen Apostroph zu setzen. (Vgl. auch S. 921 f., 9.)

2 Die Stammformen der starken und der unregelmäßigen Verben

Zu den drei Stammformen – 1. Stammform: Infinitiv oder 1. Person Singular Präsens, 2. Stammform: Präteritum, 3. Stammform: 2. Partizip, zB *binde(n), band, gebunden* – werden im Präsens schwierigere oder abweichend gebildete Formen angegeben. Nach einem Schrägstrich stehen die Konjunktive. Die meisten der Konjunktive II (Konjunktiv Präteritum) sind nur der Vollständigkeit halber angeführt. Der Konjunktiv II vieler Verben kommt nur selten vor und wird im Allgemeinen mit „würde" umschrieben, zB statt *ich backte* oder *ich büke: ich würde backen.* Einige früher starke Verben bilden im Präteritum meist nur noch schwache Formen, zB statt *buk: backte.* Ungebräuchlichere Formen stehen in Klammern. Die mit einem Pfeil (↑) versehenen Wörter werden – in anderer Bedeutung – auch schwach konjugiert.

Infinitiv	Präsens Indikativ; Imperativ / Konjunktiv I	Präteritum Indikativ / Konjunktiv II	2. Partizip
backen	du bäckst, backst, er bäckt, backt; back(e)!, backt! / er backe	backte (buk) / backte (büke)	gebacken
befehlen	ich befehle, du befiehlst, er befiehlt; befiehl!, befehlt! / er befehle	befahl / (befähle, beföhle)	befohlen
beginnen	beginn(e)!	begann / begänne (begönne)	begonnen
beißen	du beißt; beiß(e)!	biss / bisse	gebissen
bergen	ich berge, du birgst, er birgt; birg!, bergt! / er berge	barg / (bärge, bürge)	geborgen
bersten	ich berste, du birst, er birst; birst!, berstet! / er berste	barst / (bärste, börste)	geborsten
bewegen ↑	beweg(e)!	bewog / (bewöge)	bewogen
biegen	bieg(e)!	bog / (böge)	gebogen
bieten	biet(e)!	bot / böte	geboten
binden	bind(e)!	band / bände	gebunden
bitten	bitt(e)!	bat / bäte	gebeten
blasen	du bläst, er bläst; blas(e)!, blast! / er blase	blies / bliese	geblasen
bleiben	bleib(e)!	blieb / bliebe	geblieben
bleichen ↑	bleich(e)!	blich / bliche	geblichen
braten	du brätst, er brät; brat(e)!, bratet! / er brate	briet / briete	gebraten
brechen	ich breche, du brichst, er bricht; brich!, brecht! / er breche	brach / bräche	gebrochen
brennen	brenn(e)!	brannte / brennte	gebrannt
bringen	bring(e)!	brachte / brächte	gebracht
denken	denk(e)!	dachte / dächte	gedacht
dingen	ding(e)!	dingte (dang) / dingte (dänge, dünge)	gedungen (gedingt)
dreschen	ich dresche, du drisch(s)t, er drischt; drisch!, drescht! / er dresche	drosch / (drösche)	gedroschen
dringen	dring(e)!	drang / dränge	gedrungen
dünken	mich (mir) dünkt (deucht)	dünkte (deuchte) / dünkte (deuchte)	gedünkt (gedeucht)
dürfen	ich darf, du darfst, er darf, wir dürfen / er dürfe	durfte / dürfte	gedurft (bzw. Infinitiv: dürfen)

Infinitiv	Präsens Indikativ; Imperativ / Konjunktiv I	Präteritum Indikativ / Konjunktiv II	2. Partizip
empfehlen	ich empfehle, du empfiehlst, er empfiehlt; empfiehl!, empfehlt! / er empfehle	empfahl / (empfähle, empföhle)	empfohlen
erkiesen	du erkiest	erkor / erköre	erkoren
erklimmen	erklimm(e)!	erklomm / (erklömme)	erklommen
erlöschen	ich erlösche, du erlisch(s)t, er erlischt; erlisch!, erlöscht! / er erlösche	erlosch / erlösche	erloschen
erschrecken ↑	ich erschrecke, du erschrickst, er erschrickt; erschrick!, erschreckt! / er erschrecke	erschrak / erschräke	erschrocken
essen	ich esse, du isst, er isst; iss!, esst! / er esse	aß / äße	gegessen
fahren	du fährst, er fährt; fahr(e)!, fahrt! / er fahre	fuhr / führe	gefahren
fallen	du fällst, er fällt; fall(e)!, fallt! / er falle	fiel / fiele	gefallen
fangen	du fängst, er fängt; fang(e)!, fangt! / er fange	fing / finge	gefangen
fechten	ich fechte, du fichtst, er ficht; ficht!, fechtet! / er fechte	focht / (föchte)	gefochten
finden	find(e)!	fand / fände	gefunden
flechten	ich flechte, du flichtst (flechtest), er flicht (flechtet); flicht!, flechtet! / er flechte	flocht / (flöchte)	geflochten
fliegen	flieg(e)!	flog / (flöge)	geflogen
fliehen	flieh(e)!	floh / (flöhe)	geflohen
fließen	du fließt; fließ(e)!	floss / (flösse)	geflossen
fressen	ich fresse, du frisst, er frisst; friss!, fresst! / er fresse	fraß / fräße	gefressen
frieren	frier(e)!	fror / (fröre)	gefroren
gären ↑	gär(e)!	gor / (göre)	gegoren
gebären	ich gebäre, du gebärst (gebierst), sie gebärt (gebiert); gebär(e)!	gebar / gebäre	geboren
geben	ich gebe, du gibst, er gibt; gib!, gebt! / er gebe	gab / gäbe	gegeben
gedeihen	gedeih(e)!	gedieh / gediehe	gediehen
geh(e)n	geh(e)!	ging / ginge	gegangen
gelingen	geling(e)!	gelang / gelänge	gelungen

Infinitiv	Präsens Indikativ; Imperativ / Konjunktiv I	Präteritum Indikativ / Konjunktiv II	2. Partizip
gelten	ich gelte, du giltst, er gilt; gilt!, geltet!/ er gelte	galt / gälte (gölte)	gegolten
genesen	du genest; genese!	genas / (genäse)	genesen
genießen	du genießt; genieß(e)!	genoss / (genösse)	genossen
geschehen	es geschieht / es geschehe	geschah / geschähe	geschehen
gewinnen	gewinn(e)!	gewann / gewänne (gewönne)	gewonnen
gießen	du gießt; gieß(e)!	goss / (gösse)	gegossen
gleichen	gleich(e)!	glich / gliche	geglichen
gleiten	gleit(e)!	glitt / glitte	geglitten
glimmen	glimm(e)!	glomm, glimmte / (glömme, glimmte)	geglommen (geglimmt)
graben	du gräbst, er gräbt; grab(e)!, grabt! / er grabe	grub / grübe	gegraben
greifen	greif(e)!	griff / griffe	gegriffen
haben	ich habe, du hast, er hat; hab(e)!, habt! / er habe	hatte / hätte	gehabt
halten	du hältst, er hält; halt(e)!, haltet! / er halte	hielt / hielte	gehalten
hängen ↑	häng(e)!	hing / hinge	gehangen (gehängt)
hauen	hau(e)!	haute, hieb / haute (hiebe)	gehaut (gehauen)
heben	heb(e)!	hob / höbe	gehoben
heißen	du heißt; heiß(e)!	hieß / hieße	geheißen
helfen	ich helfe, du hilfst, er hilft; hilf!, helft! / er helfe	half / (hülfe, hälfe)	geholfen
kennen	kenn(e)!	kannte / kennte	gekannt
klingen	kling(e)!	klang / klänge	geklungen
kneifen	kneif(e)!	kniff / kniffe	gekniffen
kommen	komm(e)!	kam / käme	gekommen
können	ich kann, du kannst, er kann / er könne	konnte / könnte	gekonnt (bzw. Infinitiv: können)
kriechen	kriech(e)!	kroch / (kröche)	gekrochen
laden	du lädst (ladest), er lädt (ladet); lad(e)!, ladet! / er lade	lud / (lüde)	geladen
lassen	du lässt, er lässt; lass!, lasst! / er lasse	ließ / ließe	gelassen (bzw. Infinitiv: lassen)

Infinitiv	Präsens Indikativ; Imperativ / Konjunktiv I	Präteritum Indikativ / Konjunktiv II	2. Partizip
laufen	du läufst, er läuft; lauf(e)!, lauft! / er laufe	lief / liefe	gelaufen
leiden	leid(e)!	litt / litte	gelitten
leihen	leih(e)!	lieh / liehe	geliehen
lesen	ich lese, du liest, er liest; lies!, lest! / er lese	las / läse	gelesen
liegen	lieg(e)!	lag / läge	gelegen
lügen	lüg(e)!	log / (löge)	gelogen
mahlen	mahl(e)!	mahlte / mahlte	gemahlen
meiden	meid(e)!	mied / miede	gemieden
melken	ich melke, du melkst (milkst), er melkt (milkt); melk(e)! (milk!), melkt! / er melke	molk, melkte / melkte (mölke)	gemolken (gemelkt)
messen	ich messe, du misst, er misst; miss!, messt! / er messe	maß / mäße	gemessen
misslingen	es misslingt	misslang / misslänge	misslungen
mögen	ich mag, du magst, er mag / er möge	mochte / möchte	gemocht (bzw. Infinitiv: mögen)
müssen	ich muss, du musst, er muss / er müsse	musste / müsste	gemusst (bzw. Infinitiv: müssen)
nehmen	ich nehme, du nimmst, er nimmt; nimm!, nehmt! / er nehme	nahm / nähme	genommen
nennen	nenn(e)!	nannte / nennte	genannt
pfeifen	pfeif(e)!	pfiff / pfiffe	gepfiffen
pflegen †	pfleg(e)!	pflog / (pflöge)	gepflogen
preisen	du preist; preis(e)!	pries / priese	gepriesen
quellen †	ich quelle, du quillst, er quillt; quill!, quellt! / er quelle	quoll / (quölle)	gequollen
raten	rat(e)!	riet / riete	geraten
reiben	reib(e)!	rieb / riebe	gerieben
reißen	du reißt; reiß(e)!	riss / risse	gerissen
reiten	reit(e)!	ritt / ritte	geritten
rennen	renn(e)!	rannte / (rennte)	gerannt
riechen	riech(e)!	roch / (röche)	gerochen

Infinitiv	Präsens Indikativ; Imperativ / Konjunktiv I	Präteritum Indikativ / Konjunktiv II	2. Partizip
ringen	ring(e)!	rang / (ränge)	gerungen
rinnen	rinn(e)!	rann / (ränne, rönne)	geronnen
rufen	ruf(e)!	rief / riefe	gerufen
salzen	du salzt; salz(e)!	salzte / salzte	gesalzen
saufen	du säufst, er säuft; sauf(e)!, sauft! / er saufe	soff / (söffe)	gesoffen
saugen ↑	saug(e)!	sog, saugte / saugte (söge)	gesogen (gesaugt)
schaffen ↑	schaff(e)!	schuf / schüfe	geschaffen
schallen	schall(e)!	schallte (scholl) / schallte (schölle)	geschallt
scheiden	scheid(e)!	schied / schiede	geschieden
scheinen	schein(e)!	schien / schiene	geschienen
scheißen	du scheißt; scheiß(e)!	schiss / (schisse)	geschissen
schelten	ich schelte, du schiltst, er schilt; schilt!, scheltet! / er schelte	schalt / (schölte)	gescholten
scheren ↑	scher(e)!	schor / (schöre)	geschoren
schieben	schieb(e)!	schob / (schöbe)	geschoben
schießen	du schießt; schieß(e)!	schoss / (schösse)	geschossen
schinden	schind(e)!	schindete (schund) / schindete (schünde)	geschunden
schlafen	du schläfst, er schläft; schlaf(e)!, schlaft! / er schlafe	schlief / schliefe	geschlafen
schlagen	du schlägst, er schlägt; schlag(e)!, schlagt! / er schlage	schlug / schlüge	geschlagen
schleichen	schleich(e)!	schlich / schliche	geschlichen
schleifen ↑	schleif(e)!	schliff / schliffe	geschliffen
schleißen ↑	du schleißt; schleiß(e)!	schliss / schlisse	geschlissen
schließen	du schließt; schließ(e)!	schloss / (schlösse)	geschlossen
schlingen	schling(e)!	schlang / schlänge	geschlungen
schmalzen	du schmalzt; schmalz(e)!	schmalzte / schmalzte	geschmalzen (geschmalzt)
schmeißen	du schmeißt; schmeiß(e)!	schmiss / schmisse	geschmissen

Infinitiv	Präsens Indikativ; Imperativ / Konjunktiv I	Präteritum Indikativ / Konjunktiv II	2. Partizip
schmelzen↑	ich schmelze, du schmilzt, er schmilzt; schmilz!, schmelzt! / er schmelze	schmolz / (schmölze)	geschmolzen
schnauben	schnaub(e)!	schnaubte (schnob) / schnaubte (schnöbe)	geschnaubt (geschnoben)
schneiden	schneid(e)!	schnitt / schnitte	geschnitten
schrecken↑	ich schrecke, du schreckst (schrickst), er schreckt (schrickt); schreck! (schrick!), schreckt! (schrickt!) / er schrecke	schreckte (in Komposita auch: schrak)	geschreckt (in Komposita auch: [ge]schrocken)
schreiben	schreib(e)!	schrieb / schriebe	geschrieben
schreien	schrei(e)!	schrie / (schrie)	geschrien
schreiten	schreit(e)!	schritt / schritte	geschritten
schweigen	schweig(e)!	schwieg / schwiege	geschwiegen
schwellen↑	ich schwelle, du schwillst, er schwillt; schwill!, schwellt! / er schwelle	schwoll / (schwölle)	geschwollen
schwimmen	schwimm(e)!	schwamm / (schwämme)	geschwommen
schwinden	schwind(e)!	schwand / schwände	geschwunden
schwingen	schwing(e)!	schwang / schwänge	geschwungen
schwören	schwör(e)!	schwor (schwur) / (schwüre, schwöre)	geschworen
sehen	ich sehe, du siehst, er sieht; sieh(e)!, seht! / er sehe	sah / sähe	gesehen
sein	ich bin, du bist, er ist, wir sind, ihr seid, sie sind; sei!, seid! / er sei	war / wäre	gewesen
senden	send(e)!	sandte, sendete / sendete	gesandt (gesendet)
sieden	sied(e)!	sott, siedete / siedete (sötte)	gesotten (gesiedet)
singen	sing(e)!	sang / sänge	gesungen
sinken	sink(e)!	sank / sänke	gesunken
sinnen	sinn(e)!	sann / (sänne, sönne)	gesonnen
sitzen	du sitzt; sitz(e)!	saß / säße	gesessen
sollen	ich soll / er solle	sollte / sollte	gesollt (bzw. Infinitiv: sollen)
spalten	spalt(e)!	spaltete / spaltete	gespalten (gespaltet)
speien	spei(e)!	spie / (spie)	gespien

Infinitiv	Präsens Indikativ; Imperativ / Konjunktiv I	Präteritum Indikativ / Konjunktiv II	2. Partizip
spinnen	spinn(e)!	spann / (spönne, spänne)	gesponnen
spleißen	du spleißt; spleiß(e)!	spliss / splisse	gesplissen
sprechen	ich spreche, du sprichst, er spricht; sprich!, sprecht! / er spreche	sprach / spräche	gesprochen
sprießen	du sprießt; sprieß(e)!	spross / (sprösse)	gesprossen
springen	spring(e)!	sprang / spränge	gesprungen
stechen	ich steche, du stichst, er sticht; stich!, stecht! / er steche	stach / stäche	gestochen
stecken	steck(e)!	steckte (stak) / steckte (stäke)	gesteckt
steh(e)n	steh(e)!	stand / stünde (stände)	gestanden
stehlen	ich stehle, du stiehlst, er stiehlt; stiehl!, stehlt! / er stehle	stahl / (stähle, stöhle)	gestohlen
steigen	steig(e)!	stieg / stiege	gestiegen
sterben	ich sterbe, du stirbst, er stirbt; stirb!, sterbt! / er sterbe	starb / stürbe	gestorben
stieben	stieb(e)!	stob (stiebte) / (stöbe, stiebte)	gestoben (gestiebt)
stinken	stink(e)!	stank / (stänke)	gestunken
stoßen	du stößt, er stößt; stoß(e)!, stoßt! / er stoße	stieß / stieße	gestoßen
streichen	streich(e)!	strich / striche	gestrichen
streiten	streit(e)!	stritt / stritte	gestritten
tragen	du trägst, er trägt; trag(e)!, tragt! / er trage	trug / trüge	getragen
treffen	ich treffe, du triffst, er trifft; triff!, trefft! / er treffe	traf / träfe	getroffen
treiben	treib(e)!	trieb / triebe	getrieben
treten	ich trete, du trittst, er tritt; tritt!, tretet! / er trete	trat / träte	getreten
triefen	trief(e)!	triefte (troff) / triefte (tröffe)	getrieft (getroffen)
trinken	trink(c)!	trank / tränke	getrunken
trügen	trüg(e)!	trog / (tröge)	getrogen
tun	ich tu(e), du tust, er tut, wir tun; tu(e)!, tu(e)t! / er tue	tat / täte	getan
verderben	ich verderbe, du verdirbst, er verdirbt; verdirb!, verderbt! / er verderbe	verdarb / verdürbe	verdorben

Infinitiv	Präsens Indikativ; Imperativ / Konjunktiv I	Präteritum Indikativ / Konjunktiv II	2. Partizip
verdrießen	du verdrießt; verdrieß(e)!	verdross / (verdrösse)	verdrossen
vergessen	ich vergesse, du vergisst, er vergisst; vergiss!, vergesst! / er vergesse	vergaß / vergäße	vergessen
verlieren	verlier(e)!	verlor / verlöre	verloren
verlöschen ↑	ich verlösche, du verlisch(s)t, er verlischt; verlisch!, verlöscht! / er verlösche	verlosch / verlösche	verloschen
wachsen	du wächst, er wächst; wachs(e)!, wachst! / er wachse	wuchs / wüchse	gewachsen
wägen	wäg(e)!	wog / (wöge)	gewogen
waschen	du wäsch(s)t, er wäscht; wasch(e)!, wascht! / er wasche	wusch / (wüsche)	gewaschen
weben	web(e)!	webte (wob) / webte (wöbe)	gewebt (gewoben)
weichen ↑	weich(e)!	wich / wiche	gewichen
weisen	du weist; weis(e)!	wies / wiese	gewiesen
wenden	wend(e)!	wendete (wandte) / wendete	gewendet (gewandt)
werben	ich werbe, du wirbst, er wirbt; wirb!, werbt! / er werbe	warb / (würbe)	geworben
werden	ich werde, du wirst, er wird; werde!, werdet! / er werde	wurde (ward) / würde	(ge)worden
werfen	ich werfe, du wirfst, er wirft; wirf!, werft! / er werfe	warf / würfe	geworfen
wiegen ↑	wieg(e)!	wog / (wöge)	gewogen
winden	wind(e)!	wand / (wände)	gewunden
winken	wink(e)!	winkte / winkte	gewinkt (gewunken)
wissen	ich weiß, du weißt, er weiß, wir wissen, ihr wisst; wisse!, wisset (wisst!) / er wisse	wusste / wüsste	gewusst
wollen	ich will, du willst, er will; wolle!, wollt! / er wolle	wollte / wollte	gewollt (bzw. Infinitiv: wollen)
wringen	wring(e)!	wrang / (wränge)	gewrungen
zeihen	zeih(e)!	zieh / ziehe	geziehen
ziehen	zieh(e)!	zog / zöge	gezogen
zwingen	zwing(e)!	zwang / zwänge	gezwungen

Groß- und Kleinschreibung

Großschreibung gilt für die Wortart Nomen (Substantiv, Hauptwort) und nominal gebrauchte Wörter (Nominalisierungen, Substantivierungen), für das Anredepronomen „Sie", für mehrteilige Eigennamen, für Satzanfänge und das erste Wort in Überschriften. In allen übrigen Fällen wird mit kleinem Anfangsbuchstaben geschrieben.

1 NOMEN

1.1 **Nomen** schreibt man groß.

Das gilt auch für:	*Lineal, Abend, Diät, Wahrheit, Salzburg ...*
a) Nomen aus fremden Sprachen	a) *das Mail, das Crescendo, eine Terra incognita, das Cordon bleu, die Hardware ...*
b) Nomen in Zusammensetzungen mit Bindestrich	b) *Frage-und-Antwort-Spiel, E-Mail, 3-Zimmer-Wohnung, Österreich-weit ...*
c) Das erste Wort einer nominalen Zusammensetzung mit Bindestrich	c) *Ad-hoc-Entscheidung, Pro-Kopf-Verbrauch, das Auf-die-lange-Bank-Schieben ...*

Kennzeichen von Nomen:

- Sie haben ein bestimmtes **Geschlecht:** *der Bauer, die Lösung, das Essen*
- Sie stehen im **Singular** oder im **Plural:** *der Garten – die Gärten*
- Sie stehen in einem **bestimmten Fall:** *das Haus* (Nominativ), *des Hauses* (Genitiv)
- Sie können einen **Artikel** und/oder ein **Attribut** bei sich haben: *Hunde sind verspielt* – denkbar: *die Hunde (viele, junge Hunde) sind verspielt; gute Nachrichten, ziemlich große Äpfel*
- Sie können ein **Pronomen** bei sich haben: *jene Frauen, dieselbe Frau*
- Sie können **nach Präpositionen** stehen, wobei oft noch ein Artikel dazukommt: *auf Zuruf, nach dem Kino, mit Einverständnis, zu Hilfe, im* (= in dem) *Garten*
- Sie haben oft **bestimmte Endungen:** *Lösung, Wahrheit, Heiterkeit, Kenntnis, Trübsal, Wachstum, Eigenschaft, Täter, Ärztin*

1.1.1 **Klein schreibt man** ursprüngliche Nomen, die zu Präpositionen geworden sind:	*dank (seiner Hilfe), kraft (ihres Amtes), statt (des Buches), um (des lieben Friedens) willen, zeit (meines Lebens) ...*

1.1.2 **Klein schreibt man** ursprüngliche Nomen, die zu unbestimmten Pronomen geworden sind:	*ein bisschen davon nehmen, ein paar (Äpfel) ...* Aber groß: *ein Paar Schuhe* (zwei zusammengehörige).

1.2 **Nomen in festen Verbindungen** schreibt man groß.

a) Nomen mit Präpositionen:	a) *auf Abruf, in Bezug auf, in Kürze, zu Handen von; auf Grund* (auch: *aufgrund,* vgl. S. 905, 4.1.2), *auf Seiten* (auch: *aufseiten*), *zu Grunde gehen* (auch: *zugrunde gehen,* vgl. S. 905, 4.1.1) ...
b) Nomen mit Verben:	b) *Angst haben, Auto fahren, Rat suchen, Maß halten, Schuld tragen ...*

1.2.1 **Klein schreibt man** die vorwiegend prädikativ gebrauchten Wörter wie ***angst, bange, feind, freund, bankrott, gram, klasse, pleite, recht, schuld, spitze, unrecht, weh*** in Verbindung mit den Verben ***sein, bleiben, werden,*** weil sie dann Adjektive sind:	*Mir wird angst.* (Vgl.: *Mir wird kalt.*) *Uns ist angst und bange.* *Sie sind bankrott.* *Wir sind ihr gram.* *Dir kann man nicht feind sein.* *Das ist spitze/klasse.* *Das ist mir recht.*
1.2.2 **Klein- und Großschreibung** ist möglich in Verbindungen aus ***Recht/recht/Unrecht/unrecht*** **+ Verben** wie ***behalten, bekommen, geben, haben, tun:***	*Sie wird recht/Recht haben.* *Ich gebe ihm recht/Recht.* *Ich bekam recht/Recht.* *Du tust ihm unrecht/Unrecht.* *Du gibst mir unrecht/Unrecht.*
1.2.3 **Klein schreibt man** Nomen als Verbzusätze (vgl. S. 901, 1.6.1):	*Sie läuft eis (= eislaufen). Es tut mir leid (= leidtun). Ich nehme teil (= teilnehmen) ...*

1.3 **Tageszeiten in Verbindung mit anderen Zeitangaben** schreibt man groß:

	*heute **A**bend, gestern **M**ittag, vorgestern **N**achmittag, morgen [in der] **F**rüh ...* Aber zusammen: *Donnerstagabend,* vgl. S. 904, 3.1.1 a.
1.3.1 **Klein schreibt man** reine Zeitadverbien, die aus Nomen entstanden sind. Man erkennt sie an der Endung ***-s:***	*morgens, mittags, abends* (= jeden oder am Morgen/Abend ...). Ebenso: *donnerstags, angesichts, namens, seitens ...* Aber groß: *des Nachts, eines Abends* (weil Nomen im Genitiv).

1.4 **Zahlnomen** schreibt man groß:

Zu Zahlnomen in unbestimmten Mengenangaben, zB *dutzend/Dutzend* uÄ, vgl. S. 994, 2.3.4.	*zwei **M**illionen, das **P**aar Schuhe, ein **D**utzend; ein **F**ünftel, ein **Z**ehntel des Gewinnes, das erste **V**iertel, um [ein] **V**iertel vor fünf ...*
1.4.1 **Klein schreibt man** Bruchzahlen vor Maßangaben:	*ein zehntel Millimeter, ein viertel Kilogramm, in drei viertel Stunden* (möglich ist auch immer die Zusammenschreibung: *drei Viertelstunden,* vgl. S. 904, 3.2.2) ... Aber groß: *in einer Dreiviertelstunde.*
1.4.2 **Klein schreibt man** Bruchzahlen in Uhrzeitangaben unmittelbar vor Zahlen:	*um viertel fünf, gegen drei viertel acht ...* Aber groß: *um Viertel vor sechs.*

2 NOMINAL GEBRAUCHTE WÖRTER

Nominalisierungen sind Wörter anderer Wortart, die aber wie ein Nomen (Substantiv) gebraucht werden. Man schreibt sie groß.

2.1 **Nominalisierte Infinitive** schreibt man groß:

Kennzeichen von nominalisierten Infinitiven:

- vorangehender Artikel/vorangehendes Pronomen: *Das* ***Z****uhören fällt mir schwer. Sein* ***J****ammern ist unerträglich.*
- Artikel kann eingefügt werden: *Mein Hobby ist* ***F****ernsehen. (... ist das Fernsehen)*
- vorangehendes dekliniertes Adjektiv: *Ich hörte ein starkes* ***H****ämmern.*
- vorangehende Präposition [+ Artikel]: *etwas ist zum* ***W****einen, auf* ***A****nraten der Ärztin*
- Attribut im Genitiv oder Attribut mit *von* folgt: ***Ö****len und* ***R****einigen der Maschine,* ***B****asteln von Laternen*

Weitere Beispiele: *der Augenblick zum* ***H****andeln, beim* ***S****pielen, das* ***A****utofahren, das* ***E****islaufen, mit* ***Z****ittern, zum* ***A****uf-und-davon-****L****aufen ...* (Vgl. auch S. 890, 1.1 c.)

Groß- und Kleinschreibung ist möglich, wenn Infinitive ohne Artikel, Präposition, Pronomen ... stehen. Man kann sie sowohl als nominales Satzglied als auch als Verb auffassen:	*Sie übt Kopfrechnen/kopfrechnen* (= das Kopfrechnen/gut kopfzurechnen). *Er lernt Sprechen/sprechen* (= das Sprechen/zu sprechen). *Es ist bekannt, dass Probieren/probieren über Studieren/studieren geht.*

2.2 **Nominalisierte Adjektive und Partizipien** schreibt man groß:

Kennzeichen von nominalisierten Adjektiven und Partizipien:

- vorangehender Artikel: *Das* ***F****olgende musst du selbst lösen. Die* ***N****euen werden vorgestellt.*
- vorangehendes unbestimmtes Zahlwort/Pronomen: *Er hat viel* ***F****alsches erzählt. Das bedeutet nichts* ***G****utes. Alles* ***G****ute zum Geburtstag! Etwas* ***B****esseres fällt mir nicht ein. Einige* ***A****lte wussten davon.*
- Präposition + Artikel: *Sie arbeitet im (= in dem)* ***D****unklen. Ich bin auf dem* ***L****aufenden.*
- dekliniertes Adjektiv bzw. Attribut, das sich auf das nominalisierte Wort bezieht: *Ihr bestechendes* ***Ä****ußeres beeindruckte mich. Das* ***A****ngenehme ihres Wesens wussten wir zu schätzen.*
- fallbestimmtes Satzglied [+ Artikel]: *Wir haben* ***F****olgendes ausgemacht. Du verstehst* ***W****esentliches nicht. Sie wird dir* ***N****äheres morgen erläutern.*

Klein schreibt man feste Verbindungen aus Präposition und artikellosem, nicht dekliniertem Adjektiv:	*grau in grau, von [nah und] fern, schwarz auf weiß, von klein auf, durch dick und dünn, über kurz oder lang ...*

Groß- und Kleinschreibung ist möglich, wenn das Adjektiv dekliniert ist:	*von* ***N****euem/neuem, von* ***W****eitem/weitem, ohne* ***W****eiteres/weiteres, seit* ***L****ängerem/längerem, binnen* ***K****urzem/kurzem ...*

Klein schreibt man Adjektive und Partizipien, die sich auf ein vorhergehendes oder nachfolgendes Nomen beziehen:	*Der Verkäufer zeigte mir seine Auswahl an Krawatten, die **gestreiften** und **gepunkteten** gefielen mir am besten. – Siehst du die beiden Mädchen? Das **kleinere** ist die Freundin meines Bruders. ...*
2.2.1 **Nominalisierte Superlative** schreibt man groß:	*Ich suche mir immer das **B**este aus. Daran denke ich nicht im **E**ntferntesten* (im = in dem). *Ich war auf das/aufs Schrecklichste gefasst* (Frage: Worauf?). Klein schreibt man aber den normalen Superlativ mit „am": *Die roten Zuckerln schmecken am besten* (Frage: Wie?).
Groß- und Kleinschreibung ist möglich, wenn sich die Fügung ***aufs*** + Superlativ mit ***Wie?*** erfragen lässt:	*Er hat mich auf das/aufs Herzlichste/herzlichste* (Frage: Wie?) *begrüßt.*
2.2.2 **Paarformen**, die auch ohne Präposition üblich sind, schreibt man groß:	*Das Fest begeisterte **G**roß und **K**lein.* *Für **G**roße und **K**leine gab es etwas zu sehen.* *Die Musik gefällt **J**ung und **A**lt.* *Sein Vorschlag war jenseits von **G**ut und **B**öse.*
2.2.3 **Farbbezeichnungen** schreibt man groß:	**Kennzeichen:** • **Präposition + Artikel:** *Du hast ins **S**chwarze getroffen.* • **Frage *Was?, Welche Farbe?*:** *Ich trage niemals **G**rau. Ihr steht **R**ot am besten* (die Farbe Grau/Rot). • **Präposition:** *Wir liefern das Sofa nur in **S**chwarz. Die Ampel schaltet auf **R**ot.* Aber klein als einfaches Farbadjektiv: *Der Himmel ist grau in grau* (Wie?). *Sie ärgern sich grün und blau.*
2.2.4 **Sprachbezeichnungen** schreibt man groß:	*das **D**eutsche, sein **F**ranzösisch, mit **E**nglisch, auf **I**talienisch ...*
Groß- und Kleinschreibung ist möglich, wenn die Sprache mit ***Wie?*** oder ***Was?*** erfragt werden kann:	*Sie spricht Spanisch* (Was?/Welche Sprache?)/ *spanisch* (Wie?). Dagegen: *Wir lernen Englisch* (Was? – die englische Sprache). Aber klein: *Wir lernen englisch* (Wie? – der Unterricht findet auf Englisch statt).

2.3 **Nominalisierte Zahlwörter** schreibt man groß:

a) **Ordnungszahladjektive** und ähnliche **Adjektive**	a) *am **E**rsten des Monats, als **V**ierte ins Ziel laufen, nur **D**ritter werden, jeder **V**ierte, vom **H**undertsten ins **T**ausendste kommen; der **N**ächste bitte; die **E**rsten werden die **L**etzten sein ...*
b) **unbestimmte Zahladjektive**	b) *Die Explosion haben **U**nzählige gesehen. Alles **Ü**brige besprechen wir morgen. Jeder **E**inzelne muss mitmachen. Sie war die **E**inzige, die davon wusste.*

2.3.1 **Die Zahladjektive *viel*** *(mehr, meisten)*, ***wenig***, *der/die/das* ***eine***, *der/die/das* ***andere*** werden in der Regel **kleingeschrieben.**	*Das haben schon viele behauptet. Es kam einer nach dem anderen. Es war nur weniges zu gebrauchen. Alles andere erfährst du morgen.* (Vgl. auch unten, 2.4.1.)
Wenn der nominale Gebrauch betont werden soll, ist auch Großschreibung möglich:	*Die Konstrukteurin erfand etwas völlig anderes/Anderes. Die meisten/Meisten lehnten den Antrag ab.*

2.3.2 **Klein schreibt man** Kardinalzahlen unter einer Million:	*hundert Gäste, um viertel drei, sie wird im Sommer achtzig, an die zwanzig, wir fünf, Abschnitt sieben ...*
2.3.3 **Groß schreibt man** Kardinalzahlen als Nomen nur dann, wenn sie das Zahlzeichen bezeichnen:	*die [Ziffer] **V**ier, die [Zahl] **Z**wölf, die verhängnisvolle **D**reizehn, einen **S**echser/eine **S**echs würfeln ...*
2.3.4 **Groß- und Kleinschreibung** ist möglich, wenn ***hundert, tausend, dutzend*** unbestimmte Mengen angeben:	*mehrere tausend/Tausend Menschen, zigtausende/Zigtausende von Zuschauern, zu aberhunderten/Aberhunderten, in einigen dutzend/Dutzend Farben ...*

2.4 **Nominalisierte Pronomen** schreibt man groß:

*das **I**ch, das **D**u anbieten, ein solcher **N**iemand, das gewisse **E**twas, vor dem **N**ichts stehen ...* (Vgl. auch S. 890, 1.1.2.)

2.4.1 **Klein schreibt man** Pronomen, auch wenn sie als Stellvertreter von Nomen gebraucht werden:	*Dabei hat sich schon mancher geirrt. Sie hat sich mit diesem und jenem verabredet. Sie hatte beides mitgebracht. Wir sollten uns mit (den) beiden unterhalten.*
2.4.2 **Groß- und Kleinschreibung** ist bei Possessivpronomen mit einem Artikel möglich:	*die mein(ig)en/Mein(ig)en, das sein(ig)e/das Sein(ig)e* (= seine Pflicht) *tun ...*

2.5 Andere nominalisierte Wortarten schreibt man groß:

*ein fortwährendes **Hin** und **Her**, ein **Durcheinander**, das **Um** und **Auf**, das **Entweder-oder**, kein **Wenn** und **Aber**, mit **Ach** und **Krach**, den Freund mit **Hallo** empfangen* ... (Vgl. auch S. 890, 1.1.1.)

3 DAS ANREDEPRONOMEN „SIE“

Die **distanzierte Anrede** (Höflichkeitsanrede) ***Sie*** und das dazugehörige Possessivpronomen ***Ihr*** schreibt man immer groß:

*„Was wünschen **S**ie?“, fragte der Verkäufer. „Ich werde **I**hnen einige Muster vorlegen.“*
*Hier ist **I**hr Schirm. Wir werden uns **I**hrer ganz bestimmt erinnern. Ich habe **I**hretwegen lange gewartet. ...* Aber klein das Reflexivpronomen „sich“:
Wie stellen Sie sich das vor?

- **Großschreibung** gilt auch für **veraltete Formen der Anrede:**
  - *Eulenspiegel fragte die Bäuerin: „Gebt **I**hr die Hühner nicht billiger?“*
- **Großschreibung** gilt auch für einige **Pronomen als Teile von Titeln** (zB eines Botschafters, des Rektors einer Universität, eines kirchlichen Würdenträgers):
  - *Ich begrüße **E**ure (**E**uer) Exzellenz/Magnifizenz/Eminenz; die Ansprache **S**einer Exzellenz, des Herrn Botschafters; **S**eine Eminenz, der Herr Kardinal; ein Bild **I**hrer Majestät, der Königin*

Klein schreibt man die vertraulichen Anredepronomen *du* und ***ihr*** mit ihren Beugungsformen und die entsprechenden **Possessivpronomen *dein, euer:***

Diese Arbeit ist dir gut gelungen!
Überzeuge dich nun, ob ihr die Maße eingehalten habt!
Liebe Anna! Ich habe deine Glückwünsche erhalten.

In Briefen kann die vertrauliche Anrede auch großgeschrieben werden:

Lieber Kurt, ich schreibe dir/Dir diesen Brief und schicke dir/Dir eure/Eure Bilder ...

4 EIGENNAMEN UND BESTIMMTE FESTE VERBINDUNGEN

4.1 In **Eigennamen** schreibt man Adjektive, Partizipien, Pronomen und Zahlwörter groß:

Ein Eigenname identifiziert bestimmte einmalige Personen oder Sachen, zB *Kunsthistorisches Museum* (gemeint ist ein ganz bestimmtes Museum mit Sitz in Wien), aber klein: *höhere Schule* (hier wird die Gattung bezeichnet, nicht eine bestimmte Schule [Anstalt] mit eindeutiger Anschrift).

• **Personennamen**	• *Karl der **G**roße, Joseph der **Z**weite (Joseph II.) ...*
• **geografische Eigennamen**	• *die **A**lte Welt* (Europa, Asien, Afrika), ***T**schechische Republik, **L**ange Gasse, **N**iedere Tauern, **R**otes Meer ...*
• **Sternbilder und andere Himmelskörper**	• *der **G**roße Bär* (Sternbild), *der **R**ote Planet* (der Mars), *der **B**laue Planet* (die Erde) ...
• **Fahrzeuge, Bauwerke und Örtlichkeiten**	• *die **B**laue Moschee* (in Istanbul), *der **R**asende Roland* (Eisenbahnzug) ...
• **Orden und Auszeichnungen**	• ***G**roßer **Ö**sterreichischer Staatspreis für Literatur ...*
• **Institutionen, Organisationen, Einrichtungen**	• *Museum für **A**ngewandte Kunst, **Ö**sterreichischer Gewerkschaftsbund, Gasthaus **G**oldener Adler, **O**berösterreichische Nachrichten* (Zeitung) ...
• **historische Ereignisse und Epochen**	• *das **A**ugusteische Zeitalter, die **Z**weite Republik, der **Z**weite Weltkrieg, der **W**estfälische Friede, die **G**oldenen Zwanziger ...*

4.2 Ableitungen von geografischen Namen auf *-er* schreibt man groß:

Kärntner Seen, Mühlviertler Leinen, Salzburger Festspiele, Veitscher Magnesit, Wachauer Obst ...

4.2.1 Klein schreibt man:	
a) Ableitungen von **geografischen Namen auf *-isch***	a) *burgenländisches Obst, holländischer Käse, spanischer Wein*
b) Ableitungen von **Personennamen**	b) *die homerischen Epen, kafkaeske Stimmung, darwinsche* (auch: *Darwin'sche*) *Evolutionstheorie, das ohmsche* (auch: *Ohm'sche*) *Gesetz* ... (Vgl. auch S. 922, 9.2.2.)

4.3 In bestimmten festen Verbindungen schreibt man Adjektive groß, obwohl keine Eigennamen vorliegen:

a) **Titel, Ehrenbezeichnungen, Amts- und Funktionsbezeichnungen**	a) *der **H**eilige Vater* (der Papst), *die **A**mtsführende Präsidentin, Dr. Anna Holzer, **E**rste Staatsanwältin ...*
b) **besondere Kalendertage**	b) *der **H**eilige Abend, der **I**nternationale Frauentag, der **E**rste Mai ...*
c) **fachsprachliche Klassifizierungseinheiten,** bes. der Botanik, Zoologie	c) *der **R**ote Milan, das **F**leißige Lieschen ...*
Großschreibung ist auch in **Fachsprachen** außerhalb der Biologie und für **Verbindungen mit terminologischem Charakter** üblich, wenn das Adjektiv mit dem Nomen zusammen für eine begriffliche Einheit steht:	*Gelbe* (auch: *gelbe*) *Karte, Dringliche* (auch: *dringliche*) *Anfrage, Erste* (auch: *erste*) *Hilfe ...* (Aber: In manchen Fachsprachen wird demgegenüber die Kleinschreibung bevorzugt: *eiserne Lunge, grauer Star, seltene Erden ...*)

4.3.1 **Klein schreibt man** alle anderen Adjektive in solchen Wortgruppen, wenn sie keine Eigennamen sind:	*das autogene Training, das neue Jahr, die schöne Bescherung, der bunte Hund, die künstliche Intelligenz, die österreichischen Bundesregierungen, die steirischen Wälder ...*
4.3.2 In **festen Verbindungen mit einer neuen, übertragenen Gesamtbedeutung** ist die **Kleinschreibung des Adjektivs der Regelfall.** Der Schreibende kann zur Hervorhebung dieses besonderen Gebrauchs das Adjektiv auch großschreiben:	*das schwarze* (auch: *Schwarze*) *Brett* (= Anschlagtafel), *der weiße* (auch: *Weiße*) *Tod* (= Lawinentod) ... Im Wörterverzeichnis ist im Allgemeinen der Normalfall, d. h. die Kleinschreibung, dargestellt.

5 SCHREIBUNG AM SATZANFANG, IN ÜBERSCHRIFTEN UÄ

Das erste Wort eines Satzes, einer direkten Rede, in Überschriften uÄ und nach einem Schlusspunkt schreibt man groß:

*Der Zug hat große Verspätung. **W**ie viel?*
***D**a kommt er schon! **A**chtung!*
Van Gogh wurde am 30. März 1853 geboren.
*Der Schaffner ruft: „**R**asch einsteigen, bitte!“*
*Die Aufführung von Grillparzers Drama „**D**er Traum ein Leben“*
***G**asthof „**Z**ur Alten Post“ ...*

6 SCHREIBUNG NACH EINEM DOPPELPUNKT

Nach einem Doppelpunkt schreibt man groß, wenn man den darauffolgenden Satz als Ganzsatz (Satz mit einer Personalform) empfindet:

Es ist eine alte Erfahrung: Manche Reisende lassen sich zu lange Zeit. Es heißt nicht umsonst: Frisch gewagt ist halb gewonnen.

Groß- oder Kleinschreibung ist möglich, wenn der Doppelpunkt durch einen Gedankenstrich oder Beistrich ersetzt werden könnte:	*Beim Heiraten heißt es: Bis/bis dass der Tod euch scheidet.* (Denkbar: *Beim Heiraten heißt es – bis dass der Tod euch scheidet.*)
Klein schreibt man nach einem Doppelpunkt, wenn eine Aufzählung, eine Erläuterung oder eine Wortgruppe folgt:	*Familienstand: ledig* *Für gesundheitsbewusste Menschen empfiehlt sich folgendes Frühstück: frisch gepresster Fruchtsaft, Joghurt, verschiedenste Müslis, Vollkornbrot und Milch.*

7 SONDERFÄLLE DER KLEINSCHREIBUNG

7.1 Das abgekürzte ***von*** als Teil eines Namens wird auch am Satzanfang kleingeschrieben:

v. Hofmannsthal schrieb 1911 den „Jedermann". Aber groß: *Von Hofmannsthal schrieb ...*

7.2 ***'s*** für ***es*** bzw. ***das*** wird immer **kleingeschrieben**, auch am Satzanfang:

's ist gut! – 's wird schon wieder werden! ...

7.3 **Klein schreibt man auch nach einem Strichpunkt:**

Sie wünscht sich schon immer ein neues Teleobjektiv; die besseren Typen sind allerdings sehr teuer. ...

7.4 **Nach einem Ruf- oder Fragezeichen** wird klein weitergeschrieben, wenn es eine sinnvolle Einheit abschließt und an Stelle eines Beistrichs steht (besonders aus stilistischen Gründen und in älteren Texten):

Hu! heulte der Wind. Bim, bam! läuten die Glocken. Piff, paff! knallten die Korken. ...

8 ABKÜRZUNGEN UND EINZELNE BUCHSTABEN

8.1 **Groß- oder kleingeschrieben** wird ein Buchstabe je nachdem, ob es sich im Zusammenhang (im jeweiligen Wort) um einen Groß- oder um einen Kleinbuchstaben handelt:

das s in „das"; das S in „Saal" ...

8.2 **Klein und mit Bindestrich** schreibt man **Mengenangaben in Verbindung mit Buchstaben:**

x-fach, x-mal, x-beliebig ...

8.3 **Klein schreibt man auch viele Zeichen für Maße und Gewichte:**

dag = Dekagramm, *t* = Tonne, *km* = Kilometer ...

Da sich sonst sehr wenige allgemein gültige Regeln angeben lassen, muss in Zweifelsfällen im Wörterverzeichnis nachgeschlagen werden.

Getrennt- und Zusammenschreibung

Fragen um Getrennt- und Zusammenschreibung sind der schwierigste Bereich der Rechtschreibung. Wenn die Entscheidung über Getrennt- oder Zusammenschreibung nicht eindeutig zu treffen ist, soll in diesen Zweifelsfällen beides gelten.

Im Text als zusammengehörig empfundene Wörter können eine Wortgruppe (zB *mit Bezug auf*) oder eine Zusammensetzung (zB *schlafwandeln*) sein. Oft liegt es im Ermessen der Schreibenden, ob sie etwas als Wortgruppe *(Gewähr leisten)* oder als Zusammensetzung *(gewährleisten)* verstehen wollen.

1 SCHREIBUNG MIT VERBEN

1.1 Untrennbare Zusammensetzungen aus folgenden Bestandteilen schreibt man stets **zusammen:**

a) **Nomen + Verb**	a) *brandmarken (sie brandmarkt, hat gebrandmarkt, ... um zu brandmarken), lobpreisen, maßregeln, nachtwandeln, schlussfolgern ...*
b) **Adjektiv + Verb**	b) *frohlocken (er frohlockt), langweilen, liebäugeln, vollbringen, vollenden, weissagen ...*
c) **Präposition/Adverb + betontes Verb**	c) *durchbrechen (er durchbricht die Regel ≠ er bricht die Mauer durch), hintergehen, übersetzen, umfahren, unterstellen, widersprechen, wiederholen ...*
In manchen Fällen ist nicht eindeutig festzustellen, ob eine Wortgruppe oder eine untrennbare Zusammensetzung vorliegt. In diesen Fällen kann man **getrennt oder zusammenschreiben:**	• *gewährleisten/Gewähr leisten (sie gewährleistet/sie leistet Gewähr), staubsaugen/Staub saugen ...* • *brustschwimmen/Brust schwimmen (er schwimmt Brust), marathonlaufen/Marathon laufen (sie läuft Marathon) ...*

Für **trennbare Zusammensetzungen** gilt:

1.2 Präposition + unbetontes Verb schreibt man **zusammen:**

auf-, aus-, bei-, durch-, ein-, entgegen-, entlang-, gegenüber-, hinter-, mit-, nach-, über-, unter-, vor-, wider-, zu-, zwischen- ...	• *aufstellen: er hat die Skier aufgestellt, ... um sie aufzustellen; sie stellt die Skier auf* • *mitspielen: sie haben nicht mitgespielt, ... anstatt mitzuspielen; sie spielt nicht mit*

1.3 Adverbien + Verb, wenn die **Betonung auf dem Adverb** liegt, schreibt man **zusammen:**

abwärts-, auseinander-, beisammen-, dabei-, davor-, dazu-, dazwischen-, empor-, fort-, heraus-, hin-, hinein-, hinüber-, nebenher-, rückwärts-, voraus-, vorbei-, vorher-, weg-, weiter-, wieder-, zurück-, zusammen- ...	• *sich mit einem Thema auseinandersetzen, zwei tratschende Schülerinnen auseinandersetzen* • *zwei Bücher übereinanderlegen,* aber getrennt: *übereinander reden*

Weitere Probe: Bei Getrenntschreibung können zwischen den Bestandteilen (Adverb + Verb) Satzglieder eingeschoben werden:	*dabei sitzen: er wollte dabei auf seinem Sessel sitzen,* aber zusammen: *sie wollte nicht dabeisitzen (bei den anderen Spielern)*

1.4 Bestimmte **Wortarten + Verb** schreibt man **zusammen:**

a) Bestandteile, die die Merkmale von frei vorkommenden Wörtern verloren haben:	a) *abhanden- (abhandenkommen), anheim-, bevor- (bevorstehen), dar-, einher-, entzwei-, fürlieb-, hintan-, inne-, überein-, überhand-, umhin-, vorlieb- (vorliebnehmen), zurecht- ...*
b) Folgende neun Bestandteile:	b) *fehl- (fehlgehen), feil-, heim-, irre- (irreführen), kund- (kundtun), preis- (preisgeben), wahr- (wahrnehmen), weis- (weismachen), wett- (wettlaufen)*

1.5 **Adjektiv + Verb**

1.5.1 Wenn eine **übertragene** (idiomatisierte) **Gesamtbedeutung** vorliegt, schreibt man **zusammen:** Das betrifft jene Fälle, wo sich die (neue) Gesamtbedeutung nicht aus der wörtlichen Bedeutung der einzelnen Bestandteile erschließen lässt.	*falschliegen* (= sich täuschen), *festnageln* (= festlegen), *glattgehen* (= klappen), *heimlichtun* (= geheimnisvoll tun), *kaltstellen* (= [politisch] ausschalten), *kürzertreten* (= sich einschränken), *richtigstellen* (= berichtigen), *schwerfallen* (= Mühe verursachen) ...
In **Zweifelsfällen** kann man **getrennt und zusammenschreiben:**	*ein Thema bekannt machen/bekanntmachen, jemanden hoch achten/hochachten, sich das Leben leicht machen/leichtmachen ...*
1.5.2 Verbindungen mit **Verben, die ausdrücken, dass ein bestimmtes Resultat erzielt wird,** können **getrennt** und **zusammengeschrieben** werden (= resultative Verben):	*den Tisch glatt hobeln/glatthobeln* (Das Adjektiv bezeichnet in dieser Verbindung den endgültigen Zustand des Objekts: der Tisch ist nach dem Hobeln glatt) *klein schneiden/kleinschneiden, kaputt machen/ kaputtmachen, leer essen/leeressen ...*
Bei Zusammensetzungen mit den ersten Bestandteilen *fest-*, *tot-* und *voll-* ist die Getrenntschreibung unüblich. Das Wörterverzeichnis folgt dem Schreibgebrauch und führt nur die Zusammenschreibung an:	*ein Brett festnageln,* *die Erde feststampfen,* aber getrennt: *den Teppich fest* (= stark) *klopfen* *eine Passantin totfahren,* *das Auto volltanken,* *die Kanne vollfüllen ...*

1.5.3 In den anderen Fällen schreibt man **getrennt.** Dazu zählen insbesondere Wortgruppen mit komplexen (abgeleiteten, zusammengesetzten) oder erweiterten Adjektiven:	*bewusstlos schlagen* (= komplexes Adjektiv), *die Geige falsch spielen* (nicht resultativ, keine übertragene Bedeutung), *beim Referat frei reden* (nicht resultativ, keine übertragene Bedeutung), *ganz nahe kommen* (= erweitertes Adjektiv) ...

1.6 Nomen + Verb

1.6.1 In folgenden elf Fällen mit dem Nomen als Verbzusatz schreibt man **zusammen:**	*eislaufen, kopfstehen, leidtun, nottun, standhalten, stattfinden, stattgeben, statthaben, teilhaben, teilnehmen, wundernehmen* Daher: *ich laufe **e**is, sie steht **k**opf* ...
1.6.2 In folgenden vier Fällen kann man **getrennt und zusammenschreiben:**	*achtgeben/Acht geben* (aber nur: *sehr achtgeben, allergrößte Acht geben*), *achthaben/Acht haben,* *haltmachen/Halt machen,* *maßhalten/Maß halten* (Zu Fällen wie *staubsaugen/Staub saugen* vgl. S. 899, 1.1.)
1.6.3 In den anderen Fällen schreibt man **getrennt:**	*Ski fahren, Schlange stehen, Not leiden, Rad fahren, Zeit rauben, Dienst haben* ...

1.7 Verb + Verb

1.7.1 Verbindungen aus **zwei Verben** schreibt man **getrennt:**	*laufen lernen, arbeiten kommen, baden gehen, lesen üben* ...
1.7.2 Verbindungen mit ***bleiben*** oder ***lassen*** als zweitem Bestandteil kann man bei übertragener Bedeutung getrennt und zusammenschreiben. Ebenso kann man *kennen lernen/kennenlernen* getrennt oder zusammenschreiben.	*sitzen bleiben/sitzenbleiben* (= nicht in die nächste Klasse aufsteigen) *stehen lassen/stehenlassen* (= nicht länger beachten, sich abwenden) *liegen bleiben/liegenbleiben* (= unerledigt bleiben) ...

1.8 Verbindungen mit *sein* schreibt man getrennt:

beisammen sein, fertig sein, los sein, vonnöten sein, vorbei sein, vorüber sein, zufrieden sein ... (Ebenso: *weil ich mit ihrer Leistung zufrieden war; wir sind lange beisammen gewesen; es war schön, daheim zu sein*)

1.9 In **Satzspitzenstellung** schreibt man den **Verbzusatz getrennt** von der Personalform:

Schwarz fährt er nie. Aber zusammen: *... weil er nie schwarzfährt.*
Zusammen schreibt man, wenn ... Aber zusammen: *... wo man zusammenschreibt.*

2 SCHREIBUNG MIT ADJEKTIVEN, PARTIZIPIEN UND ZAHLWÖRTERN

In allen Fällen, die nicht unter 2.1 oder 2.2 behandelt sind, schreibt man getrennt. Das gilt zB für folgende Fälle:

winzig klein, schrecklich nervös, kochend heiß, leuchtend rot, brennend heiß ...

2.1 Zusammen schreibt man:

2.1.1 Wenn der **erste Bestandteil für eine Wortgruppe steht,** die sozusagen verkürzt ist:

angsterfüllt (= *von* Angst erfüllt), *butterweich* (= weich *wie* Butter), *freudestrahlend* (= *vor* Freude strahlend), *jahrelang, meterhoch; denkfaul, schreibgewandt; selbstbewusst ...* Aber getrennt oder zusammen: *die Not leidende/notleidende Bevölkerung,* weil: Not leiden, vgl. S. 903, 2.2.1.

2.1.2 Wenn die beiden Teile mit einem **Fugenelement** (zB *-s-, -n-*) verbunden sind:

altersschwach, sonnenarm, anlehnungsbedürftig, lebensfremd ...

2.1.3 Wenn der erste oder der zweite Bestandteil in dieser Form/Bedeutung **nicht als selbstständiges Wort vorkommt:**

zweifach, letztmalig, redselig, blauäugig, großspurig, kleinmütig, die zeitsparendste Lösung ... (Es gibt keine selbstständigen Wörter wie zB *„fach“, „letzt“, „red“, „äugig“ ...*)

2.1.4 Wenn der **zu Grunde liegende Infinitiv zusammengeschrieben wird:**

wehklagend (→ wehklagen), *herunterfallend, heruntergefallen* (→ herunterfallen), *irreführend* (→ irreführen), *aufeinanderliegend* (→ aufeinanderliegen, vgl. S. 899, 1.3), *ein richtiggestellter Fehler* (→ richtigstellen, vgl. S. 900, 1.5.1) ...

2.1.5 Gleichrangige (nebengeordnete) **Adjektive:**	*blaugrau* (= eine Mischung aus Blau *und* Grau; vgl. auch S. 907, 5.3.3), *feuchtwarm* (= feucht *und* warm), *nasskalt, taubstumm* ...

2.1.6 Wenn der erste Bestandteil den **Bedeutungsinhalt** des folgenden Adjektivs oder Partizips **verstärkt oder abschwächt:**	*bitter- (bitterböse, bitterernst), brand- (brandaktuell), dunkel- (dunkelblau), erz- (erzkonservativ), hyper-, stock-, super-, tod-, ultra-, ur-, voll- ...*

2.1.7 a) **Mehrteilige Grundzahlen** unter einer Million sowie b) **alle Ordnungszahlen:**	a) *vierzehn, sechshundert, viertausendsiebenhundertzehn ...* b) *der siebenunddreißigste Sieg in Folge, der einmillionste Besucher ...* Aber getrennt und groß: Wörter wie *zwei Dutzend, drei Millionen, vier Billionen* sind Nomen und werden großgeschrieben.

2.2 Getrennt oder zusammen schreibt man:

2.2.1 Verbindungen mit einem **Partizip,** wenn die **zu Grunde liegende Verbindung mit dem Verb getrennt geschrieben wird:**	*die Not leidenden/notleidenden Kinder* (→ Not leiden), *ein klein geschnittenes/kleingeschnittenes Radieschen* (→ klein schneiden/kleinschneiden) ... Aber nur zusammen: *aufeinandergestapelte Bücher* (→ aufeinanderstapeln, vgl. S. 899, 1.3), *ein richtiggestellter Fehler* (→ richtigstellen, vgl. S. 900, 1.5.1), *freudestrahlende Gesichter* (→ *vor* Freude strahlen, vgl. S. 902, 2.1.1).
Diese Regel gilt auch für Nominalisierungen:	*das auswendig Gelernte/das Auswendiggelernte, die Not Leidenden/die Notleidenden, die Auto Fahrenden/die Autofahrenden ...*

2.2.2 Verbindungen mit einem **einfachen Adjektiv,** das das folgende in seiner **Bedeutung abstuft:**	*schwer verständlich/schwerverständlich, eng verwandt/engverwandt, allgemein gültig/allgemeingültig ...* Aber nur getrennt bei Steigerung oder Erweiterung des Adjektivs: *leichter verdaulich, besonders schwer verständlich, höchst erfreulich.*

2.2.3 Verbindungen mit ***nicht:***	*eine nicht öffentliche/nichtöffentliche Sitzung, nicht operativ/nichtoperativ behandeln ...* Aber nur getrennt, wenn sich „nicht" auf den ganzen Satz bezieht: *Die Sitzung findet nicht öffentlich statt.*

3 SCHREIBUNG MIT NOMEN

3.1 Zusammen schreibt man:

3.1.1 Zusammensetzungen mit Nomen (Substantiven):	a) *Holztür, Hosenrock, Donnerstagabend, Theaterwissenschaft, Preisentwicklung, Adoptivtochter ...*
a) **Nomen + Nomen**	
• Das gilt auch für Zusammensetzungen mit Eigennamen:	• *Goethegedicht, Europabrücke, Brennerpass, Tendlergasse ...* Aber getrennt: *Währinger Straße,* vgl. S. 905, 3.3.
• Das gilt auch für Zusammensetzungen aus dem Englischen, die fest in der deutschen Sprache verankert sind:	• *Bandleader, Mountainbike, Hardware ...* (In solchen Zusammensetzungen kann zur Verdeutlichung ein Bindestrich stehen: *Science-Fiction, Swimming-Pool,* vgl. S. 907, 5.3.2.)
b) **Adjektiv + Nomen**	b) *Hochhaus, Schnellstraße ...*
• Das gilt auch für Zusammensetzungen mit Zahlen:	• *Achterbahn, Viererbob ...* Aber getrennt oder zusammen: *ein Viertelkilo/ein viertel Kilo,* vgl. unten, 3.2.2.
c) **Verb + Nomen**	c) *Backform, Schreibtisch ...*
d) **Pronomen + Nomen**	d) *Ichsucht, Niemandsland ...*
e) **Adverbien + Nomen**	e) *Jetztzeit, Nichtraucher ...*
3.1.2 Mehrteilige Nominalisierungen:	*das Holzholen, das Computerspielen, beim Skifahren, das Inkrafttreten; das Stelldichein, das Vergissmeinnicht ...* Aber getrennt oder zusammen: *die Not Leidenden/Notleidenden, die Auto Fahrenden/Autofahrenden,* vgl. S. 903, 2.2.1. (Zur Schreibung mit Bindestrich vgl. S. 906, 5.2.2.)

3.2 Getrennt oder zusammen schreibt man:

3.2.1 Aus dem **Englischen stammende Bildungen** aus **Adjektiv + Nomen,** wenn der Hauptakzent auf dem ersten Bestandteil liegt:	*Bigband/Big Band, Hotdog/Hot Dog ...* Aber nur getrennt, wenn der Hauptakzent nicht auf dem ersten Bestandteil liegen kann: *High Society, Electronic Banking, New Economy ...* (vgl. auch oben, 3.1.1 a)
3.2.2 Maßbezeichnungen:	*ein Viertelkilo/ein viertel Kilo,* *drei Achtelliter/drei achtel Liter,* *vier Zehntelsekunden/vier zehntel Sekunden ...*

3.3 Getrennt schreibt man:

Ableitungen von **geografischen Namen auf *-er*:**	*Bregenzer Wald, Südtiroler Straße, Linzer Straße, Grinzinger Allee, Viktringer Ring ...*

4 SCHREIBUNG MIT ANDEREN WORTARTEN

Die Schreibung von Adverbien, Konjunktionen, Präpositionen und Pronomen ist nur schwer über allgemeine Regeln vermittelbar, vielfach handelt es sich um Einzelfestlegungen. Die folgende Darstellung ist daher nicht vollständig. Die richtigen Schreibungen müssen auch über das Wörterverzeichnis ermittelt werden.

4.1 Getrennt oder zusammen schreibt man:

4.1.1 Fügungen in **adverbialer Verwendung:**	*außer Stand setzen/außerstand setzen,* *im Stande sein/imstande sein,* *in Frage stellen/infrage stellen,* *zu Grunde gehen/zugrunde gehen,* *zu Leide tun/zuleide tun,* *zu Wege bringen/zuwege bringen ...*
4.1.2 Fügungen, die wie **Präpositionen verwendet werden:**	*an Stelle/anstelle, auf Grund/aufgrund, auf Seiten/aufseiten, mit Hilfe/mithilfe, von Seiten/vonseiten, zu Gunsten/zugunsten, zu Lasten/zulasten, zu Ungunsten/zuungunsten ...*
4.1.3 Die Konjunktion ***so dass/sodass:***	*Sie lachte laut, so dass/sodass man sie auf der Straße hören konnte.* Aber nur getrennt: *ohne dass, statt dass, außer dass.*

4.2 Die Schreibung richtet sich nach der Bedeutung:

In einigen Fällen richtet sich die Getrennt- oder Zusammenschreibung nach der Bedeutung. Genau genommen handelt es sich hier um verschiedene Wortarten, die auch unterschiedlich geschrieben werden müssen.

Die **Konjunktionen *sobald, solange, sooft*** ua. schreibt man **zusammen,** die **Wortgruppe getrennt** (*so* bedeutet in dieser Verwendung *derart*):

- *Komm, sobald* (= sofort wenn) *du kannst!* Aber getrennt: *So bald* (= so früh) *bist du schon da?*
- *Lies, solange du willst!* Aber getrennt: *So lange warst du nicht hier!*
- *Besuche uns, sooft* (= immer wenn) *du kannst!* Aber getrennt: *Das wurde schon so oft gesagt.*
- *Soviel* (= wie) *ich erfahren habe, kommt sie morgen.* Aber getrennt: *Sie weiß so viel!*

5 SCHREIBUNG MIT BINDESTRICH

Zum Bindestrich allgemein und als Ergänzungsbindestrich vgl. S. 923, 10.

Einen Bindestrich **muss** man setzen:
- in Zusammensetzungen/Ableitungen mit Einzelbuchstaben, Abkürzungen und Ziffern,
- in mehrteiligen Zusammensetzungen und Aneinanderreihungen aus Wortgruppen, auch mit Eigennamen.

Einen Bindestrich **kann** man setzen:
- zur Verdeutlichung oder Hervorhebung.

5.1 Einzelbuchstaben, Abkürzungen und Ziffern

5.1.1 Man setzt einen Bindestrich in Zusammensetzungen mit a) **Einzelbuchstaben** b) **Abkürzungen** c) **Ziffern/Zahlen**	a) *A-Dur* (zu *A-Dur-Tonleiter* vgl. S. 907, 5.2.3), *b-Moll, i-Punkt, S-Kurve, s-Laut, s-förmig/S-förmig, T-Träger, x-beliebig, x-mal, y-Achse ...* b) *Kfz-Schlosser, Fußball-WM, UNO-Sicherheitsrat, H_2O-gesättigt, UV-bestrahlt; Univ.-Prof., Dipl.-Ing., Akk.-Objekt ...* c) *3-Tonner, 5-mal, 100-prozentig, 1-zeilig, 17-jährig, der 17-Jährige, 8:6-Sieg, ¾-Takt ...*
5.1.2 Vor **Nachsilben** setzt man nur dann einen Bindestrich, wenn sie mit einem **Einzelbuchstaben verbunden** werden:	*der x-te, zum x-ten Mal, die n-te Potenz ...* (Sonst gilt für Nachsilben Zusammenschreibung: *ÖVPler; der 68er, ein 32stel, 100%ig ...* Aber mit Bindestrich: *68er-Generation.*)
Vor ***-fach*** kann man einen Bindestrich setzen oder auch nicht:	*25-fach/25fach, das 25-Fache/25fache ...*

5.2 Zusammensetzungen mit Wortgruppen

Man setzt einen Bindestrich:

5.2.1 In **nominal gebrauchten Zusammensetzungen:**	*das Entweder-oder, das Als-ob, der Boogie-Woogie, das Walkie-Talkie ...*
Aus dem Englischen stammende Nominalisierungen aus Verb + Adverb schreibt man mit Bindestrich:	*das Make-up, das Go-in ...*
Wenn die Lesbarkeit nicht beeinträchtigt ist, ist auch Zusammenschreibung möglich:	*das Lay-out/Layout, das Come-back/Comeback ...*
5.2.2 In **nominal gebrauchten Infinitiven** aus mehr als zwei Teilen:	*das Auf-die-lange-Bank-Schieben, das Von-der-Hand-in-den-Mund-Leben ...* Das gilt nicht für übersichtliche Zusammensetzungen mit Infinitiv: *das Inkrafttreten, das Autofahren, beim Walzertanzen ...*

5.2.3 In **mehrteiligen Zusammensetzungen,** in denen eine Wortgruppe oder eine Zusammensetzung **mit Bindestrich auftritt:** a) Nominale Zusammensetzungen b) Adjektivische Zusammensetzungen c) Zusammensetzungen mit Ziffern, Einzelbuchstaben oder Abkürzungen	a) *Grund-Folge-Beziehung, Kopf-an-Kopf-Rennen, Nord-Süd-Dialog, Wort-für-Wort-Übersetzung, Erste-Hilfe-Kurs, Abend-Make-up, Do-it-yourself-Bewegung ...* b) *Fata-Morgana-ähnliche Erscheinung, Ruhe-vor-dem-Sturm-artig ...* c) *A-Dur-Tonleiter, S-Kurven-reich* (aber ohne Bindestrich: *kurvenreich*), *Vitamin-B-hältig* (aber ohne Bindestrich: *vitaminhältig*), *K.-o.-Schlag; 2-Euro-Stück, 400-m-Lauf ...*
5.2.4 In Zusammensetzungen mit **mehrteiligen Eigennamen:**	*Franz-Grillparzer-Museum, Dr.-Karl-Renner-Ring, Donau-Oder-Kanal, La-Plata-Mündung, Barack-Obama-freundlich ...*
5.2.5 In **Zusammensetzungen** aus gleichrangigen, nebengeordneten Adjektiven, deren Zusammenschreibung **schwer lesbar** wäre:	*ein lateinisch-deutsches Wörterbuch, deutsch-österreichische Angelegenheiten; physikalisch-chemisch-biologische Prozesse ...*

5.3 Bindestrich zur Verdeutlichung und Hervorhebung

Man **kann** einen Bindestrich setzen:

5.3.1 Zur **Hervorhebung** einzelner Bestandteile, besonders von Eigennamen:	*das Ist-Aufkommen, die Kann-Bestimmung, die Goethe-Ausgabe, Wörthersee-Schifffahrt, ein Bush-kritischer Artikel ...*
5.3.2 In **unübersichtlichen Zusammensetzungen,** auch mit Fremdwörtern:	*Arbeiter-Unfallversicherungsgesetz, Lotto-Annahmestelle, Ultraschall-Messgerät; Desktop-Publishing, Midlife-Crisis ...*
5.3.3 Zur **Vermeidung von Missverständnissen:**	*Drucker-Zeugnis und Druck-Erzeugnis; re-integrieren, ein grau-blauer Pullover* (hat die Farben Grau und Blau, nicht ein bläuliches Grau) ...
5.3.4 Beim Zusammentreffen von **drei gleichen Buchstaben:**	*Hawaii-Inseln, Kaffee-Ersatz, See-Elefant, Tee-Ei, Imbiss-Stube ...*

Zeichensetzung

1 DER PUNKT

1.1 **Der Schlusspunkt** steht am Ende eines Ganzsatzes:

a) **Nach Aussagesätzen:**	a) *Westwinde bringen meist Regen.* *Heute regnet es, aber morgen wird hoffentlich wieder die Sonne scheinen.*
b) **Nach abhängigen Frage-, Ausruf-, Wunsch- und Befehlssätzen** (der übergeordnete Satz bestimmt das Satzzeichen):	b) *Der Vater befahl ihm, sofort zurückzukommen.* *Er fragte mich, wie ich heiße.* *Sie riefen mir zu, ich möge stehen bleiben.*
c) **Nach auffordernden Sätzen, die ohne Nachdruck gesprochen werden:**	c) *Bitte gib mir das Buch.* *Hier ist kein Rufzeichen zu setzen.* *Ergänze die fehlenden Buchstaben.*

1.2 Der Abkürzungspunkt:

	d. h.; usw.; u. dgl.; Dr. med.; Univ.-Prof.; S. 9; n. Chr. Geb.
Steht ein Abkürzungspunkt am Satzende, so dient er gleichzeitig als Schlusspunkt:	*Namen verschiedener alter Münzen lauten: Gulden, Kreuzer, Batzen, Taler usw.*

1.3 Der Ordnungszahlpunkt:

Joseph II.; 28. 11. 2009;
4. Schularbeit; 41. Auflage

1.4 **Der Dezimalgliederungspunkt** wird zwischen die Stellen einer „dezimalen" Gliederung gesetzt:

1.5.2 (sprich: eins – fünf – zwei)

1.5 Der Punkt in Fahrplan-Zeitangaben:

13.20 (= 13 Uhr 20 [Minuten]; auch Doppelpunkt ist möglich: *13:20*)

Kein Punkt wird gesetzt:
- nach Aufschriften, Überschriften,
- nach Buch-, Aufsatz- und Zeitungstiteln (durch die Anordnung deutlich abgehoben),
- nach selbstständigen Datumsangaben,
- nach Unterschriften uÄ,
- nach Namen auf Visitenkarten und in Briefköpfen,
- in Verbindung mit Auslassungspunkten (vgl. S. 926, 13.1).

2 DAS FRAGEZEICHEN

2.1 Das Fragezeichen kennzeichnet **eine Äußerung oder einen Satz als Frage:**

Weißt du, ob er zu Hause ist?
Wohin so schnell? – Wer? – Einverstanden?
Sie fragte mich: „Wie heißt du?"

Das Fragezeichen kann auch in Titeln uÄ stehen. Ist der ganze Satz eine Frage, wird auch er mit einem Fragezeichen abgeschlossen:

Kennst du den Roman „Quo vadis?"?
Fragte sie dich: „Wie heißt du?"?

Kein Fragezeichen steht:

- Nach abhängigen Fragesätzen steht nur ein Punkt (vgl. S. 908, 1.1 b).
- Schwach betonte Fragewörter werden vom folgenden Satz nur durch einen Beistrich getrennt: *Wie, jetzt erst kommst du?* Aber betont mit Fragezeichen: *Wie? Jetzt erst kommst du?*

2.2 Das Fragezeichen steht **als Ausdruck des Zweifels** an einer **Angabe oder Behauptung** (eingeklammert):

Ein neuer Schreibtisch um 500 Euro (?) zu verkaufen. – 7 m (?) Stoff für einen Mantel.

Zum Zusammentreffen von Fragezeichen und Beistrich in der direkten Rede vgl. S. 916, 4.8.2.2.

3 DAS RUFZEICHEN

3.1 Das Rufzeichen gibt **Äußerungen besonderen Nachdruck:**

Es steht nach Ausrufen, Zurufen, Befehlen, Aufforderungen, Warnungen, Verboten, Wünschen, Grüßen, nachdrücklichen Behauptungen:

Sie hat das bestimmt nicht getan! – Zu Hilfe! – Sie, Herr Meier! – Pst! – Verhaltet euch ruhig! – Der Vater befahl ihm: „Komm sofort zurück!" – Langsam fahren! – Bank frisch gestrichen! – Wenn es doch bald regnete! – Frohe Weihnachten! – Er wünschte: „Wäre ich doch zu Hause!" – Guten Morgen!

Ist der ganze Satz, der einen Ausruf enthält, selbst ein Ausruf o. dgl., wird auch er von einem Rufzeichen abgeschlossen:

Sag ihm doch: „Ich will nichts mehr von ihm wissen!"!

Manchmal sieht ein Ausruf/eine Aufforderung wie ein Fragesatz/Aussagesatz aus. Das Satzzeichen richtet sich jeweils nach dem Sinn des Satzes: *Du kommst morgen zu mir. – Du kommst morgen zu mir! – Du kommst morgen zu mir?*

Kein Rufzeichen steht:

- Nach schwach betonten Ausrufen kommt nur ein Beistrich: *Ach, wie schade!*
- Nach abhängigen Sätzen steht nur ein Punkt (vgl. S. 908, 1.1 b); ebenso nach auffordernden Sätzen ohne Nachdruck (vgl. S. 908, 1.1c).
- Folgen mehrere Wörter des Ausrufs aufeinander, so werden sie durch Beistriche getrennt, und das Rufzeichen wird erst am Ende gesetzt: *„Ja, ja!", nickte sie zustimmend.* Aber mit Rufzeichen hinter jedem Ausrufwort, wenn auf jedes besonderer Nachdruck gelegt wird: *Hallo! Hallo! Komm her!*

3.2 Das Rufzeichen steht **nach Anreden in Briefen, Schriftstücken, Ansprachen und Aufrufen:**

Liebe Freunde! – Sehr geehrte Damen und Herren! – Mitbürgerinnen und Mitbürger!

In Briefen kann die einleitende Anrede auch durch einen Beistrich abgetrennt werden: *Liebe Freunde, ... Sehr geehrte Damen und Herren, ...* (Vgl. S. 915, 4.6.2.)

Am Briefschluss steht hinter *Hochachtungsvoll, Mit besten Grüßen* und ähnlichen Wendungen kein Satzzeichen.

3.3 Das Rufzeichen steht **als Ausdruck des Zweifels** an der Richtigkeit einer Aussage oder **als Ausdruck des Erstaunens** (eingeklammert):

Die Katze fiel vom dritten (!) Stock auf die Straße und blieb unverletzt. – Der Radrennfahrer legte an einem Tag 450 km (!) zurück.

Zum Zusammentreffen von Rufzeichen und Beistrich in der direkten Rede vgl. S. 916, 4.8.2.2.

4 DER BEISTRICH

Der Beistrich hat vier Hauptaufgaben:

- Er steht zwischen gleichrangigen Teilsätzen, Wortgruppen und Wörtern, wenn nicht eine beiordnende Konjunktion gesetzt wird.
- Er steht zwischen nicht gleichrangigen Teilsätzen (Hauptsatz – Gliedsatz/Infinitivgruppe).
- Er grenzt Einschübe, Nachträge und Zusätze ab.
- Er grenzt Anreden, Ausrufe usw. ab.

4.1 Ein Beistrich trennt **gleichrangige Glieder einer Reihung** (Aufzählung):

Er trennt gleichrangige

- Wörter, Wortgruppen,

Parteienverkehr: Montag, Mittwoch, Freitag. – Er kam, sah, siegte. – Einmal ist sie da, einmal dort. – Er starb nach langem, schwerem Leiden.

- Teilsätze.

Der Damm zerreißt, das Feld erbraust, die Fluten spülen, die Fläche saust. – Bald schien der Mond hell, bald bedeckten Wolken den Himmel. – Teils waren die Verhältnisse daran schuld, teils muss man die Schuld ihm selbst zuschreiben.

Kein Beistrich steht zwischen **nicht gleichrangigen Adjektiven:** *eine grelle rote Farbe* (= ein grelles Rot), *ein bekannter dramatischer Dichter* (= ein bekannter Dramatiker). Aber mit Beistrich: *nach langem, schwerem Leiden* (= nach langem *und* schwerem Leiden = nebengeordnete Adjektive).

Oft hängt es vom Sinn ab, ob ein Beistrich notwendig ist oder nicht: *die oberen, gebrochenen Leitersprossen* (die unteren sind nicht gebrochen); *die oberen gebrochenen Leitersprossen* (auch die unteren sind gebrochen).

4.1.1 Ein Beistrich trennt die Glieder einer Aufzählung, wenn sie durch **entgegensetzende Konjunktionen** verbunden sind:	*Der Abend war schön, aber kühl. – Die Mühe war groß, doch nicht vergebens. – Wir waren gestern Abend nicht zu Hause, sondern im Theater. – Heute ist es noch schön, allein schon morgen kann es regnen.*

Kein Beistrich steht, wenn die Glieder der Aufzählung durch **anreihende und ausschließende Konjunktionen** wie *und, wie, sowie, oder, beziehungsweise, entweder – oder, sowohl – als auch, weder – noch* verbunden sind:

Maria, Erich, Katharina und Michael besuchen den Kurs gemeinsam. – Knaben wie Mädchen wiesen gute Leistungen auf. – Ich komme entweder heute Abend oder morgen Früh. – Der Film ist sowohl für Jugendliche als auch für Kinder geeignet. – Entweder du kommst zu mir oder ich zu dir. – Sie fragte, ob ein Brief gekommen sei und ob jemand angerufen habe.

4.1.2 Zwischen Hauptsätzen kann ein Beistrich vor *und, oder, beziehungsweise, entweder – oder, nicht/weder – noch* **gesetzt werden,** um die Gliederung des Ganzsatzes deutlich zu machen:	*Du wartest auf mich(,) und die Kinder gehen schon voraus.* *Hast du ihn angerufen(,) oder wirst du es am Sonntag tun?* *Weder schrieb er einen Brief(,) noch kam er selbst.*

4.1.3 Ein Beistrich vor *und, oder, beziehungsweise, entweder – oder, nicht/weder – noch* **muss stehen:**	
a) nach einem eingeschalteten Gliedsatz, einer eingeschalteten Infinitivgruppe oder eingefügten Beifügung:	a) *Der Onkel meint, dass es regnen wird, und nimmt den Schirm mit. – Sie dachte nicht daran, auf ihn zu warten, und fuhr pünktlich weg. – Anna, die Älteste von uns, und ich schossen die Tore. – Weder schrieb sie ein Mail, um mich zu benachrichtigen, noch kam sie selbst.*
b) nach einer eingeschobenen direkten Rede:	b) *Er fragte: „Willst du mitkommen?“, und öffnete die Tür.*
c) vor *und, und zwar, und das,* wenn diese Wörter nachträgliche genauere Bestimmungen einleiten:	c) *Die Polizei ließ ihn überwachen, und mit gutem Grund. – Ich kann den Koffer heben, und zwar leicht. – Es ist bloß für fünf Personen Platz, und das nur schwer.* (Vgl. S. 914, 4.5.4.)

4.2 Ein Beistrich trennt **Gliedsätze von Hauptsätzen:**

Kennzeichen eines Gliedsatzes:

- Gliedsätze sind abhängige Sätze. Sie können normalerweise nicht allein stehen.
- In eingeleiteten Gliedsätzen steht die Personalform des Prädikats an letzter Stelle: *Er fragte, warum ich nie zu Hause war.*
- Am Beginn von Gliedsätzen steht meist ein Einleitewort (Konjunktion, Relativpronomen, Fragewort): *Sie verspätet sich, weil sie im Stau steckt. – Sie holte die Fotos, die sie schon viele Jahre nicht mehr angeschaut hatte.*

Gliedsätze (GS) werden **vom Hauptsatz** (HS) durch einen **Beistrich abgegrenzt:**	*Dass du wieder gesund bist, freut mich* (GS, HS). – *Ich erinnere mich, dass wir in unserer Kindheit in einem Haus wohnten, das rings von Obstbäumen umgeben war* (HS, GS 1, GS 2).
Wenn sie in einen anderen **Satz eingeschoben sind,** werden sie am **Anfang und am Ende durch einen Beistrich abgegrenzt:**	*Hunde, die bellen, beißen nicht* (HS, eingeschobener GS, Fortsetzung HS). – *Den Ausflug, den wir uns vorgenommen haben, machen wir, wenn es schön ist* (HS, eingeschobener GS 1, Fortsetzung HS, GS 2).

Zum Beistrich vor „und“, „oder“ ... vgl. S. 911, 4.1.3.

4.2.1 Vergleichssätze: Die Sätze bestehen aus Haupt- und Gliedsatz. Jeder Teilsatz hat ein eigenes Prädikat.	*Ich singe, wie der Vogel singt. – Du wirst höher springen, als er gesprungen ist. – Wie sie diese Zeichnung ausgeführt hat, so treffe ich es bestimmt nicht.*

Kein Beistrich steht, wenn auf „wie“/„als“ kein vollständiger Satz folgt: *Ich singe wie ein Vogel in den Lüften. Du springst höher als er oder ich.* (Diese Sätze haben nur ein Prädikat.)

4.2.2 Gliedsätze mit mehrteiligen Einleitungen:	
4.2.2.1 Im Allgemeinen setzt man den Beistrich vor die ganze Wortgruppe:	• *Sie war sehr gutmütig, aber wenn sie in Wut geriet, war es besser, man ging ihr aus dem Weg. – Er wollte das schon früher haben, mehrere Tage bevor der eigentliche Termin war.*
4.2.2.2 In einigen Fällen kann man zwischen die Teile einer einleitenden Wortgruppe einen Beistrich setzen oder nicht:	• *Morgen wird es regnen, angenommen(,) dass der Wetterbericht stimmt. – Sie rechnete nicht damit, dass er anrufen würde, geschweige denn(,) dass er bei ihr vorbeikommen würde.*
4.2.2.3 Durch Beistrich kann man auch deutlich machen, ob man Wörter als Teil der Einleitung eines abhängigen Satzes verstehen will oder nicht:	• *Er sorgt sich um seine Tochter, besonders wenn sie nachts weg ist. – Er sorgt sich um seine Tochter besonders, wenn sie nachts weg ist.* (Der Beistrich dient hier zur Vermeidung von Missverständnissen oder um gewisse Nuancen im Text auszudrücken.)

4.2.3 Auslassungssätze (elliptische Sätze):	
a) Der Hauptsatz ist unvollständig:	a) *Vielleicht, dass wir den Frühzug noch erreichen.* (= Vielleicht gelingt es, dass wir den Frühzug noch erreichen.)
b) Der Gliedsatz ist unvollständig:	b) *Ich weiß nicht, was tun.* (= Ich weiß nicht, was ich tun soll.)
c) Haupt- und Gliedsatz sind unvollständig:	c) *Ende gut, alles gut.* (= Wenn das Ende gut ist, so ist alles gut.)

Man kann den Beistrich weglassen, wenn die verkürzten Gliedsätze formelhaft geworden sind: *Der Bau eines Krankenhauses ist(,) wie bekannt(,) dringend notwendig. – Falls nötig(,) wird er selbst zu uns kommen. – Wie (bereits) gesagt(,) verhält sich die Sache anders.*

4.3 Ein Beistrich trennt **Infinitivgruppen in den folgenden Fallgruppen:**

4.3.1 Die Infinitivgruppe ist mit ***um, ohne, statt, anstatt, außer, als*** eingeleitet:	*Sie öffnete das Fenster, um frische Luft hereinzulassen. – Das Kind rannte, ohne auf den Verkehr zu achten, über die Straße. – Statt am Bericht zu arbeiten, vergnügte sich Herbert mit Computerspielen.*
4.3.2 Die Infinitivgruppe **hängt von einem Nomen ab:**	*Etwas Angenehmeres, als Tennis zu spielen, kennt sie nicht. – Sein Wunsch, die Firma schuldenfrei übergeben zu können, ging nicht in Erfüllung. – Er wurde beim Versuch, den Tresor zu knacken, vom Nachtwächter überrascht.*
4.3.3 Die Infinitivgruppe ist mit dem übergeordneten Satz über ein **hinweisendes Wort oder eine Wortgruppe** verbunden:	*Daran, die Aufgabe nicht zu erfüllen, dachte sie nie. – Seine größte Freude war es, die Kinder um sich versammelt zu sehen. – Unser aller Pflicht ist es, den Notleidenden zu helfen. – Lange auszuschlafen, das liebt Anita sehr.* (Vgl. S. 914, 4.5.6.)

In den Fallgruppen 4.3.2 und 4.3.3 können die Beistriche weggelassen werden, wenn ein bloßer Infinitiv vorliegt: *Anita liebte es(,) auszuschlafen. – Thomas dachte nicht daran(,) zu gehen. – Den Plan(,) abzureisen(,) hatte sie schon lange gefasst.* (Im letzten Beispielsatz können entweder beide Beistriche stehen oder keiner.)

In allen anderen Fällen ist der Beistrich freigegeben:
Ich werde versuchen(,) etwas länger zu bleiben. – Ich hoffe(,) kommen zu können(,) und werde dir noch genau Bescheid geben. (Im letzten Beispielsatz können entweder beide Beistriche stehen oder keiner.)
Man soll jedoch einen Beistrich setzen, wenn Missverständnisse möglich sind: *Wir raten ihm, nichts zu schenken.* Aber: *Wir raten, ihm nichts zu schenken. – Er hofft täglich, einen Brief von ihr zu bekommen.* Aber: *Er hofft, täglich einen Brief von ihr zu bekommen.*

4.4 Partizip- und Adjektivgruppen können mit Beistrich(en) abgegrenzt werden, um die Gliederung eines Satzes deutlich zu machen:

a) Partizipgruppen:	a) *Auf die Konkurrenz aufmerksam gemacht(,) hat die Firma das Angebot deutlich erweitert. Sie sah sich(,) ihn laut und wütend beschimpfend(,) nach einem Fluchtweg um.*
b) Adjektivgruppen:	b) *Müde und schläfrig(,) verließ sie den Ball.*

4.5 Beistriche grenzen **Zusätze, Nachträge und Einschübe** ab:

4.5.1 Eingeschaltete Sätze (Parenthesen):	*Dann aber, es waren schon einige Minuten vergangen, sprach er endlich zu uns. – Eines Tages, es war mitten im Sommer, hagelte es.*

4.5.2 Appositionen (nachgestellte Beifügungen):	*Siegfried Marcus, der Pionier des Benzinautos, starb in Armut. – Innsbruck, die Hauptstadt Tirols, wird gerne von Touristen besucht. – Dr. Erika Neuner, Primaria, referierte über Diabetes.* Aber kein Beistrich bei vorangestelltem Titel ohne Artikel: *Primaria Dr. Erika Neuner ...*

Die Beistriche sind freigestellt, d. h., man setzt entweder beide oder keinen:

- beim nachgestellten Geburtsnamen: *Anna Frey(,) geb. Müller(,) wurde ...,*
- wenn Eigennamen einem Titel oder einer Berufsbezeichnung folgen: *Der Pionier des Benzinautos(,) Siegfried Marcus(,) starb in Armut. – Die Primaria(,) Prof. Dr. Elisabeth Müllner(,) leitete selbst die Untersuchungen.*

Beinamen werden ohne Beistrich angefügt: *Alexander der Große – Friedrich der Zweite (Friedrich II.) – Friedrich der Streitbare.*

4.5.3 Nachgestellte **Einschübe, Hervorhebungen:**	*Der Tod, gefürchtet oder willkommen, ist jedem Menschen gewiss. – Der Tag, der verhängnisvolle, war angebrochen. – Wir beide, du und ich, wissen das ganz genau.*

Es wird kein Beistrich gesetzt, wenn ein Adjektiv oder Partizip nach einem Nomen ohne Artikel steht, zB in Gedichten: *Röslein rot – mein Vater selig.*

4.5.4 Nachträglich hinzugefügte nähere **Bestimmungen,** die durch *und zwar, und das* oder ein in diesem Sinn gebrauchtes *und* eingeleitet werden:	*Ich wählte die rascheste Art des Reisens, und zwar die mit dem Flugzeug. – Wir machten diesmal einen Umweg, und das in bestimmter Absicht. – Sie bestand hartnäckig auf ihrer Forderung, und mit Recht.*

4.5.5 Erläuternde Angaben und Aufzählungen, die mit *also, besonders, namentlich, nämlich, wie (als), z. B., u. zw., d. i., d. h.* und dergleichen eingeleitet werden:	*Das allgemeine Wahlrecht für Männer wurde im Jahre 1907, also noch im alten Österreich, eingeführt. – Glas ist spröd, daher leicht zerbrechlich. – Unkraut, besonders (namentlich) die Quecke, ist oft schwer auszurotten. – 47 Schüler/innen, d. i. fast die Hälfte, konnten bei Familien untergebracht werden.*

Es empfiehlt sich einen Beistrich zu setzen, wenn Aufzählungen mit „wie" eingeleitet werden: *Großstädte(,) wie Wien, Berlin, Paris, Moskau, New York u. a.(,) sind beliebte Reiseziele.* Aber ohne Beistrich (v. a. bei Vergleichen): *Es gibt nicht viele (solche) Kurorte wie Bad Gastein, Bad Hall und Baden.*
Zum Beistrich vor Vergleichssätzen mit „wie" vgl. auch S. 912, 4.2.1.

4.5.6 Wörter oder Wortgruppen, die durch ein **hinweisendes Wort** oder eine **hinweisende Wortgruppe** angekündigt oder **wieder aufgenommen** werden:	*Dies, eine Familie zu gründen, ist sein größter Wunsch. – So, aus vollem Halse lachend, kam sie auf mich zu. – Denn die Gärtnerin, die weiß das ganz genau. – Den Rucksack auf dem Rücken, so bepackt standen wir vor dem Tor. – Doch die Verhältnisse, sie sind nicht so.*

Bei einer Reihe von eingeschobenen Wortgruppen ist das Beistrichpaar freigestellt. Die Schreibenden können diesen Freiraum nützen, um stilistische Feinheiten auszudrücken: *Sie hatte(,) trotz aller guten Vorsätze(,) wieder zu rauchen angefangen. – Er hat sich(,) den ganzen Tag über(,) mit diesem Problem beschäftigt. – Die Klasse war(,) zum Ausflug bereit(,) auf dem Schulhof versammelt.*

4.6 Ein Beistrich trennt **Ausrufe, Anreden:**

4.6.1 **Ausrufe:**

Ach, wie schade! Aber: *Au! Das schmerzt!*
Ja, da lässt sich nichts machen. – Nein, das ist unmöglich. – Hallo, wer spricht?

Kein Beistrich wird gesetzt:

- wenn der Ausruf eng mit dem folgenden Wort oder Ausrufsatz zusammengehört: *Ach ja! – O nein. – Ja freilich. – O du meine Güte!*
- nach einem Ausdruck mit steigerndem „ja“ (etwa in der Bedeutung von „ja sogar“): *Wir fuhren mit 80, ja mit 100 km/h Geschwindigkeit.*

4.6.2 **Anreden:**

Karl, was hast du vor? – Besuch mich, lieber Freund, in den nächsten Tagen.

In Briefen steht ein Beistrich, wenn die einleitende Anrede nicht durch ein Rufzeichen abgesetzt ist:

Sehr geehrter Herr,
es tut mir leid, ...
oder:
Sehr geehrter Herr!
Es tut mir leid, ...

4.7 Ein Beistrich trennt **Datums-, Literaturangaben, Adressen, Dezimalzahlen** uÄ:

4.7.1 **Datumsangaben:**

Mehrteilige Datums- und Zeitangaben können als Aufzählung oder als Fügung mit Apposition aufgefasst werden, daher kann der Beistrich nach dem letzten Teil auch wegfallen, wenn der Text weitergeht. Das gilt auch für Literatur- und Adressangaben.

Wien, am 27. November 1945 – Montag, den 10. 4. 2009 – Graz, den 23. 6. 2009
Morgen, 8. Juni, 15 Uhr(,) Beginn des großen Gartenfestes
Die Ausstellung wird am Montag, dem/den 23. Oktober 2009, (um) 17 Uhr(,) eröffnet.
Die Ausstellung wird Montag, (den) 23. Oktober 2009, um 17 Uhr(,) eröffnet.

4.7.2 **Literaturangaben:**

Wiener Straßenverzeichnis, Seite 50, Spalte 3
Sie hat aus „profil“, Heft 51, 2006, S. 24(,) zitiert.

Kein Beistrich wird gesetzt in mehrteiligen Hinweisen auf Stellen in Gesetzen, Verordnungen u. dgl.: *§ 7 Abs. 5 Satz 3 der Verordnung über die Leistungsbeurteilung.*

4.7.3 **Mehrteilige Adressangaben** werden nach dem Grad ihrer Zusammengehörigkeit gegliedert:

Dr. med. univ. Elisabeth Kornherr, Kinderärztin, Neubaugürtel 42/I/15, 1070 Wien(,) ordiniert Mo – Fr von 14 bis 17 Uhr.
Gasthof Alte Post, 8970 Schladming

4.7.4 Dezimalzahlen: In Dezimalzahlen trennt der Beistrich die Dezimalen von den Ganzen.	*€ 4,–; € 4,00; 4,– €; 4,00 €; 2,5 m; 73,4 kg; 0,3 l*

Die Beistriche (und der Schlusspunkt) können auch weggelassen werden, wenn Aufzählungen untereinandergeschrieben sind: *Wir suchen: Einkäufer/innen*
Sachbearbeiter/innen
Programmierer/innen

4.8 Sonderfragen der Beistrichsetzung:

4.8.1 Der Beistrich beim Wort *bitte* wird gesetzt, wenn dieses „bitte" als Auslassungssatz *(Ich bitte Sie, ...)* aufgefasst und mit Nachdruck gesprochen wird:	*Bitte, leihen Sie mir doch das Buch!* *Kommen Sie, bitte, noch einmal!*

Der Beistrich wird nicht gesetzt, wenn dieses „bitte" ohne Nachdruck gesprochen (als Höflichkeitsformel gebraucht) wird:
Bitte leihen Sie mir das Buch. – Kommen Sie bitte morgen.

4.8.2 Der Beistrich in Verbindung mit anderen Satzzeichen:

4.8.2.1 Er wird nach einem eingeschobenen Satz hinter dem zweiten **Gedankenstrich** gesetzt, sofern er auch ohne den Schaltsatz hätte stehen müssen:	*Ich bestehe darauf – das muss ich dir noch sagen –, dass die Arbeit heute fertig wird.*
4.8.2.2 Er steht immer nach dem schließenden und vor dem öffnenden **Anführungszeichen,** ausgenommen der Begleitsatz steht voran. In diesem Fall wird die direkte Rede mit Doppelpunkt angekündigt (vgl. zum Doppelpunkt S. 853, 6.1):	*„Es ist anzunehmen", meinte er, „dass sich das Wetter bessern wird."* *Ich sagte: „Guten Abend!", er gab mir aber keine Antwort. – Sie rief: „Komm mit!", und startete das Auto.*
• Der Begleitsatz ist eingeschoben:	• *„Das ist", behauptete sie, „ein Kinderspiel für mich!"*
• Der Begleitsatz steht am Ende:	• *„Willst du mich begleiten?", fragte er gut gelaunt.*
4.8.2.3 In bestimmten Fällen, vor allem bei Einschüben aller Art, können **statt zweier Beistriche** auch **Gedankenstriche oder Klammern stehen:**	*Die Straße, das kann nicht oft genug gesagt werden, ist kein Spielplatz.* *Die Straße – das kann nicht oft genug gesagt werden – ist kein Spielplatz.* *Die Straße (das kann nicht oft genug gesagt werden) ist kein Spielplatz.*

5 DER STRICHPUNKT

Der Strichpunkt trennt schwächer als der Punkt und stärker als der Beistrich. Nach einem Strichpunkt schreibt man klein weiter.

Einen Strichpunkt setzt man:

5.1 In Aufzählungen oÄ, um Gruppen gleichartiger Begriffe voneinander zu scheiden, besonders dann, wenn innerhalb der Gruppe ein Beistrich steht:

In unserem Garten wachsen: Marillen- und Apfelbäume; Ribisel-, Stachelbeer- und Himbeersträucher; Salat, Zwiebeln und Bohnen.
Iss, was gar ist; trink, was klar ist; sprich, was wahr ist!

5.2 In der Satzreihe, um die Hauptsätze stärker voneinander zu trennen, als es der Beistrich vermag:

Ein Strichpunkt steht besonders dann, wenn Hauptsätze größeren Umfang haben und durch entgegenstellende oder begründende Konjunktionen wie *denn, doch, aber, deshalb* uÄ verbunden sind.

Keiner ist bestellt, sich selbst zu richten; denn selten schätzt er recht, was er getan, und was er tut, weiß er fast nie zu schätzen (Goethe).
Kärnten und das Salzkammergut sind reich an Seen; deshalb werden sie von Urlaubern gern besucht.

6 DER DOPPELPUNKT

Über die Groß- oder Kleinschreibung nach dem Doppelpunkt vgl. S. 897, 6.

Einen Doppelpunkt setzt man:

6.1 Vor der wörtlichen (direkten) Rede und vor einem in Anführungszeichen **wörtlich angeführten Gedanken** nach dem Ankündigungssatz:

Ich sagte: „Was nicht ist, kann noch werden."
Die Mutter dachte: „Ich bleibe daheim."

6.2 Vor Aufzählungen und Erklärungen, wenn sie vorher angekündigt sind:

Die vier Himmelsrichtungen sind: Osten, Westen, Süden, Norden.
Die Mondesfinsternis ist etwa so zu erklären: Der Schatten der Erde fällt auf den Mond; dieser ist daher ganz oder teilweise verfinstert.
Wir stellen ein: Einkäufer/innen
Sachbearbeiter/innen
Programmierer/innen

Der Doppelpunkt ist entbehrlich, wenn den Aufzählungen die Wörter *also, besonders, namentlich, nämlich, wie (als), z. B., u. zw., d. i., d. h.* oder dergleichen vorangehen: *Das Schiff verkehrt nur an drei Tagen, nämlich Dienstag, Donnerstag und Samstag.*

6.3 Oft vor solchen Sätzen, **die eine Folgerung, eine Erläuterung oder eine Zusammenfassung** des vorher Gesagten darstellen:

Am Schluss stellte sich heraus: Der Bericht war vollständig erfunden.
Rinder und Pferde, Schafe und Ziegen, Schweine und Geflügel: Alles ist auf diesem Bauernhof zu finden.

6.4 Zwischen einem umfangreichen, **mehrfach gegliederten Vordersatz** und einem **Nachsatz:**

Autos hupen, Straßenbahnen und U-Bahnen kreischen, Motorräder und Lastkraftwagen dröhnen: Das ist die Melodie der Großstadt.

7 DIE ANFÜHRUNGSZEICHEN

Meist „...“; auch ”...“, »...«, «...»; vgl. auch „halbe Anführungszeichen“, S. 919, 7.3. In gedruckten Texten können direkte Rede, wörtlich angeführte Sätze und Zitate auch durch eine andere Schriftart gekennzeichnet werden.

7.1 Zwischen Anführungszeichen setzt man die **direkte Rede:**

„Morgen“, sagte sie, „besuche ich euch.“
„Wenn es regnet“, meinte er, „bleiben wir daheim.“
„Auf Wiedersehen!“, rief sie.

7.2 Zwischen Anführungszeichen setzt man **Hervorhebungen und Zitate:**

7.2.1 Ausdrücke oder Satzteile, die einer **direkten Rede entnommen** sind und innerhalb eines anderen Satzes verwendet werden:

Sie sagte, sie wolle „nur kurz vorbeischauen“.

7.2.2 **Titel** von Büchern, Zeitungen, Theater- und Musikstücken uÄ:

Wann trifft der „Prinz Eugen“ (Name eines Schnellzugs; als Schiffsname: *die „Prinz Eugen“) ein?*
„Die Strudelhofstiege“ ist ein Roman von Heimito von Doderer.

Wenn der Artikel verändert wird, steht er nicht innerhalb der Anführungszeichen:

Sie fuhr mit der „Strudelhofstiege“ im Gepäck in den Urlaub.

Es müssen keine Anführungszeichen stehen, wenn aus dem übrigen Inhalt klar hervorgeht, dass es sich um einen Titel oder Namen handelt:	*Dieses Wort steht im „Österreichischen Wörterbuch".* Oder: *Dieses Wort steht im Österreichischen Wörterbuch.*
7.2.3 a) **Ausdrücke,** über die man eine **Aussage machen will:**	a) *Was versteht man unter „leerer Menge"? Der Ausdruck „leere Menge" bedeutet ...*
b) **Sprichwörter** u. dgl.:	b) *Nach dem Motto „Doppelt hält besser" wollen wir es wiederholen. – „Doch die Verhältnisse, sie sind nicht so" (Bert Brecht).*
7.2.4 **Wörter,** die als solche **innerhalb eines Satzes zitiert werden;** das gilt auch für Wortteile und Buchstaben (Laute):	*Die Konjunktion „dass" schreibt man mit „ss".* Meist ist es zweckmäßiger, in solchen Fällen statt der Anführungszeichen Kursivschrift zu verwenden.
7.2.5 **Ausdrucksweisen und Benennungen,** die der Schreibende **nicht gutheißt,** von denen er sich distanziert, die er ironisch meint:	*In diese missliche Lage haben ihn „gute Freunde" gebracht.*

7.3 Halbe (einfache) Anführungszeichen:

Halbe Anführungszeichen (meist: ‚...', auch: '...', ›...‹, ‹...›) setzt man, wenn innerhalb eines zwischen Anführungszeichen stehenden Satzes oder Textes wieder Anführungszeichen erforderlich sind:	*Sie fragte uns: „Habt ihr die ‚Strudlhofstiege' von Doderer gelesen?"* *„Von wem", fragte er, „ist der Roman ‚Quo vadis?'?"*

7.4 Das Anführungszeichen in Verbindung mit anderen Satzzeichen:

7.4.1 Sind (mehrere) ganze Sätze zwischen Anführungszeichen gesetzt, so steht das **schließende Anführungszeichen nach dem Punkt,** Rufzeichen oder Fragezeichen:	*Er sagte: „Ich komme mit."* *Er rief: „Ich komme mit!"* *Er fragte: „Kommst du mit?"* *Der Reporter berichtet: „Das Stadion ist bis auf den letzten Platz gefüllt. Alle warten auf die beiden Mannschaften."*
7.4.2 Der **satzschließende Punkt** (das Ruf-, Fragezeichen) **folgt nach dem Anführungszeichen,** wenn innerhalb eines Satzes nur ein Wort bzw. eine Wortgruppe am Satzende zwischen Anführungszeichen steht:	*Wir lesen Stifters „Bergkristall".* *Sie meinte, diesmal sei ihr Plan „gründlich danebengegangen".*

7.4.3 Eine Wendung wie ***sagte sie, fragte er*** uÄ wird von der zwischen Anführungszeichen stehenden direkten Rede durch Beistrich(e) getrennt:	*„Ich komme mit", sagte er.* *„Auch meine Schwester", sagte er, „kommt mit."* *„Monika", rief sie, „ich komme mit."*
Das gilt auch nach einem Frage- oder Rufzeichen:	*„Ich komme mit!", rief sie.* *„Kommst du mit?", fragte sie.*
7.4.4 Wird der Begleitsatz nach dem zwischen Anführungszeichen stehenden Satz fortgesetzt, so folgt nach dem **schließenden Anführungszeichen ein Beistrich:**	*Als sie sagten: „Wir holen euch ab", waren wir sofort bereit.* *Als sie riefen: „Kommt mit!", waren wir sofort bereit.*

8 RUNDE UND ECKIGE KLAMMERN

Zur Austauschbarkeit von Klammern, Beistrich und Gedankenstrich vgl. S. 916, 4.8.2.3.

8.1 Zwischen runde Klammern setzt man:

8.1.1 Zusätze, Nachträge oder Erläuterungen, um sie vom Hauptgedanken zu trennen oder besonders kenntlich zu machen:	*Au und ei sind Zwielaute (Diphthonge). – Gestern (Sonntag) kam ich hier an. – Johann Bernhard Fischer von Erlach (1656–1723) ist Österreichs größter Barockbaumeister. – Zeichen-(Skizzen-) Heft – Ich habe das (leider sehr umfangreiche) Buch noch nicht gelesen.*
8.1.2 Buchstaben oder Silben in Wörtern, die **weggelassen werden dürfen:**	*Man soll niemand(en) kränken.* *Der(jenige) ist glücklich, der ...* *im Teich(e) fischen* *Lob(e)t den Herrn!*
8.1.3 Alternative Ausdrücke, beispielsweise weibliche Wortformen innerhalb von Paarformeln.	*Schüler(innen)* Oft lassen Klammern das Eingeklammerte als zweitrangig erscheinen. Es empfiehlt sich daher die Verwendung des Schrägstrichs: *Schüler/innen.* (Vgl. S. 925, 12.1.)

8.2 Eckige Klammern setzt man:

8.2.1 Wenn in einem eingeklammerten Satzteil oder Satz **noch etwas eingeklammert werden soll:**	*Dieser Abschnitt behandelt die Satzzeichen (zB den Beistrich [das Komma]).*

8.2.2 Bei **Aussprachehinweisen** zu einzelnen Wörtern:	*Couch* [kaʊtʃ]
8.2.3 Um **in einem zitierten Text** eigene erläuternde oder ergänzende **Einschübe eindeutig zu kennzeichnen:**	*Er hatte öfters erklärt: „Das Haus und der Garten [in Oberndorf] sollen einmal der Anna gehören."*

8.3 Die Klammer in Verbindung mit anderen Satzzeichen:

8.3.1 **Ruf- oder Fragezeichen,** die zum eingeklammerten Text gehören, setzt man vor die abschließende Klammer:	*Nie hat er sich zu Wort gemeldet (oder täusche ich mich?).*
8.3.2 Ein **Punkt** steht nur dann vor der abschließenden Klammer, wenn ein ganzer Satz eingeklammert ist, der nicht an den vorhergehenden Satz angeschlossen ist:	*Niemand hat den Fall angesprochen. (Auch die Konkurrenz verlor darüber kein Wort.)* Oder: *Niemand hat den Fall angesprochen (auch die Konkurrenz verlor darüber kein Wort).*
8.3.3 Nach einem **Zitat** wird der Name des Autors oder die Fundstelle zwischen runde Klammern gesetzt:	*„Die Zeit ist aus den Fugen." (Shakespeare)*
Oder der abschließende Punkt wird nicht am Ende des Zitats gesetzt, sondern erst nach der Klammer:	*„Niemand kann zwei Herren dienen" (Evangelium Matth. 6, 24).*

9 DER APOSTROPH

Ein Apostroph steht:

- an Stelle eines oder mehrerer beim Lesen oder Schreiben ausgelassener Laute oder Buchstaben,
- bei Eigennamen als Grenzsignal oder Wortgliederungszeichen.

9.1 Der Apostroph als Auslassungszeichen:

9.1.1 **Personennamen, deren Grundform** (Nominativform) auf **einen s-Laut** (geschrieben: *-s, -ss, -ß, -tz, -z, -x, -ce*) **endet,** bekommen im Genitiv, damit man diesen erkennt, den Apostroph:	*Aristoteles' Schriften, Thomas' Schwester, Beatrix' Freunde, Fritz' Geburtstag, Boulez' bedeutender Beitrag* Der Apostroph steht auch, wenn *-s, -z, -x* usw. in der Grundform stumm sind: *Cannes' Filmfestspiele* (Aussprache: *Cannes* [kan], *Cannes'* [kans]), *Giraudoux' Werke.*

Kein Apostroph steht, wenn die Namen einen Artikel, ein Possessivpronomen oder ein anderes Wort, das den Genitiv erkennen lässt, bei sich haben: *die Schriften des Aristoteles, die Schwester des Thomas, der Geburtstag unseres kleinen Fritz.*

Kein Apostroph steht in der Regel vor dem *s* des Genitivs von Eigennamen: *Josef Leitners Kohlenhandlung, Müllers Salon, Bruckners Symphonien, Mozarts Opern, Annas Fahrrad, Wiens Umgebung, Österreichs Grenzen* (vgl. aber unten, 9.2.1).

9.1.2 In **Wörtern mit Auslassungen,** die ohne Kennzeichnung schwer lesbar oder undurchsichtig sind, **kennzeichnet man den ausgelassenen Teil durch Apostroph.**	*In wen'gen Augenblicken ...* *'s ist schade um ihn.* *Das Wasser rauscht', das Wasser schwoll.* *Bitte, nehmen S' (= Sie) doch Platz!* *Wollen S' mich pflanzen?* *Käpt'n* *B'hofen (Bischofshofen)*
Das ist oft der Fall in dichterischen oder in umgangssprachlichen Texten.	
Wenn man aber ein Wort nicht als unklar empfindet, kann man auf den Apostroph verzichten:	*Schön wärs!* *Worauf kommts hier an?* *Wir ham nix gsehn.*

Kein Apostroph steht:

- in umgangssprachlichen und mundartlichen Verbformen für die 2. Person Plural: *Was machts ihr morgen? – Lassts mich herein! – Seids ruhig!* (es liegt keine Auslassung vor),
- in üblichen Verschmelzungen von Präpositionen mit dem bestimmten Artikel „das“: *ans Fenster, aufs Land, durchs Feuer, fürs Leben, hinters, ins, übers, ums, unters, vors,*
- im Imperativ Singular (in der Einzahl der Befehlsform): *nimm!, frag!*

Der Apostroph ist meist entbehrlich für das weggelassene Schluss-e bei Verben in der 1. und der 3. Person Singular: *ich hör – ich glaub – ich lass – ich ess – ich/er hätt.* Aber mit Apostroph zur Kenntlichmachung des Präteritums, zB *rauscht' = rauschte.*

9.2 Der Apostroph als Wortgliederungszeichen:

9.2.1 Um die **Grundform des Namens zu verdeutlichen,** ist vor Genitiv-*s* in Personennamen der Apostroph zur Unterscheidung zulässig.	Zum Beispiel beim Namen *Carlo*: *Carlo's Taverne,* um anzuzeigen, dass der Besitzer *Carlo* und nicht *Carlos* heißt. Ebenso zB *Andrea's Boutique* (die Besitzerin heißt *Andrea*).
Im Normalfall steht jedoch kein Apostroph:	*Barbaras Tasche, Monikas Buch ...*

9.2.2 **Ableitungen von Eigennamen mittels *-sche*** (nicht: *-ische*!) können mit einem Apostroph gegliedert werden:	*die Einstein'sche Relativitätstheorie, das Ohm'sche Gesetz* (oder: *die einsteinsche Relativitätstheorie, das ohmsche Gesetz,* vgl. auch S. 896, 4.2.1)

10 DER BINDESTRICH

Zum Bindestrich bei Getrennt- und Zusammenschreibung vgl. S. 906 f., 5.

10.1 Der Ergänzungsbindestrich:

Der Bindestrich steht als Ergänzung für ausgelassene Wörter oder Wortteile.	*Haupt- und Gliedsatz, das Hin- und Herlaufen, Fliederbäume und -sträucher, ab- und zunehmen, zehn- bis zwanzigmal* (in Ziffern: *10- bis 20-mal* oder *10–20-mal*), *Herren-(Stein-)Pilz* (Herrenpilz bzw. Steinpilz), *(Stein-)Pilz* oder auch *(Stein)pilz, zusammen- oder getrennt schreiben.* Aber ohne Bindestrich: *getrennt oder zusammenschreiben.*

10.2 Der Bindestrich zur Bezeichnung einer Doppelnummer:

Der Bindestrich kann in diesem Fall durch einen Gedanken- oder Schrägstrich ersetzt werden.	*Burggasse 14-16* (auch: *14–16; 14/16; 14 u. 16*) *Tür Nr. 9-10* (auch: *9–10; 9/10; 9 u. 10*)

10.3 Der Bindestrich im Datum:

Bei der Datumsschreibweise „Jahreszahl-Monat-Tag" in Ziffern werden die Bestandteile zusammengeschrieben:	*20061231* Zugelassen ist auch die Variante: *2006-12-31* (früher auch: *2006 12 31, 06 12 31*)

11 DER GEDANKENSTRICH

Der Gedankenstrich trennt Sätze manchmal nachdrücklicher voneinander als der Beistrich, der Doppelpunkt bzw. der Strichpunkt, oder er bezeichnet längere Pausen.

Über das Verhältnis zu Bindestrich, Schrägstrich usw. vgl. oben, 10.2.

11.1 Der einfache Gedankenstrich steht:

11.1.1 Oft zwischen den einzelnen Sätzen zur **Bezeichnung des Wechsels der Sprechenden,** des Übergangs zu etwas anderem uÄ:	*„Noch da, John Maynard?" – „Ja, Herr, ich bin." – „Auf den Strand! In die Brandung!" – „Ich halte drauf hin" (Fontane).*
11.1.2 Bei **Unterbrechung, längerer Pause, Gegensatz oder Gegenüberstellung, zur Abtrennung der Überschriften** u. dgl.: Insbesondere wenn die Satzzeichen Doppelpunkt bzw. Beistrich als zu schwach empfunden werden:	*Sie gab den Takt an: eins – zwei, eins – zwei. Geld verloren – nichts verloren. Ehre verloren – alles verloren.* *Wahl – Wall, Gebäck – Gepäck* *Inhalt: Idee und Planung – Gestaltung – Rundschau* *Ich wartete lange – aber sie kam nicht.*

11.1.3 Um auf **Unerwartetes oder Überraschendes** vorzubereiten:	*Es blitzte und donnerte unaufhörlich – aber kein Tropfen fiel vom regnerischen Himmel.* *Plötzlich – ein lauter Knall.*
11.1.4 Vor **Zusätzen und Nachträgen:**	*Ich schenkte ihr zwei Bücher – einen Roman und einen Gedichtband.* *Er schläft gut und lange – besonders im Urlaub.*
11.1.5 Zwischen die Teile zusammengehöriger Konjunktionen, Pronomen und Präpositionen, wenn sie ohne Zwischentext stehen:	*teils – teils* *nicht nur – sondern auch* *der eine – der andere* *um – willen*

11.2 Der paarige Gedankenstrich steht:

11.2.1 Um **eingeschobene Zusätze oder Nachträge** abzutrennen: (Kann oft auch durch Beistriche oder runde Klammern ausgedrückt werden, vgl. S. 916, 4.8.2.3.)	*Auf einmal – er war sonst eine sanfte Natur – geriet er in rasende Wut.* *Ihre Schwester – eine begeisterte Wanderin – half uns beim Planen der Bergtour.* *Schokolade – besonders dunkle – isst er gerne.*

11.3 Der Gedankenstrich in Verbindung mit anderen Satzzeichen:

11.3.1 Der **einfache Gedankenstrich** steht nie zusammen mit einem Beistrich. Wenn der Gedankenstrich am Ende eines Satzes steht, wird kein Punkt gesetzt, wohl aber gegebenenfalls ein Ruf- oder Fragezeichen:	*Das Losungswort oder –!* *Werden Sie kommen oder –?* Der Gedankenstrich kann in solchen Fällen auch durch die drei Auslassungspunkte ersetzt werden.
11.3.2 Beim **paarigen Gedankenstrich** dürfen Satzzeichen, die auch beim Weglassen des Zusatzes oder Nachtrages stehen müssten, nicht weggelassen werden.	*Es ist nun einmal so – ob wir es wollen oder nicht –, dass Übermut selten guttut.*
Ruf- oder Fragezeichen, die zum Zusatz oder Nachtrag gehören, stehen vor dem abschließenden Gedankenstrich; der Punkt wird weggelassen.	*Ich nehme an – hoffentlich nicht zu Unrecht! –, dass Sie einverstanden sind.* *Drohend rief sie ihm zu – er stand abgewendet vor ihr –: „Auf der Stelle hinaus!“*

11.4 Der Gedankenstrich in anderen Verwendungsmöglichkeiten:

Heute steht der Gedankenstrich (Strich) meist auch als Zeichen für „bis“, „weniger“, „gegen“ und in Streckenangaben. Der Streckenstrich ist typografisch oft um ein Drittel kürzer.

11.4.1 Der Strich wird gesetzt für **„bis"** in Alters-, Wert-, Zeit- und ähnlichen Angaben (ohne Zwischenraum):	*Franz Grillparzer (1791–1872)* *Wert des Schmuckes: 3 000–3 500 €* *Höchstalter von Hunden: 15–20 Jahre* *10–15 Tropfen Medizin* *§§ 7–25 der StVO (Straßenverkehrsordnung)*

Für „bis" soll kein Strich gesetzt werden in vollständigen Sätzen sowie in der Verbindung „von – bis": *Grillparzer lebte von 1791 bis 1872.*

11.4.2 Der Strich wird gesetzt für **„weniger"** (minus) zwischen Zahlen, Buchstaben uÄ (mit Zwischenraum):	*196 – 14 = 182* *a – b – c* *a – b = g*

11.4.3 Der Strich wird gesetzt für **„gegen"**, zB in Sportberichten (mit Zwischenraum):	*Rapid – Austria* *LASK – Sturm Graz* *Österreich – Italien*

11.4.4 Der Strich wird gesetzt **zur Bezeichnung einer Doppelnummer** (mit oder ohne Zwischenraum):	*Burggasse 5 – 7/Burggasse 5–7* Auch ein Bindestrich kann stehen, vgl. S. 923, 10.2.

11.4.5 Der Strich wird verwendet in **Streckenangaben**, zB in Eisenbahnfahrplänen (mit Zwischenraum):	*Wien – St. Pölten*

12 DER SCHRÄGSTRICH (/)

Im Druck wird normalerweise vor und nach dem Schrägstrich kein Abstand gesetzt: *Müller/Meier* (= zwei Familiennamen). Manchmal empfiehlt sich jedoch aus Gründen der Übersichtlichkeit ein (kleiner) Abstand.

12.1 Der Schrägstrich dient der **Anführung mehrerer Möglichkeiten.** Er hat die Bedeutungen *und, oder, bzw., bis.*

Der Kuchen wird mit Kirschen und/oder Ribiseln belegt. – Die korrekte Schreibung lautet Paragraf/Paragraph. – Schuljahr 2001/02, am 2./3. Februar.

Der Schrägstrich ist eine Möglichkeit, Personen beiderlei Geschlechts anzuführen.
Folgende Varianten stehen zur Verfügung:

a) *die Schülerinnen und Schüler*
b) *die Schüler/Schülerinnen*
c) *die Schüler/innen*
d) *die Schüler/-innen*
e) *die Schüler(innen)* (Zur Zweitrangigkeit des Klammerausdrucks vgl. S. 920, 8.1.3.)
f) *die SchülerInnen* (Das große I im Wortinneren wird im amtlichen Regelwerk nicht behandelt. Daraus kann aber nicht geschlossen werden, dass der Gebrauch fehlerhaft ist.)

Von den Schreibenden ist zu bedenken, dass die einzelnen Möglichkeiten der Darstellung unterschiedlich bewertet werden.

12.2 Der Schrägstrich dient der **Gliederung von Nummern u. dgl.:**

a) Um eine Doppelnummer zu bezeichnen:	a) *Burggasse 14/16, Tür Nr. 9/10* (Vgl. auch S. 923, 10.2.)
b) In Briefzeichen von Geschäftspapieren:	b) *Dr. St/C (Verfasser/Schreiber)*

12.3 Der Schrägstrich dient **in Verhältnisangaben als Zeichen im Sinne von *je, pro*:**

40 km/h, 3 000 U/min, 9 l/100 km

12.4 Der Schrägstrich dient der **Kennzeichnung eines Absatzes oder eines Zeilenwechsels** (zB bei einem Zitat aus einem Gedicht):

Auf dem Teich, dem regungslosen, / weilt des Mondes holder Glanz / ... (Lenau).

13 DIE AUSLASSUNGSPUNKTE

Die drei Auslassungspunkte zeigen an:

13.1 Dass ein **Textteil** (Wort, Teil eines Satzes ...) **ausgelassen wird** oder dass die **Fortführung des Gedankens** den Lesenden überlassen bleibt:

Setzen Sie das fehlende Wort ein: Sie vertragen sich wie ... und Katze.
Er hatte seine Chance nicht genützt. Vorüber, vorbei ...

Statt der Auslassungspunkte kann oft, zB bei abgebrochener Rede oder bei offenem Satzschluss, auch der Gedankenstrich stehen.

In Verbindung mit anderen Satzzeichen:
- Stehen die Auslassungspunkte am Satzende, so entfällt der Schlusspunkt, nicht aber ein Rufzeichen, ein Fragezeichen oder ein Abkürzungspunkt: *Werden Sie kommen oder ...? – Sein Buch behandelt viele Themen, zB Frieden, Entwicklungshilfe, Umweltschutz usw. ...*
- Wenn eine Aufzählung mit den drei Auslassungspunkten schließt, so steht vor diesen meist kein Beistrich: *Wir führen viele Räder: Citybikes, Mountainbikes, Renn-, Kinderfahrräder ...*

13.2 **Kürzungen in einem Zitat** (sie stehen dann in Klammern):

Wie es in dem Aufruf ausdrücklich lautet, sind auch „alle (...) Schülerinnen und Schüler zur Mitwirkung eingeladen“. (Der hier ausgelassene Textteil mag zB gelautet haben „Lehrerinnen und Lehrer sowie“.)

Worttrennung

Mehrsilbige Wörter dürfen getrennt werden, wenn der Platz für das ganze Wort nicht ausreicht. Man soll nur dann abteilen, wenn es unbedingt nötig ist.

1 DIE TRENNUNG NACH SILBEN

1.1 Mehrsilbige Wörter trennt man im Allgemeinen so, wie sie sich beim langsamen Vorlesen **in Silben** zerlegen lassen:

Bau-er, Scho-ko-la-de, lau-fen, Am-pel, Fo-li-en, Stau-ung, in-di-vi-du-ell, eu-ro-pä-i-sche, Be-fund, ehr-lich, lus-tig ...

Einsilbige Wörter sind daher untrennbar: *deutsch, (sie) schleicht, Pflicht, Team, Tour ...*

1.1.1 Nicht abgetrennt werden dürfen einzelne Vokalbuchstaben am Wortanfang oder -ende. Das gilt auch in Zusammensetzungen:

edel, Abend; Haus-übung, Ra-dio-sen-der ...

1.1.2 Zu vermeiden sind sinnentstellende Trennungen, die das Lesen erschweren:

Sprech-erziehung (nicht: *Sprecher-ziehung*), *Ge-nießer* (nicht: *Genie- ßer*), *be-stehende* (nicht: *beste-hende*) ...

Nicht immer werden allerdings Sprechsilben von allen Sprechenden gleich empfunden, man denke etwa an *klatschen, Karpfen, empfangen, elendste, Symptom*. Beachte daher auch die folgenden Regeln.

2 DIE TRENNUNG VON ZUSAMMENSETZUNGEN UND WÖRTERN MIT VORSILBE

Zusammengesetzte Wörter und Wörter mit Vorsilbe trennt man grundsätzlich **zwischen den einzelnen Bestandteilen:**

Haus-tür, durch-aus, voll-enden, voll-strecken; er-kennen, be-erben, Ver-ein, syn-thetisch, Pro-jekt, Prä-position, Dia-gramm, Re-print ...

Die Bestandteile selbst trennt man, wie in den anderen Regeln erläutert wird.

Werden **Zusammensetzungen** und **Wörter mit Vorsilbe nicht als solche erkannt**, so kann man sie auch nach den Sprechsilben trennen:

Deutsche Wörter:
hi-nauf/hin-auf, da-rum/dar-um, wa-rum/war-um, wo-rum/wor-um ...

Fremdwörter:
Diph-thong/Di-phthong, Helikop-ter/Heliko-pter, Inte-resse/Inter-esse, Pä-dagogik/Päd-agogik ...

Eigennamen:
Ma-thilde/Mat-hilde, Lo-bau/Lob-au ...

3 DIE TRENNUNG VON EINFACHEN WÖRTERN UND WÖRTERN MIT NACHSILBE

Folgende Fälle können auftreten:

3.1 **Trennung zwischen zwei Vokalbuchstaben,** die zu zwei verschiedenen Silben gehören:

Ei-er, Famili-en, freu-en, Knäu-el, na-iv, Ru-ine ...

3.2 **Trennung vor dem Konsonantenbuchstaben,** bei zwei oder mehreren Konsonantenbuchstaben **Trennung vor dem letzten Konsonantenbuchstaben:**

- *le-ben, Ta-gung, sau-ber, Rei-he ...*
- *(ich) hob-le, Ad-ler, nied-rig, Trop-fen, put-zen, Wüs-te, sin-gen, hof-fen, beis-sen* (wenn *ss* statt *ß*) ...
- *knusp-rig, Drechs-ler, gest-rig, emp-fangen, Karp-fen, dunk-le, sechs-te ...*

3.2.1 Untrennbare Verbindungen von Konsonantenbuchstaben, die für einen **einzigen Laut stehen,** kommen als Ganzes auf die neue Zeile.

ch **und** ***sch*****:**
la-chen, sol-che; na-schen, Peit-sche ...

th, ph, rh, sh, dh **und** ***gh*****:**
Zi-ther, Stro-phe, Myr-rhe, Gei-sha, Bud-dha, Spa-ghetti ...

ck**:**
Zu-cker, pa-cken ...
Aber nicht zB in slawischen Namen, in denen *c* und *k* als zwei Laute gesprochen werden: *Mac-ku* ['matsku]

3.2.2 In **Fremdwörtern** gibt es bei Verbindungen aus **Konsonantenbuchstabe + *l, n*** oder ***r*** zwei Möglichkeiten der Trennung:

Dip-lom/Di-plom, Zyk-lus/Zy-klus, Fab-rik/Fa-brik, Hyd-rant/Hy-drant, Mag-net/Ma-gnet, Sig-nal/Si-gnal ...

Erläuterungen
In Fremdwörtern kann die originale Aussprache berücksichtigt werden. In Wörtern wie *Kognak* gibt es zwei Möglichkeiten der Trennung: *Ko-gnak* (nach der Aussprache ['kɔnjak]) und *Kog-nak* (nach dem Schriftbild). Das gilt auch für Wörter wie *Fi-dschi/Fid-schi, So-wjet/Sow-jet.*

Bei manchen Wörtern französischer Herkunft (zB *Gage, Garage, Plantage, Manege, Bonboniere, Engagement, Portefeuille, Chance*) gibt es individuell oder regional verschiedene Aussprachen: [gaːʃ] oder ['gaːʒɛ]. In diesen Fällen ist die Worttrennung grundsätzlich auch bei einsilbiger Aussprache zugelassen. Dies ist im Wörterverzeichnis auch jeweils angegeben (also: *Ga-ge*).

Abkürzungsverzeichnis ÖWB

Abk. = Abkürzung
abw. = abwertend
Adj. = Adjektiv
Admin. = öffentliche Administration, Verwaltungswesen
Adv. = Adverb
afrik. = afrikanisch (aus einer afrikanischen Sprache)
Akk. = Akkusativ
arab. = arabisch
Arch. = Architektur
Art. = Artikel
Astron. = Astronomie
Ausspr. = Aussprache
austr. = australisch
B = (im) Burgenland
Bankw. = Bankwesen
bes. = besonders
beschön. = beschönigend
Bildw. = Bildungswesen, Schule
Biol. = Biologie
Bot. = Botanik
bzw. = beziehungsweise
CH = (in der) Schweiz
Chem. = Chemie
chin. = chinesisch
D = (in) Deutschland
d. h. = das heißt
Druckw. = Druckwesen, Typografie
dt. = deutsch
EDV = elektronische Datenverarbeitung, Informatik
Elektrot. = Elektrotechnik
engl. = englisch
fin. = finnisch
fr. = französisch
G. = Gegensatz, gegenteilige Bedeutung
Gast. = Gastronomie, Gastgewerbe
geh. = gehoben
Gen. = Genitiv
Geogr. = Geografie
Geol. = Geologie
germ. = germanisch
Gesch. = Geschichte
gr. = griechisch
Gramm. = Grammatik
hebr. = hebräisch
indian. = indianisch (aus einer indianischen Sprache)
Inf. = Infinitiv
iron. = ironisch
it. = italienisch
jap. = japanisch
Jh. = Jahrhundert(s)
jidd. = jiddisch
Jug. = Jugendsprache, Schülerjargon
K = (in) Kärnten
kath. = (römisch-)katholisch
kelt. = keltisch
Kfz = Kraftfahrzeugwesen
Konj. = Konjunktion
kroat. = kroatisch
Kunstg. = Kunstgeschichte, bildende Kunst
Landw. = Landwirtschaft
lat. = lateinisch
Lit. = Literatur(wissenschaft)
mal. = malaiisch
männl. = männlich
Math. = Mathematik
mda. = mundartlich
Med. = Medizin
Medienw. = Medienwesen, Film, TV, Rundfunk
Met. = Meteorologie
Mil. = Militärwesen, Militärsprache

Fa̲hr|ten|schrei|ber, *auch:* Fahrtschreiber: *automatisches Registriergerät zum Festhalten von Geschwindigkeit, Fahr- und Haltezeiten [in Lkws und Bussen]*
Fa̲hrt|schrei|ber → Fahrtenschreiber

Nebenform folgt

Verweis auf die **Hauptform**

Verweis auf **alphabetisch erstgereihte gleichwertige Form**

fa̲u̲|chen = pfauchen: der fauchende Kater
pfa̲u̲|chen = → fauchen

gleichwertige Form folgt

Herkunftsangabe

File [faɪl] das, -s/-s ⟨engl.⟩ (EDV): *Computerdatei*

Sachbereichsangabe

Flẹs|serl das, -s/-[n] (bes. S, O): *Gebäck in Zopfform mit Salz, Kümmel oder Mohn*

regionale Angabe

Flọp der, -s/-s ⟨engl.⟩ (sal.): *Misserfolg;* → G.: Hit

Angabe zur **Stilschicht**

Verweis auf **Gegensatzwort**

frẹt|ten sich (ugs.): *sich behelfen, so gut es geht* | (veraltet) *sich wund reiben*

Angabe zur **Sprachschicht**

Funk[1] [-ʌ-] der, -s ⟨engl.⟩ (Mus.): *eine Stilrichtung im Pop und im Jazz*
Fụnk[2] [-u-] der, -s: *drahtlose Übertragung von Botschaften und Musik;* über F. Hilfe holen | *Hörfunk, Rundfunk;* in F. und Fernsehen

gleich geschriebene Wörter unterschiedlicher Herkunft oder mit **unterschiedlichen grammatikalischen Angaben**

Verweise in manchen Rechtschreibkästen auf den Rechtschreibteil im Anhang

Großschreibung bei Nominalisierung:
– viele Wenn und **A**ber; kein **A**ber!

R→ **S. 895, 2.5**